中国传统译论文献汇编

（六卷本）

卷一（三国—1919）

朱志瑜　张旭　黄立波　编

商务印书馆
The Commercial Press

2020年·北京

朱志瑜

香港大学博士，曾任香港理工大学中文及双语学系教授。

张　旭

香港浸会大学博士，广西民族大学外国语学院院长、教授。

黄立波

北京外国语大学博士，现为西安外国语大学英文学院教授。

总 目 录

导　　论

　　历史上，中国在很长一段时期都是多民族并立，民族之间接触频繁，由于语言不同，必然需要翻译，但有关翻译问题的讨论一直到汉末的佛经翻译时期才真正开始。东汉末年的佛经翻译带来中国翻译史上第一次大规模翻译高潮，之后一代又一代的翻译家在从事翻译实践活动的同时，并未忘记将自己在实践过程中的思考、观点、经验和体会记录下来，并不断地总结、提炼。这些文献为后世留下一笔记录中国翻译传统发展的恢宏遗产，展示了中国译论的发展轨迹。

　　此书为《中国传统译论文献汇编》(以下简称《汇编》)，"译论"盖有二解：一为"关于翻译的讨论"，指针对翻译实践或翻译活动中存在的现象或遇到的问题，翻译实践者、理论家、关注翻译活动的人士提出的看法、评价或解决问题的办法；二为"翻译理论"，指翻译理论家通过归纳、演绎、推理、综合、抽象，从自己或他人的翻译实践中总结出的关于翻译的观点或看法。总体而言，中国翻译传统既表现出从佛经翻译的"质"到严复的"信"，再到"神似""化境"的理论演变过程，也有每个翻译兴盛时期针对翻译名义、归化与异化等特定问题的集中讨论。

　　中西思维方式的差异和理论生成方式不同，决定了中国传统译论不会像西方翻译理论那样系统化和理念化，但仍有自己的贡献。我们考察文献可以看出，中国传统译论的生成方式主要有以下四种。

第一，译者在翻译作品前后所附序、跋、例言、后记等。佛经翻译时期有关翻译的论述集中在经录和僧传中，其中经录的一个重要部分就是译序。到了近代，据我们所收录的材料来看，仅1840—1919年间，在中国以完整书样形式出版的翻译作品有400余部，其中100余部包含序、跋，约占其中的三分之一强，有些译作的序言还不止一篇，如李定夷译述《红粉劫》（上海国民书店，1914）一书就有4篇序言。同一时期出现的近900篇发表在各种刊物的译作中，包含序、跋的有100余篇，占译作的六分之一强。这些序、跋篇幅和内容丰富程度虽不及前者，但其中一些在中国学术史上占有很重要的地位。这些序、跋都是翻译者自己在翻译作品中就遇到的翻译问题做的说明或阐释，有时这些讨论夹杂在对原作及翻译缘由的介绍中，因此相关内容篇幅都不大。本《汇编》收集此类译作序、跋等131篇，占《汇编》总篇目的14.7%，位居第三。

第二，读者对翻译作品从各个角度所作的批评或评论。除翻译作品序、跋等外，有关翻译讨论的第二大类形式是翻译批评。本《汇编》收集翻译批评247篇，占整个《汇编》总篇目的27.72%，位居第一。这些批评或评论大都是一些具有双语背景的读者（其中许多既是作家也是译者，还包括一些学科专业人士）或作家对所关注作品的品评、感想、勘误、商榷以及书信往来，内容不仅涉及具体翻译方法的讨论，也包括对翻译活动的认识，既有针锋相对的唇枪舌剑，也有发人深省的真知卓识。

第三，关于翻译的一般讨论或翻译通论。此类讨论通常都被冠以"论（谈）翻译"或"翻译论"等类似标题，讨论往往涉及多个主题。

本《汇编》所收此类讨论 80 篇，占总篇目的 8.98%。

　　第四，关于特定翻译话题的专论。此类专论就直译与意译、译名、语体文欧化、重译、转译等专门话题进行讨论。以译名为例，这一古老的话题几乎贯穿中国传统译论发展之始终，其中既有讨论译名的具体方法或策略的，也有讨论统一译名的，既有人文社会科学，也有自然科学。我们收录此类话题的篇目 157 篇，占《汇编》总篇目的 17.62%。

　　后三种译论大多刊载在一些报刊杂志中，篇幅不是很大，但篇目繁多。纵观本《汇编》的译论可以发现，中国传统译论发展有其自身规律，这一点从译论主题的演变可见一斑。图里（Gideon Toury）常把翻译看作是"文化规划"（cultural planning）的重要手段。在中国，特别是晚清及民国时期，翻译的这种"规划"意图非常明显，常反映在译论当中。勒菲维尔（André Lefevere）也指出，"翻译实践是一种文化用来应对所谓'他者'文化的一种策略"。"他者"文化通过翻译进入目标语文化大致可有三种形式：外来文化与目标语文化的平等交流、各取所需；外来文化强加于目标语文化；目标语文化主动拿来，为己所用。目标语文化的翻译应对方式也各有特点，其间遇到的翻译问题也有所不同。通览我国的翻译历史，这三种情形均有出现。

　　三国时期支谦的"法句经序"通常被认为是最早讨论翻译的文字，记载了中国翻译史上关于"质"与"文"，即直译与意译的两种对立观点，这种对立不仅成为佛经翻译思想的主要内容之一，也延续到后世关于直译与意译的争论。佛经翻译时期另一个主要话题就是"翻译名义"，即外来佛教术语的定名问题，这一话题也成为贯穿整个中国翻译理论史的一个主要论题，其中以 20 世纪 20 年代最为集中。

东汉到南北朝是佛经翻译的第一个高潮，到唐代达到鼎盛。元代时期，佛经翻译的鼎盛阶段已经过去，相关记录甚少。到了明末，随着基督教传入中土和对西方科学技术著作的引进，针对翻译中出现的新问题，相关讨论又开始兴起。晚清时期，科技、政法、社会、文学著作的大规模翻译带来中国翻译史上又一次翻译讨论高潮。以晚清时期《万国公报》发起关于基督教"圣号"汉译的讨论为例，该刊在1877年第448卷至1878年第495卷，共发表关于"上帝"与"神"定名之争的讨论64篇（这次讨论已有专书记载，本《汇编》未收录相关文献）；还有京师同文馆、江南制造局译书局、益智书会、博医会、《亚泉杂志》、京师大学堂译学馆、编订名词馆等一批机构、团体，他们关于统一科学译名的讨论一直持续到民国时期。

表1　现当代有代表性的译论文献辑录

翻译论集名称／编者／出版年	总篇数/1950年之前篇数	译论主题
《翻译论》（吴曙天，1933）	18/18	翻译通论、翻译策略、翻译批评等
《翻译论》（黄嘉德，1940）	24/24	翻译通论、译名、译诗、翻译史等
《翻译研究论文集（1894—1948）》（中国译协《翻译通讯》编辑部，1984）	52/52	翻译通论、译名、文学翻译、译诗、翻译策略等
《翻译研究论文集（1949—1983）》（中国译协《翻译通讯》编辑部，1984）	62/0	翻译通论、文学翻译、翻译批评、翻译标准与原则、译诗、科技翻译、风格翻译等

　　梳理这些译论主题，我们可以发现：从汉末佛经翻译开始到1950年之前，有关翻译的讨论异常活跃，发表在各类出版物的论述特别丰富，其时间跨度之大、参与人数之多，涉及主题之广，讨论内容之深入程度，出乎我们预料。

　　近几年出版过一些对翻译文献的述评或论集，有代表性的包括《翻译论集》（罗新璋，1984）、《翻译论集》（刘靖之，1981）、《中国翻译文学史稿》（陈玉刚，1989）、《译名论集》（张岂之、周祖达，1990）、《中国译学理论史稿》（陈福康，1992）、《中国科学文献翻译史稿》（黎难秋，1993）、《中国传统译论经典诠释——从道安到傅雷》（王宏印，2003）、《佛籍译论选辑评注》（朱志瑜、朱晓农，2006）等。另外，一些专题性论集中也包含了若干译论文献，如《鲁迅、梁实秋论战实录》（黎照，1997）中就收录有关于"硬译"的论辩文献。

　　中国翻译史上每个阶段译论的主题体现了当时人们对翻译的认识，这种认识的集合构成了各个时代的翻译规范，包括"构成规范"（constitutive norms）和"调节规范"（regulatory norms）。译论主题的历时演变也体现了目标语社会文化对翻译在认识上的发展变化。因此，对各个时期各类翻译现象的认识，需要以当时的翻译规范为依据，对其做出客观描写和解释。《汇编》中的历时文献为我们重构中国翻译史上不同时期的翻译规范提供了较为可靠的侧面依据，即文本外依据。中国传统译论中的各个主题大都是就翻译活动中某些具体问题的解决办法，或就某些现象的探讨与争辩，对每个主题的讨论都不是浅尝辄止、昙花一现，而是会持续较长一个时期，讨论深入且观点鲜明。译论主题之间看似各自为政，但将其放在中国传统译论大背景下，则会发现所有译论主题并非各自孤立，而是表现出与社会发展的互动。

译论主题的分类是一个复杂的问题，前人的分类标准各有不同（参见表1）。例如黄嘉德（1940）将所录译论分为翻译通论、译名、译诗、翻译史四大类。黄嘉德对选目标准也做了说明，"均以内容的充实适当与否为标准，务使读者阅后，对于翻译的原理、方法、历史诸方面，都能有相当的认识，因而在技术的训练上，间接可以得到一些有益的帮助"；罗新璋（1984）按照历史时期将所辑译论划分为古代、近世、近代、现代、当代五部分。新版《翻译论集》（2009）所收录篇目增加34篇，分类维持原有办法。

分类的标准是多样的，根据本《汇编》中译论的表现形式，我们可将现有译论分为以下五类：

（1）**翻译通论**，如：

（论）翻译、（论）译书、（……）翻译（……）、（……）议等；

（2）**译者序言或后记**，包括：

a. 前言/序言：卷头语、（自）序、序言、小序、译者述、例言、凡例、识语、弁言、辩言、叙（言）、小引、达旨、略例、评语、讨论、题记、编例、提要等；

b. 跋/后记：附志、附记、附识、译后语、随感、刍言等；

（3）**翻译评论**，如：

……商榷、读……、评……、答……、致……、谈……、……批评、正误、公开信、简论、杂谈、杂论等；

（4）**专题讨论**，如：

a.（统一）译名（包括名词、名辞、名义、专名、人名、地名、音译等）

b. 直译与意译（包括文质、硬译、曲译、顺译等）；

　　c. 翻译原则或标准；

　　d. 文学翻译；

　　e. 诗歌翻译（译诗）[①]；

　　f. 宗教翻译；

　　g. 语体文欧化；

　　h. 转译；

　　i. 复译；

　　j. 编译

　　k. 可译性等；

（5）**翻译史**，包括：

　　a. 翻译政策；

　　b. 翻译选材；

　　c. 翻译历史；

　　d. 翻译人物，如：

　　　　（……）史略、（……）评传、翻译家（……）、（……）史话等。

　　这五类基本涵盖了《汇编》所收条目。需要指出的是，以上各类之间会有部分重合。有些译论标题可体现具体的主题门类，有些则比较模糊，有些论述中同时包含几个主题。例如，严复的"《天演论》译例言"（1898），从标题看是一篇译者序言，但内容却蕴含着"信达雅"的翻译原则、译名之困难。译者序言/后记还可以按照其翻译的内容做进一步划分，如关于小说翻译的讨论、关于译诗的讨论，等等。无论怎样，所有这些都是认识和理解各类翻译活动或现象的一个

---

　　① 　由于关于诗歌翻译的讨论在 20 世纪前半期比较集中，因此将其独立于文学翻译，另作一类。

重要信息来源。

本《汇编》将汉末到1950年之前的译论文献划分为六个时间段：三国—1919、1920—1923、1924—1929、1930—1934、1935—1939①、1940—1949，并对其做如下统计分析：

（1）六个时期译论文献的数量

首先，从数量上统计六个时间段发表的译论，可以初步了解中国传统译论在不同历史时期的分布情况（见表2）。

表2　1950年之前译论文献数量统计

历史时期	三国—1919	1920—1923	1924—1929	1930—1934	1935—1939	1940—1949	总计
文献数量	274	145	165	123	70	114	891①
百分比（%）	30.75	16.27	18.52	13.80	7.86	12.79	100

上述数据以柱状图的形式显示如图1：

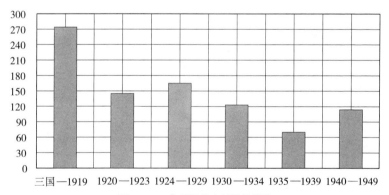

图1　1950年前译论文献数量统计

---

① 由于20年代和30年代文献数量庞大，故各分两期。

② 有些商榷性篇目之后附有对象稿件或是讨论者之间的文字稿件往来，因此实际篇目总量在900篇以上。

　　根据图1，就所收录的文献而言，中国传统译论发表相对集中的时期是20世纪20、30年代，特别是20年代。1900年之前约1800年中所发表的译论数量约相当于20世纪前二十年的译论总量，其中关于佛经翻译的论述89篇，占1919年以前译论的32.48%。数据表明，早期所留存下来关于翻译讨论的文字记载非常有限，关于佛经翻译的记载相对较为丰富，据此可知，在很长一段时期内佛经翻译是翻译讨论的主要主题。20世纪20、30年代是翻译讨论相对集中的时期，这一时期也是我国翻译史上又一个翻译高潮，其中20年代关于翻译的讨论尤为丰富，辑录译论300余篇，占《汇编》总篇数的三分之一强（34.79%）。

　　（2）译论主题的历时变化

　　《汇编》将所辑录的译论篇目划分为翻译通论、译者序言/后记、翻译评论、专题讨论、翻译文化史五大类十六个次类，具体如表3所示：

表3　《汇编》所辑录译论篇目分类

类　　别	
1. 翻译通论	
2. 译者序/跋/前言/后记等	
3. 翻译评论/批评	
4. 专题讨论	（1）（统一）译名；（2）翻译方法（直译、意译等）；（3）翻译原则/标准；（4）文学翻译；（5）诗歌翻译（译诗）；（6）戏剧翻译（7）宗教翻译；（8）语体文欧化；（9）重译/转译/编译等
5. 翻译文化史	（1）翻译政策；（2）翻译选材；（3）翻译历史；（4）翻译人物

　　以下按照次分类对三国到1950年之前译论按主题历时统计如下（见表4）：

表 4 1950 年之前译论主题分类历时统计

历史时期	年代	文献总数	专题讨论												翻译文化史			
			翻译通论	译者序言/后记	翻译评论/批评	(统一)译名	翻译方法(直译、意译等)	翻译原则/标准	文学翻译	诗歌翻译(译诗)	戏剧翻译	宗教翻译	语体文欧化	重译/转译/编译等	翻译政策	翻译选材	翻译历史	翻译人物
三国—1919	三国—1899	132	4	19	5		1					89			10	4		
	1900—1919	142	9	48	10	42	1	1	6	2	1			3	18	2		
1920—1923	1920	32	1	1	11	14	1							2		1		
	1921	31	1	2	11	6			6	1		1	4				1	
	1922	36	3	4	11	3	2			7			4		1			
	1923	46	4	3	26	8	1	1		2				1				
1924—1929	1924	50	2	5	25	6	1	2	1	6		1						1
	1925	37	5	6	22	3				2				1				
	1926	17	1	2	8	2				4								
	1927	10	1	2	3	2				2								
	1928	22	5	5	3	3			2	3		1			2			
	1929	29	3	4	15	2			1	1				1	1			
1930—1934	1930	16	1	1	6	5			1	1		1						
	1931	25	4	2	12	4	2				1							

年	合计															
1932	10	2	1	2	3	2					1	1					
1933	27	3	1	17	4	1							1				
1934	45	7	3	13	8	5	1	2					3			3
1935	28	5	3	8	8				1	1	1		1	1		
1936	13		1	5	4	1			1							1
1937	18	5	2	6	2	1		2								
1938	2		1													1
1939	9	3	1	3	5											
1940	17		2	6	4		1		1							
1941	9		1	2	3	1		1	1		1			1		
1942	6	2		1	1				1	1						
1943	8	3	2		1											
1944	13	3	1	1	4				1				1		1	1
1945	5	1		2	2	1					1				2	1
1946	11		1	3	1		1	1	1							
1947	14	2	3	3	3				3		3					1
1948	24	1	1	6	3	1		2	1		4				2	1
1949	7		3	1	1											1
总计	891	80	131	247	157	21	7	24	41	4	103	9	14	33	7	6	10
百分比		8.98	14.70	27.72	17.62	2.36	0.79	2.69	4.60	0.45	11.56	1.01	1.57	3.70	0.79	0.67	1.12

1720
1935—1939
1940—1949

我们将上述数据以柱状图的形式显示如图 2 ：

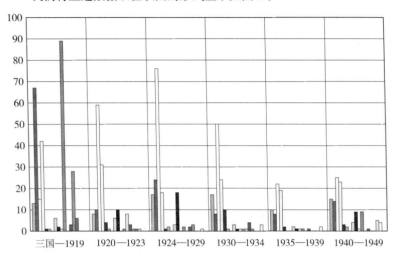

图 2　1950 年之前中国传统译论主题的历时演变

据数据统计可看出，从三国佛经翻译到 1950 年之前我国传统译论主题演变的几个总体特征。

- 1900 年之前，佛经翻译讨论篇目占据相当数量，译论主要表现为译者的序言、后记、附记、注疏等。此外，关于翻译政策^①和翻译选材的讨论较为突出。

- 1900—1919 年间，译者序言 / 后记和（统一）译名是这一时期的两大主题。关于翻译名义的讨论几乎贯穿中国传统译论发展的整个历史时期，其中以 1910—1919 年间最为显著。这一时期，对翻译政策和翻译选材的讨论依然突出。

- 译者序言 / 后记在各个时期都有收录，其中以 1900—1919 年间最为集中。

- 翻译评论 / 批评在 20 世纪初期兴起，在之后的翻译讨论中始终占据主要地位。

- 对一些话题的讨论（如翻译政策、语体文欧化、重译 / 转译 / 编译等）只在特定的历史时期有过集中讨论。

- 从历时发展看，译论传统论题始终占据主要地位，从历时角度看，类型越来越丰富。

此外，单以佛经翻译而论，其所涉及主题类别又可进一步划分为文质、烦简、名义、伦理、译场、译者、翻译过程等多个次类。其

① 这里是指由官方或民间机构就翻译问题所做出的讨论、陈述或行动方案。也就是说，翻译政策通常都是针对一定的翻译问题，自上而下产生，形式上表现为具体的明文规定或有针对性的讨论。无论这些政策正式公布与否，从中都可看出当时制定政策的过程和动机。关于这一时期翻译政策的讨论具体包括：翻译人才培养、翻译机构设立、翻译机构职责、鼓励翻译的奖励方式、翻译方式，等等。

中讨论最多的主题是"文质""名义"和"烦简",实则是直译与意译和译名两大类问题("烦简"可以归于"文质"),这些问题后来成为中国传统译论中的主要论题。当然,有些篇目讨论的主题还不止一个。

（3）译论的载体统计

近现代中国传统译论的发表方式也逐渐从随感式的议论发展到专题专论,表现之一就是清末民初众多的翻译家和学者就各种翻译理论问题发表了为数不少的专门论述。特别是进入民国以后,新文化运动全面展开,众多文艺刊物相继出现,这些都为当时译论文章发表提供了宽松的话语氛围和坚实的学术阵地。初步统计,这些刊物登载的译论文献数量及其在整个译论文献中所占比例,其中分列前十位的情况如下（如表5所示）:

表5　刊载译论文献数量列居前十位的近现代报刊杂志

排名	刊物名称	刊载译论篇数	百分比（%）
1	《时事新报·学灯》	49	5.50
2	《小说月报》	27	3.03
3	《文学旬刊·文学》	24	2.69
4	《申报·自由谈》	23	2.58
5	《创造周报》	16	1.80
6	《语丝》	14	1.57
7	《新月》	11	1.23
8	《创造季刊》	9	1.01
9	《民国日报·觉悟》	8	0.90
10	《晨报副刊》	7	0.79
总计		188	21.10

　　根据表5，文学研究会所属三家刊物分别占据了前三位，共发表译论100篇，数量超过了后七家的总和，占《汇编》译论总数的11.22%，可见文学研究会及其成员对翻译问题研究的重视程度。上述所有刊物登载译论多达188篇，占《汇编》译论总数约五分之一（21.1%）。这些期刊杂志大都是当时学人创办，成为译论的主要载体。它们与普通民众距离近，从一个侧面也说明翻译活动在当时社会的普及程度。

（4）译论作者统计

　　从发表译论的作者看，所收材料中涉及的作者人数共有数百位。如果仅从近现代这一时间段内作者发表译论的篇数，以及在整个译论中所占比例来看，排名前十位的如表6所示：

表6　译论文献数量列居前十位的作者（不包括佛经翻译）

排名	作者姓名	刊载译论篇数	百分比（%）
1	鲁　迅	32	3.59
2	林　纾	22	2.47
3	周作人	21	2.36
4	郑振铎	19	2.13
5	郭沫若	18	2.02
6	胡　适	13	1.46
7	沈雁冰	11	1.23
	梁启超	11	1.23
8	成仿吾	10	1.12
9	徐志摩	9	1.01
	严　复	9	1.01
10	林语堂	8	0.90
总计		183	20.53

仅这 12 位作者发表的译论数量就达 183 篇，占到《汇编》译论总数的五分之一强（20.53%），足见当时学界对翻译活动的关注程度。《汇编》中仅鲁迅一人的译论就多达 32 篇[①]，实际上有些作者所发表的译论数量还要更多，例如林纾翻译了两百多部小说，几乎每部小说都有序、跋之类，但有些因不符合《汇编》的辑录原则，故仅收录其22 篇。

图里指出，翻译总是在一定文化环境中产生，满足某种需要，或填补其中的某些"空隙"。也就是说，翻译常常被用来履行一定的社会功能，其在目标语系统中所履行的功能，是由目标语系统所分配的。这种预期的功能将决定翻译文本生成过程中的各种策略。同一社会的不同时期，翻译会履行不同的社会功能，不同社会功能反过来影响人们对翻译的认识，促成新翻译规范的形成，这些规范再被译者所遵循。从以上对《汇编》所辑录的译论文献统计分析，我们可以发现中国传统译论发展呈现出如下一些特征。

首先，政治衰败并不伴随着学术低迷，社会变迁反而是翻译活动的催化剂。以明清时期为例，从 1607 年明末到 1860 年第二次鸦片战争结束约 250 多年间，有代表性的译论文献仅有约 30 余篇，而且大多包含在翻译西方科学技术著作的序言里；但从 1861 年开始，关于翻译的讨论激增，从 1861 年洋务运动开始至 1911 年辛亥革命约 50 年间，具有代表性的译论文献就有约 120 余篇之多。主要围绕两个主题：翻译选材和人才培养，即翻译什么，和怎样才能快速有效地培养

---

① 鲁迅使用的笔名多达 120 多个，本《汇编》中以括号注明，如"康伯度（鲁迅）"。

翻译人才翻译西书，改变现状。再以新文化运动时期为例，社会生活的主题是"新"文化、"新"语言和"新"文学，这时期的翻译界所思考的就是如何通过翻译达到这些社会目的。翻译被用来改造人们的思想；翻译被用来引进不同的文化；翻译被用来改造文字和创造新的文学形式，进而推动近代中国社会进步。

其次，众多的文学机构和学术群体都投入到这场学习和介绍西学的洪流中来，由此导致翻译活动和翻译理论研究的大发展。表现之一是，当时文学团体，无论是文学研究会（1921—1932）、创造社（1921—1929）还是新月社（1923—1933）等，无不重视翻译活动，其间自然催生了诸多精辟的翻译论述。论者构成也特别复杂，他们中既有诗人（如郭沫若、闻一多、徐志摩等）、小说家（如郁达夫、沈雁冰等）、学者（如郑振铎、阿英等），也有哲学家（如贺鳞等）、美学家（如朱光潜、宗白华等），甚至还有农学家（如石声汉）、外交家（如王光）、军事家（如蒋百里），但更多的还是一些学者兼教育家。他们讨论的问题也并非仅限于本学科领域，这样更使得这一时期关于翻译的讨论变得更为多元和有趣。

再次，众多的文艺刊物纷纷创立，为当时的译论发表提供了坚实阵地。自1902年起，流亡日本的梁启超在横滨创办了小说专刊《新小说》，标志着中国文艺杂志时代的开始。此后，以《绣像小说》为开始，大量小说杂志也在中国陆续创刊，并开始刊登翻译作品，其中自然包括一些有关翻译理论问题的论述。

还有一点，就是当时中国极少有的宽松的学术环境为这些译论的产生提供了良好的契机。因当时的中国正值帝国主义战争和军阀混战时期，主流意识形态放松了对学界的钳制，一批精英学者的表率作用开始显现，形成了一股良好的学术风气，许多学者和译论家都敢于"大鸣大放"。他们都有一股热情，都有一分关怀，自然也萌生了对问题探究的兴趣，因而就出现我们看到的一系列繁荣景象。如果从现代翻译理论的视角来审视这一时期出现的翻译理论，就会发现他们论述的问题几乎涉及翻译的方方面面，既讨论翻译作品，也讨论翻译过程和翻译功能，也有不少的文章专论译者的素养和培养，同时也讨论读者以及接受问题，有的还谈到可译性及翻译批评等。他们讨论态度之认真，论述之精辟，如早期关于直译与意译的论述、关于文质之争、关于翻译名义问题的讨论、关于诗歌翻译问题的讨论等，令人印象深刻。

最后一点，也许是最为实质的一点，就是任何理论的发展都有一个从不成熟走向成熟、从不深刻走向深刻、从不系统走向系统的过程，当时机成熟之时，自然就会有人来总结和梳理这些理论。这点在中国近现代的翻译理论发展过程中表现得尤为明显。加之这一时期的理论工作者大多都有着较好的学养背景，往后一点出现的学者更是受过中西两种文化的熏陶，他们对理论建设问题有相当深刻的认识，故而能够在前人的基础上做出较为系统的梳理和总结，并提出比以往更为理性、更为全面的译论。

从前文分类可以看出，中国传统译论涉及的主题几乎涵盖翻译活动的方方面面，以下仅总结几个主要方面。

（1）翻译名义

"翻译名义"本是佛经翻译思想中的一个重要概念，指的是翻译中"名"与"实"的问题。由于佛经名相中绝大部分概念为古印度文化中所独有，汉语中没有相应的语词，因此对于"名义"的处理，古代译经大师们采用了各种不同办法。简言之，不外乎音译和意译两种。这两种处理"名义"的办法也一直为历代翻译家所沿用。到了"五四"运动前后，中国的学界多将它称作"译名"问题。外国名词翻译问题历来是中国译学研究的一大主要问题。我们以上提到的翻译专题讨论和各表格列出的逐项类别，独缺"科技翻译"，这是因为科技翻译讨论的内容几乎全部是译名问题。

古代译经大师们几乎都论过翻译名义问题，并为后人留下过几部厚重的、以"翻梵天之语，转成汉地之言"为主旨的佛教辞书，其中详细地记载了大师们在翻译佛经时处理译名的种种办法。譬如，《翻译名义集》共收录音译梵语佛教名词1080余条，并按词性分类为64篇，各篇首论大意，次列条途释，又称、异译、义解详备，并注出征引经典与禅师学者之言，是一部佛学和佛教翻译史研究的必备文献。

翻译名义包括译名和统一译名两部分，二者实际上密不可分。清代实业翻译时期曾就许多专门学科有过不少关于术语翻译的论述，这些均对近现代中国科技的发展产生了深远的影响；而几乎在同一时期，为了便于西方基督教在华传播和接受，一些宗教团体还就译名问题举行过多次讨论，确定西文"God"（上帝）等宗教术语在汉语中的统一译法。民国初年中国学界更是盛行翻译名义的大讨论，参与人数多，时间跨度大，讨论激烈，可以说规模空前。

1910年，章士钊以"民质"为笔名在《国风报》第29期上发表"论翻译名义"一文，拉开了民国初年长达四年关于翻译名义的集中大讨论。1920年，宗白华在《时事新报·学灯》上发起了新一轮的译名讨论。1923年郑振铎在《小说月报》上掀起了文学名词定名的讨论。1910—1919年的十年间，直接讨论译名的文献就有40余篇

1920—1929 年也有近 50 篇。之所以出现这样的局面，是因为自清末以来大量西方科学技术、政令法律、社会思想著作被翻译进来，当时的中国尚未有一套完整的术语体系来接纳和吸收众多的西学体系，译名的不统一成为民众接纳新思想的障碍。因为这些翻译活动中参与的人员都是个体的身份，相对来说没有组织，因而出现了大量的公开讨论。新思想涉及新的词汇，译名不统一造成了混乱，于是翻译名义成了"一个紧要的问题"。各家提出了自己的方案，引起一个又一个的争论。

近代不少学人都参与到这场讨论中来，而郑振铎（1921）、沈雁冰（1923）等还就翻译文学名词的审定提出过专门的建议和设想；同一时期学界还发生了一场关于专用名词如何标音的辩论：一些翻译学者，如陈独秀、许地山、林玉（语）堂还特地制定了自己的音译对照表，以此来统一译名问题。后来民国政府也就一些专门的术语举行过多次专家会议。譬如，科学名词审查委员会就曾制定和颁布过类似于物理学名词和化学名词审查本的凡例和说明。可见中国译界历来对译名问题的重视程度。

这一时期，集中讨论译名的期刊杂志包括：《国风报》《民立报》《独立周报》《甲寅》《新青年》《时事新报·学灯》《小说月报》等，参与的主要代表人物包括章士钊、梁启超、王季同、马育鹏、张树立、吴稚晖、张礼轩、蔡尔文、李禄骥、张景芬、冯叔鸾、耿毅之、庄年、胡以鲁、秋桐、吴宗毂、吴市、侯德榜、张振民、陈独秀、李石曾、蔡子民、周作人、钱玄同、朱自清、宗白华、沈雁冰、许地山、徐祖钧、张东荪、万良浚、朱锡昌、芮逸夫、郑振铎等。此后多年，关于翻译名义的讨论一直在继续。

（2）翻译原则或标准

翻译的原则或标准是译论的一大主题，原则是为译者翻译活动提供指导，标准则是对译作提出的要求。尽管《汇编》关于翻译原则或标准的专论篇目不多，但许多篇目都会涉及这一话题。总体上讲，中国翻译标准从佛经重形式的直译（质）发展成放弃形式的意译（信、达、雅），最后又由意译演变成文学翻译的神似、化境，一步一步远离形式，直到20世纪80、90年代才有人重新提出形式的重要。

早期的佛经翻译提出的"文"与"质"就是原则或标准。"质"要求尽量保留原文的语言特点，甚至包括不符合汉语句法和表达方式；"文"与"质"相反，务使译文接近汉语的语言习惯。佛经原文重复很多，汉语重简洁，这个矛盾也反映在翻译的理论上，就是所谓"烦简"的问题。按原文完全不变的是"质"，尊重汉语习惯删减重复的被称为"文"。支谦和鸠摩罗什的很多译文大量删节原文，这是他们被称为文派的原因之一。可以说，"文质"是佛经翻译思想的核心。不过总的来说，佛经翻译无论在理论上还是实践上都是偏于"质"。佛经翻译的讨论历经东汉、魏晋出现的译论家有支谦、道安、鸠摩罗什、慧远等。其中支谦的"法句经序"在讨论译事之难后，就翻译方法提出的"因循本旨，不加文饰"，可以视为是最初的直译说。其后又有道安提出"案本而传"，可以看成是直译的继续，他提出的"五失本三不易"就是佛经直译论的基础。

后来的讨论历经隋、唐、宋，译论家有彦琮、僧佑、玄奘、道宣、赞宁等。彦琮提出"宁贵朴而近理"，继承道安的传统，坚持忠实第一，倾向于直译；玄奘留下的译论文字有限，但他并不赞成翻译中随意增损和藻饰原文，并恪守"五种不翻"的宗旨；而道宣、赞宁则更多的是赞扬道安、彦琮、玄奘等人的译论，算得上是对直译的一次总结。到了赞宁，佛经翻译理论达到了最高峰。

严复在"《天演论》译例序"中提出"信、达、雅"的原则作为检验翻译活动的准绳。他推翻了佛经翻译重直译的原则，直接提出，中西语言不同，直译必不可通。通过现有文献我们可以清楚地发现，"信、达、雅"这三项标准在中国译学界的地位也几经起伏。它们最初曾得到翻译界的一致推崇，而且一时间还被视为翻译行业中的金科玉律。但自新文学运动兴起后，"雅"字首先受到冲击，"译须信、达、雅"也成了对严复的讽刺。后来的学者针对"雅"字推出过一系列修正方案，主要代表人物就有瞿秋白、鲁迅、艾思奇、朱光潜等；同时也有人就"信、达、雅"三字做出了新的解释，最具代表的莫过于林语堂、曾虚白、成仿吾等；而且在20世纪30、40年代中国的翻译界又出现了一场规模宏大的争论。可以说，严复的"信、达、雅"三个字左右了中国近现代翻译理论的发展，是中国近现代影响最大、引起争论最多的理论。

到了"五四"以后，这场争论又掀起了新一轮高潮。争论本身虽然没有在理论上得出结论，但对于推动中国传统译论的发展起了一定的作用。而且参与的人数也很多，比较典型的有梁启超、周桂笙、傅斯年、周作人、沈雁冰、冰心、刘半农、张东荪、鲁迅、张毓鹏、徐志摩、梁实秋、艾伟、李长之、君亮、瞿秋白、雪甫、阿英、刘延龄、木曾、朱文振、朱光潜、杨世骥、李季等。其中鲁迅与梁实秋的"直译"与"硬译"之争、鲁迅与赵景深的"宁信而不顺"和"宁顺而不信"之论等，成为中国新文学史上重点讨论的问题。之所以产生这样的纷争，根本原因是两派学者对翻译在这一时期的社会功能认识不同。主张意译的学者认为翻译的主要社会功能在于向民众输入新思想，而主张直译的学者则认为其主要社会功能在于改造汉语言。

　　"神似"和"化境"的标准虽出在 20 世纪 50、60 年代，但其核心思想在 20 年代的论述中已经涉及。"神""韵""气""味""化"等观念是中国传统美学思想在翻译研究上的延伸，是随着文学翻译，特别是诗歌翻译的繁荣才出现的。其代表人物有郭沫若、成仿吾，使用过这些词汇，但并不典型的还有茅盾、曾虚白等翻译家和学者。这些观念是中国传统美学思想在翻译研究上的体现，由于根植于中国传统文艺理论，所以老一辈的学者多少都受过它的影响。"神化"虽可以独立于直译、意译之外，但实际是意译的延伸，主要用于讨论或指导文学翻译。20 世纪 50、60 年代以后，在傅雷和钱钟书的倡导下，影响越来越大，至今不衰。

　　（3）翻译新文学

　　1917 年 1 月 1 日，胡适在《新青年》第 2 卷第 5 号发表"文学改良刍议"一文，倡导改良中国文学。随后，陈独秀在该刊第 2 卷第 6 号发表了"文学革命论"，表示对胡适的支持。次年 4 月，胡适再次在《新青年》上发表"建设的文学革命论"，提倡以"国语的文学，文学的国语"为宗旨的新文学，将文学革命与国语运动结合起来。同年，周作人也发表"人的文学"一文，提倡"人道主义"的新文学。这些启蒙思想奠定了新文化运动的基础；就翻译而言，以林纾、严复等为代表所建立的晚清翻译规范遭到全面否定。这一时期的翻译讨论极力突出"新"的主题：即选择翻译"新"的外国文学，使用新的翻译语言，创造新的文学形式。

　　这一时期的文人学者相继提出了以下问题：晚清的小说翻译和此

时的小说翻译都是文学翻译，那么新时期的文学翻译应该表现出什么样的"新"？或者说与旧翻译文学有什么质的区别？第一，翻译经典的外国文学作品，介绍西方的文艺思潮。之所提出这一点，就是为了能彻底否定晚清时期急功近利的选材方式。林纾的翻译受到批评的一个方面，就是选材不精。第二，使用新的翻译语言。放弃文言文，尽可能使用白话文来译书，直接指向了严复和林纾。一个比较典型的例子就是周氏兄弟所译《域外小说集》。该小说集 1909 年以文言形式在日本印行，已经采用新式标点符号。1921 年的"《域外小说集》新版序"中，鲁迅回忆了当时翻译小说的初衷，"以为文艺是可以转移性情，改造社会的。因为这意见，便自然而然的想到介绍外国新文学这一件事"，这不能不说是对梁启超小说"新"民论的响应。这种"新"翻译文学的思想都是社会转型的产物，社会变化改变了人们对翻译的看法。

晚清时期文学翻译的终极目标是改变民众的思想，但其针对的读者群则是接受过一定传统教育的士大夫阶层，这些决定了所译小说的选材仅仅局限于达官显贵、才子佳人等主题，以文言作为翻译语言，将外国小说以中国传统章回小说、评书、话本等形式加以改造，以适合当时中国读者的口味。当时的小说翻译都遵循这些翻译规范，否则就不会被读者所关注。林译《巴黎茶花女遗事》1899 年出版时，一时洛阳纸贵的销售情况也说明了当时人们对于翻译的认识，即当时的翻译规范。到了"五四"前后，满清王朝被推翻，中国社会发生了翻天覆地的变化，翻译不再是被动地作为抵御外侮、改变落后的手段，而变成了一种主动行为，作为接受新思想、创造新文学的工具。可以看出，翻译在同一社会的不同历史时期所起社会功能并不相同，其根本原因在于，社会的变化改变了人们对于翻译的认识。

（4）语体文欧化

在使用白话文翻译外国文学的过程中，学者们注意到汉语与其他欧洲语言在词法、句法等方面的差异，一部分学者提出了采用欧化语言，丰富汉语表达方式的思想。1921 年 7 月 10 日《时事新报》第 7 期刊载了沈雁冰、郑振铎、王剑三、傅东华等关于语体文欧化的系列讨论，引起了很大反响。赞同欧化者认为，"这是过渡时代试验时代不得已的办法。"（雁冰等，1921）。同年 12 月 10 日《小说月报》第 12 卷第 12 期刊载了胡天月、王邸之与记者沈雁冰就欧化文体的讨论。由这里的讨论可以看出，欧化文体在当时也是被用来作为一种改造汉语表达方式、丰富汉语文体的手段。

（5）译诗

与世界各国对文学概念的理解有所不同，在中国很长一段时期内文学的主流一直由诗歌占据着。因而人们只要讨论文学问题，自然就会将它们与脑海中特定的诗歌这一文类相联系。同样在中国过去历代讨论文学翻译①的问题中，也以诗歌翻译问题讨论最多，《汇编》共收得这方面的文献近 50 篇。如果从作者的构成来看，论者大多是诗人兼诗歌翻译家，其译论大多是伴随着自己在诗歌翻译过程中而提出，多为经验之谈，随感性较强。从发表作品的时间段来考察，则以 20 世纪 20、30 年代这一时期发表的数量为最多。再从讨论内容来看，

---

① 本《汇编》中的文学翻译讨论除诗歌翻译问题外，还辑录了其他形式的文学翻译问题，包括戏剧翻译问题、各类西洋小说翻译问题；也有针对特定读者的特殊文学形式，如儿童文学翻译问题等。同时，也有不少文章在不同程度上讨论了文学译名问题。

则以讨论诗歌形式翻译的问题为最多，其间包括了对外国诗歌格律移植问题的讨论，也有就目标语中韵脚的运用、平仄的取舍，甚至还包括了限定每行字数的讨论。当然也有不少文章专门讨论原诗神韵的传递问题，他们几乎都在一定程度上涉及诗歌翻译中的可译性问题。

通过这些材料我们可以发现，他们的讨论基本上是站在目标语这一立场，并运用主体文学体系中一些诗学规范来衡量外国诗歌翻译。这些诗人兼翻译家大多同时担当着通过翻译外国诗歌来改造汉语新诗这一特殊任务。

（6）翻译批评

如前所述，翻译批评从佛经翻译时期就有，多见于僧传和经录，通常夹在经文的序言里，著名的有道安、僧睿等高僧。他们本着对佛学虔诚的态度看待译文，以佛理为基准，批评中肯，绝少空泛溢美之词。后来的翻译批评由于批评者始终未能找到一个具体可供参照的操作原则，直至近现代，他们对那些翻译作品印象式的点评，多将批评的矛头指向翻译作品的制造者——译者。而且从这些批评者的构成特色看，他们大多分属于不同文学团体，有着不同的政治背景和学术渊源，分别站在各自立场上展开了一次次的翻译批评活动，由此使这一纯属学术性质的活动变得更为复杂。

在中国近现代翻译史上，出现了一场场声势浩大、历时长久的翻译争论，尤以 20 世纪 20、30 年代最为频繁。最典型的例子有胡适等关于翻译与骂人的争论，郭沫若与孙铭传（孙大雨）、郭沫若与梁俊清、戈乐天与成仿吾等关于诗歌翻译的争论，以及鲁迅与梁实秋、赵景深等人关于翻译方法的论战，更是成了中国新文学史上讨论的重要话题。

　　不过到了 20 世纪 30、40 年代，在中国又有一些翻译理论家就翻译批评问题做过一些思考，提出过一些初步设想。但学界长期积淀下来的不良传统以及周遭的批评气氛，使这些良好的愿望和设想很难真正得以实现。因此，总体来看，在中国传统译论中，尽管翻译批评方面的论述占据很大比例，但其中对译学理论建树有实质性贡献的却不多。

　　纵观《汇编》所辑录的中国传统译论主题，我们不难看出，首先社会变迁是译论主题演变的一个诱因，社会变迁促成了翻译活动所履行社会功能的变化，进而影响了人们对翻译的认识；其次，中国传统译论体现出鲜明的"实用"性，注重可操作性，相对而言抽象化、理论化程度较低；第三，中国传统译论主题的演变，充分体现了同一社会文化中，不同历史时期翻译规范之间的竞争。不同观点的代表人物从自己的立场出发，就同一问题各执一端，互不相让。需要指出的是，《汇编》所划分的译论主题是每个阶段最集中、最突出的讨论内容。如果孤立地来看每个时期的译论主题，我们很难发现各个阶段之间的联系。但纵观其发展，我们可以清楚地看到中国传统译论的发展有其内在的社会动因，一条"以实用为标准，以解决具体问题为目标"的主线贯穿始终。这种以实用为原则的讨论体现在每个参与者都从各自的社会立场出发看待翻译问题，给出了不同的解决办法。不同观点针锋相对，有些论争近乎于人身攻击。然而，在激烈的论争当中也有冷静的思考。

凡　例

　　本书为《中国传统译论文献汇编》(以下简称《汇编》),"中国传统译论"特指用中文写成并在中国发表/出版的关于翻译的讨论或论述。编者选辑自东汉末年佛经翻译始,至1950年之前各个时期中国社会各界关于翻译的讨论。辑录工作历时近二十年,收集原始文献1000余篇,后按照与翻译理论和翻译方法相关的收录原则筛选出近900篇,记录约1720年间中国传统译论的发展历程。这些文献均辑自一手资料,许多文献都是原始发表后在国内首次呈现,对读者了解20世纪50年代之前中国传统译论的概貌弥足珍贵。现就选条标准、范围及编排方式说明如下。

选条标准

　　本《汇编》选条遵循统一的原则:主要收录讨论翻译理论或翻译方法的中文文献,力求材料全面完整。具体包括:

　　(1)有关佛经翻译的条目仅节选关于佛经翻译和翻译家的评论,以及关于佛经翻译的史实(其中包含评论)。本《汇编》辑录的89篇关于佛经翻译的讨论涉及主题包括:文质、烦简、名义、伦理、译者能力与地位、翻译语言与语体、译场设置与分工等。

（2）不收录中国早期文献中有关翻译的零星讨论，如《周礼·秋官·司寇·第五》中介绍周朝的"象胥"这一官职、《礼记·王制·第五》中关于不同地方对译者的称呼、《大戴礼记》中孔子有关翻译的言论等。

（3）不收录外国传教士及中外学者用英文撰写讨论翻译的文章，如《中国丛报》（*China Repository*）等英文刊物上外国传教士讨论译名的文章、外国传教士组织博医会会刊 *China Medical Missionary Journal*（《中国博医会报》，后更名为 *China Medical Journal*）以及 *National Medical Journal of China*（《中华医学杂志》）上关于统一医学名词的讨论文章都是英文，均不收录。

（4）收录部分外国人或中外人士合作用中文所著的译论，如傅兰雅（John Fryer）作"江南制造总局翻译西书事略（1880）"、李提摩太（Timothy Richard）作"《天伦诗》序（1898）"、林乐知（Young John Allen）、范祎作"新名词之辨惑（1904）"等。这些用中文发表的文章与中国翻译思想一脉相承，在中国发生过影响，是中国翻译研究的重要组成部分。部分收录刊载于中文刊物、用外文所著但由中国学者汉译的讨论翻译的文章，如发表于《新月》1929 年第 2 卷 3 号英国 Semion Rapoport 作、毕树棠译的"论译俄国小说（1929）"。部分收录中国学者关于国外翻译的讨论，如郑振铎作"俄国文学史中的翻译家（1921）"等。

（5）译作序言、后记类数量庞大，本《汇编》主要收录讨论相关翻译问题的条目，不收录原作及原作者介绍以及译者对原作的说明、评论和解释等。如林纾与他人合作翻译的文学作品近两百部，许多都包含序言，但大多未讨论翻译问题，本《汇编》仅收录 22 篇。

（6）部分收录有代表性的晚清时期政府或各类机构讨论翻译政策、选材、方法等翻译史资料，但不包括翻译史实介绍，如严复、林纾的翻译活动介绍等。

（7）关于某一翻译专题已有专门的文献汇编，本《汇编》不再重复收录其中包含的文献，如《圣号论衡：晚清〈万国公报〉基督教"圣号论争"文献汇编》（李炽昌，2008），其中包含晚清时期《万国公报》中关于"圣号"（God 汉译名）讨论文章 64 篇，本《汇编》不再收录。另外，早期的翻译论集，如《翻译论》（吴曙天，1933）、《翻译论》（黄嘉德，1940）等只选录一些重要部分，其余不用。

（8）有些文献也涉及翻译，但讨论主题是关于语言、历史、文化、社会、经济问题等，一般不收录。如张世禄作"从日本译音研究入声韵尾的变化（1929）"，是从早期的日本译音入手考察中国古音演变；温雄飞作"支那名号译音溯源考（1934）"，虽在文章结论部分提出："希腊、罗马古籍之称中国为 Thin 或 Sinae 者，皆'秦国'之译音，其详见于英人玉尔氏（Yule）所著之《中国古代见闻录》（*Cathay and the Way Thither*）中，亦见张氏之《中西交通史料汇篇》，皆已转译，可参考也"，但文章通篇主要讲述的是"秦人"的历史。

（9）讨论统一译名的文献数量庞大，尤其是涉及化学、物理、天文、医学等专门领域，学社、组织及官方关于统一科学译名的讨论内容尤其丰富。一些文献的篇幅及其内容远远超出编者的预期，个别文献当初虽刊载在杂志上，也有长达一百多页，其中附表百余个，甚至分期连载（如《科学》杂志所刊载吴承洛的"有机化学命名法评议"一文），详细内容可参见《中国传统译论：译名研究》（朱志瑜、黄立波，2013）的相关讨论。限于篇幅，本《汇编》略去部分局限于特定领域关于各类翻译名词的文献，如王恭睦（1936）作"地质学名词编订之经过"，等等，以及一些词汇对照表，如民国时期船学会（1915）的"中国船学会审定之海军名词表"。

（10）原始文献不完整的文献不收录。如《司法公报》刊发的"检发俄文字母译音表令"文末有"附审定俄文字母译音表一纸"，但刊物中并未找到此译音表。不收录无从考证发表年代的文献。

选条范围

编者首先通过各种途径从海内外现存有关文献（如早期的一些报刊杂志及出版的翻译类书籍序跋，或有关翻译机构颁布的章程乃至朝廷奏折）直接遴选，收集第一手文献资料，集中收得 1950 年以前有关中国传统译论方面的文献材料 1000 余篇，专著和论集数十部；尔后逐一对这些文献系统编目、整理，编订出一份《中国传统译论文献目录及提要——三国—1950 年前》。同时参考已有相关文献汇编中所论及的译论文献，选录凡能反映各时期翻译观念变化的文献，有代表性的资料来源包括：

（1）《出三藏记集》（［梁］释僧佑撰，苏晋仁、萧链子点校，北京：中华书局，1995）

（2）《创造社资料》（上）（饶鸿竟等编，福州：福建人民出版社，1981）

（3）《大藏经》（台北：中华佛教文化馆大藏经委员会影印，1957）

（4）《大唐内典录》（［唐］释道宣撰，台北：中华佛教文化馆大藏经委员会影印，1957）

（5）《二十世纪中国文学大典》（第一卷（1897—1929）、第二卷（1930—1965），陈鸣树主编，上海：上海教育出版社，1994；第三卷（1966—1994），陈鸣树主编，上海：上海教育出版社，1996）

（6）《二十世纪中国小说理论资料》（第一卷（1897—1916），陈平原、夏晓虹主编，第二卷（1917—1927），严家炎主编，第三卷（1928—1937），吴福主编，第四卷（1937—1949），钱理群主编，北京：北京大学出版社，1997）

（7）《翻译论》（黄嘉德编，上海：西风社，1940）

（8）《翻译论》（吴曙天编，上海：光华书局，1933）

（9）《佛藏要籍选刊》（苏渊雷、高振农编，上海：上海古籍出版社，1994）

（10）《高僧传》（［梁］释慧皎著，汤用彤校注，汤一介整理，北京：中华书局，1994）

（11）《高僧传合集》（［梁］慧皎等撰，上海：上海古籍出版社，1991）

（12）《开元释教录》（［唐］释智升撰，载苏渊雷、高振农编《佛藏要籍选刊》之二，上海：上海古籍出版社，1994）

（13）《历代三宝记》（［唐］费长房撰，载苏渊雷、高振农编《佛藏要籍选刊》之二，上海：上海古籍出版社，1994）

（14）《明清间耶稣会士译著提要》（徐宗泽编，北京：中华书局，1949）

（15）《全上古三代秦汉三国六朝文》（［清］严可均编，北京：中华书局影印，1958）

（16）《全唐文》（〔清〕董诰等编，上海：上海古籍出版社影印，1990）

（17）《宋高僧传》（〔宋〕赞宁撰，范祥雍点校，北京：中华书局，1987）

（18）《文学研究会资料》（下）（贾植芳等编，郑州：河南人民出版社，1985）

（19）《五四时期期刊介绍》（中共中央马克思、恩格斯、列宁、斯大林著作编译局研究室编，北京：三联书店，1958）

（20）《续补高僧传》（〔明〕释明河撰，载慧皎等撰《高僧传合集》，上海：上海古籍出版社，1991）

（21）《续高僧传》（〔唐〕释道宣撰，载慧皎等撰《高僧传合集》，上海：上海古籍出版社，1991）

编者通过对上述文献所列篇目逐一核实和考证，从中挑选出与翻译理论或翻译方法有关的部分，编订出文献目录及提要，之后按照文献成文年代重新编排。历史分期可有各种方法，古代史可以朝代更替为划分依据，近现代很多历史事件也可成为代表时代的标记。但这些分期方法用在翻译理论史却明显不适用。历史朝代不用说，近代鸦片战争、甲午、辛亥，甚至五四运动等重大事件都不能当作划分翻译理论演变的时代标记。通常大致可以说"佛经翻译时期""明清基督教传教士宗教科技翻译时期""清末人文社科翻译时期""文学翻译时期"等。但即使这种分法也是越接近现当代越不准确。鉴于各个时期文献数量分布不够均衡，编者根据文献数量多寡，采取分卷不分期的做法，将三国至1919年划为一卷，由于20、30年代文献数量庞大，故各分为两卷，40年代文献相对较少，划为一卷，据此全书分为六卷：

卷一 三国—1919 年

卷二 1920—1923 年

卷三 1924—1929 年

卷四 1930—1934 年

卷五 1935—1939 年

卷六 1940—1949 年

按历时顺序排列篇目有助于读者把握各个译论主题的发展与演变，读者在使用过程中也可以根据不同研究视角做出自己的分期。

编排方式

译论各篇单独成条，依照上述六个卷本的顺序，按照首次发表的时间顺序逐条编排，篇名后均附发表年代。具体还包括：

（1）所有篇目原则上均要求按照一手文献录入，保留原来的形式。例如，同是《晨报副刊》就有不同名称，既有《晨报附刊》，也有《晨报副镌》，还有《晨报副刊》。孙伏园接替李大钊做主编时，请鲁迅给刊物起名《晨报附镌》，但在写报头时写成了《晨报副镌》。徐志摩接替孙伏园后，改名为《晨报副刊》。个别无法找到原始文献的，则参考有权威性的近期版本。

（2）所有篇目原则上均按发表时间先后排序。个别文献具体发表时间不明确，编者则根据现有信息和上下文推算出发表时间，给出发表年份，尽可能排列在适当位置。

（3）全部选文皆改用新式标点。原篇目无标点符号的，标点符号由编者添加；有标点符号的一般保留原有标点；原有标点全部为"，"

或"。"的，由编者根据现代读者阅读习惯全部改正，如顿号"、"的使用；编者仅校正个别明显有误的地方。文献中提到的书名一律用《》，文章篇目一律用""。

（4）目录部分采用"作者姓名＋篇目标题（发表年代）＋页码"的格式。如：

（5）正文每个篇目包括：篇目标题（发表时间）、作者姓名、正文和出处四部分，出处当中卷、期、年、月等数字一律采用阿拉伯数字。如：

江南制造总局翻译西书事略（1880）
傅兰雅
序

江南制造局内设翻译馆，业十余年，远近诸君几若共闻；然其中本末裨益，尚有未详知者，屡承顾问；且常有西人书缄频寄，讯此馆之源流，问译书之理法，究察所用各物之名，访求所译西书之目。

【……】

西人常居局内，专理译书，故人远处，无暇往来；而且水土为灾，不胜异乡之感，终朝一事，难禁闷懑之怀。然而多年敏慎，风雨无虚者何也？盖以为吾人于此分所当耳。况上帝之意，必以此法裨益中国，安可任意因循，违乎天耶！是故朝斯夕斯，忍耐自甘，所以顺天心耳。

　　——节录《格致汇编》（第3、5、7、8卷，上海：格致书屋，1881年6、8、9月）

　　（6）所辑录原始文献大多为繁体汉字竖排版式，为方便读者，一律改为简体汉字横排，同时尽可能保留原文行文格式。

　　（7）各篇目内引文字号与格式全书统一。

　　（8）原文有明显错字处，编者只改正错别字或明显前后矛盾、互不一致的地方。原始文献中脱字、难辨字等用"□"表示，一个□代表一个汉字；省略与翻译理论无关的文字部分，并用【……】表示。

　　（9）标题中含有副标题的，保留原有格式，有的放入括号中，如"论逻辑（致民立报记者）（1912）"、"论逻辑（答王君季同，王君书见下）（1912）"等；有的以破折号表示，如"论统一译名当先组织学社——至《独立周报》记者（1912）"等。

　　（10）"商榷"类文章及对应的应答文章，有具体发表时间的按照时间顺序分别编排。多篇互动文章曾刊载于同一刊物、报纸或无法确认回应文章的发表时间，则回应文章附于"商榷"文章之后。如徐志摩的"说'曲译'（1929）"后附有刘英士的"帝国主义与文化"一文，两篇文章同时刊于《新月》1929年第2卷第2期，则刘文附于徐文之后；胡适的"论翻译——与曾孟朴先生书（1928）"一文后附有曾孟朴（病夫）的"曾先生答书"，两文辑自初版于1930年的《胡适文存三集》卷八。

　　（11）作者署名。署名以初次刊出时为准；如用不通用名或笔名，凡能考者，其常用名均用"（）"号标出，如周树人（鲁迅）、风声（鲁迅）、长庚（鲁迅）、洛文（鲁迅）、史贲（鲁迅）、康伯度（鲁迅）、庚（鲁迅）。又如沧江（梁启超）、民质（章士钊）、周逴（周作人）、凯明（周作人）、仲密（周作人）、岂明（周作人）、知堂（周作人）、郎损（沈雁冰），等等。无从考证原名的笔名全部保留，如"读林榕君所译《小新房》（1940）"作者署名ＤＤ，予以保留。

（12）限于篇幅和规模限制，编者未添加任何脚注或尾注，各篇目原有注释一律放在该篇目后面。

（13）原文中字号比正文字号小，双列或双行排版的夹注予以保留，如行严（章士钊）文"论逻辑（答王君季同，王君书见下）"中的一段文字："王君书中最要之点，乃至名之事与阴达逻辑无涉是也。记者请就此点答之，此而有当，余者皆迎刃解矣。逻辑共分两部，一题达逻辑。（记者主张译名之易于暧昧者以音译之故，不曰论理学亦不曰名学，而曰逻辑，凡逻辑中诸名之难译者亦俱仿此，故不曰归纳法，不曰内籀，而曰阴达逻辑。至演绎法及外籀之当作何字，尚未见于记者之文，题达两字乃王君所贡，记者深喜吾说之不孤，乃附志数语于此谢之，至逻辑二字乃本严译，亦非记者作古也。）一阴达逻辑。"其中括号部分为原文夹注，本《汇编》中以"（）"给出，字号略小一号，楷体，以示区别。

（14）原文中、外文夹杂的地方，按照原文格式录出，外文有错误的编者全部予以纠正。

（15）尽量保留早期汉语，尤其是民国时期汉语的一些富有时代特色的用字，不刻意用现代汉语规范用字去替换一些并不算错的用字，比如，"卤莽"不必替换为"鲁莽"。不易引起误解的异体字通常保留，如"止"同"只"等。与今天的语言使用差别太大的异体字，全通常改正，如"狠"改为"很"、"谭"改为"谈"等。

（16）有些早期译名与今译名不同，一般保留原文，如保留"太戈尔""华茨华士"等，今译为"泰戈尔"和"华兹华斯"。

（17）部分只有条目信息但无法找到原作，未录入本《汇编》，如刊载于《民立报》的马育鹏作"问逻辑一（1912）"等。

（18）部分篇目在刊物上分多期连载（如"续一""续二"等），通常按照发表时间顺序分别成篇；一些连载篇目，如讨论与翻译无关的话题，也不在本《汇编》收录范围。如鲁迅"玩笑只当它玩笑（上）（1934）"，还有（下）篇，但（下）篇中没有谈及翻译问题，故不收录。

（19）个别篇目存在多个不同版本，本《汇编》首先确认各个原始的刊载信息，原则上以先行发表的篇目为准。例如，在校对过程中编者发现，有两篇文献题目均为"Balance Sheet 译词之商榷"，内容完全一样，但作者与出处不同：(a) 李焯林"Balance Sheet"译词之商榷（1941），《公信会计月刊》（1941 年第 5 卷第 4 期）；(b) 冠山"Balance Sheet"译词之商榷（1945），《会联通讯》（1945 年第 36 期特刊）。经核实发现，1945 年版文末有说明："本文会于民国三十年刊登于《公信会计月刊》第五卷第四期，因港邑陷敌，该月刊无法寄入内地，深以为憾故特垂刊，望会计之学者不吝指教。"本《汇编》收录 1941 年版；篇目相同或相似，但内容有变化的，以最新发表篇目为准。例如徐宗泽对李之藻译《名理探》的讨论就有两篇文献：(a) 徐宗泽"李之藻的名理探"（1933），《圣教杂志》（1933 年第 22 卷第 4 期）；(b) 徐宗泽"《名理探》跋"（1935），万有文库第二集七百种《名理探》（上海：商务印书馆，1935：579—587）。两篇文献讨论内容相同，但行文上有很大差异，本《汇编》收录后者；

最后，还有几点需要指出：第一，尽管有以上的选篇和编排原则，但在实际操作中也个别收录了一些不大符合选篇原则的篇目，主要原因在于编者对于这些珍贵的文献实在难以割舍；第二，编排方面，有些文献由于年代久远，确实无法确认其具体的发表日期，因此只能具体到年份或月份；第三，在本《汇编》校对出版之际，编者们借助电子化文献检索工具又找到一批本《汇编》未能辑录的文献，后续会以《补编》的形式呈现读者。

此外，辑录和编校过程中难免还存在一些问题，编者敬请读者朋友批评指正。

致　谢

　　先后参与《汇编》文献录入及校对工作的还有傅勇林、杨平、张瑞、徐敏慧、王悦晨、杨焯、余静、王博、陈令儿、车树昇、肖志兵、邱文颖、罗瑞、袁娜、谢冰冰、苏玉鑫、李玉东、喻心如、王航、马金苗、樊晓婷、牛丽娜、杨虹、田奇、石欣玉、卢怡阳、赵伯儒、刘晶、孙艳、刘雪滢等，对他们的辛勤付出我们表示由衷的感谢！这里还要衷心感谢商务印书馆（北京）的编辑老师们，《汇编》的出版与他们的辛勤工作密不可分。特别感谢责任编辑张显奎老师，感谢他为本《汇编》付出的努力，以及对我们工作极大的耐心、理解和支持！

　　由于《汇编》的时间跨度大，篇目数量大，涵盖内容多，编者在辑录过程中难免有疏漏之处，敬请各位读者批评指正！

　　本研究是香港"大学教育资助委员会"资助项目成果的一部分，项目名称为："Traditional Chinese Ideas on Translation"（编号：B-Q28Y），特此致谢。

中国传统译论文献汇编
（六卷本）
卷一
（三国—1919）

目　　录

法句经序（三国）

支谦

　　夫诸经为法言，《法句》者，犹法言也。近世葛氏传七百偈，偈义致深，译人出之，颇使其浑漫。唯佛难值，其文难闻。又诸佛兴，皆在天竺，天竺言语与汉异音，云其书为天书，语为天语，名物不同，传实不易。唯昔蓝调、安侯世高、都尉、弗调，译胡为汉，审得其体，斯以难继。后之传者，虽不能密，犹尚贵其实，粗得大趣。始者维祇难出自天竺，以黄武三年来适武昌。仆从受此五百偈本，请其同道竺将炎为译。将炎虽善天竺语，未备晓汉，其所传言，或得胡语，或以义出音，近于质直。仆初嫌其辞不雅，维祇难曰："佛言依其义不用饰，取其法不以严。其传经者，当令易晓，勿失厥义，是则为善。"座中咸曰："老氏称'美言不信，信言不美。'仲尼亦云'书不尽言，言不尽意。'明圣人意深邃无极。今传胡义，实宜径达。"是以自竭，受译人口，因循本旨，不加文饰，译所不解，则阙不传。故有脱失，多不出者。

——《出三藏记集》卷第七，第 273 页

人本欲生经序（东晋）

释道安

　　斯经似安世高译为晋言也。言古文悉，义妙理婉。睹其幽堂之美，阙庭之富者，或寡矣。安每览其文，欲疲不能。所乐而玩者，三观之妙也；所思而存者，想灭之辞也。敢以余暇，为之撮注。其义同而文别者，无所加训焉。

——《出三藏记集》卷第六，第 250 页

大十二门经序（东晋）

释道安

然世高出经，贵本不饰。天竺古文，文通尚质。仓卒寻之，时有不达。

——《出三藏记集》卷第六，第254页

道行经序（东晋）

释道安

然凡谕之者，考文以征其理者，昏其趣者也；察句以验其义者，迷其旨者也。何则？考文则异同每为辞，寻句则触类每为旨。为辞则丧其卒成之致，为旨则忽其始拟之义矣。若率初以要其终，或忘文以全其质者，则大智玄通，居可知也。……

佛泥曰后，外国高士抄九十章为《道行品》。桓、灵之世，朔佛赍诣京师，译为汉文。因本顺旨，转音如己，敬顺圣言，了不加饰也。然经既抄撮，合成章指，音殊俗异，译人口传，自非三达，胡能一一得本缘故乎？由是《道行》颇有首尾隐者。古贤论之，往往有滞。仕行耻此，寻求其本，到于阗乃得。送诣仓垣，出为《放光品》。斥重省删，务今婉便，若其悉文，将过三倍。善出无生，论空特巧，传译如是，难为继矣。二家所出，足令大智焕尔阐幽。支谶全本，其亦应然。何者？抄经删削，所害必多，委本从圣，乃佛之至诚也。

——《出三藏记集》卷第七，第 263—264 页

合放光光赞略解序（东晋）

释道安

《放光》《光赞》，同本异译耳。其本具出于阗国持来，其年相去无几。《光赞》于阗沙门祇多罗以太康七年来，护公以其年十一月二十五日出之。《放光》分如檀以太康三年于阗为师送至洛阳，到元康元年五月，乃得出耳。先《光赞》来四年，后《光赞》出九年也。

《放光》，于阗沙门无罗又执胡，竺叔兰为译，言少事约，删削复重，事事显炳，焕然易观也。而从约必有所遗，于天竺辞及腾，每大简焉。

《光赞》，护公执胡本，聂承远笔受，言准天竺，事不加饰。悉则悉矣，而辞质胜文也。每至事首，辄多不便，诸反复相明，又不显灼也。考其所出，事事周密耳。互相补益，所悟实多。

——《出三藏记集》卷第七，第 265—266 页

5

摩诃钵罗若波罗蜜经抄序（东晋）

释道安

　　昔在汉阴十有五载，讲《放光经》岁常再遍。及至京师，渐四年矣，亦恒岁二，未敢堕息。然每至滞句，首尾隐没，释卷深思，恨不见护公、叉罗等。会建元十八年，正车师前部王名弥第来朝，其国师字鸠摩罗跋提，献胡《大品》一部，四百二牒，言二十千首卢。首卢三十二字，胡人数经法也。即审数之，凡十七千二百六十首卢，残二十七字，都并五十五万二千四百七十五字。天竺沙门昙摩蜱执本，佛护为译，对而检之，慧进笔受。与《放光》《光赞》同者，无所更出也。其二经译人所漏者，随其失处，称而正焉。其义异不知孰是者，辄并而两存之，往往为训其下，凡四卷。其一纸二纸异者，出别为一卷，合五卷也。

　　译胡为秦，有五失本也：一者胡语尽倒，而使从秦，一失本也。二者胡经尚质，秦人好文，传可众心，非文不合，斯二失本也。三者胡经委悉，至于叹咏，叮咛反复，或三或四，不嫌其烦。而今裁斥，三失本也。四者胡有义说，正似乱辞，寻说向语，文无以异。或千五百，刈而不存，四失本也。五者事已全成，将更傍及，反腾前辞，已乃后说。而悉除此，五失本也。

然《般若经》，三达之心，复面所演，圣必因时，时俗有易，而删雅古以适今时，一不易也。愚智天隔，圣人巨阶，乃欲以千岁之上微言，传使合百王之下末俗，二不易也。阿难出经，去佛未久，尊者大迦叶令五百六通迭察迭书。今离千年，而以近意量裁。彼阿罗汉乃兢兢若此，此生死人而平平若此，岂将不知法者勇乎？斯三不易也。

涉兹五失经、三不易，译胡为秦，讵可不慎乎！正当以不闻异言，传令知会通耳，何复嫌大匠之得失乎？是乃未所敢知也。

前人出经，支谶、世高，审得胡本，难系者也。又罗、支越，斲凿之巧者也。巧则巧矣，惧窍成而混沌终矣。若夫以《诗》为烦重，以《尚书》为质朴，而删令合今，则马、郑所深恨者也。

近出此撮，欲使不杂，推经言旨，唯惧失实也。其有方言古辞，自为解其下也。于常首尾相违句不通者，则冥如合符，厌如复折，乃见前人之深谬，欣通外域之嘉会也。于九十章荡然无错疑处，毫芒之间，泯然无微疹。已矣乎！

——《出三藏记集》卷第八，第288—290页

道地经序（东晋）

释道安

有开士世高者，安息王元子也。禅国高让，纳万乘位，克明俊德，改容修道。越境流化，爰适此邦，其所传训，渊微优邃。又析护所集者七章译为汉文，音近雅质，敦兮若朴，或变质从文，或因质不饰。皇矣世高，审得厥旨。

——《出三藏记集》卷第十，第 367 页

阿毗昙序（东晋）

释道安

"阿毗昙"者，秦言"大法"也。……

以建元十九年，鄹宾沙门僧迦禘婆，诵此经甚利，来诣长安，比丘释法和请令出之。佛念译传，慧力、僧茂笔受，和理其指归。自四月二十日出，至十月二十三日乃讫。其人检校译人，颇杂义辞，龙蛇同渊，金鍮共肆者，彬彬如也。和怃然恨之，余亦深谓不可，遂令更出。夙夜匪懈，四十六日而得尽定，损可损者四卷焉。至于事须悬解起尽之处，皆为细其下。胡本十五千七十二首卢，四十八万二千三百四言。秦语十九万五千二百五十言。

——《出三藏记集》卷第十，第 377 页

鞞婆沙序（东晋）

释道安

有秘书郎赵政文业者，好古索隐之士也。常闻外国尤重此经，思存想见，然乃在昆岳之右，芄野之西，眇尔绝域，末由也已。会建元十九年，罽宾沙门僧伽跋澄讽诵此经，四十二处，是尸陀槃尼所撰者也。来至长安，赵郎饥虚在往，求令出焉。其国沙门昙无难提笔受为梵文，弗图罗刹译传，敏智笔受为此秦言，赵郎正义起尽。自四月出，至八月二十九日乃讫。胡本一万一千七百五十二首卢，长五字也，凡三十七万六千六十四言也。秦语为十六万五千九百七十五字。经本甚多，其人忘失。唯四十事，是释《阿毗昙》十门之本，而分十五事为小品迥著前，以二十五事为大品而著后。此大小二品，全无所损。其后二处是忘失之遗者，令第而次之。

赵郎谓译人曰："《尔雅》有〈释诂〉〈释言〉者，明古今不同也。昔来出经者，多嫌胡言方质，而改适今俗，此政所不取也。何者？传胡为秦，以不闲方言，求知辞趣耳，何嫌文质？文质是时，幸勿易之，经之巧质，有自来矣。唯传事不尽，乃译人之咎耳。"众咸称善。斯真实言也。遂案本而传，不令有损言游字，时改倒句，余尽实录也。

——《出三藏记集》卷第十，第382页

比丘大戒序（东晋）

释道安

大法东流，其日未远，我之诸师，始秦受戒，又乏译人，考校者鲜。先人所传，相承谓是，至澄和上多所正焉。

余昔在邺，少习其事，未及检戒，遂遇世乱，每以怏怏不尽于此。至岁在鹑火，自襄阳至关右，见外国道人昙摩侍讽《阿毗昙》，于律特善。遂令凉州沙门竺佛念写其梵文，道贤为译，慧常笔受。经夏渐冬，其文乃讫。

考前常行世戒，其谬多矣。或殊失旨，或粗举意。昔从武遂法潜得一部戒，其言烦直，意常恨之。而今侍戒规矩与同，犹如合符，出门应辙也。然后乃知淡乎无味，乃真道味也。而嫌其丁宁，文多反复称，即命慧常，令斥重去复。

常乃避席谓："大不宜尔。戒犹礼也，礼执而不诵，重先制也，慎举止也。戒乃径广长舌相三达心制，八辈圣士珍之宝之，师师相付，一言乖本，有逐无赦。外国持律，其事实尔。此土《尚书》及与《河》《洛》，其文朴质，无敢措手，明祇先王之法言而慎神命也。何至佛戒，圣贤所贵，而可改之以从方言乎？恐失四依不严之教也。与其巧便，宁守雅正。译胡为秦，东教之士犹或非之，愿不刊削以从饰也。"众咸称善。于是案胡文书，唯有言倒，时从顺耳。

前出戒《十三事》中起室与檀越议，《十三事》中至大姓家及绮红锦绣衣及《七因缘法》，如斯之比，失旨多矣。

将来学者，审欲求先圣雅言者，宜详览焉。诸出为秦言，便约不烦者，皆葡萄酒之被水者也。

——《出三藏记集》卷第十一，第 412—413 页

三法度经序（东晋）

释慧远

有游方沙门，出自罽宾，姓瞿昙氏，字僧伽提婆。昔在本国，预闻斯道，雅玩神趣，怀佩以游。其人虽不亲承二贤之音旨，而讽味三藏之遗言，志在分德，诲人不倦，每至讲论，嗟咏有余。远与同集，劝令宣译。提婆于是自执胡经，转为晋言，虽音不曲尽，而文不害意，依实去华，务存其本。自昔汉兴，逮及有晋，道俗名贤，并参怀圣典，其中弘通佛教者，传译甚众。或文过其意，或理胜其辞，以此考彼，殆兼先典。后来贤哲，若能参通晋胡，善译方言，幸复详其大归，以裁厥中焉。

——《出三藏记集》卷第十，第380页

大智论抄序（东晋）

释慧远

有高座沙门，字曰童寿，宏才博见，智周群籍，玩服斯论，佩之弥久。虽神悟发中，必待感而应。于时秦主姚王，敬乐大法，招集名学，以隆三宝，德洽殊俗，化流西域。是使其人闻风而至，既达关右，即劝令宣译。童寿以此论深广，难卒精究，因方言易省，故约本以为百卷。计所遗落，殆过参倍。而文藻之士犹以为繁，咸累于博，罕既其实。譬大羹不和，虽味非珍；神珠内映，虽宝非用。信言不美，固有自来矣。若遂令正典隐于荣华，玄朴亏于小成，则百家竞辩，九流争川，方将幽沦长夜，背日月而昏逝，不亦悲乎！于是静寻所由，以求其本，则知圣人依方设训，文质殊体。若以文应质，则疑者众；以质应文，则悦者寡。是以化行天竺，辞朴而义微，言近而旨远。义微则隐昧无象，旨远则幽绪莫寻，故令玩常训者牵于近习，束名教者惑于未闻。若开易进之路，则阶借有由；晓渐悟之方，则始涉有津。远于是简繁理秽，以详其中，令质文有体，义无所越。辄依经立本，系以《问论》，正其位分，使类各有属。谨与同止诸僧，共别撰以为集要，凡二十卷。虽不足增晖圣典，庶无大谬。如其未允，请俟来哲！

合首楞严经记（东晋）

支敏度

此经本有记云，支谶所译出。谶，月支人也。汉桓、灵之世来在中国。其博学渊妙，才思测微，凡所出经，类多深玄，贵尚实中，不存文饰。今之《小品》《阿阇贳》《屯真》《般舟》，悉谶所出也。

又有支越字恭明，亦月支人也。其父亦汉灵帝之世来献中国。越在汉生，似不及见谶也。又支亮字纪明，资学于谶，故越得受业于亮焉。越才学深彻，内外备通，以季世尚文，时好简略，故其出经，颇从文丽。然其属辞析理，文而不越，约而义显，真可谓深入者也。以汉末沸乱，南度奔吴。从黄武至建兴中，所出诸经数十卷，自有别传记录，亦云出此经，今不见复有异本也。然此《首楞严》自有小不同，辞有丰约，文有晋胡，较而寻之，要不足以为异人别出也。恐是越嫌谶所译者，辞质多胡音。所异者，删而定之；其所同者，述而不改。二家各有记录耳。此一本于诸本中辞最省便，又少胡音，遍行于世，即越所定者也。

至大晋之初，有沙门支法护，白衣竺叔兰，并更译此经，求之于义，互相发明。

披寻三部，劳而难兼，欲令学者即得其对，今以越所定者为母，护所出为子，兰所译者系之。其所无者，辄于其位记而别之。或有文义皆同，或有义同而文有小小增减，不足重书者，亦混以为同。虽无益于大趣，分部章句，差见可耳。

——《出三藏记集》卷第七，第 270 页

合维摩诘经序（东晋）

支敏度

　　盖《维摩诘经》者，先哲之格言也，弘道之宏标也。其文微而婉，厥旨幽而远。可谓唱高和寡，故举世罕览。然斯经梵本，出自维耶离。在昔汉兴，始流兹土，于时有优婆塞支恭明。逮及于晋，有法护、叔兰。此三贤者，并博综稽古，研机极玄，殊方异音，兼通开解。先后译传，别为三经——同本、人殊、出异。

　　或辞句出入，先后不同。

　　或有无离和，多少各异。

　　或方言训古，字乖趣同。

　　或其文胡越，其趣亦乖。

　　或文义混杂，在疑似之间。

　　若此之比，其涂非一。若其偏执一经，则失兼通之功。广批其三，则文烦难究。余是以合两令相附，以明所出为本，以兰所出为子。分章断句，使事类相从。令寻之者瞻上视下，读彼案此，足以释乖迁之劳易，则易知矣。若能参考校异，极数通变，则万流同归，百虑一致。庶可以辟大通于未寤，阖同异于均致。若其配不相畴，傥失其类者，俟后明喆君子，刊之从正。

　　——《出三藏记集》卷第八，第 310 页

首楞严经后记（东晋）

佚名

咸安三年，岁在癸酉，凉州刺史张天锡在州出此《首楞严经》。于时有月支优婆塞支施仑手执胡本……辞旨如本，不加文饰。饰近俗，质近道，文质兼唯圣有之耳。

——《出三藏记集》卷第七，第 271 页

安般守意经序（东晋）

谢敷

[论安世高]其所译出百余万言，探畅幽赜，渊玄难测。此《安般》典，其文虽约，义关众经，自浅至精，众行具举，学之先要，孰踰者乎！

——《出三藏记集》卷第六，第247页

维摩诘经序（东晋）

释僧肇

大秦天王俊神超世，玄心独悟，弘至治于万机之上，扬道化于千载之下。每寻玩兹典，以为栖神之宅。而恨支、竺所出，理滞于文，常惧玄宗，坠于译人。北天之运，运通有在也。以弘始八年，岁次鹑火，命大将军常山公、左将军安城侯，与义学沙门千二百人，于常安大寺请罗什法师重译正本。什以高世之量，冥心真境，既尽环中，又善方言。时手执胡文，口自宣译。道俗虔虔，一言三复，陶冶精求，务存圣意。其文约而诣，其旨婉而彰，微远之言，于兹显然。

——《出三藏记集》卷第八，第 309—310 页

百论序（东晋）

释僧肇

有天竺沙门鸠摩罗什，器量渊弘，俊神超邈。钻仰累年，转不可测。常味咏斯《论》，以为心要。先虽亲译，而方言未融，致令思寻者踌躇于谬文，标位者乖迕于归致。大秦司隶校尉安城侯姚嵩，风韵清舒，冲心简胜，博涉内外，理思兼通。少好大道，长而弥笃，虽复形羁时务，而法言不辍。每抚兹文，所慨良多。以弘始六年，岁次寿星，集理味沙门，与什考校正本，陶练复疏，务存论旨。使质而不野，简而必诣，宗致划尔，无间然矣。论凡二十品，品各有五偈，后十品其人以为无益此土，故阙而不传。冀明识君子，详而览焉。

——《出三藏记集》卷第十一，第 403 页

法华宗要序（东晋）

慧观

　　有外国法师鸠摩罗什……秦弘始八年夏，于长安大寺集四方义学沙门二千余人，更出斯经，与众详究。什自手执胡经，口译秦语。曲从方言，而趣不乖本。即文之益，亦已过半。虽复霄云披翳，阳景俱晖，未足喻也。什犹谓语现而理沉，事近而旨远。又释言表之隐，以应探赜之求。虽冥扉未开，固已得其门矣。

——《出三藏记集》卷第八，第 306 页

僧伽罗刹集后记（东晋）

佚名（道安弟子）

大秦建元二十年十一月三十日，罽宾比丘僧伽跋澄于长安石羊寺，口诵此经及《毗婆沙》。佛图罗刹翻译，秦言未精，沙门释道安，朝贤赵文业，研核理趣，每存妙尽，遂至留连，至二十一年二月九日方讫。且《婆须蜜经》及昙摩难提口诵《增一阿含》并《幻网经》，使佛念为译人。念乃学通内外，才辩多奇。常疑西域言繁质，谓此土好华，每存莹饰，文句减其繁长。安公、赵郎之所深疾，穷校考定，务存典骨。既方俗不同，许其五失胡本，出此以外，毫不可差。"五失"如安公《大品序》所载。余既预众末，聊记卷后，使知释赵为法之至。

——《出三藏记集》卷第十，第 374—375 页

大品经序（十六国）

释僧叡

夫宝重故防深，功高故校广。嘱累之所以殷懃，功德之所以屡增，良有以也。而经来兹土，乃以秦言译之，典谟乖于殊制，名实丧于不谨。致使求之弥至，而失之弥远。顿辔重关，而穷路转广。不遇渊匠，殆将坠矣。亡师安和尚凿荒涂以开辙，标玄指于性空，落乖踪而直达，殆不以谬文为阂也。亹亹之功，思过其半，迈之远矣。

鸠摩罗什法师，慧心凤悟，超拔特诣，天魔干而不能回，渊识难而不能屈。扇龙树之遗风，震慧响于此世。秦王感其来仪，时运开其凝滞。以弘始三年，岁次星纪，冬十二月二十日至长安。秦王扣其虚关，匠伯陶其渊致。虚关既开，乃正此文言；渊致既宣，而出其《释论》。渭滨流祇洹之化，西明启如来之心，逍遥集德义之僧，京城溢道咏之音。末法中兴，将始于此乎。

予既知命，遇此真化，敢竭微诚，属当译任。执笔之际，三惟亡师"五失"及"三不易"之诲，则忧惧交怀，惕焉若厉。虽复履薄临深，未足喻也。幸冀宗匠通鉴，文虽左右，而旨不违中，遂谨受案译，敢当此任。

以弘始五年，岁在癸卯，四月二十三日，于京城之北逍遥园中出此经。法师手执胡本，口宣秦言，两释异音，交辩文旨。秦王躬览旧经，验其得失，咨其通途，坦其宗致。与诸宿旧义业沙门释慧恭、僧䂮、僧迁、宝度、慧精、法钦、道流、僧叡、道恢、道标、道恒、道悰等五百余人，详其义旨，审其文中，然后书之。以其年十二月十五日出尽。校正检括，明年四月二十三日乃讫。

文虽粗定，以《释论》检之，犹多不尽。是以随出其论，随而正之。《释论》既讫，尔乃文定。定之未已，已有写而传者，又有以意增损，私以《般若波罗蜜》为题者，致使文言舛错，前后不同。良由后生虚己怀薄，信我情笃故也。

胡本唯《序品》《阿鞞跋致品》《魔事品》有名，余者宜第其品数而已。法师以名非佛制，唯存《序品》，略其二目。其事数之名与旧不同者，皆是法师以义正之者也。如"阴""入""持"等，名与义乖，故随义改之。"阴"为"众"，"入"为"处"，"持"为"性"，"解脱"为"背舍"，"除入"为"胜处"，"意止"为"念处"，"意断"为"正勤"，"觉意"为"菩萨"，"直行"为"圣道"。诸如此比，改之甚众。胡音失者，正之以天竺；秦言谬者，定之以字义。不可变者，即而书之。是以异名斌然，胡音殆半。斯实匠者之公谨，笔受之重慎也。幸冀遵实崇本之贤，推而体之，不以文朴见咎，烦异见情也。

——《出三藏记集》卷第八，第 292—293 页

小品经序（十六国）

释僧叡

有秦太子者，寓迹储宫，拟韵区外。玩味斯经，梦想增至。准悟《大品》，深知译者之失。会闻鸠摩罗法师神授其文，真本犹存，以弘始十年二月六日请令出之，至四月三十日校正都讫。考之旧译，真若荒田之稼，芸过其半，未诓多也。斯经正文凡有四种，是佛异时适化广略之说也。其多者云有十万偈，少者六百偈。此之《大品》也，乃是天竺之中品也。随宜之言，复何必计其多少，议其烦简耶？胡文雅质，案本译之，于丽巧不足，朴正有余矣。幸冀文悟之贤，略其华而几其实也。

——《出三藏记集》卷第八，第 298 页

26

法华经后序（十六国）

释僧叡

寻幽宗以绝往，则丧功于本无。控心辔于三昧，则忘期于二地。经流兹土，虽复垂及百年，译者昧其虚津，灵关莫之或启。谈者乖其准格，幽踪罕得而履。徒复搜研皓首，并未有窥其门者。秦司隶校尉、左将军安城侯姚嵩，拟韵玄门，宅心世表，注诚斯典，信诣弥至。每思寻其文，深识译者之失。既遇鸠摩罗法师，为之传写，指其大归，真若披重霄而高蹈，登昆仑而俯眄矣。于时听受领悟之僧八百余人，皆是诸方英秀，一时之杰也。是岁弘始八年，岁次鹑火。

——《出三藏记集》卷第八，第 307 页

思益经序（十六国）

释僧叡

　　此经天竺正音名《毗绝沙真谛》，是他方梵天殊特妙意菩萨之号也。详听什公传译其名，翻复展转，意似未尽。良由未备秦言，名实之变故也。察其语意，会其名旨，当是"持意"，非"思益"也。直以未喻"持"义，遂用"益"耳。其言"益"者，超绝、殊异、妙拔之称也。"思"者，进业高胜、自强不息之名也。旧名"持心"，最得其实。又其义旨，旧名"等御诸法"。……

　　而恭明前译，颇丽其辞，仍迷其旨。是使宏标乖于谬文，至味淡于华艳。虽复研寻弥稔，而幽旨莫启。幸遇鸠摩罗什法师于关右，既得更译梵音，正文言于竹帛，又蒙披释玄旨，晓大归于句下。于时咨悟之僧二千余人，大斋法集之众，欣豫难遭之庆。近是讲肆之来，未有其比。

——《出三藏记集》卷第八，第 308 页

毗摩罗诘提经义疏序（十六国）

释僧叡

予始发心，启蒙于此。讽咏研求，以为喉衿。禀玄诣于先匠，亦复未识其绝往之通塞也。既蒙鸠摩罗什法师正玄文，摘幽诣，始悟前译之伤本，谬文之乖趣耳。至如以"不来相"为"辱来"，"不见相"为"相见"，"未缘法"为"始神"，"缘合法"为"止心"。诸如此比，无品不有，无章不尔。然后知边情诣诐，难可以参契真言，厕怀玄悟矣。

自慧风东扇，法言流咏已来，虽曰讲肆，格义迂而乖本，六家偏而不即。性空之宗，以今验之，最得其实。然炉冶之功，微恨不尽，当是无法可寻，非寻之不得也。何以知之？此土先出诸经，于识神性空，名言处少，存神之文，其处甚多。《中》《百》二论，文未及此，又无通鉴，谁与正之？先匠所以缀章于遐慨，思决言于弥勒者，良在此也。

自提婆已前，天竺义学之僧并无来者，于今始闻宏宗高唱。敢预希味之流，无不竭其聪而注其心，然领受之用易存，忆识之功难掌。自非般若朗其闻慧，总持铭其思府，焉能使机过而不遗，神会而不昧者哉？故因纸墨以记其文外之言，借众听以集其成事之说。烦而不简者，贵其事也。质而不丽者，重其意也。其旨微而婉，其辞博而晦，自非笔受，胡可胜哉！是以即于讲次，疏以为记，冀通方之贤，不咎其烦而不要也。

——《出三藏记集》卷第八，第 311—312 页

大智释论序（十六国）

释僧叡

有鸠摩罗耆婆法师者，少播聪慧之闻，长集奇拔之誉，才举则亢标万里，言发则英辩荣枯。常仗兹《论》为渊镜，凭高致以明宗。以秦弘始三年，岁之星纪，十二月二十日，自姑臧至长安。秦王虚襟，既已蕴在昔见之心，岂徒则悦而已？晤言相对，则淹留终日，研微造尽，则穷年忘倦。又以晤言之功虽深，而恨独得之心不旷；造尽之要虽玄，而惜津梁之势未普。遂以莫逆之怀，相与弘兼忘之惠。乃集京师义业沙门，命公卿赏契之士，五百余人集于渭滨逍遥园堂。鸾舆伫驾于洪涘，禁御息警于林间，躬览玄章，考正名于胡本，咨通津要，坦夷路于来践。经本既定，乃出此《释论》。《论》之略本有十万偈，偈有三十二字，并三百二十万言。胡、夏既乖，又有烦简之异，三分除二，得此百卷，于《大智》二十万言。玄章婉旨，朗然可见。归途直达，无复惑趣之疑。以文求之，无间然矣。故天竺传云："像正之末，微马鸣、龙树，道学之门，其沦湑溺丧矣。"其故何耶？实由二未契微，邪法用盛，虚言与实教并兴，崄径与夷路争辙。始进化之而流离，向道者惑之而播越，非二匠其孰与正之？是以天竺诸国为之立庙，宗之若佛。又称而咏之曰："智慧日已颓，斯人令再曜。世昏寝已久，斯人悟令觉。"若然者，真可谓功格十地，道侔补处者矣，传而称之，不亦宜乎！

幸哉，此中鄙之外，忽得全有此论。胡文委曲，皆如《初品》。法师以秦人好简，故裁而略之。若备译其文，将近千有余卷。法师于秦语大格，唯译一往，方言殊好，犹隔而未通。苟言不相喻，则情无由比。不比之情，则不可以托怀于文表；不喻之言，亦何得委殊涂于一致。理固然矣。进欲停笔争是，则校竞终日，卒无所成。退欲简而便之，则负伤手穿凿之讥。以二三唯案译而书，都不备饰。幸冀明悟之贤，略其文而挹其玄也。

——《出三藏记集》卷第十，第385—387页

舍利弗阿毗昙序（后秦）

释道标

　　会天竺沙门昙摩崛多、昙摩耶舍等义学来游，秦王既契宿心，相与辩明经理。起清言于名教之域，散众微于自无之境，超超然诚韵外之致，悁悁然复美称之实。于是诏令传译。然承华天哲，道嗣圣躬，玄味远流，妙度渊极，特体明旨，遂赞其事。经师本虽暗诵，诚宜谨备，以秦弘始九年，命书梵文。至十年，寻应令出。但以经趣微远，非徒开言所契，苟彼此不相领悟，直委之译人者，恐津梁之要，未尽于善。停至十六年，经师渐闲秦语，令自宣译。皇储亲管理味，言意兼了，复所向尽，然后笔受。即复内呈上，讨其烦重，领其旨归。故令文之者修饰，义之者缀润，并校至十七年讫。

——《出三藏记集》卷第十，第 372—373 页

胜鬘经序（刘宋）

释法慈

有天竺沙门名功德贤，业素敦尚，贯综大乘，远载梵本，来游上京，庇迹祇洹，招学钻访。才虽不精绝，义粗辉扬，遂播斯旨，乃上简帝王。于时有优婆塞何尚之……于郡内请出此经。既会贤本心，又谨传译，字句虽质，而理妙渊博，殆非常情所可厝虑。

……竺道生义学弟子竺道攸……经出之后，披寻反复，既悟深旨，仰而叹曰："先师昔义，暗与经会；但岁不待人，经袭义后。若明匠在世，剖析幽赜者，岂不使异经同文，解无余向者哉！辄敢解释，兼翼宣遗训，故作《注解》，凡有五卷。"时人以为文广义隐，所以省者息心玄门。

——《出三藏记集》卷第九，第 349—350 页

毗婆沙经序（北凉）

释道梃

　　时有天竺沙门浮陀跋摩，周流敷化，会至凉境。其人开悟渊博，神怀深邃，研味钻仰，逾不可测。遂以乙丑之岁四月中旬，于凉城内苑闲豫宫寺，请令传译理味。沙门智嵩、道朗等三百余人，考文详义，务存本旨，除烦即实，质而不野。王亲屡回御驾，陶其幽趣，使文当理诣，片言有寄。至丁卯岁七月上旬都讫，通一百卷。

　　　　　　　　——《出三藏记集》卷第十，第 383—384 页

出三藏记集卷第一序（梁）

释僧佑

夫真谛玄凝，法性虚寂，而开物导俗，非言莫津。是以不二默酬，会于义空之门；一音振辩，应乎群有之境。

自我师能仁之出世也，鹿苑唱其初言，金河究其后说。契经以诱小学，方典以劝大心。妙轮区别十二惟部，法聚总要八万其门。至"善逝"晦迹，而"应真"结集，始则四《含》集经，中则五部分戒，大宝斯在含识资焉。然道由人弘，法待缘显。有道无人，虽文存而莫悟。有法无缘，虽并世而弗闻。闻法资乎时来，悟道借于机至。机至然后感，时来然后化通矣。

昔周代觉兴而灵津致隔，汉世像教而妙典方流——法待缘显，信有征矣。汉末安高宣译转明，魏初康会著述渐畅——道由人弘，于兹验矣。自晋氏中兴，三藏弥广。外域胜宾，稠叠以总至；中原慧士，暐晔而秀生。提、什举其宏纲，安、远振其奥领。渭滨务逍遥之集，庐岳结般若之会。像法得人，于斯为盛。

原夫经出西域，运流东方，提挈万里，翻转胡汉。国音各殊，故文有同异；前后重来，故题有新旧。而后之学者，鲜克研核，遂乃书写继踵，而不知经出之岁，诵说比肩，而莫测传法之人。授受之道，亦已阙矣。夫一时圣集，犹五事证经，况千载交译，宁可昧其人世哉！

昔安法师以鸿才渊鉴，爰撰《经录》。订正闻见，炳然区分。自兹以来，妙典间出，皆是大乘宝海，时竞讲习，而年代人名，莫有诠贯。岁月逾迈，本源将没。后生疑惑，奚所取明？

佑以庸浅，豫凭法门，翘仰玄风，誓弘末化。每至昏晓讽持，秋夏讲说，未尝不心驰菴园，影跃灵鹫。于是牵课羸恙，沿波讨源，缀其所闻，名曰《出三藏记集》。一撰缘记，二诠名录，三总经序，四述列传。缘记撰，则始之本克昭；名录铨，则年代之目不坠；经序总，则胜集之时足征；列传述，则伊人之风可见。并钻析内经，研镜外籍；参以前识，验以旧闻。若人代有据，则表为司南；声传未详，则文归盖阙。秉牍凝翰，志存信史；三复九思，事取实录。有证者既标，则无源者自显。庶行潦无杂于醇乳，燕石不乱于荆玉矣。但井识管窥，多惭博练，如有未备，请寄明哲。

——《出三藏记集》卷第一，第1—2页

胡汉译经文字音义同异记（梁）

释僧佑

　　夫神理无声，因言辞以写意；言辞无迹，缘文字以图音。故字为言蹄，言为理筌，音义合符，不可偏失。是以文字应用，弥纶宇宙，虽迹系翰墨，而理契乎神。昔造书之主凡有三人：长名曰梵，其书右行；次曰佉楼，其书左行；少者苍颉，其书下行。梵及佉楼居于天竺，黄史苍颉在于中夏。梵、佉取法于净天，苍颉因华于鸟迹。文画诚异，传理则同矣。

　　仰寻先觉所说，有六十四书，鹿轮转眼，笔制区分，龙鬼八部，字体殊式。唯梵及佉楼为世胜文，故天竺诸国谓之天书。西方写经，虽同祖梵文，然三十六国往往有异。譬诸中土，犹篆籀之变体乎。案苍颉古文，沿世代变，古移为籀，籀迁至篆，篆改成隶，其转易多矣。至于傍生八体，则有仙龙云芝；二十四书，则有楷草针殳。名实虽繁，为用盖尠。然原本定义，则体备于六文，适时为敏，则莫要于隶法。东西之书源，亦可得而略究也。

　　至于梵音为语，单复无恒，或一字以摄众理，或数言而成一义。寻《大涅槃经》列字五十，总释众义十有四音，名为字本。观其发语裁音，宛转相资，或舌根唇末，以长短为异。且胡字一音不得成语，必余言足句，然后义成。译人传意，岂不艰哉。

又梵书制文，有半字满字。所以名半字者，义未具足，故字体半偏，犹汉文"月"字，亏其傍也。所以名满字者，理既究竟，故字体圆满，犹汉文"日"字，盈其形也。故半字恶义，以譬烦恼；满字善义，以譬常住。又半字为体，如汉文"言"字；满字为体，如汉文"诸"字。以"者"配"言"，方成"诸"字。"诸"字两合，即满之例也；"言"字单立，即半之类也。半字虽单，为字根本，缘有半字，得成满字。譬凡夫始于无明，得成常住，故因字制义，以譬涅槃。梵文义奥，皆此类也。

是以宣领梵文，寄在明译。译者释也，交释两国，言谬则理乖矣。自前汉之末，经法始通，译音胥讹，未能明练。故"浮屠""桑门"，遗谬汉史。音字犹然，况于义乎？案中夏彝典，诵《诗》执《礼》，师资相授，犹有讹乱。《诗》云"有兔斯首"，"斯"当作"鲜"，齐语音讹，遂变《诗》文，此"桑门"之例也。《礼记》云"孔子蚤作"，"蚤"当作"早"，而字同蚤虱，此古字同文，即"浮屠"之例也。中国旧经，而有"斯""蚤"之异；华、戎远译，何怪于"屠""桑"哉！

若夫度字、传义，则置言由笔，所以新旧众经，大同小异。天竺语称"维摩诘"，旧译解云"无垢称"，关中译云"净名"。"净"即"无垢"，"名"即是"称"，此言殊而义均也。旧经称"众佑"，新经云"世尊"，此立义之异旨也。旧经云"干沓和"，新经云"干闼婆"，此国音之不同也。略举三条，余可类推矣。

是以义之得失由乎译人，辞之质文系于执笔。或善胡义而不了汉旨，或明汉文而不晓胡意，虽有偏解，终隔圆通。若胡、汉两明，意义四畅，然后宣述经奥，于是乎正。前古译人，莫能曲练，所以旧经文意，致有阻碍，岂经碍哉，译之失耳！

昔安息世高，聪哲不群，所出众经，质文允正。安玄、严调，既亹亹以条理，支越、竺兰，亦彬彬而雅畅。凡斯数贤，并见美前代。及护公专精，兼习华戎，译文传经，不愆于旧。逮乎罗什法师，俊神金照，秦僧融、肇，慧机水镜。故能表发挥翰，克明经奥，大乘微言，于斯炳焕。至昙谶之传《涅槃》，跋陀之出《华严》，辞理辩畅，明踰日月，观其为美，继轨什公矣。至于杂类细经，多出《四含》，或以汉来，或自晋出，译人无名，莫能详究。然文过则伤艳，质甚则患野，野艳为弊，同失经体。故知明允之匠，难可世遇矣。

佑窃寻经言，异论呪术，言语文字，皆是佛说。然则言本是一，而胡、汉分音；义本不二，则质文殊体。虽传译得失，运通随缘，而尊经妙理，湛然常照矣。既仰集始缘，故次述末译。始缘兴于西方，末译行于东国，故原始要终，寓之记末云尔。

——《出三藏记集》卷第一，第 12—15 页

新集条解异出经录（梁）

释僧佑

异出经者，谓胡本同而汉文异也。

梵书复隐，宣译多变；

出经之士，才趣各殊；

辞有质文；

意或详略。

故令本一末二，新旧参差。若国言讹转，则音字楚、夏；译辞格碍，则事义胡、越。岂西传之踳驳，乃东写之乖谬耳。是以《泥洹》《楞严》重出至七，《般若》之经，别本乃八。傍及众典，往往如兹。

——《出三藏记集》卷第二，第 65 页

新集律分为五部记录（梁）

释僧佑

阿育王言："皆诵佛语，我今何以测其是非？"问僧："佛法断事云何？"诸僧皆言："法应从多。"

——《出三藏记集》卷第二，第 115 页

新集安公注经及杂经志录（梁）

释僧佑

夫日月丽天，众星助耀，雨从龙降，澍池佐润。由是丰泽洪沾，大明焕赫也。而犹有燋火于云夜，抱瓮于汉阴者，时有所不足也。佛之著教，真人发起，大行于外国，有自来矣。延及此土，当汉之末世，晋之盛德也。然方言殊音，文质从异，译胡为晋，出非一人。或善胡而质晋，或善晋而未备胡，众经浩然，难以折中。窃不自量，敢预僧数，既荷佐化之名，何得素餐终日乎？辄以洒扫之余暇，注众经如左。非敢自必，必值圣心，庶望考文，时有合义。愿将来善知识，不咎其默守，冀抱瓮燋火，说有微益。

——《出三藏记集》卷第五，第 227 页

安世高传（梁）

释僧佑

安清，字世高，安息国王正后之太子也。幼怀淳孝，敬养竭诚，恻隐之仁，爰及蠢类，其动言立行，若践规矩焉。加以志业聪敏，刻意好学，外国典籍，莫不该贯。七曜五行之象，风角云物之占，推步盈缩，悉穷其变。兼洞晓医术，妙善针脉，睹色知病，投药必济。乃至鸟兽鸣呼，闻声知心。于是俊异之名，被于西域，远近邻国，咸敬而伟之。世高虽在居家，而奉戒精峻，讲集法施，与时相续。后王薨，将嗣国位，乃深惟苦空，厌离名器。行服既毕，遂让国与叔，出家修道，博综经藏，尤精《阿毗昙》学，讽持禅经，略尽其妙。既而游方弘化，遍历诸国，以汉桓帝之初，始到中夏。世高才悟机敏，一闻能达，至止未久，即通习华语。于是宣译众经，改胡为汉，出《安般守意》《阴持入经》《大小十二门》及《百六十品》等。初外国三藏众护撰述经要为二十七章，世高乃剖析护所集七章，译为汉文，即《道地经》也。其先后所出经凡三十五部，义理明析，文字允正，辩而不华，质而不野，凡在读者，皆亹亹而不倦焉。

世高本既王种，名高外国，所以西方宾旅犹呼安侯，至今为号焉。天竺国自称书为天书，语为天语，音训诡蹇，与汉殊异，先后传译，多致谬滥。唯世高出经，为群译之首。安公以为，若及面禀，不异见圣。列代明德，咸赞而思焉。

——《出三藏记集》卷第十一，第 509—510 页

支谶传（梁）

释僧佑

谶本月支国人也。操行淳深，性度开敏，禀持法戒，以精劝著称。讽诵群经，志存宣法。汉桓帝末，游于洛阳。以灵帝光和、中平之间，传译胡文，出《般若道行品》《首楞严》《般舟三昧》等三经。又有《阿阇世王》《宝积》等十部经，以岁久无录。安公校练古今，精寻文体，云："似谶所出。凡此诸经，皆审得本旨，了不加饰，可谓善宣法要，弘道之士也。"后不知所终。

——《出三藏记集》卷第十三，第 511 页

支谦传（梁）

释僧佑

〔谦〕十岁学书，同时学者皆伏其聪敏。十三学胡书，备通六国语。初桓、灵世，支谶译出法典，有支亮，纪明资学于谶，谦又受业于亮。博览经籍，莫不究练，世间艺术，多所综习。……

后吴主孙权闻其博学有才慧，即召见之，因问经中深隐之义。越应机释难，无疑不析。权大悦，拜为博士，使辅导东宫，甚加宠秩。越以大教虽行，而经多胡文，莫有解者，既善华、戎之语，乃收集众本，译为汉言。从黄武元年至建兴中，所出《维摩诘》《大般泥洹》《法句》《瑞本应起》等二十七经，曲得圣义，辞旨文雅。

——《出三藏记集》卷第十三，第 516—517 页

鸠摩罗什传（梁）

释僧佑

自大法东被，始于汉明，历涉魏晋，经论渐多。而支、竺所出，多滞文格义。兴少崇三宝，锐志讲集。什既至止，仍请入西明阁、逍遥园，译出众经。什率多暗诵，无不究达。转解秦言，音译流利。既览旧经，义多乖谬，皆由先译失旨，不与胡本相应。于是兴使沙门僧肇、僧䂮、僧迁等八百余人咨受什旨，更令出《大品》。什持胡本，兴执旧经，以相雠校。其新文异旧者，义皆圆通，众心惬服，莫不欣赞焉。……

初，沙门僧叡，才识高朗，常随什传写。什每为叡论西方辞体，商略同异，云："天竺国俗，甚重文藻，其宫商体韵，以入弦为善。凡觐国王，必有赞德；见佛之仪，以歌叹为尊。经中偈颂，皆其式也。但改梵为秦，失其藻蔚，虽得大意，殊隔文体。有似嚼饭与人，非徒失味，乃令呕哕也。"……

什临终，力疾与众僧告别曰："因法相遇，殊未尽伊心，方复异世，恻怆何言！自以暗昧，谬充传译，若所传无谬，使焚身之后，舌不燋烂。"以晋义熙中卒于长安。即于逍遥园，依外国法以火焚尸。薪灭形化，唯舌不变。

后有外国沙门来曰："罗什所谙，十不出一。"

初，什一名鸠摩罗耆婆，外国制名，多以父母为本，什父鸠摩炎，母字耆婆，故兼取为名云。

——《出三藏记集》卷第十四，第 533—535 页

道生法师传（梁）

释僧佑

竺道生，彭城人也……生幼而颖慧，聪悟若神……既践法门，俊思卓拔。披读经文，一览能诵，研味句义，即自解说。是以年在志学，便登讲尘，探赜索隐，思彻渊泉，吐纳问辩，辞清珠玉。虽宿望学僧，当世名士，皆虑挫辞穷，莫能抗敌……

义熙五年还都，因停京师，游学积年，备总经论。妙贯龙树大乘之源，兼综提婆小道之要，博以异闻，约以一致。乃喟然而叹曰："夫象以尽意，得意则象忘；言以寄理，入理则言息。自经典东流，译人重阻，多守滞文，鲜见圆义。若忘筌取鱼，则可与言道矣！"于是校练空有，研思因果，乃立《善不受报》及《顿悟义》，笼罩旧说，妙有渊旨。而守文之徒，多生嫌嫉，与夺之声，纷然互起。

【……】

及生更发深旨，显畅新异，讲学之匠，咸共宪章。其所述《维摩》《法华》《泥洹》《小品》诸经义疏，世皆宝焉。

——《出三藏记集》卷第十五，第570—572页

钞经录（梁）

释僧佑

钞经者，盖撮举义要也。昔安世高钞出修行，为《大道地经》。良以广译为难，故省文略说。及支谦出经，亦有字钞。此并约写梵本，非割断成经也。而后人弗思，肆意钞撮。或棋散众品，或芟剖正文。既使圣言离本，复令学者逐末。竟陵文宣王慧见明深，亦不能免。若相竞不已，则岁代弥繁，芜黩法宝，不其惜欤！名部一成，难用刊削。其安公时钞，悉附本录。新集所获，撰目如左。庶诫来叶，无效尤然。

——《全上古三代秦汉三国六朝文》之四·全梁文卷七十一，第 3379 页

弘明集卷第一（梁）

释僧佑

问曰：夫至实不华，至辞不饰。言约而至者丽，事寡而达者明。故珠玉少而贵，瓦砾多而贱。圣人制七经之本，不过三万言，众事备焉。今佛经卷以万计，言以亿数，非一人力所能堪也。仆以为烦而不要矣。

牟子曰：江海所以异于行潦者，以其深广也。五岳所以别于丘陵者，以其高大也。若高不绝山阜，跛羊凌其颠；深不绝涓流，孺子浴其渊。骐骥不处苑囿之中，吞舟之鱼不游数仞之溪。剖三寸之蚌，求明月之珠，探枳棘之巢，求凤皇之雏，必难获也。何者？小不能容大也。佛经前说亿载之事，却道万世之要。太素未起，太始未生，乾坤肇兴。其微不可握，其纤不可入。佛悉弥纶其广大之外，剖析其窈妙之内，靡不纪之。故其经卷以万计，言以亿数，多多益具，众众益富。何不要之有？虽非一人所堪，譬若临河饮水，饱而自足，焉知其余哉？

——《佛藏要籍选刊》之三，第758页

注解大品序（梁）

梁武帝

此经东渐，二百五十有八岁，始于魏甘露五年，至自于阗。叔兰开源，弥天导江，鸠摩罗什澍以甘泉。三译五校，可谓详矣。龙树菩萨著《大智论》训解斯经，义旨周备。此实如意之宝藏，智慧之沧海，但其文远旷，每怯近情。朕以听览余日，集名僧二十人，与天保寺去宠等详其去取，灵根寺慧令等兼以笔功，探采《释论》，以注经本，略其多解，取其要释。此外或捃关河旧义，或依先达故语，时复间出，以相显发。若章门未开，义势深重，则参怀同事，广其所见，使质而不简，文而不繁，庶令学者有过半之思。

——《出三藏记集》卷第八，第 296 页

晋长安竺昙摩罗刹（竺法护）（梁）

释慧皎

护公所出，若审得此公手目，纲领必正，凡所译经，虽不辩妙婉显，而宏达欣畅，特善无生，依慧不文，朴则近本。

——《高僧传》卷第一·译经上，第24页

晋长安鸠摩罗什（梁）

释慧皎

什……力疾与众僧告别曰："因法相遇，殊未尽伊心，方复后世，恻怆何言！自以暗昧，谬充传译。凡所出经论三百余卷，唯《十诵》一部，未及删烦，存其本旨，必无差失。愿凡所宣译，传流后世，咸共弘通。今于众前发诚实誓，若所传无谬，当使焚身之后，舌不燋烂。"

——《高僧传》卷第二·译经中，第52—54页

晋长安释僧叡（梁）

释慧皎

什所翻译，叡并参正。昔竺法护出《正法华经·受决品》云："天见人，人见天。"什译经至此，乃言："此语与西域义同，但在言过'质'。"叡曰："将非'人天交接，两得相见'。"什喜曰："实然。"

——《高僧传》卷第六·义解三，第 245 页

高僧传译经篇附论（梁）

释慧皎

论曰：

传译之功尚矣，固无得而称焉。昔如来灭后，长老迦叶、阿难、末田地等，并具足住持八万法藏，弘道济人，功用弥博，圣慧日光，余晖未隐。是后迦旃延子、达磨多罗、达磨尸利帝等，并博寻异论，各著言说，而皆祖述四《含》，宗轨三藏。至若龙树、马鸣、婆薮盘豆，则于《方等》深经，领括枢要。源发《般若》，流贯双林，虽曰化洽洼隆，而亦俱得其性。故令三宝载传，法轮未绝，是以五百年中，犹称正法在世。夫神化所接，远近斯届。一声一光，辄震他土；一台一盖，动复恒国。

振丹之与迦维，虽路绝葱河，里蹦数万，若以圣之神力，譬犹武步之间，而令闻见限隔，岂非时也。及其缘运将感，名教潜洽，或称为浮图之主，或号为西域大神。故汉明帝诏楚王英云："王诵黄老之微言，尚浮图之仁祀。"及通梦金人，遣使西域，乃有摄摩腾、竺法兰怀道来化。协策孤征，艰苦必达，傍峻壁而临深，蹑飞緪而渡险。遗身为物，处难能夷，传法宣经，初化东土，后学而闻，盖其力也。

爰至安清、支谶、康会、竺护等，并异世一时，继踵弘赞。然夷、夏不同，音韵殊隔，自非精括诂训，领会良难。属有支谶、聂承远、竺佛念、释宝云、竺叔兰、无罗叉等，并妙善梵、汉之音，故能尽翻译之致。一言三复，词旨分明，然后更用此土宫商，饰以成制。论云："随方俗语，能示正义，于正义中，置随义语。"盖斯谓也。

其后鸠摩罗什，硕学钩深，神鉴奥远，历游中土，备悉方言。复恨支、竺所译，文制古质，未尽善英，乃更临梵本，重为宣译，故致今古二经，言殊义一。时有生、融、影、叡、严、观、恒、肇，皆领悟言前，词润珠玉，执笔承旨，任在伊人，故长安所译，郁为称首。是时姚兴窃号，跨有皇畿，崇爱三宝，城堑遗法。使夫慕道来仪，遐迩烟萃，三藏法门，有缘必睹，自像运东迁，在兹为盛。其佛贤比丘江东所译《华严》大部，昙无谶河西所翻《涅槃》妙教，及诸师所出四《含》、五部、犍度、《婆沙》等，并皆言符法本，理惬三印。而童寿有别室之愆，佛贤有摈黜之迹，考之实录，未易详究。或以时运浇薄，道丧人离，故所感见，爰至于此。若以近迹而求，盖亦珪璋之一玷也。

又世高、无谶、法祖、法祚等，并理思淹通，仁泽成雾，而皆不得其死，将由业有传感，义无违避，故罗汉虽诸漏已尽，尚贻贯脑之厄，比干虽忠謇竭诚，犹招赐剑之祸，匪其然乎？间有竺法度者，自言专执小乘，而兴三藏乖越，食用铜钵，本非律仪所许，伏地相向，又是忏法所无。且法度生本南康，不游天竺，晚值昙摩耶舍，又非专小之师，直欲溪壑其身，故为矫异。然而达量君子，未曾回适，尼众易从，初禀其化。夫女人理教难惬，事迹易翻，闻因果则悠然扈背，见变术则奔波倾饮，随坠之义即斯谓也。窃惟正法渊广，数盈八亿，传译所得，卷止千余。皆由蹭越沙阻，履跨危绝，或望烟渡险，或附杦前身，及相会推求，莫不十遗八九。是以法显、智猛、智严、法勇等，发趾则结旅成群，还至则顾影唯一，实足伤哉！当知一经达此，岂非更赐寿命，而顷世学徒，唯慕钻求一典，谓言广读多惑，斯盖坠学之辞，匪曰通方之训。何者？夫欲考寻理味，决正法门，岂可断以胸衿而不博寻众典？遂使空劳传写，永瘗箱匣，甘露正说，竟莫披寻，无上宝珠，隐而弗用，岂不惜哉？若能贯采禅律，融洽经论，虽复祇树息荫，玄风尚扇，娑罗变叶，佛性犹彰。远报能仁之恩，近称传译之德，傥获身命，宁不勖欤！

赞曰：频婆捃唱，叠教攸陈，五乘竞转，八万弥纶。周星曜魄，汉梦通神。腾、兰、谶、什，殉道来臻，慈云徙荫，慧水传津，俾夫季末，方树洪因。

——《高僧传》卷第三，第 141—143 页

高僧传经师篇附论（梁）

释慧皎

论曰：

夫篇章之作，盖欲申畅怀抱，褒述情志。咏歌之作，欲使言味流靡，辞韵相属。故《诗序》云："情动于中，而形于言。言之不足，故咏歌之也。"然东国之歌也，则结韵以成咏；西方之赞也，则作偈以和声。虽复歌赞为殊，而并以协谐钟律，符靡宫商，方乃奥妙。故奏歌于金石，则谓之以为"乐"；设赞于管弦，则称之以为"呗"。

夫圣人制乐，其德四焉：感天地，通神明，安万民，成性类。如听呗，亦其利有五：身体不疲，不忘所忆，心不懈倦，音声不坏，诸天欢喜。是以般遮弦歌于石室，请开甘露之初门；净居舞颂于双林，奉报一化之恩德。其间随时赞咏，亦在处成音。至如亿耳细声于宵夜，提婆扬响于梵宫。或令无相之旨，奏于篪笛之上；或使本行之音，宣乎琴瑟之下。并皆抑扬通感，佛所称赞。故《咸池韶武》无以匹其工，《激楚梁尘》无以较其妙。

自大教东流，乃译文者众，而传声盖寡。良由梵音重复，汉语单奇。若用梵音以咏汉语，则声繁而偈迫；若用汉曲以咏梵文，则韵短而辞长。是故金言有译，梵响无授。

始有魏陈思王曹植，深爱声律，属意经音。既通般遮之瑞响，又感鱼山之神制。于是删治《瑞应本起》，以为学者之宗。传声则三千有余，在契则四十有二。其后帛桥、支籥亦云祖述陈思，而爱好通灵，别感神制，裁变古声，所存止一十而已。至石勒建平中，有天神降于安邑厅事，讽咏经音，七日乃绝。时有传者，并皆讹废。逮宋、齐之间，有昙迁、僧辩、太傅、文宣等，并殷勤嗟咏，曲意音律，撰集异同，酌酢科例，存仿旧法，正可三百余声。

自兹厥后，声多散落。人人致意，补缀不同，所以师师异法，家家各制。皆由昧乎声旨，莫以裁正。

夫音乐感动，自古而然：是以玄师梵唱，赤雁爱而不移；比丘流响，青鸟悦而忘翥；昙凭动韵，犹令鸟马踡局；僧辩折调，尚使鸿鹤停飞。量人虽复深浅，筹感抑亦次焉。故夔击石拊石，则百兽率舞；箫韶九成，则凤凰来仪。鸟兽且犹致感，况乃人神者哉！

但转读之为懿，贵在声文两得。若唯声而不文，则道心无以得生；若唯文而不声，则俗情无以得入。故经言，以微妙音歌叹佛德，斯之谓也。而顷世学者，裁得首尾余声，便言擅名当世。经文起尽，曾不措怀。或破句以合声，或分文以足韵。岂唯声之不足，亦乃文不成诠：听者唯增悗忽，闻之但益睡眠。使夫八真明珠，未撝而藏曜；百味淳乳，不浇而自薄。哀哉！若能精达经旨，洞晓音律；三位七声，次而无乱；五言四句，契而莫爽。其间起掷荡举，平折放杀，游飞却转，反叠娇弄。动韵则流靡弗穷，张喉则变态无尽。故能炳发八音，光扬七善；壮而不猛，凝而不滞；弱而不野，刚而不锐；清而不扰，浊而不蔽。谅足以起畅微言，怡养神性。故听声可以娱耳，聆语可以开襟。

若然，可谓梵音深妙，令人乐闻者也。然天竺方俗，凡是歌咏法言，皆称为呗。至于此土，咏经则称为转读，歌赞则号为梵呗。昔诸天赞呗，皆以韵入弦绾。五众既与俗违，故宜以声曲为妙。

原夫梵呗之起，亦兆自陈思。始著《太子颂》及《睒颂》等，因为之制声。吐纳抑扬，并法神授。今之皇皇顾惟，盖其风烈也。其后居士支谦，亦传梵呗三契，皆湮没而不存。世有《共议》一章，恐或谦之余则也。唯康僧会所造《泥洹》梵呗，于今尚传。即《敬谒》一契，文出双卷《泥洹》，故曰"泥洹呗"也。爰至晋世，有高座法师初传觅历。今之行地印文，即其法也。籥公所造六言，即《大慈哀愍》一契，于今时有作者。近有西凉州呗，源出关右，而流于晋阳，今之《面如满月》是也。凡此诸曲，并制出名师。后人继作，多所讹漏。或时沙弥小儿，互相传授。畴昔成规，殆无遗一，惜哉！此既同是声例，故备之论末。

——《高僧传卷》第十三·经师，第 507—509 页

高僧传序录（梁）

释慧皎

　　然法流东土，盖由传译之勳。或踰越沙险，或泛漾洪波。皆忘形殉道，委命弘法。震旦开明，一焉是赖。兹德可崇，故列之篇首。

　　……故述六代贤异，止为十三卷，并序录合十四轴，号曰《高僧传》。自前代所撰，多曰“名僧”。然名者，本实之宾也。若实行潜光，则高而不名；寡德适时，则名而不高。名而不高，本非所记；高而不名，则备今录。故省“名”音，代以“高”字。

——《高僧传》卷第十四，第 524 页

摄大乘论序（陈）

释慧恺

　　有三藏法师，是优禅尼国婆罗门种，姓颇罗堕，名拘那罗他。此土翻译，称曰亲依……法师既妙解声论，善识方言，词有隐而必彰，义无微而不畅。席间函丈，终朝靡息。恺谨笔受，随出随书。一章一句，备尽研核。释义若竟，方乃著文。然翻译之事殊难，不可存于华绮。若一字参差，则理趣胡、越。乃可令质而得义，不可使文而失旨。故今所翻，文质相半。

——《全上古三代秦汉三国六朝文》之四·全陈文
卷十八，第3502页

阿毗达磨俱舍释论序（陈）

释慧恺

　　有三藏法师俱那罗他……游方既久，精解此土音义，凡所翻译，不须度语。但梵音所目，于义易彰。今既改变梵音，词理难卒符会。故于一句之中，循环辩释，翻复郑重，乃得相应。慧恺谨即领受，随定随书。日夜相继，无懈晷刻。

——《全上古三代秦汉三国六朝文》之四·全陈文
卷十八，第 3503 页

深密解脱经序（北魏）

释昙宁

东西音殊，理凭翻译。非翻非译，文义斯壅。所以久蕴而不显者，良俟嘉运而光通矣。

——《全上古三代秦汉三国六朝文》之四·全后魏文
卷六十，第 3817 页

孔老非佛（北周）

释道安

问：西域名"佛"，此方云"觉"。西言"菩提"，此云为"道"。西云"泥洹"，此言"无为"。西称"般若"，此翻"智慧"。准此斯义，则"孔老"是"佛"，"无"为"大道"，先已有之。

答曰：鄙俗不可以语大道者，滞于形也。曲士不可以辨宗极者，拘于名也。

案孟子以圣人为先觉。圣王之极，宁过佛哉？故译经者以"觉"翻"佛"。觉有三种：自觉、觉他、及以满觉。孟轲一辨，岂具此三菩提者？案"大智度"，译云"无上慧"。然慧照灵通，义翻为"道"。道名虽同，道义尤异。何者？若论儒宗，道名通于大小。《论语》曰：小道必有可观。致远恐泥。若论释典，道名通于邪正。经曰九十有六，皆名道也。听其名，则真伪莫分，验其法，则邪正自辨。菩提大道，以智度为体。老氏之道，以虚空为状。体用既悬，固难影响。外典"无为"，以息事为义。内经"无为"，无三相之为。名同实异，本不相似。故知借此方之称，翻彼域之宗，寄名谈实，何疑之有？

准如兹例，则孔老非佛。何以明其然？昔商太宰问于孔丘曰："夫子圣人欤？"对曰："丘博闻强记，非圣人也。"又问："三王圣人钦？"对曰："三王善用智勇，圣非丘所知。"又问："五帝圣人钦？"
对曰："五帝善用仁信，圣非丘所知。"又问："三皇圣人钦？"对曰：
"三皇善因用时，圣非丘所知。"太宰大骇曰："然则孰者为圣人乎？"
孔子动容有闲曰："丘闻西方之人，有圣者焉。不治而不乱，不言而自
信，不化而自行。荡荡乎民无能名焉。"若老氏必圣，孔何不言？以
此校之。理当推佛。

——《全上古三代秦汉三国六朝文》之四·全后周文
卷二十三，第 4001 页

历代三宝记卷第五（隋）

费长房

月支国优婆塞支谦……生自西域，故《吴志》不载。任其力而不录其功，此史家过，岂帝者之心。……

谦以大教虽行，而经多梵语，未尽翻译。自既妙善方言，乃更广收众经旧本，译为吴言。从黄武首岁，迄建兴末年，其间首尾，三十余载。……量前传录三十六部，或四十九经，似谦自译，在后所获，或正前翻，多梵语者，然纪述闻见，意体少同，录目广狭，出没多异。各存一家，致惑取舍。……而谦译经典得义，辞旨文雅，甚有硕才。又依《无量寿经》及《中本》，起制菩萨连句梵呗三契声。

——《佛藏要籍选刊》之二，第 473—474 页

历代三宝记卷第六（隋）

费长房

《放光般若经》二十卷。

右一部二十卷。此经元是颍川朱士行，睹其别本，行在洛阳，尝讲《道行》，披览窈觉文句隐质，诸未尽善者，每嗟叹曰：此经实是大乘之要，而文未周译理不尽。誓志捐身，发心寻取。行以魏末甘露五年发迹雍州，遂游西域。于于阗国得前梵本九十章，减六十万言。遣弟子弗如檀，晋云法饶，从于阗送还归洛阳。未发之顷，于阗诸僧，小乘学众，遂以白王云："汉沙门欲以梵书惑乱正典。王为地主，若不禁之，将断大法，聋盲汉地，王之咎也。"王即不听赍经出境。士行懊恼，深怀痛心，乃请乞求烧经为证。王即许焉。于是积薪，聚置殿前，欲以焚之。士行至诚临火誓曰："若当大法应流汉地，经当不然。如其不护，命也如何。"言已投经，火即为灭，皮牒如本，更觉光鲜。大众骇服，咸称神感。遂得送来，达到陈留。还遇于阗僧无罗叉、竺叔兰等。当惠帝世元康元年五月十日，于仓恒水南寺译之。而竺道祖僧佑王宗宝唱李廓法上灵裕等诸录。述著众经并云。朱士行翻此。盖据其元寻之人推功归之耳。房审梭勘支敏度录及《高僧传》出经后记，诸杂别目等，乃是无罗叉、竺叔兰等三人详译，朱士行身留停于阗，仍于彼化，唯遣弟子奉赍经来到乎晋地。斯岂得称士行出也。

——《佛藏要籍选刊》之二，第 480 页

历代三宝记卷第九（隋）

费长房

宋孝武世，元魏沙门释昙静，于北台撰，见其文云："东方太山，汉言代岳。阴阳交代，故云代岳。"于魏世出，只应云魏言。乃曰汉言，不辩时代，一妄。太山即此方言，乃以代岳译之，两语相翻，不识梵、魏，二妄。

——《佛藏要籍选刊》之二，第 500 页

历代三宝记卷第十（隋）

费长房

宋文帝世元嘉年，初达于建康。时有豫州沙门范慧严、清河沙门崔慧观，共陈郡处士谢灵运等，以谶《涅槃》品数疏简，初学之者难以厝怀，乃依旧翻《泥洹》正本，加之品目。文有过质，颇亦改治，结为三十六卷。始有数本，流行未广。严后一时夜忽然梦见有一人，形状极伟，乃大厉声而谓严曰："《涅槃》尊经，何以率尔轻加斟酌？"严既觉已，怀抱惕然。旦乃集僧，欲改前本。时有识者，咸共止云："此盖欲诫励后人耳。若必苟违乖舛理者，何容即时方始感梦？"严以为然。顷之，又梦神人告曰："君以弘经精到之力，于后必当得见佛也。"恐将来哲，不知根元，故复记述。

——《佛藏要籍选刊》之二，第 505 页

缘生经并论序（隋）

佚名

大业二年十月，南贤豆国三藏法师达摩笈多，与故翻经法师彦琮，在东都上林园，依林邑所获贤豆梵本，译为隋言。三年九月，其功乃竟。经二卷，论一卷。三藏师究论闲明，义解沈密。琮法师博通经论，兼善梵文。共对叶本，更相扣击。一言靡违，三复逾审。辞烦简质，意存允正。比之昔人，差无尤失。真曰法灯，足称智藏。愿穷后际，常益世间云尔。

——《全上古三代秦汉三国六朝文》之四·全隋文
卷三十五，第 4235 页

药师如来本愿功德经序（隋）

佚名

　　《药师如来本愿经》者，致福消灾之要法也。曼殊以慈悲之力，请说尊号。如来以利物之心，盛陈功业……信是消百怪之神符，除九横之妙术矣。昔宋孝武之世，鹿野寺沙门慧简，已曾译出，在世流行。但以梵、宋不融，文词集粿，致令转读之辈，多生疑惑。矩早学梵书，恒披叶典，思遇此经，验其纰缪。开皇十七年，初获一本，犹恐脱误，未敢即翻。至大业十一年，复得二本，更相仇比，此方为楷定。遂与三藏法师达摩笈多，并大隋翻经沙门法行、明则、长顺、海驭等，于东都洛水南上林园翻经馆重译此本。淡鉴前非，方惩后失。故一言出口，三复乃书。传度幽旨，差无大过。其年十二月八日，翻勘方了，仍为一卷。所愿此经淡义，人人共解。彼佛名号，处处共闻。十二夜叉，念佛恩而护国。七千眷属，承经力以利民。帝祚遐永，群生安乐。式贻来世，序之云尔。

　　——《全上古三代秦汉三国六朝文》之四·全隋文
卷三十五，第4236页

辩正论（隋）

释彦琮

（〔琮〕晚以所诵梵经四千余偈，十三万言。七日一遍，用为常业。然琮久参传译，妙体梵文，此土群师，皆宗鸟迹，至于音字诂训，罕得相符。乃著《辩正论》，以垂翻译之式，其辞曰——）

弥天释道安每称："译胡为秦，有'五失本'、'三不易'也。一者胡言尽倒，而使从秦，一失本也。二者胡经尚质，秦人好文，传可众心，非文不合，二失本也。三者胡经委悉，至于叹咏，丁宁反复，或三或四，不嫌其繁，而今裁斥，三失本也。四者胡有义说，正似乱词，寻检向语，文无以异，或一千或五百，今并刈而不存，四失本也。五者事以合成，将更旁及，反腾前词，已乃后说，而悉除此，五失本也。然《智经》三达之心，复面所演，圣必因时，时俗有易，而删雅古以适今时，一不易也。愚智天隔，圣人叵阶，乃欲以千载之上微言，倬使合百王之下末俗，二不易也。阿难出经，去佛未久，尊大迦叶令五百六通迭察迭书，今离千年，而以近意量裁，彼阿罗汉乃兢兢若此，此生死人而平平若是，不以知法者猛乎？斯三不易也。涉兹五失经、三不易，译胡为秦，讵可不慎乎！正当以不关异言，传令知会通耳，何复嫌于得失乎？是乃未所敢知也。"

余观道安法师，独禀神慧，高振天才，领袖先贤，开通后学，修经录则法藏逾阐，理众仪则僧宝弥盛，世称"印手菩萨"，岂虚也哉！详梵典之难易，铨译人之得失，可谓洞入幽微，能究深隐。

至于天竺字体，悉昙声例，寻其雅论，亦似闲明。旧唤彼方，摠名胡国。安虽远识，未变常语。胡本杂戎之胤，梵唯真圣之苗。根既悬殊，理无相滥。不善谙悉，多致雷同。见有胡貌，即云梵种；实是梵人，漫云胡族。莫分真伪，良可哀哉！语梵虽讹，比胡犹别，改为梵学，知非胡者？

窃以佛典之兴，本来西域；译经之起，原自东京。历代转昌，迄兹无坠。久之流变，稍疑亏动。竞逐浇波，尠能迥觉。讨其故事，失在昔人。

至如五欲顺情，信是难弃；三衣苦节，定非易忍。割遗体之爱，入道要门；舍天性之亲，出家恒务。俗有可反之致，忽然已反；梵有可学之理，何因不学？又且发蒙草创，服膺章简，同鹦鹉之言，放邯郸之步。经营一字，为力至多。历览数年，其道方博。乃能包括今古，网罗天地。业似山丘，志类渊海。彼之梵法，大圣规谟。略得章本，通知体式。研若有功，解便无滞。匹于此域，固不为难。难尚须求，况其易也。或以内执人我，外惭咨问，枉令秘术，旷隔神州。静言思之，愍而流涕。向使法兰归汉，僧会适吴，士行、佛念之俦，智严、宝云之末，才去俗衣，寻教梵字，亦沾僧数，先披叶典，则应五天正语，充布阎浮，三转妙音，普流震旦，人人共解，省翻译之劳，代代咸明，除疑网之失。于是舌根恒净，心镜弥朗，借此闻思，永为种性。

安之所述，大启玄门。其间曲细，犹或未尽。更凭正文，助光遗迹。粗开要例，则有十条：字声一，句韵二，问答三，名义四，经论五，歌颂六，呪功七，品题八，专业九，异本十。各疎其相，广文如论。

安公又云："前人出经，支谶、世高，审得故本，难继者也。罗叉、支越，斲凿之巧者也。"窃以得本关质，斲巧由文。旧以为凿，今固非审。握管之暇，试复论之。

先觉诸贤，高名条圣。慧解深发，功业弘启。创发玄路，早入空门。辩不虚起，义应雅合。但佛教初流，方音勘会，以斯译彼，仍恐难明。

无废后生，已承前哲。梵书渐播，真宗稍演。其所宣出，窃谓分明。聊因此言，辄铨古译。汉纵守本，犹敢遥议。魏虽在昔，终欲悬讨。或繁或简，理容未适；时野时华，例颇不定。晋、宋尚于谈说，争坏其淳；秦、凉重于文才，尤从其质。非无四五高德，缉之以道，八九大经，录之以正。

自兹以后，迭相祖述。旧典成法，且可宪章，展转同见，因循共写，莫问是非，谁穷始末？"僧鬘"惟"对面"之物，乃作"华鬘"。"安禅"本"合掌"之名，例为"禅定"。如斯等类，固亦众矣。留支洛邑，义少加新。真谛陈时，语多饰异。若令梵师独断，则微言罕革；笔人杂制，则余辞必混。意者宁贵朴而近理，不用巧而背源。傥见淳质，请勿嫌烦。

昔日仰对尊颜，瞻尚不等；亲承妙吼，听犹有别。诤论起迷，豫晒涅槃之记；部党兴执，悬著文殊之典。虽二边之义，佛亦许可；而两间之道，比丘未允其致。双林早潜，一味初损，千圣同志，九旬共集。杂碎之条，寻讹本诫。水鹄之颂，俄舛昔经。一圣才亡，法门即减。千年已远，人心转伪。既乏泻水之闻，复寡悬河之说。欲求冥会，讵可得乎？且儒学古文，变犹纰缪。世人今语，传尚参差。况凡圣殊伦，东西隔域，难之又难，论莫能尽。必殷懃于三复，靡造次于一言。岁校则利有余，日计则功不足。开大明而布范，烛长夜而成务。宣译之业未可加也。经不容易理借名贤。常思品藻，终惭水镜，兼而取之，所备者八。

诚心爱法，志愿益人，不惮久时，其备一也。

将践觉场，先牢戒足，不染讥恶，其备二也。

筌晓三藏，义贯两乘，不苦暗滞，其备三也。

旁涉文史，工缀典词，不过鲁拙，其备四也。

襟抱平恕，器量虚融，不好专执，其备五也。

耽于道术，澹于名利，不欲高衒，其备六也。

要识梵言，乃闲正译，不坠彼学，其备七也。

薄阅苍《雅》，粗谙篆隶，不昧此文，其备八也。

八者备矣，方是得人。三业必长，其风靡绝。若复精搜十步，应见香草；微收一用，时遇良林。虽往者而难俦，庶来者而能继。法桥未断，夫复何言？则延、铠之徒，不迥隆于魏室；护、显之辈，岂偏盛于晋朝！

或曰：一音遥说，四生各解。普被大慈，咸蒙远悟。至若开源白马，则语逐洛阳；发序赤乌，则言随建业。未应强移此韵，始符极旨。要工披读，乃究玄宗。遇本即依，真为笃信。案常无改，世称仰述。诚在一心，非关四辩。必令存梵，讵是通方。

对曰：谈而不经，旁惭博识；学而无友，退愧寡闻。独执管锥，未该穿壤。理绝名相，弥难穿凿。在昔圆音之下，神力冥加；满字之

79

间，利根迥契。然今地殊王舍，人异金口，即令悬解，定知难会。经旨若圆，雅怀应合。直餐梵响，何待译言？本尚亏圆，译岂纯实？等非圆实，不无疎近。本固守音，译疑变意。一向能守，十例可明。缘情判义，诚所未敢。

若夫孝始孝终，治家治国，足宣至德，堪弘要道。况复净名之劝发心，善生之归妙觉。奚假落发剪须，苦违俗训；持衣捧钵，顿改世仪。坐受僧号，详谓是理。遥学梵章，宁容非法。崇佛为主，羞讨佛字之源；绍释为宗，耻寻释语之趣。空睹经业，弗兴敬仰；忽见梵僧，倒生侮慢。退本追末，吁可笑乎！像运将穷，斯法见续。用兹绍继，诚可悲夫。

——转引自道宣《续高僧传卷第二·译经篇二·隋东都上林园翻经馆沙门释彦琮传》，收于《高僧传合集》，第 118—119 页

大亮（隋）

佚名

广州大亮云：一名含众名，译家所以不翻。……二云名字是色声之法，不可一名累书众名，一义叠说众义，所以不可翻也。三云名是义上之名，义是名下之义，名即是一，义岂可多，……若据一失诸，故不可翻。四云一名多义……关涉处多，不可翻也。五云……此无密语翻彼密语，故言无翻也。

——隋·灌顶《大般涅槃经玄义》卷上

大唐内典录序（唐）

释道宣

　　西蕃五竺，祖尚天语；东夏九州，聿遵鸟迹。故天书天语，海县之所绝思；八体六文，大夏由来罕睹。致令昔闻重译方见于斯。然夫国史之与礼经，质文互举；佛言之与俗典，词理天分。何以知耶？故佛之布教，说导为先，开蒙解朴，决疑去滞，不在文华，无存卷轴。意在启情理之昏明，达神思之机敏，斯其致也……译从方俗，随俗所传，多陷浮讹，所失多矣。所以道安著论，"五失"易从；彦琮属词，"八例"难及。斯诚证也。诸余俗习，不足涉言。今录彼帝世翻译贤明，并显时君信毁偏竞，以为初录。且夫汉晋隋唐之运，天下大同。正朔所临，法门一统。魏、宋、齐、梁等朝，地分圮裂，华夷参政，翻传并出。至于广部传俗，绝后超前。

——《大唐内典录》，收于《大藏经》
第一零九册，第 219 页

大唐内典录卷第四（唐）

释道宣

《文殊师利般若波罗蜜经》二十卷。

右三部，合一十一卷。天监年初，扶南国沙门曼陀罗，梁言弘弱，大赍梵本经来贡献。虽事翻译，未善梁言。其所出经，文多隐质。共僧迦婆罗于杨都译。

——《大藏经》第一零九册，第 265 页

唐京师大慈恩寺释玄奘传（唐）

释道宣

先是菩萨寺僧三人送经初至，下敕普请京城设斋，仍于弘福译《大严》等经。不久之间奘信又至，乃敕且停，待到方译主。上虚心企仰，频下明敕，令奘速至。但为事故留连，不早程达。既见洛宫，深沃虚想，即陈翻译，搜擢贤明。上曰："法师唐、梵具瞻，词理通敏，将恐徒扬厌陋，终亏圣典。"奘曰："昔者二秦之译，门徒三千。虽复翻传，犹恐后代无闻，怀疑乖信。若不搜举，同奉玄规，岂以偏能，妄糸朝委。"频又固请，乃蒙降许。帝曰："自法师行后，造弘福寺，其处虽小，禅院虚静，可为翻译。所须人物、吏力，并与玄龄商量，务令优给。"

既承明命，返迹京师。遂召沙门慧明、灵润等以为证义，沙门行友、玄赜等以为缀缉，沙门智证、辩机等以为录文，沙门玄模以证梵语，沙门玄应以定字伪。

其年五月，创开翻译《大菩萨藏经》二十卷。余为执笔，并删缀词，理其经广，解六度四摄，十力四畏，三十七品诸菩萨行，合十二品，将四百纸。又后旁翻《显扬圣教论》二十卷，智证等更迭录文，沙门行友详理文句，奘公于论重加陶练。次又翻《大乘对法论》

一十五卷，沙门玄赜笔受，微有余隙。又出《西域传》一十二卷，沙门辩机亲受，时事连纸。前后兼出《佛地》《六门》《神呪》等经，都合八十许卷。

自前代以来，所译经教：

初从梵语，倒写本文；

次乃回之，顺同此俗；

然后笔人观理文句，中间增损，多坠全言。

今所翻传，都由奘旨，意思独断，出语成章。词人随写，即可披玩。

尚贤吴、魏所译诸文，但为西梵所重。贵于文句钩锁，联类重沓。布在唐文，颇居繁复。故使缀工，专司此位。所以贯通词义，加度节之，铨本勒成，秘书缮写。

于时驾返西京。奘乃表上，并请序题。寻降手勑曰："法师凤标高行，早出尘表。泛宝舟而登彼岸，搜妙道而辟法门。弘阐大猷，荡涤众累。是以慈云欲卷，舒之荫四空；慧日将昏，朗之照八极。舒朗之者，其惟法师乎！朕学浅心拙，在物犹迷；况佛教幽微，岂敢仰测？请为经题，非已所闻。其新撰《西域传》者，当自披览。"

及西使再返，勑二十余人随往印度。前来国命通议中书，勑以异域方言，务取符会。若非伊人，将沦声教。故诸信命并资于奘。乃为转唐言，依彼西梵，文词轻重，令彼读者尊崇东夏。寻又下勑，令翻《老子》五千文为梵言，以遗西域。

奘乃召诸黄巾，述其玄奥，领叠词旨，方为翻述。道士蔡晃、成英等，竞引释论，中百玄意，用通道经。奘曰："佛道两教，其教天殊，安用佛言，用通道义，穷核言迹，本出无从。"晃归情曰："自昔相传，祖凭佛教，至于三论，晃所师遵，准义幽通，不无同会，故引解也。如僧肇著论，盛引《老》《庄》，犹自申明，不相为怪。佛言似道，何爽纶言？"奘曰："佛教初开，深文尚拥，《老》谈玄理，微附佛言。肇论所传，引为联类。岂以喻词而成通极，令经论繁富，各有司南。《老》但五千，论无文解。自余千卷，多是医方。至如此土贤明何晏、王弼、周颙、萧绎、顾欢之徒，动数十家，注解《老子》，何不引用？乃复旁通释氏，不乃推步逸踪乎？"

既依翻了，将欲封勒。道士成英曰："《老经》幽邃，非夫序引，何以相通？请为翻之。"奘曰："观《老》治身治国之文，文词具矣。叩齿咽液之序，其言鄙陋。将恐西闻异国有愧。"乡邦英等，以事闻诸宰辅，奘又陈露其情。中书马周曰："西域有道如《老》《庄》不？"奘曰："九十六道，并欲超生。师承有滞，致沦诸有。至如顺世四大之术，冥初六谛之宗，东夏所未言也。若翻《老》序，则恐彼以为笑林。"遂不译之。

【……】

显庆元年正月，为皇太子于慈恩设大斋，朝寀摁至，黄门侍郎薛元超、中书郎李义府曰："译经佛法之大，未知何德以光扬耶？"奘曰："公此之问，常所怀矣。译经虽位在僧光，价终凭朝贵。至如姚秦鸠摩罗什，则安成侯姚嵩笔受；元魏菩提流支，则侍中崔光录文。贞观波颇初译，则仆射萧瑀、太府萧璟、庶子杜正伦等，监阅详定。今并无之，不足光远。又大慈恩寺圣上切风树之哀，追造壮丽，腾实之美，勿过碑颂。若蒙二公为致言，则不朽之迹，自形于今古矣。"便许之。

明旦遣给事，宣敕云："所须官人助翻者，已处分讫。其碑朕自作寻。"勑："慈恩翻译，文义须精宜，令左仆射于志宁、中书令来济、礼部许敬宗、黄门侍郎薛元超、中书郎李义府等，有不安稳，随事润色。若须学士，任追三两人。"及碑成，请神翰自书蒙特许，克日送寺。

——《续高僧传》卷第四·译经篇四，

收于《高僧传合集》，第 135 页

续高僧传译经篇附论（唐）

释道宣

论曰：

观夫翻译之功，诚远大矣。前录所载，无得称焉，斯何故耶？谅以言传理诣，惑遣道清，有由寄也。所以列代贤圣，祖述弘导之风，奉信贤明，宪章翻译之意。宗师旧辙，颇见词人。埏埴既圆，稍工其趣。至如梵文天语，元开大夏之乡；鸟迹方韵，出自神州之俗。具如别传，曲尽规猷。遂有侥幸时誉叨临，传述逐转，铺词返音列喻，繁略科断，比事拟伦，语迹虽同，校理诚异。自非明逾前圣，德迈往贤。方能隐括殊方，用通弘致。道安著论，"五失"易窥。彦琮属文，"八例"难涉。斯并古今通叙，岂妄登临。

若夫九代所传，见存简录。汉魏守本，本固去华。晋宋传扬，时开义举。文质恢恢，讽味余逸。厥斯以降，轻靡一期，腾实未闻，讲悟盖寡。皆由词逐情转，义写情心。共激波澜，永成通式。充车溢藏，法宝住持。得在福流，失在讹竞。故勇猛陈请，词同世华，制本受行，不惟文绮，至圣殷鉴，深有其由，群籍所传，灭法故也。即事可委，况弘识乎？然而习俗生常，知遇难改。虽欲徒辙，终陷前踪。粤自汉明，终于唐运，翻传梵本，多信译人。事语易明，义求罕见。

厝情独断，惟任笔功。纵有复疎，还遵旧绪。梵僧执叶，相等情乖，音语莫通，是非俱滥。

至如三学盛典，唯诠行旨；八藏微言，宗开词义。前翻后出，靡坠风猷；古哲今贤，德殊恒律。岂非方言重阻，臆断是投，世转浇波，奄同浮俗。昔闻淳风雅畅，既在皇唐，绮饰讹杂，寔钟季叶。不思本实，妄接词锋，竞掇刍荛，郑声难偃。原夫大觉希言，绝世特立。八音四辩，演畅无垠。安得凡怀，虚糸圣虑，用为标拟，诚非立言。虽复乐说不穷，随类各解，理开情外，词逸寰中。固当斧藻标奇，文高金玉，方可声通天乐，韵过恒致。近者晋、宋颜、谢之文，世尚企而无比，况乖于此，安可言乎？必踵斯踪，时俗变矣。其中芜乱，安足涉言。往者西凉法谶，世号"通人"。后秦童寿，时称"僧杰"。善波丈意，妙显经心，会达言方，风骨流便，弘衍于世，不亏传述。

宋有开士慧严、宝云，世系贤明，勃兴前作，传度广部，联辉绝踪，将非面奉华胥，亲承诂训，得使声流千载，故其然哉。余则事义相传，足开神府，宁得如瓶写水，不妄叨流，薄乳之喻，复存今日，终亏受诵，足定浇淳。

世有奘公，独高联类，往还震动，备尽观方，百有余国，君臣谒敬，言议接对，不待译人，披析幽旨，华、戎胥悦。唐朝后译，不屑古人，执本陈勘，频开前失，既阙今乖，未遑厘正。辄略陈此，夫复何言？

——《续高僧传》卷第四·译经篇四，
收于《高僧传合集》，第 139 页

广弘明集卷第十三（唐）

释道宣

外论曰：夫华、夷语韵不同，然佛经称释迦牟尼者，此是胡语。此土翻译，乃曰能儒。能儒之名，位卑周、孔，故没其能儒之劣名，而存释迦之戎号。

所言"阿耨多罗三藐三菩提"者，汉言"阿无"也。耨多罗，上也。三藐三，正遍知也。菩提，道也。此土先有无上正真之道，老、庄之教，胡法无以为异，故不翻译。

又"菩萨摩诃萨"者，汉言"大善心众生"。此名下劣，非为上士。掩其鄙称，亦莫有翻。

凡不译之流，其例如是。蒙复世俗，惑乱物心。然厌旧尚新，流荡之常弊；恶同好异，恒俗之鄙情。是以邯郸有匍匐之宾，弱丧有忘归之客，世不能知。

——其迷七也。

——《佛藏要籍选刊》之三，第 940 页

谢高昌王送弥及国书绫绢等启（唐）

释玄奘

　　遗教东流，六百余祀，腾、会振辉于吴、洛，谶、什钟美于秦、凉。不坠元风，咸匡胜业。但远人来译，音训不同，去圣时遥，义类差舛。遂使双林一味之旨，分成当现二常；他化不二之宗，木片为南北两道。纷纭争论，凡数百年，率土怀疑，莫有匠决。

——《全唐文》卷第九百七，第 4195 页

大唐西域记赞（唐）

释辨机

前修令德，继轨译经之学；后进英彦，踵武缺简之文。大义郁而未彰，微言关而无问。法教流渐，多历年所，始自炎汉，至于圣代。传译盛业，留美联晖，元道未摅，真宗犹昧，匪圣教之行藏，固王化之由致。……

〔玄奘〕十九年春正月，达于京邑，谒帝雒阳。肃承明诏，载令宣译。爰召学人，共成胜业。法云再荫，慧日重明。《黄图》流鹫山之化，赤县演龙宫之教。像运之兴，斯为盛矣。法师妙穷梵学，式赞深经。览文如己，转音犹响。敬顺圣旨，不加文饰。方言不通，梵语无译，务存陶冶，取正典谟。推而考之，恐乖实矣。

有缙绅先生，动色相趋，俨然而进曰："夫印度之为国也，灵圣之所降集，贤懿之所挺生。书称天书，语为天语。文辞婉密，音韵循环。或一言贯多义，或一义综多言。声有抑扬，调裁清浊。梵文深致，译寄明人。经旨冲元，义资盛德。若其裁以笔削，调以宫商，实所未安，诚非谠论。传经深旨，务从易晓，苟不违本，斯则为善。文过则艳，质胜则野。谠而不文，辩而不质，则可无大过矣，始可与言译也。李老曰：'美言者则不信，信言者则不美。'韩子曰：'理正者直其言，言饰者昧其理。'是知垂训范物，义本元同。庶祛蒙滞，将存利善；违本从文，所害滋甚。率由旧章，法王之至诚也。缃素金曰：俞乎，斯言谠矣！"昔"孔子在位听讼，文辞有与人共者，弗独有也。至于修《春秋》，笔则笔，削则削。游、夏之徒，孔门文学尝不能赞一辞"焉。法师之译经，亦犹是也。非如童寿逍遥之集文，任生、肇、融、叡之笔削。况乎刓方为圆之世，斲彫从朴之时。其可增损圣旨、绮藻经文者欤？

——《全唐文》卷第九百七，第 4196 页

法苑珠林卷第二·山量部（唐）

释道世

　　然则佛兴西方，法流东国。通译音讹，方言语谬。音讹则义失，语谬则理乖。故曰必也正名乎，贵无乖谬矣。

——《佛藏要籍选刊》之一，第11页

法苑珠林卷第七·会名部（唐）

释道世

问曰：云何名地狱耶？

答曰：依《立世阿毗昙论》云："梵名泥犁耶，以无戏乐故，又无喜乐故，又无行出故，又无福德故，又因不除离恶业故，故于中生。"复说：此道于欲界中最为下劣，名曰非道，因是事故，故说地狱名泥犁耶。如《婆沙论》中名不自在，谓彼罪人为狱卒阿傍之所拘制不得自在，故名地狱。亦名不可爱乐，故名地狱。又地者，底也，谓下底。万物之中地最在下，故名为底也。狱者，局也，谓拘局不得自在，故名地狱。又名泥黎者，梵音，此名无有，谓彼狱中无有义利，故名无有也。

问曰：地狱多种，或在地下，或处地上，或居虚空，何故并名地狱？

答曰：旧翻地狱名狭处，局不摄地空。今依新翻经论。梵本正音名那落迦，或云捺落迦。此总摄人处苦尽，故名捺落迦。故《新婆沙论》云："问：'何故彼趣名捺落迦？'答：'彼诸有情、无悦、无爱、无味、无利、无喜乐，故名那落迦。'"或有说者，由彼先时造作增长增上暴，恶身语意恶行往彼，令彼相续，故名捺落迦。有说彼趣以颠坠，故名捺落迦。

——《佛藏要籍选刊》之一，第 54 页

法苑珠林卷第二十·致敬篇第九（唐）

释道世

又《十诵律》，佛语优波离，称"和南"者，是口语。若曲身者，是名"心净"。若比丘礼时从座起，偏袒右肩，脱革屣右膝着地，以两手接上座足礼。述曰：依经云，和南者，梵语也，或云"那谟、婆南"等。此犹非正，依本正云"槃淡"。唐言"我礼"，或云"归礼"。"归"亦我之本情，"礼"是敬之宗致也。或云"归命"者，义立代于"南无"也。理事符同，表情得尽。俗人重"南无"而轻"敬礼"者，不委唐、梵之交译也。况复加以和南，诸佛迷之，弥复大笑。又"南无"者，《善见论》翻为"归命觉"，亦云"礼大寿"。又"和南"者，《出要律仪》翻为"恭敬"，《善见论》翻为"度我"。准此而言，恭敬、度我，义通凡圣。岂和南偏在尊师，亦通上圣念救生也。故经中来至佛所，云"南无无所着""至真等正觉"，是名口业，称叹如来德也。

——《佛藏要籍选刊》之一，第 166 页

法苑珠林卷第三六·赞叹部（唐）

释道世

述曰：汉地流行，好为删略，所以处众作呗，多为半偈。故《毗尼母论》云："不得作半呗，得突吉罗罪。"然此梵呗，文词未审，依如西方，出何典诰？

答：但圣开作呗，依经赞偈，取用无妨。然关内关外，吴、蜀呗词，各随所好，呗赞多种。但汉、梵既殊音韵，不可互用。至于宋朝，有康僧会法师，本康居国人，博学辩才，译出经典，又善梵音，传泥洹呗，声制哀雅，擅美于世。音声之学，咸取则焉。又昔晋时，有道安法师，集制三科，上经上讲、布萨等。先贤立制，不坠于地。天下法则，人皆习行。又至魏时，陈思王曹植，字子建，魏武帝第四子也。幼含珪璋，十岁属文，下笔便成，初不改字。世间术艺，无不毕善。邯郸淳于见而骇服，称为天人。植每读佛经，辄流连嗟玩，以为至道之宗极也，遂制转赞七声升降曲折之响。世人讽诵，咸宪章焉。尝游鱼山，忽闻空中梵天之响，清雅哀婉，其声动心。独听良久，而侍御皆闻。植深感神理，弥寤法应，乃摹其声节，写为梵呗，纂文制音，传为后式。梵声显世，始于此焉。其所传呗，凡有六契。

——《佛藏要籍选刊》之一，第 306—307 页

开元释教录卷第一（唐）

释智升

　　沙门支娄迦谶，亦直云支谶，月支国人。操行纯深，性度开敏，禀持法戒，以精勤著名。讽诵群经，志在宣法。桓灵之代，游于洛阳。从桓帝建和元年丁亥，至灵帝中平三年景寅，于洛阳译《道行》等经二十三部。审得本旨，曾不加饰。可谓善宣法要，弘道之士也。河南清信士孟福、张莲笔受。而旧译云胡《般泥洹》者，窃所未委。上代翻经已来，贤德笔受。每至度语，无不称云译胡为汉。胡乃五天边俗，类此之有氏羌，今乃称胡，岂关印度？深为楚越，可不详焉？但佛所说经，皆合称为梵本。梵者此言清净。

开元释教录卷第二（唐）

释智升

优婆塞支谦字恭明……十岁学汉书，十三学婆罗门书，并得精妙，兼通六国语音。……博览经籍，莫不明练。世间艺术，多所综习。……曲得圣义，辞旨文雅。又依《无量寿》《中本起经》，制赞菩萨连句梵呗三契。……春秋六十。……今以《房录》所载，多是别生，或异名重载。今随次删之如后。

【……】

沙门竺昙摩罗察，晋言法护。其先月氏国人，本姓支氏，世居敦煌郡。年八岁出家，事外国沙门竺高座为师，遂称竺姓。诵经日万言，过目则能……是时晋武之世……遂随师至西域，历游诸国。外国异言三十六种书，护皆遍学。贯综诂训、音义、字体，无不备晓。遂大赍梵经，还归东夏。自敦煌至长安，后到洛阳，及往江左。沿路传译，写为晋文。起武帝太始二年景戌，至愍帝建兴元年癸酉，出《光赞》《般若》等经一百七十五部。清信士聂承远，及子道真、竺法首、陈士伦、孙伯虎、虞世雅等，皆共承护旨，执笔详校。而护孜孜所务，唯以弘通为业。终身写译，劳不告倦。经法所以广流东夏者，护之力也。

——《佛藏要籍选刊》之二，第 555、562 页

开元释教录卷第七（唐）

释智升

金以崛多，言识异方，字晓殊俗，故得宣辩自运，不劳传度。理会义门，句圆词体。文意粗定，铨本便成。笔受之徒，不费其力。……尔时耶舍先已终亡，仍敕崛多专主翻译，移法席就大兴善寺。更召婆罗门沙门达摩笈多，并敕高天奴、高和仁兄弟等，同传梵语。又增置十大德沙门僧休、法粲、法经、慧藏、洪遵、慧远、法纂、僧晖、明穆、昙迁等，监掌翻事，铨定宗旨。沙门明穆、彦琮，重对梵本，再审复勘，整理文义。

——《佛藏要籍选刊》之二，第 616 页

开元释教录卷第八（唐）

释智升

奘周游五印，遍师明匠，至如五明四含之典，三藏十二之筌，七例八转之音，三声六释之句，皆尽其微，毕究其妙。

——《佛藏要籍选刊》之二，第 624 页

大唐大慈恩寺三藏法师传（唐）

释慧立

时黄门侍郎薛元超、中书侍郎李义府，因参法师，遂问曰："翻经固法门之美，未审更有何事可以光扬？又不知古来翻译仪式如何？"法师报曰："法藏冲奥，通演实难。然则内阐住持，由乎释种；外护建立，属在帝王。所以泛海之舟，能驰千里；依松之葛，遂竦万寻。附托胜缘，方能广益。今汉、魏遥远，未可详论。且陈苻、姚已来，翻宣经论，除僧之外，君臣赞助者。苻坚时昙摩难提译经，黄门侍郎赵整执笔。姚兴时鸠摩罗什译经，姚主及安城侯姚嵩执笔。后魏菩提留支译经，侍中崔光执笔。及制经序，齐、梁、周、隋并皆如是。贞观初波颇罗那译经，敕左仆射房龄、赵郡王李孝恭、太子詹事杜正伦、太府卿萧璟等监阅详缉。今独无此。又慈恩寺圣上为文，德圣皇后营建，壮丽轮奂，今古莫俦。未得建碑，传芳示后。显扬之极，莫过于此。公等能为致言，则斯美可至。"二公许诺而去。明日因朝，遂为法师陈奏。天皇皆可之。壬辰，光禄大夫中书令兼检校太子詹事监修国史柱国固安县开国公崔殷礼，宣敕曰："大慈恩寺僧玄奘，所翻经论，既新翻译，文义须精。宜令太子太傅尚书左仆射燕国公于志宁、中书令兼检校吏部尚书南阳县开国男来济、礼部尚书高阳县开国男许敬宗、守黄门侍郎兼检校太子左庶子汾阴县开国男薛元超、守中书侍郎检校右庶子广平县开国男李义府、中书侍郎杜正伦等，时为看阅。有不稳便处，即随事润色。若须学士，任量追三两人。"

——《佛藏要籍选刊》之十三，第 473 页

至是有敕报法师曰："其所欲翻经论，无者先翻，有者在后。"法师进表曰："……敕所翻经论，在此无者宜先翻，旧有者在后翻。但《发智毗婆沙论》有二百卷，此土先唯有半，但有百余卷，而文多舛杂。今更整顿翻之。去秋以来已翻得七十余卷，尚有百三十卷未翻。此论于学者甚要，望听翻了。余经论有详略不同及尤舛误者，亦望随翻以副。"

——《佛藏要籍选刊》之十三，第 479—480 页

东国重于《般若》，前代虽翻不能周备。众人更请委翻。然般若部，京师多务，又人命无常恐难得了，乃请就于玉华宫翻译。帝许焉。即以四年冬十月，法师从京发向玉华宫，并翻经大德及门徒等同去，其供给诸事一如京下，一至彼安置肃诚院焉。至五年春日正月一日起首翻《大般若经》。经梵本总有二十万颂。文既广大，学徒每请删略。法师将顺众意，如罗什所翻，除繁去重，作此念已。于夜梦中。即有极怖畏事，以相警诫，或见乘危履崄，或见猛兽搏人，流汗战栗方得免脱。觉已惊惧，向诸众说，还依广翻。夜中乃见诸佛菩萨，眉间放光，照触己身，心意怡适。法师又自见手执花灯，供养诸

佛。或升高座为众说法，多人围绕赞叹恭敬。或梦见有人奉己名果。觉而喜庆，不敢更删，一如梵本。

佛说此经，凡在四处。一王舍城鹫峰山，二给孤独园，三他化自在天王宫，四王舍城竹林精舍。总一十六会，合为一部。然法师于西域得三本。到此翻译之日，文有疑错，即校三本以定之。殷懃省复，方乃著文。审慎之心，古来无比。或文乖旨奥，意有踌躇，必觉异境，似若有人，授以明决，情即豁然，若披云睹日……合七十四部，总一千三百三十八卷。

……其所翻译，文质相兼，无违梵本。

——《佛藏要籍选刊》之十三，第 482—484 页

唐大荐福寺故寺主翻经
大德法藏和尚传（唐）

崔致远

　　释法藏者，梵言达摩多罗，字贤首，梵言跋陀罗室利。帝赐别号"国一法师"。俗姓康氏，本康居国人……暨女皇革命变唐为周，遣使往于阗国求索梵本。乃迎三藏实叉难陀译在神都……命藏笔受，复礼缀文，梵僧战陀、提婆二人译语。仍诏唐三藏义净，海东法将圆测，江陵禅师弘景，及诸大德神英法宝而下，审复证义……藏以宋唐两翻对勘梵本。经资线义，雅协结鬘。持日照之补文，缀喜学之漏处。遂得泉始细而增广，月暂亏而还圆……藏本资西胤，雅善梵言，生寓东华，精详汉字。故初承日照，则高山擅价。后从喜学，则至海腾功。

　　——《佛藏要籍选刊》之十三，第 489—491 页

唐京兆大荐福寺义净传系论（宋）

释赞宁

系曰：

译之言易也，谓以所有易所无也。譬诸枳橘焉，由易土而殖，橘化为枳。枳橘之呼虽殊，而辛芳干叶无异。又如西域尼拘律陀树，即东夏之杨柳，名虽不同，树体是一。自汉至今皇宋，翻译之人多矣。晋、魏之际，唯西竺人来，止称尼拘耳。此方参译之士，因西僧指杨柳，始体言意。其后东僧往彼，识尼拘是东夏之柳。两土方言，一时洞了焉。唯西唯东，二类之人未为尽善。东僧往西，学尽梵书，解尽佛意，始可称善传译者。宋齐已还，不无去彼回者，若入境观风必闻其政者，奘师、净师为得其实。此二师者两通达，其犹见玺文知是天子之书，可信也。《周礼》象胥氏通夷狄之言，净之才智，可谓释门之象胥也欤！

——《宋高僧传》卷第一·译经篇第一之一，第3—4页

唐洛京圣善寺善无畏传（宋）

释赞宁

昔有沙门无行西游天竺，学毕言归，方及北印，不幸而卒。其所获夹叶悉在京都华严寺中，畏与一行禅师于彼选得数本，并《总持妙门》，先所未译。十二年，随驾入洛，复奉诏于福先寺译《大毗卢遮那经》。其经具足梵文有十万颂；畏所出者，撮其要耳，曰《大毗卢遮那成佛神变加持经》七卷，沙门宝月译语，一行笔受，删缀辞理，文质相半，妙谐深趣，上符佛意，下契根缘，利益要门，斯文为最。

——《宋高僧传》卷第二·译经篇第一之二，第 20 页

宋高僧传译经篇附论（宋）

释赞宁

　　无漏海中，震潮音而可怪；总持言下，书梵字而不常。未闻者闻，闻光音天之余响；未解者解，解最上法之所诠。圣贤饮之为醇醪，凡劣啜之成糟粕。若夫有缘则遇，无道则违。秦狱既械其利防，此无缘也；汉庭肇迎其白马，斯有感焉。听彼异呼，览其横字，情可求而呼相乱，字虽殊而意且同。是故《周礼》有"象胥氏"通六蛮语，"狄鞮"主七戎，"寄"司九夷，"译"知八狄。今四方之官，唯译官显著者，何也？疑汉已来多事北方，故译名烂熟矣。又如周秦輶轩使者，奏籍通别国方言，令君王不出户庭，坐知绝遐异俗之语也。若然者，象胥知其远也，《方言》知其近也。大约不过察异俗、达远情者矣。

　　懿乎东汉，始译《四十二章经》，复加之为翻也。翻也者，如翻锦绮，背面俱花，但其花有左右不同耳。由是翻译二名行焉。

　　初则梵客华僧，听言揣意，方圆共凿，金石难和，椀配世间，摆名三昧，咫尺千里，觌面难通。次则彼晓汉谈，我知梵说，十得八九，时有差违，至若"怒目看世尊""彼岸度无极"矣。后则猛、显亲往，奘、空两通，器请师子之膏，鹅得水中之乳，内竖对文王之

108

问，扬雄得绝代之文，印印皆同，声声不别，斯谓之大备矣。

逖观道安也论五失三不易，彦琮也籍其八备，明则也撰翻经仪式，玄奘也立五种不翻，此皆类《左氏》之诸凡，同史家之变例。今立新意，成六例焉。谓译字译音为一例，胡语梵言为一例，重译直译为一例，粗言细语为一例，华言雅俗为一例，直语密语为一例也。

初则四句。

一、译字不译音，即"陀罗尼"是。

二、译音不译字，如佛胸前卍字是。

三、音字俱译，即诸经律中纯华言是。

四、音字俱不译，如经题上"p""a"二字是。

第二，胡语梵言者。

一、在五天竺，纯梵语。

二、雪山之北是胡。山之南名婆罗门国，与胡绝，书语不同，从羯霜那国字，源本二十余言，转而相生，其流漫广，其书竖读同震旦欤。至吐货罗，言音渐异，字本二十五言，其书横读。度葱岭南，迦毕试国言字同吐货罗，已上杂类为胡也。若印度言字，梵天所制，本四十七言，演而遂广，号《青藏》焉，有十二章，教授童蒙，大成五明论，大抵与胡不同。五印度境弥亘既遥，安无少异乎？又以此方始从东汉传译，至于隋朝，皆指西天以为胡国，且失梵天之苗裔，遂言胡地之经书。彦琮法师，独明斯致，唯征造录，痛责弥天。符佛地而合《阿含》，得之在我；用胡名而迷梵种，失则诛谁？唐有宣公，亦同鼓唱。自此若闻弹舌，或睹黑容，印定呼为梵僧，雷同认为梵语。琮师可谓忙于执斧捕前白露之蝉，目瞥在回光照后黄衣之雀。既云西土有梵有胡，何不南北区分？是非料简，致有三失。

一改胡为梵，不析胡开，胡还成梵，失也。

二不善胡、梵二音，致令胡得为梵，失也。

三不知有重译，失也。

当初尽呼为胡，亦犹隋朝已来总呼为梵，所谓过犹不及也。如据宗本而谈，以梵为主；若从枝末而说，称胡可存。何耶？自五天至岭北，累累而译也，乃疑琮公留此以待今日，亦不敢让焉。

三、亦胡亦梵，如天竺经律传到龟兹，龟兹不解天竺语，呼天竺为印特伽国者，因而译之。若易解者犹存梵语。如此胡、梵俱有者是。

四、二非句，纯华言是也。

第三，重译直译者。

一、直译，如五印夹牒直来东夏译者是。

二、重译，如经传岭北楼兰、焉耆，不解天竺言，且译为胡语，如梵云邬波陀耶，疏勒云鹘社，于阗云和尚。又天王，梵云拘均罗，胡云毗沙门是。

三、亦直亦重，如三藏直赍夹牒而来，路由胡国，或带胡言；如觉明口诵《昙无德律》中有和尚等字者是。

四、二非句，即赍经三藏虽兼胡语，到此不翻译者是。

第四，粗言细语者。声明中一苏漫多，谓泛尔平语言辞也，二彦底多，谓典正言辞也。佛说法多依苏漫多，意住于义，不依于文，又被一切故。若彦底多非诸类所能解故。亦名全声者，则言音分明典正，此细语也。半声者，则言音不分明而讹僻，此粗语也。一是粗非细，如五印度时俗之言是。二唯细非粗，如法护、宝云、奘师、义净，洞解声明音律，用中天细语典言而译者是。三亦粗亦细，如梵本中语涉粗细者是。或注云此音讹僻，即粗言也。四二非句阙。

第五，华言雅俗者，亦云音有楚夏同也。且此方言语，雅即经籍之文，俗乃街巷之说，略同西域。细即典正，粗即讹僻也。一是雅非俗，如经中用书籍言是。二是俗非雅，如经中乞头博颊等语是。三亦雅亦俗，非学士润文，信僧执笔，其间浑金璞玉交杂相投者是。四二非句阙。

第六，直语密语者，二种作句，涉俗为直，涉真为密，如"婆留师"是。一是直非密，谓婆留师翻为恶口住，以恶口人人不亲近故。二是密非直，婆留师翻为菩萨所知彼岸也，既通达三无性理，亦不为众生所亲近故。三两亦句，即同善恶真俗，皆不可亲近。四二非句，谓除前相故。又阿毗持呵娄、郁婆提、婆罗。此诸名在经论中，例显直密语义也。更有胡梵文字，四句易解。凡诸类例括彼经诠，解者不见其全牛，行人但随其老马矣。

或曰："翻梵夹须用此方文籍者，莫招滥涉儒雅之过乎？"

通曰："言不关典，非子史之言，用其翻对，岂可以委巷之谈而糅于中耶？故道安云：'乃欲以千载上之微言，传所合百王下之末俗。'斯为不易矣。"

或曰："汉魏之际，盛行斯意，致使陈寿《国志》述临儿国云：'浮屠所载，与中国《老子经》而相出入。盖老子西出关，过西域之天竺，教胡为浮屠。'"

"此为见译家用《道德》二篇中语，便认云与《老子经》互相出入也。设有华人能梵语，与西僧言说，两相允会，可便谓此人为天竺人耶？盍穷其始末乎？是知若用外书，须招此谤。如童寿译《法华》，可谓折中，有天然西域之语趣矣。今观房融润文于《楞严》，僧肇征引而造论，宜当此诮焉。苟参鄙俚之辞，曷异屠沽之谱？然则糅书，勿如无书，与其典也，宁俗。悦深溺俗，厥过不轻。折中适时，自存法语，斯谓得译经之旨矣。故佛说法多依苏漫多也。又传译之兴，奉行之意，不明本起，何示将来？今究其宣扬，略陈梗概。夫教者不伦，有三畴类。一显教者，诸乘经律论也；二密教者，《瑜伽灌顶五部护摩三密曼拏罗法》也；三心教者，直指人心，见性成佛，禅法也。次一法轮者，即显教也，以摩腾为始祖焉。次二教令轮者，即密教也，以金刚智为始祖焉。次三心轮者，即禅法也，以菩提达磨为始祖焉。是故传法轮者以法音传法音；传教令轮者，以秘密传秘密；传心轮者，以心传心。此之三教、三轮、三祖，自西而东，化凡而圣，流十五代，法门之贻厥孙谋，万二千年，真教之克昌厥后。"

或曰："译场经馆，设官分职，不得闻乎？"

曰："此务所司——

"先宗译主，即赍叶书之三藏、明练显密二教者充之。

"次则笔受者，必言通华梵，学综有空，相问委知，然后下笔。西晋、伪秦已来立此员者，即沙门道含、玄赜、姚嵩、聂承远父子。至于帝王，即姚兴、梁武、天后、中宗，或躬执翰，又谓为缀文也。

"次则度语者，正云译语也。传度转令生解，亦名传语。如翻《显识论》，沙门战陀译语是也。

"次则证梵本者，求其量果，密能证知，能诠不差，所显无谬矣。如居士伊舍罗证译《毗奈耶》梵本是也。至有立证梵义一员，乃明西义得失，贵令华语下不失梵义也。复立证禅义一员，沙门大通充之。

"次则润文一位，员数不恒，令通内外学者充之。良以笔受在其油素，文言岂无俚俗，悦不失于佛意，何妨刊而正之。故义净译场，则李峤、韦嗣立、卢藏用等二十余人次文润色也。

"次则证义，盖证已译之文所诠之义也。如译《婆沙论》，慧嵩、道朗等三百人考正文义，唐复礼累场充任焉。

"次则梵呗，法筵肇启，梵呗前兴，用作先容，令生物善，唐永泰中方闻此位也。

"次则校勘，雠对已译之文，隋则彦琮复疏文义，盖重慎之至也。

"次则监护大使，后周平高公侯寿为总监检校，唐则房梁公为奘师监护，相次许观、杨慎交、杜行颛等充之。或用僧员，则隋以明穆、昙迁等十人监掌翻译事，诠定宗旨。其处则秦逍遥园、梁寿光殿、瞻云馆、魏汝南王宅。又隋炀帝置翻经馆，其中僧有学士之名。唐于广福等寺，或宫园不定。又置正字字学，玄应曾当是职。后或置或否。

"朝廷罢译事，自唐宪宗元和五年至于周朝，相望可一百五十许岁，此道寂然。

"迨我皇帝临大宝之五载，有河中府传显密教沙门法进请西域三藏法天译经于蒲津，州府官表进。上览大悦，各赐紫衣，因敕造译经院于太平兴国寺之西偏。续敕搜购天下梵夹。有梵僧法护、施护同参其务，左街僧录智照大师慧温证义。又诏沧州三藏道圆证梵字，慎选两街义解沙门志显缀文，令遵、法定、清沼笔受，守峦、道真、知逊、法云、慧超、慧达、可环、善佑、可支证义，伦次缀文，使臣刘素、高品王文寿监护，礼部郎中张洎、光录卿汤悦次文润色。进《校量寿命经》《善恶报应经》《善见变化》《金曜童子》《甘露鼓》等经。有命授三藏天息灾、法天、施护师号，外试鸿胪少卿、赐厩马等。笔受证义诸沙门各赐紫衣并帛有差。御制新译经序，冠于经首。观其佛日重光，法轮发轫，赤玉箱而启秘，青莲朵以开芳，圣感如然，前代孰堪比也。又以宣译之者乐略乐繁。隋之已前，经题简少。义净已降，经目偏长。古则随取强名，后则繁尽我意。又旧翻秘呪，少注合呼。唐译明言，多详音反。受持有验，斯胜古踪。净师大译诸经，偏精律部，自高文彩，最有可观。金刚智也秘藏祖师，阿目佉也多经译匠，师资相接，感应互彰。无畏言辞且多朴实。觉救加佛顶之句，人无间然。日照出显识之文，刃有余地。思惟《胃索》，学喜《华严》，密语断章，大人境界。流志《宝积》，菩提曼荼，华胥之理致融明，灌顶之风标秘邃，迪公勤其笔受，般若终乎译场。其余诸公，皆翻夹牒，欲知状貌，聊举喻言。其犹人也，人皆人也，奈何姿制形仪，各从所肖，肖其父焉。若如此，大则同而小有异耳。良由译经是佛法之本，本立则道生。其道所生，唯生释子，是以此篇冠首。故曰先王将祭海，必先有事于河者，示不忘本也。"

——《宋高僧传》卷第三·译经篇第一之三，第52—58页

唐京兆大慈恩寺法宝传（宋）

释赞宁

释法宝，亦三藏奘师学法之神足也。性灵敏利，最所先焉。奘初译《婆沙论》毕，宝有疑情，以非想见惑，请益之。奘别以十六字入乎论中，以遮难辞。宝白奘曰："此二句四句为梵本有无？"奘曰："吾以义意酌情作耳。"宝曰："师岂宜以凡语增加圣言量乎？"奘曰："斯言不行，我知之矣。"

——《宋高僧传》卷第四·义解篇第二之一，第68—69页

唐江陵府法明传（宋）

释赞宁

释法明，本荆楚人也。博通经论，外善群书，辩给如流，戒范坚正。中宗朝入长安，游访诸高达，适遇诏僧道定夺《化胡成佛经》真伪。时盛集内殿，百官侍听。诸高位龙象，抗御黄冠，翻复未安，龊龊难定。明初不预其选，出场擅美，问道流曰："老子化胡成佛，老子为作汉语化？为作胡语化？若汉语化胡，胡即不解。若胡语化，此经到此土，便须翻译。未审此经是何年月，何朝代，何人诵胡语，何人笔受？"时道流绝救无对。明由此公卿叹赏，则神龙元年也。其年九月十四日，下敕曰："仰所在官吏废此伪经，刻石于洛京白马寺，以示将来。"敕曰："朕叨居宝位，惟新阐政，再安宗社，展恭禋之大礼，降雷雨之鸿恩，爰及缁黄，兼申惩劝。如闻天下诸道观皆尽《化胡成佛变相》，僧寺亦画玄元之形，两教尊容，二俱不可。制到后限十日内并须除毁。若故留，仰当处官吏科违敕罪。其《化胡经》累朝明敕禁断，近知在外仍颇流行，自今后其诸部《化胡经》及诸记录有《化胡》事，并宜除削。若有蓄者，准敕科罪。"

——《宋高僧传》卷第十七·护法篇第五之五，第 415 页

唐京兆大兴善寺含光传系论（宋）

释赞宁

系曰：

未闻中华演述佛教，倒传西域，有诸乎？

通曰：昔梁武世，吐谷浑夸吕可汗使来求佛像及经论十四条。帝与所撰《涅槃》《波若》《金光明》等经疏一百三卷付之。原其使者必通华言，既达音字，到以彼土言译华成胡，方令通会。彼亦有僧，必长转传译，从青海西达葱岭北诸国，不久均行五竺，更无疑矣。故车师有《毛诗》《论语》《孝经》，置学官弟子，以相教授。虽习读之，皆为胡语是也。又唐西域求《易》《道经》，诏僧、道译唐为梵。二教争菩提为道，纷拏不已，中辍。设能翻传到彼，见此方玄赜之典籍，岂不美欤！又夫西域者，佛法之根干也。东夏者，传来之枝叶也。世所知者，知枝叶不知根干。而不知枝叶殖土，亦根生干长矣，尼拘律陀树是也。盖东人之敏利，何以知耶？秦人好略，验其言少而解多也。西域之人淳朴，何以知乎？天竺好繁，证其言重而后悟也。由是观之，西域之人利在乎念性，东人利在乎解性也。如无相空教，出乎龙树；智者演之，令西域之仰慕。如中道教生乎弥勒；慈恩解之，疑西域之罕及。将知以前二宗，殖于智者、慈恩之土中，枝叶也。入土

117

别生根干，明矣。善栽接者，见而不识，闻而可爱也。又如合浦之珠，北土之人得之，结步摇而饰冠佩。南海之人见而不识，闻而可爱也。蚕妇之丝，巧匠之家得之，绣衣裳而成黼黻。抽丝之妪，见而不识，闻而可爱也。懿乎智者、慈恩，西域之师焉得不宗仰乎！

——《宋高僧传》卷第二十七·兴福篇第九之二，第 679 页

宋高僧传兴福篇附论（宋）

释赞宁

有倡言曰：但务生善，唯期灭罪，何判为非邪？

通曰：翻译之后，传行已来，若天上之恒星，如人形之定相。或别占一座，便曰客星。或新起肉隆，乃为胼赘者耳。君不见《春秋》"夏五"邪，郑、杜诸家岂不能添"月"字乎？盖畏圣人之言，成不刊之典，不敢加字矣。夫人曰："吾犹及史之阙文。"将知佛教还可加减否？如慧严重译《泥丸经》，加之品目，忽梦神人怒责，声色颇厉曰："《涅槃尊经》，何敢辄尔轻加斟酌！"是知兴福不如避罪，斯言允矣。今则不勤课励，靡事增修，因搜颖脱之数员，贵显盂安之三宝，就今有作，何代无人？

——《宋高僧传》卷第二十八·兴福篇第九之三，第712页

119

翻译名义序（南宋）

周敦义

余谓此书，不惟有功于读佛经者，亦可护谤法人意根。唐奘法师论五种不翻：

一秘密故，如陀罗尼；

二含多义故，如薄伽，梵具六义；

三此无故，如阎净树，中夏实无此木；

四顺古故，如阿耨菩提，非不可翻，而摩腾以来，常存梵音；

五生善故，如般若尊重，智慧轻浅。

而七迷之作，乃谓：

释迦牟尼，此名能仁，能仁之义，位卑周孔。

阿耨菩提，名"正遍知"。此土老子之教，先有无上正真之道，无以为异。

菩提萨埵，名"大道心众生"。其名下劣，皆掩而不翻。

夫三宝尊称，译人存其本名，而肆为谤毁之言，使见此书，将无所容其啄矣。

——《佛藏要籍选刊》之三，第 625 页

翻译名义集卷第一（南宋）

释法云

夫"翻译"者，谓翻梵天之语，转成汉地之言。音虽似别，义则大同。《宋僧传》云："如翻锦绣，背面俱华，但左右不同耳。""译之言易也，谓以所有，易其所无。"故以此方之经，而显彼土之法。周礼掌四方之语，各有其官。东方曰"寄"，南方曰"象"，西方曰"狄鞮"，北方曰"译"。今通西言，而云"译"者，盖汉世多事北方，而译官兼善西语。故摩腾始至，而译《四十二章》，因称译也。言"名义"者，能诠曰名，所以为义，能诠之名。胡、梵音别，自汉至隋，皆指西域以为胡国。唐有彦琮法师，独分胡、梵。葱岭已西，并属梵种；铁门之左，皆曰胡乡。言梵音者，劫初廓然，光音天神，降为人祖，宣流梵音，故《西域记》云："详其文字，梵天所制。原始垂则，四十七言。寓物合成，随事转用。流演枝派，其源浸广。因地随人，微有改变。语其大较，未异本源。而中印度，特为详正，辞调和雅，与天音同，气韵清亮，为人轨则。"

或问：玄奘三藏、义净法师，西游梵国，东译华言。指其古翻，证曰旧讹。岂可初地龙树论梵音而不亲，三贤罗什译秦言而未正？既皆纰缪，安得感通，泽及古今，福资幽显？

今试释曰：秦、楚之国，笔聿名殊，殷、夏之时，文质体别；况其五印度别千载日遥，时移俗化，言变名迁——遂致梁、唐之新传，乃殊秦、晋之旧译。苟能晓意，何必封言？设筌虽殊，得鱼安别？法云十岁无知，三衣滥服。后学圣教，殊昧梵言。由是思义思类，随见随录。但经论文散，疏记义广，前后添削，时将二纪，编成七卷六十四篇，十号三物，居然列目，四洲七趣，灿尔在掌。免检阅之劳，资诚证之美。但魄义天弥广，管见奚周？教海幽深，蠡测焉尽？其诸铁疑，倾俟博达者也。时大宋绍兴十三年，岁次癸亥，仲秋晦日，居弥陀院，扶病云尔。

【……】

鸠摩罗什婆，此云童寿，祖印度人……秦主兴厚加礼之，延入西明阁及逍遥园，别馆安置。敕僧䂮等八百沙门，咨受什旨。兴卑万乘之心，尊三宝之教。于草堂寺共三千僧，手执旧经，而参定之。莫不精究，洞其深旨。时有僧叡，兴甚嘉焉。什所译经，叡并参正。然什词喻婉约，出言成章。神情鉴彻，傲岸出群。应机领会，鲜有其匹。且笃性仁厚，泛爱为心。虚已善诱，终日无倦。南山律师尝问天人陆玄畅云："什师一代，所翻之经，至今若新，受持转盛，何耶？"答云："其人聪明，善解大乘。已下诸人，并皆俊又，一代之宝也。绝后光前，仰之所不及。故其所译，以悟达为先，得佛遗寄之意也。"

——《佛藏要籍选刊》之三，第 626—627 页；第 639 页

翻译名义集卷第六（南宋）

释法云

西域五竺，经尚天书；东夏九州，字法鸟迹。自古罕觌，因译方传。琅函具存，此集略辨。

卍，熏闻曰：《志诚纂要》云：梵云"室利靺瑳"，此云"吉祥海云"。如来胸臆有大人相，形如卍字，名吉祥海云。《华严音义》云：案卍字，本非是字。大周长寿二年，主上权制此文。着于天枢，音之为"万"，谓吉祥万德之所集也。经中上下，据汉本总一十七字，同呼为万，依梵文有二十八相。

卍，苑师云：此是西域万字，佛胸前吉祥相也。卍，音万，是吉祥胜德之相，由发右旋而生。似卍字，梵云"塞缚悉底迦"，此云"有乐"。有此相者，必有安乐。若卍万万字，是此方字。《宋高僧传》明翻译四例——一翻字不翻音，诸经咒词是也。二翻音不翻字，如《华严》中卍字是也，以此方万字翻之，而字体犹是梵书。三音字俱翻，经文是也。四音字俱不翻，西来梵夹是也。

——《佛藏要籍选刊》之三，第 716—717 页

阅藏知津·凡例（明）

释智旭

义目每于重单译中。先取单本总列于前。后以重本别列于后。相去悬隔查考稍难。又每以先译为主，不分译之巧拙，致令阅者不知去取。今选取译之巧者一本为主。其余重译即列于后，俾不能徧阅者，但阅其一，即可得旨。若能徧阅者，连阅多译，便知巧拙之得失也。

——《佛藏要籍选刊》之二，第 874 页

宋天息灾法天施护三师傅（明）

释明河

三师述："译经仪式上之，且请，译文有与御名、庙讳同者，前代不避。若变文回护，恐妨经旨。"

诏答："佛经用字，宜从正文，庙讳御名，不须回避。"

——《补续高僧传卷第一·译经篇》，

见《高僧传合集》，第 609 页

《蕃汉合时掌中珠》序（西夏）

骨勒茂才

凡君子者，为物岂可忘己，故未尝不学。为己亦不绝物，故未尝不教。学则以智成己，欲袭古迹。教则以仁利物，以救今时。兼番汉文字者，论末则殊，考本则同，何则？先圣后圣，其揆未尝不一故也。然则今时人者，番汉语言可以俱备，不学番言，则岂和番人之众？不会汉语，则岂入汉人之数？番有智者，汉人不敬；汉有贤士，番人不崇，若此者，由语言不通故也。如此则有逆前言。故愚稍学番汉文字，曷敢默而弗言，不避惭怍，准三才，集成番汉语节略一本，言音分辨，语言照然；言音未切，教者能整；语句虽俗，学人易会，号为《合时掌中珠》，贤哲睹斯，幸勿晒焉。

时乾祐庚戌二十一年□月□日，骨勒茂才谨序。

——《掌中珠》卷首（西夏干佑二十一年［1190 年］）；载陈炳应:《西夏文物研究》（银川：宁夏人民出版社，1985 年），第 226 页

译《几何原本》引（1607）

利玛窦

【……】中古吾西庠特出一闻士，名曰欧几里得，修几何之学，迈胜先士而开迪后进，其道益光，所制作甚众、甚精，生平著书了无一语可疑惑者，其《几何原本》一书，尤确，而当曰"原本"者，明几何之所以然，凡为其说者，无不由此出也。故后人称之曰："欧几里得，以他书踰人，以此书踰己。"今详味其书，规模次第，洵为奇矣。题论之首先标界说，次设公论，题论所据，次乃具题，题有本解，有作法，有推论，先之所征，必后之所恃。十三卷中五百余题，一脉贯通，卷与卷，题与题，相结倚，一先不可后，一后不可先，累累交承，至终不绝也。初言实理，至易至明，渐次积累，终竟乃发奥微之义，若暂观后来一二题旨，即其所言，人所难测，亦所难信，及以前题为据，层层印证，重重开发，则义如列眉，往往释然而失笑矣。千百年来，非无好胜强辩之士，终身力索，不能议其只字；若夫从事几何之学者，虽神明天纵，不得不藉此为阶梯焉。此书未达，而欲坐进其道，非但学者无所措其意，即教者亦无所措其口也。吾西庠如向所云几何之属几百家，为书无虑万卷，皆以此书为基，每立一义，即引为证据焉，用他书证者，必标其名，用此书证者，直云某卷某题而已，视为几何家之日用饮食也；至今世又复崛起一名士，为窦所从学几何之本，师曰丁先生，开廓此道，益多著述，窦昔游西海，所过名邦，每遘颛门名家，辄言后世不可知，若今世以前，则丁先生之于几何无两也。先生于此书，覃精已久，既为之集解，又复推求续补凡二卷，与元书都为十五卷；又每卷之中，因其义类，各造新论，然后此书至详至备，其为后学津梁，殆无遗憾矣。窦自入中国，窃见为几何之学者，其人与书，信自不乏，独未睹有原本之论，既阙根基，遂难创造，即有斐然述作者，亦不能推明所以然之故，其是者己亦无从别白，有谬者人亦无从辨正；当此之时，遽有志翻译此书，质之当世贤人君子，用酬其嘉信旅人之意也，而才既菲薄，且东西文理，又自绝殊，字义相求，仍多阙略，了然于口，尚可勉图，肆笔为文，便成艰涩矣。嗣是以来，屡逢志士，左提右挈，而每患作辍，三进三止。呜呼！此游艺之学，言象之粗，而龃龉若是；允哉始事之难也。有志竟成，以需今日，岁庚子，窦因贡献，侨邸燕台，癸卯冬，则吴下徐太史先生来，太史既自精心，长于文笔，与旅人辈交游颇久，私计得与对译成书不难；于时以计，偕至，及春荐南宫，选为庶常，然方读中秘书时，得晤言，多咨论，天主大道，以修身昭事为急，未遑此土苴之业也。客秋，乃询西庠举业，余以格物实义，应及谭几何家之家，余为述此书之精，且陈翻译之难，及向来中辍状。先生曰："吾先正有言，一物不知，儒者之耻，今此一家已失传，为其学者，皆暗中摸索耳，既遇此书，又遇子不骄不吝，欲相指授，岂可畏劳玩日，当吾世而失之。呜呼，吾避难，难自长大；吾迎难，难自消微；必成之。"先生就功，命余口传，自以笔受焉；反覆展转，求合本书之意，以中夏之文，重复订政，凡三易稿。先生勤，余不敢承以怠，迄今春首，其最要者前六卷，获卒业矣。但欧几里得本文已不遗旨，若丁先生之文，唯译注首论耳；太史意方锐欲竟之。余曰止，请先传此，使同志者习之果以为用也，而后徐计其余。太史曰然，是书也，苟为用，竟之何必在我，遂辍译而梓是谋，以公布之，不忍一日私藏焉。梓成，窦为撮其大意，弁诸简端，自顾不文，安敢窃附述作之林。盖聊叙本书指要，以及翻译因起，使后之习者，知夫创通大义，缘力俱艰，相共增修，以终美业，庶俾开济之士，究心实理，于向所陈百种道艺咸精，其能上为国家立功立事，即窦辈数年来旅食大官，受恩深厚，亦得藉手万分之一矣。

万历丁未泰西利玛窦谨书。

——徐宗泽编著：《明清间耶稣会士译著作提要》
卷六，第 259—262 页

请译西洋历法等书疏（1613）

李之藻

　　兹者恭逢皇上圣寿五十有一，盖合天地大衍周而复始之数，御历纪元命曰万历，则亿万年无算之寿考与亿万年不刊之历法，又若有机会之适逢，事非偶然，而其绍明修定之业，当有托始于今日者。迩年台监失职，推算日月交食时刻分往往差谬，交食既差，定朔定气由是皆舛。夫不能时夜，不夙则莫，诗人刺焉；钦若昊天，敬授人时，《尧典》之所首载。以国家第一大事，而乖讹袭舛，不蒙改正，臣愚以为此殆非小失矣。天道虽远，运度有常，从来日有盈缩、月有迟疾，五星有顺逆、岁差有多寡，前古不知，借后人渐次推测，法乃纂备，惟是朝戡征求，士乏讲究，间有草泽遗逸、通经知算之士留心历理者，又皆独学寡助，独智师心，管窥有限，屡该爽终，未有能确然破千古之谬而垂万禩之准者。伏见大西洋国归化陪臣庞迪我、龙华民、熊三拔、阳玛诺等诸人，慕义远来，读书谈道，俱以颖异之资，洞知历算之学，携有彼国书籍极多，久渐声教，晓习华音，在京士绅与讲论，其言天文历数，有我中国昔贤谈所未及者凡十四事。一曰天包地外，地在天中，其体皆圆，皆以三百六十度算之，地径各有测法，从地窥天，其自地心测算与自地面测算者皆有不同。二曰地面南北，其北极出地高低度分不等，其赤道所离天顶亦因而异，以辨地方风气寒暑之节。三曰各处地方所见黄道，各有高地斜直之异，故其昼夜长短亦各不同，所得日影有表北影、有表南影、亦有周围圆影。四曰七政行度不同，各自为一重天，层层包裹，推算周径各有其法。五曰列宿在心，另有行度，以二万七千余岁一周，此古今中星所以不同之故，不当指列宿之天为昼夜一周之天。六曰月五星之天各有小轮，原俱平行，特为小轮旋转于大轮之上下，故人从地面测之觉有顺逆迟疾之异。七曰岁差分秒多寡古今不同，盖列天外别有两重之天，动运不同。其一东西差出入二度二十四分，其一南北差出入一十四分，各有定算，其差极微，从古不觉。八曰七政诸天之中心各与地心不同处所，春分至秋分多九日，秋分至春分少九日，此由天阳天心与地心不同处所，人从地面望之觉有盈缩之差，其本行初无盈缩。九曰太阴小轮不但算得迟疾，又且测得高下远近大小之异，交食多寡，非此不确。十曰日交食，随其出地高低之度看法不同，而人从所居地面南北望之又皆不同，兼此二者食分乃审。十一曰日月交食，人从地面望之，东方先见、西方后见，凡地面差三十度则时差八刻二十分，而以南北相距二百五里做一度，东西则视所离赤道以为减差。十二曰日食与合朔不同，日食在午前则先食后合，在午后则先合后食，凡出地、入地之时近于地平，其差多至八刻，渐近于午则其差渐少。十三曰日月食所在之宫每次不同，皆有捷法定理，可以用器转测。十四曰节气当求太阳真度，如春、秋分日乃太阳正当黄、赤二道相交之处，不当计日匀分。凡此十四事者，臣观前此天文、历志诸书皆未论及，或有依稀揣度颇与相近，然亦初无一定之见，惟是诸臣能备论之，不徒论其度数而已，又能论其所以然之理。盖缘彼国不以天文历学为禁，西洋即以此等学如中国制科五千年来，通国之俊曹聚而讲究之，窥测既核，研究亦审，与吾中国数百年来始得一人，无师无友，自悟自是，此岂可以疏密较者哉？观其所制窥天窥日之器种种精绝，即使郭守敬诸人而在，未或测其皮肤。又况见在台监诸臣，刻漏尘封，星台迹断，晷堂方案尚不知为何物者，宁可与之同日而论，同事而较也？万历三十九年曾经礼部具题，要将平素究心历理如某人某人等，开局翻译，用备大典，未奉明旨，虽诸臣平日相与讨论，或窥梗概，但问奇之志虽勤，摘椠之功有限，当此立法差谬，正宜备译广参，以求至当，即使远在海外，尚当旁求博访，矧其献琛求宾，近集辇毂之下，而可坐失机会，使日后抱遗书之叹哉？洪武十五年奉太祖高皇帝圣旨，命儒臣吴伯宗等译回回历经纬度天文书，副在灵台，以广圣世同文之化，以佐台监尽参伍之资，传之史册，实为美事。今诸陪臣真修实学，所传书籍又非回回历等书可比，其书非特历术，又有水法之书，机巧绝伦，用之灌田济运可得大益；又有算法之书，不用算珠，举笔便成，又有测望之书，能测山岳江河远近高深及七政之大小高下；有仪象之书，能极论天地之体与其变化之理；有日轨之书，能立表于地，刻定二十四气之影线，能立表于墙面，随其三百六十向，皆能兼定节气，种种制造不同，皆与天合；有《万国图志》之书，能载各国风俗山川险夷远近；有医理之书，能论人身形体血脉之故与其医治之方；有乐器之书，凡各钟琴笙管皆别有一种机巧；有格物穷理之书，备论物理、事理，用以开导初学；有《几何原本》之书，专究方圆平直，以为制作工器本领。以上诸书，多非吾中国书传所有，想在彼国亦有圣作明述，别自成家，总皆有资实学、有裨世用。深惟学问无穷，圣化无外，岁月易迈，人寿有涯，况此海外绝域之人浮槎远来，劳苦跋涉，其精神尤易消磨，昔年利玛窦最称博览超悟，其学未传，溘先朝露，士论至今惜之。今庞迪我等须发已白，年龄向衰，遐方书籍，按其义理与吾中国圣贤可互相发明，但其言语文字绝不相同，非此数人，谁与传译？失今不图，政恐日后无人能解。可惜有用之书，不免置之无用。伏惟皇上久道在宥，礼备乐和，儒彦盈廷，不乏载笔供事之臣，不以此时翻译来书以广文教，今日何以昭万国车书会同之盛，将来何以显历数与天无极之业哉？如蒙俯从末议，敕下礼部亟开馆局，征召原题明经通算之臣如某人等，首将陪臣庞迪我等所有历法，照依原文译出成书，进呈御览，责令畴人之子弟习学，依法测验，如果与天相合，即可垂久行用，不必更端治历，以滋烦费，或与旧法各有所长，亦宜责成诸臣细心斟酌，务使各尽所长，以成一代不刊灵宪，毋使仍前差谬，贻讥后世。事完之日，仍将其余各书，但系有益世用者，渐次广译，其于鼓吹休明，观文成化，不无裨补。

李之藻

——徐宗泽编著:《明清间耶稣会士译著作提要》卷六

《归真要道》① 凡例（1679）

伍遵契

一、此经精理及认主精微，非言语笔墨所能形容。率藉人物比喻，取人易晓，切勿泥于字句而生误会。疑玄妙之主而为形相之主，阅者慎之。

一、此经文义精微，理彻根源，乃明教大本，归真至要，唯念有志寻求，而不能习学者，故以汉字译之。即如阿拉伯诸经，传到波斯以来，必按波斯的文字翻译注解，相合主上敕谕："我不差一圣则已，但差必按他教生的乡音，因便解明与他们。"今亦遵此明条，译其大旨，欲求详细，须读原经。

一、人名、地名为了就其音，以汉字书之。

一、文语每用譬喻，因为形其妙、明其义、实其事、写其情。如原叙内，输舍之笔、本然形象、无加册本、认主的寄物等句，即如常言德山学海，口碑古剑，心猿意马。其间，凡两事即是一件，莫误作两事相看。又如主上造化阿丹，在自己的形容上。此喻阿丹仰体主上

---

① 波斯古籍《米尔萨德》的汉译并注释本，该书是中国伊斯兰经堂教育的课本之一，亦是研究中国伊斯兰经堂语的重要材料。

一切动静、作用，受造之意。主上亲揣其泥、亲吹其命，此喻主上亲显为作，不用天仙作中之意。摩敏之心在主两指其中。此喻身心事业，总在主上执掌，任其旋转之意，勿以名色疑异。经内有云："只藉指点参悟，莫在文语里搜求。"

一、近主之机，清高无迹，无可以名。故著作者假以花酒喻之，以明身心契合，无间于主。正谓古人有云："情之不能尽者，以景寸之；景之不能尽者，以情寸之。"

一、每等事物，每个时景，皆称一世。

一、额喇忽，其意乃造物的真主。尊前，乃指真主阈下。

一、经云，乃主上敕谕至圣之旨，名古尔阿纳（其意应念）又名府而高纳（其意分别邪正）又名毋思哈伏（其意总部）至圣，乃钦差大圣人之称，其讳额哈默德（其意至受赞者，因其自有以来，品格尊贵又至赞主者入其号毋罕默德（其意受赞者，因其道德极品，无尚无加入）圣云，乃其教谕。阿丹，乃人祖之讳。好娃，乃人祖妻之讳。以卜哩私，乃邪魔首领之名。筛核、傲里耶，乃清修得道者之称。字，乃所以活之者，名为罗憨。其主命救命，乃主之令也。为纳伏私。其常人之自性、调养之性、纵恶之性，乃气质之性也，名为纳伏私核哇。其智性、资性、心性，乃良性也，名为二格勒。其定静之性，乃本善之德性，名为纳伏私木秃默印纳。（德性如果穰，生于先天之妙世。气质之性，如果之壳，生于后天之色世。圣贤之德性全足，而气性微薄。即如鸡子、荔枝，穰多壳薄，故其德性自在易现。常人之德性衰弱，而气性浊厚，即如榛子、核桃，穰少壳厚，故其德性难以发现。背逆下类，伤坏德性，止由气性；即如空桃、空榛，总是皮壳，无以发现。）

一、以思喇目，乃名教纲目，又遵崇其教。毋思里妈纳，乃遵崇之人。

一、以妈纳，乃归信真主之心光。自主上垂照，不属造化者，故能任用主上勒命的一切事业。默而里法，乃认得主。讨核得，乃认主止一、体主止一，此等皆以妈纳之用也，又其层第也。摩敏，乃旧信主之人。

一、设礼而忒，至圣之教也。乃诚信斋拜、忠孝、慈济、命禁等事，此谓常人之道。妥礼格式，圣之为也，乃去其私欲、体其理义、归其向主，此谓上人之道。哈隔格式，圣得于心者，乃物我浑忘，真机通会，心命绪主，此谓至人之道。以道分则为三条，合则为一体。其圣教如人四肢、百骸；其圣道如五藏六腑；其至道如性命，缺一则不成人。其道亦然，必须由浅之深，内外经历，可谓正人。

一、寂克尔，乃心记想主、舌赞念主。忒扫物伏，乃绝好欲，清心向主。委喇叶忒，乃近主、绪主之义。海克默忒，乃义也、理也、通慧也。

一、二十格，乃至喜也。默哈白忒，乃真喜主也。阿十格，乃用情喜者。默而书格，乃受情喜者。

一、诗意，原名拜特，其意诗也。乃才人遇事而歌，但其文语有隐扬、典折之妙，难以汉文描写，故云诗意。

一、无作中，乃主亲显为作，不用天仙，不以事物，无因由，乃主予先恩惠，不因功课加赐。

一、阿而十，乃宁定清高第九霄。苦而西，乃第八重青霄。

一、色者，乃万物形体色相，名舍哈得忒，生于主之造，名为核勒格。妙者，乃万种命性、理微，名哀卜生于主之令，名额目尔。色界，乃六合九霄之内，名阿兰。妙界，乃六合九霄之外，名喇默克纳。色世，乃万物形体之际，名木勒克。妙世，乃万种性命之际，名默勒枯忒。色世界，乃已显、已见之乾坤，名盹耶。妙世界，乃将显、将见之乾坤，名阿核勒忒。（此先、今、后三世，及上、中、下三界之总论也。）

一、原叙文语内，有隐机故典，开卷且勿深究其详，当自首篇上下通阅一遍，前后贯彻而自明矣。其经文之义，各有取意、各有用法。倘高明所见译中未纯之处，不妨赐教而后较正。

一、不能习学，欲抄阅者，必须分张影录，不致讹失。慎不可刊印，因其义理，诚非贤愚并得，恐反招亵渎毁谤。点圈仍宜照旧，不致句节有戒。

一、小注，指点文义之用，其原文少减，易于解悟。

一、经文古奥简朴，译义求达不敢藻饰，勿以俚俗病也。

——伍遵契译：《归真要道译义》（清念一斋藏版，1679 年）；
《回族和中国伊斯兰教古籍资料汇编》丛书的第一辑
第六函（天津：天津古籍出版社，1987 年）

译《归真要道》自序（1679）

伍遵契

【……】有先贤额补白克而者，引其经中要略直疏之，分为五门四十篇，名曰《米而撒德瓦华言归真要道》也。其中性命之微，死生之故，造人造物之原，以及清心养性之功，穷几知化之学，无不备载。义本真经，而其词较约焉。读是集而精求其奥，不异读真经而广习其文也。天地未立以前之理，万有既尽以后之归，夫宁有不灼然有哉！余秉质椎鲁，从事于经典而乐究者，将三十载。荷真主之默佑，佩师一训之谆详，亦于其经玄旨，微有所闻。至圣云，"凡所得者，当分于人"。余于悦心之下，欲以《米而撒德》一集汉译以公之同人。幸余兄天叙以笔代之，遂于康熙王子孟春，依原集之义译以汉文，未尝修饰润色，自行其意也。知我罪我，其听之矣！

江宁后学伍遵契子先甫谨撰

——伍遵契译：《归真要道译义》（清念一斋藏版，1679年），卷首；《回族和中国伊斯兰教古籍资料汇编》丛书的第一辑第六函（天津：天津古籍出版社，1987年）

《天方至圣实录》凡例（1724）

刘智

一、是《录》以《忒尔准墨》（即《天方至圣录》）为本，而以群说补附之；皆采自经传正史，考据真确无疑者，以彰实录之义。

一、是《录》即史也。史以昭信。征往察来，其有杂传小说，希异不经之谈。悉置弗录；其有圣人感应神奇，非可为教戒者亦弗录。至圣人所说经律教典，另有分著，不载《录》中。

一、是《录》纲目为体例，本《准墨》旧也（天方史学名）。成一家纲目，一家例也，即此可见东西同文之盛。

一、纲目，史学也。文贵约而该，事贵详而核，《准墨》为法而西学人所集，未称尽善，删繁补阙，庶乎可观。

一、凡兴废大事必书，创制大典必书，百王来朝，远译归服以及征伐出使，忠孝廉节，凡有关于风教者悉载之。至其人之出处与事物之颠末，则或详或略，或载或不载，不敢妄意补附，致滋滥觞。

一、至圣之德，为天人称颂，感动幽明。其记载于经集而传扬于天下古今者正自不少，略举数则，列为卷首，以作识圣人门之先引。

一、是《录》录六十三年事实而并录其先世五十代传光，直追元祖阿丹者，识其源流本末之不偶然也，抑传光乃千古圣人未有之奇征，并识之，以表其祖德宗功之盛典，其孕育生世之不凡也。

一、谱著四统源流，真属希有。人不至此，不可以为圣；圣不至此，不可以为至。表而出之，乃征吾圣实为万圣之元首，造化之特生云。

一、首列年谱，提其总纲；某年作某事，表注其下，俾览者先扼其要领，后详其分目，庶易明易记云。

一、吾圣出世，专为明正学，辟异端，不事功利，不受帝王之位，反以贫俭为尚，而于贫俭中成富丰，虽帝王威权莫之逾焉。天命如此，职任如此，未可以僭分论也。

一、千古为圣为王者，难于治、教两全。吾圣既受天命以明教，复专征伐以成治。扫荡群邪，廓清四译，规模万世而不易，诚所谓生民未有者也。君、师两任，治、教兼统，受命如此，职任如此，未可以黩武论也。

一、凡天经圣谕，皆本然文妙，无庸藻润。兹用汉译或难符合，勉力为之，致意云耳。

一、尊经、圣语、言言典谟，字字珠玑，不敢增损一字，以便质证诵习，以慰学士觊扬。

一、凡天敕圣诰及封答书札，只择关要数语，其它陪附套言悉不录。

一、纲目之下，间有或问、议论、断词诸文，或见诸本经，或采自别传，非敢妄意矜奇，实恐因虚废实。

一、圣人仪行，为古今模范。其礼制实规，已著大经大典矣；其居常细行及与弟子之常言，集三十五篇，附著于后。学者初见一斑，毋谓全体在是。

一、圣国风土，为万方观望。其方域形胜、气候风俗、人物崇奉以及礼制刑政、饮食冠服、地方之广远、国土之丰饶、工艺技巧、学问精微，已载诸史鉴传记审矣。苟非博学家，曷能周览遍及？今择中史所载，西方国土中士所历而为记者数则，为仰圣瞻光者略开一窦。其方域、人物等类，即分见于各国风土，不复另著。

一、《实录》原以表彰先德，垂鉴后人，重直书不避毁誉。其中或有关切时病、击节痛痒者，概不隐讳，以存传古鉴今之至意。

一、东西书契、形声虽异，文理却同。翻译或原其文，或用其义，总以表彰不漏而已。文有不合，义无不合也。

一、行文浅近无深远，直述无藻绘，本色无虚套。其训估口气只遵经义本文，不循俚谈巷话，惟冀上知留青，不希庸愚颂好。

一、凡史断论赞，一从其旧；歌颂诗章，则或去或存。盖翻译一道，易于义理，难于风韵，犯难则去之；若涉勉强，恐流浮泛。

一、编年以天方年月大书于上，以各帝国年月分注于下。以考证天下疆域虽遥，而行事若在一室也。

一、干支原为纪数记号，非有关于阴阳五行也。术数家以占年候凶吉及政务兴衰，诞矣。天方以厄卜哲得诸字纪数记号，亦犹干支也；录中不用，无益近识也。

一、西方恒以十二月为一年，无闰月，阅十九年而差七月，则彼此月数，不免差同。故于大书之下，注明西历某月当中历某月。至其差闰之义，另有专书详之，此不暇悉。

一、西历十二月之名一定也。《准墨》只书其名，不列其数；此则大书其数，并注其名，以便考核。

一、天方以月朔之明日为初一日，中历以朔为初一日，故凡纪日数，西历较中历为少一日也。如吾圣诞生三月十二日，则当此之十三日也。

一、天方月名：正月穆哈兰，二月色法尔，三月勒比而奥卧立，四月勒比尔阿后尔，五月哲马独奥卧立，六月哲马独阿后尔，七月勒哲卜，八月舍而邦，九月勒墨臧，十月少哇立，十一月祖立格尔德，十二月祖立后哲。

一、天方日名：初日曰闪白，一日曰叶怯闪白，二日曰都闪白，三日些闪白，四日查闪白，五日潘闪白，六日主默尔。七日一转，周而复始，盖取诸天行七政、七日来复也。

一、天方时候与此处不同，盖缘地体浑圆，常静不动，天旋地上，一日一周。天方分一昼夜为二十四时，中历分一昼夜为十二时，时分初正，亦二十四也，日行当各地，天正半昼为午时，对天正半夜为子时，地之圆径九万里，其建国居人处恒在圆体之半，为地全体四分之一。盖如剖瓜四瓣，而建国仅在一瓣上。计此一瓣，自东极海岸至西极海岸四万五千里，两极折中处则天方也。则日当东极午时为天方之初曙，东极之西时则天方之午时也。日当东极之子时为天方之日夕，而东极之卯时则天方之子时也。此东西时刻所以不同也。则凡《录》中言圣人之感应，如"夕日返照""夜月中分"与"昼昏夜明"之类，不必此地人俱见之也。故"祥异志"所不载，而西志载之。

一、中志天方去中国四万余里，盖从游移曲线路也。若依地径直线算之，不及三万里也。第山水迂回，沙漠遥亘耳。

一、《录》中言"两禁"犹两京也，即墨克、默底纳二国也。圣生于墨克，都于默底纳，两地为天下之观望，实圣国之禁地也。故凡万国帝王来朝者，非以恭敬礼仪，莫敢入之。

一、人名、物名，皆自有本义，未可翻译，翻译则不达。如"阿丹"，人祖之名也，义则"大地精旨"。"穆罕默德"，至圣之名也，义则"普天称颂"。名者明也，用其义则晦矣。

一、人名、物名，国土山水名，有以一字名者，如罕努海子名商。西域国名有二字名者，如尔里配贤名，墨克祖国名。三字、四字名者。如欧墨尔、欧思马尼二配贤名，默底纳、欣都斯唐二国名。五字、六字、七字者，如额补白克尔贤名，尔卜都墨那福圣祖名，一卜尼默思欧第迁士名。凡一、二、三、四字名俱单名。五字、六字、七字名俱二名并为一名也。如额补白克尔，白克尔是其本名，加额补其号也；尔不都是其本称，墨那福其系也；默思第是其本称；一卜尼尊称之也。盖天方加"额补"为尊号，犹此地加"父"字为尊号也，如"尚父""仲父"之类。天方加"一卜尼"为嘉名，犹此地加"子"字为嘉名也，如"子思子""子程子"之类。《录》中凡遇名字多者，省去一二字易呼也。如额补白克尔省去"额补"，只曰白克尔，或去"额"字，曰补白克尔，或去"额尔"二字，曰补白克。又如一卜尼默思欧第去"一卜尼"，只曰默思欧第，欣都斯唐只云欣都。凡如此类皆省文也，《录》中散见于前后，贤者识之。

一、国名地名，尝有一处二名者或数名者，亦由历代之沿革也。《录》中只依圣世之名而以今名注之，如补哈剌注哈烈一，福里格拂林是也。注之以便考证。

一、凡二人同名或数人同名者，则易一二字以别之。如赛尔的、色而弟，二木尔、尔莫儿、尔卜笃、尔卜窦、二不独之类，总以呼之略似而目之则不同也。阅者当着意识之，以不混彼此。

一、天方文语，虽点划异制，音声聱牙，而在彼地未尝不曰端楷顺利，且有卓越天下文语之妙。第能服习于其间，则虽童孺，亦能运笔清新，歌吟逸响。读者凡遇人物地名，轻便读过可也。

一、《录》中称迁士、辅士，皆圣门弟子而辅洽成化者也。迁士乃原墨克遵教而从圣迁默底纳者也。辅士乃既迁之后归化而辅圣者也。迁士中位尊学富而品德几圣者，如白克尔、欧墨尔等，则称配贤云。

一、《录》中称穆民、穆士，乃吾人天方之本称，盖从穆罕默德圣人之教者也。穆民本曰"穆我民"，穆士本曰"穆士林"。称"穆民""穆士"，省文易呼也。曰穆人、穆众、穆军等皆是。

一、《录》中称二氏乃指朱乎得、忒尔撒两教徒也。朱乎得乃母撒之教徒。忒尔撒乃尔撒之教徒。两教之徒初皆行其圣人之教，只奉一主，绝无异说。迨后为异端所惑，敬神事佛矣。吾圣出，恢复正教，扫除异端，天下宾服，唯二氏人执拗未尽归服，终为异端云。

一、先辈圣人概呼尊号，不曰圣人，如阿丹、施师、母撒、尔撒等，不与吾圣混也。

一、凡帝王宰臣及文武职名，皆译汉文，辨尊卑明任守也。

一、凡用一二西语，如"以马尼""讨白"等，随有训义注其下。

一、自古帝王天下有之，万国有之，第为名不同。天方称帝曰"默里契"，统协诸王者也。王曰"苏鲁檀"，统协诸郡者也。翻译直书"帝"书"王"，非敢僭称，乃明东西同文，地各有主耳。

一、历代帝王及名公巨卿之碑记序文，遍满天下，不下万余。兹仅举数篇赘后，识中土赞扬我圣。

一、古今来，事功莫重于道德，人品莫贵于圣人。况吾圣为天下古今道德之渊源，人伦之表率，安可不录？安可不传？先辈贤学既已传之矣，安可不扬抃于当世，征往愍来，观型作范，其小子役志于斯之意也夫？

一、读法：先熟记年谱纲领，次细玩分注纲目。难字有音释，晦义有训解，不明者折页且置，少闲再阅，并无难明之理，亦鲜不解之文。

一、句读以点、，要言以圈。，关切以连点、、、，要言以连圈。。。，警语以重圈。，人名以空条▭，国土，地名，物名，以实条▬。纲目有一节而两事或一事而两义者，以大圈〇格之。数名而连句者，以圆点·断之。

一、圣人实事，散著群经。见闻不及，宜载此录者，博雅君子补遗，庶称全帙。

—— 刘智：《天方至圣实录》（同治壬申年孟春锦城宝真堂劝本，1724年；北京：中国伊斯兰教协会印，1984年）

翻清说（1740）

魏象乾

　　窃唯翻译之道，至显而寓至微，至约而寓至博，信乎千变万化、神妙莫测也。唯其变化无穷，遂有出入失正之弊，学者不可不审焉。夫所谓正者：了其意、完其辞、顺其气、传其神；不增不减、不颠不倒、不恃取意。而清文精练，适当其可也。间有增减颠倒与取意者，岂无故而然欤？！盖增者，以汉文之本有含蓄也，非增之，其意不达；减者，以汉文之本有重复也，非减之，其辞不练。若夫颠倒与取意也，非颠倒，则扞格不通；非取意，则语气不解。此以清文之体，有不得不然者，然后从而变之，岂恃此以见长哉？！乃或有清文稍优者，务尚新奇，好行穿凿。以对字为拘，动曰取意；以顺行为拙，辄云调转。每用老话为元音，罔顾汉文之当否。更因辞穷而增减，反谓清文之精工。殊不知愈显其长，而愈形其短；愈求其工，而愈失其正矣。然学人犹有倾心于此者，盖以彼之清文惑人，而已之入门早误也。初学者可不知所宗乎！

　　愚以翻译诸书，最妥极当，不出不入，适得汉文之奥旨、清文之精蕴者，莫如《资治纲目》《四书大注》。他如《渊鉴古文》《性理精义》《孝经》《小学》《日讲经书》《大学衍义》等书，亦俱正当可宗，未尽若二者之精切而醇也。至大内颁发书籍而外，正者少而偏者多，全在慎择而明辨之。总之，诸书浩繁，学者自应潜心博览。然识见未定之先，最忌泛骛。何者当先？两孟尚焉。气势畅沛，清文之脉络可宗；字句安稳，清文之措词可宗；体认精详，清文之理致可宗；或则含意，或则传神；不支不蔓，清文之精练可宗；或则实字，或则虚文，不宽不泛，清文之真切可宗。夫所谓舍字取意，增减、颠倒者，未多见之。夫岂不能欤？非也。诚以汉文精、清文练，以故无容造作于其间，而自成最妥极当之文也，岂徒恃清文以见长者所可语也哉！《纲目》亦如之。

第《纲目》繁多，学者且于清文粗晓之后，即当日取两孟限定课程，熟读彊记，自不待言。要须先看通章大势，逐节逐句，逐字逐意，起承转结，轻重虚实，反复玩索，寻其旨趣，求其心解，久则自有遵循扼要翻书。先以日讲两论为宗，文义显明，平衡妥协，切须详考吾之所以非，彼之所以是，虚心校对，期于领会，自不至于出入。日就月将，又当以《纲目》精之。至于记诵之工，如《经书成语》《清文鉴》等书，循序渐进可尔。如此精研日久，中有定见，能辨是非于毫末。其他诸书，博采广览，以扩充之，则在我者，皆为真切精练之学矣。彼出入失正，驳杂不纯之论，亦岂能逃吾之观听也哉？学者可不知所宗乎！若夫本章事件，体裁小有区别，固未可以翻书之法绳之，然于书中学有根柢，则本章事件，亦只在变通间耳。使未究心于翻书，而第得心于翻事者，恐不免出入无时，莫知其乡矣。是翻事必根于翻书，而翻书自可以翻事也。一而二、二而一者，其斯之谓欤。

　　余也，向爱翻译，攻苦多年，冈揣鄙陋，偶录所见，固不足以资高明，然于初学者，庶几小补云尔。乾隆庚申岁，二月朔，赐进士出身，实录馆兼内翻书房纂修魏象乾，著于红蕉书屋。

——《翻清说》乾隆内府刻本 1740 年；

《中国翻译》1988 年第 2 期

《西儒耳目资》提要（1789）

永瑢、纪昀等

【……】

明金尼阁撰。金尼阁，字四表，西洋人。其书作于天启乙丑，成于丙寅，以西洋之音，通中国之音。中分三谱，一曰译引首谱；二曰列音韵谱，皆因声以隶形；三曰列边正谱。则因形以求声。其说谓元音有二十九，自鸣者五，曰丫额依阿午。同鸣者二十，曰则测者撦格克百魄德忒日物弗额勒麦搦色石黑。无字者四，自鸣者为万音之始，无字者为中国所不用也。故惟以则测至石黑二十字为字父，其列音分一丫、二额、三依、四阿、五午、六爱、七澳、八益、九安、十欧、十一硬、十二恩、十三鸦、十四叶、十五药、十六鱼、十七应、十八音、十九阿荅切、二十阿德切、二十一瓦、二十二五石切、二十三尾、二十四屋、二十五而、二十六翁、二十七至二十九非中国所有之声，皆标西字而无切。三十隘、三十一尧、三十二阳、三十三有、三十四烟、三十五月、三十六用、三十七云、三十八阿盖切、三十九无切、四十阿刚切、四十一阿干切、四十二阿根切、四十三歪、四十四威、四十五王、四十六弯、四十七五庚切、四十八温、四十九碗、五十远，皆谓之字母。其辗转切出之字，则曰子，曰孙，曰曾孙，皆分清浊上去入五声。而五声又各有甚次，与本声为三，大抵所谓字父，即中国之字母。所谓字母，即中国之韵部；所谓清浊，即中国之阴平阳平；所谓甚次，即中国之轻重等子。其三合四合五合成音者，则西域之法，非中国韵书所有矣。考句读为谷，丁宁为钲，见左氏传。弥牟为木，见于檀弓。相切成音，盖声气自然之理。故华严字母，出自梵经，而其法普行于中国，后来虽小有增损，而大端终不可易，由文字异而声气同也。郑樵《七音略》，称七音之韵，出自西域，虽重百译之远，一字不通之处，而音义可传。所以瞿昙之书，能入诸夏，而宣尼之书，不能至跋提河。声音之道，有障碍耳，是或一说欤。欧逻巴地接西荒，故亦讲于声音之学，其国俗好语精微，凡事皆刻意研求，故体例颇涉繁碎，然亦自成其一家之学。我皇上耆定成功，拓地葱岭，钦定西域同文志，兼括诸体，巨细兼收。欧逻巴验海占风，久修职贡，固应存录是书，以备象胥之掌。惟此本残阙颇多，列音韵谱惟存第一摄至十七摄，自十八摄至五十摄，皆佚。已非完书。故附存其目焉。

——自《四库全书总目》（北京：中华书局1981年）

（卷四四，经部，小学类存目），第387页

中国翻译佛经（1849）

姚莹

朱子谓佛经本皆粗浅，自入中国，文人翻译以《庄》《列》之旨，润色敷衍，遂益精深。余谓：梁、魏间，异域僧迭至，皆能习汉文，中国好《庄》《列》者，先与往还讲论，深相契密；及诸僧奉诏翻译，遂以华言润色成之，大义虽是，辞句全非，如梵文或数字成汉文一字，安得截然有四字五字之偈乎？然佛法大旨，又自与《庄》《列》不同，谓其窃取《庄》《列》，则又不然。而佛徒展转，翻译日多，各以私意入之，不可复辨，则在所不免，不但华人一房融也。三教分立，同出一性，而旨归迥异，学人见浅见深，各尊所闻，支派相传，不无差别，厄言害道，遂有阳假其名，阴悖其实者，亦必之势也。六朝时诸僧阐说，文字繁兴，复有佛图澄、宝志辈，专以诡异之迹，震炫人主，幸达摩出而直指心源，不立文字，天台出而圆修止观，顿契佛心，然后释氏本旨大明，盖教法流传久之，不能无敝，吾儒且然，况异域之教乎！

——姚莹：《康辅纪行》，《中复堂全集》
（道光二十九年［1849年］）自刊本

《蕉轩随录·续录·长友诗》（1872）

方濬师

　　后汉时莋都夷作《慕化归义诗》三章，犍为郡掾田恭讯风俗，译辞语，梁州刺史朱辅上之，东观记载其歌，并重译训诂为华言。范史所载是也，注则本之东观所录夷语。其《远夷乐德歌诗》曰："大汉是泊［治］，提宫"官"隗构。与天合意魏冒逾槽。吏译平端，冈译刘脾。不从我来。旁草［莫］支留。闻风向化，征衣随旅。所见奇异，知唐桑艾。多赐缯布，邪毗堪绣。甘美酒食。推潭仆远。昌乐肉飞，拓拒苏便。屈申悉备。局后仍离。蛮夷贫薄，偻让龙洞。无所抒嗣。莫知度由。愿主长寿，阳洛僧鳞。子孙昌炽。莫稚角存。"《远夷慕德歌诗》曰："蛮夷所处，屡让被尼。日入之部。且交陵悟。慕义向化，绳动随旅。归日出主。归［路］且陈洛。圣得罪深恩，圣德渡诺。与人富厚。魏菌度洗。冬多霜雪，综邪流藩。夏多和雨。莋邪寻螺。寒温时适，菟浮泸滩。部人多有。菌补邪推。涉危历险，辟危归险。不远万里。莫受万柳。去俗归德，术叠附德。心归慈母。仍路孳摸。"《远夷怀德歌》曰："荒服之外，荒服之仪。土地墝埆，犁籍伶伶。食肉衣皮，阻苏邪犁。不见临毂。莫砀麤水［沐］。吏译传风，冈译传徽。大汉安乐。是汉夜拒。携负归仁，从优路仁，触冒险陕。雷折险龙。高山歧峻，伦狼藏幢。缘崖磻石。扶路侧禄。木薄发家，息落服淫。百宿到洛。理沥髭洛。父子同赐，捕苣菌毗。怀抱匹帛。怀橐匹漏。传告种人，传室呼教。长愿臣仆。陵阳臣仆。"按：原作多不可晓，故范氏谓"远夷之语，辞意难正，草木异种，鸟兽殊类"也。英吉利使臣威妥玛尝译欧罗巴人长友诗九首，句数或多或少，大约古人长短篇耳。然译以汉字，有章无韵，请于甘泉尚书，就长友底本，裁以七言绝。尚书阅其语皆有策励意，无碍理者，乃允所请。兹录之，以长友作分注句下，仿注范书式也。徼外好文，或可为他日史乘之采择欤？诗曰："莫将烦恼著诗篇，勿以尤时言。百岁原如一觉眠。人生若虚梦。梦短梦长同是梦，性灵睡即与死无异。独留真气满乾坤。不仅形骸，尚有灵在。天地生材总不虚，人生世上，行走非虚生也，总期有用。由来豹死尚留皮。何谓死埋方至极处。纵然出土仍归土，圣书所云人身原土，终当归土。灵性常存无绝期。此言人身，非谓灵也。无端忧乐日相循，其乐其尤，均不可专务。天命斯人自有真。天之生人，别有所命。人法天行强不息，所命者作为专图，日日长进。一时功业一时新。明日尤要更有进步。无术挥戈学鲁扬，作事需时，惜时飞去。枉谈肝胆异寻常。人心纵有壮胆定志。一从薤露歌声起，仍如丧鼓之敲。丘陇无人宿草荒。皆系向墓道去。扰攘红尘听鼓鼙，人世如大战场。风吹大漠草萋萋。如众军林下野餐。驽骀甘待鞭笞下，莫如牛羊无言，待人驱策。骐骥谁能辔勒羁。争宜勉力作英雄。休道将来乐有时，勿言异日有可乐之时。可怜往事不堪思。既往日亦由已埋已。只今有力均须努，目下努力切切。人力殚时天佑之。中尽己心，上赖天佑。千秋万代远蜚声，著名人传，看则系念。学步金鳌顶上行。想我们在世，亦可置身高处。已去冥鸿犹有迹，去世时尚有痕迹。雪泥爪印认分明。势如留在海边沙面。茫茫尘世海中沤，盖人世如同大海。才过来舟又去舟。果有他人过海。欲问失风谁挽救，船双搁浅，受难失望。沙洲遗迹可探求。见海边有迹，才知有可解免。一鞭从此跃征鞍，顾此即应奋起动身。不到峰头心不甘。心中预定，无论如何，总期有济。日进日高远日上，日有成功，愈求进功。肯教中道偶停骖。习其用工坚忍，不可中止。"按：道光间西洋人汗得能汉语，略解鲁论文义，介通事杨某谒高要苏赓堂河帅，廷魁河帅示以诗云："宣尼木铎代天语，一警愚聋万万古。圣人御世八荒集，同文远被西洋贾。窄衫高帽款门至，碧眼停观若心醉。谁教奇字访扬雄，岂购新诗识居易？通辞不灭叶河王，就书《鲁论》三两章。自言孝弟是五宝，更慕有朋来远方。日本朝鲜重文籍，于今益知素王力。鲸鲵穴伏溟渤青，翘首神州日华赤。在昔康熙正三统，象牙龙脑却珍贡。节度争称汧国李，都督时来广平宋。岛夷怀德二百年，楼馆鳞比城西偏。中朝不改《旅獒册》，绝域应焚《亚孟编》。彼国经文。"孔子作《春秋》，诸侯用夷礼，则夷之；夷而进于中国，则中国之。读尚书及河帅之诗，可以见两公用心矣。

——方濬师：《蕉轩随录·续录·卷十二·长友诗》（1872）
方氏退一步斋刻本；北京：中华书局，
1995 年，第 476—477 页

《金石识别》序（1872）

华蘅芳

《金石识别》十二卷，西士玛高温所译也。玛君于金石之品知之最详。因以医为药，不能延之至局，故余僦屋于外，每日至其家，俟其为医之暇，则与对译此书。

书中所论之物，有中土有名者，有中土无名者，有中土虽有名而余不知其名，一时不易访究者。每译一物，必辨论数四。其有名者则用中土之名，其无名及不知其名者则将西国之名译其意义，又有以地为名，以人为名，并无意义可译，或其名鄙俚不可译其意义者，则用中土之字，以写西国之音。故其名佶屈聱牙，不能以文意相贯，多至五六字、七八字者，时时有之。而书之体例又条分缕析，每将各物之名彼此互举，以作比较。又有连举数名连记数事，不能辨其句读者，则必用虚字以间之，或空格别行以清眉目。此皆出于不得已，非欲徒侈卷帙也。

玛君于中土语言文字虽勉强可通，然有时辞不能达其意，则遁而易以他辞，故译之甚难，校之甚繁。几及一年始克蒇事。今已刊板印行，居然成书矣。追忆当时挟书卷袖纸笔，徒步往来，寒暑无间，风雨不辍，汗不得解衣，咳不得涕吐，病困疲乏，犹隐忍而不肯休息者，为此书也。惟是日获数篇，奉如珍宝，夕归自视，讹舛百出，涂改字句，模糊至不可辨，则一再易以书之纸之知手腕之几脱也。每至更深烛跋，目倦神昏，掩卷就床，嗒焉如丧，而某金某石之名犹往来纠扰于梦魂之际，而驱之不去。此中之况味，岂他人之所能喻哉！

观察冯公以为不可无以志之也，故余为略述囊事如此。【……】

同治十一年八月二十五日

金匮华蘅芳序于江南制造局中

——美国代那著作、美国玛高温口译、金匮华蘅芳笔述：

《金石识别》（清末江南制造局刻本）

《化学指南》凡例（1873）

毕利干

　　予自受同文馆之聘，来中国有年矣。日以化学课华士，其敏悟而好学者，固已渐有头绪，不难循序以登。然已大费心力于其中。每思口虽述一法，学者必未尽存于心；手虽指一法，学者未必尽寓于目。况化学之精深广大乎。无己，不惜心思目力，缕析条分，编成斯帙，名之曰《化学指南》，俾诸生于课暇之余，倘有疑似，不难按籍以求，较之口手之指示，其益为尤多矣。虽然，岂仅为馆中肄业者而设乎？即未曾肄业者，苟得是书而研究之，亦可因文见道，不致迷于方向云。

　　一、化学专讲各质相感之理，并查各物之原，化合之妙，以开古今未发之秘，令观者惊为未曾有而欣慕之也。是故人宜亟力讲求以穷之。在西国自五十年以来，化学深得其微，并创出话句字式，为化学而设，并有一定准则，以便学者一目了然。如金石皆按原命名，听其音即知其合之质也，并各质书法，皆以号代名，既省书法，又免错讹，非徒省笔也。

　　一、昔时一物设有多名，令人无所遵循，徒厌乱学者之心目。即如倭铅锈一物，多至三百余名，卒未能有一定其原也。今译得《化学指南》一书，其中词句语意规模竭力相符，以期华士便于究查，而得万物之源。其在原行之质中，多有中国未悉其名者，若仍以西音命名，诚恐音声错乱，致多游移，犹虑中国各省土音，亦多有不同者，故以物之形性造名，以公同好，较昔人之徒观物外形状、随意命名，其为益似多矣。

一、其在中国有名者，仍用华名，即不必另造名目。至如硫磺、黑铅等质，系二字合成名者，即检其有实意之字为名。即如硫磺以磺为名，黑铅以铅为名。至中国未见之原质，命名尤难。今或达其意，或究其源，或本其性，或辨其色，将数字凑成一字为名。虽字画似出于造作，然读者诚能详其用意之所在，庶免辛羊亥豕之误。在西学原质总分有二，一金类，一非金类。今以金字偏旁，特别金类，以石字偏旁，特别非金类。有此金、石二偏旁之分，不致颠倒错讹。虽其中未尽如此，然如此者居多。再原质有按其形性不能命名者，即检其与他质相合，于形色性之最显著者命名。

一、凡原质彼此交感，有生酸者，有生反酸者，有生味淡而薄者。此三者，为化学中之最要。其非金属与养气相合，多寡之不同者，即以强酸极次等名别之。如西语尾音系"伊葛"者，知其内含之养气必多，华名曰强；尾音系合者，知其内含之养气必少，华名曰酸。在昔人仅知有强酸二字之分，初不知强之外别有强，酸之外别有酸。今于强酸之外，另设极次二字，以别强外之强，酸外之酸。读者能详参代字表之用，即知各质交感之理；查西语尾字之音，则强酸不难立辨。又于每质制造之法后，书洋代字表，以便读者易于究查。且字句不多，不难记忆。故另注一卷，以备考核。再各质交感之表，与原行之质，及其率数，并气类、酸类之表，皆用华字叶出西音，以备中西两用。

一、化学不专讲金石等类各质，并兼论生物之理。其金石多由化学家推出者，其规模有一定，尚易于遵循。至生物多系炭氢氧硝四质合成者，亦兼有四质内之二三质合成者。因配搭率数不同，形性亦异，遂至千变万化，层出不穷。究不如金石类，有条不紊，不难于讲求。然于何物内取出之质，即以何物命名，犹虑混含不清。是以味酸者名曰强、名曰酸，味淡薄与味臊者，名曰精，即体纯净者，亦皆名之曰精，用以别鱼目碔砆。读者宜详察焉。

一、书中代字上有用 O 字者，皆作氧气讲。如几 O 即系几倍氧气。又有用二三四五等字次于某字之旁者，即作某字之倍数讲。再，书中升斗之升字，皆系洋升也。

【……】

一、中国幅员之广，士林之众，金石草木之蕃昌，诚能有志于化学，溯其源，详其理，得天然之性，以利于用，其有关于国计民生者，岂其微哉？此书之作，词取浅显，理尚清真。读者继此而踵事增华，匡予不逮，亦予之所引领而望者也。华士其勉旃！

一、是书系由洋文译出汉文，盖非予一人之力所能成也。有化学生联子振者，既通汉文，亦悉洋文，而于化学之一道，又复深尝。故每有著作，必与以相参，用能以汉文印洋文之理，而无少差谬也。是书之成，斯人与有力焉。

——据京都同文馆《化学指南》1873 年刻本

《颂主圣诗》序（1875）

佚名

今所刷之诗歌，系耶稣圣教所用。翻入汉字，原有两难：一难，须合乎西国作诗字音之轻重，否则不能按西调歌唱；一难，须合乎中国之音韵平仄，否则鄙陋不堪。内中所载之诗歌，未免不能两全。押韵之处，系照西国原诗之式样，其法不一，请阅者细为揣摩。所押之韵，悉按中国之诗韵，兼用通韵。其不拘乎中国作诗之平仄，乃因限于西国唱法之轻重也。是为序。

——《颂主圣诗》（京都［北京］：华美书院，1875 年），卷首

《儒门医学》凡例（1876）

赵元益、傅兰雅

一、此书原本，病名、药名俱依字母编次，翻译成书，不能悉遵其例，故病名依脑、髓、肝、腑、内、外，次第列之。妇人、小儿各病，亦依次附列。药名则以性之汗、吐、补、泻等分为十四类，其有一药而具数性者，则详于一类之中，而列其名于他类，注云详见某药类，省重复也。

一、西国病名甚多，不能悉与中土相符，有不得不另立新名者，如炎症之红热肿痛，中土向无总名，《内科新说》等书译其意曰"烧"，定其名曰"炎"，兹仍用之是也。有中土原有此名，细考之实与病源不合而仍用其名者，如中风全属脑体之病，而中风症人所共知，不得不用旧名也。有中土原有此名，而实与他病相混，宜另立一名者，如小儿气管有病，呼吸不利，咳嗽吐痰，中土概称肺虚久病，名既不确，安能施治？兹定其名曰呃逆，从西名而译其意也。

一、此书各药，有中土所有者，则仍用中土之名，有中土所无或虽有而有纯杂之分，或一时难考其名者，则仍用西名，而以字译其音。间用化学中药名者，取其原质与分剂，一览可知。读者欲知其化分化合之理，须观化学诸书，方能明晓。

一、泰西权量与中土不同，如翻译时改从中土，则有奇零，若去此奇零，则方剂不准。且泰西药品，大半借化学之法取其精质，故以少许胜多许，有用至不及一厘者。如用中权，则难秤准。不如即购英权用之，可免差误。

一、量药水之具，西国制就量杯，画线作记号，取其准便，中国尚无此物，亦必向番药房购买。

一、此书所载之药，各埠番药房大约十有八九，华人不难购买。后附药品名目，专为便于买药而设，不通英语者，指名买之可也。

—— 傅兰雅口述、赵元益笔述：《儒门医学》

（江南制造局刻本，光绪二年［1876 年］）

江南制造总局翻译西书事略（1880）

傅兰雅

序

江南制造局内设翻译馆，业十余年，远近诸君几若共闻；然其中本末裨益，尚有未详知者，屡承顾问；且常有西人书缄频寄，讯此馆之源流，问译书之理法，究察所用各物之名，访求所译西书之目。然一人事繁，难尽酬应，故将译书大略，撰成西书一册。所有各事，共分要件四章；而局中书名，依类附入，并录以撰书人名，译书人名，笔述人名，刊书年岁，及每书本数，每书价钱。另有局外所译之书，亦登其目录，以便西人有所检阅，不必另向他处搜求。因自备资斧，印成此书，分送于西国朋友乐传格致西人。然书为西文，华友不便披览；若仅裨益西人而不公诸华友，殊属憾事。故不惮劳悴，灯下译成，附于《汇编》，供诸同好。余居华夏已二十年，心所悦者，惟冀中国能广兴格致至中西一辙耳。故平生专习此业而不他及，阅此篇者，幸勿视为河汉也可。

光绪六年端阳月，傅兰雅叙

【……】

第二章　论译书之法

西人尝云："中国语言文字最难为西人所通，即通之亦难将西书之精奥译至中国。盖中国文字最古最生而最硬，若以之译泰西格致与制造等事，几成笑谈。然中国自古以来，最讲求教门与国政，若译泰西教门与泰西国政，则不甚难。况近来西国所有格致，门类甚多，名目尤繁；而中国并无其所学与其名，焉能译妥，诚属不能越之难也"等语。然推论此说，实有不然。盖明时利玛窦诸人及今各译书之人，并未遇有甚大之难，以致中止。

译西书第一要事为名目，若所用名目必为华字典内之字义，不可另有解释，则译书事永不能成。然中国语言文字与他国略同，俱为随时逐渐生新，非一旦而忽然俱有。故前时能生新者，则后日亦可生新者，以至无穷。近来中西交涉事年多一年，则新名目亦必每年增广。如中国圣讳每行禁用，则能定写以何法，代以何字。而全境内每年所改所添之字，则难为国家定夺。如贸易或交涉事内有新意新物，必设华字新名，始能明显。然所设新名，间有文雅者，间有粗拙者，如前西人与华人所定各名，常有蠢而不能久行者。盖各国所设名目，若甚不当，自不久必更以当者，而中国亦然。如西国久用之名，后知不合，则更新者，虽多有不便，亦不得已也。二三百年前，英国多借希腊与罗马等国文字以作格致与制造内之新名，后则渐除不用，或换以更妥者，而中国亦难免此举。凡自他国借用之名，则不能一时定准，必历年用之始能妥协。

然而西人在华初译格致各书时，若留意于名目，互相同意，则用者初时能稳妥，后亦不必大更改。如译化学书，应使初学此书之华人与未见此书之西人，阅之同明其名义。凡初次用新名处，则注释之，后不必再释。若不从头观看而随意展阅，则自难明，与西人以此法看化学书同理。然竟有华友及西人，曾将局内所译之书于半中披览，遇新名处则不识，问诸师友亦莫之知，因曰"此书无用"，或云"所译不清。孰能明之"，又曰"若是翻译西书，实为枉费工力而已"，殊不知所不明者为己之粗心耳！

此馆译书之先，中西诸士皆知名目为难，预设法以定之。议多时后，则略定要事有三：

（一）华文已有之名　设拟一名目为华文已有者，而字典内无处可察，则有二法：一、可察中国已有之格致或工艺等书，并前在中国之天主教师及近来耶稣教师诸人所著格致、工艺等书；二、可访问中国客商或制造或工艺等应知此名目等人。

（二）设立新名　若华文果无此名，必须另设新者，则有三法：一、以平常字外加偏旁而为新名，仍读其本音，如镁、钟、砒、矽等；或以字典内不常用之字释以新义而为新名，如铂、钾、钴、锌等是也；二、用数字解释其物，即以此解释为新名，而字数以少为妙，如养气、轻气、火轮船、风雨表等是也；三、用华字写其西名，以官音为主，而西字各音亦代以常用相同之华字，凡前译书人已用惯者则袭之，华人可一见而知为西名；所已设之新名，不过暂为试用，若后能察得中国已有古名，或见所设者不妥，则可更易。

（三）作中西名目字汇　凡译书时所设新名，无论为事物人地等名，皆宜随时录于华英小簿，后刊书时可附书末，以便阅者核查西书或问诸西人。而各书内所有之名，宜汇成总书，制成大部，则以后译书者有所核查，可免混名之弊。

以上三法，在译书事内惜未全用，故各人所译西书常有混名之弊，将来甚难更正。若翻译时配准各名，则费劲小而获益大，惟望此馆内译书之中西人以此义为要务。用相同之名，则所译之书，益尤大焉。

译书混名之事，不独此馆为然，即各教师所译西书亦尝有之。如合信氏《博物新编》之名目不甚差忒，而译书者可仍其旧；因不但其名妥洽，且其书已通行中国，夫人而知。然译书西士，以为定名几若为彼一人所主，而前人所定者皆置于不论。故有以《博物新编》内之淡气当为轻气之用，若华人阅此二人著作，则淡气、轻气之义几难分辨矣。察各门教师称造化万物之主，有曰天主者，有曰上帝者，有曰真神者，此为传教第一要名，尚未能同心合意，通用一名，而彼轻气、淡气相混者亦不为奇焉。然若能彼此同心以定格致名目，则有大益。凡前人已用者，若无不合，则可仍之，犹之西格致家，凡察得新动、植物而命以名，则各国格致家亦仍其名而无想更改者。有云："北京有数教师共拟成华字一副，以译西国人地各名。"但其所设者用以译新名则可，若不仍前人所用者，亦不能有甚大益。

以上所言，为译书用名之事。至于所译各书若何分类，若何选择，试略言之。初译书时，本欲作大类编书，而英国所已有者虽印八次，然内有数卷太略，且近古所有新理新法多未列入，故必察更大更新者始可翻译。后经中国大宪谕下，欲馆内特译紧用之书，故作类编之意渐废，而所译者多零件新书，不以西国门类分列。平常选书法，为西人与华士择其合己所紧用者，不论其书与他书配否，故有数书如植物学、动物学、名人传等尚未译出。另有他书虽不甚关格致，然于水陆兵勇武备等事有关，故较他书先为讲求。

已译成之书大半深奥，能通晓之者少，而不明之者多。故数年前设有《格致汇编》，将格致要端以简法译成，凡初学者可藉为阶进；然此汇编非局中所刊，而费用为辑者自备也。又有格致启蒙书数种，为林乐知所译，亦有益于初学。近来设有益智书会，欲刊之书，尤合于初学之用。此会为1877年耶稣教大公会所设者，亦请傅兰雅、林乐知为帮办董事。此会之书成后，大能辅助局中所译者；且其定所刊书之板与局中同式，此法甚善。

至于馆内译书之法，必将所欲译者，西人先熟览胸中而书理已明，则与华士同译，乃以西书之义，逐句读成华语，华士以笔述之；若有难言处，则与华士斟酌何法可明；若华士有不明处，则讲明之。译后，华士将初稿改正润色，令合于中国文法。有数要书，临刊时华士与西人核对；而平常书多不必对，皆赖华士改正。因华士详慎郢斫，其讹则少，而文法甚精。

【……】

第三章 论译书之益

西人多以为华文不能显明泰西近来之格致，非用西文，则甚难传至中国，此等人看局内译书之事，不过枉费工力而已。有人以为西学虽可勉强译以华文，然不久英语必为万国公言，可以不必译书。间有人云："迨西历一千九百年时，英语必为万国公言。"此等人看译书之事，仅可予中国数年之益，不久则改以英文，何必设此一举。其殆亦

167

不知译书之益耳！

　　间有欲作善事之西人，或会因心中有此意见，则以为欲俾华人得益，必先教以西文，如中国皇家每年费帑送生徒至欧罗巴与北美利加等处学习西学。殊不知中国欲通晓西文，虽暂时有理，而所得之益不能甚大。盖送生徒出洋之意，原以为回国时必将所得者传教华人。但见出洋各人，所得才能甚大，几同于西人，至回国时，则不想传授同邦，惟以所学者为资本，赖以致富。此为平常回国者之意见。然有数人于回国后，则尽心力欲引本国人全得其艺，以致西学广行于中国；惟如此者惜未多有。

　　藉令回国生徒能热心传授华人，亦难比译书更有益于华人。盖已在西国学多年者，其西学愈深，则华文必愈疏；即全得西学而为西国已取中者。然欲教华人，必仍用华语，所用之书亦须华文。否则必令中国全弃经史而尽通西语，岂易事哉！况中国书文流传自古，数千年来未有或替，不特国人视之甚重，即国家亦赖以治国焉。有自主之大国，弃其书文而尽用他邦语言文字者耶？若中国为他邦所属，或能勉强行以西文；惟此事乃断不能有者，故不必虑及焉。

　　从以上之说，可见中国多年旧习，必赖译书等法始渐生新。今在十八省中所有新法新事已见流通，且显沛然莫御之势。要之，西国所有有益中国之学，中国必欲得之，盖华人已有饮泉思渴之心焉。

　　此翻译馆已设数年，所有费用皆资国帑，可见此举必有益于中国者也。中国虽已有书文最多，视为珍重；而虽待来办公事与传教之西人若何，然明知学术一道，不在一国一邦，故虽视西人为夷狄之邦，亦乐学其有益于中国之事；惟必依本国之法以学，否则弃而不取。如与西国和约，许西人传教，似为不得已之事；然考究西学，毫无牵强，皆为请教西人者也。凡见西国有益学术，则不惜工费而译成书，以便传通全国。可见中国不独甘心愿学，且肯出资。求得交涉事内，此为胜举，泰西无人不宜称颂者也。

局内译书之事，虽经十有余年，亦仅为开设之初；所已成者可为后世基趾，而画栋雕梁必兴于其上，故宜历年续作，而与中国同时盛兴，察所销售书籍已数万余，可见中国皆好此书。盖华人凡不珍重、不喜欢之物，未尝有费财购取者也。而此各书，为西人多年察考，始经著成，若在中国无甚裨益，则为奇事。华人得此各书，则格致之学不减泰西，而考察之苦已无烦备尝矣。

局内已刊之书，有数种在北京同文馆用之，在耶稣教中大书馆内亦有用之者。如《三角数理》一书，在登州狄先生书馆用以教课。今狄先生回国，而惠先生代理，亦为西国著名算家，其寄函云："本年有一半生徒学贵馆所译《三角数理》，余看此书甚善，有数字刊讹，余已更正；想此书除在书馆教课，则难识此讹，余见此讹字少者则甚称奇。盖将深算书译出，而华人能洞识者，甚为难事也"等语。惜乎所有教门中学馆，能与狄先生处用局中之书者甚少焉。

数年前，南京有美国魏丁先生，多购局内书籍，书售于好算学家。说者云："南京有大宪设馆教算学等事，学者不少，故有多人购买局中算书。"而馆为国家所设。惟望此馆至今犹存。

局内有数书馆已设多年，教习造船或造船汽机或兵戎等法，惟不用局中所刊之书。盖教习者不通华文，必以西文教授，虽生徒初时难谙西文，久习亦易。若乍想局内书馆不用其书，似为奇异，足显所译之书无用。然此亦有故焉，因他西人不审此意，见生徒读西文已得法，虽通晓颇难，而教习者总能因此而得大功焉。

局内之书，为官绅文士购存者多，又上海、厦门、烟台之公书院中亦各购存。如上海公书院，在格致书院内有华君若汀居院教习，凡来咨诹者，则为之讲释；而华君在局内时，与西人译书有十余种，故在院内甚能讲格致。夫格致书院本为英领事起手劝各埠西人捐设者，迄今书院大兴，皆赖徐君雪村之力办成。惟望不久院内有生徒肄业，能用局中之书，则不胜忻然矣。夫徐、华二君，一生用力，不独欲益智于己，并欲公好于人，故在院内若能多得学者读所译之格致书，用所备之格致器，将见中国人文蔚起，才智迭兴，四海之内，孰不景颂二君之盛德也哉！

此局以外，另有西人译格致书数种，亦为善事。如设翻译馆后，则有丁韪良在北京著《格物入门》《万国公法》诸书，与其同事者，亦著格致书与公法书数种，皆为华人所悦服者，亦大有益于国。其书文雅清顺，故官绅学士皆欲先睹。惟惜同文馆多年所译之书，尚未见其细目，故不能详述。外有西教师译格致书不少，约五六人，将来必为华人推崇，仰为师表也。

今中国于和约各大国内均有星使，又在英国伦敦与俄克斯弗得、法国巴黎、美国哈法得等大书院内亦有教习华文者，可见西人学华文，年重一年，恐不数年后，不独在华有译书西人，即在西国亦可多有其人也。夫中国地广人稠，则格致等书，以此法搜求，可与土地同广而与人民并稠者已。

近来所设益智书会，其意与局中略同，今欲共著书四十余种，大半为合于教门中书馆之用，亦合于初习格致者所用。

惟今设此译书之事，其益不能全显，将来后学必得大益。盖中西久无交涉，所有西学不能一旦全收，将必年代迭更，盛行格致，则国中之宝藏与格致之储才，始能焕然全显。考中国古今来之人性，与格致不侔；若欲通变全国人性，其事甚难。如近来考取人才，乃以经史词章为要，而格致等学置若罔闻，若今西人能详慎译书而传格致于中国，亦必能亲睹华人得其大益。虽不敢期中国专以西学考取人才，然犹愿亲睹场中起首考取格致等学，吾其拭目望之矣。

西人常居局内，专理译书，故人远处，无暇往来；而且水土为灾，不胜异乡之感，终朝一事，难禁闷懑之怀。然而多年敏慎，风雨无虚者何也？盖以为吾人于此分所当耳。况上帝之意，必以此法裨益中国，安可任意因循，违乎天耶！是故朝斯夕斯，忍耐自甘，所以顺天心耳。

——节录《格致汇编》（第3、5、7、8卷，上海：格致书屋，1881年6、8、9月）

论翻译算学之数（1882）

华衡芳

西书之得行于中国，皆由于翻译之力也。计有明迄今翻译算学之书共有三次：一为崇祯时西人利玛窦、汤若望入中国，与徐李诸公翻译《新法算书》；一为咸丰年间西人伟烈亚力在上海墨海书馆与李壬叔翻译《几何》后九卷及《代数积拾级》《谈天》《代数学》等书；一为同治光绪间江南制造局延请西士傅兰雅等翻译各种西学之书，其中有化学、算学、医学等书，非索通事学者不能执笔述之也。

余幼时曾在墨海书馆目睹伟、李二君翻译之例，故能与傅君翻译各种算学之书。计译成而刊板流行者有《代数术》二十五卷、《微积溯源》八卷、《三角数理》十二卷、《代数难题解法》十六卷。余表弟赵静涵、江萧谓亦译成《数学理》八卷、《算式集要》二卷。

西国算学之书，其图上及算式中之字均用字母识之，译作中国文字则以干支列宿之名配之，恒以第一字母为甲，第二字母为乙，干尽则用支，支尽则用宿。其算式之变数则以天地人物配之。若于翻译之先，豫作一种工夫，将应译之干支列宿天地人物及算学中各种名目，如弧角八线等名列为一表，左书西文，右用华字，则阅此表可以从西文检得应用之华字，故笔述之时，凡遇图及算式可不必一一细译其字，但于译稿上记明某图某式，至誊清之时，可自看西书，从此表检得其字以作图上及算式中之字。所以必须如此者，因可比口中一一译出者较为便捷，且不致错误也。

余译算学之书，遇代数之式，恒作一圈以记之，口译者遇算式则将铅笔于西书之算式上作一圈，而口中亦译曰"圈"，笔述者即于译稿上亦画一圈，而口中亦应之曰"圈"。算式有大小长短之别，则口中所呼，手中所作亦为长短大小之圈，皆取其易于辨别也。如有式以某式乘之，以与某式相加得某式，则译者曰：有圈以圈乘之，与圈相加得圈，而写者有 0 以 0 乘之与 0 相加得 0 是也。

数目之字自一至九，其西文易于认识，故凡遇西书中有数目之表，亦可不必细述，但作一大圈或大书一表字以记之，惟于其下须记明某行为某数，则誊清之时可以自看西书写出全表也，有圈者亦然。

翻译算学比翻译寻常文理之书较难。因西书文法与中华文法不同，其字句之间每有倒转者，惟寻常文字译时可任意改正之，而算学则不能也。因文理中有算式在内，若颠倒之则算式之先后乱其次序，无从与西书核对矣。所以口译笔述之时，顺以文理语气迁就之，务使算式之次序无一凌乱为要。

笔述之时，务须将口译之字一一写出，不可少有脱漏，已不可少有增损改易也。至誊出清本之时，则需斟改其文理字句，然所改之字句必须与口译之意极其切当，不可因欲求古雅至与原书之意不合也。所译之书，若能字字确切，则将华文再译西文，仍可十得八九，所以译书之人务须得原书之面目，使之惟妙惟肖，而不可略参私意也。原本有谬误，自己确有见解，则可作小注明之，不可改动原文。

——据华蘅芳《学算笔谈》卷十二

（光绪丙申［1896］年刻本①）

---

① 该书初刊于光绪十年（1884）。

《西药大成中西名目表》
小序（1887）

佚名

　　此表载英国医士来拉著《西药大成》一书内各种药品名目，并化学料与植物动物名。其中腊丁与英文俱依字母排列，便于用此书者查考，令其用处更广。

　　凡植物、动物分类所有之腊丁名目，平常译其音。尚有分种之名，则译其意，而列于类名之前，如圆叶金鸡哪，其金鸡哪为类名，圆叶为种名是也。如其种名因原为人名或地名，或因他故无法译其意，则仍译其音。凡能察得中华已有常用之名目，亦并记之。

　　凡植物、动物之英文名目，亦照前款之意译之。如确知中华名目者，则不译其音。

　　凡药料变成之名目，必存其原音之根，或原音根之要分。如金鸡哪以亚、金鸡哪以尼、金鸡哪以西尼、金鸡哪以弟亚等，俱存金鸡哪为音之根。又如鸡哪以尼、鸡哪以西尼、鸡哪以弟亚、鸡哪哇尼等，俱存鸡哪为音根之要分。凡生物碱类、酸类等，其各名之末字，当归一例记之，如以克、以尼、以亚等是也，与西名同法。

凡死物质之名，俱依前印《化学材料中西名目表》所载之公法而定之。

另附人名地名二表。此不但有来拉所作《西药大成》一书之人名地名，兼有医学、化学等书内常遇之人名、地名。此各名不用一定之华字，代一定之西音。又如在已有之中国书内得合用人名、地名，则必从之，不敢另设新法记之。

初译此书，兼造名目，自起手迄今，已逾十二载。只为试作之意，故不免有弊；且其弊有试作者所预知，而比他人知之更详者。然如改其一弊，又恐有他弊由此而生。所以改弊之全法，以俟后之君子。

光绪十三年夏四月，江南制造总局排印

——《西药大成药品中西名目表》(江南制造总局，光绪十三年［1898年］夏四月排印本)

拟设翻译书院议（1894）

马建忠

【……】

夫译之为事难矣，译之将奈何？其平日冥心钩考，必先将所译者与所以译者两国之文字深嗜笃好，字栉句比，以考彼此文字孳生之源，同异之故。所有相当之实义，委曲推究，务审其音声之高下，析其字句之繁简，尽其文体之变态，及其义理精深奥折之所由然。夫如是，则一书到手，经营反复，确知其意旨之所在，而又摹写其神情，仿佛其语气，然后心悟神解，振笔而书，译成之文适如其所译而止，而曾无毫发出入于其间，夫而后能使阅者所得之益与观原文无异，是则为善译也已。

今之译者，大抵于外国之语言或稍涉其藩篱，而其文字之微辞奥旨与夫各国之所谓古文词者，率茫然而未识其名称，或仅通外国文字言语，而汉文则粗陋鄙俚，未窥门径。使之从事译书，阅者展卷未终，俗恶之气触人欲呕。又或转请西人之稍通华语者为之口述，而旁听者乃为仿佛摹写其词中所欲达之意，其未能达者，则又参以己意而武断其间。盖通洋文者不达汉文，通汉文者又不达洋文，亦何怪夫所译之书皆驳杂迂讹，为天下识者所鄙夷而讪笑也！

夫中国于应译之书既未全译，所译一二种又皆驳杂迁讹，而欲求一精通洋语洋文，兼善华文，而造其堂奥，足当译书之任者，横览中西，同心盖寡，则译书之不容少缓，而译书之才之不得不及时造就也，不待言矣。

余生也晚，外患方兴，内讧洊至，东南沦陷，考试无由，于汉文之外，乃肆意于辣丁文字，上及希腊并英、法语言。盖辣丁乃欧州语言文字之祖，不知辣丁文字，犹汉文之昧于小学而字义未能尽通，故英、法通儒日课辣丁古文词，转译为本国之文者此也。少长，又复旁涉万国史事、舆图、政教、历算、度数，与夫水、光、声、电以及昆虫、草木、金石之学。如是者五六年，进读彼所谓性理、格致之书，又一二年，而后于彼国一切书籍，庶几贯穿融洽，怡然理顺，涣然冰释，遂与汉文无异。前者郭侍郎出使，随往英、法，暇时因举曩所习者，在法国考院与考其文字格致两科而幸获焉；又进与考律师之选，政治之选，出使之选，亦皆获焉。曾拟将诸国政教之源流，律例之同异，以及教养之道，制用之经，古今沿革之凡，货财敛散之故，译为一书，而为事拘牵，志未得遂。近复为世诟忌，摈斥家居，幸有暇日，得以重理旧业。今也倭氛不靖而外御无策，盖无人不追悔于海禁初开之后，士大夫中能有一二人深知外洋之情实而早为之变计者，当不至有今日也。

余也蒿目时艰，窃谓中国急宜创设翻译书院，爰不惜笔墨，既缕陈译书之难易得失于左，复将书院条目与书院课程胪陈于右。倘士大夫有志世道者见而心许，采择而行之，则中国幸甚。

一、翻译书院之设，专以造就译才为主。诸生之入院者，拟选分两班。一选已晓英文或法文，年近二十而姿质在中人以上者十余名入院，校其所造英、法文之浅深，酌量补读，而日译新事数篇以为工课。加读汉文，如唐、宋诸家之文，而上及周、秦、汉诸子，日课论说，务求其辞之达而理之举。如是者一年，即可从事翻译，而行文可免壅滞艰涩之弊。

一、选长于汉文，年近二十而天姿绝人者，亦十余名，每日限时课读英、法文字，上及辣丁、希腊语言。果能工课不辍，用志不纷，而又得循循善诱者为之指示，不过二年，洋文即可通晓，然后肆力于翻译，收效必速。盖先通汉文，后读洋文，事半功倍。为其文理无间中外，所异者，事物之称名耳。

一、拟请一兼通汉文洋文之人为书院监理，并充洋文教习。凡诸生应读洋文书籍与每日译书课程，皆其派定；应译之书，亦其择选；而考校诸生之勤惰进退及学有成效与否，胥责成焉。

一、拟请长于古文词者四五人，专为润色已译之书，并充汉文教习，改削论说，暇时商定所译名目，必取雅驯，不戾于今而有征于古者，一一编录，即可为同文字典底本。又拟雇用书手五六名，以备钞录。

【……】

一、应译之事，拟分三类：其一为各国之时政。外洋诸国内治之政，如上下议院之立言，各国交涉之件，如各国外部往来信札、新议条款、信使公会之议，其原文皆有专馆，此须随到随译，按旬印报，书院初设即应举办者也。其二为居官者考订之书，如行政、治军、生财、交邻诸大端所必需者也。为书甚繁，今姑举其尤当译者数种，如《罗玛律要》，为诸国定律之祖；《诸国律例异同》《诸国商律考异》，民主与君主经国之经，山林渔泽之政，邮电铁轨之政；《公法例案》，备载一切交涉事件原委；《条约集成》，自古迄今，宇下各国凡有条约，无不具载，其为卷甚富，译成约可三四百卷；《东方领事便览》，生财经权之学，国债消长，银行体用；《方舆集成》，凡五洲险要，皆有详图，为图三千余幅，乃舆图中最为详备之书；《罗玛总王责撒尔行军日记》《法王那波伦第一行军日记》，此两王者，西人称为古今绝无仅有之将材，所载攻守之法，至为详备。他书应译者，不可胜记，而诸书类皆英、法文字，择其善者译之。开院后一年，其已通洋文诸生，即可将前书分课翻译。二年后，新读洋文诸生亦可助译，则出书自易。其三为外洋学馆应读之书，应次第译成，于彼国之事方有根柢。如万国史乘，历代兴废，政教相涉之源，又算法、几何、八线、重学、热、光、声、电，与夫飞、潜、动、植、金、石之学，性理格致之书，皆择其尤要而可资讨论者，列为逐日课程。一二年后，即派诸生更译，附旬报印送，以资观览焉。

【……】

一、书院房屋总宜宽敞整洁，其居地宜附近通商口岸，取其传递便捷，消息灵通，而外洋各报纸，公司船随到随送，即可分译，不致稽留。

【……】

甲午（光绪二十年，公元一八九四年）冬

——《适可斋记言》卷四

《华盛顿传》序文·凡例（1896）

黎汝谦

华盛顿者，合众国开创之君也。泰西人士，数近古豪杰，必称华盛顿拿破仑二人。壬午春，汝谦随使外洋，与彼都人士议论今古，涉猎翻译诸书籍。闻华盛顿名，而苦无以考其生平事迹，遍求诸书肆迄未之得。其年六月，汝谦忝任日本神户理事官，事少公闲，翻译多暇，遁命译官蔡君国昭，购得近代合众国学士耳汾·华盛顿所撰《佐治·华盛顿全传》，阅其书，详实简洁，西人多称之。遂令蔡君按日翻译，凡三年而毕完，其文意之暗晦不明，词语之俚俗不驯，文理之颠倒淆乱者，余又为疏通润色条理而整齐之。凡五次校正，而后成书。盖译书之难，甚于自作，譬如传影写真，必原书之善也。是书之成也，余与蔡君可谓劳精疲神，搏心壹志矣。虽未必与原书毫发毕肖，而其事实要可无舛漏者欤。

光绪乙酉年嘉平月遵义黎汝谦叙

凡例

一、《华盛顿传》作者夥矣，然卷帙繁重者，动盈尺，艰于翻译。其简略者，又仅具梗概。惟此本详略得中西人咸称为善本，故取而译之。

一、是书虽华盛顿一生事迹，而美利坚全国开创事实与夫用兵征饷制度人物之大致，无不备具。故阅是书，则美国未辟以前、既辟以后数十年中之事，皆了若指掌，则谓之美国开国史略亦可。

一、西人官爵其等差多与中国不类，其略与中国近似者，则译以中国官名，其不类者则仍其原名，下注如中国某官之类，便阅者一目了然。

一、此书地名凡已见于《瀛寰志》者，皆仍其旧，以便观览。其《瀛寰志略》所无者，则一照西音翻译。

一、书名中人名用——地名于右旁用 === 官名于左旁用 === 一仍向来翻译诸书之旧例。

一、英国本名被列地，今称英吉利者，乃伦敦一岛之，非三岛之总名也。书中所称被列地，即《瀛寰志略》所称之英吉利，其不改者，所以正从前之失。

——《时务报》第 1 期（1896 年 8 月 9 日）

答严幼陵（1897）

吴挚甫

吕临城来，得惠书并大著《天演论》，虽刘先主之得荆州，不足为喻，比经手录副本，秘之枕中。盖自中土翻译西书以来，无比闳制，匪直天演之学，在中国为初凿鸿蒙，亦缘自来译手，无似此高文雄笔也，钦佩何极！抑执事之译此书，盖伤吾土之不竞，惧炎黄数千年之种族，将遂无以自存而惕惕焉，欲进之以人治也，本执事忠愤所发，特借赫胥黎之书，用为"主文谲谏"之资而已。必绳以舌人之法，固执事之所不乐居，亦大失述作之深旨。顾蒙意尚有不能尽无私疑者，以谓执事若自为一书，则可纵意驰骋，若以译赫氏之书为名，则篇中所引古书古事，皆宜以元书所称西方者为当，似不必改用中国人语，以中事中人固非赫氏所及知。法宜如晋宋名流所译佛书，与中儒著述，显分体制，似为入式。此在大著虽为小节，又已见之列言，然究不若纯用元书之为尤美。区区谬见，敢贡所妄测者以质高明。其他则皆倾心悦服，毫无间然也。惠书词义深懿，有合于小雅怨诽之旨，以执事兼总中西二学，而不获大展才用，而诸部妄校尉皆取封侯，此最古今不平之事，此岂亦天演学中之所谓天行者乎！然则执事故自有其所谓人治者在也。大著恐无副本，临城前约敝处读毕，必以转寄。今临城无使来，递中往往有遗失，不敢率尔，今仍命小婿呈交，并希告之临城为荷。近有新著，仍愿惠读，肃颂道履。不宣。

——《桐城吴先生全书》尺牍卷 1（1897 年 3 月 9 日）

翻译泰西有用书籍议（1897）

高凤谦

　　有声音而后有言语，有言语而后有文字。然五方之声音、长短、高下、清浊、疾徐既万有不齐，言语文字即因以俱异。有王者起，患天下之不一，以同文为先。于是读书之士，挟方寸之简，上下千年，纵横万里，无所不可通。夫而后中国之文字汇于一。其环中国而处者，如日本、朝鲜各邦，虽用中国之文字，犹不能无所异同。况泰西远绝数万里，千岁未通者耶。互市以来，天下竞尚西学，竞习西文，然而音义诡异，则学之难也；教授乏人，则师之难也；由官设学，则周遍之难也；由民自学，则经费之难也；文义深远，则成功之难也；国不一国，则兼通之难也。惟以译书济之，则任其难者不过数十人，而受其益者将千万人而未已。泰西有用之书至蓄至备，大约不出格致、政事两途。格致之学，近人犹知讲求，制造局所译多半此类。而政事之书，则鲜有留心，译者亦少。盖中国之人，震于格致之难，共推为泰西绝学，而政事之书，则以为吾中国所固有，无待于外求者。不知中国之患，患在政事之不立。而泰西所以治平者，固不专在格致也。况格致之学，各有附隶，非制造之人不能学，即学之亦无所用。且需仪器以资考验，非徒据纸上之空谈。若夫政事之书，剖析事理，议论时政，苟通汉文者，无不能学。果能悉力考求各国政事之失得，兵力之强弱，邦交之合离，俗尚之同异，何国当亲，何国当疏，何事足以法，何事足以戒，无不了了于胸中。遇有交涉之事，办理较有把握。即欲兴一新法，亦不至事事仰鼻息于人，或反为所愚弄。此翻译政事之书所以较格致为尤切也。译书之要有二。一曰辨名物。泰西之于中国，亘古不相往来，即一器一物之微，亦各自为风气。有泰西所有，中国所无者；有中国所有，泰西所无者；有中西俱有，而为用各异者，至名号则绝无相通。译者不能知其详，以意为之名，往往同此一物，二书异名。且其物为中国所本有者，亦不能举中国之名以实之。更有好更新名，强附文义，以为博通，令人耳目炫乱、不知所从。宜将泰西所有之物，如六十四原质之类，及一切日用常物，一一考据。其为中国所有者，以中名名之；中国所无者，则遍考已译之书，择其通用者用之；其并未见于译书者，则酌度其物之原质与其功用，而别为一名。凡泰西所用之物，用中字西字详细胪列，刊为一书，颁布通行。后之译者以此为准，不得更改。其他权衡度量，国各不同，亦宜定为一表。如英镑合中权若干，法迈合中尺若干，详为条举以附前书之后。（《中西权衡度量表》一书，金陵亦有刻本，但考据未尽精详耳。）一曰谐声音，名物制度，有义可寻，虽有异同，犹可稽考。地名人名，有音无义，尤为混杂。西人语言，佶屈聱牙，急读为一音，缓读为二三音。且齐人译之为齐音，楚人译之为楚音。故同一名也，百人译之而百异，即一人译之而前后或互异。《瀛环志略》中所载国名之歧，多至不可纪。极宜将罗马字母编为一书，自一字至十数字，按字排列，注以中音。外国用英语为主，以前此译书，多用英文也。中国以京语为主，以天下所通行也。自兹以后，无论以中译西，以西译中，皆视此为本。即一二音不尽符合，不得擅改，以归画一。此书若成，可与名物之书相辅而行，译者、读者俱有所据。若将此二书呈之译署，请旨颁行，饬令各省译局及私家撰述一体遵照，尤为利便。此二者译书之根本也。若译书之人，必兼通中西文而后可。其有专精西文者，可以文士辅之。传曰："言之无文，行而不远。"必使所译之书，质而不流于俗，博而不伤于诞，文义可观，又无失原书之意，庶亦牖人心开风气之一助也夫。

——《时务报》第 26 期，光绪二十三年四月十一日
（1897 年 5 月 12 日）

论译书（1897）

梁启超

兵家曰："知己知彼，百战百胜。"谅哉言乎！中国见败之道有二：始焉不知敌之强而败，继焉不知敌之所以强而败。始焉之败，犹可言也，彼直未知耳。一旦情见势迫，幡然而悟，奋然而兴，不难也。昔日本是也。尊攘论起，闭关自大，既受俄、德、美劫盟之辱，乃忍耻变法，尽取西人之所学而学之，遂有今日也。继焉之败，不可言也。中国既累遇挫衄，魂悸胆裂，官之接西官，如鼠遇虎；商之媚西商，如蛾附膻。其上之阶显秩，下之号名士者，则无不以通达洋务自表异。究其日日所抵掌而鼓舌者，苟以入诸西国通人之耳，谅无一语不足以发嘘。谋国者始焉不用其言而败，继焉用其言而亦败。是故不知焉者，其祸小；知而不知、不知而自谓知焉者，其祸大。中国之效西法三十年矣，谓其不知也，则彼固孜孜焉以效人也；谓其知也，则何以效之愈久，而去之愈远也？甲自谓知，而诋乙之不知，自丙视之，则乙固失，而甲亦未为得也。今人自谓知，而诋昔人之不知，自后人视之，则昨固非，而今亦未为是也。三十年之败，坐是焉耳。

问者曰："吾子为是言，然则吾子其知之矣。"曰："恶！某则何足以知之。抑岂唯吾不足以知而已，恐天下之大，其真知者，殆亦无几人也。"凡论一事治一学，则必有其中之层累曲折，非入其中不能悉也，非读其专门之书不能明也。譬之寻常谭经济者，苟不治经术，不诵史，不读律，不讲天下郡国利病，则其言必无当也。西人致强之道，条理万端，迭相牵引，互为本原。历时千百年以讲求之，聚众千百辈以讨论之，著书千百种以发挥之。苟不读其书，而欲据其外见之粗迹，以臆度其短长，虽大贤不能也。然则苟非通西文、肄西籍者，虽欲知之，其孰从而知之！不宁惟是，居今日之天下，而欲参西法以救中国，又必非徒通西文、肄西籍，遂可以从事也。必其人固尝邃于经术，熟于史，明于律，习于天下郡国利病，于吾中国所以治天下之道，靡不挈枢振领而深知其意。其于西书亦然，深究其所谓迭相牵引、互为本原者，而得其立法之所自，通变之所由，而合之以吾中国古今政俗之异，而会通之，以求其可行，夫是之谓真知。今夫人生不过数十寒暑，自其治经术、诵史、读律、讲天下郡国利病，洎其稍有所得，而其年固已壮矣。当其孩提也，未尝受他国语言文字；及其既壮，虽或有志于是，而妻子仕宦，事事相逼，其势必不能为学童挟书伏案故态，又每求效太速，不能俯首忍性，以致力于初学蹇浅之事，因怠因弃。盖中年以往，欲有所成于西文，信哉难矣！夫以中学西学之不能偏废也如彼，而其难相兼也又如此，是以天下之大，而能真知者，殆无几人也！

夫使我不知彼，而彼亦不知我，犹未为害也。西国自有明互市以来，其教士已将中国经史记载，译以拉丁、英、法各文。康熙间，法人于巴黎都城设汉文馆。爰及近岁，诸国继踵都会之地，咸建一区，庋藏汉文之书，无虑千数百种。其译成西文者，浩博如全史三通，繁缛如国朝经说，猥陋如稗官小说，莫不各以其本国语言，翻行流布，其他种无论矣。乃至以吾中国人，欲自知吾国之虚实，与夫旧事新政，恒反借彼中人所著书，重译归来，乃悉一二。（以吾所见日本人之《清国百年史》《支那通览》《清国工商业指掌》；其中已多有中国人前此不及自知者，西文此类之书当复不少。）昔辽耶律德光谓晋臣曰："中国事，吾皆知之。吾国事，汝曹不知也。"以区区之辽，犹且持此道以亡中国，况声明文物、典章制度，远出于辽人万万者乎！

欲救斯敝，厥有二义：其一使天下学子自幼咸习西文；其二取西人有用之书悉译成华字。斯二者不可缺一。而由前之说，其收效必在十年以后。（今之年逾弱冠已通中学者，多不能专力西文，故必取少年而陶熔之，非十年以后不能有成。）由后之说，则一书既出，尽天下有志之士皆受其益。数年之间，流风沾被，可以大成。今之中国汲汲顾影，深唯治标之义，不得不先取中学成材之士而教之，养其大器，以为救焚拯溺之用。且学校贡举之议既倡，举国喁喁响风，而一切要籍，不备万一，则将何所挟持以教士取士耶？故译书实本原之本原也。

大哉！圣人乎！太祖高皇帝，命子弟近臣，肄唐古忒文，诵蒙古记载，遂以抚蒙古。太宗文皇帝受命建国，首以国书译史鉴，乃悉知九州扼塞及古今用兵之道，遂以屋明社。圣祖仁皇帝，万几之暇，日以二小时，就西士习拉体诺文，任南怀仁等至卿贰，采其书以定历法。高宗纯皇帝开四库馆，译出西书四十一家，悉予箸录。宣宗成皇帝时，俄罗斯献书三百五十余号，有诏庋秘府。择要译布。然则当祖宗之世，边患未形，外侮未亟，犹重之也如此。苟其处今日之天下，则必以译书为强国第一义，昭昭然也！且论者亦知泰东西诸国，其盛强果何自耶？泰西格致性理之学，源于希腊；法律政治之学，源于罗马。欧洲诸国各以其国之今文，译希腊、罗马之古籍，译成各书，立于学官，列于科目，举国习之，得以神明其法，而损益其制。故文明之效，极于今日。俄罗斯崎岖穷北，受辖蒙古垂数百年，典章荡尽。大彼得躬游列国，尽收其书，译为俄文，以教其民，俄强至今。日本自杉田翼等始以和文译荷兰书，泊尼虚曼子身逃美，归而大畅斯旨。至今日本书会，凡西人致用之籍，靡不有译本。故其变法灼见本原，一发即中，遂成雄国。斯岂非其明效大验耶？彼族知其然也。故每成一书，展转互译，英著朝脱稿，而法文之本，夕陈于巴黎之肆矣。法籍昨汗青，而德文之编，今庋于柏林之库矣。世之守旧者，徒以读人之书，师人之法为可耻，而宁知人之所以有今日者，未有不自读人之书，师人之法而来也。

问者曰："中国自通商以来，京师译署、天津水师学堂、上海制造局、福州船政局及西国教会医院，凡译出之书，不下数百种，使天下有志之士，尽此数百种而读之，所闻不已多乎？"曰："此真学究一孔之论，而吾向者所谓知而不知，不知而自谓知焉者也。"有人于此，挟其节本《仪礼》《左传》，而自命经术，抱其《纲鉴易知录》《二十一史弹词》，而自诩史才。稍有识者，未尝不嗤其非也。今以西人每年每国新著之书动数万卷。（英国伦敦藏书楼光绪十年一年中，新增之书三万一千七百四十七卷，他年称是，他国亦称是，美国则四倍之日本，亦每岁数千卷。）举吾所译之区区置于其间，其视一蚊一虻不如矣。况所译者未必其彼中之善本也。即善本矣，而彼中群学，日新月异，新法一出，而旧论辄废。其有吾方视为瑰宝而彼久吐弃不屑道者，比比然也。即不如是，而口授者未必能无失其意也，笔受者未必能无武断其词也。善夫马君眉叔之言曰："今之译者，大抵于外国之语言或稍涉其藩篱，而其文字之微辞奥旨与夫各国之所谓古文词者，率茫然未识其名称，或仅通外国文字言语，而汉文则粗陋鄙俚，未窥门径。使之从事译书，阅者展卷未终，俗恶之气触人欲呕。又或转请西人之稍通华语者为之口述，而旁听者乃为仿佛摹写其词中所欲达之意，其未能达者，则又参以己意而武断其间。盖通洋文者不达汉文，通汉文者又不达洋文，亦何怪乎所译之书皆驳杂迂讹，为天下识者鄙夷而讪笑也！"（《适可斋记言》四）吁！中国旧译之病，尽于是矣。虽其中体例严谨，文笔雅驯者，未始无之，而驳杂繁芜，讹谬俚俗，十居六七。是此三百余种之书，所存不及其半矣！而又授守旧家以口实，谓西学之书皆出猥陋俗儒之手，不足以寓目，是益为西学病也。故今日而言，译书当首立三义：一曰，择当译之本；二曰，定公译之例；三曰，养能译之才。

请言译本。中国官局旧译之书，兵学几居其半。中国素未与西人相接，其相接者兵而已。于是震动于其屡败之烈，怵然以西人之兵法为可惧，谓彼之所以驾我者，兵也。吾但能师此长技，他不足敌也。故其所译，专以兵为主。其间及算学、电学、化学、水学诸门者，则皆将资以制造，以为强兵之用。此为宗旨刺谬之第一事。起点既误，则诸线随之。今将择书而译，当知西人之所强者兵，而所以强者不在兵。不师其所以强，而欲师其所强，是由欲前而却行也！达于此义，则兵学之书，虽毋译焉可也。

中国之则例律案，可谓繁矣。以视西人，则彼之繁十倍于我而未已。第中国之律例，一成而不易，镂之金石，悬之国门，如斯而已。可行与否，非所问也；有司奉行与否，非所禁也。西国则不然。议法与行法分任其人，法之既定，付所司行之。毫厘之差，不容假借。其不可行也，剋日付议而更张之。故其律例无时而不变，亦无时而不行。各省署之章程是已。记曰："不知来，视诸往。"西国各种之章程，类皆经数百年、数百人、数百事之阅历，而讲求损益，以渐进于美备者也。中国仿行西法，动多窒碍。始事之难，斯固然也。未经阅历于此事之层累曲折，未从识也。则莫如借他人所阅历有得者，而因而用之，日本是也。日本法规之书，至纤至悉，皆因西人之成法而损益焉也。故今日欲举百废，新庶政，当以尽译西国章程之书为第一义。（近译出者有《水师章程》《德国议院章程》《伦敦铁路公司章程》《航海章程》《行船免冲章程》等，然其细已甚矣。）

今之攘臂以言学堂者纷如矣。中西书院之建置，亦几遍于行省矣。询其所以为教者，则茫然未知所从也。上之无师，下之无书。中学既已束阁，西学亦罕问津。究其极也，以数年之功，而所课者，不过西语西文。夫仅能语能文，则乌可以为学也？西人学堂悉有专书，岁为一编，月为一卷，日为一课。小学有小学之课，中学有中学之课。专门之学，各有其专门之课。其为课也，举学堂之诸生无不同也，举国之学堂无不同也。计日以程，循序而进。故其师之教也不劳，而其徒之成就也甚易。今既知学校为立国之本，则宜取其学堂定课之书，翻成浅语，以颁于各学，使之依文按日而授之，则虽中才，亦可胜教习之任。其课既毕，而其学自成。数年之间，彬彬如矣。（旧译此类书极少，唯《启悟初津》为幼学极浅之书，《幼童卫生编》、笔算、数学略近之。）

国与国并立而有交际；人与人相处而有要约，政法之所由立也。中国唯不讲此学，故外之不能与与国争存，内之不能使吾民得所。夫政法者，立国之本也。日本变法，则先其本；中国变法，则务其末。

是以事虽同，而效乃大异也。故今日之计，莫急于改宪法。必尽取其国律、民律、商律、刑律等书，而广译之。如《罗马律要》（为诸国定律之祖）《诸国律例异同》《诸国商律考异》《民主与君主经国之经》《公法例案》（备载一切交涉事件原委）《条约集成》（自古迄今宇下各国，凡有条约，无不备载，译成可三四百卷。）等书（以上诸书，马氏所举，制造局所译，《各国交涉公法论》似即《公法例案》之节本），皆当速译。中国旧译，唯同文馆本，多法家言。丁韪良盖治此学也。然彼时笔受者皆馆中新学诸生，未受专门，不能深知其意，故义多阙�。即如《法国律例》一书，欧洲亦以为善本，而馆译之本，往往不能达其意，且常有一字一句之颠倒漏略，至与原文相反者。又律法之书，尤重在律意。法则有时与地之各不相宜，意则古今中外之所同也。今欲变通旧制，必尽读西人律意之书，而斟酌损益之，通以历代变迁之所，自按以今日时势之可行，则体用备矣。（旧译无政法类之书，唯《佐治刍言》一种尔。）

史者，所以通知古今，国之鉴也。中国之史，长于言事；西国之史，长于言政。言事者之所重，在一朝一姓兴亡之所由，谓之君史；言政者之所重，在一城一乡教养之所起，谓之民史。故外史中有农业史、商业史、工艺史、矿史、交际史、理学史（谓格致等新理）等名，实史裁之正轨也。其新政史、十九世纪史（西人以耶稣纪年，自一千八百年至九百年谓之十九世纪，凡欧洲一切新政皆于此百年内浡兴，故百年内之史最可观，近译《泰西新史揽要》即此类书也。唯闻非彼中善本）等，撰记之家，不一而足。择要广译，以观西人变法之始，情状若何，亦所谓借他人之阅历而用之也。（旧译此类书有《大英国志》《俄史辑译》《法国志略》《英法俄德四国志略》等，然太简略，不足以资考镜，故史学书尚当广译。）

西人每岁必有一籍，纪其国之大政大事，议院之言论。近世译者，名之为"蓝皮书"。盖国之情实，与其举措，略具于是矣。宜每年取各国此籍尽译之，则能知其目前之情形。无事可以借鉴，有事可以知备。若苦繁重，未能尽译，则择最要之数国译之。其余诸国，则彼中每年有将各国情实，编为成书者，制造局旧译《列国岁计政要》是也。惜仅得癸酉一年，后此盖阙。若能续译至今，则二十年来西方之形势，皆了如指掌，中国学者，或不至瞀暗若是耳。

欲兴自然之利，则农学为本。今西人种植之法，粪溉之法，畜牧之法，渔泽之法，及各种农具，皆日新月异。李提摩太谓中国欲开地利，苟参用西法，则民间所入，可骤增一倍，补益可谓极大矣。然旧译农书，不过数种，且皆简略，未从取资。故译农书为当务之急也。

译出矿学之书，多言炼矿之法，未及察矿之法，今宜补译。然此事非习西文，入其专门学堂且多经勘验不为功也。

中国之人，耐劳苦而工价贱，他日必以工立国者也。宜广集西人各种工艺之书，译成浅语，以教小民，使能知其法，通其用。若能使中国人人各习一业，则国立强矣。旧译有《西艺知新》等书，言小工之学；《工程致富》《考工记要》等书，言大工之学；《格致汇编》中亦多言工艺。唯西人此学，日进无疆，苟能广译，多多益善也。

通商以后，西来孔道，为我国大漏卮，华商之不敌洋商也，洋商有学，而华商无学也。彼中富国学之书（日本名为经济书），皆合地球万国之民情物产。而盈虚消息之至其转运之法，销售之法，孜孜讨论，精益求精。今中国欲与泰西争利，非尽通若学不可，故商务书当广译。（旧译有《富国策》《富国养民策》《保富述要》等书，《佐治刍言》下卷亦言此学。)

泰西自希腊强盛时,文物即已大开。他里斯等七人,号称七贤,专以穷理格物之学,提倡一世。而额拉吉来图、梭格拉底、拍勒图、什匿克、安得臣、知阿真尼、雅里大各、德谟吉利图、阼士阿士对等,先后以理学名。亚力斯多德尔、比太哥拉、欧几里得、提马华多而司诸人,阐发物理,所著各籍,玄深微妙。近世格致家言皆祖之。其后果鲁西亚士、白分道弗等,以匹夫发明公理,为后世公法之所祖。故欲通西学者,必导源于希腊、罗马名理诸书,犹欲通中学者,必导源于三代古籍、周秦诸子也。旧译此类书甚寡,唯明人所译,有《名理探》《空际格致》等书,然未尽精要,且语多诘屈。近译者,有《治功》《天演论》《辨学启蒙》等书。(《几何原本》《奈端数理》等为算理之书,算理者,理学中之一种也。)

以上各门,略举大概。旧所已有者略之,旧所寡有者详之。实则西人政学百新,无一书无独到处。虽悉其所著而译布之,岂患多哉!特草创之始,未能广译,则先后缓急,亦当有次。蒙既未习西文,未窥西籍,率其臆见,岂有所当!唯存其一说,以备有力者之采择而已。至如同一门类之书,则当于数书之中,择其佳者,(如记西国百年以来事实者,彼中无虑数十家,近人所译马恩西氏之书,闻非善本也。)或择其后出者。其有已译之书,而近岁有"续编"及"驳议"等编,皆当补译,以成一家之言。此亦谭译本者所当留意也。

请言译例,译书之难读,莫甚于名号之不一。同一物也,同一名也,此书既与彼书异,一书之中,前后又互异,则读者目迷五色,莫知所从。道咸以来,考据金元史稗,言西北地理之学,蔚为大国。究其所日日争辩于纸上者,大率不外人名、地名、对音、转音之异同。

使当日先有一辽、金、元三史、国语解之类之书，渺定画一，凡撰述之家，罔不遵守。则后人之治此学者，可无断断也。今欲整顿译事，莫急于编定此书。昔傅兰雅在制造局所译化学、汽机各书，皆列"中西名目表"。广州所译之《西药略释》，亦有病名、药名等表，皆中文、西文两者并列，其意最美。近本报所译各名，亦于卷末附"中西文合璧表"。欲使后之读之，知吾所译之名，即西人之某名。其有讹误，可更正之；其无讹误，可沿用之。此整齐画一之道也。惜未悉心考据，未能作为定本。（制造局之"名目表"则大佳，他日可以沿用矣。）今区其门目，约有数事。

一曰人名地名。高凤谦曰："西人语言，佶屈聱牙，急读为一音，缓读为二三音。且齐人译之为齐音，楚人译之为楚音。故同一名也，百人译之而百异。"《瀛寰志略》所载国名之歧，多至不可纪极。宜将罗马字母编为一书，自一字至十数字，按字排列，注以中音。外国用英语为主，以前此译书多用英文也。中国以京语为主，以天下所通行也。自兹以后，无论以中译西，以西译中，皆视此为本（见二十六册文编中），可谓精当之论。唯前此已译之名，则宜一以通行者为主。旧译之本，多出闽粤人之手。虽其名称，参用方音者，今悉无取更张。即间有声读之误，亦当沿用。盖地名人名，只为记号而设。求其，举此号，而闻者知为何人何地，足矣。近人著书，或矜言厘正，如谓"英吉利"乃一岛之称，称其国名，则当云"白尔登"。谓"西伯利亚"之音不合，宜易为"悉毕尔"之类，徒乱人意，盖无取焉。今宜取通行最久、人人共读之书，刺取其译名，渺为定本。其续译之本，有名目为旧译所无者，然后一以英语京语为主，则尽善矣。

二曰官制。有义可译则译义，义不可译乃译音，此不易之法也。

人名地名，不过记号之用，译音已足。至如官制一途，等差甚繁，职掌各别，若徒译音，则无以见其职位若何，及所掌何事。如《水师章程》等书，满纸不相连属之字，钩辀格磔，万难强记，此一蔽也。若一以中国官比例之，则多有西官为中土所无者。康成注经，以汉况周，论者犹讥其不类；况于习俗迥殊，沿革悬绝。且中国官制，名实不副，宰相不与机务，兵部不掌军权，自余一切，罔不类是。然则以中例西，虽品位不讹，职掌已未必吻合。如守土大吏，率加督抚之号，统兵大员，概从提镇之名；鹿马同形，安见其当。至于中土，本无此官，强为附合者，其为乖谬，益不待言。此又一蔽也。今宜博采各国官制之书，译一通表，先用西文列西名，详记其居何品秩，掌何职守，然后剌取古今官制与之相当者，为译一定名。今有其官，则用今名；今无其官，则用古名；古今悉无，乃用西音翻出名之。（中国官称，喜袭古号，即如巡抚兼副都之衔，而遂号中丞，知州非司牧之任，而沿称刺史，凡此之类，不一而足，皆于正名之谊有乖，然人人知其为同名异实，无所不可。若以西官袭中号，则人将因其所定之名，以求其所掌之职，苟立名不慎，则读者鲜不误会。即如英国印度之长官与威而士之长官，译者皆名之为印度总督、威而士总督，而不知其权迥异也。此等之类极多，不可枚举。取参错之名而比较以定之，此事最难。如《历代职官表》可谓近代博大明备之书，然其定例以本朝官为主，而列历代之名于下。其前代有此官而本朝竟无之者，已多漏略失载。而其中以古制勉强牵合今制，实则其职绝不相类者，尤属不少。夫同在中国，数其沿革尚且若兹之难，况以中例西耶！故苟其职为古今悉无者，切不可勉强牵合，无宁译西音而注其职掌而已。）此后凡译书者，皆当按西文查表，勾若画一，则耳目不乱，制置厘然矣。若未能就此盛业，亦当于译出之每官名下，详注其品秩职掌，勿使学者疑。（日本近日官制，悉模仿西法，而其官名率多汉唐遗称，若有中国古今悉无之官，则用日本名称，亦大佳也。）

三曰名物。高凤谦曰："泰西之于中国，亘古不相往来，即一器一物之微，亦各自为风气。有泰西所有、中国所无者，有中国所有、泰西所无者，有中西俱有而为用各异者，至名号则绝无相通。"译者不能知其详，以意为之名；往往同此一物，二书异名。且其物为中国所本有者，亦不能举中国之名以实之。今宜将泰西所有之物，如六十四原质之类，及一切日用常物，一一考据。其为中国所有者，以中名名之，中国所无者，则遍考已译之书，择其通用者用之；其并未见于译书者，则酌度其物之原质与其功用，而别为一名（见同上）。其论韪矣。有生以来，万物递嬗，自大草、大木、大鸟、大兽之世界，以变为人类之世界。自石刀、铜刀、铁刀之世界，而变为今日之世界。其间物产，生灭相代，其种非一。或古有今无，或今有古无，或古今俱有之，而古人未能别析其名（如六十四原质，自古人视之，则统名为气、为土、为石而已）。至于人造之物，日新月异，其名目之增，尤不可纪极。西人唯文字与语言合也，故既有一物，则有一音、有一字、有一名。中国唯文字与语言分也，故古有今无之物，古人造一字以名之者，今其物既已无存，则其字亦为无用。其今有之物，既无其字，则不得不借古有之字而强名之，此假借之例。所以孳乳益多也。然以虚字假实字，沿用已久，尚无不可（如不字、为字、也字、哉字之类）。以实物而复假他实字以为用，则鲜不眩矣。且新出之事物日多，岂能悉假古字。故为今之计，必以造新字为第一义。近译诸名如汽字之类，假借字也；如六十四原质，锌、铂、钾等之类，造新字也。傅兰雅译化学书，取各原质之本名，择其第一音译成华文，而附益以偏旁，属金类者加金旁，属石类者加石旁。此法最善。他日所译名物，宜通用其例，乃至属鱼类者加鱼旁，属鸟类者加鸟旁，属木类者加木旁，属器类者加亡旁。自余一切，罔不如是。既无称名繁重之苦，又得察类辨物之益。定名之后，仍用"名目表"之法，并列两文，以资证引。此译家正名之宏轨矣。

四曰律度量衡。列国并立，则衡量必不一；列国既通，则必于其不一者，而思所以一之，李斯之制秦权秦量是也。今将译通万国之籍，亟宜取万国之律度量衡，列为一表。一英尺为中国若干尺，一英里为中国若干里，一磅、一佛郎、一罗卜等为中国若干金。其西国之名，皆宜划一（如或称佛郎，或称福兰格，或称罗卜，或称卢布，或称留之类）。各国类别，勿有挂漏。四明沈氏有《中国度量权衡表》一书，惜未大备，掇拾补苴之，斯成大观矣。

五曰纪年。以孔子生年为主，次列中国历代君主纪年，次列西历纪年，次列印度旧历纪年，次列回回历纪年，次列日本纪年，通为一表。其有小国虽纪年不同，而无大事可载记者，暂略之。它日译书，依名从主人之义。凡记某国之事，则以其国之纪年为正文，而以孔子生年及中国历代纪年旁注于下。

译书有二蔽：一曰徇华文而失西义；二曰徇西文而梗华读。夫既言之矣，翻译之事，莫先于《内典》；翻译之本，亦莫善于《内典》。故今日言译例，当法《内典》。自鸠摩罗什、实叉难陀皆深通华文，不著笔受。元装之译《瑜伽师地论》等，先游身毒，学其语，受其义，归而记忆其所得，从而笔之。言译者当以此义为最上。舌人相承，斯已下矣。凡译书者，将使人深知其意，苟其意靡失，虽取其文而删增之，颠倒之，未为害也。然必译书者之所学与著书者之所学相去不远，乃可以语于是。近严又陵新译《治功》《天演论》，用此道也。

凡义法奥赜条理繁密之书，必就其本文分别标识，则读者易了。经学以《仪礼》为最繁密，故治《仪礼》学者，分章节务极细。佛学以相宗为最奥赜，故治"慈恩"学者，修科文务极详。今西人格致律法诸书，其繁赜与相宗礼学相埒。凡译此类书，宜悉仿《内典》分科之例，条分缕晰，庶易晓畅，省读者心力。近英人潘慎文新译《格物质学》，颇得此意。

其或佳书旧有译本，而译文佶屈为病不可读者，当取原书重译之。南书涅槃经，经谢灵运再治，而大义毕显。《华严楞伽》皆经唐译而可读，其前事也，如同文馆旧译之《富国策》，而《时务报》有重译之本，广学会旧译之《泰西新史揽要》，而湖南有删节之编，咸视原书晓畅数倍，亦一道也。

舌人声价日益增重，译成一籍，费已不赀。而译局四设，各不相谋，往往有同此一书，彼此并译。昔制造局所翻《化学鉴原》，并时翻者凡有四本，黄金虚牝，良可叹嗟。今宜定一通例，各局拟译之书，先期互告，各相避就，无取骈拇。然此非有司之力，殆未易整齐也。

请言译才：凡译书者，于华文西文及其所译书中所言颛门之学，三者具通，斯为上才；通二者次之；仅通一则不能以才称矣。近译西书之中，算书最佳，而《几何原本》尤为之魁，盖利、徐、伟、李皆邃于算，而文辞足以达之也。故三者之中，又以通学为上，而通文乃其次也。今国家之设方言学堂，其意则非教之以学也，不过借为译署使馆之通事而已。故其学生亦鲜以学自厉，肄业数年，粗识蛮语，一书未读，辄已出学。若此类者，殆十而六七也。夫执略解华文，能操华语之人，而授之以先秦两汉旧籍，欲其索解焉不可得也。今责此辈以译西文，殆犹是也。故欲求译才，必自设翻译学堂始。马建忠曰：翻译书院之学生，选分两班。一选已晓英文或法文，年近二十而姿质在中人以上者十余名入院，校其所造英、法文之浅深，酌量补读，而日译新事数篇，以为功课。加读汉文，由唐宋八家，上溯周秦诸子，日课论说，使辞达理举。如是一年即可从事翻译。一选长于汉文，年近二十而天姿绝人者，亦十余名。每日限时课读英、法文字，上及拉丁、希腊语言。果能工课不辍，不过二年，洋文即可通晓。（《适可斋记言》四）其言韪矣。入学堂一二年以后，即以译书为功课，译才成而译出之书亦已充栋矣。此最美之道也。唯译天算、格致、声、光、化、电、法律等专门之书，则又非分门肄习，潜心数载不为功也。

日本与我为同文之国，自昔行用汉文。自和文肇兴，而平假名、片假名等，始与汉文相杂厕，然汉文犹居十六七。日本自维新以后，锐意西学，所翻彼中之书，要者略备，其本国新著之书，亦多可观。今诚能习日文以译日书，用力甚鲜，而获益甚巨。计日文之易成，约有数端；音少一也；音皆中之所有，无棘刺扞格之音，二也；文法疏阔，三也；名物象事，多与中土相同，四也；汉文居十六七，五也。故黄君公度，谓可不学而能。苟能强记半岁，无不尽通者。以此视西文，抑又事半功倍也。

丁酉（光绪二十三年，公元1897年）

——《时务报》（1897年5月至7月）；
《饮冰室文集类编上》

读译书须知（1897）

叶瀚

第一端　论西国书译著纲目

西国维新百年来，政学日新。然究其大要，曰学，曰政，曰教，三者而已。西学传自希腊，西政祖夫罗马，西教衍于犹太。渊源甚古，而其师授又属专门，有初学之次第。初学又分最初、稍进、更上三次以上。又有专家分习，大学堂之师授，为政学诸堂之辅者。又有专门聚讲之学会。故学无不成，而新才日出也。其为学也，初学则最初即教以史志、地图、数学、文法、格物浅说（天文、地理、万生、地学），稍进则教以量法、代数，少深之文法、八线、平弧三角，又进则教以绘图、格物、化学、力学、几何、代数、微分积分。以上为初学堂。无论官设民建，均为养生之基。学者率自六岁至十二岁，即可学成。以下即为学士专门讲求之官学。为学分有多种。一文学学堂，学者格物、化学出身为一种，文学出身为一科。一武备学堂，有数种学堂，超等为制船、制机学堂，特为建治道途学堂，平等为武备学堂。一工程学堂，矿物学堂为一科，建置宫室为一科。一医生学堂，学者必用考取之化学格物出身秀才者，又分内外学生，外学生只能明养生保卫之宜，内学生必专门名家，十年二十年方许悬牌施诊。一矿务学堂，一律例学堂，一绘书塑像学堂，一种植学堂。此上皆法国教学之次第科别也。又有另开新学二堂，一曰东方学堂，一曰国政学堂。夫译书为人明共译学造人才之法也，故必明其渊源，知其次第科别，又知其政学纲要方能济。即读西书者亦宜知其各种本要派别，方能循序进功。谨就所知，略陈其概。

第二端　论中国译西书凌杂不合之弊

自中国通商以来，京师则有同文馆，江南则有制造局，广州则有医士所译各书，登州则有文会馆所译学堂便用各书。上海益智书会，又译印各种图说。赫总税务司则译有《西学启蒙》十六种。傅兰雅又译有《格致汇编》《格致须知》。各种馆译之书，政学为多。然法律之学，西国皆专门，法国律例，尚为完善。各公法则摘要散碎，不足讲求。制局所译，初以算学、地学、化学、医学各书为优，余则兵学法学，皆非专家，不得纲领。书会、税司署、各学馆之书，皆师弟专习，口说明畅，条理秩然。讲学之书，断推善本。然综论其弊，皆未合也。

一曰不合师授次第。统观所译各书，大多类编专门，无次第，无层级，无全具文义卷帙，无译印次第章程。一也。

一曰不合政学纲要。其总纲则有天然理数，测验要法，师授选造通才，后讲专家。中国译书，不明授学次第。余则或只零种，为新报摘录之作，为教门傅翼之书，读者不能观厥会通，且罔识其门径。政学则以史志为据，法律为纲，条约章程案据为具，而尤以格致理法为本。中国尤不达其大本所在，随用逐名，实有名无用。二也。

一曰文义难精。西国无论政学，有新造之字，有沿古之字，非专门不能通习。又西文切音，可由意拼造，孳乳日多。中字尚形，不能改造，只能备用。切音则字多诘屈，阅者生厌。译义则见功各异，心志难齐。此字法之难也。西国文法如古词例不是词法，语有定法，法各不同，皆是创造。不知中国古文骈文之虚无砌用。故照常行文法，必然扞格不通。倘仿子史文法，于西文例却相合。又恐初学难解。此文法之难也。三也。

一曰书既不纯，读法难定。中国所译所有成法可遵者，有新理琐事可取者，有专门深纯著作。前尚有数层功夫，越级而进，万难心解者。取材一书，则嫌不备。合观各书，又病难通。起例发凡，盖甚难焉。四也。

坐此四弊，则用少而功费，读之甚难。欲读之而标明大要以使未读之人，又难之难也。

第三端 论读译书，宜多备各书，互会其通

中国所译西书，既未次及全备，则但观一书，万不能解。学者又不能全通西文，则唯有多集同志，齐购图书。或富厚者独购各书，令家人纵读。父兄师友，依书目刚要次第，切为讲求，互观约取，方得其通。否则一知半解，贻讥方家矣。

第四端　论读译书宜立讲社

讲学以身心天人之故为大，讲政以取法自治为要。且中人素喜论说，少见专习，则独难成，不如众擎易得。故读书不可独学无友。宜分政学两宗。今中国贫弱已极，尤以讲政变法为先。政贵达事致用，不是纸上空谈。中译西政诸书又未得刚要，非他人助讲不能速效。书目所列政书固当购备，然必延一讲求国政在西学校出身者未都讲。一面观书，一面按期听讲。所未知政要与读者怀疑质辨，实大有益。不可尽信书也。无论讲政讲学，皆以自保本族，开化愚蒙为怀，则天佑助，日进无疆也已。

第五端　论读书宜照目要次第，不可倒越

前已略论各书之弊与法，今依西国师授次第，将已译之要书依类作为提要，次第条列。提要于原书纲领固已详慎举明，其书中起讫次第与尚在他书互见备足之理法亦在本书提要讲明。庶学者易得会通故。读此书者，必照提要目次将本书细读，再将他书参观，方能实有心得。如任意涉猎，则无功而有用。

第六端　论读译书不过得半为止，不能为全材

中国之人，学无专门师授，事无专局阅练，故即有人材亦以无凭藉而鲜成功。非其及之咎也。所译之书又不为学子计，则读者穷年致功，不过得其大要，半途为止，既不能由始及终，亦不能有疑可质。

一由国家教养不善，一由本族心志不一。故学非所用，用非所习。远西日新，中人日危。即能善读译书，实求兴利，亦不过少广闻见，略沾薄利已，须善于自择，同为振兴。故学者年过三十以上者，改学既难，不学勿可，只有将译书为本，得半为止。如其子弟，则当谋立学造就成才，不可再误。如无力者则宜送入西学或官学，令其从师讲授，决不向习之学误之，尤不可以已之一知半解囿之。是作书者，不过便迈年之老朽、家乡之学究粗知之用而已。通才志士，则岂敢谓其从我法耶。

——《初学读书要略》（光绪丁酉〔1897年〕夏五月仁和叶氏自刊本）

译书篇（1897）

孙学修

　　稽我太宗文皇帝开基，首以国书翻成纲鉴，然后知中华扼塞古今政俗之由，用以制明。高宗纯皇帝钦定四库全书，译出西书四十一家，悉予箸录。宣宗成皇帝时，俄罗斯进书三百五十余号，亦命庋弄秘阁，择要翻录。大哉，圣人之道，岂谍奇夸异哉，盖以周敌国之情状，广天下之师资，而普教思于无穷也。大地事故，愈久愈繇，匡时应变，非守古者所能，夫人而知之，其知之奈何？曰：以多译西书为本。泰西各书，区类最繇，或总或分，并有专家异域文字，非人人所能读，书诚可观，译令通晓，故其一切撰述，备哉灿烂。中土三十年来开筑宾馆，授简译书者，廑有京师同文馆、天津学堂、上海制造局三处，至今合中西人士官著私著可读之书，约三百种而已。欧美各邦，岁出新书，除报章经书外，凡法律、交涉、史鉴、掌故、天文、舆地、矿务、船政、算术、格致、训蒙、战法、农渔、汽机、测绘、工程、百家论说，不下万余部。名都书库，收挟万国书籍至一百十万种，以吾所固有者相较，直太仓之一粟耳。又况彼中政学，岁月改观，距今视之，已为陈羹。士子兴焉有志，舍此之外，羌无仰钻，一知半解，腾笑方闻，今以吾知之简敌彼之繁，吾俗之懵测彼之灵，焦氏易林所谓贩鼠买蛙无以成家者也。而欲求其闭门造车者，出门合辙，盖亦难矣，难矣。夫千夫仰汲抱瓮者不已劳乎，万仞思亏，携□壏者不贻笑乎。以彼岁出之数，即使删其繁芜，集其菁要，□十得五，亦当岁出百种。仅恃沪局津馆，固觉日不暇给，尝窃窃然以谓吾十八行省，有官书局处甚多，原其命意，莫非流布实学，嘉惠士林，初无中外之画也。则曷不于中书之外，兼译西书，不烦筹赀，无需奏请。此倡彼应，撰著日茂，广印贱售，蕲开风气。至于应译各书，宜先延访通士，识其途径，或由出使大臣属通晓洋文之随员，就各国藏书楼究心浏览，撮其宏旨，译为提要。谂夫何者为急，何者为缓，审慎图之，则书尽切要，人争先睹之为快。书局岁入因以增多，事至利便，胡为至今不问耶？（南徐马建忠《适可斋记言》载设翻译馆议，犹不若此之易举。）或曰，中西文字，迥不同轨，屡经笔舌，已失其旨，探原立论，当自肄习拉丁文字始。吾子龂龂于此，抑末矣。孙学修曰：今日非西文不兴之为急，而西学不兴之为急。如责以西学，必先责以西文。老而慕焉，则余光无几。童而习之，则程功之迟。及今而外资出洋，内树书院，然胜译才者，仅如凤毛麟角。况其谐今道古，中西名家者哉，盖收效之难如此矣。有人于此，意春之必燠而忍其寒焉，目禾之必熟而忍其饿焉。则哗然曰：此大惑者也。意成材之有日，谓译书之可缓者视此矣！夫使列圣之典不遵，推广之道不筹，徒读古书，罔获新义，耳目废置，事势寂然。先王之治，无新简书，韩非谬种，所不乐闻耳。

复友人论翻译格致书籍书（1897）

驻德华翻译官

　　阁下补订《瀛寰志略》，虚怀若谷，询及刍荛。奈弟观书甚少，而于译汉之酉书，尤鲜寓目。寡闻浅见，愧无以仰助高深。至来示中谓译出之书，多难征信，实为切中时弊之言，拜服高见。盖译书一事，不但虑华人之不精洋文，误会词义。及洋人之粗习华言，词不达意已也。且虑之洋人自作聪明，妄加臆断，或以不知为知，敷衍了事也。盖西国全才极少，苟通一艺，已足邀名利而福子孙。其自诩为无所不知者，类皆一无所精者也。此等人即中国所谓老江湖者，其说不无可采，特不可以全信。且西人阅西书，非必能尽解也。譬诸华人，虽读书十年，阅历十年，然于九流三教之书，梓匠轮舆之语，断不能尽解。因同此一字一语，而命名取义，各有不同。弟尝购新枪图说一册，将其中不解处，询一洋友。友只略解数条，余谢不敏，且曰："我昔年因病未入营中，平生于此道，亦未致功，所有一知半解，无非得之耳食也。"乃又求教于善于制枪之工程师，并步军中之精炼武官，则又逊谢不遑，曰："揣书中词义，可作如是解，然而未敢信以为真。盖因一则未经造过此枪，一则退位已数年矣。"嗣托人介绍与一武员认识，此武员告退未久。（现任武员于此等事，功令严密不肯漏泄，故只可结交退位者，先与为友而

210

徐探之。）所习之枪，与新枪情形相近，且于图说，业经体察一番，乃能剖晰疑义。入耳惬心，方知从前他人揣度之说，就文义常解，似已通顺，于实在用处，则大相径庭。如此者不止一事，由是知炮队中武员，不能全解枪书；步军中武员，不能全解炮书。练达之武员，如已出营有年，不能全解今时之枪炮书，营中人不能全解造枪炮书。枪炮工师，不能全解营中用枪炮法书。设有人于此，答问如响，示以书籍，辄讲解如流，无逊谢不敏者。大抵欺华人之不解洋文，逞其割裂臆断，又或涉猎功多，耳食宏富，足以自文其陋，娓娓动人。甚至谓此书只应选取若干，当参人某书并译，乃臻至善。一若彼一人可兼数作者之才，实则原书难译，或无从强解，势难凭空敷衍。故为此参杂割裂之谋，以便完卷耳。至于地舆史记等书，西人几无人不学，翻译较易。然亦须该西人果能考究于平日，且有实心实力，始可从事。即以华人论之，讲解华书，苟粗心浮气，亦不免于误会。西人之无坚忍刻苦心者，动辄浮躁，甚至一段书仅看其半，或仅看其起首，不肯卒读，以为大旨不过如是。于是参入己见，并摭拾新闻纸中驳杂之论，安得不谬讹迭出乎？至其所曾阅之书即告人谓无出其右，或其书有误，业经某书厘正，或地舆律法等书，所载尚系旧时情形，与今不合。彼不愿访，不暇顾也。弟在洋日浅，所考求者，真属皮毛。大致为翻译起见，兼作消遣，不过欲于文字间，循名核义。乃一经与朴实笃学之西人交，执图书器具以相印证，而所见之弊已如许。倘再深求，则承讹袭谬之处，宁复可意计哉。弟才识浅庸，忝司译务，不得不稍事讲求。此中情弊，自早在洞鉴之中，缘为弟所亲历。故拉杂奉布，聊当一夕清谈，尚祈惠而教之，以匡不逮，幸甚。

——《新学报》第 4 期（1897 年 9 月）

译书公会叙（1897）

屠寄

索国之强，莫急于养才；养才之道，莫前于开民智，此天下公言也。自日本有事以来，我朝廷上下，知中国人才不足于用。内，自京师外暨各行省，通都大邑，创设学堂，讲习中外政学工艺，以为不如是，不足以开吾民之智，似也然。中国之民，大较以四百兆数，学堂之设，蕲以十数一，学堂所容，蕲学生百数十人。令此十数学堂，中西教习皆博学而善诱，诸生皆孟晋而逮群，十年学成，其号为智民者。以中国民数较之，不足三十万之一，中国需才之地，较之不足百一。况西士教习之选，大半滥竽，非工匠则神甫牧师也。其所造就可知，而就学者又未尽颖异。即使拔十得五，犹失其半。十年之后，蔚然学成，其得领头等执照，足备国家驱使者，未知能得几人。即民智之开尚难，以养才之道尚隘，用才之地仍不足，则欲推广学堂教养之法，使中国识字俊民，人人得窥泰西东国变法之由，与致用之实诚莫如译书已。但从前同文所译，偏重法律；上海江南制造局及天津水师学堂所译，类多兵家之言。夫公法国律既因时轻重，兵家技巧复后出愈新，即此二端。今日已译之书，西人视之不啻刍狗。而各教会所译，又尽出教士之口，其言多归重教宗。而于彼国政教之本，与一切农、工、商、艺术，仍苦语焉不详，其不足开吾民之智也。固宜吾党同学之士，有见于此，则益购欧墨各州近百年中列国之史，与国别之史舆地之图。日本维新以来，所出之书，皆通人撰述，收尾完具，依次译印中文，分句传布。凡我中国识字俊民，即不必作参军之蛮语，而尽通列国之方言。倘好学深思，其于中外兴衰治乱之故比例明而分数见矣。由是决定取舍，他日当国家驱使之地，因应设施，以视学堂成就之才，必有什百相悬者，犹忆戊子之岁。吾师南皮张先生即创议分类译编各国新书，凡三阅寒暑，糜白金数巨万，以原稿体例不精，（官制悉用中名，此不合者）再三复辑。予昔在武昌见其书时，尚未脱稿，海内有志之士，至今喁喁想望其成。今二三君子，立译书公会于上海。凡所以开吾民之智者，犹吾师之志也。故乐而叙之。

光绪二十三年九月将重赴黑龙江道出上海书于逆旅武进屠寄。

——《译书公会报》第 1 期（1897 年 10 月）

译书公会叙（1897）

章炳麟

　　九域之民不同，其食味、别声、被色，均也。声浪之清浊，由其水土；语言文字之乖牾，由其习俗。象鞮不通，气不得齐和，中外相视，于是乎若光音；天人通之以地籁，地籁既通，其赫蹏犹未能户知，中外相视，于是乎若桃梗。悲夫！古者东方介氏之国，犹能与牛马言。今其头颅肽胫，吾与之同出于一范。闻其言，若伯劳鼓造；睹其文字，若虎所攫画之虢。若是者何也？亡所造作，则自东方大瀛以至四海，均律不变，骊骈之鸣，九万里一也；有所造作，则邻屋比畛之间，其发于嗌亢者殊，其表识亦殊。学士所诵，大匠不与知；大匠所诵，驵侩不与知。然则审人之音之难于审牛马之音也，知人之文难于知牛马之蹄远也，脑气撼之矣。今吾中国无《尔雅》《爰历》，则三古以上，吾且不能审诗商、协书名，况异域乎？

　　章炳麟曰：互市以来，所传译泰西书，仅录四百种，兹无错愕也。是四百种者，既剞劂刻镂，不遍流布，拘学俊夫，至不能举其目，兹亦无错愕也。虽然，瞽者羡眚者，眚者羡明者，五大洲之册籍，吾不能博发而扬诩之，吾则瞽矣。且新理日出，岁无留故，一息炭养更，其事立变。若乔木之移阴，若蛇蚹蜩翼之移壤，而吾犹守旧译，以成世之暗眢，其焉能与之终古？吴越之间，有《大明》《采芑》之诗人焉，闻之曰：夫善稻与伊缓也，大卤与大原也。昔三王之季，犹能得其主名，于今世则何有。以吾圈属群徒，逮众力以任是也则可。夫古者百二十国之宝书，于今为蓝皮书，藏之金縢，比崇于方明，吾无得而译焉。其他舌人所述，有轶事，无完史，有葱岭以西，无大漠以北。故列国之要最，肘腋之隐患，一切不省，吾连而补之、公法律令、学政官制、格物商务，箸于笘簛者，故有其书或陈迹矣。或少半未卒译，吾校之以秘逸，正之以新理。横革之书，在巴黎者百五十万卷，其他称是，未度于内海，撢人、外史，口耳所不及，吾求之雒通，译之渊泉而不涸渴。虽然，创夫竹帛之成，而不得流布于震旦，以餍蟫鱼之腹，如蠹者四百种之效也，乃取夫东西朔方之报章，译以华文，冠之简端，使学者由唐陈而识宧奥。盖自辀车使者之职以溯秘书，其陈义略备矣。

嗟乎！五十年以往，士大夫不治国闻，而沾沾于声病分隶，戎士视简阅仅若木熙，无一卷之书以教战者，怀安饰誉，其祸遂立见于今日。故定武之书，郊居之赋，天地以弱文化之国；绿耳之骑，大黄之矢，天地以弱用武之国。一旦变易，官无其法，法无其人，人无其书，终于首施两端，前却失据，悲夫！以草莱数人，仅若稊米，而欲绐五洲书藏之秘，以左政法，以开民智，斯又夸父、精卫之续也。独尝借观于邻国，日本得王仁以《论语》《千字文》传，其后经术艺文，遂什伯百济。泰西政艺，各往往取诸希腊、罗马，而文明远过其本。然则是译书会者，安知不如微虫之为珊瑚，与蠃蛤之积而为巨石也。呜呼！斯又夸父、精卫之志也。

大同译书局叙例（1897）

梁启超

译书真今日之急图哉！天下识时之士，日日论变法，然欲变士，而学堂功课之书，靡得而读焉。欲变农，而农政之书，靡得而读焉。欲变工，而工艺之书，靡得而读焉。欲变商，而商务之书，靡得而读焉。欲变官，而官制之书，靡得而读焉。欲变兵，而兵谋之书，靡得而读焉。欲变总纲，而宪法之书，靡得而读焉。欲变分目，而章程之书，靡得而读焉。今夫瞽者虽不忘视，跛者虽不忘履，其去视履固已远矣。虽欲变之，孰从而变之？无已，则举一国之才智而学西文，读西籍，则其事又迂迴，恐有所不能待。即学矣，未必其即可用，而其势又不能举一国之才智而尽出于此一途也。故及今不速译书，则所谓变法者，尽成空言，而国家将不能收一法之效。虽然，官译之书，若京师同文馆、天津水师学堂、上海制造局，始事迄今，垂三十年，而译成之书，不过百种；近且悉辍业矣。然则以此事望之官局，再自今以往，越三十年，得书可二百种，一切所谓学书、农书、工书、商书、兵书、宪法书、章程书者，犹是万不备一，而大事之去，固已久矣，是用愤懑，联合同志，创为此局。以东文为主，而辅以西文；以政学为先，而次以艺学。至旧译希见之本，邦人新著之书，其有精言，悉在采纳。或编为丛刻，以便购读；或分卷单行，以广流传。将以洗空言之诮，增实学之用，助有司之不逮，救然眉之急难，其或忧天下者之所乐闻也。

一、本局首译各国变法之事，及将变未变之际，一切情形之书，以备今日取法。译学堂各种功课书，以便诵读。译宪法书，以明立国之本。译章程书，以资办事之用。译商务书，以兴中国商学，挽回利权。大约所译先此数类，自余各门，随时间译一二。种部繁多，无事枚举。其农书则有农学会专译，医书则有医学会专译，兵书则各省官局，尚时有续译者，故暂缓焉。

【……】

——《时务报》第 42 期（1897 年 10 月 16 日）

译书公会章程（1897）

佚名

一、本公会之设，以采择泰西东切用书籍为宗旨。考各国书籍，浩如烟海，中国从前所译各书，仅等九牛一毛；兹已向伦敦、巴黎各大书肆，多购近时切要之书，精延翻译高手，凡有关政治、学校、律例、天文、舆地、光化、电气诸学，矿物、商务、农学、军制者，次第译成，以餍海内同志先睹为快之意。至日本为同文之国，所译西籍最多，以和文化中文取径较易，本会尤为此兢兢焉。

一、本会集股廿份，每股规元银五百两，官利暂提周年六厘，三年后，将所获赢余案股均分。

一、会中延聘总理一人，协理一人，英文翻译三人，法文翻译二人，德、俄、日本文翻译各一人，西文总校一人（邃于英、法文字者），中文总校一人，复校一人，初校三人，写字四人。

一、译书之法，凡翻译能中西并通者，则亲自涉笔，否则一人口授，一人笔述后，仍互相勘校，务与原书语气不差累黍，事迹不少增损，方为定本。原书具在，海内通人仍可复核，而知本公会煞费经营之苦心。

一、所译各书略仿抛而毛而藏书报之例，每一星期将译成之书汇订成册，以三十页为率，用三号铅字精印，俾各自为卷，以便拆订。

一、泰西政史策等书，大都汇辑时间而成，兹择西报知最要者，如英《泰晤士》《律例报》、法《勒当报》、德《东方报》、法《国政报》五种，缬其菁英，汰其鄙委，译附书籍之后，以备留心时务者流览。俟岁星一周，即将以上各报，考核同异，订为《西历系年录》，另行发售。

一、中国已译各书，如兵法、军械、格致、制造、算数、化学、矿质、医理等书，已粗具崖略；若各国刑律，仅见《法国律例》一书，未臻详备；他如各国条约及职官表、度量权衡考，尤所罕见，本会当求善本，一一详译刊行。

一、江浙商务出口之货，以丝茧为大宗，近年华商所耗，苦累已极，日本蚕务蒸蒸日上，由其加以考核广译西书也。今本会广译东方蚕桑各书，并刊简明善本，绘图列说，遍飨村农，或亦中国收回权利之一助云尔。

一、本会意在挽回风气，富国保民，而愿大力绵，时虞绝膑，如荷当代钜公鉴此微忱，慨输廉俸，用相引披，俾底于本，本会当书立尊衔于报端，以中感激；所有译出各书，当照送一部，藉酬盛意。

附录：现译各书目

法文《五洲通志》《东游随笔》

英文《交涉纪事本末》《中日搆兵纪》《拿破仑失国纪》《威灵吞大事记》《英岁政比较》《五洲舆地图考》《西事纪原》《泰西志林》

续译各书目已购未来者

法文《欧洲今世史》《国政制度字典》《拿破仑任总统及得国记》《俄帝王本记》《现今武备》《英政府议院制》《舆地史大事记》《欧洲

通制》

英文《欧洲人物志》

东文《日新丛书》(共七册)、《欧洲新政史》、《庆长以来名人著述书目》(科学家)、《庆长以来名人著述书目》(汉学家)

按此公会,均由董君康、赵君元益主持,集资万金,在上海新马路开设。先是,赵君拟译法文《地图史事》一大册,正拟集款兴办,适董君集成此会,遂与合办。有吴君挹清精于法文由欧西回,应廖谷帅之聘,公事余暇,尚可译书,遂与订明在杭译书,分期寄交公会刊印。近来中国所刊之书,多为初学而设,得此公会以辅助不及,获益良非浅鲜。若各省仿而行之,中国自强之基,捷如影响,本会实有厚望于诸君子焉。

——《湘学报》第 22 册(1897 年)

南洋公学附设译书院片（1898）

盛宣怀

再，时事方殷，需才至亟，学堂造士，由童幼之年，层累而进，拔茅连茹，势当期以十年，欲速副朝廷侧席之求，必先取资于成名之人，成才之彦，臣是以有达成馆之议也。顾非能读西国之籍，不能周知四国之为，而西国语言文字殊非一蹴可几，壮岁以往，始行学习，岂特不易精娴，实亦大费岁月。日本维新之后，以翻译西书为汲汲，今其国人于泰西各种学问，皆贯串有得，颇得力于译出和文之书。中国三十年来，如京都同文馆、上海制造局等处，所译西书，不过千百中之十一，大抵算化工艺诸学居多，而政治之书最少，且西学以新理新法为贵，旧时译述，半为陈编，将使成名成才者，皆得究极知新之学，不数年而大收其用，非如日本之汲汲于译书，其道无由矣。现就南洋公学内，设立译书院一所，广购日本及西国新出之书，延订东西博通之士，择要翻译，令师范院诸生之学识优长者笔述之，他日中上两院隽才，亦可日分晷刻轮递从事，以当学堂翻译之课，获益尤多。【……】

——《皇朝蓄艾文编》卷十六，学校三

（光绪二十九年［1903 年］年刊）

论译书当先政后艺（1898）

佚名

中国自甲午之后以至于今，外人弱我日甚一日，我之所以筹抵制者日急一日。当斯时局益艰，非兴新学不可。兴新学，非读西书不可。读西书，非先译西书不可。西书有政有艺，往者同文馆译书，间及西政。制造局多译艺学。西人之强，强于格致，多译艺学宜也。然而中国前数十年大局与今日异。前数十年外患未深，可以从容讲艺，驯冀富强。今则德据胶澳，俄租旅，大英租威海。一岁之内，数月之间，祸变迭起，交涉弥繁。中国之弱至于此极，即使大兴艺学，直追西人，其收效在十数年以后计。自今外人复互相逼我，其所恃以立国者，唯在外交耳。公法之不明，误约自缚，外交之难也。知其难习公法，储使才则读西书，以政学为急。政学以公法与彼族交涉，成案为尤急。公法之书，毋虑数十种，已译者约十余种，星轺指掌，尚未全译。通公法学固不易，易今并其书，不备有志之士，即材力过人，安所致力乎？至于彼族交涉成案，当自有书。即无专书，亦散著于他书。能汇译成帙，不尤美乎？呜呼！中国在公法外之害，薛叔耘详言之矣。中国而明公法，犹患外人犷悍不顾，中国而不明公法，一遇交涉，有害无利策中国者，动曰西学起点于格致，言西学必先艺学。呜呼！艺学中若算学，深明之能行军。测绘若工学，精通之能制器生利。能行军则国强，能制器则国富，似极可恃。然朝廷交涉失宜，则译署一举而大势去，中国寝弱，战无可战，久而受制，益极将并我商务而困之。斯时测绘者失其智，制器者失其巧矣。何论西人艺学日新月异，甫译一书，而彼中之法已变也。然则艺学重乎不重乎，言西学而不兴艺学，失其本也。言西学而唯先艺学，昧当务也。译书之利人咸知矣。鄙人私心窃计，诚见交涉之关系中国为尤大。年来思为公法之学，又患其书未尽译。学或不成，坐是中止。今愿读西书者，先明法学。故尤冀译西书者，于法学稍留意焉。

——《中西教会报》（复刊）第44期（1898年8月）

《马氏文通》后序（1898）

马建忠

　　荀卿子曰："人之所以异于禽兽者，以其能群也。"夫曰群者，岂惟群其形乎哉！亦曰群其意耳。而所以群今人之意者则有话，所以群古今人之意者则惟字。《传》曰："形声相益之谓字。"夫字形之衡从、曲直、邪正、上下、内外、左右，字声之抑扬、开塞、合散、出入、高下、清浊，其变幻莫可端倪。微特同此圆顶方趾散处于五大洲者，其字之祖梵、祖伽卢、祖仓颉，而为左行、为右行、为下行之各不相似而不能群；即同所祖，而世与世相禅，则字形之由圆而方，由繁而简，字声之由舌而齿、而唇，而递相变，群之势亦几于穷且尽矣。然而言语不达者，极九译而辞意相通矣，形声或异者，通训诂而经义孔昭矣。盖所见为不同者，惟此已形已声之字，皆人为之也。而亘古今，塞宇宙，其种之或黄、或白、或紫、或黑之钧是人也，天皆赋之以此心之所以能意，此意之所以能达之理。则常探讨画革旁行诸国语言之源流，若希腊、若辣丁之文词而属比之，见其字别种而句司字，所以声其心而形其意者，皆有一定不易之律，而因以律吾经籍子史诸书，其大纲盖无不同。于是因所同以同夫所不同者，是则此编所以成也。

而或曰："吾子之于西学，其形而上者性命之精微，天人之交际，与夫天律人律之淑身淑世，以及古今治教之因革，下至富国富民之体用，纵横捭阖之权策，而度、数、重、化、水、热、光、电制器尚象之形而下者，浩浩乎，渊渊乎，深者测黄泉，高者出苍天，大者含元气，细者入无间，既无不目寓而心识之，闲尝征其用于理财使事，恢恢乎其有余矣。今下关之抚初成，上下交困，而环而伺者与国六七，岌岌乎，识时务者方将孔孟西学，蒭狗文字也。今吾子不出所学以乘时焉，何劳精敝神于人所唾弃者为？是时不冯唐而子自冯唐也，何居？"

曰："天下无一非道，而文以载之，人心莫不有理，而文以明之。然文以载道而非道，文以明理而非理。文者，所以循是而至于所止，而非所止也，故君子学以致其道。

"余观泰西，童子入学，循序而进，未及志学之年，而观书为文无不明习；而后视其性之所近，肆力于数度、格致、法律、性理诸学而专精焉，故其国无不学之人，而人各学用有之学。计吾国童年能读书者固少，读书而能文者又加少焉，能及时为文而以其余年讲道明理以备他日之用者，盖万无一焉。夫华文之点画结构，视西学之切音虽难，而华文之字法句法，视西文之部分类别，且可以先后倒置以达其意度波澜者则易。西文本难也而易学如彼，华文本易也而难学如此者，则以西文有一定之规矩，学者可循序渐进而知所止境，华文经籍虽亦有规矩隐寓其中，特无有为之比拟而揭示之。遂使结绳而后，积四千余载之智慧材力，无不一一消磨于所以载道所以明理之文，而道无由载，理不暇明，以与夫达道明理之西人相角逐焉，其贤愚优劣有不待言矣。

"斯书也，因西文已有之规矩，于经籍中求其所同所不同者，曲证繁引以确知华文义例之所在，而后童蒙入塾能循是而学文焉，其成就之速必无逊于西人。然后及其年力富强之时，以学道而明理焉，微特中国之书籍其理道可知，将由是而求西文所载之道，所明之理，亦难精求而会通焉。则是书也，不特可群吾古今同文之心思，将举夫宇下之凡以口舌点画以达其心中之意者，将大群焉。夫如是，胥吾京陔意兆之人民而群其材力，群其心思，以求夫实用，而后能自群，不为他群所群。则为此书者，正可谓识当时之务。"

光绪二十四年九月初九日

丹徒马建忠又序

——《马氏文通》(商务印书馆，1898 年)

广译（1898）

张之洞

十年以来，各省学堂尝延西人为教习矣，然有二弊。师生言语不通，恃翻译为枢纽，译者学多浅陋，或仅习其语而不能通其学，传达失真，毫厘千里，其不解者则以意删减之、改易之，此一弊也。即使译者善矣，而洋教习所授，每日不过两三时，所教不过一两事。西人积习，往往故作迟缓，不尽其技，以久其期，故有一加减法而教一年者矣。即使师不惮劳，而一西人之学能有几何？一西师之费已为巨款。以故学堂虽建，迄少成材，朱子所谓"无得于心而所知有限"者也，此二弊也。前一弊学不能精，后一弊学不能多。至机器制造局厂，用西人为工师，华匠不通洋文，仅凭一二翻译者，其弊亦同。尝考三代即讲译学，《周书》有舌人，《周礼》有象胥诵训，扬雄录别国方言，朱酬译西南夷乐歌，于谨兼通数国言语，《隋志》有国语、杂文、鲜卑号令、婆罗门书、扶南胡书、外国书。近人若邵阳魏源，于道光之季，译外国各书、各新闻报为《海国图志》，是为中国知西政之始。南海冯焌光于同治之季官上海道时，创设方言馆，译西书数十种，是为中国知西学之始。迹其先几远蹠，洵皆所谓豪杰之士也。若能明习中学而兼通西文，则有洋教习者，师生对语，不唯无误，且易启发。无洋教习者，以书为师，随性所近，博学无方。况中外照会、条约、合同，华洋文义不尽符合，动为所欺，贻害无底。吾见西人善华语、华文者甚多，而华人通西语、西文者甚少，是以虽面谈久处而不能得其情，其于交涉之际，失机误事者多矣。大率商贾市井，英文之用多；公牍、条约，法文之用多；至各种西学书之要者，日本皆已译之，我取径于东洋，力省效速，则东文之用多。唯是翻译之学有深浅，其仅能市井应酬语，略识帐目字者，不入等；能解浅显公牍、书信，能识名物者，为下等；能译专门学问之书，如所习天文、矿学，则只能译天文、矿学者，非所习者不能译也，为中等；能译各门学问之书，及重要公牍、律法深意者，为上等。下等三年，中等五年，上等十年。我既不能待十年以后译材众多而后用之，且译学虽深，而其志趣、才识固未可知，又未列于仕宦，是仍无与于救时之急务也。是唯多译西国有用之书，以教不习西文之人。凡在位之达官，腹省之寒士，深于中学之耆儒，略通华文之工商，无论老壮，皆得取而读之、采而行之矣。译书之法有三：

一、各省多设译书局。

一、出使大臣访其国之要书而选译之。

一、上海有力书贾、好事文人广译西书出售，销流必广，主人得其名，天下得其用矣。此可为贫士治生之计，而隐有开物成务之功，其利益与石印场屋书等，其功德比刻善书则过之。唯字须略大，若石印书之密行细字，则年老、事繁之人不能多读，即不能多销也。今日急欲开发新知者，首在居官任事之人，大率皆在中年以上，且事烦暇少，岂能挑灯细读？译洋报者亦然。王仲任之言曰："知古不知今，谓之陆沈；知今不知古，谓之聋瞽。"吾请易之曰："知外不知中，谓之失心；知中不知外，谓之聋瞽。"夫不通西语，不识西文，不译西书，人胜我而不信，人谋我而不闻，人规我而不纳，人吞我而不知，人残我而不见，非聋瞽而何哉？学西文者，效迟而用博，为少年未仕者计也。译西书者，功近而效速，为中年已仕者计也。若学东洋文，译东洋书，则速而又速者也。是故从洋师不如通洋文，译西书不如译东书。

——张之洞：《劝学篇》外篇第五（襄阳鹿门书院，清光绪二十四年［1898 年］）

《天演论》^① 译例言（1898）

严复

一、译事三难：信、达、雅。求其信已大难矣，顾信矣不达，虽译犹不译也，则达尚焉。海通已来，象寄之才，随地多有，而任取一书，责其能与于斯二者则已寡矣。其故在浅尝，一也；偏至，二也；辨之者少，三也。今是书所言，本五十年来西人新得之学，又为作者晚出之书。译文取明深义，故词句之间，时有所颠倒附益，不斤斤于字比句次，而意义则不倍本文。题曰达旨，不云笔译，取便发挥，实非正法。什法师有云："学我者病。"来者方多，幸勿以是书为口实也。

一、西文句中名物字，多随举随释，如中文之旁支，后乃遥接前文，足意成句。故西文句法，少者二三字，多者数十百言。假令仿此

---

① 《天演论》原名 *Evolution and Ethics*，即"进化与伦理"，英国生物学家赫胥黎著，初发表于1893年。严复译文，我们所能看到的最早本子，是封面题为乙未年三月，即1895年（光绪二十一年）陕西味经售书处重刊的《天演论》本。这不是定本，可能是当时人擅自将稿子拿去刊印的。书中没有自序和吴汝纶的序，也没有译例言。导言译作卮言，译文与后来的定本也不同。《天演论》正式出版于1898年（光绪二十四年），为沔阳慎始基斋本。同年，严复自己据此本石印行世，为嗜奇精舍本。以后销路日广，版本益多，其中1901年（光绪二十七年）富文书局的石印本也是较好的本子。此据慎始基斋本。

为译，则恐必不可通，而删削取径，又恐意义有漏。此在译者将全文神理，融会于心，则下笔抒词，自然互备。至原文词理本深，难于共喻，则当前后引衬，以显其意。凡此经营，皆以为达；为达，即所以为信也。

一、《易》曰："修辞立诚。"子曰："辞达而已。"又曰："言之无文，行之不远。"三曰乃文章正轨，亦即为译事楷模。故信、达而外，求其尔雅。此不仅期以行远已耳，实则精理微言，用汉以前字法、句法，则为达易；用近世利俗文字，则求达难。往往抑义就词，毫厘千里。审择于斯二者之间，夫固有所不得已也，岂钓奇哉！不佞此译，颇贻艰深文陋之讥，实则刻意求显，不过如是。又原书论说，多本名数格致，及一切畴人之学，倜于之数者向未问津，虽作者同国之人，言语相通，仍多未喻，矧夫出以重译也耶！

一、新理踵出，名目纷繁，索之中文，渺不可得，即有牵合，终嫌参差，译者遇此，独有自具衡量，即义定名。顾其事有甚难者，即如此书上卷《导言》十余篇，乃因正论理深，先敷浅说。仆始翻"卮言"，而钱唐夏穗卿曾佑，病其滥恶，谓内典原有此种，可名"悬谈"。及桐城吴丈挚甫汝纶见之，又谓"卮言"既成滥词，"悬谈"亦沿释氏，均非能自树立者所为，不如用诸子旧例，随篇标目为佳。穗卿又谓：如此则篇自为文，于原书建立一本之义稍晦。而悬谈、悬疏诸名，悬者玄也，乃会撮精旨之言，与此不合，必不可用。于是乃依其原目，质译"导言"，而分注吴之篇目于下，取便阅者。此以见定名之难，虽欲避生吞活剥之消，有不可得者矣！他如物竞、天择、储能、效实诸名，皆由我始。一名之立，旬月踟蹰。我罪我知，是存明哲。

一、原书多论希腊以来学派，凡所标举，皆当时名硕，流风绪论，泰西二千年之人心民智系焉，讲西学者所不可不知也。兹于篇末，略载诸公生世事业，粗备学者知人论世之资。

一、穷理与从政相同，皆贵集思广益。今遇原文所论，与他书有异同者，辄就谫陋所知，列入后案，以资参考。间亦附以己见，取《诗》称嘤求，《易》言丽泽之义。是非然否，以俟公论，不敢固也。如曰标高揭己，则失不佞怀铅握椠，辛苦迻译之本心矣。

一、是编之译，^① 本以理学西书，翻转不易，固取此书，日与同学诸子相课。迨书成，吴丈挚甫见而好之，斧落征引，匡益实多。顾惟探赜叩寂之学，非当务之所亟，不愿问世也。而稿经新会梁任公、^② 沔阳卢木斋诸君借钞，皆劝早日付梓，木斋邮示介弟慎之于鄂，亦谓宜公海内，遂灾枣梨，犹非不佞意也。刻讫寄津复斠，乃为发例言，并识缘起如是云。

光绪二十四年岁在戊戌四月二十二日

严复识于天津尊疑学塾

——《天演论》，卷首（卢氏慎始基斋初刻本
1898 年 6 月 10 日）

---

① 自"一是编之译"至"严复识于天津尊疑学塾"一段，富文本、商务本均缺。
② 嗜奇本删去"新会梁任公"五字。

《天演论》序（1898）

吴汝纶

严子几道既译英人赫胥黎所著《天演论》，以示汝纶，曰："为我序之。"天演者，西国格物家言也。其学以天择、物竞二义，综万汇之本原，考动植之蕃耗，言治者取焉。因物变递嬗，深窨乎质力聚散之义，推极乎古今万国盛衰兴坏之由，而大归以任天为治。赫胥黎氏起而尽变故说，以为天下不可独任，要贵以人持天。以人持天，必究极乎天赋之能，使人治日即乎新，而后其国永存，而种族赖以不坠，是之谓与天争胜。而人之争天而胜天者，又皆天事之所苞，是故天行人治，同归天演。其为书奥赜纵横，博涉乎希腊、竺乾、斯多噶、婆罗门、释迦诸学，审同析异而取其衷，吾国之所创闻也。凡赫胥黎氏之道具如此。斯以信美矣！抑汝纶之深有取于是书，则又以严子之雄于文，以为赫胥黎氏之诣趣，得严子乃益明。自吾国之译西书，未有能及严子者也。凡吾圣贤之教，上者，道胜而文至，其次，道稍卑矣，而文犹足以久；独文之不足，斯其道不能以徒存。六艺尚已！晚周以来，诸子各自名家，其文多可喜。其大要有集录之书，有自著之言：集录者，篇各为义，不相统贯，原于《诗》《书》者也；自著者，建立一干，枝叶扶疏，原于《易》

233

《春秋》者也。汉之士争以撰著相高，其尤者，《太史公书》，继《春秋》而作，人治以著。扬子《太玄》，拟《易》为之，天行以阐，是皆所为一干而枝叶扶疏也。及唐中叶，而韩退之氏出，源本《诗》《书》，一变而为集录之体，宋以来宗之。是故汉氏多撰著之编，唐、宋多集录之文，其大略也。集录既多，而向之所为撰著之体不复多见。间一有之，其文采不足以自发，知言者摈焉弗列也。独近世所传西人书，率皆一干而众枝，有合于汉氏之撰著。又惜吾国之译言者，大氏夐陋不文，不足传载其义。夫撰著之与集录，其体虽变，其要于文之能工，一而已。

今议者谓西人之学多吾所未闻，欲沦民智，莫善于译书。吾则以谓今西书之流入吾国，适当吾文学靡敝之时，士大夫相矜尚以为学者，时文耳，公牍耳，说部耳。舍此三者，几无所为书。而是三者，固不足与于文学之事。今西书虽多新学，顾吾之士，以其时文、公牍、说部之词译而传之，有识者方鄙夷而不之顾，民智之沦何由？此无他，文不足焉故也。文如几道，可与言译书矣。往者释氏之入中国，中学未衰也，能者笔受，前后相望。顾其文自为一类，不与中国同。今赫胥氏之道，未知于释氏何如？然欲侪其书于太史氏、扬氏之列，吾知其难也。即欲侪之唐、宋作者，吾亦知其难也。严子一文之，而其书乃骎骎与晚周诸子相上下，然则文顾不重耶？

抑严子之译是书，不唯自传其文而已。盖谓赫胥氏以人持天，以人治之日新，卫其种族之说，其义富，其辞危，使读焉者怵焉知变，于国论殆有助乎？是旨也，予又惑焉。凡为书，必与其时之学者相入，而后其效明，今学者方以时文、公牍、说部为学，而严子乃欲进之以可久之词，与晚周诸子相上下之书，吾惧其扞驰而不相入也。虽然，严子之意盖将有待也。待而得其人，则吾民之智沦矣。是又赫胥氏以人治归天演之一义也欤？

光绪戊戌孟夏桐城吴汝纶叙

——据《天演论》（商务印书馆，1905 年）

论译才之难（1898）

严复

  自中土士大夫欲通西学，而以习其言语文字为畏涂，于是争求速化之术，群起而谈译书。京内外各学堂所习书，皆必待译而后具。叩其所以然之故，则曰：中国自有学，且其文字典贵疏达，远出五洲之上，奈何舍此而芸人乎？且大学堂所陶铸，皆既成名之士，举令习洋语，将贻天下观笑，故不为也。顾今日旧译之西书已若干种，他日每岁所出新译者将几何编？且西书万万不能遍译，通其文字，则后此可读之书无穷，仅读译书，则读之事与译相尽，有志之士，宜何从乎？若以通他国语言为鄙事，则东西洋诸国当轴贵人，例通数国语言，而我则舍仓颉下行之字不能读，非本国之言语不能操，甚且直用乡谈，援楚囚之说以自解，孰鄙孰不鄙，必有能辩之者矣。

  然此不具论。即译才岂易言哉！曩闻友人言，已译之书，如《谭天》，如《万国公法》，如《富国策》，皆纰谬层出，开卷即见。夫如是，则读译书者，非读西书，乃读中土所以意自撰之书而已。敝精神为之，不亦可笑①耶？往吾不信其说，近见《昌言报》第一册译斯宾

---

  ① 原作"不可笑耶"，今从《国闻报汇编》。

塞尔《进说》数段，再四读，不能通其意。因托友人取原书试译首段，以资互发。乃二译舛驰若不可以道里计者，乃悟前言非过当也。今本馆请并列之，以供诸公共鉴何如？

———《国闻报》（1898 年 9 月 1 日
［光绪二十四年七月十六日］）

总署议复御史杨深秀、李盛铎奏请筹款开馆译书折（1898）

清总理衙门

奏为遵旨议复，恭折具陈，仰祈对圣鉴事。窃臣衙门光绪二十四年四月十三日，准军机处钞交御史杨深秀奏：泰西学校专以开新为义，政治、学术、理财、练兵、农工、商矿，一切技艺，日出精新，皆有专门之书。自交涉以来，同光以前，议臣亦尝言变法，而都其所见，率皆在筑炮台、购兵舰、买枪炮、练洋操而已，尚未知讲求学校也。当今直省督抚亦纷纷渐知立学堂矣，然学堂以何物教之，尚未计及也。言学堂而不言译书，亦无从收变法之效也。同治时大学士曾国藩先识远见，开制造局首译西书，而奉行者不通本原，徒译兵学、医学之书，而政治经济之本乃不得一二，以是变法终不得其法也。日本变法，已尽译泰西精要之书，且其文字与我同，但文法稍有颠倒，学之数月而可大通，人人可为译书之用矣。若少提数万金以兴译书之事，而尽智我民，其费至简，其事至微，其效至速，其功至大，未有过于此者。乞饬下总理各国事务衙门议行，或年拨数万金试办等因。奉旨："著总理各国事务衙门议奏，钦此。"又于光绪二十四年四月十九日准军机处钞交御史李盛铎奏：时务需才，请开馆译书，以宏造就。乾隆处间开四库全书馆，西士译著之书悉予著录。今者梯航鳞集，文轨四通，政俗既同归而殊涂，学艺复日新而月异。论外交非洞明公法律例无以为应变之方，肄武备非讲求格致制造无以为制胜之具，言理财非考究农工商矿无以探养民富国之原。查现译之书，仅同文馆暨江南制造局刊印之数十种，且皆以二十年前之陈编，仅袭皮毛而未窥阃奥，殊未餍阅者之心。拟请特旨开馆专办译书事务。至日本明治以来所译西书极多，由东译华较译自西文尤为便捷，应请饬下出使大臣，访查日本所译西书，全数购寄，以便译印。至江南制造局译书一事，仍饬查照成案办理。如蒙俞允，所有译书馆事务应否特派大臣管理，抑或由管理官书局大臣兼办等因。奉旨："该衙门议奏，钦此。"臣等查该御史等所称，筹款开馆翻译洋书，以开民智而造人才，自系当务之急，亟应及时举办，以开风气之先。且令京外各学堂有所肄习。至原奏所称译书馆事务应否特派大臣管理，抑或由管理官书局大臣兼办一节，系为郑重起见。唯是译书一事与设立学堂互相表里，全在经理得人。不系官职之大小，况所译书籍既购自外洋，则择地开馆尤宜审慎周详，庶经费不至虚掷。兹查有广东举人梁启超究心西学，在上海集赀设立译书局，先译东文，规模已具，而经费未充，殊非经久之道。上海为华洋总汇，所购外洋书籍甚为便利，刷刊工本亦较相宜。该举人经理译书事务，可收事半功倍之效。臣等公同酌议，每月拟拨给该局译书经费银二千两，即将该局改为译书官局，官督商办。倘经费仍有不敷，准由该局招集股分，以竟其成。所译之书，应先尽各国政治、法律、史传诸门，观其治乱兴衰之故，沿革得失之迹，俾可参观互证，以决从违；徐及兵制、医学、农矿、工商、天文、地质、声光、化电等项，以收实用。译成一种，揭以提要，即寄臣衙门以备进呈御览，并令分送各省新设之学堂、学会、藏书楼各一分，以资考究，其余准该局出售。俟开办数年后译出之书渐多，售书之值可敷局中推广之用，当即停发官款，以节经费。如蒙俞允，即由臣衙门知照南洋大臣暨札行江海关道，就在出使经费项下按月发给该局译书经费银二千两，并札饬该局员将开办日期，妥拟详细章程，呈送臣衙门，核定立案。至江南制造局译书一事，仍应查照成案认真办理，毋令废弛。所有臣等遵议缘由，理合恭折具陈，伏乞皇上圣鉴。谨奏。

——《新知报》第 64 册（光绪二十年七月二十一日
[1898 年 9 月 6 日]）

总署议请京师编译局并归举人
梁启超主持片（1898）

清总理衙门

再本月初十日，臣衙门议复御史杨深秀、李盛铎请设局译书一折，奉旨"依议，钦此"。又军机大臣面奉御旨：京师大学堂指日开办，亦应设立译书局，以开风气，应如何筹款兴办之处，著总理各国事务大臣一并妥议具奏，等因。钦此。臣等窃惟译书一事，与学堂相辅而行，译出西书愈多，则讲求西学之人亦愈众。故以日本区区小国，而所设译局在东京、大阪、熊本、长崎各地者，凡十余处。今当更新百度之始，必以周指博采为先，译书既不厌其多，则译局自不妨广设。唯事必呵成一气，始能日起有功。查应译之西书甚繁，而译成一书亦颇不易，若两局同时并译不相闻，易至复出，徒费无益。且书中一切名号称谓亦须各局一律，始便阅看。故大学堂翻译局，似实与上海之官书译局，归一手办理，始能措置得宜。查上海为华洋要冲，一切购买书籍、延聘译人等事皆较便易。既经臣等查有广东举人梁启超堪胜此任，奏准在案，今京局似可与上海联为一气，仍责成该举人妥议，由臣衙门核定施行。至京师翻译局为学堂而设，当以多译西国学堂功课为主。其中国经史等书亦撮其菁华编成中学功课书，颁之行省。所关最为重大，编纂尤贵得人。梁启超学有本原，听其自行分纂，必能胜任愉快。至京局用款，视上海总局较省，应请每月拨款一千两，由户部在筹拨大学堂常年经费下一并筹措，实为妥便。虽有臣等遵旨议复缘由，谨附片陈明，乞圣鉴。谨奏。

——《新知报》第 64 册（光绪二十年七月二十一日〔1898 年 9 月 6 日〕）

《天伦诗》序（1898）

李提摩太

　　此诗乃英国著名诗人璞拍所作。璞君于一千六百八十八年（即康熙二十六年）生于英国伦敦京城，卒于一千七百四十四年。一生耽习吟咏，著述甚多。当一千七百十九年，时璞君三十有一龄，有英国大臣名博林波者，嘱璞君撰《天伦诗》以训世，专咏天人相关之妙理。诗分四章，章各数节，条目详明，词旨深远，刊行之后，脍炙人口。余藏是编，数年于兹，屡欲翻成华文藉质中国当世诸大吟坛，俾知泰西亦有诗学，不乏名流，惜乎南辕北辙，仆仆告劳，以致搁笔者久矣。延至今春，始于暇时，略一翻之，并嘱吴江任申甫随使点缀润色，仿照中国诗体，撰成四言韵文，五阅月而毕。窃谓翻书之事，难易不等，所最难达意者，厥惟西诗。西诗运典古奥，用喻精深，逐字翻之，委曲难明，反足以辜负作者一片救世婆心。兹将原书之可译者译之，其有中西词句，不能牵合者，改头换面，务将本意曲曲传出，不爽分毫，使人一目了然。明知笔墨烦冗，不暇致详，错谬殊多，唯望阅者观其大意，略其小疵，因文见道，同心救世。幸甚幸甚。书成将付剞劂，爰志数语于简端。

光绪二十有四年岁次戊戌仲夏之月

英国李提摩太识于上海广学会寓斋

　　——李提摩太：《天伦诗》（上海：上海美华书馆，1898 年）

《东西学书录》识语（1898）

徐维则

西人教法最重童蒙。有卫生之学，有体操之法，有启悟之书，日本步武泰西通俗教育，其书美备，近今各省学堂林立，多授幼学，宜尽译日本小学校诸书，任其购择，一洗旧习，获效既速，教法大同。

不精其学，不明其义，虽善译者，理终隔阂，则有书如无书也。且传译西书才难费巨，所得复少，日本讲求西学，年精一年，聘其通中西文明专门学者翻译诸书，厥资较廉，各省书局盍创行之。

算学一门，先至于微积，继至于合数，已超峰极，当时笔述诸君类皆精深，故伟烈氏乃有反索诸中国之赞，是西书中以算学书为最佳。

西国专门之学，必有专字，条理极繁，东人译西文亦必先有定名，中国所译，如制局之化学书与广州及同文馆同出一书，而译文异，所定之名亦异，骤涉其藩易滋迷误，宜由制局先撰各学名目表，中、西、东文并列，嗣后官译私著悉依定称，度量权衡亦宜详定一书以为准。

声、光、化、电诸书中译半为旧籍，西人凡农、矿、工、医等学，每得新法必列报章，专其艺者分类译报，积久成帙，以饷学者，最为有益。

欲知各国近政，必购阅外报，英之《泰晤士报》及《路透电音》，日本之《太阳报》《经济杂志》，于各国政要已具大略，盍仿西人传单之法，排日译印，寄送各官署，兼听民间购买，以资阅历。

言政以公法、公理之书为枢纽，言学以格物、算学之书为关键，东西人在中国译书者，大抵丁韪良、古城贞吉长于公法，李提摩太、林乐知长于政事，傅兰雅在局最久，译书最多，究其归旨似长于格致、制造诸学。算学之书可云备矣，唯公法、公理、格致之书中国极少，后之译者当注意于斯。

一人孤立，何以成学？译书虽少，备购匪易，莫若官设藏书楼，任士人进读西人多以捐设藏书楼为善举，或数十人、十余人联设学会，综购图籍，交相忎慎，事易功倍。

自《七略》以下门类分合、部居异同，前人犹多訾议，东西学书分类更难，言政之书皆出于学，言学之书皆关乎政，政学不分则部次奚定？今强为区别，取便购读，通人之诮，知难免焉。

部勒书目于别出、互见之法，古人断断，东西学书凡一书可归两类者或一书旁及他事者此比多多，大费参量，今因其所重依类强入，于古人目录之成法相去远甚，等于簿录而已。

通行西书目，但标译人不标撰人，西国立一议、创一法，勒为书即以其名名之，中译之本乃立书名、题撰人，作者之功岂堪湮没？今概为著之。其有采译各说以成书者，则译者之功为多，东西人译辑者概录于篇中，国人辑著者入于附卷。

东西人著书多分章节，不分卷数，中译之后乃析为卷，今从译刻之本析卷者注明卷数或标册数。

教会之书多医家言，局译之书多兵家言，自余局刻言学诸书皆彼土二十年前旧说，新理日出，旧者吐弃，以无新译之本，今姑载之，藉备学者省览。

学者骤涉诸书，不揭门径，不别先后，不审缓急，不派源流，每苦繁琐，辄难下手，不揣梼昧。于书目下间附识语，聊辟途径，不足云提要也。

通商以前，上溯明季，西洋人游历中国所著之书，历算为多，东人之书传入中国医学为多，综核其数无虑百数十种，虽云旧籍未可厚非，其后交涉日繁，风气日辟，游洋日众，中国人言外事，讲西学者书亦日出，择其切实者掇拾数十种，概附于后。

《书录》之作始于去夏，学业婶陋，仓卒成帙，舛讹犹多，方深愧恧，同学胡君钟生道南、何君豫才寿章、蔡君崔顾元培、杜君秋帆炜孙、马君湄尊用锡多为纠正例类，疏补书义，匡余不逮，何幸如之。同时沈君雨、苍桐生撰西书提要未成，间掇其论说一并写入。

光绪二十五年正月识。

——《东西学书录》（光绪二十四年［1898 年］）

与张元济书（1899）

严复

二月十八日手示中所询各条，谨依次详答如左，以备采择。

一云：拟延上等英文译员一人，专译书，不理他事，每日六钟能译几何，月修须若干两。

答：目下学习洋文人几于车载斗量，然其发愿皆以便于谋生起见，其为考察学问政治，而后肆力于此者，殆不经见。粤中便家及新加坡、檀香山等处富人，多送子弟往英美各国学堂肄业者，顾其人于中国文学往往仅识之无，招充译手，纵学问致高，亦与用一西人等耳。所以洋务风气宏开，而译才则至为寥落。公办此事，久将自知而信复言之不妄也。复所知者，亦不能尽一手之指，而皆有差事，月入或二百余金，或百余金不等，使之为译，自不能下于此数矣。且此事须得深湛恬憺，无外慕人为之。彼以此事为乐，为安心立命不朽之业，其所译自然不苟，而可以垂久行远，读者易知，学者不误；若徒取塞责了帐，则每日所译虽多，于事依然无益也。大抵所译之多寡，亦看原书之深浅。其理解之与中国远近，易者六种千余言不为多，难者数百言不为少；而其中商量斟酌，前后关照，以求其理之易通、人人之共喻，则又不在此论矣。总之，欲得善译，可以岁月课功，断难以时日勒限。复近者以译自课，岂不欲旦暮奏功，而无如步步如上水船，用尽气力，不离旧处，遇理解奥衍之处，非三易稿，殆不可读。而书出以示同辈，尚以艰深为言；设其轻心掉之，真无一字懂得矣。呜呼！此真可与知者道，难与不知者言也。复今者勤苦译书，羌无所为，不过闵同国之人，于新理过于蒙昧，发愿立誓，勉而为之。见所译者，乃亚丹斯密理财书，为之一年有余，中间多以他事间之，故尚未尽其半，若不如此，则一年可以蒇事，近立限年内必要完工，不知能天从人愿否？此书卒后，当取篇幅稍短而有大关系，如柏捷《格致治平相关论》、斯宾塞《劝学篇》等为之；然后再取大书，如《穆勒名学》、斯宾塞《天演第一义海》诸书为译。极知力微道远，生事夺其时日；然使前数书得转汉文，仆死不朽矣。此事非扫弃一切，真做不成也。

一问：门类以政治、法律、理财、商务为断，选书最难，有何善策？

答：古人开局译经，所从事者不过一二部，故义法谨严，足垂远久。今察我公之意，似未免看得此事太易。然亦问所译何等，若仅取小书，如复前译《天演论》之类，固亦无难，但名著如林，稍难决择。今欲选译，只得取最为出名众者之编，盖亦不少矣。若译大部政法要书，则一部须十余年者有之。斯宾塞《群学》乃毕生精力之所聚，设欲取译，至少亦须十年，且非名手不办。公法书作者如林，非迻译四五种，则一先生之说，不足以持其平。理财一学，近今学者以微积曲线，阐发其理，故极奥妙难译。至于商务，大者固即在理财之中，未尝另起炉韝也。总之，前数项固属专家之学，然译手非于西国普通诸学经历一番，往往不知书中语为何，己先昏昏，安能使人昭昭？无是理也。又或强作解事，如前者次亮诸公之译富国策，则非徒无益，且有害矣。选书固无难事，公如访我，尚能开列一单也。

一问：拟先译专门字典。

答：此事甚难，事烦而益寡。盖字典义取赅备，故其中多冷字，译之何益？鄙见不如随译随定，定后为列一表，以后通用，以期一律。近闻横滨设一译会，有人牵复入社，谓此后正名定义，皆当大众熟商，定后公用，不得错杂歧异，此亦一良法也。

一问：选定书籍，发人包译，以复为总校。

答：包译事诚简捷，总校复亦愿当。但译事艰深，至于政法理财，尤为难得好手。遇其善，则斠者逸；遇其不善，则斠者劳。此事前因《国闻报》馆曾将原文西报分与此地学生、教习等翻译，而其中须重行删改者，十人而七八，诚如是，则总校难矣。此局既立之后，书有定价，非优则好手不来，以其皆有事干而不耐烦之故。优则鱼目混珠，或始佳终劣。其志既在得财，其书自难精审，此最为可虑者也。

一问：包译如何办法，如何给费？命复举所知译人。

答：如包译，自将应译之书开列一单，注明各部价目，分给能译之人，令其自行认译；所成之稿，随时送阅，俟书成后给价。但前海军章程有此一条，且许从优照异常劳绩保举。然乃从无应者，盖东耕勤而西收远，人情所不歆；又一时译才希少，舌人声价甚高，略学三五年小儿，到处皆可得数十金之馆，一也。所学皆酬应言语文字，一遇高文，满纸皆不识之字，虽遍翻字典，注明字义，而词意不能贯属，二也。且译书至难，而门外汉多易视之，无赫赫之名，而所偿终不足以酬其勤，三也。此所以三十年来译书至少，即有一二，皆不足存，而与原书往往缪戾。前者上海京师所译，除算学外，其余多用西人口传而中士手受，虽慰情胜无，而皆难语上乘矣。至于鄙人所知译手，则有罗稷臣（英文）、伍昭扆（英文）、陈敬如（德文）、魏季渚（法文）。前罗、伍两公，凡书皆可译，而汉文亦通达；陈文字稍拖沓，魏稍拙滞。至于次等译手，北地可觅四五人，不能多也。复闻见孤陋，南中海上人才渊薮，或有复所不识者，公自物色之。然自前岁报馆宏开以来，其中多登译稿，所言不外时事，乃最易译者；然就仆所见，唯佳者寥寥，以此为书，不足垂久矣。

以上就公所垂询者作答，恐不能悉当尊旨，然以复所见，实是如此，无如何也。设使复专办此局，则作法固将与公不同，大抵仿照晋唐人译佛经办法。兼通中西文字者，必将精选，固不在多，即使但得一二人，亦可兴办。外则润文通品，如郑苏龛、吴挚甫者，须倍前者之数；而以精通西学之人副之，聚于一堂，不得散处，以资讨论。通西学者或口译、或笔译，能佳固妙。即不然，能达原书深意，不译本文，是为至要；然后徐加讨润，而以兼通者达两家之邮，设有违误，自然可以批驳。当其译也，不过两种，一短一长，而义取相近，可以互见；而勤以将事，自然不日成书矣。夫译书并非易事，果能年出大书一部，以饷士林，俾学者得所流览思议，果其用功如是，已足。其有益亦非少矣。复之意在于求精求快，且一书发刻，必不谬而可传，一行贪多，便无可录者矣。不审公意以为何如？果其如是，则经费亦不在多，年有万余金，即资兴办。但求才既精，则薪赡不得不优，务使精神志虑专用于斯，而无他事之或间；且书成列名简编，其人不朽之业亦即在此，后日大名亦即在此。必不苟如斯，夫而后有其可传，而无误人之作也。

复前书有与公密商之事，惝即同此；通盘筹划，如是而后有功，非敢贪也。总之，译才难得，公所深知；南洋公学有心为此，如必得佳书，非用复之言，殆不能至。若徒鹜其名，以多为贵，则前者制造局自有章程可以仿照，不必他求也。觙缕布答，无当高明，伏唯亮察。

此颂

鞠生老兄大人时安

弟严复顿首

光绪廿五年二月廿五日

——《严复集》（1899 年 4 月 5 日）

《巴黎茶花女遗事》引（1899）

冷红生（林纾）

晓斋主人归自巴黎，与冷红生谈巴黎小说家均出自名手，生请述之。主人因道仲马父子文字，于巴黎最知名，《茶花女马克格尼尔遗事》尤为小仲马极笔。暇辄述以授冷红生，冷红生涉笔记之。

—— 1899 年福州畏庐赞版《巴黎茶花女遗事》，卷首

论学日本文之益（1899）

哀时客（梁启超）

哀时客既旅日本数月，肆日本之文，读日本之书，畴昔所未见之籍，纷触于目。畴昔所未穷之理，腾跃于脑。如幽室见日，枯腹得酒，沾沾自喜，而不敢自私。乃大声疾呼，以告同志曰：我国人之有志新学者，盖亦学日本文哉！日本自维新三十年来，广求智识于寰宇。其所译所著有用之书，不下数千种，而尤详于政治学、资生学（即理财学，日本谓之经济学）、智学（日本谓之哲学）、群学（日本谓之社会学）等，皆开民智、强国基之急务也。吾中国之治西学者固微矣，其译出各书，偏重于兵学、艺学，而政治、资生等本原之学，几无一书焉。夫兵学、艺学等专门之学，非舍弃百学而习之，不能名家。即学成矣，而于国民之全部，无甚大益，故习之者希，而风气难开焉。使多有政治学等类之书，尽人而能读之。以中国人之聪明才力，其所成就，岂可量哉！今者余日汲汲将译之以饷我同人，然待译而读之缓而少，不若学文而读之速而多也，此余所以普劝我国人之学日本文也。或问曰：日本之学从欧洲来耳，而欧学之最近而最精者，多未能流入日本。且既经重译，失真亦多，与其学日本文，孰若学英文矣。答之曰：子之言固我所知也。虽然，学英文者经五六年而始成，其初学成也尚多窒碍，犹未必能读其政治学、资生学、智学、群学等之书也。而学日本文者，数日而小成，数月而大成，日本之学，已尽为我有矣。天下之事，孰有快于此者。夫日本于最新、最精之学，虽不无欠缺，然其大端固已粗具矣，中国人而得此，则其智慧固可以骤增，而人才固可以骤出。如久厌糟糠之人，享以鸡豚，亦已足果腹矣，岂必太牢然后为礼哉？且行远自迩，登高自卑，先通日本文，以读日本所有之书，而更肄英文以读欧洲之书，不亦可乎？吾之为此言，非劝人以不必学英文也，特于学英文之前，不可不先通日本文云尔。或又问曰：子言学日本文如此其易也，然吾见有学之数年而未能成者，甚矣吾子之好诳也。答之曰：有学日本语之法，有作日本文之法，有学日本文之法，三者当分别言之。学日本语者一年可成，作日本文者半年可成，学日本文者数日小成，数月大成。余之所言者，学日本文以读日本书也。日本文汉学（字）居十之七八，其专用假名，不用汉字者，唯脉络词及语助词等耳。其文法常以实字在句首，虚字在句末，通其例而颠倒读之。将其脉络词、语助词之通行者，标而出之，习视之而熟记之，则已可读书而无窒阂矣。余辑有和文汉读法一书，学者读之，直不费俄顷之脑力，而所得已无量矣。此非欺人之言，吾同人多有经验之者。然此为已通汉文之人言之耳，若未通汉文而学和文，其势必至颠倒错杂瞀乱而两无所成。今吾子所言学数年而不通者，殆出洋学生之未通汉文者也。问曰：然则日本语可不学欤？曰：是何言欤？日本与我唇齿兄弟之国，必互泯畛域，协同提携，然后可以保黄种之独立，杜欧势之东渐。他日支那、日本两国，殆将成合邦之局，而言语之互通，实为联合第一义焉。故日本之志士，当以学汉文汉语为第一义。支那之志士，亦当以学和文和语为第一义。

——《清议报》（1899 年 4 月 1 日）

《译林》序（1901）

林纾

今欲与人斗游，将驯习水性而后试之耶？抑摄衣入水，谓波浪之险，可以不学而狃试之，冀有万一之胜耶？不善弹而求鸥灵，不设机而思熊白，其愚与此埒耳。亚之不足抗欧，正以欧人日励于学，亚则昏昏沉沉，转以欧之所学为淫奇而不之许，又漫与之角，自以为可胜，此所谓不习水而斗游者尔。吾谓欲开民智，必立学堂；学堂功缓，不如立会演说；演说又不易举，终之唯有译书。顾译书之难，余知之最深。昔巴黎有汪勒谛者，在天主教汹涌之日，立说辟之，其书凡数十卷，多以小说启发民智。至今巴黎言正学者，宗汪勒谛也，而卷帙繁富，万不能译。光绪戊戌，余友郑叔恭，就巴黎代购得《拿破仑第一全传》二册，又法人所译《俾斯麦全传》一册。《拿破仑传》有图数帙，中绘万骑屏息阵前，怒马飞立，朱披带剑，神采雄毅者，拿破仑第一誓师图也。吾想其图如此，其文字必英隽魁杰，当不后于马迁之纪项羽。而问之余友魏君、高君、王君，均谢非史才，不敢任译书，最后询之法人迈达君，亦逊让未遑。余究其难译之故，则云：外国史录，多引用古籍，又必兼综各国语言文字而后得之。余乃请魏君、王君，撮二传之大略，编为大事记二册，存其轶事，以新吾亚之耳目。时余方客杭州，与二君别，此议遂辍。其经余渲染成书者，只《茶花女遗事》二卷而已。呜呼！今日神京不守，二圣西行，此吾曹衔羞蒙耻、呼天抢地之日，即尽译西人之书，岂足为补？虽然，大涧垂枯，而泉眼未涸，吾不敢不导之；燎原垂灭，而星火犹爝，吾不能不然之。近者，及门林生长民，盛称其友褚君，及林、徐、陈、金数君，咸有志于此，广译东西之书，以饷士林。余老矣，不图十年莫竟之志，今竟得之于此。数君者，慷侠俊爽，后来之秀。译著果成，余将掬鑿雷亭下一溜清溪，洗我老眼，尽昼夜读之为快耳。

光绪庚子冬至节

六桥补柳翁林纾琴南甫序于上望瀛楼

——《译林》第 1 期（1901 年）

译林办理章程（1901）

佚名

一　同人自集斯举，辱海内宏达，贻书奖饰，惭感何既。唯创办伊始，资费皆经理诸人所醵，未免支绌，还望巨公石彦匡扶而赞助之。

一　原议外来译稿，略示限制，刻将此议撤去，一概不取刊费，以昭大公。

一　同志有不弃鄙陋，愿与合群襄办译印诸务者，通曰赞成员。一切事宜具相往复商确，以集思而广益。

一　助捐诸君子，凡分特捐、常捐二者。特捐谓无定期定额随捐译费若干，常捐谓月捐译费若干，年捐译费若干。

一　诸君子慨寄捐款者，请开明姓氏爵里，俾得汇登册上，以铭盛意，或不愿显列者，则请以斋名别署代之。

一　异日译籍次第告蒇，凡会助诸君子，俱当分别按赠匪，敢曰酬聊志勿喧。

一　檐底之溜，见日而涸，畦面之药，遇霜而萎，根积不厚，无能成事，译款除动支刊印诸费外，译员、经理员皆同，人自承之例不支薪水，苟有赢余，尽数储存，以期推广而规久远，年终司收支者，清结款目，听人稽核。

一　将来译成之书既伙，仅仅月刊三十纸，未免太缓，固当量增纸数、期数，然亦岂敷分配，更拟于期册外另出单印本，俾相辅而行。

一　译例具于前简明章程中，已见各报，兹不再登。

一　本期因所购西籍未至，仅将东籍数种译印同人，意颇歉，然下期再当增益。

——《译林》第 5 期（1901 年）

亟请筹款译书议（1901）

李提摩太、蔡尔康

国期兴，兴于学。学贵广，广以书，书判古今，固不必崇今而蔑古。学分中外，亦无庸扬外而抑中。第生今世而昧今情，更缔外交而藐外事，一步一蹶，百试百穷。唯我同志善人，夙抱匡华宏愿，设会上海，募赀通都，锐意译书，署名广学。或者不察，歧之曰新学，外之曰西学，实则四海之要学，可以新字括之。五洲之公学，不可以西字别之也。顾创局伊始，宏纲甫定。就财治事，随地贻人。非徒莫返复蚨飞，尚恐只供蝉饱，继举不侫。忝总斯会，念旧章之墨守，类明珠之暗投。我诚待价而沽，人以多文为富，此书必登册府。本会兼浚利源，挹彼注兹，以取为兴。邺架愿书万本，阮囊不名一钱，但求敬业乐群，竟效多财善贾。商诸同志，金曰俞哉。积时十余年，成书百余种，风行无阻，日起有功。束帛戋戋，啬夫喋喋。噶矢所发，顷甲而已。独居深念，相需孔亟。借数万金赀本，应四垓人取求，不逮匡予。频呼将伯，心长才短，文浅言深，屡荷荣褒，罕闻嘉纳。迺者，大乱将定，新曦复升，待考阍规，懋昭伟绩。曾拟宽筹巨帑广译要书一议，分呈当道，而仍恐以经商目，敝会以游说疑同人也。再贡刍荛，重庚械朴。拟请贤达，奏乞圣鉴，饬下各省，速拨正供，礼延中西才智若而人，岁译大小典籍若干部，然后总角有读本，誉髦有导师，正蒙养而庭绕芝兰，对试策而门盈桃李，降至农田商市，旁及游艺考工，各具专门名家，自共得心应手，为斯民普乐利，与斯世共雍熙，何事不成？何求不得？或曰，方今国帑空虚，疆臣竭蹶，安筹闲钦？为译新书，且上苟□的以招下自□弦而合，何必代□载籍，遍示胶庠，此说或亦不评，此理似□其□。盖欲星知其里，自宜最能旨白，既朴歧趋，斯端正范。若任人自为计，断难户尽可封。何况日出卮言，尤恐世多积事。譬之播种，必先定瓜豆之程，譬之取材，必先合栋梁之选，庶几丰年可致，大厦可成，藉非然者。几何不莠，长侵禾风饕败屋哉。或又曰，维彼东人，竞尚西学，今但就同文以绅绎，便于取横字以钩稽也，不知炉箕匪可互施，韦弦各有宜佩。通材就聘于日本，挟策专务乎匡时，类皆熟察兴□□情，始敢同操译政。凡属不急之事，悉在应汰之条。或且即此一书，忽焉而删半部，若使借镜中国，不啻遗珠重瀛。今徒步彼脚尘，岂能出人头地。至于格致有定准，测算无旁门，姑效借书之一痴，似可举隅而三反。然且眷言哲学，屡辟新机，迥视陈一，多吁数□，爱当年之尘羹土饭，弃今日之海错山珍，直叹斯饥，岂云知味。要之，欲定一朝之茂矩，必知□□之□事，万事非学不就，万学非书不精。言尽于斯，无烦再计，愿助华士，敢告仆夫。良将将兵，上医医□，不可□□，病莫能兴。缓晷而行，著鞭无及矣。谨议。

——《万国公报》第 148 期（1901 年 5 月）

亟请筹款译书续议（1901）

李提摩太、蔡尔康

华人之最不擅长者，厥惟措置外交一节。是以六十年来，往往侈语尊攘，横挑邻衅，且觐闵受侮之不已。西国各自按其成例，应兵战胜，必索偿金。中国则祸愈拘愈深，第就糜财一端言之。初偿数亿金者，继乃以数兆计，历稽往事，不下二三十兆两。及至日本难作，一役而偿二百三十兆两。去夏，纵乱败盟，八国兴师□□，今虽未定偿金之数，度必不下五六百兆两。重以京畿不守，宫府荡然，杀人如麻，破家绝嗣，种种惨害，笔不忍书。有心人推究病根，知实中於政府。政府视欧美文明诸大国，等于古世之蛮夷戎狄，一旦折冲尊俎，岂能不开罪于人。今当痛深创钜之时，宜筹转祸为福之策。一曰：慎选亲王大臣，出游各国，熟察外情。一曰：礼延各国明人，隆以宾席，燕闲晤语，周咨外事。特此二策，专为富家说法。若使清风两袖，微特游资无出，脩脯亦复难筹，无已，厥有一焉。国家广开各等西塾，自成人以至童子，各就学之。然有塾而无书，空言何裨实用，则译书其首要矣。昔者，设同文馆于京师，设广方言馆于上海，可谓知所先务。特惜注意武备，游思算术。窃尝阅视书目，闲有格物诸学，求其裨益政典，实属戛戛乎难。即如五洲地志，各国史记，为西书之经纬，不可缺一。乃尚无官译善本，废兴沿革之要，华人懵无所知。乃有西国近事一书，大半摘译各国弊政，而举一切善政，埋没殆尽。此书既出，华人益藐视外人。又有《海国图志》者，本属大开神智之书，岂料杂以无稽之言，不但眩人耳目。且种仇恨之根，何况经世文续编等书以不知西事之人，妄肆讥评，致启中外失和之渐。彼素恨外人之政府，以虚为实，历遭惨害，即此祸胎。静言思之，可胜浩叹。继复有好学之士，愤华人之积弱，羡日本之称雄，知其曾译西书，始克有此一日。爰劝同志，各自解囊，购得东土译文，改作华文，纷纷问世，自谓事从其便，华人即可取裁。殊不知日人初译此书，大抵问道于西人，专为造福于东海。中国则政刑异尚，人地异宜，凡有益于日人者，恐未必有益于华族。而况日本译政，行于三十年前，即论格致工艺诸书，衡以西方今日之新书，亦成尘羹土饭，岂值糜财费力，祸枣灾黎。以上数端，皆□等之所深恫。于是创立广学会，延友译书，志在综核泰西各国之情形，撮其大纲，以饷华士。然经费皆募自外国，岁入几何，屡告中国达官贵人，蒙赐捐二三千金。试问合此区区，岂能奋译大书，足供大国之用。今时势愈亟，断无闭关自治之一日，政府不审外善，岂能善缔外交。万一再致失和，不徒后患难言。……专费延请外人之能谙华事，及华人之能识西文者，各数十辈，选定中国亟需之西国典籍，精心绅绎。佐以能文之华士，亦数十人，相与竭力图之。譬诸力田，春种秋收，此实播中外平治富强之嘉种，收获罔有限量。数年以后，官吏在朝，四民在家，各读新书。具通公学，塾中又译有课本，层累而上，后生小子，幼学壮行，中国犹有不治者，吾不信也。若夫泰西至要之书，鄙人已分类采择，刻成一册，名曰速兴新学条例（兼录前岁《万国公约》）。中国所以必需新学之故，亦已剀切指陈，明哲诸君子，俯赐披览。或各就心所专注之一类，捐钜金以观厥成，由分而合，积小以高大，从此巍巍震旦，再无挑战外人之事。即不必糜金买辱，积弱而益以积贫，转祸为福之机，盖诚如反手之易矣。试观自古迄今各国之兴，必基于读书讲学。顾古世各国，不甚与他国往来，但读本国之书，已可勤修内政。今世五洲通道，必明天下大势，始能措置邦交。西人讲肄有年，所作有用诸书，集各学之大成，成一朝之郅治。所望爱国如家之大府，识时务之俊杰，不以鄙言为河汉，通力合作，上下同心。举西方新学要书，尽译谐声而为会意，华人相视莫逆，西人即把臂入林。鄙人三十年助华人之苦心，不致付诸流水。寤寐闲适，举目雍熙，何幸如之？抑何乐如之哉！

——《万国公报》第 149 期（1901 年 6 月）

译斯氏《计学》例言（1901）

严复

计学，西名叶科诺密，本希腊语。叶科，此言家。诺密，为聂摩之转，此言治。言计，则其义始于治家。引而申之，为凡料量经纪撙节出纳之事，扩而充之，为邦国天下生食为用之经。盖其训之所苞至众，故日本译之以经济，中国译之以理财。顾必求吻合，则经济既嫌太廓，而理财又为过狭，自我作故，乃以计学当之。虽计之为义，不止于地官之所掌，平准之所书，然考往籍，会计、计相、计偕诸语，与常俗国计、家计之称，似与希腊之聂摩较为有合。故《原富》者，计学之书也。

然则，何不径称计学，而名《原富》？曰：从斯密氏之所自名也。且其书体例，亦与后人所撰计学，稍有不同：达用多于明体，一也；匡谬急于讲学，二也。其中所论，如部丙之篇二篇三，部戊之篇五，皆旁罗之言，于计学所涉者寡，尤不得以科学家言例之。云《原富》者，所以察究财利之性情，贫富之因果，著国财所由出云尔。故《原富》者，计学之书，而非讲计学者之正法也。

谓计学创于斯密，此阿好者之言也。夫财赋不为专学，其散见于各家之著述者无论已。中国自三古以还，若《大学》，若《周官》，

265

若《管子》《孟子》，若《史记》之《平准书》《货殖列传》，《汉书》之《食货志》，桓宽之《盐铁论》，降至唐之杜佑，宋之王安石，虽未立本干，循条发叶，不得谓于理财之义无所发明。至于泰西，则希腊、罗马，代有专家，而斯密氏所亲承之师友，若庚智仑，若特嘉尔，若图华尼，若休蒙大辟，若哈哲孙，若洛克，若孟德斯鸠，若麦庚斯，若柏柢，其言论謦欬，皆散见于本书。而所标重农之旨，大抵法国自然学会之所演者，凡此皆大彰著者也。独其择焉而精，语焉而详，事必有征，理无臆设，而文章之妙，喻均智顽。则自有此书，而后世知食货为专科之学。此所以见推宗匠，而为新学之开山也。

计学于科学为内籀之属。内籀者，观化察变，见其会通，立为公例者也。如斯密、理嘉图、穆勒父子之所论着，皆属此类。然至近世如耶方斯、马夏律诸书，则渐入外籀，为微积曲线之可推，而其理乃益密。此二百年来，计学之大进步也。故计学欲窥全豹，于斯密《原富》而外，若穆勒、倭克尔、马复律三家之作，皆宜移译，乃有以尽此学之源流，而无后时之叹。此则不佞所有志未逮者，后生可畏，知必有赓续而成之者矣。

计学以近代为精密，乃不佞独有取于是书，而以为先事者，盖温故知新之义，一也。其中所指斥当轴之迷谬，多吾国言财政者之所同然，所谓从其后而鞭之，二也。其书于欧亚二洲始通之情势，英法诸国旧日所用之典章，多所纂引，足资考镜，三也。标一公理，则必有事实为之证喻，不若他书勃窣理窟，洁净精微，不便浅学，四也。

理在目前，而未及其时，虽贤哲有所不见。今如以金为财，二百年以往，泰西几无人不然。自斯密出，始知其物为百货之一，如博进之筹，取前民用，无可独珍。此自今日观之，若无甚高之论，难明之理者；然使吾辈生于往日，未必不随俗作见，并为一谈也。试观中国道咸间，计臣之所论议施行，与今日朝士之言通商，可以悟矣。是故一理既明之后，若揭日月而行。而当长夜漫漫，习非胜是之日，则必知几之神，旷世之识而后与之。此不独理财之一事然也。

【……】

《原富》本文，排本已多，此译所用，乃鄂斯福国学颁行新本，罗哲斯所斠阅者。罗亦计学家，著《英伦麦价考》，号翔赡，多发前人所未发者。其于是书，多所注释匡订，今录其善者附译之，以为后案。不佞间亦杂取他家之说，参合己见，以相发明，温故知新，取与好学深思者，备扬榷讨论之资云尔。

是译与《天演论》不同，下笔之顷，虽于全节文理，不能不融会贯通为之，然于辞义之间，无所颠倒附益。独于首部篇十一《释租》之后，原书旁论四百年以来银市腾跌。文多繁赘，而无关宏旨，则概括要义译之。其他如部丁篇三，首段之末，专言荷京版克，以与今制不同，而所言多当时琐节，则删置之。又部甲后有斯密及罗哲斯所附一千二百二年至一千八百二十九年之伦敦麦价表，亦从删削。又此译所附中西编年，及地名、人名、物义诸表，则张菊生比部、郑稚辛孝廉于编订之余，列为数种，以便学者考订者也。

【……】

光绪二十七年岁次辛丑八月既望

严复书于辅自然斋

　　注：此系严复所译英国斯密·亚丹（Adam Smith，1723—1790）《原富》（*An Inquiry into the Nature and Causes of the Wealth of Nations*，简称 *Wealth of Nations*，或译作《国富论》）中的译事例言，作于一九〇一年九月（光绪二十七年八月）《林严合钞》《严几道诗文钞》及《现代十大家文钞》均有本文选录。今据南洋公学译书院出版《原富》本。

　　——《原富》（南洋公学译书院，1901 年［光绪二十七年］）

请专设东文学堂片（1901）

盛宣怀

再，译书宜兼通中外之学，而尤以专门为贵。臣所译兵书，系延聘日本通中文者一人、陆军少尉一人，会同翻译，始无讹错。西人兼通中文者极少，中国通西学者亦不多，制造局书，大都英人口译而华人笔述之，颇为艰苦。公学现印《原富》一书，为候选道严复所译。该道中西学问俱优，故称善本。臣又托使臣罗丰禄觅得《英国商律全书》，卷帙浩繁；拟即派公学提调、候选知府伍光建翻译，约须两年告成。译才如严复、伍光建者，实罕其匹。现欲推广搜辑，似以转译日本已辑西学之书较为稍易。近有日本议绅子爵长冈护美在沪设立同文书馆，以彼国普通学生加习中文中学；其取精用宏之意，至深且远。长冈护美来游南洋公学，臣与考订一切，属其延订专门法学一人，又另聘兼通中学之教习，来沪专设东文学堂，选取秀士数十名，专课东文东学。据称质地聪颖者，一二年后文字可通，举以译书，可期事半功倍；唯西国专门之学，必有专字，门类极繁，东人译西文先有定名，中国译东西文尚无定名，则译字互异，阅者易滋迷误，亟宜将各国舆地、官职、度量、权衡及一名一物，撰拟名目类表，以求划一，嗣后官译私著，悉依定称；唯体例尤须精审，拟宽其岁月，责成译书院会同公学及东文学堂分别参订，再行呈送政务处核定颁发。所需款项，暂于学堂商捐内筹措，以期成斯要举而免徒托空言。谨附片具陈，伏乞圣鉴。谨奏。

七月十二日奉

朱批："知道了。钦此。"

光绪二十七年六月（1901 年 7 月）

——《愚斋存稿初刊》卷五（思补楼藏版，1939 年），

第 38—39 页

《黑奴吁天录》例言（1901）

林纾

  是书专叙黑奴，中虽杂收他事，宗旨必与黑奴有关者，始行着笔。

  是书以"吁天"名者，非代黑奴吁也。书叙奴之苦役，语必呼"天"，因用以为名，犹明季六君子《碧血录》之类。

  是书为美人著。美人信教至笃，语多以教为宗。顾译者非教中人，特不能不为传述，识者谅之。

  是书系小说一派，然吾华丁此时会，正可引为殷鉴。且证诸毗噜华人及近日华工之受虐，将来黄种苦况，正难逆料。冀观者勿以稗官荒唐视之，幸甚！

  是书描写白人役奴情状，似全无心肝者。实则彼中仇视异种，如波兰、埃及、印度，惨状或不止此。徐俟觅得此种纪录，再译以为是书之佐证。

  是书开场、伏脉、接笋、结穴，处处均得古文家义法。可知中西文法，有不同而同者。译者就其原文，易以华语，所冀有志西学者，勿遽贬西书，谓其文境不如中国也。

  书中歌曲六七首，存其旨而易其辞，本意并不亡失，非译者凭空虚构。证以原文，识者必能辨之。

是书言教门事孔多，悉经魏君节去其原文稍烦琐者。本以取便观者，幸勿以割裂为责。

——《黑奴吁天录》（武林魏氏藏版，1901年秋），卷首

《黑奴吁天录》跋（1901）

林纾

斯土活，美洲女士也。卷首署名不以女士加其顶者，以西俗男女并重，且彼原书亦不自列为女士，唯跋尾见之，故仍而不改。斯氏自云：是书多出诸一身之闻见，本事七八，演者二三耳。卷中士女名多假托，实则具有其人。余与魏君同译是书，非巧于叙悲以博阅者无端之眼泪，特为奴之势逼及吾种，不能不为大众一号。近年美洲厉禁华工，水步设为木栅，聚数百远来之华人，栅而钥之，一礼拜始释，其一二人或逾越两礼拜仍弗释者，此即吾书中所指之奴栅也。向来文明之国，无发私人函，今彼人于华人之函，无不遍发。有书及"美国"二字，加犯国讳，捕逐驱斥，不遗余力。则谓吾华有国度耶？无国度耶？观哲而治与友书，意谓无国之人，虽文明者亦施我以野蛮之礼，则异日吾华为奴张本，不即基于此乎？若夫日本，亦同一黄种耳，美人以检疫故，辱及其国之命妇，日人大忿，争之美廷，又自立会与抗。勇哉日人也！若吾华有司，又乌知有自己国民无罪，为人囚辱而瘐死耶？上下之情，判若楚越，国威之削，又何待言！今当变政之始，而吾书适成，人人既蠲弃故纸，勤求新学，则吾书虽俚浅，亦足为振作志气，爱国保种之一助。海内有识君子，或不斥为过当之言乎？

辛丑九月，林纾识于湖上望瀛楼。

——《黑奴吁天录》（武林魏氏藏版，1901年秋），卷末

论译书为今日之急务（1901）

屈燨

中国之有译学，不自今日始也。尝考古时《周书》有舌人，《周礼》有象胥、诵训，扬雄录别国方言，宋酺译西南夷乐歌，于谨兼通数国言语。《隋志》有国语杂文，鲜卑号令，婆罗门书，扶南胡书，外国书。当此之时，内外隔绝，中原万里共戴一尊，所与邻者不过沙漠土酋，要荒蕃部，而磊落好奇之士，犹且习其语音，察其风俗，笔之载籍，以资考证。而况今日地球万国群居错处，阴谋诡计，百出不穷。我若未能深知其政治俗尚，人胜我而不信，人谋我而不闻，人讥我而不知，人规我而不纳，冥然漠然如坐云雾，岂非士大夫之耻哉！夫译学之为今日之急务，既已如此。然自通商以来，京师设同文馆，上海设广方言馆，福建设船政局，均尝延教习，招生徒，从事于所谓西语西文，宜乎人才日出。彼中虚实情伪可以渐知，而数十年来深通译学之人，终属寥寥者，何也？盖从前中国官绅于西事素多隔膜，且所延教习大都来自重洋，费既不赀，教又未善。故学堂虽设，绝少成材。交涉之难，日甚一日，窃谓士生今世欲不习西学，故见自封，即愚者亦知其不可。即习西学矣，苟非取径捷而收效速，犹不足以济事。故论者谓，学西文不如译西书；愚谓延西人至中国译书，尤不如中人之能通西文者，赴外洋自行翻译。曩者，台湾巡抚刘铭传，曾奏请设局译刻泰西各书，由总理衙门移咨各国钦使，略谓外洋于中国有用诸书半皆取，而译行海外。其西国兵、农、食货、格致、制造、测量诸书，日新月异，凡有关于今日之用者甚多。我中国尚未译有成书，间或翻刻一二种，亦皆取择不精，云云。夫使臣之在外洋任久，责专三年之中，于其国势之盛衰，地形之广狭，风俗之变迁，政教之利病，皆宜博访周咨，悉心考订。所带翻译等员，更应多购紧要之书，及时选译，庶得广为流播，耳目日新，而乃迁延成习。此奏已经十余年，译成之书殊不多，觏迨后恭读。光绪二十四年七月初五日，上谕云，廖寿丰另片奏请由使馆翻译外洋书籍等语，编译西书籍，以考证政治得失，亦为目前要图。罗丰禄庆常伍廷芳，熟于英法文字，就近购译，尤为便捷。着即选释善本详加润色，务令中西文艺贯通，陆续编译成书，汇送由总理衙门呈览。钦此。圣谋深远至周且详，乃事经三载，所译各书，仍不过千百分之一，且皆旧说无用今者。朝廷力行新政，各省督抚于译书一事尤为不遗余力，如江鄂两省均以相继开局。窃谓自此以后，苟能恪遵圣训，竭力振兴，他日所译既多，凡各国之政、专门之艺皆有成书，则中国虽未能遍设学堂，广延教习，亦可以书为师。随性所近，博学无方，是则人之无力习西文，与年已长而语音不清者，亦不至于终身废然，如坐云雾中矣。取径捷而收效速，孰有甚于此者哉。

——《集成报》第 24 期（1901 年 12 月）

论译书事例（1901）

阙名

　　今日议变法，诸事并举，而莫急于译书，以其积日久而收效远也。自戊戌政变，此事殆绝，今又稍稍出矣。然所译者，类皆偏记小录，破碎已多，残膏剩馥，沾溉有限，诚非得有力者，广筹经费，持定方针，不足以一体例而广风气。今略以鄙意分译四条，书于下方以示当局。

　　一、宜首编目录也。从前北京同文馆、上海方言馆及教会所译之书，不下数百种。乙未以后，则各报馆所译，亦不下百余种，然多未成编。至己庚之间。则唯独南洋公学多译兵书，农会报馆专译农学而已。及此次乱后，则私家译本，若金粟斋译书类编、励学译编、译林等类。译出小书甚多。谓宜将前次所译之书，统加编目，注明何者旧本，何者新编，何者为不全之书，何者为未完成之帙。此后拟先译何种，再译何篇，亦可先事考察，略定次序，以免重复淆乱之弊。凡事从目录入手，自少迷途。施之译书。尤为要着。

　　二、宜特定凡例也。中国从前译书，皆枝节为之，苦无一定办法。居高提倡。故一名目也，前后翻者异词，一谐音也。彼此译本异字。官位则比拟失伦。地名则差远尤大。欲去此弊，宜于开译之时，

277

详审确拟，垂为定称。务使一定之名，书作一定之字，庶归划一而免歧异。

三、宜多译东文也。学西文者，至少非七年不能精通，而东文则两年已称能手。故西文译费，必三倍于东文。且通西文者，多为商业起见，不必全与学术相关。故人数虽多，能译高等书籍者有限。唯从事东文者，本为注意考求学问，故无一不通汉文之人。其中高才达识，亦往往有焉。于今日所以译书为开化变法之故。自多会意。尤称能事。且日本所译西书，至详且备。又同为亚洲，取法泰西，情形正对。所谓费省功多，莫善于此者也。

四、宜附设学堂也。译局之设也，非徒广增典籍，亦可造就人才。日本之初创翻译也，所译之书，皆使人自认专门。如愿译工商者，即专与工商书译之。愿译法律者，即专与法律书译之。久之译本既多，专家亦进。今宜傲其意。附设学堂，多延教习，备成材之访问，为后进之师资。择聪颖子弟数十人，从事讲习。两年之后，即用本学学生，使充翻译。成书必广。省费又多。而所造人才亦自不少矣。

——《皇朝蓄艾文编》卷七十三·学术五，
第 5628—5630 页

《增版东西学书录》叙例（1902）

顾燮光

西人之学以知新为贵，故新书日出不穷，有昔为珍秘，今视为尘羹土饭者。中国译书之处，昔仅天津之水师学堂、上海之制造局而已，近年海内通人志士知自强兴学，非广译东西典籍不为功，苏、杭、闽、粤相继兴起，不数年间新书当可流遍于二十一行省。

兵家言南洋公学译之，商务书江南、湖北两商务报译之，格致学《汇报》《亚泉杂志》译之，农学则《农学报》译之，工艺则《工艺报》译之，蒙学则《蒙学报》译之，此数种近日皆有译本，其东西政治、历史则上海近多设编译局，皆有译者，唯矿学、医学两种甚乏新译，富国强种均当务之急，有心人盍起图之。

算学以微积、合数为极处，著译之人非专门名家不能无毫发遗憾，故新译者甚少，《汇报》中附译之《几何探要》图说详细，尚称精审，其刘舍人振愚之《古今算学丛书》收录冗杂，亦无新译佳本，可知此道之难。

公法、公理之书为立国根本，故国际公法为交涉最要者，《岭学报》所译《公法探源》一书条分缕晰，推阐靡遗，然公理愈讲愈明，则考求此道者非立专门学堂不可，区区典籍岂足尽理法之能事。

民权、自由诸说乃矫枉过正之言，不足为学者训也，盖法人当路易第三暴虐之后，卢骚氏出倡为此说，举欧洲之人从之，讵知作法于凉，其弊犹贪，泰西近来弑总统、杀君后之事屡有所见，无君父之党所在跧伏，伺隙而动，岂非卢骚、斯宾塞尔诸人阶之厉乎？

五洲之民种色虽殊，固同一本也，李思约翰《万国通史》前编言之甚详，然谓人类先生于米素波涛米，后散于四方，较之西教所云分音塔诸说似近于理，其云石、铁、黄铜诸代仅得诸掘地之间，虽反复考征究同穿凿，然埃及、罗马诸古迹考古家至今珍之，则前说已不可非矣，则知世界文明蛮野固有循环比例之可证。

译西书难，译西史愈难，非通各国方言暨古文不能藏事也，象形、谐声、会意，西字亦不能出此范围，然其拼合变化日新不已，今英文已有十万余字，即彼之文学家亦不能全识，盖西人得一新岛、造一新器必立一新名、创为新字，数十百年后将有字满之患矣。论者谓西文简于中文，岂其然乎？

西政之善曰实事求是，西艺之善曰业精于勤，西人为学在惜日之力，有轮舰、汽车诸器则万里无异庭闼，有格致、电化诸学则朽腐皆变神奇，彼夫玩愒光阴，货弃于地，安得不为之所弱哉？明乎此，则可与探西政、西艺之本原。

中国舆图素乏精本，即世称胡文忠一统舆图尚多讹误，新化邹君沅帆有地图公会之设，仅译成头批，至今尚未卒业，论者惜焉。制造局所刊海道图亦据西人旧本，朱氏正元虽绘有沿海险要图，仅江、浙二省，用殊不广，至近年会典馆新测各省舆图……

声、光、化、电诸学，非得仪器试验、明师指授不易为功，虽英儒傅兰雅所译格致诸书详尽可读，卒无裨于风气者，以既乏明师又鲜仪器也，近日江浙志士设科学仪器馆于上海，取便学者，其功甚大。

《亚泉杂志》中言格致诸学颇多新理，然非稍有门径者不能获益，似不如《汇报》中所列西学设为问答浅显易解也。

译书不广，学难日新，新书既多，又患冗杂，坊间书估割裂成书，改名牟利，其害尤甚，上海近设检查书籍处，章程颇能扼要，然在下者之防范莫若在上者之维持，泰西有专利之条，日本有版权之例，可取法焉。

亚密斯丹《原富》甲、乙、丙三集，泰西政学家言也，严幼陵观察译之，于全书精到靡不洞彻，与昔译《天演论》足以媲美，盖能以周秦诸子之笔，达天择物竞之理，发明处尤足耐人三日思，新译书中佳本也。

字戊戌以还有报馆之禁，各埠报章为之一衰，其海外流传者类多偏激谬妄之谭，不足以贻学者，然欲知五洲时事，开内地风气，非此不为功，故旬报之设尤急于日报，苟有人踵昔日时务各报之例，采辑务求精审，吾知其功大矣。

每书凡译自东西人者皆缀以识语，或节录原序，或采自他书，或鄙人自撰，务求恰切，不敢为充篇幅之谈，其未寓目或欠精审者则付阙如，不敢为一辞之赞，若云提要钩元则吾岂敢。

旬、日各报附印之书最易散佚，兹择其尤者收录，俾便察阅，唯江海各埠译出新书颇多未见，暇时再当编辑再版，以臻完备。

目录之书，区别部勒最难，兹依徐君原书之例，取便学者，谫陋之诮自知不免，况新书日出，僻在一隅，搜罗每苦未备，窃附圣人"举尔所知""知之为知之"例，庶可见谅于大雅。

续《书录》之作始于辛丑二月，成于十一月，邮稿徐君，以悬维则遂仍曩例编为一书，并增益若干种文字，知已永矢，勿谖同志，如歙县朱君意如迈、永福黄君少希士恒、黄君幼希士复、会稽陶君君节必恭、阳湖吴君伯揆亮勋、武进张君受甄赞埩、元和宋君潜五继郊、东台戈君镜湖文澜、山阴陆君拙存敬修、庐陵刘君幼甫承华、萍乡文君啸樵景清、钟君奏埙应德，或纠正疵谬，或假书考核，匪蒙不逮，俾成篇章，敬列右方以志高谊。

光绪二十八年二月

会稽顾燮光识于江西萍乡县署之小蓬莱

——《增版东西学书录》（光绪二十八年，1902年）

绍介新著·原富（1902）

梁启超

英国斯密亚丹著　侯官严复译　上海南洋公学印　定价八毫

原书以西历一千七百七十六年即乾隆三十六年出版，原名 *An Inquiry into the Nature and Causes of the Wealth of Nations*，译言考究国民之富之天然及原因也。严氏定为今名，斯密亚丹为政术理财学（英文 Political Economy，中国未有此名词，日本人译为经济学，实属不安。严氏欲译为计学，然亦未赅括。姑就原文政治与计算两意，拟为此名，以质大雅。）之鼻祖，西人推崇之者。至谓此书出版之日，即为此学出世之日。虽其言未免过当，要之使此学确然成一完全独立之学科者，实斯密氏之功也。此书印行后，迄今百有余年。其间学说之变迁，不下数十派。愈辨愈精，愈出愈新。至今此书，几如夏鼎商彝，视为陈迹，然后起诸家之说，总不外引申此书是正此书之两途。虽谓不能出斯密氏之范围可也，然则欲治此学者，固万不可不读此书。严氏首译之，诚得其本矣。全书凡分五编。前二编总释政术理财学之界说。第一编考国富之实，与其所以富之由。而论劳力之贵巧贵疾，及其食报殊等之原因结果。第二编论资本之性质，及资本与劳力之关系。第三编论各国理财政术之历史，而穷其理势之所由致。第四编评隰前此理财家之学说，而论重农重末两派之异同得失。第五编论国家财政之事，其赋税之种类性格如何，赋税之方法如何，及近代国债之原起利病。论全书之体段，于部分之得宜，篇章之完整，不无缺憾。要之能综合种种繁赜之事物，而以一贯之学理镕铸之，其心力可谓宏伟矣。虽其中自相矛盾之处亦不少，但创始者难为功，非我辈凭借先业者所宜妄加菲薄也。严译仅第一第二编，其后三编尚未成。但全书纲领，在首二编。学者苟能熟读而心得之，则斯学之根础已立。他日读诸家之说，自不致茫无津涯矣。严氏于翻译之外，常自加案语甚多，大率以最新之学理，补正斯密所不逮也。其启发学者之思想力别择力，所益实非浅鲜。至其审定各种名词，按诸古义，达诸今理，往往精当不易。后有续译斯学之书者，皆不可不遵而用之也。严氏于西学中学，皆为我国第一流人物。此书复经数年之心力，屡易其稿，然后出世，其精善更何待言。但吾辈所犹有憾者，其文笔太务渊雅，刻意摹仿先秦文体。非多读古书之人，一翻殆难索解。夫文界之宜革命久矣！欧美日本诸国文体之变化，常与其文明程度成比例。况此等学理邃赜之书，非以流畅锐达之笔行之，安能使学僮受其益乎。著译之业，将以播文明思想于国民也，非为藏山不朽之名誉也。文人结习，吾不能为贤者讳矣。又吾辈所欲要求于严氏者有两事。一曰将所译之各名词，列一华英对照表，使读者可因以参照原书。而后之踵译者，亦得按图索骥，率而遵之，免参差以混耳目也。一曰著叙论一卷，略述此学之沿革，斯密氏以前之流派若何，斯密氏以后之流派若何，斯密氏在此学中位置功德若何。综其概而论之，以饷后学。今此书曾无译者自序，乃至斯密亚丹为何时人，《原富》为何时出版，亦未言及。不得不谓一缺点也。吾闻译者尝言：吾于此学，欲译最古者一书，最新者一书，吾深佩其言。岂唯此学，诸科之书，亦当如是矣。斯编则其所谓最古者也，吾欲代我学界同志要索斯编之速卒业，吾欲代我学界同志要索其所谓最新者之一书，吾更欲代我学界同志要索他诸学科中最古最新者各一书，愿严子有以语我来。

——《新民丛报》第 1 号（1902 年
［光绪二十八年正月初一］）

奏陈南洋公学翻辑诸书纲要折（1902）

盛宣怀

【……】其二曰审流别而定宗旨。泰西政俗，流别不同：有君主专制之政治，有君主宪法之政治，有民权共和之政治，有民权专制之政治。美民主而共和，法民主而专制，其法律议论，判然与中夏殊风。英之宪法，略近尊严，顾国体亦与我不同。唯德意志自毕士马以来，尊崇帝国，裁抑民权，划然有整齐严肃之风。日本法之以成明治二十年以后之政绩。俄虽号君主专制之国，其法律多效自法人，制度与国体参差，故邦本杌陧，而世有内乱，不若日、德之巩固也。较量国体，唯日、德与我相同，亦唯日、德之法于我适宜而可用。臣尝谓欲求详备，必博选通达古今之士，游历德国，逐事咨询，仍于各省多设德文学堂，广译德书，而后斟酌损益可以万全而无弊。今兹公学力有未能，姑就东文之翻自德文者译之，得尺得寸，为旱年一溉之计；他年经费可筹，尚思教德文而传德学。格致制造则取法于英、美，政治法律则取法于日、德，缕缕微忱，实在于此，唯圣训鉴察而指示之。其三曰正文字以一耳目。自古为政必正名。《周礼》行人谕书名，外史达书名，郑氏皆释以文字。王天下有三重，同文而后得同伦。此我世宗宪皇帝所以定《同文韵统》以治黄教，高宗纯皇帝所以修《西域同文志》以靖回部者也。课学必译本，译本要在同文。昔时译署翻书，人地国名，皆取准于《瀛寰志略》，与官文书一例，视而可识，辗寄无歧。后来化学书亦有定名，便于读者，良非浅鲜。而近来私译，名字纷拿，官译为其所淆，亦复不能自守。西班、匈牙，国有数译；维多、威廉，人有数名；读者方审音测字之不遑，何暇研究事理。印度以语言杂而致纷争，埃及以文字杂而致危殆。中国语言文字，幸为薄海同风，无故自乱其例，横生障碍何为乎！臣今所译科书多多，不敢不致慎于斯，除随文堪整外，其人地国名，品汇名物，仿古人《一切经音义》《翻译名义集》之例，别为名义，附诸卷后。尚思取西文字典分类译之，以期诸学浅深纲要，开卷了然，专门者借以溯洄，涉猎者亦可预知门径。【……】

——《政艺丛书政书通辑》卷七；《中国近代出版史料》初编，第 51—54 页

奏请设立译局与分局（1902）

张百熙

　　查现隶大学堂之官书局，开办最早，当时即选译名局书籍，及外洋各种报章。上海设立南洋公学，江宁新设学堂，亦先后奏设译书局，是译书一事，实与学堂相辅而行。拟即就官书局之地，开办译局一所。盖欲求中国经史政治诸学，非藏书楼不足以供探讨之资，欲知西国政治、工商等情，非译书局不足以广见闻之用也。

　　唯欲随时采买西书，刷印译本，更宜设分局于上海，则风气既易流通，办理亦较妥便。又翻译东文，费省而效速，上海就近招集译才，所费不多，而成功甚易，南中纸张工匠，比京师尤贱，拟即将东文一项，在上海随译随印，可省经费之半。

　　唯是中国译书近三十年，如外洋地理名物之类，往往不能审为一定之音，书作一定之字。拟由京师译局定一凡例，列为定表，颁行各省。以后无论何处译出之书，即用表中所定名称，以归划一，免淆耳目。

　　然译局非徒翻译一切书籍，又须翻译一切课本。泰西各国学校，无论蒙学、普通专门学，皆有国家编定之本，按时卒业，皆有定章，今学堂既须考究西政西艺，自应翻译此类课本，以为肄习西书之需。

唯其中有与中国风气不同，及牵涉宗教之处，亦应增删润色，损益得中，方为尽善。至中国四书五经，为人人必读之书，自应分别计月，垂为定课。此外百家之书，浩如烟海，亦宜编为简要课本，按时计日，分授诸生。盖编年纪传诸子百家之籍，固当以兼收并蓄，使学子随意研求，然欲令教者少有依据，学者稍傍津涯，则必须有此循序渐进由浅入深之等级，故学堂又须编辑课本，以教生徒，亦不得已之举也。

臣维国家所以变法求才，端在一道德而同风俗，诚恐人自为学，家自为教，不特无以收风气开通之效，且转以生学术凌杂之虞。应请由臣慎选学问淹通、心术纯正之才，从事编辑，假以岁月，俾得成书。书成之后，请发各省府州县学堂应用，使学者因途径而可登堂奥，于详备而先得条流。事倍功倍，莫切于此。

奉谕：张百熙筹办学堂大概情形一折，批阅所拟章程，大致尚属周妥，著即认真举办，切实奉行。

——《光绪朝东华录》卷一百七十；《说文月刊》第四卷，合订本，第 512—513 页

《十五小豪杰》译后语（1902）

少年中国之少年（梁启超）

（第一回）此书为法国人焦士威尔奴所著，原名《两间学校暑假》。英人某译为英文，日本大文家森田思轩，又由英文译为日本文，名曰《十五少年》，此编由日本文重译者也。

英译自序云：用英人体裁，译意不译词，唯自信于原文无毫厘之误。日本森田氏自序亦云：易以日本格调，然丝毫不失原意，今吾此译，又纯以中国说部体段代之，然自信不负森田。果尔，则此编虽令焦士威尔奴复读之，当不谓其唐突西子耶。

森田译本共分十五回，此编因登录报中，每次一回，故割裂回数，约倍原译。然按之中国说部体制，觉割裂停逗处，似更优于原文也。

此书寄思深微，结构宏伟，读者观全豹后，自信余言之不妄。观其一起之突兀，使人堕五里雾中，茫不知其来由，此亦可见（泰）西文字气魄雄厚处。

【……】

（第四回）本书原拟依《水浒》《红楼》等书体裁，纯用俗话，但翻译之时，甚为困难。参用文言，劳半功倍。计前数回文体，每点钟仅能译千字，此次则译二千五百字。译者贪省时日，只得文俗并用。明知体例不符，俟全书杀青时，再改定耳。但因此亦可见语言、文字分离，为中国文学最不便之一端，而文界革命非易言也。

——《新民丛报》第 2、6 号（1902 年）

《鲁宾孙漂流记》译者识语（1902）

佚名

　　著者德富（Defoe），英国伦敦人，生于一千六百六十一年。德氏自二十二岁始发愤著书，及其死时，共著书二百五十巨册。其最有大名者，即《鲁宾孙漂流记》也。当一千七百零四年，英国有一水手名 Alexander Selkirk 舍尔克，在 Juan Fernondez 真福兰得海岛为船主所弃，独居孤岛者四年，后乃得乘经过此岛之船以达英伦。此事大动英伦之人心，传为美谈。德氏乃著此书，而假名为鲁宾孙。出版之后，一时纸贵，爱读者至今不衰焉。原书全为鲁宾孙自叙之语，盖日记体例也，与中国小说体例全然不同。若改为中国小说体例，则费事而且无味。中国事事物物皆当革新，小说何独不然！故仍原书日记体例译之。

——《大陆报》第 1 卷第 1 号（1902 年）

教育赘言八则·编译（1902）

罗振玉

【……】

翻译一事，必兼通中外文字、学术及专门学问，实难其选。今从事编译，宜先译小学堂、普通小学校课本为程式，而译中等课本为蓝本；似宜命东人卒中学业者任译务，而命通中国文学者任润色、校订之事。在东办事之费用太巨，莫如选定译本，遣东人包译，合中小学校用书，不过二三千元，刻期成书，寄回润色，如此则费省而效速。今同人在东京，所费不资，计在日本一月之费，足供中国四五月之用。故此次查考学校以后，以迅速回国编译为便利。久在东京，费巨而期愈远矣！

【……】

——罗振玉《教育赘言八则》一文，刊《教育世界》第 21 号（1902 年 3 月）

译书条议（1902）

罗振玉

方今举行新政，改良教育，条理万端，而其最紧最要之机关则以译书为第一。今条举其办法，厘为八端，揭之如下：

一、筹费【……】

二、分类　今日译书必分门类，乃易于下手。方今应译之书汗牛充栋，若随意译印，茫无端绪。今拟先分为学、政、业三者，先译教育、教科及法律、行政各书，而余及实业各书，或此省译教育、行政书，彼省译实业书，如此行之，乃有条理。

三、定名　翻译用语必须划一。如地名、人名及银行、法律、心理、物理诸名目，必须一定，乃便观览。今宜取日本之法律字典等书，翻译备用。其日本所无者，则选通人编定辞书，并列英、和、汉三文，以资考核。此书一成，将来译书便易多矣。此实万不可缓之务。

四、购书　东西各国新著日出，必须随时购买，以备翻译。每岁所买三四百元足矣，此亦必要之举。

五、通力　今日译书，一省之力有限，若合各省为之，道途既阻，商榷殊难，反多牵滞，不如各省自行办理。然亦必须彼此关照，既免重复，且可将各种要书一时并出，但必须预先商议明白，分定门类耳。

【……】

用以上办法，合各行省之力行之，每年可出新书二三千种，累年不辍，十年以后，文明日进矣。此举费省而效宏，但在办理得法与用人得当否耳。此不过大略，至其详细办法，尚俟续拟。

——《教育世界》第 22 号（1902 年 3、4 月
［光绪壬寅］）

译书（1902）

吴趼人

中国去欧洲之远，将及全球之半，故书不同文，政治异法，黄白异种。而制器尚象之术，体察民隐之道，与乎臻强致富之法，于中国则皆有所长。苟欲仿其法术，则非通其语言文字不可。然而中人以上之资，其读我中华古圣之书者几何年，复从而学其语言文字者几何年，而后得攻其艺术之书，盖已晚矣。故欲知政治之得失，艺术之机窍，非译书不为功。——时人才蔚起。至我世祖章皇帝，遂手定天下，抚有环宇。此虽祖宗之神圣，然文明之治，实有以佐之。

然而译书又未易言也。风气之开，已不自今日始。翻译之什，时有其书。即上海制造局而论，已不下数十种。曾购读之，盖开卷茫然者，十常八九。尝考其故，厥有三端：

一曰条理不贯也。西国文学，与中华固别，即其文法，亦往往不同。汉文之顺行者，彼或逆施；汉文之简捷者，彼或冗赘。颠倒次第之间，在在歧异。故译者但就其逐字译成汉文，而见者卒不可解。使得炼字成句之法，而逐句译之，而炼句成章，犹不免疵；即使尽炼字成句、炼句成章之能事，而词不达意之病，又或不免。此条理所由而不贯也。

一曰命名无定也。西国物名，每多中国亘古所未有，致无以名之。乃即以西音之首字，译作汉文，各从其类，加以偏旁，法原甚善，而又遵行不一。有同是一物，而两书各具一名者。如《化学鉴原》之"碘"，在《指南》为"燐"；《鉴原》之"钠"，在《初阶》为"铴"。遂致初学者目迷五色，不知所从矣。

一曰义理不明也。器物之名，致用之理，洋洋千言，非不明且晰也。而于论器物致用之外，戛然顿止，于制造之工夫，推求之要窍，一无所及。是将使读是书者，可使知之，不可使由之也。

凡此三者，谓译人之于西文未加深考欤？非也；谓其故欲隐藏，含而不露欤？亦非也。大抵西国之学，各从其类，故文字亦各从其类而变化。使素非其专门之学，虽西儒视之，亦不解者，盖有之矣。

况今之译书者，西人执西书口译之，华人提笔而记之。口译西书之人，已非译其专门之学，则其译也，亦唯就书言书，就事论事而已。而笔述者，尤非其所素习，唯据口译者之言以书之耳。如是而欲其条理贯通，义理明晰，盖难乎为力矣。

谓译书之法，宜就西人具有专门之学者，各从其类延致之。别使精通西国言语文字者，代为传译华语。而执笔记录之人，亦必求于所译之学，素所解识者；倘有疑义，使译人为之反复详问。庶几译一书，得一书之用，即读者亦无开卷茫然之憾乎？

化学、电学，中土人士多习之者，故其译书也，亦以此二种略为详明。至于声、光二学，则学者绝少，而明其理者遂亦乏人。于是译成之书，遂亦多不条贯、不明畅之处。斯可为余言之印证也。至若工艺、算学之书，则每若表然，可为知者道，而不能导不知者使之知，斯亦一大憾事也。

——《跰𪨊外编》（上海书局，1902 年 4 月）

贵州学政赵公请开设
译书公局折（1902）

赵惟熙

　　奏为请开译书公局，以培养人才。恭折仰祈圣鉴。事窃自诏行新政以来，天下喁喁，咸有望治之心。内外臣工之条陈时务者，亦各参酌情形，嘉谟入告，但裨实政立予施行。仰见圣主集思广益之虚怀。凡在臣民同深钦戴，臣窃唯今日之急务，以培人才为最要。培人才之急务，以周知四国之为为最要。比者屡降明谕，饬建学堂，各省疆臣学臣咸已次第兴办，奉令唯谨矣。唯设学之初，势难遍及东南大省，或者尚易为谋，至边徼之区，不唯经费莫筹，而洋文教习更觉无从聘请。即以一乡一邑论，承学之士何啻千人，鼓箧有心，而望洋兴叹，亦主持文教者之责也。即偏设学堂，而所读旁行斜上之书，受寄象鞮译之语，为数究属有限。且学习西文，宜于幼童而已。登仕版之职官，任繁而不暇学。已得科名之宿儒，时过而不能学。今欲收速成之效，餍多士之求，百十人任其难，亿兆人获其益者，当无过广译西书矣。查从前译书最多者，如江南之制造局，其次如同文馆，如天津学堂，如上海西人各学会，译本刊行虽有三百余种之多。然分别观之，每部不过数种。欲求通其门径，而尚不可得。且半皆彼士二三十年前之撰述。泰西新学月异而岁不同。我方珍为王褒奇，彼已弁髦视之矣。又局译之本多专重兵事一门，不知泰西之政艺各学整齐划一，鳌然秩然，实得我古先圣王遗意。至兵之一说，乃不得已而用之。西人之所以富、所以强，全不系此不本之务，唯末是图。即使果能胜，而兵凶战危，所伤实多。故译书当以政学为前，艺学为次。拟请旨饬设译书总局于京师，分局于各省，同力并举，出书自多。务使宿学新知均得沾溉，穷乡僻壤咸遂取求，庶风气日开，见闻益广，必多奇才异能之士崛起于时。以上副作育人才之至，意谨就管见所及，酌拟译书事宜八条，敬备朝廷采择。

一、拟请先在京师设立译书总局一所，以大臣领之，或径隶翰林院及大学堂管理。局中聘请精通中外文学之人，专译东西各国新出有用书籍，翰林院编检各员，职事无多，即可任笔述之寄。书成再遴选词臣中之素工古文词者，加以斧藻，总期文理明达，不至以较杂鄙俚，贻笑通人，而又能曲畅旁通，弗失原书意旨者，乃为定本，刊印成书编。颁行省既可省译费之半，而词馆各人亦得借此以练习外事，似一举两善之法，莫便于此。

二、拟请敕令沿海沿江大省，每省设一分局，即由该省督抚学政管理，任令提款聘订通人，专司译政。唯成书之后，须缮写全本，咨送总局鉴定，加以润色，然后发还原局陆续颁行。至边远小省，力不能专设译局者，亦应设官书局一所，俟总局及各局译有成本要者，自行刊刻次者，广为购连，庶乡曲寒畯，均得同沾教泽矣。至此项译局书局各费，即为培才起见，拟肯准其作正开销，以免观望。

三、出使各国大臣例带翻译官数员，在外公牍无多，任令光阴虚度，亦殊可惜。拟请旨饬令出使诸臣，就近访求其国新出精要之书，派令译述。仍咨总局鉴定，先为酌定程式，三年任满，每员应呈缴若干种约若干卷精当者，准于例保之外，加等优叙。草率及不如格，则停其保奖。如有繁重大部，非译员数人所能集事，准聘该国通人主之，而责译员等分承其乏。其应需款项，即在出使经费内开支，庶蒐罗广取，而取用宏矣。

四、自通市以来，随使人员及出洋游学者，颇不乏人。其能著书立说、考求外洋政艺者，以臣所见已有数十种之多。而翻译之西书，亦均斐然可观。唯以未奉明谕，推行不广。拟请旨准令各省文人，有能译出西书善本，准就近送由地方官咨送总局，查核其书内果能裨益实用，无离经叛道之语者，分别等次，上者奏请奖以实，官局为刊本通行；次者发还本人，令其自为刊布，予以专利之据，庶有志之士闻风兴起，咸出其才力，以上辅文明之治矣。

五、应译之书，拟请先政而后艺。政学约分三类：其一为各国内政。如制用，有经劝学，有典议院之论说，法院之科条，重农轻武之规模，通商惠工之利病，分院分类不厌详求；其二为各国外交。如外部之政策，使臣之官制，公法何以持其平，约章何以善其后，交邻有道，驾驭攸资；其三为居官之职掌。泰西各国，一官专理一事。一事专订一章。章程既定，所司奉行，罔敢分章逾越，且稍有窒碍者，克日付议，而变通之。故无一成不易之法，亦无徒法不行之虑，盖其因时损益，美矣备矣。大纲既立，然后渐及其专门之学，如格致、制造、化、电、声、光等类，以求实际，庶乎有体有用，本末兼赅矣。

译书之事似易实难，非西文精而兼熟华语者不能口译，非中西优而兼通西学者不能笔述。且西学门类最繁，知此者非必通彼。即如近日之以译书名者丁韪良公法家也，所译格致诸书，卒浅陋不足观；傅兰雅格致工艺家也，所译公法交涉论纠葛不可卒读，是其明证。请旨饬下中外臣工保荐译才，无论中西人士，但能深通洋文者，各举所知，以备采择。且考其素精某学，即令译某类之书，庶无迁地弗良之虑矣。

西人语言文字稍合其声音，稍有缓急轻重不同，故拼字法亦无一定之式。至译以汉文，则同一名也，或只一二字，或至三四字以外。且北人译之，则以北音；南人译之，则以南音。故百其手，则百其文。即如英吉利国名，凡见诸以前纪传者，字音歧出，无虑数十种。开学者之瞀惑，授旁观以诋诽。兹事虽小，所关实巨。总局既立应令先将数见之国名、地名、官名、人名、物名译以京语，仿辽、金、元三史国，语解之例，重加厘定。其相沿既久者，仍之立为一表，以后凡有译本，悉依此表，不得意为出入，亦同文之一端也。

译成一书，颇需时日。费亦不资，要当慎于事先，而后物力日力不至虚掷。设局既多，彼此各不相谋，难免重译之事。即以前论，如制造局所翻之《化学鉴原》，先后并译者，乃有四本。同文馆之《富国策》先后并译者，乃有三本。事倍功半，殊为可惜。以后分局拟译何书，先将原书本名及书内大概宗旨，咨报总局查核，奉可乃行庶免重译之虑。【……】

——《万国公报》第 159 号（1902 年 4 月）

与《新民丛报》论所译
《原富》书（1902）

严复

新民执事：

【……】

窃以为文辞者，载理想之羽翼，而以达情感之音声也。是故理之精者不能载以粗犷之词，而情之正者不可达以鄙倍之气。中国文之美者，莫若司马迁、韩愈。而迁之言曰："其志洁者，其称物芳。"愈之言曰："文无难易，惟其是。"仆之于文，非务渊雅也，务其是耳。且执事既知文体变化与时代之文明程度为比例矣，而其论中国学术也，又谓战国、隋、唐为达于全盛，而放大光明之世矣，则宜用之文体，舍二代其又谁属焉？且文界复何革命之与有？持欧洲挽近世之文章，以与其古者较，其所进者在理想耳，在学术耳，其情感之高妙，且不能比肩乎古人；至于律令体制，直谓之无几微之异可也。若夫翻译之文体，其在中国，则诚有异于古所云者矣，佛氏之书是已。然必先为之律令名义，而后可以喻人。设今之译人，未为律令名义，闯然循西文之法而为之，读其书者乃悉解乎？殆不然矣。若徒为近俗之辞，以取便市井乡僻之不学，此于文界，乃所谓陵迟，非革命也。且不佞之所从事者，学理邃赜之书也，非以饷学僮而望其受益也，吾译正以待多读中国古书之人。使其目未睹中国之古书，而欲稗贩吾译者，此其过在读者，而译者不任受责也。夫著译之业，何一非以播文明思想于国民？第其为之也，功侯有深浅，境地有等差，不可混而一之也。慕藏山不朽之名誉，所不必也。苟然为之，言庞意纤，使其文之行于时，若蜉蝣旦暮之已化。此报馆之文章，亦大雅之所讳也。故曰：声之眇者不可同于众人之耳，形之美者不可混于世俗之目，辞之衍者不可同于庸夫之听。非不欲其喻诸人人也，势不可耳。

台教所见要之两事：其本书对照表，友人嘉兴张氏既任其劳；若叙述派别源流，此在本学又为专科，功巨绪纷，非别为一书不能晰也。今之所为，仅及斯密氏之本传，又为译例言数十条，发其旨趣。是编卒业，及一岁矣。所以迟迟未出者，缘译稿散在友人，遭乱觚滞，而既集校勘，又需时日。幸今以次就绪，四五月间，当以问世。其自任更译最后一书，此诚钦刻未去抱，第先为友人约译《穆勒名学》，势当先了此书，乃克徐及。不佞生于震旦，当十九、二十世纪之交会，目击同种阽危，剥新换故，若巨蛇之蜕蚹，生物家言蛇蜕最苦。而末由一借手。其所以报答四恩，对敡三世，以自了国民之天责者，区区在此。密勿勤劬，死而后已，唯爱我者静以俟之可耳。旅居珍重，唯照察不宣。严复顿首

再者计学之名，乃从 Economics 字祖义着想，犹名学之名，从 Logos 字祖义着想。此科最新之作，多称 Economics，而删 Political 字面。又见中国古有计相、计偕，以及通行之国计、家计、生计诸名词。窃以谓欲立一名，其深阔与原名相副者，舍计莫从。正名定义之

事，非亲治其学通澈首尾者，其甘苦必末由共知，乍见其名，未有不指为不通者也。计学之理，如日用饮食，不可暂离，而其成专科之学，则当二百年而已。故其理虽中国所旧有，而其学则中国所本无，无庸讳也。若谓中国开化数千年，于人生必需之学，古籍当有专名，则吾恐无专名者不止计学。名理最重最常用之字，若因果、若体用、若能所权实，皆自佛教东渐而后拈出，而至今政治家最要之字，如 Right，如 Obligation，问古籍中何字足与吻合乎？学者试执笔译数十卷书，而后识正名定义愜心贵当之不易也。即如执事今易平准之名，然平准决不足以当此学。盖平准者，乃西京一令，因以名官职，敛贱粜贵，犹均输常平诸政制。计学之书，所论者果在此乎？殆不然矣。故吾重思之，以为此学名义苟欲适俗，则莫若径用理财，若患义界不清，必求雅驯，而用之处处无扞格者，则仆计学之名，似尚有一日之长，要之后来人当自知所去取耳。

——《新民丛报》第 7 号（1902 年 5 月 8 日）

译书略论（1902）

佚名

　　人生于一群之中，欲自开其智识，则必读书。两群相遇，欲互换其智识，则必译书。两群之中，甲群稍高，乙群稍次，则甲群译乙群之书，尚可暂缓；而乙群译甲群之书，则在所宜急。夫今日者，脑力之世界也，人固不可不读书；而支那者又稍次于欧美者也，更不可不译书。然则今日之支那，其以布帛菽粟视译书也。审矣。

　　且支那者，久惯译书之国也。问支那二字之名，从何而来？即从译书而来。当东汉之初，金容入梦，遂为支那译书之始，自汉明帝时法兰摩腾等译四十二章起，至唐贞观时玄奘等译相宗各经论止，此八百年之岁月，皆为支那译书之时代。其间主张译书者，有华人，有胡人，其口译笔受者，有华人，有天竺人。其宗派则大小乘无定，其文笔则华朴繁简无定，其择书则一书二译三译甚至六译亦无定。而自其大势观之，则其哲理由浅而渐深（注：《四十二章经》等至浅，《顺地经》等至深），其文辞由疏而渐密（注：慈恩以前所译，通其义而已。至慈恩所译，则必合名学），其一书之卷轴亦由少而至多（注：《四十二章经》共一卷，《大般若经》六百卷），自竺法兰至规基等，其进步之等级，至清晰至完备也。夫古之译释典也，求死后之罪福而已，非以救燃眉之存亡也；讲高尚之哲理而已，非以求切肤之衣食也。而缁俗信徒，乃能合力而成此洋洋万卷之《大藏经》文，支那人译书之猛勇精进，不可骇哉！惜乎，中唐以来，禅宗既盛，置此不讲，两宋元明，百学俱隳，本有之书，尚多束阁，岂能他求？洎乎明季，已达极点，而译书之死灰复燃。

明以前之译书，取之西方，明以后之译书，亦取之西方。明以前之译书为传教，明以后之译书亦为传教；但一则印度，一则欧美，一则释迦，一则基督耳。及其后时世所迫，乃渐与国政相连。今分之为四时代：

［第一期］时代：明崇祯□□年。所译之书：宗教、算学。译书之人：徐光启、利玛窦等。译书之地：上海徐家汇。译书之宗旨：传罗马教。译书之经费：教会。

［第二期］时代：咸丰□□至咸丰己未。所译之书：天文、算学。译书之人：伟烈亚力、李善兰等。译书之地：上海墨海书院。译书之宗旨：显其独得之学。译书之经费：教会。

［第三期］时代：同治十年起到今。所译之书：格致、工艺。译书之人：傅兰雅、金楷理、华蘅芳、赵元益等。译书之地：上海制造局。译书之宗旨：国家欲明制造。译书之经费：国家。

其第三期同时者尚有数社会：

［甲］时代：光绪初年至今。所译之书：条约、外国律例、旅行游记、医学。译书之人：丁韪良、同文馆学生等。译书之地：北京同文馆。译书之宗旨：未闻。译书之经费：国家。

［乙］时代：光绪初年。所译之书：算学、物质学、历史。译书之人：艾约瑟、花之安等。译书之地：上海益智会。译书之宗旨：传

路德教。译书之经费：教会。

[丙]时代：光绪十余年。所译之书：宗教、格致、史事、政治。译书之人：李提摩太等。译书之地：上海广学会。译书之宗旨：传路德教。译书之经费：教会。

[丁]时代：光绪元年。所译之书：医学。译书之人：嘉约翰、尹端模等。译书之地：香港博济医院。译书之宗旨：传路德教。译书之经费：教会。

[第四期]时代：目今。所译之书：政治学等。译书之人：士人学生。译书之地：各大市场。译书之宗旨：输入文化、挽救衰亡。译书之经费：人民自备。

观上诸表，即知支那译书，当后胜于前矣。何也？前译书之人，教会也，朝廷也；前译书之目的，传教也，敷衍也。后译书之人士夫也，学生也；后译书之目的，谋公利也，谋私利也。宜乎后译之力，当万倍于前译之力。前译者为东方之启明，而后译者为经天之烈日；前译者为昆仑虚丛林灌莽中之涓流，而后译者为江河入海处吞天之巨浸，殆时势之一定，而不可改者矣。乃一读其书，竟大不然，其后译之书，较前译之书，不及远甚！试举其普通大例如下：

其一：前译皆取诸西文，后译皆取诸东文。

其二：前译多科学，后译多泛论。

其三：前译多巨帙，后译多短书。

此三事者，各有致此之因。其第一条，以深于英文之人过少，即有数人，而其人之事已至极繁，不能再肩此任，此为西文之所限一也。第二条，有专门之科学，即有专门之名词，通东文者虽多，而曾学科学者甚少，此为东文之所限二也。第三条，编辑者数字以卖之，发行者计日以赶之，皆以短书为便，此为财力之所限三也。此外又有近因，能致译书于至坏之地步者，则科目为最有力焉。此四者具，而译书之不及前决矣。今得一例如下：

专为传其学说起见，上也；欲以其学著名，次也；欲以其学易利，又次也；利在前而后从事于学焉，下也。以此四期分证之。

第一期之译书也。其时欧西之说，初来中土，非唯无利可谋，无名可得，而且处数千年丰蔀之下，忽然而倡此新宗教、新学说，上无国家之保护，下有社会之阻力，其祸有不胜言者焉。徐利诸公，举不暇计，唯是热心信教，欲以传上主之奥理于人间，其胸次之高尚为何如也！故所译《几何原本》等，至今尚占译书中唯一之地位。此为犯难译书时代。

第二期嘉道之季，士大夫旧学渐进精深，故算术一科遂成显学。李壬叔生当其时，其资禀又与此为独近，亟欲集其大成，为同时诸公所未有也。此为名誉译书时代。

第三期则既已开公局，支薪俸矣，然而其局为常局，其课程以时计不以字计，故为日较长，得以从容从事焉；且诸公又皆嗜此学者也。此为薪俸译书时代（案，同时各教会译书笔述人情形亦与此相若）。

第四期科举既变，八股既废，于是《四书合讲》《诗韵合璧》《大题文府》《策府统宗》等，遂与飞蛇、飞鼍、大麋、大鹿，同为前世界之陈迹，不能不又有物焉代兴其间也。以故其购求者，非求智识也，买夹带也。其编辑者，非开民智也，卖夹带也。此为夹带译书时代。

夫译书而至以充夹带，则译书之恶达于极点矣！以观其工，则译工、印工、装订工，无不草率之极。以观其料，则墨料、纸料、线料，无不偷减之极。以较前时所译者，不必展读，盖一望其书之外形，而知其工率之分矣。虽然，吾知不转瞬而译书者必将改良，从何而改？即从此数十之主考房官而改也，盖其力能使译书与夹带分而为二。今观各省所出之题，既可不用译书，则将来所刻之闱墨，必皆不引译书，则此后求夹带者，必不求之译书之中，即谋译书者，断无望其兼有夹带之用，而译书自译书，夹带自夹带，将见专备夹带之新书，渐不销行，专备夹带之译局，渐行停止，而其存者，必其真输文化开民智者也。再久之，则科目之制，终必废绝，而学堂之读本兴焉。至此而译书之面目大更矣！若再言其他，则更关系于国家之存亡荣辱，此时亦无人能知之。若如上之言，则固可以确信矣。

西人有恒言曰："今胜于古。"华人有恒言曰："今不古若"。此二言者各相反也，而要皆其社会之实情。余等自有智识以来，见乎在西人者，何事不日进？在华人者，何事不日退？不必论相角于争存剧烈之界也，即作中国仍为闭关自守观之，亦实有不堪对我古人者。同一绸缎也，出于古人者必厚密，出于今人者必疏薄。同一器用也，出之古人者必精坚，出之今人者必窳脆。同一书册也，出之古人者其纸墨装订必工整，出之今人者其纸墨装订必草率。以光绪二十年后，较之光绪初年，而不逮见焉，以光绪朝较之同治朝，而不逮见焉。以同治朝较之道咸朝，而不逮见焉。道咸朝较之乾嘉朝，而不逮见焉。此均非有西人日促之也，其退化何如此之速哉？使速率常如此，十年百年千年之后，国将何如？噫！

——《中外日报》（1902 年 10 月 13、14 日）

问答（1902）

东京爱读生等

（一）问：读贵报第一号绍介新著一门原富条下，于英文之 political economy，欲译为政术理财学，比今日本所译经济学，严氏所译计学虽似稍确稍骇，然用四字之名，未免太冗，称述往往不便。如日本书中有所谓经济界、经济社会、经济问题等文，以计字易之固不通，以政术理财字易之亦不通也。此学者在中国虽无颛门，但其事唯人生所必需，随文明而发达，吾中国开化数千年，古籍之中岂竟无一名词足以当此义者。贵撰述博通群典，必有所见，乞悉心研搜，定一雅驯之名以惠未学，幸甚幸甚。（东京爱读生）

（一）答：政术理财学之名，冗而不适。诚如尊谕，唯此名求之古籍，脗合无间者，实觉甚难。洪范八政，一曰食，二曰货，班书因采之为食货志，食、货二字，颇赅此学之材料，然但有其客体，不有其主体，未能满意。管子有《轻重篇》，篇云："桓公曰：轻重有数乎？管子曰：轻重无数，物发而应之，闻声而乘之。故为国不能来天下之财，致天下之民，则国不可成。"轻重凡十八篇，皆言所谓经济学之理法者也。必求诸古名，则轻重二字最适。然其语不通用，骤出之乱人耳目，殆未可也。《论语》赐不受命，而货殖焉。太史公用之以作《货殖列传》。此二字亦颇近，但所谓 political economy 者，合工团之富，与私人之富言之，而其注重实在公富，货殖则偏于私富，不含政术之义，亦非尽当。《史记》有平准书，所言皆朝廷理财之事，索隐曰："大司农属官有平准令丞者，以均天下郡国输飬，贵则耀之，贱则买之，平赋以相准，故命曰平准也。"按汉代平准之制，本所以吸集天下财富于京师，其事非为人群全体之利益，本不足以当 political economy 之义。虽然单举平准二字，尚不失为均利宜民之意，且此二字出于《史记》，人人一望而解，而又不至与他种名词相混。然则径译之为平准学者，经济界则名为平准界，经济社会为平准社会，经济问题为平准问题，施诸各种附属名词，似尚无窒碍，聊胪此诸义，以酬明问，并以质当世之深通此学者，并望通儒硕学更驳诘之而乘教焉。

（二）问：贵报学说与学术，其界限似不甚分明，敢问其分类之命意所在？（同上）

（二）答：就论理之原则言之，则学说可包于学术之中，以之分类并列，颇不合论法。但本报之意，唯以绍介各种新学开通我国民智为主，非欲藏诸名山，以传不朽也。故因便宜以分类，其不合论法者正多，非特此两门耳。至所以分此两者之故，学说则专取中外大儒一家之言，有左右世界之力者，撷其要领，学术则泛论诸种学问，或总论，或分论，或有形学，或无形学，以使人知学界之大势及其概略，故不得不另为一门也。

（三）问：日本书中金融二字，其意云何？中国当以何译之？（同上）

（四）问：中国近日多倡民权之论，其说大率宗法儒卢梭，然日本人译卢梭之说，多名为天赋人权说。民权与人权有以异乎？此两名词果孰当？（同上）

（以上两条下次答复）

——《新民丛报》第 3 号（1902 年〔光绪二十八年二月一日〕）

（三）问：日本书中金融二字，其意云何？中国当以何译之？（东京爱读生）

（三）答：金融者指金银行情之变动涨落，严氏原富译为金银本值，省称银值。唯值字仅言其性质，不言其形态，于变动涨落之象不甚著。且省称银值，尤不适用于金货本位之国。日本言金融，取金钱融通之义，如吾古者以泉名币意也。沿用之似亦可乎。

（四）问：中国近日多倡民权之论，其说大率宗法儒卢梭，然日本人译卢梭之说，多名为天赋人权说。民权与人权有以异乎？此两名词果孰当？（东京爱读生）

（四）答：民权之说，实非倡自卢梭。如希腊古贤柏拉图、阿里士多德亦多言之，但至十八世纪而大昌明耳。民权两字其义实不赅括，乃中国人对于专制政治一时未确定之名词耳。天赋人权之原字，拉丁文为 Jura innata, Jura connata，法兰西文为 Drois de l'Homme, Droits homains，英文为 Rights of man，德文为 Unrecht Fundamentalrecht Angeborene Menschenrecht, Menschenrecht，其意谓人人生而固有之自由自治的权利，及平等均一的权利，实天之所以与我，而他人所不可犯不可夺者也。然则其意以为此权者，凡号称人类，莫不有之，无论其为君为民也，其语意范围不专用于政治上也，故以日本译语为当。

【……】

—— 《新民丛报》第 6 号（1902 年
[光绪二十八年三月十五日]）

（四）问：见前。（东京爱读生）

（四）续答：民人二字本无甚分别，而用民字不如人字何也？中人多以民字对于君字解之。一言民权，则浅见者且疑为无君派，而疑惑滋矣。若用人字，既祛其疑，于真理亦得。何以言之，君亦人之一分子，及为人之代表，乃名为君，实亦一人也。民字可以人字代之，更无论矣。天赋之权，包括甚大，君亦不能于此权外有所增，民亦不能有所损。总而言之，皆在次权字之中，各行其自由，不碍他人之自由是也。虽所识有不同，而赋于天者则一也，用人括之可耳。用民字则启人畛域之见，卓识以为何如？（京都知新书塾河北立太郎）

【……】

（六）问：贵报中有要素二字，不得其解，译书汇编中亦恒用之。本当向彼处请质，今即向尊处请质。若以琐屑不答，亦无妨。（苏州华之范）

（六）答：要素二字，本物理学、化学上用语，素犹质也。中国人译化学书，所用原质二字，日人译为原素，其移用于他种科学所含

意义亦同，如云土地、人民为立国之要素，犹云轻气、养气，为成水之原质也，要字与原字有别，望文自明。（本社记者）

——《新民丛报》第 6 号（1902 年
[光绪二十八年四月一日]）

（七）问：经济学原名 political economy，直译之为政治节用学，迨 Morsbotl 氏而始名为 economics。日本人译之为经济学。不求其理而骤观之，则经济似与政治混而无别。夫经者含政治之义，济者寓泉流之旨，其与斯学本义已极相符。日本当时之定位此名，盖已斟酌审慎而无遗议者矣。贵报第三号乃欲易为平准学，夫平准者诚如严氏所谓西京一令，以名官职，不足以副斯学，乃如严氏之译为计学，其名则诚推驯矣。若谓用之处处而无扞格，则恐为贤者自许之太过也。案 statistics 者亦财政之中而独立一学者，日本人则译为统计学，又曰计学。今中国之方舆人民出产国用，皆渺无定稽。是此学为中国所宜急讲者矣。今若竟从严氏之名，则不知此后而欲译 statistics，其又将以何者而易之？贵报第七号而又名之曰生计学，虽生计二字其较严氏为稍善，然终嫌范围太小，而不能以政治理财之意包括其中。窃谓泰西近世所新发明事理，为我中国旷古所未有者，不一而足。若必一一而冠以我中国所固有名辞，是诚许子之不惮烦矣，亦恐未必有此吻合者。且举国草创，礼部尚乏检定之例。文人结习，好尚新异，误而用之，必至沿袭数十载而后始能改。与其遗诮后贤，不如其仍旧贯，以俟商榷。如其不然，则财政学日本亦有用之者，且包举斯学之旨，而义界亦自清也。用以质之，以为何如？向贵撰述亦必有说者矣。（驹

场红柳生）

（七）答：平准二字之不安，鄙人亦自知之，故既弃去。计学与statistics 相混，且单一名词，不便于用，如日本所谓经济问题、经济世界、经济革命等语。若易以计问题、计世界、计革命等，便觉不词。鄙人亦既以此质问于侯官严氏，尚未得其复答也。尊论谓近世所新发明事理，不能一一冠以我国固有名词。次论诚伟。唯经济二字，袭用日本，终觉不安。以此名中国太通行，易混学者之目，而谓其确切当于西文原义，鄙意究未敢附和也。故终愿海内大雅，悉心商榷而重定之。至谓财政二字，可以包举斯学之旨，而义界亦清云云，鄙意殊不谓然。财政者不过经济学之一部耳，指财政为经济，无异指朝廷为国家。考德国近世学者，于此学分类定名，最为精密，其所谓 Wirtschabtslehre 者，经济学之总名也。或称为 Volkswirtschattslehre 及 Nationaloekonomie，则国民经济学之义也。也又称为 Politische Oekonomie，则政治经济学之义也。而又分为家政经济学 Domestic Economy 及营业经济学 Industrial Economy 等门。至其专属于行政者，则谓之 Wirtschabtspflege，而其中又分两门，一曰 Wirtschabtspolitik，日人译为经济政策学，二曰 Finanzwissenschabt，日人译为财政学。然则财政学不足以包举经济学之全部明矣。试以日本人所通定经济学部门列表示之：

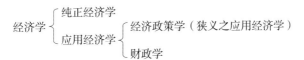

由是言之，财政学决不可用也。严氏又谓苟欲适俗，莫如径用理财，是亦不可。盖此等专用名词，莫不可以动词冠其上。若用理财，

则其于用之于复杂名词时，窒碍亦滋多矣。故鄙见仍欲存生计二字，以待后贤也。日本所译诸学之名，多可仍用，唯经济学、社会学二者，窃以为必当更求新名，更望哲达有以诲之。（本社）

——《新民丛报》第8号（1902年
[光绪二十八年四月十五日]）

【……】

（十）问：第四号学术第二页云：独至获麟以后，迄于秦始，实为中国社会变动最剧之时代。按中国当时未有社会，而贵报云最剧之时代，意即坑儒焚书之祸欤？或当时有如今日社会之举，与社会想暗合欤？（高邮戛戛子）

（十）答：社会者，日人翻译英文 society 之语，中国或译之为群。此处所谓社会，即人群之义耳。此字近日译日本书者多用之，已几数见不鲜矣。本报或用群字，或用社会字，随笔处之，不能划一，致淆耳目，记者当任其咎。然社会二字，他日亦必通行于中国无疑矣，恐读者尚多误以为立会之意，故赘答于此。（本社）

【……】

（十二）问：读贵报第八号于英文之 political economy 又有译为财政学。财政二字，较之日本所译经济学，严氏所译计学，贵撰述所译之平准学生计学，似稍切实赅括。然尚嫌范围太小，不能以政治理财之意包括其中。诚如贵撰所云，财政者不过经济学之一部分，指财政为经济，无异指朝廷为国家，是则财政学决不可用明矣。然则终无一名词足以定之乎，鄙意殊谓不然。夫我中国即无固有之名词以冠之，亦不妨创一新名词，如泰西近今有新发明之事理，即创一新字以名之也。若必欲以我国古名词名泰西今事理，恐亦不能确切无遗憾。贵撰述学术博通，苟悉心商榷，岂不能定一雅驯之名词，以释群疑而惠末学。如不得已，则国计学似足赅此学朝廷理财之事。由是日本所谓经济家则名为国计家，经济学者则名为国计学者，经济界则名为国计界，经济社会为国计社会，经济问题为国计问题。加之各种名词之上，似尚少窒碍之处，且此国计二字，义界既清，吾国文中亦尝用之，人人一望即解，必无乱人耳目之弊。用以质之贵撰述，并当世之高明，尚祈互答而指正焉。（无锡孙开圻）

（十二）答：经济不专属诸国，国计只能赅括财政，不能及其他。至如所谓"个人经济""家事经济者"皆经济学中一部分。以国计统之，似不合论理。严氏专用一计字，正以其可兼国计、家计等而言耳。本报微嫌其单词，不便于用，故易以生计，不得已也。（本社）

——《新民丛报》第 11 号（1902 年
[光绪二十八年六月一日]）

尊疑先生复简（1902）

严复

【……】来教佛经名义多用二文，甚有理解，以鄙意言之，则单字双字，各有所宜，譬如 Economics 一宗，其见于行文者，或为名物，或为区别，自当随地斟酌，不必株守计学二字也。此如化学有时可谓物质，几何有时可翻形学，则计学有时自可称财政，可言食货，可言国计，但求名之可言，而人有以喻足矣。中国九流，有以一字称家，有以二字称家，未闻行文者遂以此窘也。Economic Laws 何不可称计学公例。Economic problems 何不可云食货问题？即若 Econcmic Revolution 亦何不可言货殖变革乎？故窃以谓非所患，在临译之剪裁已耳。至于群学，固可间用民群。大抵取译西学名义，最患其理想本为中国所无，或有之而为译者所未经见。若既已得之，则自有法想。在己能达，在人能喻，足矣，不能避不通之讥也。唯独 Rights 一字，仆前三十年，始读西国政理诸书时，即苦此字无译，强译权利二字，是以霸译王，于理想为害不细。后因偶披《汉书》，遇朱虚侯忿刘氏不得职一语，恍然知此职字，即 Rights 的译。然苦其名义与 Duty 相混，难以通用，即亦置之。后又读高邮《经义述闻》，见其解《毛诗》爰得我直一语，谓直当读为职。如上章爰得我所，其义正同，叠引

《管子》孤寡老弱，不失其职，汉书有冤失职，使者以闻，又《管子》法天地以覆载万民，故莫不得其职等语。乃信前译之不误，而以直字翻 Rights 尤为铁案不可动也。盖翻艰大名义，常须沿流讨源，取西字最古太初之义而思之，又当广搜一切引申之意，而后回观中文，考其相类，则往往有得，且一合而不易离。譬如此 Rights 字，西文亦有直义，故几何直线谓之 Right line，直角谓 Right angle，可知中西申义正同。此以直而通职，彼以物象之正者，通民生之所应享，可谓天经地义，至正大中，岂若权利之近于力征经营，而本非其所固有者乎？且西文有 Born Right 及 God and my Right 诸名词，谓与生俱来应得之民直可，谓与生俱来应享之权利不可。何则，生人之初，固有直而无权无利故也，但其义湮晦日久，今吾兼欲表而用之，自然如久庋之罨，在在扞格。顾其理既实，则以术用之，使人意与之日习，固吾辈责也。至 Obligation 之为义务，仆旧译作民义，与前民直相配。Duty 之为责任，吾无间然也。【……】

释革（1902）

梁启超

"革"也者，含有英语 Reform 与 Revolution 之二义。reform 者，因其所固有而损益之以迁于善，如英国国会一千八百三十二年之 Revolution 是也。日本人译之曰改革，曰革新。Revolution 者，若转轮然，从根柢处掀翻之，而别造一新世界。如法国一千七百八十九年之 Revolution 是也。日本人译之曰革命。"革命"二字，非确译也。"革命"之名词，始见于中国者，其在《易》曰，汤武革命，顺乎天而应乎人；其在《书》曰，革殷受命。皆指王朝易姓而言，是不足以当 Revo.（省文，下仿此）之意也。人群中一切有形无形之事物，无不有其 Ref.，亦无不有其 Revo.，不独政治上为然也。即以政治论，则有不必易姓而不得不谓之 Revo. 者，

【……】

Ref. 主渐，Revo. 主顿；Ref. 主部分，Revo. 主全体；Ref. 为累进之比例，Revo. 为反对之比例，其事物本善，而体未完，法未备；或行之久而失其本真，或经验少而未甚发达，若此者，利用 Ref. 其事物本不善，有害于群，有窒于化，非芟夷蕴崇之，则不足以绝其患，非

改弦更张之，则不足以致其理；若是者，利用 Revo.。此二者皆《大易》所谓革之时义也。其前者吾欲字之曰改革；其后者吾欲字之曰"变革"。

支那翻译会社设立之趣意（1902）

佚名

本社以养成人民世界的知识为公责，研究一切学而沟通之翻译地球各国国文之书。凡关于学理与政术有影响于社会人智之发达进步者，皆在其范围内。冀渐次组织种种最完全之书以供一般学者之取，吸以为教育行政治标准。

本社创始时代不能不多采东书，求适合于吾国人民之思程，渐次广译欧米各国国家公布之法籍及有力学者之名著，并编定诸学科专书，示种种研究之方法，冀与日本博文馆及早稻田专门学校出版诸书之位价相对等。

本社会员皆负发见学理增进文化之责任，各尽力于著述之事业，以完其对社会上之天职。

本邦及东西各国学者咸得以新著译之，书见饷本社皆当次第印行。其不合本社科目程度及其注意者，以原稿奉缴。

本社现当胚胎时代，凡所检定流通之书，不能无欠点，唯东西大家有以匡正之。

本编发行之趣意

我国学校教授诸学科俱未有专书，本社特取早稻田专门学校讲义录之意译为是编，以便学者之独修，以补学校教科之缺乏。

本编采译诸书皆专门学科之立脚点，可为大学校完善之课本，学生研究之必要读本。本编全年者，则于诸学科门径皆可了然。胜读他书百十种，得渐次养成专门学者之资格。

本编之内容

本编月出一册，分译政治、法律、经济、教育、宗教、社会、哲学、文学各书，每册必十种以上，以每年度为一大结束，必令种种完毕。

本编以导引中国人民之世界知识为注意，所译诸书皆东西大学者最新最要之大著，有完全无缺之资格，为中国向来译书界中所未有。

本编每册二百余板，凡十万言两倍于译书汇编，五六倍于译林，七八倍于励学译编。

——《翻译世界》第 1 期（1902 年 12 月 1 日）

东籍月旦叙论（1902）

饮冰室主人（梁启超）

新习得一外国语言文字，如新寻得一殖民地，虽然，得新地而不移民以垦殖之，则犹石田耳。通语言文字而不读其书，则不过一鹦鹉耳。我中国英文英语之见重既数十年，学而通之者不下数千辈，而除严又陵外，曾无一人能以其学术思想输入于中国；此非特由其中学之缺乏而已，得毋西学亦有未足者耶？直至通商数十年后之今日，而此事尚有不得不有待于读东籍之人，是中国之不幸也。然犹有东籍以为之前驱，使今之治东学者，得以干前此治西学者之蛊，是又不幸中之幸也。

东学之不如西学，夫人而知矣。何也？东之有学，无一不从西来也。与其学元遗山之诗，何如直学杜少陵？与其学桐城派古文，阿如直学唐宋八家？然概计我学界现在之结果，治西学者之收效。转若不能及治东学者何也？其故有二：（一）由治西学者大率幼而就学，于本国之学问一无所知，甚者或并文字而不解；且其见识未定，不能知所别择，其初学之本心，固已非欲求学理与通儒矣。而所从之师，又率皆市井阛阓之流，所以导之者，非学问之途而衣食之途也。虽其中能自拔流俗者未始无人，然已麟角凤毛矣。若治东学者，大率皆在成童弱冠以上，其脑中之自治力、别择力渐以发达，故向学之心颇切，而所获较多也。（二）由欲读西文政治、经济、哲学等书而一一诠解之，最速非五六年之功不能，若幼童脑力未开，循小学校一定之学级以上进，则尤非十余年不可。向来治西学者既无远志，又或困于境遇，不能卒业。故吾国寻常学西文之徒，其最高等者，不过有中学校卒业之资格而已，何怪乎精深之学问一无所闻也。若治东学者，苟于中国文学既已深通，则以一年之功，可以尽读其书而无隔阂。即高等专门诸科，苟好学深思者，亦常不待求师而能识其崖略，故其效甚速也。然则以求学之正格论之，必当于西而不于东；而急就之法，东固有未可厚非者矣。

治东学者不可不通东语，此亦正格也。盖通其语则能入其学校，受其讲义，接其通人，上下其议论，且读书常能正确，无或毫厘千里以失其本意，诚不可少之具也。然东语虽较易于西语。然亦非居其地，接其人以岁余之功习之不能。若用简便之法，以求能读其书，则慧者一旬，鲁者二月，无不可以手一卷而味津津矣。故未能学语而专学文，不学作文而专学读书，亦一急就之法，殊未可厚非也。

今我国士大夫学东文能读书者既渐多矣，故很不得其途径，如某科当先，某科当后，欲学某科必不可不先治某科；一科之中，某书当先，某书当后，某书为良，某书为劣，能有识抉择者盖寡矣。同学诸子，怂恿草一书以饷来者，自念浅学，加余未尝能通其语，入其学校，非唯专门之学一无所得，即普通之学亦未遍习，以门外人而言宗庙百官之美富，适为知者嗤黜耳。虽然，其留学斯邦诸君子，或功课繁剧，无暇从事；或谦逊自持，率不操觚；今我不述，则恐更阅数年，而此种书尚不能出现于我学界，斯宁非一恨事欤！是用不揣固陋，就所见及者草为是篇，虽无大裨于时彦，抑不至贻误于后生，是所差堪自信者耳。

——《新民丛报》第 11 号（1902 年［光绪二十八年］）；

《中国近代出版史料》（二编），第 93—95 页。

《新庵谐译初编》自序（1903）

周桂笙

人生束发受书，得觇异籍，当勉为中外通儒。若仅仅于学成译材，所就既已小矣。虽然自庚子拳匪变后，吾国创巨痛深，此中胜败消息、原因固非一端。然智愚之不敌，即强弱所攸分有断然也。迩者朝廷既下变法之诏，国民尤切自强之望，而有志之士，眷怀时局，深考其故，以为非求输入文明之术断难变化固执之性。于是而翻西文，译东籍尚矣。日新月异，层出不穷。要皆觉世牖民之作堪备，开智启慧之助洋洋乎盛矣哉。不可谓非翻译者之与有其功也。于是乎，译材固不可以仅目之也。世之君子所译者如是。若余此编，则既无宗旨，复无命意，牛鬼蛇神徒供笑噱，又复章节残缺，言之无文，乃亦与时下君子所译鸿文同时并出，毋亦徒留笑枋于当世耶？虽然，此编之成，初非余之本意，盖吾友吴君趼人怂恿之作也。吴君为南海荷屋中丞公之曾孙，家学渊源，文名藉甚。生有奇气，素负大志，与余交最莫逆。尝谓人曰："得识周某，不负我旅沪二十年矣。"尝历主海上各日报笔政，慨然以启发民志为己任。然其议论宗旨，喜用谐词，以嬉笑怒骂发为文章，盖谓庄语不如谐词之易入也。尝出泰西小说书数种，嘱余移译以实其报。余暇辄择其解颐者译而与之。三四年来，积稿居然成帙矣。略加编次，遂付梓人。友人索阅，聊省抄力。若云问世，则吾岂敢。

　　光绪壬寅二十八年仲冬之月

　　上海新庵主人书于知新室

　　　　　　　——《新庵谐译初编》（上海：清华书局，
　　　　　　　　　　　1903 年 5 月），卷首

译书难易辩（1903）

佚名

中国译界，自庚子而始辟。译界既辟，伸楮握管以从事者，日衍于都鄙，刊行之书，庋盈于肆。拟译之目，载遍于报纸。而吾民之智，犹昏昏如无气之人如昨也。盖译者负有至巨之责，至艰之任，而尤必窥其时疾而药之。斯足以大张译界之光，而适于从事译书者之初志，旷观吾中国今日译界之中，殆无足以语于此者，度亦未尝一规其难易之程已尔，是不可以不辩。

译书之故，唯尝集他国之思想学术，以供吾民之吸取。人耕我获天下之便利，无逾于此者。欧美各国遇有新明一理，新倡一说，凡文字各殊之国，莫不争得而译之。是以文化骤进至于斯极，岂一国之智虑所可企及者哉。然译书之业，非可强责人人者也，即能译书者，亦非可强责以译各种之书者也，其难约有数端。

译书之人必通一种学术，与二国以上之文字。如法人著哲理之书，英人译之，则译之之英人必明于哲理，习于法文，始可以读法人所著哲理之书，又必雄于英文，始可达其义于英文之中。今中国事译书者，如蝟丛集，舍一二豪杰士外，类耗旬月之功，略辩假名，乃即剽窃东籍，直抄直译，而自诩为沦吾民智之具。中国民智诚昏，然断非是等译书所能沦。若仅藉是等译以沦之，则所沦之智，亦有测其涯矣。为此者或由坊贾图利之心，或由妄人求得志士之虚衔，其并二者而攘之，则众之尤众者也。故成书累万，曾不闻有获益之人。试任取一帙，皆文字乖谬，不可卒读，或以输入新字为解，或以文不徒工为饰，要亦学殖荒落，不足以窥著述之堂已耳。甚有核之原书，正负且不相适。遇有崇论闳议，则又靡不遗其精而掇其糟粕，是即为吾中国今日译界不可讳之剧疾。而吾之所以不得不为之叹息痛恨者也，此必通一种学术，与二国以上文字之难。而中国译书之人，不知其难之弊也。

译书既为沦智之具，则必与其群俗相入，而尤必宅其心于公德之区，如人民憔悴困苦于虐政之下，即取发扬蹈厉，振刷精神之书以药之。流连忘反于荒乐之中，即取艰险忧惧，危言警语以怵之。法人自由书出，译读之国，悉革君权，以恢复人民昔日所失之利，全欧为之震动，北美又旁受其激刺。译书之功用，必如是而始极。译书之人，必能译如是之书，使所译之书有如是之功用。始谓无忝其所任。呜呼！岂易言哉？吾尝窃观乎中国今日之译界，且尝一窥乎中国今日译书之人之用心矣，求有一人能与吾说相合，恐极悍者或难致答也。中国数千年来病根以何者为最著？满地人民以何者为最苦？能任译事者当识其端，而译成之书，足以显厥功用于吾中国者，何寥寥至于斯极也。且吾尤有恫心者在焉，其为应声之虫，行类钞胥者，固无足责。一二学设藩篱之徒，转挟其所知，以为吾中国译界之蟊贼，此诚丧心病狂，不足齿以人数者也。此译书之人，必宅其心于公德之区之难，而中国译书之人不能行其难之弊也。

译普通学书，不可不通普通学。译专门学书，尤不可不通普通学。说者每谓哲理之书，甚泛而易读，不知哲理之书，与普通学相系，尤巨如忽言医术，则目未睹生理书者不能读。如忽言分析，则耳未闻理化说者先不能读。又忽言动物、植物、矿物，则生平不识三者之形者终不可读。读之不能，奈何又从而译之？中国译书之人，率幼时失学，壮而自肆，心畏普通学之不易，乃遁于专门之学，以自高其位置，故政治国家与夫哲理之书，满街皆是，而实际科学之书，则阙然难之观也。此犹尚未卒业于中小学校，而转为大学校之教授，畴非可笑之甚者乎？此必通普通学之难，而中国人又不知其难之弊也。

盖译书为沦人智慧之事，译书为开通风气之事，译书为著述之事，今中国译书之人以千万计。既有千万人能为沦人智慧之事，能为开风气之事，能为著述之事，则今日之中国必不至为今日之中国，既为今日之中国，必不能为有千万能为沦人智慧开通风气与夫著述之人，此可断言之而无疑者也。既有如是甚众之译书之人，而不能尽译者书应为之事，是为吾中国译界之大耻。凡为译界中之支属，胥无所逃而托焉者也。因不惮大声疾呼，执难易之辩，以遍箴同志，愿吾中国之志士仁人，各视译书为至难之事，冥心孤索，预思必译何书，可为吾中国之福，不译何书，将为吾中国之不幸。吾之智力，又与何书相适合，而后成为海内之伟观，此亦一世之盛事也，何不乐而迟焉弗为。且又有说也，今日成书已千百种，十年后必至无可纪数，其能风行都鄙，卓然不朽为众所择者，必具所以令人悦服之故。若夫悠悠之徒信笔直译者，唯杂于故纸烂籍之中，以饱蠹鱼之腹已耳。揆诸怀铅握椠，辛苦译述之初心，是亦大相刺谬者也。即谓出于图名求利之计，则毁盈于庭，而又无锱铢可获，良足悯哉！

中国译书之人，一日不行吾说，则译书之功用，一日不显。吾于是重惜中国译书之人之妄耗精神，而又深悲中国人之不能享受译书之功用，此所以拳拳不能已于言也。他有足以为吾中国译界之蟊贼，则尤愿与吾中国之志士仁人，并力歼之，弗使遗其孽于大千世界之中，以流毒于吾中国也可也。

——《大陆》第 5 期（1903 年）

《群己权界论》译凡例（1903）

严复

　　或谓旧翻自繇之西文 Liberty 里勃而特，当翻公道，犹云事事公道而已，此其说误也。谨案：里勃而特原古文作 Libertas。里勃而达乃自由之神号，其字与常用之 Freedom 伏利当同义。伏利当者，无罣碍也，又与 Slavery 奴隶、Subjection 臣服、Bondage 约束、Necessity 必须等字为对义。人被囚拘，英语曰 To lose his liberty 失去自由，不云失其公道也。释系狗，曰 Set the dog at liberty 使狗自繇，不得言使狗公道也。公道西文自有专字，曰 Justice 扎思直斯。二者义虽相涉，然必不可混而一之也。西名东译，失者固多，独此天成，殆无以易。

　　中文自繇，常含放诞、恣睢、无忌惮诸劣义，然此自是后起附属之诂，与初义无涉。初义但云不为外物拘牵而已，无胜义亦无劣义也。夫人而自繇，固不必须以为恶，即欲为善，亦须自繇。其字义训，本为最宽。自繇者凡所欲为，理无不可，此如有人独居世外，其自繇界域，岂有限制？为善为恶，一切皆自本身起义，谁复禁之？但自入群而后，我自繇者人亦自繇，使无限制约束，便入强权世界，而相冲突。故曰人得自繇，而必以他人之自繇为界，此则《大学》絜矩之道，君子所恃以平天下者矣。穆勒此书，即为人分别何者必宜自繇，何者不可自繇也。

斯宾塞《伦理学说公》（*Justice in Principle of Ethics*）一篇，言人道所以必得自繇者，盖不自繇则善恶功罪，皆非己出，而仅有幸不幸可言，而民德亦无由演进。故唯与以自繇，而天择为用，斯郅治有必成之一日。佛言一切众生，皆转于物；若能转物，即同如来。能转物者，真自繇也。是以西哲又谓，真实完全自繇，形气中本无此物，唯上帝真神，乃能享之。禽兽下生，驱于形气，一切不由自主，则无自繇，而皆束缚。独人道介于天物之间，有自繇亦有束缚。治化天演，程度愈高，其所得以自繇自主之事愈众。由此可知自繇之乐，唯自治力大者为能享之。而气禀嗜欲之中，所以缠缚驱迫者，方至众也。卢梭《民约》，其开宗明义，谓斯民生而自繇，此语大为后贤所呵，亦谓初生小儿，法同禽兽，生死饥饱，权非己操，断断乎不得以自繇论也。

名义一经俗用，久辄失真。如老氏之自然，盖谓世间一切事物，皆有待而然，唯最初众父，无待而然，以其无待，故称自然。此在西文为 Self-existence。唯造化真宰，无极太极，为能当之。乃今俗义，凡顺成者皆自然矣。又如释氏之自在，乃言世间一切六如，变幻起灭，独有一物，不增不减，不生不灭，以其长存，故称自在。此在西文谓之 Persistence，或曰 Eternity，或曰 Conservation，唯力质本体，恒住真因，乃有此德。乃今欲取涅槃极乐引申之义，而凡安闲逸乐者皆自在矣。则何怪自繇之义，始不过谓自主而无罣碍者，乃今为放肆、为淫佚、为不法、为无礼，一及其名，恶义坌集，而为主其说者之诟病乎！穆勒此篇，所释名义，只如其初而止。柳子厚诗云："破额山前碧玉流，骚人遥住木兰舟，东风无限潇湘意，欲采蘋花不自由。"

所谓自由，正此义也。

由、繇二字，古相通假。今此译遇自繇字，皆作自繇，不作自由者，非以为古也。视其字依西文规例，本一玄名，非虚乃实，写为自繇，欲略示区别而已。

原书文理颇深，意繁句重，若依文作译，必至难索解人，故不得不略为颠倒，此以中文译西书定法也。西人文法，本与中国迥殊，如此书穆勒原序一篇可见。海内读吾译者，往往以不可猝解，訾其艰深，不知原书之难，且实过之。理本奥衍，与不佞文字固无涉也。

贵族之治，则民对贵族而争自繇。专制之治，则民对君上而争自繇，乃至立宪民主，其所对而争自繇者，非贵族非君上。贵族君上，于此之时，同束于法制之中，固无从以肆虐。故所与争者乃在社会，乃在国群，乃在流俗。穆勒此篇，本为英民说法，故所重者，在小己国群之分界。然其所论，理通他制，使其事宜任小己之自繇，则无间君上贵族社会，皆不得干涉者也。

西国言论最难自繇者，莫若宗教。故穆勒持论，多取宗教为喻。中国事与相方者，乃在纲常名教。事关纲常名教，其言论不容自繇，殆过西国之宗教。观明季李贽、桑悦、葛寅亮诸人，至今称名教罪人，可以见矣。虽然，吾观韩退之《伯夷颂》，美其特立独行，虽天下非之不顾。王介甫亦谓圣贤必不徇流俗，此亦可谓自繇之至者矣。至朱晦翁谓虽孔子之言，亦须明白讨个是非，则尤为卓荦俊伟之言。谁谓吾学界中，无言论自繇乎？

须知言论自繇，只是平实地说实话求真理，一不为古人所欺，二不为权势所屈而已，使理真事实，虽出之仇敌，不可废也；使理谬事诬，虽以君父，不可从也，此之谓自繇。亚理斯多德尝言："吾爱吾师柏拉图，胜于余物，然吾爱真理，胜于吾师。"即此义耳。盖世间一切法，唯至诚大公，可以建天地不悖，俟百世不惑。未有不重此而得为圣贤，亦未有倍此而终不败者也。使中国民智民德而有进今之一时，则必自宝爱真理始。仁勇智术，忠孝节廉，亦皆根此而生，然后为有物也。

是故刺讥谩骂，扬讦诪张，仍为言行愆尤，与所谓言论自繇、行己自繇无涉。总之自繇云者，乃自繇于为善，非自繇于为恶。特争自繇界域之时，必谓为恶亦可自繇，其自繇分量，乃为圆足。必善恶由我主张，而后为善有其可赏，为恶有其可诛。又以一己独知之地，善恶之辨，至为难明。往往人所谓恶，乃实吾善；人所谓善，反为吾恶。此干涉所以必不可行，非任其自繇不可也。

此译成于庚子前，既脱稿而未删润，嗣而乱作，与群籍俱散失矣。适为西人所得，至癸卯春，邮以见还，乃略加改削，以之出版行世。呜呼！此稿既失复完，将四百兆同胞待命于此者深，而天不忍塞其一隙之明欤？姑识之以观其后云尔。

光绪二十九年岁次癸卯六月吉日

严复识

——《群己权界论》（商务印书馆，1903 年），卷首

《月界旅行》辨言（1903）

周树人（鲁迅）

【……】

盖胪陈科学，常人厌之，阅不终篇，辄欲睡去，强人所难，势必然矣。唯假小说之能力，被优孟之衣冠，则虽析理谭玄，亦能浸淫脑筋，不生厌倦。彼纤儿俗子，《山海经》《三国志》诸书，未尝梦见，而亦能津津然识长股，奇肱之域，道周郎、诸葛亮之名者，实《镜花缘》及《三国演义》之赐也。故掇取学理，去庄而谐，使读者触目会心，不劳思索，则必能于不知不觉间，获一斑之智识，破遗传之迷信，改良思想，补助文明，势力之伟，有如此者！我国说部，若言情谈故刺时志怪者，架栋汗牛，而独于科学小说，乃如麟角。智识荒隘，此实一端。故苟欲弥今日译界之缺点，导中国人群以进行，必自科学小说始。

《月界旅行》原书，为日本井上勤氏译本，凡二十八章，例若杂记。今截长补短，得十四回。初拟译以俗语，稍逸读者之思索，然纯用俗语，复嫌冗繁，因参用文言，以省篇页。其措词无味，不适于我国人者，删易少许。体杂言庞之讥，知难幸免。书名原属《自地球至月球在九十七小时二十分间》意，今亦简略之曰《月界

337

旅行》。

癸卯新秋

译者识于日本古江户之旅舍

注：《月界旅行》 法国小说家儒勒·凡尔纳写的科学幻想小说（当时译者误为美国查理士·培伦著），1865 年出版，题为《自地球至月球在九十七小时二十分间》。鲁迅据日本井上勤的译本重译，1903 年 10 月日本东京进化社出版，署"中国教育普及社译印"。

——《月界旅行》（东京进化社，1903 年 10 月），卷首

《空中飞艇》弁言（1903）

海天独啸子

小说之益

小说之益于国家、社会者有二：一政治小说，一工艺实业小说。人人能读之，亦人人喜读之。其中刺激甚大，感动甚深，渐而智识发达，扩充其范围，无难演诸实事。使以一科学书，强执人研究之，必不济矣。此小说之所以长也。我国今日，输入西欧之学潮，新书新籍，翻译印刷者，汗牛充栋。苟欲其事半功倍，全国普及乎？请自科学小说始。

【……】

译述之方法

是书原本为二厚帙，本卷名曰《空中飞艇》，续卷名曰《续空中飞艇》。今易之为三卷：一上卷，二中卷，三下卷。卷中多日本俗语，今代以我国文话。凡删者删之，益者益之，窜易者窜易之，务使合于我国民之思想习惯，大致则仍其旧。至其体例，因日本小说，与我国大异，今勉以传记体代之。若夫谬误之处，则俟我国达者勉赐裨正，所厚幸也。

　　海天独啸子译并弁于篇端

　　　　　　　　　　——《空中飞艇》（明权社版，1903年），卷首

京师大学堂译书局章程（1903）

佚名（严复？）

设员

总译一人，以总司译事凡督率分派删润印行及进退译员等事皆主之。分译四人，分司移译，其不住局而领译各书者，无定数。笔述二人，以佐译员汉文之所不及。校勘二人，即以笔述之员兼之。润色二人，分司最后考订润色及即书款式之事。图直二人，以洋一华，司绘刻图式。监刷一人，主刻刷印行之事。书手四人，司抄录。司帐一人，司支应及发行书籍。

局章

一、现在所译之书，以教科为当务之急，由总译择取外国通行本，察译者学问所长，分派浅深专科，立限付译。

二、教科书通分二等，一分小学、一分中学，其深远者，俟此二等成书后，再行从事。

三、教科分门，一地舆，二西文律令，三布算，四商功，五几何，六代数，七三角，八浑弧，九静力，十动力，十一气质力，十二流质力，十三热力，十四光学，十五声学，十六电磁，十七化学，十八名学，十九天文，二十地气，二十一理财，二十二遵生，二十三地质，二十四人身，二十五解剖，二十六人种，二十七植物状动物状，二十八石器时代的植物之谜，二十九图测，三十机器，三十一农学，三十二列国史略，三十三公法，三十四帐录，三十五庶工（如造纸、照像、时表诸工艺），三十六德育，三十七教育术，三十八体育术。

四、所有应译拟译各书，总译应将译价，并需时若干，约估开列，以凭分派。

五、译员分住局不住局二等，住局者给月薪，缴日课，不住局者，视所译之书，难易长短，由总译拟估价目，立合同，约限若干月日缴稿。

六、译员住局者，到局之始，酌给月薪，俟译有成书，如果需时敏捷、文笔通达，即勘印行者，得按照原估书价，匀算酌加。如原书估定译价六百金，该译员以三个月蒇事，而所食薪水，止月五十金者，于月薪外应予酌增，以资鼓舞而收速效。所加之数，临时裁酌。

七、译员领译之书，估价六百金，月食薪水百二十金，而五个月不能蒇事者，其薪水摊算作减。

八、住局译员稿本，每十日呈阅一次，由总译商改盖戳，其不能住局者，分期寄稿。

九、所有翻译名义，应分译不译两种，译者谓译其义，不译者则但传其音，然二者均须一律法，于开译一书时，分译之人，另具一册将一切专名，按西国字母顺序开列，先行自拟译名，或延用前人已译名目（国名、地名、外务文书及瀛寰志略所旧用者从之）俟呈总译裁定后，列入新学名义表，及人地专名表等书。备他日汇总呈请奏准颁行，以期划一。

薪俸

总译一员，月薪京平足银三百两。分译二员，月薪京平足银各百二十两。又二员，月薪京平足银各百两。笔述兼校勘二员，月薪京平足银一六十两，一四十两。润色二员，月薪京平足银各□两，洋图工一名，月薪京平足银□两。华图工一名，月薪京平足银各□两，书记四两，月薪京平足银各八两。司帐一名，月薪京平足银三十两。

领译合约

具领译合约某今由大学堂译书局领出某书，某西名系某，系何式书名，共若干页，所有条约如左，情愿一一恪遵无辞，须至合约者。

是书译费若干两，分为三起收领，一领译时，一俟全书译至三分之二，一俟书完。

译期若干，有过期不缴，每月扣全费二十分之一。

所译书分三期呈验，如译人讹谬无从改削者，即于第一期饬停原书，原款照缴。

如译者自请笔述润色，不得于定费外率请添给。

原稿须誊清缴局，以便考订付印。

译文中经总译笺出应行订改之处，译者照改无辞。

原书有可行删节者，须先向总译陈明，方准从略。

书目所有名目，须另具册簿，将洋文开列呈请总译鉴定，如有未妥，另行考订改正。

某年月日谨具

章程条说

翻译书籍，谨遵原奏，专备普通学课本之用，应取西国诸科学，为学堂所必须肄习者，分门翻译，派员办理，是为译书处。

翻译课本，拟照西学通例，分为三科，一曰统挈科学，二曰间立科学，三曰及事科学。

统挈科学课本，分名数两大宗，盖二学所标公例，为方物所莫能外。又其理则沙众虑而为言，故称统挈也。名学者，所以定思想语言之法律，数学有空间、时间两门，空间如几何、平弧、三角、八线、割锥，时间如代数、微积之类。世谓数学为西学极舆，诚非妄说，但今所取译，务择显要，用以模范学者之心思，用以得诸学之镇匙。至于探赜索隐，则以俟专门之家，非普通学之所急也。

间立科学课本者，以其介于统挈及事二科之间，而有此义也。间科分力、质两门，力如动静二力学、水学、声学、光学、电学，质如无机、有机二化学，此科于人事最为切要，而西书亦有浅深，今所译者以西国普通课本为断，其他繁富精深之作则以俟后图。

及事科学课本者，治天地人物之学也。天有天文，地有地质、有气候、有舆志、有金石，人有解剖、有体用、有心灵、有种类、有群学、有历史，物有动物、有植物、有察其生理者、有言其情状者，西籍各有其浅深，今所译者则皆取浅明以符普通之义。

以上三科而外，专余大抵皆专门专业之书，然如哲学、法学、理财、公法、美术、制造、司帐、御生、御舟、行军之类，或事切于民生，或理关于国计，但使有补于民智，则亦不废其译功。

编译宗旨理须预定，略言其要，一曰开沦民智不主故常，二曰敦崇朴学以扶贫弱，三曰借鉴他山力求进步，四曰正名定义以杜杂庞。

各门课本拟分两项办法，一最浅之本，为蒙学及寻常小学之用，一较深之本，为高等小学及中学之用。唯两项课本相因为用，详略之间，宜斟酌妥善，不当过涉重复，至精深宏博，西国各有专籍，大学各有专师，则所谓专门之学者尔。

蒙学课本及中学分班课本，西国皆有类函专书，俟办到后，急行分译成书，以便颁行各省。

译书处经已奏明办理，除派总办一员外，拟先派分译四员，笔述两员，各听所长，分别认译，分译各给书手一名，总办处给书手二名。

如有才任分译而身膺职差不能派令住局者，应准期限定价，领译各书。领译者由总办与之订立合约办理。

分译诸员多通英文，其所译者亦皆英文原本，如以后觅有法、德、义、班诸文字高手，应准随时添派，以收转益多师之效。

原奏译书事宜，与两江湖广会同办理，但外省所译者多系东文，今拟即以此门归其分任庶京师译局，可以专译西文，间有外省翻译西文之书，应令于拟译之先行知本处，免其重复，成书之后咨送一部已备复核。庶于原奏一道同风之语，不至背驰。

分译及笔述各员应常川住局译事不得随意作辍，每遇星期，将所译稿本汇呈总办处复核。

译书遇有专名要义，无论译传其义，如议路、航路、金准等语，抑但写其音；如伯理玺天德、哀的美敦等语既设译局，理宜订定一律，以免纠纷。法于所译各书之后，附对照表，以备学者检阅，庶新学风行之后，沿用同文，不生歧异。

——《教育世界》第 59 号（1903 年）

《自由结婚》弁言（1903）

自由花

　　此书原名 *Free Marriage*，犹太老人 Vancouver 先生所著。余往岁初识先生于瑞西。先生自号亡国遗民，常悒郁不乐。一日问余："译 Vancouver 以华文，当作何字？"余戏以"万古恨"对。先生曰："此真不愧吾名也。"由是朝夕过从，情意日笃。为余纵谈天下事，累日不倦，而一念及祖国沦亡，辄悲不自胜，且曰："败军之将，不足言勇。设吾言令欧美人闻之，适足以见笑而自玷耳。虽然，三折肱可为良医，在君等当以同病见怜也。倘一得之愚，赖君以传，使天下后世，知亡国之民，犹有救世之志，则老夫虽死亦无憾矣。"余感而哀之，时录其所言，邮寄欧西各埠华文报馆。而先生又有此书之作，稿未脱，即以相示。余且读且译，半阅月，第一编成。呜呼！不知山径之崎岖者，不知坦途之易；不知大海之洪波者，不知池沼之安；不知奴隶之苦者，亦不能知自由之乐。余去国以来，读欧美小说无虑数十百种，求其结构之奇幻，言词之沉痛，足与此犹太老人之书媲美者，诚不易得也。

　　全书以男女两少年为主，约分三期：首期以儿女之天性，观察社会之腐败；次期以学生之资格，振刷学界之精神；末期以英雄之本领，建立国家之大业。无一事不惊心怵目，无一语不可泣可歌，关于政治者十之七，关于道德教育者十之三，而一贯之佳人才子之情。今名政治小说，就其所侧重者言也。

著者天涯沦落，无国可归，学问文章，得自异域。此书系英文，而人地名半属犹太原音原义。若按字直译，殊觉烦冗，故往往随意删减，使就简短，以便记忆。区区苦衷，阅者谅之。

书中最足感人之处，辄就谫陋所及，批注简端。又原书所引犹太故实，时或易以中事，意在使阅者易晓，非敢揭己表高也。

圈点多随意无定例，唯其性质，可约分为三：

明义 ◎●

评文 ○、

醒目 △▲

统观全书，用意平常，措辞俚俗，意在使人人通晓，易于观感。此著者之苦衷，亦译者所取法，大雅君子，幸勿哂之。

此书第一回即犹太老人及余之历史，体例离奇，几令阅者疑团莫释，此固由译者之不能文饰，亦西书之性质有以异于华书也。原著无序，此即为序。阅者试读第一回之末数语，可以知其故矣。

第一回所载之历史，多系实事。译者不敏，过蒙犹太老人推许，愧悚无似，译竟复阅，怩忸不能自安。屡欲振笔为之窜改一二，然以老人之盛意，不敢有违。通人达士，得毋嗤其太狂乎！译者髫龄去国，疏于国学。又习闻故老之言，卑视华文小说。《新小说》报未出以前，中国说部之书，概未寓目。今乃冒昧译此，深用自惭。邦人君子，倘不余弃，幸赐教言。又余最爱诗歌，而下笔甚苦，拉杂不能成章。倘蒙惠以鸿篇，尤所深感，重印时谨当插入，以志高谊。

惠书书面可如下式：

    Miss Liberty Flower

    367 Gaumonne Street

    Geneva N. E

    Switzerland

癸卯六年十五日

译者识于瑞西日内瓦府震旦自由寓

——《自由结婚》（自由社版，1903 年）

《毒蛇圈》译者识语（1903）

知新室主人（周桂笙）

　　译者曰：我国小说体裁，往往先将书中主人翁之姓氏、来历，叙述一番，然后详其事迹于后；或亦有用楔子、引子、词章、言论之属，以为之冠者，盖非如是则无下手处矣。陈陈相因，几于千篇一律，当为读者所共知。此篇为法国小说巨子鲍福所著。其起笔处即就父母[女]问答之词，凭空落墨，恍如奇峰突兀，从天外飞来，又如燃放花炮，火星乱起。然细察之，皆有条理。自非能手，不敢出此。虽然，此亦欧西小说家之常态耳。爰照译之，以介绍于吾国小说界中，幸弗以不健全讥之。

——《新小说》第 8 号（1903 年）

《利俾瑟战血余腥录》叙（1903）

林纾

余历观中史所记战事，但状军师之摅略，形胜之利便，与夫胜负之大势而已，未有赡叙卒伍生死饥疲之态，及劳人思妇怨旷之情者，盖史例至严，不能间涉于此。虽开宝诗人多塞下诸作，亦仅托诸感讽、写其骚愁，且未历行间，虽空构其众，终莫能肖。至《嘉定屠城记》《扬州十日记》，于乱离之惨，屠夷之酷，纤悉可云备著。然《嘉定》一记，貌为高古，叙事颠倒错出，读者几于寻条失枝。余恒谓是记笔墨颇类江邻几，江氏身负重名，为欧公所赏，而其文字读之令人烦潵，然则小说一道，又似宜有别才也。是书为法人阿猛查登述一步卒约瑟之言成书，英人达尔康译之。余时方译洛加德所著《拿破仑全传》，叹其自墨斯科一衄，四十万人同瘗沙碛，元气凋丧，后此兵势因以不振。顾本传叙波奈巴兵略甚详。然十余年困顿兵间，以孤军挑群雄，人民必不堪命。然传为正史之体，必不能苛碎描写士卒冤穷之状，至可惜也。癸卯秋节月中，与吴航曾又固谈拿破仑轶事，谓法民当此时代，殆一兵劫之世界。又固因出此本，言是中详叙拿破仑自墨斯科败后，募兵苦战利俾瑟逮于滑铁庐。中间以老鳌约瑟为纲，参以其妻格西林之恋别，俄、普、奥、瑞之合兵，法军之死战，兵间尺

寸之事，无不周悉。又固以余喜小说家言，前此所译《茶花女遗事》
《黑奴吁天录》《伊索寓言》，颇风行海内，又固因逐字逐句口译而出，
请余述之，凡八万余言。既脱稿，侯官严君潜见而叹曰："是中败状，
均吾所尝亲历而遍试之者，真传信之书也。"方联军入据析津，义和
团日夜麕扑，飞弹虽然过于屋上，余伏败屋中，苦不得饮，夜分冒险
出汲，水上人膏厚钱许，钦之腥秽，顾盛渴中亦莫为恤，此一端已肖
卷中所记矣。余曰：嗟夫！法国文明，虽卒徒亦工记述；而吾华乱中
笔墨，虽求如《嘉定》《扬州》之记，亦不可复得矣。是书果能遍使
吾华之人读之，则军行实状，已洞然胸中，进退作止，均有程限，快
枪急弹之中，应抵应避，咸蓄成算，或不至于触敌即馁，见危辄奔，
则是书用代兵书读之，亦奚不可者？又固君潜咸以为然，因取所论，
弁诸简端。

光绪二十九年九月

闽县林纾叙

——《利俾瑟战血余腥录》（商务印书馆，1903年），卷首

奏定译学馆章程（1903）

佚名

立学总义章第一

第一节　设译学馆，令学外国语文者入焉；以译外国之语文，并通中国之文义为宗旨。以办交涉教译学之员均足供用，并能编纂文典，自读西书为成效。每日讲堂功课六点钟，五年毕业。

第二节　译学为今日政事要需，入此学者皆以贮备国家重要之用，自以修饬品行为先，以兼习普通学为助；向来学方言者，于中国文词多不措意；不知中国文理不深，则于外国书精深之理不能确解悉达。且中文太浅，则入仕以后，成就必不能远大；故本馆现定课程，于中国文学亦为注重。

学科程度章第二

第一节　外国文分设英文一科、法文一科、俄文一科、德文一科、日本文一科。每人认习一科，务期专精，毋庸兼习。但无论所习为何国文，皆须习普通学及交涉、理财、教育各专门学。

第二节　外国文教授之法，先授以缀字、读法、译解、会话、文法、作文诸法，二三年后兼授各国历史及文学大要。

第三节　普通学之目九：曰人伦道德、曰中国文学、曰历史、曰地理、曰算学、曰博物、曰物理及化学、曰图画、曰体操；专门学之目三：曰交涉学、曰理财学、曰教育学。

第四节　普通学用大学堂简易科现用课本，其有未备，由本馆教员编定。法律、交涉学用外国学校课本。

第五节　学习年数以五年为限。

【……】

入学毕业章第三

第一节　学生应考取中学堂五年毕业者方为正格，现在创办，可暂行考取文理明通及粗解外国文者入堂；或择大学堂现设之简易科及渐次设立之进士科中略通外国文者，调取入馆，以百二十人为额。

第二节　学生入馆，外国文深浅不齐，由外国文教员察验，分班肄业。

第三节　学生入馆，以五年为毕业之期，应于外国文外兼习普通学；二年之后兼习交涉、理财、教育各专门之学。

第四节　学生五年毕业考验后，应奖给出身分别录用，取列最优等、优等、中等、下等、最下等者，均照奖励章程分别办理。其原系进士举人出身，而有官职者，视其所考等级，比照章程，按原官优保升阶。原系举人而无官职者，视其所考等级，比照章程优保官阶。其所考等级，如奖励章程内不应给奖者，均照章程办理。嗣后出使各国大臣，各省督抚，咨取译员并各处学堂延聘外国文教员，均以此项毕业学生为上选。其升入大学堂分科大学肄业者，以政法学科、文学科、商学科三科听其自择。

第五节 五年之内，有因事旷课不能及格者，应仍留馆中补习一年；若仍不及格，即行退学。

【……】

编纂文典章第七

第一节 文典以品汇中外音名，会通中外词意，集思广益，勒成官书为宗旨。

第二节 文典应分英、法、俄、德、日本五国，每国分三种：一种以中文为目，以外国文系缀于后；一种以外国文为目，以中文系缀于后；一种编列中外专名，系以定义、定音。

第三节 文典办法，以搜罗为始基；凡已译书籍字典，及本馆外国文教科译出之字，或外来函告所及者，概行纂录。

第四节 创办本典，为中外学术会通之邮，国家文教振兴之本；海内通儒，游学志士共有斯责；研讨有获，即当函告本馆以备纂录。

第五节　外国文字数十百倍于中国，且时有增益，中文势不敷用，应博搜古词古义以备审用；若犹不足，再议变通之法。

第六节　专科学术名词，非精其学者不能翻译；应俟学术大兴，专家奋起，始能议及。

第七节　外国文字翻成中文，有一字足当数字之用者，有求一名一义之允当而不可得者；本馆以兼收众说，戒除武断为主。

第八节　文典每成一国，送呈学务大臣鉴定之后，即行刷印，颁发各处学堂及各办理交涉衙门以备应用。并当另印多册，以备学者购取。

第九节　文典刷印，应归官书局办理，其纸张印费由本馆开销。

第十节　文典编定之后，凡翻译书籍文报者，皆当遵守文典所定名义，不得臆造；其未备及讹误之处，应即告知本馆，续修时更正。其随时审定之名词，虽未成书，可知照译书局及大学堂润色讲义处以归划一。

第十一节　文典由监督主持，陈告学务大臣核定一切，于馆中设文典处办理。

第十二节　文典处设总纂一员，办理文典事务，并参议馆中一切事宜；分纂二员，主搜罗纂辑，兼理外来函告。翻译一员，协理外国文字，兼翻译馆中外国文件。管理刊印书籍一员，主刊印文典及馆中一切刊印之件。

————《奏定学堂章程·译学馆章程》

（湖北学务处本，1903 年）

《新中国未来记》第四回批注、总批（1903）

梁启超

著者案：翻译本属至难之业，翻译诗歌，尤属难中之难。本篇以中国调译外国意，填谱选韵，在在窒碍，万不能尽如原意。刻画无盐，唐突西子，自知罪过不小。读者但看西文原本，方知其妙。

总批：今日之中国，凡百有形无形之事物，皆不可以不革命。若诗界革命、文界革命，皆时流所日日昌言者也。而今之号称为革命诗者，或徒摭拾新学界之一二名词，苟以骇俗子耳目而已。是无异言维新者，以购兵船、练洋操、开铁路等事，为文明之极轨也，所谓有其形质无其精神也。著者不以诗名，顾常好言诗界革命。谓必取泰西文豪之意境之风格，镕铸之以入我诗，然后可为此道开一新天地。谓取索士比亚、弥儿顿、摆伦诸杰构，以曲本体裁译之，非难也。吁！此愿伟矣。本回原拟将《端志安》十六折全行译出，嗣以太难，迫于时日，且亦嫌其冗肿，故仅译三折，遂中止。印刷时，复将第二折删去，仅存两折而已。然其惨淡经营之心力，亦可见矣。译成后，颇不自谦，以为不能尽如原意也。顾吾以为译文家言者，宜勿徒求诸字句之间，唯以不失其精神为第一义。不然，则诘屈为病，无复成其为文矣。闻六朝、唐诸古哲之译佛经，往往并其篇章而前后颠倒，参伍错综之，善译者固当如是也。质诸著者及中西之文学家，以为何如？瓜分之惨酷，言之者多，而真忧之者少。人情蔽于所不见，燕雀处堂，自以为乐也。此篇述旅顺苦况，借作影子，为国民当头一棒，是煞有关系之文，其事迹虽不能备，然搜罗之力颇勤，读者当能鉴之。

——《新中国未来记》，《饮冰室合集》（专集第89册）

《英国诗人吟边燕语》序（1904）

林纾

　　欧人之倾我国也，必曰：识见局，思想旧，泥古骇今，好言神怪，因之日就沦弱，渐即颓运。而吾国少年强济之士，遂一力求新，丑诋其故老，放弃其前载，唯新之从。余谓从之诚是也，顾必谓西人之夙行夙言，悉新于中国者，则亦誉人增其义，毁人益其恶耳。英文家之哈葛得，诗家之莎士比，非文明大国英特之士耶？顾吾尝译哈氏之书矣，禁蛇役鬼，累累而见。莎氏之诗，直抗吾国之杜甫，乃立义遣词，往往托象于神怪。西人而果文明，则宜焚弃禁绝，不令淆世知识。然证以吾之所闻，彼中名辈，躭莎氏之诗者，家弦户诵，而又不已，则付之梨园，用为院本。士女联襟而听，欷歔感涕，竟无一斥为思想之旧，而怒其好言神怪者，又何以故？夫彝鼎罍彝，古绿斑驳，且复累重，此至不适于用者也。而名阀望胄，毋吝千金，必欲得而陈之。亦以罗绮刍豢，生事所宜有者，已备足而无所顾恋。于是追蹑古踪，用以自博其趣，此东坡所谓"久餍膏粱，反思螺蛤"者也。盖政教两事，与文章无属，政教既美，宜泽以文章，文章徒美，无益于政教。故西人唯政教是务，赡国利兵，外侮不乘，始以余闲用文章家娱悦其心目，虽哈氏、莎氏，思想之旧，神怪之托，而文明之士，坦然不以为病也。余老矣！既无哈、莎之通涉，特喜译哈、莎之书。挚友仁和魏君春叔，年少英博，淹通西文，长沙张尚书既领译事于京师，余与魏君适厕译席。魏君口述，余则叙致为文章。计二年以来，予二人所分译者，得三四种，《拿破仑本纪》为最巨本，秋初可以毕业矣。夜中余闲，魏君偶举莎士比笔记一二则，余就灯起草，积二十日书成，其文均莎诗之记事也。嗟夫！英人固以新为政者也，而不废莎氏之诗。余今译《莎诗纪事》，或不为吾国新学家之所屏乎？《莎诗纪事》传本至多，互校颇有同异，且有去取，此本所收，仅二十则，余一一制为新名，以标其目。

光绪三十年五月，闽县林纾序。

——《英国诗人吟边燕语》（商务印书馆，1904年），卷首

《迦茵小传》序（1904）

林纾

　　余客杭州时，即得海上蟠溪子所译《迦茵小传》，译笔丽赡，雅有辞况。迨来京师，再购而读之，有天笑生一序，悲健作楚声，此《汉书·扬雄传》所谓"抗词幽说，闲意眇旨"者也。书佚其前半篇，至以为憾。甲辰岁译哈葛德所著《埃司兰情侠传》及《金塔剖尸记》二书，则《迦茵全传》赫然在《哈氏丛书》中也，即欲邮致蟠溪子，请足成之，顾莫审所在。魏子冲叔告余曰："小说固小道，而西人通称之曰文家，为品最贵，如福禄特尔、司各德、洛加德及仲马父子，均用此名世，未尝用外号自隐。蟠溪子通赡如此，至令人莫详其里居姓氏，殊可惜也。"因请余补译其书。嗟夫！向秀犹生，郭象岂容窜稿；崔灏在上，李白奚用题诗！特哈书精美无伦，不忍听其沦没，遂以七旬之力译成，都十三万二千言；于蟠溪子原译，一字未敢轻犯，示不掠美。佛头著粪，狗尾续貂。想二君都在英年，当不嗤老朽之妄诞也。

　　畏庐林纾书于京师春觉斋。

——《迦茵小传》（上海商务印书馆，1904年
[光绪三十年]）

《小仙源》凡例（1904）

佚名

一、是书为泰西有名小说，原著系德文，作者为瑞士文学家，兴至命笔，无意饷世，后其子为付剞劂，一时风动，所之欢迎，历经重译，戈特尔芬美兰女史复参酌损益，以示来者。

一、是书于纤悉之事，记载颇详，足见西人强毅果敢，勇往不挠，造次颠沛无稍出入，可为学子德育之训迪。

一、当时列国殖民政策，尚未盛行，作者著此，殆以鼓动国民，使之加意。今日欧洲各国，殖民政策，炳耀寰区，著是书者，殆亦与有力也。

一、穿凿附会病不信，拘文牵义病不达，译者于是书虽微有改窜，然要以无惭信达为归，博雅君子尚其谅之。

一、原书并无节目，译者自加编次，仿章回体而出以文言，固知不合小说之正格也。

——《绣像小说》第 16 期（1904 年）

江宁江楚编译书局条具译书章程
并厘定局章呈江督禀（1904）

佚名

　　窃维作兴人才全凭教育，整顿教育，端在书籍。有学堂无教科书，何以为教？有书而不能划一，教何以良？顷年，学堂广开，自省城高等以迄府、州、县之中小学，既次第皆兴。其特设除格致，现拟改并外，如水师、陆师等将备等。学堂问其所以为教率，皆依稀仿佛无一定等级之可寻。以故高级之书或移授下级，而此校之书并不同于彼校，甚有一校之中今年教习用一课本，明年易一教习又换一课本，而废前教习之书者，其故由于无官颁定本。各学堂不得不杂取私家所编译，任听教习之择用，而外府、州、县之稍僻远者，既苦无师，又苦无书，徒改书院之旧名，绝无教授之程式。士即稍知改，图各自访购，其所能得不过前。所谓私家编译之书，而诐辞邪说，遂得以浸入乎人人之心。学术歧，而士风为之一变，其患不可胜言。前宪刘会同湖广督宪张创设江楚编译官书局，延聘通儒，编译各种教科书，呈由京师大学堂鉴定，原以正学术而免分歧。开局以来，总纂分纂未尝不力为其难，一意编纂，而迄今两载，成书之多，尚不足应学堂所需十分之二。盖编纂之书，势难以急就。而硕学之士力未能多，延以数人所编辑，而供四省上中小各学堂之求，安得有济？此则重编不重译，积久而后知其弊者也。近三江师范学堂又将招考，拟取生徒数百人，而教科书悉无所定。职道、经理、书局又监督三江学堂，统筹全局，实切疚心。爰与在局总纂、总校诸君悉心筹划，以为日本兴学之初，其教科书悉取材于西译，而坚定于文部。厥后，由学堂教授时，经验屡加更改，乃成今日完善之书。今官书一局，莫若广译书而兼编纂译出之书，随时颁发各学堂，由教授时而加以经验而增删之。一学期毕，仍令将教习改本，送回书局，重行编定，则数年而后悉成完善之教科书矣。夫课书克期可成，不同编著之迟缓，只须筹定款项，择定译本，派多人分课，将来译费即可于学堂收回。就三江师范一学而论，照生徒额数派发，已有三百分之多，即不另行销售，可保无虚掷巨款之虞。至书局应编之书，仍可照常编辑，借以标明学旨，而辅助课书所不备，应请宪台饬知省城所有学堂，将每年各学应用之书开明书目，咨送本局，以便照译，庶不至有译非所用之讥。译成之书即派发省城各学堂应用，准其随时更改，唯改本仍须送回书局鉴定，至外府、州、县应请咨会江苏、江西、安徽抚宪，通饬各属学堂，由江楚书局出书后，随时颁发。俾教科有划一之规，款项无虚糜之患，此禀。

附：江宁江楚编译书局章程

【……】

一查照各学堂原单未备之书分别缓急后先之序，其应译者，大约普通书，多可采自东邦专门书，或有需于西译，均应访购其国最善之本，仍由本局详审选定而后派人分译以昭慎重。

【……】

一凡译一书成，先由本局译员调取原本，与所译者互相校勘，必与原本无刺谬失真之处，而后由总分纂删订总校，帮总校复核刊发。

【……】

一译书之人不必拘定其数，延聘到局，致糜费多而所译有限。今南洋各埠以及游学外邦者，通译之士甚多，只须择定译本，分途倩人承译，计字给值，则成书既速而款不虚糜。上海私立各书局译述之多，率用此法。唯本局仍宜聘定精通东西文者各一人，专司校勘译本原文之事，庶几核实无弊。

一译书之弊，莫甚于名号之不一。同一物也，同一名也。此书与彼书异，一书之中前后又复互异，使阅者无所适从。京师大学堂暨南洋公学章程皆有拟编名物表之说，顾迄今未成。本局译书之始，宜首革此弊，纵不能举旧书一一厘正，而本局所鉴定所编译各书，应请总校将人名地名编为一表，而后按表以校，始能划一不讹。

【……】

——《东方杂志》第 9 期（1904 年 11 月 2 日）

新名词之辨惑（1904）

林乐知、范祎

翻译一事，其难不一。或有学业未精，不能通西国深奥之文义者。然即能译之，而此等深奥之文义，恒借数名词以显，苟无相配之名词，以为表宣，则亦必至穷于措辞。故在未教化之国，欲译有文明教化国人所著之书，万万不能。以其自有之言语，与其思想，皆太单简也。至中国之文化，开辟最早，至今日而译书仍不免有窒碍者，试观英文之大字林，科学分门，合之其名词不下二十万，而中国之字不过六万有奇，是较少于英文十四万也。译书者适遇中国字繁富之一部分，或能敷用，偶有中国人素所未有之思想，其部分内之字必大缺乏，无从移译。于是有数法，一以相近之声，模写其音；一以相近之意，仿造其字；一以相近之义，撰合其文。然阅者未经深究，即难明晰，以其非熟习也。然苟不依此三法以为之，则恃中国之六万字，彼西方尚有十四万字，何从表见于中国之文中乎？故新名词不能不撰，如化学、医学、地质学、心理学等科。中国字缺乏者更多。余前与傅兰雅先生同译书于制造局，计为中国新添之字与名词，已不啻一万有奇矣。

夫在西国，不但人之道德学问事业日有进步也，即言语文字亦大得释放，而有进步之奇效。故西国之初，其文字不能多于中国之六万。唯以人得释放之故，新理、新法、新事、新物渐有发现，即其新名词以渐加入字林之间，几于无日无之，至有今日之二十万，而犹未已也，非造字者一造即二十万也。今中国之人，以造字之权利，让之古圣先王，后人不许杜撰一字，亦不许自著一新名词，必稽诸陈旧之经典，方为雅训。然则中国之以不释放而贫，不唯藏于地中者，即其六万之字数，已可知之矣。

英文之中，或有新发明之理想事物，而英文并无其名词者，可借用德文、法文，以成英文之新名词。最多者则用拉丁与希腊，以英文组织之，借以易俗传之土语。因此著书者必于每书之末，附着一名词表，以释新名词之意义。名词表既日多，又有汇萃而订为字林者，此各种专门科学字林之滥觞，而新名词之日益月增，以此也。其间亦有初定未必确当而为人改正者，亦有虽不确当而相沿已久，遂不复易者。

由是以谭，中国今日，于译书之中，苦名词之枯窘而借日本所已译者用之，正如英文借德文、法文之比例。且日本之文，原祖中国，其译书则先于中国。彼等已几费酌度，而后定此新名词，劳逸之分，亦已悬殊，何乐而不为乎？然顽固之士夫，其眼目为科举场中禁用僻书之功令所印定，一见新名词，即若芒刺之入眶。其守旧拘墟之态，诚令人莫解其故也。如社会二字，以指人群之有团结，有秩序者，虽日本之新名词，而用者既以普通，乃犹有訾议之人。不知舍此二字，尚有应用之何等字样，可朅合于西方之 Social 也。其他目的、问题、方针之属，无关理致，而亦必逢迂儒之怒。然则要应总意，不过以不释放之心，阻塞中国之进步而已矣。

故余之论中国也，千条万绪，而归结必在于释放。人心不可不释放，风俗不可不释放，政治不可不释放。即至文字语言，亦不可不释放。释放而有改革，改革而后长进。隆冬严寒，则万类凋落。一得释放，而后春和至矣。新天新地，新人新物，莫不由释放而来，岂唯关系于新名词哉？

——《万国公报》第 184 册（1904 年 5 月
［光绪三十年四月］）

论新学语之输入（1905）

王国维

　　近年文学上有一最著之现象，则新语之输入是已。夫言语者，代表国民之思想者也。思想之精粗广狭，视言语之精粗广狭以为准。观其言语，而其国民之思想可知矣。周秦之言语，至翻译佛典之时代而苦其不足。近世之言语，至翻译西籍时，而又苦其不足。是非独两国民之言语间有广狭精粗之异焉而已。国民之性质，各有所特长。其思想所造之处各异，故其言语或繁于此而简于彼。或精于甲而疏于乙，此在文化相若之国尤然。况其稍有轩轾者乎。抑我国人之特质，实际的也，通俗的也。西洋人之特质，思辨的也，科学的也。长于抽象而精于分类，对世界一切有形无形之事物，无往而不用综括 Generalization 及分析 Specification 之二法，故言语之多自然之理也。吾国人之所长，宁在于实践之方面，而于理论之方面，则以具体的知识为满足。至分类之事，则除迫于实际之需要外，殆不欲穷究之也。夫战国议论之盛，不下于印度六哲学派及希腊诡辩学派之时代，然在印度，则足目出而从数论声论之辩论中，抽象之而作因明学。陈那继之，其学遂定。希腊则有雅里大德勒，自哀利亚派诡辩学派之辩论中，抽象之而作名学。而在中国则惠施、公孙龙等所谓名家者流，徒骋诡辩耳。其于辩论思想之法则。固彼等之所不论，而亦其所不欲论者也。故我中国有辩论而无名学，有文学而无文法，足以见抽象与分类，二者皆我国人之所不长。而我国学术尚未达自觉 Self-consciousness 之地位也，况于我国凤无之学，言语之不足用，岂待论哉。夫抽象之过，往往泥于名而远于实，此欧洲中世学术之一大弊。而今世之学者，犹或不免焉。乏抽象之力者，则用其实而不知其名。其实亦遂漠然无所依，而不能为吾人研究之对象，何则？在自然之世界中，名生于实。而在吾人概念之世界中，实反依名而存故也。事物之无名者，实不便于吾人之思索。故我国学术而欲进步乎，则虽在闭关独立之时代，犹不得不造新名。况西洋之学术，骎骎而入中国。则言语之不足用，固自然之势也。

如上文所说，言语者，思想之代表也。故新思想之输入，即新言语输入之意味也。十年以前，西洋学术之输入，限于形而下学之方面。故虽有新字新语，于文学上尚未有显著之影响也。数年以来，形而上学，渐入于中国。而又有一日本焉，为之中间之驿骑。于是日本所造译西语之汉文，以混混之势，而侵入我国之文学界。好奇者滥用之，泥古者唾弃之。二者皆非也。夫普通之文字中，固无事于新奇之语也。至于讲一学治一艺，则非增新语不可。而日本之学者，既先我而定之矣，则沿而用之何不可之有？故非甚不妥者，吾人固无以创造为也。侯官严氏，今之以创造学语名者也。严氏造语之工者固多，而其不当者亦复不少。兹笔其最著者，如 Evolution 之为天演也，Sympathy 之为善相感也。而天演之于进化，善相感之于同情。其对 Evolution 与 Sympathy 之本义，孰得孰失，孰明孰昧，凡稍有外国语之知识者，宁俟终朝而决哉。又西洋之新名，往往喜以不适当之

古语表之。如译 Space（空间）为宇，Time（时间）为宙是已。夫谓
Infinite Space（无限之空间）、Infinite time（无限之时间）曰宇、曰宙
可矣。至于一孔之隙，一弹指之间，何莫非空间、时间乎。空间、时
间之概念，足以该宇宙。而宇宙之概念，不足以该空间时间。以宇宙
表 Space、time，是举其部分而遗其全体（自概念上论）也。以外类
此者，不可胜举。夫以严氏之博雅而犹若是，况在他人也哉。且日人
之定名，亦非苟焉而已。经专门数十家之考究，数十年之改正，以有
今日者也。窃谓节取日人之译语，有数便焉。因袭之易，不如创造之
难一也。两国学术有交通之便，无扞格之虞二也（叔本华讥德国学者
于一切学语不用拉丁语而用本国语，谓如英法学者亦如德人之愚，则
吾侪学一专门之学语，必学四五度而后可，其言颇可味也）。有此二
便而无二难，又何嫌何疑而不用哉。虽然，余非谓日人之译语，必皆
精确者也。试以吾心之现象言之，如 Idea 为观念，Intuition 之为直观，
其一例也。夫 Intuition 者，谓吾心直觉五官之感觉，故听嗅尝触，苟
于五官之作用外，加以心之作用，皆谓之 Intuition，不独目之所观而
已。观念亦然。观念者，谓直观之事物。其物既去，而其象留于心
者，则但谓之观，亦有未妥。然在原语，亦有此病，不独译语而已。
Intuition 之语，源出于拉丁之 In 及 tuitus 二语。tuitus 者观之意味也。
盖观之作用，于五官中为最要。故悉取由他官之知觉，而以其最要之
名名之也。Idea 之语源，出于希腊语之 Idea 及 Idein，亦观之意也。以
其源来自五官，故谓之观。以其所观之物既去，而象尚存，故谓之
念。或有谓之想念者，然考张湛《列子注》序。所谓"想念以著物自
表"者，则想念二字，乃伦理学上之语，而非心理学上之语。其劣于
观念也，审矣。至 Conception 之为概念，苟用中国古语，则谓之共名

亦可（《荀子·正名篇》）。然一为名学上之语，一为文法上之语，苟混此二者，此灭名学与文法之区别也。由上文所引之例观之，则日人所定之语，虽有未精确者，而创造之新语，卒无以加于彼，则其不用之也谓何？要之处今日而讲学，已有不能不增新语之势。而人既造之，我沿用之。其势无便于此者矣。

然近人之唾弃新名词，抑有由焉，则译者能力之不完全是也。今之译者（指译日本书籍者言），其有解日文之能力者，十无一二焉。其有国文之素养者，十无三四焉。其能兼通西文，深知一学之真意者，以余见闻之狭，殆未见其人也。彼等之著译，但以罔一时之利耳。传知识之思想，彼等先天中所未有也。故其所作，皆粗陋庞杂，佶屈而不可读。然因此而遂欲废日本已定之学语，此又大不然者也。若谓用日本已定之语，不如中国古语之易解。然如侯官严氏所译之名学，古则古矣，其如意义之不能了然何？以吾辈稍知外国语者观之，毋宁拿穆勒原书之为快也。余虽不敢谓用日本已定之语，必贤于创造。然其精密，则固创造者之所不能逮（日本人多用双字，其不能通者则更用四字以表之，中国则习用单字。精密不精密之分全在于此）。而创造之语之难解，其与日本已定之语，相去又几何哉。若夫粗陋佶屈之书，则固吾人之所唾弃而不俟踌躇者也。

——《教育世界》第 96 期（1905 年 4 月）

《撒克逊劫后英雄略》序（1905）

林纾

【……】余曰：纾不通西文，然每听述者叙传中事，往往于伏线、接笋、变调、过脉处，大类吾古文家言。【……】惜余年已五十有四，不能抱书从学生之后，请业于西师之门，凡诸译著，均恃耳而屏目，则真吾生之大不幸矣。西国文章大老，在法吾知仲马父子，在英吾知司各德，哈葛德两先生，而司氏之书，涂术尤别。顾以中西文异，虽欲私淑，亦莫得所从。嗟夫！青年学生，安可不以余老悖为鉴哉！

光绪三十一年七月六夕

闽县林纾畏庐甫叙于春觉斋

——《撒克逊劫后英雄略》（上海商务印书馆，1905 年 8 月 6 日），卷首

编译课本条陈——平湖屈君燨具呈直隶学务处云（1905）

屈燨

谨呈者，昨奉明诏，饬停科举。海内之人，苟有知识者，当无不眉飞色舞，为中国前途贺。故科举废而学校兴，学校兴而教育乃可景。及教育者，国民之基础也，而课本者，又教育之阶梯也。课本不良，则所受教育必至凌杂。今各省编译林立，自为风气，而未见所编之书确能通行。于外国中者教育不一致，关系于学界者，岂浅鲜乎。拟请编译处广延精通中西文字者，编译课本，斟酌尽善，经学务大臣审定后，颁行天下。俾全国一致，则日后所收学堂之效果，断非今日所可同年而语。不揣固陋，条陈如下：

一、经学宜博采众说也。按中国读经，向以朱子注解为唯一学说，于是重宋学者，遂排斥汉学。而崇汉学者，又往往轻蔑宋学，强分门户，自为水火，非学界所宜。平心而论，汉儒诂经，较为翔实；宋儒注解，每多空衍。然宋儒说理处，亦可凌驾汉人。现科举已废，士类之诵经者，正可不必泥一家言。学堂讲经一科，似可博采汉宋各家诸说。查吾国经学，有通志堂汇刻，及本朝经解不下千余种，势难使学者遍读。拟请延旧时经师无门户之见者，泛览群说，兼采古今名儒诸家，以述而不作，汇列经文之后，作为学堂课本。庶几汉宋不致偏废，而经学亦愈以大昌。再设譬取喻，多为幼稚引导。又或贸易酬应，只备商务交接。其不合于国民教育，则一也。拟请延订精于各国文字者，速行编定西文课本。编订之法，一识字音（书法亦宜采外国新样者），二讲造句，三习文法。有此三者，于一年之后，西文必有门径。然后采择其有用之书，由浅入深，逐年增进。如是则不费时日，而所读亦极合宜。且嗣后读西文者，应令由中学堂始。缘其小学毕业，已在十五六时，中文具有根底。以之施受西文，方可有益。盖善译西文者，必好读中国古书。西文字母较多于中国，欲得确当之翻译，不得不搜求于古书。深于西文者，往往如是。若中文不通顺，而从事西文，必不能裨益于吾学界。

一、地舆、西史、公名宜审定也。查环球五洲列国数十历史，千年人才辈出。读其书者，或慕其姓氏，或考其国土，不通其文，势必求诸译本。而西史人名、地名，少或二三字，多至八九字，其见于中国纪载者，人自为书，羌无定名，佶屈钩磔，颇苦记忆。此等名词为学者所注重。若使直省各各自为编，则商北异音，全不相同，上口则吃，上目则炫，而日后学使命题，纷见歧出，又将何所适从。拟请嗣后编译处，将西史有名人物地舆、有名形胜编为辞典，或列有一表，中西合璧，以便检寻。所有中文，悉注京音。嗣后遇有此等公名，即将该编作为定本，随时增改，不得歧异。其从前有一名数译者，悉令更正。庶几研究西史及地舆者，简捷得当，而无糜耗脑力之苦矣。

一、科学名词亟宜审定也。按世界大通，东西两文明交集于中国。国政之进步，实业之进步，罔不根于科学。而中国科学智识尚在幼稚，现方融化东西各名家言，一炉而冶之，则所定名词势必多此歧异。或仅采日本字义，以图省便。例如化学原质，二十年前仅发明六十余种。近今化学家日渐推究，又考出二十余种。合前共八十余种原质。此等名词，在外国亦属新创，而中国亦极宜审定。又如生理全体定名甚细，而格致学则包括算、水、气、力、声、光、电、磁等学，名词尤繁，不能不及早审定。以旧时学者，不过诵习《四书》《五经》，其他诸经类，多终身未曾一读。即如《周礼》为经世之书，设官行政，每与近时西法相符，正学者所宜烂熟，以见崇古维新之志。况周时著述，自经秦火后，赖汉儒保存，得此区区百数十卷，列于学官，真吾华之国粹，岂可有所偏废？经学之外，又如小学《说文》一书，为中国字学之祖，自科举行，而古书古字浸至消灭。方今外国哲学名论类，多高尚元理，必以古奥之笔出之。中国译本欲求精细，必得古字，方有确解。西学与小学亦有极大之关系也。然则小学固可附于经学之后也。

一、中国历史宜分类编译也。有五千余年之历史，而足以争光荣于环球者，非吾中国乎？然二十四史浩如烟海，删繁就简，每苦无从下手。欲其融会贯通，抉择精善，必先订明条例，纲举目张。从前旧史学家，或争正统，或争褒贬，或争体例，要皆无关于大要。现下通行中国历史教科书，凌乱芜杂，抑多取诸日本。拟请嗣后编史者分为四类。一曰时。中国数千年之统系，如历代帝王世系、历代国号、中国年数、中国大事等，上下纵横，考实列表。有此一书，则读史者自清界限。二曰地。中国版图之拓张，略分统一时代，分割时代以及山海形胜，并须附以精详之图。有此一书，则读史者自明方域。三曰法。典章制度，为治世之龟鉴。略分历代刑政史、军政史、财政史，以及农史、工史、商史、礼乐史等，各为一编。有此一书，则读史者于历代制度沿革，得以淹博贯通。四曰学。中国学派繁多，周秦迄汉，百家杂出，为中学最盛时代。晋魏之老学、六朝隋唐之佛学、宋元明之理学、国朝之考据词章，以及近时之新学，莫不各有所长，是宜详其派别，分类编纂。有此一书，则读史者于学术纯驳，自可披寻，而学界源流，一线到底。于中国国粹关系，匪轻若徒，斤斤于个人之善恶，一事之是非，似不当列于史学一科也。

一、西文课本宜速编定也。近时学堂普立，而其所授西文教科书，大率取裁于西人所编定者。词意错杂，强半宗教家言。否则西人蒙学课本，一学者之心思。其他政法实业学科诸名词，多有见诸实行者，尤须审择确当。或求诸古书，或采诸日本编为定义，以饷学者。其有不慎，或至错举字义误会宗旨，则其贻误于内政外交者，岂细故哉。

一、国文程度宜随学堂以为高下也。伏见各处学堂所定课本，其高等学堂，递及蒙小学堂，文法几于一律。编史者往往裁节各史，汇为一编，不知中国史家文法每喜简炼，而太史公文则为中国文学家之祖。若裁节成文，以授儿童，试问儿童脑力其可受此高深之文辞乎？盖中国本无文谱学者，文理通顺，每出于自然。然行文者词意究多杂乱，若衡以外国文法，必至无从下笔。拟请仿照《马氏文通》，遣词稍浅，编为初等文法教科书，以授高等小学生。其他各种教科书，务必随学堂之大小，以定国文之程度，方不至困惫学者脑力。至初等小学教科书，尤宜将艰深难晓之字检删净尽，庶于教育一途，不致有躐等之讥。再小学堂课本，宜用通行活字体。缘小儿初习字，往往摹写所之。书苟用宋体，是使小儿失所正矣。故外国近时蒙学书，每一行下必注草写，犹此意也。抑生更有请者，教科各书学者之生命也，理当详审而出之，庶不至贻害后学。故编译一事，非有新智识者，断难胜狂。非兼通中西各学者，尤难胜任。至于科学书，西人程度极严，正可按等而译。日本各教科书，文法太劣，可师其意，而不可泥其辞。生愚昧之见，窃愿借西学以发明中学，但合正理，而不许有新旧之名称。新旧之名，化吾中国，其庶有豸乎？以上所陈，是否有当，伏候训诲施行，实为公便。

普通中学堂学生浙江平湖县生员屈燨谨呈。

——《华北杂志》卷 10（1905 年 10 月）

《鲁滨孙漂流记》序（1905）

林纾

【……】

书中多宗教家言，似译者亦稍稍输心于彼教，然实非是。译书非著书比也，著作之家，可以抒吾所见，乘虚逐微，靡所不可；若译书，则述其已成之事迹，焉能参以己见？彼书有宗教言，吾既译之，又胡能讳避而铲锄之？故一一如其所言。而吾友曾幼固宗巩亦以为然。幼固自少学水师业，习海事，故海行甚悉，且云探险之书，此为第一。各家叙跋无数，实为欧人家弦户诵之书，哲学家尤动必引据之者也。尚有续篇二卷，拟春初译之，今先书其缘起于此。

大清光绪三十一年十月

闽县林纾畏庐父叙于京师望瀛楼

——《鲁滨孙漂流记》（商务印书馆，1905 年 11 月），卷首

对版权律、出版条例草稿意见书（1905）

张元济

【……】

第十九条 【……】

按有版权之书籍，非特不能翻印，抑且不能翻译。中国科学未兴，亟待于外国之输入。现在学堂所用课本，其稍深者大抵译自东西书籍。至于研习洋文，刚专用外国现成之本。若一给版权，则凡需译之书皆不能译，必须自行编纂，岂不为难。至于洋文书籍，一一须购自外国，于寒畯亦大不便，是欲求进步而反退步矣。原文谓该国律例能保护中国人之著作版权，则该国人之著作亦准遵例呈报注册（此条大约采用日本著作权法第二十八条，但日本定此法时在已入万国版权同盟之后矣）。美日两国新约亦有此意，然此不过欺人耳目之语。美译华文新书未之前闻，日本间有之，然亦绝少，至于翻印更属不必。欲其给我版权，彼必不吝。我以实际之利权，易彼虚名之保护。前此定约之人已为所惑，奈何自蹈其覆辙也。条约既有明文，不能不认。唯有抱定专备为中国人民所用（美约语），特为中国备用（日本约

380

语），狨其范围，庶免障碍。

　　第四十九条　翻印仿制。中国幅员如此广大，原著作者之耳目岂能一一周知。且倒填年月，为中国惯行之事。此端一开，必有无穷纠葛。鄙见如原著作者自行呈控，亦应照章科罚，编书局拟增入第二十四条之数语，极应补入。但外国地名必宜划一，应照前大学堂审定舆地学会地图所载作为定名，嗣后审定永以为准。又增入第四十三条数语，似有舛误。

　　【……】

——《张元济全集》（商务印书馆，2008 年）

《母夜叉》闲话八则（选录）（1905）

佚名

一、我用白话译这部书，有两个意思：一是这种侦探小说，不拿白话去刻画他，那骨头缝里的原液，吸不出来，我的文理，够不上那么达；一是现在的有心人，都讲着那国语统一，在这水陆没有通的时候，可就没的法子，他爱瞧这小说，好歹知道几句官话，也是国语统一的一个法门。我这部书，恭维点就是国语教科书罢。

一、这部书有四万字，照了我的意思加减的，不上二三十句。那吃紧的地方，厘毛丝忽都不去饶他，你拿原书对起来就知道。可以当作日语教程念的。

一、白话犯一个字的病就是"俗"。我手里译这部书，心里拿着两部书做蓝本：一部就是《水浒》，那一部不用说了。所以这书里骂人的话，动不动就是撮鸟，或者是鸟男女，再不就是鸟大汉，却也还俗不伤雅。又像那侦探夜里瞧见人家私会，他不耐烦，自言自语的说道："那鸟男女想已滚在一堆，叫得亲热。我兀自在这儿扳空网，有什么鸟趣！"就拿着这样的蠢话，也觉得没有什么难听，那"俗"字差不多可以免了。

一、我译这部书，觉得那侦探不是人。为什么呢？他那眼比人又快又毒，他那耳比人又尖又长，他那手比人敏捷，他那飞毛腿比贼还要快，他那嘴不讲话，讲出来就有斤量，他那肝花肚肺，是玲珑剔透的。我中国这班又聋又瞎、臃肿不宁、茅草塞心肝的许多国民，就得给他读这种书。

一、读这种侦探书有三个境界，是人人跑不了的：第一是"咦！怎的这么样呢"；第二是"哦！原来如此"；第三是"咳！不差不差，定规是的"。这三种都是哲学家的派别，就是这部书的全神。有这样的好书，我不译出来给国民瞧，我那懒惰的罪，真是上通于天了。

——《母夜叉》（小说林社版，1905 年）

《电术奇谈》附记（1905）

我佛山人（吴沃尧）

　　此书原译，仅得六回，且是文言。兹剖为二十四回，改用俗话，冀免翻译痕迹。

　　原书人名地名，皆系以和文谐西音，经译者一律改过。凡人名皆改为中国习见之人名字眼，地名皆借用中国地名，俾读者可省脑力，以免难于记忆之苦。好在小说重关目，不重名词也。

　　书中间有议论谐谑等，均为衍义者插入，为原译所无。衍义者拟借此以助阅者之兴味，勿讥为蛇足也。

——《新小说》第 18 号（1905 年）

《拜伦诗选》自序（1906）

苏曼殊

　　去秋，白零（柏林）大学教授法兰居士游秣陵，会衲于祇垣精舍。谈及英人近译《大乘起信论》，以为破碎过甚；衲喟然叹曰："译事固难；况译以英文，首尾负竭，不称其意，滋无论矣。又其卷端，谓马鸣此论，同符景教，呜呼，是乌足以语大乘者哉！"

　　居士嘱衲为购《法苑珠林》，版久蠹蚀，无以应其求也。衲语居士："震旦万事零坠，岂复如昔时所称天国（Celestial Empire），亦将谓印度、巴比伦、埃及、希腊之继耳！"此语思之，常有余恫。

　　比自秣陵遄归将母，病起匈膈，揣笔译拜伦《去国行》《大海》《哀希腊》三篇。善哉拜伦！以诗人去国之忧，寄以吟咏，谋人家国，功成不居，虽与日月争光可也！

　　尝谓诗歌之美，在乎气体，然其情思幼眇，抑亦十方同感。如衲旧译《颖颖赤墙靡》《去燕》《冬日》《答美人赠束发瞒带诗》数章，可为证已。

　　古诗："思君令人老"，英译作"To think of you makes me old"，辞气相副，正难再得。若《小雅》：

昔我往矣，杨柳依依；

今我来思，雨雪霏霏。

行道迟迟，载渴载饥。

我心伤悲，莫知我哀。

译如：

"At first, when we set out,

The willows were fresh and green;

Now, when we shall be returning,

The snow will be falling in clouds.

Long and tedious will be our marching;

We shall hunger, we shall thirst,

Our hearts are wounded with grief,

And no one knows our sadness."

又陈陶《陇西行》：

誓扫匈奴不顾身，五千貂锦丧胡尘；

可怜无定河边骨，犹是春闺梦里人！

" They swore the Huns should perish: they would die in needs they must,

And now five thousand, sable-clad, have bit the Tartar dust.

Along the river bank their bones lie scattered where they may,

But still their forms in dreams are to fair ones far away."

顾视原文，犹不相及，自余译者，浇淳散朴，损益任情，宁足以胜鞮寄之任！今译是篇，按文切理，语无增饰；陈义俳恻，事辞相称，世有作者，亦将有感乎斯文！

光绪三十二年，佛从多罗夜登陵奢天下还日。

曼殊序于太平洋舟中

注：原译《拜伦诗选》

——《拜伦诗选》（泰东图书局，1922 年
［民国十一年］），卷首

《雾中人》叙（1906）

林纾

古今中外英雄之士，其造端均行劫者也。大者劫人之天下与国，次亦劫产，至无可劫，西人始创为探险之说。先以侦，后仍以劫。独劫弗行，且啸引国众以劫之。自哥伦布出，遂劫美洲，其赃获盖至巨也。若鲁滨孙者，特鼠窃之尤，身犯霜露而出，陷落于无可行窃之地，而亦得赀以归。西人遂争羡其事，奉为探险之渠魁，因之纵舟四出，吾支那之被其劫掠，未必非哥伦布、鲁滨孙之流之有以导之也。顾西人之称为英雄而实行劫者，亦不自哥伦布始。当十五世纪时，英所称为杰烈之士，如理察古利弥、何鉴士、阿森亨、阿美士者，非英雄耶？乃夷考所为，则以累劫西班牙为能事，且慷慨引导其后辈之子弟，以西土多金，宜海行攫取之，则又明明以劫掠世其家矣。今之阨我、吮我、挟我、辱我者，非犹五百年前之劫西班牙耶？然西班牙固不为强，尚幸而自立，我又如何者？美洲之失也，红人无慧，故受劫于白人。今黄人之慧，乃不后于白种，将甘为红人之逊美洲乎？余老矣，无智无勇，而又无学，不能肆力复我国仇，日抱其爱国之泪，告之学生，又不已，则肆其日力，以译小说。其于白人蚕食斐洲，累累见之译笔，非好语野蛮也。须知白人可以并吞斐洲，即可以并吞中亚。即如此书所言雾中人者，尚在于可知不可知之间，而黎恩那乃以赤玉之故，三日行瘴疠中，跨千寻之峰，踏万年之雪，冒众矢之丛，犯数百年妖鳄之吻，临百仞之渊，九死一生，一无所悔，志在得玉而后止。然其地犹有瘴也、峰也、雪也、矢也、鳄也、渊也，而西人以得宝之故，一无所惧。今吾支那则金也、银也、丝也、茶也、矿也、路也，不涉一险，不冒一镞，不犯一寒，而大利丛焉，虽西人至愚，亦断断然舍斐洲之窘且危，而即中亚之富且安矣。吾恒语学生曰：彼盗之以劫自鸣，吾不能效也，当求备盗之方。备胠箧之盗，则以刃、以枪；备灭种之盗，则以学。学盗之所学，不为盗而但备盗，而盗力穷矣。试观拿破仑之勇擅天下，迨摩罗卑那度即学拿破仑兵法，以御拿破仑，拿破仑乃立蹶。彼惠灵吞亦正步武其法，不求幸胜，但务严屯，胡得不胜？此即吾所谓学盗之所学，不为盗而但备盗，而盗力穷矣。敬告诸读吾书者之青年挚爱学生，当知畏庐居士之翻此书，非羡黎恩那之得超瑛尼，正欲吾中国严防行劫及灭种者之盗也。

皇帝光绪三十二年六月六日

闽县林纾叙于京师望瀛楼

——《雾中人》(商务印书馆，1906 年 7 月 26 日)，卷首

译书交通公会试办简章（1906）

周桂笙

序

中国文学，素称极盛，降及挽近，日即陵替，好古之士，怒焉忧之，乃亟亟焉谋所以保存国粹之道，唯恐失坠。蒙窃惑焉；方今人类，日益进化，全球各国，交通利便，大抵竞争愈烈，则智慧愈出。而国亦日强，彰彰不可掩也。吾国开化虽早，而闭塞已久；当今之世，苟非取人之长何足补我之短。然而环球诸国，文字不同，语言互异，欲利用其长，非广译其书不为功。顾先识之士，不新之是图，而唯旧之是保，抑独何也！夫旧者有尽，而新者无穷，与其保守，毋宁进取；而况新之于旧，相反而适相成，苟能以新思想新学术源源输入，俾跻吾国于强盛之域，则旧学亦必因之昌大，卒收互相发明之效。此非译书者所当有之事欤。虽然，以吾近时译界之现状观之，谓遂足以尽输入新思想新学术之责矣乎，抑有愈于保守旧学诸子之所为乎？译一书而能兼信、达、雅三者之长，吾见亦罕。今之所谓译书者，大抵皆率尔操觚，惯事直译而已。其不然者，则剿袭剽窃，敷衍满纸。译自和文者，则唯新名词是尚；译自西文者，则不免佶屈聱牙之病；而令人难解则一也。尤其甚者，坊间所售之书，异名而同物也；若此者不一而足，不特徒耗精神，无补于事，而购书之人，且倍付其值，仅得一书之用，而于书贾亦大不利焉。夷考其故，则译书家声气不通，不相为谋，实尸其咎。鄙人于英、法二文，得稍知门径，从事译述，盖十余年于兹矣。此中况味，颇有所知。爰敢不揣冒昧，发起斯会，愿与海内译述诸君，共谋交换智识之益，广通声气之便，唯是志愿虽宏，才力绵薄，尚希大雅君子，匡其不逮，共襄美举，有厚望焉。

光绪丙午（一九〇六年）桂月二十四日

上海周桂奎（桂笙）甫识

【……】

——《月月小说》第 1 期（1906 年 10 月 11 日）

《洪罕女郎传》跋语（1906）

林纾

哈葛德之为书，可二十六种。言男女事，机轴只有两法，非两女争一男者，则两男争一女。若《情侠传》《烟水愁城录》《迦茵传》，则两女争一男者也。若《蛮荒志异》，若《金塔剖尸记》，若《洪罕女郎传》，则两男争一女者也。机轴一耳，而读之使人作异观者，亦有数法。或以金宝为眼目，或以刀盾为眼目。叙文明，则必以金宝为归；叙野蛮，则以刀盾为用。舍此二者，无他法矣。然其文心之细，调度有方，非出诸空中楼阁，故思路亦因之弗窘。大抵西人之为小说，多半叙其风俗，后杂入以实事。风俗者不同者也，因其不同，而加以点染之方，出以运动之法，等一事也，赫然观听异矣。中国文章魁率，能家具百出不穷者，一唯司马迁，一唯韩愈。试观司马迁所作，曾有一篇自袭其窠臼否？《史记》至难着笔者，无如绛侯、曹参、灌婴、滕公、樊哙诸传。何以言之？数人战功，咸从高祖，未尝特将。每下一城，略一地，数人偕之，则传中如何分析？史公不得已，别之以先登，分之以最。每人传中，或领之以官，或数之以首虏，人人之功，划然同而不同，此史公之因事设权者也。若韩愈氏者，匠心尤奇。序事之作，少于史公，而与书及赠送叙二体，则无奇不备。伏流沈沈，寻之无迹，而东云出鳞，西云露爪，不可捉扪。由其文章巧于内转，故百变不穷其技。盖着纸之先，先有伏线，故往往用绕笔醒之，此昌黎绝技也。哈氏文章，亦恒有伏线处，用法颇同于《史记》。予颇自恨不知西文，恃朋友口述，而于西人文章妙处，尤不能曲绘其状。故于讲舍中敦喻诸生，极力策勉其恣肆于西学，以彼新理，助我行文，则异日学界中定更有光明之一日。或谓西学一昌，则古文之光焰熠矣。余殊不谓然。学堂中果能将洋、汉两门，分道扬镳而指授，旧者既精，新者复熟，合中、西二文镕为一片，彼严几道先生不如是耶？译此书竟，以葡萄酒自劳，拾得故纸，拉杂书之。

畏庐居士识。

——《洪罕女郎传》（商务印书馆，1906 年），卷末

《预备立宪》弁言（1906）

偈（吴趼人）

恒见译本小说，以吾国文字，务吻合西国文字，其词句之触于眼目者，觉别具一种姿态，而翻译之痕迹，即于此等处见之。此译事之所以难也夫。虽然，此等词句，亦颇有令人可喜者。偶戏为此篇，欲令读者疑我为译本也。呵呵！

——《月月小说》第 1 年第 2 号（1906 年）

《小说林》缘起（1907）

觉我（徐念慈）

"小说林"之成立，既二年有五月，同志议于春正，发行《小说林月刊社报》。编译排比既竟，并嘱以言弁其首。觉我曰：伟哉！近年译籍东流，学术西化，其最歆动吾新旧社会，而无有文野智愚，咸欢迎之者，非近年所行之新小说哉？夫我国之于小说，向所视为鸩毒，悬为厉禁，不许青年子弟稍一涉猎者也，乃一反其积习，而至于是，果有沟而通之，以圆其说者耶？抑小说之道，今昔不同，前之果足以害人，后之实无愧益世耶？岂人心之嗜好，因时因地而迁耶？抑于吾人之理性（Venunft），果有鼓舞与感觉之价值者耶？是今日小说界所宜研究之一问题也。余不敏，尝以臆见论断之，则所谓小说者，殆合理想美学、感情美学，而居其最上乘者乎？试以美学最发达之德意志征之。黑格尔氏（Hegel，1770—1831）于美学，持绝对观念论者也。其言曰："艺术之圆满者，其第一义，为醇化于自然。"简言之，即满足吾人之美的欲望，而使无遗憾也。曲本中之团圆（《白兔记》《荆钗记》、封诰《杀狗记》、荣归《千金记》、巧合《紫箫记》）等目，触处皆是。若演义中之《野叟曝言》，其卷末之踌躇满志者，且不下数万言。要之，不外使圆满，而合于理性之自然也。其征一。又曰："事物现个性者，愈愈丰富，理想之发现，亦愈愈圆满，故美之究竟，在具象理想，不在于抽象理想。"西国小说，多述一人一事；中国小说，多述数人数事；论者谓为文野之别，余独谓不然。事迹繁，格局变，人物则忠奸贤愚并列，事迹则巧绌奇正杂陈，其首尾联络，映带起伏，非有大手笔，大结构，雄于文者，不能为此，盖深明乎具象理想之道，能使人一读再读，即十读百读亦不厌也；而西籍中富此兴味者实鲜，孰优孰绌，不言可解。然所谓美之究竟，与小说固适合也。其征二。邱希孟氏（Kirchmann，1802—1884），感情美学之代表者也。其言美的快感，谓对于实体之形象而起。试睹吴用之智（《水浒》）、铁丐之真（《野叟曝言》）、数奇若韦痴珠（《花月痕》）、弄权若曹阿瞒（《三国志》）、冤狱若风波亭（《岳传》）、神通游戏如孙行者（《西游记》）、济颠僧（《济公传》）、阐事烛理若福尔摩斯、马丁休脱（《侦探案》），足令人快乐、令人轻蔑、令人苦痛尊敬，种种感情，莫不对于小说而得之。其征三。又曰："美的概念之要素，其三为形象性。"形象者，实体之模仿也。当未开化之社会，一切神仙佛鬼怪恶魔，莫不为社会所欢迎，而受其迷惑。阿剌伯之《夜谈》、希腊之神话、《西游》《封神》之荒诞、《聊斋》《谐铎》之鬼狐，世乐道之，酒后茶余，闻者色变。及文化日进，而观《长生术》《海屋筹》之兴味，不若《茶花女》《迦因小传》之浓郁而亲切矣。一非具形象性，一具形象性，而感情因以不同也。其征四。又曰："美之第四特性，为理想化。"理想化者，由感兴的实体，于艺术上除去无用分子，发挥其本性之谓也。小说之于日用琐事，亘数年者，未曾按日而书之，即所谓无用之分子则去之。而月球之环游，世界之末日，地心海底之旅行，日新不已，皆本科学之理想，超越自然而促其进化者也。

其征五。凡此种种，为新旧社会所公认，而非余一己之私言，则其能鼓舞吾人之理性，感觉吾人之理性，夫复何疑！《小说林》之于新小说，既已译著并刊，二十余月，成书者四五十册，购者纷至，重印至四五版，而又必择尤甄录，定期刊行此月报者，殆欲神其薰、浸、刺、提（说详《新小说》一号）之用，而毋徒费时间，使嗜小说癖者之终不满意云尔。

丁未元宵后三日，东海觉我识。

——《小说林》第 1 期（1907 年 3 月 2 日）

《红星佚史》序（1907）

周逴（周作人）

【……】

　　中国近方以说部教道德为杰，举世靡然，斯书之翻，似无益于今日之群道。顾说部曼衍自诗，泰西诗多私制，主美，故能出自由之意，舒其文心。而中国则以典章视诗，演至说部，亦立劝惩为皋极，文章与教训，漫无畛畦。画最隘之界，使勿驰其神智，否者或群逼棱之。所意不同，成果斯异。然世之现为文辞者，实不外学与文二事；学以益智，文以移情；能移人情，文责以尽，他有所益，客而已。而说部者，文之属也。读泰西之书，当并函泰西之意。以古目观新制，适自蔽耳。他如书中所记埃及人之习俗礼仪，古希腊人之战争服饰，亦咸本古乘。其以色列男巫，盖即摩西亚伦，见于《旧约》。所呼神名，亦当时彼国人所崇信者，具见神话中。著者之一人阑俱氏，即以神话之学，名英国近世者也。

　　丁未二月，会稽周逴识。

　　　　　　　　　——《红星佚史》（商务印书馆，1907年），卷首

拟译英文百科全书引言（1907）

董寿慈

近代文化发生之源，自旅学海邦绍介新著之事始。论者推究进化之功，以译书为源泉，良有以也。溯自东事行成，国情洞见，怀奇负异之士，负笈东游。乃于求学余闲，首创译编，贡献祖国。沈沈千载，始启文明，迨庚子国变以来，明诏革新，积学先觉诸贤，奋力以东西鸿哲之巨著。译传海内，昭物竞之公例。启人权之萌芽，于是十载以还。译界光华，照于全国。文化所被，遂使教育普及之象。渐被无形，国民心理之征，向明不远。以是见译书之为功，不在禹下也。顾唯译事创行之初，重言论而罕裨科学。求普通而缺乏专门，关于物质文明者微，即裨于国力根原者浅。夫国民理想之文明不与科学为并进。斯心理所呈验隐然有至险至危之象，酝酿于方来。盖二十世纪之中国力竞争机心愈辟，益利用物质之文明，而科学幼稚之国种不能屏息于天壤之间，此不待远瞩高瞻而见之矣。试游览于交通之区，千名百物，萃群国之珍奇。凡其诡状殊形，美观而利用者何非吸我精华之品。军备精严、神施鬼设、百出其机械而不穷者，何非制人死命之机关。吾人于此即物而深思乃见天演公例之所征，第为物质文明繁简精粗之区别而已。数十年来，师法彼长成效至微，由百科应用之无术，故百凡兴作息息仰命于他人。国种虽存，仅足为文明利器之奴耳矣。争存国种之道，非昌明科学而何望焉。

【……】

自教育萌芽以来，学风渐辟，沉潜之士，覃研于电、化、光、汽诸科，心通其故，能出巧思者，不乏其才。第患闻见不宏，研求无术，译此而科学家各专一艺以求人成，将见器艺制作之才蔚起如林，成利物拯时之盛业。社会百凡之兴作，自有余师无悬命于他族之危矣。至若学，邃西文由普通而希专长，既可推明其学理，复资证悟于西文，非特文物典章，窥其真相，而寄鞮象胥之事，用益广而诣益深。其裨益于国种之争存岂少也哉。或谓专家既罕其才译事孰能胜任，然海上制局译书，事创于三十年前，而天象、地文、理化、汽电之书，译述流传，已成巨著。今日欧学日新，译林蔚起，使由分功之术为集益之方。固较诸往昔借才，为利便，但使有毅力者负举而前，倡率海内，集通国英文学家之诣力，复旁资东西洋鸿哲之所长，数年之间，足以告成，大裨黄人。惠此中国译书之功，足以冠绝古今，永以为震旦进化之纪念已。是书造端于一千八百五十年，集泰西人智之渊薮，为二十巨帙，乃距今六十年，而后出之宏编，递增泰半。以是征人智，日新不瞬息而驰万里，使及今不为移译，复阅数载，卷帙愈增，而译述愈艰。人智程度之高下相离愈远，终古不可追踪，而吾人之忧患何穷乎。今者欧人热力嘉惠远人，将以是书为振敝起衰之药石，诚为天牖中国之大机而不可自误也。

是书名义为 *Encyclopaedia Britannica*，译言万汇总录。其编辑也，依字母次序，事事物物，按次汇载，拟之中国古籍，实兼训诂事类两例以成书，非特发明科学而已。然泰西事物之文明，色色形形，皆由格物致知而进化，故二万六千之总类，咸为专家荟萃之文，一万二千之图形，悉资物理研求之用。由是而言，是书虽非专裨于科学，而泰东学者译以今名其以科学，赅事物之深心可见也。今议译述此书，当专求其关系科学者，审其缓急先后，宜详宜略而从事焉，刍末之见，略述于下。

理学一类，宜采译化学、电气学、弹力学、地质学，而星云理论、空气、热气、声音、波动、精气、性情之类次之。

工学一类，宜采译汽机学、电机学、船坞学、发动机学、升降器学、电信学、电话学，而道路桥梁、运河铁路、隧道吸水诸类次之。

技艺一类，宜采译营造学、图画学，而雕刻、嵌工、磁制、珐琅、书法、陶器诸类次之。

工业学类，宜采译开矿学、酿造学、织纺学，而制皮、印染、制枪诸类次之。

陆军海军学类，宜采译造船学、战舰学、炮台学、炮术学，而战术、军例、海权诸类次之。

农事学类，宜采译植林学、肥料学，而园艺、植果、畜牧、蜜蜡诸类次之。

医学一类，宜采译内外科术、剖解术，而微菌学、心脏病学、热病学、肺痨学诸类次之。

余如政治、哲理、宗教、商业、历史、地理诸科，或提挈纲领，译述其精英，或融会全文，约举其要旨，非有轻重于其间也。盖科学家之探讨与理论家之研求取径不同，而应用异。今欲求裨于社会之实用，以发其物理之文明，海内大雅，或不以刍言为无见乎？至于译事启端，刍见所及，一设立编译总部，总汇交通，以时集议。一广征海内译家，各视所长，以任译事。一公举通儒巨学，主持纂述，以定群言。预发布约售券，厚集资力，以维盛举。兹事体大。非末学浅见所能尽。谨述引言，以俟通人采择焉。

——《环球中国学生报》第 5、6 期合刊（1907 年 6 月）

读《迦因小传》两译本书后（1907）

寅半生

吾向读《迦因小传》，而深叹迦因之为人，清洁娟好，不染污浊，甘牺牲生命，以成人之美，实情界中之天仙也；吾今读《迦因小传》，而后知迦因之为人，淫贱卑鄙，不知廉耻，弃人生义务，而自殉所欢，实情界中之蟊贼也；此非吾思想之矛盾也，以所见之译本之不同故也。盖自有蟠溪子译本，而迦因之身价忽登九天；亦自有林畏庐译本，而迦因之身价忽坠九渊。

何则？情者，欲之媒也；欲者，情之蠹也。知有情而不知有欲者，蟠溪子所译之迦因是也；知有情而实在乎欲者，林畏庐所译之迦因是也。他不具论，试问未嫁之女儿，遽有私孕，其人为足重乎？不足重乎？吾恐中西之俗虽不同，殆未有不以为耻者。蟠溪子不知几费踌躇，几费斟酌，始将有妊一节，为迦因隐去，而但写其深情高义，念念不忘亨利，而势又不能嫁亨利，因不惜牺牲一身，以玉成亨利，又虑无以断亨利之念，遂勉与石茂（林译本作洛克）订婚，而使亨利得专心以聚意茂（林译本作爱玛）。观其与亨利剖白数语，血泪交迸，字字沉痛，且谓与石茂名为夫妇，誓不与以一分爱情，此其心为何如心！此其语为何如语！是固情界中所独一无二者也。至于迦因与亨利，以前若何互结爱情，皆削而不书，以待读者意会。其自叙云；"残缺其上帙，而邮书欧、美名都，思补其全，卒不可得。"非真残缺焉，盖曲为迦因讳也。故又云："迦因之原委，由后度前，思过半矣，可勿赘焉。"诚哉其可勿赘焉！不意有林畏庐者，不知与迦因何仇，凡蟠溪子百计所弥缝而曲为迦因讳者，必欲另补之以彰其丑。所叙登塔取雏，此乡里小儿女戏嬉之事，

　　而即以为迦因与亨利结情之缘起，甚矣其不正也！至以陌路不相识之人，而与之互相偎抱，虽曰救死则然，亦复成何体统！宜乎来文杰（蟠溪子译本作李文）痛诋之曰："此女先怂恿格雷芙（即亨利）登塔，已乃张两膊以拯其死，见者无不同声以韪其神勇，而吾则甚恨其人。"（见第九章）夫来文杰何人？迦因之父也。乃不惮尽情痛诋如是。至于卧病其家，非真卧病也，以迦因之有妊卜之，乃日恣淫乐也，观此而迦因之淫贱为何如乎！厥后与爵夫人（蟠溪子译本作林南夫人）客邸倾淡。在蟠溪子译本，则何等慷慨，何等决烈！而林本其意虽同，其语则一味辩驳。且一则曰："怀中之儿，且蒙无父之辱。"再则曰："未乳之儿，同付一掷。"念念及于私胎，此岂未嫁女郎对情人之母之口吻乎？而迦因竟无耻若是！试取两书互勘之，迦因之身份，孰高孰低，孰优孰劣？呜呼！迦因何幸而得蟠溪子为之讳其短而显其长，而使读《迦因小传》者，咸神往于迦因也；迦因何不幸而复得林畏庐为之暴其行而贡其丑，而使读《迦因小传》者，咸轻薄夫迦因也。世不少明眼人，当不河汉斯言。且不特迦因之身价忽高忽低有如是也，即就亨利而论，从蟠溪子译本观之。俨然一昂藏自立之男子也；而就林本观之，其始也，途遇彼美，冒险登塔，自忘生命；其对母爵夫人云："吾恋其美，实欲媚之，故不惮险。"夫亨利何人？盖

勋爵之裔也。乃一遇彼美，遽丧其品，至于卧病其家，日恣淫乐，与禽兽何异？且天性之亲，人孰无之？即甚忤逆，未有睹其父临死，而犹哓哓置辩者。乃老勋爵临终，至再至三，殷殷以迎娶爱玛为嘱；而亨利竟溺于情人，不顾父命，肆口强辩，此尚得为人子乎？是皆蟠溪子所删而不叙者也，第浑言之曰："由后度前，思过半矣，可勿赘焉。"不解林氏何心，而必欲一一赘之！

且"传"之云者何谓乎？传其品焉，传其德焉，而使后人景仰而取法者也。虽史家贤奸并列，而非所论于小说家言。今蟠溪子所谓《迦因小传》者，传其品也，故于一切有累于品者，皆删而不书。而林氏之所谓《迦因小传》者，传其淫也，传其贱也，传其无耻也，迦因有知，又曷贵有此传哉？甚矣译书之难也！于小说且然。蟠溪子自叙有云："念今日需译之急，而乃虚牝光阴，消磨精力于小说家言，不几令有识者齿冷乎？"自视何等歇然！而林氏则自诩译本之富，俨然以小说家自命，而所译诸书，半涉于牛鬼蛇神，于社会毫无裨益；而书中往往有"读吾书者"云云，其口吻抑何矜张乃尔！甚矣其无谓也！

或曰："林氏虽得罪迦因，不可谓非蟠溪子之功臣焉。吾辈未见原书，不知原书之何若。凡蟠溪子所苦心孤诣而曲为迦因讳者，又孰从而知之？得林氏足本，而后蟠溪子译本之佳处彰焉，而后蟠溪子译书之苦心见焉，是不可谓非蟠溪子之功臣焉。"噫嘻！是亦一说也。

《爱国二童子传》达旨（1907）

林纾

畏庐林纾译是书竟，焚香于几，盥涤再拜，敬告海内。

至宝至贵，亲如骨肉，尊若圣贤之青年有志学生，敬顿首顿首，述吾旨趣以告之曰：呜呼！卫国者恃兵乎？然佳兵者非祥。恃语言能外交乎？然国力荏弱，虽子产、端木赐之口，无济也。而存名失实之衣冠礼乐，节义文章，其道均不足以强国。强国者何恃？曰：恃学、恃学生，恃学生之有志于国，尤恃学生人人之精实业。

比利时之国何国耶？小类邾、郦，而尤介于数大国之间，至今人未尝视之如波兰、如印度者，赖实业足以支柱也。实业者，人人附身之能力。国可亡而实业之附身者不可亡，虽贱如犹太之民，不恋其故墟，然多钱而善贾，竟吸取西人精髓，西人虽极鄙之，顾无如之何。盖能贾亦实业也。以犹太煨烬之余灰，恃其实业，尚可幸存，矧吾中国际此群雄交猜，联鸡不能并栖之时？不于此时讲解实业，潜心图存，乃竞枵响张浮气何也！

李闯之谓其所部曰：凡守城之法，于炮火震天时尚可偷闲而睡，若万帐无声，刁斗不鸣，此时正属吃紧，万万不可懈，懈则城且立破。（去其原文，存其意，而易其词。）今俄、日之事息，正所谓万帐无声时矣，在势正当吃紧，而枢府诸公，别有怀抱。吾侪小人不敢轻议，唯告我同学，告我同胞，则不妨明目张胆言之：此时断非酣睡之时。凡朝言练兵，夕言变法，皆不必切于事情；实业之不讲，则所讲皆空言耳，于事奚益？

向者八股之存，则父兄之诏其子弟，人人皆授以宰相之实业；下至三家村中学究，亦抱一宰相之教科书，其书云何，《大学》也。《大学》言修齐平治，此非宰相事乎？吾国揆席不过六人，而习其艺者至二十万万之多。今则八股之焰熸矣，而学生之所学，明白者尚留意于普通；年二十以外，则专力于法政，法政又近宰相之实业矣。试问无小人何以养君子？人人之慕为执政，其志本欲以救国，此可佳也，然则实业一道，当付之下等社会矣。西人之实业，以学问出之，吾国之实业，付之无知无识之伧荒，且目其人、其事为贱役，此大类高筑城垣，厚储兵甲，而粮储一节，初不筹及，又复奚济？须知实业者，强国之粮储也。不此之急，而以缓者为急，眼前之理，黑若黝漆矣。

畏庐尝为悲梗之言曰：宁丧大兵十万于外，不可逐岁漏其度支，令无纪极。盖鱼须水而生，竭泽取鱼，留存其水，更下鱼苗，则鱼可以长养而蕃庶。若自决其流令涸，则后此更下鱼苗，将胡生耶？国不患受人践蔑，受人剥蚀，但使青年人人有志于学，人人务其实业，虽不能博取敌人之财，亦得域其国内之金钱不令外溢。管仲之女闾，亦为闸以沮水之外溢耳，矧在实业之可恃？

今日学堂几遍十八行省，试问商业学堂有几也？农业学堂有几也？工业学堂有几也？朝廷之取士，非学法政者，不能第上上，则已视实业为贱品。中国结习，人非得官不贵，不能不随风气而趋。

后此又人人储为宰相之材，以待揆席，国家枚卜，不几劳耶？呜呼！彼人一剪、一线、一针之微，尚悉力图工，以求售于吾国，吾将谓此小道也不足较，将听其涓涓不息为江河耶？此畏庐所泣血椎心不可解者也。

此书之第二十六章，有所谓孟叔者，在一千七百九十二年，法国全境几糜烂于敌手，孟叔与同志嘉纳醰思制器之方，力图制胜于外，培植子弟为工程师，立实业学堂无数，至今铜像巍然。呜呼！孟叔何其仁也？以拿破仑武力，鞭棰列强，欧西几人人慑伏，而卒致于倾覆。英国自囚拘拿破仑后，国力罢苶，而工艺即因之而昌。试问拿破仑能霸天下，英国能缚取天下霸王，后此二国卒归于实业，始克自振，然则空言强国何益耶？

沛那者，天下之第一仁人也。其人不必以哲学称，但能朴实诚悫，为此实业之小说。当时法人读此，人人鼓舞，既益学界，又益商界，归本则政界亦大裨其益。畏庐，闽海一老学究也，少贱不齿于人，今已老，无他长，但随吾友魏生易、曾生宗巩，陈生杜蘅、李生世中之后，听其朗诵西文，译为华语，畏庐则走笔书之，亦冀以诚告海内至宝至贵、亲如骨肉、尊如圣贤之青年学生，读之以振动爱国之志气，人谓此即畏庐实业也。噫！畏庐焉有业，果能如称我之言，使海内挚爱之青年学生人人归本于实业，则畏庐赤心为国之志，微微得伸，此或可谓实业耳。谨稽首顿首，望海内青年之学生怜我老朽，哀而听之。

畏庐者，狂人也，平生倔强不屈人下，尤不甘屈诸虎视眈眈诸强邻之下。沈湘之举，吾又惜命不为，然则畏庐其长生不死矣？曰：非也。死固有时，吾但留一日之命，即一日泣血以告天下之学生，请治实业自振。更能不死者，即强支此不死期内，多译有益之书，以代弹词，为劝喻之助。虽然，吾挚爱青年之学生，尚须曲谅畏庐，不当谓畏庐强作解事，以不学之老人，喋喋作学究语。须知刍荛之献，圣人不废。吾挚爱青年之学生，亦当视我为刍荛可尔。

畏庐幼时读杨椒山年谱，则自闭空房而哭。然吾父母仁爱，兄弟和睦，所遇不如椒山之蹇，吾胡哭也？盖椒山所书，则真有令人哭者。椒山少而见屏于父兄，分家时但得米豆数斗，椒山晨起作饭后，将指一一划字米豆之上，出而行牧，有父有兄，直如孤露。后此椒山忠节，可勿待言。然其治乐时，能自购胶漆刀锯之属，躬制乐器，此亦留心实业者也。今恩忿、舒利亚兄弟，果真孤露矣，其穷困乃百倍于椒山，卒能于国力衰败之余，间关自达于祖国。试问法国此时为何时，非师丹大败之后乎？兄弟二人，沿路见法民人人皆治实业，遂亦不务宦达，一力归农。较诸吾国小说中人物，始由患难，终以得官为止境，乐一人之私利，无益于国家。若是书者，盖全副精神不悖于爱国之宗旨矣。吾述之，吾且涕泣述之。

天下爱国之道，当争有心无心，不当争有位无位。有位之爱国，其速力较平民为迅，然此亦就专制政体而言。若立宪之政体，平民一有爱国之心，及能谋所以益国者，即可立达于议院。故郡县各举代表，入为议员，正以此耳。若吾国者，但恃条陈，条陈者，大府所见而头痛者也。平心而论，所谓条陈，皆爱身图进之条陈，非爱国图强之条陈也。嗟夫！变法何年？立宪何年？上天果相吾华，河清尚有可待。然此时非吾青年有用之学生，人人先自任其实业，则万万无济。何者？学生，基也；国家，墉也。学生先为之基，基已重固，墉何由颠？所愿人人各有"国家"二字戴之脑中，则中兴尚或有冀。若高言革命，专事暗杀，但为强敌驱除而已，吾属其一一为卤？哀哉哀哉！书至此，不忍更书矣。

大清皇帝光绪三十三年六月十九日，畏庐林纾序。

——《爱国二童子传》（林译小说丛书第二十编实业小说，商务印书馆，1907年），卷首

《孝女耐儿传》序（1907）

林纾

予不审西文，其勉强厕身于译界者，恃二三君子为余口述其词，余耳受而手追之，声已笔止，日区四小时，得文字六千言，其间疵谬百出，乃蒙海内名公不鄙秽其轻率而收之，此予之大幸也。

予尝静处一室，可经月，户外家人足音颇能辨之了了，而余目固未之接也。今我同志数君子，偶举西士之文字示余，余虽不审西文，然日闻其口译，亦能区别其文章之流派，如辨家人之足音。其间有高厉者、清虚者、绵婉者、雄伟者、悲梗者、淫冶者，要皆归本于性情之正，彰瘅之严，此万世之公理，中外不能僭越，而独未若却而司、迭更司文字之奇特。天下文章莫易于叙悲，其次则叙战，又次则宣述男女之情。等而上之，若忠臣、孝子、义夫、节妇，决脰溅血，生气凛然，苟以雄深雅健之笔施之，亦尚有其人。从未有刻划市井卑污龌龊之事，至于二三十万言之多，不重复，不支厉，如张明镜于空际，收纳五虫万怪，物物皆涵涤清光而出，见者如凭阑之观鱼鳖虾蟹焉；则迭更司者盖以至清之灵府，叙至浊之社会，令我增无数阅历，生无穷感喟矣。

中国说部，登峰造极者无若《石头记》。叙人间富贵，感人情盛衰，用笔缜密，着色繁丽，制局精严，观止矣。其间点染以清客，间杂以村妪，牵缀以小人，收束以败子，亦可谓善于体物。终竟雅多俗寡，人意不专属于是。若迭更司者，则扫荡名士美人之局，专为下等社会写照：奸狯驵酷，至于人意所未尝置想之局，幻为空中楼阁，使观者或笑或怒，一时颠倒至于不能自己，则文心之邃曲宁可及耶？余尝谓古文中叙事，唯叙家常平淡之事为最难着笔。《史记·外戚传》述窦长君之自陈，谓姊与我别逆旅中，丐沐沐我，饭我乃去。其足生人惋怆者，亦只此数语。若《北史》所谓隋之苦桃姑者，亦正仿此。乃百摹不能遽至，正坐无史公笔才，遂不能曲绘家常之恒状。究竟史公于此等笔墨亦不多见，以史公之书，亦不专为家常之事发也。今迭更司则专意为家常之言，而又专写下等社会家常之事，用意着笔为尤难。

吾友魏春叔购得《迭更司全集》，闻其中事实强半类此。而此书特全集中之一种，精神专注在耐儿之死。读者迹前此耐儿之奇孝，谓死时必有一番死诀悲怆之言，如余所译《茶花女》之日记。乃迭更司则不写耐儿，专写耐儿之大父凄恋耐儿之状，疑睡疑死，由昏愦中露出至情，则又于《茶花女日记》外，别成一种写法。盖写耐儿，则嫌其近于高雅；唯写其大父一穷促无聊之愚叟，始不背其专意下等社会之宗旨，此足见迭更司之用心矣。迭更司书多不胜译，海内诸公请少俟之，余将继续以伧荒之人译伧荒之事，为诸公解醒醒睡可也。书竟，不禁一笑。

光绪三十三年八月十日，闽县林纾畏庐父叙于京师望瀛楼。

——《孝女耐儿传》（商务印书馆，1908年），卷首

《剑底鸳鸯》序（1907）

林纾

吾华开化早，人人咸以文胜，流极所至，往往出于荏弱。泰西自希腊、罗马后，英法二国均蛮野，尚杀戮。一千五百年前，脑门人始长英国，撒克逊种人虽退蝈为齐民，而不列颠仍蕃滋内地。是三族者，均以武力相尚。即荷兰人虱于其间，强勇不逮脑门，而皆有不可猝犯之勇概。流风所被，人人尚武，能自立，故国力因以强伟。甚哉！武能之有益于民气也。而其中尤有不同于中国者，人固尚武，而恒为妇人屈，其视贵胄美人，则尊礼如天神，即躬擐甲胄，一睹玉人，无不投拜。故角力之场，必延美人临幸，胜者偶博一粲，已侈为终身之荣宠，初亦无关匹耦之望，殆风尚然也。余尝观吾乡之斗画眉者矣，编竹为巨笼，悬其牝者于笼侧，纵二牡入斗，雌者一鸣，则二雄之角愈力，竟死而犹战，其意殆求媚于雌者。今脑门之人，亦正媚雌者尔。

余翻司各德书凡三种：一为《劫后英雄略》，则爱梵阿之以勇得妻也，身被重创，仍带甲长跽花侯膝下，恭受花环，此礼为中国四千年之所无；一为《十字军英雄记》，则卧豹将军娶英王翁主，亦九死一生，仅而得之；若此书则尤离奇，意薇芩既受休鼓拉西之聘矣，更

413

毁婚约，以赐其侄达敏，此又中国四千年之所无者。余译此书，亦几几得罪于名教矣，然犹有辨者。达敏、意薇芩始已相爱，休鼓不审其爱而强聘之，长征巴勒士丁三年不反。二人同堡，彼此息息以礼自防，初无苟且之行，迨休鼓兵败西归，自审年老，不欲累及少艾，始毁约赐达敏。然犹百般诡试，达敏屹不为动，于是休鼓拉西疑释，知二者果以礼自防者也，遂予之。此在吾儒，必力攻以为不可。然中外异俗，不以乱始，尚可以礼终。不必踵其事，但存其文可也。晋文公之纳辰嬴，其事尤谬于此。彼怀公独非重耳之侄乎？纳嬴而杀怀，其身犹列五霸，论者胡不斥《左氏传》为乱伦之书！实则后世践文公之迹者何人？此亦吾所谓存其文不至踵其事耳。《通鉴》所以名"资治"者，美恶杂陈，俾人君用为鉴戒；鉴者师其德，戒者祛其丑。至了凡、凤洲诸人，删节纲目，则但留其善而悉去其恶，转失鉴戒之意矣。以上所言，均非余译此之本意；余之译此，冀天下尚武也。书中叙加德瓦龙复故君之仇，单帔短刃，超乘而取仇头，一身见缚，凛凛不为屈。即蛮王滚温，敌槊自背贯出其胸，尚能奋巨椎而舞，屈挢之态，足以震慑万夫。究之脑门人，躬被文化而又尚武，遂轶出撒克逊不列颠之上，今日以区区三岛凌驾全球者，非此杂种人耶？故究武而暴，则当范之以文；好文而衰，则又振之以武。今日之中国，衰耗之中国也。恨余无学，不能著书以勉我国人，则但有多译西产英雄之外传，俾吾种亦去其倦敝之习，追蹑于猛敌之后，老怀其以此少慰乎！

光绪三十三年八月二十日，闽县林纾畏庐父叙于春觉斋。

——《剑底鸳鸯》（商务印书馆，1907年）

书辜汤生英译中庸后（1907）

王国维

【……】

《中庸》虽为一种之哲学，虽视诚为宇宙人生之根本，然与西洋近世之哲学，固不相同。子思所谓诚，固非如裴希脱（Fichte）之"Ego"、解林（Schelling）之"Absolute"、海格尔（Hegel）之"Idea"、叔本华（Schopenhauer）之"Will"、哈德曼（Hartmann）之"Unconscions"也。其于思索，未必悉皆精密，而其议论，亦未必尽有条理也，往往一篇之中，时而说天道，时而说人事。岂独一篇中而已，一章之中，亦复如是。幸而其所用之语，意义甚为广莫，无论说天说人时，皆可用此语，故不觉其不贯串耳。若译之为他国语，则他国语之与此语相当者，其意义不必若是之广，即令其意义等于此语，或广于此语，然其所得应用之处，不必尽同，故不贯串不统一之病，自不能免。而欲求其贯串统一，势不能不用意义更广之语，然语意愈广者，其语愈虚。于是古人之说之特质渐不可见，所存者其肤廓耳。译古书之难，全在于是。如辜氏此书中之译"中"为"Our true self,"和为"Moral order",其最著者也。余如以"性"为"Law of our being",以"道""Moral law",亦出于求统一之弊。以吾人观之,则"道"与其谓之"Moral law",宁谓之"Moral order"。至"性"之为"Law of our being",则"Law"之一字,除与"Moral law"之"law"字相对照外,于本义上固毫不需此,故不如译为"Essence of our being or Our true nature"之妥也。此外如此类者,尚不可计。要之,辜氏此书,如为解释《中庸》之书,则吾无间然,且必谓我国之能知《中庸》之真意者,殆未有过于辜氏者也。若视为翻译之书,而以辜氏之言即子思之言,则未敢信以为善本也。其他种之弊,则在以西洋之哲学解释《中庸》。其最著者,如"诚则形,形则著"数语,兹录其文如下:

Where there is truth, there is substance.

Where there is substance, there is reality. Where there is reality, there is intelligence. Where there is intelligence, there is power. Where there is power, there is influence. Where there is influence, there is creation.

此节明明但就人事说,郑注与朱注大概相同,而忽易以"Substance""reality"等许多形而上学上之语(Metaphysical Terms),岂非以西洋哲学解释此书之过哉。至"至诚无息"一节之前半,亦但说人事,而无"息久征悠远博厚高明"等字,亦皆以形而上学之语(Metaphysical Terms),岂非以西洋哲学解释此书之过哉。至"至诚无息"一节之前半,亦但说人事,而无息、久征、悠远、博厚、高明等字,亦皆以形而上学之语译之,其病亦与前同。读者苟平心察之,当知余言之不谬也。

上所述二项，乃此书中之病之大者，然亦不能尽为译者咎也。中国语之不能译为外国语者，何可胜道！如《中庸》之第一句，无论何人，不能精密译之。外国语中之无我国"天"字之相当字，与我国语中之无"God"之相当字无以异。吾国之所谓"天"，非苍苍者之谓，又非天帝之谓，实介二者之间，而以苍苍之物质具天帝之精神者也。"性"之字亦然。故辜氏所译之语，尚不失为适也。若夫译"中"为"Our true self or Moral order"，是亦不可以已乎。里雅各（James Legge）之译"中"为"Mean"，固无以解"中也者天下之大本"之"中"，今辜氏译"中"为"Our true self"，又何以解"君子而时中"之"中"乎！吾宁以里雅各氏之译"中"为"Mean"，犹得《中庸》一部之真意者也。夫"中"（Mean）之思想，乃中国古代相传之思想。自尧云"执中"，而皋陶乃衍为"九德"之说，皋陶不以宽为一德，栗为一德，而以二者之中之宽而栗为一德，否则当言十八德，不当言九德矣。《洪范》"三德"之意亦然。此书中《尊德性》一节，及《问强》《索隐》二章，尤在发明此义。此亦本书中最大思想之一，宁能以"Our true self or Our central self"空虚之语当之乎？又岂得以类于亚里士多德（Aristotle）之《中说》而唾弃之乎？余所以谓失古人之说之特质，而存其肤廓者，为此故也。辜氏自谓涵泳此书者且二十年，而其"涵泳"之结果如此，此余所不能解也。余如"和"之译为"Moral order"也，"仁"之译为"Moral sense"也，皆同此病。要之，皆过于求古人之说之统一之病也。至全以西洋之形而上学释此书，其病反。前病失之于减古书之意义，而后者失之于增古书之意义。吾人之译古书如其量而止则可矣，或失之减，或失之增，虽为病不同，同一不忠于古人而已矣。

辜氏译本之病，其大者不越上二条，至其以己意释经之小误，尚有若干条。兹列举之如下：

（一）"是以君子戒慎乎其所不睹，恐惧乎其所不闻"。辜氏译为：

Wherefore it is that the moral man watches diligently over what his eyes cannot see and is in fear and awe of what his ears cannot hear.

其于"其"字一字之训，则得矣。然中庸之本意，则亦言不自欺之事。郑元注曰：

小人闲居为不善，无所不至也。君子则不然，虽视之无人，听之无声，犹戒慎恐惧自修，正是其不须臾离道。

朱注所谓"虽不见闻，亦不敢忽"。虽用模棱之语，然其释"独"字也，曰：

独者，人所不知而己所独知之地也。

则知朱子之说，仍无以异于康成，而辜氏之译语，其于"其"字虽妥，然涵泳全节之意义，固不如旧注之得也。

（二）"隐恶而扬善"，辜氏译之曰：

He looked upon evil merely as something negative; and he recognised only what was good as having positive existence.

此又以西洋哲学解释古书，而忘此节之不能有此意也。夫以"恶"为"Negative"，"善"为"Positive"，此乃希腊以来哲学上一种之思想。自斯多噶派（Stoics）及新柏拉图派（Neo Platonism）之辨神论（Theodicy），以至近世之莱布尼兹（Leibnitz）皆持此说，不独如辜氏注中所言大诗人沙士比亚（Shakespeare）及葛德（Goethe）二氏之见解而已。然此种人生观，虽与《中庸》之思想非不能相容，然与好问察言之事，有何关系乎？如此断章取义以读书，吾窃为辜氏不取也。且辜氏亦闻《孟子》之语乎？《孟子》曰：

> 大舜有大焉，善与人同。舍己从人，乐取于人以为善。

此即好问二句之真注脚。至其译"执其两端，用其中于民"，乃曰：

> Taking the two extremes of positive and negative，he applied the mean between the two extremes in his judgement，employment and dealings with people.

夫云"to take the two extremes of good and evil"（执善恶之中），已不可解，况云"taking the two extremes of positive and negative"乎？且如辜氏之意，亦必二者皆"positive"，而后有"extremes"之可言。以"positive"及"negative"为"two extremes"，可谓支离之极矣。今取朱注以比较之曰：

> 然于其言之未善者，则隐而不宣，其善者则播而不匿，（中略）于善之中，又执其两端，而量度以取中，然后用之。

此二解之孰得孰失，不待知者而决矣。

（三）"天下国家可均也"。辜氏译为：

> A man may be able to renounce the possession of Kingdoms and Empire.

而复注之曰：

> The word 均 in text above, literally 'even，equally divided' is here used as a verb 'to be indifferent to'（漠视），hence to renounce.

然试问"均"字果有"to be indifferent to（漠视）"之训否乎？岂独"均"字无此训而已，即"平视"二字（出《魏志·刘桢传》

注），亦曷尝训此。且即令有此训，亦必有二不相等之物，而后可言均之平之。孟子曰："舜视弃天下犹弃敝屣也"。故若云天下敝屣可均，则辜氏之说当矣。今但云"天下国家可均"，则果如辜氏之说，将均天下国家于何物者哉。至"to be indifferent to"，不过外国语之偶有均字表面之意者，以此释"均"，苟稍知中国语者，当无人能首肯之也。

（四）"君子之道，造端乎夫妇。及其至也，察乎天地。"郑注曰：

　　　　夫妇谓匹夫匹妇之所知所行。

其言最为精确。朱子注此节曰"结上文"，亦即郑意。乃辜氏则译其上句曰：

　　　The moral law takes its rise in relation between man and woman

而复引葛德《浮斯德》戏曲（Faust）中之一节以证之，实则此处并无此意，不如旧注之得其真意也。

（五）辜氏于第十五章以下，即译《哀公问政》章（朱注本之第二十章），而继以《舜其大孝》《无忧》《达孝》三章，又移《鬼神之为德》一章于此下，然后继以《自诚明》章。此等章句之更定，不独有独断之病，自本书之意义观之，亦决非必要也。

（六）辜氏置《鬼神》章于《自诚明》章之上，当必以此章中有一"诚"字故也。然辜氏之译"诚"之不可揜也，乃曰：

　　　Such is evidence of things invisible that it is impossible to doubt the spirtual nature of man.

不言"诚"字，而以鬼神代之，尤不可解。夫此章之意，本谓鬼神之为物，亦诚之发现，而乃译之如此。辜氏于此际，何独不为此书思想之统一计也。

（七）"身不失天下之显名，尊为天子，富有四海之内，宗庙享之，子孙保之。"此数者，皆指武王言之。朱注："此言武王之事是也。"乃辜氏则以此五句别为一节，而属之文王，不顾文义之灭裂，甚矣其好怪也！辜氏独断之力如此，则更无怪其以武王未受命，为文王未受命，及周公成文、武之德，为周公以周之王成于文、武之德也。

（八）"礼所生也"之下"居下位"三句，自为错简，故朱子亦从郑注。乃辜氏不认此处有错简，而意译之曰：

For unless social inequalities have a true and moral basis, government of the people is an impossibility.

复于注中直译之曰：

Unless the lower orders are satisfied with those above them, government of the people is an impossibility.

复于下节译之曰：

If those in authourity have not the confidence of those under them, government of the people is an impossibility.

按"不获乎上"之意，当与《孟子》"是故得乎邱民而为天子，得乎天子为诸侯，得乎诸侯为大夫"，及"不得乎君则热中"之"得"字相同。如辜氏之解，则经当云"在上位不获乎下"，不当云"在下位不获乎上"矣。但辜氏之所以为此解者，亦自有故。以若从字句解释，则与上文所云"为天下国家"，下文所云"民不可得而治"不相容也。然"在下位"以下，自当如郑注别为一节，而"在下位者"即云"在位"，则自有治民之责，其间固无矛盾也，况《孟子》引此语亦云"居下位而不获于上，民不可得而治也"乎。要之此种穿凿，亦由求古人之说之统一之过也。

（九）"王天下有三重焉，其寡过矣乎。"辜氏译之曰：

To attain to the sovereignty of the world, there are three important things necessary ; they may perhaps be summed up in one : blamelessness of life.

以"三重"归于"一重"，而即以"寡过"当之，殊属非是。朱子解为"人得寡过"固非如辜氏之解，更属穿凿。愚按：此当谓王天下者重视仪礼、制度、考文三者，则能寡过也。

（十）"上焉者，虽善无征，无征不信，不信民弗从。下焉虽善不尊，不尊不信，不信民弗从。"此一节承上章而言，"无征"之"征"即"夏礼、殷礼不足征"之"征"。故《朱子章句》解为"虽善而皆不可考"是也。乃辜氏译首二句曰：

However excellent a system of moral truth appealing to supernatural authority may be，it is not verifiable by experience.

以"appealing to supernatural authority"释"上"字，穿凿殊甚。不知我国古代固无求道德之根本于神意者，就令有之，要非此际子思之所论者也。

至辜氏之解释之善者，如解"凡为天下国家有九经，所以行之者一也"之"一"为"豫"，此从郑注而善者，实较朱注更为直截。此书之不可没者，唯此一条耳。

吾人更有所不慊者，则辜氏之译此书，并不述此书之位置如何，及其与《论语》诸书相异之处，如余于此文首页之所论。其是否如何，尚待大雅之是正，然此等问题，为译述及注释此书者所不可不研究明矣。其尤可异者，则通此书无一语及于著书者之姓名，而但冠之曰孔氏书。以此处《大学》则可矣，若《中庸》之为子思所作，明见于《史记》，又从子思再传弟子孟子书中，犹得见《中庸》中之思想文字，则虽欲没其姓名，岂可得也！又译者苟不信《中庸》为子思所作，亦当明言之，乃全书中无一语及此，何耶？要之，辜氏之译此书，谓之全无历史上之见地可也。唯无历史上之见地，遂误视子思与孔子之思想全不相异；唯无历史上之见地，故在在期古人之说之统一；唯无历史上之见地，故译子思之语以西洋哲学上不相干涉之语。幸而译者所读者，西洋文学上之书为多，其于哲学所入不深耳。使译者而深于哲学，则此书之直变为柏拉图之《语录》、康德之《实践理性批评》，或变为斐希脱、解林之书，亦意中事。又不幸而译者不深于哲学，故译本中虽时时见康德之《知识论》，及伦理学上之思想，然以不能深知康德之《知识论》，故遂使西洋形而上学中空虚广莫之语，充塞于译本中。吾人虽承认《中庸》为儒家之形而上学，然其不似译本之空廓，则固可断也。又译本中为发明原书，故多引西洋文学家之说。然其所引证者，亦不必适合。若再自哲学上引此等例，固当十百千万于此。吾人又不能信译者于哲学上之知识狭隘如此，宁信译者以西洋通俗哲学为一蓝本，而以中庸之思想附会之，故务避哲学家之说，而多引文学家之说，以使人不能发见其真藏之所在。此又一说也。由前之说，则失之固陋；由后之说，则失之欺罔。固陋与欺罔，其病虽不同，然其不忠于古人则一也。故列论其失，世之君子或不以余言为谬乎。

　　此文作于光绪丙午，曾登载于上海《教育世界》杂志。此志当日不行于世，故鲜知之者。越二十年，乙丑夏日，检理旧箧，始得之。《学衡杂志》编者请转载，因复览一过。此文对辜君批评颇酷，少年习气，殊堪自哂。案辜君雄文卓识，世间久有定论，此文所指摘者，不过其一二小疵。读者若以此而抹杀辜君，则不独非鄙人今日之意，亦非二十年前作此文之旨也。国维附记。

——《教育世界》第 160—163 期（1907 年 10—12 月）；
《学衡》第 43 期（1925 年 7 月）

绍介新书《福尔摩斯再生后之探案第十一、十二、十三》（1907）

佚名

　　《歇洛克·福尔摩斯（一作呵尔唔斯）侦探案》，为英国大文学家高能·陶耳（Conon Doyle）所著，盖欧洲近世最有价值之侦探小说也。每一稿脱，各国辄翻译恐后，争相罗致。吾国译本，以曩时《时务报》张氏为最先，尔后续译者接踵而起，如《包探案》《续包探案》之类皆是也。顾原书至福尔摩斯被戕后，已戛然中止，几成绝响；距数年以后，作者又创为再来之说，成书十三篇，合之前后诸作，无一相犯，无一雷同者。欧美各国，一时风行殆遍。吾国周君桂笙所译《福尔摩斯再来第一案》，首先出版，颇受欢迎，而续译者又踵起矣。夫译书极难，而译小说书尤难。苟非将原书之前后情形，与夫著者之本末生平，包罗胸中，而但鲁莽从事，率尔操觚，即不免有直译之弊，非但令人读之，味同嚼蜡，抑且有无从索解者矣。故此等小说，在欧美各国，则妇孺皆知，在吾国则几于寂寂无闻。此其咎，必非在原著之不佳明矣，毋亦遍译之未尽合官，故不足以动人耶？小说林社主人，知其然也，故自第八案以后，仍请周君桂笙，一手译述。今最后之第十一、十二、十三三案，亦已出版，共钉一册，编首媵以译者小影一帧，益见该社精益求精，不遗余力矣。本社受而读之，觉其理想之新奇，诚有匪夷所思者，洵近今翻译小说中之不可多得者也。爰为溯其源起，著之于篇，以为一般爱阅佳小说者告。

——《月月小说》第 1 年第 5 号（1907 年）

《海底漫游记》（1907）

新庵

近年来，吾国小说之进步，亦可谓发达矣。虽然，亦徒有虚声而已。试一按其实，未有不令人废然怅闷者。别出心裁，自著之书，市上殆难其选，除我佛山人，与南亭先生数人外，欲求理想稍新，有博人一粲之价值者，几如凤毛麟角，不可多得。即略有意义、位置妥贴者，亦不数数觏也。而新译小说，则几几乎触处皆是。然欲求美备之作，亦大难事哉！最可恨者，一般无意识之八股家，失馆之余，无以谋生，乃亦作此无聊之极思，东剿西袭，以作八股之故智，从而施之于小说，不伦不类，令人喷饭。其尤黠者，稔知译书之价，信于著述之稿也，于是闭门杜造，面壁虚构，以欺人而自欺焉。虽然，小说之道，本无一定之理。苟能虚造成篇，亦未始非理想小说。惜乎其不能也，其技不过能加入一二口旁之人名亦止矣。译界诸君，亦有漫不加察，而所译之书，往往与人雷同者。书贾不予调查，贸然印行者，亦往往而有。甚至学堂生徒，不专心肄业，而私译小说者，亦不一而足。呜呼！吾国之小说，至于今日，不其盛欤？然而此等小说，谓将于世道人心，改良风俗，有几微之益，俾其能信之耶？

一昨余于坊间，获见一新小说。封面题曰《海底漫游记》，而书中则又作《投海记》，上加"最新小说"四字，其边际复书作"新闻小说"。支离至此，可谓极矣。迨细阅其内容，则竟直抄横滨《新小说》中之科学小说《海底旅行》一书。此书本为红溪生所译述，而彼书忽题曰"著作者海外山人"云。噫！异矣。其为耻者之剽窃欺人耶？抑为书贾之改头换面耶？殊欲索解人而不得也，然二者必居一于此矣。所可笑者，彼书之后，居然亦大书特书四字："不许翻印"。

——《月月小说》第 1 年第 7 号（1907 年）

《解颐语》叙言（1907）

采庵

泰西言语与文字并用，不妨杂揉，匪若中国文学之古今雅俗，界限綦严也。中国除小说外，殆鲜文言并用者。泰西则不然，即小说之体裁，亦与吾国略异。其叙述一事也，往往直录个中人对答之辞，以尽其态，口吻毕肖，举动如生，令人读之，有如闻其声、如见其人之妙，而不知皆作者之狡狯也。吾国白话小说，向不见重于社会，故载笔者无不刻意求工，欲以笔墨见长，而流弊所届，训至相率搁笔不敢轻于操觚。坐使社会怪奇冤惨之事，人群颖异特达之才，皆湮没而弗彰，不其恫欤？然而习俗移人，贤者不免。虽余亦不免明知而故犯焉。泰西则知无不言，言无不尽，虽妇稚优为之。然同一白话，出于西文，自不觉其俚；译为华文，则未免太俗。此无他，文、言向未合并之故耳。

至若泰西，小品滑稽之谈尤多。设为白话问答之辞，形容尽致，有聊聊一二语，不叙缘起，不详究竟，而读之辄令人忍俊不禁者。语极隽妙，殊足解颐。余久思摘译如干，以示同好，顾每一握笔，辄为踌躇而止。良以他国极可笑之事，苟直译而置诸吾国人之前，窃恐未必尽解，遑论其笑矣。盖习尚不同，嗜好互异，有断非此聊聊一二语，所能通厥意旨者，固不独虑言之无文，贻讥大雅而已也。爰就原文量为变通，庶几可博读者之一粲耳。虽然，同国之人，共座谈笑，亦有能喻、不能喻者，斯则匪译者之过矣。

——《月月小说》第 1 年第 7 号（1907 年）

大秦译音说（1908）

太炎（章太炎）

汉世称罗马为大秦，至南北朝无改。鱼豢范晔皆云：其人民长大平正，有类中国，故谓之大秦。殆非也，大秦至汉始通，若以其类中国人得名，当云大汉，不云大秦矣。今案大秦即刺丁译音小异耳，大本音徒盖切，经典释文于《庄子·天下篇》大过大多大少，皆云旧敕。佐反，是魏晋间又舒舌头音为舌上音，要之舌音诸纽，古皆展转相迤旁，迤又得为半舌半齿，如牵从大声，古文作如拿从入声，则大声亦可迤入半齿日母刺，则半舌音也。《说文》韵普大又音他达切，与獭同音，獭从赖声，赖从刺声。而獭得音他末切，则大字读去声得同声于赖，读入声得同声于刺可知也。今广东惠潮嘉应多中原遗音，《说文》大本训人彼则谓丈夫曰赖子，大转为赖亦以舌头定母之字旁迤作半舌来母音也。秦本齿音，古亦敛入舌头端母，如《诗》笺云螓，谓蜻蜻也。《说文》螓但作蜻，而今之蜻蛉，《说文》《尔雅》皆作丁蛵。是秦声青声字古可读丁之证。今琼州呼先生如丁当，则齿音敛为舌音者，今尚不绝，由是言之，大秦之音，正读刺丁，以种类称其国，非谓状似汉人明矣。

余之小说观（节录）（1908）

觉我（徐念慈）

【……】

二、著作小说与翻译小说

之二者之得失，今世未定问题，而亦未曾研究之问题也。综上年所印者计之，则著作者十不得一二，翻译者十常居八九。是必今之社会，向以塞聪蔽明，不知中国外所有之人种，所有之风俗，所有之饮食男女，所有之仪节交际，曾以犬羊鄙之，或以神圣奉之者，今得于译籍中，若亲见其美貌，若亲居于庄岳也，且得与今社会，成一比例，不觉大快。而于摹写今日家庭之状态，社会之现象，以为此固吾人耳熟能详者，奚事赘陈耶？此著作与翻译之观念有等差，遂至影响于销行有等差，而使执笔者，亦不得不搜索诸东西籍，以迎合风尚，此为原因之一。抑或译书，呈功易，卷帙简，卖价廉，与著书之经营久，笔墨繁，成本重，适成一反比例，因之舍彼取此，乐是不疲欤？亦为原因之一。由后之说，是借不律以为米盐日用计者耳。此间不乏植一帜于文学界者，吾愿诸君之一雪其耻也。

【……】

四、小说之题名

不嫌其奇突而谲诡也。东西所出者，岁以千数，有短至一二字者，有多至成句者，有以人名者，有以地名者，有以一物名者，有以一事名者，有以所处之境地名者，种种方面，总以动人之注意为宗旨。今者竞尚译本，各不相侔，以致一册数译，彼此互见。如《狡狯童子》之即《黄钻石》，《寒牡丹》之即《彼得警长》，《白云塔》之即《银山女王》，《情网》之即《情海劫》，《神枢鬼藏录》之即《马丁休脱》。在译者售者，均因不及检点，以致有此骈拇枝指，而购者则蒙其欺矣。此固无善法以处之，而能免此弊病者，余谓不得已，只能改良书面、改良告白之一法耳。譬如一西译书，而于其面，书明原著者谁氏，原名为何，出版何处，皆印出原文；今名为何，译者何人。其于日报所登告白亦如之，使人一见而知，谓某书者，即原本为某，某氏之著也。至每岁之底，更联合各家，刊一书目提要，不特译书者有所稽考，即购稿者亦不至无把握，而于营业上之道德，营业上之信用，又大有裨益也。

五、小说之趋向

亦人心趋向之南针也。日本蕞尔三岛，其国民咸以武侠自命，英雄自期，故博文馆发行之押川春浪各书，若《海底军舰》，则二十二版，若《武侠之日本》，则十九版，若《新造军舰》《武侠舰队》（即本报所译之《新舞台》三)《新日本岛等》，一书之出，争先快睹，不匝年而重版十余次矣。以少于我十倍之民族，其销书之数，千百倍于我如是，我国民之程度，文野之别，不容讳言矣。而默观年来，更有痛心者，则小说销数之类别是也。他肆我不知，即"小说林"之书计之，记侦探者最佳，约十之七八；记艳情者次之，约十之五六；记社会态度，记滑稽事实者又次之，约十之三四；而专写军事、冒险、科学、立志诸书为最下，十仅得一二也。夫侦探诸书，恒于法律有密切关系，我国民公民之资格未完备，法律之思想未普及，其乐于观侦探各书也，巧诈机械，浸淫心目间，余知其欲得善果，是必不能。艳情诸书，又于道德相维系，不执于正，则狭斜结契，有借自由为借口者矣，荡检逾闲，丧廉失耻，穷其弊，非至婚姻礼废、夫妇道苦不止。而尽国民之天职，穷水陆之险要，阐学术之精蕴，有裨于立身处世诸小说，而反忽焉。是观于此，不得不为社会之前途危矣。

【……】

八、小说今后之改良

其道有五：一、形式；二、体裁；三、文字；四、旨趣；五、价值。举要言之，务合于社会之心理而已。然头绪千万，更仆难悉，吾姑即社会人类而研究之。

一、学生社会。今之学生，鲜有能看小说者（指高等小学以下言），而所出小说，实亦无一足供学生之观览。余谓今后著译家，所当留意，宜专出一种小说，足备学生之观摩。其形式，则华而近朴，冠以木刻套印之花面，面积较寻常者稍小。其体裁，则若笔记，或短篇小说；或记一事，或兼数事。其文字，则用浅近之官话，倘有难字，则加音释，偶有艰语，则加意释；全体不逾万字，辅之以木刻之图画。其旨趣，则取积极的，毋取消极的，以足鼓舞儿童之兴趣，启发儿童之智识，培养儿童之德性为主。其价值，则极廉，数不逾角。如是则足辅教育之不及，而学校中购之，平时可为讲谈用，大考可为奖赏用。想明于教育原理，而执学校之教育鞭者，必乐有此小说，而赞成其此举。试合数省学校折半计之，销行之数，必将倍于今也。

一、军人社会。军人平日，非有物以刺戟激励其心志，必将坚忍、勇往、耐苦、守法诸美德，日即沦丧，而遇事张皇，临机畏葸，贻国家忧者。余谓今后著译家，所当留意，专出军人观览之小说。其形式、体裁、文字、价值，当与学生所需者，同一改良；而其旨趣，则积极、消极兼取。死敌之可荣，降敌之可耻；勇往之可贵，退缩之可鄙；机警者之生存，顽钝者之亡灭，足供军人前车之鉴、后事之师者，一一写之。如是则不啻为军队教育之补助品，而为军界之所欢迎矣。

一、实业社会。我国农工蠢蠢，识文字者，百不得一；小商贩负，奔走终日，无论矣。吾见髫年伙伴，日坐肆中，除应酬购物者外，未尝不手一卷，《三国》《水浒》《说唐》《岳传》，下及秽亵放荡诸书，以供消磨光阴之用，而新小说无与焉。盖译编，则人名地名，佶屈聱牙，不终篇而辍业；近著，则满纸新字，改良特别，欲索解而无由；转不若旧小说之合其心理。余谓今后著译家，所当留意，专出商人观览之小说。其形式，则概用薄纸，不拘石印铅印，而以中国装订；其体裁，用章回；其文字，用通俗白话，先后以四五万字为率，加入回章之绣象；其旨趣，则兼用积极与消极，略示以世界商业之关系、之趋势、之竞争、之信用诸端之不可忽；其价值廉取，数册者不逾圆。如是则渐通行于夥计朝奉间，使新拓心计，如对良朋，咸得于无意中，收其效益也。

一、女子社会。其负箧入塾，隶学生籍者，吾姑勿论。即普通闺阁，茶余饭罢，酒后灯前，若"天花藏才子书"，若《天雨花》《安邦》《定国》诸志，若《玉娇梨》《双珠凤》《珍珠塔》《三笑》诸书，举其名不下数百，何一非供女界之观览者？其内容则皆才子佳人，游园赠物，卒至状元宰相，拜将封侯，以遂其富贵寿考之目的，隳志丧品，莫此为甚！然核其售数，月计有余，而小说改良后，曾无一册，合普通女子之心理，使一新耳目，足涤其旧染之污，以渐赴于文明之域者，则操觚者殊当自愧矣。余谓今后著作家，所当留意，专出女子观览之小说。其形式、体裁、文字、价值，与商人观览者略同，而加入弹词一类，诗歌、灯谜、酒令、图画、音乐趋重于美的诸事；其旨趣，则教之以治家琐务、处事大纲，巨如政治伦常，细至饮食服用，上而孝养奉亲，下若义方教子，示以陈迹，动其兴感。如是则流行于阃以内，香口诵吟，檀心倾倒，必有买丝罗以绣者矣。

是为小说之进步，而使普通社会，亦敦促而进步，则小说者，诚足占文学界之上乘。其影响之及于同胞者，将见潜蓄之势力，益益发展，将来之欲望，益益膨胀，而有毅力以赴之，耐性以守之，深情以感触之，效用日大，斯不至为正士所鄙夷，大义所排斥矣。其诸君子有意于是乎？

——《小说林》第 9、10 期（1908 年）

《髯刺客传》序（1908）

林纾

作者之传刺客，非传刺客也，状拿破仑之骄也。吾译《恨绮愁罗记》，亦此君手笔，乃曲写鲁意十四蹇恣专横之状，较诸明之武宗、世宗为烈。兹传之叙拿破仑轶事，骄乃更甚，至面枢近大臣及疆场师武而宣淫焉。而其所言所行，又皆《拿破仑本纪》所勿载，或且遗事传闻人口，作者摭拾成为专书，用以播拿破仑之秽迹，未可知也。顾英人之不直于拿破仑，囚其身，死其人，仍以为未足，且于其身后挈举毛细，讥嘲播弄，用快其意。平心而论，拿破仑之喜功、蔑视与国、怨毒入人亦深，固有是举。唯其大业之猝成，战功之奇伟，合欧亚英雄，实无出其右。文人虽肆其雌黄之口，竟不能令之弗传。然则此书之译，不几赘耶？曰：非赘。汉武亦一时雄主，而私家之纪载，亦有与本纪异同者。此书殆为拿破仑之外传，其以髯刺客名篇，盖恐质言拿破仑遗事，无以餍观者之目，标目髯客，则微觉刺眼。译者亦不能不自承为狡狯也。一笑。

戊申年花朝，畏庐居士林纾序于京师春觉斋。

——《髯刺客传》（商务印书馆，1908 年），卷首

437

《西利亚郡主别传》序（1908）

林纾

　　是书非名家手笔，然情迹离奇已极。欲擒故纵，将成复败，几于无可措手，则又更变一局，亦足见文心矣。暑中无可排闷，魏生时来口译，日六千言，不数日成书。然急就之章，难保不无舛谬。近有海内知交投书，举鄙人谬误之处见箴，心甚感之。唯鄙人不审西文，但能笔述；即有讹错，均出不知，尚祈诸君子匡正是幸。

畏庐记

　　　　　　　　　　——《西利亚郡主别传》（商务印书馆，1908 年）

《块肉余生述》续编识语（1908）

林纾

此书不难在叙事，难在叙家常之事；不难在叙家常之事，难在俗中有雅，拙而能韵，令人挹之不尽。且前后关锁，起伏照应，涓滴不漏，言哀则读者哀，言喜则读者喜，至令译者啼笑间作，竟为著者作傀儡之丝矣。近年译书四十余种，此为第一，幸海内嗜痂诸君子留意焉。

译者识。

——《块肉余生述》（商务印书馆，1908年）

论译书之难（1908）

佚名

译书一事，不但虑华人之不精洋文，误会词义，及洋人之粗习华言，词不达意已也。且虑夫洋人自作聪明，妄加臆断，或以不知为知，敷衍了事也。盖西国全才极少，苟通一艺，已足邀名利而福子孙，其自诩为无所不知者，类皆一无所精者也。此等人即中国所谓老江湖派，其说不无可采，特不可以全信。且西人之阅西书，非必能尽解也。譬诸华人虽读书十年，阅历十年。然于三教九流之书，梓匠轮舆之说，断不能尽解。因同此一字一语，而命名取义，各有不同也。

设有人于此，答问如响。示以书籍，讲解如流。无逊谢不敏者，大抵欺华人之不解洋文，逞其割裂臆断。又或涉猎功多，耳食宏富，足以自文其陋。娓娓动人，甚至谓此书只应选取若干，当参入某书并译，乃臻至善。一若彼一人，可兼数作者之才，实则原书难译。或无从强解，势难凭空敷衍。故为此参杂割裂之谋，以便完卷目。至于地舆、史记等书，西人几无人不学，翻译较易，然亦须该西人果能考究于平日，且有实心实力，始可从事。即以华人论之，讲解何书。苟粗心浮气，亦不免于误会。西人之无坚忍刻苦心者，动辄浮躁，甚至一段书仅看其半，或仅看其起首，不肯卒读。以为大□，不过如是。于是参入己见，并撫拾新闻纸中驳杂之论，安得不谬讹迭出乎？至其所曾阅之书，倘误会旨归，亦无要领。盖中国之所难者，译书也。然而不译书，不足以大开风气。平时因陋就简，一旦而欲其舍旧谋新，无论思力未充，识见未到，考察未周，苟无所藉手。虽大颖悟之人，其如耳目所未经何。窃谓为今之计，莫如广译各书，多开分局。选华士之洞悉历朝大势，及古今掌故文字之有可观者，俾其肆习西文。而后择华人之能解西文、西人之能识华字者，相与揣摩，传习讲解。务使中西义理，一一了然。斯胸中有物，笔下自不致无文。而后将所宜译之书，次第详译，稍加润色，稍加参校，便可易于讲习，以广流传。斯所译之书，日出不穷。而所开之智，亦日推日广。有专门有用之书，可以资学术。有法例诸等之书，可以辅政治。有动植、格致诸学，可以便商农。举西人百年考究之功，以立我一旦自强之治，事半功倍，所得已觉不穷。而况合万国之书，以资我一国之治乎？即□非宏培才之道，无以自强。而西国学校，多尚实学，不务虚文。各有成章，行之无弊。有专习一学者，有兼肄数学者，有由此而彼者。诸如此类，不胜枚举。书籍汗牛充栋，各国大书院储存，皆以数百万种计。况又岁出新书，彼恃此以自强也，不译则我何由知。夫中国欲建学校，改科目，非译书不可。但欲译西书每患不精。近来闲有译之者，深于西文，或反疏于华文。深于华文，或又疏乎西文。得皮毛而遗精液，究亦无裨实用。必有简明晓畅之笔，而后语能透宗，言皆衷理。是译书一事，似易而实难，似缓而实急也。

——《汇报科学杂志》第 17 期（1908 年）

《名学浅说》译者自序（1908）

严复

不佞于庚子、辛丑、壬寅间，曾译穆勒《名学》半部，经金粟斋刻于金陵。思欲赓续其后半，乃人事卒卒，又老来精神苶短，惮用脑力，而穆勒书精深博大，非澄心渺虑，无以将事，所以尚未逮也。戊申孟秋，浪迹津沽，有女学生旌德吕氏，谆求授以此学，因取耶芳斯《浅说》，排日译示讲解，经两月成书。中间义旨，则承用原书，而所引喻设譬，则多用己意更易。盖吾之为书，取足喻人而已，谨合原文与否，所不论也。朋友或訾不佞不自为书，而独拾人牙后慧为译，非卓然能自树者所为，不佞笑颔之而已。

注：《名学浅说》（*Logic the Primer*），英国耶芳斯（W. S. Jevons）著，严复译，1908年商务印书馆出版。据序文，此书当于1908年（光绪三十四年）秋间译成后即出版。严复日记亦云于1908年11月13日（十月二十日）译完。

——《名学浅说》（商务印书馆，1908年）

小说风尚之进步以翻译说部
为风气之先（1908）

世

各国民智之进步，小说之影响于社会巨矣。《佳人奇遇》之于政治感情，《宗教趣谭》之于宗教思想，《航海述奇》之于冒险性质，余如侦探小说之生人机警心，种族小说之生人爱国心，功效如响斯应。其关系于社会者如此，故东西洋诸大小说家，柴四郎、福禄特尔辈，至今名字灿焉。近来中国士夫，稍知小说重要者尽能言之矣。自风气渐开，一切国民知识，类皆由西方输入。夫以隔膜数万里之遥，而声气相通至如是之疾者，非必人人精西语，善西文，身历西土，考究其历史，参观其现势，而得之也；诵其诗，读其书，即足以知其大概，而观感之念悠然以生。然既非人人尽精西语，尽善西文，与尽历西土，终得如是之观感者，谓非借译本流传，交换智识，乌能有是哉？

环球中族种不同，风化殊异。今忽使内外仕途，侈谈西法，普通社会，崇拜欧化者，伊何故欤？盖犹前之说，吾知为翻译西书者之功用大矣。良以开通时代，势不能不扫除隔膜者而使之交通，知其风俗，识其礼教，明其政治之源流，与社会之性质，故译书尚焉。然吾尝有言：读群书如观星，读小说如对月；读群书如在一室，读小说如历全球。彼声光电化、政治、历史、宗教之书，可以开通上流士夫，而无补于普通社会。就灌输知识开通风气之一方面而立说，则一切群书，其功用诚不可与小说同年语也。晚近以来，莫不知小说为疏导社会之灵符。顾其始也，以吾国人士，游历外洋，见夫各国学堂，多以小说为教科书，因之究其原，知其故，活然知小说之功用。于是择其著名小说，足为社会进化之导师者，译以行世。渐而新闻社会，跃然效之，报界由是发达，民智由是增开。成效既呈，继而思东西洋大小说家，如柴四郎、福禄特尔者，吾中国未必遂无其人，与其乞灵于译本，诚不如归而求之。而小说之风大盛。盖历史小说耶，则何国无历史？政治小说耶，则何国无政治？种族小说耶，又何国为种族？外人之可以为历史、政治、种族与种种小说者，吾中国何不可以为历史、政治、种族与种种诸小说。实事耶？理想耶？说部丛书，为吾国文学士之骋才弄墨者，今已遍于城市，故翻译小说昔为尤多，自著小说今为尤盛。翻译者如前锋，自著者如后劲，扬镳分道，其影响于社会者，殆无轩轾焉。虽此中之谁优谁劣，犹是第二问题，可弗置辨；而以小说进步为报界之进步，即以小说发达为民智之发达，吾诚不能不归功于小说，尤不能不以译本小说为开道之骖骢也。

吾国小说，至明元而大行，至清初而愈盛。昔之《齐谐志》《山海经》，奇闻多矣；《东周》《三国》《东、西汉》《晋》《隋唐》《宋》诸演义，历史备矣。后之《水浒传》《西厢记》《红楼梦》《金瓶梅》《阅微草堂》《聊斋志异》，五光十色，美不胜收。何吾国人既知小说与社会之关系，宁不知披帙卷，搜遗篇，顾必乞灵译本，以为开通风气之先者？此非徒以中国文字艰深，无补于普通社会，转而求诸外人浅易之文法也；亦非吾国旧小说界，无一二可增人群之知识，转而求诸外人之思想也。自西风东渐以来，一切政治习尚，自顾皆成锢陋，方不得不舍此短以从彼长，则固以译书为引渡新风之始也。欲研究地理者，一身不能尽历全球，则唯读英书者如在伦敦，读法书者如在巴黎，读日书者如在东京矣；欲采观风俗者，读其国之书，如见其国之风俗矣；留心政治者，读其国之书，如见其国之政治矣。然此犹是限于一国，抑限于一时。若夫小说，则随时随地，皆可胪列靡遗，时之今昔，地之远近，包罗万状。作者或不能自知，而阅者已洞如观火，而晓然于某国某时，其地理、政治、风俗固如是也。二十年来崇拜文明，已大异于闭关时代。忽有所谓小说者，得睹其源流，观其态度，宁不心往而神移？故译本小说之功用，良亦伟矣哉！

　　然以吾观之，译本盛行，是为小说发达之初级时代；即民智发达，亦为初级时代。东西诸小说家，旧之柴四郎、福禄特尔辈，既不能复生；即所谓著名小说，亦陈陈相因，重翻叠译。文学士丁此潮流，又深知小说之影响于社会，固如是其巨，因之购阅者日见甚多，即著作家日见其盛。初求进步，继求改良。欲导社会以如何效果者，即为如何之小说。就阅者之眼光，以行其笔墨，古之文字艰深者则浅之，古之寄记于仙佛神鬼者去之，以张小说之旗帜。吾敢信自今以往，译本小说之盛，后必不如前；著作小说之盛，将来必逾于往者。盖非徒与中国之施耐庵、罗贯中、曹雪芹，外国之柴四郎、福禄特尔辈，竞长争胜，盖其风气之进步使然也。嗟乎！昔之以读小说为废时失事、误人心术者；今则书肆之中，小说之销场，百倍于群书。昔之墨客文人，范围于经传，拘守夫绳尺；而今之所谓小说家者，如天马行空，隐然于文坛上独翘一帜。观阅者之所趋，而知著作之所萃。盛矣哉其小说乎！然苟非于转移社会具龙象力，于瀹智上有绝大关系者，又乌能有是！然而风尚之所由起，如译本小说者，其真社会之导师哉！一切科学、地理、种族、政治、风俗、艳情、义侠、侦探，吾国未有此瀹智灵丹者，先以译本诱其脑筋；吾国著作家于是乎观社会之现情，审风气之趋势，起而挺笔研墨以继其后。观此而知新风过渡之有由矣。

——《中外小说林》第 2 年第 4 期（1908 年）

《彗星夺婿录》序（1908）

林纾

　　女权之说，至今乃莫衷一是，或以为宜昌者，或以为宜抑者。如司各德诸老，则尊礼美人如天神，至于膜拜稽首，一何可笑；而佻狡之才士，则又凌践残蔑，极其丑诋然后已，如此书作者之却洛得是也。却洛得书中叙致英国之败俗，女子鼓煽男子，乃如饮糟而醉，则用心之刻毒，令人为之悚然。然而追摹下等社会之妇人，事又近实。似乎余之译此，颇觉其无为。虽然，禹鼎之铸奸，非启淫祠也，殆使人知避而已。果家庭教育，息息无诡于正，正可借资是书，用为鉴戒，又何病其污秽不足以寓目。唯夺婿之事，为古今未有之创局。吾友汪穰卿，人极诙谐，偶出一语，令我喷饭。穰卿极赏吾译之《滑稽外史》，今更以是饷之，必且失声而笑，偿我向者之为穰卿喷饭也。

　　光绪戊申八月三日，畏庐居士林纾叙于望瀛楼。

　　　　　　——《彗星夺婿录》（商务印书馆，1908年），卷首

《冰雪因缘》序（1909）

林纾

　　陶侃之应事也，木屑竹头，皆资为用；郗超之论谢元也，谓履屐之间，皆得其任。二者均陈旧语，然畏庐拾之以论迭更司先生之文，正所谓木屑竹头皆有所用，而履屐之间皆得其任者也。

　　英文之高者，曰司各得，法文之高者曰仲马，吾则皆译之矣。然司氏之文绵褫，仲氏之文疏阔，读后无复余味。独迭更司先生，临文如善弈之着子，闲闲一置，殆千旋万绕，一至旧着之地，则此着实先敌人，盖于未胚胎之前已伏线矣。唯其伏线之微，故虽一小物、一小事，译者亦无敢弃掷而删节之，防后来之笔旋绕到此，无复叫应。冲叔初不着意，久久闻余言始觉，于是余二人口述神会，笔遂绵绵延延，至于幽渺深沈之中，觉步步咸有意境可寻。呜呼！文字至此，真足以赏心而怡神矣！左氏之文，在重复中能不自复，马氏之文；在鸿篇巨制中，往往潜用抽换埋伏之笔而人不觉，迭更氏亦然。虽细碎芜蔓，若不可收拾，忽而井井胪列，将全章作一大收束，醒人眼目。有时随伏随醒，力所不能兼顾者，则空中传响，回光返照，手写是间，目注彼处，篇中不着其人而其人之姓名事实时时罗列，如所罗门、倭而忒二人之常在佛罗伦司及乃德口中是也。

吾恒言《南史》易为，《北史》难工。《南史》多文人，有本事可记，故易渲染；《北史》人物多羌胡武人，间有文士，亦考订之家，乃李延寿能部署驱驾，与《南史》同工，正其于不易写生处，出写生妙手，所以为工。此书情节无多，寥寥百余语，可括东贝家事，而迭更司先生叙至二十五万余言，谈诙间出，声泪俱下。言小人则曲尽其毒螯，叙孝女则直揭其天性。至描写东贝之骄，层出不穷，恐吴道子之画地狱变相，不复能过，且状人间阘茸谄佞者，无遁情矣。呜呼！吾于先生之文，又何间焉！先生自言生平所著，以《块肉余生述》为第一，吾则云述中语，多先生自叙身世，言第一者，私意也。以吾论之，当以此书为第一。正以不易写生处，出写生妙手耳。恨余驽朽，文字颓唐，不尽先生所长。若海内锦绣才子能匡我不逮，大加笔削，则尤祷祀求之。

光绪三十四年十一月十九日，畏庐林纾识。

——《冰雪因缘》（商务印书馆，1909 年）

《域外小说集》序言（1909）

鲁迅

《域外小说集》为书，①词致朴讷，不足方近世名人译本。②特收录至审慎，移译亦期弗失文情。异域文术新宗，自此始入华土。使有士卓特，不为常俗所囿，必将犁然有当于心，按邦国时期，籀读其心声，以相度神思之所在。则此虽大涛之微沤与，而性解思惟，实寓于此。中国译界，亦由是无迟莫之感矣。

己酉正月十五日。

注①：《域外小说集》，鲁迅与周作人合译的外国短篇小说选集。共两册，1909年3月、7月先后在日本东京出版，署"会稽周氏兄弟纂译"，周树人发行，上海广昌隆绸庄寄售。第一册原收小说七篇，署"树人"译者二篇（安德烈夫的《谩》和《默》）；第二册原收小说九篇，署"树人"译者一篇（迦尔洵的《四日》）。

注②：指林纾。鲁迅在一九三二年一月十六日致增田涉信中说："《域外小说集》发行于一九〇七年或一九〇八年，我与周作人还在日本东京。当时中国流行林琴南用古文翻译的外国小说，文章确实很好，但误译很多。我们对此感到不满，想加以纠正，才干起来的"。

——《域外小说集》（东京：神田印刷所，1909年），卷首

《域外小说集》略例（1909）

鲁迅

一　集中所录，以近世小品为多，后当渐及十九世纪以前名作。又以近世文潮，北欧最盛，故采译自有偏至。唯累卷既多，则以次及南欧暨泰东诸邦，使符域外一言之实。

一　装订均从新式，三面任其本然，不施切削；故虽翻阅数次绝无污染。前后篇首尾，各不相衔，他日能视其邦国古今之别，类聚成书。且纸之四周，皆极广博，故订定时亦不病隘陋。

一　人名地名悉如原音，不加省节者，缘音译本以代殊域之言，留其同响；任情删易，即为不诚。故宁拂戾时人，移徙具足耳。地名无他奥谊。人名则德、法、意、英、美诸国，大氏二言，首名次氏。俄三言，首本名，次父名加子谊，次氏。二人相呼，多举上二名，曰某之子某，而不举其氏。匈加利独先氏后名，大同华土；第近时效法他国，间亦逆施。

一　！表大声，？表问难，近已习见，不俟诠释。此他有虚线以表语不尽，或语中辍。有直线以表略停顿，或在句之上下，则为用同于括弧。如"名门之儿僮——年十四五耳——亦至"者，犹云名门之儿僮亦至；而儿僮之年，乃十四五也。

一　文中典故，间以括弧注其下。此他不关鸿旨者，则与著者小传及未译原文等，并录卷末杂识中。读时幸检视之。

——《域外小说集》（东京：神田印刷所，1909 年），卷首

《劲草》译本序（残稿）（1909）[①]

鲁迅

藁，比附原著，绎辞绅意，与《不测之威》绝异。因念欧人慎重译事，往往一书有重译至数本者，即以我国论，《鲁滨孙漂流记》《迦因小传》，[②]亦两本并行，不相妨害。爰加厘订，使益近于信达。托氏撰述之真，得以表著；而译者求诚之志，或亦稍遂矣。原书标名为《公爵琐勒布略尼》，谊曰银氏；其称摩洛淑夫者霜也。坚洁之操，不挠于浊世，故译称《劲草》云。

著者托尔斯多，名亚历舍，与勒夫·托尔斯多 Leof Tolstoy 有别。勒夫为其从弟，著述极富，晚年归依宗教，别立谊谛，称为十九世纪之先知。我国议论，往往并为一人，特附辩于此。

己酉三月译者又识。

注①：本篇据手稿编入，是鲁迅1909年代周作人为其《劲草》译本所写的序言残稿，原无标题，有句读。

注②：《鲁滨孙漂流记》长篇小说，英国作家笛福（1660—1731）著。当时有沈祖芬（署钱塘跛少年）和林纾的两种中译本。沈译本于1902年由杭州惠兰学堂印刷，上海开明书店发行，题为《绝岛飘流记》。林译本于 1906 年由商务印书馆出版。《迦因小传》，长篇小说，英国作家哈葛德（1856—1925）著。该书的下半部曾由蟠溪子（杨紫麟）译成中文，于 1903 年由上海文明书局出版。后来林纾又经魏易口述，译出全文，于 1905 年 2 月由商务印书馆出版。

——《鲁迅全集·集外集拾遗》（人民文学出版社，1981，第 405—406 页）（1909 年 4 月 5 日），卷首

《文学因缘》自序（1909）

苏曼殊

先是在香江读 Candlin 师所译《葬花诗》，词气凑泊，语无增减；若法译《离骚经》《琵琶行》诸篇，雅丽远逊原作。

夫文章构造，各自含英，有如吾粤木棉、素馨，迁地弗为良。况歌诗之美，在乎节族长短之间，虑非译意所能尽也。

衲谓文词简丽相俱者，莫若梵文，汉文次之，欧洲番书，瞠乎后矣。汉译经文，若《输庐迦》，均自然缀合，无失彼此。盖梵、汉字体，俱甚茂密，而梵文"八转""十罗"，微妙傀琦，斯梵章所以为天书也。今吾汉土末世昌披，文事弛沦久矣。大汉天声，其真绝耶？

【……】

畏友仲子尝论"不知心恨谁"句，英译微嫌薄弱。衲谓第以此土人译作英语，恐弥不逮，是犹倭人之汉译，其塞涩殊出意表也。又如"长安一片月"，尤属难译，今英译亦略得意趣。友人君武译拜伦《哀希腊》诗，亦宛转不离原意，唯稍逊《新小说》所载二章，盖稍失粗豪耳。顾欧人译李白诗不可多得，犹此土之于 Byron 也。

【……】

曼殊

——《文学因缘》（上海求益书社，1912 年），卷首

奏本部开办编订名词馆并遴派总纂折（1909）

佚名

　　奏为臣部开办编订名词馆，并遴员派充总纂。恭折具陈，仰祈圣鉴事。窃本年闰二月二十八日，臣部具奏分年筹备事宜，单开编订各种学科中外名词对照表。择要先编，以后按年接续。又五月初六日，臣部奏请以候选道严复在臣部丞参上行走，令其编订学科名词各种辞典，均经奉旨允准，自应钦遵办理。查各种名词，不外文实两科，大致可区六门。一曰算学，凡笔算、几何、代数、三角、割锥、微积、簿记之属从之；二曰博物，凡草木、鸟兽、虫鱼、生理、卫生之属从之；三曰理化，凡物理、化学、地文、地质、气候之属从之；四曰舆史，凡历史、舆地、转音、译义之属从之；五曰教育，凡论辨、伦理、心灵、教育之属从之；六曰法政，凡宪政、法律、理财之属从之。唯各种名词烦颐，或辨义而识其旨归，或因音而通其假借。将欲统一文典昭示来兹，自应设立专局遴选通才，以期集事。拟暂借臣部东偏考院作为办公之地，名曰编订名词馆，即派严复为该馆总纂，并添派分纂各员分任其事。由该总纂督率分门编辑，按日程功，其一切名词将来奏定颁行之后，所有教科及参考各书，无论官编民辑，其中所用名词有与所颁对照表歧异者，均应一律遵改，以昭昼一。所有臣部开办编订名词馆并派员总纂缘由，谨恭折具陈，伏乞皇上圣鉴。

谨奏宣统元年九月十六日奉旨

钦此

——《学部官报》第 105 期（1909 年 11 月 3 日［宣统元年十月初一］）

章士钊《论翻译名义》的按语（1910）

沧江（梁启超）

沧江曰：译事之难久矣！国于今日，非使其民具有世界之常识，诚不足以图存；而今世界之学术，什九非前代所有，其表示思想之术语，则并此思想亦为前代人所未尝梦见者，比比然也。而相当之语，从何而来？而译者之学识，既鲜能沟通中外，又大率不忠于其所学，苟勤说以取宠而已。故满纸皆暧昧不分明之语，累幅皆佶屈不成文之句，致使人以译本为可厌可疑，而以读之为大戒。夫其学，既已为吾侪畴昔所未尝习，则虽衍以至工之文，犹未易使读者一展卷而相悦以解也；况以今之译本，重人迷惑者哉！准此以谈，则举国不悦学，谁之罪也？翻译名义，译事之中坚也。吾治欧文浅，殊不足以语此。著者英年夙慧，于本国文学所造至邃，今复游学英伦，覃精斯业。今远寄此篇，其所以光宠本报者至矣。辄识数言，以谂读者。

注：本文系梁启超以"沧江"为笔名所作按语，加在章士钊（笔名"民质"）的《论翻译名义》一文之前。此文与章文均发表在梁启超主编的《国风报》第29期上（1910年11月22日）。

——《国风报》第29期上（1910年11月22日）

论翻译名义（1910）

民质（章士钊）

翻译名义之事，至难言矣。欲详论之，余识既有未逮，篇幅亦不吾许，故本篇仅就一狭而最要之问题，稍发挥之。以论点所关，乃竟有指摘时贤处，然人或骂余浮浅，余因以闻其教训所深愿也。

余之问题，在讨论义译、音译之得失。即此问题分之，可作六层：

（一）以义译名，果能得吻合之译语乎？

（二）以义译名，弊害何在？

（三）纵得吻合之译语，果即为适用之译语乎？

（四）如不能得吻合之译语，吾宁择其近似者，抑将弃掷义译之法乎？

（五）如欲得义译之良译语，有不可犯者何病？

（六）以音译名，利弊何如？

答此诸问，敢以谫陋所及，著之下方。

（一）以义译名，谓取原名之义译之，而因以其义为其名也。如译逻辑（Logic），本篇所举音译各名，皆本（侯官严氏）为名学或论理学之类，今试以逻辑言论理学者，非确译也，其字乃根 Science of Reasoning 而来，严氏斥为浅陋（见名学浅说），诚哉其然也。然名学果即逻辑其物乎，是亦一疑问也。严氏以"名"名此学，未尝详告人以其定义，从而评骘未易中肯。然姑妄言之，则"名"字所含义解，足尽亚里士多德之逻辑，未能尽倍根以后之逻辑也。愚谓译事至此，欲于国文中觅取一二字，与原文意义之范围，同其广狭，乃属不可能之事。严氏曰："不佞常戒后生，欲治物理稍深之科，为今之计，莫便于先治西文，于以通之，庶几名正理从，于所思言，不至纷乱，必俟既通者众，还取吾国旧文而厘订之，经数十年而后，或可用也。"（见名学浅说四十九页）斯言也，愚疑其微浮夸矣。严氏治西文而既通之者也，今之言此，在抨击动植二名之不可用，则还质之严先生请厘订吾旧文，改造此二名何如？愚恐即以先生用力之勤，制思之密，于吾旧文中，殊未易施此厘订之法，名正理从谈何容易？即求之西文，且往往而不可必，况欲得之于理想悬殊之吾旧文乎？

（二）以义译名，其弊害之最显者，则无论选字何如精当，其所译者，非原名，乃原名之定义是也。如日人曰，"逻辑者，论理学也"，则论理学三字，明明为逻辑下一定义。严氏曰，"逻辑者，名学也"，则名学二字，又明明为逻辑下一定义。是吾人本欲译其术语，其结果乃以定义为其术语。既译之矣，吾人以新术语公之于世，势必更加定义，使人共喻其为何物，则此定义者，果仍前次定义而扩充之乎？抑更觅新字以释之乎？如从前说，则是使术语与定义相复，简而举之，则不啻曰，论理学者，论理学也，名学者，名学也。名为与人以定义，而人之所得，乃不出术语字面之外，亦何取乎定义为，以逻辑定义条例绳之，是谓 Tautology or definition in verbo（译言语赘）。如从后说，则立陷前次觅取定义于无意识，若前次定义诚当，则欲避去，且有所未能，虽然，其缺点犹不止此也。

译名之万难吻合，既如前说矣。如此种译名，沿用既久，则其趋势之所至，将首生歧义，次生矛盾义。

歧义何以生？乃望文而生之也。盖此种名词，最易使未治其学，或治其学而未精者，本其原有之字义，牵强解之。吾尝读近日之新闻纸，而发见此例不少矣。如曰："政府将起用某枢臣，故以徐世昌入军机为之前提。"此前提者，意谓张本，按以逻辑之义未可通也，而在作者，则或以其为新名词而误用之。他如言"前提不正"者，吾屡屡不解其所谓前提乃胡指也。又曰："政党由一团体而分为众团体，是谓演绎的政社，由众团体而总为一团体，是谓归纳的政社。"此演绎归纳之用法，与日人用之于所谓论理学者，相去殆若风马牛，而作者则或喜其为术语而罗致之也。此固半为作者空疏之咎，而译名之易使人迷乱，从可知也。

矛盾义之生，则当译名不精确时，吾人欲更正之，其现象必至于此也。如以论理诂逻辑，吾人曰"非也"，则于未树新义之先，必曰"逻辑者，非论理学也"。即不啻曰，论理学者，非论理学也，其为形式上之矛盾，不难立见。纵不至往往至是，而学术者，进步者也，定义亦因之而进。吾人必先强取一时一己之界说，因以为定名，予后来作新界说者，以无穷之障翳，因陋就简，则阻学术之进程。翻陈出新，而又为定名所缚，势必使之生矛盾义而后止。此风胡可长也。如斐洛索非（Philosophy），严氏谓日译哲学为未安，以爱智学代之，治此学者，称之为爱智家，意谓易爱智二字，足以举斐洛索非之全。此严氏之偏见也。爱智（Love of Wisdom）者，兹学最初之定义也，兹学之发展，既经二千余年，界说之变置，奚止十次。今日之治此学者，无或更持爱智之义者也（各定义可在 Davidson's Logic of

Definition 第八页得之）。纵或有人持之，亦不过众说纷挐中之一说，吾今举一说以概其全，名为爱智，是谓不智。

（三）术语有在原文为未当者，如 Political Economy，日人译作政治经济学。经济二字之可攻击，自无俟论。今且假定为与原文无背矣，而此名仍未可恃，何也？原语未可恃也。以有学者，颇谓此学宁名为 Economy or Social Economy 也。原语之本且摇，而吾即而绳其适合与否，此亦不智之事也，故译语即有时吻合，不必即为适用之语。

（四）兹一问也，当从实际上决之，无能下十成之死语也。今所可言者，则在认义译为必要时，吻合之译语既不可得，则唯有取其近似者之一法。在义译极困难，而又认为不必要时，则宜诉之他法。所谓他法者，可从某文问得之。要之余非绝对排斥义译者也，故且欲以义译之防弊说进。

（五）义译不可犯之弊，最显者约有四端：

（1）斗字 文法中有字性曰 Neuter Gender 非阴非阳，严氏因译之曰"罔两"，巧则巧矣，如作无情割截题然，未可以为训也（见英文汉诂）。

（2）傅会 逻辑中有所谓司洛辑沁（Syllogism）者，严氏谓即陆士衡之连珠体，其言曰："连珠前一排言物理，后一排据此为推，用故字转……不佞取以译此，无所疑也。"虽然，窃有疑焉，连珠之义在"假喻以达其旨"（语出傅玄）。司洛辑沁，无假喻之事也，就连珠本义言之，乃颇与安奈罗支（Analogy 此名非严译者）相类，而五十首中，又多有与之相发明者，安奈罗支者，略如诗中之比，以他物比此物，而得其所以类似之道也，换词言之，以他物与第三物之关系，比此物与第四物之关系，颇相类似也。其关系之类似处，即安奈罗支如"顿网探渊，不能招龙，是以巢箕之叟，不盼丘园之币。"是谓龙之于网，犹巢箕之叟之于币也，其关系相类也，此安奈罗支也，非司洛辑沁也。严氏殆以为用故字转，即合于司洛辑沁之 Therefore，殊不知"故"字或"是以"字，有时乃等于 As... so 之 So 也，后者即安奈罗支也。然严氏之言，亦非不确。如"禄放于宠，非隆家之举，是以三卿世及，东国多衰弊之政"，以司洛辑沁释之固自可通。今作一司洛辑沁式如下：

例：禄放于宠，非隆家之举。

案：三卿世及，禄放于宠也。

判：是以三卿世及，非隆家之举，东国多衰弊之政。

此正严氏所谓前一排言物理（宁曰公例），后一排据此为推用故字（或"是以"字 Therefore）转者也。虽然，此种公例（或物理），有时乃置在后一排，而得此公例，则由于观察物状。如"钻燧吐火，以续阳谷之晷，挥翮生风，而继飞廉之功，是以物有微而毗著，事有琐而助洪。"此明明由审观钻燧挥翮种种事实，而因以得微毗著琐助洪之公例也，此其术乃内籀之事，"内籀云者，察其曲而知其全也，观其微而会其通也。"（见天演论序）此正察曲知全观微会通之事，断断非外籀也，非司洛辑沁也。夫连珠本一词章之体，无与于明理见极之道，如必谓其与逻辑有连，则其范围，又不止及于司洛辑沁一部。严氏之谈，终傅会而未有当，严氏又曰："日本呼连珠为三断，窃以为不及吾译，其所汇三词，仅成一断，名为三断，转或误会，不可以东学通用而从之也。"严氏所谓三断，日人通作三段论法，断字又不如严氏之所释，严氏鄙贱东学，或未暇详察东人用字之意也。

（3）选字不正 此条当分甲乙言之。

（甲）字义　译名忌用滥恶之字，此不待言。然亦忌用僻字，或修词之字。如逻辑中之 Fallacy 严氏恶"谬误"等字之滥恶也，名之为智词。其说曰："有眶无睛者谓之智，井无水者谓之智井。然则徒有形似而无其实者，皆智也。"此微堕词章家烟障矣，逻辑家之言曰，凡一理想，即应有一字表之，引申假借之字多，乃治此学者之第一困难处。今为逻辑立名，奈何自蹈其弊。

（乙）字面　论理二字，他弊且不论，即言字面，已不甚妥。论理者，论其理，以论字为动词，抑论之理，以论字为名词乎？爱智二字亦然，是果以爱字为动词乎？抑两字同为悬名乎？以吾文构造之体言之，如欲其字面之明晓，有时或竟不能。然执笔者，总须注意此点。

（4）制名不简洁　如逻辑中之 Convertion，严氏译作调换词头，未能较日译换位二字有特长，而简洁转逊之。

（六）以音译名，乃如 Logic 直译作逻辑，Syllogism 作司洛辑沁，Philosophy 作斐洛索非之类。吾国字体与西方迥殊，无法采用他国文字，以音译名，即所以补此短也，语其利也，则凡义译之弊，此皆无有，即为其利，至语其害，则人或觉其生硬不可读外，可谓无之。且此不过苦人以取不习，终不得谓之为害，此种苦处，习之既久，将遂安之。佛经名义之不滥者，译音之法，乃确为一绝大之保障。至今涅槃、般若等字，未闻有人苦其难读者，故愚以为自非译音万不可通，而义译又予吾以艰窘，吾即当诉之此法。如 Public International Law 以音译之，为字当至十一，且本名亦无甚深义，无取乎音译。至 Logic，则吾宁诉之于此，而曰逻辑也。吾观严氏好立新义，而有时亦不得不乞灵于其音。如希卜梯西（Hypothesis）译言设覆，吾未见彼可以设

覆二字行文而无迷路也，他如么匿拓都之类亦然。扩而充之，是在明
达之士。严氏者，余所深佩者也。凤昔于泰西学术，略见一斑，且彼
译述之赐，今之妄议，实欲以狂悖诱其启发。闻彼方领名词馆于京
师，而从事者又皆一时名俊，其能为新学术开一纪元，固无疑义。然
兹事体大，偶有所见，仍自忘其不肖，附于士衡毗著助洪之义，哓哓
言此，余固有言，人或骂余浮浅，余固以闻其教训，所深愿也。

——《国风报》第 29 期上（1910 年 11 月 22 日）

小说丛话（1911）

伺生

英人哈葛德，所著小说，不外言情，其书之结构，非二女争一男，即两男争一女，千篇一例，不避雷同；然细省其书，各有特色，无一相袭者。吾国施耐庵所著《水浒》，相类处亦多。即以武松论，性质，似鲁智深；杀嫂，似石秀；打虎，似李逵；被诬，似林冲。然诸人自诸人，武松自武松，未尝相犯。曹雪芹所著《石头记》，所记事不出一家，书中人又半为闺秀，闺秀之结果，又非死即苦，无一美满。设他手为此，不至十回，必致重复。曹氏竟纡徐不迫，成此大文，其布局如常山率然，首尾互应，如天衣无缝，无隙可寻。尤妙者，写黛玉一身，用无数小影，黛玉与小影，固是二人，即小影与小影，亦不少复。可见中西小说家，每能于同处求异。同处能异，自是名家。盖不深思，则不得异；不苦撰，又不得异。深思而苦撰，其不为名家者几希。

近代小说家，无过林琴南、李伯元、吴趼人三君。李君不幸蚤世，成书未多；吴君成书数种后，所著多雷同，颇有江郎才尽之诮；唯林先生再接再厉，成书数十部，益进不衰，堪称是中泰斗矣。总先生所译诸书，其笔墨可分为三类：《黑奴吁天录》为一类，《技击余闻》

为一类，余书都为一类。一以清淡胜，一以老练胜，一以浓丽胜。一手成三种文字，皆臻极点，谓之小说界泰斗，谁曰不宜？

林先生所译名家小说，皆能不失原意，尤以欧文氏所著者，最合先生笔墨。《大食故宫余载》一书，译笔固属绝唱；《拊掌录》之《李迫入梦》一节，尤非先生莫办也。

西人所著小说虽多，巨构甚少，唯迭更司所著，多宏篇大文。余近见《块肉余生述》一书，原著固佳，译笔亦妙。书中大卫求婚一节，译者能曲传原文神味，毫厘不失。余于新小说中，叹观止矣。

《孤星泪》一书，叙一巨盗改行，结构之佳，状物之妙，有目其赏。嚣俄氏善作悲哀文字，是书尤沈痛不忍读。余读是书，三舍三读，未终篇也。书末未署译者姓氏，余颇以为歉。

林先生所著《神枢鬼藏录》出版，某报讯之。实则该书虽非先生杰作，详状案情，形容尽致，有足多者。唯近译《贝克侦探谭二编》，事实、译笔，均无可取。转思某报所言，似对是书而发者。贝克、贝克，误林先生不浅也。

余不通日文，不知日本小说何若。以译就者论，《一捻红》《银行之贼》《母夜叉》诸书，均非上驷。前年购得小说多种，中有《不知归》一书，余因为日人原著，意未必佳，最后始阅及之。及阅终，觉是书之佳，为诸书冠（指同购者言），恨开卷晚也。友人言："是书在日本，无人不读。书中之浪子，确有其人，武男片冈，至今尚在。"又曰："林先生译是书，译自英文，故然无日文习气，视原书尤佳。"

《天囚忏悔录》一书，亦林先生所译，事实奇幻不测，布局亦各得其当。唯关节过多，以载诸日报为宜。今印为单行本，似嫌刺目。且书中四十章及四十五章，间有小错，再版时能少改订，方成完璧。

《雌蝶影》，时报馆出版，前年悬赏所得者也。书中所叙事物，虽似移译，然合全书省之，是书必为吾国人杜撰无疑。书中有一二处，颇碍于理，且结果过于美满，不免书生识见。唯末章收束处，能于水尽山穷之时，异峰忽现，新小说结局之佳，无过此者。友人言此书为李涵秋作，署包某名，另有他故。

《新蝶梦》，前半颇可观，唯结局过远事理。冷血所著小说，多有蛇尾之讥，此书尤甚。

《双泪碑》，亦时报馆出版，篇幅甚短，寓意却深。时报馆诸小说，此为第一。《双胃丝》与此书，为一人所著，远逊此书。前人谓文字有一日之短长，观此二书而益信。

《新法螺》一书，以滑稽家言，为众生说法，用意良苦，文笔亦足达其意，滑稽小说中上乘也。末附《法螺先生谭》，亦有可取。

《埃及金塔剖尸记》一书，半言鬼神，有吴道子绘地狱之妙。其叙儿女私情处，亦能曲绘入微。

英人哈葛德，工于言情，尽人皆晓。然守钱虏之丑态，武夫之慷慨，一经哈氏笔墨追摹，亦能惟妙惟肖。《玉雪留痕》中之书贾，《玑司刺虎记》中之大尉，形容如生，可歌可泣。《洪罕女郎传》，兼武夫、钱虏而有之，宜见特长；然其中着墨处，反逊二书。似哈氏状物最工，今遇其善状之人，不应如是。再三思之，中有一理：哈氏身为小说家，书贾之性质，哈氏所最晓；《玑司刺虎记》中之大尉，身在兵间，其事足为国人范，想亦哈氏所乐述。一切于身。一关于国，言之较详，理也。《洪罕女郎传》之大尉，固属赋闲，且于本书无绝大之关系，故不能偏重；书中之小人，为哈氏所唾骂者，又不仅一钱虏，势不能少分墨沈，以状余人。以是故不能如二书之详尽。

侦探小说，最受欢迎，近年出版最多，不乏佳作，如《夺嫡奇冤》《福耳摩斯侦探案》《降妖记》等书，其最著者也。

《孽海花》，为中国近著小说，友人谓此书与《文明小史》《老残游记》《恨海》，为四大杰作。顾《孽海花》能包罗数十年中外事实为一书，其线络有非三书所及者；其笔之诙谐，词之瑰丽，又能力敌三书而有余。惜印行未半，忽然中止。天笑生承其意，为《碧血幕》一书，文笔优美，与《孽海花》伯仲，未数回亦止。神龙一现，全豹难窥，见者当有同慨也。

《新茶花》一书，既多袭《茶花女》原意，且袭其辞，毫无足取。余尝谓中国能有东方东亚猛，复有东方茶花，独无东方小仲马。于是东方茶花之外史，不能不转乞于西方。尤幸《茶花女》一书，先出于七八年前，更省移译之苦，于是《新茶花》竟出现于今日。

——《小说月报》第 2 年第 3 期（1911 年）

论逻辑（致《民立报》记者）（1912）

王季同

记者足下：读答书，知足下将以专篇论行政系统，斯乃仆之所亟欲快读者，不胜跂望。至此次所论，仍在名词，是固如仆前书所言，非原著之要旨，不复赘述。唯足下屡引逻辑，仆尚有异议。逻辑固重要学科，而学理又不厌讨论，敢更以此书上陈左右。足下答书云，足下谓："数月以来，吾国人之以联邦统一相商榷者，所争大要在地方之分划及首领之由地方公选，抑由中央委任之问题。果此种界说而无流弊，则任统一联邦两名词。由方土之流迁而变其意义，如足下所云，亦无不可。无奈以阴达逻辑求之而与事实不相应也。"阴达逻辑者，资观察试验所得之事例，根据因果定律，以证知自然界现象。某事恒与某某诸事并著，或随之而起也。有政治学者，于此研究古今东西各国之历史，而得统一联邦两制，利病不易之定例，此阴达逻辑也。若夫取特别之形象与声音，附诸事物以为徽帜，便于识别或划定其徽帜，施用之范围以免歧译，此正名之事，非阴达逻辑也。

又云："故记者谓论行政区域，无须谈及联邦统一。而足下谓不如言诠联邦统一者，无须谈及行政区域。此在逻辑，不过命题换位之事，意义无大区别也。""诠联邦统一者，无须谈及行政区域。"为足下前论之语。而"论行政区域者，无须谈及联邦统一"乃仆之转语，答书反之，殆由笔误。至谓二语无区别。仆意殊不然。在逻辑，凡甲非乙等于凡乙非甲者，特谓其所标同一事实而已，至其应用，则论行政区域云云，为对于论行政区域之人说法，而诠联邦统一云云，乃为对于诠联邦统一之人说法，文律上所不能相通者也。又云："足下谓记者前此之所抨击者，一二名词，而于足下所主张之行政系统不论不议，此非记者之过，乃逻辑之过也。辨别某物之非某物，乃逻辑之事。评论某物之真价，非逻辑之事也。前论在求义之真诠，故止于辨别，欲评论之，乃须换一题耳。"某物之宜附以某名，乃各科之事。逻辑为科学之科学，犹解剖之为人体之科学。今仆方握笔作书，仆手腕诸之舒缩，固必合于解剖之理论。然不得谓握笔作书为解剖学事，政治学之审定名词，必合于逻辑之理论，然亦不得谓科学定名，为逻辑之事也。若因正名为逻辑之所讨论，遂谓求主义之真诠，谓逻辑之事，则评论行政系统，亦不外适用题达与阴达两种逻辑，何独非逻辑之事乎？唯以求主义之真诠为题，而作论自不能不止于辨别，斯乃文律上之限制，因与逻辑无涉。然仆之所引为失望者，非由足下两主义之真诠一篇，未尝评论行政系统，乃由足下不以行政系统为题，评论拙作之主旨，而唯以主义真诠为题，驳斥拙作一二名词也。余不白。

王季同顿首

按：王君此书，乃答记者四月四日统一联邦两主义之真诠一首者。书抵社已久，记者以去沪未能早答深为歉然。王君更有论行政系统一书，当继布也。

行严

——《民立报》第 542 期（1912 年 4 月 18 日）

论逻辑（答王君季同，王君书见下）（1912）

行严（章士钊）

长洲王君季同者，深研逻辑之士也。记者无识，喜谈此物，遂引起贤者之批评，使记者不得不于此学更加一鞭，并使读者能感斯学之重要，此诚最大之幸事。

王君书中最要之点，乃正名之事，与阴达逻辑无涉是也。记者请就此点答之，此而有当，余者皆迎刃解矣。逻辑共分两部，一题达逻辑。（记者主张译名之易于暧昧者以音译之故，不曰论理学亦不曰名学，而曰逻辑，凡逻辑中诸名之难译者亦俱仿此，故不曰归纳法，不曰内籀，而曰阴达逻辑，至演绎法及外籀之当作何字，尚未见于记者之文，题达两字乃王君所贡，记者深喜吾说之不孤，乃附志数语于此谢之，至逻辑二字，乃本严译，亦非记者作古也。）一阴达逻辑。凡逻辑中之所有事，非题达即阴达，无所逃也。王君谓正名非阴达逻辑，似以正名之事专属之题达逻辑，果尔，则与记者所闻颇异矣。夫正名者，欲得其名之真意也，而既曰名，必为他人附加之称。于是名之真意，不过用此名者之意。虽然名非自我造也，吾乌知其意之所属，必欲知之。当先之以探讨，继之以比较，以假定，终不遇何种现象与吾假定相冲突，吾乃得定其名之涵义焉。而名以正，曰探讨，曰比较，曰假定，非阴达逻辑而何。昔柏拉图著《共和国》一书，首正"公平"（justice）一名，其法乃出于访问，与各种人晤谈，询其所谓公平者何若。于是以人所同称之义，作为界说曰："公正者无伪言及回复人之所固有者之谓也。"攻之者曰：例如有人病于精神，其室有刃，为友所藏，必从而索之，果其友无伪言，还精神病者以刃为公平乎？反而言之，果其友诡言逃变，不回复精神病者以所有为不公平乎？遇此攻诘，公平之定义，乃改为"与人以相当者"。苏格拉底复疑之，问何者于人为相当。换言之，何者于友为相当，何者于仇为相当，以此而定义又须改换。由此类推，正名一事，本于假定。其得以假定者，乃出于博学审问，慎思明辨，是真阴达逻辑之精髓也，奈何言非。政治学上之名词，其定义皆出于历史之观察。每下一义，必求与历来政治现象无迕。而今之了解于联邦统一两主义者，与欧美历史事情不符。故记者云："以阴达逻辑求之而与事实不相应。"鄙意如此，尚望王君发其固陋也。记者谓论行政区域无须论联邦统一，与论联邦统一无须论行政区域，为命题换位（前论误作换质）之事，王君曰非。然王君当知，以一命题入于逻辑，必从逻辑形式上着想，而不当从原语形式上着想也。记者之意乃在指明，论行政区域与联邦统一乃为两事，了无关系。以逻辑之式出之则"论行政区域"为一物曰甲，"论联邦统一"为一物曰乙，二者既无关系，作为命题，乃全称否定（即甲非乙或乙非甲）例，得换位，此记者当时之所能想像也。记者前论谓"辨别某物之非某物，乃逻辑之事。评论某物之真价，非逻辑之事。"此有语病，记者之意，非在概括逻辑全体之作用，而在指定一特别事实言之也。"非逻辑之事"一语，当易作"非同一逻辑之事。"故其下随曰"欲评论之，乃须换一题。"须知换一题，而评论之者，仍不能外，逻辑也。王君谓"评论行政系统，亦不外适用题达与阴达两种逻辑"，诚然诚然。唯谓科学定名，非逻辑之事，则为记者所不苟同。王君以握笔作书，比之科学定名，颇觉拟不于伦。夫科学定名，确为逻辑之事。唯命意遣词，则与逻辑无关，王君欲以握笔作书为比，言命意遣词，亦已足矣。

有署名并夷者，函询记者逻辑二字作何意义？观此文，当能明之。如读者有他种疑问，而又不以嫌鄙陋，尽以函来严诘，记者当尽情与之商榷。盖逻辑不讲百学，不与百废莫举。记者尸祝希腊柏、苏诸贤问答之良风一演于今日之吾国也。行严附志。

——《民立报》第 542 期（1912 年 4 月 18 日）

释逻辑（答马君育鹏、张君樹立两君书见下）（1912）

行严（章士钊）

逻辑者，取英文 Logic 而音译之者也。此物日人名之曰论理学，侯官严氏曰名学。而两译名皆于逻辑本义不能相合。论理学者，其字乃根 Science of Reasoning 而来，严氏斥为浅陋（见《名学浅说》），诚哉。其浅陋也，盖 Reasoning 仅属于题达逻辑之一部，而因以名其学，如之何不浅陋也。唯名学果即逻辑其物乎？是亦未可知也。"名"字之义之见于吾经典者，容足尽亚里士多德之逻辑，至倍根以后之逻辑，则万万非名字涵义所有。记者谓译事至此，欲于国文中觅取一二字，与原文意义之范围，同其广狭，乃属不可能之事。（语多取昨年拙著《论翻译名义》。）记者既非排斥此两译名，因不别觅第三者，而直以音代之。凡遇有难译之字，皆得此例。此记者翻译名义之主张也。

逻辑之字面，得以上数语，或能明之。至字义何若，亦请以数语为释。逻辑者，思辨之学也。世或以为逻辑非吾所有，此言其名，而非言其义。此言其条理，而非言其大意。西方求逻辑之界说者，聚讼迄今，未尝同意。然其争论之范围，孰有逾吾《中庸》：博学、审问、慎思、明辨、笃行十字者。故以此十字诂逻辑，亦谁认为不当。唯制

476

作定义，须求简明。故吾仅取思辨两字。

逻辑者，希腊语中一形容词，其相当之名词曰罗各斯。罗各斯思想也，或表示思想之语也，故西儒之作逻辑界说恒不脱思想字。思想者何也，乃智之作用，由是而得知识者也。知识者思想之成果，思想者知识之源泉，人不思则不知。知者何也，乃其物与吾经验中某部之关系，陈于胸中，皎然无疑之谓也。假如在丛花中指菊以语人曰：此何花也。其人曰：菊。是其人知此花为菊也。然何以知之，是必其人夙有经验，夙于他处见有同样之菊，又夙于菊之外知有兰、有梅、有他种花，而又夙于兰、梅与各花杂陈之中能别其孰为菊者也。是其人之知菊者，非知菊之为菊，乃知非菊之为非菊也。非以菊知菊，乃以非菊知菊也。是之谓辨，舍辨不能言思。舍思不能得知。西人作逻辑定义，只言思字，而今加一辨字，更为明显。吾故曰逻辑者思辨之学，今国人多不知所以思，多不知所以辨，是治逻辑诚为当今第一急务矣。

马君问逻辑各名。逻辑者 Logic 也。阴达诚如马君言，为 Induction，题达为 Deduction，有时曰阴达逻辑，则为 Inductive Logic，题达逻辑为 Deductive Logic。张君问严译逻辑二字出自吾国何书，以为含有古义，此实误会。盖此两字全出于音，任取吾国两字标之，初不问其字之含有何义。记者恒谓音译西名，而同时迁就吾文之义者，乃为劣译。严译之乌托邦 Utopia，自以为巧夺天工。而记者则直以为与洋奴所写之冰麒麟 Ice Cream，可以同类而观。佛经中涅槃、般若等字，初不迁就字义，何等壮严。译书名义之不滥恶，正赖此著。是在精通译例者之熟审之耳。

论译名（致《民立报》记者）（1912）

T. K. T

　　记者足下：顷见报载足下斥严译乌托邦，谓等于冰麒麟，并谓音译之字，不可兼义，甚是。鄙人并谓译欧洲人名、地名尤不可类于中人、中地，如尊著屡称英人戴雪，此似中国人矣。昔日吴稚晖译莎士比亚为叶斯壁，克洛泡特金为柯伯坚，富兰克林为樊克林，即不谓然。不特观之者目眩，或误认为中国人即律以名从主人之义，尤不应强西人使从汉姓也。吴稚晖反谓旧译欧洲人地名，例取钩轫格磔，以存蛮夷面目，此说尤非。鄙人以为，倘如吴君所译，强以汉姓被西人，是强西人入我国籍，改从汉姓也，是大不可。不知尊意以为如何？余不白。T. K. T. 顿首

　　大论甚是，记者所译人名，固多有似汉名者。然非无论何时，必以之迁就汉音。即如戴雪，乃英字之音。确是戴是雪，故随手为之。此人在严几道，亦作戴视（见《社会通诠》）。唯梁卓如译作谛西（见《国风报》）。而谛字音不确，唯以足下名从主人之义绳之，或者谛西为良译乎。总之足下之讽示，颇于记者有益。以后将于此点注意。谨谢。

行严

——《民立报》第550期（1912年4月26日）

论译名答 T. K. T 君
（致《民立报》记者）（1912）

吴敬恒（吴稚晖）

记者足下，言非一端，夫固各有当也。近日偶论乌托邦及冰麒麟之不当，皆因译义不可安。姑迁就于译音，所谓逻辑题达、阴达，等等。仆亦以为甚是。唯挟此通例以求永适恐执笔者必为之踌躇，所以译音一术，止可认为便法而已，非通法也。对观他国如太平 Taiping、磕头 Kowtow 之类，偶见则似新鲜。若充满于字书，人而病其喧夺矣。倘译专门之书，但译声音不加原字，满纸钩辀格磔，复何成为译本，且全书包千百之名词，倘离原文苟茫然无影响可求之义，从何记忆。故无论译音之困难，尚待讨论，即译音矣。果当略予以影响，或全应抽象。亦未易以一言论定。此不在仆所应答 T. K. T 君之范围内。且非仆之浅陋，所能轻下断语。姑且存而不论。但就仆意影中不规则之观感，觉刻意以音就义，诚哉必不免为劣译。至若随手拈字，择彼稍有影响者用之实亦无病于大雅。不唯乌托邦无可见识，即足下之论著中亦尝采用严氏之幺匿矣。幺匿与拓都雕琢已甚，然与其用他字，偶拾缀焉，则亦何伤？况足下谓逻辑不含古义，自不待言，若云纯然译音而已，恐问诸严氏，严氏不首肯也。足下以乌托邦比例于冰麒麟，词气之间，即羞以洋奴与严氏为伦，此或足下一时用情之过，盖吾国社会本一礼不下庶人之社会，西方之社会党，亦疵罗马之政术。实一拥护中流专制之政术，故凡中国之所谓绅士，与夫外国之所谓 Gentleman。一言及于下级社会，即忿忿以鸣其不平，悻悻以表其不屑，与君主之视属民，无二致也。此社会党革命之声，所以胜于中外。凡峨冠博带者之反对社会党，亦如君主之反对革命党，常若或丧其考妣，因欲破坏其阶级同，故抵抗不约而同也（建国以来新旧党之不相调亦被此影响）。足下固平等救世之大贤，然绅士遗传性有触即发。一若以洋奴警严氏，彼始不敢再为也者。殊不知立言似已稍失其平所恶于洋奴。为其为洋人之奴，非可并没其善，就冰麒麟之译名而言，实堪与乌托邦媲美。乌托邦之原文有周秦子书中之篇目气，则乌托邦三字正若出于周秦子书之中。夫已何憾冰麒麟者，本一食品，以冰麒麟三字代表食品，不唯于食品已表厥芳美，即采入宋元诗词之中亦极典雅。译事至此，尚何可议。足下而恕其唐突者，必莞尔笑矣。但仆固非主张译音必当如此也。至 T. K. T 君以为欧洲人名地名，不可类于中人中地，此似狃于史籍之成见。却无当于实用，人名地名，任其钩辀格磔，徒取记忆之困难而已。倘君之意中别有此疆彼界则为仆所不知。可以勿论。但就举出之条件言之。（一）恐误认中人中地，此亦似矣，但中人中地之名词偶同者尚可以事类辨别，岂有仅仅类乎？中名即不问人之为何如人，地之为何如地贸然误认为中人中地乎？且人特欲知其贤否，地特欲知其道理而已。即误认为中人中地弊害将何在乎，此仆所不解者也。（二）恐以汉姓被西人是强西人入我国籍，此 T. K. T 君之见解不应径同于流俗，不必远加证引，即以现在上海之丁义华、李佳白两君为问，中华民国之国籍有其名否？此非我强之，彼自为之也。又如君之大名，短写西字为 T. K. T，想其原音无非丁也、金也、清也、曾也。寻常之华字而已，若全用拼音，虽中国人而辄用西字，已惹本题之嫌疑，然犹不失为译音，乃用缩写法使与欧人之缩写其名者相似。虽就一时之风尚，用西字为隐名，仆所热烈赞同，然若有人以君之矛陷君之盾，安见不恐君为误入西籍乎。此又仆所不解者也，故仆妄以为 T. K. T 君所怀之二，恐皆非为要。（未完）

——《民立报》第 552 期（1912 年 4 月 28 日）

论译名答 T. K. T. 君
（致《民立报》记者）（续）（1912）

吴敬恒（吴稚晖）

仆所夙持之论，凡人名译如人名，地名译如地名，乃增阅读上无穷之便利，亦且便于记忆。故请诉之于第三人，记叶斯壁与柯伯坚之名词便易乎？抑记莎士比亚及克洛泡特金为便易？假如一英国寻常之地名，记利物浦便易乎？抑记旧译之里味破尔为便易？况若丁义华、李佳白诸君之改从华名，全以便其交际之融洽。反而观之，我国人向之视外人为非类。外地为荒渺。普通之人，无非在人名地名之钩辀格磔上生其异视。故若斯宾塞、赫胥黎、达尔文、罗骚等之人名稍近于华名，其学说遂愈若亲切。他如伦敦、巴黎、罗马、雅典之地名，皆稍近华地者，以较于君士但丁堡、维也纳等倍加近情，例证显然。即足下屡引戴雪氏之说。唯以其为戴雪则似一平易近情之学者存于心目中，若易而为谛雪，心目中遂隐以为不近人情之碧眼儿矣。此或仆之心量反平常度，观感有然。然此不可讳者，第三人必认为仆下转语也。旧日汉魏之于外人外地译义者较多即译音，每稍近雅，故学人能记忆者，较富若金元之史籍，务以钩辀格磔、隐存蛮貊之面目，至读史者记忆茫然，钩辀格磔之为梗，有百弊无一利矣。T. K. T. 君乃为辩护愿更承大教也。或又以为改近华名。缺音或较多。如克洛泡特金之为柯伯坚并缩过多，仆乃承认唯无论学术之名与人地之名，但译其音终不过偶以文字与符号志别而已，若不就上下文之条件追究其根原，仅执一音以求固无可通者。故译音之不能不取省约，乃为天然之趋势。否则莎士比亚已缩一克音矣。即如阴达逻辑，亦未全备其音，而曰阴达克的夫逻辑克也。妄言无当。恕之恕之。余不白。

吴敬恒顿首

论译名（致《民立报》记者）（1912）

张礼轩

　　记者足下：大著中每多引用逻辑，而又为专篇以答某某数君，均为读报以来所不见。唯论翻译名义，谓遇难译之字，可直以音代之。是说也，窃以为尚有待于商榷。夫所谓难译之字者，非即西文名词，求之国文中一字或数字联合，不能于本义相合者乎？不能相合而强取一二字以译之，反致失其本义，不如直以音代之，尚较简当。此足下所以主张译音也。鄙意以为译音只可适用于地名人名及新发明之物名，因无意义之可求也，其他有意义之名词，仍以译义为宜。一则因观念之联络易于记忆，一则因字面之推求，便于了解。了解者不过为其大意。至原文之界说，无论译音译义，非详加诠释，缀以定义，不能完全明了。即如 Logic 一字，日人译曰论理学，严氏译曰名学，又有译为辨学者，而足下则用逻辑。Logic 二字之涵义若何，非考其定义，未易了然。而或曰名学，曰辨学，曰论理学，即未研究斯学者，皆可得其大意。至云逻辑，直有不识为何物者矣。且译音者，任取吾国同音之字而可以代之。则 Logic 一字，甲可译为逻辑，乙可译为罗集，丙亦可译为落机，即丁译为老诘，似亦无不可。或因各人取字不同，或因各省读音不同，西文一名词，汉文可变为数名词，而又无义可求，学者不便实甚。况乎科学来自西土，名词均有定义，译为吾国文字，不加诠释而能恰合其本义者，不过十之二三。因其不能恰合而以音代之，使吾国文字添多数无意义之名词，不易记忆，不便了解，甚非计之得者也。科学译名，颇属重要，鄙意译音不如译义，足下以为何如？尚望有以教正，并比较而详论之。俾学者有所适从，幸甚。余不白。

东雍张礼轩顿首

——《民立报》第 571 期（1912 年 5 月 17 日）

论译名（答张君礼轩，张君书见下）（1912）

行严（章士钊）

翻译名义之当从音译，抑从义译，此必视制语时之情状为衡，非可为概括之词也。记者之主张音译，断非遇名词而辄如此译之，特谓音译之利，确有可言者在耳。例如英语 Logic，日人译作"论理学"，取语乃本之 Science of Reasoning。夫 Reasoning 特题达逻辑之一部分，而以名其全，严氏斥为浅陋（见《名学浅说》），诚哉其浅陋也。然严氏以名字代之，吾兹未敢相信即属逻辑其物。以固陋所及，则名字所含义解，容可尽亚里士多德之逻辑，而未足尽倍根以后之逻辑也。译事至此，欲于国文中觅取一二字，与原文之意义同其广狭，记者谓直不可能。知其不可能而勉强为之，斯乃大愚不灵之事。此记者于此，所以决然抛弃义译之法也。

张君谓："原文之界说，无论译音、译义，非详加诠释，缀以定义，不能完全明了。"推张君之意，必以为解释终无可免，则译语纵难吻合，亦属无伤。其说甚辩。虽然，义译之弊害，即在解释上生出，此诚不可不知也。盖在义译无论选字如何精当，其所译者非原名，乃原名之定义也。如日人曰：逻辑者，论理学也，则"论理学"三字，明明为逻辑下一定义。严氏曰：逻辑者，名学也，则"名学"二字，又明明为逻辑下一定义。是吾人本欲译其术语，其结果乃以其定义为其术语，既译之矣。吾人以新术语公之于世，势必更加定义，使人共喻其为何物？则此定义者果仍前次定义而扩充之乎？抑更觅新字以释之乎？如从前说，则是使术语与定义相复。简而举之，则不啻曰：论理学者论理学也，名学者名学也，此在逻辑谓之语赘。如从后说，则立陷前次觅取定义于无意识。义译之弊，显而易见者如此。

张君又谓："或曰名学，曰辩学，曰论理学，即未研究斯学者，皆可得其大意。至云逻辑，直有不识为何物者矣。"张君举此，乃以证义译之利，而在记者，则以为最足以证义译之害也。何也？义译之名，易生歧义。歧义何由生？乃望文而生之也，即由张君所谓得其大意而生之也。盖此种名词，最易使未治其学或治其学而未精者，本其原有之字义牵强附会以解之。逻辑有两部，日人从义译，一作演绎法，一作归纳法。而记者从音译，则一作题达逻辑，一作阴达逻辑。夫演绎归纳云者，原有字义可寻，颇便于不学者之吞剥。而记者乃见新闻论说中有此一联曰："政党由一团体而分为众团体，是谓演绎的政社。由众团体而总为一团体，是谓归纳的政社。"此宁非笑话，若记者之题达阴达云云，则彼乱搬不去矣。乱搬不去，而名词之壁垒始严。佛滥名义之不滥，恶。正赖有此，此最宜注意者也。

张君谓音译之字，至无一定。逻辑可作"罗集""落机"或"老诘"，一名变为数名，此不便处，诚然诚然。然此种不便，固不仅属于音译，即义译亦平分其过。在记者所知，则此弊在义译为尤甚也。盖义译之争点多，而音译之争点自取音之异同外，乃无之。且学者之僻，在义诚所必争，而在音则不甚措意。以逻辑言，义译之名，张君已举其三，而以记者所忆，尚不止此。且如记者果从义译，亦将忘其不肖，别造一名。唯在音译，则严氏曰逻辑，记者亦附和之，曰逻辑而已，无争端也。即此思之，张君之所以攻音译者，转属助敌张目，此非至有趣味者乎？

记者夙有《论翻译名义》一首，本篇中颇复采用其语。

行严

——《民立报》第 571 期（1912 年 5 月 17 日）

论翻译名义（致《民立报》记者）（1912）

张礼轩

记者足下：读答书论音译之利，颇为尽致，唯鄙人尚有不能已于言者。前书论义译之优点有二：第一在易于记忆，第二在便于了解。记者于前者之主张，略无一辞置辨，是已承认第一优点矣。其所以极力抨击者，全在第二点，请再就此点商榷之。

统观答书，略分四端。首段言译名必以制语时之情状为衡，并申明主张音译之利，仍举英语 Logic 为例。详言其所以不取论理学、名学而用音译之故，以国文中不能觅取一二字，与原文之意义，同其广狭。首段之大意如此，若然，苟国文中能觅取一二字，与原文之意义同其广狭者，记者亦将舍音译而义译矣。

第二段之主张，颇与首段不相一致。例如记者不取论理学，因其为题达逻辑之一部分，不足以名其全。不取名学，因"名"字所含义解，容可尽亚里士多德之逻辑，未足尽倍根以后之逻辑，此首段决然抛弃而代以逻辑之理由。第二段则谓"义译无论选字如何精当，其所译者，非原名，乃原名之定义也。"又谓吾人本欲译其术语，因义译之结果，乃以其定义为其术语。由是以观，抛弃义译者，非仅以其含义不能同其广狭。即使选字精当焉，含义适合焉，因其为定义而非术语，亦在吐弃之列，与所谓必视制语时之情状以为衡。所谓断非遇名词而辄如此译之者，均不能通矣。不宁唯是，循是例也。将 Ethics 亦不曰论理学而曰蔼塞，Psychology 亦不曰心理学而曰赛考，Politics 亦不曰政治学而曰蒲莱，Economics 亦不曰生计学而曰衣扣，推而至于生物、生理、天文、地质等学诸术语，亦将不用其义译，而均以其音译代之，何则？因非其术语，乃其定义也。然而记者论说中且屡引用生计学，而不用音译之衣扣，岂与原义同其广狭者，此岂非以其定义为术语者，顾何以应抛弃而不抛弃耶？至谓义译之术语，制作定义，果仍前次定义而扩充之，则是术语与定义相复。此在逻辑，谓之语赘，是固然矣。谓更觅新字以字之，则立陷前此觅取定义于无意识，此则未敢赞同，何则？术语者，科学之名也。定义者，所以说明其学也。义译之术语，不过表示其大义，而定义者。所以恰如其学之分际而说明之，不使稍有出入也。欲说明之，必须另觅同意义之新字，此无分乎中外学者，无别乎中西文字，皆同是撰，不得谓定义另觅新字，即陷义译之术语于无意识也。诚如足下所云，是含有意义之术语，即不能更有定义。藉曰有焉，即难逃于足下所谓二种之弊，虽然，持是说以衡各种术语，其何能通？即对于含有意义之 Logic，一术语又将何辞以解？

第三段者，记者最注重之点，综其大意，不外以音译防学者搬用术语之弊。夫不学无术者，望文生义，牵强附会，诚如记者所云。（吾国学术不振，各种科学智识均极缺乏，而逻辑上智识缺乏又甚。学者之弊，不但误用术语，往往有长篇大著文字，非不美观。一经绳以逻辑，鲜有不涉于虚妄者。以如此论事论理之文，其能道着真理者几希。鄙意欲救此弊，中等教育宜加入逻辑一科，俾一般学子略具逻辑智识，记者以为何如？）虽然，吾人翻译一种科学，公之于世，其目的为便于学者明其事理也。唯其如此，故译事当以便于求学为前提，不当因行文者之引用，而稍为迁就。引用而得其正义，与引用而走于歧义，皆由引用者自为鉴别，而译名者不负其责。记者以义则可望文而生音，则可免于吞剥。专为避歧义，而忘其正义即因之而难得。专为免吞剥，而不知适陷于难于记忆，难于推求之弊，译事之目的何在？未免舍本逐末矣。即记者所引新闻论说中之一联曰："政党由一团体而分为众团体，是谓演绎的政社。由众团体而总为一团体，是谓归纳的政社。"此诚为笑话。然其误处，不仅在于形式之文字，实误于内涵之由总而散、由散而总，果其误用在内涵。演绎归纳，固可吞剥，阴达题达，安见其不能搬用者，是故举滥用术语，以证明作文者之无学且不明逻辑，则可以此坐义译者之罪，不免冤狱。且欲据此以分义译、音译之优劣，更不得谓之持平之论也。且 Induction 译为阴达，Deduction 译为题达，既闻命矣。而逻辑中名词，何啻数十。此若干名词者，概以音译均无意义可求，无论学者记忆维艰。倘离原文，吴君敬恒所谓满纸钩辀格磔，复何成为译本之谓？夫岂能免记者崇拜译佛经者，初不迁就字义，故涅槃、般若等字，何等庄严。其名义之不恶滥，信然矣。试执佛经一卷，非深思冥索，莫明其旨。邦人少通佛学者未始不由于文字艰涩难读而难解。译书以饷学者，重在普及，而顾专为严其名词之壁垒，是乌可者。第四段所论无关宏旨，姑不具辨。总之译事为便于求学，有意义之名词，音译之不便处实多，此固无容讳言。故鄙人主张音译只可适用于人名、地名及新发明之物

491

名。至于乱搬术语，其弊由于不学，欲救其弊，使之求学，乃为正当方法。为救其弊而音译，先失译事之本旨。即以音译救正之，而其效亦仅矣。译名虽微，所关颇巨。详读答书，犹难释然。再贡鄙见，以资商榷。是否有当，祈进教焉，幸甚。余不白。

东雍张礼轩顿首

张君之书，大足以开记者之茅塞，其中固有记者所不赞同，且误解鄙意之处，而亟欲以公之同志，暂不置辩。记者执笔于兹，亦既数月。当世贤豪，无论同业与否，每喜赐以评骘，并与商榷。记者岂独引为荣幸，且冀于此多得教训焉，然所得政治□，亦几盈寸。其启我之多，文逊论翻译名义如张君者数书，兹因张君书略志数语，以证惠稿者之同心，详论本题，当俟异日也。

——《民立报》第 621 期（1912 年 7 月 6 日）

问翻译名义（致《民立报》记者）（1912）

蔡尔文

记者足下：不佞尝读大作《翻译名义》一论，持说往往精密，顾鄙衷犹有狐疑，是用相质，不佞素未深治西文，其所议未必中肯。唯缘此引起足下之谠言，使信服足下之主张者，益为明了之观念，或更意外获增见识，斯问者所深幸也。

请依足下所设问题层次择问之。

一、足下云（然名学果即逻辑其物乎，……乃属不可能之事）不佞疑焉？夫文字者表思想之符号，而符号非即思想其物也。故符号之表思想，常有变迁，或今此而昔彼，或前狭而后广，此中文所以多假借（按：假借者，本无其字，依声托事是也，此狭义也。广言之，亦包引申在内。以此言译新义，吾文所含有，则引申用之，事物绝非吾文所有，则用假借，应无棘手时矣。所当知者，吾文每名本无复字，侯官先生殚精国学，辄得斯旨，匪同忘祖也）然则即名学论，随定义变其所表之思想，有何不可，申言之，则名学二字，扩其范围与今时逻辑等无不可也。足下所斤斤者，名学二字，表中国旧思想之范围，仅足与亚里斯多德之逻辑相同耳。不佞以为非治名学决不识名学二字（所谓识字者乃无论举其言或文，而其正确之思想涌现心象也），即不识逻辑也。若既识之，则一言名学，斯最近较完之名学，其定义范围当悉涌见心象，决不至止有亚里斯多德之名学，涌见心象也，与言逻辑固悬殊，则名学何不可尽倍根以后逻辑之有。尝考通假之字，皆本含有通借所得之义。故符号所表思想虽变迁，要不能甚远，然则持法学以译逻辑不可，持名学以译逻辑可。

二、不佞欲问逻辑之原文，果有意义乎？（不佞以为世间无无意义文字）若有意义，将即其学之定义否乎？若即其学之定义，其举定义时不嫌复赘乎？若非其学之定义，不嫌矛盾乎？依不佞臆断，则此术语，即其学说定义之缩号，则译其总括之义，为学之定名，扩其义为学之定义，似无不可。且世间诂释文字，无非演而扩之，界以示别而已。譬如释章行严曰：《民立报》记者留学英国方归者，湖南某县人也，是章行严与所释云云之人同物。□不啻若云章行严者，章行严也，唯对不审行严者确指之如此，则不至误行严为太炎耳。于此当问诂释学物之意义。与说明事理之因果，其学有异否乎？夫诂释事物意义，发难常云"何谓……"。则解答者应如其所问喻意而止，说明事理因果，其发问常云（何故……）。而答者当具说缘由，若仍如诂释事物意义之说，立成不词，例如云何为月，答谓地球之卫星，实曰月也类，然非害也。若问月何故行，答云绕地球也。误矣。以此推之，学之，定义，乃诂释事物意义之事甚明，何嫌句主所谓之同意乎（此不佞最难索解于足下论文之处，度足下言有宗学，探极必有以训我）。

三、足下谓义译之名，将生歧义。不佞前云：不治其学，则不识其字，不识其字而滥用之，无往而不谬也。犹之学语之童，固不识耶字，则凡弁者，辄耶之矣。今人滥用名词，何以异此。矫以音译，其弊必不能免，厥有二端：（一）用音译之字，而其思想仍同义译，歧惑亦同，如演绎的政社，不难改为题达的政社；（二）就音译之字传，会转多无理之妄诂，抑译名之易生歧义，一由读者之寡陋，而制者之草率，亦职其咎，日译之名，若归纳演绎，在吾文本有其词，则承用者流，不难妄测，严译之内籀外籀，迥非常谈，即不易惑，何也？浅者但不解耳，不敢以意为之也。佛经华严真如，盖亦同此故，不滥恶。非但音译为之保障而已。今通流之词，半出东译，非捏凑不通。即取旧文为译，而与本义不相关。此虽未为甚害，但令浅者迷乱，且可叹耳。

又足下云"学术者进步者也，……势必使之生矛盾义而后止。"则不佞前云符号随思想变迁异其义，何至思想乃为符号所缚。即如斐洛索非，历二千年，界说累变，乃其为斐洛索非自若，未闻最初诂以爱智，后即墨守不敢更也。且果使其学进步，至全离其初之界域，则更立新名，未尝不可也。

四、足下论文，以此为最矛盾，盖取所以驳名学之译者销之也，何也？名学即非物合之译语，要是近似者也，自不佞观之，此处方为粹论，盖如轻用音译，则我国人以好奇趋时之习滥施之，必至侏□佶屈，布满行间。常识之输，乃大有阻，不可不慎也。夫今日常用之词，往往不通，如共和二字，乃周时贵族寡人政体之名称，以诂今之民政，岂非文不对题，此类尚多，一二数不可盖也。至于一义数名，莫知适从，更有舍吾文所由，而贩东文滥恶之词代之纷纷遍纸，令人瞀然。而今欲求学术发达，苟非厘定名词致谨译事曷由哉，足下何不著文促国人深省也，恐致支蔓言止于此，余不白。

蔡尔文顿首

　　记者所得论翻译名义各文，皆足开吾茅塞，感荷无已，谨汇登于此，以云讨论，且俟异日。

行严

——《民立报》第 629 期（1912 年 7 月 14 日）

论译名（其一）（1912）

李禄骥

记者足下：曩足下与投函诸君，于译名之至理，既已阐发无遗。然徒事纷争，不求改革，亦无补于实事。故区区之衷，敢以统一译名私议，与足下共相讨论。中华立国，已逾四千余载。西汉以后，中外之交通频繁，译名之见于汉魏诸书，已不胜枚举。至近代译著之儒，纷出译名，遂蔓无统一。自兹以往，更不图统一，势必同一人而数十其译名，学者将奚所适从，睽厥原因，实由于交通之不便（因交通之不便，生译名之差异。如乌场佛国记作乌苌，西域作乌仗，中国译名多有此弊），意见之纷淆（如甲主译意以 Foot 为英尺，乙主译音以 Foot 为幅地；有同一译音，甲主随意以 Shakespeare 为莎士比亚，乙主优美以为叶斯璧），方言之不一（我国语言原有燕、赵、秦、楚、闽、粤、吴之殊，而某方言中复有无数土音，译音遂因兹而异），纠正以上诸弊，则统一之法尚矣。

一、采取习惯。中国译名，习用者十居二三。如威廉、亨利、拿破仑、大彼得、奈端、柏拉图之类，皆近人所习用。然考察此习惯之译名，亦甚难事。必也遍考册籍，搜罗学说，考察时期之久，暂为习惯之标准。

二、径译原文。译名必依原文，译德名当肖德音，译意名当肖意音。欧美各国于他国名词，多依罗马原文，中国旧译 John 为约翰，亦本此意。

三、沿用国语。我国以北京语为国语，则译名当以国语之音为准。如以粤人译粤音，闽人译闽音，势必千百其名，纠正斯弊，必令通国均习国语。

四、编制字典。既求统一，不可不编制字典以为标准。编制之法，当本上列三原则。次以各国名词，依罗马文字之次序而整列之，如普通字典之例，递次移译，则学者不至茫无准绳。

五、推求新名。泰西人名，纷歧杂出，未可一一收之于字典。如有人于此其名曰 Menter，因 Mencius 为孟子，则当译 Men 为孟。又因 Peter 为彼得，则当译 Ter 为得，故 menter 当译为孟得矣。

以上诸则，以编制字典为最要。然兹事重大，非率尔所能办，亦非二三人所能成。然民国新立，吾侪固不能不有此志。敢问记者，以为然否？余不白。

李禄骥顿首

——《独立周报》第 1 期（1912 年 9 月 22 日）

论译名（其二）（1912）

张景芬

记者足下：往读贵作，见其立说有据，不妄与流俗苟同，不胜钦慕。然于译名词取音而不取义，则不敢强阿附会焉。译义之弊多，偏而不全，诚有如足下所云。如 Economics 一字，侯官严氏易理财为计学，然计学二字以普通常言解之，殆有如"治社会个人或国家生计之学也。"专指财而言。今矿业家有所谓 Economical of mining，而其间机器、人力、资本、运输、火具能力，Fuel and Energy 之俭省法，悉包罗其中，非专指财而言。然此犹可曰：以上诸般，虽非直接之计学，然可作为间接之计学，以其目的之所在，在不费也。若以文而言，计学二字，殆不能包括矣。又如 Economical Geology，如必译为计学，则 Geology 一字，与计学二字相连而成一名词，殆不成文理，译者于此亦无可如何也。苟从足下之旨如 Logic 译音为逻辑，亦当译音矣。虽然译义之弊，固在于不全，而译音之弊，则并求其义之一部分而不可得，非独未治外学外文者不能通其义。即会治外学外文者骤观逻辑二字，以其土音之不同亦不能知其果为何也。且中国将来应翻译之名词极多，使尽译其音，后日发刊之书，将成满纸佶屈聱牙之文。又察目下趋势，将来士子入学之时间，必归于简短。国文之程度，亦渐入退化，使以满纸佶屈聱牙之书教之，未见其不有妨于国学也。使虑译义以不完之故，学者或有生吞活剥之患，乃并欲废译义，此诚过虑。夫韩、柳、欧、苏，文之名家也，世岂无不通之文，其间有来自韩、柳、欧、苏之一二字一二句乎？吾人不能并是而废韩、柳、欧、苏之文也。是吾人亦不能以一二人之生吞活剥，遂并取译义诸名词而尽废之也。吾人即译其音，学者或从解释中，而仅得其义之一部，亦不能谓译音之后，遂无生吞活剥者出也（不尽士人读外文则不能尽使人皆明外文之为何字、何意，即读外文亦未能尽明其义也）。且吴楚言殊，译音既无一定规则，同一名词，译者分歧百出，果将使学者何从乎？故今日译音，既如上所云，有碍难行，则不如姑从译义，其不能尽善者改之，由学部或学会规定。既定则不变，义之未尽于译者，加以注释，颁之学人，以便各各遵从，庶不致名词纷歧。输入常识，亦易于普及也。譬之舆地测量，凡一新地，既经国家工程师测量经纬 Principal meridian line and Base line，市井 Township 既分，无论所差若何，后者必须遵守，盖以免一更再更。界限不明，徒事纷纷也（此美国 Geological Survey 之制度）。名词既定，于所得常识之外，更取外籍研究之，则义尽不尽，自能明解，固无须必求译名，无毫厘之误也。若必求其精微无憾，以字而言，则是之一字。英文有过去、未来、汝我之分，中文无之也。以物而言，盐之一字为 Salt，而化学中所谓扫特者，何啻数百，吾人不能尽谓为盐也。若以食盐 Common Salt 言中国之食盐，除 Nace 之外，$MgSO_4$ 有至百分之二十余，其他杂质可验。如 $NaNO_8$、NH_4、NaD、NBR，等等，不下五六七种，则盐与 Salt 又不能互译矣。即使字字之译义无讹，文字形情口吻，如诗之所谓 Inspiration 者，虽工笔不能出之纸上也。外国之各种字体，解析科学之理于课本上，其关键处，眉目了然，吾人至今未有法以应之也。故译事太苛，东西文字，将无只字可译。而今日智识输入，既难讳言为幼稚时代，又必为多数不肄西籍者着想。故鄙意宜译其意，不能完全者从其偏而已。此非独利不肄西籍之人也。即留学外国，肄习专门之人，于浏览本国书报之余，亦能稍解他学，脑力不致偏缺。后学及国学根浅者，既得溯其字义，以解大意。亦不至观国文无义可寻。至于唾弃，所益非浅鲜也。犹忆幼年读国史，若辽、金、元，其间人名，至今无一能记忆者。虽由鲁钝之过，而名字过累赘，其巨因也。今译名词而从译音，其难免斯弊矣乎。窃以为名有不满于硕学者，正其义而规定之，布告之可也。若以一字一义之故，辩论至于连篇累牍，且举一二以资笑柄，此自负为名士者之所为，无益后学。非所以望之足下，愿足下有以教我。余不白。

张景芬顿首

K. Chang, Box 704,

Golden, Colo,

U. S. A.

张君持论与记者之本旨，并无所迕。记者之主张音译，本非一成不变之说，特以义译确有弊，而其弊又适可以音译矫之，故从而为之辞耳。然尽有一名，义音两译，厥弊维均者，于此吾将无择。若音译之弊，浮于义译，亦唯有舍音取义耳。盖音义两译各有偏至之理，而无独至之理。善译者当权其利害之轻重以为取舍，预储一成见以待之焉，不可也。记者固主张音译，而非无论何处，求以此道施之，张君亦能了然于义译之病矣。故同时希望其勿坚守义译，而以为音译一无足取也。

　　右论译名两首，乃记者在民立报时所收受。当时以限于旧幅，暂从割爱。国报之性质较凝，此种问题，于此讨论为宜，故移以实之，当为投函诸君之所许也。

记者

——《独立周报》第 1 期（1912 年 9 月 22 日）

论译名（其一）（1912）

冯叔鸾

记者足下：尊著《论译名》一首，颇为阅历甘苦之言，从事翻译者所当书诸绅者也。虽然鄙意以为译义、译音既各有不便，而均不能不加诠释，则何如审其意义，而造为新字以名之。既有意义可寻，又不至有望文生义之误解。盖文字本由人造，天下新事物生出不穷，则新名字之创造，亦决不能已。此在东文之砒、糧等字，及中文之镍、锑、哩等字，已开其先例矣。吾国唯惮于创造新字，故凡一切舶来品非吾国所有者，辄随意名之。于是自鸣钟、手套等不规则之名以生。夫钟鸣因法条之弹力，何由曰自鸣？且"自鸣钟"三字并未涵有报时之义，若夫手套则套手者既曰手套，何套头者不闻曰头套？套身者不闻曰身套？而曰冠曰服乎？由此言之，益征新名字之创造不可已，徒断断于译音、译义，殆未为得也。愚昧之见，有以教正为幸。余不白。

冯叔鸾顿首

——《独立周报》第 2 期（1912 年 9 月 29 日）

论译名（其二）（1912）

耿毅之

记者足下：译名一事，足下反复讨论，兴趣盎然。仆于此道向乏研究，唯往岁读书时，偶见有论及此者。于足下译音之说，略有关系。爰忘其谫陋，就所能记忆者，拉杂述之于下。

一、以中国旧字译外国名词，至不能吻合时，不妨另制新字。

二、所制之字，取同音之旧字而加以与名词性质相近之偏旁而仍读其音。

三、不另制新字，即取冷僻之旧字，其偏旁之性质与名词相同者，假借之而训以新义。

准此则尊论中 Logic 字，其性质既属于劳心者，鄙意即译为逻揖二字，而训为思辨之学，既可望文生义，而亦不至乱搬矣。区区之愚，幸足下有以教之。余不白。

耿毅之顿首

——《独立周报》第 2 期（1912 年 9 月 29 日）

论统一译名当先组织学社
——致《独立周报》记者（1912）

庄年

记者足下：读大报投函，于译名至理，反复讨论，阐发无遗。译义则弊在于不全，译音则佶屈聱牙。译义、译音各有弊端。此固不易之言也。方今西学东渐，新名词之输入，日甚一日。译音乎，译义乎，急宜权其利害而定其取舍。

一、寻常名词（ordinary term）：可以义译者，宜以译义为根本。凡社会惯用之译名，其意义不完者，无任以误传误，宜从而研究之，校正之。盖译义则读者就字审义，易于领悟，易于记忆。近世欧美教育家，无不以普及为观念，研究读者之心理，力求文字之简单明达。故译名之难，非仅在乎译音、译义，同时须审察于普及教育一方面有无妨碍。译义固多利，然有用译义而勉强肤泛，转不若译音而规定其解说之为愈者。故译音译义非可泥定。总之，寻常名词译义则利于普及。

二、专门名词（technical term）：我国向无专门学问，须潜心研习，故无妨袭用我国边旁造字法，一律译制新字，以醒耳目，以免混淆。欧美名词之用腊丁即此意也。案腊丁名词，编制极精，或用一腊丁字，或数腊丁字，集合而成一名词，条理井然，可就字审义，稍有腊丁文字之智识者，可一望而了然其意义。

三、统一译名之方法：吾国方音之各异，译者见解之不同，有一字而译名纷出，既无从确定其所指，复难于稽考，其弊更甚于译义之不全，译音佶屈聱牙。故无论译音、译义，必须统一定其解说。欧洲科学之所以发达，名词之所以统一，必也。组织种种学社，若英伦之化学学社（The Chemistry Society）、机器工科学社（The Institution of Civil Ingineering）、苏格兰之地理学社（The Scottish Geographical Society）等不胜枚举。要之，不外乎集合多数人之智识，研究此种或彼种学科，著书立说，商订名词，促科学之进行。吾国科学今方萌芽，待译之书，不知凡几。宜设立各种学社，附属于中央学部，搜集文人学士，分门别类，以专科素有心得之人，共相讨论，从事编译审定名词，规定解说刊成字典，为译名之标准。如或译名不备以及欠妥，则译界中人得将理由通告专社。倘得赞同，则可更正之，增刊之。唯不得各逞意见私造译名，则我国科学庶几乎可日进，而译名于是乎统一。谫陋之见，质诸记者，以为何如？余不白。

庄年顿首

——《独立周报》第 4 期（1912 年 10 月 13 日）

《说小说·第五章》（1912）

管达如

近十年来，我国译学界，风起云涌，东西各国之名著，经翻译而接触于吾人之眼帘者，殆不下数百千种。顾率多科学书，文学书则绝少，良由我国民竞注意于实学，无暇驰骛空想，亦由此种书籍之移译，倍难于他种也。其中唯小说一种，译述者颇多，是乌可不一论其得失？

译本小说之善，在能以他国文学之所长，补我国文学之所短。盖各国民之理想，互有不同；斯其文学，亦互有不同。既有同异。即有短长。此无从讳，亦无庸讳也。中国小说之所短，第一事即在不合实际。无论何事，读其纸上所述，一若著者曾经身历，情景逼真自然，然按之实际，则无一能合者。此由吾国社会，缺于核实之思想，凡事皆不重实验致之也。西洋则不然。彼其国之科学，已极发达，又其国民崇尚实际，凡事皆重实验，故决无容著述家向壁虚造之余地。著小说者，于社会上之一事一物，皆不能不留心观察，其关涉各种科学处，亦不能作外行语焉。夫小说者，社会之反映也。若凡事皆可向壁虚造，则与社会实际之情形，全不相合，失其本旨矣。敬告我国小说家，于此点不可不再三注意也。

译本小说之所长，又在能以他国社会之情形，报告于我国国民。各国之社会，其组织皆互有不同，因其内容亦极差异。以此国之人，适彼国之社会，睹其所为，竟有茫然不解者。语曰："知己知彼，百战百胜。"生于今日，而无世界之智识，其将何以自存哉？欲求世界之智识，其道多端，而多读译本小说，使外国社会之情状，不知不觉，而映入于吾人之意识区域中，实最便之方法也。盖小说者，本社会之反映，而其叙事又极详，故多读译本小说者，于外国社会之情状，必多有所知。因可以比较其异同，评论其得失，下至日用行习之间，一名一物之细，为他种书籍所万不能及者，亦可借此而得之。则译本小说，不徒可输入他国之文学思想，抑可为觇国之资矣。

译本小说不及自著之点亦有二：

一、矫正社会恶习之功力较小也。小说之所以能矫正社会之恶习者，以其感人之深。其感人之所以深，以其所叙述之事实，所陈说之利害，与读者相切近也。译本小说，所叙述之事实，皆外国之事实，所陈说之利害，亦皆外国之利害。此等观念，吾辈对之，平时既少体会，临时读之，亦必漠然，而感人之功效，不可得见矣。夫人类之缺点，各国诚多相同者。箴规外国人之小说，亦未始不可移之以箴规本国人。然一人也，其往往有待于箴规之事同，而其所以箴规之之术当异。语曰："沉潜刚克，高明柔克。"此教育之所以贵因人而施。而箴规国民之缺失者，亦不可不随其社会之性质而异焉者也。外国小说，本非为我国人而作，虽未必无感动我国人之力，然较之我国人所著，则其功用必不可同日而语矣。

二、趣味不如自著者之浓深也。各国国民之好尚，互有不同。外国人所以为乐者，未必我国人亦以为乐，此无可如何也。自著之小说，本为吾国社会之产物，且多以投合社会之心理而作者。外国小说则不然，故不免有格格不相入之处。此中虽无优劣然否可论，然欲吾国人好读外国人所著之小说，亦如中国人自著之小说，则必不能矣。

中国旧有之小说，汗牛充栋，然佳者实不及千分之一。除十余种著名之作外，皆绝无意识，不堪卒读者也。然此等我辈所视为不堪卒读之小说，正下流社会所嗜之若命者，而小说之毒遂由此深中于社会矣。故今日欲借小说之力以牖民，第一步即须与此等恶小说战。必能摧陷廓清之，然后新小说之力，可以普及于社会。否则虽有新小说，仍为此等恶小说所中梗，无丝毫利益也。而欲奏此等功效，则必新出之小说，能与国民之嗜好相投。故在今日，译本小说，无论为若何之名著，吾终谓其功力不及国人自著者。然中国今日，正在渴望良小说之时，则无论其为自著，为移译，苟其佳者，实多多益善也。

——《小说月报》第 3 卷第 10 号（1912 年 10 月）

译本《琵琶记》序（1913）

王国维

　　欲知古人，必先论其世；欲知后代，必先求诸古。欲知一国之文学，非知其国古今之情状学术不可也。近二百年来，瀛海大通，欧洲之人讲求我国故者亦夥矣，而真知我国文学者盖鲜，则岂不以道德风俗之悬殊，而所知所感亦因之而异欤？抑无形之情感，固较有形之事物为难知欤？要之，疆界所存，非徒在语言文字而已。以知之之艰，愈知夫译之之艰。苟人于其所知于他国者虽博以深，然非老于本国之文学，则外之不能喻与人，内之不能谦诸己，盖兹事之难能久矣。如戏曲之作，于我国文学中为最晚，而其流传于他国也则颇早。法人赫特之译《赵氏孤儿》也，距今百五十年。英人大维斯之译《老生儿》，亦垂百年。嗣是以后，欧利安、拔善诸氏并事翻译。讫于今，元剧之有译本者几居三之一焉。余虽未读其译书，然大维斯于所译《老生儿》序中谓："元剧之曲，但以声为主，而不以义为主。"盖其所移译者，科白而已。夫以元剧之精髓全在曲辞，以科白取元剧，其智去买椟还珠者有几！日本与我隔裨海，而士大夫能读汉籍者亦往往而有，故译书之事反后于欧人，而其能知我文学，固非欧人所能望也。癸丑夏日，得西村天囚君所译《琵琶记》而读之。南曲之剧，曲多于白，其曲白相生亦较北曲为甚。故欧人所译北剧多至三十种，而南戏则未有闻也。君之译此书，其力全注于曲，以余之不敏。未解日本文学，故于君文之趣神味韵，余未能道焉。然以君之邃于汉学，又老于本国之文学，信君之所为，必远出欧人译本之上无疑也。

海宁王国维序于日本京都吉田山麓寓庐。

——《王国维遗书·静安文集续编》

（上海古籍书店，1983年）

论译名（1914）

胡以鲁

传四裔之语者曰"译"，故称译必从其义。若袭用其音，则为"借用语"。音译二字，不可通也！借用语固不必借其字形，字形虽为国字，而语非已有者，皆为借用语；且不必借其音也。外国人所凑集之国字，揆诸国语不可通者；其形其音虽国语，其实仍借用语也。借用语原不在译名范围内，第世人方造音译之名，以与义译较长短，故并举而论之。

社会不能孤立，言语又为交际之要具，自非老死不相往还，如昔之爱斯几摩人者，其国语必不免外语之侵入。此侵入之外语，谓之借用语。然言语为一社会之成俗，借用外语，非其所习，亦非其所好也；不习不好，而犹舍己从人，如波兰人之于俄语者可不论。不然者，必其事物思想非所固有。欲创新语，其国语又有所短；不得已而后乞借者也。固有之事物思想少而国语不足阻为译者，概言之。即其国之文化，相形见绌，而其国语之性质，又但宜借用，不宜义译耳。波斯语中，亚剌伯语居多数；英语中，拉丁、希腊、法语等居七分之五；日语中，汉语等居半，是其彰明较著者也。吾国语则反是。自来中国与外国交通，唯印度佛法入中国时，侏离之言随之；所谓多义，此无，顺古，生善，以及此土所无者，皆著为例，称五不翻也。然迄今二千有余载，佛法依然；不翻之外语，用者有几？顶礼佛号以外，通常殆无闻也。外患之侵，无代蔑有，外语之防，则若泾与渭。征服于蒙古者百年；而借用夕以代不好，如郑思肖所称者，殆为仅有之例。征服于满洲者亦几三百年；语言则转以征服之；借为我用者殆绝无也。殆于晚近，欧西文物盛传；借用外语者方接踵而起。持之有故，言之成理者，约举之盖有六派：

（一）象形文字，多草昧社会之遗迹；思想变迁，意标依旧；于是以为非外语不足以表彰新颖之名词。嫌象形之陋，主张借用外语者，此一派也。

（二）意标文字，多望文生义之蔽。名词为通俗所滥用；习为浮华，泛然失其精义。则利用外语之玄妙以严其壁垒，此一派也。

（三）侨居其地，讽诵其书，对于外语名词，联想及其文物；乡往既深，起语词包晕之感。以为非斯词必不足以尽斯义者，此一派比。

（四）名词之发达不同，即其引申之义不能无异；辗转假借，又特异于诸语族之所为，借以表彰新事、新理所含众义，往往不能吻合；则与其病过不及，毋宁仍外语之旧，以保其固有之分际，此一派也。

（五）习俗不同，则事功异。风土不同，则物产异。西势东渐，文物蒸蒸；吾国名词，遂无以应给之。此土所无，宜从主称者，此一派也。

（六）北宋之亡，民日以偷。文敝言废，常用不过千名而止；事物虽繁，莫能自号。述易作难，姑且因循者，此又一派也。

最后二派，鉴于事实不得已。前之四派，则持名理以衡言语者

513

也。今先向名理论者一为解说；然后就事实论者商榷焉。

天地之始无名也。名之起，缘于德业之模仿。草昧之人。摹仿不出感觉、感情二事；则粗疏迷离之义，遂为名词先天之病矣。此麦斯牟拉之所云：诸国语之所大同者也。习俗既成，虽哲者无能为力；竭其能事，亦唯定名词之界说，俾专用于一途；或采方言借用语以刷新其概念耳。然方言借用语既未尝不同病，定义之功，新奇之感，又不过一时而止；习久则用之泛滥，义亦流而为通俗，粗疏迷离，又如故矣！疗后天病者，其法其功亦不过如前而止。费文豪之大力，作一时之补苴。思想之进化，与言语之凝滞，其相去终不可以道里计！二十世纪光明灿烂新世界，聆其名词，非不新颖玄妙也；语学者一追溯其本义，则索然于千百年之上矣！象形文字，固其彰明较著者；音标语亦复如是也！通常用语，既因循旧名而不变，学术新语，亦大抵取材于希腊、拉丁而损益之。其旧社会之文化，未尝高出于吾国。其措义独能适用于今乎？知其不适而徒取音之标义，乃利其晦涩以自欺也；则非学者所当为！将利用其晦涩以免通俗之滥用也；其效亦不过一时。习用之而知其本义，则粗疏迷离之感，既同于意标；习用之而不知，则生吞活剥之弊，盛浮于望文生义矣！推其本原：一由人心措辞张皇欲为之。一由联想习惯性为之。科学不能私名词为已有，即不得祛其病而去；语无东西，其蔽一也。人心既有张皇欲矣！发语务求其新颖，冀以耸人之听闻。闻者固亦有张皇欲而以新颖为快也；新名词既奏其效；遂于不甚适用处，亦杂凑而尝试之；辗转相传，名词遂从此泛滥矣！淫巧浮动之国民，其张皇之欲望，其习惯之变迁愈甚！则此泛滥之病愈剧！泛滥者日久而厌倦也；则与外语相接触，即取而借用之。苟其文化较逊，则对于借用语，不唯有新颖之感；亦且不胜崇拜之情焉！一见闻其名词，恍乎其事其物，皆汹涌而靡遗；是所谓包晕之感也！此感既深，对于借用语，遂神秘之无以易。而不悟此包晕者，为吾心自发之联想；为名词后起之义；及至习以为常，吾心之役于外语者，盖已久矣！使向者独立自营，虽事物非吾固有；而名与实习，固亦能如是也。名者实之宾而已！视用为转移，何常之有！虽名词既成后引申之义，不能无异同。然如吾国语者，易于连缀两三词成一名词；义之过不及处，仍得借两三义之杂糅，有以损益之也。

例如逻辑，犹吾国之名学也。论者以名之义不足以概逻辑；遂主张借用而不译。夫不足云者，谓从夕从口取冥中自命之义；其源陋也；谓通俗之义多端也；谓引申之义不同也；亦谓西洋之逻辑，褒然成一科学；尤非吾国昔之名学比也。是固然矣。然逻辑一词原于希腊训词、训道，其本义之褊陋略同；引申词与道之义，举凡一切言之成理，本条理以成科学者，皆结以逻支；逻支者，逻辑之语尾音变也。吾国语特木强难变耳。刑名，爵名，文名，散名，其引申处亦有同者。假借之义，诚不若吾国之多；然能以之为科学而研究之，则斟酌损益，仍非无术。曰演绎名理，曰归纳名理，望而知其为名学之专名，其义所涵，视阴达逻辑，题达逻辑之但作内引外引解者，有过之，无不及也。岂得以其易解易泛之故，因噎废食哉？况教师就任曰阴达，折减以去亦曰题达，易地皆然；浮泛之病，不自吾始乎？培根后之逻辑，与亚利斯多德氏所草创者较，其内容之精粗，相去悬如！培根甚且斥亚瓦之逻辑，为无裨于人知；然斥之而犹袭用其名不变者；希腊、拉丁语固为西洋诸国语之母；向且诵其书以学逻楫之学矣，深入人心，积重难变；概念随用，义为转移，无待乎变更。强欲变更，而词义肤浅之国语，又有所不足也。不足云者，文化短绌，未尝具此概念；语词之发达，又以在物质在感觉者居多；表形上之思。粗笨不适也。吾国语自与外语接触以来，对外文化之差，既非若波斯之于亚刺伯，英之于拉丁、希腊，日本之于我；词富形简，分合自如，不若音标之累赘，假名之粗率。数千年来，自成大社会；其言语之特质，又独与外语异其类，有自然阻力若此。此借用语所以至今不发达于吾国也。

况意标文字中，取借用音语杂糅之；佶屈聱牙，则了解难！词品不易辗转，则措辞句度难！外语之接触不仅一国，则取择难！同音字多，土音方异，则标音难！凡此诸难事，解之殆无术也。主张借用语者，宁不为保重学术计乎？对于通俗，则磔格不能入，徒足神秘其名词而阁束之！稍进者，据吾国所定学校之学科，宜已通解一二之外语，即无需此不肖之赘疣！更进则悉外语之源流，当益鄙以羊易牛之无谓矣！形象粗笨如德语；对外新名词亦勉取义译；且不复借材于希腊、拉丁之旧语。十二三世纪以来，意之但丁，英之仓沙，德之哥德等，无不以脱弃外语，厘正国语为急者。盖国家主义教育之趋势也。弹琵琶、学鲜卑语者，方洋洋盈耳！挽之犹恐不及！奈何推而助之耶！

理之曲直若彼！势之顺逆，计之得失若此！吾于是决以义译为原则，并著其例如下：

（一）吾国故有其名；虽具体而微，仍以固有者为译名。本体自微而著；名词之概念，亦自能由屈而伸也。例如名学原有概念，虽不及今之西洋逻辑，然其学进，其名之概念必能与之俱进；亦犹希腊逻辑之于今日也。

（二）吾国故有其名；虽概念少变，仍以故有者为译。概念由人，且有适应性；原义无妨其陋，形态更可不拘也。例如谷一稔为年；月一周为月；一夜转为日；今者用阳历，概念虽少变；以之表四季、三十日、十二辰之时依然者，无妨沿用吾旧名。以四季为年（季节之义，亦原于农时）；以月周为月；对夜而称日照时间为日；西语亦大略相同，至今未见其不通也。以序数称日略"日"之语词，则犹我国以基数称日耳；亦未尝以"号"相称也；无病呻吟何为哉？

（三）吾国故有其名；虽废弃不用，复其故有。人有崇古之感情，修废易于造作也。例如俗名洋火，不可通也。吾国固有焠儿、火寸等称，（《天禄识余》载杭人削松木为小片，薄如纸，镕硫黄涂木片顶分许，名曰发烛，又曰焠儿。史载周建德六年，齐后妃贫者以发烛为业。宋陶公谷《清异录》云，夜有急，苦于作灯缓，有知者披杉条染硫黄，置之待用，一与火遇，得焰穗然，呼为引光奴，今遂有货者，易名火寸。）曷取而用之？

（四）但故有之名，新陈代谢既成者，则用新语。言语固有生死现象。死朽语效用自不及现行语也。例如质剂非不古雅也；第今者通用票据，则译日人所谓手形者，亦自译作票据可已。又如古之冠，不同于今之帽。免冠，又非若今之行礼也。有译脱帽之礼为免冠者，事物不称，饰从雅言；百药所以见讥于子玄也！

（五）吾国未尝著其名，日本人曾假汉字以为译，而其义于中文可通者从之。学术，天下公器。汉字，又为我固有。在义可通，尽不妨假手于人也。例如社会、淘汰等语，取材于汉籍，主观、客观等语，与邦人所译不谋而合。尤觇书同文者其名尽可通用也。

（六）日人译名，虽于义未尽允洽，而改善为难者；则但求国语之义可通者因就之。名词固难求全，同一挂漏，不如仍旧也。例如心理学，以心之旧义为解，诚哉其不可通！第在彼取义希腊，亦既从心而概念屈申；今义已无复旧面目矣！欲取一允当之新名不可得，则因陋就简而已！

（七）日人译名，误用我故有名者，则名实混淆，误会必多，亟宜改作。例如经济义涵甚广，不宜专指钱谷之会计；不若译生计之为愈。场合为吴人方言，由场许音转，其义为处；不能泛指境遇，分际等义也。又如治外法权，就吾国语章法解之，常作代动字之治字下，缀以外字者，宜为外国或外人之隐名。若欲以外为状词，其上非常用为名字者不可（例如化外）。黄遵宪译《日本国志序》，治外法权概译为领事裁判权，固其所也。然则译作超治法权或超治外法权何如？

（八）故有之名，国人误用为译者，亦宜削去更定。误用者虽必废弃语；第文物修明之后复见用，则又淆惑矣！是宜改作者。第近似相假借者，则言语所应有；自不必因外名之异，我亦繁立名目耳！例如锗锑，本火齐珠也；今借锑以译金类元素之名；汽，本水涸也；今借汽以译蒸气之名，则不可。第如炱煤曰煤，古树入地所化，亦因其形似曰煤；则不妨假借；不必因外语异名而此亦异译也。必欲区别，加限制字可已！

（九）彼方一词而众义，在我不相习；易于淆惑者，随其词之用义分别译之。例如"棱威棱帖"（sovereignty）一词，英人假借之至于三义。吾译应从其运用之方面及性质，或译主权，或译统治权，或译至高权，不能拘于一也。又如财产权、物权、所有权，英人以"伯劳伯的"（property）一词概之者，在译者则宜分别之。此假借不同也。（不悟假借之异，宜有各执一端以相讼者矣。）又有西语简陋而吾国特长者，亦不当从其陋；如伯、叔、舅之称无别，从、表兄弟之称无别，斯所谓窭语也；自亦宜分别为译。旧邦人事发达万端；西方恒言在吾为窭语者，固不知凡几也。

（十）彼方一词，而此无相当之词（即最初四条所举皆不存也）者，则并集数字以译之。汉土学术不进，术语自必匮乏，非必后世龀龉之故也。故事事必兴废以傅会；不唯势有所难；为用亦必不给。况国语发展有多节之倾向；科学句度以一词为术语；亦惫跋不便乎！例如"爱康诺米"（economy）译为理财，固偏于财政之一部；计学之计字，独用亦病跋畸；不若生计便也。

（十一）取主名之新义，非万不得已（如心理等词，改善为难者），毋取陈腐以韬晦。例如"非罗沙非"（philosophy），日人译为哲学，已得梗概。章师太炎译为玄学，尤阐其精义。爱智二字，造者原为偶然，还从其陋，甚无谓也。

（十二）取易晓之译名；毋取暧昧旧名相淆乱。例如"狙脱"（neuter）原谓不偏译作中或中立，可也。假冈两之鬼名以混之，则惑矣！又如文法上诸名词，《马氏文通》所译皆明畅易晓，不曰动字而曰云谓；不曰介词而曰介系；则诚文人所以自盖浅陋者哉！

（十三）宜为世道人心计，取其精义而斟酌之于国情，勿舍本齐末，小学大遗以滋弊。例如权利、义务，犹盾之表里二面；吾国义字约略足以当之。自希腊有正义即权力之说，表面之义方含权之意，而后世定其界说，有以法益为要素者。日人遂撷此二端，译作权利，以之专为法学上用语；虽不完，犹可说也。一经俗人滥用，遂为攘权夺利武器矣！既不能禁通俗之用；何如慎其始而译为理权哉。义务之务字，含有作为之义；亦非其通性也。何如译为义分。

（十四）一字而诸国语并存者，大抵各有其历史事实及国情，更宜斟酌之，分别以为译。例如吾国旧译同一自由也；拉丁旧名曰"立白的"（liberty），以宽肆为意；盎格鲁逊本语曰"勿黎达姆"（freedom），则以解脱为意。盖罗马人遇其征服者，苛酷而褊啬，得享较宽之市民权者，便标为三大资格之一；与英人脱贵族大地主之束缚者不同也。此译亦既不易改作矣，后有类此者，宜慎厥始。

（十五）既取译义，不得用日人之假借语（日人所谓宛字也）。既非借用，又不成义，非驴非马，徒足以混淆国语也。例如手形、手续，等等，乃日人固有语；不过假同训之汉字，撮掇以成者；读如国语，而实质仍日语也。徒有国语读音之形式，而不能通国语之义；则仍非国语。读音之形式既非，实质失其依据，则亦非复日本语。名实相淆，莫此为甚。票据之故有语，程叙之译语，未见其不适也；是亦不可以已乎？

（十六）既取义译，不必复取其音。音义相同之外语，殆必不可得；则两可者，其弊必两失也。例如幺匿、图腾，义既不通，音又不肖；粗通国文者，或将视之为古语，通外语者又不及联想之为外语；似两是而实皆非，斯又焉取斯哉？即如几何有可解矣；然数学皆求几何，于斯学未尝有特别关联也。彼名"几何米突"。原义量地几何地之义也。割截其半，将何别于地质学、地球学、地理学等之均以几何二音为冠者乎？音义各得其一部，不如译为形学多矣？

（十七）一字往往有名字、动字两用者。译义宁偏重于名字，所以尊严名词概念也。用为动词，则或取其他动字以为助。例如“题非尼旬”（definition），日人译为定义；此译为界说。就吾国语句度言之：名字上之动字，常为他动；其全体亦即常为动词。定义有兼摄“题文”（define）动字之功；然非整然名词也；宁取界说，虽本强而辞正。欲用为动词，则不妨加作为等字。

（十八）名词作状词用者，日译常赘的字，原于英语之“的”（ty）或“的夫”（tive）语尾；兼取音义也。国语乃之字音转，通俗用为名代者，羼杂不驯，似不如相机斟酌也。例如名学的，形学的，可译为名理，形理。国家的，社会的，可译为国家性，社会性。人的关系，物的关系，可为属人关系，属物关系。道德的制裁，法律的制裁，可译为道德上制裁，法律上制裁，相机斟酌，不可拘也。

（十九）日语名词，有其国语前系，或日译而不合吾国语法者，义虽可通，不宜袭用；防淆乱也。例如相手、取缔等，有相取前系而不可通者；十五条既概括之矣。即如打击、排斥、御用、入用等，带有前系词，及所有持有等诸译名义非不可通者，然不得混用。此非专辟外语也。外语而与国语似而其法度异，足以乱国语纲纪者，不得不辟也。

（二十）器械之属，故有其名者，循而摭之；故无其名者，自我译之。名固不能以求全；第浅陋、迷信、排外、媚外等义不可有。例如洋火，浅陋也；钟曰自鸣，迷信也；何如循旧名曰焠儿，曰钟乎？（欧语语源，亦大抵钟之旧名。）餐曰番餐，排外也；曰大餐、曰大餐间，曰大衣、大帽，又由排外变而为媚外；若为大势所趋，则余欲无言！不然，欲区别之，冠以西字、洋字，可也。必欲号称新奇，如古之称胡麻饭、贯头衣，各与以译名，亦无不可，乌所用其感情哉！

此以义译为原则者也。第事物固有此土所无而彼土专有者，则比字属名以定其号。终不可题号者，无妨从其主称。

（一）人名以称号著，自以音为重；虽有因缘，不取义译。如摩西以水得名者，不能便取其义而名之曰水。严格言之，如慕容冒顿之慕，冒，轻唇音，且宜读古重唇以肖其原名也。（阏氏迄今犹读胭脂者，其严格者也。）然读史在知其为人；苟但求西史普通智识，则人名亦不妨略肖国人姓名以便记忆；收声等无妨从略。华盛顿、拿破仑等名，通俗知之。蒙古印度史中人名，虽学子不能记忆；无他，相似者易为习；佶屈者难为单节语国民识也。孔孟二名之作罗马音也，赘有us拉丁语尾；西人遂一般习知之；且未尝误会其为希腊罗马人也。以汉音切西名，势必不肖；不肖而犹强为之，无非便不解西文者略解西史耳！然则曰叶斯比，曰亚利斯多德，庸何伤！至谓为解西文者说法，则纯用西文，且读作其人本国语之音；是固鄙意所期也。

（二）地名取音与人名同。可缘附者不防缘附，如新嘉坡是也。可略者无妨从略，如桑港是也。国名洲名之习用者，不妨但取首音，如亚洲、英国是也。音声学应有之损益，且无妨从惯习而损益之，如美利坚（重音在母音后之第二节，其母音往往不成声），如俄罗斯（欲明辨首音之重音，或至别添一音，此所谓不同化也）是也。其所异于人名者，则可译无妨译义，如喜望峰、地中海、黑海、红海等是也。第渺茫之义，及国家之名一成不可译。如或谓吾国支那之名本于缯儿，然不能称支那曰缯儿。尼达兰义为洼地，不能称尼达兰曰洼地。日本之名虽自我起，既成则不能更曰扶桑。

（三）官号各国异制，多难比拟；不如借用其名以核其实，如单于、汗且渠、当户、百里玺天德，皆其例也。然法制日趋大同，官职相似者日多。既相似，故不妨通用此号。而非汉官所有，特为作名；如左右贤王，僮仆都尉；古亦有其例也。

（四）鸟兽草木之名，此土所有者，自宜循《尔雅》《本草》诸书，摭其旧名。此土所无，而有义可译者，仍不妨取义；如知更鸟、勿忘草等，是也。无义可译，则沿用拉丁旧名；然亦宜如葡萄、苜蓿，取一二音以为之；俾同化于国语也。

（五）金石化学之名亦然。金、银、盐、矾故有者不必论。有义者，则如酒精、苹果酸等取义译。无义者，则依拉丁首一二音作新名；然音不可强用他义之旧名，（例如锑本有火齐珠之义，不可以为元素名。）义不可漫撷不确定一端之义（例如轻气在当时以其为元素中之最轻，今则义变而名窾矣。斟酌尽善，则专家之务也）。

（六）理学上之名最难移译。向有其名，如赤道、黄道者仍旧贯。确有其义，如温带、寒带者从义译。专名无关于实义者，不妨因故有之陋，如星以五行名，电以阴阳名，无损于其实也。似专名而义含于其名者则宜慎重；称"爱耐而几"（energy）曰储能，称"伊太"（ether）曰清气，漫加状词，殆未有不误谬者。"爱耐而几"固有储有行。"伊太"在理想中，无从状其清浊也。爱耐而几，或可译作势乎？伊太，则伊太而已矣。

（七）器械之属，有义可译者，如上第二十条所云。无可译者，则仿后三四条作新名，璧柳珂琥、古原有其例也。"亚更"（organ）不能译原义曰机。"批阿娜"（piano）不能译原义曰清平。而曰风琴、洋琴，则淆矣！无已！其亦借音作名，如古之琵琶乎？

（八）玄学上多义之名不可译。如《内典》言般若，犹此言智慧；而智慧不足以尽之。亚利斯多德言"奴斯"（nou），犹此言理；而理不足以尽之。名之用于他者，犹无妨其不尽。玄学则以名词为体，以多义为用者，不可以不尽也。

（九）宗教上神秘之名不可译；如"曼那"（manus）译为甘露；则史迹讹淆。涅槃，译为乌有；则索然无味。佛义为知者，不能号为知者。基督义为灌顶，不能称其灌顶王也。

（十）史乘上一民族一时特有之名不可译；如法律史上罗马人之自由权、市民权、氏族权，称曰"三加普"（Tria Caputa）不能译加普曰资格。政治史上，希腊人放逐其国人之裁判法曰"亚斯托剌西斯姆"（ostracism），不能译其义曰国民总投票等；是也。

美诗人普来鸟德氏尝语其友曰："观君数用法兰西语，果使精练英语，无论何种感想，自有语言可表；安用借法语为也！"德文豪哥德且曰："表示感想，唯国语为最适切。"诚哉！好用外语者盖未尝熟达国语也。自史籀之古书凡九千名；非苟为之也。有其文者必有其谚言，秦篆杀之；《凡将》诸篇继作；及许氏时亦九千名衍乎许氏者，自《玉篇》以逮《集韵》不损三万字；非苟为之。有其文者必有其谚言：刻玉曰琢。刻竹以为书曰篆。黑马之黑，与黑丝之黑，名实眩也；则别以骊、缁。青石之青，青乎笋之青，名实眩也；则别以苍筤、琅玕。白鸟之白，白雪之白，白玉之白，名实眩也，则别以皬、皑、皦。怨偶，匹也；合偶，匹也；其匹同，其匹之情异；则别以逑、仇。马之重迟，物之重厚，其重同，其重之情异；则别以笃、竺。此犹物名也。更以动静名言之：直言曰经，一曲一直曰迂，自圆心以出辐线，稍前益大曰钦，两线平行略倾，渐远而合成交角曰皀。车小缺复合曰辍。釜气上蒸曰融。南北极半岁见日，半岁不见日曰暨。东西半球两足相抵曰僻。简而别。昭而切。则挐乳之用，具众理而应万事。古者术语固无虞其匮乏也。后世俗偷文敝，使术名为废语；于是睹外货，则目眩神摇！习西学，则心仪顶礼！耳食而甘，觉无词以易；乞借不足，甚且有倡用万国新语者！习于外而忘其本，滔滔者盖非一日矣！欧语殊贯，侵入犹少！日人之所矫揉者，则夺乱陵杂，不知其所底止也！吾虽于义译五六条下，著日人译语，不妨从同；然集一政党亦必曰国民，曰进步，曰政友，曰大同俱乐部；亦何訾喻至于斯极乎！国语者，国民性情节族所见也。汉土人心故涣散，削于外族者再，所赖以维持者厥惟国语。使外语蔓滋，陵乱不修，则性情节族沦夷，种族自尊之念亦将消杀焉！此吾所为涓涓而悲也！综上所著三十条，更为之申言曰；"故有其名者，举而措之；荀子所谓散名之在万物者，从诸夏之成俗曲期也。故无其名者，骈集数字以成之；（国语释故释言而外，复有释训，非联绵两字，即以双声叠韵成语，此异于单举，又若事物名号合用数言，放勋重华，古圣之建名，阿衡祈父，官僚之定命，是皆两义并为一称，犹西语合希腊、拉丁两言为一名也。今通俗用言虽不过二千，其不至甚忧匮乏者，犹赖此转移，盖亦吾国语之后天发达也。音少义多，单举易淆，明体达用，莫便于此。）荀子所谓累而成文，名之丽也。无缘相拟，然后仿五不翻之例，假外语之一二音作之；荀子所谓有循于旧名，有作于新名也。"

本斯三端，著为三十例；冀于斯道稍有贡献；当否不敢知也。至于切要之举，窃以为宜由各科专家集为学会，讨论抉择，折中之于国语国文之士；复由政府审定而颁行之。（例如日本，法政之名从国法，学术之名从学会，国家主要用品如军舰、飞艇等名，则由政府布告以定之。）名正则言顺，庶几百官以治，万民以察乎？

——《庸言》第 2 卷第 1、2 期合刊（1914 年 2 月 15 日）

《海天诗话》序——论译诗（1914）

胡怀琛

序：西欧之诗，设思措词，别是一境。译而求之，失其神矣。然能文者，撷取其意，锻炼而出之，使合于吾诗范围，亦吟坛之创格，而诗学之别裁也。如苏曼殊之《文学因缘》《潮音》，马君武之《新文学》，皆为世所称道。

或谓文学不可译，此言未必尽然。文学有可译者，有不可译者。能文者善于剪裁锻炼，未为不可译。若据文直译，则笑柄乃见矣。相传英人译中国"驰骋文场"四字为"书桌上跑马"，如此，安怪夫或之言？以予所见，英文译李白《子夜歌》一诗"总是玉关情"一句，"玉关"即译其音，不可谓错；然华人可按文而知"玉关"为若何地，英人不知也。此句精神已失。推此意，吾国人译西文亦犹是。大抵用典愈多，愈不可译。如义山《锦瑟》一诗，虽使义山解英语，以其意口授摆伦，命译为英文，与原文丝毫不差，吾可决其不能。此文学之不可译者也。然欧西诗人思想，多为吾国诗人所不能到着，如某君译《晚景》诗云："暮天苍紫若洪海，枯枝乱撑如珊瑚。"此种境界，若不读西诗，谁能悬想而得？故取其意，以吾词出之，斯为杰构。又英人诗有譬清天如浅草之场，而白云片片，舒卷天际，若群羊之游戏草场者然。此意若以韵语写之，亦为绝妙之诗，而为中土诗人所未道过者也。执谓西诗无益于我乎？大抵多读西诗以扩我之思想，或取一句一节之意，而删节其他，又别以己意补之，使合于吾诗声调格律者，上也；译其全诗，而能颠倒变化其字句者，次也；按文而译，斯不足道矣。昔某君尝为予言：学一国文字，如得一金矿。其言谐而确。然余谓：既得金矿，尤当知锻炼，不然金自为金，何益于我哉！此言然否？愿质之通人。

——《海天诗话》,《古今文艺丛书》第 3 集
（上海：广益书局，1914 年 4 月）

译名（1914）

秋桐

胡君以鲁近作《论译名》一首，于愚夙昔之所主张，有所针砭。虽不斥愚名，愚滋感之。然其言仍有愚不欲苟同者，略辨陈之。

胡君谓音译之名不当立，凡译皆从其义，袭其音乃借用，非译也，似矣。然愚言音译，亦自有说。扬子方言，译传也。传者，传其义。自传其音，纵曰："译释也"，言义为当。然遇义则兼传释两训，遇音则只含传训。读者会心不必一致，且即本无传训，自不肖"造"之。而文字由甲义以入乙义，乃其孳乳自然之用，何者可通？何者不可通？许氏复生，不能为定说也。以故佛经名义，音义两收，皆言翻译。若如胡君言，分以别之，若者借用，若者翻译，前者以音，后者以义。此中界说，究亦难明。盖借用云者，可以施之于音，亦可施之于义。取其音以入吾文曰借用，取其义以入吾文亦胡不可曰借用。信如斯也。借用其音者曰音译，借用其义者曰义译。译之云者，果非不可兼赅音义也。说者曰，音非吾有者也，故曰借用。义为吾有，安得云借？应之曰：音果非吾所有，吾决不能笔之于书。能笔之于书，即不能谓其非吾所有。反之谓义为吾有，亦不必处处可通。英语有 glass，吾译之曰玻璃。此义也，非音也，而义又为吾有者也。然夷考其实，玻璃二字，亦由重译而来，非吾所能有也。且音也，亦非义也。

抑愚之重音译，乃比较之词，而非无对之义。前岁为《民立报》，有答东雍张君礼轩一书，谓"翻译名义之当从音译，抑从义译，必视制语时之情状为衡，非可为概括之词也。记者之主张音译，断非遇名词而辄如此为之，特谓音译之利，确有可言者在耳。"此其为说，必无所迕于胡君。盖胡君虽重义译，而亦有万不可义译者十事，并著于篇。其中有谓"玄学上多义之名不可译。"尤为愚所深契。如逻辑者，玄学上多义之名，莫此若也。愚故不取其义，而取其音。然胡君曰否。逻辑者终当取其义者也。愚不能谓胡君自以矛攻盾，特其所以应用其例者有限度，而限度与愚有深浅之不同耳。

义译名词之最感困苦者，则名为译名，实则为其名作界说。古来智慧绝多之士，每遇一物，莫不乐以推陈出新之说界之，而同智之士两人，聚于一堂，其所以为界，决不一致。于是一名既立，势且甲论而乙驳，彼是而此非，甚至亘千百年而无定说。且为学术计，亦无取其有定说也。唯苟论争之点，纯在立义，诚不必避。若不在义而在名，则为无谓之尤。今吾也混义与名而一之，一求其义，即牵乎名。义苟无定，则名亦无定，极其流弊。或至治其学数世，而学之名尚不可知。凡此皆义译名词者阶之历也。以故愚有一新案，则厘名与义而二之。名为吾所固有者不论，吾无之即径取欧文之音而译之，名为一事，义又为一事。义者为名作界也，名者为物立符也。作界之事，诚有可争。作符之事，则一物甲之而可，乙之亦可，不必争也。唯以作界者作符，则人将以争界者争符，而争不可止。胡君曰：宜由专家讨论抉择，复由政府审定而颁行之。此浅近习语，法诚可通。若奥文深义，岂可强迫。愚吐弃名学而取逻辑者也，决不能以政府所颁，号为斯物，而鄙著即盲以从之。且政府亦决无其力，强吾必从，唯置义不论，任取一无混于义之名名之。如科学家之名新元素者然，则只须学者同意于音译一点，科名以立，讼端以绝。道固莫善于此也。

译名之可论者，远不止此。即胡君文中可疑之处，当以质证者，亦不止此。今略发其端于吾短评，进而论之，俟诸异日。

——《甲寅》第 1 卷第 1 号（1914 年 5 月 10 日）

逻辑（致《甲寅》杂志记者）（1914）

吴宗毅、记者

记者足下：逻辑之名，自足下倡之，操觚之子，虽不必一律采以入文，而要渐为一般人士所了解。仆甚喜其名不滥，凡足下夙昔为说以护之，仆俱有同感。近见胡君以鲁，有《论译名》一篇，登于《庸言报》，颇不以足下所见为然。而仆亦以其说具有条理，不敢公然非之。今以所惑质之足下，足下能为解之，则受其益者绝不仅仆也。仆忆足下曾谓论理二字，不足以尽逻辑。名之一字，亦不足以尽逻辑。故不若译其音而不译其义。然胡君则曰：逻辑为字，在欧文已嫌浮泛。斯学自雅里斯多德以迄倍根，义已数变，而名终未易。倍根甚且斥雅氏之逻辑为无裨于人知，而袭用其名如故，信如斯也。则吾言逻辑，亦与言论理言名，五十步百步之异耳。奚在其为不滥乎，仆知足下必有说以处此，敢以为问。又胡君引嘉应黄氏《日本国志》序，译"治外法权"为"领事裁判权"，兹果当乎？请并答之。

吴宗毅白

辱问甚善，吾人审慎译文，与观察原文，立点不同，着眼自异。

愚谓逻辑二字之不滥者，乃在吾文为不滥。至在原文为滥与否，本非制语时意念所及。且即追及原文，而亦不得言滥。盖论此题有最须留意者，则学为一事，名为一事。倍根斥雅里斯多德之逻辑为无裨于人，知乃斥其学，非斥其名。名者非雅里斯多德之所能独擅，而彼亦决无意独擅之，则不用其学而用其名，何害？亦既名同而学异矣。于是其名者率不过取为代表斯学之符，深造者各为定义隶之于下，初不必问其名之含义何似。是故逻辑一名，能沿用二千年于欧洲诸邦，迄未之改，实以其为希腊死语。字体不见于诸邦之文，最适于标作符号之用也。逻辑本训思想，倘欧人舍逻辑不用，而译称思想之学，则欧洲学者，决不同意。势且邦各一称，家各一号，纷纷藉藉，以迄于今，此仆敢断言者也。由斯以谈，胡君谓逻辑在欧文为浮泛，愚实未见其然。若谓科学之名，悉结以逻支，而逻支即为逻辑之语尾音变，是谓浮泛。由仆观之，又适得其反。盖逻辑者，诸学之学也，号称科学，皆莫不以逻辑为之体。以是科所及者为之用，故动物学谓之凿尔逻辑，矿物学谓之齐耀逻辑，此正确切之谓，而议其浮泛乎？果尔，则吾议立斯学之名，最宜效法欧人，沿用希腊已成之语，而不必在吾文觅字以求合。人苟忠于斯学，必不以愚言为非也。治外法权，"治"字含有土地之义，如吾省治之治。欧人言法，凡法之统治斯土人民者，谓之土地法。于此有人，居于斯土，而又不受斯土之法，是此人享有土地以外之法权。治外法权，此之谓也。吾若谓凡欧美人居中国者，皆享有此种法权。此特曰中国法律不能治之而已。初无与于领事裁判之事也，必待与中国人诉讼事件发生，中国人无法控之本国法庭而因控之于该管领事。该管领事，以该管侨民享有治外法权也，可施其领事裁判权而受其理，该管侨民亦以自享治外法权也，亦唯认领事裁判权而遵其判。治外法权与领事裁判权之关系如此，谓两事即为一事。如胡君所引嘉应黄氏之说，乃不然也。

记者

——《甲寅》第 1 卷第 1 号（1914 年 5 月 10 日）

逻辑（致《甲寅》杂志记者）（1914）

吴市、记者

　　记者足下，顷读大志，高雅典则。衡论精绝，感荷感荷。曝背
鄙夫，思有贡献，辄自惭荒陋而止。读通讯一门，则觉怦怦然心动不
已，足征心气感通，乃别有道也。译名一事，鄙人颇复究心，窃谓音
译、义译。初难概论，亦视其所遇之字以为衡耳。依康老密，当为义
译，尚未有持异说者。鄙人曾在某校讲授是学，颇不欲从日人经济之
称，亦不欲取国人计学之号。考日人初传是学，译称财理，此不过一
倒置间，即得与理财学。厘然分野，且与所称物理、地理、心理、伦
理、生理诸学，名称相类，尤为便宜，当时颇欲采此，而学者狃于旧
习经济之名，卒未得易，至今歉然，质之足下，以为何如。至 Logic
之学，鄙人亦略涉其藩，斯则唯取其音，号曰逻辑，信为至当。非阿
好也，吾国翻译事业，首推佛典，而考翻译名义集，则有五不翻之例。
一曰秘密不翻。注：微妙深隐曰秘，互不相知曰密，谓诸陁罗尼（即真
言咒语）是佛秘密之语，经中悉存梵语，是为秘密，故不翻也。二曰多
含不翻。注：谓如梵语薄伽梵，具含自在、炽盛、端严、名称、吉祥、
尊贵等六义，经中但存梵语，是为多含义，故不翻也。三曰此方无不
翻。注：谓如梵语阎浮提，此言胜金洲，西域有树名阎浮树，下有河，
河有金沙，故名胜金。今不言胜金者，以此方无此树，故诸经中但存

梵语，是为此方无，故不翻也。四曰顺古不翻。注：谓如梵语阿耨多罗三藐三菩提，此言无上正等正觉，虽有此翻，然自汉摩腾法师已来，经中但存梵语，是为顺古，故不翻也。五曰尊重不翻。注：谓如梵语般若，此言智慧，大智度论云，般若实相，甚深尊重，智慧轻薄，故但云般若，而不言智慧，是为尊重，故不翻也。以上五例，诚译者所当奉为圭臬。逻辑一语兼跨多含、此方无、尊重三例之域，即广征孔子正名，老子名可名诸义，杂以刑名名法之谈，树为名学，谓吾有之。且选字得名，初不嫌其轻薄，而多含一例，万无可逃，是乃足下反复说明，不厌详尽者也。诚熟斯例，而斯名可以定矣。总之，我国译事，颇极泯棼。鄙意久拟联合有志，创立一译名统一会，互相折中，定其一是。卒以兹事体大，不敢轻举。今大志之出，首见其大，倘能提倡斯举，吾知其将收振臂一呼之效也。同人居此，日日为学，征逐之务既少，研究之心亦切，以发斯举。佳果颇有可期，足下其有意焉否乎。

吴市白

大教辱与，唯增恐惶。依康老密，译为财理学，其名甚巧，唯不免语病，似尚须斟酌。盖在人群，以财为之经纬，虽从古已，然而究属附着之象，非社会之本义也。英伦今儒马沙，以斯学雄于时，其所为定义，则曰：依康老密者，人生学也，举凡人之日用饮食，举止动作，与财不必直接相关者。一言统一会，最称硕画，斯意恳向留东笃学之士，一详商之。同人何似，焉敢肩发起之大任，唯从诸君子之后，贡其愚虑，以求折中，则自古当仁，愚亦不让，深望足下有以进之。

记者

——《甲寅》第 1 卷第 2 号（1914 年 6 月 10 日）

译名（致《甲寅》杂志记者）（1914）

容挺公

记者足下：顷读贵志《译名》一首，《逻辑》二首；音译之说，敬闻命矣。如"依康老密"，如"逻辑"，如"萨威稜帖"，如"札斯惕斯"等，学名术语，兼示其例。又闻《庸言报》载有胡君以鲁《论译名》一首，于凤昔尊论，有所指弹。愚未读《庸言》，弗详胡说。窃思足下于移译究心甚深，持说甚坚。愚于此本极疏陋，直觉所见未能苟同；怀疑填臆，请得陈之："逻辑"及"依康老密"二语，倘指科学，用作学名，则愚颇以音译为不适。盖科学之职志，无千古不易之范围，故其领域之张，咸伴时代之文明而进。即同一时代，学者之解释区画，言人人殊。无论何一科学，初未尝有一定之职。故一学成科之始，学者为之授名；后其学递衍递变，名则循而不易。是故"逻辑"与"依康老密"，在欧文原义，业不能尽涵今日斯学之所容；而今剌取其音，用之以名斯学，指为最切；物曲影直，恐无此理。谓义译有漏义，而音译已不能无漏；初无彼此，其漏也等！谓义译须作界，而音译更不能不作界。同是作界，二者所费之力，姑不计其多寡，然就读者用者主客两观之，觉为学术说明时，往往诸学名列举对称以示诸学之轇轕；或以明所述事物之属性；又或行文之便，用为副词；苟音译义译杂用，长名短名错出，不妙之处，浅而易明！若就读者一方言之，觉尨无意趣之译语，自非专门学者无由通其义；直觉既不望文生义；联想亦难观念类化。凡俗念佛，咒诵万遍，了无禅悟；将毋类是！今世科学，不能与佛典等观；固欲举科学概念，化为尽人常识者也。且果如斯说，将见现有百科学名，几无一完卵；势非一一尽取而音译之不可。愚观日人辞书，除人名、地名、物名，其精神科学名辞，鲜有音译者。即地名、物名，有时亦以义译出之。愚不同尊说，并无特见；不过体诸经验，比长度短，谓终未可以彼易此。又如"萨威稜帖"及"札斯惕斯"二语，虽或义为多涵，颇艰适译。例以佛典多涵不译，似从音为便。愚谓我邦文学，虽木强难化；不若欧文之柔而易流！然精神的文明，为我邦之古产；凡外域精神科学之名辞，若以邦文移译，纵不皆吻合，亦非绝无相近者；其完全合致者，则直取之；不实不尽者，则浑融含蓄以出之。如此以译名视原名，纵不能应有者尽有，或亦得其最大部分之最大涵义。抑方今之急，非取西学移植国中之为尚；曾食而化之，吐而出之为尚！西学入国，为日已长；即今尚在幼稚之域！我国学者于移植之功，固不能无怍！然第一味移植，遂谓克尽能事，亦未见其可！尊论谓厘名与义而二之。名为吾所固有者不论。吾无之，则径取欧文之音而译之。名为一事，义又为一事。义者为名作界也，名者为物立符也。作界之事，诚有可争。作符之事，则一物甲之而可，乙之亦可，不必争也。唯以作界者作符，则人将以争界者争符，而争不可止等语。昔张横渠作《砭愚》《订顽》；程子见之，谓恐启争端。为改题《东铭》《西铭》；此命名息争之说也。又有若贵志以"甲子"为号，容别有寄托；然息争一端，必为作用之一，此即愚浑融含蓄之说也。夫一事一象，有涵义甚富者，乃今欲隐括于一语之中；即智力绝特之士，孰不感其难能！即在愚最大部分之最大涵义之说；甲以此为大；乙或以彼为更大；争端诚不可免！然学问之事，必不能无所争，而亦无取乎息争！非第不许息争，为消极之作用，将有以启争求积极之成功！则有争宁足忧！无争又宁足喜！苟学者各竭其心思，新名竞起；将由进化公例，司其取舍权衡。其最适者，将于天择人择，不知不识之间，岿然独存。精确之名既定，则学术自伴之而进。即如足下手定之名，自出世之日始，固已卷入于天演中。将来之适不适，存不存，人固无能为；今亦不能测。唯一番竞争，一番淘汰，所谓最大部分之最大涵义，或可于残存者遇之。此时以其所得，以视译音得失何如，终有可见。然即在音译，已不能免与义译派之争。是固欲无争，反以来争！且两派之争，绝无折中余地；所谓争不可止，斯诚争不可止！愚又闻"逻辑"与"依康老密"二学，日儒传习之初，异译殊名，纷纷并起；更时既久，卒定于一；举世宗之。然而涵义之争，今亦不已，而亦终无穷期！尊论谓以作界者作符，则人将以争界者争符，而争不可止者。观此，见争符者之终有止境，与乎争界者不必并其符而亦相争；似与尊论作一反比！近来日本学界喜以假名调欧字；彼邦学者已多非之！然此乃一时之流行品，非所论于译例也。说者又虑义译多方，期统一于政府。唯政府之力，亦不能过重视之。盖唯人名地名暨乎中小学教科书所采用之名词，政府始能致力；稍进恐非所及！然即就可及者为之，仍须在学者自由译述之后，政府从而取舍，颁诸全国以收统一之用。若谓聚少数之学者，开一二会议，举学术用语一一规定而强制施行之；亦未见其可也！愚自妄谫陋，自拟译例。凡欧文具体名辞，其指物为吾有者，则直移其名名之；可毋俟论。其为中土所无者；则从音。无其物而有其属者，则音译而附属名。至若抽象名词，则以义为主。遇有势难兼收并蓄，则求所谓最大部分之最大涵义。若都不可得，苟原名为义多方，在此为甲义则甲之；在彼为乙义则乙之。仍恐不周，则附原字或音译于下备考。非万不获已，必不愿音译。此例简易浅白，与佛典五不翻之例未合，与尊论亦有不同；诚愿拜闻高论，匡我不足。前足下于《论译名》时，曾许异日更当详述，仆不自量，雅欲献其肤见，作大论之引端。倘蒙不鄙，愿假明教；不宣。

　　容挺公白

　　八月三日

　　　　　　　　——《甲寅》第 1 卷第 4 号（1914 年 11 月 10 日）

答容挺公论译名（原无题）（1914）

记者（章士钊）

本书所论各节，委曲周至，一读倾心，非精于译例者不能道其只字；甚盛！甚盛！唯足下所言，有稍稍误会鄙意者；有终为鄙意不欲苟同者。推贤者不耻下问之心，广孔氏各言尔志之义，请得为足下渎陈之。愚之主张音译，特谓比较而善之方；非以为绝宜无对之制。且施行此法，亦视其词是否相许。尤非任遇何名，辄强为之。足下以愚言"译事以取音为最切"，致来"物曲影直"之讥。又以愚说所之，"百科学名，都为羌无意趣之译语。"实则愚自执笔论此，未尝为此绝对之言也。夫以音定名之利，非音能概括涵义之谓；乃其名不滥，学者便于作界之谓。如译 Logic 为"逻辑"，非谓雅里士多德、倍根、黑格尔、穆勒诸贤以及将来无穷之斯学巨子所有定义，悉于此二字收之；乃谓以斯字名斯学，诸所有定义，乃不至蹈夫迷惑抵牾之弊也。果尔，则足下谓"科学……领域之张，咸伴时代之文明而进；即同一时代，学者之解释区画，言人人殊；"适足以张义译之病，而转证音译之便也！足下亟称日人，谓其"辞书鲜从音译"；且"逻辑一名，彼邦传习之初，殊名纷起，卒定于一，举国宗之。"则愚知其所译逻辑之名，乃论理学也。论理学（Science of reasoning）云者，斯学稚时之定义；其浅狭不适用，初学犹能辨之！今既奉为定名，于斯别求新义；是新义者，非与论理一义，渺不相涉；即相涉而仅占其小部；总而言之：作界之先，当先为一界曰："论理学者，非论理学也！"名界抵触，至于如此！宁非滥订名义者之恶作剧！是果何如直取西名之能永保尊严者乎？足下谓："义译须作界，音译更不能不作界。"此就界而论，尊说诚是。若只言译事，定音与义胡择？则义译固然，音译乃不尔也。义译之第一障害，即在定名之事，混于作界，先取一界说以为之名；继得新界，前界在法当弃；而以为名之故，不得不隶新界于弃界之下。若取音译，则定名时与界义无关涉；界义万千，随时吐纳，绝无束缚驰骤之病。利害相校，取舍宜不言可知。循是而谈：苟音译之说，学者采之。一名既立，无论学之领域扩充至于何地；皆可永守勿更。其在义译，则难望此。逻辑初至吾国，译曰"辨学"。继从东籍，改称"论理"；侯官严氏陋之，复立"名学"。自不肖观之；辨义第一，名义次之，"论理"最为劣译。东学之徒，首称"论理"；名辨俱无取焉。内地人士，似上严译；次称东名。吾邦初传之号，反若无睹。今吾学子，似俱审逻辑为一学科矣，其名胡取，尚无定论！然则足下所谓"一学成科之始，学者为之授名；后其学递衍递变，名则循而不易"。以译事论：音译诚将有然，义译似未易语是。足下取证日人，谓"一名既定，学者相率用之，不更交相指摘"；以破愚"争符不止"之说。不知是乃彼邦学者习为苟安以唱宗风；首当矫正，而乃甘蹈其覆也耶！且彼之为此，亦以其名沿用既久，势已难于爬梳；故出于迁就一途。则吾人乍立新名，允当借镜于兹；勿将苟简褊狭之思，以重将来难返之势。足下乃谓为可法，愚窃为智者不取也！足下以天演公例。施之译林；然当知适者生存；适者未必即为良者！且据晚近学者所收例证，择种所留，其为不良之尤者，往往有之！以故为真正进化计，《天演论》已当改造。以论问学，义尤显然。今言逻辑：请以"辨""名""论理"三名，抛之吾国学界，听其推移演进；以大势观之，得收最后胜利，或为"论理"，如日人之今运然。是则足下所信"一番竞争，一番淘汰，所谓最大部分之最大涵义，或可于残存者遇之。"愚则以为最小部分之最小涵义，□或可于残存者遇之也！盖百事可以任之自然，唯学问之事，端赖先觉；非服食玩好。人有同嗜者可比！此乃提倡之道，不得等之强制之科。足下达者，当不以为妄。至音译有弊，诚如足下所云。愚虽右之，未敢忽视。故愚用斯法，亦择其可用者用之；非不问何症，唯恃一方也。足下所拟译例，就义译一方，用意极为周到；愚请谨志，相与同遵。唯足下遇义译十分困难时，因忆及鄙说，不无几微可论之价，则亦书林之幸也！

　　妄陈乞教。

　　记者

　　　　　　　——《甲寅》第 1 卷第 4 号（1914 年 11 月 10 日）

《红粉劫》评语（1914）

鬟红女史

近来小说发达，译本日多。咭叻咕噜，地名人名，累四五字，至不能句读。读者病之，宜其然矣。

中外风俗不同，习惯各别，译笔最忌率直。鄙意以为应取长弃短，译其意不必译其辞。此不仅因风俗习惯之关系，即读者心理亦异。如彼邦人士所可笑者，中国人未必以为可笑；彼邦人士所有味者，中国人未必以为有味。凡曾读过外国文者，类能体此意也。

《红粉劫》所译地名人名，皆用中国习见之字眼，可省读者许多脑力。此非失真。小说重关目，不用名词也。

此书以血案起，即无平铺直叙之嫌。外国小说，多怪异离奇之作，此书其尤也。

【……】

第二十六章以悼亡歌作结，余音袅袅，绕梁三周，从容自然，不现一毫枯意。此原著所无，读者当不以蛇足为病。著长篇小说，一起一结，最难着手。此种笔法，足为来者则效也。

——《红粉劫》（上海：国华书局版，1914 年）

《离恨天》译余剩语（1914）

林纾

畏庐曰：余自辛亥九月，侨寓析津，长日见闻，均悲愕之事。西兵吹角伐鼓过余门外，自疑身沦异域。八月以前，译得《保种英雄传》，为某报取去，自是遂不复译。壬子九月，移家入都，译得《遗金记》二卷，授之《庸言报》；又译得《情窝》二卷，授之《平报》；又自着得《剑腥录》二卷，授之曾云沛；又译得《义黑》一卷、《残蝉曳声录》一卷、《罗刹雌风》一卷，均授之商务印书馆；兹复译得是篇，自谓较前数种胜也。

著是书者，为森彼得，卢骚友也。其人能友卢骚，则其学术可知矣。及门王石孙庆骥，留学法国数年；人既聪睿，于法国文理复精深，一字一句，皆出之以伶牙利齿。余倾听而行以中国之文字，颇能阐发哲理。因忆二十年前与石孙季父王子仁译《茶花女遗事》，伤心极矣。而此书复多伤心之语，而又皆出诸王氏。然则法国文字之名家，均有待于王氏父子而传耶！

书本为怨女旷夫而言。其不幸处，如蒋藏园之《香祖楼传奇》。顾《香祖楼》之美人，侍姬也，为顽嚚之父母所梗，至于身死落叶之庵。殆其夫仲氏即而相见，立奄忽以死，词中所谓"才待欢娱病来

545

矣，细思量浮生无味"者。今书中葳晴之死，则为祖姑所阨，历千辛万苦而归，几与其夫相见，而浪高船破，仅得其尸。至于家人楚痛葳晴之死，举室亦尽死，并其臧获亦从殉焉。文字设想之奇，殆哲学家唤醒梦梦，殊足令人悟透情禅矣。

凡小说家立局，多前苦而后甘，此书反之。然叙述岛中天然之乐，一花一草，皆涵无怀、葛天时之雨露。又两少无猜，往来游衍于其中，无一语涉及纤亵者，用心之细，用笔之洁，可断其为名家。中间著入一祖姑，即为文字反正之枢纽。余尝论《左传·楚文王伐随》，前半写一"张"字，后半落一"惧"字，"张"与"惧"反，万不能咄嗟间，撤去"张"字，转入"惧"字。幸中间插入"季梁在"三字，其下轻轻将"张"字洗净，落到"随侯惧而修政，楚不敢伐"。今此书写葳晴在岛之娱乐，其势万不能归法，忽插入祖姑一笔，则彼此之关窍已通，用意同于左氏，可知天下文人之脑力，虽欧亚之隔，亦未有不同者。

读此书者，当知森彼得之意，不为男女爱情言也，实将发宣其胸中无数之哲理，特借人间至悲至痛之事，以聪明与之抵敌，以理胜数，以道力胜患难，以人胜天，味之实增无穷阅历。余今谨采书中所言者，为之诠释如下：

书中之言曰：文家者立世之范，使暴君乱臣，因而栗惧，而己身隐于草莽之间。忽生奇光，能掩盖帝王之威力。呜呼！孔子之作《春秋》，非此意乎？前清文字之狱，至于族诛，然私家记载，至今未能漫灭。即以元人之威力，而郑所南之《心史》，居然行诸人间，则文人之力，果足以掩盖帝王之威力也。

又曰：果人人能知后来之事，孰则更愿长生？但使后此有未来之不幸，为我前知，则忧烦愿虑之心，宁何时息耶？果祸事未来之前，克日知其必至，则未被祸之前数日，又何有宁贴之时？故凡事以不推测为佳。呜呼，达哉！长生之人，犹海舶中不眩晕之人也。尽人皆僵且呕，即一人独行独饮独食，又何生趣之有？每见年至九十之人，往往为曾、玄之所厌恶，此犹其小者；果见亲知死亡都尽，累年伤心，已不可堪，况祸事尤在不可知之列，知有后来之祸事，则愿长生又何乐趣？且祸事未来，吾已前知，虽以郭璞之能，知所祈禳，如卿刀登厕之类，终亦何补？矧天数所在，又焉能逃？所以名为造化者，正使人以难知之巧，不唯祸至无端，即福至亦无端。故知命之达人，全不用推测。鄙人生平未尝问卜求祷，等等，即早知其无用，故不为耳。

又曰：天下有太过之事，必有太过之事与之相抵。此言太有史识。魏武之篡汉，而司马氏即蚀其子孙；司马氏之奸谋，而子元子上，奸乃尤甚，然八王之祸，兄弟屠戮，及于南渡，又为寄奴所有，国中初无宁日，所谓太过相抵者，乃加甚焉。货之悖入悖出，言之悖出悖入，其应如响。故欲立身安命，当自不贪便宜始。

又曰：凡得意之事，应念而来，则欣慰之情亦减，唯阅历久者始知之。饥者之久不得肉，既得少肉，即骨骴咀嚼亦有余甘；寒者之久不得衣，既得木棉，即鹑衣百结，亦有余暖。膏粱子弟，所以日无欢意，至于穷奢极欲，人望之如神仙中人，不知当局之愿望，亦咸有所不足，正以求则得之，转无意味也。

又曰：凡物能激人甘死如饴者，特须臾之勇气，更为人鼓励，即立捐其躯。呜呼！黄花冈上之英雄，多吾闽之聪明子弟也。虽未必为人所激而然。然耳听满乎前清之弊政，又耻为外人所凌轹，故奋不顾身，于是闻风兴起。少年之言革命者，几于南北皆然。一经事定，富贵利达之心一萌，往日勇气，等诸轻烟，逐风化矣。呜呼！死者已矣，生者尤当知国耻为何物。舍国仇而论私仇，泯政见而争党见，隳公益而求私益，国亡无日矣。

又曰：欧洲之视工人，为格滋卑，谓长日劳动，与机器等。田夫之见轻于人，为尤甚，工艺则较农夫略高。呜呼！此为中国今日言耶？抑为欧洲昔日言耶？欧洲昔日之俗，即中国今日之俗。卢骚去今略远，欧俗或且如是。今之法国，则纯以工艺致富矣；德国亦肆力于工商，工商者国本也。独我国之少年，喜逸而恶劳，喜贵而恶贱，方前清叔末之年，纯实者讲八股，狡猾者讲运动，目光专注于官场，工艺之蛆，商务之靡，一不之顾，以为得官，则万事皆足，百耻皆雪，而子孙亦跻于贵阀。至于革命，八股亡矣，而运动之术不亡，而代八股而趋升途者，复有法政。于是父兄望其子弟，及子弟之自期，而目光又专注于官场，而工艺之蛆，商务之靡，仍弗之顾也。譬之赁舆者，必有舆夫，舆乃可行，今人咸思为坐舆之人，又人人恒以舆夫为贱，谁则为尔抬此舆者？工商者，养国之人也。聪明有学者，不之讲，俾无学者为之，欲其与外人至聪极明者角力，宁能胜之耶？不胜则财疲而国困，徒言法政，能为无米之炊乎？呜呼！法政之误人，甚于八股，此意乃无一人发其覆，哀哉，哀哉！

癸丑三月三日畏庐林纾记。

——《离恨天》（商务印书馆，1914 年 6 月），卷首

划一译名刍议（1915）

侯德榜

世界交通日便，人类相会日多，而智识之融化自不可遏。况科学真理，圆颅方趾，同此思想，初无国界之别。一国之名称意义，每深入他国文字，实有自然之势。近世纪以前，欧亚未有交通，欧洲人民所能交通与相会者，唯希利尼、拉丁、条顿、斯拉夫诸民族而已。彼希利尼、拉丁名称之流入欧西后进诸国者，诚有以也。近世纪以还，东西洋交通开，人民相处日近，欧西思想有入我国者，而尤以科学之新理想为甚。至于国际缔结事件，多有用二种以上文字，倘不有划一之制，译述者编纂者各用一名词，立一意义，将见纷歧不可收拾。殽乱学者，莫此为甚。兹就中胪列应修诸件。参以臆议办法，以与海内外学子讨论。至其当否，弗暇计及，聊备一方管见耳。

一、科学上名称宜划一也。昔在我国官立学校，所习化学、物理、代数、几何、历史、地理诸科，其教科书有由东文译者，有由西文译者，名称既晦而不通，译者又各立一名，班中除所用教科书以外，难以参考别种，盖各书名称不同，阅之扞格不能相入也。日本亦译西国之书，但其名称有定，无纷殽之弊。前清有名词馆之设，以严复总其事，迨至民国，遂以中止。然划一科学名称，乃科学家之事，与政治无涉，且政府所派总理其事之人，未必尽知各种科学之理。其所拟定名称，自难期妥。适吾意欲救此弊，须广设专门学会。学医者纠集同志设医学会，学化学者有化学学会，学物理者有物理学会，学数学者、学天文者、学各种工程者皆然。然后由各该会选定各该科学上所有名称，登诸各该种杂志，颁布全国，则著作编译者，庶有标准，不复至另定歧异名称矣。

二、外国人名地名宜有一定译法也，外国人名地名无意义之足译，只得译其音而已。而各国语言向少绝对相同之音，只得译以最近之音而已。我国语言之音，不特与欧美大异，且北、中、南三部之音读，已自不同。译者大抵从本地方音之最近者译之，其结果则粤人所译与闽人异，闽人所译与沪人又异，沪人所译与北省又不能尽同。在外国则一名，在中国则竟有数名。语言庞杂，名实混淆，识者引为大耻。所幸者所译之音，无论在粤在闽，已多从普通国语。然而 Meter 已有译作"密达""密突""米达"者；Boston 已有译作"波士顿""波斯顿""保市顿"者；Newton 则"牛顿""奈端"，后者或系日本音；Italy 则"义大利""意大利"；Waterloo 则"华铁庐""滑脱庐"；France 则"法兰西""佛兰西""佛郎西"。诸如此类，不胜枚举。名人胜地，已无统一之称，其较小之地，通常之姓名，更无论矣。近闻外交部通电各省，对于十数列强国之京都，指定译名。然此不过为吾政府知名称不统一之病之证，其如万千待定者，正不知将如何处置也。然则统一之法谓何，曰取外国字母各主音副音配合之音，而指定以我国相当之字译之。譬如，Wa 译作"华"，ter 译作"达"，ton 作"顿"，sia 作"斯"，S 作"士"等。则 Washington 当作"华盛顿"，Waterloo 当作"华达庐"，不能作"滑铁庐"，Newton 作"牛顿"，不能作"奈端"，Boston 作"保士顿"，不能作"波斯顿"与"保市顿"，Meter 作"密达"，不能作他名，Russia、Persia 作"俄罗斯""波斯"，不能作他名。表既定，刊而行之，颁布全国，如此则不特能收译名统一之效，且由我国译名，亦可别西文原名。不观夫沪报所载，近时欧陆战事乎？其对比法之地名，德、法、俄诸将帅之名，大抵各译一名。即使通西文者阅之，犹难捉摸，况国内不识西文之阅者乎？

三、我国人名地名译西文当有定法也。我国各省省城，以及通都巨埠，颇有西文定称，盖自邮政创办以来，邮局于此等大城巨埠，有指定西文译名故也。然就中言之，堂堂北京，而有 Peking、Pekin 两种切法，福州亦有 Foochow、Fuchow、Fuchau 三种切法，其余较小之地译作西文，率皆译者自立其名，莫能统一。我国之地，我国有一定之名称足矣，奚恤其西文之有统一名称与否也。但世界交通日益发达，一城一埠不免别有他国之译名，则不能不有其统一之称。至于人名，则乱无制度，如陈作 Chen，而郑亦作 Chen，或亦作 Tseng，与曾混矣。徐与朱皆作 Chu 无别，而徐又有照沪音作 Zee，Zi 者或竟作 Hsu 以与许混者。谭 Tang、邓 Teng 首字母皆 T 而无所别。桂 Kwei、邝 Kwang 首字母皆 K 亦无所别。诸如此类，更仆难数。彼外国人固不识我国原名为何，告以此名，则呼以此名，而自我国人观之，诚有不可解者也。或者将执吾手而叩我曰，欧美诸国文字各不同，子欲译名统一，先以何国为标准以定之乎？应之曰，恶用此为也。数十稔前，外人西来中国，已立有一定制度，其所取用之文字，非英非法非德，乃所谓罗马文也，然亦非今日意大利文字，乃另创一种通用文字，故无国际之别。就其法拼之，则 a 读如德文之 a，u、ü 读如德

文之 u、ü，故张译作 Chang，徐作 Ch'ü，与朱 Chu 别。陈、程皆作
Ch'en，非 Chen。郑作 Cheng，非 Tseng，Tseng 者曾也。谭 T'ang 与
邓 Teng 之 T 有别。桂 Kwei 与邝 K'wang 之 K 有别。要而言之，Ch
与 Ch'，Ch 与 Ts，N 与 Ng，T 与 T'，K 与 K'，各有别。西人竟能以
此种制度，注华字之音，著为华洋字典，为西人有华文之助者，则其
制度之完善可知。在美留学诸君姓名，大半从此制拼切，但其间照沪
音粤音拼切者，甚至强取英文近音之字以为名者，亦复不少，此所以
有纷杂之病也。

　　以上三端，不便之境，为不佞所亲历者，蓄意于心，久未得机宜
以发。而到美以来，国文日就荒废，爰于耶诞假中，涂成此篇，与诸
君子讨论。至所拟补救之法，间或有太近理想，无实行之价值者，亦
属意中之事。姑备偏见，冀或有千虑之得焉耳。

——《留美学生季报》第 1 号（1915 年 3 月）

译名（致《甲寅》杂志记者）（1915）

张振民

　　记者足下：从来译名之道，不出于义，则出于音。义译为常，音译例变。足下服膺后者，拳拳不释，抉论理蕴，反复详尽，几有旷世不能道，而定于斯言之概。而容君挺公独出心裁，不欲同于足下之说，发为宏论，所以羽翼乎义译一方，亦精亦透，足下又就义译之不可单行，阐之以深理，驳之以精义，贤者之说至当，下才浅学如仆，顾复能道其一二耶？第考思再四，而惑终有所未解。幸足下垂意焉，鄙意音译绝对不必施之今日科学之上。音译之失，容君阐发殆尽，鄙意亦不能外也。然不能不讲求补救义译之道，其道谓何？曰造译是也。何谓造译？符初造而界从之也。即遇不可以我国原有之字译之者，则造新字以附之，从此斯符为斯界而作，不容他界附会。今人所用之字，义莫不出于典。典者前人作界者也。而际今日中外文明互输之会，他国所有者，未必皆我先圣若贤所尽知。而典遂不能适用，若强用之，徒招物曲影直之诮而已。然不妨创造，而典自我始，略就其界以数个本义之国字，参酌以缀成之，譬如依康老密，可以人字与财字所缀成之偢字易之，谓是学曰偢学，使见之者见一新字，即起一新义之观念。足下所谓界义万千，随时吐纳，绝无束缚驰骤之病，其庶几乎，而方诸音译，字常累累如串珠，使见之者，不能就原字解去，别呈心象，指鹿为马者，其得失何如？且我国定名，字贵简单，以便记忆，而音译往往不若是，此亦音译之一大病处。或曰，造译人各一字，殊难统一，不知音译亦所不免，况造译可因推行而定于一者乎？不然，由政府审定而颁行之可也。鄙人谓学者当不至就不可争者而又不必争者争之，鄙言如是，足下以为然否？

张振民白

——《甲寅》第 1 卷第 6 号（1915 年 6 月 15 日）

《作者七人》序（1915）

铁樵

　　欧美现代小说名家，最著者为柯南达利，其次却尔司佳维。兹二人者，著作风行一时，多文为富，掷地成金，彼都人士咸乐道之。小说之为物，不出幻想；若记事实，即是别裁。然虽幻想，而作用弥大。盖能现世界于一粟，不徒造楼阁于空中。故其佳者纸价贵于一时，重译至于数国。吾国新小说之破天荒，为《茶花女遗事》《茄因小传》；若其寝昌寝炽之时代，则本馆所译《福尔摩斯侦探案》是也。《侦探案》有为林琴南先生笔述者，又有蒋竹庄先生润辞者，故为移译小说中最善本。士大夫多喜阅之，诧为得未曾有。而此钩心斗角之杰作，则柯南达利之宏文也。吾国最初有小说杂志，为梁卓如先生所办《新小说》。其后《小说林》《月月小说》等，皆不久即止。其出版稍后，而崭然露头角者，为《小说时报》。其中有拙译《豆蔻葩》《波痕荑因》等六十万言，颇蒙阅者过奖，许其厕于译林。爱读诸君，于译文容或嗜痂；至其原本，则却尔司佳维之新著也。欧人以小说与文学并为一谈，故小说家颇为社会所注意。而为此者，真学问亦迥不犹人。国文既须深造，又必通晓各国语言，与希腊拉丁文字，且于各种科学咸窥门径，社会世情洞烛无遗。非如吾国人仅粗解涂鸦，便侈谈著述（鄙人自谓，若云骂人，则吾岂敢）。兹于《海滨杂志》中得彼邦小说名家之自述，与其初次出版书之大略，自柯南达利以下凡七人，汇而译之，以充篇幅。倘亦嗜读小说诸君所乐闻乎（兹所译为第二篇，尚有第一篇，俟觅得再译）？

　　按：此七人为柯南达利、却尔司佳维、希康刺司女士、杰可孛、佩儿、发诺尔、披拖立其。

——《小说月报》第 6 卷第 7 号（1915 年 7 月）

论言情小说撰不如译（1915）

铁樵

【……】今之撰小说者，类于文学上略有经验；译小说者多青年，下笔苦不腴润。大多数如此，实为阅者不欢迎译本之最大原因。虽然，谓大多数之撰本不如译本不可也，就辞句言之，有腴润不腴润之辨；就结构意趣言之，则译本出于彼邦文士之手，未必吾国撰者能驾而上之。修辞学之原则有三：曰理，曰力，曰美。头头是道，有条不紊，是之谓理，吾国古文家所谓提挈剪裁近之。深入显出，神气跳动，是之谓力，吾国画家绉、瘦、透三字诀近之。盖顿挫之，垫泄之，则文字有凹凸，一篇之主人翁，自能跳掷而出，故曰力也。色、香、味俱足，是之谓美。理为第一步，力为第二步，美为第三步。有其一无其二与三，不过程度问题；舍其一用其二与三，则皮之不存，毛将安附？此固非言小说，然小说不能离文学独立，宁得背修辞之公例？然则据西文原本而译之，苟其人国文能文从字顺，则可以原著者之理与力之为己之理与力，所缺者美耳。吾国二十年前之童子，学为文者，初无一定程序，因师傅而各异；有从八股入手者，有从辞章入手者，有从散文入手者，即相沿称为古文者也。治八股者近理，治辞章者近美。然八股家多不能为他种文字，则所谓理或非理。辞章家或专事堆砌，则美亦非美。唯古文颇循修辞公例，其有未至，则所谓程度问题。世固有先治八股、辞章，后治古文，而成大家者，但此为其例外。若普通一般苟中八股、辞章之毒，终身不能文可也。今之小说，责以通俗教育，诚谦让未遑；若谓初学借小说以通文理，则为世所公认。故小说可谓作文辅助教科书。今以词藻自炫，是背修辞公例，安在能补助哉？吾见有童子，文字楚楚可观，更阅数年，见其所作，则饾饤满纸，不可救药。盖其人酷好言情小说之富于词藻者，刻意摹之，遂至于此。教育之目的，非期尽人为文士；即欲为文士，亦绘事后素，下笔不腴润，奚足病哉？此事不尽关言情小说之撰与译。然或者揣摩青年心理，以情言绮语饷之，则其文且不胫而走，不知其于文字上流弊已如此也。【……】

——《小说月报》第 6 卷第 7 号（1915 年 7 月）

《鹰梯小豪杰》序（1916）

林纾

　　此书为日耳曼往古之轶事。其所言，均孝弟之言；所行，均孝弟之行。余译时，泪泄者再矣。天下安有豪杰能根于孝弟而发为事业者，始谓之真豪杰？爱得罗司忒尔一姓，瞀然如禽兽也。然其嗣胤，能爱护其女弟，不叛其父母，已萌孝弟之根荄。自屈雷斯替娜以地寒望劣之弱女，本其家庭教育，入化其哮噬残乾之风，即挽其夫，复匡其子。子为母氏所感，彬彬孝友，操行过于中朝之士夫，何其盛也！唯事往年湮，在日耳曼中尚为封建时代。诸侯各据藩服，互相戕杀，目无朝廷。而鹰梯尤处化外，与乌鲁木城密迩，风尚迥殊，则与辇毂愈形隔阂矣。自屈雷斯替娜至，力劝内附。果唐时藩镇，有内助导其尊王者，则魏博、成德诸军，何至有封狼生□之患耶？虽然，日耳曼一族侵蚀罗马以后，尚未臻于文明。讵在狂獉中能敦忠孝友悌之行，亦后来作者救世之心醵，不期以文明之事为野蛮文饰耳。余笃老无事，日以译著自娱。而又不解西文，则觅二三同志取西文口述，余为之笔译。或喜或愕，一时颜色无定。似书中之人，即吾亲切之戚畹。遇难为悲，得志为喜，则吾身真一傀儡，而著书者为我牵丝矣。计自辛丑入都，至今十五年，所译稿已逾百种。然非正大光明之行，及彰善瘅恶之言，余未尝着笔也。本非小说家，而海内知交咸目我以此，余只能安之而已。此书无甚奇幻，亦不近于艳情。但蔼然孝弟之言，读之令人感动。想于风俗，不为无补，因草数言弁诸简端。

乙卯六月六日，闽县林纾叙。

——《鹰梯小豪杰》（商务印书馆，1916 年），卷首

西文译音私议（1916）

陈独秀

译西籍，方舆姓氏、权衡度量、言人人殊。逐物定名、将繁无限纪。今各就单音，拟以汉字，举其大要，阙所不知。如下表：

单独字母译音：

A亚　B白　C克/斯　D德　E厄　F夫　G格　H○（凡字母必直接合母音始发音者皆缺）I易/哀　J○　K克　L尔　M姆　N○　O阿　P卜　Q○　R儿　S斯　T特　U尤/虞　V甫　W○　X爱格斯　Y○　Z滋

拼合字母译音：

Ba巴　Da达　Fa法　Ga加　Ha哈　Ja惹　Ka卡　La拉　Ma马　Na那　Pa帕　Ra喇　Sa萨　Ta塔　Va伐　Wa瓦　Ya牙　Za杂

Be贝　De兑　Fe非　Ge徐　He赫　Je热　Ke□　Le雷　Me梅　Ne内　Pe佩　Re芮　Se绥　Te推　Ve肥　We微　Ye耶　Ze醉

Bi比　Di狄　Fi费　Gi基　Hi兮　Ji日　Ki其　Li李　Mi米　Ni尼　Pi皮　Ri律　Si西　Ti梯　Vi维　Wi威　Yi伊　Zi兹

Bī 拜　Dī 戴　Fī □　Gī 该　Hī 海　Jī □　Kī 凯　Lī 来　Mī
埋　Nī 奈　Pī 派　Rī 莱　Sī 赛　Tī 泰　Vī □　Wī 外　Yī 埃　Zī 才

Bo 波　Do 多　Fo 佛　Go 哥　Ho 霍　Jo 若　Ko 苛　Lo
洛　Mo 莫　No 诺　Po 坡　Ro 罗　So 索　To 托　Vo 福　Wo
倭　Yo 约　Zo 左

Bu □　Du 丢　Fu □　Gu 勾　Hu 侯　Ju 柔　Ku 口　Lu 路　Mu
缪　Nu 钮　Pu □　Ru 庐　Su 素　Tu 图　Vu 浮　Wu □　Yu 尤　Zu 祖

Bü 布　Dü 杜　Fü 弗　Gü 谷　Hü 胡　Jü 如　Kü 苦　Lü
庐　Mü 木　Nü 奴　Pü 蒲　Rü 鲁　Sü —　Tü —　Vü 缚　Wü
吴　Yü 虞　Zü —

Cha 查　Sha 夏　Wha 华　Gua 瓜　Qua 夸

Che 且　She 谢　Whe 徽　Gue 桂　Que 匮

Chi 支　Shi 希　Whi 惠　Gui 归　Qui 葵

Chī □　Shī 懈　Whī 怀　Guī 怪　Quī 蒯

Cho 却　Sho 学　Who □　Guo □　Quo 科

Chu 丘　Shu 修　Whu □

Chü 区　Shü 虚　Whü □

Ban 班　Dan 丹　Fan 方　Gan 刚　Han 韩　Jan 然　Kan
康　Lan 兰　Man 曼　Nan 南　Pan 庞　Ran 郎　San 三　Tan 唐　Van
房　Wan 王　Yan 杨　Zan 臧　An 安

Ben 边　Den 颠　Fen 芬　Gen 根　Hen 仙　Jen 染　Ken 铿　Len
廉　Men 门　Nen 能　Pen 彭　Ren □　Sen 孙　Ten 天　Ven 焚　Wen
温　Yen 颜　Zen 曾　En 英

Bin 宾　Din 丁　Fin —　Gin —　Hin 亨　Jin 仁　Kin —　Lin

| 林文 | Min 民 | Nin 宁 | Pin 平 | Rin □ | Sin 新 | Tin 亭 | Vin— | Win |
| | Yin 阴 | Zin 精 | In 印 | | | | | |

孔顿	Bon 奔	Don 东	Fon 丰	Gon 龚	Hon 洪	Jon 戎	Kon
	Lon 龙	Mon 蒙	Non 农	Pon 朋	Ron 轮	Son 生	Ton
	Von 奉	Won 翁	Yon 荣	Zon 宗	On □		

Chan 张	Shan 上	Whan 黄	Guan 光	Quan 匡
Chen 陈	Shen 申	When 昏	Guen 肱	Quen 昆
Chin 秦	Shin 盛	Whin—	Guin—	Quin—
Chon 笋	Shon 兄	Whon—	Guon—	Quon 空

说明

所谓父音（Consonant，即声也）不合母音（Vowel，即韵也）不能发音者，乃言难定正音。非皆绝对无音也。例如 BR、DR、FR、GR、KR、PR、TR、ST 之前一字母，虽不直接与母音联合，亦能独立发音。又如英、德、俄三国语 D、F、K、L、P、R、S、T、V、Z 之居语尾者，虽其前为父音字母，亦恒独立发音。其居母音之次者，固照例发音。然其音亦为独立之音，不随其前之母音而生变化也。例如英文 Put、pot、post 三字其中之母音虽不同，而语尾之 t 作特音则一也。

法、德二语读 E 均入灰韵，今从之。英语读 I，有易、哀长短二音。此即中土古韵之咍同部之理。今从英语，以短音 i（易）属之部。以长音 i（哀）属咍部。y 分长短二音与 I 同，故略之。法、德之 I、y 二音均有短无长。其作长音读入咍部者，德为 Ei，法为 Aï。皆复母音，非单独一 I 也。中土古韵，灰齐同部。故英语读 E 入齐韵。今韵之齐相近。灰咍亦相近。变迁至为复杂。今分 E、i、ī 为三类，而三者源流贯通，中西一辙也。

中国现代之麻韵字，古音多在歌韵。如阿字古在歌韵。今韵歌、麻二韵之音并读。山阿之阿则读入歌韵。阿哥之阿则读入麻韵。兹取以拟 O，乃歌韵之阿，非麻韵之阿。今江、浙两省及安徽之徽州，读巴、卡、马、那、夸、查、华等字，尚在歌韵。他省皆读入麻韵，故取以拟 A 韵之音。西文中亦有歌、麻二韵相通者，例如英语之 law、was、walk、all 等字之 A 皆读与 O 同。

中国古韵，尤、虞相近。今音若杜、柔、路、缪、奴、鲁、素、图、浮、祖等字。尚尤、虞并读。英文读 u 音之字，尤（Pure）、虞（Put）兼有。法、德读 u 只合虞韵，今二者并列。

复母音 Ai 同 E（灰韵），Ie 同 I（之韵），Eu 同 u（尤音），英文 Ew 同 u（尤韵），Ou（敖）读若萧韵，Ow（敖/阿）或读若萧韵，或读若歌韵。法文 Au 读 O，Ou 同 ü（虞韵），Eau 同 O，Oi 读音如 Wa，Ei 同 E，兹均从略。

梵文所谓随韵随鼻韵者，皆于字上加点作 M 音。今欧洲语言学者，亦多谓 M、N 为半母音。证以中国江阳、先仙、真庚、东冬诸韵，其为 A、E、I、O 诸母音，与半母音 N 相合而成一复母音也，确无疑义。兹故别为一音类。M 同 N，不另列。

英文读 E 入齐韵。且在语尾时，概无母音之作用。今拟 E 行之字，多为译法、德文而设也。

B 声合华音帮母，P 声合华音滂母，D 声合华音端母，T 声合华音透母，固皆尽然分别也。华音帮、滂均属重唇，端、透均属舌头。故华译西文 B、P 不分，D、T 相混。然此亦不独华译为然，即西人语言，每多混乱。例如英人读语尾之 D，恒作 T 音。法人读 Paris 为 Baris，读 Palais 为 Balais，读 Station 为 Sdation。是皆 B 与 P、D 与 T 之相乱也。华译欧罗巴，及法都巴黎、巴那马运河，均已沿用日久，未便改易。今后译者，B 之与 P，D 之与 T，不可无别也。

C 分刚柔二声。刚声同 K，柔声同 S，故不另列。

F、V、W 三声，合华音非、奉、微三母。同属轻唇，而皆有分别。旧译 V 声，不轻乱于 F，即重乱于 W。今后译 F 声必用非母之字，V 声必用奉母之字，W 声必用微母之字，始各厘然有当也。

J 声，德文读同 Y 声。英文固有名词中 J 声不甚多，其重要者，如 Jesus，华译曰耶稣。Jerusalem，华译曰耶路撒林。John，华译曰约翰。Johnson，华译曰约翰生。Judea，华译曰犹太。Jordan，华译曰约但河。Joseph，华译曰约瑟夫，皆从德音（约但河，希伯来音原作 Yarden）。荷兰神学者 Yansen，英文作 Jansen。南美洲哥伦比亚之 Yapura 河，英文作 Japura（音读则作 Yapora）。罗马尼亚 Yäshe 城，英文作 Jässy，是译从德音者较正也。法文固有名词中，J 声极多，故 J 声皆拟以华音日母之字，专为译法文计耳。（华音日母之字，古时多作泥母。尔、耳、二、热、日、人、染、认、儿、弱等字，今江、浙两省均读作泥母，故章太炎先生作音表，以日母之字附属泥母，不另立。然证以法文 J 声，华音日母仍有独立存在之必要也。）

C 之刚声，于华音属溪母。G 之刚声，于华音属见母。均有分别。华译 C 声，多乱于 G。例如 Colombia 译曰哥伦比亚，是读 Co 为 Go 矣。K 声亦属华音溪母，与 C 之刚声同。

G 之刚声，于华音属见母开口正韵。G 之柔声，为其副韵（中国甲、加、家、假、角、街、江等字，亦均有正刚、副柔二种音读）。

Gu 之声，于华音属见母之合口音。C 之刚声及 K 声，于华音属溪母开口正韵。Ch 之声（以英语言），为其副韵（中国客、确、敲等字，均有正刚、副柔二种音读）。Qu 之声，于华音属溪母之合口音。由是观之，G 声与 C（K 同）声，虽同为牙音，而声类各别。其副韵合口之变化，亦统系分明，不容紊乱也。

法、德文读 Ch 之声，等于 Sh，与英文大异。然以华音证之，亦可明其声变之例。华音牙喉二音，自来相通。（章太炎先生音表，（见《新方言》）分五音三类，牙喉二音，列为一类，善矣。）例如牙音之溪字，可读入喉音之晓母；牙音之疑字，可读入喉音之喻母。（日本汉音、喉音之字，多读入牙音溪母。如影、香、兴、形等。）法、德之读 Ch 如 Sh，犹夫华语读牙音溪母之溪（Chi）字，如喉音晓母之希（Shi）字也。（因牙喉二音相通，遂明英德读 J 声不同之理。英文读 J 如 G 之柔声，于华音属牙音之见母。德文读 J 如 y，于华音属喉音之影母。）

L、N、R 三声亦易混乱。依华音 L，在来母 N，在泥母 R，则为弹舌音（佛典译者，用此译梵文 B 韵（梵文单韵九，轻重 R 居其二）于来母之字加口旁为识）。泥母属舌头音。来母属半舌半齿音。其分别盖显然也。今译 L 声者，皆用来母之字不误。译 N 声者，间或误入来母，然大体亦均用泥母不误。唯译 R 声者，自来与 L 声无别。例如亚喇比亚（Arabia）、西伯里亚（Siberia）、罗兰（Rolland）、莱茵河（Rhein）等是也。盖弹舌声法，不易标识，混乱久矣。今只得姑仍其旧。

译佛典者，以迦（C、K）别加。（G 柔音 J）又以伽（G 刚音）别迦。（C、K）以啰（R）别罗。（L）似可采用也。

I 之与 Yi，音有短长。以易、伊别之。尔在日母（或泥母）以之译属于来母之 L，本不适当，今无相当之字，姑仍旧译惯例。

译字如杜、狄、戴、谷、李、雷、钮、张、陈、秦、查等乃为译姓计也。Chi 之译支，本不适合。以支那已成定名也。Ton 之译顿，尤非是然以 Washington（华盛顿）、Milton（弥尔顿）、Boston（波斯顿）、Gladstone（格拉斯顿）久有定名，只得仍其旧也。En 之译为英，Tn 之译为印，皆从英吉利、印度之定名。Shan 之译为上，从上海之定名。Ki 之译，其从土耳其之定名。余仿此。

En 之音，法文多读同 An。德文读同华音先韵。英文读同真文韵。华音真文先三韵相近，故 En 行之字二者并用。

上所论列略具梗概而已。海内宏达，倘广赐教正，使译音得就统一。未始非学者节时省力之一道也。

——《新青年》第 2 卷第 4 号（1916 年 12 月 1 日）

译名表之说明（1916）

李石曾、蔡孑民

（一）功用

向用之译名法，其最大之缺点有二：一不能划一名词；二不能由中文推求西文之原字。故今改良之法，即在此二端。兹分述新、旧二法之利弊于后：

划一名词

向用之译名法不能划一名词。不但各人各书，所译之名词不同。即一人一书，亦恒有同一名词，而异其书法者。推原其故，在中文非切音之文字，译者无可标准，皆思其音之相似者书之。加以译者各地之音不同，而随时之思索亦异。故未有不人人而殊，时时而殊者。欲改正此弊，必有中西文对照之标准，则无论何人何地何时，凡译书者，皆可由此标准定名。于是名词未有不划一者。此译名表之功用一也。

推求原字

向用之译名法，不能使读者按字推求，而得西文之原字。若参注西文于括弧中，多则觉其纷乱，否则使读者无从旁考，而其音谊终在模糊影响之中。推原其故，亦因中文非切音文字所致，欲救此弊，亦必有中西文对照之标准，则凡欲由中文推求西文者，皆不过如由电报本，按字对号码而已。此亦新法定名之功用二也。

（二）方法

划一名词，与推求原字，皆须有中西文对照之标准，已如以上所云。所谓对照之标准，即下列之译名表是也。

此表成以纵横各行：纵行之上端，列有音字母；横行之左端，列无音字母。纵横两行之交点，即有音无音数字母之合音，而代表以中文之字者也。如表中纵横第一行之交点，即为 Ba 所成之音，以"芭"字代表之。余以此类推。唯若纵横每行仅列一字母，则代表之字数过多，不但检阅较难，且乏同音异形之字。故举字母之音相类者而聚之：纵十一；而横十九。每行同音者以号数之有无与异同以别之。如 Ca 作"卡"，Kua 则作"卡 $^{a}_{1}$"，余以此类推。兹更举法文字以为例：如 Paris 作"巴力 $_3$"。译名表之大略如此。其详细之凡例，及须改良补遗之点颇多，皆以待诸专编。

【……】

——《旅欧教育运动》（1916 年秋）

关于小说文体的通信（节录）（1916）

陈光辉、树珏

铁樵先生足下：

【……】窃谓小说有异乎文学，盖亦通俗教育之一种，断非精微奥妙之文学所可并论也。《小说月报》自先生主持笔政后，文调忽然一变。窥先生之意，似欲引观者渐有高尚文学之思想，以救垂倒之文风于小说之中。意弥苦矣，不知其大谬也。中华文学之颓败，至今已达极点，鼓吹之，提倡之，亦当代士夫之责。然中下社会，则不足以言此。小说者，所以供中下社会者也。如曰中下社会既不足以言文学，则小说又何必斤斤于字句中求去取哉？且既已富于文学之士，必不借此区区说部；而求说部者，又未必稍有文学思想之人（指普通者言）。然则小说者，但求其用意正当，能足引人兴味者为上。盖观者之心理，本以消闲助兴为主；不然，庄子《逍遥游》之鲲鹏一跃而数千万里者，亦甚似今之滑稽小说，何不受中下社会之欢迎？由此观之，凡百小说，以有兴味而用意正当者为上，其余均不足取也。即以泰西论之，Irving、Scott、Hawthorne 等诸巨子之著作，均不似 Bacon's *Essays* 之高深而无味于中下社会也。然 *Sketch Book*、Scott's *Ivanhoe*、*Wonder Book* 诸书均轰动世界者，亦以用意奇离，文字优美，原以文字不以高古与否而异其值。能为世人所共赏者，斯为美矣。更有进者，小说为通俗教育之一，已为世人所公认。数十年来，中华士夫亦渐有着手于斯道者，以欧美为先进也，于是译本尚焉。颇有以彼土民情风俗之有异于我也，或不适以供我邦人士之赏阅，窃以为无伤也。因其民情风俗之有异于我，今以小说输入，使我民阅之，渐有世界智识，诚盛举也。唯有数事颇为我民苦（指未读外国文字者），亦为辉所不满意者，曰人名、地名之不易辨别也，曰称谓之无意义也。译本中人名、地名之不易读，久有异议。历史、地理以及各科之专名，年来渐有统一之象。小说与各科专门之学异，既非事实，又无出处。一书之中，往往数十人，一人多至六七字，少亦三四（地名亦然），读者稍不留意，几如学童之初读《列国志》。辉以为小说之译本，唯取其事迹而已。既如此，名字尽可从简，或则竟以中名代之。如欲完备，亦可另印对照表于卷末。至于称谓，尤属易易。乃近见各译本中常有"密斯脱""密三斯"等字样杂于中。人名、地名之译其音者，存其真也，今以称谓而亦译以音，则全文均可译其音矣（非我言之过也，实则五十步百步而已），岂不大谬哉？凡小说总以使观者明白为要，人名、地名以其难读，方欲思以易之，乃称谓反译其音，可笑亦可恶也（"君"与"女士"以代"密司脱"及"密三司"，岂不雅而且便乎？）。此两事者，辉所欲言于先生者也。尚祈先生图之。

陈光辉上言

光辉先生左右：

【……】夫足以淘写性灵者，第一为诗歌，第二为小说。以故试问今之硕学通儒诸君子，其幼稚时代第一步通文理，小说与有力否？则首肯者将十人而七。藉曰不然，是必矫情，不以诚意相答也。以故小说之为物，其力量大于学校课程奚啻十倍。青年脑筋对于国文有如素丝，而小说力量伟大又如此，则某等滥竽小说界中者，执笔为文，宜如何审慎将事乎！尝谓小说仅所以消遣，未足尽小说之量；谓小说仅所以语低等社会，犹之未尽小说之量；谓撰小说宜多用艳词绮语，于是以雕辞琢句当之，吾期期以为不可；谓撰小说宜浅俗，浅则可，俗则吾尤期期以为不可。吾国文之为物至奇，字之构造为最有条理，若句之构造，则无一定成法。有之，上焉者为模仿《诗》《书》六艺，下焉者为依据社会通用语言。语言因地而异，故白话难期尽人皆喻。正当之文字，以模仿《诗》《书》古籍为必要。古籍之字，有现时不常用者，用之将无从索解，则去之，是之为浅；有现时所有古籍中不能求相当之字以写之者，参用新造名词，是之为新；若学力未至摹仿古籍，不足达意，以通用语言当之，是之为俗。浅为最佳之国文，以解者众也；新须必不得已时用之，要不失其为国文；若俗，则不足当国文之称矣。外国言文一致则可，吾国独不可。或曰：此拘墟之见，何妨沟通？然而失其国文性质，且此事在千百年以后则或可，今日骤强言文一致，必不可。盖凡事蝉蜕，循自然之趋势。藉曰可以免强，则是《诗》《书》可燔也。故曰国文之为物甚奇也。就以上所言观之，小说不止及于低等社会，实及于青年学子。青年于国文为素丝，而小说之力大于教科，实能染此素丝。而国文之特性，俗语必不可入文字，则来函所云云，吾敢以诚实由衷之言答曰：吾不敢苟同也。

来教论欧美文家，谓 Irving、Scott、Hawthorne 诸巨子不如 Bacon's *Essays* 之高深，故能轰动世界云云。以弟谫陋，英文何敢强作解人？然 *Sketch Book* 尝肄业及之，*Wonder Book* 亦尝移译，二书实不可谓浅，*Ivanhoe* 则尤不易了解。若以较之近人 Conan Doyle，仅用字稍平正；若文法，则难易相去颇多。欧美所以妇孺欢迎者，盖以彼国社会程度较高，读书者多，又言文一致也。且欧文之文以较彼国现在通行之杂志，情节果孰奇？意味果孰多？吾则谓现在之杂志，意味多，情节胜。何故？欧文之文以淡远胜，较之中文，略似欧阳文忠；现在之杂志，则大红大绿，浅人较易领会也。敝报虽不敏，就中一二篇较胜者，如林琴南、诸贞长、孟心史诸先生之文，其高尚淡远，亦几几步 Irving 之后。不能全国欢迎者，实社会不如西方，吾何不慊焉？又译名之统一与否，此为大问题，为教育部所当有事，敝社何足言此？至于"密司"等字，鄙人尝就行文之便，偶一为之。既蒙箴砭，不胜感谢，嗣后请得注意改之可也。至来教谓小说中人名、地名可以简之又简，此则极端赞成者也。

树珏顿首

（题目代拟）

——《小说月报》第 7 卷第 1 号（1916 年）

哀希腊歌 "The Isles of Greece"· 序（1916）

胡适

【……】

此诗之入汉文，始于梁任公之《新中国未来记》小说。唯任公仅译一、三两章。其后马君武译其全文，刊于《新青年》中。后苏曼殊复以五言古诗译之。民国二年，吾友张耘来美洲留学，携有马、苏两家译本。余因得尽读之。颇嫌君武失之讹，而曼殊失之晦。讹则失真，晦则不达，均非善译者也。当时余许张君为重译此诗。久而未能践诺。三年二月一夜，以四小时之力，译之。既成复改削数月，始成此本。更为之注释，以便读者。盖诗中屡用史事，非注，不易领会也。

裴伦在英国文学上，仅可称第二流人物。然其在异国之诗名，有时竟在萧士比、弥儿敦之上。此不独文以人传也。盖裴伦为诗，富于情性气魄。而铸词炼句，颇失之粗豪。其在原文，疵瑕易见。而一经翻译，则其词句小疵，往往为其深情奇气所掩，读者仅见其长，而不觉其所短矣。裴伦诗名之及于世界，此亦其一因也。

五年五月十一夜

——《藏晖室札记》（1914 年 2 月 3 日）；《胡适文集》
第九卷（北京大学出版社，1998 年）

论医学课本之辑译（1916）

唐乃安

学术之流通，以移译为媒介，亦近世一种公例也。日本人有恒言曰：帝国维新之业，首赖译书。吾国清季，政界通人，有鉴于此。故光绪丙丁之际，对于译书，亦视为要政，惜遭变故，猝焉中止。然此后学界中，虽乏提倡，仍视为救国之要图，或直译西籍，或转译和文。而新学课本，遂陆续出现，然核其种类，不外乎政法、历史、杂文之属，并非文明国所视为正当切要之科学。以理化、格致之学，尚付阙如。而医学一科，更凤毛麟角矣，何也？医科必注重物质上实验，与理化、格致有密切之关系，且对于吾人之生死存亡，更有直接之关系，非仅如政法、史、文之仅尚理想，故对于医学译本便又畏难而无所措手矣。

虽然试回顾教会中来华传道医士之撰著，尤足令人欣慰。故特举鄙人平日调查所及者，不辞烦劳，表列其目。咸丰中叶，英国医士合信氏，在粤之著述，有《西医论略》《内科新说》《妇婴新说》《全体新论》诸书，是为医学译本之起点。继起者，美国医士嘉约翰氏，有《化学初阶》《体质穷源》《体用十章》《割症全书》《西药略释》《妇科精蕴》《内科全书》《内科阐微》《炎症新论》《裹扎新法》《眼科撮要》

《花柳指述》《皮肤新篇》《卫生要旨》《英汉药名表》诸书。他若江南制造局傅兰雅氏，与吾国赵元益氏合译之《西医大成》《内科理法》《法律医学》《儒门医学》《济急法》《保全生命论》。而尹端模氏又有《医理略述》《病理撮要》《儿科撮要》诸书。直至光绪辛庚之际，英国医士洪士提反氏，有《万国药方》之著。综计七十年已来，陆续出版流行学界之医书，洵繁且博矣。顾何以吾国医学，笃守古法，无从改良如故。西国医术，社会未能信用也如故。殊为吾党所百思而不得其解者矣。

鄙人窃以为一般作者之主义，大都不外乎开通风气，灌输智识，又借以表白其博施济众之隐衷，并非为推广学术起见，希图预备正式完整之医学课本也。然果欲达正式完整之目的，则对于译辑，鄙人不揣冒昧，姑假设简例。

（一）规定准确名词，编辑医科辞典。

（二）特别集合团体，专担译辑责任。

（三）博采现行原著，汇订完全系统。

（四）筹办充分经济，供给译辑开支。

具此四端，庶几成立。虽然就吾党现象而论其种种为难情形，为鄙人所预料者，请约略陈之。名词者，译辑之元素也。旧订之不敷应用，杜撰之莫衷一是，种种弊端，岂胜枚举。试问规定名词，吾党有何能力乎？吾党同人，既散处四方，对于社会各担应有之职务，设其间一般放弃职务，专任译辑，于个人事业，社会利益上，当有何影响乎？欧美医学随各科学之潮流，而日益进步，故教授资料，大都推陈出新，未当固定，现行新著，何法搜罗。且所谓完全系统者，必具有 Physics（物理）、Chemistry（化学）、Biology（活物学）、Histology

（人体组织学）、Anatomy（全体学）、Physiology（体功学）、Materia，Medica & Pharmacy（药剂学）、Pathology（病理学）、Therapeutics（药性学）、Medicine（内科）、Surgery（外科）、Midwifery（产科）、Forensic Medicine（法医学）、Vaccination（牛痘科）、Hygiene（卫生学）、Mental Diseases（神经病科）、Tropical Diseases（热带病科）、Diseases of the Eye & Ear（耳目科）、Bacteriology（微菌学）诸部分。始克有济，果尔，则手续既不胜繁重，时间又期诸辽远，完全出版，当卜何时。综之名词问题，是为第一难关，已无从下手。至经济一端，更奚俟鄙人喋喋为哉。虽然鄙人对此，犹非全然失却希望也，试借一筹，聊供甄采：

（一）先采购现行医学辞典，由吾党陆续移译订定时间完全告竣，先行出版，以备应用。

（二）译辑责任，由吾党酌量分任义务，各尽所长。

（三）全稿既竣，宜再订汇齐，审定手续。

（四）具此三端，则经济问题，可免重大担负。

事既简而易行，功庶期诸速奏，免竭区区，用质吾党。

按译辑医学名词之事已经中国医药学会、江苏省教育会、博医会与本会会同进行阅者请参观纪事栏——编辑员注

——《中华医学杂志》第 2 卷第 1 期（1916 年）

名词讨论：划一科学名词办法管见（1916）

周铭

自译籍流行，名辞殽乱，于是划一之议时有所闻。或谓科学之事不能强人和同，苟其名实相符，历久自能得多数科学家之认可；苟其义疏理窒，则不久自归消灭。或谓我国科学初兴，机关未备，苟不早立标准，则纷杂之弊将不知胡底。前后二说，似各自成理，然而观诸国内情形，事实不然。科学程度极形幼稚，译籍既少，著作而有心得者尤鲜。若从放任主义，则科学昌明何日可待。第一说之不足为法，不待智者而后知也。若从后说，则我国专家既鲜，博涉各科者尤难其选。纵有其人，亦未必能将诸科名词选审精确，或以拘于偏见而武断其词，或以限于才力而敷衍了事。徒有划一之皮毛而无统一之精神，则于实际何补？或曰：名之当否，由于习用，呼狗曰狗，呼猫曰猫，习用然也；苟人皆名猫为狗，名狗为猫，则将狗猫二字颠倒用之，何所不可？设科学名词，一人创之，人尽用之，其效亦当如斯也。余曰：不然；凡地名、人名、物名、器名，可强定某名为标准，而关于学说之名词则否。盖科学名词者，学说之符号也。名词之相纬相系，即一切学说之枢纽，吾人不能任意命某名词为标准，亦犹吾人之不能任创何说谓之学说。苟反此而行，则立名既杂乱无章，措辞自必扞格不明；强人通行，恐科学界无斯专制淫威。是故欲于此事求一正当解决，非于二说之间设一融通办法，恐成效难期也。

划一科学名词，非细事也；需才既多，需时亦久。盖学既分科，科更分门，一门之中时或再别为数类；其学术愈精者，则门类亦愈繁。况一门之内，学说既辨宗派，理论更分新旧；童而习之，壮而行之，终其身而不能尽一门一类之涯略。是故以科学范围之广，分科之繁而层次井然，科目虽多而彼此息息相通。分工既细，需人必多，意见亦必庞杂；苟各科各门之人各是其是，各从其便，则同一名词对于此科称便，而不合于他科之用，或在此科为精确，于别科为背理；由此观之，各科名词必须取决于一二人之手方能通篇一气。是以划一名词之办法要端有二：立名务求精确，故必征求多数专家之见；选择须统筹全局，故必集成于少数通才之手。窃本斯旨，拟一办法，法分三步。

第一步为征集名词。凡各科名词已译者集之，未译者补之，未当者正之，不切于最新之学说者修之；由总纲而及细目，由粗而求精。每译一名，加以讨论，务以能得至精至确之名词为归。凡我同志，人各有责，所攻某科即研究某科之名词，各出所长，各抒所见，虽译一名不嫌其少，尽译之不以为多，一名未能尽善而拟以数名不嫌其繁，一字欠妥而讨论至数次不以为渎。借"科学"为机关，逐月登载；由"中国科学社"公举数人，分科而总理其事。待集材既丰，乃入手办理第二步。

第二步由第一步所征集之名词未必尽适用也；或以偏于理想而不

适于通用，或以拘于一说而不切于他科；必以贯一之精神统筹全局为选择诸名之标准。取已译诸名，当者用之，不适者改之，以最新之学说经纬其间，务以能将所选诸名通篇一气，使之便于解理易于应用为归。凡我同志研究所得者，仍借"科学"分科宣布，或由"中国科学社"特印号外亦无不可；更复加以讨论，期其尽善。如斯则第二步之事告毕，乃入手办理第三步。

第三步为公决。此为最后之解决，为划一名词之正式办法。盖既有第一二步之详细预备，至斯则诸事皆有把握，故可征集全国之科学家开大会公决，或仍由报章宣布讨论，一切详细办法，可俟诸异日。现时无容预定也。

如斯按步而行，则成效可期。征求众长，不患才短；编辑出诸一手，自无散漫之弊；公诸众议，更无武断之讥：唯事业之成败利钝，责仍在我同人。管窥之见，贻笑方家。然而一得之愚，或于译事不无小补。用敢布诚，幸垂教焉。

——《科学》第 2 卷第 7 期（1916 年）

医学名词意见书（1916）

俞凤宾

　　用外国文介绍新智识，为过渡时代之一阶级，非永久不变，长此终古之事也，故用西文教授医学，实出于不得已。苟能一律用国文，则普及殊易，不必有外国文之预备功夫矣。今日不图翻译，不查名词，常用西文为媒介，则将永远沿用他国语言，以介绍医学智识，使后之来者，常立于过渡时代之阶级中，得毋负疚至深乎。

　　远望欧美，近观日本，一国医科，必用其一国文字。英、美同文，言语一致。德、法、意、荷，语言各殊。传授医科，悉用本国文字。日本医学，舶自欧西，而教授亦用日文，实习犹赖日语。何以吾国膛乎其后？医科学校之用本国文教授者，竟寥寥无几也。

　　尝闻人言，医之为学，富于新名词、新学理，非吾国旧字句、旧文言所能畅达，用外国文较为直截了当。余告之曰，吾国文字，浩如烟海，意义解释，可广可狭。自神农尝百草，以迄于今，四千余载，其间医学名词，虽代有更改，而未闻以外国文字代之者。夫文字原属记号而已，苟吾之记号可以应变，可以适用，何必用外人之记号，徒生阻力于吾国人中。若夫翻译，原系难事，若因其难而不之翻，则永无国文本之新医学矣。

吾国名词不必拘于字数，但求妥帖，则一字至四字，不论多少，只须意义完全，亦成名词，其例如下。

一字名词

Wrist	腕
Forearm	臂
Elbow	肘
Arm	膊

二字名词

Infection	传染
Colour-blindness	色盲
Innoculation	接种
Cultivation	培养

三字名词

Incubation	潜伏期
Micro-organism	微生物
Temporal bone	颞颥骨
Ganglion	神经核

四字名词

Antitoxic serum	抗毒血清
Sympathetic nerve	感觉神经
Reflex action	反射作用
Appendicitis	虫肠发炎

原夫仓颉造字，本非一字即为一名词，随机应变，效用至广，犹如希腊、拉丁之文。前后置词，变化靡已。今之从事译务者不用连缀

之法，而矫揉造作，强以一字代一名词，不独舍易趋难，且蹈闭门造车之弊矣。

观夫物理、化学二科，十五年前尚乏译本，而攻西文者，辄谓此二项，非国文所能教授也。今者"物质""原力""轻气""淡气"诸名词，一一移译，而各省中学校已莫不悉用国文本教授矣。若必待西文作为媒介，则俟诸海枯石烂，终无普及之时矣。

今者欧美华旅名医，亦知西文之不足普及，而翻译辛勤，用国文编辑医学教本矣。吾人亟应自为之谋，着手于医学名词之标准，今日不图，又落人后。

名词之翻译不易，标准名词之翻译犹难。吾不得不思及侯官严子之例言，曰信、达、雅。此三者乃翻译之秘诀，而亦后学之准绳也。不背愿意曰信，使人易晓曰达，去粗俗曰雅。吾医学名词，必须占此三美，方得为之标准。

医学译本，世不多见，凤毛麟角之中，约分两类：一曰旅华医士之文章，二曰留日学生之撰述。虽良莠不齐，而适用者尚多，莘莘学子，矻矻书生，若能以信、达、雅为标准，则事半而功倍矣。

末学自惭谫陋，不足以厕身于译林，唯管见所及，未敢秘而不宣。故摘翻译医书之弊病，约略述之，以供讨论。

	日本音译名词	中国古字	通用名词
Diphtheria	实扶的里	痎	喉风
Cholera	虎列剌		霍乱
Typhoid	肠窒扶斯	症	伤寒
Plague	百思笃		鼠疫
Malaria	麻拉里亚		疟疾

音译之名词，失其雅而不适于用。中国之古字，失于达而无足取材。通用名词，应为至当。

	旅华医士所译	通用名词
Protoplasm	元凴	元形质
Organic compounds	藤质合质	有机物质
Carbon dioxide	炭强莠	炭酸气
Vein	盉	静脉
Adenoid tissue	棚罗瞜	腺体质

夫作文不难，造字为难，而外国人造中国字为尤难，无怪格格不妥，方枘圆凿之不相入矣。吾国国文，偶用新名词则可，新文字则难工。闭门造车，岂仅学者所讥，而普通社会必亦诟病，故通人所不取也。

旅华医士从事翻译，实为苦心孤诣之举。末学所最尊敬者，第于汉文虽得门径，而鲜有入室升堂者，于古医书既少涉猎，于新译本又乏参观，所有笔政，托之于书记。书记非新医士，亦非旧医家，乃一儒耳。其于译界之论调，社会之舆论，新名词之趋向，杂志丛报之潮流，未能商榷而审查之。其笔纵健，其文纵豪，性质如斯，地位如斯，奈不合时宜何。

故翻译医书，审定名词之人，既需博淹汉文、希腊、拉丁，且当攻读古代歧黄，精知近时医学，举凡学海之潮流，舆论之趋势，科学名词之变迁，历历可数于掌中。又必立志弥坚，终身矻矻，其庶几乎，人才难得，洵不诬也。

今者留日医家，组织学会，现方翻译解剖名词，以拉丁为准，日、德、英文陈列于右，其次则旧译名词，又次则新定名词，末附说明一项，以备记载理由。据云今夏竣事，接译生理、胚胎诸名词，同时皇士兰博士编成四种名词草，搜集关于解剖、生理、胚胎、组织诸名词，汇译分订，寄至江苏省教育会，嘱为分送医界中人，加以评议而讨论其究竟应用与否。

吾中华医学会对于医学名词之翻译，应具如何观念，急须筹划，不能作壁上观也，末学管见所及。此事应先认定标准，联络进行，如能举拉丁、英、日、德文，以及旧译新译名词，罗列比较，最为上策。倘欲另出心裁，各自为谋，我恐仍蹈闭门造车之弊，何能厕身于学者之林，敢效献曝之野人，还希就正于君子。

——《中华医学杂志》第 1 期（1916 年）

关于西文译名问题（1917）

钱玄同

独秀先生鉴：

《新青年》二卷四号有大著《西文译音私议》，近阅《旅欧教育运动》，中有蔡子民、李石曾两先生之《译名表》，复由友人转示俞凤宾君《对于译音之商榷》一文，虽所用方法各不相同，而欲冀统一译音之意则一。弟对此事，却别有一种意见，敢以奉质，幸辱教焉。

弟以为凡用中国字译西文人名、地名，万难一一吻合。其故因字音之理，母音可单独成音，子音不能单独成音，必赖母音拼合，始能成音。中国文字之构造，系用六书之法，与西文用字母拼成者绝异。西文由字母拼成，故子音不能成音，虽不可成字，却可成字母。中国既无字母，则凡以成之字，或为纯粹母音，或为子母成合之音，决无单有子音而不具母音之字，因单独子音既不能成音，既断无此字也。西文子音虽不能单独成字，然因其语言为复音语，故以 b、d、f、g、k、l、m、n、p、r、s、t、v、x、z 等字为一音前后之介音余音者甚多，遇此等字，若欲以刚刚恰好之汉字译之，是断断做不到的事情。一般译法，以为用"夫""甫"等字译 f，"克""忒"等字译 k、t，"司""斯"等字译 s，"而""儿"等字译 l、r，便算十分工切，其实

587

上列各字，其下皆有母音，绝非单独子音字也。

若然，则以汉文译西音，遇此等字，万无译准之理。（普通以"姆"译m、以"痕"译n，此其牵强，固众所共知。）此外如ga、gu、ge、go、za、zu、ze、zo之类，亦无适当之字可译，因中国"群""斜"二声类无开合二呼也。

抑尤有进者：即使上列诸困难，想出一种迁就的方法，如"夫""甫""司""斯""而""儿"等字，其下虽有母音，以现在读法，大多数都已读得同没有母音一样。"克""忒"二字，因是入声，其下母音较不分明，姑且当他子音用；而ga、za等字，"群""斜"二声既无开合二呼，或以齐、撮二呼摄代，或借用其清声之"见""心"二类之开合呼。然尚有一种困难，则字字译出，音长者字必多，在西文止一字母或二字母者，汉文则须用一整个之字，有时笔画或又不得不用繁复者。如此，则音读既未能收完全正确之功，反有佶屈聱牙难读之苦，书写之费时间，又四五倍于写原文，则其不便也何如！

故弟意以为译音，总是没有绝对的良法，则与其设为种种限制，某字定译某字，或音仍不能准，或逐字对所定之表移译，弄得啰唆麻烦（如Kropotkin一字，依大著译，则当作"克罗坡特□"。尊表于kin字空不填字，依蔡、李之表译，则当作"克老卜脱坎"。又一般所译，或作"苦鲁巴特金"，或作"克若泡特金"）。还是不能讨好，何如别想他法，不拘于译音之正确与否乎？

所谓别想他法者，弟以为有两种方法。（1）竟直写原文，不复译音。（2）译音务求简短易记。第一法，凡中学毕业后所用高等书籍，均可照此办理。因凡在中学毕业之人，无论如何，决无不懂西文拼音之法者。既懂西文拼音之法，则人名地名，写了原文，一样能看，无须移译。虽然外国人名如华盛顿、拿破仑、达尔文、瓦特、奈端之类，外国地名如伦敦、柏林、纽约、巴黎、格林威治之类，国民学校教科书便须讲到，此则不能不乞灵于译音。高等小学中虽有英文，然程度极浅，发音变化，也还讲不了多少，故高小、中学教科书，仍不能译音。（唯中学教科书于译音之下，当兼注原名，小学则不必。）此类译音之字，应用若干，大致可以配定。我谓可一一尽译，列成一表，以后凡编中小学教科书者，悉宜遵用，纵有不合，亦不得改，以期统一而免纷更。此表可由教育部制定颁行，仿日本文部省颁布之制。（日本凡文部省规定之课名，学者著书，学校教本，一切遵用，虽讹亦不更改。如 England 既定为イギリス，决不再改为イグダテント也。）其译法，务求简短。吴稚晖先生曾谓最好将外国人名、地名译得像一中国人名、中国地名，则免钩辀格磔、佶屈聱牙之病。故译 Shakespeare 为叶斯壁，译 Kropotkin 为柯伯坚，译 Franklin 为樊克林，译 Tolstoy 为陶斯泰。我昔曾反对之，以为未免失其本真。由今思之，此实是简易之良法，唯人名第一字，似不必译成中国之姓耳。诚将中小学教科书所需用之人名、地名悉数依照此法译定一表，期以实行，岂不简便易记乎？（唯旧译之已经用惯者，如拿破仑、华盛顿、克林威尔、加富尔之类，自当遵用，决无须再改，反致纷扰。）若虑与原音不相吻合，则宜知即改"叶斯壁"为"莎士比亚""索士比亚"，改"柯伯坚"为"苦鲁巴特金""克诺泡特金"，改"陶斯泰"为"托尔斯泰""杜尔斯德"，还是不准。而彼则不准而繁复难记，此则不准而简便易记，两害相权取其轻，无宁谓之此善于彼矣。

且人名、地名，原不过一种记号，但使社会通行，人人皆知，则用不准之译音，固与用极准之原文毫无二致。今如 Scotland 之为苏格兰、Portugal 之为葡萄牙、Newton 之为奈端、Kant 之为康德，人人习用已久，共知其为何处地方，何等样人，与写原文一样。故苟知叶斯壁之为十六世纪末叶之英国文学家，柯伯坚之为现代俄国无政府党，即与写 Shakespeare、Kroptkin 无异。

如上所言，是写不准之音译，与写原文无异。然则中学以上之书，何以又须写原文乎？曰，其人既有中学以上之程度，自可看西文原书，故不如直用原文，冀看原书时可以多一点便利。且高等参考书籍，人名、地名较多，一一移译，未免麻烦，既能读其原音，何妨省此一番手脚。若中学以下，则因大多数不能深造于学（纵或有习浅易实业者，当然惜其脑力，不可令其专骛于牢记无谓之人名、地名拼法也），故不可径书原名，以苦其所难。言非一端，义各有当也。

或曰，高等书籍写原文，固为便利。然中文直下，西文横迆，若一行之中有二三西文，譬如有句曰：

"十九世纪初年，France 有 Napoleon 其人。"

如此一句，写时，须将本子直过来，横过去，搬到四次之多，未免又生一种不便利，则当以何法济之？曰：我固绝对主张汉文须改用左行横迆，如西文写法也。人目系左右相并，而非上下相重；试立室中，横视左右，甚为省力，若纵视上下，则一仰一俯，颇为费力。以此例彼，知看横行较易于直行。且右手写字，必自左至右，均无论汉文西文，一字笔势，罕有自右至左者。然则汉文右行，其法实拙。若从西文写法，自左至右横迆而出，则无一不便。我极希望今后新教科书从小学起，一律改用横写，不必专限于算学、理化、唱歌教本也。既用横写，则直过来横过去之病可以免矣。此弟对于译音之意见，足下以为何如？

钱玄同白　五月十五日

附：陈独秀的信——再答钱玄同书（译音）

玄同先生：

仆于汉文改用左行横迤，及高等书籍中人名、地名直用原文不取译音之说，极以为然。唯多数国民，不皆能受中等教育，而世界知识又急待灌输。通俗书籍、杂志新闻，流传至广，关系匪轻，欲废译音，势所不可。又教育部审定强行，虽是一法，而专有名词，日新未已，时时庚续为之，殊不胜繁琐。鄙见与其由部颁行一定之译名，不若颁行一定之译音，较为执简驭繁，一劳永逸也。译音固不易恰合，但由部颁行自趋统一。足下所谓纵有不合，亦不得改，以期统一而免纷更是也。仆所拟译音之字，固不必尽是，而立法似未可非。倘获通人之改正，由部颁行之，后之译者按表译音，较之人人任意取舍，不稍善乎？汉字母音未定，各字发音，固皆声韵二音所合，以之译 b、c、d 等声，固有未当，然以之译声韵合成之 ba、ca、da 等音，似无不可。即有未合，而文字符合耳，由部颁行，以期统一，不愈于人自为之乎？高明以为如何？

独秀

——《新青年》第 3 卷第 3 号（1917 年 5 月 1 日）

叶清漪论译西书（1917）

叶瀚

仁和叶瀚，字清漪，以我国所译西书凌杂不合，尝于光绪丁酉春论其弊。其言曰："自中外通商以来，译事始起，京师有同文馆，江南有制造局，广州有医士所译各书，登州有文会馆所译学堂便用各书，上海益智书会又译印各种图说，总税务司赫德译有《西学启蒙》十六种，傅兰雅译有《格致汇编》《格致须知》各种。馆译之书，政学为多，制局所译，初以算学、地学、化学、医学为优，兵学、法学皆非专家，不得纲领。书会税司各学馆之书，皆师弟专习，口说明畅，条理秩然，讲学之书，断推善本。然综论其弊，皆未合也。

一曰不合师授次第。统观所译各书，大多类编专门，无次第，无层级，无全具文义卷帙，无译印次第章程，一也。

一曰不合政学纲要。其总纲则有天然理数测验要法，师授先造通才，后讲专家。我国译书，不明授学次第，余则或只零种，为报章摘录之作，为教门傅翼之书，读者不能观厥会通，且罔识其门径。政学则以史志为据，法律为纲，条约、章程、案据为具，而尤以格学理法为本。我国尤不达其大本所在，随用逐名，实有名而无用，二也。

一曰文义难精。泰西无论政学，有新造之字，有沿古之字，非专门不能通习。又西文切音，可由意拼造，孳乳日多。汉字尚形，不能改造，仅能借用切音，则字多佶屈，阅者生厌。译义则见功各异，心志难齐，此字法之难也。泰西文法，如古词例，不是词法，语有定法，法各不同，皆是创造，不如我国古文、骈文之虚模砌用，故照常行文法，必至扞格不通，倘仿子史文法，于西文例固相合，又恐初学难解，此文法之难也，三也。

一曰书既不纯，读法难定。我国所译，有成法可遵者，有新理琐事可取者，有专门深纯著作前尚有数层功夫，越级而进，万难心解者，取材一书，则嫌不备，合观各书，又病难通，起例发凡，盖甚难焉，四也。

坐此四弊，则用少而功费，读之甚难。欲读之而标明大要，以便未读之人，又难之难也。

——徐珂：《清稗类钞·文学篇》（商务印书馆，1917 年）

周瘦鹃译《欧美名家短篇小说丛刻》评语（1917）

周树人、周作人

凡欧美四十七家著作，国别计十有四，其中意、西、瑞典、荷兰、塞尔维亚，在中国皆属创见。所选亦多佳作。又每篇署著者名氏，并附小像略传。用心颇为悬挚，不仅志在娱悦俗人之耳目，足为近来译事之光。唯诸篇因陆续登载杂志，故体例未能统一。命题造语，又系用本国成语，原本固未尝有此，未免不诚。书中所收，以英国小说为最多，唯短篇小说，在英文学中，原少佳作，古尔斯密及兰姆之文，系杂著性质，于小说为不类。欧陆著作，则大抵不易入手，故尚未能为相当之介绍；又况以国分类，而诸国不以种族次第，亦为小失。然当此淫佚文字充塞坊肆时，得此一书，俾读者知所谓哀情惨情之外，尚有更纯洁之作，则固亦昏夜之微光，鸡群之鸣鹤矣。

——《教育公报》第 4 卷第 15 期（1917 年 11 月 30 日）

译音统一会讨论会纪事（1917）

佚名

　　吾国历史、地理译名，除通用较久者外，向不一致，于教授西洋甚为困难。历史、地理两科，即平时报章书籍中所用名词，彼此参差，读者一无适从。六年四月七日，在江苏省教育会，开历史、地理名词译音统一第一次谈话会，即议定办法，并征求意见。叠与蔡子民、李君煜、吴稚晖、陈独秀诸君，函商一切。自成立以后，讨论至今，已开至第十次起草员会。起草员潘慎文、来会理（两君系西人）、张菊生、俞凤宾、吴和士五君，煞费苦心，以八个月之研究，草就译音统一表一纸。其中经过种种困难，非局外人所能知也。

　　十一月八日下午三时开讨论会。到会者，国立南京高等师范学校特派代表周越然、陶知行、张菊生，代表陈俊生。又沈信卿、来会理、路思义、俞凤宾、吴和士、邝富灼、张叔良、蒋梦麟等先公推沈信卿君为临时主席，由陈俊生君代表张菊生君宣读起草委员会报告书。又由主席报告广东高等师范学校推程祖彝为代表。北京高等师范学校来函讨论此事。嗣议译音，既已定为一表，以后当致力于审查译名。遂公决，改译音统一会为译名统一会，并定审查旧名词之标准：（一）旧名词仅有一名词而已，通用者不改；（二）旧名词在名二词以上，且已通用者，比较择取其一，并得参考新定之表，以备充之。遂推路思义、蒋梦麟、陈俊生、张叔良、吴和士、陶知行、余日章七君，为整理旧译名起草员，而以蒋梦麟君为主席。旋以译音表容，或尚有斟酌之处，除原有起草员五人外，加推沈信卿、蒋梦麟君相为助理，随时修改，议至此，已钟鸣六下，遂宣告散会。

——《环球》第 2 卷第 4 期（1917 年 12 月 25 日）

古诗今译 Apologia（1918）

周作人

一、谛阿克列多思（Theokritos）《牧歌》（*Eidyllion Bukolikon*），是二千年前的希腊古诗，今却用口语来译它，因为我觉得它好，又信中国只有口语可以译它。

什法师说，"翻译如嚼饭哺人"；原是不差。真要译得好，只有不译。若译它时，总有两件缺点，但我说，这却正是翻译的要素。（一）不及原本，因为已经译成中国语，如果还同原文一样好，除非请 Theokritos 学了中国语自己来作。（二）不像汉文——有声调好读的文章——因为原是外国著作。如果同汉文一般样式，那就是我随意乱改的糊涂文，算不了真翻译。

二、口语作诗，不能用五七言，也不必定要押韵；只要照呼吸的长短作句便好。现在所译的歌，就用此法，且来试试；这就是我的所谓"自由诗"。

三、外国字有两不译：（一）人名地名；（二）特别名词，以及没有确当译语，或容易误会的都用原语（用罗马字作标准）。

四、以上都是此刻的见解，倘若日后想出更好的办法，或有人别有高见的时候，便自然从更好的走。

【……】

——《新青年》第 4 卷第 2 号（1918 年 2 月 15 日）

刘半农译《天明》的附志（1918）

钱玄同

这篇文章，原文的命意和半农的译笔，自然都是很好的，用不着我这外行人来加上什么"命意深远""译笔雅健"这些可笑的批语。

但是我看了这篇文章，却引起我对于中国译书界的两层感想：

第一，无论译什么书，都是要把他国的思想学术输到己国来，决不是拿己国的思想学术做个标准，别国与此相合的，就称赞一番，不相合的，就痛骂一番：这是很容易明白的道理。中国的思想学术，事事都落人后；翻译外国书籍，碰着与国人思想见解不相合的，更该虚心去研究，决不可妄自尊大，动不动说别人国里道德不好。可叹近来一班做"某生""某翁"文体的小说家，和与别人对译哈葛德、迭更司等人的小说的大文豪，当其撰译外国小说之时，每每说：西人无五伦，不如中国社会之文明；自由结婚男女恋爱之说流毒无穷；中国女人重贞节，其道德为万国之冠；这种笑得死人的谬论，真所谓"坐井观天""目光如豆"了。即如此篇，如使大文豪辈见之，其对于穆理之评判，必曰："夫也不良，遇人不淑，而能逆来顺受，始终不渝；非娴于古圣人三从四德之教，子舆氏以顺为正之训者，乌克臻此？"其对于医生之评判，必曰："观此医欲拯人之妻而谋毙其夫，可知西人不明纲常名教之精理。"其对于迪克之评判，必曰："自自由平等之说兴，于是乱臣贼子乃明目张胆而为犯上作乱之事。近年以来，欧洲工人，罢工抗税，时有所闻；迪克之轰矿，亦由是也。纪纲凌夷，下陵其上，致社会呈扰攘不宁之现象。君子观于此，不禁怒焉伤之矣。"这并非我的过于形容。阅者不信，请至书坊店里，翻一翻什么《小说丛书》《小说杂志》和《封面上画美人的新小说》，便可知道。

第二，文字里的符号，是最不可少的。在小说和戏剧里，符号之用尤大；有些地方，用了符号，很能传神；改为文字，便索然寡味：像本篇中"什么东西？"如改为"汝试观之此何物耶"；"迪克？"如改为"汝殆迪克乎"，"我说不相干！"如改为"以予思之实与汝无涉。"又像"好——好——好一个丈夫！"如不用"——""！"符号，则必于句下注曰："医生言时甚愤，用力跌宕而去之"。"先生！他是我的丈夫！"如不用"！"符号，则必于句下加注曰"言时声音凄惨，令人不忍卒听。"——或再加一恶滥套语曰："如三更鹃泣，巫峡猿啼。"——如其这样做法，岂非全失说话的神气吗？然而如大文豪辈，方且日倡以古文笔法译书，严禁西文式样输入中国；恨不得叫外国人都变了蒲松龄，外国的小说都变了《飞燕外传》《杂事秘辛》，他才快心。——若更能进而上之，变成"某生""某翁"文体的小说，那就更快活得了不得。

玄同附志。

王敬轩君来信（1918）

王敬轩（钱玄同）

【……】林先生为当代文豪，善能以唐代小说之神韵，移译外洋小说。所叙者，皆西人之事也，而用笔措词全是国文风度，使阅者几忘其为西事，是岂寻常文人所能企及。而贵报乃以不通相诋，是真出人意外。以某观之，若贵报四卷一号中周君所译陀思之小说，则真可当不通二字之批评。某不能西文，未知陀思原文如何。若原文亦是如此不通，则其书本不足译，必欲译之，亦当达以通顺之国文，乌可一遵原文移译，致令断断续续，文气不贯，无从讽诵乎。噫！贵报休矣！林先生渊懿之古文，则目为不通，周君蹇涩之译笔，则为之登载，真所谓弃周鼎而宝康瓠者矣。林先生所译小说，无虑百种，不特译笔雅健，即所定书名，亦往往斟酌尽善尽美。

【……】某意今之真能倡新文学者，实推严几道、林琴南两先生。林先生之文，已如上述。若严先生者，不特能以周秦诸子之文笔，达西人发明之新理，且能以中国古训，补西说之未备。如论理学译为名学，不特可证西人论理即公孙龙惠施之术，且名教、名分、名节之义，非西人理。理学所有，译以名学，则诸议皆备矣。中性译为罔两，假异兽之名，以明无二之义。理想国译为乌托邦，则乌有与寄托二义皆大显明，其尤妙者。译音之字，亦复兼义，如名学曰逻辑，逻盖指演绎法，辑盖指归纳法。银行曰板克，大板谓之业，克胜也，板克者，言营业操胜算也。精妙如此，信非他人所能几及。与贵报诸子之技穷不译，径以西字嵌入华文中者相较，其优劣何如，望平心思之。【……】

复王敬轩书

刘半农

敬轩先生：

来信"大放厥辞"，把记者等很很地教训了一顿。照先生的口气看来，幸而记者等不与先生见面；万一见了面，先生定要挥起巨灵之掌，把记者等一个嘴巴打得不敢开口，两个嘴巴打得牙齿缝里出血。然而记者等在逐段答复来信之前，应先向先生说声"谢谢"，这因为人类相见，照例要有一句表示敬意的话，而且记者等自从提倡新文学以来，颇以不能听见反抗的言论为憾，现在居然有你老先生"出马"，这也是极应欢迎、极应感谢的。

以下是答复先生的话：

【……】

林先生所译的小说，若置之"闲书"之列，亦可不必攻击。因为他所译的"哈氏丛书"之类，比到《眉语》《莺花》杂志，总还差胜一筹，我们何必苦苦地凿他背皮。若要用文学的眼光去评论他，那就要说句老实话：便是林先生的著作，由"无虑百种"进而为"无虑千种"，还是算不了什么。何以呢？因为他所译的书——第一是原稿选择得不精，往往把外国极没有价值的著作也译了出来，真正的好著作，却是极少数，先生所说的"弃周鼎而宝康瓠"，正是林先生译书的绝妙评语。第二是谬误太多。把译本和原本对照，删的删，改的改，精神全失，面目皆非；这大约是和林先生对译的几位朋友，外国文不甚高明，把译不出的地方，或一时懒得查字典，便含糊了过去；林先生遇到文笔蹇涩，不能达出原文精奥之处，也信笔删改，闹得笑话百出。以上两层，因为先生不懂西文，即使把原本译本，写了出来对照比较，恐怕先生还是不懂，只得一笔表过不提。第三层是林先生之所以能成其为"当代文豪"，先生之所以崇拜林先生，都因为他"能以唐代小说之神韵，移译外洋小说"。不知这件事，实在是林先生最大的病根。林先生译书虽多，记者等始终只承认他为"闲书"，而不承认他为有文学意味者，也便是为了这件事。当知译书与著书不同，著书以本身为主体，译书应以原本为主体，所以译书的文笔，只能把本国文字去凑就外国文，决不能把外国文字的意义神韵硬改了来凑就本国文。即如后秦鸠摩罗什大师译《金刚经》、唐玄奘大师译《心经》，这两人本身就生在古代，若要在译文中用晋唐文笔，正是日常吐属，全不费力，岂不比林先生仿造千年以前的古董，容易得许多！然而他们只是实事求是，用极曲折、极缜密的笔墨，把原文精义达出，既没有自己增损原义一字，也始终没有把冬烘先生的臭调子放进去；所以直到现在，凡是读这两部经的，心目中总觉这种文章是西域来的文章，决不是"先生不知何许人也"一类的晋文，也决不是"龙嘘气成云"一类的唐文。此种输入外国文学使中国文学界中别辟一个新境界的能力，岂一般没世穷年不免为陋儒的人所能梦见！然而鸠摩罗什大师，还虚心得很，说译书像"嚼饭哺人"，转了一转手，便要失去真义。所以他译了一世的经,没有自称为"文豪",也没有自称为"译经大家",更没有在他所译的三百多卷经论上面加上一个什么"鸠译丛经"的总名目!

《吟边燕语》是将莎士比亚所编戏曲中的故事,用散文写出,有人译为《莎氏乐府本事》,是很妥当的;林氏的译名,不但并无好处,而且叫人看了不能知道内容是什么东西,而先生竟称之曰:"所定书名,……斟酌尽善尽美。"先生如此拥戴林先生,北京的一班"捧角家",洵视先生有愧色矣!

【……】

先生所说"陀思之小说",不知是否指敝志所登"陀思妥夫斯奇之小说"而言?如其然也,先生又闹了笑话了。因为陀思妥夫斯奇,是此人的姓,在俄文只有一个字,并不是他尊姓是陀,雅篆是思;也不是复姓陀思,大名妥夫,表字斯奇。照译名的习惯,应该把这"陀思妥夫斯奇"的姓完全写出,或简作"陀氏",也还勉强可以;像先生这种横截法,便是林琴南先生,也未必赞成。记得有一部小说里,说有位抚台,因为要办古巴国的交涉,命某幕友翻查约章。可笑这位老夫子,脑筋简单,记不清"古巴"二字,却照英吉利简称曰"英";法兰西简称曰"法"的办法,单记了一个"古"字,翻遍了衙门里所有的通商书、约章书,竟翻不出一个"古国"来。先生与这位老夫子,可称无独有偶!然而这是无关宏旨的,不过因为记者写到此处,手已写酸,乐得"吹毛求疵",与先生开开玩笑。然在先生,却也未始无益,这一回得了这一点知识,将来便不至于再闹第二次笑话了。(又日本之梅谦次郎,是姓梅,名谦次郎。令业师"梅谦博士",想或另是一人,否则此四字之称谓,亦似稍欠斟酌。)先生这一段话,可分作两层解释：如先生以为陀氏的原文不好，则陀氏为近代之世界的文豪；以全世界所公认的文豪，而犹不免为先生所诟病，记者对于先生，尚有何话可说？如先生以为周作人先生的译笔不好，则周先生既未自称其译笔为"必好"，本志同人，亦断断不敢如先生之捧林先生，把他说得如何如何好法，然使先生以不作林先生"渊懿之古文"为周先生病，则记者等无论如何不敢领教。周先生的文章，大约先生只看过这一篇。如先生的国文程度——此"程度"二字，是指先生所说的"渊懿""雅健"说，并非新文学中之所谓程度——只能以林先生的文章为文学止境，不能再看林先生以上的文章，那就不用多说。万一先生在旧文学上所用的功力较深，竟能看得比林先生更高古的著作，那就要请先生费些功夫，把周先生十年前抱复古主义时代所译的《域外小说集》看看。看了之后，亦许先生脑筋之中，竟能放出一线灵光，自言自语道："哦！原来如此。这位周先生，古文工夫本来是很深的，现在改做那一路新派文章，究竟为着什么呢？难道是无意识的么？"

【……】

译名一事，正是现在一般学者再三讨论而不能解决的难问题，记者等对于此事，将来另有论文发表，现在暂时不与先生为理论上之研究，单就先生所举的例，略略说一说。

西洋的 Logic，与中国的"名学"，印度的"因明学"，这三种学问，性质虽然相似，而范围的大小，与其精神特点，各有不同之处。所以印度人既不能把 Logic 攫为己有，说是他们原有的因明学，中国人也决不能把它硬当作名学。严先生译"名学"二字，已犯了"削趾适屦"的毛病，先生又把"名教、名分、名节"一箍脑儿拉了进去，岂非西洋所有一种纯粹学问，一到中国，便变了本万宝全书，变了个大垃圾桶么？要之，古学是古学，今学是今学，我们把它分别研究，各不相及，是可以的；分别研究之后，互相参证，也是可以的。若并不仔细研究，只看了些皮毛，便附会拉拢，那便叫作"混帐"！

严先生译"中性"为"罔两"，是以"罔"字作"无"字解，"两"字指"阴阳两性"，意义甚显。先生说它"假异兽之名，以明无二之义"，是一切"中性的名词"，都变作了畜牲了！先生如此附会，严先生知道了，定要从鸦片铺上一跃而起，大骂"该死"！（且"罔两"有三义：第一义是《庄子》上的"罔两问景"，言"影外微阴"也；第二义是《楚辞》上的"神罔两而无主"，言"神无依据"也；第三义是《鲁语》上的"木石之怪，曰夔，罔两"，与"魍魉"同。若先生当真要附会，似乎第二义最近一点，不知先生以为如何？）

"Utopia"译为"乌托邦"，完全是译音，若照先生所说，作为"乌有寄托"解，是变作"无寄托"了。以"逻辑"译"Logic"，也完全是取的音。因为"逻"字决不能赅括演绎法，"辑"字也决不能赅括归纳法；而且既要译义，决不能把这两个连接不上的字放在一起。又"Bank"译为"板克"，也是取音；先生以"大板谓之业"来解释这"板"字，是无论那一种商店都可称"板克"，不必专指"银行"；若有一位棺材店的老板，说"小号的圆心血'板'，也可以在'营业上操胜算'，小号要改称'板克'。"先生也赞成么？又严先生的"板克"，似乎是写作"版克"的，先生想必分外满意，因"版"是"手版"，用"手版"在"营业上操胜算"，不又是先生心中最喜欢的么？

【……】

记者（半农）

七年二月十九日，北京

——《新青年》第 4 卷第 3 期（1918 年 3 月 15 日）

建设的文学革命论（摘录）（1918）

胡适

【……】我上文说的：创造新文学的第一步是工具，第二步是方法。方法的大致，我刚才说了。如今且问，怎样预备方才可得着一些高明的文学方法？我仔细想来，只有一条法子，就是赶紧多多地翻译西洋的文学名著作我们的模范。我这个主张，有两层理由。

第一，中国文学的方法实在不完备，不够作我们的模范。即以体裁而论，散文只有短篇，没有布置周密，论理精严，首尾不懈的长篇；韵文只有抒情诗，绝少记事诗，长篇诗更不曾有过；戏本更在幼稚时代，但略能记事掉文，全不懂结构；小说好的，只不过三四部，这三四部之中，还有许多疵病；至于最精采之"短篇小说""独幕戏"，更没有了。若从材料一方面看来，中国文学更没有作模范的价值。才子佳人，封王挂帅的小说；风花雪月，涂脂抹粉的诗；不能说理，不能言情的"古文"；学这个，学那个的一切文学：这些文字，简直无一毫材料可说。至于布局一方面，除了几首实在好的诗之外，几乎没有一篇东西当得"布局"两个字！——所以我说，从文学方法一方面看去，中国的文学实在不够给我们作模范。

第二，西洋的文学方法，比我们的文学，实在完备得多，高

明得多，不可不取例。即以散文而论，我们的古文家至多比得上英
国的倍根（Bacon）和法国的孟太恩（Montaigne）。至于像柏拉图
（Plato）的"主客体"，赫胥黎（Huxley）等的科学文字，包士威尔
（Boswell）和莫烈（Morley）等的长篇传记，弥儿（Mill）、弗林克令
（Franklin）、吉朋（Gibbon）等的"自传"，太恩（Taine）和白克儿
（Buckle）等的史论……都是中国从不曾梦见过的体裁。更以戏剧而
论，二千五百年前的希腊戏曲，一切结构的工夫，描写的工夫，高出
元曲何止十倍。近代的萧士比亚（Shakespeare）和莫逆尔（Molière）
更不用说了。最近六十年来，欧洲的散文戏本，千变万化，远胜古
代，体裁也更发达了。最重要的，如"问题戏"，专研究社会的种种
重要问题；"寄托戏"（Symbolic Drama），专以美术的手段作的"意
在言外"的戏本；"心理戏"，专描写种种复杂的心境，作极精密的解
剖；"讽刺戏"，用嬉笑怒骂的文章，达愤世救世的苦心——我写到
这里，忽然想起今天梅兰芳正在唱新编的《天女散花》，上海的人还
正在等着看新排的《多尔衮》呢！我也不往下数了。——更以小说而
论，那材料之精确，体裁之完备，命意之高超，描写之工切，心理解
剖之细密，社会问题讨论之透切，……真是美不胜收。至于近百年新
创的"短篇小说"，真如芥子里面藏着大千世界；真如百炼的精金，
曲折委婉，无所不可；真可说是开千古未有的创局，掘百世不竭的宝
藏。——以上所说，大旨只在约略表示西洋文学方法的完备。因为西
洋文学真有许多可给我们作模范的好处，所以我说，我们如果真要研
究文学的方法，不可不赶紧翻译西洋的文学名著作我们的模范。

　　现在中国所译的西洋文学书，大概都不得其法，所以收效甚少。
我且拟几条翻译西洋文学名著的办法如下。

（一）只译名家著作，不译第二流以下的著作　我以为国内真懂得西洋文学的学者应该开一会议，公共选定若干种不可不译的第一流文学名著。约数如一百种长篇小说，五百篇短篇小说，三百种戏剧，五十家散文，为第一部《西洋文学丛书》，期五年译完，再选第二部。译成之稿，由这几位学者审查，并一一为作长序及著者略传，然后付印。其第二流以下，如哈葛得之流，一概不选。诗歌一类，不易翻译，只可以缓。

（二）全用白话韵文之戏曲，也都译为白话散文　用古文译书，必失原文的好处。如林琴南的"其女珠，其母下之"，早成笑柄，且不必论。前天看见一部侦探小说《圆室案》中，写一位侦探"勃然大怒，拂袖而起"。不知道这位侦探穿的是不是康桥大学的广袖制服！——这样译书，不如不译。又如林琴南把萧士比亚的戏曲，译成了记叙体的古文！这真是萧士比亚的大罪人，罪在《圆室案》译者之上！

（三）创造　上面所说工具与方法两项，都只是创造新文学的预备。工具用得纯熟自然了，方法也懂了，方才可以创造中国的新文学。至于创造新文学是怎样一回事，我可不配开口了。我以为现在的中国，还没有做到实行预备创造新文学的地步，尽可不必空谈创造的方法和创造的手段。我们现在且先去努力做那第一、第二两步预备的工夫罢！

——《新青年》第 4 卷第 4 期（1918 年 4 月 15 日）

论译书（1918）

东荪（张东荪）

夫输入文明，灌注思想，有赖于翻译，固尽人而知之。然译事非易言也。近来译书有三大弊。

一曰：一切袭用东译。于是日本名词而在中文无训诂可通者满纸。

二曰：故求典雅，喜用僻字。于是不经见之字满纸。

三曰：喜用音译。于是佶屈聱牙而不可解之词满纸。

前一者之弊，犯者多矣。后二者则由侯官严几道创之，在吾之意以为移译，原为不能读原书之人说法。若译书所用之语仍生僻而晦涩，则不啻未译矣。

以言第一者之弊，如场合如的。前者求诸中文，实无辞训可通，本为日本之俗语，何必取而袭用之耶。后者以"的"训"之"在中国唯俗语有之，而文言不尔也。虽可创为一格，然究无重要之义含于其间。颇见有善译者（如严几道即其一），其全书不见一字的字，而于原意无亏。可知即尽废的字，固与译事无损也。

至于故求典雅，其弊亦在晦昧，如论理易为名学，尚无十分艰深。若玄科察科则几于不可解矣，又若仂语亦殊费解。总之译书为一帮有水平线以上之知识者说法，非专为一二攻核旧学小学者读也，而况即以小学之词源而论，其字之用尚不为完全正确耶。

译音为吾平生最反对之一事。尝以为译音等于弗译，既弗译矣，何妨即书其原字。若以为原字非识西文者不知，然而于译音不识西文者亦不能知其义也，必有待于注释。如逻辑，望文生义者将以为搜逻而辑集之，宁非大谬，译音者于此必为之注释，曰此即论理。于是则生疑问曰，何以不即用论理，必答之曰。论理不能与逻辑等量齐观也。虽然设逻辑不待论理为之训诂，则逻辑即为无训之辞。夫无训之辞其自身必无作用，而作用乃在其注释之字，是音译不过蛇足耳，安见有必要哉。

——《时事新报·学灯》（1918 年 5 月 23 日）

文学改良与孔教（1918）

张寿朋

记者足下：

【……】

诸君读了外国的好诗歌、好小说入了神，得了味，恨不得便将它全副精神肚脏都搬运到中国文字里头来，就不免有些弄巧反拙，弄得来中不像中，西不像西。何以故？外国有外国的风气习惯、语言条理，中国有中国的风气习惯、语言条理，所以遇有在外国极有精神、极有趣味的话，拿来中国却没有精神趣味了。若谙习外国文言的，自然全读外国诗，不用读得译本。既是译本，自然要将它融化重新铸过一番，此非有大才力、费大精神不能。如贵杂志上的《老洛伯》那几章诗，很可以读；至于那首《牧歌》，寿朋却要认作"阳春白雪，曲高和寡"了。因此故寿朋请诸君在翻译上还要费点儿神。（责备贤者，休怪休怪。）

【……】

——《新青年》第 5 卷第 6 号（1918 年 12 月）

答张寿朋（1918）

周作人

来信中间，有关于我所绍介的文字者少许，略答如后：

【……】

《牧歌》原文本"高"，译得不成样子，已在 Apologia 中说明，现不再说。至于"融化"之说，大约是将它改作中国事情的意思。但改作以后，便不是译本；如非改作，则风气习惯如何"重新铸过"？我以为此后译本，仍当杂入原文，要使中国文中有容得别国文的度量，不必多造怪字。又当竭力保存原作的"风气习惯，语言条理"；最好是逐字译，不得已也应逐句译，宁可"中不像中，西不像西"，不必改头换面。譬如六朝至唐所译释教经论文体，都与非释教经论不同，便是因为翻译的缘故。但我毫无才力，所以成绩不良，至于方法，却是最为正当。唯直行中夹入原文，实是不便的事，来信以为可"竟改作横列"，我却十分赞成。

七年十一月八日，周作人

——《新青年》第 5 卷第 6 号（1918 年 12 月）

今日中国之小说界（1919）

志希（罗家伦）

【……】现在我还有四条意见，要对中国译外国小说的人说，无论他是与人对译也好，或是自己独人翻译也好，或是自己译完再请人改也好，都一律包括在内。

（一）最要紧的就是选择材料。我方才说小说是要改良社会的，所以取的异国，总要可以借鉴，合于这个宗旨的为妙。所以 Canon Doyle 一派的小说不可译？我方才又说小说是要写出"人类的天性"，使人类互相了解的，现在我们所要了解的是世界。现在的人类不是已经死尽了的人类。所以 Scott 一派中古式的小说可以不译，不必问他的文笔像中国太史公不像呢！【十】现在欧洲的近世小说，都比以前高妙。取材不必限于英、美，就是俄、法等国也都可以。如 Tolstoy、Moupassant 同英国 H. G. Wells 等人的小说尤以多译为是。

（二）欧洲近来做好小说都是白话，它们的妙处尽在白话；因为人类相知，白话的用处最大。设如有位俄国人把 Tolstoy 的小说译成"周诰殷盘"的俄文，请问俄国还有人看吗？俄国人还有肯拿"第一大文豪"的头衔送给他吗？诸君要晓得 Tolstoy 也是个绝顶有学问的人，不是不会"咬文嚼字"呢！近来林先生也译了几种 Tolstoy 的小说，并且也把"大文豪"的头衔送他；但是他也不问——大文豪的头衔是从何种文字里得来！他译了一本《社会声影录》【十一】，竟把俄国乡间穷得没有饭吃的农人夫妇也架上"幸托上帝之灵，尚留余食"【十二】的古文腔调来。诸君！假如乡间穷得没有饭吃的农民，说话都会带古文的腔调，那——也不做《社会声影录》了！日本人译西洋小说用东京白话，芮恩施博士还称赞他。林先生！请你想一想看，这是小说，不是中学校的林选古文读本呢！

（三）凡译小说的人，若是自己不通西文，就请一位西文程度好一点的来同译，千万不要请到一位"三脚猫"！若是自己略通西文，也要仔细，万不可懒查字典。而且把译不出的地方，模糊过去。须知难译的地方就是书中最好的地方。林先生与人对译小说，往往上人家的当。所以错的地方非常之多。有一位自命能口译 Dickens 著作的魏易先生，自己动笔来译"二城故事"（*A Tale of Two Cities*）【十三】，竟把第三章 The Night Shadows 完全删去。不知此章是该书最有精彩的一篇，是心理学的结晶，是全篇的线索。魏先生没有本事译，就应当把全书不译才是；今译全书而弃此篇，是何异"弃周鼎而宝康瓠"吗？俄国 Tolstoy 所著的 *Resurrection* 一书洋洋十数万言，也是他生平杰作之一。马君武先生把此书从英文译本译成中文，叫作《心狱》只有西式的页子二百十六页，成小小的一本，我看见已是很惊诧的了！待我对照原来译本一看，此书第一卷第一节 Though hundreds of thousands had done their very best... still spring was spring, even in the town【十四】一段是著者很好的文字，而 Still spring was spring 一句尤妙。马先生译不出来，竟将此段与下一段连合拢来，做成中文一节，就含糊过去了！其中有最精彩的段落不知删去多少，后半部全未译出，也就以《心狱》冒充 *Resurrection* 的全文。咳！这样的翻译虽是省事，但是 Dickens 和 Tolstoy 在地下不平呢！以后望译的人同看的都要留心一点。

（四）译外国小说还有一个重要条件，就是不可更改原来的意思或者加入中国的意思。须知中国人固有中国的风俗习惯思想，外国人也有外国的风俗习惯思想。中国人既不是无所不知的上帝；外国人也不是愚下不移的庸夫。译小说的人按照原意各求其真便了！现在林先生译外国小说常常替外国人改思想，而且加入"某也不孝""某也无良""某事契合中国先王之道"的评语；不但逻辑上说不过去，我还不解林先生何其如此之不惮烦呢？林先生以为更改意思，尚不满足，巴不得将西洋的一切风俗习惯，饮食起居，一律变成中国式，方才快意。他所译的侦探小说中，叙一个侦探在谈话的时间，"拂袖而起"。所以吴稚晖先生笑他说："不知道这位侦探先生所穿的，是以前中国官僚所穿的马蹄袖呢？还是英国剑桥大学的大礼服呢？"其余这类的例子，也举不胜举了！林先生！我们说什么总要说得像什么才是，设如我同林先生做一篇小传说："林先生竖着仁丹式的胡子，戴着卡拉（Collar），约着吕朋（Ribbon），坐在苏花（Sofa）上做桐城派的小说"，先生以为然不以为然呢？若先生"己所不欲"，则请"勿施于人"！

【……】

民国七年十一月一日。

【……】

注：

【十】见《林译撒克逊劫后英雄略序》述伍君语。

【十一】Leo Tolstoy's *The Morning of Landlord Proprietor*

【十二】见林译《社会声影录》第十五页。

【十三】见《庸言》第一卷第十三十四以后各期。

【十四】见 Leo Tolstoy's *Resurrection*，translated by Louise Maide，此书日本人译作《复活》。马译系中华书局出版。

——《新潮》第 1 卷第 1 号（1919 年 1 月）

论 Religion 之译名（1919）

朱希祖

Religion，日本译为宗教，意义甚不明了。试以宗教二字分析释之，其误谬即可知。兹分为二条释之如下：

A. 宗教之宗字作名词解。 如此，则宗教者，即教宗之谓。教宗之义，出于佛教。中国字义，"宗"字必对"祖"字而言，如《礼记·祭法》云，"有虞氏祖颛顼而宗尧；夏后氏祖颛顼而宗禹；殷人祖契而宗汤；周人祖文王而宗武王。"佛教之"宗，"亦对"祖"而言，如俱舍宗、成实宗、律宗、法相宗、三论宗、天台宗、华严宗、真言宗、禅宗、净土宗等，皆出于释迦；释迦为教祖亦称"佛祖"，故俱舍、成实等为教宗。今强以佛教、基督教、回教等为教宗，既不"祖"，何有"宗"之可言？

B. 宗教之宗字作动词解。 如此，则宗教者，即所宗之教云尔；换言之，则宗字即信仰云尔。然此所谓信仰者，果对于何教乎？此"教"字与教育之教有何别乎？既称为教，在施者自有一种威严，在受者自有一种信仰，如家教，如师教，皆然；不特佛教、基督教、回教如此。且称为所宗之教，亦属不词。

再观 Religion 之字源与界说，则译为宗教二字之不谛，更可了然。

兹分述之如下：

A. Religion 之字源。 Religion 出于腊丁之 Religio。Re 华言"再"，ligio 华言"聚"；合言之，则往复于思想之谓；引申之，似有信仰之义。译为宗教，似谓宗仰之教，然其不词已于上文言之。

B. Religion 之界说。 各种行为或感觉起于信仰世间有一神或多神存在，有超然之权力，管理人事人生或命运者也。（The acts or feelings which result from a belief in existence of a god, or of gods, having superior control over matter, life, or destiny.）试以宗教二字对照之，似无合处。

鄙意以为 Religion 之译为宗教，不如译为"神教"。征之于古义，则易有"圣人以神道设教"之语；征之于事实，则有"一神教""多神教"之言；合之于 Religion 之字源，则教字已涵有信仰之意义；稽之于 Religion 之界说，则神字已具有超然之权力。如此，则译义既较密合，亦且明了，而吾国人误解宗教之弊，亦可除矣。

吾国人有误以宗教为所宗之教，遂欲以孔教为宗教，不分其为神与非神者。彼辈但觉西洋各国中有国教，遂以为吾国亦当有国教。不知西洋所谓国教者，神教也；吾国若欲效法，择定国教，则旧有之后邀及新有之基督教皆可择一而定。然今世各国，大都信教自由，不敢再酿神教之战争。吾国若欲效法西洋，自当效其自由不当效其酿争。至于孔子之教，重人事，不重鬼事，重知生，不重知死；"神"尤为孔子所不语。故欲列孔子为神教，非诬则妄。然推其蒙混之由，未始非宗教二字不明了有以致之也。

或谓佛教非神教；神教所言，佛皆破除之，故大乘佛教，断非神教所能该。鄙意以为不然。《大乘起信论》引修多罗云，"若人专念西方极乐世界阿弥陀佛，所修善根，回向愿求生彼世界，即得往生，常见佛故。"又云，"是故应当勇猛精勤；昼夜六时，礼拜诸佛。"又云，"常为十方诸佛菩萨之所护念。"又云，"是故众生但应信仰，不应毁谤。"是"佛"与"神"神秘相等。译为神教，何谓不能该乎。世有达者，愿赐匡正，是区区浅学者之所渴望也。

——《北京大学月刊》第 1 卷第 2 期（1919 年）

英文"She"字译法之商榷（一）（1919）

钱玄同

启明兄：

你译小说，于第三身的女性人称代词写作"他女"，我想这究竟不甚好，还是读"他"一个字的音呢，还是读"他女"两个字的音呢？我现在想出三种办法，写在下面，请你指教：

（甲）照日本译"彼女"的办法，竟写作"他女"二字。阳性者，则单称一"他"字。

（乙）照半农的意思，造一个新字。但半农所要造的"她"字，我以为不甚好。因为这字右半的"也"字，要作"他"字用，若使许叔重解此字之形，当云，"从女，从他省，他亦声。"我想照此意思，不如造一"妳"字。"他"字古写作"它"，从"它"即是从"他"，若解其形，当云，"从女，从它——它，古他字——它亦声。"如此，则"他"字和"女"字的意思都完全了。

（丙）简直实行我们平日的主张：中国字不够，就拿别国的字来补。不必别造新字，老实就写一个 She 字。——写到这里，忽想起中国的"他"字，包括阴、阳、中三性，现在把阴性分出了，则"他"字所涵之义，已较从前为狭；而阳性与中性同用一个字，也不大好。既如此，何妨竟全用 He、she、it 三个字呢？若不用英文而用 Esperanto 的 Li、Si、gi 三字，则更好。

这三种办法，叫我自己来批评：则第一种不甚妥，当因为日本的"彼女"，意思是"那个女人"，所以于文义上没有毛病，我们若写"他女"二字，则有些"不词"。第二种办法，可以用得，但每次要特铸许多"妮"字，在事实上或者有点困难，也未可知。还有一层：我们对于汉字既认为不甚适用之物，则添造新字，好像觉得有些无谓。第三种办法，在我觉得是毫无不可。照你平日的持论，大概也可以赞成。这种办法，有人以为恐怕人家看了不懂。我以为这层可以不必顾虑。你译的那些小说，原是给青年学生们看的。今后正当求学的学生，断断没有不认得外国字的，所以老实用了外国字，一定无疑。若是给"粗识之无"的人和所谓"灶婢厮养"看的书，自然不能十分道地：遇到这种地方，或如你现在的办法，"写作他女"可也；或如普通的译法，he、she 改作"男""女"亦可也。这是对于我自己的主张的批究。你的意见究竟怎样？请你答复。

弟钱玄同　一九一九，二，八

——《新青年》第 6 卷第 2 号（1919 年 2 月 15 日）

英文"She"字译法之商榷（二）（1919）

周作人

玄同兄：

你问"他女"这一个字怎么读法，我的意思是读作"他"字，"女"字只是个符号。我译《改革》这篇小说时，曾经说明，赞成半农那个"她"字，因为怕排印为难，所以改作这样：就是"从女，从他，他亦声"；又照小局面的印刷局排印"鷟"字作"族（下从鸟）"的办法，将"女"字偏在一旁。我写这样一个怪字，一面要求翻译上的适用，一面又要顾印刷局的便利；一面又教中国人看了，嘴里念着"他"字，心里想着"女"字，合成一个第三身的女性人称代名词：是一个不得已的办法。我自己对于这一字的不满，便只在他是眼的文字，不是耳的文字。倘若读音而不看字，便不能了解，实是缺点。至于字形上的不三不四，尚在其次。这是我对于"他女"字的说明，若对于你所说的三种办法，我的意见是这样：

（甲）照上文所说，"他女"这名称，不能适用，非但有些不词，实际上背了用代名词的本意了。中国旧书中也有"生""女"的称呼。

但那是名词，不能作代名词用。倘若名词可以兼代名词用，我们要代名词何用呢？（因此想起日本的"彼女"，也不甚妥当。）

（乙）我既然将"她"字分开，写作"他_女"用了，如用本字，自然没有不赞成的道理。照你说造一"妳"字，文字学上的理由更为充足，我也极赞成。但这仍是眼的文字，还有点不足，所以非将他定一个与"他"字不同的声音才好。你前天当面和我说的，他读作 ta，妳读作 to 也是一种办法。我又想到古文中有一个"伊"字，现在除了伊尹、孙洪伊等人名以外，用处很少，在方言里却尚有许多留遗的声音。我们何妨就将这"伊"字定作第三身女性代名词，既不必叫印刷局新铸，声音与"他"字又有分别，似乎一举两得。不知你以为如何？

（丙）中国字不够，就拿别国的字来补，原是正当办法。但连代名词都不够，那可真太难了。我极望中国采用 Esperanto，一面对于注音字母及国语改良，也颇热心。正如你所说，"新屋未曾造成以前，居此旧屋之人，自不得不将旧屋东补西修，以蔽风雨。"修补旧屋之时，如开一个天窗，缺一块玻璃自然不得不拿别国的东西来用。倘若连灶的砖，还要求诸于海外，便未免太费手脚。我们何妨亲自动手，练一堆烂泥，烧几块四斤砖，聊以应用呢？我以为要教他们认识 lì，sì，gì 等字，须连上下文一起读；至于单用的时候，——就是用在汉语中间时，——便用第二条所说的新字。我本反对"金"旁一个"甲"字那宗字，却单独赞成"女"旁一个"它"或"也"字的代名词（用"伊"字更好：），因为读到"钾"字的人，可以认得 Kalium。至于代名词，则不止翻译上要用，便在"灶婢厮养"平常话写信看书报时，也是必不可少的。我的赞成新造怪字，更望以"伊"字代用，便因为这个缘故。至于补入中国文中的别国文字，应该用哪一种才好，那是另一个问题，现在不及议论了。我的意见，总不赞成用某一国的国语，所以将 She 字借用一节，可以作罢了。

总之我对于这个代名词问题，毫无一定成见；哪一个方法好，我便遵行。但现在尚无决定的办法，我还暂且用我的旧方法，写那二字一音的字。

周作人　二月十三日

——《新青年》第 6 卷第 2 号（1919 年 2 月 15 日）

英文 "She" 字译法之商榷（三）（1919）

钱玄同

启明兄：

复信敬悉。

特造"妳"或"她"字，而读"他"之古音如"拖"，现在仔细想想，这个办法究竟不大好。因为（一）我们一面主张限制旧汉字，一面又添造新汉字，终觉得有些不对。（二）从旧字里造出新字，这新字又要读旧字的古音，矫揉造作得太厉害了。（三）非添铸字模不可，恐怕印刷局又要来打麻烦。要免去这三层，则用"伊"字最好。我且用个旧例来比方比方：如"考""老""寿"三字，意义全同，又是叠韵，于古为转注字（转注用章太炎师说）。但后来却分作三种用法，如"先考"不能称"先老"，"老人"不能称"考人"，"做寿"不能说"做老"或"做考"；若呼"老头子"曰"寿头"，开店的"老板"曰"寿板"，这更是要挨嘴巴的了。意义相同而施用各异，久而久之，竟至彼此决不可通用者，就是荀子所谓"约定俗成谓之宜"的道理。我们行文，用定"他"字代男性，"伊"字代女性，等到渐渐成了习惯，也觉得彼此决不可通用了。所以我很赞成用"伊"字的办法。

玄同　二月十四日

——《新青年》第 6 卷第 2 号（1919 年 2 月 15 日）

译书感言（1919）

傅斯年

现在中国学问界的情形，很像西洋中世过去以后的"文艺再生"时代；所以去西洋人现在的地步，差不多有四百年上下的距离。但是我们赶上他们不必用几百年的功夫：若真能加紧地追，只须几十年的光阴，就可同在一个文化的海里洗浴了。他们失败的地方不必学，只学他们成功了的。他们一层一层进行的次序不必全抄，只抄他们最后一层的效果。他们发明，我们模仿。他们"众里寻他千百度"，我们"俯拾即是"。所以我们虽然处处落人后，却反而得了个省事的路程，可以免去些可怕的试验。至于我们赶上他们的办法，——省事的路程——总不外乎学习外国文，因而求得现代有益的知识。再翻外国的书籍，因此供给大家现代有益的知识。照这看来，翻译一种事业的需求，也不必多说了。

然而中国人学外国文已经很久了，翻译的效果，何以这样稀薄呢？论到翻译的书籍，最好的还是几部从日本转贩进来的科学书。其次便是严译的几种，最下流的是小说。论到翻译的文词，最好的是直译的笔法，其次便是虽不直译，也还不大离宗的笔法，又其次便是严译的子家八股合调，最下流的是林琴南和他的同调。翻译出的书既然少极了，再加上个糟极了，所以中国人的知识上发生的好效力极少。仔细想来，这都是因为翻书没主义。没有主义，所以有用的却不翻译，翻译的多半没用。我对于译书的主义非常简单，只是译书人的两种心理——也可说是一种心理的两面。我现在把它写下来。

（一）译书人对于作者负责任。

（二）译书人对于读者负责任。

这两句话看来好像非常浅近，其实施行起来，道路很多。我先把它概括地说明。

我们纵然不能做作者的功臣，又何必定要做作者的罪人呢？作者说东，译者说西，固然是要不得了；就是作者说两分，我们说一分，我们依然是作者的罪人。作者的理由很充足，我们弄得它似是而非；作者的文章很明白，我们弄得它半不可解，原书的身份便登时坠落——这便是不对于作者负责任的结果。严几道先生译的书中，《天演论》和《法意》最糟。假使赫胥黎和孟德斯鸠晚死几年，学会了中文，看看他原书的译文，定要在法庭起诉；不然，也要登报辨明。这都因为严先生不曾对于作者负责任。他只对于自己负责任。他只对于自己的声名地位负责任。他要求名然后译书，只要他求名的目的达到了，牺牲了原作者也没不可以。我并不是说译书定不为求名，这是不近人情的说话。但是断断乎不可牺牲了作者，求自己的声名。这是道德上所不许。况且这手段并不能达到求名的目的。严先生当年牺牲了孟德斯鸠、赫胥黎，居然享大名了，这也是当时则然，现在却办不到。

当年读英文法文的很少，任他"达旨"去罢，谁肯寻根追求。现在读外国文的人多了，随时可以发现毛病。马君武先生把托尔斯泰的《复活》删改了许多；我的同学汪君、罗君一找就找到。林琴南把 *Ivanhoe* 书中的一个"离去"翻成"死去"。我五六年前读这本书时看到，便大笑了一番。又如某君要从英文的译本中翻译一本法文原著，我的一位同学，早预备着等他出版以后，照法文的原文，英文的译本，仔细考较一回。所以在现在情形之下，翻译者虽欲不对于作者负责任而不能。但是这责任也还不是容易负的呢？要想不做罪人，须得和原书有六七分相同；这六七分的事业，已是极难了。译书的第一难事，是顾全原文中含蓄的意思。作书人说一句话，并不仅是一句话，话里头还包含很多层意思。这样情形，书越好的越多。若是仅仅译了原书的字面，便登时全无灵气。因而外国有法定的翻译权，不许人不经作者许可便译。这不仅是保护作者的权益，并且是保护原书的身份。中国人不入这同盟，不受这法律的限制。应当利用这个机会多多翻译，实不应当利用这个机会坏坏翻译。

昨天《国民公报》上有张东荪先生的一通信，约我翻译哲姆士教授的《实际主义》，我原来有翻译这书的愿心，我原来有研究实际主义的计划；我现在虽然还有点译不好，也不妨慢慢地研究，慢慢地译。后来一想，这意思不然了。想翻译这《实际主义》，必须对于实际主义有把握；想对于实际主义有把握，必须先研究造成实际主义的实际方法论——就是实际逻辑——想研究实际逻辑，必须先研究机能、行为两派的心理学。还不止此，想知道实际主义的是，不可不知康德以后各派哲学的失；想知道实际主义的效用，不可不知实际主义的伦理学——人生哲学。如此说来，一事牵动百事。若不要做哲姆士的罪人，还只得按部就班地研究。这是对于作者负责任。况且没头没尾，突然有一部《实际主义》发现，对于国人也没大利益。实际主义

631

不是哲姆士在波士顿罗威研究所讲台上所创造的，也不是失勒在《人性主义学》里创造的，也不是杜威在《逻辑理论》上创造的，也还不是皮耳士在《普及科学月刊》上创造的；——西洋思想界进化到现在，经那样的历史，受现代时势的支配，自然而然有这主义产生，和这主义相近的柏格森，同时出发；可见这主义是在现代生活之下，必生的结果：不懂现代的生活，便无从领略这主义。不懂得西洋思想界的历史，也无从领略这主义，就以哲姆士的《实际主义》而论，有的地方论历史，有的地方论现在的别派，我们若没有一个概括观，并不能知道他说的是什么。所以在翻译这本书以前，应当有（一）一部可信的西洋思想史或哲学史；（二）一部可信的西洋近代思想通论；（三）一部可信的实际主义概论。有这三部书预先出世，翻译出这《实际主义》，才有人看，才看得懂，才有利益。不然，只可供游谈家的割裂，新学究的附会；——总而言之，只给人当护符的材料，——实际主义仍然是实际主义，中国人仍然是中国人。这都是为读者的地位着想，这种心理便是对于读者负责任。为这缘故，不可不注意以下四项：

（一）翻译一部书以前，先问这本书是否本身有价值，是否在同类之中算最好的。

（二）翻译一部书以前，先问这本书是否到了翻译的地步了，是否还有应当较先翻译的。

（三）翻译一部书以前，先问这本书译过之后，是否大众看得懂，——不觉得无灵性。

（四）翻译一部书以前，先问这本书译过出版之后，大家读了生何样效果。

总而言之，翻译的事业，只是为人，总得为读者"设身处地"想想，不能专求自己的便利。中国的学问界，并不受翻译的影响，这固由于译出来的书籍太少，也是因为译出来的东西太没系统；该译的不译，不该译的偏译。译书的效用，原不是给能看外国文书籍的人看的，原是给不能看外国文书籍的人看的。既是替不能看外国文书籍的人译的，便当替不能看外国文书籍的人想想，不当只管自己的高兴。所以译书的去取和次序，全是为读者而定；——就是译者对于读者负责任。

这两层意思说明了，翻译上的一切事项，不难按这道理解决了。我先说翻译的范围，西洋书多得很，还是先译哪些是呢？这不消说应当先译最好的了。但是最好的和次好的，以及不好的，又如何分别呢？好不好本没一定，只是看它有用没有用；有用便好，没有用便不好。所以我们说"应当翻译好的"还是句笼统的话，不如说，应当翻译最有用的，——对于中国人最有用的。我现在举出几个条件来：

（1）先译门径书。这都因为中国人对于各种学问很少知道门径，忽然有一部专门著作出现；没人看它，不若先翻门径书作个引路的。

（2）先译通论书。通论书籍容易普及，况且这样一部书里包含的意思比精细特殊的著作，定然多的，读的人可以事半功倍。至于研究精细特殊的著作，固是学者当有的事，但是做这样事业的人，应当直接读外国文书，不能仅靠翻译。翻译只为普通的读者而设。

（3）先译实证的书，不译空理的书。这是因为空理不能救济中国思想界。

（4）先译和人生密切相关的书；关系越切，越要先译（像《北美瑜伽学说》《长寿哲学》一类的书，我真猜不到译者是何心肝）。

（5）先译最近的书。因为后来的书，是修正前者而发；前人的好处，他包括了，前人的坏处，他改过了。我们只须求得最后最精的结果，所以要先译最近的书。

（6）同类书中，先译最易发生效力的一种。

（7）同类著作者中，先译第一流的一个人。

（8）专就译文学一部分而论，也是如此；"只译名家著作，不译第二流以下的著作。"这是胡适之先生在他的《建设的文学革命论》中的一条提议。

以上译书的去取和次叙说完了。我再谈译书的方法。方法本是随人自己定去，不能受别人的限制。但是论到大体，也有共同的原则。我就把这共同的原则写下来：

（1）用直译的笔法。严几道先生那种"达旨"的办法，实在不可为训，势必至于"改旨"而后已。想就别人的理论发挥自己的文章，是件极难的事。不但对于原书不能完全领略的人不能意译，就是对于原书能完全领略的人，若用意译的方法顺便改变一番，也没有不违背原意的。想用意译，必须和原作者有同等的知识才可，但是这是办得到的事情吗？况且思想受语言的支配，犹之乎语言受思想的支配。作者的思想，必不能脱离作者的语言而独立。我们想存留作者的思想，必须存留作者的语法；若果另换一副腔调，定不是作者的思想。所以直译一种办法，是"存真"的"必由之径"。一字一字的直译，或者做不到的，因为中西语言太隔阂，一句一句的直译，却是做得到的，因为句的次叙，正是思想的次序，人的思想却不因国别而别。一句以内，最好是一字不漏，因为译者须得对于作者负责任。这样办法，纵然不能十分圆满，还可以少些错误，纵然不能使读者十分喜欢，还可使读者不至十分糊涂。老实说罢，直译没有分毫藏掖，意译却容易随便伸缩，把难的地方混过！所以既用直译的法子，虽要不对于作者负责任而不能，既用意译的法子，虽要对于作者负责任而不能。直译便真，意译便伪；直译便是诚实的人，意译便是虚诈的人。直译看来好像很笨的法子，我们不能不承认他有时作藏拙的用，但是确不若意译专作作伪的用。有人说："西洋词句和中国的相隔太远，定要直译，自不免有不可通的时候。"这话真是少见多怪；我们只要保存原来的意思就完了，何必定要逼着外国人说中国学究的话？况且直用西文的句调译书，更有一重绝大的用处，就是帮助我们自做文章的方法。我们有不能不使国语受欧化的形势，所以必须用西文的意味做中国文。唯其如此，所以更不能不用直译，更不能不把直译所得的手段，作为自己做文的手段。这话说来很长，我在上一期里，已有专文论及了。

（2）用白话。这也是《建设的文学革命论》中一条提议。到了现在，文言已是死了的，不中用的，所以断不能拿它来代表现代的活泼著作。而且文言和西文太隔阂，白话比较稍近些。要想直译，非用白话不可，要想和原来的切合，非不用文言不可。白话文学一条道理，在现在直可说是"天经地义"，翻译自然可算里头的一部分，自然逃不脱这"天经地义"。

（3）第二等以下的著作，可用"提要"的方法，不必全译。翻译不是容易干的，必须一种外国文的程度在水平线以上，更要对于所译的学问有精密的研究。这样说来，译材能有几个呢？然而应当翻译的东西又多，需要的又急，少数的译材不够应用，却怎样办呢？去年我在一位同学那里看见两厚本日文书，名字叫作《教育学书解说》，里边登载各家教育书籍，都用"提要钩玄"的办法。我仔细一想，这办法实是不差。照这办法，译的人可以省事，读的人可以省事；译的人可以用这方法多多转贩，读的人可以在短少时间，多得若干派的知识。在现在复杂生活之下，在现在若大海一般的出版界之内，不得不用这经济的手段。我并不是说专门学者只须看提要，我是说普通读者不可不先看提要。我并不是说一切著作不须翻译，都可用提要代替，我是说除非若经典一般的创造性的著作，尽可先做个提要，给大家看看。学者的研究自然必须照着原书一字不放，一般的读者，还须求个事半功倍的道路。读者觉得我这说话和上文"直译"的主张矛盾吗？其实两件事全不相干。值得通身翻译的书籍，便得通身翻译，并且用直译的笔法。不值得通身翻译的书籍，或来不及通身翻译的书籍便可做提要。诸位切莫混为一谈呀。

现在我把大纲的意见说完了；还有一层附带的话，再说一说。翻译一种事业，独自干去，用力的大，收效很难。若是大家共同翻译，共同研究，效验定然快的。材料的搜集，文词的讨论，错误的修改，都是共同取得的事业。事事皆然，翻译也不免如此。所以我很愿意大家多设译书会，用公众的力量去做这转移文化的事业。北京大学有个编译会是很好的了，只可惜一年以来，并没有一部译成的书出版（著作的在外）。我有几位同学对于此事盼望得很。我们同学很有些非常勤学，读书极多，并且好事的人，若是有热心而有学问的教员引导，组织一个译书会，合伙做去，不到一年，定有一部分的成效。我这话就算一种提议罢。

说到这里真说完了。看的诸君定要失望。我把这人人晓得的话，说给诸君听，实在是我的罪过。但是这话虽然人人晓得，却只有极少的几个人实行。我现在就再说一番，刺激诸君耳鼓，奉求诸君想法实行！

八年一月十六日

——《新潮》第 1 卷第 3 号（1919 年 3 月 1 日）

论译戏剧（答 T. E. C 等）（1919）

胡适

　　来书所说对于译剧的怀疑，我以为尽可不必顾虑。第一，我们译戏剧的宗旨本在于排演。我们也知道此时还不配排演《娜拉》一类的新剧。第二，我们的宗旨在于借戏剧输入这些戏剧里的思想。足下试看我们那本《易卜生号》，便知道我们注意的易卜生并不是艺术家的易卜生，乃是社会改革家的易卜生。第三，在文学的方面，我们译剧的宗旨在于输入"范本"。范本的需要，想足下也是承认的。第四，还有一层理由：我们一般同志都是百忙中人，不能译长篇小说。我们最喜欢翻译短篇小说，也是因为这个原故。戏剧的长短介于短篇小说与长篇小说之间，所以我们也还可以勉强腾出工夫来翻译它。

　　【……】

（适）

——《新青年》第 6 卷第 3 号（1919 年 3 月）

论译书方法及译名（1919）

孙几伊

现在吾国可算是学术破产的时代，从前吾国固有的学术固然不少，在现时可有许多不适用不够用了，所以就不能不借助他山要向世界各国去稗贩些学术进来，才能挽救这破产的局面。那通外国文的人，可以直接看外国书，自然与世界学术，有接触的机会。那不通外国文的人，要想与世界学术接触，便不能不仰仗能通外国文的人来绍介了。这绍介的方法便是译书。

吾国在二三十年前便有人去译书，但是所译的书，不独寥寥可数，并且异常恶劣，结果世界学术依然是世界学术，中国人依然是中国人，绝不发生何等联属、何等影响。这都是译者的目的错误、方法不良所致。大抵从前的译者全为自己，有一种人竟认翻译便是著作，要想藏诸名山，传诸后世。有一种人竟把译书作为生计，只要书贾要买他的稿子，别的都可不管。你想这两种人一则以名为目的，一则以利为目的，还能有好书译出来吗？他们所译的书，还能令读者与世界学术发生联属、发生影响吗？说到这里，吾一定要先将译书的正当目的说出来。吾上文已经说过，译书是绍介世界学术于不通外国文的中国人，可见译书为的是人，为的是社会，不是为的我。认清了这一点，便好来论译书的方法了。

吾于外国文仅通英文，并且程度很浅，也从没有译过一本书，现在大胆来论译书方法，岂非可笑，但是译书既为的是人，读者的意见，当然可以供译者的参考。所以吾便以读者的资格，将从前所读译本的遗憾，一一写出，好教现在及将来的译者有所借鉴。

1.译名的歧异。吾国向有一种文人相轻的恶习，所以尽有甲乙两人，同讲一种学问，大体本是相同，却好于小处去立异。近时的译者，不幸多犯这恶习。举例来讲，如 Deductive（演译）、Inductive（归纳），严又陵君却一定要译为"外籀""内籀"，因用这个"籀"字，便先为之注曰"音纣"，又为之解曰"盖籀之为言绎绎"。此在译者徒矜渊博，实亦辞费。而在读者，必深感不便。他日如读他种译本，见演绎、归纳二词一定以为与外籀、内籀完全是两词，在不通外国文的人，决不知道这几个词都是从 Deductive 与 Inductive 译出来的。此外类此的例尚多，他日有暇，将详言之。

2.无抉择。吾上文已说过从前的译者都为自己，所以他读了一本外国书，趁一时高兴，或为名利两字的目的，便去翻译。第一，不问社会的状况如何，此书译出以后，读者能否领悟，发生什么影响，一概不管。第二，外国书不是本本好的，有用没用，随便乱译，如何会有好影响。所以吾国译书几十年，结果中国人与外国学术的联属影响依然很少，都为译者无抉择的缘故。例如严译的孟德斯鸠《法意》，原书自非绝无价值，但吾以为此书仅可供人参考。一则卷帙繁重，予读者以时间上的不经济，二则原书是十八世纪的著作，不甚适于现代。所以在译者是白费光阴，在读者是绝无益处。诸君不信，但看这严译《法意》的效果何尝于吾国政治、法律上发生一点影响？

3. 无统系。各种科学都有相互的关系，假如中国还没有数学，译者便绍介物理学、化学进来，一定没有人去读他的。就算有人去读，也还不易领悟。而况同一科学之中，尚有深浅的程序，要不是由浅入深、循序渐进，结果一定是卖椟还珠。不幸吾国译本，都犯此病，所以我们无论想研究何种科学，都没有适当的译本。将来译书，若再如此没有统系，恐怕中国之与学术，永远是不会接触的了。

以上所举大抵是读者对于译本所同抱的遗憾。其中两举严氏译本为例，并非故加抨击，因为严氏译书最早，出书亦较多，故举为例，以概其余。以下请论译书的方法，依吾所见，应有下列几个条件：

（1）一部书里的名词，至少自己总要统一，时下流行的同类书中所用名词，亦可采取，不必立异。

（2）译者于译书之前，（a）应先审察社会的状况，吾译这本书是否与社会、状况适应？即是否读者可以领悟，可以受用。（b）对于原书应加选择，以有用为标准。

（3）译者于译书之前，（a）应先考虑吾绍介此种学问，有无应先绍介之学问，即吾译此书，有无应先译之书。（b）即此种学问已达可以输入的时机，还应在同类书中，分出个先浅后深的次序。

以上三条，不过对症发药，免去我上述的几种遗憾罢了。此外我尚有两个积极的条件：

（4）应先译纯正科学书。近世各种学问，都是从纯正科学中来，最明显的例，如达尔文的进化论，是出于生物学的。所以纯正科学是凡百学问的根基，中国现时纯正科学的根基，还没有筑成，若陡然输入他种学问，何异建屋于流沙之上，所以吾主张应先译纯正科学书。

（5）应直接译著者原文的书。吾国近时译本大抵重译而来，尤以从东籍译出者为最多。须知原书有原书的思想，经过一次翻译，无论译者如何审慎，多少不免参杂了些译者的思想，一定不如原书，再经重译，又参杂了重译者的思想，一定更不如原译本了。何如直接从原书去译，或者中国译本，及出于日本译本、英国译本之上亦未可知。说到这里，一定有人问吾，现在通外国文的能有几人？要都从原书译出，则译本一定更少，岂不是于中国文化前途多层障碍吗？这话看似有理，实不尽然。现在中国通外国文的人虽少，但亦不能说是没有，苟其通外国文的人，能够有种组织，懂俄文的译俄人著作，懂法文的译法人著作，这事并不见难，未必便于文化前途发生障碍。

以上论译书方法，以下论译名。

近来论学的文章，往往劈头便有一大篇译名论，往往因为一个单词，开首便说语源是什么，英文作什么，法文作什么，德文又作什么；某人译作什么，某人又译作什么；某人所译的如何如何的不妥，某人所译的又如何如何的不当；所以吾译作什么，以下还有一大篇理由。试问这几百语的译名，论究竟于你所论的问题，有什么关系？最大的影响，读者佩服你是个博通中外的人物罢了。唉！吾国学术所以弄到这破产的地步，都是这辈虚伪的学者所造成的。再从读者方面来讲，他们读了这一大篇的译名论，早已搅得目眩头晕，再往下读，任你有多少精义，也无从领会，这种损人不利己的事情，偏偏有人去做，这真叫我无从索解。民国二年的时候，上海某某两报有两位著名的记者，便天天为这译名问题，发生笔战，说也好笑，我也曾读他们的文章来，起先还觉得新颖可喜，后来便渐渐厌恶，最后吾便不看这两报了。我想一般的读者，当时一定有人与我有同一的感想，有同一的行动，可惜他们这译名的论争，竟造成一种恶风，至今愈煽愈烈，这真是吾国学术前途的厄运。

现在译名的论争，据我看来，不外两种：一主音译，一主义译，主音译的人一定说义译决不能将原文意义完全表显。主义译的人一定说音译是聱牙佶屈不便行文。其实音译有音译的好处，也有音译的坏处；义译有义译的好处，也有义译的坏处。音译、义译的坏处但看他们互相攻击的话，已经一挑半剔、无微不至，无烦吾再来词费。吾以为义译的好处，在能望文生义；音译的好处，在能以原文的音包含原文的义。例如"涅槃"二字，本系音译，久而久之，这"涅槃"两字也人人能知道它的意义了。依吾的主张，应当分别而观，有应当音译的，也有应当义译的。说到这里，一定有人问我何者应当音译，何者应当义译，吾请简单的回答：

A 应当音译的

    I   物质的名词为中国所无的，例如化学中所用的各种名词。

    II 多涵的，例如"德模克拉西"等词。

    III 多歧的。

    IV 中国文字不能有相当译名的。

    V 专门名词，如人名地名之类。

B 应当义译的

    I   从习见，例如"经济学"一词，文义上是否可安，是另一问题。但人人一见经济学三字，便知是 Economics，所以不必通用好奇的心，去另创别名。

    II 中国文字有相当意义的译名的。

以上用列举的方法，来表吾的主张，明知一定不能包举完全，尚望读者教正。此外，我对于译名还有两层意见：（1）译名之下，应附原字。文字本是一种符号，外国字杂在中国文字中，一时虽感不便，久而久之，自能毫无妨碍，顺流读下。（2）全国的学者，应从事于统一译名的事业，听说江苏教育会现在已有一表，但我未见，未便批评，我很希望大家起来提倡这有益文化的事业。

民国八年六月十日

——《新中国》第 1 卷第 2 期（1919 年 6 月 15 日）

译名（1919）

朱佩弦（朱自清）

"译"是拿外国文翻成本国文；我是中国人，我现在所说的译，就是拿外国文翻成中国文。论到译字的意义，本有许多，《礼记·王制》"北方曰译"一句的疏说："通传北方语官谓之译；译，陈也。……刘氏曰：'译，释也，犹言誊也。'"《扬子·方言》说："译，传也。"注："传宣语，即相见。"《说文》说是"传译四夷之言者。"这些都拿译字作"译人"讲，原是名词。到了汉明帝时，"摩腾始至，而译《四十二章》，因称译也。"[1]《翻译名义集》说："译之言，易也；谓以所有，易其所无。"[2] 从此译字的意义变了，作"拿外国文翻成本国文"讲了，[3]——由名词转成动词了——到现在还是这样。那摩腾就是中国翻译事业创始的人。

讲到翻译的问题，可以分两层说：第一，外国的材料有好的，有坏的；有不可不译的，有犯不着译的。我们应该怎样的选择呢？这是译材问题。第二，译成的文字怎样才能达出原意，怎样就失掉原意了？这是译法问题。里面又包含着两个问题：甲是译笔问题，是从译者修辞的方法一方面看。乙就是译名问题，是从所译的名确当与否一方面看。——这里所有的名，是指一切能拿来表示事物的字[4]——一切词品——不单限于文典里名词一部或名、静、动词三部。原来外国的名，有我们有的，有没有的，有同我们有的相似的。译的时候，自当分别办理，才能把原意表达确当。但是究竟怎样地分别办理呢？这便是我们所要讨论的。

（一）

现在该讲到正文。但在讲正文之先，我还须说点关于译名讨论的历史。《翻译名义·叙》说："唐奘法师论五种不翻：……。"这是最早讨论译名的了。后来译经的人对于这问题没有论的，大概都照着那五条办了。唐以后，译经的渐渐少——可以说没有。到南宋时，一般儒者都去讲性理之学，说佛教是异端，攻击得很厉害。那时更没有人敢译经了。没人译经，还有谁来讨论译名！这个问题简直是不成问题罢了。一直到近世，中国同各国交通，西方的文化，渐渐地流了进来。这时翻译事业又盛，因为介绍外国的文化到本国里来。翻译是第一件利器呢。这种情形，明末的时候就有点萌芽。到了清朝，越过越盛；但是译名问题一直没人提出讨论。近十年来，译事格外发达了，因此也就有人注意到此。以我所晓得的，那时第一个讨论这问题的，是章行严先生。他先在《民立报》上发表他的意见，得了许多来信，都是讨论这件事的。后来他办《独立周报》同《甲寅》杂志，仍然继续讨论，得的来信也不少。这个问题渐渐有许多人注意，差不多成了一个大问题了。又有一位胡仲曾先生，他又作了一篇长文讨论译名[5]。但是《甲寅》不久停刊，胡先生也死了，这个问题就搁下来，好几年没有人提。直到前年北京大学研究所把译名列为一科，才又有点生气勃发起来。然而大学研究所设这一科的宗旨，是要审定各科的译名，以及创译新名；并不专以讨论译名的方法为事，同章、胡诸先生的旨趣有些不同。我现在觉着章、胡诸先生所论的格外重要；我的意见同他们略有出入；所以"旧话重提"，再把这问题拿来考究一番。

（二）

我前节说过，翻译是介绍外国的文化到本国里来的第一利器。既然这样，那些翻译的问题自然是很要紧，必须研究研究的了。那译材问题是译前应该注意的。选好了译材，动手来译，这时就要注意译法，要晓得译出来的东西的价值和效力，全仗着它呢。至于译法问题所包的两层，比较起来，还是译名格外重要些。为什么呢？因为名是拿来表示实的，[6] 要是名不确当，它那所表示的实也就跟着不确当，译出来的东西的意义自然是模糊影响，不可印持了。那么还能有什么价值同效力呢？——简直还对不起作者。这时虽是修辞的方法高明得很，又有何用？再说，若是我们有了许多确当的学术上译名，国语的科学、哲学等自然会一天一天的发达；世界上新学术、新思想渐渐可以普及到中国来了，我们那些不外通国文的同胞也不致向隔了。——一国里能通外国文的，毕竟是少数呢。以前德文没有发达的时候，德国的学者，多是用法文或拉丁文著书，因为他们本国字太少，不够用的缘故。单就哲学说，拉拔尼芝（Leibnitz）的时代，用德文著的书还很少；他自己的书，还是用法文、拉丁文著的多呢。到了吴尔夫（Woeff）起来，用德文造了许多哲学上名字。后人渐渐采用，德文的哲学著作，才一天一天地多了。

（三）

那么，译名怎样才能确当呢？我们有的名，固然可以把它容容易易地翻过来，那些我们没有，或是同我们有的相似的名，不该怎样翻呢？总而言之，译名用什么办法才好呢？

从来译名的方法，大概有五种，那五种是：

一、音义分译　这是从前人译佛经的一条法则，原叫作"华梵双举"。是一半译音，一半译义的；就是拿梵名的音同义各翻译出一部分来——所翻的音，大概是原名的第一音。——联合成词。（这个词是指兼词 Sgn-Categoramaticol Term 同单词 Categnanatical Term 不同。下仿此。）例如"帝释"，是佛教八部里的神名，他原名的音是释迦提婆因提，《翻译名义集·八部篇》引《大论》说："释迦，（秦言能），提婆，（秦言天），因提，（秦言主【即帝】）……今略云帝释，盖华梵双举也。"又如"忏悔"，梵音作"忏摩"，同书《众善行法篇》说："此翻悔过"。又说："此云忍，谓容恕我罪也。"译的人觉得要拿中国字把这个名的意义表示出来，非常累赘，所以因陋就简的用了一个悔字，来表示他义的一部，加上一个忏字，来表示他音的一部；以为音义合璧，那义的一面就阙略点，也不妨事的了。

二、音义兼译　这种是拿中国字切外国字的音；同时所切的音，要能将原名的意义表示出来。例如么匿（Unit）、图腾（Totem）、胞蛋质（Proteine）之类。

三、造译　这有二种办法[7]：

（一）造新字　这里面又包两种：

　　1.拿含有原名一部意义的中国字，加上一个偏旁，或换掉原来的偏旁。所加或所换的偏旁，须要和原名性质相近。例如张振名君所举的"儬"字（Economy）。

2. 拿和原名同音的中国字，加上或换上一个和原名性质相近的偏旁，还读原来的音。例如耿毅君所例举的逻辑（Logic）。

（二）造新义　　就是拿冷僻的中国字偏旁同原名性质相近的，给它一个新义，教它成一个新名。例如锑（Antimomy）。

四、音译　　拿中国字切外国字的音的，便是。例如逻辑（Logic）。

五、义译　　按着外国字的意义，用中国字表示出来的，便是。例如端词（Term）。

（四）

以上我把从来译名的方法，已经大概说了。现在且将它们仔细考察一番。

音义分译的办法虽是译佛经的人创下来的，但是佛经里这类译名却很少。大概它们原不过因为有些梵名的意义，不是一两个中国字所能具足表示；用了原名的切音，又怕人家看了不懂，还得附加解释，也是麻烦。所以才想出这个法子来试试，拿原名一部音和一部义合成新词；音义都有而都不全。但是他们希望原名的意义或者可以借此大部表示出来。这原是他们一种不得以的办法，姑且试试，不当它是正法的。所以这类译名毕竟很少。——或者他们经过了试验之后觉得这种办法很不妥当，因而不用它了，也未可知。我们且看上举两例："帝释"那个名，现在未曾读佛经的人差不多不晓得它，见了也不能懂。

"忏悔"一词，倒很通行。但是都把它当作骈字，合表悔过的意义；有时单用忏字表白陈悔的意义。谁还管它是怎样的来历呢？这算被同化了。假如这类译名都能这样，岂不很好。无如竟非常之少——佛经里这类本少，能通行的，简直是少而又少。也可见它们的效力了。再说忏悔这种词所以通行，或是因为宗教上常用它，又没有别种译名同它竞争，所以它就借着宗教的势力来征服我们；并不是单凭着它所表示的思想自身的力量，就能这样的。所以不能看了这种词的通行，便以为这种译法是好的。我以为这种办法的大坏处是既不像音，又不像义——简直是四不像。四不像的名字怎样能传达确当的思想到人脑筋里去呢？人家既不能借它们得着思想，还要他们干什么？它们所以不通行，大概是为此了。照以上看来，这种试而未效的译法，我们自当摈而不用的。

音义兼译一层，是译者想两全其美、贯通中外的办法。但是音义都和中国字相同的外国字非常之少——简直可说没有。如用这法，势必至求切音，义就难通；求合义，音就难肖；如要两全，必然两失，这又何苦来呢？胡仰曾先生说："么匿，图腾，义既不通，音又不肖。粗通国文者或将视之为古语，通外语者又不及联想之为外语；似两是而实皆非。……即为几何有义可解矣，然数学皆求几何，于斯学未尝有特别关联也。彼名'几何米突'（Geonetry），原义量地，几何地之义也。割截其半，将何别于地质学、地球学、地理学等之均以几何二字为冠者乎？音义各得其一部，不如译为形学多矣。"[8] 我以为么匿，图腾音是对的，如严先生原是译的音，倒还可说；若说音义并有，那义的一面，可真是晦极了。初看这两个名的人，一定有像胡先生所说的两种现象的。至于几何那个译名的坏处，确如胡先生所论。但是现在用它的很多，它通用的又很久，一时只怕难于改善的了。又如"胞蛋质"，是蛋白质的总名，本义是变形质，是细胞同卵的成分的主体，所以把它译成胞蛋质。论到这个译名的意义，原可讲得过，——可以算是义译——但是音确不像；要是译音，须译为"勃罗定"才对。

况且既译了义，何必又译音？若是嫌义译不能将原名的涵义充分表示，难道兼译了音，就可以么？为什么就可以呢？恐怕没人能回答。其实不能充分表示原名涵义也不妨的，又何必这样费事呢？若说这样办法可以显得所译的名格外确当，那也不见得。译名确当的程度是靠着表示原名的义的量的，同原名的音毫无关系（必须音译的是例外）。用了这种译法，就使音切得很对，要是义不确当，那译名依旧糊涂。若是要叫人借此晓得原名，那么，他们至多能算晓得原名的音罢了，形是不能晓得的。要是他们不懂得外国文，将来看了原名，还是不能明白它的意义，听人说时，也不能懂；因为中国字切外国音是不能准的。略懂外国文的人，但知道原字的中国切音，也是这样。何不妨痛痛快快把原名写在译名下面，让略懂外国文的人还可以在看译名时，顺便知道了原名，岂不省事而有益的多着么？照以上看来，这种音义兼译的办法，真是吃力不讨好的。

造译的办法，用得很少。以我所晓得的，从前译佛经的人简直没用过它。近来只有译化学书的人，在他译原质名字的时候，才参用造新字的第二个办法——是拿和原名重音同音的中国字，加上一个同它性质相近的偏旁，例如氩（Argon）、钙（Calcimn）、矽（Siliun）等。皆以造新义的办法，确也有用的，但是他们用时，另外又附上一个条件，就是所取冷僻的中国字，须要同原名同音，这已到了音译的范围，不是造译了。纯粹合着这条办法的极少；我只找着一个溴字。溴字本来作水气讲，现在拿它作原质 Bromine 的译名了。这原质在常温时是液体，有一种特别臭味，所以拿溴字来译它。

有人说，造译很有用。因为世界上事物一天一天地发展，人心的思想也一天一天地扩充；思想扩充，就凭着那些不绝发展的事物。但是那些事物不能直接给思想作凭借；直接给它作凭借的，便是它们的概念，表示概念的，便是名。这些概念既然有许多是本来没有的，自然不是旧时通用的名所能表示。必得新造些字，或是拿些废了的旧字换上新义，才能够用。这是言语变迁自然的趋势。我说，你这些话都对，不过你是说的造字和造译——造字翻外国字——不能相通。因为新字的发生——就是造新字——是因为大多数人先有了那字所表示的思想，才能够的；不是先造了一个字，然后它们才有那思想的。造出来的字是随着言语自然趋势来的，自然会通行。照此下去，字是当然一天比一天多；永久是这样。总是造来表示社会新发生的思想的和造来翻外国字，介绍外国思想到本国来的——就是造来表示社会新输入的思想的——不同：一是有了大多数思想才有字，一是借了字去传播思想给大多数，两下里因果是相反的。所以不能并为一谈。那么，造译的字，所表示的思想即不是大多数人有的，同他们的接触当然很少，他们看见听见了它，一定莫名其妙——无论晓得不晓得它的原名。这样，这种字的效力自然是极微的了。若是附了解释，恐怕人家尽看解释，谁也不去理那四不像的怪字；解释变成不可离了；日子一久，或是那解释的文字渐渐被人缩短，变成义译名，喧宾夺主了。造的那个字，到此就算消灭；原先何必费力去造，落得结果这样！就不至此，加解释总是麻烦，何如义译！再说造译原是按着原名的涵义来。但是人心不齐，就是所按的涵义是一样，也难保所造的字不歧异；差不多是要你这样，我那样，叫人格外糊涂了。这又不比音译按着原名的音，不会差得太远，又不比义译用旧字按着原名的义，虽有歧义，大旨可通；这种字先给人一个认不得，人对于它的音、义，都是茫然，加上歧义，却更难了。——好容易学会了甲造的字，到了看着乙、丙、丁所造的，哪里能看出它们相同的所在呢？只好阙疑或重请教人；这是多么费力，多么不方便啊。

（五）

从前到现在，译名用上三种办法的，不过十之一二；其余十之七八，大概都是用音译、义译两个法子。近十年来关于译名的辩论，也是就这两种说的多。现在且说音译。

音译这个名字，是胡仰曾先生所不承认的，他说："传四裔之语者，曰译。故称译必从其义。若袭用其音，则为借用语。音译二字，不可通也。借用语固不必借其字形；字形虽为国字，而语非己有者，皆为借用语。……"[9] 章行严先生驳他说："《扬子·方言》'译，传也。传其义，自传其音。纵曰，译，释也。'……然遇义则兼传，释两训，遇音则仅含传训，读者会心，不必一致。……以故佛经音义两收，皆言翻译。"[10] 章先生的话很是。我以为胡先生原太拘了；音译的名也是中国字——切外国字的音的中国字——这原可说译的，何必一定说是借用呢？——径用外国字，才是借用。胡先生把借用的意义用得太广；把译字的意义又用得太狭了。

从广义说，音译有三种：就是音义兼译，造译第一个办法的第二项，以及拿中国字切外国字的音。上两种都在上面说过。现在所讨论的，单是第三种一种。

主张音译的人并不是绝对主张一切外国名字都该音译。他们不过以音译为主，义译为辅罢了，遇着中国有的名字，他们也要义译的。——在这范围内，音译差不多不成问题。他们要用音译的名字，是中国没有的，或是同中国有的相似的两种。

我们国里翻译事业，自然要算从翻译佛经起手的。那时已是"音义两收，兼言翻译"。音译的办法，便从那时传了下来。他们用音译的标准——也是理由——有五种，就是玄奘所论的五种不翻了。《翻译名义序》说这五种是：

"一、秘密故，如陀罗尼（真言、咒语）。

"二、含多义故，如薄伽梵具六义（自在、炽盛、端严、名称、吉祥、尊贵）。

"三、此无故，如阎浮（胜金）树，中夏实无此木。

"四、顺古故，如阿耨菩提（正偏知）。非不可翻，而摩腾以来，常存梵音。

"五、生善故，如般若尊重，智慧轻浅。……皆掩而不翻。"

现在主张音译的人所持的理由，除了上面第二、三两条和第五条的变相外，还有三条——也可说是音译的好处。这三条是：

一、不滥　章行严先生《答容挺公君论译名》的文[11]里说："逻辑非谓……所有定义悉于此二字收之，乃谓以斯字名斯学，诸所有定义乃不至蹈夫迷惑牴牾之弊也。"

二、持久　章先生同文里又说，"若取音译，则定名时与界义无关涉；界义万千，随时吐纳，绝无束缚驰骤之病。……一名既立，无论学之领域扩充至于何地，皆可勿更。"

三、免争　章先生论胡先生《论译名》时说："唯苟论争之点纯在
　　立义，诚不必避，若不在义而在名，则为无谓之尤。……义
　　者，为名作界也。名者为物立符也。作界之事诚有可争，作
　　符之事，则一物甲之而可，乙之亦可。不必争也。唯以作界
　　者作符，则人将以争界者争符，而争不可止。"¹²

　　音译的理由同好处大概是这样。但是这些果然可以教我们充分满
意么？

　　五种不翻的第一种——秘密——只有译宗教经典，还可适用。因
为陀罗尼一类东西本来是宗教上神秘的产品，原不要普及的，又没大
用，人不晓得，毫不要紧，尽可用音译。况且这类东西，既是神秘，
原文的意义，也不见得会明白，虽要义译，也无从的。第四种——顺
古——直没道理。难道"古"就是"不可背"么？摩腾不是万能，为
什么他没用义译的名字，后人便不能改用义译呢？这是崇古之情太
深，原是感情作用，不含着真理的。论到其他三种：多义一层，容易
解决。一个名字虽有许多意义，但是在一句里，——单字本来没有意
义，到句里才有。——同时不能有两个以上的意义；有了便和毋相
反律违背了。译时只消按它在一句里的意义就好。若是它到了别句
里，意义变了，就按变的意义译，这原不妨事的。这样一名一义，或
者比歧义的原名还来得清楚一点；要是字字都能这样，那真是名学家
所喜欢不尽的了。"此无"一层，也可不虑。虽然此无，至少有些因
为交通便利，传播迅速，也可以"此有"的。那么让人由名字上晓得
它的意义，岂不容易明白熟习，不比用那些佶屈聱牙的字，去切原名
的音，叫人摸不着头脑的，强得多么？况且翻译的事，原是想叫此无
变成此有；我想只有用了义译的名，才可以"此有"得容易而快，音

655

译是不行的。"生善"一层，也是带着宗教的色彩的，本没有讨论的必要。但是现在主张音译的人，竟把它当尊重讲，——其实生善的意义，不是尊重所能包括；那时所说的尊重，范围也较狭些。以为要保原名的尊重，有时不得不音译。这话却须细看：就尊重说，它的界说是什么？什么名字才配尊重呢？我看他们所谓尊重的，大概是些宗教或哲学上的名字。这些又为什么尊重呢？或者因为古代对于宗教和玄学上的名字，以为有神秘的意味，所以才这样么？其实要说尊重，那一个名字自身不尊重呢？就是有应该特别尊重的名字，我以为除专名本不以义重的外，也不妨用义译，加上一两个字或符号，表示尊重的意思；原没有音译的必要的。

至于章先生所说的三条，第二条免争，实不见得。因为译名断不会限于一人，同智的人都会动手的。那么，所译的名一定不止一个。于是大家各信其所译，出力来争，以求通行。结果呢，一面须看译名好坏，一面还需靠着鼓吹的力量。无论用那种译法，都要这样的。音译虽像没大出入，但是方音不同，用字无准，已尽够叫译名歧义的了。况且像章先生主张音译，就有主张义译的同他争，这不又是"固欲无争，反以来争"[13]么？

不滥和持久确是音译的好处。章先生已经说得透彻，不用我再唠叨了。但是我想，音译的好处就这两种，并不能敌过它的坏处。且这两样，义译也有；义译还有别的好处。所以主张音译的人不能就拿它们做根据的。至于义译的好处怎样，且待后面说罢。

有人说，音译还有一层好处，就是可以造出许多新词。原来中国现在词的需要很大（后详），用了音译的办法，在固有的拿义连缀成词的方法之外，又添上拿音连缀的方法来，岂不是可以得格外多的词么？若是它们通行了，同化了，岂不是于国语的科学、哲学发展上，大大有益么？但是音译是不是能这样呢？

音译的名最大坏处，——同造译一样——就是教一般人看了听了，莫名其妙；因此把前后的话交通隔断，看的听的，自然觉得扫兴。这样，还说什么通行、同化和传播思想！这还罢了，有的人不晓得名字是音译，硬拿自己的意思来解释，——这是人类好奇心必然的现象——往往会"谬以千里"。这是很危险的。就是通人，也有这样的。章太严先生《菿汉微言》里说："王介甫以三昧为数名，叶少蕴以禅为传，谓与易同义，焦弱侯云，'释者，放也。'此三子皆读佛书，而于译音译义尚不能解；然自李通玄《华严合论》已启斯弊矣。"[14] 这可见得音译的弊了；这些读佛书的人还这样，那不读佛书的，看了这种名字，又该怎样呢？我们知道，现在佛经里音译的名，确有许多通行的，但是这些大概是音译、义译并有的；并且借着宗教势力，才能这样；又和佛经里全数音译名字比较起来，毕竟是少数。所以这不能算音译有效的证据。况且这些通行的名字里：如"梵"字，本义是离欲或净行，现在差不多变成指印度的专名了；"禅"字，本是静虑，现在差不多拿它作佛教的通名了；"和尚"，本有力生、依学、亲教师等好几个意义，现在却只拿它指那剃发出家的男人了，这些都已失掉原义的大部了。又如"三昧"，本作正定或正受讲，本是一种修证的功夫，同禅字一样，现在用的很多，却都当作奥妙的所在讲，原义简直没了。又如"南无"本有归命、恭敬等义，现在念佛号的人，大概总拿它当一种口号，晓得原义的怕很少；这简直是全没义了。这些名字，因为宗教上的势力，能通行了这样久，也同化了；但是不能表示原义了——原名所表示的思想，不曾大部传播。所以我以为印度哲学在中国一衰不振的原因，名相的难，未尝不居其一。有义译附行，借着宗教的势力的音译名，效力也只这样，单用音译，又没宗教势力帮它的，更可想而知了。音译的大弊，就在这里；那方言不同，用字无准，缀音累赘，还是小节。

但是音译也不是绝对的不能用。我想可用音译——非用音译不可——的名字，大概有两种（这种音译，若遇了多音字的尽可斟酌缩减，叫它们便于记忆书写，容易通行）：

一、所重在音的——虽有取义，但不重要；或是已经消灭了。如人名，同地名的大部。

二、意义暧昧的——还没到明确的程度；或是不明确的。如伊太（Etder），它的性质，现在还没明白，无从取义，是非音译不可的[15]。又如陀罗尼一类，本不明确，也不会明确，只好音译，前面已说过了。

至于胡先生所说的"史乘上一民族一时特有之名"，[16] 我以为也可以用义译，加上一个引号""，便够表示它的特殊了。相类的特殊名字，都可以这样办。

（六）

义译的办法，用得最多；我以为是译名的正法，是造新词的唯一方法。

现在中国人的思想确实贫乏得很。世界上的重要的学术思想，我们不知道的着实多。要介绍它们，总得先想法用中国文字把它们表示出来，——翻译——一般的人才能感着亲切得用。但是中国字果然够表示么？现在中国通用的字，大约只有三四千，这是最多的数目，词章家所用的字，也不过这些。西洋各国总有五六万[17]。两下一比，真是相形见绌了。说到字书，《说文》只有九千字。后来《玉篇集韵》上所载，差不多有二万字。到了《康熙字典》，才有五万多字。至于外国的字典，就英文说，现在最大的威勃斯特（Webster）字典，却有四十万字，差不多有中国字的八倍了。这是差多远啊！但是中国字是单音的，又有四声的区别，可以用种种方法联合成词，所以字数虽少，成词很多。所成的词的意义，不一定是联成词的各个字的意义的综积，大概是略加变化而成。单字在词里的意义，往往同独用时不同。这种联合成词的方法，言语学上叫作复合法（Composition），是言语变迁的一种自然程叙。现在这种词越过越多，单字的用处少了；有人说国语渐有多节的（Polysyllabic）倾向[18]，这话是不错的。唯其这样，所以字数虽同外国相差那样远，一向却也不觉不够用。但是现在既然同外国接触的多了，想从他们那里把我们所缺乏的学术思想介绍进来，旧有的词一定不够。所以现在顶要紧的，就是造新词，字数的少，是不要紧的。因为国语既有多节的倾向，将来的发展，一定在词不在字，字都变成语根；有五万多的语根，错列起来，成的词就着实不少了。这正同外国"字"的发展一样。有了许多新词，才能传播许多新思想，国语的科学、哲学等，才能发达。

　　造词的对象，自然是取于外国的多，他们人事发达，尽可取资的。方法是用义译的好。有人说，音译何尝不可用？名这东西，本是"然于然"，"不然于不然"的。现在译外国名的音，就算定它的名；定名由人，甲之而可，乙之也可，为什么定要义译的才可呢？这话固然不错，但是"名之起，缘于德业之模仿。"[19]德业模仿并不是随便的，必得人人对于那种德业熟悉了，才行；模仿所成的名字才可通用，有效。这是造原同造译——造词译——不一样，上面论造译时，已将这理说过。就造词译说，义译确比音译好。义译所成的词，无论循旧、造新，人家看了、听了，既不至茫然不解，也不至误会。它们传播新思想的效力自然大得多——容易而快。这才是有效的词。义译的名越多，有效的词越多，新思想越发传播得快了。

反对义译的人说义译的大坏处，只是一件，就是定名混于作界。[20]因此产生了以下三个结果：

一、不能把原名涵义全行表示，叫人对于原名的概念，不能有十分明确的认识。

二、原名界说变了；新界说列在根据旧界说的译名底下，实是矛盾。

三、名字界说本没一定，是大家的争点。现在根据一种界说译名，恐怕人要拿争界的来争名了。

我以为这些理由总不足以驳倒义译，且待我分条说来。

章先生说定名混于作界是义译的大障害，他又说，"吾人译名，每不求之本名，而求之定义，"因而就生出种种弊病。但是所谓"求之本名"，却有两种意义：一是求之本名的音——音译——章先生的意思，大概是指这种。这层的坏处上文已说过了。况且就是求之本名的音，也不能字字这样；字字这样，那译文还能读吗？二是求之本名起原的义，这不过是求之最初界说，还是求之界说；既求之界说，放着现在的，求顶陈旧的，也就无理由之至了。章先生的意思，虽不这样，但读他这句话的人，很容易误会到这里。照以上说，求之本名，是不行了。我们自然应该求之界说。定名混于作界，本不妨事。须晓得只是混于作界，并非就是作界，取界说的意义来译名，目的只在立名，不在作界；只可将原名涵义表示出大部分来，不能将它全部表示出来；还是名字，不是界说。人看了听了，也只能得着它涵义的大部，因而认识了这个概念，至于全体界说，他还要研究，才可知道详细。义译既不就是作界，自然不会像界说那样固定，自然可以随时限制变迁的。虽混于作界，又何足为患呢？

不能把原名的涵义全行表示，义译是不能免的，但是我以为这也不妨事。因为拿名去表示实，本不能将各个实全部的意义表示出来，不过用存同的方法——分析同综合——归纳成许多概念，用名字来表示他；名字是间接的，抽象的，表示实的。所以严格说起来，名字本不曾把实的意义全行表示出来；大凡一个实，只他自己是全的，其余代表他的，总不能像他一般全，不过程度不同罢了。——太阳底下，原没绝对相同的东西。译名也是这样，要想绝对的确当，和原名一样，那是没有的事。却是语言不可免的缺陷，只好靠思想来补助它。所以我觉得，义译的名，只须竭力求确当，求把原名涵义大部的表示；不能全行表示，也不必引以为憾。日子久了，概念也可扩张；但须看名字用的如何；用的好，或者概念竟会比原名格外扩张，也未可知。人对于它起初虽不能十分明确认识，渐渐地自然会向十分明确的方面去的。就是最初非十分明确认识，比那音译的名叫人不能认识概念的，还强得多呢！

第二层也容易解决。反对的人误把名的作用，看作等于界说的作用，所以才这样说。其实名字既不是界说，如何两样有相同的作用呢？我们译名时，拿了原名现在最通行的界说做标准，做成译名的涵义——就是义译成名。将来原名界说变了，译名涵义尽可一同引申。

因为界说是比较的固定，有了新的，旧的便该废；至于名字却活的多，字义的变迁，是常有的事，人所能操纵的。界说是解释思想的，思想变了，解释自然该换；名字是直接表示思想的，思想变了，它也变了，不必换的。所以新界说放在旧名字下，不能算是矛盾，照常同一。譬如论理学（Logic）的语源是Logós，作思想，或思想所显语言讲，原很简陋。后来它的界说屡变，名字仍旧，至今未改，不过它的涵义也屡变罢了。这可见界说能限制名字；名字没有限制界说的道理，因为它不过是一个符号，不就是思想的缘故。所以比音译的符号好者，因其初译出时，能将原名涵义大部告人，容易引人到它所表示的思想里去——能尽传播思想的责任。

至于说义译起争，那是固然，不过起争不是义译所独有的结果，其余的译法，都要有的。且所谓争，绝不是以"争界说着争符"，因为符不是界说。所以争，大概是因为同智的人各是其所译，而非他人所译，所争只在名。但是同智的人，究是少数，这是也可望解决；大部分的统一是可以办到的。（后详）所以义译起争，不过一时的现象，尽可不要考虑它。

有人说，照这样，义译的名，不论新旧好坏，总是好的了。我说，这话却须分别看。义译的名大部固然比用其他译法的名好些。但是一个原名可能的译名绝不止一个；而况同智的人当仁不让，各译其所译，也绝不会一个的。这里头就要选择了。但是选择用什么标准呢？我们一方面须看它能达原义的多少，比较多的，自然好些；一方面须看它字面适当不适当；适当的便好。适当就是严而不滥；因为粗疏迷离的字面要减少概念明确的程度。这两个标准是相需为用的，所以一般的重要。它们是义译的名"通行"和"有效"的条件。但是要注意，字面虽不要滥，太晦涩了却也不行，过和不及，是一样的不适当啊。

义译对于我们有的，或同我们有的相似的名字，不妨竟用或借用我们旧有的名来译。若是我们没有的名字，同我们旧名字绝牵不上去的，那却万不能拿旧名译它，总须造新词才行；因为一名歧义是名学上所最忌的，因此可以生出许多弊来，正在救之不暇，何必去效尤呢？章太炎先生说："中国文词素无论理。新学迭起，更立名号，亦或上本经典点窜诗书，徒取其名义相似，而宗旨则一切不顾；欺饰观听，诪张为幻。其最可嗤鄙者，则有格致二字。……徒见元晦有云，'穷致事物之理者'，以此妄相附会，遂称物理学为格致。……"[21] 格致的解说，本不确定，就照朱元晦说，穷致事物之理者，何独理化二科；现在所有的科学，那一个不是穷致事物之理的呢？章先生又说："……徒以名词妄用，情伪混淆，而缪者更支离皮傅，以为西方声、光、化、电、有机、无机诸学，皆中国昔时所固有。此以用名之误，而贻谬及于事实者也。"这是中国人"合群爱国的自大"的恶根性所致；大概凡是义译的名字，他们都喜欢附会附会，引经据典的瞎说。——就是对于新造的词，他们也要这样。他们引经典时，也只是迷离惝恍，说的天花乱坠，人听了其实莫名其妙。平心而论，科学的萌芽，中国何尝不曾有过。不过西洋今日的科学却不是从几万里外的中国萌芽上生出来的。自己不愧自己国里人不能绍述修明，反要采他人的美，这是怎么一回事呢？这是因了名字，起包晕的感，全是感情作用，不能尽归罪于译名。但是译名要谨慎些，少给他们借口，这种现象也可以渐渐消灭。再说，这种一名歧义，就没有像以上的弊，也着实可以减少概念明确的程度。总之是要不得的。

（七）

以上批评译名的方法完了。还有两个问题，是同译名连带着的，也得讨论讨论。这两个问题是：

一、采用日本译名问题；

二、借用外语问题。

现在各科译籍，差不多有十分之八是用日本译名的。这因日本书上的名词大多数是拿汉字写的，他们的译名，也是这样；他们既将西文原名用汉字翻现成了，我们自然不妨尽量取用，免得另去费事翻译，这原是很合算的办法。近来这些年中国译出的书，从西文直接翻译的很少，从日本翻译或重译的却多得很；也是这个缘故。但是我以为采用日本译名，也须略加限制：第一，须拿它同其他的同字译名比较，如确系好些，才可采用；第二，自己须想想，有更好的名字没有？如想不着，才能用这些较好的名字，不可偷懒。

借用外语问题又可分两种讨论：

（一）借用日语，中日文字本是相近，现在交通又便利，照言语的自然趋势看来，借用一层是不能免的。但是我以为这种借用，应该多借那些义可相通的；那些义不可相通的，借了过来，也难通行，例如它们的假借字（日本叫宛字）。这些还不如我们自找的好，所以少借为佳。胡先生说："例如手形、手续等，乃日人固有语，不过假同训之汉字揗掇以成者，……徒有国语读音之形式，而不能通国语之义，则仍非国语；读音之形式既非，实质失其依据，则并非复日本语。名实相声，莫此为甚。票据之固有语，程叙之译语，未见其不适也。"[22] 他这话虽有点"国别"的偏见，但确有一部分真理涵在其中，是我们可以相信的。

（二）借用西语，借用本是言语变迁的一种方法，在西方各国，彼此互借一部分真理，我们应该相信的，毫不稀罕。在中国却很少，原来中国的六书文字，同西洋音标的文字性质本是格格难入，同它们交通的又很晚。以前同中国交通的，大概都是文化低下的国，没有什么新语输进来，只有汉到六朝之间，印度哲学输入，佛经译出的很多；结果也只是在中国文字里添了许多新词，并没有借用梵语的所在。直到近几十年，才有借用日本名词的现象。至于西洋文字，因为同中国的文字相差的实在太远了，所以一直还没有借用的事情。西洋文字互借容易，因为他们文字是同语族的，字形许多相近，自然觉着便当；他们借用的时候，就照本国的读音，渐渐地把它同化，变成本国字。中国语里，要借用西语，能这样么？它们音形，都差得太厉害，就是借用过来，要叫它普遍通行，人人明白它的意义，恐怕是千难万难呢！现在主张径用外国原名的人，用意未尝不好；他们以为这样可以免了许多意义上的剥削，省了许多劳力。但是免了，省了，却不能有效了，思想不容易传播了。他们想也不愿意的。他们又主张采用一种外国语作第二国语，即使能办到了，国语里借用这种外国字，可以叫人人懂了，但是借用这第二国语外的外国字，人还是不能懂；难道只许借用一国的字么？况且西洋各国，文化的程度相差的少，他们要借用的字，毕竟是少数。中国就不然了，学术上的名字，十分之九是中国没有的；要说借用，借用的字数，一定非常之多；满眼是借用字了。懂外国文的，不愿意看这种四不像的东西；不懂的人格外不懂。况且就现在情形论，全本国文的书报，能看的还少；再插进借用的字，能看的人格外少了；思想传播，反阻碍了，这又何取呢？我以为最好的办法，是暂在相当的译名的底下，附写原名，——随便哪一国的——让懂它的知道；也可以借此矫译名歧异的弊；又可以渐渐教中国文有容纳外国字的度量；那不懂外国文的，也不至向隅；这样才可以收普及之效。人名地名，虽不必义译，也要拿中国字切出它的音。这种名字，原没大紧要，不过若是径用原名，那不懂的人，甚至因此对全体的事情不能十分明白，这不是以小害大么？况且径用原名，不过是求真，附写原名，也尽可表示真了；切汉音，并不足损真，反能帮助它普遍。总之，我们做翻译的事情，是要介绍思想，把那些大多数不懂外国文的人的；是要促进国语的科学哲学的发展的；认定这个主意便对。

（八）

现在再说些关于译名统一问题的事情，算作本篇的结束。

我前面说过，争名的事，不过一时的现象。争界现象却没止时，也不容有止时。因为争界是可以让学术进步的。争名只在名初出现时剧烈，终究总应该定于一，才便利；这固然靠着名字自身的价值，也要有人为的力量。我以这种人为力量，约有四种，就是：

一、政府审定；

二、学会审定；

三、学者鼓吹的力量；

四、多数意志的选择。

这四种是并行不悖的，不可少一种，更不可只有一种。那么，终局所得的译名才可确当不易，普及于大多数，——大部统一——虽有很少数人不从，也不妨的。统一需时的短长须看大家的努力。有了大部统一的译名，著书的人、求学的人都感着十分便当，国内学术更加容易发展了！

注：

1. 见《翻译名义集》第一卷第一页。

2. 同上。

3. 现在拿白话翻成文言，文言翻成白话，或是拿速记的符号翻成文字，也都称译，却更是引申义了。

4.《翻译名义集》第一卷第一页说，"能诠曰名。"

5. 胡先生《论译名》一文，曾登在《庸言》二十六,七期合刊上，并有单行本。

6.《墨子·小取篇》说，"以名举实。"

7. 参看《独立周报》第一年第一号里耿毅君通信，同《甲寅》一卷六号里张振名君通信。

8. 见《论译名》单行本第十三页。

9.《论译名》第一页。

10.《甲寅》一卷一号。

11.《甲寅》一卷四号。

12. 同一卷一号。

13. 用容挺公君《论译名》文里的话，见《甲寅》一卷四号。

14. 见原书第十七页。

15. 严几道先生译伊太为清气，胡先生说，"伊太在理想中，无从状其清浊也。"（见《论译名》第十七页）这话很对。

16. 参看《论译名》第十八页。

17. 章行严先生语。

18. 章行严先生语。

19. 胡以鲁《论译名》第十页。

20. 章行严先生《答容挺公论译名》文里说，"义译之第一章障害，即在定名之事，混于作界。"

21. 看《独立周报》第一年第三号里，章太炎《论承用维新二字之误谬》一文。

22.《论译名》第十二页。

——《新中国》第 1 卷第 7 期（1919 年 11 月 15 日）

中国传统译论文献汇编 （六卷本）

卷二（1920—1923）

朱志瑜 张旭 黄立波 编

商务印书馆
The Commercial Press

2020年·北京

中国传统译论文献汇编
（六卷本）
卷二
（1920—1923）

目　　录

关册汉译正误（1920）

杨端六

　　西文汉译有要件二：第一正确，第二明了。二者缺一，不足以贡献于社会。而欲尽此二件之能事，必先具两种资格。欲译笔之简洁，则有恃乎本国文之造就；欲事实之确凿，则不外乎对于其所从事之学科实有研究。严格以论之，翻译之事，诚非易者也。而时人常不免有轻视翻译之心。究之翻译所需之时日与普通著作未有差分，有时且或过之。吾国学术之不振久已。至于最近，不仅著作者鲜能独树一帜，即翻译者亦率多杜撰浮泛，失其原来之意义。故有许多译本风行一时，实则与原文相差甚远。而读之者但觉其语句雅洁，不觉其远于事实。此其弊不在乎国文之粗疏，而在乎国文之过事雕琢，遂致译事第一要件失去。后之学者，苟不能自原文直输智识，则受害岂浅也哉。近二十年来，国中习洋文者日多，而国文益不讲究，遂不免有译笔粗陋之叹。其结果致令阅者不得其解。平心论之，此等过失，犹在前者之下。盖不解不足以误人（除时间上之损失），解而不确乃足以误人也。唯不可解之译本，非必即由于学有根底而辞不达意。苟译者真能了解原文，则虽文笔稍疏，亦不难勉强传达之。唯己所不解者，决不能解之于人，加以修辞无术，遂不能行之于世。

此种译本，由日本间接得来者尤多。盖日译既误，汉译更不待言矣。

【……】

——《东方杂志》1920 年第 17 卷第 20 号

我对于翻译丛书的意见（1920）

宗白华

前天郘爽秋君作了一篇《敬告现在的新文化运动家》文章，主张少办杂志，多译丛书。这个意思，我很赞成，我现在对于这译丛书的方面有点意见，略写于后。

我以为翻译丛书这件事，所最困难的就是选择。欧美丛书中有可翻译之价值的，实在多得不可计数，就是用极严格的眼光去审定，都嫌太泛，无从着手。所以，我们要先暂立一个标准，规定一个范围，从这个范围内做起，逐渐扩充，才不致漫无头绪，使读者不能得切实的利益。我现在把我个人所拟定的范围与标准，写出来与诸君讨论。

我以为我们要研究一种学术，最初的一步，就是要把这个学术的根本观念完全弄明白清楚，没有丝毫的含糊，然后才能讲到那些高深的理论、微妙的学说。因为那些理论学说的基础是不能离开这些根本观念的。譬如讲精神论哲学的，他就不得不去研究这精神观念的定义，要研究这精神观念的定义，就不得不去研究心理学。否则这个精神观念对于他就是"但有名义，毫无实义"了。

但是各种学术的根本观念却不是一成不变的。每个观念都有它过去的来源和变迁的历史。我们若要真正彻底地了解一个人的意义观念，又还须考察它过去的来源和变迁的历史，就同研究一个现在的生物体的构造一样。

照这样来看，我们现在研究新学术的初步手续，就是：

各种学说的根本观念的研究和历史的观察。

研究方面既是如此，介绍方面就得以此为标准。我们现在要翻译丛书，就得了一个标准和范围如下：

A. 横的方面——各种新学说根本观念的解说。

B. 纵的方面——各种新学说源流历史的介绍。

譬如介绍哲学，我们现在就要先着手翻译哲学史同哲学概论，然后才讲到介绍近代名家。我们要先从这"纵""横"两方面同时并进，做一种基础的文化运动。再从这基础上慢慢地发挥介绍欧美名家高深的理论同微妙的学说，诸君以为如何！

——《时事新报·学灯》（1920 年 1 月 17 日）

我对于译书的意见（1920）

吾三

前几天在《时事新报》上看见平陵先生给东荪先生的信，同邰君爽秋所作的一篇文，都教我们多译几本书，少印几本杂志，这两句话实在不错。我现在对于译书一层，还有两件事要贡献：第一就是科学名词的审查，第二就是译书专门的人才。以后就把这两件事详细讨论一番罢了。

（一）科学名词的审查——科学名词为什么要审查呢？因为现在世界上科学一天发达一天，将来名词一定一天多一天，现在所用的名词已经不计其数。他们西洋人早已组织一种科学名词审查会，请许多专门家在里边分门讨论，定出一条确实的名词，宣布出来，贡献研究科学的人，使他将来著出书来都用他们所定的名词，所以西洋书里科学名词没有不一致的。现在我们科学书无论是书局出版的，或是学校印出的，各人有各人的智识，各人有各人的眼光，所以一个名词这位先生译作——，那位先生译作——。我们看的人和读的人脑袋里被它弄得一塌糊涂，往往一个名词当作两样看，两个名词当作一样看。你若问他为什么要译得这个名词呢？有研究的人解给你听，没有研究的人他自己也莫名其妙。而且有几本书里同是一人编，同是一个名词，前面翻作——，后面译作——，这种事实在好笑。但是，科学未发达的时候，名词未审定以前，这种现象在所不免。所以我们在译书以前，这个问题不可不先解决。前两年曾听见上海已经组织科学名词审查会，如今不过定出几本医学名词。现在我们还要请科学名词审查会里会员赶快把名词一起审查出来，免去我们读书的困难。列位呀——你想一想这句话究竟对不对呢？

（二）译书专门的人才——怎么样算"译书专门的人才"呢？换一句话说一说，就是"研究什么科学的人才可去译什么科学的书"。譬如研究农业的人，才可以去译农业的书；研究哲学的人，才可以去译哲学的书。为什么要分得这样清楚呢？因为里面有种种的理由，有种种的好处。倘若不是这样，恐怕将来译出书至少有两种大毛病出来了。第一，就是说理不明白。大凡农业的书里有牵涉农业上高深学问的时候，只有研究农业的人可以懂的。哲学的书有哲学的道理在，断没有未曾研究哲学的人就看得清楚的。倘若研究哲学的人去译农业的书，看一句译一句，自己还没有十分懂，怎样译得透彻呢？现在上海有几家书局里编辑先生，从前在日本预备一年半载的日本文，或则读过几本法律政治的书。回国以后，译出许多实业的书。我把这种书打开来看，实在不通。这种书卖出去，给别的人看，怎样可以生出好效果呢？列位先生呀！小心再小心！没有钱赚不要紧，文字害人我想起来的确是厉害呢？还有一种大毛病，就是名词不懂。日本的实业书里名词，都从西洋名词译过来。他们国里想起来一定可以通行。但是我们中国人的话，和日本的话一点儿不同，怎样可以把他们所译出的音放在我们书里面使我们通呢？所以名词未审定以前，最好把西名写下来，那么看的人还可以明白，纵使不明白，还可以设法去查，或则去问。这几位先生自己也莫有研究过，不知道日本人讲什么东西，不思不索，就依日本音译转来。所以我们看这种书，对他们所译的名词想来想去想不到什么东西。所以这种书里所讲的科学道理同科学的方法，怎么样可以应用呢？我们中国农业什么时候可以改良呢？还有一件事请阅的诸君想一想，我们花了钱去买书究竟为什么用途呢？我所说的话，全由经验，全由良心，并非凭空捏造的。我本来不应该说别人的短处。但是，现在为译书起见，所以写出来同诸君讨论讨论。倘有不对的地方，请诸君指教。

——《时事新报》第四张（1920 年 1 月 23 日）

对于系统的、经济的介绍西洋文学的意见（1920）

沈雁冰

《新潮》第二期出版了，我见其中有几句话道："以后我们的杂志每号里头务必要有一篇戏剧，一二篇小说，和几首新诗，标出我们文艺的色彩。……"这几句话我很表同情，因为我也是喜欢文学的人，而且是主张用文艺来鼓吹新思想的。依我极贫弱的脑筋、极狭小的知识看来，觉得凡是一种新思想，一方面固然要有哲学上的根据，一方面定须借文学的力量，就是在现实人生里找寻出可批评的事来，开始攻击，然后这新思想能够"普遍宣传"。这种例子多得很，但凡读过卢骚的 *Nouvell Heloise* 和 *Emile*，易卜生的著作，赫尔岑（Herzen）的 *Whose Crime*，以及托尔斯泰、罗曼罗兰、巴比塞等人的著作的，都可以点头说是不差。

我又承认《新潮》能够实行他们所说的大愿心，因为总算期期有篇剧本，如《群鬼》《华伦夫人之职业》等是。但同时我又觉得介绍固然是介绍，却微嫌有点非系统的介绍；因为新潮社里诸君子是一向主张系统的介绍的，我所以希望在这一点上发表点意见。

第一先讲我对于介绍的意见。

西洋新文学杰作，译成华文的，不到百分之几，所以我们现在应选最要紧、最切用的先译，才是时间上、人力上的经济办法；却又因为中国尚没有华文的详明西洋文学思潮史，所以在切要二字之外，更要注意一个系统字。比如译表象主义的剧本，自然总得先译易卜生的 *Master Builder*，等等，然后可译《群盲》和《青鸟》。若只顾拉出几本名家著作译译，那是很不妥的。那不是系统的介绍。《新潮》不是那一辈，所以极盼望成系统的介绍。好像《群鬼》之后接上一篇《华伦夫人之职业》，在艺术眼光看去，未免缺了系统的精神了。

再者，国人（指普通人）对于西洋文学的派别源流，明白的很少，各文学家的生平和著作的特色，明白的也很少，所以我以为最好介绍一篇的时候，附个小引，说明这位文学家的生平和著作；如果那篇东西是有特别意思的，或作者因特别感触而作的，最好在"小引"之外，再加一个"序"，像《华伦夫人之职业》一篇，就非有个"序"不可。（英地 Howe 氏拿此篇和《群鬼》比较的话，最好也说上去。并且也要说一说这不过是萧伯讷的早作，萧的晚作，全然不同。省得人家误会了，叫萧伯讷受屈。）

又如第二期《哑妻》一篇，是第一次介绍 Anatole France 的著作，我以为也应该有个小引。（Anatole France 是法国前辈小说家中最有名者，原名 Jacquee Anatole Thibault，生于一千八百四十四年，主张社会主义甚烈。他在文学上最出色的，是有哲学的问题、诙谐的语法、深沉的理想。他和 Paul Bourget、Pirre Loti 三人同是十九世纪末二十世纪初的新派；人家称他们是合写实主义与感情主义为一的；所以也可以称是新浪漫派的前驱，如其单认罗兰是新浪漫派的首领，便有些不

677

对了。）佛郎司已经不是写实派，他是重理想重理知的，他著作中特出之点也就在此。他是喜欢用作论的材料作小说，比如 *The Red Lily* 一书，全是心理的研究。所以人家称他为评论家，不是艺术家，但也不可误会他是没有艺术手段的；不过他的本意是讽刺和主观，所以最好的著作，结构便差些了。依我眼光看去，佛郎司最佳的著作还是 *Thais*（1890）、*La Revolte des anges*（1914）等作。短篇中我喜欢 *Le Proourateur de Judee* 一篇。

以上这些话自然都是废话，我是感触着偶然写写的，我所希望于《新潮》的"小引"，自然应当更详些更有系统些的了。

复次，我以为在系统之外，还有一个合于我们社会否的问题，也很重要；《新潮》二期通讯内潘家洵君主张译 Weavers 不主张译 Strife，我很表同情；如此说来，上期所译的《华伦夫人之职业》不如译《陋巷》*Widows House*（亦萧的著作）。因为中国母亲开妓院，女儿进大学的事尚少，竟可说是没有，而盖造低贱市房以剥削苦人的实在很多。又如《群鬼》一篇，便可改译易卜生的《少年团》*League of Youth*[，]因为中国现在正是老年思想与青年思想冲突的时代，是 young generation 和 old generation 争战的决胜时代。再推上去讲，《扇误》*Lady Windermere's Fan* 可改译莫特（William Vanghnmoody）的 *The Great Divide*，因为对于我们研究结婚问题、贞操问题——女性独立问题，有多少的助力！

【……】

——《时事新报·学灯》（1920 年 2 月 4 日）

我对于译书的意见（1920）

于鹤年

我想译书者应该有以下三条的资格：

一、译书者应该专门译书，不兼别的职业。现在译书的人，除了几位学生外，大多数是学校教授和报馆记者，专门译书的很少很少。他们既然有一定别的职业，就没有充足的时间去译书，偶有的空时，可以译一点，事务多了，就不能译了。所以现在社会上新译的书，没有几部。译书的需要既多，必得要有专门译书的人才能供给。

二、译书者要专门译书，不要兼顾"国故"。有三个理由：

甲、现在我们才醒，才睁开眼要看看世界是怎么回事，对于外国学术的需要很大，所以要优先多译外国的书。

乙、"国故"是应该注意的，但是它没有系统，必须先顾理一回，整理"国故"的工具，中国本地没有，总得用外国的。译书就是输入工具。工具愈多愈适用，工具不怕多，所以输入工具的只管输入工具，不必管怎样作工，有什么成效。到工具能用的时候，自然有人去作工。工具适用，成绩一定好。译书不怕多，愈多愈好，译书者只管译书，不管整理"国故"，后来一定有人去整理。

丙、译书和整理"国故"虽不是两桩事，亦是一事的两面，趋向便有不同。按分工的道理，译书者专译书，整理"国故"者专整理，成绩一定比一人兼二事好。

三、译书者要专就自己所长的书去译。现在很多人译书含投机的意思，实在不对。学术本没有时髦不时髦，只要能求出真理。他若在这一门没有研究，偏要迎合社会的心理去译，译出来的绝不会好。

我不希望所有译书者都是这样，亦不能都这样，不过希望总要有几位是这样，那就是我们的幸福了。最难解决的是经济问题。几个高等学校——如北大——内，可以设一个译书会，专聘专门译书者译书，不任功课。别的学术机关——如新教育共进社——内，亦可这样办。至于组织学会，恐怕国内还没有肯捐款的。

——《时事新报·学灯》(1920年2月11日)

我对于译名为什么要用
注音字母（1920）

许地山

我用注音字母翻译外国的名字，有几个朋友对我说爱阅本报诸君对于这事有好些不满意，教我把理由述说出来让大家批评批评。我得了这个信，就很喜欢，因为我早就想把它提倡，不过我以为这不是第一要紧的事，所以搁住许久不曾提起。现在既然有人对我发疑问，我就不得不说啦。我所主张的理由就是：

（一）**离本来的音最近** 要在本国的文字里头找一个和外国音相近的字本来不难，因为所有的音都离不了"牙""舌""唇""齿""喉"几个声根，然而在中国字上头却不容易。中国的读音不统一，同一个字在这地方舌音，在那地方就变成牙音；在这地方是轻唇音的，在那地方又变成喉音了。所以在汉字上要找一个五方不变音的字是绝无仅有的。若是说以国语为标准，恐怕写的用国音，读的还是土音，结果那国音的效用也要丧失了。我想对于译名用汉字，非得将来读音统一，规定译"a"用某字，"b"用某字，"c"用某字之后才可以办，现在还早着哪。现在可以用的只有注音字母和照原文写上。注音字母以音为主，对于喉变唇，舌变牙的弊病自然不会发生什么关系。至于用原文写上去的话，我觉得它的不便比用汉文更甚，那不认识外国字的人可就没有法子办了。不但如此，就是会外国文的人也有不方便的地方，因为兼通六七国的文字的人很少，各国的字有许多同形不同音，同音不同形的，看书的人对于这样的景况可就没有法子念了。

（二）**字体一律** 字体不一律，就要让看书的人费好些工夫去查考，所以要教念书的人对于译名容易理会和节省注意的力量，就当用一定的字体去写。古时译书的人也是很明白这个道理的。我们知道，"华严四十二字母"就是中国人用来规定译名最早的字，但是其中也有许多缺点。好像"娑迦二合"和单用的"娑"字、"迦"字没有分别，"沙"字和"娑"重复，等等——初看佛书的人有时将一个人做几个人看，那缘故是因为所用的字不一律，念的音有一点不同，就弄到"差之毫厘，谬以千里"。比方须菩提有时作须摩提、薮浮帝、薮部底，侨梵钵提有时作迦梵婆提、侨梵婆提、笈房钵底；这些同人不同写的名字除了那些常读内典的行家能够知道以外，平常的人恐怕就不理会了。新译的书所用的字也是犯这个毛病。Tolstoy 有讬尔斯泰、杜思台、托尔思台、多尔思梯的写法；Darwin 有达尔文、多尔温、达威的写法；Euclid 有欧克烈、欧几里德、优克里德、游几烈的写法；这些人的名字差不多天天要接近我们的眼帘的，你看那么平常的译名还有如许变化，那不常见的人名，可不教人摸不着头脑吗？如果用注音字母把它写出来对于字体一律的问题自然不会发生什么阻碍。

（三）**容易忆写** 大概在写字台做工夫的人都是很忙的。有一个新名字来了，想把它翻成汉文，有时想了大半天也不曾想出一个很合适的字来，这都是因为个人所操的方言不同，既然不敢用自己的方言写上，对于国音又很怀疑，所以写出来的译名都不能十分切当。有些人还要用中国的姓氏字去翻译外国的人名，结果就到一个"削趾适履"的地步。在学校内好些学生都说外国的地名和人名最难记，其实在记忆里头本来没有什么分别，因为译书的人太费工夫穿凿，导致有这种困难。若是用注音字母就可以除掉译者和读者的时间的浪费，和记忆的不便，因为注音字母的写法简单，写的时候，一定没有困难的。

我因为想到这几件事，所以对于译名要用注音字母。有人说注音字母现在不大通行，写出来恐怕人家不懂得。我早也想到这层，但是我们既然承认读音统一是当急之务，注音字母是传播文化的新器具，个个人就当快快地把它学会才是。我想一个人用两个钟头的工夫就可以明白了。

外国的字音在注音字母里头也有些翻不出来的。好像"th"的音在中国本来没有，不论如何，我们不能找出一个最合适的字来。"d"和"r"也没有很切当的字和它们相合。虽然如此，注音字母在比较上总比汉字好得多。现在可以把注音字母和罗马字母的对译表列出来：

【……】

我作这个表不是要和读者诸君讲"小学"，不过是拿它来做译名的标准而已。列位如果对于译名有高见，不妨快点发表出来，教译书和看书的人轻省一点，可就"功德无量！"

译名如英吉利等字，习惯当用的，可不必改切注音字母。若译名歧异过甚的，则为省大家的辩论及记忆起见，虽有旧译也须另易为注音字母，这一层因上边没有机会讲到，所以补志于此。

——《新社会》第 7 卷第 12 号（1920 年 2 月 21 日）

译名问题（1920）

济之（耿济之）

主张存留原文兼与许地山君商榷

本社许地山君近来主张用注音字母翻译外国的名字。他的著作里也已经实行这个主张，并且又作了一篇"我对于译名为什么要用注音字母"的文章，说明他这种主张的理由（见本报第十二号）。

他的意见是很好的，不过我总觉得有点不妥当，所以现在特地要写几句和他讨论一下，再把我自己对于"译名"的意见说一说。

我在未说以前，预先申明两个意思：

（一）我对于注音字母丝毫没有研究过，连这几个字母我也不认识，所以说话里头不免也许有错误的地方，——"隔靴挠痒"——的地方。

（二）我所说"译名"的"名"字，是指专有名词而言的，大概许君文里所指的"名"，也是这样。

我对于译名，是主张以原文为主，中文附译在下面的。因为写了原文，令人一看就知道这是谁，这是哪个地方，直截了当，绝不会发生别的疑团。至于为那些看不懂外国文的人设想，那只能以中文翻译为辅助。许君说："中国读音不统一，要在本国文字里头找一个和外国音相近的字，是很不容易的。……"这句话很对；并且中国实在多字同音的很多，虽然里头也有声的区别，但是要拿来将就外国字的译音，那是毫没有标准的。譬如，TO 音有人译作"道"，有人译作"托"，有人译作"讨"，也有人译作"杜"。我记得我翻译外国人名的时候，每逢 S 字母，前面翻得是"司"字，后面都不知不觉翻了个"斯"字，一篇里头都互相矛盾，自己也觉得很可笑！于此可见中文译音的不准；所以我对于许君所说的这层意思是十分同意的。但是我以为这种弊病要是在我的主张里那是绝不发现出来的；因为我主张以写原音为主，那中文不过是附译在下面，便利不懂外国文的人，一方面又可以供懂外国文的人的参考。因为中国译文是附属的，所以这个弊病是不生问题的了。

至于对于许君注音字母译名的办法，所以觉得不妥当的缘故，因为我对于注音字母本身上有点怀疑的地方，——这个怀疑的发生也许是因为我没有研究过注音字母的缘故，——我听见别人说注音字母很有些缺点，有许多南方音多没有加入，并且它经教育部订定的时候是用多数表决出来的，既有可决的音，那么定有否决的音，其不完备也就可想而知了，（好像是吴稚晖先生去年与《时事新报》记者通信里也曾说过这层意思）但是我对于注音字母没有研究过，所以对于它的本身问题，可以不必多说。况且注音字母在外国字母里也有许多翻不出来的地方，这个地方许君也已经承认，他说："外国的字音在注音字母里头也有些翻不出来的。好像'th'的音在中国本来没有，不论如何，我们不能找出一个最合适的字来"，'d'和'r'也没有切当的字和它们相合。……"这个在罗马字母上是如此，再拿俄国字母来一比，那注音字母就更有许多翻不出来的地方了，如"p""m""mb""b"，全是翻不出来的。

　　总起来说，我承认中国字翻译外国字母是有许多缺点的，我又看出注音字母不过比较上稍为适宜一点，——可也只是五十步和百步的区别，——那么还是我那"以原文为主，中文附译在下面"的主张自信尚能适用。

　　读者认为如何？许君认为如何？

——《新社会》（1920 年 3 月 11 日）

翻译专门书籍的机会（1920）

周怆怆

先进：

我今天就"随感录"看见有一段你的话，说"希望懂外国文字的人，多翻译几本外国书籍"。这是我很表同情的。但据我看来，懂外国文的人很多；不过外国专门学的书籍，价值太昂，采买也不容易，所以很多人都"望而止步"了。

现在我有个机会，要说给你听。我是海关藏书楼的主人，管理那外国书籍同杂志。所有我想牺牲一点精神和业绩，愿意把许多书，与被有愿意翻译的人（男女不限）问我借用。借费是不要的。要借的，同我商量。这样办理，你瞧好吗？希望你介绍朋友问我借，并望你答复我。申各处同志，如果要借，都可以写信和我商量。（周怆怆）（通讯处上海乍浦路海关藏书楼）

怆怆先生：

你的热诚，很可佩敬。我还希望你把你们藏书楼的书目（书目如果不能全抄，可以把分类的统计写出来）在报上发表，那更好了。祝你的健康和进步。（先进）

——《民国日报·觉悟》（1920 年 3 月 22 日）

讨论译名的提倡（1920）

宗白华

　　我常听见人说："现在的文化运动是从杂志时期到了丛书时期了。"这话不错。杂志虽是仍然有出版传播的价值，而我们尤重要的是具体地介绍西洋成系统的学说与科学的专论。所以，翻译西洋的书籍为现在青年的急务。但是，凡是曾经试验过翻译西洋书籍的人，必定知道当他未尝着手以前，就有一个困难问题横在面前。这问题是什么呢？这就是：译名的问题。

　　中国文学的结构与西洋大不同，中国文法的结构与西洋也不同。而尤为重要的，是中文名词所代表的中国几千年来传下来的旧思想、旧观念和西洋近代由科学上产生的新思想、新观念，更是丝毫不相仿佛。我们若把这种旧名词来翻译一个西洋学说上的新思想，简直好像拿一件中国古代的衣冠，套在一个簇新式的欧洲人身上，变成一个莫名其妙的现象。这种现象最容易引起人的观念上的紊乱与误会。所以，有许多未通欧文的老先生，听了一个新名词，就往往把这个新名词的旧文字所代表的旧思想运用贯通，以解释这新名词的意义，甚至从这个上面建设他的沟通调和的学说，这不是件危险的事么？所以，译名的这个问题，我们大家应当切实地讨论一下，也是文化运动中一件极有关系、极有价值的事。但是，我们怎么讨论呢？我想我们应当分作两层讨论：

（一）拢总地讨论译名的根本办法，就是我们讨论译名是应当译意，还是译音，还是创造新字？

（二）单独地讨论单个名词的译法。譬如我们讨论"pragmatism"这个名词究竟应当是译作"实验主义"，还是"实用主义"，还是"实际主义"，还是译音，还是创造新字？

这两种的讨论，我都希望现在青年学者起来注意一下。因为这事关系中国学术的前途。我们现在要得着最新的、最确的根据科学的知识，不得不向西洋书籍中去求。一般未通西文的人，就不得不看译本。而翻译西文第一步的手续就是译名。译名不妥当，不单是翻了等于不翻（因不能使读者得明白正确的观念），并且还要引起许多观念上的误会、思想上的谬误，既对不起著者，又对不起读者。所以，我盼望现在从事译述的青年学者，不要鲁莽从事，且先来将他所要译的重要名词，公诸大家的讨论。讨论一定了，一致通过了（就是统一了），然后再放心用去，免得西洋一个名词，到了中国成了十几种名词，使读者茫不知所适从。

但是，我却不是说定一个西洋名词只当译成一个中文名词。但是若是照译意的办法，西洋一个名词，往往有多方面的意义，不能拿一个中文名词来概括，譬如，Realism 这个字，在文学上可以译做"写实主义"，但是哲学上却不能再译做"写实主义"了。它只能译作"现实主义"或"实际主义"或"唯实主义"，这个我们又不可不注意的。

总之，译名的讨论是当今一件有价值且极重要的事体，本栏预备特辟一个"译名讨论"栏，欢迎国内学者提出关于译名的讨论。

——《时事新报·学灯》（1920 年 4 月 12 日）

附录：

沈雁冰致宗白华函（1920）

白华兄：

许久不见，记得前次见时讲到译名问题，第二天，你就有一个评论，以后就也有许多人做文章，发表意见，尚记得闻天也有一篇，可惜彼时我正没工夫，接着又是牙齿作祟，没有呈上一些意见给你评评。

昨天，偶然见到了一本《新妇女》第三期（是第一卷的第三期罢），读了其中所译的东西，不免于译名之外，又生一层感触，就是：译书该完全直译呢，该缩减了译呢？

完全直译的缺点，是一般人不能十分懂，而对于西洋文法毫无门径者更甚。这是一年来已经试验到的。意译呢，又有种种弊端。严又陵的译本，一年前被人大骂而特骂，然而，平心论之，到底差的也不多。现在，大家欢迎直译，其害处比意译更欲大些。我看市面上此种文字是很多的。说它有大错么？倒也没有。说它对么，倒也难说。即以有人译的马腾博士的《妇女与家庭》的一段作个例讲。

译文："女性实未尝得有和男性同等的发展机会"一句，我与原文对照，似乎译得太略了。照原文是应译作"男子有过，现在还有，发达他自己为男人的最高型的机会，女人却没有过同样的机会，以自发展，成女人的最高型，这事是有知识而公正的男子所不致反对的。"（原译文见《新妇女》第三期《妇女与家庭》）此段差得如何？

又如同杂志同文之下一段，原译者："无限的不同，无限的众多"一句，"不同"和"众多"两词，尚不是专名词。依我看来，"不同"实可改为"变易"，"众多"实可改为"多方"，似乎依文义更显豁些。又同段末句"最高级的男子"一子句，"最高级"应作"最高型"，因是与首句关照也。其余尚有一个 individuality，译作"人权"，似觉得相差太多。

所以，我最后说，译名之外，尚有一个译书问题，与译名一样重要。译名不妥，可以注个原名，而那个是没有法子可想的。

我记得你对我说过你的"述而不译"主义，我于今一想，这主义实是不错。二年前少有人谈起译书，过去的一年中，却又无人不谈，口口声声我是直译，我是介绍，而试验的结果，其弊已是如此了，所以想起来不由的不称赞你的"述而不译"。

我想，"述而不译"虽然不便提出讨论，而译书问题大可提出讨论，盼望你做文章。

弟沈雁冰白

——《时事新报·学灯》（1920 年 4 月 30 日）

译名的讨论（1920）

闻天

现在我们大家晓得，切实的文化运动，不是男女恋爱的问题，不是女子剪发或衣服的问题，是切切实实有系统的介绍西洋学说。介绍西洋学说，自然免不了翻译。现在前辈和青年学者，着手于翻译事业做彻底的文化运动者，固然不少；但是我看现在译书界，有三个弊端：

（一）闭户造车：就是不管翻译出去人家懂不懂，也不管人家怎样翻，人家翻的怎么地方不好，不好的地方应该怎样更正？一味蛮劲，乘心适意的乱翻。

（二）故为歧异：（1）个人与群众之间：就是这个字人家这样翻，假使我也是这样翻，显不出我的学问；于是就借重我的"妙心"，另外创造一个新名词出来。（2）群众与群众之间：就是门户之见。我们这一块地方的译法，决不要同别地方的人一样；或者我们这一派的译法，决不要同旁的一派的译法苟同。

（三）盲目的服从：就是拿社会上"学者偶像"所译的奉为天经地义，不可更改的，并且当为是再好不过的了。

这三种弊端随了人类的天性发现。弄得一个名词甚至于有十几个译名，弄得社会上的人无所适从。脑子弄坏了，还找不出一个头绪来，这样下去思想太不经济了。

我们要补救它，最要紧的就是译名的统一。因为要统一，所以就不能不讨论。我希望老前辈先生不要为了"身份""架子"的关系缄默；青年学者不要为了停课解放的问题不谈。

闲话少说，我对于译名的主张：是可以意译，也可以音译，必要时也可以创造新字。这个字是意译，那个字不必一定要意译，可以音译和另造新字。这样，我们中国日用字虽少，也可有扩大发展的余地。譬如 Syndicalism 译意，比译音好一些；假使译音再能译意更好了。Bolshevik 译音，比译意好；度量里的字另创造新字比较的好。像 Kilometer 译"粁"，Kilogram 译"瓩"……不过，无论你创造新字、译音、译意，终要努力地使大家容易了解这个名词的意思。

不过要使得人人容易了解的办法，是差不多没有希望的。因为无论哪一个人，假使他对于这个名词的根本概念，没有弄清楚，而要叫他照字面找出这个字的意思，真是"缘木求鱼终不可得"了。所以我们只能尽我们的力量，减少这种误解，而不能灭绝误解。这种误解就是在西洋也有，不足怪也。像"Idea"一个字，有许多的解说，这种地方可以说没有办法。

所以我们要绝地逢生，除非大家努力地去创造新名词的字典——统一的译法。拿各个名词的界说弄个清楚，使得国故先生看见了，要实行他调和沟通的手段也不可能。譬如 Conventionality 与 Custom，我们不妨译前一个为习俗，后一个为习惯，不过字典上标明 Conventionality 是现时代生出的习惯；Custom 是自古以来传下来的习惯。我们借了俗与惯，就可以分出它的意义，使得大家一见便明；

不要咬文嚼字的说习惯与习俗是一样解说的。还有像 Substance 与 Substantiality；Suggestion，Suggestibility 与 Suggest 等，假使我们到商务印书馆等的字典里去求求，是一样解说，而不知其大不相同。这个地方，我们应该讨论了。我们怎样去分明它？辨别它？至于像东荪先生所说的 Datum 与 Data，自然也要付之讨论。

总之，我们在这个时期有创造新名词字典的必要，而在创造之前对于各种疑难的地方先要有一番的讨论。此事虽不易，但是假使我们大家努力，这个难关，一定可以渡过的，其实是必定要渡过的。诸君啊！这是文化运动重要的关键，不要放过罢！

——《时事新报·学灯》（1920 年 4 月 12 日）

译名的私见和三个译名的批评（1920）

东荪（张东荪）

本栏的开辟专为讨论译名的，批评译名当然包括在讨论以外。我对于译名向来有三个主张，就是：（一）不可全用日本译名；（二）不可全不用日本译名；（三）译音不可多。

先就不可全用日译而论，譬如"手数料""场合""取引"，等等，在中国实在是讲不通。我们要考日本人为什么要这样的译法。我敢说日本人是为他本国一班人都容易懂得上打算，所以才用这些俗语。他们未尝不可不把"手数料"改作"小费"，把"场合"改作"际"，把"取引"改作"交换"。要晓得这些乃是汉文，他们不容易懂得。为什么他们专想用俗话使本国人易懂，而我们却反而采取这种不容易懂的外国俗话呢？真是百思不得其故了。我们大可以用我们的俗话来译，使得人人容易懂得。这便是我主张不可全用日译的缘故。

第二论到不可全不用日译，更是显而易见。因为日本译名有许多都是从中国旧书上取来的。如"事实""广袤""轮郭"都是在中文上有正当意义的。现在虽没有人主张全不用日译，但是以前严又陵一派却是如此。他们自己造出来许多生僻字眼，既不方便，故不为社会所袭用，又没有确切的意味，使人一看便怀疑。所以这一派是我所反对的。

至于译音，我以为非万不得已绝不译音。如"玻璃"本来是译音，但是因为中国没有这个东西。到了现在，既有了"玻璃"二字，对于 Glass 便不必再译音了。又如"以太"乃是 Ether 的译音，因为以前没有发明这个东西，自然不能译意。所以译音当以极少限度为限。

我对于译名的主张已经大略说完了。现在我要批评三个译名。

第一个是"商团主义"。我在报上看杜威演讲的"现代三个哲学家"中有论罗素对于社会改造的思想一段，其间有几句话，说罗素的思想是从工团主义、商团主义等社会主义折中出来的。原文我记不清楚了，但确记得有商团主义四个字。我以为这句中的工团主义必定是 Syndicalism 的译名。拿工团来译 Syndicate 虽则未必很好，但是因为工团二字尚未经人用过，或则不致生出误会来。至于商团主义当然是 Guildism 或 Guild Socialism 的译名。但是把 Guild 译作商团，却不妥。因为它是包含有手工制造业的意思在内。例如剪刀店，它一方面打铁制剪刀，另一方面直接出卖。所以中世纪的基尔特乃是包括工商而言的，不能单认为商团。而况商团二字已经为世人所沿用，有了一定的含义，和基尔特大不相同。现在把它用在基尔特上不免引起误解，更不能因为把 Syndicalism 译作工团主义遂把 Guildism 译作商团主义。

第二个是 duration 的译名。这也是我在杜威的那篇演讲上看见的。它上头说这个字不能译，只好译作"真的时间"。但是我以为这字诚然不容易翻译，在意义上可以说就是真的时间；而在文字上却不能并为一个。我们翻开柏格森的书便看见它于 duration 以外，仍有 real time 的字样。柏格森拿 real time 来说明 duration，可见得这两个名词是一个训诂，但却是两个名词。譬如说 "A is B"。我们只能翻译作"甲是乙"，却不可译作"甲是甲"。因为甲乙虽是一个意思，而却是两个名词。所以"真的时间"只能作为 real time 的翻译。对于 duration 可以说等于没有翻译。

第三是 datum、data 的译名。我以为这个字虽很难译，但是不应当译音。如果这个字都要译音了，那么如 Process attitude dimension 等等都得要译音了。因为论起难译的程度来，这几个字都是差不多的。

——《时事新报·学灯》（1920 年 4 月 13 日）

译名刍议（1920）

徐祖心

吾对于西洋文学、哲学、科学等，研究甚浅，哪敢以著译自任，更哪敢以一得之思，岸然以为译名准则，还望诸位有以教吾。现把刍议略述于下，先说着手进行的方法，后及如何统一，吾们可以把名词概别之为三种：（1）普通名词（Common noun）；（2）抽象名词（Abstract noun）；（3）专门名词（Proper noun）。还有一种物质的名词，可以归入第一种内，这是大家多知道的。

对于第一种的译法，大概当译其义为较妥，译音殊繁而失其精义；况且译文首贵普遍，须要于平民教育上着想，倘然但译音，不过吾们少数受教育者，能够了解，大多数看起来，简直是莫名其妙，那岂不是既繁又不讨好么？例如 Philosophy 当然译为"哲学"，Ethnograply 当然译为"人种学"，Psychology 当然译为"心理学"，还有 Biology 当然译为"生物学"，它里面一部分 Morphology 当然译为"形态学"，余类推。对于第二种抽象的名词，非至不得已时，也以译义为妥，例如 Realism 可译作"唯实主义"，"Sensationalism"可译作"唯觉主义"，Optimism 可译作"乐天"或"乐观主义"等。至于名词统一与否，那是另外一个问题，吾们决不可因为统一的缘故就把它译音，麻烦不切，对于经济学上讲不过去，又对于普通教育也生重重的障碍，请问你译了一部哲学等书写了译音的专门名词，除了几位受教育者，谁能够悟解呢？难道你这本书，为了几个人译的么？况且要统一名词另外可以想办法，尽可不必削足适履。

对于第三种专门名词，总以译音为好，例如 Bolshevism，日本人译它为"过激党"，把它的本来精神面目，不知丢到哪里去了，近人译它为"广义或多数派"，它的庐山真面，似乎类同；唯照愚意以为不如"鲍儿喜未氏主义"为较妥，免得顺意杜撰，失它的真面目，这是不可以与前一种名词可比的，诸君要明白。

此外还有一种特别名词，它的性质似类第二种抽象的名词，不过强要译义，未免不确切又不自然。吾们不妨把它列入第三种专门名词。例如哲学上讲凡物各有特性，好比桌子是硬的（Hardness），灯光是明的（Brightness），血的颜色是红的（Red）；这许多特性必定要经人用五官四肢去接触，才为存在，所以吾们叫这种特性为"sense datum"，多数为"sense data"，请问这个英文名称如何能够翻得恰巧凑合？即是可以翻也一定是不自然勉强得很的，吾们于这种地方尽可用译音法来翻译。

总而言之，翻译名词，除非不得已时及专门名词外，常用译义法。

我现在还要讲统一名词的方法，我不是已经说过的，译意是不容易统一，这是不妨的，吾们可以想一个法儿来要它统一，这个法儿就是白华先生说过的，"公诸大家讨论，一致通过"，不过我意必须各科设一个机关，专论这件事，比如研究哲学的，各种科学的，各各集合了一个团体，把各种名词分别讨论，通过后即把它集录下来，一俟完璧后即编成一本各科名词的字典，如是以后翻译，皆以此为准则，这样着手未有不能统一者，同时对于译音一面，也可造出一种新名词，以为准则，中国的旧名词，横竖不敷，况且也不配。白华先生所谓"一件中国古代的衣冠，套在一个簇新式的欧洲人身上"，这话信然信然。

吾们中国的物质文明，正在萌芽时代，这种根本上的栽培，确系是不可少的，庶几将来光华而实茂也；所以吾们千万不可厌烦惮劳，置狂澜于不顾，望大家早些去做，可以早些收获。

——《时事新报·学灯》（1920 年 4 月 16 日）

"译名问题"的意见（1920）

徐仁镕

我前天在本栏读了白华君提出的"译名讨论"问题，不觉引起我一种感想！就是现在许多人晓得"翻译西书，是现今青年的急务"。不错！但是现在不先解决译名的根本问题，怎样就好着手呢？我是并没有充分的学识，能讨论这种问题；不过我素来抱了"愚者一得"的观念，所以不问自己的言论，有没有价值，就在下面大略写了几句，请诸君指教。

白华君对于"译名问题"，他是分作两层讨论；不过简括言之，还不出译意、译音、创造新字这三种根本办法。现在据我个人的观察，这三种里面，译音是最不妥。就像 Democracy 这个名词，许多人译作"德谟克拉西"。看的人倘使是读过几年英文的，还可猜想出来，但是未通欧文的人，就要多方误解了；这不是译和不译相等了吗？我所以主张除了人名地名——这种万不得已的名字须译音外，其余一概应当译意。就像 Bolshevik 这个字，他们现在译作"过激党"，虽是不见得十分妥切，但是我看比译音总好得多咧。

可是我写到此地，就有人质问我："译音固是不妥，但是译意亦是很难；倘使译得不确当，这不是让欧文名词的真义倒失去了吗？"这话确是不错！不过我可说：译意究属比译音明妥。就像 Socialism 这个名词，现在译作"社会主义"，虽不能说极端正确，但是看的人，就是不通欧文，还可以理会它的真义。倘使用译音的办法，译作"沙息立士姆"，我想大部分的人，简直是莫名其妙了；所以译音当然不如译意。至于译意办法，确是各人的译法不同——就像 Pragmatism 这个名词，现在有"实验主义""实用主义""实际主义"这三种译法；可是我看译作"实际主义"似乎好些，至于是否得当，还可付之公决。所以这种单个名词，倘使一一提出讨论，到一致通过后，再统一公用，决不致于不妥了。我所以极端主张译意的办法。

至于创造新字，我虽是不极端反对，不过亦不敢居于赞同地位；因为创造许多生僻字眼，恐怕更难方便确切，反使读者不易明了。我所以主张译名不必过于新奇，还是用译意的办法好。

我的意见，大略是如此，谬误地方，必然很多。诸君倘肯指正，这是希望得很。

——《时事新报·学灯》（1920 年 4 月 19 日）

对于译名问题的我见（1920）

万良浚

前天本报提出一个译名问题来讨论，这个问题看来好像不甚重要，其实对于现在文化运动上有极大的关系。西洋学说正在输入的时候，假使没有相当的译名，那真理必定不能明白显出。所以这个问题的讨论，真是刻不容缓的了。我对于诸位所发表的意见，都极端赞成；不过昨天徐君有几句话，我很有些怀疑，现在不妨将鄙见发表于后，还请徐君赐教。

我们译名为便利起见，当然分为三种：（一）普通名词，（二）抽象名词，（三）专门名词。徐君说："第一种当译其义为较妥，译音殊繁而失其精义。"并举了许多字作例，像 Philosophy 译为哲学等。我以为这也不十分妥当，譬如 Logu 一字，有人译为论理学或名学，其实于原字的意义，并不切合，所以不如译音为逻辑。其余像 Democracy 等字，都因为中国字没有相当的名词可以义译，还是音译略为妥当些。比方 Ethico 一字，从前的人拿它译作伦理学，就有许多人拿中国的伦常附会上去，和小学堂的修身一样看待，你想这岂不是失了原字的真义吗？照这样看来，普通名词（Common Noun）不能一概义译，因为也有许多很难译的字。至于徐君说："倘然但译音，不过吾们少数受教育者能够了解，大多数看起来，简直是莫名其妙。"我以为这一层，徐君大可不必顾虑，既然能够晓得这些字的人，当然受过教育的。我想假使他们没有受过教育，同他们说逻辑、德谟克拉西原是不懂，就算义译为论理学、民主主义，他们看起来，也未见得就能够了解呢。

总之，译名的第一要素，就是拿西洋字原来的意义要显得明白；倘若没有相当的中国字可以义译？应当极对的用音译，切不可牵强凑合来义译，致失去原字的真精神。

徐君所说统一名词一层，我极表同情，西洋一个名字！无论普通名词或人名地名，一到中国来，就乱七八糟，变成几十个名词，你这样译，我那样译，令人看了，摸不着头脑，这是很不经济的。所以现在我国的学术团体，极应当设一个统一名词审查会，拿各种名词详细讨论一下，先从医学、化学等入手，定出一种极恰当的名词，然后大家都可以照他们所定的来施用。从前有人说过，外国的人名地名一概不译，就拿外国字嵌入文中，这是另外一个问题。现在我们既然要统一名词，无论是普通名词或专门名词，当然要一律译成中文的。

——《时事新报·学灯》（1920 年 4 月 20 日）

对于"译名讨论"的评论（1920）

徐祖心

吾前日作了一篇"译名刍议"，率尔下笔，未能精详审密，致读者有误会处，实在歉疚。吾对于译名并不一定说都要译义的，也不敢说一定都要译音的。诸君要明白译音和译义是两件手续，互相帮助的；以译义为主人，译音为助手。有的人以为这两件是绝对不并立的，误认它为二件案件，要人家去取舍，这么是疑惑不疑惑哩，……吾看这种人的头脑，还没有弄清楚，所以拿出这种话儿来，老实说他们对于译名的难处还没有尝过，仅仅在字典上得来的几个名词，就以为译名的困难不过翻翻字典罢了，才有非译义不可说（对于普通与抽象名词等）。吾素不愿同人作无谓的评论，唯此次因文化关系，不能缄默，特与诸君凭着学者研究的态度，来商榷一下。

与王栋君：

王君说专门名词当译音，举了许多白海黑海为例，他却忘了一个极要紧的专门名词了。你看 Bolshevik 这个词不是俄国的专门名词么？为什么到要译起义来呢？况且中国没有这个名词，岂可杜撰，失它的真意的么？你承认它译为过激党吗？为多数派广义派吗？何所根据？你在字典上可以找得到么？这一个字岂可以与 cleenocrasy 相比的么？这是 grammar 等，一字，王君误认为它为抽象名词。这虽不与吾事，不过即可以证明王君对于名字分类还没有明白，所以无怪王君要弄到自相矛盾了。如他所说，那么吾们也要把马克司、扣巴枯宁、克鲁泡特金以及诸哲学家的学说主义的名称译为义了；中国的孔子、墨子、庄子等的学说也要把孔子、墨子的名字演译为义，才可以达到他的目的——这岂不可笑！

他又说抽象的名词，一概当译义，这亦显而易见他没有尝过译名的难处，他则拿一个"魔鬼学"作例，这是字典上有的，没有什么难，你试看哲学里面，难的抽象名词正多哩！岂一个"魔鬼学"可以代表的么？比如吾上次说过的"sense datum"这个字，你可以做到你的目的吗？王君！你的壁垒要筑得森严些，不要专门攻击人家！

与万梁潴君：

万君说普通名词，不当都译义。这吾不敢赞同，前于吾的刍议上说过。他误认"君说普通名词，不当都为普通名词，这明明是一个抽象的名词，遂弄出了许多为难的地方，其实于吾的立论不生应响的。"他又举"Logic Ethics"为例，前一个名词以为译为"论理"不妥，不知怎样才算妥呢？至于"逻辑"一个名词还含有一个义译的性质，纯粹译音，当不至如此；后一个名词，译为伦理并没有十分不妥，今人译它为"人生哲学"不是与伦理同意的么，至于小学的修身，也是研究人生的问题，并没有说不过去的地方。吾们既可译义，何必一定要译音才算妥当呢？吾不解，要请指教。

至于对于平民教育问题，译者总要竭一份力，谋他的方便。吾们对于没有研究而无心研究的人，这种方便，确是爱属莫及的，已经研究的确也不成问题，你——万君——确忘记要研究的而没有研究的人，或将来的学者了。你把普通名词，不须译音的掺杂了成一部书，这还不如读原本，宁愿费几年工夫学外国语，不愿牺牲于无谓的名词也。万君！你译书为谁译的？况且译义的名词（对普通名词而言）容易明白，印入脑袋里面，你当为他经济计，更当为名字的精义计，为什么偏要说不必过于顾虑呢？万君！要知道译音是不得已的事！

吾牺牲两个钟头，并不是与诸君争是非，闹意见，所以说了许多费话，望明白。吾还望诸位读者，下一个公正的评判。

——《时事新报·学灯》（1920 年 4 月 24 日）

"译名问题"的我见（1920）

朱锡昌

现在我们知道：吾国因有的学术，是不适用的了。即使有些书籍，尚能适用，然而这些书籍，固是少数，未免不够用。所以我们要向外国介绍他们成系统的学识与科学的专论，给我们国里的人。这个介绍的方法，便是译书。译书的最困难问题，便是译名。我看见了白华的"讨论译名的提倡"，我很喜欢；并且学灯栏里特辟一个"译名讨论"栏。这是很好的。译名与文化运动是极有关系。我看完之后，便想提起笔来写一篇。无奈校里的功课很忙，到今天才能将这篇东西写给诸位批评，实在抱歉得很。我的学问很浅陋，不妥的地方，尚祈诸位教我！

总括白华君对于这个问题的第一条内根本办法有三：就是讨论译名是应当译意，还是译音，还是创造新字？

这三种办法，吾都赞成，因为它各有各的用处。吾们必不能说："译名应当音译的。"或者"是应当意译的。""是应当创造新字的。"

我们应当说：

"译名是随字而异，总当以使一般不懂外国文的人完全了解为目的，这三种根本办法，是可以兼用的。"

为什么要以使一般不懂外国文的人完全了解为目的呢？因为翻译书籍，原是介绍给那不懂外国文的人看的。如果他懂了外国文，他不会去看原文吗？我想随便他翻译得怎样好，我们看译本总不如看原本为好。但是我们国里，懂外国文的终究是少数。所以一定要翻译书籍，如果书籍里的译名，读者不能了解，那么，正如我的同学徐仁镕所说："这不是译和不译，相等了吗？"

三种根本办法，为什么是可以兼用的呢？我在上面不是说过，译名是当使一般不懂外国文的人完全了解吗？这三种根本办法，就是因为要使一般不懂外国文的人完全了解的缘故，所以要兼用。

音译的字　Proper noun 专门名词——人名、地名等——之外，凡一字而有数义者，也需音译。如 Democracy 这个字，包含的意义很多。译得不确当，反把它的真义失掉了。不如译作德谟克拉西为好。我讲到这里，一定有人要疑惑我说："你在上面已经说过，当使一般不懂外国文的人完全了解。那么，德谟克拉西这个字，使不懂外国文的人看了怎样知道呢？"——不错。但是我要问你，几何学这个字，差不多不懂外国文的人也能知道它的意思。难道它是意译吗？不是，它是音译。Geometry 本译作几何孟屈来，因为太繁，把后三字删去了，便成几何学这个字。近有人把它译作形学，到反使人不明白了。比较起来，形学实在比译几何学确当，但是社会上通用惯了，似乎仍以旧译几何学为适用。

意译的字　吾们因为音译的字，繁而费解。如能有相当的意译，总以意译为妙。如 Philosophy 这个字，当然译作哲学，如把它音译作斐罗索斐，那就不妥了。然而强求意译，把它的原意失去了，是不行的。我们应该找求一种相当的不失原意的译名。如果不能，不如音译，或者创造新字。如 Logic 把它译作论理学、名学……我以为不如音译作逻辑为好。抽象名词 Abstract Noun 和物质名词 Noun of Material、普通名词 Common Noun、集合名词 Collective Noun 等，大概是要意译的。如果一字多意的，就不能不音译了。

创造新字　有的字意译不能达它的意，音译又嫌麻烦。所以化学中的名词，大都是另创新字。如硅 Silicon 这个字，如把它音译作夕里西恩，未免费解，而且于经济学上讲不过去。

总而言之，三种根本办法，比较起来，如果译音妥，我们就译音；译意妥，我们就译意；创造新字妥，我们就创造新字。不能死板板地咬定一种。——或译音，或译意，或创造新字——应当随字而异。

以上是写好了。至于译名统一的方法，徐君已经说过。他的办法，我很赞成。

现在我对于译名问题，另外有一种意见，就是，"译名的底下，应当随着把原文写上去。"因为我们中国，每一个字的译名，往往多者有十数个，少者也有二三个。如不把原文附上去，恐发生误会的地方。所以一方面应该极谋译名的统一，一方面应该将原文附上去。这层意思，诸位以为怎样？

一九二〇,四,二十　于上海

——《时事新报·学灯》(1920 年 4 月 24 日)

我对于统一译名的意见（1920）

芮逸夫

我读西文书，遇着不识的名词，去检查字典，或参看译本。查出的中文译名，甲字典和乙字典不同，甲译本和乙译本各异。往往一个西文名字，有好几个中文译名，不知从哪一个好，真个冗杂极了。那些各不同的译名，废了我们许多的光阴，必竟还是摸不着头脑。我遇着这个困难，就很希望有人来统一各种译名。现在伯华先生居然提出这个问题来讨论，并在时事新报上特辟"译名讨论"栏，真要算是应时势的需要了。我看了几篇讨论这个问题的论文，大体我是赞成的。我对于"译名统一"有点意见，现在写在后面和大家讨论，还请读者诸君指教！

我以为统一译名的进行次序约有三步：（一）讨论译法，（二）组织译名审查会，（三）编辑统一译名字典。第一步是大家研究讨论，第二步是审查讨论的结果以定决择，第三步是实行统一译名。

（一）讨论译法　讨论译法的论文，已经很多，大抵是拿名词分类以定标准的，（王栋君）主张专门名词一律译音，抽象名词一律译意。）我以为这种分类是不对的。因为专门名词虽然是译音居多，但是有许多专名（指山河海洋等，人名当然是一律译音，例如

711

Washington 译作华盛顿，Napoleon 译作拿破仑等）仍是以译意为妥。例如 Cape of Good Hope 译作"好望角"或"喜望峰"，何等简明；至于统一这个名词，可由译名审查会决定，照我的意见，是以"好望角"为妥。若说因为它是专门名词，就要一律译音，译作"果特霍波角"，何等讨厌。这种译法，非但不便记忆，若不用记号并且不易辨起止。又如 Great Bear Lake 译作"大熊湖"，Great Slave Lake 译作"大奴湖"，Mediterranean Sea 译作"地中海"，Pacific Ocean 译作"太平洋"等，都是很简明的。若说译音，更讨厌了。所以我以为这一类专名是译意为妥。美洲的 Rocky Mountain 译作"落机山"从译音已是习用惯的，现仍其旧。照我的本意是要译作"多石山"，因为 Rocky 一字，是有确切的意义可译的。王栋君主张把 White Sea（白海）译作"讳脱海"，Black Sea（黑海）译作"勃拉克海"，我是不赞成的。他说别人要骂他"故为歧异"，我说骂倒不见得，不过译法不妥罢了。因为"白海"和"黑海"已经习用惯了的，就不便于改，使读的人见了这个译名，还要诧异。至于我的主张，是否是"盲目的服从"，自有公论，我也不必辩。又王君主张专门名词将原文写在下面，供大家辨别，我是很赞成的。上面把我的意见，略说了一点；至于我具体的主张，还在后面。我以为译名的标准，可分以下四种：

（甲）有确切意义可译的译意。普通名词和抽象名词，当然是译意：例如 Mr 译作"君"或"先生"，Country 译作"国"等；又如 Zoology 译作"动物学"，Botany 译作"植物学"，Mineralogy 译作"矿物学"等。专门名词有确切的意义的，也可译意，例见前。

（乙）有意义而无适当的中名可译的，亦当就切近原意的中名译意。例如 Democracy 译作"平民主义"，（"民主主义"等异译，可由审查会决定。以下附注的异译，皆仿此。）Esperanto 译作"世界语"（或"国际语""万国语"），Logic 译作"论理学"（或"名学"，至于译音的"逻辑"，照我的意见，当然是不用。）Ethics 译作"伦理学"等。读者看了我这一条，有许多人要说我的译法太糊涂；说 Democracy 译作"民主主义"或"平民主义"都与原意不切；Esperanto 译作"世界语""国际语"或"万国语"也不合，其余都不对；恐怕读的人要生误会。如万良浚君说："Ethics 译作'伦理学'，就有许多人拿中国的伦常附会上去，和小学堂里的修身一样看待，失了原意。"我以为这却不必虑得，试问要拿"西文"来译成"中文"，哪一个名词能够算切合呢？例如"物理"这个名词，据晋书说："元帝聪明机断，尤精物理"。司马迁说："凡编户之民，富相什则卑下之，伯则畏惮之；千则役，万则仆，物之理也。"我们拿这"物理"两字，译西文的 Physics 算是切合吗？然我们现在见了"物理"这个名词，我想除了那八股老先生之外，决不误会到晋书或司马迁所说的"物理"二字的意义，一定是和 Physics 一样的解释。这样说来，Ethics 一字，也就不会误会到伦常或修身上去了。所以我说译名能有确切的意义是最好，若是没有相当的译名，稍微有点不切，也不妨使用；因为久而久之，自然不会有误会了。

（丙）无意义可译的译音。这一类专指专门名词，（化学名词，已有化学名词审查会拟定，不在此例。）例如 Europe 译作"欧罗巴"，London 译作"伦敦"，River Thames 译作"太姆士河"，Baltic Sea 译作"波罗的海"等。

（丁）习惯沿用已久的，无论译意、译音，都仍其旧。例如 Caspian Sea 译作"里海"，Atlantic Ocean 译作"大西洋"，S. Francisco 译作

"旧金山"，Melborne 译作"新金山"，Hawaii 译作"檀香山"，Rocky Mountain 译作"落机山"等。(Rocky 一字，本有确切的意义可译，但因习惯沿用已久，不必硬改，参看（一）。)

（二）组织译名审查会　这一步万良浚君已经说过，不过这件事不是几个人的能力所能组织的。我以为非由教育部组织，即须由专门学者组织不可。因为不如此，不足以昭全国人的信用。教育部曾拟定《化学原质命名表》，又化学名词审查会亦曾拟定一表。我以为统一译名审查会不妨也照此办法，不晓得读者诸君以为怎样？

（三）编辑统一译名字典　这一步说的人已经很多，我看见王栋君也非常赞成。我以为各种名词都拿来讨论一番，讨论的结果，由读音统一会决择。依据决择的译名，中西文对照，编一部字典。如此就可希望统一了！这部译名字典，也可照《国音字典》的办法，由教育部发行。

上面所说的，是我一时想到，拉杂写来的；谬误的地方，一定很多，要请读者诸君指教的！我更希望大家都来讨论这个问题，以祈可以快点达到目的。因为这个问题，也是文化运动上输入学理的紧要关键之一，不可不赶快去解决的。

——《时事新报·学灯》(1920 年 4 月 26 日)

翻译日本名词的商榷（1920）

瑞书

　　翻译一桩事，是很不容易讲的。我从前看见许多人，争论着译音、译义的事，各自辩论不休，然而到底也没有一个完善的办法，可见这是不容易讲了。但是我的意见，无论译音、译义，总要统一方行，倘然人各一名，实在令人难懂，甚至同是一个人，同是一部书，竟有前后不一样的，这真不是叫人要目迷五色吗？然而这都是译西洋名词的困难处，我是不大懂得西文的，不敢妄论。但我现在是在学日本文，又时常要翻译日本报，请先把翻译日本名词的地方，写出几条来，和诸君商榷一下子。——前天东荪君说：日本名词，有的可以借用，有的不可以借用，这个方法很好，但是我看到现在各书局出版的译书，已经凌乱得不了，就是报纸上也是免不了，有的日本人明明就用汉文的字义，写出来我们大家都可懂得，反而避去不用，有的绝对不是汉文意思，写出来没人能懂的，反而不去删改，这正是翻译上很不好看的。

　　日本名词绝对可用的：

　　第一，日本用汉文意思制成的名词，我们大家都可懂得，不论在国内用过没用过，都可借来，不必再去翻译。这一层是大家知道的，我也不必去细谈。

第二，虽不是用汉文意思制成的名词，但在中国已经用惯了，写出来我们大家可以懂得，就可不必去更改。怎样呢？因为文字本来是一种代表语言的符号，不必去细细考究，只要写出来大家明白就是了。那些日本名词，虽不是我们本来有的，但既是用惯，就可算得我国的名词，不必去勉强更改，反而弄得人家不懂。翻译名义上，也有这一条。

日本名词绝对不可用的：

第一，日本的名词，虽是就用汉文的意思制成的，但在我国，也有相当的名词，那就不必用了。日本各种名词，凡用汉音的，大都就用汉文意思制成的，这本是可用的。但在我国，已经有了一个名词，就不必把它再用过来。然是这层就很有许多困难的地方了。我们在东邦，不时看见的各种名词，除完全日本文意思的别讲外，还有许多用汉文意思的，但要用起来，到底是不是国内已有这个名词没有，苟非深于国文和熟悉各种名物的，一时就不能断定了。我现在就把我自己曾经感到困难的一个例写出来，给诸君看看。日本电车，碰到走电脱线等地方，不能再开行的，叫作"故障车"。这三个字是完全汉文意思的，看起来似乎很用，但国内开了电车已经很久，想一定也有这种名词，那"故障车"三字，就不能借用了。但国内叫它什么，恐怕不是专门的人不知道。后来有人告诉我，叫作"定备车"，但我细味这定备车三字，有些儿不像，却也不敢用。然而像这些名词，还是最普通的，已经有这样的为难，别的也就可想而知了。

第二，国内虽没有这个名词，而日本的名词，确不是用汉文意思制成的，写出来人家也一定不懂，那就不可用。因为这种名词，在中国虽是没有，然用日本的名词，中国人也一定不懂，那就不可不翻译一个适当的新名词。这个新名词，初起人家或有些不能完全明白这个意思，但总可望文知义，决不会完全不懂的。但制造这新名词的时候，总要格外仔细才行。——从前我看见一帮翻译东文书的，满纸都是日本名词，什么手形呀，什么为替呀，实在令人难受。并且还有一帮人，把中国本来有的和普通的名词，也不去用，定要用日本的名词，什么波止场（码头）呀，什么看板（招牌）呀，什么仲买人（掮客）呀，连篇累牍的不休，这正讨气。

日本名词介于可用不可用的：

第一，日本专有的物名，在我国既没有这种相当的物件，因此就没有相当的汉字可以翻译的。譬如日本家屋中多有的"押入"，不去翻译，是不成名词，译出来又没相当的字义，我前次想译作壁橱，仔细一想，还是不对。余外还有许多类似这种"押入"名词的，一时也不容易翻译出来，然而要用着它的地方，倒也不少，那就是一件困难的事了。

第二，日本专有的名词，虽可以译成汉文，但决不能够似日文的简单明白的。譬如"人事相谈所"一个名词，虽可以译成汉文，然决计不是五个字所能完全贯彻它各方面意义的。——我曾经译成过"人事商量所"，但仔细一想，总是不妥。——余外类似这种的，也是很多，可见这也是一桩不容易的事了。——就似日本最普通的"书取"两个字，一时也不容易翻译。

唉！日本名词，比较的还算容易翻译的，然而仔细研究，已经就有许多困难地方，那西文更不消说了。现在本报上既然特辟了这个专栏，那正是一个研究译名的好机会，务请大家精通中外文的，起来讨论一下子，定一个完善而能统一的办法，那正是有功于学界不少哩。

（九，四，二十三）

——《时事新报·学灯》（1920 年 5 月 6 日）

译书方法的讨论（1920）

祖基

现在介绍西洋思潮的，日益加多。但是有一件普遍的困难，差不多人人难免的，就是译书究竟取什么方法才是。

我说的译书方法，不是说去选择目的物；是说用什么手段，去翻译已经选定的书。

译书的方法，以前的宗旨是信、达、雅三个字。

不过翻译一部书，要想完全达到这般地步，无论什么样，究竟办不到。严又陵译书自称为"达旨"，但是他拼命地去求雅，于是很自然的一个雕像，被他淡妆浓抹了不知像些什么，叫别人都不容易索解。近两年大家都注意到信和达两字去了，然而也不兴。易卜生的戏剧能够引起中国社会的观听么？莫泊桑、斯特林堡的小说，和无论什么文学上的译著，都没有惹动大多数的注意；就不要说别的，你看张东荪自称译释的创化论，也有几人能够看得懂？这个滋味我自己也尝过了，我去年寒假在家里译梅德林克的戏剧 *Pelleas and Maelisande* 和托尔斯泰的戏剧 *Fruits of Culture*，自己每天译了无数的字，连粥饭都忘记吃了，却被站在旁边的弟兄们不止地暗笑。我问他们，他们都说"你这样的直译，叫谁能够懂得，这是给你自己去看罢。"我听了却不怪他们。

还有我的朋友王崇植君他也译了莫泊桑的《一条生命》的小说，他虽然没有人嘲笑他，并且比较我译笔自然好；不过我第一个人就"看不大懂"。他自己也很明白，近来想再润色一遍，或者要重译一番，也免不得的。这样一看，实在因为西文的组织法和我们不谐合。他们说一句很滑稽的话，译了中文连看都看不懂，不要说笑。还有他们要解说一个名词，用了很明了很清晰的许多文字，但是翻译过来，就越发越糊涂，越弄越混沌了，所以他们当作有艺术、有组织、有情调、有灵感的作品，一搬了场，少不得损失一半的价值。就好像译诗：你一面要顾语法真切，一面要顾意思周到，一面还多少加些美妙的装饰来形容原文，还有什么全艺术的作品么？所以现在有许多人尝过滋味，不像两三年前那般人的瞎骂严又陵和林琴南了。严又陵和林琴南固然应该挨骂，不过你拿什么方法可以替代他，救济他？这是一个译书方法的问题，要紧的缘故，就在那几点；我提议出来，也是那几层的理由。

这个问题，实在很是重要。因为译书方法不解决，那么在我们现今闹"智识荒"的时候，拿什么东西去满足他的欲望？好像麦粉、酵母粉等的原料，都准备着用不穷尽，不过你想什么法儿去配合它们，变成一件热烘烘的面包呢？我在这里望着诸君来讨论，希望□□□□□的发表些意见，解决这一个问题才好啦！

——《民国日报·觉悟》（1920 年 5 月 6 日）

对于"译名讨论"和"现在译著"者的评论（1920）

毛用

我早就有个心做这篇文章，后来都因为时间的关系，终究定止了。这几天看到《时事新报》的"学灯栏"，登着"译名"的各种讨论，又触动了我的脑筋，所以就把我的意见发表出来，供诸君的讨论。

讲到"译名"的问题，他们既然详细讨论过了，我是赞成王栋君的主张，但是我还有一层意见，就是评论现在的一般"译著者"，他们不把外国文译出意思来，却仍旧用外国文嵌入于国语的里面，把外国文当作国字的样子用起来。我想不懂外国文和懂外国文而无看书能力的人，真是弄得莫名其妙了，实在是这般译著者的一大缺点。论到这个问题，我先有两个要问的条件（大概同王栋君所提出的）：

（一）为什么要译著呢？我们知道，所以"灌输"西洋的"新文化"，使我们个个人读了它，都能够具有这种"新知识"，方才可以造成一个"新社会"，得到一种"新生活"。

（二）这译著给什么人看的呢？我们知道，这是给不懂外国文和懂外国文而无看书能力的人看的。但是并不是懂外国文的人就不好看的意思。

有了这两条，我就可提出问题来讨论，现在就分三种，举例和说明如下：

（甲）把外国文直接作国语的"目的词"。例如：

"……又同时发现柏拉图的哲学，以□ of the universe 为前提的，……"

（参观《新潮》第二卷第二号·二三二页·八行）

（乙）把外国文直接作国语的"形容词"。例如：

"诗文界的思潮，以 Classicism，Romanticism，Neo-Romanticism 的形势而变迁，……"

（参观《少年中国》第一卷第九期·十五页·三行）

（丙）把外国文直接作"引用句"。例如：

"文斯铁拿氏大胆地唱 Philosophicae Radicalism 说：My truth is the truth！……"

（参观《少年中国》第一卷第九期·三十九页·九行）

像这样的例，是非常之多，我也无暇尽举，只举这三种罢。我想这种文章，决定是不容易看得懂的。为什么他们不肯译出意思来，使得大家"一目了然"？岂单供懂外国文的人看么？我想懂外国文的甚少，这点"新文化"，仍旧是不能够普遍灌输的，那么不是徒然么？还是不译出来比较意思确实么？我想不懂外国文的人实在"莫名其妙"，总是译出来方便，比较的能够明白呢？（这个理由，王栋君已详细说明，所以不再多说。）

照这样看起来，这般译著者，不是应该赶紧改革么？我个人的意见，总希望这般译著诸君从速改革！请大家讨论。

——《时事新报·学灯》（1920 年 5 月 20 日）

出版界复译问题（1920）

万韬

昨天看到东荪君"译书重复问题"一篇文章，我很有不以为然的地方，现在简单地写在下面。

第一不以为然的，就是他那惯用的"不过式"的论调。（浙江方面一般顽固派常用一开一合的语调反对新派，说的都是"新是我所赞成的，'不过'为时尚早"之类的语言，新派的人就叫他作"不过派"，他们的论调就叫作"不过式"的论调，现已成为通行的名词，所以这里便借用了。）他那篇文章是反对止水先生主张复译的。要反对，就反对了。但他却打起"不过式"的高调，在引用止水先生文后说："止水先生这篇意见是我所完全（注意）赞成的。但是（注意，就是"不过"和现在译书重复的情形微有不合），你们看，"完全"底下竟转出一个"但是"来了！我看，东荪君在这种地方赶紧采纳汉俊先生"主张的态度应该如此"里对于打叉路的教训，才行！紧不然，逻辑上通不通也该顾到一点。

第二不以为然的，就是他那"诗云子曰式"的论调。东荪君要攻击别人的时候，总引几句别人的作品来作引子，这次也是如此。你看，他又说陈独秀先生怎样怎样了！"诗云、子曰"，从前是正反两

723

面都用的；现在东苏君却只用在卸担子一面，这也不可谓不善于变化。这种变化的能力，我确信他有从"贤人政治"变到"社会主义"式的英毅。

第三不以为然的，就是吹自己的牛皮。他说"此外如我译《创化论》是意译的。如有人看了以为有直译的必要，不妨用直译来重译一回。

我相信读者买了直译的《创化论》以后必定还要买我的意译《创化论》。因为必须把直译与意译对着看方能完全了解。"必须把直译与意译对着看，方能完全了解，"必须"两字从那里得来，到底是什么话？我看，他不过要吹牛皮，恐怕别人齿冷，用这句话来遮盖罢了。这种方法，从前的"贤人"也用得很多，故智全已看穿，东苏君你不该再用它了。你不要生气，我老实说来，你那本意译的《创化论》，第一句就看不出你"译"的"意"来呢！我记得第一句原书不是那样艰涩不可解，你译过一遍，大约比我更记得了！

总之，复译不复译，尽可听其自然。东苏君以为两人同时复译，恐怕"万一两个人所译的竟是差不多"。但我以为也须想到"万一两个人所译全异"。我看，两个人如果不是互抄，全异的方面的"万一"，倒比较地有强的或然性呢！

最后，还要问一句共学社的《近世经济思想史论》，你为什不说它学术研究会已译成，可以不必再翻为黎明运动。虽然还是明暗交映，总该增加明的呵，该增加明的了！东苏君，你该听取我这一句，不要以为"只博得一笑"呵！

——《民国日报·觉悟》（1920 年 7 月 3 日）

译书感言（1920）

光典

（一）译书的必要：自"五四"以后，日刊、月刊、周刊……新出版物，如雪片似的纷飞，这不能不算是一种好现象。但大概的缺点，就是所介绍的知识，多是片断的；东麟西爪，竹头木屑，既没统系，又没相互的关系。这类材料，大概是从西籍中抽译而来；什么前因后果，译者是一概不负责任。这种情形，最足酿成今后文化运动的一种危机；青年受着那些零零碎碎的刺激，很容易冲动他们的名誉欲，同时又生出个急进求知的现象，其结果反达到"欲速不成"的地步。

浅薄的观察，枝叶的知识，终究不是我们根本的希望。所以我们欲救其弊，必须大批输入西洋文明，介绍有统系的学理大著作，方才新思潮可以彻底，新文化运动可以发达。

（二）选择：译书第一件难事，就是选择。欧美书籍中，有可译的价值的，实在是浩如烟海。我们就是用极严格的眼光去审定，都嫌太泛，而无从着手。所以我们当翻译一部书之前，要问：这书是否本身有价值？在同类之中是否算做最好？这书是否到了应译的地步？是否还有应当比较先译的书？译了这书之后，是否大众看得懂？对于大众将生何样效果？须知道，译书只是为人，——为不能看外国文书籍的人——所以去取选择，都须替读者设身处地的着想，不能只顾自己的高兴，才能使读者得切实之利益，不至漫无头绪。

（三）标准：我以为我们研究一种学术，最初的一步，就是要把这学术的根本观念完全明白清楚；然后才能讲高深的理论、微妙的学说。因为那些理论学说的基础，总不能离开这根本观念的。但是各种学术的根本观念，又不是一成不易的。所以我们若要真正彻底的了解一种观念的意义，还须考察它过去的来源和变迁的历史。我们研究方面既是如此，介绍方面，也就得以此为标准。所以宗白华先生主张"译书"初步标准：

A：横的方面：各种新学术根本观念的解说；

B：纵的方面：各种新学术源流历史的介绍；

是极有道理的。

（四）方法：译书没有死刻板的方法，本来随人自己去定，没有限制。不过我以为译书的大体：（1）应当用白话文；（2）最好用直译笔法；（3）有的书，不必全译，可用"提要"的方法来介绍。我们对于现在一般的出版界，实在不得不用这较为经济的手段。照这样办，译的人可以省事，在短时期中，多多地介绍贩运；读的人，也可以事半功倍地多得若干的知识、学问。《解放与改造》等杂志里的"读书录"，就是个好例。至于翻译名词这层，也要留意。我记得某君一人在某一期杂志上，对于 potentialities 这一个字，就有两样译法：一译为"潜伏力"，一译为"含蓄能力"；意思虽然差不许多，但是究竟不如统一较为精准。

（五）避免重复：近来有些人，把他人已经译过的书，每不经心还拿来重译，这是一件很没意思的事。我以为中国现在对于有价值的译述，既需要□□；而欧美有价值的书又很多。有译述能力的人，实在应当分途并进，去选择未曾译过的书来翻译，不宜彼此重复。有了重复，初译的人和重译的人，精力上都不经济。这也是一件我们应当注意的事。

（六）译书不是投机事业：有许多人以"译书"是一种时髦行为，把它当投机事业。自己并不懂得什么，于是请一部字典先生做他的外国顾问。"驴唇不对马嘴"的胡乱介绍几部西洋名著，一面虚博社会盲目荣誉，一面扩大自由活动的范围，可是这种行为，在道德上实在是说不过去。须知，学术没有时髦不时髦，只要求得出来真理来。我们"译书"要是弃其所长，单单去迎合社会心理，译出来的东西，一定不会好的。

（七）译书的要专门译书：现在译书的人，不是报馆记者，就是学校中的教授和学生；专门译书的很少，可以说没有。可是他们既有一定的职业，当然不能在著述上切实尽力，绝没有充分的时间去译书。偶有闲暇，可以略译一点；事务一忙，就要干不来。但照现在的需要看来：国内实在应当有多数专心从事著述的人，赶快预备"智识粮草"（Intellectual food）以救济国人智识的饥荒。在这过渡时代，有真心从事文化运动的人，须本着互助精神，组织坚固团体，聚精会神地去译书，专心致志地去译书。

（八）结论：自"五四"以后，日刊、月刊、周刊……新出版物如雪片似的纷飞，实在不能不算是一种好现象。但是这"软性的"杂志，只是一种"流览"的书籍，不能算一种"专修"的书籍。他所介绍的那一些学理，并不能作我们智识的唯一的滋养料；更不能作我们学识研究的对象。所以，"杂志"的功能，只可引起智识界饥荒的

727

感觉；真正的饥荒，杂志并不能救济。中国人智识的饥荒，近来已被"杂志"刺醒，个个人都有满足智识的要求、欲望。作为文化运动者、译书诸同志，我希望在这个时候，应当有个具体的计划；各就本分，分类尽力，有统系、有步骤地去介绍各种科学与各家学说的真正有价值的大著作，使翻译事业，放大光明于国内；叫一般研究学问的人，有高深富丽的参考书，不必处处去乞灵西文书籍。这才是新文化运动的确实基础。

一九二〇,六,十，于天津

——《民国日报·觉悟》(1920 年 7 月 8 日)

随感录：译书的我见（1920）

力子（邵力子）

译书是一件很难的事业。读书或者可以不求其解（至多是误自己），译书却万万不能如此，否则，贻误读书的青年，对不住社会，更对不住原著者。如果译高深学术的书，不但文字须精通，即和该书有关连的各种学科，也非曾经研究、略有门径不可。至于意译，总不如直译的好。意译可以偷懒、躲闪；有看不懂的地方，不妨用己意猜度、篡改，或者竟忽略过去；别人要指摘他的谬误，他还可以强辩，说"这是不关重要的地方，所以我把它略去"。直译则一句不容忽过，有看不懂的地方，自然也写不下去；倘使他大胆写下去，别人也就一定看不懂，很容易的知道他这书是毫不足观的了。遇到西文结构和中文十分不同的地方，自然直译者也当略变格调，不使有"佶屈聱牙"之弊；但断不能含糊囫囵，说我是"意译"的。并且意译果是好方法，那么，严复先生所译的赫胥黎《天演论》，当然要推作译书界的真模范，也用不着张东荪先生自己来说将来有直译柏格森《创化论》的人还非读他的意译本不可了！我相信日本人译书的方法没有中国人那样巧妙（？），所以即使不懂法文原本，而把日人的译本来看，相差也还不至太远。倘真要严格地讲，不单是不懂原本的人不配译柏格森的书，就是不研究生物学的人也未必配译柏格森的书呀！所以我的意见，意译决不如直译，张东荪先生译《创化论》，决不如沈乃人先生译科学常识。

（力子）

乃人昨天惠书，说《科学常识》因事不能接译下去，我甚引为憾事，还望乃人抽冗译完。

——《民国日报·觉悟》（1920 年 7 月 8 日）

我对于编译丛书的几个意见（1920）

郑振铎

【……】

我对于现在所出的丛书中的译本，也有些不满意的地方。第一，外国书中的专有名词（Proper noun）我们多只用中文译其音，而不复注原文在下，如尚志学会出的《创化论》《革命心理》等，很使我们受苦。因为一则不易检查原本，二则中国各处口音不同，同一之字，在粤读之，其音相差至远。字音既不同，自然容易引起误会了。

还有只用原文而不复译中国音的——如周作人先生的欧洲文学史——虽比只载译音而不注原文的，比较地能存真，然在未学外国语的人读之，未有不以为大痛苦的。所以我希望以后译书的人，要免除这二种不利之点。第二，译音自以能存真为第一要义；然若字字比而译之，于中文为不可解，则亦不好。而过于意译，随意解释原文，则略有误会，大错随之，更为不对。最好一面极力求不失原意，一面要译文流畅。必须意译——直译不可解——的地方，须把原文写出，以便读者对照。如能照广学会译《泰西社会改良策》一样，译文上注明原本的页数，则更有许多好处了。这是我的第三层意见。

除此三层以外，还有两种的意见，贡献给大家，就是：第一，丛书出版的次第，应该略有系统，先出门径的根本的书，后出名家的专著。如中华书局《哲学丛书》之随意拣选几本关于几个哲学家的著作而译之，既没有哲学概论，也没有哲学史，是很不好的。第二，现在丛书出版的过多，你出一种，我也出一种，好像是竞争一样。

诸君呀！编译丛书，是文化事业，不是投机事业，请不要存有竞争的心理！

我的意见讲完了，我希望大家能够倾听一下。

【……】

——《民国日报·觉悟》（1920 年 7 月 8 日）

译书的批评（1920）

冰（冰心）

我对于翻译书籍一方面，是没有什么经验的；然而我在杂志和报纸上面，常常理会得在翻译的文字里头，有我个人觉得不满意的地方，因此要摘举它们的缺点，记在下面：

一、在外国文字里面，有许多的名词和字眼，是不容易翻译的，不容易寻得适宜的中国字眼和名词去代表的；因此那译者便索性不译，仍旧把原字夹在行间字里。

我们为什么要译书？简单浅近地说一句，就是为供给那些不认得外国文字的人，可以阅看诵懂；所以既然翻译出来了，最好能使它通俗。现在我们中国，教育还没有普及，认得字的人，比较地已经是很少的了，认得外国文字的人，是更不用说的。这样，译本上行间字里，一夹着外国字，那意思便不连贯，不明了，实在是打断了阅者的兴头和锐气，或者因为一两个字贻误全篇，便抛书不看了。如此看来，还只有认得外国文字的人，才可以得那译本的益处，岂不是画蛇添足，多此一举么？所以我想最好就是译者对于难译的名词、字眼，能以因时制宜，参看上下文的意思取那最相近的中国字眼名词，翻译出来。若是嫌它词不达意，尽可用括号将原字圈起来，附在下面，以备参考。至于人名、地名，因为译者言人人殊，有时反足致人误会，似乎还是仍其本真妥当些。

二、翻译的文字里面，有时太过的参以己意，或引用中国成语——这点多半是小说里居多——使阅者对于书籍，没有了信任，例如：

"……吾恐铜山东崩，洛钟西应……"

"……'父亲，请念这蜡上的字。'孙先生欣然念道：'福如东海……寿比南山。'……"

"……是不是取'同心之言，其臭如兰'的意思呢？……"像这一类的还多——我常常怀疑，那原本上叙述这事或这句话的时候，是怎样转接下去的。这"同心之言，其臭如兰"分明是中国成语，寿烛上刻着"福如东海，寿比南山"分明是中国的习惯，而且译者又这样的用法，自然是译者杜撰了。类推其余，也必是有许多窜易的地方。这样，使阅者对于译本，根本上不信任起来，这原没有苛求的价值。然而译者对于著者未免太不负责任了，而且在艺术上的"真"和"美"上，是很有关系的，似乎还是不用为好。

三、有时译笔太直截了。

西国的文法和中国文法不同；太直译了，往往语气颠倒，意思也不明了。为图阅者的方便起见，不妨稍微的上下挪动一点。例如：

"……这时他没有别的思想，除了恐怖忧郁以外……"假如调动一番，使它成为：

"……他这时除了恐怖忧郁以外，没有别的思想。……"或者更为妥当一些。

还有一件事，虽然与译书无关，但也不妨附此说说；就是在"非翻译"的文字里面，也有时在引用西籍的文字或是外人的言论的时候，便在"某国的某某曾说过"之下，洋洋洒洒的抄了一大篇西文，后面并不加以注释。或是在一句之中夹上一个外国字，或者文字之间，故意语气颠倒。

对于第一条，写一大篇外国字的办法，我没有工夫去重抄，总之是极其多见就是了。

第二条例如：

"……既然有 Right 就应当有 duty……"

"……Oh, my dear friend！你们要……"

"……都彼此用真情相见，便用不着 Mask 了。……"

第三条例如：

"……相见花儿！——'花儿！'半开的大门阶上一个老女人喊道。……"

"'……你的东西忘下了，'他一路追一路嚷……"

像这一类——二，三条——的更多了。

前些日子，有一位朋友和我谈到这件事，他说："我真不明白作这文章的人，是什么意思。若是因为这几个字，不容易拿中国字去代替，只得仍用它夹在句子里，这样，十分热心要明白了解这句子的人，不免要去查字典，或是要请教别人，作者何不先自己用一番工夫，却使阅者费这些手续？何况 Right 原可翻作'权利'，duty 原可翻作'义务'，Mask 原可翻作'假面具'呢。作者如要卖弄英文，何不就做一篇英文论说，偏要在一大篇汉文论说里，嵌上这小小的一两个字呢？不过只显得他的英文程度，还是极其肤浅就是了。"——他所说的话，未免过激，我不敢附和。然而这样的章法，确有不妥的地方，平心而论，总是作者不经意、不留心，才有这样的缺点，——平常对同学或朋友谈话的时候，彼此都懂得外国文字，随便谈惯了。作文的时候，也不知不觉的，便用在文字里。在作者一方面，是毫无轻重的。然而我们在大庭广众之间，有时同乡遇见了，为着多数人的缘故，尚且不肯用乡音谈话。何况书籍是不胫而走的，更应当为多数人着想了。盼望以后的作者，对于这点，要格外注意才好。

引用外国书籍上的文字，或是名人的言语的时候，也更是如此，否则要弄出"言者谆谆听者藐藐"的笑柄，白占了篇幅，却不发生效力，时间和空间上，都未免太不经济了。何况引用的话，都是极吃力有精彩的呢。

有时全篇文字，句句语气颠倒，看去好像是翻译的文字。这原是随作者的便，不过以我个人看去，似乎可以不必！

归总说一句，就是译书或著书的宗旨，决不是为自己读阅，也决不是为已经懂得这书的人的读阅。耶稣说："康健的人，用不着医生，有病的人，才用得着。"译者和作者如处处为阅者着想，就可以免去这些缺点了。

——《时事新报·学灯》（1920 年 11 月 10 日）

《点滴》序（1920）

周作人

　　这一册里所收的二十一篇小说，都是近两年中——一九一八年一月至一九一九年十二月——的翻译，已经在杂志及日报上发表过一次的，本来还没有结集重印的意思。新潮社的傅孟真、罗志希两位先生却都以为这些译本的生命还有扩大的价值，愿意我重编付印；孟真往英国留学的前两日，还催我赶快编定，又要我在序文里将这几篇小说的两件特别的地方：一、直译的文体；二、人道主义的精神——约略说明，并且将《人的文学》一篇附在卷末。我所以依了他们的热心的劝告，便决意编成这一卷，节取尼采的话，称为《点滴》，重印一回。

　　我从前翻译小说，很受林琴南先生的影响；一九〇六年住东京以后，听章太炎先生的讲论，又发生多少变化，一九〇九年出版的《域外小说集》，正是那一时期的结果。一九一七年在《新青年》上作文章，才用口语体，当时第一篇的翻译，是古希腊的牧歌，小序有一节说：

　　　什法师说，翻译如嚼饭哺人，原是不差，真要译得好，只有不译。若译他时，总有两件缺点：——但我说，这却正是翻译的要素。一、不反原本，因为已经译成中国语。如果还要同原文一样好，除非请谛阿克利多斯（Theokritos）学了中国语，自己来作。二、不像汉文，——有声调好读的文章，因为原是外国著作。如果同汉文一般样式，那就是随意乱改的胡涂文，算不了真翻译。（十一月十八日）

一九一八年答某君的通信里，也有一节：

> 我以为此后译本，……应当竭力保存原作的"风气习惯语言条理"，最好是逐字译，不得已也应逐句译，宁可"中不像中，西不像西"，不必改头换面。……但我毫无才力，所以成绩不良，至于方法，却是最为适当。（十一月八日）

在同一封答信里面，又有这一节，是关于小说的内容的：

> 以前选择几篇小说，派别并非一流。因为我的意思，是既愿供读者的随便阅览，又愿积少成多，略作研究外国现代文学的资料，所以译了人生观决不相同的梭罗、古勃、库普林，又译了对于女子解放问题与伊孛然不同的斯忒林培格。

但这些并非同派的小说中间，却仍有一种共通的精神，——这便是人道主义的思想。无论乐观，或是悲观，他们对于人生总取一种真挚的态度，希求完全的解决。如托尔斯泰的博爱与无抵抗，固然是人道主义；如梭罗、古勃的死之赞美，也不能不说它是人道主义。他们只承认单位是我，总数是人类：人类的问题的总解决也便包含我在内，我的问题的解决，也便是那个大解决的初步了。这大同小异的人道主义的思想，实在是现代文学的特色。因为一个固定的模型底下的统一是不可能，也是不可堪的；所以这多面多样的人道主义的文学，正是真正的理想的文学。

我们平常专凭理性，议论各种高上的主义，觉得十分彻底了，但感情不曾改变，便永远只是空言空想，没有实现的时候。真正的文学能够传染人的感情，它固然能将人道主义的思想传给我们，也能将我们的主见思想，从理性移到感情这方面，在我们的心的上面，刻下一个深的印文，为从思想转到事实的枢纽：这是我们对于文学的最大的期望与信托，也便是我再印这册小集的辩解（Apologia）了。

一九二〇年四月十七日，周作人记于北京

——《苦雨斋序跋文》（北大出版部，1920 年 8 月）

译诗的困难（1920）

仲密（周作人）

日本的太田君送我一本诗集。太田君是医学士，但他又善绘画，作有许多诗歌戏曲，他的别名本下杢太郎，在日本艺术界里也是很有名的。这诗集名《食后之歌》，是一九一九年十二月出版的，我翻了一遍，觉得有几首很有趣味，想将它译成中国语，但是忙了一晚，终于没有一点成绩。

我们自己作诗文，是自由的，遇着有不能完全表现的意思，每每将它全部或部分的改去了，所以不大觉得困难。到了翻译的时候，文中的意思是原来生就的，容不得我们改变，而现在的文句又总配合不好，不能传达原有的趣味，困难便发生了。原作倘是散文，还可以勉强敷衍过去，倘是诗歌，它的价值不全在于思想，还与调子及气韵很有关系的，那便是再没有法子。要尊重原作的价值，只有不译这一法。

中国话多孤立单音的字，没有文法的变化，没有经过文艺的陶炼和学术的编制，缺少细致的文词，这都是极大的障碍。讲文学革命的人，如不去应了时代的新要求，努力创造，使中国话的内容丰富，组织精密，不但不能传述外来文艺的情调，便是自己的略为细腻优美的思想，也怕要不能表现出来了。

至于中国话的能力到底如何，能否改造的渐臻完善？这个问题我可不能回答。

我曾将这番话讲给我的朋友疑古君听，他说："改造中国话原是要紧，至于翻译一层，却并无十分难解决的问题。翻译本来是赈饥的办法，暂时给他充饥，他们如要尽量的果腹，还须自己去种了来吃才行。可译的译它出来。不可译的索性不译，请要读的人自己从原本去读。"我想这话倒也直截了当，很可照办，所以我的《食后之歌》的翻译也就借此藏拙了。

（十月二十日）

——《晨报副镌》（1920 年 10 月 25 日）

翻译与批评（1920）

仲密（周作人）

近来翻译界可以说是很热闹了，但是没有批评，所以不免芜杂。我想现在从事于文学的人们，应该积极进行互相批评，大家都有批评别人的勇气与容受别人批评的度量。这第一要件，是批评只限于文字上的错误，切不可涉及被批评者的人格。中国的各种批评每易涉及人身攻击，这是极卑劣的事，应当改正的。譬如批评一篇译文里的错误，不说某句某节译错了，却说某人译错，又因此而推论到他的无学与不通，将他嘲骂一通，差不多因了一字的错误，便将他的人格侮辱尽了。其实文句的误解与忽略，是翻译上常有的事，正如作文里偶写别字一样，只要有人替他订正，使得原文的意义不被误会，那就好了。所以我想批评只要以文句上的纠正为限，虽然应该严密，但也不可过于吹求，至于译者（即被批评者）的名字，尽可不说，因为这原来不是人的问题，没有表明的必要。倘若议论公平，态度宽宏，那时便是匿名发表也无不可，但或恐因此不免会有流弊，还不如署一个名号以明责任。这是我对文学界的一种期望。

其次，如对于某种译文甚不满意，自己去重译一过，这种办法我也很是赞成。不过这是要有意地纠正的重译，才可以代批评的作用，如偶然的重出，那又是别一问题，虽然不必反对，也觉得不必提倡。譬如诺威人别伦孙的小说《父亲》，据我所知道已经有五种译本，似乎都是各不相关的，偶然地先后译出，并不是对于前译有所纠正。这五种是：

1. 八年正月十九日的《每周评论》第五号

2. 九年月日未详的《燕京大学季报》某号

3. 九年四月十日的《新的小说》第四号

4. 九年五月二十五日的《小说月报》十一卷五号

5. 九年十一月十四日的《民国日报》第四张

这里边除第二种外我都有原本，现在且抄出一节，互相比较，顺便批评一下：

（1）"我想叫我的儿子独自一人来受洗礼。"

"是不是要在平常的日子呢？"

（3）"我极想使我的儿子，他自己就受了洗礼。"

"那是不是星期日的事情？"

（4）"我很喜欢把他亲自受次洗礼。"

"这话是在一星期之后吗？"

（5）"我极喜欢他自己行洗礼。"

"那就是说在一个作工日子么？"

据我看来，第一种要算译的最好。因为那个乡人要显得他儿子的与众不同，所以想叫他单独地受洗，不要在星期日例期和别家受洗的小孩混在一起，牧师问他的话便是追问他是否这样意思，是否要在星期日以外的六天中间受洗。Weekday 这一个字，用汉文的确不容易译，但"平常的日子"也还译得明白。其他的几种都不能比他译得更为确实，所以我说大抵是无意的重出，不是我所赞成的那种有意的重译了。

末了的一层，是译本题目的商酌。最好是用原本的名目，倘是人地名的题目，有不大适当的地方，也可以改换，但是最要注意，这题目须与内容适切，不可随意乱题，失了作者的原意。我看见两篇莫泊三小说的译本，其一原名《脂团》，是女人的诨名，译本改作《娼妓与贞操》，其二原名《菲菲姑娘》，译本改作《军暴》。即使作者的意思本是如此，但他既然不愿说明，我们也不应冒昧的替他代说，倘若说了与作者的意思不合，那就更不适当了。以上是我个人的意见，不能说得怎样周密，写出来聊供大家的参考罢了。

（十一月二十一日）

——《晨报副镌》（1920 年 11 月 23 日）

对于译书的我见（1920）

沈子善

近年来我国译书的人，比较五年前已经多上好几倍了。这确实是灌输文化的一种好方法，因为我们国里的文学、科学、政治……拿来比较欧美各国，老实说一句，实在是有些不及人家。现在要想有进步、有新鲜的气象，必定要把人家的各种方法，晓得清楚，拿来作我们的参考，撮取其精华，混合成一种极好的方法，为我们自己用的。所以在现今的时候，译书是一件极有价值、极不可少的一件事，并且要希望能译书的人愈多愈好。不过在下以为能译的人固然是要多，倘使译得不好，或者不清楚，那么不独无益，反然有害。所以译书不可不小心。我现在把关于译书的几个重要问题写出来，不敢说是有补于译书者，亦不过发表我个人的意见罢了。还要希望读者诸君指教。

（一）译书与著书是绝对不同的

我常常听见人说："译书易，著书难"。我对于这一句话，觉得理由不充足，是就表面观察得来的判断；我的意思，以为译书比著书难，因为著书是以我为主体的。譬如我要编一本书，只要把要发表的意思，分了章节，立个大纲。照着大纲分析、演绎，说得有条有理、头头是道、丝毫不乱，就是好的了。这一种，是完全拿自己的命意来

745

说，一点不受拘束，所以人家看了我的书，自然容易领悟。

至于说到译书，那就迥然不同了。译书的人，在表面看起来，似乎是主体；其实还是客体，原本要算是主体；因为译者对于原本，只可负翻译的责任，断不能负修改的责任。书中的意思，要把它原原本本写出来，一点不能差池。更不能拿原文上的一点意思，来当作文章做。文章虽然做得秀美，但是背了译书的本旨了。所以译书要是随便译，不求精细，那是极容易的。要是刻刻用心，□没有背本意，那就是一件最难的事。我们译书，是想得到人家真正面目的，断不可因为□□，得到一个假面目阿！

（二）凡译一书须要对于此科有研究的

对于文学无研究的人，他能著文学书吗？对于医学无研究的人，他能著医学书吗？……我想是一定不能够的。因为他对于这一科无研究，他哪里有材料来做书呢？译书也是这样。所以我以为要译一种书，必定对于这科是有研究的。不能说懂得那一国文字，无论什么书，都可以译。譬如研究教育的人，对于教育上的知识，一定很富足的。他来译教育书，那么对于名词的翻译，就占许多便宜，并且不得弄错的。如（idea）字，译作"观念"，是心理学上名词。要是没有学过心理学的人，把它译作"意见"，那就失去本意了。反过来说，要是研究教育的人，来译科学书籍，也是不行的。

（三）主张意译不主张直译

中国文章的组织和文法的规则，与外国文字绝对不同的；中国的成语及习惯，也是和外国不同的；既然中外两样，那么翻译的时候，由外国文译到中国文，就不能不采用意译了。因为意译能够不违本意，又能教我们国里的人看得明了；不过意译最要紧的是：对于本意不可违背，不增加，亦不修改；那么读译本的人，既可以领悟，又能知道真意义。这不是两全其美吗？

至于说到直译，那就不是这样了。因为直译是照书中逐句的次序为次序，遇到文法和中文文法不一样的时候，也不来迁就中文。那么文字是中文，文字的排列是外国文；教人家能看得懂吗？所以我说直译不如意译好。

（四）译书要经几次的手续

我觉得现在译书人的心理，多抱着速成的目的去做。因为国内需要很切，所以译起书来，恨不能一天译一部。这种心理，不能批评他是不好的；不过求其速成，反把原文容易弄错了。不对的地方，也不去问它；文字草率的地方，也无暇修改它；我以为凡译一书，至少要经过三种手续：

一、把要译的书，先细阅一遍。（只要明白书中的意义，至于文字上的构造，可不去研究它。）

二、细看过了，就可下笔，一节一节的译。

三、译成之后，或者自己修改文字，或者托对于这一科有研究的人来修改文字。但是译文的意思，不可修改；因为第一次细阅它和第二次译述的时候，对于意义上已经留意过了。这次若再来修改，反容易弄错了。

以上三层手续，虽然行过了；但是还不能谓之完备；因为仍然限于一个人。或者少数几个人，不能说一点无缺。等到出版之后（无论是单行本，或在杂志、报纸上发表的），还要征求人家批评。那么看见的人多了，意见自然会多；都拿来研究一下，再从事修改；我想这样做下去，经过一两次的修改，自然得到很好的结果。

（五）集合同志组织译书研究会

我平常译书的时候，往往觉得有些困难，自己不能解决。问人罢？无人可问。实在感受痛苦。这种困难，不是不明书中意义，也不是程度浅的缘故；是对于名词的翻译，感受困难。或者有些语句，虽然用了许多心思译出来，又不敢自信。这两种的困难，我想初译书的人，都要经过的。我想倘若结合几个同志，组织一个研究会，来讨论一切，那么困难自然能打消的。至于研究会的组织，是很简单的，大概就是：

一、集合研究同科学的人为会员。（譬如我要研究教育，那么会员也都要是研究教育的人。）

二、选择精要，而切适于吾国的原本从事译述。

三、会员所习的文字，以统一为好。（因为统一，即可互助。若甲通英文，乙通德文，丙通法文，……则不能互助。）

四、书译成后，会员要互相审查。

五、讨论译名和其他事项。

一九二〇，十一，十七，徐州

——《时事新报·学灯》（1920 年 11 月 23 日）

佛典之翻译（1920）

梁启超

【……】

六

【……】佛典翻译事业，实积数百年不断的进化，千数百人继续的努力，始能有此成绩。迹其迁变，略得言焉。印土僧徒，夙贵呗诵，所治经典，类能暗记。最初移译，率凭口传。故安清、支谶、它玄、康僧会诸《传》，皆言其"讽出某经"或"诵出某经"，其是否挟有原本，盖不可考。实则当时所译，每经多者万言，少者数百字，全文记诵，本非甚难也。《高僧传》记《阿毗昙毗婆沙》之初译，"僧伽跋澄口诵经本，昙摩难提笔受为梵文；佛图罗刹宣译，敏智笔受为晋本"。据此则是两重口授，两重笔述。又："昙摩难提……（注释：原本此外有省略，今以省略号标明。）暗诵《增一阿含》……（注释：原本此处有省略，今以省略号标明。）佛念传译，惠嵩笔受。"又："昙摩耶舍善诵《毗婆沙律》，以弘始九年书为梵文，十六年译竟。"（注释：此段所引因断章取义，致有张冠李戴之误。所译之书乃《舍利弗阿毗昙论》二十二卷，而非《毗婆沙律》，《高僧传》本传述之甚明，原文如下："会有天竺沙门昙摩掘多来入关中……因共耶舍译《舍利弗阿毗昙》。以伪秦弘始九年初书梵书文，至十六年翻译方竟，凡二十二卷。"）是其梵文亦由所暗诵者录出，并非原本也。又："弘始六年延请弗若多罗诵出《十诵》梵本，罗什译为晋文。"是《十诵律》亦由口诵而传（其后卑摩罗又始赍此书来见。慧远致罗叉书，《高僧传》引）。即罗什所译诸书，恐亦皆无原本。故本传云："什既率多谙诵，无不究尽。"考什之东来，自龟兹而凉州而长安，十余年间，备受吕氏凌辱，未必能以经卷自随。《高僧传》于诸梵僧有挟经至者，无孔不详记其名数。唯《什传》无闻，知诸经皆在什"腹笥"中耳。《佛国记》云：法显本求戒律，而北天竺诸国皆师师口传，无本可写，是以远至中天竺。据此则经无写本，乃是北印惯例。或如罗马旧教之不许钞印经典也。我国初期佛教，皆从北方罽宾等处输入，则舍口诵外无经本，固其宜尔。及译事稍进，则专恃暗诵，自然不能满意。行求经之动机，实起于是。支谦之"收集众本，译为汉语"，法护之《大赍梵经》《贤劫》《法华》）《光赞》等一百六十五部"（俱《高僧传》本传），以及朱士行、法显、法勇、法领、智猛、宝云诸人手写赍归诸经，具如近述。南北朝以降，经本输入日众。征诸传记，则有若曼陀罗"大赍梵本，远来贡献"。（《续高僧传·僧伽婆罗传》）菩提流支"房内，婆罗门经论本可有万夹"。（注释：原误作"房内经论梵本可有千夹"，今改正。）（《内典录》引李廓《众经录》）真谛"从扶南赍来经论二百四十夹，译之可得二万卷。"（注释：此段引文乃断章取义，所引误，《续高僧传》本传原文如次："始梁武之末，至陈宣即位，凡二十三载，所出经论记传，六十四中，合二百七十八卷。策附华饰，盛显隋唐。见曹毗别历及唐贞以内典录。余有未译梵本书并多罗树叶，凡有二百四十夹，若依陈纸翻之，则列二万余卷。"显然，真谛"从扶南赍来经论"除译出之外，尚余"二百四十夹"。）（《续高僧传》本传）其宝暹等"获梵本二百六十部。"（《续高僧传·阇那崛多传》）那连提耶舍、达摩笈多、波罗颇迦罗亦皆大携梵经，具详本传。故北齐文宣出三藏殿内梵本千有余夹，敕送天平寺翻经处（《续高僧传·那连报耶舍传》）隋炀帝以梵经五百六十四夹一千三百五十余部付彦琮编叙目录（《续高僧传·那连提耶舍传》），隋炀帝以梵经五百六十四夹一千三百五十余部付彦琮编叙目录（《续高僧传·琮传》），则梵本流入之多，可以想见。降及唐代，玄奘、那提所赍之数，前文已述。故后期翻译，无不手执梵本，口宣汉言，再三对勘，始为定期本。此译事进化之第一端也。

初期暗诵私译，为材力所限，故所出止于小本。是以十卷之《法华》，三十卷之《光赞》，必待法护；一百卷之《智论》，必待罗什；六十卷之《华严》，必待佛驮；六百卷之《般若》，一百卷之《地论》，二百卷之《婆沙》，必待玄奘。其他如《四阿含》《大集》《宝积》诸巨编，皆经数期发达，始获完成，具如前述。此译事进化之第二端也。

初期所译，割裂重沓，不成系统。僧就所谓："去圣将远，凡识渐昏，不能总持，随分撮写。致来梵本，部夹弗全，略至略翻，广来广译。"（《长房录》卷十二《新合大集经记》（注释：原误作"长房录引新合大集经序"，今改正。））此实深当时译界之病。试检前列诸大部经中各品别生异译之本，其为猥杂，可以想见。至后期则渐思整理。为学者大省精力，所谓合本者出焉。其最初治此者，则有东晋支敏度将一支两竺所译《维摩经》合为五卷，见《长房录》。其本现存者，则有隋宝贵之于《金光明经》，将昙谶、真谛、耶舍、崛多四家各自别译、互有遗阙之本，删并厘正，泐为八卷；僧就之于《大集》，将昙谶、罗什之旧三十卷与耶舍之《日藏》《月藏》会合，编为六十卷。此其最著者。而唐菩提流志之"百衲本"《大宝积》，取无数已译之品，善者采之，不善者弃之，其未有旧译或虽有旧译而非善本者，皆自行重译，则真良工心苦，成为有系统之编译矣。此译事进化之第三端也。

重要经论，复译颇多。其间固有并时偶合各不相谋者，如法护、叔兰之于《大品般若》，扇多、真谛之于《摄论》，是其例也。然其大多数，则因前译有阙，或文义未周，故后人起而重理。如笈多《法华》，品增于罗什；难道《华严》，品增于佛驮。诸如此类，不可枚举。然其最要精神，尤在是正误谬。《罗什传》云："既览旧经，义多纰缪（注释：原语作"谬"，今改正。）。皆由先译失旨，不与梵本相应。"《玄奘传》云："前代所译经教，……（注释：此外原有省略，今以省略号标明。）中间增损，多坠全方。"大抵诸大师复译之本，皆认为有再治之必要。故诸译经比较，率愈后出者愈为善本。此译事进化之第四端也。

前期所译，限于经藏；后期所译，论乃盛腾。论也者，彼土大师，贯穴群经，撷其菁英，用科学的研究方法，自建树一学术之系统者也。其在彼土，本亦渐次发达，后胜于前。在此邦则初期竟未有闻。乃研究愈深，则愈向此方面发展。此译事进化之第五端也。

旧记称汉永平中，洛阳白马寺为译事滥觞，颇难置信。大抵西晋以前之译业，皆由一二私人口传笔受。符秦时，道整（赵正）、道安在关中，网罗学僧，创译《中》《增》、二《含》及《阿毗昙》，译场组织，起源于此。安没后，其弟子慧远在庐山设般若台继其业。姚秦既礼迎罗什，馆之于长安之西明阁及逍遥园，集名僧僧契、僧迁、法钦、道流、道恒、道标、僧睿、僧肇等八百余人，共襄译事，则国立译场之始也。次则北凉有姑臧之闲豫宫译场，昙谶主焉；东晋有建业之道场寺译场，佛驮主焉；刘宋有建业之祇洹寺、荆州之辛寺两译场，求那跋陀罗主焉。及梁武盛弘大法，则建业之寿光殿、华林园、正观寺、占云馆、扶南馆皆有译事；而华林有宝云经藏，尤为宣译中心，主之者则僧伽婆罗、僧佑、宝唱诸人也。而梁、陈间广州刺史欧阳颜，亦在彼处设制旨译场，至唐犹存。真谛之《摄论》《起信》，密帝之《楞严》皆自此出。元魏则有洛了之永宁寺译场，菩提流支主焉；北齐则有邺之天平寺译场，那连提耶舍主焉。隋则有东、西两翻经院；西院在长安之大兴善寺，东院在洛阳之上林园。院各置译主及襄译沙门、襄译学士。译主率皆梵僧，耶舍、崛多、笈多先后相继，华僧任此者，唯彦琮一人耳。沙门则着《众经目录》之法经最着，学士则着《三宝记》之费长房其最着也。唐为玄奘设译场于长安，初在弘福寺，次在慈恩寺，后在玉华宫。奘为译主，其中下有证义、缀文、证梵、笔受诸科，皆妙选才彦，数将及百。其后则佛授记寺、荐福寺亦置翻经院，难陀、义将后先主之。兴善译场，后亦复兴，不空尝主焉（以上各译场皆从正、续《高僧传》中各传及《开元录》《古今译经图记》诸书中拉杂考证而得，原书不具引）。自有此种大规模之译场，及产生有组织的译业，每出一书，皆多数人协办分功之结果。证义考文，至再至四，故备极精密，罕复误讹。同时亦可以多所输译，例如奘师十九年中译千三百余卷。非有宏大完密之组织，曷克致此！此译事进化之第六端也。

<h1 style="text-align:center">七</h1>

译之事难久矣！近人严复，标信、达、雅三义，可谓知言。然兼之实难。误其体要，则唯先信然后求达，先达然后求雅。佛译初兴，口笔分途，口授者已非娴汉言，笔受者更罕明梵旨。则唯影响掇拾，加以藻缋，冀悦俗流。其后研究日进，学者始深以为病。僧睿之论旧译《维摩》谓："（见什师后（注释："见什师后"四字，非原文，今置括号中。））始悟前译之伤本，谬文之乖趣。"（《佑录》引《毗摩罗诘提经义疏序》）支敏度亦云："或其文梵越，其趣亦乖；或文义混杂，在疑似之间。"（《佑当》引《合维摩诘经自序》）罗什览《大品般若》旧译，谓："多纰缪失旨，不与梵本相应。"（《高僧传》本传）随举数例，他可推矣。故至道安、罗什时，翻译文体之讨论，成为一重要问题。

道安，极能文之人也。其文传于今者尚数十篇，华藻皆彬彬焉。乃其论译事，务主质朴。质而言之，则安殆主张直译之人也。其品骘前人，谓："支谶弃文存质，深得经意。"（《高僧传·支谶传》）谓："又罗、支越，斫凿甚巧。巧则巧矣，惧窍成而混纯终矣。"（《佑录》卷八（注释：原误作"九"，今改正。）引）其泛论文体也。曰："昔来出经者，多谦梵言方质，改适今俗，此政（注释：原脱"政"字，今补。）所不取。何者？传梵为秦，以不闲方言，求知辞趣耳，何嫌文质？……经之巧质，有自来矣。唯传事不尽，乃译人咎耳。"（《鞞婆沙序》）又曰："将来学者审欲求先圣雅言者（注释：原脱"者"字，今补。），宜详览（注释：原作"揽"，今改正。）焉。诸出为秦言便约不烦者，皆葡萄酒之被水者也。"（《比丘大戒序》）又云："若夫以《诗》为烦重，以《尚书》为质朴，而删令合今，则马、郑所深恨也。"（《摩诃钵罗若波罗蜜经抄序》，以上俱《佑录》引）其最有名者为"五失本三不易"之论。五失本者：一谓句法倒装，二谓好用文言，三谓删去反复咏叹之语，四谓删去一段落中解释之语，五谓删后段覆牒前段之语。三不易者：一谓既须求真，又须喻俗；二谓佛智悬隔，契会实难；三谓去古久远，无从博证（原文具见《续高僧传》卷二《彦琮传》中。以其文太繁且亦伤华难读，故撮举其大意如此）。凡兹陈义，可谓博深切明。盖东晋南北朝文体，正所谓"八代之衰"，靡藻淫声，令人欲哕。以此译书何参能达旨？安公痖口匿数，良非得已。故其所监译之书，自谓："案本而传，不令有损言游字，时改倒句，余尽实录。"（《鞞婆沙序》）究其旨趣，殆归直译矣。翻译文体之创设，安公最有功焉。

罗什持论，与安稍异。什尝与僧睿论西方辞体。谓："天竺国俗，甚重文藻（注释："藻"，今《高僧传》什本传作"制"。）。……改梵为秦，失其藻蔚。虽得大意，殊隔文体。有似嚼饭与人，非徒失味，乃令呕哕（注释：原作"秽"，今改正。）也。"（《高僧传》本传）平心论之，完全直译，因彼我文体悬隔太甚，必至对于索解，善参意译，乃称良工。安公临译之《鞞婆沙》非久便劳再治，而什么诸译，传习迄今，盖此之由。然安公力主矜慎，固译界之"狷者"，遵而行之，可以寡过。什公秦梵两娴，诵写自在，信而后达，达而后雅。非有天才，岂易学步耶！

隋彦琮尝着《辩正论》以垂翻译之式，先引安公"五失本三不易"之论，次乃述己意。文凡数千言，其中要语，谓："得本关质，斫巧由文。"谓："梵师独断，则微言罕革；笔人参制，则余辞必混。"谓："宁贵朴而近理，不贵巧而背源。"末论译家，宜有"八备"："一、诚心爱法，志愿益人，不惮久时；二、将践觉场，先牢戒足，不染讥恶；三、筌晓三藏，义贯两乘，不苦暗滞；四、旁涉坟史，工缀典词，不过鲁拙；五、襟抱平恕，器量虚融，不好专执；六、耽于道术，淡于名利，不欲高炫；七、要识梵言，乃闲正译，不坠彼学；八、薄阅苍雅，粗谙篆隶，不昧此文。"（全文见《续高僧传》本传）此不唯商榷译例，而兼及译才译德。可谓名论矣。

翻译之事，遣辞既不易，定史尤最难。全采原音，则几同不译；易以汉语，则内容所含之义，差之毫厘，即谬以千里。折中两者，最费苦心。什公译《摩诃般若》改正旧名最多，僧睿所谓："梵音失者，正之以天竺；秦言谬者，定之以字义；不可变者，即而书之。是以异名斌然，梵音殆半。"（《大品经序》）而奘公亦谓："五种不翻。一、秘密故，如陀罗尼；二、含多义故，如薄伽；三、此无故，如阎浮树；四、顺古故，如阿（注释：原误作"何"，今改正。）耨菩提；五、生善故，如般若。"（周敦义《翻译名义序》引）凡此皆足见前代译家之忠实审慎。其所定程序，可供今日之参考者固不少也。

大抵初期译事所以不振，全由口笔分歧，不能通会。若笔受之人，亦谙梵语，庶有可观；否则讹谬诘屈，不胜其敝。故《传》称"宣译之功，世高、支谦以后，莫逾于佛念。"（注释：此段引文与原文不符，原文如次："二《含》之显，念宣译之功也。自世高、支谦以后，莫逾于念。"）（《高僧传》要传）念通梵文也。智恺与真谛对翻

《摄论》《俱舍》，十七月中，文疏俱了。谛谓恺曰："吾早值子，……（注释：此处原省数语，今以省略号识之。）无恨矣！"恺通梵文也（见《续高僧传·法泰传》）。若主译之人，华梵两通，则所出诸编，自彰全美。罗什非唯能操汉语，且善属文，其《赠法和诗》（见本传）及与慧远往复书（见《远传》），虽颜、鲍、沈、任，不是过也。故所译文质斐亹，传诵不衰。《玄奘传》云："前代已来所译经教，初从梵语，倒写本文；次乃回之，顺同此俗。然后笔人观理文句。中间增损，多坠全言。今所翻传，都由奘旨，意思独断，出语成章，词人随写，即可披玩。"观此可知前期后期译业大不相同之处。彦琮所谓："梵师独断，则微言罕革"也。大抵欲输入外国学术以利本国，断不能以此责任诿诸外人。自隋以前，诸经译主，什九梵僧。梵僧如罗什者，能有几人？自唐以后，玄奘、义净自揽元匠，此则译业所由造于峰极也。

吾撰本章已，忽起一大疑问。曰："当时梵文何故不普及耶？"吾竟不能解答此问题。自晋迄唐数百年间，注意及此者，唯彦琮一人。其言曰："彼之梵法，大圣规摹（注释：原误作"模"，今改正。）……研若有功，解便无滞。匹于此域，固不为难。难尚须求，况其易也。或以内执人我。外惭咨问，枉令秘术，旷隔神州。静言思之，愍然流涕，向使……才去俗衣，寻教梵字，……则应五天正语，充布阎浮；三转妙音，普流震旦。人人共解，省翻译之劳；代代咸明，除疑网之失。……"（《续高僧传》本传）琮之此论，其于我学界污隆，信有绝大关系。前此且勿论，隋论以降，寺刹遍地，梵僧来仪，先后接踵，国中名宿，通梵者亦正不乏。何故不以梵语，泐为僧课？而乃始终乞灵于译本，致使今日国中，无一梵籍。欲治此业，乃籍欧师，耻莫甚

焉。诘其所由，吾未能对。吾认此为研究我国民性者应注意之一事实
而已。

　　吾草此章，本图略叙，及其脱稿，忽数万言。词太繁芜，惧致厌
读。然吾所以不避者，以我国吸受外来文化，此为其第一度。在国史
全体上，实占最重要之位置。而千年以来，绝无记述，国人至今，熟
视无睹。非稍详赡，莫洞渊源。且今日则其第二度行至矣，我先民之
精神，在足资奋发；其长短得失，亦一一可取鉴。夫吾之言，则岂仅
为望古怀旧而言也。

——《梁任公近著》第 1 卷中卷

（商务印书馆，1920 年）

我的"译名讨论"（1920）

王栋

　　无论一件什么事情，离了"统一"两个字，就要糟了——譬如"国家"不"统一"，百姓就要受它的苦，"语言"不"统一"，虽同是一个人，也只好面面相觑。无论什么"风俗""人情"，等等，离了"统一"就要受种种困难，所以我们文学上的"译名"，不能"统一"看的人也要受许多不便了！自从我读了白华君的"译名的提倡"一篇文字，我就非常的欢喜。并且"时事新报馆"特辟"译名讨论"，也好算对于"新文化"上热心了！对于这种文字，我已经看了三四篇，但是没有一个完美的讨论，所以我不得不把我的意见发表出来，供大家的指教。我未说之前，有两个问题要问：

　　（一）为什么要翻译呢？我们知道，所以"灌输"西洋的"新文化"，使我们个个人读了它，都具有这种"新智识"。小而言之，我们同学，也有你看我的"文章"，我看他的"文章"的时候，这大概是"取人之长，补我之短"的意思了。所以翻译也是一样的道理，不过一是"人和人"的关系，一是"国和国"的关系罢了！

　　（二）这翻译给什么人看的呢？我们也知道，这是给不懂英文和懂英文而不能看书的人看的，但是又并不是懂英文的人就不用看，不过讲它的道理终要这样讲才好!

明白了上面两条,这"翻译的讨论"就格外容易了。译书的第一要义,在于不失"真意",所以我们"译名"也在于不失"真意"便了。现在对于"译名的讨论",大概有四个论调,第一是既译音又译意,第二是"译音"好就"译音","译意"好就"译意",第三是"完全译音",第四是"完全译意"。我们知道,第一个论调是断然办不到的,哪里能既译音又译意吗?第二个论调我也不以为然的,哪里可以拿这种疑惑的话来说吗?当译音,自然就一律译音,当译意,自然就一律译意。所以我对于第一和第二个论调,是"绝对"不赞成的。但是怎样一种"名词"当"译音",怎样一种"名词"当"译意"呢?我把它分别说在下面:

一、专名词 Proper Noun 当怎样译呢?我对于翻译这种"专名词",是"绝对"的赞成"译音",想大家都是赞成,都是知道,但是有些已经译过的地名,我恰不晓得它还是译音,还是译意。例如"San Francisco"译作"旧金山"和"Caspian Sea"译作"里海",或者它是自有道理,我没有知道。然而我是很不赞成的。为什么不"译音"呢?既可以不"译音",又为什么不都不"译音"呢?这就是不"统一"的弊病了!照我的意思,竟可译作"圣佛兰西斯科"和"克斯宾海"。又例如"White Sea"译作"白海"和"Black sea"译作"黑海",这显然是译意了。虽沿用已数十年,我也是不赞成的。照我的意思,也竟可译作"韦脱海"和"勃拉克海",读者看了,一定要骂我"故为歧异"了。我就要骂这种人"盲目的服从"了。要知道我"唯一"的意思,在于"统一"。所以既然主张"专名词"当"译音",断不可有些"译音",有些"译意"的,岂不是为了读的人便当起见吗？我还有一句话要说，什么话呢？就是我们译"专名词"最好将这"原文"写在下面，供大家的辨别。译了对也不对，等到有了定论，那么这"原文"就可不必写下，并且译文也可以"统一"了。

二、抽象名词 Abstract Noun 当怎样译呢？这一条可包括普通名词和物质名词去讨论。照我的意思，这"抽象名词"常"绝对"的"译意"，断然不可译音，因为要使人家离了这个"原文"仍旧明白，例如"Demonography"一字，自然译作"魔鬼学"，若译作"突麻拿六其"，什么人能够明白这个意思？就没有了。又例如"physiology"一字，自然译作"生理学"，若作"斐席六其"，什么人能够明白这个意思？也就没有了。这种很是容易明白的，我也不必多说。我从前看见一位先生的一篇文章里面，有"掰拉买"三个字，各位知道这是什么字吗？到教他下面写了一个英文字"grammar"才明白。这种不是怪现象吗？哪里可称译书呢！还有一位先生将"Bolshevism"一字译作"鲍儿喜未氏主义"，这就大错了！照这样说起，"Democracy"一字，也当译作"地孟哭立手"了吗？这是万万不可以的。我的主张除"专名词"外，一概"译意"，但是有人问我，那科学上的"原子名词"怎样译呢？像那"Nickel""Europium"和"Cobalt"等字，若说译意，无从译起，我以为这种是例外的字了，不过这种字也当有一定的译法，断不可没有"统一"的。有的造新字去译它，例如上面说的。有的译它的意，例如"Nitrogen"和"□"等字，这是断然不可以的。至于闻天君说"Substance"和"Substantiality"等字很难分辨它，这就是另外的问题了。不过也当"精极"的去讨论才好。

上面我发表了两个意见，就是"专名词"一律当"译音"，"非专名词"一律当译意。我恐怕照这样做去，非但读的人有了"头绪"，况且"翻译的目的"也格外容易达到呢！又祖心君说"拿译名订成一本书，像字典一样"，这我是非常的赞同。大概这就是"译名统一"的"唯一"办法了！

　　　　　　　　——《时事新报·学灯》（1920 年 4 月 20 日）

电磁学名辞译法的商榷（1920）

曹仲渊

【……】

科学名辞的译法，杂乱到这地步。统一一下是不可少的。可恨我自己没有学问，有统一它的梦想，没有统一它的实力。因为一个字有一个字的用法，一个字有一个字的意义。每每在一种科学里是这个意思，在别种科学里就变了。译书的人必须真真懂得清楚，并且对照法、英、德三国名辞，考究它们译法不同的缘故。懂得之后，设辞尤须有汉文的根底，用字有说文的考据——是求不错，不是典雅——中西文字虽然不同，不容易译的准确，可是照这样做去，"虽不中不远矣"。这种工夫岂不是很大很难的么？科学两个字包括很广，我现在单就狭义的意思着手，提出这个"电磁学名辞译法的商榷"，请大家研究。研究之先，还要寻出它所以杂乱的原因，大概有三个：

（一）政府没有创办译学馆或名辞审查会；

（二）各科没有专门字典或辞典的出版；

（三）译书的人任意推敲，不肯依据前人。

我现在把这三个原因略略的说一下。

（一）我现在所说的这个译学馆，不是同前清所办的一样。前清的译学馆，看它名字很像样，其实它的内容是一个新式的学堂。当初科举废了，时务和科学渐渐入了大家的耳目。直到那位同伊藤博文做同学的严复用古文体来译了《天演论》之后，似乎译学的名辞只要典雅，失真一点，反不要紧。所以就有冬烘先生们说，孔明会造机器——木牛流马——是个工程师，墨子会懂几何——《墨子》里有"圜一同长也"的话——是个算学家，闹了许多笑话。好像西洋的学问都是从中土来的，硬把古字去凑新。岂知后代子孙不争气，虽有黄帝发明磁石，有什么用处？后来北京办了一个名辞馆，严复做馆长，什么"拓都"Total 咧、"么匿"Unit 咧；没有一点成绩。不久也就无形消灭了。可是他的古气，下了种子，流毒到现在，还没有干净，乃至平常习用的名辞有如"宗教"Religion、"民本主义"Democracy、"过激派"Bolshevik 等，都是跟照日本的。日本维新比我们早些，它肯虚心模仿西洋的文明，最初设了一个博士会，会里都是各科专门的学问家。而且消息极快，欧美新发现的学说同机械，我们差不多都要向它讨寻，跟它翻译。我不是说一切西洋的学问都是经过这博士会的，是说他们全国通用的名辞，大半是从这博士会审定出来的。日本国内外的人民，也许有自己翻译西籍，也许名辞不统一，可是把我们全国所出新书的种类和材料，同它比较，真是"望尘莫及"。而它所用的名辞，居然不大复杂，这也就可想而知了。转过来讲，譬如电气单位是 Volt，我们晓得的有"弗打""佛脱""倭尔""倭尔脱"，等等，而去年北京交通部所发表的《政府取缔电气事业章程》里把它译作"伏尔脱"。又譬如电阻的单位是 Ohm，译出来的有"欧木""欧姆""恩""阿模"等。而那本章程上把它译作"欧拇"。并且前清的学部同民国的教育部所审定的科学名辞，前年的同今年的不相同，前本同后本又不同——试翻看教科书就明白。我现在不敢说应该用这个或那个才对，不过要大家晓得我们太不统一，若是有了国立译学馆，把这审定统一的大责任，归它切切实实地做去，必定"轻而易举"，将来结果影响一国的学术文化很大。所以这个译学馆，政府是不可不办的。

（二）各科专门的字典，本是顺着学者的需要才发现的，因为各专科名辞的意义决不能向普通字典里去寻。普通的解说同专门的意义是牛头不对马尾的。普通的解说是笼统的、片面的、不全的。每每有一□□□字典里只注两三个字就明白，若是专门的解释，恐怕两三页还嫌不够。商务印书馆出版的《辞源》，看起来好像很大的工夫，全国首屈一指的出版品。但是科学的名辞，单就电磁学讲，不但欠缺不完，而且大半都是抄袭日本的。它的译注，旧得不得了，而且前后不对的也很多。试看它"无线电报"一条的解释，收报机上说是用 Coherer，岂不是很旧么？而这一个 Coherer 的译法，在"无线电报"条里作"凝聚器"，在别处却作"受波管"。我们若是去寻"凝聚器"，却不是 Coherer，是 Condenser。要晓得这个 Condenser 的译法很多，"旧电瓶""储电器""聚电器""增电气器"都是。日本译作"蓄电器"，不晓得《辞源》里译作"凝聚器"，和 Coherer——这字译法也有六七个——冲突起来是什么缘故？这个书馆，资本很厚，根底很牢，前途是很有希望的。我五年前在南京的时候，仿佛看见报上有一个告白，说《辞源》出书之后，又要编医学咧、理化咧、各科专门的字典。现在虽然没有出版，将来总会出版的。又有一本小册子，叫作《电气字典》，是北京某电气工程师事务所出版的，更是糟糕。它把 Ammeter 同 Ampere meter 分作两起，而且有了 Reflection 却没有

Refraction。最可笑的是把 Flux 同 magnetic lines of force 都译作"磁力线"，Impedance 同 Reactance 却都译作"抗力"，Frequency 同 Cycle 都译作"周波"，没有分别。岂不是可笑么？其余差的地方还很多，我当时晓得了这本书，心里想这些字本来很容易辨别：工程师为什么会错呢？禁不住就马上写信去忠告他，请他赶快增改过，他的来信也说很愿意增改，到现在已经是一年有余，还不见他有什么举动，真是令人失望。再有什么叫作《物理学语汇》，是十年前学部审定的，里面凡是电磁学的名辞，也是大半依照日本的。总而言之，现在还没有一种完完全全的电磁学字典就是了。

（三）国内完备电磁学书籍，我还没有看过。北京出版的《电界》，单说它名辞的译法，实在不敢恭维。其余只有学校里面所用的物理教学书，有两章电磁学。除了几本后面附有中西名辞对照表及完全抄袭日本的之外，都是你译你的，我译我的，各不相谋。明明同是一个名辞，译法的不同多到六七个样子。明明同是一个声音，用字的不同多到上十个样子。可算复杂极了。所以学生读过陈文所译的物理学再看杜亚泉的，或是读过杜亚泉的，再看谢洪赉的，因为名辞译法的不同，虽是不会看不懂，记忆力上总觉得不大经济。譬如有一次北京有人争辩"麦格斯"同"马尔克司"是两个人，其实就是德国的社会学大家 Marx。因为他们用字的不同，就闹出这些笑话来。又譬如去年交通部发表的《中英无线电报合同》，同是一个 Marcani，而他这边译作"马可尼"，那边译作"麦刚聂"，那么其余的有如"麦哥黎""马可宜""马柯尼""麦堪尼"，都是无理取闹罢了。还有一部书，是浙江人周某所译的，叫作《电学大成》。书是很早出版，里边名辞可取的地方很多，可是古怪生僻的也不少，后人承用起来，还抵不过日本的。就是十年前伍光建新译的三本电磁学也是如此。电磁学名辞的译法复杂到这个地步。古人说得好，"师心自用，是学者之大病"。

以上三个原因都说完了，现在单说以后应该怎样去补救它、统一它。我想最便的方法就是把以上三个反面的原因改革掉了，用力向正面做去。

（一）组织名辞审查会或译学馆。

（二）刊行各科专门的字典或辞典——电磁学是一种。

（三）译书的人采取一种研究的态度。

译学馆的组织，不单是审定几个名辞就算了事，并且须考究译学，把我们的旧文明介绍过去，把他们的新文化介绍过来。它的范围大，工夫深。这里暂时不论。西洋的学问，比我们分析的详细。它的名辞也自然多些。第一步工夫还是先办名辞审查会。审查会办了之后，各科好好儿做去，那么第二第三个方法，都"迎刃而解"了。因为有了这个会，审定了名辞，就可以编纂各科的字典或辞典。第二个方法岂不是解决了么？学问是公开的，霸了就是"学阀"。译书的人，若是采取一种研究的态度，虽则不能到会，也可以通讯去讨论。有不对的地方，该举出充分的理由改造过，经过大多数的同意，那一部各科名辞译法的蓝本就有具体的办法了。第三个方法岂不是也解决了么？

译的法子，是先把英、法、德各国文字和中日译名汇集一起，考它原文造字的来历。旧有而且合理的，立刻采用，否则只好创新。从前李佳白博士因为地理的名辞中文译法太杂，他搜集了八种地理志，编成一本《中西地名合璧表》。我现在所收罗的那本电磁学名辞的第一步工夫，将来想把它印成单本子请大家讨论。

创新和改造的法子，听说医学里有些字从拉丁希腊来的，现在承用起来也不大适合。研究医学的人，决议把它改了。这种改革，是现代学术进步的表现。很有力量的改革，可是也有难处，举一个例来，譬如"微菌""微生虫"都是日本译出来的。上海博医会把它改为"秒生"，这两个字按照说文是很对的，但是他们改了很久，外面总难通用。反把它看作生僻。其余譬如"宗教""过激派"，等等，何尝译的很对，只因为习用久了，一时颇难改掉。可见"先入为主"和"习非成是"，学术界也不能解脱，真是可怕。这种例我们电磁学里正多咧。

汇集了各国原名和译名之后，我主张把它全译，不用掺杂原文。全译的方法有两个：

（一）译音；

（二）译义。

我以前说过，科学的名辞明明是一个声音，用字的不同，多到八九个样子，这是中国方言复杂的原故。中国方言，就时间讲，无百年不变之音，就空间讲，无百里相同之语。以前举出"马可尼"和"麦刚聂"用字的不同，原因就是在此。而方言所以不同的缘故，因为中国字的自身是死的，凭着别人呼唤，而且一个字包括很多的声音，一个音又包括很多的字数。译书的人再不肯依据前人，所以各地对于译音所用的字就复杂起来了。日本译音的名词能够统一的缘故，单靠着这假母的作用。假母和西文的声音参差很多，它的代表在巴黎和会发出声音来像煞有介事。若是讨论到他们国内大多数的人民，年轻的时候，学校里每每用假母来注西文的读法，后来说出西语，真是令人欲呕。可是他们全国对于假母的读法，既然一致，将就过去，居然也有科学博士出来著书，把名辞通用起来了。现在吾们中国言语统一的声浪很高，试看注音字母生产出来的历史，就知道所用的方法是凭"国音"来统一的。"国音"是一种独立的东西，不是南腔，也不全是北调。我们以后对于科学的名辞应该译音的，也就可以拿"国音"来统一它。但是"国音"不过是一种声音，同音的字，应该用哪一个，总以浅显为是，王君崇植在二十三号的《学灯》所说的这一层，我是赞成的。

人名和地名是应该译音的——地名不尽然——还有新发明的东西不论有形无形，不能装名字的，西人每每用发明家的人名或另造一个字来叫它。后来习用久了，后人也只当它是一件东西固有的名称。这些名辞，也是应该译音的，译音的名辞本来顾不到它的意义。就是"么匿""拓都"等字，只好说它"偶然相得""近似而几"。转过来说，译义的字，也不能兼顾它的声音，译义的方法是"顾名思义"，译音的方法是"万不得已"的。"万不得已"的名辞，西洋原来是如此。原来没有意义，难道译成中文，反会有意义么？

王君说什么可译不可译的话，我有些不同意。科学的名辞，没有一个不可译的，不过译音和译意两种不同就是了。他主张应该译音的电学名家，要用原文，可以免掉许多无意识的译法和方言上的错误。我现在回答他说：

（一）译音的名辞，本来没有意识可言。

（二）方言上的错误，可以用"国音"来补救它、统一它。

（三）译音的名辞，恐怕不懂原文的也同样不能了解，这是科学不发达、教育不普及的毛病，譬如"华盛顿""拿破仑"都是译音的人名辞，那个不知道呢？若是一直引用原文，恐怕小学校里的小弟兄和乡下的老绅士，一时还弄不清楚咧！

（四）译义的名辞，以真实确切为主，它的界限不能和译音的名辞混合而谈。

（五）Iiaphragm 这个字是从解剖学上来的，它的本义只有"膜"，没有"鼓"，同 Ear Drum 只有"鼓"没有"膜"完全是两件东西。现在借用之后，把本义完全失掉，只存得一个"薄"的意思，其实这个字只有两种译法。第一是并合起来叫作"鼓膜"，第二就是"音版"。我们把这两个译名比较一下，"音"字似乎比"鼓"字亲切些明了些，"版"字从片，也有"薄"的意思。这个粗浅的比较，不知道大家以为怎样？

（六）Oscillation 和 Vibration 两个字，确有些不同。普通的解说，大概 Oscillation 是无形的动，用处广些，譬如意志的摇动，电浪的波动等是。Vibration 是有形的动，用处狭些，譬如音叉的震动，钟锤的摆动等是，但是单就无线电里讲，Oscillating Current 和 Vibrating Current 又应该怎样分别？这两个字平常都看作一样，译为"颤动""波动"，前清的学部都看译作"摆动"，日本的博士会都译作"振动"，我是因为前一次没有看见那篇无线电话的原文，以为王君用"播动"二字，猜想或者就是这两个字里的一个，其实它的原文是 Impinging disturbance 译作"播动"，是否亲切？请王君问问自己罢！

以上说了许多的话，现在把它总括起来，分为六条，作为我个人对于名辞统一的办法，对不对还是要请教大家的。

（一）西洋科学的名辞，旧有的审查之后，一概编成分科的字典或辞典，免掉造作零碎的对照表，译件里所掺杂的，只有新造出而未经审查会审查过的新名辞，譬如 Radioactive 等字是。

（二）可以译义的，就该译义，譬如 Coil 从前日本译为"卷线"，现在变为译音。我们有"电圈""线圈""线环""圈""卷络圈"五种的译法，我说这个字不必译音，Coherer 和 Buzzer 等字也该译义。

（三）译义的名辞，用字可以浅显的，就该浅显，譬如 discharge 我们译出来的有"卸电""输电"两种，日本译为"放电"，还是用"放电"好。Charging 的译法，也有"授电""装电"两种，日本的是"充电"，我想用"装电"好。

（四）万不得已的，只好译音，方法有两种：

一、简译；

二、全译。

譬如 Daniell's Cell 为"戴氏电池"，这是简译。量衡的名辞也是简译，它的好处是比全译爽目些，但是只限于字母多的名辞，字母少的譬如 Ether、Joule 只两三个声音的字，不妨全译。可是字典或辞典里就该全译，或是两种兼备。

（五）译音的名辞已经通用的，不妨仍旧。譬如 motor 一般人的口头上都叫它"摩托""模托"或是"马达"，Engine 都叫它"引擎"。只要读音不至大差，意思不至误会，完事总算。"摩托""引擎"两个还好，可以采用。若是译义，那么前的有"发动机""电动机"，后的有"汽机"，也有译为"发动机"。日本作"蒸汽机关"，我想"汽机""电动机"好些。

（六）学识和货物不同，若一概抵制了，就是学术界的自杀。日本所译的译义名辞，适当的就直接承用，譬如 Conductor 日本译作"良导体""易传体"。nonconductor 这个字应该是 Bad Conductor，作

"不良导体""难传体"都是很好。电学大成译作"通电质""不通电质"，许多科学书籍译作"传导体""不传导体"，日本也有译为"导体""不导体"，那就不对。又譬如 Energy 日本现在译音，从前和 Power 都译作"势力"，更不对了。

名辞审查会已经在上海开办多年了，当时叫作"医学名辞审查会"，由江浙几个医学会组织而成的。医学的名辞审定了很多，化学的名辞也已审定了一部分，电磁学一科还没人加入研究。现在这个会已经改名"科学名辞审查会"，择定本年夏季在北京开会，它的根底很牢，我希望各科专门研究的人，共同加入审查。我尤希望吾们研究电磁学的，也赶快加入。

（完）

——《时事新报·学灯》（1920 年 3 月 12、13 日）

译书要有目的（1921）

存统（施存统）

　　介绍学说、翻译书报，总须有个目的。这个目的，虽然可以随人而异，却总有共通的一点，即是：要使看的人可因此而得些益处。否则，未免太不经济。最近有一个朋友寄一本《求事》杂志给我，其中有一篇在《解放》上翻译的《日本文艺界及思想界的分野》，不觉使我发生疑惑。这一种文章，在日本或者可以说有一点意思，在中国简直是无意识的举动。试问把这些名字转抄出来，究竟有什么意义？谁能够看得懂这些？给懂日文而且知道日本思想界的大略情形的人看呢？他们早知道这些而且也会看原文，何待译者介绍？给不懂日文或是懂日文而不懂日本思想界的情形的人看呢？他们又能够看出一个什么意思来？许多不连贯的字，叫他们又怎样记法？所以译书先要定目的，不能这样不负责任地胡乱介绍。　　　　　　　　　　（存统）

——《民国日报·觉悟》（1921年1月4日）

773

致李石岑（1921）

郭沫若

【……】

近年来对于我国的文艺界还有些久未宣泄的话，在此一并也说出了罢。去年双十节读先生《吾人第一义之生活》一文，中有"真人生之建设，不能不有待于艺术"一语，最称卓识！"吾国营第一之生活者甚稀"亦最表同感。我觉得国内人士只注重媒婆，而不注重处子；只注重翻译，而不注重产生。一般在文艺界徂徕的文人概只夸示些邻家的桃李来逞逞口上的风光，总不想从自家的庭园中开发些花果来使人玩味。而一般新闻杂志的体裁亦默默地表示它差别的待遇。凡是外来的文艺，无论译得好坏，总要冠居上游；而创作的诗文，仅仅以之填补纸角。像这种体裁和趋向决不是所有提倡第一义生活，而鼓舞创造精神的好消息！艺术品既为真人生之建设者，至少当得与其他的论理的评论和研究论文等得相等之位置，而我国杂志界却不然也。本来这种轻微的问题，对于作品之美恶全不能生若何之影响；然而暗足以使作者灰心，而明足以启读者（俗人）轻视艺术之感。所以我希望我国出版界能打破旧时因袭之成例，凡创作品与评论文尽可间插排去，一以其价值之如何而品其先后；更当打破偶像崇拜之陋习，不宜以人定标准。我这些刍荛之见，我想热心提倡第一义生活者如足下，当得不至吐弃么？翻译事业于我国青黄不接的现代颇有急切之必要，虽身居海外，亦略能审识。不过只能作为一种附属的事业，总不宜使其凌越创造、研究之上，而狂振其暴威。我们既同为人类之一员，则毕生中种种行为之目的对于全人类社会文化演进之道途上总得有密切之关系才行，进而言之，便是于全人类文化演进上当得有积极的贡献。创作和研究正是完成这种目的的最适的手段。翻译的价值，便专就文艺方面而言，只不过报告读者说："世界的花园中已经有了这朵花，或又开了一朵花了，受用罢！"它方面诱导读者说："世界花园中的花便是这么样，我们也开朵出来看看罢！"所以翻译事业只在能满足人占有冲动，或诱发人创造冲动为能事，其自身别无若何积极的价值，而我国内对于翻译事业未免太看重了，因之诱起青年许多投机的心理，不想借以出名，便想借以牟利，连翻译自身消极的价值，也好像不遑顾及了；这么翻译出来的东西，能使读者信任吗？能得出什么好结果吗？除了翻书之外，不提倡自由创造、实际研究，只不过多造些鹦鹉名士出来罢了！不过对于全人类莫有什么贡献，我怕便对于我国也不会有什么贡献。

总之，"处女应当尊重，媒婆应当稍加遏抑。"这是久郁不宣的话，不知足下以为如何？

太扯长了，足下怕看倦了罢，再谈！

郭沫若

——《时事新报·学灯》（1921 年 1 月 15 日）

新文学研究者的责任与努力（1921）

郎损（沈雁冰）

【……】介绍西洋文学的目的，一半是欲介绍他们的文学艺术来，一半也为的是欲介绍世界的现代思想——而且这应是更注意些的目的。凡是好的西洋文学都该介绍这办法，于理论上是很立得住的，只是不免不全合我们的目的，虽则现在对于"艺术为艺术呢，艺术为人生"的问题尚没有完全解决，然而以文学为纯为艺术的艺术我们应是不承认的。西洋最好的文学其属于古代者，现在本也很少有人介绍，姑置不论；便是那属于近代的，如英国唯美派王尔德（Oscar Wilde）的"人生装饰观"的著作，也不是篇篇可以介绍的。王尔德的"艺术是最高的实体，人生不过是装饰"的思想，不能不说他是和现代精神相反；诸如此类的著作，我们若漫不分别地介绍过来，委实是太不经济的事——于成就新文学运动的目的是不经济的。所以介绍时的选择是第一应得注意的。

大文豪的著作差不多篇篇都带着他的个性，一篇一篇反映着他生活史中各时期的境遇的。没有深知这位文家的生平和他著作的特色便翻译他的著作，是极危险的事。因为欲翻译一篇文学作品必先了解这篇作品的意义，理会得这篇作品的特色，然后你的译本能不失这篇作品的真精神；所以翻译家不能全然没有批评文学的知识，不能全然不了解文学。只是看得懂西洋文的本子不配来翻译。古卜林（Alexander Kuprin）的《生命之河》（*The River of Life*）表示随逐在生命之流之中的人不是不能奋开的新理想，柴霍甫（Anton Tchekhov）的《樱桃园》（*The Cherry Orchyard*）表示对于未来的希望，这都不是可以从文字上直觉得来的，翻译的本子若失了这隐伏着的真精神，还成个什么译本呢？所以翻译某文家的著作时，至少读过这位文家所属之国的文学史、这位文学家的传和关于这位文家的批评文学，然后能不空费时间，不介绍假的文学著作来。要这样办，最好莫如由专研究一国或一家的文学的人翻译，专一自然可以精些；若买得了一本小说，看过就翻译，不去研究这位著作家在文学上的地位，从前我国翻译小说的人原多这样办的，现在还是很有，却深望以后要把这风气改革了才好。所以我以为介绍西洋文学第二就要顾虑到这一层。

文学作品虽然不同纯艺术品，然而艺术的要素一定是很具备的。介绍时一定不能只顾着这作品内所含的思想而把艺术的要素不顾，这是当然的。文学作品最重要的艺术色就是该作品的神韵。灰色的文学我们不能把它译成红色；神秘而带颓丧气的文学我们不能把它译成光明而矫健的文学；太戈儿（R. Tagore）歌中以音为主的歌，如《迷途的鸟》（*The stray birds*）中的几篇，我们不能把它译成以色为主的歌；译苏德曼的《忧愁夫人》（*Frau Borge*）时必不可失却他阴郁晦暗的神气；译般生的《爱与生活》（*Synnöve Solbakken*）时，必不可失却他光明爽利的神气，必不可失却他短峭隽美的句调；译梅德林（M. Maeterlinck）的《一个家庭》（*Interior*）与《侵入者》（*Intruder*）时，必不可失却他静寂的神气：这些，都要于可能的范围内力求不失的。

如果能不失这些特别的艺术色，便转译亦是可贵；如果失了，便从原文直接译出也没有什么可贵。不朽的译本一定是具备这些条件的，也唯是这样的译本才有文学的价值。这是自然不很容易办到的（中国现在译界未能都到这地步，是无容讳言的；以我个人的眼光看来，周作人先生所译科罗连珂（Korolenko）的《玛加尔的梦》和古卜林的《晚间来客》，鲁迅先生译的阿尔支拨绥夫（Artzybashev）的《幸福》，耿济之先生译的《疯人日记》是可以做个代表的）。但我们不可不努力这样办啊。

【······】

——《小说月报》第 12 卷第 2 期（1921 年 2 月 10 日）

翻译文学书的讨论（1921）

周作人

雁冰先生：

　　来信敬悉，《民心》也收到了。自月初以来，很是多病，以至连寄回信也迟延了。至于译稿，更不能如意进行，第二期中我大约可以有一篇短的千家元磨的戏曲（不过千余字），前已译好，又有一篇《日本的歌》（民谣及新诗不在内）也可以送上。这也是以前起的草，此刻因精神不好，不及另作文章了。鲁迅君恐怕一时不能做东西。来信所说谢吹逸君不曾知道，问别人也没有人知道。

　　陈、胡诸君主张翻译古典主义的著作，原也很有道理；不过我个人的意见，以为在中国此刻，大可不必。那些东西大约只在要寻讨文学源流的人，才有趣味；其次便是不大喜欢现代的思想的人们。日本从前曾由文部省发起，要译古典的东西（后来也中止了），一面看来，也是好意，其实是一种"现实回避"的取巧方法；得提倡文艺的美名，而其所提倡的，也无"危险思想"之虑。中国虽然不是如此，但终不大好。因为人心终有点复古的，译近代著作十年，固然可以使社会上略发出影响，但还不及一部《神曲》出来，足以使大多数慕古。在中国特别情形（容易盲从，又最好古，不能客观）底下，古典东西可以缓译；看了古典有用的人，大约总可以去看一种外国文的译本。而且中国此刻人手缺乏，连译点近代的东西还不够，岂能再分去做那些事情呢？但是个人性情有特别相宜的，去译那些东西，自然也没有什么反对，不过这只是尊重他的自由罢了。倘若先生放下了现在所做最适宜的事业，去译《神曲》或《失乐园》，那实在是中国文学界的大损失了。我以为我们可以在世界文学上分出不可不读的及供研究的两项：不可不读的（大抵以近代为主）应译出来；供研究的应该酌量了，如《神曲》我则不能领解，《浮司德》尚可以译，《莎士比亚》剧的一二种，Cervantes 的 *Don Quixote* 似乎也在可译之列。但比那些东西，现代的作品似乎还稍重要一点。这是我个人的意见，不觉唠唠叨叨的说了许多，请先生不要见笑。

一二,二七，周作人

——《小说月报》第 12 卷第 2 期（1921 年 2 月 10 日）

译名统一的旧话重提（1921）

曹仲渊

自从我于去年昨日及三月十二日两次在本报《学灯》里提出"电磁学名辞译法的商榷"之后，隔了三十天《学灯》里才开辟一个"译名讨论栏"，渐渐地引起社会的注意，从四月十二日起一直到四月底止，很有几篇讨论的文章，可惜后来停顿了，没人说话，到现在刚正一年，禁不住我把旧话重提，再和阅者诸君商榷一番。

一则可以见当时所讨论的程度，

二则或者可以引起留心译学者的注意。

我最初的时候，因为看见一篇无线电话的译文，觉得译的不对，所以提出这个题目。总意思分为三层：

（甲）译名复杂的原因

（一）政府没有创办译学馆或名辞审查会。

（二）各科没有专门字典或辞典的出版。

（三）译书的人任意推敲不肯依据前人。

（乙）译名统一的步骤

（一）组织名辞审查会。

（二）刊行各科专门的字典或辞典——电磁学是一种。

（三）译书的人采取一种研究的态度。

（丙）译名统一的根本办法

（一）汇集法、英、德三国的名辞寻出它译法不同的缘故——许多名辞是相同的——并且有许多名辞还须推究拉丁希腊原名的意义及从别种科学借用的来历。

（二）看看日本译法怎么样。

（三）该改造的就改造，该创新的就创新。我们自己用字须有说文的根据——是求不错不是典雅——定一种名辞为学名，通俗所习用的为通名。

（四）专门的名辞该译音。

（五）有意义可译的，虽专门名辞，也该译义。

还有两层，第一层是我的解释，第二层是我的意见

第一层

（一）译音的名辞本来没有意义可言。

（二）方言上的错误可以用"国音"来补救它、统一它。

（三）译音的名辞，恐怕不懂原文的也同样不能了解，这是科学不发达、教育不普及的毛病，譬如"华盛顿""拿破仑"等是译音的人名名辞，哪个不知道呢？若是一直引用原文，恐怕小学校里的小弟兄和乡下老绅士一时还弄不清楚咧。

（四）译义的名辞以真实确切为主，它的界限不能和译音的名辞混合而谈。

（五）Liaphragm 这个字是从解剖学上来的，它的本义只有"膜"没有"鼓"，同 Ear Drum 只有"鼓"没有"膜"

完全是两件东西，现在借用之后，把本义完全失掉，只存得一个"薄"的意义。其实这个字只有两种译法，第一是拼合起来叫作"鼓膜"，第二就是"音版"，我们把这两个译名比较一下，"音"字似乎比"鼓"字亲切些明了些，"版"字从片也有"薄"的意义，这种粗浅的比较，不知道大家以为怎样？

（六）Oscillation 和 Vibration 两个字，都带着"动"的意思，仔细分别起来，确有些不同。普通的解说，大概 oscillation 是无形的动，用处广些，譬如意志的动摇、电浪的波动等是。vibration 是有形的动，用处狭些，譬如音义的振动、钟锤的摆动等是。但是单就无线电学里讲，Oscillating Current 和 Vibrating Current 又应该怎样分别？这两个字，平常都看作一样，译为"颤动""波动"。前清的学部都译作"摆动"，日本的博士会都译作"振动"。

第二层

（一）西洋科学的名辞，旧有的审查之后，一概编成分科的字典或辞典，免掉造作零碎的对照表。译作里所掺杂的只有新造出而未经审查会审查过的新名辞，譬如 Radioactive 等字是。

（二）可以译义的，就该译义，譬如 Coil 从前日本译为"卷线"，现在变为译音。我们有"电圈""线圈""线环""圈""卷络圈"五种译法。我说这个字不必译音，Coherer 和 buzzer 等字也该译义。

（三）译义的名辞，用字可以浅显的，就该浅显，譬如 Discharge 我们译出来的"卸电""输电"两种，日本译为"放电"。还是用"放电"好。Charging 的译法也有"授电""装电"两种，日本的是"充电"，我想用"装电"好。

（四）万不得已的，只好音译。方法有两种：

一、简译。

二、全译。

譬如 Daniell's Cell 为"戴氏电池"，这是简译。衡量的名辞也是简译，它的好处是比全译爽目些，但是只限于字母多的名辞。字母少的譬如 Ether、Joule 只含三两个音的字，不妨全译。但是字典或辞典里就该全译，或是两种兼备。

（五）译音的名辞。已经通用的，不妨仍旧。譬如 Motor 一般人的口头上都叫它"摩托""摸托"或是"马达"，Engine 都叫它"引擎"，只要读音不至大差，意思不至误会，总算完事。"摩托""引擎"两个还好，可以采用。若是译义，那么前的有"发动机""电动机"。日本作"蒸汽机关"，我想"汽机""电动机"好些。

（六）学识和货物不同。若一概抵制了，就是学术界的自杀。日本所译的译义的名辞，适当的只管承用。譬如 Conductor 日本译作"易传体""良导体"。Nonconductor 这个字应该是 Bad Conductor，译作"难传体""不良导体"都是很好。电学大成译作"通电质""不通电质"，许多科学书籍译作"传导体""不传导体"。日本也有译为"导体""不导体"那就不对。又譬如 Energy 日本现在译音，从前和 Power 都译作"势力"更不对了。现在再看他们大家所讨论的怎样。

共同承认的有四层：

（一）统一译名与新文化极有关系。

（二）译名之下加附原文。

（三）编辑各科专门的字典。

（四）所译的名辞总须使未读过西文的人容易明白。

意见不同的有三派：

（甲）通融派

（一）可以音译。

（二）可以意译。

（三）必要时也可以创造新字。

（乙）严格派

（一）除专门名辞须译音外，一概译义。所用的字须确切精当。有丝毫不确切，宁译音。

（二）译音最不妥，越少愈好。

（三）不必创造新字。

两派之中各有一种笼统的论调。

甲派说"假使译音再能译义更好"。这句话未免说得太便宜。譬如"说"字在潭泉二州的方言和英文 Say 字不但同音而且同义。此乃绝无仅有之事。又譬如译 Engine 为"引擎"，Logic 为"逻辑"，Delay 为"逗留"。和严氏之"拓都"Total、"么匿"Unit，个个音匠意通，也等取巧。但是这些字究竟有限，偶然相得，不算稀奇。试看上海之 Kalee Hotel 译为"客利饭店"，也可译得很好。但是当初如果开了寿器店，那么"客利"就不对了。这个比方虽是说笑，但可见音义并译是做不到的。

反过来说，美国的电学大家 Edison 氏，此次大寿。有几种报纸登了庆祝他的文章，把他的名字译作"哀迪生"，我觉得这个"哀"字实在讨厌。这里应该照原译用"爱"字才妥。但是某处又用"安迪生"三字，和北京商会会长的姓名一样。不知道的人就会误会。可见译名所用的字又应该考究考究。

可是大考究了又厌气。试看日本维新之后，自尊自大，目空一切，把 Deutch 译为"独逸"，America 译为"米"国。Russia 以前译作"鲁"国，俄罗斯认为国际上太无面子，向日本办了交涉，好容易改为"露"国。读者诸君，试看这些字面，没一个是好的。"露"字更坏，遇着"日"就会消灭。小鬼的气焰竟然高到这样地步。只有 England 是它的同盟国，照我国译为"英"国。最可笑的就是把无政府主义大家 Kroqtkin 氏译作"黑鸠"。这种译法厌气极了。这是□顾□□义一方面的。

乙派说"一字有数义者译音"。这句话也说的太随便了。因为一个名辞在一种科学里面都有它特别独立的意义。只有一个名辞在两种科学里的意义不相同。没有一个名辞在一种科学里有两个意义。所以，专门科的学者对于自己所研究的学问很精透，对于别种的学问，不能够完全领会，就是这个缘故。所以我们欲学一种专门的学问，先要了解名辞的定义。若是译成中文，凡有意义可寻的，各科既然有各科的意义，各科自然有各科的译法。倘若一概译音，未免糟了。这种例很多，举不胜举。以上两派本有继续讨论之价值，忽被某君一闹之后，就生出丙派来。

（丙）折中派

1. 步骤：

（一）讨论译法。

（二）组织译名审查会。

（三）编辑统一译名字典。

2. 方法：

（一）有确切意义可译者。虽专门名辞，也该译义。

（二）若无确切的字句可用。当用最切近之中名去译义。

（三）无意义可译的译音。

（四）习惯沿用已久的。不论译音译义，都仍其旧。

代表丙派的仅有芮逸夫君一人，可为统一译名的标准办法。何以故呢？预知未来，先看既往。

印度的佛经是我们中国最早最盛的译学。试看龙藏里所藏的卷数，从六朝到唐有一千九百余种，分为七百二十函，每函十卷，共七千二百余卷之多。虽是几个皇帝提倡出来的结果，但是佛学思想的高深、理论的精微和印度文字的艰难（用白话文译经为另一问题），名辞的古怪，一旦译成中文，方不对圆，烦难之极。我们漫说读尽三藏不容易，就是单看一部《梵语名义》也就够研究了。而林泉方士，家造法师，整百整千，或译或著，竟然很有条理。这是什么缘故呢。他们有几个法则。

一、顺古不翻
- 译音
  - 全译——菩提萨埵陲
  - 简译——菩萨
- 译义——觉有情

二、多含不翻

两国语言文字不同，学者的思想又不同，所用以代表思想名辞，自然不能凑巧适合。译书的人到了译无可译的时候，只有用"多含不翻"的方法。譬如"般若"是译音，"智慧"是译义。大凡研究过佛学的人，必定知道"智慧"二字不足以完全表明"般若"的真义。但是除了"智慧"二字，又无他字可用，这叫作"多含不翻"。用了这个方法，那么严格派所主张的条件，事实上是不能成立了。佛学名辞的译法曾经过一次的改革，所以许多名辞有新译、旧译之分。这种改革是精究佛典的人得来的成绩，不是任意杜撰，如同今人译西书的一样。严复氏是近代最著名的译者，但是说一句开胃的话，他只配像李太白识番语（契丹文字），不够和鸠摩罗什、玄奘和尚相提并论。那么难怪这帮译书的人，师心自用，就是"顺古不翻"，也无古可顺了。

"顺古不翻"的意思在这里是说通俗已经习用的名辞，不妨仍旧。譬如 Sunday 照理应该译为星期一，Tuesday 应该译为星期二，Saturday 应该译为星期日。但是大家都当它为星期日，星期六不以为不是。所以我说"习非成是"，学术界也不能够解脱，就是这个道理。

可是佛经也有不统一的名辞，譬如译音的有"涅槃""泥洹""泥畔"等，译义的有"灭度""圆寂""寂灭"等，都是一件东西，但是究竟有限。大概译义的只限于"可以意会不可以言传"一类的名辞。这类名辞的意义，本来很宽广。林泉方士和家造法师所装的字句，一面自己领会，自辨酸甜，一面加以解释，仍旧不能够说到确切的地步。译音的是因为南北印度（五天竺国）语音清浊、轻重不同的缘故。

以上佛经译名两层的弊，在我们现在译西籍，即可以免掉。因为西洋科学里的名辞，个个都有一定不易的意义，虽无确切字面可用，也可"多含不翻"，绝不会稀糟。第二层用国音读法的字统一它，也不会稀糟。这一层有人主张用注音字母。但是注音字母没有 BDG 的声音，或者恐怕国音也不够用。陈独秀先生在民国五年底的《新青年》上有篇"西文译音私议"的文章。希望大家起来研究。这种名辞本是托名标记，没有意义，最容易统一的。

现在把译佛经所用的法则和芮君提出来的比较如下：

（一）顺古不翻——习惯沿用已久的不论译音、译义都仍其旧。

（二）多含不翻——若无确切的字句可用，当用最切近之中文去译义。

（三）译音——无意义可译的译音。

（四）译义——有确切意义可译者，虽专门名辞，也该译义。

所以我说芮君所提出来的可为统一名词的标准办法，希望大家不弃我一得之愚，同来批评，同来研究，这样才可以使译名统一实现啦。

——《时事新报·学灯》（1921 年 2 月 15 日至 17 日）

《屠尔格涅甫之散文诗》序（1921）

郭沫若

屠氏文艺业已介绍于我国者已不少。余兹所译乃其自一八七八年至一八八二年四年间之小品文，连载于杂志《欧洲报知》（*Wjastnik Jewropy*）中者，"散文诗"之名即为该报编辑者所肇赐。此诗集最脍炙人口，或者国内已有译品亦未可知，但是余意以为翻译不嫌其重出，译者各有所长，读者尽可自由择选。歌德所著《浮士德》一剧之英译，便单就第一部而言，已有二十余种之多。即此屠氏诗集之东译，亦不下四五种。此（一）足以证明原作之可珍，（二）足以征考国民读书之能率，所以重译一事决不能成为问题；不过在译者自身须存一"崔颢在上李白不敢题诗"之野心，——故意用野心二字，我想这是当具的野心，莫有罪过的野心——不译则已，即家肇译书总要前不负作家，后不负读者，总要使自提的译品成为典型的译品。余今即抱此野心，从事此诗集之移译。

一九二一年一月二十九日

——《时事新报·学灯》（1921 年 2 月 16 日）

译文学书的三个问题（1921）

郑振铎

第一个问题　文学书能够译么？

文学书应该不应该译是不成问题的，因为现在有许多人都知道文学的重要和世界文学的介绍的必要了。但是文学书之能够不能够译，却是一个很要研究的问题。译出来的文字，其所含有的思想，能与原文所含有的相切合么？文章的艺术的美不会因转译一过，而减少而至于无么？质言之，就是"同一的思想能够实实在在地表现在一种以上的文字中的第一等的文学里么？"许多人都是不免要怀疑的。而起这个怀疑的人中更有许多人主张说文学书是绝对不能翻译的。

他们之中，有二种的见解，第一是通俗的，第二是哲理的。

通俗的见解大都是这样说：翻译是不可能的事，因为文学的风格（风格二字英文为 style，极难译，有译为"文体"者，有译为"章法"者，都不甚切合。）是乡土的（native），是固定的（original），虽有最好的、最精巧的翻译家也不能把它重新再表现在别一种的文字里。翻译家所能为的只有二事：（一）赤裸裸地把他所译的那本文学书中的具体的思想（substantial meaning）翻译出来；或是（二）一段一段的，把它意译出来，无论他如何的求其不失原意，然而总与原文有很大的差别。

哲理的见解，则大概以为：文学书里的思想与其文字、实质与其文章之风格（style）是有非常密切的关系的，有许多思想家且以是绝对不能分离的。他们说："思想就在于文章的风格之中，我们看见或听见文章之风格，就是我们实实在在地看见或听见其中所含的思想了。"因为文章的风格是绝不能翻译，所以同一的思想之两重或两重以上的表现是绝对不可能的；所谓翻译者，无论其如何精巧，总不过是一种意译的模拟而已，离原本实在是极远极远；至于原文之艺术的美，那更不用说，自然是丝毫没有的了。

在于诗一方面，他们这种"翻译的绝对不可能说"更是流行；就是有些人主张散文是能够翻译的，但对于诗的翻译，也是很决心地反对。这是因为在诗的一方面，更有一种音韵存在。散文的句子，在各种的文字里有很多很多的组织法是同样的；至于诗则其主要之点在于韵律（prosody），而每种的文字各有其一己所独有的韵律，无论哪一种，都很难与别种有共同之处。最好的诗的翻译家决不能把原文的韵律重新再表现在译文里；只能用他自己的文字里的韵律，或他所生存的那个时代的韵律来意译它而已。蒲伯（Pope）之荷马（Homer）大史诗的译文与柏超与兰安（Messrs. Butcher and Lang）之同诗的译文，皆以英国的文字来译古希腊之诗，然而两者则截然不同，一则用女王安妮（Queen Anne）时代之韵律（如蒲伯），一则用十九世纪之散文的韵律（如柏超与兰安），不唯地域异而韵律变，即时代不同而韵律亦因以异。由此可知韵律这个东西是如何的变动，如何的难能于二种以上的文字里有一些共同之点了。且诗的音韵，就是人的内部的情绪之表现；韵律之与情绪实有相密接、相倚傍而绝不可分之势。如果诗的韵律已完全变而为别一种，诗的情绪又如何能单独的照原样的移转过去呢？由此看来，诗实是绝对不能译的东西了——比之散文尤甚。

他们的意见，骤然听之，颇为有理；实则极为不然。我以为：文学书是绝对的能够翻译的，不唯其所含有的思想能够完全的由原文移到译文里面，就是原文的艺术的美也可以充分的移植于译文中——固然因翻译者艺术的高下而其程度大有不同——不独理想告诉我们是如此，就是许多翻译家的经验的成绩，也足以表现出这句话是很对的。下面试略说明，并举例为证。

上面所举的通俗的见解，所以主张翻译的不可能说的原故，就是误认文章的风格，是固定的乡土的。其实这是不对的。因为"文章的风格只不过是'表白'（expression）的代名词，而文学里的表白，其意义就是翻译思想而为文字（the translation of thought into language）"。（见 D. W. Rannil's *Element of Style*, pp. 2.）人们的思想是共通的，是能由一种文字中移转到别一种的文字上的，因之"翻译思想而为文字"的表白——风格，也是能够移转的；决不是什么固定的、乡土的。最好的翻译家，不唯能"赤裸裸地把他所译的那本文学书中的具体的思想翻译出来"，并且也能翻译得与原文非常接近，把所有的两种文字的差别都泯灭了。这一层自然不是"一段一段的意译"的翻译所能充分办到，并且自然也与翻译的艺术的好坏大有关系。但如果有一个艺术极好的翻译家，用一句一句的"直译"方法，来从事于文学书的翻译，则（一）这本文学书的全体的艺术的布置法能完全地移到译文上，如史特林堡（A. Strindburg）的《爱情与面包》，开首写法克向鲁以丝的父亲征求结婚的事，接着写他们如何的结婚，如何的新婚的日子，如何的鲁以丝怀孕生子，如何的为债主所迫因破产而离婚，所有情节的先后的布置，在胡适的译文上，都能一丝一毫不变地照样地移过来；又如柴霍甫（A. Tchehoff）的《海鸥》四幕中的前后次序也是完完全全地重新再现在 Marian Fell 的英译本里。——这一层很容易办到，就是劣等的翻译家与林琴南式的翻译家也能做到；但非所语于移改原文情节的人——（二）就是一节一段的前后布置也能同样地翻译出来，如《红楼梦》中林黛玉《葬花》诗：

"试看春残花渐落，便是红颜老死时。一朝花落红颜老，花落人亡两不知。"一段，Candlin 的英译本，译之为：

Thus the Spring must waste away, thus the flowers are gone;

Nature's hues and human beauty perish one by one;

One brief morning's dream of Spring and beauty hastens to old age;

Falling flowers and dying morals pass alike to the unknown.

与原文的排列，一点没有参差。翻译到这样，已不容易。（三）一句中的字的排置，有时也大略的能在译文里表现出来，如：

But the fruit of the Spirit is love, joy, peace, long suffering, gentleness, goodness, faith, meekness, temperance: Against such there is no law.

——新约，Galatians, Chap.5.

这一句，中国的《圣经》译本，译之为：

"圣灵所结的果子，就是仁爱，喜乐，和平，忍耐，恩慈，良善，信实，温柔，节制；这样的事，没有法律禁止。"

又如 Dr. Aldrich 翻译下面著名之歌：

A soldier and a sailor,

A tinker and a tailor,

Once has a doubtful strife, Sir,

Whose name was buxom Jean, & c.

而为古代语言：

Miles et navigator,

Sartor et aerator,

Jamududum litigabant,

De pulchra quam amabant,

Nomen eui est Joanna, & c.

"一个兵士与一个水手，一个补锅匠与一个裁缝师父，有一次有一个可疑的竞争，要以一女子为妻子，先生，他的名字就是柔顺的约安。"

由这种的例子，可以看出原文与译文之间句中的字的排列之大概相同之处了，所以字对字（words by words）的译法，虽是不能有——也不必有——而原文的句的组织法，却有时也可以移植于译文中。

（四）更可惊奇的，就是原文中的新颖而可喜的用字法，译文中也大概能把它引渡过来，如：

Where snipes with their dancing tails stamp tiny footprints upon the clean soft mud;

Where in the evening the tall grasses crested with white flowers invite the moonbeam to float upon their waves. —R. Tagore's "The Crescent Moon."

"竹鸡们带着它们的跳舞的尾巴，印它们的细小的足印在整齐的软泥上；黄昏的时候，长草顶着白花，邀月光浮游在它们的波浪上。"

——见本报一号。原文 dancing, crested, invite, float 等字，用得

多么新颖呀！而译文中也能照样地用"跳舞的""顶着""邀""浮游"等与原字相切合的字，照样地把它译出来。又如周作人译的《沙漠间的三个梦》（见《新青年》六卷六号）中，有：

"因为热的厉害，沿着地平线的空气都突突的跳动"

"我看时，见几世纪以来的忍耐，都藏在伊的眼里"

"突突的跳动"及"忍耐，都藏在伊的眼里"等字，也能把原文的用字法完全地表现出来，而不失其巧妙与轻颖。译文而至能把原本的全体的结构、节段中的排列、句法的组织乃至用字的精妙处都移转过去，你看原文的艺术的美，还会有什么丧失么？文章的风格，由这种实验看来，可见是非不能移植的了！那么，抱通俗的否认文学的翻译的意见的人，可以说是不能再确立他们的见解了。

试更进而释由哲理方面否认文学翻译的不可能说者之疑。他们最主要的见解，就是以文学书里的思想与文字，或实质与文章的风格，为不可分离；其以文章风格为绝对的不能再现于一种以上的文字里，则与通俗说相同。现在欲破其惑，可先攻其思想存于文章的风格中的意见。在 *Element of Style* 一书中，Rannie 证明"大多数的'表白'（expression）是可以随人之意的，所以它与思想是分离的"。譬如思想是水，"表白"是载水之器；无论载水之器的形式如何的变换，水的本质与分量总是不会减少的。既然同一的思想能由作者任意表现之于无论何种"表白"或"风格"中，那么我们就不能有理由去疑惑说，思想是不能表现在一种以上的文字中了。我们可以承认，思想在译文里常是不能表现得如在原文里的一样的充分而且好看；也可以承认翻译就是最好最高的，也不能把原文重摹一过，而表现在译文里，如小学生之"描红"一样；无论是最精密的句对句（sentence by sentence）的翻译，也是一种"意译"。然而思想本身，却总是不会有什么丧失的。如果翻译的艺术高了，则思想且可以把译文弄得与原文同等的美。如英国翻译的《圣经》，原文的思想，差不多是全部都能明明白白地表现在译本里，并且表现得真切、美丽而且宏伟。又如蒲伯译荷马的诗，台林登（Dryden）译的福格尔（Vergil）的诗，梅莱（G. Murray）译的 Euripides 的戏曲，虽然都是意译，然而原本中的思想却都不曾走失，艺术的美，也可与原文相伯仲。就是中国的林琴南式的一人口译，一人笔述的翻译，原文的思想却也能表现得没有大失落——除了错的不算——由此可知"实体"（matter）与"态度"（manner）、思想与文字、意义与文章的风格，是分离的而非融合而不可分的了。由此也可知思想是能由一种文字转移于另一种文字上，是能有两重或两重以上的表现的了。至于文章的风格之能移植，则上面已说得很明白，不用再提了。

诗的不可译说，也不可不把它打破一下。他们主张诗的不可译的要点，就在于：诗的本质——思想与情绪——是在于音韵里面的；诗的音韵就是人的内部的情绪之表现。对于这个怀疑，仍旧可以用上面的"思想与'表白'是分离的，同一的思想可以表现在一种以上的文字中"的话来解释它。固然诗的音韵，是绝对不能由原文移转于译文，然而它却不一定就是人的内部的情绪的表现；有的时候固有借声音以发抒情绪的，但究是极少数。情绪的发抒绝非完全信赖诗的音韵以表现。它仍旧是单独存在的。音韵虽变，而情绪却依然能在已变的音韵里面表现出来。况且音韵之有无，决不是诗的重要的问题。自Whitman 提倡散文诗（Prose poetry）以来，韵律为诗的根本的观念已是没有再存在的余地了。因此，我们可以说：诗的本质与音韵是分离的；人的内部的情绪是不必靠音韵来表现出来的。因此也可以说：诗的音韵，虽是不能移植的，而其本质却是与散文一样，也是能够充其量地转载于原文以外的某种文字上的——就是：诗也是能够翻译的。如果译者的艺术高，则不唯诗的本质能充分表现，就连诗的艺术美——除了韵律以外——也是能够重新再现于译文中的。

总结一句话就是：文学书——无论是散文或诗歌——是能够翻译的，能够很精密地翻译的。

Moulton 教授在他的 *World Literature* 一书里，有一段论翻译的话，很可以与上面所说的相发明，现在把它译在下面，以为参考。

……现在有一种广布的意见，以为读翻译的文学书是权宜之计，并且显出劣等的读书的嗜好。但是这种观念的本身就是以前流行的文学的部分研究的出产品，他们以为语言（language）与文学是非常的有密切的关系的，很难想得到它们是能够分离的。这种观念实在是没有经过有理性的试验。如果有一个人，他没有读希腊文的荷马的诗，只读它的英译本，他诚然失了一些东西。但是问题发生了，他是失掉文学么？很明白的，一大部分造成文学的东西是没有失掉；古代生活的表现，史诗叙述的雄姿，英雄性质与不测之事的观念，情节的精密，诗的想象——所有这些荷马文学的要素都显在译本的读者之前，但是，他们又要说了，语言自身是文学里的一个主要的要素。这是对的，但是要记着，"语言"这一个字是含有两个不同的东西的：一大部分的语言的现象（linguistic phenomena）是共通于有关系的各种语言的，并且也能从一种语言里移转到别一种语言里，至于其他的语言的要素则都是特有而且固定的。读荷马的诗的英译本的人所失掉的不是语言，乃是希腊的语言。而他也不

是失掉希腊的语言的全部；高手的翻译家也能把固有的希腊的语言
移植在他的译文上，写出来的是不错的英文，却不是那种平素英国
人手下所写出来的英文。然而，当译者有所减削的时候，译本的译
者就要受很大的损失；古学的研究者知道这个损失是如何的大。但
是归结之点不是文学与语言的比较的价值，乃是文学统一的实现的
可能。一个人能承受译本的应用，当有用之时，能得到文学的所有
要素，除了语言之外，有时即语言也能得到一大部分。一个人如拒
绝不用译本的话，他就使他自己与大部分的文学界（Literary field）
断绝关系了；他的文学的研究无论是如何优美而且精密，却只是不
能超过于地域的。

还要加几句话，即翻译是一个传道的性质，它能够自成其
功，它所流行的地方，那翻译的性质就近于学童所用之"译本"
（'Crib'）了。反之，这是很有举出的价值的，如何第一流的古
学家专诚地去翻译如最好的注释的形式一样——Jowett, Munro,
Connington, Jebb, Palmer, Gibert Murry；如何第一流的诗人使他们
自己去为一种与别种的语言间的译释者——William Morris, Edwin
Arnold, Chapman, Dryden, Pope；而合精审的学识与诗人的天才于
一身的那些人，如 Mr. Arthur, S. Way 及 Mr. B. B. Rogers 等则使
Homer, Euripides 及 Aristophanes 同样的照耀于英文中，如在希腊
的诗中一样。并且，最高尚、最精美的文学家对于翻译的文学也
是有极强健的推许的。爱默生（Emerson）在他的《书论》（*Essay
on Books*）上说："我读我所有举出的书及一切翻译的好书，决不
迟疑。一切书中的实在是最好的地方都是能够翻译的……我极少
读那些希腊文、拉丁文、德文、意大利文的书——有时且不读法

文的书——的原本，因为我能得到它在一个好的译本里。我要守着那如伟大的都会似的之英国语言，它是收受天底下所有地方的流泉的海洋。"在历史方面，更可以有一个辨证。路德（Luther）的《圣经》译本，与英文的公定的这个书的译本，就是这两国的文学的根本。这种的大规模的成效很可以参考一下，当高尚的语言的学问从批评的而转为创造的，且用它自己来把所有其余各国最好的文学融合在自己的那种文学里的时候。

第二个问题　译文学书的方法如何

由上面来说，可知文学书是能够翻译的；而其翻译的可能的程度，则完全有赖于译者艺术的高下；于是第二个问题立刻跟着发生，就是文学书的译法如何？用什么法子，才能使译文与原文间的差别泯灭以至于无？原文的思想如何才能完全地、同样地表现在译文里？原文的艺术的美，又如何才能充分的移植于译文中？——总说一句话，就是"翻译的艺术"究竟如何？

这是一个很必需答复而且是很难答复的问题。在古代的时候，许多人对于此已有十分的研究，近来的人更为注意及之；然而他们大概都是自求解决，而没有特别的著一本书或一篇论文来讲它的。我所看见的只有一本 A. F. Tytler 著的《翻译原理》（*Essay on the Principles of Translation*），是专论译文学书的艺术的。据他序言上说，M. D'Alembert 在他的 *Mélanges de Littérature, d'Histoire & C.* 一书里，及 Abbé Batteux 在他的 *Principles de la Littérature* 一书里也略有一二篇论到这个问题，然而我没有看见这些书。现在姑且把 Tytler 所论的，参以己见，介绍如下。

Tytler 说，一本好的翻译必须是：原作的优点能完全移转到译文里，使读此译文的土著的人民能明白地感到、强烈地觉得，如同说原作的语言的人民一样。因此，翻译遂有三个不可逾越的法则，就是：

Ⅰ.译文必须能完全传达出原作的意思。

Ⅱ.著作的风格与态度（the style and manner of writing）必须与原作的性质是一样。

Ⅲ.译文必须含有原文（original composition）中所有的流利（ease）。

底下逐条言其如何能合于此法则的方法，并举例以说明之。

Ⅰ.法则第一

欲使翻译者能够完全传达出原作的意思，第一件最必需的事，就是他必须对于原本所用的文字有完全的知识，其次就是他必须对于原文中所论的或所描写的那种事物，有充分的研究。如果他于这二件事中，有一件不好，或是不很懂原本所用的文字，或是没有研究过原文中所论所写的事物，他就永久不会完全明白原作者的意思而传达之了。试举一例：M. Folard 是一个战术大家。他翻译 Polybius 并且给一个注释，说明古代的 Tactic 及希腊人、罗马人攻城、防守之法。在这个注释里，他想用 Polybius 及其他古代作者的话表明出希腊与罗马的工程师知道并且应用近代人所应用的设备。不幸 M. Folard 希腊文的知识太浅了，只得从一个 Benedictine 的牧师的译本来研究这个作者；而这位译者却又是个完全不懂得战术的。于是乎其结果遂非常之糟。M. Guichardt，一位大军事家并且是精通希腊文的人，说 Folard 的著作，于最重要的战役与围攻的事，把原作的意义弄错了许多；并且这位讲古代战术的作家作他的复杂的制度，竟没有得到什么好好的翻译出来的古代著作的帮助。由这个例，可知上面所举的两件事是决不可缺一的了。

就是十分熟于原本中事物与原文中之文字的，于翻译之际，也常感有非常的困难。这是因为一种文字里的才能与力量只有一小部分是能从字典与文法书中得到的。有许多精妙之处，不唯存于组织与成语之中，并且也潜于文语的意义（the signification of words）里面，只有多读，多加注意，才能把它发现出来。

有一位博学而精审的批评家曾论到"各种文字所以相异的原因"，以为翻译的艺术里一个主要的困难就是发生于这个情形，"有一类字在一种文字里，是无论用别一种文字里的哪一个字都是不能与它完全相切合的。"这一类的字大多数都是关于道德、情感、情操的事，或是内省的及内部意义的对象。希腊文中的 αρετη（道德）、σωφροσυνη（节制）、ελεοs（慈悲）等字，它们的意义不能精确而且完全的为拉丁文的 Virtus, temperantia, misericordia 等字所载，至于英文的 Virtue, temperance, mercy 等字，更不能表现出它们全部的精确的意思了。譬如 temperantia（节制）一词，在拉丁文里是一切欲望的节制的意思；而英文的 temperance 普通用来，就只限于饮食的节制之意了。原文的意思如有可以令人疑惑的地方，如同样的一句，却有几个意义可以解释，那个时候，译者就应当用他的判断力，选择那个最合于全文的思想，或这个作者平素的思想的模形以及表现法的意义，把它译出来。模仿原文的含混或两可，是很不对的；如同时把一个以上的意义都给它表现在译文，如 D'Alembert 译 Tacitus 的序言一样，那更是不对了。Tacitus 的原文是如此：

Urbem Romam a principio Reges habuere. Libertatem et Consulatium

L. Brutus instituit. Dictaturae at tempus sumebantur: nepue Decemviralis potestas ultra biennium. Neque Tribunozum militum consulare jus dice valuit.

其中不明白的一句是：Dictaturae at tempus sumebantur，它的意义有二，或者是"执政官选举出来，有一定的年限"，或者是"执政官在特别的时候选举出来"。D'Alembert 知道这一句的含糊，但他却不用他的判断力来决定哪一个是对的，而只是把两个不同的意义都摆到译文上去，"On Creoit au besoin des dictateurs passagers."（人相信一定要选举执政官。）这样一来，原文的意义被他弄得更参差了。这种办法，实在不足为训，其实，D'Alembert 如稍加以思索，稍一细看上下的文句，就可以知道这一句是"执政官选举出来，有一定的年限"的意思了。

于此，有一个问题发生了：译者诚然应该把原作者的意思完全达出，然而在某种情形底下，他能够不能够于原意之外再加以一种能给原文以更伟大的力量的意思上去，或是把原文中的软弱而过剩的意思给它删去呢？依 Tytler 的意思，这种自由是不妨给与译者，不过他必须非常谨慎的使用它而已。更必要的是，是所外加于原文的意思，一定要与原意有极紧要的关连，并且是实实在在地能增加它的力量的。反之，译者对于原文的意思如有节删时，这种删去的意思必须在原意中是附属而无关紧要的，或不是一子句中或一句中的重要的字；并且是删去后是决不会减少或是把原意弄弱了的。在这种限制底下，才可以使译者有那种增减原意的自由。而这种限制之如何能完全履行，那就靠译者的天才与判断力与谨慎绵密的观察了。在诗一方面，这种自由的使用，更是可以允许。约翰·邓亨（Sir John Denham）说："我觉得译诗的一个大毛病就在于死译。让这个'谨慎'给那些从事于忠实的事的人保守着；但是无论什么人如以此为译诗的宗旨，他所做的实在不是必要的，并且他也永不能成就他的试验；因为他的事业不仅是译一种文字而为别一种文字，乃是译这首诗而为别一首诗；而诗呢，则是具有一种奥妙的精神的，由这种文字而转于那种文字上时，它就完全蒸散了；如果没有一种新的精神加在译文里，那么，除了无用之物以外，更没有什么东西存留着呢。"

这都是 Tytler 的意见，以我看来，确是很对，死的、绝对的直译，确是不可能而且是不必需。但这种自由使用得好时，固足以增加原文的价值，并予它以一种新的生气；如果使用得坏或是使用得太过了，那就很容易招致谬误，并损坏原文的。如 Tickell 著的 "Colin and Lucy" 一诗，中有云：

Tomorrow in the church to wed,

Impatient both prepare;

But know, fond maid, and know, false man,

That Lucy will be there.

There bear my corpse, ye comrades, bear,

The bridegroom blithe to meet,

He in his wedding-trim so gay,

I in my winding sheet.

"明天早晨在礼拜堂里行婚礼，两个人都急急忙忙的；但是要晓得，可喜的处女，要晓得，欺诈的男子，Lucy 也要在那里呢。我载着我的尸身，朋友们，载着，要遇着那快乐的新郎，他穿着他的这样漂亮的结婚的衣服，我却穿着我的殓衣。"Bouse 把它译为：

Jungere cras dextrae dextram properatis uterque,

Et tardé interea creditis ire diem.

Credula quin virgo, juvenis quin perfide, uterque

Scite, quod et pacti Lucia lestis erit.

Exangue, oh! illuc, comites, deferte eadaver,

Qua semel, oh! iterum congrediamur, ait;

Vestibus ornatus sponsalibus ille, caputque

Ipsa sepulchrali vincta, pedesque stolâ

其中 Qua semel, oh! iterum congrediamur, ait，一句是原文所没有的，意思是"咳，让我们再遇着，为最后的遇着吧！"这句话把原文的意思，增进了许多，委婉了许多；这种的使用增加原意的自由，可以算的很好而且很自然，又如 Byron 的"Giaour"一诗中有云：

Such is the aspect of this shore;

'Tis Greece, but living Greece no more!

"海岸的风光如此，这就是希腊呀，但却不是活的希腊了！"梁启超译之为：

葱葱猗，郁郁猗，海岸之景物猗。

呜呜，此希腊之山河猗！呜呜，如锦如荼之希腊今何在猗！

"葱葱猗，郁郁猗"几个字是由 Aspect（风光）这个字联想出来的，虽然原文上没有，但增之也不为害意，也总算是还好的。至如蒲伯译荷马的 *Iliad* 的底下一段：

（原文有希腊字，今缺。）

"于是他说话了。但是 Patroclus 是服从他的好朋友的。他从篷帐里把美丽的 Briseis 引出，让她给他们带了去。他们回到希腊的船上去；但是她不愿意走，同她的侍从在一块。"他从 αϵκονσ 这个字的意思上想，在译文加上：

She in soft sorrows, and in pensive thought,

Past silent, as the heralds held her hand,

And oft look 'd back, slow moving o'er the strand.

她温柔的忧愁，深默的思想，传令官拿着她的手，她沉默的过去，频频的回顾，慢慢的走过沙滩。

此三句，虽然 Tytler 称赞他，说"因为她不愿意走，所以要慢慢的走，并且频频的回顾。这种扩充实是很高的增进那描述的力量。"然而我却以为不好，因为未免把原文扩充得太多了；如果处处全是这样办，那么，这篇东西要变成是蒲伯的自作的"Illiad"而非他译的荷马的 Iliad 了。这种"随意所欲"的译法，实在是不大好，如果这种增加原意的方法是很好，那么，林琴南把：

"They lived in a cave or cell, made out of a rock; it was divided into several apartments, one of which Prospero called his Study; there he kept his books, which chiefly treated of magic, a study at that time much affected by all learned men, and the knowledge of this art he found very useful to him; for being thrown by a strange chance upon this island, which has been enchanted by a witch called Sycorax, who died there a short time before his arrival, Prospero by virtue of his art, released many good spirits that Sycorax has imprisoned in the bodies of large trees, because they had refused to execute her wicked commands." (Lamb's *Tales from shakespeare*)

一句译成：

居为山洞，分数区为堂室；一为翁书室，积书满之；书多言禁勒禹步之术，以当时名宿，皆以此为专家之学。翁既精是学，

居是亦良宜，以是岛前为大巫昔考勒司故居，以符箓拘群鬼，幽
之树腹石窍中。翁至，则反巫所为，悉纵群鬼。

把原文中的 being thrown by a strange chance upon this island（为一奇
异之变故投置于此岛），who died there a short time before his arrival（她在
他未到这里以前不久的时候死去），及 because they had refused to execute
her wicked commands（因为他们拒绝去执行她的恶的命令）等子句都删
去了，他的这种删节的办法也是很好的了。如此，不是把原文的意思
都失掉了么？所以我主张我们对于这种增减原意的自由，对于这种全
凭译者的天才与判断力与谨慎绵密的观察而始能善于使用的自由，应
该绝对的谨慎的用，并且应该绝对的少用——除了极必要的时候；散
文的翻译，似乎可以全不必用，诗的翻译，则遇必要使用的时候才以
绝对的谨慎来使用一下。我们要晓得：我们是翻译人家的东西，不是
自己著作文章；译文的流利、有生气，固然很要紧，而与原文相切合
的一个条件，更是紧要中之紧要呀！"不求有功，但求无过"——只
求译文之通达而切合于原意——这是译文学书的人最宜记着的格言。

与这个增减原意的自由相仿佛的，译书的人还有一个改正原作中
偶然疏忽或不正确的语法的自由。这种疏忽或不正确，在实质上很足
以影响原文的意义，或虽不至于影响原意，而于原作的优雅的叙述则
背道而驰，足以使之损坏。Tytler 以为这个自由实在是应该给译者的。
我的意思也与他相同；不过译者仍须非常慎重地使用它。如遇有这种
疏忽或不正确在原文里发现时，他所能做的只有两个办法：第一，把
原文的不正确的地方照样地搬移到译文里来，另外加以附注，说明原
文的不正确并给出他自己的改正；第二，把原文的不正确的地方在译
文里改正了，底下附以注解，给出原文里的不正确的原句或原词，而

说明之。如跳出这两种办法以外，而贸贸然即行改正，虽是改正的不错，然而究竟不是正当的慎重的办法。不幸而其改正为谬误，则更为贻害原意，贻害读者了。

Ⅱ. 法则第二

除了忠实地翻译原作的意义外，一种对于原文的著作的风格与态度的同化，在译文里也是很必要的。能够办到这一层，这个翻译，才能算是好而且完全。但这个要求虽是较完全传达原意为稍不重要，然而较之那种原意的传达却是更难得实行；因为这种模拟原文的风格与态度，所需要的才能较之仅仅能明白原作的意思的更是少有而难见。一个良好的译者一定要能够立刻发现出原作的风格的真实的性质。他必须决定原作的风格究竟是属于哪一类的：属于庄严（grave）一类，属于激扬（elevated）一类，属于轻快（easy）一类，属于鲜艳华丽（florid and ornamented）一类，或是属于质朴自然（simple and unaffected）一类呢？他精审地决定了以后，就须把这种的特点，以自己的能力把它明明白白的重新再现在译文里，如同在原文里一样。如果一个译者不能有这种的决断，并且缺乏这种能力，那么就使他能够完全的明白了原作的意思，他也要从一个歪曲的媒介物里把它表现出来，或是常常的把它穿着在一套不适宜于它的性质的衣服里了。

《圣经》的特质，就在于质朴。这种物质实是属于希伯来（Hebrew）文字的本身。Dr. Campbell 说，希伯来文是一种极朴实的文字，"它们的动词不像希腊文及拉丁文之有各种的'式'（moods）与'时'（tenses），也不像近代的文字一样，有许多的'助词'与'联接词'。其结果则在叙述的时候，它们用许多简单的句子来表示，如同谈话时所用的一样，这种句子，在许多别种的文字里，都是常用一句含有许多子句的'复句'来表示。"

试举一例以证之，如《创世记》的第一章之首，叙上帝在第一日所做的事，分为十一句叙来。

"1. In the beginning God created the Heaven and the Earth. 2. And the earth was without form, and void. 3. And darkness was upon the face of the deep. 4. And the Spirit of God moved upon the face of the waters. 5. And God said, let there be light. 6. And there was light. 7. And God saw the light, that it was good. 8. And God divided the light from the Darkness. 9. And God called the light day. 10. And the darkness he called night. 11. And the evening and the morning were the first day."

一、太初，上帝创造天地。二、地是空虚混沌。三、渊面黑暗。四、上帝的灵运行在水面上。五、上帝说，当有光。六、就有了光。七、上帝看光是好的。八、上帝就将光暗分开了。九、上帝称光为昼。十、称暗为夜。十一、有晚有早，就是一日。

这是英译本的译文。"正可以表现出原文的风格。更完备的构造的简单的例子，我们更不能在别的地方找到了。句法非常简单，'实字'也不附有什么形容词，动词也没有加上什么副词；没有同义词，没有最高格，也没有以勇敢、加力或异常的态度来表现一切东西。"在英译本上，原文的这些性质都能表现出，实在是一个模拟原文的风格与态度的最好的模范。若 Castalis 的《圣经》翻译就与此不同了。他的译本大体虽然是忠实于原意，然而他却完全不注意于原文的风格与态度的变化。他用很复杂很雕饰的词句来译这一段最简单的朴实无华的字句。实是不足为训。

荷马史诗的风格是强健而且朴素的。他常用想象、暗示及明喻（similes）的语法，但是他却极少用什么假借的（Metaphorical）词句。所以用假借的语法来翻译荷马是与原文的性质相反对的。蒲伯的译文有时（虽然不是常常的）竟有这个毛病。如他以爱波罗（Apollo）之箭为"被羽毛的司命之神"（？）（The feather'd fates）[*Iliad*, I, 68.]，以一筒的箭为"一屋的飞神"（？）（A store of flying fates）[*Odyssey*, 22, 136.]；或是，不说田里满是谷粒，而言"夏天之山谷装饰着浪形的金色"（In wavy gold the summer vales are dress'd）[*Odyssey*, 19, 131.]，不说这个兵士哭着，而说"从他的眼里流下柔弱的露珠"（From his eyes pour'd doun the tender dew）[*Iliad* 11, 486.]，与原文之质朴大不相同。这种译法也是很不好的。

最好的译法，只有如上面所举《旧约》的英译本的译文了。如 *William and Margaret* 一诗中，有云：

> She face was like the April morn,
>
> Clad in a wintry-cloud;
>
> And clay-cold was her lily hand,
>
> That held her sable shroud.

> 　她的脸如四月的早晨一样，带着冷云；她的百合花似的手也如黏土一样的冷，手里拿的是她的素色的殓衣。

Vincent Bourne 译之为拉丁文，如下面：

> Vultus erat, quails lachrymose vultus Aprilis,
>
> Cui dubia hyberno conditur imbre dies;
>
> Quaque sepulchralem a pedibus collegit amictum,
>
> Condidior nivibus, frigidioique manus.

又如 Anthologia 中有一段：

　　吸吧，可怜的小孩，当你母亲还活着的时候，吸她衰弱的胸中所给的最后的一滴乳吧！她死：她的怜爱留着她的呼吸，她的亲恋的爱情预防着死。（原文希腊字今缺）

Webb 译之为英文：

Suck, little wretch, while yet thy mother lives,

Suck the last drop her fainting bosom gives!

She dies: her tenderness survives her breath,

And her fond love is provident in death.

如这两个译文，都能够把原文的风格与态度再现出，足与英译的《圣经》相伯仲。我们译的时候，应该以这种译法为规模。

然而译到这种田地，实是极不容易的事；与译者的天才有关系，与他的趣味（taste）也有关系。他也许能辨别出原作的风格与态度，但是如果他没有最正确的趣味，他还是不能模拟它的，或是虽能勉强模仿，而原文的精神与美感却没有了。好的著作与坏的著作，其中的差别实"微乎其微"，有的人很能够知道原作的风格的性质，但是却因天才与正确的趣味之缺乏，竟失败了：把原文的庄严的风格，变成累重而呆板了；把原作的激扬的风格，变成夸大了；把原作的活泼的风格变成鲁莽粗率了；或是竟把原作的质朴自然的风格变成孩子气了。甚至于如 Arias Montanus 之译《圣经》：他用照字直译的方法，想尽力地忠实地译，把原作的意义与态度，都一丝不走的译出来。他想不到希伯来文，与拉丁文与希腊文中间有许多不同的特性，也想不到文句的组织之不同与其各种文字之各有特殊的成语，他只当这三种文字是一样的，是没有差别的；其结果竟成一本很坏的译本，不唯不

811

能把原作的意思表明出来，就是他的风格与态度也完全失掉；所留下的，只是粗率、背理，而且不合于文法的东西。原作的风格与态度之移植真是不容易呀！

各种文字的性质之各有不同，实是原文与译文间的风格与态度之同化的最大的阻碍；虽有非常天才，也是很难跳出这个制限以外的。如拉丁文是非常"简洁"（brevity）的，英文决不如它；因此，拉丁文的"简洁"的地方，英文就极难把它模拟出来了。Cicero 写一封信给Trebatius 说：

In Britanniam te profectum non esse gaudes, quod et tu labore caruisti, et ego et de rebus illis non aukiam.

> 我很喜欢，为我自己也为你，你不跟 Caesar 一块到不列颠去，因为如此不仅可以救出你于一个很不快活的旅行的疲倦，并且我也可以不用做你的奇异的功绩的永久的审查人了。

这一句的简洁，在英文实在不能找到与它同样的句子来译它，如勉强的照字直译呢，又要把原意弄失掉了。Melmonth 觉得困难，就牺牲了原文的风格的模拟，而只求合于原意：

> "I am glad, for my sake as well as yours, that you did not attend Caesar into Britain; as it has not only saved you the fatigue of a very disagreeable journey, but me likewise that of being the perpetual auditor of your wonderful exploits." Melm. Cic Lett. b. 2, I, 12.

其他如希腊文、拉丁文中常有颠倒位置（inversion）之字句，英文里就没有，因此，也就不能模拟它；如拉丁文中，又有省文之例，英文里虽也有之，然而没有拉丁文之同样的程度，因此，这种模拟，也是很难出现了。

这不过是举一二个例子来说；无论哪一种文字与别一种的文字之间，也都如英文之与拉丁文、希腊文一样，有很多的地方是不能模拟的。这种天然的制限，实是难有法子打破。

但是无论这种天然的制限是如何的难打破，却不能有很大的影响及于原文与译文间之风格与态度之同化。因为这种制限究竟不是很多；一种文字与别种文字间，其绝难相合、绝难模拟的地方，是可以屈指以数之的。除了那些"屈指可数"的难模拟的地方外，原文的风格的模拟，都是可以办到的。所以我们应该忠实的在可能的范围以内，把原文的风格与态度极力地重新表现在译文里，如果有移植的不可能的地方，则宜牺牲这个风格与态度的模拟，而保存原文的意思。——不必拘于一格，以死译为尚，或以意译为高。

Ⅲ．法则第三

欲完全把原作的特质与优点一点不走失的重新表现在译文里，不仅是要译文能含有原作的所有的意义并表现出与它同样的风格与态度，并且还是要把所有原作中的"流利"（ease）完全都具有。

当我们观察这些译者所必须拘守的制限时，我们可以看出，传达原意与模拟原文的风格还是比较容易的事，所最难的就是最后的一件——含有原文中的所有的流利。一个人在规行矩步之中生活的，决不容易表现出一种秀美而且自由的神气。一位画家欲在模本里头保存原作的所有的"流利"与精神，已是一件很困难的事；但是这位画家所用的颜料还是与原画同样的，并且除了忠实模仿摆在他们面前的图画的情感与形状外，更不用注意什么别的事。如果原作是轻快而且秀美的，那么，那模本只要是描模得正确而且完全，就可以把它的这些同样的性质包含在里面了。译文学书的工作就不同了：它所用的不是与原作同样的颜料，但却要它的画图有与原作同样的力量与效果。它不许去抄袭原作的情感，但却是要用它自己的情感来产生出一个完全相似的东西。他研究模拟之术愈工，他的模本就反映出原作的流利与精神愈少。那么，译者怎么能完成这个流利与忠实的困难的联络呢？简单地说来，他必须采取原著者的精神，由他自己的官能里说出来。

Melmoth 所译的 *Epistles of Cicero*，一方面能含有所有的原作中的流利，一方面又能大体地很忠实地传达出原作的意思，实可为从事译文学书的一种模范。现在举一二例如下：

Praeposteros habes tabellarios; etsi me quidem non of fendunt. Sed tamen cum a me discedunt, flagitant litteras, cum ad me venuint, nullas afferent. Cic. Ep. 1. 25. ep. 17.

"Surely, <u>my friend</u>, your couriers are <u>a set of the most unconscionable fellows</u>. <u>Not that they have given</u> me any particular offence; but as they never bring me a letter when they arrive here, is it fair, they should always press me for one when they return？" Melmoth, Cic. Ep. 10. 20.

实在的，我的朋友，你的邮差实是一帮最无理的人。并不是他们有给我什么特别的冒犯；但是当他们到这里来的时候，他们永远没有带给我一封信，而当他们回去的时候，常迫着我要一封信，这是公道的么？

Non tu homo ridiculus es, qui cum Balbus noster apud te fuerit, ex me quaeras quid de istis municipiis et agris futurum putem. Cic, Ep. 9. 17

"Are you not a <u>pleasant mortal</u>, to question me concerning the fate of those estates you mention, when Bulbus had just before been paying you a visit ？ "Melmoth，Cic. Ep. 8. 24.

你不是一个快乐的人，问我关于你所举出的那些产业的运命，当 Balbus 来访你以后？

上面的英译的文里有黑线加在字下的地方就是表现出原文的流利的地方。

但是当一个译者想要把原作的所有的流利表现在他的译文的时候，最紧要的就是要防止那流利的地方流入于放纵一途。反之，如果战战兢兢的忠实的翻译呢？则又须防其过于刻画，转为死译，把流利的一点忘记了。所以良好的译者贵于得其中道，忠实而不失流利，流利而不流于放纵。

诗的翻译较之散文，比较地容易含有原文的所有的流利。这个原故就是因为，上面曾说过，诗较之散文，可以给予译者以更多的增减原意的自由。如果没有使用一些这个增减原意的自由，那么，文中就很难含有流利了。这个翻译的自由给予愈多则流利之含有亦愈多而且愈显；因为：翻译的自由多则流利之取得之困难程度亦少。同样的理由，在各种的诗中，以抒情诗为尤易得原文中的流利而有之；因为抒情诗是有最大的翻译的自由的允许的；无论思想与语法，都可以有一种增减原文的自由。但是有一层流弊却要防到，就是放纵；如果我们劝我们自己以为不须多留意于原文的切合，则此层弊端，尤宜预防。并且，抒情诗的翻译，既允许有很大的自由，有一个问题，就跟着发生了：就是抒情诗的翻译者也可以得允许去增加新的想象与新的思想于原文上，或是用原文所没有的话来说明以增加原文的情思么？回答这个问题的话，人各不同；依我的意见，则这是绝对不可以的。因为翻译的第一件事就是要正确而且完全地传达原作的思想与风格。如果这样一来，则是把原作与自己之作合在一块了。如何还能称为翻译呢？

我们须注意：译者所应得的自由——无论是散文或是抒情诗——必须在不失原意的范围以内；如抒情诗等虽然可以因要求流利之故而稍稍增减原文，然而决不可再于此自由的范围外有所要求。——只要能达到原文的所有的流利在译文里就满够了。

成语（Idiom）或那些一种文字里所专有的语法的翻译，非常的困难，于译文中的原文所含有的所有的流利的移植，实大有影响。然而我所谓"成语"却不是那些普通的成语，如：形容词之位置，在英文里是摆在实字前，在法文与拉丁文里则摆在实字后；英文里的无定式（Infinitive）之前须用一介系词"to"字，而在法文里则用介系词"de"或"of"而不用"to"；诸如此类之成语，都是有规则可寻的，很容易互相翻译的；其最难翻译的——有时竟至于不能翻译——乃是一种特别的成语；这种成语在一种文字里成为固定的，通常都用在谈话中或是用在近于"谈话的流利"的文章里。如果译者在他自己本国的文字里能够找到一句成语与原作中的恰相称合的，那么他的译文就算是很为完全了。如拉丁的成语"Qu'il s'y donnoit du bon temps"一语，Cotton 恰好找到英文里的一个与之相称的成语"He there lived as mercy as the day was long"来译它，因此，他的译文的全句遂皆变成流利而且有精神了。以成语来翻译成语实最足以引起文章的流利与精神；但亦须慎用，不然，则有流入放纵之虞。使用成语，又有一个毛病，就是译者往往忘记了原著者所处的"地"与"时"。他们把自己所在的"地方"或所处的"时代"的人所说的话硬加在"古代"或别的地方的人嘴里说出来；希腊人而知有伦敦，英国人会说"铜山东崩，洛钟西应"；实是一种笑话。*Theocritus* 里有一句成语"βατραχω vowρ"（希腊文）与英文中之成语 "To carry coals to Newcastle"（运煤到 Newcastle 去）很相同，然而却决不能用这一句英国的成语来译它，因为 Newcastle 是英国的地方，在古希腊人嘴里决不会说出。Echard 译古希腊罗马的书，往往以英国的及基督教的衣饰加在未受洗礼的希腊人或罗马人身上。在他的译文里罗马的古代的人会知道近代火药之发明；他译 "Fundam tibi nunc nimis vellem dari, ut tu illos procul hinc ex oculto caederes, facerent fugam,"（Ter. Eun. Act 4.）一句而为 "Had we but a mortar now to play upon them under the covert way, one bomb would make them camper,"（只要我们现在有一尊臼炮，摆在隐蔽之地，向他们开炮，一弹过去，就可以使他们逃走了。）他们也会于打战的时候，一定要吃酒，同近代人一样；他把 "Ne thermopolium quidem ullum ille instruit" 一句，译成 "This god can't afford one brandy shop in all his dominions"（这位神不能给一个卖白兰地的店在所有他的领地里）。这样的违背于"时""地"的背景的译法，实在是极为不对的。所以一个译者如于本国的文字里找不到一个与原文的成语极相切合的成语——意义相同，而又不违于"时"与"地"之背景的成语——他就不妨照原文直译，不必强于译文里加"似是而非"的衣饰于原意之上。如此的拘束于原作的"时"与"地"的精神里，虽然不免要于读者之耳或目稍有一些不便，然而总比加纱帽于法人之头，或请希伯来人到巴黎伊尔夫依塔上去看远景好得多了。

如果一个在原文里的成语不能在翻译的那种文字里找到相当的成语，又不能允许其照字直译，译者的唯一的办法唯有用平易的文字把他的意思表现出来了。Cicero 在他给 Paetus 的一封信上说："Veni igitur,

si vires, et disce jam προλελομενας quas quaeris; etsi sus Minervam." 其
中的一个成语是 "si vires" 是能够用相当的英文中的一个成语来翻译
它的；但是这句的后半的一个成语 "etsi sus Minervam" 则恰与之相
反，既不能找得到一个相当的成语，又不能照字直译，所以 Melmoth
的译文只有把它的意义译出来了："If you have any spirit then, fly hither,
and learn from our elegant bills of fare how to refine your own; though, to
do your talents justice, this is a sort of knowledge in which you are much
superior to your instructors."

但这种译成语为平易之文的办法，有时也失其效力：如在一种
的原文中，其精神全在固定的语法上；如把它译成平易之文，它的
精神就要失去了。这种成语在短诗里常有遇见：有一种短诗，它的
机警之处乃在于一句成语里，如果这种成语不能在译文里正确的翻
译，那么全文的机警就要失掉了；因此，这句成语之译为平易之文
乃为不可能之事。在这个地方，译者实在是没有什么更好的法子可
想了。幸而这种成语还不很多，在普通的文章里极少遇见，译者尚
不至于穷于对付。

除了成语以外，使原文的所有的流利难于传达的还有几层：
（一）无论用哪一种文字的诗人，总带有一种特别的逸放的性质；他
们常用一种特别的语法，这种语法与散文的语法，非常相远，与普通
的谈话更是隔离于三千里外。他们喜欢用古奥之字句，也喜欢发明新
鲜的辞调与奇异之语法。这种特性在译文里是很找得出有与之相似
之字语来译它们的；但是如果没有这种的相似，于原文的好处与精
神又失掉了。这种东西的翻译实是需要译者的非常的技能的。如俄国
最现代的未来派（Футуристъ）的诗人梅哀加夫斯基（маяковский）

等，其诗的特点，就在于用新发明的特别的字眼；这种字眼就是他本国的人骤然听之，也是未易领悟的，何况翻译呢？（在本报下一期的《俄国文学号》上，我们想把他们的诗介绍几篇来，现在于此暂不举例，以省篇幅。）（二）以平易、朴素、专纯之文而载正确、简单、自然之思想之文章最难翻译。比喻多而辞采丰富之作品较之此种意适当天然，而文辞质朴纯粹之文实为易译。因为前者之性质强健显明，易于捉住，而后者则味淡神永，为常人所忽视，非有最正确之趣味的人不能辨别。在诗中，这种淡素之文很少，以诗中多比喻而富假借，辞必饰，句必修整，正与此种趣味相反。但如诗中而且有这种淡素之风味，则其翻译较散文为尤难。（三）叙述之文连用分别极微这类似的形容词的，其翻译也极困难。他们的每一个字都与形容的东西极相切合，而其中的许多字又差不多都像同义字一样，两者之意义甚为接近。如非于原著的文字有极精细的研究及于所叙述之事物非常的熟悉的人，则这种分别，他们是决不能明白的知道。所以于此种的翻译，普通的人极难从事。

这些都是足以使原文的所有的流利不能完全含有于译文中的；但较之成语，似易克服。如翻译的艺术高，这种的困难都是可以免掉的。

第三个问题　"重译"的问题

什么叫作"重译"呢？"重译"就是把一种文学书，从一种的媒介里转译出来的意思。如有一本俄文的小说，因为译者不懂得俄文，只懂得英文，遂不得已只得由英文的这本书的译本，把它译出来。如此的辗转翻译的方法，无论哪一国都是极少看见的，但在我们中国的现在文学界里却是非常盛行。如：现在我们对于俄国及北欧诸国的文学非常注重，托尔斯泰、屠格涅夫、易卜生、安得列夫、高尔该、般生诸人的作品，都有很多种的译本出来。然而他们的大多数却都是从英译的各家著作里转译出来，而非直接从俄文或挪威等国的文的原本上译出来。因此，这个在无论哪一国都不成为问题的"重译"问题，在中国现在却变成是一个很重要、很需研究的问题。

"重译"的方法的盛行，确是一件很可伤心的事。因为由此可以表现出中国现在从事于文学的人之稀少，与我们的文学界的寂寞；从事于文学的翻译的只有那一部分的通英语的人，其余通各国的文字的人于文学都非常的冷淡，都甘心放弃了他们的介绍的责任。除了耿济之几个人外，中国人通俄文的也很不少了，为什么译俄国文学的名著的人却只有他们这几个人呢？除了马君武、郭开贞几个人外，中国人知道德文的人，也是极多极多的，为什么于 Schiller 的 *William Tell*、Goethe 的 *Faust* 外，竟没有别的德国文学的译本出现呢！我们之中知道史坎德那维亚的文字的也是不少，为什么又竟没有一本直接从原文译出来的易卜生之戏曲或勃兰特（G. Brandes）的文学评论出现呢？因此，可以知道那些通外国文的大多数对于文学的兴趣，是如何的薄弱了。天幕碧静，山峦环抱，而纵目四顾，满是童山石岭，其点缀于此荒壤者，年年皆是那几棵盘曲之青松。万声寂绝，唯闻晨鸡偶唱，我们实不胜其凄凉、孤独之感！而介绍西洋文学已有数十年之历史，至今犹有"重译"问题之需讨论，中国人之迟钝麻木，更应如何的浩叹呢？

重译的东西与直接由原文译出者相比较，其精切之程度，相差实是很远。无论第一次的翻译与原文如何的相近，如何的不失原意，不失其艺术之美，也无论第二次的译文与第一次的译文如何的相近，如何的不失其意，不失其艺术之美，然而，第二次译文与原文之间终究是有许多隔膜的。大体的意思固然是不会十分差，然而原文的许多艺术上的好处，已有很重大的损失了。譬如一张画，由原本上直接临下来的，与由别人的临本上重临下来的，其类似于原画之程度，无论如何，总是有一些差异的；又如有很满的一碗的水，由这个碗里倒于那个碗里，转倒之间总免于一些水泻于桌上，若再由那个碗再倒于别一个碗里，则转倒之间，水又须泻漏了一些，与原来的那一碗水，比起来，少得更多了。

况且，在文学上，甲国的一种文学里的成语，在乙国的文字里找不到什么相当的成语来译它的，在丙国的文字，也许就能够有之。如果把甲国的这种成语直接译为丙国的文字，他们的意义与精神，是都能圆满的移植过来的。但如果丙国的人，译这本书，是从乙国的译本重译出来的，那么，这种的成语，一定不能确切的翻译出来了。

同样的理由，甲国里的一种文学的风格与态度，或是所含有的"流利"（ease）与精神，在丙国的文字里能够完全地很满意地传达出来或移转过来的，在乙国的文字里，也许就不能够像它一样地把它传达或移转在自己的里边。如果丙国译一本甲国的书，不从甲国的原本直接译出，而从乙国的译本重译出来，那么，它的那种甲国的文学的风格与态度或是所含有的流利与精神的完全的满意的地方，都要一概牺牲了。

还有一层：一本以甲国文字写的文学书，其中的某段有一句或一个子句，或一个字，其意义是很确定而且单一的；但当这本书译为乙国的文字时，译者用一个有两个或两个以上的歧义的文句，或子句或字，来译它。如果丙国的人依据乙国的译本来重译这本书，他就容易为这个歧义所迷惑了。稍一不小心，他就要转入异途，弃与原文相合之意义，而从那个与原文完全无干的意思了。如此，岂不铸成大错么？

这还是说重译的媒介是很纯粹，很真确的话。其实，无论在哪一国的翻译的文学书里，要找到一本与原文完全相切合的，都是极不容易的。能者超越于范围之外，每任意增减原文，如蒲伯之译荷马之诗。增饰至多——由上面所举的几个例，可以见之——赛勒（Shelley）之译 Euripides 之 The Cyclops 一曲也与 Woodhull 之译本不同。如根据他们的译本，把荷马之诗……重译出来，则是蒲伯增订之荷马的史诗，不是译古希腊文的原本的荷马的著作了……。即他们的普通的译者，也常常的于原文有所移动。如格利薄哀杜夫（Griboyedov）的《智慧的悲哀》第三幕第二十二场，C. E. Bechhofer 的英译本，把"上帝吓，可怜我们有罪的人！"改为"上帝可怜我们吧！"把"朋友"添为"我的亲爱的老朋友，"又把赫勒斯托活所说的一句话，完全删去了。又如 St. Martin's Librasry 的英译的《柴霍甫短篇小说第二集》的《决斗》一篇，把原文的"戴着财政部的制帽"，译为"戴着财政部书记的帽子"，又把"伊文·阿特利迟·列夫斯基是一个瘦小、好看的黑头发的二十八岁的少年"一句，译为"伊文·阿特利迟·列夫斯基是一个瘦小、好看的二十八岁的少年"，把"黑头发"这个形容词漏了不译。诸如此类之例，实处处皆可遇见，举之不可胜举。如把两个人译的同样的书对照一下，或把它与原文对看一过，就立刻可以发现出许多遗漏及移动之处了。（如把 Julius West 英译的《邻人之爱》——他名之为"The Dear Departing"与 Thomas Seltzer 的英译本一对，前者把俄国的人名照样译出，如 Masha, Sasha, Peter, 之类，后者则都把它变成英国人的名字，如 Marry, Aleck, Jimmie

之类；我们立刻知道 Julius West 的译文是较近于原文了。）如把他们的译本，重译过来，无论是如何能合于他们的译文，而于原文总是不很对的。这些还是与原文没有什么大错谬的。如果把劣等的错误的译本来做依据，来重译一过，则一错再错，还不如不译之为愈了。

由此看来，重译的办法，是如何的不完全而且危险呀！我们译各国的文学书，实非直接从原文里译出不可。然而在现在文学的趣味非常薄弱、文学界的人声非常寂静的时候，又如何能够得到这些直接译原文的人才呢！如欲等他们出来，然后再译，则"俟河之清，人寿几何。"在现在如欲不与全世界的文学界断绝关系，则只有"慰情聊胜无"，勉强用这个不完全而且危险的重译法来译书了。

重译的完全的，与危险的程度，与重译者的慎重与精审很有关系。重译者最好能（一）择译本里最可信的一本来做根据，来重译；（二）如译本有二本以上时，应该都把它们搜罗来，细细的对照一过；（三）译完后，应该叫通原本的文字的人，来把它与原本校对一下。如此，庶不至于有大错误发生了。

重译者最好也应该把他所以之为根据的译本的工作者——译者——的姓名与出版之年月，都写在他的重译本前，以明翻译的责任。如非根据一本，而系参照两种以上的同种的或异种的文字的译文时，这几个译者也都应记出；各本间如有大不同的地方时，在重译本也应特别的注出。

这种慎重的办法，希望现在从事于重译的人们能实行！

——《小说月报》第 12 卷第 3 号（1921 年 3 月 10 日）

语体文欧化讨论（一、二、三）（1921）

周作人、记者等

（一）

　　记者先生：关于国语欧化的问题，我以为只要以实际上必要与否为断，一切理论都是空话。反对者自己应该先去试验一回，将欧化的国语所写的一节创作或译文，用不欧化的国语去改作，如改的更好了，便是可以反对的证据。否则可以不必空谈。但是即使他证明了欧化国语的缺点，倘若仍旧有人要用，也只能听之，因为天下万事没有统一的办法，在艺术的共和国里，尤应容许各人自由的发展。所以我以为这个讨论，只是各表意见，不能多数取决。

七月三十日，周作人

（二）

　　……中国语之幼稚贫弱不完全，真是出人"意表之外"，"文"也如此。别国一句平常的话，我们却说不清楚，或者非常含混，所以非"欧化"不可的。对于国语欧化一节，现在有人啰唆反对，实在是躲在坛子里发议论，没有讨论的必要；但我以为这样四角方方不能变化的字，恐怕终于欧化不来，无论如何改革，也免不掉拙笨含糊：这实在是我们祖宗遗传给我们的一个致命伤。……

记者按：此是某先生写给你信中的一段；我现在特节出来和诸位见见；未得他的同意，很是慊然。

（三）

记者：

我不极端反对明白浅显的文言。如用冗长无味的白话，倒不如文言好。但在同一标准之表现力时，我相信白话比文言好。我友陈君的夫人——她是一个国文粗通的青年女子——于暑假前，写信给他，其中有一句是："暑假将到了，好来早些来！"我觉得这一句话，极有神气。如改为文言"暑假将届矣，务希早日归家。"那便没趣了。

诗呢？我以为不可完全忘了"音律"。因为诗的精神在"自然"；"音律"便是自然所寄寓的地方。只要不专门拘泥于"音律"，反而却"自然"罢了。

李宗武

记者按：李先生这封通信里的议论和语体文欧化这问题有点不相关连，但既他以上面的形式寄了来，想来总是看了七号上"最后一页"中的一条而写出来的，所以我也编了进来。但想顺便说一句：反对欧化语体文的先生们，是反对"欧化"，不是反对白话。

此次收到的信只有上面的两封；另外有一封寄来，他自称是来讨论这问题的，但我们细看内容却是一篇"文言与白话之优劣论"，他的结论:（实仅数十字）文言是优，并说黑幕派的某生某女体小说可作学生作文范本。这种议论，我们以为无登出的必要，所以不登。现在只有二封，以后如续得来信，当再登出。

记者

——《小说月报》第 12 卷第 9 期（1921 年 9 月 10 日）

一年来的感想与明年的计划（1921）

记者〔沈雁冰〕

革新后的本刊已经印出十二册了；我们一年来的努力于此，于中国新文学的发展不能有多大贡献，很是惭愧。我们能力薄弱，固当任其咎；然而艺术这东西不是一无素养就能发皇兴盛的；以我国人历来对艺术的态度而言，则一年短时期内的鼓吹，不能有多大成效，似乎是"理之当然"；再看年来国内一般情形，政治的扰乱、经济的恐慌、教育的搁浅，处处都呈不安，新文学前途之不能顺遂发展，更是理之当然，不足为奇；虽然如此，本刊自正月号出版以来，尚销数日增，在社会上些微有点影响，这不是本来应该悲观的，反倒成为可以乐观么？我觉得我中华民族虽然在既往的数千年中不会造出一种有系统的丰饶的纯正艺术来，然而从今以后，既踏上了这条路，一定能发皇滋长，开了花，结了果实，我鉴于世界上许多被损害的民族，如犹太、如波兰、如捷克，虽会失却政治上的独立，然而一个个都有不朽的人的艺术，使我敢确信中华民族哪怕将来到了财政破产、强国共管的厄境，也一定要有，而且必有，不朽的人的艺术！而且是这"艺术之花"滋养我、再生我中华民族的精神，是她从衰老回到少壮，从颓丧回到奋发，从灰色转到鲜明，从枯朽里爆出新芽来！在国际——如果将来还有什么"国际"——抬出头来！我想这样确信的预想的乐观，抱着当不止我，故写出来和诸位印证。

这是工作一年后的我的感想之一。

我们一年来的努力较偏在于翻译方面——就是介绍方面。时有读者来信，说我们"蔑视创作"；他们重视创作的心理，我个人非常钦佩，然其对于文学作品功用的观察，则亦不敢苟同。我以为文学虽亦艺术的一种，然与绘画、雕刻等艺术，功用上实不尽同。所以翻译文学作品不能与翻刻绘画摹造雕刻一例看承！文学家要在非常纷扰的人生中搜寻永久的人性。要了解别人，也要把自己表露出来使人了解，要消灭人与人间的沟渠，要齐一人与人间的原欲；所以文学是人精神的粮食，它不但使人欣怃忘我，不但使人感极而下泪，不但使人精神上得相感通，而且使人精神向上，齐向一个更大的共同的灵魂。然而这是重大的工作，自古至今的文学家没有一个人曾经独立完成了这件大工作，必须合拢来，乃得稍近于完成；必得加上从今以后无量数的文学家努力的结果，乃得更近于完成；在这意义上，我觉得翻译文学作品和创作一般地重要，而在尚未有成熟的"人的文学"之邦，像现在的我国，翻译尤为重要；否则，将以何者拯救灵魂的贫乏，修补人性的缺陷呢？我国旧日文人颇以为文学仅供欣赏兴感而已，此历史的负担，似乎至今尚有余威；一般人的观念，颇以为读外国文学犹之看一盆外国花，当一种外国肴馔，所以要注意去种自己的花，做自己的肴馔；然而这未免缩小了文学对人生的使命，我极盼望中国立刻产出许多创作家来分担世界创作家对于人类前途所负的责任，更盼望国内读文学的人们注意文学的重大使命，不要拿吃"番菜"的心理去读翻译的作品。

这是我的感想之二。

就文学与人生之关系的立点上申说我对于创作及翻译的意见，既如上述；若再就文学技术的立点而言，我又觉得当今之时，翻译的重要实不亚于创作。西洋人研究文学技术所得的成绩，我相信，我们很可以，或者一定要采用。采用别人的方法——技巧——和徒事效仿不同。我们用了别人的方法，加上自己的想象情绪……，结果可得自己的好的创作。在这意义上看来，翻译就像是"手段"，由这手段可以达到我们的目的——自己的新文学。所谓文学描写的技术实是创作家天才的结晶，离了创作品便没有文学的技术可见，这自是不错；所以，如果说凡创作家一定也就是创作出一些新的从未有过的文学上的技术的，这话自然也不错；但如因此而谓别人所成就的文学技术于自己创作时完全无影响无助力，这就似乎未能必是了。反对以西洋的文学技术做我们的方法的，在这点上就失却依据了。把西洋文学进化的路径介绍过来，把西洋的含有文学技术的创作品介绍过来，这件重要的工作大概需得翻译者去做了。

这是我的感想之三。

只要是"人的文学"就好了，斤斤于什么主义，什么派别，未免无谓；这也是一年来常听得的话，而我的见解，亦正如此。然而却有一层不可不辨。奉什么主义为天经地义，以什么主义为唯一的"文宗，"这诚然有些无谓；但如果看见了现今国内文学界一般的缺点，适可以以某种主意来补救校正，而暂时的多用些心力去研究那一种主义，则亦未可厚非。从来国内对于文学的观念，描写制作的方法，不用译言，与现代的世界文学，相差甚远。以文学为游戏为消遣，这是国人历来对于文学的观念；但凭想当然，不求实地观察，这是国人历来相传的描写方法；这两者实是中国文学不能进步的主要原因。而要校正这两个毛病，自然主义文学的输进似乎是对症药。这不但对于读者方面可以改变他们的见解、他们的口味，便是作者方面，得了自然主义的洗炼，也有多少的助益。不论自然主义的文学有多少缺点，单就校正国人的两大病而言，实是利多害少。再说一句现成话，现代文艺都不免受过自然主义的洗礼，那么，就文学进化的通则而言，中国新文学的将来亦是免不得要经过这一步的。所以我觉得现在有注意自然主义文学的必要，现在再不注意，将来更没有时候！我们很想在这里多用一点力。但这当然的只就一般情形而言，并非说人人都该如此；在成熟的路上的创作家当然是例外。

这是我的感想之四。

这四者可说都是由一年来的经验得来的。更由这些经验出发，我们觉得明年的本刊的体例也有改变的必要，如今也在这里写下一些，略如下面各条：

一、长篇及短篇小说 （创作与翻译都入此门）此门中长篇小说一种，预定三期登完一篇，短篇小说除甚短外，又拟每期登长约万字以上之短篇一种。

二、西洋小说史略 我们觉得现在一般读者对于西洋小说发达的情形尚不大明白，新出版物中亦没有这一类的书；所以从明年起按期登载这一种，预定六期登完，希望未曾研究过西洋小说的读者可以得些帮助。

三、诗歌及戏剧 （创作与翻译都入此门）我们今年虽有戏剧，诗歌却不多；明年起拟多登诗歌，所以特辟此门，所登的译诗又拟每期注重一人，多译一人的佳作，以免零碎介绍，不能给人以深刻的印象。再者，我们觉得各国的民歌也极重要，拟间一期译登一民族的民歌若干首，稍稍弄得有系统些。

四、文学家的研究　本刊今年本有史传一门，也介绍过几个西洋文学家；但世界闻名的文学家而用数千字一篇传去介绍他，总嫌太潦草，不能起人十分的兴味；所以明年起特立这一门，介绍一个文家，从各方面立论，多用几篇论文，希望可使读者对于该文学家更能了解。因为国内还是读英文的人多，故更附一书名列举英文著作的关于该文学家的书及译出的作品。

五、创作讨论　我们对于创作坛非常注意，又以为读者对于创作的意见无论如何总是与创作的发展有益的，所以特立此门以收容各方的意见；不论本刊所登或见于他处之创作，读者如有意见，我们都愿发表，尤欢迎短篇。

六、杂论　泛论文学之论文，入于此门。

七、海外文坛消息　此门仍如今年的形式。

八、通信　为便利大家自由讨论起见，明年起这一门每期一定有，而且地位也扩充些。

九、读者文坛　读者不弃，每以短篇作品论文等类见寄；我们为尊重读者精神产物起见，特辟此门，介绍海内读者互相见面。

十、最后一页　记者发表关于编辑方面的消息，老实说，就是记者的启事栏。

这上面所陈，都是体裁一方的事；尚有数语补说：我们仍是主张为人生的艺术，仍是想不颇不偏地、普遍地介绍西洋文学，仍是把创作、翻译二者看作同一般重要。我们仍是公开地和国人研究，仍是极愿听批评。我们仍是希望本刊能促进国人的文学知识，努力想帮助未曾研究文学的人们由本刊跨上研究的第一步，而且不自量浅薄，更希望本刊也能给正在研究文学的同志们一些小小的参考或助益。但我们时常觉得我们的能力尚不足充分对付这样重大的工作，极望海内不识面的同志不吝赐教呵！

——《小说月报》第 12 卷第 12 期（1921 年 12 月 10 日）

语体文欧化讨论（四、五、六）（1921）

胡天月、记者（沈雁冰）等

（四）

记者先生：

前几时我看见你们同人家讨论"语体文欧化"，各抱极端的主张，使人没有参加的余地；后来看见周作人先生的一封信，他的意思很是折中，照他的说法，我亦可搁笔而不说话。我今天所以要有这封信给你们，因在我个人的私心中，有一小小的见解，似乎讨论者还没有提及，我便拉杂写出几句。

"欧化"二字，是具体的，细细分析起来，一定有许多局部的小化，如英化、德化、俄化、意化等，即大略说，也尚有日耳曼化、斯拉夫化和罗马化三大系，然而日化未必同乎斯，斯化又未必同乎罗，就是英、德化未必同乎俄，俄化又未必同乎意，这种浅近意思，不必讨论者才始知道，而讨论者却只提了具体的"欧化"，恐怕是太大而无当了。

倘然说，"欧化"二字是这样解释的：译英、德文用英、德化，俄文用俄化，意文用意化，那么用华文创作，只好保守四角方方字的华化了。这恐怕又是说不过去吧！

我也是主张欧化的人，不过我去选择欧洲的那一化，我只好自己笑笑，说一声："选择不来"！于是我便立于讨论者之外，用我的直觉来说明我主张的化。

现在国际间愈接愈近，什么巴黎会议、伦敦会议，近今太平洋会议，议场没有开，第一个争执就是"语言"问题，英人主英语，法人主法语，——四角方方的代表，只好默然从众，可笑。——欧文的杂夹可想而知。会议中的流弊，一定不可限量，然则他们为什么不用中立性的世界语？现在诸位还没有论到究竟用英化、法化……笼统说"欧化"，尤是不成问题，照此看来，将来或要有张三先生的欧化、李四女士的欧化，等等，其流弊之多，更甚于国际会议，然则诸位为什么不用中立性的世界语化？

我直觉上的主张就是用中立性的世界语化——世界语能否统一全球，又是一个问题，不要误会——因为世界语是人造的，它的自身的化，不是日耳曼化、斯拉夫化和罗马化，是文学化和逻辑化，的确可以做我们的变化。现在大家抛弃中立性的文学化和逻辑化而不用，倒是高谈笼统的"欧化"，诸位总有一定的见解，我也不必多话了。

胡天月　十月十八日

胡先生说的"化"和记者的不尽相同；记者以为中国文法的构造很少用"子句"，形容词与助动词有时不能区别……，确是不便，而且不完密，欧化云者，就是在此等地方参用点西洋文法，而西洋各国文法于此等点，尚还大致相同，似乎不必指出德化、英化，……，以为更精密的"化"的区别了。胡先生虑"译英、德文用的英、德化……"，记者以为这样的"化"在事实上决不可能；例如法文中主受格之位置，"我谢你"写作"我你谢"，中国文能仿照么？德文常常将形容词连在名词上，成为一字，中国文字能办到么？若关于此等字根变化的法则都要"化"，那么四角方方的中国字恐怕终于"化"不来，所以记者的"化"，在彼不在此。然而保守性的国人却连用"子句"等极显然的构造法亦看不惯，所以有欧化不能使人懂之非难了。

记者

（五）

记者先生：

我国一帮新文学界对于语体文的欧化，肯用研究的态度去尝试，固然是文学界的乐观。然而我很迷信用古人的文法，来说今人的话，是不合理的；那么用欧西的语法，来说中国人的话，就算合理吗？若说到译西籍的时候，发生困难，这是中西文字特性不同的缘故，设以中籍译西文，其感困难未必不同，究不能以此定中西文的优劣。若说到中国文法不及欧西文法之完善，则我国未来之语体文法，尽可研究改良，何必假欧化二字以起人的疑虑？

王砥之 十月二十三日直隶赤城

我们主张语体文的文字可以参用一点西洋文法，实即"研究改良"的意思，然而"造名词"极难，不得已用了"欧化"二字，遂引起许多人的误解，把记者相对的主张，认为绝对的主张，把"化"字放大，认为一丝一毫都要"欧"化，这里王砥之先生说"何必假欧化二字以起人的疑虑"，我们看了，觉得很是遗憾。至于中国语法不完全，事实彰明，无待多论，周作人先生主张大家各自试验，我最赞成了。

记者

（六）

记者先生：

"语体文欧化究竟是可以不可以"这个问题，我想不难解决。我们只要就"文"的用途上观察观察，看它——欧化的语体文——是否必要，便可立刻决定可否了。

我们拿"文"来，不过用之于创作翻译两途（其他不重要了）。创作所描写的若是中国的情形，倒不必故意好奇去用欧化的语体文了；所描写的若是欧西的情形，或者包含有欧西成语，尚须另议。如今单论翻译：——我们要译一种东西，是求它不失原来意思精神好呢，是模模糊糊译过来的好呢？我想大家一定说："自然是不失原来意思精神的好"！那么我要请大家拿一篇欧文东西来找好手用欧化的语体文译一份，再用不欧化的语体文译一份，然后拿来三方对案看一看，是哪一种比较不失原来的意思精神。

这样实地观察过了，那大家还看不出："语体文欧化有时是必要的"来，那时欧化的语体文可真真没有价值了，我们也就不必强要语体文去欧化了。岂知事实上却实在不然呢。诸君试找：

一、周瘦鹃译的俄国 W. Gorky 的 *The Traitor's Mother*（《中华出版欧美名家短篇小说丛刊》第三本第三〇页）【无欧化句】

二、仲持所译该文（《妇女杂志》七卷二号）【有欧化句】

对照着原文一看，便管保你不反对语体文欧化了。

再看一看周作人先生译的《燕子与蝴蝶》（《说报》八号，《二草原》九号）；孙伏园先生译的《高加索之囚人》（《新潮》二·五）；雁冰先生译的《禁食节》（《说报》七号）；和郑振铎先生的《芳名》（《东方》十八卷十二号）；……只怕大家还要替欧化的语体文拍案叫绝哩！

十，十，十五，旅吉安徽何蔼人

——《小说月报》第 12 卷第 12 期（1921 年 12 月 10 日）

《域外小说集》新版序（1921）[①]

鲁迅

我们在日本留学时候，有一种茫漠的希望：以为文艺是可以转移性情，改造社会的。因为这意见，便自然而然的想到介绍外国新文学这一件事。但做这事业，一要学问，二要同志，三要工夫，四要资本，五要读者。第五样逆料不得，上四样在我们却几乎全无；于是又自然而然的只能小本经营，姑且尝试，这结果便是译印《域外小说集》。

当初的计划，是筹办了连印两册的资本，待到卖回本钱，再印第三、第四，以至第 X 册的。如此继续下去，积少成多，也可以约略介绍了各国名家的著作了。于是准备清楚，在一九○九年的二月，印出第一册，到六月间，又印出了第二册。寄售的地方，是上海和东京。

半年过去了，先在就近的东京寄售处结了账。计第一册卖去了二十一本，第二册是二十本，以后可再也没有人买了。那第一册何以多卖一本呢？就因为有一位极熟的友人，怕寄售处不遵定价，额外需

---

① 本篇最初印入一九二一年上海群益书社合订出版的《域外小说集》新版本，署"周作人记"。后来周作人在《关于鲁迅之二》中对此有所说明："过了十一个年头，上海群益书社愿意重印，加了一篇新序，用我出名，也是豫才写的。"

索，所以亲去试验一回，果然划一不二，就放了心，第二本不再试验了——但由此看来，足见那二十位读者，是有出必看，没有一人中止的，我们至今很感谢。

至于上海，是至今还没有详细知道。听说也不过卖出了二十册上下，以后再没有人买了。于是第三册只好停板，已成的书，便都堆在上海寄售处堆货的屋子里。过了四五年，这寄售处不幸被了火，我们的书和纸板，都连同化成灰烬；我们这过去的梦幻似的无用的劳力，在中国也就完全消灭了。

到近年，有几位著作家，忽然又提起《域外小说集》，因而也常有问到《域外小说集》的人。但《域外小说集》却早烧了，没有法子呈教。几个友人，因此很有劝告重印，以及想法张罗的。为了这机会，我也就从久不开封的纸裹里，寻出自己留下的两本书来。

我看这书的译文，不但句子生硬，"诘屈聱牙"，而且也有极不行的地方，委实配不上再印。只是它的本质，却在现在还有存在的价值，便在将来也该有存在的价值。其中许多篇，也还值得译成白话，教它尤其通行。可惜我没有这一大段工夫，——只有《酋长》这一篇，曾用白话译了，登在《新青年》上，——所以只好姑且重印了文言的旧译，暂时塞责了。但从别一方面看来，这书的再来，或者也不是无意义。

当初的译本，只有两册，所以各国作家，偏而不全；现在重行编定，也愈见得有畸重畸轻的弊病。我归国之后，偶然也还替乡僻的日报，以及不流行的杂志上，译些小品，只要草稿在身边的，也都趁便添上；一总三十七篇，我的文言译的短篇，可以说全在里面了。只是其中的迦尔洵的《四日》，安特来夫的《谩》和《默》这三篇，是我的大哥翻译的。

当初的译文里，很用几个偏僻的字，现在都改去了，省得印刷局特地铸造；至于费解的处所，也仍旧用些小注，略略说明；作家的略传，便附在卷末——我对于所译短篇，偶然有一点意见的，也就在略传里说了。

《域外小说集》初出的时候，见过的人，往往摇头说，"以为它才开头，却已完了！"那时短篇小说还很少，读书人看惯了一二百回的章回体，所以短篇便等于无物。现在已不是那时候，不必虑了。我所忘不掉的，是曾见一种杂志上，也登载一篇显克微支的《乐人扬珂》，和我的译本只差了几个字，上面却加上两行小字道"滑稽小说！"这事使我到现在，还感到一种空虚的苦痛。但不相信人间的心理，在世界上，真会差异到这地步。

这三十多篇短篇里，所描写的事物，在中国大半免不得很隔膜；至于迦尔洵作中的人物，恐怕几于极无，所以更不容易理会。同是人类，本来决不至于不能互相了解；但时代国土习惯成见，都能够遮蔽人的心思，所以往往不能镜一般明，照见别人的心了。幸而现在已不是那时候，这一节，大约也不必虑的。

倘使这《域外小说集》不因为我的译文，却因为它本来的实质，能使读者得到一点东西，我就自己觉得是极大的幸福了。

一九二〇年三月二十日，记于北京。

——《域外小说集》（新版，上海群益书社合订出版，
1921年），卷首

译文学书方法的讨论（1921）

沈雁冰

在这本杂志的上一号中，有郑振铎先生做的一篇文章《译文学书的三个问题》，讨论的是些大问题，现在我却想拿这个题目中最小的最小的一部分——译的方法——略言我的见解，只不过是一时的感想罢了。

翻译文学之应直译，在今日已没有讨论之必要；但直译的时候，常常因为中西文字不同的缘故，发生最大的困难，就是原作的"形貌"与"神韵"不能同时保留。有时译者多加注意于原作的神韵，便往往不能和原作有一模一样的形貌；多注意了形貌的相似，便又往往减少原作的神韵。究竟两者能不能同时保留，这是"时间"可以回答的话，现在姑可置之不论；现在亟当明审的问题却是：

在"神韵"与"形貌"未能两全的时候，到底应该重"神韵"呢，还是重"形貌"？

就我的私见下个判断，觉得与其失"神韵"而留"形貌"，还不如"形貌"上有些差异而保留了"神韵"。文学的功用在感人（如使人同情使人慰乐），而感人的力量恐怕还是寓于"神韵"的多而寄在"形貌"的少；译本如不能保留原本的"神韵"，难免要失了许多的感人力量。再就实际上观察，也是"形貌"容易相仿，而"神韵"难得不失。即使译时十分注意不失"神韵"，尚且每每不能如意办到。可知多注意于"形貌"的相似的，当然更不能希望不失"神韵"了。

但是从理论方面看来，"形貌"和"神韵"却又是不相反而相成的；构成"形貌"的要素是"单字""句调"两大端，这两者也同时造成了该篇的"神韵"。一篇文章如有简短的句调和音调单纯的字，则其神韵大都是古朴；句调长而挺，单字的音调也简短而响亮的，则其神韵大都属于雄壮；依此类推，可说十有九是不错。此因单字与句调之为一篇文章的要素，犹之线点位置与色彩之为一幅画儿的要素；不同的色彩配合与点线位置既能使画儿表现出种种不同的神韵，当然单字与句调的变化也能转移一篇文章的神韵。译者如欲不失原作的神韵，究竟也可从"单字"与"句调"上想法。如果"单字"的翻译完全不走原作的样子，再加之"句调"能和原作相近，得其精神，那么，译者译时虽未尝注意于"神韵"的一致，或者"神韵"已自在其中了。

从以上所辩的来看，无论"神似""貌似"的不同，翻译文学书大概可以先注意下列的两个要件：

（一）单字的翻译正确。

（二）句调的精神相仿。

这两件是翻译文学书时首先的基本的工夫，未有能跨过的。我不自揣简陋，再把对于这两项的意见在下面申说一些。

单字的解释是一切翻译事业的起手工夫，原不独翻译文学时方始求其正确。不过翻译文学书时的单字翻译却另有要正确的所以然的理由。中国古语："因字而生句，积句而成章，积章而成篇；篇之彪炳，章无疵也；章之明靡，句无玷也；句之菁英，字不妄也。"（《文心雕龙》三十四）这一段话虽是论作文的方法，其实也可应用到翻译；"字不妄"这一句话不但作文家应该奉为格言，翻译家也应视为格言。欲达到严格的不妄，据我看来，实是最不容易的事。姑无论中西文字组织相差甚远，有些字不能有对译的字；便是那些普通的可以找到对译的字，亦时或因为"行义"的关系和一时的疏忽，也弄不成严格的不妄。这些字中最难翻译得妥当的字大概是形容词和助动词。形容词中意义相近而轻重不同的字，英文中如 fearful 与 horrible，hot 或 warm 之类，虽然有时不妨从宽翻译，但有时却不能不严格注意；否则，便妨碍了原作的神采与笔力。然而这尚是容易办到的事；只要译者精通那一门的外国语，对于此门外国语的单字都有"敏锐的感觉"，能辨别各字的轻重分量，再加之对于本国文的单字也有同样的"敏锐的感觉"，那就很容易对付，不成其为难也。实在的难处——也就是翻译文学书时所独具的——倒是下列的两项：

（一）因为几乎各种文字的字义都是随着时代的进行，一步一步地增修以至现在的状态的，所以往往有许多字的字义因时代的前后而生差异；例如本来有甲、乙、丙、丁四个意义的字后来因为另造出了一个甲义的新字便把甲义废去，也有从前是甲字甲义，后来因为另有乙字来代甲义，便把甲字化为丙义的。像这一类字，文学方面很多，翻译本若求完全不移动原作的面目，那就关于这类字不可不注意了。

（二）著作家差不多人人有用字的癖性的；每每把普通字用作特别的意义。莎士比亚的剧本中很多这一类的例。愈是伟大的作者，这癖性愈深。对于这一类字自然更欲加以注意。

能够都照理想办到上说的三条，然后单字的翻译可算得是完全不妄。不过也只是不妄而已，如果欲求其好，似乎尚有两点应该注意。

这两点是什么呢？第一，是照样的把原作中所用的（1）形容发音不正确的俗体字——大都是表现粗人的口吻，其实却是水手有水手的不正确音，流氓有流氓的——（2）粗人惯用的含有特别意义的普通字——此类字如史蒂芬孙的小说，伊文思（Caradoc Evans）的短品，内容就很多——（3）因地而异义异音的普通字，一一尽所能译的范围内译出来。第二，便是欲照样的把原作中避去熟字而用的生冷新鲜的字儿一个一个地翻译出来。著作家的本领有时全在用字上，就妙在处处能避去滥的熟的手头拾来即是的单字，而用了个生的冷僻的新鲜的百思始得的字；当着翻译此种文学书的时候，第一要着自然便是依样的避去滥熟而求生冷。例如"Her arms were regular doll's stuff"一句内的"regular""doll's""stuff"三个字用得何等的生冷怪僻新鲜，译者如取义译变成"她的臂膊是和木偶的手臂一样的无力"，可就毫无趣味了。又如"There was snow everywhere, the bushes reached thick white cat paws out in all directions"一句中形容灌木枝被雪而下垂，用了"thick white cat paws"三个字多少新鲜奇怪，若不能照样译出，也就索然无味了。这一类最紧要的单字翻译有时虽然是完全做不好的，却并不是绝对个个字都译不好的，只要译者不贪省力，再加之以对于本国文字有彻底的了解，便没有什么难处了。

总括以上说的话，似乎单字的翻译有七个方法可以试行：（一）每一个单字不可直抄普通字典上所译的意义，应得审量该字在文中的身份与轻重，另译一个；（二）应就原文著作时的时代决定所用的字的意义；（三）应就原著者用字的癖性决定各单字的意义；（四）尽能译的范围内去翻译原作中的形容发音不正确的俗体字；（五）尽能译的范围内去翻译粗人口里的粗字；（六）因时因地而异义异音的字；（七）照原作的样，避去滥调的熟见的字而去用生冷新鲜的字。这样的试验下去，多少可以使单字的翻译成为正确而不妄了。虽然这七条试验的方法有时因为中西文字相差太远的缘故不能完全做得好，但我们相信总不是不可能的，只要加上工夫，慢慢地总可以把这些难关打通。

其次，再看句词的精神相仿有什么方法可以试行，中西文字组织的差异是翻译的第一个阻碍，因此不能把原作中的句词直译到译本中来，——即使勉强直译了，一定也不能好的——这是尽人皆知的事；但是句子的组织排列虽不能一定和原文相像，句词的精神却有转移到译文中的可能。况且若要译文译得好，本来无取乎句子形式的类似句的组织与排列仅仅是文法上的关系，连"形貌"——如上文所说过的——两字都够不上，勉强求同，和译文的好歹，全无关系。但于此又有一句话要补明：太不顾原句的组织法的译本，如昔日林琴南诸氏的意译本，却又太和原作的面目差异，也似不足为训；我以为句词的翻译只可于可能的范围内求其相似，而一定不能勉强求其处处相似，不过句词的精神却一毫不得放divulge。例如原作句词的精神是"委宛曲折"的，译本决不宜把它化为"爽直"，"委宛曲折"和"爽直"自然是可以译出来的，而且实际上要比直译句的组织形式更为难能。直译句子的组织是"呆拙"的译法，尚是一般人所可办到；译句词的精神便不是没有一些"创作天才"的译家所能几及。译者若不能探索着"句词的精神"，每至妨碍全篇的神韵，难免欲将灰色的文章译成赤字，阴郁晦暗的文章译成光明俊伟了。所以"句词的精神"不失真，似乎也是翻译文学时最要注意的一件事，和单字的翻译是相并的。

除上说——单字的翻译和句词精神的翻译——而外，尚有一个比较次要一点的，应该随时注意：这就是不要把书中一人前后的口吻译成两个样子。大文家创造一个"角色"（character）出来，不仅有其特殊的思想和行动，亦有其特殊的口吻。一个角色前后的口吻务要一致，这是创作家的事，也就是翻译家的事！创作家描写人生，欲使甲、乙、丙、丁四流人的口吻各自不同，还不是很难的事；而欲使甲的口吻始终是甲的口吻，却不容易；翻译时便也一般。国内五六年前译出的长篇小说，大都不能对于这一层办得成功，译本中所能存留的，只是原本中的"情节"；所以除几部浪漫派的情节奇异的小说之外，余者都无足观。看了那时的译本仿佛是看活动影戏，——只能看见个人的行动，不能听见个人的口吻。那时的译本的手段是这样的，所以看者只是要看点"情节奇离"的小说，而译者也只把那些小说译出来；所以柯南达利、哈葛德、霍桑的侦探小说、神怪小说大批的翻译过来，而心理描写的莫里哀等只被人认作"滑稽"了！我们只看民国二三年时的小说大都加上"奇情小说""艳情小说""苦情小说"等广告式的奇怪的标题，便可知那时看者的心理和译者的心理了，这便是中国译界所以至今尚在"初学步"的状态的缘故了；原来从前的工夫都等于空费的呀！现在欲振刷译界对于从前习惯的惰性，一面故然全仗大家能以试验的态度求真知的精神去奋斗，一面也不可不了解：

（1）翻译文学书的人一定要他就是研究文学的人；

（2）翻译文学书的人一定要他就是了解新思想的人；

（3）翻译文学书的人一定要他就是有些创作天才的人。

（1）（2）是大家都肯定的，（3）未必大家意见都一致。很有人以为翻译事业仅仅等于临摹名画一流的事，以为不能为创作家方降而为翻译家；这未免是过火的话！要晓得翻译的本子真能好的，也不是毫无经验的译手所能办到的。而且国内现在的创作也实在沉寂得很；除几篇好的短篇小说而外，长篇小说尚无人做，剧本方面呢，虽然有五幕三幕的长剧，然而终觉得尚蹈"有情节而无角色""有许多角色而只是一个面目""有角色而无角色自己的思想——都是作者的"等的毛病；至于该句之属于写实呢或新浪漫，倒是不论的好。但这些自然是试验时候的作物，正不足为病；不过从此我们觉得在现在文坛上活跃的而且最关系前途盛衰的事，还是翻译一件事。海内译家肩上的责任有何等的重！

我这篇东西随手写来，不及多引例证，是最抱愧的，也有许多论点可以和郑振铎先生那一篇相印证的，希望读者能参看。

——《小说月报》第 12 卷第 4 期（1921 年 4 月 10 日）

译书的讨论（1921）

雷震同

　　我们中国思想界，受数千年儒家的影响和专制君主的压制，不要说没有进步，并且简直可以说每况愈下了。所以不能进步的原因，果然也有许多：如儒家的定于一尊，学者的没有革新精神，专制时代的思想不能自由，然而总说一句话：可以说由于接触外来思想的稀少。中国在与西洋交通以前，所接触的外来思想，唯有佛学。然而佛学自汉朝入中国以后，经过许多时代，到了明朝的王阳明学说，刚才与儒家学说完全融化，造成一种圆满的新思想。思想的融化这样难，中国所接触的外来思想又这样少，还有进步的希望吗？近几年来，中国思想界渐渐有了转机，显了一线曙光，好像自己觉得自己的脑饿；然而我们相信现在中国的思想界，确是很幼稚，实在不敷所用，所以不得不把西洋的思潮介绍过来。并且西洋学说有西洋学说的长处，中国也有中国原有的精神，融合东西洋之所长，造成做世界文化中心的新中国。这是我们的希望，所以我们承认译书也是现今中国的唯一要务。然而书应该怎样译法，也是一个紧要问题；因为糊糊涂涂译了几本，仍不是学术界的好现象。所以吾提出关于译书应该注意的最要几条，供译书者的讨论。

一、原本之选择

原本的选择，对于译书事业的关系最大。因为没有好的原本，决没有好的译本。原本当然以能够得到原著为最好；但是有时因为原著的文字，为译者所不习的关系，不得不借别国的译本。然而译本总和原著有参差的地方，所以借别国的译本，一定要多采几家，互相参证。或者再请专门研究这种学问的专家，校正一番，总以能够拿原著的意思，完完全全介绍过来做目的。然而也应该择自己所研究的学科译，不可因为现在方在介绍新思潮时代，于是懂了一些西文，就随意滥译，辞不达意；这于译者读者，两无裨益，实在觉得不经济。至于照中国现在的时势，应该择那一类的书译，这是关于内容方面，应当另外讨论。

二、译法之讨论

译书有二种办法：（文学书除外）一种是直译，一种是意译。因为它译的方法不同，所以它们应该注意的地方也不同。直译是要求前后口气的联络。因为各国文字的文法，各各不同，所以译者也应该于译的时候，把各国文字的口气，拿中国文法组织组合起来，不可以使上句和下句的口气不连，使读者看了，莫名其妙。意译要求前后意思的联络，使读者看了能够明白他所说的要旨；尤不可以因为文法不同，硬把自己的意思，随意掺入，使文字的气势联络，专凭主观，淆乱读者的思想。总之无论直译、意译，译者的首要条件是简明两个字。现在市上有许多译本，诘屈聱牙，令人难卒读，所以我敢对于译书者进一些忠告。

三、译名之考正

一部书里头，总不能没有专门名词和科学名词，所以译名的考正，也是一件紧要的事情。译名也有两种方法：一种是译音，一种是译意。譬如像同一"Democracy"，一个字，译者译作德谟克拉西，（依普通）译意便译作庶名主义（依陈哲修说）。现在中国对于译名的事情，还没有统一的办法，这是一件可憾的事情。然而求译名的统一，也不是一件容易事情，我们一时一刻也谈不到；所以我们对于译音可以依照国音译出来，译意可以拿最普通最容易了解的译出来，并且不妨拿原名放在下面，作读者的参考。

译书果然是现在中国很要紧的事情，但是倘使译得不明白，只不过给少数智识阶级者看，仍是没有大效果。所以译书，一定要拿简明之笔，述高深的学理，一方面果然要尊重原著的意思，一方面还要能够使人容易了解才好！

——《时事新报·学灯》（1921 年 5 月 3 日）

译文学书三问题的讨论（1921）

沈泽民

▲第一个问题的商榷

▲文学书不可译

▲译文学书只是不得已的办法

本刊第三号郑振铎的《译文学书的三个问题》一文中的第一个问题说，文学书是绝对可译的。振铎君的意思是以为若用严格的直译，则章法句法以及字法全可以完全不变地搬过来，因此文中的风格也可以移植过来了，这是一层；至于思想的方面呢，他也相信思想与Expression是分离的；其他如诗歌的翻译等，他以为除了音韵以外，都可以由高手的译者传过来。但我以为若纯从理论讲，文学书便绝对地不能译。

（一）文学是情绪方面的东西，情绪的表现在作者文字的风格里而不在字句之间，我相信优美的创作，其情绪一定是含在字与字、行与行之间，而不在字句的本身上。比方鉴赏一件雕刻或一张画，译本的文学品譬如是坊间翻印的画或仿制的雕刻。那色彩与色彩、线纹与线纹之间的辉映，质言之就是艺术家精神所在的地方，一经传抄，总已失却几分了。译书正是一样，所以翻译只是一种很勉强的办法。

（二）我相信凡是艺术的作品没有不经过作家的灵机 Inspiration 而来的。艺术家当灵机忽动的时候，脑中譬如灵光一闪，艺术感便泉涌而出，那时的作品是有生命的。艺术家当创作之际但有心中的情绪，没有目中的实质。翻译便反是，严格直译法则更反是；大凡翻译者总是先见有文字而后感有情绪，及既感有情绪，则又回复到对方的文字。我不知道经此数次反复，要丧却多少原文的情绪！还并且如此，我们谁也不敢相信天下有两相绝对一样的人，同时天下两不同时间有绝对同样的文机；那怕最高手的译者也只能把自己当时的情绪去替代原作的情绪，大致自然不差，风格却一定不同。低手些的译者呢，本来手段不到，再加以译时未必有那么的冲动，原作生命的丧失自然更多了。

（三）乡土的关系，郑君认为不重要；我则认为也是重要。我读西文书时总觉得自己所译的——其实是极坏的——却也和原文差不多，因为一字一字地比较起来，觉得原文中也不过如此！但是我们试读一下本国的好小说，我知道大家不免欲怀疑：中国的旧小说是否可以译成西文？《水浒传》中鲁智深、李逵以及宋江、吴用等人的口气都是与民族性质、乡土风气语言有关的，译为外国文不减色么？《儒林外史》中的屠夫与文人官僚，个个都是中国的，同一个屠夫只有中国有，只有吴敬梓的时代有，某种活现的神气也只有吴敬梓会写出。如果有一个外国人用外国文直译过去，这口气自然也要减色了。因为译者在自己的环境内所感得的印象，不就是吴敬梓的印象；以不同的印象加在文学的表现上，能希望它产生同一的再现么？这一定是难能的了。由此我可以想到我自己读西文的书，于情绪上不知如何隔膜！我更想到若要译西洋的小说，到真正好，西文一面单靠懂得是不中用的，毕竟要到西洋社会中去大大地经历一番，而后所读的文学作品中乃能一句一字唤起活跃的印象，而后翻译下笔时乃能有生命的流动。唯其译者大都不能这样办到，所以我相信乡土关系一定使译文减少无量的生命。

（四）文字的关系，郑君以为一字一句地直译过去就可传达原文的风格，这句话究竟是可以怀疑的。因为我相信只有风格可以传达风格，语体并不能传达。东西洋文字的不同，如同东西洋文明和精神的不同一样。同一句子，同样的构造，若写作两种文字，可以决其风格之绝然不同（恕我一时想不起例子）。这种例要找也不难，只欲随便拣一句中国的小说——因为中国人最了解中国文学的风格——想想它的英文译法就可以了。郑君所举诸例中间，像兵士与水手一段，及竹鸡黄昏的时候等是容易的，沙漠间的三个梦中字句是巧合的；至于葬花词的英译我就不满意；据我的印象，英译中，林黛玉的怯弱情调，葬花词的幽怨情绪，全减色了。要在不同的文字中找适当的风格自然有，找风格适当而又排列一样的文句，恐怕就难罢！这种地方犹于照相之与自然之美；自然之美是动的，美在物质的虚空处，照相虽然一丝不走的把自然的物质完全映过来，生命却没有了，美也丧失了。我们当然极希望又有内的生命又外面切合的译品文字，但是我以为根本的问题究竟贵在内的生命，而不在外表的切合。罗丹翁的艺术是有生命的，他能以他自己的生命融会自然的生命而把自然译成雕刻；他的巴尔扎克像便是外表绝不精细而内部生命极充盛的。直译文学譬如照相，求精细则可，求得原作的精则不可；然而精细却并非文学上最重要的条件。

（五）至于诗句的可否转译，我以为与散文一般；相同处在于情绪的表现方面。音韵的转译和格式的转译当然是其次，在这一方面我和郑君所说同意。不过这仍是把译书看作勉强的办法罢了。若要举所有之美文字一齐译出，这就见得诗的翻译更难了：因为有音韵的关系。我们只要念一念谢莱的《云雀歌》和阿仑朴（Allen Poe）的《大鸦歌》，他们的情绪——尤以后者为最——都是印在音韵之中的。朴的大鸦歌的妙处专在用 Nevermore 一个字的愁郁的音调表出他诗中的黯淡情绪，这决非译本中办得到的事了！

对于郑君的意见的歧异处只能给这样一段的陈述，恕不能详尽。以下再略述我自己的译书意见，以供采择。

我以为译品有两种：（一）传字，（二）传神。传字的译品就是不懂原作的精神而按字死译。这种译品，我们本来不承认它是好，但也不认它算得是直译，只是死译；现在直译之说大行，恐怕有人要借直译两字来辩护，所以也要说明一下。举一个例，就是传字的译品譬如照相；照相既然不是艺术品，死译的传字文章也不能算是艺术品。至于传神的译品，就是以能传原作的精神为主；译品是否意译直译，都不成问题。艺术的创作家神会自然的精神，再现于艺术之中；艺术的翻译家神会艺术家的创作精神，再现于译品中：译品总算是自然的重译。因为我们只问一件好的艺术品能否再现自然的精神，不问它还是细描自然呢（Closely Copy of Nature）？还是省略自然（Eliminating the Unessential Details of Nature），我们认"细描"或"省略"只是派别不同；译品亦然。不论这译品是切合原作的直译呢？还是移动原作的意译，我们也只认它们是派别不同罢了，若欲评定这两种译品的高下，到底不能不以能否传达原作的精神为标准。

至于直译、意译两者的轩轾，我以为有两方面。一方面是虽欲直译而有不可能的时候，那么直译原非绝对的标准。另一方面则是文字风格的介绍问题。我认为文字的风格与文艺的风格是两种。我们介绍西洋文学，一面固然是要把西洋的文艺思想来影响本国，一面却也负有把西洋的文字风体来变化本国文体的使命。那么，直译的文艺似乎在这一方面比意译的文艺多尽一种义务。但是直译既有技穷的时地，而文艺的主点既又在思想精神，则我们要绝对注重直译而排斥意译也就不很可以为训了。

但是译书究竟是一种很勉强的办法。因为我们拿不论怎样超绝的艺术美来和自然美比较，我们总觉得前者是萤火之光而后者是太阳之光；自然实是一个最大的艺术家。其中所生的差别，一方固然是由于人的创造力不及自然，一方也由于翻译之中藏着多少阻力。人翻译人的著作是不能拿人翻译自然的著作比的。翻译的人或者能译出胜过原作的东西。但是无论译品比原作更好更坏，有两个不可能却很显然，就是：一、翻译中的摩阻力不能免去；二、决不能完全和原作一样。我们承认译书也仗有一种天才。译书的人要有艺术家的头脑、手腕，要有领会艺术品的才能，要有翻译的智识，要有创作家的文笔；然后可以译出有价值的书。但是因翻译的智识谁也不能说有个止境，所以摩阻力也生其中。唯其领会艺术品时谁也不相信谁能捉摸到原作者创作时十二分的情绪，所以和原作一样是万万不能有的。又唯其译者不常常是天才，所以理想的译本更难得到。

文化的沟通上若没有非译书不可的要求，我看简直可以不必译书。但因为它发生重大的需求而不得不译，明知其必不能译到理想的好而不得不译，便是勉强的办法。

何以生出勉强二字呢？因为译书的目的固别有在，而译书的功绩固有不可磨灭者在。

世界文明的接触既然到了这个时期，我们就赉有一种交通使者的使命。在文化穷荒的中国，这种使命更是重大。我们一面希望介绍理想的作品而做不到，一面固不妨尽可能的介绍过来；哪怕不到十分也得个八分，把这不得已的八分搬到中国，便是我们的目的。就文学作品的译文看来，无论怎样坏，有几点是逃不去的。（一）大概的思想潮流。我们可以承认中国已有的戏曲译本都未必能表达现原作的个性和情绪，但是原作中的思想，例如在易卜生的《娜拉》，萧伯纳的《华伦夫人之职业》等中间，是完全表现的。因为译者若不至于连原文都看不懂或中文都做不通，原作对话的意义是一定可以译过来的。（二）大部分的异国情调也总可传达过来，若译者不致于把握手变为作揖，把西洋人名地名以及一切风物都变做中国式。（三）原作的章段配置法句法字法，可传的一定传过来，若原作者不至荒谬到替他乱加删节。（四）原作中的取材方法是一定传过来的。读者能由此窥见原作者如何不前不后刚取这一段，如何撇去了不要紧的细情而直取事象的中心。（五）原作的派别。自然派的文字一定不会译成了浪漫派。

所举的例子不免有遗漏，然而读者就这些条目中间已经能得到不知多大的益处了。因为尚有这许多可能的事，所以译书虽然勉强，还是要译。

我以为文学书虽然不可译，但是一部分的目的是可以达到的。我们尽现在的需要，不妨尽能力译去，但要注意在艺术的精神方面务求表现，而不过重形式，文学介绍的前途，一定很可以乐观。

可是现在有许多不忠实或是不通的翻译家也是不重形式的，我希望我这篇文章不至引进无意识的误解！

——《小说月报》第 12 卷第 5 期（1921 年 5 月 10 日）

审定文学上名辞的提议（1921）

郑振铎

一

什么是"文学上名辞"？"文学上名辞"就是指所有那些关于文学史上的、关于文学评论上的及文学作品中所有的名辞而言。大概地把它分类一下，约有下面五种：

（甲）文学家的名字：包含诗人、小说家、戏曲作家、批评文学家等的名字，如亚利史多芬（Aristophanes）、但丁（Dante）、嚣俄（Hugo）、巴尔萨克（Balzac）、丁尼孙（Tennvson）、亚诺尔特马太（Arnoll Matthew）、勃兰特（Brandes）、史特林堡（Stringberg）及莫尔顿（Moulton）等。

（乙）文学史上的地名：如俄国文学史上的基普（Kiev）、莫斯科、圣彼得堡，德国文学史上的威麦（Wirmar）、柏林，法国文学史上的巴黎，英国文学史上的伦敦、爱丁堡，北欧文学史上的库平哈京，以及古代文学史上的雅典，文艺复兴史上的佛罗林斯等一国或一时代的文艺集中之地，及托尔斯泰生地波尔若那（Polyana），郭克里生地小俄罗斯沙罗契尼（Sorotchinetz），霍威尔（Howells）生地奥海握（Ohio）之一小村，滋德曼生地东普鲁士之一小镇等之文学家生地以及见于文学史中的一切地名皆是。

（丙）文学作品的名称：此亦为文学上名辞之一，如哈姆生之"Pan"，龚察洛夫之"Oblomov"，吉百龄之三兵士（Soldiers Three），阿且拔喜夫之"Sanione"，豪勃曼之织工沉铃，惠德曼之自我之歌等皆是。

（丁）文学作品中所有的主要的人名与地名：如屠格涅夫《父与子》中的巴札洛甫，罗曼罗兰 Jean Christophe 中的 Jean Christophe，阿速特洛夫斯基《雷雨》中的加萨丽娜以及荷马史诗、亚利史多芬、犹列比特戏曲中诸神名、英雄名、地名等皆是。

（戊）批评文学上诸名辞：如散文诗（Prose Poem）、抒情诗（Lyric）、民歌（Ballad）、理想主义、写实主义、趣味（Taste）、评赏（Appriciatiou）、喜剧（Comedy）、悲剧（Tragedy）、归纳批评法、判断批评法、主观批评法、讽刺文（Satire）等皆是。

二

无论在使用哪一种言语的人们里面，这种"文学上的名辞"，差不多都是非常统一的。他们自己创造的东西不用说；就是翻译别一国的，也非常的整齐一律。如英国人译俄国的文学作品，关于作者的名字，及书中的人名地名，都是用一律的英国字写出来；虽然 Andreef 也有写作 Andreyev，Gorky 也有写作 Gorki，然而所写的究竟是非常相近，人家一看，都可以知道是一个人。虽也有把原书的名字改了一些，如把高尔该的《在底下》（Na Dnie）改为《夜店》（Night Refuge）

之类，然而究竟是极为少数。至于批评文学上的名辞，则它们更是划一不移的。

只有在中国则不然。用中国字写的书，关于文学上的名辞，向来是不注意于统一；同是一个人，在中国也许就会变成五六个乃至十多个不同的人，因为他的名字的译法，人各不同。同是一位杜斯退益夫斯基（Dostoievskv），你把他译成陀司妥夫士忌，我把他译成杜斯脱叶福斯奇；同是个夏芝（Yeats），有人把他译为夏脱，也有人把他译为依志。D. Anunzio 则译为单南桥、段南哲、唐唉遮；Defoe 则译为达孚、德和、地佛；Goethe 则译为葛德、歌德、贵推；Zola 则译为槎拿、左拉、曹拉、左喇；Maupassant 则译为摩波商、孟伯骚、毛柏桑、莫泊三；Turgenev 则译为屠格涅夫、脱坚勒夫、都介尼夫；Tchekhoff 则译为捷苛夫、契柯夫、柴霍甫。诸如此类，实不胜枚举。大概十人之中，对于一个名辞，差不多是没有三个人是用同一之字的。他们都逞自己的意思，随意乱写。我上面所举的几个例，不过是临时就书架上所有的书寻出来的；这些书都是近一二年出版的。如果再加一番搜查的工夫，把前几年、几十年的书也检查一下，其所举的，恐怕要比此还要多出几倍来呢。

不唯几个人译同一个人名用了许多不同之字，就是一个人前后所译的，有时也会互相参差起来。梅光迪在他的"近代欧美文学趋势"一篇文章里，在前二十行把 Wordsworth 译为华特斯华斯，后二十行又把他译为华次华斯。就是我自己，有时也常是如此。在《改造》三卷四号的"俄国文学发达的原因与影响"里，把 Sologub 译为苏罗葛卜，在《新学报》第二号的"俄国文学的特质与其略史"里又把他译为苏洛蒲。有一次，在十几张纸前，译 Kuprin 为吉勃林，后十几张又把他译为库卜林。复看之下，很觉得自己好笑。

不唯文学家的名字的译法如此纷乱，不能划一，就是书名、地名，以及批评文学上的名辞，也都是同样的如此不一致。梅特林的 *La Mortde Tintagile* 有人译为《丁泰琪之死》，也有人译为《登台岸儿之死》；史丁芬孙的 *Treasure Island*，我译之为《宝岛》，有人则译为《金银岛》，或是《珠宝岛》；豪勃曼的 *Before Dawn* 有人译为《日出之前》，也有人译为《东方未明》。Wirmar 有人译为槐马，也有人译为威麦；Classicism 有人译为拟古主义，有人译为古典主义，也有人译为古学主义；Romanticism 有人译为浪漫主义，有人译为罗曼主义，也有人译为传奇主义；Symbolism 有人译为象征主义，也有人译为表象主义。无论用哪一种文字的人们，对于文学名辞的使用，大概没有比中国人再杂乱无章的了！

三

如此杂乱无章的文学名辞，自由的无规律的使用，实是非常危险的事。最大的危险，就是使读者易于迷惑；甚且至于误会，至于错谬，如 Howells 之译为霍威尔或豪威尔士；Maeterlinck 之译为梅德林、梅特林克；Andreyev 之译为安得列夫、安特莱夫或安得雷夫；Dandet 之译为多德或都德；Brieux 之译为白利安或白利欧；Wilde 之译为淮尔特或王尔德；Macaulay 之译为麦加莱或马可黎；Carlyle 之译为加莱尔或卡莱尔；Shelley 之译为薛雷或薛利等，或者尚不至于十分费人思忖，寻求。然而不懂外国文的人看了，已觉得有一些迷糊隔膜的样子。至如，Strindberg 之或译史德林堡或译士敦堡格；Racine

之或译纳新或译拉兴或译兰辛；Voltaire 之或译福特耶或译福禄特尔；Pope 之或译波卜或译蒲伯；Arnold 之或译埃诺特或译阿罗德或译亚诺尔德；Ruskin 之或译路史坚或译纳士金或译罗思金；Gogol 之或译戈葛尔或译郭克里或译歌郭里或歌歌黎；Korolenko 之或译苛罗冷可或译克洛林科；Herzen 之或译曷屠或译赫尔岑；Tagore 或译台峨尔或译太戈尔；Galsworthy 之或译高尔史瓦塞或译高士倭仙或译戛尔士威斯；Sinkiewiez 之或译显克微支或译辛奇魏志；Longfellow 之或长人或译朗佛罗；则苟非下注原文，或叙述其人之事甚详的，差不多就是使很懂外国文，很知道文学的人一看，也会茫然莫辨。如果叫初攻文学，或不懂外国文的人看，其不至于误会的，恐怕是百无一二了。阿利克塞·托尔斯泰有一本历史小说，名为《银王》的；有人把它译为中文，改名为《不测之威》；我看见那书名，始终不知道就是《银王》那本书的译本；威尔斯的《时间机》也是一样，译者把它改名为《八十万年后之世界》，我也是到现在才知道它就是《时间机》的译本。这种译法，真是误人不浅。如果文学名辞统一了，又何至引起这些误会或无知呢？咳！名辞的不统一，不唯给读者以谬误的知识，还要妨碍他们的研究的心理呢！

除了这个大害以外，对于翻译或著书的人，也极有害处。如果文学名辞向来有审定过的，翻译或著书的人就可以直接用上，不必自己再去翻译，或去折中几个译名，而去其适当的，或是把原文附在下面。这样一来，他可以省事得多了。现在因为没有把文学名辞统一过，所以翻译或著书的人，往往感受到许多苦处；不唯遇到一个名辞要细细的想过，自创一字以译之；并且如我上面所说的，我于一文前后常有用异字来译同名的；其实不唯我个人如此，很多人也往往的于前天译了这个名辞，用这个字译它；明天完了，又用另一个字来译它；复看的时候，又要费许多的时候去一个一个地改正它们了。如果要它前后不互异，则又非费许多时间时时地去检看前面的自己的译文不可了。

还有一层；文学上名辞，如不统一，将来中国的大辞书，或是百科全书，恐怕是终难出得成的。因为文学名辞如此的纷乱，简直是无从搜罗起；即使能搜罗完备，恐怕也没有那样多的篇幅把它全列进去啊！

我敢大声疾呼，以告于研究文学的同志，苟不于现时把文学上的名辞，审定过把它统一起来，欲想中国文学知识的普遍与提高，恐怕是要像"缘木求鱼"，终不可得达的了。

他们学科学的人，已都知道名辞审定的重要了。所以化学、医学、机械学等的名辞，都已详详细细讨论过，审定过。只有文学上的名辞，还是如乱丝一般，丝毫未曾抽理。现在的文学研究者实有义不容辞的责任在！

四

我愿意先把我的关于审定文学名辞的意见写出来和大家讨论。

文学上名辞，照上面的分类，大概有五部。其实归纳起来，只许用两种方法来翻译它们就够了。第一种是译意；第二种是译音。译意是文学作品名称的大部分，如托尔斯泰的《战争与和平》(*War and Peace*)，法蓝士（A. France）之《红百合》(*Red Lily*) 等，及批评文学上的名辞的全部。译音的则凡人名、地名及一小部分的书名都是。

除了可以译意的名辞以外，有一些人主张把所有应该译音的字，都照原文直写下来，可以不必翻译，因为译出来的音，终是不可相切合的，并且音译的字，又都是非常累赘可厌的。周作人先生就是主张此说的一人。他所著的《欧洲文学史》，也实行了这个主张，把一切应该音译的名辞都不译。

这种办法，我非常不赞成。因为，第一，中国文中夹了许多外国字，看起来非常吃力，不唯直行式的本子不方便，就是横行式的本子，也是不大方便。第二，不懂外国文的人，非常吃苦，他们简直没有法子看这种书。就是懂得一两国外国文的，也是不行，因为懂英文的看希腊文，也同不懂外国文的人看英文一样的吃亏，不能理会。所以我对于音译的名辞写原文的办法，认为是很不对的一个方法。

如果用原文而没有不方便的地方的话，则这种办法，确是极好，因为所有一切应该"译音"的名辞，就可以不必译出，更不必加以审查，而统一它了。惜乎这种办法不合实用，所以应该音译的名辞，有不能不加审查之势。

五

音译的名辞的审查，有三层应该注意的事。一、所译的音，应该照原文读出，不应由第三处语言中转读而得，不然，则有不正确之弊。如 Hauptmann 一字，有译为豪勃曼，有译为霍托曼；苟非知德文原文，又谁知哪一个译名是对的呢？又如 Strindberg 一字或译为史德林堡或译为士敦堡格，苟非拿瑞典原音来译它，又谁知道哪一个译名是对的呢？又如 Louis（路易）、Flaubert（佛罗倍）诸字，如照英文的音，而不照法文原音来读它，则非把它们译成路易斯、佛罗倍特不可了。诸如此类，随处都有遇到，审查这种名辞的人，实不可不十分注意。二、二个"名字"，有字音非常相近的，如果把它们译成相似的中文，有人就容易会误会，以为是同一个人了。如德国的诗人 Schiller 和英国的诗人 Shelly 读音颇为相近；如把 Schiller 译席劳，把 Shelly 译席勒，错固然不能算为十分错，然而骤看起来就足以使人误为是一个人了。又如英国小说家 Kipling 和俄国的小说家 Kuprin 音也有些相似，如把 Kipling 译为吉卜宁，把 Kuprin 译为吉卜林，虽然与原音没有十分大不合，然而已足以致读者的许多的误会了。这种情形，恰与前举之 Sudermann 之译为朱德曼、色特曼、苏德曼或滋特门相同；彼足以使读者误一人而为数人，此则足以使读者误数人而为一人；审查的人，对于这一层实应十分地注意。如把 Schiller 译为席勒尔，把 Shelley 译为薛雷或薛利；把 Kipling 译为吉百龄，把 Kuprin 译为库卜林之类，使它音虽相近，字形则异，使这一层的误会，不致发生。三、关于文学的名字，普通的译法，多只译其"姓"，其"名"则因平常不多用，不唯知者甚少，就是译出者也不很多。除了作者传记，及文学史上有全用他们的姓名的地方以外，其外差不多都用一个"姓"，而不连带他们的"名"。如 Francois Coppee，我们译它总只译为考贝，不把 Francois 这个字也译出来；就是译出来，也极少同时用它。——审定时自然要把它一块儿译出来，一块儿审查过——但也有例外的。一、如 Edgar Allen Pol 同时具有两"姓"，一为 Allen，一为 Pol，普通都把他的两个"姓"一块儿译出来，译为亚伦·坡。二、如 Bernard Shaw，Shaw 是"姓"，Bernard 是"名"，普通都把他姓名一块儿译出来，译为萧伯纳。这种例外的办法，似乎是无可奈何的，因为如果照通例只译他们的"姓"，只译为坡或萧在中文里是很为不辞的。在这一层，审定的人也应该注意，应该允许这种例外的存留。

除了这三层以外，还有二种事情，也应该要留神一下。一、著作家常有用假名字的。竟有久则以假名著，而真名反隐晦，不为人所知的。如高尔该（Madin Gorky）是假名；他的真名是 Aleksyey Maxinovitch Pyeshkov；路布岑（Ropshin）是假名，他的真名是 Savinkov；到了现在，大家都知道高尔该和路布岑。他们的真名除了在文学史上可以看见以外，普通的，竟是没有一个人知道的了。这种假名的审定，是应该十分注意的。二、文学家常常有父子、兄弟并名于世的他们的姓自然相同；通常，人家恐怕难以区别，往往加以"大""小"等字，以为之别识。如法国仲马（Dumas）一家，父子二人都极有名，大家就加他父亲亚历山大·仲马（Alexandre Dumas）以大仲马的名字，以别于他的儿子小仲马。这种通俗的名辞，也应留意。如没有这种通俗的称谓，则姓名应该全写出来，以为分别，如美国有二个詹姆士，是兄弟二人；一个是亨利·詹姆士，一个是威廉·詹姆士。我们不应该单举其姓，而应该称之为亨利·詹姆士，或威廉·詹姆士以为区别。

六

对于音译的文学名辞的审定，还有一个很重要的问题，应该讨论，就是："音译的文学名辞，应该用汉字译呢，还是注音字母译呢？"

这个问题，别的人似乎是没有讨论过。只有在《新社会》第十二号及第十四号里，我的朋友许地山和耿济之曾经略为辩论过。当时我本想也加入讨论；不意《新社会》忽然被封，我的文章也因此搁置未做。但我想：这个问题终究是一个很重大的问题。

因乘现在的时候，特为重新提出讨论一下。不过他们所讨论的是包括所有的各种科学上的名辞，我现在所论的，却只限于文学上的名辞；这是要注意的。然而无论如何，结论总是一样的；如果文学上的音译名辞，研究的结果，觉得可以用注音字母译，那么别的科学上的名辞自然也可以注音字母译了。

许地山是极端主张译名应该用注音字母译的。他所主张的理由是：

（一）离本来的音最近　要在本国的文学里头找一个和外国音相近的字本来不难，因为所有的音都离不了牙、舌、唇、齿、喉几个声根。然而在中国字上头却不容易。中国的读音不统一，同一个字，在这个地舌音，在那个地方就变成牙音；在这个地方是轻唇音的，在那个地方，又变成喉音了。所以在汉字上要找一个五方不变音的字是绝无仅有的。若是说以国语为标准，恐怕写的用国音，读的还是土音，结果那国音的效用也要丧失了。我想对于译名用汉字，非得将来读书统一，规定译"Ａ"用某字，"Ｂ"用某字，"Ｃ"用某字之后才可以办，现在还早着呢。现在可以用的只有注音字母和照原文写上，注音字母以音为主，对于喉变唇、舌变牙的弊病自然不会发生什么关系。……

（二）字体一律　字体不一律，就要教看书的人费好些工夫去查考，所以要教念书的人对于译名容易理会和节省注意的力量，就当用一定的字体去写。古时译书的人也是很明白这个道理的。我们知道"华严四十二字母"就是中国人用来规定译名最早的字，但是其中也有许多缺点——好像"娑迦二合"和单用的"娑"字、"迦"字没有分别，"沙"字和"娑"字重复，等等——初看佛书的人有时将一个人做几个人看，那原故是因为所用的字不一律。念的音有一点不同，就弄到"差之毫厘，谬以千里"。……如果用注音字母把它写出来，对于字体一律的问题自然不会发生什么阻碍。

（三）容易忆写　大概在写字台上做工夫的人都是很忙的。有一个新名字来了，想把它翻成汉文，有时想了大半天也不曾想出一个很合适的字来，这都是因为个人所操的方言不同，既然不敢用自己的方言写上，对于国音又很怀疑，所以写出来的译名都不能十分切当。有些人还要用中国的姓氏字去翻译外国的人名，结果就到一个"削趾适履"的地步。在学校内好些学生都说外国的地方和人名最难记，其实在记忆里头，本来没有什么分别，因为译书的人大费工夫穿凿，致有这种困难。若是用注音字，就可以除掉译者和读者时间的浪费和记忆的不便，因为注音字母的写法简单，写的时候，一定没有困难的。

这是许地山的意见。他还说："有人说注音字母现在不大通行，写出来恐怕人家不懂得。我也早想到这层，但是我们既然承认读音统一是当急之务，注音字母是传播文化的新器具，个个人就当快快地把它学会才是。我想一个人用两个钟头的工夫就可以明白了。"又说："译名譬如英吉利等字，习惯常用的，可以不必改切注音字母。若旧译歧异过甚的，则必须改切注音字母，以省辩论与记忆。"

耿济之的主张与许地山不同。他是主张以原文为主，原文附译在下面的。他说："因为写了原文，令人一看就知道这是谁，这是哪个地方；直截了当，决不会发生别的疑团。至于为那些看不懂外国文的人设想，那只能以中文翻译为辅助。……中国异字同音的很多，虽然里头也有声的区别，但是要拿来将就外国字的译音，那是毫没有标准的。譬如'To'音，有人译作'道'，有人译作'托'，有人译作'讨'，也有人译作'杜'。我记得我翻译外国人名的时候，每逢'S'字母，前面翻的是'司'字，后而不知不觉翻了个'斯'字。……但是我以为这种弊病，要是在我的主张里，那是决不会发现出来的；因为我主张以写原音为主，那中文不过是附译在下面，便利不懂外国文的人，一方面又可以供懂外国文的人的参考。……"

他对于许地山的主张，却不赞成。他说："至于对于许君注音字母译名的办法，所以觉得不妥当的缘故，因为我对于注音字母本身上，有点怀疑的地方。我听见别人说，注音字母很有些缺点。有许多南方音多没有加入。并且它经教育部订定的时候，是用多数表决出来的，既有可决的音，那么定有否决的音，其不完备也就可想而知了。但是我对于注音字母没有研究过，所以对于它的本身问题，可以不必多说。况且注音字母在外国字母里也有许多翻不出来的地方。这一层许君也已承认。他说：'外国的字音，在注音字母里头也有些翻不出来的。好像'th'的音在中国本来没有，不论如何，我们不能找出一个最合适的字来。'D'和'R'也没有切当的字和它们相合。这个在罗马字母上是如此，再拿俄国字母来一比，那注音字母就更有许多翻不出来的地方了。如'P''M''O'，全是翻不出来的。"

对于许、耿二位的主张，我都有些不敢赞成。耿济之的"以原文为主，中文附译在下面"的主张，我更认为是"权宜"之计，并且是极不妥当的计划。"原文在下，译文附在下面，"与译文在上，而原文附在下面，其效果是一样的。不懂原文的人，他还是看下面的所译的字。如果这个字有许多不同的译法，他看了还是不懂，还是迷惑，与看那"译文在上面，原文附在下面的办法"的排列一样。而这种办法，不唯不能便利，并且还有很大的弊病。译文在上，原文在下面括弧中的办法，与中文的联贯是无害的。如果换了原文在上，译文在下面括弧中，不懂外国文的人，看过起实是非常吃力的。因为中文一句中忽然横插上一个外国文，殊觉碍眼而且不好念。不求译名的统一，而用这种权宜的办法来救济，实是一些没有用处的。

要之，原文在下或是在上的问题，是一个很细小的枝叶问题，我觉得更重大的问题乃在：怎样可以除去外国文不用，而专用一个统一的名辞，来替代它，使读者一看就知道？无论在哪一国，他们的译名是决没有像现在的中国一样，必要附"原文"在下面的。

专用一个统一的名辞来替代原文，本来是很容易的事；只要把译名审定一下，就可以了，只是：译名用什么好呢？用汉字或是用注音字母？——这个本来的问题又发生了。

许地山所说的用注音字母的好处，我都赞成；现在的翻译的名辞，实是杂乱极了。用注音字母也许是能够渐渐把它统一起来。不过不用注音字母也有能够统一的希望。因为汉字如果审定而归于一律，许君对于注音字母所称许的三个好处，它也是可以条条具有的。

（一）离本来之音最近。这一层不生问题，因为许君也承认："对于译名用汉字"，在"将来读音统一，规定译'A'用某字，'B'用某字，'C'用某字之后，""可以办。"以前的时候，译名没有经审定，所以各人用他本地的口音来念；与原文相差自远；如果现在用国语来把它们审定统一过，它的自然会很准了。现在虽国语未臻十分完备，然固有此物在。也不难如以前规定用来译佛经的"华严四十二字母"一样，也把国语规定出若干字来，"规定译'A'用某字，'B'用某字，'C'用某字。"这固然不能与原音十分切合，也一定有许多字母不能读出来；然而与注音字母的不完备的程度，也许是相等；因为注音字母对于罗马音也有些不能译出。"好像'th'的音在中国本来没有，不论如何，我们不能找出一个最合适的字来。再拿俄国字母来一比，那注音字母就更有许多翻不出来的地方了，如'P''M''O'全是翻不出来的。"大概注音字母所不能翻的，除了罗马及俄文的这几个字母以外，在别国的字母中必定是还多呢。如此，注音字母也是很不完备了。况且，用汉字来音译原文，是可以把原文几个字母合译为一个字的。注音字母则不能，非字母对字母的译出来不可。如遇"M""A"等字，他就只好勉强译过，反不如用汉字译之也许可以较为切合于原文了。

（二）字体一律。现在汉字音译的文学名辞，所以不能字体一律的缘故，完全是因为名辞未经审定，不能统一之故。如果名辞经过审定，字体自然是会一律，决不会再有什么 D Annnzio 译为单南桥或唐哝遮之弊病。所以汉字之能用一律的字来译文学名辞，是不比注音字母不可能的；也许比注音字母还整齐呢。注音字母译为"K"有二个音，即"ㄍ"和"ㄎ"；译"T"也有二个音，即"ㄉ"和"ㄊ"。偶一不慎，必定是要歧异的。我看见英文译俄文之"φ"字，或为"f"或"ff"或为"v"，译俄文之"iu"或为"y"或"i"；由此可知中文的注音字母也必会有这种歧异了。如此，倒不如用一律的汉字译之，反能永远整齐不变了。

（三）容易忆写。汉字译文学名辞之难于忆写，也完全是因为以前没有审定统一过的缘故。如果能够审定为一律的名辞，我想决不会比注音字母还难忆写的。

总之，注音字母所有的三个利便之点，汉字都是可以具有的——只要它一统一——汉字的译名的种种不利便，都是因为它们没有经过审定之故。如果能够审定，把它们统一起来，其利便且有更过于注音字母的地方。

况注音字母的使用，还有几层的不方便。第一，注音字母现在还不通行，懂得人太少。用它来译文学上名辞，恐怕要有许多人要望而生畏，虽然许君劝人"快快地把它学会"，然而恐怕没许多人那样听话吧！欲统一文学上名辞，求其普及，而反故晦之而使许多人不懂，"为计之左"，莫过于此了。其不便一。第二，如用注音字母来译文学名辞，所有的旧译，是不是要完全改译过？如果要完全改译则又有许多不便了：一、"如英吉利等字，习惯常用的"，骤然改译为注音字母，许多人是反要迷惑起来的；二、把旧译完全改译，工程之大，亦颇可惊。决不如汉字名辞，统一之仅须大部分费审定之功，小部分费自己创译之功之省力。如果不完全改译；把旧译之名辞，"如英吉利等字，习惯常用的"，仍旧不懂，"可不必改切注音字母，"则文学上的名辞仍是互相歧义，决不能有统一之望。那么，要费那番审查之功做什么呢？其不便二。第三，注音字母译专名，是字母对字母译的，写起来非常的累重；如 Plato 这个字用汉字译只要"柏拉图"三个字就够了；如用注音字母，必须写作"ㄆㄌㄚㄊㄨ"。不唯费纸，而且费时间，其不便三。

因此，我很反对许地山的主张，不赞成用注音字母来译文学上的名辞，而极力主张用汉字来审定文学上的名辞。不过这个问题很重大，也许我的意见是不很对的。很希望仁爱的读者及耿、许二兄再加以详细地辩论。

七

上面讲音译的文学名辞的审定，讲得很多了，以下应该略叙我对于意译的文学名辞审定的意见。

意译的文学名辞，其审定之不易，较音译者为尤甚。一因音译的名辞，只须译其音即已足；译音即稍差异，尚无甚关系。至于意译则不然。所译的必须与原文非常相近；稍一差异，即能失之千里。二因音译之字，前人所译者尚多；有一部分只须集合之而加以审定而已。意译的则不然。中国对于批评文学的书，一本也没有介绍来过。所以现在对于它的所有名辞，都须自己创造出名辞来译它们。而这种名辞，又都是含义广而定义难的。所以意译的名辞的审定，其难实较音译者为倍屣。

意译的名辞的审定，须分两种：（一）是关于文学作品的名称的；（二）是关于批评文学上所用的各种名辞的。

文学作品的名称，其译名之审定，较批评文学上的名辞为易。只须切合于原意而已。如般生之《挑战的手套》，安得列夫的《七个绞死者》，易卜生之《野鸭》，柴霍甫之《海鸥》等，所译之书名与原名是极切的。这种的切合，颇为容易，因为译这种题目，正同译书中的句法一样，一些不会感什么困难的。

唯有一层最应该注意，就是如这种书名是从第三种的语言中译出来的，必须还要与原文对照一下才好；因为第三种语言的这本书名的译文，与原名也许是不相切合的。改原书的名称，以求适合于本国人的眼睛，不唯中国人惯做此事，就是英、法诸国的人也是如此的。——不过中国甚之而已——如杜思退益夫斯基的《死人之家的回忆》，英译本或译之为"死人之家的通信"或译之为"西伯利亚的生活"，或简译之为"死人之家"，与原文都有不同。又如安得列夫的一本《爱人之爱》，英译名作为"Love of one's Neighbour"，又名之为《亲爱的别离》（*Dear Departing*）。骤看其名，没有人不以为是两本书的。如非对俄文原文，又怎么知道哪一个名称是对的呢？

批评文学上之名辞，其审定真是极难。有一部分的名辞如Romance（可译为"传奇"）、Novel（小说）、Opera（歌剧）、Plot（情节）、Imagination（想象）、Emotion（情绪）、Free Criticism（自由批评法）及Act（幕）等尚容易译。如遇Novelette、Expression、Style、Humor、Literature of Address等字，直是要大费思索了。Novelette一字，是比小说（Novel）短、而比短篇小说（Short Story）长的一种小说，在中国简直是无法译它出来。Expression或译为表白，或译为句法，或译为语气；在英文里，用的同是这一个字，在中文里就要看它用在什么地方，然后才可用什么字译它了。Style这个字，我为它所苦尤甚。有人译它为体裁或文体，有人译它为章法，我觉得都不对。体裁或文体不足以尽其意；章法更非其真义。我想来想去，想出"风格"二个字来译它。然而也终觉得不十分好。Humor或译为滑稽，或译为活气。"滑稽"殊不能尽其所表现的意义，活气则与原来的意思相差更远，较之"滑稽"尤坏。然而我虽知其不很对，却始终不能创一个更好的字来译它。Literature of Address是Oratory（演说术）的别名，然而终不能也译它为演说术。我想了二三点钟，只能直译它为"演说的文学"。然也自知其终不甚切，且病累重。由此可知批评文学上的名辞是如何的难译了。

这种字的翻译，只有靠译者的天才与深思。唯有天才高而肯深思的人，才能想出极好的字来译它——审定它。

八

以上不过是我个人对于审定文学上名辞的一点意见。我极希望在现在的时候，有一个文学名辞审定会出现，把所有文学上名辞都审定一下；排紊杂而归之于一体，编一文学大辞典，如医学辞典、化学辞典等一样。其造福于中国的文学界，我知是未可限量的。

这个事业，实非开会讨论不为功，决非个人在斗室中所能做的。不过这个审定会的组织要非常注意，最要的是通世界各国的语言的，都要有一个人在里头。其次就是讨论得要非常精密而且周详。如此，其所审定的名辞，始能正确而且行远。

在这个会未开之前，我愿意国内同志，对于这个问题，多多地讨论。以供他们的参考。

对于郑君的提议，我以为第五项（批评文学上诸名词）应得合几个人来研究讨论；但是我很怀疑讨论结果审定了的译名能叫人人满意，处处可用。因为中西文组织的不同，往往有甲字用在甲处可采甲译，换了一处便不可通，就算勉强可通，决不能使人明了：这是留心的了解原文与译文的译者常碰到的。所以我的意见以为科学上的专名可以审定，文学上的却未见得都能审定之后不发生流弊的！至于第一项，因为现在国语不普及，审定后也是不能行远；这缘故在中国各地的方言相差太远。第二项（地名）很可让地理专家办理，而且他们早就在着手。第三、第四我以为不关紧要，因为一看内容，便可明白。
这只是我一人的意见，还请大家讨论。

沈雁冰附注

——《小说月报》第 12 卷第 6 期（1921 年 6 月 10 日）

杂谈（一）：翻译与创作天才（1921）

西谛（郑振铎）

《小说月报》第四期上，有沈雁冰君的一篇"译文学书方法的讨论"，说翻译文学的人，一定要他（一）就是研究文学的人，（二）就是了解新思想的人，（三）就是有些创作天才的人。对于（一）（二）两个条件，我都非常赞成，只第三个条件有些与我的意见不同。我以为翻译的人，不一定自己有创作的天才。只要他对于本国文有充分的运用的能力与所翻译的国语，有充分的了解的能力就可以了。因为创作带有几个条件：（一）思想力，（二）想象力，（三）深宏的情绪，（四）文字运用的艺术。在翻译上，思想与想象与情绪原文中都是有的，不必自己去创造，所必要的只是文字运用的艺术而已。所以翻译家不一定就是创作家。不过如果用创作天才来翻译东西，他的翻译也许可以比别的人更好些罢了。在各国文学史上，单以翻译家著名的是不少概见的。

——《文学旬刊》第 2 期（1921 年 5 月 20 日）

杂谈（十一）：处女与媒婆（1921）

西谛（郑振铎）

近来有许多人，以为介绍世界文学只是为创造中国新文学的准备。郭沫若君也说："我觉得国内人士只注重媒婆，而不注意处子；只注重翻译，而不注重产生。……翻译事业于我国青黄不接的现代颇有急切之必要……不过只能作为一种附属的事业，总不宜使其凌越创造、研究之上，而狂振其暴威。"我的意见却与他们不同。我以为他们都把翻译的功用看差了。处女的应当尊重，是毫无疑义的。不过视翻译的东西为媒婆，却未免把翻译看得太轻了。翻译的性质，固然有些像媒婆。但翻译的大功用却不在此。我们要晓得：我们看文学，不应当只介绍世界文学，对于中国新文学的创造，自然也很有益处。就文学的本身看，一种文学作品产生了，介绍来了，不仅是文学的花园，又开了一朵花；乃是人类的最高精神，又多一个慰藉与交通的光明的道路了。如果在现在没有世界通用的文字的时候，没有翻译的人，那么除了原地方的人以外，这种作品的和融的光明，就不能照临于别的地方了。所以翻译一个文学作品，就如同创造了一个文学作品一样；他们对于人们的最高精神上的作用是一样的。现在不唯创作是寂寞异常，就是翻译又何尝是热闹呢。世界文学界中有多少朵鲜明美丽的花是中国人已经看见过的？郭君以为现在的翻译界正在"狂振其暴威"，未免有些观察错误了。

——《文学旬刊》第 4 期（1921 年 6 月 10 日）

文学名辞的审定（1921）

鸿声

　　《小说月报》第六期上，有郑振铎君的一篇论文"审定文学上名辞的提议"。他把文学名词区分为五类：（甲）文学家的名字，（乙）文学史上的地名，（丙）文学作品的名称，（丁）文学作品中所有的主要的人名与地名，（戊）批评文学上诸名辞。他以为：中国现在文学上所用的名辞，太不统一了。不唯使读者易于迷惑，易于误会，且对于翻译或著书的人也极有害处。所以文学名辞的统一，在现在实为必要。对于这个提议，我很赞成，并希望学文学的人能起来赞助他，使中国能够有一部文学辞典出现。不过我却还有一点意见，要补充进去。（丙）项文学作品的名称，与（丁）项文学作品中的人名地名，其审定极不容易；因为它们实在是太多了。（丙）项或可以只要统一音义的名称；对于可以义译的，不必加以审查；因为义译的名称是一看就可以明白的。（丁）项只应拣有世界的价值的文学作品中的人名地名；不能太滥了。太滥了，不唯审定太费功夫，即文学辞典中也难尽包括进去。

　　沈雁冰君在这篇论文后面，加以附注，以为他个人很怀疑文学名辞有审定的可能与必要。他的理由是：现在国语不普及，音译的字就是审定了也是不能行远。批评文学上诸名词则审定后恐怕很难叫人满意。地名可以让地理专家办理。书名及书中的人名地名则不关紧要。他这种话，我以为未免有些错误了。医学上、化学上不是也有很多音译的名辞么？为什么他们不以现在没有统一的国语而要不畏难地去审定？他们也有很多义译的名辞，为什么也不怕很难叫人满意而要不畏难地去审定？地名也许尚可以让地理专家去办。但在现在地名未统一之时，文学研究者对于关于文学上地名的审定，却不可不负一部分的责任。至于说书名及书中人名地名不关紧要，则我更不赞成。书名也许不很重要；但文学史上却是要常常用到的。不统一必然有许多不便处。书中的人名更关紧要，如 Oblomov、Hamlet 等都是常用的，许多人都用来做某种性格的人的代表。怎么可以不加审定呢？

我承认这个提议有讨论的必要，所以随便写了几句。但这不过是我个人的意见。我很希望大家能注意讨论它。

——《文学旬刊》第 5 期（1921 年 6 月 20 日）

对于国内研究文学者的希望（1921）

成则人

近来研究文学的声浪日渐高起来了，连我的兴致也提高了不少；忍俊不住，有几句话要向大家面前请教了！

第一，我以为表现人生虽然是文学的第一要义，但一民族的文学应该自有其特点；这特点就是该民族的民族思想。中国古来文学大都是主观的、抒情的；这主观的和抒情的文学虽然不很适宜表现人生，但是却有一桩好处，就是能表现民族思想。古诗十九首中"驱车上东门，遥望北郭墓"一首的乐天观，李太白诗中的放世达观主义，曹子建游侠篇的重然诺主义，以及"男女重义气，何用泉刀为"等诗句中表现的非拜金主义……都是民族思想的结晶；虽然这些思想不见得统统都是好的。一种民族思想对于全人类总是有关系的；若能和其他民族思想接触了，总可以生出新的东西来，促进人类全体的进步。所谓国民性的研究，自然不是文学家包办的事，而且不必定要文学家去办；可是文学家在作品中表现国民性却是非常应该的。现在国内创作家太不注意这一点了！创作中满满地都是西洋新思想，几乎分不出这是翻译外国人的呢，哪是中国人自做的呢？我总觉得这是太过分了。希望创作家要多描写一点国民思想。

第二，我们现在都注意着世界的新文学，为什么缘故呢？不是因为新的稀奇，所以我们才去注意啊！我们注意新的缘故，全因为新的文学是代表时代精神的，所以要注意！国内近来翻译界人似乎不能人人对于此层了解，很有"只是新的，无论怎样都好"的神气。有一种月刊（似乎是叫新的小说罢）拣英美杂志上的新东西（新发表的创作）来翻译，有一种报（大概是《时事新报》）上登着一九一七等年的最好短篇小说集里的选篇。这都不大好。因为现在翻译世界的不朽名作还怕赶不及，哪有空工夫去翻译无名的等闲作品呢！希望介绍西洋文学的人要用最经济的手段，省些时力。

第三，文学表现的是时代的精神，介绍文学的人自然也不能不晓得时代思潮的来源和背景；做创作的人不能不晓得。日本现代的创作家几乎没有一个不是新思想者。平民化了的文学才算得是文学。

第四，文学的效力在能感化人。感化人不在量的多，却在质的好。固然有"贯通金石"的文学作品出世，一篇两篇已经很够了。翻译亦然。与其译得多而平平，不如选得精译得好；不成熟的东西还是少发表为是。因为文学作品和其他学术上的论文不同；学术论文重在研究真理，个人有了见解便当不问成熟不成熟立即发表出来，俾大家公开讨论。因为无论他这思想成熟与否，多少总含有一部分的真理，是可以断言的。文学却不然；它重在能感动人，不成熟的作品必不能感动人，岂非根本上没有立足点么？

不过我却没有不许人放胆创作的意思，想来读者总能谅解罢。

——《民国日报·觉悟》（1921年6月28日）

盲目的翻译家（1921）

西谛（郑振铎）

　　《民国日报·觉悟》上（六·二八）曾登了成则人君的一篇"对于国内研究文学者的希望"。中间有一段话说："有一种月刊拣英美杂志上的新东西（新发表的创作）来翻译，有一种报上登着一九一七等年的最好短篇小说里的选篇。这都不大好。因为现在翻译世界的不朽名作还怕赶不及，哪有空工夫去翻译无名的等闲作品呢！"这种话我也久想说了。现在成君说了，我自然要与他表极大的同情。以前有几个朋友想翻几篇英国小说杂志上的东西，我劝他不必翻，因为自文学在英美职业化了以后，许多作家都以维持生活的目的来做他们的作品，未免带着铜臭，且也免不了有迎合读者的心理的地方。如此，自然决不会有什么好作品的。去译它不唯无谓，而且徒然损失了读者与译者的时间与脑力，觉得有些太不值得。不过在实际上，不唯新近的杂志上的作品不宜乱译，就是有确定价值的作品也似乎不宜乱译。在现在的时候，来译但丁（Dante）的《神曲》，莎士比亚的《韩美雷特》（Hamlet），贵推（Goethe）的《法乌斯特》（Faust）似乎也有些不经济吧。翻译家呀！请先睁开眼睛来看看原书，看现在的中国，然后再从事于翻译。

——《文学旬刊》第 6 期（1921 年 6 月 30 日）

文学名辞的审定（1921）

厚生

　　上期鸿声君对于郑君振铎所提议的"文学名辞的审定"很表赞同，可算是一位附议的了。但是我以为文学名辞的审定，在文学上实在无大损益，也没有怎么大关系的；因为文学的目的，是求人们的情绪、理想的最高精神共通的，不是求一人一地的共通的。所以我说乙项文学史上的地名，丁项文学作品中所有的主要人物，实在无审定的必要。因主要人物的成立，在于人物的理想、情绪之充裕，不在于人名字的关系。人名唤张三也可；唤李四，亦无不可。像《玩物之家》里的"娜拉"，和《海上天人》里的"哀梨姐"，无论什么人，都要说她是异样的；若是拿我国才子佳人一类小说来看，他们人名，虽属不同，但面目却不十分异样，我们仅管说某甲就是某乙，某乙就是某甲。由这一说，主要人物的名字，实在是半点不重要，主要人物的表现——个性——却是十分要紧。例如小儿初生，本无所谓名字；他的名字，不过是父母所与的，或甲或乙，或丙或丁，都与小儿无关，名字不过小儿的代表——即个性的代表——罢了，要审定它怎么呢！至于地方名字，虽较人名为重要，但地名的存在，是因为备有地方色彩而成立的。我们只要晓得某人物在某地方，是怎么的环境，只受着什么样的熏染，只要晓得它一个抽象的大概就好了。因文学的任务，不像地理学家讲自然地理那样的详细，那样的重要，所以我也主张地名的审定，请地理学家去干。或有人非难道：如 Oblomov、Hamlet 等，都是被人家常用作代表某种人格的，怎能不统一它咧！但是我们称法兰西、德意志、普鲁士、俄罗斯，岂不是自然而然地统一的吗？试问又有怎么人去审定它呢！所以我很主张人名地名以从俗为主，不必标奇立异，久而久之，自然会统一，又何必多费手续去审定它呢！即或审定，亦未必其能行远。

谈到著作家名字的审定，格外用不着。因为著作家能有几位，我们闭起眼睛来，可以数得出的。至于那些未享大名的著作家，他的作品，固然没有介绍到中国来的价值，就是介绍得来，也是不能永久存在的；所以他的名字，也就无审定的必要。譬比我国历史上的人，多不可言，而一人的名、字、号、别号，又不晓得多少。然而我们写了"丘""仲尼""孔子""夫子""圣人""孔夫子"等字样，我们一看就知道是五千余年前的大圣人孔丘了，绝不会认错的。又譬如我们现在假如写些"莫泊三""毛柏桑""毛泊桑""莫柏商"……，哪一个不认得他是短篇小说王 Guy de Maupassant 呢？若是有人说这些著作家的名字，必须要审定的，那么，我国旧历史上的人名，也应当审定了；不但应当审定，恐怕审定名字的重要，更比审定外国著作家要重要得多：因为翻译出的作家名字，虽属字形不同，然而音节是相近的；我国旧有的历史上人名，不但字形不同，字音也是异样的，然而至今并没有人感觉得什么不便。所以我对于这项的审定，有些不表赞同。至于文学作品的名称——丙项——更无审定的必要。其可以意译的，仅管意译，像"一个自私的巨汉"就是意译的；朱朴君想把它更作"巨汉与小孩"，然而却也不失原来的意义。又像俄国柴桑甫的 *The Bet*，济之君译为"赌胜"，载去年《小说月报》第九号中；上月《时事新报》原放君译为"睹东道"。其题目虽不同，但是我们一看，就知道是二而一了。若说文学作品的题目之审定，是为的文学史上好标用；殊不知文学史的作用，不是拿来统一作品名称的；乃是探求作品的来历，研究其内容，论断其艺术价值的。既然是探求作品的来历，研究其内容，论断其艺术价值，那么，我们自当以原文作重，自当原原本本地把它介绍出来。那时的译名，不过是给读者互相参看，做一个辅佐品罢了。况且现今，正当人事纷繁之秋，我国人所介绍的外国作品，短篇实占多数；若是连这短篇，也加以审定，我恐怕就是以"天地为书"穷毕世的光阴，也审查不了。就是审查完结，也不过是目录之学，于文学上又有什么价值！而且现今我们从事翻译，实在是勉强的办法。我常时有一种幻想，想世界语出世；苟能将全世界语言统一，那么，就没有这不统一的流弊了。但是这话的实现，又不知道若干年呢！我又以为世界语，纵不能实现，我以为无论什么人们，也都要懂得几种文字，人人能直接看异国的文学书才好。但是这种事体，如要办到，又不知是要经过若干年呢！所以为今之计，只好从俗为妙。最好将原文附在译名下面。至于戊项批评文学上诸名辞的审定，依郑君所举的，如"散文诗""抒情诗""民歌""理想主义""写实主义"……，这些多半是译意的，我们一看就会懂。譬如有些人把"理想主义"译作"浪漫主义"，"象征主义"译为"表象主义"。我们且不问它原文如何，就单是本着两种译名看去，就有共通之点了。所以我说到这里，简括起来讲，就是：译音的可以从俗；译意的，任凭各人自家的意思，自由的译去，可不必求其统一；苟统一，反觉得有些不自然。

——《文学旬刊》第 7 期（1921 年 7 月 10 日）

语体文欧化的讨论（1921）

沈雁冰、郑振铎、剑三（王统照）、傅冻薐（傅东华）

中国的语体文，早就有许多人感着不够完全表白文学上的一切叙述与描写之苦了。最初在《新潮》上，傅斯年君曾有一篇文章论到这个问题。近来在《小说月报》十二卷六号上又有雁冰、振铎二君提出这个讨论。在《曙光》的二卷三号上，王剑三君也有一篇与二君表同情的文章。六月三十日的《京报》，又有傅东华君的一篇讨论。雁冰、振铎二君见了傅君的讨论，又作了两篇文章。我们认为这个问题是很有必要讨论的。所以把这几篇文章在这里一起发表了。只有傅斯年君的一篇，因为太长，不便转载。读者对于这个问题有什么批评，也希望能够发表出来。

语体文欧化之我观（一）
雁冰（沈雁冰）

现在努力创作语体文学的人，应当有两个责任：一是改正一般人对于文学的观念，一是改良中国几千年来习惯上沿用的文法。现在了然于前者之必要的人，已经很多；对于后者怀疑的人，却仍旧不少。所以有人自己作语体文，抄译西洋学说，而对于中国语体文的欧化，却无条件地反对了。反对的理由便是：欧化的语体文非一般人所能懂。不错！这诚然是一个最大的理由；但可不一定是最合理的理由。我们应当先问欧化的文法是否较本国旧有的文法好些，如果确是好些，便当用尽力量去传播，不能因为一般人暂时的不懂而便弃却。所以对于采用西洋文法的语体文我是赞成的；不过也主张要不离一般人能懂的程度太远。因为这是过渡时代、试验时代不得已的办法。

语体文欧化之我观（二）

振铎（郑振铎）

中国的旧文体太陈旧而且成滥调了，有许多很好的思想与情绪都为旧文体的成式所拘，不能尽量地精微地达出。不唯文言文如此，就是语体文也是如此。所以为求文学艺术的精进起见，我极赞成语体文的欧化。在各国文学史的变动期中，这种例是极多的。不过语体文的欧化却有一个程度，就是："它虽不像中国人向来所写的语体文，却也非中国人所看不懂的。"

语体文欧化的商榷
剑三（王统照）

中国的文学思想，与达出思想的工具，都已经到了一个完全改革的时期。文学的内在生命——即文学的思想；诚然不能仍让陈腐的、滥套的观念，去作骨子，即外面的形式，Form 也不宜用旧式的描写与叙述，来误了新文学的风调与趣味。这不是一种矜奇的主张，因为旧文体的松懈、平凡、俗劣，不能尽叙述与描写的能事，所以雁冰、振铎二君的提议（见《小说月报》第六号），使我有最大量的同情的赞成。他们所主张要"不离一般人的程度太远"的改革语体文的办法，我也认为必要。记得傅孟真君，前曾为此问题，作了篇长论文，只是大家似乎都不十分了解这种文体的改革法，其实改革语体文，不但于文学上有优美的进步，即于非文学的文字，也能有相当的效力。不过我以为要尽量作欧化的文字；今日研究文学的人，却不可不先担负这个任务。

语体文欧化
傅冻蘺（傅东华）

六号《小说月报》，有沈雁冰、郑振铎两君的文艺丛谈各一则，题为"语体文欧化之我观"。

沈、郑两君，都是主张语体文欧化的。沈君的理由是：要"改良中国几千年来习惯上沿用的方法。……所以对于采用西洋文法的语体文，我是赞成的。"

郑君的理由是："中国的旧文体太陈旧而且成滥调了。……所以为求文学艺术的精进起见，我极赞成语体文的欧化。"

对于两君要打破习惯同求文学艺术精进这两层意思，我都非常赞成，但是两君想用"欧化"的手段来达到这种伟大的目的，我觉得未免所见太浅，文艺原贵创新；即"模仿的"文艺同"因袭的"文艺一样地不能算创新。两君所主张的"欧化"的"化"字，已经包含"模仿"的意味在内，不过把模仿古人——因袭——改为模仿欧人罢了，却仍旧算不得创新。

创新在于想象。Haxtiey B. Alexander 在他的《诗及个人》里面说："……当他（想象）活动的时候，能把心的能力归束在一个最高的目的上去——就是推广我们所居的世界。世界以美而扩大，而想象的任务就是造美。"我相信那种想象所开拓的新且美的世界决不限于欧洲。

所以我以为与其用工夫去模仿欧人，不如多用工夫去养想象力。

语体文欧化问题与东华先生讨论
郑振铎

耿济之兄由北京寄一张《京报》的《青年之友》（六、三十）给我，上面登有傅东华先生的一篇评论，"语体文欧化"，是批评我同雁冰在《小说月报》六号上所登的文艺丛谈的。他所说的话，我认为还很有商榷的余地，所以抽出一点工夫，同他再讨论一下。

　　我的意思是说，"为求文学艺术的精进起见，我极赞成语体文欧化。"换一句话，就是说，语体文的欧化是求文学艺术的精进的一种方源。并没有提起除了使语体文欧化以外，别无他种方法，可以使文学艺术的精进。"文学艺术"本包括一切形成"文学"的元素而言，不仅指"文法"或文学的形式而言。所以就是傅先生所举的"想象"也是文学艺术的一种。想象力的强弱于文学艺术的好坏，确有极大的影响。傅先生想"打破习惯"，"求文学艺术的精进"，想"创新"，而注意于想象力的涵养，我是极赞成的。唯他未免把"形式"或"文法"看得太轻了。我们要晓得文学艺术固不能指"形式"或"文法"而言，然而也是不能仅指"想象力"的。只有想象力是决不能使我们达则创造新文学，或"打破习惯""求文学艺术的精进"的。因为想象是不能单独表白出来的，必定要借着文字才能把它表现给大家看。如果文学的"形式"或"文法"不改造，就有很强的想象力恐怕也是不能充分的发表出来的。因为我们始终相信中国旧式的文言或语体文是不能充分表现我们的思想与情绪与想象力的。如果傅先生赞成这一层意思的话，那么，他也不能说："想用'欧化'的手段来达到这种伟大的目的，我觉得未免所见太浅"了。

　　傅先生以"欧化"为"模仿"也未免有些误解。"模仿"是仿照前人的"体裁"或是模拟名作家的特殊的语法的意思。如扬雄的《解嘲》、班固的《答宾戏》、曹植的《七启》、张协的《七命》之类，才能算得是"模仿"。至于普通文法，是无所谓模仿不模仿的。如果以引进欧洲的普通文法为模仿，那么，哪一个文学家不是模仿别人呢！名词摆在前头，动词摆在后面，是无论哪一个作家都逃不出这个普通的文法规则的。如果以他们为"模仿"，而要别创新格，那么，非至于把"狗跑"变成"跑狗"或别的新鲜的句法不可了。这一层要请东华先生特别注意！

"语体文欧化"答冻薲君

沈雁冰

六月三十号《京报》的《青年之友》有冻薲君的一则短评，语体文欧化，是批评我在《小说月报》六号内所作的一个文艺丛谈，和郑振铎君所作的一个：题目同为"语体文欧化之我见"。

冻薲君批评说："对于两君要打破习惯同求文学艺术精进这两层意思，我都非常赞成。但是两君想用'欧化'的手段来达到这种伟大的目的，我觉得未免所见太浅，文艺原贵创新；即'模仿的'文艺同'因袭的'文艺一样地不能算创新。两君所主张的'欧化'的'化'字，已经包含'模仿'的意味在内，不过把模仿古人——因袭——改为模仿欧人罢了，却仍旧算不得创新。"

我现在要回答兼辩明的，就是冻薲君完全把我那则文艺丛谈的本意看错了——郑君振铎的本意如何，他自己会答复。

我在那则文艺丛谈里曾说："……一是改良中国几千年来习惯上沿用的文法。……对于中国语体文的欧化却无条件地反对了。反对的理由便是：欧化的语体文非一般人能懂。……"这几句话已经明明说出我所指的语体文欧化，是指文法的欧化，不是指"文学艺术"；冻薲君不曾看明区区的意思，所以"短评"内的话竟与我原来的话"文不对题"了。我在那则文艺丛谈的后面又说了几个"文法"——"我们应当先问欧化的文法是否较本国旧有的文法好些……

893

所以对于采用西洋文法的语体文我是赞成的……"——我觉得这些句子的意义实在已是"自己明了"的；不用再添注脚。如今冻魋君竟然误会了。这总是我作的文字还不曾说得过细明白的缘故罢？现在我再过细地说明于下：

（一）我所谓"欧化的语体文法"是指直译原文句子的文法构造的中国字的西洋句调。这种句子在念过西洋文，或看惯西洋文的人看去，一点也不难懂，但不曾念过西洋文，或不看惯西洋文的人，可就和"看天书"一般了。

（二）现在看不惯此等句子的人很多，直接来反对的言论我们听过不少，所以我以为有讨论一下之必要。带便也发表个人的见解。

《小说月报》六号里我作的文艺丛谈一则就是这么一回事，冻魋君却把"文法"的欧化（这是我所讲的）和"文学艺术"的欧化（这是我所未讲的）搅混了，以为我说的"文法欧化"就是"文学艺术欧化"或竟不曾看出我所说的是"文法""欧化"；所以他批评的话，我竟一点责任都不能负；他这短评的全体议论都不和六号《小说月报》内我的文艺丛谈发生一点关系。——这是我要在此辩明的。

以上这些话本来都没有"说"的必要；但因冻魋君既然错解了我的意思，我总也可有自己辨正的权利罢？

——《文学旬刊》第 7 期;《时事新报·学灯》

（1921 年 7 月 10 日）

欧洲文艺复兴时代翻译事业之先例（1921）

百里（蒋百里）

一、绪言

翻译事业于文化运动中，占一部分重要之位置，殆无疑义。比年以来，对于此事业之本身渐有发表其研究态度者（如本年《小说月报》中诸作）。此为一种自觉心之表示，盖一年来——沉寂之文化运动中——唯一好现象也。

虽然，吾今者乃不愿以一己之经验或意见，与当世大夫相讨论，若以直译当如是如是，意译当如彼如彼，吾唯举前人所已成之事实、已得之经验，一一复校之，而于其中以综合之眼光抽出其重大教训，以为吾人之参考刺激模范。盖吾以为（一）今日为解放时代，各人当各本其良心与能力各自行其所为是，（二）明明有事例可证有多数共同之经验可寻，更不必以玄想之态度、单独之经验为无谓之争论。

西洋翻译事业各时代亦各有其人物与特色，愿吾独举文艺复兴时代之一小部言之者，盖不仅以翻译事业以此时代为最盛，尚有特别二事与中国现代有共鸣之致可以使吾人发生绝大之兴趣且可得重要之教训是也。

（一）当时之翻译事业含有主义运动之色彩。翻译本为一种手段，若仅为舌人传递而已，则至于文字之正确精审已达最高点。社会上既无特别反响，而此事业之本身，亦决不会发展。唯其为主义运动也，则为有目的之手段，能于干燥之事实上，加以一种活气，枯窘之文字中，与以一种精神。自古翻译事业之成功未有不其动机至强且烈而能有济者也。譬若渡江欲至金陵，志固不在江也。达之则生不达则死，夫然后击楫中流，凡百困难乃一扫以俱去。当时人文派既视古典为人生最后、最高之目的，故其读古书也能身入古人之环境与之俱化。而同时对于教会之垄断事业竭力反抗，以人生平等之精神行智识普遍之事业。翻译事业之两项先决条件（深入显出）自然包含于其自行创造之环境与生活之中，此则势不能为不负责任之递传者，而为一种有主义之提倡者理固然也。由此例以推今日之中国则可知前次翻译，别无一种主义以为之骨，而现在已渐入于主义运动时代，则不仅此事业之发达可以预言，而将来如何如何之翻译必成功、如何如何之翻译必失败亦可以瞭若观火矣。

（二）当时之翻译事业与国语运动互相为表里。自教权之衰而各民族自觉之情操日以著。国语运动者此情操发展第一之蕊也。当时若英、若德、若法无一有此类运动，吾人于此乃有最盛兴味之二点：（一）唯翻译事业即为国语运动也，故其态度之表面似为模仿，而其内在之真精神乃为创造。故当时翻译不仅传述主义，而技术上亦放一种异彩。（二）则国语运动则借翻译事业而成功也。当时俗语本极贫弱，宫廷语又失之纤巧与雕琢，自翻译事业之盛，而国语之内容乃丰富乃正确，其文体乃自然乃流利，而所谓文学的国语者乃根本成立。由此例以推中国则可知今日之国语运动与翻译事业成连鸡之势其事盖非偶然。而创造之精神殆将借传述之形式以益著其伟大与光荣之未来，诚有令吾人跃然奋起者矣。

语学不精，藏书又少，欲于故纸堆中，搜寻材料，颇不易易。乃以德、法二国之文学史为宗，举其最显著之两事业以为例。非所以考古乃欲借古以证今也。

二、路德之《圣经》翻译事业

路德，宗教家也，然无论何种德国文学史上皆为此宗教家别立一章目。何以故？以其曾经翻译圣经故。哈纳有言"谈德国新文学者当自路德始"。此即其批评其译本《圣经》之语也。路德之于德语，德人比以但丁之于伊语，莎士比亚、萧舍之于英语而尤过之，盖以翻译事业而完成创造国语之责任者，世界文学史上路德一人而已。

路德既与伏姆之宗教会议归而入瓦得堡（Wartburg），乃着手翻译《圣经》（其坐之椅、据之桌、使用之笔，今犹保存于原地，游者每流览焉）。先译新约，于千五百二十二年九月出版，继乃续译旧约于千五百三十二年始完成全书，于三十四年出版，于威得堡，此后时复订正，再版及十次以上。

《圣经》之德译不自路德始，亦不自路德终，而路德之译本，乃独为空前绝后之作者，何也？吾今为便利计，分数点观察之。

（甲）路德自身之人格与原书精神上之关系。路德有言"天下最易了解而无俟乎说明者莫如圣经。"兹言也表面上似反驳当时教会之曲解圣经者，其实路德言此乃另有一种直觉意味。彼自二十岁始获见《圣经》之全部于大学院，后乃求之于希伯来、求之于希腊各原本。彼一生之生活，心目中固无时不在《圣经》也。其早年经极度之烦闷，而一旦入于灵感之悟，其对于《圣经》已有一种忘我（即感情移入）之境。天下唯入之深者乃出之显，谈玄理而佶屈聱牙者必其玄之度有未至也。故"最易了解"一语殆足以表示路德直觉中"我即圣经"之一种气概。故其言曰"翻译非尽人所能，必其敬虔，真实，勤勉，恭谦，有学问而富于经验，且为真正之基督教徒者始克从事。"此则彼自述其地位与人格，迨与后世以翻译者至高之模范也。

（乙）路德之主义与其翻译事业之关系。吾敢谓路德翻译《圣经》非其事业，乃其生命。非其事业之一部，乃其生命之全体。是何也？盖宗教改革之精神，乃在使人人直接于上帝，而不受教皇教会之虚伪的间接介绍。其攻击教会不过为达其平等直接之一种手段，系一种破坏事业而非积极建设事业也。以言建设则必使人人得直接以闻上帝之音。当时《圣经》悉为教会所垄断教皇之愚民作用也，其播诸民间者，不过断章短简，且印刷未兴，传抄不易。自非学者，能通拉丁希腊文字而入教会所掌之大学者，并《圣经》之面而不可得见；遑论意义。若是乎此则此种宏通教旨之翻译乃正为新教建设之唯一生命。路德之译书即路德之创教也。嗟夫，天下焉有视一种事业为其生命之源泉而犹不成功者哉！

（丙）选材之慎，用力之勤，态度之谦。就原本言《圣经》以拉丁文为普通即教会所认定本也，而路德于新约则求之希腊，于旧约则求之希伯来。彼以为拉丁之译本已与原书相差，且拉丁文体不适于德语，故旧德译本之自拉丁者语意粗杂，不独不足以引德人之心，且义多有未明者。故路德乃求之真正之原本而费力尤多其于获得真义之诚既如此；就使用之德语言，则彼于方言淆乱之中，择其比较通行之索逊官话为本，而更取材于民间，使其内容益丰富，方式益自由，遂以成国语。彼其言曰："我想说德国话并不想说拉丁希腊话。"又曰："我不用我自身特别之方言，我用国内一切人无不了解的公共德国话（其实此种话当时并未成立，不通索逊官话为各联邦公同之外交语耳）。"又曰："你们不当从拉丁文中，寻出德国话来问这个字怎样说法；你们应当从家庭里的老妈、街道上的小孩、市场里的平民里去学德国话。"

至于用力之勤，态度之谦，则彼又自言曰："我努力想用纯洁明了的德语，但有时要想得一语常常要费到十四日，乃至三周四周的时间，有时还仍旧找不到适当的译法。"又曰："硬教希伯来人说德国话真是不容易的事。教他们（指语）弃了本国的习惯，来学粗暴的德国话，他们很不愿意，好像要对于他们谋反一般，还好像一只莺教它弃其从前的美音来学杜鹃的唱。"又说"约伯同他不肯听从他的朋友一样也不肯听从我的翻译。"又曰："我很自幸，假如我不从事于翻译或者我就自认为学者，至于死而不悟。"又曰："我死之后，校长教师书记或将各人各自翻译其圣经。而我之译本、我之著作、注译或将不用人世间事，固日进不已而唯新之是适也。"

（丁）天才之原动。以本国极显出之文，译外国极深入之理，自非天才固不易，及其最著者如旧约中之韵文，路德以轻清之散文译之而仍不失其诗味是也。瞿提有言："后人虽有试以韵语译之者，然诗味则仍以路德散文为最美"此诚天才之不可及矣。虽然，彼有其原动也。原动唯何曰情热是已。路德自言："吾最善之文，未有不出于愤激者，当我欲为诗欲书欲说教，必于我愤激之时，然后我之血乃活动吾之智乃锐入，而一切障害悉去。"盖唯其情厚故其词举，言也者情之动于中而不能自已者也。得已而不已，故其词支，其意晦。路德不然，其势如紧张之脉搏，其义直贯中心其词。不枝不蔓，不晦涩，故老妇能解，其眼光注于活动之一般人民，笔锋有情感，则其挟群家以趋，为诗为文，其理一也。

德国之国语以路德之译书而告成功。然吾人当知路德所据之基础有较吾人今日为困难十倍者。亚格利各喇（Agricola）述当时情形有言："吾德人盖绝对未尝注意于其语言，德语盖几废矣，真能为德语者，寥寥若晨星。"而关于德语之圣典文类，及本国语之圣典传播，加耳四世既于千三百六十九年特颁禁令，而政治界宗教界，常反复申明悬为厉禁，如梅因之僧正于千四百八十六年定制印刷翻译《圣经》，以破门之罪是也。以视吾国今日既拥有庞大之既往，而国语且经官厅承认者何可同日语也。呜呼，岂非可惭者哉！

自路德之《圣经》，而德国乃始有新文典，千五百七十八年，格喇由（Clajus）著德语文典，其名曰：Grammatica Germanica ex bibl 之罪是也。以视吾国今日既拥有庞大之既往常反复申明悬为悉去一般。还好像 ibris call 日既拥有（根据路德之《圣经》译本，及其他各种著作之德语文法书）。

路德之文体不仅为一般人所欢迎，即反对者势亦不能不效其体。路德自言："他们偷我的话。这种话他们从前并不知道。但是他们不来谢我，反拿来攻击我。我倒很宽恕他们，因为我到底将对于我不怀好意的青年教会了。"

当时路德之反对者，挟其私意以攻击其翻译者盖亦有之。如谓其在经文硬加一"时路德之反对（但是）"之类，路德则曰："拉丁希腊文中设有 Sola，Solum 等字眼，我也知道用不着他们来教我，这四个字母原本没有是真的，但是他们驴头（蠢之意）看字母好像牡牛看见新门一般。他看见空他不看见里面还有东西。我们要想把意义格外明了，变成德译就要加这个字。因为德国人说话假如两件事是认了这一件，同时又要否定那一件，中间就要用 Allein 这个字。我说的是德国话，不是想说希腊拉丁话。

路德翻译之精神盖非道德人以入古典希伯来，乃使古时之希伯来人变为时代之德人。其事业之影响能使国民情操渐趋一致。后人以为日耳曼民族统一事业路德其首功云，可谓民到于今受其赐也。呜呼伟矣！

三、法国安岳（Amyot）之柏吕大克（Plutaque）翻译事业

十七八世纪法国乃执全欧文化之牛耳。其源何自乎？曰自文艺复兴。夫文艺复兴始于伊，不始于法。顾十六世纪伊开其花，而十七八世纪，法独收其实者。何也？说者曰，伊之人文派，重模仿。复古也，而忘其千余年自身之历史，故其著述，今人几不能举其名，留诸口颊者，仅仅一二著者之人名已耳。法国人文派，重翻译，翻译者，融化也为我有也，创造也。故其译述，迄今犹有奉为圭臬者，而势力之影响于国民者益深且大。故论当代之翻译事业者必首法国。

吾尝谓法国王政之发达与古典文学（Classik）之成功二者殆有若兄弟焉；互为提携而同出于一母。其母谓何？则国民之自觉情操是已。法以北性而受南化，故以其乡土观念之强而被之以南方世界思

想之衣，调和融会而近代之所谓"爱国"二字之意义出焉。故法国之人文派，一方虽全身倾倒于希罗古哲之前，而一缕自觉之灵乃随其倾倒之致而同时发展倚赖其表面独立其精神也（中国至今日尚有以崇拜欧学，为足以丧失国民自觉心者，此不知历史之故也）。而独立之兴会因倚赖而益浓此种心理过程。盖有非俗眼所能皮相者矣。此种独立情操盖为翻译事业盛大之主因，故当十四世纪之末，即有以俗语Vulgaire 译拉丁文者，其后两世纪之间，名著出版者继续不断，兹为简明计，列表如下方。

年代	译者	原著人或原著
1362	Bersuire	Tite-Live
1370—1377	Oresme	Aristotle
1500—1527	Seyssel	Diodorus, Xenophon, Thucydides
1519	J. Sausan	Homère
1524—1530	Lefèvre d'Étaples	Evanglies, Bible
1537	L. Baif	Electre H, Bib
1540	Ch. Esteime	Lh. Esteim
1545	Salel	Homels
1550—1560	La Boilie	Economique
?	Belleau	Anacrion
1570	Amyot	Vies de Plutaque
?	?	Eewre molalerde Plutaque

此长时代之翻译事业，各人皆有其特长，然读当时之翻译，必首举安岳，盖不仅译事以安岳集大成，抑其书与国民之精神教育上及国语之成立上有至大之关系故也。

（甲）柏吕大克之原书与法国国民性之关系。柏吕大克之著作，不直接表示其关于政治、宗教、精神上之意见，而以旁观者之态度观察、描写、叙述人类之真性情。其为文不拘形式而善用烘托对称之笔。其叙伟人之事迹不于其大事而于其小节而各种个性乃跃然纸上。彼于其英雄传之首篇即曰，"余非作历史，余乃作传记。何则，人之善恶良否与其观之于其卓越之功业，无宁观之于其些小行动，简短之发言、忘情之谐谑，更足以见其真性格也。名工画像于眼旁之皱纹则用其全力而于其全身体段，则不过得其大略而已。余之志亦犹是也"。彼能形容个性而同时能使读者激发其名誉心与毅力。彼于亚力山大传中，特记其致亚力斯多德一书曰："如足下以口授鄙人之哲学而公诸天下，则鄙人此后将何以自胜于人。余与其以土地之广、权势之尊与人竞。无宁欲以优越玄妙之学术胜人。"夫贵为天子富有四海之亚力山大王，而乃斤斤与老儒生争一篇之哲学讲义，则可见英雄之遐想自有其远者、高者、深者乃于其一生功业上另加一种异彩者也。此种叙述态度与精神盖于法国国民性与时代潮流有吻合者，盖法人于理性特具一种明晰之致，故观察事物易立于旁观态度（自然派文学极盛于法，亦以此故）。而当时道德派之议论渐占势力。蒙旦中庸之说，发自道德心理方面者，实为古典文学之先河，而其原则挹自柏氏也。蒙旦常评安岳之译本曰："苟无此书拔吾侪于泥污之中，则吾侪其休矣。"读其英雄传之记载，能知于各异之时代各异之性格中另有一种甚深不可动之内在根底。蒙旦因之乃因其"我中有人"之义，而发挥其个人主义而成一种"美的丰富的真实之描写"文字，盖最足代表当时之趣味也。

柏氏之书写影响，今仅举简单之事实可以知之，盖法国名人之可以轰动世界者，若卢骚，若罗兰夫人，若拿破仑，皆以英雄传为爱读必携之书，而史家亦认其为受直接影响者也。

（乙）译者之地位与著者之关系。安岳以苦学生（学仆）资格而得学位，研究古学既深，马格利公主乃用为教授，其教拉丁希腊文者十二年之久，乃络续从事译述，后至伊大利则专以收集柏氏之遗著为事，史家称其为译书之代表者，盖谓其能举法国固有之精神与古典深入而同化也。盖安岳之译书，亦有与路德相似者，则不使当时之法人为希腊化，而能使希腊之古人为当时法国化也。蒙旦有言"吾侪当与安岳以最高之胜利，盖不独其语言之纯洁与自然，为当世第一，即其用力之勤与理解之深亦无人能及之者"。近世苟言柏吕大克者，即联想及安岳二人，殆有不可离之势矣。

（丙）安岳之译文与国语运动之关系。先是人文派多欲以俗语表示其高尚之思想，而常感困难，洛拔奥利浮登（D. Robert Olivetan）常于译本圣经中言之最详，且痛论方言之不一致，迨昂社诗人发表一文曰："法兰西文学之辩护"而国语运动之标帜乃张，彼其意以为俗语之贫弱，与官语之纤巧，皆不足以当国语。虽然此用者之过，而非法语本身不良之故也。故吾侪当取古典之精神而使现代语言改良，而加之丰富使足以表现复杂繁多之现代思想与情感。而安岳之译文，乃适与此理想相合。盖柏吕大克之著既属史类，则凡人类所有之事物皆在所必备，实一种百科全书也。而安岳以自由之笔，说明其种种蕃变之事故。一方既扫除其拘泥之形式，一方又增补其贫弱之名词，而凡政治、教育、哲学、科学、音乐上种种名词，悉移植于法语之中。彼尝自述其选词之法曰："吾择其词之最适于说明某种事项者用之其为词也，必入诸文而和（doux）合于耳，而顺必常出诸善言语者之口，是则法国字而非外国字也。"故安氏之文平直简易而又可听，人不能知其文为安岳所作，抑柏吕大克所作也。Vauglas 赞之曰："真正法语之一切仓库及宝藏"可谓当矣。

安岳之书虽为一般所欢迎，然亦未尝无攻击之者。千六百三十五年，Mezirac 博士于其《翻译论》中曾言安岳之译本，与原字不合者有二千条之多。盖安氏本意译求达旨而已，或加说明或加注释，且当时所苦者正在为古文字所索缚，故拘拘于原文之字句者，视为与误译者为同等之无价值。后世以直译眼光批评，宜其不侔矣，然安岳之价值曾不因此而少损。

四、结论

以上三例，虽不过二，然吾窃以为对于今日之译书界已为之吐万丈之气焰而与以绝大之推进力矣。何以故？

（一）吾侪今日之翻译为一种有主义之宣传运动。

（二）吾侪今日之翻译负有创造国语之责任。

（三）翻译事业之成功者在历史上有永久至大之光荣。其成功条件：（甲）译者、著者、读者有一种精神上密切关系；（乙）译者视翻译为一种"生命""主义"之事业。

（四）无论何种至善之翻译，必有一二不满之批评，然于译者本身之价值，决不因批评而增损。

历史上翻译事业之进步亦若有一定之行程焉。大约发轫时代必为佶屈之短篇文字。此殆小社会中感于必要而后起也。由短篇之直译进而为长篇之意译是为一进步。盖初则仅限于少数人，继乃进求扩充有外延及于群众之势也。此时之译必其文顺而旨乖者多。反动继之，乃再尊直译，是为又一进步。盖昔仅求其义之通，今则求真之念切。外延事业乃转而至于内敛也。由此时代更进一步，则并意译直译之名词而消之，而译事乃告大成。盖当时不独译者进步，即群众亦随之而进步，而相忘于无形也。试举一例。吾人今日读日本新进作家之文，几有不能辨其为译为著者矣。而三十年前，若"经济""社会""金融""天演""进步"等名词，入诸文，鲜有不触目者；今则习为口头禅，而成通俗语矣。此亦译者个人与读者群众双方各自接近之证也。岂独名词，即语法文体，亦何独不如是，特未习者，每觉其不顺耳。

吾人于此，但当悬"嚼饭哺人"与"葡萄酒被水"之二戒，对于此有光荣之未来猛进可耳。唯最后一言，愿吾人自以为警者，则译者当自己尊重其人格与其事业是已。

——《改造》第 3 卷第 11 期（1921 年 7 月 15 日）

俄国文学史中的翻译家（1921）

郑振铎

翻译家的功绩的伟大决不下于创作家。他是全人类的最高精神与情绪的交通者。现在的人类被国界与种族界间隔得支离破碎；各国有各国自己的语言。同是两个人，如果是异国的，他们就当面也不能叙谈了。你不知道他的心理；他也不知道你的情绪。误会以生，而战争以起了。唯有文学史满含着人类的最高的精神与情绪的。由文学的交通，也许可以把人类的误会除掉了不少。所以在世界没有共同的语言以前，翻译家的使命是非常重大的。就文学的本身讲，翻译家的责任也是非常重要的。无论在哪一国的文学史上，没有不显出受别国文学的影响的痕迹的。而负这种介绍的责任的，却是翻译家。威克立夫（Wyclif）的圣经译本，是"英国散文之父"（Father of English Prose）；路德（Luther）的圣经译文也是德国的一切文学的基础。由此可知翻译家是如何地重要了。

俄国文学史中也出了不少的翻译家，他们替俄国文学所尽的责任是很伟大的。最初的俄国文字，就是由马其顿与保加利亚的文字合成的。在一千六百七十二年的时候，俄皇在 Preobrazhenskoe 村里建筑了一座剧场，在这个剧场上曾开演过好几回由德国翻译过来的剧本。到大彼得出而改革俄政的时候，有不少的历史、地理及法律的书籍由外国介绍来。不过他对于文学却不大注意。所以他的改革，对于俄国文学史没有什么显著效果可见。然而自他死了不久，文学潮流却由西欧而汹涌地流滚进来。这个潮流分为两派：一派是日耳曼的，一派是法兰西的。日耳曼的潮流可以塔底契夫（Tatishchev）及罗门诺沙夫（Lomonosov）为代表。法兰西潮流可以甘底麦（Kantemir）亲王及加德邻二世为代表。当时德法二国的书籍，介绍了不少进来。不过这些翻译家都不大著名，并且他们的译文也没有十分文学上的价值。第一个在文学界里发生了很大的影响的翻译家，乃是克鲁洛夫（Kfrylov）。

克鲁洛夫生于一千七百六十九年，死于一千八百四十四年，是一个很伟大的诗人。他的最重要的著作与翻译都是寓言（Fables）。他的寓言最初是翻译拉封登（La Fontaine）的，立刻得了很大的成功，后来又译了很多法国的寓言与伊索寓言（Aesop's Fables）。他的拉封登寓言的译文是不十分直译的。有人说他的译文与其说是翻译，不如说是"再作"（Re-creation）。他取了同样的题目，一切详细虽也都同原文一样，然而到处却都带着他自己的色彩在里边。有时他把拉封登一行的诗句，译成了六行，然而意思就总不差。他这种译文与自己所作的寓言，在俄国诗界中是很有影响的。

继克鲁洛夫之后，而有非常大的影响及于当时及后代的文学界的是助加夫斯基（Basil Zhukovsky）。他生于一千七百八十三年，死于一千八百五十二年。他把俄国的门打开了，引进了德国与英国的诗歌。他最初译得格莱（Gray）的"Elegy"使他立刻有很大的声誉，影响及于斯拉夫文学界的全部。后来他又译了西喇（Schiller）的亚林斯女郎（Maid Orleans）与他的叙事诗，及乌兰（Uhland）、歌德

（Goethe）、海卜尔（Hebbel）的抒情诗，及许多别国的诗歌。他的译文是非常忠实的；但总隐约的带有他自己的个性的印记在里面。不久他做了亚历山大二世的教师，他的文学产品停止了一些时候。到了这个工作完了后，他年纪已经很老了，却还奋斗着译荷马的《奥特赛》（*Odyssey*）。这个译文出现于一八四八—五〇年之间，是很美丽的产品。他服从了翻译的最大原则，就是："不要把好诗变坏了。"所以他的译文在俄国的文学上的价值是极高的，他对于俄国文学成就了很大的使命。在他那个时候，许多俄国文学家只知道有法国的文学，他却使他们眼界更扩大了一层，及于英德乃至全欧洲的文坛。以后的国民文学创造者普希金（Pushkin）与李蒙托夫（Lermontov）都是受他的很大的影响的。他不唯是俄国文学史上的最大的翻译家，并且是欧洲文学史上的最初而且最好的翻译家。

继助加夫斯基之后，而译荷马的《伊里亚特》（*Iliad*）的，有格雷底契（Guldich）。他生于一千七百八十四年，死于一千八百三十二年。他的这个译文的贡献也是很大的。

自此以后，时时地也出了很多的翻译家。福士（Foeth）译霍拉士（Horace）的全集。他的译文是非常好而且忠实的，比他自己的作品还好些。梅依（Mey）译西喇（Schiller）及其他的人的诗。这两个人都不是专门的翻译家；其终生只从事于翻译事业的，有葛北尔（Gebel），他把西喇、歌德、莎士比亚、摆伦（Byron）介绍到俄国文学界里来。又有美亨洛夫（M. Mikhalov），他是最初并且是最好的海涅（Heine）的诗的介绍者。他以政治的关系，被遣至西比利亚，不久就死于这个地方了。他还译了很多别的诗，都是很好的。他也著了一部小说《季候鸟》（*Birds of Passage*），也是很好的。还有文保格

（Weinberg），他翻译莎士比亚、摆伦、西喇、格志加（Gutzfkow）的悲剧；后来又译了歌德和海涅。

近来，俄国的赤色革命成功，他们对于文学更为注意，认定文学对于全人类的联合有非常大的关系。他们组织了一个世界文学丛书社，请高尔该管理这个事。除了印行本国的文学著作外，所有世界上的最好的作品，都要陆续介绍来，规模是非常伟大的。

我因为近来事忙，这篇文章作得太简单而太草率。以后有机会还想重写一篇详细些的。

——《改造》第 3 卷第 11 期（1921 年 7 月 15 日）

翻译文学与佛典（1921）

梁启超

一、佛教输入以前之古代翻译文学

　　翻译有二：一、以今翻古；二、以内翻外。以今翻古者，在言文一致时代，最感其必要。盖语言易世而必变，既变，则古书非翻不能读也。求诸先籍，则有《史记》之译《尚书》。今举数条为例：

《尚书·尧典》	《史记·五帝太纪》
钦若昊天。	敬顺旲天。
允厘百工，庶绩咸熙。	信饬百官，众功皆兴。
帝曰："畴咨！若时登蒲？"放齐曰："胤子朱启明。"帝曰："吁！嚚讼，可乎？"帝曰："咨四岳，朕在位七十载；汝能庸命巽朕位？"岳曰："否德，忝帝位。"曰："明明扬侧陋！"师锡帝曰："有鳏在下，曰虞舜。"帝曰："俞子闻！如何？"岳曰："瞽子，父顽，母嚚，象傲。克谐以孝；烝烝乂，不格奸。"帝曰："我其试哉。"女子时；观厥刑于二女。厘降二女于沩汭，嫔于虞。	尧曰："谁可顺此事者？"放齐曰："嗣子丹朱开明。"尧曰："吁！顽凶，不用。"尧曰："嗟！四岳，朕在位七十载，汝能用命践朕位？"岳应曰："鄙德，忝帝位。"尧曰："悉举贵戚及疏远隐匿者！"众皆言于尧曰："有矜在民间，曰虞舜。"尧曰："然朕闻之。其何如？"岳曰："盲者子，父顽，母嚚，弟傲。能和以孝。烝烝治，不至奸。"尧曰："吾其试哉。"于是尧妻之二女，观其德于二女。舜饬下二女于沩汭，如妇礼。

此种引经法，以后儒眼光论之，则为擅改经文。而司马迁不以为嫌者，盖以今语读古书，义应如此。其实不过翻译作用之一种，使古代思想融为"今化"而已。然自汉以后，言文分离，属文者皆模仿古言，译古之业遂绝。

以内译外者，即狭义之翻译也。语最古之译本书，吾欲以《山海经》当之。此经殆我族在中亚细亚时相传之神话，至战国秦汉间始写以华言，故不独名物多此土所无，即语法亦时或诡异。然此不过吾个人理想，未得确实佐证，不能断言。此外，古书中之纯粹翻译文学，以吾所记忆，则得二事：

（一）《说苑·善说篇》所载鄂君译《越人歌》。

（越语原文）	（楚语译文）
滥兮抃草滥予？昌枑泽予？昌州州𩣏。州焉乎秦胥胥。缦予乎昭澶秦逾渗。堤随河湖。	今夕何夕兮，搴中洲流。今日何日兮，得与王子同舟。蒙羞被好兮，不訾诟耻。心几顽而不绝兮，知得王子。山有木兮木有枝，心悦君兮君不知。

（二）《后汉书·西南夷传》所载白狼王唐菆等《慕化诗》三章。

（原文）	（译文）	（原文）	（译文）
提官隗构	大汉是治，	魏冒逾糟	与天意合。
罔译刘脾	吏译平端，	旁莫支留	不从我来。
征衣随旅	闻风向化，	知唐桑艾	所见奇异。
邪毗继铺	多赐缯布，	推潭仆远	甘美酒食。
拓拒苏便	昌乐肉飞，	局后仍离	屈伸悉备。
偻让龙洞	蛮夷贫薄，	莫支度由	无所报嗣。

阳雒僧鳞	愿主长寿，	莫稚角存	子孙昌炽。

右第一章

倭让皮尼	蛮夷所处，	且交陵悟	日入之部。
绳动随旅	慕义向化，	路且棟雒	归日出主。
圣德渡诺	圣德深思，	魏菌度洗	与人富厚。
综邪流藩	冬多霜雪，	榨邪寻螺	夏多和雨。
藐浔泸漓	寒温时适，	菌补邪推	部人多有。
辟危归险	涉危历险，	莫受万柳	不远万里。
术叠附德	去俗归德，	仍路挛摸	心归慈母。

右第二章

荒服之仪	荒服之外，	犁藉怜怜	土地燒埆。
阻苏邪犁	食肉衣皮，	莫砀粗沐	不见盐谷。
周译传微	吏译传风，	是汉夜拒	大汉安乐。
踪优路仁	携负归仁，	霄折险龙	触冒险陋。
伦狼藏幢	高山歧峻，	扶路侧禄	缘崖磻石。
息落服淫	木薄发家，	理沥髭雒	百宿到洛。
捕苣茵毗	父子同赐，	怀槁匹漏	怀抱匹帛。
传言呼敕	传告种人，	陵阳臣仆	长愿臣仆。

右第三章

右两篇实我文学界之凤毛麟角。《鄂君歌》译本之优美，殊不在《风》《骚》下，原文具传，尤为难得。倘此类史料能得多数，则于古代言语学、人类学皆有大裨，又不仅文学之光而已。然我国古代与异族之接触虽多，其文化皆出我下，凡交际皆以我族语言文字为主，故"象鞮"之业，无足称焉。其对于外来文化为热情的欢迎，为虚心的领受，而认翻译为一种崇高事业者，则自佛教输入以后也。

二、佛典翻译界之代表人物

汉哀帝元寿元年，西纪前二年。博士弟子秦景宪从大月氏王使伊存口受《浮屠经》，见《三国志》裴注引鱼豢《魏略·西戎传》。中国人知有佛典自此始，顾未有译本也。现在藏中佛经，号称最初译出者，为《四十二章经》，然此经纯为晋人伪作，滋不足信。拙著《中国佛教史》别有考证。故论译业者，当以后汉桓、灵时代诋始，东晋、南北朝、隋、唐称极盛。宋元虽稍有赓续，但微末不足道矣。据元代《法宝勘同总录》所述，历代译人及所译经卷之数如下：

（朝代）	（译人）	（部数）	（卷数）
后汉永平十至唐开元十八（西六七—七三〇）	一七六	九六八	四五〇七
唐开元十八至贞元五（西七三〇—七八九）	八	一二七	二四二
唐贞元五至宋景祐四（西七八九—一〇三七）	六	二二〇	五三二
宋景祐四至元至元廿二（西一〇三七—一二八五）	四	二〇	一一五

右表乃总括前后大小译业，略举其概。其实译业之中坚时代，仅自晚汉迄盛唐约六百年间，其译界代表的人物如下：

（一）安世高　安息人，后汉桓帝初至洛阳，译《安般守意经》等三十九部。《长房录》著录百七十六部，大半伪托。

（二）支娄迦谶　月支人，后汉灵帝光和、中平间，译出《般若》《道行经》《般舟三昧经》等十四部。《长房录》著录二十一部。

上述两人实译业开山之祖，但所译皆小品，每部罕有过三卷者。

同时复有竺佛朔天竺人，安玄安息人，支曜月支人，康孟祥、康巨俱康居人，并有所译述。而本国人任笔受者，则孟福、张莲俱洛阳人，严佛调临淮人，最著。

（三）支谦　月支人，支谶再传弟子。汉献帝末，避乱入吴。江南译业自谦始。所译有《维摩诘》《大般泥洹》等四十九经。

（四）竺法护　其先月支人，世居敦煌。西晋武帝时，发愿求经，度葱岭，历诸国，通外国语言文字三十六种，大赍梵经还，沿路传译。所译有《光赞般若》《新道行》《渐备一切智》《正法华》等二百十部。中有伪托。梁《高僧传》云："经法所以广流中华，护之力也。"其追随笔受者，有聂承远、聂道真、陈士伦、孙伯虎、虞世雅等。而聂氏父子通梵文，护卒后，道真续译不少。

（五）释道安　俗姓卫，常山人。安为中国佛教界第一建设者，虽未尝自有所译述，然苻秦时代之译业，实由彼主持。苻坚之迎鸠摩罗什，由安建议；《四阿含》《阿毗昙》之创译，由安组织；翻译文体，由安厘正；故安实译界之大恩人也。其在安系统之下与译业有直接关系者，其人如下：

赵文业　名正，济阴人。仕苻秦为校书郎。苻秦一代译业，皆文业与道安共主持之。晚年出家，名道整，偕法显西游，没于印度。

僧伽跋澄　罽宾人。受道安等之请，译《阿毗昙毗婆沙》。

昙摩难提　兜佉勒人。受道安等之请，译《僧一阿含》《中阿含》《毗昙心》《三法度》等凡百六卷。

僧伽提婆　罽宾人。受道安等之请，助译二《阿含》及《毗婆沙》等。后南渡，入庐山，受慧远之请，校正前译。今本《中阿含》，则提婆与僧伽罗义所再治也。

竺佛念　凉州人。道安等所组织之译业、跋澄、难提、提婆等所口诵者，皆佛念为之笔受。鸠摩罗什之译业，念亦参预。《高僧传》云："自世高、支谦以后，莫逾于念。自符、姚二代为译人之宗。"诸经出念手笔者，殆逾六百卷矣。同时有法和、惠嵩、慧持者，亦参斯业。

（六）鸠摩罗什　其父天竺人，其母龟兹王之妹。什生于龟兹，九岁随母历游印度，遍礼名师，年十二已为沙勒国师。道安闻其名，劝符坚迎之。坚遣吕光灭龟兹，挟什归。未至而坚已亡，光挟什滞凉州。至姚秦弘始三年，姚兴讨光，灭后凉，迎什至长安，备极敬礼。什以弘始三年至十一年凡八年间，译书逾三百卷。经部之《放光般若》《妙法莲华》《大集》《维摩诘》；论部之《中》《百》《十二门》《大智度》，皆成于其手。龙树派之大乘教义盛弘于中国，什之力也。其门下数千人，最著者僧肇、僧睿、道生、道融，时号四圣，皆参译事。

佛陀耶舍　罽宾人，罗什之师。什译《十住经》，即《华严十定品》之别译。特迎耶舍来华，共相征决，辞理方定。

弗若多罗、昙摩流支、卑摩罗叉　多罗、罗叉皆罽宾人；流支，西域人。多罗以弘始六年诵出《十诵律》，罗什司译，未成而多罗逝。翌年，流支至关中，乃与什共续成之。后罗叉来游，在寿春补译最后一诵。律藏之弘、赖三人也。

（七）觉贤　梵名佛陀跋陀罗，迦维罗卫人，释尊同族之苗裔也。释智严游印度，礼请东来。以姚秦中至长安，罗什极敬礼之。既而为什门诸人所排摈，飘然南下。宋武帝礼供、止金陵之道场寺。初，支法领得《华严》梵本于于阗，又无译者。义熙十四年，请觉贤与法业、慧义、慧严等共译之。《华严》开宗，滥觞于此。贤所译经论十五部百十有七卷，其在译界之价值与罗什埒。

（八）法显　俗姓龚，平阳武阳人。以晋隆安三年西三九九游印度求经典，义熙十二年归。凡在印十五年，所历三十余国。著有《佛国记》，今存藏中。治印度学者，视为最古之宝典。欧人有译本及注释。在印土得《摩诃僧祇律》《杂阿含》《方等泥洹》诸梵本。《僧祇律》由觉贤译出，《杂阿含》由求那跋陀罗译出，显自译《方等泥洹》。自显之归，西行求法之风大开。其著者有法勇、即昙无竭。智严、宝云、慧景、道整、慧应、慧嵬、僧绍、此七人皆与法显同行者。智猛、道普、道泰、惠生、智周等，中印交通，斯为极盛。

（九）昙无忏　中天竺人。北凉沮渠蒙逊时至姑臧。以玄始中译《大般涅槃经》、《涅槃》输入始此。次译《大集》《大云》《悲华》《地持》《金光明》等经，复六十余万言。

（十）真谛　梵名拘那罗陀，西天竺优禅尼国人，以梁武帝大同十二年由海路到中国。陈文帝天嘉、光太间，译出《摄大乘论》《唯识论》《俱舍论》等六十四部二百七十八卷。《大乘起信论》旧题真谛译，近来学界发生疑问。拙著《中国佛教史》别有考证。无著、世亲派之大乘教义传入中国，自谛始也。

与真谛相先后者，有菩提流支、勒那摩提、昙摩流支、佛陀扇多、般若流支，皆在北朝盛弘经论，而般若流支亦宗《唯识》，与谛相应。

（十一）释彦琮　俗姓李，赵郡人。湛深梵文，隋开皇间，总持译事。时梵僧阇那崛多、达摩笈多等所译经典，多由琮鉴定。琮著《众经目录》《西域传》等，义例谨严。对于翻译文体，著论甚详。

（十二）玄奘三藏　俗姓陈，洛州人。唐太宗贞观二年，冒禁出游印度。十九年归，凡在外十七年。从彼土大师戒贤受学，邃达法相。归而献身从事翻译，十九年间西六四五—六六三所译经论七十三部一千三百三十卷。其最浩瀚者，如《大般若经》之六百卷，《大毗婆沙》之二百卷，《瑜珈师地论》之一百卷，《顺正理论》之八十卷，《俱舍论》之三十卷。自余名著，具见录中。以一人而述作之富若此，中外古今，恐未有如奘比也。事迹具详《慈恩传》中，今不备述。

（十三）实叉难陀　于阗人。以唐武后证圣间，重译《华严经》，今八十卷本是也。又重译《大乘起信论》等。

菩提流志　南印度人，与难陀同译《华严》，又补成《大宝积经》足本。

（十四）义净三藏　俗姓张，范阳人。以唐咸亨二年出游印度，历三十七年乃归。归后专事翻译，所译五十六部二百三十卷。律部之书，至净乃备。密宗教义，自净始传。

（十五）不空　北天竺人，幼入中国，师事金刚智，专精密藏，以唐开元天宝间游印度，归而专译密宗书一百二十余卷。

晚唐以后，印土佛教渐就衰落，邦人士西游绝迹，译事无复足齿数。宋代虽有法天、法护、施护、天息灾等数人，稍有译本，皆补苴而已。自汉迄唐六百余年间，大师辈出，右所述者，仅举其尤异，然斯业进化之迹，历历可见也。要而论之，可分三期：

第一，外国人主译期；

第二，中外国人共译期；

第三，本国人主译期。

宋赞宁《高僧传》三集论之云："初则梵客华僧，听言揣意，方圆共凿，金石难和。盌配世间，摆名三昧，咫尺千里，觌面难通。……"此为第一期之情状，安世高、支娄迦谶等，实其代表。此期中之翻译全为私人事业，译师来自西域，汉语既不甚了解，笔受之人，语学与教理，两皆未娴，讹谬浅薄，在所不免。又云："次则彼晓汉谈，我知梵说，十得八九，时有差违。……"此为第二期之情状，鸠摩罗什、觉贤、真谛等实其代表。口宣者已能习汉言，笔述者且深通佛理，故瑰典妙文，次第布现，然业有待于合作，义每隔于一尘。又云："后则猛、显亲往，奘、空两通。器请师子之膏，鹅得水中之乳。……印印皆同，声声不别。"此为第三期之情状，玄奘、义净等实其代表。我邦硕学，久留彼都，学既瑰精，辩复无碍，操觚振铎，无复间然，斯译学进化之极轨矣。

三、翻译所据原本及译场组织

今日所谓翻译者，其必先有一外国语之原本执而读之，易以华言。吾侪习于此等观念，以为佛典之翻译，自始即应尔尔。其实不然。初期所译，率无原本，但凭译人背诵而已。此非译师因陋就简，盖原本实未著诸竹帛也。《分别功德论》卷上云：

> 外国法师徒相传，以口授相付，不听载文。

道安《疑经录》云：出《三藏集记》卷五引。

> 外国僧法皆跪而口受，同师所受，若十、二十转，以授后学。

《付法藏因缘传》载一故事，殊可发噱，兹录如下：

> 阿难游行，至一竹林，闻有比丘诵法句偈："若人生百岁，不

见水老鹤，不如生一日，而得睹见之。"阿难语比丘："此非佛语"……"汝等今当听我演：若人生百岁，不解生灭法，不如生一日，而得了解之。"尔时比丘即向其师说阿难语，师告之曰："阿难老朽，言多错谬，不可信矣。汝今但当如前而诵。"……

兹事虽琐末，然正可证印度佛书旧无写本，故虽以耆德宿学之阿难，不能举反证以矫一青年比丘之失也。其所以无写本之故，不能断言。大抵（一）因古代竹帛不便，传写綦难，故如我国汉代传经，皆凭口说。（二）含有宗教神秘的观念，认书写为渎经，如罗马旧教之禁写《新旧约》也。佛书何时始有写本，此为学界未决之问题。但据法显《佛国记》云：

> 法显本求戒律，而北天竺诸国，皆师师口传，无本可写。

法显西游，在东晋隆安三年后，西历五世纪初。尚云"无本可写"，则印土写本极为晚出，可以推见。以故我国初期译业，皆无原本。前引《魏略》载"秦景宪从月氏使臣，口受浮屠经"，盖舍口授外无他本也。梁慧皎《高僧传》称，安世高"讽持禅经"，称支娄迦谶"讽诵群经"，则二人所译诸经皆由暗诵可知。更有数书，传译程序记载特详，今举为例。

（一）《阿毗昙毗婆沙》此书后经玄奘再译为二百卷。由僧伽跋澄口诵经本，昙摩难提笔受为梵文；佛图罗刹宣译，秦沙门敏智笔受为晋本。见《高僧传》卷二。

（二）《舍利弗阿毗昙》，昙摩耶舍暗诵原本，以秦弘始九年命书梵文，停至十六年，经师渐娴秦语，令自宣译。见《出三藏集记卷十一引释道标序》。

（三）《十诵律》，罽宾人弗若多罗以秦弘始六年诵出，鸠摩罗什译为晋文，三分获二，多罗弃世。西域人昙摩流支以弘始七年达关中，乃续诵出，与什共毕其业。见《高僧传》卷三。

若《毗婆沙》者，经两次口授，两次笔授，而始成立。若《十诵律》者，暗诵之人去世，译业遂中辍，幸有替人，仅得续成。则初期译事之艰窘，可概见矣。

在此种状态之下，必先有暗诵之人，然后有可译之本。所诵者完全不完全，正确不正确，皆无从得旁证反证。学者之以求真为职志者，不能以此而满意，有固然矣。于是西行求法热骤兴。

我国人之西行求法，非如基督教徒之礼耶路撒冷，回教徒之礼麦加，纯出于迷信的参拜也。其动机出于学问——盖不满于西域间接的佛学，不满一家口说的佛学，譬犹导河必于昆仑，观水必穷溟澥，非自进以探索兹学之发源地而不止也。余尝搜讨群籍，得晋、唐间留学印度者百八十余人。详见《千五百年前之中国留学生》。今摘举数人，考其游学之动机如下。

法护　是时晋武之世，寺庙图像，虽崇京邑，而《方等》深经，蕴在葱外。护乃慨然发愤，……游历诸国。……遂大赍梵经，还归中夏。梁《高僧传》卷一本传。

法显　常慨经律舛阙，誓志寻求。以晋隆安三年，……西渡流沙……卷三本传。

昙无竭　尝闻法显等躬践佛国，乃慨然有忘身之誓。……除以宋永初元年，……远适西方，进至罽宾国。……学梵书梵语……卷三本传。

道泰　先有沙门道泰，志用强悍。少游葱右，遍历诸国，得《毗婆沙》梵本十余万偈。……卷三《浮陀跋摩传》。

智严　志欲博事名师，广求经论，遂周流西国，……功逾十载。

卷三本传。

宝云　忘身徇道，志欲……广寻经要，遂以晋隆安之初……与法显、智严先后相随。……在外域遍学梵书。卷三本传。

智猛　每闻外国道人说天竺……有《方等》众经，……遂以姚秦弘始六年……出自阳关，……历迦惟罗卫及华氏等国，得《大泥洹》《僧祇律》及余经梵本。卷三本传。

朱士行　尝于洛阳讲《道行经》，觉文意隐质，诸未尽善，……誓志捐身，远求大本，遂以魏甘露五年西渡流沙。卷四本传。

玄奘　既遍谒众师，备餐其说。详考其义，各擅宗途。验之圣典，亦隐显有异，莫知适从，乃誓游西方，以问所惑。《慈恩法师传》卷一。

以上不过举最著之数人为例，自余西游大德前后百数十辈，其目的大抵同一。质言之，则对于教理之渴慕追求、对于经典求真之念热烈腾涌，故虽以当时极艰窘之西域交通，而数百年中，前仆后继，游学接踵。此实经过初期译业后当然之要求，而此种极纯挚、极严正之学者的态度，固足永为后学模范矣。

佛典传写发达之历史，非本篇所能详述。以吾考证所臆测，则印度境外之写本，先于境内；大乘经典之写本，先于小乘。此西纪第四世纪以前之情状也。自尔以后，梵本日增，输入亦日盛，其杂见于唐道宣《续高僧传》者甚多。略举如下：

梁初，有扶南沙门曼陀罗大赍梵本，远来贡献。卷一《僧伽婆罗传》。

菩提流支房内，经论梵本可有万夹。按此未免铺张，卷一本传。

真谛赍经论，以梁大同十二年达南海。……所出经论传记二百七十八卷。……余未译梵本书，并多罗树叶，凡有二百四十夹，若依陈纸翻之，则列二万余卷。今所译讫仅数夹耳。卷一本传。

北齐天保中，邺京三藏殿内梵本千有余夹，敕送天平寺翻译。卷二《那连提耶舍传》。

齐僧宝暹等十人，以武平六年采经西域，……凡获梵本二百六十部。卷二《阇那崛多传》。

隋开皇中新平林邑，所获佛经合五百六十四夹，一千三百五十余部，并昆仑书，多梨树叶。敕送翻经馆，付彦琮披览，并使编叙目录。卷二《彦琮传》。

那提三藏搜集大小乘经律论五百余夹，合一千五百余部，以唐永徽六年达京师。卷五《玄奘传》。

《慈恩法师传》记玄奘所得经典，分类列目如下：

大乘经	二二四部	大乘论	一九二部
上座部书	一五部	三弥底部书	一五部
弥沙塞部书	二二部	迦叶臂耶部书	一七部
法密部书	四二部	说一切有部书	六七部
因明论	三六部	声论	一三部

有原本的翻译，比诸无原本的翻译：第一，有审择之余地；第二，有复勘之余地。其进步之显著，固无待言。即译事之组织，亦与时俱进。其始，不过一二胡僧随意约一信士私相对译。其后，渐为大规模的译场组织。此种译场，由私人或私团体组织者，有若东晋时庐山之般若台，慧远所组织，觉贤曾为主译。有若陈代富春之陆元哲宅，有若陈隋间广州之制旨寺。其以国家之力设立者，有若姚秦时长安之逍遥园，北凉时姑臧之闲豫宫，东晋时建业之道场寺，刘宋时建业之祇洹寺、荆州之辛寺，萧梁时建业之寿光殿、华林园、正观寺、占云

馆、抚南馆，元魏时洛阳之永宁寺及汝南王宅，北齐时邺之天平寺，隋时长安之大兴善寺、洛阳之上林园，唐时长安之弘福寺、慈恩寺、玉华宫、荐福寺等，其最著也。

在此种译场之下，每为极复杂的分功组织。其职员略如下：

（一）译主　如罗什、觉贤、真谛、菩提流支、阇那崛多、玄奘、义净等。

（二）笔受　如聂承远、法和、道含等。

（三）度语　如《显识论》之沙门战陀。

（四）证梵　如《毗奈耶》之居士伊舍罗。

（五）润文　如玄奘译场之薛元超、李义府等，义净译场之李峤、韦嗣立等。

（六）证义　如《婆沙论》之慧嵩、道朗等。

（七）总勘　如梁代之宝唱、僧祐，隋代之彦琮等。

每译一书，其程序之繁复如此，可谓极谨严之态度也已。

四、翻译文体之讨论

翻译文体之问题，则直译意译之得失，实为焦点。其在启蒙时代，语义两未娴洽，依文转写而已。若此者，吾名之为未熟的直译。稍进，则顺俗晓畅，以期弘通，而于原文是否吻合，不甚厝意。若此者，吾名之为未熟的意译。然初期译本尚希，饥不择食，凡有出品，咸受欢迎，文体得失，未成为学界问题也。及兹业寖盛，新本日出，玉石混淆，于是求真之念骤炽，而尊尚直译之论起。然而矫枉太过，诘鞫为病，复生反动，则意译论转昌。卒乃两者调和，而中外醇华之新文体出焉。此殆凡治译事者所例经之阶级，而佛典文学之发达，亦其显证也。

译业起于汉末，其时译品，大率皆未熟的直译也。各书所评诸家译品略如下：

安世高　世高出经、贵本不饰。天竺古文，文通尚质，仓卒寻之，时有不达（《出三藏集记》卷十引道安《大十二门经序》）。

天竺音训诡塞，与汉殊异。先后传译，多致谬滥。唯高所出为群译之首。安公（道安）以为若及面禀，不异见圣（《梁高僧传》卷一《安清传》）。

支娄迦谶　安公校定古今，精寻文体，云某某等经，似谶所出。凡此诸经皆审得本旨，了不加饰（同上《支谶传》）。

竺佛朔　汉灵时译《道行》经，译人时滞，虽有失旨，然弃文存质，深得经意（同上）。

支曜、康巨　汉灵献间译经，并言直理旨，不加润饰（同上）。

据此诸评，则初期译家率偏于直译，略可推见。然其中亦自有派别：世高、支谶两大家译本，今存藏中者不少，内有伪托。试细辨核，则高书实比谶书为易读，谶似纯粹直译，高则已略带意译色彩。故《梁传》又云："高所出经、辩而不华、质而不野，读者亹亹忘倦。"道安《人本欲生经序》云："斯经似安世高译，义妙理婉，每览其文，欲罢不能。"《出三藏集记》卷七。窃尝考之，世高译业在南，其笔受者为临淮人严佛调；支谶译业在北，其笔受者为洛阳人孟福、张莲等。好文好质，隐表南北气分之殊，虽谓直译意译两派，自汉代已对峙焉可耳。

支谦、法护当三国西晋间，译业宏富，所译亦最调畅易读，殆属于未熟的意译之一派。《梁传》称："谦辞旨文雅，曲得圣义。"又引道安言，谓："护公所出、纲领必正，虽不辩妙婉显，而宏达欣畅。"支敏度称："谦以季世尚文，时好简略，故其出经，颇从文丽，然约而义显，可谓深入。"《出三藏集记》卷八引《合首楞严经记》。两公文体，可见一斑，然而文胜之弊已与相缘。故僧睿论谦译《思益经》谓："恭明谦之字前译，颇丽其辞，仍迷其旨。是使宏标乖于谬文，至味淡于华艳。"罗什译《思益梵天所问经》僧睿《序》。僧肇论旧译《维摩诘经》，谓："支谦竺法护所出，理滞于文。"罗什译《维摩诘经》僧睿《序》。支敏度亦谓："支恭明、法护、叔兰，先后所译三本，《维摩》。或辞句出入，先后不同；或有无离合，多少各异；或方言训诂，字乖趣同；或其文梵越，其理亦乖；或文义混杂，在疑似之间。"《出三藏集记》卷九引支敏度《合维摩诘经序》。意译之敝，渐为识者所恫矣。

翻译文体之讨论自道安始，安不通梵文，而对于旧译诸经，能正其谬误。所注《般若》《道行》《密迹》《安般》，寻比文句，析疑甄解。后此罗什见之，谓所正者皆与原文合。《历代三宝记》卷四。彼盖极富于理解力，而最忠实于学问，当第二期译事初起，极力为纯粹直译之主张，其言曰：

"前人出经，支谶、世高，审得梵本难繁者也。叉罗、支越，断凿之巧者也。巧则巧矣，惧窍成而混沌终矣。若夫以《诗》为烦重，以《尚书》为质朴而删润合今，则马、郑所深恨者也。"《摩诃钵罗若波罗蜜抄经序》，《出三藏集记》卷九引。

"昔来出经者，多嫌梵言方质，改适今俗，此所不取，何者？传梵为秦，以不闲方言，求知辞趣耳。何嫌文质？……经之巧质，有自来矣，唯传事不尽，乃译人之咎耳。"十四卷本《鞞婆沙序》。

"译人考校者少，先人所传，相承谓是。……或殊失旨，或粗举意。……意常恨之。……将来学者，审欲求先圣雅言者，宜详揽焉。诸出为秦言，便约不烦者，皆葡萄酒之被水者也。"《比丘大戒序》，《出三藏集记》卷十二引。

"葡萄酒被水"，"窍成混沌终"之两喻，可谓痛切。盖译家之大患，莫过于羼杂主观的理想，潜易原著之精神。陈寿谓："浮屠所载与中国《老子经》而相出入。"见宋赞宁《高僧传》三集卷三，谓《三国志》述临儿国其文如此，今本无此语，亦并无临儿传。盖彼时译家，大率渐染老庄，采其说以文饰佛言。例如《四十二章经》此经吾疑出支谦手，说详《中国佛教史》。非唯文体类《老子》，教理亦多沿袭。此类经典，掺杂我国固有之虚无思想，致佛教变质，正所谓被水之葡萄酒也。以忠实之道安，睹此固宜愍疾，放大声疾呼，独尊直译。其所监译之《鞞婆沙》，"案本而传，不令有损言游字，时改倒句，余尽实录。"原序。时竺佛念笔受诸经，常疑此土好华，每存莹饰，安公深疾，穷校考定，务存典骨。许其五失梵本，出此以外，毫不可差。"《出三藏集记》卷九引《僧伽罗刹集经后记》，作者失名。其严正强硬态度，视近一二年来时贤之鼓吹直译者，盖有过之无不及矣。

安公论译梵为秦，有"五失本三不易"。五失本者：（一）谓句法倒装；（二）谓好用文言；（三）谓删去反复咏叹之语；（四）谓去一段落中解释之语；（五）谓删去后段复牒前段之语。三不易者：（一）谓既须求真，又须喻俗；（二）谓佛智悬隔，契合实难；（三）谓去古久远，无从询证。见《大品般若经序》，以原文繁重，不具引，仅撮其大意如上。后世谈译学者，咸征引焉。要之，翻译文学程式，成为学界一问题，自安公始也。

鸠摩罗什者，译界第一流宗匠也。彼为印度人，深通梵语，兼娴汉言，其所主张与道安稍异。彼尝与僧睿论西方辞体，谓：

> 天竺国俗，甚重文制，……改梵为秦，失其藻蔚，虽得大意，殊隔文体。有似嚼饭与人，非徒失味，乃令呕哕也。《梁高僧传》卷二本传。

推什公本意，殆持"翻译不可能"之论，但既不获已而乞灵译事，则比较的偏重意译。其译《法华》，则"曲从方言，趣不乖本。"慧观、法华宗要序。其译《智度》，则"梵文委曲，师以秦人好简，裁而略之。"僧睿《大智释论序》。其译《中论》，则"乖阙繁重者，皆载而裨之。"僧睿《中论序》。其译《百论》，则"陶练复疏，务存论旨，使质而不野，简而必诣。"僧肇《百论序》。据此可见，凡什公所译，对于原本，或增或削，务在达旨，与道安所谓"尽从实录，不令有损言游字"者殊科矣。吾以为安之与什、易地皆然。安唯不通梵文，故兢兢于失实；什既华梵两晓，则游刃有余地也。什译虽多剪裁，还极矜慎，其重译《维摩》。"道俗虔虔，一言三复。陶冶精求，务存圣意。文约而诣，旨婉而彰。"僧肇《维摩诘经序》。其译《大品般若》。"手执梵本、口宣秦言。两译异音，交辩文旨，……与诸宿旧五百余人，详其义旨，审其文中，然后书之。……胡音失者，正之以天竺；秦言谬者，定之以字义。不可变者，即而书之。故异名斌然，梵音殆半。斯实匠者之公谨、笔受之重慎也。"僧睿《大品经序》由此观之，则什公意译诸品，其惨淡经营之苦，可想见耳。

赞宁云："童寿即罗什译《法华》可谓折中，有天然西域之语趣。"《宋高僧传》卷三。"天然语趣"四字，洵乃精评。自罗什诸经论出，然后我国之翻译文学完全成立。盖有外来"语趣"输入，则文学内容为之扩大，而其素质乃起一大变化也。绝对主张直译之道安，其所监译之《增壹阿含》《鞞婆沙》《三法度》诸书，虽备极矜慎，而千年来鲜人过问。而什译之《大品》《法华》《维摩》以及《四论》，《中》《百》《十二门》《大智度》。不特为我思想界辟一新天地，即文学界之影响亦至巨焉。文之不可以已如是也。

道安大弟子慧远，与罗什并时，尽读其新译，故其持论，渐趋折中。其言曰："譬大羹不和，虽味非珍；神珠内映，虽宝非用。'信言不美，'有自来矣。此言直译之缺点。若遂令正典隐于荣华，玄朴亏于小成，则百家诡辩，九流争川，方将函沦长夜，不亦悲乎？此言意译之缺点。……则知依方设训，文质殊体。以文应质，则疑者众；以质应文，则恍者寡。"《大智论抄序》。此全属调和论调，亦两派对抗后时代之要求也。

此后关于此问题之讨论，莫详于隋代之彦琮。唐《高僧传》卷二本传称其"著《辩正论》，以垂翻译之式"。其要略曰："若令梵师独断，其微言罕革；笔人参制，则余辞必混。意者宁贵朴而近理，不用巧而背源。"此旨要趋重直译也。又言："译才须有'八备'：（一）诚心爱法，志愿益人，不惮久时。（二）将践觉场，先牢戒足，不染讥恶。（三）筌晓三藏，义贯两乘，不苦暗滞。（四）旁涉坟典，工缀典词，不过鲁拙。（五）襟抱平恕，器量虚融，不好专执。（六）耽于道术，澹于名利，不欲高衒。（七）要识梵言，方闲正学，不坠彼学。（八）薄阅《苍》《雅》，粗谙篆隶，不昧此文。"其（一）（五）（六）之三事，特注重翻译家人格之修养，可谓深探本原：余则常谈耳。然琮之结论乃在废译意，欲人人学梵，不假传言。故云："直餐梵响,何待译言?本尚亏圆,译岂纯实?"更极言学梵文之必要,云："研若有功,解便无滞,匹于此域,固不为难。难尚须求,况其易也!……向使……才去俗衣,寻教梵字。……则人人共解,省翻译之劳。"据此,则彦琮实主张"翻译无益论"之人也。以吾观之,梵文普及,确为佛教界一重要问题。当时世鲜注意、实所不解。但学梵译汉、交相为用。谓译可废,殊非自利利他之通轨也。

道宣之传玄奘也,曰："自前代以来,所译经教、初从梵语倒写本文,次乃回之顺同此俗,然后笔人观理文句,中间增损,多坠全言。今所翻传,都由奘旨,意思独断,出语成章,词人随写,即可披玩。"《唐高僧传》卷五本传盖前代译师,无论若何通洽,终是东渡以还始学华语,辞义扞格,云何能免?口度笔受,终分两撅。例如罗什,号称"转能汉言,音译流便。"《梁高僧传》卷二本传。然据笔受《大智度论》之僧睿,则谓:"法师于秦语大格,……苟言不相喻,则情无由比。……进欲停笔争是,则校竞终日,卒无所成。退欲简而便之,则负伤手穿凿之讥。"《出三藏集记》卷十一引《大智释论序》。则扞格情形可以想见。幸而肇、睿诸贤既精教理,复擅文辞。故相得益彰,庶无大过耳。又如真谛,晚年始得与法泰对翻《摄大乘》《俱舍》两论,谛叹曰:"吾早值子,无恨矣。"《唐高僧传》卷一《法泰传》。是知前代任何名匠,总须与笔受者蛩駏相依。故原本所含义谛,最少亦须假途于两人以上之心理,始得现于译本。夫待译乃通,已为间接,此则间接之中又间接焉。其间所失,宜几何者?故必如玄奘、义净,能以一身兼笔舌之两役者,始足以语于译事矣。若玄奘者,则意译直译,圆满调和,斯道之极轨也。

五、译学进步之影

欲察译学之进步，莫如将同本异译之书为比较的研究。吾今选出一书为标准，即《大般若经》之第四分，前代通称《小品般若》者是也。此书前后所译凡九本，五存四佚。今将现存五本以（甲）（乙）（丙）（丁）（戊）符号表其名如下：

（甲）《道行般若经》后汉支娄迦谶译；

（乙）《大明度无极经》吴支谦译；

（丙）《摩诃般若钞经》苻秦昙摩蜱译；

（丁）《小品般若经》姚秦鸠摩罗什译；

（戊）《大般若经第四分》唐玄奘译。

右五本出现之时期，自汉至唐，相去八百余年，其译人皆各时代之代表人物。（甲）本之支娄迦谶与安世高齐名，称译界开创二杰。（乙）本之支谦，则"意译派"第一宗匠也。（丙）本昙摩蜱口译，竺佛念笔述，然实成于道安指导之下。（丁）本之鸠摩罗什，（戊）本之玄奘，则前后两译圣，稍治斯学者，所能共知矣。吾昔曾将此经第一品分五格钞录、比对其异同，不唯可以察文体之嬗易，即思想之变迁亦历历可寻，实一种极有趣之研究也。惜不得梵文原本，与通梵者商榷其得失耳。今摘录数段供参考：

书中发端，记佛命须菩提为诸菩萨演说般若波罗蜜。时舍利弗窃念："须菩提是否能以自力演说，抑承佛威神力？"须菩提知其意而语之，其语五本异译如下：

（甲本）	（乙本）	（丙本）	（丁本）	（戊本）
敢佛弟子所说法、所成法。皆持佛威神。何以故？佛所说法，法中所学。皆有证，皆随法展转相教，展转相成。法中终不共净。何以故？时而说法莫不喜乐者，自恣善男子善女人而学。	敢佛弟子所作，皆乘如来大士之作。所以者何？从佛说法，故有法学。贤者子贤者女，得法意以为证。其为证者所说所诲所言，一切如法无净。所以者何？如来说法，为斯乐者族姓子传相教，无所净。	敢佛弟子所说法所成法，皆承佛威神。何以故？佛说法，法中所学，皆有证以知，便能有所成，展转能相成教。所以者何？怛萨阿竭所说无有异。若有仁善欲学是法，于中终不净。	佛诸弟子，敢有所说，皆是佛力。所以者何？佛所说法于中学者、能证诸法相、证已有所言说，皆与法相不相违背，以法相力故。	世尊弟子敢有宣说显了开示，皆承如来威神之力。何以故？舍利子，佛先为他宣说显了开示法要，彼依佛教，精勤修学，乃至证诸法实性，后转为他有所宣说显了开示。若与法性能不相违，皆是如来威神加被，亦是法性等流。

其间小节可注意者，如（甲）（乙）（丙）本，皆将"敢"字放在句首，当是纯袭印度语法，（丁）（戊）本便不尔。如"善男子善女人"，（乙）本作"贤者子贤者女"，乍视觉极刺眼。如"如来"，（丙）本译音作"怛萨阿竭，"此字在后来译本中已成僵语。然此皆无关宏旨，可勿深辩，以全段文意论。吾辈读（甲）（丙）本，几全不解，读（乙）本似略解，读（丁）（戊）本则全解。盖（甲）（丙）皆属初期之直译派，而其主译者皆外人，不娴汉语；（乙）本属初期之意译派，（丁）本属后期之意译派，其主译者虽皆外人，而略娴汉语；（戊）本则中国人主译，后期之"意直调和"派也。其尤当注意者，五本中皆有"证"字，吾辈读后两本，知其为"证悟"之"证"。然读前三本，则几疑为"证据"之"证"。两义相去，何啻霄壤！又（丁）本言"诸法相"。（戊）本言"诸法实性"，自是此段中主要之语，然（甲）

（丙）两本皆不见此字，知是对译者传译不出，因而没却，此初期直译之弊也。（乙）本作"法意"，虽未阙漏，然笼统含混矣，此初期意译之弊也。（丁）（戊）两本，皆能译矣，然用字精确之程度则又有别。"法相"就现象言，"法性"就本体言，两者虽非一非异；然《般若》属龙树派思想，应云"法性"。若言"法相"，则与无著派思想混矣。故（戊）本所译，自优于（丁）本也。又（丁）（戊）两本，意义皆了。然（丁）本字数远简于（戊）本。（丁）本意译之模范，（戊）本直译之模范也。

（甲本）	（乙本）	（丙本）	（丁本）	（戊本）
菩萨当念作是学，入中心不当念是菩萨。	又菩萨大士行明度无极，当受学此，如学此者，不当念我是道意。	须菩提白佛、菩萨摩诃萨行般若波罗蜜当作是学，学其心不当念我是菩萨。	复次世尊、菩萨行般若波罗蜜时，应如是学、不念菩萨心。	复次世尊、菩萨摩诃萨修行般若波罗蜜多时，应如是学：谓不执著大菩提心。
何以故？有心无心。	所以者何？是意非意，净意光明。	何以故？心无心，心者净。	所以者何？是心非心，心相本净故。	所以者何？心非心性，本性净故。
舍利弗谓须菩提：云何有心无心？	贤子鹙鹭子曰：云何有是意而意非意？	舍利弗谓须菩提云：何有心，心无心？	舍利弗言：何法为非心心？	舍利子问善现言：何等名为心非心性？
须菩提言：如是，亦不有有心，亦不无无心。	善业曰：谓其无为无杂念也。	须菩提言：从对虽有心，心无心。如是，心亦不知者，亦无造者，以是亦不有有心，亦不有无心。	须菩提言：不坏不分别。	善现答言：若无变坏，亦无分别，是则名为心非心性。

此段问答，大可见译笔工拙及译意显晦之差。须菩提语（戊）本"谓不执著大菩提心"一句，（甲）（丙）（丁）三本大同小异，皆云"不念是菩萨"，此直译而不达意也。（乙）本改为"不当念我是道意"，意译的色彩颇重，然益难解矣。（戊）本云："心非心性，本性净故。"又云："若无变坏，亦无分别，是则名为心非心性。"其意盖谓吾人常识所谓心者，皆指有变坏、有分别者也；《般若》之心，无变坏，无分别，是心而非心也。此"心而非心之性"，其本性清净。如此剖读，语意甚莹。（丁）本所译，亦庶几矣，但以心性为心相耳。前三本则缺点甚多：（甲）本殆笔述者完全不解，以影响语搪塞；（乙）本骤读似甚晓畅，实则纯以老、庄学说诬佛说，此意译家之大病也；（丙）本纯粹直译，其"从对虽有心"一语，他本皆不译，窃疑此语甚要，盖指吾人常识有对待之心也。但其以"无造者"翻"无变坏"，以"无知者"翻"无分别"，则拙晦极矣。

（甲本）

菩萨行般若波罗蜜，色不当于中住；痛痒、思想、生死、识不当于中住。

何以故？住色中为行色。住痛痒、思想、生死、识中为行识。设住其中者。为不随般若波罗蜜教。

何以故？行识故。是为不行般若波罗蜜。不行者，菩萨不得"萨芸若"。

（乙本）

菩萨修行明度无极，不以色住。于痛、想、行，不以识住。

所以者何？若止于色，为造色行。止痛、想、行、为造识，非为应受。

明度无极，不以造行为应受。受此，其不具足明度无极，终不得"一切知"。

续表

（丙本）
菩萨行般若波罗蜜，色中不当住。痛痒、思想、生死、识、不当于中住。 想色住、为行生死识、想痛、思想、生死、识、住、为行生死识。设住其中，不随般若波罗蜜教。 不为应"萨芸若"。
（丁本）
菩萨行般若波罗蜜时，不应色中住，不应受、想、行、识中住。 何以故？若住色中，为作色行。若住受、想、行、识中、为作识行。若行作法，则不能受般若波罗蜜。 不能习般若波罗蜜、不具足般若波罗蜜，则不能成就"萨婆若"。
（戊本）
菩萨摩诃萨行般若波罗蜜多时，不应住色，亦不应住受、想、行、识。 所以者何？若住于色，便作色行，非行般若波罗蜜多。若住受、想、行、识，便作受、想、行、识、行，非行般若波罗蜜多。 所以者何？非作行者，能摄般若波罗蜜多。不摄般若波罗蜜多，则于般若波罗蜜多不能修习，……不能圆满，……则不能得"一切智智"，不能摄所有情。

　　读此段最令吾辈注目者，则术语厘定之不易也。即如佛典中最重要之五蕴，所谓色、受、想、行、识者，实几经变迁乃定为今名。

	梵名		今义		（甲）（丙）本	（乙）本	（丁）（戊）本
	Rupa	——	物态	——	色	色	色
	Vedana	——	感觉	——	痛痒	痛	受
五蕴	Sanna	——	记忆	——	思想	想	想
	Sanhhara	——	意志	——	生死	行	行
	Vinnana	——	认识	——	识	识	识

　　旧于此五名，或译以一字，或译以两字，既已参差不类，且痛痒、生死等名，亦不包举，且易误混。支谦全易以一字译，大体甚善矣，然

省"痛痒"称"痛",愈益难解。罗什以后,受、想、行、识斯为定名。区区三字,积数百年之进化,其惨淡经营可想也。又如 Prajna-praramita,(甲)本译音为"般若波罗蜜";而偏重意译之(乙)本,则以"明"译"般若"、以"度无极"译"波罗蜜",因名"明度无极";而(丙)(丁)(戊)三本皆译音不译意。又如 Sarvajna,(甲)本译音作"萨芸若",(丙)(乙)本从之;(乙)本译义作"一切智",(戊)本从之,而加一字为"一切智智"。此皆关于术语之应比较研究者。至于意义畅达之程度,则试以(戊)本作标准,持以对核前四本,其递次进步之迹甚明。

(甲本)	(乙本)	(丙本)	(丁本)	(戊本)
菩萨行般若波罗蜜,一切字法不受,是故三昧无有边无有正。	是名曰"菩萨大士诸法无受之定",场旷趣大而无有量。	是菩萨为行般若波罗蜜,复不受三昧字,广大所入。	是名"菩萨诸法无受三昧",广大无量无定。	是名"菩萨于一切法无摄受定",广大无对无量决定。

就此一句论,(乙)本之意译可谓极适极妙,虽(丁)(戊)本亦不能出其右,而(甲)(丙)两本之直译,真使人堕五里雾中也。

然直译而失者极其量不过晦涩诘屈,人不能读,枉费译者精力而已,犹不至于误人。意译而失者则以译者之思想,横指为著者之思想,而又以文从字顺故。易引读者入于迷途,是对于著者、读者两皆不忠,可谓译界之蟊贼也。已试更就前经试举数段为例:

戊本(玄奘译)	乙本(支谦译)
(一)诸色离色自性。受、想、行、识,离受、想、行、识、自性。……能相亦离所相,所相亦离能相。	(一)其于色也、体色自然。于痛、想、行,休识自然。……于……智休止、智之自然者休矣。想休止,相之自然者休矣。
(二)分明执着故,于"如实道"不知不见,不信谛法,不觉实际。	(二)以专著故,而不知此无所用聪明之法。

右第（一）段依奘译，论心理作用，本极复杂，依谦译，则"自然"两字尽之矣。第（二）段依奘译，谓以平等智观察诸法实相；依谦译，则灰身灭智而已。此与前文所举奘译之"无变坏无分别"，谦译作"无为无杂念"正同一例。此皆袭用老、庄语，欲人易入，而不知已大失原意，正道安所谓"葡萄酒之被水"者也。赞宁云："房融润文于《楞严》，宜当此诮。"《宋高僧传》卷三。须知前代佛典，其愈易读者，愈蹈此病。彼人人爱读之《楞严》，识者已讥之矣。宁又云："糅书勿如无书，与其典也，宁俗。"（同上）。此二语真译界永世之药石，鼓舌操觚者所宜日三复也。

六、翻译文学之影响于一般文学

凡一民族之文化，其容纳性愈富者，其增展力愈强，此定理也。我民族对于外来文化之容纳性，唯佛学输入时代最能发挥，故不唯思想界生莫大之变化，即文学界亦然。其显绩可得而言也。

第一，国语实质之扩大

初期译家，除固有名词对音转译外，其抽象语多袭旧名，吾命之曰"支谦派"之用字法。盖对于所谓术语者，未甚经意，此在启蒙草创时固应然也。及所研治日益深入，则觉旧语与新义断不能适相吻合，而袭用之必不免于笼统失真，于是共努力从事于新语之创造，如前所述道安、彦琮之论译例。乃至明则撰《翻经仪式》，玄奘立"五种不翻"，赞宁举"新意六例"。其所讨论则关于正名者十而八九。或缀华语而别赋新义，如"真如""无明""法界""众生""因缘""果报"等；或存梵音而变为熟语，如"涅槃""般若""瑜伽""禅那""刹那""由旬"等。其见于《一切经音义》《翻译名义集》者既各以千计，近日本人所编《佛教大辞典》所收乃至三万五千余语。此诸语者非他，实汉晋迄唐八百年间诸师所创造，加入吾国语系统中而变为新成分者也。夫语也者，所以表观念也，增加三万五千语，即增加三万五千个观念也。由此观之，则自译业勃兴后，我国语实质之扩大其程度为何如者？

译家正名之结果，更能令观念增其正确之程度。尝读苻秦译之《阿毗昙八犍度论》，其第一篇第三章题为《人跋渠》，第二篇第三章亦题《人跋渠》。及唐玄奘重译此书名为《发智论》，其第一篇之《人跋渠》则改题为《补特迦罗纳息》，第二篇之《人跋渠》则改题为《有情纳息》。（"跋渠""纳息"皆译音，即他经所译"品"字之义）考第一篇原文为 Pudgara Varga，第二篇原文为 Sattva Varga，据玄奘《音义》卷二十二释"补特伽罗"云："梵本补（Pu），此云数；特伽（dga），此云取；罗（ra）此云趣。数取趣，谓数数往来诸趣也。"此殆近于所谓灵魂者，而其物并非"人类"所专有。《唯识述记》卷一释"有情"云："梵言萨埵（Sattva），有情识故，能爱生故。"此殆指凡含生之类而言，故旧本亦译为"众生"。然则此两字皆不能以旧语之"人"字函之明矣。而初期译家，口笔分功，不能相喻，闻梵师所说，义与"人"近，则两皆以"人"译之。读者为旧来"人"字观念所囚，则与本意绝不能了解。且彼中两语，我译以同一之词，则两观念之区分无由辩晰。逮新译出，斯弊乃祛。盖我国自汉以后，学者唯古是崇，不敢有所创作，虽值一新观念发生，亦必印嵌以古字，而此新观念遂淹没于囫囵变质之中，一切学术俱带灰色，职此之由。佛学既昌，新语杂陈，学者对于梵义，不肯囫囵放过，搜寻语源，力求真是，其势不得不出于大胆的创造。创造之途既开，则益为分析的进化，此国语内容所以日趋于扩大也。

第二，语法及文体之变化

吾辈读佛典，无论何人，初展卷必生一异感，觉其文体与他书迥然殊异。其最显著者：（一）普通文章中所用"之、乎、者、也、矣、焉、哉"等字，佛典殆一概不用。除支谦流之译本。（二）既不用骈文家之绮词俪句，亦不采古文家之绳墨格调。（三）倒装句法极多。（四）提挈句法极多。（五）一句中或一段落中含解释语。（六）多复牒前文语。（七）有联缀十余字乃至数十字而成之名词。一名词中含形容格的名词无数。（八）同格的语句，铺排叙列，动至数十。（九）一篇之中，散文诗歌交错。（十）其诗歌之译本无为无韵的。凡此皆文章构造形式上画然辟一新国土。质言之，则外来语调之色彩甚浓厚，若与吾辈本来之"文学眼"不相习，而寻玩稍进，自感一种调和之美。此种文体之确立，则罗什与其门下诸彦实尸其功。若专从文学方面校量，则后此译家亦竟未有能过什门者也。

赞宁论译事云："声明中（一）'苏漫多'，谓泛语平语言辞也。（二）'彦底多'谓典正言辞也。佛说法多依'苏漫多'，意住于义，不依于文，又被一切故。若'彦底多'，非诸类所能解故。……折中适时，自存法语，斯得译经之旨矣。"《宋高僧传》卷三。"彦底多"者，即古雅之文。"苏漫多"者，即通俗之文也。佛恐以辞害意且妨普及，故说法皆用通俗语。译家唯深知此意，故遣语亦务求喻俗。吾侪今读佛典，诚觉仍有许多艰深难解之处。须知此自缘内容含义本极精微，非可猝喻。亦如近译罗素、安斯坦诸述作，虽用白话原非尽人能解也。若专以文论，则当时诸译师实可谓力求通俗。质言之，则当时一种革命的白话新文体也。试读什译《法华》《譬喻品》《信解品》等篇，当知此言不谬。佛典所以能为我国文学界开一新天地，皆此之由。

尤有一事当注意者，则组织的解剖的文体之出现也。稍治佛典者，当知科判之学，为唐宋后佛学家所极重视。其著名之诸大经论，恒经数家或十数家之科判，分章分节分段，备极精密。道安言诸经皆分三部分，一序分，二正宗分，三流通分。此为言科判者之始，以后日趋细密。推原斯学何以发达，良由诸经论本身，本为科学组织的著述。我国学者亦以科学的方法研究之，故条理愈剖而愈精。此种著述法，其影响于学界之他方面者亦不少。夫隋唐义疏之学在经学界中有特别价值，此人所共知矣。而此种学问，实与佛典疏钞之学同时发生。吾固不敢径指此为翻译文学之产物，然最少必有彼此相互之影响，则可断言也。而此为著述进化一显著之阶段，则又可断言也。

自禅宗语录兴，宋儒效焉。实为中国文学界一大革命，然此殆可谓为翻译文学之直接产物也。盖释尊只有说法，并无著书。其说法又皆用"苏漫多"。弟子后学汲其流，则皆以喻俗之辩才为尚。入我国后，翻译经典虽力谢雕饰，然犹未敢径废雅言。禅宗之教，既以大刀阔斧抉破尘藩，即其现于文字者，亦以极大胆的态度，掉臂游行，故纯粹的"语体文"完全成立，然其动机实导自翻译。试读什译《维摩诘》等编，最足参此间消息也。

第三，文学的情趣之发展

吾为说于此，曰："我国近代之纯文学——若小说。若歌曲，皆与佛典之翻译文学有密切关系。"闻者必以为诞，虽然吾盖确信之。吾征诸印度文学进展之迹而有以明其然也。夫我国佛教，自罗什以后，几为大乘派所独占，此尽人所能知矣。须知大乘在印度本为晚出，其所以能盛行者。固由其教义顺应时势以开拓，而借助于文学之力者亦甚多。大乘首创，共推马鸣。读什译《马鸣菩萨传》，则知彼实一大文学家、大音乐家，其弘法事业恒借此为利器。试细检藏中马鸣著述，其《佛本行赞》，实一首三万余言之长歌。今译本虽不用韵，然吾辈读之，犹觉其与《孔雀东南飞》等古乐府相仿佛。其《大乘庄严论》则直是"《儒林外史》式"之一部小说，其原料皆采自《四阿含》，而经彼点缀之后，能令读者肉飞神动。拙著《佛典解题》于此二书别有考证批评。马鸣以后成立之大乘经典，尽汲其流，皆以极壮阔之文澜，演极微眇之教理。若《华严》《涅槃》《般若》等，其尤著也。此一段吾知必为时流谈佛者所大骇怪，但吾并不主张"大乘非佛说"，不承认大乘经典晚出耳：其详见拙著《中国佛教史》。此等富于文学性的经典，复经译家宗匠以极优美之国语为之移写，社会上人人嗜读。即不信解教理者，亦靡不心醉于其词缋。故想象力不期而增进，诠写法不期而革新，其影响乃直接表现于一般文艺。我国自《搜神记》以下一派之小说，不能谓与《大庄严经论》一类之书无因缘。而近代一二巨制《水浒》《红楼》之流，其结体运笔，受《华严》《涅槃》之影响者实甚多。即宋元明以降，杂剧、传奇、弹词等长篇歌曲，亦间接汲《佛本行赞》等书之流焉。吾知闻吾说者必大诃斥，谓子所举各书，其中并不含佛教教理，其著者或且于佛典并未寓目，如子所言，毋乃附会太甚。此等诃辞，吾固承认也。虽然，吾所笃信佛说"共业所成"之一大原理。谓凡人类能有所造作者，于其自业力之外，尤必有共业力为之因缘。所谓共业力者，则某时代某部分之人共同所造业，积聚遗传于后；而他时代人之承袭此公共遗产者，各凭其天才所独到，而有所创造。其所创造者，表面上或与前业无关系，即其本人亦或不自知，然以史家慧眼烛之，其渊源历历可溯也。吾以为近代文学与大乘经典，实有如是之微妙关系，深达文心者，当不河汉吾言。

吾对此问题所欲论者犹未能尽，为篇幅及时日所限，姑止于此。读斯篇者，当已能略察翻译事业与一国文化关系之重大。今第二度之翻译时期至矣。从事于此者，宜思如何乃无愧古人也。

——《改造》第 3 卷第 11 期（1921 年 7 月 15 日）；
《梁任公近著第一辑》中卷（1923 年 6 月）

儿童文学的翻译问题（1921）

春

　　我对于翻译儿童文学，本有一点意见，想和大家讨论一下。刚巧今天看到八月十二日《京报·青年之友》里，冻蕸君所作短评，也有一段时论儿童文学的话，因此我便大胆的把我的一些偏私的见解，写了下来，以求冻蕸君及一般读者的指教。

　　冻蕸君那篇短评，说来说去，只有两个见解：（一）是说儿童文学绝对不能用翻译出来的东西来充数；（二）是说直译的办法，不能使儿童了解。第二个问题，仍然是语体文欧化的问题，现在已有许多人在那里讨论，我可以不说。至于第一层，我对于冻蕸君的"怀疑"，实在也有些"怀疑"。冻蕸君以为翻译的儿童文学"根本不能成立"，他又说："凡是翻译的文学，只足供研究文学的人的研究资料而不能尽文学的真正任务——儿童文学尤其不是翻译的文学所能充当。"这句话真不懂是什么意思。冻蕸君所谓"文学的真正任务"究竟说的是什么？翻译不过是把文学作品的形式变换一下，至于作品里所表现的思想情感，经过翻译之后，是决不会全然消失的；便是作品里的情调、风格、谐律，要是译得好，也往往能保存到八九分。那么翻译出来的东西，为什么竟"不能尽文学的真正任务"呢？难道《神曲》的英文译本、《深斯德》的法文译本、《罪与罚》的德文译本，都只是"研究文学的人的研究资料"，不能算为一种文学作品吗？

翻译的儿童文学"根本不能成立"吗？我对于这句话实在"怀疑"更甚。我现在倒要问问：阿拉伯人的故事集《一千零一夜》（即《天方夜谭》），在世界儿童文学中，要算是一部最著名的作品了，但除古代阿拉伯人外，全世界儿童所读的，都是翻译本，难道是"根本不能成立"么？恩特生的童话，提福的《鲁滨逊漂流记》，都是模范的儿童文学，难道除了在丹麦、英国，此外各国译本都"不能根本成立"吗？

说出"儿童文学不是翻译文学所能充当"那一类的话，似乎显出冻蕹先生对于儿童文学，不大明了。因为儿童的思想情感，和原始人类相同，差不多是各民族都一样的。所以对于甲民族的儿童适用的文学作品，对于乙民族、丙民族的儿童，自然也是一样的适用。所以儿童文学决不应该有国界的分别的。在欧美各国，所流行的童话、故事、歌谣，几乎有一大部分是从他国翻译出来，亚洲的未开化国民间故事，在欧洲却成为普遍的儿童读物。再从英国来看，英国小学生所读故事，大都是从法国、德国、丹麦、瑞典得来的，英国国内流行的故事反居其少数。这样看来，可见"翻译的儿童文学根本不能成立"这句话，有些不大对了。

创作儿童文学是难得成功的事。现在中国儿童文学的资料，可以说是绝无仅有。若要完全创作出来，恐怕是能说不能行罢。现在我们若为供给目前的需要计，实在应该把西洋的童话故事，多翻译一些出来。像丹麦恩特生和德国格林的童话集，几乎成为全世界儿童的读物，在我国却还没有适用的译本（近来群益书社所出的童话集，是从《格林童话集》中译出来的，只是不曾注明，而且译笔似乎也欠缺一点）。这不是可惜的事吗？为了我们的孩子，为了我们的文化前途，我希望现在的翻译家，注意这个罢。

至于翻译的方法，我也以为译儿童文学应该和别种文学作品的译法，略有不同，不过现在不及多谈，将来还想再来讨论一下。还有一层要声明一下才好。我这一篇，并不是替人家"辩护的文章"，《时事新报·学灯》栏译成的儿童文学，从翻译方法上看来，我也觉得有几篇是很有欠缺的呢。

——《时事新报》第 11 号（1921 年 8 月 20 日）

致西谛（1921）

胡嘉

西谛先生：

《文学旬刊》上李之常先生翻译海尔奈 Heine《情曲》，初登出以后，我就有点意见，后来因为种种关系，一直到今天才能发表。

在我批评此译文以前，有二处很奇怪的地方，不得不先写出来。

（一）情曲开头，有一首题辞，差不多是包括一篇意义而言，李君何以不译出？（二）题辞以后"在亲爱□的五月中"一首，何以分作二首？（以致将第二三首改作三四首）

本来呢，文学最重要的是情绪，情节有些勉强，并不能算大错；但是翻译是完全与创作不同的，我以为须要忠实介绍，以不背原意为标准。李君如承认这话说得对，那吗，请他答复我上列的二个疑问。至于李君的译文，我以为大概是好的，并没有与原意大相背驰的地方；但是也不能说完全没有误点，我且将这些一一地写出。

（一）第五首（原文作第四首，以下准此）的七八二句，原文大约是：万一你说：我爱你！□准得眼泪滚滚！与译文的"万一你说你爱我……"，意义本同，我不过指出原文的形式罢了！

（二）第八首三四二句，原意须改为：玫瑰花准得听见，我情人的歌声！略去"我爱"二个字，下面第五句，译文的意思，完全是自行加上的。

（三）第十首"刚济江滚滚不息"的译文，照下句而论，大约"刚济"二字是特殊的名词了，但是在原文里面并没有。第八句"玫包瑰瓣儿"五个字，也是加的，原意只是：那荷花静悄悄的，等着他的爱姝。

（四）第十三首，我的海尔奈集中，无此一首。

（五）第十六首九十二句，原意是：他们并不知道，怎样是你的接吻的甜蜜！怎样是你的接吻的幸福。

（六）第十七首第一段，四句已足原意，"如此可爱的姑娘"一句，殊嫌蛇足。

上列的改正，完全是照德文原本而言的，改的几处地方，不过使它与原意一样，并非依文字而言，除（四）（七）二条例外，另外的都不能不算为小小的误点，或者说我批评太注重机械方面，这话我也不以承认。固然翻译者也要是文学界的人物，有创作的天才，但是决不能以自己的意思来迁就他，所以严格地说起来，文学的作品是不能翻译的，要是退一步而译呢，那吗，只能成这种非驴非马不中不西的文字。

要是李君是用英文译本重译，而且这些误点都是原译所有的，那我们只能希望李君未下笔的时候，以多参考几种译本为佳（《情曲》除开题辞以外，计六十五首，所余大半，李君尽可酌量）。另外的，像已译而未出版的织工，也要审慎一下才好。至于我自己呢，既非诗人，又非专改文学者，不过对于海尔奈的抒情诗，有点嗜好罢了！文学上的具体观念，是完全没有的，很希望李君和一般读者的指教。

此尔收到后，望在《学灯》或《文学旬刊》上登出，并希望李君一个正确的答复？

胡嘉，一九二一,八,二八，于丹阳

——《文学旬刊》第 14 期（1921 年 9 月 20 日）

致胡嘉（1921）

李之常

胡嘉先生：

我译的海涅的《情曲》，承你拿原文校勘，感谢得很；我且稍陈述我的意思作答。

翻译文学作品，是一件艰难的工作，翻译诗，尤其不易。忠实于原文，当然是不易的规律。然而诗的美丽，不止于含意而其诗声亦占重要的位置，意欲面面顾到，欲将原文美好的意思、流利的文字的醇谐的音乐一一谱入中文，竟有些时候死译原文办不到，不能不与译者以不背原文增加几个字，不过译者要慎重用这种权柄。译到诗的音乐一层，那么西文中母音均有时负一种责任，翻海涅的 Levy 也译到这一层，颇以不能谱入英文为歉。这一类的地方我们须仰仗译者的天才，不与他以不背原文的增加字眼实难达的！我的《情曲》译文中确稍有以极慎重的态度运用我心则为安的办法，还希望大家的原谅呢。你二个疑问我分别答于下。

（一）《情曲》本有"序曲"，但是序曲的浪漫色彩浓重了一点，而且序曲的□思曲中都能包含，Untermeyer 的英译本也曾删去。其实我已译成中文，稿存我的朋友西谛兄处。我以为我们的《文学旬刊》篇幅太小，既可以删去，又何必发表。

（二）曲文第一首本分二段，我现存手中的稿本也是那样的，我因欲急寄稿给西谅兄，匆忙中竟分成两半，抱歉得很！

至于你指出的小误点，我也分别答于下。

（一）那句的译文是依 Robert 的译文，意同而形式稍异，我觉无甚要紧。

（二）先生的文与上下译文不符。Levy 译作: with a song of my souls delight. Untermeyer 译作 A song of the one I adore。我折中他两人的译的。第五句亦是 Levy 的译文有的，有那一句似乎明晰些。

（三）刚济江即 Ganges，两种译者文均有，我手中无德文，无法印证。第八句依 Levy 的译本，可惜 Levy 在无须添字处加字眼。

（四）先生的海涅诗集大约不是全豹，所以没有这一首。

（五）第十六首那两译文是折中 Levy 和 Untermeyer 的译者文译的，似较先生的译文可通。

（六）"如此可爱的姑娘"一句是那一首诗第二段第五句，排字的排错在第一段后面了。我的姓有时它也误排成"朱"字。

我近来受黑暗势力的激刺，心火炎炎，忍不住要大声急呼，暂搁置我对于恋爱文学努力，多创作血泪作品了！武昌亲领略过的浩劫，耳闻的汀泗桥岳州的肉搏，令我心旌摇曳，急欲洒我的血泪，抒我的郁积哟！枝叶的问题我不欲多谈，敬谢谢你的盛意。我们今后拟努力，将血泪涂满我们的《文学旬刊》。可敬的朋友，以后还望你多多赐教！

李之常

一九二一、九、二四，于武昌

——《文学旬刊》第 15 期（1921 年 10 月 11 日）

语体文欧化平议（1921）

张友仁

"语体文欧化"一事，现今雁冰、振铎、剑三、冻蕻四君，讨论得很热闹。雁冰、振铎、剑三三君，完全居于赞成一派，他们的理由是：中国的语体文，几十年来习惯上沿用旧文法，已俗劣、腐旧，而成滥调陈式，有许多很好的思想与情绪，不能充分的表现出来。他们又主张语体文欧化的程限，在不离一般人所能懂。冻蕻君则谓语体文欧化的"化"字讲有些模仿欧人的意味；文艺原贵创新，创新在于想象；模仿就不是创新了——这是冻蕻君将文法的欧化，误作文学艺术的欧化的结果，已有雁冰、振铎二君说明辩正，可以不是问题，不须再多说，且来，讲我的意思。

我以为语体文欧化，应即极力地推行，不应仅拘拘于人懂不懂，因为推行广久了，大家自渐懂得。大凡一件事体，在施行之始，懂的人总少，渐渐就可以普遍；而且中西文法的组织，根本上虽然有些不同，共通点却是有的。试问我们还是竭力保存中国滥腔腐调不应用的文法好呢？还是介绍西洋的文法以补我们不足呢？这自然是不能因噎废食了呀；就是欧化的语体文，我们也不能说丝毫没有懂得啦。然在这过渡时期用摆渡船的方计推行语体文欧化，以不离一般人所能懂为范围，这倒也是个通融的办法；这样，进行的手续，可以简易一点。

文学作品的好否，固在内质；外形——文法自是外形之一——也非常重要。外形是传达内质的工具，没有好工具，内质虽极佳妙，又何中传达呢？所以我主张推行语体文欧化，只问好坏，不能仅拘泥于人懂不懂啊！

——《文学旬刊》第 16 期（1921 年 10 月 11 日）

官话字母译音法（1921）

赵元任

　　用中国文字译西文的人名地名本是一件十分麻烦的事，诸君自己作文或读人家文章的时候，大都是曾经有过经验的。其中种种困难的地方，例如（1）西字太长：Christopher Columbus 作克列斯托否·哥仑孛斯，（2）各处读音不同：无锡人译 Ohio 为瓦海瓦，北方人读起来变作 Wahhiwah 了！（3）用字又须避用不雅观的字：某君曾经译 Massachusetts 为麻杀朱色紫，（4）一音可用多字：今天 Kelvin 叫恺尔文，明天忘记了又译作开尔坟。诸如此类的，诸君亦大都晓得，兄弟亦不必多谈了。

　　至于采用别国的名词（Assimilation），这是更难提的事。除了从前从佛教借来的许多名词如涅槃、刹那等外，新名词简直没有。用"烟士披里纯"的人，大都一半是为它新奇有趣的起见，不是因为它便当那才写这不伦不类的五个的呢。

　　这篇稿子的研究，就是想法子用新出的三十九官话字母，规定中文和西文译音关系。

　　兄弟对于这三十九字母的意见，本来亦不是完全赞成的。各批评中最要紧的，就是它所取的字样，不是因为将来国人从五岁识字到七八十岁终生用的时候便当的起见，乃是为今天过渡时代的已经识字的人初学时候省个几点钟时间的起见。例如"之"音作"屮"（须举笔四次），"恶"音作"乛"（须举笔四次），"嗷"音作"幺"，不过是因为 屮是古文的之，乛是恶字的一部分，幺字音像嗷字，这些算小便宜忘顾大体的地方，在西文可称是 ridiculous 之极。

批评固归批评，然而统论之，有这三十九字母，在译音问题上，非但可以称聊胜于无，兄弟觉得可以称它为远胜于无。就使将来这字母再加改良，其中的分音的系统，在官音方面看来，已经去完美不远。所以兄弟仍旧愿意就用这字母和西文作一个对照的研究，如字形有改变，这个对照法亦可以照样改变，这是比较的简单的事。

中西对音的研究有两方面：（1）由中译西，这是比较的容易的事，不在本篇题内。（2）由西文译作中文，这是本篇的正题。初看起来，似乎解决了第一个问题，第二个问题就可以不决自解，其实这问题是繁复的多。因多西文音类比较官音多。除了规定已有的官话字母的西音价值外，有许多地方另须增加字母，而且译音是译音，不是译字母。同一个 a 字，在英文有五六个音，就要有五六种译法。以下所列的系统，不过是兄弟一人自己所计划的，不妥当不完全的地方一定很多，所以要靠诸君大加建设的批评才可以作为永久的应用。

以下的材料，都是排作对照表的式子：

第一表是官话字母表。

第二表是英中对照表。

第三表是法中对照表。

第四表是德中对照表。

第五表是常用前名译音。

第六表是地名人名例表。

第七表是希腊字母名称。

第八表是常用字首字尾表。

第九表是字译与音译的比较表。

关于这几个表的用法，应该要加几项说明：

（1）第三行的注音，是万国注音法的记号（International notation），在法文、德文教科书常见的。Léonce Roudet 的 *Phonétique Générale* 亦采用这个的。

（2）咱们中国读音的习惯在字尾很少有纯子音的。例如初学英文的读 five cents 好像 fivoo centsz，现在咱们既然要译西音，就非得要拿字母当纯音。例如 Sim ㄙㄧㄇ 不读"息模"而读"息姆"，Flick ㄈㄌㄧㄎ 不读"佛力科"而读"夫力克"（克字像上海读音）。

有的时候，字的一部分不在重音的（unaccented），其中的母音就可以带过去不写。例如 Peter ㄆㄧㄊㄦ，不用写ㄆㄧㄊㄝㄌㄦ。在德文尾音 -e 字亦可以照这个例不译。如 Lage ㄌㄚㄍ，不用ㄌㄚㄍㄟ。Lang 作ㄌㄤ，Lange 作ㄌㄤㄦ，不用ㄌㄤㄦㄝ。法文尾音的 -e 比较德文带过去更轻，除了唱歌的时候外，简直差不多全不读，所以更不用多加字母了。

（3）古音本来有两清音 [1]（voiceless, surd），就是（a）pure tenuis，unaspirated，见、端、帮、知（k, t, p, tsh）和（b）aspirated，溪、透、

---

[1] 清浊的名称，很是不合科学的语音学的事实的，因为暂时没有适当的名词，姑且用一用。

滂、彻（k', t', p', tsh'）；一种浊音（voiced sonant），就是群、定、並、澄（g, d, b, dzh）等类。这三层的分别，在江浙一带还保存的。在别处的方言，凡是本来是浊音的字都变作清音的下平、下上、下去、下入了。咱们现在所用的既然是官话字母，所以西文的 d, b, g, z 这些声音都是没有的。兄弟所用解决的法子是这样的：

（a）在西文同一国的语言当中，这 unaspirated 和 aspirated 两种清音是没有分别的。大概法、意、西，这些国都用 unaspirated，德、英、荷等两种都混用不分。

（b）在咱们北方读音，有地方读这些 unaspirated 的清音（见、端、邦、知等）很有点近于真的浊音（voiced）的趣向。京城里的读音更像这样。

从这（a）和（b）两层着想，咱们可以就一概用 aspirated 清音译西文的清音，一概用 unaspirated 清音译西文的浊音。所以第一表当中ㄍ（哥）作 g，ㄉ（得）作 d，ㄅ（拨）作 b 等类，是因为这个缘故。

（4）有许多中国字母是几个声音拼成的。例如 ㄐ＝ㄓ＋一，ㄑ＝ㄔ＋一或ㄘ＋一，ㄒ＝ㄏ＋一，ㄡ＝ㄛ＋ㄨ，ㄞ＝ㄚ＋一，ㄠ＝ㄚ＋ㄨ，ㄢ＝ㄚ＋ㄣ，ㄤ＝ㄚ＋ㄥ，ㄗ＝ㄉ＋ㄙ，ㄘ＝ㄊ＋ㄙ，ㄓ＝ㄉ＋ㄕ，ㄔ＝ㄊ＋ㄕ。这并不是批评官话字母的短处，因为这些合音是常常遇见的；所以应该有特别的短号代表它，同德文 z 字代（t+s）一样的道理。咱们译西音的时候亦可以用用。假如有个名字叫 Tschiantzki，可译作ㄑㄢㄓㄐ（＝Tschi-an-tz-ki），不必译作ㄊㄕ一ㄚㄣㄊㄙㄎ一（＝t-sch-i-a-n-t-（z）-k-i）。

（5）有几个声音官话全没有的。兄弟不得已，只可以自己杜撰几个：z 作 z, zh 作 z, th（浊）作 ㄖ（像 theta）。①

（6）用ㄏ代表德文的 h 和 ch（ach），用ㄒ代表德文的 hi 和 ch（ich），似乎有混杂的不好。但是在德文大概 ch 都在字后，h 大概在字前字中的，所以多数都可以分得清。

（7）这个ㄛ字（五哥等韵）是一个问题。在北官话像法文 le 字的 e，或是英文 err 字的 e，万国符号为 [ə]，romanization 作 é。在南官话（南京、湖北、四川、云南等）是 o 音。兄弟暂时拿它当 o、[ə] 和英文 up 的 u 字三样都用ㄛ。这很像太粗率。其实用起来倒亦过得去。假如诸君有改良法的高见，自然是非常欢迎的。

译 o 字似乎可以用"ㄡ"（欧）字。这个不行的地方，是因十一尤等类的韵，只有京城一带读作（o+u）的，在大多数地方都是读作（e+u）或是（ə+u）。这种 diphthong 的性质，虽然像英国土音的 o，然而和一般的 o 音很不合的。

（8）京话没有 [ɛ] 音，或是纯 [e] 音。"鸭子"，镇江人说 ah tsz，扬州人说 yah tsz，官话亦说 ya tsz。"雷"字有人叫 lei，有人叫 lwei。在西文里这些 [ɛ]、[e] 两个纯音是常常见，咱们既然有一、ㄨ可以拼 y、w，不如就用ㄝ作 [ɛ]，ㄟ作 [e]。如要真的"耶"字，例如 Molière，可加"一"字作ㄇㄛㄌ一ㄝ儿。如要真的"危"字，例如 Swabey，可以加"ㄨ"字作ㄙㄨㄟㄅ一。假如不是这样办，要拼起 Molère，或是 Sabey，那就没有法子了。何以呢？譬如我写ㄇㄛㄌㄝ儿，ㄝ字读耶（iè），ㄇㄛㄌㄝㄤ 已经不是 Molère 而成 Molière 了。譬如我写ㄙㄟㄅ一，ㄟ字读危（wā），ㄙㄟㄅ一 已经不是 Sabey 而成

---

① theta 的 th[θ] 是清音，应排在前面清音之后。——编者

Swabe 了。所以兄弟主张拿ㄝ当纯 [ε]，拿ㄟ当纯 [e] 才好。

（9）英文 ong 的 o 音读得很开，且是常常有的，所以最好用"ㄤ"字代表，不用ㄛㄥ。

（10）R 是世界上最讨厌亦最有趣的字母。在英文字前有点像 l，有点像 zh，有点像官音的日。在字后像 l 像儿字。在德文、法文的小舌 r 又像 h，和德文的 ch。warten 和 wachten 就是德国人自己有时候听错。要是照音定字，是很难做到的事。咱们这个官话字母里的儿（儿）字本来用处很小的，所以最便当的解决法子，就是一概用儿号代 r 字。

（11）英文长 ē 短 ī 的分别，本不是要紧的。假如有时候是有关系的，可以用入声的记号表明它，就是在右下角加一点。例如 Levy 作ㄌㄧㄈㄧ，Livy 作ㄌㄧㄈ一。Mühler（长 ü）作ㄇㄣㄌㄦ，Müller 作ㄇㄩㄌㄦ。

（12）分音法（syllabication）亦是一个问题。假有打字机，那就自然要一个字母一个字母的上下或是左右一排连写。然而横写时读起来便当，不如一个全音（syllable）作一格。例如 Mississippi 写ㄇ-ㄙ-ㄙ-ㄆ，不如写ㄇㄙㄙㄆ的便当。这法子在中国字很可以行，因为最长的字，长不过三个字母，就是一个子音，一个介音，一个韵。例如窗作ㄔㄨㄤ，想作ㄙㄧㄤ，琐作ㄙㄨㄛ。在西文就不然。譬如 strength 这么许多声音合起来，共总只算一个 syllable。要译它作ㄙㄊㄦㄝㄥㄓ，非要分写不行，所以咱们写起外国名字来，非但要有 syllabication，而且再要有 sub-syllabication。这事是很难下一定的规条的。大概像华音一个字的，就可算一个 sub-syllable，例如 strength 可以写作ㄙㄊㄦㄝㄥ或ㄙㄊㄦㄥㄓ。

西文专名既然不过偶尔遇见，或者有了与众不同特别形态，亦有便于认别的好处。诸君假如赞成凡是译名一概单行横列，这亦是一个有理的提议。这一层要等我们讨论之后再作定规。

（13）关于翻译已经大家常用的译名还有一层问题。

（a）譬如一向没有过一定译名的，假如有个江苏人译Pennsylvania作喷雪而犯你鞋，读起来是很像的。再来一个官话字母家，他看见这几个字，就把它照官音拼起来，作为ㄆㄣㄒㄩㄝㄦㄈㄢㄏㄒㄝ就变成了Penn-hsueh-rh-fan-ni-hsieh了！像这种地方，自然应该查原文怎么读法，照样拼音：Pennsylvania就当作ㄆㄣㄙㄧㄌㄎㄟㄏㄚ。

（b）假如一向有定译法的，那就无论旧译和本音对不对，最好就照官音拼出。假如耶稣基督可以写"ㄧㄝㄙㄨㄐㄉㄨ"（Ye Su Ki Tu），不必照英名写作"ㄅㄐㄛㄜㄙㄎㄦㄞㄙㄊ"（Jesus Christ）。

（c）以上（a）（b）两例是甚分明的，然而有许多介乎其间的例就很难断定的。譬如照旧译Paris、France是巴黎、法兰西，就要拼作"ㄅㄚㄌㄧ，ㄈㄌㄚㄙㄢㄧ"。照法文本音直译，就应该拼作"ㄅㄚㄌㄧ，ㄈㄦㄤ"。Boston旧译波士顿，应作ㄅㄛㄕㄉㄨㄩ，照新法译原音就是ㄅㄛㄙㄊㄣ。应该用哪一个呢？对于这些疑题，亦是难一概而论的。大都看所论的是什么字，旧译的资格有多少深，改新译须大改或小改，这些着想而定的。兄弟自己的意见，是赞成用确实原音愈多愈好。

这篇稿子，本来是一篇很草的草稿，兄弟自己一个人的研究，一个人的意见和主张，自然不妥当、不周到之处在很多。有许多的短处，兄弟自己亦见到的，有更多的短处自己亦想不到的。还是要希望有大家的帮助才可以做成一个完全合用、有系统的译音法。

【……】

《兴登堡成败鉴》序（1922）

林纾

　　蒲哈德者，武人耳，非著作家。唯其身历行间，与德人大小数十战，而幸不死。又德法世仇，憾之次骨，故为此书以伸其数十年之积忿。多以议论讥弹其大将。且叙事复杂，言之又言。余与林季璋极力节缩之，尚微觉其絮。此书果落仲马父子之手者，则高骈复厉，读者必且动色。顾蒲哈德非其人也。迩来法人亦渐厌恶古文，通行语体。此亦所谓潮流乎？宜乎中国受其沾染，亦愈趋愈下。古人之菁英，将自此而熠矣！此书原非欧战信史，语出自法人之口，则兴登堡盖世之雄，亦将同其最后之失败，而丧其令名。如拿破仑，其前车也。唯其中颠末粗具，可资考证。余不事译著，可一年矣。既得此书，虽不详不备，亦不能舍置，姑译之以问世。俟有名作，当更译之。至于读者果厌吾文之絮，则咎不在我。吾不审西文，但资译者之口，苟非林季璋之通赡，明于去取，则此书之猥酿不纲尚不止是也。

　　壬戌正月初三日，闽县林纾识。

　　——《兴登堡成败鉴》（商务印书馆，1922 年）

语体文欧化问题（1922）

梁绳祎、雁冰（沈雁冰）等

记者先生：

见贵报七号说："有许多受时间拘留的先生们，反对语体文欧化，希望大家来讨论"。我便是个对语体文欧化的怀疑者，现在奉上这一些薄弱的意见，不知有没有同诸先生谈一谈的价值？

我很佩服雁冰先生主张民众的文学，说文学不是私人贵阀的。但是如果文学是民众的，他的效用是慰藉，是扩大人类喜悦和同情，对于中等阶级的人——在黑暗悲愁中的人——应当如何地慰藉？如何的表同情？但是他们看不懂欧化的语体文——我是常看新闻，并学过一些英文的，看这种文字并不觉扞格，但是昔日的同学，便常来信说：

> 我们用看他种文字的方法，来看西洋式的中国文，全乎不可。他的文法，任意颠倒，差不多一篇文字除非看——仔细看——三个过，不易得个概括的观念。

先生们！你笑他智识简单吗？差不多不读西文的人，很多是这样。那么任何样的慰藉，他们不容易知道，我们十分对他表同情，但是他并不受影响，难道他们便永远被怜惜吗？如果文学的赏鉴，不限于水平线以上的人，这低能的赏鉴者，是要顾一顾的！我也相信艺术的独立，不能受任何方面的牵掣，但是要他离开社会，只限在高能的人，恐怕爱文学的美风，不会出现在中国。

周作人先生说："关于国语欧化的问题，我以为只要以实际上必要与否为断，一切理论都是空话"。是极！空话果然没用，但是周先生只在艺术应用上着想；对于鉴赏者没有顾一顾。

至于某先生的信说："别国一句平常话，我们却说不清楚，或者非常含混，所以非欧化不可。"这话我却不信，假是真像某先生说的那样，我们的翻译的工作，便可宣告停止；并且西欧的学术，我们现在也不能知道一点。我相信用国语翻译西洋文学，必定有很多难翻的地方——或竟没有适当的翻译——这缘于两种文字的来源不同，方法适用不同，便拿西文翻中国的文学，也难句句适当。严格就理论上说，文学便不能翻，贵报沈泽民君"译文学三个问题的讨论"已说得痛快详尽，我更不须多赘。

如果讲翻译，我以为欧化也不十分重要，譬如人家拿松木筑房子，我们拿柏木仿做，只要苦心地忠实地照做，总可得个相近——比较的相近——的样式。要必先用化学的分析，配合的柏木和松木一样才建筑，我以为可以不必，并且也不是经济的方法。

某君信中还说："这样四角方方不能变化的字，恐怕终于欧化不来，无论如何改革，也免不掉拙笨含糊：这实在是我们祖宗遗传给我们的一个致命伤。"是极！如果要想拿那式文法，适用于任何种类的中国文，我敢武断是不可能。那么与其费老大的改革力量，不免拙笨含糊，并感是祖宗遗传的致命伤，不如斩钉截铁说一句：中国的文字非根本废去——即刻的废去——不可；非改用西洋文，中国人表情达意，不免拙笨含糊。请问主张语体文欧化的人，有没有这样决心？

还有一句话，要报告诸先生的，现今一部分倡欧化的人，他作翻译，也不检点，也不斟酌，一字一字地勉强写出。一句和一句，像连又不连，像断又不断，假是不念原文，看去也就似懂又不懂。这样翻译，似乎省事，但是如果欧化专为省事，我更不乐同他讨论。我这并不是说先生们主张语体文欧化，是图省事，不过曾见这样的人，就附带声明一句。我的话完了，提先感谢，等候先生们充分的指导！

梁绳祎

梁绳祎先生：

我非常感谢先生以光明的态度来和我们辩论。现在一般未尝读过"英文"的人看"新式白话文"看不懂，恐是实在情形；但我以为最大困难尚不在"新式白话文"看了不能懂，而在"新式白话文"内的意思看了不能懂。因为形式上的不惯，稍习便惯，思想上的固执，却不是旦夕可以转移的，如今的"新式白话文"的小说，气味和以前的小说大不相同，当然觉得"干燥无味"了。民众文学的意思，并不以民众能懂为唯一条件；如果说民众能懂的就是民众艺术，那么，讴歌帝王将相残民功德，鼓吹金钱神圣的小说，民众何尝看不懂呢。所以我觉得现在一般人看不懂"新文学"，不全然是看不懂"新式白话文"，实在是不懂"新思想"。此外尚有一个原因，即民众对于艺术赏鉴的能力太低弱。因为民众的赏鉴能力太低弱，而想把艺术降低一些，引他们上来，这好意我极钦佩，但恐效果不能如梁先生所预期。因为赏鉴力之高低和艺术本身，无大关系；和一般教育，却很有关系。赏鉴能力是要靠教育的力量来提高，不能使艺术本身降低了去适应。因为我确认现在一般人看不懂新文学，其原因在新文学内所含的思想及艺术上的方法不合于他们素来的口味，"新式白话文法"不过是表面的阻碍，故以为梁先生所称怀疑于欧化白话文的理由——即要顾低能赏鉴能懂而不用"新式白话文"——其实不很充足。

来信中又说："如果讲翻译，我以为欧化也不十分重要"，并以松木柏木筑房子为比喻，这比喻我也觉得有点错。若照梁先生的说法，则松木柏木应该比作构造文学作品的原料——如题材等——至于怎样造法，当然自创可以，看人的样也可法，只要看哪种合理，去做就是了。

某君说"这样四角方方不能变化的文字……"一段话，我个人正有同感，我想不独我如此想，凡曾学习两种文字而细心比较过的，一定都有同样的感想；梁君据此怪别人为何不斩钉截铁说废止汉文，而要空费力气改造，这实在把理想的范围和实行的范围搅在一起了。照我们的理想说，极愿世界只有一种语言，请问现在能实行么？因为现在拿不定将来的理想能不能实现，而遂停止努力，或因理想的方法未达到，连改善现状的梯子都不想要，这两者我以为都不是前进的路线上的办法。所以这两者完全是两件事。

记者　冰答

冰先生：

关于欧化，我也有点意思贡献，我常看外国书籍，意思很透彻；但是要说出来或写出来，几经审度，还难完善，或者自译出来，还自觉不满。从这些地方，我觉得欧化文的必需。但是遇着欲化不能化，或不会化的时候，怎样办呢？就是说怎样去欧化？我意谓顶好把怎样去欧化的大纲，由有研究的几位提出来，见诸实际的讨论、实行，使感受不欧化的痛苦的人，有所藉资。先生看是如何？

　　　　　　　　赵若耶　一九二一，十，二九

若耶先生：

　　你的意思我颇赞同：这就是周作人所主各自试验研究的意思；但这又只可译者、著者在作品里表示出来，似乎没法提出条目来令人研究。你以为是不是？

　　　　　　　　　　　　记者　冰复

　　——《小说月报》第13卷第1期（1922年1月10日）

语体文欧化问题（1922）

吕冕韶、记者等

记者先生：

你们讨论语体文欧化的问题，各有主张，总没有满意的解决。你们所以主张语体文欧化，无非因为我国语法不完全，译文很感困难，这一层的确是大家承认的。但是我们研究语体文，也应该先把我国原有的关于语体文的书籍，仔细整理一下：哪一种语法是可取的，哪一种是不合用的，有改革的必要的。我国通行的白话小说里的语法也很有可取的，和外国语法相同的也很多；不过有的我们还没有注意到罢了，例如《水浒》上有一句："一个和尚叫老丈干爷的送来"，这一句和英国语法完全相同，把它译作英文便是："The monk who calls the old man the adopt father sends it in"。在这句里的"叫老丈干爷的"是一个 Adjective clause；设使把它改作一个 Adjective phrase，"叫老丈干爷的一个和尚送来"，那么这个 Adjective phrase 便太累堆了。这种语法看来似乎很平常，但是现在杂志上有许多作的或译的语体文，往往对于句子的构造（Sentence construction）不很注意，使看的人生厌。但是这种弊病，大半也是我国语法不完全的缘故；所以改造语法，的确是现在最要紧的一件事，不过我们总要从本国原有的白话书籍里入手整理，外国语法只可作参考。设使要完全欧化，事实上也恐怕做不到，并且也莫须有。

吕冕韶　十二，二十八　自宜兴

冕韶先生：

你主张现在要改造语法，必须从本国原有的白话书籍里入手整理，外国语法只可作参考；这意见我颇赞成。本来所谓欧化，大意也不过如此；完全欧化之不可能，我在历次与人通信里都说及一些。有些人拘拘于名词，看见"欧化"二字，不暇详察我们的内容，遂大大误会，以为一切都要照欧文形式，实在和我们的本意相差太远了。

但是对于你所主张的方法——先从整理本国原有的白话书籍入手，而用外国语法作参考——我尚有不能赞同之处。因为整理旧籍只能就旧有的材料里理出几许条例，决不能无中生有，变出若干新花样来；中国语法既然本不完全（这是你亦承认的），则整理旧者之后所得的，仍旧不算完全，仍旧有待于欧洲语法之引入，何如现在就来试着先做"引入"这一步工夫呢？所以我觉得现在创作家及翻译家极该大胆把欧化文法使用；至于这些欧化文法中孰者可留孰者不可留，那是将来编纂中国国语文法者的任务，不是现在创作家与翻译家的事。如果现在的创作家与翻译者顾虑畏缩，不敢拿来应用，恐怕将来编纂中国国语文法的先生们在既整理旧书之后要寻外国文法来做补绽工夫时，反感到没有材料未经试验了。因为外国文法之能否引入中国语里，也要先去试验，不能在书房里论定。现在的欧化文学作者就是当先试验的人，凭了他们的努力，然后将来编纂国语文法的先生们有处着手。

记者　冰

杂谈（十五）：介绍与创作（1922）

西谛（郑振铎）

以前有人说："翻译不过是媒婆，我们应该努力去创作。"后来又有人说："我们应该少翻译，多创作。"近来又有人说："我所希望的是少尽力于翻译，也少尽力于创作，多努力于研攻。"这真是说得一层深似一层了。

我想中国人的躲懒性与无的放矢的谩骂，真是永远革除不了。照他们这样说来，什么"翻译"与"创作"，现在都不用着手了。其实，"创作"的努力，是自然的趋势。我们有一种情绪，深郁在里边，总是要发表出来的。没有这种情绪，虽欲创作而不能，有了这种情绪，虽欲禁止其不发表也是不可能的。什么不相干的人叫他"多"努力，或"少"努力，都是无意识的无用的废话。再说翻译的功能，也不仅仅为媒婆而止。就是为媒婆，多介绍也是极有益处的。因为当文学改革的时期，外国的文学作品对于我们是极有影响的。这是稍稍看过一二种文学史的人都知道的。无论什么人，总难懂得世界上一切的语言文字；因此翻译的事业实为必要了。以少翻译为言的人，我不知道他们是什么意思？

在研攻的时候，未尝不可创作，不可翻译。若待人家说他研攻已多而后始从事于创作或翻译，我不知什么时候才是研攻完成，或被大家相信他的研攻已是"多"而且"够"了？

至于浅薄的创作家与抓着一本书就翻译的人，自然是不应该有的。但是，就有也没有什么害处。他们是肯"做"的人。比之欲"做"而不能或躲懒，一方面又要站在旁边乘机抛几块破瓦的人，总好得万万倍了。

——《文学旬刊》第 29 期（1922 年 2 月 21 日）

《英诗浅释》凡例（1922）

吴宓

〇. 本篇作法，系取英文诗之最精美而为世所熟赏者若干首，加以诠释，逐字逐句不厌繁琐。力求精详，务使读者能豁然贯通，胸中不留疑义。至二三十首之后，读者则可举一反三，用此篇诠释之法，自行研读其他之英文诗，皆可迎刃而解，不复待人为之诠释。故此篇实教人研读英文诗之妙法，比之坊间粗略注解者，自谓有一日之长。又诠释之文力求浅显，故名英诗浅释。

〇. 诗之原理及精神，至为幽微渺茫，难以喻晓。若肆为空论，必坠五里雾中，遂浮泛而无所归宿。而诗之格律程式，亦至繁复沓杂，不便撮述。若条分缕析，必流于支蔓，且枯燥而毫无趣味。本篇以诗之原理精神及格律程式，分述于每首之下，既就此首为例而实在说明之，以见读诗、作诗、论诗，皆需就实有之篇章而研究之。先有作出之诗而后实有原理精神格律程式，故未可悬空立论，闭户造车也。

〇. 异国之诗，本可不译。以原诗之神韵音节，决非译笔所能传也。兹为诠释明白起见，凡本篇所选录之诗，均由编者自行译成中文，译笔不计工拙雅俗，但求密合原意，以备读者比并观之耳。

○．读此篇者，祈先取本期《诗学总论》篇读之，否则恐有扞格之患。盖此二篇，本相辅而行者也。

——《学衡》第 9 期（1922 年 2 月）

与翻译界商榷（1922）

一岑

自新文化运动以来，国人渐觉智识之不足，于是群谋译书以图救济。综计两年中，其所译成之书不下百数十种，可算蔚然成大观了。究其实，这百数十种书的受用如何？凡读了这些书的人都能消化否？你们既然经过一番苦工，则其效果即不能不问。但从各方面所得来的结果，觉得他们所能受用，所能消化的，不过十分之一二，甚而等于零。是则这番苦工不是徒劳无益么！推原其故，则翻译方法似大有商量之余地。其唯一病根就是所谓"直译"。

直译非不可，不过各国文法的组织，总不能完全相同，所以字句之间总有更动的余地。时人主张要句对句、字对字这种笨的译法，不但不懂外国文的人看了莫名其妙，即使懂外国文的人，看了恐怕也不大看得懂吧！现在所译出来的书大半就是犯了这种毛病的。

我们要晓得翻译书籍的目的，是在给那些没有学过外国文的人看，不是要夸示"某种名著也有某国文字的"。如果照这样办法，就请几个认识字母的人去翻字典就得了，何必请专家翻译呢？所以现在翻译书籍，"信"字的重要固不用说，而"达"字在中国也是不可缺的条件。这个"达"字，我们可以作为人人懂得的解释；现在所译出来的书，大半是不能叫人懂得，这就是不达了。

译书真不是一件容易的事。近代所出之书还容易了解，若是前人的书籍，便有好多意义很晦涩的，如康德、如叔本华的哲学书，如马克斯的《资本论》，就原书的意义已就不容易了解，若要译成他国文字，则字句之斟酌真要很费心血了。所以我以为翻译的方法应该分几种：

（一）前人的名著　在原文明白的地方，固然要译成很明白的国语，若是原文有晦涩处，则不妨用句对句、字对字的直译法，另外附上原文，或是将译者对于原文解释的意见做个注解附在下面；那么，既不失真，而一般人也能了解里面的意义了。

（二）近代的著作　这种书原文的意义既很明白，只要照它的意思写成中国文就可，不必为它的文字的组织所拘束，这种译法，也就是一般人所谓的意译。不过这种译法也最容易陷入一种毛病，就是译者欢喜任意删改原文。我以为这种办法也是极不妥当。因为翻译是完全把原著者意思译成别国的文字，不过文字的区别，而意义还是一样的；若要把它删改，那就失却原著者意思了。严又陵先生所译的各书不能算成善本的缘故，就是犯了欢喜任意删改的毛病。

（三）文学书　中国文的组织有许多不合文法的地方，这是不能讳的。不过改良的办法，是在渐进，而不在急进。因为文字是日用必需的东西，若要顿时改变，则新的既不能一时使人了解，而文字又不能一刻不用，所以不如用渐进的办法，将翻译的文学书略带有文法的组织的欧化文，慢慢地增加程度，使一般人都能了解欧化文如中国固有的文字一样，然后各种书籍都能用欧化文体去翻译了。

这几条是一时所想的，其余没有见到的地方，要请翻译界提出讨论。

还有一句附告的话，就是：现在已经译成的书籍，也要再去大改修改，否则，真是枉费时间金钱了。

——《时事新报·学灯》（1922 年 3 月 2 日）

语体文欧化的讨论（1922）

沈雁冰、吕一鸣等

记者：

自贵报提出"语体文欧化的讨论"，我时常想把对于此问题的主张写出；但因他种原因，不克如愿。

我觉得语体文有欧化的必要，因为中国的文法组织不完善，譬如：

"What a pretty flower!" said the woman.

——Little Thumb ——

若按中国文法译出，则为：

妇人说："何等美丽的花呀！"

我们考究这句话的主文，当然是"何等美丽的花呀"，我们所要知道的亦只有此句，至于"妇人说"三字，不过是解释或表示这话的发出者，没有多大的重要。而中国的文法，竟将其置于主文之前，岂非大错特错吗！欧化的语体文，译为：

"何等美丽的花呀！"妇人说。

这样译法，宾主所站的地位，都十分恰当；所以我对于语体文的欧化，一百二十分表同情的！

区区的意见，不知对否？请指教！

吕一鸣，一九二二，一,六。天津河北三马路东兴里一鸣先生：

　　来信所举的例，当然是许多例中的一个；现在我们想把欧文句法参加在语体文中，虽不仅为这一例所见的好处，然而最显见的，莫过于这一例了。

记者　雁冰

　　【……】

——《小说月报》13 卷 3 期（1922 年 3 月 10 日）

论译诗（1922）

云菱

论到语体文的欧化，我赞同振铎兄的主张，允许在能了解的范围之内的可以欧化。论到诗的文字的欧化，我主张范围还要狭小。但是有些人以为作诗须尊重性灵，所以诗的文字的欧化与否和欧化的深浅，应听之作者主观的自择，宁可让读者不懂，不可为读者勉强；所以我就不说了。

但是作诗是为的表现自己，还可不顾读者之懂不懂，至若译诗则大概都是希望读者理解、赏会的，所以欧化的范围就不可没有限制；否则何必译呢？我以为译诗的文字的欧化不但须求可以理解，还须容易了解。理智的文字的欧化在不甚容易了解之处令读者为一度之思索尚不要紧；诗是重情韵的，若因文字的欧化而在不必令读者思索之处也令读者思索，则情韵总多少有点损失。

我以为译诗要达原有的风调很难，要达原有的音节更难——有时竟可说是绝对不能。所以如果一首诗失去了原有的风调音节就失去原有的价值，则这首诗万不必译。如果失去两者而原有的价值尚无大损失，就不必为保存原有的风格与音节之十分之一或百分之一，而使意义暗晦。如果失去两者而原有的价值丝毫无伤，就更不必为保存风格音节而使文字受不必要的欧化以陷于暗晦。不知先觉的先生们以为如何?

——《诗》第 1 卷第 3 期(1922 年 3 月 15 日)

海外归鸿（1922）

郭沫若

第二信

国内的文艺译品，我少有读过。间或是新闻纸上有些短简的译诗，每肯无意识地读它一篇，但是令人可以满意的，确是寥寥无几。现在有两首被人误译了的歌德的诗，我想再来译一次。一首是《放浪者之夜歌》（*Wandrers Nachtlied*），我前函中译过的那首。这诗是一七八〇年九月六日或七日夜歌德三十一岁时所作，写在几克翰（Gickelhahn）山上的猎屋中的木壁上的。壁上的手迹他在一八一三年八月二十七日（六十四岁）重新缮写过一次。这座猎屋是在一八七〇年八月十一日歌德死后三十八年烧了的。《放浪者之夜歌》倒有两首，但是还有一首是一七七六年二月十二日在弈特尔司堡（Ettersberg）的山坡上作成的；在此顺便把它译出了罢。

你从天上来，
慰解一切的烦恼与心疼，
加倍可怜的，

　　你加倍以醍醐灌顶，

　　唉，我已倦与奔驰！

　　人生的悲乐何谓？

　　甘美的平和哟，

　　请来，唉，请来入我心扉！

　　还有一首是《对月》（An den Mond），我昨晚在睡之前，把它译了。不消说也是不甚满意的。

　　又把你缥缈的清辉，

　　静泻遍林丛溪涧，

　　把我的魂灵儿，

　　终久又溶解完全；

　　你把你和蔼的光波，

　　洒遍了我的周遭，

　　好像是友人的青眼，

　　慈恺地替我忧劳。

　　我的心弦感觉着，

　　欢时苦日的余音，

　　介在悦慰与痛楚之间，

　　我在寥寂之中屏营。

　　流罢，流罢，可爱的溪流！

我是再也不能欢慰，
谑浪，亲吻，都已消亡，
一片志诚，也已如此流去。

那样可贵的殊珍，
从前我也有过！
人纵在坎坷之中，
再也不能忘却！

淙鸣罢，溪流，
沿山涧而莫辞劳，
淙鸣罢，溪流，
悄声地和我哀调，

无论你在冬寒之夜，
激涨你的惊涛，
或许在春阳之时，
萦润那含苞的花草。

幸福呀，这样的人儿，
心无所憎而逐世，
拥一友人在胸，
同他共享乐趣，

享受那人所不知，

人所不曾忆，

通过胸中的迷宫，

夜里逍遥的。

歌德这诗本不是一时作成的，初稿是一七七八年在偎马（Weimar）郊外"角上圆"起的。作此诗的动机，是因为偎马宫廷中有一宫女因失恋溺死于野尔牟河（Ilm），衣囊中藏有歌德的小说《少年维特之烦恼》一书。诗中第四、五、六、七诸节是十年以后加的，注家有以为是对于将来与芳遂坦（Von Stein）夫人绝交之预感，有以为是对于惹忍海牟（Sesenheim）的少女服侣德里克（Friederike）之追忆。全首歌咏的是失恋的情绪。前三节叙述在月光之下屏营。中四节追述失恋之情，向河流而诉哀感，末尾二节结出欣羡之意，确是一首极妙婉的抒情诗。但是我看到中国报上有一处的译文，太不像样子。我们国内的创作界，幼稚到十二万分（日本的《新文艺》杂志本月号有一篇《支那小说界之近况》，笑骂得不堪），连外国文的译品也难有真能负责任——不负作者，不负读者，不欺自己——的产物；也无怪乎旧文人们对于新文学不肯信任了。那样的译品说是世界最大文豪的第一首佳作，读者随自己的身份可以起种种的错感：保守派以为如此而已，愈见增长其保守的恶习；躁近者以为如是而已，愈见加紧地粗制滥造。我相信这确是一种罪过：对于作者蒙以莫大的污辱，对于读者蒙以莫大的误会。这样地介绍文艺，不怕就摇旗呐喊，呼叫新文学的勃兴，新文学的精神，只好骇走于千里之外。

我国的批评家——或许可以说是没有——也太无聊，党同伐异的劣等精神和卑陋的政客者流不相上下，是自家人作的译品或出版物，总是极力捧场，简直视文艺批评为广告用具；团体外的作品或与他们偏颇的先入见不相契合的作品，便一概加以冷遇而不理。他们爱以死板的主义规范活体的人心，什么自然主义啦，什么人道主义啦，要拿一种主义来整齐天下的作家，简直可以说是狂妄了。我们可以各人自己表张一种主义，我们更可以批评某某作家的态度是属于何种主义，但是不能以某种主义来绳人，这太蔑视作家的个性，简直是专擅君主的态度了。批评不可冷却，我们今后一方面创作，一方面批评，当负完全的责任：不要匿名，不要怕事，不要顾情面，不要放暗箭。我们要大胆虚心，佛情铁面，堂堂正正地做个投炸弹的健儿！我尤希望《创造》出版后，每期宜专辟一栏，以登载同人互相批评的文字，用六号字排出最好。

折返日本将近两月了。这短时期中，日本有史以来罕曾有的大事件出了好几桩。我觉得好像是日本民族的人性觉悟期到了。再隔一响，再作详细的批评。

——《创造季刊》第 1 卷第 1 期（1922 年 3 月 15 日）

语体文欧化问题和文学主义问题的讨论（1922）

徐秋冲、雁冰（沈雁冰）等

记者：

现在有许多人讨论语体文欧化问题，我很感佩这般先生们能热心关心文学！但我常常看见其中有一种流于笼统的弊病的议论。我想发这一类议论的先生们，差不多都没有注意到下面的两点：

（1）中国原有的语体文文法，及不来欧文法的周到。

（2）欧文文法，既较华文法为周；因为我们自己创造一种较周的文法很难，故不如"欧化"的叨手。

所以我要劝海内关心语体文欧化问题的可亲爱的同志们：先来把这两点在脑子里踌躇一转；而后才发表议论。那么在这个问题上，尤有益处了。

我以为主义——指文学派头的主义——只有给我们一个分别辨识的作用，并无给我们作模范或学仿的价值。原来文学是重于表现个性的。我们受了环境的刺激，我们心里有怎样的感想——这就是所谓艺术冲动——我只好怎样写出来就是了，何必一定要拘泥模仿主义呢！

我们若能够独具作风，特出杰作，那么我们何尝也不可以自树一派，披靡一时呢！（我因为要使读者明白的缘故，所以才出这个比喻。这并不是我"未登梯而先欲上楼"的傲话。）唯其中我还要声明一点：我的反对学仿"主义"，不是说无论任何主义的作品，都勿用研究；我不过说作品的时候，勿必学仿别家的主义；只须表现我们自己的个性，发挥我们固有的感触罢了！

　　管见如是，不晓得先生以为怎样？还望指教，不胜盼感之至！

　　　　徐秋冲，一九二二，二，二〇晚，自绍兴

秋冲先生：

　　我对于先生论"主义"一段，有未敢苟同之处，特申言于下，请再赐教。

　　你说主义不应模仿各点意见（把主义也误认为一个文家的作风），太偏于理论方面，忽略了实际。因为文学上各主义的本身价值是一件事，而各主义在某时代的价值又是一事；文学之所以有现在的情形，不是漫无源流的，各主义之递兴，也不是凭空跳出来的。照西洋文学之往迹看来，古典文学之后有浪漫文学，是一个反动；浪漫文学之后有自然文学，也是一个反动。每个反动，把前时代的缺点救济过来，同时向前进一步。所以，若就偏重理性与偏重情绪两点看来，浪漫派是古典派的反动，而自然派又是浪漫派的反动，古典派与自然派偏重理性用意实同，然而不能即谓自然主义之反抗浪漫派乃回到古典。这些主义之所以不得不生，一则因为"时代精神"变换了，一则因文艺本身盛极而衰，故有反动。中国现在是否需要西洋的文艺思想与技术？若以西洋"识别"文学的主义来评定中国文学，则中国文学现居何等？中国现在触目即是的小说——上海各报大登的章回体旧小说与新式的短篇小说——究竟是算什么东西？这些小说里有没有作者的个性？这些实际的问题，实在很重要，不从这里去研究去下断案，徒然空论各主义的好歹，空提倡"文学是重于表现个性"等好听而不受用的话，我以为不如不说。老实讲，中国现在提倡自然主义，还嫌早一些；照一般情形看来，中国现在还须得经过小小的浪漫主义的浪头，方配提倡自然主义，因为一大半的人还是甘受传统思想古典主义束缚呢。但是可惜时代太晚了些，科学方法已是我们的新金科玉律。浪漫主义文学里的别的元素，绝对不适宜于今日，只好让自然主义先来了。本题里的话，一时也说不完，我想将来再具体地多写一些，请大家批评。还有一句话：某文家的作风是可以模仿的，而一种主义却不能"模仿"，人受了某主义的影响，并非便是模仿，并非从此便泪没了个性！

冰复

冰郎损诸先生：

先生们所提倡的写实主义，我以为这是改革中国文学的矫枉必过正的过渡时代的手段——必需的而又是暂时的手段——却不能永是这样。并且写实主义的提倡，是对中国蹈空的滥调的旧文学界以一种极猛烈的激刺和反动，是破坏旧文学的手段；至于新文学的建设，却不可使文学界球形的发展，凡有文学价值的作品（不论属于哪一种主义的），都应该扶养它、培植它，而不能以它非写实主义，就一概抹杀。——这是有感而说的。

先生所极力提倡的民众文学，我对于这个主张，是绝对赞成，不过对于这个字面上的解释，有几条疑问：一、单是文学的内容上的事迹和情绪是民众所感发的，就算是民众文学呢？二、还是单是文学上的外形上的辞句和寓义是民众能了解的，就算是民众文学呢（倘是这样与通俗文学有何分别）？三、还是具备了以上两个条件才算是民众文学？并且"民众"两个字，也要请先生们给它一个详细的范围和解释。我在日记里对于这民众文学与通俗文学的质素和区别，做了一个很简略的表：

民众文学 ⟍⟋ 内容的事迹是民众演现的，情绪是民众感发的
通俗文学 ⟋⟍ 外形的寓义是民众理会的，词句是民众了解的

——表主要的质素，……表次要的质素。

两种文学的属性相同，着重点两样，就是他们的区别了。先生们以为然否，望教我！

我日记里又有一段"文艺价值观"，现在录在下面：

> ……（上略）文艺的价值只许个人各管各的主观的批判（不持一些客观的态度，也不受一些非自己的外力的影响：因为一有了客观的态度，一受了外力的影响，就入了智的网里，而文艺只是那微妙而神秘的，刹那而永劫的，无碍而神圣的伟大的"情"的发展与交通呀），不能批判，只是浑觉，——恍惚地模糊地混沌地觉得那件作品似乎是能存立或不能存立，那件是坏是好或是更好，并且不能落言说相名字相论辩相分别相……因为文艺的价值是只许个人主观的内心的浑觉呵！

上说玄虚空幻如无说，先生们尽着笑罢！

王晋鑫 二月二十八日

晋鑫先生：

民众文学和通俗文学应该有点分别，我以为"属性相同，注重

点不同", 我却竟以为连性质也不很同。就我所知, 好像托尔斯泰是作过些通俗文学 (Popular literature) 的, 他主张借文学的形式来施行"教育"。但是罗兰却说民众文学不应寓有教训之意, 这岂不是大相反了么? 至于先生论文艺批评一节, 则与我的见解不同; 我以为"浑觉"的批评法实际上即等于不批评。我现在最信仰泰纳 (Taine) 的纯客观批评法, 此法虽有缺点, 然而是正当的方法。

冰复

【……】

《小说月报》第 13 卷第 4 期（1922 年 4 月 10 日）

地名译名统一问题（1922）

王学川

世界文字不同，遂有名词互译之问题；而各人所译，又每不相同；其在我国，以文字迥殊西国，故译名更为复杂；往往在外国文本为一字，而译成我国文字，竟有四五字或四五字以上者。译者一时图便，而阅者则常为淆惑，甚且引成谬误。于是统一译名之问题，乃成我国学术界之一要事焉。

近年以还，国人已有此种觉悟，译名统一之声，颇盛倡一时。如化学名词之统一，已由中国化学研究所审定，而发表于《学艺》杂志；其他各科名词之统一，亦已多有动机。唯于地名译名之统一，为日用所切要者，顾未闻有人道及。岂国人以为地名无足重轻，可毋须统一；抑学者沉潜学术，不遑及此欤？此诚不可解者也。鄙意译为统一地名之译名，实为不可少不可缓之举。盖今日世界，非若昔之可以闭关自守，于外事可不闻不问。昔之有所举动，仅波及一隅，今则稍有变化，即足牵动全球。故设有某地发生一事，而我国以地名译名之不统一，遂译传承四五种或更多之名词；国人见之，将疑为四五处之问题发生，流弊所至，非含糊不确（常人于新闻纸中国外事实之不明，此殆其一因），即引入谬误。少数有智识之人，亦稀不以此为患。

今试以近事为例，四月间在意大利召集之 Genoa 会议，有译作日诺瓦、热内亚，有作琴诺亚、基诺亚（分见各报杂志），而地理上则有译为热那亚者；皆匠心自运，纷纭莫辩。于是同一之 Genoa 会议，在不明其事者，必且误为异事。难有智识者能明其为一，而对于不知者则淆惑殊甚。其他如 Argentina 之作阿根廷、亚尔然丁；Yugoslavia 之作尤哥斯拉夫、巨哥新拉夫、南斯拉夫；Latvia 之作拉脱维亚、里特仑；Carpathian 山脉之作加尔巴德山脉、喀尔巴阡山脉、加普典山脉；Danube 河之作为多瑙河、多恼河、但牛波河；Superior 湖之作苏必力尔湖、苏必略湖；Michigan 湖之作密失干湖、密芝安湖、密执安湖；Erie 湖之作伊利湖、厄利湖、衣尔厘湖；凡是种种，书不胜书，吾人偶翻外国地理或书报，在在可以发见也。

且其译误或不通之处，亦所在有之。最普通者，如 Sierra 为西班牙文，山脉之意，而译曰塞拉，下有益以山脉二字，抑何可笑；Rio 本为西班牙文河流之意，而译之曰列，下复益以河字；（如 Rio Grande Del Norte 本为大北河之意，而中外地理大全译为列峨兰恼河）；Sound 本为海峡之意，而译之曰损达，复益之以海峡二字；Cape 本为岬之意，而译之曰加不；Prince 本为皇子之意，而译之曰白今斯；凡此不统一中之种种谬误，又译地名者所当注意者也。

今后之世界，关系日益复杂，地理之学，将愈成重要。故地名译名之统一，实今后地学界所当急图之事。否则长此以往，旧译已定者则以昧者不谙而妄创，未译之新名则各任自便，愈久愈歧，及是欲起谋统一，其难必且倍增。吾故提出此事，冀国人共起讨论，以谋统一之方。今更列举地名译名之愈分歧者数地，以见统一地名译名为今日不容缓之事焉：

（原名）	（译名）	（所见处）
Innsbruck		
	音斯蒲罗克	世界形势一览图
	音斯不罗各	世界新形势图
	音斯普罗各	二十世纪中外大地图
	音斯蒲鲁克	中外地理大全
Montrideo		
	蒙得维多	世界改造分国地图
	蒙得维道	世界新形势图
	蒙得未道	世界形势一览图
	蒙得维得亚	环球列国地图
	蒙得维罗	二十世纪中外大地图
	蒙得维的亚	初级地图书
New Orleans		
	纽俄尔连斯	世界新形势图
	新疴尔良	二十世纪中外大地图
	新奥尔伦斯	世界新形势一览图
	纽鄂连斯	世界改造分国地图
	新阿尔良	中外地理大全
Mogadoxo		
	马加多科	世界改造分国地图

马加多索	世界新形势地图
马加多朔	环球列国地图
马加多	世界形势一览图
马加陀沙	初级地图书

Nauru I.

奈拉岛	世界改造分国地图
脑拉岛	上海报
奈由尔由岛	世界改造大地图
诺奴地岛	世界列国地图

Khabarovko 伯里（我国旧名）或作伯力

哈巴罗甫喀	世界新形势图
喀布罗甫	世界改造分国地图
喀巴罗佛斯克	世界改造大地图
喀巴罗夫喀	五彩坤与全图
喀不罗斯克	二十世纪中外大地图

上举诸例其中有仅有小异，大致相类者；有长短悬殊，绝不相似者，而其淆惑吾人，要有同然。其最异者，则一书之中，自不相谋，译意译音，并见杂出。如美国之 Yellow Stone Park 既译为黄石公园，又译作爱洛斯董派，而于其地发源之 Yellow Stone 河则译作厄罗斯敦河（皆见中外地理大全），差异凌杂，其怪妄为何如？然则吾人目击此种现象，岂不谋根本上挽救之法，讨论译法与统一之道，以便利国

人，促进学术。兹就余所见，述成数条，幸国人垂教焉。

译地名三法：

1.译意　凡一地名之缘起，大多必有所命意，若详考其用意，而就其意译之，既字简短便于记忆，又可不失原意而免谬误。如Greenland本为绿岛之意，含有历史上挪威人初至见植物而名斯岛之意。今吾国译为格陵兰，则毫无意义可迹。又如Snake河，本义蛇河，所以形容其曲折，今或译作斯内克河，则于本意何有？故译地名者，当以译意为最上。

2.译音　译音一项，已不若译意之美，然补译意之不足，实唯译音是赖。盖原文或本无命意，或有命意而已不可深考，不得已乃以此法济之也。唯此项须注意者，即外国文多为一字数音，而我国文字，则概属单音，若音音译之，则必至冗长赘累，而有不可卒读之叹。是以用此法译地名时，须以"字少笔简"四字为原则，能于字字间有相连之意者更佳。例如Lemberg，译为林堡者，似较译为陵卑尔格者为佳；Klagenfurt之译为喀拉根埠者，似较译为喀拉根法尔德者为佳也。

3.旧译　旧译之地名，每多与原文之音或意不合，然以其沿用已久，国人习之，则宜共为遵守，不宜强自立异也。如Argentina旧译为阿根廷，Denmark译为丹麦，不但书报已成通用，即小学学生亦多知之。今则有以亚尔然丁代阿根廷，以丁抹代丹麦者，以此示人，稀能解悟。此种歧译，无论其译音是否更为确切，要实译述界之罪人，而足以贻误后学。故吾人于译名时，对于已通行之旧译，当加采用也。（注1）

上述三法，当兼以行之，随宜而施，要视其当耳。

今日之外国地名，大部分皆已译出（其当否尚须详考），然差异纷多，不能一致，上文既已言之，今后吾人果欲与世界以学术相见，或欲增进国人了解外事之效率，皆不能不设法统一地名。虽地名繁多，难以遽举，然吾人终不可以其难为，遂苟且忽视。今就个人之见，拟定三法，以备国人采择：

（1）由教育部广请专家，译出所有一切地名，颁行全国，共同遵用。

（2）由国内高等教育机关（如大学高等学校）及学术团体（如科学社、史地研究会、学会等）联合发起一译名统一会，讨论此事，商定进行方法与原则。然后或分工共作，或以防免纷歧起见，委定某一学校或学会专任此事。译成后再由统一会审定，经教育部核准，颁行国内，俾国人遵守。

（3）由书肆报馆等合聘专家，商定统一地名之译名，译毕后经教育部审定，颁布遵用。

上述三法，虽主动各异，而皆当以确有实学者任其事。唯学者拟定统一，势难令人共守，故必经教育部之审定颁布，俾生效力。自颁布后再有纷歧，则由教育界纠正之。夫教育部主司一国教育，此种事业，本其分内之职，顾今日政局混沌，教部几同虚设，吾人更难以此责望于彼。至书坊报馆，则大率仅务近图，安肯为根本之策书，召致专家，恐亦无望。故吾人于三法之中，尚宜归重于次，即国中智识界之自觉，而由学校学会合力图之也。当世学者，倘以吾言为然，幸即与起共图，成此要业；不唯地学界之幸，学术社会，实利赖之。

（注1）但旧译舛讹太甚者，自当审音订正。如印度首府 Delhi 向来译作德里，实则 h 有声，i 为长音而非短音，自应译作德尔哈汗。至于德里二字，当译作葡属 Timor 岛之 Dreli 城与苏门答腊 Deli 之译音。（至于 Delli 与 Deli 音虽相近，应如何分别，则当另定。）

——《史地学报》第 1 卷第 4 期（1922 年）

本栏的旨趣和态度（1922）

郑振铎

近年来国内的艺术运动总算不十分寂寞，在这块文艺的沙漠里，居然也长出几粒的萌芽来了。诗歌、小说、戏剧，无论是创作的或翻译的，都已有了些少的出品，虽然太薄的一点，但在这草创的短时期内，却很足以自夸了。所不幸的，目前的新文学运动，却伏着两种危机：第一是出版物太凌乱芜杂，第二是著作家和读书界隔离得太远。因为缺少健全的文学批评，所以创作坛和翻译坛不但不能显出一致的倾向，而且有许多走错了路头。文艺的发展，虽然是不妨并存各派的，但是我们总不能坐视着新文学作家重复走到反动的路上去，所以现在出版物的芜杂，实在是可忧的现象。除此以外，现在读书界，对于新出版物，似乎都太冷漠。著作家和读书社会之间，隔着一重又高又厚的障壁——这障壁就是文艺的鉴赏力的薄弱了。我们虽然提倡平民文学，但是他们所最关心的一般民众，却只是瞠目结舌，不知道说的是什么。这种矛盾的现象，虽然很可悲痛，但却是不能讳匿的。这也莫怪，因为几千百年来没经过艺术生活的国民，对于纯正的文学作品的赏鉴，本来就不很容易。如果我们不能指导一般读书社会，使有阅读新诗新小说的能力，那就没有方法可以阻止他们去看《快活》和

《礼拜六》了。如果我们不能使一般人民养成纯正的戏剧观念，那么也就只好让他们去看半开化状态的脸谱戏了。著作家和一般民众的隔膜，结果使新文学不能成为平民化，如果新诗和新小说只是供少数人阅读的，那便是新文学运动的破产宣告了。

《文学旬刊》特辟"最近的出产"一栏，就是要想纠正这两个缺点。我们在一方面想对于国内的文艺的产物，加一番严密的审查，使粗制赝造的货品，不致充塞于市场：这种任务就是"批评"。在一方面我们更想竭力打破著作家和读书社会中间的障壁，引起一般人民阅读纯正作品的兴味，并培养阅读的能力，这种任务就是"介绍"。

所谓"批评"本来是含有两重使命的：在一方面是指导著作家便遵守正当的途程，在一方面是指导读者，使充分了解作品的真价值。近来国内杂志报章上的批评论文，大概偏重前者，所以多是些非难指摘的文字。我们对于不良作品，自然应该尽力的非难攻击，不必定要装作"伪学者"的态度，但是这不过是批评的消极的功能。批评家的积极的任务，却在于掘发纯正作品的真价值，分析作者的思想和性格，使读者对于纯正艺术有充分理解的机会。在现在□□□□我们觉得介绍优良作品，比攻击不良作品，更要紧得多，我们只消使大家能够嗅出面包和米饭的香味，还有谁愿意（喫）粪呢？

现在最糟的，就是一般读者都没有嗅出面包和米饭的香气，而视粪尿为"天下之至味"。我们现在就想把米麦的芳香和甘味，指示些出来，使读者界自己去尝试一下。所以本栏注重在介绍，而不在消极的批评。所谓"介绍"更不是像普通报纸上"内容丰富印刷精良"这一类的不负责任的介绍，而是对于最近文艺出版物的负责任的忠实的介绍——就是指示作品的体格（style）、风味（taste）、艺术倾向、作者的性格、思想和时代的影响，至作品里的弱点和缺陷，我们自然也愿意尽情指陈，而毫不讳饰的。

在本栏所提出的作品，都是我们所认为纯正艺术的作品。希望一般读者都能把原书细心披读一下。至对于读书界有恶影响的不纯正的作品，我们自然也认为有攻击的必要，但不在"最近的出产"栏发表。

所谓文艺的出产，自然把本同产——创作文学，和外同产——翻译文学都包括在内。我们把翻译看作和创作有同等的重要。所以我们也愿意尽力介绍有纯正艺术价值的翻译作品，并对于翻译方法的适当与否，加以忠实的批评。

我们盼望国内的同志能辅助我们。对于本栏的批评文字，有认为不满意的，更愿意读者详细讨论。此外，我们更请求国内的出版家著作家把新出的文艺作品，无论书籍或杂志报章，都寄一份给我们，使我们能尽介绍的天职。（来件请邮寄上海宝通路文学旬刊社）

——《文学旬刊》第 37 期（1922 年 5 月 11 日）

译名统一与整理旧籍（1922）

陈德征、雁冰（沈雁冰）

冰先生：

我今儿提出二个意见，关于《小说月报》的意见，于你和一般爱护《小说月报》者之前。

（一）中国文学界正在创造一些——或者说是采取一些——微微之光，这是一个好现象。而这些微微之光中，有些或者完全是借他国的光的——译述——这在学术饥荒得不堪的中国，所不可少的运动，就是征之他国，也曾经过这个时期。年来《小说月报》努力于此，极该为中国文学界前途贺。不过译述方面，似乎有一个缺点在。这缺点，或者是因为免去不可能而后始有的结果，或者是借口注原文而忽略了的结果，或者是以为要紧的事太多无余力及此的结果。这缺点，或者《小说月报》自己避免了（？）而无暇顾到《小说月报》以外的作品或工作的结果。然而无论从哪一方面来的结果，这缺点总是存在，总该避免。这缺点就是：译名不统一。

译名不统一的弊很多，最著的，就是使一般不懂外国文的，"目迷眩而不知所从"。

译名之统一与否，在乎文坛上的朋友们的努力和谨严与否，本质上，绝无不可能的性。

译名或者为了注了原文而不致于"目眩五色"了，其如不懂外国文者何？

译名之统一，或者不是一件紧要事吧！然而文学要不是仍借口于"无与平民事，无与平民相干"，也总得替平民设一设法吧。

译名在国内的不统一，这是无可讳言的事。即《小说月报》自己统一了，也极该站在国内文坛的尖峰而提起统一的旗帜来。

译名的统一之紧要，在愚拙的我的思想中设想起来的紧要，大概如此。

我极希望努力文学的人们，我或许也在内，快起来，审查译名。审查确定了以后，通知国内译著或创作文学作品的人！

审查译名的办法如人名审查、地名审查、书名审查、专有辞审查以及其他审查的办法，我愿《小说月报》"登高一呼"，征求国内文学创造者、介绍者、研究者、读者的意见后，再行酌定。

我以为对于介绍外国作者的任何著作——不仅文学——中所专有的名词，都当统一，不过在文学言文学，所以先提出于文学界之前。

（二）借外国文学以加重中国文学的质，这是我们应有的努力。然而于中国的文学，绝不想整理之而发扬之，也是一件不无遗憾的事。或者有人说，中国文学，不值得研究，或者中国文学，太难研究，或者，中国文学之研究，似非急务，这都是不懂文学为何物者或盲然于中国文学者之谈。中国夹以伟大的国民性，在几千年历史当中，可说充塞了文学的天才或天才的作品，彼的质既厚而量又富，难道不值得研究？就使中国民族是被损害的民族，也应有彼特有的长处，难道不值得研究？中国文学，散乱无纪，研究固是一件极不容易的事，或者没有蓝本可考，没有系统的专书可凭借，研究起来，恐怕被知中国文学而又珍守秘诀的贵族式的先生们讪笑：这都是没有勇气的结果。正因为中国文学难研究，我们该加一层努力以研究之！正因为不能引起那帮珍守秘诀而又嘲笑人的自私文学家的讪笑，所以我们无论如何该研究，该将研究所得的示人，就是隔靴搔痒，就是毫没精彩，也不打紧！因为犯了"隔靴搔痒""毫无精彩"的毛病，才能引起他们的讪笑，才能于发扬中国文学上有所补益呵。中国文学，有彼自己的位置，我们除非有意蔑视，终当引为急宜研究的一件事。

我不赞成复辟式的复古，和《学衡》派一样；我以为应拿现在的眼光思想，去窥测批评中国文学，我以为应拿现在的运动和文字，去反证和表述中国文学，我希望有人起来研究中国文学，希望《小说月报》有兼研究这一项的倾向。我并不是希望专研究外国文学者转向以复古，这是要郑重声明的！

我是想研究文学，文学中之诗，而且犯"隔靴搔痒"的毛病者，我是想研究中国文学——中国文学的一部，诗——而又赞美和羡慕，有时或者要移植或介绍外国文学——文学中的诗——苦未能略窥门径者，我本我的渴求和对于一般渴求者的同情而发表这个意见于中国文坛之前。

我很想介绍几个中国诗人的诗和诗里的思想，给一般读者，惜病初愈，未能写出，待几天后，如有发表的机会，或者得着《小说月报》的空白的机会时，再把我"隔靴搔痒"的说话和"遮不住的丑"显出来吧！

以上是我偶发的意见，先生以为怎样？

祝你好！

陈德征　一九二二,五,六,于芜湖五中

德征先生：

你的两个意见，我都非常赞成，并且想竭力做去。郑振铎君去年亦曾提议及此，我那时赞成人名地名应有人审查统一，文学上用语则不赞成用"人工"方法"烘"出来。说来自己也好笑，我翻译时遇到地名人名，往往前后译作两个样子，当时亦不觉得；至于译音不对，更多至不可胜数。所以有法统一，我是极赞成的。

研究中国文学当然是极重要的一件事，我们亦极想做，可是这件事不能逼出来的。我的偏见，以为现在这种时局，是出产悲壮慷慨或是颓丧失望的创作的适宜时候，有热血的并且受生活压迫的人，谁又耐烦坐下来翻旧书呵，我是一个迷信"文学者社会之反影"的人；我爱听现代人的呼痛声、诉冤声，不大爱听古代人的假笑伴啼、无病呻吟，烟视媚行的不自然动作；不幸中国旧文学里充满了这些声音。我的自私心很强，一想到皱着眉头去到那充满行尸走肉的旧籍里觅求"人"的声音，便觉得是太苦了；或者我是旧书读得太少，所以分外觉得无味。去年年底曾也有一时想读读旧书，但现在竟全然不想了。不过这都是我个人的偏见，并不敢以此希望别人；照现在"假古董"盛行的情势而论，我反极盼望懂得真古董的朋友出来登个"谨防假冒"的广告呢！

冰

——《小说月报》第 13 卷第 6 期（1922 年 6 月 10 日）

翻译的研究（1922）

李德荣

翻译是什么？简单说来，就是用一种和原文（指散文和专书说，不论本国的、外国的和文言的、语体的，都包括在内）不同的形式来表现原文的意义和神情的一种再现工作。表现的时候，有直截了当的表现，有交换错列的表现，那就不一定了。

翻译究竟有几种？依我的意思，可以从两方面去区分：从翻译时表出的性质上区分，有两种：

一、直译。不变更原文的文法，但变更原文的文字和词语，直截了当把原文的意义和神情表现出来，就是直译。

二、意译。变更原文的文法，并且于句子上加以适当的交换或错列，然后才用不同语言的文字和词语，把原文的意义和神情表现出来，就是意译。

从翻译时表出的方式上区分，有四种如下：

（一）外国文译为本国文　　　}中外互译
（二）本国文译为外国文

（三）文言文译为语体文　　　}言文互译
（四）语体文译为文言文

总括说来：若以直译意译为"主"，后四种为"从"，那么，直译中有外国文译为本国文的，有本国文译为外国文的，有文言文译为语体文的，有语体文译为文言文的。意译中也是这样。若以后四种为"主"，前两种为"从"，那么，外国文译为本国文中有直译的、有意译的。本国文译为外国文中是这样。文言文译为语体文和语体文译为文言文也是这样。

翻译应具的要件。翻译这件事情，要想做得好，必定要受过适当的训练；欲使训练容易收效，必定要具有几个相当的条件。假如没有相当的条件，训练必定难于收效；翻译这件事情，也就难于做得好了。即使做得好，也一定是十分困难的了。现在就我个人认为应当具备的几个要件，提出来说说。这几个条件，不论是中外互译，言文互译，都应当具备的。再分别说来，外国文译为本国文应当注意下面几个条件，本国文译为外国文也应当注意下面几个条件，文言文译为语体文和语体文译为文言文也应当注意下面几个条件。

一、要真切。我们求知识贵真切，译文也还是贵真切。原文的"真意义""真神情"是怎样，译出来还是要怎样。总要使其逼肖，不要使原文的"真意义""真神情"消减若干部分或加上若干部分。

二、要周到。我们理解事物贵周到，译文也还是贵周到。就是对于原文的"真意义""真神情"，要点点注意得到，处处描写得出来。不致顾此失彼或顾彼失此。

上面两个条件，是译文时在内容上应当注意的要件。以下所说的三个条件，乃是译文时在外形上应当注意的要件。

三、要醒豁流利。通常作写情写景的文字，若能够用一种活泼泼的词语、爽爽快快的字句，把实际的情景表现出来；描写得淋漓尽致，处处生动，仿佛活画出来一样；便是一种醒豁流利的艺术手腕。译文也是这样。若所译的原文是写状情景的文字，那是必定要有醒豁流利的艺术手腕才对的。有时虽不是译写状情景的文字，也要稍稍加入几分醒豁流利的艺术手腕才好。

四、要明确严整。通常作叙述事实的文字，以具有一种明确严整的色彩为好，更以具有一种明确严整的浓厚色彩为好。译文也是这样。译文时能够用一种容易了解、扼要中肯的词语文句，把原文的意义神情描写出来；再加上整然有序的排列，就是明确严整了。这种色彩，以加入叙述事实的文字为原则，加入其他的文字为例外。

五、要精彩透澈。通常作说明理由（事理与物理）的"当然"或"不然"，与讨论理由的"所以然"或"所以不然"的文字，贵乎深入显出，贵乎精确完密。译文也是这样。若所译的原文是一种说明理由的"当然"或"不然"，与讨论理由的"所以然"或"所以不然"的文字，那么，使用的词语文句，必须要有"言言珠玑""字字金石"那种色彩。虽不能处处如是，也要大部分如是，才见得精彩，才见得透澈。有时虽不是译说明的论辩的文字，也还是要稍稍带几分精彩透彻的色彩才好。

翻译究竟有些什么好处？依我看来，不论中外互译，言文互译，都有两种好处：（A）对己的利益，（B）对人的利益。

A）对己的利益

甲、促进研究力。不论翻译什么文字，对于所欲译的原文，必须要先行研究。要想求其译得真切、译得周到，必须对于所欲译的原文，先有精密的、充分的、纯熟的研究才行。不然，要想求其译得真切而周到，一定是不可能的事情。而在我们实行精密的、充分的、纯熟的研究的时候，就不知不觉的促进我们研究力了。所以虽不能说促进研究力全赖翻译，也可以说翻译确能促进研究力。

乙、养成再现的创作力。翻译虽是一种再现的工作，可是要做得好，也是不容易的。即以我而论，做一点言文互译的工作，我也还做不好。但是我们只要肯做，只要常常做，也还是做得好。依我看来，每做一次翻译，再现的能力就增进一分，做了两次翻译，再现的能力就增进两分；推开来说，倘若不间断地去做，再现的能力一定是不间断的增进。久而久之，就可以养成一种再现的创作力了。

B）对人的利益。不论翻译什么文字，只要译得好，贡献出来，多少总有几分对人的利益。它的利益怎样呢？简单说来，就是"介绍知识""灌输思想"。将一本外国人著的专书，或一篇外国人著的散文，用中国文字译出来，就可以把那专书和散文中的知识，介绍给读者；就可以把那专书和散文中的思想，灌输给读者。将古人用文言文著的书籍或散文，用语体文译出来，以供一般后进的青年阅读，也还是多少有几分"介绍知识""灌输思想"的作用。不过前者是由此地介绍到彼地或由彼地灌输给此地，是一种横的介绍、横的灌输；后者是由前时介绍或灌输给后时，乃是一种直的介绍、直的灌输。

此文是我偶尔想起，一时间随随便便写出来的，并不能算作一篇论文，也不能算作一种研究有得的发表；只是一种聊以塞责的工作，不是什么有益人我的表出。

——《云南教育杂志》第11卷第7期（1922年7月1日）

译书的问题（1922）

东山

在荒芜的园地里，自然我们需要的东西很多。不过虽然怎样的着忙（也许不着忙）而供给的人，对于材料的选择以及介绍的方法，却不能不仔细考究一下。前者老早就有人说过，姑且不提。

我有几个不懂外国文的朋友，读到某种由外国文译成的书籍（或论文）时，往往蹙额。即其所以然，并不是思想太玄邃了，看不懂，乃是句法的构造太异乎寻常，阅时要颠来倒去，未免多绞脑汁，绞了脑汁懂了，还算好，有时竟白费力而不懂，于是他们索性不看了，他们真没有忍耐性呀！

其实近来的翻译界也太杂乱无章了，大概借直译的招牌，而实行其囫囵出书，照例把外国文的位置稍稍变换一下，便算成文者，颇不乏人。他们以为这样是很忠实的了，而别人看了懂不懂，倒是不相干的，并且忘记这一道工作是为不谙外国文的人而做的了。

我以为忠实原文与艰涩难解各是各的，凡是译书都要忠实于原文，诚然诚然，不过在原文是很流畅的东西，何以搬成中文便费解了呢？果然原文艰涩，意义太深，则搬过来也不能改变，自也有理。但是活的东西，一搬过来便成了死的东西，难道是译者不懂原文吗？或许是中文还没有通顺呢?

这样的译书,我想是费力不讨好罢! 别人因为不懂原文,所以才看译本,他们见着是这样诘屈聱牙的白话文,于时间、脑力太不经济,看不上一页,也就头晕眼花了。而译者虽然图快,可以卖钱,而阅者便要呼冤不止。

我记得有一位译日人高岛素之的著书的,把日本人口语常说的"否"字(照日语原意除否定语气外,还有"语气一转""又""且"诸意),与否定意的"否"字有别,且"否"字有时也写成"不"字,与英文的副词"Nay"之意相当。(照样译为中文的否定意思的"否"字,中文的"否"并没有"并且"之意),现把他的译文抄下来:

> 要维持什么呢? 就是要维持《资本论》第三卷发行(一八九四年)以来所获得的一个的——"不",唯一的公认学理的地位。

> 今日对于马克斯学说的批评,一点也没有比从前冷淡"不",自从五十年前……

商务书馆出版施存统译《马克斯学说概要》第一、第二页。

这上一句的"不"字在日文原文是"意气一转",而没有什么意思,说起日本话来,是极流畅而且恰好的助词。下一句只是含有"且"的意思,或是承上启下的语气。但在中国的"不"的意思,便不是如此,译者这样一用,便把日文的流畅活泼的助词搬成死物了。这样虽是求忠于原字,但是没有学过日文而看这本书的人也太可怜了。

译外国文并不是在四叠半席子的房里坐半年回来便能办得了的事,对于原文还没有融会地了解,提笔便译,终不免要弄出笑话来的。因为外国文有外国文的语气与神韵,而中国话也有中国话的语气与神韵,译书时遇着了某种外国语的语气，译者便应仔细思量，究竟这种语气在中文应用哪一种才恰当，而且用出来要不与原意相背，所贵乎翻译，便是如此，不然，叫排字人照样翻印一本外国书，岂不省事么？

外国文的字义还不能全懂的，也以不译为妙，且等语言学真明一点再说。（例如英语中一字，含有许多意思。）又直译出来的意义，必使读者转弯抹角去想的，也不妨给它一个干脆，而向容易明白的路走去。随便写出一句来作例，"The cradle of civilization"，有人译为"文明的摇篮"，在懂得的人看去，也可一目了然，但是未见得人人能懂，我们译论文遇着的时候，便不妨给它一个痛快，译为"文明的起源地"，何况"Cradle"一字，本也有"起源地"的意思。不过"摇篮"的意思很普通，中学一二年级的英文读本当有，现在的翻译家因为见惯了，而译书时就随便取用了。再举一例，如"Your wife is a brute."英文的"brute"还有一个无情的意思，不仅仅是"禽兽"的意思，此句倘若译为"你的妇人是一个禽兽"在中文固然没有不通，没有人不懂，但禽兽二字终不能包含无情的意思，倒不如译为"你的妇人无情"（或译无感觉亦可），反为直切了当些。

以上不过举出几个例来证明译书之不易，直译并不是照字直搬的，至少要费点考虑的工夫。美国文学批评家文采斯脱曰："文学在动人，科学在教人"。我们译文学家的作品时，应当注全力于这"动"字，是很要紧的，至于译论文，我们只要将真理与原意传达得丝毫不错，也就算对得住著者与阅者了！

总而言之，译书并不是粗心浮气可以做得好的工作啊！

介绍外国文学作品的目的
——兼答郭沫若君（1922）

雁冰（沈雁冰）

"人尽可随一己的自由意志，去研究古今中外的一切文学作品，这是很明了的理论"没有一个人不明白，而且不能不赞成。

"研究"既则然矣，介绍何独不然。人尽可随一己的自由意志，去介绍古今中外的一切文学作品；并且，人尽可随一己的自由意志，随个人所感得是切要的，对第三者说述，或竟宣传，他个人的"介绍外国文学作品"的"目的论"。

所以我现在想对大家说述我的介绍西洋文学作品观。

"翻译的动机"何在？郭沫若在七月十七日《学灯》发表的"论文学的研究与介绍"里说："我们试问，翻译作品是不是要有创作的精神寓在里面？这，我恐怕无论是若何强辞夺理的人，对于这个问题，一定要答应一个'是'。那吗我们又问，翻译家要他自己于翻译作品时候起创作的精神，是不是对于该作品应当有精深的研究、正确的理解，视该作品内的表现和内涵不啻如自己出，乃从而为迫不得已的移译？这个我想，无论若何强辞夺理的人，也怕要说一个

'是'。那么，翻译之于研究，到底还是一线的延长呢？这是切然划然，完完全全的两个事件呢？"郭君这段议论，解释主观一面的翻译动机，诚为详尽，但是我们再细细一想，就要想翻译的动机是否还有客观的一面？换句话说，我们翻译一件作品除主观的强烈爱好心而外，是否还有一个"适合一般人需要""足救时弊"等观念做动机？有人专为个人强烈的爱好心而翻译，自是他个人的自由；有人专为"足救时弊"而翻译，也是他个人的自由。但翻译动机之不单限于主观的爱好心，岂不显然呢？况且一个人翻译一篇外国文学作品，于主观的爱好心而外，再加上一个"足救时弊"的观念，亦未始竟是不可能、不合理的事。

沫若君又据上述理由反诘"翻译之于研究"究竟是否完全不相同的两件事，驳我答万良浚君信中"个人研究与介绍给群众是完全不同的两件事"一句话；我则以为沫若君于此不免稍稍疏忽，而生误解。就沫若君原文中"翻译的动机"一段议论看来（其实沫若君全篇议论是这样的），实是解释一个人对于"某件"外国文学作品之翻译与研究的关系——当然的，要翻译一件作品不能不有彻底的研究，尤其是世界名著——而非我所谓"个人研究"与"介绍给群众"之谓。以我想来，个人研究的作品，与介绍给群众的作品，可以不是同一的东西。个人研究或范围极广，而介绍或专注于一位作家，即如沫若君自己，所介绍者专著于歌德一个人，难道沫若君研究亦止限于歌德一人么？一定不然的！既沫若君所主张的翻译动机为标则，按之于沫若君自身的例，亦可证明个人所研究与所介绍不是完全相同的。我所谓"个人研究"，所谓"介绍给群众"，便是此意，并非对于某件作品的翻译与介绍而言。（我说"个人研究固唯真理是求"这句话，我承认有点语病，但似亦无碍于全体的论调。）

以上辨研究与介绍的关系，在本文中原是枝节；以下径直说我对于介绍外国文学作品的意见。再者，我上面说过，翻译外国文学作品，在理论上可有客观的动机；我以"足救时弊"等字简单地说明这客观的动机的一种——当然只不过是一种而已——性质。现在我请读者恕我前面因为行文上的关系，不能详说，不要执定此四字字面上的意义以概括我的全议论；请听我下面的话。

对于文学的使命的解释，各人可有各人的自由意见；而且前人、同时代人已有过不少的争论。我是倾向人生派的。我觉得文学作品除能给人欣赏而外，至少还须含有永存的人性和对于理想世界的憧憬。我觉得一时代的文学是一时代缺陷与腐败的抗议或纠正。我觉得创作者若非是全然和他的社会隔离的，若果也有社会的同情的，他的创作自然而然不能不对于社会的腐败抗议。我觉得翻译家若果深恶自身所居的社会的腐败、人心的死寂，而想借外国文学作品来抗议，来刺激将死的人心，也是极应该而有益的事。我觉得，翻译者若果本此见解而发表他自己的意见，反对与己不同的主张，也是正当而且合于"自由"的事。

有些作家，尤其是空想的诗人，过富于超乎现实的精神，要与自然为伍，参鸿蒙，究玄冥，扰攘的人事得失，视为蛮触之争，曾不值他的一顾。这种精神，我当然也很钦佩。但如果大部分的其余的人，对于扰攘的人事得失感着切身的痛苦，要求文学来作诅咒抵抗的工具，我想谁也没有勇气去非笑他们。处中国现在这政局之下，这社会环境之内，我们有血的，但凡不曾闭了眼、聋了耳，怎能压住我们的血不沸腾？从自己热烈地憎恶现实的心境发出呼声，要求"血与泪"的文学，总该是正当而且合于"自由"的事。个人的性情容或有点不同；我是十二分地憎恶"猪一般的互相吞噬，而又怯弱昏迷，自己千千万万的聪明人赶入桌子底下去"的人类，所以我最喜欢诅咒那些人类的作品，所以我极力主张译现代的写实主义作品。我们的社会里，难道还少"猪一般的互相吞噬，而又怯弱昏迷，听人赶到桌子底下去"的人么？我们随处可以遇到的人，都是不能忍兄弟般的规劝而反能忍受强暴者的辱骂的卑怯昏迷的人！平常两个人在路上无心的碰一下，往往彼此不能相谅，立刻相互辱骂殴打，然而他们低了头一声不响忍受军阀恶吏的敲剥；这种样的人生，正是国内极普遍的人生！这还算什么人生！我们无可奈何乃希望文学来唤醒这些人；我们迷信文学有伟大的力量，故敢作此奢望。我以为在现在我们这样的社会里，最大的急务是改造人们使他们像个人。社会里充满了不像人样的人，醒着而住在里面的作家却宁愿装作不见，梦想他理想中的幻美，这是我所不能了解的。

翻译的效果如何？自然难言呀！但就处在这恶浊的社会里而又感情上不能自划于社会之外的我们而言，亦唯有这样做是我们心之所安而且力之所及的呢？

——《文学旬刊》第 45 期（1922 年 8 月 1 日）

"直译"与"死译"（1922）

雁冰（沈雁冰）

近来颇有人诟病"直译"，他们不是说"看不懂"，就是说"看起来很吃力"。我们以为直译的东西看起来较为吃力，或者有之，却决不会看不懂。看不懂的译文是"死译"的文字，不是直译的。

直译的意义若就浅处说，只是"不妄改原文的字句"；就深处说，还求"能保留原文的情调与文格"。所谓"不妄改原文的字句"一语，除消极"不妄改"而外，尚含有一个积极的条件——必须顾到全句的文理。西文里同一字的意义，用在某段文中的和注在字典上的，常常有些出入；换句话说，某字的活动的意义，常随处变动，而字典中所注的只是几个根本的意义，字典势不能将某字随处活动的许许多多意义都注了上去。所以直译时必须就其在文中的意义觅一个相当的字来翻译，方才对；如果把字典里的解释直用在译文里，那便是"死译"，只可说是不妄改某字在字典中的意义，不能说是吻合原作。即使退一步讲，不问与原作吻合与否，专就译文而言，死译出来的译文也是不很通的，因为一切字都失了适当的位置。这样的译文，自然看不懂了。近来颇多死译的东西，读者不察，以为是直译的毛病，未免太冤枉了直译。我相信直译在理论上是根本不错的，唯因译者能力关系，

原来要直译，不意竟变作了死译，也是常有的事。或者因为视直译是
件极容易的，轻心将事，结果也会使人看不懂。积极的补救，现在尚
没有办法；消极的制裁，唯有请译书的人不要把"直译"看作一件极
容易的事。

    ——《小说月报》第 13 卷第 8 期（1922 年 8 月 10 日）

杂谈（二十四）：无题（1922）

西谛（郑振铎）

文学不似科学。科学的原理，常常变迁；每经一度变迁便把传统的学说打得粉碎。文学则不然。文学是人类感情的产品，是有永久的普通的性质的。希腊罗马的科学学说，到现在只可供参考的材料，而荷马（Homer）、西利罗（Cicero）的作品则至今传诵不衰。

这种理论，只要是略研究过文学的人都是知道的。所以文学作品的研究和介绍是不能限以"时代"的。只要是好的作品，是永久的作品，都应该研究，都应该介绍，不问它是古代的或是近代的。不过在介绍的一方面，应该较研究的一方面，着手时要更加审慎些。在研究的时候，不妨多方涉猎，任自己的兴趣去探求各方面的名著。在介绍时则不然。至少也应该顾虑到读者一方面的环境和习惯。不是一切自己所喜欢研究的都要搬出来介绍给别人；乃是把自己所最喜欢研究的、所认为对于读者最有益的作品，慎之又慎地介绍出来。这种介绍，才有力量，才能有影响于一国文学界的将来。

介绍文学作品的方针，我以为应该像这样才对。所以我便大胆地说："在现在的时候来译但丁的《神曲》、莎士比亚的《韩美雷特》、贵推的《法乌斯特》似乎也有些不经济。"我决不敢说翻译这种作品是不应该的，也决不会没有常识到说这种作品是没有价值的作品，不必介绍过来。

中国现在的文学界，如果真介绍了《神曲》等类的作品过来，我敢说是不会发生什么影响的，只不过是多了一种好的文学的作品，对于旧文学的破坏，对于新文学观的建设上都不会有什么大影响。而且，我想，现在的介绍，最好是能有两层的作用：（一）能改变中国传说的文学观念；（二）能引导中国人到现代的人生问题，与现代的思想相接触。而古典主义的作品，则恐不能当此任。所以我主张这种作品，如没有介绍时，不妨稍为晚些介绍过来。

郭沫若君在《学灯》上说我骂人，其实我并没有骂什么人。现在且把我的《杂谈》再录在下面，请大家看看：

《民国日报·觉悟》上（六·二八）曾登了成则人君的一篇"对于国内研究文学者的希望"，中间有一段话说："有一种月刊拣英美杂志上的新东西（新发表的创作）来翻译，有一种报上登着一九一七等年的最好短篇小说里的选篇。这都不大好。因为现在翻译世界的不朽名作还怕赶不及，哪有空工夫去翻译无名的等闲作品呢！"

这种话我也久想说了。现在成君说了，我自然要与他表极大的同情。以前有几个朋友想翻几篇英国小说杂志上的东西，我劝他不必翻，因为自文学在英美职业化了以后，许多作家都以维持生活的目的来作他们的作品，未免带着铜臭，且也免不了有迎合读者的心理的地方。如此，自然决不会有什么好作品的。去译它不唯无谓，而且徒然损失了读者与译者的时间与脑力，觉得有些太不值得。不过在实际上，不唯新近的杂志上的作品不宜乱译，就是有确定价值的作品也似乎不宜乱译。在现在的时候，来译但丁（Dante）的《神曲》、莎士比亚的《韩美雷特》（*Hamlet*）、贵推（Goethe）的《法乌斯特》（*Faust*）似乎也有些不经济吧。翻译家呀！请先睁开眼睛来看看原书，看看现在的中国，然后再从事于翻译。

我自己复看了一次，两次，并不觉得"劈头在骂人"。而且我全篇所说的都是注意在那些"翻译无名的等闲作品"之人，并不是在说译《神曲》、译《法乌斯特》的翻译家。只不过偶然说了一句"不经济"的话，这种误会，大概是郭君没有查考过原文之故。不过因此竟使我得把旧话重提一过，这是我应该十分感谢郭君的。

——《文学旬刊》第 46 期（1922 年 8 月 11 日）

杂谈（二十五）：无题（1922）

西谛（郑振铎）

　　文学作品，现在已介绍了不少进来，但是似乎注意它们的人还不很多。这可于它们销数上看得出的。我们愿意把它们慎重地介绍给大家一下（拟在最近出一"翻译作品的介绍及批评号"）。这种工作本来是极不容易的，但却是十分重要的。许多好的作品，辛苦地介绍过来，而任它不生影响，这是多大的损失呀！

　　翻译真是一件重要而光荣的工作。许多作家的情感、许多美丽沉郁的作品都因为有了翻译者，方能传布到许多不同语言的读者那边去。所以不唯读者，便是作者也应该感谢他们。但是，同时，翻译者的责任便非常重大了。好的翻译，使读者与作者亲切的接近。坏的翻译，不唯幕了一层灰色雾在作者与读者之间，且把作者光耀的工作弄得污黯了，以至于被误解了。这真是极可怕的举动。

　　所以翻译者一方面须觉得自己工作的重要与光荣，一方面也须感得自己责任的重大，而应慎重——十分慎重地——去做介绍的工夫。他们应为翻译而翻译，不要使光荣的翻译事业"职业化"了。他们应先十分了解作者，不要"急于近功"，把极精粹的东西"生吞活剥"地介绍了来。这是关于翻译者自身的品格问题的。

读者方面与文艺批评家方面，对于翻译的作品也应尽些批评的责任。有了舆论的制裁，滥竽的东西就会于无形中减少许多了。同时，好的翻译东西也会因此被介绍于向未注意到它的人，得到相当的劳力的酬报。

——《文学旬刊》第47期（1922年8月21日）

夕阳楼日记（1922）

达夫（郁达夫）

Horas non numero nisi serenas

（The motto of a sundial near Venice）[①]

时代精神（德人所谓 Zeitgeist，英人译作 the spirit of the age）是最难摸捉的一种东西，亦是最易感染的一种风气。我们住在什么地方，就不得不受什么地方的感化；生在什么时候，就不得不呼吸什么时候的空气。我们所呼吸的现代的空气（Die Atmosphaere der Zeit）同我们所受的环境的感化（Der Einfluss des Milieus），就是造成时代精神的两种要素。

目下的中国，是强盗窃贼的天下，打来打去，就是为分赃不平的缘故。人心厌乱，大家都知道做小小儿的文官是不能发财，做平常的武官是不能保命了。一般青年男女都受西洋民主思想的感化，渐渐儿地生出了厌谈政治、厌说武事的倾向来；于是乎文艺的世界，与思想的王国就成了他们的理想之乡。大约晋代的竹林七贤，同法国的高蹈派诗人的心理，也是如此。我之所谓时代精神，就是指着这一种心理而言。

---

① 拉丁文：我只标出白昼的时刻（威尼斯附近一个日晷上的铭文）。

世界上有一种新的"欲望"生出来的时候，必即有一种"供给"生出来，来填这一种新的欲望。我们中国的青年既然有了那一种要求，自然社会上不得不生一种无理的供给出来。这供给是什么呢？就是各国文艺思潮书的乱译同各种小说诗词的粗制滥造。

我并非是那一种无学问的思想家，专爱说说大话，以寻人错处，嘲弄古代的道德为本职的。我也不是那一种卑鄙的文人，专欲抑人之善而扬己之德的。

我之所以不能默默者，只为一般丑类，白昼横行、目空中外、欺人太甚的缘故。我真不忍使我们中国的思想界也腐败得同政治界一样，使我们中国永无吐气的一日。孟子有一句话说得很好："吾岂好辩哉，吾不得已也。"

我们中国的新闻杂志界的人物，都同清水粪坑里的蛆虫一样，身体虽然肥胖得很，胸中却一点学问也没有。有几个人将外国书坊的书目录来誊写几张，译来对去的瞎说一场，便算博学了。有几个人，跟了外国的新人物，跑来跑去地跑几次，把他们几个外国的粗浅的演说，糊糊涂涂地翻译翻译，便算新思想家了。我们所轻视的，日本有一本西书译出来的时候，不消半个月功夫，中国也马上把那一本书译出来，译者究竟有没有见过那一本原书，译者究竟能不能念欧文的字母的，却是一个疑问。

人家说 Kropotkin 的屁是香的，他就说 Bakunin 的排泄物是甘味儿的；有一位半通的先生说论理学 Logic 应该叫作"老七"，他就说心理学应该叫作"老八"了。这样没有常识的国民，这样喜欢盲从的民族，如何能不灭亡呢。中国虽然革几百次命，我恐怕也不中用的。施洗的约翰说：

"天国近了，你们应当悔改！"

我对我们的同胞，也想这样的说。

我现在因为没有功夫看中国近来出版的书籍杂志，所以也不能举出确实的例来。但是前几天我在散步的时候，偶然买了一册书，上面写着"新文化丛书"的五个红字，底下是《人生之意义与价值》的一个书名，是中华书局出版的。我素以忠厚待人，所以现在我也不愿把译者的名姓提出作一个笑柄，因为我的意思，并不在嘲弄他人，不过想请大家谨慎些儿，免致见笑与外国人而已。

译者分明说："著作者的原书是用德文写的，英、法、俄、西、日，都早已有译本。我这次是根据 Lucy Judge Gibson 和 W. R. Boyce Gibson 的英文译本重译出来的。……"我对于译者的这几句宣言，就已经不满足了。大凡我们译书，总要从著者的原书译出来极好；讲到重译，须在万不得已的时候，才能用此下策。如今这一本《人生之意义与价值》是用德文写成的，德文并非是一种无人学习的文字，译者既有心介绍哲学，何不先费一二年功夫，去学学德文？况且 R. Eucken 的文章，并不难懂，要直接读他，也不算是一件难事。

我读了那一本中文的译本，什么也不能理会，所以就去买了一本英文的译本来对看。因为我所有的德文本是一九〇九年改正的第二版，德文本的文章同中文译本并无一句相同，所以我疑思译者对于英文者倒忠诚，对于原著者，倒反有漠不相关的样子。

英文本买了来一看，我才知道英文本是从原著的一九〇七年的旧版翻译出来的。你看在他的故国，已经绝版的老版书，在我们中国倒当作了最新的新书流布开来，岂不是一个奇怪的现象么？这也不必去说他，我把英文本同中文本对了一读，我才觉得天下的奇事，更没有甚于这一本书的翻译了。

中文译本的《绪论》第一页第一行第一句说：

> 人生有无何等意义与价值？有此种怀疑的，并非为幻想所支配。

这两句究竟是什么话呀！

英文译本的第一页第一行：

Has human life any meaning and value？ In asking this question we are under no illusion.

我虽不长于英文（因为我学的是德文），我想这两句英文，总应该照下面翻译：

> 人生究竟有无什么意义与价值？问到这个问题，我们大家都是明白的了。

若依了前举的中文译句讲起来，英文的第二句要改作：

Those who have this skepticism are ruled by no illusion. 才对哩。

中文译的第二句说：

> 我们有自知之明，知道我们不能冒充真理的主人，不过必须从事于真理的发见而已。

我在英文本上寻了半天，总寻不出"我们有自知之明"的几个字来，因为英文本的第二行说：

We know that we cannot pose today as the possessors of a truth which we have but to unfold.

> 目下我们只能求那一种真理的发明的时候，我们知道我们不能装作已经是理会得那一种真理的人。

中文译的第三句说：

> 烦扰我们的，是这个未曾解答的问题，然而我们对于解答的尝试决不可加以厌弃。

可怜译者好像把原文的 confront 当作了 confound 了。Confront 是撞上我们面前来的意思，confound 是烦扰我们的意思，两字确有些相似的地方，也难怪译者把它们弄错了。英文的第四行说：

The question confronts us as a problem that is still unsolved, whilst we may not renounce the attempt to solve it.

这个问题，在我们的面前，还是一个未曾解决的问题，所以我们不应该把解决这问题的尝试来拒绝了（我们还该试手解决它才好）。

中文译的第四句说：

关于这个问题的解答，以前各派说全无一点确实，往后我们要详细地指明。

不知何谓"以前各派说"。英文的译文是：

That our modern era lacks all assurance in regard to its solution is a point we shall have to establish more in detail.

我们现下，关于这个问题的解答，还缺少种种确实的地方，这就是教我们将来不得就更加详细造就之处。

我买了这本"新文化丛书"，头上看了上举的四句译文，就不得不把它丢了。若看下去恐怕底下更要错得厉害。我下次再也不敢买中文的译书了。

像这样的误译，在目下的中国，不知更有几多。可怜一般无辜的青年男女，白白地在那里受这些译书的人的欺骗，中国要到什么时候才能有进步呢？

一九二一年五月四日夜半

——《创造季刊》第 1 卷第 2 期（1922 年 8 月 25 日）

批判《意门湖》译本及其他（1922）

郭沫若

【……】

我们相信译诗的手腕决不是在替别人翻字典，决不是如像电报局生在替别人翻电文。诗的生命在它内含的一种音乐的精神。至于俗歌民谣尤以声律为重。翻译散文诗、自由诗时自当别论，翻译歌谣及格律严峻之作，也只是随随便便地直译一番，这不是艺术家的译品，这只是言语学家的解释了。我始终相信，译诗于直译、意译之外，还有一种风韵译。字面、意义、风韵，三者均能兼顾，自是上乘。即使字义有失而风韵能传，尚不失为佳品。若是纯粹的直译死译，那只好屏诸艺坛之外了。太戈儿把他自己的诗从本格尔语译成英文，在他《园丁集》的小序上说过一句话：The translations are not always literal —— the originals being sometimes abridged and sometimes paraphrased.（这些译品不必是直译——原文有被省略处，有被义解处）。在这句话中我们可以得多大的教诲。我们并请对读名家的名译罢！试读雪莱（Shelley）译的浮士德悲剧的《天上序曲》开始的三天使的合唱，他取了自由译，另外又加上一种直译来注脚。他以为那几首可惊赞的歌词的声调是不能以别国的文字表现得出的。试又读英国诗人斐池杰罗德氏（Edward Fitzgerold）所译的波斯天文诗人莪默伽亚谟氏（Omar Khayyam）的四行诗 Rubaiyat。波斯原文我虽不曾读过，但是我读过荒川茂氏的日译。据荒川氏说：他的译文是从波斯文直译，斐池的英译是读了原诗所得的感兴用自己的文字写出来的。原文的一节有时分译成三四节，原文的三四节又有时合译成一节的。但是我宁肯读英译。英译是完美的译品，这是久有定评的了。名家译诗的风范，诸如此类举不胜举。最近国人论译诗，有些朋友主张定要直译的，不知是何存心。直译而能不失原意尚可，对于原文在若解与若不解之间，或竟至全未了解，便梦梦然翻译，这种态度我觉得可以深自忏悔了罢！

【······】

——《创造季刊》第 1 卷第 2 期（1922 年 8 月 25 日）

译诗短论与中国译诗评（上）（1922）

梦华

我作这篇文章的动机，是无意中读了一本中译的《新月集》。这还是在一月前，那时我便把我的感触写下来，预备作一篇《读了新月集以后》发表。到后来下笔不能自休，越写越多，因为《新月集》一本译诗，几乎把中国所有的译诗都评起来啦！《读了新月集以后》这个题目或者还可用。但我想因《新月集》而引起的问题虽多；《新月集》译诗自身，在现在中国文艺界，不算什么，也未引起人的注意，更不足引起人的注意，倒不如用《译诗短论与中国译诗评》这个题目，直截了当些。全篇万余言，非一时之笔，随录的多。而中间因学校大考的缘故，又隔了两个星期，到今天来读，思想已不能和昔日一贯了。

一、绪论

本年春季的文坛，可算热闹极了。产生了几卷创造的诗歌、小说——《冬夜》《草儿》《隔膜》《蔷薇之路》——不算；介绍了几部戏曲、小说——《春之循环》《意门湖》《少年维特之烦闷》《父与子》

《战争与和平》——不算；又出了一部翻译的诗集——《新月集》。原来印度诗圣太戈尔，用无韵率真词句，为儿童作的《新月集》，全被王独清君译成中文了。诚如译者自言，"全部的介绍一卷诗，在现在的中国，恐怕要算特创的了。"因为这个特创的惹人注意，不觉引起我的好奇心，虽然我曾读过几遍原文，我更急急的买了一本译文来读了一遍。读过之后，又读了一遍原文，重把译文复读了一遍。我很不相信，因为译者在自序里，自诩他的译诗也是特创的，以后又接着说："但这个特创，是很有价值的。"然我所得的印象，实得其反。我不能欣赏他丝毫的价值，我不该如此失望；我竟非常失望了。因为失望，又令我发生许多感想：我联想到现在中国的译界，我联念到现在译诗的种种问题，因不仅对于《新月集》是失望，对于现在的译诗的普遍界，也抱非常悲观！

几年以来，因为提倡新文化的缘故，于是大众都注目于介绍西洋学术。这不能说不是好现象，而有价值的译述，也不能说是没有。然亦廖若晨星的很！原来一般有志之士，在这里大声疾呼，提倡多介绍，以冀有所增益中国的学术界。却不幸地被一般名利之徒，从中利用，挂着介绍的幌子，以售其名利之欲。中国时下的译界，遂从此不堪闻问了。不是研究科学的，也可以翻译科学；不是研究文学的，也可以翻译文学；不是研究教育的，也可以翻译教育；不是研究哲学的，翻译哲学。稍懂得些许儿外国文，便想去翻译该外国文；看见一本书，便想去翻译那本书。不要望他对于该外国文和那本书，造诣极深，就是稍有研究，也当不起呵！还有一般人，只懂得日文，明明把许多西洋书籍，重翻过来，偏偏喜欢掩饰，注上几个西洋文字，便说是直接从英、法、俄、德诸国文字翻译过来。一般书贾以经营牟利为目的，初无提倡学术之诚意，而一般杂志编辑，对于各种学术，不能皆有研究，更不必望他们请些专门家来校订译稿了。有时他们高兴，或者请了一二专门家；又因为缺乏选择的眼光，这个专门家是真正的专门，抑为冒充的专门，或者简直是一个外行，还属疑问。然而一般不懂外国文的，或未看见过该译述的原文，就把译稿视为珍宝，以为得了很多新知。其实牵强误会，谬解原作之处，何可胜计？拿起一本英文原著和译文并读起来。两两比较，令人想到中国人了解英文的程度，实堪诧异，实为可怜！又不止译笔恶劣，词句艰晦，令人读之恶心，甚或终卷而不得其解呵！

犹忆白话初盛之时，一般叫得出的人，大胆要代孟德斯鸠向严复起诉；替狄更司向马君武说不平；斥林琴南的译述，是中国化的桐城派小说。这种声音发出以来，于今也有三四年了。这三四年来，本进步的公例，现在的译界，应当发达到什么地步？于今读了时下的翻译，令人又生些什么不同的感想？

二、译诗问题

然而科学的、哲学的、教育的……等等，类属于理论的、智慧的西洋书籍，若能把思想大要译述过来，则亦不必责备求全。若偏于美感的、性灵的、情绪的类文学书籍，译述必力求精美，逼近原文之思想与格调。"而译异国文学，诗不如文。盖文易达，可期其信确。若译为诗，纵能精工，亦由译者之诗才，而非原文之真象矣。"故用选择的文字，所描写出来的自然情感之流露的诗，非天才做不工，非天才也不必去译。不然，失之毫厘，差以千里；就难怪人家吹毛求疵的，责备求全了。所以译诗，非可率尔操觚，更不可苟且从事。译诗好像作诗，须并重想象、格调与笔致诸方面，若是译诗的人，不能融会作诗的人那种想象，默通作诗的人那种格调，纵然他的笔致十分精工，译出来的东西，必要失掉原著的本色。反之，没有那一副笔致，他也不能够去描写出那种想象和格调。译诗又像作诗，有时神来一气可译许多首；有时不顺手，积月累日，仅能译一首，而不可成诵从知译诗是件不易的事情。所以译诗，不必译其全集，而求量的增多。更不可急于求成，而草率从事。不然，固不仅自暴其译笔之恶劣，涂糟了白纸，必且诬蔑原著。致读者发生许多误会。那时不独不能介绍国人去欣赏西洋诗，反而令他们生出一种轻视厌憎的心理，则又何所取于译诗呢？所以诗是不易译的，而译大家诗，非有高深的研究，尤不可轻易动手。至于《新月集》一类诗圣的诗，更非常人所"能译"了。

现在问题牵涉大了，又讨论到诗的"能译不能译"上去了。可也是一个很好的机会，来讨论这个问题。据美国大批评家温齐斯德Winchester 的意见，是不赞成译诗的。他说：

> 诗是不能译的，经过一番翻译，便要失掉多少精华美丽。就诗的特质而论，大都蕴蓄在词句之间，若文字一经变易，其特质即立消灭。一首诗的内容、想象、情绪，自然可以用另一种文字大略地、隐约地介绍过来。而翻译者且以此为满足，而受信达之誉。抑或译者，亦有诗人之天才，能吸收原诗之思想、想象等，参以己之艺术，斟酌损益，而仿拟之；且足与原诗媲美，而具同样之魔力。然必与原文差异，则无疑。此乃因诗为情感的文字，神来之笔，非人力与学习可致。此其著作不可及

的地方。这种倾向，足见诗的文字，乃属天赐，不可沟通，不开明解，几等神秘了。

读了温氏这段议论，恐怕十之八九都要说，温氏是不主张译诗的。时下的中国，便有这种现象。一般反对译诗的，都引他做后盾来驳人。一般主张译诗的，听了他的话，就要蹙眉蹙额。这未免误解温氏的本意了。温氏自然是不赞成译诗的，但他并不是绝对主张诗不能译。不过他的译诗的标准太高，他的希望太大，绝对不会满足的，所以他不赞成译诗。假若译诗能不失掉原文的精华美丽等特质，温氏也要赞成译诗了。所以他也还承认"一首诗的内容、想象、情绪，自然可以用另一种文字大略地、隐约地介绍过来。"或"斟酌损益，而仿造之，且足与原诗媲美。"不过这不是高上的准绳，他不赞成呵！然而因为不赞成译诗，我们就不去译诗吗？

"文字构造，各自含英，有如吾粤木绵、亲馨，迁地弗良。况诗歌之美，在乎节奏长短之间，或非译意所能尽。"曼殊大师此言，论诗最为切当。与温氏意见，若相符合，对于译诗表示不满意的态度。然曼殊自己译诗，且不下数十首之多。这并不是他言行的矛盾，实因诗有译之必要；而为退一步之要求，更有不得不译诗之必要。风格音韵，自然是诗的很大特质，但总不能"因噎废食"，因为风格音韵不易译，就不去译诗。我们要领略外国诗，自然是去直接读外国诗顶好了。但不懂英文的，就永不会知道莎士比亚、弥尔顿、威至威斯、摆伦、雪利的精神了。不懂德文的，就不会知道歌德的精神了。不懂意大文的，就不会知道但丁精神了。不懂拉丁文的，就不会知道韦吉尔（Virgil）的精神了。不晓得希腊文的，就不会知道荷马的精神了。所谓文学为沟通国情，促进世界大同，人类互相了解的功用何在？论到关于情感的诗，这种功用自然也是包括一点在音调里。但大都存在情感、想象、思想、情景里面。诗的音调，是不能译的，不易译的。他的情感、想象、思想、情景，却是能译的，比较上也是易译的。不过因为音调不能译，所译过来的情感、想象、思想、情景，就不免要受若干影响。美国莫尔顿在他的世界文学里说得好。他说（这段郑振铎君曾经译过；下从郑译）：

> 如果有一个人，他没有读过希腊文荷马诗，只读过他的英译本，他诚然失掉一些东西。但是问题发生了，他是失掉文学么？很明白的，一大部造成文学的东西，是没有失掉。古代生活的表现，史诗叙述的雄姿，英雄性质，与不测事的观念，情节的精密，诗的想象——所有这些荷马文学的要素，都显在译诗读者之前。……读荷马诗的英译本的人，所失掉的不是语言，乃是希腊的语言。而他也不是失掉希腊的语言的全部分。高手的翻译家，也能把固有的希腊语言移植他的译文上；写出来的是不错的英文，却不是那种平常英国人手下所写出来的英文。

莫氏的主张，是与温氏完全相反的。他是极端赞成译诗，并且以为译诗是一件很容易的事情。虽然他也说，"只读译文，诚然要失掉些东西，"但他是注重原文的精神和实质的，而不重视音调的。所以他主张荷马诗可大译而特译。这种风气在英国诗坛上早已就有。所以荷马诗英译，自郅蒲门（Chapman）以降，不下三四十种，其中能与原诗相拊者，可说无有。求与原诗风格音调逼近者，亦不多睹。著之于英国文学史，而为世人所常道者，则推郅蒲门与朴蒲二种。郅蒲门之译荷马，系用英国古歌谣体，故颇逼近希腊之六步音体。然译诗简略，词句参差，不足以当原文之流利高尚。而译文多简接幻想，更不足以当原文之直接简明。朴蒲之译荷马，以不深通希腊文字缘故，内容多参考拉丁与英国前人之译，因而颇失希腊原文之精神；又以其损益任情，多方改窜，以迎合英国十八世纪当日情状，而所谓希腊文荷马诗，遂成十八世纪英国化，不复保存希腊精神之旧观了。顾二译虽前则失之"晦"，后则失之"讹"，然二氏皆以诗人而为，诗故各有所长，而为后人所称诵不置。即温氏所谓"翻译者每有诗人之天才，能吸收原诗之思想、想象等，参以己之艺术，斟酌损益，而仿拟之，且足与原诗媲美，而具同样之魔力。"此等译意之译诗办法，虽于声调风格，不能兼顾，然自有其特长之价值。近世以来，英人因古诗之诘屈聱牙，艰晦难读，且有以散文译樵叟（Chaucer）、斯宾赛尔（Spencer）之诗者，是较译意之译诗办法，又进一层了。而英国人不独未有非之者，且极推崇之。照这样看起来，诗真可以译了。

这也未可一概而论。"诗歌之美，在乎节奏长短之间，或非译意所能尽。"有些诗偏重音节的，非特译意不能尽，简直是不可译。譬如雪利的诗，便属此种。他的诗大都声调铿锵，可以按之管弦。而其描写之精确，几同绘影绘声，据一般考证家考证所得，他作诗之前，必先乐谱抑扬疾徐安排既定，然后综列思想，选择调句，务求与乐谱吻合，所以他作的诗歌，几同音乐，加以他的天才奇丽，想象周到，情感浓厚，所选词句皆能惟妙惟肖。尝读华尔《英国诗人集》，论到雪利说，"他是完全一个唱神，他的思想说话行为，一齐唱和如神。"（从南风某君译）他的西风歌、百灵鸟曲、诸什，词句精美，同时又与音乐吻合，令人读之神往，而说不出什么理由来，想把它翻译成他种文字，更不必了。

此外，若达登 Dryden 之《亚力山大曲》，抒情之浓厚，绘画之动人，描写之正确，洛夫特（Lovett）赞为英诗中第一。推其缘故，则因为他的词句是音乐的，可以按之乐谱的。诗人朴蒲称赞此歌真可弄得亚力山大哭不能、笑不好，欲嗔欲愤，时悲时喜，其颠倒英雄之魔力，可以比之亚力山大当日大音乐家提摩遂斯。其诗歌音节之动人，可见一斑了。委实该诗歌全篇，词句参差，有长至五抑扬者，有短至二抑扬者，变幻莫测，曲调随易。而长短之间，若有拍然。其音节过人处，实非天才莫及。如第四段前五句，"一般音至二十次之多，皆非用他种文字可以表出，当然是不能译的了。

（未完）

——《时事新报·学灯》（1922 年 8 月 28 日）

译诗短论与中国译诗评（中）（1922）

梦华

又如美国文学大家爱伦波之《乌鸦曲》，"悲戚缠绵，情深语长"，为英诗中最哀艳动人者。蒲鲁斯特所辑《近今英国批论文选》，选登爱伦波所作之"文章学"（Philosophy of Composition）一文，其中自论其作《乌鸦曲》原委甚详。

尝欲作一篇佳诗，沉思至再，以为诗必哀而后工，今如何而能哀乎？天下唯夫妇之情最深，而美人夭折，尤为可伤；故即定悼亡为题旨。而设为亡妻美艳绝伦，死当妙龄，以重其哀思。既复思之，表哀之音，以 ore 最妙。盖其音愁痛，而有绵延不尽之意。逐翻检字典，检末尾有 ore 之字，如 Evermore, Nevermore 等，悉另纸录出备用。察其中有 Nevermore 一字，译言"不能再矣"，其义其音，均表哀思，遂决用此字为韵脚。既再思之，悼亡之情，唯深夜之更孤坐书斋，不能成寐；处此情景，最难排遣；故决以此诗中之情景。但如何而能嵌入 Nevermore 一韵乎？深夜既孤坐。所可为伴侣者，唯禽兽耳。夜间有何禽兽乎？忽思得乌鸦，且其声鸣时，为 ore。遂决以鸦入诗。又情深之极，必思魂魄之来见；然此乃必无之事，故但宜写其人迷离糊惝恍之心理，而却无人鬼叙谈之事。既决此一层，又将鸦插入。乃得最后之结果："设为寒鸦敲门，而斋中人疑鬼至。更将其情景步骤，逐一分析，得以下之数层：始闻声，继而声息；已而又作，开门视之，不见一物。归室中，则一鸦已飞入，栖止案头，因对鸦述哀。鸦但作异声。初不解；已而晤其声为 Nevermore（不能再矣），则益哀。久之鸦去，魂魄终不来，天将曙，斋中人但低徊戚泣而已"。层次既定，因拟作诗若干首；每首写其一层之曲折，以 Nevermore 一字，用于每首之末，以与此字同韵者用于句末……

吾师吴雨僧先生，曾于《留学生季报》中，言此事甚详。而以"鸣"字译 ore。其义其音，皆甚适当。然 Nevermore，Evermore 等字，在英文则与 ore 同音同韵，然译为中文，非特不能与"鸣"字同音，且不能与"鸣"字同韵。Nevermore 一字译为言"不能再矣"，便是一个好例；而全诗之音乐化，更是不能易以他种文字，故此诗亦不能译。

又不特西洋诗，因为音乐化的缘故，不易译成他种文字，若我国《琵琶行》一类的诗，亦不易译，即如"大弦嘈嘈如急雨，小弦切切如私语。嘈嘈切切错杂弹，大珠小珠落玉盘"四句，便不能译。"嘈嘈""切切""急雨""私语"等语，决不能易以他种文字的。

以上所论，是因为音调的特长，以致诗不能译的。他若英国彭士（Burns）惯以苏格兰土语为诗，"多言田野风物，里巷琐事，农家苦乐，儿女隐情，不事雕镂，一本天真"，极其自然。间亦为英吉利语诗，便不能如苏格兰语诗之工，而有价值尝自谓作英吉利语诗之困难若死。大批评家安诺德也批评他说，"在彭士的英吉利语诗，找不出真正彭士来。真正的彭士，只有从他的苏格兰语诗里去找。以同一人为两种自己惯用语诗，且不足以见其人，遑能译作他种文字？"

还有神秘派、宗教派一种的诗，若英国白拉克（Blake）之

《虎》，渥汉（Van Ehan）之《幻想》等篇，即读其原文且不易捉摸其意义何在。若译成他种文，必因艰难而生误解，而致误解，是不免的事！所以这一类神秘派、宗教派的诗，也是不能译。

尝于《小说月报》，见周作人君《西山小品》前引，自述曾以日文作了两篇小品，"现在又译成中国语发表一回。虽然是我自己的著作，但此刻重写，实在是译的气分，不是作的气分。中间隔了段时光，本人的心情，已经前后不同，再也不能换回那时的情调了。所以我一句句地写，只是从别一张纸上誊录过来，并不是从心中沸涌而出；而且选字造句等翻译上的困难，也一样围困着我。"周君自己的供状，甚为诚实。恐怕读者对于周君这两篇小品的感想，正如周君的小品原文与译述比较起来，令他自己不满意一样。然而周君还是自作自译，作译相隔的时间很短，而所译又不过是小品，自己且颇感困难，读者也看出来他的弱点。小品与诗在文学上的艺术工夫，比较起来怎样？然而译诗之困难，可想而知了！

我前面引了温齐斯德的主张，一不赞成译诗。又引莫尔顿的主张，一赞成译诗。更引曼殊之译英诗，朴蒲之译荷马，今日化之樵叟与斯宾塞尔一种的诗，来证明诗是能译的，又反引雪利、达登、爱伦波、白乐天、彭士、白拉氏、渥汉等的诗，说诗不能译。到底是译诗好呢，还是不译好呢？这真是译诗的人的歧途了！

三、译诗之正道

贾韦德（Gowett）说的好：

"翻译之精髓，乃调和的"。（The soul of translation is to compromise.）

此言解答译诗，或为有当。所谓调和，乃"互相牺牲""互相让步"之谓。盖创作诗歌，随己意所欲，且难求完美，况译诗要与原文吻合，不失原著精神；又要译笔精致，以存诗的美术。这样的要求其美，可更难了。无己，（一）唯有将就译词，以求与原文吻合，或（二）略损益原文，以求译笔精致。前者偏于保存原文，然保存原文之最低限度，不得使读者对于译诗如嚼蜡然，毫无兴趣美感。后者偏于美饰译词，然美饰译词最低之限度，不得使原文真义艰晦，使读者不能得其正解。以上两种办法，前者似近直译，后者似近意译。然二者相较，直译不如意译。关于这一层，时人颇不以为然。尝见《新潮》傅斯年君《译书感言》一文，极力攻击意译，主张直译的笔法。此说既经提倡，直译之风，乃大盛。结果则因直译之故，至译文诘屈聱牙，不可卒读。而彼译者，乃因托庇于"直译"二字之下，不负丝毫责任。追源祸根，"始作俑者"，不能辞其名呵！傅君当日所恃以主张直译，反对意译之理由，则因已故严几道先生，"那种达旨的办法，实在不可为训，势必改旨而后已"。意译都不免有改旨的危险，故宜主张直译。严氏诚不免有改旨之癖，然其所谓《天演论》一书，拟之今日译述，殆鲜其匹，纵其达旨的办法，太以损益任情，不可为训。一切的意译，未必尽非。何能以一概全？是于逻辑且有不通了。何况所谓意译，非仅"达旨"一法，更有解释的、直叙的两种办法。

"达旨的意译"，仅译其大意，或就其大意而直述之。曼殊译诗，概属此种。"解释的意译"，则诗其全义。以后，犹恐译文之不达，更于原文意思以外，更添一二字或一二句，俾其格外明鲜，而读者无不懂之弊。《尝试集》译诗类之。尤以《哀希腊》一篇为最好的例子。"直叙的意译法"，则顺着原文的意思、语气、次序，一句一句地译过来，前后不妨颠倒一二句；这样的颠倒办法，不过想译文格外畅达些，或是因为中西文字结构上不同的关系，马君武之《缝衣歌》似之。比之今人所主张之直译，实略同而大不同，如必直译，岂止一句一句地译过来？直须一字一字，不可更换地去译。不然，便成意译，至非直译了。故所谓直译法，根本不能成立。果然照直译法译出来的东西，决不如原文易译。所以译诗只宜意译，而两种译法，各有所长，各有所短。若译者为高手，则无往不妨，比较起来，当以直叙的意译为佳。

现在还有两个问题，就是把诗译为文言呢？还是译为白话呢？假设译为白话，白话要韵呢？还是不要韵呢？关于前一个问题，一般主张译为白话的，必定要说，主张译为文言的，定为"骸骨之恋"。而主张译为白话无韵的，必定要说，主张译为白话有韵的，是"时代落伍者"。大概趋时的人，眼见得白话如此盛行，没有一个不赞成译为白话，而反对译为文言；赞成译为无韵的白话，而不赞成译为有韵的白话的。但我们纵要趋时，须要看清题目。这里所讨论的，不是"诗体"问题，乃是"译诗体"问题。论到"译体"的主张，见仁见智，可凭作者主观上自由选择。喜欢文言诗的，就作文言诗；喜欢白话诗的，就作白话诗。喜欢无韵白话诗的？就作无韵白话诗。各凭大才去努力创造好啦！若"译诗体"的主张，还须顾着原文的体裁，不能随译者的随便罢。我也主张译为散文诗，倘若原文是散文诗，我也主张译为白话诗。倘若原文是白话诗，我也反对译为文言诗。倘若原文不是文言诗，但原文是有韵白话时，我们也可译为无韵白话诗么？原文是文言时，我们也可译为白话诗么？论到这里，我不敢附和时人，用白话诗来译原文的文言体。惠特曼、太戈尔的散文诗，自可译为无韵白话诗，若雪利、摆伦、威至威斯（旧译华茨华斯或华茨葹）、亨利长卿（译蓝菲罗）之诗，格律极严；而莎士比亚、弥尔顿之五抑扬无韵诗，且为英国之最高格诗，亦可译为白话体吗？不要说"诗体"与"译诗体"没有关系，可以变通。前面我已举过几个诗人，若雪利、达登、爱伦波的诗的特长，就在诗体的变化和音韵上。而莎士比亚、弥尔顿的诗的好处，被后世颂为英国诗祖也，就在他们五抑扬无韵诗作的精妙。叫莎士比亚、弥尔顿去作十八世纪朴蒲一般人的英雄律体诗，Heroic Couplet 是作不来的，而叫雪利、摆伦一般人去作莎士比亚们的五抑扬无韵诗，可也不会工的。乃事有大谬不然者，莎士比亚之五抑扬无韵诗，雪利、威至威斯、亨利长卿等的格律诗，竟有译为白话者，而太戈尔的《彼岸》一章反以五古译之；此皆不可为法。译诗虽不必去强顾原诗，然不可不力求近似原诗，以存其真。故于"译诗体"之主张，应当原诗为格律的，为文言的，最好译为格律诗，为文言诗。必不得已亦当译为有韵的白话诗。原诗为白话然，为散文的，则译之为白话诗，为散文诗。不能以白话体，译文言诗，以卖古人而媚时人。也不能以格律体译白话诗，以眩今人。

（未完）

译诗短论与中国译诗评（下）（1922）

梦华

四、中国译诗评

我国从前译诗很少，故犯上弊者尚少。而一时译者，于中西诗词造诣颇深，故译诗颇具调和之苦衷，而能得神似，即温氏所谓"译者亦有诗人之天才，能吸收原诗之思想、想象等，参以己之艺术，斟酌损益而仿拟之，且足与原诗媲美，而具同样之魔力"。曼殊大师译诗，最近此法，颇都可诵。所译不下数十首，载之《潮音集》《文学因缘》《摆伦诗选》，其中要以《夭夭雅典女》四章，最为动人。盖事本动人，加以词句雅隽，复得天才秀丽之曼殊大师，融化而贯通之。故虽经翻译，犹为杰作；虽近达旨之意译，犹不损其私毫价值。

马君武尝译歌德著《阿明临海岸哭女诗》，亦似达旨之意译。其词气之恳切，情节之哀婉，可以拟之韩愈《祭十二郎文》、曹植《慰子赋》、袁枚《哭妹文》。全诗共七章，以世鲜有知之者，录其原章，以示一般。其一云："莽莽惊涛激石鸣，溟溟海岸夜深临。女儿一死成长别，老父余生剩此身，海石相激无已时，似听吾儿幽怨声"。其二云："又见斜月灼耀明，又见女儿踯躅行。儿声唧唧共谁语，老眼模糊认不真。"天性之挚，跃然纸上。然虎德之《缝衣歌》实为马君武得意之笔，恐亦中国译诗绝鲜之杰译。刘半农亦尝译此歌，载之《新青年》，虽也不弱，不无稍逊。

摆伦《哀希腊》一诗，共有苏、马、胡三家译本。三家各有所长短，瑕瑜互见。摆伦为人，虽才思浪漫，然其诗格律极严，虽思想为革命的，然音调词句、抑扬顿挫之间，无不合规。《哀希腊》原诗为四抑扬有韵体。苏译之以五古，未免过高，盖五古为我国旧诗中之最高格；而摆伦译诗则非英诗中之最高格。马译之以七古，最为得当。胡译虽句末有韵，然长短不一，而每章六句八句不定，未免太以自由，而有背摆伦重视格律之本意。《尝试集》论《哀希腊》诗，"颇嫌君武失之讹，而曼殊失之晦；讹则失真，晦则不达"。准此以言，当更续之曰："适之失之赘，赘则鲜含蓄。然'讹''晦''赘'，皆非公允之评，而三者皆不得谓为'均非善译者也。'"苏、马、胡而外，辜鸿铭、王莼农、刘半农、郭沫若诸君，亦曾以旧体译诗。

辜译《痴汉醉马歌》，为英国十八世纪诗人可伯（Cowper）手笔。可伯虽与彭士、白拉克同为浪漫派前期之健将，然在英国诗坛上，仅第三流以下之人物。《痴汉醉马歌》虽是他的杰作，但不足以代表他的浪漫特性。以辜氏之天才，中西文造诣皆深，所译诗歌，仅此一篇，实为可惜。

王莼农君以五古译戈尔斯密司之《荒村》，亦还不错。戈尔斯密司在英国诗坛上不算什么，他的诗亦非上乘，且颇多可议之处。然译者善为掩饰，苍劲之处，逾于原作，可为戈尔斯密司之幸。英国译诗，摆伦而外，当推戈尔斯密司在中国顶多啦。王译以外，《留美学生季报》中某君尝译其《隐士吟》，也用的是五古，译笔也很好。《英文杂志》某君亦曾以五古译之，亦颇不弱。

刘半农君等《灵霞馆笔记》，载译诗颇多，大致可诵。所译除《缝衣曲》而外，有《咏花诗》《爱国诗人诗》《马赛曲》若干首。又译摆伦《哀希腊》一首，委婉曲折，慷慨悲歌，颇尽原诗之妙。近来王独清君曾重译之，中有引曰："半农之文，措辞颇失粗躁，虽尚不讹，终不足称佳译也。"这几句话是否公允，还请读者把刘、王二译比较地读一下，再下批评。不要为先入的主观成见所欺。

郭沫若君译诗颇多，译以文言旧体者，仅有雪利《百灵鸟曲》一篇。译体每章为五古六句，若求与原诗体裁仿佛，似宜译为五古四句，而以七字或九字结之，较为合宜。因为原诗为三扬抑四句，而结以六抑扬一句。雪利之诗，富于音乐，本不易译。郭君译完，自谓"诗不能译，勉强译了出来，简直不成东西，我要向雪利告罪。"虽为自嫌之词，颇有自知之明。

此外尚有任叔永君译摆伦《三十年生日》一首，工力亦不弱，其他以文言旧体译诗，散见于《英文杂志》者不少，不复一一细评。总之，译诗本非易事，译为文言旧体，尤非于汉文稍有根底者不能，故译者颇少，而所译亦较可观。

自从新文化运动以后，白话盛兴，大家都拿白话作诗，译诗的人们，遂忽地里增加。但这些人，把译诗看作太容易的事情了，他们不但对于诗学素无研究，就是几句干干净净的白话，也未曾写的明白；然而他们译出来的诗，却大登而特登杂志报章呢！甚至刊行专集，出版问世呢！我不是说白话译诗没有好的，当然有好的。

好的白话诗自以《尝试集》所载《关不住了》《老洛伯》二首为最。此二诗的好处，就是令人读之，不觉其为译诗；倘若不说明是译诗，不像时下一般译诗，往往生硬，令人不能卒读。后一首词尤为译得哀婉。原诗为方言文学，多苏格兰土语。译诗亦颇带我们绩溪土语。譬如"多亏得老洛伯时常帮衬我爹妈"，"帮衬"二字，普通都用"帮助"或"帮忙"二字。"我只望吉梅回来讨我"的"讨"字，普通都用"娶"字。"我家老洛伯不曾待差了我"的"待差"二字，普通都用"待错"二字。但我们绩溪却还用"帮衬""讨""待差"等字样，或者别的地方也用这样字，但用的地方却很少。而这种字句，虽不能确定说是我们独有的土语，却是我们绩溪所有的土语。所以这首诗，又不仅为白话诗，且带点方言文学的色彩。

郭沫若君译《茵梦湖》中《我的妈妈所主张》一首，言词凄楚，不减"老洛伯"。他如译德诗人海涅诗数首，亦颇得原文清丽之妙。又译歌德诗许多首，就中以《暮色垂空》与《艺术家的夕暮之歌》最好。倘若不说明是译诗，真也不知是译诗。郭君主张翻译要带几分创造，恐怕这两首诗，可算郭君的试验的成功了。就中以后一首尤为感人，令人羡慕艺术家的田地里，真有无限乐趣。而从我个人的主观猜想，郭君一部分的思想，必定颇受了这一首诗的影响。我们读了《女神》的序诗，必可看出多少相像的地方。郭君对于译诗，末后还自谦地说："诗的生命，全在他那种不可把捉之风韵；所以我想译诗的手腕，于直译意译之外，当得有'风韵译'。顾谫陋如余，读歌德诗，于其文字意义，已苦难索解，说到它的风韵，对于我更是不可把捉中之不可把捉的了"。"风韵译"的最高格，不知是怎样？更不晓得应当是怎样？但像郭君的译诗，已颇有"风韵似"了。而他译的诗如此之多，又不因量以致质之不精，尤为今日中国译界不可多得之才。

此外刘半农君译太戈尔《新月集》数首，亦皆语语率真，不减原诗风趣。于原诗用语朴素，务合儿童口吻，尤能体贴入微。

刘君而外，黄仲苏君实为译太戈尔诗之能手，所译有《园丁集》若干首，用字造句，比较其他译太戈尔诗的人，好的多了（其余译太戈尔诗的详后译）。

周作人君译诗很多，唯皆译自日文和世界语，愧我于日文略知一二，至于世界语，简直是一个门外汉，不敢以盲评。他所译英诗，有白拉克（勃来克）数首，白拉克是一个神秘派的诗人，他的诗原不易懂，所以亦不容易译好！

其余的译诗，可读的更少了。大概这一类译诗的人，白话既没有弄清楚，又假上一个欧化的幌子。对于原诗本来不大懂的清楚，更未去仔细研究。不过看见原诗是白话的、散文的，便大胆动笔译起来了。对于原诗不懂的地方，用欧化的法子，不懂的也就轻轻地译过来啦。读者对于译诗不能解的地方，轻轻加上欧化二字，难解的便可遮掩过去了。甚且还要说，读者不懂欧化的奥妙。人家批评起来，欧化二字便是很好的盾牌。借着欧化两个字，于是便译了许多诗，糟了许多纸，误了许多读者；令人见了译诗，几不敢领教。这一类译诗，举不胜举。我只觉得读了王独清君译的泰戈尔《新月集》，倒不如读原文还容易懂些。还有一位残红君，在《妇女杂志》上译了许多惠特曼的诗。惠特曼可算是白话诗的鼻祖，他原文本来很容易读；然而现在读了他的中文译诗，诘屈聱牙，真同周诰殷磐了。大概这一类欧化诗的读者，把译诗看得太容易了。

五、诗与译诗的欧化

其实欧化的译诗是不能存在的。因为欧化诗，自己根本上便不能成立的。但有人说"有些人以为作诗须尊重性灵，所以诗的文字的欧化与否和欧化深浅，应听之作者主观的自择；宁可读者不懂，不可为读者勉强。所以我就不说了。但是作诗是为的表现自己，还可不顾读者之懂不懂，至若译诗，则大概都是希望读者理解赏会的，所以欧化的范围，就不可没有限制。否则，何必译呢？我以为译诗的文字的欧化，不但须求可以理解，还须容易了解"。这一位的话，是主张诗的欧化，而限制译诗的欧化，须容易了解。这种不彻底的主张，最难使人同情。

诗的欧化或译诗的欧化，可以提倡与不可以提倡，不是了解的问题，乃是文字的问题。我所以不主张提倡欧化诗或欧化的译诗，就是不赞成欧化的文字。因为提倡欧化诗的文字，不啻与提倡白话诗之旨相反，而证明几年以来反对文言体的文字为完全错误的、无意识的。

白话诗对于文言诗的反动，有二点：第一，诗体的革命；第二，诗的文字的革命。欧化诗便是把诗的文字的革命宗旨完全推翻。诗的解放将来或较时下的白话诗更进一层，而有方言文学、国语文学、京音文学的代兴；但欧化诗，决不能为白话诗更进一层的解放。欧化诗或将另成为一种诗体，然不过于古诗、律诗、绝诗而外，诗又加上欧化体一种束缚，创造了一种死文学。因为从懂欧化文的看起来，欧化诗或者是活文字；然而以中国之大，能懂欧文的有几人？能受欧化的有几人？倘作诗是为的表现自己的情感，可以不必去顾读者的懂不懂，然而"作诗必使老妪听解固不可，然必使士大夫读而不能解，亦何故耶？"是欧化诗，已不免为贵族的文学——一部分的死文学。还有一层，所谓欧化诗必从欧洲模仿得来，那又何不经去作欧文诗呢？译诗的原文，大都是欧美的，把它译成中文，原为各国人阅读的便利与经济；现在把它欧化起来，则又何取乎为译诗呢？况且欧化两个字的意义，非常笼统，英国化呢？法国化呢？德国化呢？……漫说诗，就是散文，照英文化已不容易，更谈不上德国化、法国化了。

或者有人要说，像提倡散文的欧化，想造成一种普通的散文，提倡诗的欧化，乃是想创造一种普通的诗的文字。这种理想的诗的文字，不唯事实上绝对办不到，理论上尤绝对说不过去。我们现在作诗，固然不必一定去考究音律，孜孜矻矻于五言七言，却也不必去作那远方异域的欧化诗。假如现在一般人说，有音律的五言七言是死文学、是对的，难道远方异域的欧化诗，就不是死文学么？而创造一种文字，不是专靠理想的、主观的；须有客观的标准，从实际方面去创造。若是唱着高调，凭着几个人的主观理想，去创造诗的文字，只配做梦。不要说诗的文字，是不能以意为之；现在的国语问题便可借镜。提倡国语以来，不谓不久了。教育部令，不谓不严厉了。小学教师奉行，不谓不谨了。然而现在的结果，是怎样呢？——一般学生不要望他说出很好的国语，就是用国语读音，都读不正确。这不能怪学生不用功，也不能怪他们老师教法不好，根本的致败原因，乃是因为这种国语是人造的，没有客观的标准；若是把当日鉴定国音的几位先生请来，也读不正确。人家又何从模仿呢？但是南高、东大和其余几个学校，把京音当作国语来教学生，并请了北京当地人来讲北京话，所得的结果，便圆满得多。可见语言文字，要顺其自然，要有客观的标准。以"意为"之的欧化诗，以"人为"之的欧化诗，都是不自然的，没有客观的标准，是不会成功的。

（未完）

——《时事新报·学灯》（1922 年 8 月 29 日）

译诗短论与中国译诗评（下续）
（1922）

梦华

欧化诗既然是人造的、非自然的，便于诗的文字的革新的宗旨，完全相反。关于诗的文字的革新，顶高的呼声，就是"要须作诗如作文"。这个意思，便是诗的文字，要用活的文字，要用白话。为什么要用白话呢？白话又是怎样呢？

一、白话的"白"，是戏台上"说白"的白，是俗语土白的白；故白话即是俗话。

二、白话的"白"，是"清白"的白，是"明白"的白；白话但须要"明白如话"，不妨夹几个文言的字眼。

三、白话的"白"，是"黑白"的白，白话便是干干净净，没有堆砌涂饰的话，也不妨夹入几个明白易晓的文言字眼。

从这三条定义看起来，可以得一个结论：白话就是生人的话，现在人所说的干干净净的话。作文要用生人的话，现在人所说的干干净净的话，作诗也当如此。试问欧化诗能应付这些条件么？有人要说了，提倡欧化诗，原是想它将来的成功，并不是现在的满足。意大利的言文，不是但丁一个人造成的吗？那么又焉知欧化诗不能成为一种普通诗呢？这几句话，看来好像理由很十分充分；其实是不然。把欧化诗创造为普通诗，决不能和但丁造成意大利言文一致为比例的。但丁当日把意大利的言文弄得一致，是拿一种现成的言语作标准，来改变文的。现在欧化诗，没有欧化语来作标准。还有一层，但丁当日所用的现成言语，是生人的言语，是很好的生人言语，是他当时塔斯干（Tuscanny）那个地方的人所说的话，所以那种是有客观标准的言语，不是凭主观的理想所造出来的。现在欧化诗既先没有欧化语作标准，而所谓欧化，复不知道是欧洲哪一国化？——是欧化自身已无一定的标准，更谈不到欧化语的客观标准了。没有客观语言作标准的诗，算得好诗吗？不是用客观语言作的诗，算得好诗吗？——英国诗界革命大家威至威斯有很明鲜的主张，他说：

> 余所欲为读者介绍者，则诗的文字必选择自真的人之言语是也。

威氏这里主张"诗的文字必选择自真的人之言语"实开后来美法二国自由诗之先河。而我国提倡白话诗者，模拟他的学说的地方尤多。至于他这种主张的理由，在他的《抒情短歌集自序》三篇中，论得很详。重要的理由有二：

> 盖以此等语言，发自吾人重复的经验，与日常的情感，拟之诗人之臆杜者，较为久长的而合理的语言也。

又：

> 此等语言选择自吾人之语言，其蓄意也深，其为情也挚，而其表现诗之特点处，较昔之仅恃声律者，尤为彰明也。

这里可以看出诗的文字，须为自然的——从真的人语言中选择出来；作诗应当如此，译诗也应当如此。

爱尔兰现代新诗人夏芝（Yeats）也有同样的主张。他说：

> 名诗类皆用当时言语来作文字写出来的。它的取材，虽间涉志异，然与当时之思想、当时之想象的、与精神的生活，皆有直接之关系。我们非仅欲摒去修词学，即诗词造句选字学（Poetic Diction）亦要摒去。我们将要革除一切之属于机械者，而造成一种诗体，好像说话一样，和最简单的散文一般儿简单，从我们的心中叫出来。

我们读了夏芝这种主张可以益发证明欧化诗是不必提倡。第一层，因为他不是"当时言语的文字"，第二层，因为他在应"革除一切之属于机械者"之列，不"像说话一样"，不是"从我们的心中叫出来"的。那么欧化译诗，当然也是不必提倡的了。

除掉上说理由以外，还有一个重大理由，更足以证明译诗不可欧化。现在中国的白话诗，是从美法二国模仿过来，而直接间接所受威至威斯、惠特曼、夏芝诸人学说的影响最大，这是无可讳言的。这样看来，译诗又添了一种任务，就是于介绍西洋思想、人情以外，还须把欧美大家的白话诗，好好地译了过来，以为中国白话诗的范本的取法。所以现在译欧美大家的格律诗，译得好歹倒暂不必管它。而译欧美大家的白话诗，译得好歹，却不可不特别注意。譬如惠特曼、夏芝、太戈尔几个人的英文白话诗（散文诗），都明白如话，而算是很好的英国诗。那么，若是把它译为中文，也定要明白如话，而成为很好的中文诗才行。劣等译者不能去译它，更不可欧化地把它译了过来；因为他们的诗都是很自然的文词，而欧化诗则为机械的文词，以机械的文词来代自然的文词，辱没了原作者是一件事；破坏白话诗文字上的要素，实是一件很大的事；引起一般不知原作者或未见过原作者的诗的误会，以致对于西洋白话诗生了一种怀疑的观念，或是以为原诗亦为欧化体，尤其是一件很大的事。我不是信口说空话，我们读了《妇女杂志》上残红君的惠特曼译诗和王独清君的太戈尔《新月集》，是不是有这种感想，一般不懂英文的和不深知惠特曼、太戈尔二人的诗才的，是不是要发生这种误会和怀疑？可怜两个明白畅达的大诗家，在中国却变成了两个诘屈聱牙的大笨伯，令人对于惠特曼、太戈尔二人非常抱不平，而叹惜中国译诗的人才，也太缺乏了。然而非欧化体的关系，惠特曼、太戈尔二人在中国或不至受糟至此！

六、儿童诗歌与《新月集》译

谈到太戈尔译诗的烂污，令人对之较惠特曼译诗，尤为愤慨。他的那本《新月集》英文，是如何的明白畅达？——文词浅显，造句单纯；浅显单纯而不失却文学的兴味。虽无一定格律的音节，然却有自然的音韵。不要说天真烂漫的"儿童一读，便生无限的快乐和兴趣及温柔的感情，爱不释手；且于儿童性情上，发生极大的影响，智识上亦能增进。"就是成人读了，也有这种感想，我读了他这本书，我就想到我从前黄金般似的"新月"光阴。令我叹惜，儿童时代的光阴，除掉梦里可以得着一点，只有读太戈尔的英文《新月集》了。但我读了他的中文译本，就不能发生这许多感想和联念。若是说译诗总难免失掉原文的精神，但太戈尔这本英文《新月集》，何尝不是从他自己的印度文译了过来。他的译文又何等自然呢？《北美评论》中沈克雷（May Sinclair）有一段评它说：

"太戈尔的翻译，不独保存了原诗的精华和永性，并且还带有一种奇异的魔力。实则原诗的内容，本具有很高的价值和机能，虽经翻译，也不能把它淹没。"

然而中文的译本，竟把它的"很高的价值和机能"淹没了，这真是出于当日沈克雷的批评意料之外。自己译自己作的诗，自然比他人译别的人的诗容易些、精确些；而诗圣的译笔，常人又不可与之比拟。然王君独清《新月集》的失败，未免太以出人意料之外。又不仅太戈尔之不幸，实白话诗、儿童诗在中国的厄运。考其因缘，自然译诗也关天才，王君可亦吃了欧化体的亏不小。倘若王君不拿欧化体译诗，他的失败必不至此。他用欧化体译诗的失败，可与别人所译的几首太戈尔《新月集》诗，比较一下，证明出来。

译《新月集》的，王君而外，有刘半农、金明远、叶绍钧、郑振铎四君。此外或许还有别的译者。各家的译诗不能——讨论，只能比较几首欧化体译诗和别体译诗的优劣。我们读了：

孩子们有他们的玩耍在世界底海滨。（王译《在海滨上》）

比较：

在一切世界的海滨上，小孩子自有他们的游戏。（刘译《海滨》）

哪一句易懂些？哪一句顺口些？前一句用英文文法来把它分析起来，主词、动词、前置词、宾词的地位，都和原诗一样，然而也像中国语气么？又：

暴风雨迥走在没有道儿的天空，船都破在没有轨路的水，死在泛滥孩子们却玩耍着。（同前，王译）

比较：

狂风急雨，在未经人迹的天上狂吼，船舶捣毁在未经人迹的

水里；死，漫无限制，孩子们只是游戏。（同前，刘译）

何如？但我们须牢记在心中这是儿童诗歌。"迥走""泛滥"，儿童懂得么？"死在泛滥"，又作何解呢？又：

> 并不是没有缘故，他却不离我们。（王译《宝宝底法门》，下同）
>
> 并不是没有缘故，他却总不肯说。
>
> 并不是没有缘故，他那样假装着来的。
>
> 并不是没有缘故，他却把他的自由放弃了。
>
> 并不是没有缘故，他却要流起眼泪起来了。

以上"并不是没有缘故……"五句，真是顶好的欧化译诗，和原诗字句的位置一样。然而除掉翻开原诗，或是请教这位欧化诗译者以外，就是问到这位太戈尔先生自己，也不见得能懂得罢！不是我不赞成欧化诗的成见叫我说出这样的话。我们再看下面几句是不是容易懂得多了？

> 他不离我们，不是没有缘故。（金译《小孩为行为》）
>
> 他总不愿说话，不是没有缘故的。
>
> 他这样假扮来，不是没有缘故的。
>
> 他放弃他的自由，不是没有缘故的。
>
> 他要流泪不会没有缘故的。

这里把中西语气稍为更换了一下，便容易懂得多了。又：

> 穿过他褴褛的云衣而微笑的秋天的早晨他们要叫他是什么呢？（王译《毁骂》）
>
> 那么，一个秋日，清晨在他破碎的云中微笑，他们要叫他什么呢（金译《诽谤》）

以上两句是哪一句容易懂些呢；前一句和下一句：

> 他们敢叫圆满的月亮是肮脏的也因他用墨水涂了他的脸儿么？

每句都长至二十五六字，并且都夹有三个"的"字。漫说小孩没有这口长气把它念完，恐怕大人也念不上口！至于词句的不顺，还是另一个问题。我们都知道儿童诗歌，第一要容易懂，容易上口，所以用字宜"熟"不宜生，造句宜"短"不宜长。顶好不避俗字俗语，然后孩子读了才有趣味，兴高采烈，快乐非凡。像这样的长句，当然不该用来译儿童诗歌，而生字生语亦不当用。像"'当其'与'所以'"这个题目，谁也想不到是 when and why（什么时候与什么原故）的译义。这两个名词，漫说小孩子听了不懂，恐怕成人也未听见过，这也合宜于儿童么？还有一层，不要以为儿童诗歌是浅显单纯，就容易译。须知浅显单纯中，也有含蓄的，也可引起儿童的想象。原诗有这种特长，高手译者也能把它翻译过来。如刘半农君译《海滨》第四首："海，带着一阵狂笑直竖起来，海岸的微笑闪作灰白色"。这里没有提这个字，然而"浪"的动作，已毕露纸上，令人想象无穷。若王君因为欧化的缘故，把它译为"海笑着起了大浪，海边的微笑发青白的光"便没有刘君来的工整。我不是对于王君故意求疵，乃是因为欧化译诗缺点太多，不得不批评之如此，像："他们无谓的预备着寻人错误。"（王译《宝宝底法门》）这一句，没有欧化，便译得非常之好。既过近原文，又合中国语气，比金明远君译为"他们去找过失一点儿没有"高明得多了。我看王君不拿欧化体译诗，比拿欧化体译诗都好，就如最近《学艺杂志》上王君的《哀希腊歌》，比《新月集》都好。从此可知译诗是不可、不能、不必欧化的！

七、结论

现在中国的译诗，虽是滥污极了，懂得几句英文的，也动手译诗，会作两首白话诗的，也动手译诗——译诗的园地，被糟踏得不成样子了。但译诗却还不能算是发达。说起来可也惭愧，中国译诗也有十余年的历史了，然而译诗总共也不过三四百篇。暑假以来，我想把搜集齐的译诗，来编一本《译诗选》，选的又苦了，也选不出五六十篇好的，漫说世界大诗人，像莎士比亚、歌德的译诗很少，就是英国大诗人弥尔顿、朴蒲、辜勒已、克茨、安诺德、白郎宁、罗碎蒂Rossetti、史云彭 Swinburne、华森 Watson、汤生 Thompson、白莱季Bridge、买丝翡耳、夏芝、罗叟 Russell 的诗竟没有人注意去译。威至威斯、虎德、雪利、丁尼苏的诗，虽有人译过，然或是不多，或是不工。其余的译诗，大都是些不大有名的诗人作的了。英国诗人，在中国很有名，而诗译过来很多的，摆伦、戈尔斯密司二人而已；但高氏，在英国还不能算得第二流诗人，中国译诗界也太可怜了。

论起现在中国的需要，译诗实是件不可缓的事情，译西洋文学最大的目的，不外介绍异域文化，沟通国情；译诗尤可陶冶性情。而当现在白话初成立的时候，尤须多译诗，以为范本，以资借镜，庶可造出许多新体白话诗出来。后起者其谁欤？译诗的人们，未必尽在吃乳罢！

十一·八·十六

（完）

——《时事新报·学灯》（1922 年 8 月 31 日）

有机化学译名草案（1922）

中国化学研究会

本会成立于中华民国七年正月，是年暑假，会员王祖榘、李书华、沈觐寅、葛敬新、黄丽生、杨维凌等，以编译有机化学名词开研究会于法国都鲁芝者多次，脂肪系主要名词及芳香系起端之主要名词大都于是时草就。嗣以暑假已满，爰以中止。民国八年暑假中，会员沈觐寅居于巴黎。复取书稿而完成之。于民国八年九月印赠各会员，是为本草案之初版。民国九年冬季会员李麟玉复在巴黎将原草案大为修改，并于初版草案未列之名词，一并增入，旋经会员李书华、沈觐寅，稍加修正，遂成是篇。由本会干事部再版印行，此本草案所经过之大概情形也。本会同人认为译音过于繁杂，且病其易于混乱，故本草案专以译意及造字为主，每一主要化合物，均以一二汉字译出，如醇（Alcohol）、醛（Aldehyl）、酮（Cétone）、酸（Acid）、醚（Ether），皆为固有之汉字，取其原有字意，与其现在所代表之物，颇相近似。无相当固有之汉字时，以新造之字译之，如译 Hydrocarbon 为𬭤，取其从氢从炭；Nitril 为䐶，取其从硝从炭；至如译 Cyclane 为环𬭤，Carbur benzéniques 为轮𬭤，则以其化学式之形状定之。此本草案之特点一也。热乃威命名法（Nomenclature de Genèva）为世界共同之命名法，且为有条理（Rational）、有统系之命名法，本草案译名方法完全采用之。此本草案之特点二也。原有机化学中之化合物异常繁多，本草案所定者为学名，故仅举其一以概其余，初不必兼收尽录也。唯是有机化学译名草案，在吾国为创举，本会同人能力薄弱，尚望国内外同志有以教之。

——《学艺》第 3 卷第 9 期（日本）（1922 年）

化学命名之研究（1922）

钟毓灵

余非化学专家，对于化学命名本不敢赞一词，唯近以研究火药，多涉无机化学物质，每有译述，殊感命名之苦。乃披阅郑君贞文无机化学命名草案，觉其根据根价及来由命名，井井有条，实获我心。唯间有过繁而不便念读之处，爰将鄙意录来，有裨参考与否，不敢知也。　　　　　　　　　　　　一九二一，一二，二五

（一）凡化合物并各原子以为名，其次序依分子式之次序，由右而左。原子数不同时，依其数目顺序列于名首。唯最后原子数为一者略之。例如：

NaCl	曰氯钠
N_2O	曰一二氧氮
NO_2	曰二氧氮
SO_3	曰三氧硫
S_2O_3	曰三二氧硫
Pb_2OCl_2	曰二一二氯氧铅
$Na_2Pt_3S_6$	曰六三二硫铂钠
SiI_2Br_2	曰二二溴碘硅

（HOCN）$_3$　　　　　　　日三聚靖酸

Cl$_2$Cr$_2$（NH$_3$）$_{10}$C$_{14}$　　日四十二二氯㑄铬氯

Cr$_2$（NH$_3$）$_{12}$（NO$_3$）$_6$　日六十二二硝㑄铬

（说明一）NaCl 向称氯化钠，愚意化字可不用，因凡化合物无自动他动之分，且遇多质化合物如谓为氯化㑄铬氯亦可，谓为氯㑄化铬氯亦可，谓为氯㑄铬化氯亦无不可也。

（说明二）将原子数置于名首，则不第较便念读，且原子相同者一目了然，可省推想。又无必要时略去数目，仍不失其名。如：

N$_2$O 与 NO$_2$ 均为氧氮

SO$_3$ 与 S$_2$O$_3$ 均为氧硫

（说明三）原子数在十以上者用码号，以免混淆。

（二）凡多元素合成之根，须并列各元素为名时，上书一线为号。如：

（Ⅰ）OH′　　　　　　　日氢氧根

（Ⅱ）AuCl$_4$　　　　　　日金氯根

（Ⅲ）Pt（SCN）$_6$　　　日铂硫氰根

（Ⅳ）NaOH　　　　　　日氢氧钠

（Ⅴ）Fe$_3$（FeCN$_6$）$_2$　　日二三铁氰铁

但如（Ⅰ）至（Ⅳ）者略去线号亦可

（三）凡复合物亦上书一线以表之。如：

PbF$_2$·PbCl$_2$　　　　　日氯铅氟铅

PbCl$_2$·3PbO　　　　　日三一氧铅氯铅

2Na$_2$S·2PtS·PtS$_2$　　日一二二二硫铂硫铂硫钠

（四）凡酸根化合物略去酸根二字，改该元素之字旁为西。如：

NO$_3$′　　　　　　　　日硝酸根，省日硝根

SO_3''	曰亚硫酸根，省曰亚硫根
ClO_4'	曰过氯酸根，省曰过氯根
$NaNO_3$	曰硝钠
Na_2SO_3	曰亚硫钠
$NaClO_4$	曰过氯钠

（说明）凡酸根盐类，称某酸盐易滋误会，如 $NaNO_3$ 称为硝酸钠则不免误为 HNO_3 与 Na 之并合物。今改为硝钠，则知硝酸之 H 代以 Na 而生者。唯依此命名有新增汉字之嫌，然所增有限，而所益良多，因不第可免误会，且可缩短名称也。

（五）凡复根之不能化为离子（iou）者，曰酸基。而酸基盐则略去酸基二字，改该元素之字旁为土。如：

NO_3'—$O=NO_2'$	曰硝酸基，省曰硝（基）
SO_4''—$2O=SO_2''$	曰硫酸基，省曰硫（基）
NO_2Cu_2	曰二铜硝
SO_2Cl_2	曰氯硫
$SbO(NO_3)$	曰硝锑

（说明）如上款

（六）对于有机酸时，酉、土二字写甲、乙、丙等字下以别之。如 H—COO′ 曰甲（根）H—CO′ 曰里（基）。

（七）Ammoinm 之化合物如下命名。即：

NH_4	曰𨱏	NH_3	曰𨫡
NH_2	曰亚𨫡	NH	曰次𨫡
N	曰𨫡质		
例如	NH_4Cl	曰氯𨱏	

NH_3HgCl	曰氯汞坶
NH_2HgCl	曰氯汞亚坶
$(NH)_2Hg_3SO_4$	曰四三二硫汞次坶
NHg_2Cl	曰一二氯汞坶质

（说明）依郑君案，概称砳根质，则分子式之原子数，殊欠明了。

（八）复合酸称某某若干水酸。如：

$Sb_2O_3 \cdot 5WO_3 \cdot 4H_2O$	曰五一钨锑四水酸
$As_2O_3 \cdot 16WO_3 \cdot xH_2O$	曰十六钨砷□水酸

但复合盐类，则依含水氧化物将若干水置名前称之。如：

$4BaO \cdot 6Sb_2O_3 \cdot 22WO_3 \cdot 36H_2O$　　曰三十六水二十二六四钨锑氧钡

（说明一）如 $Sb_2O_3 \cdot 5WO_3 \cdot 4H_2O$ 者，谓为钨酸锑酸则各式须含 H。今查两式不含 H。而实为酸，故谓之钨锑水酸，则式性两全。

（说明二）依郑君案，倍数用比号，如五一钨锑四水酸称 1:5:4 锑钨酸，不第不能明示其分子式，且对于向来直书体不便列写，故依原子数法记之。

——《学艺》第 3 卷第 10 期（日本）（1922 年 5 月）

译诗的一个意见——《太戈尔诗选》的序言（1922）

西谛（郑振铎）

译诗是一件最不容易的工作。原诗音节的保留固然是决不可能的事，就是原诗意义的完全移植，也有十分的困难。散文诗算是最容易译的，但有时也须费十分的力气。如惠德曼（Walt Whitmann）的《草叶集》便是一个例。这有二个原因：第一，有许多诗中特用的美丽文句，差不多是不能移动的。在一种文字里，这种字眼是"诗的"了，是"美的"了，如果把它移植在第二种文字中，不是找不到相当的良字，便是把原意丑化了，变成非"诗的"了。在太戈尔的人格论中，曾讨论到这一层。他以为诗总是要选择那"有生气的"字眼，就是那些不仅仅为报告用而能融化于我们心中，不因市井常用而损坏它的形式的字眼。譬如在英文里，"意识"（Consciousness）这个字，带有多少科学的意义，所以诗中不常用它。印度文的同义字"□"则是一个"有生气"而常用于诗歌里的字。又如英文的"感情"（feeling）这个字是充满了生命的，而彭伽利文里的同义字（Anubhuti）则诗中绝无用之者。在这些地方，译诗的人实是感到万分的困难的。第二，诗歌的文句总是含蓄的、暗示的。它的句法的构造，多简短而含义丰富。

有的时候，简直不能译。如直译，则不能达意。如稍加诠释，则又把原文的风韵与含蓄完全消灭而使之不成一首诗了。

因此，我主张诗集的介绍只应当在可能的范围选译而不能——也不必——完全整册地搬运过来。

大概诗歌的选译，有二个方便的地方：第一，选译可以适应译者的兴趣。在一个诗集中的许多诗，译者未必都十分喜欢它。如果不十分喜欢它，不十分感觉得它的美好，则它的译文必不能十分得神；至少也把这快乐的工作，变成一种无意义的苦役。选译则可以减减译者的这层痛苦。第二，便是减少上述的两层翻译上的困难。因为如此便可以把不能译的诗，不必译出来。译出来而丑化了的或是为读者所看不懂的，则反不如不译的好。

但我并不是在这里宣传选译主义。诗集的全选，是我所极端希望而且欢迎的。不过这种工作应当让给那些有全译能力的译者去做。我为自己的兴趣与能力所限制，实在不敢担任这种重大的工作。且为大多数的译者计，我也主张选译是较好的一种译诗方法。

现在我译太戈尔的诗便实行了这种选译的主张。以前，我也有全译太戈尔各诗集的野心。有好些友人也极力劝我把它们全译出来。我试了几次。我的野心与被大家鼓起的勇气终于给我的能力与兴趣打败了。

现在所译的太戈尔各集的诗都是：

一、我所最喜欢读的，而且

二、是我的能力所比较的能够译得出的。

有许多诗，我自信是能够译得出的，但因为自己翻译它们的兴趣不大强烈，便不高兴去译它们。还有许多诗，我是很喜欢读它们，而且是极愿意把它们译出来的，但因为自己能力的不允许，便也只好舍弃了它们。

即在这些译出的诗中，有许多也是自己觉得译得不好，心中很不满意的。但实在不忍再割舍它们了。只好请读者赏赞它的原意，不必注意于粗陋的译文。

太戈尔的诗集用英文出版的共有六部：

一、《园丁集》（*Gardener*）；

二、《吉檀迦利》（*Gitanjali*）；

三、《新月集》（*Crescent Moon*）；

四、《采果集》（*Fruit Gathering*）；

五、《飞鸟集》（*Story Birds*）；

六、《爱者之赠与歧路》（*Lover's Gift and Crossing*）。

但据 B. K. Roy 的《太戈尔与其诗》（*R. Tagore the Man and His Poetry*）一书上所载，他的用彭加利文写的重要诗集，却有许多种。

但我的这几本诗选，是根据那六部用英文写的诗集译下来的，因为我不懂梵文。

在这几部诗集中，间有重出的诗篇，如《海边》一诗已见于《新月集》中，而又列入《迦檀吉利》，排为第六十首。《飞鸟集》的第九十八首，也与同集中的第二百六十三首相同。像这一类的诗篇，都照先见之例，把它列入最初见的地方。

我的译文自信是很忠实的。误解的地方，却也保不定完全没有。如读者偶有发现，肯公开的指教我，那是我所异常欢迎的。

译者　一九二二，八，二六

——《文学旬刊》第 48 期（1922 年 9 月 1 日）

编辑余谈：骂人（1922）

胡适

上海创造社出的《创造》季刊的第二期有郁达夫先生的"夕阳楼日记"，是批评译书的。译书是我近来想做而未能的事业，所以我很想看看郁先生的批评。他的引论里说：

> 我并非是那一种无学问的思想家，专爱说说大话，以寻人错处嘲弄古代的道德为本职的。我也不是那一种卑鄙的文人，专欲抑人之善而扬己之德的。
>
> 我之所以不能默默者，只为一般丑类，白昼横行、目空中外、欺人太甚的缘故……"吾岂好辩哉？吾不得已也。"
>
> 我们中国的新闻杂志界的人物，都同清水粪坑里的蛆虫一样，身体虽然肥胖得很，胸中却一点儿学问也没有……
>
> "天国近了，你们应当悔改！"

这都是很厉害的教训。我更要看看他骂的是谁。原来他下文批评的是中华书局的"新文化丛书"内的《人生之意义与价值》。他举这书的开端五句作例，列举英文、原译文和郁先生自己的译文。我们细细考察以后，不能不替原译者（余家菊）说一句公道话：余先生固然也不免有错误，郁先生的改本却几乎句句是大错的。我且把英文原本和他们的译本都写在下面，并且指出他们的错误：

（一）原文：Has human life any meaning and value？ In asking this question, we are under no illusion, we know that we cannot pose today as possessors of a truth which we have but to unfold. The question confronts us as a problem that is still unsolved, whilst we may not renounce the attempt to solve it. That our modern era lacks all assurance in regard to its solution is a point we shall have to establish more in detail.

（二）余译本："人生有无何等意义与价值？ 有此种怀疑的，并非为幻想所支配。我们有自知之明，知道我们不能冒充真理的主人，不过必须从事于真理的发见而已。烦扰我们的，是这个未曾解答的问题，然而我们对于解决的尝试绝不可加以厌弃。关于这个问题的解答，以前各派说全无一点确实，往后我们要详细的指明。"

（三）郁改本："人生究竟有无什么意义与价值？ 问到这个小问题，我们大家都是明白的了。目下我们只能求那一种真理的发明的时候，我们知道我们不能装作已经是会得那一种真理的人。这个问题在我们的面前，还是一个未曾解决的问题，所以我们不应该把解决这个问题的尝试来拒绝了。我们现代关于这个问题的解答，还缺少种种确实的地方，这就是教我们将来不得不更加详细造就之处。"

这里共五句，第一句是独立的，第二句是起下的，不是承上的。郁君把五句看作四句，把第二句看作承上的，便错了。第二句余译"有此种怀疑的"，确是错的；但 under no illusion，余译尚无大误，郁

译为"大家都是明白的了",却是错的。(改正译本见下)

第三句余译错在把"一个真理"看作"真理",全句意思也不大明了。但郁君的改本竟是全不通了。他把句末 which we have but to unfold 一个形容词的分句,搬到前面去,变成表"时候"的副词分词,更是错的。

第四句余君似乎真是把 confront 认作了 confound(如郁君所说);郁君修正前半句不误,但他把 whilst 译为"所以",那可错了。此字在此地与 although 相等,当译为"虽",在中文里"虽然"的分句应该移在前面去。

第五句余译"以前各派说"是错的,但文法大体却不错。郁君不知 establish 一字在此处当如余君译为"说明",而直译为"造就",又加上一个"教"字,便大错了。

我现在且把这五句重译一遍,请余、郁两位指正。

"人生有什么意义和价值吗?我们发这疑问时,并不存什么妄想。我们知道我们现在不能自以为已得了一种真理,只须把它发挥出来就是了。我们虽不可把解决这问题的尝试抛弃了,然而这个问题现在还只是一个未曾解决的问题。我们这个时代对于这个问题的解答,竟全无把握,这一层是我们往后要详细说明的。"

译书是一件难事,骂人是一件大事。译书有错误,是很难免的。自己不曾完全了解原书,便大胆翻译出来,固是有罪。但有些人是为糊口计,也有些人确是为介绍思想计:这两种人都可以原谅的。批评家随时指出他们的错误,那也是一种正当的责任。但译书的错误其实算不得十分大罪恶,拿错误的译书来出版和拿浅薄无聊的创作来出版,同是一种不自觉地误人子弟。又何必彼此拿"清水粪坑里的蛆虫"来比喻呢？况且现在我们也都是初出学堂门的学生，彼此之间相去实在有限，有话好说，何必破口骂人？

——《努力周报》第 20 期（1922 年 9 月 17 日）

《梦中儿女》编者附识（1922）

吴宓

名家文：《梦中儿女》（*Dream-Children: A Reverie*）

英国蓝姆（Charles Lamb）著　陈钧 译

按：本杂志于翻译之业，异常慎重，力求精美。其特定之方法，约有五端。一曰选材，所译者，或文或诗，或哲理，或小说，要必为泰西古今之名著，久已为世所推重者。甄取从严，决不滥收无足重轻之作。二曰校勘。凡译者，必其于所译原作研究有素，精熟至极，毫无扞格含糊之处。更由编者悉心复校，与原文对照，务求句句精确，字字无讹，庶不贻误读者。三曰加注。凡原文之义理词句以及所引史事故实等，有难解之处，则由译者（或编者）加以精确简短之注解，俾读者完全了悟，不留疑义。且有欲研究原文者，可以此译本对照细读。故本杂志亦可作外国文教科书及自修参考书也。四曰修辞。译文首贵明显，再求典雅，总以能达出原作之精神而使读者不觉其由翻译而来为的。五曰择体。文必译为文，诗必译为诗，小说戏曲等类推，必求吾国文中与原文相当之文体而用之。又译文或用文言，或用白话，或文理有浅深，词句有精粗，凡此均视原文之雅俗浅深如何而定，译文必与相当而力摹之，并非任意自择。（如《钮康氏家传》则效《石头记》之白话，苏格拉底《自辩篇》则甚肖《孟子》《史记》《左传》之文言，皆为达原作之文体文情故，并非有意摹古书也）凡此五者皆本杂志同人所悬之鹄的。力或未逮，谬误滋惭。然深望国中操翻译之业者，咸用此为法。信能行此五者，则吾国翻译界之前途，必辉煌灿烂矣。编者附识。

——《学衡》第 9 期（1922 年 9 月）

译诗的一些意见（1922）

玄珠（沈雁冰）

翻译外国诗是不是"可能"？

翻译外国诗应该不应该有什么一定要遵守的"原则"？

翻译外国诗有什么"好处"；换句话说，就是"为什么要翻译外国诗"？

这一串的问题，凡翻译过外国诗的，大概总想起过。对于第一个问题已有许多不同的见解：有人说，外国诗是可以翻译的；有人说不可以；又有人说，外国诗中有可以翻译的，也有绝对不能翻译的，而可以翻译的，也不过是将就的办法，聊胜于无而已。

在这三种说法里，我们赞成的是第三种。我们承认：诗经过翻译，即使译得极谨慎，和原文极吻合，亦只能算是某诗的 Retold（译述），不能视为即是原诗。原诗所备的种种好处，翻译时只能保留一二种，决不可能完全保留。所以诗的翻译，又和描摹名画不同。描摹一幅名画，或者竟可以把原画的各种好处，都"具体而微"地表现在摹本里；但是翻译外国诗却不能如此。如果译者勉强要这样做，结果一定是空费力气，反使译本一无足取。"翻译有律"的外国诗，此层尤为显然。所以老实说，翻译外国诗是不得已的、聊胜于无的办法。

那么，何必翻译外国诗呢？在这里，我们就到了第三个问题：翻译外国诗有什么用处。如果翻译外国诗没有多大的意义，不过是文人游戏而已，本问题也就不必多讨论了；如果翻译外国诗不过"报告外国花园里有某种花卉，新开了什么花"而已，本问题也就没有严重注意的价值了；如果翻译外国诗不过因为外国文中既有此种杰作，所以我们不可不有一种译本，那么，本问题也就得否定的答语。我以为翻译外国诗是有一种积极的意义的。

这就是：借此（外国诗的翻译）可以感发本国诗的革新。我们翻开各国文学史来，常常看见译本的传入是本国文学史上一个新运动的导线；翻译诗的传入，至少在诗坛方面，要有这等的影响发生。

据这一点看来，译诗对于本国文坛含有重大的意义；对于将有新兴文艺崛起的民族，含有更重大的意义。这本不独译诗为然，一切文学作品的译本对于新的民族文学的崛起，都是有间接的助力的；俄国、捷克、波兰等国的近代文学史都或多或少地证明了这个例。在我国，也已露出了端倪。

既然翻译外国诗是有点意义的，我们就不能尽管在"可能不可能"方面空论，却要"知其不可为而为之"，实实在在讨论到译的方法上去。翻译本不能有什么具体的方法的，但是应该不应该有什么一定要遵守的原则，却是可以讨论的。

讨论到这一层，劈头一个问题就是：诗应该直译呢，应该意译呢？郑振铎君去年讨论到这一点，他引邓亨的话，赞成意译。邓亨（Sir John Denham）说："我觉得译诗的一个大毛病就在于死译。让这个'谨慎'给那些从事于忠实的事的人保守者，但是无论什么人以此为译诗的宗旨，他所作的实在不是必要的，并且他也永不能成就他的试验；因为他的事业不仅是译一种文字为别一种文字，乃是译这首诗为别一首诗；而诗呢，则是具有一种奥妙的精神的，由这种文字而转于那种文字上时，它就完全蒸散了；如果没有一种新的精神，加在译文里，那么，除了无用之物以外，更没有什么东西存留着呢。"（以上所引皆见《小说月报》十二卷三号郑君所著文中）我也赞成意译——对于死译而言的意译，不是任意删改原文，以意译之的意译；换句话说，就是主要在保留原作神韵的译法。我在上面说过，原诗所备的种种好处，翻译时只能保留一二，决不能完全保留。我们要在许多好处中挑出一种来保留，应该挑一种最关重要的来保留。我以为一首诗的神韵是诗中最重要的一部，邓亨所说"奥妙的精神"，当亦指此，我们如果不失原诗的神韵，其余关于"韵""律"种种不妨相异。而且神韵的保留是可能的，韵律的保留却是不可能的。亚伦坡（Edgar Allen Poe）的杰作《乌鸦》是一首极好而极难译的诗——或许竟是不能译的；因为这诗虽是不拘律的"自由诗"，但是全体用郁涩的声音的 More 作韵脚，在译本里万难仿照。如今抄一二节在下面：

Once upon a midnight dreary, while I pondered, weak and weary,

Over many a quaint and curious volume of forgotten lore —

While I nodded, nearly napping, suddenly there came a tapping,

As of someone gently rapping, rapping at my chamber door.

' Tis some visitor, I muttered, tapping at my chamber door—

Only this and nothing more.

But the Raven still beguiling all my sad soul into smiling.

Straight I wheeled a cushioned seat of bird, and bust and door;

Then, upon the velvet sinking, I betook myself to linking

Fancy unto fancy, thinking what this ominous bird of yore —

What this grim, ungainly, ghastly, guant, and ominous bird of yore

Meant in croaking "Nevermore".

这首诗的音节，除 More 外，第一节中的 dreary 和 weary 相应，Napping 和 Tapping 相应，也是不好译的；而且全体的 More 韵脚对于全诗的空气也有许多帮助。译本如果要把这几层好处统统传达过来，一定不可能；但若只想传达这首诗里的思想神韵，却并不是不可能；并且，我相信，也可以做得很好。同样的例子，也可以在英译的汉诗里找到：《木兰词》的英译完全是意译，就比那较为直译的李白的"床前明月光，疑是地上霜；举头望明月，低头思故乡！"要好得多。这首诗是"一气呵成"的，却又有多少曲折藏在里面。英译成为：

I wake and moonbeams play around my bed

Glittering like hoar frost to my wondering eyes

Up towards the glorious moon I raise my head

Then lay me down and thought of home arise

比原诗逊色了许多。又如"美人卷珠帘，深坐颦娥眉；但见泪痕湿，不知心恨谁。"一诗译为：

A fair girl draws the blind aside

and sadly sits with the dropping head;

I see her burning tear drops glide

But know not why those tears are shed.

则神韵十九仿佛，也是意译的。直译反而使得译本一无足取，只在这一点例子上也可以证明了。但是意译似乎也应该有些制限。
（一）要不是节译；任意把原文节删许多，是"不足为训"的。英译的
《木兰词》好虽好了，就可惜犯了"太像节译"这毛病。（二）要有原
诗的神韵；神韵是超乎修辞技术至上的的一些"奥妙的精神"，是某
首诗的个性，最重要最难传达，可不是一定不能传达的。（三）要合
乎原诗的风格；原诗是悲壮的，焉能把它译为清丽。此外，韵律等
等，是次要的事，不顾也可以。

译诗的第二个问题就是应该翻译成散文呢，还是应该翻译成本
国诗式的诗。凡是有格律的诗，固然也有它从格律所生出来的美，译
外国有格律的诗，在理论上，自然是照样也译为有格律的诗，来得好
些。但在实际，拘拘于格律，便要妨碍了译诗其他的必要条件。而且
格律总不能尽依原诗，反正是部分的模仿，不如不管，而用散文体去
翻译。翻译成散文的，不是一定没有韵，要用韵仍旧可以用的。

翻译本来可以全随译者手段的高低而分优劣，什么方法，什么原
则，都是无用的废话；而且即使有了，在低手段的译者是知而不能，
在天才的译者反成了桎梏。但是我觉得翻译外国诗似乎也可以有一个
原则——大家应该表示同情的原则：这就是不以能仿照原诗格律为
贵。本篇所述，只是这一点感想而已。

——《文学旬刊》第 52 期（1922 年 10 月 10 日）

不懂的音译（1922）

风声（鲁迅）

一

凡有一件事，总是永远缠夹不清的，大约莫过于在我们中国了。

翻外国人的姓名用音译，原是一件极正当、极平常的事，倘不是毫无常识的人们，似乎决不至于还会说费话。然而在上海报（我记不清楚什么报了，总之不是《新申报》便是《时报》）上，却又有伏在暗地里掷石子的人来嘲笑了。他说，做新文学家的秘诀，其实是要用些"屠介纳夫""郭歌里"之类使人不懂的字样的。

凡有旧来音译的名目：靴、狮子、葡萄、萝卜、佛、伊犁……都毫不为奇地使用，而独独对于几个新译字来作怪；若是明知的，便可笑；倘不，更可怜。

其实是，现在的许多翻译者，比起往古的翻译家来，已经含有加倍的顽固性的了。例如南北朝人译印度的人名：阿难陀、实叉难陀、鸠摩罗什婆……决不肯附会成中国的人名模样，所以我们到了现在，还可以依了他们的译例推出原音来。不料直到光绪末年，在留学生的书报上，说是外国出了一个"柯伯坚"，倘使粗粗一看，大约总不免要疑心他是柯府上的老爷柯仲软的令兄的罢，但幸而还有照相在，可知道并不如此，其实是俄国的Kropotkin。那书上又有一个"陶斯道"，我已经记不清是Dostoievski呢，还是Tolstoy了。

这"屠介纳夫"和"郭歌里"，虽然古雅赶不上"柯伯坚"，但于外国人的氏姓上定要加一个《百家姓》里所有的字，却几乎成了现在译界的常习，比起六朝和尚来，已可谓很"安本分"的了。然而竟还有人从暗中来掷石子，装鬼脸，难道真所谓"人心不古"么？

我想，现在的翻译家倒大可以学学"古之和尚"，凡有人名地名，什么音便怎么译，不但用不着白费心思去嵌镶，而且还须去改正。即如"柯伯坚"，现在虽然改译"苦鲁巴金"了，但第一音既然是K不是Ku，我们便该将"苦"改作"克"，因为K和Ku的分别，在中国字音上是办得到的。

而中国却是更没有注意到，所以去年Kropotkin死去的消息传来的时候，上海《时报》便用日俄战争时旅顺败将Kuropatkin的照相，把这位无治主义老英雄的面目来顶替了。

十一月四日

二

自命为"国学家"的对于译音也加以嘲笑，确可以算得一种古今的奇闻；但这不特是示他的昏愚，实在也足以看出他的悲惨。

倘如他的尊意，则怎么办呢？我想，这只有三条计。上策是凡有外国的事物都不谈；中策是凡有外国人都称之为洋鬼子，例如屠介纳夫的《猎人日记》，郭歌里的《巡按使》，都题为"洋鬼子著"；下策是，只好将外国人名改为王羲之、唐伯虎、黄三太之类，例如进化论是唐伯虎提倡的，相对论是王羲之发明的，而发见美洲的则为黄三太。

倘不能，则为自命为国学家所不懂的新的音译语，可是要侵入真的国学的地域里来了。

中国有一部《流沙坠简》，印了将有十年了。要谈国学，那才可以算一种研究国学的书。开首有一篇长序，是王国维先生作的，要谈国学，他才可以算一个研究国学的人物。而他的序文中有一段说，"案古简所出为地凡三（中略）其三则和阗东北之尼雅城及马咱托拉拔拉滑史德三地也"。

这些译音，并不比"屠介纳夫"之类更古雅，更易懂。然而何以非用不可呢？就因为有三处地方，是这样的称呼；即使上海的国学家怎样冷笑，他们也仍然还是这样的称呼。当假的国学家正在打牌喝酒，真的国学家正在稳坐高斋读古书的时候，莎士比亚的同乡斯坦因博士却已经在甘肃新疆这些地方的沙碛里，将汉晋简牍掘去了；不但掘去，而且做出书来了。所以真要研究国学，便不能不翻回来；因为真要研究，所以也就不能行我的三策：或绝口不提，或但云"得于华夏"，或改为"获之于春申浦畔"了。

而且不特这一事。此外如真要研究元朝的历史，便不能不懂"屠介纳夫"的国文，因为单用些"鸳鸯""蝴蝶"这些字样，实在是不够敷衍的。所以中国的国学不发达则已，万一发达起来，则敢请恕我直言，可是断不是洋场上的自命为国学家"所能厕足其间者也"的了。

但我于序文里所谓三处中的"马咱托拉拔拉滑史德",起初却实在不知道怎样断句,读下去才明白二是"马咱托拉",三是"拔拉滑史籍"。

所以要清清楚楚地讲国学,也仍然须嵌外国字,须用新式的标点的。

十一月六日

——《晨报副刊》(1922 年 11 月 4 日、6 日)

译书问题的讨论（1922）

Z. K. W.

现在有个问题向为一般人所注意，而至今还没有多人去讨论彼的，就是译书这个问题。我们一看市上所出的书之多，其性质的不一，及其种类的繁杂，每引起一种感想；以为国内学术界，自"五四"运动以后，能有这样的朝气，这样的蓬蓬勃勃的气象，怎不令人表示无限的乐观！且是唯其令人乐观，我们便应使彼日益进步，日趋于发展之途。怎可以使彼如此呢？欲答此问，须先知今日所谓译述界有无缺点，有无可以革新的地方？换言之，吾人要使译述界更有良好的成绩，更能向上发展，第一件应该先注意的，即探究彼的弊病所在，而谋所以革新的方法。现在常常听得有许多人说：某店所刊行的丛书，文笔好，选材好，印刷亦好，某店所出版的，觉得不甚可观，或说，某社所编译的书，颇有几集有价值的书，某社所发行者，则大半为肤浅皮毛之作，不足以供学者的需要。像这些谈话，我个人听得倦了，他们的批评的眼光，也非全不正确，只是他们所说的，总为概括的、浮面的、浅近的批评，而缺乏一种深刻而近乎根本的主张。

换言之，他们对于译书问题，只有讲到问题表面，而未曾洞察到彼的中心。一面批评者虽多，一面所译成的书，却仍依照旧时的原则和方法，未尝有所革新和改变，其原因，怕即在此。

据我个人看来，今日的译述界，确乎有些地方，亟宜加以改良。但所谓改良，并非专指某书店或某丛书而言，乃指全体译述界情形而言。我以为某书店有某书店的好书，某丛书社也有某丛书的佳作，不过因为选材方法以及译书的目的，发生许多谬误的地方，所以所出的书，不能都令人满意罢了。现在敢以极公正的眼光，择要摘出几个缺点来，与译述界诸君共同商榷一下。

一、选材不精

译书者的最大的任务，就是慎选材料。如所选不精，不但自己徒耗心血，就在他人看来，也是有损无益。今就近来出版的书籍看来，有价值的原著，固然也有，然而原著者为第三四流作家（甚至为平常无甚价值的作家）的书，竟充塞于市肆，实为一个最大缺点。

二、译者的态度欠当

许多书的原文很好，然而一变为译文，就减损许多价值，这便是译者的方法不对和态度欠当所致。常见某人译书，逐字逐句翻译，而审知其意义所在，则所答似是而非，毫无精确的了解。于是他所译述者，不过为文字上的机械的更易，而非意义间的翻译。换一句说，他所从事翻译的，不过在"量"字上着想，至于"质"字上的考究，他是丝毫不顾及的。试问以此等态度，此种方法，拿来译述西洋的名著，不是辜负了灌输西洋文明的一番本旨吗？

三、校阅功夫太少

校阅的工夫，最是重要。无论何种书籍，最重要而最负责任的人，实在是校订者，译者自身还在其次。但目前许多译述的书，大半于这一层工夫，十分忽视。以致某章某段，竟与原文大不相同了；原著者的姓名，竟忘记写出来了；某项重要的名词，竟因此而互为更易了。像这种毛病，不但有损原书的价值，即就校阅者自身而言，也太对不住译者了。

四、译书少系统

现在所译的书，名谓某书局丛书、某某丛书，实则只得叫作杂书，而不能谓为丛书。何以故呢？因为丛书包括有系统的各部分，而集合一起之谓。换言之，它虽不标出一定的专门名义，而其分类，却仍按照各科学的本位而分别的。至于目前的译书，大半拉杂译出，不能按正当的顺序与科学的分法，而循序译述，以应社会的需要。推其结果所及，于是应该先译的书，不曾译出，而不应先译者，反而出版。浅易明显的书（例如某科学导言、概论、史略或大纲等名目）没有译出，而深奥专门之作反而出版了。译者的心血耗得很多，而读者所得利益甚少，岂不是一件不经济而应该加以补救的事情呢？

以上四端，为译述界的通病，少数湛于研究、老于经验的译者，固或不至有此；然而说是一般译者均能免此弊病，我殊不信。故为今日译述界前途发展起见，便不能不有个标准，有个方法，用来祛除此等缺点。自然，这种标准与方法，是很不容易讲的；不得已，姑就个人的眼光，摘出几个主要的条件，与阅者诸君讨论一下：

一、译者对于选材，不可不慎。第一必须关于平日素所研究的一门（例如研究社会学者，译社会学是）；第二必须于此书，夙所爱慕，夙表同情，认为有价值之作（例如钦佩和赞同杜威的教育学说，方可译述他的《民治主义与教育》等书）。

二、请人校阅，必须那个人确有研究，确于此书也有精密的意虑，确于文字方面，比较的胜于译者一点，而后结果方能良好，校阅者自身亦须切实负责去做。

三、译者的态度要诚恳、存心要忠直。总须把译书看作一种极高尚的事业，译者的责任，其重大正不亚于著者自身。译书的价值，不应以文字的量之多少为断，而以能否由个人的思想精力和工具，能否把那书中的美质（即精义）尽量表现出来为断。这虽说是个人的才力不同，不能一概而论，然而态度、方法、工具及那译书的动机，总难忽视。以上指个人方面而言。若就学社、团体或书店方面言之，则下述几个要点，亦应注意：

一、无论某种学会，刊行某种丛书，其第一件事应该注意的，就是系统及顺序。如所出之书，不止一种科学，便应照科学的分类，一一加以区别。如所译者只为一门或一种科学，则在某项主义或某种科学以内，也应加以科学的分类，以明系统所在。

至于顺序，则应先译"纲要""绪言"的书，而后"历史"，而后近代的著作，而后中古代的著作。（关于哲学方面译者一层，瞿世英君在《东方》上略有意见发表，与我的见解正同，不再做例了。）

二、为慎重译书起见，为免掉许多毛病计，任何团体要想译书，应组织下列各项委员会：（一）审查委员会——默审社会的需求，而选定材料；（二）出版委员会——校阅校对，概须负责。

三、如欲介绍某学者来华演讲，则应于他未来之前，先行把各重要著作择其最需要者，译述出来，以供学子的研究。

我的意见说完了。错误的地方，自知很多；但望有志从事于介绍文化的各位同志，都来加入讨论，有以指正我的错误！

一九二二·十一·十四·于苏州

——《觉悟·民国日报》（1922 年 11 月 21 日）

学者的态度——胡适之先生的"骂人"的批评（1922）

仿吾（成仿吾）

【……】我觉得有几点不可不向胡先生和读者诸君请教。

第一，【……】

（1）胡先生抹杀了他人的论旨——郁达夫的《夕阳楼日记》，我想必是有感而作。他所攻击的是"文艺思潮书籍的乱译，与各种小说诗词的粗制滥造"，"日本有一本西书译出来的时候，不消半个月工夫，中国也马上把那一本书译出来，译者究竟有没有见过那一本原书，译者究竟能不能念欧文的字母，却是一个疑问。"他所主张的是"大凡我们译书，总要从著者的原书译出来才好……。"《人生的意义与价值》不过是他偶然举出来的一例。他说他"看了那一本中文的译本，什么也不能理会"，随便指出了几个错误的地方，顺便把它改了。他这《日记》的重心，完全不在这译本，更完全不在他自己的译文。他最后的一句，还在那里问"中国要到什么时候才有进步呢？"可见他是因为希望中国进步过于是性急了，才说得那般厉害。我们都觉得是被他骂在一团的了，关于这一点，胡先生倒不能

1085

以为这种敏捷的感觉，是自己或谁的特别可夸的天赋呢！可是我要请教胡先生，我们这些都把介绍所谓新文化为己任、你不让我、我不让你的朋友们之中，有没有应当责问的？对于拿错误的译书来出版的先生们，应不应当唤起他们的责任？胡先生忍不忍"使我们中国的思想界也腐败得同政治界一样，使我们中国永无吐气之一日？"胡先生把他人的题目看错了，把人家的意思弄错了，我还很愿意替他辩护，说他实在没有看到那些紧要的地方去，然而他为什么于所引用郁君的文，故意把那最紧要的"我真不忍使我们中国的思想界也腐败得同政治界一样，使我们中国永无吐气的一日"抹杀了呢？胡先生真的把这篇骂人的大作，认为是政治上的辩论了么？胡先生既然承认"拿错误的译书来出版和拿浅薄无聊的创作来出版，同是一种不自觉的误人子弟"（胡先生自己的话）为什么偏要抹杀他人的论旨，捉人话头来大啸特啸呢？

【……】

第二，胡先生怎么不就德文的原文加以研究？郁达夫那篇文章的主要点在"大凡我们译书，总要从著者的原书译出来才好，……"他把余译本与英文对照，更自己把他翻译出来虽然是要证明余译本的错误，然而已是第二义的目的。他说："我读了那一本中文的译本，什么也不能理会，所以就去买了一本英文的译本来对看。因为我所有的德文本，是一九〇九改正的第三版，德文本的文章，同中译本，并无一句相同，所以我疑思译者对于英文本倒反忠诚，对于原著者，倒反有漠不相关的样子。英文本买了来一看……"，与原文大不对了，才下一步去把英文来考证，而余译本与英文又是那般不对，郁君才不得不把他作"无理的供给"的样本了。然而最后的解决，总当把一九〇七年的德文原本来考证。胡先生既慨然觉得"余先生固然也不免有错误，郁先生的改本却几乎句句是大错的，"何以吝惜几分钟的工夫，不把德文原本翻翻，却把本来就是译得不好的英文去再把它颠倒错译呢？（胡先生的译文错得厉害，下面再讲）。郁君并不是和余君较量英文，胡先生的英文好得很，是谁也知道的，也犯不着同他们赌气斗嘴，只要把德文原本看看把他们的错处指出来，译成更确的文句，作一个最后的解决，岂不是大家都好，我更可以省这一番口舌么？关于这一点，我们的学界怕不能不埋怨胡先生不早给他们一个真确的解释，反又多给一种错误的翻译去扰乱他们；我更不能不埋怨胡先生多给我这样难于立言的一宗差事呢。

闲话休谈，现在让我把德文的原文与拙译写在下面罢。

"Wer heute die Frage aufnimmt, ob das menschliche Leben einen Sinn und Wert hat, der kann nicht zweifelhaft darudber sein, dasz es hier nicht einen vorhandenen Besitz zu beschreiben, sondern eine Aufgabe zu bezeichnen gilt, eine Aufgabe, die fuer uns nicht geloest ist, auf deren Loesung sich aber unmoeglioh verzichten laeszt. Dasz der heutige Lebensstand uns hier keine sichere und freudige Bejahung zufuehrt, das wird genauer zu zeigen sein; ...'"

"处现在的时代提起'人生有什么意义与价值没有'的疑问的人，定会是很明白这不是要叙述一个实在的所有物，反是在表出一个问题；这一个问题对于我们是还没有解决的，然而她的解决是决不容放弃的。现在的生活状态还没有引到何等确实而可喜的肯定于我们，这是下面还要详述的……"

原文中的 der kann nicht zweifelhaft darueber sein 本来是"他不能

对于这一点怀疑"，因为与下文不好连结，直译为"定会是很明白"了。hier 字在这地方，本有重大的意义，因为译作"在这地方"，不仅使语句大长，更会使人难懂，所以把它丢了。es gilt 使语句大长，表示要点与目的，这个 es 我把它译作一个"这"字，因为意义与性质都与原文还不远。

我们看了德文，定会吃惊怎么英文把它截得那般凌乱，我是上过英译本的当的，然而也觉得它未免太无聊了。那 under no illusion 与 which we have but to unfold 我真不知道是什么意思。所以拿种错了的英译文来争论，我真不解胡先生怎的有这种余闲。胡先生把"郁君把五句看作四句，把第二句看作承上的，便错了"很得意似的在那里说，其实德文只有一句半，真是何苦呢。

这德文的开端一句，长得很，不好译，我的译文意义虽然译出来了，我没有胡先生那样的余闲去推敲几次，怕是不好懂的罢。然而我是素来不知道把错译来骗人的、来自鸣得意的，这一点大家都可以放心。

第三，胡先生自己的译文好不好？从德文的原本看起来，英译文、余译、郁译与胡先生的译文，是都错了的；那么胡先生的译文，由英文看起来，又译得好不好呢？胡先生说这个人译得不好，那个人译得不好，于是乎他自己卷起袖子来译了一个，到底他自己的，译得好不好呢？我的可怜的英文，固然是望胡先生的腹胸都望不着，然而侥幸还没有一齐给英文先生拿去了呢。我现在把英译文、余译、郁译与胡先生所译都写在下面，并且指出他们的错误。

（一）英文：Has human life any meaning and value？ In asking this question, we are under no illusion. We know that we cannot pose today as possessors of a truth which we have but to unfold. The question confronts us as a problem that is still unsolved, whilst we may not renounce the attempt to solve it. That our modern era lacks all assurance in regard to its solution is a point we shall have to establish more in detail...

（二）余译：人生有无何等意义与价值？有此种怀疑的，并非为幻想所支配。我们有自知之明，知道我们不能冒充真理的主人，不过必须从事于真理的发见而已。烦扰我们的，是这个未曾解答的问题，然而我们对于解决的尝试，绝不可以厌弃。关于这个问题的解答，以前各派说全无一点确实，往后我们要详细的指明。

（三）郁译：人生究竟有无什么意义与价值？问到这个问题，我们大家都是明白的了。目下我们只能求那一种真理的发明的时候，我们知道我们不能装作已经是会得那一种真理的人。这个问题在我们的面前，还是一个未曾解决的问题，所以我们不应该把解决这个问题的尝试来拒绝了。我们现代关于这个问题的解答，还缺少种种确实的地方，这就是教我们将来不得不更加详细造就之处。

（四）胡译：人生有什么意义和价值吗？我们发这疑问时，并不存什么妄想。我们知道我们现在不能自以为得了一种真理，只须把它发挥出来就是了。我们虽不可把解决这问题的尝试抛弃了，然而这个问题现在还只是一个未曾解决的问题。我们这个时代对于这个问题的解答竟全部把握，这一层是我们往后要详细说明的。

费劲大力把这几种译文抄完了。英文译得不好，我在前节已经说过，余译本的"自知之明""烦扰我们的""以前各派说"真是烦扰我们的，大不成话，已经郁、胡两先生指出了，我现在写得疲倦了，我只就郁先生与胡先生的译文谈谈罢。

胡先生说："这里共五句，第一句是独立的，第二句是起下的，不是承上的，郁君把五句看作四句，把第二句看作承上的，便错了。第二句余译'有此种怀疑的'，确是错的；但 under no illusion 余译尚无大误，郁译为'大家都是明白的了'却是错的。"

德文的原本只有一句半，我在前节已经说过，英文把来译成五句，本来是不好的，郁君也把开端的问语作了一句，何尝说是四句呢。他或者把余译的中文看作了四句，然而这是无关紧要的，要余先生才能决定的。胡先生竟说是错了，未免寻得大费劲了罢。

"第二句是起下的，不是承上的。"我不知胡先生是从什么地方看出来的。我不知胡先生是怎样妙想天开，忽然把第二句抬头另写的。在德文的原本内，第一句问语固然是第二句的子句；即英文的 this question 亦明明表示第一、第二两句的关系很密切。胡先生的看法，我总想不出一个理由来，胡先生是译它呢，还是改它呢？未免太武断了罢。

"第二句余译'有此种怀疑的'，确是错的。"余译不仅与德文巧合。即把英文来说，这句英文应当译作"我们发这疑问，并非为幻想所驱使。"而"有此种怀疑的"与"我们发这疑问"不过直译与意译之别，比胡先生的"我们发这疑问时"好得多，我倒不能不替余先生叫屈了。

"under no illusion"胡先生谓郁译"大家都是明白的了"是错的。我不解胡先生为什么这等不赞成意译，偏要主张自己的"妄想"。"大家都是明白的了"紧接第三句的 we know 比"并不存什么幻想"怕弊病还要少一点罢。

胡先生说："郁君的改本竟是全不通了。他把句末 which we have

but to unfold 一个形容词的分句，搬到前面去，变成表'时候'的副词分句，更是错的。"

第三句的这个分句，余先生与胡先生都弄错了，并且都是错在把一个说明的分句看作了一个对立的文句。但郁先生于文意文法尚无错误（参看德文与英文的拙译），并且他的"目下""时候"与原文 today 相关，也并不是把这分句变为表时候的副词分句；"目下我们只能求那一种……"的"那一种"便是英文的 which 呢。胡先生既知道这是一个形容词的分句，怎么又把它译作"我们现在不能自以为已得了一种真理，只须把它发挥出来就是了，"使一个分句变成一个对立的文句呢。这样的豹变，不仅文法上错了，意义的轻重不更是大错特错吗？

胡先生说："此字（whilst）在此地与 although 相等，当译为'虽'，在中文里'虽然'的分句应该移在前面去。"

假使胡先生所说 whilst = although 是真的，那么，英文的"...unsolved, although，we may not renounce..."应当译作"我们虽然可以不抛弃……，然而……"即是"我们虽然不抛弃……然而……"即是"我们纵然不抛弃……，然而……"怎么胡先生的译文，又偏偏不是这样的呢？

假使胡先生所说 whilst = although 是错了的，那么，这英文的第四句应当译作"这个问题现在（虽然）还只是未曾解决的一个问题，然而我们不可把解决这问题的尝试抛弃了。"怎么胡先生的又偏不是这个样？这一句重在后半句，我真不解胡先生为什么要一只手把英文的前半句拉下来，一只手把后半句顶上去自寻烦恼呢。郁先生把 whilst 译作"所以"确是错的，然而于英文意义上的轻重，却没有颠倒改变。像胡先生这般把人家的文句译得七颠八倒，轻人之所不轻，重人之所不重，这种错误比错十个单字还要厉害呢。

综合以上各点看起来，郁君的译文中错的是：

1. whilst 不应译作"所以"

2. 第五句的 establish 不应译作"造就"

然而我们翻转来看胡先生的错误时：

1. 第二句不应由第一句分开，擅改原文，这是大错。

2. "In asking this question, …"不应译作"我们发这疑问时"。这不是叙述发疑问时的心理，反是说明发疑问的原动力，所以应当译作"我们之发这疑问"。

3. "under no illusion"不是"并不存什么妄想。"这语意是 under the influence of no illusion，即是"并不为幻想所驱使"。"妄想"二字也不对。

4. "which we have but to unfold"是一说明的分句，不应当译作"只须把它发挥出来就是了"，使与"我们现在不能……"为并立句。并且"我们现在不能自以为已得了一种真理。"之后，接着就是"只须把它发挥出来就是了"真是笑话。无中也会生出有来，真是新的笑话。which 这时候也没有 continuative 的性质。

5. 第四句不应当把原文先后颠倒，使轻重异地。照胡先生的译文，似乎这句的要点，全在"这个问题现在还只是一个未曾解决的问题"了。这是什么话？

这里面除 2、3 尚可忽视之外，都是大错特错的地方，尤以 4、5 为最厉害。大凡译书总要一忠实原文，二慎守原文的先后轻重，三务求明了。胡先生译出这样的英文，实在不能不引为遗恨。我把胡先生的译文读了又读，读到力竭声嘶，还只是一个莫名其妙。人家的文章总有一条线索，胡先生不先把这条线索拿住，只管一句句地译下来，译到不好译的地方便乱七八糟地改造一下，把人家的先后轻重完全颠倒——这是何等荒谬的办法！最不幸的错误，就是把表示相对的whilst（然而）看作与表示让步的although（虽然）相等，把第四句那样颠倒一下；等到译起原文后半句的时候，却一脚又把although踢往爪哇，这真是奇奇怪怪的事。

我现在且把这几句的英文重译一遍，请余先生、郁先生、胡先生与读者诸先生指正：

"人生有什么意义与价值吗？我们发这疑问，并非为幻想所驱使。我们知道对于一个我们只当表明出来的真理，我们现在不能装作是她的所有者。这个疑问在我们面前还是未曾解决的一个问题，然而我们不可把解决它的尝试抛弃了。我们现在的时代关于它的解答缺少一切把握；这一点是我们往后要详细说明的。"

【注】在德文的原文，英文的第一、二、三、四句，只是一句，已经是说过的了。即就英文看起来，第二句紧接第一句，第三句是第二句的说明。所以把语意的全部写出来的时候，应当是："我们提起'人生有什么意义与价值没有'的疑问，并不是为幻想所驱使，（以为是要说一种已得的真理）。（因为）我们知道我们现在不能装作是一个真理的所有者——把这真理表明出来（表明她是这般那般的一个东西）倒是我们（在这地方）要做的事。这个疑问在我们面前……"

我在上面说了许多话，现在把我所说的要点再写出来谈谈：

第一，我认为胡先生所取的，不是学者的态度。

第二，我说胡先生对于一个德文的问题，应就德文去研究。

第三，我说胡先生的译文，由英文看起来，也错得太厉害。

我对于一切的问题，都主张取学者的态度。像胡先生这种抹杀他人的论旨、压迫他人的言论，凡是研究学问的人，都是应当自行禁止的。因为这种闹意气的非学者的态度，是必然地阻碍进步的。

不论什么东西与事情，总有它们的轻的与重的方面；我们要先把轻重分别出来，方去议论才好。譬如郁君的那篇《夕阳楼日记》，明明在对向那些拿错误的译书来出版的先生们，要求他们悔改；明明说"因为没有功夫去看近来出版的书籍杂志，所以也不能举出确实的例来，但是偶然买了一册……"胡先生既知道拿错误的译书来出版是误人子弟的事情，当然是没有话说的了，怎么偏要把无关紧要的一例拿来驳，临到辩得高兴，率性跳出轨来说什么"拿错误的译书来出版和拿浅薄无聊的创作来出版，同是一种不自觉的误人子弟"呢？我不解胡先生为什么总辨不出事情之轻与重。我们只就胡先生这圈了又圈的名句，都可以看出胡先生缺少轻重的判断力。因为译书的后面，常有庄严地偶像俯瞰着，对于人的影响，自然是很大的；至于创作呢，胡先生既加了它一项刻有"浅薄无聊"四大金字的帽子，别的人对于那些燐光灿烂的陈尸，都还有应接不暇的形势，谁来理它，更谁来受它的误呢？所以这两种东西，是绝对不可把来同日而语的。并且这里面还有一层时代的关系。创作是时代的出产，被时间严格地制限了的。译书当然也免不了时间的束缚，然而这是由我们的努力可以征服的。即如余先生的译本，假使他稍有一点责任心，决不会生出把 confronts 认作 confound 与那些"自知之明""以前各派说"的笑话。即如胡先生的译文，假使胡先生稍把原文的线索轻重分别出来，决不会有那种使人莫名其妙的错译。所以创作与译书，是决不可同一视的。总而言之，胡先生既把他人一篇日记的轻重看错了，又把几句英文的轻重译错，把来出版，又把创作与译书的影响的轻重弄错——这种种的弄错，是我所不能不引为遗恨的。而我所最引为遗恨的，尤其是胡先生把满足一时的快感，与畅发一己的意气看得太重，把藉端反噬、腼颜护短、鄙夷创作、滥事重翻等种种埋伏着的隐忧看得太轻了。

我想胡先生是决不会为那些"拿错误的译书来出版"的先生们来辩护的，因为他们实在没有辩护的可能性，胡先生的意思也未必就在这里。不过我们说话，还是直言不讳的好。假使胡先生的意思，在为他们辩解或是另外在什么地方，倒是爽爽直直地说出来的好罢。

【……】

十一年十月十三日

——《创作季刊》第 1 卷第 3 期（1922 年 11 月 25 日）

《鲁拜集》小引（1922）

郭沫若

【……】

Fitzgerald 的英译，是一八五七年正月十五日出版的，第一版只是一种薄薄的 pamphlet，并且是没有记名的。出版伦敦 Quaritch 把它丢进四便士均一的书匣里，甚至减价卖到一便士，也还没有人要。一八六〇年 D. G. Rossetti 先发见了这部译诗的好处；接着 Swinburne、Lord Houghton 也极力称赞，一直到一八六八年又才出了第二版。其后七二年、七八年，出了三版、四版。第一版只有七十五首，第二版最多，有一百一十首，第三、四版均一百零一首。次第和语句均各有不同。我此处所译的是他的第四版。第一版我在 Henry Newbolt 所选的《英国诗钞》里看见过，第二版我看过竹友藻风的日文译本，只有第三版我还不曾得见。

Rubáiyát 本是 Rubái 的复数。Rubái 的诗形，一首四行，第一、第二、第四行押韵，第三行大抵不押韵，与我国的绝诗颇相类。Rubáiyát 的英译，在 Fitzgerald 之后，还有 E. H. Whinfield、N. H. Dole、J. Payne 诸氏的译本，据说对于原文较为真实，可惜我都还没有见过。原文我不懂，我还读过荒川茂的日文译品（大正九年十月号的《中央公论》），说是直接从波斯文译出的，共有一百五十几首。我把它同 Fitzgerald 的英译本比较，它们的内容几乎完全不同，但是那诗中所流贯的精神，没有什么走转。翻译的功夫，到了 Fitzgerald 的程度，真算得与创作无以异了。

以下我据 Fitzgerald 英译的第四版，重译成汉文；读者可在那诗里面，寻出我国刘伶和李太白的面孔来。

郭沫若

——《创造季刊》第 1 卷第 3 期（1922 年 11 月 25 日）

Moment 译言商榷（1922）

李协

西国名词译为华语，其难得切当之义者多矣，而无如 moment 一字为尤难，于此一字聚讼者多矣。有译为运动量者，有译为能力者，又有译作矩者，因 moment of force 有力 × 距离之意，绘作圆，如矩之形也。鄙人以为译外国名词，当抉其原义而择适当之吾国古文代之也，如 astronomy 之译天文，geography 之译地理，无人或非之者，则以天文地理为吾国自古以来延用之语也。（《易》："仰以观于天文，俯以察于地理"）。不能则构显明之复词代之，如 anatomy 之译解剖学，physics 之译物理学是也。再不能则因音或义，按六书之法造作新字，如化学各种新原质是也。Moment 一字非无义意者，故当从第一法而得其译语。

窃以为 moment 及其所引申等字，唯吾国"几、机"二字可以确得其解。机、几二字古义本相通。书本陶谟："一日二日万几。"疏作几，其原义与 moment 一字相等者甚多，兹列举如下：

按 Webster's *New International Dictionary of the English Language*. I. moment, [F. *moment*, L. *Momentum*, for *movimentum* = movement, motion.] 是 moment 由拉丁字 momentum 而来，而其初则为 movimentum 为动之

义。而说文机，"生发谓之机"，《书·太甲》"若虞机张"，《易·系辞》"几者动之微"，《大学》"其机如此"，注发动所出，皆与此义适合。

1. A minute portion of time; a point of time; an instant; as at that very moment. 按几、机皆有时之义，未几、无几皆言时之极短也。魏征文"应时机以教之"，时机即 very moment 之义，又常语"机会"，如曰"其机不可失"，皆含时之义。

2. A minute portion or part; an atom.《孟子》"人之所以异于禽兽者几希"，几希，微也。《说文》"几，微也。"atom，微之极者也。

3. *Math.* an infinitesimal increment or decrement. 数之消长之极微者。几之一字用于数学亦极少之义。《诗》"尔居徒几何"，古诗"河汉清且浅，相去复几许。"故 inf. increment 不妨译作"消几"，而 Inf. decrement 不妨译作"长几"或"增几"也。

4. Importance, as in influence or effect; consequence: weight or value; consideration. 按机、几皆有重要之义，《易》"几事不密则害成"。今称事之密要者曰机密，或曰机务；《宋书》"参赞机务"，或曰机事，《晋书》"荀勖久在中书专管机事"。近要之地称机近；《魏书》"虽处机近曾不留心文案"。

Matters of great moment. *Shak.* 即机务机事之谓也。

5. That which causes or prompts action.《庄子·至乐篇》"万物为机"与此义合。

6. 同 1。

7. A definite period or point，as of an event. 机会，时机之义。苏辙诗"东邻小儿识机会"。

8. 同 1.

机之一字已借作机械（machine）之用。故 steam machine 译作汽机等已成习惯。若以之译 moment，则不免混淆。鄙意专以几译之，如：

9. *Mech*. Tendency or measure of tendency，to produce motion, esp. about point or axis. 即可译作"几"。

10. *Statistics*. Potency or measure of potency, in determining the center or axis of distribution of some subject of statistical investigation. 按几枢有时义相近，《史记》"韩魏天下之枢也"，谓中央机关也。《易》"言行君子之枢机"，《后汉书》"先帝防慎舅氏，不令在枢机之位"，皆与此义切符。

11. An essential or constituent element.

兹拟译物理各名词如下：

moment of couple，*Mech*. 偶几。moment of force，力几。

moment of magnet 磁几。moment of flexure = bending moment 桡几。moment of inertia 安几。（按凡物无外力以扰之，动者恒动，静者恒静，所谓守常不变，实有"安分守己""安土重迁"，安守之义；inertia 译以惰，不如译为安也。吾友范霭春、许肇南俱同此意）

moment of momentum，动几。moment of population，丁口几。

moment of resistance，敌几（或曰抵抗几）。moment of rotation，旋几（或曰转动几）。moment of stability，稳几。moment of torsion，捩几。

又由 moment 引申之字，如：

II. momental. 1. Momentary; brief; also of moment; momentous. 重要也；见上 moment, 5. 2. Momental ellipse，几椭圆。Momental ellipsoid，几椭体。

III. momentaneous.（L. *Momentaneus*: cf. F. Momentané）Momentary；also instantaneous。又：

IV. momentary.

1. Continuing only a moment; lasting a very short time; transitory; of living thing, short-lived; ephemeral; as a momentary pang. 见 moment 1.

2. Occurring, recurring, or acting, at every moment. 按几训微又有复习之义，《论语》"事父母几谏"，几字若以 momentary 训之实确切无移。盖谏而不听则止。说则复谏，内则所谓与其得罪州闾宁熟谏（孰与孰通），微而孰，几之义也。

3. Done, made, etc, in a moment; instantaneous. 同上。

V. momently.

1. From moment to moment; every moment.

2. At any moment; in a moment; instantly.

3. For a, or the, moment. 按以上三条皆为时期之义。《玉篇》"几期也"，《诗·小雅》"卜尔百福"，"如几如式"，［疏］所以与汝百种之福，其来早晚如有其节矣。其福多少，如有法度矣。又《诗·大雅》"天之降罔，惟其几矣"。《说文》"殆也"，犹言殆将也，谓天之降凶罔，不转瞬将至矣，皆与此义相合。

由以上所举诸证观之，可见 moment 与几、机义最为相近。读者能举吾国他字其训话较此二字更为与 moment 字下诸解相密切者，鄙人愿舍己从之。若夫支离牵强之译言，鄙人不愿苟同也。

《雪莱的诗》小引（1923）

郭沫若

雪莱是我最敬爱的诗人中之一个。他是自然的宠儿，泛神宗的信者，革命思想的健儿，他的诗便是他的生命。他的生命便是一首绝妙的好诗。他很有点像我们中国的贾谊。但是贾生的才华，还不曾焕发到他的地步。这位天才诗人也是夭死，他对于我们的感印，也同是一个永远的伟大的青年。

雪莱的诗心如像一架钢琴，大扣之则大鸣，小扣之则小鸣。他有时雄浑倜傥，突兀排空；他有时幽抑清冲，如泣如诉。他不是只能吹出一种单调的稻草。

他是一个伟大的未成品。宇宙也只是一个永远的伟大的未成品。古人以诗比风。风有拔木倒屋的风（Orkan），有震撼大树的风（Sturm），有震撼小树的风（Stark），有动摇大枝的风（Frisch），有动摇小枝的风（Maessig），有偃草动叶的风（Schwach），有不倒烟柱的风（Still）。这是大宇宙中意志流露时的种种诗风。雪莱的诗风也有这么种种。风不是从天外来的。诗不是从心外来的。不是心坎中流露出的诗通常不是真正的诗。雪莱是真正的诗的作者，是一个真正的诗人。

译雪莱的诗，是要使我成为雪莱，是要使雪莱成为我自己。译诗不是鹦鹉学话，不是沐猴而冠。

男女结婚是要先有恋爱，先有共鸣，先有心声的交感。我爱雪莱，我能感听得他的心声，我能和他共鸣，我和他结婚了。——我和他合而为一了。他的诗便如像我自己的诗。我译他的诗，便如像我自己在创作的一样。

作散文诗歌的近代诗人 Baudelaire、Verhaeren，他们同时在作极规整的 Sonnet 和 Alexandrian。是诗的，无论写成文言白话，韵体散体，它根本是诗。谁说既成的诗形是已朽骸骨？谁说自由的诗体是鬼画桃符？诗的形式是 Sein 的问题，不是 Sollen 的问题。作诗的人有绝对的自由，是他想怎么样就怎么样。他的诗流露出来形近古体，不必是拟古。他的诗流露出来破了一切的既成规律，不必是强学时髦。几千年后的今体会成为古曲。几千年前的古体在当时也是时髦。体相不可分——诗的一元论的根本精神确是亘古不变。

（一九二二年十二月四日暴风之夜）

——《创造季刊》第 1 卷第 4 期（1923 年 2 月 10 日）

五十年来中国之文学（节录）（1923）

胡适

四

自从一八四〇年鸦片之战以来，中间经过一八六〇年英法联军破天津入北京火烧圆明园的战事，中兴的战争又很得了西洋人的帮助，中国明白事理的人渐渐承认西洋各国的重要。一八六一年，清廷设总理各国事务衙门；一八六七年，设同文馆。后来又有派学生留学外国的政策。当时的顽固社会还极力反对这种政策，故同文馆收不到好学生，派出洋的更不得人。但十九世纪的末年，翻译的事业渐渐发达。传教士之中，如李提摩太等，得着中国文士的帮助，译了不少的书。太平天国的文人王韬，在这种事业上，要算一个重要的先锋了。

但当时的译书事业的范围并不甚广。第一类是宗教的书，最重要的是《新旧约全书》的各种译本。第二类为科学和应用科学的书，当时称为"格致"的书。这是很自然的。宗教书是传教士自动的事业。格致书是当时认为枪炮兵船的基础的。历史法制的书是要使中国人士了解西洋国情的。此外的书籍，如文学的书，如哲学的书，在当时还没有人注意。这也是很自然的。当时的中国学者总想西洋的枪炮固然厉害，但文艺哲理自然远不如我们这五千年的文明古国了。

严复与林纾的大功劳在于补救这两个大缺陷。严复是介绍西洋近世思想的第一人，林纾是介绍西洋近世文学的第一人。

严复译赫胥黎的《天演论》在光绪丙申（一八九六），在中日战争之后戊戌变法之前。他自序说：

> ……风气渐通，士知弇陋为耻；西学之事，问涂日多。然亦有一二臣子池然谓彼之所精不外象数形下之末，彼之所务不越功利之间；遝肎为谈，不容其实。讨论国闻，审敌自镜之道，又断断乎不如是也。……

这是他的卓识。自从《天演论》出版（一八九八）以后，中国学者方才渐渐知道西洋除了枪炮兵船之外，还有精到的哲学思想可以供我们的采用。但这是思想史上的事，我们可以不谈。

我们在这里应该讨论的是严复译书的文体。《天演论》有"例言"几条，中有云：

> 译事三难：信，达，雅。求其信已大难矣。顾信矣，不达，虽译犹不译也。则达尚焉。……今是书所言本五十年西人新得之学，又为作者晚出之书，译文取明深义，故词句之间时有所颠倒附益，不斤斤于字比句次，而意义则不倍本文。题曰达恉，不云笔译；取便发挥，实非正法。……凡此经营，皆以为达；为达即所以为信也。……信达而外，求其尔雅。此不仅期以行远已耳，实则精理微言，用汉以前字法句法则为达易，用近世利俗文字则求达难，往往抑义就词，毫厘千里。审择于斯二者之间，夫固有所不得已也。……

这些话都是当时的实情。当时自然不便用白话；若用白话，便没有人读了。八股式的文章更不适用。所以严复译书的文体，是当时不得已的办法。我们看吴汝纶的《天演论序》，更可以明白这种情形：

> ……今西书虽多新学，顾吾之士以其时文公牍说部之词译而传之，有识者方鄙夷而不知顾，民智之沦何由？此无他，文不足焉故也。文如几道，可与言译书矣。……进赫胥黎之道，……严子一文之，而其书乃骎骎与晚周诸子相上下。然则文顾不重耶？……

严复用古文译书，正如前清官僚戴着红顶子演说，很能抬高译书的身价，故能使当时的古文大家认为"骎骎与晚周诸子相上下"。

严复自己说他的译书方法道："什法师有云，'学我者病。'来者方多，幸勿以为是书为口实也。"（《天演论·例言》）这话也不错。严复的英文与古中文的程度都很高，他又很用心，不肯苟且，故虽用一种死文字，还能勉强做到一个"达"字。他对于译书的用心与郑重，真可佩服，真可作我们的模范。他曾举"导言"一个名词作例，他先译"卮言"，夏曾佑改为"悬谈"，吴汝纶又不赞成；最后他自己又改为"导言"。他说，"一名之立，旬月踌躇；我罪我知，是存明哲。"严译的书，所以能成功，大部分是靠着这"一名之立，旬月踌躇"的精神。有了这种精神，无论用古文白话，都可以成功。后人既无他的工力，又无他的精神；用半通不通的古文，译他一知半解的西书，自然要失败了。

严复译的书，有几种——《天演论》《群己权界论》《群学肄言》——在原文本有文学的价值，他的译本在古文学史也应该占一个很高的地位。我们且引一节作例：

> 望舒东睇，一碧无烟。独立湖塘，延赏水月；见自彼月之下，至于目前，一道光芒，溇漾闪烁。谛而察之，皆细浪沦漪，受月光映发而为此也。徘徊数武，是光景者乃若随人。颇有明理士夫，谓此光景为实有物，故能相随，且亦有时以此自诩；不悟是光景者从人而有；使无见者，则亦无光，更无光景与人相遂。盖全湖水面受月映发，一切平等；特人目与水对待不同，明暗遂别，——不得以所未见，遂指为无——是故虽所见者为一道光芒，他所不尔，又人目易位，前之暗者，乃今更明，然此种种，无非妄见。以言其实，则由人目与月作二线入水，成角等者，皆当见光；其不等者，则全成暗。（成角等与不等，稍有可议，原文亦不如此说。）唯人之察群事也，亦然；往往以见所及者为有，以所不及为无。执见否以定有无，则其思之所以不骇者众矣。（《群学肄言》三版，页七二——三。原书页八三）

这种文字，以文章论，自然是古文的好作品；以内容论，又远胜那无数"言之无物"的古文：怪不得严译的书风行二十年了。

林纾译小仲马的《茶花女》，用古文叙事写情，也可以算是一种尝试。自有古文以来，从不曾有这样长篇的叙事写情的文章。《茶花女》的成绩，遂替古文开辟一个新殖民地。林纾早年译的小说，如《茶花女》《黑奴吁天录》《滑铁卢及利俾瑟战血余腥记》……恰不在手头，不能引来作例。我且随便引几个例。《拊掌录》（页一九以下）写村中先生有一个学唱歌的女学生，名凯脱里纳，为村中大户之孤生女：

> 其肥如竹鸡，双颊之红鲜如其父圃中之桃实。貌既丰腴，产

尤饶沃。……先生每对女郎辄心醉，今见绝色丽姝，安能不加颠倒？且经行其家，目其巨产矣。女郎之父曰包而忒司，……屋居黑湩河次，依山傍树而构，青绿照眼。屋顶出大树，荫满其堂室，阳光所不能烁，树根有山泉，潏然仰出，尽日弗穷。老农引水赴沟渠中，渠广而柳树四合，竟似伏流，汩汩出树而逝。去室咫尺，即其仓庾，粮积臃肿，几欲溃窗而出。老农所积如是，而打稻之声尚不断于耳。屋檐群燕飞鸣；尚有白鸽无数，——有侧目视空者，亦有纳首于翼，企单足而立者，或上下其颈呼雌者，——咸仰阳集于屋顶。而肥腯之猪，伸足笠中，作喘声，似自鸣其足食；而笠中忽逐队出小豵，仰鼻于天，承取空气。池中白鹅，横亘如水师大队之战舰排樯而进，而群鸭游弋，则猎舰也。火鸡亦作联队，杂他鸡鸣于稻畦中，如饶舌之村妪长日詈人者。仓庾之前，数雄鸡高冠长纬，鼓翼而前，颈羽皆竖，以斗其侣；有时以爪爬沙得小虫，则抗声引其所据有之母鸡啄食，已则侧目旁视；他雄稍前，则立拒之。先生触目见其丰饶，涎出诸吻。见猪奔窜，则先生目中已现一炙髀；闻稻香，则心中亦畜一布丁；见鸽子，则思切而苞为蒸饼之馅；见乳鸭与鹅游流水中，先生馋吻则思荡之以沸油。又观田中大小二麦及珍珠米，园中已熟之果，红实垂垂，尤极动人。先生观状，益延盼于女郎，以为得女郎者，则万物俱奁中有矣。……

《滑稽外史》第四十一章写尼古拉司在白老地家中和白老地夫妇畅谈时，司圭尔先生和他的女儿番尼、儿子瓦克福，忽然闯进来。白老地的妻子与番尼口角不休：

方二女争时，小瓦克福见案上陈食物无数，馋不可忍，徐徐近案前，引指染盘上腥腻，入指口中，力吮之；更折面包之角，窃蘸牛油嚼之；复取小方糖纳入囊中，则引首仰屋，如有所思，而手已就糖盂累取可数方矣。及见无人顾视，则胆力立壮，引刀切肉食之。

此状司圭尔先生均历历见之，然见他人无觉，则亦伪为未见，窃以其子能自图食，亦复佳事。此时番尼语止，司圭尔知其子所为将为人见，则伪为大怒状，力抵其颊，曰，"汝乃甘食仇人之食！彼将投毒酖尔矣。尔私产之儿，何无耻耶！"约翰（白老地）曰，"无伤，恣彼食之。但愿先生高徒能合众食我之食令饱，我即罄囊，亦非所惜。"……（页百十一）

能读原书的自然总觉得这种译法不很满意。但平心而论，林译的小说往往有他自己的风味；他对于原书的诙谐风趣，往往有一种深刻的领会，故他对于这种地方，往往更用气力，更见精彩。他的大缺陷在于不能读原文；但他究竟是一个有点文学天才的人，故他若有了好助手，他了解原书的文学趣味往往比现在许多粗能读原文的人高得多。现在有许多人对于原书，既不能完全了解，他们运用白话的能力又远不如林纾运用古文的能力，他们也要批评林译的书，那就未免太冤枉他了。

平心而论，林纾用古文作翻译小说的试验，总算是很有成绩的了。古文不曾作过长篇的小说，林纾居然用古文译了一百多种长篇小说，还使许多学他的人也用古文译了许多长篇小说，古文里很少滑稽的风味，林纾居然用古文译了欧文与迭更司的作品。古文不长于写情，林纾居然用古文译了《茶花女》与《迦茵小传》等书。古文的应用，自司马迁以来，从没有这种大的成绩。

但这种成绩终归于失败！这实在不是林纾一般人的错处，乃是古文本身的毛病。古文是可以译小说的，我是用古文译过小说的人，故敢说这话。但古文究竟是已死的文字，无论你怎样作得好，究竟只够供少数人的赏玩，不能行远，不能普及。我且举一个最明显的例。十几年前，周作人同他的哥哥也曾用古文来译小说。他们的古文工夫既是很高的，又都能直接了解西文，故他们译的《域外小说集》比林译的小说确是高得多。我且引《安乐王子》的一部分作例：

> 一夜，有小燕翻飞入城。四十日前，其伴已往埃及，彼爱一苇，独留不去。一日春时，方逐黄色巨蛾，飞经水次，与苇邂逅，爱其纤腰，止与问讯，便曰，"吾爱君可乎？"苇无语，惟一折腰。燕随绕苇而飞，以翼击水，涟起作银色，以相温存，尽此长夏。

> 他燕啁哳相语曰，"是良可笑。女绝无资，且亲属众也。"燕言殊当，川中固皆苇也。

> 未几秋至，众各飞去。燕失伴，渐觉孤寂，且勚于爱，曰，"女不能言，且吾惧彼佻巧，恒与风酬对也。"是诚然，每当风起，苇辄宛转顶礼。燕又曰，"女或宜家，第吾喜行旅，则吾妻亦必喜此，乃可耳。"遂问之曰，"若能偕吾行乎？"苇摇首，殊爱其故园也。燕曰，"若负我矣。今吾行趣埃及古塔，别矣！"遂飞而去。

这种文字，以译书论，以文章论，都可算是好作品。但周氏兄弟辛辛苦苦译的这部书，十年之中，只销了二十一册！这一件故事应该使我们觉悟了。用古文译小说，固然也可以做到"信、达、雅"三个字——如周氏兄弟的小说——但所得终不偿所失，究竟免不了最后的失败。

——《申报》五十周年纪念刊
《最近之五十年》（1923 年 2 月）

文学上名辞译法的讨论（1923）

西谛（郑振铎）

发端：文学上名辞的译法，现在大家都觉得有统一的必要了。因为译名的不统一，误会便常常发生。没有西洋文学的常识的人，尤容易因此而入迷途。我常常看见许多人，不知道托尔斯泰便是陶斯道。还有许多人，本来是早知道苏特曼这个名字的，因为有人把它又译为滋特门，他们便茫然不知他究竟是谁了。关于《文学评论》里常用的名词，尤容易混乱。譬如自然主义与写实主义两个名词许多人都不知道究竟是一是二；浪漫主义与传奇主义，也有人以为它是不同的两个名词的。诸如此类的误会，我们时常的都可以听到或见到。为了这个缘故，所以我们特在此地引起了这个讨论。希望大家能继续地给我们些帮助，使得统一文学译名的工作，能够有一天告成。

（西谛）

——《小说月报》第 14 卷第 2 期（1923 年 2 月 10 日）

标准译名问题（1923）

沈冰（沈雁冰）

文学上常用的名词，约可分为三类：

A. 文学上的普通用语　例如 Style, Prologue, Act, Romance, Fiction, Novellete, Character 等字便是。这些字，本不限定用在文学论文里，别的地方也用；它们的意义，在普通字典里都可以找得到，但是它们用在文学论文时，却大半常常另是一种意义。譬如 Style 这个字，普通用时可作"样式"讲，用在文学论文时便不能作"样式"讲；Act 和 Character 两字，也是如此。

B. 文学上的专用名词　例如 Epic, Lyric, Naturalism, Realism, Romanticism 等字便是。这些字比 A 类的更加专门些，通用的解释和它们在文学论文里的解释有时竟至截然不同。要彻底明白这些字的涵义，有时竟非读文学史不可。

C. 含有典故性的专名　例如 Pan 这个字，本为希腊神话里的一个神名——牧羊之神；现在成为典故了。这是从神话来的。又如 Don Juan，本为西班牙文学中一个人物的名儿，现在也成为常用的典故；这是从文学作品里来的。这些字也和 B 类的字一样，要费参考工夫方能查出它们的意义。

　　翻译的时候遇到这些字就生了问题了。遇到 A 类的名词时，译者的困难是：去找得一个译字，是中国文学论文里所常用而放在译文中又很妥帖的。在 B 类和 C 类时，译者的困难是：译义呢？译音？当此文学上用语大概没有标准译名可以采用时，我想凡译书者，总常常感觉着这些困难的。既然常常感觉着困难，对于这件事一定要有些意见；下面就是我自己的意见。

　　归在第一类的字，最好也有标准的译名可以使人遵照；但是这些字的意义本来很活动，同是用在文学论文里，也有在甲处是这么一个意义，而到了乙处又换过一个意义的。例如 Romance 和 Character 两个字。照这例看，如果拘泥着定要用标准译名，有时是很不便的。然而完全没有标准，也很不好。譬如 Act 一字，一人译为"幕"，一人译为"场"，就能叫读者迷惑，断不定"幕"与"场"是不是一个名词的两样译法，抑本是两个名词。所以我的意见，凡属于 A 类的字，应该有统一的标准译名；唯遇此等名词涵义活动时，方可以变通。至于这种标准译名怎样制定，那是另一个问题，现在可以不说。

　　归在第二类的名词，一定要有统一的标准译名。这一类名词所涵的意义大都极为广博而复杂，单就字面上看，是看不出来的。譬如 Romanticism 这个字，要详细地解释它，可以作一本书，要简括地解释它，也得几千字才行。仅仅把这个字译出来，随便你译得怎样好，总是不够用。我们只要有解释 Romanticism 的一篇文章或一本书可以给读者参考，我们的译名就只是一种符号，不负说明内容的责任。更无所谓好不好，译作"罗曼主义"或"理想主义"或"浪漫主义"都是一样——一样的是一种符号。不过一种符号只能有一个；倘然同时有了两个，就失去符号的作用了。所以我说，第二类的名词必须有统一的标准译名让人人去遵守。这一类的标准译名，大概还容易定，只要大家去承认某某译名是标准译名，立刻就成；因为它反正不过是一个符号，不比第一类的名词要发生译得好不好的纷争。

归在第三类的名词和第二类的相仿佛，也不是从字面上看得出意义来的。所以这些译名也是一种符号。因为这一类名词以人名神名为多，故不如老老实实把原名写上，不用再译了。

上面所说，是我在翻译时因感觉困难而发生的意见，也就是我的要求。这些要求是否有点道理，还求大家批评。至于标准译名怎样制定，该遵什么原则，那似乎是另一问题；对此问题我现在没有什么意见贡献，只好不说。

——《小说月报》第14卷第2期（1923年2月10日）

翻译名词——一个无办法的办法（1923）

愈之

中国人是惯会滥用名词的。凡是舶来的时髦名词，到了中国人嘴里都可以随便加上一个牛头不对马面的解释。譬如说儿子打爷是"家庭革命"，说宿娼轧姘头是"自由恋爱"，说太极图是"数理哲学"，说小脚和长指甲是"东方文化"，这都是滥用舶来名词的笑柄。滥用名词的危险自然不仅在文艺上为然，但是文艺名词却委实是最难确定，最易引起一般人的误解的。自近年介绍西洋文学的风气大开后，杂志报章上平空增添了许多翻译名词。早就有人说过："新文化运动不过是新名词运动罢了。"但其实就是这几个新名词也何曾弄得清楚？除了那些拿黑幕小说当作写实文学，"拿？！……"当作 Dadaism 的小说，此外站在新文艺运动的前线的，有时竟也不免把文艺上的名词随意误用翻译的名词在中国真是蒙了不白之冤。

现在大家的意见，都以为应该多介绍一些文学原理，从速创造批评文学。但要不是先把文艺上的名词确定了之后，这两件事情似乎都无从做起。譬如什么是"文学"，这个问题还没有解决，当然是不能讲什么文学原理了；又如批评易卜生的剧本，说它是代表个人主义的思想，便竟会有人连"个人主义"是什么都不知道。所以确定文艺上的翻译名词，在现在是非常急要的。确定翻译名词又可以分成两件工作：第一，统一译名；第二，把翻译名词定一确切的界说，然后编成一部准确的文艺词典。

在我看来，这两件事情都是无办法的。文学是比较抽象的东西，抽象的名词翻译起来比较的最无准则，又最为困难。譬如 Atmosphere 一个字，就很不容易译；译作"空气"，译作"大气"，译作"气色"，译作"环境"，译作"零园气"（这是日本人的译名）……没有一个对的，要从这几个中间，挑一个比较好的，也难以办到。此外如"Style""Humor""Romance""Comprehensiveness"……这一类的名词，在文学书籍里是每页里都可以找到的，但要在中文里找一个确切的译名，以便一律使用，却委实是没有办法。现在科学译名在中国尚且难以统一，文艺名词的统一更可不必说起了。

至于订定文艺名词的界说，如果单根据一两部东西文的文艺词典，随意拟定一下，自然是简而易举的，若求其精密确当，可就无从着手了。文艺名词的一大部分，可以说至今还不曾有过——有几个名词也许永不会有——确切不移的界说。单是一个极普通的"诗"字，什么是诗，什么不是诗，如果从亚里士多德起首，到 Bennet、Brandes 等人为止，把各人所定下的界说抄下来，至少可成数大册；我们自然可以从这许多界说当中武断的选择一个最正确的，但是谁能相信我们的选择是正确呢？文艺的各种主义如果要把他们的内包外涵都说清楚，便可把一切文学史和批评文学的书籍都包罗进去。文艺是属于感情的东西，所以文艺名词也是流动的、柔性的，和属于理智的、固定的科学名词不同。要把一切翻译的文艺名词都定一正确的界说，是既不必而又不能的。

但是，如果用纯粹理论的态度批评一切，世间便没有一件事情是可做的了。在上面已经说过，为避免滥用和误解名词的危险起见，文艺名词的确定和文学词典的编辑在眼前的我国，确是非常紧要。在理论上不能做的事，在事实上却并不是绝对不可做的。至少一部分的小规模的工作一定是可以做的。我们虽不能统一一切的文艺名词，但是一部分的名词是可以逐渐统一的。名词的界说虽不易定，但却不妨把我们所认为最正确的当作假定的界说，对于将来，对于其余的人，仍保留修正的权力。这就是我所谓无办法的办法了。如果是这样的小试一下，那么我对于文艺译名的确定和文艺词典的编辑，也还有些少的意见，列举如下。不过我仍旧承认这是无办法的办法，在理论上未必都是对的。

一、统一译名自然先须有一部文艺词典。这词典里的译名应该是并列的——就是把同字的许多译名都并列在一处，而把我们所认为较正确的放在前面，其余的依次放在后面。例如Romanticism 一条，就注着"罗曼主义，浪漫主义，传奇主义"（这是假定"罗曼主义"较善，"浪漫主义"次之，"传奇主义"次之。）

二、译名何者为适当，应先定一普遍的标准。我的私见，以为应该以音译的最善；如不能音译的，便选定较正确的意译，而不甚正确的次之。因为意译如译得不甚好比较地易于误解。如"传奇主义"，有些昏庸的人会梦想到传奇小说上去，"抒情诗"也许有人以为是"淫奔之诗"（虽然一定有人要说这是我的过虑，但在我们中国，这种"意表之外"的事情实在是常有的，请读者眼光放低些罢）。如果译作"传奇主义"和"赖列克"，可就不会闹出这种笑柄来了。

三、文艺名词一部分是从哲学名词借用的，一部分是从心理学名词借用的，一部分是从社会科学名词借用的。现在中国学术名词都未确定，文学上定名自然更为困难。最应注意的是同一名词，文艺上所用的和哲学心理学或社会科学上所用的意义截然不同，不可不分别清楚，如文学上的 Realism 或 Idealism，和哲学上的 Realism 和 Idealism，完全不同，文学上的 Character 和心理学上的 Character 也差得很远。这一类的名词最易混淆，须得分别说明才好。

四、定界说的方法，最好是汇集各派而定一归纳的界说，如其不能，便只好照译名的办法，将最重要的诸家界说并列在一处，而以假定为最正确的列在前面，其余的依次列在后面。

——《小说月报》第 14 卷第 2 期（1923 年 2 月 10 日）

文学上名辞的音译问题（1923）

西谛（郑振铎）

用注音字母译呢？还是用汉字译？

"文学上名辞"，就是指所有那些关于文学史上的、关于文学评论上的及文学作品中所有的名辞而言。大概地把它分类一下，约有下面五种：

（甲）文学家的名辞　包含诗人、小说家、戏曲作家、批评文学家等的名字，如亚利诗多芬（Aristophanes）、但丁（Dante）等。

（乙）文学史上的地名　如俄国文学史上的基辅（Kiev）、莫斯科、圣彼得堡，德国文学史上的威麦（Wirmar）、柏林等。

（丙）文学作品的名称　如哈姆生之 *Pan*，龚察洛夫之 *Oblomov*，吉百龄之三兵士（*Soldiers Three*）。

（丁）文学作品中所有的主要的人名与地名　如屠格涅甫《父与子》中的巴扎洛夫，罗曼罗兰 *Jean Christophe* 中的 Jean Christophe 等。

（戊）批评文学上诸名辞　如散文诗（Prose Poem）、抒情诗（Lyric）、民歌（Ballad）、写实主义、评赏（Appriciation）、悲剧、归纳批评法、讽刺文（Satire）等。

但文学上名辞虽然有五部，其实只要用两种方法来译。第一种是译意，第二种是译音。译意是文学作品名称的大部分，如托尔斯泰的《战争与和平》、法蓝士（A. France）的《红百合》等，及批评文学上名辞的全部。译音的则凡人名、地名，则一小部分的书名都是。本文只讨论音译的方法。

除了可以译意的名辞以外，有一些人主张把所有应该译音的字，都照原文直写下来，可以不必翻译，因为译出来的音终是不可相切合的，并且音译的字，又都是非常累赘可厌的。

但这种办法，我很不赞成。因为第一，中国文中夹了许多外国字，看来非常吃力，不唯直行式的本子不方便，就是横行式的本子，也是不大方便。第二，不懂外国文的人，非常吃苦，他们简直没有法子看这种书。就是懂得一两国外国文的，也是不行，因为懂英文的看希腊文，也同不懂外国文的人看英文一样的吃亏，不能理会。所以我对于音译的名辞写原文的办法，认为是很不对的一个方法。因为这种办法不合实用，于是应该怎样音译的问题，便发生了。

对于文学名辞的音译，我们常常自问道："应该用汉字译呢，还是注音字母译呢？"

这个问题别的人似乎是没有讨论过。只有我的朋友许地山和耿济之曾经略为辩论过。许地山是极端主张译名应该用注音字母译的。他所主张的理由是：

一、离本来的音最近　要在本国的文学里头找一个和外国音相近的本来不难，因为所有的音都离不了牙、舌、唇、齿、喉几个声根。然而在中国字上头却不容易。中国的读音不统一，同一个字，在这个地方舌音，在那个地方就变成牙音，在这个地方是轻唇音的，在那个地方，又变成喉音了。所以在汉字上要找一个五方不变音的字是绝无仅有的。若是说以国语为标准，恐怕写的用国音，读的还是土音。结果那国音的效用也要丧失了。我想对于译名用汉字，非得将来读书统一，规定译"A"用某字，"B"用某字，"C"用某字之后才可以办，现在还早着呢。现在可以用的只有注音字母和照原文写上，注音字母以音为主，对于喉变唇、舌变牙的弊病自然不会发生什么关系……

二、字体一律　字体不一律，就要教看书的人费好些工夫去查考，所以要教念书的人对于译名容易理会和节省注意的力量，就当用一定的字体去写。古时译书的人也是很明白这个道理的。我们知道"华严四十二字母"就是中国人用来规定译名最早的字，但是其中也有许多缺点——好像"娑迦二合"和单用的"娑"字"迦"字没有分别，"沙"字和"娑"字重复等——初看佛书的人有时将一个人做几个人看，那原故是因为所用的字不一律。念的音有一点不同，就弄到"差之毫厘，谬以千里"……如果用注音字母把它写出来，对于字体一律的问题自然不会发生什么阻碍。

三、容易忆写　大概在写字台上做工夫的人都是很忙的。有一个新名字来了，想把它翻成汉文，有时想了大半天也不曾想出一个很合适的字来，这都是因为这个人所操的方言不同，既然不敢用自己的方言写上，对于国音又很怀疑，所以写出来的译名都不能十分切当。有些人还要用中国的姓氏字去翻译外国的人名，结果就到一个"削趾适履"的地步。在学校内，好些学生都说外国的地方和人名最难记，其实在记忆里头，本来没有什么分别，因为译书的人大费工夫穿凿，致有这种困难。若是用注音字，就可以除掉译者和读者时间的浪费和记忆的不便，因为注音字母的写法简单，写的时候，一定没有困难的。

他还说："有人说现在注音字母不大通行，写出来恐怕人家不懂得。我也早想到这层，但是我们既然承认读音统一是当务之急，注音字母是传播文化的新器具，个个人就当快快地把它学会才是。我想一个人用两个钟头的工夫就可以明白了。"又说："譬如英吉利等字，习惯常用的，可以不必改切注音字母。若旧译歧异过甚的，则必须改切注音字母，以省辩论与记忆。"

耿济之的主张与许地山不同。他是主张以原文为主，原文附译在下面的。他说："因为写了原文，令人一看就知道这是谁，这是哪个地方，直截了当，绝不会发生别的疑团。至于为那些看不懂外国文的人设想，那只能以中文翻译为辅助……"

他对于许地山的主张，却不赞成。他说"至于对于许君注音字母译名的办法，所以觉得不妥当的缘故，因为我对于注音字母本身上，有点怀疑的地方。我听见别人说，注音字母很有些缺点。有许多南方音多没有加入。并且它经教育部订定的时候，是用多数表决出来的，既有可决的音，那么定有否决的音，其不完备也就可想而知了。但是我对于注音字母没有研究过，所以对于它的本身问题，可以不必多说。况且注音字母在外国字母里也有许多翻不出来的地方。这一层许君也已承认。他说"外国的字音，在注音字母里头也有些翻不出来的。好像'th'的音在中国本来没有，不论如何，我们找出一个最合式的字来。'D'和'R'也没有切当的字和它们相合。这个在罗马字母上是如此，再拿俄国字母来一比，那注音字母就更有许多翻不出来的地方了。如'P''M''O'全是翻不出来的。"

对于许、耿二位的主张，我都有些不敢赞成。耿济之的"以原文为主，中文附译在下面"的主张，我更认为是"权宜"之计，并且是极不妥当的计划。"原文在下，译文附在下面"，与译文在上面，原文附在下面，其效果是一样的。不懂原文的人，他还是看下面的所译的字。如果这个字有许多不同的译法，他看了还是不懂，还是迷惑，与看那"译文在上面，原文附在下面的办法"的排列一样。而这种办法，不唯不能便利，并且还是很大的弊病。译文在上、原文在下面括弧中的办法，与中文的联贯是无害的。如果换了原文在上、译文在下面括弧中，不懂外国文的人，看过其实是非常吃力的。因为中文一句中忽然横插上一个外国文，殊觉碍目而且不好念。不求译名的统一，而用这种权宜的办法来救济，实是一些没有用处的。

要之，原文在上或是在下的问题，是一个很细小的枝叶问题，我觉得更重大的问题乃在：怎样可以除去外国文不用，而专用一个统一的名辞，来替代它，使读者一看就知道？无论在哪一国，它们的译名是决没有像现在的中国一样，必要附"原文"在下面的。

专用一个统一的名辞来替代原文，本来是很容易的事；只要把译名审定一下，就可以了，只是：译名用什么好呢？用汉字或是用注音字母？——这个本来的问题又发生了。

许地山所说的用注音字母的好处，我都赞成；现在的翻译的名辞，实是杂乱极了。用注音字母也许能够把它渐渐统一起来。不过不用注音字母也有能够统一的希望。因为汉字如果审定而归于一律，许君对于注音字母所称许的三个好处，它也是可以条条具有的。

一、离本来之音最近　这一层不生问题。因为许君也承认："对
于译名用汉字"，在"将来读音统一，规定译'A'用某字，
'B'用某字，'C'用某字之后"才"可以办。"以前的时候，
译名没有经过审定，所以各人用他本地的口音来念，自然会
与原文相差很远；如果现在用国语来把它们审定统一过，他
们便自然会很准确了。现在虽国语未臻十分完备，然固有
此物在，也不难。如以前规定用来译佛经的"华严四十二字
母"一样，也把国语规定出若干字来，"规定译'A'用某
字，'B'用某字，'C'用某字。"这固然不能与原音十分切
合，也一定有许多字母不能读出来，然而与注音字母的不完
备的程度，也许是相等；因为注音字母对于罗马音也有些不
能译出。"好像'th'的音在中国本来没有，不论如何，我
们不能找出一个最合适的字来。'D'和'R'也没有很切当
的字和它们相合。""再拿俄国字母来一比，那注音字母就更
有许多翻不出来的地方了，如'P''M''O'全是翻不出来
的。"大概注音字母所不能翻的，除了罗马及俄文的这几个
字母以外，在别国的字母中必定是还多呢。如此，注音字母
也是很不完备了，况且用汉字来音译原文，是可以把原文几
个字母合译为一个字的。注音字母则不能，非字母对字母的
译出来不可。如遇"M""A"等字，它就只好勉强译过，反
不如用汉字译之也许可以较为切合于原文了。

二、字体一律　现在汉字音译的文学名辞，所以不能字体一律的
原故，完全是因为名辞未经审定，不能统一之故。如果名辞

经过审定，字体自然是会一律；绝不会再有什么 D'Anunzio 译为单南桥或唐哝遮之弊病。所以汉字之能用一律的字来译文学名辞，是不比注音字母不可能的；也许比注音字母还整齐些。注音字母译"为单有二个音，即"ㄍ"和"ㄎ"；译"ㄤ"也有二个音，即"ㄉ"和"ㄊ"。偶一不慎，必定是要歧异的。我看见英文译俄文之"Ф"字或为"f"，或"ff"；译俄文之"iu"，或为"y"，或为"i"；由此可知中文的注音字母也必会有这种歧异了。如此，倒不如用一律的汉字译之反能永远整齐不变了。

三、容易忆写 汉字译文学名辞之难于忆写，也完全是因为以前没有审定统一过的缘故。如果能够审定为一律的名辞，我想绝不会比注音字母还难忆写的。

总之，注音字母所有的三个利便之点，汉字都可以具有的——只要它一统一——汉字的译名种种不利便，都是因为它们没有经过审定之故。如果能够审定，把它们统一起来，其利便且有更过于注音字母的地方。

况注音字母的使用，还有几层的不方便：第一，注音字母现在还不通行，懂得人太少。用它来译文学上的名辞，恐怕要有许多人要望而生畏，虽然许君劝人"快快地把它学会"，然而恐怕没有许多人那样听话吧！欲统一文学上名辞，求其普及，而反故晦之而使许多人不懂，"为计之左"，莫过于此了。其不便一。第二，如用注音字母来译文学名辞，所有的旧译，是不是要完全改译过？如果要完全改译，则又有许多不便了：一、"如英吉利等字，习惯常用的，"骤然改译为注音字母，许多人是反要迷惑起来的；二、把旧译完全改译，工程之大，亦颇可惊。决不如汉字名辞，统一之仅须大部分费审定之功，小部分费自己创译之功之省力。如果不完全改译；把旧译之名辞，"如英吉利等字，习惯常用的，"仍旧不动，"可不必改切注音字母"，则文学上的名辞仍是互相歧异，决不能有统一之望。那么，要费那番审查之功做什么呢？其不便二。第三，注音字母译专名，是字母对字母译的，写起来非常的累重；如 Plato 这个字用汉字译只要"柏拉图"三个字就够了；如用注音字母，必须写作"ㄆㄌㄚㄊㄨ"，不唯费纸，而且费时间。其不便三。

因为这几个原故，所以我不赞成用注音字母而赞成用汉字来译"音译"的文学名辞。

（本文系节录本报十二卷六号里作的"审定文辞上名辞的提议"而略加修正的。）

——《小说月报》第 14 卷第 2 期（1923 年 2 月 10 日）

论今日文学创造之正法：翻译（1923）

吴宓

翻译之术非他，勉强以此国之文字，达彼国作者之思想，而求其吻合无失。故翻译之业，实吾前所谓以新材料入旧格律之绝好练习地也。翻译有三要：一者，深明原文之意；二者，以此国之文达之而不失原意，且使读之者能明吾意；三者，翻译之文章须自有精彩，是即严又陵所谓信达雅也。翻译之法无定，或逐字逐句译之，或通篇译其大意，要视为之者如何耳。然其最要之者，在求两国文中相当之词句。既得之，则以此易彼。古今翻译大家论翻译者（一）如乔威德（Benjamin Jowett）则有折中两全之说（参阅本志第八期《钮康家传》第十六页按语）。如杜来登（John Drydon）（参观本期插画第一幅）则谓翻译有三途：一曰直译（Metaphrase），二曰意译（Paraphrase），三曰拟作（Imitation）。三者之中，直译窒碍难行。拟作并非翻译，过与不及，实两失之。唯意译最合中道，而可以为法。凡译诗者，不唯须精通两国文字，且己身亦能诗，尤须细察所译之作者意境格律之特点，即其异于他诗人之处。既得，吾乃勉强练作一种诗体，其意境格律与彼同，然后译之，始能曲折精到也。至于意译之法，简括言之，词藻尽可变化，而原意必不许失。执两用中，求其适当而已。（以上之说见其所著 *Preface to the Translation from Ovid's Epistles*，其言虽为译诗者而发，然各体文章之译法均可通用。有志译事者可取而读之也。）翻译固非创造，然翻译之佳者，其文章自有精彩，亦即可谓为创造。如莎士比亚之时，英国 Sir Thomas North 之由法文本重译布鲁特奇之英雄传（Plutarch: *Parallel Lives*, 1579，又 John Florio 之译 Montaigne 文集 *Essays*（1603）及 George Chapman 之译《荷马史诗》（1610—1615），在当时及后世，固皆以创造之作目之也。故希腊罗马文学名著，英国早皆有极佳之译本。而近今日本之翻译外籍，尤称敏速普遍。吾国译事与之相较，殊远不及也。近年吾国人译西洋文学书籍、诗文、小说、戏曲等不少，然多用恶劣之白话及英文标点等，读之者殊觉茫然而生厌恶之心。盖彼多就英籍原文，一字一字度为中文，其句法字面，仍是英文。在通英文者读之，殊嫌其多此一举，徒灾枣梨。而在不通英文者观之，直如坐对原籍，甚或误解其意。此其病由于操译事者未尝下苦，以求相当之部分，融化过来。故今欲改良翻译，固在培养学识，尤须革去新兴之恶习惯。除戏剧小说等其相当之文体为白话外，均须改用文言（参阅本志第九期《文苑梦中儿女》篇第一页编者按语）。至欲求译文之有精彩，须先觅本国文章之与原文意趣格律相似者，反复熟读，至能背诵其若干段，然后下笔翻译，此时须求密合原文之意，则所得者，既不失原意而又有精彩矣（参阅上文（七）宜背诵名篇一节）。

以上略陈吾对于创造各种文学之意见，多本于读书及经验揣摩而得来。虽吾不必能躬行之，然确信其理为不谬，其法为不拙，而愿国中有志文学创造者之教正并试行者也。至上述各义，概括言之，则吾首注重以新材料入旧格律，故不取白话及英文标点等之怪体，而归本于背诵各篇，为吸收融化文章精神之唯一善法，其详则分具于各节云。

——《学衡》第 15 期（1923 年 3 月）

批评翻译的批评（1923）

戈乐天、张东荪

　　我在一个友人处，看见一张九月十七日的《努力周报》，其中有一节，是胡适之先生批评翻译的。[①]中华书局"新文化丛书"内的《人生之意义与价值》一书，是余家菊先生译的。上海创造社出版的季刊《创造》第二期内，有一位郁达夫先生的《夕阳楼日记》，大骂余先生的翻译，说是错译太多。胡适之先生要说公平话，在这一张《努力周报》上说是郁先生的改译比余先生的原译更错。我因为这问题虽小，但中国译书，正在萌芽的时候，也很值得注意，所以我将原文和这三位先生的译文细细地参看了一下。但看完以后，使我非常失望，因为这三位先生的译文都似乎很有毛病。我本是于德文方面，稍稍用过功，英文方面，就比较地自信甚薄。但即以他们三位中最高明的胡先生的译本，我读来读去，也觉得不像中国话。或者是我的国语的程度浅，所以作如是观，但我恐怕，若是胡先生以外的他人，绝难懂他的译文。我虽知我英文程度浅，且把英文原本和他们三位的译本都写在下面，并且指出我以为他们的错误，以请读者诸君的指教：

---

　　① 即《编辑余谈·骂人》一文。

原文："Has human life any meaning and value? In asking this question, we are under no illusion. We know that we cannot pose today as possessors of a truth which we have but to unfold. The question confronts us as a problem that is still unsolved, whilst we may not renounce the attempt to solve it. That our modern era lacks all assurance in regard to its solution is a point we shall have to establish more in detail."

一、余译本："人生有无何等意义与价值？有此种怀疑的，并非为幻想所支配。我们有自知之明，知道我们不能冒充真理的主人，不过必须从事于真理的发见而已。烦扰我们的，是这个未曾解决的问题，然而我们对于解决的尝试决不可加以厌弃。关于这问题的解答，以前各派说全无一点确实，往后我们要详细指明"。

二、郁改译本："人生究竟有无什么意义与价值？问到这个问题，我们大家都是明白的了。目下我们只能求那一种真理的发明的时候，我们知道，我们不能装作已经是会得那一种真理的人。这个问题在我们的面前，还是一个未曾解决的问题，所以我们不应该把解决这个问题的尝试来拒绝了。我们现代关于这个问题的解答，还缺少种种确实的地方，这就是教我们将来不得不更加详细造就之处"。

三、胡译本："人生有什么意义和价值么？我们发这疑问时，并不存在什么幻想。我们知道，我们现在不能自以为已得了一种真理，只须把它发挥出来就是了。我们虽不可把解决这问题的尝试抛弃了，然而这个问题现在还只是一个未曾解决的问题。我们这个时代对于这个问题的解答，竟全无把握，这一层是我们往后要详细说明的"。

原文共有五句。

第一句是独立的，是一个很简单的句，当然不至错译。

第二句是如胡先生所说，是起下的，不是承上的。余、郁二位所译的第二句，错得是不成问题。就是胡先生译 illusion 为妄想，我的愚见，以为不甚妥当。此句的 illusion 应译为"谬见"。

第三句余译错在把"一个真理"看作"真理"，全句意思简直无从捉摸。郁译也如胡先生所说，全然不通。但可惜胡先生所译的第三句，似乎也很不通。请问我们对于还不曾知道的一种真理，如何就可以讲"发挥出来就是了"这一句话呢？"unfold"一字，在这句内，我以为应译为"发明"。

第四句余君大概是把"Confront"错认作"Confound"（如郁的主张），但郁译 whilst 为"所以"，胡译主张"whilst"在此地与"although"意义相当，译为"虽"字，都是不对。胡译的这一句，恐怕无论中国的什么人，都懂不来。我大胆说一句，胡先生一定是将"虽"与"然而"倒用了。"虽"与"然而"的这一种字，不应该如此乱用的。

此外，"attempt"一字，三位先生都译为"尝试"，虽不能算是大错，也不是适切的译语。英文字典里，这"attempt"的注释是"endeavor"或"an effort to gain a point"，所以应该译为"努力"。"尝试"在英文内，与"try"一字相当。attempt 有时候虽可以当作 try 解说，但在这一句内，万不能如此解说的。

第五句余译"our modern era"为"以前各派说"，真是令人抱腹绝倒，未免太不通了。郁译"真是令人抱腹绝倒，未为'造就'"，也还很欠造就。胡译的这一句，是很切当的。

从全体看起来，余、郁二位的译文都错得太离奇。但我所最悲观者是胡译。以适之先生的学问名望，不应该错译到如此田地。我相信公平的读者，如读胡译本，必不能懂其文意所在。就是假令胡先生自己读一遍看，也未必能懂。

我现在且把这五句重行改译，请胡、郁、余三位及读者指教：

"人生有什么意义和价值？我们发这疑问时，并不存什么谬见。我们知道，我们今后只是必须从事于这真理的发明，我们现在不能冒充已取得了这真理的主人翁。在我们不可抛弃了解决此问题的努力的时期以内，这问题是竖在我们面前的一个未解决的难题。我们现代关于这问题竟全无把握……这一层是我们以后要详细说明的"。

……

此外我还有感想二三，也写在下方，请读者指教。

一、胡先生说，"骂人是一件大事，译书是一件难事"。又说，"固糊口或因真想介绍新思想而译书的人，有了错译，虽算是有罪，还可以原谅"胡先生这种主张，我虽很以为然，但错译太多的时候，原谅二字是可以不必用的。请问句句是译错了的译书人，是何心肝。难不成句句错译的人，因为糊口的关系，可以得一种特别权利吗？

不过骂人这一件事，是的确应该少做的。若如郁先生批评余译的时候，说，"我们中国的新闻杂志界的人物，都同清水粪坑里的蛆虫一样，身体虽然肥胖得很，胸中却一点儿学问没有"。（这是郁先生的"夕阳楼日记"中语。）那就未免失之于野鄙。

本来批评他人的著作译述一件事，其目的是在于切磋，若肆口漫骂，其心就不可问了。这一种骂人的态度是一件可悲的现象。

二、胡适之先生是畏友罗家伦君的师长，是我素来所佩服的一位人物。因为我读《尝试集》的时候，很敬佩胡先生的学识。但看此次他批评余、郁二位译文的主张和他自己的改译本，我很吃惊。无论如何，胡先生不应该错译到如此田地的。原文实在是比较的容易，中学校毕业生，就应该可以完全看懂。并且胡适之先生万无不懂之理。然而胡译也是很错，真令人无从索解。

三、这三四年内，国内思想界的摇动真厉害。求知识的欲望，简直"如火如荼"地在青年男女胸中跳舞不息。这当然可算是一种好现象。

现在要是讲起我国的社会制度和物质文明很有不及西洋的部分，所以吸收西洋知识，是一件急务。如谈创造的著作，虽然我们很望其实现，但如果能力不充，勉强借创造之名，以发表未成熟的作品，当然是很可戒的。所以现在取西洋杰作，译成中文，当然是急务。

从事实上讲起来，国内青年对于翻译书籍的热度，也真是可观。时代既是如此，译书人就应该慎重将事。若错译得厉害，至于受他人的讥笑怒骂，在译者自身，所失者不过是个人的名誉和地位，若因此而使热心于新思想新智识的男女们起一种疑的观念，并且或至于引起国民全体文化上的退步，那就是最可怕了。

我所以现在敢主张，译书人应有相当的自信，才可以着手于这一方面。即是有相当自信的人，也应该与其师友互相参改质问，以求无错。至于批评他人的译文时尤应出之以学者态度，不应像村妇骂人一样才好。

东苏按：近来讨论译笔的文章一天多一天了，固然是一件好事。但往往因讨论译笔而竟诋毁及人格，这实在不幸得很。须知谁人无错，不但本国人对于外国文有错，即本国人对于本国文亦有时而错；不但初学的人有错，即饱学宿儒亦有时而错，而况因为国文与西文相差太远。在现代而言，翻译本是各人各做，漫无标准。既是各人各做，而反要互相挑驳起来，势必连篇累牍以致彼此皆闹得体无完肤。所以我虽不希望大家从此不再讨论译笔，但不能不希望大家于讨论时须先知道有一个前提。就是国文，尚未欧化成熟，所以翻译尚无大体的标准。得了这个前提的知识以后，即有讨论务必从最小限度上着手。因此我们只能说胡译、郭译比郁译、余译好些，却不能一口咬定郁译、余译是绝对不通。这乃是泛论译笔。至于戈君的批评，我却未能同意，把 unfold 译为发明尤不敢赞同。这一段英文，胡译与郭译都很好，只可惜他们都过于直译了。所谓直译就是字对字，尤其是动词对动词、名词对名词、前置词对前置词等。其实在我个人的意思，以为这并不能算直译，乃是呆译。郭先生很攻击胡先生。其实胡译的可议不在不通，而在呆板。至于郭译堆了无数的"的"字，更呆板了。我以为不必动词对动词、名词对名词，但求原意丝毫不漏就行了。我现在大胆以文言拟译如下：

"人生有意义与价值乎？吾人初非妄发此问。须知今日吾人不能自命为已得解决，吾人尚须阐发。此问题现于吾人前实为一尚未解决之问题，故吾人不可抛弃解决此问题之企图。现代对于此问题之答案皆欠正确则为下文所欲详论之一点耳。"

这种的意译自信较直译为能，比较上显明原意。不知戈君以为然否？

东苏附识

——《时事新报·学灯》（1923 年 3 月 13 日）

最后的批评——胡适之
"骂人"的余波（1923）

成仿吾

【……】

关于这个问题的最后的解决，我相信我与沫若在《创造》第三期上所发表的两篇文字说得很详细了，我在这里不再多说。我现在只把戈、张二君不对的地方说说罢。

戈君说："第二句是如胡先生所说，是起下的，不是承上的。余、郁二位所译的，错得不成问题。"这第二句不是如胡先生所说，余、郁二位所译的，并没有错，这些我都在《创造》第三期上说了，戈君请仔细看看罢。

戈君说："第三句……郁译也如胡先生所说，全然不通。"这第三句郁译尚无错误，胡先生大胆说他不通，我已经把"不通"二字转敬了，戈先生既这样说来，我只好再转敬了罢。胡先生的"发挥出来就是了"真是无中生有，我在《创造》第三期上说过。

戈君说："郁译 Establish 为造就，也还很欠造就。"我在《创造》第三期上说郁君共错了两个地方，一个是第四句的 Whilst 不应译作所以，一个便是这个 Establish 不应译作造就。后来我一想，这个造就二字才没有错，我正想把它改了。凡使一种议论成立，在英文多用这个 Establish，第五句的 Point 是论点的意思，所以这个"造就"是恰好的。

我现在把戈君自己的译文抄在这里，请明眼的读者诸君看看。

"人生有什么意义和价值？我们发这疑问时，并不存什么谬见。我们知道，我们今后只是必须从事于这真理的发明，我们现在不能冒充已取得了这真理的主人翁。在我们不可抛弃了解决此问题的努力的时期以内，这问题是竖在我们面前的一个未解决的难题。我们现代关于这问题竟全无把握……这一层是我们以后要详细说明的。"我把这里面的错误一句一句指出。

第一句本来是"人生有没有什么意义和价值"，戈君丢了"没有"，这才是"全然不通"。

第二句"我们发这疑问时"与胡适之一样错了。

第三句不懂文法文意都弄错了，竟说郁达夫的"目下"全然不通的戈君，而用了一些"今后只是必须"，真是不通，真是杜撰。

第四句戈君似乎把 Whilst 当作了"在我们……的时期以内"，译作了"在我们不可抛弃了解决此问题的努力的时期以内，这问题是竖在我们面前的一个未解决的问题"。戈君真是聪明绝顶。像

"在我们没有吃饭的时期以内

肚子里不免是空空如也。"

这样的话，是谁看了也通得下去的。只恐英文不是如戈君这般说法。

　　第五句的"关于这问题竟全无把握"本来是"关于这问题的解答竟全无把握"。

　　戈君下一个总评说："从全体看起来，余、郁二位的译文都错得太离奇"我想这两句话，请戈君自己改一下，改作"从全体看起来，戈乐天的译文，错得太离奇——比谁也太离奇"罢。我觉得戈君不配批评他人，因为他自己错得太厉害了。

　　【……】

　　达夫那篇《夕阳楼日记》，原意是想攻击那些无聊的翻译者，不料胡适君不察，要从中作梗，我因为赞成达夫的意见，所以以前回作了一篇《学者的态度》，忠告了胡君及其余的朋友。现在已经三个多月，还没有听见什么人出来同我们讨论，这回却发现了这篇文章，我真不知道应当怎样把我此刻的心情说出来才好。

　　【……】

　　戈君又说，若因为我们攻击那些无聊的翻译家，而使热心于新思想、新智识的男女们起一种怀疑的观念，并且或至于引起国民全体文化的退步，那就是最可怕了。殊不知一切的思想、一切的智识，都由批评而来，一天没有批评，便是一天没有真的智识，戈君想要智识发达而怕我们的批评吗？

　　最后我对于戈君还要说几句话。

　　我同沫若在《创造》第三期上作了两篇文章，自谓于这问题，多少有了一点贡献，不想戈君又把它拖到原地方去了。这真是一件可悲的事情。达夫的原意是攻击一般无聊的翻译家，还不在余君一个人的翻译，而这一部分的问题，又是应当由德文来决定的。胡君不据德文来谈，反作一个英语的问题来争辩，我已经为胡君抱恨不已，现在自称懂德文的戈君，又在那里兢兢于英文的一词一句，反把它一齐弄错了。我真不能不为戈君深惜。

【……】

十二年三月十四日

——《时事新报·学灯》（1923 年 3 月 20 日）

编辑余谈：译书（1923）

胡适

　　《努力》第二十期里我的一条《骂人》，竟引起一帮不懂英文的人来和我讨论译书。我没有闲功夫来答辩这种强不知以为知的评论，现且述一段小小故事，略见译书真不是一件容易事。《努力》第四十三期快付印的时候，我手里还没有一篇可登的稿子，我着了急，只好把手头读的莫理孙的《陋巷故事》，拣了一篇，译出付印。全篇不过三千字，然而已译得我叫苦不了。我译书稍有疑难，必查辞书，然而最完备的辞书往往不敷一篇短篇小说的参考！这一篇里，有"翎毛"一物，我问了几十个留英学生，还不能使我作一条小注，说明他在出丧时的用法。第二句里有 block-maker 一个字；block 这个字有几十种用法，我们在今日已很难确定三十年前的小说家用此字的意义了。我用的是"现代丛书"（Modern Library）的本子，不料这样一本好看的本子竟有许多错字。第一页上（原一五四）便有三个错字。street 错成 secret，我译时已更正了。第二句的 no shame 错成 a shame，故我译为"不屑住在他们的工地所在的区域"；后来我疑此 a 字是 no 字之误，写信去托北京大学英文学教授陈源先生，请他用别本一校，果然是错了。故此句应改为"还不至于不屑住……"。陈先生因此又发现

同页 "and treacherous holes lurked in the carpet of rood-soil on the stairs and in the passage" 一句中的 of 乃是 or 之误，所以译文 "楼梯上和走道的地毯上一个一个的都是绊人的破洞"，应改为 "地毯上一个一个的都是绊人的破洞；楼梯上和走道上到处都是污泥。" 我又自己发现第十三段 "执事人至少也要半磅金钱" 之下，遗漏了 "另外还得请他们喝酒" 半句。

这都是无可疑的。陈先生答我的信上，还指出三个可以商酌之点：

1. And what with half pints of milk, and this, that, and the other, I have not a single penny left to buy anything, not to say a bottle of costly wine. 老妇人是诉她的穷苦；她已经因为许多半升的牛乳和药材，费了许多钱！再也没有余钱可以买那贵重的红酒。……老妇人虽愚，断不至那样糊涂，要求以牛乳代酒。所以我想 "可不可给她半升牛乳和……" 一句有商议的余地。

这一点我认为很是。那一句应改作 "一天一天的半升牛乳，还要这样，还要那样，还要……"。

2. Wealthy young men do not devil for East End doctors 一语，译为 "有钱的少年人不会到东头医生队里来鬼混"，漂亮极了。再要嚼字咬句地批评这一句，未免大煞风景。然而 devil 一字实在难以 "鬼混" 解释。一个 legal devil 或 literary devil 是代人作事、不得其名、不获其利的苦命人。这个少年明是代医生跑苦差使。

我用 "鬼混" 译 devil，本是想用一个稍有风趣的中国字来达这个很有趣的英文字。"鬼混" 用在职业生活上，本含有劳碌而不得相当报酬的意思。陈先生似乎嫌这个字还不够用，我也愿意改为 "有钱的少年人不会来替东头医生当白差"，只是风趣稍逊了。若改"白差"为"苦差"，风趣更没有了。

3. He did not foresee the career of persecution whereon he was entering at his own expense and of his own motion 译为"想不到他会自己去寻晦气"，似乎太简单了一些。Career of persecution 所指，大约是到伦敦做医生事业。我亦想到另一解释，但是没有这一个圆满。

这一点似乎还有商榷余地。这一句确是十分难译，但我觉得它必不是指到伦敦做医生事业。因为这一句的前面还有 being inexperienced 二字作形容词，而下文即紧接摸出钱来，所以我那样翻译"寻晦气"或者太晦了，我想改为"况且他是新来没有阅历的人，想不到他会自己投去上当"。陈先生以为如何？

陈先生是北京中国学者中最研究西洋文学的一个人，我很感谢他的指教。

我不怕读者的厌倦，详细叙述这一篇短译文的经过，要使同志的朋友们知道译书的难处。我自己作文，一点钟平均可写八九百字：译书每点钟平均只能写四百多字。自己作文只求对自己负责任，对读者负责任，就够了。译书第一要对原作者负责任，求不失原意；第二要对读者负责任，求他们能懂；第三要对自己负责任，求不致自欺欺人。这三重担子好重呵！

——《努力周报》第46期（1923年4月1日）

移读外籍之我见（1923）

吴稚晖

自从侯官严氏，替译书标了"信、达、雅"的三个界说出来，就把译事粗粗地得了一个准则。那雅字由我个人的见解，只是说译文的构造，无论用古体文用语体文，都要有个规则。所谓"雅正也"，雅便是有条有理的说法。不必用着周、秦、汉、魏的隐僻古语，叫人一时不能了解，才算是雅。所以雅的一个界说，是执笔移读外籍的人，当然有一个公共守着的倾向。况且这是属于执笔人构造自己文章的方面多，于传译意义方面少，于译事实际，关系很少，便也不成问题。

唯有那么作译事中坚的信达两界说，要讨论一个完全办法，颇有些不容易。故时贤的主张，有偏于直译的，它的意思，是重信不重达；有偏于意译的，是重达不重信。但由我们公平批判，若就广义的解释，达即是信。张东荪先生说："信有二训，一谓原意之真切，一谓语法之毕肖。"前者便是意译，后者便是直译的；倘于原意不真切，但求能达，恐怕在一章一节里，顾着语气贯穿，还是容易，然而通着全书，必然有自己矛盾、牛头不对马嘴的地方，如何算得达？故达字能做到张先生"译释"的地位，原是做着原意真切的工夫。于是我个人常唤意译是繁难的信，唤直译是苟且的信。坊间专尚信的，终不免有费解之句，便是时贤所谓直译。张先生不满意，趋重于意译的达，正着他们的缺失。其实便是张先生下笔的时间，同下笔的劳力，增着几倍罢了。所以原意真切的意译，不但是达，简直是经营惨淡的信，把直译算信，直是苟且的信。

为什么那种苟且的信，所谓直译的，时贤也不菲薄它，有人还说日本当年，文化发展的速度，全靠一票直译的西籍，把它增加了呢？就是我个人，也很主张我国也可以鼓吹一大票直译的书来，叫过着屠门的大嚼一番。这在译书的轨道上说起来，原是不合，但：

（一）是我们的智识界，浪费的时间太多。特别的是麻雀、扑克，寻常的是闲讲白嚼。拿些工夫去直译些外籍出来，就使不必有益于人，于自己常理会有益的书本写出来，比随便看过去，终要真切了许多。

（二）是我国人数，十倍于日本，有智识欲，而又恰恰能够需要那直译书的，虽为数不多，但合起来，必然也可观。常听见书局的朋友说，印一部书，能销过二千份，便不亏本。照这样说起来，也绝无行销不开的恐慌。因为一个时代，有一个时代的程度，有一个时代的需要。譬如二十年前，日本那种直译书，现在放在神田区夜市破篦里，卖一个铜子一册的，当年却出过风头来。又如现在所谓文化运动的直译本子，何尝在文化运动里，没有极大效力。那几个与文化运动密切的人，自然观感得不少，唯有那不在这风气里，专门在文学上咬嚼的，有些满不了意罢了，又如三十年前的西学启蒙之类，固属浅陋，然也无特别的短处，不过是个直译。现在看得懂原文的，还要称它语法毕肖，虽它的本身价值毕竟没有多大。但是当了从前的时代，我们都被它开化出来。所以当时梁卓如先生也把它列在西学书目表上，看作一时代的救急灵丹。这也证明直译的书籍，虽然没有永久确当的价值，也未尝无一时代相当价值。

（三）在纸墨上计算，虽然我们有个同乡，他怕语体文比较古语文冗长，恰做了"纸荒"的大梗。但据我个人的观念，地不爱宝，纸荒二字，还用不着我们中国人来恐慌。我们现在印书，都用什么有光纸同报纸。讲起有光纸来，但把世界上包着苹果广柑的有光纸，印起我们的直译书，已经可印恒河沙数种。至于报纸，更不必说，说是我们那里无聊的政客机关报，虽为数是可怜，然拿它印那快邮代电的资料，合起来一年糟蹋几千"林"，印起直译书来，也就客观。因此若怕直译书白糟了纸张，那议论也有些误事。时贤的不菲薄的直译书，于我个人的也极难赞成，虽一半是执着上列三个理由，然一半又是为着意译的繁难，直译的容易，饥不择食，慰情聊胜于无罢了。彻底的讨论，终究是一个苟且的办法，那是无可讳言的。

倘使有原意真切，进到十分圆满的书，同时也多出些出来，岂不更好？因为那直译的，只是限于供给一种知识欲极炽的人，那智识欲极炽的人，又不都是不能得着直译书，便可促进他去研究原文。至于还有多数应开通的学者，非译本不能使他与知，非极达不能得他一顾，那就不是直译书所能支配了。这种学者，也不可看轻，不能开他们的化，在文化运动上生出绝大阻力，已是紧要。开了他的文化，增出无限的帮忙，关系尤其重大。所以侯官严氏，他个人虽被人嫌他打主意不定，他那两部译本，支配了那些非达不可的学者，转变了许多高等义和团，国人终是不肯丢了他的功劳。

况就狭义解释，原意真切是信，达即如张先生所说"有时为达故，虽稍亏于信雅，亦非所计"。另有一种不拘于原意之达，严先生便好多是这种办法，这就所谓食古能化，借那本书，达那种学理，并非一章一节的中间，没有格格不吐之弊。就把全书合起来，也能不拘原书，前后均就我范围，无自相矛盾、牛头不对马嘴之病，却又失不了原书的真切主义。这大段就是严先生同张先生狭义论达的焦点，这确可但认为达，不必混于于信。但这种达法，一是达的稍亏小信，终究不失大信。其所信的程度如何，全看执笔人的学力。二是那种经营的艰苦，全非直译所可同论，这毕竟是文化程度高着时的现象，不能在我们文化幼稚时代可自信。可自信人的学者，居极少数，把单纯之达，作为普通满意之主张，止望苟有少数人，不恤着艰苦，化加倍的劳力，译些能达的学术书出来，便馨香祷祝。还有说部之类，仅许他增损原本，自由曲达，打起人的兴会，任凭介绍得原意几分，便算几分，不必苛求，也未尝不可。

但以上之话，说了半天，必有人以为似乎像直译也好，意译也好，没有什么解决，这是应该承认的。我于二者之间，本是解决不来的，所以我就生出了移读外籍之我见，以下便专述那我见。

唯读者诸公要原谅所谓"我见"，那是解决译读的一部分，并非解决全部分，不可误会着，冲动了变乱译界的恶感。况且于译书的体例，虽算是新创的，那根据的方法，还是陈旧的，不过自信于幼稚的文化运动，也可以生出些助力。所以怀着这个意思，已经多年，现在且草草地把它提议出来，或者得着高明人的变通，可以开出新世界。

扼要的一句话，便是何不于译外籍之外，添出一个注外籍。注外籍奈何？且等下文四面八方的说将拢来。

读古书的不能懂，与读外书的不能懂，程度虽有差别，那情景确有些相像，不外乎：

（一）懂不得他字眼的界说。

（二）看不惯他句法的构造。

纵然古书同外籍两相比较起不懂的程度来，一则有如曰："若稽古帝尧曰放勋"，虽懂不得若稽古即是顺考古道，放勋即是放上世之功化，但如若如稽如放如勋，皆明明能识它的字，亦且能稍稍揣测它的讲究。一则有如 philosophy means the love of wisdom，在不曾读过西文的，但看见许多 ABCD 的字母，简直莫名其妙，所以两个不懂的程度，确然有大大的差别。

然而细细地想起来，虽然不懂的程度，大有差别，那叫人懂得的手脚，用起来亦只是一番。因为前者倘没有注释家下了个"若，顺也；稽，考也；放，方往反；勋，功也"的解说，亦一定要查了字典，再三思索，再三配凑，才能够略懂。如此比例起来，后者也只要查上一番字典，那略懂的效果，何尝不是同样？换言起来，倘也先下个注脚，省却查字典，作为 "Philosophy，哲学也；means，其意若曰也；the love，言那爱也；of wisdom，言属于智慧也。"Philoslphy 注了"哲学"，means 注了"其言若曰"，与"若"注了"顺"，"稽"注了"考"，两相比较，不曾增什么特别的劳力，所以说叫人懂得的手脚，只是一番。

"曰顺考古道帝尧，曰放上世之功化"，伪孔传虽化了注释的一番劳力，与直译家译为"哲学，其意若曰那爱属于智慧"，同是一个迷迷糊糊，只可称为略懂，不能算作真懂。所以前者必须再要有个孔颖达，加上一个疏释，说道："曰能顺考古道而行之者，是帝尧也，又申其顺考古道之事，曰此帝尧能放上世之功，而施其教化"，于是意义方才显豁呈露。所以后者也只须不满于直译，再加上一个"译释"，说道："哲学一个名词，造字的本意，便说它是有那一种之爱，这爱是属于智慧的爱"，也就分明了许多。但那说明的劳力，亦不曾对于后者是要特别加多，为什么对于古书就肯花上些劳力，对于外籍便直译意译，好像省却一个字算一个，要受尽费解的苦处呢？

我们先民读古书，发明了注疏的功用，它的不惮烦，尧典二字释了四万言，固然太荒唐，便是这"曰若稽古帝，尧曰放勋"，疏译着"曰能顺考古道而行之者，是帝尧也，又申其顺考古道之事，曰此帝尧能放上世之功，而施其教化"，也就算得道地了。他还要加上一大篇说道：

"若顺释言文，诗称'考卜惟王'，洪范考卜之事，谓之稽疑。是稽为考，经传常训也。……言顺考古道者，古人之道，非无得失，施之当时又有可否，考其事之是非，知其宜于今世，乃顺而行文，言其行否，顺是不顺非也。考古者，自己之途，无远近之限，但事有可取，皆考而顺之。今古既异，时政必殊，古事虽不得信，又不可顿除古法，故说命曰："事不师古，以克永世，匪说攸闻。"是后世为治，当师古法，虽则圣人，必须顺古，若空欲追远，不知考择，居今行古，更致祸灾。若宋襄慕义，师败身伤，徐偃行仁，国亡家灭，斯乃不考之失，故美其能顺考也。……动功……释诂文，此经述上稽古之事，放效上世之功，即是考于古道也。经言放动，放其功而已；传兼言化者，据其动业谓之功，指其教人则为化。功之为化，所从言之异耳。"

这种加倍的道地，想来古人事闲，没有我们新文化时代人的繁忙，又他们看经典太重，没有现在有价值书的汗牛充栋，所以他们才剌剌不休地写起来，我们是没有这种功夫。话呢一定不错的；但是他们当时，笔墨的矜贵，抄写的繁难，比不得我们摇笔即来，记一场演讲，动辄万千言，用打字机排印，顷刻成数十万纸。况且我们现在学校如林，写手之多，也至少说过乘法比例。所以我们也只要高兴，实际亦何尝不能照办呢？讲那注疏的功用，演而为汉宋解诂家，简直所有高等古书的义理，都靠着注解，沾溉了恒河沙数的学者。年少进着学堂，请着教师，便通了经史奥义。（学堂但死读本文，或粗说字诂，讲师只为特别条件，偶有讲学等的形式。）所以这注疏的功用，用在古书上，已经有了成效，用在外籍上，如何便无价值呢？

近来每有人说，我们译书，唯佛经译得最好。然由我个人细想起来，佛经只是一个语法毕肖的直译，将印度文粗粗转变为华文而已。转变了华文，它的不能懂，直与最奥古的古书相同，此是公言。所以佛经没有说法的讲师便不能通。此正如直译了罗素氏的著作，许多费解，再请勃拉克女士讲解一遍，便顽石点头。到底，那点头的功效，是讲解的所给的呢，还是直译的所给呢？我愿还问称赞佛经译得最好的朋友。要懂佛经的第二法，便是读者有注解的佛经。若说有注解的佛经，比无注解的佛经好懂，这便是译佛经的，譬如把大篆的尚书，换写了隶书，兼作些简单的注释，如 philosophy 偶译哲学，常译"斐洛索斐"，还不曾做到现在的直译，抵得过若顺稽考也的注译，作佛经注解的，便兼任了梅赜同孔颖达职务。所以就实际讲起来，教佛经使我懂得，便是时隔千年，经过了几个人的辛苦，还是成功了"我见"中所谓注释的外籍，然后发生着懂字的效力罢了。（至若佞佛家以为佛经不容注解，只须熟诵千万遍，便生超悟，这是另是一件事，在这里用不着加以信不信的批评。）

所以我望译书界，于全部分直译意译争论不定之外，割出一部分，把译外籍变成注外籍。注外籍所根据，一是根据读外籍无异读古书，二是根据佛经译了又注，与其延长千年，让几个人完功，不如一径让这一个人又译又注。终之是利用着我们中国人特长的注疏方法（所谓陈旧方法）。外人之 notes 不过像我们村塾读本的尾注，说不上注疏，唯他们解说希腊拉丁古籍，颇多注疏意味，是又可见注疏体于通甲种文的，使移读乙种文，为必然应要使用的公器。

拆开注外籍的组织成分，便是：

（一）是存原文，

（二）是直译当注，

（三）是"译释"当疏。（张东荪先生所谓"译释"，盖师日人之"解说体"。我未能读日人之解说体，不敢说与我心中的译释，是同是异。我所谓译释，即指详细疏解，大约不无异同，姑借用其词而已。）

存原文，所以便校核。佛经刊去了原文，所以它的译得好不好，毕竟是无证据的批评。存原文固涉于繁重，但于译写、印行、经济各方面，都有相当的解答。这个存原文，不但在译事上，完全了一个真信，且于何以要注外籍，便是渴极的要吸收外学。既外学如此渴极的要吸收，那就一种著述，能生出两种效果，即是读了所注的外籍，不但懂得外学，并可研究外文，岂不更是两美。那研究外文，需要于所注的外籍，是另一大问题，本文无暇扰说。故于译写、印行、经济各方面的解答，亦在彼为重，在此为可略。现在也姑弗扰言。（若说这便与华洋读本，或西文函授讲义，或对照译注的西文杂志，大同小异，这未免简单得错误。然现在却也没有功夫来细细分别。因为若要一一地列出体式来，对照比较，于本文便未免冗长了，故现在但请知道，增注百家姓，二论引端，高头讲章，确不可混充注疏，便不致误会了。）

但注疏外籍，无非就望转变外文，对了外籍，可以直接移读，利用注疏的特长，功夫还不过做了一半，大概就是解决了第一个问题。所谓懂不得它字眼的解说，而今懂得是已。还有第二个问题，便是看不惯它句法的构造。这个问题，古书同外籍，便有较大的差别。所以注古书的注疏家，遇着这种困难较少，偶尔遇着了古今句法的不同，就在解释里面，随便讲说得通，便也算了，想不到要用特别的方法。唯有外籍与己文（不唯华文与外籍如此，故不称华文），句法构造的同异，大都很是厉害，故语法毕肖的佛经，及语法毕肖的直译，称赞它可说是信，说是接近外文：不满意它起来，便是晦涩，便是费解。然而解决这问题，也有一个陈旧方法。即日本人的"汉文和读法"是也。日本人一向靠着外籍生活，所以他的感觉也多，方法也多，把日本人的汉文和读法批评起来，它在古代，已暗暗合着一点文法的意味。我们中国人，简直不曾梦见。所以那语法毕肖的佛经，及语法毕肖的直译，若恭维我们，说我们要改良文体，接近外文，也算用一个指头，遮着面孔。然而原来的意思，果然是如此么？自想也未免滑稽。倘并不曾有意接近外文，乃语法毕肖的直译，真是全不理会彼我文例的异同，睡在鼓里，做那无方法的勾当罢了。

理论文法是世界的，是科学的。我今省些笔墨叫它"文法"。实际文法是国别的，是习惯的，我今叫它"文例"。日本人能发明汉文和读法，便是能暗用文法的段落，转换彼我的文例。中国人语法毕肖的直译是一毫不管文法的段落，所以彼我的文例亦就无法分别，笼统地单注意着去执柯伐柯。不晓得反变了画虎类犬。

其实若能如日本人早悟文法段落的分配，从容将彼我不同之点，照文例转变起来，怎么会瞎做语法毕肖的好梦，反致落在费解的浪漕里呢？然我晓得粗心地听了，必还有忍俊不禁，拿十年前的和文汉读法相讥者。但无论和文汉读法之所以报我学界亦不算薄，即它自身的价值消减，因彼只为汉文和读法的还原。因人成事，不曾花费多少劳力，自然声价便逊。至于汉文和读法的声价，恒为高贵，不但可算日本古代文明之一，即彼二千年经史大义，普及通国，何尝非全受它的报酬？我们现在仿了它，要想做个西文汉读法，亦不像做起和文汉读法的容易。苟不是经过多数高明学者，悉心研究，寻出条理，便不见得能像汉文和读法的规律整然，普通可行，所以这西文汉读法，还轻易不许我们薄视。

仿着日本人的汉文和读法，定起西文汉读法来，帮辅着我们古人注疏的特长，有什么信达雅不能完全解决呢？这便是移读外籍的我见。惜乎我的智识不见高明，但望高明的鉴其意思也还对得，就请替我改了错误，主张着罢。因为有大部分的书固然只要译不必注的，但也有相当的一部分只要注不必译的。即是前年胡适之先生在六味斋说起，他要介绍一丛刊，专收世界文学名著。我当时就上个条陈，以为文学名著，只好注的，不好译的，译起来，大概要弄到吃力不讨好的。这就是应注不应译的一类也。但今不过举例如此，其详细的分别，只好再讨论罢。

——《民铎杂志》第 5 卷第 5 号（1923 年 4 月）

就批评而运动"注译"（1923）

吴稚晖

　　最近在《学灯》读《批评翻译的批评》一文，觉得那倭铿一部《人生之意义与价值》，他绪论开头几句寻常文字，于无意中倒结了一个大因缘。先是余家菊先生翻译了那本书。忽而《创造》杂志第二期郁达夫先生的《夕阳楼日记》因为要批评译书，无意中随手借引了余先生所译的几句，并且替他改译了。忽而胡适之先生的《努力周报》也高兴起来。又把郁先生的改译，加上批评，并且又替郁先生改译了。于是《创造》杂志第三期，郭沫若先生又批评胡译。他自己不曾全行改译。又有成仿吾先生不但将胡译细细评定，而且也改译了。过了些时，才又有戈乐天先生的批评翻译的批评，登入《学灯》栏，也向胡译商榷。戈先生似不曾见着《创造》第三期，他也改译了全文。张东荪先生似各家的议论，都曾过目，所以他又在戈先生的文章后，加了一个注语，而且也改译了。这几句寻常文字，经许多大作家，一若不能自己的，为他费了无数笔墨。就叫作文字自有因缘，不必有所为而为，欲牵引着，都不知不觉，开了一个咬文嚼字的大会议。也算翻译界小小一段佳话。

　　然而到底也更用不着第八人添进去，再加讨论的必要。况如我的瘟外行，更不配参加。我今又要就着批评，有所云云，实与本题无关。只贪图借着这个恰好的例证，作我另一运动的材料，省得更就别人的著作上去举例，又弄到打草惊蛇。所谓另一运动，即运动叫作"注译"是也。我前年曾在《民铎杂志》上，作过一篇《移读外籍之我见》，主张为中外翻译界，开一新天地。将译界一部分相当之书，用我国注疏体，辅以日本的汉文和读法，注译起来。既不直译，也无需意译。怀了这种见解三四年，逢人便说，有唯有否。总结一句，大家都还牢守成见，不大注意，无非以为事无前例，而且麻烦，故不乐尝试。

然译籍短处之不可掩，也成为通论。各国大学，必令学生通国两以上文字，皆因欲使不仗译籍，能自由参考外国书之故。照样看来，何不在译界另想进步，以收两利呢。（一是注译了比较容易发见错误，二是并助外国文的研究，冀有多数将助成自读外籍，此所谓两利。）适此次郭、成两先生皆坚言倭铿之书，宜直从德文原本翻译。虽只种严格的限制，在事实上定通不过。倘然易卜生集，必要从那威文译出，泰谷儿诗，必要就印度文翻成，可以至今那些好东西，一脔也尝不着了。然成、郭两先生精研德文，有见乎英译的不大妥当，我实深有同感。我们不懂外国文的人，用耳朵或别人的嘴巴，来作我们的参考，自然不能多有好翻译书，能作评论的材料。然凡有我国汉译的东文西文书，少有一部，不听见甲乙互相指摘。又外人英译、法译的汉文书，我们做过八股先生来的，也觉没有一部，没有话柄。最近我在欧洲曾买过两部英译的罗骚《民约论》，请懂法文的把法文原本指点，对勘了几张，觉得我们不懂的，英人也没有懂。只是像煞有介事的，字对字，句对句，直译过去，就算完事。此或是较古之书，移译不易。往后又购法译达尔文《种源》，与英文原本对勘，购英译柏格森《创化论》，与法文原本对勘，这两个译本，比较有名，且皆经过达、柏二氏自己看过，然粗粗对勘一两页，觉小小吹毛求疵，有若此次余、郁、胡诸先生的受诘，皆不能免。译籍这样的淘气，真是一件遗憾。所以在昨天我又向几个朋友牢骚，周鲠生先生也说把许多英、法、德的译籍对勘过了，方信译本终要不得。因此我愈加自信，敢大胆地请愿于译界，必要有一个空前的改良，不当牢在那圈子里奋斗。而且有个最现成的比例，可以发见译籍真相。即是我表同情于郭、成两先生，欲译倭铿书，最好直译德文。假若余先生等竟就德文而汉译，倘日人又欲移译，将就德文原本乎，抑就汉译乎，我辈必不待转念，而答以最好还从德文。则因汉译必无法避免小小的不可靠处。照此严酷的推论，译籍之终竟不可靠，乃为无可逃遁之缺点。所争如何译法，只争缺点多少，非争有无。所谓"注译"，也不过是理想的，可使缺点较少而已。

一、因把原文并列起来，发见误点的机会较多。

二、要预备详细注解，便不能纵笔直下，译者的用心，自然加倍。

三、原书必有本来不容易了解之处，照理正需下注，现在刚好曲折地说明。

诸如此类的长处，还很多很多。或者因注译之故，在它自身，另生缺点，也不能说是一点没有。现在无篇幅可容细说，姑且引了一个端，候有机会再论罢。以下要就着这番大家的批评，做个比较，还先回到寻常译书上，慢慢讲下去。

就着译书论译书，我表张东荪先生的同情，亦说唯达为要。就达而论，我个人以为摘译最好。意译尤为其次。自然直译是最欠妥当。

拿一词相当一词，叫作直译。张先生谥之曰呆板，换言之，即毫无生气，贯穿不来是已。而且在事实上，甲文移为乙文，次第必应颠倒。颠倒实亦有正当规则，唯要严按规则，容易变成"不词"。若在注译，另有旁证曲引之疏解，终能救济到明白。若在直译，词句少能伸缩，欲救不词，只有任意颠倒，强求一达。只就是成先生所谓"只管一句句译下来，译到不好译的地方，便乱七八糟，改造一下。把人家先后，完全颠倒"。只形容直译家的手忙脚乱，颇合真相。因此直译的书，在一毫不懂外文之人，终是叫苦连天，喊着看不懂。便在有点欧化意味的朋友，也似水中看竹叶，模模糊糊。直待对了原本，方原谅他也具有苦心。所以生起这个原谅，就因为觉得即使换我们来代他直译，恐也半斤搭八两，不能十分改良。所以李石曾先生也曾说过，"译书照了字数，信笔地写下去，因当时外国书在我们脑里，但把中国字义去替代了它，也颇觉头头是道。唯过了一阵，外国书已经辞别了脑筋，再偶尔翻看自己的译本，往往连自己也懂不大来。"这又是一种真相。所以直译是最要不得。然当此智识欲甚炽之时，慰情聊胜于无，拿直译书杀杀火，我在《民铎》上也曾说过，当初日本有一个时代，直译书也曾大出过锋头，极有相当的功绩。而且唯直译，可以摇笔即来，足以对付书商论字给值的要求。而出版便亦容易。

逞此，也可犀论这回的笔墨官司。张先生总名之曰呆板的直译，其意一定就是说六人虽有留意不留意之别，却无须判分优劣。吾意亦然。照颟顸地下个判语，自然余先生最初一句句老实译下去，留意必然最松。郁先生注意的批评，自然较留意。胡先生自然更较留意。郭、成、戈三位先生对批评而批评，自然更较留意。至于张先生，脱却直译羁绊，变为意译，非但更较留意，而且自然比较更看得懂。然就是六位的直译，虽后一个当然比较前一个留意，他的优劣，可以不分者，因为命意只是鲁卫之间，他们的遣词，偶有公认为不当者，也无不可相恕。请列举于下：

"有自知之明"此语按之于直译，似毫无着落。如曰在句外补足意义，则亦犹云"我们大家都是明白"。

"烦扰我们"亦与"在我们面前"，语气略分轻重而已。下语重了一点，恰似误认 confront 为 confound。

"以前各派说"大家都言"现代毫无把握"，皆指解决人生之人而言。如此，截至现代，尚少能具把握之解决人，推想现代以前，更无其人可知，扩其义以求周匝，亦不可厚非。此段文字，戈先生言"凡中学校毕业生可完全看懂"我意不需毕业生，亦能看懂。岂有能执笔而译如是一书之人，在最浅显处，反不懂了最易知之现代两字，可以证明他别具心裁，有意改作。

"所以"以此若拘于直译之词必对词，可云汉义不合英字。然安知此处译者非只自由达意，并无对解英字之必要，则与他人"新"字无异。

"造就"就此唯选字稍欠熨帖。有如发明发挥，发字皆合，不如阐发之尤当。择字稍差毫厘，反若远到千里。"造就"一字，胡先生改为"说明"，经众允许，然胡先生亲告我，却说应带"创说"之意尤善，余大韪之。因余宿有坚持之见解，以为解释中外字义。皆当就本义辗转引申，不应突改毫无关联之解说。此字实不当脱却"造"字的本义去引申。不过连属就字，为仓促中未加推敲而已。

"并不存什么妄想"与"并非为幻想所驱使"尚不过于悬殊。

凡此皆非我之曲解。因有无误点，彼此皆不甚相远，非可强分优劣也。

至于意译之所以较胜，由甲文变为乙文，能不受甲调拘束，但取甲义，以就乙调，读之必远较畅达，固优胜矣，而且在执笔之顷，欲融会贯通，其惨淡经营之苦，所费劳力，自必加倍，独得优显，实非幸获。所谓意译，其实举凡各国有名之译籍，皆用其法。意译直译，亦无截然界限。意译乃加过匠心之译，直译则苟且迁就之译而已。但意译虽善，终有原书轮廓在胸。固不屑于词以对词，然往往章必对章，甚而至于句多对句，若将为原书优孟之衣冠。如此，非但拘梏尚多，迁就于甲，俾不能痛快于乙者，必然非少。并使他人绳墨之者，终亦拘执原词，指所增删，以为不信之口实。甚而至于自己亦无方法，实知有难"达"之苦衷。此即无论何国译籍，终不满意于能读原本者之故。因此求较意译更自由，而又有其特别长处者，又有摘译之价值，可以论定。

什么叫作摘译，即如严几道先生译《天演论》，是个意译。吴挚甫先生改为节本，无异一个摘译。严先生又意译《原富》，梁卓如先生又为摘译于《新民丛报》。别人对了严译，常要加着苛绳，因章之对章，常有小不信，可供指摘。对于吴、梁节稿，倒没有批评。因无原本小节目比较之嫌，但达大义微言，反似亲切有味。较读严译，更似容易得窥纲要。故又若最近章行严、张东荪、张君劢、胡适之诸先生暨许多高材博学，在杂志小册，自由摘述政论学说，无不予人以深刻之意影，明快之解喻。而整部著作除严译外，尚未有惬心贵当之成书也。说至此处，我将发一奇突之论，此实非整部译籍，不易得名作之故，实整部译籍，其自身恐即为古代遗传的不进化办法。古代书籍无多，治学又当墨守一经，因此慎译一书，便于奉为矩矱。而今文化极盛，研究一学，既非广参博考，不能为功，而精造学问之人，又非仅通一文，可以了事，则整部译籍，将何所用。

试问译书之本意何在，人人可含笑地回答，以为将译饷不识外国文之读书人，似我之发问为痴愚。然又问所译饷者何如人，其人为予以普通概念之人，抑为专门成学之人乎。则顿时可觉我之痴愚，亦有讨论之余地。非可"译书者将译饷不识外国文之读书人"，作如是简单之界说也。今当约略犀论所欲译而饷之之人物。

欲予以普通概念之人，约有两种。

（一）所谓旧人物，经生如章太炎先生，文人如樊云门先生，可为此类人之代表。其数在现今为极少。其人大都不屑读译籍。然彼等亦取物竞互助，作为取笑之资料。供给之者，即由从前梁卓如等先生多所摘译，间接输入。今日亦未尝不可仍予彼等以较新之概念，然仍只能此处彼处，在报章杂志，简短介绍，辗转以入其耳。

（二）笃老之新人物，有如从前劳玉初先生。吾乡裘葆梁先生，及眼前之新人物，如累于衣食之学界办事人，繁杂奔忙的新政客，其数较多。此等人皆明知不能成学，然彼等欲增崭新之智识，已不以报章杂志为满足。必且欲有纲领毕具，眉目甚清楚之新书，为进一步之快读。然突标一义之名著，或仅说精要之高作，加以若明若昧之译笔，必限于思力与目力，置不乐顾。譬如彼等欲知科学方法，假有人将狄卡儿、蒲那特、卜音、凯雷诸书译饷之，彼等欢迎之熟度，可比对于王抚五先生带译带编，已成书之《科学方法论》为低。故如倭铿《人生之意义与价值》一书，如有人撮其大要，删留十分之三四，明示人以倭铿大旨，何所云云，我必欣然色喜。不似今日出了三支角子，丢了再看，看了又丢，有到底倭铿说些什么之苦。宜乎郁先生冒了火，打出这场笔墨官司。

在那段打官司的文章，照石蘅青先生说法，他说，只要说，"人生有什么意义和价值，我们不能抛弃了解决的尝试，因要详细来说说。"这就算了，其余都是浮话。（按就一段而论，要存此三语。若在全书，连三语亦是浮话，也可删去。）照石先生的摘译办法，不但读了更比意译痛快，可达到予人概念之目的。并且对原书，对英译，对七位先生的汉译，面面都通。并且倭铿自己也首肯。只是八股先生倭铿之意若曰的办法。若一定要算倭铿亲口告诉我，一是长，二是短，如此如此，只般只般，那就唯有倭铿的亲笔所写，才靠得住。所以无论英译汉译直译意译，叫作一个也免不了"错误"。恐怕就添千百个人动笔，还是一样的焦头烂额而退。只并非是中学校毕业生能懂得的一段浅文，有如是魔力。这因为要执柯伐柯，吹毛求疵，螺蛳壳里，虽有英雄，也做不出道场来。

故如要供给普通概念，最好是大学者自己编书，否则只要摘译。

若供人参考，俾能专门成学，如何可以意译，因恐原本一字，皆有前后互相照应之条件。若自由刊落，所造之歧误必多。据以成学，如何不误事。不得已而注译，原本具在，即有误解，能发其覆者较多且较易。注译之优胜，俟下文条条较备后，指论尤易分明。

欲将译籍，予于专门成学之人，约有三种。

（一）头等名角，政界如梁卓如先生，学界如钱玄同先生，报界如章行严先生论编书，所佩服的汪馥炎先生之类，皆是牌子较响的新人物。彼等虽尚未于新学自命一家，彼等既实有做大学问家，贡献玄质各学大著作之天才，而又终未忘情。此类老牌新人物，在政学各界，名稍亚而力相等者，还不可胜数。即直译意译，凡译整部书的朋友，误想书的销数一半，靠着此等人。其实此等人物，他们对于旁行书的规则义法性质意态，皆大段明了。有其特别见解处，尚过于寻常洋学生。特几千生字，彼等公冗，而且年事稍增，记忆力不无打不过推理力，于百忙中没有闲功夫，能会面极熟，不够直接看书，是他们的小憾罢了。他们最怀疑的，便是那时贤的直译意译之书。他们怕轻易引据了，闹起笑话。明知译籍是帮忙他们成学不来。若用它来消遣，又毫不痛快。倒不如像看公事的办法，因公文都支离牵缠，故常叫科员摘由。所以他们盼望有译籍作消遣，也必定赞成摘译。就有意译的书，能像严译那种曲达，他们也不敢据以成学。明识读下去是爽利了，原形是一定走板的，也只可供着消遣而已。他们最希望的，假如一本倭铿书，第一要倭铿能讲得流利的中国话，讲给他们呀。不得已而思其次，请懂德文的，当面细讲。如有不明，反复诘问。要到弗明弗措。如能这种办法，讲明了几十百部书，够着参考，他们自信在什么一种学问，皆能论定是非，自成门户的呀。其实要倭铿自讲，或旁人替讲，尽有一个权可代用的办法，便是注译。无异要懂《诗经》，有了《毛传》《郑笺》《孔疏》，也一定有个小小解决了。若只请胡适之先生把白话来译起一部《诗经》来，无论直译意译，想来胡先生自己，也定不要据了他治诗的呀。

（二）未来的学界主人翁，如现在已在大学或专门学的学生，他们既自有其专门成学的志愿，而且必有一口能自行畅读蟹行书。特现在蟹行书的学力，稍微欠缺。倘有译籍，也足以在羽毛未丰之时，帮些小忙。译书人又一眼觑定，以为他们便是销书的唯一主顾。其实他们叫作习听学生不可不买书的流行语，不自觉的，或买两部，摆上书架而已。译书大都不争气，既头等名角，往往看不懂，倒偏是他的小朋友独懂，有只种意外吗。所以看了既不痛快。若依据成学，他们做梦也做不着。原书他相信不久可自看的。坚决地断定，若据译籍，是要上大当的。因此译整部书的朋友，若有意供给学校参考，真近乎顶错误的瞎想。然只班学界未来的主人翁，他们当着蟹行书未能自由完全了解的时候，他们急于要作慰情聊胜无的参考，也很盼望各种原书，有人替他指点指点，那就注译的书，既可适用于头等名角，权代蹩脚讲师。也未尝不可促学界未来的主人翁，权做个谈友。他们见原文与注译并列，既容易发见译注人的错误，所以也就胆大用它参考，晓得上当也是有限的。

（三）便是有志成学，不能不中途辍学的青年。彼等料想蟹行书无缘深造，而直译意译，又诸多靠不住，然无法不仰译籍的鼻息，只好据以研究，得寸得尺，碰命运罢了。所以译籍唯一的买客，只是此类人。然彼等亦何尝无具有头等名角之思力。而且既富成学之年龄，又比较会多识几个外国生字。倘竟有一种注译之书，于彼之外国文及新学术，两有辅助，自然比较地欢迎。与其求文字速成欧化，习惯了它，助他能多读译籍，还不如也浸他在欧文里，帮同成就文字的欧化，岂不更善呢。

照以上三种望他专门成学的人物而言，用得着直译意译，将整部译籍，供他们参考的条件，几乎可说没有。一经说到成学，照日本新学那样发达，他们有名的学者著出有名好书的，已不可胜数。然所有名著，往往彼自记参考书于卷端，列举英法德各文字之书数十种。何尝有但通日文，能著新学名著的学者。于此足见我们要治新学，也不能在例外。能靠着译籍成为专门学者吗？然则不必为着微信起见，要另行创出注译一门。即为帮助国人研究外国文，注译的书籍，也似是急要的东西。大凡事少前例，便无人注意。然果能言之成理，知其为益非浅，亦何妨特别创造呢。世界上每有极伟大的事业，未到时间，举世视为无足重轻，但经过一番试验，附庸竟蔚成了大国，其例甚多。注疏是我们中国学界一种的特长，注译有此靠背，安见得不能创始于中国，因而通行于世界。在文豪或未之敢信，而经生则必有此好梦。方今有左右世界之最大能力者，厥有三物，一学校，二报馆，三影戏公司，皆能支配全世界过半数之人数者也。学校一向较为人所重视，今比诸译书。若报馆，千年以来，潜伏于邸报，比文书尚不如，何可与印刷界之书史同论。至变为敲小锣喊卖之"朝报"，虽头角将显，而尤入下流。不料不到二百年，摇身一变，竟掩有全印刷界，而为混一魔王。不惟文书入附刊，书史待广告，皆为所贱视，即学校亦必赖其鼓吹，方有声色。然则安见注译，不作译界之魔王。至影戏公司，庶乎其用世界语著书，可互相比例呀。

现在若欲为此篇文字作结，举一个注译的式状出来，非但仓卒不及预备，即报馆印刷之材料，亦不完全，注译尤应比注疏改良。全恃字有小大粗细，记号分别甚多，行列非常精整，乃能表显可爱，阅读明快，自足称善。两附登报纸，势有所不能。故今仅可用有注无注，作一粗劣之比较，显出彼之略善于此，为注译留一丝意影。

吾友有一毫不识英字，使读《创造》及《时事新报》，终莫知此次笔墨官司，何为而打。及我替他把英字字义，逐个注出，他便会意着，有兴味地看了再看。于是我又想到自己，虽略识几个英字，而德文则两目如瞽，它识得我，我认不得它。郭、成两先生虽苦心的引在纸上，译得慢好。老实不客气，两先生的直译，我是似懂非懂，虽说得德文天花乱坠，我是莫名其妙。昨天我去寻了一个懂德文的朋友，请他把英文对注一注。虽他只仓促中用铅笔胡乱注着，回来一看，似没有十分熨帖，我也不好意思再去扰他。而且因为供我粗粗了解之目的已达。用不着入细。哈哈，一经乱七八糟，注明了九个字义，我顿时有味得许多。郭、成两先生的直译，也全看懂了。英译汉译的是非，也格外添出来了。止是字义的对注，功用已经大显，如果精细地注着疏着，还了得吗。然必有人喷饭，说是笑话笑话，每字注个字义，有何烦难，算作什么一回事。我说，这无异哥仑布请人把鸡蛋直立，合座不能。他自己便将蛋尖稍破，立了起来。人皆大哗，以为此有何难。哥氏曰，本无所难，公等何以不为。每字对注一义，在注译原只一端，而尚有大部分之余事，且仅仅对注字义，他国鄙陋独修之书，特有为之。我国极无聊之无师自通小册，却亦为之。唯有高文典册，中外同一顽固，抵死不屑为。从前我曾语之于张菊生先生，劝彼行之于《英文杂志》及《英语周刊》，彼甚赞同。然卒不见实行。宁可西文一句在左，中文一句在右。为变相之华英进阶，亦明知读者对勘英汉两语，寻得何字相当何字，殊非易事，故又于书尾另提难字注之，写者不惮其烦，读者饱受其苦，皆欲避免鄙陋而已。想来对注字义一法，正是式微而在落难之中，如报纸在敲小锣喊卖朝报时代。谁实豪杰，如白话文然，破成见而登诸大雅。彼实能为译界有小小功能也。闲话少说，我今且把郭、成两先生的两个直译，先写如下：

郭先生说，"现在凡为提起这个'人生有无意义与价值'的问题的人，他对于下面的事理是不能疑惑的，就是此处不是在叙述一个已成的'有'，只是在表示一个问题，一个对于我们未曾解决，然而他的解决却是不容放弃的问题。现代的生活状态在此没有供给一个确切可喜的肯定的答案于我们，这是要更加详细地指明的……"

成先生说，"处现在的时代提起'人生有什么意义与价值没有'的疑问的人，定会是很明白这不是要叙述一个实在的所有物，反是在表出一个问题；这一个问题对于我们是还没有解决的，然而他的解决是决不容放弃的。现在的生活状态还没有引到何等确实而可喜的肯定于我们，这是下面还要详述的……"

两先生自己明白地交代过，他们所以直译到如此长脚长手的不好懂，因为要存真。他们说不好懂，真也不好懂。当初没有把德文对注，他们说存真，我也领略不到。现在把我朋友代注的字义，把它写在下面，请同我一样不懂德文的人看，再看郭、成两先生的译文，有无同异。若竟能增加了明白，便见得那鄙陋的对注字义，已帮助人不少，如有"注译"那种有注有疏，它的功效，又要增加如何呢？

顺便且将英译分段的附入，也是对注着。倘有不会识英字，同我另一朋友一样的人，也可以请他评评，有了对注的字义，译文便能容易看一点吗，也是试验试验注译的功效。

德原文	英对注	汉对注
（第一逗）		（第二逗）
Wer	Who	所有谁
Heute	To-day	现在
die	The	那
Frage	Question	问题
Aufnimmt	Take-up	提起
ob	Whether	未可定
das	The	那

menschliche	Human	人（的）
Leben	life	生
einen	A	一个
Sinn	meaning	意义
und	and	和
Wert	Value	价值
hat	has	有

德文汉读法：

"有谁现在提起那问题，那人生未可定有一个意义和价值。"

德文汉译：

（郭）现在凡为提起这个"人生有无意义和价值"的问题的人

（成）处现在的时代提起"人生有什么意义与价值没有"的疑问人

英译文　汉对注：

（第一句）相当德文第二逗，德文之第二逗，纳入英译第二句。

有	Has
人（的）	human
生	life
什么一点儿	any
意义	meaning
和	and
价值？吗	Value？

英文汉读法：

人生有什么一点儿意义和价值吗

英文汉译：

（余）人生有无何等意义与价值

（郁）人生究竟有无什么意义与价值

（胡）人生有什么意义和价值吗

（成）人生有什么意义与价值吗

（戈）人生有什么意义与价值

（张）人生有意义价值乎

（插说几句）

这开首一句，没有歧误的，故大家所译相同。德英各有习惯，德人在此处，把发问者属于世上任何一人，下文要接"他"，故必定要说，倘有那位老先生提起问题，要问人生有无意义和价值，他便必定如何如何。英人大约把发问者属于世上全体人，说起尤较得势。下文要接"我们"，故硬挺挺地先破空自问一句，说道，人生有意义和价值吗，然后接上我们发这个疑问，我们彼时如何如何，皆意译着，所以生出不同。到甲文换乙文，就有意直译，你看郭、成两先生，不得不将第二逗，夹在第一逗的中间，他们因为把 Wer 放到它末了，才能使中国人知道语气未了。否则如上面德文汉读法的办法，定要误以为各自成句，有弄错意义的危险了。说到这里，才明白张东荪先生劝人决不要词对词，句对句的呆做，就因为直译意译，都办不到对得恰好，因此多少逗，却变了多少句；或多少句，竟变了一句或一逗；或变了多少句或多少逗；通是避免不了的。所以德文一句半，英文五句，却不算个毛病。若要真正愈留原文的真相愈好，唯有列出原文，注了又疏，叫作注译，才比较道地，也定可解到很懂。若只是翻译，叫作愈留真相，愈近直译，也愈增不懂。恰恰顾了小信，并且失了大信。所以不是供人参考成学，只是叫人留着概念，摘译尤好。要严格地作参考用，应当注译。试再比较下去：

德原文	英对注	汉对注
（第三逗）		
der	he	他
Kann	Can	能
nicht	not	不
zweifelhaft	doubtful	怀疑
derueber	Thereof	属于那哈儿
Sein	be	为

德文汉读法：

属于那哈儿他不能为怀疑

德文汉译：

（郭）他对于下面的事理是不能疑惑的

（成）定会是很明白（他不能对于这一点怀疑）

英译文	汉对注
（第二句）	
In	当着 =during
asking	问起
this	这个
question	问题
we	我们
are	都是
under	立于……之下
no	无

Illusion　　　　　　　幻惑境界

英文汉读法：

当着问起这个问题，我们都是立于无幻惑境界之下。（言当时头脑必定清清楚楚，不会立直了做梦。）

英文汉译：

（余）有此种怀疑的并非为幻想所支配我们有自知之明

（郁）问到这个问题我们大家都是明白的了

（胡）我们发这疑问时并不存什么妄想

（成）我们发这疑问并非为幻想所驱使

（戈）我们发这疑问时并不存什么谬见

（张）吾人初非妄发此问

（插说几句）

此语，郭云，明白就是明白下文教训语，胡云，此语是起下文，成意，又承上，又起下。终之，明白呀，不能怀疑呀，皆指明白着最近下文所云云，是大家同意的。德文在下文说得较平淡，所以此语之词气也平淡。英译假装云云，说得较多声色，所以此语亦显着声色，下一个 Illusion 字样，说得像煞有介事，便引起读者亦存不寻常之见，似乎要加倍留意。其实直译德文，老实点如郭之"不能怀疑"最好。晓畅点如成之"定会是很明白"亦善。郁之就德意译英，言"大家都是明白的了"（了字似可删），也恰合。若要顾着英译字面，所以余之并非为幻想所支配，成仍循之而言并非为幻想所驱使，戈亦改妄想为谬见。并不存什么谬见，犹云非为幻想支配或驱使。三人皆替他闹着一身大汗，无非要恰肖英译大惊小怪之语气。然曰非幻想支配或驱使，曰不存谬见，不能怀疑之意，亦在言外。唯胡之不存妄想，确是多了一个转弯。盖妄想不能直接起疑。必是幻有妄想，再从妄想生出幻想或谬见，成了幻想或谬见，疑始生出。多了转弯，自是不合于德文原义。唯译英文者，只知忠于英文。欲显出英文之声色，却以胡译为较多精彩。因欲与下文"假装"相应，妄想幻想或谬见，针锋尤对。译下文之 truth 为真理，余、郁、胡、成、戈五人都同。你想其人竟胆大妄为，欲假装真理之主人翁，定斥之曰妄想，才骂得到。仅斥之曰幻想曰谬见，不嫌过于文绉绉吗？但英译果有真理之意义否乎，下文再说。似乎张先生独具只眼，竟把真理字样割去，一若最少语障。因此彼欲自与下文呼应，于此语亦创别解，不屑密切比对。于此亦见凡在译事，各人各为自己之上下文，必有连带的牵绊，亦执柯伐柯时一缺憾。唯注译或较多救济。试再比较下去：

德原文	英对注	汉对注
（第四逗）		（第五逗）
dasz	That	是那么一回事
es	it	这
hier	here	在这儿
nicht	not	不
einen	A	一个
vorhaudenen	Present	眼前
Besitz	Possessor	占有……的人
zu	to	来
beschreiben	describe	叙述
Sondern	but	不过
eine	A	一个

Aufgabe	Question	问题
zu	to	来
bezichnen	denote	表示出
gilt	deserved？	是值得着

德文汉读法：

是那一回事，在这儿，这不是值得着来叙述一个眼前占有……的人（言占有人生意义和人生价值的人），不过来表示出一个问题。

华语来去二字，帮助动作，具有特性。果否能与英文无限动词前之 to 为对照，未敢确定。然一经附加，语气无不毕肖，亦权可借注，用来或去，同是一样，视语气相宜而施。

德文汉译：

（郭）就是此处不是在叙述一个已成的"有"是这在表示一个问题

（成）这不是（在这地方）要叙述一个实在的所有物反是在表出一个问题

英译文	汉对注
（第三句）	
We	我们
Know	知道
That	是那么样
We	我们
can not	能　不
Pose	假装
to-day	现在
as	好像

that Possessor	那　占有……的人
of	的
A truth	一个　真正
which	所谓真正
We	我们
have	有
but	只
to unfold	来阐发

英文汉读法：

我们知道是那么样，我们现在不能假装好像那一个的占有真正的人，所谓真正，我们止有来阐发。

英文汉译：

（余）知道我们不能冒充真理的主人不过必须从事于真理的发见而已

（郁）目下我们只能求那一种真理的发明的时候我们知道我们不能装作已经理会得那一种真理的人。

（胡）我们知道我们现在不能自以为已得了一种真理只须把它发挥出来就是了。

（成）我们知道对于一个我们只当表明出来的真理我们现在不能装作是她的所有者。

（戈）我们知道我们今后只是必须从事于这真理的发明我们现在不能冒充已取得了这真理的主人翁。

（张）须知今日吾人不能自命为已得解决吾人尚须阐发。

（插说几句）

这段话头，我朋友代我注的德英对照，他是匆忙写的，到底密合不密合，定不好写包票。但是据郭、成两先生的汉译，那注的英字，大约尚相近。郭先生对于德文第四逗，尤其苦心揣酌，所谓"不是在叙述一个已成的有"在语意是恰到好处。成先生意亦相同。但顾了字面，把已成的有改为实在的所有物，似乎对得住了 Besitz 一点，然中文却拗涩起来了。且 Besitz 一字，果如英译本及朋友的为 Possessor 不是 Possession，便是已成的有，实在的所有物，都还不是对注。唯作个"已成的有"，算是不曾留意，较大方。又与意思针对上，不生歧误若作"实在的所有物"，愈注意，反引起求全责备的纠纷。且一个"物"字，也与针对上文时，增着词障。细味我朋友的所注，与郭先生的所译，大约倭铿之意若曰，"凡人发出人生有无意义与价值的问题，他定然明白，这个问题，不过是个问题。因为他不能解决，所以来开发他一下，到底有意义么，有价值么，不是来叙述已成的有，来铺张这是意义，这是价值。"所谓已成的有，那"有"字，便指有意义，有价值。故照德文汉读法一个眼前占有……的人，那……，那指意义与价值，犹云"一个眼前占有人生意义与价值的人"为什么跑起一个"人"来呢？只也是说话时可有的论调。犹云凡问人生意义与价值，只是一个哲理问题，阐发着难解决的道理。不是来做言行记荣哀录，来叙述着，说某人某人，或说照某种人某种人，那样的人生，便是有意义、有价值。跑起（抛弃）Possessor，着上一个"人"，是如何态度。终之若说得很轻松，不著十分刻痕，尽管用着。若一经要被读者黏住了，真正当"人"看待，可查入我上文言行记荣哀录等的笑话，那就生着词障了。故在我们中文，到着此处，又是光打光，做一个赤膊的相打，不如略开了最好。所以郭先生仅作一个已成的有，是超脱的。不得已时，尽他说得呆板一点，便照汉读法，说得"不是叙述一个眼前占有意义和价值的人"也还要得。所以英译也作占有真正的人。唯德英文势各异，习惯的了解又不同，因此加一个 truth，代替了真意义真价值，省得遥对上文，必对照了知有省略，使人突兀。

若德文原义，果然如我前面的曲说，那因为一个寻常意味的 truth，忽跑了一个"真理"出来，就这场官司，打得大了。真理两个字，是八扇门旗，四员虎将，一对对出了场，他才纶巾羽扇慢吞吞地跑出来的东西。不是轻易随手拉扯的。若随手拉扯了出来，形成着不能解决人生意义与价值，第一缘故，是为现在真理还不叫我们做主，我们只能阐发它，阐发得一分算一分，竟大家打了个合同，替英译主张。这是倭铿要摇头，两位吉勃生也要喊冤的。

到了这里，我便要为注译也生疑虑。一是译书不得已而重译，是事实上不能避免，幸而现在有原文对照，方能为译者喊冤。二是就在原书，也幸而刚刚倭铿所言，难于歧误，然照英译那种说法的原本，往往而有。译哲理书的人，容易存着一个成见，一位深人必无浅语。在大学者口中的 truth，照例译个真理，才合身分。故丢过了德文说，就英论英，谁还说那真理不是的解。谁肯轻松松里译做平淡无味的真正呢？且就照吉勃生等用大惊小鬼假装不假装的词气，也非真理去配他不可。但注译人将有一种截树掘根的胃口，又终要上下文说话，十分照应得来，做再三的咀嚼。当我的朋友，不曾代我注明德文之先，我已经终嫌纶巾羽扇的真理，不应一走径出。而且被他横插着，上文下文，都弄得若明若昧，张东荪先生他或者也是只个感觉，所以他决计请他不要出场。否则删去一个紧要角儿，他必不肯。于是可见字而忽然突兀，容易生疑。生了疑，在寻常译书，把它丢了，或不说煞了，也就算了。在注译不能含糊过去，或者拼性搏命，得到一个究竟，也未可定。

英译说不能假装占有真正的人，意外便是说，现在人已有的意义与价值，还不是真正，不配叙述。五句英译，若有德文对勘，可算作意译，大致还说得过去。然若离了德文，就了它，把它重译起来，决还不得原，是一定了。所以诸位所译，就英论英，也都还合适。我还不敢定德文原义究属如何，那也不必去说英译是非。试再比较下去：

德原文	英译注	汉对注
（第六逗）	（第七逗）	（第八逗）句全
一个	a	eine
问题	question	Aufgabe
所谓这问题	which	die
对于	for	fur (für)
我们	us	uns
未	not	nicht
解决	solve	gelest
被	is	ist
在……上	upon	auf
这问题的	whose	deren
解决	solusion (solution)	losung (lösung)
它自己	itself	sich
然而	however	aber
不能	impossible	unmoglish (unmöglish)
放弃	renounce	verzichten

准许	let	laszt

德文汉译：

（郭）一个对于我们是未曾解决然而它的解决确实不容放弃的问题

（成）这一个问题对于我们是还没有解决的然而它的解决是决不容放弃的

英译文	汉对注
（第四句）	
那 问题	The question
当面对着	confront
我们	us
好像	as
一个疑难问题	a problem
所有这个疑难问题	that
是	is
毕竟	still
未解决	unsolved
在这个时候＝斯时也	whilst
我们	we
可 不	may not
放弃	renounce
那 尝试	the attempt
来 解决	to solve
他	he

英文汉读法：

那问题当面对着我们好像一个疑难问题所有这个疑难问题毕竟是未解决在这个时候我们不可放弃那尝试来解决它

英文汉译：

（余）烦扰我们的是这个未曾解答的问题然而我们对于解决的尝试决不可加以厌弃

（郁）这个问题再我们的面前还是一个未曾解决的问题所以我们不应该把解决这问题的尝试来拒绝了

（胡）我们虽不可把解决这问题的尝试抛弃了然而这个问题现在还只是一个未曾解决的问题

（成）这个疑问在我们面前还是未曾解决的一个问题然而我们不可把解决它的尝试抛了

（戈）在我们不可抛弃了解决此问题的努力的时期以内这问题是竖在我们面前的一个未解决的难题

（张）此问题现于吾人前实为一尚未解决之问题故吾人不可抛弃解决此问题之企图

（插说几句）

余、郁、成、张之英文汉译虽字句小有异同。作两个并句译，皆合德文原义。胡、戈字面亦略有同异，却皆作包句译。以 Whilst 所管之子句为从属句，于原义不协。此由于先将 Truth 解为真理，便觉人生意义与价值之不能骤然解决，全由于现在的不能作得真理之主，所以尽管不把解决这问题的尝试抛弃，这问题还毕竟莫能解决。因此第五句又译作解决此问题现在全无把握，这一层便是下文要详细说明。就英论英，实是针对绵密，语气一贯。唯若真理没有着落，不但此第四句译为包句，与德文实相抵触。即第三句英文汉译，人皆互相满意者，却亦可生着问题也。再比较下去则个。

德原文	英对注	汉对注
（第二句第一逗）		
乃是那样	That	Dasz
那	The	der
现在的	Present	Heutige
生活状态	life condition	Lebensstand
我们	us	uns
在这儿	here	hier
没有	no	keine
确实的	sure	sichere
和	and	und
可喜的	Cheerful	freudige
答复	Answer	Bejahung
引到	lead	zusuhrt
所有那么样	that	das
将	Will	Wird
详细地	in detail	Genauer
来 陈述	to show	zu zeigen
为	be	Sein

德文汉读法：

乃是那样，那现在的生活状态，在这儿，引到我们没有确实的和可喜的答复，所有那么样将详细地来陈述。

德文汉译：

（郭）现代的生活状态在此没有供给一个确切可喜的肯定的答案于我们这是要更加详细地指明的

（成）现在的生活状态还没有引到我们何等确实而可喜的肯定于我们这是下面还要详述的

英译文	汉对注
（第五句）	
乃是那样	That
我们	our
现今的 时期	modern era
欠缺	lacks
一切的 征信	all Assurance
在 关涉	in regard
到	to
它的 解决	its solution
是	is
一 顶点	A Point
我们	we
应当	Shall
有	have
来 造述	to establish
愈加	more
详细地	in detail

英文汉读法：

乃是那样，在关涉到它的解决，我们现今的时期，欠缺一切的征信，是一顶点。我们应当有（那顶点），愈加详细地来造述。

英文汉译：

（余）关于这个问题的解答以前各派说全无一点确实往后我们要详细地指明

（郁）我们现代关于这个问题的解决还缺少种种确实的地方这就是叫我们将来不得不更加详细造就之处

（胡）我们这个时代对于这个问题的解答竟全无把握这一层我们往后要详细说明的

（成）我们现在的时代关于它的解答缺少一切把握这一点是我往后要详细说明的

（戈）我们现代关于这问题竟全无把握这一层是我们以后要详细说明的

（张）现代对于此问题之答案皆欠缺正确则为下文所欲详论之一点耳

（插说几句）

德文说现在生活状态未将确实可惜的答案给我们，故英译也说我们先进的时期缺少一切征信。我们先进的时期者，犹云我们生活在先进的时期也。缺少一切征信，即言未将确实可喜的答案给我们也。英译含糊其词，稍欠明了则有之，义则未有背也。我们既负了不可抛弃解决尝试的义务，自然要去寻出解决时之症结。则我们现今的时期缺少一切征信，换言之，即现在生活状态。未将确信实可喜的答案给我们，即关决解这问题的一顶点，故英译曰"在关涉到它的解决，我们现今的时期，缺少一切的征信，是一主语的子句。"是一顶点，乃其谓语。就英译语气，将这谓语，应当郑重标出。诸家欲省笔墨，反于下半应补"这一层""这一点"之故，补彼而略批，似已稍失英译郑重加判之意。然如张云现代对于此问题之答案皆欠正确，省得刚刚恰好而余之关于这个问题的解答……全无一点确实，郁之关于这个问题的解决，还缺少种种确实的地方，也不即不离。若胡、成、戈的对与这个问题的解答竟全无把握，关于它的解答缺少一切把握，关于这问题毫无把握，又伸进了一层，无异言因无确实答案，故弄到我要解答亦无把握。这就似乎失了毫厘，好像差了千里。答案无正确，解答无确实，乃属于现在生活状态，是原义，亦是英译之旨。若云全无把握，已若属于负有解决义务的尝试人。如此，所谓现在的时期关于一切解答缺少把握，无异将上文毕竟未能解决，复叠一下了。下文所欲详细陈述，决非欲述尝试人之全无把握毕竟未能解决，乃欲述生活状态未有确实可喜之答案，而为解决之尝试也。此间若果有不当其受枉还为着真理。因若以为缺少一切征信，即是指真理还欠功夫，则全无把握四字，自在毫厘跃出。此种极隐复之缺失，皆非大刀阔斧译述时所屑踌躇（唯注译乃易察觉）。其实若果造未安，所生之理障，亦往往不小也。

写到此处，借此番各家批评，运动我所希望之注译，亦已初毕。至于关涉倭铿这段"初浅文字"的本问题，知吾瘟外行崩言亦多。增着笑话，自然不少。诚如成先生"最后的批评"所谓"不配"者，宜莫如我。务望节取其运动"注译"之征意，勿问其阔论之当否可耳。

最后对于注译，又须郑重声明者，以上因比较而列之式状，乃便于报纸刊刻，非即注译格式。且上所列者，亦仅苟且之注，毫未加疏。终之注译的意思，我想乐于赞成者亦多，大家所虑者，变为外国文讲义之式状，乃不便于但资观览者之快读，此为唯一踌躇。但此事，实不难解决。正恃印刷物之材料丰富，记号字体，为别甚多，则朗然豁目可研可诵，无不相宜矣。今以从前一友人商榷改良古书为譬。彼欲得一最精美之善本，供晴窗快览。价值相宜者，先从文选始。文选而去其注，自然人人不赞成。夹入注文，正有少数古本，正文与注文，字体大小相异甚多，颇能爽目。若寻常坊刻所翻胡本之类，皆正文注文，相差之大小过少，颇得于□到时之快诵。而且文选旧注，已不适于今人了解之处，未免太多。倘有通学，彻底改造，固为最好。然空尊古贱今，已成习惯，即有可信托之学者，能成一最新最善之注本，亦或见重于词林。然人必仍不忘情于旧注，便有兼收并蓄之苦。且我个人主张，所对唐宋以前旧注，亦须永远贴附正文。并宜一家全载外，又搜罗有名注本完全附载。譬如文选用李善注本所有五臣注等亦完全割附李注本。于是诸家对于正文有缺注者补之。其不合者纠之。有异同者批评之论定之。注之所言，在今又应注译才能明白者，亦从而笺之疏之。必如此方能粗无遗憾，暂时足称精本。今之能辨此者，亦或有其人。艺苑中亦或求其书，人所不敢提议者，即第一恐古今注译笺疏，罗列多种，夹杂炫目，只便考据，不便诵读，故先为气沮。其实印刷事业，已入二十世纪，尚不能利用其能力，为艺林发生新善本，亦实我辈惰性太固之证。故我二十年前已有一可笑之奇评。我说我是物质文明之狂信者。我辨学界文明野蛮，只要每国取其数种之书，遥列于数十步之外，我但见其记号字体大小浓淡疏密，繁然不可究诘者，该国必系文明。若其书只数种之字，好做易经所称之直方大而已，该国必系野蛮。此虽完全消化，而究之进化之原则，由粗之精，由简之繁，亦有一得也。我们再言归正传，讲起文选精本。今复粗粗定个计划，有如下方：

（正文）用头号乌黑宋板体字

（李注）用四号宋板体字夹注

（旁注）用四号另一体的宋板体字夹注

（补注等）用四号今体字夹注

（音训）用四号粗黑今体、宋板体等字夹注

（注中注）用七号字亦夹注各分今体、宋体粗黑，等等

（其他）二号、三号、五号、六号字等随宜而施更辅以阴文及记号之类

快读者但看头号乌黑宋体字，又美观，又爽目。精研者虽观古今笺注得失，朗若列眉。斯亦足以权称新式精本矣乎，其事只求诸印刷材料，非绝对不可能也。以此为譬，而注译从同。且非但译事得一革新，而且可以促进印布外籍之改良，故余时时梦想及之，恕我不及时而躁言之也。

——《时事新报·学灯》（1923 年 4 月 1 至 5 日）

"雅典主义"（1923）

成仿吾

【……】

胡适之君说为糊口或介绍译书，译错了也可以原谅，我很觉得这个问题不能这样讲。我想不论目的是什么，总要自己先懂了，才能介绍。有许多人今天胡乱看了一页书，便把这一页书拿去介绍，自己懂不懂倒丝毫不管，这样的介绍家，我是极端反对的。我们现在所谓新文化书籍之中，所以没有几本好书的，有两种原因：第一，是因为我们的著作家，大多数只有一分学识，偏要吹成十二分；第二，是因为我们的翻译家，大多数自己还不懂，倒先出来拼命地翻译。这两种人我觉得非有人出来痛击一番不可。固然，他们还是一些耕土的人，不是栽种的人，然而若因为他们耕得不好，至于种不出好东西来，却实是一件最可忧虑的事。

佩韦君译出这样的东西来，我们只要把那一小段看了，就可以看出：（一）佩韦君不懂英文；（二）佩韦君关于雪莱差不多什么也不懂。"无神论"的原文 Atheism 是从希腊文滋乳出来的，是等于 A+theos+ismos，A 是表示否定，theos 是神，-ismos 或 -asmos 在拉丁文是 -ismus 或 -asmus，是表示构成描象写名词的语尾词，连接起来，所以便成为"无神论"。雪莱的无神论，对于理解他的思想，是很要紧的，而且他也因为有了这种主义，才有后来那许多的波澜；所以连这个地方都不知道的佩韦君，只好说他关于雪莱什么也不懂罢。

不懂倒也没有办法，只是不懂便不应孟浪从杂志里面翻译出来，把它发表。佩韦君这种行为，我只好说他是不量力、大胆、不负责任。我不解佩韦君译出这"雅典主义"时，心里作何感想。有这样的主义没有？这主义是什么意思？像这样的问题不知佩韦君当时想起了没有。现在想起来时，又当怎样？

为一件这样的事情，不再蹧踏我的纸笔了。我只愿我们的翻译界，一天天进步起来，给我们这些才开眼的同胞，一些好点的粮食。我只敬告我们的翻译家，再多尽一点诚心，再少造一点罪孽罢！

三月廿六日

——《创造季刊》第2卷第1期（1923年5月1日）

莪默伽亚谟之绝句（1923）[①]

闻一多

（Ⅰ）郭译订误

当今国内文学界所译西洋诗歌本来寥如晨星，而已译的又几乎全是些最流行的现代作品。当然没有人敢说西洋只有这些好诗或再没有更好的诗。不过太戈尔的散文诗，学过几年英文的有本字典，谁都译得出来，所以几乎太戈尔的每一个字都搬运到中文里来了。至于西洋的第一流的古今名著，大点篇幅的，我只见过田汉君译的莎士比亚的 *Hamlet*，同郭沫若君这首莪默，同一些歌德。胡适教授、苏曼殊大师都译过一点拜轮，但那都是些旧体的文字。此外，纵已见过些零星的译品，然而他们不能遗我以深刻的印象，大概对于一般人也不会发生什么影响。总之，西洋诗的真面目我们中国人可说还不曾认识。我们认识过的不过是些较为浅近、较为时髦的玩意儿罢了。"取法乎中仅得其下。"这种情势不用讲是当今诗坛上瓦缶雷鸣的最大原因之一。我读到郭译的莪默，如闻空谷之跫音，故乐于

---

① 1922 年 11 月，郭沫若的《波斯诗人莪默伽亚谟》及译诗一百首在《创造季刊》第 1 卷第 3 期发表，当时正在美国留学的闻一多写了此文寄《创造》，分三部分对郭译提出意见。文末附有成仿吾的附识及郭沫若短信等。

与译者进而为更缜密的研究。

这一篇名诗很不容易翻译，其中有两种难处：第一，诗中文字本有艰深费解之处，然而这还不算什么，第二种难处却真难了，那便是要用中文从英文里译出波斯文的精神来呢。译者于此首先要对莪默负责；其次要对斐芝吉乐负责㈠，因为是斐氏的诗笔使这些 Rubaiyat 变为不朽的英文文学；再次译者当然要对自己负责……那便是他要有枝诗笔再使这篇诗籍转为中国文学了。

郭君步武斐氏意译的方法，很对。大体上他表现原义表现得很正确。不过下举各端，我经了仔细的考察，觉得确是解释原义的疏误，并非有意泛出原义，以图移译之圆满：

（1）第十五首末二行原文是——

Alike to no such aureate Earth are turn'd

As，buried once，Men want dug up again.

这本是说前面所举的"节谷如金"同"挥金如土"的两种人身死以后，埋入黄泉，决没有人把他们当作金子似的又从土里挖起来。参看 Arthur B. Talbot，E. H. Whinfield，Richard le Gallienne 同 J. H. McCarthy 四家的译本，便更明了了㈡。译者误解 turn'd 为 returned，而以为 dug 的主词即上文之 Golden grain，于是译作——

死后人再掘出金山，

同一不归于己。

（2）第三十三首的后半原文曰——

Nor rolling heaven, with all his signs reveal'd

And hidden by the sleeve of Night and Morn.

此处 signs 乃 signs of zodiac，黄道之"宫"也。昼夜来往，黄道十二宫隐现不常，仿佛是被晨夕之衣袖障而复露，露而复障。郭君误解 signs 为印记，又把 reveal'd 一字完全抹杀了，遂译成——

滚滚的太空，受了重重的封印

掩在晨夕的衣袂内也是不作声响。

我想本段当这样译才较为正确——

滚滚的太空也是不作声响，

他的"宫象"只被晨夕的衣袖更迭露障。

（3）第四十首末二行原文为——

Do you devoutly do the like, till Heaven

To earth invert you—like an empty Cup.

意谓请你痛饮，饮到醉而卧倒地上像一只欹侧的空杯㈢。J. H . McCarthy 的散文译本作 "For yon blue wheel may like a whirlwind at any moment dash you down, "则更明显了。郭君译作——

你也请举起杯来痛饮，

醉到天空覆底——如像空杯。

他竟把人倒误作天倒了。大概引起他的误会的是第七十二首之首行——

And that inverted bowl they call the sky.

我的私意倒觉得误会的意义比原义美得多，有诗味得多。如果译者愿师从斐芝吉乐多使用一点自由权，把他自己的意思保留着，我并不十分反对。

（4）第六十首第一行中之 Allah-breathing 当作 Allah-worshipping 解㈣，郭君把两字之间的连号看漏了，又把两字颠倒念了，遂解为 breathing Allah 而译成了"活的啊拉"。

（5）第九十首的原文如下——

So while the vessels one by one were speaking,

The little Moon look'd in that all were seeking:

And then they jogg'd each other, "Brother! Brother!

Now for the Porter's shoulder-knot a-creaking!"

Ramazan（回教之九月）完了，斋期也过了，新月之出现是人人所渴望而欢迎的。因为到这时可以开斋饮酒了，故能听到脚夫从酒窖里搬运酒坛出来，肩饰被酒坛的重量压而出声㈤。新月出现，斋期已尽，又可以喝酒了——直截了当，这便是全首的意义，再明显也没有了。译者穿凿过深，费了九牛二虎之力，从新月的弯形同肩饰附会到扁担，从扁担的声响附会到酒坛，又从前首拉个"买"字来附会出个"卖"字，说是"挑脚来担土瓶去卖"——这些周周折折，其实都用不着。况且近东民族及印度取水或其他液体，都用瓦坛载于头顶或负于肩上而行。扁担恐怕只中国的南方同日本（？）有。译者还有一个没闹清文法的结构的错误，更是难以赦宥——那便是第二句分明是：

大家盼待的新月照了进来，

他却说是——

新月照了进来，大家便一齐翘首。

这岂非西谚所谓"车子放在马前头了"吗？这一句的原文本极清晰。莪默还另有一诗同这一样的意义，我也不妨译来参较一下——

高兴一些吧——愁闷的月份终要灭亡，

新生的月儿渐渐将给我们酬偿：

看啊！那龙钟饥饿的老月，

憔悴佝偻，已奄奄然垂毙于天上！㈥

（6）第九十五首原文有这样两行——

I wonder often what the vintners buy

One half so precious as the stuff they sell.

当译为——

我不懂酒家买的什么东西

能有他卖的物货一半珍贵。

郭译则曰——

我不解卖酒之家，

何故换去我高贵之物如此。

原文所谓 precious stuff 本指酒言。莪默意谓酒家何以这样傻笨，把酒这样珍贵的东西都卖出去了，还有什么好东西买回来呢？译者以为 precious stuff 指上文的 Robe of Honour，意谓酒家换得这"荣名的衣裳"，占了一个大便宜；其实莪默的意思是笑酒家吃了一个大亏呢！⑺

（7）第九十九首第一行末三字是 With Him conspire，译者误为 against Him conspire，遂译为"反叛'他'"。我想这样译这一首——

爱哟！你我若能和"他"沟通好了，

将这全体不幸的世界攫到，

我们怕不要捣得他碎片纷纷，

好依着你的心愿去再抟再造！

这一首便是《尝试集》里的《希望》。胡译虽过于自由，毫未依傍原文，然而精神尚在。

（8）第一百首也译走了好些。原文是——

Yon rising Moon that looks for us again—

How oft hereafter will she wax and wane;

How oft hereafter rising—and look for us

Through this same Garden—and for *one* in vain!

下面是郭译——

那儿方升的皓月又来窥人了——

月哟，你此后又将残缺去了；

你此后又来这花园寻人时，

恐怕我们之中一人也难寻到！

我拟订正末三行，重译之如此——

月哟，你此后又将圆缺几遭；

又几遭来这花园寻觅我们，

恐怕此中有一人再难寻到！

原文末句中之活体字 *one* 明是诗人自指，有第一版的原文作证——

How oft hereafter rising shall she look

Through this same Garden after me—in vain !

此处诗人寻找不到，故下首结尾才好讲——

And in your joyous errand reach the spot

Where I made One turn down an empty Glass !

我在前边已经提到，凡是我觉得郭译本与原文词句不符而意旨未失之处，我都承认那正是所谓"意译"者，我概未列入上述的误解各例之中。现在我举第十九首作例，其原文曰——

I sometimes think that never blows so red

The Rose as where some buried Caesar bled;

That every Hyacinth the Garden wears

Dropt in her Lap from some once lovely Head.

严格地译起来，或当如此——

> 我怕最红的红不过
>
> 生在帝王喋血处的蔷薇；
>
> 园中朵朵的玉簪儿怕是
>
> 从当年美人头上坠下来的。

郭君译作——

> 帝王流血处的蔷薇花
>
> 颜色怕更殷红；
>
> 花园中的玉簪儿
>
> 怕是植根在美女尸中。

这里的末行与原文尤其大相径庭，但我们不妨让它"通过"，因为这样的意译不但能保存原诗的要旨，而且词意更加醒豁，色彩更加浓丽，可说这一译把原诗译好了。

（Ⅱ）郭译总评

翻译的程序中有两个确划的步骤。第一是了解原文的意义，第二便是将这意义形之于第二种（即将要译到的）文字。在译诗时，这译成的还要是"诗"的文字，不是仅仅用平平淡淡的字句一五一十地将原义数清了就算够了。在上一章里我们已将郭译中之第一个步骤分析并且订正了。如今我们再将其第二步骤化验一番罢。

我觉得郭译在第二步骤比在第一步骤的成绩好些。原来第二步骤已从方言家之事变为诗人之事了。我们无怪乎郭君之成功于此，因为他自身本是一个诗人。第一步骤是件机械式的工作，第二步骤才是真正的艺术了。郭君若将那百零一首原诗再多读几遍，更有像我这样的好运气得到许多的参考书供其参证比验，我想如上述各误解之例郭君定能自己改正。但是我现在估定这件译品的价值是要以其第二步骤里的成功；郭君又令我大失所望也是由于他的第二步骤里的失败。然而好在失败终不能淹没成功。

全诗有一大部分词句圆活，意旨邕达，译者仿佛是用自己的喉舌唱着自己的歌儿似的。便拿开张发市的第一首诗来讲，那层叠的句法，复杂的修辞，加以那种浓缛而荒怪的东方色彩（Oriental colour），可算全诗中最难翻译的一首了。然而译者把捉住了它的精神，很得法地淘汰了一些赘累的修辞，而出之以十分醒豁的文字，铿锵的音乐，毫不费力地把本来最难译的一首诗译得最圆满。这下面便是他那神奇的工作——

> 醒呀！太阳驱散了群星，
>
> 暗夜从空中逃遁，
>
> 灿烂的金箭
>
> 射中了稣丹的高瓴。（八）

我读这首诗时，可以想象译者最初开始工作，气充神旺，笔酣墨饱，就如同诗中这轮初生的旭日，他的"金箭"一般的笔锋，摩天扫地，涂成一幅灿烂的图画。但是可惜得很，译者又和太阳一样，灿烂的金光只能在它的行程发轫的顷刻发射；过了一会儿，便要渐渐变得平淡了；而且有时遇着几片乌云，不但不复能如初升时，用其魔术使之变成焕丽的彩霞，反而全无能力征服它们，至被它们践踏过去了，使人们感着一时的阴闭沈郁之失望的情绪。

第十二首是原诗中最有名的一首。郭君的翻译可以使他本人大胆地与斐芝吉乐相视而笑——

树荫下放着一卷诗章，

一瓶葡萄美酒，一点干粮，

有你在这荒原中傍我欢歌——

荒原呀，啊，便是天堂！

有时虽是绝对的直译，然而神工鬼斧，丝毫不现痕迹；例如二八、五五、八七、一〇一诸首都有这种长处。

但是郭君每一动笔我们总可以看出一个粗心大意不修边幅的天才乱跳乱舞游戏于纸墨之间，一笔点成了明珠艳卉，随着一笔又洒出些马勃牛溲。我们若看下方各例，我们不能不埋怨他太不认真把事当事做了——

人所预测的一切，

除酒而外我无所更深。（五六）

诅咒这禁断了的欢快为枷。（七八）

何故换去我高贵之物如此。（九五）

这样的例实不胜枚举。这些本是极忠实的翻译，但忠实到这地步便成笨拙了。又如三八、七七、七九诸首也是忠实的翻译，但那里只有翻译而没有诗。全篇还有一个通病，便是文言白话硬凑在一块，然而终竟油是油，水是水，总混合不拢。我不反对用文言来周济贫窘的白话，但是恐怕不好用郭君那样的笨法子罢？最奇怪的是他说五一、五二两首"只是一节是一种形而上学的理论；颇含嘲笑之意，故变调译之"。奇怪！奇怪！为什么思想蝉联数首可并作一首的，或属于形而上学的，或含嘲笑之意的就该变调呢？况且诗中多少蝉联的思想(九)，多少形而上学的理论，多少嘲笑之意，为什么单独这两首该变调呢？总之像这样自我作古，未免太是英雄欺人了！

（Ⅲ）怎样读莪默？

在《创造》里发见了这篇莪默的诗，颓废派的罪名恐怕又加了一层印证。但是，译者不用讲并无颓废的嫌疑，这在他的"感想"里已说得很清楚了；便是这篇诗的本身——莪默的原著兼斐芝吉乐的英译——的价值，读者须记取，是在其艺术而不在其哲学。（我并不是说他的哲学有毛病，其实我正与同情——无论如何，那另是一个问题，这里尚讲不到。）我们读《酒德颂》或《春夜宴桃李园序》时，几回不是陶醉于其文词之中，高吟朗诵，心悦神怡，而竟不知绝望之为何物呢？我们感觉悲观非无其时，但感觉悲观自有更切实，更具体的原因，决不自读他人之诗文而起。Mr. Duncan Phillips 讲："我们每以色彩连属于韵语。实在我们从斐芝吉乐的莪默所得的愉快，其一大部分，不由于他的哲学，而由于他那感觉的魔术表现于精美的文字的音乐中，这些文字在孤高的悲观主义的暗影之外，隐约地露示一种东方的锦雉与象牙的光彩……这些字变成了梦幻，梦幻又变成了图画。"读诗的目的在求得审美的快感。读莪默而专见其哲学，不是真能鉴赏文艺者，也可说是不配读莪默者。因为鉴赏艺术非和现实界隔绝不可（十），故严格讲求，读莪默就本来不应想到什么哲学问题，或伦理问题。我也相信译者之介绍此诗，是为其文学而非为其哲学；不然，他为什么不从别家的更正确的译本转译为中文而独择到斐氏的译本呢？但是郭君的那洋洋大篇的读 Rubaiyat 后之感想我又怕引起了那一般已经中了"艺术为人生"的毒的读者之误会，故此不辞口舌之劳，附了这一条解释，不知郭君以为然否？

（注）

（一）斐氏本人已申明他的作品没有严格地根据原作，他不过做了一番剪裁、拼配和解讲的功夫。我们若更参看诸家的译本，定还要惊异以为斐译直不啻一篇创作了。Richard le Gallienne 译本之序中讲得好："也许莪默的原来的蔷薇，可说并不是一朵蔷薇，但是将要凑成一朵花的碎瓣而已；也许斐芝吉乐并不是使莪默的蔷薇重新开放，但是使它初次开放呢。瓣儿是从波斯来的，却是一个英国的术士把他们咒成一朵鲜花了。"然而斐译之不可及处正在这里。所以我们转译斐本，应特别留意其中斐氏之一部分。

（二）Thy body hath no value; from the grave

No man will dig up for treasure trove!

　　　　　　——Talbot

You are not gold, that hidden in the earth,

Your friends should care to dig you again!

　　　　　　——Whinfield

Our bodies are not gold that we should hope

For men to dig us up when we are dead.

　　　　　　—— le Gallienne

Thou art not made of gold, O thoughtless fool, that thou

Shouldst hope to be dug up after thou art laid in the earth.

　　　　　　——McCarthy

（三）李太白的"玉山自倒非人推"与此意颇相仿佛。

（四）此行之 Allah-worshipping 与下行之 Misbelieving 正相反照。

（五）此段解说乃根据斐氏之原注。

（六）译自斐芝吉乐的英译本——

Be of good cheer——the sullen month will die,

And young Moon requite us by and by:

Look how the old one, meagre, bent and worn

With Aged Fast, is fainting from the Sky!

（七）下面前段是 Whinfield 的译文，后段是 Talbot 的，都可作斐译的注解——

O foolish publicans, what can you buy

One half so precious as the goods you sell？

How can the vintners purchase better goods

Than those which to the market they have sent？

（八）诸家皆认第一版第一首比较第四版第一首好多了。下面原诗和拙译：

Awake! for Morning in the Bowl of Night

Has flung the Stone that puts the Star to flight:

And Lo! the Hunter of the East has caught

The Sultan's Turret in a Noose of light.

醒呀！石弹抛进了天碗，

已经驱得群星四散：

东方的猎人放出光绳

又套住稣丹的塔尖。

按旅行沙漠者抛石碗中是上马启程的暗号。此诗所谓"石弹"指新升的太阳。

（九）土瓶谈话诸首在第一、二版本另作一节，标题曰："kuza-Nama"。

（十）Dr. Bullough 谓在鉴赏艺术时须保持"心里的距离"。所谓距离是与现实界相去的距离。Prof. Langfeld 讲道："审美的态度是与我们寻常对于环境的态度正相悖谬的，寻常的态度是为生存竞争而养成的，此时我们在不息地抵抗自然的势力。我们的机体准备好了，安排好了以便接应而征服环境中之阻碍；至于审美的准备却是与此相反的，它是为着体会对象中各部分之间相互的关系，不是为着考察我们自身和对象的关系，以便实施行应付动作。"哲学伦理都有关于（直接或间接）生存竞争的问题，鉴赏艺术时，被这些观念侵入了，那审美的态度便是虚伪的，或至少也是肤浅的了。

我的朋友钱君宗堡替我搜罗了许多参考书，又供给了一些意见，照规矩（虽然钱君自己大起反对）还是应该申明致谢的。

作者附识

3.2.1923

＊　　　＊　　　＊　　　＊　　　＊

实秋把一多这篇文章寄给我时叫我先寄给沫若一看，但是我想沫若此刻正忙，寄去也未必能仔细看，再过些时，他就要回到上海来，用不着寄去。我想此刻就由我在这里写几句话。

本来这些译诗是我催他寄了来的。他寄来时，他说很忙，要我给他校对一下，那时候因为《创造》第三期已经迟到了不少的日子，要快点拿去排印，我只把译稿和原诗对照了一次，并且从头看起来，大抵不错。所以以后我只把英文念一遍，再把译诗念一遍，只就这两遍批评，好就继续读下，不好便给他加以修改。这些译诗是这样弄出来的。一多指出这许多误译出来，倒使我惶愧无地了。

本来诗是最容易误解的东西，稍不注意，就会差到与原诗相反。何况又是重译。沫若既不解波斯文，所靠的又是一种皮装小本（沫若是最喜欢考据的人，这回并不是他畏难，实是他案头没有参考本），这样匆促弄出，就希望它完全，实是不可能的事。侥幸据一多所说，知道尚无大错，只是解释原义的疏误，我想沫若听了，也还要引为荣幸的。不过关于一多所举出的各条，我也有点感想，不妨在此地说说。

第十五首的末二行，若有别人译的参考，当然会采用 such 的末二行的关系。大概沫若那时候因为想使末二行与首二行更加密切，才把 such aureate Earth 当作了前面的 Golden grain，把 as 当作表示原因。

第三十三首的后半"受了重重的封印"，重重二字想来便是 revealed and hidden，我当时却把它通过了。

第六十首的 Allah 与 breathing 之间，沫若寄来的英文本上，没有 hyphen（连号）。

第九十首的穿凿，我也不知道是沫若的发明，或是别有所本，我只觉得也还说得过去，却没有想到扁担的问题。"大家便一起翘首"本来不好，不过这样打断他们的谈论时，意思虽然不对，情调却显出来了。

第九十五首的末二句，不知道沫若另有所本没有，我疑又是他的穿凿。我现在觉得 well 一字很可注意，我想就叫酒家吃个大亏，把全体改一下的好：

　　　　"酒便是我的叛徒，
　　　　屡次把我'荣名的衣裳'窃去——
　　　　我可不懂酒家买的什么东西，
　　　　能有他卖的东西一半珍贵。"

第九十九首的 conspire with 译作"沟通"，也不大好。一多说胡适之的《希望》精神尚在，我却不以为然。胡译不仅与原文相左，而且把莪默的一贯的情调，用"炸弹！炸弹！炸弹！干！干！干！"一派的口气，炸得粉碎了。

第一百首的 one 我当时也疑是诗人自指。

三月五日，仿吾

＊　　　＊　　　＊　　　＊　　　＊

一多：

你写给我的第二封信我早收到了。因为当时试事正忙，所以未即回复。你的这篇文章我见你信时，早就想读，想早收教益。我于四月二日返沪时，你这篇文章已经交到印刷所去了，直至今晨才送校稿来，我便亲自替你校对。我一面校对，一面对你的感谢之念便油然而生。你所指摘的错误，处处都是我的弱点，我自己也是不十分相信的地方，有些地方更完全是我错了。你说 Fitzgerald 的英译前后修改了四遍，望我至少当有再译三译。你这恳笃的劝诱我是十分尊重的。我于改译时务要遵循你的意见加以改正。我在此深表诚挚的谢意于你和你的友人钱君。

此次在沪得与实秋相晤，足慰生平。他往南京时，我和仿吾往北站去送行竟至迟了刻，我们只得空空望送了一回。

你的《首阳山下的饿人》作成了么？

沫若（四月十五日）

——《创造季刊》第 2 卷第 1 期（1923 年 5 月 1 日）

喜剧与手势戏——读张东荪的《物质与记忆》（1923）

成仿吾

　　翻译外国书籍时，不论是直译或是意译，严几道先生所说的信、达、雅，是缺一不可的三个要件。如果我们在这三个要件之中，依它们重要的程度，分出等级来，当然是先信后达，再后乃能说到雅字上去。有人说近来的译本晦涩不可读，于是主张先达后信。直译易于信，意译易于达，所以近来有许多人提倡意译，张东荪君至谓直译便是"呆板"。本来直译有两种：一是形式的直译，一是内容的直译。国文与外国文的构造有许多的地方不同，若取形式的直译，由字典把外国字一个一个的翻出来，当然不免是呆板；然而内容的直译，若能更加上达与雅的工夫，便是近于理想的翻译，所以不仅不可说是"呆板"，而且正是我们应当把来做标准的。有许多人主张意译，然而看起他们的译文来，不是把原文的先后轻重弄错，便是离原意太远。这固然不是好的意译，而现在的意译之声，亦不过一些浅薄无聊的翻译商人，把来遮蔽自己未成熟之翻译品的符箓；然而理想上的翻译既不是形式的直译，也不是蹩脚的意译。

Flaubert 说，凡表示一个东西，我们只有一个适当的名字；凡表示一个动作，我们只有一个适当的动词；凡表示一个状态，我们只有一个适当的形容词；我们要寻着这个名字，这个动词，这个形容词，这便是他所提倡的"适当的词 Mot propre"。我可以把他的意见扩张起来，说凡表现一个心的或物的现象，我们只有一个适当的语句。严格地说起来，外的宇宙与内的宇宙之中，真不知道有多少现象，我们没有表现得出来，或者一种民族把他们表现出来了，别的民族却永远表现不出。譬如我们有许多好文章，外国文怎么也翻不过去；外国文有许多好文章，我们怎么也翻不过来。不过就一般而论，一国文字可以表现出来的东西，别的一国文字大抵也可以表出，就是，对于一个心的或物的现象，一国文字有一个适当的语句，别的一国文字大抵也有。我所要主张的理想上的翻译，便是由一国文字的那个适当的语句，把这语句所表现的东西看出来，然后再由别的一国文字寻出一个适当的语句。所以我意中的理想的翻译，含有两重的功夫：

1. 从一国文字的那个适当的语句，把它所表现的东西看出来。

2. 由别的一国文字也寻出一个适当的语句。

这两层的功夫之中，第一层若没有做好，第二层的功夫，也是一定做不好的，所以这第一层工夫，实是翻译者的先决问题，直译与意译之争倒是没有意思的。

近来的翻译品所以愈趋愈下的原因，就是翻译者把这第一层功夫看轻了之过。再说浅近些，便是翻译者自己并没有把人家的文字看懂，便孟浪跑来翻译之过。所以与其埋头于直译意译之争，毋宁劝告我们的翻译家自己在这第一层功夫上多努力一点。有些人外国文字一点也不懂，便出来译书，居然也有人奉为名人，自己也以名人自命。

这样的名人占我们现在所有名人的总数之几何，我不愿意写给外国人知道，丢我们自己的脸，我只把 X 来代表罢。不过这个 X 的数值，不下百分之九十九，却是外国人都已经知道，只是我们自己不全知道的。这个 X 数的名人，人数既多，脸皮尤厚，所以偶遇一个无名小卒把他们的假面揭去了，便把他们的炮口一起向这无名小卒转过来，不惜把真理与正义也一起轰得粉碎了。可是这样的名人身长几寸，身重几两，胸围几何，腹部多大，也不必去问他们的医生，我在这一方面既博学而多闻，人纵不以名人见称，我却不敢久居人后了。

【……】

——《创造季刊》第 2 卷第 1 期（1923 年 5 月 1 日）

讨论注译运动及其他（1923）

郭沫若

【……】

在日本留了十年的学，学业虽未成，形式上的学生生活算已告了一个终结。本月二日由海外归来，料想故国的论坛必随春色之烂斑而呈一种葱茏的状态。才抵上海之日便在《时事新报》的《学灯》栏上得读吴稚晖氏的《就批评而运动注译》的宏文，因为吴氏是我素来所尊仰的前辈，因为翻译的讨论在我国目下是顶重要的一件事情，更因为吴氏的论文有关于我自己的说话，所以我怀着十二分的期待和兴趣读它。每日早晨只怨送报者来迟，使我迟享太牢几刻。吴氏的论文从十月一日起接连登载了四天。他造论的动机和目的，在他那标题之内已经说得很明了，但是他所就的批评是什么，所运动的注译是怎样，这在才读了《学灯》的读者当然留有新鲜的印象，然在未读《学灯》的读者那就茫然了，所以我要在此略把吴氏的论旨来介述一下。

去年八月郁达夫在《创造季刊》第二期上有一篇《夕阳楼日记》，指摘了余家菊由英文重译的《人生之意义与价值》一书的前五句的错误，另行改译了一遍。胡适之在九月十七日的《努力周报》上又指摘了郁达夫的错误，又另行改译了一遍，但他自己也错了。我和成仿吾在十一月的本杂志第三期上又才把威铿（Eucken）的德文原文引来作最终的证人，证明了英译文的不十分妥当及余、郁、胡三氏的误点。一直到今年三月十三日才有位戈乐天又在《学灯》上发表了一篇《批评翻译的批评》，该报的主笔张东荪还在末尾附识了几笔，戈氏也只就英文来指摘余、郁、胡三氏的错误，自己也来改译了一遍，但这位戈氏的改译也错得厉害，已经由成仿吾指摘过了。张氏也只就英文来另行注译成文言，这是只在卖弄文笔，于我们的讨论上无所裨益。有了这么一段历史，所以吴稚晖又才借了来运动他的"注译"。

吴氏的"注译"是什么意思呢？我们读了他《运动注译》一文，还应该读他的《移读外籍之我见》（《民铎杂志》第五卷第五号）。在后者中他说注外籍的主要成分是：（1）存原文；（2）直译当注；（3）译释当疏。综合起来，他的主意是说：我们译外籍的时候要把原文标出，逐字逐句直译出后，再来加一道全文的释义。他此次《就批评而运动注译》一文，便是把上面的一段历史来做个例，他把德文逐字译成英文，把英文逐字译成华文，依华文文例整顿一遍之后，再来插说几句以当笺疏。所以吴氏的论文是借题发挥，他对于我们的讨论要算是更走了一段路。

我在此先就吴稚晖的注译运动来抒陈我的意见。

注译运动在我国要算是吴氏创始。但在日本据我所知道的，同样的办法是已经早见实行了。日本人为中学生或高等学校学生所发行的各种研究语学的杂志或单行本多是采用吴氏所说的"注译"方法。他们的办法便是将原文标出，逐字逐句直译之后再加上译义，遇难解字句更加上注解。有的更把译语逐字附在原文旁边，再依和文文例在译语下加以数目，以标示读法，这种方法在初学外国语的人可以收事半功倍之效，我在这种范围之内承认吴氏的注译运动为我国人研究外国语之福音。但是吴氏的主要目的却不在此。吴氏的要求是望译书家于译艰深的外籍时，也采用注译办法。他肯定译书根本是免不了错误的，他要把注译来救济，他说注译有两例：（1）注译了比较容易发现错误；（2）并助外国文的研究。——他第一例的"发现错误"语意很欠明了，是译者发现自己的错误，还是读者发现译者的错误呢？如系后者，则第一例与第二例便不能两立：因为读者既能容易发现译者的错误，那他外国文的研究已经有了根底，无须乎那逐字逐句徒费时间地注译书。如系前者，译者既要待逐字逐句译出之后才能发现自己的错误，那他的外国语的研究以及对于原书的研究还未十分到家，归根便是他自己尚无译书的资格。更专就第二例而言：译者对于外国文如系全无研究，欲借注译书以增进其语学上的智识，则从艰深的外籍入手要算是躐等，正是"吃力不讨俏"的事情；并且第二例与第一例在此也不两立，便是译者即使有错误，读者也不容易发见出来，即使"发见错误"是译者自己发见，助外国文研究的一例也是不能兼并。如此抽象立论不易明了，为便利计，且引用吴氏德英对照文为例以证明此说。

吴氏自称不通德文，为作《就批评而运动注译》一文，特请了一位通德文的朋友替他把威铿的原文用英文注了出来，这是吴氏准备周到而且交代得很清白的地方，这种郑重的态度是很可钦佩的；但是那位替吴氏下注的朋友大约是因为"匆忙写出"的原故，有一个地方便错了。德文的 besitz（所有，占有）一个名词是从 besitzen 一个动词孳乳出来的，与英文的从 to possess（所有）一个动词孳乳出来的 possession 恰恰相当，而吴氏的朋友替他注成 possessor（所有者），这在德文是 besitzer，便是错了。这可见注译一法，在译者不见得容易发见错误。注译者错了而吴氏就错发挥，这可见不通原文的读者亦未见得容易发见译者的错误。更进，可见注译者不必能够助读者外国文的研究，而读者亦不见得能从注译上获得语学上的智识。

我们在此如再考察吴氏的朋友如何会至注错的原因，那很容易发现，便是受了英译文的先入之见的缘故使他误了。因为英译文中有了possessor 一字，吴氏的朋友似乎不曾留心，便"匆忙"地照样译出。但这个无意中的错误在此恰巧供我一个资料，使我对于威铿的原语容易加以说明。——

...dass es hier nicht einen vorhandenen Besitz zu schreiben, sondern eine Aufgabe zu bezeichne gilt...

……便是此处不是在叙述一个已成的"有"，是只在表示一个问题……

威铿这句话的意思是表示他著书的根本精神，他是说他对于人生的意义与价值不愿为何种的成见所围，他只作为一个问题虚心坦怀地提出来讨论。他这 vorhandenen Besitz（已成的有）便是胸中已有的成见，英译者译得很自由，要把 illusion（幻想）和 possessor of a truth（真理所有者）一并综合起来，才把原文的意思表现得圆满。威铿这种虚心坦怀的研究，便是所谓学者的态度。真正的学者研究一件事理，讨论一件事理，便是常常保持着这种无私的态度，要这样才能和直理觌面，才能把客观的真理阐发得出来。若是先有成见时，那就是我们所常用的譬比，譬如戴着有色眼镜去观察物象，这是必然地要陷入错误的，吴氏的朋友便是这样地小小错误了。又譬如戈乐天关于我们的《创造季刊》所说的几句暗射语，也正不免有这种先入见在心中用事。他说：

"如谈创造的著作，虽然我很望其实现，但如果能力不充，勉强借创造之名，以发表未成熟的作品，当然是很可戒的。"

不错，这句是很好的教训。我们不敢自认为能力已充，我们的作品也不敢自认为已成熟，宇宙间也永远不会有能够绝对成熟的存在，我们标名"创造"，我们的微意是在以造化为师，并不是妄自尊大。至于戈氏暗射着我们所发出的这个教训，至少他对于我们的作品要通过一次目后然后才能说出，但是他没有，他前天才来访我，我才晓得他便是我的母校（日本九州帝国大学医学部）的新入生，他来说他做那《批评翻译的批评》一文时是在去年十一月，那时他不知道郁达夫是他的先辈，他因为是在僻远的仙台第二高等学校读书，我们的《创造季刊》，他直到今次回上海来才看见了。据他这样说来，我们的作品他在作文之前是毫未过目，那他前面的批评，也就不免成见用事了。我现在也还不能说他的批评全是错误，但他那种态度至少是最容易陷入错误的。

以上把吴氏的德英对照文引证了出来，我并不是要故意地吹毛求疵，不过正借以为讨论注译法的一种方便。我是对于吴氏所标出的注译的两利不能表示同感。吴氏又说注译有三项好处：

（一）因把原文并列起来，发见错误的机会较多；

（二）要预备详细注解，便不能纵笔直下，译者的用心，自然加倍；

（三）原书必有本来不容易了解之处，照理需下注，现在刚好曲折地说明。

此三条是吴氏的原文，他说除此之外尚有很多很多的长处，我们只就这三条讨论时，第一条我前面已经引证了，我觉得不能成立；至于第二、第三两条，这的确是"直译当注"与"译释当疏"的好处。因为直译了一遍之后还要加上注译，这种功夫要译者的语学智识充分，而且对于原书的研究已经确有把握，然后才能办到，这不是如像纯粹的直译可以狐假虎威，也不是如像纯粹的意译可能避人画鬼。但是逐字逐句地直译，终是呆笨的办法，并且在理是不可能。我们从一国文字之中通得一个作家的思想，不是专靠认识他的字面便能成功的。一种文字有它的一种气势。这在英文是 Mood。我们为这处气势所融洽，把我们的精神随着它的抑扬张弛，才能与作者的思想之羽翼载沉载浮，逐字逐句地直译，把死的字面虽然顾着了，把活的精灵却是遗失了。这么一来，便无若何浅显的字句都要待注释之后才能了然。这岂不是吃了一肚皮的硬面包，又来灌一肚皮的清水粥吗？所以吴氏说，"注译是近于理想的"，我却以为不然。我们相信理想的翻译对于原文的字句，对于原文的意义自然不许走转，而对于原文的气韵尤其不许走转。原文中的字句应该应有尽有，然不必逐字逐句地呆译，或先或后，或综或析，在不损及意义的范围以内，为气韵起见，可以自由移易。这种译法并不是完全不可能的事情，它的先决条件是：

（1）译者的语学知识要十分丰富；

（2）对于原书要有十分的理解；

（3）对于作者要有彻底的研究；

（4）对于本国文字要有自由操纵的能力。

这几种条件自然是不易具备，一方面要靠个人的天禀，一方面更要靠穷年累月的研究；如（1）不仅当在语学上用功，凡为一国的风土人情都应在通晓之例；如（2）原书中所有种种学识的成分都要有所涉猎；如（3）须详悉作者的内在生活与外在生活；如（4）更难于例举了。所以翻译终是件难事——但不是不可能的事，是不许人轻易着手的事，如像我国的译书家今天译一部威铿，明天译一部罗素，今天译一本太戈儿，明天又译一本陀思妥逸夫司克，即使他们是天生的异才，我也不相信他们有这么速成的根本的研究；我只怕他们事业纯带些投机的性质，只看书名人名大可受社会的欢迎，便急急忙忙抱着一本字典死翻，买本新书来滥译，有的连字义的对错从字典上也还甄别不出来，这如何能望他译得不错呢。

译书家既具有以上的条件之后，他所译出来的外籍与创作无以异，原书费解之处或许也可以加上注解。这样的译籍读的人如还不能了解时，这只能怪读者自身的程度不够了。近年我国新文化运动勃兴以来，青年人士求知若渴，但因此不免有许多饥不择食和躐等躁进的倾向，我看见有许多朋友连普通知识也还不充分，便买些艰深的翻译书来滥读，读得神经衰弱了的正是所在多有。更有些不真挚的人顾文思义，一知半解地便从事著述起来。我觉得这种倾向是应该及早设法救济。救济之方：

（一）在译者方面：

    （1）应该唤醒译书家的责任心；

    （2）望真有学殖者出而从事完整的翻译；

（二）在读者方面：

    （1）应该从教育着手，劝知识未定的青年先从事基础知识的储积；

    （2）注重语学的研究，多养成直读外籍的人材；

    （3）望国内各大书坊多采办海外的名著。

目下我国的翻译界，其中自有真有学殖、纯为介绍思想起见而严肃从事的人，但是我们所不能讳言者：如借译书以糊口，借译书以钓名，借译书以牟利的人，正是滔滔者天下皆是。处在资本制度之下，借译书以糊口本是一件极伤心的事情，钓名牟利不足为个人罪。但是译者的苦心尽可以追求他低下的目的，而读者的本望却是要拜见他高明的手腕。手腕本不高，目的又低下，欺人欺己，糊口呀，钓名呀，牟利呀，雷鸣着的瓦釜呀，直令真有学殖之人也洁身自好，裹足不前了！如此敷衍下去，我们中国的翻译界，只好永远是一潭浑水。我们中国的新文化也只好永远是一潭浑水。浑水是搅不得的，愈搅是愈昏的，尽它昏起去罢：这是一种人的声音。浑水是搅不得的，搅得泥溅水飞，是要弄到你体无完肤的：这又是一种人的声音。你们要来搅我的浑水吗？岂有此理！这是我祖坟山的好风水，我的发祥是全靠它，我的子孙也要靠它发祥起去！这更是一种怪人的声音。这些声音是我们听够了，但是浑水终不能不把它搅个干净，永远留着，那是遗害无穷的。所以在上列几条之中，我们觉得"唤醒译书家的责任心"一层，尤是当今之急务而易见特效。

以上我把吴氏的注译运动讨论了一遍，并且稍稍抒陈了一己的私见了，我论到"唤醒译书家的责任心"一层，更令我生起了无限的感慨。

《夕阳楼日记》的余晖一直发射到现在，真算是波谲云诡了。郁达夫指摘了别人的错译，不见错译者出而自谢，出版者宣言改版，转而惹得几位名人出来代为辩护，则达夫自身反为众矢之的。前有胡适之骂他"骂人"，后有张东荪出而附和（见《批评翻译的批评》附识中）。达夫骂了人，就算是他的过失，但是受骂者的过失却不能由他一人代偿。你钉在十字架上代人赎罪的羔羊哟！棘冠在你头上，永远的胜利终竟是你的！

　　本来在这滥译横流的时代，要想出而唤起译书家的责任心，原是种干犯众怒的事情，决不是我国内的高明人所肯担任的。我们这些惯会"上当"的愚人，有时到忍无可忍的时候，发出几句愤烈之谈也是势所难免的。高明之家从而媒蘗其短，谥之以"骂人"而严施教训，我们也知道这也是再经济不过的事情；因为一方面可以向大众讨好，一方面更广告了自己的德操。你德行超迈、高明过人的北京大学的胡大教授哟！你德行超迈、高明过人的《时事新报》的张大主笔哟！你们素以改造社会为标的，像你们那样庇护滥译的言论，好是讨了，德操是诚然广告了，但是社会要到几时才能改造呢？我们这些愚人想改造社会，剧烈的革命在所不避，区区愤世嫉俗之谈，你们就谥以恶名，我辈也不能畏葸。严将军之头可断，嵇侍中之血可流，张睢阳之齿可拨，颜常山之舌可割，但是董狐之笔是不可绝的。

　　一个人最伤心的事体无过于良心的死灭，一个社会最伤心的现象无过于正义的沦亡。胡适之在四月一日的《努力周报》上又有一篇编辑余谈了——我读《努力周报》，这回算是第二次；都是友人买寄给我的。他说：

　　"《努力》第二十期里我的一条'骂人'，竟引起一帮不通英文的人来和我讨论译书，我没有闲工夫来答辩这种强不知以为知的评论（以下是顾左右而言他的自我广告）。"

　　你北京大学的胡大教授哟！你的英文诚然高明，可惜你自己做就了一面照出原形的镜子！你须知通英文一事不是你留美学生可以专卖的，在你的意思以为要像你留过美国的人才算是通英文么？你须知便是生长在美国的人也不能说是人人通英文呢：因为口头能说话和能读艰深的著作是两件事情。你要说别人不通英文不配和你讨论，你至少也要把别人如何不通之处写出，才配得上你通人的身份，假使你真个没闲工夫，那便少说些护短话！我劝你不要把你的名气来压人，不要把你北大教授的牌子来压人，不要把你留美学生的资格来压人，你须知这种如烟如云没多大斤两的东西是把人压不死的：要想把人压倒只好请"真理"先生来，只好请"正义"先生来！

偶尔的错误原来是人人所不能免的，诚如张东荪氏所说。在初学者是不能免，便在博学通儒也是不能免（见戈乐天《批评翻译之批评》的附识中）。但是被人指摘了错误绝不是可耻的事情，指摘了人的错误也并不是狂妄的举动。我前次批评了胡适之的改译文，张东荪竟说我是"攻击"。如果中国人的心目中批评便是攻击，这无怪乎中国人惯会面面圆到，事事取巧，笼统活脱，糊涂了事了。我说胡氏的译文有些地方不通，张东荪说："胡译的可议不在不通而在呆板，至于郭译堆上无数的'的'字，更呆板了。"不错，我从德文译出来的那一句半的文章，我是"故意地逐字逐句直译"的，这种计法我素来是不主张，这种译法在势是断难免掉呆板。但是胡氏的译文如何可通之处，你张大主笔也应该把它表彰出来我们才能知道。你只是笼统说一句，对于胡大教授你自然是取了好，对于我小区区则不啻骂我诬蔑了人了。你这种无形的骂人方法我辈虽愚，但也是看得出来的。我劝你既是要主持公道，那便不要在名气之前低头！你们做大主笔的人对于一国的民气士风是在张帆把舵，你们要主持德操，应该还要在高处大处着眼，取巧卖俏决不是大道德家之所屑为！

（四月十二日上海）

——《创造季刊》第 2 卷第 1 期（1923 年 5 月 1 日）

诗之防御战（1923）

成仿吾

【……】

俳句既多是轻浮浅薄的诙谐，在文艺上便没有多大的价值，至少没有普遍的价值。譬如周君所译出的：

风冷，破纸障的神无月。

给它吮着养育起来罢，养花的雨。

在作者是利用纸与神、饴与雨的同音，显它的小巧，可是译出来的东西，却连一点意义都没有了。又如芭蕉的名句：

古池——青蛙跳入水里的声音。

照周君这样译出来，简直把它的生命都丢掉了。古池之下原有一个感叹的呀字，是原文的命脉，周君却把它丢了。而且这古池呀在日文是 Furuike-ya 的五音，并且是二二一的关系，周君译作古池两个字，把原有的音乐的效果也全失了；不过这倒是两国文字不同的地方，怎么也没有办法的。青蛙的"青"字是周君添的蛇足。俳句以粗略 Simple or rough 见长，添上一个青字，亦不能于全体的情绪有所增加，倒把粗略的好处都埋没了。水里的声音的"里"字，也是周君添的蛇足，把原文的暗昧的美点也全失了。我以为俳句既以音节的关系来暗示一种文字以外的情调，则译它时当然也应保留原有的音节才好。所以我想芭蕉这首可以译作：

苍寂古池呀，小蛙儿蓦然跳入，池水的声音。

以保存二二一、三二二二一二的音节的关系。然而这里面不免也加了些无益的蛇足。

一个这样短短的句子周君那样译出来，既是呆板，我这样译出来，也是干燥无味。这样好一点的，尚且如此，其余差一点的，怕难免都要如前面所引的那两句，弄得不成话了。从这地方我们可以得到一个判断，就是，俳句是日本文特长的表现法，至少不能应用于我们的言语。【……】

——《创造周报》第 1 期（1923 年 5 月 13 日）

读了张成郭吴诸位的批评以后
（1923）

戈乐天、张东荪

戈君答我的话凡有三段。第三段讨论起来太长；第二段我不愿讨论（其理由见下）；所以我今天的声明只是关于第一段。我并非不主张批评翻译，我所极端主张的只是：讨论翻译的人们必须明白，因为方法构造相差太远，中文欧化尚未成熟，现在翻译完全是个人的尝试，绝对没有准则。因此没有绝对的是非，而只有相对的比较。批评者若明白了这个意思，于批评他人译文时，只能说这句西文若教我译，我便怎样译。至于我的译法与他的译法好像两人对于同一课题而下两个答案，其中并没有绝对的唯一标准。所以我本于这个意思，也用文言试译倭铿的几句，实在没有立一个标准意译的意思。戈君这样误会未免太大了，再我以为翻译最难免错误，即偶有不慎，都在可恕之列，我敢说一句大胆的话：恐怕现在所有的翻译书籍，若细挑剔起来，没有一本是不可指摘的（当然连我译的书在内）。其实这种情形却不算什么，如日人译英文的书也几于无本不可挑剔，恐怕英人译俄文亦然。所以不挑剔，一大半因为大家都知道这本是无可奈何的事，另一小半则由于感情（即友谊），但感情却也有反面。所以凡是被人挑剔的都是由于攻击者对于被攻击者先有恶意，才去吹毛求疵。其实攻击者自身苟有译作又何尝能免于被攻击呢？这种情形我先看透了，所以我决不批评他人的翻译。我希望戈君也明白这个道理，再不要存了一个"标准翻译"的见解，以白话译文言尚无绝对标准，又何况相差甚大的两国言语呢？

东荪附识

去年年底，偶在友人处读了一张《努力周报》，由胡适之先生的"骂人"一段，我就作了一篇《批评翻译的批评》，寄到上海。当时我虽然曾搜寻德文原本，以当参考，可惜未达目的，所以那一篇完全是以英文本为标准。四月初读了《时事新报》吴稚晖先生的文章，才知道德原文在《创造》第三期内，我赶紧就买了一册，就觉得此问题更深了一点兴味。过了几天访问郭沫若先生，成仿吾先生亦适在座（我与成系第一次见面），成遂以其所做的《最后之批评》（三月二十日《学灯》内）见示。于是乎我才知道成先生还有这一篇教训我的文学。

本来我不想因为这一点事，再费我们的笔墨，但张、成二位的文章，差不多都是为我而发，吴的批评，亦与我有一点关系，所以不得已，我再向他们几位请教。因为现在论点太复杂，我现在分为五节来说：

一、对于余、郁、胡三位的我之态度

二、答张东荪先生

三、答成仿吾先生

四、对于郭、成二位由德汉译的我见

五、对于吴的批评的我见

（一）

去年我作那一篇《批评翻译的批评》时候，并不知余、郁二位是何许人。所以我对于他们二位下批评的当时，实在不曾有什么先见存在胸中。

对于余先生的译文的观察，我当时实在以为他错得比较地厉害，所以我用郁所下的对于余译的批评了。以余译文中"我们有自知之明""烦扰我们的"和"以前各派说"的几译句看起来，我当时竟疑惑余君是一位完全不懂英文的人，所以才下那一个冷酷的批评，这一次在上海读了几种杂志及新闻，才知道余君是"译著等身"的人物。余君大概急于介绍新思想，而时间又有限，于是乎遂"粗制滥造"，所以连珠炮似的错起来。这样看起来，我才知道余君也很有可以原谅的地方，我以前的批评，简直是唐突过甚了。

对于郁先生的译文，我当时的感想，颇以为近于英文原本，但是郁君骂人的态度，引起我十二分的反感。我不知不觉，对于郁君，就下了一个很冷酷的批评。这一点或者是感情作用，是我的一点错处，我敢向郁君道歉。但是我关于批评他人的著作时候，还有一点意见。我以为，批评的时候，非难他人可以，骂人不可以。郁君所说"海上新闻杂志界的人物都如粪坑中的蛆"，骂人可算得太厉害了。骂人的Motive讲起来，或者是有感而发，情或可原，但是骂人的Result可就是很可怕的了。世界有许多很美的事业，都被"骂人"两字葬送了，这大概是贤明的读者诸君所肯承认的罢。

对于胡先生的译文和态度，我当时实在是感想万端。我本来对于胡先生还要进几句比较厉害的忠告，因为胡先生那一段批评，很不像他应该说的话，当时捺住性子，只轻轻地质问几句，亦正是为爱惜而发。

我对于他们三位的态度，自问实在是很公平，到现在，还不觉得有什么不对的地方。胡、郁二位，都为感情作用所乘，各趋极端，我就是现在还很替他们二位叹息的。

（二）

张东荪先生的意见，可分为三项：

（甲）不可以批评人"不通"；

（乙）不赞成我的批评，尤其反对"发明"二字的译法；

（丙）赞成意译，不赞成直译。

（甲）项与我的意见，稍有不同。我们反复讨论一个问题的时候，无非求真相的明白。我们讨论的目的和使命既是在此，对于他人的著作或译文，如下了"通""不通"的批语，只要是批得不错，我以为无甚不可。

总而言之，批评的目的既是求真相的明白，只要下的批评，一方面能将真相弄明白，他方面不损及该著书人的或译书人的人格就行。所谓损害他人的人格者就是指骂人或侮辱人而言。我们如讲某人写错了某一点，或是，译错了某一点，并不是骂人，并不损及个人的人格，所以我以为，这一种批评的态度，并无禁止的必要。至于说某人的译文"通""不通"，与说某人的译文"不错""错"是一样的，不过语气那一个重，这一个轻，那一个不好看，这一个好看罢。

还有一层，受批评的人，如被评为译文完全不通，的确是很可悲的，但是劣书，未必有流通世间的必要罢。一部错书，恐怕比得一个害群之马呢。

所以我对于张先生的关于批评的意见，不能够一致的。

（乙）项说起来，张先生只表明，不与我的批评表相同的意见，至于反对的理由，并不曾声明，所以我不必辩白。"unfold"一字，我译为"发明"，张先生因何不赞成？"发明"一语的汉文解释，至少有两种，一与德文的 Erfinden 一字相当，一与德文的 Klar Machen 相当，张先生大概以为"发明"只可与"Erfinden"解释，所以反对我罢。

（丙）项我以为比较地有讨论的价值，张先生云"直译不如意译"，这一句很值得慎重看待的，但是张先生所下"直译"二字的定义，似乎还稍欠精密，所以张先生才下这"直译不如意译"的断案出来。据张先生的定义，似乎"字对字的译法"，就叫作"直译"。但是，我以为直译的定义应该为"译文能译出原文的全体意味，而又字对字的，原文与译文相合，这种译法，叫作直译法"。照我所下的定义，我敢说直译有直译的优点，意译有意译的优点。大凡读翻译的书籍的人物，可分为两种：一种是能读汉文而完全不能读外国文的人，另一种是稍懂外国文而借助于译本的。为第一种人设想起来，意译虽是较好，为第二种的人，却是直译为妙。因为直译既是字对字，而又能十分表明原文的意思，则读者必可多得利益。意译恐不能有如此利益及读者罢。

但是，直译是比意译更难的译法。因为译的时候，若用"意译"仅仅求原文的意思不走样，不管字对不对字，则下笔还比较地容易。若又求原文意思丝毫不漏，又求字对字的译出来，那可就大不容易了。

若仅求字对字，不论译文是否能显出原文的意义，这一种译法是最容易的。这种译法，才是张先生所谓"呆译"，我则称之为"死译"。譬如在我们所争论的英文中，将 Whilst 译为"虽然"或是将 Establish 译为"造就"，可算字对字地译出来，但是与原文真的不符，这一种只好委屈一下，列诸"死译"一类。至如译 Our Modern era 为"以前各派说"，则连死译都配不上，只好委屈一下，称之为"妄译"。

我对于这一项的意见，不知张先生以为如何？

（三）

三月二十日的《学灯》里，成仿吾先生所发表的意见，大部分是对住我发脾气的腔调，我本来可以置之不答，但是为解仿吾君及读者迷惑起见，我所以在此再借几行贵重的《学灯》栏作答。成君说：我和张君不配当"最后的批评者"，这是成君主观的见解，可以听成君高兴怎样说就怎样说的，当然是不成问题。但是，成君既是如此任用意气，我倒要失敬，将成君自负的"最后的批评"的头衔取消了，因为要做"最后的批评"的人，须得平心静气的人，才可以干得来的。

关于这问题的最后解决，我以为当就英文本立论，因为余、郁、胡诸位的译文，都是从英文本来的。从英文翻来的汉文，只能对英文本负责，所以我们先要研究汉译文是否与英原文相合。若由德译英的时候，英译错了，那是英译者的责任，汉译的人，不能负责任。因为现在的人，的确是没有"未卜先知"的能力，所以由英译汉的时候，当然不能预测德文原本的内容如何呀。

我们所争的问题，照英文原本看起来，我自己相信我的译文不见得有什么错处。我现在请大胆再与成君商榷一下罢。

仿吾君说："第一句本来是'人生有没有什么意义和价值'，戈君丢了'没有'，这才是'全然不通'"。那么，我敢请教于仿吾君，《创造》杂志上，仿吾君译为"人生有什么意义与价值吗？"是也丢了"没有"二字，和我的译句有何区别？

仿吾君说："第二句'我们发这疑问时'与胡一样错了。"真是强词夺理的说法呀！

仿吾君说我的第三句译法错了。"今后只是必须"，仿吾君说是我的杜撰。但是成君译文中"我们只当"四字，我看来倒与"今后只是必须"六字是意义相同的，不过是字眼儿不同罢。成君如说我的译法是杜撰，则成君所译的也是杜撰了。

仿吾君又说，第四句 Whilst 是我的译法错了，这也是很难于索解的批评。诚如仿吾君所言"while"一字，我是译为"在……时期以内"的。我以为"while"一字如沫若君所言，是表示（一）同时间的两种事实，（二）表时间的连续 Duration。表同时间的两种事实的时候，如两事实相呼相应，就成了郭君所举的（一）例。如两事实相反的时候，就成了郭君所举的（三）例。总而言之，这"While"一字用法，其实直译起来都应该为"在……时期以内"，我且就沫若君所举的三例译来看看罢。

Ex. 1. Nero fiddled while Rome was burning.

汉译：在罗马，火烧的时间以内，奈罗还在弹琴。

Ex. 2. While the world lasts, the earth will go round the sun.

汉译：在世界存在的时期以内，地球会永远绕日而行。

Ex. 3. They say he is an English writer, while he never Penned a word of English.

汉译：在他从来没有写过一个英国字的时期以内，人家还说他是长于英文。

照这三例译起来，While 的直译法可以了然了。如沫若君的解释，将 While 的译法分为三种，固然不错，但实在地讲起来，直译法不过是一种。

沫若君所指的三种译法内，任何一种，都是由"在……时期以内"引伸出来的。所以成君所说"只恐英文不是如戈君这般说法"这一句话，也是成君负气的谈吐罢。

又以成君所举的汉文例"在我们……空空如也"，我大胆英译起来是：

We are hungry, while we have nothing to eat.

这般的英文，恐怕是，不见得说不过去。

成仿吾君又说，第五句"Establish"可译为造就，这也是完全负气话。我不敢相信。

Establish 一字，歧义很多，可译为证明（To prove a point）、建立（To Found）、确证（To confirm）、规定（To enact by authority）等语。这几个歧义之中，我们所要求的，恐怕是"证明"二字罢。

成君又说，第五句的我译，掉了"解答"二字，这因为写的时候大意，所以写落了，这一点我敬谢成君。

从这一回批评全体看起来，我的译文是否"比谁也太离奇"，是否"错得太厉害"，我只有请诸位公平的批判了。

【……】

我因为胡适之文中最后有一段关于创作的意见，说不良的翻译与浅薄的创作，是同样的无聊（胡所谓创造，是否指《创造》杂志而言，就是我现在还不明白），这一层和我的意见不同。我所以将自己的感想写了一大段，目的是注重翻译的好丑，请仿吾君去细细看罢。

【……】

（四）

我已经声明过，我以前找寻《人生的意义和价值》的德文原本，不曾能够找到。这一回在上海，才知道《创造》第一卷第三期上有原本，我就赶紧买来。郭（沫若）和成（仿吾）二位的译本，也细细读过。二位的汉译，因为太要直译，自然是很难懂，但再三读来，就知道这译文对于德文原本是很忠实的。二位的译文，很与德原文相近，我本无批评的必要，但成君怪我，不依德文原本评判，所以我将我的愚见略写在下面，请郭、成二位和读者的指教。我并不是有这吹毛求疵，我相信，大家大概可以体谅这一点的。

郭汉译文中将"Einen Vorhandenen Besitz"译为"已成的有"，我以为这一句尚稍有斟酌的余地。"Vorhandenen"一字，是可以译为已成的，但"Einen Besitz"恐怕应该译为"所有物"。不错，德文的Besitz一字，是由动词Besitzen诱导出来的，所以有时可以当作"有"解释，但是，Besitn 的歧义很多，前面加了"Einen"的时候，似乎还是以译为"所有物"为比较地更妥当。不但此也，就是照德原文的语气看起来，也是以译为"所有物"比较地更与上下文语气相衔接。

成译也差不多可以算是没有错处。只是我以为尚称欠斟酌者为"反是"二字的译法。成君似乎是将"Nicht..., Sondern..."译为"反是"的，但是，"Nicht..., Sondern..."的译法，我以为是很复杂。我现在举几个德文例在下面：

（1）Sie sagt, dass er Sie in die Ve =Fluchte Verfuebrung gefubit hat, aber die Wahrheit ist, dess nicht er, Sonderu Sie es getan hat.

（2）Er sagt, er selber habe es gesehen, aher er at es nicht gesehen, Sondern（nur）gehoert.

（3）Seine Kritik ist nieht unb fangen, sencern empfinbelnd, aber die Kritik von meisten kri=tikern ist nieht empfinelelnd, Sondern unbefangen.

这三个例，照德文讲起来，不是十分好的文章，但是因为要说明"Nicht..., Sondern..."的用法，我所以才做起这三个拙例来，我先在此声明一下。

这三句应该怎样译成汉文呢？我现在译成汉文如下：

（一）她说，是他很可咒骂地引诱了她，但是实在呢，不是他，却是她（反是她）引诱了他的。

（二）他说，他亲眼看见了。其实呢，他不曾看见，却是（不过是）听到吧。

（三）他的批评，不是公平无私，却是感情作用的，但是大多数批评家的批评呢，不是感情作用，却是公平无私的。

我再说明一下罢。"nicht..., sondern..."的前后语气的轻重，我们译的时候，应该注意的。在第一例可以译为"不是……，反是……"，第二例可译为"不是……不过是……"，在第三例可译为"不因是……却是……"。在第一例和第二例，不用"反是"和"不过是"，都用"却是"，倒是可以，但是，如在第一句，不用"却是"或"反是"，而用"不过是"，那就与原文的语气不相符合，如在第二句，不用"却是"或"不过是"而用"反是"，也就与原文语气不相符合。至于在第三句，"却是"的部分，是用"反是"或"不过是"都不行的。读者如不相信，只需将这几个例内的"却是"的地方，用"反是"或"不过是"等字去代用看看，就可以知道，怎样妥当，怎样不妥当了。

照这样看来，"nicht..., sondern... 的原来的意义，只可译为"不是……，却是……"，以后我们引申地译起来，才又可以译为"不是……，反是……"或"不是……，不过是……"。倭铿文中的"nicht...sondern... 应该译为"不是……，却是……"的，不可以译为"不是……，反是……"的。若用了"不是……，反是……"译起来，就似乎语气失之于过重了。

【……】

其次，郭、成二位的德译汉，本来很好，可以行，我无改译的必要，但我另译一下，以当读者的参考罢。

"谁若是现在发问道，人生有什么意义和价值吗，那么，这发问的人，就可以明明白白地知道，此时并不能叙述一个已入我们掌握的所有物，不过是（却是）只能够将一个难题表明，这难题是现在还未解决，而其解决却不容放弃的。就是现在的生活上标准，关于这问题，也不能给我们以确实可喜的解答，这一层是以后要详细说明的……"

注意：郭、成二君将"Der Lebensstand"译为"生活状态"，英文译之为"Our modern era"，都似乎还稍有斟酌的余地。据 Sanders-Wuelfing 两氏合作的 *Hanbwoerterbuch der deutsche Sprache* 的第四百○二页"Lebensstand"一语下面的注释云，此语是从英文的"Standard of life"一语出来的。换一句话讲起来，这是一个由英文产生出来的德国字眼儿，与德文原有的"Lebenshaltung"一字的意义相同。查"Lebensstand"一字是由 Leden 及 Stand 二字合成的。Leben 可译为"人生""生活""生物""实在""生命"等语。"stand"可译为"直立""立脚点""标准""贮蓄""状态""境遇""身份"等语。我

们所要的，不是"状态"，却是"标准"。所以我译"Lebensstand"为
"生活的标准"。

（五）

吴稚晖先生关于我们共争的问题，作了一篇洋洋大文。据吴先
生自己说，是借批评而运动"注译"，但是事实上他批评我们的地方
很多，我觉着稍有一点不能默尔而息的地方，所以我要请教。我现在
预先声明一下，吴先生的"注译运动"我不愿论及，因为一部分讲起
来，我虽是赞成，但是吴先生还不曾将注译的利害详细地比较起来，
并且我现在也没有如许的闲工夫，详细批评。我现在所要谈的，就是
关于我们共争的话题。

吴先生说，我们所争论的焦点，虽有公认为不当者，并无不可相
恕（四月一日《学灯》），这几句话颇有趣味。倘果如吴先生所言，则
我们所争论者，全无价值，所以我就看吴先生的下文。

吴说，"有自知之明"与"我们大家都是明白"相等，我倒不知
道，这两句何处是相等？

吴说，"烦恼我们"与"在我们面前"语气虽有轻重，并无不可。
照如此说来，译为"欢迎我们"也可以与"在我们面前"一样看待
了。译为"打我们""笑我们""哭我们"……也不过是语气虽有轻重，
并无不可了。照这样看起来，"在我们面前"与"x我们"可以同样看
待的了。我倒要请教于吴先生这一个变数（Variable）"X"是从何处
来的？

吴说，"以前各派说"与"现代毫无把握"也相离不远，这真是
吴先生的"绝妙好评"呀！"Modern"一字可以译为"以前"吗？吴
先生有意为人辩护，所以硬起头皮来说这一种笼统主义的话罢。只怕

我倒不是有意"改作"，怕吴先生有意"盖作"罢。

吴说的"所以"那一项，我倒觉得是无可无不可的。

吴说"Establish"一字不当脱却造字的本义去引伸，这是什么话？请吴先生用随便什么英文字典来查 Establish 的注释看罢。又"胡先生亲告我，Establish 一字，应带创造之意尤善"云云，这几句是吴先生真亲自听来的吗？倘是真的，我就不能不替胡先生惶恐了。

吴先生又说，"妄想与幻想尚不过于悬殊"，这是什么话？

吴先生说，他的这几个引证，不是曲解，据我看起来，这些曲解得相当的厉害了。

总而言之，吴先生的存心，无非是调和我们的，所以吴先生一面说，"优劣可以不分"，一面又说，"张先生的比较地更留意，而且自然更比较地看得懂"。既然先说"A 的译和 B 的译无优劣可分"，马上又说"A 的比 B 的更容易看得懂，更留意"，请问这是一种什么 logic 呢？所以吴先生做和事佬的心，我们固然是感谢，但是，要晓得，如是因为想调和而将是非混淆，恐怕不是吴先生的本意罢。

关于译文，我已经就英文译过，又就德文译过，读者可用之与余家菊、郁达夫、胡适之、张东荪、郭沫若、成仿吾诸位的译文参照，我不再和吴先生作无益的辩论了。不过是吴先生所译的几句中最不能令人满意者，为 Establish 的译法。吴先生译之为"造述"，这真是奇怪得很了。我说一句失敬的话，吴先生这又是吃笼统主义的苦罢。

【……】

最后，我还要将我的感想，拉杂地写几项来。

（一）我觉得，编译法有研究的必要。这一回的论点，本来很小，但是以后，愈闹愈大，究竟谁是谁非，简直是无所适从，因为翻译的方法，尚无一定的标准，所以大家各执一说。但是，如有专门家专研究这一方面的学问，定一种标准，则我们从事翻译时，固然比较地可以省时间，就是有了疑问的时候，也可以请教于斯道的大家就好了。

（二）批评翻译的问题，今后不但无停止的必要，反应该格外奖励才好。张先生和吴先生，对于翻译的批评，抱慎重的态度，固然我亦赞成，但世间读者，不可将"慎重"二字误解为"不应批评"的。

我以为译书，对于原文，应将其优劣分为数种：

（甲）所译的书，对于原文，差不多句句不合的；

（乙）译的书中，每页中有一两句不对的；

（丙）译书的全部中，仅有一二行或一两句不对的；

（丁）全书的译文虽不错，但与原文的精神上有参差的；

（戊）译文的全部，与原书简直是针锋相对，无暇可指的。

这五种内是戊种最好了。这样的书籍，我希望今天中国多多有才好。丁种和丙种的译籍当然也可以销行。但是甲乙两种的译籍，那就无论如何，也以不发行为妙。因为如此译籍，不但有害于读者，亦有害于该翻译者——即是该翻译者的良心！

中国在这过渡时代，我以前已经说过，应该多输入欧美文明，所以应多译书。但是事实上讲起来，这一方面的人才，究竟不多，所以粗制滥造的弊端，自然发生，这是最可怕的。

所以批评家只须公平批评就好了。批评的审判，应该判决死刑的时候，则当审判的人就是怜悯该犯罪的个人，死刑的判决，也是非下不可罢。

（三）批评人批评的时候，应该去掉感情作用。感情作用的误事，我觉得无说明的必要。我在此反复提起者，因为人都知道此理而不肯实行的缘故。我相信，这是做批评家的最须注意的一端。

（四）读者对于批评家的批评，应抱何种态度？这也是一件重大的问题。我以为读者至少有下列数种的见解才行：

（甲）我在前面已经说过，译文的巧拙好丑，可分为五种。甲和乙种的坏译籍，固然是应该排斥，丙、丁、戊三种的译书，虽也有巧拙的不同，可虽变了批评，其译籍很是可以读的。读者若要希望读完全与原文针锋相对的译籍，事实上是差不多绝不可能的。稿有错误的译籍，我们只能希望其改版时修正，决不可因噎废食呀！

（乙）读者对于批评，当睁开眼时看清楚，不可有先入之见。倘若有先入之见，记得几个虚名的大人物，相信这一种大人物的话，那除了上当以外没有他种的结果了。

（丙）读者对于批评家的评论，应该相当的注意，不要马耳东风，因为如能注意，则自己可以得较大的进步。

（五）我希望今后译述家和发行的书店，都放出一点良心来。

现在的中国社会，需要许多译籍，但是不堪的译籍，一天多似一天，是可悲的现象，推其原因，虽有种种，但是发行人的方面，不肯优待译者（当然，对于著作者，也是一样的刻薄），的确是一个很大原因。

我将翻译家（现在单就受发行所雇佣的翻译家而言）所受的刻薄待遇，分为二种：

（甲）事务虽不多，报酬亦不多；

（乙）报酬虽稍多，但事务亦多。

此地所谓"报酬不多"，是指不能过相当的生活而言，"报酬稍多"是指可以勉强生活而言。受这两种待遇的翻译家运命真是可怜。他们在这生活程度很高的时代，当然是为了想要"生"，就不能不牺牲一切了，他们牺牲了他们个人的道法、个人的人格尊严！所以胡适之说，"因为糊口而译书的人，就是译错了，也可以原谅"，这几句话，虽不是完全是道理，但的确有片面的真理。的确是，现在发行的中国书店，对于译述家，简直是太刻薄呀！

注意，对于著作家、自由投稿人，除掉几个例外，中国的书店的待遇，也是很刻薄的，我记得上海某大书馆的某杂志，征集"制宪"的论文，最优的报酬是五十元。我当时看了这种广告，真是感慨无穷。我不知这种事业的当局人，是何心肝。美国的罗斯福总统在非洲作的"猎记"，每字差不多美金一元。这种例子，固然是特别，不能作寻常看待，但即以日本的报纸或杂志而论，征集一篇长篇小说时，其报酬已为三四千元。足见辩解可说：

"买这一种书籍的人少，教我们有何法想呢？我们开书店的目的在于赚钱，亏本的生意，是不能干哪！"这一种辩白，当然也似乎可以过得去，但是呢，书店方面，如愈想图目前小利，那么，译书人就势必至于粗制滥造，粗制滥造的书籍愈多，社会的程度，愈不易增高，因而买书的能力也愈不能增进。如此看来，因即是果，果即是因，因果是循环不息的。我恐怕永劫不返的黑暗和沉沦是不可逃避了！啊！

开书店的人，单靠了几种中学小学的教科书，就可以自己以为满足吗？

我所以很希望，书籍发行的方面，应该大大放出一点良心，吃一点目前小亏才好。

　　至于译书人的方面，如受了相当待遇，那就应该小心一点，译几本好书出来。如是因为生活困难，则与其粗制滥造，不如学释尊在舍于大城里托钵乞饮去。

——《时事新报·学灯》（1923 年 5 月 24、25 日）

论译书（1923）

东荪（张东荪）

我们在《英文杂志》上时常看见一段英文附以一段汉文，有时还加以小注。这种办法，我起一个新名词，名曰"对译"或"对照"。为研究外国文起见，这种对照是非常重要的。日本这种书籍与杂志即很多，中国可惜只有《英文杂志》等二三种。这种对照的目的有几个：一是借本国文以谙习外国文；二是习翻译，所以往往有许多对照是缺一而不能成立的。我们既明白对照的性质，便可进而论译书了。

须知译书不就是对照，如果译书必须拿了原书来一字一句地对看方能懂，则不是译书，乃是对照了。假如有一个译本，独单看去总是不能懂，即稍懂亦是模糊，而拿了原文一对，觉其字句都是非常切合。在我看来，这决不能算尽译书的能事。因为译书与对照是有区别的。我们常看英文讲解德法文的书，亦全是用对照法，几乎无一德法字而没有一个英字相对照。格律不能不算十分严正。但是英文译德法书，却并不字字句句恪守这个规律，因为字的用法以其上下文而不同。句的语气亦以其前后而不同，因此便知对照是呆的，译书是活的。现在一般因为不明白这个分别，遂都陷于两刀论法之中：以对照而责备译书，自然是不切合；以译书而责备对照，自然是不畅达。平心而论，对照与译书可以算两件事，不过有关系罢了，却并非同一。

我并非说对照是无意思的。我很承认凡从事译书的人对于对照空下一番苦工。凡没有十分研究的自然容易有错误。所以我并不是主张译书的人可以忽略对照的工夫，但我实主张一方面尽管研究对照，而他方面却不可不知道译书不就是对照。现在一般人的大误解即在以对照为译书。须知译书必须从对照超越出来。不但政治法律等时论不必对照而译，即哲学上文学上名著亦不是纯照对照所能表现的。所以我不能因为逼切原文的缘故即承认译书是应当看不懂的或看了不明白的。因此我们知道所谓"达"乃是译书的根本条件。

——《时事新报·学灯》（1923 年 6 月 3 日）

有意的与无意的重译（1923）

柏生

那威般生（Bjornson）的小说《父亲》，又由俞百庆君译登本年五月二十九日《民国日报·觉悟》了。我于是想起了三年以前本报上"仲密"先生的一条《杂感》。

那时候《副刊》还没有出世，《晨报》的第七版上刚刚增添《杂感》一栏。一九二〇年的十一月二十三日，仲密先生有一条杂感题曰《翻译与批评》，中间有一段是讲到《父亲》的译本的，现在摘抄在下面：

诺威人别伦孙的小说《父亲》，据我所知道的已经有五种译本，似乎都是各不相关的，偶然的先后译出，并不是对于前译有所纠正。

这五种是：

1. 八年正月十九日的《每周评论》第五号

2. 九年月日未详的《燕京大学季报》某号

3. 九年四月十日的《新的小说》第四号

4. 九年五月二十五日的《小说月报》十一卷五号

5. 九年十一月十四日的《民国日报》第四张

这里边除第二种外我都有原本，现在且抄出一节，互相比较，顺便批评一下：

1.我想叫我的儿子独自一人来受洗礼。是不是要在平常的日子呢？

2.我极想使我的儿子，他自己就受了洗礼。那是不是星期日的事情？

3.我很喜欢把他亲自受次洗礼。这话是在一星期之后吗？

4.我极喜欢他自己行洗礼。那就是说在一个作工日子么？

据我看来，第一种要算译得最好。因为那个乡人要显得他儿子的与众不同，所以想叫他单独地受洗，不要在星期日例期和别家受洗的小孩混在一起。牧师问他的话便是追问他是否这样意思，是否要在星期日以外的六天中间受礼。Weekday 这一个字，用汉文的确不容易译，但"平常的日子"也还译得明白。其他的几种都不能比他译得更为确实，所以我说大抵是无意的重出，不是我所赞成的那种有意的重译（对于某种译文不满意，自己去重译一过）了。

这都是三年以前的事情。三年以来另外又有多少译本，此刻暂且不论。单就三年以前的《觉悟》与三年以后今年五月二十九日的《觉悟》再来比较一下：

（前）我极喜欢他自己行洗礼。那就是说在一个作工日子么？

（今）我十分地喜欢我自己替他执行洗礼。这是说一礼拜以内行么？

不幸那个错误仍旧没有脱去，可见还是仲密先生所谓"大抵是无意的重出，不是我所赞成的那种有意的重译"了。

——《晨报副刊》（1923 年 6 月 4 日）

论孙君铭传译哥德诗的谬误（1923）

梁俊青

吾人凡翻译任何文艺与作品，都须有了解原文的把握和担负传达原意的责任，才不致自误误人，而取笑于人。胡适先生在《努力》周报第四十六期上说得好："译书第一要对原作者负责任，求不失原意……第二要对读者负责任，求他们能懂……第三要对自己负责任，求不自欺欺人。"这也可以见得翻译之难了。我今天将今年三月份的《学灯》集册拿来一看，看见三月十一日的《文学旬刊》上登孙君铭传所译的哥德诗五首。我看了之后，觉得很有疑窦。我于是把原文和译文一较，结果孙君竟大误特误。他不但不了解原文，不能译其原意，且将原文之不能解处节去，而以己意辅之，真是大胆极了。我今将孙君所译的哥德诗之一首——《牧羊人的悲哀》——举个例解剖大家看看。

Da drabe auf Jenem Berge，孙君译为："那边，在高上之上"，其实原意为："在彼山之上"。又 Da steh, ich tausendmal，孙君译为："我居住得很久"，其实原意为表出牧羊人在那山上牧羊有许多回的意思，所以应译："我站立了百转千回"才对。又 An meinein Stabe gebogen，其意为："我扶着杖，弯着我的身"，孙君竟弃而不译。又 und Schaue hinab ins Tal 其原意为："我直下望山谷"，孙君竟将下望的动字连合字当作山谷的形容字译为："俯视下方的山谷"。又孙君译文中有"欣欣夏天的气候"一语，为原文所无。又 Dann folg, ich der weiden Herde, 孙君译为"我的羊群吃着草"，其实原意为："我跟在出牧的羊群之后"。又 Mein Huendchen beroahret mir sie, 孙君译为："我的狗坐在旁边看守"，其实原意为："我的狗替我坚守它们"。又 Ich bin herunter gekommen und weiss doch selber nicht Soil, 孙译为："虽然不知道为什么，可是我已到山谷里闲游"，其实原意为："我虽是由山上下来，可是我不知道为着什么缘故"。又 Da steht von schonon Blumen die ganze Wiese so voll, 孙君译为："草地很美丽的还有这般艳姣的好花"，其实原意为："在草地那边，全场都满了美丽的花"。又 Tch breche sie, obne zu wissen, wem ich sie geben soll, 孙君译为："我采集了它们，但无人来把花儿收受"，其实原意为："我折了它，可是不知道要赠给谁人"。又 Und Regen Sturm und gewitter Verpass ich unter dem Baum 孙君译为"好树给我荫，又蔽护我于雨"，其实原意为："暴风与急雨，我都躲于树之下"。又 Die Ture dort bleibt verschlossen, 孙君译为："但是那边的静着，将不复开了"，其实原意为："那边的门常在关着。"又 Doch alles ist leider ein Traum. 孙君没有译，而其意则为："可怜往事都如梦呵"！又 Es steht ein Regenbogen wohl uber Jenem Haus! 孙君译为："我望见彩虹弯环于她的旧居之上"，其实原意为："彩虹恍惚显于彼屋之上"。又 sie aber ist weggezogen, 孙君译为："但她不在那边了"，其实原意为："但她已经离去此地了"。又 Und weit in das Land hinaus, 其原意为："她走向地球之远处去了"，而孙君乃译为："他们既取去了我的爱"，可谓不通之极。又 Hinaus iu das Land und weiter vielleicht gar uber die see, 孙君把主观的事当作客观的事而译为："他们取她经过山，他们把她带过海"，其实原意为："她走向地球之远边，她恍惚又是渡过海之面"。又 Voruber ihr Schafe, Voruber! 原意为："前进罢，你们羊儿们，前进罢"！而孙君译为："我的瘦骨嶙峋的羊儿前行前行"，未免穿凿附会，又最后如：Dem Schafer ist gar so weh，原意为："牧羊人是常在悲哀的"，而孙君译为："我永没有一刻的安息"，未免去题太远了。

总之，孙君所译，简直是他自己的诗，不是译的哥德诗，他却把哥德的名字加上去，以取巧一时，亦未免太污辱哥德，太看轻读者了。然而结果亦不过讨个没趣而已。弄巧反拙，这又何苦呢？我想孙君还是安心再读几年德文罢！

我自高小、中学以至于专门，一共继读了七八年德文，可是翻译一途，我却不敢轻于一试，因为我知道自己的德文程度还低浅的缘故。但是我今已将孙君的谬误指出来，我只好勉强将这首也译出来。至于谬误的地方，就请海内高明原谅我的中文和德文的幼稚，而改一改。

牧羊人的悲哀

一

在彼山之上，
我站立了百转千回；
我扶着杖，弯着身，
往下望山崖。

二

我跟在出牧的羊群后，
我的狗替我把它们看守。
我今虽由山上走下来，

可是不知道为何故。

　　　三

在草地那边，

全布满了美丽的花儿；

我折了它，可是

不知道赠与谁。

　　　四

虽遇暴风和急雨

我总躲于树之下，

那边的门也只常关着；

可怜往事都如梦呵！

　　　五

那边的彩虹

隐约起于彼屋上，

但她已经离了斯地了，

她今走向地球之远道。

　　　六

她今远走地球之那边，

她今恍惚又渡海之面。

前进罢！羊儿们！前进罢！

牧羊人是常在这悲哀。

　　　　　　　草于同德医专　五月二十七

戈乐天致成仿吾（1923）

戈乐天

仿吾先生：

我昨日在友人处，读了你在《学灯》上发表的一信，你又是大发脾气，倒引得我又是好笑，又觉得奇怪。足下何神经过敏乃尔？我前回的《读了张成郭吴诸位的批评以后》中，我何尝诬陷了你，何尝侮辱了你。你这一回做骂我的根据，就是 while 一字，但我上回答你的文字中，关于 "Nicht ...sondern" "Lebensstand" 和 "establish" 诸句的评论，你何以不来正式地推敲，你最以为有自信的，大概就是这While 一个字了。我关于这一字再和你商榷一下吧。

Italy had her Dante, While China had her Chioyien.

这一句的意思，分明将这两个古人，拉在我们面前来。若从事实上说起来，他们两人固不是同时，同我们更不是同时，他们二人，当然不能到我们面前，但是我们的观念中，可以将他们抽集来，将两个古人都叫得来。所以这一句话的形式上说起来，"屈原和但丁"没有同时性，但是讲这句话的时候，在我们心眼中，分明有同时性的。

我们说一句话的时候，因为个人的感想不同，实际上可以当许多的意思解释的，我将这一句可解释的意思，写几项在下：

（1）Italy may be proud of having her epoch-making poet Dante, while China can take pride in having Chioyien to be one of the greatest poets in the world.

（2）An Italian may say that Italy had her Dante, while we can say that China had Chioyien.

（一）在中国可以自夸有那最大的世界诗人中一人的屈原的时候，意大利可以自夸其有那创造新世纪的诗人但丁。

（二）在中国人可以说，中国有屈原的时候，意大利人可以说，意大利有但丁。

所以原来的那一句，文字虽很是简单，文意却很复杂的，我们读外国书籍的人，往往有一种所谓 Sprachgefuehl（言语的感觉）起来，这一句就是一个好例由外国文译成中文的时候，这一种（言语的感觉）是很不容易传出来的，没有方法想，我们才于万不得已的时候用意译。在我们论议的那一句中，While 是很有（言语的感觉）的字眼儿，很值得我们咀嚼的。我们若是死译起来，是"中国有屈原的时候，意大利有但丁"，意译起来，就是"说中国有屈原的时候，可以说意大利有但丁"。原文的字句虽如是简单，但是令我们读的时候，却起这一种"言语的感觉"，这是我希望你注意的。所以你说那一句，不可译为"在意大利有诗人但丁的时期以内，中国有屈原"，你就以为可以驳到我，这是你太不曾注意的判断，我是不敢佩服的。这一点我只有请你平心静气去想一下罢。

【……】

戈乐天　六月二十一日

——《时事新报·学灯》（1923 年 7 月 1 日）

翻译与创作（1923）

西谛（郑振铎）

"翻译者在一国的文学史变化最急骤的时代，常是一个最需要的人。虽然翻译的事业不仅仅是做什么'媒婆'，但是翻译者的工作的重要却更进一步而有类于'奶娘'。小泉八云（Lafoadio Hrarn）说：外国文学的研究（原注：文学的二字，此处用来是当作艺术的意义）的唯一价值乃在于他们的对于你用本国文字发表文学的能力的影响。……从西方的思想与想象与感情里，你们必然地可以得到使日本将来文学丰富而有力的很大的帮助。"确然的！小泉八云的话，对于日本的文学界已经有很大的应验了！我们如果要使我们的创作丰富而有力，决不是闭了门去读《西游记》《红楼梦》以及诸家诗文集，或是一张开眼睛，看见社会的一幕，便急急地捉入纸上所能得到的；至少须于幽暗的中国文学的陋室里，开了几扇明窗，引进户外的日光和清气和一切美丽的景色。这种开窗的工作便是翻译者的所努力做去的！

创作者！你们且慢低头在桌上乱写，且慢骂开窗的人惊扰了你，不妨从已开的小窗里，看看外面的好景；他们是至少可以助你干渴的文思，给你萎枯的文笔以露水的！

——《文学旬刊》第 78 期（1923 年 7 月 2 日）

读郑振铎译的《飞鸟集》（1923）

梁实秋

郑君在《例言》里很明白地说："现在所译的是太戈尔各集的诗，都是（1）我所最喜欢读的，而且（2）是我的能力所比较的能够译得出的。"因此，郑君"主张诗集的介绍，只应当在可能的范围选择，而不能——也不必——完全整册地搬运过来。"我想：我们若是为翻译而翻译，那么郑君这种"选译"的方法是极稳当的；我们若是"为大多数的译者计"，那么"选译主义"是值得宣传的；但我们若为介绍而翻译，尤其是介绍全集而翻译，所谓"选译主义"是大大地要不得的。

一本诗集是一个完整的东西，不该因为译者的兴趣和能力的关系，便被东割西裂。译者果真能独具支眼，主观的把原著鉴定一番，把比较的恶劣的部分删裁下去，只译出其精彩的部分，那么这样的选译本却还不失其相当的价值。若因限于兴趣和能力而选译，就有一个大毛病出现了：译者所认为无兴趣或没有能力去译的诗，就许是作者最得意的诗，就许是全集最有精彩的诗。假定一位"选译家"不幸正犯了这个毛病，把集子中不最合他的脾胃的诗及他不能够译的诗一概是撒去不译，但是译出来的仍旧要用原集的名字，那么我们可以说这位选译家不忠于原集，因为他译出来的只是一堆七零八落的东西，不是原著诗集之本来面目。我的意思，诗集选译是可以的；但为兴趣及能力的关系而选译，便不是介绍的本旨了。我们要把外国的一本诗集介绍给国人，须要符合两个条件，才能算有做介绍人的资格：第一，我们要忠实地把我们所要介绍的诗集全部地奉献于国人之前。当然几首零碎的诗歌也很可以译出介绍；不过既是存心想"对于没有机会得读原文的""有些贡献"的诗集译家，便该老老实实地把全集介绍过来。纵然译者可以发表他对全集或某一部分的意见，但是终不该因为自己的兴趣有所偏倚遂令"没有机会得读原文的"不能窥见全豹。第二，我们对于自己翻译的能力要有十分的把握。错误的译诗，不如阙而不译；但是既是要介绍一本诗集，便应先了解原集的全部，次谋所以翻译成国文的方法。若是能力有限，最好是把这个工作"让给那些有全译能力的译者"，不必勉强删节凑合。

郑译的《飞鸟集》不是太戈尔的《飞鸟集》，太戈尔的《飞鸟集》共三百二十六首，郑译只有二百五十几首。我对郑译的《飞鸟集》选本，原不必苛责，但郑君在《例言》里确实是——虽然他自己说不是——在宣传"选译主义"，我认为这种主张是不对的，所以略微写了一些反对的意见。

在郑君的选译里，究竟有多少错误，我没有那许多时间去做义务校对。现在只略举几个。

（一）第一首原文——"...And yellow leaves of autumn, which have no songs, flutter and fall there with a sigh."

郑译是："秋天的黄叶，他们没有什么可唱，只叹息一声，飞落在那里。"

"which have no songs" 是没有歌唱的意思，绝对不能译作"没有什么可唱"。譬如说："某先生没有笑"，我们似乎不便改做："某先生没有什么可笑"。并且在这首里，秋叶没有歌唱正是和前半节夏鸟窗前歌唱对待说的，所以郑译不但是把这几个字译错了，实在把原诗的诗意毁灭了不少。

（二）第四首原文 —— "It is the tears of the earth that keep her smiles in bloom."

郑译文是："是'地'的泪点，把她的微笑保存在花里。"

"Bloom" 可作一朵"花"解，亦可作开花的状态解；"in"可作"在……里"解，但有时是指时间而言，有时指空间而言，又有时是指状态而言。郑君把"keep...in bloom"译作"在花里"，便欠妥了。原诗的意思是把笑容的丰满比作一朵花正在盛开的状态，郑译"把微笑保存在花里"便无意义了。况且"keep...in bloom"是一个联贯的词法，keep 绝不该单单地译作"保存"。

（三）第八首原文—— "Her wistful face haunts my dreams like the rain at night."

郑译是："她的热切的脸搅扰着我的梦魂，如雨滴在夜间。"

原诗的意思是说，她的热切的脸，即如夜雨一般，搅扰着我的梦境。郑君无缘无故地把（夜雨）译成"雨滴在夜间"，这样一来，乃是把"她的脸"比作"雨"，"搅扰着"比作"滴"，"我的梦境"比作"夜间"了。这是与原诗的诗意大相左了。我的一个朋友告诉我说：郑君的"滴"字不是动词，"雨滴"乃是一个名词。我更不明白了，假如 rain 可以译作"雨滴"，请教 rain-drop 又该译作什么？

（四）第十一首原文是—— "Some unseen fingers, like idle breeze,

are playing upon my heart the music of the ripples."

郑译是："有些看不见的人物，如懒懒的微风似的，正在我的心上，奏着潺湲的乐声。"

"Fingers"乃是手指的意思，如今郑君译作"人物"，真是出人意外了！我倒不敢相信我自己的英文程度了，于是请出韦伯斯特大字典来教训我，但是韦先生并没有说："fingers"就是"人物"。其实这倒还不只是翻字典的问题，实在可以说是常识的问题。原诗的意思是把心比作一个乐器；我们只要有一些常识就该明白，在乐器——例如琴——上奏乐的应该是手指。如今郑君说有些"人物"在我的心上奏乐，我不晓得"我的心"该有多大的容量才能容受得了那些"人物"！写到这里，我忽的想起，郑君致错之由，大概是把 fingers 错认为 figures 了罢！哈哈！

截至郑君的"人物"为止，我只是校了郑译的前十首，一共发现了四个错处，我实在再没有耐心校下去了。郑君既然提倡选译主义，我看前面所举四首似乎就该不被选才对。底下的二百几十首里究竟还有多少"人物"我们不得而知，好在即使还有无数的"人物"，想来"对于没有机会得读原文的，至少总有些贡献！"

——《创造周报》第 9 期（1923 年 7 月 7 日）

读《飞鸟集》(1923)

赵荫棠

西谛先生:

我近来作了《读飞鸟集》一篇文章, 不知先生肯很亲切地教我不?

郑先生的译法忠实, 诚如他自己所言: 我们读者如能拿原本和翻译一对便知。但中西文字的语调, 毕竟不同; 若忠实太狠, 便没有一点神彩, 也鼓不起读者一点兴味。郑译能于保持原意之外, 少加一二字, 使读者读着格外顺口, 实是他的出色的地方, 我少举几首, 比较一下:

第二首: "O, troop of little vagrants of the world, leave your footprints in my words." 若译为, "呵, 世界的小小的漂泊队, 留你的足印在我文字里。"那就死板极了。而郑译则为: "世界上的一队小小的漂泊者呀, 请留下你们的足印在我文字里。"加一二字便特别生动。

第七七首: "Every child comes with the message that God is not yet discouraged of man." 若译为: "每个孩子带来上帝还未讨厌人的使命。"何等笨滞! 而郑译为: "每一个孩子生出时所带来的使命, 就是说, 上帝对于人尚未厌倦呢。"简直醒豁极了。

第一〇五首: "Do not insult your friend by lending him merits from your pocket."若译为："不要从你自己袋里将勋绩借给你的朋友而侮辱他。"也未尝不是，但远不如郑译："不要从你自己的袋里，将勋绩借给你的朋友，这是侮辱他的。"为明显。

第一一八首："Dream is a wife who must talk."这一句若译为："梦是一个要谈话的妻子"便没有"梦是一个喜欢谈话的妻子"传神。

第一六一首："The cobweb pretends to catch dew dropsand catches flies"照原文译过来，可以说没有什么意思。而郑译为："蛛网好像要捉露点，却捉住了苍蝇"；意思何等充足！可见译诗不惟得懂文法，还要得彻底懂它的意思，不然，就要上它当。

第一九六首："My heart is like the golden casket of thy kiss, said the sunset cloud to the sun."要译为："夕阳的云片对太阳说：'我的心好像你接吻的宝箱'。"谁敢说不对。而郑译为："夕阳的云片向太阳说道：'我的心经了你的接吻，便似金的宝箱了'。"就响亮得多。

第二〇四首："The song feels the infinite in the air, the picture in the earth, the poem in the air and the earth."这几个逗号在文法上说是平列的。案文应译为："歌声在空中感得无限，图画在地上感得无限，诗在空中并在地上感得无限。"而郑译则为："歌声在空中感得无限，图画在地上感得无限，诗呢，无论在空中，在地上都是如此。"句子稍微变换便觉得特别有力。但读者看到这里，必定疑着他这种译法有违原意的地方，其实不然；因为下文是"因为诗的辞句含有能走动的意义，与能飞翔的音乐。"显然是侧重"诗"上。

其他如二三二首中的"Under another name"译为"只是名字换了"。二五三首中的"With its petals of hills"译为"他花瓣似的山峰"。二七九首"We live in this world when we love it"译为"我爱这个世界

时，我便住在那里。"三二三首中的"...and I am glad that I am in this great world"译为"……于是我以我在这伟大的世界里为乐。"(此处 and 要不译为于是，就很难读下去。)这都足开我读诗的法门。

还有几个怀疑的地方，我要请教你的，现在也记在下边。

第三二四首："...They are open spaces where my busy days had their light and air."郑译为"他们是一片空地，是给日光与空气与我忙碌之目的。"这一句子译得似乎有点不明显。至于"他们是一片空地"的一句，似乎是错了；因为依原文说，spaces 是多数的；依中文说，要指着许多块地，说他们是一块地，似乎有点不对。

第二八四首"爱就是我的生命在他的充实时，正与酒杯盛满了酒时似的。"译的一点也没错，但我读着原文"Love is life in its fallness like the cup with its wine."并不觉有点不顺适，但译文读着就似乎有点不甚方便。到底在什么地方有毛病，我也不知道。我想着也许是他在那"充实时"下边放了一个逗，令读者容易读成一句的缘故，恐怕也不尽在此。如果大胆把两句译成一句"爱在他的生命充实时就像酒杯盛满了酒似的。"不知对不对？一九三首"满是理智之心"也不甚明显，因为人很容易一猛地把"满"看成一句之主。

第二二三首"Life has become richer by the love that has been lost"译为"生命因为有失了的爱情，而更为富足。"我也有点疑惑；因为原文是"现在的即事式"没有"有"的意思；且失了的爱情，若是"有"了，那差不多等于没失；此诗还有什么意思？且在我们中文上要说，"我们复有了曾失的金钱，或我恢复了曾失的财产。"听的人还可以懂。若说"我又失了的金钱，我又失了的财产。"听的人便摸不住头脑。到底是失了？到底是恢复了？我想着把它改成"生命因为失去了爱情而更为富足。"不知有无错误？

第一八一首，"My flower to the day dropped its petals forgotten"这Forgotten 到底是限制这 Petals 呢？还是 My flower of the day 的语词呢？若是后者，那郑译为"我的画间之花，垂下它的花瓣，忘了一切。"可以说是不错。若是前者，我便有点疑惑了。要有人说要照前者译成不是"我的画间之花，垂下它忘却的花瓣。"么？花是先忘却而后垂下呢？是先垂下而后忘却呢？这先忘却而后垂下和先垂下而后忘却都有意思。但我想还是照住文法译出好一点，因为说要说"垂下了忘却能花瓣"，似乎还有点深味。这不过是我的僻想罢了，对与不对待质之于通人。

第一四四首"妇人，你用了你庄严的手指，触着我的器具，秩序便如音乐似的生出来了。"原文的 Grace 译为庄严，似乎不甚妥，且用"庄严"二字形容"妇人"的手，未免太重了。

第一二六首，郑先生把 But dance of the water sings the pebbles into perfection 译成"乃是水的跳舞，使小石唱着入于完全之境。"但我在小字典上查 Sing 没有"使……唱"的意思。

第一一一首 That 译为那些，许没有大关系。

第五〇首"The mind, sharp but not broad, sticks at every point but does not move." 郑译为"心是尖锐的，不是宽博的，它是一点一点地击着走而不是转动的。"我起初读时，就有点疑惑，想着心是尖锐的，还敢击着走？击一下，就把尖锐打折了。我这很可笑的想法，也不知是由何而起？及拿原文一对，便疑郑先生把 Sticks at 一猛看成 Strike at 了。按 Strike at 有击打的意思，而 Stick 一字，有穿入的意思，有贴的意思。to stick at it 有逡巡狐疑的意思。我想着心是尖的，穿在或贴在什么地方，所以不能转动，不知我这是谬见不是？

第三六首"瀑布歌道：我有自由时，便有歌声了。"把 Find 译成"有"未免嫌弱些。

第一二首"What language is thy answer, O SKY？""The language of eternal silence."译为"天空呀，你怎样回答"？"是永久的沉默。"呼应的我疑为有点不顺。若照原文译为"你回答的话是什么"？再应一句"是永久的沉默"。呼应较顺一点。至于用"怎样"和"是"呼应，似乎不甚妥当。

其他二二〇首"把我做了我的杯罢"，应改为"把我做了你的杯罢，"二〇一首"黄蜂以邻蜂储蜜之巢为太少"的"少"应改为"小"，一二〇首"你得美如一个可爱的妇人，"的"得"应改为"的"，二四首"正无眼睑"的"无"应改为"如"。

先生！我这不重要的生活，也不知你肯耐心看到这里否？

"真智者不哂愚者之言"，也许先生不讥我不笑我的，学问的事是由研究出来的。而现在国内有许多人辩起学问，就要谩骂。所以我对于通信研究上，深鄙谩骂，亦深怯谩骂。我这封信是领教先生的意思，不要看错了。

先生如有余暇，来信告我误的是否有对的。如果太忙，可将原信上逐条批了"对"与"不对"的字样，寄回来，我就很感激了。

——《文学旬刊》第 79 期（1923 年 7 月 12 日）

论《飞鸟集》的译文
——答赵荫棠君（1923）

西谛（郑振铎）

荫棠先生：

我很感谢你肯来信指教我。译诗是最困难的一件工作，偶一不留神，便容易把原意误会了。我译《飞鸟集》，所费的时间似乎太少，所以没有仔细复阅的功夫，自知错误是决不能免的。当我把它拿去付印时，还不十分觉得，等到出版后再重看一遍，便检出许多错处来，但是已经不能改正了！我当时本想自己把错误检举出来，因为没有闲功夫，至今还没有动手。这是我对于读者应该致十二分的歉意的。

现在，承你费了不少功夫，替我找出几个错处，使我得减少几分的工作；这不仅是我，也是一般读者所应该向你致谢的。

但有些地方，我还要说几句话；希望你再详细地讨论、指教！

第三二四首，"Spaces"译为"一片空地"确是错了，应改为"几块空地"；译文也拟改为："它们是几块空地，我的忙碌的日子，从那里得到它们的日光和空气"，似乎较明了。

第二八四首的你的译文与原意不大对，请你仔细读一读原文，便可明白一切了。我的译文很坏，但不大错（以后当再把它改译得清楚些）。第一九三首的"满是"二字，即是"全是"的意思。

第二二三首的译文，在中文里稍为生硬，但我自信与原意无违背之处。你的译文很好，但似太直率。

第一八一首的译文，我也自信没有错，因为"forgotten"一字，如系形容 Petals，则尽可以直置于 petals 之前，不必置于其后。不知你以为如何？

第一四四首，grave 译为庄严，实不甚妥。但也没有什么更好的字，或者可改为"端庄"。

第一二六首是译其大意，当然不能单拿出 Sings 一个字来说，我以为原文是省略了一二个如 let 等字。再明白的说，原文似是"But dance of the water let the pebbles singing into perfection"的意思。

第五〇首译文，"击"字是"刺"字的错，原文确是"一点一点地刺着走"的意思，决无穿着或贴着什么地方的意义。

第三六首及第一二首所讨论的都没有什么关系，所以不必提了。

其他如二二〇首"我"字应改为"你"字之类，则完全是排印上的错误，并不是译文的错。

我的译文还有好几个大错处，你却没有指出来。如第四首"把她的微笑你存在花里"，应改为"使她的微笑维持盛开着"，第十一首，"人物"二字，应改为"手指"之类，现在不能列举，且等再版时改正。

【……】

——《文学旬刊》第 79 期（1923 年 7 月 12 日）

论翻译的标准（1923）

郭沫若

美的自行掩饰无损于它的美。丑的自行掩饰愈形其它的丑。

人莫不爱美而恶丑，尤莫不欲增进自己之美而美化自己的丑。

丑者的掩饰心理也是爱美的表现，但他的方法错了。

西子蒙不洁则人皆掩鼻而过之，不洁之上即涂上五百层胭脂水粉，不洁仍是不洁的，只是徒劳。

聪明的西子肯打盆清净水来把自己的不洁洗了，她才愈能显出是倾国倾城的西子。

翻译也是这样。

张东荪氏说翻译没有一定的标准，这在文体上是可以说得过去：譬如你要用文言译，我要用白话译，你要用达意体译，我要欧化体译，这原可说没有一定的标准。但是这些所争的是在什么？一句话说尽：是在"不错"！

错与不错，这是有一定标准的！原书具在，人的良心具在，这是有一定的标准的！

我们所争的标准，就在这错与不错！这是显而易明的道理。

譬如张东荪译的《物质与记忆》，成仿吾在《创造季刊》二卷一期上批评他错了，我们第三者看来也承认他是错了。张氏对于仿吾的批评尚无直接的表示，大概他自己也默认是错了。

错了是只好认错，能进而感谢指摘的人，而自行改正，这便是真正的"人"所当走的路。

指摘一部错译的功劳，比翻译五百部错译的功劳更大：因为他的贡献虽微而他的贡献是真确的。这种人不独译者当感谢，便是我们读者也当感谢。

误服了鸦片以为是健骨金丹，医生提醒我们说鸦片是毒药呀！我们豁然惊悟时，还是感谢医生？还是感谢鸦片贩卖者呢？

最通用也是最丑劣的掩饰手段：无过于顾左右而言他。

张东荪对于成仿吾的批评虽尚无直接的表示——我认他是应该有一番直接的表示：因为他把错译误了人，虽是出于无心，也应该出来向评者与读者道歉；假使他是不错，也应该说一番不错的道理。

但是他近来在《时事新报》上倒很说了些关于翻译的话：譬如前引的翻译没有一定的标准，又譬如最近他答复人的信，说"译书不是名山事业，不必十分矜持，……对于翻译前途的负担而言，似乎被挑剔者比挑剔者所贡献更多"。

他说的这些话，连他自己也无十分的自信，我们看他用些"不必十分"和"似乎"等类的浮滑字眼，便不啻如见其肺肝了。

连他自己也不能自信的言论，我们当然可以置之不辩；不过我所希望于张东荪氏的：是望他不要以为用这些浮滑的言辞便可以把自己的错译掩饰得过！

过而能改，善莫大焉。

过而不改，是谓过矣。

前者是有器根的人，后者是不可救药的人。

六月八日

——《创造周报》第 10 期（1923 年 7 月 14 日）

再论《飞鸟集》译文
——答梁实秋君（1923）

西谛（郑振铎）

【……】

二、太戈尔诗集

梁君不赞成我的选译的主张，他说："我们若为介绍而翻译，尤其是介绍全集而翻译，所谓'选译主义'是大大地要不得的。"

在这个地方，我觉得梁君有些不明白太戈尔诗集的性质，太戈尔的诗集，用彭加利文写的，约在二十种上下。通行的英文本诗集，所谓《园丁》，所谓《飞鸟》，所谓《伽檀吉利》，等等，已经是选译本了。且诗集本来比不得什么"长篇小说"；如果把小说选出一段来译，自然可以说是不忠于原文，可以说是绝对不可能的；至于诗集，则正如什么"短篇小说集"一样，每首各自为篇的，选译绝对没有什么关系（但如尼克拉莎夫（Nekrasov）之《俄人何处有快乐与自由》及卡本德（E. Carpenter）之《向民主主义》等长诗，不能割裂的是例外）。譬如我们把歌德或丁尼生的诗，选了许多篇来译，编成一本歌德或丁尼生诗选，能否算是"东割西裂"的东西呢？何况太戈尔的所谓《飞鸟》《园丁》等诗集，本不是"一个完整的东西"，更不必怕被人"东割西裂"的选译！摆伦（Byron）的长诗 *Don Juan* 第三篇中，有一段哀希腊诗，许多人都取出来译，这真可算是"割裂"的东西，但何以没有人说他"割裂"呢？

梁君说，"选译家"译出来的只是一堆七零八落的东西，不是原著诗集之本来面目。但老实地说一句话，英译的几本太戈尔诗集，原来便是一堆七零八落的东西；虽然如新月曾注上"儿歌"，"伽檀吉利"注上是"颂歌"，"园丁"曾注上"爱和生命的歌"，但内容实在是复杂得很，并不能以什么"儿歌""颂歌"之类的名词来刻舟求剑地寻它的意义。试举一例，如《新月》中的"海边""起源"及"当我给你以彩色的玩具时"等诗，在《伽檀吉利》上也一字不改地登载著（第六十至第六十二首）。他们到底算是颂歌呢，还是儿歌呢？且即在同一个诗集里，前后也有重复的地方，如《飞鸟集》第九十八首"我灵魂里的忧郁！"与同集里的第二百六十三首完全相同。由此可见当时编辑者的不注意，由此更可见一所谓太戈尔的某某诗集实不是"一个完整的东西"而选译不能算是"割裂"了。质之梁君以为如何？

但说到这个地方，选译的主张，我却还是不敢宣传。我虽然因为时间与能力所限，不能全译太戈尔的"英译本"诗集，却很希望太戈尔的诗能"多多益善"地介绍过来。这个责任不知梁君或别的人能慨然担负否？如果他们的工作是很好的，那么"日月出而爝火熄"，到那时候，我的这种小工作便可束之高阁，或投之深渊以藏拙了！何幸如之！

三、《飞鸟集》译文

关于《飞鸟集》的译文的讨论，上期本刊上曾登过赵荫堂君和我的两篇文字，现在不再多谈，只就梁君所举的四首略说一说。

当《飞鸟集》出版时，我自己就很后悔，因为当时即已发现了几个错处。我译这本东西，有一大部分是在去年大暑天于二日内译好的，所以有几个地方便很疏忽地误译了。后来想在报纸上自己改正一下，因为事情太忙，竟没有功夫做这个工作。承赵君和梁君继续的提示我以有改正的必要，我很感谢他们，以后当留出些时间，再仔细的改正一下，再求他们及一切读者的批评。

现在，闲话不提。

梁君所举的第四首和第十一首的错误，我自己已在本刊上期《论飞鸟集译文》里提起而且改正过了，所以这里不再说。

关于第一首的译文，"Have no song"，我本来是译为"没有歌声"，后来因为这句话在中文里不大妥切明了，所以改为"没有什么可唱。"我觉得这里译法并不十分违背原意。如果翻译要一个个字都对准原文，不要说是不可能的事，即可能，也似乎太病拘束了。

八首的译文，梁君把"雨滴在夜间"改译为"夜雨"，似较我简明，我当依他改一下。但梁君提出我们译文："她君热切的脸，搅扰着我的梦魂，如夜滴一在夜间。"说，"这样一来，乃是把'她的脸'比作'雨'，'搅扰着'比作'滴'，'我的梦魂'比作'夜间'了。"这实是"故入人罪"；正所谓"欲加之罪，何患无辞。"我的译文，我想，除了因太欲符合原文而使译文不大明了之外，似乎还不至"与原诗的诗意大相左。"

因梁君所举仅此，故此外不再谈。

——《文学旬刊》第 80 期（1923 年 7 月 22 日）

波花——论译《牧羊人的悲哀》——并答梁君（1923）

孙铭传（孙大雨）

一

译诗不是译散文：并非要译得信实，"不失原意，……不自欺欺人"；非但要译得达旨，"求读者能懂"；还要译得风雅，要把外国诗里的神韵移译进本国文的字里行间。这是译诗的理想标准。希望点定了三个相近的靶子，要译者放射锐利的笔锋。能干的译者便能同时发中三者，于"信""达""雅"都能有一部分的顾虑，不使注意力完全偏倾在一方面，而把其余的抛弃。但是理想的灯光总在将来的雾里朦胧闪烁，我们希望三方面完全无缺，可是这层万级崇阶，用尽了心力，只能攀登到"信达雅不完全缺的一级"。因为要上这一步，所以有时不妨把不损大体的小节牺牲，迁就那比较重要的地方。例如——

I gather Them, But No One

Will Take The Flowers From Me,

我采集了它们，

　　但无人来把花儿收受。

　　倘要依了字眼呆译，须要这样才对：

　　　我采集了它们，但无人

　　　将把花儿从我处拿去。

　　这样译法虽然不致取笑于某一类的人，但看了只觉得不爽快，只觉得僵硬呆板。稍懂文学上经济简洁为可贵的人，谁都不会否认前译比后译为优！

　　英法德诸国的文字，虽不是完全一致，但大体相同的地方很多；与我们的文字相比，则截然不同。他们类似的地方很多，所以翻译的困难也不像我们的那么厉害。偶然看英译的外国文字，几种译本常有几种不同的译法。如 Charles Wharton Stork 译的歌德的名诗《欢迎与离别》第一节前四行为：

　　　My Heart Throbben High: To Horse, Away Then!

　　　Swift As A Hero To The Fight !

　　　Earth In The Arms of Evening lay The night,

　　　And over the mountains hung the night

　　　我的心儿怦怦高跳：上马，就跑！

　　　像勇士赴战一样飞跑！

　　　大地偃卧在黄昏的臂腕之中；

　　　夜幕在山间悬吊。

　　John Storer Cobb 的英译便不同了：赴幽会时的心境"心儿怦怦高跳"与赴会时"像勇士赴战一样"的比拟完全没有——

　　　To Horse! —Away, o'er hill and steep!

　　　Into the Saddle blithe I sprung;

The Eve Was Cradling Earth Sleep

And night upon the mountain hung.

上马！——去，穿山过岭驶跑！

我欢欣地跳上了马鞍。

黄昏正在把大地摇睡；

夜幕在山间悬吊。

我看了两种译本，不知道"心儿怦怦高跳"与"像勇士赴战一样"两句是 Stork 添的蛇足，还是 Cobb 把它们遗漏了：这可见译诗的难于下笔了。

二

本刊六十七期我的《歌德五首》是 John Storer Cobb 英译的《歌德全集》里抽择出来的。Cobb 英译的版本与出版处如下：

Edition de luxe

Edited by nathan haskell dole

International Publishing Company

New York

后来又把《德国文选》里的 W. E. Aytoun 和 Theodore Murtin 两人合译的与 Cobb 的英译对照，结果很惊人，两种英译非但用字完全一致，便是句读也没有一丝不同。我很相信他们的 honor，我相信《德国文选》的可靠。《德国文选》凡二十卷，是德美大学的德国文化文学教授与美国研究德国文学的专门家所辑集，收罗德国名著的最高译品。出版地点与版本如下：

The German classics,

Masterpieces of German literature,

Translated into English,

Patrons edition,

The German Publication Society（New York, 1913）

所以我信《牧羊人的悲哀》在五首译诗之中为最可靠的一首。现在且把两种相同的译品抄录于后——

The shepherds lament,

Up yonder on the mountain,

I dwelt for days together;

Looked down into the valley,

This pleasant summer weather,

My sheep go feeding onward,

My dog sits watching by,

I've wandered to the valley,

And yet I know not why,

The meadow, it is pretty,

With flowers so fair to see;

I gather them, but no one

Will take the flowers from me.

The cool tree gives me shadow,

And shelter from the rain;

But yonder door is silent,

It will not open again!

I see the rainbow bending,

Above her old abode,

But she is there no longer;

They've taken my love abroad.

They took her o'er the mountains,

They took her o'er the sea;

Move on, move on, my bonny sheep,

There is no rest for me!

　　昨天我踱进图书馆报纸室，有个朋友把《文学旬刊》往我手里一塞，轻轻地说道，"呵呵！你这该死鬼，有人骂你呢！"张开报纸一看，原来是一篇论我译诗谬误的大文。文中充溢着一堆一堆的训词，与大阵的谩骂的烟火；结末有"草于同德医专"六个小字，我才放了心，因为浓烟烈火把我熏坏后，说不定梁君会为我医治呢。

　　我在此反复申明，我译的《歌德五首》是从 Cobb 的英译本译的。梁君是从德文译的。我德文一天也没有读过，一个德文也不识，不像梁君有七八年的精深研究。我只对于 Cobb 负责任；若是我的译品对于他的英译"大误特误"，我自愿认罪，否则我要教训一番 Cobb 说："你这大胆的饭桶专家，真是不通之极！穿凿附会，取巧一时，结果还是被读过七八年德文的梁君发现了你侮辱歌德的证据。何必弄巧反拙，讨没趣？"如今且把我的译品与英译对照比拟一下，"解剖给大家看看"，是否我"大误特误，将不能解处节去，而以己意补之。"

"Up yonder on the mountain"半句，我译时曾有两种译法：一是"在那边的高山之上，"一是"那边，在高山之上。""Up"与"on"两字译成华文为"高"与"在……上"。"on the mountain"应为"在山上"。但是因为为译出"mountain"与"hill"的分别，所以便译之为"在高山之上"，至于"Up yonder"两字，我以为依文法而讲，有二种用法：一是形容"I dwelt for days together"的"dwelt""I dwelt"得怎样呢？一，"dwelt on the mountain；"二，"dwelt for days together；"三，"dwelt up yonder."依文法讲，第二种用法是把"Up yonderr"作为形容"on the mountain"的副词，"on the mountain"是怎样情形呢？是"up yonder"。至于"Up"一字，我们一望而知其限定"yonder"的。所以这半句我们可译之为"高高的那边，在高山之上，"或"那边高高的在高山之上。"但是三个"高"字似乎把英译的意思译得过甚了，因此把两个"高"字删去。我觉得，这样于英译的意思损失不多，虽然于"Up"一字稍亏；但"高山"的"高"字，多少总有些暗示给"Up"，于是我就定了把这半句译为"那边，在高山之上。"

可是有人便要把"yonder"一字作为形容"mountain"的，把这半句译为"在那边的高山之上"，如我移译时第一个臆测，或译为"在彼山之上"，如梁君所译（我不识德文，梁君译得错不错，我不能下断语；但若把英译与梁译对比，则梁译把"yonder"作为"山"字的形容词。）可是我们要看清楚，虽然诗里面的字眼往往因凑和音节的缘故而颠倒字句的组织，把形容词放得极远，现在的情形却绝对不然。我们且看—— Up yon | der on | the moun | tain

这是 iambic tetrameter（第四 feet 第二音缺）。倘"yonder"一字为

形容"山"字的，英译者尽可把它移近"mountain"如后：

Up on ｜ the yon ｜ der moun ｜ tain

⌣ ⌣ ｜⌣ ｜

这样一移，非但和原译的音节完全一致，且可使意义明了。我想 Cobb 的英德文程度总不止七八年，这样简单的技巧不会没有。

我说过，"yonder"不限制"dwelt"，便限制"on the mountain"；可是不论怎样，

那边，在高山之上，

"dwelt for days together"，

"那边"两字也是很活动的，也可以把它们当作形容"在高山之上"的副词，也可以把它们当作形容"dwelt"的副词。说了一大篇，我已证明了这半句话"孙君"不曾"译得大误特误；"非但如此，若不是 Cobb, Nytonn, Martin 三人不曾"安心读几年德文"，定是梁君"弄巧反拙"了！诸君以为如何？

第二行"dwelt for days together"这"Dwelt"一字，有两个歧义，"居住"与"停留。"我翻译时游移不决，不知道英译的意义怎样。牧羊人也许住在山上，领了他的牧群喂草；也许住在山下，领了他的牧群上山饲食。两种说法都很通，没有什么说不过去，所以我采取前义完全是无可无不可的偶然。"前义完全是无可无不可的偶然。什么说不，照英译讲，不能译之为"百转千回"，译作"很久"尚切适。它的意义是"停留"时间的绵延久远，不是"停留"次数的繁多。若要译得比"很久"好些，可译作"年长日久"。所以这个 Main Clause，现在改译之如下：

我曾停留得年长日久。

"曾"字表示"停留"时期的过去（Past）。

"Looked down into the valley"严格地译，应为"俯视山谷"。"Valley"是否为"山谷"，抑为"山崖"，读过一年英文的人便能知道，不须多说。山谷是两山之间的凹处，牧羊人既要"俯视"，当然比牧羊人的"停留"处为低。（若说"俯视"而不低，真是天下古今无独有偶的大笑话）！"山谷"既比牧羊人的"停留"处为低，当然在他视线的下方。——梁君说我把"下望"的动词连合词当作"山谷"的形容词，说我把"Looked down into the valley"译成"Looked into the 下方的 Valley"，适足以证明梁君的粗心糊涂。须知我一个"俯"字就等于梁君的"往下"，而"下方的"三字只是因为"俯视山谷"四字写成一行似乎太短，太参差不齐，太把英译修短相同的美质失掉了，所以添入的，想使译笔与英译差不多整齐。若说加了三个字与英译的意义无甚出入，而于整齐的美上稍有裨益，我们何苦不加呢？我想谁都不会否认。

"This pleasant summer weather"，我译为"欣欣夏天的气候"，于"达"字尚嫌不足。顶好译为：

在夏日欢欣的气候。

在意义上讲，"在"字不可少。梁君说原文有"我扶着杖，弯着我的身"，我"竟弃而不译"。若原文真有这样的字句，那便是 Cobb 的"大胆"，便是他"竟弃而不译"。我只能对英译负责，不能对原文负责，因为我不是先知，不是预言者，无从推测未知的事情。

我译"My sheep go feeding onward"为"我的羊羔吃着草"，并没有错。照着字眼译，须是"我的羊群边走边吃着"，这是多么不流畅呵！前译，无论如何，便是你有一百零八个舌头，也不能说它是"自误误人"，"取笑于人"的译笔。若是有人能把"My sheep go feeding onward"译作"我跟在出牧的羊群后"，那才真是天大本领呢！我情愿三跪九叩首拜他为老师。否则我还是坚信"我的羊群吃着草"为对的，等到有更好的译法出来。

"My dog sits watching by"当然译作"我的狗儿坐旁边看守"。即使德语原文是"我的狗替我把它们看守"，在译文里"替我"两字大可省去，无伤本旨。若是译外国文字都要像梁君那么依了它的每个字枝枝节节译出来，译品只是一堆一堆毫无生气的烂木头，有何美感与生气可言？

这两行：

"I've wandered to the valley"

And yet I know not why.

直译当为：

我已到山谷里闲游，

可是不知道为什么。

但是英译第二第四行的末音"by"与"why"同韵。我尽力想把第二第四行的末字使它们音近，可巧第二行末字为"守"，而第三行末字为"游"，而第三第四两行可以对调，且不致失去原意。我毅然决然的把它们颠倒了。但这样颠倒一下，语气词句间稍有龃龉，于是改变语气为不可少了，终于这样的决定：

虽然不知道为什么，

可是我已到山谷里闲游。

这两句直译成英文为"Although I do not know why, yet I have wandered into the valley"这个虽于语气稍有差池，但于要旨无乖，这

是音节的关系，是为"守""游"两字而牺牲的。至于译"wander"为"闲游"，是否"谬误"，阅者自能下公平的判语，不容我来。

因了我说明译法的缘故，两节诗一总只有八行，已占了《句刊》这许多地位，抱歉之至，让我赶快收束罢，第三节：

> The meadow, it is pretty,
>
> > With flowers so fair to see;
>
> I gather them, but no one
>
> > Will take the flowers from me

我译之为：

> 草地很美丽的，
>
> 还有这般艳姣的好花；
>
> 我采集了它们，
>
> 但无人来把花儿收受。

仔细斟酌一下，我觉得"有"字不妨改为"开着"，可是"flowers"一字为多数，便是德文，据我的猜度，也不会是单数。不知梁君怎样一时忽略，译之为"它"，请梁君以后若欲论文的谬误，自己也要细心一些。

> The good tree gives me shadow,
>
> > And shelter from the rain;
>
> But yonder door is silent,
>
> > It will not open again!

我这样译：

> 好树给我荫，
>
> 又蔽护我于雨；

> 但是那边的门静着，
>
> 将不复开了！

在英译里，我始终寻不出"暴风"与"急雨"，更无所谓"可怜往事都是梦呵"！

> I see the rainbow bending,
>
> Above her old adode,
>
> But she is there no longer;
>
> They've taken my love abroad.

> 我望见彩虹弯环
>
> 于她的旧居之上，
>
> 但她不在那边了，
>
> 他们取去了我的爱。

诸君，"They've taken my love abroad"怎样译法？应为"他们取去了我的爱，"抑是"她今走向地球之远道？"何谓"不通之极！"

> They took her o'er the mountains,
>
> They took her o'er the sea.

是否应译为：

> 他们取她经过山，
>
> 他们把她带过海？

为增进时间的明了期间，我这样稍改：

> 他们取了她经过山，
>
> 他们把她带过了海。

他们把她带过为过去的动词，我想，Cobb，Aytonn，Martin 三人，无论如何，总不致原诗的时间也改动了。可怪的是梁言译为：

他今……

他今……

他非但把牧羊人的 love 经山渡海的时间从 Past 改成 Present，且把牧羊人的 love 的性（Sex）也改了。笑话！笑话！歌德原诗里的"牧羊人"却也有些古怪，大约他也像中国青年没有异性恋爱的机会，而以同性恋爱代替。可是这又不尽然，只看梁译第五节末二行：

但她已经离了斯地了，

她今走向地球之远方。

那真使人徨彷中途，不知道牧羊人的 love 是男性还是女性，梁君译的是"歌德的诗"，不是他"自己的诗，"幸有以教我！

末节第三行"Move on, move on, my body, my sheep"我本译之为"我的瘦骨嶙峋的羊儿前行前行"（这句似乎已经本刊编辑改动过，因为我付邮时未留底稿，所以无从查检）我觉得应译作"我的瘦骨嶙峋的羊儿，前行"若欲更好些，不妨改为"前行，前行！我的瘦骨嶙峋的羊群！"

译作全诗末句"There is no rest for me"我瘦骨"我永没有一刻的安息，"怎么"去题太远了？"

三

全诗已仔细解释过，且稍有改动处。诸君不妨把我的初译、梁君译品、英译与我改动后的译品对比一下。现在且把我的改译抄录于下：

牧羊人的悲哀

那边，在高山之上，

　　我曾淹留得年长日久；
　　俯视下方的山谷，
　　在夏日欢欣的气候。

　　我的羊群吃着草，
　　狗儿在旁边看守；
　　我还不知道为什么，
　　虽已到了谷里闲游。

　　草地很美丽的，
　　还有好花，这般艳姣；
　　我采集了它们，
　　但无人来把花儿收受。

　　好树给我荫影，
　　又蔽护我于雨；
　　但是那边的门静着，
　　将不复开了。

　　我望见彩虹弯环，
　　于她的旧居之上，
　　但那边，她已不在；
　　他们取去了我的爱。

　　他们取了她经过山，

> 他们把她带过了海；
>
> 前行，前行！我瘦骨嶙峋的羊群！
>
> 我永没有一刻的安息！

这是我暂认为最满意的译笔了。

我翻译《歌德五首》时是在寒假中的一天，推敲的时候虽不可说多，但比近来一般翻译莫泊桑短篇小说的"速成译家"译时总得久些。译后自知于"信""达""雅"三者都有所缺，且缺得很多，所以便搁在抽屉里，后来便忘了，约过了四星期左右，才从书底下找到。顺便付了邮，寄给六逸先生填《旬刊》的空白。寄出后下一期即蒙谢君登出，那时倒反悔起来，何不再推敲几次发表！呵呵！

批评与指证我不是不欢迎；只因我的译自英译，梁君译自德文，我只能对英译负责，而君要我对原文负责，这是旗鼓不相当。但是有许多的地方明明是梁君存心挖苦，以自显其能。其实读七八年德文没有什么大惊小怪，读过七八年德文的，中国多着呢！请梁君稍安勿躁。此外还说了一大堆不好的话，如"取巧一时""污辱歌德""看轻者""讨个没趣""弄巧反拙"等。临末劝我"安心再读几年德文"。我想梁君是学生，不是快要归西的八十老人，这样老气横秋的训词，大可不必赐人。我一方面领受并感谢了梁君劝我读德文的好意（若是真有好意），一方面劝梁君放出我们的青年气概，不要暮气太重了。

> 幽昏的夜雾紧闭着宇宙，
>
> 流萤的光射破深伟的黑暗。

六月十八日，清华园

——《文学旬刊》第 80 期（1923 年 7 月 22 日）

牧羊者的哀歌（1923）

成仿吾

今早我病卧在床上，懒懒地把一些使人头痛的新闻电报看了一阵，正在纳闷得很，偶然翻到了一张写了许多蟹行的文字的，再从头细看时，却是多少记得的关于翻译的一件讼案。我记得从前的《文学句刊》上读孙君的译诗时，因为与原诗有许多地方不同，便已疑他不是从德文直接翻译出来的。后来读了两篇批评的文章，虽觉得评者立言微有过火之处，但他所指摘的地方，似乎还没有错。我苦于没有英文的译本，不能证明到底是怎么一回事，所以今天译者孙君把英译登了出来，便使我把这闷葫芦打破，有如白日青天一般明白了。

孙君的译诗，若就英文论，确是不可厚非，所以若孙君表明了是由英文译出，而评者梁君还那样不宽恕，却也太苛；反之，若孙君没有申明，梁君把原诗来指摘，却是很正当的。

我一面这样想，一面因为想看看英译到底错不错，所以便勉强爬起来把《歌德全集》的第一册翻出来看了。这位美国的文学专家的译诗错得怎样奇怪，我想凡懂德文的朋友看了，一定也与我一样觉得奇怪。歌德这首诗本来不大好译，然而由德文译为英文，我想比译为中文当然容易，这位文学专家译出这样的东西来，我倒疑他正是我们现在的翻译匠的一个好对手。

通盘再算起来，孙君与梁君都没有错，两君可以永弃干戈而以玉帛相见；错的只是这位英文的译者。我为证明他错了起见，便把这久想译出来的诗，边读边译了，当然我自己也是不满意的，不过我今早吃了些发汗的药，我相信我背上流着的冷汗，药的效力总要多些。

我拖着痛脚跑下楼来想给沫若看，不想他听说我译了，倒叫我暂不给他看；他马上翻着原文高声朗诵起来了。不上二十分钟，我正在修改的时候，他已经译出来了。他的比我的更是意译，于证明英译文之不忠实很有益处，所以我把它同登在这里。

翻译事业总以根据原文为佳，是我素来所主张的。这回的讼案更使我确信我的主张，我愿"雅典主义"的翻译家也由此猛省。

【……】

——《创造日》第 4 期（1923 年 7 月 24 日）

读《波花》并答孙君（1923）

梁俊青

  吾人无论翻译什么文艺作品，都须有了解原文的本事，或最少以原文的意义为标准，才不致以讹传讹，弄出笑话来，这是谁也知道的，不是一个同德医校的学生梁俊青才知道的。

  我读了孙君的《波花》，知道他因为我批评了他译哥德诗的缘故，竟做了几千字的《波花》来反驳我。唉！孙君！太苦了罢！你试把哥德的原文和Cobb的译文对一对，你就知道这次又枉费心机了。（你说没有读过德文，你可请一个晓德文的人来对一对，再不然，你自己拿《英德字典》《德英字典》或《德华字典》来对，想你总晓得找字典的。）

  但是我当初完全没有想着你不懂德文，以为你是研究德文的大学生，所以才据着哥德的原文来评你的译作。呵！孙君！你原来是不懂德文的吗？我真对不住你，我千不该，万不该，把你不懂德文的当作懂德文的来批评，更不该把你照着Cobb的劣译文来译哥德诗的，当作以哥德的原诗翻译的来批评，弄得你三焦冒火，七孔生烟，我的医术又不精，不一定气煞之后，要我赔偿人命哩。

  我把《波花》一字一字地读下去，才知道不懂德文的，也可以翻译德文诗，并且不知其原意的，也可以随便拿着几本译文作标准，就可以算翻译了。哎！有这样容易的事吗？难怪今日的翻译界弄得一塌糊涂哩。

【……】

我们试把原文和译文比较一下，就知道 Cobb 篡改有几何多，比方 " einem Stabe gebogen 和 Doch alles ist leider eintraum" 等句，无论你在 Cobb 的译文怎样找，也找不出来，又如 This pleasant summer weather 一句，无论我在原文上怎样去找，也找不出来，难怪你说"始终寻不出暴风，急雨和可怜往事都如梦"来哩。唉！孙君！你不去找哥德的原文来译，却拿着拙劣的译文来转译，弄得以讹传讹，我真为你可惜哩。我今将你在《波花》上许的大愿，特地重申一次，来替你骂一声 Cobb："你这大胆的饭桶专家。真是不通之极，穿凿附会，取巧一时，结果还被读过七八年德文的梁俊青发现了你污辱哥德的证据，何必弄巧反拙，讨没趣？"

至于英译方面，我知道你译得还不至大错，不过从"信达雅"三方面说，就未必罢！譬如 I see the rainbow bending 一句，你译为"我望见彩虹弯环"，其实 bending 是 participle 不是 infinitive，所以应译"环着"较为明了。又如 no longer 的意义为"不复"或"已止"，而你译为"不在"，试问"不在"意义与 no longer 的意义差得几何？我想稍懂英文的都知道，不必梁俊青来饶舌。

总之，我已将哥德的原文，逐句解出意义来，你就要想一想："原文和译文有没有不同，为什么梁某说我不对？"才是，你自己没有考虑一下，却拼命据着 Cobb 的坏译文，来同我谈论哥德的原诗，说什么"只忠于英文译"的话，不是笑话么？孙君！我真怜你，请你眼光放远一点，不要死译罢！

至于我的译文方面，我倒要和你说几句。你说"他今……"和"他今……"两句连牧羊人的 love 的性，也被我改换了。哈哈！孙君！你晓读中文，为什么在我逐句解释哥德诗的注释上，连"她"字也看不见么？请你不要无理取闹，将刻错了的字也拿来骂我！另外你指出 flowers 是多数，不是单数，所以不该作"她"。是的，我特别感谢你的好意，不过我也申明过，我的中德文程度太幼稚哩。

【……】

——《创造日》第 14 期（1923 年 8 月 6 日）

太戈尔《新月集》译序（1923）

郑振铎

【……】

　　我译《新月集》也是受地山君的鼓励。有一天，他把他所译的《吉檀迦利》（*Gitanjiali*）的几首诗给我看，都是用古文译的。我说，"译得很好，但似乎太古奥了。"他说，"这一类的诗，应该用这个古奥的文体译。至于《新月集》，却又须用新妍流露的文字译。我想译《吉檀迦利》。你为何不译《新月集》呢？"于是我与他约，我们同时动手译这两部书。此后二年中，他的《吉檀迦利》固未译成，我的《新月集》也时译时辍。直至《小说月报》改革后，我才把自己所译的《新月集》在它上面发表了几首。地山译的《吉檀迦利》却始终没有再译下去，已译的几首，也始终不肯拿出来发表。后来王独清君译的《新月集》也出版了。我更懒得把自己的译下去。许多朋友却时时催我把这个工作做完；他们都说王君的译文，太不容易懂了，似乎有再译的必要。那时，我正有选译太戈尔诗的计划，便一方面把旧译的稿整理一下，一方面参考王君的译文，又新译了八九首出来；结果便成了现在的这个译本。原集里还有七八首诗，因为我不大喜欢它们，所以没有译出来。

【……】

我的译文自己很不满意，但似乎还很忠实，且不至看不懂。

读者的一切指教，我都欢迎地承受。

我最后应该向许地山君表示谢意；他除了鼓励我以外，在这个译本写好时，还曾为我校读了一次。

十二、八、二十二

——《文学》第 84 期（1923 年 8 月 24 日）

杂感（1923）

梁宗岱

我们举目看看现在所谓批评家，很有因为自己未曾了解或者自己做不到而指摘或经修改他人的。无意中翻阅《创造》一卷四期来看，见其中有成仿吾作的一篇《沉沦的评论》，篇末说《沉沦》的作者郁达夫所译的《孤寂的高原刈稻者》译得不好，因而他自己把来再译一番。郁氏的译文，我曾于《沉沦》看过，好坏现在已记不清楚了。可是我读成氏所译的，不独生涩不自然，就意义上也很有使我诧异，觉得有些费解的！再三把自己所能够记忆的原文讽诵，总觉得有些不妥，还以为是自己记错了。打开华氏的诗集一看，呵呵，是了！第四行的（Stop here, or gently pass,）一句，原文的口气原是写"刈稻者"的或行或止的（当然只是译意），译者竟把它译作"为她止步，或轻一点儿"，这居然是当为作者自己的"止步"了。而且（Gently pass）两字，只译作"或轻一点儿"，亦不见得妥当。因为这样只译到（gently）一个副词，那主要的动词（Pass）却付诸缺如了！为什么成氏这么一个长于英文学的人（？），竟也有这么一个错误呢？想来想去，呀！知道了！因为原诗第一行的（Beside her）和这第四行的（stop here）都是把主词隐去的，而且又排列得好像排句一般。

（Behold her）的主词既不是"刈稻者"，（Stop here）的主词就自然也被猜作不是"刈稻者"了。——这自然是我的猜度。至于成君为什么会这样错误，这个神秘，还是请成君自己解答罢。老实说，以这么浅的一首诗而且有意去改译，还有这么错误，真不能不说是神秘！

原诗的第三节（即译文第二节）末二行的（Some natural Sorrow loss or pain, that has been and may be again）（may be）二字含有些"将来"的意思。它就是说"那些自然的悲哀、丧失或痛苦，在过去已经是了，而将来也会再遇到的"。（译意）成君译作"几回过了，今却重来"，"今"字可不知从何而来！

看了以上举出的错处，不能不使我对于成君的一切批评起了怀疑了！顺手再拿一本《创造》二卷一期来看，又寻着了他的一篇《命命鸟的批评》，一直看到次页的头几行，见他开始指摘命命鸟的作者的描写了。他是这么说的："读到'早晨的日光射在她脸上，照得她的身体全然变成黄金的颜色'。便觉得作者许地山君的观察未免太不的确了。早晨很微弱的日光，并且只射在脸上，就能照得全身变成黄色——这种现象我无论如何也想不起，在早晨的日光里，敏明——我们的女主人公——如果穿了特别颜色，也还有映成黄色的可能，作者既没有把它先写出来，不免要使人发生一种意外之感。"读完这么一大段，我起初也不由得不怀疑许君起来。但是我再三想过，这篇是以缅甸作背景的，或者这成君所谓"我无论如何也想不起"的现象，在缅甸有可能亦未可定。适同房的同学萧道康君自外来，他是缅甸土生的。我便质诸于他，他说："怎么不可能？缅甸的墙壁多是黄色的，就映以最微弱的日光，也自然会变成黄金色了。况且缅甸是在热带，就是在清晨也很烈呢！"我于是恍然大悟！忽然想起古人所谓"少所见，多所怪，见橐驼，言马肿背！"我们只恨许君不曾像与他教员般，先将缅甸的风俗习惯详细解释一番！——以后我就不愿读下去了！

成仿吾又在他的《诗之防御战》内否认现在诗坛上一切比较成功的作家，并且征引他们稍微有隙可乘的作品，而尤其否认的是冰心与宗白华（因为各家他还断章取义地征引，这两位却一字也值不得他的征引了）。他所以反对冰心与白华的根本理由是："诗也要人思索，根本上便错了。"我想："成君也是有作诗的；何不拿它来读读，他既然否认了这许多作家，想必定有很好的诗给我们读了"。打开二卷一期的《创造》来看，果然见到他的长诗（？）《长沙寄郭沫若》。足足有十节，占了八页的篇幅。我喜极了！在这百几十行的杰作内，预料定必有许多很满意的佳句了！一气读下去，却越读越失望起来！因为除掉每节第一句抬头称一句"沫若"！每节末二句的"你还记得么？哦沫若！"节节相同以外，还有许多累累赘赘的叙事的句子。不"要思索"确是不"要思索"了，可惜结果只成了徐志摩所谓"每行抬头的信"！——一封令人看之生厌的信！

译诗本是一件很难的事，尤其是以神韵见长的诗！有时因为需要或心起共鸣到不能不译，也只是不得已的。雪莱的诗是尤以神韵见长的。我们爱读他的诗，不独爱看他的图画的表现他的优美伟大的思想和想象，还爱听他的诗中神妙的音乐，把他的诗译成了诘屈聱牙，煞费思索的不通的中国文，而且夹着许多误解的，对于雪莱，对于读者，已经谢罪之不暇！还昂昂自谢地说："译雪莱的诗，是要使我成为雪莱，是要使雪莱成为我自己。译诗不是鹦鹉学话，不是沐猴而冠。……他的诗便如像我的诗，我译他的诗，便如像我自己在创作一样。"哈哈！这是什么话！亏他说得出来，然而这的确是从译《雪莱的诗》的郭沫若君的笔下写出来的。我不禁为我们中国的文学界贺！因为我们中国现在又产生一个超过"贾生的才华"的雪莱了！

我上面说误解，若不指出证据，恐怕郭诗人（？）要说我妄证。但是我们不必求诸远，只就他自己注明的《云雀曲》里的几处便够了。（Sunken sun, even, Silver sphere）几个字无论你翻齐了 Webster 的大字典，问了几多英文学教授，看了几多部雪莱的诗注，恐怕也找不到"旭日，晨光，日轮"的字样！"云雀啼于朝，不啼于夕"不知是几时新发明的禽学。（even）是（evening）的 Poetic form，一看就会明白的，不须郭君不辞多事来解明，（evening）解作（twilight），而（twilight）可以解作（dawn），我们断不能说（evening）或（even）就是（dawn），也是很明白的，医生！倘若你还不明白，让我把些肤浅的医事来比方罢，一种药能够医两种病是常有的，可是我们断不能因为这两种病都可以用一种药医治的缘故，就直截了当地说这种病就是那种病，对吗？（Twilight）所以同训（even and dawn）的原故，不过因为黄昏与黎明的光都同是一样极弱罢了。怎么可以说（even）就是（dawn）？至于 Keen、arrow、Intense 等字为什么用不到"月亮"上去？"晓日轮"怎么会成为"银色"？我也要敬问郭君一下。——我怕"晓日轮"不独不是"银色"，并且是"朱砂色"呢！

这样说来，不独配不上说"我是雪莱"，简直连"鹦鹉学舌""沐猴而冠"也配不上哩！因为"鹦鹉学舌"至少也学得通顺流利，"沐猴而冠"至少也冠得类似呵！

倘若一个人把一个大诗人的作品，糊里糊涂地译过中文来，便居然以那个大诗人自居。那么，中国现在真个不愁没有大诗人了！

郭君又曾译过歌德的《少年维特之烦恼》，现在又已把他的《浮士德》译竣，又曾译莪默伽亚谟的绝诗，那么，郭君可不又是歌德、莪默、伽亚谟了么？这样，我真不能不为中国贺，为世界贺了！因为中国现在已产生了一个雪莱、歌德、莪默、伽亚谟合一的大诗人了！然而郭君终究是不免为"对面的杨柳，摇……摇！"的作者。呵呵！……

自从成仿吾发表徐志摩的私信，因徐君批评"泪浪滔滔……"而疑及他有心污毁郭君的人格以后，我常常觉得奇怪，为什么小题大做到这么地步？再三地看看创造的诗，心中才有些儿明白。原来《创造》里有许多诗不谋而合上了徐君的骂的，如《创世工程之第七日》是"日记式"；《长沙寄郭沫若》是"每行招头的信式"；"一湾溪水，满面浮萍，几句蝉声"，和什么"一碧青天，半轮明月"是"计数式"等便是。（计数式或者徐君没有列入，那么就算是我说的也罢。）

近人发表创造的诗或小说未免太滥了，有好些只是初学的东西便胡乱拿来发表。比方我二年前也曾把我最初学做的几首诗来发表——如《夜深了么》《小孩子》《登鼎湖山顶》……，简直不成东西。如今思之，不觉汗流浃背！（固然现在作的也是幼稚的很；不过总不至那么坏罢了。）然而最可惜的还是有些因为得他人说他有点诗才，于是便粗制滥造起来，一日可以造出一百几十首诗，或者平均每日都必定有一二首。我真不知他的诗才怎的这么大！然而造出了些"柳荫下，浮着一笔鸭子呀！"或"好像是但丁来了……"等诗，只把"下"字和"呀"字押了韵便算是一首诗，我真不知道这是"摆轮化""歌德化"，还是"惠特曼化"。如果这样的诗真是从"摆轮""歌德""惠特曼""化"下来的,我就不愿再读那三大家的诗了!或者说,如"晨安"一类的诗句可不是从惠特曼"化"出来的?但我读来读去,只觉得他那种"垃圾般"粗疏的堆叠是有些像惠氏的短处,哦!原来是丑化的!

——二三、八、四于广州

此文尚有中间一段,因系关于私人的事,故擅为删去,乞作者与读者原谅。(编者)

——《文学旬刊》(1923 年 8 月 27 日)

论雪莱《Naples 湾畔悼伤书怀》的郭译（1923）

孙铭传（孙大雨）

昨夜翻阅《创造季刊》，见郭沫若君在"雪莱纪念号"里有好几首译诗，内中有几首情辞哀艳，极婉凄迷之致。一时兴起，便把《雪莱全集》翻出来对照，结果在译诗第三首里（我只对照了此首），发现了几点译笔与原诗不符之处。如今且把郭译与原诗不同之点略加申论。雪莱的《Naples 湾畔悼伤书怀》录后：

STANZAS

WRITTEN IN DEJECTION, NEAR NAPLES

I

The sun is warm, the sky is clear.

The waves are dancing fast and bright,

Blue isles and snowy mountains wear

The purple noon's transparent might,

The breath of the moist earth is light

Around its unexpanded buds;

Like many a voice of one delight,

The winds, the birds, the ocean floods,

The city's voice itself, is soft like solitude's.

（注）第四行末字，Boscombe Ms. 与 Medwin 1847 版本作 "might"，在 1824 与 1839 两个版本中为 "light"，第五行五六两字在 Boscombe Ms., 1839 与 Medwin 1847 版中为 "moist earth"，在 1839 版中为 "moist air"，Medwin 1847 版本作 "west wind"。

II

I see the Deep's untrampled floor

With green and purple seaweeds strown;

I see the waves upon the shore,

Like light dissolved in star-showers, thrown:

I sit upon the sands alone, ——

The lightning of the noontide ocean

Is flashing round me, and a tone

Arises from its measured motion.

How sweet! Did any heart now share in my emotion.

（注）末行，1824 版为 "...did any heart now..."，Medwin 1847 版作 "...if any heart could..."。

III

Alas I have nor hope nor health,

Nor peace within nor calm around,

Nor that content surpassing wealth

The sage in meditation found,

And walked with inward glory crowned——

Nor fame, nor power, nor love, nor leisure.

Others I see whom these surround——

Smiling they live, and call life pleasure; ——

To me that cup has been dealt in another measure.

IV

Yet now despair itself is mild,

Even as the winds and water are:

I could lie down like a tired child,

And weep away the life of care

Which I have borne and yet must bear,

Till death like sleep might steal on me.

And I might feel in the warm air

My cheek grow cold, and hear the sea

Breathe o'er my dying brain its last monotony.

（注）末行第四字，1824 版作 "dying"，Medwin 1847 版作 "out worn"。

V

Some might lament that I were cold,

As I, when this sweet day is gone,

Which my lost heart, too soon grown old,

Insults with this untimely moan;

They might lament ——for I am one

Whom men love not, ——and yet regret,

Unlike this day, which, when the sun

Shall on its stainless glory set.

Will linger though enjoyed, like joy in memory yet.

（注）此节在 Palgrave 的《金藏》(*Golden Treasury*) 里尽被删去。

郭译第一节如下：

日暖天清，

海波跳跃速而明，

蓝岛雪山头

紫色阳光稳浸，

湿土的嘘息里，

幼芽笼住轻轻；

风吹，鸟啼，海荡，

欢乐之交鸣，

城市不哗也如山林清韵。

原诗第五、六两行谓"湿土轻轻的气息，把未放的芽儿笼住。"郭译"里"字可谓蛇足，蛇足添得不巧，疑是蜥蜴。为免除晦涩起见，把它删了罢，直截了当，译之为：

湿土的嘘息轻轻，

把幼芽笼住；

原诗末行很难译，"Is soft like Solitude's"译作"也如山林清韵"

也还神似，不过意境大变了，较原作逊色不少。我以为不妨译为：

> "城市"不哗，如"静嘿"之无声。

郭译第二节：

> 海底深深无踪印
>
> 碧苔紫藻纵横；
>
> 海波打上岸头，
>
> 疑是星河进。
>
> 我独坐在沙滨，——
>
> 周遭的午潮来奔，
>
> 涟漪璀璨，
>
> 甘媚一声声！
>
> 有谁共此幽情！

第四行郭译为"疑是星河进"，未免与原诗太相左了！原诗此行为"Like light dissolved in star-showers,...",并不难解难译，大意是说"像光波在星河中消溶"，乃是喻银波在白沙上消逝的状态；沫若译作"疑是星河进"，非但不妥，且把雪莱的黛画妙喻打得粉碎了！我所不取。第六行乃是"周遭的午潮之光奔临"，郭君未把午阳照海浪、海浪射阳光的龙目（lightning 一字）点出，他把原诗"The lightning of the noontide ocean is flashing round me"弄成了"The noontide ocean is flashing round me"，未免太疏忽了！（是否因欲使辞句简洁而有意这样译的？那我可不赞成！把原作的意思更动，实在太不合算了！）

郭译第三节：

> 啊！我是失望而多病，
>
> 心也不平，身也不宁，

> 贤者坐而忘机，
>
> 行则智光冠顶，
>
> 我也无那种卓莹的殊珍。
>
> 我无名，无势，无爱，无闲情，
>
> 我环顾周遭
>
> 人皆熙熙而乐命；
>
> 命杯于我独不深湛。

原诗三、四、五行大意谓"也无贤者玄思时所寻到的殊珍，有了它，他走路时，内心便披载着荣光。"这殊珍是什么东西，雪莱也不曾说明。据我猜测起来，大概是指真理一类的玄虚的东西。这"Content surpassing wealth"我们虽不敢断定是什么？但并不妨碍。我们从字句的组织里，可以窥出郭译与原诗截然不同，郭君把那"殊珍"误为"贤者坐而忘机行则智光冠顶"的能力，未免有些不合。郭君译作"坐而忘机"，只怕贤者非但不忘，反在玄思里沉潜着细搜那"Content surpassing wealth"呢！郭君译作"智光冠顶"，只怕他冠戴着的不是智光，乃是寻得那"Content"后的荣光罢！第七行郭译为"我环顾周遭"，也不大好。原诗此行为"Others I see whom these surround"或"These surround others whom I see"（第一句更合理些），大意是说"我见别人的周遭尽是这些。"

郭译第四节：

> 可我今怨望安驯，
>
> 有如风平浪静；
>
> 我能偃卧而号哭，
>
> 如个倦了的孩婴，

　　哭去我伤心的前尘后影，

　　直哭到入睡一般长暝，

　　我可在这暖暖的空气之中，

　　渐觉我颊儿生冷，

　　海潮在我尸畔咽它最后一声。

郭君把原诗第二、第三两行

　　I could lie down like a tired child

　　And weep away the life of care

译成三行：

　　我能偃卧而号哭，

　　如个倦了的孩婴，

　　哭去我伤心的前尘后影，

而把原诗第四行

　　Which I have borne and yet must bear

缺漏不译，不知何故。敝意此行正是全诗的要害处，正是题根"IN DEJECTION"里发出来的花枝，正道着诗人"生既不愿，死复不能"彷徨踯躅的悲苦的情怀，翻译出来当为：

　　此生我前既承受，今须继领。

第六行郭译为：

　　直哭到入睡一般长暝

这个错误乃是尾随着上行的缺漏而来的。原意本为"（继领着）直等到入睡一般长暝"，郭君既把第五行缺掉，于是此行便紧接着第四行，变为"直哭到……"了。

　　郭译最后一节如下：

> 有人会为我伤心，
>
> 我年纪轻轻，心儿便老成，
>
> 我以短命的生涯
>
> 嘲此目前的佳景；
>
> 人们会哭我个孤人，
>
> 生时不曾受人爱敬，
>
> 也不能如此佳日，
>
> 待到灿烂的夕阳西陨，
>
> 犹能在人们记忆之中长存。

　　原诗此节较前四节为逊色，故被《金藏》的司库删去，而翻译起来，也较不易。郭译此节，乃是意译；虽不很忠实，但他所操用的字句，有几处实较原诗为美。

　　我不揣谫陋，把雪莱此诗重译一遍。译时以郭译作底，故有许多地方都是郭译，也可以说我只剪裁了一番，未曾重译。诗录下：

Naples 湾畔悼伤书怀

> 日暖天清，
>
> 海波跳跃速而明，
>
> 蓝岛雪峰
>
> 在紫色午阳中稳浸，
>
> 湿土的嘘息轻轻，
>
> 把幼芽笼住；
>
> 欢乐之众声交鸣，
>
> 诗重风声，鸟声，海鸣音，——
>
> 嘿嘿城市无声。

海底深深无踪印，

碧苔紫藻纵横；

海浪拂滩旁，

像晶光在银汉中消溶

我独坐沙上，——

周遭的午潮的迥光

璀璨交映，

潮韵一声声

妙哉！有谁共此幽情。

唉！我多愁善病，

心身都不宁静，

也无希世殊珍，

（智者玄思时所仅见，

行路时引为奇荣。）

我无名，无势，无爱，无闲情。

人都不然——

他们熙熙乐命；——

命杯于我独寡情。

今儿，失望温柔，

如平风静浪；

我能如倦孩偃卧，

泣尽烦心的生命，

此生，我前既承受，今必继领，

直到死神像睡灵般偷上我身。

温雍的空气中，

我的颊儿渐冷，

海波拂过我的死头颅。

我的已失而早凋的心儿，

不时以悲呻破此佳日；

日影斜西后，

人将为我伤心，

哭我生时不逢爱敬；

但这佳丽的良辰，

待当灿烂的夕阳西陨，

犹能稽延着，

像欢乐的在记忆之中欣存。

　　此篇匆匆告竣，而我又无一研究，所说的全是把郭译与原诗对照后所生的直觉，错误必不能免，幸郭君有以订正。为真理计，唐突在所不惜，郭君谅之。

八月二十三日夜十一时

——《中华新报·创造日集刊》第 33 至 36 期

（1923 年 8 月 27 日至 31 日）

致孙铭传君及沫若附识（1923）

郭沫若

铭传君：

尊文已经拜读，承你指教，使我有机会说几句话，我是很感激的。

我对于翻译素来是不赞成逐字逐句地直译，我以为"原文中的字句……或先或后，或综或析，在不损及意义的范围以内，为气韵起见可以自由移易"。尊文中所指摘多处以直译相绳，这是我们彼此未能十分了解的原故。我今节省彼此的时间起见，只把你认为最大错误的地方解释一下以供采择。

（一）Like light dissolved in star-showers....

这句直译出来是"如像光辉散成星雨"，形容海波打在岸头飞泡潜沫的情况。我译成"疑是星河迸"，本是意译，在我自己以为是星河迸散，恰好是光散如雨了。如定要直译相绳，则 Star-shower（星雨）并不是"星河"，足下译的"像光波在星河中消溶"，不仅"星河"二字因我而误，并把全句的意思都弄错了。全句形容的是打上岸的情形，并不是"喻银波在白沙上消逝的状态"。

（二）the lightning... 错在次句的"璀璨"两字里面。

（三）"坐而忘机"，在我的意思"忘机"就是"冥想"，因为把一切机心忘记了，正表示冥想时的精神状态，足下只抬到一个"忘"字，所以说我错了。

（四）"智光冠顶"这正是 with inward glory crowned 的直译。我们古人说：清明在躬，志气如神，或则说：和顺积中，英华发外，都是这个意思。在他们宗教家（耶教与佛教），竟在圣哲的头上实际画出一个圆光，我们古人也说老子头上冒出一股紫气，这些虽只是志气如神、英华发外的象征，但已成了周知的典实了。足下译成"内心便披载着光荣"又译成"引为奇荣"，这是还欠斟酌。

（五）"殊珍"二字在我的译文中可解作"智光"，虽与原文字句未求针对，但意思是没有走。

（六）"我环顾周遭"句诚如足下所说的"不太好"，因为我图简便的缘故，把 whom these surround 略去了。因为有了下句意思已足。

（七）which I have borne and yet must bear

这句你译成"此生我前既承受，今须继领"，在文法上讲是可以通过去，但是我所译的"前尘后影"的四个字正是你所译的这十一个字，可惜简单了，被你看忽略了。

至于足下替我"剪裁"了的译诗，请恕我不谈假话，我觉得我的译诗虽只是一件布衫，但还是一件完整的衫子，经你这一剪裁，简直剪裁得四破五烂了。我的译诗一韵到底的，你有时仍用我的原韵，有时又脱掉了韵脚，像"死头颅"一句，简直有些未来派的风味了。并且你说我错了的地方，实在是你自己的弄错了，上面所举过了的不说，像第五节的 with this untimely moan，你译成"不时以悲呻"，你现刻或者已经能够觉悟，你是错了罢。译诗不是件容易的事情。把原文看懂了，还有译出来的是"诗"才行，原文都还没有看懂，那还说不到什么诗不诗了。足下在清华读书，与西人接触较多，请把我上面陈说的一些直接向你们的教习问问，或者你不会疑心我，是我一人的强辩诬搆了。

沫若　八月二十六日

以上是我答复孙君的信，我趁此机会关于我那几首雪莱的诗在此附说几句。

（一）《西风歌》第四节第二行的"飞舞"和第十一行的"吹舞"，两个"舞"字都是"举"字排错了的。前一个"举"字是与下文"羁，侣，奇……"等协韵的，故此订正。

（二）《招不幸辞》第十一节第三行"汝为生之所弃"原文 life-deserting，是我初译时弄错了，应改为"汝弃生而遗世"，请购买《创造》的朋友替我更正了罢。

我那几首译诗之中除这两点应该订正以外，我自己还未发现出何等谬误。最近，《文学》（从前的《文学旬刊》）上有一位姓梁的人说我译的中文"不通"，该"向雪莱谢罪"，我自己倒不觉得何处是不通，而梁君所指摘的《云鸟曲》的我的自注，我看了，觉得他不仅对于雪莱是全无研究，便是他的常识也还不足。他还"云雀鸣于朝而不鸣于夕"也还不知道。在四五六月间请到麦田间去作一日的修学旅行，听听叫天字（即云鸟）究竟在什么时候叫，再不然去问问老农也可以晓得。把常识弄足了，再来谈诗，再来骂人不迟。他要到那时候，才知道东西方的学者为什么对于 sunken-sun 与 even 两字，定要斥斥多事了。

Silver sphere 一字我译成"日轮"，本是我自己的见解。我根据的理由在《创造》中已经说过，在此不妨再说一遍。

（a）Keen（尖锐）、arrow（箭——光线的修辞）、intense（强烈）诸字在我的意思以为实在用不到将殁的晓月上去。

（b）我国虽也有用"烂银盘"来形容月亮的惯用语，但月亮也不限于银色，红的时候也有，黄色的时候也有，太阳初升时虽是红色，稍升则成银色，久注目则模糊，这是极容易实验的事实。

（c）此节（第五节）如月亮形容云雀之声音，下节又以月为形容，在文理上犯复。

我有这三个理由，自信我的解释并不错，我这个解释不说对常识不足的梁君，就是对于若何渊博的英文学教授和研究雪莱的专家，我也要彻底主张的。

沫若附识

——《中华新报·创造日》第 36 期（1923 年 8 月 31 日）

论译诗（1923）

成仿吾

每当我们讨论译诗的时候，我们每不由得要碰着一个重大的先决问题，就是：诗到底能不能够翻译？有些人说这是译诗问题的 Alpha 与 Omega，有些人简直说诗的翻译是不可能。我不是想在这里专论这个能不能的问题，所以关于这问题我只简单地说几句。

一讲到译诗能不能的问题，实在说起来，我们又非由"什么是诗？"着手研究不可。然而这不是三言两语所能道尽，而与其对于诗加一些浅薄的界说，毋宁说"诗只是诗"。这句话似很无聊而可笑，然而诗是不能由分析与解剖求到它的本质的，所以为得到一个整个的概念起见，倒是说"诗只是诗"的好。这似乎有点像神秘说，然而这不过是为的求一个更完全无缺的见解，不必便是神秘说。

译诗虽也是把一种文字译成另一种文字的工作，然而因为所译的是诗——一个整个的诗，所以这工作的紧要处，便是译出来的结果也应当是诗。这是必要的条件，也可以说是十足的条件（Sufficient condition）。有些人把原诗一字一字译了出来，也照样分行写出，便说是翻译的诗；这样的翻译，即很精确地译出来，也只是译字译文，而决不是译诗。

译诗应当也是诗,这是我们所最不可忘记的。其次译诗应当忠实于原作。诗歌大略可分为内容、情绪与诗形三部来讨论。诗形最易于移植过来,内容也是一般翻译者所最注意,只有原诗的情绪却很不容易传过来。我们现在的翻译家尤其把它全然地丢掉了。

所以理想的译诗,第一,它应当自己也是诗;第二,它应传原诗的情绪;第三,它应传原诗的内容;第四,它应取原诗的形式。

这样的译诗可能不可能?我以为第一条件的"是诗",要看译者的天分;第二的情绪,要看他的感受力与表现力;第三的内容,要看他的悟性与表现力;第四的诗形,要看他的手腕。

人类的感情生活大抵相同,表情的文字语言也没有多大的贫富之差可论。所以这种理想的翻译之可能不可能,完全关系于译者的能力。(只有一种文字所特有的表现法,我认为不能照它的形式用第二种文字表现出来。)

译诗并不是不可能的事情。即以我的些少的经验而论,最初看了似易翻译的诗,经过几番的推敲,也能完全译出。所以译诗只看能力与努力如何,能用一国文字作出来的东西,总可以取一种方法译成别一国的文字。译得不好的东西,不是译者的能力缺少,便是他的努力不足。这种粗制滥造的译家,在外国亦所在多有,唯不如我们今日这般丰富。现在的许多译诗,我们每每一见便知道译者无能而努力不足。这样的译诗,除酿成一般的人对于诗的误解与表示译者的肤浅之外,是没有丝毫益处的。

不过我在前面所说的几个条件之中,当然也有轻重之别。有时为使译品"是诗"的缘故,或为传原诗的情绪的缘故,内容的小小的变更或诗形的改变,也是可以原谅的;因为诗是内容以上的一个东西,我们实不应当舍本而趋末。

译诗的方法有二，我现在为便宜起见，假定两个特别的名称：

1. 表现的翻译法 Expressive method；

2. 构成的翻译法 Compositive method。

我所谓表现的译法，是译者用灵敏的感受力与悟性将原诗的生命捉住，再把它用另一种文字表现出来的意思。这种方法几与诗人得着灵感，乘兴吐出新颖的诗，没有多大的差异。这种方法对于能力的要求更多，译者若不是与原诗的作者同样伟大的诗人，便不能得着良好的结果。所以译诗的时候，译者须没入诗人的对象中，使诗人成为自己，自己成为诗人，然后把自己胸中沸腾着的情感，用全部的热力与纯真吐出。沫若译雪莱的诗，曾说："译雪莱的诗，是要使我成为雪莱，是要使雪莱成为我自己。"言简而义深，近来有人不懂，无故反加讥笑，这不啻强人凝视讥笑者自己的丑恶的裸体。

这种翻译的方法，实具创作的精神，所以译者每每只努力于表现，而不拘于原作的内容与形式。我现在举 Richard Dehmel 所译 Paul Verlaine 的《月明》一诗为例：

（P. Verlaine 原诗）	（R. Dehmel 的译诗）
La lune blanche	Weich kueszt die Zweige
Luit dans les bois;	der weisze Mond.
De chaque branche	Ein Fluestern wohnt
Part une voix	im Laub, als neige,
Sous la ramée...	als schweige sich der Hainzur Ruh:
Oh bien-aimée!	Geliebte du ——

L'etang réflète	Der weiher ruht'und
Profond mirroir	die weide schimmert
La silhouette	Ihr Schatten flimmert
Dù saule noir	in seiner Flut, und
Où le vent pleure...	der wind weint in den Baumen
Révons c'est l'heare	Wir traumen—tracumen
Un vaste et tendre	Die Weiten leuchten
Apaisement	Beruhigung.
Semble descendre	Die Niederung
Du firmament	hebt bleich den ferchten
Que l'astre irisc....	Schleier hin zum Himmelssaum
C'est l'heure exquise	O hin—O traum—

月光皎清，	银白的月光，
照入深林，	流照疏林上：
一枝枝，	枝枝映着光，
吐弄清音，	不住地哀响，
出自阴森……	声声清激……
哦，我的爱人！	哦，我最亲爱的！

池塘反映，	一池清净水，
深镜。	沉沉耀银镜。
杨柳暗，	柳树映池水，

影霓霓。	影暗寒光逬。
风在哀吟……	飒飒悲风鸣……
睡罢，已是时辰。	我与你，梦相亲。
泛渊而可人，	无边的静景，
一个和平，	弥漫此旷野，
仿佛是，	一层的浮影，
自天下临。	如自长空下。
天上的繁星……	点点耀银光……
这正是一刻千金！	哦，无边的梦乡！
（沫若旧译）	（仿吾四年前旧译）

Dehmel 的译诗，虽有许多与原诗不同之处，然而它自己便是一首好诗，而又能把原诗的情调表出，所以说它是魏尔仑诗的名译，谁也不能非难。

其次，我所谓的构成翻译法，是保存原诗的内容的构造与音韵的关系，而力求再现原诗的情绪的意思。这是一般的人所常用的方法，但他们每每只把原诗一字一字地翻出，依样排列出来，便以为工事已经完毕了，但他们绝少致力于音韵的关系与情绪的构成的。这种方法的要点，是在仿照原诗的内容的关系与音韵的关系，求构成原诗的情绪。译者须把原诗一字一字的内容上的关系与音韵上的关系拿稳，然后在另一国语言中求出有那样的内容的字，使它们也保存那种音韵上的关系。

这种方法的好例，在我们的文学界中，我还不曾多见，现在只把我所知道的引用几首。

Das Meer erstrahlt im Sonnenschein, 日光之中大海明，

Als ob es golden waer,	颜色如黄金,
Uhr Brueder, wenn ich Sterbe,	友们哟, 假如我死时,
Versenkt mich in das Meer.	请沉我尸入海心。

（海涅 *Seraphine* 第十六首，沫若译）

Behold her, single in the field,	看她, 独在田陇里,
Yon solitary Highland Lass!	那孤独的高原的女孩儿!
Reaping and singing by herself;	看她, 刈着还歌着, 一人独自;
Stop her, or gently pass!	为她止步, 或轻一点儿!
Alone she cuts and binds the grain,	她一人刈着, 还把来捆了,
And sings a melancholy strain;	又歌起她的哀调;
Oh Listen! For the Vale profound,	听啊! 这幽谷深深,
Is overflowering with the sound.	全充满了歌唱的清音。
No Nightingale did ever chant	绝无好莺曾歌唱,
More welcome notes to weary bands,	更悦耳的清音,
Of travelers in some shandy haunt,	于倦了的旅人之队,
Among Arabian sands;	在阿拉伯的幽阴:
A voice so thrilling ne'er was heard	如此动人的声涛,
In spring-time from the Cuckoo-bird	不曾闻自好春的鹃号,
Breaking the silence of the seas	那啼破海湾之沉寂,
Among the farthest Hebrides.	于远方之希布利诸岛的。

（Wordsworth 的《孤寂的刈稻者》, 仿吾译）

这些许不是什么好例，然它们所构成的情绪，与原诗相去尚不远，可称为译诗。

再把这两种方法考察一番，那么，表现的翻译法是要从一个混一的情绪放射出来，所以它的作用是分析的、远心的；构成的翻译法恰恰相反，是要从散乱的材料结合起来成一个混一的情绪，所以它的作用是综合的、求心的。

表现的翻译法既是由译者放射出来，结果难免有与原作的内容不同之处，譬如，原作字句的先后详约，每被颠倒或更改。这是它不如别的一法之处。然而构成的翻译法，虽在内容上可以无限地逼近原诗，而情绪每有不能用这样自绳自缚的方法表现出来的。人类的感情生活大抵相同，一国语言可以表现出来的情绪，别的语言也可以表现出来，只不能说可以用同一的形式。所以这两种方法各有所长，不能妄定高下；最后的判决总要看译者的才能如何。

总而言之，译诗第一要"诗"。假如它是诗，便不问它与原诗有无出入，它是值得欣赏。近来指摘译诗的人颇多，惜他们几把译诗与学习外国文字的课题同视了，有些竟自己弄错了，也去向他人饶舌。我们讨论一件事情，总要先作一番思考。

一种语言的最丰富的表现，可以在诗歌中看出来。我们的语言极富，只是因为构造生硬的原因，表现却不甚丰富。我们的新文学运动的一个目的，是在使我们的表现丰富起来。我们能把外国的许多好诗翻译出来，是可以使我们的表现丰富，同时使我们知道怎样扩充我们的表现方法的。我愿我们的翻译家不要以翻译字典自限，要知道译诗也正是我们的艰巨的工程之一部。

十二年九月三日

——《创造周报》第 18 期，第 3 页（1923 年 9 月 9 日）

地质时代译名考（1923）

翁文灏

地质学家就各种地质现象继续之顺序，而分为时代。凡言地层之新旧，矿物之生成，生物之演化，海陆之变迁等，种种经过历史，莫不以此项时代为经纬，以使事有所附，而言有所准。故地质时代，实为吾人普通常识必具之一部，其名词亦必各有一定，始足以资称道而免混淆。乃吾国译书数十年，而于此项重要名词，迄今犹人各一词，甚且人创一名，无所终极。区区少数常用之名词，且毫无定准，而欲使阅者能于地质现象得有明确之观念，不亦难乎。

尝考吾国言地质者，莫先于《地学浅识》一书。此书译自地质学界极负盛名之英人雷侠儿（Charles Lyell）氏所著之 *Principle of Geology*。译者为美国玛高温（D. J. MacGowan）及金匮、华蘅芳二氏，于前清同治十二年，即西历 1872 年，由江南制造局出版，距今盖正五十年也，于地质时代均有译名。当时日本地质学犹未萌芽，地质名词之见于亚洲文字者，兹书实为首创。读华氏原序可见其经营缔造之艰难，其中译名如 Igneous Rocks 作熔结岩，Sedimentary Rocks 作水岩层，Metamorphic Rocks 作热变岩，命意遗辞均尚恰当。兹姑仅列其地质时代之译名如下：

Laurentian	落冷须安
Cambrian	堪孛里安
Silurian	西罗里安
Devonian	提符尼安
Coal measure	可完美什
Permian	泼而弥安
Trias	脱来约斯
Jurassic	求拉昔克
Cretaceous	克斯兑
Eocene	瘗育新
Miocene	埋育新
Pliocene	沛育新

以上名词，其完全音译者，诚无臧否之可言，然有仅可意译者，如 coal measure，今通作煤系，日译夹炭层，而华氏则曰可完美什，此则过重音译之弊，有无可讳者矣。

继《地学浅识》而作者为《求矿指南》，英国傅兰亚、岛程潘松译，光绪二十五年，即西历 1899 年，江南制造局印行。岩石分为火成、水成、变形三类，地质时代则节录如下表：

Laurentian	罗伦细恩层
Cambrian	干波里恩层
Silurian	希路利恩层
Devonian	代芬层

Carboniferous	产煤层
Permian	剖密安层
Trias	脱里阿斯层
Lias	里阿斯层
Cretaceous	白石粉层
Eocene	伊哇幸
Miocene	米哇辛
Pliocene	波里哇辛

同一名词，同一音译，同一制造局出版之书，而译名字面乃无同一者，盖音译西文，至少须参考前人已译之名词，苟无正常理由，勿予更易，始能供人参阅，传之永久。若但求与西文偶合，任意创造，则十人十名，名愈多而意愈紊，译者愈多而读者愈苦，又何赖有此译名乎？试一为比较上列二书，米哇辛与埋育新，希路利与西罗里，在未知西文者，岂易知其为一物乎？

又有一义为当时操觚译书者所未解者。西文地质时代名词，有出自地名全无意义者，如 Cambrian、Silurian、Devonian、Permian 等，亦有原有意义，尽可意译者，如 Eocene、Miocene、Pliocene 等，此项分别，至日本译者始有利用之者。日本地质学译名，始创于明治十余年间，日本地质学先辈小藤文次郎、横山又次郎二氏实主持之，其于时代名词，原文出自地名者，则用音译，具有意义者，则用意译，即通用英文出自地名，而他国旧名有可假借者，如 Dyas 之于 Permian，亦尽用音译，且译者既为斯学先辈，后起学者，皆其及门，故尤能始终遵用。盖不假集会之审定，政府之公布，而自然统一矣。兹复列举如次：

Archean	太古界		
Cambrian	寒武纪		
Silurian	志留纪		
Devonian	泥盆纪	Palaeozoic 古生界	
Carboniferous	石炭纪		
Permian	二叠纪		
Trias	三叠纪		
Jurassic	侏罗纪	Mesozoic 中生界	
Cretaceous	白垩纪		
Eocene	始新统		
Pligocene	渐新统		Cenozoic 新生界
Miocene	中新统	Tertiary 第三纪	
Pliocene	上新统或鲜新统		
Pleistocene	洪积统	Quaternary 第四纪	
Holocene	冲积统		

（注）洪积、冲积二名译自 Alluvium，Diluvium。揆之今义，诚未妥协，然复尚无较佳之名，足以易此，周太玄译古动物学，称为布勒衣士多塞仑纪，及俄洛塞仑纪，诘屈聱牙甚矣。

以上意译诸名，较之华、潘旧译，自属较胜。其音译诸名，如寒武、志留、泥盆、侏罗，则亦属随意切合，无所取义，然在彼能始终一贯，在我则分歧错出，至今为艾者，窃思其故，盖由于吾国译者，多率尔操觚，于旧著及并时著述，不暇参考，而彼邦译者，则大抵师承相同，传授有自，系统既一，分歧自少也。

近时吾国地质学出版品，于地质时代名词，有适从日译，仅于未有日译之名词，另立新名者，如农商部地质调查所各种书报即从此例，亦有仍用其意译诸名，而于音译诸名，则以为不合国音，另为新译者，亦有无论音译意译，均有所酌改者。兹仅就最近所出之书，其中地质时代译名之最不统一者，列表于下，于其纷改错出之状况，可见一斑矣。

书名	译著人	Cambrian	Ordovician	Silurian	Carboniferous	Permian	Jurassic
物理原始	马君武	康布利亚	——	西鲁利亚	煤炭纪	——	峭岦
地质学	麦美德	堪便	阿德危先	西路连	煤盛期	培耳米	注拉司
中国地形变迁小史	李仲揆	寒武	奥陶	志留	葭蓬	二叠	侏罗
科学大纲	胡先骕	甘布利亚	鄂多维先	西鲁利亚	石炭	白耳米亚	二叠
历史教科书	傅运森	坎布里安	——	锡鲁里安	石炭	二叠	侏罗

以上译名中，唯葭蓬、峭岦二名，音义兼备，较有理由，奥陶为中日旧译所未备，别创新名，初非得已，其他则随意凑用，殊无成立之余地。盖科学名词之取舍，有二原则，一曰从先，一曰从众，而字面之雅俗不与焉，就创造之优先焉，则堪索干波，早于甘布与康布，西罗希路亦先于西鲁与锡鲁，论字论音，今既无由较胜于昔，则五十年前《地学浅识》之名词，固自有其优先采用之权，未可过为蔑视，人自作古也，就习用之普遍言，则日译名词，既用汉文，即可仍用，曾几见德法之人，有因 Cambrian、Devonian 等名，皆源本英地，而推绝使用者乎。况日本造名之初，亦当详考汉文，凡中文所通行者，亦多仍用，以故矿物种类，十九皆是华名。科学无国界，同文易交通，我又何必故示偏隘乎。沿用日名困难之点，唯在音译诸名。例如寒武、志留，于彼国则恰如西音，在吾国则有同悬造，别译新名者，率多以此为说。愚则谓从地诸名，原无深意，但便称呼，或用英地，或

用日音，等是外物，何分彼此。若谓译音正确，可以反寻原文，则凡在知者，即称寒武亦能寻索，若非素修，虽康布干波，为易通也。况泥盆一名，不合原音，且含歧义，较之寒武、志留，尤多可供指摘。而近时译者，乃反一律沿用，岂非以其习用已久，惮于改作乎。至如葭蓬较合西音，侏罗不如崤岞，诚哉无疑。然文字雅俗，初无定程，意见臧否，亦少定准。以愚所见，新名之创，当慎之于始，既已创立，既已通行，而中途改易，则继我而作者，后之视今，又岂异于今之视昔。辗转纷更，将无已时。与其出奇制胜，致统一之难期，不如因利仍便，庶称谓之一贯。若在专精著作，取质专家，或不妨别提新义，以供讨论。其在学校教本，或通俗丛书，尤不宜故立新义，致歧观听。以吾国科学程序之幼稚，专门学者当以覃精研究为急务，似不必多创新名，徒糜时力。一般读者，尤需有普遍划一之名词，必须能舍己从人，庶免纷淆，故因考地质时代之译名，敢悬从先从众二义，以质之同志。

——《科学》第 8 卷第 9 期（1923）

雅言与自力——告我爱读
《查拉图拉屈拉》的友人（1923）

郭沫若

【……】

我译尼采，便是我对于他的一种解释。我的计划本想在我把他全部译完之后，再来诉述我跋涉的经历，把他的思想作一个有系统的概观以供读者的参考，但是在目下四步功程只走得一步之前，我纵使把全部的概观诉述出来，在读者恐怕不仅茫无边岸，更使信我过厚的人得一先入观念，转于了解尼采上多生障碍。我是一面镜子，我的译文只是尼采的虚像；但我的反射率恐怕不免有乱反射的时候，读者在我镜中得一个歪斜的尼采像以为便是尼采，从而崇拜之或反抗之，我是对不住作者和读者多多了。一切的未知世界，总要望自己的精神自己的劳力去开辟，我译一书的目的是要望读者得我的刺激能直接去翻读原书，犹如见了一幅西湖的照片生出直接去游览西湖的欲望。我希望读者不必过信我的译书，尤不必伸长颈项等待我的解释呢。

【……】

——《创造周报》第 30 期（1923 年 12 月 2 日）

郑译《新月集》正误（1923）

成仿吾

太戈尔的《新月集》（*The Crescent Moon*）本来早已由王独清君译出，为创造社"世界儿童文学选集"第二种，郑振铎君以为王译太不易懂，有再译之必要，于是参考王君的译文，再把这部书译出来了。这部书的原文本来极简洁明了，王译又无大错，所以郑君这回的工程，在常理是事半功倍的；然而事有出人意外的，郑君的译文不仅不比王译易懂，不仅许多地方跟着王译弄错，而且有许多地方王译本不错的他颠倒错了。郑君的英文，我是领教过来的，然而这回我因为他有王译可以参考，极希望他不再弄出笑话来，使人齿冷，不料他依旧发挥他的个性，而且错到使人怎么也不能为他辩解。我们的翻译界离林纾的时代已近十年，倘使我们现在还只能译出这样的东西来骗人，我真不能不为我们的翻译界羞了。

郑君的译本已经出了两个多月，我至今没有闲功夫去买它，这回倒是一个朋友拿了一本来给我看。郑君的英文程度本来是人所共晓，我原不必扬他人之恶以显自己之能；不过我既看见了，颇觉得有点像胸中作呕，非吐出不行，而且郑君既然译错了，我由他的学力断定他是不能看出自己的错处的，那么，我为读此书的诸君的利益起见，似也不可不把郑译的几处大错改正一下。这种工作决不是有趣味的，反之，在我自己是万分寂寞而心苦，况且我这几天正因为眼痛的缘故封了一只眼，现在只靠着一只痛眼在这里写呢。

我现在依郑译的顺序，把我一路看下时所看出的几个大错写在这里。

1.《来源》（郑译第三面）

郑译：——是的，有个谣传，说它是住在森林荫里，萤火虫朦胧的照着的仙村里，在那个地方挂着两个会幻变的惬怯的蓓蕾。

原文：Yes, there is a rumour that it has its dwelling where, in the fairy village among shadows of the forest dimly lit with glow-worms, there hang two shy buds of en chantment.

此节以王译为是：

王译：——是呀，有个谣传，说是它的住处，是在那萤火的光儿所暗暗照着的森林影中的仙村，那儿挂着两个羞怯魅人的花苞儿。

"萤火虫朦胧的照着的"是林荫的形容词，像郑译那样译出来，就好像一个人把帽子挂在脚上了。"会幻变的"也与原意还差十里。

2.《孩童的世界》（第七面）

郑译：——在那儿，理智造了她的法律的纸鸢而飞放，……

原文：Where Reason makes kites of her Laws and flies them, ...

什么是"她的法律的纸鸢"？郑君不知道 make...of 是一个成语吗？此处也是王译不错，郑君大约不知王译正对，反以为把它直译了出来，便不会有误，殊不知竟大错了。郑君以后可以牢记"make... of..."是"以……为"的意思。

王译：——那儿，理智以它的律令为风筝而飞放……

3.《审判官》（第十三面）

郑译：——只有我才有权去骂他，去责罚他，因为他只许爱他的人惩戒他。

原文：I alone have a right to flame and punish, for he only may chastise who loves.

此句的后半又译得大错了。Who loves 是 he 的形容子句，此处的 he 是泛指一般人的，郑君却把他看成指小孩子的去了。王译并没有错，不知郑君参考的时候，究竟怎么看起的了。

王译：——我自己才有责备他的权，因为只有能爱人的人才能惩罚人。

《新月集》只是儿歌集（Child-poems），所用的文法和字句极简洁明了，学过一两年英文的人大都能够了解；以上所举三例在原文也并非难懂，而郑君竟至大错。郑君的译书资格已经自行取消了，亏他还自夸"很忠实，且不至看不懂"。忠实到那步田地，而且还有能看懂的自信，无怪乎他要说"王君的译文，太不容易看懂了。"以下我再来举几个奇异的错误。

4.《对岸》（第二十四面）

郑译：厚的芦苇的（？）在岸边四围生长，水鸟藏他们的蛋里面。

原文：Thick reeds grow round the margins where waterbirds lay their eggs.

此处的 lay eggs 是"产卵"的意思，仍以"不容易看懂"的王译文为不错。

王译：茂盛的芦苇生在水鸟们下卵（子儿）的池塘周围。

5.《对岸》（第二十五面）

郑译：——日已完了，影子附伏在树底下，我便要回到书桌上去了。

原文：When the day is done and the shadows cower under the trees, I shall come back in the dusk.

郑君竟把"dusk"弄成"书桌"去了！书桌是"desk"呀！一个字看错，本来可以宽容，但前置词是"in"字呢，我们如将错就错，岂不是钻进书桌里去了吗？此句不消说仍以王译为不错。

王译：当白天完了，阴影藏在树子底下，我要在黄昏里回来的。

6.《花的学校》（第二十六面）

郑译：——从无人知的地方

原文：from nobody knows where

这也是一个成语，在此是"Whence do they come？ Nobody knows"的意思；照郑译便成 from a place where nobody knows 去了。此句仍以王译为是。

王译：——没人知道是来从何处。

7.《花的学校》（第二十六面）

郑译：——他们是要罚先生站墙壁角的。

原文：Their master makes them stand in a corner.

郑君的译文恰好把主客颠倒，成了俗语所说的"捡个狗来打石头"了。这样浅显的字句，何以会弄得这样离奇？令我百思不得其解。

王译：——他们的先生要罚他们立在一个角儿里。

8.《商人》（第二十八面）

郑译：——再想象着，我的船已载了满船的东西，预备要登岸。

原文：Imagine that my boat is ready at the landing fully laden.

此处 landing 一字是码头的意思，船儿满载着货物已停顿在码头的地方，是预备出发，并不是"预备要登岸"，郑君跟着王君同样地错了。王译作"预备到上陆的地方"，这个错处是完全不能隐讳的。王君在同诗中还有一个奇错：

王译：——真珠都撒在发狂的海浪旁边的水花里的砂子上。

原文：Pearls are scattered on the land in spray by the wild sea-waves.

意思是："真珠被狂暴的海浪撒在砂上成为水花"，scattered by 是相连的，in spray 是形容 scatter 的副词，王君全盘弄错了，伯奇与沫若为他校改时亦同未注意到，这是我很引以为遗憾的事，但是郑君也还是错了的。

郑译：——珠子都散在被汹涌的海浪所吞的沙滩上。

9.《小大人》（第三十六面）

郑译：——十一月里放假的时候

原文：in the holiday time in October

郑君竟把 October（十月）记成"十一月"去了，外国的十二个月的名词真是不容易记得清楚呀！假使他是错成八月的时候，我还可以说他懂拉丁文呢，但是……

10.《我的歌》（第五十一面）

郑译：——我的歌又好像一双到了你的梦中的羽翼。

原文：My song will be like a pair of wings to your dreams.

此处的"to"是表示附属的意思，是说："我的歌将如双翼附丽于你的梦"，郑君也跟着王君一道错了。

王译：——我的歌儿要像一对翅膀向你的梦儿里，

这不消说是大错。

以上我把郑译的十个大错举了出来，同时也把王译的错误纠正了几个，此外郑译中小一点的错误尚有几处，现在只把我所偶然发现的几个列在下面。

a.《孩童之道》（第四面）中的 to learn mother's words from mother's lips 郑译为"去学从母亲的唇里说出来的话"是不对的，还是王译"从母亲的唇儿上学母亲的话儿"好。

b.《同章》（第六面）中的 weave the double bond of pity and love 郑译为"编成了怜与爱的两条带子"。"条"字应改为"重"字，或依王译改为"股"。

c.《偷睡眠者》（第八面）中的 to fetch water from the village nearby 王译的"到近村处取水去了"。多一"处"字，郑君竟也跟着错了。

d.《审判官》（第十三面）中的 he becomes all the more a part of my being 王译为"他几乎成了我自己的一部分"，这"几几乎"三字是"更加"之误，郑君又跟着错了。"几几乎"在英文是 almost，郑君只知道跟着他人弄错，到了这篇的末句偏不知跟着他人学好，足见根基薄弱的人是没有判断好丑的能力的。

e.《玩具》（第十四面）中的 I am busy with my accounts, adding up figures by the hour，郑译为"我正忙着算帐，整整几个小时在那里加叠数字"，这"整整几个小时"直是杜撰。by the hour 是以小时为单位的意思，王译亦仅勉强可以通过。

平心而论，王译也还未到完善的地位。译笔过直，在许多名词之下加上一些"儿"字，在王君或者是想保存原文的风格与儿歌的神情。但是我们读的人实在有几分慊厌，虽说不是"太不容易懂"，而且我校看郑译时，便同时发见了郑译没有错而王译错的两处。那便是：—— 1.《追唤》中的"没有人会觉得失了他的"，原文是 no one will miss it，王译竟弄为"没有一个会不满意的"；2.《雨天》中的"故意要恼她一样"原文是 to tease her，王译竟弄成"去扯了他母亲之后"。这些都是很奇怪的错误。不过我们可以替王君原谅的，他译《新月集》在郑译出世之先，他无译本作参考，而他的译文比较还无甚大错。郑君不满意王译，既自行挽起袖子再来选译一遍，而且还把王译本来作过参考，竟自人错亦错，人不错而自己再来弄出些大错，自己看不懂原文而还说别人的译文"不容易懂"，这种诬人欺世的行径，我真为我国的翻译界羞，我的痛眼要被眼泪涨破了，我不愿再多说了。

十一月二十七日夜

——《创造周报》第 30 期（1923 年 12 月 2 日）

再论注音字母译音法（1923）

赵元任

　　诸君前不几时我接到任君叔永一封信，说今年开年会的时候要我做一篇"好文章"宣读。我看了吃了一惊，心里想一定是前几回文章做得不好，现在社长先生来责备我，叫我"下回文章要做好点"了。后来把那信再看下去，看到他说我近两年宣读的都是好文章，我才放了心，心想那些"别脚"[①]的文章都给社长批个"好"字，这回再做的"别脚"一点，大概也可以得一个六十一二的分数。所以我就放下胆子来做这篇极偷懒极"妈呼"[②]的文章。我这篇文章的内容也就是以偷懒同"妈呼"为主义。

　　我说到这里诸君许要质问我："科学的方法，对于事事都要讲求精密准确，你在这科学的大庭广众当中，公然的提倡"妈呼"主义，这是什么意思呢？"我说，科学的所以为科学是在能任意择一观点运转注意方向，假如不论轻重，不定观点，样样闲事都同时并管起来，那倒不成为科学了。假如我要注意的是各天体的运动，我就拿各天体的

---

① 原文如此。今多写作"蹩脚"。下同。——编者
② 原文如此。今多写作"马虎"。下同。——编者

大小远近为单位，而对于地面上山海楼矿的存在都装"妈呼"不晓得，至于更远的问题，如卫生学里辩论还是吃荤寿长还是吃素寿长，更不是我问的事情了。我个人对于这些问题虽许有兴趣，但在望远镜下做天文学者的时候，我只对大物体远距离的事情关心，而对于别的事，能怎么"妈呼"就怎么"妈呼"。

但是"妈呼"起来也须有个限制。我虽不必做地理家，却是造天文台的时候，也得要找个高旷的地址，总不好"妈呼"到把观象台造在树林里或是把望远镜装在一口井里头。吃虽不要紧，却不便顿顿像Newton老先生拿着鸡蛋看时候把表放在锅里预备煮了吃。

我对于言语学也完全是这种态度。假如我的本行是言语学，那么对于一笔一画、一字一音都不能不细细地分辨的。但是假如我的本行是天文学家或是别的科学，那么我对于言语的事情只要能熟用本国的言语，能看几个要紧国的书，看见外国文的人名地名专门名词能约略读得出就可以"妈呼"过去了。

以上所说的还是"妈呼"主义的引子，现在讲译名法"妈呼"主义的正传。说到正传，少不得要说两句自传的叙述，请诸君原谅失礼。

在1914年以前是一个无意识无系统无主义的糊涂时代，那时我译起音来同人家用一样的方法，就是叫无方法。广东人译广东音，江苏人译江苏音，学过英文的把法文音再译中文。（例如Newton作奈端是广东人拿英文字当德文念成汉字的结果。）又有人喜欢音准的，有人喜欢好看简略的；又有同等好看或拼音同等近似的，而有多字同音可以任意拣的，就各人拣各人的字，结果是怎么呢？就是在人人心中生出一种畏怕外国私名的"Freud的Complex"。因此书籍上见过的译名十个有九个是用了一次就不有人再用它的。读书的人也不理会它。

这种办法，"妈呼"是够"妈呼"了，但是未免有点像把观象台造在树林里，那么太不讲实际了。

《科学》月刊成立，我就担任关于译私名的事情，这就入了一个双迁时代。怎么叫双迁呢？因为我编辑《科学》的时候见到私名不统一的弊病，就想找一个统一的方法。（1）在事务方面，就给我做最后译名的裁判。凡是外来的稿子都要经过我看一道，都要照我的拼法改过，（2）在内容方面，我就造一个极复杂极完全的中西译音系统，画起好几张的对照表来。那系统的原则是一方面要查原名最准确的读音，一方面参用中国古声母今韵母的分类来同西音对照。每个西文的音节都有一个或几个汉字的译法。例如某投稿者译 Faraday 为法那对，我一看这不准的译法就拍案大叫"荒谬"，登时就把它用红笔加一根粗粗的杠子。为什么呢？因为（1）从西文方面，Faraday 的准确读音不是 [faradei]①，乃是 [færədi]。（2）从中文方面"那"属"泥"母，是 [n] 音，大不该译 [l, r] 类音，"对"属"端"母，大不该译西文浊音 [d]。所以我就在表上查 [rə] 音是应该写"勒"，[di] 音写"地、第、弟"等，但不可以写"帝、底、低"等。因此 Faraday 就改作法勒第。于是在一张小档片上写了下来，归起档来，在稿子上又要搜一遍，遇见了"法那对"都要革职处分，把法勒第调上任去。

这种方法的唯一好处就是求一致。但是此外就没有好处了。最大的缺点就是每个名字都要特定一回，定了要人人都要死记着。所以一方面管这事的人觉这事麻烦啰唆到不堪，一方面被管的人又嫌这编辑员专制得无理。好好的常见的译名有时改得又不好看，又认不得。而

---

① 方括号内的字是万国语音学符号。下仿此。

且要用这系统又要晓得西名的准确读音，又要讲一点中国字的音韵系统，除掉研究这门问题的人，多数的科学家哪有闲空来管这些事呢？所以我对这种求一致的方法，起先虽然肯费事费时在上，过后看看实在太迂行不通。到总社移回了中国，做文章编辑的人分布的区域渐大，这事越不好弄当，所以以后就仍旧让什么都照"糊涂"时代的新法的方法任意翻译了。

到 1920 年那时，我第一次回中国时，在船上拟了一个用注音字母译音的方法，到上海恰值开年会的第二天，就赶到南京来讲这方法（见第六卷第一期年会论文号）。那篇文章的方法，比从前的方法又进一步了，就是从双迁时代进到单迁时代了。从前的系统还要讲究汉字的音韵，现在用起三十几个注音字母来，字字有定音，是非常的简单了，所以去掉了一迁。但是那篇文章的态度，仍旧是注重严格的译音。Faraday 译作注音字母ㄈㄚㄦㄚㄉㄟ仍旧要算错的，一定要译作ㄈㄚㄦㄝㄉㄧ或ㄈㄝㄦㄜㄉㄧㄞ才算准。因此英名有英音表，法名有法音表，德文有德音表。假如我那时懂了贺兰[①]音、丹麦音、瑞士的德法文音，还论不定有贺兰表、丹麦表、瑞士表呢！可见得那时去了一迁，还免不了拘泥西文读音的迁，所以那种方法还是一种单迁方法。

现在我所提倡的"妈呼"方法，是一种人人都能用的方法，可以算一种 fool proof 的法子。这法子完全是沿用外国人的成例的。譬如英美人念惯了 parish 为 [pærɪʃ]，iris 为 [aɪrɪs]，他看见一个外国字 Paris，也就不管三七二十一，拿英国的口音念作为 [pærɪs]，他们皇家学会里并没有一个私名审查员来叫个个会员一定要在喉咙打起嘟噜

---

① 原文如此。今译为"荷兰"。下同。——编者

来，或是译成英文字母的近似拼法 parree 或 Larrea。又譬如德国京城的拼法是 Berlin，德国的标准读音是为 [bɛrli:n]，但是法国人拿了去，不管三七二十一就把 Berlin 的 in 当 vin fin 的 in 一样念作半鼻音的 [ɛ̃]，叫 Berlin 为 [bɛrlɛ̃]（仿佛把柏林念成柏兰似的），他们并不拘泥着原来的读音，把它改拼为 Berlinne。同样，英国人抄了去也就把清朗的 er[ɛʀ] 念成糊涂的 er[ə]，把长紧 i[i:] 念作短松 i[ɪ]，他们就呼 Berlin 为 [bəlɪn]，而并不想了法子拼一个近似的音，像 bearlean 的样子。

为什么外国人有这种成例呢？（1）因为文字是给眼睛用的，不但汉字文字如此，字母文字也是如此。私名的文字形式尤其要紧，所以保存原来的字形于记认上，是又便利又要紧的。（2）欧洲多数国的文字是用罗马字母的，所以照抄外国地名人名是极便当的。横竖各国有各国的读音习惯，只要念得出个音就成了。不是言语家，不是外交官，不是要出风头的，何必一定要读得像外国的声音呢？

既然西洋国国都是这样，对于私名的读法，取一种各自独立的方针，我们现在正在渐渐轻视西洋人的时代，为什么不也宣告独立呢？但是宣告独立的以前还须有一步的预备，就是先要在中国土地上把这常用的二十六个野字母"养家"来。这"养家"的手续看像费事，其实很简单，就是以现行的标准国音为基本。国音的抽象系统是只有一个，但是表示这系统的注音字母所以有几种的书法体式，有几种是根据四十注音字母的体式，有楷书的，有横行草书的，有直行草书的。一种是根据万国语音学符号的，一种是用平常罗马字写国音的，这也是注音字母书法体式之一。我前回提议的用三十九字母译音法，因为用的不是罗马字母，所以不能不译音，既然译音就免不了取单迁的方法。现在我主张的就是用国语罗马字母（就是平常的罗马字母），遇西文的私名就 a b c d

的照抄，却是大致照中国声音法，这一句话就包括了这"妈呼"主义的全部。这是世界上译名最通行的办法，也是我们尽可仿行的办法。

现在把中国式罗马字的音值开列如下：

b	p	m	f	v	ㄅ	ㄆ	ㄇ	ㄈ 万
d	t	n	l		ㄉ	ㄊ	ㄋ	ㄌ
g	k	q	x		ㄍ	ㄎ	ㄫ	ㄏ
j	tc	n	c（i, y, ü）		ㄐ	ㄑ	ㄏ	ㄒ
j	tc		c	r	ㄓ	ㄔ	ㄕ	ㄖ
z	ts		s		ㄗ	ㄘ	ㄙ	
-r					（ㄖ）			
-z					（ㄙ）			
	i	u	ü		ㄧ	ㄨ	ㄩ	
a	ia	ua			ㄚ	ㄧㄚ	ㄨㄚ	
o	io	uo	üo		ㄛ	ㄧㄛ	ㄨㄛ	ㄩㄛ
e					ㄜ			
e	ie	üe			ㄝ	ㄧㄝ	ㄩㄝ	
ai	iai	uai			ㄞ	ㄧㄞ	ㄨㄞ	
ei	uei				ㄟ	ㄨㄟ		
ao	iao				ㄠ	ㄧㄠ		
ou	iu				ㄡ	ㄧㄡ		
an	ien	uan	üen		ㄢ	ㄧㄢ	ㄨㄢ	ㄩㄢ
en	in	uen	ün		ㄣ	ㄧㄣ	ㄨㄣ	ㄩㄣ
aq	iaq	uaq			ㄤ	ㄧㄤ	ㄨㄤ	
eq	iq				ㄥ	ㄧㄥ		

oq　ioq　　　　　　ㄨㄥ　　ㄩㄥ

er　　　　　　　　　　ㄦ

（1）阴平无号。

（2）阳平韵首 i，u，ü 的拼作 y，w，yü，其余的把声母双写。

（3）上声把主要元音双写。

（4）去声将 i，u，ü，ai，ei，ao，ou 拼作 iy，uw，üy，ay，ey，aw，ow，其余的后加 h。

（5）入声后加'号，或径省号。

例如"南京成贤街中国科学社"就是

Nnanjiq Tcceqcyen Jiai Joqguo Kocio Ceh.

上列的表是中国自己用的，此处不过是预备对音参考的，不在事题之内。里头的复韵母与声调的拼法在本篇也没有什么关系。至于说到译名，只要见字母抄字母照中国声音念就是了。但是有几点要和外国音通融的，就是 c 当ㄘ，ㄗ；q 当ㄍ；x 当ㄏ，虽然在中文的拼法最便利而于多数的西方习惯不相近，可以通融改读。

c（逢 a，o，u）　　　为 k

c（逢 i，e，y）　　　为 s

g　　　　　　　　　为 k

x　　　　　　　　　为 ks

其余的一律照中国国音读法。还有国音中没有的拼法如 é，è，ê，ö，ch，h（声母），ng，sh，sch，都可以不问哪一国，都一律读为ㄝ，ㄝ，ㄝ，ㄜ，ㄑ，ㄏ（可用闽粤的真 h 音），ㄤ，ㄒ，ㄒ。这么样说法，这二十六个字母的读法倒同英文字母的读法相差不远，不过我们是照字母简单地读，不是像英文那么吞音吃字，十个字母有九个都不是规规矩矩的念的。照我们这读法，看见了 th 也读作 t 音，但这并不寒尘^①，因为有德法人作我们的伴。照我们读法国字的 ch 为ㄍ，有英美人作伴。假如照字母念，把法文半鼻音的 m，n 念死了，也有英美德人作伴。所以我们只要把中国国音的胸脯挺一挺直，谁也不敢来笑我们寒尘。我中国人见了 Panama 字样，就尽管张开了嘴叫它"趴那吗"三个大"阿"音，因为中国音的 a 是"阿"音。假如有精于英文读音的人要晞开着嘴角撑着扬州的嗓子把那地名念作 [pænəma] 或 [pænəmə]，那么也好，但是可以不必。这就是我的"妈呼"主义。

以上说的是可以凭各国本国的拼法抄过来的。但有时一个私名或是别的字是几国文字都有而拼法稍有不同的，例如英文 Asia，德文 Asien，法文 Asie，又如希腊文 δημοκρατζ，英文 democracy，德文 demokratie, 法文 démocratie，那么从哪一国呢？最好自然是于最多数国文相近，而读音又清明的拼法。要调查一个字哪一种式子是各国最普通的，这不是一件小事，有时很是费事且需专门知识的，但幸亏这事的大部分的工夫已经有一群学者无意中替我们做好了。诸君都知道 Esperanto 是从前最通行的世界语。Esperanto 取字的原则就是取最多数国相近的字根。但是 Esperanto 是 Zamenhof 一个人做的，他的主张虽然极是，而他的字母中 ĉ ĝ ĵ ĥ ŭ 等不便书写印刷，是一个缺点。选择字根和字音的时候，因为他是俄国人，往往偏重于 Slav 族言语，而在欧洲多数人民中不是最通行的。后来 Paris 万国哲学会议里组织了一个世界语委员会，把 Esperanto 大加修简，名为 Ido（＝子孙，就是

---

① 原文如此。今多写作"寒碜"。下同。——编者

Esperanto 的子孙的意思），才实行那照人口比例"最多数国相近"的原则。这世界语的优劣和成败不是我现在所论的问题。但 Ido 这言语是已经造好了摆在那块，有书有字典可查的。我现在所提议的是什么呢？就是凡有一个要借音用的外国字，不必遍查希腊、腊丁①、英、德、法、意等字典才定用哪一种式子，只须把 Ido 一查就晓得最通行的字根了。字母的音值也是照上述的私名读音法（恰好同 Ido 读音相近），还有名词字尾的 -o，若是本来字根里没有的，可以省去。例如贺兰在 Ido 叫 Holando，我们不必加 -o 字，就叫 Holando。摩托在 Ido 是 mo-toro，我们只须写 motor。

这种"妈呼"主义既然是注重原来字形的，那么自然不必再像从前那么费了事立许多对照表了。而且照现在所拟的罗马字读法，读起来于拼法的相近常常胜于外国本国的读法。现在举几个例来补助我抽象解说的所不达。

英文

拼法照抄	我们的"妈呼"读法	他们的本国读音
Hay	[hei]	[hei]
Barley	[beilei]	[beili]
Georgia	[georgia]	[dʒiɔ:dʒiə]
Harvard	[harvard]	[ha:vəd]
Ames	[ames]	[eimz]
California	[kalifornia]	[kælifɔ:niə]

---

① 原文如此。今多译作"拉丁"。——编者

法文

拼法照抄	我们的"妈呼"读法	他们的本国读音
Cambrai	[kambrei]	[kã:brɛ]
Paris	[paris]	[pari:]
Hugo	[hugo]	[ügo]①
Nancy	[nansi]	[nã:si]
Voltaire	[voltairə]	[vɔ:ltɛ:r]
Camouflage	[kamouflage]	[kamufla:ʒ]

德文

拼法照抄	我们的"妈呼"读法	他们的本国读音
Hamburg	[hamburg]	[hamburç]
Leibniz	[leibnitz]	[laipnits]
Vogel	[vogel]	[fo:gəl]
Albrecht	[albrecçt]	[albrɜçt]
Neumann	[neuman]	[nɔimɑn]

各国都有的字

英国字	英国音	法国字	法国音
Asia	[eiʃiə]	Asie	[azi:]
Europe	[ju:rəp]	Europe	[œrɔp]
Africa	[æfrikə]	Afrique	[afri:k]
Australia	[ɔstreiliə]	Australie	[ostrali:]
America	[əmɛrikə]	Amérique	[amerik]

---

① 因特别理由我暂用 [ü] 代替万国语音学符号的 [y] 字。

London	[lʌndən]	Londres	[lɔ̃:dr]
Paris	[pæris]	Paris	[pari:]
Arabia	[əreibiə]	Arabie	[arabi:]
Homer	[houmə]	Homère	[ɔmɛ:r]
John	[dʒɔn]	Jean	[ʒɑ̃:]
Venus	[vi:nəs]	Vénus	[venü:s]
Ammonia	[ə:mouniə]	ammoniaque	[amɔnjak]
democracy	[dimɔkrəsi]	démocratie	[demɔkrasi:]
centimeter	[sentimi:tə]	centimètre	[sãtimɛ:tr]
logic	[lɔdʒik]	logique	[lɔʒi:k]
picnic	[piknik]	piquenique	[piknik]
category	[kætigəri]	catégorie	[kategɔri:]
motor	[moutə]	moteur	[motæ:r]
opera	[ɔpərə]	opéra	[ɔpera:]
德国字	德国音	"中国字"	中国音 [用国语音素]
Asien	[a:ziən]	Asia	[asia]
Europa	[ɔiro:pa]	Europa	[europa]
Afrika	[afrika]	Afrika	[afrika]
Australien	[austra:ljən]	Australia	[australia]
Amerika	[amerika]	Amerika	[amerika]
London	[london]	London	[london]
Paris	[pari:s]	Paris	[paris]
Arabien	[ara:bjən]	Arabia	[arabia]
Homer	[ho:mər]	Homer	[homer]

Johann	[johan]	Johan	[johan]
Venus	[ve:nus]	Venus	[venus]
ammoniak	[amonjak]	ammonia	[amonia]
demokratie	[demokratei]	demokrati	[demokrati]
centimeter	[tsentimetər]	centimeter	[sentimetər]
logik	[lo:gik]	logic	[logik]
picknick	[piknik]	piknik	[piknik]
Kategorie	[kategori:]	kategori	[kategori]
motor	[mo:tɔr]	motor	[motor]
oper	[o:pər]	opera	[opera]

现在把全篇的大意约略地复说一遍：

1. 一向译音的习惯是由各人以方音或蓝青官音的汉字，来译不甚了解的西音，因此译法很不一致，译的名字十个有九个没有用处。

2. 要求一致，一个法子是查出原来的读音，每音定译某声某韵的汉字，至于同音汉字中，哪个西名应取哪个汉字来译，由一个中央审查处制定。这法子又迂又无须的专制。

3. 用四十注音字母译音较简便些。但注音字母只能译音。各国的读音法既很繁多，这法子也有一点迂，因为它假定先要懂了各国的拼音法才能译成中国字母。

4. 最适用的，而且是各国都取用的政策就是一种"妈呼"主义，就是把外国的名字照抄下来不译。读音尽管用中国口音（用中国的罗马字母的音值）。若是有懂外国音的照外国音念，我也不干涉他。

5. 所谓中国的罗马字母的音值就是注音书法体式当中的罗马字式。（但其中 c、q、x 本作ㄗ、ㄒ、ㄍ、ㄥ、ㄏ去西文稍远，通融读作

k、s、k、ks。）

6. 有几国共有而拼法稍异的字，就拣最多数国相近而读音最清明的拼法。求这种拼法的最简捷的路就是参考 Ido 世界语的字根形。

诸君对于以上所提议的办法许还有些疑问，因为我人不在此地，只得把许有的疑点解答一下：

（1）不认得 a b c d 的人遇见了外国字读不下去怎么好？

答：假如中国旧文字的势力那么大，书籍那么完备，一个人竟可以不必认得 a b c d 就能成一个科学家，那自然是我梦想都不敢梦想的好事情。但是在事实上不说现在，就是将来，可会有这事？现在说一个人不认得 a b c d 就不配做科学家，虽无理论上的必要性，但实在不是过分的话。所以我不替这辈不会存在的科学家担忧。

（2）为最低级的常识教育书，或在小说戏剧中不便强人懂 a b c d。

答：为通俗用的横竖更不在乎读音准确。念得来念不来更不要紧。至于小说中戏剧中人名怕不好看不好听，尽管另起别的汉字名字，这不是译音的问题，这是文学里的事情。

（3）罗马字同汉字夹杂起来不雅观。

答：注音字母第一种书法体式同汉字杂起来也不雅观。只有汉字愿意同汉字为伍。但见一排一排坐长凳板的基哩嘎喇，德勒尔都噜的你我他她都不相识的汉字译名，也就够"雅观"了。而且我们《科学》的编辑部早就有鉴于汉字译音的靠不住，总归把原文罗马字拼法加在后头括弧里。那样去美术的条件不更远了？还不是率性叫那些排队的外国音的汉字退了伍，把括弧摘了下来就留一个干干净净的中国音的罗马字形的为简便吗？

我这篇"妈呼"的文章完了，我怕诸君一定要批评它为"不科学的"。诸君大概都听见过 Newton 闹的种种笑话了，但是我想诸君当很少听见过 Cavendish 的趣事的。Cavendish 也是一位独身老先生，他除了关于科学事业以外一样事也不愿意问，一个人不愿意见。亲戚一概不往来，朋友交际也没有，就是每礼拜四同皇家学会会员会餐一次。他晓得要研究科学，一个人总不能不吃，不能不穿，所以他就行一个最简单最偷懒的实际"妈呼"主义。他每天吃的饭叫用人①开了来避去，到时候他出来吃。吃完了走开，然后让用人收去，不准用人见他面。有一天用人被他看见了，大概打他科学思想诮②了，他竟把那用人歇掉。他的衣裳也开好了样子，交给裁缝，年年都有一定的什么日子送什么衣裳来，裁缝的人看都不要看，自然更不用说试穿，只要穿得上就是了。我明天不敢亲自到会也就是这原因。你们在座的一位一位都是 Cavendish（可是我希望 Cavendish 做 old bachelor 不在比较之内），我就是你们的厨子或是裁缝。你们在科学事业中不能不用外国私名，有时不能不借用字音译名词。这不是科学事业，却是科学生活的所必须。我就侍候着你们做一种很简单、老没有花样的饭菜衣服给你们吃用。但是假如一见了你们的面就怕你们把我歇掉，所以我没有敢来。或者到厨子、裁缝成了科学家，入了皇家学会，那就有机会可以③常同 Cavendish 见面，而且还可以每礼拜四同他一桌吃饭呢！

——《科学》第 8 卷第 8 期（1923 年）

---

① 原文如此。今多写作"佣人"。下同。——编者
② 原文如此。今多写作"诮"。——编者
③ 原文写作"所以"，疑印刷错误，据上下意思改作"可以"。下同。——编者

影片译名谭（1923）

周世勋

　　影片译名至属不易，往往有因直译而莫名其妙者，或因意译而离题太远者。推其原因皆以不谙于影事故也。

　　影片之种类不一，如哀情、爱情、滑稽、侦探、军事等片，立意既各不同，命名自当迥异。故译名者不必按其名而直译，但视其全剧之紧要处而定名，是未有不合题者。然如能直译而令人明了者，则仍以直译为佳耳。

　　译名以哀情、爱情等为最难，若不思索一绝妙之片名，必不能动人。如往年在上海开映之《赖婚》（*Way Down East*）一片，情节绝佳，若按其片名而直译，真令人莫名其妙矣（鄙意译为《东下》似尚不恶，《赖婚》一名实属不妥。勋注）。

　　滑稽片与侦探片译名最易，只求其事之前因后果，所为何事。滑稽片如罗克之《风流水手》，卓别麟之《从军梦》，侦探如《半文钱》《蓝狐狸》等，均以一事一物而取名，是较哀情等稍易也。

　　译名虽以迎合国人心理为上乘，但不可过事下流，如昔日某戏院之《吊膀子》《翻戏党》，令识者见之，已足知该片之无价值矣。

——《半月》第 3 卷第 2 期（1923 年 10 月 10 日）

《明日之学校》译者序（1923）

朱经农

　　译书实在是一件很难的事体，因为各国文字的特性不同，在甲国文字中只须一句话可以说得清楚的，译成乙国文字每每要用几句话，才能把它的意思传达出来；有时在甲国文字须用许多说话方能把一件事体说明，译成乙国文字便觉得冗长繁琐。所以想要达到严又陵先生所定的译书标准"信、达、雅"三个字，真是不容易。

　　为什么各国文字的特性彼此不同呢？因为文字是一种社会遗传物，跟着时代和环境逐渐变迁的。各国社会所经历的状况既各不同，文字之演化自然各趋一途，所以各有各的特性，传达一种意义，彼此所用文字繁简不同。这是译书困难的地方。

　　有许多人诚诚恳恳地劝我。他们说，如果要译书，还是用"文言文"妥当；现在外面通行的"白话文"译本，不但非常冗长，并且看不懂，这种译书不如不译。又有许多朋友皱着眉头向我说，你看这些外国文的原本何等浅显易明！被他们译成典雅艰深的古文，把原来的色彩完全失去，真实辜负了著书人的原意。其实译本的好坏，不是用"文言文"或"白话文"的关系。要把各国文字特性不同的地方辨认清楚，然后体贴著者用意之所在，切切实实地逐句翻译出来。有些地方，原文非常简括，照字面译成汉文，词句非常晦涩，不能传达著者的原意，那就文字之间不能不略有伸缩。总之，文字方面虽略有变通之余地，原文却丝毫增减不得；否则对不住著者，也对不住读者。还有许多地方，原书反复申述，译成汉文似乎觉得冗长，但是我们译书处处想保存忠实的态度，所以不愿任意削减原文，望读者原谅。

我们这本书是几个月之内赶成的，有许多译文自己还不能完全满意；排校的时候，又匆忙得很，恐怕不免有漏误的地方。倘使读者能够随时加以指正，我们非常欢迎。译书实在不是一件容易的事体，我们平日看别人的译文，常常觉得有不满的地方，等到自己动手译书，才晓得有种种困难。我们知道本书译文还有可以斟酌修改之处，不过我们下笔的时候，总不敢忘记两句话，就是不可欺骗读者，不可冤枉著者。我们的译稿大概没有看不懂的地方，也不敢把自己的意见去增削著者的原意。这一层是我们所能自信的。

胡适之先生说："我自己作文，一点钟平均可写八九百字；译书平均只能写四百多字，自己作文只求对自己负责任，对读者负责任，就够了。译书第一要对原作者负责任，求不失原意；第二要对读者负责任，求他们能懂；第三要对自己负责任，求不自欺欺人。"他这一段话我完全赞同，不过我一点钟至多能译三百字左右，有时为了一个字或者一句话，常常几十分钟不能下笔，后来勉强译出，还是自己不能满意，常常一连三天五天，早晨晚上，或吃饭睡觉的时候，都在那里想那个难译的句子或难译的字。有时竟始终寻不出一个完全满意的译文。无怪章行严先生主张把 logic 译作"逻辑"，把 economy 译作"依康老米"。

这本书里面所有潘君梓年的译稿除第十一章以外，均由经农再三修改，亦有全行重译之处，书中倘有错误，当由经农一人完全负责。潘君对于此书已费去无穷心力，他近来译笔日有进步，将来可望成为一个译界之健者。希望他不久再能译出别的书来，贡献于社会。

本书第十一章蒙任叔永先生将潘君所译原稿详加修改，使成完璧，我们非常感谢。

民国十二年四月

——《明日之学校》（朱经农、潘梓年译，商务印书馆，1923 年）

火成岩译名沿革考（1923）

翁文灏

矿物之种类确定而浅显，故识别较易。吾国自古有其名辞，即今所用，固多取自日译，然除矽酸盐类外，十九皆吾国之旧名也。岩石之分别，既无固定之界限，又少明切之标准，故岩石虽为吾人在自然界中最习见之物，而其系统分类，中外皆以为难。吾国尤少确当名辞，现在所用乃悉取自日译。然因古今名辞含义不同，在西文已屡有变迁，在汉文亦不得不有所厘正。兹略述历来之沿革，附以订正之意见，海内学者加以采择，为深幸焉。

国文译火成岩名辞之最早者，当莫过于前清同治十二年（西历一八七三年）华蘅芳所译之《地学浅识》，盖距今正五十年以前也。顾当时仅知音译，例如 granite 称为合拉尼脱，syenite 为虽约奈脱，basalt 为倍素尔脱，trachyte 为塔克爱脱，andesite 为安提斯爱脱，聱牙诘屈，欲求通行难矣。其译意者仅 phonolite 为响石一石，迄今日本犹译为响石，其偶合欤，抑曾考证及于中籍而采用之欤，诚系沿用，益可见其立名之非苟焉矣。

光绪二十五年（即西历一八九九年）傅兰雅与潘松所译之《求矿指南》（制造局版）始称 granite 为花刚石，trachyte 为粗毛面石，此皆较有意义者。今所通行之名辞，则作为花岗岩及粗面岩，然此外即仍从音译，且与《地学浅识》绝不相侔。如 syenite 作岁以内得石，porphyry 作拍弗里石，basalt 作巴所得石，而于 dolerite（度里来得石）则竟自认其不知为何形色。盖中国译书虽早，当时操觚从事者虽极费苦心，然皆为未通专学之人，但求文字上之传达，而无实际的知识，专门名辞多用音译者，非以音译为原则，乃因不知其真义，不得已而为之，偶有所知，即用意译矣。

日本所译岩石学名词，皆成于专门名家之手，且其立名之初拟颇审慎。观其于中国旧译，如花刚石、响石、粗面石等意义可通者，多加采用，即可见其旁采博证之功，非尽任意杜撰者可比，自口译传布，优胜之点显然易见，中国译者亦遂转相采用，例如光绪二十九年（西历一九零三年）王汝驹译《相地探金石法》（制造局版），其所用熔结岩（即火成岩）诸名，虽未声明由来，显多取自日译，如花刚石（granite）、闪长石（syenite）、闪绿石（diorite）、飞白石（gabbro）、辉绿石（diabase）、流纹石（rhyolite）、粗面石（trachyte）等，皆为现在所习用，其较为特别者，唯于玄武岩一类，有欺人石、居间石、硬云石诸名，安山岩则称为俺提西石，以后迄未见有沿用之者。

去今未久，尚有为岩石别创新名者，为美女教师麦美德所著之《地质学》（宣统三年北京协和女书院出版），称 basalt 曰黑阶石，diabase 曰渐变石，gabbro 曰粗渐变石。此书虽材料颇新，然流传不广，于吾国学术界殊少影响，亦半以其名辞过于难通之故欤。

自科举废而学校兴，上自专门，下及中小，莫不门别类分，铺张科学，坊出矿物学、地质学、博物学教本，先后不下二三十种，所用名辞率从日译，然此类教本通行虽广，而其实际之影响则至浅薄，盖由此类教本而能真确识别岩石，能以其耳闻之名确施之于目见之石，而无大误者，十年以前恐无一人焉，则今兹稍为订正，或尚不至于有积重难返之势欤。

民国五年，余与章鸿钊君合纂《地质研究所师弟修业记》，于日译火成岩诸名稍有修正，十二年，董常君编《矿物岩石及地质名词辑要》（地质调查所出版），岩石一部即以此为基础。兹择要说明如下：

Granite 通作花岗岩，章君近拟改为花刚岩，余初犹疑为非必要，今见傅译《求矿指南》，及麦著《地质学》，皆从此名，可见今昔作者不谋而合，此固吾国最先译名非漫为更张者比也。

Syenite 日译作闪长岩，又作黑花岗岩，今拟改为正长岩，以其以正长石为唯一主要矿物也。

Diorite 日译作闪绿岩，今拟改为闪长岩，以表明其为角闪石及斜长石所成。

Gabbro 日译作斑粝岩或飞白岩，唯 gabbro 一名在岩石学中今昔意义颇有不同。从前系专指斜方晶系之辉石与盐基性之斜长石（例如钙钠长石或钙长石）所成之岩石而言，此类岩石，因盐基性较强，类多粗粒结晶，黑白分明。日译斑粝岩等名，殆由此出。近来岩石学分类则多以此统名普通辉石（即属一斜晶系者）与斜长石所成之岩石，故斑粝、飞白诸名，与今义实不甚符，兹拟改为辉长岩，以之与闪长岩相对待，至 diabase 一名，日本原译为辉绿岩，兹仍用之，唯现在通用意义乃指辉石与长石成（ophitie texture）之岩石而言。辉长岩为深造岩或深侵入岩，有时成面积甚广之层状岩，而辉长岩则否。此其重要分别也。辉绿岩一名既留以指 diabase，则 gabbro 不得不别名为辉长岩，gabbro 既为辉长岩，则 diorite 不得不别名为闪长岩，闪长岩一名既移归 diorite，则 syenite 不得不别名为正长岩，此又连类而及，固有所不得已者。余于科学译名向不主张纷更，致淆视听。兹所倡议，乃犯是戒。主旨所在，实偏重于系统之整理，而非尽在字句之斟酌。然近年以来，因此纷歧而致误解者，已数见其例，益自警惕，知作始之不可不慎矣。

（注）订正岩石译名，最初在《师弟修业记》发表，唯拙作《中国矿产杂志略》（地质调查所专报乙种第一号）中国编稿在前，故全书所用火成岩皆照日译原义。地质调查所以后出版诸书报，则已改从新名，近来外间亦有从新义者，深望渐能一致。又近有以未明原委，名辞出入，惠函质问者，即以此文作为答复。文灏谨志。

其余习用诸名多从日译，详细义例，具详董著名辞辑要，兹不悉述。

火成岩西文名辞，本多原于习惯，近于杂凑，无所取义。即其科学定义，亦复人各其说，迄未完全统一。例如 diabase、dolerite、porphyry 诸名适用泛滥，几于少所确指，又如 diorite 与 gabbro 之分，亦非尽在角闪石与辉石之别。故现行译法，原非尽皆恰当，而舍此似又无较善之法，是在读者之勿以词害意可已。

——《科学》第 8 卷第 12 期（1923 年）

译《忠友》时的感想（1923）

大悲

我为什么要译这个剧本？不，现在还是先说我为什么要译剧本吧。就近的说，是为剧专排练的材料。就远的说，是为不能直接读原文剧本而富有编剧欲望的朋友们添一种参考与灌溉的材料。

剧本荒现在差不多全国的学生界都已经异地同声地嚷起了。开游艺会了！《好儿子》呀，《幽兰女士》呀，《爱国贼》呀，《孔雀东南飞》呀——不禁学生演剧的各省各县差不多都已经演过好几遍了。各省爱美的团体直接或间接寄来的告急文书直忙得我一个"不亦乐乎"。得不到我的回信的只怕到如今还在那里恨我，骂我。但是我有什么方法可以变出许多的剧本来塞这许多的责呢？尤其难堪的要算是剧专了。剧专是以戏剧为专门研究的。按着校外人猜想，我们至少总有几十个撑门面的剧本。哪里知道可以采用的剧本到如今还是数不满两双手。闹灾荒闹到米铺和积谷仓里面都闹进来了。这样的危险还了得吗？有些朋友们责怪我们说："你们既然没有好多剧本，为什么冒冒失失地先开办戏剧学校？"这话也许是不错的，但是请问，不开办戏剧学校，我们再应当等候几年才等得出几位肯尽义务的编剧家来替我们编出若干好的剧本来，任凭那些为公益筹款的游艺会会员随意排演？

坐待黄河水清是靠不住的事呵！

为剧专的练习用，不得不赶译西洋剧本。练习用的西洋剧本现在已认定有几本。王尔德的《遗扇记》，易卜生的《国民之敌》，廖抗夫的《夜未央》，托尔斯泰的《黑暗之势力》，高斯倭绥的《银盒》，是已经译成的。我们都打算在我们的新观众面前陆续试验。待译的除这出《忠友》外，尚有同一集——高斯倭绥剧本第五集——上的《有家室的人》，以及法国柏恩斯丁的《贼》。我们的新观众里面的朋友以及各处爱读剧本的朋友如果有合适的西洋剧本介绍给我们做练习用，我们自然也是很欢迎的，但是智的成分过重、情的成分过轻的剧本，我们暂时不敢采用。我们不敢妄断我们的新观众里面的大多数不配看这一类的戏，我们实在觉得自己的程度够不上演——虽然我们确信我们在我们的新观众面前演《华伦夫人之职业》断不至于像汪优游君前在上海新舞台试验时节那样的挨骂受气。

我译《忠友》这个剧本是余上沅君送给我译的。余君在饯别的席上把这一册心爱的书——高斯倭绥剧本第五集——送给我并且嘱咐我先译《忠友》这一剧——原书中的第二剧，第一剧是《有家室的人》。

《忠友》的原名是 *Loyalties*，意思就是"好几个忠心的朋友"。余君在两月前的附刊里曾作过《高斯倭绥的公道》一文。在那篇文里提起的《忠仆》就是这个剧本。读者要知道这剧本的命意所在，请参观余君那篇论文，恕我不复述了。

我译剧本译得很慢，因为我的目的并不是专为介绍给爱文艺的朋友们在书斋里阅看，我是要给演剧的朋友们到舞台上去背出来的。在舞台上不但难于记忆，而且于演剧人在舞台上最重要的一个条件——自信力——有妨碍，这一种妨碍，凡在舞台上稍有经验的朋友们都该知道，是我们演剧人的致命伤！受到这种伤的人难免要咒骂编者或是译者，"为什么不去问戈登格雷借些大傀儡来演你这说不出来的戏？"这一种顾虑简直地把我捆缚住了！顾了口气就顾不得原文的意义，顾了原意又顾不到口气。不得已退一步用"适两用中"的办法，就弄得两边讨不到好。将来还是免不了两边要听到骂声。骂是没有人爱听的。但是在我的译文里举发出我有万分对不起高斯倭绥的地方，我就十分感激了。

高斯倭绥剧本第五集是纽约查尔斯·司格利纳父子公司（Charles Sgliner's Sons）今年新出版的。国内贩卖西书的铺子里只怕尚没有办到。据我所知道的，北京商务印书馆主管西书部的曹君已经抄了我的书名去定购了，爱读原文的朋友们不妨直接去问他，借此也可以鼓励他们多贩运些我们爱读的书籍。

余君送了这部剧本给我之后，副刊记者屡次催我译它出来。他的意思是：国内许多爱学编剧的朋友们因为读不到好多译成的西洋剧本，所以无从学到编剧的技术。因为缺乏编剧技术，所以许多很好的剧本都流产了。所以他主张多多介绍西洋的剧本。

有许多人很想读剧本的。只可惜在剧本开卷的第一页里就遇到他所不爱看的东西——就是一篇布景和陈饰品的说明书，这一篇东西好比衙门局所门口肩扛着枪的兵，满脸"闲人莫入"的气焰实在叫人难受。我想除了以布景为专门研究的人们也许是爱读这一类说明书之外，只怕就连常读的朋友们也未必不厌恶它。我个人的经验是跳过这一段布景说明书先读剧词，读到有布景的地方然后回到前面参考一下，方才知道这一篇非但并不是赘文，而且是很有趣的东西。但是如果先读它就觉得干燥无味了，与我犯同样毛病的朋友们可不要再让这守门、抓枪的兵吓跑了。

　　读翻译的剧本时还有一种障碍，就是剧中人的姓名。姓名原是无于记忆的，而翻译的姓名尤其引人厌恶。中国的姓名虽然不能一见了就直接地发生兴趣，但是有时候联想到原本认识的姓名因而间接地发生兴趣。译音的姓名很难得到这种间接的兴趣，因此就有许多人"见而却步"了。我的补救方法就是不管他姓甚名谁，且把剧本看下去，看到有趣味处自然再难记的姓名也不能不记住了。

　　　　　　　　　　——《晨报附刊》第 215 期（1923 年）

译书难（1923）

俞天愤

做小说本来是件不容易的事，于今社会上把来当作一件消闲糊口的家伙。自然好小说一天少一天了。然而做小说虽不很容易，毕竟中国人做中国小说，不论是文言，是白话，究竟是直接的，总还容易一点。最难的算是译书了。在下并不曾读过英法俄日文字，自然外国文法一点不懂。可是也曾听人说，译外国文字有直译、意译两种。如今那些拗口拖沓的小说大约是直译，林琴南的中国古文式的小说大约是意译了。记得从前《新小说》上载一段外国人译"驰骋文场"四字，变成骑马向书堆里跑来跑去。前一天又看见某报上载一段"狼狈为奸"变成狼和狈通奸。你想中国文译外国文有这许多笑话，那外国文译作中国文一定有多少笑话，不过没有人发现罢了。

在下因译书笑话的大问题曾经和好几个朋友细细研究，想这中外直译究竟是间接的困难，倘把中国文言直译起来不知有笑话没有笑话。当时大家决定，由在下录一段文言给一个朋友去译白话，译成了，再转给别个朋友译文言，彼此不准宣布。到后来都译过了才拿出来，大家批评，仿佛同他们做集锦小说一般，前不顾后地瞎写，到结末一个人吃他苦。那时在下便写了一段很精致的文言给我朋友天心去译，原文如下：

> 余于某月日，道出金陵，见萧条门巷，衰柳依然，而人烟寂寥，不堪回首。傍水西门，一老妪设冷摊于门前，亦无有顾之者。自晨起至午餐后，曾未售得数青蚨。饥肠作雷鸣矣。余观其冷摊，实无一略可值钱之物，破铁之环，坏铜之柄。磁瓯则去其耳，花瓶乃缺其口，其他破帽敝履，乞人所不屑者，充仞其中。顾龙钟老妇，瑟缩可怜，十月秋深，尚衣单袷，而寒风尤如炎凉异趣之物，故穿此老妪衣衫裂痕而入。余仁立其冷摊前，初非注目于其物也，默念彼苍之窭下民也，乃不拘一格。彼老妪者，亦聊备一格耳。顾老妪之见余仁立其前也，以为余欲得其冷摊上物耳。即起其震颤之躯曰：先生，需何物耶？又目余状类文人者，则曰：此一扇头，闻书此者为名人也。曷赏鉴之。又曰：此一笔筒。云是嘉定竹刻。在此冷摊上，固无多值耳。余观此扇头，所书者殊粗劣。而竹刻之笔筒，则有一裂痕，直通至底，意似无所可。然而老妪则颜色惨变，泪珠几欲破眶而出，乃曰：先生，汝能略携数物去，得二三十铜圆，老身即可果两日腹，乞矜怜焉。

——《小说日报》第31期（1923年）

译书难（续）（1923）

俞天愤

　　君磐译也译得很快，写也写得很快。他还说，你们做小说的，总说没有资料，难于着笔。像我这般，花不了三十分钟就成这么一大篇，我看是很容易的。我说，你会的是英文，你能把英文译得这么快么。君磐也撑不住笑了。后来我去交给那一位报馆记者，教他译一篇文言，他皱着眉头，一百个不高兴。禁不住我再三再四的央求，他才应允。足足守了他一个月，催过他五六次，才算交卷。他的妙文，写在后面。

　　"我心常记在深秋，往南京游。仅见枯柳弄风，悲苦已极。后达水西门，有一老妇，置一货摊，白日无交易，腹内饿甚。摊中之物，锈铁坏铜，碎杯断瓶，尤有甚者。乞儿之所不欲之帽靴，亦陈列之。老妇面现可怜之状，一寸许，冬至尚穿单衫，可憾夏日未当见。冬日必遇之冷气，从城口如排阵而来，催逼老妇，其力尤大，衣破即开。风亦有心于老妇，故得此苦也。我立六小时，本非欲购物，因其可怜，遂想造化弄人，作如是观。彼见我呆立六小时，以我欲购物，彼云，何物耶？又见我非纠纠武夫，遂云，名人书扇，嘉定竹刻笔筒，来此价必减半。我视扇殊劣，笔筒自首至足均分开，遂不愿闭日购东购西。老妇似识我意，面勃然，泪如雨。又云，先生，苟能费君几百文，购我物，我即不饿数日，速助我。"

哈哈，我读了这篇妙文后，再也不敢教人去重译了。当下约了几个同志，开个文言研究会，说明原文，是包天笑的。他原名是"楷圆形之小影"，登在中华小说界里头，如今经了四次重译，竟把天笑一篇很精致的文字，糟蹋坏了。别的不讲，单说"萧条门巷，衰柳依然，而人烟寂寥，不堪回首。"译到第四次，变成"仅见枯柳弄风，悲苦已极。"这还成个句子么。还有"老妇瑟缩可怜"一句，第一次译作"露出一种瑟缩缩的样儿，很是可怜"，第二次译作"瑟缩可怜"，第三次译作"形状十分可怜"，都还不相上下，末一次把十分当作一寸，那便译成"面现可怜之状一寸许"。在译的人自然觉得奇妙，哪里知道全文实在不称呢？还有一句"余伫立其冷摊前"，第一次译作"我站在他那个摊子的旁边"，这时旁边和前字已经差远了。第二次译作"余时久立摊旁"，那旁字已确定了。第三次译作"我站在那儿好半天"，也差不多。原文伫立和久立，意思还近，这好半天也是描摹文字。不料第四次，认这半天两字当作实有的，便译成"我立六小时"这句话。倘使真有其事，那真成个呆子了。那时大家宣读了一番，也说不出什么，不过大家从此知道译书是不容易的事，不要说中国人译外国文不容易，便这中国人译中国文言，尚且有这种笑话呢。所以我说，不深通中国文的不要去译外国文，不深通中国文的更不可强译中国文的白话，这是最紧要的金科玉律哇。（完）

中国传统译论文献汇编（六卷本）

卷三（1924—1929）

朱志瑜　张旭　黄立波　编

商务印书馆
The Commercial Press

2020年·北京

中国传统译论文献汇编
（六卷本）
卷三
（1924—1929）

目　　录

1

书名的统一（1924）

荆生

张资珙先生在《学灯》上发表一篇文章，主张译名统一，说的很有理由，但他以为必应服从最初的译名，不容后人订正，我觉得有点不妥。他说："Charles Dickens 的 David Copperfield 在《说部丛书》，明明是《块肉余生述》，谢先生（在《西洋小说发达史》里）又以《大韦考贝菲而》顶替。"在他的意思，似乎只有林琴南的《块肉余生述》是原书名的正译，而谢六逸的《大韦考贝菲而》却是假冒！那么《莎氏乐府本事》（已经够肉麻了！）还应该改称《吟边燕语》，伊尔文《见闻杂记》也须订正为《拊掌录》才行呢。譬如有人把《伊索寓言》改译作《爱索坡思故事》，就是明白的人或者也要说他多事，其他却是对的；倘要以先入为主，则林氏的《伊索寓言》以前还有一八四〇年广东出版的《意拾蒙引》，这才可以算是正统，但是现在有谁用这名称呢？厘定音译是可以的，至于意译便不是这样容易规定的东西，如要统一反多麻烦，所以大可不必自扰。在译者方面只要真是以求诚为目的，无论怎样改译都是对的（或者附注旧译，更便读者）；不过这当然不是粗心的译者所得而借口以文过饰非的罢了。

——《晨报副刊》（1924 年 2 月 25 日）

译名——一个紧要问题（1924）

张资珙

自有所谓新文化运动到现在，几年来的书坊，都充满着新编译的丛书和杂志；内容不必说，太多都是贩卖欧美的思想，所译词语，杂乱无章，各依译著人的笔尖，麻麻糊糊，真所谓毒雾满天下！科学上所用的名词，自有了科学名词审查会后，像物理、化学、动植物等学上的译名，常用的大概都已厘定。近来商榷专门名词的，也不乏人，黄昌毂君钢铁名词（《科学》七卷十二号），与冯肇传君的草拟遗传学名词（《科学》八卷七号），准确与否，且莫论，但总是一个好现象，现在弄得最糟的，就是译名——人名、地名等——尤其是人名问题。

记得三年前，美国 Brown University 来了一位社会学者，到沪江大学主讲，他名叫作 J. Q. Dealey 博士。那时候很多学术团体，请他演说，即以沪大一校而论，告白版上招听客的广告纸上，都常常都有请他演说的字样；第一次写的是"敦请地莱博士……"，隔了几天，又有个"敦请特赉博士"的广告，第三次又变作"恭请狄蕾博士……"。后来余天休君，却在《社会学杂志》一卷一号里，替他取了一个天时不如的"地利"，《青年进步》四十六卷五十二页里，又叫他作狄莱；这次商务印书馆，又出了一本《狄雷博士演讲集》。Dealey 博士不过一个，却被一般无情的译著者，改头换面过六次——地莱、特贲、狄蕾、地利、狄莱、狄雷，其实不止此数——长此下去，岂不是像个孙悟空么？

但是 Dealey 博士的六个译名，相差尚不甚远，况且是出自不同的人，这也不必大惊小怪。可恶的就是在同一人的著作里，把同一个西名，变换过几次；且举几个例罢。

1. 耶路大学社会学教授 W. G. Sumner，余天休博士把他译作深奈尔（《社会杂志》一卷一号"社会学之派别"）、沙姆拿（同杂志一卷五号"社会学之意义"）。

2. 提倡产儿制限的 Margaret Sanger，易家钺把她译作：

    A. 山额夫人（《民铎杂志》四卷二号"中国人口问题"第二十四页）

    B. 桑甲女士（《教育杂志》第十四卷号外学制课程研究号"一个紧急问题"）

3. 用统计法去求生物性质歧异创始 Francis Galton，李积新君在他编辑的《遗传学》里译作：

    A. 盖尔顿（第五十一页）

    B. 盖耳顿（第七十页）

4. 电学家 Lorentz，周昌寿把他译作：

    A. 洛伦次（《学艺》五卷六号"动电学发展之回顾"第三页）

    B. 罗伦彻（《爱因思坦和相对性原理》第二十页）（这本书是他和郑贞文共译的）

5. 法国大小说家 Guy de Maupassant，郑伯奇把他译作：

    A. 莫泊桑（《创造周报》第三十四期"国民文学论"）

B. 莫白桑（《创造周报》第三十五期）

6. 法国小说家 Victor Hugo，在谢六逸编《西洋小说发达史》里：

A. 嚣俄（第二十页）

B. 许俄（第四十八页）

7. 荷兰哲学大家 Spinoza，刘建阳在他著的《帕你苏（蔡元培叫他泡尔生，见《伦理学原理》）道德论》里，（《民铎》四卷三号）初译为斯宾哪莎，总换为斯宾罗沙。

以上不过略举数例。这般学者，不知造了什么冤孽，被你们任意改头换面，当作傀儡！余天休的深奈尔和沙姆拿，不知的定当作是二个不同的人，况且在十二年四月廿八的《学灯》里，有位曾友豪叫作他"散内"，《青年进步》四十六卷二十七页，又名他为瑟墨，相差委实大远了！易家钺的译名，一次夫人，一次女士，已觉可笑，我想他还会叫她珊格太太呢！李积新君的盖尔顿和盖耳顿，还有三分之二相像，不过替这盖老头儿做别号的还很多。《科学》杂志八卷九号的陈帧，叫他作"高你吞"；《学艺》四卷七号的胡步蟾，又取"戈尔登"为顶替；《青年进步》四十六卷第三十三页，又有个"葛你敦"；《社会学》杂志一卷一号，也有"哥你登"。其余像周昌寿、郑伯奇、谢六逸、刘建阳等所译的西名，虽然相差无几，却也不应该这样不小心罢！

让我算算一笔账，把同名异译，略举于下，请读者不要笑！

1. 哥伦比亚大学社会学教授 Giddings

基定斯（《社会学》杂志一卷一号"社会学之派别"，余天休著）

鸡丁（易家钺"家庭问题"第六十七页）

机定氏（陈长蘅"中国人口论"第十六页）

2. 互助论主倡者 Kropotkin

    A. 克鲁蒲特金（《社会学》杂志一卷一号）

    B. 哥罗巴金（张君劢"人生观"）

    C. 克鲁泡特金（《学艺》四卷十号"巴枯宁与某法国人的一封信"）

3. 人口论始祖 Malthus

    A. 马尔沙士（《民铎》四卷二号）

    B. 马而基斯（《民铎》四卷二号）

    C. 马尔萨（《学艺》五卷六号臧启芳"出版与文化"）

4. 力学始祖 Galileo

    A. 盖律雷（《东方杂志》廿卷八号）

    B. 嘉列浏（张君劢）

5. 生物学者 Loeb

    A. 勒伯（《东方杂志》）

    B. 罗卜（李积新编《遗传学》第十二页）

    C. 莱勃（《东方》廿卷十一号九十三页）

6. 生物学者 Weismann

    韦司蛮（《东方》）

    外斯蛮 （李积新编《遗传学》第四十八页）

7. 优生学家 Davenport

    戴晚包（李积新编《遗传学》第三十一页）

    光文朴脱（《东方》第廿卷十一号九十三页）

    达文波特（《社会学》杂志一卷一号"社会学之派别"）

    特文泡脱（《学艺》四卷七号"五大生物学家百年纪念"）

谭文博（《青年进步》四十六卷第三十三页）

8. 突变学说主倡者 Hugo de Vries

戴勿立（李积新编《遗传学》第三十页）

光佛黎斯（《东方》廿卷十一号九十三页）

杜佛黎（《学艺》四卷七号"五大生物学家百年纪念"）

9. 印度诗圣 R. Tagore

泰戈儿（《民铎》四卷三号）

大戈尔（《创造周报》第三十期六页及《小说月报》）

台哦尔（《东方文库》）

大阿儿（《大中华》六卷二号仲涛"介绍大阿儿"）

大戈儿（《小说月报》十四卷九号）

泰谷尔（《燕大周刊》第二十四期）

10. 德国文坛健将 Goethe

歌德（《三叶集》）

苟特（《社会学》杂志一卷一号）

高泗（《社会学》杂志一卷一号王文祺之"妇女地位"）

稍于几本新书杂志中，寻对译名，已见如是的分歧！其他像琐格底、苏格垃底、卜郎宁、白浪宁、勃浪能、易卜生、易勃生、法刺对、佛列底、但丁、但椿、亚力士多德、亚律斯到得、叔本华、萧本华、德维尼、微尾、牛顿、奈端、拉马克、拉迈格、莱麦克、披尔逊、皮尔宋，写都写不完，真是一塌糊涂！

还有一个附带的小问题，就是译书的名称。Goldsmith 作了一本 *The Vicar of Wakefiled*，林纾译作《双鸯侣》，谢六逸在他的《西洋小说发达史》里，称它作《瓦克非而牧师传》英文杂志，又给它一个别名。Charles Dickens 的 *Copperfiled*，在《说部丛书》里明明是《块肉余生述》，谢先生又以《古韦考菲而》顶替，再把《俄尼斯推斯》去代林纾译的 *Oliver Twist*（《贼史》）。进化论主倡者达尔文（有一个名称的，就恐怕这位和《资本论》作者马克斯了），有了一部杰作 *The Origin of species*，那在广东无烟火药工场的马君武博士（现在不在那里了）叫它作《物种源始》，林骙和张资平之流，却又以《种源论》为名；文学研究会译了一本《意门湖》，创造社也翻一本《茵梦湖》来抵对；虽然译的书名各人有取舍的权，但是为读者计，不应如此混乱啊！

又还有一个附带问题，就是：译普通名词，不应矜奇立异。几年前要买一本 *The Origin of Species*，苦于原本书价钱太贵，只得到中华书局花了一块八角，得着四本马君武博士译的《物种源始》读了二本还不知什么叫作"场合"。后来才知道是环境的变名，不过前者系衣砵木屐儿译本而来，正是英文的 Environment，像这样译名，又何苦令读者煞费心思？记得还有翻译商业用书，舍"汇费""划条"不用，特效倭奴口吻，以"替料""小切手"为代，抑何可笑！

且慢：待我把癸卯《新民丛报》时评栏里批评关于翻译的几段，摘录出来，给诸位参看：

"……人名地名，勿歧出，最好蓝本于《万国史记》，或《瀛环志略》；盖诸书行诸世已久，知之者多，彼书诚不佳，吾非佳其书而仍之，实仍人之所习知耳。如音或不准，不得已而改之，亦宜附以旧译名，即或自定新译名，要断不容前后歧出。为内地人计，固应如是，即律以译者之义务，亦应如是也……"

"和文名词勿多用，所以为不知外国文者计也，吾能译书，吾能自知其意，胡可以我例人？彼能知之，彼读原书可矣，何必读吾译本。如其未也，曷不明示之，而因存其所不知也，揆诸译者之义务，实是无当……"

"……至其全无心肝，一页之中，同译一名，而前后互异，更不足责矣！苟率此不改，数年以后，国中译本，无一可读，耗人目力，其罪不在鯀下矣"！

"……史中人名地名最多，而其名多有见于中国旧译本者，故苟欲译史，非徒近世新著之名作不可不研究也，即旧译之陈言，亦不可不浏览，近日译本往往有寻常习见之名，亦屡异其音者。吾见有以七字译哥仑布，以五字译奈端者矣，译者之谫陋不足责，独不为读者脑力计耶！"

"今之译书者，或为苦学计，借此以自给，虽学力未充，不得已而从事焉，此固非可深咎者；然亦当尽吾力所能及，以忠实之心，对于著者读者，其犹不赡，则吾扪心固无疚也。而今之少年，往往欺上海书贾及内地人士之不知别择，随意删去假名，颠倒一二字，苟以易百数十金而已，若此者，不得不谓为学界之蟊贼也！吾何乐于诋某人，吾不能已于言也。"

以上所引几段，其言诚有过火处，人名地名要蓝本旧籍，自然是一件难事，不过对于普通所常听的名，像"环境"和"汇费"，总应该晓得。一页之中，同名异译，也未必全无心肝，译者太粗意，是真有其事。这也难怪，他们信手拈来，以为可以注些外国原名，还靠得住，其他也不必管了。

《太平洋》四卷四号里有个"林"老板，把《汉译科学大纲》批评了一顿，他主张不译外国人名和地名，因为像现在译名的凌乱无章，不如"光了头走"，他有几句很可注意的话，他说：即使读者叫不出□的名，还可以认一认他的面孔……自然能读外国文的人，读了原文即够；不能读外国文的人，虽有原文，亦未必去读。这位说的，在现在却可以。从此以后，却不可永远光了头走。今日最要紧的是厘定译名，把最普通广用的译名，拿来做标准，以后要引用，也像"达尔文""马克斯"一样的方便，不特外国化的学生念起来可以晓得一些，就是内地头脑冬烘的先生们，也会少骂一些"离经叛道"。

北京大学人文地理学教授钱秩陵君，著"地之机械的分配及其感化力"（《社会学》一卷一期）一篇，所用名词，不特光着头，而且赤着膊——连 Asia、Australia、Europe、Africa、Asia Minor、Caspian Sea、Good Hope、Panama 都不译作亚细亚、澳斯大利亚、欧罗巴、亚非利加、小亚细亚、里海、好望角、巴拿玛。有现成的白饭不去吃，偏要去嚼糟糠，我真百思不得其解！他是个人文地理学教授，这样普通的地理名词都不懂么？科学社最近出的《科学》第八卷九期，王义珏君记述了赵承嘏君的"欧战时代之毒气及其防护"一篇演词，篇末曾有小注说："有机化合物之已定名词，无论懂义译音，多感冗长，繁杂而不易读，且译词尤未一律。本篇仅直录英名，谅读者亦表同情焉"。别人吾不知，我个人殊不与他表同情！任鸿隽（科学社社长）在他一篇"中国科学社之过去及将来"中有言，科学名词的审查，是他社中事业的一项。王君是否科学社社员，今且勿论，投稿于该杂志，至少也须将几个名词，照科学名词审查会所厘定译名应用，或参照《北大月刊》一卷七期内梁国常著的"有机化学命名刍议"也可。冗长繁杂，自制较易合理的名，又何不可？胡得借口犹未一律，因噎废食？况且译名没有一律，著者如果关心，就有使它一律的必要！择其好者而引用之，也是使其一律的一个法子。还有《创造周报》第三十四卷五期的郑伯奇，是半光头，半戴笠的先生。那一篇"国民文学论"里，有一半的名，是译成中文的，如 Victor Hugo 许果、Emila Zola 左刺、Leo Tolstoy 托尔斯泰、O. Wilde 王尔德、Utopia 乌托邦，但 Romanticism、Realism、Idealism、Naturalism、Elanbert、Ibsen 等字，却让它们风吹日晒，不译作浪漫派、写实派、意象派、自然派……还有一个妙句 "Dante 的 *Divina Comme dia* 和歌德的 *Faust*" 不直写为但丁的《神曲》和歌德的《浮士德》（这浮士德一名，是依郭沫若和《学生杂志》上的译名）。否则，直接将歌德改回原形，叫作 Goethe 也罢！这样模棱两可，著者不觉其不便，读者却吃苦不少呢！

今且言译名不一的流害罢！我想新文化的进步，至少也因此受了一部分阻碍，不懂外国文字的人，或是稍通晓而不能或不得读原本的人，只得向会译书的人，求恩施救。但是今天认识一个戴晚包，明天会了个光文朴脱，却以为是两个人，再第三天碰着一位达文波特，更觉莫名其妙。况且同一篇内，有时同名异译，流弊更甚！名字光着头走，也有许多不便处；而译一名注一字，不单著译者、读者的时间不经济，和印刷局花多纸张，手民增多烦苦，更足以使译著者惰性发达，信手拈来。为今之计，只有另求救济方法。

最好的方法，就是效法科学名词审查会的组织，召集国内的学者，开一个译名审查会，依译名的久远和普遍，厘定适当译名；或照陈独秀的"西文译音私议"（见《新青年》二卷四号），或另参以他法。常用的名，虽似不合其意，也不必更换。像《北大月刊》一卷二号内朱希祖的对于 Religion 译名"宗教"的过事推敲，和某先生的提议废弃已经久用的"科学"二字，而代以"赛恩斯"译音的名称，都是无理取闹。其实譬如朱希祖三字，用《说文》分析起来，又何能完全表出他是北大的一个文科教授，和其人的性情一切行动呢？"名者，实之宾也。"《新民丛报》上有一段说："名者，不过使人习之而能解云尔。苟实难得其确译，则无如因之，如日本所通行之'社会''经济'等字，虽沿之，亦未为病也。"译名不妥，何止"宗教"和"科学"两词？波兰人 Zamenhof 创始的 Esperanto 按原义乃含"希望"意，自日本人译作"世界语"，沿用于中国，虽有创议译为"爱世不难读"的，但前者译名流行已广，已成一个专名，更而改之，反觉失其原意（参照《教育杂志》学制课程研究号"世界语的价值及加入课程的准备"）。还有要明白的一件事，就是现在的译名，所以会弄到这样糟，至少一半是译名的人，多用自家乡的土音，去注释西文的人名和地名的结果。曾友豪是嘉应人，所以他译 Sumner 作"散内"；换了一个余天休，就叫他作"深奈你"。若是这三个字用嘉应土音去读它，那音就差得很远。最好像北大国学门歌谣研究室征集歌谣的法子，注释用注音字母（日本人的译名大概都是这样）。

厘定的译名，编订成册以后，各书坊的编辑先生，都须采用，尤其是编中学校教科书的人。因为中学用书，大多都是新知识的基础。有许多中学，因为现在译著的书，名词不一律，只得采用原本，毕了业以后，几何、地理确也读过了，Proposition 和 Bering Sea 也很明了，换一个"定理"和"伯令海"，就莫名其妙。我从前在广州投考清华的时候，遇着一个岭南学校学生，他也来投考。算术的命题是中文的，有一条是求某数的平方。他却不知道"平方"是什么意思。下场以后，他跑来问我，才晓得是英文 Square root 的译名。我也曾看见许多大学毕业生，平时在校，天文学是很好的，但是问他海王星、金星、水星是怎样的，只得敬谢不敏。今日的一般译著者，也许有一部分在中学读书的时候没有读过旧常的译名，如"达尔文""柏拉图""马克斯"。提起了笔，也就胡乱把原名改头换面，随便给他一个名称，却不知道他们的大作，价值因是而减损呢。

最后我大胆敢说一句话，译名不求统一，糟乱必到一百二十五度！一个西人的译名，必不止孙悟空七十二变！毒雾满天下，谁是引路人？来！来！我们且来讨论此问题，解决此问题！

——《时事新报·学灯》（1924 年 2 月 14 日）

关于译名的商榷（1924）

陆渊

我很感谢张君资琎把译名这问题，明白地提出来，引起我们的注意；并且指示出各种的举例，为一般不学无术的译者，作一当头棒喝。张君之关心学术，可谓至矣尽矣了。

译名这问题，是由介绍西洋文化及思想而发生的。西书里面的专名或特名——地名人名等——实在不能用中文来译意释义，只好把它们的发音直接地用中文译出来，作一种西名的标记，为了中国各处方言的不同，同音异字的字太多，所以不能有译名统一的可能。你为你，我为我，结果把一个很简明的西名改面换目，而莫知真相了。譬如张君所引说的 Tagore 这个人名，有的译为泰谷尔，有的译为太戈尔，人则一，而其译成之名则不一，稍谙西文的人看来，还不至茫无头绪；否则，谁为泰谷儿？谁为太戈儿？必至混淆黑白，莫名其妙了。这种光怪陆离、不可捉摸的把戏，几至所在皆是，读者负有提倡文化、改进学术之责，岂容默尔而息！张君毅然决然先开其锋；具体之办法，盖有待我们之共同研究，读者盍归乎来！

近来译书之多，几如汗牛充栋，究其实，足令人作三日呕。盖译者一知半解，妄自编译，句语之冗长繁杂，所在皆然，一名而数译者，又属更仆难数，使读者模糊不明，如入五里云雾中，暗无天日，言念及此，可恨可笑！关于译名不统一的弊病，我曾身受者屡，我幼居乡间，不谙西文，喜读小说及学术等书而莫之或倦，有时见到怎么安琪儿、赛恩思等名词，令我漠然而不知所解，搜阅古书而无所得，心焉怪之，亦无如之何！未几，稍涉西文门径，见有所谓 Angel 与 Science 者，作"天使"与"科学"之解，按诸"安琪儿"与"赛恩思"这等名词，声似义合，因而恍然大悟，前疑为之尽释。去年冬，做归省计，吾友张君吾素，问我以"安琪儿"这名词，作何意解？出自何典？我乃以我所经验过的一一具告之，否则，未谙西文，瞠有不鲜目而不能答者，唉！舍"天使"而用"安琪儿"，去"科学"而用"赛恩思"，何译者之弄人若是！

关于译名这件事，我曾长期考虑，迄无所得。有以中西兼用者，有以单用西文者，然皆非两全之法。盖中西兼用，只适合于中西兼善之人；单用西文，其如不识西文者何！然则译名一事，其为不可解决之问题欤？是又不然，照我的意见！欲统一译名，非有一种译名的标准不为功。对于译名的标准问题，曾有人从事研究，惜无完全的方法。所幸一九一七年四月十七日，江苏省教育会开会于上海，广聘中西人士，讨论译名问题。结果，由译名委办，协力研究，并期北京教育部采用为编译西名的标准。是年五月十五日，西人亦曾开会讨论，旋为江苏省教育会所邀请，以资相互斟酌修订，结果有人地名词译音表之产生。该表浅易简明，不必详为说解，读者如欲参考该表，可阅约翰大学出版的《约翰声》第三十五卷第一号，因篇幅经济起见，恕不转录。

如照该表编译西名，自无一名数译之弊。张君所举各端，皆由译名无标准之故，唯其无标准，故译无定名。兹将张君所引之名，依据该表，当译之如下：

一、社会学家 Dealey 译作第雷

二、耶路大学社会学教授 Sumner 译作瑟姆内耳

三、提倡产儿制限者 Margaret Sanger 译作散加耳

四、用统计法求生物性质歧异创始者 Fancis Galton 译作加耳通

五、电学家 Lorentz 译作劳兰刺

六、法国小说家 Victor Hugo 译作许戈

七、哥伦比亚大学社会学教授 Giddings 译作极定

八、力学始祖 Galileo 译作戈利雷欧

九、生物学家 Weismann 译作惠斯曼

十、印度诗圣 Tagore 译作他戈耳

照上面这样去译，必不至于参差颠覆，令人毫无头绪。甚望译者知所取则，为学术界造福。读者如有较好的方法，不妨提出来，大家研究一下。

未入结论以前，有两种重要的声明，就是：（一）已经通用的译名，不必再照该表重译，致眩耳目。例如 Asia 亚细亚，Europe 欧罗巴，Panama 巴拿马，Washington 华盛顿，Welson 威尔逊等是；（二）该表系属英文，至于他国名词，尚无从事研究，唯是英文为世界各国中最通行之文字，而他国名词，多为英文所已译，故该表之重要，自不待言。

总之，译名不求统一，终贻读者之患。张君举例颇多，无用我之喋喋。我们负改进学术之责，自应急起直追，谋可以改进译名之法，断不能容忍一般不学无术者流，任意编译，贻学术界莫大之阂隔。读者须知译名问题，关系于学术前途，至重且大，读者诸君，盍归乎来！

《乌鸦》译诗的刍言（1924）

张伯符

　　《文学》百期纪念号上登载了子岩君的《乌鸦》的译诗；这是从美国诗人 Edgar Allan Poe（1809—1849）的 The Raven 译出来的。原作者是所谓"The only American poet of significance"，在近代西洋文学史上，很替不文的美国吐了不少气焰，无须我再来此处赘述了。这 The Raven 和散文小说中的 The Black Cat 便是这位诗人许多杰作中的代表杰作。我相信 Poe 这个名字，介绍到中国文坛决不始自这回；但是 Poe 的作品——他的代表的诗作 The Raven 出现在我们中国的文坛上，恐怕是要以这篇《乌鸦》的译文为创始了。在此我们对于译者的子岩君是应当表示谢意的。

　　可是不幸读了他这篇译文之后，又拿 Poe 的原诗来对照起看，不能不令人吃惊于子岩君翻译的错误。我不揣冒昧很想将我认为不满意的地方提出来和大众讨论一下。不过预先要声明的便是这篇讨论并没有含着丝毫恶意的动机，不是吹毛求疵，只是为要充分地、明白地了解一个作家的作品而已。这一点很希望子岩君与读者诸君不要误会，并且很望子岩君和读者诸君的指教。

　　以下便是我对于译文想提出来讨论的：

1. 原诗第一节第一、二句如下：

Once upon a midnight dreary, while I pondered, weak and weary,

Over many a quaint and curious volume of forgotten lore——

（原译）：在一个沉静的深夜，当我倦怠无力的默想时，溢出许多曾经遗忘了的美妙精彩的文学——

按这两句诗，第二句的 Over 是紧接第一句的 I pondered 的 preposition，应是"当我倦怠无力地对着一本一本载有已经忘了的教训之奇异的书本默想时"的意思。译者硬把 Over 单独译成"溢出"，到底 Poe 当时是否正在看书，便简直不明白了。至于 quaint and curious 译成"美妙精彩"，Lore 译成"文学"，直是穿凿附会得可笑。Many a 乃是形容并不是同时看许多书，乃是翻了一本又一本的意思，怎么能译成许多呢！

2. 原文第二节第二句如下：

And each separate dying ember wrought its ghost upon the floor

Eagerly I wished the morrow; ——vainly I had sought to borrow

From my books surcease of sorrow——sorrow for the lost Lenore——

For the rare and radiant maiden whom the angels name Lenore——

　　　　　　　　　　　　　　　　　　Nameless here for evermore.

（原译）：各个分离逝亡的余烬，在地板上磨琢它的幽灵。我热诚地盼待明日。我空虚地探觅抄窃。在我消亡悲愁的书籍中，为悲哀雷奴尔的消失，因珍贵，满面春风的处女，那名叫雷奴尔的仙娥，在这里永远地埋名了。

按这节诗的第一句，意思是各个散遗将烬的炭火，在地板下现出鬼也似的影子。译者的"在地板上磨琢它的幽灵"，这成什么话！

第二句下半的 Borrow 是和第三句的 Preposition "From" 紧接的，

第三句下半是解释上文的 sorrow 是什么一个东西，第四句又是对于 Lenore 再详加解释。意译起来便是："我焦急地盼望天明；我徒劳地想借书本来消解我的悲怀——消解我对于死了的 Lenore 的悲怀，消解我为那绝代的佳人，神所命名为 Lenore 的悲怀，Lenore 这个名字，而今是永远不能听见了。"（ Vainly= in vain 徒劳无益的意思。）

我们试看子岩君的译文，真不知道是在说些什么，最滑稽的是将 Angels 译成仙娥，认为与 Lenore 同格，难道 Angels 的末尾加得有多数的记号，子岩君都没有看见吗？

3. 原诗第三节第三句如下：

So that now, to till the beating of my heart, I stood repeating

... Tis some visitor entreating entrance at my chamber door; —

（原译）：因此我仍站立着，静静地拨动我的心弦，这是许多人在我房门里出神祈祷，许多客人在我房门里祈祷；……

按这几句照原意应译为：

因为要想止住我心房的动悸，我伫立着翻来覆去地说："这是一个客在那儿求进我的卧房来，是个深夜的客求进我的房里来……"

4. 原诗第四节第二句如下：

"Sir" said I, or Madam, truly your forgiveness I implore;

But the fact is I was napping, and so gently you came tapping,

And so faintly you came tapping, tapping at my chamber door,

That I scarce was sure I heard you—.

（原译）：先生，夫人，我哀求你真实地恕罪；但事实上，我思睡了，你这样和缓的节拍，你这样唐颓的推敲，在我房门里推敲，我罕有像听你这样正确的时候；……

按这一节应译为：

先生，或太太，真要请你原谅我，因为我正在瞌睡，你轻轻地走来敲门，你敲着我的房门敲得那样微弱，我几乎不觉得听见了你；……

5. 原诗第五节第一句如下：

Deep into that darkness peering, long I stood there wondering, fearing,

Doubting, dreaming dreams no mortal ever dare to dream before;

But the silence was unbroken, and the darkness gave no token, ...

（原译）：我深彻地走入黑暗之宫，长在那边战栗恐怖的站着，怀疑呵，竟无人敢在未梦之前思望梦梦；但寂静仍是继续下去，且不给一点礼物，……

按此处应译为：

我深深地向着黑暗里望着，站在那儿奇讶着恐怖着并且怀疑着做着人们不曾敢做的梦；但是沉静依然，黑暗中并没有现出什么影子。

6. 原诗第六节第三句如下：

"Surely,"said I,"surely that is something at my window-lattice;

Let me see, then, what threat is, and this mystery explore—

Let my heart be still a moment and the mystery explore …"

（原译）：我说："无疑，无疑有几分在我窗格子上；让我看罢，因了什么，与这个神秘的探索；让我心安静一刻吧，与这个神秘的探索……"

原译若离开了原诗真不知是何意味，这种译法真何贵乎译书？兹拟译如下：

我说："无疑，无疑，一定有什么东西在我的窗格子上；等我去看看究竟是什么东西在那里，等我去检查这个神秘；且静着我的心，去检查一下这个神秘……"

7. 原诗第七节第一句如下：

Open here I flung the shutter, when, with many a flirt and flutter

In there stepped a stately Raven of the saintly days of yore;

Not the least obeisance made he; not a minute stopped or stayed he;

But with mien of lord or lady, perched above my chamber door——

（原译）我把窗扉开而屏弃，当摇动鼓翼时；在那边站着往昔圣日的庄严乌鸦。它一点不装出礼貌，且没有一刻歇止支持；但有仙娥美人的容貌，棲在我房门之上；

按这几句应译为：

我开开了窗扉，那时候，只听着好几声羽翼的抟击，近来了一只古昔圣世庄严的老鸦。它一点儿也不客气，一刻儿也不停滞，摆着王公或者贵女的态度，一直飞棲在我的房门之上。

（注）：此处的 Lord or lady 和前面的 Sir or madam 都是因为不知道对手是男或者是女，故用双性。

8. 原诗第八节第三句如下：

"Though thy crest be shorn and shaven, thou, " said I, "art sure no craven,

Ghastly grim and ancient Raven wandering from the Nightly shore——

Tell me what thy lordly name is on the Nights' Plutonian shore!"

> Quoth the Raven, "Nevermore"

（原译）：我说虽然你的盔毛剪割剃刷，美气却并不稍减，可怕的幽灵，年久的乌鸦呵，在昏暗的岸涯中彷徨，告诉我你轩昂的名字，在夜之冥土的岸涯。乌鸦说："永不！"

按这一节似应译为：

我说："虽然你的冠毛被剪除了，你可不是从冥海飞来的，卑怯而可怕的古鸦，请告诉我你在地狱海边的官名罢！"乌鸦说："再没有了，"

（注）：第一句的 craven 是形容词，但并没有"美气"的意思。No 是对以下直到第二句末尾为止的否定语，第二句并不是独立的一句。在 Pluto（冥王，见罗马神话）的国里用各种禽鸟司人间的吉凶祸福，故此处 lordly name 译作"官名"适当与否还质诸高明。又"nevermore"原译作"永不"虽勉强用得（实际"永不"的意思仅是 Never 就行了），但与原诗的用意相差太远了。

9. 原诗第九节全节：

Much I marvelled this ungainly fowl to hear discourse so plainly,

Though its answer little meaning— little relevancy bore;

For we can not help agreeing that no living human being

Even yet was blessed with seeing bird above his chamber door—

Bird or beast upon the sculptured bust above his chamber door,

       With such a name as "Nevermore."

（原译）：我格外惊异这粗俗的禽鸟，与这样率直的谈话。虽然它的回答只一点意义，只一点关联之孔；但为我们不能扶助无生计的同胞，被禽鸟在他的房门里祝福，鸟兽在他们卧室之门雕刻半身像，用了"永不"这样一个名字。

按此节应译为：

听着这粗鄙的鸟，能够这么样明明白白的谈话，使我非常惊诧，纵然它回答的话，没有多大的意味，（和我的问话）没有什么关联。因为我们不能不承认自有生人以来还没有人得着看见禽鸟站在他的房门上的幸福，——禽或者是兽，以"Nevermore"为名，栖在房里雕像上的幸福。

10. 原诗第十节第三句如下：

Nothing further then he uttered—not a feather then he fluttered—

Till I scarcely more than muttered——"other friends have flown before

On the morrow he will leave me, as my hopes have flown before."

Then the bird said, "Nevermore."

（原译）：没有事物比他绝对；没有得意比他鼓翼；我只得低鸣更甚，"在别的友朋满溢之前；在我的希望满溢之前，明天他将离我而去"禽鸟回答说，"永不"。

按此节应译为：

此外他（指鸦）更不再说什么，更不抟翼，直至我低声说出：别的朋友们已舍我而去了，到了明朝，他（指乌鸦）也要像我的希望一样，舍我而去吧。这时候，乌鸦说："再也不会。"

（注）：此节第一两句系：But the Raven, sitting lonely on the placid bust, spoke only that one word, as if his soul in that one word he did outpour 故第三句有 Nothing further then he uttered... 之说。"utter"，在字典上虽有"绝对"的意思，但同时我们也不要忘了这个字也有 to speak 的解释。并且 then 字译者竟认成 than 去了。feather 一字，译者竟认作一个形容词的比较级，真是笑话。

11. 原诗第十一节全节：

Startled at the stillness broken by reply so aptly spoken,

"Doubtless", said I, "what it utters is its only stock and store

Caught from some unhappy master whom unmerciful Disaster

Followed fast and followed faster till his songs one burden bore—

Till the dirges of his Hope that melancholy burden bore

Of 'Never—nevermore'

（原译）：在寂静中战抖，却被这样敏捷的言语的，回答冲破，我说："无疑，什么东西是他唯一的木干与栈房，在许多不乐的主人中，捉住残忍的灾祸，快追随，快快地追随，等他歌中一个叠韵涌出。等他希望的悲歌、忧郁的叠韵涌来'永不！永不！'"

按此节应译为：

寂静被他这么一个适切的回答冲破使我吃了一惊，我说："他（指鸦）说的这句话，一定是从那个不幸的主人得来的唯一的贮藏。那不幸的人，被残酷的灾祸紧紧地随着，紧紧地缠着，以至他的歌儿也带有这一个叠句——以至他自己的希望的葬歌，也带有这伤神的一个叠句'再——再也不！'"

12. 原诗第十二节第四、五两句：

Fancy unto fancy, thinking what this ominous bird of yore

What this grim, ungainly, ghastly, gaunt, and ominous bird of yore

Meant in croaking "Nevermore"

（原译）：我从事于想象与想象关联；想此往日之鸟的预兆是什么，这凶恶、粗俗、可畏、瘦弱的往昔之鸟的预兆是什么，意义呵只在这哑之声中"永不"！

按此处应译为：

幻想复幻想，我思索这只往古的凶鸟——这只瘦瘠、丑陋、可怕的往古的凶鸟，他说"再也不"的意思是什么。

13. 原诗第十三节第三句如下：

This and more I set diving, with my head at ease reclining

On the cushions velvet lining that the lamp-light gloated o'er

But whose velvet violet lining with the lamp-light gloating o'er

She shall press, ah' nevermore!

（原译）：这个与他一切，我坐在"至美"中，与美的头，安乐偃卧地在那灯光照耀的被褥的丝绒衬里，但丝绒的紫色的衬里，与灯光在互视着，她将挤压，呵！永不！

按此节应译为：

这样那样地我继续地推想着，我的头安逸地靠在那灯光映着的天鹅绒的椅子靠背上，但是我那紫色的、灯光映射着的天鹅绒的背褥，呵！她再也没靠着的时候了！

（注）：诗中第四句的 She 据前后关系看来指的是 Lenore, the woman who should have been his bride.

（参看'Poe's poetical works'最后面的 notes。）（未完）

——《创造周报》第 36 期（1924 年 1 月 13 日）

古书今译的问题（1924）

郭沫若

整理中国的古书，如考证真伪，作有系统的研究，加新式标点，作群书索引，都是很必要的事情，但是此外我觉得古书今译一事也不可忽略，且于不远的将来是必然盛行的一种方法。整理国故的最大目标，是在使难解的古书普及，使多数的人得以接近。古书所用的文字与文法与现代已相悬殊，将来通用字数限定或则汉字彻底革命时，则古书虽经考证、研究，标点、索引仍只能限于少数博识的学者，而一般人终难接近，于此今译一法实足一济诸法之穷，而使古书永远不朽。

今译一法，基督教徒运用最为敏活，一部《圣经》不知道有多少译本，单是我们中国所有的便有文言，有官话，有甬白，有苏白，更有注音字母的。他们刻刻求新，唯恐其不普及，唯恐一般人碍难接近。基督教所以传播于全世界，这种新化 Modernise 的精神实为其最有力的因子。我们中国人的习尚便与此向不相侔了，对于古代文书尊视如上天符录，唯恐其不神秘，唯恐起被一般人接近了会泄漏天机，凡古人的一句一字都不敢更易，稍有更易便离经叛道，在从前下科场的时候定会名落孙山，或者犯打手心数十，我们中国人的古董癖，我怕是全世界人所难比肩的了。儒家典籍不待说，佛经亦互百世而不易，秃头骗子日日三茶三饭三藐三菩提，木鱼橐橐，谎泥谎木，究竟中华全国中有几个和尚能懂得佛理呢？

小时候读四书五经，读得一个倒背如流，但一句也不知道它们说些什么，便是一部发蒙的《三字经》也就不明其妙的咒语，倒是后来读了些稍通俗的《史鉴节要》和《地球韵言》，才认真懂得了些历史的概略和世界的大势，但是我们的脑筋，在死文字的暗诵里已经消费好几年了。白话文运动的成功，要算是我国文化史上很可特书的事迹，最近小学教科书都采用白话，纵令如何不完全，我相信读者的受益，总比我们读四书五经时多得万万倍。近来犹有一般顽梗的人，狃于自己的习惯，满口以为文言易懂而白话不易懂，痛嗟文教的堕落，要从新编制文言的小学教科书，这种人真是罪过该万死！

四书五经我们读它们时深感苦难，并不是它们的内容艰深，实在是它们的外观古涩。如像《国风》中许多的抒情诗，我觉得十二三岁的人并不是不能领会，假如我们给它们换上一件容易看懂的衣衫。此外如子书如佛经，只要我们把那针刺层剥掉了，无论什么人都是可以享用良乡甘栗。可恨是些变态的古物崇拜狂，他们定要用针刺出血后才能感得快感，他们并且要把自己受动的虐淫狂 Masoachism 变成主动的虐淫狂 Sadism！这些人和这些人的文章我希望有秦始皇第二出来，再来焚一次，坑一次！

《国风》中四十首诗我把它们今译了出来，辑成了一本《卷耳集》了。这本书的功果如何，我现在不愿自颂；但我相信青年无染的朋友们读我的译诗必比读《国风》原诗容易领略；不幸而年纪稍长已为先入见所蒙的人，他要理解我离经叛道的行为，至少他先要改换一次头脑。自《卷耳集》出版后，知我者虽不乏人，而罪我者亦时有所见。故意的无理解，卑劣的嘲骂，或夹杂不纯的抨击，我都以一笑视之，我不愿作天下的乡愿，嘲骂抨击原是在所不辞了。最近北京《晨报副刊》上的梁绳炜君和南京《东南评论》上的周世钊君各有一篇评《卷耳集》的文字，他们都以为我的翻译是失了败，因而断定古书今译是走不通的路，古诗是不能译和不必译的东西。其实我的翻译失败是一个小小的问题，而古书今译却是另外一个重大的问题，以我一次小小的尝试的成败，他们便要把来解决一个重大问题，他们是未免太早计，未免把我太过于尊重了。我觉得他们的言论大有讨论之必要，所以我不惜辞费，特来缕述几句。

古书今译的必要，我在上面已经略略说过了；我现在要来说古诗的能译与否。

诗的翻译，假使只是如像翻电报号码一样，定要一字一句地逐译，这原是不可能的事情：因为这样逐译了出来，而译文又完全是诗，这除非是两种绝对相同的语言不行，两种绝对相同的语言是没有的，如果有时就无需乎翻译了。随你如何说，诗的翻译，绝不是那么一回事！诗的翻译应得是译者在原诗中所感得的情绪的复现。这个问题我不止说过一次了，然而一般人的先入见总不容易打破，我们最接近的是读 Fitzgerald 的《鲁拜集》（*Rubaiyat*），最接近的是读仿吾所介绍的"莪默伽亚谟新研究"（见本周报第三十四号）。我们且看他的译文究竟是否针对，而他的译诗究竟成功与否。便是西洋诗家译中国的诗，如德国檀默尔 Denmel 之译李太白，我们读了他的译诗每不知道原诗的出处，独于我们的译家定要主张直译，而又强人以必须直译，所得的结论当然是诗不能译了。朋友们哟，你们的脑筋要改换一次才行！诗不能译的话，当得是诗不能直译呀！

由一国的文字译成他国的文字可能，由本国的古文译成今言，当然更见容易。因为同是由原诗情绪的第二次表现，原诗如属本国古文，于在感原作者的情绪上当得比较外国言文亲切。由古诗译成今言，并不是我的创举。先我而尝试者在近代的中国已有人（我记得胡适之在《新青年》上曾译过一首唐诗），我们即向外国文学史探求，除上举《旧约》中《雅歌》《诗篇》不论外，譬如英国最古的 Anglo-Saxon 文学便经过多少人的翻译，即最有名的叙事诗 *Beowulf* 的全译便有下列的几种：

1. Childe's *Beowulf*(Riverside Literature Series)；
2. Earle's *The Deeds of Beowulf*, Done into Modern Prose；
3. Gummere's *The Oldest English Epic*；
4. William Morris and A. J. Wyatt's *The Tale of Beowulf*；
5. Hall's *Beowulf, Translated into Modern Meters*；
6. Lumsden's Beowulf, an Old English Poem, *Translated into Modern Rhymes*.

此外还有选译散见于：

1. Pancoast and Spaeth's *Early English Poems*(pp.5-29)；
2. Cook and Thinker's *Select Translations from Old English Poetry* (pp.9-24)；
3. Morley's *English Writers*(Vol. I. pp. 278-310)；
4. Broake's *History of Early English Literature to the Accession of King Alfred*(pp.26-73).

以上是据 Reuben Post Halleck 的 *New English Literature* 中所考列，

这书是一九一三年出版，距今隔十年，在这十年中是否尚有新译出世，即在十年之前他所考见是否尚有遗漏，这非是我浅学的人所能知道，也非是我此后所想考证，不过我们只据上所表见，一首古诗在它本国中已经经了十道的翻译了！

此外如英国十四世纪的古诗人屈刹 Geoffrey Chaucer（1340？——1400），他的诗便有好几首经过瓦池渥斯 W. Wordsworth（1770——1850）翻译过的：如像 *The Prioress's Tale, The Cuckoo and the Nightingale, Troilus and Criseyda*，我们在瓦氏诗集中是容易接触的。

诸如此类，把古诗今译了的办法在外国文学史中实在举不胜举，便是新兴的日本也极力在采取这种方法了。我举了这些例来，并不是说外人如是，我们也可以照样模仿，但是这明明是一条大众所走的路，我们要想证明这条路走不通，只把我一个人的步法来断定，那是不合论理。我的步法可以有错，或者是跛行，或者是瞎走，或者只在路上打回旋，那我就在一条通路上走也是把路走不通的。但是不能说是因为我走不通便说是路是走不通，要想证明这条走不通，那除非是把从前走过这条路的人成绩详细（不必全部）调查过一遍，然后才能归纳出一个断案。因一人的行事而断定一事的是非，这不仅是武断而是狂断了！

我国的文字，冗泛不适用的字数太多，为谋求教育的普及上，应当早日着手调查加以限制。我的朋友陈慎侯，他费了八年的苦工想做一种标准国语字典，他要把一切不适用的字数删去，把标准字限定成若干，以这些标准字通行一切古书也可以用这种字去翻译一遍（请参看《学艺杂志》第四卷第六号）。他这事业是很有意义的创举，可惜功待垂成，而他竟因劳病故了。字数限制还是目前的姑息手段，实则汉字自身根本是破坏人脑机械，日本人困在这机械之下千辛万苦地想摆脱，他们的准备已经很周到，他们完全废弃汉字的日子我想总在不远。我自己的儿子是生在日本的，他们回来之后我要教他们的汉字，实在不知从何入手，我教他们的日本字母，他们不到一个礼拜便能书写自由了，假使我教他们的汉字，不知要经过多少年辰才能用这种工具来表现自己的心向。从前在国内中学的时候，我觉得一班五六十人中能把国文写清楚的为数不上十人，近来的教育成绩我虽不十分清晰，但据我一两年来编辑的经验，我觉得外来的投稿能够自由运用国语的实属寥寥，我们从中可知我们中国的古董汉字早迟是不能不废的了。代用的工具经几多专门的学者正在讨研之中，我希望我们的准备早日完成，使我们后此时代的国民早脱离镣锁的痛苦。

由字数限制，或者汉字废弃的结果，古代书籍的普及自不得不待今译一途。这是自然的趋势，并不是一个人的成败所能左右，也并不是一二人的狂断所能左右。这条坦坦的大路，待一切善走路的人去走，我不过只是在路上跳了两跳的蛤蟆，走通了路的人说我不曾走通，我只可以向着他哇哇地赞美。但是未曾上路的人千切不要看见我蛤蟆乱跳而畏途，已在路上走的人也切不要因别人畏途而中辍或返步。我走我的路，别人要嗜好古董的则古董具在，我的《卷耳集》译诗于《国风》的存在未损毫末，但我希望这种人放开眼光，不要说这坦坦的道路是走不通的道路！

十三年一月十日

——《创造周报》第 37 期（1924 年 1 月 20 日）

《乌鸦》译诗的刍言（续前）（1924）

张伯符、郭沫若

14. 原诗第十四节全节如下：

Then methought, the air grew denser, perfumed from an unseen censer

Swung by seraphin whose foot-falls tinkled on the tufted floor.

"Wretch, " I cried, "thy god hath lent thee—by these angels he hath

sent thee

Respite—respite and nepenthe from thy memories of Lenore;

Quaff, oh quaff this kind nepenthe and forget this lost Lenore!"

Quoth the Raven "Never more."

（原译）：后来，我觉得空气渐变深浓了，从一位天使带来的香，从一位幽冥的香炉中荡漾，他的足迹的叮铛之声在地板上分絮。

"恶汉"，我喊了，"你的上帝曾扶助你——从曾谴使你的那些天使，

休息——休息，痛饮你雷奴尔的纪念美药！

痛饮这甜美之药，忘记这消失的雷奴尔！"

乌鸦说，"永不"！

按这一节的原译，和原文自是大不相合，但是较之以前那几节，不能说是比较的与原文相近似。我在此处，也很想让它通过，不过

也还有几处非讨论不可的。即是第二句的 Seraphin，在 *Poe's Poetic Works* 后面的 notes 上，已说明的是等于 angels（复数），而译者却把他译成"一位天使"去了。并且原意是"被天使们摇荡着"的意思，译者弄成"带来的"。这不能不说是错了。第三句的 Wretch，在此处应是"可怜的人"，怎么可译成"恶汉"呢！

第三句以下的译文，简直没有将原文弄清楚，兹试译如下：

"可怜的人呵！"我喊着说，"上帝赐你——从神们之手，给你以休息——休息和可以忘掉了 Lenore 之追忆的灵药。将这个灵药饮了吧，饮了，将死去的 Lenore 的追忆忘了吧！"……

15. 原诗第十五节第一句如下：

"Prophet!" said I, " thing of evil! — prophet still, if bird or devil!

Whether Tempter sent, or whether tempest tossed thee here ashore,

Desolate yet all undaunted, on this desert land enchanted

On this home by horror haunted— tell me truly I implore—

Is there— is there balm in Gilead?— tell me— tell me, I implore!"

Quoth the Raven "Never More."

（原译）："先知"，我说，"罪恶的东西！——先知无声。

倘问禽鸟或魔鬼！

诱惑者必摧迫你，或以暴风吹你到岸涯，

荒凉呵，但一切皆安乐在这荒岛上过活——，

在这恐惧往来的家乡——老实告诉我，我求你：

是那边——是那边香料在葛尔持？

告诉我——告诉我我的恳求！"

乌鸦说，"永不"

按此节应译为：

"预言者哟！"我说："恶物哟！总而言之，你预言者哟！不问你是禽鸟，或者是恶魔，或者是诱惑者遣来的，或者是暴风雨把你打上岸来，在这个荒凉的魔土里，在这个为恐怖所袭的家里，你孤独地，但是一点儿也不畏缩，你老实地告诉我，——我求你告诉我，在 Gilead 里，果然有这样的灵药吗？……"

16. 原诗第十六节第一句如下：

"Prophet!" said I, "thing of evil！—prophet still, if bird or devil?—

By that Heaven that bends above us— by that God we both adore—

Tell this soul with sorrow laden if, within the distant Aidenn,

It shall clasp a sainted maiden whom the angels name Lenore. "

（原译）："先知"，说我，"罪恶的东西！——先知无声，

倘问禽鸟或魔鬼！

从那在我们之上遮着的天空——从我们所崇拜的上帝

告诉这满载着忧闷的灵魂，在辽远的

爱台恒之前，

它将紧握着崇为圣的处女，名叫雷奴尔的仙娥。"

按此节应译为：

"预言者哟！"我说，"恶物哟！——不问你是禽鸟或者恶魔，总之你预言者哟！指着我们共戴的天，我们共信的神为誓，告诉我这满载了悲哀的灵魂！在远方的 Aidenn 它能够寻着那神们所命名 Lenore 的神圣的处女么？……"

17. 原诗第十七节第一句的 I shrieked, upstarting 应该是"我跳起来喊说"但是原译却译成"我呼号，爆发了，"去了。又第三句：

Leave no black plume as a token of that lie thy soul hath spoken!

（原译）：不要离开你乌黑的羽毛，

像潜在你灵魂中曾说的记号！

其实这句若照原文意思，应是"不要留下你乌黑的羽毛，当成你灵魂所说的谎言的记号！"又第五句的"Take thy beak from out my heart"应是"从我心中抽出你的嘴！"而原译却是"离开你的歌，在我的心弦中；"此外在这一节中，还有一两处地方我很不满意，但是在此也从略了。

18. 原诗第十八节第三句如下：

And his eyes have all the seeming of a demon's that is dreaming,

And the lamp light o'er him streaming throws his shadow on the floor;

And my soul from out that shadow that lies floating on the floor

Shall be lifted— nevermore!

（原译）："而且他似梦的眼睛，全似恶魔的模样；

灯光经过他，在地板上流投了一个阴影；

我们灵魂从那里在地板上飘动不停的阴影

将被飞升——永不！"

按此节是应译为：

"而且他的眼睛，完全像恶魔请睡梦中的眼一样。在他头上摇摇的灯光，将他的黑影透在地板上。我的灵魂呵恐怕将永远地跳不出那浮在地上的黑影了吧。"

以上便是 Poe 的 The Raven 全诗十八节中，我在子岩的译文里找出来的错误。子岩君的译文，差不多每节都有错误，其想入非非的译法，真足令人惊诧不已；甚至最普通的熟语如 Can not help 后面加 Participle 的用法都不知道，真不能不令人瞠目了。此外的最滑稽的错处，也不知还有多少，我已经失了批评的勇气，只好请读者自家去批评吧！

最后我还有一个声明，就是我的试译，不过是在解意，并不在译"诗"，因此，如有人说我的试译没有现出原文的 Rhythm 时，我甘受其责；但是意义上我自信还没有笑话，读者如有赐教，我非常欢迎。

一九二三，十二，二六

在名古屋瑞穗之丘

[附白] 此诗译文真是荒唐已极，译者和文学编辑者竟公然发表，读后只令人慨叹。伯符君改正处大抵无误，唯第九节似尚有斟酌余地。乌鸦乃不祥之鸟，东西民间的俗见相同。原诗意是反语，不识张君以为如何。

沫若

——《创造周报》第 37 期（1924 年 1 月 20 日）

《小物件》译文的商榷（1924）

敬隐渔

　　昨夜自友人处携归的 *Le Petit Chose* 的李译本今天东一篇西一篇大略看了一阵。未加批评以前，我先当求译者劼人君原谅。劼人君我本不认识；但他的两位兄弟却与我相识很久。希望他不要怪我不去批评别人，偏只批评他译的书；须知道在我所见的法文文学译本中，此书译笔算是很有希望的……但并不是说别的译本都无批评的价值，只因我没时间，有多少新译书未见到……

　　《小物件》这本书的原文我看了两遍，每次都供给了我凄凉的喜兴和有力的训教。可怜而可敬的 Jacques！情狂耿直而可爱的"小东西"！不惹尘埃的 Germane 院长！至于艺术，用笔方面，每篇每段都有令读者忍不住忘形叫"好！"的地方，请读者自己去赏识吧。

　　李君劼人的译文也是很顺畅，很有经验的，但我今天把译本和原文对了对，看见李君丢了很多，有些固然是对于中国人没好大关系的，但也有很美的地方被李君忽略了。依我想来，译者可以多淘点神，把这个美人的全面示与读译文者吧。

　　我还觉得李君有时大意了，在忠诚而流畅的译笔之中，留下了一点小错。

　　我为介绍这本书起见，且放大胆儿，把我今天所见的错处举出来，其余的，以后有空，再看下去。

　　我首先读的译文就是"牧歌的喜剧"。我恍惚把原文对了一下，差不多这一段完全没错，除了一个：一个蜻蜓类的飞虫 Demoiselle，李君误解作"姑娘"了。Demoiselle 原有这两种解法，这里却是"飞虫"才合原文的意思。

　　Je suis très fort des reins, moi; je n'ai pas des ailes

　　En pelure d'oignon comme les demoiselles, ...

　　"我的腰肢很强健，我啊！没有蜻蜓们葱皮似的翅子"

　　李君译的是：（245 页）

　　"我的腰肢很强健，我啊！虽没有那样的翅子葱皮似的懒得像那般姑娘"……

　　（一）原文中没有"懒"字；（二）"葱皮似的"与"姑娘"没有关系。照原文的意思，蝴蝶请斑蝥上它的背上，夸它的翅子有力，不像蜻蜓的翅子如葱皮一般薄弱……（demoiselle 比蜻蜓更细，常处水边）

　　又《小物件》277 页。黑眼睛请小东西作诗，小东西推故说：（请恕我……我不曾将我的七弦琴带来。）Pierrotte 把这个抽象的名词误认成一个具体的物件，叫小东西，"下次不要忘记带来"，因此引为笑谈……李君注："七弦琴是指诗篇而言"，也是把 Lyre 误认为具体的名词了。Pierrotte 以为小东西没琴不能作诗，李君以为他没书，不能作诗，殊不知小东西之 lyre 是一种不可携带于衣袋中的东西，无论何人，倘若请"他下次带来"，未免都要见笑于小东西吧。

　　Je n'ai pas apporte' ma lyre 是说："我如今没诗兴"。这话的来历很远哩。我记得从前读过一本《希腊拉丁文学史》——我记不起谁作的，是十年前的事了——最初的诗人如 Homerus 作 *Iliad* 和 *Odyssee*，都是奏着 lyre 琴讴唱的。后来 lyre 这个东西与诗人分别了，但这个名词仍存于诗中。比方 Lamartine 的 *Meditations poetiques* 称为 genre lyrique（抒情类）的诗，并不是奏 lyre 琴作的……其他如 genre dramatique（戏剧类）的诗，虽注重音乐，却不称为 genre lyrique。有多少批评家大概把诗分为这几类：抒情类、戏剧类，还有 genre didactique（训教类）等等……所以我国人如读西洋诗，每见诗人和 lyre 的名词并立，切不要联想到一个诗人必定有一把弦琴才好。

《小物件》第 196 页"什么声响都没有了；麻雀，午祷钟声"那时已是八九点钟，为什么还有午祷钟声呢？原文不是午祷，乃是一段拉丁经：Angelus Domini nunciavit Marioe（主之天使报告了玛利亚）。这一句是一个人念，随着咚咚的铃声，每天要念三次，早晨六七钟，十二钟，晚间七八钟……宗教家称为"三钟经"或"三中经"，我许久未念这一段经，也忘记了，又简称为三祷经。

又译本 273 页"他把加密丽三个音念得很短……"原文 Il disait Camille tout court 乃是"简短叫她 Camille"，不加 Mademoiselle、小姐、姑娘等名称，才显得出她的亲爱。比方 Balzac 所著 *Eugenie Grandet*……这女子读她情人的信称呼她"小姐"，她便扑哧地哭出来，信也不看下去了，因加"小姐"等名称便显出客气了……

又 237 页 Un homme de gout 不是"一个有趣的人"。gout 从拉丁 gustus（胃口），Um homme de gout 是一个好鉴赏家，犹如一个人胃口好，辨得出味之美恶……

又 209 页"大家已经把门关上了……在那半开门前……"。门既已关上，又在半开门前，是不近情理。On allait fermer la porte.（将要关门了）。Allait 虽在过去时，仍指过去的将来，李君把它误认为 On venali de……去了。

又 288 femme etrange（奇怪的妇人），李君译作"外国妇人"，把 etrange 误作 étrange）。未免太大意了。

我希望中华书局把这译本重校对一下，再版时，加以更正，此书还可以成为法文文学译本中一本很看得的书……

一九二四，五，二一

——《创造周报》第 43 期（1924 年 3 月 9 日）

征译诗启（1924）

徐志摩

我们都承认短的抒情诗之可爱；我们也知道真纯的抒情诗才（Lyrical genius）之稀罕——谁不曾见过野外的草花，但何以华茨华士的"野水仙"独传不朽，谁不曾听过空中的鸟鸣，但何以雪莱的"云雀歌"最享殊名，谁不曾见过燕子的飞舞，但何以只有谭宜生与史温庞能从这样寻常的经验里抽出异常的情调与音响？（Tennyson: "O swallow, swallow, flying, flying south"; Swinburne: "Itylus"）华茨华士见了地上的一颗小花，止不住惊讶与赞美的热泪；我们看了这样纯粹的艺术的结晶，能不一般的惊讶与赞美？诗人蓝涛（Savage Landor）说我们人只是风与气、海与地所造成的；我们不应得说我们可贵的性灵的生活大半是诗人与艺术家的厚惠！"诗是最高尚最愉快的心灵经历了最愉快最高尚的俄顷所遗留的痕迹"，但这痕迹是永久的，不可磨灭的；如同我们应得用爱赏文学的热心，研究古宗教的典籍，我们应得预备宗教家的虔诚，接近伟大的艺术的作品，不论是古希残缺的雕像，贝德花芬断片的音乐，或是开茨与雪莱的短歌。因为什么是宗教，只是感化与解放的力量；什么是文艺，只是启示与感动的功能；在最高的境界，宗教与哲理与文艺无有区别，犹之在诗人最超逸的想象中美与真与善，亦更不辨涯涘。

最高尚最愉快的心灵的最愉快最高尚的俄顷的遗迹，是何等的可贵与可爱！我们相信凭着想象的同情与黾勉的心力，可以领悟事物的真际，融通人生的经验，体会创造的几微；我们想要征求爱文艺的诸君，曾经相识与否，破费一点工夫，做一番更认真的译诗的尝试；用一种不同的文字，翻来最纯粹的灵感的印迹。我们说"更认真的"，因为肤浅的或疏忽的甚至亵渎的译品我们不能认是满意的工作；我们也不盼望移植钜制的勇敢；我们所期望的是要从认真的翻译，研究中国文字解放后表现致密的思想与有法度的声调与音节之可能；研究这新发现的达意的工具，究竟有什么程度的弹力性与柔韧性与一般的应变性；究竟比我们旧有方式是如何的各别；如其较为优胜，优胜在哪里？为什么，譬如苏曼殊的拜伦译不如郭沫若的部分的莪麦译（这里标准当然不是就译论译，而是比照译文与所从译）；为什么旧诗格所不能表现的意致的声调，现在还在草创时期的新体即使不能满意的，至少可以约略的传达？如其这一点是有凭据的，是可以公认的，我们岂不应该依着新开辟的途径，凭着新放露的光明，各自的同时也是共同的致力，上帝知道前面没有更可喜更可惊更不可信的发现！

我现在随便提出五六首短诗，请你们愿意的先来尝试，译稿（全译不全译随便）请于一二月内寄北京西单石处虎胡同七号或交郑振铎君亦可，将来或许有极薄的赠品，但也或许没有。译稿选登《小说月报》或《理想月刊》。我还得声明我并不敢僭居"主考"的地位，将来我想请胡适之先生与陈通伯先生做"阅卷大臣"，但也不曾定规。总之此次征译，与其说是相互竞争，不如说是共同研究的性质，所以我们同时也欢迎译诗的讨论。

——《小说月报》第 15 卷第 3 期（1924 年 3 月 10 日）

《乌鸦》译诗的讨论（通信二则）（1924）

露明（赵景深）、郭沫若

沫若先生：

昨夜读《创造周报》no.36—37 张伯符君的 "乌鸦译诗的刍言"，甚为快意！他能够对于一个连英文都没弄明白的子岩下那样温和的批评，真使我佩服他的态度！尤其使我感谢他的，便是使我在昨夜能够鉴赏 Poe 的杰作。我虽是个女子，但在昨夜风雨声中，读到这样凄惨的悼亡之作，也不禁为之下泪！我想到 Longfellow 的 "天使游踪" 来了，我想起 Browning 的 "恋歌" 来了，诗人真是多情的呵！唉，nevermore, nevermore，这失掉了的幸福呵！

张君的译文一字不苟，即连 Continuous form 的原字，译成中文时都要加 "着" 字，真使我十分佩服！不过，我以为他还有一个极微小如芥子的错误，那便是译 nevermore 一字的不一律，第八节中译作 "再没有了"，第十节中译作 "再也不会"，第十一节中又译作 "再也不"，我觉得似乎应当一律译作 "再也不"，因为我们看第十一节不是说明了么，那乌鸦只会说那一个 nevermore，那是它主人教给它的，既然乌鸦只会说一个字，大约不至于会变换着说许多义同字不同的字！再者我觉子岩的原译"永不"的意思和"再也不"或者无甚出入，因为既是没有第二次，当然即是永远了。我以为所以要改作"再也不"的缘故，便在于音调上较好，而不在于意思的悬殊。寻常俗语称"乌鸦叫喈喈"，喈再是双声，所以好，仿佛令人读时，也似乎听见乌鸦叫的样子。不过这只是我个人的意见，对与不对，还望你和张君指教。

再，第一节第二句 Quaint and Curious Volume of forgotten lore 一个短句，张君译作"已经忘了的教训之奇异的书本"，我也有点意见。我觉得 Lore 在此处译作"传说"似乎比"教训"好些，因为我是从"奇异"两个字上着想的，而字典上又明注着 Knowledge of traditions，所以我更想这样臆测了。传说大半辗转相传，且也不常被人提起，所以似应译作"已经忘了的传说"，这一短句或者像这样译要好些："已经忘了的，奇异的传说书"。这点怀疑也希望你和张君指正！

寒假无事，大胆写了这封信，如愿发表，也没有什么，或者更是我所欢迎的，因为我可以得到切磋的教益！

我对于英文的知识极浅薄，沫若先生，想来你是知道的，女子的英文程度总是不行的多，英文真仿佛是我们女界的仇敌呵！这一封信，我真害怕，恐怕也闹了和子岩君一样的笑话，但我为了要得你们的教言，所以也顾不得许多了！好在我这样一块砖，能够引出金玉，我又何乐而不为呢！

千万要给我的复示呀！

爱读《创造周报》者，露明，二月一日

露明女士：

周报承你爱读，并蒙你赐信指教，我们非常感谢。

来信言发表不妨，所以我们便乐得使周报增些光彩。我想张君见了亦必同样感谢的吧。张君现在日本留学，他的谦和的态度我们也是佩服的。

"Lore"一字你说的很有至理，张君是过于拘滞了一点；假使由我移译时，我想把那一个短句译成"奇古的书史"，还它一个浑涵的情味。

"Nevermore"一字照原诗意义直译出时，本有"永不"和"永没"两义。这种一音两义的字，要在别一国中求出同样的字来移译，本很困难。譬如海涅有一节诗：

Wenn ich éin Gimpel waere.

So floeg ich gleich an dein Herz;

Du bist ja hold den Gimpela,

Und heilest Gimpelschmerz.

意思是说："我假如是只金丝鸟的时候，我便立刻飞到你的胸旁；你是倾爱着金丝鸟儿的，你也疗慰它的痛伤"。但是在德文的原义Gimpel 一字除鸟名之外还有一种"愚人"的意义，这么移译出来，便把原文的妙味失掉了。"Nevermore"一语张君只求达意，所以译文随义而异。假使要兼顾到音调上时，我想于你所提出的"再也不"之外有些地方应该译作"再也没"。这样对于原义可以保存，又因不没音近，原语的面目也还能兼顾。

末了我想写一点我自己对于"Raven"一诗的意见。这首诗虽是很博得一般的赞美，但是，我总觉得他是过于做作了。他的结构把我们中国的文学比较时，很有点像把欧阳永叔的《秋声赋》和贾长沙的《鹏鸟赋》来熔冶于一炉了的样子；但我读时，总绝得没有《秋声赋》

的自然，没有《鵩鸟赋》的朴质。"Nevermore"一字重复得太多，诗情总觉得散漫了。雪莱有一首诗，题名"Lament"，也是用"Nevermore"一个叠语煞尾；原诗我把它抄在下面：

O world! O Life! O Time!

On whose last steps I climb,

Trembling at that where I had stood before.

When will return the glory of your prime?

No more—oh, nevermore!

Out of the day and night

A joy has taken flight.

Fresh spring and summer and winter hoar,

Move my faint heart with grief— but with delight

No more— oh, nevermore!

此诗仿吾有译文，登在《创造季刊》一卷四期的"雪莱纪念号"上。

"Raven"一诗似乎有本于此，我们读它第十一节上所说便可以得其端倪，但它似不及此诗的峻峭有力了。

来函过于客气，以后请不必这样。你叫我千万要复你的信，但来信住址未详，请你恕我只能在此公开了。沫若

二月十七日夜

读王靖译的《泰谷儿小说》后之质疑（1924）

华清

王靖君是何许人我不认识，仿佛是个能译外国小说的人，平常我没事时，在青云阁、劝业场玩玩，偶尔看见旧书摊上有三四册小书，如《泰谷儿小说》《柴合甫小说》和《英国文学史》，等等，上面都有王靖译数字，我虽未读过他的译书，但我想能够译几种书出版的人，至少对于外国文亦有相当的程度，现在中国的译界自然无奇不有，但是还未听见有人批评过王君的佳作，想来决不是那些译"Drawing room"为"画室"、译"Fresh"为"新鲜"的人可比。

最近有几个朋友要我在课余之暇教他们一点英文，他们指定的课本就是王靖译的《泰谷儿小说》，我从未读过这本书，我的朋友说这书是英汉合璧，假如我懂不到原文，还可看看王君译文，我从未读过Tagore的著作，幸有王君译文，可以帮助我一下，于是我便开始教授他们。哪知我不懂的地方，乞助于译文，更弄得我不懂，我只好胡乱讲些，把我的朋友骗过便算了事。但是王君的译本在北京旧书摊上还不少，能不能容易地骗不懂英文的人，如我骗我的朋友一样，还是个大大的疑问，且把我不懂的地方写出来同大家讨论一下，请大家给我解疑。

第一页的第一段：

（原文）Though the village was a small one, there was an indigo factory nearby, and the proprietor, an Englishman, had managed to get a post office established.

（王译）这乡村虽小，附近倒有一个蓝靛制造厂，厂中管理人是英国人，他为交通便利起见，设立一个邮政局。

（疑问）原文中那句是"为交通便利起见"？一个邮政局是不是如同一个油盐店可随各地的人自由设立？"Managed"作何解？

"Managed"有"Contrived"之意，末段大意当是"……厂主设法使那儿设立一个邮政局"，方与原意符合。

第二段：

（原文）... not far from a green slimy pond...

（王译）……离草舍不远，有一个水色蔚蓝、形如长方式的池塘……

（疑问）"Slimy"有"温软之泥"和"黏泥"的意思，查遍字典无"长方式"的意思，不知何所根据？"Rectangle"才是长方形。

第三页第一段：

（原文）... when any poet, who had attempted to watch the movement of the leaves in the dense bamboo thickets, would have felt a ghostly shiver run down his back...

（王译）当此时一般诗人凝视着那竹丛里的绿叶上下浮动，他必定觉得这形状极像鬼物俯首作折腰的样子。

（疑问）我的朋友读到此处，把王君的译文看看，他都忍不住大笑起来，他说，"真错来不成样子了，今而后才知道大著作家的本事"，"His back"明明是在指那个诗人的背，哪里是指竹叶？ "His"是人称代名词，都能代树木吗？这里并不是 Fable 中的话，可以 personified。

此句大意是"……当着诗人瞧那深密的竹丛里竹叶动摇已觉得一鬼魔似的颤抖沿背而下的时候……"

第六页，第一段：

（原文）In fact, she had a complete picture of each one of them painted in her little heart.

（王译）其实在伊心里不过如绘图一样，留着影子罢了。

（疑问）王君把原意简直失了，这句大意是"实在伊已把他们每个人完全描绘在伊的小小心中了"。

第七页，第一段：

（原文）But no one knows, or would believe, that such an idea might also take possession of an ill-paid village postmaster in the deep, silent mid-day interval of his work.

（王译）但是没有一个人晓得或者相信，这一种观念在薄俸的邮政长休闲的时候，会走入他深沉宁静的心头里去。

（疑问）"深沉宁静"（Deep and silent）是"Mid-day"的形容词，怎么能译成"会走入他深沉宁静的心头里去"？

这句大意是"没有人知道，或者相信这种观念亦可以盘踞在那深沉宁静日中休息时的，薄俸的乡村邮政长之心中"。

第八页，第一段：

（原文）The Village roads became impassable and marketing had to be done in punts.

（王译）乡村的路被水淹没不通，市中人都在浮筏上做买卖。

（疑问）"Marketing" 是买卖（Selling and buying）的意思，怎能译为市中人？

此句大意是 "乡材的道路不通了，买卖的事必须在浅底船上做"。

第二十九页，第一段：

（原文）The increasing laughter in the room betoken an amusing joke.

（王译）室中妇女都大笑，并继以谐谑。

（疑问）这句简直失了原意，Kauti 不知那个女子是个哑子，只管问她，故室中的妇人都不住的笑，这句大意当译为 "室内不住的笑声预示出一种趣谐"。

第四十三页，第二段：

（原文）And pleader Ram Lochan Ray, who had no special call to be Surabala's husband, ...

（王译）律师洛程他并没有特别的才能可以做沙拉勃拉的丈夫。

（疑问）王君此处把 "Call" 译为 "才能" 真是曲解，此处 "Call" 是 "Demand" 之意，此句大意是 "律师洛程，他并无特别要求要做沙拉勃拉的丈夫"。看下面 ...to whom, before his marriage Surabala was no wise different from a hundred other maidens ... 便可以明白了，"才能" 二字不知从何说起。

第四十九页，第一段：

（原文）Bipin Kisore was born "with a golden spoon in his mouth; " ...

（王译）卞宾克素儿呱呱坠地的时候口里衔着一个金匙。

（疑问）"口里衔着一个金匙" 在原文上明明加引句符号，照王君的译文，便成为神话了，括符内的话是一句成语，看下文说卞宾用钱如土，亦可以知道大致是"不知稼穑之艰难"的意思，譬如我们四川的土话说"张三是'靠着米屯子长大的'"，何常真正是靠着米屯子长大的？

第四十九页，第三段：

（原文）Luckily, however, Raja Chittaranjan, ...

（王译）虽然这样，幸这时拉加刚由华德法庭取回他所应享的财产……

（疑问）此处"Raja"是印度文"地主"之意，照普通文法的惯例，凡人名之前加上职业的名词，不加冠词，如"Judge Anson""Carpenter Robert"，等等，王君误为特别名词，所以与"地主"相对的"Rani"那个字是印度文"地主夫人"，王君也误为特别名词去了，这还可以原谅，在第五十页上"Raja"之前明明加有冠词"The"，难道特别名词之前亦可以加冠词吗？

王君公然不疑，所以后面"The Dewan remarked that ..."王君竟译为"仆人登文说……""Dewan"就是印度文"仆人"的意思，怎么可以说"仆人登文"？

我觉王君这本《英汉合璧泰谷儿小说》译的错处实在不少，指不胜指，王君其他的译本可以想见了，我希望泰东书局的主人把这类"画室"派、"新鲜"派的译文少出版一些，那就功德无量了！

一九二四,二,三,北京师大

——《创造周报》第 46 期（1924 年 3 月 28 日）

对于译名划一的一个紧要提议（1924）

林玉堂（林语堂）

1. 以汉字译西洋语音，无论如何总是不能有十分完满的办法。但是若研究西学及新文化的人对于此事肯慎重的共同研究商榷，未尝不能找出来一个很有条理的比较完满办法。比如医学名词、化学名词近间渐归划一，乃此事很好的先例。只怕的是我们对于此事，尚未有十分热心，不肯用工夫细细地给它讨论一下（这似乎是科学的工作）。我现在所要提议的，连这"比较完满"四个字都够不上；我所希望的是在沿用这极端胡闹译法时期，使它变为"比较的不胡闹"而已，本篇所论并不是全盘改革译名的问题，只是译名中须有的一条紧要原则而已，我觉得这是此去译名改良的一个紧要的原则上的贡献。

2. 古时中国所译的佛经，自汉以来，便是可以当得我所谓"比较的不胡闹"六个字。我现在可举一个例，来证明古人译梵典如何的细慎，及我们今日译西音如何的笼统。我现在所要引的是出于"大师三藏赐紫沙门臣法天奉诏译"的《佛说大乘圣无量寿王经》。我们所当注意的是那行中所用关系读音的小注，如"二合""去""引""转舌"等。附上梵文以便比较：

"难谟^引婆^去哦嘞^{无可反}帝

om Namo bhagavate

阿播哩 弭 跢 ^引 愈 ^{转舌}

aparimitayur

霓野 ^{二合} 曩素 ^上 尾□ ^反 室 止 ^{二合} 怛

jnana — suv iniscita –

帝□ ^{仁祖反} 啰 ^引 惹 ^{仁佐反} 野 怛他 ^引

tejo — rajaya   tatha—

哦哆 ^引 野 ^引 啰贺 ^{二合}帝 三 ^去 么药 ^{二合}讫

gatayarhate   samyak

三 ^{二合} 没䭾 ^{二合} 野

sambuddhaya..."

梵音欧译文见 *Sitzungsberichte der Heidelberger akademie der wissenschft*, 1916, 12 te Abhan dlung。这两三行很短的比较就可以使我们见得那时人译经何等的慎重不苟，而其中犹可注意的就是所用的"二合"名词。譬如"啰贺"，若是单取"啰"字的声母而不读其韵母，便于"啰贺"字下注明是"二合"，"啰贺"合为一音组（一原文 rha）。倘是"啰贺"二字都照中国音读法，成二音组（一原文 raha）便于下头不加"二合"的小注。老实说这不但是比较的不胡闹，实在是很细慎很精密的办法。这是因为有宗教性的关系，他们不敢不慎重。

3. 凡译名妥当的办法，必以使读者大约可就译文推到原文为准。倘是我们从"阿波罗"三个字可以断定原文是 Apollo 的音，这便是精细的译法。倘是我们看这三个字而不敢说原文是 Apollo、Apple、Apparel、Aplo、Apro、Aporo、Aporol……音中的哪一种，这便是译法有欠当。今日的译法的确是无从使我们据理推臆"阿波罗"原文是应如何读法。譬如今天的《晨报》上载有法国新内阁之人物一节，里中译名有一位"杜洛克"氏，我们切不能知道这原名是有几个音组，是一音如 turk、truok，或是两音如 troquer，或是三音如 toulouquer（其实原文是两音的）。要自译名推到原名自然不是常能办到的目的，特别于现在混杂笼统译音情形之下，更加是讲不到。但是至少我们也得译出来使人家知道哪一字是单读声母不自成音组的，而哪一字是自成一音的。（如以上例中"杜"字是不能自成一音的。）这便是改革译名方法的第一步。

4. 汉字译西音之所以难，不尽在于汉字形体之错处，也是在于国语音声的贫乏，国语声母韵母所拼成的音组不过四百多个。如何可够译西音。其实说来也不是我们国语的不是，或是西音的不是。国语富于韵母，西音富于声母及声母之并合音，以此译彼，自然是格格不相入。以我们的"百、得、格"译西洋的 b、d、g，本来是极无聊的办法，再要于人家单读声母时加上一个"中原"的元音，以"克利思布"代人家的 Crisp，那真是无赖极了。现在所要讨论的就是如何解决这译西洋语中不带韵的声母的问题。譬如"克利思布"如何使人家知道"利"字是带韵母，而"克……思布"都是不带韵读的。

5. 注明"二合"或"三合"方法总是不方便。将不读韵母字小写在旁边也是一个方法，但总也是麻烦而不雅观。

6. 我本来想用入声字当这种用，凡入声字译名一切单读声母"克利"读 cri-。这与本来习惯很相近，如"不列颠"为 Britain，以"不"代 b，"佛朗西"以"佛"代 f。如此便"达尔文"应改为"大尔文"，而"康德""马克斯"倒可以依旧为"康德""马克斯"（或做马克息，克息入声）。但是后来我觉得英法德文中的声母通共也不过二三十个，是此问题很小，很不值得为此牺牲一切的入声字。何况有的音用入声字来译觉得特别妥当，如"狄"字之译"狄根司"（Dickens），"赫"字之译"赫胥黎"，（Huxley），"黑"字之译"黑格尔"（Hegel），若一定这个入声字不读韵母的例，这些字便不能用了。所以这法牺牲太大，似不妥当。

7. 目前的情形既是如此，我们也不必大惊小怪标新立异，只需把我们所有四万多个汉字划出一最小部分（就是二三十个字）出来，规定专门为代表这些西洋的二三十个不带韵的声母之用。大家看惯了这二三十个字在译名上，没有不知道它的特别用处的。在译者一方面，遇有西音与这些字同音而非单读声母的，只好"敬避"这二三十个字，而别取同音的字译它。如此这样严格的弄出一个规矩出来，使读译名的人有一条线索可以推究原音，我觉得总是比现在笼统混乱，苟且矛盾的译法好。单对于这二三十个字我们可以请一切的译者尊重，应用的时才用，不应用时"敬避"。其余的字还让他们自由选择，去尽量胡闹。

8. 如此说这些特选出的字却要带些神秘性，贵族性，不平等性了，比如我们断定"克"字为代 k 音，就不能用"客"与"克"字互混了，"克"读 k 而"客"读 ker。最好若遇见 ker 还是用非入声字，如"科"，那就格外清楚了（"克"读 k 是"科"读 ker）。这样的严格是很有益的，不然那些神圣派的字就要越多了，不但"克"字神圣，连"刻""渴""客""喀"这些字也都要神圣起来了。

9. 这样的规定二三十个字还有一种极重要的用处，用中文（国音的）译西洋的 b、d、g、z，无论怎样总是译的不正确，简直是无法译它。例如要译 James 的 j 音总是得无赖，乞怜于 ch 音，译 Brutus 的 r 音，总是耍无赖乞怜于 l（路）音。我们若单有二三十个字，就不难给它规定，哪几个字是代表 r、j、b、d、g、z 的，那就谁看也知道它原来的音值。

10. 我们须知道这个无韵的声母的问题解决，西名译法的问题也就解决过半了。西洋的音组虽然复杂，若除掉这些不带韵的声母也就简单的像京音音组一样了。譬如 sam 除去 m 也不过是 sa 音，ford 除了 d 也不过是 fo 音，cal 除了 l 也不过是 ca 音，如此剩这些 sa、fo、ca 简单的音组，无论元音如何的多种，也总容易想法子统治规定。

11. 我们现在先把我私拟的三十个声母字列出来，再讲别的，照 Passy 的 petito phonetique compareo 书中的表，法文声母不过二十一个，而英德文也各只有二十三个。我们把一二不必区别的音合并（如舌头 r 与小舌 r 合并，齿唇 v 与双唇 v 合并），再加上几个混成音（如 ch、ts 等）便有三十个声母如下。表中有 △ 号的字是有特别规定与平常京音不同的读法。说他勉强也可以，附会也可以，但比没有规定的胡乱译法总胜一筹。所当注意的也就是正在这些地方，如"特"代 t，而"突"代 d，"罗"带 l，而"尔"代 r，"弗"代 f，而"佛"代 v。

（1）克—k（英 Peck 的 k）

（2）倔—g（英 Hogg 的 g）△

（3）拍—p（英 Dunlop 的 p）

（4）勃—b（英语 Toblen 的 b）△

（5）特—t（英 Tatler 的第二个 t）

（6）突—d（英 Drayton 的 d）△

（7）池—ch（英 Richmond 的 ch）

（8）入—J（英 Dodge 的 dg）△

（9）失—sh（英 Nash 的 sh）

（10）术—zh（法 Rouge 的 g）△

（11）兹—tz（德 Schnitzler 的 tz）

（12）慈—dz（英 Windsor 的 ds）△

（13）思—s（英 Stanley 的 s）

（14）士—z（英 times 的 s）△

（15）峉—th（英 thy，breathe 的 th）△

（16）邺—th（英 thigh，breath 的 th）△

（17）唏—ch（德 Heinrich 的 ch）△

（18）嚇—ch（德 Bach 的 ch）

（19）哈—h（英 Howard 的 h；必带韵母）

（20）忽—wh（英 White 的 wh；必带韵母）△

（21）物—w（英 Walton 的 w；必带韵母）△

（22）弗—f（英 Frederick 的 f）

（23）佛—v（英 Bovril 的 v）△

（24）姆—m（英 Thompson 的 m）

（25）恩—n（英 Ben 的 n）

（26）哼—ng（英 Dingle 的 ng）

（27）狔—gn（法 Agneau 的 gn）△

（28）罗—l（英 Walter 的 l）

（29）尔—r（法 Bertrand 的第一个 r）△

（30）哩—r（英 Reading 的 r；在韵母前）△

12. 古人反切不知道用字母方法，以致弄得有什么音和类隔等等门法实为麻烦之极，思之可笑。其实字母之用，中西相同，西国语言可以用，中国语言也一律可以用，以今日注音字母与古人的反切比较不能不说是简单万倍。其故乃因古人不曾应用读不带韵的声母的这一原则。又不能以约御繁，单一"见"母，要使"居、九、俱、举、规、吉、纪、几、古、公、遇、各、格、兼、姑、佳、诡"这一些字，又从中分一、二、三、四等，此真所谓天下本无事，好自寻烦恼而已。若"见"母每次用"见"字，"东"韵每次用"红"字，"冬"韵每次用"冬"或"宗"字，并没有什么不可。所差的只是须于见字分出 k 音，于"东"韵分出一 ung 音而已。就使各等呼法不同，也只需每等定一个字为反切之用，也尽够了。

13. 以上表中，19、20、21、30 四字是必带韵的。这原来与本篇题目无关，不必列入。但是以上表中所谓不读韵的声母，也有时可以拿来与韵母拼字，如"哩伊"拼 ri 横竖总比译为"利"精密。又如拿"物爱恩"拼 van 横竖总比用"畏恩"两字正确。因为有这一条用处，所以我把英法德语中必带韵的声也一起列入以求齐备。至于英法德文中元音应如何代表它，因为非本篇所论，现不能讲到。其实此三语中的元音也不过十数个，此种 r、m、n、s、t 的译音既有了头绪，那个拼元音的问题也就简单极了。

十三,三,三十一

——《晨报副刊》第 73 号（1924 年 4 月 4 日）

雪莱译诗之商榷（1924）

田楚侨、郭沫若

在浅薄的现在中国文坛，实在只配研究太戈尔（我不是说太戈尔的诗是 Second hand，不值得我们研究，不过仅就文字上来说，他的诗确是容易了解），只配介绍点国外文坛消息。至于西洋已经论实的、千古不灭的作家，如但丁、弥尔敦等，我们还没有拜读他们译作的梦想；如莎士比亚、歌德、雪莱、摆伦等，亦只有片段的介绍。呵！可怜的现在中国文坛。我因此便联想到创造社，他们在新文坛里，学识和见闻，总算比较地丰富；创作和译品，总算比较地要高人一等。

寒假无事，把《创造季刊》雪莱号、郭君译的雪莱诗与原诗细细地对读。中间除《西风歌》及《拿坡里湾畔书怀》二首以外，余俱无缺憾。《西风歌》原诗格律严谨，若照郭君自己的，及仿吾君的译诗主张，郭君的译诗，只算是忠实的直译，而尚未顾到原诗的神韵。近来颇喜读太白诗，多少总中了一些迷恋枯骨的毒（或许也可以说是中了郭君"谁说已成的诗体是已朽骸骨"一句话的毒），把它重译为歌行。译诗将于《国学丛刊》第五卷上发表，此处无容多谈。至于《拿波里湾畔书怀》一首，却能保持原诗的风格。不过据我看来，恐怕有一两处被郭君误解了。只是我的英文程度，不客气地说，实在有限得很，现在在我们学校里还在读普通英文。错了的地方，还要希望郭君指正。

第三节原文为：

Nor fame, nor power, nor love, nor leisure.

Others I see whom these surround—

Smiling they live, and call life pleasure; —

郭君译为："我环顾周遭人都熙熙而乐命"。

鄙意以为熙熙乐命者为一部分有命、有权、有爱情、有闲暇之人，不能以都字译之。因 These 为 Fame、power、love、leisure 等字之demonstrative pronoun; Whom 乃 surround 之 object。郭君译为"我环顾周遭"，实与原意大相径庭。不如改译为"眼看得意人，乐命而欣欣。"不知郭君以为如何？

第五节原文为：

Some might lament that I were cold,

As I, when this sweet day is gone

Which my lost heart, too soon grown old,

Insults with this untimely moan; —

郭君译为："有人会为我伤心，我年纪轻轻，心儿便老成，我以短命的生涯，嘲此目前的佳景。"

"老成"二字，已觉欠斟酌；"短命的生涯"五字，更不知来自何处；而"目前的佳景"又与原文 This sweet day is gone 相悖谬。

据鄙意，不如改译为："少年早衰飒，壮心早飘零，良辰今早去，凄凉动人情。我徒长叹息，诅咒此良辰。"似较不失原意，不知郭君以为何如?

此外，第三节中原文 "To me that cup has been dealt in another measure" 郭君译为："命杯于我独不深湛"。据我看来，亦觉费解。不如译为："命运何为者，使我独飘零"，但这或许是我的少见多怪吧!

末了，我诚意地感谢郭君：因为郭君的译诗，使我有读雪莱原诗的机会。

十三年二月二十二日寄于东大

楚侨君：

承你称誉，并蒙指责，我很感谢你。《拿波里书怀》一诗，去年也承孙传铭君指摘过，孙君原文和我的答文，都登在《创造日》上。第一项 whom these surround 一个子句，我的确把它译走了，将来如有成书的机会时我定要改正它。第二项所指，或许我是译得过于自由，但幸与原意尚无龃龉。原诗是说的死后的事情，cold 与 lost 二字请注意。

第三节的一句，你译的又太自由了一点。

《西风歌》一译比较尚能惬意，尊译出世时务请赐读。

文中有几处讼及他人的地方，我替你删削了，想你当不至见怪。

沫若二月二十五日

——《创造周报》第 47 期（1924 年 4 月 5 日）

译用西词与借用西词（1924）

林绍昌

自科学发达以来，西国人增加了新字不少，如"德律风""摩托车""电车""社会学"等名词是最显著的。我国自大开门户、与外人通商讲学后，输入了新字也不少；输入以后，或译用或借用，学术界得了有许多的光明。然而世上的事物没有是尽善尽美的。没多久以前，资琪君和陆渊君对于"译名问题"曾于《学灯》上讨论过一下，现在我也有一点意思要提出来和诸位讨论。

（一）关于译用的

Commencement 一字，于西国是大学校给学位的日子的意思，中等学校也可用以表明给文凭的日子。这是因为该字的原意为"开始"，为"起手"。英、美、德诸国的人以为得了文凭和学位出校后，学生乃开始寻求学识。吾闻德国的大学生于受了学位和就职后，依然保有学生的气质，其勤学的实况或且数倍于在学校时的。英国的大学生也多是这样。我国的学生则大都于出校就职后，往往不能与时俱进（Keep up）。我想其中的原因不止一样；而我国人惯用"毕业"

或"卒业"的词句，未始不是一个很大的影响。不晓得改称我国人现在常称的"秋季始业"为"入校始业"，"毕业"为"出校始业"好不好。

Prophet 一字，我国人大都译为"先知"。基督教入中国已有百多年了。现在国人所用的《圣经》，"新旧约"中仍然叫 Prophet 为"先知"或"先知师"。其实这个字的原意不是这样。凯尔（Cornill）说："希伯来人属闪密特族。Prophet 虽然可解为 Fore-teller；而闪密特族的文字大概无能力造成复字（Compound words）。"亚拉伯人对于 Prophet 的意思为"代说者"。考据起来，有许多学者同以为希伯来人以和亚拉伯人交接而得了 Prophet 一个字。"旧约"中所谓的"先知"，实在是"代神说话者"的意思。

我国人尝谓"拿破仑说过：'难之一字，唯愚人的字典中有之。'"我自己不懂法文，对此不敢确凿地论断。但我还记得某西女士有一回在英国教堂中说道："难与不可能是不同的；世界上有许多事是难的，不可能的事却绝无而仅有，拿破仑并没说世界无难事；他只说世界无不可能的事呢。"。据她当时所谓的"难"就是 Difficult or hard；"不可能"就是 impossible。如果这位女士所说的是实事，我国人又译用错了，于国人的人生哲学也影响好大了。

Polygamy 一字，普通大家以为是一夫多妻制；严恩椿和翟世英两先生也是这样译用。其实 Polygamy 的意思是一个男人或一个女子有了二个或二个以上的配偶。一夫多妻制实在是 Polygamy。兹为明醒起见，可以列个简表如下：1. Polygamy（一夫多妻制）polygamy（非一夫一妻制）2. Polygamy（一妻多夫制）。但是这个"非一夫一妻制"不要和翟先生所说的"多夫多妻制"混合。"多夫多妻制"就是 poly 所谓的"group marriage"呢。

（二）关于借用的

一个词是用以指明一个事情、人物或一个动作的。我国人为着方便起见，于不谈英语时也往往借用西词。譬如男女于交际中，开口某某先生，闭口某某女士，实在未免太客气，太不便；而直叫其姓名又觉难以为情，殊不客气。所以 Mr. ——和 Miss——是非常地通用了。我国人于打电话时，尝尝先声明这是 Mr. 某某，Mrs. 某某，或 Miss 某某；这是因为要弄个清楚，如同书本要标题、商店要招牌一样呢。然而女子方面有已婚的 Mrs. 和未婚的 Miss 的分别，男子方面则未婚已婚都以 Mr. 通称；Miss 一字又通括已定婚和未定婚的女子；这样的旗帜不明，未免诸多流弊。已婚的男子和已定婚的女子，往往因此而表里不符，态度不明，如做戏的人的假代——这些实在的事体（true cases）可说是颇常听见了。男女交际，男女来往，虽不必于婚姻事情有关，我总觉得对于下列每条有个明白的名号好点。

（一）女子		（二）男子	
已婚的	未婚的	已婚的	未婚的
	已定婚的 | 未定婚的		已定婚的 | 未定婚的

如果我国人有分明区别的名号：不单在消极上要免了许多弊病，积极上也有许多便宜呢。此外如 Doctor 一字，随便什么科的博士（医科博士也在内）都用此去表明，没有学位的医生也用此去表明。学位

虽未必个个可靠，个个有价值；如此笼统，恐怕有许多医生是"鱼目混珠"的医生了。

我随手写了一点我见，其中恐有不完妥的；我国人于译用借用中恐怕还有许多不对或不完善而我尚未见及的。据此，可见学问无穷，我国人不应该永久做 sophomore 了。

——《时事新报·学灯》（1924 年 4 月 30 日）

评邓演存先生译的《邮局》（1924）

绍原（江绍原）

　　顷从商务印书馆买到一本文学研究会的丛书，《太戈尔戏曲卷一》，其中第二个戏曲，是邓演存译的《邮局》。我翻开一看，竟发现很多可笑的错误。《邮局》原文，如是浅显；而文学研究会的名家，还会译错，这真出乎人意料之外。——这又证明我近来所抱的一个偏见，就是：先把西洋文看懂，再谈里面的哲学和文学。我现在写这个评论，目的不在骂人，更不在介绍泰戈尔的思想，也不在研究文学——我只想使不懂西洋文的人觉悟他们时常受欺，劝他们如果年纪不太大，又想研究西洋的文学哲学，就该赶快把这个学会那个学会出版的译书一把火烧完，然后用力去读外国文。中国人自办的学校，假使只讲授西洋文学哲学，不注重学生的外国文程度，那么，为救急起见，我们就去进教会学校也不为过。

　　以下是评《邮局》的正文。

　　第三十四页上有"麦达夫，从前呢，赚钱这种事差不多是我的一种痛苦，我只不过无可奈何，不能不赚钱就是了。这时呢，我可愿意赚钱了，我自己也晓得这都是因为这个小孩子的缘故，现在赚钱这种事，却可变成我一种的快乐了"。

邓先生胡闹，麦达夫没说他从前的赚钱是一种痛苦；他说他从前是为钱赚钱，现在他是为那个孩子赚钱。请看原文：

"Formerly, earning was a sort of passion with me; I simply couldn't help working for money. Now, I make money, and as I know it is all for this dear boy; earning becomes a joy to me."

邓译第五十页上的更夫说："一个大惊小怪好事的人，他多是自寻烦恼以致大家都怕了。他也好像他自己一般，把别人也弄得不安起来。"但是原文第三十七页里的更夫所说的是："A fussy busybody! He knows so many ways of making himself unpleasant that every body is afraid of him. It's just a game for the likes of him, making trouble for everybody."邓先生在这里是译书还是猜谜，请读者判断。

第五十二页上的村长这样骂麦达夫："他只赚了一点子钱，所以皇帝们国王们都要天天和他的家人谈天咧。"但是泰戈尔的村长所说的不同："He's made a little pile; and so kings and Padishahs are everyday talk with his people."有人讥笑我是"外国文专家"。假使这样的错误非像我这样的专家不能看出，专家真是不值一文钱了。

第二幕一开头时，中国的麦达夫说了一句极费解的话，等我把原文一看，真笑得我前仰后合。"不，你不是的；你坐在那里成天都和这里四周围的人交接，不论年纪老的，年纪幼的；好像他们在我们的屋檐下都执有什么正当的权柄一般——有血气的人实在忍不住的！你看——你的面孔白成这个样子。"现在离暑假考试的日期不远了。英文教习们何妨把这一段和原文一齐写在黑板上，学生们之中必有几个"外国文专家"能指点出邓先生错误的地方，所以我也就不多说了。原文是：

"No, you don't; you squat there and make friends with the whole lot of people round here, old and young, as if they are holding a fair right under my eaves—flesh and blood won't stand that strain. Just see—your face is quite pale."

我也是有点血气的，所以忍不住了。

"医生（站在麦达夫旁）。你不要看着这种笑容喜欢哩，他觉得好了，那并非好兆头。……我恐怕不能把他留得多久了，我以前曾经警告过你了——这个看上去好像就是回光返照似的。"在第六九至七十页看见这段的人，必像我初读之时那样，以为印度也有人懂死前回光返照之说。其实不然：原文是说那个病孩子，不该违背医生的劝告又晒了太阳吹了风。"Can't hold him in much longer, I fear! I wanted you before—this looks like a fresh exposure."

以上共举了五个错误。其余的误译，至少是好几倍此数。恕我不全指出了。

《邮局》虽满含哲理，说话的人却几乎都是林琴南先生所谓"引车卖浆之流"。译者的英文程度太不高明，难怪他望文生义，谬误百出。

有人说，中国小学的学生都是爱读泰戈尔的。我希望他们读的译本不至于像我所评的这本这样不堪，否则他们所爱的是中国的泰戈尔了。

——《晨报》(1924 年 5 月 5 日)

评郭沫若译的《少年维特之烦恼》
（1924）

梁俊青

　　凡读过哥德的著作的人，没有不推崇他所著的《浮士德》和《少年维特之烦恼》的，因为这两部书的确是他的伟大思想的结晶。现在我且不说《浮士德》，单就《少年维特之烦恼》而论，便可以知道他的思想对于社会有何等的影响。我记得 Miller-Baden 的《德国文学史》上有一段论及此书，其中有一句说："你们若是知道这位叫作"少年维特"的诗人在社会的关系上如何的感动读他的书的青年们去实行仿效自杀，你们可读他自己题在这本书上的一首诗：——

> 青年男子个个都想爱人，
> 窈窕淑女个个都喜被人爱恋，
> 啊，这本是人们至圣的天真，
> 为什么苦痛要从此中张济？
> 你哭他，你爱他，亲爱的读者哟，
> 请从耻辱之中救起他的念头，

看呀，他的精灵向你手语：

要做成男子啊，不要效我愁尤。——

　　是的，哥德的情感是何等的热烈从这本书表现出来呵！我记得我在中学三年级起始读这本原文的《少年维特之烦恼》书时，有一次被校长 Don Walter 看见了，他立即严厉的对我说："你为什么要读这本书？你的功课怎样？这是你应该读的吗？"他的话虽则太于专制，但是实在也有点防我陷于恋爱之迷途的思虑哩！

　　现在有人把这本《少年维特之烦恼》书译成中文了，我想中国的青年们总会受这本译文的影响而激起热烈的情感。但是这本译文已经出版了两年多，而中国的文坛却杳无声息，好像是对于这本书没有什么感想的样子，这实在令我不能无疑于译文的了。去年暑假游西湖回来，心血觉得清新得多，脑筋也觉得非常的愉快，于是尽把旧书重读，恰好同宗仲谋以郭沫若译的《少年维特之烦恼》见示，因把它和我的旧读本相校，校过后不觉使我暗地吃惊，我不想我的怀疑竟由此证实了，当时我就想作一篇文章来讨论这书，随后又因为校课累迫，只得搁在一边。去年年假无事，曾把译本中的错处详细列成一表，不料又遗失了，所以我把从前校对时遗留在我的脑筋中而没有忘记的几处错误赶紧写在下面，免致后来又要从新校读一遍。

　　（一）开首第一封信——五月四日的——郭译就有点不好了。比方："Die arme Leonore! Und doch war ich unschuldig, Konnt ich dafür, daβ, während die eigensinnigen Reize ihrer Schwester mir eine angenehme Unterhaltung verschafften, daβ eine Leidenschaft in dem armen Herzen sich bildete? Und doch—bin ich ganz unschuldig?"等句，原文的大意是："可怜的是洛诺丽呵！可是我也无过，我所能承认的或许是当她的妹子的特殊的娇姿使我发生一种畅适的快感的时候，一种烦恼便从苦痛的心里构成了吧！但是——我完全无过了吗？"而郭译为："可怜的是洛诺丽了——但是我是无过。因为她妹子殊质的娟媚使我生出种快感来，在她那可怜的心中才有苦情生出，这个我能负责么？可但是——我就无过了吗？"郭译不但令人不懂，而且呼句弄成问句，试问这样的问法有什么意思？

（二）原本五月十七日的信中有一"Ach, daβ die Freundin meiner jugend dahin ist, ach, daβ ich sie je gekannt habe!"一句，大意是："啊，我恨我青年时代的女友现在消逝了，啊，我恨我当初认识了她哟！"而郭译为："啊！我青年时代的女友说是死了——啊，我恨不当初不识她呀！"郭译虽不大错，但是"说是死了"句是表明他的女友的死耗是从旁人告诉了他的意思，其实原文是直呼出他的女友已经死去而显出他的怜惜的意思，并没有"说是死了"呀。

（三）原本五月廿六日的信中有一句："Warum der Strom des Genies So Selten ausbricht, so selten in hohen Fluten hereinbraust und eure Staunende Seele erschüttert?"大意是说："为什么天才之流如此罕出，为什么如此希罕的腾涌成高潮，及为什么如此震撼了你们的诧异的心神？"而郭译为："天才的潮流何故如此罕出，如此罕以达高潮，使你们瞠目而惊的灵魂们震撼哟！"郭译这句的最后一节着实是错了，不但把 Tinsus

弄错，并且令人不懂它的意思。

（四）原本五月三十日的信中有一句：——"es ist nichts als ein Bauerbursch, der mich zu dieser lebhaften Teilnehmung hingerissen hat." 大意是说："使我入于这种愉快的同情中的，也不过是一位农家少年。"而郭译为："使我感发到这步田地的，只不过是一位年青的农夫。"郭译这句的上半节不甚明了。

（五）原文六月十六日信中有一句："Vetter?" Sagt ich, indem ich ihr die Hand reichte, "glauben Sie, daβ ich des Glücks wert sei, mit Ihnen verwandt zu sein" 大意是说："当我伸手和她握手的时候，我说：远亲吗？你相信我有福分，值得和你做亲戚吗？"而郭译为："我又向绿蒂握手，说道：哥哥吗？你相信我当得起这样的福分和你做兄妹吗？"郭译这句中的"Vetter"字译为"哥哥"，我觉得很不得当，因为"Vetter"这个字有两种解释，一种是表兄弟的意思，一种就是远亲的意思，此里当然不是表兄弟的意思，所以不如译"远亲"或"亲戚"为好。

（六）又原文六月十六日中的"Du bist's doch nicht, Lottchen, wir haben dich doch lieber"，大意是说："你倒底不是那个素菲，绿蒂姊啊，我们却更爱你"，而郭译为："绿蒂姐姐，你可不是，苏菲呀，我们可爱你"，郭译这句的圈点恐怕弄错了，所以意思完全颠倒。

（七）又原文同上信中亦有一句："Wenn diese Leidenschaftein Fehler ist, Sagte Lotte, sogestehe ich Ihnen gern, ich weiβ mir nichts übers Tanzen." 它的大意就是："若使热情说是一种短

处，绿蒂说，那么我老实认出，我除开跳舞便一无所知。"
而郭译为："绿蒂说：狂热虽是件不好的事，但是我不瞒你。
我是最谙悉舞蹈的。"郭译这句中的"虽"和"但是"用
得不得当，因为她是表明她这样的"跳舞热"或者是种短
处的意思，并没有决定这种热情是不好，所以"虽"字和
"但是"就不适用了。

以上这几处是郭译上半部中头几篇的错误，至于中间的一大部分
则因校对表遗失不再抽出时间来校对了，另外后半部的莪相之诗中却
有几处错误不能不说的，所以我列举在下面：

（一）原文"可尔玛"诗中的"keine wehende Antwort im Sturme
des Hügels"，是说："在山上的暴风中我没有听一些飕飕的
的回应"的意思，而郭译为："在山上的暴风中听不见一点
儿'哀切'的回应"。这"哀切"两个字我实在不晓得他从
何译来，或许是以 wehende 误为 weh，啊，郭君！wehende
是"微风吹动"的意思，而 weh 方是"哀切"的意思呀！

（二）原文"利诺"诗中有一句："Sein Haupt ist vor Alter gebeugt"
大意是："他的头颅是因着年老而低垂"的意思。而郭译为：
"他的白头钩着"这实在是错了，他的头怎样钩着呢？请有
以告我！又年老的人虽则是白头，但是此处没有说出，所
以"白头"字实在添足了。

（三）原文"阿尔品"中的"Aber wenn du wiederkehrtest vom
kriege, wie friedlich war deine Stirne!"大意是说："但是你若
从战阵回来的时候，你的面额又是何等和蔼呵！"而郭译
为："但是从阵上回来，你的声音又那么和蔼！"郭译这句

中的"声音",我实在不知他从什么地方译来。

哈,我知道了,或许是他把 Stirne 误译为 Stimme,而把"容貌"译成"声音"了。

(四)又原文同上的诗中有:"Lebe wohl, edelster der Menschen, du Eroberer im Felde! Aber nimmer wird dich das Feld sehen."大意是说:"长此分离吧!你人中的英杰哟!你这战场中的百战将哟!但是战场会永看不见你了!"而郭译为:"安眠吧!人中的英杰哟,地土的开拓者哟!但是地土永不会看见你了!"郭译这句中的"地土的开拓者"是错了。因为 Felde 不但有"地土"的解释,而且有"战场"的意思,所以此处有 Eroberer 在前头,便应该作"战场中的百战将"解,而不能作"地土的开拓者"解。况且"地土的开拓者"在全文中没有关系,难道他是个农夫吗?

像以上这样的错误实在多,我不能一一举例来使读者讨厌,不过我还要说几句他的译法:

他的译法有时不但好而且妙,简直能够传神,但是累赘的句语实在太多,不但不能引人阅读,而且使人看了头痛。我的朋友们都是这样的说,比方:"Daβ ich des glücks hätte teilhaftig werden können für dich zu sterben! Lotte, für dich mich hinzugeben!"这句郭译为:绿蒂哟!我愿能分受我为你而死,为你而牺牲的幸福!"这种译法实在令人难懂,即使能懂也要令人觉得太累赘了,倒不如直译为:"我愿我尚有幸,能够为着你而死!绿蒂哟!我愿为你牺牲!"为直截了当哩。

总之,这本书实在不能说是在水平线以上,我很希望他能够再校正一些才可出版发行,但是我也要特别声明几句:我是根据在 Philipp

Reclam Jun. Leipzig 所出版的旧本来评论，不知道和郭沫若的原本相同否？假使原本既相同，而批评又能够中肯，那么，我想郭君定能够原谅我在评文中的不客气的话，因为郭君也很主张揭发误译的事情哩。

十三年清明日原稿脱于同德医校

——《文学》第 121 期（1924 年 5 月 12 日）

研究《塔果尔及其森林哲学》里面的翻译（1924）

绍原（江绍原）

这又是一种丛书里的书，《时代丛书》；又是一个学会出的书，共学社；又是一本讲泰戈尔的书，《塔果尔及其森林哲学》；著者是冯飞，出版者是商务印书馆。

冯先生想必是对泰戈尔的哲学很有研究的。他说，"本来塔果尔的诗有他的一贯之理想。他立在含蕴无限生命的大自然的里头，歌唱宇宙的欢喜；若不去捕捉他的根本思想只是信口的读他的诗时，一定毫无所得的。他的哲学，也是如此。"谁能不对这话表同情。

所可惜的是：冯先生虽然懂得了泰戈尔的哲学和根本思想，却似乎不十分懂得泰戈尔的诗歌和文字。其实我们不该错怪冯先生，因为如今人人都信懂思想比懂文字更要紧——懂文字的未必懂其中的思想，但是懂思想的岂能不懂文字。文字以外的思想，受大众欢迎；表现思想的文字，大家以为是次要的或非要的。

冯先生的书常引泰戈尔的散文和诗歌，而且大半把原文也放在注里。立意自然是极好——译文若看不懂，可看原文；不幸冯先生忘记了这个：人家因为不懂原文所以看翻译；翻译如果不能使人家明白，把原文抄上有何益处。从冯先生作的书，我们不能不承认他懂得泰戈尔的哲学；从他的翻译，我们又不能承认他也完全懂得泰戈尔的文字。

（1）We are absolutely bankrupt if we are deprived of this specialty, this individuality, which is the only thing we can call our own; and which, if lost, is also a loss to the world. It is valuable because it is not universal.

冯这样译："我们若被夺去这特性，我们便绝对的破产，唯其我们有这个性始能呼我为自己；这个性若失去，我们即失掉了全世界。个性有极大价值，因为他不是宇宙。"（页四七）。我肯承认这是极高深的哲学，但我不肯承认他也是泰戈尔的本意。泰戈尔是说"我们能认是我们自己所有的，只是这特性，这个性；个性若被剥夺，我们自己便完全破产，而且也是全世界的损失。个性有极大的价值，因为个性是一人一样的（直译：因为个性不是普遍的）。""Universal"和"loss to the world"的"to"都没弄清楚，难怪我们会"失掉全世界"，个性会"不是宇宙"了。

（2）这是多可爱的诗：

"Maybe he now had no hope remaining, yet he would not rest, for the search had become his life—

Just as the ocean for ever lifts its arm to the sky for the unattainable,

Just as the stars go in circles, yet seeking a goal that can never be reached...

第二句被冯译为"恰于大洋永久举起他的臂为着难及于太空"，便不成话了。

No, it is not the ghostly wind, bride, do not be frightened.

Have no word with him if you are shy; stand aside by the door when you meet him...

这是何等 Tender 的诗，冯译："非也，不是阴惨的风，新娘啊！不要惊怕。你若是羞惧，一句话也还没同他说哩；你会着他时……。"为什么不老实点译"若是你害羞，莫向他开口。"

（3）胡适之先生不是有"情愿不自由，也是自由了"两句诗吗？泰戈尔对于自由来自不自由之理，觉悟的更深切，所以有以下一句绝妙的文：——"When the harp is trulg strung, when there is not the slightest laxity in the strength of the bond, then only does muscle result..."冯先生译的更妙："琴真用小绳缚着，一点也不驰缓，束缚物甚紧固时，才会做成音乐效果"（页八三）。"Truly"翻"真"，还可以说是直译体；"Strung"译作"用小绳缚着"，算什么体？冯先生在东京或北京，难道没见过弹弦子的吗？哪里有什么"小绳缚着"？

（4）页九二至九三，"塔果尔形容求而不得的人，有诗道……

"更有许多的花，带着伊的芳香和矜持向你来庆，啊，现世哟！

但我的时间为'聚花'（Flower gathering）消去了通黑夜我不曾得着我的蔷薇只剩些苦痛留着。"

这句诗真难懂，为什么得不着蔷薇，因为黑夜看不见呢，还是花园里没有蔷薇呢，还是因为采花人是近视眼呢，越想越不明白。一看注里面的原文，恍然悟了。

"More flowers will come to you with perfume and pride, O, world!

But my time for the flower-gathering is over, and through the dark night I have not my rose, only the pain remains."

意思是"世界啊，还有芳香高傲的花要来，但是我采花的时候已经过了……"

（5）很显明的一句经文，冯先生也会把原意译走。"In the midst of activity alone wilt thou desire to live a hundred years." 意思是"只有自强不息的人望活一百岁"；或更近于直译些"你只是孜孜不倦的时候才望活一百岁"；或最直的译："只在活动之中你才望活一百岁"。冯译是："只在活动之中，你须望生一百年"（页百十八，又页百九五）。一句述实的话变成命令语。

我不能再往下写了。不是还有旁的学会出的这书吗？

More paper flowers with no perfume and vain pride will come to you, O Chinese Readers.

But my time for the flowering-burying is over for the present.

——《晨报》（1924 年 5 月 13 日）

瞿译《春之循环》的一瞥（1924）

唐汉森

　　听说印度的诗人太戈尔马上就要来华了。敏捷的书贾已经在他们的杂志上特出了不少的专号，空气被他们制造到十分浓厚了。生性惯会附和的人类——像 Fabre 的《昆虫记》中的行列虫一样盲从的人类，尤其是我们现在的一般青年，本来早已在遥望西天，仅仅勉强满足了他们的崇拜欲的，快要得到可以任情满足欲望的机会了。我想一定已有许多十分崇拜的人，犹如结婚前一晚的青年男女一样，怀了十二分的希望与好奇心，在等待他或她的"最好的女人"或"最好的男子"所将给他或她的启示。

　　在这样的浓厚的空气之中，我也觉得有点头热起来了。老实说，我是素来不喜欢这位在乐园里低吟的词客的。我老老实实地说，我直至现在还不曾从头至尾读完过他的一部著作。每每被报纸杂志上的狂跳的广告把注意力牵住了，也肯倾了本来很羞涩的钱包买他的著作一读，但据我现在的记忆，似乎我至多读了半部总不免就后悔起来，深惜没有把买书的钱施给叫化子，或买一包烟卷吸吸。记得前年从上海经过时，买了他的一部新著 *Creative Unity*，我还记得我只读了两三页，便怎么也读不下去了。我总觉得他的作品不合我的口味，许多介绍他的文字我读了总觉得有点肉麻。想起了现在有许多的人嚼了一些坏面包似的翻译品，也在那边喜极而流涕，我想我与他们这两种人，必定有一种害了厉害的胃病。当然，他们之中的大部分是一些跟着凑数的行列虫，一部分是装时髦或出风头的俊杰；这些人当然不是害了什么胃病，不过这些人害病不害病却也不是我所愿意关心的。

闲话休提，言归正传。却说太戈尔既已决定来华，一些闲人便忙着制造空气，有的想利用他老先生宣传自己的党纲，有的却想跟着他老先生博一个小小的名誉。这种消息传到了古长沙城，早惊动了几位好汉……这几位好汉也发愿要研究他老先生的思想起来，便一齐来访一位隐士……

这样写来，倒成了新式标点的一段旧小说。我不再这样写了，恐怕有聪明的书贾见了，要拿去累胡适之先生作篇考证。

那是梅花初放的时节，我才从每天做工的地方回来，正在衔着纸烟回想这一天的工作。忽然，我的房门上有敲击的声响。我还不曾说完"请进来"的三个字，时常光顾我这小房间的 M. P. S. T. 四君已鱼贯而入了。他们说太戈尔马上就要来华，报纸上已经有了详细的报告；他们说他们想研究太戈尔的思想；他们说他们特来请我介绍他们看几部太戈尔的著作；最后他们请我分一点时间为他们详解。虽然谈太戈尔不是我高兴做的事情，但是好朋友的请求不可推却，于是我把劫后仅存的一部《春之循环》的英译本从箱内寻了出来，交给他们拿了去。这样，我们于数日之后，便开始了太戈尔的研究了。他们从商务印书馆买了一部文学研究会出版的瞿世英氏的中文译本，他们把两部书对照研究，我时常从旁边给他们一些注解。

这样的研究本来应当是很干燥无味的，然而我们却每每暴跳而喧笑起来，似乎很多趣的样子。这是译者瞿世英氏给我们的帮助。瞿氏译本的错处随处皆是，我们差不多要笑个不停，要时时用力捧着肚子。我从前常对人痛骂错误的译书害人，我这才知道像瞿氏这样的译文有益于人的地方正不少。我想一定有许多人还不曾得到瞿氏给我们的这种益处，所以我现在决定费一晚的工夫抄下来，贡献于我远方的同声的好朋友。

下面所举的便是瞿世英氏所译《春之循环》中的大错之一部。

1. 原文 How dreadful!

瞿译：这样可怕！（瞿译第二面上段第三行）

这句应译为"多么可怕！"瞿译不仅在此处没有意思，而且把剧中的情调埋没了。

2. 原文 Where can that vizier have gone to?

瞿译：那国务大臣能到哪里去？（第二面下一行）

这句应译为"到底那国务大臣到哪里去了？"

3. 原文 Ah, here is the king at last.

瞿译：呵，这里毕竟是君主。（第二面下十一行）

这句的大意是"呵，好了，君主来了。"瞿君翻出了这几个字。

4. 原文 The joke is not mine, but His, who has got the whole world by the ear, and is having His jest.

瞿译：这笑话不是我的，是"他的"，"他"以耳得全世界，是有"他的"笑话。（第三面下五行）

这句的大意是：这笑话不是我的，是"他的"，"他"捉住耳朵，把全世界得到了，是"他"在开玩笑。

5. 原文 They, too, want peace — peace from the burning of hunger.

瞿译：他们亦要和平——饥火中之和平。（第五面上九行）

这句的大意是，"他们亦要宁息——饥火的宁息。"瞿君老把 Peace 一字译为"和平"，于是 I must have peace 成了"我必要和平"，其实应译为"我必要宁息或宁静"。

6. 原文 So why strain our voice in prayer?

瞿译：那么为什么强用我们的声音来祈祷？（第五面下十二行）

这句的大意是"那么为什么在祈祷中抑住我们的声音呢？"瞿君似乎把前后的意思及 Strain 的意义都弄错了。

7. 原文 One breath of your teaching blows out the false flame of ambition.

瞿译：你的教训的一呼吸间吹出了野心的假火焰。（第六面下三行）

blow out 是"吹熄"的意思，不能这样一个一个字译出来译成"吹出"的，并且这句话是国王称赏学士的，若照瞿君这样译出来，岂不是在骂人了吗。瞿君简直没把原文看懂。

8. 原文 Yet man clings to hope that plays him false.

瞿译：还坚持着去希望做假。（第六面下六行）

这句的意思是"但人还坚持着那骗他的希望。"全文是"齿也脱了，发渐白了，但人还……"若依瞿译，岂不是老了还希望做假吗？这不知是不是瞿君的人生观。瞿君翻电码似的译出了，可惜英文有时候是要颠倒过来才通的呵。

9. 原文 How exquisite. So you don't want any gold, My Master?

瞿译：何其精密。我师，因此你才不要金子么？（第七面下六行）

这句的意思是"多高尚。那么你一点金子也不要么，我师？"

10. 原文 ..., when poetry brings me this parting message?

瞿译：当诗歌界我以此别离的使命的时候，……（第十面上六行）

parting message 是"离去的消息"，即死耗，我真不知什么是"别离的使命"。

11. 原文 Haven't you noticed the detachment of the rushing river, as it runs splashing from its mountain cave?

瞿译：你不曾注意那急流的河水，当它从山穴中急流出来的支流么？（第十二面下七行）

这句的大意是"你不曾注意那急流的河水的分支，当它从山穴中激发出来吗？"这里的 detachment 一字后来还用了两次，都是"分支"的意思，暗指创造的作用。在引子中的诗人的议论中，这个字是很重要的。瞿君在这三处却用了"支流""分支""分离"三个不同的字，把原字的一贯的意义全然埋没了。瞿君实在没有把原剧看懂。

12. 原文 But it is those who love, because they live.

瞿译：得最后的胜利的，乃是那些因为他们生活着所以他们爱的人。（第十四面下十一行）

这句的大意是"得最后的胜利的，乃是那些爱的人，因为他们生活着。""他们生活着"是他们得最后的胜利的证据，不是他们所以爱的原因。这地方瞿君也没有把意思弄清楚。

13. 原文 And if the life within you is not stirred, in response to that call without, then there is cause for anxiety indeed.

瞿译：若你内面的生命不变动去反应外面的呼声，那就真是烦闷的原因。（第十五面上五行）

这句的大意是"若你内面的生命不因外面的呼声而摇动，那就真可以烦闷了。"

14. 原文 But, isn't life inconstant?

瞿译：但是，生命不是不变么？（第十五面下二行）

这句的意思是"但是，生命不是无常么？"瞿译恰把北极星拉到南极去了。

15. 原文 Why on earth have you kept me waiting so long?

瞿译：为什么地球上有你叫我等这些时候？（第十六面上四行）

这句的意思是"到底为什么你叫我等这么久？"瞿君把字翻出来了，也照样排出，我真不知道为什么地球上有这种翻译法。

16. 原文 Why should you dismiss the general?

瞿译：你为什么必要罢黜那将军？（第十六面上八行）

这里的 dismiss 是"打发"的意思。由剧情上说，也没有罢黜那将军的道理，只是打发他去。

17. 原文 In a moment of weakness, I may suddenly find Myself out of my depths in the Ocean of Renunciation, Poet! Don't give me time for that.

瞿译：在软弱的时候，我或者忽然觉得我自己出了"舍弃之洋"的深处。诗人呵！不要使我时候如此的过去。（第十七面下八行）

这句大意是：在软弱的时候，我会忽然从我在舍弃之洋中的深处发现我自身（就是说，我会委身在舍弃之洋里）。诗人呵！不要使我有这样的机会。瞿译恰得其反。诗人明明在前文中讥讽过舍弃之洋的，学士挟了这东西来，国王正不愿见他呢！

18. 原文 The youth of these middle-aged people is a youth of detachment. They have just crossed the Waters of pleasure, and are in sight of the land of pure gladness.

瞿译：这些中年人的青年时分离的青年。他们刚刚渡过快乐之水看得见纯粹快乐的地方。（第十九面上十行）

这句的意思是"这些中年人的青春，是分支的青春。他们刚刚渡过了快乐之水，正看得见那纯粹欢喜之地。"detachment 一字，我在第十一条内说过，不能译作"分离"。pleasure 与 gladness 相差很远，瞿君统译为快乐，把全句的精神全然埋灭了。

19. 原文 The Heralds of Spring are abroad.

瞿译："春之使"出去了（第二十二面上八行）

这句的意思是："春之使"散在着。因为他们是要在那里唱歌的。

20. 原文 Yes, the very dust of the earth is tingling with youth...

瞿译：是，地上的灰尘都与青年相接触，……（第二十五面上十二行）

这句的大意是"是，便是地上的灰尘都在充满了青春而低唱，……"这句话本来不好译，不过瞿译却是在希望做假。

（未完）

——《创造周报》第 49 期（1924 年 4 月 19 日）

瞿译《春之循环》的一瞥（续前）（1924）

唐汉森

21. 原文 what a nuisance you are making of yourselves!

瞿译：你们多么妨害你们自己！（第二十五面下三行）

这句的大意是"你们多么使你们自己可厌！"

22. 原文 How in the world can you go on writing verses like that, sitting in your den?

瞿译：在世界上你怎么能够坐在你的洞里做那样的诗词呢？（第二十六面上一行）

这句的意思是"到底你怎么能够坐在你的洞里那样继续作诗呢？"in the world 是一个强势的成语，与我们的"到底"相似，大一点的字典上皆载得有，瞿君当多费点力查究出来才是。

23. 原文 Ther's no holding them in.

瞿译：没有什么把握了。（第二十六面下一行）

凡 There is no 之后加一 gerund，便是"不能"的意思。所以这句应当译为"不能抑住他们了。"

24. 原文 Just one word to make you understand. It means, that if the bamboos were no better than those noisy instruments—.

瞿译：只用一个字使你们明白。他的意思是若是竹子不比别的响器好——（第二十七面下八行）

这句的大意是"一句话好使你们明白。它的意思是，若是竹子只不过是那种噪杂的器具——"no better than 不指好丑，而指实质。

25. 原文 What a noise you make!

瞿译：你们做什么声音！（第二十九面四行）

这句的大意是"你们多么喧闹！"

26. 原文 We thought it over so vigorously, that people had to run to the king's court to lodge a complaint.

瞿译：我们很用力去想过就是百姓必要跑到皇廷上去告状。（第三十四面下九行）

这句的大意是"我们很激烈地想过，甚至于不能不跑到王廷去申诉。"

27. 原文 Not a sudden becoming. We have been like this from the beginning.

瞿译：不是突如其来的。我们从起头就喜欢这样。（第四十一面下一行）

这句的意思是"不是忽然变成的，我们从起头就是这样的。"like 一字在这里译为"喜欢"，瞿君还没有把动词的 tense 弄清楚。

28. 原文 And we have a leader, who is a perfect veteran in childhood. He rushes along so recklessly, that he drops off his age at every step he runs.

瞿译：我们有一个首领，他小孩时是有完全的经验的。他勇往的向前冲

去，于是年纪随着跑的步数少。（第四十四面下六行）

这段的大意是"我们有一个首领，他对于为童是一个能手。他那样不注意地冲去，于是他每跑一步便把他的年纪丢掉了。"

29. 原文 Go along with you.

瞿译：和你们同去。（第五十面上二行）

这句的意思好像我们的"滚蛋吧"，瞿君这样译出来，把前后的情节都埋没了。

30. 原文 All the more reason why you should cultivate our company.

瞿译：为什么你要和我们搭伴。（第五十面上六行）

这句的大意是"那么，你更应该和我们搭伴。"瞿译恰得其反，瞿君全然没有看懂。

31. 原文 He never stays with us, lest he should have to keep us in order.

瞿译：除非他必要我们守秩序，否则他决不与我们同在。（第五十二面下十一行）

这句的大意是"他从来不同我们留在一块，以便可以不必要我们守秩序。"

32. 原文 We commit all kinds of atrocities, but not that.

瞿译：我们与各种社会交涉，但不是那种。（第五十四面下五行）

这句的意思是"我们做一切的坏事，但不做那种。""社会"和"交涉"二字不知从何而来；"交涉"是 communicate，"社会"的复数是 societies，与 commit 及 atrocities 颇有几分相像，我们也许应该为瞿君原谅的。

33. 原文 Bravo, March on.

瞿译：凶汉，向前走。（第五十七面上十二行）

不错，Bravo 有"凶汉"的一义，瞿君很费心翻过字典。不过这里究竟只不过是一个 injection，没有骂人的意思。

34. 原文 What would our Leader think of us, I wonder, if he could hear us now?

瞿译：不知我们首领对我们怎样想，我奇怪不知他能否听见我们？（第五十七面十二行）

这句的大意是"我奇怪，若是他此刻能听见我们，我们的首领将以我们为何如？"瞿君连这样简短的文句都没有看懂。

35. 原文 And let us imagine that there we had been before we ever came there.

瞿译：让我们想一想我们从前到过的地方，我们常常到那里去。（第五十九面上八行）

这句的大意是"让我们想象我们来到那里之前我们就在那里的。"

36. 原文 Yes，the message that man's fight is not yet over.

瞿译：是的，人的战争的消息还没有过去呢。（第六十九面下十二行）

这句的意思是"是的，人的战争尚没有完的那个消息。"

37. 原文 We never knew that we loved Chandra so intensely. We made light of him all these days.

瞿译：我们决不知道我们这样的爱章特拉。这几天来我们以他做光，（第七四面下三行）

这句的意思是"我们不曾知道我们这样热爱章特拉。我们平日把他看轻了。"to make light of 是"轻视"的意思。试问一个人可以做光吗？我们可以把瞿君做光吗？

38. 原文 Then Dada must be near at hand with his quatrains.

瞿译：然则达达手边必有诗。（第八十二面上七行）

这句的意思是"那么，达达一定带了他的诗走来很近了。"

39. 原文 What makes you so desperate?

瞿译：你们怎样这般不顾利害呢？（第八十三面上六行）

这句的意思是"你们怎么这样颓丧了呢？"

本来至多只想举出三十条来的，不料本书的谬误层出不穷，虽然我沿路把小一点的错误与勉强可以混过的地方丢下不究，然而到底还是超过预算至九条之多了。译者的荒谬，真可以令人瞠目，而他的"希望做假"，尤令人不胜浩叹。错译之外，还有脱落文句的地方三处，即二十三面的"鸟之歌"前，五十八面下段十一行后，与六十九面下段十行后的一段。

太戈尔就要来了，我在上面说过了一定有许多青年在等候狂饮他的高论。翻译或介绍他的高论的人，我想大约离不了是那些曾经翻译或介绍过他的人，因为他们一个个都自以为是研究太戈尔的专门家，当然不免要乘机一显身手。然而他们究竟能不能翻译或介绍他的高论呢？我素来对于这一点是有点怀疑的。这回瞿君的这部《春之循环》的译本，可谓给我解决了一件事情了。像这样浅显的书还看不懂，还有什么本领从事于翻译或介绍他的高论？这样看起来，太戈尔这次来华，那些不懂外国文的人，毕竟只好看看热闹罢了。

把《春之循环》的封面过细一看的时候，"瞿世英译"的旁边，有"郑振铎校"的四个字。我这才知道这部译本倒真是应该大错的了。郑君译的几部书早有人指谪过，瞿君倒请他校，真不知是问道于什么了。

我费了九牛二虎之力写了这样多，我在前面戏说是分给大家一点提起精神的灵药，其实是我怕别人看了这部译本要闷死在葫芦里面才起了婆心干出来的，我想这倒也不必多讲。但是现在有许多译书的人，稿费拿到了手，便再不管译得如何，别人如何评论，也不倾听，只顾忙着把新的译书完稿。我希望瞿君不是这样的，我希望他能够俯纳我这点刍荛，马上把这部译书改好。

近来常见到批评翻译的文字，这是很好的现象。我以为这种工作虽然是消极的，然而它能鞭策从事翻译的人，使不再欺人欺己，功德确是无量。而且正因为是消极的工作，这种批评家的损己利人的行为，在沧海横流的时代尤为难得，我们应当对于他们表示我们的钦仰和谢意。有一二批评家措词时有过激之处，我以为我们也应当谅解。"指谪一部错译的功劳，比翻译五百部错译的功劳更大；因为他的贡献虽微，而他的贡献是真确的。"郭沫若这句话说的好。

近来的翻译品日趋恶劣，我觉得这里面有两种原因。第一是无能的人的滥译，第二是有能的人的洁身自好，坐视不肯动手。我希望无能的人暂时停止翻译，专做培养自己的功夫，让有能的人弄出几部好译本，把文学创作的标准抬高几步。至于有能的人，我也希望他们不因噎而废食。

三月二十一日长沙

——《创造周报》第 50 期（1924 年 4 月 26 日）

来信（1924）

梁俊青、雁冰（沈雁冰）

雁冰先生：

吾昨读第一百廿一期《文学》，知鄙人的《少年维特之烦恼》评论已经登出。不过，评文中的德文字实在印得太错了，简直没有一句德文可以看得懂。所以我急忙写信给你，请你将这封信登出，以免阅者误会。

至于评文中"实在不能说是水平线以上"一句，我觉得有点不妥当，因为目今中国的译书中实在没有完全的，所以无从假定水平线来品评这本书，特此更正。另外《维特》书中第一封信的"可怜的是洛诺丽呵！……"一句，郭译是对的，因为我当初没有注是 Rhetorische Fras 的缘故，并此声明。

梁俊青上，五月十五日

上期《文学》所登梁俊青先生一文中的德文，几乎没有一个字不排错，我们对于梁先生十分抱歉，对于读者也同样的抱歉。我们的《文学》是每星期六夜发稿，次星期一出版，这中间既没有充分的时间容许我们自去校对，并且我们也实在忙，没有工夫去到时事新报馆坐守校对。因此，不但外国字时常排错得可笑，就是中国字也常常错得岂有此理。在我们一面，已经常常原谅报馆了，也希望读者能对我们原谅。

雁冰

——《文学》第 122 期（1924 年 5 月 19 日）

几首古诗的大意（1924）

荆生

引言

　　诗是不可译的，只有原本一篇是诗，别的都是塾师讲唐诗的讲解罢了。所以我这几首"希腊诗选"的翻译，实在只是用散文"达旨"。但因为原本是诗，有时也就分行写了；分了行未必便是诗了，这是我所想第一声明的。其次，在现今青年（老头子不消说了）狂热地取缔思想、拥护礼教的时候，说话还是小心一点的好。这里边有一两篇情诗，恐怕要招后生们的怪，为要证明这是古典文学里的东西，并非我所造作，特将原文录在前面。又末一首是很正经的诗，也附录原文，其余的都从略了。

一九二四年五月二十日于北京内右四区

——《晨报副刊》（1924 年 5 月 25 日）

余音的回响（1924）

荆生

一、《几首希腊古诗》声明系《几首古诗的大意》之续篇，在《大意》的引言之中有这样的一节："诗是不可译的，只有原本一篇是诗，别的都是塾师讲唐诗的讲解罢了。所以我这几首'希腊诗选'的翻译，实在只是用散文'达旨'。但因为原本是诗，有时也就分行写了；分了行未必便是诗了，这是我所想的第一声明的。"前后两次翻译发表是时，列在《杂录》栏内，不标明是诗，也是这个意思。

二、黄先生"总觉得诗是应该有韵的"，鄙见却以为可以无韵；黄先生以为译诗"应这样作就够了"，就能作成一首"滑口些爽亮些或是凄沉些"的诗，不佞则万万不敢。不佞所能作的只是"照句按字"地写出"一篇直致的白话文"，说明诗意而已。

三、翻译的外国作品，正因为"习惯和思想上我们中国人与外国人有点不大同的地方"，所以才有看的价值；倘若因这点不同而看不惯，那么最好不看以免头痛——最好是看自己的作品。

四、对于黄先生所"作"的两首希腊古诗，不佞不敢有什么批评，因为我不能了解这种办法的原理，至于"胡作一篇出出气"，则亦未始不可，不佞决无异议。

五、黄先生倘是主张"神韵译"的——黄看他的大作似又不是——我倒有一个很好的方法，便是，原本第二首《且饮酒且快活》一章不必多事翻译，只把"唐风"《山有枢》的末章抄上，即是绝好译本，不但胜过我的散文百倍，或者也并胜过黄先生的尊作一倍欤？诗云：

> 山有漆，隰有栗，
>
> 子有酒食，何不日鼓瑟？
>
> 且以喜乐，且以永日。
>
> 宛其死矣，他人入室。

六、"The rest is Silence"……

六月二十八日在北京西四牌楼之北

"某先生"（＝荆生）谨识

——《晨报副刊》（1924 年 7 月 2 日）

通信（1924）

郭沫若、成仿吾、郑振铎

一、郭沫若与梁俊青

梁俊青君：

友人寄来《文学》一百廿一期和一百廿二期各一份，你的《评少年维特之烦恼》一文和寄沈雁冰君更正的一封信都拜读了。

你指摘的十一条除第一条你已自行更正外，我把其余的十条为你释明。

（第二条）Ach, daβ die Freundin meiner Jugend dahin ist.

我译的是"啊，我青年时代的女友说是死了！"你说"说是"两字不对，其实 daβ 以下只是一个子句，在前面是把 Man sagt 一个主句略去了的。这位女友在事实上是指的 Fräulenin Susanna Catharina von Klettenberg（1723—1774），此人与歌德并非同居，便在小说中主人公的维特也是一人在外旅行的，女友的死耗当然是从旁人听来的了。

（第三条）warum der Strom des Genies so selten ausbricht, so selten in hohen Fluten hereinbraust und eure staunende Seele erschüttert? 我译的是"天才的潮流何故如此罕出，如此罕以达到高潮，使你们瞠目而惊

得灵魂们震撼哟！"——我这句译文假如"着实是错了"时，人的脑筋可以另外改造过一道了！第二个 so selten 是统帅着 hereinbraust 和 erschüttert 两个动词的，你却把它分成三项了。照你的译法：

"为什么天才之流如此罕出，

为什么如此稀罕的腾涌成高潮，

及为什么如此震撼了你们的诧异的心神？"

前二项问的是"如此罕"的原因，后一项却一个筋斗翻在半天云里去了。歌德的文章果其是这样，那他在中学堂的德文试验时也会落第。

（第四条）我的译文比较得自由一点，正如你所说的"直截了当"。

（第五条）远亲和表兄弟之争我觉得不成问题，因为远亲的平素仍然是表兄弟，我因为上文有 Herr Vetter 一语，所以把它译成"哥哥"去了。要这样才是姐姐对小妹妹说话的神气。假使我们向着还在"流着鼻涕"的小女儿说什么远亲近亲，你看她懂么？ Vetter 一字倒不仅有"远亲"和"表兄弟"两种解释，另外还有"从兄弟"的意思，此处当然说不上。

（第六条）Du bist's doch nicht, Lottchen; wir haben dich doch lieber.

我译的是"绿蒂姐姐，你可不是素菲呀，我们可爱你，"被手民在"可不是"之下替我加了一个读点。——《少年维特之烦恼》一书，出版时我在日本，并未经我校对，全书的错误如把标点的错误一并加上时，恐怕有五百处。我做勘误表都做过两次，两次都被书局替我遗失了。在书局方面是因为错误太多了，名誉不好听。所以总不肯把我的勘误表印出。几次推说要改版，我把书本改正后给了他们，他们也替我遗失了。弄到现在书已出到六版，销售到一万多册以上了。仍还是初版的原样，这真是对不住读者的地方，但是在现代资本制度之下要叫我如何，我也无可如何呢。我从前想，我假如有钱，我可以把创造社所出版的书通同改版，把一切商人本位的劣根性除掉；但我现在的志望却比这更大了：我不仅想改造创造社所出版的书，我在社会改造的实际上也想尽些儿微力，我在此宣言，这可是我后半生的事业了。

（第七条）我的译文比较自由一点，但恐怕容易懂些。

（第八条）Wehende Antwort

此处的 Wehende（轻风般颤动的）是等于 Zitternde（战栗着的）的意思，所以我把它译成"哀切"，因为"战栗着的回应（人声）"正是"哀切的"呢。照你直译成"飕飕"，人的声音怎么会"飕飕"？在暴风之中怎么能听出"飕飕"呢？ Wehe 与 Wehende 之区别尚不至混同，请勿过虑。

（第九条）Sein Haupt ist von Alter gebeugt

这是形容老态龙钟的意思，正是"他的头脑因为年纪老了，低垂着了，"所以我把它译成"白头低垂着"，觉得简洁一点。

（第十条）Deine Stimme（你的面额）

这是你据的 Reclam 本的误排，我所据的是 Gressner und Schramm, Leipzig 的《歌德全集》，明明是 Deine Stimme（你的声音），Stimme（声音）和 Stirme（额部）字形本是相近，所以误排了。我们看上下文便可以明白。上文说木拉儿的声音在阵上时"可比雨后的林涛，可比远山的雷叫，"而他从阵上回来的时候，他的"声音又那么和蔼，"要这样才能成为对照（Contrast）；并且在下文接着又说"你的相貌可比暴风后的太阳，可比静夜里的月亮……"，假如 Deine Stimme 果然是 Deine Stirme（照你译成"面额"）的时候，这是说了"面额"又说"相貌"要算是吃了饭又吃饭了。Reclam 本价钱便宜，容易携带，这是它的好处，但是错字颇多，这却是它的缺点。

（第十一条）译文中两点"地士"的"士"字都是"上"的误排。

以上逐条答完了，此外没有什么话说。

郭沫若，五月三十日，在日本福冈

二、成仿吾与郑振铎

振铎：

前阅梁俊青君的那篇批评《少年维特之烦恼》的文字，我因为沫若的心境不佳，没有给他寄去。今天接到他一封信，知道有一个朋友给他寄了，并且他已经写就一篇答信寄给了你，我这封信递到你那边时，想来他的信也已经递到。

梁君这次的批评真是荒谬已极，即使他这几条的指摘完全无误，而他在篇首所列的浮词与在篇末断定这部译本不是水平线以上的翻译，实在不能说是有艺术的良心之人的说话。不幸而他的指摘又错得太厉害，沫若的译文并没有错的地方，他偏偏要说是错了，还要夹杂些轻薄的口吻！

我因为觉得这件事情是艺术的良心死灭的一种表现，曾当面指摘梁君的错误，要求他自己更正。不料他的更正的信上不仅没有照我所指正的认错取消，反而故弄诡辩，一味想掩饰自己之短。做错了的事情只有认错才能补救，梁君的这种行为活活画出了中国青年的卑怯的心理。

通观梁君这次的行事，只是证明了他的德文的不高明、他的轻薄、他的卑怯，最后，艺术的良心的死灭！

多少可以为梁君原谅，是他尚属年轻，他的坏处显然不是一个人的坏处，是现在一部分青年的共通坏处，是现在这种不良的教育的结果。对于这次的事情，我以为编辑《文学》的诸君倒不能不多负一点责任。投稿总不免好丑不齐编辑的人当然要先检查一番，对于批评一类的文章尤当注意。这是对于维持文以上的正义与信用上必要的事情。这回梁君的批评错得那样厉害，难道诸君竟没有看出吗？去年有一个梁宗岱君曾在贵刊上为两句英文把我痛骂过，也是他自己弄错了。我为中国的评论界痛哭过一次，这回又有了这位梁君的错评。我以为诸君还当慎重一点。

"少年维特"译本排错的地方颇多，沫若曾改过一次，不幸遗失了。去年重改一次，又不幸没有改完就因别事中止了。今夏有暇，我当代他取原本校读一次。

我曾向梁君说过不再追究此事，现在我却觉得非说几句话不可。我要在这里请梁君原谅，因为我爱梁君，我尤爱真理。

末了，我请你，振铎，把这封信排在沫若的信后。

成仿吾，六月三日

我们对于以上的两封信，不欲更有所言，关于译文的究竟错不错，且让深通德文的先生们去下批评。关于梁君的一方面的话，有梁君自己去答复，我们也不去代他辩说。稿件的辞句与理由，自有在题下署名的作者负责，编者不敢掠他人之美，我们所要声明的，只是编者的责任问题。编者的责任，只在于许多稿件选择文艺的技术不太差的，评论不太没有理由的，把他们发表出来。至于文中的辞句与理由，自有在题下署名的作者负责。编者不敢掠他人之美，以作者的言论，为我流自己的言论。（其实梁君的批评，较之近来流行的刻薄谩骂的批评已高出百倍。）这一条要请成郭二君留意。

郭君信中第六条关于书局的话，我们阅之也有同感。在现代资本制度之下——尤其在中国——所谓著作人谁不是在出版家的欺压之下，而不能按自己的意思去做？"在社会改造的实际上也想尽些儿微力"，这不仅郭君的志望，也是一般具有急进的思想者，与我们走的人的志望。郭君！成君！且平心静气的与在同路相见，不必一闻逆耳之言即忘了自己前途的"事业"，而悻悻然欲与言者并命。

我们爱一切同路走的人，我们容忍一切同路走的人！这是我们的宣言。

编者

——《文学》第 125 期（1924 年 6 月 9 日）

通信（致郑振铎、郭沫若）（1924）

梁俊青

一、振铎先生：

顷读《文学》第一廿五期知沫若与仿吾皆有讨论我那篇评郭译《少年维特之烦恼》的文字。我觉得沫若的答复有点牵强，而仿吾的通信则又过于感情用事，所以我分别答复他们两封信。请你照这两封信登出来，以明事实之真相。专此，即颂撰安！

梁俊青上

六月十三日

二、沫若先生：

你在《文学》第一百廿五期答复我的批评的信，我看过了，你的对于我的批评的答复，我觉得实在牵强。所以我再和你讨论几句：

（一）你说：从事实上说他的女友是从旁的地方听来的。但是，就事论事，我们从 "Ach, daβ die Freundin meiner Jugend dahin ist!" 看来，这里那得有 "说是" 的意思？难道德文的 Nebensatz 用 daβ 起头的你没有看过么？你说 Man sagt 是略去了的，其实用 daβ 的不一定就要成为 Nebensatz，它自己也可以成含有 Ausruf 的 Nebensatz 呵——我现在举出几个例你看：

A. Daß ich auch so spart Rommen muss!

B. Daß et auch jetzt Rrank seirmuss!

这两句都是德国人最普通的说法，请你详细考虑一下，便知道你的"说是"两个字是不是不对，是不是把"说是"加上去便把他的自叹减少了情绪。

（二）你说："warum der Strom des Genies so selten ausbricht, so selten in hohen Fluten hereinbraust und eure staunende Seele erschüttert"我译的是"天才的潮流何故罕出，如此罕以达到高潮。使你们瞠目而惊的灵魂们发哟！"我这句译文假如"着实是错了"时，人的脑精（俊青按你这精字恐怕是写错了）可以另外改造过一道了！

沫若！我对你说：照你这样的译法，你的脑子真要改造一番了！——你不知道吗？ das zeitwort erschüttern 是 transitiv 呵！所以照你的"使你们瞠目而惊的灵魂们震撼呵"！看来，你简直把 erschüttern 当作是 intransitiv, 而 Seele 也连带的误为 Nominativ 的 Subjekt 了，沫若！

你译的错了！我觉得我译的还算是好些。因为我不会把动字所管理的层次弄错，把 Objekt 弄成 Subjekt.。现在我再把我译的第三句列在下面和你的比较一下：

你译的：使你们瞠目而惊的灵魂们发撼哟。——我译的：为什么如此希罕的震撼了，你们的诧异的心神？

（三）你说：第四条的译文直截了当，其实 "...der mich zu dieser lebhaften Teilnehmung hingerissen hat" 错并不是"是我感发到这步田地的"便能算得是译了它的意思。请你想一想：使他感发到什么田地？

我想你一定会说：der mich zu dierser lebhaften Teilnehmung 了。

（四）你说："因为上文有 Herrn Vetter 一语，所以把它译成'哥哥'去了。"我不晓得你们四川人对于远亲怎样说法，是不是可以用"哥哥"叫人？若在我广东当然是不行的，有时还有点轻视才说人"哥哥"哩。

（五）你说："全书的错误如把标点的错误一并加上时，恐怕有五百处。"这分明你自己承认除开标点的错误很多以外，就是其余如译错的或译的不好的也很不少哩。

复次，你既知全书印得太错，那么，你为什么任它出版害人？我想你要绝对和书局抗议，才可以算得是你尽忠于介绍文艺的真正的态度。

（六）你说："第七条的关于 Wenn diese Leidenschaft... 的评论，我的译文比较自由一点，但恐怕容易懂些。"你实在强辩，我现在把我上一次的评论再抄在下面，请你详细想一想，看看我的评论对不对：

原文六月十六日信中有一句：

Wenn diese Leidenschaft ein Fehler ist *sagte Lotte* so gestehe ich Ih-nen gern, ich weiβ mir nichts übers Tanzen. 它的大意是说："若是热情是一种短处，绿蒂说，那么，我老实认出，我除开跳舞便一无所知。"而郭译为："狂热虽是件不好的事，但是我不瞒你，我是最谙悉舞蹈的。"郭译这句的"虽"和"但是"用得不得当，因为她是表明她这样的"跳舞热"或者是种短处的意思，并没有决定这种热情是不好，所以"虽"字和"但是"就不适用了。"

（七）你说："Wehende（轻风般颤动的）是等于 zitternde（战栗着

的）的意思，所以我把它译成'哀切'，因为'战栗着的回应正是'哀切'的回应'呢。"哈！沫若！你从什么地方看来，说 Wehende = zitternde？仿吾也对我说过，这是沫若误译了的。为什么你自己不承认，反而平空拿出一个 Zitternde 来？

（八）照"Sein Haupt ist von Alter gebeugt 的一句，不用说你的'他的白头钩着'是错了。"

（九）我已经查过《哥德全集》，我根据的 Reclam 本是排错了，所以 Stimme 就是 Stimme。这事我要对你抱歉，因为我没有加先多查几本书，便说 Stimme 是 Stime 的误。

（十）你说你译的 Feld，原是"地上"并不是"地土"。哈！哈！沫若！你错了。此里的 Feld 既不是"地土"也不是"地上"的意思，乃是"战场"的意思哩。你且看，你的译文："安眠吧！人中的英杰哟；地土的开拓者哟！但是地土永不会看见你了！"如果照你的改正，把"土"字改为"上"字，那么，"……地上的开拓者哟！但是地上永不会看见你了！"这更成什么话！且再看看原书的上文：上文不是说木拉儿勇敢善战么？为什么他马上就变成"地上的开拓者"呢？地上怎样开拓？"地上"怎么永不会再看见你了？这是你的大错特错。

总括以上的十则而论，我不得不要说几句：

你的《少年维特之烦恼》的译文已经给我指出错误，你何必又要强辩？反而益足证出你的错误！我前次的批评本是文艺上的商榷，不料仿吾竟说我轻薄，说我荒谬已极，错得厉害，甚至说什么艺术良心的死灭，说什么不良的教育的结果，我觉得仿吾实在"任性妄为"。因为仿吾和你很要好，所以我劝你转劝他不要如此鲁莽。

另外，我还要向你申明几句：关于《少年维特之烦恼》的批评，我很愿意有人出来说句公道话；就是你若有所讨论，我很愿意和你讨论。但是，你若是觉得对于德文有很深的研究，而不致有这样的错误，那么，我也不再说了。

梁俊青，六月九日

在上海同德医校

三、仿吾先生：

你写给我的信（六月八日）我收到了，你在《文学》上写给郑振铎先生的信和郭沫若先生阅复我的信也看过了。我觉得你实在有点感情用事，不管事情的究竟如何便大骂特骂，大有唾沫吐到人面上的形势，其实何必？请先生平心静气地想一想，他人对这种事情怎样？万万不可闭着眼睛乱说呵！

你的关于批评我的通信，我觉得你的意气实在太盛，并且近于村妇的骂法，所以我不得不要和你说几句：

【……】你除开根据郭沫若的强辩以外，你从什么地方看得出我的错误？你说你曾当面指摘我的错误，请你说出当面指摘我的证据来，我记得你来找我的那一天晚上，你是和我的宗侄仲谋来的，当时你问我"水平线"是不是我写上去的，我答是我做的，你说这句实在太激烈了。【……】你说要我将"水平线"的说法和第一节的批评更正，我说可以的，【……】你说当面指摘我的错误，你从什么地方说来？好在我的宗侄在侧，当可以做证的。

去年徐志摩先生因为批评文艺中涉及沫若的文句，你硬说他污辱沫若的人格，污辱你们创造社的人，并且还披露他的信，说他是伪。

1461

这次你封封信给我都说我们有感情，不必深究这事，最近你一方面写信给郑振铎骂我，一方面又来信悄说对不起我，这是什么道理？我现在也把你写给我的来信披露下面：

（一）【……】大多数译书的人是为他们的衣食计，若求字字针对，只怕他们只好饿死。他们大抵是一些穷人，不像你一样境遇好，可以闲坐找他人的错处。平心而论，我们译出来的东西，很可以告无罪于天下【……】

（二）【……】《少年维特之烦恼》译本的价值已经是确定了的，你的一篇谩骂式的批评本来值不了什么，我所以要你自行更正的是：

一、我们有自申的必要，而我们的周报不幸停版了；

二、我总有一次同文学研究会总算账，我们既有交情，我不想把你也压在里面。【……】

（三）俊青：信到。你的"少年维特"的批评，有商务印书馆的朱公垂君给郭沫若寄去了。前天接到沫若的信说已经写就一篇答复寄给郑振铎。想必明天就可登出。我因为不知沫若的信上写了一些什么，恐怕他有过于责难你之处，所以写了一封信给郑振铎把此事的首尾说明一番，攻击他们编辑的人不负责任。我要求他们把此信排在沫若文后，如果他肯登出来，你明天便可看见。此事皆因我不曾关照沫若，致死灰复燃，我觉得很对不起你。【……】顺祝康健。

仿吾，六月八日

凡读了你这些信件的人，我想一定会说你这样的态度实在不好。

【……】你要到广东去，我劝你不要太露斧锋，免致恐怕于你有点不好。好了我因为毕业考试在即，不能走送你所谓与我有好交情的人，就此祝你一帆风顺罢！ Ade! Ade! Adien!

俊青，六月九日

——《文学》第 126 期（1924 年 6 月 16 日）

译玄学文章的研究（1924）

东君

　　玄学鬼的文章本来不必译的，但是因为江绍原先生既自己译了它三次，又请人家来批评及加入翻译（见本副刊十七、十八日广告），所以单为研究译法起见，我要来应江先生之请译它一下，这到底也是因为江先生的译法不能使我十分满意的缘故。至于我这翻译能否使人家满意，又是另一问题。然我们所注意的并不在你译，或是我译，是在研究如何译法方可认为切当。我自己也很喜欢听别人的意见到底如何才可算"译法之至当"。

　　江先生的译法无论如何总是比胡译高一等，因为江先生最少也是译得忠实，是完全了悟原文的意思。在胡先生完全把那一段的原义译错，本也不足怪，因为胡先生是译长篇的，难免有一二处稍稍不留神，并没有什么大错误。此种玄学的东西原来是不译它好，既要译它，自有许多玄理须格外留神才不会似懂而实不懂的疏忽错过。但是我所觉得最有趣味的，就是这回江先生的三次译文越译越不好，文意越晦，这或者是因为江先生过于留心之故。现且先将原文及我所以为最当的译法公布于下，以备关心译法者之研究。

　　原文——"In this passage the poet says we are less forlorn in a world which we meet with our imagination. That can only be possible through our imagination is revealed, behind all appearances, the reality which gives the touch of companionship, that is to say, something which has an affinity to us.

我的译文——诗人在这段说，在想象所遇见的世界我们可以不像在现此世界的孤寂无聊。但是想象的世界何以能比此日常世界使我们比较不孤寂无聊呢？可见得必是借想象之力，我们可以觉悟在一切形形色色虚幻之外，还有一个很可与我们做伴侣、与我们有多少因缘关系的本体或实在。（译者按：于此可见泰氏亦系烂碎不堪玄学老手之一。）

胡译——"在这诗里诗人是说：要是我们生活在我们所想象的世界中，我们便可以减少许多寂寞了。当这种真实于无形中因想象之力而显现时，诗人所设想的境地才得以到达。"这第二句当然是与原文相差的太远了，我觉得是胡先生太疏忽了。

我所以说江先生的译文不能使我十分满意，无过是说他的译文文义太晦，句法太冗长。我所以说他的二次译文，愈译愈不好，也是因为他越译意义越失真，句法越笨，用字越牢骚。若拿三个译文相比较的人，大概能赞成我这话。江先生因为在批评人家时，当然自己译的很小心，愈小心便愈束缚不敢自由，故有此等结果。

江译第一——"直译：这位诗人在这一段诗里头，说我们在我的想象之中所遇见的世界里面，我们比较不觉孤单。但是除非我们的想象能启示一切幻想的后面，有个给我们伴侣之感的实在（这就是说，有个与我们有几分同性的某件东西），那才可能呢？"

这译法可算是很好，很通顺，只是后头的"那才可能呢""那"的太不明白。

江译第二（同日发表）——"意译（Free translation）：作这一

段诗的诗人，是说我们想象中的世界是另一种世界；在这种世界里面住着，我们比较没有寡俦之憾。但是想象所启示在一切幻想之后的，必须是下面所说的那样的东西，我们才能真没有寡俦之感。就是，他必须是个我们能引为伴侣的实体，（或说，是个与我们同性的某种东西。）"

江先生的意思是要使"意译"比"直译"格外明白易懂。然以成绩论此种句法，实已较前退一步。

江译第三——"作诗的人在这一段里头说，在我空想象中的世界里面，我们比较没有独处空谷之感，但是除非一切幻想之外真有个可以当朋友招呼，本体（这就是说，真有那应一件与我们能相感的物事。）他因我们的想象果然出来与我们握手了。请问，我们岂能如此呢。"

这是江先生接了上海严君批评前二译的无名信后"再译一遍"的。但江先生何以忽然加一个"果然出来与我们握手了"这岂不是"过犹不及"的毛病，说的太浅显以致于太不像？或是江先生要用"the touch companionship"的"touch"当作"摸"（握手）解，江先生必不至于这样粗笨吧。"Forlorn"一字自是以江先生第一次所用"孤单"译他最切当；由"孤单"变为"寡俦"于传神作用已是差了一等。由"寡俦之憾"改用"空谷之感"真真觉得失了原文之效力。所以我说江先生的直译好于意译，意译好于第三译，读者之中或者有与我同意的吧？

——《晨报》（1924 年 6 月 22 日）

答梁俊青君（1924）

成仿吾

俊青：

《文学》上的信见过了。你两次写很激烈的信来要求我更正我前回给振铎的信上所说的话，你以发表我给你的私信相要，我因为这不是一个男子汉所能忍受的，所以敬谢不敏了。本来你要我说你的批评不是荒谬已极，我是很愿意的；你要我说你的德文高明，我也十分愿意；你要我说你勇于认错，我更是百分愿意；你要我说我的信是因为一时感情的冲动而错误了，这是很容易的；最后，你要我向你道歉，这是更容易办到的。不过我纵能一时欺昧自己的感情，然而这种种欺人的话，我怎么也不能说出。

你现在把我给你的私信发表了。你的理由是因为我一方面写信给郑振铎骂你，一方面又写信给你说对不起的话。在这里你又铸出一个大错了。我说对不起你，是因为我曾允许不再追究，不是因为我骂了你。我是一个 Typical 的湖南人，"诺谓楚人重"，我因忽然不能出来说几句话，不能遵守前言，才写一封信说对不起你。我在给振铎的信上就说过同样的话，我说：我曾向梁君说过不再追究此事，现在我却觉得非说几句话不可，我要在这里请梁君原谅，因为我爱梁君，我尤爱真理，便是你所擅自发表的我的那封信上也明明写着：此事皆因我不曾关照沫若，致死灰复燃，我觉得很对不起你，我实不曾一方面骂你，一方面对你说对不起你的话。老实说，以骂人博有恶名的成仿吾，骂一个梁俊青，还要费许多周折，还要向他赔不是么？如果我不曾写了那封信，你倒可以责我违约；现在我写那样的信，你颠倒责我不当，悻悻然把我的私信擅自发表，想把我倾陷，我禁不住想起一个朋友所说的话——在我们中国，为恶者昌，为善者亡！

我当面指谪你的那晚上的内容，你所陈述的全是你的捏造！那晚上我开首说明"水平线"是有一定标准的，从我们现在的译书中可以求出它的标准来，从《少年维特之烦恼》一书的英法各国的译本中也可以求出一个；我问你何所据而说沫若的译本不在水平线以上，你说你写那篇批评时是很糊里糊涂的。我便把第一条的错误指给你看，你说你本来觉得有点靠不住，但你还同我一面对读，一面辩论了许久，还劳同济毕业的仲谋替我解说了一次。（你的陈述在极力遮掩这些事实，从你的文字中历历可见，好看煞人也！）第一条我不曾提及，因为我的原本被朋友借去了，我不曾研究而且我认这种句子中有没有"说是"二字是没有多大关系的，这种 daβ 与英文的 that、法文的 que 一样是外国文特有的用法，不能用中国话完全翻译出来的。（这一点我认为沫若的 Man sagt 的说明是不对的，不过翻译外国文有就字面译及就情景译两种方法，在不能逐字译的时候，尤宜采取后者，既然情景可以加"说是"二字，沫若的译文实可以通过了。）我又说到第三条，说没有第三个 So selten 而 und 以下是附加的。不过我看你好像懂了的样子，没有详说，也没有烦仲谋更加剖解，不想沫若那样说明白了之后，你至今还不曾懂。erschüttern 你现在才知道是一个他动词么？正因为它是他动词，才与前面的两动词不一样，这几个字才不能独立；像你的译法，就好像海军总司令麾下的军舰，游到上海来宣告独立了；我恨没有时间再为你当面解释明白，你去问问仲谋，他当能使你恍然大悟。第四、五、六、七条因为都不是重要的问题，我差不多没有说话。第八条的 Wehende 一字，我不曾说沫若的"哀切"二字错误，我只说偏于意译了；在你所擅自发表的我的第一封信上，我说的你所举的两例一是这个字，一是"白头钩着"。我在那封信上明明说"不过偏于意译"。第九条"他的白头钩着"我也说是意译，并且说沫若译书译诗都不喜拘泥于字句。第十条的 Stimme 我因为不曾查过原书，只说这里面必有缘故，并举沫若译雪莱诗时。因为他的原本有误，若不是我先看了出来，几乎闹一个大笑话的话做一个例，疑又是他的原本有错误，我不曾说是你的 Reclam 版排错了，这地方你又露出了马脚。末了，我又将水平线的说法之不当说了一番，要求你一齐更正，你恐怕编辑《文学》的人不肯登出来，我才说我另外写一封信寄去，要他们务必登出。——这便是我们那晚会见的实况，我不知你是何居心而必故意捏造如此。

至于我批评你的几句话（我不承认是骂你）我是以我的一切在做抵押的，像你批评《少年维特之烦恼》的话须把你的一切作抵押一般。批评全靠有批评者的全人格来拥护，空论最易颠倒是非，真假过后自辨，暂时各人只求问心无愧就是了。

你前回说你自己是一个小孩子，要我不再追究。世界上最动人心的是妇人和小孩子。我不怕妇人，却怕小孩子。统观你这回的行事，你是全被一种好出风头的野火与一种虚妄的自尊心包围着，是非善恶，你什么都分别不清了。你这回捏造一些谎话，又悻悻然把我的私信擅自发表，在我固无损于毫末，我倒深惜你使你自己的个人道德破产了。这回的事情，我开首便助你更正，使你自行洗刷，我又允许过不再追究。不惜把《少年维特之烦恼》的名誉牺牲少许，而你始终不肯依我所指正的取消，还装小孩子哄我，以我的私信要挟我，等到这些都不如意，更捏造谎言诬我，发表我的私信陷我，我现在才认清了一句万古不渝的格言：好心不得好报！

你给沫若的信，我即行转寄给他，他或者还回答你，不过我不觉得这几个已经释明过一遍的字句还有再答之必要。前回为了《创造周报》上的几首德文译诗。你真把我烦扰得要命了，我后日便赴广州，你纵在报上答复，我已难得看见，纵然看见，也请你恕我不再答复了。

六月十八日

——《文学》第 127 期（1924 年 6 月 23 日）

译宗教文章的研究（1924）

绍原（江绍原）、彭基相

承东君先生批评我翻泰戈尔的一段散文三译，并公布他自己的翻译，我谢谢他。

我对于他的翻译也有几句批评的话，对于他批评我的文又有几句回解的话。但是这些话我要缓一步说，因为我希望能还有旁的批评和翻译发表，若干日之后副刊的记者或者肯给我一个机会写一个总的回答。

不过有几句我该现在就说的话：

第一，我的第三译，手民少排了一字，在"当朋友招呼"与"本体"之中的是个"的"字，不是一个"，"。

第二，"我所觉得最有趣味的"，是东君论胡先生的话，译长篇的人，自然不免有"一二处稍稍不留神"，但是译者稍稍不留神的一二处，往往是长篇中最扼要的地方，译错了便罪过不小。这样的一二处译错了的罪过，往往敌不过全长篇其余都译对了的功。论者以为如何？

第三，我不明白为什么"玄学鬼的文章本不必译"——除非大家以为凡是译过来的东西都应有新圣典的价值。

第四，如果我们必须把泰戈尔的那一段文章叫作一个什么"鬼"的文章，我想与其叫它作"玄学鬼"的文章，不如叫它作"宗教鬼"的文章。请大家把那一段文字仔仔细细读几遍，便能知道我的话不错。泰戈尔所暗示的那件东西究竟是什么，请大家当个谜语猜猜。猜中的人或者不会嫌我第三译里面的"当朋友招呼""独处空谷""出来与我们握手"等是太过了。

附录彭基相君译文：

绍原教授：译文昨晚译好，今特寄上。尚乞纠正！我对于你后来重译的译文后一句"但是除非一切幻想之外，真有个当朋友招呼，本体（这就是说，真有那样一件与我们能相感的事物。）他因我们的想象果然出来与我们握手了，请问，我们岂能如此呢。"觉得与原文语气相差太远，——虽然原意没有失掉，兹将我的译文录后：

"在这段诗内诗人说：我们比较是少些寂寥在我们遇着与我们的想象相接触的一个世界之内。假使我们的想象中显示出——在各种幻想之后——有伴侣之感的实体，（这就是说，有些东西对于我们有相同的性质。）那才可能呢。"

彭基相二十日

——《晨报副刊》（1924 年 6 月 25 日）

两个翻译上的问题（1924）

余文伟、绍原（江绍原）

绍原先生：

我把太谷尔的一段话，现在译成如下：

"在这段诗里诗人说，我们在我们想象所遇到的世界里是不大孤寂些，而能如此，是假若我们想象启示一切表相后面的，给个同伴感触的，实体，也就是有与我们相同性质的东西。"

你直译里："……我们的想象能启示一切幻想后面，有个给我们伴侣之感的实在，那才可能呢"几句话，我看不大好。"有"，我不知从何而来？"那才可能呢"，叫人不懂。至于意译则太累赘了！"必须是下面所说的那样东西"，既多事且不合原意。"启示"就连着"实在"，并用不着"有"，也用不着"必须下面……东西。"我译的"是假若"和"启示一切表相后面的，"和"而能如此"，我自己觉得也不好。不过我译这段也只为练习而已，特别错的地方，还请你告知。

余文伟

我未得余先生的许可，就把这封信寄给伏园兄请他发表，还望余先生多多见谅。余先生提醒我两个翻译上的问题——我久已要请教译家们的两个问题:(一)原文里句子的组织,译者是否必须照样?(二)原文里没有的字,译者可否加添? 希望翻译的人简单讨论这两点。

绍原谨附言

——《晨报副刊》(1924 年 6 月 27 日)

读了珰生的译诗而论及于翻译（1924）

郁达夫

翻译比创作难，而翻译有声有色的抒情诗，比翻译科学书及其他的文学作品更难。信、达、雅的三字，是翻译界的金科玉律，尽人皆知，我在此地可以不必再说。不过这三字是翻译的外的条件，我以为没有翻译以先，译者至少要对于原文有精深的研究，致密的思索和完全的了解。所以我对于上述的信达雅三字之外，更想举出"学""思""得"三个字来，作为翻译者的内在条件。我对于翻译，虽早抱有这种陋见，但终是自惭不敏，不敢发表出来供大家的讨论。这一回所以不揣冒昧，敢在此地胡说的原因，是因为在第三十九号（六月二十一日）的《文学旬刊》上见了王统照君的珰生（ E. Dowson）的译诗。看了王君的译诗以后，我觉得我这一种陋见，也不是完全无补于目下中国的翻译界。我很希望王统照君及其他的读者，读了我这篇东西，能够赐以教诲。

现在先把王君的译诗和原诗抄出来看：

何处是我与你的寂静的地方？

在那里苍白色的星光，

闪耀在苹果花与

零露的葡萄树上。（王译第一节）

原诗系由美国《现代丛书》里的《E. Dowson 诗文集》抄出，题名 Beata Solitudo，载在第四十九页上。

What land of silence,

Where pale stars shine

On apple-blossom

And dew-drenched vine

Is yours and mine?

王君译的第一节，我觉得还没有大错，不过第一句原诗是 What land of silence，王君译作"何处……寂静的地方？"还觉得有点不大对。诗人所问的是"怎么样的一个 land of silence？"并不是"何处"二字可以了结，看他底下的那个地方的说明，就可以知道。

王译第二节是：

我们要去寻到那

寂静的峡谷，

在那里所有人类的声音

都抛在后面。

原诗是：

The silent valley

That we will find,

Where all the voices,

Of humankind

Are loft behind.

这一节译得很好，不过觉得有点不"雅"。

王译第三节是：

> 在那里忘却一切，
>
> 完全遗忘。
>
> 从这个光景里来的欢愉
>
> 我们要休息了我们自己。

原诗是：

> There all forgetting
>
> Forgotten quite,
>
> We will repose us,
>
> With our delight
>
> Hid out of sight.

这一节完全译错了。第二行的 Forgotten quite 是 to be forgotten quite 的意思，是我们忘掉一切，而同时我们也被完全忘掉（我们弃世，世亦弃我们）的意思。王君轻轻看过，只以完全遗忘四字了之，是没有看懂这一句的意思，是缺少我上举的三个翻译者的内在条件的缘故。这一节诗的大意是"在那里完全被忘，忘却一切，在那里我们最好将息，深藏在世人不见之处，我们自有我们的欢愉快适。"Out of sight 是一个熟语副词，并不是"从这个光景里来的"。With our delight 的 our，我觉得要翻得重些，意思是"我们的欢愉，因为系世人所不知道的，所以更觉美满。"王译第四节是：

> 这世界是孤独呵，
>
> 将荣誉与辛劳全都舍弃，
>
> 我们不要去找

这些星星们的不仁慈。

原诗是：

The world forsaken ,

And out of mind

Honour and labour,

We shall not find

The stars unkind .

这一节的第一行王君译错了。"这世界"并不"是孤独"，不过是被诗人与他的情人所弃而已。他和她弃了世界，寻到 The silent valley 里，享受他们独有的快乐，当然可以不把世上的荣誉与辛劳放在眼里，同时他们也可以不觉得星星的不仁慈。这一节的末了两行，王君也译得不好，We shall not find the stars unkind 是不能译作"我们不要去找出这些星星们的不仁慈的。"譬如我们说 I don't find him unkind ，若翻成中国话，岂可以说"我不找出他的不仁慈"么？find 译作"找出"，未免太呆了。在这一句里的 shall 也不应该译成"要"字的。此外我更觉得 the stars 有一种另外的意思，因为英文的 stars 有时可以作"运命"讲，譬如说 The Stars were against it，是"运命却与此相反"的意思。我疑 Dowson 此处的 stars 也当作"运命"用。

王译第五节是：

所有的人们过于劳苦，

有的言笑，有的哭泣；

但是我们在神们睡眠的行列中，

与深沉的梦里。

原诗是：

And men shall travail,

And laugh and weep;

But we have vistas of Gods asleep,

With dreams as deep,

这一节我以为王君没有懂得原诗的意义。所以译文竟犯了不信不达不雅之病。最后一节王译是和他译的第一节丝毫不变。而原诗是：

A land of Silence

Where pale stars shine

On apple-blossoms

And dew-drenched vine,

Be yours and mine!

原诗里的字句，虽则与第一节相差无几，而语气大不相同。原诗首节问怎么样的 land of silence 是你与我的地方？他一层层的解说下来，末了一个总结说："像这样这样的地方，才是你我所求的地方呢！让这样的地方，为你我的所有吧！"是表明愿望的意思，而王君竟把它译得同第一节一样，我以为王君还没有懂得原诗的全意。

翻译是一件难事，尤其是翻抒情诗，错误是一件常事，尤其是在翻译界。王君的误译并不算得怎么一回事，因为错误是吾人所难免的，现在我要说到我作这一篇东西的主旨上去了。

我作这一篇文字的主旨，并不在攻击王君，因为王君有王君的好处存在，并不是因为译错了一首小诗，就可以说他是一无可取的。

我所想与读者讨论的是外国文的翻译问题，并不是人身攻击问题。我对于翻译外国文，向来是取严格主义的，所以如在本文的头上说过的一样，我对于外国文翻译者，于他的译文的信达雅三要求外，还要加以三个根本的要求。第一个"学"字，是当然的事情，我们不学，当然不知，无知当然不能翻译。不过学有浅深，知有博狭。读过一两本文法读本，便自以为知者，想来翻译外国的高深的学说和美妙的诗文，是一件很危险的事情，结果必至于害人害己，闹出大笑话来。我所谓"学"者，是对于一种著作的深湛的研究，并不单指是外国文的程度而言。正如我们要翻译泰戈尔的英译诗歌，若仅以懂不懂英文为标准，则凡学过一二年英文的人，都可以把他著作里的简易的部分选译出来。然而介绍泰戈尔究竟是不是这样简单的呢？我们不研究印度的传统的思想、风俗、习惯，和泰氏现在所处的环境，拿到一本英文本就贸然来翻译一首两首短诗，便能算介绍泰戈尔了么？就指现在最流行的贝郎（Byron）翻译说吧！翻译贝郎，亦未始不可，当他百年祭的现在，出一本两本专号，也不算为多。不过一般翻译家，平时既不知贝郎为何许人，也不识贝郎所处的是什么时代，拿了一本学校里所用的外国文学史的简略的教科书，胡乱的翻译一节，就算尽了他们翻译家的介绍的职务。试问这种介绍，这种翻译，究竟有什么价值？我们要介绍贝郎，我想至少也要研究研究英国的社会当时是怎么的一个情形，贝郎的著作虽不能全部读一遍，至少也得把他的重要的作品检查一下。他的日记、书简，和同时代人作的关于他的记录，也不得不注意搜录一点。有了这一番准备之后，然后就事断事，以诗论诗，或评他的作风，或述他的行动，或简直来翻译他的只字片句，方能配得上说是贝郎的介绍翻译。像这样产生出来的介绍翻译，我想是断不至于有十分大错的，即使有了错误，那时候我们观过知仁，反可因了他是错误而尊敬他的用心之苦。写到这里，我想读者诸君，对于我所说的"学"字，大约是能了解了，我就说我第二个要求"思"

字吧！翻译一点东西，谁无效达摩的必要，去用九年面壁之苦心而寻思悟理。但我想我们既欲把一个异国人的思想丽句，传给同胞，我们的职务，终不是翻翻字典可以了结。原著者既费了几年的汗血，付与他的思想以一个形式，他们想传他的思想的人，至少也得从头至尾，设身处地的陪他思索一番，才能对得起作者。若看得字眼容易，拿起笔来就胡翻乱译，则不唯没有眼力的同胞，要受你的欺骗，便是原著者的死灰，也要受你的侮辱的呀！听说《水浒传》的作者，写到了武松打虎一段，即便闭上房门，脱下衣裤，练习了好几天的打虎的姿势，这虽是创造者的真实可佩的地方，但我说翻译者，亦不可不有这一种精神。第三个要求"得"字，是最要紧的一个条件。我们于动手翻译之先，至少先要完全了解原作者的精神，而原作者的精神的了解，不是单因通外国文字可办得到的。英国人也许不能了解贝郎，俄国人也许不能了解托尔斯泰。翻译者的异邦人，要想了解空间时间远隔的原作者的精神，真真是谈非容易，然而我们的希望，却非达到这目的不可。说到此处，或者有人要骂我在唱高调，是的，这或者是高调，因为 Shakespeare 的译者 Schlegel、Goethe，Jean Paul Richter 的译者 Carlyle，Omar Khayyam 的译者 Fitzgerald 等是不可多得的。但无论如何，我想最卑之论，亦只应降到译者能完全了解原文的真意而止，"不了解原文而从事于翻译"，总不是我们理想中所应有的事吧！

顺手写来，这篇空谈觉得太冗长了。我知道读者诸君心里必有点不耐烦地说："你既对于翻译有这样的高见，何不自家翻点东西出来给我们看看呢？"

不错，这话也应该讲。不过我以为讨论翻译是一件事，实际上翻译不翻译，又是一件事。并且我因为常常对自己有过于严格的要求，所以到如今，虽则有几篇译稿藏在箱子底里，终不敢拿出来付印问世。一边我看看那些市场上的什么什么丛书，和杂志上的什么什么派的主义主张，又觉得脸上的筋肉要宽弛起来，因为那些东西，大抵不是胡闹的手势戏，便是雅典主义者的新鲜的呼声。

十三年六月二十二日二

——《晨报副刊》（1924 年 6 月 29 日）；
《郁达夫全集》第 5 卷《敝帚集》

"翻译玄学文章"与"咬人"——答江绍原先生（1924）

胡愈之

　　江绍原先生自己说，他正"骑在虎背上"，他的虎"已咬痛了几个人"。在六月六日的《晨报》副刊上，我居然也被江先生的虎所咬。我不是什么名人、学者、教授，也侥幸得在被咬之列，这真是我的荣幸。

　　但是江绍原先生的虎，虽咬惯了人，这一次可是咬的不痛不痒。江先生批评我那篇《诗人的宗教》的译文，颇有几处误会的地方。我早就想声辩几句，但因为得到那张《晨报》时，我正病着。而且我的意思以为翻译一篇"玄学鬼"的文章，实在只是一件小事，讨论"玄学鬼"的文章的译文的好歹，更是小而又小的小事，值不得如此认真。如果像这样细小的事情，都要郑重声辩，实在是太欠"幽默"，因此我也就不想说什么话了。

　　可是我要"幽默"，江先生偏不"幽默"。连日读副刊上所登的"征译广告"，江先生似乎非常看重这一次的译文辩论，一定要认真到底。还有那位"无名"的"上海严君"以及那位"东君先生或东君女士"，也都不惜唇舌，加入讨论。如此认真的态度，真使我莫名钦佩。

于是对于《诗人的宗教》的译文最初负责的我，待要再不说话，也不能了。这是我对于江先生那篇文字延迟到今天才答复的缘故。

对于译文的优劣好歹，我愿意听受读者的公判，不愿在这里"胡说"乱道。但在江绍原先生那篇杂感中，却有四处地方，是我所要声辩的：

第一，江先生说：

> 胡译最对不起人的毛病是把原文中许多诗和文，省去不译，以致于译文常有前后不接头之处。统计他所省去的，占全文五分之一，其中有 Shelly 的诗，孟加拉诗和孟加拉人唱的歌，宗教思想译者没能表明，诗歌又被他丢掉——原文是"诗人的宗教"，译文是"无诗无宗教"。

当时我看到了这段，就很诧异。因为我觉得我的翻译虽不好，虽不忠实，总不至到如此田地，竟会把原文随意删掉五分之一，把"诗人的宗教"译为"无诗无宗教"。我当时有些不信，就拿原文来一对，我那篇东西是去年秋间译的，那时我还没有找到泰戈尔的论文集 *Creative Unity* 的原文，这一篇是从美国出版的 *Century* 杂志一九二一年六月号中译出的，我取出原书一对，觉得我不但没有删掉一首诗，一首歌，甚至连一个整句都没有删去。我心里疑惑，就从朋友那里借了一本 *Creative Unity*，检出第一篇《诗人的宗教》，我才恍然大悟，原来这两个原本是大不相同的。我所译的那篇原文，登在 *Century* 上，一共只有七页，而 *Creative Unity* 集中所收的那篇却有二十四页之多。江先生说删去九分之一的其实 *Century* 里和单行本里比起来，相差实在还不止此。江先生所说的诗歌，我译的那本里差不多都没有，而且这两本原文分节也不同，字句也颇多出入，*Creative Unity* 是一九二二年出版的。大概 Century 里所登的是泰戈尔的初稿。待印单行本时，这位诗翁重新又添上了许多节，并把字句酌加修改，所以两本大不相同。江先生大概是根据了 Creative Unity 里的原文，批评我的译文，无怪牛头不对马面。他说的"前后不接头"，"无诗无宗教"，也只好请他转敬泰戈尔先生！

第二，江先生说：

> 第二个毛病是译错，让我多几个例，"我们在我们的人格中都有一种愉快，这是因为从我们的人格中，我们都感得自身的统一。"错了；原文是说我们因为愉快感得自身的统一，不是因为感得自身的统一才有愉快。

我敢说江先生也"错了"，现在我把这段的原文写出来，我译的那本，即 Century 里是：

"I was speaking to some one of the joy we have in our personality; it is because in it we are made aware of a unity within ourselves."

在 Creative Unity：

"I was speaking to some one of the joy we have in our personality. I said it was because we were made conscious by it of a spirit of unity within ourselves."

这一段两本虽字句不同，但大旨却是相同。by it 与 in it 的两 it 是代 personality 的，不是代 joy 的，至 it is 之 it 是代上面的全句的，如果泰戈尔先生没有把文法弄错，那么这句"自身的统一"为因，而"愉快"为果。绝不是"愉快"为因，而"人格的统一"为果，极易明白。不知道江先生为什么颠倒过来。（倘依江先生的解释，把这一段译出来，不知还成什么意思？）希望懂得英文的人，来说明一下。

第三，江先生说我的译文不忠实，就以 Civility, Harmonious blending, ulterior 为例，但是江先生没有举出更忠实的译法，实在使我不佩服。我把这几个字译成"文明""礼仪""调和""外部"，实在是因为迁就意译的缘故，倘按照字面直译出来，忠实是忠实了，可是结果不免如江先生所说的"不能使人人懂"。江先生在那篇文章的下段，很不满于"现在第一流文学家所提倡的直译"，我很赞成，不过同时却又说上面的几个字的翻译不忠实，我实不能了解。大概这也是神秘主义的说法吧。（倘依照江先生的批评标准，江先生自己所译的"寡俦之憾"与"空谷之感"不特是"牢骚"的译法，简直是"不忠实"之至！）

第四，江先生问："谁配翻译泰戈尔的《诗人的宗教》？"我当然承认我是不配的。但是谁配呢？我敢断定照江先生所制定的翻译"资格"，除非请竺震旦老先生再用二十年功夫，学会了汉文，他自己或者才配翻译，此外的人都不配。因为"神秘主义者"这一个头衔，不像美国留学生或大学教授的容易弄到，而"文学修养和天才"，更是绝对没有标准的。江先生拿了这两个资格来限制翻译，恐怕现在所有的译本书，都可以烧掉。至于我呢，当然够不上这种资格，便是江先生说我是个"懂得点英文的人"，我也觉得不敢受领。我何曾懂得英文呢？但是我的意见是这样的，翻译这件事，是根本要不得的，翻译无论如何正确，总不能把原文完全传达出来，连一分一毫都不改原样。那么，我们难道永远不许翻译，让大家都读遍了几种外国文再去看外国人的著作不成？不，决不然的。翻译虽是一件笨事，但是比没有翻译总好得多，无论怎样坏的译文，至少也能使读者理解原著的一极小部分，总之胜于完全不理解。我是抱了这种见解而做翻译的。在比我更好的译文未产出以前，我是为了愿意翻译而翻译，至于我究竟配不配译，我却不问。亦犹之江先生的虎"咬人"，是因为愿意咬人而咬人，至于配不配咬人，当然不必问。（此外坏的译文，不至阻碍好的译文的产出，这个道理自然更容易明白。）

上面把我所要辩明的话都说了。此外我对于江先生还有一个希望：希望江先生把泰戈尔的《诗人的宗教》，依照 *Creative Unity* 里的原文，完全重译，江先生"喜欢看见《诗人的宗教》译成中文"，我更喜欢看见《诗人的宗教》被江先生译成中文，因为江先生自称为"研究宗教思想的人对于神秘主义负有讲解的义务"，那么翻译《诗人的宗教》的"资格"，江先生至少已有了一半了，江先生已把我的译文改译了一段，这是很感谢的，但是我究以未窥全豹为恨，（恐怕许多读者也有同一感想吧！）所以敢提出这个请求。要是江先生以为"咬人"的事比译书更要紧，不愿全译，那是会使我们失望的。

还有一点小感想，一并写在这里。江先生骂我的译文为"胡译"，这是无法辩白的。记得从前有一位反对白话文的先生，骂"天风堂文钞"为"胡说"，真是同样的口吻。我们还有什么话说，只能怪我们的祖宗不好罢了。

六月二十四日，于上海

——《晨报副刊》（1924 年 7 月 3 日）

漆黑一团（1924）

为法（洪为法）

谁也不能否认吧？如今的文坛，不论是创作界、翻译界、批评界，几乎就是漆黑一团。

【……】

若再论到翻译界的丑态，我想，我们只有流下不值钱的眼泪。放开眼睛看看，有几本翻译书是使我们满意的呢？我想翻译书至少要：第一，懂得原文；第二，要进而深解该书的原意；第三，译成之后，也还是一篇文章或是一本书。我们虽不必强求翻译界都遵守严又陵提出的信达雅的三个条件，至少也应达到信达的地步。譬如译诗，即不论译成的是诗不是诗，也应不失原文的意义。王统照的译书，译成"胡说"，将眼面前的成语都译误了。因为他自己声明是三年前的旧稿，所以仍不失为当今的一个文学家，依然在活动，依然在吹擂。《意门湖》译得怎样，该是有目共见了吧？然而因为他是文学研究会的丛书，所以仍旧在继续翻印，二版，三版，……前面我已说过，只有钱是好的。有了钱，什么坏事都可随意地做，还畏什么人言呢？人言反正只做了他广告，提高他身价的法螺，这真是我百思不解之事，或者算是一种大国之风啊！

即如不久出版的《小说月报》，他说一般人太不重视翻译。于是在某一期的《小说月报》中全载翻译，作个矫枉之举。其实《小说月报》编者也该想想一般人不重视翻译之故啊。倘使一本翻译书中，触目尽是"新鲜的呼声"，尽是"画室"，尽是"人物"，试想谁还来重视呢？所以，不重视翻译的罪过，并不在读者，而在翻译者。翻译者只要肯诚心翻译，而学力又足以继之，其结果一定会受人重视。倘使翻译者首先对于原文就不重视，就不忠实，别说一期月报上全载翻译作品是无用，即全年都是如此，也正一样使人轻视，不加重视。唉！"人物"多，是压不到人的，"新鲜的呼声"，也不足诱惑人的。"不患人之不己知，求为可知也，"专靠字典的翻译家！请再三地的反省一下吧。

还有，不论文言，白话，我想，通顺二字总该要做到的吧？然而有许多翻译者，除了错误不算外，还得加上不通，而且有人说他，他便会老脸的说这是欧化的调子，或者呢，绷着脸皮不理你。啊！啊！我们的翻译界啊，便是如上面这样的漆黑一团。其漆黑一团的原因，我也尝推阐过，大概开书店的资本家，为了他多获剩余的关系，便一次、两次地不断地印下去，原译者一面为版税的关系，一面又为维持他老脸的关系，也乐得任书店里再版。而且译者本身都直接或间接在资本家的腋下，左右的虾兵蟹将又多，谁敢来指摘？即指摘，也无从发表。即幸而有处发表，他也能用他鬼蜮的伎俩围攻你，中伤你，冷嘲你或热骂你。这么，实际上你不但不能使他诚服修正，反会无辜的中到无穷毒矢。中国虽号称礼义之邦，却到处可以发现鬼蜮。中国人虽号称有礼有义，但是闪闪发光的银元却多能使他露出鬼蜮的原形；这还有什么话可说呢？

——唉！这便是我们的翻译界！漆黑一团的翻译界！

【……】

——《洪水》第1卷第1期（1924年8月）

评郑译《海鸥》（1924）

生为

一　序言

俄国柴霍甫著的一本剧《海鸥》（凡四幕），已经由郑振铎先生译成中文，算作共学社丛书，俄国戏曲集之一。这本剧的内容如何，作者的意思如何，一般人的对于它的批评如何，现在我都不暇说及。总而言之，它是柴霍甫一本有名的作品，很可以供现在我国的青年，——尤其是现在在从事于文艺创作的青年，一读。所以《海鸥》的翻译，绝不是一件不重要的工作，虽然它没有一时表演在舞台上的希望。

郑先生的译本，虽然出来了两年多，还没有见有人对于它讲什么，我也并不是要讲什么。以下几段文章，是一个学读英文的学生，拿着《海鸥》的英汉译本对读，用不通的文笔，写出他的零碎的杂乱的疑问和感想，如此而已。所以写一个"评……"者，盖想把这篇文章蒙在一个比较庄重的题目下边，因以引动原译者和一切大人先生的注意，因而对于他的疑问感想有所解释或校正。

二 时间空间与剧中人物的关系

1. 时间问题：在第一幕特力柏勒夫和妮娜演剧一段里，郑译（十九页）：

特力柏勒夫说："……于梦中示我们以二万年前的景况！"

琐连："二万年前是没有一些东西的。"

特力柏勒夫："那么，就让他们现在示给我们以一无所有的景况吧。"

我们再抄妮娜的表演时所说二万年前的景况的译文：

"……一切有生命之物……终究都死灭了。自地球最后一个生物……以后，一千年又过去了……冷冷清清空虚无物的大地上……世界的灵魂就是我！在我身里，蓄着……亚历山大的、拿破仑的、该撒的、莎士比亚的……精神。"这一段译文的全文，是非常不容易了解的；但是模模糊糊地抄出几句，也怪不像二万年前的世界情景。尤其奇怪的，是这个二万年前的世界灵魂，怎么说起一万多年以后的亚历山大等的名字？再翻英译本看：

特力柏勒夫："...Let us dream of what will be in 200, 000 years, "（……让我们梦见二十万年后的情景吧。）

琐连："In 200, 000 years there will be nothing at all, "（二十万年后，什么都没有了。）

这两个译本，一个是"二万年前"，一个是"二十万年后"中间相差有二十二万年之多了。

2. 空间的问题：从美特委台加的家到琐连的家，到底多少路呢？郑译本：

美特委台加："我爱你……每天到这里来，来六英里路，去六英里路……"（三页）：

美特委台加："只有六里路……路"（一百〇四页）

同是两个地方，同是一个人说的，忽而六英里，忽而六里，这一差就十里多。所以我怀疑一百〇四页上六里，脱了一个英字。但要是六英里呢，美特委台加每天徒步跑二十多华里去会他的爱人，未免有些不近情理。（美为穷小学教员，并没有车可坐，看第四幕他要马回去可知。并且我的英文译本也明说他来往徒步。）照我所读的英译本作 four miles，四英里而非六英里。

3. 剧中人物的关系：读过《海鸥》的人，一定可以知道琐连和亚喀狄娜是同胞兄妹。亚喀狄娜还在中年，琐连已是十分老病了。这本处处可以看出，但是郑先生译本里，始终没弄明白他俩孰长孰幼，所以在讲话的称谓里，便乱叫一起了。在第一页登场人物表里，把琐连算作亚喀狄娜的兄弟。（这个兄弟或是弟弟的意思，或是表明他们是一个母亲生的。）我们再把正文里的讲话抄几句：

"来，姊姊……"（八十四页）

"让我们去找我姊妹罢，……"（四十七页）

"我的姊妹在哪里？"（九十四页）

"我姊姊为什么生气？"（六页）

"姊姊被他吓得不能睡。"（四页）

亚喀狄娜："……哥哥，但你实在要注意些。"（四十二页）

"它们都摆在我哥哥的书房……"（六十八页）

看他俩他称她姊姊，她叫他哥哥，还有所谓"姊妹"错杂于其间，真是奇特。

以上三个问题弄不明白，很可以把看这部剧的人引入五里雾中。那么译本的看不懂，便真是看不懂了。所以我首先提出来。以下便想依着次序，把两个译本比对几句，自然比对自己看着发生疑问的，并加一些说明。

——《京报副刊》（1924 年第 8 期）

评郑译《海鸥》（续 1）（1924）

生为

三　第一幕

郑译：快活并不是因为有钱的缘故，穷人当是快活的。（二页）

英译：It isn't a question of money, even a pauper may be happy.（那并不是金钱的问题，纵是个穷人也可以快乐的。）（译大意，下仿此。）

"穷人常是快乐的，"好像一个定理，但有什么根据呢?

郑译：但我现在是疲倦了，并且这里又是我所能来的唯一地方。……（五页）

英译：And now I've retired, ...（并且现在我退休了，……）

琐连起先常不在家，是因在法庭做事；但是现在他不在法庭了，所以他的家成了他唯一能来的地方。如果说现在疲倦了，疲倦是暂时的原因，只需休养一两天，便仍可外出了。所以我疑心郑先生把 retired 翻成 tired 了。

郑译：琐连（摸平他的胡子）他们是我生存的悲剧。即在我少年的时候，我也常像酒醉的样子。……（六页）

英译：Sorin,（something out his beard）it is a tragedy of my life, even when I was young I was looked as if I have taken to drink...（匀平他的须）（这是我一生的伤心事了，虽当我幼年的时候，我常看着像酒醉似的……）

看郑先生的译文，似乎说须子是他生存的悲剧，这话真太难懂了。

郑译：她因嫌恶这个戏本，还没有读过他呢。（六页）

英译：She hates my play, even before she sees it.（她还没看见我的剧本，早已痛恨它了）

郑先生的意思，以为亚喀狄娜之嫌恶特力柏勒夫的戏，是因为妮娜演这本戏，而他却落后，还没读过。但是亚喀狄娜在第四幕里说："我永远没有读过他的东西，我总是没有时间。"要果然是和妮娜争读这本剧而生气，当然以前读过特里伯勒夫的作品，以后也要争先读了。但是几年之后，她还说永远没读过他的东西，这岂非完全矛盾？其实亚喀狄娜是个著名的女优，她看不起她的儿子，处处可以看出，怎会因为没读他的剧本生气呢？

郑译：……至于他著的小说，……愉快而充满天才的……（十页）

愉快的小说是什么意思？英译本是"Charming talented"，Charming 并不是愉快的意思。

郑译：人生一定不要照实际一样的表现出来，只应该照它的应该成的样子；照着它表现于梦中的样子。（十五页）

英译：A writer's business does not represent life as it is, nor as he thinks it ought to be, but as it appears in reveries.（一个著作家的职务，并不是照实际表现人生；也不是照他理想的当然；只是照他呈现在幻梦中里表现出来而已。）这几句两个译本很不相同。

郑译：你喜欢看我忧愁就是了。你昨天晚上通夜坐在土台上，在

那里计划。（十六页）

英译：But you like to give me pain, you set on the verandah the whole of yesterday evening on purpose.（但你喜欢让人难受，昨天你故意整夜坐在游廊上。）

杜尔姆在那里计划什么呢？大概把 on purpose 翻成计划了。

郑译：你把我的眼睛转到我的灵魂里；我看见这种黑色的粒点；我们将不能留遗他们的痕迹。（十九页）

英译：Thou turn'st mine eyes to my very soul, and there I see such black and grained spots and will not leave their tint.

这本是引用《哈孟雷特》（*Hamlet*）中的原文，我们中国已经别有了译文如下：

你使我的眼光转到我的灵魂上来了，我才看见我这灵魂上面沾着这样多洗不去的污点。（田汉译《哈孟雷特》一〇四页）

田先生译的大意不错的，郑先生把一个整个的句子割分作两段，把字典上的 leave 的意思，随便写一个，所以译的大相反了。照英译本亚喀狄娜说了这几句，特力柏勒夫回答她是：

Leave wringing of your hands. Please sit you down, and let me wring your heart.

郑译本没有这几句，不知是删去了，还是他所根据的本子没有？

郑译：他现在是迷惑着，但在那个时候他是不可抵抗的。（二十六页）

英译：He is still charming, but in those days he was irresistible.（他现在还惹人爱怜，但在那时候他更是盖世无双了。）

郑先生的译文是很不容易懂得的。杜尔姆迷惑着什么？他有多么凶猛，不可抵挡？大约读的人都有这种疑问。

郑译：当人家说有趣的事情给他听时，他常开始跳跃起来。（二十九页）

英译：If people make him pretty speeches he runs away.（如果人们称赞他，他就走开了）

这是亚喀狄娜向狄娜说特里格林的话，妮娜向特里格林说，一个人尝着创作的快乐的时候，其余一切的快乐都不值存在。但是特里格林这个作家，却是日常以创作为苦的，亚喀狄娜知道他的性格，所以她说你不要这样讲了，人家称誉他，他就走开了。郑先生译本里说到什么"有趣的故事""跳跃起来"，上文下文都寻不着关联点，不知为什么讲这些？

郑译：我的亲爱的童子，不要说话。（三十四页）

英译：Calm yourself, my friend.（你自己平平气吧，我的朋友）

这是特力柏勒夫听说他的爱人回家去了，他非常地激动，口口声声说要追她去，杜尔姆劝他，"你憩憩吧，平平气吧"，郑先生翻成"不要说话"，不知道为什么杜尔姆禁止他说话？

（未完）

评郑译《海鸥》（续2）（1924）

生为

四 第二幕

郑译：……一个女人在想围攻他以前，常是头在耳上的恋爱一个著作家。（三十九页）

"头在耳上的恋爱"，是怪新奇的一种恋爱法，这爱法到底是什么样子？取英译本一看，是这一句话，She's head over ears in love with him.

郑译：（四十四页）。

杜尔姆："她正去吃一两杯酒，在食点心以前。"

琐连："这可怜的小孩很不快乐。"

杜尔姆："这是小事，先生。"

琐连："你判断她好像一个完全得到他生平所需的东西的人一样。"

英译：

Dorm: "She's going to get down a cup of glasses of Vodka before lunch."

Sorin: "The poor thing gets no enjoyment out of life."

Dorm: "Rot, your Excellency."

Sorin: "You talk like a man who has had his fill." 试译大意如下：

杜尔姆："她要在吃点心之前喝两杯伏特加酒。"

琐连："这一些东西，并无损于人生的快乐。"

杜尔姆："没意识的话，你老先生。"

琐连："你讲话好像一个满足一切的人。"

琐连是喜欢喝酒的人，所以他说喝酒并无损于人。杜尔姆是医生，当劝琐连戒酒，现在见他称赞起酒来，所以骂他无意识。Poor thing 代替的当然是物（Vodka）而不是人（玛莎），其实似乎不必加什么说明了。

郑译：……非常的好，但你怎么会想到那里去，夫人？我们今天正搬运小麦呢，人都不得空，你要什么马呢？

"怎么会想到"很有差异的意思，亚喀狄娜想去城里，并不是什么奇怪的事，不用问她怎么会想到。并且下文接上"搬运小麦"，上文接上"非常的好"，也怪不顺的。英译作：……But how do you propose to get there?（但是你打算怎么去呢？）森勒的意思，是问她想坐车去呢？步行呢？坐什么车呢？所以连上搬运小麦、人马不得空的话，照这样便连在一起了。

郑译：我今天很鄙陋把这个海鸥杀了。（五十一页）

英译：I have been brute enough to shoot this seagull.

杀一只海鸥并不算什么鄙陋，这是英译的 brute（残忍）好些。

郑译：他们说你已踏上我宠爱的谷粒上，我也兴奋，并且有一点艰苦。（五十五页）

英译：You have trodden on my favorite corn, as they say, and you see,

I begin to get exalted and angry at once.

这几句因为差异的太多了，几乎没法比对起；但是还可以看出"你已踏上我宠爱的谷粒上"是"you have trodden on my favorite corn"的译文。

郑译：但我不懂是一个风景的描画者，我还是个城里的人呢。我也爱我的国家，和她的人民。……（五十九页）

城里的人爱他的国家和一般人民，乡下人便不爱他的国家和人民吗？英译本是：...am a citizen as well, ...a citizen 虽然可译作城里的人，但普通还是用作"国民""公民"的意思，在此处因上下文的关系，绝不是城里的人的意思了。

郑译：我的头摇动着！（六十六页）

英译：My head swims.

妮娜说这句话的时候，正是向特里格林讲著作家或女优的幸福快乐。她理想这个天地好得了不得，自己也羡慕得了不得，她讲得激切的，她自己也莫名其妙；所以说她的头晕了。Swims 并不能翻作"摇动"，并且摇动头是外部的动作，对面讲话的人自然可以看见，不必特别告诉他。摇动头又表示什么意思呢？

郑译：……因安逸之故而毁坏她，如这个海鸥之被毁坏一样。（六十一页）

因安逸之故而毁坏海鸥，这话很不好懂。这件事情当然是指特力柏勒夫的打海鸥，特力柏勒夫的打海鸥，是因一时的高兴，当作娱乐娱乐，娱乐虽然由于安逸，但并不能说娱乐就是安逸。英译本是：just to amuse himself 也并不是安逸之故的意思。

五 第三、四幕

这事情是怪没意思的，我不愿再写下去。并且后边的疑问也似乎比前两幕更多，只好再举两个例作结吧。

郑译：我现在有六个月的抚养。（九十三页）

英译：I have six mouths to feed now...（现在我养着六口人）

Mouth 和 month 本来有些容易相混，这不能怪郑先生，但译文无论是非，总要构成一个观念。"六个月的抚养"是什么意思呢？

郑译：把窗关了，君士坦丁，有一张图画在这里。（一百零九页）

英译：Shut the window, dear, it makes a draught.（关上窗吧，爱儿，一阵风吹来。）

一本书的两种译文，差异到这种地步，亦可谓叹为观止矣。

（文中专名字的音译，为容易比对起见，一仍郑先生之旧）

——《京报副刊》（1924 年第 13 期）

译诗讨论（1924）

玉狼

（一）绪论

文学是没有国界种界的。英儒牛门谓：文学家能写出大家所感到的，但大家都说不出来；到了他说出以后，又都家喻户晓，成为大家惯用的语言，不过经过他一番锻炼而已。从这几句话看来，可见一个文学家是人类普通情感的表现者、安慰者、鼓励者。威圣威斯说得好：诗人不仅为诗人而作诗，应为众人而作诗。诗歌为公，应有介绍之必要，无待赘言。中国文坛现在方努力新诗之创造，尤应多多译诗，取其所长，补我所短，更不必多说。

近来文坛上批评译诗的论文很多，可见现在译诗的人和注意译诗的人，已渐加增，记得两年前胡梦华君在本刊发表"译诗短论与中国译诗评"的时候，颇感当时译诗太少。但是综集最近出版物中的译诗，量上的增加已颇有可观。虽是指摘的尽管指摘，翻译的仍努力翻译。倘若大家不是存有意气，我相信文艺界只有合作，断无相轻，而指摘与翻译，相反适所以相成。但是译诗的问题，于今却有再事讨论之必要。虽然从前"译诗短论"里，已经说了许多；年来时贤颇有高明之见，而我也有点意见，参以西洋之学说，以次述之如下：

（二）时人对于译诗之意见

译诗无异作诗，应有特别修养；言其大端与方法，则与其他翻译事业亦可相通。吴雨僧先生尝标举五项以示同人遵守："一曰：选材，所译者或文或诗，或哲理或小说，要必为泰西古今之名著，为世所推重者。二曰：校勘，凡译者，必其于所译原作研究有素，精熟至极，毫无扞格含糊之处。更由编者悉心复校，与原文对照。务求句句精确，字字无讹，庶不贻误读者。三曰：加注，凡原文之义理词句以及所引史事故实等，有难解之处则由译者或编者加以精确简短之注解，俾读者完全了悟，不留疑义。四曰：修辞，译文首贵显明，再求典雅，总以能达出原作之精神，而使读者不觉其为翻译者。五曰：择体，文必译为文。诗必译为诗，小说戏曲类推，必求吾国文中，与原文相当之文体而用之。又译文或用文言，或用白话，或文理有浅深，词句有精粗，凡此均视原文之雅俗浅深如何而定，译文必与相当而力摹之。"（《学衡》九期）又论译诗以为"……译笔欲达原作之精神必当力摹原作之文体。原文矜炼，则译笔亦宜矜炼，原文朴直，则译笔亦宜朴直。原文多用典故，则译笔亦当多用相当之典故。原文不入词藻，则译笔亦不宜入词藻。"（《学衡》十二期）吴先生近来译诗颇多，取了他的译诗和原文并读，他自己确已证实他的译诗主义之成功与可能性。时下译诗最多的当推郭沫若君，也比较为最成功的。他本着他译诗的经验，曾零星片断地发表过他译诗的意见，以为"诗的生命全在他那种不可捉摸之风韵；所以我想译诗的手腕，于直译意译之

外，当得有风韵译。"（《少年中国》一卷九期）又译雪莱的诗，曾说
"译雪莱的诗，是要使我成为雪莱，是要使雪莱成为我自己。"（《三叶
集》）这里更可见他主张译诗风韵化的倾向。成仿吾君论译诗的本身，
"第一，它应当自己也是诗；第二，它应传原诗的情绪；第三，它应
传原诗的内容；第四，它应取原诗的形式。这样的译诗可能不可能？
我以为第一条件'是诗'，要看译者的天分；第二的情绪要看他的感
受力与表现力，第三的内容，要看他的悟性与表现；第四的诗形，要
看他的手腕"。"不过我在前面所说的几个条件之中当然也有轻重之
别。有时为使译品"是诗"的缘故，或为传原诗的情绪的缘故，内容
的小小变更，或诗形的变更，也是可以原谅的。因为诗是超乎内容以
上的一个东西，我们实不应当舍本而趋末"。"译诗有二法，一表现
的翻译——是译者用灵敏的感受力与悟性将原诗的生命捉住，再把它
用另一种文学表现出来的意思。第二，构成法是保存原诗的内容的
构造与音韵的关系，而力求再现原诗的情绪的意思"。（见《创造周
报》十八期）梁实秋君近来亦颇努力于译诗。他曾说过"我们要把外
国的一本诗集介绍国人，须符合两个条件，才能有做介绍给人的资
格。第一我们要忠实地把我们要介绍的诗集全部地奉献于国人之前。
第二，我们对于自己翻译的能力要有十分的把握。错误的译诗不如阙
而不译；但是既要介绍一部诗集，便应先了解原集的全部，次谋所以
翻译成国文的方法。若是能力有限，最好是把这工作让给那些有全译
能力的译者，不必勉强删节凑合。"（《创造周报》九期）最近他曾译
了一篇《李白》，和闻一多君译的《林肯》，寄来给我，都是很好的译
品，闻君对于译诗也曾有过意见，他说："翻译的程序中有两个确定的
步骤：第一是了解原文的意义，第二便将这意义形之于第二种（即将

要译成的）文字。在译诗时，这译成的还要是'诗'的文字，不是仅仅用平平淡淡的字句一五一十地将原意说清了就算够了"。（《创造季刊》二卷一期）郑振铎君译诗很多。所谈译诗也很多。他说："诗的不可译说，也不可不把它打破一下。……固然诗的音韵是绝对不能由原文移转于译文，然而它却不一定就是人内部情绪的表现。有的时候固有借声音以发抒情绪的，但是极少数。音韵虽变而情绪却依然能在这变的音韵里而表现出来。如果译者的艺术高，则不唯诗的本质能充分表现，就连诗的艺术的美也是能够重新再现于译文中的。"（《小说月报》十二卷二号）又说："译诗是一件不容易的工作。原诗音节的保留固然是一件决不可能的事。就是原诗意义的完全移植也须费十分的困难。散文诗算是最容易译的，但是有时也须费十分的力气。"（《文学旬刊》四十八期）沈雁冰君也讨论过翻译问题。他说"翻译外国诗是有一种积极的意义，是可以感发本国诗的革新。翻译诗的传入至少在诗坛上面，要有这等的影响发生。诗应该直译呢，意译呢？——我也赞成意译。换句话说，就是主要在保留原作神韵的译法"。（《文学旬刊》五十二期）还有一位云菱君论译诗说"我以为译诗要达原有的风调极难，要达原有的音节更难。有时可说是绝对不能。如果一首诗失去了原有的风格、音节，就失去了原有的价值，则这首诗万不必译。如果失去两者，而原有价值尚无大损失，就不必为保存原有的风格与音节之千分之一或百分之一使意义变为暗晦。如果失去两者而原有的价值丝毫无伤，就更不必为保存风格音节而使文学受不必要的欧化以陷于暗晦。"（《诗》一卷三号）

又胡梦华君曾说："译诗好像作诗，须并重想象，格调与笔致诸方面。若是译诗的人，不能融会作诗的人那种想象，默通作诗的人那种格调，纵然他的笔致十分精工，译出来的东西，必定要失掉原著的本色。反之，没有那种笔致，也不能够描写出那种想象和格调。""诗的音调是不易译的，不能译的。他的情感、想象、思想却是能译的，比较上也是易译的。不过因为音调不能译，所能译过来的情感、想象、思想、情景就不免要受若干影响。""英儒贾韦德说的好：'翻译之精髓乃调和之谓。'此言解答译诗颇为中肯。所谓调和，乃'互相牺牲''互相让步'之谓。盖创作诗歌随己意所欲且难求完美，况译诗要与原文吻合不失原著精神，又要译笔精致以存原诗的美术。这样的要十全其美可更难了。无已，（一）唯有将就译词以求与原文吻合；或（二）略损益原文以求译笔精致。前者偏于保存原文，然保存原文之最低限度，不得使读者读了译诗，味同嚼蜡，毫无兴趣美感。后者偏于美饰译词，然美饰译词最低之限度，不得使原文真义暗晦，以致读者不能得其正解。以上两种办法，前者近似直译，后者近似意译。然二者相较，直译不如意译。'达的意译，仅译其大意，或就其大意而重述之；曼殊译诗概属此类。解释的意译，则就原诗之意义译之以后，犹恐译文之不达，复于原文意思以外，加添一二字或一二句，俾其格外明了，而读者无不懂之困难。''直叙的意译法是顺着原文的意思与语气，一句一句的译过来。而前后或可颠倒一二句，这样的颠倒办法，不过想译文格外畅达些，或是因为中外文字结构上不同的关系。……比之一般人所主张之直译虽略同而大不同。如必直译岂止一句一句的译过来！——只需一字一字不可颠倒地译，不然便成意译而非直译了。故所谓直译法，严格说起来不能成立。果然照直译法出来的东西，决不若原文易读。所以译诗的方法只有意译一途，即以上三种意译各有所长，各有所短，若译者为高手，则无往不妙。'但译诗难不必去牵就原诗，然不可不力求近似原诗以存其真。故于'译诗体'之取法，设原诗为格律的、文言的，最好译为格律诗、文言诗。必不得已也应译为有韵的白话诗。原诗为白话的、为散文的则当译之为白话诗、散文诗，不能以白话体译文言诗以卖古人而媚时人；也不能以格律体译白话诗以眩今人：二者皆非忠实译诗之道。"（《学灯》）

近来大家对于译诗的讨论，大概止于此了。综计各人的意见虽微有不同，却多颇相通之点。自其共相观之，可见数年以来大家对于译诗的意见，颇趋一致；自其异相观之，亦可看出多少互文见义之处。其实译诗这个问题并不是一件新奇的事情：在中国虽然新近才感觉着困难，在欧美却早已几经讨论，可是越讨论越纠缠不清，而困难愈益显著。读者若对译诗责备求全，吹毛求疵；恐怕没有译诗可以惬意。而够得上称为标准的 Standard 译诗实亦从不易得。

英人译《荷马史诗》者不下二十余家，其知名者有可伯 Cowper、却蒲门 Chapman、朴蒲 Pope、牛门 Newman、那德 Wright、梭塞比 Sothbey 六七种，但无一可拟为标准者。或失之滞，或失之赘，或失之晦，或失之俗；鲜皆具有荷马史诗敏、洁、畅、雅四大特质；然却蒲门、可伯、朴蒲、牛门、那德、梭塞比诸人者，固皆英国译诗之能手，而就如此，其他可想而知。因之西洋对于译诗之意见亦莫衷一是。

（未完）

译诗讨论（续）（1924）

玉狼

（三）西洋对于译诗的意见

西洋翻译的事业最盛于文艺复兴时代，因为那时候大家都努力于寻讨古代学术以补益当时文学之不足，于是大家都从事翻译古代诗歌。或是全部的介绍，或只仿造其优点。十五世纪的人文主义派便是这样地把许多希腊名著译成腊丁文，这种方法一直到十六世纪还是照样运用。到后来批评的精神渐次发生，大家对于"直接翻译"与"照意仿造"两种方法，何去何从，才生了问题。这个问题传到法国，才惹起一般人的注意和严重的讨论；不过他们的眼光都偏于功利方面，他们批评两种方法的优劣，乃以何种方法有益于当时的文学而定去取。笛倍雷（事略见本刊前此拙著"星社七子与法国文学"）便极力反对"直译"，以其对于本国文学无所裨益。他主张"意仿"（Method of Imitation），自由运用古代原著，把它的精华吸收过来，大概理论家和艺术创造家都采这种意见。文德（Vida）更公然赞成这种"劫取"的方法。史克里荀（Scaliger）也主张这种"反映"的方法。笛倍雷亦别称这种方法为"借材"。这种"意仿"或"借材"方法的目的只不过是想富益本国的文学，并不是有意去传扬一个古代作者，或是翻译他的全部著作。所以原著翻译的忠实不忠实，或是把重要的思想从各书摘译出来，都无不可。因为他们并不把翻译的功用视为解述一个作家的全部思想或艺术。乃本着爱国的热忱，借翻译的材料来富益本国文学。法人西比里（Sibilet）之意见最足代表当时一般人此等思想。他说：

> 吾法之文字实为今日各国之冠，此非臆说，盖已证实。然此实利赖于借材忠实之翻译，而自今已往犹得资其助益。此意余尝于所著《诗之艺术》《法文文法》与所译犹里皮底 Euripides 戏剧叙言中论及之；今兹不赘。但余深信余所译之戏剧与来日所拟译者，其有助于增进法国文字与文学，必非浅鲜也。

西比里于此虽未明言如何翻译之法，却深注意于"忠实"之翻译。其意或以为不忠实之翻译不能达原著之意，则未必有何助益。但是一直到了十七世纪，大家才把翻译当作一种艺术看待。

文艺复兴时代，这种借材翻译以富益本国文学的办法后来便变成直译的基础；因为直译较之意译可以把一个作者的精神转运过来，而本国文学因之可多得些助益。起首提倡这项功夫的人大都是法国学院（French Academy）里的会员。他们不仅为翻译者，还介绍希腊、罗马的文化，对于法国文学很有贡献。这时候大家的目的只注意对于本国文学有无助益，并不以对于原著者忠实不忠实为念，一直到十六世纪还没有人十分注意到对于原著者负责任这个问题。有一次梅芝说（Moziriae），曾经指摘爱迈特（Amyot）译的《普鲁达克传》（*Plutarch Lives*）有二千多错误，但后来大家也没有人去研究。我们现在可以把他们的主张总括在下面：

翻译之目的乃欲达原著者之意，所以求达原著之意，并非为"忠实"问题，乃欲富益本国文学。

这种风气传到英国，和之者有理智派诗人。他们的意见几乎和法国文学家一样。他们以为翻译的目的是把古代的宝物搬到本国的国库里来。他们努力的结果比法国成绩还好，这是英国文字具有特长的缘故。但是这般翻译者对于原著者并不负什么解释的责任，他们简直把人家的材料取来，自己作诗了。这时候正是十七世纪复古潮流最盛的时代，大家都把理智看得比想象还重要些。当然的结果，翻译是比创作较为占势的。因为这时候大家的注意点都集中于古代文学与现代文学的关系，要想研究古文希腊罗马的文学便不得不借重翻译。

后来大文学家约翰生仔细地把翻译的历史，近自当时，上溯罗马研究了一番，结果以为求合原著者的字义与保存原著者的精神皆属重要。大家才渐渐地觉得意译与借材不是翻译的唯一功用，此外还应本着历史的与科学的精神，保存原著者的本来面目；这种从故纸堆中替死人做表扬的工作和利用翻译古文学以富益今文学适成其反，因此而发生的直译与意译两种方法也就成为中外古今不可解决的问题。

（四）折中的办法

我以为翻译的目的，"存古"与"借材"各有是处。本着历史的观念和科学的精神，我们应该保存原著的本色。但"存古"的结果至多也不过表扬古人的特长，而古人的特长之足以表扬必定和时人有密切关系。那么与其整个的把没有什么关系的古人著作全部翻译过来，何如择要的翻译，比较上经济些呢。

　　至于标准的翻译应当怎样，却很难说。在我看来假如这首诗，从甲国文学译为乙国文学，给深通甲乙二国文学的丙先生读了觉得满意便算好的译诗。

（完）

——《时事新报·学灯》（1924 年 10 月 10 日）

对于江绍原先生结束征译以后的一点微言（1924）

彭基相

我在暑假前因为想作一篇关于太戈尔思想方面的文字，所以屡次跑到江绍原先生家里去借书；后来江先生把征译一事告诉我，并且也要我把这一段译出来；于是我即在回南京的前一天晚上草草地将江先生征译的一段寄去。后来不想江先生竟把我的译文在《晨报》副刊上发表，昨天并又看见江先生对于各人译文的批评，后面并又附有几条翻译信条。我忍不住不能不把我对于译书的一点意见说出。

我觉得我们对于译书这一件事，应该有以下四个问题：

（1）中国为什么要译西洋书？

（2）中国现在究竟应译哪一种书？

（3）中国人从前译书的缺点何处？

（4）译书究竟应该用什么方法——直译或意译？

前两个问题现在已不成问题，而且傅斯年君在《新潮》的一卷三号上已说得很详细，现在不必再赘。

第三个问题我看还没有人说过——纵有人说过亦无人注意。第四个问题便是中国现在一帮译书的人所争辩的问题。因此我把我对于第三个和第四个问题的意见略微写点出来。

中国与西洋文化上发生直接的关系实始于严几道先生（？）。换言之中国人译西洋书最早的人当推严先生。后来如林琴南先生、马君武先生也费心血译过一些西洋书籍。究竟这几位先生译书的方法如何——他们译的原著之有无价值那是另一个问题——换言之，他们译书的缺点在什么地方，我们不能不研究一番。

严先生译书最著名的方法，即是所谓"达旨"；这种"达旨"的方法我们实在不敢赞同。我现在举几个例在下面，读者就可以知道了。如严译赫胥黎《天演论》第二篇中有：

> 自递嬗之变迁，而得当境之适遇，其来无始，其去无终，曼衍连延，层见迭代，此之谓世变，此之谓运会。——运者以明其迁流，会者以指所遭值。

而赫氏原文则为：

That the state of nature, at any time, is a temporary phase of a process of incessant change...

读者诸君请看原著者之原文若是之简明，而严先生偏用高古的笔调作得像八大家的文章一样，这种"达旨"的方法如何能叫我们赞同。又如《天演论》第八篇云：

> 犹常人之出于牛羊犬马，而为众所推服，立之以为君。

但赫氏原文只有某行政机构（some administrative authority）字样，并没有什么"立之以为君"的话；所以即以喜用文言之张君劢先生，他也不能不说"我读此段，几疑为柳子厚封建论之首段，而忘其为十九世纪赫胥黎之文字矣"。

其余如林琴南、马君武诸先生，与严先生实在如同犯一毛病，所以我们读了林琴南的《块肉余生述》，我们只疑惑是中国什么滥译的旧小说，我们绝想不到即是 Dickens 的 *David Copperfield*。至于马君武先生译的脱尔斯泰的《复活》，也是妄以己意删改了许多。像这几位先生下笔翻译时，总要"务求举尚古人"的意译法，我始终有点不敢赞成。

我们现在可以归纳起来说，从前一帮人译书的唯一的大缺点，就是只顾他那典雅艰深的古文，不顾原文意义的一种意译法。在这种反动之下，就生出现在所谓直译法，究竟这种直译法如何，我们底下再讨论。

直译有好几种，有主张字对字的译法，有主张句对句的译法。如吴稚晖先生从前在《学灯》上发表的注译法，我看就是字对字的译法；从前傅斯年在《新潮》上发表的"译书感言"，他就是主张句对句的译法。不过我个人对这二者俱不满意，并且就我个人的经验而论，这种字对字或句对句的译法实在是办不到。我个人的意见以为译书的人在未译以前应该具有以下的三个条件，即：

（1）外国文程度确在水平线以上；

（2）国文必须有根基；

（3）对于所译的一科，必须是自己专门所学的一科。

既具有这三个条件，而后无论你是直译或意译，才能不闹出什么笑话，才能"传神"，"达意"，才能"译谁必须变成谁"。否则这些话都是空话。

现在我们再要问，假使已具了以上的三个条件，究竟是直译好呢，还是意译好呢？即我虽不赞成吴稚晖先生的字对字的译法、傅斯年先生的句对句的译法，但我亦不敢赞同江先生的"意思单位法"。我所赞成的是朱经农先生说的：

> 要把各国文字特性不同的地方辨认清楚，然后体贴著者用意之所在，切切实实的逐句翻译出来。有些地方，原文非常简括，照字面译成汉文，辞句非常晦涩，不能传达著者的原意，那就文字之间不能不略有伸缩。

总之，我的主张是："译书最好以原文的句子为单位，而又以其中的意思为单位"，非至万不得已时，绝不"拼几句原文为一句，分一句原文为几句，颠倒原文一节中句子的次序，加添原文中没有的字，省去原文里有的字。"

我深信像严、林的那种意译法流弊，比较现在所谓直译法的流弊更大；而那种意译法好处断赶不上直译法的好处。不说别的，我们就把林译的小说和周作人先生近几年来译的小说，和徐志摩先生译的《涡堤孩》，郭沫若先生译的《少年维特之烦恼》相比较，我想江先生定是赞成后者而不赞成前者。虽然后者也不是字对字的直译，但比林氏只顾笔调不顾原文的意译法总好得多。我知江先生的"意思单位法"绝不像林氏一样，不过我总觉得这种流弊比直译的流弊要大。这实在是我个人的"千虑一得"的谬言，我很盼望我们最亲爱的江先生能容量才好。

其余还有两件附带的问题，即第一是懂不懂的问题。我觉得这个问题江先生也不能太为一般普通的读者打算；即如江先生译的《实生论大旨》，我亲自听有人说译的不好；他也并没有把所以然不好的理由说出来，那么这种人我们只能承认他没有研究过哲学书，看不懂江先生的译文；而我们却不能怪江先生是直译，所以读者看不懂。所以懂不懂的问题，还是各人的程度；直译意译并没有什么多大关系。第二是近来像我们这类的穷学生，全靠译书生活，所以对于译文就不能深为考究，以致常常引起一切伟大学者的痛骂。在现在这种中国情形之下，我们的生活差不多全为军阀占去，所以我们因为生活关系，不得已暂以译书为职业，这种本可以原谅，不过真要想免除这种弊病，我想最好由许多著名的学者组织一译书会，而后将翻译的材料，加以选译，翻译的人才加以考察（即研究哪一科的即译哪一科），那这种胡乱的翻译自可减少，而翻译事业也就可以日有进步了。

十月九日写于北大西斋

——《晨报副刊》（1924 年 10 月 16 日）

林琴南先生（1924）

郑振铎

林琴南先生的翻译，据我所知道的，自他的《巴黎茶花女遗事》起，至最近的翻译止，成书的共有一百五十六种；其中有一百三十二种是已经出版的，有十种则散见于第六卷至第十一卷的《小说月报》而未有单刻本，尚有十四种则为原稿，还存于商务印书馆未付印。也许他的翻译不止于此，但这个数目却是我在现在所能搜找得到的了。在这一百五十六种的翻译中，最多者为英国作家的作品，共得九十三种，其次为法国，共得二十五种，再次为美国，共得十九种，再次为俄国，共得六种，此外则希腊、挪威、比利时、瑞士、西班牙、日本诸国各得一二种。尚有不明注何国及何人所作者，共五种。这些翻译大多数都由商务印书馆出版，只有《利俾瑟战血余腥记》及《滑铁卢战血余腥记》二书由文明书局出版，《青铁》及《石麟移月记》（此二书俱为不注明何国何人所作者）由中华书局出版而已；至于《黑奴吁天录》一书，则不知何处出版。

就这些作品的原作者而论，则较著名者有莎士比亚（W. Shakespeare）、地孚（Defoe）、斐鲁丁（Fielding）、史委夫特（Swift）、却尔斯·兰（Charles Lamb）、史蒂文生（L. Stevenson）、狄更斯（Charles Dickens）、史各德（Scott）、哈葛德（Haggard）、科南·道尔（Conan Doyle）、安东尼·贺迫（Anthony Hope）（以上为英）；华盛顿·欧文（Washington Irving）、史拖活夫人（Mrs. Stowe）（以上为美）；预勾（V. Hugo）、大仲马（Alexander Dumas）、小仲马（Alexander Dumas, fils）、巴鲁萨（Balzac）（以上为法）；以及伊索（Aesop）（希腊）、易卜生（Ibsen）（挪威）、威司（Wyss）（瑞士）、西万提司（Cerventes）（西班牙）、托尔斯泰（L. Tolstoy）（俄）、德富健次郎（日本）等。在这些作家中，其作品被林先生译得最多者为哈葛德，共有《迦茵小传》《鬼山狼侠传》《红礁画桨录》《烟火马》等二十种；其次为科南·道尔，共有《歇洛克奇案开场》《电影楼台》《蛇女士传》《黑太子南征录》等七种；再次为托尔斯泰、小仲马及狄更斯，——托尔斯泰有六种，为《现身说法》（*Childhood, Boyhood and Youth*）、《人鬼关头》（*The Death of Ivan Ilyich*）、《恨缕青丝》（*The Kreutzer Sonata and Family Happiness*）、《罗刹因果录》《社会声影录》（*Russian Proprietor*）（以上三种为短篇小说集）及《情幻》；小仲马有五种，为《巴黎茶花女遗事》（*La Dame aux Camélias*）、《鹦鹉缘》《香钩情眼》（*Antorine*）、《血华鸳鸯忱》《伊罗埋心记》；狄更斯有五种，为《贼史》（*Oliver Twist*）、《冰雪因缘》（*Dombey and Son*）、《滑稽外史》（*Nicholas Nickleby*）、《孝女耐儿传》（*Old Curiosity Shop*）、《块肉余生述》（*David Copperfield*）；再次为莎士比亚、史各德、华盛顿·欧文、大仲马——莎士比亚有四种，为《凯撒遗事》（*Julius Caesar*）、《雷差得记》（*Richard II*）、《亨利第四记》（*Henry IV*）、《亨利第六遗事》（*Henry VI*）；史各德有三种，为《撒克逊劫后英雄略》（*Ivanhoe*）、

《十字军英雄记》（*The Talisman*）、《剑底鸳鸯》（*The Betrothed*）；华盛顿·欧文有三种，为《拊掌录》（*Sketchy Book*）、《旅行述异》（*Tales of Traveller*）、《大食故宫余载》（*Alhambra*）；大仲马有二种，为《玉楼花劫》（*Le Chevalier de Maisonrouge*）、《蟹莲郡主传》（*Comtesse de Charny*）；其他诸作家俱仅有一种——伊索为他的《寓言》，易卜生为《梅蘖》（*Ghosts*），威司为《鸟巢记》（*The Swiss Family Robinson*），西万提司为《魔侠传》（*Don Quixote*），地孚为《鲁滨孙漂流记》（*Robinson Crusoe*），斐鲁丁为《洞冥记》，史委夫特为《海外轩渠记》（*Gulliver's Travels*），史蒂文生为《新天方夜谭》（*New Arabian Nights*），却尔司·兰为《吟边燕语》（*Tales from Shakespeare*），安东尼·贺迫为《西奴林娜小传》（*A Man of Mark*），史拖活夫人为《黑奴吁天录》（*Uncle Tom's Cabin*），预勾为《双雄气死录》（*Quatre-vingt-treize*），巴鲁萨为《哀吹录》（短篇小说集），德富健次郎为《不如归》。这些作品除了科南·道尔与哈葛德二人的之外，其他都是很重要的、不朽的名著。此外，大约是不会再有什么很著名的作家与重要的作品列于他的"译品表"之内了。

我们见了这个统计之后，一方面自然是非常地感谢林琴南先生，因为他介绍了这许多重要的世界名著给我们，但一方面却不免可惜他的劳力之大半归于虚耗，因为在他所译的一百五十六种的作品中，仅有这六十七种是著名的（其中尚杂有哈葛德及科南·道尔二人的第二等的小说二十七种，所以在一百五十六种中，重要的作品尚占不到三分之一），其他的书却都是第二、三流的作品，可以不必译的。这大概不能十分归咎于林先生，因为他是不懂得任何外国文字的，选择原本之权全操于与他合作的口译者之身上。如果口译者是具有较好的文学常识呢，他所选译的书便为较重要的，如果口译者没有什么知识呢，他所选译的书便为第二、三流的毫无价值的书了。林先生吃了他们的亏不浅，他的一大半的宝贵的劳力是被他们所虚耗了。这实是一件很可惋惜的事！（只有魏易及王庆通是他的较好的合作者。）在林译的小说中，不仅是无价值的作家的作品大批地混杂于中，且有儿童用的故事读本，如《诗人解颐语》及《秋镫谭屑》之类；此二书本为张伯司（Chambers）及包鲁温（Baldwin）所编的读本，何以算作什么"笔记"呢！

还有一件事，也是林先生为他的口译者所误的：小说与戏剧，性质本大不同。但林先生却把许多的极好的剧本，译成了小说——添进了许多叙事，删减了许多对话，简直变成与原本完全不同的一部分了，如莎士比亚的剧本《亨利第四》《雷差得纪》《亨利第六》《凯撒遗事》以及易卜生的《群鬼》《梅孽》都是被他译得变成了另外一部书了——原文的美与风格及重要的对话完全消灭不见，这简直是步武却尔斯·兰在做莎氏乐府本事，又何必写上了"原著者莎士比亚"及"原著者易卜生"呢？林先生大约是不大明白小说与戏曲的分别的——中国的旧文人本都不会分别小说与戏曲，如小说考证一书，名为小说，却包罗了无数的传奇在内——但是口译者何以不告诉他呢？

这两个大错误，大约都是由于那一二位的口译者不读文学史，及没有文学的常识所致的。他们仅知道以译"闲书"的态度去译文学作品，于是文学种类的同不同，不去管它，作者及作品之确有不朽的价值与否，足以介绍与否，他们也不去管它；他们只知道随意取得了一本书，读了一下，觉得"此书情节很好"，于是便拿起来口说了一遍给林先生听，于是林先生便写了下来了。他之所以会虚耗了三分之二的功力去译无价值的作品，且会把戏剧译成了小说者，完全是这个原因。

林先生的翻译，还有一点不见得好，便是任意删节原文。如法国预勾的《九十三》（*Quatre-vingt-treize*），林先生译之为《双雄义死录》，拿原文来一对，不知减少了多少。我们很惊异，为什么原文是很厚的一本，译成了中文却变了一本薄薄的了？——中国的以前的译者多喜删节原文，如某君所译之托尔斯泰的《复活》（改名《心狱》）不及原文三四分之一，魏易所译之狄更斯的《二城记》（*A Tale of Two Cities*）也只有原文三分之一。——这是什么缘故呢？我想，其过恐怕还在口译者身上；如《九十三》，大约是口译者不见全文，误取了书坊改编供儿童用的删节本来译给林先生听了。至于说是林先生故意删节，则恐无此事。好在林先生这种的翻译还不多。至于其他各种译文之一二文句的删节，以及小错处，则随处皆是，不能一一举出。尚有如把易卜生的国籍挪威改为德国之类，亦系口译者之过而非林先生之误。

总之，林先生的翻译，殊受口译者之牵累。如果他得了几个好的合作者，则他的翻译的成绩，恐怕决不止于现在之所得的，错误也必可减少许多。林先生自己说："鄙人不审西文，但能笔述，即有讹错，均出不知。"这是如何悲痛的一句话呀！

然而无论如何，我们统计林先生的翻译，其可以称得较完美者已有四十余种。在中国，恐怕译了四十余种的世界名著的人，除了林先生外，到现在还不曾有过一个人呀。所以我们对于林先生这种劳苦的工作是应该十二分的感谢的。

在那些可以称得较完美的四十余种翻译中，如西万提司的《魔侠传》，狄更斯的《贼史》《孝女耐儿传》等，史各德之《撒克逊劫后英雄略》等，除了几个小错处外，颇能保有原文的情调，译文中的人物也描写得与原文中的人物一模一样，并无什么变更。又如《孝女耐儿传》中的一段：

> 胖妇遂向主妇之母曰："密昔司几尼温，胡不出其神通，为女公子吐气？"此密昔司圭而迫者，及密斯几尼温也。"以夫人高年，胡以不知女公子之楚况？问心何以自聊！"几尼温曰："吾女之父，生时苟露愠色者，吾即……"语至此，手中方执一巨虾，断其身首，若示人以重罚其夫，即作如是观耳。胖妇点首知？赞曰："夫人殊与我同趣。我当其境，亦复如是。"几尼温曰："尊夫美善，可以毋滥其刑。夫人佳运，乃适如吾，吾夫亦美善人也。"胖妇曰："但有其才，即温温无试，亦奚不可。"几尼温乃顾其女曰："贝测，余屡诏汝，宜出其勇力，几于长跽乞哀，汝乃不吾听，何也？"密昔司圭而迫闻言微哂，摇其首不答。众人咸愠密昔司之柔懦，乃同声奋呼曰："密昔司年少，不宜以老辈之言置若罔闻；且吾辈以忠良相质，弗听即为愎谏。君即自甘凌虐，亦宜为女伴卫其垣墉，以滋后悔。"语后，于是争举刀叉，攻取面包，牛油，海虾，生菜之属，猛如攻城，且食且言曰："吾气填胸臆，几于不能下咽。"

像这种文调，在中国可算是创见。我们虽然不能把他的译文与原文一个字一个字的对读而觉得一字不差，然而，如果一口气读了原文，再去读译文，则作者情调却可觉得丝毫未易；且有时连最难表达于译文的"幽默"，在林先生的译文中能表达出；有时，他对于原文中很巧妙的用字也能照样的译出。这种地方，我们读上引的一段译文中颇可看出。

中国数年之前的大部分译者，都不甚信实，尤其是所谓上海的翻译家；他们翻译一部作品，连作者的姓名都不注出，有时且任意改换原文中的人名地名，而变为他们所自著的；有的人虽然知道注明作者，然其删改原文之处，实较林先生大胆万倍。林先生处在这种风气之中，却毫不沾染他们的恶习；即译一极无名的作品，也要把作家之名列出，且对于书中的人名地名也绝不改动一音。这种忠实的译者，是当时极不易寻见的。

离开他的翻译的本身的价值不讲，林先生的翻译工作在当时也有很大的影响与功绩。这可以分几方面来说：

第一，中国人的关于世界的常识，向来极为浅窄；古时以中国即为"天下"者之论，即后来与欧美通商之后，对于他们的国民性及社会组织也十分的不明了。他们对于欧美的人似乎以异样的眼光去看，不是鄙之为野蛮的"夷狄"，便是崇之为高超的人种。对于他们的社会内部的情形也是如此，总以为"他们"与"我们"是什么都不相同的，"中"与"西"之间，是有一道深沟相隔。到了林先生辛勤的继续的介绍了一百五十余部的欧美小说进来，于是一部分的知识阶级，才知道"他们"原与"我们"是同样的"人"，同时，并了然的明白了他们的家庭的情形，他们的社会的内部的情形，以及他们的国民性。且明白了"中"与"西"原不是两个绝然相异的名词。这是林先生大功绩与影响之一。

第二，中国人自屡次为欧美人所战败后，对于他们的武器以及物质的文明，起了莫大的向慕心，于是全国都汲汲的欲设立兵工厂、造船厂，欲建筑铁路，欲研究"声光"理化之学；他们以为中国的道德、文学及政治史高出于一切的，不过只有这些物质的文明不如"西人"而已。这时的呼声是："西学为用，中学为体。"到了后来，大家看出中国的旧的政治组织的根本坏处了，于是又向慕欧美的立宪政治与共和政治。他们那时以为中国的政治组织的腐败，之不如欧美，是无可讳言的，于是或大呼"君主立宪"，或大呼"革命、共和"。然而大多数的知识阶级，在这个时候，还以为中国的不及人处，不过是腐败的政治组织而已，至于中国文学却是世界上最高的、最美丽的，决没有什么西洋的作品，可以及得我们的太史公、李白、杜甫的；到了林先生介绍了不少的西洋文学作品进来，且以为史各德的文字不下于太史公，于是大家才知道欧美亦有所谓文学，亦有所谓可与我国的太史公相比肩的作家。这也是林先生的功绩与影响之一。

第三，中国文人，对于小说向来是以"小道"目之的，对于小说作者，也向来是看不起的；所以许多有盛名的作家绝不肯动手去作什么小说；所有作小说的人也都写着假名，不欲以真姓名示读者。林先生则完全打破了这个传统的见解。他以一个"古文家"动手去译欧洲的小说，且称他们的小说家为可以与太史公比肩，这确是很勇敢的很大胆的举动。自他之后，中国文人，才有以小说家自命的；自他之后才开始了翻译世界的文学作品的风气。中国近二十年译作小说者之多，差不多可以说大都是受林先生的感化与影响的。周作人先生在他的翻译集《点滴·序》上说："我从前翻译小说，很受林琴南先生的影响。"其实不仅周先生以及其他翻译小说的人，即创作小说者也十分的受林先生的影响的。小说的旧体裁，由林先生而打破，欧洲作家史各得、狄更斯、华盛顿·欧文、大仲马、小仲马诸人的姓名也因林先生而始为中国人所认识。这可说，是林先生的最大功绩。

所以不管我们对于林先生的翻译如何的不满意，而林先生的这些功绩却是我们所永不能忘记的，编述中国近代文学史者对于林先生也决不能不有一段的记载。

——《小说月报》第 15 卷 11 期（1924 年 11 月 11 日）

莪默的一首诗（1924）

徐志摩

胡适之《尝试集》里有莪默诗的第七十三首的译文，那是他最得意的一首译诗，也是在他诗里最"脍炙人口"的一首。新近郭沫若把 Edward Fitzgerald 的英译完全翻了出来，据适之说关于这一首诗他在小注里也提起了他的译文——可惜沫若那本小册子我一时找不到，不能来照他的译文与他的见解。昨天适之在我的书桌子又把他那有名译用"寸楷"的大字写了出来，并且打起了徽州调高声朗唱了一两遍（我想我们都懂得适之先生的感慨，谁都免不了感慨不是？）方才我一时手痒，也尝试了一个翻译，并不敢与胡先生的"比美"，但我却以为翻译诗至少是一种有趣的练习，只要原文是名著，我们译的人就只能凭我们各人的"懂多少"，凭我们运用字的能耐，"再现"一次原来的诗意，结果失败的机会固然多，但亦尽有成品的——比如斐氏波诗的英译，虽则完全的译诗是根本不可能的。现在我把那首原译与胡译与我的译文录在一起，供给爱译诗的朋友们一点子消遣：如其这砖抛了出去，竟能引出真的玉来，那就更有兴致了。

（一）斐氏英译

Ah love! Could thou and I with Fate conspire

To grasp this sorry Scheme of Things entire,

Would not we shatter it to bits—and then

Re-moulde it nearer to the Heart's Desire!

（二）胡译

要是天公换了卿和我，

该把这糊涂世界一齐都打破，

再磨再练再调和，

好依着你

我的安排，

把世界重新造过！

（三）徐译

爱啊！假如你我能勾着运神谋反，

一把抓住了这整个儿"寒尘"的世界，

我们还不趁机会把它完全捣烂——

再来按我们的心愿，改造它一个痛快？

——《晨报副刊》（1924 年 11 月 7 日）

译莪默的一首诗（1924）

荷东

　　我的翻译的事业，久不作了，自从民国四年将一份译稿送与上海《神州日报》谈善吾，未曾登载以后，我就懒得动笔去译任何文字。但在民国五年，偶然高兴，译了拜轮几首诗，自己看一看不大惬意，亦就投存故纸堆中不再检去，至之在报纸上发表，那更是没有的事。今日读徐志摩先生的译文，不觉引动我的兴奋，随笔将它写将下来以凭胡、徐二老先生鉴定。——

　　　　爱呵！你我果能兴运神合商（或叶韵改合作）来执掌这支配万物的权，

　　　　我们岂不能将世界都打碎（或叶韵改打破）改造成合我们心意的一种变迁？

　　译文最难的是，不添字，不减字，而能包括原有的意义。胡先生的译文，是意译的，有赵松雪和管夫人"塑泥人"的小词的意味。徐先生的译文，是直译，比较上能够见著作者的愿意，但是"趁机会"等字仍旧是多添出来的。我的译文将"谋反"改成"合商"，因为字典上有这一层意义，也免不了有加添或更改字句的毛病，没法想只得用意译的法方拿旧式的诗来表明它。如下：——

噫气长吁叹

爱神汝来前；

果能感造化，

执此万类权，

摧枯如碎粉，

新观逐物迁，

一二随意旨

岂不心豁然？

我觉得用旧式诗译的较为有味，不知读者以为何如？我再希望胡、徐二先生不要斥为太腐旧才好！

十三,十一,七日夜

——《晨报副刊》（1924 年 11 月 7 日）

1529

《死尸》译诗前言（1924）

徐志摩

　　这首《死尸》是菩特莱尔的《恶之花》诗集里最恶亦最奇艳的一朵不朽的花，翻译当然只是糟蹋。他诗的音调与色彩像是夕阳余烬里反射出来的青芒——辽远的，惨淡的，往下沉的。它不是夜鸮；更不是云雀；它的像是一只受伤的子规鲜血呕尽后的余音，它的栖息处却不是青林，更不是幽谷；它像是寄居在希腊古淫后克利内姆推司德拉坼裂的墓窟里，坟边长着一株尖刺的青蒲，从这叶鳞里它望见梅圣里古狮子门上的落照。它又像是赤带上的一种毒草，长条的叶瓣像鳄鱼的尾巴，大朵的花像满开着的绸伞，它的臭味是奇毒的，但也是奇香的，你便让它醉死了也忘不了它那异味。十九世纪下半期文学的欧洲全闻着了它的异臭，被它毒死了的不少，被它毒醉了的更多，现在死去的已经复活，醉昏的已经醒转，他们不但不怨恨它，并且还来钟爱它，深深的惆怅那样异常的香息也叫重浊的时灰压灭了。如今他们便嗅穿了鼻孔也招不回它那消散了的臭味……。

　　我自己更是一个乡下人！他的原诗我只能诵而不能懂；但真音乐原只要你听：水边的虫叫，梁边的燕语，山壑里的水响，松林里的涛声——都只要你有耳朵听，你真能听时，这"听"便是"懂"。那虫叫，那燕语，那水响，那涛声，都是有意义的；但它们各个的意义却只与你"爱人"嘴唇上的香味一样——都在你自己的想象里；你不信你去捉住一个秋虫，一只长尾巴的燕，掬一把泉水，或是攀下一段松枝，你去问它们说的是什么话——它们只能对你跳腿或是摇头，咒你真是乡下人！活该！

所以诗的真妙处不在它的字义里，却在它的不可捉摸的音节里；它刺戟着也不是你的皮肤（那本来就太粗太厚！）却是你自己一样不可捉摸的魂灵——像恋爱似的，两对唇皮的接触只是一个象征；真相接触的，真相结合的，是你们的魂灵。我虽则是乡下人，我可爱音乐，"真"的音乐——意思是除外救世军的那面怕人的大鼓与你们夫人的"披霞娜"。区区的猖狂还不止此哪。我不仅会听有音的乐，我也会听无音的乐（其实也有音就是你听不见）。我直认我是一个甘脆的 Mystic，为什么不？我深信宇宙的底质，人生的底质，一切有形的事物与无形的思想的底质——只是音乐，绝妙的音乐。天上的星、水里泅的乳白鸭、树林里冒的烟、朋友的信、战场上的炮、坟堆里的鬼磷、巷口那只石狮子、我昨夜的梦……无一不是音乐做成的，无一不是音乐。你就把我送进疯人院去，我还是咬定牙龈认账的。是的，都是音乐——庄周说的天籁、地籁、人籁；全是的。你听不着就该怨你自己的耳轮太笨，或是皮粗，别怨我。你能数一二三四、能雇洋车、能作白话新诗，或是能整理国故的那一点子机灵儿真是细小有限的可怜哪——生命的大着，天地大着，你的灵性大着。

回到菩特莱尔的《恶之花》，我这里大胆也仿制了一朵恶的花。冒牌：纸做的，破纸做的；布做的，烂布做的。就像个样儿；

没有生命，没有灵魂，所以也没有它那异样的香与毒。你尽闻尽尝不碍事。我看过三两种英译也全不成——玉泉的水也只准在玉泉流着。

——《语丝》第 3 期（1924 年 12 月 1 日）

《苦闷的象征》引言（1924）

鲁迅

【……】

非有天马行空似的大精神即无大艺术的产生。但中国现在的精神又何其萎靡锢蔽呢？这译文虽然拙涩，幸而实质本好，倘读者能够坚忍地反复过两三回，当可以看见许多很有意义的处所吧：这是我所以冒昧开译的原因，——自然也是太过分的奢望。

文句大概是直译的，也极愿意一并保存原文的口吻。但我于国语文法是外行，想必很有不合规范的句子在里面。其中尤须声明的，是几处不用"的"字，而特用"底"字的缘故。即凡形容词与名词相连成一名词者，其间用"底"字，例如 Social being 为"社会底存在物"，Psychische Trauma 为"精神底伤害"等；又，形容词之由别种品词转来，语尾有 -tive、-tic 之类者，于下也用"底"字，例如 Speculative、romantic，就写为"思索底""罗曼底"。

【……】

——《苦闷的象征》（上海：北新书局，1924），卷首

结束我的征译并宣布我的翻译信条（1924）

江绍原

【······】

我的翻译信条：——

（甲）先懂后译——甚至于我所不信我所不喜的作品也应先懂后译。（"玄学鬼"的文章也许一文钱不值，但是真懂的人才配译，省得译错了招鬼弄你头痛。译旁国文的作品，必定是或因为那件作品之中句句话是我能承认的真理，或是因其中有我虽不信却要弄明白的精神，或态度，或见解，或谬误，或梦话，或狗屁。狗屁也要译对了才成，否则你的译文，必是双料狗屁———一料是原著者的，另一料是译者的。）

（乙）翻译要能传神、达意，万不可拘泥文字。今天接到陶孟和先生的信，里面有以下两句："译文以简明流畅为主，宗教哲理一类之书籍，不必拘泥原文也。"我现在信译一切书都不必拘泥原文。译书最好不以原文的句子为单位，而以其中的意思为单位。并几句原文为一句，分一句原文为几句，颠倒原文一节中句子的次序，加添原文没有的字，省去原文里有的字，都无不可——只要译成的文能在本国读者的心上发生一种效力，与原著者要在他的本国读者的心上所发生的效力一样或者极相近。翻译比改（a+b）^{2}=a^2+2ab+b^2 为（甲＋乙）^{2}=甲^2+2 甲乙＋乙^2，一定费事点。我以后再译书，必定把今日所说的"意思单位法"试验试验。关于此问题，余、李、二君每人给我的信都讨论过几句；他们所见似乎与我所见相反。

（丙）译谁必须变成谁。前者有一位被我批评过的人，怒气冲天的问道：照你这样说，岂不是必定要泰戈尔自己返老还童，学好中国文自己动手译吗？现在我特问这样想的人一句：为什么你自己不试试看，做一个懂中国文的泰戈尔？你若译莎士比亚，就须试试看把你自己变成懂中国文的莎士比亚；你若译萧伯纳，就须试试看把自己变成懂中国文的萧伯纳；如是，你译谁就须试试看变作谁。你变不像，我们不怪你，因为你究竟是你；但是你若不肯变变试试看，我们只好等着原著者死者复生，老者复壮，学好中国文自己执笔翻译了；你能怪我们吗？你究竟当不了他呀！你用力变马而变不成，或者还可以有点像驴；倘若简直不想变，真是骆驼本色。我不信周作人先生们的骆驼社欢迎这样懒的骆驼作社员。【……】

——《晨报副刊》（1924 年 10 月 8 日）

译书问题（1924）

朱希亮

近数年来，译书的风，十分盛行。好的译本固然也有，不好的译本，大约亦不少。除非太恶劣的译本容易看出毛病来外，稍次一点的译本大概都在主考眼前逃过去了。因为将译本与原本校读，实在是一件苦事情。译书自有译书的难处，但总该对著者及读者负相当的责任；否则，为译书而骗人，有什么意思哩！于我看来，译书总当有几个条件；否则，瞎子过桥，不如不译。

Ⅰ 文学书类

（1）"译者与著者性情相近"，或译者所十分审赏的原著。

【理由】性情相近，译笔的风格自易切合原著。译者十分审赏的作品，了悟自然深透。

（2）洞察今日国内文学界的需要。

【理由】知道国内文学发展的历程中所缺乏的是什么，方能选译合宜的外国作品来补救。

（3）直译。

【理由】直译非死译，直译可保存原文的风格，直译可使中国文字有一种欧化的美，增加中国文字表现方法的可能。——直译较意译难，但利多而弊少。

（4）非万分不得已时，切不可转译。

【举例】法文的著作，切不可由英或德译本转译。

【理由】各国文字的个性不同，转译必将原有的个性失去数倍。若转译英译本，则更危险；因为英文是世界上最不完善的文字，它的词性是很不清楚的。如 Knowledge of the artist，当译为"艺术家的学识"；若将末一字 artist 改为 students，如 Knowledge of the student, 则含义即不明白，可译如下：

（a）学生的知识；

（b）教员对于学生的了解，或知道学生的知识。

又英文字义每觉朦昧，如 Perception 一字，与 Sensation 是很有分别的；但在一本书中，有时译者常混用。——英文不完全处甚多，待有暇当另论之。

（5）当择善本，或择数本校对一下。

【理由】原文印刷不好的书，译者最觉困难，更易入于错误。不特小公司出版的廉价丛书当小心，即大公司出版的书亦当小心。如杜威博士所著的 *Democracy and Education* 一书，是美国最大的一家 Macmillan Company 出版的；但在原书第三十九页，第二十三行，有如下的错误：

...They have previously required by..., Required 一字是 acquired 之误。(据一千九百二十二年版)

Ⅱ科学书类

科学书除原书带有文学的兴趣外，不必译，可由各科专家自己著作。

【举例】詹姆士的《心理学》宜译。Prof. John B. Watson 的

《心理学》不必译。——郭任远先生的《人类的行为》甚好。

【理由】文学书大都是除意义外，尚存有个性不同的美的文格；要把外国人的文格搬到中国来，非译不可。科学书除些极少数的著作有文学兴趣外，余皆重义不重文。温特华士的《几何学》，与陈文的《几何学》同是讲一样的原理；但文句尽可不同。中国的科学家同样能将一个原理讲清楚，还用什么译述哩。

以上是我提出的几个条件，这不过是我个人主观的意见。对与不对，还要请大家来指教。于我看来，将来中国的译书事业，必要有如下的二种倾向（现在正在萌芽），方能有效率的进步：

（1）量的增加——多译书。虽然其中少不了恶劣的译本；但只要国民程度增高，劣书自然消灭。（一本《金银岛》译得不好，再同译十本《金银岛》出来亦可。）就如江绍原先生所说："……只配包铜元"也好，或包什么，什么也好。

（2）质的增加——要有多几位译书的批评家出来指错、改误、赞善、去恶；则质好的本自易增加。

若以上的二种倾向能同时并行，则中国的译书事业，必进步甚速。我们现在都是青年，我希望我们同心努力！

五，十九

——《晨报副刊》（1924 年 10 月 17 日）

创作、翻译与批评之交光互影（1924）

甘蛰仙

创作、翻译与批评，三者非不相为谋也，而各有其标准。创作以真美为标准，翻译以真善为标准，批评以美善为标准；而其交光互影，正可于此抽象的标准中见之。今试于此三种标准上，说明其任务。

先言，创作家之任务；在以内心之活力，开辟崭新之意境，而鼓舞其真情之流；尽量描写出给观众以深刻之印象，美趣的涵育。其所描写之对象，不外乎群性与个性。个性者，群性之分体也。尽量描写其特别个性，不啻对于群性为局部的贡献；故为创作家最宜致力之点。而各个性之交互间，其影响之所波及者亦至巨；故描写某种性格时，于其背影亦宜注意及之。群性者，各个性交互间之向心力也。人生失其群性，社会失其向心力，而万事听命于离心力之发动，亦非所以保持各个性交互间之平衡与调和也。故作家之描写群性，即所以鼓舞各个性交互间之向心力，而促成人格美之实现与调和。但非有真情，则美象亦无自而昭著——所谓真美的标准，为创作家所宜注意者此也。

次言，翻译家之任务：在以客观之精神，代宣原作之意境及其情趣，以与观众共见。举凡原作中所有种种真象，种种美趣，均赖笔译（包括口译在内）忠实传出，令观众于悦目赏心之余，憬然有会于自己个性之评价，及其对于群性之评价；而鼓舞其自发力。且相与提挈各个性交互间之向心力，以增高其人格美的表现，而与原作家真情之流相辉映。但须知非翻译家代传其真，则观众之美趣，无自触发。非先使观众了解其译品，则虽翻译家自信尽真，亦将失却或减杀其传播之力。欲使观众易于了解，要在译笔之能畅达其意趣而已。求达其意趣，即所以传其真，亦即所由臻于至善也。——所谓真善的标准，为翻译家所宜留意者，此也。

最后言，批评家之任务，即在严正的客观眼光，观察作品译品之真相，而标举其要点，酌定其价值，使观众会其心源，而知所津逮。虽其异军特起，似追随于创作家翻译家之后？而其冥诣孤往之鉴赏能力，则往往为"非批评家"所难逮。其用力之劳苦，抉择之矜慎，视其难兄难弟之创作家翻译家，似亦未敢多让。顾以乃兄乃弟之立脚点，各不相同，而或相反；批评家往往左右为难。在作品或译品中，关于人生派与艺术派之分流——至善的文学论与耽美的文学论之对抗，已觉"五花八门"，足令观众为所惊眩而莫知适从。批评家稍有不慎，必且卷入漩涡，而间接为"阋墙"之参战员。夫既为参战而批评，则微论其不免流于意气之私也；就令自信为堂堂正正之批评焉，而其所给予观众之信念，视彼超然客观之纯批评家，不为无间矣。故批评家之任务，端在鉴空衡平，还各派之原价，不宜有所偏倚，助某方面之张目。——所谓美善的批准，为批评家所宜兼重者，此也。

明乎此，则创作、翻译与批评之交光互影，正不难于其抽象的标准中见之。如使悠然有会于真善美之三位一体也，则创作、翻译、批评三家，亦可于此限度内，永远保持其"式好无尤"之雅道矣。

（完）

——《晨报副刊》（1924 年 12 月 7、8 日）

翻译之难（1924）

胡适

徐志摩先生近得英国剑桥大学中国文学教授解尔斯（H. A. Giles）先生寄来他翻译我的《景不徙》三章。

Phenomena Realities

（ From the *Chinese by Hu Shih, a Present-day Poet* ）

A bird flies o'er a stream—is gone,

Casting a shadow in its trace;

The bird has passed, the stream flows on...

How can a shadow change its place?

A breeze skims o'er a mirrored mere,

And wavelets r'se, that breeze the cause

When now those wavelets disappear,

How can that mere be as it was ?

I venture to suggest a thought;

If these phenomena persist,

Each always to fulfilment brought,

They are not phantoms—they exist!

其首二章很好，第三章竟全错了，以致题目也全错了。题为"现象实际"，竟把一首言情的诗化成一首谈玄的诗了。他的第三章，若重译出来，可得这样的大意：

> 此虽皆现象，
>
> 历久而不改。
>
> 故知影与皱，
>
> 非幻而实在。

这也可见翻译实在不是一件容易的事。

为便利读者起见，我们把《景不徙篇》三章的原文附录于此。

> 飞鸟过江来，投影在江水。鸟游水长流，此影何尝徙。
>
> 风过镜平湖，湖面生轻绉。湖更镜平时，毕竟难如旧。
>
> 为他起一念，十年终不改。有召即重来，若亡而实在。

记者

近人有许多奇妙的翻译，有时我一天可以发现几十条。最妙的如《学灯》六、四、十六有蓝孕欧先生的《进化的意义——解释和评论》中有云：

> 哲学家康德已被拉胡载教授所指示，在许多他的概念里已是一个进化论家了。

这句话已不通了。下句更妙：

> 黑格儿的方言的三剧连戏（Dialectic Trilogy）里却含着一个简要的进化论。

这真是什么话！

——《现代评论》第 1 卷第 1 期（1924 年 12 月）

评天心君译的"相见于不见中"（1924）

若明

翻译这件事，看来似乎只要拿起纸笔，写写就是，费不着什么思索，很简单一件事似的；其实真正值得叫作翻译的并不是如此的。后面这种翻译家的才力一定要超过一位作文家；因为作文家只要有作文章的能力，就可以把他的意思写成好文章——如果他没有意思，那么他也决不会从笔作文了——但是翻译家不仅是要能够把原文的意思写成极好的本国文字，并且要能了解原文作者的意思。否则译文无论怎样的好，那个意思既不是原作者的，又不是翻译家的，真不知道是谁的意思了。

上面所说的是翻译必具的条件，也用不着多加申说。

昨天《晨报副刊》上登载了天心君译的"相见于不见中"一诗，我读完了序文的时候，心中满以为这首译诗一定能够使我们满意的；因为在序文中，天心君承认这首诗是他熟极了的诗，我所以敢如此相信；不料读了译文竟使我大大的失望。这个译者译文的好坏现在不去管他；单就诗意方面说说：我读到第二节第六行"久别如旅行"简直不明白究竟是什么意思，不得已只得翻出原文一看，哪知道这位译者也"把这谜猜错"了。我想读者大家都感了痛苦去想这个谜语的原意，有的恐怕还没有想出。我现在又没有多的时间，仅能把这首诗里面难懂的谜语的原意解释罢了。

原文第一节

Absence, hear thou this protestation

Against thy strength,

Distance and length:

Do what thou canst for alteration;

For hearts of truest mettle

Absence doth join, and time doth settle.

天心君译文第一节：

不见呵，敬听我反抗

你的强权，悠远和

长久的宣言吧；

请尽你所能努力去改变：

你须知真实的心，

因不见更相亲，久别更坚定。

（谜语的解释）这一节大意都还过得去，唯有第四行的原意是"仅你的能力去做改变的工夫能"——这意思是说"absence 仅管尽你的力去做改变的工夫，不但不能成功，而且……"

天心君译文中含有鼓励的语气，容易使读者糊涂。

原文第二节：

Who loves a mistress of such quality,

He soon hath found

Affection's ground

Beyond time, place, and all mortality.

　　To hearts that cannot vary

Absence is present, time doth tarry.

天心君译文第二节：

　　他的爱人，品性高尚，

　　他的爱情，超乎

　　时间，空间与死亡

不变的心

　　视不见如相见，

　　久别如旅行。

（谜语的解释）这节的第六行"久别如旅行"一句简直不知道是什么意思，原文后二行的意思是"对于他们不变的爱心，不在面前也同在面前一般，不远时候对于他们觉得走得太慢了，"——此意与诗经中之"一日不见，如隔三秋兮"句意思仿佛，说法不同罢了。在抒情诗歌里边，这种意思也不见少，不知天心君译成"久别如旅行"是何意思？

原文第三节：

By absence this good means I gain,

　　That I can catch her

　　Where none can match her,

In some close corner of my brain.

　　There I embrace and kiss her,

And so I both enjoy and miss her.

天心君译文第三节：

因不见，我得着这个新发明

　　在我的脑海深处

　　无人把她看管，

我可以把她捉住：

　　尽情的拥抱，放胆的亲嘴

　　呵，这时候，我的心，也甜蜜，也愁苦。

（谜语的解释）这节原文第三行 Where none can match her, 被天心君译为"无人把她看管"我想或者天心君原书的 Match 是 Watch 了。这行原意是"在那块儿，没有别个人能与她相守"这章就是说：我脑中的那个地方，除了她没有第二个人能占据。

咳，这类猜谜儿的翻译在中国真是汗牛充栋了。让我们想一想这类的翻译，为那些能够自己翻翻原文的人，还可以原谅点，但是为那些不能够检阅原文的人，岂不是把他们丢在五里雾中吗？再想一想，一位翻译家的贡献是要使读者读本国文字的译文省费许多麻烦和时间，如还要他们检读原文，那么叫人家读原文，不更简单吗？又何必多此一举呢？

我不希望有志的译者因此畏缩，我实在希望他们愈加努力，使中国翻译界前途光明些！

　　　　　　　　　　　　　　　　十三年十二月九日

　　　　　　——《晨报副刊》第 298 期（1924 年 12 月 9 日）

答"评天心君译的'相见于不见中'"（1924）

天心

　　拿起副刊，看见目录中有这个标题"评天心君译的'相见于不见中'"，我想偶然译了一首诗，也有人肯来批评吗，若明君这种凡事留心的态度实在可佩服，他的热识实在应感谢。

　　读完了他的文章，我又想若明若君辛苦了，我应该谢谢他不惮烦将那首诗的原文抄上，省得我去解释，懂原文的人自然可以知道这些个谜是天心猜错了呢，还是若明猜错了呢。其实这首诗的原文句句都很明白，若明君偏要用猜谜的眼光去看，怪不得看见处处都是谜了。真的谜本来很难猜，不过猜谜到底是件玩意儿，所以猜错了也算不得什么，至多不过引起大家笑笑罢了。

　　记得那天我拿我的译诗给文蔚看，他对了对原文说，"'久别如旅行'这句绕弯子太多了，恐怕有人看不懂，发生误会。"我说，"是的，我的确绕了好几个弯子才想到'旅行'这两个字。这句诗实在不容易译，第一得符合原意，第二为音节好听起见得和第三句押韵，第三为诗句整齐起见，得用和第五句类似的句子。我一时实在想不出更好的句子，也没有心去想呢。"我没有心去想不要紧，却害了若明君猜错了谜，许多读者感受费解的痛苦，我心里很不安。为减轻我的不安，我不得不用心去想想了，我想把

久别如旅行

改作

久别不觉长（假如"相见于不见中"的作者，当他写 Time doth tarry 这句话的时候，心中是存着"一日不见如三秋"的意思，那他就是不打自己的嘴巴，我也不能饶他的，真实的诗人，也是如此口是心非吗？既然觉得一日不见就好比三年不见，却偏要说"不见如相见"，这成什么话！）

或者要好点，我顺便把第三节第一句：

因不见，我得着这个新发明

也改了吧：——

不见中还别有天地

至于若明君指出的第一个谜，我觉得无容多费口舌；第三个谜，我只要声明一句，我的本子（World Classics: Golden Treasury）是 Watch 不是 Match 就得了。

末了，我还要谢谢若明君给我这个修改诗句的机会。

——《晨报》（1924 年 12 月 21 日）

"相见于不见中"的闲话（1924）

开明（周作人）

胡适之先生在《语丝》周报上译了一首诗，于是引起天心先生的改译，若明先生的批评。我于英文学是门外汉，对于这个问题不能有所论列，但见若明先生说，原文第三节第三行是 Where none can match her，不觉有点怀疑，取出 Golden Treasury 来看，明明是写着 Watch her；还不敢相信，又拿别一种版本的来查，也是如此。最后查 A. Quiller-Couch 所编的 Oxford Book of English Verse，也终于如此。不知若明先生所据的是什么版本。

这首诗在 Oxford Book of English Verse 中，列在一九七号，云 John Donne 作，原有四节，其第三节经 Golden Treasury 的编者删去，在注内有声明，唯奥斯福本最末一行写作 And so enjoy her and none miss he，与 Golden Treasury 不同。这些事情大约在通行的注解本里当有说及，但我手头没有这些书，不能知道。

——《晨报副刊》（1924 年 12 月 18 日）

译余言胜（1924）

佚名

译此剧既竟所得感想如下：

（一）关于思想方面者

人类之思想言行，中外古今，迁移变化，不能从同，然其不同者，不过因习俗风尚之有异，乃为分量上之不同，而按其品质，则无往而不同也。书中安通师傅之谨严过枢，其妻对于子女优柔偏爱，克拉拉之不欲辱父偷生，卡儿之顽，处严父之下，局促不安之状，来安哈德之势利无耻，视金钱以转移其爱情，书记之憨直，击死伦夫为克拉拉复仇；凡此种种人物，求之中国社会中，在在皆可遇之，此所谓品质之同也。剧中宗教思想，浓厚非凡，其支配日常言行之势力实大，此种现象，中国则从未有之。然孔氏伦理势力之大，亦堪与之比拟，又中国女性社交，历来限制极严，男女引动爱情之机甚少，其弊在违反人类天性，蔑视女性人格。然流弊亦少，故如克拉拉之结识来安哈德及书记，因以酿成惨剧者，在中国实不多观，今社会交际已渐公开，然则爱情发生之机，亦将稍稍展开矣，此所谓分量之异也。

剧本作家，唯在根据此同与不同之点，为忠实之描写，故能具普遍之性，使人欣赏。

（二）关于译文方面者

译文之方法有二：一曰意译，一曰直译。意译求其达意，直译求其能解释原文，予读者以便利。予翻译此剧，尚为初次试验，因目的属于后者，故以直译法译之。唯因欲求其句句对照，故于语气之间，不能贯注。翻读一过，自觉歉然，不得不认为失败。然因以得到一种教训，即完全直译绝对不可能是也。直译之弊，在于但知注意单字及文法上之排列，而忽略意义上之结构，结果成为字典式之翻译，存其皮毛而遗其神态，读之索然无味，盖字句仅为表现思想之工具，同一思想，而表现之方式，所谓语气风味者，中外实难强同，思想虽藏于字句之间，然为整个的、流动的，不可分析，唯能以心里感觉之，而翻译之使命，必非为字句之释义乃引渡此种原文之思想也。是故，译者译文须先彻底了解原文之意义，字里行间，已无半点疑惑，然后融会于心，揣摩中文之语气，笔而出之，经此一番融化，则所译之文，自有整个的、流动的原作之思想存于其间，必无晦涩难明之处矣，此种翻译，可名曰理性的翻译，亦即吾等今后所当努力者也，质之同志诸君，以为如何。

——《德文月刊》第 1 卷第 12 期（1924 年）

审定艺术译名的提议（1924）

心因

近来常常看介绍西洋艺术的文字，很感受到艺术译名，有审定的必要。艺术上习用的名词，如 Drawing（指铅笔钢笔画）、Design（指素描）普通都译作"素描"，其实意义大有分别。又易将 Painting（指绘画）及 Drawing 并译作"绘画"，诸如此类，不可胜举。即商务印书馆所出《汉英双解韦氏大字典》，也不免此弊。又如艺术家的译名，亦复随便翻译，莫衷一是。即如最切近的印象画家译名：Magnet 或译作马纳，或译作吗呢，或译作玛纳；Degas 或译作待加，或译多亚，或译德噶，或译得加；Renoir 或译鲁那亚，或译鲁奴鸦儿，最妙的是商务印书馆所出的《东方杂志》（几卷几号记不清了），译作雷璐尔，而《学艺杂志》四卷二、三号则译作卢那，五卷四号，又译作勒诺阿，真是不负责任到极点了。

傅彦长君常和我谈到这个问题，据他的意见，当以最先译出的为标准，或者如有错误，随后也应改正，但我觉得先译的名词中，竟有极累赘而不容易记忆的，也有讨论的余地。这是艺术最切要的问题，最好请同志们发表意见，我不过提议一下，希望大家注意进行。

记者附记——我也觉得译名急须讨论审定，但在手续上，就心因先生所提出的两端而言，颇有难易的差别：第一端我们可以称为术语（艺术上的用名就是术语的一部分），审定较难，只可缓缓进行；第二端是音译名词，只要大家有意统一，非常容易。统一的纲领，据我所见：（一）每字探明原音（如英字照英音，德字照德音）；（二）制定一个译音标准表（如《新青年》某卷中陈独秀先生所制的之类），一律按表翻译，倘要省事，也可即用注音字母。究竟如何，还望大家讨论。

——《艺术评论》第 45 期（1924 年）

通讯（1925）

王宗璠、剑三（王统照）

剑三先生：

　　译诗这桩事体，真是不易啊！

　　就现在新译坛上而论，我所比较喜欢读的，常推徐志摩先生的作品：因为他一面顾着意义，一面又顾到音调，并且有丰富的天才，警敏的文笔，消息其间；所以有许多独到而为他人所不及的地方（郭沫若先生的译诗亦有过人之处）。但是经过了第二次刀尺的剪裁，总不如原来"天衣无缝"的精美；虽然缝纫手段是异常的高超——徐先生的译品，比着原文华德华茨那样的细腻缜密，拜仑那般的豪放奔纵……还是相差不止一筹（他的创作自然在例外。）！

　　有些朋友们请我讲颐和园里美丽的风景；我只简短地答他道："请你们实地到里面去游一次"。秦翁曾说有人要想领略他的诗歌真正的美，还要先看本加利的原文；这话真是确实啊！

　　我平日对于克茨、雪莱、拜仑、司考德、丁尼孙、华德华茨……的诗，颇具有特别的兴趣——尤其是生活感到枯燥的时候。（除拜仑、丁尼孙外，余皆只窥得鳞爪，买书的能力有限啊！！！）可是翻译的念头，却未敢萌动过一次！

在志摩先生征译短诗的时候，我也曾试译了几首，但是终觉到不能惬意；所以只得向破书筐底下一填。如华德华茨那首很短的《海滨》译作：

美丽的夜，平和而且自然，

神圣的时辰，静寂如修道的女僧屏息住在祈祷着；

烈日默默地下沉了！……

看起来像对于音和意，还能兼顾；但比诗味隽永的原作，倒差有不可思议的距离！（不过想将译诗能具有如原作一样或超过原作的"美"，那的确也是难事！像英国古代名歌，如 *Beowulf*, *Widsith*, *Deor's Lament* and *The Seafarer* 等，一经译作现今的英文，仅只教我们称它是诗了！）

近日课后在无聊时，马马虎虎地把诗坛上不十分驰名的两位诗人的作品，各译了一段，虽然原文浅近易译，但大部分的美的成分已在无形中消失了！

蓦地里无头绪地说了这一阵，自然会教人看得头疼。先生可能给"素昧平生"的我以一个特别的原谅么？

王宗璠

适接上海朋友抱玄君来书，询问先生创作之《黄昏》已否单独出版（因为彼从前在《小说月报》上没有看全）。我除去据实回复他外，并敢大胆地请先生早日附梓！

璠附

又

（上略）……

白朗玲（Browning）的诗歌的伟大，是用不着我们再喋喋细说的。因为他有聪颖秀逸、富有才思的夫人（或者不因为这点），所以完成他写出许多情致缠绵、意味隽永的情诗来。如 One word more 及 My Star 等章，皆是极富于情绪的作品。不过他的诗纤巧艰深（也可说是他的短处），很不容易移译——《小说月报》的十号里，朱湘君译了他《异域乡思》一首：假如我书架上这本白朗玲的诗集没有多大的错误，那么，朱君翻译就大错了。原诗第十一行以下为：

> Hark! Where my blossomed pear tree in the hedge
>
> Leans to the field and scatters on the clover
>
> Blossoms and dewdrops—at the bent spray's edge—
>
> That's the wise thrush...

朱君译作：

> 我家中篱畔烂漫的夭桃
>
> 斜向原野，树上的露珠与花瓣
>
> 洒在金花草的地上——听哪，抓着曲下的枝条
>
> 是一只聪慧的画眉……

blossomed pear tree 变成"烂漫的夭桃"；将 scatters 误为露珠 dewdrops 和花瓣 Blossoms 的动词；at the bent spray's edge 译成"抓着曲下的枝条"等，错得有点奇怪。

今天下午，我一翻阅白朗玲的诗集，草草地选译了一段 A woman's last word；但在译出后，自己不敢相信是没有错误，因为我对于这诗里有一两节，也像"猜谜"似的哩！兹将此译诗寄来一看以为如何……

拉杂地写到这段，灯也快灭了，不写啦；可是我也是太冒昧了吧？心里总觉到有点惴惴的！

顺祝年禧!

并盼回音! 王宗璠十四年初一日夜

宗璠先生:

两次来信,久久没有答复,甚为抱愧! 但因为病与不在京的两种关系为理由,还可以请求谅解!

未发刊的你的信上所说的话,专函奉复,不在此地多赘,但论译诗的一层,却使我提笔茫然。因为一说到此端,须包含下列数个问题:(1)诗歌能否翻译? (2)如何表达出原文的神味? (3)韵律的问题。为以上三个问题,经过一些热心译诗者的讨论,究竟没有相当的结果。最近的文坛上诗歌日少,好的尤鲜,至于译诗也不过零星散见,伟大、永久的外国作品不要说,即连稍长的诗歌也没人动笔。所以致此的原因固能不止一种,但是,"难译"二字总可以包括了。我以为诗歌不是绝对不能翻译,但翻译者至少须具有创作的才能。例如雪勒、拜伦诸人的创作,固各有特色,即他们的翻译他国或古代诗歌,也何尝不动人。再如古时有韵律的诗歌,用现在流行的长短行的无韵诗来译,是否相宜也殊足令人深思。文学作品究竟是艺术的,讲艺术的美,便不能不顾虑到形象、色彩、声音,等等,这都是美学上的普通常识。推用之于绘画、建筑、雕刻,莫不如此。绝对不是粗糙品可以冒充的。若说崇尚自然,那么顶好是还他个"本来面目",还讲什么 Artificial?

也因为这个原因,所以译诗的人除了对于中国文外国文都有相当的程度之外,更须对于诗歌有彻底的了解,与创作的才能,然后他才有不致将原文的诗歌像单字记账般移植到中文中来。那么自然会有相当的艺术，不致使人读了有莫名其妙或如嚼木滓之病。

朱湘先生的所译的 Browning 的诗，的确没有把当前的情景及句子的构造分清，想是他一时的大意。

近来中国文坛的译诗，谁好谁差些也难下恰当的详论。本来成绩还不多，又从何说起？况且这实是一件艰难的工作。徐、郭诸君的译诗，因为他们原来有创作的能力，自然比一般的译者要高出了。

你所译《生命的雕像》一诗（已刊在本号上），与原文相比自然没大错误；但是我以为句子中应商之处还有，诗歌不止于达意，字句的调节、洗炼，与其神韵的关系很大，不知尊意以为如何？

我前作的《黄昏》，他们久望要出单本，不过我想改削几处，又因懒于动笔，所以付印迟些；但今年中定可出版，承问故附知，余不及。

剑三复

——《京报副刊·文学旬刊》（1925 年 2 月 25 日）

"春风吹又生"（上）（1925）

饶孟侃

朋友间彼此私人通信，无论内容好坏，或从天边说到海角，局外人本没有置喙的必要，不过自己既然打算公开地把它送去报纸上发表，那么最好是慎重一点，尤其是遇到谈论别人的时候。

近来因为自己读书的时间尚且觉得不够，所以不独不常公开的发表私见，就是普通报章杂志上的文字也懒得看了。方才有位朋友把昨天（即二月二十五日）晨报《文学旬刊》上的一篇批评译诗的通信指明要我看看（因为内容涉及着我们一个远处沪上的一个朋友的译诗的问题），我才知道果然真有这么一回事。我仔细地看了一遍通信内容，并再仔细地审查了一下朱湘君的译诗《异域思乡》和白朗琳的原诗 "Home Thoughts, From Abroad"。假如我书架上这本白朗琳的诗集没有多大的错误，那么我敢郑重地声明朱君的翻译并没有多大错误或"大错"。兹将王宗璠君摘引的原诗和译诗分别照抄如下，以便读者有所根据：

原诗：...Hark! Where my blossomed pear tree in the hedge. Leans to the field and scatters on the clover. Blossoms and dewdrops—at the bent spray's edge—That's the wise thrush; ...

朱译：我家中篱畔烂漫的夭桃

　　　斜向原野，树上的露珠与花瓣

　　　洒在金花草的地上——听哪，抓着曲下的枝条

　　　是一只聪慧的画眉……

现在我们先把王君指为"错得奇怪"的几点研究一下，看看到底如何奇怪。

（一）原诗：Blossomed pear tree

朱译：烂漫的夭桃

不错，朱君果然是很大意的错了一点，但王君并没有指明究竟是错在一个字还是五个字全错，所以我也不敢断定我看出的就是王君所看出的错误。如果王君和我一样的看出了 Peach 为 Pear 之误，那么这一类不经意的（Unconscious）错处，只要不损原诗的美，读者当然可以原谅。王君想必知道英国浪漫后期的天才诗人济慈（Keats）曾经作过一首有名的"十四行体"（Sonnet）短诗："On my first looking into Chapman's Homer"；那首诗里面我们都知道 Cortez 是 Bolboa 之误，但是后人因为未损原诗的优美，明知其误，而不强为修改；因为这种疏忽的地方，有时也是难免，所以真正懂得的也就不会少见多怪了。如果王君是说五个字完全译错（因为王君是标出五个字，而不是专指 Pear 一个字），那么我可以告诉王君：译者不用"盛开"而用"烂漫"，不过是要求其译文较美罢了。读英诗的都知道有所谓的 Poetical licence 一说，朱译偏重形容，正是这个意思。

正巧王剑三君答复王君的原信中有下列一句，恰与鄙见相同，所以就趁这个机会借用一下，作为解释王君第一个疑点的双料答案："文学作品究竟是艺术的，讲艺术的美，便不能不顾虑到形象、色彩、声

音，等等，这都是美学上的普通常识。"

这句话说的一点不错，王君可明白朱君偏重文词，是顾虑到"美学上的普通常识"吗？

（二）王君说："朱君 scatters 误为露珠 dewdrops 和花瓣 blossoms 的动词"。

要不仔细看清楚，我们对王君指出的错误定然表示同情，甚至于说王君似乎确实明白原诗句子的构造；不过王君只顾注意原诗句子的构造，便不耐烦也彻底地了解译诗句子的构造。我们只能运用点鉴别的常识，当知译诗中"原野"的"野"字旁边是少了一个（，）符号（这定是排印时漏去的）；或者王君因为译诗没有断句，便没有注意"树上的"三个字而专记较"露珠""花瓣"和"洒"的文法通顺关系，难怪王君说朱君用动词"错得奇怪"就是这么一回事。诗篇中的文句次序，往往因牵就韵脚而故为颠倒，所以心情急躁或程度的确浅的文艺赏鉴者到了这种地方，真是有时"茫然失措"。不过朱君既然没有错误，我们也不必过于耽搁，因为朱君的英文程度好坏又是另一问题，这里绝对谈不上的。或者王君还不满意，那么我就要转过身子来请教王君：那个句子（Clause）不当译作"树上的露珠和花瓣洒在金花草的地上"，难道应当硬把它译作"梨花树洒在金花草的地上"才对吗？果然如此，那么白朗琳家中的那棵梨花树不"洒"便"傻"了，大凡我们遇到这种地方，又非稍微用点文法上的常识不可。

（三）原诗：At the Bent Spray's edge

朱译："抓着曲下的枝条的"（请看译诗的下文）

王君又说这点"错得奇怪"，但我觉得这点尤其容易解释。譬如我们现在译一句极普通的英文句子：Where are you going?，当然人人都知道是"你到哪里去？"的意思；那么如果有人标出 Where are 两个字硬说译成"你到"两个字"错得奇怪"，请问读者诸君，译者对此是否就肯公然承受谴责。换一句话来说，我们倘若遇到这种疑难地方的时候，只要看看上下文的关系，自然清楚明白。就是读英文遇到无解或难解的地方，也可以"如法炮制"。

上面三个疑点，本来几句话就可以解释明白；不过说得过于简单，头一件读者看了，定能莫名其妙；第二件也许王君看了，嫌它理由尚欠充足，不甚满意，所以就不嫌词繁，图个意思明白；否则疑团还没有解释，忽然又加上几层疑难，那岂不是永远糊涂到底吗！

——《晨报副刊》第 51 期（1925 年 3 月 8 日）

"春风吹又生"（下）（1925）

饶孟侃

　　除了解释王君的误会外，本可以就此结束；不过为表示我个人读诗并没有眼花缭乱起见，所以不得不附带的把我偶得的疑点，声明一声，免得读者也随着我"马马虎虎"的（恕我屡次借用王宗璠君的原文），再受别人的责骂。"假如我书架上的这本白朗琳的诗集没有多大错误"，那么便是王宗璠君书架上的那本白朗琳的诗集有一点儿错误。我们根据王君抄在通信中的白翁原诗，里面除了单单把第十三行 field 和 scatter 两个字中间的一个要紧的 and 字漏了以外（因全句中少了这个字便是不通），别的个个 letter 都对。排印工人既没有印错，熟谙句法构造的和谨慎的王君又不会错：那么弄错的不是这本诗还有谁呢？所以我们就假定是王君书架上那本白朗琳的诗集有一点错误。但是读者可要明白这段附带的声明是专为我自己，读者别嫌疑，并不是说谁真闹了笑话——其实闹了笑话我也管不了许多，因为我的目的是解释，不是批评。

　　谈到这里，我又看见了王剑三君的一段答复原文；他说："朱湘先生的所译的 Browning 的诗，的确没有把当时的情景及句子的构造分清，想是他一时的大意。"王君说话倒还客气，不过他所下的按语也欠斟酌，想必也是他一时的大意。

写到这里，我的视线忽又注意到王宗璠君的通信里面的一首华德华茨（大约是华茨活斯：Wordsworth）的短诗《海滨》（大约是 By the Sea）上去了。我的记忆力现在差了，但是从前却也背诵过几十首英诗；我记得华茨活斯的集子里却有一首《海滨》，但是那首《海滨》不是王君所译的"很短的"四行，却是一首"十四行体"（Sonnet）的短诗。我从来没有听过有人译诗只译半首（尤其是短诗），我更没有听过有人译诗只译半句；况且王君并没有申明原是节译，这个闷葫芦到底要怎样把它打破呢？啊！我明白了！莫非王君书架上那些诗集都是内地书局翻印的廉价吗？诸君不信，请看下文：

原诗：It is a beauteous evening, calm and free;

The holy time is quiet as a Nun

Breathless with adoration; the broad sun

Is sinking down in its tranquility;

（本来打算把后面十行也一并写下，但恐怕读者嫌其冗长，所以从略，反正愿意研究的读者自己也可以很容易找出。）

王译：

美丽的夜，平和而自然，

神圣的时辰，静寂如修道的女僧屏息住在祈祷着；

烈日默默地下沉了！……

王君自己加的按语是："看起来像对于音和意，还能兼顾；"我们要真是相信王君的说话为不错，那么那本诗集至少有下列的几点真正是"错得奇怪"。

（一）第一行和第四行的标点错了（请参看原诗），这个我们用不着申述理由。

（二）第一行里面至少也漏丢了"It is a"三个字，因为有这三个字就应该译作"那是美丽的一夜"的（请参看原诗与译诗），否则译诗中的"美丽的一夜"和"神圣的时辰"的构造又有什么分别呢？

（三）我看不懂第二和第三行连续着的"屏息住在祈祷着"几个字的字义，所以也无从考证。

但是读者更要明白这段附带的声明乃是为证明王君的诗集"真印错了"而附加的，否则又何必噜噜苏苏的把王君的译诗随便借来做考证的资料呢！

总结起来，我的感想是大家说话都欠慎重，并不是谁的学问真比谁高得多少；我不过是运用一点浅见和常识替朋友说一句公道话罢了。其实我还要感谢王宗璠君和那位指明要我研究的朋友给我这个机会读熟了一首白朗琳的难懂的诗，和温熟了一首从前背过的短诗呢！词语间如有突唐的地方，还要请王君和读者原谅。

但是青年啊！"译诗这桩事体，真是不易啊"！批评译诗或谈诗这桩事体，真是更不易啊！宝贵的光阴不是这样虚掷的。图书馆或书店里有的是比我们观察准确学识高妙到千百倍的朋友——书——。我们怎么不去和它们周旋周旋，反专想一知半解地说人家的（其实自己的思想就欠正确，尽是偏见）坏话，来博自己的虚名呢？青年（我自己也在内）啊！现在要赶快地虔诚忏悔啊！不要以为这个刊或那个刊里面没有大作便要停版啊，他们欢迎的是有价值的文字和研究，不是无价值的作品；其实那些刊物中登了无价值的大作，不独没有好处，反要低减自己的价值呢，"马马虎虎"地说了一大篇，已经耽误了读半本书的时间，但是为朋友辩冤而牺牲一点是值得的。

稿件匆匆草成，难免没有谬误。稿件以内的错处，只要有人指出，自然低头认错；倘若排印错了，那么只好请副刊记者负责了。

二月二十六日

——《晨报副刊》第 52 期（1925 年 3 月 9 日）

白朗宁的《异域乡思》与英诗（1925）

——一封致《文学旬刊》编辑的公开信

朱湘

【……】

《文学旬刊》编辑先生：

贵刊第六十二期通讯中载有一段指摘我的《异域乡思》的中译的文章，我看了它以后，觉得指摘之处很可商量，特上此函，详加讨论。

此诗译时是用的 *Oxford Book of English Verse* 选本。我受指摘的四行的原文是：

> Hark! Where my blossom'd pear-tree in the hedge
>
> Leans to the field and scatters on the clover
>
> Blossoms and dewdrops—at the bent spray's edge
>
> That's the wise thrush; he sings his song twice over.

我的译文是：

> 我家中篱畔烂漫的夭桃
>
> 斜向原野，树上的露珠与花瓣

洒在金花草的地上——听哪，抓着曲下的枝条

是一只聪慧的画眉；伊的歌总是唱两遍

　　第一句的梨树我将它改作夭桃，因为想与第三句协韵，正如我将第四句的它改作伊以柔化了画眉一般；将梨树改了夭桃，在我的想象中，并与不改一般，因为它们都是春天的花，——倘若我将梨树改作荷花，或桂花，或梅花，那时候王先生便可以说我是"大错"，我也就俯首无言了。

　　第二句的 and 一字大概王先生的诗本中遗漏了，所以他便说 scatters 一动词并不是连住 blossoms and dewdrops 两个宾位的，不然——我希望不是如我所猜想的——便是王先生"的确没有把当时的情景"在想象中看清。我尤其希望，文法书在王先生的手头。

　　At the bent spray's edge 一词句只可以附属两个主位，blossoms and dewdrops 与 thrush；将此词句附属于第一主位，则太平庸了，太不想象了，唯有附属于第二主位"画眉"，才能活画出一只鸟将两脚抓住一根枝条，枝条因鸟的体重而略"曲下"，于是枝叶上的朝露便随此微微的震动而落下了。我诚然不是有博士资格的人，我也不是出大名的人（虽然几个少数的真诗人，闻君一多、孙君铭传等，真诚地将我看作文友）。但我相信白朗宁复生的时候，他将许我为懂得他这首诗，能够译出：

并且听到果园树枝上的金丝雀声响遍了英伦

这两句有音乐性的"诗"来。白朗宁终于不能复生，我终于要来"毛遂自荐"。

　　王先生拿出我的一首英诗中译来谈，可见得中国还有人知道几个英国诗人；我从前的偏见（中国人只配重译，并且中国人只配重译诗以

外的文学；中国人对于诗是盲目的，尤其是对于英国诗，现代诗中最荣耀与古代希腊的诗前后照耀的，是盲目的。）从此可以消减一点了。

我因为英诗毫未引起中国人的垂顾，在四个月以前的某一个月中趁着高兴接连译成功了 Wordsworth: *Lucy and Daffodils*, Landor: *Dirce and I Strove with None*, Keats: *Grecian Urn*, *La Bell Dame sans Merci*, and *Autumn*, Fitz-Gerald: *Old Song*, Tennyson: *Blow*, *Bugle*, *blow* and *Summer Night*, R. Browning: *Pippa's Song*, *Meeting at Night*, and *Home-Thoughts from Abroad*, Kingsley: *Sands of Dee*, Clough: *Say not the Struggle Naught Availeth*, Allingham: *Fairies*, C. G. Rossetti: *Remember*, Yeats: *Lake Isle of Innisfree* 十八首诗，就中除 Kingsley 的诗已投《文学》，Miss Rossetti 的诗已投《妇女杂志》外，其余的都是投入《小说月报》，但迄今五月，只登出了四首来，于是我向《小说月报》商量，该刊既然稿件拥挤，不能早日登载，便拿出了 *Daffodils*, *Pippa's Song*, *Say not the Struggle Naught Availeth*, and *Lake Isle of Innisfree* 几首来，投入周作人先生的《语丝》。

这次我与闻一多、梁实秋、顾一樵、翟毅夫、孙铭传、家嫂薛琪瑛女士诸位筹备一种《文学季刊》，该刊颇有志于介绍英国长短体诗。我个人已动手翻译 Chaucer: *The Knight's Tale*, and Milton: *L' Allegro*，前一篇是长体的叙事诗，已成一百七十行，这次我入上海大学去教英文，就是陈望道先生看见了我们译文而介绍的；后一篇是长体的抒情诗，已成六十行，寄海外的文友闻、梁、顾、翟诸位去看去了。（在此中译的英诗内我自出心裁的地方更多，幸亏它没有被王先生看见——Fitz-Gerald 是死了。）

朱湘二月二日

【……】

王先生在《文学旬刊》中所译的《生命的雕像》依了拙意加以更改如下，不知王先生自己，以及有眼的读者们，以为何如（原文可惜无眼福看见）：

一个雕（改刻）像的孩儿拿了镌凿站立着，

将大理石块放到（改在）他的前面（改头）；

他微闭着眼睛在（此字应删）快乐的微笑，

当安琪儿（此三字应改玄妙）的梦儿掠过他的面前（改双眸）。

他刻梦儿在（改于）这不成形的石上，用了无数锋利（改畅快）的力痕（改锋）；

雕像放射出神祇的光华——

他是曾经（此两字应删）捉住了（增那）（安琪儿）的美（改幻）梦。

我们是生命的孩儿（改儿），当我们站立着，

将那未曾雕（此两字应删）琢过的"生命"放（到）我们的"前面"守候到（改着）上帝指令的时候，

生命的梦儿将要掠过我们的（面前）。

如果我们刻画（此字应删）梦儿（在）这棉软的石上，

用了无数（锋利）的刀（痕）；

那超人的美丽将要属于我们的（此字应删），——

我们的生命就是（此两字应改使成了）（安琪儿）的（美）梦。

【……】

文成后第三日附注

说不定王先生会讲"pear 与 peach 字形很像，朱先生闹出近来常闹的笑话来了"；不知我有一个确凿的旁证，王先生的文章是二月二十五日登载的，我前三天即三月二日从郑振铎先生处看到的，恰好，一月底二月初的时候我写过一封信给周作人先生，信中附有六首英文诗，都是我自己拿了自己的旧作译成英诗的，它们之中有一首叫作 *The Musician's Spring*，是译的旧作《春》中"乐人的"诗（曾载某期《小说月报》），此诗的原文是：

> 蜜蜂喁喁将心事诉了，
>
> 久吻着含笑无言的桃花，
>
> 东风窸窣的偷过茅篱，
>
> 蜜蜂嗡的惊起逃去了。

译文为：

> Bee, having humm'd his love in peach's red ear,
>
> Prints his kiss on her silent blushing lips.
>
> —But wind discovers them through gossip Hedge,
>
> Away young bee flees, muttering an oath.

这六首诗也是去年十月间译成的，曾寄北京的朋友孙铭传、饶孟侃、杨世恩诸位看过，前两个月又抄了一份寄给美国的闻一多、郑振铎先生也看过，最近又抄了一份寄给周作人先生，确凿有据，可以证明。

【……】

——《京报副刊》第 85 号（1925 年 3 月 11 日）

"盲目的读者"——读朱湘的"白朗宁的《异域乡思》与英诗"后（1925）

乔遁作

　　我记得有两句话："创作已难，翻译尤难。作文已难，批评尤难。"何况批评人家"辩护"旁人批评他的翻译呢？"虚浮好名"的我，也或者失败了。

　　既"不赞成谩骂"，后边说些"浅人"，"本性难移的劣者"，不知是什么话头？而不识趣的彭先生还说什么"盲目的读者"。

　　我虽然也二十二岁，和朱先生同岁，只是一个大学预科一年级学生，不但没有朱先生那样"永远是超等上等，没有中等过"的英文，而且因为英文还留了一年级，如何敢和因"看见了我们译文而介绍"，"入上海大学去教英文"的朱先生对"战"啊！——但是，这种"不公平"，终于忍不下去。

　　《异域乡思》的原文，我固然没看过，而朱先生的译文和王先生的批评，也都没有读过。现在仅就对于《京副》上的一点意见，贡献于朱先生。很希望彭先生勿"以为写信到上海来不及"而不"写信到上海"，因为朱先生"近来很少看近来的各种刊物"呢！

我这次所"指摘"的，就是照着朱先生的意思 blossoms and dew-drops 是 scatters 动词的主词。

朱先生！你要是因为要作成"太想象""太不平庸""有音乐性的诗"，而不问"A verb agrees with its subject in person and number."这一条 rule，我也赞成。因为各国文字各有它的特点，我们翻译一篇文字，要想使它"太想象""太不平庸"而"有音乐性"，固不妨稍事通融。但是，朱先生是"希望文法书在王先生的手头"的；那么，朱先生是很讲文法的了。我不知道"在朱先生的手头"是哪种文法书？或者朱先生的"英文永远是超等上等，没有中等过"用不着文法书，我又不知道朱先生的英文是和哪位先生学的？哈哈！"盲目的读者"！朱先生没看见一个动词的主词的 person and number，不知是不是"……"？这样的英文文法而"永远是超等上等，没有中等过"不知那位评阅先生是不是"……"？

朱先生！"英文永远是超等上等，没有中等过"的朱先生！因为"看见了我们译文"而有人"介绍""入上海大学去教英文"的朱先生！来！来！让我这因英文不及格的留级的大学预科一年级学生教你一年 verb 的 person and number。

三月十三日于北京大学

——《京报副刊》（1925 年 3 月 15 日）

读了"白朗宁的《异域乡思》与英诗"后（1925）

王宗璠

在看了昨日——三月十一——朱湘先生在本刊上所发表《白朗宁……英诗》那篇文字后，我很懒得再加入讨论；因为我想总有些"读者们"能加以正确的评判的。但后来又回看到基相先生的"附志"里面有"我们要抖起精神来与这些'盲目的读者与盲目的作者'相周旋"的话，我忽然觉得这很像是为鼓励我说的；所以就立刻牺牲点时间，抖擞起精神，来作这篇文字。

朱先生那篇文字起首就大书特书地道："贵刊（《文学旬刊》）第六十期通讯中载有一段指摘我的《异域乡思》的中译文章，我看了它以后，觉得'指摘之处很可商量'，特上次函，详加讨论。"因此我们就明了朱先生特地写了这封公开信的目的，只是在"指摘之处，很可商量"几个字上面了！

可是那段指摘朱先生的译诗——《异域乡思》——的通讯，是哪个写的呢？就是在下。"指摘之处"是在哪段呢？就是我说朱先生所译白朗宁的"Home Thoughts, From Abroad"的第十一行至十四行诗里面有了错误。——现在朱先生觉得"指摘之处"有商量的地方了，所以我再和他商量一番。但是我们讨论的中心，自然只是那四行译诗上面。（至于原诗与朱先生译文，本应一齐写出以资对照；但上次皆在朱先生的文内发表过了。我今为珍重本刊的篇幅起见，只得请读者先生们费点事翻阅一下。）

此刻我正式地写到正文了。

我原来是说朱先生把 Pear 译为"夭桃"是错误，并没有涉到其他的问题。朱先生明知是错了，却又说是意让它错的（细味"我将他改作"五字，就可明白），错有错的好处，所以虽"是错"也"不算错"；其理由为：

（一）"我将它（梨树）改为夭桃，因为想与第三句'协韵'"；

（二）"将梨树改为夭桃，在'我的'（朱先生个人的）想象中，并与不改一般。"

现在我按着这种理由讨论下去：

第一层，因为"美"（协韵）的关系，就当把原文任意错改么？一个原文不美改了，两个、三个……原文不美也不要改么？"翻译"旁人的文字，只顾自己的修辞"美"，而不问原文的"真"，这怎么能称为"翻译的艺术"！假如有一个人也会作英文诗，因为音韵效果关系，把中国的诗句如"夕阳反照桃花坞"及"一庭银海浸梨花"里的桃花译成梨花，梨花译作桃花，这样子如果朱先生看见了，能默尔而息不说这是错误吗？

第二层，在朱先生的"一个人想象中"，以为"夭桃"和"梨花"是"一般"，这也只是个人偏谬的（或者是不真实）的想象呵！

可真是一般么？白朗宁的想象中本是玉骨冰魂的淡素的梨花，如今朱先生硬教他的想象里布满了鲜艳灿烂的妖冶的桃花了。哥仑比亚大学教授白克（Baker）注释白翁这首诗时曾说道："在颜色的反应（color effects）里……去追寻在他的心理这诗的情景的发生。"可知颜色是非常重要。我们晓得梨花是白的，桃花是红的，"红"和"白"颜色是一般么？颜色既错了，则和白朗宁的心田里的诗的情景也自大异。朱先生说是一般，真是令"盲目人"莫名其妙！可是"白朗宁终于不能复生"，有了冤也无处说的！并且梨与桃的花开 Blossomed 的时候，是否相同？还请你查一查小学里用的理科教本（前在沪记得龙华的桃林旁有几棵梨，朱先生在桃花开时，或者就亲身到龙华去实地看看，就便也可以领略风景），并注意到原诗这一节的头一句——And after April, when May follow——和英伦的天气，——"当时大情景是要看清"啊！

我现在肯定地说一句：朱先生这两个理由是没有存在的可能的。不然，我就直接把原来四句诗译为"两个黄鹂鸣翠柳……"因为"一只画眉"没有"两个黄鹂"音韵好（美）；并且我的想象以为将"一只画眉"改为"两个黄鹂"和不改一样；而"梨树"既可变成"夭桃"，自然也可成长"翠柳"……朱先生，这能说是"译"诗吗？或者像这样子就没有人骂我是"盲目的作者"吧！

（未完）

读了"白朗宁的《异域乡思》与英诗"后（续）（1925）

王宗璠

朱先生希望我的文法书在手头；我已遵命把它拿到面前了。

我上次说朱先生"拿 scatters 误作 blossoms 和 dewdrops 的动词"；这就是说："以 blossoms 和 dewdrops（复数）做主词，是不能用 scatters（单数）做动词的，——用了就像个错"。（这与遗漏关系重大的 and 无关。又朱先生在他文里有"所以他便说 scatters 一动词并不是连住 blossoms and dewdrops 两个宾位的"，这话我觉得不是我说的。）今天我又把文法书翻过来一看，幸喜我的话还对！但我转脸一想：这还是我那文法错了吧！——因为那是小学里最后一年"永远是超等上等"的朱湘等诸先生皆大骂我是"糊涂，盲目……"的呢？朱先生，你用的是什么正确的文法？请告诉我来！

朱先生说："At the bent spray's edge 一词句只可以附属于'两个'主位（有的还不止此），blossoms and dewdrops 与 thrush；将此词句附属于第一主位，则……，唯有附属于第二主位'画眉'，才能……"哦，朱先生的文法书真和这两样子了！——一个词句（Phrase）介于

Main Clause 与 Subordinate Clause 中间，它既能附属于 Main Clause 里的 noun（或 nouns），又能附属于 Subordinate Clause 里的 noun（或 nouns），在我的文法书里真是没有看过！如金斯勒（Kingsley）的 *The Song of the Little Baltung* 的第五节：

> And when they came to Adrian's burgh,
>
> With its towers so smooth and high,
>
> （They shouted from off the shore,）
>
> "Come out, come out ye Roman knaves,
>
> And see your lords ride by."〔注〕

依朱先生的解释，则 With its towers so smooth and high 这一个词句，既可以形容 burgh，又可以形容 They 了，请问这是可以的吗？写到这段，我弟弟在旁笑道："这是很可以将来一个'妻'能冠冕堂皇地附属于两个'夫'的征兆"！

但是 At the bent spray's edge 这个词句真作祟了！——它到底是附属于哪一个主位。

在糊涂而盲目的我看来，白翁那四行的诗的"大略"的构造法，和 Hogg 所作的 Boy's Song 里

> Where the clustering nuts fall free,
>
> That's the way for Billy and me.

相同，除去多用一个动词。要懂得那句，非先懂得这句，因为 Hogg 的诗不像白翁那么难懂。至于朱先生的想象里，"活画出一只鸟将两脚抓住一根枝条，枝条因鸟的体重而略'曲下'，于是枝叶上的朝露便随此微微的震动而落下了。"但这是朱先生的想象的，白朗宁先生可"真的生气"了；虽然朱先生也曾做过他的知音！

〔注〕金斯勒的原诗是把"They shouted from off the shore"这个词句省去的看全诗便知。

（未完）

——《京报副刊》（1925 年 3 月 17 日）

野火烧不尽——告"盲目的读者"的作者（1925）

饶孟侃

I Strove with none, for none was worth my strife;

Nature I loved, next to nature, Art;

I warmed both hands before the fire of life;

It sinks, I am ready to depart

W. S. Landor

我近来本是时常诵着兰德那首忏词，不大愿意饶舌纷争；哪知"校猎的秋风"息了，荆蔓依旧剑拔弩张；——公理终于不容我安闲自在，临阵脱逃，我也只好勉为其难了。听啊：

这一片丑恶的吠声，

惊醒了多少清幽的梦境！

盲目的读者固有不配谈诗，耳聋的听者尤其不配谈诗。这种断语是我新近读《京报副刊》上一篇"盲目的读者"以后才下的。

人是有理性的动物，禽兽所以不如人就是因为它们只有冲动和直觉，没有理智和思想；换一句话说，禽兽只有私欲，所以它们可以什么都不必顾虑；人却不然：他们一举一动，都要审情据理，否则一味只顾满足冲动，胡作胡为，那么他就等于禽兽，甘心放弃造物赋给他的"人"的权利。我引出这段话是因为近来觉得一般青年只顾满足个人的冲动，只凭一点点直觉偏见，便把一切的事理抹煞，这是多么可耻的一种现象，尤其是在纯洁的文艺评坛中有这种不良的成分，我觉得更是可耻。相信艺术是尊严的同志啊！你们遇着蔓草滋生的时候，千万要起来应战啊——烧啊！要知道"有十分怙恶的势力就得用相等的真诚和努力才能把它扑灭的啊！"现在我回到本题来申说几句。

乔迺作先生说："《异域乡思》的原文，我固然没有看过，而朱先生的译文和王先生的批评，也都没有读过。"要是乔先生不是当众有意拿人开玩笑，有意看轻自己，我相信乔先生不是性格太过浮躁，便是过于浅薄。怎么看来便是浮躁浅薄？大概我们对于任何事情要下断语，至少定要预先把那事的前因后果根究清楚，然后说话才有斤两；否则专凭自满的兽性冲突乱说一阵，人家听了看了不独不会表示同情，定要骂他浮躁，讥笑他不明事理。乔先生说朱君以 blossoms and dewdrops 当 scatters 动词的主语。果然事实真是如此，那么这种"虚浮好名"的朋友我也要和他断绝来往，我也要和他宣战；人家一丝不错，并且解释得清清楚楚，除非那位先生真是缺少理智的本能，那才勉强可以原谅。不是"盲目的读者"的乔先生啊！你说没有看过原文和译文（其实这就胆大得荒谬绝伦）我们因为你既然当众公认，并未说谎，还可以原谅你这点；不过你简直连朱君的词语都看不清楚，便张口用血喷人，你看自说是浮躁浅薄不是。我希望有发明能照出良心的动作的科学家来执行这个试验。原来朱君并没有说"花瓣和露珠"是"洒"的主词，（你自己去再看看清楚吧！）他只说"花瓣和露珠"

是附于"洒"的两个宾位（即宾词）。一个主词（Subject）和宾词（Object）都辨不清楚，还好意思高谈阔论。

我以十二分的诚恳态度劝乔先生还是用功一点，免得明年又要留级（虽然留级不留级并不能断定一个人学业的优劣，但是目的在此的先生们倒也不能一概并论）；比这更难受的，便是免得人家笑你浅薄无知。乔先生，你不是没有看过原文和译文吗？我现在把你和王先生根本的误会说一说，免得你始终弄不清楚。我从前在《晨报》副刊上曾经解析过朱君译文中并没有可疑的点。我说："我们只要运用点鉴别的常识，当知译诗中'原野'的'野'字旁边是少了一个（，）符号（这定是排印时漏去的）；或王君因为译诗没有断句，便没有注意'树上的'三个字而专记较'露珠''花瓣'和'洒'的文法通顺关系，……"朱君用"树上的"三个字是很可注意的一个关键，我想王君或别人始终误会就是没有充分考虑这三个字——丢了这三个字不谈，难怪你们大声疾呼朱君错了。乔先生啊，你所根据的理由要是听来的，那还可以原谅；不然，你就得对于中文也用功一点，免得中文留了级，那才丢人呢！老实说，不看原文和译文而妄下断语和定评，除了王宗璠先生译诗只译半句算是创闻以外，这算是我第二次知道的怪事。批评这事，其实并不是不能含有指摘性的；不过专涉谩骂，不讲事理，便低减了文字的身份罢了。真正的批评家是一个思想清楚、富有系统及领会力的学者。他能指摘作者极难觉察的谬误或弱点，同时亦能了解作者真正的好处究竟在何处，并能把他细细地分析出来。此外要是少了尊严的成分，他的批评仍是减色。由此我们知道真正的批评家须有天才的条件，至少也和创作家相等；在这幼稚而兼盲目的国内"所谓的批评家"（The so-called critics）堆中要想挑出一二个真正的一等批评家来，只怕眼睛窥瞎了，牙齿笑落了，也交不了这篇报告书；就是稍有批评天才的青年，被近来这股嚣张的恶气一冲，也许不能养成，不能成熟的——不幸的事！你看，这种谩骂式的批评，其实也不是我国的特产；在批评发达很早的英国也常有这类的事发生：就是浪漫后期第一流的诗人济慈（Keats）在生前也被《黑木杂志》（*Black Wood Magazine*）及其他当时有名的评坛攻击得体无完肤。但济慈终于是第一流的诗人，谩骂的批评终于像远村的犬吠渐渐消失于大自然的怀里。

末了，我还要重说一声，我们人类是有理性的动物，禽兽所以不如人，就是因为它们只有冲动和直觉。所以我们遇着人的时候，应当以礼相待；倘若遇着了禽兽，我们也有我们防身的武器：

不怕风雨吹湿我心头的热力，

更不怕野店荒村的恶犬咬伤脚胫。

看呀！我肩头背的原是真理的包袱，

手中高擎的雨伞是自卫和奋斗的武器；

同伴的，赤脚上还有双插翼的芒鞋，

我原是负着使命的一个长途行人！

二月十七日

——《京报副刊》第 96 号（1925 年 3 月 22 日）

一封致友人饶孟侃的公开信（1925）

朱湘

子离：

《异域乡思》的 pear 我改为 peach 以求押韵，连你也当是我错了，幸亏我有拙作英译的旁证，不然，我简直要蒙不白之冤。我想一帮目无雾翳、胸无名心的读者们看见了我的各篇英诗中译，将它们用真天平来估量估量，一定不会相信我能闹出那种笑话的。

我上次写的一封公开信是一篇我个人的《渔阳曲》——一多的近作，音节极佳，概投《小说月报》，你即可看见了——我在那封信里不过是借了王先生作一个鼓，来敲出我这两年来的不平之鸣。我这六年来没有生过一回气，但自从我投入社会的潮流之后，我所身历目睹的不平事实在太多了，我的火气不由的时时要冒上来；王先生的那一段毫不公正的"指摘"不过是一条引火线罢了。

我国近来的批评界（？）水平线实在低得令人可惊；从此以后，我们一帮对于文学努力的人是不得不采取一种"初等小学教科书"的方法了。不然，亿万的蚂蚁都在那里磨着尘大的牙齿等候你，将你抛下的隋珠欢天喜地的当作它们所恭候许久的死苍蝇而高举起来哪。

为了这个原故，我不得不在这里申明，我的《往日之歌》的中译——已载本年第一期《小说月报》——是节译的，正如我的叶林罕的《小妖》(*Allingham's Fairies*)——已投《小说月报》——是节译一般。我节译《往日之歌》的原故是因后面的几段与前面的一种亲热的窄隘的境地冲突。我所以要特别声明，是因为我看了王先生的一段"大"的评论之后，我自信对于近来国内批评家的思路是揣摩出一点门径来了，"仰体高深"四字我现在是可以受之无愧了。便是什么呢？我怕再有一位"王先生"不惮费事，将录《往日之歌》的 *Oxford Book of English Verse* 翻开一找，找到八一五页，看见此页的末段正是我的中译的末段，于是一条直觉的伟大思想闪电般射入他的脑中，而他愉快地拍着书案跳了起来叫出："朱某人上次译白朗宁虽没有错，这次却被我抓住了他译费兹基洛的错处了！王先生的仇是报了！朱某人一定是以为此诗在本页告终，不知下页还有后文！一定是如此！Hurrah！批评上的'大'成功！"

回声答应道："Hurrah！批评上的大成功！"

许多的庞大的新文学家名声便是这样起来的。

Fame is no plant that grows on mortal soil,

Nor in the glistering foil

Set off to the world, nor in broad rumour lies.

——Milton: Lycidas

时间是文学的审判官；济慈终究不朽，《索列克乌杂志》的记者早被湮灭的臭泥埋起来了。

你的那篇文学与雪莱的《厄多纳依士》(Shelly: *Adonais*)出于同一的动机，我是十分感谢的。诚然如你所说的，我当时是在气头上，只看见王先生通讯中一段批评我的译诗的"又及"，而未看见王先生通讯的"文本"。王先生所译的 Wordsworth : *Evening on Calais Beach* 这首"十四行诗"的头四行，诚然是"的确没有把当时的情景及句子的构造分清"，"一时的大意"，王译将四句改为三句，将"傍晚"改作"夜"，将一个在英诗中毫无意义只是填韵的字 free（如 Milton: *L'Allegro* 的"But come, thou Goddess fair and free"，Coleridge: *Ancient Mariner* 的"The Furrow followed free"句可见）译作"自然"，这些都是比较小一点的错误，我们也不用去斤斤计较了，最大而最不可恕的错误是"烈日默默的下沉了"句中的"烈"字，——用"默默的"来译"in its tranquillity"已经不对，不过我们也不讲它去了。这个"烈"字不唯没有将原文的"broad"一字的美妙之处翻译出来，而且与全四行中的一种宁谧的"情景"，"的确"发生了"大"的冲突。

华兹渥斯的这四句诗我今译出如下：

这是一个美丽的（清澄）的傍晚，

神圣而安静有如修道的女尼

屏息于虔诚的祈祷之内，

大的月轮（舒徐）的降下天边。

（　）符号中的意义是我添的，我相信它们与"当时的情景"极为嵌合，毫不冲突。

你的文章之中又提到了济慈的《何默初靓》一十四行诗中的 Cortez 一人名为 Balboa 之误，这一层道理是很对的，我从前用了"天用"的"笔名"写过几篇《桌话》，后来因为它们不为人知，就停下了，这几篇《桌话》中有一篇叫作《吹求的与法官式的文艺批评》，内中有三段是（我举此数段，并非为己辩护，因我本没有错，不用辩）。

关于这一层隐微一点的吹求的文艺批评的坏处让我们拿一个西方文学中

的例子来说明。说起美的文艺，济慈的《圣厄格尼司节的上夕》（*The Eve of St.Agnes*）总无疑的是一篇了；说起美的描写，这篇诗中述说 Prophyro 带着他的恋者逃出伊的住堡时的一段总无疑的是一段了。他携伊同逃的时候，冰风在堡外灰白萧条的山野上锐叫，堡内是一片压闷的沉默，只有铜链悬着的灯中火焰伸吐而复缩入，黯淡地照亮起阴森的堡之内部，还有地上毯子的边角偶尔鱼跃似地站起，又复拨剌地落到地上了。

这篇长诗是叙中古时代的事迹，但中古时代还没有开始用地毯。然而我们倘将上述的描写当中关于地毯的一部分删去，则我们不能在此段所暗示出的漏入堡中的一线冷风的感觉里面，间接觉到堡外冰风的权威了，我们也不能有毯子落下时寂寞的声响与外面暴风的号嘶所形成的美妙的反映来赏鉴了，简单一句，我们不能觉到济慈所创造出的当时的境地的活现之美，诗的真理了。我们读诗，读文学，是来赏活跳的美，是来求诗的真理的，赏与求有所得，我们便满足了；那时我们不再去问别的事——任凭我们所得到的诗的真理与智的、客观的真理符合也好，相反也好。

我相信用纯诗——诗的真理——的眼光来看济慈这首诗的人，看到此处，不仅是不觉得不满，反而是觉得极其愉快的。考古学者虽然在这里发现了一个时代错误（anachronism），但我们并不可为了这层客观的真理之故，将我们对于诗的真理的鉴赏减低。在文学中考古的人，一面不能先知地将他考古的力量用到别的较文学适宜的多多的考古材料上去，一面又不能聪明地用诗的真理的眼光来鉴赏文学，只是越俎的，不能顺应的，用考古的眼光来批评文学，那我们只好怜悯他的既不得饮文学之甘泉，惋惜他的又将考古的精神枉用，并且忿怒他的凭非文学的眼光来批评文学，因而引歧许多初入门不知何所适从的人的恶影响了。

这是吹求的文艺批评的较为隐微的缺点，我在本文之中还举出了它的两层较为明显的缺点，便是，他易受利用以作轻蔑异党的工作，与他党流入自己卖弄的流弊。有真学问而自己卖弄，倒还没有什么；最危险的是那一种没有学问而卖弄的人了——尤其是在我国如今这种一般人都是盲瞽的时候。

湘

附志

我愿惜自己的纸笔，更愿惜副刊的篇幅；我不愿因为争辩"阴阳式"的译法或看重断章取义的强辩而耽误我自己有用的时间，更不愿因为看这种无味的把戏（要真讨论什么切要的问题，我想读者和我自己定能抖起精神来应付的），也耽误读者的宝贵光阴；因此——虽然王先生似乎很有礼貌地要我答复——我终不愿单独再写，觉得有眼识的读者一定相信我的缄默不是语塞，就是就近几个朋友也是这样劝我。

方才友人朱湘致我的一封公开函，因为他指明是要公开的缘故，因此我又不得不（虽然心中不甚愿意）附着申明几句，——但我始终是附带声明，不是辩护，并希望有一两位（不是像乔遹作先生一样的）读者站在第三者的地位说几句公道话——尤其是关于王先生职责的是否重要，还是另有比这尤其重要的地方或问题因此发生了。译文学作品——尤其是译诗——是否应当顾虑到音节和美，揣摩意境和情理，这是另一问题，我用不着在这里饶舌，不过我极不相信"阴阳式"的译法是同任何"意译"或真的"直译"一样值得讨论研究的。

我要对我的朋友朱君和读者申明：我说 peach 为 pear 之误，是根据王君通信中的节录朱译原文（因为我当时一未借着，二未买到那本《小说月报》，所有只信了王先生的忠实），才勉强下此判语的；因为王先生通信中所录的实绝无"韵脚"可言，所以我虽相信朱君不会错而不能无故地硬说朋友丝毫不错，——这是我太无"猜今""疑古"的态度才弄坏了事，我希望以后要多交几个考据学家做朋友，下次才不致上当。

我还记得这是声明，所以别的一概不谈。（注一：朱君把王先生那首我说只得半句的译诗"海滨"*By the Sea* 的题目写作 *Evening on Calais Beach*，我觉得我如果不代他注释一下，那么也许王先生或别人又要大声疾呼的说朱某人又替华兹渥斯杜撰题目了。）这首诗是华氏一八〇二年在 Calais 地方作的；因为诗人自己没有用题，所以 Palgrave 选它的时候就替他用了个"海滨"的题名；朱君写的另一题名，想必又是根据别一种选本或集本（或者是《牛津英诗选》，但我手中现下无此选本，不能证实的了）。也许因我这末一注，副刊中又少了一篇稿子，但我相信他们对于这种东西有亦等于虚无。

现在天气果然冷了。但：

> 春风并不曾把野草吹僵，
>
> 伊更滋生了些山荆野莽！

校猎的秋风哪里去了？已经知名或淹殁无闻的诗人啊！我愿你们的遗骸化作自燃的青磷——烧啊！

饶孟侃附志

一九二五年三月二十三日

——《京报副刊》第 102 号（1925 年 3 月 28 日）

翻译之易（1925）

张定璜

你只要肯把胡适先生那句"翻译之难"所给了你的成见暂时弃掉，你就知道我的话也有一面的道理，并不是有意立异。

我告诉你吧，翻译这个玩意儿，你说它难它就难，你说它容易它就容易，这就是咱们中国一句老话："万事只由心，钝铁磨成针。"西洋也是一样。你不见《创世记》里上帝要造天地就造天地，要有什么就有什么？

说翻译难的理由是因为翻译近于"创造"，说翻译易的理由是因为翻译"是"创造。你若果相信前半句，你就不能不相信后半句。我有创造的翻译作证据在这里。

昨天我买了来的这本《文学评论之原理》，我虽然只翻了三翻，而三翻都恰倒好处，够使得我由怀疑而进到确信他是创造的翻译。

第一翻翻出来的是本书的第一章："定义与范围"。我不觉地读了几行，果然声调铿锵，古色古香，比起原文的诘屈聱牙来真有天渊之别。译者自己说，他们的笔墨是处于直译意译之间的，在我看来，实驾乎直译意译之上。因为直译麻烦，个个字义都得翻；意译也辛苦，要在变换里求忠实。我们的聪明的译者想出了一个绝妙的既不麻烦又不辛苦的方法，就是，自己下笔译文，权把"温氏"搁到一边。你读过去只觉得文笔流畅，竟不知道里面有的是什么意义，更别想把他当作翻译了。譬如这样的一段文字：

夫品定作品之各异者，大抵由于所嗜轻重之不同耳。文之要素：有为众所共认者。（此其相同，即评论原理之可能性。）或有此人重之逾于彼人者。而文学评论之所许，必其根本上完全一致者。

你除开觉得他流畅之外，另外懂得他的意义么，或能相信他是下文的翻译么？

The difference in the verdicts which competent critics pronounce on a given work of art is largely accounted for by the different relative weight which they give to particular excellances. A certain quality will be admitted by all to be a virtue (and so there is agreement and a possibility of some principles of criticism)，but that quality will seem a more important virtue to one critic than to the next. Literary criticism must certainly make allowance for such variety of preference, which is entirely consistent with more fundamental agreement.

第二翻给我发现了三首大观园的《柳絮词》，黛玉的一首，宝钗的一首，宝琴的一首。我不能不说句老实话，但是我确有点糊涂了。幸而我记起了前面有一篇译例。回头去一看，我这才明白了译者的好处。译者因原书所举的例，"自西人视之，实不啻老生常谈"，而"自国人视之，乃讶为耳所未闻，恐译之不足达其意，而转失例证之用，因取诸本国以代之"。而且译者告诉我们，这种替代的事古已有之，"严复氏已为先河"。但我因为究竟还是译者比严复高明，知道放开许多词人的东西不引用而单引用《红楼梦》里林家妹妹和薛家姐儿俩的秀句，而且加上"一则缠绵悲感，一则俯仰自豪，一则情致妩媚"的解释。这一来可教将来西洋的翻译家为难了。因为译者极力推重彦和刘氏，拿他去和温氏比较。万一西洋人听见了这话就想去翻译《文心雕龙》，而又要去找些本乡本土的材料来代替《九歌》《九辩》一类的东西，而找来的材料的地道又要不亚于我们的译者为我们找来的，你说那难不难，难不难！末了，我翻一翻后面的附录，得到一篇《诗学总论》。我又闹不清了。我所记得的原书的附录是很重要的，因为里面有很多注释引证，能够给读者不少的帮助。再，原书的第七章全章都是论诗的，何以这里的附录又来总论诗呢？没法子，再回到"译例"去吧。"译例"虽然没告诉我原书的附录到哪里取乐，但告诉了我不少的事情。我明白了。原书的第六章和第八章都没毛病，唯有论诗的第七章则字多意少，韵律又不合国情，体别又简略……所以被决然删去了。至于那篇《诗学总论》，虽不是"温氏"作的，然"持议与温氏大同小异"，所以附在后面，"使读者无憾焉"。我没读《诗学总论》，我敢说我是无憾的。

你倘若问我，"温氏有憾无憾呢？"我就回答你，"喳！温氏有憾无憾呢？"

〔注〕《文学评论之原理》，商务印书馆出版。

原著：*Some Principles of Literary Criticism*, by G. T. Winchester

——《现代评论》第 1 卷第 14 期（1925 年 3 月 14 日）

复张君维廉论译名事（1925）

今觉（周今觉）

承示《邮学要语四国对照表》勘误多处，具征好学深思，热心邮识，至佩至感。此间印刷店，苦无德国字模，故拼法往往误植。又鄙人于德法文字，亦属门外汉，仅根据英文估义，加以诠解，其中内容不免有毫厘千里之差。然若据来教所言，则英德译义，先已有凿枘不相容之处，更无怪华文之不能吻合矣。试就来示所条举以为误译者，以英文复按之。如 Toned 为邮学中极习见之字，乃指一种天然黄色纸质而言，如中国黄皮纸之类，不独绝对不能用之于他种颜色。即黄色由染渍而成者，亦不能借用此名，如法国票，皆先染纸而后付印者，然从未见目录上加以 Toned 之名也，此 Toned 之义，乃专指纸之本质自然发黄者，即白纸经风日吹晒成暗黄色者，亦可名为 Toned paper 也。

Rectangle 为几何学中常用之字，即凡长方形，不论为横为直，皆可用之，于邮学亦然。如华邮第一次，为直长方形，万寿票三大数，为横长方形，在邮学书中，则皆名为 Rectangle，无分别也。

光齿无齿，称名不同，其意则一。英文 Imperforate 之为光边，初集邮者，无不知之。下走虽不学，断无于此等习见名词，而反之误者。因有人以无齿与无耻，音读相近，不甚雅驯，故偶以光齿易之，若译作光边，则不致误会，然若两票或多票相连，则光边二字，则不甚切合，或译为漏齿，较为妥贴耳。

All the sides、Universal 来函云，宜译作各面，不宜译作四边。按此名指票之四周围而言，四周之边，线也，非面也。依几何理，非有面积者，不得谓之面。面之英文为 Surface，今以 Side 译作面，似不可通，且此名在邮学书中，多用以表完全无齿，或四边无齿之意之。如 Imperforate all the sides，如 Universal imperforation 皆是，若译作各面无齿，则人将不知所云矣。

此外如 On front 拙译前面，义固太泛，即译作有图之一面，亦似与邮票无关，盖书亦有图也。鄙意似宜译作票之正面而为较切也。

Druckspiess 之德文意义，鄙人完全不解。至英文 Black，则黑字固为确诂，且邮学名词中，票之刷色，亦为大宗，故不疑其别含歧义。至垢污，则英文另有专名。在邮学书中，亦从未有以 Black 代垢污者，若英德译义不符，则原著之过，译者无从得知矣。

至 Supplementary Value，尊意译作补充数值邮票，极为确切，拙译补费，直是误会，此不可不服善者也。又 Variety of print，尊意译为印刷变体，亦佳，但 Variety 一字，有人不译为变体，而译为种类者，其意即谓正票之外，另有许多种类是也，意亦可通。故鄙人属稿时，偶尔用之，亦犹之无齿二字，虽为华邮图鉴中所常用，而对照表中，亦偶作光齿二字，意虽可通，而名则疑于歧出，故仍为尊改之名为常。又 Pen-Marked，本应译作钢笔画记，作铅笔者，乃排字者误植。在法文 Obliteration，本为消印之意，而英文之 Marked 则仅有记号之意，有时票上加以铅笔标记，而不算消印者。如青岛及德国、福州暂作票，即其一例。译此名时，颇为踌躇，然译义当以习用者为主，故此名仍以用消印二字为是。定名一事，似易实难。矧孤陋如余，仅以译文为主体，宜疏舛丛生，罅漏百出，为大雅所不取也。幸得阁下精通德意志文字，参稽互证，加以纠绳，何幸如之。尚祈于以后各期，时时史以勘正，则拜嘉之惠，普及邮林，不犹下走一人佩感已也。

——《邮乘》第 2 卷第 4 期（1925 年）

胡说（一）（1925）

胡适

我常对我的翻译班学生说："你们宁可少进一年学堂，千万省下几个钱来买一部好字典。那是你们的真先生，终身可以跟你们跑。"

我又常对朋友说："读书不但要眼到、口到、心到。最要紧的是手到。手到的工夫很多，第一要紧的是动手翻字典。"

我怕我的朋友和学生不记得我这句话，所以有一天我编了一支《劝善歌》：

> 少花几个钱，
>
> 多卖两亩田，
>
> 千万买部好字典！
>
> 它跟你到天边；
>
> 只要你常常请教它，
>
> 包管你可以少丢几次脸！

今天我偶然翻开上海《时事新报》副刊的"文学"第一百六十九期，内有王统照先生翻译的朗弗楼（Longfellow）的《克司台凯莱的盲女》一篇长诗。我没有细看全文，顺手翻过来，篇末有两条小注引起了我的注意。一条注说：

此句原文为 This old Te Deum，按：提单姆为苏格兰的一地方名。

这真是荒谬了。Te Deum 是一支最普遍、最著名的颂圣歌，Te 是你，Deum 是上帝。原文第一句为 Te Deum Laudamus（上帝呵，我们颂赞你），因此得篇名。这是天主教一切节日及礼拜日必用的歌，所以什么小字典里都有此字。我们正不须翻大字典，即翻商务印书馆的《英华合解辞典》（页一二三三），便有此字。这又不是什么僻字，王统照先生为什么不肯高抬贵手，翻一翻这种袖珍字典呢？为什么他却捏造一个"苏格兰的一地方名"的谬解呢？

第二条注说：

此处原 De Profundis 系拉丁文，表悲哀及烦郁之意。

这又是荒谬了。这两个拉丁文，也是一篇诗歌之名，即是《旧约》里《诗篇》的第一百三十首，拉丁译文首二字为 De Profundis，译言"从深处"，今官话译本译为"我从深处向你求告"。此亦非僻典，诗人常用此题；袖珍的《英华合解辞典》（页一四七〇）也有解释。王统照先生何以看轻字典而过信他自己的"腹笥"呢？

我因此二注，便忍不住去翻翻他的译文。译文是完全不可读的。开始第四行便大错；一直到底，错误不通之处，指不胜指。我试举一个例：

> 当我倾听着歌声，
>
> 我想我回来的是早些时。
>
> 你知道那是在 Whitsuntide 那里，
>
> 你的邀请单可证明永无止息时。

我们读这几句完全不通的话，正不用看原文，便可知其大错大谬。果然，原文是：

And, as I listened to the song,

I thought my turn would come ere long,

Thou knowest it is at Whitsuntide.

Thy cards forsooth can never lie.

（我听这歌时，

我就想，不久就要轮着我了，

你知道我的日期是在圣灵降临节的。

你的纸牌（算命的用牌）是不会说诳的。）

这四句里有多少错误，Turn 并非僻字，译为"回来"，一错也。ere long 是常见的习语，译为"早些时"，二错也。Whitsuntide 乃是一个大节，什么小字典都可查，《英华合解辞典》页一三七五并不难翻；今不译义，而加"那里"二字，可见译者又把此字当作"苏格兰的一地方名"了，三误也。这番话是盲女对那预言婆子说的，故说她的纸牌不会说诳。今译 cards 为"邀请单"，不知这位穷婆子邀请什么客？四误也。Lie 更非僻字，译作"止息"，五误也。Forsooth 译作"可证明"，六误也。即使老婆子发出邀请单，邀请单怎么会"证明永无止息时"呢？此七大误而一大不通也。

全篇像这样大谬的地方太多了。我再举一句作例吧：

他已来到！来到在末次！

原文是：

He has arrived! Arrived at last!

这样的句子尚不能翻译，而妄想译诗，这真是大胆妄为了！

一千八百年前有位姓王的说：

世间书传多若等类，浮妄虚伪，没夺正是。心喷涌，笔手扰，安能

不论。(《论衡·对作》篇）

近来翻译家犯的罪过确也不少了。但我们的朋友，负一时文誉如王统照先生者，也会做这种自欺欺人的事，我真有点"心喷涌，笔手扰"了。

十四,四,二五夜

——《现代评论》第 1 卷第 21 期（1925 年 5 月 2 日）

非逻辑（1925）

衣锦（周作人）

逻辑——这两个字我最讨嫌。我愿意照严几道称作名学，不能佩服章总长的改译，其理由如下：

一、逻字笔画太多，辑字声音不准。

二、以英语发音为据，不足为训。学术语译音应以拉丁或希腊文为依据，读法也应照德国古典学派，不得以惠勃斯忒为金科玉律。

三、译音而兼含义，最为下乘。严氏的"幺匿""拓都"并为识者所不取，这个译名同它相比也不见得怎么高明。

四、名学无改称之必要。学术用语极少一见明了的字，必加界说定义其意始明，庸人望文生义地解释在所难免，也不足为病，别无特地改称之必要，何况又改的并不更好。倘若怕人误解，那么许多学术名称都非改变不可，因为化学可以被解作乞丐之术，而科学者乃悉是应乡会试的学问也。

总之，名学的确是好东西，中国人此刻也正缺的是名学思想，但我们所要的是其实在的思想而并非虚空的名称。章总长只把逻辑不逻辑的名称弄定了，却没有把这 Logik 其物拿到中国来，其结果还是大家"不合逻辑",不过添了这四个字,大家可以互相斥骂而已。

——《京报副刊》(1925 年 4 月 11 日)

移译外国地名的商榷（1925）

杨世恩

"名从主人"这句话，是译学上的一个重要原则。可是在我国地理课本上，为着四四方方的象形文字，和世界通行的罗马字，不相融洽，凡是外国地名，大抵出于音译一途（间有意译）；又以各地方言庞杂，辗转流传，我国人口中的音，和外国地名的原字原音，大相径庭——，竟有汉译的外国地名，死记得熟极如流的，告之以原字原音，反瞠目不知所措！考其原由，厥有三端：一、不附原字。小学地理课本上，从前是找不到一个罗马字的；近年所出，末后虽附有中西地名对照表，急非将原字紧附译文，除掉检查便利以外，于读音上，毫无裨益。况且各书译文，又不一致，如：

Kongo，姚明辉所编地理教科书译作"公额"，丁督盦《世界改造地图》，译作"刚果"或"孔戈"（所引图籍，只择案头所有的，乞恕不备）；

Hamburg，姚编地理书译作"昂不尔厄"，普通地理书，译作"汉堡"；

Venice，姚编地理书译作"威内萨"，《中华新教育地理》译作"威尼斯"；

Warsaw，普通地理书译作"瓦萨"，《俄罗斯战后新兴国之研究》译作"华沙"；

Alsace-Lorraine，普通地理书译作"亚尔萨斯劳兰"，梁启超《亚尔莎士洛林两州纪行》译作"亚尔莎士洛林"；

Iberia，姚编地理书译作"以比利"，《中外地理大全》译作"伊布林"；

Geneva，《中华新教育地理》译作"日内瓦"，陈镐基《实用世界新地图》译作"给尼发"；

假使没见过原字的人们，哪里会知道是"一地异译"？还有如：

British Isles，译为"英吉利"；

United States，译为"美利坚"。

假使平日所见，只此方块儿的汉字，一朝看着原字，或便听着原字的读音，又哪里会知道是"异名同地"？

二、不读原音。欧美文字，形体虽似相同，读音每多歧异。我国地理书上的译文，往往把原字读作英音。譬如：

France，译作"法兰西"，不作"弗朗司"；

Lyon，译作"里昂"，不作"里雍"（作者限于程度，未能多所举例，至希原宥！）。

这和"名从主人"的原则，已是违背。还有如 Deutsches，是德国原字，英字作 Germany；我国地理书上依原字译作"德意志"或"独逸"，依英字译作"日耳曼"；文字的麻烦，莫此为甚！至于日本人用中国的文字，读他们自己的土音。（日本字音，分音读、训读两种：凡假用汉字，读以日本的土音，谓之训读；就汉字之音，而以字母拼读之，谓之音读。地名多训读。）所以纸面上明明写着"横滨"，读起来不作"ㄏㄥㄅㄧㄣ"，而作"ㄧㄜㄎㄜㄏㄚㄧㄚ"（日文作"ヨコハマ"）；纸面上明明写着"大阪"，读起来不作"ㄉㄚㄅㄢ"，而作"ㄜㄧㄙㄚㄎㄚ"（日文作"オーサカ"）；纸面上明明写着"马关"，读起来不作"ㄇㄚㄍㄨㄢ"，而作"ㄙㄧㄇㄜㄎㄜㄙㄇㄎㄧ"（日文作"シモノセキ"）：假使我们不照他们的原音读，就是胸中烂熟了许多日本地名，一入其地，乃是没用。为什么呢？我们所读的，所记的，都是无意识的两个或两个以上汉字相连的音，我们说出来，他们听不懂；他们说出来，我们也是听不懂；徒增纷扰罢了。

三、方言各别。我国方言庞杂，是无可讳言的。譬如："瓦"字，京音、国音俱作"ㄨㄚ"，吴音作"ㄨㄛ"；"厄"字京音作"ㄛ"，国音作"ㄜ"，吴音作"ㄨㄜ"；"鄂"字京音作"ㄛ"，国音、吴音俱作"ㄨㄛ"；"巴"字京音、国音俱作"ㄅㄚ"，吴音作"ㄅㄛ"；"马"字京音国音俱作"ㄇㄚ"，吴音作"ㄇㄛ"；"兰"字京音、国音俱作"ㄌㄢ"，吴音作"ㄌㄞ"；"瑞"字京音、国音俱作"ㄖㄨㄟ"，吴音作"ㄗㄟ"（ㄗ系闰音）……所以后面这些外国地名，我们吴人如果照着汉字的译文读，和原字原音，相差甚远。这不过就吴地而论，其他各地，想也有同样的困难吧！

Havana，译作"哈瓦那"；

Warsaw，译作"瓦萨"；

Geneva，译作"日内瓦"；

Ottawa，译作"鄂大瓦"；

Odense，译作"鄂丹斯"；

Ecuador，译作"尼瓜多"；

Elvas，译作"厄尔瓦斯"；

Panama，译作"巴拿马"；

Paris，译作"巴黎"；

Cuba，译作"古巴"；

Rome，译作"罗马"；

Marseilles，译作"马赛"；

Finland，译作"芬兰"；

Milan，译作"米兰"；

Sweden，译作"瑞典"；

Switzerland，译作"瑞士"。

照这样看来，我们要译音正确和统一，应当组织一个"译音统一会"，或者遇到外国地名，竟直接爽快地采用原字，不加移译；仅由通晓各国文字的人们，把该地名的原音，用万国音标注出来——就是用国音字母注它也好！遇国音字母不敷应用时，得加符号，或参用他国字母——使得教者学者，看了原字，就能读出原音。这样，不仅和"名从主人"的原则相符；而且学习地理的效力，也增加不少！

一九二三，一一，一

于金山一女高校

——《时事新报·学灯》（1925 年 5 月 15 日）

严复的翻译（1925）

贺 麟

此节乃拙著《翻译西籍小史》第四章中之一节。原书共分五章。除第一章绪论，论研究翻译史之旨趣及我国翻译外籍之起源外，其余四章分论翻译西籍史上的四个时期：一、翻译西籍发轫时期——明末清初之翻译；二、翻译西籍复兴时期——江南制造局及同文馆之翻译；三、林纾、严复时期之翻译；四、新文化运动以来之翻译。全书尚未脱稿，兹先发表此节于此。

作者识

严复，字几道，又字又陵，生于咸丰三年（1852），卒于民国十年（1921），比林纾迟生一年，早死三年，享年六十九岁。他幼即聪慧，词采富逸，师事同里黄宗彝，治经有家法。十四岁时（1866）考上沈文肃葆桢所创设的船政学校。光绪二年（1876）派赴英国海军学校，肄战术及炮台诸学，每试辄冠其曹。最擅长数学，又治伦理学、进化论，兼涉社会、法律、经济等学。这就是他在中国学术界和翻译界贡献的出发点。归国后，在北洋海军学堂当教习。庚子义和拳起义后，避居上海七年，他重要的译著，多半都成于这个时期。民国初，曾任京师大学堂（即现在北京大学）校长。晚年似为老病纠缠，无甚建白。

他回国后，曾就当时桐城大师吴汝纶学古文，造就很深。陈宝琛作的《严君墓志铭》谓："君邃于文学，虽小诗短札皆精美，为世宝贵。而其战术、炮台、建筑诸学，反为文学掩矣。"（见《学衡》第20期）他译的书所以能几与"晋、隋、唐、明诸译书相颉颃"（柳诒征语），所以"能与本国思想界发生影响者"（梁启超语）实基于此。

严复所译的重要的书，共有九种（表略）。严氏所译九种中，只有《原富》《法意》《群学肆言》《社会通诠》四书是取原书全译的。《群己权界论》及《中国教育议》，都不过是较长篇的论文，不能算是整本的西书。《天演论》也只是赫胥黎全集（共十二册）第九册《进化与伦理》中的序论与本论两篇。至于《穆勒名学》尚不及原书之半。故严氏的译品，质的方面，很少有人訾议；量的方面，却嫌其太少。

严氏何以仅译有薄薄的八九种，近不足以比林纾，远不足以比隋唐的大师呢？第一，因为他慎重翻译，"一名之立，旬月踟蹰，"不似林纾"耳受手追，声已笔止，"那样笔记式的对译属文之速。第二，柳诒征所论似亦确当："隋、唐译经，规模宏大，主译者外，襄助孔多。严氏则惟凭一人之力售稿于贾竖。作辍不恒，故所出者，亦至有限。"（见柳著《中国文化史》第五册137页，东大讲义本。）但严氏究竟也译了八九种名著，比近来等着译稿费买米下锅，或者只是课余抽暇从事的翻译家的译品，质与量的方面，都强多了。

讲严复的翻译，最重要的就是他选择原书的精审。兹分四层说明：

一、严复选择原书之卓识。他处在"中学为体、西学为用"的空气中，人人只知道西洋的声、光、电化、船坚炮利；且他自己又是海军人才，他不介绍造船制炮的技艺，和其他格致的书，乃能根本认定西洋各国之强盛，在于学术思想，认定中国当时之需要，也在学术思想。《天演论·序》说："风气渐通，士知弇陋为耻，而西学之事，问途日多。然亦有一二巨子，诞然谓彼之所精，不外象数形下之末；彼之所务，不越功利之间，逞臆为谈，不咨其实。讨论国闻，审敌自镜之道，又断断乎不如是也。"又如他《原强》一文谓："……其鸷悍长大，既胜我矣，而德慧术知，又为吾民所远不及。……其为事也，一一皆本诸学术；其为学术也，一一皆本于即物实测，层累阶级，以造于至精至大之涂。……苟求其故，则彼以自由为体，以民主为用。"这是他对于西洋文化的观察，也是他所以要介绍西洋学术思想的卓识。

二、严氏选择原书，是认定先后缓急和时势之需要而翻译，故每译一书都含有极深远的用意。译斯密氏《原富·例言》，最足表明此点："计学以近代为精密，乃不佞独有取于是书，而以为先事者，盖温故知新之义，一也；其中所指斥当轴之迷谬，多吾国言财政者之所同然，所谓从其后而鞭之，二也；其书于欧亚二洲始通之情势，英法诸国旧日所用之典章，多所纂引，足资考镜，三也；标一公理，则必有事实为之证喻，不若他书，勃窣理窟，洁净精微，不便浅学，四也。"又据蔡元培氏说，严氏译《天演论》时，本甚激进；常说"尊民叛君，尊今叛古"八个字的主义。后来，激进的多了，他乃反趋于保守。于民国纪元前九年，把四年前旧译穆勒的 *On Liberty*，特避去自由二字，改作《群己权界论》。又为表示不赞成汉人排满的主张，特译一部《社会通诠》，自序中说，"中国社会犹然一宗法之民而已"。不管他译书的旨趣对不对，但总足见他每译一书必有一番深远的用意。这也是严译的一种特色。

三、严氏所选译的书都是他精心研究过的。凡与原书有关系的书，他都涉猎过的。不然，他作的案语，必不能旁征博引，解说详明，且有时加以纠正或批评了。此点，试一阅严书的序言、小注或案语便知，恕不具引。

四、严氏所选译的书，他均能了悉该书与中国固有文化的关系，和与中国古代学者思想的异同。如《天演论·序》："及观西人名学，则见其于格物致知之事，有内籀之术焉，有外籀之术焉。……乃推卷两起曰，有是哉，是固吾《易》《春秋》之学也。迁所谓本隐之显者外籀也，所谓推见至隐者内籀也。"又说："夫西学之最为切实，而执其例可以御蕃变者，名、数、质、力四者之学是已。而吾《易》则名数以为经，质力以为纬。"又《群学肄言》《译余赘语》云："窃谓其书（指《群学肄言》）实兼《大学》《中庸》精义，而出之以翔实。以格致诚正为治平根本矣。"又《原富·例言》："谓计学创于斯密，此阿好之言也。……中国自三古以还，若《大学》，若《周官》，若《管子》《孟子》，若《史记》之《平准书》《货殖列传》，《汉书》之《食货志》，桓宽之《盐铁论》，降至唐之杜佑，宋之王安石，虽未立本干，循条发叶，不得谓于理财之义无所发明。"严氏类似此种之论调甚多，究竟有无附会之处，姑且勿论，但至少可知其并无数典忘祖之弊。一面介绍西学，一面仍不忘发挥国故。这也是严氏译书的特点。

通观翻译史上，关于选择原书一层，处处顾到，如像严复的，实未之见。

严复在翻译史上第二个大影响，就是翻译标准的厘定。他于《天演论·例言》里发表他的信雅达三条标准，原文谓：

> 译事三难：信、雅、达。求其信已大难矣，顾信矣不达，虽

译犹不译也，则达尚焉。

……此在译者将全文神理，融会于心。则下笔抒词，自善互备。至原文词理本深，难于共喻，则当前后引衬，以显其意。凡此经营，皆以为达，为达即所以为信也。

《易》曰："修辞立诚。"子曰："辞达而已。"又曰："言之无文，行之不远。"三者乃文章正轨，亦即为译事楷模。故信、达而外，求其尔雅。……

他这三个标准，虽少有人办到，但影响却很大。在翻译西籍史上的意义，尤为重大；因为在他以前，翻译西书的人都没有讨论到这个问题。严复既首先提出三个标准，后来译书的人，总难免不受他这三个标准支配。

但是，严复自己的译品，究竟是不是信达雅兼备呢？他每译一书是否极忠实地遵守他自定的标准呢？我们且看后人对他的批评吧。

傅斯年说："严几道先生译的书中，《天演论》和《法意》最糟……这都是因为他不曾对于原作者负责任，他只对自己负责任。"又说："严先生那种达旨的办法，实在不可为训；势必至于改旨而后已。"（见《新潮》一卷三号 532 及 539 页）

蔡元培说："……他（指严复）的译文，又很雅驯，给那时候的学者，都很读得下去。所以他所译的书在今日看起来或嫌稍旧，他的译笔也或者不是普通人所易解。"（见《五十年来中国之哲学》第 1 页）

傅氏责严译失之信，蔡氏说严译在当时雅而且达，但或非今日普通人所易解。胡适说："严复的英文与古中文程度都很高，他又很用心不肯苟且，……故能勉强做到一个达字。"又说："严复的译书，有几种——《天演论》《群己权界论》《群学肄言》，——在原文本有文学价值，他的译本，在古文学史也应该占一个很高的地位。"（《五十年来之中国文学》56页）前段说严译达，后段说严译雅。

不过他们几位的批评，都失之笼统。比较有切实批评的是张君劢氏。张氏对阅严译后的批评，谓严氏"以古今习用之说，译西方科学中之义理。故文学虽美，而义转歧。"又说："总之，严氏译文，好以中国旧观念，译西洋新思想，故失科学家字义明确之精神。"张氏还是称其文之美，而责其义之不信。（见申报馆《最近之五十年》）

至于说严译三善皆备者，也还是有人。

胡先骕说："严氏译文之佳处，在其殚思竭虑，一字不苟，'一名之立，旬月踟蹰'。故其译笔信雅达三善俱备。吾尝取《群己权界论》《社会通诠》与原文对观，见其义无不达……要为从事翻译者永久之模范也。"

傅斯年和张君劢所指责的是《天演论》《法意》《穆勒名学》三书，而胡先骕所称赞的是《群己权界论》及《社会通诠》。他们三人的意见，其实并无冲突。

平心而论，严氏初期所译各书如《天演论》（1898）《法意》（1902）《穆勒名学》（1902）等书，一则因为他欲力求旧文人看懂，不能多造新名词，使人费解，故免不了用中国旧观念译西洋新科学名词的毛病；二则恐因他译术尚未成熟，且无意直译，只求达旨，故于信字，似略有亏。他中期各译品，实在可谓三善俱备：如《群学肄言》，虽成于壬寅（1902）岁暮，但书凡三易稿；如《原富》几可算是直译，他于例言里说："虽于全节文理，不能不融会贯通为之，然于辞义之间，无所颠倒附益。"又如《群己权界论》虽于1899年译成，但于1903年加以改削后才出版的。《社会通诠》亦成于1903年。这四种都算是严复中期的译品，比前后两期的都译得好些。到了 1908 年译《名学浅说》，他更自由意译了。序里说："中间义旨，则承用原书，而所引喻举例，则多用己意更易，盖吾之为书取足喻人而已，谨合原文与否，所不论也。"他这种"引喻举例多用己意更易"的译法，实在为中国翻译界创一新方法。我们可称之曰"换例译法"。若能用得恰当，也是译外国书极适用的方法。近年如费培杰所译《辩论术之实习与理论》（1921，商务印书馆出版）、廖世承译的《教育之科学的研究》（1923，商务印书馆出版）都是采用这种更易例子的译法。至 1914 年所译之《中国教育议》，乃系用报章文学体，译得更为随便。此两种代表他末期的译品。

总结起来，我们可以下三个判断：

一、严复的译文很尔雅，有文学价值，是人人所公认无有异议的。

二、严译虽非今日普通人所易解，但能使旧文人看明了，合于达的标准，这也是无人否认的。严氏自己对于此点也很有自信心。他说："不佞此译，颇贻艰深文陋之讥，实则刻意求显，不过如是。"（《天演论·例言》）又说："海内读吾译者，往往以不可卒解，訾其艰深，不知原书之难，见实过之。理本奥衍，与不佞文字固无涉也。"（《群己权界论·例言》）而且他附加的案语、小注等，也可促读者对于原文的了解。

三、讲到信的方面，第一期的三种，似乎偏重意译，略亏于信；第二期的译品则略近直译，少可讥议。第三期所译《名学浅说》《中国教育议》，不甚重要，且所用译法也与前两期不同，我们可以不必深究。

他在《天演论·例言》里曾经声明过："词句之间，时有所颠倒附益，不斤斤于字比句次。"又承认他那种译法，不可为训，劝人勿学道："题曰达旨，不云笔译，取便发挥，实非正法。"这种真实态度，也值得称他一个"信"字。

以上讨论严译信雅达三方面，现在让我从他三期译品中各举出几条来作实例。

他第一期的译品当首推《天演论》，我觉得天演论中第一段最好：

> 赫胥黎独处一室之中，在英伦之南，背山而面野。槛外诸境，历历如在几下。乃悬想二千年前，当罗马列大将恺彻未到时，此间有何景物。计惟有天造草昧，人功未施，其借征人境者，不过几处荒坟，散见坡陀起伏间。而灌木丛林，蒙茸山麓，未经删治如今日者，则无疑也。怒生之草，交加之藤，势如争长相雄，各据一抔壤土。夏与畏月争，冬与严霜争，四时之内，飘风怒吹，或西发西洋，或东起北海，旁午交扇，无时而息。上有鸟兽之践啄，下有蚁蟓之啮伤。憔悴孤虚，旋生旋灭。菀枯顷刻，莫可究详。是离离者亦各尽天能，以自存种族而已。数亩之内，战事炽然，强者后亡，弱者先绝。年年岁岁，偶有遗留。未知始自何年，更不知止于何代。苟人事不施于其间，则莽莽榛榛，长此互相吞并，混逐蔓延而已，而诘之者谁耶？（《天演论》第1小页，英文原本1—20页）

我们读此段，俨有读先秦子书的风味。（此段特别似《庄子》）吴汝纶称其"骎骎与晚周诸子相上下"，实非阿好之言。他的第二期的译品中，我们可以从《群学肄言》里抄两段来作代表。原书第四章论群学之难云：

何言乎所治之难耶？夫天学高矣远矣，悠矣久矣。顾其所揆候推算，如日星之躔，逆伏出入之变，皆目力所可以径加，有璇玑之察，有晷刻之纪。而群学之所揆候推算者不然；力学之所治者，统热电声光以为纬，分流凝动静以为经；质学之所治者，自金石之原行，逮动植之官品，号繁赜矣，然亦皆耳目所径治，程验所得用，其品可以类分，其量可以度别，而群学之品物权度，又不若是之易为；生学之理虽玄，然可得以微察也；心学之变虽隐，然可得以内照也。而群学所有事者，其为物互着，其为事间有。必汇其情境，而详审之，而并观之，其变象又一一焉皆繁而不简，散处于大宇长宙之间，势不可以遽集。故虽有至大之经例，至明之人理，若斯密《原富》所表而出之分功，皆迟之又久而后见。夫群进而民任职不同，此其通例，固易见也。顾知是之经纶，非天创，非人设，非帝王之所诏教，非黔首之所利图，皆出于自然，而莫为之所。故欲见其会通，立之公例，必取无数群之人事，而详审并观之，又必于群演浅深，得其精粗疏密之致，而后通例见焉。夫分功，理之易明，例之易立者耳，乃其事若此，知此则群学所治之难，可共喻矣。（译本 59—60 页，原本 65 页）

此段有两点可注意：第一，将原书说治群学之难之意，透彻译出，而无颠倒删削。第二，增加了许多原文所无之词句，不唯未变原意，且使原文更显明透达，译文更美丽流畅。《群学肄言》第五章还有一段，说明目妄之理，吾人读之，觉其理甚达，而其文反较斯氏原文为美。译文如下：

望舒东睇，一碧无烟，独立湖塘，延赏水月，见自彼月之下，至于目前，一道光芒，混漾闪烁，谛而察之，皆细浪沦漪，受月光映发而为此也。徘徊数武，是光景者乃若随人。颇有明理士夫，谓是光景为实有物，故能相随，且亦有时以此自诩。不悟是光景者，从人而有，使无见者，则亦无光，更无光景，与人相逐。盖全湖水面，受月映发，一切平等，特人目与水对待不同，明暗遂别。不得以所未见，即指为无。是故虽所见者为一道光芒，他所不尔。又人目易位，前之暗者，乃今更明。然此种种，无非妄见。以言其实，则由人目与月作二线入水，成角等者，皆当见光。其不等者，则全成暗。惟人之察群事也亦然，往往以见所及者为有，以所不及者为无。执见否以定有无，则其思之所不赅者众矣。（译本 73 页，原本 83 页）

严氏最后所译卫西琴《中国教育议》（1914）中有一段云：

早稻田大学校教员……尝著论告少年人曰："吾国之多少年人，皆处可哀之境，大抵谓之学校奴隶可耳。……每年三数百六十五日所昼夜矻矻者，以考试也。科目过繁，过其留驻力之所堪任，而心赏神会之能，则丝毫无所发展。不但其无所发展也，且重困之。是以学成如木鸡然，常识且丧，而推籀之心力全无。其为学既少优游之趣，自无自得之欣，黾勉何为，凡为考耳。问彼何为而佇苦停辛若此，无他，求毕业之文凭也。无此文凭，寒士一入人间，计且无从得会。……是以吾辈之论此事，宜悬两端于心目中，一是虚糜精力，一是将以谋生。但试问不必虚糜精力，而可以省费且资生者，夫岂无法。"此鄙人之所欲入后详发，以就正诸公者也。(《现代十大家文钞》第三册 7 页，上海进步书局本）

读此段，便知与前两期的译文大有区别。前两期所译的是学术文字，刻意求其工雅。而此篇不过是报章文字，故未经雕琢，取足喻人而已。

虽然，只举了上面几个例子，严氏各期译文的特色，已了如指掌。以上所引，都是散文，从《天演论》里，我们还可以找出严氏零星的译诗。兹抄在下面，以见一斑。

（一）译自赫胥黎所引朴柏（Pope）《原人篇》（*Essay on Man*）长诗中的几句：

> 元宰有秘机，斯人特未悟；
>
> 世事岂偶然，彼苍审措注；
>
> 乍疑乐律乖，庸如各得所；
>
> 虽有偏沴灾，终则其利溥；
>
> 寄语傲慢徒，慎勿轻毁诅；
>
> 一理今分明，造化原无过。

（《天演论》下卷论十二 35 页，商务印书馆本）

附原文：

> All nature is but art, unknown to thee;
>
> All chance, direction which thou canst not see;
>
> All discord, harmonny not understood;
>
> All partial evil, universal good;
>
> And Spite of pride，in erring reason's spite，

One truth is clear: whatever is, is right.

（Huxley: *Collected Essays*, Vol IX, P.72）

（二）译自丁尼生 Ulyssess 长诗中的几句：

挂帆沧海，风波茫茫；

或沦无底，或达仙乡；

二者何择，将然未然；

时乎时乎，吾奋吾力；

不竦不戁，丈夫之必。

（《天演论》下卷论十七；51 页）

附原文：

...Strong in will

To Strive，to seek，to find，and not to yield,

It may be that the gulfs will wash us down，

It may be we shall touch the Happy Isles,

...but Something ere the end，

Some work of noble note may yet be done.

（Huxley：*Collected Essays*, Vol IX, P.86）

以上二首译诗，虽然是几句碎锦，但英国诗之被译为中文者，恐要以此为最早。

严复译品的各方面，都已略略说到了。兹试再进而研究严氏翻译西籍之副产。因为他的译品的本身固值得我们研究，而他的译品的副产也值得我们研究；他的翻译于中国学术思想有很大的影响，而他翻译的副产于中国学术思想也有很大的影响。兹分四层来说：

（一）附带介绍之学说。如达尔文之《物种起源》，期宾塞之《综合哲学》，马尔萨斯之《人口论》，均于天演论案语中撮出其大意；且上溯希腊各大哲如泰勒斯（Thales）、苏格拉底、柏拉图、亚里士多德、伊壁鸠鲁之学说，《天演论》案语中，亦有极简略之介绍。又如于《民约平议》一文中，于卢梭《民约论》之利弊，及欧洲政治思想变迁之源流，亦均论之甚详。此外类似此样附带介绍之学说也很不少。

（二）旧史式的列传。如译《原富》，则并作《斯密亚丹传》，译《法意》则并作《孟德斯鸠传》。这两篇传，都是仿《史记》的做法，起以"某某者某某地人也，"而以"译史氏曰……"一短论作结。简述二氏生平，而加以论评，感想，取材精审，文亦甚美。（胡君复所选之《当代八大家文钞》，上海进步书局出版之《现代十大家文钞》，均选有此两篇。）惜严氏所作此类文字并不多。

（三）旧思想习惯之攻击。关于此项材料，以《法意》案语中为最多。其斥中国人之无公德及国家观念云："……而最病者，则通国之民，不知公德为何物，爱国为何语，遂使泰西诸邦，群呼支那为苦力国。何则终身勤勤，其所恤者，舍一私而外，无余物也。"又攻击泥古之病，提倡自由思想云："呜呼，不自用其思想，而徒则古称先，而以同于古人者为是非，抑异于古人者为是非，则不幸往往而妄，即幸而有时偶合而不妄；亦不足贵也。"又他对于旧婚姻制度和贞操观念，攻击最力，如云："……己则不义，而责事己者以贞。己之滕姜，列屋闲居。而女子其夫既亡，虽恩不足恋，贫不足存，而其身犹不可以再嫁。夫曰，事夫不可以二固也，而幽居不答，终风且暴者，又岂理之平者哉？……独夫妇之际，以他人之制，为终身之偿，稍一违之，罪大恶极。呜呼，是亦可谓束于礼而失其和矣。……他如嫡庶姑妇，前子后母之间，则以类相从，为人道之至苦。过三十年而不大变者，虽抉吾眼，拔吾舌可也。"凡此所说，此时看来，虽觉平常，但在当时却系新奇过激之论，于改变旧思想，旧习惯，至为有力。

（四）对于政治社会的主张。他对于政治社会的主张，几尽可于译《法意》的案语里寻出。如他主张晚婚云："……吾谓东方婚嫁太早之俗，必不可以不更。男子三十，女子二十，实至当之礼法，当以令复之。不独有以救前弊也，亦稍已过庶之祸。"他当时主张君主立宪甚力，曾反复鼓吹。如云："立宪之国，最重造律之权。所有变更垂创，必经救十百人之详议，议定而后呈之国主，而准驳之。比其法之所以无苟且，而下令当如流水之源也。"又如："……是以今世之国，以非立宪与立宪者角，即以大莅小，以众莅寡，将万万无胜理。"又如："盖立宪之国，虽有朝进夕退之官吏，而办有国存与存之主人，主人非他，民权是已。民权非他，即为此全局之画长久之计者耳。"此类言论，在当时颇耸人听闻，影响政治很大。以翻译的副产而影响及政治，则其翻译效力之大，也就可想见了。

未了我们试看一看严复的翻译事业在中国的功绩和影响。

梁启超说：

> 西洋留学生与本国思想界发生影响者，复其首也。（见《清代学术概论》）

张嘉森说：

> ……侯官严复以我之古文家言，译西人哲理之书，名词句调皆出独创。译名如"物竞""天择""名学""逻辑"，已为我国文字中不可离之部分。其于学术界有不刊之功，无俟深论。（《最近之五十年》，张氏论文第1页）

蔡元培说：

> 五十年来介绍西洋哲学的，要推侯官严复为第一。（见申报馆《最近之五十年》）

胡适说：

> 严复是介绍近世思想的第一人。（同上）

言严复之功绩及影响较详者，当推日人稻叶君山所著之《清朝全史》一书。其论清朝之革命与革新一章云：

> 此时（指清革新时代）重要之著作，如康有为之孔教论，严复所译之《天演论》，当首屈一指。自曾国藩时代所创始之译书事业，虽有化学、物理、法律各种类，然不足以唤起当时之人心。至此二书出而思想界一变。《天演论》发挥适种生存，弱肉强食之说，四方读书之子，争购此新著。却当1896年中日战争之后，人人胸中，抱一眇者不忘视，跛者不忘履之观念。若以近代之革新，为起端于1895之候，则《天演论》者，正溯此思潮之源头，而注以活水者也。（《清代全史》卷下，第四章第30页，中华书局）

综上各说，则严复的翻译于中国学术思想之影响与功绩，不难概见了。

——《东方杂志》第22卷第21期（1925年11月）

劝文豪歌（1925）

语堂（林语堂）

胡适之先生在《现代评论》第二十一期一篇"胡说"文中指出王统照先生翻译的误谬，并且在篇首有一首"劝善歌"劝文豪买字典译书，歌曰：

> 少花几个钱，
>
> 多卖两亩田，
>
> 千万买部好字典！
>
> 它跟你到天边；
>
> 只要你常常请教它，
>
> 包管你可以少丢几次脸！

但是这样劝人买字典译书很容易变成劝人抱字典译书，此乃绝对走不通的路。而且该文中所举有一句"Thy cards forsooth can never lie"王君竟把平常的 cards 字与 lie 字译错，变成"你的邀请单可证明永无止息时"一句不通的话，这可证明一个人英文的根底未深，要靠字典译书是绝对不可干的勾当。今日译界成绩的坏未始非由学者抱字典译书的信心过重所致。顺便按原韵诌一首歪诗以劝现在及未来的译家：

> 落日楼头，

断鸿声里，

近代文豪，

把文法看了，

字书检遍，

终难会，

原文意。

想花两块钱，

想卖两亩田，

真正买了一部大字典！

可是问题不是这么简单！

牛头难对马嘴，

字义每每双关：

lie 为"说诳"，也是"卧眠"，

cards 为"纸牌"也是"名片"

——这岂不太叫文豪为难？

这却要怎么办？

这却要怎么办？

小弟二言奉劝；

一曰不翻，

一曰不刊。

切切不可听胡适之的话，

须知名誉要紧：

千万珍重，珍重千万！

——《语丝》第 31 期（1925 年 6 月 15 日）

难译≠必译不好（1925）

江绍原

评《莎翁杰作集》第一种，哈孟雷特

Shakespeare 原著

田汉译　中华书局出版

　　糟鸭的确比凉拌黄瓜难做——难做得多。但是谁肯因为凉拌黄瓜容易拌，就情愿吃糟的不好的鸭子？谁能想象一个买糟鸭的人，手里一面掏钱，嘴里一面说道："糟这东西比拌黄瓜难，不好不要紧，不好不要紧。"如果真有这种不懂事的顾客，至少他该吃老板的一记耳光："打你这个看不起人的讨厌鬼！"

　　且慢；上面的几句话，不免冒犯了若干位译品批评家。他们普通总以为把容易译的作品译坏，才该受批评，至于难译的东西没译好，那是可原谅的；"译这东西比译那东西难，不好不要紧，不好不要紧。"呜呼！焉得商务或中华老板敬以一记耳光，打他那个看不起人的讨厌鬼！

　　其实前面两节文的目的，与其说是煽动人打批评家的耳光，不如说是想塞住他们的嘴，省得他们又来说什么《哈孟雷特》既然特别难翻译，所以我的译评等于废话。

莎士比亚的脚本诚然难译：一来大文豪的吐属，非常人所能及；二来因为他用的字和文法，与近代英文里的不一样。但是这也不过等于说糟鸭子难做。而难做的东西并不等于没人没法做得好的东西。所以我们此刻批评田君的翻译，虽然是与他不客气，但也是表示我们看得起人也。

友人杨金甫，根本上怀疑莎翁的作品是可以用田君那种疙里疙瘩的白话来译的。我很乐意说我完全和他同意。但我并不以为非译成典雅的古文不可，虽则近来，一行写到底和一行不写到底的白话，多过真正的白话文和白话诗。原来极有情趣的文，在田译里面往往只是苦稻草，甘蔗渣，碎蜡烛。今举译文两段于下，一长一短，读者与原文比较读之，便知我们非厚诬田君者。

> 乱裹着的王后，赤着一双脚跑来跑去；哭得发昏的眼里洒出来的泪雨使火焰为之不明；她那昨天还带着宝冠的头上现在只蒙着一块破布；她的生育过多的瘦腰之间只缠着一条绒毯，心惊胆破的怕人家捉她；谁看见她，以浸着毒液的舌咒骂运命之神不该昌言叛逆。若是天上的神祇当时看见了这个惨景，听见她当弻拉斯刺杀她丈夫的时候所发出来的哀声，除非他们的情感非人世哀乐所能动便罢，否则也会天眼含愁，神心惨痛。

我们恐怕即使梨花大鼓的鼓词里，也不至于有这种既不自然又不精练的话；奈何执笔白话文的译者竟让作鼓词的人胜我侪一筹。且看原文：——

But who, O, who had seen the mobled queen

Run barefoot up and down, threatening the flames

With bisson rheum; a clout about that head

Where late the diadem stood; and for a robe,

About her lank and o'erteemed loins,

A blanket, in the alarm of fear caught up;

Who this had seen, with tongue in venom steep'd,

'Gainst Fortune's state would treason have pronounced;

But if the gods themselves did her then,

When she saw Pyrrhus make malicious sport

In mincing with his sword her husband's limbs,

The instant burst of clamour that she made, ——

Unless things mortal move them not at all——

Would have made milch the burning eyes of heaven

And passion in the gods.

观剧之时，王后叫 Hamlet 靠住她坐；而他却要同他的恋人亲近些，所以拒绝道："No, good mother, here's metal more attractive." 田君译为"不，好母亲，这块金属更诱人些。"请问还有什么情趣？田君的序说他全书译完之后，已经"细心订正"过"错处不少"。但我们所见的民国十一年发行的本子，里面有很多的"粗心之处"。例如前面所引的第一段吧，"in the alarm of fear caught up"显系指"blanket"，而田君则以为系女王自道，故译作"心惊胆破的怕人家捉她"。"谁看见她……"一句不对；若顺着译者的字，应改为"谁看见她，会不以浸着毒液……"

再道破一两个错误就算了事吧。（Act I, Scene 5:（Horatio）O day and night, but this is wonderous strange!（Hamlet）And therefore as a stranger give it welcome. 此处是莎翁或 Hamlet "播弄" strange 一字（西林所谓 "玩……字"），固然难译，然田君谓 "（1）阿，日月啊，这真是一件大怪事；（2）那么，你们只做个外乡人来听我这件怪事"，则大不可。又如 Polonius 给他们的女儿一本 prayer book，吩咐她装出独自 "修静" 的模样给 Hamlet 看。田君似乎没认清这本书的性质，难怪把这个老滑头的话译错，如 exercise 译为 "温习功课"（虽则宗教上的静修，中国普通也叫作功课），devotion 译为 "专心"。于是乎那假装 "学道" 的小姐，变成假装专心温习家政学教科书的女学生了。

（附原文与译文：Read on this book; that show of such an exercise may colour your loneliness. We are oft to be blamed in this，— 'Tis too much proved，— that with devotion's visage and pious action we do sugar o'er the devil himself（Act III，Scene 1），"你读着这本书；你只做温习功课，殿下就不疑你何以一个人坐在这里了。我们常常受着这样的苛责——这是由我一生的经验证明了的——就是我们好把很专心的相貌，很虔诚似的举动，来遮掩我们恶魔的本性。"）

田君自称为 "试译者"，并望他的 "师友不吝指教"，好出再版。我们以为，他如果不能修正许多错误之处并将全书从头到尾仔细润色一道，使它真像本文学书，我们不希望此书再版。

最后一句话；杨金甫说配译莎翁作品的人还没出世呢。我想……这有几分可靠。

翻译（1925）

苏（苏汶）

　　近来国内翻译的东西真是糟到不成样子了。翻译本不是一桩容易的事情，或者竟可以说比自己做东西还要难些，因为自己做东西的时候，意思多，多说几句，意思少，少说几句，见得到的地方便说，见不到的地方尽可以不说。翻译别人的东西却就大不相同了。如果你觉得一本书坏到不值得翻译的地步，你当然不必去译它，并且亦不应该去译它。但是假使你以为它有译的价值，只要一提起笔来，你就应该竭尽你的能力，十分忠实地把原书里的思想同感情刻画传达出来才对。谁都知道一本书要译得同原文丝毫不两样，那是做不到的事情。因为不但各人的思想、感情、文笔的神致、风格，各各不同，不能模仿尽肖，并且还有文字上不同的关系。举个极端的例吧，譬如法国的法郎士（France）或是俄国的托尔斯泰（Tolstoy）若是把他们自己的几种有名的作品照样重新用英文或是汉文再写一遍，我敢说，那些作品的神韵、格调一定亦会有不同的地方的。一个人自己用两种不同的文字发表同样的东西，尚且如此，何况译别人的东西呢？所以如果译书不能译得完全像原书一样，那是无可如何的事情，不足为译者之耻。可是我们决不能拿了上面的话当作护身符来胡作乱为。我觉得我们想要去译一本书的时候，至少应该先把它仔细读过一遍（这句话或者有人看了以为是废话，其实你要知道现在中国看了一个时髦的书名或是一个文豪的名字就想动手翻译，译着上句不知道下句说什么的人多得很呢），觉得自己对于那本书的旨趣、精义确有一种融贯的了解，再盘算一盘算我对于所要译成的那种文字是否能运用到使人看了能够明白的程度，如果仔细想了一番，自己觉得确有把握，然后才可以动笔。这个限度我以为是小得不能再小了，译艰深的东西固然应该如此，译浅易的东西亦应该如此。

可是现在国内有许多在那里译东西的人，却连这一点儿还谈不到。说什么译书要"信""达""雅"，离开"通"字还不知差多少路。他们在外国文方面闹的话柄连程度好一点的中学生都要笑掉下巴；汉文方面呢，只求把许多字好歹连在一块儿，就算了事，说什么别的，有时候连文义都没有。结果是，报纸杂志上的书评虽然极少，可是一有人作，便成了"说笑话""挖苦人"的文章，其实不过因为荒谬的东西遍地皆是，你随便捡起一本，翻开一处，都是笑死人，气死人的材料，所以只觉得批评者都是刻薄鬼同好挑剔的人了。

弄来弄去，弄到现在，许多人听见了翻译的东西就头痛，碰见了翻译的东西就丢得远远的。在中国现在这种需要外国书救命的沉寂萎靡的学术界里，许多很好的外国著作，像中国出口的丝、茶似的，因为半路上被只知谋利的奸商掺了水，上了颜色，弄得信用扫地，无人敢于过问，这是谁的责任？在中国学术界一方面这是一桩大损失，在外国著作那方面是一个大冤屈。可是那些译书的人谁来管你什么损失不损失，冤屈不冤屈！只要你高兴译，有的是日报杂志替你登载，有的是名流替你作序，有的是学会替你保镖，有的是大书馆替你发行，你利用我，我利用你，彼此名利双收，又何乐而不为呢？好在丢脸、吃亏的是中国学术界，倒霉上当的是好学的青年，于他们没有什么相干！

但不知究竟还有肯拿点良心、负点责任出来想想法子的人没有？

——《现代评论》第 1 卷第 25 期（1925 年 5 月 30 日）

希腊人名的译音（1925）

凯明（周作人）

从师大出来，在琉璃厂闲走，见商务分馆有一种《标准汉译外国地名人名表》，便买了一本回来。我对于译音是主张用注音字母的，虽然还不够用一点；但在现今过渡时代有许多人还不认识，用汉字也是不得已的办法，只要不把它译成中国姓名的样子。商务的这本表除采用通行旧译外，都用一定的字去表示同一的音，想把译名略略统一，这是颇有意义的事，其能成功与否那是别一问题。表中用字不故意地采取艳丽或古怪的字面，也不一定要把《百家姓》分配给外国人，都是它的好处。还是一层，英、德、法、意、西各国人地名的音悉照本国读法，就是斯拉夫族的也大都如此，实行"名从主人"之例，也是可以佩服的。中国人向来似乎只知道有一个英吉利国在西海中，英文就是一切的外国文，英文发音是一切拼音的金科玉律，把别国本国或人名拼得一塌胡涂，现在明白起来了，姓张的不愿自称密司忒羌，也不愿把人家的姓名乱读，这本《表》可以说是这个趋势的表示，也可以当作提倡与号召。

然而，我看到古典人名的一部分却不能不感到失望。有许多希腊罗马的人名都还遵照英文的读法，因此译得很不正确。我们现在举几个希腊字为例。本来英国的希腊文化最初都由罗马间接输入，罗马与希腊语虽然是同系，字母却是不同，罗马人译希腊人名便换上一两个容易误会的字母，又迁就自己的文法把有些语尾也变更了，英国人从而用自己的发音一读，结果遂变成很离奇的名字。我们要"名从主人"地读，第一步须改正或补足缺误的语尾，再进一步依照那方板的德国派把它还原，用别的罗马字写出，读音才能得当。如首先，希腊的两个大悲剧家，《表》上是这样写：

（1）Aeschylus 伊士奇

（2）Sophocles 索福克（或索福克俪）

这都是英国式发音的旧译，是不对的。第一个应该作 Aiskhulos，若照商务汉译表的规定当云"爱斯屈罗斯"，其二作 Sophocles，汉译"索福克雷斯"。

其次，有神话上师徒两位：

（3）Dionysus 带奥奈萨斯

（4）Silenus 赛利那斯

其实，（3）当作 Dionusos，汉译"第奥女索斯"，（4）Seilenos，汉译"舍雷诺斯"。

复次，这是两个美少年而变为花草者，即今之风信子与木水仙，大家都是相识的：

（5）Hyacinthus 亥阿辛塔斯

（6）Narcissus 那息萨斯

这位风信子的前身应作 Huakinthos，汉译"许阿琴托斯"，其他一位是 Narkissos，汉译"那耳岐索斯"。

最后，我们请出两位神女来；

（7）Circe 塞栖

（8）Payche 赛岐

第一个是有名的太阳的女儿，她有法术，把过路旅客变成猪子，还将英雄"奥度修斯"留住两年，见于史诗《奥度舍》（*Odyssey*），她的本名乃是 Kirke，汉译"岐耳开"。——说也可笑，我在二十年前译过一本哈葛得、安度阑合著的小说，里边也把它读如 Sest，译为很古怪的两个字，回想起来，真是以今日之我与昨日之我战了。那第二个神女本名 Puskhe，译云"普绪嘿"，她的尊名因了"什科洛支"的名称通行世界（最近又要感谢福洛伊特），大家都有点面善，但她是爱神（Eros）自己的爱人，他们的恋爱故事保存在《变形记》（*Meta-morphoese*）中，是希腊神话里最美的一章，佩忒（Pater）的《快乐派马留斯》中也转述在那里。

这一类的古典人名译得不正确的还不少，希望再版或《地名人名辞典》出版时加以订正，不特为阅者实用计，也使这《表》近于完善，不负三年编纂与十一学者校阅之功云尔。

十四年五月二十日，于北京沟沿

今日收到新月书店出版的潘光旦君著《小青之分析》，见第二章"自我恋"中亦说及 Narcissus，而译其音曰"耐煞西施"，则更奇了。其后又云，"至今植物分类学之水仙属即由此得名；Narcissus 希腊语原义为沉醉麻痹，殆指耐煞西施临池顾影时之精神状况也。"此不免如潘君自云，"因果之间不无倒置"。盖此种说明缘起之神话都是先有物而后有人及故事，故此美男子临流顾影的传说乃由水仙花演出，并非水仙花由此少年得名（Echo 之解释亦准此）。又 Narkissos 一字从 Narkē 化出，义云麻痹，但此系因水仙属之有麻醉性，查英国 Skeat 语源字典即可知，而不是为美男子所造者也。从字义方面解析故事，本亦殊有趣味，但若稍涉差误牵强，便没有多少意思了。

十六年十一月六日附记

——《语丝》第 29 期（1925 年 6 月 2 日）

《陀螺》序（1925）

周作人

【……】这集子里所收都是翻译。我的翻译向来用直译法，所以译文实在很不漂亮，——虽然我自由抒写的散文本来也就不漂亮。我现在还是相信直译法，因为我觉得没有更好的方法。但是直译也有条件，便是必须达意，尽汉语的能力所及的范围内，保存原文的风格，表现原语的意义，换一句话，就是信与达。近来似乎不免有人误会了直译的意思，以为只要一字一字地将原文换成汉语，就是直译，譬如英语的 Lying on his back 一句，不译作"仰卧着"而译为"卧着在他的背上"，那便是欲求信而反不词了。据我的意见，"仰卧着"是直译，也可以说即是意译；将它略去不译，或译作"袒腹高卧"以至"卧北窗下自以为羲皇上人"是胡译；"卧着在他的背上"这一派乃是死译了。古时翻译佛经的时候，也曾有过这样的事，如《金刚经》中"与大比丘众千二百五十人俱"这一句话，达摩笈多译本为"大比丘众共半十三比丘百"，正是相同的例；在梵文里可以如此说法，但译成汉文却不得不稍加变化，因为这是在汉语表现力的范围之外了。这是我对于翻译的意见，在这里顺便说及，至于有些天才的人不但能够信达雅，而且还能用了什么译把文章写得更漂亮，那自然是很好的，不过是别一问题，现在可以不多说了。

集内所收译文共二百八十篇，计希腊三十四，日本百七十六，其他各国七十。这些几乎全是诗，但我都译成散文了。去年夏天发表几篇希腊译诗的时候，曾这样说过："诗是不可译的，只有原本一首是诗，其他的任何译文都是塾师讲《唐诗》的解释罢了。所以我这几首《希腊诗选》的翻译实在只是散文达旨，但因为原本是诗，有时也就分行写了：分了行未必便是诗，这是我所想第一声明的。"所以这不是一本译诗集。集中日本的全部，希腊的二十九篇，均从原文译出，其余七十五篇则依据英文及世界语本，恐怕多有错误，要请识者的指教。这些文章系前后四五年间所写，文体很不统一，编订时不及改正，好在这都是零篇，不相统属，保存原形或者反足见当时的感兴：姑且以此作为辩解吧。

这一点小玩意——一个陀螺——实在没有什么大意思，不过在我是愉快的玩耍的纪念，不免想保留它起来。有喜欢玩耍的小朋友我也就把这个送给他，在纸包上面写上希腊诗人的一句话道：

　　一点点的礼物

　　藏着个大大的人情。

民国十四年六月十二日，记于北京

——《语丝》第 32 期（1925 年 6 月 22 日）

译书（1925）

沧硕

在今日智识饿荒的中国，对于一切书籍的需要，都有"饥不择食"的情况。环顾国内书肆所出版的书籍，泰半是些中小学教科用书；大学、专门学校的教本和参考书已屈指可数，更无论研究高深学术的著作了。近年来商务印书馆很能替文化效力，不斤斤以牟利为唯一目的，以出版教科书的余力供给我们好些专门著作：这不能不算是饿荒中的一颗救星！

我国现今科学的幼稚，本来毋庸讳言，高深科学书的创作，尚谈不到，此时欲应国人求知欲之需要，译书实是一件应急而极重要的工作，我个人感受到无书可读的痛苦，常常希望国内的智识阶级大发慈悲，多多译书，作"饿贫之粮"；同时并□山督率自己，在可能范围内，勉力担当这种应急的极重要的工作的极小部分。我国留学外国学习专门之学者，不在少数。我谨馨香祷祝他们不要忽略了这件应急而极重要的工作，使我们陷于饿荒的国人永远不得拯救才好啊！

吴淞中国公学近有创立译书会之计划，征请专门学者担任编译，救济国内智识的饿荒，这实在是一件极好的事。我希望国内其他大学也有同样的组织，担任这"多多益善"的工作，更希望国内出版家，资力雄厚，尽力文化，像商务印书馆这样的大书坊，予以尽量的合作和帮助。

——《时事新报·学灯》（1925 年 7 月 3 日）

论翻译答江绍原先生（1925）

田汉

记者先生：

我在东京高等师范英文科预科的时候曾译过一部莎翁剧《哈孟雷特》，我开始这种尝试的时候也实在费了不少的苦心。因为我们中国虽然有许多优秀的英文学家，却从不肯替我们开过半点儿研究莎翁剧的路。所以只能让我这个浅学的人暗中摸索。稿子寄到上海许久了，我到上海后又改正一些地方，因为要就正当世的师友及斯学的先辈便把它出版了。出版之后满可以得一些有益的指正，无奈当世的英文学家都不肯见教，只有友人郭沫若兄说过一两条，我马上就改正了。直到今天我的朋友某君说你们办的《现代评论》上有批评我的《哈孟雷特》的文章。我急于欲闻"善言"，便找来读了。原来是江绍原君批评的。我看见直接批评我的莎译的以此为第一篇，我不能不感谢江君的"看得我起"，和对于英文学之"忠勤"了。

但是我把江君的批评读完之后，却使我有禁不住颦蹙的地方。我是个颇能虚心的人，我这译本又本是就正有道的试译本。但凡有错误应修正处，我是不惜挖版、改版，甚至毁版重译的。我是不愿意做莎翁的罪人的。我这译本中许有许多罪过。我是万分期望海内外的师友能使我寡过的。江绍原君"配"批评我的莎译时尽可以把我的错得岂有此理的地方指出，并加以模范译；尽可以说我这种白话译法不对，却应该取一种什么更好的译法。我以为这两种是批评我的译文的必具的资格。也是我极想晓得的。但事实上江君却没有十分满足我的要求。他对于我译这书的动机无起码的同情，对于此种苦心的尝试无应有的敬意。起首说一段俏皮话，接着指摘了两段译文，他所指摘的地方我此刻因为原文与译本都不在身边，不能仔细答复，但我相信原文中极有情趣的文字，在我的译文中不见得都是若稻草：江君所举的一段记得是 Hamlet 要他的相识的戏子说的白口。这一段本非常难译，我所译的也许诚如江君所说的失策之处，但江君如能示以更自然更精炼的模范惠我岂不更好。观剧之时，那 Hamlet 拒绝他母亲的话"No, good mother, here's metal more attractive."依江君那样一写，似乎我根本不懂得 Hamlet 要亲近他的恋人故而拒绝他的母亲，但这句话本不是一句譬喻的话，即把 Ophelia 比作一块动人的金属，今译作"这块金属更动人些"有什么大不了的错处呢？依江君怎么译呢？

再如 Haratio 与 Hamlet 的对话中，"Strange"与"stranger"两字之为"Play of words"（玩字）不待西林先生而后知，此种"玩字"实一切翁剧莎译者的，因为无论哪一个脚本都可以遇得起。比如 *Romeo and Juliet* 中的第一幕第一场便是以"玩字"起：

S. Gregory, o'my word, we'll not carry coals.

G. No, for then we should be colliers.

S. I mean, an we be in Choler, we'll draw.

G. Ay, while you live, draw your neck out o'the collar.

请问江君遇了这样的难关将如何通过？我不能说我的译法是很理想的，但那两句话既然与原意无杵，江君又不能具体的举出更好的方法。

那样难译的莎翁剧被江君等严正的指摘也懂得这一些有限的错处，我也可以聊以自慰了。我暑假中再到上海去，我自然要把这译本再仔细地改正一番，或是重新译过，务使近于完美。我们求学问的人但凡能以真挚的态度向着所探求的方面努力，这种努力是不空费的。

Arthur H. Claugh 的诗说得好：

Say not, the struggle nought availeth.

The labour and the wounds are vain,

The enemy faints not, nor faileth,

And as things have been they remain.

...

For while the tired waves, vainly breaking,

Seen here no pain but inch to gain,

Far back, through creeks and inlets making,

Comes silent flooding in, the main.

所以我的莎译事业是一息尚存不会终止的。我的一切著译的价值都可以使一切"Stranger"的否认，但我的热心与诚意，是无物可以否定我的劳动。听得康自情兄说江绍原君在美国研究宗教的。他的朋友杨金甫不知是个什么莎翁学大家。不知道关于莎翁学的研究是和一切学问一样由粗而日近于精。他却学一般乡下的愚夫愚妇希望配译莎翁剧的真命天子出现！你想想世间的事情有谁配谁不配？我们不配还有谁配？用世界最高的标准批评起来，中国的大学都配称大学吗？中国的学者配称学者吗？还不是要我们慢慢地努力使它由 Worse 以近于 better，best 吗？

湖南省立第一师范学校

再论译书（1925）

沧硕

不佞前以译书为救济今日吾国智识饿荒之应急而重要的工作，著为短文（见三日本刊谈话），顾尚有未尽之义，请申论之。

译书之事，非人尽能任也。有必具之条件三。一曰：译者对于原著所包含之学术素有精深之研究；二曰：译者对原著所用之文字须能完全了解，而无丝毫文法上或语句构造上之疑窦；三曰：译者对于本国文字须能叙事说理明白条畅，而不致使读者发生丝毫误解或竟至不能领略。能具备此三者，始可与言译书，始能任救济智识饿荒之应急而重要的工作也。

侯官严氏"信达雅"之说，操觚移译者莫不奉为圭臬。吾所谓必具之三条件亦得以信达雅三字赅之。换言之，吾所言者，仅为严说下注脚耳。

盖译者对于原著所包含之学术而无精深之研究，何能信；对于原著所用之文字而不能完全了解，本国文字又无明白条畅之文笔，责以达雅，戛戛乎其难哉！

近数十年来，国内著作界移译之作，舍严译数种确能具备信达雅之条件为世所公认者外，堪与严译媲美者，实不多观。甚矣译书之难也！

值兹智识饿荒达于极点之时，学者虽有"饿不择食"之概，然自命为"馈贫之粮"者，亦应度德量力，稍存恻隐之心，勿以无营养价值或不易消化竟至有碍街生之食物加害智识界之贫民也。

——《时事新报·学灯》（1925 年 7 月 7 日）

译书（1925）

顾澄、孤桐

　　顷读大著无百页可读之书，三年可垂之籍两语。回思往年，不觉慨然。仆曩在京师大学，五年之间，出书十数种，且时兼师范译学两馆，日任教科五六时，讲义盈尺。此十数书，半在其外，起草誊正校刊诸事，皆于每晚子后，身任其役，往往因此失睡，睡亦不过三四小时。初未尝不欲竭其简陋，为学界倡，愿所刊诸书。虽风行一时，而售价尽为书店干没。余稿遂乏资续出，且亦不敢续出矣，兹检呈四元一种，其余各书均见所附广告中。虽十七年前之旧物，然今日学界尚不闻有进于此者。虽或所学甚深，无暇译著，然此中稍断言深诸节，恐今日尚无人能读之者可也。是则百页三年两语，仆敢自谓能逃例外者矣。近闻执事有编译馆之设，而议者谓高等专科，无须移译。意在能读译本者，其西文程度，必已能读原书。殊不知科学之精粗，无关于文字。此文字指中西文字之别而言。倘高深科学汉译甚多，已敷大学各科之用，则以后学著，即不必先习西文，可省光阴不少。彼欧美文字相近，互习极易，尚常译他国之书，以便己用。况中西文字相去甚远，凡习一中西文，须费四五年之时间乎。如编译馆设立以后，能取高等各科，分别精译，积以日月，诸科咸备，于是重订学制，减少西文钟点。预备学外交及出洋留学者，设特别学校可耳。则学生之学年可短，学费可省。吾国学术之进步，亦自可因之而速，且学者之程度可凭著述以第高下，而枵腹之士无从恃虚位以盗名。兹事关系教育之巨，非片言可明，此其大略而已。仆欲倡译书久矣，愿以前当局，大抵无意于此，恐蹈失言之讥，默不敢发。今闻提倡译事，瞀不息视，略一言之，幸少审度，不尽万一。

顾澄

顺治门内嘎哩胡同四号，八月二十九日

余鉴于出版物之贫乏，拟用国家之力，开局以宏奖之，养吾之说，助我不少。凡私家已印流传未广之书，经局审定，认为有用，购收重刻，义所得为，养吾斋交各种。容如法存，审四元一书。养吾自诩十七年来，学者无进于是，学术公器。愿宏识谛认斯言。设有反证，谅亦养吾所乐闻也。

孤桐

——《甲寅周刊》第 1 卷第 9 期（1925 年 8 月 29 日）

一个译诗问题（1925）

徐志摩

去年我记得曾经为翻莪默一首四行诗引起许多讨论，那时发端是适之，发难是我；现在又来了一个同样的问题，许比第一次更有趣味些，只是这次发端是我，发难是适之了。

翻译难不过译诗，因为诗的难处不单是它的形式，也不单是它的神韵，你得把神韵化进形式去，像颜色化入水，又得把形式表现神韵，像玲珑的香水瓶子盛香水。有的译诗专诚拘泥形式，原文的字数协韵等，照样写出，但这来往往神味浅了；又有专注重神情的，结果往往是另写了一首诗，竟许与原作差太远了，那就不能叫译，例如适之那首莪默，未始不可上口，但那是胡适。不是莪默。

这且不讲，这回来的是我前几天在《晨报》副刊印出的葛德的四行诗，那是我在翡冷翠时译的，根据的是卡莱尔（Thomas Carlyle）的英译：

> Who never ate his bread in sorrow,
>
> Who never spent the midnight hours
>
> Weeping and waiting for the morrow,
>
> He knows, you not, ye heavenly powers!

我译的是：

> 谁不曾和着悲哀吞他的饭，
>
> 谁不曾在半夜里惊心起坐，
>
> 泪滋滋的，东方的光明等待，
>
> 他不曾认识你，啊伟大的天父！

第二天，适之跑来笑我了，他说："志摩，你趁早作诗别叶韵吧，你一来没有研究过音韵，二来又要用你们的蛮音来瞎叶，你看这四行诗你算是一三二四叶的不是；可是'饭'哪里叶得了'待'，'坐'哪里跟得上'父'，全错了，一股脑子有四个韵！"

他笑我的用韵也不是第一次，可是这一次经他一指出，我倒真有些脸红了。

这也不提，昨天我收到他一封信，他说前晚回家时在车上试译葛德那四行诗，居然成了。他译的是——

> 谁不曾含着眼泪咽咽他的饭！
>
> 谁不曾中夜叹息，睡了又重起，
>
> 泪汪汪地等候东方的复旦，
>
> 伟大的天神呵，他不曾认识你。

他也检出了葛德的原文：

> Wer nie sein Brot mit tränen aβ,
>
> Wer nie die kummervollen Nächte
>
> Auf seinem Bette weinend saβ,
>
> Der kennt euch nicht, ihr himmlischen Mächte.

卡莱尔的英译多添了几个字。Heavenly Powers 我翻作"啊伟大的天父"指定了上帝，很不对，适之译作天神，也不妥。方才他来的电话说今天与前北大教授莱新讲起这首诗，也给他看了译文，莱新先生，他中文也顶好的，替改了一个字，就是把"天神"改作"神明"。

我方才又试译了一道：

> 谁不曾和着悲哀吞他的饭，
>
> 谁不曾在凄凉的深夜，怆心的，
>
> 独自偎着他的枕衾幽叹，——
>
> 伟大的神明啊，他不认识你。

这三种译文哪一个比较的要得，我们自己不能品评，那也不关紧要；应注意的是究竟怎样的译法才能把原文那伟大、怆凉的情绪传神一二，原文不必说，就是卡莱尔的英译也是气概非凡，尝过人生苦趣的看了，我敢说，决不能不受感动。

莱新先生也说起一段故事，他说葛德那首诗是一七九七年印行的，隔了十年拿破仑欺负普鲁士，揩了有美名的露意洒皇后不少的油，结果政策上一点不退让，差一点不把露意洒皇后气死了，她那时出奔，路过某处住在一个小客栈里，想起了她自己的雄心与曾经忍受的耻辱，不胜悲感，她就脱下手指上的钻戒来，把葛德那四行诗，刻画在客栈的玻璃上，这是一件事。我也记一件故事，王尔德讲起怎样他早年是一个不羁的浪子，把人生看作游戏，一味的骄奢淫逸，从不认人间有悲哀，但他妈妈却常提起葛德那四行诗，后来等到他受了奇辱，关在监牢里，他想起了他母亲，也想起了葛德那四行诗，他接着还加上几句极沉重忏悔的话，他说：

> 有时候我看来似乎只有悲哀是人间唯一真理。

从这两个故事我们可以看出，那四行诗的确是一个伟大心灵的吐属，蕴蓄着永久的感动力与启悟力，永远是受罪的人们的一个精神的慰安。因此我想我们在自家没有产生那样伟大的诗魂时，应得有一个要得的翻译。这里这三道译文我觉得都还有缺憾，我很盼望可以引起能手的兴趣，商量出一个不负原诗的译本。

八月二十三日

——《现代评论》第 2 卷第 38 期（1925 年 8 月 29 日）

《日本俗歌六十首》译序（1925）

仲密（周作人）

　　俗歌这个名称，是我所假定的，包括日本民间合乐或徒歌的歌词，以别于文学上的短歌，或一般合乐的长段的俗曲，如《义太夫》及《清元》等。这俗歌里的种类本来颇多，如形式上的端呗与都都逸等，性质上的盆蛹歌、插秧歌以及"花柳社会"的歌；现在不加分别，只统称俗歌，因为我的目的不是在分析的研究，只是想介绍一点日本俗歌的思想与文词的大略罢了。

　　这六十首歌，是从我所见到的几册俗歌集里选出来的；选译的标准，并不限于模范的佳作，因为国语与个人的表现力大抵都有若干的限制，想要自由地恰好地写出别国诗歌中的情调，至少在此刻是不可能的；所以尽有许多歌词，在我看来本是很好，但没有将它表达出来的能力，终于只能割爱：这是我自己所最惋惜的。因此，"现在所译并不是说是最好，只拣可懂可译的罢了"这几句话，不免又须重述一番，当作一个声明。

　　我的翻译，重在忠实的传达原文的意思，——原文所无而由译者加入的文句，加方括弧为记号，——但一方面在形式上也并不忽略，仍然期望保存本来的若干的风格。这两面的顾忌使我不得不抛

弃了作成中国式的歌谣的妄想，只能以这样的散文暂自满足。倘若
想保存了原诗的内外之美而又成为很好的五七言绝句或古风，那
是"奇迹中的奇迹"，决不是我所能做到的事情。日本有一卷古书名
《艳歌选》，其中抄录俗歌，各附以汉译的五绝一章，如下文第四首
译诗云：

> 歌送东关人，舞迎西海客；
>
> 为月还为花，春朝又秋夕。

又如第五一首云：

> 郎意欲迎妾，妾身宁得行？
>
> 行程五百里，风浪转相惊。

虽然著者自己谦逊，在序里说，"但供和俗顾笑，假使华人见
之，则不知何言之比也"（原序汉文），实在却是很漂亮的子夜歌；
不过成了一首汉诗，已经不是日本的俗歌了。俗歌的特色，同别种
的日本诗歌一样，是"言简意该"，富于含蓄，能在寥寥两三句话
里，包括一个人生的悲喜剧。第三首本是插秧歌之一，只写男子对
他的故妻的"未练"（未能忘情的心情），却藏着一个悲凉的背景，
亲权家风或习俗逼迫的不自主的离婚；言辞愈简，含义也愈深，实
在超过德富芦花的一部《不如归》。正如中国的一篇《薤芜行》，日
本可以译成诗的散文，而不能译成俗歌，所以我们也不能将俗歌译
成中国的子夜歌。欧洲人译《旧约》里的《雅歌》只用散文，中国
译印度的偈别创无韵诗体，都是我们所应当取法的。我们翻译介绍
外国作品的原意，一半是用作精神的粮食，一半也在推广我们的心
目界，知道我们以外有这样的人，这样的思想与文词；如果不先容
纳这个意见，想在翻译中去求与中国的思想文词完全合一的诗文，

当然是不免失望，但这责任却不是我们的。为他们计，已经有许多中国的古诗在那里了。

一九二一年十二月二十四日记

——《陀螺》（新潮社，1925 年 9 月）

关于"一个译诗问题"的批评（1925）

朱家骅

前天胡适之先生出示他所译的四行葛德《弹竖琴人》（Goethe's *Harfenspieler*），他译的是：

> 谁不曾含着眼泪咽他的饭，
>
> 谁不曾中夜叹息，睡了又重起，
>
> 泪汪汪地等候东方的复旦，
>
> 伟大的天神呵，他不曾认识你。

欲我根据原文及徐志摩先生的译文下一批评。我因不复记忆原文，且尚未读过志摩先生的两道译文，当时未能下断语。回家以后，检出《现代评论》第三十八期徐志摩先生之"一个译诗问题"，第一道是：

> 谁不曾和着悲哀吞他的饭，
>
> 谁不曾在半夜里惊心起坐，
>
> 泪滋滋的，东方的光明等待，
>
> 他不曾认识你，啊伟大的天父！

第二道：

> 谁不曾和着悲泪吞他的饭，

谁不曾在凄凉的深夜，怆心的，

独自偎着他的枕衾幽叹，——

伟大的神明职啊，他不认识你。

阅读之后，觉得兴趣颇多，唯我对于作诗，素来是门外汉，要我批评，真是有如造屋请教箍桶匠一样。但是既承适之先生的美意，只得班门弄斧的下笔写来。查葛德的原文是：

Wer nie sein Brot mit Tränen aβ,

Wer nie die kummervollen Nächte

Auf seinem Bette weinend saβ,

Der kennt euch nicht, ihr himmlischen Mächte.

卡莱尔（Thomas Carlyle）的英译是：

Who never ate his bread in sorrow,

Who never spent the midnight hours

Weeping and waiting for the morrow,

He knows, you not, ye heavenly powers!

徐先生已经声明他是根据卡莱尔的英译。我看胡先生亦未免偏重英译。读卡莱尔的英译，则与葛德原文颇多不同之点；因其注重英文形式与音韵，已失葛德本意，例如 in sorrow（在忧愁中）原文本是 with tears（和泪）之意。Spent（消磨）一字为原文所无的。Midnight hours 依照原文应译 sorrowful nights 并无中夜时间之意。Weeping and waiting for the morrow 则完全是卡莱尔任意加入，为原文所无。所以依照徐先生所说，就应该那是卡莱尔而不是葛德。徐先生说："有的译诗专诚拘泥形式，原文的字数协韵等，照样写出，但这来往往神味浅了；又有专注重神情的，结果往往是另写了一首诗，竟许与原作差太远了，那就不能叫译。"这就是徐先生以适之先生那首葛默为例的说法。又说："应注意的是究竟要怎样的译法才能把原文那伟大、怆凉的情绪传神一二。"徐、胡两先生的译文依英译视之，果然甚好，但徐先生的第二道改得比第一道更好，却仍不免斧凿痕迹，似与原文不合。讲到胡先生的译文，思想很周密的，音韵亦颇自然，本是四行好诗，唯与原文依然有不同之处，故照志摩先生批评适之先生那首葛默说起来，则他们的译文，只能算是胡适与徐志摩，或者算是胡适与徐志摩译卡莱尔的葛德，可不能说是葛德。何以见得，例如徐先生的第一道译文中第一行"谁不曾和着悲哀吞他的饭"，则悲哀两字，似难替眼泪。第二行"谁不曾在半夜里惊心起坐"，原文与英译都没有惊而起之意。第三行"泪滋滋的，东方的光明等待"，系直翻英译；本与原文纯粹不同。第四行"他不曾认识你，啊伟大的天父"，"不曾"二字，非原文之意，即"天父"两字，亦不得当。至徐先生的第二道翻译与胡先生之四行译文，均在伯仲之间，都是好的。总之，翻译是很难，译诗更不容易，因受了胡先生的委托，现在姑用直译的方法，直接把葛德《弹琴竖人》第三首之德文原作完全翻出，以资参考。还请适之、志摩两先生的批评。我译的是：

> 谁从不曾含着眼泪吃过他的面包，
>
> 谁从不曾把充满悲愁的夜里，
>
> 在他的床上哭着坐过去了，
>
> 他不认识你们，你们苍天的威力！
>
>
> 你们引导我们进尘寰，
>
> 你们使这苦恼的人们罪过，

然后你们交给他痛苦忧患;

因为人间一切罪孽报应无差。

我检出了葛德后四行的原文:

Ihr führt ins Leben uns hinein,

Ihr laβt den Armen schuldig-werden,

Dann überlaβt ihr ihn der Pein;

Denn alle Schuld rächt sich auf Erden.

——《现代评论》第 2 卷第 34 期（1925 年 10 月 3 日）

"胡译"（1925）

顾仁铸

暑假中闲得无聊，便教一位小朋友补习英文；因为他的兴趣趋向文学，所以我们就读英译地 Daudet 的短篇小说。不知道是哪天的午后，他来到我的寓所，笑嘻嘻地对我说："我的英文程度真低，Daudet 的小说集中《最后一课》，我拿胡适的译本来对照看都看不懂。为什么译本和英文不大同似的？"我心里很奇怪：岂有译本和原文不同的道理？后来我取来一对，才发现胡先生的译笔的简练。英译本有的，胡译却没得。我心中仍是怀疑，取出法文原本一看，才知道其中的底蕴。原来胡先生主张删节主义，许多地方都被他删去了。无怪我那位朋友看不懂，说他自己的英文程度太低了。

翻译本有意译直译之别。胡先生的译本当然不属在直译之列，而是意译了。然而无论其为直译意译，最要紧的信条，就是不失原文的意义；所谓意译，不过是不死死的将一字一句照原文译出（就是直译也不能如此），而仅将其原意用另一种方法全盘的译出罢了，绝对不是杜撰，也绝对不可删折的啊！本来翻译的目的，就是将一国作品的内容，用第二国语言忠实地写出。虽然有时可以择译，也仅能在相当范围之内，文艺作品（小说、诗歌、戏剧……）总不在此列啊！

【……】

——《洪水》第 1 卷第 4 期（1925 年 11 月 1 日）

葛德的四行诗还是没有翻好（1925）

徐志摩

　　自从我在《现代评论》第二卷第三十八期提起了一个译诗的问题以来，德文学者朱家骅先生也来了一道译文，我这里又收到周开庆先生的一封信，内附他的三种译法，此外还有郭沫若先生在上海我见他时交给我他的译稿，我现在把各家的译文按次序写上，再来讨论。

　　（一）徐初译

　　　　谁不曾和着悲哀吞他的饭，

　　　　谁不曾在半夜里惊心起坐，

　　　　泪滋滋的，东方的光明等待——

　　　　他不曾认识你，啊伟大的天父！

　　（二）胡适之先生译

　　　　谁不曾含着悲哀咽他的饭，

　　　　谁不曾中夜叹息，睡了又重起，

　　　　泪汪汪地等候东方的复旦，

　　　　伟大的天神呵，他不曾认识你。

　　　　（"天神"改"神明"）

（三）徐再译

> 谁不曾和着悲哀吞他的饭，
>
> 谁不曾在凄凉的深夜，怆心的，
>
> 独自偎着他的枕衾幽叹，——
>
> 伟大的神明啊，他不认识你。

（四）朱家骅先生译

> 谁从不曾含着眼泪吃过他的面包，
>
> 谁从不曾把充满悲愁的夜里
>
> 在他的床上哭着坐过去了，
>
> 他不认识你们，你们苍天的威力！

（五）周开庆先生译

（1）

> 谁不曾和着悲哀把饭咽下，
>
> 谁不曾在幽凄的深夜里，
>
> 独自啜泣，暗自咨嗟，
>
> 伟大的神明呵，他不曾认识你！

（2）

> 谁不曾和着悲哀把饭吞，
>
> 谁不曾中夜幽咽，
>
> 愁坐待天明，
>
> 他不曾认识你，呵伟大的神灵！

（3）略

（六）郭沫若先生译

> 人不曾把面包和眼泪同吞，

人不曾悔恨煎心，夜夜都难就枕，

独坐在枕头上哭到过天明，

他是不会知道你的呀，天上的威凌。

卡莱尔英译：

Who never ate his bread in sorrow,

Who never spent the midnight hours

Weeping and waiting for the morrow,

He knows, you not, ye heavenly powers!

葛德原文：

Wer nie sein Brot mit tränen aβ,

Wer nie die kummervollen Nächte

Auf seinem Bette weinend saβ,

Der kennt euch nicht, ihr himmlischen Mächte.

朱先生说胡译与我译的都是根据卡莱尔氏的英译，"不能说是葛德"。所以他的是按字直译。周先生就译论说我的初译"不甚好，第二首音韵佳而字句似不甚自然；胡译的字句似较自然，而又不及徐译第二首的深刻——这大概是二位先生诗的作风的根本差别吧。"

沫若看了我与适之的译文有两个批评，我以为多少是切题的。他说第一这"谁不曾怎么，他不曾怎样"的句法在中文里不清楚，意思容易混；"谁不曾"是像问话而带确定的口气，比如"谁没有吃过鸡头米？"意思是什么人都吃过的。"他不曾"或是"他没有怎样"倒是特指的口气。所以这"虽……他"的文法关系不清，至少不熟，应得斟酌。第二点他批评的是原诗的意境比我们译的，深沉得多，因为"幽叹""叹息""睡了重起"的字样不能就表示我们内心怎样深刻的痛苦与悲哀；我们往往为了比较不重要的失意事因而晚上睡不安稳是常有的事，但这类的情形决不是葛德那诗里的意境。一个人非到受精神痛苦到极深极刻的时候不完全忘却他的有限的自身，不完全忘却或是超越这有限的自身就不能感悟无形中无限的神明、威灵，或是随你给它一个什么名字。这点我是很同意的。我们来看看郭先生的译文。第一他把谁字换了个人字。但我仔细揣摩下来，觉着这"人……他"的文法与语气也不定比"谁……他"看得出或念得出改良多少。我原先为表明文法起见本想在"谁"字底下加个"要"字，"若是"的意思，再在"他"字底下加一个"就"字，这"谁要怎么样他就怎么样"的语气应该听得顺些，但这类啰嗦的字眼放在诗里究竟讨人厌，所以后来还是从省。方才有一个朋友在旁边说，既然"谁……他"不妥，"人……他"又不当，那何必不就来一个"谁……谁"呢？比如说"谁敢来我就打谁"，或者更简些，"谁来我打谁"，这里文法语气不全合适了吗？这话初听似乎有理，但你应用试试还是不十分妥当，无论如何，我们又发明一个小办法是真的。关于第二点，沫若的译文我也觉得还不妥当，他的中间两行是——

　　人不曾悔恨煎心，夜夜都难就枕，

　　独坐在枕头上哭到过天明，

　　这来朱先生第一个不答应。"枕头！你的枕头哪儿来的？"这是说笑话，当然。但"坐在枕头上"确是不很妥当。

　　不易，真不易！就只四行。字面要自然、简单、随熟；意义却要深刻、辽远、沉着；拆开来一个个字句得没有毛病，合起来成一整首的诗，血脉贯通的，音节纯粹的。我自己承认我译的两道都还要不得，别家的我也觉得不满意。一定还有能手。等着看。

这来我们应得看出一个极简单的道理，就是：诗，不论是中是西，是文是白，绝不是件易事。这译诗难，你们总该同意了吧！进一步说，作诗不是更难吗？译诗是用另一种文字去翻已成的东西，原诗的概念、结构、修辞、音节都是现成的；就比是临字临画，蓝本是现成的放在你的当前。尚且你还觉得难。你明明懂得不仅诗里字面的意思，你也分明可以悟到作家下笔时的心境，那字句背后的更深的意义。但单只懂，单只悟，还只给了你一个读者的资格，你还得有表现力——把你内感的情绪翻译成连贯的文字——你才有资格做翻译，做作者。葛德那四行诗（我只要这四行，后面四行暂且不管它）里的意义我们看来多么亲切，就像是我们要说的话他替我们说了似的，就像在精神境界里发见了一个故知似的。但为什么你自己就说不出来？这里面有消息。葛德那首诗，本身虽则只有几十个字，正不知是多少真经验里绞沥出来的。别的东西可以借，真的经验是不能借的，我们在没有真经验的时候往往抓住经验的虚影当是真的，就在这上面妄想建设文艺的楼阁——但是它站得住吗？

近年来作新诗成了风尚。谁都来作诗了。见了月亮作诗，游园作诗，讲故事作诗——假如接一次吻，更不用说，那是非作诗不可的了。我这里副刊收到的稿子除了"新诗"，差不多就没有别的了。一个朋友说，活该！都是你们自己招出来的。这真变了殃了！白话诗殃。有消解的一天吗？一个法子是教一班创作热的青年们认识创作的难。我所以重新提起这四行诗的译事，要一班同学们从知道翻译难这件事认清创作的更不易。

——《晨报副刊》（1925 年 10 月 8 日）

《参情梦》译者的话（1925）

傅东华

这部《参情梦》歌剧原名 *The Pierrot of the Minute* 是英国现代著名的恋爱诗人（erotic poet）陶孙作的。陶孙的著作，中国还不曾看见有人译过，难怪他在英国文坛上的不朽的名字早已确定，而中国人便是专门研究英国文学的，也恐怕还有一大半连他的名字都不曾听见过。我现在将他的韵文里最长的一篇介绍给中国的读者，并不是因为中国的读者非读他的著作不可，也并非因为他的著作对于中国的读者能引起特别兴味，应该尽先介绍。我所以翻译他的起因有二。

第一个起因是偶然的。我们说起外国的文学，谁不晓得它真所谓"浩如烟海"？我们原该把它来做一种有系统的研究，然而就单把各国文学发达的历史都去涉览一下，也已经尽够你毕生用功了，若想把各个作家，名种作品无不"穷收毕览"，然后再分别先后一一介绍，那岂是一个人的力量办得到的？而况我们住在中国，没有一个图书馆能把世界所有的文学书备到百分之一。我们要读这一类的书，有时性急，或因力量不济，不能向外国寄买，所以我们能够读到哪几种书，差不多一大半权柄操在几家经售西文图书的书贾手里，他爱给什么书你读，你就只得读那几种书。近几年来，还偶然有几种比较重要的文学书运到，我们也便偶然增加了许多新的文学智识。偶然得到一两种好书之后，便偶然把它读起来，偶然读得高兴，觉得这种好处不能个人独享，也得叫那些不懂外国文的人大家享，于是乎偶然把它翻译出来了。这种情形，我想在国内研究外国文学的人大半尝过，尽可毋庸深讳。自从前年近代丛书初到中国，陶孙的诗文集便也在内。后来我偶然买了一本，同时又看见一个日本人作的近代英文学讲话上把陶孙的名字和夏芝诸人并列，又称他为英国近代恋爱诗人的代表，这才把他的生平略略考了一下，又把他的集子细读一过，看见内中有歌剧一篇，觉得中国从不曾有这种体裁的翻译，于是便着手来尝试。

还有一个起因，是我觉得中国将来应该有一种新体的韵文，但若从创作方面着手，总不免仍要落入旧韵文的窠臼，因为创作者的思想是可伸缩的，既可伸缩，便往往不知不觉之间要拿自己的思想套在旧韵文的格律里面去，因此我想当这种新体韵文未能确立根基之先，应该多翻译外国的韵文，以资练习。因为翻译的时候，你只得另创一种新的声调去凑合原文，绝不能把原文改窜增损来凑合你的现成的声调。由是翻译得愈多，创出来的新声调也愈增加。将来便能使韵文也和寻常说话一样，可以运用自如，绝无拘束。这是我的理想，自己正在着手尝试，刚遇着陶孙这篇歌剧，觉得是叙事、抒情、对话各种体裁都备的，确是一种绝好的试验资料，因便把它拿来用了。

【……】

——《小说月报》第 16 卷第 10 期（1925 年 10 月 10 日）

"漆黑一团"的应声——
呈为法先生（1925）

谷凤田

【……】

说到中国的翻译界，岂只有王统照的译成胡说，就是李小峰式的一部书译成一二百处大错的也还不少哩，至于《意门湖》的译者那更不用说了！《小说月报》上的"雅典主义"将永传为笑柄，就是 Desk 与 made of 的译者，还不足够笑断肚肠的吗？只是功利的主义牢牢的存在他们的心目中，哪里还问对于原文的了解不了解，只是译出来卖钱，出风头罢了！（下略）

在中国的文学界中，现在有望的希望就是洪水能常此继续下去，能有几篇性灵的创作出来，能有几段信、达、雅的翻译产生，更希望能有公平持正的批评，以指迷途而正人心，这不得不希望于创造社的各有为份子！拉杂的写了下来，已经不少，或者我也说了几句老实话，或者我的话也都是所谓胡说之流，那么尚请为法先生指教，并请阅者原谅！恕我不再啰唆了！

一九二五，七，二〇　于济南文专

——《洪水》第 1 卷第 4 期（1925 年 11 月 1 日）

《仙河集》译者引言、自序、例言（1925）

李思纯

　　译事之难，莫难于译诗。昔杜来登（Dryden）著论（见其所作 *Preface to Ovid's Epistles*）谓凡译诗者，必当精通两国文字，且己身亦为诗人，能将各家作者特具之神色、韵味，及其所习用之辞藻、句法，均一一表现出之，方为称职。西国论翻译之专书如 A. F. Tytler（1747—1814）之《翻译原理论》（*Essay on the Principles of Translation*）等，为译事标立义法，而皆以论译诗为主。顾欧西古今各国文字，相去尚不远，则以西文之诗译成吾国之诗，其繁难更可想见。吾国译西文诗者，共推苏玄瑛。辜鸿铭氏亦有移译之篇章。严、林书中，亦附见一二首。但皆零星而无统系，一也。所译限于英文，二也。至近年新派译者众多，腾诸报纸，然皆行以无韵之白话体，逐字逐句直译，而意思晦昧不清，其事无异传抄，虽多曾何足贵。由斯以言，今兹仙河一集，其可尚已此篇义例，译者自详。唯是登录译诗，需每行并列原文，俾读者逐一对勘，乃辨译事之精粗，而见选辞之佳妙。本志于短篇译诗夙已行之，但综计仙河全集，若并录原诗，则所占篇幅，需二百数十页。本志内容力求充实，故常于编辑之时，细心核算字数，遇表格等，则设法妥为排置，以免虚留空白，减少材料。至长篇稿件，则力求一次登完，而不分刊数期，使读者得见全体结构，而无悬盼检寻之苦。故今于《仙河集》为节省篇幅起见，至不得已，割弃法文原诗，专录译什。且按照中国书籍旧例，一行连下，而不逐句横列，如今日新派诗人之所为（第三十六七期吕伯兰剧排列形式亦同此故）。虽检寻略有不便，而审慎吟读者自有会心，苟按题求索，固亦不难取得法文原诗一一勘证之也。编者识。

《仙河集》自序

【……】

近人译诗有三式。（一）曰马君武式。以格律谨严之近体译之。如马氏译嚣俄诗曰"此是青年红叶书，而今重展泪盈裙"是也。（二）曰苏玄瑛式。以格律较疏之古体译之。如苏氏所为《文学因缘》《汉英三昧集》是也。（三）曰胡适式。则以白话直译，尽驰格律是也。余于三式，皆无成见，争辩是非。特斯集所译，悉遵苏玄瑛式者。盖以马式过重汉文格律，而轻视欧文辞义；胡式过重欧文辞义，而轻视汉文格律。唯苏式译诗，格律较疏，则原作之辞义皆达，五七成体，则汉诗之形貌不失。然斯固偏见所及，未敢云当。苟以背逆时趋，辱承攻诘，所甘受已。

法人以散文之美，冠于西土。其诗虽不废音律，而明白如画，读之如散文，与英诗之组织精严者大异其趣。斯集所选撷弃取，敢云美备。苟曰尝一勺而知味，则不敢辞文学为物。乃由国民先天特质，与后天之环境生活，两相孕育而产出，益以东西文字言语，衍音衍形，天壤相越，万非可译之物。故不通希腊语者，不识荷马（Homer）；不通拉丁语者，不识桓吉儿（Virgil）。而俄罗斯人亦有恒言：不读俄语原本，不知讬尔斯泰之真美。且抒情诗之性质，成体既贵凝炼短简。其深思情致，又深微渊妙，不可攫取而得。江南有橘，逾淮则化为枳，翻译之事，何异于是。斯集戋戋小册子，但恐或以此故，遂永为法兰西诗国之罪人。甚愿读者以个人创作视之，而勿以翻译视之。

中国今日，英美文化之浸淫濡染，较法德文化为多。即以诗国之名人论之，国人于乔塞（Chaucer）、弥儿顿（Milton）、蒲伯（Pope）、摆伦（Byron）、威至威斯（Wordsworth）、郎法罗（Longfellow）、惠特曼（Whitman）之流，或闻名而膜拜。而彼拉丁区中，仙河岸侧之光辉，乃未能朗烛于东方。此等畸形之诗国崇拜，实文化之缺点，而亦非吾辈之所欲。斯集之所选译，意在以一脔之奉，引起老饕之大嚼。虽译者之力不足以负之，而所愿实在此。

抑译者尤有深意，则思借此编以示译诗之范，则凡欧诗之不能翻译，与勉强翻译之必无良结果，其理甚了然。特吾辈不能因此遂弃掷之。盖吾辈虽不能得最良之方法译之，而可以较良之方法译之。所谓较良之方法者，即译者须求所以两全兼顾。一方面不能抛弃原义，而纵笔自作汉诗；一方面复不能拘牵墨守，以拙劣之方法行之，如法语之所谓之逐字译（mot à mot），使译文割裂，不成句读。故矫此两失，实为译诗者之应有责任。斯集所译之形式，即译者对于今日翻译欧诗一事，心目中认为较合适于理之形式。【……】

《仙河集》例言

（一）法兰西数百年来，诗人如鲫。斯集所译，但就各时代中，择其足以代表时代精神者译之，不必全备。又现存诗人中，亦择其年老而名较彰著者，如布惹（Paul Bourget）之流。其现代青年作家，价值未定，无从论评，并弃不录。

（一）斯集杂取法人专集或选本译之，所译不必皆为代表杰作。各人之多寡亦不等，但就一己所爱诵者译之，别无去取标准。

（一）斯集意在供国人不能直接读法诗者之讽诵，且国人习法国文字者甚少，故未比列原文，以供对较。但于每首下注明原诗出处，以备检寻。

（一）斯集所选，为自中古时代以及于现存之诗人，其十四、十五、十六、十七世纪之诗人，每人或仅举一首。因古诗难译，且诗情平直，不易领教故。

（一）古诗多长篇，一诗或占数十页，斯集于过长之诗，则仅节译其最精粹之一段。

（一）过于远古难稽之诗歌，例如《罗兰之歌》（*La Chanson de Roland*）既无作者姓名，其语言亦与今法语殊异，虽为法诗鼻祖，亦弃不录。

（一）每一诗人，皆由译者各系数语，志其人格及作风，及生卒年月等，因非小传，无取详述。

（一）每首之前，译者以己意，仿诗经小序体，缀一短句，以明诗意。且使读者豁目，其于作诗原意符合与否，则不敢知。

（一）以求能切合原文之故，句末叶韵，有时通押，不拘严格。

（一）诗中凡人名地名及一切专名之不常见者，则于其旁加··符号以别之。又凡诗人标举成语，摹拟人言，则于其上加「」符号以别之。

（一）凡加··符号之专名，皆以小注略释其意义，并列原名，以便稽考。

——《学衡》第 47 期（1925 年 11 月）

关于哥德四行诗问题的商榷（1925）

李竞何

（一）对于胡、徐二先生译文的意见

译书难，译诗更不容易。因为译诗不但要对于外国文有精深的研究，而且要明白了解原著者的感情和思想。否则常常有陷入错误之虞。胡适之和徐志摩二先生翻译的哥德四行诗，就是这种的例子。朱家骅先生对于二先生译文的批评（见本刊第二卷第三十四期）真是不错，可惜他可以说是只对于卡莱尔（Thomas Carlyle）的英译下了批评，没有把二先生真正的错误明白地指出来。我觉得这个错误非同小可，能够令人把哥德根本的思想误会，所以这回特地写出来，以资商榷。

没有写出二先生的错误以先，可把哥德的宇宙观说一说。哥德是不相信上帝的人，他是一位泛神主义者。我们在他的文章里面到处可看出他是一位进化论家，虽然当时拉马克和达尔文还没有发表他们进化学说的论文。他的这篇《弹竖琴人》（四行诗之名）也可以表现他的泛神学说。他所说的 himmlischen Mächte 是指各种自然力而言，并不是他所反对的上帝。英译为 heavenly powers（注意 power 后边的"s"）还不失他的原意，但是徐、胡二先生把这字从英文译出来就不

同了。哥德所说的力（各种自然力）是无量数的，胡先生译的"伟大的天神"，徐先生译的"伟大的天父"和"伟大的神明"虽然没有把数量写出，可是已经容易令人推向这个天父（或天神或神明）只有一个了。及从这句以后（或以前）的"他不会认识你"或"他不（曾）认识你"那句上的"你"字（原文作 ihr 完全不能译成单数的"你"，英译作 ye，虽然不甚明显，然从 heavenly powers 上面看去就知其意是指多数的"你们"了）看去，则完全明晓胡、徐二先生把哥德所说的 heavenly powers 认作独一的了。这独一的天父（或神明，或天神）不是上帝是谁呢？所以二先生的译文好像把哥德根本的宇宙观改了似的。朱先生译时用"你们"二字确能改正这个错误，他用"苍天的威力"一词确比"天父""天神""神明"等字样好得多，不过没有写出徐、胡二先生的错误就是了。

（二）对于朱先生译文的意见

朱先生的译文的第一段，确是很好的，不过第二段的翻译我却不是很满意了。查第二段的原文是：

> Ihr führt ins Leben uns hinein,
>
> Ihr laβt den Armen schuldig werden,
>
> Dann überlaβt ihr ihn der Pein,
>
> Denn alle Schuld rächt sich auf Erden.

朱先生的译文是：

> 你们引导我们进尘寰，
>
> 你们使这苦恼的人们罪过，
>
> 然后你们交给他痛苦忧患，
>
> 因为人间一切罪孽报应无差。

1. 哥德原文的 ins Leben uns hinein 是 "人生命界里" 的意思，朱先生译作 "进尘寰"，我以为不很恰切。

2. 朱先生把 armen 译作 "苦恼"，也不恰切，因为这个字译成英文就是 poor，即是 "可怜" 的意思，并无 "苦恼" 的意思含在里边。

3. 朱先生把 den armen 译作 "苦恼的人们"，多了一个 "们" 字，与胡、徐二先生译 heavenly powers，少了一个 "们" 字的恰好相反，但是错误是一样的。因为这里若是多数，则下行的 ihn（就是英文的 him）指的是哪一个字呢？

4. 朱先生对于 the definite article 的翻译，也不免有小小的错误。The definite article 通常加在公名上边，并没有 "这" 字的意义，如 the pencil 译出来就是 "铅笔"，并不是 "这支铅笔"；若是译成这支铅笔，则将原字变成 this pencil 了。这里的 den armen（译成英文就是 the poor）亦然，朱先生把它译成 "这苦恼的（实在是可怜的）人们"，不是把原字改成 diese arme（these poors）了吗？

5. 哥德的 der Pein（朱先生译为 "痛苦忧患"）是 in direct object，所以放在第三格（The 3rd Case: the dative）；ihn（him）是 direct object，所以放在第四格（The 4th case: the accusative）。今依朱先生的译文："然后你们交给他痛苦忧患" 看来，则简直把哥德的 ihn 变成 indirect object, der Pein 变成 direct object 了。这虽然于哥德意思没有违背，但我觉得总不很妥当。

6. 朱先生译文的第四行把 "人间" 作为形容一切罪孽的字，看作极无紧要，可是哥德则把 auf Erden（在世间上）放在本行的末项，作为本行最要紧的字，因此两人的意思完全不同；哥德的意思是 "一切罪衍都报应无差"，就很容易令人想到地狱里边的报应去了。

（三）我的哥德四行诗后段的翻译和讨论的结果

我译的是：

> 你们引导我们进生命界里，
>
> 你们使可怜的人干犯罪愆，
>
> 然后你们把他交给苦虑；
>
> 因为一切罪愆都报应在这世间。

胡、徐、朱三先生对于外国文都有特别的研究，所以翻译还不免有错误的缘故，就是不明哥德的宇宙观或疏忽所致。各个著作家的思想都要明了，和翻译要无一处疏忽是很不容易的，所以翻译的错误或不确，是很无须惊异的事情。现在国人批评译文的很多，虽是一种好现象，但多数属于谩骂的性质。他们的意思，以为自己能指摘出译者的错误，自己的学问俨然高一等的样子，这个观点，完全错误，完全够不上批评的资格。这回《现代评论》胡、徐、朱三先生用讨论式忠厚的互相批评，真可为批评译文界的模范，我觉得很满意，所以免不得也出来说一说。至于我的翻译还望三位先生参考英译加以指正。

此稿在记者手中已逾一月，因稿件拥挤，未得早日注销，深为抱歉。

记者

——《现代评论》第 2 卷第 50 期（1925 年 11 月 21 日）

《出了象牙之塔》后记（1925）

鲁迅

【……】

本书所举的西洋的人名、书名等，现在都附注原文，以便读者的参考。但这在我是一件困难的事情，因为著者的专业是英文学，所引用的自然以英美的人物和作品为最多，而我于英文是漠不相识。凡这些工作，都是韦素园、韦丛芜、李霁野、许季黻四君帮助我做的；还有全书的校勘，都使我非常感谢他们的厚意。

文句仍然是直译，和我历来所取的方法一样；也竭力想保存原书的口吻，大抵连语句的前后次序也不甚颠倒。至于几处不用"的"字而用"底"字的缘故，则和译《苦闷的象征》相同，现在就将那《引言》里关于这字的说明，照抄在下面：

> ……凡形容词与名词相连成一名词者，其间用"底"字，例如social being 为社会底存在物，Psychische Trauma 为精神底伤害等；又，形容词之由别种品词转来，语尾有 -tive，-tic 之类者，于下也用'底'字，例如 speculative，romantic，就写为思索底、罗曼底。

一千九百二十五年十二月三日之夜

鲁迅

——《语丝》第 57 期（1925 年 12 月 14 日）

医药学名词中之译音问题（1925）

记者、俞凤宾、吴和士

医药学中有人地专名，自应音译且新药日有发明，专卖之品，流行颇广，凡不能译义者，概当译音，虽诘屈聱牙，势有所不能顾及也。

记者忆及十年前，曾为音译之事煞费苦心，会议十三次，费时十余月，订定人地名词译音表。回朔往日，以示将来。故记其制表之历史于后，以及最近讨论此问题之函牍二通，阅者如有高见，请邮赐文件，当为之披露也。

民国六年四月，山东齐鲁大学路义思君，函致余日章君，转商江苏省教育会，发起译音统一会。其时推定起草员吴和士君、俞凤宾君、张元济君、来会理君、潘慎文君审查国音，填制音表。分函研究译音有素诸人，如蔡元培君、陈独秀君、李煜瀛君、钱玄同君、吴稚晖君等征集意见。复将一切记录逐次油印，偏发知名之士，通讯讨论，以期完善。

是表经多次修改，平衡南北之音，择字填空，费尽心力。表既成，发出人名若干，地名若干，请人按表移译，结果十同七八。其小有不符者，原于读音上之互异及分音节之不同，无可如何者也。

人地名词译音表既成之后，复经沈恩孚君、蒋梦麟君协议最后之修正。乃由诸委员分著缘起说明、使用法，等等，而刊印成书。虽谓为中外名人公意之表示，亦不为过也。

今夏在杭州举行第十一届科学名词审查会时，代表中有余医师德荪拟成还原译音表，表中有注音字母，表后有说明若干条。其时先与之讨论者为曹梁厦君，继与之商榷者乃俞凤宾君。兹将俞君与吴和士君往返函文一一列后。非敢即为定论，聊以表示当日之感想云尔。

为还原译音表致吴和士先生书

和士先生阁下：

日前科学名词审查会在杭州开会时，辱承执事委弟与余德荪兄讨论还原译音表，即于七月十一日下午在瀛洲旅馆与德荪兄切磋谈话，至一二小时之久。兹将当日所得感想录下，以待赐教焉。

一、余君德荪于译音表上煞费苦心，于还原方面，较诸往年执事与弟等最初研究时，稍胜一筹。余君声音学、注音字母均已升堂入室，其还原之本旨，在于一见华译，便知拼法。用意虽属甚佳，但各外国文字拼音发音之不同，恐非一表所能以简驭繁也。

二、还原译音表，若译德文专名，可无困难。因德文发音呆板，变化极少。若英文，则发音方法殊为复杂，一个韵母可成四五种读法。《韦字司忒大字典》每载发音指南，阅之者可知英文发音之变化烦琐。音译之字，若欲还原，恐鲜佳果。至于法文，往往一字之中有几个无音的字母，或两字混读作一音者。故译音还原，更觉其不可能矣。

三、余君所著还原译音表中，A、E、I、O、U诸韵母之长短音不能分别翻译，对于此点，再三与德荪兄商榷，而不能得美满之结果。余君谓分别翻译，则音虽完备而不能还原。而弟意则译音表重在声音，与其译音不准，还是牺牲还原。

四、对于某书馆之译音表，德荪兄指摘其填字之疏忽，发音之不合，以及过于冗繁之处，弟认其批评为得当。

五、对于江苏省教育会之人地名词译音表，余君之评论大略有三点：（一）未填之字太多，宜将借音之字加入；（二）简略之处，宜略加扩充；（三）该表惜乎未能还原，弟认其批评甚当。对于（一）（二）本有修改之余地，对于（三），原著作者因还原之困难，早已打消此意。

六、对于阁下临别时指导之意，（即下文）弟已慎重提出。

"江苏省教育会译音表刊印已有数年，而引用之团体亦有与年俱增。如能设法保存最妥，否则将德荪兄译音表之优点纳入而修正之。"而德荪兄对于此点，尚无切实之表示。

鄙人之意与尊见相同。科学名词审查会历年来所译之人地专名，十九已照省教育会译音表译定，且经教育部认可。若无十分妥善之表，较旧表格外完备者，还是不改。七月十一日一二人之讨论，本不能作准。他日如有团体各选代表共同斟酌，从长计议，或可妥筹办法。是日之讨论，原本非正式之谈话而已。因思德荪兄研究声音，推敲翻译，苦心孤诣，自有特长。兹特先行报告，俟有机缘，当以面聆教诲为快也。祈颂著安。弟俞凤宾顿首。七月十六日。

吴和士先生复函

凤宾先生大鉴，来示敬领壹是。蒙示讨论译音情形，感荷无似商务表不足论，所可采用者，省教育会及余表，既各有利弊，而余表只合用于德名，仍未能适合还原之旨。前与先生商定之意见，似最妥当。今既不能解决，弟意由科学名词审查会择定一日期，多请研究语音学及国音诸人，特开一会，取三表之长，而整理为一。即使再有未妥，而后经多数音韵专家整理，当可通行全国。卓见以为然否。如以为然，他日可提出于执行部会议也。（下略）

弟吴家熙顿首

——《中华医学杂志》第 11 卷第 5 期

译事商榷（1925）

汤苍园

记者：

年来《太平洋杂志》及《现代评论》，关于近译各书，时有精确之评论，为益不浅。不独以翻译涉利者足以自警，即以输入学术自任者亦不至率尔操觚。虽然，译述难事也。虽欧文互译，尚有未能尽恰之时，况中西文字，相隔悬远如此乎？欲求神情韵调，一一相符，殆不可能之事。所期望者译文不失原意，而译笔亦畅达可观，则亦可以尽人事矣。顾吾人读书，容易误解。本国经训，尚起纷争，异域方言，岂无疑窦？故从事斯业者，不能不别求良法，以增益其所不能。兹拟数条，略述如下。

一、凡译一书，必得专门师友，随时质疑。著者为上，门徒次之，本国之研究者又其次也。

二、着手之先，必取其他各国译本，互相参考。英、法、德三国互译之本，有时不只一家，极有价值；即日译亦足资佐证焉。

三、译成之后，必请同志数人校阅。以读者眼光，详加指正，即非专家，亦可以探其意见何如。

四、使译者文学不优，必请词人润色，以期行之也远。严氏法则，不妨师之。

五、地名人名，尽可勿译，以免分歧。万不得已则以注音字母代之，较为妥当。至其他专门名词，不能直译者，可仍其字，即意释说明之。

六、关于典故史事，必详为注释。

七、译专门书必备专门字典。普通书亦必有极精之字典及百科全书。

八、说理之书，在达其意，不必概行拘泥直译。

以上数端，为子拟设译学社之条件。原思以大规模之组织，专事译书，期以十年，出版千种，社内以译员为主，而聘请中外专门家为辅。集得数人之力，以译一书，或者可做到"信""达"二字。今事不果行，而条件或足以资商榷。质之明达，以为何如？

汤苍园　长沙　湘雅医院

——《现代评论》第 2 卷第 38 期（1925 年）

复登与异译（1925）

冬枝、有麟

荆有麟先生：

现在我有一点疑问，敢请先生答复。在本刊第八号上，先生作的《希望》的文里曾有"希望投稿者不要把已在他处杂志上或报章上发表的东西，再寄给我们"的话。现在本刊十一号登有先生译的《王的新衣》一篇小说，我一看就记得在哪里看过，今天才想起是在周作人先生译的《域外小说集》里。我找出一对，内容完全相同，不过先生注着丹麦安徒生著，周先生注着的是丹麦安兑尔然著，这大约是译因的不同。要说是先生没见过这篇文我绝不敢信，这或许是先生以周先生是用文言译的，所以再用白话译它一遍，不然这两篇有什么分别呢？我想来想去终于不明白，所以敬质先生此况。

笔健　冬枝寄

请先生在周刊上答复可也

有麟敬复：

本刊《希望》这文里的意思，是说已经发表过的文章不要再寄来，不是说已经译出的文章即第二回译不得。《王的新衣》我是从柴门霍甫博士的《世界语文选》中译出，而作者的署名是 Andersen，故译为"安徒生"。至于周先生为什么要译为"安兑尔然",或者诚如先生所说"这大约是译'因'的不同"的缘故罢?但是周先生的《域外小说集》,我并未曾见过,所以就再没有说话的必要。不过先生说"我找出一对,内容完全相同",这话我有点可疑。因我自从前期发表后,我就用原文一对,——凡是我的译文发表后,我都要用原文对照,看看有无错误。——竟发现了几处错误,而且还很要紧,想来周先生是不至于和我一样的译错,而且还在相同的地方的。现在顺便将错误更正如下。

"他是在勤勉中"应改为"他是在会议室中";"王是在衣服中"应改为"王是在更衣室中";"所以人都懒得去看,好似恐怕别人知道他是傻子"应改为"所以人都着急的要知道,他的邻居是怎样的傻";"好似织物都要为他而出来"应改为"这织物的外观怎样";"用他自己的玻璃眼睛注视着"应改为"从他自己的眼镜里注视着";"而他们劝告他在第一次的庄严的进行中要从这美丽的原料上携带这件华美的衣服走","而他们劝告他在第一次的庄严的游行中穿这件美丽的原料上做出来的华美衣服。""我们在这里给陛下用镜子先照这新的衣服"——我们在这镜子前面替陛下穿这件新的衣服。他们好像想使他整整齐齐——"好像是衣服已预备好了"。"仿佛他们看出美丽来,好像他们看见美丽"——他们是怎样的美丽,他们是怎样的好看。"那是很当的"——那是很有价值的衣服。"我是在准备中"——我已经穿好了。"那坐下不好么?"——这衣服不好么?"听候赦罪的声音"——听那天真烂漫的声音。"人应当把勇敢只留在自己思想中"——人应当勇敢地坚持自己的思想。"而大臣们已经把衣服都拿上去了,他完全是不能生存了"——而大臣们仍然牵着衣裙走,然衣裙是完全没有的。

介绍《英汉物理学名词》并商榷译名问题（1926）

孔祥鹅

有一本社会极需要的《英汉物理学名词》于本年四月在美国麻省刊行了，全书共六十页，译有名词约两千七百多个，书在美国售价每册美金五角，约合国币一元，国内同好，可托南京科学社代购，书由徐宗涑先生等八人共订，所译名词，都很妥帖。序文里说："本册所列之名词，乃国内科学名词审查委员会数年来所审定，业经先后刊布者，所含词语，尚属有限，且所定译名间有不甚妥善者"，照这样说，书内所列名词，总或有因仍原本的，可惜我这里没有原本，不能区别，哪些是依照原本，哪些是新翻译的。

编辑这本书的人，都是正在美国留学，学校的功课很忙，不能像编译局的先生们，一天到晚，整个地推敲，哪个名词很妥，哪个名词极好，因此序文里声明道："时间匆促，未及谨慎校正，错误之处尚多，阅者能赐以指正，则幸甚。"可知所列名词，尚有商榷余地，因此我这篇文章，也便有写的可能了。

近几年来，国内文人都喜欢批评，却忘却了介绍，有百分之九十九是专门指摘错误，"吹毛而求其疵"，以自命高尚，自鸣得意，这种趋势，实在是出版界的不幸！因为中国现时，百种事业，俱落人后，小小几处错误，谁都难免的，应当客客气气地写出来，希望再版时更正，万不要因为一点小错，忘掉全书的好处，科学界和工程界的新书，更是寥寥无几，介绍和批评的人，似乎应当想到我们应当奖励人著书或译书，要本着"隐恶扬善"的宗旨，鼓励喜欢动笔的人，我很钦佩《工程杂志》的编辑，是已经做到这步田地。

译人名难，译名词更难，我们都承认译音和译义两种方法，但是应用起来，却有种种不同。两月以前，我遇到一个译音的例，那是我在普渡大学念书，从东方中国工程学会美国总分会写给普渡支部的一封信，末衔有六个字，使我注意，即"此致白丢支部"，普渡大学英文是 Purdue University, 是在五十年前由一个商人捐资二十万元，由专科改成大学的，普渡是那个商人姓氏，这样是由人名变成一个大学的名称，有人译为"卜都"或"波渡"或"白都"的，最后"普渡"是一律采用了，因为是好听，容易写，容易记，这当然是由译音得来的，王君偏用"白丢支部"四字代表在普渡的工程学会团体，表面似系译音，其实"白丢"二字之在北方，倒有一番意义的，我举出这个事实，不是要指出王君有意开玩笑，是要贡献一条原理给译名词的著作家，即翻译人名地名时，要采用比较的雅的字，含有不驯的名词，务要避免。

此外还有几条原理，是译名者应当注意的，译人名地名，要须采用译音方法；第二，假如能使名词代表原有意义时更妙，这就是说，要采用译音法，同时也采用译义法，顶好的例，即系"逻辑"二字之代表 logic, 意在"罗而辑之"以成有系统的事物，同时逻辑二字，又和英文字的读音相仿佛；第三，要容易记；第四，要容易写。在下我随便举一个例，证明这四条原理的重要。

试阅何松龄先生等所编译的《外国人名地名表》316页之Schleswig-Holstein，原译是"石勒苏盖格疴尔斯德音"，十个字代表一个地名，试问有谁能记得这个名词，牢而不忘？这是通用的译法，照何译是"什列斯威好斯敦"，已较前者好多矣，前者采用第一条原理，而忽略第三、第四两条原理，以致格格不易入口。

上述四条原理，除第一条有时不适用外，都可以应用到译名词上去。比如美国 General Electric Co. 采用 GE 两字母，作为商标，有人译为"普通电器公司"，有人译为"奇异电器公司"。前者是译义，后者兼含译音和译义，照现时而论，后者似已通行。据此，可证明第二条原理的重要。

译人名时，我主张凡有可能性的，都可以使他"中国化"了。正好像到过外国留学生或经商的人，差不多都要一个"外国化"名字，例如顾维钧的外国名字是 Willington Koo，美国现任总统 Coolidge 却得到一个顶好的中国名字，叫"顾理治"，要照王君"白丢"的译法，或者要采用"苦力儿"了。就此可以证明"译名要须大雅，也是一条很重要的原理。"试就美国电报发明家 Morse 而论，何松龄先生译（以后简称何译）为"模斯"，科学社美国分会编辑部（以后简称科译）译为"毛斯"，曾清鉴先生译为"磨而司"。三者都是译音。试问，哪一个最妥善呢？以雅而论，科译似可当之，以切音的正确而论，自须以曾译为最。但是中国姓磨的，很不多见，或者竟许没有。我以为采用科译，而易"斯"字为"思"字，称为"毛思"，似以完全中国化了。其实大凡有"斯"字或"司"字音的译名，都可以改用

“思”字，例如“马喀斯”一名，三字毫无连贯，极不易记，现时通用“马克思”三字，似较前者妥善多矣。

一个朋友，极不赞成我的中国化译人名的主张。他说，如果把外国人名整个中国化了，有谁还能区别何者是中国人，何者是外国人呢？我觉得这不是充足的理由，来反对这个主张。比如姓马的一家人，要用“永言孝思”来命名他的儿子，长子名克永，次子克言，三子克孝，幼子克思，那么他的幼子的全名，当与经济学家马克思完全相同。事实上丝毫没有困难，因为时代、事业等不同之点，可以一望而知或属中属外的。

中国化的译名，有几层好处。第一，容易和地名区别；第二，容易读；第三，容易记忆；第四，简单，因为中国人名很少四个字的。现在随手摘出几个外国人名，以示比较：

	原文	科译	何译	其他译	孔译
1	Bernoulli	白努里	柏努利		柏纳礼
2	Boyle	鄱以尔	波义耳		鄱宜迩
3	Bunsen	本生（极好）	逢熷	盘生	本生
4	Weston	韦斯顿	卫斯吞		韦思腾
5	Kirchhoff	启尔旭夫	克希荷夫		克尔旭夫
6	Morse	毛斯	模斯		毛思
7	Gauss	高司	高斯		高思
8	Bell	裴尔	柏尔	拜尔；白耳	柏尔
9	Rontgon	伦得根	乐琴	乐根	鲁根

上列九字，不过随手翻来，即我自己所译，亦不是个个满意。比如第五可译为“柯旭夫”。我的意思，是要证明把外国人名中国化了，是大有可能性，而且也是比较便利的。

以上是讲译人名地名问题，现在我要讲译学名及普通用名称问题。

在我觉着交流（科译为变流，甚好，应即采用）。电学里最难译的六个名词，现在《英汉物理学名词》通都替我们译出，并且审定过了，这的确是一大快事！这六个名词是：

1	Resistance	抵抗
2	Reactance	感蓄反抗
3	Impedance	变流抵抗
4	Conductance	电导；传导
5	Susceptance	感蓄电导
6	Admittance	变流电导

第一个名词，有人译为"电阻"或"电阻力"，亦有人译 resistance 为电阻，而译 reactance 为电抗，如果后者比较的适用，我便添译 impedance 为"电阻抗"，因为"电阻抗"是含有电阻及电抗二种，三者之关系，可以下列之数学方式标明之：电阻抗 $= \sqrt{（电阻）^2 + （电抗）^2}$

四、五、六三个名词，也可以照这个方法译出；可惜一时我想不出合适的译法。总之，要译得出它的意义，并且也须联想到它们之间的关系。

关于无线电学的译名，都是十分确当，虽然有些是很新颖的。译 coupling 为"耦合"，疑是从日本借来，自然可用。我以为似可借用"合叠"二字，而倒置之，正如"头枕"之亦叫"枕头"，二者都能表明它的意义，照我的意思，可如下译：

1	Coupling	叠合	（耦合）
2	Tight coupling	紧叠合或密叠合	（密耦合）
3	Loose coupling	松叠合	（疏耦合）
4	Coupling coil	叠合卷	（耦合匝卷）

有人译 coil 为"线圈"，科译为"匝卷"，"卷"读若圈，后者已较前者进步多矣。我以 coil 似可简称"卷"，而以"匝"字译英文之 turns，比如说 Put 15 turns as primary and 50 turns as secondary on the coil，可译作"缠十五匝当原卷，五十匝当次卷在圆筒上"，似极明了。

此外，有一个常用字，忘掉译的，就是 radio 这个字，自然是极难翻译，不过我在著《电传像和电传影》时，已经详细论过，这里我抄来两段，如下：

> 在这本书里，是必须要创造几个新名词的；因为这是一种新事物（指电传照像及图画），我国原先是没有的，即是初次创造，当然不能强人把它当作标准，所以这些新名词，设若后来觉得不妥时，完全可以更改，著者并不固执我所创译的全对。

> 无线电是和有线电相对待的，……根据这种原则，著者以为凡遇有 wireless 字样，即译为"无线"，遇有 radio 字样，即译为"锐电"，比如通常居民家里所用的接受器，可译为"锐电物"或"锐电器"或直译 radio receiver 为"锐电接收器"。Radio telephone，可译作"锐电话"；radio telegraph 译作"锐电报术"；radio station 译作"锐电台"或"锐电处"或"锐电局"；radio vision 译作"锐电影"；radio photography 译作"锐电传像术"或"锐电像"，等等。总之，凡遇有 radio 字样，都可以用"锐电"两字代表。

> ……著者原先译 radio 作"锐递物"，一方译音，一方译意——因为无线电波传递最快，故用锐递二字——；后因"递（遞）"笔画太繁，而"电"字发音，亦极相仿，故改用"锐电"。以上是抄写原文，假如"锐电"二字能代表英文 radio，那么，我

便再进而翻译下列十三个新名词：

1. Radio 锐电（Wireless 无线电）

2. Radio set 锐电物

3. Radio receiving set 锐电接受器

4. Radio picture 锐电传画

5. Radio frequency 锐电频率或周期

6. Radio broad casting station 锐电广播局或处

7. Radiophotography 锐电传像

8. Radio vision 锐电传影或锐电影

9. Radio wave length 锐电波长

10. Radio signal 锐电信号

11. Radio telegraph 锐电话

12. Radio telegraph 锐电报

13. Radio communication 锐电交通

照此类推，随便什么带 radio 的新名词，都可以翻译成中文的。这样不但是把 wireless 和 radio 两字分出区别，而且在译 radio 时，又省写一个字，因为我们从前译 radio 亦作"无线电"，足三个字的名词，其中"频率"译名，是借用科学社已经译出，不是我所创译的，我觉得这样译出，比"周期"两字好，例如 high frequency 可译作"高频率"，简称"高频"，low frequency 译作"低频率"，简称"低频"。

美国最近在电工程上产生两个新名词，也就是新发明了两种新事物，即 carrier current 和 super power 两词。第一个我译作"叠流电"或"叠电流"，因为在一副电路上，重重叠叠，有几副电话，电报同时通过，有如诗学上的叠句叠韵一类。美国电话电报公司的电传照像术，就是应用这种电流，一种电流代表照像片的浓淡，他种电流节掣电像机的速度，这两种不同的电流同时同在一副电路上通过，复数电报电话，也采用这种电流。美国大电力公司，凡有长距离的输电装置，也采用这种电流，通达电话，可以叫作"叠流电话"或简称"叠电话"（carrier telephone），自然 carrier telegraph 可以译作"叠流电报"或"叠电报"了。

第二个名词，记得我的同学陈章先生在《东方杂志》上翻译过，可惜我忘掉是翻作什么字了。这个名词，也是新近产生的，比如几家大电力公司互相联络起来，遇有紧急或意外的事，甲电力公司供不应求时，可以从乙公司借用电力，这种制度的优点，是在使制造家及用电各户有绝对可靠的电力的供给，不然，甲公司遇有机器损坏不能发电时，凡靠他购用电力的，即刻便受影响了，按 super 一字，意与我国"盖"字相当，比如伶人盖叫天，盖世无匹，盖江南，等等，都是表明"出类拔萃"，超过他人的意思。借用古典，很有"合纵连横"的意义，译作"盖力"或"盖电力"，均觉不妥。我以为可以译作"连横电力"，因为公司间必须由电线连通，而电线常架设在高塔或电焊之横衡上（自然，用地线的也有），自甲衡连乙衡，而成连衡电力公司（super power company）虽觉费辞，然而意义似较显明些。

在旁的名词上，super 一字仍可译作"盖"字，比如客乐思锐电公司（Crosley Radio Corp.）制造三种不同样的放声器（loud speaker），十四时叫作"放声器"，十六时叫作盖放声器（super loud speaker），三十二时叫作"大"或"巨放声器"（giant loud speaker），也有译为"过"字的，如 Super-beating 译作"过热作用"，亦极确当。

《物理学名词》第五十三页，列有 telegraphy（疑系脱落"to"两字母），译作电传摄影。按英文 telephotography（即德文 Telephotographie），普通有两种绝对不同的用法，一种是照像馆用 telephoto lens 摄取远距离的景致，这种艺术叫作"长距摄影术"，他种是指把照像片底板或印片，借感光电池（photoelectric cell）诱起强弱不同的电流，自甲地传至乙地，以传送原来的照像片的一德国电像发明家康恩教授（Prof. Dr. Arthur Korn）在他那本五百页的巨著，《电像与电图要览》（*Handbuch der Phototelegraphie und Telautographie*）的序文里，也曾解释过这一类字的用法。虽然，美国电话电报公司的电像部照书用原来的字，我仍以为应当分别如下：

1. 长距摄影术（telephotography）

2. 电传照像术或简称电像术（phototelegraphy）

这篇文，已经嫌太长了。我就此写出结论作结束罢，我以为下述三条原理，应当于翻译新名词时，特别注意：

（一）凡外国人名地名，于译成中文时，应当使它"中国化"了，既容易读出，又容易记忆。

（二）凡新产生的学名，都应当仅先用译音兼译意法，在找不出适当的音意兼译时，自须单用译音或译意法。

（三）凡译外国人名、地名及学名，务须使它雅致，亟宜避去俚俗和儿戏等字类。

十五年八月八日，时在美国新新南堤，客乐思锐公司实习。

——《科学》第 12 卷第 1 期（1926 年）

同治时长友诗之翻译（1926）

玉鳞

《清朝野史大观》第十卷九十页有英人威妥玛长友诗的标题，扰动我的好奇心：威妥玛是个诗人？英国的。长友是他的诗的名？考阅下去是说"同治时英吉利使臣威妥玛，尝译欧罗巴人长友诗九首，句法或多或少，大抵古人长短句之意，然译以汉字，有章无损，惟中多见道之言，终难割爱。董醨卿上书属总署司员就其底本裁以七绝，以长友诗做分注句下，仿注范书式也。录之见海外好文。……"长友似乎是个欧洲英国诗人的名了，但倒未听过！威妥玛自然是个以英诗译汉的。同治时就有英人会把英诗译为汉文诗！现在倒没有！而且又经总署司员裁为七律，真饶趣！不知那首诗怎样，读下去吧。试先看改译的七绝：

莫将烦恼著诗篇，百岁原如一觉眠。梦短梦长同是梦，独留真气满坤乾。天地生材总不虚，由来豹死尚留皮。纵然出土仍归土，灵性常存无绝期。无端忧乐日相循，天命斯人自有真。人法天行强不息，一时功业一时新。无术挥戈学鲁阳，枉谈肝胆异寻常。一从《薤露》歌声起，丘陇无人宿草荒。扰攘红尘听鼓鼙，风吹大漠草萋萋。驽骀甘待鞭笞下，骐骥谁能瞥勒羁。休道将来乐有时，可怜往事不堪思，只今有力均须务，人力殚时天佑之。千秋万代远蛩声，学步金鳌顶上行。已去冥鸿犹有迹，雪泥爪印认分明。茫茫尘世海中沤，才过来舟又去舟。欲问失风谁挽救，沙洲遗迹可探求。一鞭从此跃征鞍，不到峰顶心不甘。日进日高还日上，旨教中道偶停骖！

确是正地道的中国七绝！总想猜不出是译谁的诗。或者读威妥玛使臣的汉译会更有痕迹可寻！

勿以忧时言，人生若虚梦，性灵睡即与死无异，不仅形骸尚有灵在。人生世上行走非虚生也总期有用，何谓死埋方到极处。圣经所云人身原土终当归土，此言人生非谓灵也。其忧其乐，均不可专务，天之生人别有所命。所命者作为专图日日长进，明日尤要更有进步。作事需时惜时飞去，人心纵有壮胆定志，皆系向墓道去。人世如大战场，如众军林下野盘。莫如牛羊待人驱策，争宜勉力作英雄。勿言他日有可乐之时，既往日亦由己埋己，目下努力切切，中尽己心上赖天佑。著名人传看则系念，想我们在世亦可置身高处，去世犹有痕迹，如留在海边沙面。盖人世如同大海，果有他人过海。船只搁浅最难挽救，海边有迹才知有可解免。顾此即应奋起动身，心中预定无论如何总期有济。日有成愈求进功，习其用工坚忍不可中止。

哈！这倒是首似曾相识的美国诗人的诗。呵，呵，明白了：原来长友是 Longfellow 之意义。翻开他的诗集一对照，确是他的诗 *A Psalm of Life*。这首原诗有韵脚，却被使臣译为粗浅的散文，但似乎还较改译的七绝能留存一些"信"。就第一节而论都无大错。但原译第二节四句比改译更好，其余亦然。改译者因被七绝的平仄字数所限制，又运用古典，益弄成"仰卧着"译作"袒腹高卧"或"卧北窗下自以为义皇上人"一样胡译。这是那个时代的人难免的毛病，仅他能那样改译的就算不坏了。至于在同治时有这个外国使臣努力汉译这诗，能够这样把原诗之意传达为汉文，实在可说难能可贵；比上海那位译亚伦坡的《乌鸦》的先生之汉译才力好得多！但把诗人的名译义则总觉得极不对。*A Psalm of Life* 似乎在二年前已译作白话诗了。是很熟的作家而且是很普通的诗。所以我觉得无须附录原诗于此，或再译出。

怕只有少数人知这首诗已在同治时曾这样汉译而写这几句话。

——《语丝》第 116 期（1926 年 1 月 29 日）

评田汉君的莎译——
《罗蜜欧与朱丽叶》（1926）

焦尹孚

【……】

　　莎氏的戏曲差不多各种文字都有译本。田君从事这种翻译的工作，很值得我们注意的。这是介绍外国文学正当的途径，我们对他应该有相当的敬重。不过移译莎剧，也不是容易得很的一回事情，而且移译时更应该注意几桩事体：一种是其中的 pun，这种的确是非常难译，常含在很诙谐的对白里，或是出诸丑角（clown）的口中。田君虽也曾在这点上努力，究竟没有得到偌大的成功，而且有时还把它疏忽了。还有一种就是那当中的 Euphuism。我想明白西洋文学史的人，都知道这是受的 Lyly 的影响。这种时尚，不独在英国文学，就是在别国的文学当中也是有的。这种地方我以为在移译时，也应该拿一种很推敲、很炫艳的文字出之。田君似未注意到这一层。其次，莎氏的戏剧既是用诗体（Blank verse）写的，我以为某种说白或谐语之外，通通都应该用优美简洁的诗来翻译。自然我们也不必去故作古董，像有些人按词曲的调子去填，然而以诗译诗确是不移的定理；因为诗一弄成了散文，那其中的美便被你一个炸弹打得粉碎。我们试举两个例来说：

Juliet: Wilt thou be gone? It is not yet near day.

It was the nightingale and not the lark,

That pierced the fearful hollow of thine ear;

Nightly she sings on yon pomegranate tree;

Believe me, love, it was the nightingale.

Romeo: It was the lark, the herald of the morn,

No nightingale: look, love, what envious streaks

Do lace the severing clouds in yonder east.

Nights' candles are burnt out, and jocund day.

Stands tip-toe on the misty mountain tops;

I must be gone and live, or stay and die.

（Act III. Scene V. Rom. & Jul.）

像这种细腻缠绵的别情，从这样和谐□□的诗里托出。这种活泼欲跃的 imagery—（Stands tip-toe on the misty mountain tops）除了用诗译外，别的简直不行。又如：

"Chanting faint hymns to the cold fruitless moon"

（Act I. Scene I. M.S.N.D.）

这一种幽凉的意境，这一种从音节上暗示（suggest）着那尼女凄凉对月，那尼庵里沉寂的世界，那尼女惨澹枯槁的生涯，如果要把它再现出来，那简直非用诗来译不可。至于那 "See how the moonlight sleeps on yonder bank." 不唯应该用诗译，而且它简直超过能译的范围了。

对于后面这层，我觉得田君似未曾努力。因此，译文不是失于太散，就是过于拖沓，而且有时因田君过重直译，弄得来暗晦甚而至于不可解。这不能不说是田君很大的一个失败。

大凡移译一部文学名著最要紧的是要使得它经过了翻译之后，仍旧是一部好的文学——至少也要不失其为文学书。本来翻译文学，没有不失去原著之美的。为的要补救这个缺陷，外形就不能不力求优美，原著既是美妙的诗体作的，那就更不消说得了。田君既然没有在这一点上努力，所以他的翻译的失败，就在未能再现出原剧的精彩。我们要知道莎剧之好并不在他的剧本的事实，而在他处理它们的手段，他那优美的文字与他的艺术天才。他所根据的史料差不多都是别人的著作中的轶事或逸闻。如《极乐之乡》(*As you Like It*) 与《罗蜜欧与朱丽叶》(*Romeo and Juliet*) 之类，在别人的著作里索然寡味，但是经过了他那好像有 magic 的手的处理之后，便趣味横生，成了美妙动人的作品。所以只求译它的本事出来是没有什么价值的。蓝姆（Lamb）把莎剧的本事用散文写出来，莎剧的美妙和盘失掉。散文家如像蓝姆这样一个人，我似乎以为他不应该做这种劳而无功的工作——呀，不得了！我真不揣冒昧，擅敢来批评蓝姆了！该死！妄诞！

此外还有一点，就是：田君在译文当中，我以为应该把那些 literary and mythological illusions 详加注释。要晓得译文大半是给不谙外国文的人读的。而且在现在译名尚无一定标准的时候，虽同是一个东西，你有你的译法，我有我的译法，读者遇到这种地方，除了不懂之外，还有什么法子可想呢？

我对于田君的翻译的意见大概如上所述。至于田君的那本莎译，就翻译的"信"字上说——虽然也有几处须得斟酌的——总还可以说得过去。那几个值得斟酌的地方，我且把它们写在下面，与田君作一度的商榷。

不过我还得声明一句：我自从流落以来，所有的英文文学书籍一齐失掉，此地找不到一本英文文学书籍。这类的参考书籍是一册也没有。我现在根据的原文，是在朋友处借的一本牛津大学出版的《莎氏全集》。莎氏剧的版本还不要说有 folio 和 quartos 的不同，就是目前流行着的，也有许多种类。因此常常小有出入。据我的原文版本，有好几处田君都不曾把他们译出。这一点，我想有三种可能：或者是田君所据的版本上是删去了的；或者版本上原来是有的，而田君偶尔忽略了；再不然，就是田君在实行"删译"了。现在请看田译文中须得斟酌的地方。

——《洪水》第 1 卷第 9 期（1926 年 1 月 6 日）

评田汉君的莎译——
《罗蜜欧与朱丽叶》（续前）（1926）

焦尹孚

第一幕第三场

1. 田译：嘉夫人——这部爱的奇书，这个没有装订的情人，只差一幅封面来美化他：因为藏在深渊所以得活，形体之美，因为藏着精神之美所以更可夸……

原文：This precious book of love, this unbound lover,

To beautify him only lack a cover.

The fish lives in the sea, and 'tis much pride

for fair without the fair within to hide.

这里田君的译文当中，"形体"与"精神"两个东西，说不定是田君臆加的蛇足，田君只注意 without（外）与 within（内）二字，不得上文的 "fair volume" 二字了。我以为这里的两个 "fair"，一是指书，一是指的封面。因为 Romeo 在此段中是被喻为书，Juliet 是被喻为藏蔽书的封面的。书的内容既好，封面又佳，那当然是更可夸的。如果照田君所译，Romeo 便做了精神，Juliet 便做了形体，那就有点费解了。质之田君，以为何如？

第一幕第四场

2. 田译：罗：我全被恋爱的重担子压倒了。

墨：你担着恋爱，也会被他压倒吗？不会那温柔的东西，会有这样大的压力？

原文：Rom: Under love's heavy burden do I <u>sink.</u>

Mer: <u>And, to sink in it, should you burden love;</u>

<u>Too great oppression for so tender a thing.</u>

我以为 sink 在此地是一个 pun，全与 sense 这个字在第一幕第一场中 Sampson 与 Gregary 的对话中用成 pun 一样。Romeo 用 sink 来指"坠倒"的意思，Mercurtio 用 sink 是指"沉入"的意思。而且此地的 under 与 in 两个字，我们也须得留意。Mercurtio 说：你沉入了恋爱之中，你倒把恋爱加上一个重担子了，爱情是温柔的东西，它怎经得起这大的重担，田君把这段的意思恰恰译反了。

又：

3. 田译：罗：我只做捧烛的，站在旁边看。顽得极高兴时便收手的总是聪明汉。

墨：嗤！这真是警察用的话，所谓"黑褐色的是老鼠"你若是黑褐色……

原文：Rom: I'll be a candleholder and look on.

<u>The game was ne'er so fair, and I am done.</u>

Mer: <u>Tut! Dun's the mouse, the constable's own word:</u>

If thou art dun...

这里前面的一句"顽得极高兴时便收手的总是聪明汉"不知道

田君何所见而云然？而且 Mercurtio 讲的话的第一句，照田君的译文我真看不出它与上文有一点儿联络？我以为此地的"done"与"dun"是一个 pun。因为它们两个的发音完全一样。为的这个缘故，所以 Mercurtio 才说出"dun's the mouse"的一句话来。然而田君的译文却没有把它的谐趣达出。我以为它应译为：

罗：那样实在再好没有了，而我也就适得乐"所"。

墨：对啊！褐色的老"鼠"……

又：

4. 田译：墨：不错，我原是说梦呀！脑筋眼散的孩子专会生这些无聊的幻想。

原文：Mer: True, I talk of dreams.

　　　　Which are the children of an idle brain.

田君在此地大意了一点，把 children 的部位看错了。

第一幕第五场

5. 田译：朱：悔不该不知不识他早见了地的面！

原文：Jul: Too early seen unknown, and known too late!

后一段田君把它译落了。此句我译为：

朱：悔不该面时不识，识时已中了爱神之箭。

第二幕第四场

6. 田译：彭：罗蜜欧来了，罗蜜欧来了

墨：他好像去了的干青鱼似的。肉啊，肉啊，你怎么会变成鱼了！现在他已经是佩特拉克的恋歌中的人物了，卢娜比起他所爱的小姐不过一个龟头娘；还亏得有一个较佳的恋人用诗歌赞美她，也是实在的……

原文：Ben: Here comes Romeo, here comes Romeo.

Mer: Without his Roe, like a dried herring.

O flesh, flesh, how art thou fishified! Now is he for the members that Petrarch flowed in; Laura to his lady was but a kitchen-wench; Marry she had a better love to be-rime her.

这里 Romeo 一字中的 "Ro" 与 "Roe"（鱼卵）是一个 pun。田君未能把它译出来，突如其来地便说 Romeo 是像一只鱼，为什么不说他像别的东西呢？读序言的人恐怕会摸不着头脑哩。

其次 Mercutio 打趣 Romeo 说：他（Romeo）的爱人比起古今的美人国色都要美丽得多。所以说他（Romeo）简直可做大诗人 Petrarch 那样美丽的恋歌了。Petrarch 所咏赞的 Laura 比起他（Romeo）的爱人来，虽不过是一个龟头娘，但是她因为有 Petrarch 这样一个灵敏的诗人赞颂她，所以她仍不失为美人。Romeo 虽没有 Petrarch 那样的诗才，但是他的爱人既比 Laura 美丽得多，他如果做赞颂他的爱人的恋歌，那和 Petrarch 的恋歌，其美丽也是不相上下的。这是 Mercurtio 和 Romeo 开心的话。我觉得田君上面的那段译文未能把这一点清晰地达出。田译 "现在他已经是佩特拉克的恋歌中的人物了" 我也觉得很不恰当。

第五幕第三场

7. 田译：拔：我的鲜花似的爱妻啊，我现在用些花儿来撒在你的新床上：——咳，可叹！你的锦帐却是一些灰尘和石头啊；——我每晚必定把些香水来浸润这些花儿，若是香水尽了，便用哭出来的眼泪，我这送给你的奠仪便是这每夜的撒花和哭泣了。

原文：Par: Sweet flower, with flowers thy bridal bed I strew,

O wae! he canopy is dust and stone

Which with sweet water nightly I will dew

Or, wanting that, with tears distilled by moans:

The obsequies that I for thee will keep

Nightly shall be to strew thy grave and weep.

这里第三行的 which 一字，田君把这看成了花，我以为它的 antecedent 不是花而是 canopy（即指坟墓）。田君把这一行译为"我每晚必定把些香水来浸润这些花儿"。我觉得很有商酌的余地。"用香水来浸润花"这种事情我觉得很不自然。说不定没有这样的一回事。我现在把它试译如下：

拔：如花似玉的爱妻啊！

我来把鲜花撒在你的新床上。

啊，堪叹！可叹你的新床尘石作帐！

我夜夜来斯，坟前倾奠酒浆，

若无酒之时，我便挥洒那悲伤底泪浪。

我与你的祭奠只夜夜来斯

把鲜花撒散，号哭一场。

田君的译文中须得商酌的地方已如上述，其余还有几处细小的错误我也不必再去写它们了。

伟大的文学作品是不妨重译的。而且研究莎士比亚也不一定要 Erandes 一流的人才有资格，同样，我们也不必去等那配译莎剧的"真命天子"出现。译《荷马》的 Cowper，译《浮士德》的 Swanwick，译《神曲》的 Longfellow 不见得中国就绝对地没有。这只在各人学力上修养和忠实不倦的努力。田君的莎译我们就让它做走这条路的一个先锋（pioneer）吧。

十四年十一月廿八日于南昌客中

——《洪水》第 1 卷第 10、11 期合刊
（1926 年 2 月 5 日）

译莪默诗五首（1926）

林语堂

　　译诗事应偶然随兴而作。我所译的莪默诗却是零零碎碎这儿一篇那儿一篇的，觉得不可勉强，也无须勉强。若要把他一百零几首全部译出来，必定顶少一半是无聊的译品——而且我实在没有那个胆量。现选我译的几首刊登出来，希望能够引起人家也将他们零零碎碎这儿一首那儿一首的译文公布出来，积渐可以得几篇可以读得的莪默译文。但是我也希望这位莪默先生不因此受新文人的这里一刀那里一刀，戕贼毁伤地不复留固有面目，终至于无形中被我们暗杀——那就我们的罪过重了。迩时恐怕虽然我们要取大白酬地赏莪默，莪默或者因为看见我们的妙文，早已立意不喝酒了。

　　再有一样须声明。这几首所译的有几个地方未免放诞些，并不是什么高明的模范译文，于忠实方面有顾不到之处，请大家不要效尤。也许说这简直不是莪默也可以，其实无论如何译得好，也只是Fitzgerald。要达意与忠实都做到，当"有待于来者"，于我只能放诞放诞而已，不是不想忠实，实在没有法子。也许译诗非放诞些不可。

　　【……】

——《语丝》第 66 期（1926 年 2 月 15 日）

对于译莪默诗的商榷（1926）

采真、语堂（林语堂）

语堂先生在本刊六十六期发表了五首"译莪默的诗"，附有二段序言，对他自己译文的辩解是："有几个地方未免放诞些，并不是什么高明的模范译，于忠实方面有顾不到之处，请大家不要效尤。"我将译文同原文对照着看了几遍之后，觉得有几个地方，确是于忠实方面并未顾到；虽然经林先生事先声明，但我却以为未免过于放诞了。我自然不是要有那种不可实现的"中庸"的主张，既别太活，又别太死，不过我以为诗中的原意，得保存的且保存，译诗者得不加添花样就莫加添花样：在这样的限度之内，再按着音律的关系，斟酌字句的损益，"游刃有余"，虽不敢必，蛛丝马迹，则庶乎可寻矣。现在将我所见到的几点列举出来，还希望林先生及读者不客气地赐教。

（一）第一首的前两行，原文是：

Come fill the cup, and in the fire of Spring, Your Winter-garment of Repentence fling.

译文是："来，在这春日和风里斟个满大杯，把岸然道貌的空架子一齐都丢开。"（为节省"地盘"起见，恕不分行抄）原文的 And in the fire of Spring 应该同第二行译在一起，因为 cup 之后，有个 Comma

同 and, 在 Spring 之后并没有 Comma，这或者是因为林先生疏忽之故。况且，the fire of Spring 是与 Winter-garment of Repentence 对比的，更不应将它们分开，致减少对比的效力。大概莪默是不信有神的，因为他有两行诗说：

Lift not your hands to It（指 sky）for help for It as impotently moves as you or I.

所以他当然不赞成忏悔了。因此我猜想——只是猜想而已——莪默把忏悔看作无生气的冬天一样，于是他用了这么一个"忏悔的冬衣"的 figure of Speech。或者 Winter-garment 另有出处，因为手头无书可查，只好假装不知而已。现在将我的"死译"抄在下面：

> 来呵，请将这个酒杯斟满，
>
> 在阳春的蓬勃里将忏悔的冬衣弃捐。
>
> "时光之鸟"本没有多路可飞，
>
> ——而它已在张翼向前。

（二）第三首的前两行，原文：

> And those who husbanded the Golden grain,
>
> And those who flung it to the wind Like vain,

林先生的译文："无论是那些守财如命吝啬的老太太，或者是那些挥金似土慷慨的少奶奶"，我以为这未免花样太加多了。郭沫若先生译 Grain 为谷，我也不敢赞同，或者不如就译为粒，极言其一点点的金钱的意思，与第二行的"雨"相对照。这么一解释，似乎就有些穿凿了。我的"板译"是：

> 有些人节省金粒，
>
> 有些人将它浪费如雨，

他们都不能变做金砖，像曾经

埋藏了的，又被人掘起。

（三）第四首的前两行，原文是：

The Worldly Hope men Set their hearts upon,

Thus ashes—or it prospers and anon.

译文是："世上的富贵荣华像雾化烟消，或者一霎时果能如愿了"，林先生把几个重要的字 men Set their hearts upon 的意思给丢掉了，这实在是可惜。原来诗中可译的与比较着容易译的，只有"意思"而已，诗的声调与字里行间的暗示力都是难于捉摸的，若并"意思"而不译，那不过一种改译，或是"印象译"罢了。我的"呆译"是：

人们所系念的尘世的希望，

变成灰烬，或是如愿以偿；

不久，像沙漠垢面上的白云，

不过一两时的闪烁旋即消亡。

Fitzgerald 的英译，是我爱读的英文诗中之一本。在林先生所译的五首外，我自己觉得尚有十几首可译。不过此刻因为新年，东颠西跑，不能安心试译。上边三首"续貂"的死译、板译、呆译，还是除夕译的。即此就不免有投机之嫌了，其余的只好留待他日心闲的时候，一壁喝着葡萄酒，一壁再译吧。

二月十五日

读了张君一文，看见张君对裘默的热诚，使我非常高兴；又见了张君自己的译文，更使我欣慰。所不满意的，就是张君把我看的太认真，总是不相信我声明的话，所译的五首实在是放诞之游戏作品而已，我早已声明过，要忠实与达意都做到，"须有待于来者"，在我只能放诞放诞而已。兹承张君诚恳的指导，倒使我十分难堪。男人做文章比如女人生小孩一样，生个聪明伶俐的英儿，固然得意，生个昏庸愚顽的东西，也还是一样钟爱。如果有时候既不受精，又未怀过胎，也只好是妖怪，甚至于"下蛋"而已。张君一定要把蛋当作小孩看待，这自然使做母亲的人格外难以为情了。所以前既声明，这只是偶然游戏之作，与天下之盛衰，道德之显晦，并没有什么多大关系，现在恐怕张先生不相信，再郑重地声明，把该译文的成分，分析如下：

林玉堂	65%
Fitzgerald	25%
莪默	10%
合共	100%

倘是大家以为放诞的特别，便此后仍可依法泡制（横竖 Croce 早已说过，凡艺术的作品，都不可翻，而且凡翻译都是重新的创造），但是如果大家以为此风断不可长，将来只好努力于忠实方面而已。

大概每回翻译，必有人说你的 comma 遗掉了，或者某字未译出，这些该去该删的地方，都要因个人的主观而不同，讨论是无益。最有益的是各人努力，能因其兴感的不同，表现出来，供献读者，自然逐渐有好成绩，并且可认为肯作诗的极好练习。我很希望张君能努力接续地多译几首，至于略可松动的地方，不必拘泥过甚。

语堂

戏译柏拉图诗（1926）

凯明（周作人）

He sobaron gellassa bath Hellados, he ton eraton

Hesmon eni Prothurios Lais ekhousa neon,

Tei Pahiei to katoptrone: epei toie men horasihai

Ouk ethele, hoie d'en paros ou dunamai.

——Platon——

"我拉伊思，

昔日里希腊岛容我恣笑傲，

门巷前诸年少都为情倾倒；

我现在把这铜镜儿，

献进在神女庙：

我不愿见今日的鹤发鸡皮，

又不能见昔日的花容月貌。"

这一首诗见于《希腊诗选》，据说是梭格拉底的大弟子柏拉图所作，但近代考订学者都说不很的确，总之比那大柏拉图要迟一点，虽然不失其为名诗之一。拉伊思系古代希腊有名妓女，大约与柏拉图同时，关于她有好多故事流传下来。她在雅典名动一时，贤愚老幼群趋门下，冀求亲近，犬儒迭阿该纳思甚见宠幸，雕刻家牟孔往见被拒，染白发为棕色，再往，拉伊思笑语之曰，"愚哉，昨日你的老子来，我已拒绝他了，你也来学他么？"后拉伊思往斯巴达，亦甚有名，为妇女们所恨，一日被杀于爱神庙中，时为基督前三百四十年顷云。古人献纳或造像，率有题词，唯拉伊思献镜当系后人拟题，据上述传说，她未必活到古稀，——虽然这样的考证未免有点像痴人说梦。这四行诗照例用了希腊人的几乎啬啬似的说法，很简要地作成，直译出来是这样的意思：

> 我拉伊思，曾笑傲于希腊之上，有年少欢子群集门前，今将镜子献给巴菲亚女神；因我之今所不愿见，我之昔又不能见了。

把我的前面的译文拿来一比较，实在可以说是太"放诞"了。但是在康忒伯利诗人丛书本中见到伽纳忒博士（Richard Garnett）的一篇译诗，觉得放诞也并非没有。其词曰：

> Venus, from Lais, once as far as thou,
>
> Receive this mirror, useless to me now,
>
> For What despoiling Time hath made of me?
>
> I will not, what he marred I cannot, see.

不过这总不大足以为训，况且好好一篇古典的作品，给我把它变成一种词馀似的东西，不必说文词不高明，就是格调也太异了：这种译法真如什师婆亲不足为法，所以我声明是"戏译"，戏者不是正经工作之谓也。

十五年二月十七日

——《语丝》第 68 期（1926 年 3 月 1 日）

关于《参情梦》的翻译（1926）

傅东华

读了《璎珞旬刊》第一期上德畴先生批评我所译《参情梦》一文，使我非常感激，因为我的译品是向来没有人理睬及的，今承德畴先生替我如此细心校对指正，我若不认为十二分的荣宠，那我真太不识抬举了。

但我在受宠若惊之余，又觉得德畴先生未免有几点地方叫人难受。因为我在"译者的话"里曾经一再声明这是我用韵文翻译的一种试验，试验之成功与否没有把握，那么当然没有以"名译"自居之心，而《小说月报》（见十六卷第十期的"最后一页"）也曾代我声明是一种试验，初未尝替我"大吹大擂"。今德畴先生一开头便替我在《参情梦》前面加上一个会有控告意味的形容词，说是"《小说月报》中大吹大擂的名译"，这叫我如何能堪呢！

译书本不是容易的事情。若是译者肯安分些，只按原文一字一字的翻，那么或者可以少些受人指谪的机会，至多也不过叨光一句"太拘泥"的考语而已。怪只怪我自己太不安分，偏要用韵文来试试看，所以既要顾到声韵而又能一字不走动，那终不过是一种"理想"（我在"译者的话"里面声明过的）而已。今德畴先生竟要把这种理想的实现责之于我第一次试验的成绩，那真太看得起我了！

【……】

复次，德畴先生说我没有把 Pierrot 一字的"深意"说明白，因而断定我"对于 Dowson 那篇诗剧的题目没有了解，"诚然诚然。就是到现在，我也何尝了解呢！仿佛记得当初我翻译这歌剧的时候，因关于 Pierrot 一字，手头没有别的可资依据的书，只曾把 *Webster's International Dictionary* 查了一下，见那字条下确乎有德畴先生替我补充的那几句话，但又仿佛记得那时觉得抄字典没有多大意思，所以不知怎么一来就没有把它抄上。至于德畴先生替我补译 Arthur Symons 关于 Pierrot 的那段文章，我也仿佛记得没有漏看，但后来写我那篇"译者的话"时，一气写来，似乎那段文章没有地方可插得进。因彼时我在"译者的话"里最着重的是要表明我译此剧的动机，——就是想借她来一种练习新韵文的资料——且顺便把作者的生平和他的作品的一般意念略略一说，所以关于《参情梦》本身的话，只有"又如我……"以下的几句，不过借它做一个例证，并非正文——因为我那篇文章原不是替 Pierrot of the Minute 做题解的。而且既名为"译者的话"，他哪几句说，哪几句不说，批评家大概没有权干涉吧？

末了，我希望德畴先生能以替我校对《参情梦》的细心去多译几部外国的名著，使读者得多读几部可靠的译本，同时又可使像我这种书等的译品归于天然淘汰，这不比端做指谪家"建设的"得多吗？

一九二六年四月六日

——《文学周报》第 221 期（1926 年 4 月 6 日）

霁秋"关于翻译来函"及编者附记（1926）

霁秋、志摩（徐志摩）

　　大家普通都承认《晨副》是中国文学界里一份重要的报纸，承认它是负有率领指导的使命的；所以我劝您取材料的时候总要有一定的限度一定的水平线，不失掉读者的信仰才好。近来您在《晨副》上介绍契诃甫我们是很欢喜的，但看一看菊隐译的蜗洛契诃不能不怪先生失慎的过处。契诃甫的东西可以说是容易了解很清楚的，菊隐的翻译却闹出了不少的错误。只就五月一日《晨副》上他发表的那几节译文来看，就有两个很大很明显的错子；不知您看出来了没有？"There is a brilliant future before statistics!"这句话不用看上下文谁都知道是说统计学的前途很光明的意思，菊隐偏把它译作"在作统计学之先我就得到光明的前途了！"

　　"Nothing in life is so precious as people ！"Obnev thought in his emotion, as he strode along the avenue to the gate，"Nothing!"

　　这段话一看就可以知道欧格涅夫是说生活中再没有像人这样可贵的东西的意思，菊隐偏偏把引用号以内的话译作"在生命中莫有比人再加可珍贵的了！""除人以外什么也没有！"这话无论与本文相符与否，本身先就不通，大谅您也看了出来吧！

霁秋下斋

附记：

我们欢迎读者关于本刊刊物好意的批评与指正，如同霁秋先生这次的来函，虽则有时过长的来件不能尽量登出，但我们还是一样的领情。说起翻译，我怕我们还没有到完全避免错误的时候，翻的人往往胆太大，手太匆忙，心太不细；我自己闹过一个极大的笑话，虽则幸亏一位校看的朋友给改正了，不曾公开出去。那是在一篇曼殊斐儿的小说里，有一处原文是"I am thirsry, dearest, give me an orange"。意思是"我口渴的，亲爱的，给我一个橘子"，你说我给翻成了什么，你再也猜不到我手段的高妙！我翻作："我是三十岁了，亲爱的，给我一个橘子！"Thirsty 我误认作 Thirty，又碰巧上文正讲起年岁，我的笔顺溜溜地就把"口渴"给变成"三十岁"了，你说这多 Marvellous！

至于菊隐的翻译，虽则多半因为不小心很多不正确甚至完全错误的地方，但就全体论，他的笔致恰还灵动，不落呆木，多少还念得过去，所以我收到他的译稿往往"不付审查"就给披露了。这一半是我的不是，当然。盼望以后错误甚至笑话的"常率"可以逐渐减少，读者们不至再在纸面上摸出雀斑与花的恐怖！

志摩

——《晨报副刊》（1926 年 5 月 15 日）

随便谈谈译诗与作诗及编者附记
（1926）

钟天心

志摩先生：

真真是想不到，承你把我译的那首华茨华斯的小诗，采入了诗刊；又承你，也许不是你，管他是谁呢，还把它润色一遍，我是非常感谢。但是有些地方我觉得，改得还不如原稿，或虽比原稿好而仍不能满我意的。我很愿意你能满容我自由说几句话，不要因为怕占去副刊宝贵的篇幅就要皱眉头！譬如第一节的第三句原稿是：

> 一个女郎，已无人爱

改稿删去了"一个"二字不要紧，可是全节诗的 Harmony 都给破坏了！又如第三节头两句的改稿：

> 她生不留名，露茜
>
> 她死后

固然比原稿好，然而把"露茜"夹在当中，读起来多么别嘴，多么不自然！

因为第二节我还有要自动修改的地方，所以我想不如把全诗都再修改一遍，请你重登一次吧。可以吗？

她住在人迹不到的地方，

在那多福流泉之旁，

一个女郎，既无人爱，

也少人赞赏。

一朵紫罗兰半躲半藏，

在一块苍苔的石旁！

——美丽如一粒星，

独自闪烁在天上。

她露茜生无人知，

死时，也没有人晓，

但她是在坟中呀，

啊，

我的世界都变了！

译诗是万难的事，比作诗难得多，这至少我个人的经验是如此，自然许有天分高、学力富的人会觉得它比写散文还容易也未可知；不过，无论如何有一点谁也不能否认的，就是译诗不许有自由。你若想自由抒写你心中的情思，你最好自己去作诗。用画画来打个比喻，作诗，就是画意笔画，译诗就是写生。在根本上说，意笔画自然比写生难得多；在工作的过程上说，写生确比意笔画难得多。——如果嫌这个"难"字不妥，就改个"苦"字吧；唯其苦，所以才觉难。当你写意笔画时，你可以自由挥毫，你可以尽情想象，你可以乘风，你可以驾云；写生时，你可不许这样。你若画棵牡丹，你得笔笔不离牡丹的颜色，你得心心不忘牡丹的精神。这自然是苦，是难，但是你若怕苦，你若畏难，你最好就别干。译诗也就是这样。别的不说，你得先不怕苦、不畏难，才有资格译诗。你要译诗，你先得牺牲自由。我相信，无论谁人，他若肯以这种精神去译诗，他绝不会白费力不讨好的。你以为如何？

请你再容我自由谈谈作诗吧，徐先生！近来诗风，显然是大大的变了。从前长短不齐的句子，高低不平的格式渐渐不见了，渐渐代以整齐的句子，划一的格式了。从前认为无需有的韵脚，现在又渐渐地恢复了。许多人说，这是新诗人人了正轨后必然的现象。我自然也希望这不只是一种猜想。可是我觉得这问题不是这样简单吧。这种现象之所以发生，恐怕还有一个很不良的背景吧。你只看近来的诗，有许多形式是比较完满了，音节是比较和谐了，可是内容呢，空了，精神呢，呆了！从前的新鲜、活泼、天真，都完了，春冰似的溶消了！这个病源若不速行医治，我敢说，新诗的死期将至了！这个病源是什么呢？就是一般作新诗的人都自觉地拼命要做诗人。他们都以为诗人是无上的崇高，无限的伟大，是天之骄子，他们要做诗人的心比秀才要做状元还切，他们以为成为诗人的终南捷径，就是多多地作好诗，作好诗的方法，就是把诗的形式弄规矩一点，诗的音节弄好听一点，至于当时自己是否有灵感，是否有真实的感情是不管的。他们以为只要诗写得成，自然是有灵感，有情感的；他们甚至可以自解说，如果我没有灵感，没有情感，我的诗如何能作得成呢？不错，灵感、情感是有的，不过是他自己成心造出而不自知耳。如果这种习气不改，我敢说，新诗的生命是很危险的。新诗的生命就是新诗人的生命，新诗人不根本去追求自己的生命，发扬光大自己的生命，而斤斤于字眼的挑选，字音的配合，新诗的生命如之何其不危险？我个人的意思，以为新诗艺术方面成功，是有待于天才的诗人多读古今中外的名著杰作，融会贯通以后，慢慢地，自然而然地完成的；勉强地、不自然地、自觉地去作，那简直是给新诗造坟墓呵！一朋友约我"到公园上课"的时间到了，见面再谈吧。

五，七。天心

附记：

志摩说，天心，你得容恕我的"自由"；我不但窜改了你的诗（那译诗是我改的），这回又删改了你的信！关于译诗，你这回改的我也认为比初稿好得多，盼望你再继续。关于论新诗的新方向，你的警告我们自命作新诗的都应得用心听。天下如其有一件不可勉强的事，我以为是作诗；好在真金自有真金的硬度、光彩、分量，暂时镀上金色的烂铜破铁是经不起时间的试验的。我对于新诗式的尝试却并不悲观，虽则我也不能说是绝对甚至相对地乐观。等着看吧。

——《晨报副刊·诗镌》第 8 期（1926 年 5 月 20 日）

新诗话：译诗（1926）

饶孟侃

我看了天心和志摩谈译诗的公开信，觉得他所说的谈译诗的话并没有十分抓到痒处。所以我也不免在这里代天心先生再抓一抓。译诗真是一件万难的事，尤其是要想把它译成诗（不是散文），是更难的一种工作。我们知道有些人因为怕别人攻击不懂原文，便咬着牙齿死板板地照着字面上的意思直译下来，我并不是反对译诗应当忠实，但是我认为谈到"译诗"两个字，"译"字和"诗"字应该是一般的重要。现在有许多译诗的"译家"多半是眼睛里只看见"译"字而没有看见"诗"字，所以译出的东西都是一些半诗半散文的东西；因此我认为与其译诗偏重"译"字，还远不如偏乎"诗"字。因为偏重"诗"字的结果就是离了一点原意，只要它能成为一首诗，总比那不成诗又不成散文的东西好的多。

这是从那坏的一方面讲。要是我们说得认真一点，译诗不但应当把原诗的意思抓住，而且同时也应当依照原诗把它的韵脚、格式和音尺一并译出；译诗能够做到这样的精细，那就等于创作了。顺便举个例子来说，我记得本刊第六号上华茨华斯那首诗（就是天心先生译的那首）的原文是"一""三"和"二""四"互相用韵，而"一""三"

两行又是四个音尺组成和"二""四"两行又是三个音尺组成的。等我们来再看看译者的作品，就知道形式上和原诗完全是两个东西。这种的译诗固然在现在还算是可以的东西，但是可以的也只有这种成色，坏的那就更不用讲了。

我们又知道英国有一位诗人的地位完全是由翻译得来的，这位诗人就是译 *Rubáiyát of Omar Khayyám* 的 Fitzgerald。据考据家讲，他那首长诗和原诗不同的地方很多，只因为那首诗译得好，译得是一首好"诗"，所以如今他传到一个文学史里不朽的位置。这样看起来，译诗还是看重"诗"字的妥当些。

——《晨报副刊·诗镌》第 9 期（1926 年 5 月 27 日）

此图书馆大约以蟋蟀多而著名——
王统照的胡译（1926）

皓岚（罗皓岚）

　　翻译实在是件难事，也是一件很重要的事。世界的名著近来被我们中国人翻译的也不少，可是要求其与原文的神气一丝都不走样，那自然是难事，就是求到一个"信"的地步的翻译作品，也不容易。翻译不比创作，你创作得不好，你只对自己和读者负责。翻译若是译得不对，你除了对自己对读者负责外，还得要对原作者负责。这实在比创作的责任还重大，我们实不能轻轻地把它放过。创造社对于以前的翻译界曾猛力下以总攻击，自那时以后，翻译界的现象确比较好点，但是近来却不大理起这事，不知何故？

　　本学期我们的法文教员选了都德（Alphonse Daudet）的 *Trois Contes Choisis* 给我们念，那里面包含了都德的三篇短篇小说"柏林之围"（Le Siege De Berlin）、"最后一课"（La Dernière Classe）和"教皇的骡子"（La Mule Du Papeq）。前两篇我看过胡适教授的中译本，所以还容易懂，后一篇比较长，有些地方在预备功课时，弄不大清楚，如是我便找了一本一九〇〇年波士顿 Little, Brown and Company 出版的英译本对看。有人告诉我王统照先生曾译了这篇"教皇的骡子"在某杂志上发表过，什么杂志他却记不起来了。王先生是我们文学界鼎鼎有名的人物，我一向就拜服，都德既然能得这样一位大人物给他翻译，自然是好极了。如是我不嫌烦劳，在学校图书馆的杂志部内找了两天，居然被我在中国大学晨光杂志社出版的《晨光杂志》第一期上找着了。明明白白地印着王统照重译，这一喜直使我喜出望外。篇首还有王先生的一篇介绍都德的大文，我所要看的是译文，所以也没看它，只把王先生的译文和英译本仔细地参阅，作我学法文的参考。现在我把那故事读完了，觉得英译本还不怎样，王先生的译文却使我大大地失望了。有些地方可以看得出王先生简直不懂英文，完全在那里胡闹。本来从英文本去译法文已是不大高明的事，何况对英文本还不能负责，更怎能对得起原作者？王先生译此文时，不知也想到这层否？现在让我介绍王先生的大译——给读者。

原文：Francet pense, <u>Comme moi</u>, qu'ily a ládessous quelque ancieunech roique du pays d'Avignon; mais il n'en a jamais entendu farler antre inent que far le proverbe...

英译：Francet thought, <u>as I did</u>, that there must be some ancient chronicle of Avignon behind it , but he had never heard of it otherwise than as a proverb.

王译：佛兰赛马易想着<u>照我这样办</u>，必须找到阿非及恼过去的古纪年史，但他也曾没听过其他的话，像"这个成语一样"。

这中间 did 一字，虽然字典上说可以作"做"字解，但在这里却不然，did 下面省去了一个 think，它在这里的功用不过是助动词，法文不是说 Comme moi 吗？呵，王先生是不懂法文的，这也难怪，但英文也应看懂哪！譬如这句话："但他也曾……像这个成语一样"。这到底是什么话？读者拿原文对照看吧，恕我不絮烦了。王君既不懂法文，而且他又注明是重译，我以后就只请他对英译文负责，为省事起见，除必需外，恕我不列原文了。

英译："...except in Grasshoppers' Library" said the man, laughing.

王译：这个老人笑着道："除了在蟋蟀图书馆 Grasshoppers' library 外（此图书馆大约以蟋蟀多而著名，观下文便知——译者）。

Grasshopper 译作"蟋蟀"，那么 Cricket 王君又译作什么呢？中文的蟋蟀若是要译成英文，王君又怎样处置它呢？而且从王君这段按语看来，可见王君还没看懂 Grasshoppers' library 到底是怎么东西？"此图书馆大约以蟋蟀多而著名"哈！哈！这是什么话？我现在坐在敝校图书馆作这文时，四围蛙声咯咯，也可说是此图书馆大约以蛤蟆而著名，大可叫它为蛤蟆图书馆了。我教王君一个乖吧，这图书馆不但以蟋蟀著名，而且还以花草、流水、鸟语……著名呢！不但在法国有，而且在王君的左右也都是呢！下文有"日夜为诗人开放着"的话，王君还看不透这图书馆在哪里，我真怕王君笨得要我一口道出这图书馆就是"大自然"来。

英译：The idea struck me as a good one; and as the Grasshoppers' library is close at my door, I shut myself up there for over a week.

王译：这个极好的观念，给予我一个打击，便将蝗虫图书馆封记在心里，过一个星期后，我自己必要去开放的。

王君只知道 strike 字面作"打击"讲，却不知道 Figuratively speaking 也可作"忽起"或"突然想到"讲，怎能译作"给予我一个打击"讲？并且法文是 L'idée m'a paru bonne. Paraître 并没有打击之意呵！其余的几句，也译得不大成话，简直与英译两样，close at my door 怎能说是"封记在心里"？"开放"二字，英文中也寻不出来源，王君这是自己在创作还是译小说呢？这段应译作：

这主意很不错；蚱蜢图书馆既就在我门外，如是我便投身在那里过了一星期多。

英译：Whoever did not see Avignon in the days of the popes has seen nothing.

王译：谁没有看见阿非及恼及教皇时代的日子，无论什么东西都能看见。

这段不特没译对，连意思都译反了，大意应是：谁要没见过在教皇时代的阿非及恼，可以说是没见过世面（直译当作没见过东西）。

英译：...prisons where the wine was put to cool

王译：监狱的酒，是非常的淡薄

王君不知法国的酒通常是藏在地窖内，不使它受热，所以此地的 cool 一字，使王君为难，只好译作"淡薄"了。但是王君怎会想到监狱的酒淡薄是与快乐的时代有关呢？真是匪夷所思，王君何以语我来？

英译：Were you only a poor little gatherer of madder-roots, ...he gave you his benediction so politely.

王译：你或是一堆小而可怜的丹参草根……他必给你一个柔和的祝福！

此处 a poor little gatherer of madder-roots 并不是一堆小而可怜的丹参草根，乃是一个丹参草根的拔取者——就是说靠拔取丹参草根为活的人——王君却把 gatherer 译成"一堆"了，法文是 unpauvre petit tireur tireur 决不会作"一堆"讲，而且 madder 是茜草，并不是中国草药郎中药袋里的丹参，王君未免译得太写意了。

英译：The good man paid court to his vine yard.

王译：这个善良的人，从宫廷中出来，至葡萄园去。

Paid court 译为"从宫廷中出来",也只有王君才有这样的胆子,但是王君也不想想,一个教皇在每个礼拜日的晚祷之后,是不是应该从宫庭中出来?从这点常识上着想,也不应译 Paid court 为从宫庭中出来呀!

英译: his cardinals stretched out beneath the grapevine.

王译: 他至要的就是将下面的葡萄蔓摘出来。

Cardinals 译为"至要的", stretched out 译为"摘出来", 真是天地间一个大奇迹。王君的英文程度何以坏至此, 亏他好意思提起笔来译都德的小说!

英译: gazing at his vine yard tenderly.

王译: 一边凝视他的柔枝的葡萄园。

Tenderly 虽然在此处与 vineyard 接近, 但这是状词(adverb), 形容 gazing 的, 决不是形容 vineyard, 王君几时又见过形容词在英文中放在名词的后面呀? Tenderly 只有"柔和"的意思, 王君便把它认作形容词, 便不得不杜撰"柔枝"二字来形容葡萄园了, 胆真大哉!

英译: What the Pope loved best in the world, next to his vineyard of Chatean-Neuf, was his mule.

王译: 什么是在世界中而为教皇所最爱的, 除了他的骡子以外, 就是他的葡萄园。

王君又把人家的意思译反了, 原意是: 除了葡萄园外, 骡子是他所顶爱的; 王君却反过来译, 变成了除了骡子以外, 葡萄园是他所顶爱了。粗心至此, 该打手心百下示儆。

英译: Every evening before he went to bed he went to see if the stable was locked, if nothing was lacking in the manger...which he took to his mule himself, in spite of the remarks of his cardinals.

王译：每晚上他临睡之前，到厅房中去看看；若在饲槽里没有什么东西缺少他就下了锁，……这些是取去给他的骡子用的东西，在他的重要的悲愤里。

英译文中并没有"厅房"字样，王君硬给他加上，可就出了笑话了，诸君，你看过谁家的厅房中安过骡子吃用的饲槽没有？那大概是王君家特有的吧！此文应译为：

他每晚临睡以前要去看看厩舍是不是关好了？饲槽里有没有缺少东西？……他自己把这些东西取去给他的骡子，也不管他属下的笑话（直译应作：也不管他的属下的指摘）。

英译：It must be said that the animal was worth the trouble.

王译：那可以说是为骡子而有的烦恼呢。

王君译文与英文又不相同，此段应译作：

那可以说这畜生也值得这麻烦（意思就是说：这骡子是值得教皇这样地不怕烦去爱护它）。

英译：...there were no civilities that the people did not pay her... had led more than one man to fortune.

王译：……那些没礼仪的人，是不能及上他的……已经引导着，比较一个人得到更好的运气。

读者，你试把这段英文和王君的译文对照，你能相信王君是在翻译吗？这简直是他在批改都德的文章了。此段应译为：

没有一个人不对她表示礼貌……已经领导上了幸运之途的不止一个。

英译：And the good Pope, quite touched, said to himself:

王译：善良的教皇，很安静地靠近他和他说：

我看了半天看不出王君为什么要这样译？而且"安静"和"靠

近"字样在英文中寻了半天也寻不出来，后来才知道王君把 quite（十分）看成 quiet（安静），touched 视作"靠近"，所以平空才飞来了"安静"和"靠近"字样，王君呵！都德也算一代文豪，你怎欺侮他到这步田地，把他的东西误解到这步田地！此文应译为：

善良的教皇，十分地感动，对他自己说：（并不是'他和他说'。）

英 译: The good pope, who felt himself getting old, <u>left to Tistel the care of looking after the stable</u> and of carrying to the mule his bowl of wine, ——which <u>did not cause</u> the cardinals to laugh.

王译：善良的教皇，他觉得自己渐渐老了，在厨房中将他的酒碗带去，给了骡子以后<u>并没有留心去看提司铁</u>——这个是<u>不能止住</u>大僧正们的笑。

王君不但擅改都德的文章，而且不是把他的意思弄错，就是把意思弄白了，读者把我下面的译文与王译对照，便可看得出。原意是：教皇因为自己老了，便把看管骡子的事交给提司铁去做，这样不会使手下的人笑话。王君的译文却是这些什么话？此文应译为：

善良的教皇，他觉得他自己渐渐老了，便把看管厨舍及送酒给骡子的事都交给了提司铁，——这个不会使手下的人笑话。

我写到此地，不但读者看了厌烦——王君自然是不高兴——就是我这写的也写得不高兴起来了，只好就此"带住"吧。但是读者要记住，英译全文是 14 页，我不过把开始六页中王译的大错误指出来了，中间的小笑话，如译 <u>spent</u> some delightful days there 为"我在那里耗费了快乐的几天"，discovering（发现）译为"发明"，Admiration（惊赏）译为"惊惶"，tear his hair 译为"眼泪在他的头发上"……等类，为省篇幅计我都没一一指出，其余的八页中的谬误，我也懒得写出来了。其实谁又愿意当这义务校对？

生非外国人，译外国文字，偶有错误，原不足责，但像王君错误得这样多——六页中有十五处大错——几乎每三四句要闹一个笑话，这便不可恕了，然而王君是现代中国文坛有名的人物呢！

我素来不爱读近人翻译的小说——并不是自视太高——实在是使我失望太甚了。这次因学法文得读王君大译，又使我失望了一次，对于什么名人，我真难相信了。另外两篇都德的译文——"最后一课"及"柏林之围"胡适教授译的——我还没把它和原文对看，有工夫也想来当当义务校对。拿近人译的小说和原文对读，我想那也"好耍子"，但我希望他们不会使我失望如王君这篇大文一样，读者，你相信我真能不会失望吗？

一九二六，四，二十日清华

——《洪水》第 2 卷第 18 期（1926 年 6 月 1 日）

英译李太白诗（1926）

闻一多

《李白诗集》*The Works of Li Po，The Chinese Poet*

小畑薰良译 *Done into English Verse* by Shigeyoshi Obata, E.P. Dutton & Co, New York City, 1922

【……】

太白最擅长的作品是乐府歌行，而乐府歌行用自由体译起来，又最能得到满意的结果。所以多译些《蜀道难》《梦游天姥吟留别》一类的诗，对于李太白既公道，在译者也最合算。太白在绝句同五律上固然也有他的长处，但是太白的长处正是译者的难关。李太白本是古诗和近体中间的一个关键。他的五律可以说是古诗的灵魂蒙着近体的躯壳，带着近体的藻饰。形式上的秾丽许是可以译的，气势上的浑璞可没法子译了。但是去掉了气势，又等于去掉了李太白。"我来竟何事，高卧沙丘城？城边有古树，日夕连秋声……"这是何等的气势，何等古朴的气势！你看译到英文，成了什么样子？

Why have I come hither, after all?

    Solitude is my lot at Sand Hill city

There are old trees by the city wall

And many voices of autumn, day and light

这还算好的，再看下面的，谁知道那几行字就是译的"人烟寒桔柚，秋色老梧桐"。

The smoke from the cottages curls

 Up around the citron trees,

And the hues of late autumn are

 On the green paulownias.

这到底是怎么一回事？怎么中文的"浑金璞玉"，移到英文里来，就变成这样的浅薄，这样的庸琐？我说这毛病不在译者的手腕，是在他的眼光，就像这一类浑然天成的名句，它的好处太玄妙了，太精微了，是禁不起翻译的。你定要翻译它，只有把它毁了完事！譬如一朵五色的灵芝，长在龙爪似的老松根上，你一眼瞥见了，很小心的把它采了下来，供在你的瓶子里，这一下可糟了！从前的瑞彩，从前的仙气，于今都变成了又干又瘪的黑菌。你搔着头，只着急你供养的方法不对。其实不然，压根你就不该采它下来，采它就是毁它，"美"是碰不得的，一粘手它就毁了，太白的五律是这样的，太白的绝句也是这样的。

峨眉山月半轮秋，影入平羌江水流。夜发清溪向三峡，君思不见下渝州。

The autumn moon is half round above Omei Mountain;

Its pale light falls in and flows with the water of the Pingchang River.

In-night I leave Chingchi of the limpid stream for the Three Canyons,

And glides down past Yuchow, thinking of you whom I can not see.

在诗的后面译者声明了，这首诗译得太对不起原作了。其实他应该道歉的还多着，岂只这一首吗？并且《静夜思》《玉阶怨》《秋浦歌》《赠汪伦》《山中答问》《清平调》《黄鹤楼送孟浩然之广陵》一类的绝句，恐怕不只小畑薰良先生，实在什么人译完了，都短不了要道歉的。所以要省了道歉的麻烦，这种诗还是少译的好。

我讲到了用自由体译乐府歌行最能得到满意的结果。这个结论是看了好几种用自由体的英译本得来的。读者只要看小畑薰良先生的《蜀道难》便知道了。因为自由体和长短句的乐府歌行，在体裁上相差不远；所以在求文字的达意之外，译者还有余力可以进一步去求音节的仿佛。例如篇中几句"蜀道之难难于上青天"，是全篇音节的锁钥，是很重要的。译作"The road to Shu is more difficult to climb than to climb the steep blue heaven"两个（climb）在一句的中间作一种顿挫，正和两个难字的功效一样的；最巧的"难"同"climb"的声音也差不多，又如"上有九龙回日之高标，下有冲波逆折之洄川"译作：

"Lo, the road mark high above, where the six dragons circle the sun!

The stream far below, winding forth and winding back, breaks into foam."

这里的节奏也几乎是原诗的节奏了。在字句的结构和音节的调度上，本来算韦雷（Arthur Waley）最讲究。小畑薰良先生在《蜀道难》《江上吟》《远离别》《北风行》《庐山谣》几首诗里，对于这两层也不含糊。如果小畑薰良同韦雷注重的是诗里的音乐，陆威尔（Amy Lowell）注重的便是诗里的绘画。陆威尔是一个 imagist，字句的色彩当然最先引起她的注意。只可惜李太白不是一个雕琢字句，刻画词藻的诗人，跌宕的气势——排奡的音节是他的主要的特性。所以译太白与其注重词藻，不如讲究音节了。陆威尔不及小畑薰良只因为这一点；小畑薰良又似乎不及韦雷，也是因为这一点。中国的文字，尤其中国诗的文字，是一种紧凑非常——紧凑到了最高限度的文字。像"鸡声茅店月，人迹板桥霜"，这种句子连个形容词动词都没有了；不用说那"尸位素餐"的前置词、连读词等等的。这种诗意的美，完全是靠"句法"表现出来的。你读这种诗仿佛是在月光底下看山水似的。一切的都罩在一层银雾里面，只有隐约的形体，没有鲜明的轮廓；你的眼睛看不准一种什么东西，但是你的想象可以告诉你无数的形体。温飞卿只把这一个一个的字排在那里，并不依着文法的规程替它们联络起来，好像新印象派的画家，把颜色一点一点的摆在布上，他的工作完了。画家让颜色和颜色自己去互相融合，互相辉映——诗人也让字和字自己去互相融合，互相辉映。这样得来的效力准是特别的丰富。但是这样一来中国诗更不能译了。岂只不能用英文译？你就用中国的语体文来试试，看你会不会把原诗闹得一团糟？就讲"峨眉山月半轮秋"，据小畑薰良先生的译文（参看前面），把那两个 the，一个 is，一个 above 去掉了，就不成英文，不去，又不是李太白的诗了。不过既要译诗，只好在不可能的范围内找出个可能来。那么唯一的办法只是能够不增减原诗的字数，便不增减，能够不移动原诗字句的次序，便不移动。小畑薰良先生关于这一点，确乎没有韦雷细心。那可要可不要的 and，though，while……小畑薰良先生随便就拉来嵌在句子里了。他并且凭空加上一整句，凭空又拉下一整句。例如《乌夜啼》末尾加了一句 for whom I wonder 是毫无必要的。《送汪伦》中间插上一句 It was you and your friends come to bid me farewell 简直是画蛇添足。并且译者怎么知道给李太白送行的，不只汪伦一个人，还有"your friends"呢？李太白并没有告诉我们这一层。《经乱离后天恩流夜郎忆旧游书怀赠江夏韦太守良宰》里有两句"江带峨眉雪，横穿三峡流"，他只译作 And lo, the river swelling with the tides of Three Canyons。

试问"江带峨眉雪"的"江"字底下的四个字，怎么能删得掉呢？同一首诗里，他还把"君登凤池去，勿弃贾生才"十个字整个儿给拉下来了。这十个字是一个独立的意思，没有同上下文重复。我想定不是译者存心删去的，不过一时眼花了，给看漏了罢了。（这是集中最长的一首诗；诗长了，看漏两句准是可能的事。）可惜的只是这两句实在是太白作这一首诗的动机。太白这时贬居在夜郎，正在想法子求人援助。这回他又请求韦太守"勿弃贾生才"，小畑薰良先生偏把他的真正意思给漏掉了；我怕太白知道了，许有点不愿意吧？

译者还有一个地方太滥用了他的自由了。一首绝句的要害就在三、四两句。对于这两句，译者应当格外小心，不要损伤了原作的意味。但是小畑薰良先生常常把它们的次序颠倒过来了。结果，不用说了，英文也许很流利，但是李太白又给挤掉了。谈到这里，我觉得小畑薰良先生的毛病，恐怕根本就在太用心写英文了。死气板脸的把英文写得和英美人写的一样，到头来读者也只看见英文，看不见别的了。

虽然小畑薰良先生这一本译诗，看来是一件很细心的工作，但是荒谬的错误依然不少。现在只稍微举几个例子。"石径"决不当译作 stony wall，"章台走马著金鞭"的"著"决不当译作 lightly carried，"风流"决不能译作 wind and stream，"燕山雪大花如席"的"席"也绝不能译作 pillow，"青春几何时"怎能译作 Green Spring and what time 呢？扬州的"扬"从"手"，不是杨柳的"杨"。但是他把扬州译成了 willow valley。《月下独酌》里"圣贤既已饮"译作 Both the sages and the wise were drunkers 错了。应该依韦雷的译法——of saints and sage I have long quaffed deep 才对了。考证不正确的例子也有几个。"借问卢耽鹤"，卢是姓，耽是名字，译者把"耽鹤"两个字当作名字了。紫薇本是星的名字。紫薇宫就是未央宫，不能译为 imperial palace of purple。郁金本是一种草，用郁金的汁水酿成的酒名郁金香。所以"兰陵美酒郁金香"译作 The delicious wine of Lanling is of golden hue and flavorous，也不妥当。但是，最大的笑话恐怕是《白纻辞》了。这个错儿同 Ezra Pound 的错差不多。Pound 把两首诗拼作一首，把第二首的题目也给拼到正文里去了。小畑薰良先生把第二首诗的第一句割了来，硬接在第一首的尾巴上。

我虽然把小畑薰良先生的错儿整套地都给搬出来了，但是我希望读者不要误会我只看见小畑薰良先生的错处，不看见他的好处。开章明义我就讲了这本翻译大体上看来是一件很精密、很有价值的工作。一件翻译的作品，也许旁人都以为很好，可是叫原著的作者看了，准是不满意的，叫作者本国的人看了，满意的许有，但是一定不多。Fitzgerald 译的 *Rubaiyat* 在英文读者的眼里，不成问题，是译品中的杰作，如果让一个波斯人看了，也许就要摇头。再要让莪默自己看了，定要跳起来嚷道："牛头不对马嘴！"但是翻译当然不是为原著的作者看的，也不是为懂原著的人看的，翻译毕竟是翻译，同原著当然是没有比较的。一件译品要是在懂原著的人面前讨好，是不可能的，也是没有必要的。假使小畑薰良先生的这一个译本放在我眼前，我马上就看出了许多的破绽来，那我不过是同一般懂原文的人一样的不近人情。我盼望读者——特别是英文读者不要上了我的当。

翻译中国诗在西方是一件新的工作（最早的英译在一八八八年）用自由体译中国诗，年代尤其晚。据我所知道的，小畑薰良先生是第四个人用自由体译中国诗。所以这种工作还在尝试期中。在尝试期中，我们不应当期望绝对的成功，只能讲相对的满意。可惜限于篇幅，我不能把韦雷、陆威尔的译本录一点下来，同小畑薰良先生的作一个比较。因为要这样我们才能知道小畑薰良先生的翻译同陆威尔比，要高明得多，同韦雷比，超过这位英国人的地方也不少。这样讲来，小畑薰良先生译的《李白诗集》在同类性质的译本里所占的位置很高了。再想起他是从第一种外国文字译到第二种外国文字，那么他的成绩更有叫人钦佩的价值了。

——《北平晨报》副刊（1926 年 6 月 3 日）

《茶花女》第一幕第八场的
饮酒歌·译者引言（1926）

刘复

　　这是预备译出之后可以在戏台上唱得的，所以一方面是必须有点儿声调，另一方面是必须得像中国话，使唱的人唱出来顺口，听的人听进去顺耳。因此在字句上，就不能十分拘泥，只能做到大致不错的一步为止。这种译法，原只是"不求有功，但求无过"，若说要仰攀一帮大人先生们之所谓"神韵译"，那是阿弥陀佛，刘复岂敢！

——《语丝》第 83 期（1926 年 6 月 14 日）

讨论译诗——答闻一多先生（1926）

小畑熏良

　　闻一多先生新近在《晨报副刊》上发表了一篇批评我的李太白英译本的文章。在我所见到的几十篇书评之中，这是独一的，因为写的人不仅是个中国人，并且他自己是一个诗人，也是我相熟的朋友。再说，这篇文章提出很多中肯的问题以及确切的指正。除了中国人是看不到的。我写这篇答复，第一是为闻君写了这篇有学识的、周到的、优容的文章，我应该表示深挚的感谢，第二因为闻君文中指出有好几点是一般翻译家都应得注意的问题，尤其是我们少数人尝试译中国诗的曾经感受的难处。

　　现行所谓《李太白全集》是王琦在一七五九年编定的，共收有一千首诗。我的选本只有一百二十四首。评书的人当然要问为什么我刚正选定那几首诗。我在我原书的序文里说过，这选数的大部分是我在涉猎中国文学时期内随时随兴译成积起来的。我唯一的领导是我当时的意兴，我也跟着它走，有时歇了下来就为逢着了文字上的阻难。这样一个选法当然不免漏掉很多好诗以及重要的诗，为什么呢，就为我当时没有翻，或是不能翻。

　　话虽这样说，在这书付印的时候，我也确曾尽我的力量使这本子在体裁上与形式上足以尽量地代表太白的诗。我也想法子拿他自己的作品来反映他的生平以及他所经历的时代。为此，有几首诗，例如寄内诸作，不问诗的本身价值如何，也给选上了，因为在那几首诗里我们可以看出他生平人情方面的一斑；还有那首像悼他的日本朋友的选入也为要表示诗人自己以及他那时代吴越一家的气概。另外有几首是李白同时代人作了送他的，也为同一理由我给选入了。

关于某几首诗真伪性的考订，闻君文中有详细的讨论，这问题在研究汉学的人固然有趣而且重要，但就我出书的旨趣说，并没有多大关系，因为我那书的意思是介绍一个在中国最有名的古诗人给欧西的文坛，选译的诗也是在中国一般人认为是他的作品的。因此我在诗人的小传中也收集了好些传说的逸事。

谁都没有我自己觉得我的译文的不到家与种种缺憾的地方。关于这一层，我十分感谢闻君好意的、优容的态度，我尤其佩服他的细心，他在我那集子里最长的一首译诗（也是李白集中最长的一首）的两行遗漏都给我找出来了。

闻君说李白有知名的诗谁都没法子翻成恰到好处的英文。这话是对的。本来从一种文字翻成另一种文字，其间的困难就不知有多少，那还是就两种文字是相近的说。至于文字的差别远如中文与英文，那时翻译的难处简直是没法想的了。单说通常名词与词句就够困难，因为彼此没有确切相符的句格或思想格式。严格地说，英文的 woman，德文的 tran，法文的 femme，都还不是永远可以对换的，因为每个名词的背后都含着独有的国民性的或是民族性的特性，这一家有的，那一家不一定有。在英文里面就没有恰当的字可以替代中文里的妻或是妾，侠客或是丈夫。我们竟可以说 home 译家字，hat 译冠字，shoe 译袜字，都是不对的。尤其是一逢到成语的用词，直译简直是不可能。例如你有什么法子译"断肠"！我想最普通的译法"heartbreaks"（心碎）。但是我们知道肠并不是"heart"。要是德文倒不妨借用歌德的"es brennt meia eingeweide"这来名词对了，可是这儿你又弄成了"烧"，不是"碎"或是"断"了？再比是李白那句"燕山雪花大似席"，我的译文是"The snow flakes of the Yen mountain are big as pillows"，闻君却来捉我的错，说席并不是Pillow（枕）。要是在译文中竟说雪花大似草席，或是地毡，字面的意思是对了，但这来意味就落了丑陋，那是原文所没有的。我用"Pillow"那字，自以为有来源的，因为一来这比喻够得上诗人原来新奇的用意，二来又不是完全没有根据，这枕字的联义就是"垫"，垫与席又同是与座位一个字义相关连的。

其次，专门名词又是一种困难。也不知什么缘故，一行英文里面凑上一个中国字，音调就觉得合不到一起。也许大部分是不惯的缘故。总之一个人名或是一个地名，不论它在中文里怎样富有种种的联义，在西方人听来只是一种莫名其妙的怪调。在我的翻译里，我逢着可避用的地方就避，有时简直完全给省去；有时译义不译音，例如黄河、东山、湖州之类。有时我给加注解，例如"Chuan-Ping the Fortune Teller"（君平），"City of Chang-An"（长安）以及"Changtai's pleasure Mart"（章台）。有时我拿两个方法合起来，例如"紫薇"译作"Imperial Palace of Purple""丹邱"译作"Scarlet Hill of Immortality"。还有译法更自由的时候，例如"日南珠"译作"Pearls from the South Seas"，把一块小地名化作当地的洋面，又如"郁金香"译作"Is golden and flavorous"，这爽性把一种酒名翻作状词的词句了。我的罪孽是在有地方明知是误译却偏偏不给改去。例如"送孟浩然诗"

第二行"烟花三月下扬州"，我把扬州译成，Willow Valley，全句如下：—And went down eastward to Willow Valley, Amid the flowers and mists of March。

在初期校看的时候我就发现我把扬州误认作"杨"州。但要改正的话，拿 Yangchow 替代"Willow Valley"，那两行译文的音调与色彩就不免完全给毁了。我踌躇的结果是与其煞风景毋宁失真，但我当时良心上却免不了低哆。谁说真与美是一件事情？

再次，要用英文来表现中国诗的格式节奏以及声调，且不说求全责备，是一件不可能的事。在英文里你再也作不出绝句诗那样干净而紧凑的格式。你也许勉强可以作成五音或七音的四句诗，也按着中国诗协韵；但你决不能拿绝句丰富的内容全给安了进去。我没法想只得用自由诗体，勉强把原诗的意思与情调给翻了出来。自由诗体有一种好处，它没有固定的呆板，来得灵动、新鲜、有意味，翻译的人当然更可以按照原诗的意义下手。但自由诗体也有它的短处。很多时候我为了避免把句子撑成怪相的长度只得省去字句，再不然有时候为匀称起见就得凭空添进字句去，也有时为使喻象更加显豁。我所以把"越女"写作"Pretty girls of Yueh"这状词是我添的，又如"着"写作"lightly carried"，其实一个字"Wore"或"Carried"就够了的。

翻译人还有一个困难，就是中国文的文法不清楚，时间与数量的辨别既是没有，人身代名词又用得绝少，结果往往同是一节书，而有几种不同的解法。再说呢，他所能做的也不过是将某一段书在他心中所引起的心影转译成另一种语言，他看到哪儿就是哪儿。关于这点我得承认在译"赠汪伦"那首诗我是太随便了，我在译文里平白地给添上"your friends"，这在原诗意思里许隐含着，但在字面上绝无根据，因为在我的想象中李白走的那天送别的决不止汪伦一人，我可以想见一个乡村中的先生同着一群朋友在河岸上"踏歌"着来送诗人的行，竟许有很多地方我是不必要地过于自由了。我的粗心与陋识也许使我在书上留下不少错误，叫方家看了齿冷的。但关于闻君特别提出来笑呵的那首"白纻辞"，我得补一句解说。闻君说我拿另一首诗的第一行当作那诗的末一行给译了上去，这是冤枉我的。我原先有一时用的那本日本本子上确是那样印着的。而且这错，即使是错，也还不是编那诗集的人的。王琦编的《李太白全集》，在小注中有这句话："萧本以'馆娃日落歌吹蒙'一句续作末句，便不相类，今从古本。"我按那旧本译，是为那句作结确是别有气象。我乘便也要疑问为什么"圣贤既已饮"便不该译作"Both the sages and the wise were drinkers"。

综起来说，就是重复我原书序里的话，我在译文中有地方作添补字句的意译。我也有地方略去不重要（甚至重要）的字句。很多专门名词我丢开不译，或从意译。这种情形在崇拜李白的人看来很是大不敬的亵渎了他的艺术。我并不来在这类翻译方法上替自己作辩护。我只要对好叫闻君以及别人感着兴味地说明我的原委，给他们再下批评时一点子参考就是。

闻一多君说翻译是煞风景的事业是不错的。我听说甜味的橘过了江就会变种成苦的枳。我也明知道中国诗是一种娇柔的鲜花，一经移植，便不免变性。但变不一定是变坏，莎士比亚说的"海变"，这变的结果是变成某一种"富丽而奇异的东西"。翻译在文学上有时是一种有效果的异种播植。再说，且不论译文本身艺术上的价值，单就使某种民族对另一种民族的文化发生兴趣这点子实在的功用，也是不该忽视的。近年来欧美注意中国文学的事实是一个使人乐观的现象：韦雷君以及罗威尔女士的译本极受欢迎不说，就我这部书印得比他们的迟，也已经到了第二版的印行。西方人对于中国的兴味终究不仅集中在他的商场与土地上。他们也何尝不急急想发现中国文学伟大的宝藏，这到现在为止他们还没法接近。翻译这事业，不论怎样细小或不准确，总还是他们寻得一个灵性的中华的起点，这里的财富许比他们老祖宗们所梦想的藏金地方更来得神奇呢。我恳切地希望我的中国朋友们，有学问的乃至爱文学的，都会注意到这部分的工作，这事业的成功不仅是中国，也是全世界的利益。

——《晨报副刊》（1926 年 8 月 7 日）

谈谈翻译（1926）

长虹（高仰愈）

一

去年的冬天，在太原遇见一个十七岁的少年诗人，只可惜中国的粮食太少，所以诗人饿了，以后便再没有声音。粮食问题，在目前是很重要的，可惜又没有多少人去解决它。

我对于翻译，是抱着极宽容的态度。举一个极端的例，虽即是罗迪先译的《近世文学十识》，我也以为很有意义，虽然错误而且不通。反之，创作方面可不能含糊了事。因为译本无论如何坏，必有多少存在原书的面目，这便是有意义的。若夫译本不好，而又不愿人说坏，那自然是另一件事。

我以为便在现在，也颇有一些人能够做翻译工作的，而却都不肯做。也许是翻译不能得名之故吗？如说"翻译大家"，这不是好像含有刺意的一个称呼吗？然而这却是真的有劳苦有成绩的工作，不像骗一时的名利而终于会被人发觉的那一类勾当。

但也有人偶尔来翻译了，却仍像为名利而来，如刘半农之翻译《茶花女》是也。所以，杨丙辰翻译《强盗》，我们便觉得是极有意义的事了。

二

文言译书，最不适用。我看了几本文言译的科学的书，都不能得到一些明了的认识。你如拿一本《威廉退尔》和《强盗》一比，也便可以知道哪一本是好书。译本不好，便可重译，正如昨天喝了绍兴，今天来喝汾酒。并不像点卯似的，如叫《物种原始》"到"，便算完事一宗。

即如《物种原始》便译得不好。去年在《京副》上有人发表过一篇正误，很长。然而译者也不理会，书局也不理会。如其把这正误附在译本后，或由中华书局收来印单行本行世，对于哪一方面都是极有益的事。然而他们偏都不理会，一本书好像是推出门去便算，以后一切都与己无关。

三

翻译比整理国故重要得多，因为翻译来的是中国所没有的东西，而国故则古已有之，有目共见。然整理国故好像比翻译盛行得多了，则又以整理国故迎合中国人保守的心理，容易得名，或可成为什么大师或科学家者。则又以整理国故轻而易举，俯拾即是，看书多的固可大整理，看书少的亦无妨小整理。但要说对于时代有贡献时，则仍是翻译而非整理国故，不相信的人不妨从事实上找一些证明去。

四

前几年的《小说月报》，是很为翻译做了一些工作，还有关于文学消息一方面的。那时的《小说月报》也较有意义。后来却不大注意这方面了，而大半登一些没意义的创作。翻译错误受人攻击，这是有益的事，正可努力从事改善。若因此而便偏重创作，则创作又受人攻击时，又当如何呢？

《小说月报》如想重整旗鼓来振作一下，我以为还是注重翻译好些，创作则宁缺勿滥。翻译事业，《小说月报》因有钱买稿的缘故，在目前也算是最容易举动的。再说，《小说月报》革新后第一、二期所登过的关于翻译的目录，直到现在还没有出版多少，已五六年了。

五

翻译既然是重要了，那么，又是翻译哪一类书是更有意义的呢？外国的书固然不能——翻出，即不加选择，信手拈来，随便译去，也是不好。我以为是多译科学的，少译哲学的，多译现代的，少译近代乃至古代的，对于中国较有益处。但事实却正相反，即如表现派的剧本译出的只有人类同从清晨到半夜两种，而科学名著也寥寥无几。则以国人无清晰的时代意识故也。这就很容易使翻译变态而等于整理国故，倒正是差之毫厘，谬以千里的事呢。

再则，多译杰作，少译全集，多译弱小民族作品，少译英美无聊小说。关于文学史的，则多译善本，而少编纂，近年来编纂的几种都不好。

六

指摘翻译错误的，大概始于《创造周报》，以后则《现代评论》也常有这一项工作。大学教授们平日当惯了先生，所以一开口便好像天下都是他的学生者，那态度自然是难近。再则，教书之余，也自己动手来译几部书，一面也更正一些别人的错译，我以为倒是教授们最适当的工作。但是现在且丢开这些不谈，指摘错误这件事的本身终是有意义的，这样人也很需要渐渐多起来。

——《狂飙》第 7 期（1926 年 11 月 21 日）

外国专名汉译问题之商榷（1926）

何炳松、程瀛章

上篇　本问题之困难

（一）音译义译之区别

　　翻译西籍困难甚多。而专名翻译即居其一。西方专名之语根每具意义。吾国人对之，其义浅者或译其义如译 Northcliffe 为北岩是也。其义晦者则多译其音，此例最多，不必列举。然因义音互异之故，遂致译西名者难免谬误。例如西名吾国之新疆为中国领土之土耳其斯坦（Chinese Turkistan），名吾国之黑龙江为阿穆尔（Amur）之类，吾国译者每不加考索，遂译为土耳其斯坦或阿穆尔。反客为主，莫此为甚。贻误读者，尤其次焉。此西方专名音译义译苦无标准之困难一也。

（二）相当汉音之标准

　　若单就音译而论，宜乎简易之至矣，而其实不然。西方各国语言，除古代东方诸国外，大体皆沿腓尼基字母之旧而变通之。故虽同源异流而互译甚易。至于汉字构造本与西文不同。中外语音之不类，凡稍习博言学者类皆知之。汉音虽繁，终不足以应付移译西音之用。即现在通行之注音字母，亦尚不足以尽之。至于注音字母将来应否仿和文用片假名音译方法混入汉字之中，实大有讨论之余地。此中外语音不同翻译难求适合之困难又一也。

（三）外国语音之异同

再就西方各种语音而论：其字母虽属同源，然穷变通久，分道扬镳，已非复本来面目。加以自中古以来，各地方言，如春芽怒放，益趋歧异。同属日耳曼系之英语、德语等，其形质相去，已大相径庭。同属拉丁系之法语、意语等亦然。其他如瑞典、挪威、丹麦、荷兰之源出日耳曼语系者，西班牙、葡萄牙、罗马尼亚之源出拉丁语系者，无一不发音互异。至于东方斯拉夫族语如波兰、塞尔维亚、俄罗斯等，更无论矣。故西方各国语言之字母虽仅二十六个，而综其不同之音，数几及百。此西方语音国各不同之困难又一也。

（四）汉译错误之一斑

今日吾国习西文者，大抵以英、德、法三国语为最多。故翻译西方专名之音，每以其所习之语音为主。实则以英音读德、法语，或以法音读英、德语，都无是处。然而尚不止此：且有进而以英音译斯拉夫语或南欧北欧语者。毫厘千里，谬误尤多。例如译 Czecho-Slovakia 为捷克斯拉夫而不译为乞克斯拉夫，此误以 Cz 为英语之 z，初不知波西米亚语之 Cz，实等于英语之 Ch 也。又有以译 Cordova 为哥尔多巴为异者，此误以英语之 v 视西班牙语之 v，初不知西班牙语之 v，实介于英语 b、v 之间，而且可以互用者也。又有以译 Nordenskiold 为诺伦瑟尔为异者，此误以英语之 d 与 sk 视瑞典语之 d 与 sk，初不知瑞典语之 d，其地位在同一音节之 n 或 l 之后者为无音，而 sk 正等于英语之 sh 也。凡此诸例，仅举其较著者。专名译音之困难，已可见一斑。

（五）结论

据上所述，可见翻译专名，并非可以随便着手之事。如欲全盘解决，第一须决定音译义译之区别及标准以归一律。如 Iceland 一字，或译音曰挨斯兰，或译义曰冰岛。又如 Greenland 一字，或译音曰格林兰，或译义曰绿洲。取去从远，应定标准。它若 Newfoundland 或译为新芬兰，Cambridge 竟译为剑桥，此则半取其义，半取其音，尤为荒谬。至于 New 字或译为纽，或译义为新，亦复漫无标准，任意为之。凡此诸端，应如何改良而统一之，此吾国史地学者之责也。其次中西相当之音，在汉音宜有一定之标准。如 l 一音，有译为"而"，有译为"儿"，有译为"尔"，有译为"耳"，此不可也。Sch 之音，竟有译为"士""希""斯""司""什""石""舍""西"八个不同之汉字者，其泛滥尤为不可究诘。他若以各省土音而翻译西名，亦复数见不鲜。此外如约翰一名，有 John，Jean，Ivan，Johann，Giovanni 等之不同；又如维也纳一名有 Vienna，Wien，Vienne 等之不同。究应以一个汉名代表之，抑或依照各地各人原名之音分译之。此又吾国史地学者与博言学者应负筹议解决方法之责者也。以上两端，关系重大，原理精微，决非两语三言，即可以发凡起例。应另为文讨论之。兹篇姑先就西方各国字母发音之异同，加以粗枝大叶之研究。虽不敢自谓即此已足解决西音汉译之困难，然于义译及汉音两种标准尚未确定以前，或亦可资专求音译之学者参考之一助也。

下篇　外国语音之异同

（一）小引

欲正外国专名之音，必先熟谙各字母确当之音质，及各音节适当之音力。下述通则，仅取其最普通者，稍资了解专名中字母音质之助。此所谓字母，指字之源于罗马字母者而言。其他如古代埃及之象形文字，亚述与巴比伦之楔形文字，皆非字母；然其音已由西洋各国用现代字母移写之。希伯来语亦然。间接汉译，大致可通。希腊字母传自腓尼基，欲习其音，并非难事。拉丁语之发音，现虽无一定之标准，然其元音大体与现代罗马系语相同，而其辅音则与英语相近。兹篇所述，期切实用，故对于所有外国字母之音，以相当或相近之汉音及英音解释之。至于语音学家所用之方法，虽较精确，然太嫌专门，兹故暂置不取。

（二）重音

普通重音凡二种，其质不同：一属音调，一属音力。现代语言，虽多不如英语中重音之强，然大都皆属音力一类。故专名中无重音之音节，其发音常较英语为明楚。其元音多仍保其长重元音之性质，唯无滑音耳。兹述一部分例外较少之普通规则如下。

在英语中，凡属复字，如该字第一音节系一字首（prefix），且该字系一名词或形容词，则重音即在第一音节上，若系动词则在字根（root）上。威尔斯语之重音，多在字末之第二音节，其在最后音节上者甚少。

德语之重音，几全与英语相同。犹太语则大体与德语相似。

法语之重音，苟其字之末音，非为一清音，常在最后之音节，苟其字之末音为一清音 e，则重音在字末之第二音节。法语之重音，本略带音调性质，故音节之重音处，不若英语中重音音节之较为固定。法文书籍，于元音上每加重音符号，然此与言语上之重音无关，盖仅以表明元音之读音而已，非指重音也。

意大利语之重音，几一律与拉丁语同，大概皆在字末之第二音节。西班牙语之重音，苟字之末音为元音，或系 n 或 s 二辅音，普通皆在字末之第二音节，其他则常在字之最后一音节。苟字末之音节，其末音为元音或系 n 或 s 二辅音，则今日书写时最佳之习惯，即作重音记号于该辅音之上。若字末音节之末音，为 n 或 s 以外之辅音，则重音当在字末之第二音节，书写时之重音符号，则记于此音节之上。葡萄牙语之重音通常皆在字之最后一音节，唯字之末音苟为元音，则重音常在字末第二音节，时亦有移至字末第二音节前之一音节者。

俄罗斯语之重音，初无通例之可言，每视本字以为断。波兰语之重音，常在字末之第二音节。波西米亚或捷克语之重音，概在第一音节。

现代希腊语，其重音以文字之重音为依归，而不受元音声量之支配。匈牙利语之重音，概在字之第一音节，文字上重音符号，仅以表明其元音为长元音而已。土耳其语中最后之一音节，通常读之略重。在阿剌伯语中苟其字之末音为辅音，则重音常在最后之音节，否则以第一音节为重音处。

（三）字母

吾人欲于此尽述字母及字母连缀之音质，即以现代文明民族之语言为限，亦有所不能兹依字母次序，略将各国音异同之最为显著而且常识中所应具者，条例于后。

A a一字母，近汉音之"阿"，普通皆有英语 bath、fast 等字中 a 音之价值。有时则近汉音之"爱"，有英语 cat 一类字中之 a 音。匈牙利语之 a，近汉音之"奥"，似英语 hot 中之 o，而其 á 则近汉音之"阿"，读若英语中 far 之中 a 音。梵语及东印度专名中之短音 a，近汉音之"厄"，似英语 but 中之 u。罗马尼亚语之 â，近汉音之"伊"，读如英语 fin 中之 i。其在法语，近汉音之"阿"，几如英语 far 中之 a。至 ä 或 ae 可参观下文 æ。罗马尼亚语之 ǎ 音，近汉音"厄"，读如英语 her 中之 e。波兰语之 ą 音，近汉音之"奥"，读如英语 fall 中之 a，唯应读成鼻音（参观下文之 n）。葡萄牙语之 ã 音，可参观下文之 am，瑞典语之 å 音近汉音之"奥"，读如英语 all 中之 a，而有时则近汉音之"俄"，读如英语 obey 中之 o。

AA aa 在丹麦语及挪威语中，读如上文所言瑞典语之 å。至荷兰语之 aa 可参看下文之 æ。

AE 德语之 æ 或 ä 近汉音之"爱"，几读如英语 dare 一字中之 a。荷兰语中之 ae（今拼为 aa），及法兰特斯语之 ae，皆近汉音之"阿"，读如英语 far 中之 a。瑞典语之 ae 或 ä，近汉音之"爱"，读如英语 set 或 there 二字中之 e。丹麦语及挪威语之 ae 常近汉音之"爱"，读如英语 sat 中只之 a。威尔斯与之 ae，近汉音之"阿哀"，似读如英语 ice 中之 i。葡萄牙语之 ãe 亦然，唯须读成鼻音。

AI AJ ai 或 aj（常 j 为元音时）常为二重音，近汉音之"阿哀"，略与英语 aye 一音相似。通常皆以长元音 ī 表之。法语中之 ai 近汉音"爱"几读如英语 met 一字中之 e；唯若在字末，尤以在动词之末为最，则近英语 mated 一字中之 a。现代希腊语中之 ai，近汉音之"爱"，读如英语 set 中之 e 或 senate 中之 a。匈牙利语之 aj 近汉音之"俄爱"，读如英语 boil 中之 oi，而其 á 则几与 aye 之音相近。法语中之 ail、aill、aim、ain 可参看下文之 il、ill 等。

AM AN 法语及葡萄牙语之 am 及 an，苟在字之末或在一辅音之前；而其辅音非 m 或 n 者，近汉音之"阿"，常读如英语 far 字中之 a，而加以鼻音（参看下文之 n）。法语之 em 与 en 与葡萄牙语之 ã 音同。

AO 葡萄牙语之 ão，近汉音之"奥"读如英语 house 中之 ou，而加以鼻音。

AU au 普通皆近汉音之"奥"，读如英语 house 中之 ou。其在法语，近汉音之"俄"，读如英语 stone 中之 o。其在现代希腊语，近汉音之"阿夫"，读如英语之 av；唯在暗辅音或无音辅音之前时，则读如 af。德语之 äu 近汉音之"俄爱"，读如英语 boil 中之 oi。

AV 丹麦语之 av，在一辅音之前者，近汉音之"奥"，读如英语 house 中之 ou。

AW 威尔斯语之 aw，近汉音之"奥"，读如英语 house 中之 ou。

AY ay 普通皆读如 ai。唯有元音之前，则 y 一音常视为辅音；在法语及西班牙语中皆然；而 a 音仍有其相当之音质。

B b 在字末或后随一辅音者，在德语、荷兰语及斯拉夫语等语中，皆近汉音之"皮"，读如英语之 p 音，其在西班牙语及现代希腊语，常可与 v 字互用，唯发音全在两唇而不在唇与齿之合作。

BH 东印度专名中之 bh 可参看下文之 h。

C 德语中之 c，在 e、i 或 y 以前者，近汉音之"兹"，读如英语中之 ts（德语作 z）。其在法语、葡萄牙语及加达鲁尼亚语（Catalan）者，近汉音之"斯"，读如英语中之 s。其在意大利语而在 e 及 i 之前者，近汉音之"乞"，读如英语 church 中之 ch。其在正宗西班牙语者，读如英语 thin 中之 th，唯在西属美洲及西班牙一部分者，则近英语 sun 中之 s。其在罗马尼亚语 î 之前者，近汉音之"克"，读若英语中之 k。其在威尔斯及噶尔族语中，概读如 k 音。其在斯拉夫系语中，近汉音之"兹"，常读如英语中之 ts。ç 音近汉音之"斯"，读若英语 set 中之 s。波西米亚语、哥罗西亚语（Croatian）、塞尔维亚语及布加利亚语之 č，近汉音之"乞"，读如英语中 chin 一字中之 ch。波兰语中之 ć 亦然。

CC 意大利语之 cc，近汉音之"赤"，读若英语中 chit-chat 之 t-ch。

CH 西班牙语、梵语及东印度语中之 ch，均近汉音之"乞"，常读如英语 chin 中之 ch。其在意大利语及加达鲁尼亚语中，近汉音之"克"，读如英语之 k。其在德语，与 g 同属喉音（参观下文之 g）。在波兰语中亦然。其在法语及葡萄牙语中，近汉音之"什"，读如英语 shin 中之 sh 音。唯在少数由古语衍化而来之字中，其音与英语中之 k 相等。

CS 匈牙利语中 cs，近汉音之"乞"，读如英语 chin 中之 ch。

CU 西班牙语中之 cu，苟其后随以元音，而其 u 音无分音符 ü，亦不属重音 ú 者，近汉音之"叩"，读如英语 quick 中之 qu。

CZ 波兰语之 cz，近汉音之"乞"，读如英语 chin 中之 ch。其在匈牙利语，近汉音之"兹"，读如英语中之 ts。

D 德语、荷兰语及斯拉夫系语言（如俄罗斯语，波兰语等）之 d，在字之末或在同一音节中清音之前者，近汉音之"特"，皆读如英语中之 t。其在西班牙语、现代希腊语及丹麦语中，苟在二元音之间，或在字之末，其音较柔，读如英语中 then 中之 th。其在丹麦语及挪威语，苟在同一音节中之 l 或 n 后者，则无音。

DD 威尔斯语之 dd，近汉音之"特"，读如英语 then 中之 th。

DH 东印度语中之 dh，可参观下文之 h。

E e 音近汉语之"爱"，普通与英语 savior 中之 a，set 中之 e 或 there 中之 e，大体相等。多数外国文字中，e 之长音，皆无滑音如英语中之 ā 音者。表示法语之读音时，符号 ā 兼用以表此音之短音量及长音量。法语之 e，苟在字末而非重音者，为无音。若此音在一音节之末，则此音节虽非最后之音节，亦常为无音；即有音，亦甚低暗。此音在葡萄牙语中字末者，几亦无音。俄罗斯语之 e，当在 d、t、l 及 n 之后，或在音节之首时，近汉音之"叶"，读如英语 yet 中之 ye 音。其在现代希腊语，近汉音之"爱"，有英语 pet 中之 e 音；或近汉音之"伊"，有英语 machine 中之 i 音。法语之 é 近汉音之"爱"，读若英语 savior 中之 a。法语之 è 与 ê 亦近汉音之"爱"，有英语 met 中 e 之散音，或为 there 中较长之 e 音。波兰语之 e，读若英语 pet 中之 e 音，唯须带鼻音（参观下文之 n）波西米亚之 é 近汉音之"叶"，读如英语 yet 中之 ye。

EAU 法语之 eau，近汉音之"俄"，读若英语 no 中之 o，参看上文 au 之读音。

EEUW 荷兰语之 eeuw，近汉音之"爱"，读如英语 fate 中之 a，而下紧随有荷兰之 w 音（参看下文之 w）。苟 w 之后，随以暗音 e，则此 w 音，有较似辅音之音。

EI 法语之 ei，近汉音之"爱"，读如英语 met 中之 e。其在德语，荷兰语及威尔斯语，近汉音之"阿哀"，读若英语 ride 中之 i。在他种语言中，多为正当之二重音，近汉音之"哀"，读如 fay 中之 ay。

EIN 法语之 ein 与下文之 in 其音相等。

EM EN 法语之 em、en，与上述之 an 音相等，其在葡萄牙语，近汉音之"爱"，读若英语 met 中之 e 而兼鼻音。参看下文之 n。

EU 法语及荷兰语之 eu，其音近汉音之"厄"，略似英语 her 中之 e，与下文之 ö 音相等。其在德语，近汉音之"俄爱"，读如英语 boil 之 oi。其在现代希腊语，苟在一元音或一浊辅音之前，则近汉音之"爱夫"，读如英语之 ev；苟在一清辅音之前则读若 ef。其他之 eu，普通皆为二重音，近汉音之"爱乌"，合英语 a 音与 oo 二音而成，唯连读须紧接。

G 欧洲各国语中之 g，苟在 a、o 或 u 之前者，皆近汉音之"格"，读如英语 get 中之 g。在德语此音凡在字首，或在同一音节而其后随以元音或半亮音者，亦读如上音。瑞典语即在 å 之前，或在字之末而其前为一元音者，或在短元音 e 或 i 之前，皆读如上音。在波兰语中，即在 e 与 i 之前，亦读如上音；而在匈牙利语，则舍 gy 以外，一切皆读如上音（参观下文）。g 在法语（参观下文之 ge），西班牙语、葡萄牙语、罗马尼亚语及瑞典语中，苟在 e、i 或 y 之前者，则与同一语言之 j 音（参观下文之 j）相等。而在瑞典语，即在 ä 或 ö 以前，或在 l 或 r 以后，而在一原始文字或音节之末者，亦与 j 相等。其在现代希腊语，则其音近汉音之"叶"，读如英语 yes 中之 y。在意大利语，凡在 e 或 i 之前，近汉语之"基"，读如英语 jet 中之 j。其在荷兰语，g 音概读如德语 ch 之声带颤动音，或德语字末之 g 音。其在德语，g 为喉音，由舌之后部与软腭接触而生，如在字中而且在后部（舌在口之后部）元音 a、o、u 之后时，则为声带颤动音。如在字末而且在后部元音之后时，则为声带不颤动音。有时为一摩擦音，由硬腭与舌部接触而生，亦有声带颤动音与不颤动音之别：前者在字中而且在前部（指舌在口之前部）元音 e、i、ö 或 ü 之后；后者则在字之末而且在前部元音或一辅音之后也。德语之 ch 在此处皆读若 g 音。

GH 意大利语及罗马尼亚语中之 gh，近汉音之"格"，读如英语 garne 中之 g。其在爱尔兰语者，近汉音之"黑"，读若英语中之 h 音而略强。

GLI 意大利语之 gli，近汉音之"利"，有英语 million 中之 lli 音；唯在少数借自希腊语或拉丁语之字，则近汉音之"格利"，有英语 English 中之 gli 音。

GN 法语及意大利语之 gn，近汉语之"涅"，读如英语 union 中之 ni，参看下文 ñ 与 nh。

GU 法语之 gu 在 e、i 或 y 之前者，近汉音之"格"，读若英语 go 中之 g。然若后随辅音或 ĕ 音，则 u 音另有其音质。西班牙及葡萄牙语之 gu 在 e、i 或 y 以前者，亦读如上音。唯在西班牙语苟 u 上有一分音符号，则读如 g 与 w 分离之二音，在 a、o、u 之前时亦然。意大利语之 gu 在一切元音之前皆近汉音之"揆"，读若英语 Gwiniad 中之 gw。

GY 匈牙利语之 gy，近汉音之"笛"，与英语中 dy 之音相等。

H 法语、意大利语、西班牙语及葡萄牙语之 h，均属无音，或近无音，唯在各种连缀之音如 th、gh、lh、nh 等，则为例外。其在德语此音在同一字中二元音之间者，亦为无音。唯字之有多数音节，而有 h 音之音节又系主要重音或次要重音之所在地，如 Johann、Wilhelm 等字则为例外。其在东印度，普通皆近汉音之"黑"，读如英语 hat 中之 h，其音虽在 b、d、t 等音之后，亦甚明晰。阿剌伯及波斯专名之字末 h 音，其音正确之读音，常为极逆耳之气音，非英语中所常见。瑞典语之 h，在 j 前者无音。

I i 近汉音之"壹"，常读如英语 pique 中之 i 音，或读如 hit 中之 i 音。而在丹麦之专名，有时近汉音"爱"，读如英语 set 中之 e，如 -ling、-ding。

IE ie 在法语之字末、德语之字中、荷兰语之 r 音以前，皆近汉音之"伊"，读若英语 field 中之 ie，而在德语之字末者亦然。

IEN 法语之 ien，近汉音之"伊安"，读若其前有辅音 y 之法语 in 音，参观下文。

IJ 荷兰语之 ij 近汉音之"哀"，读如英语 ride 中之 i。

IL ILL 法语字末之 il 及字中之 ill，当其前有一辅音时，近汉音之"意"，读若英语中 machine 之 i，再随以英语 yet 中之 y 音。苟其前为一元音，则此连合音仅有英语 yet 中之 y 音。

IM IN 法语之 im、in，近汉音之"安"，读若英语 rank 或 anger 之 an。参阅下文之 n。

J j 在德语、荷兰语（参观上文之 ij）、意大利语、瑞典语、挪威语、丹麦语、匈牙利语及波兰语中，皆近汉音之"叶"，读若英语 yet 中之 y 音。其在法语、葡萄牙语及罗马尼亚语，近汉音之"佐"，读如英语 azure 中之 z。其在西班牙语，则近汉音之"胡"，读如英语中强属之气音 h（参观下文之 x）。其在菲列滨群岛则近汉音之"什"，常读如英语 shun 中之 sh。

K 瑞典语之 k，在 e、i、y、ä 或 ö 以前，且在同一原始音节中者，近汉音之"赤"，读若英语 church 中之 ch 音。

KH 东方专名中之 kh，常系逆耳之喉口气音。其在俄罗斯专名者，常读如德语之 ch 音。其在东印度专名者，常读如分离之 k 与 h 两音。参观上文之 h。

L l 近汉音之"尔"，通常皆读如英语中之 l 音（参观上文之 il、ill）。其在波兰语则读若西班牙语之 ll 音。

LH 葡萄牙语之 lh，读若西班牙语之 ll 者。

LL 西班牙语之 ll，近汉音之"利"，读若英语中 million 一字之 lli 音。而在西班牙殖民地及本国各地土语中，则近汉音之"叶"，读若英语 yet 中之 y。冰岛语中之 ll，近汉音之"德尔"，读若英语 band-like 中之 d-l 音。其在威尔斯语，则英语中之读音最近者为 thl 或 tl。

LY 匈牙利语之 ly，读若西班牙语之 ll。

M N m 与 n，除用以指止气鼻音外，几皆读与英语中之音相同（参观 am、an、em、en 等）。

ñ ń 西班牙语之 ñ，波兰语之 ń 以及波西米亚语、布加利亚语、哥罗西亚语及、塞尔维亚语之 ň 皆近汉音之"涅"，读如英语 union 中之 ni 音。

NG 德语之 ng 概读如英语 singer 中之 ng。

NH 葡萄牙语之 nh 读若西班牙语之 ñ 音。

NY 匈牙利语之 ny，读如西班牙语之 ñ 音。

O o 通常皆近汉音之"俄"，读如英语 obey 或 for 中之 o 音。然亦常有近汉音中之"奥"或"阿"者，读如英语中 not 之 o 音或 cast 中之 a 音。唯此等不同之音，可用符号表之；例如 ŏ，则发音时较不清晰，或近折舌之音。瑞典语之 o，在字末，或成一音节者，及在字末且在 -nord、-port 诸音节中者，皆近汉音之"乌"，有英语 boot 中之 oo 音，或 full 中之 u 音。葡萄牙语字末之 o，及波兰语之 ó 亦然。

其在葡萄牙而不在字末者，则近汉音之"奥"，读如英语 not 中之 o。ö（时作 oe）音，在英语中无相当者，近汉音之"厄"，与英语 her 一字中之 e 甚相似，而与法语中之 eu 相同。法语及葡萄牙语之 ô，近汉音之"俄"，读如英语 no 中之 o。葡萄牙语之 õ 亦然，唯须读成鼻音（参看上文之 m）。

OE oe 有时用以表上文之 ö，其音质相同。其在荷兰语，近汉音之"乌"，读若英语 rude、full 中之 u。其在低地德语之专名亦然。其在威尔斯语近汉音之"俄爱"，读如英语 boil 中之 oi 音。

õe 葡萄牙语之 õe，近汉音之"俄爱"，读若英语 oil 中之 oi 音，唯须读成鼻音。参观上文之 m。

OEU 法语之 oeu 读若 eu 音。（见上文。）

OI oi 通常皆近汉音之"俄爱"，读如英语 boil 中之 oi。唯其在法语则近汉音之"瓦"，读如英语 watch 中之 wa。其在现代希腊语则近汉音之"壹"，读若英语 pique 中之 i。

OIN 法语之 oin 读如法语之 in（见上文）。其前加以英语之 u 音。

OO oo 在英语中近"乌"，余则近汉音之"俄"，读如英语 no 中之 o。

OU 法语及现代希腊语之 ou，近汉音之"乌"，读如英语 rude 中之 u。其在荷兰语及挪威语，近汉音之"奥"，读如英语 mouse 中之 ou。其在葡萄牙语者，则近汉音之"俄"，或英语 no 中之 o。

OUW 荷兰语之 ouw，近汉音之"奥"，读如英语 mouse 中之 ou。

OW 低地德语之 ow 近汉音之"俄"，读如英语 no 中之 o。

P p 近汉音之"普"，通常皆与英语相同。

QU 法语、西班牙语及葡萄牙语之 qu 在 e 或 i 前者，近汉音之

"克"，有英语 k 音。其在德语，近汉音之"克夫"，读如英语中之 kv。其见于他处者，通常皆近汉音之"阔"，与英语中 kw 音相等。在西班牙语、葡萄牙语、意大利语中皆然；而在法语则须在 a、o 或 u 以前也。

QV 瑞典之 qv，近汉音之"克夫"，与英语 kv 音相等。

R r 近汉音之"尔"，唯发音时舌尖之颤动通常皆较英语中之音为强。其在法语与德语中，有时且带喉音或软腭之 r 音，此为英语中所无。波西米亚语之 ř 读若汉音之"尔"与英语中 r 音而随以汉音之"如"或英语 azure 中之 z 音。

RZ 波兰之 rz，近汉音之"如"，读若英语 azure 中之 z。

S s 在德语，苟在字首，且随有元音，或在字中，在葡萄牙语之字中，以及在法语二元音之间，或其音与随后之字相连接者，均近汉音之"时"，有英语 zinc 中之 z 音。其在匈牙利语近汉音之"什"，读如英语之 sh。在葡萄牙语中在字末或一清音（舍 s 以外）之前者，亦然。其在德语在 p 或 t 之前者亦如之。其在意大利语，凡在元音之前，有时读若汉音之"斯"，或英语之 s；有时读若汉音之"时"或英语之 z；当视普通习惯以为断。凡属上举之例以外者，通常皆读如汉音之"斯"，或英语 sin 中之 s。在西班牙语、荷兰语及瑞典语中皆然。波西米亚语、布加里亚语、哥罗西亚语以及塞尔维亚语之 š，罗马尼亚语之 s，皆近汉音之"什"，读如英语 shun 中之 sh。

SC 罗马尼亚语之 sç，其在 e 或 i 以前者，近汉音之"什特"，读若英语中之 sh 而随以 t 音。

SC 意大利语之 sc 在 e 或 i 以前者，近汉音之"什"，读若英语 shun 中之 sh。

SCH 德语之 sch 近汉音之"什"，读若英语 shun 中之 sh。其在意大利语及罗马尼亚语，在 e 或 i 之前者，读若汉音之"斯克"，或英语 skin 中之 sk 音。其在荷兰语，在元音以前则舍低音 e 外皆读如 sq 音（参观下文），其不在元音以前者，读若 s 音。

SQ 荷兰语之 sq，为 s 音随以荷兰语之喉音 q，近汉音之"斯克"，与英语中之 sk 音相似。

SJ 荷兰语、瑞典语及丹麦语之 sj，近汉音之"什"，读若英语 shun 中之 sh。

SH 瑞典语及挪威语之 sk，在 e、i 或 y 以前者，近汉音之"什"，读若英语 shun 中之 sh。

SKJ 瑞典语及挪威语之 skj 亦读如上音。

SS 匈牙利语之 ss 为汉音"什"或英语 shun 中之强 sh 音。在他种语言如德语、荷兰语等，则通常皆指清音 s。

SSZ 匈牙利语之 ssz 为汉音之"什"，读如英语中 s 之引长音。

STJ 瑞典语之 stj 为汉音"斯"或英语 shun 中之 sh。

SZ 匈牙利语之 sz，近汉音之"斯"或英语 sin 中之 s 音。其在波兰语则读若汉音之"什"，或英语 shun 中之 sh。

T 现代希腊语之 t 在 n 之后者近汉音之"德"，或英语中之 d。罗马尼亚语之 ţ，近汉音之"兹"，读若英语 pits 中之 ts。

TH 现代希腊语、威尔斯与及冰岛语之 th，近汉语之"斯"，读若英语 thin 中之 th。在其他近世欧洲语言中，则读如汉音之"特"，或英语中之 t。

TSCH 德语之 tsch 近汉音之"乞"，读如英语 church 中之 ch。

TY 匈牙利语之 ty，可参观下文之 y。

TZ 德语之 tz，读若汉音之"兹"，与英语 pits 中之 ts。

U u 通常皆读如汉音之"乌"或英语 rule（oo）或 put（u）中之 u音。其在法语及在荷兰语之散音节者，其音近汉音之"羽"在英语中无相当之音。若以发 oo 音之双唇位置再发 ē 音，则所得之音或与此正确之音甚近。威尔斯语之 u，读若汉音之"伊"，或英语 machine 中之 i。罗马尼亚语之 u，若在字末通常无音。ü 在德语及土耳其语，有时写作 ue，与法语中之音同。参看上文。

UE 舍以 ü 表之者外，ue 常合 u 与 e 之二音而成，唯二者须急连读之。

UI 法语之 ui 近汉音之"乌伊"，极似英语之 we，苟轻读法语之 u 音而重读其后随之元音即可得其正确之音。（唯须参观上文 gu、qu）其在荷兰语，近汉音之"俄爱"，或英语 boil 中之 oi。

UM UN 法语之 um、un 近汉音之"厄"，或英语 hurt 中之 u，读成鼻音。其在葡萄牙语则似带鼻音之葡萄牙 u 音，参观上文之 m。

UU 荷兰语之 uu，乃荷兰 u 音之引长者也。

UY 法语之 uy 读若 ui（参看上文），唯若在元音之前，则读汉音之"攸"或 ui 随以英语 you 中之 y 音。

V 德语、荷兰语及斯拉夫族语之 v 通常皆近汉音之"夫"，读如英语 fin 中之 f，然有时亦读如 vine 中之 v。

W 德语、瑞典语、挪威语、法语及波兰语等语中之 w 近汉音之"扶"，读如英语 vine 中之 v。其在荷兰语则读如 w 音而不圆唇。其在威尔斯语，通常近汉音之"乌"，读如英语 food 中之 oo。

X 西班牙语之 x 通常近汉音之"克斯"，读如英语 fox 中之 x，而有时则读如 j 音或 g 音（参观上文之 g）。在旧日西班牙属地（尤以墨西哥为最），及西班牙国内数种土语中，此音常近汉音之"斯"，读如英语 sin 中之 s。葡萄牙语之 x 常近汉音之"什"，有英语中之 sh 音。

Y y 通常近汉音之"伊"，皆读如英语 machine 中之 i。其在丹麦语、瑞典语及挪威语，则读如法语中之 u 音，而法语中之 ym 及 yn 音则与 im 及 in 音同。

Z z 在德语读如汉音之"兹"或英语 hats 中之 ts。其在瑞典语、丹麦语及挪威语，读如汉音之"斯"或英语中之 s（参观上文）。其在西班牙语，近汉音之"斯"，读如英语 thin 中之 th。唯在美洲之西班牙语及西班牙本国数种方言，则读如英语 sin 中之 s。其在意大利语近汉音之"兹"，读如英语中之 ts 或 ds 或 z。在荷兰语、波兰语及匈牙利语中，此音常近汉音之"时"，读如英语 zinc 中之 z。波兰语之 z 近汉音之"如"，读若英语 azure 中之 z。波西米亚语、布加里亚语、哥罗西亚语及塞尔维亚语之 ž 亦然，唯当在字末时，则近汉音之"什"，读如英语 ship 中之 sh。波兰语之 ź 为 z 之软音，与 zh 之读音颇相似。

ZS 匈牙利语之 zs 近汉音之"如"，读若英语 azure 中之 z。

本篇所举各国语音之要素，不免挂漏，唯不限于一系或一地，故读者果能善用之，则西名之发音与汉译必能大致无误。兹再举数例，将原名、汉译以及汉译正确与否之理由，详注表中，以备参考：

原名	译名	备注
Čelakovský	乞拉考夫斯基	波西米亚语，č 见前
Cellini	乞利尼	意大利语，ce 见前
Czartoryski	乞托利斯基	波兰语，cz 见前
Jovellanos	荷未耶诺斯	西班牙语，J 与 ll 见前
Juárez	华勒斯	西班牙语，J 见前
Núñez	努涅斯	西班牙语，ñ 与 z 见前

续表

原名	译名	备注
Paris	巴黎	法语，s 在字末无音
Perrin	柏兰	法语，in 见前
Pupin	浦班	法语，同上
Šafarik	夏法利	波西米亚语，š 见前
Spiegel	什比格尔	德语，sp 见前
Srbija	塞尔维亚	塞尔维亚语，sr 读如 ser 其一及 m 在此种地位时亦然
Stoss	什托斯	德语，st 见前
Thomas	托马斯	拉丁语，th 读如 t，欧陆各国，除希腊语与英语相同外，th 均读如 t。英语中少数专名亦然
Waldersee	瓦德西	旧译德语稍误，正确音译，应作发尔德赛
Zepplin	徐柏林	旧译德语稍误；正确音译，应作最柏林

参考书：

1. "Elements of Pronunciation of Foreign Names" in *Webster's New International Dictionary* (1923 ed.)

2. "Pronunciation of Foreign Names" in *New International Encyclopedia* (1923 ed.)

——《东方杂志》第 23 卷第 23 期（1926 年 12 月 10 日）

《说幽默》译者附记（1927）

鲁迅

　　将 humor 这字，音译为"幽默"，是语堂开首的。因为那两字似乎含有意义，容易被误解为"静默""幽静"等，所以我不大赞成，一向没有沿用。但想了几回，终于也想不出别的什么适当的字来，便还是用现成的完事。

一九二六,一二,七

译者识于厦门

　　——《莽原》半月刊第 2 卷第 1 期（1927 年 1 月 10 日）

任白涛译订《恋爱心理研究》的批评（1927）

古有成

译书是一件难事，这差不多是尽人公认的了。重译尤为难事的难事，也差不多是尽人公认的了。个中自有种种理由，这里也无暇去把它细说。且说近来的中国译述界。

近来的中国译述界糟透了，能够做到了"信"字的工夫的，似乎也不多，常常闹出笑柄。"信"而又"达"又"雅"的，更是寥寥无几了。这个不可掩的事实，也几乎尽人公认的了。

暑假没事，偶然买得一本《恋爱心理研究》；封面画着两个心脏，用线连结之，大约是表明恋爱时心心感应的意思，煞是好看；下面写着"斯丹大尔原著，任白涛译订，上海亚东图书馆印行。"这些没有什么奇怪，只是"译订"二字，不免使我怀疑。我从前听人说过：有种翻译的人，把原书的难处随意改改，便美其名曰改译。什么译订，莫非就是这一类的把戏么？

我急把任君的译者导言读下去，这才知道：

1. 任君是依照井上勇的日译本重译的；

2. "书中所引证的范围极狭的事例以及著者自以为晦涩的部分——如原书二十四章——我都很慎重地割爱了";

3. "又原书的组织,只有章,没有篇,而且有好多同意义而□□相隔离的章,更有好些章没有标题。为使读者节省时间和精力起见,我都大胆地分篇并章,大胆地加了些私造的标题。这是我对于原著的外形上所施的手术,也是另外没有的手术。至于要说把法兰西式□□丽的文句,故意弄成老早就生出□来的烂调浮辞,以及故意把原文中加些自己的意见以求曲达,这是绝对没有的;也是我的译书法规中最重要的禁例";

4. "根据日译本而译这书之后,我自己并且托出版者方面设法购求原本和英译本,可惜结局都得到个空,所以我不敢说这是一本健全的翻译;但我很敢自信这是我生平的第一件的努力的翻译";

5. "这书本尚有零星断片若干条,但因为原本和各种译本未曾到手,只得请诸君稍等一时";

6. "此书之能够出世,我很感谢李石岑先生严厉的催促;很感谢亚东主人多方的援助,和胡适之先生对于亚东主人的热诚的推荐。"

我们从第一条看来,觉得译订二字究不大妥当。从二、三条看来,可以了解任君译订的命意了。从第六条看来,不禁要对这本书"肃然起敬",因为它是被鼎鼎大名的李先生和胡博士催促过推荐过的。但从第四、五条看来,似乎又便可把这本译书宣告死刑:因为任君没有见原本和英译本,自己也还不敢自信为一本健全的翻译的东西,其难信赖可知。因为原本和英译本没有得到,便把零星断片若干条简而不译，说什么要他人稍等一时，其残缺不完又可知。以如此难信赖，残缺不齐的书行世，售价大洋七角，任君真未免射利太甚了。

【……】

——《洪水》第 3 卷第 25 期（1927 年 1 月 16 日）

《坦途》译名（1927）

记者

　　《坦途》之西文译名，王小隐先生原拟 *The Broad Way*，王万叶先生主张用 *The Right Path*，同人决从万叶所拟，与中文字面虽稍有出入，而揆诸本刊中庸正直之本旨，颇另有关会。沈保叔先生则赞成小隐所拟，诸先生各有相当之理由，对于本刊之爱护，一名一字，不惜推敲商榷，期于尽善，同人不胜欣纫。因恐读者诸君尚有疑义，敬为说明，并摘录万叶先生来札于下：闻示《坦途》期刊之译名，窃谓中西人士习惯见解略殊，求其意旨相隐合而当为西方人士一望了然者，似宜用 *The Right Path*，较之以宽与广解释"坦途"为更圆浑而明显。昔之《新潮》英文名为 *The Renaissance*，亦不尽贴切字面，而有补充之意义。《甲寅》之译 *The Tiger*，亦只略关寅字，于时期纪念之原义颇远，并记以资参考。

——《坦途》第 2 期（1927 年）

关于"诗人缪塞的爱之生活"（1927）

王独清、仿吾（成仿吾）

【……】本来一种辩论，要在可能的范围以内，像批评我的那位女士要把我的译诗勉强以直译相绳，这种态度是根本不能和我相容的，我是决然已经置之不理的了。不料近几天来有许多朋友来问，都希望我答复几句，但我始终觉得不必答复。不过那位女士确是不懂我的译诗，为救济她的不懂起见，我倒也不妨来把其中最重要的地方给她解释几句吧。

我的译诗的第一段，杨袁女士以为我没有把"de"字译出，却不知正是我故意译成这样的。因为我的译诗纯取意译，不愿学翻阅电报字码式的草写。在杨袁女士的意思，以为非要照字直译不可，但可惜她自己就不能彻底，试问她译文中的"唱歌""抒怀""作品"等字在原文中哪里寻得出来呢？"à peine"我所以译作"很艰难"者，正是借用中国的熟语，所谓"艰难成人"，也正是相当的意译；杨袁女士不懂这层，以为我看错了字，脑筋未免过于板滞了。她自己不是也在把"à peine"译成"勉强"吗？这分明是跟着我的译文转换的，但她却一方面说我是错误。试问"艰难"与"勉强"两个字有什么大差别呢？

我的译诗的第二段，本来印错了几个字。但是就以杨袁女士所指摘的来说，也并没有什么错误。虽然没有"Plutôt que"的意思，但就全段来说，意思始终是不曾走掉的。她说我"不知替代诗人说些什么"，这可见她的理解力太不足了。

其次便是我译的"纪念"（Souvenir）一诗中的几节。

我所译的第一节：

> 深夜曾护我们的爱情，
>
> 我们的心儿曾轻轻地摇动，
>
> 那已超过了我们寻常的生命，
>
> 我们像是另入在一个隐约的世界之中！

我相信是对于原诗的神韵完全体会出来的。这下两句就是想起往日的情景的一种回忆。意思就是说想到往日的情景，我们就像"另到了另一世界了。"这正是

> C'était plus qu'une Vie, hélas! C'ètait un Monde Qui était éfface!

两行最神韵的意译，杨袁女士偏说我一句也没译对。这样的不懂诗，我也只好再不多说了。

我所译的第三节是：

> 但是我已失了那蜜语声音，
>
> 和那与我眼光融和的垂青；
>
> 现在我是再也难去把她追寻，
>
> 我只有把她放在心内，常念着她的鬈容。

杨袁女士说我下两句与原文不和，却不知我译文的下两句正是

> Mon Coeur, encor plein d'elle, errait sur son Visage, Et ne la trouvait plus.

的正当译法。就以杨袁女士所译的英文"Wanderded on her face"来说，也应该译作"念她的鬓容"。必然要译作"在她脸上彷徨"，不但不是诗，并且不成话。

我所译的第五节：

> 但是我却装作了一个路人，
>
> 也不理她的眼睛，她的声音，
>
> 虽然她也曾和我偶然地相逢，
>
> 但让她冷冰冰地走过，我只仰望着天空。

要理解我这节的译诗，须先要理解缪塞"纪念"一诗的全文。缪塞的"纪念"是先由景物感念到他的情人，但是他的情人已经早不为他有了。但是他还见过她，她的容貌还是依然照旧，所以他说：

> Oui, jeune et belle encor, plus belle, osait-on dire,
>
> Jelai Vue, et ses yeux brillaient Comme antrefois.
>
> Seslèvres s'entr'ouvraient, et C'ètait un sourire,
>
> Et S'ètait une voix

这就是我所译的：

> 她现在还照旧得美丽年青，
>
> 她还是往日水莹莹的眼睛，
>
> 我一见她开绽的可爱的口唇，
>
> 我知道那是销魂的微笑和动人的声音。

因为这一段他已经表明过"Je l'ai vue"（我看见过她），所以我才有第五节这样的译文，为把原诗的意义更加显明起见，故加上"我也曾和她偶然地相逢"。"Il me semble"一语，我何尝弄错？原诗说"她对于我正像个不识的妇人一样"，我因为要译文的神气一贯，意译作

"我装作一个路人"，有什么不可？要是说我这节没有把原诗的意义表出，那除非这位批评家的头脑根本没有和诗接近的可能性。

最后我译的两句诗，杨袁女士说我的句法不清楚，却不知我是用诗来译诗意思既没有走掉，便可以安然通过。杨袁女士以为我不明悉"en"字的用法，却不知正是我故意省去了的。原诗固然"强劲动人"，但是杨袁女士的译文有什么"强劲动人"的地方呢？

我译缪塞的诗，特别是那"纪念"中的几节，我不愿在此自赞，但我相信凡是懂得译诗的人总可以得到相当的满意。译诗决不能逐字地直译，懂得译诗道理的人也决不能把别人的译诗以直译相绳。因为译诗最重要在捉住诗中的神韵，还等于自己在创作一样。我译缪塞，也是在"译诗"，并不是在讲堂上授课。我看杨袁女士那篇文章后面写着"草于巴黎寓次"这一定是住在欧洲的了，那么先请把欧洲译诗的方式涉猎一下：如法国的 Verlaine 也曾被德国的 Dehmel 翻译，但是他的译文是否能同原诗逐字对照？要是杨袁女士不懂德文时，那么请读一读斐芝吉乐（Fitzgerald）译的 Rubaiyat，同时再读一读对于关于这方面的批评；不然就读一读仿吾从前在《创造周报》上所发表的"莪默伽亚的新研究"且看真正的译诗是应该取一种什么态度。所以要谈译诗，最好自己先学作诗。杨袁女士说中国翻译界幼稚，这个我也承认，但是杨袁女士理解"诗"的程度似乎还在幼稚以下。我很希望杨袁女士先去多下一点工夫再来说教训别个，因为我们自己应该教训自己的地方还多着呢！

【……】

二月七日

【……】

仿吾按：译诗的要旨在译者捕住原诗的内容与节奏而再现出来。不过这是一种理想，要有绝大的努力才能实现的。就一般而论，就是再现能力充足的人，也每每因为音节上或音韵上的关系，往往不能把全部再现出来。所以译诗只有比原诗内容稀少的。我们若把原诗与译诗一字一句地对照，这是毫无意义的事，简直可以说是无聊。批评译诗应该首先明白这一点。至杨袁女士把头一首译成"我最初的诗是幼童的歌唱，其次的乃少年的抒怀……"竟是画蛇添足，这是绝对不可以的。

——《洪水》第 3 卷第 28 期（1927 年 3 月 1 日）

《小约翰》序（1927）

鲁迅

【……】

这诚如序文所说，是一篇"象征写实的童话诗"。无韵的诗，成人的童话。因为作者的博识和敏感，或者竟已超过了一般成人的童话了。其中如金虫的生平、菌类的言行、火萤的理想、蚂蚁的平和论，都是实际和幻想的混合。我有些怕，倘不甚留心于生物界现象的，会因此减少若干兴趣。但我预觉也有人爱，只要不失赤子之心，而感到什么地方有着"人性和他们的悲痛之所在的大都市"的人们。

这也诚然是人性的矛盾，而祸福纠缠的悲欢。人在稚齿，追随"旋儿"，与造化为友。福乎祸乎，稍长而竟求知：怎么样，是什么，为什么？于是招来了智识欲之具象化：小鬼头"将知"；逐渐还遇到科学研究的冷酷的精灵："穿凿"。童年的梦幻撕成粉碎了；科学的研究呢，"所学的一切的开端，是很好的，——只是他钻研得越深，那一切也就越凄凉，越黯淡。"——唯有"号码博士"是幸福者，只要一切的结果，在纸张上变成数目字，他便满足，算是见了光明了。谁想更进，便得苦痛。为什么呢？原因就在他知道若干，却未曾知道一切，遂终于是"人类"之一，不能和自然合体，以天地之心为心。约翰正是寻求着这样一本一看便知一切的书，然而因此反得"将知"，反遇"穿凿"，终不过以"号码博士"为师，增加更多的苦痛。直到他在自身中看见神，将径向"人性和他们的悲痛之所在的大都市"时，才明白这书不在人间，惟从两处可以觅得：一是"旋儿"，已失的原与自然合体的混沌，一是"永终"——死，未到的复与自然合体的混沌。而且分明看见，他们俩本是同舟……。假如我们在异乡讲演，因为言语不同，有人口译，那是没有法子的，至多，不过怕他遗漏、错误，失了精神。但若译者另外加些解释、申明、摘要，甚而至于阐发，我想，大概是讲者和听者都要讨厌的吧。因此，我也不想再说关于内容的话。

我也不愿意别人劝我去吃他所爱吃的东西，然而我所爱吃的，却往往不自觉地劝人吃。看的东西也一样，《小约翰》即是其一，是自己爱看，又愿意别人也看的书，于是不知不觉，遂有了翻成中文的意思。这意思的发生，大约是很早的，因为我久已觉得仿佛对于作者和读者，负着一宗很大的债了。

然而为什么早不开手的呢？"忙"者，饰辞；大原因仍在很有不懂的处所。看去似乎已经懂，一到拔出笔来要译的时候，却又疑惑起来了，总而言之，就是外国语的实力不充足。

前年我确曾决心，要利用暑假中的光阴，仗着一本辞典来走通这条路，而不料并无光阴，我的至少两三个月的生命，都死在"正人君子"和"学者"们的围攻里了。到去年夏，将离北京，先又记得了这书，便和我多年共事的朋友，曾经帮我译过《工人绥惠略夫》的齐宗颐君，躲在中央公园的一间红墙的小屋里，先译成一部草稿。

我们的翻译是每日下午，一定不缺的是身边一壶好茶叶的茶和身上一大片汗。有时进行得很快，有时争执得很凶，有时商量，有时谁也想不出适当的译法。译得头昏眼花时，便看看小窗外的日光和绿荫，心绪渐静，慢慢地听到高树上的蝉鸣，这样地约有一个月。不久我便带着草稿到厦门大学，想在那里抽空整理，然而没有工夫；也就住不下去了，那里也有"学者"。于是又带到广州的中山大学，想在那里抽空整理，然而又没有工夫；而且也就住不下去了，那里又来了"学者"。结果是带着逃进自己的寓所——刚刚租定不到一月的，很阔然而很热的房子——白云楼。

荷兰海边的沙冈风景，单就本书所描写，已足令人神往了。我这楼外却不同：满天炎热的阳光，时而如绳的暴雨；前面的小港中是十几只蜑户的船，一船一家，一家一世界，谈笑哭骂，具有大都市中的悲欢。也仿佛觉得不知那里有青春的生命沦亡，或者正被杀戮，或者正在呻吟，或者正在"经营腐烂事业"和作这事业的材料。然而我却渐渐知道这虽然沉默的都市中，还有我的生命存在，纵已节节败退，我实未尝沦亡。只是不见"火云"，时霉阴雨，若明若昧，又像整理这译稿的时候了。于是以五月二日开手，稍加修正，并且誊清，月底才完，费时又一个月。

可惜我的老同事齐君现不知漫游何方，自去年分别以来，迄今未通消息，虽有疑难，也无从商酌或争论了。倘有误译，负责自然由我。加以虽然沉默的都市，而时有侦察的眼光，或扮演的函件，或京式的流言，来扰耳目，因此执笔又时时流于草率。务欲直译，文句也反成蹇涩；欧文清晰，我的力量实不足以达之。《小约翰》虽如波勒兑蒙德说，所用的是"近于儿童的简单的语言"，但翻译起来，却已够感困难，而仍得不如意的结果。例如末尾的紧要而有力的一句：

"Und mit seinem Begleiter ging er den frostigen Nachtwinde entgegen，den schweren Weg nach der grossen，finstern Stadt，wo die Menschheit war und ihr Weh." 那下半，被我译成这样拙劣的 "上了走向那大而黑暗的都市即人性和他们的悲痛之所在的艰难的路" 了，冗长而且费解，但我别无更好的译法，因为倘一解散，精神和力量就很不同。然而原译是极清楚的：上了艰难的路，这路是走向大而黑暗的都市去的，而这都市是人性和他们的悲痛之所在。

动植物的名字也使我感到不少的困难。我的身边只有一本《新独和辞书》，从中查出日本名，再从一本《辞林》里去查中国字。然而查不出的还有二十余，这些的译成，我要感谢周建人君在上海给我查考较详的辞典。但是，我们和自然一向太疏远了，即使查出了见于书上的名，也不知道实物是怎样。菊呀松呀，我们是明白的，紫花地丁便有些模胡，莲馨花（primel）则连译者也不知道究竟是怎样的形色，虽然已经依着字典写下来。有许多是生息在荷兰沙地上的东西，难怪我们不熟悉，但是，例如虫类中的鼠妇（Kellerassel）和马陆（Lauferkalfer），我记得在我的故乡是只要翻开一块湿地上的断砖或碎石来就会遇见的。我们称后一种为 "臭婆娘"，因为它浑身发着恶臭；前一种我未曾听到有人叫过它，似乎在我乡的民间还没有给它定出名字；广州却有："地猪"。

和文字的务欲近于直译相反，人物名却意译，因为它是象征。小鬼头 Wistik 去年商定的是 "盖然"，现因 "盖" 者疑词，稍有不妥，索性擅改作 "将知" 了。科学研究的冷酷的精灵 Pleuzer 即德译的 Klauber，本来最好是译作 "挑剔者"，挑谓挑选，剔谓吹求。但自从陈源教授造出 "挑剔风潮" 这一句妙语以来，我即敬避不用，因为恐怕《闲话》的教导力十分伟大，这译名也将蓦地被解为"挑拨"。以此为学者的别名，则行同刀笔，于是又有重罪了，不如简直译作"穿凿"。况且中国之所谓"日凿一窍而'混沌'死"，也很像他的将约翰从自然中拉开。小姑娘 Robinetta 我久久不解其义，想译音；本月中旬托江绍原先生设法作最末的查考，几天后就有回信。

Robinetta 一名，韦氏大字典人名录未收入。我因为疑心她与 Robin 是一阴一阳，所以又查 Robin，看见下面的解释：

Robin：是 Robert 的亲热的称呼，而 Robert 的本训是"令名赫赫"（！）那么，好了，就译作"荣儿"。

英国的民间传说里，有叫作 Robin good fellow 的，是一种喜欢恶作剧的妖怪。如果荷兰也有此说，则小姑娘之所以称为 Robinetta 者，大概就和这相关。因为她实在和小约翰开了一个可怕的大玩笑。

《约翰跋妥尔》一名《爱之书》，是《小约翰》的续编，也是结束。我不知道别国可有译本；但据他同国的波勒兑蒙德说，则"这是一篇象征的散文诗，其中并非叙述或描写，而是号哭和欢呼"；而且便是他，也"不大懂得"。

原译本上赉赫博士的序文，虽然所说的关于本书并不多，但可以略见十九世纪八十年代的荷兰文学的大概，所以就译出了。此外我还将两篇文字作为附录。一即本书作者拂来特力克望蔼覃的评传，载在《文学的反响》一卷二十一期上的。

评传的作者波勒兑蒙德，是那时荷兰著名的诗人，赉赫的序文上就说及他，但于他的诗颇致不满。他的文字也奇特，使我译得很有些害怕，想中止了，但因为究竟可以知道一点望蔼覃的那时为止的经历和作品，便索性将它译完，算是一种徒劳的工作。末一篇是我的关于翻译动植物名的小记，没有多大关系的。

评传所讲以外及以后的作者的事情，我一点不知道。仅隐约还记得欧洲大战的时候，精神的劳动者们有一篇反对战争的宣言，中国也曾译载在《新青年》上，其中确有一个他的署名。

一九二七年五月三十日

鲁迅于广州东堤寓楼之西窗下记

——《语丝》第 137 期（1927 年 6 月 26 日）

关于译诗的一点意见（1927）

刘复（刘半农）

【……】

　　……所以我愿意把我在这一回翻译上所得到的一些经验，向你说一说。我们的基本方法，自然是直译。因是直译，所以我们不但要译出它的意思，还要尽力的把原文中语言的方式保留着；又因直译（literal translation）并不就是字译（transliteration），所以一方面还要顾着译文中能否文从字顺，能否合于语言的自然。在这双方挤夹中——sandwich——当然不免要有牺牲的地方。但在普通应用的文字里，可包含的只是意义（很粗略的说）；而所以表示这意义的，只是语言的方式：此外没有什么。到了文艺作品里，就发生一个重要问题——情感。情感之于文艺，其位置不下于（有时竟超过）意义，我们万不能忽视它。但感情上种种不同的变化，是人类所共有的；而语言的方式，却是各不相同的。（犹如讲文法，时间中有过去、现在和将来，是普遍的事实；而在某一种语言中用何等的方法表现它，便是各别的。）又一种语言中某一单字的机能（对于其基本意义而言），与另一种语言中相当的一个单字的机能，决不能完全密合。（严格说来，无论在两种不同的语言中，或在同一种语言中，竟难于找到两个机能完全密合的字；通常彼此翻译，或彼此训诂，只用它一部分的机能的符合。）因此在甲种语言中，用什么方式或用什么些字所表示的某种情感，换到乙种语言里，如能照它直译固然很好，如其不能，便把它的方式改换，或增损，或变改些字，也未尝不可；因为在这等"二者不可兼得"之处，我们斟酌轻重，苟其能达得出它的真实的情感，便在别方面牺牲些，许还补偿得过。此外还有一个偏于韵文方面的声调。我常在英国人所译的外国诗的序言里，看见"原诗的声调是竭力保留的"一类话；又在本国时，也听见人说："译外国诗，最好要它把的声调也译出。"这真叫我模糊了！取个反例，是不是要把

长安一片月

译作了

Beneath the light of the Crescent moon

而吟诵起来，仍旧听得出是"平平仄仄仄，"才可以算保留了原文的声调？不然，又怎么说？据我想，声调是绝对不能迁移的东西：它不但是一种语言所专有，而且是一种方言所专有。所以 Thakkur（Tagore）把他自己的诗，从孟加拉语译作英语，他也不能把孟加拉语的声调，移到英语里来；我们要知道他的诗的声调上的真美，除非请一个孟加拉人来按着原本吟诵（chant），或依了孟加拉的语音，合着 Thakkur 自己所编的曲谱唱。又如 Burns 的诗，是用苏格兰的方音作的；若要把它译作标准的英语，只须把"a'"改作"all"，把"hae"改作"have"……有多大的难处？然而一改之后，声调便完全失去：你若把它读给一个苏格兰人听，感动力就远不如原本的浓厚了。大约读者在文艺上，永远脱不了些神秘作用。我们作文作诗，我们所摆脱不了，而且是能于运用到最高等最真挚的一步的，便是我们抱在我们

母亲膝上时所学的语言，同时能使我们受最深的感动，觉得比一切别种语言，分外的亲切有味的，也就是这种我们的母亲说过的语言。这种语言，因为传播的区域很少（可以严格的收缩在一个最小的地域以内），而又不能独立，我们叫它方言。从这上面看，可见一种语言传播的区域的大小，和它感动力的大小，恰恰成了一个反比例。这是文艺上无可奈何的事。但何以如此的呢？就是因为有了那绝对不能从此方移到彼方的声调。从前 Pope 译了 Homer 的 *Iliad* 与 *Odyssey*，他同时的学者 Bentley 向他说："这（译本）是首好诗，Mr. Pope；但你决不能叫它 Homer。"后来议论这项译本的，也都说：诗是很优美的英国诗，可已失去了古希腊语中狂风吹怒海般的声调。Homer 早死了，谁能听得见他的声调。若说从文字中及现代的希腊语中，可以得到些它的痕迹，也诚然是有的事；但一些痕迹算得什么？而况即使全得了它，也是搬动不得。Pope 的毛病，便在他只能作自己的细腻风光的诗，却忘去了 Homer 的高朗豪大的神情了。要是他能得到这神情，他虽然不把原来的声调搬过来，他一定能在译本中得到一个相当的声调。我想，我们在译事上，于意义之外，恐怕也只能做到求声调于神情之中的一步；这是我最近的见解，愿意和你讨论的。

此外还有一件小事，也可以附带向你说一说，一件是我对于人名地名，从前主张竟用原字，不加翻译，以为这样可以比较的正确些。现在我在应用文字中，仍用这个办法；但在文艺作品（至少是诗）里，却变了意思，以为还是译音好些。译音诚然不能正确，但在文艺作品里的人名地名，虽然不全是，却有大半是符号作用，和 X 没有什么两样；所以不正确些，关系也并不大。若是把原字直用到译文里去，正确是正确了，但在声调的调匀上，我们简直无法可想。Austin

Dobson 所作的 "Essays in Old French Forms" 诗里面，把许多法国的音用到英语里，声调上仍旧能调匀，可算文学上很了不得的手段。但能把英法语音相差的距离，扩大到欧亚语音相差的距离，恐怕 Dobson 也要没办法。所以我主张把它译成华字，使它有些华语的气息，安排起来，似乎可以容易些。但这个问题很小，而且是我一时的见解，恐怕未必全对。……

——《语丝》第 139 期（1927 年 7 月 9 日）

论翻译（1927）

悚凝（张申府）

翻译真是一件艰难而要紧的事。一个字翻得不妥谐，即可谬种流传，遗害不绝。譬如英字 Humanity（法 Humanite，德 Menschheit）虽不无"人道"一解，普通总常是"人类"的意思，而中国则一律以"人道"译之，不知弄出多少不通的地方。

又如，State（法 etat, 德 Staat）一字中文译为"国家"。然乃特就政制（管理）政府而言，非就疆土而言。普通不晓得这个，也常常至于误解。以前有人在杂志上解说马克思"无国家"之说，即因不晓得这个，遂致把什么"工人无祖国"等都牵扯在一起。

还有一个德国字 Wissenschaft 则因英语中无相当译语，常常致误。这个字本与中国所谓"学"或"学问"正相当。英语的 Science（法同），意思狭的多，普通是"科学"或"理科"的意思。（略当于德之 Natutwissenschaft——"自然科学"）然而习惯乃总以译德之 Wissenschaft，于是 Wissenschaft 转译成中文，也就成了"科学"了，这也造成不少的误会。

譬如，马克思的社会主义，在德也称 Wissenschaft 的社会主义，以与所谓乌托邦的社会主义对，意思不过不是空想的，而是学问的。

然翻为英文为 Scientific Socialism 便成了"科学的社会主义"了。新近有人拿着革命科学家的架子，作长篇大论，力斥马克思社会主义非科学的。姑不问其言是否空疏无物，也不问其对于马克思主义的了解如何，或是不是昧了学者的良心，但自我看来，总不免于无的放矢，连社会学还远没成一种科学，哪有什么科学的社会主义！可是在使社会学成一种科学的尝试上，马克思的功劳，却是不可以忘的；唯物史观的价值是什么人也不能埋没的。至于行动的马克思主义则大大地可以商量。其最可疑处就在其（一）是资本主义社会的产物（二）费绝大的牺牲，求不可必得之果。本来，万全的改造社会的方法，世界至今还没有一种。中国人，据说是能怀疑的民族，还是自己去研究吧，我于此，只提出一个要义，便是，治病看病状，治国察国情。此外，我相信，涡岑的行为论，在改造社会上，可有甚大的贡献；但同时不要忘了它是现代美国的产物。

更有一个字，本来多歧，译法也颇引起不少的误解。即是 Dialectics（法 Dialectique，德 Dialectik）这个字，普通，尤其在日本，一律译为"辩证法"，简直可说是大错特错。许多人当都晓得，最初以这个"棣亚赖克提克"名的物事，或形于古希腊，可说始于埃勒亚人芝诺，但是到了后不到百年的柏拉图的《共和国》书里边，所谓"棣亚赖克提克"的已经不同，已经不能以"辩证法"来译。（书有中文译本名《柏拉图之理想国》不难检查。）至于到了后二千多年的黑格儿手里，更成了一种专门的物事的名字，由此转到马克思手里，由唯心的变成唯物的，当然更大大不同。然而最近乃有人视同二千年前的旧物，这岂不是为一律译为"辩证法"的译法所误了么？马克思的所谓"棣亚赖克提克"我是喜欢的。我译以"对戡法"。我并尝拟以"正负错综，相反相成"八字括之。因此又拟译以"错综法"。这个原理或原则，本含有两要义。一、认世界万事都是变迁的。（所谓唯物史观的"史"字就是"社会变迁"的意思。）二、变迁的方式是：有一正即有一负，负又有负，即是综；综又为正，正又有负，于是又有综，如是相参相错，以衍变。这种样法，我也尝以摆来比方。故云"世变如摆。"但是，实情究竟是不是如此，究竟还待研究。最可疑的是，在马克思的意思，这种衍变，似乎是有穷期的，就是，以摆言，摆来摆去，要归于静止。这恐怕只是一种愿望，但认为衍变不已，认为一直地摆下去，也不见得不是一种愿望。总之还待研究。本来，明天出不出太阳，还不得而知，世界之有理无理还不得而知（看罗素的"原子 ABC"，萨理文（Sallivan）新出的"Gallio"等）。甚久远的有何可说。善哉，维特根什坦君之言："人于所不能谈，必须默然。"

——《北新》第 1 卷第 1 期（1927 年 11 月 1 日）

说译诗（1927）

朱湘

英国人班章生（Ben Jonson）有一篇脍炙人口的短诗"情歌"（Drink to Me Only with Thine Eyes），它是无论哪一种的英诗选本都选入的——其实，它不过是班氏自希腊诗中译出的一个歌。还有近世的费兹基洛（Fitzgerald）译波斯诗人莪默亚迦谟的《茹贝雅忒》，在英国诗坛上留下了广大的影响，有许多的英国诗选都将它采录入集。由此可见，译诗这种工作是含有许多份的创作意味在内的。

我们对于译诗者的要求，便是他将原诗的意境整体的传达出来，而不过问枝节上的更动，"只要这种更动是为了增加努力"。我们应当给予他以充分的自由，使他的想象有回旋的余地。我们应当承认：在译诗者手中，原诗只能算作原料，译者如其觉到有另一种原料更好似原诗的材料能将原诗的意境达出，或是译者觉得原诗的材料好虽是好，然而不合国情，本国却有一种土产，能代替着国人译文将原诗的意境更深刻地嵌入国人的想象中；在这两种情况之下，译诗者是可以应用创作者的自由的。《茹贝雅忒》的原文经人一丝不走地译出后，拿来与费兹基洛的译文比照的时候，简直成了两篇诗，便是一个好例。

有人以为诗人是不应该译诗的，这话不对。我们只须把英国诗人的集子翻开看看，便可知道最古的如糜尔屯（Milton），最近的如罗则谛（D. G. Rossetti），他们都译了许多的诗。唯有诗人才能了解诗人，唯有诗人才能解释诗人。他不单应该译诗，并且只有他才能译诗。

我国如今尤其需要译诗。因为自从新文化运动发生以来，只有些对于西方一知半解的人凭借着先锋的幌子在那里提倡自由诗，说是用韵犹如裹脚，西方的诗如今都解放成自由诗了，我们也该赶紧效法，殊不知音韵是组成诗之节奏的最重要的分子，不说西方的诗如今并未承认自由体为最高的短诗体裁，就是说承认了，我们也不可一味盲从，不运用自己的独立的判断。我国的诗所以退化到这种地步，并不是为了韵的缚束，而是为了缺乏新的感性、新的节奏——旧体诗词便是因此木乃伊化，成了一些僵硬的或轻薄的韵文。倘若我们能将西方的真诗介绍过来，使新诗人在感兴上、节奏上得到鲜颖的刺激与暗示，并且可以拿来向祖国古代诗学昌明时代的佳作参照研究，因之悟出我国旧诗中哪一部分是芜蔓的，可以铲除避去，哪一部分是菁华的，可以培植光大；西方的诗中又有些什么为我国的诗所不曾走过的路，值得新诗的开辟？

从前意大利的裴特拉（Petrach）介绍希腊的诗到本国，酿成文艺复兴；英国的索雷伯爵（Earl of Surrey）翻译罗马诗人维基尔（Virgil），始创无韵诗体（Blank Verse）。可见译诗在一国的诗学复兴上是占着多么重要的地位。

——《文学周报》第 290 期（1927 年 11 月 13 日）；

《中书集》（上海：生活书店，1934 年）

谈翻译工作（1927）

张毓鹏

现在一般人，大概都承认科学智识在中国是极其缺乏，要想提高我们的物质生活；对于中国社会现状要想使它改进，使它革新，提倡科学和研究科学，便是目下唯一的要务了。

但是如何能使科学发达？发达的捷径是什么？我们应当先从哪方面入手？我以为翻译工作就是发达科学的初步工作。中国现在的翻译事业可以说太幼稚。就以现在学校里的情形而讲，普通的大学，有稍微深的科学课本的很少，差不多都用些中学用的普通科学课本以敷衍了事。较好的学校，全用英文课本。教授们说："我们用英文课本的用意，是使你们增进阅读英文书的能力"。但这不过是讲着好听，其实还是因为缺乏好的科学翻译书。我们试到各书局考查一下；只有浅近的翻译书，而且还不是字句艰涩，就是意义模糊。稍深点的科学翻译书，简直是没有。这也是不得不迁就用英文课本的最大原因，中国学科学的人虽然也有，但是他们的中文程度大半都不甚好，所以迄今无极好的科学书译出来。

我们试看日本科学何以那样发达，就是因为他们能够把西洋新出版的科学书，立刻翻译出来，尽量地发表，介绍给全国，使人人有研究科学的机会。中国的科学，仅仅由几个识楔形文字的自相传授；一般的民众，没有机会去研究，这是多么可惜的事！

在学校用英文科学课本是极不经济的事；因为我们读中文书的能力要比读英文书的能力高三四倍。我们读英文书，不但注意书中的事实，同时还要对于传达意见的工具下一番功夫。换言之，这就是我们将事实的注意力的一部分移到工具上，结果对于事实，反有模糊的印象。

中国人一般的大错误，就是以为能读英文科学书的人，好像是科学程度高深些，其实不然。因为我们应当注重的是事实，不是工具。工具不过传达出意思罢了，任何工具，目的都是为说明事实。假如甲读过 *Outline of General History*，乙读过它的翻译本。我们不能说甲研究的西洋史比乙研究的要高深些，因为他们所学的事实是一样的，不过工具不同罢了。又如甲读过 Smith: *Algebra*，乙读的是翻译本；甲写的算题是：Let x=⋯. Then x=4；乙用中文写：设 x=⋯⋯故 x=4。二者的分别仅仅在工具，我们不能说甲算的对，乙算的不对；或者说甲算的比乙算的还要精确些。由此我们可以知道，传达意思的工具，无论是中文或英文，都是一样地说明事实。

所以学校里用英文课本，是极不得已的事情。但是有些学者总以为 English Lecture 是学问高深的表现；并且以为用中文是很"poor"。这种观念，是根本错误。难道中国的语言不能表达意思？中国的文字不能讲明科学？何以非用英文不可？这是现代学者——尤其是现代中国的学者——应当取的态度吗？

由以上的情形看来，可以知道翻译事业的确是现在中国学者最应努力的工作。翻译的方法，大约有三种：

（1）直译法：直译法是把英文原书一句一句地译下来，篇幅段落的次序，是完全一样。这种翻译书在中国虽然很多，好的却是少见。

（2）意译法：意译法是篇幅段落，大致相仿；每段意义，完全相同；仅仅变换其字句而已。

（3）纂译法：纂译法是把各种同类书，凑合拢来，编纂一下；篇幅段落，由译者自编，书中还可以夹杂着译者的意见和批评。

我以为第一法最不好；因为中西文法根本不同；若按原文一句一句的译下来，很有困难，有时候反使人不易了解。第二法比较好些，因为不受字句的束缚，说理也可以透彻些。纂译法比较说起来是最好，但也比较最难。它的优点在能采集各书之所长，有时书中的枝蔓处可以删去。译者的批评，可以对于看书者以一途径。

至于翻译工作，还有三点最应当注意的：

（1）翻译书的内容：翻译书首先应当注意的是原书的内容，在未翻之先，先要问问此书在现在中国是否需要不需要？究竟有无翻译的价值？将来影响于中国怎样？有了一番通盘打算之后，再按部就班地去译，所以我以为对于原书的材料上，必须要有一番审慎的考虑。

（2）翻译书的工具：翻译书不外乎文言、白话二种；其实用白话或文言，并无多大关系。关于工具上最应注意的，就是在说理清晰和有条理。我记得我从前看见过一本小说，被某君译为古文，并且叠用《左传》笔法。结果是把二十世纪的人物，描写成二千年前迂腐死板的老古董。此就是滥用工具的弊病了，所以我们对于工具上的要求，只在说理的清晰明了和有条不紊，不在乎求文字的古奥和高超。

（3）翻译书须视己之学力而定：翻译专门科学书的人，应当对于专门科学有点深的研究，那么他翻的书，才能真正充分发挥书中的真理、真知和真解。假如研究科学的人，来译文学的书；或是研究文学的人，来译科学的书，那么译文一定就有许多外行的地方。并且书中的 Technical terms 专门名词，有时用普通眼光来说明，这是很危险的事情。所以学心理学的人，就介绍心理学书籍；学政治经济的，就介绍政治学和经济学。翻译书的人，应当认定自己所擅长的科学来翻译，那么他翻的书才有精彩才有价值。

总起来说：凡是学术方面的西洋书籍——无论是物质方面，或是精神方面——只要是在中国很缺乏很需要，我们现代中国的学者，都有介绍它和翻译它的责任。

——《南开大学周报》第 45 期（1927 年）

翻译新名辞的原理（1927）

孔祥鹅

国内学者，近来对于科学方面的译著，似乎已竟十分注意的了。如果这种趋势，能变成一种促进译著科学书的运动，国内外学者，人人都肯费一番心血，去作这种运动，使科学界的新书籍，也如同五四后的新思潮一般的书籍一样；那么，未尝不是一个好现象，在向来步人后尘的中国科学界。

作者这篇文的目的，不是要鼓吹这种新运动，不过仅只贡献几条原理，希望能引导译著界，走向同一的路径上去。这篇文的动机，是由于感受两种困难的结果。

第一，在读中文科学书时，常遇到新的名辞，照它的发音读出，便觉格格不易入口，而在字句间又丝毫没有连贯的意义。比如作者在暑假中客居的 Cincinnati，有人译作"星星那的"，也有人译作"辛辛那提"，阅者试稍加思索，这两个译名，是哪一个容易读些，或容易记些。"星星"和"辛辛"都是双声相并，比较上都比"那的"和"那提"容易入耳并且容易记得住。假设作者采用"新新南提"来代替 Cincinnati，而用"新城"来翻译它的简写 Cin，推想即使三家村的学究读之，或亦不难了解它是一个地名的。这不过是随便举一个地名作例，推而至人名、学名，亦莫不如是。

第二，在介绍或编著科学书籍时，作者时常遇到难译的名辞。如果随便翻译一下，又觉着对读者太欠忠实，可是认真要想找个适当的译名，那可就真也费时费思索了。假设用译音法去译，东凑西凑，也凑不成整个相同的外国音；比如换用译意法，有时嫌字数太多，也有时简直找不到确当的中国字，含有那种特别意义的。思来想去，归究还是埋怨中国造字的不完善；假设中国也是用字母拼音法者，那么，随便怎么怪的外国字，也不难使用译意法的。

作者最近遇到一桩译名的趣事。中国工程学会美国总分会的王君，从东部给普渡大学 Purdue University 分会一封信，在末了一行是用"此致白丢支部"六字。Purdue 一字，前者有人译作"卜都"或"朴渡"的，结果"普渡"二字是共同采用了，因为它不但很像一个中国的大学名称，而且它也似乎有些意义，既容易读，又容易记。中国有人名叫"王勃"的，然而除非有意开玩笑，决不会有人用"八"代替"勃"字的。也正如有人名叫"胡图"，我们决不会写作"糊涂"的。从前有人把"信达雅"三字，作为译书的标准；从上述"白丢支部"看，这"雅"字却须万万不可忽略的——因为"白丢"二字在北方是用作开玩笑的。

下边是作者所拟的译名辞原理：

1. 凡含有可能性的外国人名、地名，于翻译时，都可以使它们"中国化"了。

2. 凡含有可能性的外国人名、地名及学名，于翻译时，都可以采用译音兼译意法。

3. 凡没有适用第二条原理的外国人名、地名及学名，只可采用译音法或译意法。

4. 译成中文的人名、地名及学名，要须容易记忆。

5. 译名辞要须使它容易诵读。

6. 译名辞要使它"大雅"（即勿俗，勿俚，勿儿戏）。

友人柴志明先生，对于我所主张的"中国化"译名辞法，不很赞同；他的理由，假外国人名地名完全中国化了，有谁还能分别"属中属外"呢。我承认这条理由是对的，但是不承认为十分充足。中国人名中，正不知有几千几万，是重复了古人的姓名，雷同了同时代的人名。幸亏这些同姓名的人们，不是住在一个处所或省县，性情职业又有种种的差别；所以虽然他们是同其姓名，很少觉出有什么不方便来。记得某大招考新生时，有一对同姓同名的学生同时投考，录取榜上，只多注"某县人"三字，已足区别两人中是哪一个人录取了。据此，可以证明，中国化的人名地名，没有什么不容易区别之处。随便举几个例，如最初进中国的传教士汤若望、英首相张伯伦、美总统顾理治及杜威、罗素等，我们在报纸杂志上，是时常遇到的，而且几乎是完全中国化了，可是不觉得有什么难以区别中外之处，而于诵读及写作时，和中国人名是同样的容易、方便。换言之，中国人名，很多已经外国化了。比如徐谦的英文名字的第一字是 George，顾维钧是 Wellington，诸如此类，在教会学校中和留学生界，几乎有十分之七人是添上外国人的名字。外国人称呼他们，觉得非常便利，正是同一个道理。

译音与译意两法，同时并用，是件很不容易"恰到好处"的工作。可是认真有人能找到合适的名称时，我们读去，便十二分的觉得容易了。比如 logic 一字，有人译作"名学"，或"雄辩术"的，但适当的，要算是"逻辑"二字；正如胡适的解释，是"罗而辑之，以成有系统者也"。这便是译音兼译意的好例。我在著《电传图画》一书时，也曾遇到一个好例：即以"锐电物"三字译英文 Radio Set 二字。英人称无线电为 Wireless，美国人喜用 Radio 一字。两英文字的原意，虽稍有不同，然而事实上却都是指着一种事物。当初我编那本书时，在一章内时常有无线电三字，因为写来太费时间，而其 Wireless 与 Radio 又不能有所区别，大感不便。彼时，便想使用译音兼译意法。最初译作"锐递物"是指普通常用的无线电接收器，即美国一般称作 Radio Set 者。我的意思以为电波不为墙壁城市所堵绝，而又速于传递；"物"字译音，亦以代替"器"字。一星期后，觉"递"字笔画太繁，而以其发音相仿的"电"字代替之。这一来，便觉大方便了。下边是几个新译法：

1. Wireless 无线电

2. Radio 锐电

3. Radio receiving set 锐电接收器，或简称锐电物

4. Radio broad casting station 锐电广播"台"，或"局"

5. Radio telephone 锐电话

6. Radio telegraphy 锐电报

7. Radio photography 锐电传图画，或锐电传像

8. Radio vision 锐电传影，或锐电影

9. Radio frequency 锐电周率，或锐电频率

10. Radiogram 锐电传图，或锐电图

11. Radio communication 锐电交通

12. Radio amateur 锐电爱美者

总之，这种译法，不但给 Wireless 及 Radio 二字分出区别，而且于用后一字时，无须再写第三个字"无线电"去代替它，只要两字——锐电——已足。在没有另外发明新译法以前，我认为"锐电物"三字，是极适用的。

第三条原理是指不能适用第二条原理新名辞，只好采用译意法或译音法。这是从来译书的人所通用的。这条原理，在几位留美同学所编的《英汉物理学名词》书里，可以说完全根据这条原理。该书计译物理学名辞，约两千七百多个，均极需要，而且也都很确当的。为说明译意法原理起见，这里引出三个电学上的名辞做例。

1. Resistance 译作抵抗（从《英汉物理学名词》抄出）

2. Reactance 译作感蓄反抗

3. Impedance 译作变流抵抗

第一个名辞，在十年前，中学生所用的中文物理学上，已经翻译过了。有人用"电阻"，也有人用"电阻力"的。假如从前的译法比现在的妥当，我便重新把上边这三个名辞改译一下。我以为第一个可以译作"电阻"，第二译作"电抗"，第三作"电阻抗"。因为在电学上，这三个名辞，有下列的数学方式的关系，即：

电阻抗 $=\sqrt{（电阻）^2+（电抗）^2}$

而"电抗"一项中，又含有两种成分，更可分别译之如下：

1. Inductive reactance 可译作电诱抗，或诱电抗，或感应电抗。

2. Capacitive reactance 可译作感蓄电抗。

要用数学方式表明之，可以写作：

电抗 = 感应电抗 + 感蓄电抗

普通英文电学书，大半用 Z 代表电阻抗（impedance），用 R 代表电阻（resistance），用 X 代表电抗（reactance），而用 X_L 代表感应电抗（inductive reactance），用 X_C 代表感蓄电抗。其简明的关系如下：

$$Z=IR^2+X^2。$$

期间 $X=X_L+X_C$。

从上述这个译名的例，可以告诉我们，在译学名时，要特别注意它和其他名辞的关系。所以不但是单个名辞译得正确，并且要把它和其他名辞的关系，也要表现出合适的关联。

在何崧龄先生等所编的《外国人名地名表》一书中，几乎完全是用译音法的。那本书是由三个人编纂，经过十一个人审查的。在去年已经再版一次，也可见它的重要和社会的需要了。我自从购得这本书之后，差不多凡遇到人名地名时，要向它请教的。在这本书里，中国化的译名，约占百分之二十。所译名称，大都适用。为说明译音法原理起见，随便引出几个名称来讨论。

在三一七页右边一栏中，译 Schwarzwald 作"黑林"，分明是从德文字用译意法的。不论读过德文与否的读者，遇到这样的译名，总会得非常容易记忆的。而在这个字上边的两个，反用译音法了。照抄如下：

1. Schwarzburg 士发次

2. Schwarzburg-Rudolstadt 士发次堡·鲁道斯他（卢得斯达斯乖次堡）

3. Schwarzburg-Sondershausen 士发次堡·商特好森（斯乖次堡孙德尔砂孙）

第一个名称比较上还容易读，也容易记。但第二三两名称，便大感困难，尤其是在括弧里的译名，难读也难记。假设遇到此类名称，原字含有相当意义的，用译意法，译出或合并二法而并用之，似乎可以写作：

1. 黑堡

2. 黑堡·罗道城

3. 黑堡·三多村。

第一个完全译意，自然没有疑问。第二首尾译意，中间译音。第三个，因为我手边书太少，不能查出它的来源。姑且按德文解释。Sonder 一字，要用它当形容字，含有特别的，或可分离的意义。要用它当介词字，含有"无"字之意。Hausen 一字，也有两个用法；可以用作动词，又可以用作名词，意思是一种大鱼。在没有查它的起源以前，姑且勉强译作"三多村"。读者如果有较妥善的译名，我是极愿相从的。

读者且不要误会，我是主张凡名称都用译意法的，这里我再举两个例，表明有时译音法较妥当的。试阅《人名地名表》，第一三三页，Fish 译为"菲士"，Fisher 译为"斐雪"。假若照字意译出，则姓 Fish 的外国人，要把"鱼"字作姓，而姓 Fisher 的便须采"渔夫"作复姓了。中国虽然有姓牛、姓马的，但是姓"鱼"或"渔夫"的，还不曾见过。所以结果还是译音法妥当些。

最近我在电工程上，新译了几个名辞。其中有一个最新出的名辞，据我个人所看到的中文书报，还没有见过中文的译名。为便利起见，直接从《电传图画与电传动影》抄来两段，足可说明我的翻译并理由。

近来长途电话，可以用一副电路，同时传送十几起电话及电报。美国电话电报公司所采用的电传照像术，也是用一副电路，同时传送两种电流。一种是代表照像的浓淡，一种是节掣电像机的运动。这种电流，英文是 Carrier Current，著者把它译作"叠流电"，或"叠电流"。应用这种电流传送语言的，叫做"叠流电话"（Carrier current telephone）；传送符号的，译作"叠流电报"（Carrier telegraphy）。Carrier frequency 译作"叠流周期"或"叠流频率"。Carrier wave 译作"叠浪"。"叠电流"不是译音，是译意。中国诗学有叠句叠韵，是指重叠的句或韵。这种电流，重重叠叠，在一幅电路上进行，所以译作"叠流电"。正如同译同方向的电流叫"直流电"，交互变相的电流叫"变流电"，是根据同样的原理。

无线电传送照像，是利用电波在以太中进行的。Electric wave 这个名辞，在中国已经有了两种译法；有人译作"电波"，这是比较老的译法，是取喻于"音波"而译来的。近来有人译 Short wave receiver 作"短浪无线电接收器"，是极为确当的。不过在习惯上，我们常说"扬子江浪头很高"，不常说"波长很短"。换句话说，就是说我们常用高低形容"浪"字，而用长短形容"波"字。为附[符]合习惯用法起见，似乎可以译 Short wave 作"短波"，Long wave 作"长波"；若用"浪"字，则前者可译作"高浪"，后者作"低浪"。又如英文 High frequency 可译作"高频"，Low frequency 作"低频"。

以上是抄写拙著的原文。"叠流电"虽然觉得合用，不过笔画太繁，写时极费时。或者我们可以采用叠字的俗写"叠"，稍觉方便些。

第四条译名辞原理，也是很要紧的。比如译"纽约"，而用两个系字旁，是很自然的。假如译作"扭猫"，便觉太不自然，而难于记忆。关于这类的例，随时都可遇到，举不胜举的比如俄国李宁，从前有人译作"列宁"，两个相比较，自然前者容易记忆，因为它很一个中国人名。又如美国城名芝加哥，近来有人喜用"芝家谷"三字。两者相较，很难分别优劣，重要的是普遍问题。

第五原理与第四是相辅而行。大凡容易记忆的名称，都是容易诵读的。如 Constantinople 一城名，大早有人简译作"君士坦丁堡"，小学生念地理时，即已会读这五个字，现在已是容易读出并记忆了。假如当初把这个音都译出来，如"康斯潭体欧浦尔"。有谁能觉得后者和前者是一样容易读出并记忆呢？

要表明第六原理的重要，我便不得不重提译 Purdue 作"白丢"那个例子。我觉得那个译名，不但是不大雅，而且是又俗，又俚又儿戏的。如美总统 Coolidge，上海某通信社喜用"柯立芝"，北京某社则用"顾理治"；两相比较，自觉后者为愈。假如以音译出，而用"苦力极"代表人名，便是儿戏了。

因限于篇幅，不能把近来新译名，个个都重新估计一下。恰好这篇文的目的，只有指出一定的法则，帮助翻译界的著作家，在译新名辞时，要留意上述六条原理。将来使中国学术界，尤其是科学界，能够有一律的译名，非但便于读者，著作家也会觉得便利的。

这里似乎应该声明，上述六项原理，不过是我个人的思想与意见，假如国内外学者能够再增订一下，我是十二分欢迎的。

十五年，八月，二十七号

于美国普渡大学院

——《学艺》第 8 卷第 10 期（1927 年）

读了马君武译的
《威廉退尔》之后（1928）

仲民

　　《威廉退尔》（*Wilhelm Tell*）是与歌德（Goethe）齐名的许勒（Schiller）著的史剧，描写瑞士 Schwyz、乌里 Uri 等四镇的人民脱离奥皇的苛政而独立的事。剧中述政府之横暴，人民之愤慨，都能使人感泣。我在读完之后，不知惹起多少感想。究竟感动的程度若何，我大概记不清了，好像我周身的血液沸腾了不少的次数，热烈的情绪也时常随着他描写的深浅忽而紧张，忽而弛放。尤其是那从字里行间流露出一种自然的爱国心，诱出我不少的眼泪。书中的好处很多，读者自能尽量地去享受，不用我在这里饶舌了。

　　我读原书时，还不晓得已经有中文译本，而且是马博士译的。后来听着朋友的告诉，才去买了一本。我想：马氏留德有年，德文一定很好的，译的东西，自然不用说了。殊不知才读数页，便大大地感着失望；读完以后，我——浅薄的我——居然也发现了许多的谬误。这真使我吃惊不小！

　　马氏是用文言——近一层说，是用古文译的。当然，我们不能说他不对，不能咒他没有成功；或许他的成绩会比林纾更好，或许他会将不同的路打通，也是料不定的。不过管他古文也好，白话也好，只要译得不错，还有可原的地方，可是马氏的译文，也就够了。

闲话休讲，且把他译文写下来看看：

译本第二页渔儿唱的歌（标贴是我加的）：

> 湖波含笑招人浴，
>
> 儿童酣睡草茵绿，
>
> 忽闻短笛一声鸣，
>
> 有如乐园天使声。
>
> 空气芳馥儿童醒，
>
> 湖水澄甘聊可饮，
>
> 有人唤汝声低微；
>
> 儿童既醒其来归！

原文是：Es lächelt der See, er ladet zum Bade,

Der Knabe schlief ein am grünen Gestade,

> Da hört er ein Klingen,
>
> Wie Flöten so süß,
>
> Wie Stimmen der Engel,
>
> Im Paradies.

Und wie er erwachet in seliger Lust,

Da spülen die Wasser ihm um die Brust,

> Und es ruft aus den Tiefen.
>
> Lieb Knabe, bist mein!
>
> Ich locke den Schläfer,

Ich zieh ihn herein.

　　第一句还没有错，第二句的 Gestade 是"岸"的意思，马氏把它译为"草茵"不对。第三句更是大错，应该照郭沫若先生译的"忽闻一声鸣，声如笛样清"才对。本来听见的并不是笛声，怎么能说"忽闻短笛一声鸣"呢？而且原文的 so süβ（如此悦耳）也未译出。以下几句，更是错的太不成话，第五句的"空气"二字，在德文应当是 Luft，可是我寻遍了全诗，一点踪迹都没有。最后我只找到 Lust（快乐）一字，——哦！我晓得了，原来马氏译书时，眼花缭乱，把 Lust 当作 Luft，所以"快乐"就变成"空气"了。"湖水澄甘聊可饮"一句简直是在乱译。原文本来是 Da spülen die Wasser ihm um die Brust（郭氏译为"流水荡漾胸四围，"不错。）何尝有"澄甘""聊可饮"的意义呢？末了两句也要不得，为了省得麻烦起见，我把郭氏译的全诗写在下面，用作参考：

　　　　湖光含笑招人浴，

　　　　儿童酣睡岸草绿，

　　　　忽闻一声鸣，

　　　　声如笛样清，

　　　　又如乐园天使声，

　　　　神怡心畅儿梦圆，

　　　　流水荡漾胸四围，

　　　　声如水中呼：

　　　　儿乎已归吾！

　　　　余诱睡者入水都。

第三页猎歌中前三句与原文为：

Es donnern die Höhen, es zittert der Steg, 留声忽起起山谷怒，

Nicht grauet dem Schützen auf schwindlichtem Weg; 猎人彷徨失归路；

Er schreitet verwegen

Auf Feldern von Eis; 山头白雪亦崩摧；

我读到这里，不能不佩服马氏译笔的神妙，es zittert der Steg 竟被译作"山谷怒"，假使 Schiller 地下有知，不知要如何的叫屈呵！第二句里面的 Nicht（不）一字，极关重要，马氏竟大胆地省去，不知是何用意，第三句更妙了：据我的意思当译为"奋勇行冰野，"但他却要说"山头白雪亦崩摧，"真是妙笔！

我们再看第三页第八行的译文与原文：

苦地：云穴有声，群鱼下沉，是将雨。

Roudi: Mach hurtig, Jenni! Zieh die Naue ein!

Der graue Talvogt kommt, dumpf brüllt der Firn,

Der Mythenstein zieht seine Haube an,

Und kalt her bläst es aus dem Wetterloch;

Der Sturm, ich mein, wird dasein, eh wir's denken.

五行德文译成中文仅有短短的三句，译者剪裁的功夫，确实不小！而且还生拉活扯的添入原文所没有的"群鱼下沉"一句，真也亏想得出。我不揣冒昧，也试将它译来看看：

罗地：快些，引尼！把哮喘拖进来！

　　　狂风来了，积雪暴鸣，

　　　Mythenstein 正戴起他的风帽，

　　　有风从山隙冷飔飔的吹来，

我以为，在我们想及之前，暴风雨就要到了。

同页第十行：

威尼斯：然。

Werni: Die Fische springen, und das Wasserhuhn.

Taucht unter. Ein Gewitter ist im Anzug.

哈哈！越看越妙了，我真不相信他在翻译，我看他自己在创作哩。两句德文译一"然"字，真是旷古未闻！未必一个"然"字就可表示你懂得吗？这两句我试译为：

威尼斯：群鱼跳跃，水禽下沉，暴风雨要来了。

同页第末行：随波：予犹闻褐牛之走声。

我们再看原文：

Seppi: Die braune Liesel kenn ich am Geläut.

我译出来的是：我由铃声晓得是褐色的李日尔（牛名。）

这句译文有三个错误：第一，他把铃声 Geläut 译为走声；第二，"褐色的李日尔"是第四格实词 das Objekt im Akkusativ 他却当作属格 Genitiv；第三，am Geläut 是有副词性质的，他省去 am（由）一字不管，而将 Geläut（铃声）当作实词，岂不大谬？

第九页第三行后，原文还有两句插话，不知译者何故省去。莫非原文不好，或是译者粗心所致吗？现在我将他译出，抄在下面：

Tell: Der see kann sich, der Landvogt nicht erbar men.

Versuch es Fährmann!

退尔：湖有恻隐之心，总督则否。船夫：试一试罢！

再看二十三页第六行的译文和原文：

梅尔希他儿：君于下林无所闻乎。于予父无所闻乎。予居此似囚徒，实不堪受。予所犯何罪。县官欲夺我牛。我故击之。予所犯何罪。（标点仍旧。）

Melchtal: Bringt Ihr mir nichts von Unterwalden? Nichts

Von meinem Vater? Nicht ertrag ich's länger,

Als ein Gefangner müssig hier zn liegen,

Was hab ich denn so Sträfliches gean,

Um mich gleich einem Mörder zu verbergen?

Dem frechen Buben, der die Ochsen mir,

Das trefflichste Gespann, vor meinen Augen.

Weg wollte treiben auf des Vogts Neheiss,

Hab ich den Finger mit dem Stab gebrochen.

前两句还没有错，以下几句就不行了。五句在原文本来是复句 Satzgfuege，马氏译为简单句 einfacher Satz，而将后面的副句 Nebensatz（见原文第五行）省去，这是第一个错误。原文第六行至第九行，马氏简单的译作"县官欲夺我牛，我故击之，"把原文许多字语，丢开不管，未免太随便了罢！这是第二个错误。末句"予所犯何罪"为原文所无，完全是译者故意加入的，这是第三个句语。现在为节省篇幅起见，我将我的译文写在下面，使阅者一见，便晓得马氏的错误在那里了：

梅尔希他儿：你没有下林的消息带来吗？没有我父亲的消息吗？

我不能更长久地耐受了，像一个罪犯懒懒地在这里趴着。

我作了什么犯法的事，应当像凶手一般躲藏呢？

那无耻的东西，受了县官之命，当着我的眼前要将我最好的牛赶去，我才用棍打断他的手指。

二十五页第六行：

佛司特：尚何所乐乎？

Walter Fürst: O Freund, da habt Ihrs gleich mit einem Blicke!

译笔奇妙若此，叹观止矣，我不愿多说，且把我的译文写在下面：

瓦尔特儿费尔斯特：朋友呵，你立刻看了他"一"眼！

写到这里，我不得不向阅者道歉了。马博士的妙文还多得很，可惜我没有许多功夫和精神替他一一表彰。上面所写的，不过随便举出，至于小错和脱漏的地方，真是举不胜举。往后读去，正不知还有多少错误哩。末了，我对于马氏有几句忠告的话：翻译一事，不是随便可以了事的，有时比创作还要艰难。未译之前，总要对于原文有彻底的了解，然后可以下手，否则任你直译也好，意译也好，一有错误，就会失去原文的精髓，精髓既失，自然使读者扫兴了。我希望马君三复此言，同时我还希望现在正从事于翻译的人切实自勉。

十六年十一月三日

——《泰东月刊》第 1 卷第 5 期（1928 年）

用各体诗译外国小诗之实验（1928）

张凤

我在科学的实验室内，曾经得到一种教训，就是方法无绝对的，要在个人的熟悉使用；使用时偶然的巧合也靠不住的，要多次的实验。因为方法是死的，熟悉使用，方能生活，使用方法而能偶然巧合也是常有的事，若不多次实验，终究是要失败的。

所以，我近来对于做事治学格外胆小，不敢放肆。失败随在我的后方，它要证明我所用的方法，或手段不高……例如我从三年以来继续找寻那检字新法，失败了九次，废去二年多的宝贵光阴现总算有了头绪，有了结果；然而这个头绪，结果，曾经从屡次的实验过来，不是偶然的一回事。

因此，而我遂害怕了，对于作文作诗，索性停止了工作，没有勇气去干那创造的盛业。论到译诗，也是这样的怀疑不决，这个怀疑就是：译诗宜用什么方式的诗句才好？

科学的译法——字译？

抽象的译法——意译？

这个问题，我又要亲手实验一回。论理这不消实验，看已经翻译的诗篇够了，如辜鸿铭的五言《痴汉骑马歌》、苏曼殊的五言《摆伦去国歌》、胡适骚体译的《去国歌》，以及其他的译家，他们皆各有千秋，各成盛业。

我呢？我终有些怀疑。

轮到科学的译法——我们的白话文运动史中，岂不是曾经有过一页欧化文提倡么？不错！这科学的译法，译成了以后就是同欧化文一样。记得外国学林中，也有这个现象。他们的论议是译文非但要不失原意，并且要有还原的可能，那么造句、选字以及字的排列顺序，都要左顾右顾，宁可多加注释，不许擅自抒写，不许加入一毫主意。所以有的作家揣摩了这种作风，写三行四行的本文，加上了一页半页的注释，谓之德意志作风。这个把戏翻到我们中国来，或可谓之科学的译法，或可谓之欧化文。这种作风，在学术界，我想是要有的；在艺术界，我就要怀疑了。我的怀疑点是：

我们的硬性的言语和文字可以适应于字译么？

我们的国语有缺点，不够字译么？

我均不能回答这个问题，那么要诉于实验！

在意译一方面讲，抽象的去译外国的艺术作品，这个"象"究底要"抽"到什么地步，倘过分抽象，不加节制，那么要变成自己的作品，不是译作了。设使不是意译而是字译，能够取悦于一般的读者么？抑或使少数人取用某某化的赏鉴法去欣赏，合于文学的条件么？

我也不能回答这个问题，也要去诉于实验。

现在所选的材料，足以供给我实验用的，都是法国的小诗：

1-Théophile Gautier（1811—1872）

（a）Premier sourire du printemps.

（b）La derniére Feuille.

2-François Coppée（1841—1908）

（c）Séré narde du Passant.

这两位诗人的身世著述，因不关于我译他们诗的目的的，恕我搁却不道；他们作诗的风格，很能 bien Ciselé 巧，像我们的旧式礼诗体。尤其是 Coppée 他爱读中国诗，他常叫他的女儿翻译中国诗给他看，看作他的 Ins Piration，我在别处地方读他的另一首小诗：全是"蝴蝶花蝴间蝶舞"一句的意思。因为这些诗的用意选字，想象略能接近了我们的心地，所以我敢选了他作我实验的资料。

Théophile Gautier

Premier sourier du printemps

Tandìs qu'à leurs oeuvres perverses,

Les hommes courent haletants,

Mars qni rit, malgré les averses,

Prépare en secret le printemps.

Pour les petites pâquerettes.

Sournoisement lors que tout dort.

Il repasse des collerettes

Et cisèle des boutons d'or.

Dans le verger et dans la vigne,

Il s'en va, furtif perruquier,

Avec une houppe de cygen,

Poudrer à frimas l'amandier.

La nature au lit se repose;

Lui, descend au jardin désert

Et lace les boutons de rose.

Dans leur corset de velours vert.

Tout en composant des solfèges,

Qu'aux merles il siffle à mi-voix,

Il sème aux prés les perce-neiges

Et les violettes aux bois.

Sur le cresson de la fontaine

Où le cerf boit, l'oreille au guet,

De sa main cachée il égrène

Les grelots d'argent du muguet.

Sous l'herbe, pour que tu la cueilles

Il met la fraise au teint vermeil,

Et te tresse un chapeau de feuilles

Pour te garantir du soleil.

Puis, lorsque sa besogne est faite,

Et que son règne va finir,

Au seuil d'avril tournant la tête,

Il dit: "Printemps, tu peux venir!"

初译稿：

——字译，语体欧化文，科学的译法——

戈梯哀《春之第一笑》

在向他们的可厌恶的工作时，

众人正驰着（背）（1）喘着（3），

三月，它笑，虽有大雨，

暗地预盼那春天。

为那些小白菊，

方黯然地都在睡眠。

它熨帖那些领圈，

及剪裁那些金蕊。

在小园及葡萄架下，

它去，悄地乔装，

用天鹅之绒，

用霜傅粉于杏树。

自然休息于床上，

它，下降于荒原中，

且束缚玫瑰的蕊，

于他们绿绒的兜胸中。

诸皆成为曲调，

至于黄莺，它用低声吹，

它播种雪焦于草地，

及地金香于林中。

在泉（旁）（1）野芹之上，

鹿所饮的地方，（双）（1）耳高耸，

从【sa】（鹿）（5）足隐处，它抽放，

蜜葵花的银铃。

在草的底下，为你（去）（1）采撷，

它安置有红色的杨梅，

且为你编织一草帽，

为【te】（2）保障太阳之用。

后来，当它的事务已毕时，

并当它的王业将尽时，

在四月的门限上回了头，

它说："春呀，你可来了！"

（1）在圆弧内的译文，系作者照华文组织的需要及科学的译法，从旁添加进去的。

（2）在方弧内的原文，因可以不译，而仍保存之。

（3）此两行原有之排列如此，点句符号已改过。此等处可以见我们的语言究竟缺少于字译外国文字否？作者译此两行时，悟到华文语言中的音节非常重要，就是第一个"在"字，若读后停顿一下补念"向他们的……工作时，"再接上第二行，那句意自然可通，在这两行内原诗做法有（inverse）倒装，兹不说。

（4）此行两小句原文在句中无"，"号，亦为 inverse 兹加"，"号读时，亦宜少逗。顺译即它用低声吹至于（或及于）黄莺。

（5）原文为【sa】，译文为（麊），为要清楚汉文的句主而重复用"麊"字。

二译稿：
——意译，五言古诗——
戈梯哀《春之初笑》
喘息麊事苦，社众腰力努，
三月忽微笑，暗漎春时雨。（1）

方尝酣睡时，彼惜小白花，
为之熨领缬，为剪金色葩。

小园葡萄架，彼乃惠然临，
乔装天鹅绒，霜傅粉杏林。

大块偃在床，彼降于园旁，（2）
约束玫瑰苞，缚以青绒装。

1819

诸皆成曲调，低声吹莺簧，

雪焦布浅草，林中生丁香。

芹绿林泉芳，（3）鹿饮双耳长。

微趾隐没处，蜜葵银盏黄。

草下散杨梅，为君试采撷，

为织草帽□，护君阳光热。

方其事已毕，王业（5）尽所施。

回头四月户，春汝其来兹。

（1）失原意。

（2）"园旁"凑音。

（3）离开原意自成一好句。

（4）王业字不妥，但一时无以易此。

三译稿：

——抽象的译法，五言长律——

戈梯哀《春信》

喘息人生苦，捱腰社众忙。

有情三月笑，间便约春阳。

预为催花计，当君入睡乡。

匀圆敷白领，裁剪妙金章。

偶住葡萄架，还来离落旁。

装成鹅羽素，粉傅杏林霜。

大块昭苏未，荒原信息刚。

蔷红矜笑靥，绒绿约胸装。

尽听钧天乐，轻调莺舌簧。

坪前蕉雪白，林下紫丁香。

鹿饮尖双耳，蹄轻碾众芳。

泉含芹绿润，铃展蜜葵黄。

草色杨梅艳，君来采撷尝。

暇当编席帽，可以捍骄阳。

息影间诸事，抟心备大网。

回头逢四月，芳节启东皇。

备注——意译信手所之，不暇顾到原文字句如篇中之"有情""间变""偶住""还来""未刚"，等等，皆是中国之恶调，随意加入涉笔成趣者，"蔷红矜笑靥"句，尤凭作者的想象写成，与原作无关。末一句"芳节东皇"尚好诸。待于结论中言之。（未完）

——《秋野》第 1 期（1928 年）

用各体诗译外国小诗之实验（续）（1928）

张凤

François Coppée（1849—1908）

Séré narde du "Passant"

Mignonne, voici l'Avril,

Le soleil revient d'exil;

Tous les nids sont en guerelles,

L'air est pur, le ciel léger,

Et partout on voit neiger

Des plumes de tourterelle.

Fuis le miroir séduisant

Où tu nattes à présent,

L'or de tes cheveux de fée;

Laisse là rubans et nœudsi

Car les buissons épineux,

T'auront bientôt décoiffée.

Prends, pour que mous nous trouvions,

Le chemin de papillons

Et des frêles demoiselles.

Vien, car tu sais qu'on t'attend

Sous les bois, près de l'étang

Où vont boire les gazelles.

初译稿：

——字译——

高跛《路过人的晚唱》

小宝贝，哪，四月！

太阳回来从旅行地；

一切鸟巢是在吵闹；

气是清的，天（是）（1）轻的，

而且各处看见下（6）雪：

鹈鸪的羽毛。

避开那闪诱的镜子

（在）（2）那（镜中）你编织到如今

天神的金发；

放任那（3）丝带与结，

因为丛刺的荆芥，

将替你卸装。

认取（那）（4）若使吾们能相见，

蝴蝶的路

及脆嫩的黑蜻蛉的。

来，你应知道有人正等着你，

在树底下，靠近池（边），

（在）（5）那处去饮诸羚羊。

（1）前见某君论句叠内之动字，可照外国文例，一样略去。此处似不略去为自然。

（2）（5）指处所的关系代字在在中国语言中非加"在"字几不可通。

（3）（4）两（那）字在（3）是原文，即 la；在（4）是加入的，加入后方成命词口气。

（6）原文无：记号，中文如不加记号句不可通。

二译稿：

——意译，五言古诗——

高跋《行人晚唱》

稚女当春阳，

日归自远乡，

群巢鸟声碎—（1），

气宇正清扬，

如雪纷霏下，

鸠羽四回翔。

避去闪光镜，

汝今尤编栉，

天仙发金丝—（2），

散彼绒与结，

为有荆棘丛。

将为汝解髻。

吾其与汝遇，

此路需计取，

蜂蝶自往回—（3），

来我正迟汝，

树底或池旁，

就饮有羚羊。

（1）（2）本系断句记号，今为中国诗体所限，改作停顿号。

（3）原文为 Sonnette 体所限，在此处分为两 strophes，今并作一首，照前例如停顿。

三译稿：

——抽象的译，七言绝句——

高跛《晚唱》

四月阳春窈窕娘，

（渐看）回日自他乡。

清和雏语巢枝闹，

如雪鸣鸠羽回翔。

何须把镜闭神光！

犹惜金发鬐（寸寸长），

散汝丝绳蓬汝发，

荆枝将为解严妆。

认取芳途俟我来，

梁山伯（1）与祝英台（2）。

要知人（3）正踟蹰俟，

行近林泉就水涯。

（1）梁山伯 Papillon 及（2）祝英台 demoiselle 系天然巧合的故实山。

（3）人 on 此处原文译文均有我字的意义。

Théophile Gautier（1811—1872）

La dernière Feuille

Dans la forêt chauve et rouillée

Il ne reste plus au rameau

Qu'une pauvre feuille oubliée,

Rien qu'une feuille et qu'un oiseau.

Il ne reste plus dans mon âme

Qu'un seul amour pour y chanter,

Mais le vent d'automne qui brame,

Ne permet pas de l'écouter;

L'oiseau s'en va, la feuille tombe,

L'amour s'éteint, car c'est l'hiver,

Petit oiseau, viens sur ma tombe

Chanter, quand l'arbre sera vert!

初译稿：

——字译——

戈梯哀《末后的叶子》

在秃而且锈之林中，

仅留存于树枝的（1）：

一寒冷忘掉之树叶，

仅一叶与一鸟。

鸟去了，叶落了，

仅留存于我的魂中的？

一种单情可以唱出，

但是秋风，他斥责，

而不许（你）（3）去听他。

情灭了，因为是冬天。

小鸟啊，来的我坟上唱，

当树木将是绿色时。

（1）（2）加的"："记号后，译文的顺序与原文一样，且可通顺。

（3）添加的你，换人也可以的。

二译稿：

——意译，五言古诗——

戈梯哀《末叶》

中林萎且落，

（何物）在枝头！

片叶意孤另。

与鸟孑然留。

（何物）系我思，

（鸟飞叶且）落。

单情宜可详。

秋风不许听，

斥责（使心伤），

方东情悄然。

（明年）树色绿，

飞唱来坟前。

三译稿：

——抽象的译，七言长律——

戈梯哀《秋叶》

（入望）秋林色老苍，

么禽胜叶（意凄怆。）

百般我意无余胜，

一种单情略可商。

为有秋风多斥罝，

未能如愿一评量。

云飞，鸟逝，心随灭，

待唱春和绿塚旁。

另一种译法：

——用乐音化诗句译——

戈梯哀《春之初笑》（原文见创刊号，惜排版恶劣，不能改正，为歉！）

零乱事，正开场!

预约春阳，三月笑，

便零雨也何妨!

看社众忙忙奔向。

俄然下降园中，

约束那玫瑰漫放，

垂念到幽花，

群生沉寂方酣睡，

细意熨回肩，
妙手裁金蕊。

葡萄架，
小园中，
杏林傅粉添霜霰，
悄地乔装野鸭绒。

大造时犹沉息，
绿绒巧作兜胸，
四绕有声成妙奏，
低声嘘拂到黄莺。
雪蕉花，匀铺地；
地丁香，渐抽英。

碧水旁，野芹上，
鹿饮耳高耸，轻蹄隐处，
以蜜葵银盏香浮动。

为君多采撷，
安置着草莓红，
为君添庇荫，
编席帽抵住那太阳翁。

到后来，忙才了，

当阳盛业完时早。

回头一笑向春门。

报君知"春来到！"

《高跛路过人的晚唱》

——用村歌体译——

四月里来太阳回来自远乡，

远远里望见一个小姑娘，

小姑娘——窝里小鸟闹嚷嚷，

气是清来天是轻，

为什么四处看见雪纷纷！

雪纷纷——原来是鹁鸪鸪脱毛一阵阵。

避去呀！避去那花花的镜子耀眼睛，

姐个呀你为什么结儿辫发到如今！

到如今——那天仙似的头发像黄金。

放开你的辫结散开你的绒！

因为那苋菜芥中间刺丛丛，

刺丛丛——马上要教你头蓬松。

记得下来呀，我请你记下来！

记好那有条路径能相会！

能相会——梁山伯（1）相配祝英台。

来呀来！你要晓得有个人儿等你来！

树林的地下池塘内，

池塘内——喝水的羚羊得得得的跑近来，

（1）现行村歌中成旬

戈梯哀《秋叶》

——用离骚体——

翳彼空林兮，

林秃无余；

无所于住吾心兮，

惟孤衷之可唱。

只此零叶兮，

幽鸟与惧。

乃秋风甚凌万兮，

无许尔端详。

鸟飞兮叶落，

情尽兮隆冬。

鸟兮，鸟兮，来坟上兮，

唱！当夫墓木之葱茏也！

完了，我把三首小诗七翻八倒地翻译完了！现在要写个结论，这个结论的句子，甚是简单，就是：科学告诉我们说"方法无绝对的，要在各人熟习使用。"尤其，诗是艺术，学艺术单靠认识是无用的；要长时地修养习练，方能希望有此成就。这是我胆敢冒充做诗人的"堂话"。这几何说到在结论之外了！

这一次的实验，所用的译法，有白话、有欧化、有五言古诗、有五言长律、有七言绝句、有七言律句、有乐音化诗句（此种诗句的作法见拙著《论乐音化诗句》，登去年《暨南周刊》二十七期？），有村歌，有离骚体，共用八种译法，读此译诗的人匆匆读下，怕也无暇比较思量；在做事或译诗的人，自己的艺术，总能道出一点儿甘苦，所谓"文章千古事，得失寸心知。"今附列如下。

白话欧化的译法——此法非不可能，中国的活的语言，比文言尤为自由便利，其便利之处，不在文字上，而在标点上。吾人寻常日用的语气之间，以时间之停顿，或极速，或延长等为无形的标点，使语气生活。若在书面上，不得不乞灵于标点。那不会念白话诗的人，把一首新诗，只一气读下，那便错了！其错处在误念为读。"读的声是跳的，念的声是滑的，"其详见刘复的《四声实验录》；又误在不知标点，即不懂口气，那么，哪里会领到白话诗好处呢？可是要动用标点的人们及排字房的工人，切切要注意这一点的工作，勿要专用"，……"一直到底，便自以为会用新标点了。修辞的秘要，总以句短体轻为妙。

白话中间用字问题，究竟有时觉到缺少，尤其是在诗中，我们不妨采用少许文言用字，以完成这国语运动。这好在各国的文学史上，当他们的国语产生时，早有这个字，我们不妨借用。国语终究要成功的，文言终究要失败的，时间问题罢了！可是做国语的人们要努力啊！

用五古译外国诗较用七言为适合，因中国语义是 monotone 的，五字成句，不嫌缺少与累赘。若用七言句，便有许多废字废词。这无怪作宋诗骂作唐诗的人说：贪用烂词俗调。用绝句尚可；用律句，"那不行！"太扭捏。

我的艺术，我自己相信不过，所以屡次译屡次不以为慊意。寻思久久，其过失不是在字句上，也不是在意思上，有时竟也许在题材上，在作风上。例如戈梯哀的《春之初笑》字译也不好，意译也不好；倒是另一种译法中间的用乐音化诗句译出，较是轻灵便活，适称题材，又如高跋的《路人的晚唱》，用村歌译出，方不忸怩。这是为作风的缘故。戈梯哀的《秋叶》如名窑美锦，用骚体译出，语简意赅，却到好处。

诸皆要待熟习，不可执一以概千百。我的实验，如是，如是，读者或可自己去实验一下看。

十二月三日夜，电灯熄时

——《秋野》第 2 期（1928 年）

动植物译名小记（1928）

鲁迅

　　关于动植物的译名，我已经随文解释过几个了，意有未尽，再写一点。

　　我现在颇记得我那剩在北京的几本陈旧的关于动植物的书籍。当此"讨赤"之秋，不知道它们无恙否？该还不至于犯禁吧？然而虽在"革命策源地"的广州，我也还不敢妄想从容；为从速完结一件心愿起见，就取些巧，写信去问在上海的周建人君去。我们的函件往返是七回，还好，信封上背着各种什么什么检查讫的印记，平安地递到了，不过慢一点。

　　但这函商的结果也并不好。因为他可查的德文书也只有 Hertwig 的《动物学》和 Strassburger 的《植物学》，自此查得学名，然后再查中国名。他又引用了几回中国唯一的《植物学大辞典》。

　　但那大辞典上的名目，虽然都是中国字，有许多其实乃是日本名。日本的书上确也常用中国的旧名，而大多数还是他们的话，无非写成了汉字。倘若照样搬来，结果即等于没有。我以为是不大妥当的。

　　只是中国的旧名也太难。有许多字我就不认识，连字音也读不清；要知道它的形状，去查书，又往往不得要领。经学家对于《毛诗》上的鸟、兽、草、木、虫、鱼，小学家对于《尔雅》上的释草、释木之类，医学家对于《本草》上的许多动植，一向就终于注释不明白，虽然大家也七手八脚写下了许多书。我想，将来如果有专心的生物学家，单是对于名目，除采取可用的旧名之外，还须博访各处的俗名，择其较通行而合用者，定为正名，不足，又益以新制，则别的且不说，单是译书就便当得远了。

以下，我将要说的照着本书的章次，来零碎说几样。

第一章开头不久的一种植物 Kerbel 就无法可想。这是属于伞形科的，学名 Anthriscus。但查不出中国的译名，我又不解其义，只好译音：凯白勒。幸而它只出来了一回，就不见了。日本叫作ジマク。

第二章也有几种。

Buche 是欧洲极普通的树木，叶卵圆形而薄，下面有毛，树皮褐色，木材可作种种之用，果实可食。日本叫作橅（Buna），他们又考定中国称为山毛榉。《本草别录》云："榉树，山中处处有之，皮似檀槐，叶如栎槲。"很近似。而《植物学大辞典》又称。椇者，柏也，今不据用。

约翰看见一个蓝色的水蜻蜓（Libelle）时，想道："这是一个蛾儿吧。"蛾儿原文是 Feuerschmetterling，意云火蝴蝶。中国名无可查考，但恐非蝴蝶；我初疑是红蜻蜓，而上文明明云蓝色，则又不然。现在姑且译作蛾儿，以待识者指教。

旋花（Winde）一名鼓子花，中国也到处都有的。自生原野上，叶作戟形或箭镞形，花如牵牛花，色淡红或白，午前开，午后萎，所以日本谓之昼颜。

旋儿手里总爱拿一朵花。他先前拿过燕子花（Iris）；在第三章上，却换了 Maiglökchen（五月钟儿）了，也就是 Maiblume（五月花）。中国近来有两个译名：君影草、铃兰。都是日本名。现用后一名，因为比较地可解。

第四章里有三种禽鸟，都是属于燕雀类的：

一、pirol。日本人说中国叫"剖苇"，他们叫"苇切"。形似莺，腹白，尾长，夏天居苇丛中，善鸣噪。我现在译作鹩鹩，不知对否。

二、Meise。身子很小，嘴小而尖，善鸣。头和翅子是黑的，两颊却白，所以中国称为白颊鸟。我幼小居故乡时，听得农人叫它"张飞鸟"。

三、Amsel。背苍灰色，胸腹灰青，有黑斑；性机敏，善于飞翔。日本的《辞林》以为即中国的白头鸟。

第五章上还有两个燕雀类的鸟名：Rohrdrossel und Drossel。无从考查，只得姑且直译为苇雀和嗌雀。但小说用字，没有科学上那么缜密，也许两者还是同一的东西。

热心于交谈的两种毒菌，黑而胖的鬼菌（Teufelsschwamm）和细长而红，且有斑点的捕蝇菌（Fliegenschwamm），都是直译，只是"捕"字是添上去的。捕蝇菌引以自比的鸟莓（Vogelbeere），也是直译，但我们因为莓字，还可以推见这果实是红质白点，好像桑葚一般的东西。《植物学大辞典》称为七度灶，是日本名 Nanakamado 的直译，而添了一个"度"字。

将种子从孔中喷出，自以为大幸福的小菌，我记得中国叫作酸浆菌，因为它的形状，颇像酸浆草的果实。但忘了来源，不敢用了；索性直译德语的 Erdstern，谓之地星。《植物学大辞典》称为土星菌，我想，大约是译英语的 Earthstar 的，但这 Earth 我以为也不如译作

"地"，免得和天空中的土星相混。

第六章的霍布草（Hopfen）是译音的，根据了《化学卫生论》。红膝鸟（Rotkehlchen）是译意的。这鸟也属于燕雀类，嘴阔而尖，腹白，头和背赤褐色，鸣声可爱。中国叫作知更雀。

第七章的翠菊是 Aster；莘尼亚是 Zinnia 的音译，日本称为百日草。

第八章开首的春天的先驱是松雪草（Schneeglolckchen），德国叫它雪钟儿。接着开花的是紫花地丁（Veilchen），其实并不一定是紫色的，也有人译作堇草。最后才开莲馨花（Primel od. Schlüsselblume），日本叫樱草，《辞林》云："属樱草科，自生山野间。叶作卵状心形。花茎长，顶生伞状的花序。花红紫色，或白色；状似樱花，故有此名。"

这回在窗外常春藤上吵闹的白头翁鸟，是 Star 的翻译，不是第四章所说的白头鸟了。但也属于燕雀类，形似鸠而小，全体灰黑色，顶白；栖息野外，造巢树上，成群飞鸣，一名白头发。

约翰讲的池中的动物，也是我们所要详细知道的。但水甲虫是 Wasserkalfer 的直译，不知其详。水蜘蛛（Wasserlalufer）其实也并非蜘蛛，不过形状相像，长只五六分，全身淡黑色而有光泽，往往群集水面。《辞林》云：中国名水黾。因为过于古雅，所以不用。鲵鱼（Salamander）是两栖类的动物，状似蜥蜴，灰黑色，居池水或溪水中，中国有些地方简直以供食用。Stichling 原译作刺鱼，我想这是不对的，因为它是生在深海的底里的鱼。Stachelfisch 才是淡水中的小鱼，背部及腹部有硬刺，长约一尺，在水底的水草的茎叶或须根间作窠，产卵于内。日本称前一种为硬鳍鱼，俗名丝鱼；后一种为棘鳍鱼。

Massliebchen 不知中国何名，姑且用日本名，曰雏菊。

小约翰自从失掉了旋儿，其次荣儿之后，和花卉虫鸟们也疏远了。但在第九章上还记着他遇见两种高傲的黄色的夏花：Nachtkerze und Kolnigskerze，直译起来，是夜烛和王烛，学名 Oenother biennis et Verbascum thapsus 两种都是欧洲的植物，中国没有名目的。前一种近来输入得颇多；许多译籍上都沿用日本名：月见草。月见者，玩月也，因为它是傍晚开的。但北京的花儿匠却曾另立了一个名字，就是月下香；我曾经采用在《桃色的云》里，现在还仍旧。后一种不知道底细，只得直译德国名。

第十一章是凄惨的游览坟墓的场面，当然不会再看见有趣的生物了。穿凿念动黑暗的咒文，招来的虫们，约翰所认识的有五种。蚯蚓和蜈蚣，我想，我们也谁都认识它，和约翰有同等程度的。鼠妇和马陆较为生疏，但我已在引言里说过了。独有给他们打灯笼的 Ohrwurm，我的《新独和辞书》上注道：蠼螋。虽然明明译成了方块字，而且确是中国名，其实还是和 Ohrwurm 一样地不能懂，因为我终于不知道这究竟是怎样的东西。放出"学者"的本领来查古书，有的，《玉篇》云："蚇螋，虫名；亦名蠼螋。"还有《博雅》云："蚇螋，蟀蚇也。"也不得要领。我也只好私淑号码博士，看见中国式的号码便算满足了。还有一个最末的手段，是译一段日本的《辞林》来说明它的形状："属于直翅类中蠼螋科的昆虫。体长一寸许；全身黑褐色而有黄色的脚。无翅；有触角二十节。尾端有歧，以挟小虫之类。"

第十四章以 Sandaluglein 为沙眸子，是直译的，本文就说明着是一种小蝴蝶。

还有一个 münze，我的《新独和辞书》上除了货币之外，没有别的解释。乔峰来信云："查德文分类学上均无此名。后在一种德文字典上查得 münze 可作 minze 解一语，而 minze 则薄荷也。我想，大概不错的。"这样，就译为薄荷。

一九二七年六月十四日写讫

鲁迅

——《小约翰》（北京：未名社，1928 年 1 月）

翻译的困难（1928）

虚白（曾虚白）

我们比仿拿摄影术来作文学的比例，创作是直接取景，翻译却是翻版。创作家的镜头要对准了自己幻想造成的空中楼阁配光圈，测距离；手段高明的自然像摄影名家一样，洗出来的片子张张多能充分表现摄景的精神，在文学上这就叫作个性的实现。翻译家镜头的目标却不能求之自我了；他的摄景是人家已作成的片子，要他照模照样的再翻一张出来。他负着充分摹仿人家个性的使命，却时时刻刻提防着自己的个性钻出来胡闹。所以创作的需要是独立性，翻译的需要是摹仿性。

可是文学上的翻版决计不能像摄影术那样简单。文学家要翻的是创作者创造这张片子时，映在脑膜上的那张映象，并不是这张摸得到，看得见的死片子；因为前者是真的，后者不过是写真，是假的。

然而作品就是映象的代表，怎说有真假的分别？这只为同样的外界，因为各个人内外环境的不同，常会发生绝对相反的感应。我且从科学上举个例子出来：世界上有一类人，看着绿的认作黑，红的认作紫，或是同类色感的错乱，科学家叫他们色盲。比仿要教这种人对着一张图画感受我们同样的映象，就不能不根据着他们色感的变迁，重新支配图画上的色彩。因为图画是方法，色感是目的；我们必需变换了方法才可以让他们得到同样的目的。

在文学上说，黑字写在白纸上是方法，著作家要表现的映象是目的。翻译家的使命是要忠实摹仿这认为目的的映象。倘然原文所用的方法，换了一种文字，因为作者同观者环境的不同发生了两样的感应，翻译家就应该像科学家纠正色盲人色感一样，变换方法来完成他的使命。

凡上所说是我们以为翻译家应认定的目标，应遵守的定义，可是要忠实地实行起来，随处多发生绝大的困难。这困难的出发点，从大体上讲起来，大概可分做两种：第一种，因为各种族遗传下来风俗、习惯、思想的不同，同样的辞句却能发生绝对不同的感应；第二种，因为各种族文学上的组织不同，没有精炼的改造，决计不能充分表现创作里边原来的映象。

第一种困难是根本种族性的不同，只可靠时间来慢慢的调和，不是性急得来的。让我姑且举出几个浅近的例子来说说：先拿我们热情崇拜的《傀儡家庭》来做个比仿；娜拉因为要救丈夫的性命，因为不肯拿这种愁惨的事情惊扰她临死的老父，所以冒签了老父的名字借了一笔钱。在我们富于调和性的东方道德观念看起来，海尔满只有感激的份儿，决没有责备的道理，不独海尔满的怒骂是非人情，就是娜拉的严守秘密也是无为。所以我敢断定，无论译笔怎样好，这一种感应的错误是决计免不掉的。再拿嚣俄的名著《巴黎的圣母堂》来做个比仿；这本书的第一章是描写巴黎的一个节日，大家挤在司法院里看到的法兰盟公使那番热闹情形。这是大家公认为一段富于地方色彩的好作品，然而在大多数东方人眼光里看起来却是一段枯燥无味，模糊影响的闲文。请问翻译家有本事更正这种错误的感应吗？还有许多传神之笔像朋友的谑笑、村夫的怒骂、妇女的爱憎、孩童的天真等类，非懂得原文决计体会不出它的神韵。请问我们翻译的时候，遇到这种地方，怎样能够叫读者得到应得的感应呢？所以我说这是根本病，不是一年半载的功夫所能挽救的。

第二种困难却完全是一个艺术上的问题。只要那张干片有感光的可能性，决计不会翻不出原版来的；至于翻得像不像只问这位翻版的艺术家手段的高低了。所以这种困难可以拿人工来挽救，正像一切艺术一样，只要有确当的训练，自然能产生纯粹的作品。目前我们翻译界里，名作虽也有几本，可是普通说起来，恐怕下过这番训练功夫的简直是很少很少；这就是译本不能得社会上普遍欢迎的一个大原因，也就是介绍外国文学的一个大障碍。

我们译书的人应该认清我们工作之主因是为着不懂外国文的读者，并不是叫懂得外国文的先生们看的。我们的任务是翻出版来叫看不见那张相片的人们看，所以我们训练的进行应该就着这一班人的心理来定我们的方针。这就不能一手拿着笔，一手翻着字典，一字一句依样葫芦的描下来就算了事的了。我们应该拿原文所构造成的映象做一个不可移易的目标，再用正确的眼光来分析它的组织，然后参照着译本读者的心理，拿它重新组合成我们自己的文字；换句话说，必需改换了方法，才可以得到同样的目的。

所以，我的主张，分析是翻译家应有的训练。文章的组织——由字成句，由句成段，由段成章——中国外国多是一样的，所不同的，只有那组织的方法；我所说的分析就是用着科学的方法来研究这不同的所在，借此就可以找出那改造的规程。现在欧化的译者，顺着原文直写下去，遇到转不过来的时候多加上几个"的"字、"地"字，人家说他们是标新立异，我却说是懒惰无能；因为这是小学生印描红的方法，竟有些时候问他自己也不晓得写些什么。就是我们精心作意想要避免这种毛病，却有时候一不留心仍旧要走到这条斜路上去；因为这是心理学家所谓最少阻力的一条路，是翻译家顶容易犯的一个大毛病，却不料有这帮人竟拿它来作一个翻译的标帜！

讲到改造的具体方法，大概可以分出两种功夫：一是锻炼原子，一是组织整个。文章的原子是字，我们要表现出确当的映象就应得把各个字，在天平上秤得四平八稳才可以用上去。这是要用心平气和的选择，一点浮躁不得的。可惜现在的译者很多不自觉地犯了这个大毛病。我现在且举几个最普通例子来：比仿说，"的"字的用途，中文里是最经济不过的，现在大多数的译者凡遇到 Possessive 或 Adjective 多要加个"的"字，就搅得，"的""的"不已，成了个四不像的文章。又像中文句子里"他"字的用途也很经济的，常有须意会的地方，然而西文里叙述一个人的动作，每换一句必需另用个"他"字作主词。譬如照样翻下来，就要"他""他"不已，犯了个叠床架屋的毛病。还有那 Progressive，现在大家多拿个"在"字来代表。比仿说 He is reading 翻作"他在读"。请问这像一句中国话吗？何不改成"他在那里读"呢？还有 Perfect tense 拿个"有"字去翻，更不成话了。至于名词里边，翻译的不切当更觉得随处皆是。最奇怪的是 Humour 译作"幽默"，不晓得那位大发明家竟把这绝对相反的两个字联上了亲谊？总而言之一句话，叫作不肯心平气和地下一番锻炼原子的功夫。

至于组织整个的功夫更比锻炼原子要进一层，自然分外地复杂，分外地困难了。然而经过一番分析之后，这也有它天然的步骤，——

这就是分析后的组合功夫。说来也很简单，比仿我们既然精选了确当的原子，就把这一堆原子，参照着作者观者两方面的心理，拿来组织成一个适当的短句；做成了一堆短句，又照样的把它们组成整句；于是用着这个方法逐步进行，由句成段，由段成章，只要选择适当，组织合宜，总可以一丝一毫不走原样的吧。只是要适当，要合宜，就得要把中西文组织的方法详细研究那不同之点，等到后来水到渠成，自然能应心得手的了。

或者读者还不十分明了我的意见，让我且从霍桑的《乱林故事》里随便挑一个来做一个试验。那书里，形容大雾的有一句道：

It completely hid everything beyond that distance, except a few ruddy or yellow tree-tops, which here and there emerged, and were glorified by the early sunshine, as was likewise the broad surface of the mist.

我们第一步且把译文顺着原文排下去，就是：

它完全地盖住一切在那个距离以外，除了几堆红的或黄的树顶，它们在这里同那里透露出来，并且被照亮给那清早的阳光，像被照一样那大雾的广阔的平面。

这是炉子里钳出来的一段生铁烧成的粗坯，我们第二步手续就是应该拿它分析开来。这句的正句是"它盖住一切"，附句是"它们透露出来并且被照亮"。"完全地"，"在那个距离以外"同"除了几堆红的或黄的树顶"，是形容"盖住"的助动词同助动逗句；"它们……平面一样"是形容"树顶"的一个形容附句，在这附句内"它们"是主词，"透露"同"被照亮"是动词，"在这里同那里"是形容"透露"的助动逗句，"给那清早的阳光"是补足"被照亮"意义的逗句，"像那大雾……平面"却是形容"被照亮"的又一个附句。我们用方式拿它们排列起来就觉得明了了：

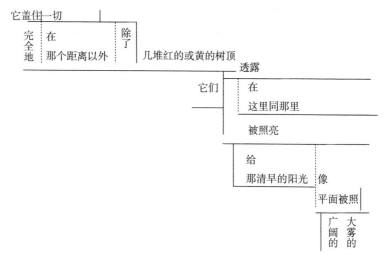

从这个方式里，我们知道这一句是分着正句附句两大段做成的，在正句里分出两个逗句，在附句里，每个动词各带个逗句，第二个动词却另带个附句。

分析成功，就着手那第三步的改组了。先从原子的合用不合用看起来，"一切"这两个字不很自然，不如"所有的东西"的妥当，"完全地"换"多"，"除了"换"只剩"。字眼选妥，再进一步改良逗句；在"这里同那里"换"这一搭，那一搭"，"大雾的广阔的平面"换"大雾的广阔平面"，西文中的被动语气中文里常有不适用的，所以"被照亮"应改成主动语气，就是，"照耀得鲜明夺目"。做好逗句，就可着手那最后的组合功夫了。最接近的形容逗句放在底下，中文是不习惯，所以"它多盖住东西在这个距离以外"改成"它把这个距离以外的东西多盖住了"，就成了中国话了；附句的主词中国文里不用的，所以"它们这一搭，那一搭透露出来"用了"它们"反觉得语意重复了；底下那半句完全合不上中国语气，作者的意思是说："树顶的被照是跟雾面的被照一样"，不如拿附句改成逗句，换成"正像那大雾的广阔平面一样，多给清早的阳光照耀得鲜明夺目"。拿这几段组合起来，就是：

> 它把那个距离以外所有的东西多盖住了，只剩几堆红色或黄色的树顶，这一搭，那一搭透露出来，正像那大雾的广阔平面一样，多给清早的阳光照耀得鲜明夺目。

这虽不是精炼的纯钢，却已经可以勉强应用，因为多少总成了中国话了。批评的先生们总要说我这种做法未免太死板了。艺术是要自然流露的，哪有一手拿着规矩，一手拿着尺，画得出好画来的！这句话，说得的确不错，就是我自己也向来这样主张；不过我所说的是一个训练成材的方法，并不是成材的先生还要一点一画的这样做的。况且等到训练成熟，分析的眼光，组合的手段多已经习惯成了自然，只要提起笔来写，自然的不期合式。凡是以上所说的步骤，正像摄电影的有意摇慢了镜箱，让观众们仔细研究那演员的姿态，实际做起来能有这样啰嗦的吗？

——《真美善》第 1 卷第 6 期（1928 年 1 月 16 日）

逻辑的译名（1928）

岂明（周作人）

编者先生：

见《自由问答（一）》卢先生所问，"欲研究逻辑，学辩论文章，看的什么书？"的答复，举了严、刘、潘的三部书，我想再来介绍一种，这就是新出版的陈大齐先生所编译的《逻辑大意》。据陈先生序里说，近来中国讲逻辑的书大都是方法论一方面的，关于判断论一方面的新的学理还没有人介绍，他译德国格拉乌（Grau）的这本书的意思便是想来补这个缺乏。所以，我想要研究逻辑的人似乎也有看看这本书的必要。不知编者以为如何？或者因为不是初学所能看懂，所以不说的吧？

末了，我要说明，我对于"逻辑"这个名称非常反对，而且还觉得有点讨厌。这实在与严复的"么匿""拓都"是一类的，想兼摄音义，最为可笑，只看他不用简单的"网罗"之"罗"而必取"巡逻"之"逻"，可以明白了。我想，倘若说"论理学"这个名称不对，那么改为"名学"也就好了；如还怕人家误解，则化学岂不也可解为变形术，美术要混作涂脂抹粉法，即逻辑自己也会被人看作北方的侦缉队南方的清党委员会的专门学术了！——即使退一步讲，非音译不可，也决不应用英文为标准，主张照拉丁文或者未免稍旧一点吧，至少也该依照德文，——然而可怜汉字或注音字母中竟没有一个 gi（注意，并非英文之 ji）字，那么还是变成 Lojic，究竟逃不出大英国的如来佛的手掌也。

十六年十二月九日，岂明，于北京

——《北新》第 2 卷第 5 期（1928 年 1 月）

大学院院章（1928）

佚名

【……】

大学院译名统一委员会组织条例
十七年三月二十日大学院核准

第一条　大学院为统一各科学译名起见，聘请专家若干人，组织委员会，定名大学院译名统一委员会。

第二条　大学院译名统一委员会（以下略称本会）设常务委员三人，于常务委员中由大学院指定一人为主任，执行本会议决各案，任用本会职员，并监督各职员服务，其他常务委员，依主任之嘱托，随时协同主任监督工作之进行。

第三条　本会职员定为秘书兼编译员一人，编译员三人至五人，缮写员二人。

第四条　本会职员除星期日及例假外，每日办公六小时，其办公规则由主任订定之。

第五条　本会每年至少集会二次，常务委员每月至少集会一次，均由主任定期召集。

第六条　本会开会时以主任为主席。

第七条　本会委员有三分之二以上出席，始得开会，议决案需经出席
　　　　委员过半数之可决。可否同数时，取决于主席。

第八条　本会委员均为无给职，于开会期间酌送夫马费，但主任及常
　　　　务委员，得酌支津贴。

第九条　本会经费，由大学院依照预算，按月发给。

第十条　本会全部工作，限于三年内完成。工作完成时；本会即行
　　　　撤销。

第十一条　本会成立后，所有译名统一会筹备委员，均为本会委员。
　　　　　前筹备会即行撤销。

第十二条　本条例由大学院核准施行。但施行后本会认为有修正之必
　　　　　要，得议决请求大学院修正之。

大学院译名统一委员会职员办事规则
十七年三月十三日大学院核准

第一条　本会由主任任用秘书兼编译员一人，编译员三人至五人，缮
　　　　写员二人，分任工作！

　　　甲　秘书兼编译员办理本会一切文牍及会议记录，兼任下项
　　　　　编译员工作；

　　　乙　编译员任选集、统计、归纳、参考、翻译各科术语译名；

　　　丙　缮写员缮写各编译员译稿，及本会文牍，并整理检查本
　　　　　会所有书籍、报章、杂志及案卷档册。

　　　　本会不另设庶务员，由缮写员兼任杂务。

第二条　本会职员除星期日及例假外，每日办公时间上午九时至十二
　　　　时，下午一时半至四时半。

第三条　职员每日午前午后到会办公，应在画到簿上注明到会时刻；其因事先出会者，亦应照记。

第四条　职员因事请假，应呈请主任核准，每月至多不得过三日，但疾病及其他重大事故，不在此例。

第五条　职员假期逾限，或继续延长请假时，主任得另委代理，即停发本人薪金。

第六条　职员薪金于每月月终发给，不得预支。

第七条　职员工作成绩，由主任随时考核，以定去留。

第八条　本会工作完成时，对于出力职员，本会得送请大学院从优录用，以示奖励。

【……】

——《大学院公报》第 1 卷第 4 期（1928 年）

大学院译名统一委员会
工作计划书（1928）

佚名

一　工作范围

　　甲　自然科学名词，经前科学名词审查会决定者，继续承认其有效。但认为必要时，得重付审查。

　　乙　自然科学名词，其原则，会经前科学名词审查会决定，惟尚未整理就绪者，继续加以整理审查。

　　丙　自然科学名词，未经前科学名词审查会审订者，即行着手编译审查。

　　丁　社会科学名词，为前科学名词审查会所未着手，应即尽先编译审查。

　　戊　文艺哲学名词办法，同前项。

　　己　人名地名应另订办法。

二　工作分配

　　本会工作，分为下列两部分：

　　甲　审查部分，由本会各委员分任之。

乙 编译部分，由本会各职员分任之。

三 编译步骤

编译工作，先从高中程度以下各科名词入手，限期暂定为四个月，以次渐及专门大学程度之各科名词，统限于三年内完成其工作。程序如下：

甲 从已出版之各种书籍中，选集各种译名。

乙 就所选集各种译名，统计其经见次数（以每书为一次）。

丙 将同名异译各名词，按经见次数，而定其通用之程度。

丁 对于各种通用译名，附注英法日等译名。

戊 每译名，汉字译名于卡片正面上端，英、德、法日等译名，依次附注于下，于必要时，加注拉丁文。

己 同名异译之译名，选其最通用之名记于卡片正面，将异译各名记入卡片反面，并略记选定之理由。

四 审定及公布

编成各科译名，由主任会同常务委员复核后，分别送交各该科有专门研究之委员先行审查，再行开会决定。决定之译名，由本会印刷，送请大学院陆续公布。

——《大学院公报》第 1 卷第 4 期（1928 年）

《拜金艺术》译者按（1928）

郁达夫

这一章是辛克来氏关于艺术的特异的见解，最难译的是原文里所引的两段诗。第一段海立克的，译者妄把原诗的意思添加改变了一点，如第三句应该译作"今日此花开口笑"的，然因为中国旧诗的语气上的关系，就不能不那么地译。又第二句的如"箭飞"之"箭"，第四句的"风雨葬蔷薇"之"风雨"，都是原诗里没有的名词，是译者妄添上去的蛇足。还有萎谢下去，将死未死之境，本来不可以一"葬"字来译的，这也算犯了文法上时间错误之病。至于第二段马修亚诺德的四句，更是难译，译成旧诗也不能够，译成新诗又译不好。第二句下括弧内的"由他们来"四字，是可以不要的注解。还有 the forts of folly 的 folly 一字，日文译作"空虚"，但这字或者也有（罪恶）的意思，翻了几本字典，才知晓得这个字也可以作"无谋的大建筑""成破灭之因的大企业如阿房宫之类"的意义解的，所以我就武断地把它译成了"逾恒硕大的城堡"，希望言语学者有以教我。此外更有几处暧昧不清的地方，当出书的时候再行订正，在未印成书本之前，我更希望高明者能够不客气地摘取我译文中的错误来。

一九二八年三月廿七日

——《北新》第 2 卷第 11 期（1928 年 4 月 16 日）

对于《少女日记》译本的商榷（1928）

耀仲（曾耀仲）

《少女日记》一书我从前曾看过它德文的原本，读过之后，它浓厚的兴味觉得永远还留存在我的脑海中，实在是一本好书。看奥国心理学家费罗特一封介绍信的证明，就可以晓得它的确是一个少女写的日记，并不是一种文学家凭空结构的作品；所以它的价值就不限于文学一方面，就是对于教育家、心理学家也有很多的贡献。我新近才知道这书已由衣萍和铁民两先生译成中文介绍与国内读者了，这是何等的可喜！但我拜读一过后，觉得这书的大意，虽已完全译出，可是细细和原文核对，译错的地方实在不少，不能叫我十分满意。现在我只拿上卷第一年中译错的地方写几条出来，且请衣萍和铁民先生看：改得对不对。我还有一个希望：这部书销路很好（大约大家当它性学书看？），已经再版了，倘若能在第三版前再用一番功夫与原著细细校对，把译错的地方一处一处的改正，我相信，凡是要看这书的人，都要感谢你们。

原文：14 Juli: Unsere beiden Studenten hat das Fraeulein gesagt, wie wir uns werabschiedet haben. Wir solen ihr bestimmt schreiben am Land. Ieh tue es auch.

原译：“我们的两个学生，你们一定要从学间写信给我。”女先生曾经这样说，当我们回来的时候。我一定要写信给她。

拟改：我们和女先生分别的时候，她称我们作“两个高等学堂的女学生。”我们说定到了乡间应该与她通信。这信是我一定要写的。

附注：到乡间再写信这句话是两个女学生商量的话，女先生并没有说过，所以还是照着原文改过来。比较的真切一点。

原文：21. Juli: Ich muss spazieren gehen.

原译：我一定要去走一趟。

拟改：现在我要散步去了。

附注：这一句是在她记完一天日记的时候附记的一句，就是表明她要去散步，因此日记没有功夫再记的意思。原译作“我一定要去走一趟，”连着上文就是说一定要到海娜家里去一趟的意思，是完全译错的。

原文：31 Juli: Eigentlich ich ja auch gerne selber, aber wenn wer anderer aus Liebe（so sagte naemlich der Robert direct）fuer einen pflucckt, so verzichtet man gerne auf das Selbersuchen. Uebrigens habe ich nebenbei anch selber gesucht und gab die meinen dem Papa und einige auch der Mama.

原译：我本想自采自吃，但罗白特说，采给亲爱的人比采给自己更有趣。所以我自己留下一小部分，大半献给父亲，另一小部分献给母亲。

拟改：其实我也喜欢自采自吃，不过如有人因为亲爱起见（罗白特直接对我这样说）替我去采，我自己也可免劳了。况且我自己也去寻采，我拿我的带回给父亲，另一小部分献给母亲。

附注：照原文是她拿罗白特替她采的草莓自己吃了，她还去采了少许带回给父母吃。原译译作她拿罗白特采的分作三份，一份自己留，其余的献给父母。我想这位少女她拿罗白特替她采草莓这事当作十分荣耀的一件事，不见得肯拿她情人亲手采的草莓分给父母吃吧？

原文：30. August: Und sagte der Mama, ich habe etwas werlornen, was mir schrecklich ist.

原译：母亲说我必定是失掉东西，使我不觉吃了一惊。

拟改：我就对母亲说，我遗失一件东西，这物遗失了对我是很可怕的。

附注：这一句是文法上的错误：原译拿主词同受动词倒了一个头，并且原文的 was mir schrecklich ist 是个形容"失掉"的助动副句，现在译者把它装作形容"说"的副句了。这个我不能不说译者的疏忽过甚，刻薄些的人，许要说他西文程度太浅哩。

原文：23. September: Die Ispee sagt, sie haben sie voriges Jahr gehabt, aber...

原译：阴世匹说，这个女师只能再教一年了，……

拟改：阴世匹说，这个女师去年曾经教过她的，……

附注：这一句也是文法上的错误，是时间上的错误，拿一句过去的词的语意，译变未来词。这位少女因为年轻还没有支配语言的能力，所以原文上文法的错误的确是常有的，但是这两句的确是译者的错误，不是少女的错误，因为去年和来年就是五六岁小孩子也不会搅错的吧？

原文：9 Oktober: Und neum Monate es, bis man das Kind kriegt, und dabei sterben sehr viele Frauen.

原译：那件事要继续干九个月才能够生下小孩，所以有许多妇人因此丧命。

拟改：经过九个月的时候才能生下小孩，妇人们因此丧命的很多。

附注：这一句译得太觉奇怪，这位少女的性智识虽然还未全开，然而决计不至这样糊涂。"经过九个月的时候"是指小孩在肚内，并不是指干那件事。"许多妇人的丧命"是指产后，也并不是指干那件事。"那件事干九个月才能够生孩子"，如其成了事实，在这个"无后为大"的中国，有了这样一个大发明，哈哈，我想衣萍先生等不要变成了万家生佛了吗？

原文：9 Oktober: Du Naerrin, davon kriegt man noch lang kein Kind.

原译：你这小蠢货，不那样是不会生小孩子的。

拟改：你这小蠢货，决不会一干就生小孩子的。

附注：上文写这少女刚刚知道干了那事才会生小孩，后来她又回
想从前罗白特引诱她的时候曾经说过"决不会一干就生小
孩"的一句话，所以她疑惑起来。原译译成反面的语气，
连不上上句"我现在还不明白"。

原文：20 Oktober: Wahrscheinlich fuehrchtet sie sich, wir koennten
sie verraten.

原译：也许她是怕我们将来不理她。

拟改：也许她怕我们泄露她的秘密。

原文：2 November: Wir haben gesagt, wir pruefen uns Naturges-
chichte und sind hinueber in den Salon und...

原译：我们约定，我们上完自然历史之后一同到我家客厅里畅
谈……

拟改：我们说，我们来互相考问博物学，借了这个题目就走到客
厅里畅谈去了……

附注：她们两人本来已在少女的家中，大约因为同时还有别人在旁
边，所以借着温博物学为题，避至无人的客厅内畅谈去了。

原文：19 Juli: ... ; fuenf Haare sind doch kein Schnurbart.

原译：五根头发造不出一根胡子。

拟改：三五根毛也算不了胡子。

书中 Boehmen、boehmisch，多译作捷克、捷克的。我觉得这个也
有更改的必要，因为在欧战以前，Boehmen 是奥国的领土；自从德奥

吃了败仗之后，Boehmen 始变了独立国改名为 Tschechoslowakai（译名捷克）。这部《少女日记》是欧战以前的作品，这应该保存它的原名"盤门"。其余如"四月十二日"的八个立脱（8 Liter）改译七夸特。"十一月二十日"四十二度体温改作一百零七度我觉改得亦无意思。

十七, 三, 十四

——《真美善》第 1 卷第 12 期（1928 年 4 月 16 日）

论翻译之难（1928）

端先（夏衍）

我写了这个题目，并不想提高翻译的声价，不过，总觉得翻译外国文学不很容易而已。

第一是译音，用我们中国的文字，有许多外国字音是译不出来的，譬如 ga、gi 之类，中国文字是没有同样发音的现成字的，于是不能不用"加""基"之类去顶替，——用注音字母去译音，当然是最好的办法，可惜近年来似乎对于注音字母的热度又冷下去了。第二是中国各地方言不同，所以即使有适当汉字的人名地名，也因为译者乡音之不同，而变出种种不同的花样。在中国译述界，一个外国人名而有四五个译名者，真是屡见不鲜，举几个最普通的例：譬如雨果就是嚣俄，就是 Hugo；弥尔就是穆勒，就是穆黎（《莽原》合订本第一卷五六六页），就是 J. S. Mill；稍为特别一点的狭斯丕尔（鲁迅《坟》三十一页）就是莎士比亚，就是 Shakespeare；培得诃芬（同上）就是悲多汶，就是 Beethoven。其他如歌德等于霍提等于歌的，箕次等于济慈之类，指不胜屈。

其他，英、德、法、意等各国人名、地名，照理应该照本国读法译音，这一层，周作人已经在《语丝》二九期上说过，但是到现在还是一律照英文发音的居多。在这一点，要一个译者懂得五六国文字的发音，也已经不是一件容易的事情，更何况各国还有因为习惯传统而作特别发音的地方。

菊池宽等所出版的文艺讲座里，在显克文支（H. Sienkiewicz）的传记中，将 Pan Michael 译作"汎米加尔"据说也是误译，这地方的Pan，不是 Pan Pacific 的"汎"，而是波兰人名前面的称号。波兰的Pan，正像德国的 Von 和西班牙的 Don 一样。

从英文译中文，比较容易误解的地方少，从日本文译中文，就因为"同文"的关系而容易误会的地方多了。日本文中有许多汉字的名词，字同而义异，最普通的例如"无心""勉强""可怜""多情"之类，不曾到过日本翻译日文的，往往吃了这些名词的亏。在日文，"无心"二字作为动词的时候是"肆无忌惮地要求财物"的意思，"勉强"是"用功"或"努力"，"可怜"有"可爱"的意思，"多情"作"放荡"解的地方居多。

本来，异国的语言有很多特色，倘使为别国语言，是很难曲尽其妙的。放开语气、声调等项不说，就是名词一项，也有许多字不能完全译出。将 eife 译作"生活"，将 love 译作"恋爱"，中间已经有了相当的间隔，sports 与"游戏"的距离更远。俄国文的 toska（苦闷）译成英国的 heartache 也不能完全表示原文的意思。

大概因为这种原故，所以日本人喜欢用假名来译普通名词的音，正像广东人用"燕梳"来译 insure，用"杯葛"来译 boycott，乃至最近电影界用"拷贝"来译 copy 一样。这种办法的好坏姑不具论，实际上因为日本人用这种办法，中国人之译日本文者实在已经吃苦不少。加之，日本假名中 BV 的发音不分，所以有些地方更令你莫名其妙。

鲁迅先生在《新罗马传奇》中发现了译者将希腊女诗人 Sappho 的名字译成"萨芷波"，就知道了这本书是根据日本译本的重译（《坟》二三三页），但是在"所谓怀疑主义者"（日本鹤见祐辅著）译文中，先生自己似乎也上了这种假名注音的当。（见《莽原》合订本第一卷下，五六五—五七〇页）

假使不是排字工人的 misprint，那大概是鲁迅先生看错了。那篇文章中的 Sketch-book 似乎应该改为 Skeptic（怀疑主义者）的。——虽则我找不到《思想·人物·山水》的原文，不知道原文上的假名有没有误植。——因为 Skeptic 和 Sketch-book 的假名注音，确是非常相像，不过假名的顺序，稍稍有点不同，所以不论谁也容易看错。

有许多小说戏曲中，夹着许多地方俗语和俚语。在整本书中只要有这样的俗语两三处，便足以使译者叫苦！C. Dickens、R. L. Stevenson 的小说，以及日本金子洋文、前田河广一郎的作品中，这些土话很多。古崎润一郎的小说、戏曲中，大阪土话也很不少。

土话已经不容易，何况土话中的特有名词。在日本的时候，有一次在一本杂志（记得似乎是一本不很上品的杂志）上读到一个名词叫作"Pika 1"（假名），当时莫名其妙，问日本同学，也说不知道，就丢着算了，后来偶然在某处看日本人赌"花扎"（Hanafuta），才知道这是"花扎"的一个术语。"Pika 1"是"最好的""一流的"的意思。同样，假使不懂赌博的外国人看到了中国文章中的"清一色""天罡"，不也是莫名其妙吗？

以上，是就内容而言的，此外，譬如作品的标题之类，假使不看内容而直译标题，也是非常危险的事情。假使将 Galsworthy 的 Joy 译作"欢喜"，这便会闹出使译者不大"欢喜"的笑话了，因为 Joy 是一个小姐的名字。

总之，译名的混乱，是现在译书的与看书的双方同样为难的事情。不仅在文艺上，在其他一切科学哲学，想必也陷于同样的混乱。"三句不离本行"，说到我自己专门的电气工程，何尝不是如此。初回到中国的时候，看到了电气机械上的译名，简直是换了一个世界。举一个滑稽的例吧，譬如变压器（transformer）这样东西，中国普通是叫"方棚"的，这是什么原故呢？据说，这是什么脱帽格吧，将transformer 的 trans- 除掉而将 former 译音为"方棚"不是既简单又明了吗？——天下事情是无独有偶的，日本的电气工人，将变压器叫作toransu 的，这是脱靴格，toransu 就是 trans 的日本音。

译书确是一种冒险，在现在的中国译书，更是一种困难而容易闹笑话的冒险。

——《一般》第 4 卷第 4 期（1928 年 4 月）

黄药眠的译诗（1928）

博董（赵景深）

黄药眠所译的抒情小诗集《春》由创造社出版部发行，是我很喜欢的一本小书。因为爱之心切，很想再说几句话。有许多句子他译得非常温馨动人，和谐中节，如"夜歌"中的："橘子的花香满院，好风在海上清飏。"又如"燕子"中的"啁啾着恩情万千，"都是几经凝练的诗笔，再度思量的佳句。称赞之余还想略略奉告一些拙见，希望译者采纳，在再版修正过来。

（一）在最后一页"诗人名表"内只有罗洒特妹妹（C. G. Rossetti），应该再添上一个罗洒特哥哥（D. G. Rossetti）。并且罗洒特的诗末也应该注明兄妹字样，像《一朵朵玫瑰》那样的办法。所以，"三季"（Three Seasons，牛津本《鬼市》第五八面）"歌"（《春》第二五面，《金库》第四五零面）、"回声"（Echo，《鬼市》第四八面）"小溪"（The Bourne，《鬼市》第一七一面）这四首诗末都应该注明"妹"字；"骤见"（Sudden Light）是哥哥所作，见 Everyman's Library 本第一二九面，却应注明"兄"字了。如不注明兄妹，也不在"诗人名表"上加上罗洒特哥哥，"骤见"一诗便应删去。

（二）其实"骤见"是很可以删去的，因为邵洵美在《一朵朵玫瑰》第一七面上译过这首诗，译得比黄药眠妥当，虽然不及后者美丽。Lights 译作"光景"不如邵洵美译作"灯光"；Some veil did fall 译作"面网堕地"不如邵洵美译作"魔障蒙蔽了你我"。说得朴实一点，这两点都是黄药眠的错误。至于第三节黄药眠竟不知译到什么地方去了。也许是意译吧？

（三）《春》第五〇面雪莱的"无题"题目应改作"给——"。《金库》中虽无题，但《金库》注中却说："原题'给——'"。在雪莱的专集中也题作"给——"。与第六首题目重复是不要紧的。吉慈、罗洒特、诺士、史温朋的诗不是都题作歌么？

（四）第二十一首"愿"，"绿裙"应改作"蓝群"，原文为 Blue。又"欢乐的钟声扬着清风荡漾"最好改为"清风传播着欢乐的钟声"。

（五）第六首雪莱的诗"玫瑰的叶儿，当玫瑰的花儿谢了，"最好把这两小句颠倒一下，改作："当玫瑰花儿谢了，玫瑰的叶儿"，容易使人了解一些。

（六）第十八首彭思的"别"，"柏而威的旁边"最好"的"字改为"山"字，因为柏而威原为山名。

至于译者第三五面把"知更雀"译作"鸟儿，"第三八面将"鸽子"译作"飞鸿"倒无关紧要。County guy 可译作顾伯爵或葛伯爵。王尔德的"阴影"末句"似天底上阴影飞行，"似应改作"似遮着了天底阴影飞行。"原文 Against 有遮的意思。我疑心"黑颈的刘稻的青年"就是指的 Curlews，不知是否？如果我的猜想不错，那"有"字便又是多余的了。

《春》中牵强的凑韵句子颇不少。译诗用韵本来不容易，我也就不全责备了。

最后我再说一句，《春》里面颇有些可看的译诗。

——《文学周报》第 318 期（1928 年 5 月 27 日）

《思想·山水·人物》题记（1928）

鲁迅

两三年前，我从这杂文集中翻译"北京的魅力"的时候，并没有想到要续译下去，积成一本书册。每当不想作文，或不能作文，而非作文不可之际，我一向就用一点译文来塞责，并且喜欢选取译者读者两不费力的文章。这一篇是适合的。爽爽快快地写下去，毫不艰深，但也分明可见中国的影子。我所有的书籍非常少，后来便也还从这里选译了好几篇，那大概是关于思想和文艺的。

作者的专门是法学，这书的归趣是政治，所提倡的是自由主义。我对于这些都不了然。只以为其中关于英美现势和国民性的观察，关于几个人物，如亚诺德、威尔逊、穆来的评论，都很有明快切中的地方，滔滔然如瓶泻水，使人不觉终卷。听说青年中也颇有要看此等文字的人。自检旧译，长长短短的已有十二篇，便索性在上海的"革命文学"潮声中，在玻璃窗下，再译添八篇，凑成一本付印了。

原书共有三十一篇。如作者自序所说，"从第二篇起，到第二十二篇止，是感想；第二十三篇以下，是旅行记和关于旅行的感想。"我于第一部分中，选译了十五篇；从第二部分中，只选译了四篇，因为从我看来，作者的旅行记是轻妙的，但往往过于轻妙，令人如读日报上的杂俎，因此倒减却移译的兴趣了。那一篇"说自由主义"，也并非我所注意的文字。我自己，倒以为瞿提所说，自由和平等不能并求，也不能并得的话，更有见地，所以人们只得先取其一的。然而那却正是作者所研究和神往的东西，为不失这书的本色起见，便特地译上那一篇去。

这里要添几句声明。我的译述和绍介，原不过想一部分读者知道或古或今有这样的事或这样的人、思想、言论；并非要大家拿来作言动的指南针。世上还没有尽如人意的文章，所以我只要自己觉得其中有些有用，或有些有益，于不得已如前文所说时，便会开手来移译，但一经移译，则全篇中虽间有大背我意之处，也不加删节了。因为我的意思，是以为改变本相，不但对不起作者，也对不起读者的。

我先前译印厨川白村的《出了象牙之塔》时，办法也如此。且在"后记"里，曾悼惜作者的早死，因为我深信作者的意见，在日本那时是还要算急进的。后来看见上海的《革命的妇女》上，元法先生的论文，才知道他因为见了作者的另一本《北米印象记》里有赞成贤母良妻主义的话，便颇责我的失言，且惜作者之不早死。这实在使我很惶恐。我太落拓，因此选译也一向没有如此之严，以为倘要完全的书，天下可读的书怕要绝无，倘要完全的人，天下配活的人也就有限。每一本书，从每一个人看来，有是处，也有错处，在现今的时候是一定难免的。我希望这一本书的读者，肯体察我以上的声明。

例如本书中的"论办事法"是极平常的一篇短文，但却很给了我许多益处。我素来的做事，一件未毕，是总是时时刻刻放在心中的，因此也易于困惫。那一篇里面就指示着这样脾气的不行，人必须不凝滞于物。我以为这是无论做什么事，都可以效法的，但万不可和中国祖传的"将事情不当事"即"不认真"相牵混。

原书有插画三幅，因为我觉得和本文不大切合，便都改换了，并且比原数添上几张，以见文中所讲的人物和地方，希望可以增加读者的兴味。帮我搜集图画的几个朋友，我便顺手在此表明我的谢意，还有教给我所不解的原文的诸君。

一九二八年三月三十一日

鲁迅于上海寓楼译毕记

——《语丝》第 4 卷第 2 期（1928 年 5 月 28 日）

《奔流》编校后记（1928）

鲁迅

【……】

六

编目的时候，开首的四篇诗就为难，因为三作而一译，真不知用怎样一个动词好。幸而看见桌上的墨，边上印着"曹素功监制"字样，便用了这"制"字，算是将"创作"和翻译都包括在内，含混过去了。此外，能分清的，还是分清。

这一本几乎是三篇译作的天下，中间夹着三首译诗，不过是充充配角的。而所以翻译的原因，又全是因为插画，那么，诗之不关重要，也就可想而知了。第一幅的作者 Arthur Rackham 是英国作插画颇有名的人，所作的有 *Aesop's Fables* 的图画等多种，这幅从 *The Springtide of Life* 里选出，原有色彩，我们的可惜没有了。诗的作者是 Algernon Charles Swinburne（1857—1909），是维多利亚朝末期的诗人，世称他最受欧洲大陆的影响，但从我们亚洲人的眼睛看来，就是这一篇，也还是英国气满满的。

"跳蚤"的木刻者 R. Dufy 有时写作 Dufuy，是法国有名的画家，也擅长装饰；而这"禽虫吟"的一套木刻犹有名。集的开首就有一篇诗赞美他的木刻的线的崇高和强有力；L. Pichon 在法国新的书籍图饰中也说："……G. Apollinaire 所著 *Le Bestioire au Cortège d'Orphee* 的大的木刻是令人极意称赞的。是美好的画因的丛画，作成各种殊别动物的相沿的表象。由它的体的分布和线的玄妙，以成最佳的装饰的全形。"

这书是一千九百十一年，法国 Doplanch 出版；日本有崛口大学译本，名《动物诗集》，第一书房（东京）出版的，封余的译文，即从这边转译。

蕗古虹儿的书，近一两年曾在中国突然造成好几时行的书籍装饰画家；这一副专用白描，而又简单，难以含糊，所以也不被模仿，看起来较为新鲜一些。

一九二八年十一月十八日

【……】

八

这一本校完之后，自己并没有觉得有什么话非说不可。

单是，忽然想起，在中国的外国人，译经书、子书的是有的，但很少有认真地将现在的文化生活——无论高低，总还是文化生活——介绍给世界。有些学者，还要在载籍里竭力寻出食人风俗的证据来。这一层，日本比中国幸福得多了，他们常有外客将日本的好的东西宣扬出去，一面又将外国的好的东西，循循善诱地输运进来。在英文学方面，小泉八云便是其一，他的讲义，是多么简要清楚，为学生们设想。中国的研究英文，并不比日本迟，所接触的，是英文书籍多，学校里的外国语，又十之八九是英语，然而关于英文学的这样讲义，却至今没有出现。现在登载它几篇，对于看看英文，而未曾留心到史的关系的青年，大约是很有意义的。

先前的北京大学里，教授俄、法文学的伊发尔（Ivanov）和铁捷克（Tretiankov）两位先生，我觉得都是善于诱掖的人，我们之有《苏俄的文艺论战》和《十二个》的直接译本，而且是译得可靠的，就出于他们的指点之赐。现在是，不但俄文学系早被"正人君子"们所击散，连译书的青年也不知所往了。

大约是四五年前吧，伊发尔先生向我说过，"你们还谈 Sologub 之类，以为新鲜，可是这些名字，从我们的耳朵听起来，好像已经是一百年前的名字了。"我深信这是真的，在变动、进展的地方，十年的确可以抵得我们的一世纪或者还要多。然而虽然对于这些旧作家，我们也还是不过"谈谈"，他的作品的译本，终于只有几篇短篇，那比较长些的有名的《小鬼》，至今并没有出版。

这有名的《小鬼》的作者梭罗古勃，就于去年在列宁格勒去世了，活了七十五岁。十月革命时，许多文人都往外国跑，他却并不走，但也没有著作，那自然，他是出名的"死的赞美者"，在那样的时代和环境里，当然做不出东西来的，做了也是徒无发表。这回译载了他的一篇短篇——也许先前有人译过的——并非说这是他的代表作，不过借此作一点纪念。那所描写，我想：凡是不知道集团主义的饥饿者，恐怕多数是这样的心情。

一九二九年一月十八日

九

【……】

《叛逆者》本文三篇，是有岛武郎最精心结撰的短论文，一对于雕刻，二对于诗，三对于画；附录一篇，是译者所作；插画二十种，则是编者加上去的，原本中并没有。《文艺政策》原译本是这样完结了，但又见过另外几篇关于《文艺政策》的文章，倘再译了出来，一切大约就可以知道得更清楚。此刻正在想：再来添一个附录，如何呢？但一时还没有怎样的决定。《文艺政策》另有画室先生的译本，去年就出版了。听说照例的创造社革命文学诸公又在"批判"，有的说鲁迅译这书是不甘"落伍"，有的说画室居然捷足先登。其实我译这书，倒并非救"落"，也不在争先，倘若译一部书便免于"落伍"，那么，先驱倒也是轻松的玩意。我的翻译这书不过是使大家看看各种议论，可以和中国的新的批评家的批评和主张相对比。与翻刻王羲之真迹，给人们可以和自称王派的草书来比一比，免得胡里胡涂的意思，是相仿佛的，借此也到"修善寺"温泉去洗澡，实非所望也。

【……】

韦素园先生有一封信，有几处是关于 Gorky 的《托尔斯泰回忆杂记》的，也摘录于下。

"读《奔流》七号上达夫先生译文，所记有两个疑点，现从城里要来一本原文的《Gorky 回忆托尔斯泰》，解答如下：

1.《托尔斯泰回忆杂记》第十一节 Nekassov 确为 Nekrassov 之误。涅克拉梭夫是俄国十九世纪有名的国民诗人。

2. 'Volga 宣教者'的 Volga 是河名，中国地理书上通译为涡瓦河，在俄国农民多呼之为'亲爱的母亲'，有人译为'卑污的说教者'当系错误。不过此处，据 Gorky《回忆杂记》第十三节原文似应译为'涡瓦河流域'方合，因为这里并不只 Volga 一个字，却在前面有一前置词（za）故也。

以上系根据彼得堡一九一九年格尔热宾出版部所印行的本子作答

的，当不致有大误。不过我看信比杂记写得还要好。"

　　说到那一封信，我的运动达夫先生一并译出，实在也不止一次了。有几回，是诱以甘言，说快点译出来，可以好好地合印一本书，加上好看的图像；有一回，是特地将读者称赞译文的来信寄去，给看看读书界的期望是怎样地热心。见面时候谈起来，倒也并不如那跋文所说，暂且不译了，但至今似乎也终于没有动手，这真是无可如何。现在索性将这情形公表出来，算是又一回猛烈的"恶毒"的催逼。

一九二九年三月二十五日

【……】

——《奔流》第 1 卷第 1 期至第 2 卷第 5 期
（1928 年 6 月至 1929 年 12 月）

哈哪的译诗（1928）

博董（赵景深）

我是不懂日文的，但拿牛津大学本《勃莱克诗集》和近代丛书本《勃莱克诗集》来和哈哪在《文艺周刊》第四期至第八期的《白莱克的象征主义》中所译的诗对照，觉得有几处不妥的地方。现在"将其高明处列下，以示表彰"。

（一）原文：A frowning thistle implores my stay.——O.P.188, M.P.134

哈哪译：有攀住我的脚的荆花

改译：披着眉的荆花请我停留

附注：这两句话究竟哪一句和原文吻合，哪一句较有诗意，留给读者去判断。O系指牛津大学本，M系指近代丛书第九十一种本，并注明面数，老少无欺。

（二）原文：But there search was all in vain——O.P.106, M.P.78

哈哪译：便似走进在一个迷里

改译：但他们却寻了一个空

（三）原文：Sitting down before the heat of day.——O.P.68, M.P.50

哈哪译：坐在朝寒的树荫下

改译：坐在树荫下了躲避太阳的炎热

（四）原文：To a lovely myrtle bound, ——O.P.119, M.P.102

哈哪译：攀繁在可爱的的天人花间

改译：缚在可爱的桃金娘上（周作人译）

附注：此句哈哪本无甚错误，不过"攀"字容易使人误解为"爬"，况且"攀繁"二字放在一起，非常生硬，简直不像中国话。译为"缚"字，最为妥当。如果不是我以前读过勃莱克的诗，更不知道"天人花"就是 mystle。照日文把"天人花"三字抄下来，也实在令人佩服。哈哪或许要说这是土居光知的错误。那么，你哈哪即是介绍英国诗人，为什么不拿英文来对照一下呢？

——《文学周刊》第 324 期（1928 年 7 月 8 日）

论翻译（1928）

岂凡（章克标）

某人说："于是没有创作能力的人，便去从事翻译了。"如果翻译的起源是这样的，那么创作家而兼营翻译业的，到可以有一种说明了。但是，因此几年以来翻译被人所轻蔑，因为受了轻蔑的缘故，以至良好的翻译不能产生，那么这一句话的罪恶，实在不能算小呢。

翻译果真不要求什么创作能力吗？

我听得人说过，翻译也是一种创作。一切我们发抒的，都经历过我们精神机能的作用，一切都是创作。如其翻译而不是翻字典般只动动手指的工作，便是道地的创作，因为它要经头脑的咀嚼，精神的消化。

但是现在很流行的所谓直译法，若是直抄字典的直译法，那要称为创作，却有些问题了。不过不是创作，未必不是翻译，也有人要这样抗议。那么我们只能追问翻译的根本目的在什么地方呢？

我们由翻译所要传达的是什么？一篇作品的译成别一种文字，自然是要传达出该作品的全部，至少是主要的中心的部分。那么评衡翻译时，若准据此理，对于枝叶小节，便可放宽一些，而要把捉全篇主眼，是否能达的一点，去下观察，才是正理。但是一般的批评者，却往往吹毛求疵，指摘一二字句的误译，像斩得龙头一般的高兴，是如何可笑的事呀！但是也许指摘者的能力，仅有这一点而已。

这样说，我未免袒护了翻译的人，实在目下的翻译家太不成样子了。对于一作品的内容不必说，就是于文字方面也不曾明了的人，都会动手翻译的是很多，于是看不懂的翻译书本，摆满在街上店头了。这一种翻译的出现，我们不能不归功于提倡直译法的人，因为使他们以为直译只要抄抄字典已足够之故。

近来日本文的译品格外多，因为格外容易的缘故吧。看看也知道的，只要把假名都取消了，便全是中国文字，全是中国文字自然像是中国文章了。这样的妙译，从前听说是有过的，大概不久又可以复活了，照现代的形式推去。因为现在中国文中的日本文分子，实在已经不少呢。一则也因为我们文坛上的所谓"大家"大都曾是留日学生的缘故吧。

真的要做翻译论，这些只能称作闲话，但是闲话说多了，翻译论是可以不做的。

翻译是可能的吗？这是该第一先解决的问题。很有人以为翻译是不可能的。如果是不能，大家更可以省点力气，翻译论也不必做了，一切译品，都可取消了。但是事实上有翻译的存在，西欧各国的译希、罗古典和中国的译佛经，那时并不曾发生这样闲问题的，这先该解决的原是无须解决的问题。

同样我要做的翻译论，也是无须做的文章，你只要去买几本好的坏的译本来看看，你就可发生许多思想，如原本的选择、文章的构造、用语的划一、辞旨的明达等要求起来，全都是我这论中的所要论的。与其我再啰唆下去，反不如由你自去辨味更好。对不起，再会！

——《开明》第 1 卷第 1 期（1928 年 7 月 10 日）

校《茵梦湖》谈到翻译（1928）

厚生（成仿吾）

"漪溟湖"我们只看了这三个字，已经可以联想到郭沫若、钱君胥合译的《茵梦湖》，或者还可以想起唐某君的《意门湖》。听说《漪溟湖》出来时，开明书店曾大登广告，说是"有意的重译"，因为"唐译语句欠佳，郭译复多错误"。

唐译文字不通而错得厉害，这已是人所共晓。至于郭、钱合译本，我从前没有校读过；但是《漪溟湖》译者朱楔君说的"文句颇流丽，意味亦深长，可说是译品中不可多得的文章"，确是一般的定论。讲到《茵梦湖》的译文，倒有一段故事可以说说的。原来最初是钱君于民国九年用文言译出，交沫若代觅出版的地方；沫若见译文底子甚好，就在原稿上涂改一阵，将原来的文言改为语体。这译稿的芜杂与凌乱，我们不难想象；而文字的苍老与自由也就不要多事说明了。不过朱君说"似乎没有见过原文"，那却是没有的事。

这样产出的《茵梦湖》，我们不能希望它一句一字与原文符合，这是一定的。文言的初稿把原文分解译出了的地方，或者笼统译出的地方，自然不易一一修正。有时候文句的意思稍与原文有出入，也有地方倒有不相干的字跑了进去。所以第一版竟有不好懂的地方；现在的新版是已经修正过一次的，但是终不能望它全然没有误译。

朱君在《漪溟湖》序言中所指摘的几条有许多是对的，但同时有多数便是因为它是这样产出的，有许多地方难免笼统的原故。譬如"圣诞节已到了"应是"圣诞夜快到了"，只有把圣诞节不做一天看才可以勉强通过。

但是，我把《茵梦湖》与原文对照了一大部分，除了有些地方译得太自由之外，却也没有找到几处稍重大的错误。我相信《茵梦湖》所以"文字颇流丽，意味亦深长"的原因，也就在译得自由的原故。我们知道译者德文的造诣很深，运用文字的手腕很好，他只是在自由发挥。这同样的风格，我们可以在他的《维特》《浮士德》及其余的译品中看取。在这些译品中，我不敢说他完全没有错误，反而他有他的偏见与他自己的解释，不过大体上，他的努力已是目前所稀有，也是难与齐肩的。

至于朱君的"有意的重译"，"从几处错误之点看来，似乎没有"另起炉灶，句法语汇多是抄袭《茵梦湖》的，郭译的所谓"失了真意"的句子"也还是照原样将错误的译文印上去，"而修改的地方倒有许多弄错了的。

我们就看开章明义的第一节。

（《茵梦湖》）一日晚秋薄暮，一老人衣冠楚楚，徐徐走下城市。他似乎是从散步回来，因为他一双古式革靴已经布满了尘渍。

（《漪溟湖》）一日深秋向晚，一老人衣裳楚楚，徐徐走下街去。他似乎从散步归来，因为他一双旧式的扣鞋，已经满被尘渍。

（原文意）在一个晚秋的午后，一个衣着整洁的老人徐徐走下街市。他像是从散步回家；因为他的扣靴，那已经是旧式的，已经染污了。

他们这两种译文在句法上、在语汇上是怎样雷同，而又怎样同样与原文出入！再看书中的一首诗：

（《茵梦湖》）此处山之涯，风声寂无闻；树枝低低垂，阴里坐伊人。伊坐茴香中，伊坐醇芳里；青蝇正营营，空中闪微羽。森林何寥寂，伊女何聪明；覆额金丝鬓，上有日光映。远闻杜鹃笑，笑声澈我心；伊女眼如金，森林之女神。

（《漪溟湖》）此处山之阿，风声寂然无；柯枝林下垂，伊人阴里坐。伊坐茴香间，伊坐醇芳中；青蝇正营营，闪闪过碧空。深林何岑寂，伊女何聪慧；鬓发作黄褐，映日有光辉。远处子规啼，啼声彻我心；伊女眼如金，森林之女神。

这样的重译真是"必要"，我可以说这是出版界的另一种进步。《茵梦湖》里面不甚妥当的地方，朱译本"也还是照原样将错误的译文印上去"，我们随便举个例来：

（《茵梦湖》）他表示欢迎握着她的手时，她微微有退缩的意思。

（《漪溟湖》）照抄

（原文意）她的手，他当欢迎时握到自己手里的，她试过要由他轻徐地退缩。

这样的大概是"有意的重译"之无意的错误。此外还有《茵梦湖》未错，而《漪溟湖》反错了的许多处，这些大约是"有意的重译"之有意的错误。我们随便举几点说来：

……已经盖成一件小小的草屋，他们还在夏天的傍晚在里边住的；只是还少椅子……（27面）

这是"时间上错误"，只看中文就不通。

他便自置一本皮羊纸本……（32面）

这里要改为"自制"。

　　伊丽沙白一想到了一个时期要全然没有莱茵哈特，她的心里不知怎样才好……（32 面）

这全然是杜撰的，这儿表现着的是一个天真烂缦的少女，还是不解什么离愁别恨的；她是不能想到。

　　圣诞节的第二段落已经开始了……（52 面）

朱君说《茵梦湖》不应把圣诞节晚上译为圣诞节，偏在这个紧要的地方把圣诞节晚上弄成圣诞节了。

　　他追索的神情看着她，觉得她从前不是这样……（55 面）

这应是：他疑惑地凝视她；她从前没有这样做过的；

　　天色已经黑了下来，一缕晚霞仿佛烟浪似地浮在湖对岸的森林上……（79 面）

时刻已经更黑了下来；"一缕晚霞仿佛烟浪似地"不知作何解。

　　这样的"有意的重译"表示些什么呢？在懒惰的人看起来，写一篇谩骂式的所谓批评也许可以了事；但是朱君是很勤快的，也幸而这不是什么困难的事情，而《茵梦湖》的销路之佳是谁都知道的。一方面劳力几何？他方面名利几何？这些可以决定一切，但是，我们的文学界是由这劳力所得的利益又是几何呢？

　　我们中国人真是懒得要命，稍微艰难的事情是谁也不去干的。我们现在还留着多少外国书未曾动手呢？你只要数数我们每天说起的名著吧，有几部翻译出来了呢？

　　外国名著的翻译在今日真是最要的急务之一；但是我们翻译外国名著的目的究在哪儿呢？有些人说，是要给不懂原文的人去赏鉴。这是狗屁！我们整个的文学界不承认自己有这种义务。

其次，有些人说，是要使不懂原文的人也同样得到关于人生的观照，同那以原文为国语的国民一样。一般地说，这也还是第二义的；因为人类的生活太被种种复杂的外形所蒙蔽，在表面上几乎各自不同，而以前的作者恰又大抵只能看到表皮，这是时代的客观的情势所决定的。

我们翻译外国名著必然地是为我们的文学界，为我们现在及将来的作家的，也为读者大众的培养。在这一点，介绍也是一样的。我们要养成作家用我们自己的材料创作些我们自己的文学出来。

这应该是我们翻译外国名著的第一义的目的，为这个原故，我们必须多多翻译；这又规定我们对于翻译的标准，最要的是再现原作的艺术。

对于已经再现原作的艺术之译品的"有意的重译"，这"有意"究竟是怎样的呢？结局是"有意"抄袭吧。在许多名著摆在我们面前急待翻译的今日，除非抄袭以外别无能力的人，我相信不能不内心里感着一种矛盾，至少不能那样厚颜无耻地照抄，还能沾沾自得。

就是要译也罢，但也要对于原作的价值多有几分理解，也要知道原作对于我们的意义，也要对于文艺的技能多有几分素养，我们的重译者，关于这几点，是很不能使人满意的，特别是文字的拙劣。我们只要看第一面的"仿佛那全盘消逝的青春整个在里边隐逸""他仿佛近乎个外乡人"和"虽也有许多不自觉地不禁看到他严肃的目光"；这样的文字简直把原作的"简炼的句子"断送到爪哇国过去了。

我们的文学界，由朱君的这"有意的重译"，得到了什么益处吗？这却使我想起郑振铎君的《新月集》的重译来。郑译本因为下面的三个原因而归于失败了：第一，"新月集"是人类在麻醉状态中的弦歌，是与我们的基调不一致的；第二，王译本有相当的成功；第三，郑君自己的错误太多了。但是，郑君究竟没有照抄，这是他诚实之处。我们的"有意的重译"者也因为有以下的几个理由而踏上了郑君的覆辙：第一，Immen See 对于我们文学界的培养的功能已经急剧地普及而减小了自己的培养价值，特别是在方向转换的现在；第二，《茵梦湖》纵有几处无关紧要的小错，然已再现原作的艺术；第三，朱君的"有意的重译"本身也有错误，而且文字欠佳；而最致命的尤是厚颜无耻的照抄。

真是一种绝大的进步，出版界这样变化起去，我真不能不替它危险。但是，文化自北而南，北京的小书店已经索性偷印——应该美其名曰重印的吧——种种好销的书籍，这却未免还要使我们长叹，望尘莫及。然而，终究是要自北而南的吧。

呵，我们中国人的懒病要到几时才能除根！种种的劣性要到几时才能医治！

我因为朱君的"有意的重译"而把《茵梦湖》与原文约略校读了一下，顺便改了几处地方；恰好初版已经销完，就交给印刷所于再版时订正。我感谢朱君给了我一个校读的机会，因为我们是必须负责订正的，但是这恐怕也就是朱君这"有意的重译"的唯一的功绩吧。

假使朱君的这"有意的重译"还有什么贡献可说，那就是证明了孜孜于一种作品的更切的再现是没有多大益处的事，而且苟非相当的人，也是不易办到的事。我们的文学界今后应得更努力翻译些近代的名著来，特别是近来的社会主义的文艺。在相当的限度内，只要能够畅达原作的内容及再现原作的艺术，不必求精，也不必定由原文翻译。这种说法，由在十字街头建起象牙之塔的人看起来，又要笑这是考证法，是"否定的否定"，而把我们从前的主张考据式地排列起来。对于这种盲目无知的人，我肯定地说，这是"否定的否定"，但你这醉眼陶然的人呀！你应该明白"否定的否定"之意义，也要明白这儿的"否定的否定"之特殊的意义。

我们要把从前的一切奥伏赫变，翻译界自不能不合流同走。我们最近将来的翻译界才值得我们注目！我们可以预言，我们可以宣言。

五四节

——《日出旬刊》第 2 期（1928 年 11 月 15 日）

《浮士德》第一部译后记（1928）

郭沫若

真是愉快，在我现在失掉了自由的时候，能够把我这《浮士德》译稿整理了出来。

我翻译《浮士德》已经是将近十年以前的事了。

民国八年秋间，我曾经把这第一部开场的独白翻译了出来，在那年的《时事新报》双十节增刊上发表过。

翌年春间又曾经把第二部开场的一出翻译了出来，也是在《时事新报》的《学灯》上发表过的。

就在那民国九年的暑假，我得着共学社的劝诱，便起了翻译全部的野心，费了将近两个月的工夫也公然把这第一部完全翻译了。

本来是不甚熟练的德语，本来是不甚熟练的译笔，初出茅庐便来翻译这连德国人也号称难解的韵文的巨作，回想起来，实在是觉得自己的胆大；不过我那时所费的气力也就可想而知了。

我那时候还是日本的一个医科大学的学生。刚好把第一部译完，暑假也就过了。更难解更难译的第二部不消说更没有时候来着手了。我早就决定把这第一部单独地发表，不料我写信给共学社的时候，竟没有得着回信，我便只好把这译稿搁置了起来。一搁置竟搁置了十年之久。

搁置了这么久的原因，有一个小小的悲剧存在。

就在我把第一部译完之后，学校便开始上课了。书既不能发表，我便只好把它放在一个小小的壁橱里面。隔了一两月的光景，偶尔想去把它拿来校阅时，三分之一以上的译稿完全被耗子给我咬坏了。

我的译稿本来是用日本的很柔软的"半纸"写的，耗子竟在上面做起窝来。咬坏的程度真正是五零四碎，就要把它镶贴起来，怎么也没有办法了。

那时候我的绝望真是不小。整个一个暑假几乎是昼夜兼勤地工作！我那时候对于我国的印刷界还完全没有经验，我用毛笔写的稿子是誊写过两遍的，写得非常工整，我怕排字工友把字认错。可惜连这底稿我也没有留存着。

译稿咬坏了三分之一以上，而所咬坏的在这第一部中要算是最难译的"夜""城门之前"两"书斋"的四幕。

就因为这样的关系，所以便一直延搁了下来。残余的旧稿随着我走了几年，也走了不少的地方，我几次想把它补译出来，我受友人们的催促也不知道有多少次数，但总因为那缺陷太大，而且致成那个缺陷的原因太使我不愉快了，终竟使它延置了将近十年。

十年以前的旧稿，而今又重来补缀整理，我的心情和歌德在"献词"中所歌咏出的他隔了多年又重理他的旧稿时的那种心情实在差不多。

我好像漂泊了数年又回到了故乡来的一样。

但我这故乡是怎么样呢？这真是田园荒芜，蟏蛸满屋了。我起初以为只消把缺陷补足便可以了事，但待我费了几天的工夫补译完了之后，把其余的残稿重新阅读，实在是要令人汗颜。我自己深以为幸，我不曾把它发表了出来。我自己深以为幸，我的旧稿是被耗子给我咬坏了。耗子竟成了我的恩人，使我免掉了一场永远不能磨灭的羞耻。

这次的成品，可以说是全部改译了的。原作本是韵文，我也全部用韵文译出了。这在中国可以说是一种尝试，这里面定然有不少无理的地方。不过我要算是尽了我的至善的努力了。我要寻出相当的字句和韵脚，竟有为一两行便虚费了我半天功夫的时候。

从整个来说，我这次的工作进行得很快，自着手以来仅仅只有十天的工夫，我便把这第一部的全部完全改译了。我的译文是尽可能的范围内取其流畅的，我相信这儿也一定收了不少的相当的效果。然我对于原文也是尽量地忠实的，能读原文的友人如能对照得一两页，他一定能够知道我译时的苦衷。译文学上的作品不能只求达意，要求自己译出的结果成为一种艺术品。这是很紧要的关键。我看有许多人完全把这件事情给忽略了。批评译品的人也是这样。有许多人把译者的苦心完全抹杀，只在卖弄自己一点点语学上的才能。这是不甚好的现象。不过这样说，我也并不是要拒绝任何人来纠正我的误译的。只要不是出于恶意，我是绝对的欢迎。

总之我这个译品，在目前是只能暂以为满足了。我没有充裕的时间来做这种闲静的工作。第二部我虽然也曾零碎地译过一些，但我也把那全译的野心抛弃了。这部作品的内容和我自己的思想已经有一个很大的距离，这是用不着再来牵就的。

民国十七年十一月三十日改译竣，于上海

——《浮士德》（上海：创造社出版部，1928 年）

翻译（1928）

梁实秋

据人调查，近年来文学方面翻译的工作，以法国和俄国的作品占最大的成分，而英文的杰作除了林琴南的译品以外没有多少可说。但是懂英文的人数显然的是比懂法文、俄文的人数大多了。这件事实似乎有点难解。

据胡适之先生说，法文、俄文作品译成中文的大半是自英文转译的；懂英文的人所以不直接译英文名著而要转译法文俄文作品者，是因为英文名著的文字难，成语典故俗话，等等，都是我们一般略识ABC者所难得懂的，而法俄作品译成英文的率皆浅显易明。我想这话不错。大概从事翻译的人，和别种的人一样，喜欢走抵抗最小的路。于此我们更可以看出外国文字的困难。

转译究竟是不大好，尤其是转译富有文学意味的书。本来译书的人无论译笔怎样灵活巧妙，和原作比较，总像是掺了水或透了气的酒一般，味道多少变了。若是转译，与原作隔远一层，当然气味容易变得更厉害一些。并且实在也没有转译的必要，国内通希腊、拉丁文的人大概不多，懂俄文、法文的人不见得很少，所以研究英文的人还是多译出几部英文的著作，较为有益些。

翻译的头一个条件是要别人看得懂，然而这个条件就不容易做到。要使别人看得懂，自己先要看得懂，然而译完书肯自己校阅一遍的就很难得。听说有人从日本文翻译，连稿子都不起，就用笔在原稿上勾圈涂改，完事大吉。这话真假我不知道，不过最近我看了一些从日本文译出来的西洋的东西，其文法之古奥至少总在两汉以上，不能不令人疑心了。

我因偶然高兴，译了毕尔邦的《幸福的伪善者》，毕尔邦的文章多漂亮！谁译得出！所以我译后特别声明："原作的文笔的美，这里是看不出的。"出版后果然有人批评，认为我不能"将原文妙处曲曲传出"，不过"句句忠实可与原文对照诵读"。果然就有人真个"对照诵读"了，结果是发现在四十四页与四十五页之间遗漏了一段，大约有四五行的样子，我不知是我自己译的时候的疏忽，抑是印刷者的粗心，这个缺憾留待再版时再补。至于"原文妙处"之未能"曲曲传出"，我早已有招供在先。我最不赞成在报上登广告："某书现已由鄙人移译，海内同志，幸毋重译"。有翻译价值的书，正无妨重译。有了多种译本，译者才不敢草率从事。

今年夏天我又译了《阿拉伯与哀绿绮思的情书》，当然这是转译，因为要从原文翻译，暂时不见得有人。我所根据的英文本子，据说不但保存了原作的精神，即是拉丁文的语法，也似乎充分的表示出来了。因此我翻译的时候就很感困难。拉丁文的特点，是一个字包括许多意思，有时候一个字可以译成十个英文字，译成中文恐怕十个还不够。再加拉丁文的句子又有时候构造得很复杂，英文勉强可以解释，用中文简直难以表示。所以我译的时候很费了一些斟酌，希望别人也来试译一下。英译本哪一种最好，我不晓得，我用的是 Temple

Classics 丛书本。（我在《译后记》里提起 George Moore 的译本，现在有朋友告诉我，他的不是译本，是根据这段事实自己另写的故事。记在这里作为更正。）

——《新月》第 1 卷第 10 号（1928 年 12 月 10 日）

佛教的翻译文学（上）（1928）

胡适（陈寅恪）

　　两晋南北朝的文人用那骈俪化了的文体来说理、说事、诔墓、赠答、描写风景，——造成一种最虚浮、最不自然、最不正确的文体。他们说理本不求明白，只要"将毋同"便够了；他们记事本不求正确，因为那几朝的事本来是不好正确记载的；他们写景本不求清楚，因为纸上的对仗工整与声律铿锵岂不更可贵吗？他们作文章本不求自然，因为他们做惯了那不自然的文章，反觉得自然的文体为不足贵，正如后世缠小脚的妇人见了天足反要骂"臭蹄子"了。

　　然而这时候，进来了一些捣乱分子，不容易装进那半通半不通的骈偶文字里去。这些捣乱分子就是佛教的经典。这几百年中，佛教从海陆两面夹攻进中国来。中国古代的一点点朴素简陋的宗教见了这个伟大富丽的宗教，真正是"小巫见大巫"了。几百年之中，上自帝王公卿、学士文人，下至愚夫愚妇，都受这新来宗教的震荡与蛊惑；风气所趋，佛教遂征服了全中国。佛教徒要传教，不能没有翻译的经典；中国人也都想看看这个外来宗教讲的是些什么东西，所以有翻译的事业起来。却不料不翻译也罢了，一动手翻译便越翻越多，越译越译不了！那些印度和尚真有点奇怪，摇头一背书，就是两三万偈；摇笔一写，就是几十卷。蜘蛛吐丝，还有完了之时；那些印度圣人绞起脑筋来，既不受空间的限制，又不受时间的限制，谈世界则何止三千大千，谈天则何止三十三层，谈地狱则何止十层十八层，一切都是无边无尽。所以这翻译的事业足足经过一千年之久，也不知究竟翻了几千部、几万卷；现在保存着的，连中国人作的注疏讲述在内，还足足有三千多部，一万五千多卷（日本刻的《大藏经》与《续藏经》共三千六百七十三部，一万五千六百八十二卷。《大正大藏经》所添还不在内，《大日本佛教全书》一百五十巨册也不在内）。

这样伟大的翻译工作自然不是少数滥调文人所能包办的，也不是那含糊不正确的骈偶文体所能对付的。结果便是给中国文学史上开了无穷新意境，创了不少新文体，添了无数新材料。新材料与新意境是不用说明的。何以有新文体的必要呢？第一，因为外国来的新材料装不到那对仗骈偶的滥调里去。第二，因为主译的都是外国人，不曾中那骈偶滥调的毒。第三，因为最初助译的很多是民间的信徒；后来虽有文人学士奉敕润文，他们的能力有限，故他们的恶影响也有限。第四，因为宗教的经典重在传真，重在正确，而不重在辞藻文采；重在读者易解，而不重在古雅。故译经大师多以"不加文饰，令易晓，不失本义"相勉。到了鸠摩罗什以后，译经的文体大定，风气已大开，那帮滥调的文人学士更无可如何了。

最早的翻译事业起于何时呢？据传说，汉明帝时，摄摩腾译《四十二章经》，同来的竺法兰也译有几种经。汉明求法，本是无根据的神话。佛教入中国当在东汉以前，故明帝永平八年（65 年）答楚王英诏里用了"浮屠""伊蒲塞""桑门"三个梵文字，可见其时佛教已很有人知道了。又可见当时大概已有佛教的书籍了。至于当时的佛书是不是摄摩腾等翻的，摄摩腾等人的有无，那都不是我们现在能决定的了。《四十二章经》是一部编纂的书，不是翻译的书，故最古的经录不收此书。它的时代也不容易决定。我们只可以说，第一世纪似乎已有佛教的书，但都不可细考了。

第二世纪的译经，以安世高为最重要的译人。《高僧传》说他译的书"义理明析，文字允正，辩而不华，质而不野。凡在读者，皆亹亹而不倦焉"。安世高译经在汉桓帝建和二年（148年）至灵帝建宁中（约170年）。同时有支谶于光和中平（178—189年）之间译出十几部经。《僧传》说他"审得本旨，了不加饰"。同时又有安玄、严佛调、支曜、康巨等，都有译经，《僧传》说他们"理得音正，尽经微旨"，"言直理旨，不加润饰"。

以上为二世纪洛阳译的经，虽都是小品文字，而那"不加润饰"的风气却给后世译经事业留下一个好榜样。

三世纪的译经事业可分前后两期。三世纪的上半，译经多在南方的建业与武昌。支谦译出四十九种，康僧曾译出十几种，维祗难与竺将炎（《僧传》作竺律炎，今从《法句经·序》）合译出《昙钵经》一种，今名《法句经》。《法句经》有长序，不详作序者姓名，但序中记译经的历史颇可注意：

　　……始者维祗难出自天竺，以黄武三年（222年）来适武昌。仆从受此五百偈本，请其同道竺将炎为译，将炎虽善天竺语，未备晓汉；其所传言，或得梵语，或以义出，音近质直。仆初嫌其为词不雅。维祗难曰："佛言依其义。不用饰；取其法，不以严（'严'是当时白话，意为妆饰。如《佛本行经》第八云：'太子出池，诸女更严'）。其传经者，令易晓，勿失厥义，是则为善。"座中咸曰："老氏称美言不信，信言不美。……今传梵义，实宜径达。"是以自偈受译人口，因顺本旨，不加文饰，译所不解，即阙不传，故有脱失，多不传者。然此虽词朴而旨深，文约而义博。

我们试引《法句经》的几段作例：

若人寿百岁，邪学志不善，不如生一日，精进受正法。

若人寿百岁，奉火修异术，不如须臾敬，事戒者福胜。……

觉能舍三恶，以药消众毒。健夫度生死，如蛇脱故皮。（《教学品》）

事日为明故，事父为恩故，事君以力故，闻故事道人。……

斫疮无过忧，射箭无过患，是壮莫能拔，唯从多闻除。

盲从是得眼，暗者从得烛；示导世间人，如目将无目。（《多闻品》）

假令尽寿命，勤事天下神，象马以祠天，不如行一慈。（《慈仁品》）

夫士之生，斧在口中。所以斩身，由其恶言。（《言语品》）

弓工调角，水人调船，巧匠调木，智者调身。

譬如厚石，风不能移，智者意重，毁誉不倾。

譬如深渊，澄静清明，慧人闻道，心净欢然。（《明哲品》）

不怒如地，不动如山，真人无垢，生死世绝。（《罗汉品》）

宁啖烧石，吞饮熔铜，不以无戒，食人信施。（《利养品》）

《法句经》乃是众经的要义，是古代沙门从众经中选出四句六句的偈，分类编纂起来的。因为其中偈语本是众经的精华，故译出之后仍见精彩，虽不加雕饰，而自成文学。

这时期里，支谦在南方，康僧铠在北方，同时译出《阿弥陀经》。此经为《净土宗》的主要经典，在思想史上与文学史上都有影响。

三世纪的末期出了一个大译主，敦煌的法护（昙摩罗刹）。法护本是月支人，世居敦煌，幼年出家。他发愤求经，随师至西域，学了许多种外国方言文字，带了许多梵经回来，译成晋文。《僧传》说他：

> 所获《贤劫》《正法华》《光赞》等一百六十五部。孜孜所务，唯以弘通为业，终身写译，劳不告倦。经法所以广流中华者，护之力也。……时有清信士聂承远明解有才，……护公出经，多参正文句。……承远有子道真，亦善梵学。此君父子比辞雅便，无累于古。……安公（道安）云："护公所出，……虽不辩妙婉显，而弘达欣畅，……依慧不文，朴则近本。"

道安的评论还不很公平。岂有弘达欣畅而不辩妙婉显的吗？我最喜欢法护译的《修行地道经》（太康五年译成，西历284年）的《劝意品》中的擎钵大臣的故事；可惜原文太长，摘抄如下，作为三世纪晚年的翻译文学的一个例：

> 昔有一国王，选择一国明智之人以为辅臣。尔时国王设权方便无量之慧，选得一人，聪明博达，其志弘雅，威而不暴，名德具足。王欲试之，故以重罪加于此人；敕告臣吏盛满钵油而使擎之，从北门来，至于南门，去城二十里，园名调戏，令将到彼。设所持油堕一滴者，便级其头，不须启问。
>
> 尔时群臣受王重教，盛满钵油以与其人，其人两手擎之，甚大愁忧，则自念言：其油满器，城里人多，行路车马观者填道；……是器之油擎至七步尚不可诣，况有里数邪？
>
> 此人忧愤，心自怀据。
>
> 其人心念：吾今定死，无复有疑也，设能擎钵使油不堕，到彼园所，尔乃活耳。当作专计：若见是非而不转移，唯念油钵，志不在余，然后度耳。

于是其人安步徐行。时诸臣兵及观众人无数百千，随而视之，如云兴起，围绕太山。……众人皆言，观此人衣形体举动定是死囚。斯之消息乃至其家；父母宗族皆共闻之，悉奔走来，到彼子所，号哭悲哀。其人专心，不顾二亲兄弟妻子及诸亲属；心在油钵，无他之念。

时一国人普来集会，观者扰攘，唤呼震动，驰至相逐，蹙地复起，转相登蹑，间不相容。其人心端，不见众庶。

观者复言，有女人来，端正姝好，威仪光颜一国无双；如月盛满，星中独明；色如莲华，行于御道。……尔时其人一心擎钵，志不动转，亦不察观。

观者皆言，宁使今日见此女颜，终身不恨，胜于久存而不睹者也。彼时其人虽闻此语，专精擎钵，不听其言。

当尔之时，有大醉象，放逸奔走，入于御道，……舌赤如血，其腹委地，口唇如垂；行步纵横，无所省录，人血涂体，独游无难，进退自在犹若国王，遥视如山；暴鸣哮吼，譬如雷声；而擎其鼻，瞋恚忿怒。……恐怖观者，令其驰散；破坏兵众，诸众奔逝。……

尔时街道市里坐肆诸买卖者，皆慑，收物，盖藏闭门，畏坏屋舍，人悉避走。

又杀象师，无有制御，瞋或转甚，踏杀道中象马，牛羊，猪犊之属；碎诸车乘，星散狼藉。

或有人见，怀振恐怖，不敢动摇，或有称怨，呼嗟泪下。或有迷惑，不能觉知；有未着衣，曳之而走；复有迷误，不识东西。或有驰走，如风吹云，不知所至也。……

彼时有人晓化象咒，……即举大声而诵神咒。……尔时彼象闻此正教，即捐自大，降伏其人，便顺本道，还至象厩，不犯众人，无所娆害。

其擎钵人不省象来，亦不觉还。所以者何？专心惧死，无他观念。

尔时观者扰攘驰散，东西走故，城中失火，烧诸宫殿，及众宝舍，楼阁高台现妙巍巍，展转连及。譬如大山，无不见者。烟皆周遍，火尚尽彻。……

火烧城时，诸蜂皆出，放毒啮人。观者得痛，惊怪驰走。男女大小面色变恶，乱头衣解，宝饰脱落；为烟所熏，眼肿泪出。遥见火光，心怀怖懅，不知所凑，展转相呼。父子兄弟妻息奴脾，更相教言，"避火！离水！莫堕泥坑！"

尔时官兵悉来灭火。其人专精，一心擎钵，一滴不堕，不觉失火及与灭时。所以者何？秉心专意，无他念故。……

尔时其人擎满钵油，至彼园观，一滴不堕。诸臣兵吏悉还王宫，具为王说所更众难，而其人专心擎钵不动，不弃一滴，得至园观。

王闻其言，叹曰，"此人难及，人中之雄！……虽遇众难，其心不移。如是人者，无所不办。……"其王欢喜，立为大臣。……

心坚强者，志能如是，则以指爪坏雪山，以莲华根钻穿金山，以锯断须弥宝山。……有信精进，质直智慧，其心坚强，亦能吹山而使动摇，何况除淫怒痴也！

这种描写，不加藻饰，自有文学的意味，在那个文学僵化的时代里自然是新文学了。

四世纪是北方大乱的时代。然而译经的事业仍旧继续进行。重要的翻译，长安有僧伽跋澄与道安译的《阿毗昙毗婆沙》（383年），昙摩难提与竺佛念译的《中阿含》与《增阿含》（384—385年）。《僧传》云：

其时也，苻坚初败，群锋互起，戎妖纵暴，民从四出，而犹得传译大部，盖由赵正之功。

赵正（诸书作赵整）字文业，是苻坚的著作郎，迁黄门侍郎。苻坚死后，他出家为僧，改名道整。他曾作俗歌谏苻坚云：

> 昔闻孟津河，千里作一曲。此水本自清，是谁搅令浊？

苻坚说，"是朕也。"整又歌道：

> 北园有一枣，布叶垂重阴，外虽饶棘刺，内实有赤心。

坚笑说，"将非赵文业耶？"苻坚把他同种的氐户分布各镇，而亲信鲜卑人。赵整有一次侍坐，援琴作歌道：

> 阿得脂，阿得脂，博劳旧父是仇绥，尾长翼短不能飞，远徙种
> 人留鲜卑，一旦缓急语阿谁？

苻坚不能听，后来终败灭在鲜卑人的手里。赵整出家后，作颂云：

> 我生一何晚，泥洹一何早！归命释迦文，今来投大道（释迦文
> 即释迦牟尼，文字古音门）。

赵整是提倡译经最有力的人，而他作的歌都是白话俗歌。这似乎不完全是偶然的罢？

四世纪之末，五世纪之初，出了一个译经的大师，鸠摩罗什，翻译的文学到此方才进了成熟的时期。鸠摩罗什是龟兹人。（传说他父亲是天竺人。）幼年富于记忆力，遍游罽宾、沙勒、温宿诸国，精通佛教经典。苻坚遣吕光西征，破龟兹，得鸠摩罗什，同回中国。时苻坚已死，吕光遂据凉州，国号后凉。鸠摩罗什在凉州于十八年之久，故通晓中国语言文字。至姚兴征服后凉，始迎他入关，于弘始三年十二月（402 年）到长安。姚兴待以国师之礼，请他译经。他译的有《大品般若》《小品金刚般若》《十住》《法华》《维摩诘》《思益》《首楞严》《持世》《佛藏》《遗教》《小无量寿》等经；又有《十诵律》等

律；又有《成实》《中论》《百论》《十二门论》等论，凡三百余卷。《僧传》说：

> 什既率多谙诵，无不究尽。转能汉言，音译流便。……初沙门慧睿才识高明，常随什传写。什每为睿论西方辞体，商略同异，云："天竺国俗甚重文制；其宫商体韵以入弦为善。凡觐国王，必有赞德。见佛之仪，以歌叹为贵。经中偈颂，皆其式也。但改梵为秦，失其藻蔚，虽得大意，殊隔文体。有似嚼饭与人，非徒失味，乃令呕哕也。"

他对他自己的译书这样不满意，这正可以表示他是一个有文学欣赏力的人，他译的书，虽然扫除了浮文藻饰，却仍有文学的意味，这大概是因为译者的文学天才自然流露，又因他明了他"嚼饭与人"的任务，委曲婉转务求达意，即此一点求真实求明显的诚意便是真文学的根苗了。

鸠摩罗什译出的经，最重要的是《大品般若》，而最流行又最有文学影响的却要算《金刚》《法华》《维摩诘》三部。其中《维摩诘经》本是一部小说，富于文学趣味。居士维摩诘有病，释迦佛叫他的弟子去问病。他的弟子舍利弗、大目犍连、大迦叶、须菩提、富楼那、迦旃延、阿那律、优波离、罗睺罗、阿难，都一一诉说维摩诘的本领，都不敢去问疾。佛又叫弥勒菩萨、光严童子、持世菩萨等去，他们也一一诉说维摩诘的本领，也不敢去。后来只有文殊师利肯去问病。以下写文殊与维摩诘相见时维摩诘所显的辩才与神通。这一部半小说、半戏剧的作品，译出之后，在文学界与美术界的影响最大。中国的文人诗人往往引用此书中的典故，寺庙的壁画往往用此书的故事作题目。后来此书竟被人演为唱文，成为最大的故事诗；此是后话，另有专篇。我们且摘抄鸠摩罗什原译的《维摩诘经》

一段作例：

> 佛告阿难，"汝行诣维摩诘问疾。"阿难白佛言："世尊，我不堪任诣彼问疾，所以者何？忆念昔时，世尊身有小疾，当用牛乳，我即持钵诣大婆罗门家门下立。时维摩诘来谓我言：'唯，阿难，何为晨朝持钵住此？'我言：'居士，世尊身有小疾，当用牛乳，故来至此。'维摩诘言：'止，止，阿难，莫作是语。如来身者，金刚之体，诸恶已断，众善普会，当有何疾？当有何恼？默往，阿难，勿谤如来。莫使异人闻此粗言。无令大威德诸天及他方净土诸来菩萨得闻斯语。阿难，转轮圣王以少福故，尚得无病，岂况如来无量福会，普胜者哉？行矣，阿难，勿使我等受斯耻也。外道梵志若闻此语，当作是念：何名为师，自疾不能救，而能救诸疾人？可密速去，勿使人闻。当知，阿难，诸如来身，即是法身，非思欲身。佛为世尊，过于三界。佛身无漏，诸漏已尽。佛身无为，不堕诸数。如此之身，当有何疾？'时我，世尊，实怀惭愧，得无近佛而谬听耶？即闻空中声曰：'阿难，如居士言，但为佛出五浊恶世，现行斯法，度脱众生。行矣，阿难，取乳勿惭？'世尊，维摩诘智慧辩才为若此也，是故不任诣彼问疾。"

看这里"唯，阿难，何为晨朝持钵住此？"又"时我，世尊，实怀惭愧"一类的说话神气，可知当时罗什等人用的文体大概很接近当日的白话。

《法华经》（《妙法莲华经》）虽不是小说，却是一部富于文学趣味的书。其中有几个寓言，可算是世界文学里最美的寓言，在中国文学上也曾发生不小的影响。我们且引第二品中的"火宅"之喻作个例：

> 尔时佛告舍利弗："我先不言诸佛世尊以种种因缘譬喻言辞方便说法，

皆为阿耨多罗三藐三菩提耶？"是诸所说，皆为化菩萨故。然，舍利弗，今当复以譬喻更明此义。诸有智者以譬喻得解。

舍利弗，若国邑聚落有大长者，其年衰迈，财富无量，多有田宅及诸僮仆。其家广大，唯有一门。多诸人众，一百，二百，乃至五百人止住其中。堂阁朽故，墙壁隤落，柱根腐败，梁栋倾危。周匝俱时倏然火起，焚烧舍宅，长者诸子，若十、二十，或至三十，在此宅中。长者见是大火从四面起，即大惊怖，而作是念："我虽能于此所烧之门，安稳得出；而诸子等于火宅内，乐着嬉戏，不觉不知，不惊不怖。火来逼身，苦痛切己，心不厌患，无求出意。"

舍利弗，是长者作是思维："我身手有力，当以衣裓，若以几案，从舍出之。"复更思维："是舍唯有一门，而复狭小。诸子幼稚未有所识，恋着戏处，或当堕落，为火所烧。我当为说怖畏之事。此舍已烧，宜时疾出，无令为火之所烧害。"

作是念已，如所思维，具告诸子："汝等速出！"父虽怜愍，善言诱喻；而诸子等乐着嬉戏，不肯信受，不惊不畏，了无出心。亦复不知何者是火，何者为舍，云何为失。但东西走戏，视父而已。

尔时长者即作是念："舍已为大火所烧，我及诸子若不时出，必为所焚。我今当设方便，令诸子等得免斯害。"父知诸子先心各有所好种种珍玩奇异之物，情必乐着，而告之言："汝等所可玩好，希有难得，汝若不取，后必忧悔。如此种种羊车、鹿车、牛车，今在门外，可以游戏。汝等于此火宅，宜速出来。随汝所欲，皆当与汝。"

尔时诸子闻父所说珍玩之物，适其愿故，心各勇锐，互相推排，竞共驰走，争出火宅。

是时长者见诸子等安稳得出，皆于四衢道中，露地而坐，无复障碍，其心泰然，欢喜踊跃。

时者子等各白父言："父先所许玩好之具，羊车、鹿车、牛车，愿时赐与。"

舍利弗，尔时长者各赐与诸子等一大车。其车高广，众宝庄校，周市栏楯，四面悬铃。又于其上张设幰盖，亦以珍奇杂宝而严饰之。宝绳交络，垂诸华缨。重敷婉筵，安置丹枕。驾以白牛，肤色充洁，形体姝好，有大筋力，行步平正，其疾如风。又多仆从而侍卫之。所以者何？是大长者财富无量，种种诸藏，悉皆充溢，而作是念："我财物无极，不应以下劣小车与诸子等。今此幼童，皆是吾子，爱无偏党。我有如是七宝大车，其数无量，应当等心各各与之。不宜差别。所以者何？以我此物周给一国犹尚不匮，何况诸子？"是时诸子各乘大车，得未曾有，非本所望。

舍利弗，于汝意云何，是长者等与诸子珍宝大车，宁有虚妄不？

舍利弗言："不也，世尊。是长者但令诸子得免火难，全其躯命，非为虚妄。何以故？若全身命，便为已得好玩之具，况复方便，于彼火宅中而拔济之？世尊，若是长者乃至不与最小一车，犹不虚妄，何以故？是长者先作是意，我以方便令子得出，以是因缘，无虚妄也。何况长者自知财富无量，欲饶益诸子，等与大车？"

佛告舍利弗："善哉，善哉！如汝所言。舍利弗，如来亦复如是。"……

印度的文学有一种特别体裁：散文记叙之后，往往用韵文（韵文是有节奏之文，不必一定有韵脚）重说一遍。这韵文的部分叫作"偈"。印度文学自古以来多靠口说相传，这种体裁可以帮助记忆力。但这种体裁输入中国以后，在中国文学上却发生了不小的意外影响。弹词里的说白与唱文夹杂并用，便是从这种印度文学形式得来的。上

文引的"火宅"之喻也有韵文的重述，其中文学的趣味比散文部分更
丰富。我们把这段"偈"也摘抄在下面做个比较：

譬如长者，有一大宅。其宅久故，而复顿敝，堂舍高危，柱根摧
朽，梁栋倾斜，基陛陨毁，墙壁圮坼，泥涂阤落，覆苫乱坠，椽栌差脱，
周障屈曲，杂秽充遍。有五百人，止住其中。

鸱枭雕鹫，乌鹊鸠鸽，蚖蛇蝮蝎，蜈蚣蚰蜒，守宫百足，鼬狸鼷
鼠，诸恶虫辈，交横驰走。屎尿臭处，不净流溢。蜣螂诸虫，而集其上。
狐狼野干，咀嚼践踏，啀喍死尸，骨肉狼籍。

由是群狗，竞来搏撮，饥羸慞惶，处处求食，斗诤揸掣，嗥呼嗥
吠。其舍恐怖，变状如是，处处皆有。魑魅魍魉，夜叉恶鬼，食啖人肉。
毒虫之属，诸恶禽兽，孚乳产生，各自藏护。

夜叉竞来，争取食之，食之既饱，恶心转炽，斗诤之声，甚可怖
畏。鸠槃荼鬼，蹲踞土埵，或时离地，一尺二尺，往返游行。纵逸嬉戏，
捉狗两足，扑令失声，以脚加颈，怖狗自乐。

复有诸鬼，其身长大，裸形黑瘦，常住其中，发大恶声，叫呼求
食。复有诸鬼，其咽如针；复有诸鬼，首如牛头；或食人肉，或复啖狗，
头发蓬乱，残害凶险；饥渴所逼，叫唤驰走。

夜叉饿鬼，诸恶鸟兽，饥急四向，窥看窗牖。如是诸难，恐畏无量。

是朽故宅，属于一人。其人近出，未久之间，于后宅舍，忽然火
起，四面一时，其焰俱炽。栋梁椽柱，爆声震裂，摧折堕落，墙壁崩倒。
诸鬼神等，扬声大叫。雕鹫诸鸟，鸠槃荼等，周慞惶怖，不能自出。恶
兽毒虫，藏窜孔穴。毗舍阇鬼，亦住其中，薄福德故，为火所逼，共相
残害，饮血啖肉。野干之属，并已前死，诸大恶兽，竞来食啖。臭烟熢
勃，四面充塞。

蜈蚣蚰蜒，毒蛇之类，为火所烧，争走出穴。鸠槃荼鬼，随取而食。又诸饿鬼，头上火然，饥渴热恼，周慞闷走。其宅如是，甚可怖畏。毒害火灾，众难非一。

是时宅主，在门外立，闻有人言，汝诸子等，先因游戏，来入此宅，稚小无知，欢娱乐着。长者闻已，惊入火宅，方宜救济，令无烧害。告喻诸子，说众患难，恶鬼毒虫，灾火蔓延，众苦次第，相续不绝。毒蛇蚖蝮，及诸夜叉，鸠槃荼鬼，野干狐狗，雕鹫鸱枭，百足之属，饥渴恼急，甚可怖畏。此苦难处，况复大火？诸子无知，虽闻父诲，犹故乐着，戏嬉不已。

是时长者，而作是念，诸子如此，益我愁恼。今此舍宅，无一可乐，而诸子等，沉湎嬉戏，不受我教，将为火害。即便思维，设诸方便，告诸子等：我有种种，珍玩之具，妙宝好车，羊车鹿车，大牛之车，今在门外。汝等出来，吾为汝等，造作此车，随意所乐，可以游戏。诸子闻说，如此诸车，即时竞奔，驰走而出，到于空地，离诸苦难。……

这里描写那老朽的大屋的种种恐怖和火烧时的种种纷乱，虽然不近情理，却热闹的好玩。后来中国小说每写战争或描摹美貌，往往模仿这形式，也正是因为它热闹的好玩。

《高僧传》说：鸠摩罗什死于姚秦弘始十一年（409年），临终与众僧告别曰：

……自以闇昧，谬充传译，凡所出经论三百余卷，唯《十诵》（《十诵律》）一部未及删繁，存其本旨，必无差失。愿凡所宣译，传流后世，咸共弘通。

他说只有《十诵》一部未及删繁，可见其余的译本都经过他"删繁"的了。

后人讥罗什译经颇多删节，殊不知我们正惜他删节的太少。印度人著书最多繁复，正要有识者痛加删节，方才可读。慧远曾说《大智度论》"文句繁广，初学难寻。乃抄其要文，撰为二十卷。"（《高僧传》六）可惜《大品般若》不曾经罗什自己抄其要文，成一部《纲要》呵。

《高僧传》卷七僧睿传里有一段关于鸠摩罗什译经的故事，可以表现他对于译经文体的态度：

昔竺法护出《正法华经受决品》云：

天见人，人见天。

什译经至此，乃言曰："此语与西域义同，但在言过质。"僧睿曰："将非'人天交接，两得相见'？"什喜曰，"实然。"

这里可以看出罗什反对直译。法护直译的一句虽然不错，但说话确是太质了，读了叫人感觉生硬得很，叫人感觉这是句外国话。僧睿改本便是把这句话改成中国话了。在当时过渡的时期，罗什的译法可算是最适宜的法子。他的译本所以能流传千五百年，成为此土的"名著"，也正是因为他不但能译的不错，并且能译成中国话。

这个法子自然也有个限制。中国话达得出的，都应该充分用中国话。中国话不能达的，便应该用原文，绝不可随便用似是而非的中国字。罗什对这一点看得很清楚，故他一面反对直译，一面又尽量用"阿耨多罗三藐三菩提"一类的音译法子。

附记

这一章印成之先，我接得陈寅恪先生从北京寄来他的新著《童受〈喻鬘论〉梵文残本跋》。陈先生说，近年德国人在龟兹之西寻得贝叶梵文佛经多种，柏林大学路德施教授（Prof Henrich Lüders）在其中检得《大庄严论》残本，并知鸠摩罗什所译的《大庄严论》，其作者为童受（鸠摩逻多 Kumaralata）而非马鸣；又知此书即普光窥基诸人所称之《喻鬘论》。路德施教授已有校本及考证，陈寅恪先生在此跋内列举别证，助成路德施之说。陈先生用罗什译本与原本互校的结果，得着一些证据，可以使我们明白罗什译经的艺术。他说，罗什翻经有三点可注意：一为删去原文繁重，二为不拘原文体制，三为变易原义。他举的证据都很可贵，故我摘录此跋的后半，作为本章的附录。

鸠摩逻什译经的艺术
陈寅恪

予尝谓鸠摩罗什翻译之功，数千年间，仅玄奘可以与之抗席。然今日中土佛经译本，举世所流行者，如《金刚》《心经》《法华》之类，莫不出自其手。故以言普及，虽慈恩犹不能及。所以致此之故，其文不皆直译，较诸家雅洁，当为一主因。……《慈恩法师传》卷十云，显庆"五年春正月一日，起首翻《大般若经》。经梵文总有二十万颂，文既广大，学徒每请删略。法师将顺众意，如罗什所翻，除繁去重。"盖罗什译经，或删去原文繁重，或不拘原文体制，或变易原文。兹以《喻鬘论》梵文原本，校其译文，均可证明。今《大庄严经论》译本卷十末篇之最后一书，中文较梵文原本为简略；而卷十一首篇之末节，则中文全略而未译。此删去原译繁重之证也。《喻鬘论》之文，散文与偈颂两体相间。……然据梵文残本以校译文，如卷一之"彼诸沙弥等，寻以神通力，化作老人像。发白而面皱，秀眉牙齿落，偻脊而拄杖。诣彼檀越家。檀越既见已，心生大欢庆，烧香散名华，速请令就坐。既至须臾顷，还复沙弥形"一节，及卷十一之"我以愚痴故，不能善观察，为痴火所烧。愿当暂留住，少听我忏悔；犹如脚跌者，扶地还得起；待我得少供"一节，本散文也，而译文为偈体。如卷一之"夫求法者，不观形相，唯在智慧。身虽幼稚，断诸结漏，得于圣道。虽老放逸，是名幼小"一节，及卷二之"汝若欲知可炙处者，汝但炙汝瞋恚之心。若能炙心，是名真炙。如牛驾车，车若不行，乃须策牛，不须打车。身犹如车，心如彼牛，以是义故，汝应炙心。云何暴身？又复身者，如材如墙，虽复烧炙，将何所补"一节，本偈体也，而译文为散文。……此不拘原文体制之证也。卷二之"诸仙苦修行，亦复得生天"一节，"诸仙"二字梵文原文本作 Kanva 等，盖 Kanva 者，天竺古仙之专名，非秦人所习知，故易以公名，改作"诸仙"二字。又卷四之"汝如蚁封，而欲与彼须弥山王比其高下"一节，及卷六之"犹如蚊子翅，扇于须弥山，虽尽其势力，不能令动摇"一节，"须弥"梵本一作 Mandara，一作 Vindhya。盖此二山名皆秦人所不知，故易以习知之须弥，使读者易解。此变易原文之证也。……

——《白话文学史》上卷（上海：新月书店，1928 年）

1909

佛教的翻译文学（下）（1928）

胡适

五世纪是佛经翻译的最重要的时期，最大的译场是在长安。僧肇答庐山刘遗民书中说起当日的工作的状况：

> 什师于大石寺出新至诸经……禅师于瓦官寺教习禅道，门徒数百。……三藏法师于中寺出律部，本末情悉，若睹初制。毗婆沙法师于石羊寺出《舍利弗毗昙》梵本。……贫道一生猥参嘉运，遇兹盛化，自不睹释迦祇桓之集，余复何恨？（《僧传》卷七）

西北的河西王沮渠蒙逊也提倡佛法，请昙无谶译出《涅槃经》《大集经》《大云经》《佛所行赞经》等。昙无谶（死于433年）也是一个慎重的译者，《僧传》说：

> 沮渠蒙逊……欲请出经本，谶以未参土言，又无传译，恐言舛于理，不许即翻。于是学语三年，方译写《涅槃初分》十卷。（卷二）

他译的《佛所行赞经》（*Buddha charita*），乃是佛教伟大诗人马鸣（A'svaghosha）的杰作，用韵文述佛一生的故事。昙无谶用五言无韵诗体译出。全诗分二十八品，约九千三百句，凡四万六千多字，在当时为中国文学内的第一首长诗，我们试引其中的《离欲品》的一小部分，略表示此诗译文的风格：

太子入园林，众女来奉迎，并生希遇想，竞媚进幽诚。各尽妖姿态，供侍随所宜，或有执手足，或遍摩其身，或复对言笑，或现忧戚容，规以悦太子，令生爱乐心：

众女见太子，光颜状天身，不假诸饰好，素体逾庄严；一切皆瞻仰，谓"月天子"来。种种设方便，不动菩萨心；更互相顾视，抱愧寂无言。

有婆罗门子，名曰优陀夷，谓诸婇女言："汝等悉端正，聪明多技术，色力亦不常，兼解诸世间，隐密随欲方；色色世希有，状如玉女形。天见舍妃后，神仙为之倾。如何人王子，不能感其情？今此王太子，持心虽坚固，清净德纯备，不胜女人力。古昔孙陀利，能坏大仙人，令习于爱欲，以足蹈其顶。……毗尸婆梵仙，修道十千岁，深著于天后，一日顿破坏。如彼诸美女，力胜诸梵行。……何不尽其术，令彼生染心？"

尔时婇女众，庆闻优陀说，增其踊跃心，如鞭策良马。往到太子前，各进种种术：歌舞或言笑，扬眉露白齿，美目相眄睐，轻衣见素身，妖摇而徐步，诈亲渐习近。情欲实其心；兼奉大王言，漫形媟隐陋，忘其惭愧情。

太子心坚固，傲然不改容，犹如大龙象，群象众围绕，不能乱其心，处众若闲居。犹如天帝释，诸天女围绕。太子在园林，围绕亦如是。或为整衣服，或为洗手足，或以香涂身，或以华严饰，或为贯璎珞，或有扶抱身，或为安枕席，或倾身密语，或世俗调戏，或说众欲事，或作诸欲形，规以动其心。……

与《佛所行赞》同类的，还有宝云译的《佛本行经》。宝云（死于469年）到过于阗、天竺，遍学梵书，回国后在建业译有《新无量寿经》及《佛本行经》。《僧传》（卷三）说他"华梵兼通，音训允正。"《佛本行经》的原本与《佛所行赞》稍有不同，也是全篇韵文，共分三十一品。译文有时用五言无韵诗体，有时用四言，有时又用七言，而五言居最大部分。我们摘抄第二十八品《八王分舍利品》的一段作个例。《佛所行赞》第二十八品与此品同记一事，而详略大不同。其事为七王要分佛的舍利，故兴兵来围城，城中诸力士也不服，坚守城池不下。后来大家听了一个婆罗门的话，把佛舍利分作八分，各国建塔供养。《佛所行赞》本记兴兵围城不过三十六句，《佛本行经》本却有一百零八句，其中一部分如下：

> ……七王之兵众，俱时到城下。大众起黄尘，坌塞人众眼。殂象之气臭，塞鼻不得息。鼓角吹贝声，塞耳无所闻。妇女诸幼小，惶怖皆失色。对敌火攻具，消铜铁为汤。皆贯胄被甲，当仗严进战。象马皆被甲，整阵当对战。

> 力士没体命，不图分舍利，城里皆令催，执杖上城战。诸力士齐心，决定战不退。皆立于城上，楼橹却敌间，看城外诸王，军众无央数，军奋作威势，同时大叫呼。一时大叫呼，声响震天地。拔剑而掷弄，晃昱曜天日。或有跳勇走，捷疾欲向城。

我们再引第八品《与众婇女游居品》里写太子与婇女同浴的一段，也是《佛所行赞》没有的：

> ……太子入池，水至其腰。诸女围绕，明耀浴池；犹如明珠，绕宝山王，妙相显赫，甚好巍巍。众女水中，种种戏笑；或相湮没，或水相洒；或有弄华，以华相掷；或入水底，良久乃出；或于水中，现其众华；或没于水，但现其手。众女池中，光耀众华，令众藕华，失其精光。或有攀缘，太子手臂，犹如杂华，缠着金柱。女妆涂香，水浇皆堕，旃檀木樒，水成香池。

这是很浓艳的描写。

近年有几位学者颇主张这一类翻译的文学是《孔雀东南飞》一类的长诗的范本。我从前也颇倾向这种主张。近年我的见解稍稍改变了。我以为从汉到南北朝这五六百年中，中国民间自有无数民歌发生。其中有短的抒情诗和讽刺诗，但也有很长的故事诗。在文学技术的方面，从《日出东南隅》一类的诗演变到《孔雀东南飞》，不能说是不连续的，也不能说是太骤然的（参看第六章）。正不用依靠外来的文学的影响。昙无谶译《佛所行赞》在四百二十年左右；宝云译经更在其后，约当四百四十年。徐陵编《玉台新咏》约在五百六十年，他已收采《孔雀东南飞》了。在那个不容易得写本书卷的时代，一种外国的文学居然能在一百年内发生绝大的影响，竟会产生《孔雀东南飞》这样伟大的杰作，这未免太快吧？

与其说《佛本行经》等书产生了《孔雀东南飞》一类的长诗，不如说因为民间先已有了《孔雀东南飞》一类的长篇故事诗，所以才有翻译这种长篇外国诗的可能。法护、鸠摩罗什等人用的散文大概是根据于当时人说的话。昙无谶、宝云等人用的偈体大概也是依据当时民歌的韵文，不过偈体不用韵脚，更自由了。

中国固有的文学很少是富于幻想力的；像印度人那种上天下地毫无拘束的幻想能力，中国古代文学里竟寻不出一个例（屈原、庄周都远不够资格！）长篇韵文如《孔雀东南飞》只有写实的叙述，而没有一点超自然或超空间时间的幻想。这真是中国古文学所表现的中国民族性。在这一点上，印度人的幻想文学之输入确有绝大的解放力。试看中古时代的神仙文学如《列仙传》《神仙传》，何等简单，何等拘谨！从《列仙传》到《西游记》《封神传》，这里面才是印度的幻想文学的大影响呵。

佛教的长篇故事很多，如 *Lalita Vistara*，法护译为《普曜经》，也是幻想的释迦牟尼传记，散文为主体，夹用偈体。因为它与《佛本行经》等性质相同，故连带提起。

五世纪的译经事业，不单在北方，南方也有很重要的译场。四世纪之末到五世纪之初，庐山与建业都有大部译经出来。僧伽提婆在庐山译出《阿毗昙心》等，又在建业重译《中阿含》（397—398年）。佛驮跋陀罗在庐山译出《修行方便论》（后人称《达磨多罗禅经》），又在建业道场寺译出《华严经》，是为晋译《华严》。那时法显、宝云等先后往印度留学，带了许多经卷回来。法显在道场寺请佛驮跋陀罗译出《大泥洹经》及《摩诃僧祇律》等。佛驮什在建业龙光寺译出《弥沙塞律》，即《五分律》。宝云译的经已见前节。宝云又与智严同译《普曜》《四天王》等经。求那跋摩在建业译出《菩萨善戒》《四分羯磨》等。求那跋陀罗在建业译出《杂阿含》，又在丹阳译出《楞伽经》，又在荆州译出《无量寿》等经。求那跋陀罗死于四百六十八年，五世纪下半，译事稍衰；故《高僧传》云："自大明（457—464年）已后，译经殆绝。"只有永明十年（492年）求那毗地译出《百句喻经》《十二因缘》《须达长者经》，都是小品。

这些南方译经之中，影响最大的自然是《涅槃》（《泥洹》）《华严》《楞伽》三部。我们不能多举例，只好单举《华严》作例吧。《华严》《宝积》《般若》《涅槃》等大部经都是一些"丛书"，其中性质复杂，优劣不等，但往往有好文学作品。如《华严经》第六《菩萨明难品》便是很美的文学；如其中论"精进"云：

> 若欲求除灭，无量诸过恶，
>
> 应当一切时，勇猛大精进。
>
> 譬如微小火，樵湿则能灭；

于佛教法中，懈怠者亦然。

譬如人钻火，未出数休息，

火势随止灭；懈怠者亦然：

如论"多闻"云：

譬如有良医，具知诸方药，

自疾不能救，多闻亦如是。

譬如贫穷人，日夜数他宝，

自无半钱分，多闻亦如是。……

譬如聋瞆人，善奏诸音乐，

悦彼不自闻：多闻亦如是，

譬如盲瞽人，本习故能画，

示彼不自见：多闻亦如是。

"日夜数他宝"一偈是后来禅宗文学中常引用的一偈。这种好白话诗乃是后来王梵志、寒山、拾得一班白话诗人的先锋（详见下编）。

《华严经》是一种幻想教科书，也可说是一种说谎教科书。什么东西都可以分作十件、十地、十明、十忍，……都是以十进的。只要你会上天下地的幻想，只要你凑得上十样，你尽管敷衍下去，可以到无穷之长。这个法子自然是很可厌的。但这种法子最容易模仿，最容易学。《华严经》末篇《人法界品》占全书四分之一以上，写善财童子求法事，过了一城又一城，见了一大师又一大师，遂敷演成一部长篇小说。其中没有什么结构，只是闭了眼睛"瞎嚼蛆"而已。我们试举几段"瞎嚼蛆"的例，证明我们不是有意诬蔑这部赫赫有名的佛经。善财童子到了可乐国的和合山，见着功德云比丘。那位比丘说：

善男子，我于解脱力逮得清净方便慧眼，普照观察一切世界，境界无碍，除一切障，一切佛化陀罗尼力，或见东方一佛，二佛，十百千万，十亿，百亿，千亿，百千亿佛；或见百亿那由他，千亿那由他，百千亿那由他佛；或见无量阿僧祇，不可思议，不可称，无分齐，无边际，不可量，不可说，不可说不可说佛；或见阎浮提微尘等佛；或见四天下微尘等佛；或见小千世界微尘等佛；或见二千，三千大千世界微尘等佛。（卷四十七）

善财到了海门国，见着海云比丘，那位比丘对他说：

善男子，我住此海门国十有二年，境界大海，观察大海，思维大海无量无边，思维大海甚深难得源底。……复作是念，"世间颇更有法广此大海，深此大海，庄严于此大海者不？"作是念已，即见海底水轮之际，妙宝莲华自然涌出，伊那尼罗宝为茎，阎浮檀金为叶，沉水香宝为台，玛瑙宝为须，弥覆大海。百万阿修罗王悉共执持。百万摩尼宝庄严网罗覆其上。百万龙王雨以香水。百万迦楼罗王衔妙宝缯带垂下庄严。百万罗刹王慈心观察。百万夜叉王恭敬礼拜。百万乾闼婆王赞叹供养。百万天王雨天香华末香幢幡妙宝衣云。……百万日藏宝明净光明，普照一切。百万不可坏摩尼宝出生长养一切善行。百万如意宝珠无尽庄严。（同上）

这种无边无尽的幻想，这种"瞎嚼蛆"的滥调，便是《封神传》"三十六路伐西岐"，《西游记》"八十一难"的教师了。

以上略述三、四、五世纪的翻译文学。据《高僧传》卷十，王度奏石虎道：

……往汉明感梦，初传其道，唯听西域人得立寺都邑，以奉其神。其汉人皆不得出家。魏承汉制，亦循前轨。

这里说的汉魏制度似是史实。大概四世纪以前，300 年以前，汉人皆不准出家做和尚。故前期的名僧都是外国人，《高僧传》可为证。

故西历三百年以前，佛教并不曾盛行于中国。石勒（死于383年）、石虎（死于349年），信用佛图澄，"道化既行，民多奉佛，皆营造寺庙，相竞出家"（《高僧传》十）。风气既开，虽有王度、王波等人的奏请禁止，终不能阻止这新宗教的推行。佛图澄门下出了道安，道安门下出了慧远，慧远与鸠摩罗什同时，南北成两大中心，佛教的地位更崇高了。译经的事业也跟着佛教的推行而发展。重要的译经起于法护，在284年，当三世纪之末，其地域在敦煌长安之间。四世纪中，译经稍发达；至四世纪之末，五世纪之初，译经事业始充分发展，南北并进。故依汉人出家与译经事业两件事看来，我们可以断定四世纪与五世纪为佛教在中国开始盛行的时期。

佛教盛行如此之晚，故译经在中国文学上发生影响也更晚。四五世纪的中国文学可说是没有受佛经的影响，因为偶然采用一两个佛书的名词不算是文学影响。佛教文学在中国文学上发生影响是在六世纪以后。

综计译经文学在中国文学史上的影响，至少有二项：

（一）在中国文学最浮靡又最不自然的时期，在中国散文与韵文都走到骈偶滥套的路上的时期，佛教的译经起来，维祇难、竺法护、鸠摩罗什诸位大师用朴实平易的白话文体来翻译佛经，但求易晓，不加藻饰，遂造成一种文学新体。这种白话文体虽然不曾充分影响当时的文人，甚至于不曾影响当时的和尚，然而宗教经典的尊严究竟抬高了白话文体的地位，留下无数文学种子在唐以后生根发芽，开花结果。佛寺禅门遂成为白话文与白话诗的重要发源地。这是一大贡献。

（二）佛教的文学最富于想象力，虽然不免不近情理的幻想与"瞎嚼咀"的滥调，然而对于那最缺乏想象力的中国古文学却有很大的解放作用。我们差不多可以说，中国的浪漫主义的文学是印度的文学影响的产儿。这是二大贡献。

（三）印度的文学往往注重形式上的布局与结构。《普曜经》《佛所行赞》《佛本行经》都是伟大的长篇故事，不用说了。其余经典也往往带着小说或戏曲的形式。《须赖经》一类，便是小说体的作品。《维摩诘经》《思益梵天所问经》……都是半小说体，半戏剧体的作品。这种悬空结构的文学体裁，都是古中国没有的；他们的输入，与后代弹词、平话、小说，戏剧的发达都有直接或间接的关系。佛经的散文与偈体夹杂并用，这也与后来的文学体裁有关系。这种文学体裁上的贡献是三大贡献。

但这几种影响都不是在短时期能产生的，也不是专靠译经就能收效的。我们看那译经最盛的时期（300—500），中国文学的形式与风格都不表现一点翻译文学的势力。不但如此，那时代的和尚们作的文学，除了译经以外，都是模仿中国文士的骈偶文体。一部《弘明集》，两部《高僧传》，都是铁证。《弘明集》都是论辩的文字，两部《僧传》都是传记的文字，然而他们都中了骈文滥调的流毒，所以说理往往不分明，记事往往不正确。直到唐代，余毒未歇。故我们可以说，佛经的文学不曾影响到六朝的文人，也不曾影响到当时的和尚；我们只看见和尚文学的文士化，而不看见文人文学的和尚化。

但五世纪以下，佛教徒倡行了三种宣传教旨的方法：（一）是经文的"转读"，（二）是"梵呗"的歌唱，（三）是"唱导"的制度。据我的意思，这三种宣传法门便是把佛教文学传到民间去的路子，也便是产生民间佛教文学的来源。慧皎的《高僧传》分十科，而第九科为"经师"，即读经与念唤两类的名师；第十科为"唱导"，即唱导的名家。道宣作《续高僧传》，也分十科，其第十科为"杂科声德"，包括这三类的名家。单看这两传的分类，便可明白这三种宣教方法的重要了。

《高僧传》说："天竺方俗，凡是歌咏法言，皆称为呗。至于此土，咏经则称为'转读'，歌赞则号为'梵音'。"这可见转读与梵呗同出于一源。我们在上文曾引鸠摩罗什的话，说印度的文体注重音韵，以入弦为善。初期的和尚多是西域人，故输入印度人的读经与念呗之法。日久流传，遂产出一些神话，说曹植是创始之人，曾"删治《瑞应本起》，以为学者之宗；传声则三千有余，在契（'一契'如今人说'一只'曲子）则四十有二"（《高僧传》十五论）。又说石勒时代有天神下降，讽咏经音，时有传者。（同上）这些神话是不足信的，道宣对他们也很怀疑（《续僧传》末卷论）。大概诵经之法，要念出音调节奏来，是中国古代所没有的。这法子自西域传进来；后来传遍中国，不但和尚念经有调子；小孩念书，秀才读八股文章，都哼出调子来，都是印度的影响。四世纪晚年，支昙籥（月氏人）以此著名，遂成"转读"的祖师。《僧传》说他：

> 尝梦天神授其声法，觉因裁制新声，梵响清靡，四飞却转，反折还弄……后进传写，莫匪其法。所制六言梵呗，传响于今。

支昙籥传法平与法等弟兄，也是外国人。他们传给僧饶，僧饶是第一个中国名师。同时有道综与僧饶齐品，道综擅长的是念《三本起》与《三大拿经》。《僧传》说道综：

> 每清梵一举，辄道俗倾心。

又说僧饶在般若台外梵转：

> 行路闻者莫不息驾跚蹰，弹指称佛。

同时又有智宗，也会转读：

若乃八关（八关是持斋之名，"关闭八恶，不起诸过，不非时食"，故名八关斋。）之夕。中宵之后，四众低昂，睡眠交至，宗则升坐一转，梵响干云，莫不开神畅体，豁然醒悟。

这几个人都死于四百五十八九年。此后有昙迁，法畅、道琰、昙智、僧辩等。以上诸人都是建业的和尚；但转读之风不限于京师一地，《僧传》说："浙左、江西、荆、陕、庸蜀，亦颇有转读。"

当时和尚造的梵呗，据《僧传》所记，有"皇皇顾惟"，有"共议"，有"敬偈"一契。支昙籥所作六言梵呗愍，名"大慈哀愍"一契。又有"面如满月"，源出关右，而流于晋阳，是一种西凉梵呗。

"唱导"是什么呢？慧皎说：

唱导者，盖以宣唱法理，开导众心也。昔佛法初传，于时齐集，止宣唱佛名，依文教礼。至中宵疲极，事资启悟，乃别请宿德升座说法，或杂序因缘，或傍引譬喻。其后庐山慧远（死于 416 年）道业贞华，风才秀发，每至斋集，辄自升高座，躬为导首，广明三世因果，却辩一斋大意。后代传受，遂成永则。（《僧传》十五论）

宋武帝时，有一次内殿设斋，道照（死于 433 年）唱导：

略叙百年迅速，迁灭俄顷；苦乐参差，必由因果；如来慈应六道，陛下抚矜一切。

慧皎又说：

至如八关初夕，旋绕周行，烟盖停氛，灯帷靖耀，四众专心，又指缄默，尔时导师则擎炉慷慨。含吐抑扬，辩出不穷，言应无尽。谈无常则令心形战栗，语地狱则使怖泪交零，征昔因则如见往业，核当果则已示来报，谈怡乐则情抱畅悦，叙哀戚则洒泪含酸。于是阖众倾心，举堂恻怆，五体输席，碎首陈哀，各各弹指，人人唱佛。

这里描写导师唱导时的情形，使我们知道"唱导"乃是一种斋场的"布道会"；唱导的人不但演讲教中宗旨，还要极力描摹地狱因果种种恐怖，眼泪鼻涕应声涌止，才可以使"举堂恻怆，碎首陈哀"。那惨凄的夜色，迷濛的炉烟，都只是有意给那擎炉说法的和尚造成一个严肃凄怆的背景。

唱导的斋会明是借斋场说法，故慧远唱导一面要"广明三世因果"，一面又必须说明"一斋大意"。《昙宗传》中说他为宋孝武帝唱导，帝笑间道："朕有何罪，而为忏悔？"又《昙光传》中说他"回心习唱，制造忏文；每执炉处众，辄道俗倾仰"。这可见"拜忏"是唱导的一部分（拜章忏罪之法似是起于当日的道士，不是印度来的）。

《昙颖传》中说：

> 凡要请者，皆贵贱均赴，贫富一揆。

又《法镜传》中说：

> 镜誓心弘道，不拘贵贱，有请必行，无避寒暑。

来请的人既不同阶级，唱导的内容也就不能不随时变换，故有制造"唱导文"与"忏文"的必要。慧皎说：

> 如为出家五众，则须切语无常，苦陈忏悔。若为君王长者，则须兼引俗典，绮综成辞。若为悠悠凡庶，则须指事造形，直谈闻见。若为山民野处，则须近局言辞，陈斥罪目。

当时文学的风气虽然倾向骈俪与典故，但"悠悠凡庶"究竟多于君王长者；导师要使大众倾心，自然不能不受民众的影响了。

慧皎的《高僧传》终于梁天监十八年（519年）。道宣作《续僧传》，终于唐贞观十九年（645年）。在这一百多年中，这几种宣传教法门都更倾向中国化了。梵呗本传自印度，当时一号为"天音"。后来中国各地都起来了各种呗赞。道宣所记，有东川诸梵，有郑魏之参差，有江表与关中之别。他说：

> 梵者，净也，实惟天音。色界诸天来觐佛者，皆陈赞颂。经有其事，祖而述之，故存本因，诏声为"梵"。然彼天音未必同此。……神州一境，声类既各不同，印度之与诸蕃，咏颂居然自别。（《续传》四十论）

这便是公然承认各地可以自由创造了。道宣又说：

> 颂赞之设，其流实繁。江淮之境，偏饶此玩。雕饰文绮，糅以声华，……然其声多艳逸，羇覆文词，听者但闻飞弄，竟迷是何筌目。

这是说江南的文人习气也传染到了和尚家的颂赞，成了一种文士化的唱赞，加上艳逸的音韵，听的人只听得音乐飞弄，不懂唱的是什么了。但北方还不曾到这地步，

> 关河晋魏，兼而有之（兼重声音与内容）。但以言出非文，雅称呈拙，且其声约词丰，易听而开深信。

可见北方的唱赞还是"非文"而"易听"的。道宣提及：

> 生严之《咏佛缘》，五言结韵，则百岁宗为师辖；远运之《赞净土》，四字成章，则七部钦为风素。

这些作品，都不可见了。但我们看日本与敦煌保存的唐人法照等人的《净土赞》（看《续藏经》第二编乙，第一套，第一册之《净土五会念佛略法事仪赞》。巴黎国家图书馆藏有敦煌写本《净土念佛诵经观行仪》互有详略），其中多是五言七言的白话诗。这很可证明颂赞的逐渐白话化了。

唱导之文在这个时期（五六世纪）颇发达。《真观（死于 611 年）传》中说他著有导文二十余卷。《法韵（死于 604 年）传》中说他曾"诵诸碑志及古导文百有余卷，并王僧孺等诸贤所撰"。又《宝岩传》

中说到"观公导文，王孺忏法，梁高、沈约、徐庾、晋宋等数十家"。大约当时文人常替僧家作导文，也许僧家作了导文，假托于有名文人。如今世所传《梁皇忏》，究竟不知是谁作的。但无论是文人代作，或假托于文人，这些导文都免不了文人风气的影响，故当日的导文很有骈偶与用典的恶习气。《善权传》中说他：

> 每读碑志，多疏俪词。……及登席，列用牵引啭之。

又《智凯传》中说他：

> 专习子史，今古集传有开意抱，辄条疏之。随有福会，因而标拟。

这都是文匠搜集典故，摘抄名句的法子；道宣作传，却津津称道这种"獭祭"法门，我们可以想见当日和尚文家的陋气了。

但颂赞与唱导都是布道的方法，目的在于宣传教义，有时还须靠他捐钱化缘，故都有通俗的必要。道宣生当唐初，已说：

> 世有一法事，号曰"落花"，通引皂素（僧家着黑衣，故称"缁"，也称"皂"。素即白衣俗人），开大施门，打刹唱举，拘撒泉贝，别请设座，广说施缘。或建立塔寺，或缮造僧务，随物赞祝，其纷若花。士女观听，掷钱如雨，至如解发百数（"解发"似是剪下头发，可以卖钱。《宝岩传》中说他唱导时，听者"莫不解发撒衣，书名记数。"可以参证）。别异词陈愿若星罗，结句皆合韵，声无暂停，语无重述（捐钱物者，各求许愿，故须随时变换，替他们陈愿）。斯实利口之铦奇，一期之赴捷也。（《续传》卷四十论）

这种"落花"似乎即是后来所谓"莲花落"一类的东西。做这种事的人，全靠随机应变，出口成章。要点在于感人，故不能不通俗。今日说大鼓书的，唱"摊簧"的，唱"小热昏"的，都有点像这种"落花"导师。"声无暂停，语无重述，结句皆合韵"，一也正像后世的鼓词与摊簧。《善权传》中说隋炀帝时，献后崩，宫内设斋场，善权与立身"分番礼导，既绝文墨，唯存心计。四十九夜总委二僧，将三百度，言无再述。……或三言为句，便尽一时；七五为章，其例亦尔"这种导文，或通篇三字句，或通篇五字句，或通篇七字句，都是有韵的，这不是很像后来的弹词鼓词吗？

综合两部僧传所记，我们可以明白当时佛教的宣传决不是单靠译经。支昙籥等输入唱呗之法，分化成"转读"与"梵呗"两项。转读之法使经文可读，使经文可向大众宣读。这是一大进步。宣读不能叫人懂得，于是有"俗文""变文"之作，把经文敷演成通俗的唱本，使多数人容易了解。这便是更进一步了。后来唐五代的《维摩变文》等，便是这样起来的（说详下编，另有专论）。梵呗之法用声音感人，先传的是梵音，后变为中国各地的呗赞，遂开佛教俗歌的风气。后来唐五代所传的《净土赞》《太子赞》《五更转》《十二时》等，都属于这一类。佛教中白话诗人的起来（梵志、寒山、拾得等）也许与此有关系吧。唱导之法借设斋拜忏做说法布道的事。唱导分化出来，一方面是规矩的忏文与导文，大概脱不了文人骈偶的风气，况且有名家导文作范本，陈套相传，没有什么文学上的大影响。一方面是由那临机应变的唱导产生"莲花落"式的导文，和那通俗唱经的同走上鼓词弹词的路子了。另一方面是原来说法布道的本意，六朝以下，律师宣律，禅师谈禅，都倾向白话的讲说；到禅宗的大师的白话语录出来，散文的文学上遂开一生面了（也详见下编）。

——《白话文学史》上卷（上海：新月书店，1928 年）

论翻译——与曾孟朴先生书（1928）

胡适、曾孟朴

孟朴先生：

前奉上一书，想已达览。近日因小病，不能作工，颇得余暇，遂尽读惠赠的嚣俄戏剧三种。读后更感觉先生的志愿与精神之不可及。中国人能读西洋文学书，已近六十年了；然名著译出的，至今还不满二百种。其中绝大部分，不出于能直接读西洋书之人，乃出于不通外国文的林琴南，真是绝可怪诧的事！近三十年来，能读英国文学的人更多了，然英国名著至今无人敢译，还得让一位老辈伍昭扆先生出来翻译《克兰弗》，这也是我们英美留学生后辈的一件大耻辱。英国文学名著，上自 Chaucer，下至 Hardy，可算是完全不曾有译本。莎翁戏剧至今只译出一二种，也出于不曾留学英美的人。近年以名手译名著，只有伍先生的《克兰弗》，与徐志摩译的《赣第德》两种。故西洋文学书的翻译，此事在今日直可说是未曾开始！先生独发宏大誓愿，要翻译嚣俄的戏剧全集，此真是今日文学界的一件绝大事业，且不论成绩如何，即此宏大誓愿已足令我们一班少年人惭愧汗下，恭敬赞叹！我十二年不读法文文学书了，嚣俄的戏剧向来更无研究，对于尊译，简直是不配赞一辞，只有敬畏赞叹，祝先生父子继续此盛业，发挥光大，给我们做个榜样，使我们少年人也感慨发奋，各依性之所近而力之所能勉者，努力多译一些世界名著，给国人造点救荒的粮食！已读三种之中，我觉得《吕伯兰》前半部的译文最可读。这大概是因为十年前直译的风气未开，故先生译此书尚多意译，遂较后来所译为更流利。近年直译之风稍开，我们多少总受一点影响，故不知不觉地都走上严谨的路上来了。

近几十年中译小说的人，我以为伍昭扆先生最不可及。他译大仲马的《侠隐记》十二册（从英文译本的），用的白话最流畅明白，于原文最精警之句，他皆用气力炼字炼句，谨严而不失为好文章，故我最佩服他。先生曾见此译本否……

胡适敬上

十七，二，廿一

附录：曾先生答书

适之先生：

两次捧读示教，迟延了两三个月，还没答复；并不是我的不经意或倨慢，实在近来精神太不济了，忙了这件，便顾不到那件；这要请您特别的容恕。费了您宝贵的光阴，看完我几部冗长拙劣的译品，又承指示译品印刷上的错误和纠正误解器俄《吕克兰斯鲍夏》原叙里 Bilogie 的字义，这是我该向您表示感谢的。只有蒙您逾量的奖借，我真不敢当；也许您对我这时代消磨了色彩的老文人，还想蹒跚地攀登崭新的文坛，格外加些恕辞吧！

若说到您勉励我们父子努力翻译的事业，而且希望我们去发挥光大；我们既站在这世界文坛的战线上，努力是当然遵教，所怕的是您这个希望，终究要失望！我们俩脆弱的肩头，如何挑得这副重担？

煦伯大儿，不过是个圣约翰大学的学生，没到欧美留过学，我是连学校都没进过，更说不到出洋了。我的学法兰西语和稍懂一点世界文学门径，这一段历史，说来虽有些婆婆妈妈白头宫女谈天宝似的，其实倒很有点儿趣味。

我的开始学法语，是在光绪乙未年——中日战局刚了的时候——的秋天。那时张樵野在总理衙门，主张在同文馆里设一特班，专选各部院的员司，有国学根底的，学习外国语，分了英、法、德、日四班，我恰分在法文班里。这个办法，原是很好的，虽然目的只在养成几个高等翻译官。哪里晓得这些中选的特班生，不是红司官，就是名下士，事情又忙，意气又盛，哪里肯低头伏案做小学生呢。每天到馆，和上衙门一样，来坐一会儿，喝一杯茶，谈谈闲天，就算敷衍了上官作育人才的盛意。弄得外国教授，没有办法，独个儿在讲座上每天来演一折独语剧，自管自走了。后来实在演得厌烦，索性不大来了，学生来得也参差错落了。这个特班，也就无形地消灭，前后统共支撑了八个月。

这八个月的光阴，在别人呢，我敢说一句话，完全是虚掷的，却单做成了我一个人法文的基础。我的资质是很钝的，不过自始至终，学一点是一点，没有抛弃，拼音是熟了，文法是略懂些了。于是离了师傅，硬读文法，强记字典，这种枯燥无味的工作，足足做了三年。一到第三年上，居然有了一线光明了。那时在旧书店里，买得了一部阿那都尔佛朗士的《笑史》（*Histoire Comique*），拼命地逐字去译读，等到读完，再看别的书，就觉得容易得多了。

然那时候的读，完全是没秩序的读，哲学的、科学的、文学的，随手乱抓，一点统系都不明了。直到戊戌变法的那年，我和江灵鹣先生在上海浪游。有一天，他替谭复生先生饯行北上，请我作陪，座客中有个陈季同将军，是福建船厂学堂的老学生，精熟法国文学，他替我们介绍了。我们第一次的谈话，彼此就十分契合，从此便成了朋友，成了我法国文学的导师。

陈季同将军在法国最久，他的夫人便是法国人。他的中国旧文学也是很好，但尤其精通法国文学；他的法文著作，如《支那童话》（ Contes chinois ）、《黄衫客悲剧》（ L'homme de la Robe Jaune ）等，都很受巴黎人士的欢迎；他晚年的生活费，还靠他作品的版税和剧场的酬金；他和佛朗士仿佛很有交谊的。

我自从认识了他，天天不断地去请教，他也娓娓不倦地指示我；他指示我文艺复兴的关系，古典和浪漫的区别，自然派、象征派和近代各派自由进展的趋势；古典派中，他教我读拉勃来的《巨人传》，龙沙尔的诗，拉星和莫理哀的悲喜剧，白罗瓦的《诗法》，巴斯卡的《思想》，孟丹尼的小论；浪漫派中，他教我读服而德的历史，卢梭的论文，嚣俄的小说，威尼的诗，大仲马的戏剧，米显雷的历史；自然派里，他教我读弗劳贝、佐拉、莫泊三的小说，李尔的诗，小仲马的戏剧，泰恩的批评；一直到近代的白伦内甸《文学史》，和杜丹、蒲尔善、佛朗士、陆悌的作品；又指点我法译本的意、西、英、德各国的作家名著；我因此沟通了巴黎几家书店，在三四年里，读了不少法国的文哲学书。我因此发了文学狂，昼夜不眠，弄成了一场大病，一病就病了五年。

我文学狂的主因，固然是我的一种嗜好，大半还是被陈季同先生的几句话挑激起来。他常和我说：

我们在这个时代，不但科学非奋力前进，不能竞存，就是文学也不可妄自尊大，自命为独一无二的文学之邦；殊不知人家的进步，和别的学问一样地一日千里。论到文学的统系来，就没有拿我们算在数内，比日本都不如哩。我在法国最久，法国人也接触得最多，往往听到他们对中国的论调，活活把你气死。除外几个特别的：如阿培尔娄密沙（Abel Rèmusat）是专门研究中国文字的学者，他作的《支那语言及文学论》，态度还公平。瞿亚姆波底爱（M. Guillaume Pauthier），是崇拜中国哲学的，翻译了《四子书》（Confucius et Menfucius）和《诗经》（Ch'iking）、《老子》（Lao-Tseu）；他认孔孟是政治道德的哲学家，《老子》是最高理性的书。又瞿约大西（Guillard d'Arcy），是译中国神话的（Contes chinois）；司塔尼斯拉许连（Stanislus Julien）译了《两女才子》（Les Deux Jeune Filles Lettr'ee）、《玉娇李》（Les Deux Cousines）；唐德雷古尔（P. d'Entre-Colles）译了《搧坟》（Histoire de la Dame a L'eventail blanc）；都是翻译中国小说的，议论是半赞赏半玩笑；其余大部分，不是轻蔑，便是厌恶。就是和中国最表同情的服尔德（Voltaire），他在十四世纪哈尔达编的《支那悲剧集》（La Tragédie Chinoise, Par le P'ere du Halde）里，采取元纪君祥的《赵氏孤儿》，创造了《支那孤儿》五折悲剧（L'orphelin de la Chine），他在卷头献给李希骝公爵的书翰中，赞叹我们发明诗剧艺术的早，差不多在三千年前（此语有误，怕是误会剧中事实的年代，当作作剧的年代），却怪诧我们进步的迟，至今还守着三千年前的态度；至于现代文豪佛朗士就老实不客气地漫骂了。他批评我们的小说，说：不论散文或是韵文，总归是满面礼文、满腹凶恶、一种可恶民族的思想；批评神话又道：大半叫人读了不喜欢，笨重而不像真，描写悲惨，使我们觉到是一种扮鬼脸，总而言之，支那的文学是不堪的；这种话，都是在报纸上公表的。我想弄成这种现状，实出于两种原因：一是我们太不注意宣传，文学的作品，译出去的很少，译的又未必是好的，好的或译得不好，因此生出重重隔膜；二是我们文学注重的范围，和他们不同，我们只守定诗古文词几种体格，做发抒思想情绪的正鹄，领域很狭，而他们重视的如小说戏曲，我们又鄙夷不屑，所以彼此易生误会。我们现在要勉力的，第一不要局于一国的文学，嚣然自足，该推广而参加世界的文学；既要参加世界的文学，入手方法，先要去隔膜，免误会。要去隔膜，非提倡大规模的翻译不可，不但他们的名作要多译进来，我们的重要作品，也须全译出去。要免误会，非把我们文学上相传的习惯改革不可，不但成见要破除，连方式都要变换，以求一致。然要实现这两种主意的总关键，却全在乎多读他们的书。

我只为迷信了这一篇话，不仅害我生了一场大病，而且好多年感着孤寂的苦闷。人类的普遍性，凡是得了一件新物品或新智识，总希望有个同情者，互相析疑欣赏，才觉得满足愉快。我辛辛苦苦读了许多书，知道了许多向来不知道的事情，却只好学着李太白的赏月喝酒，对影成三，自问自答，竟找不到一个同调的朋友。那时候，大家很兴奋地崇拜西洋人，但只崇拜他们的声光化电，船坚炮利；我有时谈到外国诗，大家无不瞠目结舌，以为诗是中国的专有品，蟹行蚓书，如何能扶轮大雅，认为说神话罢了；有时讲到小说戏剧的地位，大家另有一种见解，以为西洋人的程度低，没有别种文章好推崇，只好推崇小说戏剧；讲到圣西门和孚利爱的社会学，以为扰乱治安；讲到尼采的超人哲理，以为离经叛道。最好笑有一次，我为办学校和本地老绅士发生冲突，他们要禁止我干预学务，联名上书督抚，说"某某不过一造作小说淫辞之浮薄少年耳，安知教育"，竟把研究小说，当作一种罪案。

　　不久，《新民丛报》出来了，刊行了一种《新小说》杂志，又发表了一篇《小说有关群治》的论文，似乎小说的地位，全仗了梁先生的大力，增高了一点。翻译的小说，如《茶花女遗事》等，渐渐地出现了。那时社会上一般的心理，轻蔑小说的态度确是减了，对着外国文学整个的统系，依然一片模糊。我就纠合了几个朋友，合资创办了小说林和宏文馆书店；在初意原想顺应潮流，先就小说上做成个有统有系的译述，逐渐推广范围，所以店名定了两个。谁知后来为了各人的意见，推销的关系，自己又卷入社会活动的潮涡里，无暇动笔，竟未达到目的，事业就失败了。它的结果，仅仅激起了一般翻译和浏览外国小说的兴味，促进了商务书馆小说丛书的刊行罢了。（小说林书店开办时，翻译外国的小说，还不满十种，可惜当时全为推销起见，倒注重了柯南道尔的侦探案。）

　　于是，畏庐先生拿古文笔法来译欧美小说的古装新剧出幕了。我看见初出的几本英国司各脱的作品，都是数十万言的巨制，不到几个月，联篇的译成，非常地喜欢，以为从此吾道不孤，中国有统有系的翻译事业，定可在他身上实现了。每出一种，我总去买来看看，慢慢觉得他还是没标准，即如哈葛德的作品，实在译得太多了，并且有些毫无文学价值作家的作品，也一样在那里勾心斗角地做，我很替他可惜。有一回，我到北京特地去访他，和他一谈之下，方知道畏庐先生虽是中国的文豪，外国文是丝毫不懂的，外国文学源流，更是茫然，译品全靠别人口述，连选择之权，也在他人手里。我却承他好意，极力赞许我的文字，我也很热心地想帮助他一点，把欧洲文学的原委派别，曾大概和他谈过几次，并且告诉他，如照他这样地做下去，充其量，不过增多若干篇外国材料的模仿唐宋小说罢了，于中国文学前途，不生什么影响；我们翻译的主旨，是要扩大我们文学的旧领域，不是要表现我们个人的文章。我就贡献了两个意见：一是用白话，固然希望普遍地了解，而且可以保存原著人的作风，叫人认识外国文学的真面目、真精神；二是应预定译品的标准，择各时代、各国、各派的重要名作，必须移译的次第译出。他对于第一点，完全反对，说用违所长，不愿步《孽海花》的后尘；第二点，怕事实做不到，只因他自己不懂西文，无从选择预定，人家选择，那么和现在一样，人家都是拿着名作来和他合译的，何必先定目录，倒受拘束。我觉得他理解很含糊，成见很深固，还时时露出些化朽腐为神奇的自尊心，我的话当然要刺他老人家的耳，也则索性罢了。他一生译的小说，不下二百余种，世界伟大的名著，经他译出的，不在少数，对着译界，也称得起丰富的贡献了。如果能把没价值的除去，一家屡译的减去，填补了各大家代表的作品，就算他意译过甚，近于不忠，也要比现在的成绩圆满得多呢。

我在畏庐先生身上，不能满足我的希望后，从此便不愿和人再谈文学了。一直到您的《文学革命论》在《新青年》杂志上崭然露了头角，我国沉沉死气的旧文学界，觉得震动了一下。接着便是文言白话的论战，在北方轩然起了大波。那时，在旧文学里，第一个抵死对抗者是畏庐先生，在新文学里，扬着三色旗，奋勇直前，大声疾呼，做第一个敢死队的急先锋就是您。您本是我国礼学传统里学问界的贵胄，国故田园里培养成熟的强苗，在根本上、环境上，看透文学有改革的必要，独能不顾一切，在遗传的重重罗网里杀出一条血路来。终究，得到了多数的同情，引起了青年的狂热；我不佩服你别的，我只佩服你当初这种勇决的精神；比着托尔斯泰弃爵放农身殉主义的精神，有何多让！因此，新文化运动的潮流，弥漫了全国，外国文艺的光华，也照耀了一般。未几，普通白话不满足，进求欧化，译述不满足，共谋创造；共学社、创造社、北大的刊物，次第发展了；《小说月报》，改成了宣传新文学的机关了；各省新文学的社团，也纷纷的共鸣了；杂志和书店，也前仆后继地陈列在市场上了；有几个新成名的作家，已踮着脚向世界文坛上偷递眼波了。照这样的说，这五六年间，我们新文学的成绩，已弄得十色五光，绚烂夺目，只应该恭敬叹赞，共唱凯歌，为什么我们的感觉上虽然扫除了从前的苦闷，却总觉得不十分满足，便是最先提倡新文学的您，也在那里嘅乎言之，希望些救荒的粮食，似乎还未得到丰饶的收获呢？这真是近来文学界里最可注意的一点了。

我对于现代的出版物，虽未能遍读，然大概也涉猎过。觉得这几年文学界的努力，很值得赞颂的，确有不可埋没的成绩。只就我所见的概括说起来，第一是小品文字，含讽刺的、析心理的、写自然的，往往着墨不多，而余味曲包。第二是短篇小说，很有能脱去模仿的痕迹，表现自我的精神，将来或可自造成中国的短篇小说。第三是诗，比较新创时期，进步得多了；虽然叙事诗还不多见，然抒情诗，却能把外来的格调，折中了可谐的音节，来刷新遗传的旧式、情绪的抒写，格外自由、热烈，也渐少诘屈聱牙之病，决有成功的希望。第三件，我们凭良心说，不能不说是良好的新产品，除此外，长篇小说——现在的名为长篇，实不过是中篇——没有见过，诗剧、散文剧、叙事诗、批评、书翰、游记等，很少成功之作。

我们在这新辟的文艺之园里巡游了一周，敢说一句话，精致的作品是发现了，只缺少了伟大。譬如我们久饿的胃口，正想狼吞虎咽，却摆在你面前的，只有些精巧的点心、玲珑的糖果、酸辣的小食，不要说山珍海味的华筵没有你的份儿，便家常的全桌饭菜，也到不了口，这如何能鼓腹而嬉呢！

这个现象，很值得我们注意的。为什么成这个现象？我想不外乎两种原因，一种是懒惰，一种是欲速。我们来做文学事业的，大半是聪明的青年人。聪明人总欢喜做点乖巧的勾当，决不肯去下笨重的工夫。他们见这些小品文和短篇小说，用力少而成功易，又适应潮流，自然群趋一途，何必戴石串戏？等到这种试验，得了些效果，成了些小名，已经有人如天如帝来捧场，自觉在这新国土里已操了威权，新信仰中已成了偶像，只想保持尊严，享用香火，谁还肯冒险图功，自寻烦恼？这便是懒惰。我们人的普通性，任做什么事，总喜欢越级，政治是如此，文学上也是如此。文学的最终目的，自然要创造，但创造不是天上掉下石里迸出的，必然有个来源。我们既要参加在世界的文学里，就该把世界已造成的作品，做培养我们创造的源泉。欧洲文艺复兴的成功，得力全在翻译希、罗的名著。我们却不然，一开手，便轻蔑了翻译，全力提倡创作。所以从新文化运动后，译事反不如了旧文学时期，无怪您要诧怪重要些作品，都被老一辈人译了。其实这现象很不好，自己不注意翻译，连带便也少研读别国的作品，作风上也少新进益，而且文学的事业，该合全国人——不论懂外国文和不懂外国文的——共同工作，译品一寥落，叫不懂外国文的人，无从加入合作，岂不自己减削了一大部分的力量呢？这便是欲速。

现在要完成新文学的事业，非力防这两样毛病不可；欲除两样毛病，非注重翻译事业不可。您的勉励我们努力翻译名著真是一剂救时良药。我们虽力不能胜，却也想尽一份子的义务。

我们现定的方法，想先从调查入手，把已译成的各国作家重要作品，调查清楚，列成一表。译得好的或不好的，详加讨论。然后再将各国、各时代、各派别里的代表作品，有必须介绍的，另定一表，加以说明，便在杂志上逐期公表，和大家商榷，总希望定出一文学上翻译的总标准。至于我们的译事，也就在这个总标准里，选出若干，看着我们能力上办得到的担任，勉负您殷挚的期望。

因您几句话，引起了我三十多年的回想，不觉絮絮叨叨了数千言，这也是神经衰弱的人的常态，请您恕我的噜苏，并祝您的健康。

> 您的忠肯的友，病夫谨复
>
> 十七·三·十六天明时

——《胡适文存三集》（上海：亚东图书馆，1930 年）

近代翻译文学（1929）

陈子展

现在，我要论到近代的——文学革命运动以前的翻译文学。

我们要知道外来文学对于本国文学的影响，就不得不略略谈及从前的翻译文学。华族与异族接触，因语言文字不同，除当时交际上用的口头翻译外，尚有流传后世的文字翻译。这类翻译最早的要算《说苑》上《善说》篇所载鄂君译《越人歌》；其次，就要算《后汉书·西南夷传》所载白狼王唐菆等《慕化诗》三章。但是这都不过是偶然翻译一点，于本国文学上绝无影响。本来那时候，异族的文化都不及中国，中国人谁肯留心到它呢？翻译外来载籍，而于本国文学上有很大的影响的，当然起始就要谈到从后汉、东晋、南北朝直到隋唐的翻译佛书。这种译品，固然已于中国文学上特创一种新文体，另外成为一种"佛典文学"。同时，佛家的玄理妙义侵入中国固有的思想界中。有好些文学家的思想也就受到它不少的影响。到了近代，海禁大开，与外国相接触，打了几次大败仗，外交上又常常吃得不少的亏。当时明白事理的士大夫，才渐渐知道堂堂华夏，也有不及"夷人""洋鬼子"的地方，才对于外来文化肯相当地吸收、容纳。一方面派遣学生出洋学习，一方面设立同文馆、制造局，于是翻译事业就大大地发展起来了。

> 无锡徐雪村……精理化学，于造枪炮弹药等事多所发明。……创议翻译泰西有用之书，以探索根柢。曾文正深韪其言，于是聘定西士伟力亚利、傅兰雅、林乐知、金楷理等，复集同志华蘅芳、李凤苞、王德均、赵元益诸人以研究之。阅数年，书成数百种。于是泰西声、光、化、电、营阵、军械各种实学遂以大明。此为欧西文明输入我国之嚆矢也。

> 自中外通商以来，译事始起。京师有同文馆，江南有制造局。广州有医士所译各书，登州有文会馆所译学堂使用各书。上海益智书会又译印各种图说。总税务司赫德译有《西学启蒙》十六种。傅兰雅译有《格致汇编》《格致须知》各种。馆译之书，政学为多。制造局所译，初以算学、地学、化学、医学为优，兵学、法学皆非专家，不得纲领。(《清稗类钞·文学类》二一八—二一九页）

> 海禁既开，外侮日亟。曾文正开府江南，创制造局，首以译西书为第一义，数年之间，成者百种。而同时同文馆及西士之设教会于中国者，相继译录。至今二十余年，可读之书略三百种。

> 已译诸书，中国官局所译者，兵政类为最多。盖昔人之论，以为一切皆胜西人，所不如者兵而已。西人教会所译者医学类为最多，由教士多业医也。制造局首重工艺。而工艺必本格致，故格致诸书虽非大备，而崖略可见。惟西政各籍，译者寥寥。（梁启超《西学书目表序例》，丙申年作）

我们读此，可以知道近代初期翻译事业的大概。那时所译的书，在官设馆局以军械营阵一类的书为最多。他们以为中国人不及西洋人的地方只有军器与军队，只想自己也做到兵精械利，抵得住洋人。其次，因外交上屡屡失败，屡屡吃亏，在不懂得各国的国情，世界的大势，故兼译一些地理、历史、政治、法制的书。至于教会所译，除宗教的经典以外，还译一点医学书。因为那些教士多业医生，想做一点慈善性质的医药事业，引起中国人对于"洋教"的好感。其他当时号为"格致"的书，亦译得不少。此外关于文学上的书，哲学上的书，那时还没有人理会。直到严复，才开始翻译西洋近世思想的书，直到林纾，才开始翻译西洋近世文学的书，所以我们要论述近代翻译文学，自然要从他们讲起了。

严复的古文，受桐城派文人吴汝纶的影响最大，他的翻译工作也得到吴汝纶的奖勉帮助不少。所以他说：

> 不佞者每译脱稿，辄以示桐城吴先生，老眼无花，一读即窥深处；盖不徒斧落徽引，受裨益于文字间也。故书成必求其读，读已必求其序。（《汉学肄言·译余赘语》）

又吴汝纶对于严复的翻译文体，亦常常有所讨论。严复的《天演论》译成了，寄示吴妆纶，吴汝纶答他道：

> 执事若自为一书，则可纵意驰骋。若以译赫氏之书为名，则篇中所引古书古事，皆宜以元书所称西方者为当，似不必改用中国人语，以中事中人固非赫氏所及知。法宜如晋宋名流所译佛书，与中儒著述显分体裁，似为入式。（丙申，《答严几道书》）

吴汝纶这封信有两点值得注意：第一，他不赞成严复于译本中所引古书古事改用中国人语。第二，文体宜如晋宋名流所译佛书，与中儒著述显分体裁。这两点正中了严复译书的弊病。第一点，严复讲学译书，想沟通古今中外，喜欢拿中学傅会西学。他说：

> 近二百年，欧洲学术之盛，远迈古初。其所得以为名理公例者，在在见极，不可复摇。顾吾古人之所得，往往先之，此非傅会扬己之说

也。……必谓彼之所明皆吾中土所前有，甚者或谓其学皆得于东来，则又不关事实，适用自蔽之说也。夫古人发其端，而后人莫能竟其绪；古人拟其大，而后人未能议其精；则犹之不学无术，未化之民而已。祖父虽圣，何救子孙之童昏也哉！大抵古书难读，中国为尤。二千年来，士徇利禄，守阙残，无独辟之虑。是以生今日者，乃转于西学得识古之用焉。此可与知者道，难与不知者言也。（《译天演论自序》）

不过他毕竟是一个"于西学得识古之用"的人，对于那些既不识西学又不识古的人，必谓"彼之所明皆吾中土所前有，甚者或谓其学皆得于东来"，还是痛骂一顿。第二点，严复译书好用汉以前字法句法。他以为"用汉以前字法句法则为达易，用近世利俗文字则求达难"（《译天演论例言》）。所以吴汝纶的《严译天演论序》也说："今赫胥黎之道……严子一文之，而其书乃骎骎与晚周诸子相上下。"又严译耶芳斯《名学浅说》，有好多地方举例设譬，其文模仿前人翻译佛书体裁。例如该书第二十四章百五十九节到百六十四节，便是如此。其百六十一节云：

……人或认假，信以为真。是故比拟，究易失误。由似求似，常非断然。试为举之。乡间小儿，食椹而甘。出游林中，见相似者，采而食之；不料有毒，或至致死。菌之毒者，西名蟾厕，人或煮食，误谓香蕈；故欲别采，须人指示。晋史蔡谟，蟚蜞作蟹，二螯八跪，形似性非；误取食之，遂致狼狈。凡此皆用比拟之术而得误者。此种别识，不独人能，鸟兽下生，固常为此。受击之狗，见杖而逃，汝若伏地，彼谓拾石，将以掷之；即使无石，亦疾驰去。孽雁惊弓，至于自陨。山鸾舞镜，以影为雄，对之悲鸣，至于气绝。比拟之误，如是如是！

严复译书好用汉以前字法句法，想与晚周诸子相上下；也偶然仿用佛书体；不肯自创体裁，如后汉、东晋、六朝、隋、唐人译佛书一样，这自然是他的缺点。不过他在当时要灌输一班老先生一点西洋思想，便不得不用古雅的文章来译，叫他们看得起译本，因而看得起西学，这也是他译书的一点苦心。他说：

> 风气渐通，士知弇陋为耻；西学之事，问涂日多。然亦有一二巨子诒（原字为讠旁）然谓彼之所精不外象数形下之末，彼之所务不越功利之间；逞臆为谈，不咨其实。讨论国闻，审敌自镜之道，又断断乎不如是也。（《译天演论自序》）

我们可以想见那时一班老先生对于西学的态度。他却肯译一些西洋思想的书，想叫一帮老先生改变顽旧自大、不求长进的思想，知道怎样"讨论国闻，审敌自镜"，这是他的卓识。

严复译书，拿"信""达""雅"三字做译文的标准。他译造一个名词也不肯苟且。他说："一名之立，旬日踟蹰，我罪我知，是存明哲。"所以胡适之说："他对于译书的用心与郑重，真可佩服，真可做我们的模范！"又说："严复译的书，有几种——《天演论》《群己权界论》《群学肄言》——在原文本有文学的价值，他的译本在古文学史上也应该占一个很高的地位。"（《五十年来之中国文学》）

林纾的古文也是属于桐城派，也是受到吴汝纶的影响很大的。我在上面第六章已经说过吴汝纶是三十年前很有新思想的新人物了；同样，林纾在三十年前也可算是颇有新思想的新人物，虽然他到了死期已近的晚年很愤慨地攻击新思想新文学，无形中成了一个守旧派的领袖。他在康有为公车上书之前作的《闽中新乐府》五十首，便是他那时的新思想的具体的表现。后来他肯拿下古文家的尊严（从前一般古文家自视确实尊严），动手去译欧洲小说；他有鉴赏各国文学的兴趣；

他开始了翻译世界的文学作品的风气，也不是顽固守旧的老先生能够做的事业。他的翻译从他最初译的《巴黎茶花女遗事》起，直到他的晚年止，已经出版的有一百三十二种。其余散见《小说月报》（六卷到第十一卷）或别种刊物的，以及尚未刊行的，尚有几十种。从前鸠摩罗什译佛经三百卷，玄奘三藏译佛书一千三百三十卷，他们愿力的伟大固无可伦比，而其宗教的狂热，生于今日的我们尚不难以想象得之。林纾翻译外国小说，固然为他治生之一法，但他想借翻译的外国小说，一广国人之见闻，一新国人之观感，这种意思也是有的。他在《不如归》的序上说：

> 余译既，若有不胜冤抑之情，而欲附此一伸，而质之海内君子者。……果当时由大败之后，收其败余之残卒，加以豢养，俾为新卒之导；又广设水师将弁学校以教育英隽之士；水师即未成军，而后来之秀，固人人可为水师将弁者也。须知不经败衄，亦不知军中所以致败之道。知其所败而更革之，仍可自立于不败。……纾年已老，报国无日，故日为叫旦之鸡，冀我同胞警醒，恒于小说序中摅其胸臆。

"日为叫旦之鸡，冀我同胞警醒"，这是何等值得佩服的愿力！又是何等热烈的爱国精神！

林纾翻译的一百几十种小说中，代表了英、美、法、俄、挪威、瑞士、比利时、西班牙、日本等许多国度，介绍了莎士比亚（Shakespeare）、地孚（Defoe）、史委夫特（Swift）、狄更司（Charles Dickense）、华盛顿·欧文（Washington Irving）、预勾（V. Hugo）、大仲马（Alexander Dumas）、小仲马（Alexander Dumas Fil）、巴鲁萨（Balzac）、易卜生（Ibsen）、威士（Wiss）、西万提司（Cerventes）、托尔斯泰（L. Tolstoy）、德富健次郎等许多著名作家。这真是一桩不容易的工作！不过在这许多种小说中只有四五十种系完美的名著，其余都系二三流的作品，可以不必耗费许多气力去译的，所以有许多人替他惋惜。他自己不懂原文，译本的选择，都靠口译者的意思，因此吃亏不少。又他的译本有些删节原文，或是变更原意，这种错误，恐怕大半也是出于口译者。他自己也曾说过：

> 急就之章，难保不舛谬。近有海内知交投书举鄙人谬误之处见箴，心甚感之。惟鄙人不审西文，但能笔述，即有讹错，均出不知。（《西利亚郡主别传序》）

"即有讹错，均出不知"，这是一个"不审西文，但能笔述"的翻译者说的老实话，也就是他的无可奈何的伤心语！（本节系参考郑振铎《林琴南先生》而成。）

严复首先介绍西洋近世思想，林纾首先介绍西洋近世小说，前面已经说过了。现在我还要谈到首先介绍西洋诗歌的马君武、苏曼殊。（前此王韬曾译德、法国歌各一篇，见《普法战纪》中，但非有意介绍外国诗歌。）我们读过《马君武诗稿》的人，总该惊异他那种雄豪深挚的诗笔。而他翻译拜轮的《哀希腊》、虎德的《缝衣歌》、歌德的《阿明临海岸哭女诗》，也能如他的创作一样，具有一种深挚感人的力量，想来总不至于辜负了原作者。马君武译拜轮的《哀希腊》，系用七言古诗体译的，苏曼殊译此诗则用五言古诗体，胡适之译此诗则用《离骚》体。但我还是最爱读马君武的译文，以为以他的气魄译此等诗最为相称。

苏曼殊译有《拜轮诗选》（一八九一），卷首自序，述他译诗时候的心境；述他对于英译汉诗的批评，以及他自己对于译诗的意见，都很重要。不可不录出一读。

……比自秣陵遄归将母，病起匈膈，搁笔译拜伦《去国行》《大海》《哀希腊》三篇。善哉拜伦！以诗人去国之忧，寄之吟咏，谋人家国，功成不居，虽与日月争光可也。尝谓诗歌之美，在于气体。然其情思幼眇，抑亦十方同感。如衲旧译《颖颖赤墙靡去燕》《冬日》《答美人赠束发瞒（别字）带诗》数章，可为证已。古诗《思君令人老》，英译作 To think of you makes me old，辞气相副，正难再得。若《小雅》——

> 昔我往矣，
>
> 杨柳依依；
>
> 今我来思，
>
> 雨雪霏霏。
>
> 行道迟迟，
>
> 载渴载饥。
>
> 我心伤悲，
>
> 莫知我哀！

译如——

> At first, when we set out,
>
> The willows were fresh and green;
>
> Now , when we shall be returning,
>
> The snow will be falling in clouds.
>
> Long and tedious will be our marching;
>
> We shall hunger; we shall thirst.
>
> Our hearts are wounded with grief,
>
> And no one knows our sadness.

又陈陶《陇西行》——

誓扫匈奴不顾身，

五千貂锦丧胡尘。

可怜无定河边骨，

犹是春闺梦里人！

They swore the Huns should perish: they wou'd die if needs they must,

And now five thousands sable-clad, have bit the Tartar dust.

Along the river bank their bones lie scattered where they may,

But still their forms in dreams arise to fair ones far away.

顾视元文，犹不相及。自余译者，绕淳散朴。损益任情，宁足以胜（"革是"别字）寄之任？今译是篇：按文切理，语无增饰；陈义徘恻，事辞相称。

《拜轮诗选》里面共收《去国行》《留别雅典女郎》《赞大海》《答美人赠束发瞒带诗》《哀希腊》五篇。原文译文对照。我爱他译的《留别雅典女郎》，我尤爱他译的《去国行》。我把这首诗录在这里，并可以看看他的翻译怎样。

MY NATTIVE LAND—GOOD NIGIT！

《去国行》

Adieu, adieu! my native shore,

Fades o'er the waters blue;

The night-winds sigh, the breakers roar,

And shrieks the wind sea mew,

You sun that sets upon the sea,

We follow in his flight;

Farewell awhile to him and thee,

My Native Land—Good Night！

行行去故国，濑远苍波来；

鸣湍激夕风，沙鸥声骐其。

落日照远海，游子行随之；

须臾与尔别，故国从此辞。

A few short hours and he will rise;

To give the morrow birth;

And I shall hail the main and skies,

But not my mother earth..

Deserted is my own good hall,

Its hearth is desolate;

Wild weeds are gathering on the wall;

My dog howls at the gate..

日出几刹那，明日瞬息间；

海天一清啸，旧乡长弃捐。

吾家已荒凉，炉灶无余烟；

墙壁生蒿藜，犬吠空门边。

Come hither, hither, my little page,

Why dost thou weep and wail?

Or dost thou dread the billows' rage,

Or tremble at the gale?

But dash the tear drop from thine eye;

Our ship is swift and strong:

Our fleetest falcon scares can fly,

More merrily along.

童仆尔善来，恫哭亦胡为？

岂惧怒涛怒，抑畏狂风危？

涕泗弗滂沱，坚船行若飞。

秋鹰宁为疾，此去乐无涯。

Let winds be shrill, let waves roll high,

I fear not wave no wind.

Yet marvel not, Sir Childe, that I

Am sorrowful in mind;

For I have from my father gone,

A mother whom I love,

And have no friend, save these alone,

But thee — and one above.

童仆前致辞，敷衽白丈人；

风波宁足惮，我心谅苦辛。

阿翁长别离，慈母平生亲；

茕茕谁复顾，苍天与丈人。

My father bless'd me fervently,

Yet did not much complain;

But sorely will my mother sigh

Till I come back again.

Enough, enough, my little lad!

Such tears become thine eye;

If I thy guileless bosom had,

Mine own would not be dry.

阿翁祝我健，殷勤尚少怨；

阿母沉哀恫，嗟犹来无远。

童子勿复道！泪注盈千万；

我若效童愚，流涕当无算。

Come hither, hither, my stanch yeoman;

Why dost thou look so pale?

Or dost thou dread a French foeman,

Or shiver at the gale?

Deem'st thou I tremble for my life?

Sir Childe, I'm not so weak;

But thinking on an absent wife

Will blanch a faithful cheek.

火伴尔善来，尔颜胡惨白？

或惧法国仇，抑被劲风赫？

火伴前致辞，吾生岂惊迫；

独念闺中妇，觊容定枯瘠。

My spouse and boys dwell near thy hall,

Along the bordering lake,

And when they on their father call;

What answer shall she make?

Enough, enough, my yeoman good,

Thy grief let none gainsay;

But I, who am of lighter mood,

1947

Will laugh to fly away.

践子有妻孥，随公居泽边；

儿啼索阿爹，阿母心熬煎。

火伴勿复道，悲苦何足言；

而我薄行人，狂笑去悠然。

For who would trust the seeming sighs

Of wife or paramour?

Fresh feeres will dry the bright blue eyes,

We late saw streaming o'er.

For pleasures past I do not grieve,

Nor perils gathering near;

My greatest grief is that I leave

No thing that claims a tear.

谁复信同心？对人阳太息；

得新已弃旧，媚目生颜色。

欢乐去莫哀，危难宁吾逼；

我心绝凄怆，求泪反不得。

And now I'm in the world alone,

Upon the wide, wide sea.

But why should I for other groan,

When none will sigh for me?

Perchance my dog will whine in vain,

I'll fed by stranger hands；

But long ere I come back again,

He'd tear me where he stands.

悠悠沧浪天，举世无与忻；

世既莫吾知，吾岂叹离群？

路人饲吾犬，哀声或猗猗；

久别如归来，啮我腰间裤。

With thee, my bark, I'll swiftly go!

Athwart the foaming brine;

Nor care what land thou bear'st me to,

So not again to mine.

Welcome, welcome, ye dark-blue waves!

And when you fail my sight,

Welcome, ye deserts and ye caves!

My native Land—Good Night!

帆樯女努力，横趋幻泡漻

此行任所适，故乡不可期。

欣欣波涛起，波涛行尽时；

欣欣荒野窟，故国从此辞！

这种译诗，真是如译者自己所说"按文切理，语无增饰，陈义悱恻，事辞相称"么？只好让读者各自去下怎样的批评了。苏曼殊还编得有《文学因缘》《英汉三昧集》，都是英译中国古代诗歌的选集。这些诗里有的注出原译者的姓名，有的略加批评或比较，我们可以窥见他于译诗是具有如何的深趣了。

以上论述的都是近代的——文学革命运动以前的翻译文学。到了文学革命运动以后，一时翻译西洋文学名著的人如龙腾虎跃般地起来，小说、戏剧、诗歌都有人翻译。翻译的范围愈广，翻译的方法愈有进步，而且翻译的文体大都是用白话文，为了保存原著的精神，白话文就渐渐欧化了。

——《中国近代文学之变迁》（上海：
中华书局，1929 年）

论翻译——寄梁实秋，评张友松先生"评徐志摩的《曼殊斐儿小说集》"（1929）

胡适

实秋兄：

在《新月》第十期上看了你的一篇论"翻译"的短文，我很赞成你的话：我们研究英文的人应该努力多译几部英美文学的名著，不应该多费精力去做"转译"的事业。我想先选译一部美国短篇小说集，大概三个月后可以成十篇。

今天在《春潮》第二期上看见张友松先生批评徐志摩先生的《曼殊斐儿小说集》。因为我近来也想学学翻译，故颇留心这一类的讨论。我读了张先生的文章，忍不住想说几句持平的话。

翻译是一件很难的事，谁都不免有错误。错误之因不止一种。粗心和语言文学的程度不够是两个普通的原因。还有一个原因就是主观的成见。同一句话，你听了毫不介意，他听了便生疑心，这都由于一时主观的成分不同。翻译别国文字的书，也往往因主观的成分不同而发生歧异的解释。

翻译曼殊斐儿，更是难事。她的小说用字造句都有细密的针线，我们粗心的男人很难完全体会。民国十二年，我和志摩先生发起翻译曼殊斐儿的小说，我译的一篇是《心理》，译成一半，就搁下了，至今不敢译下去。

志摩却翻成了好几篇，他的热心居然使许多不能读原文的人，得读曼殊斐儿的代表作品，这是我们应该感谢的。

他的译笔很生动，很漂亮，有许多困难的地方很能委曲保存原书的风味，可算是很难得的译本。他的译本也许不能完全没有一两处小错误。若有人能指出他的一些错误，我想志摩一定很感谢。志摩决不是护短的人，他一定很愿意订正。

但我觉得张先生的态度未免令读者发生不愉快的感想。译书自是译书，同"哲"哪，"诗"哪，"豪"哪，有什么相干？同"他家里的某宝贝"更有什么相干？这不是批评译书，竟是有意要"宰"人了。

我们同是练习翻译的人，谁也不敢保没有错误。发现了别人的一个错误，正当的态度似是"宜哀矜而勿喜"吧？（太荒谬的译者也许应该受点诚恳的告诫。）何况所指出的"错误"未必全是错误呢？何须摆出这种盛气凌人的架子呢？

我读了张先生举出的几十条例子，不能不承认张先生简直是看不懂曼殊斐儿。他指出的错误，几乎完全是张先生自己的错误，不是志摩的错误。其中有一两条是志摩看错了的，但张先生的改译也是错的。又有几条是志摩有意描摹原来的粗人口吻的，张先生不懂得，也给他改了！

即如张先生挖苦最厉害的第一组（一）的"if you follow me"和第二组（六）的"But he did quite follow him"（《园会》第四页，第

十、十二行）这个"follow"绝不是"依"的意思，张先生大错了。志摩译为"懂"，是不错的。这里那工人说了一句粗话，"a bang slap in the eye"（这是句粗话，志摩的译法也不错，张先生改的太明白了，便不成粗话了）。他怕小姐不懂得，故说"要是您懂我的话"，故下文又说她虽然有点纳罕，"她可是很懂得。"这是很平常的话，张先生的错误是由于他的英文功力用在书本上的居多，用在谈话上的太少，这一回又不曾细查字典，轻易下批评，遂疑心志摩不认得这个极容易的字。（综合《英汉大辞典》页九五九，第七义。）其实是张友松先生自己的英文程度太浅，不懂得这一句极容易的话。下文（《园会》第五页，第一行。）接着说那位小姐"又出主意"，她何尝"完全依了他的主意"呢？这样粗心读书，哪配批评人！

又如同页（第五页）的第（七）例：

Perhaps he wouldn't mind so much if the band was so small.

志摩译"Mind"为"介意"，"if"为"要是"，都不错。张先生自作聪明，下一个解释道：这里的 he 是指工人，而音乐队是主人家雇来的，所以这句话的意思是：音乐队是不是很小，也许他不会十分关心的。

正因为工人听说还有音乐队就摆出怪难看的样子，所以小姐赶忙加一句道，"就是一个很小的音乐队。"说明音乐队之"小"，正是要工人不介意也。

又如第（四）例：

...his eyes were closed; they were blind under the closed eyelids.

志摩的译文并没有什么错（三十七页三—四行），但张友松说：

这句我留给十来岁小学生去译。

我们找不到这样伶俐的十来岁小学生，只好请教张先生这句应该

1953

如何译法。

又如第（十五）例（十三页）：

This life is weary,

A Tear—a Sigh.

Weary 志摩译为"疲倦"，不很好；似当译为"无聊"；张先生改为"烦闷"，也不算正确。A tear 志摩译为"一朵眼泪"，这是他爱用土话的习惯：江南人说"一滴眼泪"的"滴"字读如"朵"的入声，故志摩用了"朵"字，本不算错，张先生改为"一把眼泪"，便不止 a tear 了。

第（十六）例，即是此歌的下文（十四页）：

A Love that changes,

And then... Goodbye!

此处的 Goodbye 并没有什么深意思，只是指人死永诀。文法上，A Love 与 Goodbye 是平列的，与上下文两名词平列同例，志摩的硖石土腔读"去"与"气"押韵，故译 Goodbye 为"回去"，意思并不错。张先生译"then"为"变之后"，译 Goodbye 为"忍心抛弃"，都是大错。这样的例，志摩本不错，而张先生改错的，还有许多，我也不一一列举了。最有趣的是"幸福"第四页第二、三两行上的两条（第一组的第五，第二组的第二十六。）上文明说了"这紫的（葡萄）她买了来专为给饭间里地毯配色的"，所以以下文志摩便直译了那个傻妇人的一句傻话：

"我得要点儿紫的去把地毯挪上桌子来。"她当时也还顶得意的。

上句完全直译，下句完全意译，可见译者当时有意保留那句傻话。张先生不懂得，却要把上句意译，而下句直译。于是这句傻话就变的这么明白：

"我一定要买点紫的（花），才好使地毯和桌子上的颜色调和。"

如果这句话有这样明白，作者何必预先在上文重复解释一句呢？况且书上明明说的是紫葡萄，张先生硬改为紫花，这是志摩有意"修改"呢？还是张友松有意"修改"呢？即如这一句话，张先生改添了多少字，这是不是"修改"曼殊斐儿？难道张先生也"得过作者的同意，许他修改"吗？难道州官可以放火，百姓不准点灯吗？

更奇怪的是他举的第（七）例：

> Down below, in the garden beds, the red and yellow tulips, heavy with flowers, seemed to eat upon the dusk.

志摩译的是：

> 地下花坛里的玉簪，红的黄的，也满开着，像是靠着黄昏似的。

（《幸福》十页末行）

Tulips 是郁金香，志摩和张先生都译为玉簪，都是不查字典之过。但此外志摩译的并不错。

张先生改的是：

> 地下花坛里的玉簪，红的黄的，开满了花，似乎是靠那树荫把它们的鲜艳衬托出来。

这真是荒谬绝伦了。这是晚饭前上灯的时候，上文有"我把灯开上"的话。晚上有什么"树荫"？从窗子里望见花，再望过去便是夜色了，故说是"靠着黄昏似的"，这是很正确的译法，一个字也没有添减。张先生添上了许多字，完全改了原意，还要口口声声骂人不应"修改"，岂非荒谬！

什么叫作"修改"？张先生对于这一点上完全没有说明白。上文最后两例，都是张先生盲目的修改，不但改了徐志摩的正确译法，还改了曼殊斐儿。这样的例，举不胜举。如第二组的（二）(《园会》二页五行)：

Jose, the butterfly...

志摩译为"玖思，那蝴蝶儿。"完全是直译，张先生却说是"诗哲修改"！但张先生改译的是：

珠斯那爱穿花衣的孩子

这却不算是"修改"了！

以上所说，不过是随便举例，指出张先生的批评差不多全是盲目的"不知而作"。但志摩也有几处错误。张先生指出的第二组的第（十七）例（《园会》十四页六行）：beamed 译为"亮着"是不妥的。

第（十九）例（十八页四行），look 译为"看得"，也不妥。

第（十四）例（十一页六行）：pressed 译为"挤紧着"，是错的；张先生译为"紧握着"，也不妥。此处只是"捏住"而已。

第（十一）例（九页，四至五行），是志摩错了，张先生改的不错。

第一组的第（三）例（二十页，一至二行）：shied 只是惊跳，张先生不错，志摩译为"发傻"，是错的。On the back of his head 也只消说"后脑"，志摩译作"他脑袋的后背"，太笨了。

最后，第一组的第（二）例，是志摩和张先生都错的。原文如下：

...It is all the fault, she decided, as the tall fellow drew something on the back of an envelope, something that was to be looped up or left to hang of these absurd class distinctions.

文法上，正句子是：

"It is all the fault... of these absurd class distinctions, "she decided.

助句是：

As the tall fellow drew something on the back of an envelope, something that was to be looped up or left to hang.

志摩把第二个 something 以下的一段联在正句上去，便大错了。张先生的文法不错，他把这一小段的意思似乎也看错了。他译为：

> 这时候高个子在一只信封的背面画一个什么东西，——一个要被捆起来或是将被绞死的东西。

这是个什么怪东西呢？此句实在不大好懂，我的私见以为此句当译为：

> 这时候那高个子在一个信封背后画点什么东西，——画了就搓成团或随手丢开的东西，——

这种东西，志摩也不必枪毙，张先生也不必绞死。

实秋兄，你看我说的话公平不公平？我手头没有曼殊斐儿，——因为我太笨了，不大爱读她的作品，——请你替我校勘一遍，如有错误，请你改正。

总之，翻译是一件很难的事，大家都应该谨慎从事。批评翻译，也应该谨慎将事。过失是谁也不能免的，朋友们应该切实规正，但不必相骂，更不必相"宰"。这个态度，你说对不对？你在《新月》第十期上说起《阿伯拉与哀绿绮的情书》没有 George Moore 的译本。我有 Moore 的书，是一部长篇小说，两大册，是他晚年的一部杰作。此书出版后，他的朋友 C. K. Scott Moncrieff 又从拉丁文原本把他们的情书全部译出，由 Alfred Knopf 出版，这是第一次的完全译本。篇首有译者与 Moore 往来的长书。我有此书，今送上供你校勘之用，也许可以发见一些有趣的材料。

胡适

十七，十二，廿九

《托尔斯泰之死与少年欧罗巴》译后记（1929）

鲁迅

【……】

　　从译本看来，卢那卡尔斯基的论说就已经很够明白，痛快了。但因为译者的能力不够和中国文本来的缺点，译完一看，晦涩，甚而至于难解之处也真多；倘将仂句拆下来呢，又失了原来的精悍的语气。在我，是除了还是这样的硬译之外，只有"束手"这一条路——就是所谓"没有出路"——了，所余的唯一的希望，只在读者还肯硬着头皮看下去而已。

鲁迅译讫附记

一九二九年一月二十日

——《春潮》第 1 卷第 3 期（1929 年 2 月 15 日）

教育部编审处译名委员会规程
（1929）

佚名

教育部编审处译名委员会规程，昨已由教育部公布原文如下：

第一条　教育部为统一全国学术上各种名词起见，于编审处设立译名委员会，专司审译各种名词事宜。

第二条　本委员会以教育部部长聘任之委员若干人组织之。

第三条　本委员设常务委员若干人，由教育部部长于本委员会委员中指聘之。

第四条　本委员会常务委员指职掌如下：

一　关于工作之分配事宜。

二　关于原稿之搜集事项。

三　关于审译结果之整理事项。

第五条　本委员会之常务会议，由教育政务次长定期召集之。议决下列各项：

一　关于召集审查会议事项。

二　关于厘订各种标准事项。

第六条　本委员会之常务会议，须有常务委员过半数之出席人数，始得开会；出席委员过半数之通过为决议。

第七条　本委员会每年开审查会议一次或两次，由教育部部长召集之，除本委员会委员当然出席外，得由教育部长指令全国各大学各研究所各学术体派遣专家若干人参加会议，并得由教育部酌给旅费，审查会议规则令定之。

第八条　本委员会审查会议所审定之译名，经教育部部长核定公布之。

第九条　本委员会委员均为名誉职，但常务委员得酌支津贴。

第十条　本委员会之记录文牍收发等事宜，由教育部编查处第一组掌理之。

第十一条　本委员会以二年为期，工作完成即行撤销。

第十二条　本规程如有未尽事宜，得由本委员会常务会议之提议，经教育部部长之同意修改之。

第十三条　本规程经教育部部长核准施行。

——《安徽教育行政周刊》第 2 卷第 7 期（1929 年）

徐译《女优泰倚思》匡谬（1929）

戴望舒

　　法郎士的名著 Thais 在中国已经有两种译本了。第一种是开明书店出版的杜衡的译本名为《黛丝》（定价八角），第二种就是最近的世界书局出版的徐蔚南的译本，名为《女优泰倚思》（定价二元）。

　　一种名著有好几种译本，我觉得是一种好现象，因为可以使读者有一种比较，因而格外深切地了解原书的长处，而且第二种的译本往往是比第一种的完善一些，我们拿《意门湖》《茵梦湖》《漪溟湖》来对书读一下就可以证明了。但是《女优泰倚思》却是例外，不但不能比《黛丝》完善一些，反而比《黛丝》更糟了。

　　这里，我要提起一些往昔的事情。

　　两年前，施蛰存、杜衡和我曾经计划了一部《彳亍丛书》，专事介绍大陆各国的名著，在开明书店出版。那时杜衡刚把 Thais 译完，所以就把他归入了这部丛书。这部丛书中的法文译文的校勘工作是由我担任的，但那时我却因事匆匆到北京去了，而开明书店又来催交稿，所以这本《黛丝》就未经校阅便付排了。我应当负担这个责任。等到我回来的时候，《黛丝》已经出版了。同时徐蔚南的《泰倚思》也在《新生命》上陆续地刊出。当时我便为这两种译本用原本校读了一下。我发现在第一部 *lelotus* 中，杜衡的译文有十来处错误，而徐蔚南的译文的错误，却有七十余处之多。我便把校出的错误交给杜衡，请他在再版时改正，以免叫读者负一身债。至于徐蔚南的译文呢，我想是绝没有出版的可能了。

但是后来所说徐蔚南先生已把他的译文花了极大的功夫，请教了许多"海上名流"如曾孟朴（即东亚病夫）、曾虚白、邵洵美、张若谷，以及其他等等，孜孜兀兀地把他的译文改好了，预备出版。那时我想，假如真能这样，我倒很希望它快点出版呢。（因为挖版不便，再版的《黛丝》依然是和初版的一样，并没有改。）

到今天，《女优泰倚思》是在我的热忱的期待中出来了。所以虽则定价是那么贵，我也是很高兴地去买了一本来，很高兴地来校读。

但是，出乎意料外地，在《莲花篇》内所发现的错误，依然还有约四十处！（小的错误还不在内。全书的谬误当然更可惊。）呜呼，翻译者的良心！

现在我把徐蔚南先生在《莲花篇》上的谬误的较大的写在下面，免得有人像我一样地去买这本书，上了个大当。

（一）徐译：且白衣特的禁欲者们在他们的小房间里，恐怖地瞧见种种淫逸的幻影，并且这种幻影就是在世俗的逸乐里也没有那样荒唐。（第四页）

原文：Les ascètes de la Thébaïde virent avec épouvante, dans leur cellule, des images du plaisir inconnues même aux voluptueux du siècle（Calmann-Levy 本第二百三十八版第六页）

校正：加旁点的那句错了，假如我们把原文英译出来，那就是 the ascetics of the Thebaid were amazed to see, in their cells, phantasms of delights unknown even to the voluptuaries of the age.（我的英译只是达意）

现改正如下："那些德巴意德的禁欲者在他们的关房里，恐怖地看见那就是世俗的纵乐者也不会见过的逸乐的幻想"。

（二）徐译：他们坚持从使徒那里得到有权力惩罚那种对于真的天主的亵渎。（第五页）

原文：Ils tenaient des apôtres le pouvoir de punir les offenses faites au vrai Dieu ...（第七页）

校正：这"坚持"是从哪里来的？一定是 Tenaient 的误译了。原意是如此："他们从使徒那儿得到那责罚对于真上帝的亵渎的威权"。

（三）徐译：他也被诗人的虚伪所诱惑。在少年时代，他的灵魂是昏迷的，他的思想是混杂的，因此他想信人类在段家里翁的时候遇到过大洪水，并且因此他和他的同学讨论到自然，甚至讨论到天生的特性以及是否存在。（第八页）

原文：Il avait même été séduit par les mensonges des poètes，et tels étaient, en sa première jeunesse, l'erreur de son esprit et le dérèglement de sa pensée, qu'il croyait que la race humaine avait été noyée par les eaux du déluge au temps de Deucalion, et qu'il disputait avec ses condisciples sur la nature, les attributs et l'existence même de Dieu.（第十页）

校正：我疑心徐先生连 tel...que 的用法都不知道，所以弄出"因此……因此"来，把句子改成不知所云了。兹校正如下："他甚至会被那些诗人的谎话所诱惑过，而在他的早年，他的心灵的谬误和他的思想的荒唐是一至此，他竟想信在代加利洪的时代人类会被洪水湮没过，他竟和他的同学们辩论自然、天性，甚至上帝的存在与否。

（四）徐译：他拥抱了加尔凡由上基督的垂训……（第八页）

原文：Il embrassa la foi du Calvaire...

校正：embrassa 在此几处作 adoptor 解。我倒要请问一声垂训是如何地"拥抱"的？这真是个大笑话！应该是："他接受了加尔凡尔山基督的信仰……"

（五）徐译：她如此这般地丧失她自己的灵魂，同时，她又丧失许多许多别人的灵魂。（第十页）

原文：En sorte qu'en perdant son âme, elle perdait mi très grand nombre d'autres âmes.（第十二页）

校正：这"如此这般地"既然是 en sorte que 的误译。我真不懂徐先生连文法也没有念通就敢这样大胆地来译书。其实这 en sorte que 也并非什么难译的，就等于英文的 so that，中文我们可以译作"这样"或是"所以"。徐先生却把它拿来作丧失的状词，真是奇怪。校正如下："这样，在丧失了她自己的灵魂的时候，她又丧失了许多别的灵魂"。

（六）徐译：慈悲的天主用这两种方法来救起了他的大罪。（第十页）

原文：Dieu, dans sa miséricorde, avait pris ces deux moyens pour le sauver d'un grand crime.（第十二页）

校正：是"慈悲的上帝用了这两种方法把他从一种大罪孽中救拔出来"徐译当然不对。

（七）徐译：……他默想了许多时候，照着那种禁欲生活的老规矩，默想当他无智烦恼的时代，那个女人教唆他的那种肉的快乐是如何的可怖如何的丑恶。（第十一页）

原文：...et il médita longtemps, selon les règles de l'ascétisme, sur la laideur épouvantable des délices charnelles, dont cette femme lui avait inspiré le goût, aux joures de trouble et d'ignorance.（第十三页）

校正：这一节徐先生真译得莫名其妙，不知在说些什么。我知道是那个 Dont 字在作怪。这也难怪，徐先生原来就不懂文法。瞧吧，应当能这样译："他照禁欲的规律默想了好久，想着肉的欢乐的可怕的丑恶，那种肉的欢乐的趣味是当他在困扰和愚昧的时候，那个妇人所使他引起的。"

（八）徐译：……两手握着锄头……（第十三页）

原文：...appuyé sur sa bêche.（第十五页）

校正："倚身在锄头上"

（九）徐译：……或者恐怕在水边看见那仅穿一件湖色衬衣的妇女们拿着水壶在微笑。（第二十页）

原文：...ou de voir au bord des citernes, des femmes chemise bleue poser leur cruche et sourire.（第二十二页）

校正："或者恐怕在井边看见那些穿青色内衣的妇人放下了她们的水壶而微笑。""拿着"和"放下"是两件事。

（十）徐译：……请诉说那耶稣基督的神圣吧！（第二十一页）

原文：...Confesse la divinité du Jésus Christ!（第二十四页）

校正："承认耶稣基督的神圣吧！" Confesse 在此处作 Avouer 讲。不解徐先生如何教一个 Sphinx 来"诉说那耶稣基督的神圣"。

（十一）徐译：从人的本性讲来，原没有什么廉洁，什么羞耻这回事，也没有什么正当不正当，也没有什么愉快什么悲伤的，也没有什么善恶之分的。（第二十六页）

原文：Rien n'est en soihonnête ni honteux, juste ni injuste, agréable ni pénible, bon nimauvais.（第二十九页）

校正：原意是："一切的本身原无所谓荣辱，偏直，哀乐，善恶的。"并没有专旨"人的本性"。

（十二）徐译："睡在污泥里的狗以及顽皮猴子，对你有什么重要呢？"（第三十页）

原文：que t'importent les raisons d'un chien endormi dans la fange et d'un singe malfaisant？（第三十二页）

校正：应该是："一只睡在污泥里的狗和一头坏猴子的理由与你有什么关系呢？"

（十三）徐译：我绝不忧虑你的幸福，也绝不忧虑你的不幸……（第三十一页）

原文：je n'ai souci ni de ton bonheur ni de ton infortune...（第三十二页）

校正：这"忧虑"是 avoir souci 的误译。Avoir souci 即等于英文中的 to take care，无所谓忧虑不忧虑。这样浅近的 gallicisme 都不知道！应该译作："你的幸福你的不幸福都与我无关……"

（十四）徐译：他的智力极像亚历山大帝的，所以人家替他取个绰号叫"巨头"。（第三十页）

原文：Son intelligence ressemblait beaucoup à celle d'Alexandre, qu'on asurnommé le Grand.（第三十三页）

校正：写到这里，我不禁大笑了。错的竟有这样荒谬绝伦，真令人拍案叫绝！这句句子，假如叫一个稍有一点历史知识或者是只读过一个礼拜法文的人去译，我想他也决不会译错，而我们这位"有翻译经验"的、又向许多"海派文人"求教过的徐先生却闹了这样大的笑话。徐先生，我教你吧，应该这样说："他的智力很像那人们称为'大帝'的亚历山大的智力"。

（十五）徐译：因为有时和无信仰的人议论，不特不能使无信仰的人发生信仰，反而有信仰的人被无信仰者重新领到罪恶里去的。（第三十四页）

原文：Car il arrive parfois qu'en disputant contre les infidèles, où les induit de nouveauen péché, loin de les convertir.（第三十六页）

校正：原文的意思决不是像徐先生所译的那样，徐先生简直没有看懂！应该这样译："和那些无信仰的人辩论的时候，却会更使他们陷入罪恶而不能使他们发生信仰，这是常有的事"。

（十六）徐译：杨柳树灰色的软叶一直挂到远远的岸上。（第三十五页）

原文：Les saules etendaient au loin sur les barges leur doux feuilage gris.（第三十七页）

校正：我不解杨树的软叶如何能"一直挂到远远的岸上"，虽则柳丝是长的。原意是这样："杨柳远远地在河岸上舒展着他们灰色的软叶"。

（十七）徐译：天亮了一小时之后，他望见站在小山颠上的这个广大的城市……（第三十六页）

原文：Le jour était levé depuis une heure quand il découvrit du haut d'une colline la ville spacieuse...（第三十八页）

校正：这里徐先生又错了。站在小山颠上的是 Paphunce 而不是亚历山大城，试问亚历山大城如何会站在小山颠上呢？真是没有常识！改正如下："天亮了一小时之后，他从一个小山的巅上望见了那座大城……"

（十八）徐译：这座屋子虽小，但比较上已是很高贵（第四十页）

原文：...une maison assez petite mais de nobles Proportions...（第四十二页）

校正：这"比较上"不知从何处来的，令人不解。原意是如此："……这屋子虽然小一点，但结构却很富丽堂皇……"

（十九）徐译：他是看见这个儿柏拉图……（第四十页）

原文：Il y reconnut Platon...（第四十二页）

校正："他是看见过"是从前的事，而原意却是"他在那儿重新认出了……"徐先生连动词的 temps 都没弄清楚。

（二十）徐译：这个人竟不怕痛吗？（第四十二页）

原文：Quel est cethomme qui ne craint point la souffrance?（第四十三页）

校正：应作"这个不怕受苦的人是怎样的一个人？"

（二十一）徐译：照理是应该当作亚纳居维爱·爱反丝的麦德六等的童话，或者其余像米兰斯国的寓言一般看待，给人寻寻快乐而已。（第四十四页）

原文：Il faut s'en divertir comme des contesde l'Ane, du Cuvier, de la Matrone d'Ephèse ou de toute autre fable milésienne.（第四十六页）

校正：这里，假如我们不看原文的话，一定会猜想那亚纳居维爱·爱反丝的麦德六是什么童话专家了。我们现在把原文译成英文：we must devert ourselves with them, as we do with the stories of the Ass, The Tub, and The Ephesian matron, or any other Milesian fable. 所以，意思是这样："我们应该拿他们来自娱，正如我们拿驴子的故事，洗濯桶的故事，爱佛斯的老妇的故事，以及其他一切米来西的寓言来自娱一样。"

（二十二）徐译：上帝是真理，他在人类面前显示奇迹。（第四十六页）

原文：Mais Dieu, qui est la vérité, s'est révélé aux hommes par des miracles.（第四十七页）

校正：原意是："可是上帝，他是真理，他用奇迹来显示出自己。"显示的是自己，并不是奇迹。

（二十三）徐译：良善的法并非愚斯，但是我赞美你，你从且白衣特地方来的，会来和我讲到《泰倚思》。（第五十页）

原文：Mais j'admire, bon Paphnuce, que tu viennes du fond de la Thébaïde me parler de Thaïs.（第五十页）

校正：此处 admirer 一字是作"诧异"解，看语气，看下面那个动词 venir 是 Subjonctif 都可以明白，决不会闹笑话。然而徐先生的闹笑话是老规矩，真是没有办法。瞧吧，徐先生，这样译："我真奇怪，好巴孚钮士，你会从德巴衣特的深处来同我讲起来达伊丝巾"。

（二十四）徐译：他心里是非常地悲伤，但是城里的教堂，他都不要走进去。（第五十二页）

原文：A la grande tristesse de son âme, il n'osait entrer dans aucune des églises de la ville...（第五十二页）

校正："在他的灵魂的大悲伤中，他城里任何教堂都不敢进去……"徐先生这"但是"真转得莫名其妙。

（二十五）徐译：……头上戴着僧侣的帽子……（第五十四页）

原文：... une bandelette au front...（第五十四页）

校正：荷马又没有做和尚，为什么要戴僧侣的帽子？原来不过是："额前束着结发带"而已，后面，在第六十五页上，徐先生犯着同样的错误。

（二十六）徐译：……他们在地上时为幻影，所诱惑做了幻影的牺

牲，现在落入于地狱里了……（第五十六页）

原文：...qu'ils demeurent dans l'enfer victimes des illusions qui les séduisaient sur la terre...（第五十五页）

校正：原文并非像徐先生所译的那样。原意是这样："就是在地狱里，他们还是做着在世间诱惑过他们的幻像的牺牲者。"徐先生噜噜苏苏说了许多，结果还没有还出原意。

（二十七）徐译：……把法非愚斯在砂上拖了起来。（第五十八页）

原文：...le tirait sur le sable ...（第五十七页）

校正："把他拖到沙滩上"。

（二十八）徐译：真心谢谢你！（第五十八页）

原文：J'en remercie Dieu（第五十七页）

校正："谢谢上帝"

（二十九）徐译：妇人们笑着，喝着柠檬水，从这一层到那一层快活地遥远地互相谈话。（第六十一页）

原文：Les femmes riaient en mangeant des citrons, at les familiers des jeux s'inter pellaient gallaient gaiement, d'un gradin à l'autre.（第六十九页）

校正：citron 是柠檬，不是柠檬水；谈话的是老看客而不是妇人们。徐先生都弄错了。兹校正如下："妇人们吃着柠檬笑着，看客们快活地互相隔座招呼着。"

（三十）徐译：但是我们对于这种的悲叹，我们已经是极退化的了。（第六十二页）

原文：Nous sommes bien dégénérés pour souffrir.（第六十一页）

校正：徐先生又闹了一个极大的笑话！这简直是胡说八道。souffrir 在此处等于英文的 to permit，有什么"悲叹"不"悲叹"！徐先生，我来指教你，是这样讲的："我们竟忍受下去，实在是退化了。"

（三十一）徐译：这种不义的恋爱，后来失败了……（第六十三页）

原文：Après avoir perdu l'innocent qu'elle poursuivait d'un amour incestueux …（第六十二页）

校正：徐先生简直看不懂原文，又不知道神话，想鬼混下去，所以译成这样莫名其妙的句子了。这句句子里并没有说恋爱失败不失败，原意是如此："在失了那她用一种不洁之爱追求着的无邪少年之后……"徐先生，懂了吗？

（三十二）徐译：这最后几句话，法非愚斯听了之后，细细辨味一回……（第六十四页）

原文：Prenant avantage de ces dernières paroles, …（第六十三页）

校正："利用着最后的那几句话，……"细细辨味一回，一定是 prenant avantage 的误译。

（三十三）徐译：他做着手势，颂赞那英雄的幽灵。（第六十五页）

原文：…montrait par ses gestes qu'il approuvait l'ombre du héros.（第六十四页）

校正：颂赞是 approuver 的误译，此字在这里作"赞同"讲。所以是："他用动作表示他赞同英雄的鬼魂。"

（三十四）徐译：那个聪明的庚里史便骂他说，与其爱好泊里亚姆的女儿客桑特，毋宁尝味亚其尔的镖枪。（第六十六页）

原文：…et le sage Ulysse lui reprochait de préférer le lit de Cassandre à la lance d'Achille.（第五十六页）

校正：你们想一想，徐先生把这位贤明的 Ulysse 写成这种样子了。徐先生何尝是在译书，真的，他在说梦话呢！休矣，徐先生，还是听我说吧："……那位贤明的屋里赛思责备他把珈桑特兒的床看得比阿岂赖思的矛重。"

（三十五）徐译：法非愚斯把这本书戏来和神的真理相比较……（第六十六页）

原文：Paphnuce, qui rapportait tout à la vérité divine...（第六十五页）

校正：意思说："巴孚钮思是把什么都归结到神圣的真理上去的……"并不专指这一本戏；又无所用其"比较"。

共三十五个错误，在七十三页中，单字的误译和小错误都不算在里面。照此类推，全书当约有一百五十个错误（而且我恐怕后面错误还有多点）。错得这样多而尚敢问世，真是何颜之厚！我不知道徐先生怎能对得起原来著者 France 和国内的读者！

还有，徐先生的译音也是莫名其妙的，如 Paphnuce（巴孚钮思）之译成"法非愚斯"，Pasiphaé（巴西法爱）之译成"洁西法爱"，Antioche（益谛诺爱）之译成"汪督亚纳"，等等。还有一种使人难受的就是一些上海腔的译文，如"像煞是的""有点像煞有介事"，等等。

我这篇批评文的态度确然是不很好的。但是对徐先生这种译者只能如此，他太叫人上当了。同时，对于徐先生所请教过的"敬爱的朋友们"如曾孟朴、曾虚白、邵洵美、张若谷诸"海派文人"也起了一种怀疑。我爽直地这样说出来。

末了，再说一遍：我奉劝读者诸君不要去买这本书，免得上当。

——《新文艺》第 1 卷第 3 期（1929 年）

关于章译《忏悔录》之商榷（1929）

徐霞村

　　卢骚的《忏悔录》最近在中国出了两种译本，一种是张竞生博士的（世界书局出版），一种是章独先生的（商务印书馆出版）。关于前者我并不想说什么话，因为它虽是意译的，而且在量上比原文少了一半，可是他的译笔还算简洁可读，而且，如果我们不去吹毛求疵，也找不到什么可笑的错。不幸章先生的译本却太不能使人满意了：译笔的艰涩还不用说，只在误译一方面，我在前二十面，就找出了五十多个！本刊的读者常常来信叫我们批评别人的译文，我觉得这种工作对于批评者虽然是无聊的，它的自己却还不失为重要的：现在就让我把前面重要的误译举出几条，以与高明的读者和章先生作作商榷吧。

　（1）原文：J'ai pu supposer vrai ce que je savais avoirpu l'etre, jamais ce que je savais etre faux.

　　　章译：总之，我自己能真实了，我所知道的也就真实，也就不会有虚伪了。（第二页第一行）

　　　商榷：此段的意思是："我所认为真的是至少是我自己认为可能的，决不是连我自己都明知为假的。"但是，上帝知道，章先生说的是什么呢？

（2）原文：Le sort, qui semblait contrarier leur passion, ne fit que l'animer.

章译：若是这爱情的运命有了阻碍，他们只要增加他们各自的本真。（第三页第五行）

商榷：这个句子本来一点也不难懂，它的意思是："命运似乎在外表上阻碍了他们的热情，实际上反使它更加活动起来。"但是经章先生译成了什么"本真"等字，就连神仙也看不懂了。党国要人蔡元培先生在本书的序里说："……不但字句斟酌，一点不肯含糊，"……对不起，我却觉得本书"非常含糊。"

（3）原文：Ma mère avait plus que de la vertu pour s'en défendre; elle aimait tendrement son mari.

章译：我母亲因为为抵抗这种引诱，她的贞操格外坚强，对她良人的爱格外浓挚。（第五页第一行）

商榷：这与原文的意思完全不对如果把原文意译出来，那应是："我的母亲不单有节操来防御她自己，还有她对她丈夫的真正爱情。"

（4）原文：Il croyait la revoir en moi...

章译：他想到了她，就要看到我。（第五页第五行）

商榷：此句应译："他觉得我就是她的代表。"

（5）原文：Quarante ans après l'avoir perdue, il est mort dans les bras d'une seconde femme, mais le nom de la première à la bouche, et son image au fond du cœur.

章译：我父亲虽是在我母亲去世的四十年后，他不与他第二

个妇人永别，但是前妻的名字总是不断地挂在口上，就此可知其留在心坎里的印象了。（第六页第六行）

商榷：此段应译："虽然在她死后四十年他才在他的后妻怀中死去，但死的时候仍旧把他前妻的名字挂在口上，把她的影子藏在心坎里。"只译"他才与他第二妇人永别"是不够的，因为读者不能明白是"他"死还是"第二妇人"死。

（6）原文：Tels furent les auteurs de mes jours.

章译：像这样造我生命的主宰。（第六页第六行）

商榷：这句译文不但没有把原意达出，并且连动字都没有。似宜译作："这就是生我的人。"

（7）原文：Nous ne pouvions jamais jamais quiter qu'a la fin du volume.

章译：读完了一册又一册，终是不能停止。（第七页第七页）

商榷：这句话的意思只是："我们不完卷不能放手。"并没有说："读完了一册又一册。"

（8）原文：Je n'avais aucune idée des chosess, que tous les sentiments m'étaient déjà connus. Je n'avais rien conçu, j'avais tout senti.

章译：实际上虽然无所属意，但是所有的事情是被我了解了。我虽一点不去想象，我会感觉。

商榷：此段宜译："除了我的情感教给我的以外，我一无所知。虽然我什么都不明白，我却一切都能感。"

（9）原文：les Mondes de Fontenelle, ses Dialogues des morts, et

quelques tomes de Molière...

章译：冯得赖儿氏的世界，莫立爱氏的鬼语……（第九页第
　　　一行）

商榷：原文明明说着："冯得赖儿的宇宙，死亡对话和几卷莫
　　　立爱……"但是在章先生的译文里，冯得赖儿不知道
　　　什么时候竟把他的"鬼语"的版权费给莫立爱了。

（10）原文：De ces intéressantes lectures, des entretiens qu'elles
　　　　　occassionnaient entre mon pere et moi, se forma cet es-
　　　　　prit libre et républicain, ce caractere indomptable et fier,
　　　　　impatient de joug et de servitude, qui m'a tourmenté
　　　　　tout les terms de ma vie dans les situations les moins
　　　　　propres a lui donner l'essor.

章译："从这些有兴味的书籍里，我们父子间为着这些东西
　　　发生了许多谈论，自此便养成爱自由爱共和的精神。
　　　我那倔强自尊的性质，耐不得压迫，因之我一生的
　　　苦恼，就在这种心地里头，不过，最少对于我也增
　　　了些奋发气。"（第十页第二行）

商榷：此段的原意只是："从这些有趣的读物里，从它们使
　　　我们父子中间发生的讨论里，便造成了我的自由和
　　　共和的精神，便造成了我的傲慢不训的性格，不能
　　　受一点束缚和压制，使我一生在与它最不利的环境
　　　中受了许多苦痛。"不知道章先生这句"不过最少对
　　　于我增了些奋发气"是虑骚先生告诉我的呢，还是
　　　自己杜撰出来的？

（11） 原文：Je ne le voyais presque point: à peine puis-je dire avoir fait connoissance avec lui: mais je ne laissois pas de l'aimer tendrement, et il m'aimoit autan qu'un polisson peut aimer quelque chose.

章译：我差不多总看不见他，即或会见了的时候，我也同他讲些趣味的事，但是我不愿意他那样爱我，因为他那种种的爱。好像那顽童欢喜什么的爱。（第十二页第三行）

商榷：亲爱的读者们，我现在把原文译在下面，请你们自己去比较二者的差别吧。"我几乎总见不到他，我简直不能说认识他；但是我仍旧非常疼爱他，他也像一个顽童爱什么东西一样爱我。"

（12） 原文：Il y en a un sur—tout, qui m'est bien revenu tout entier, quant à l'air; mais la seconde moitié des paroles s'est constamment refusée à tous mes efforts pour me la rappeler, quoiqu'il m'en revienne confusément les rimes.

章译：这些歌里，只有一个，我完全记得它的调子，不过二段的词句，因为我拼命的追想那曲调，所以想不起词句了，并且连韵也记得混乱了。（第十四页第十行）

商榷：这句应译："其中特别有一个歌，它的调子我还完全记得；但是后半的词句我却无论如何想不起来了，虽然韵脚我还隐约地记得。"既不是因为"拼命的追想那曲调"才"想不起词名了"，也不是"连韵也记得混乱了。"

（13）原文：Je cherche où est le charme attendrissant que mon cœur
trouve à cette chanson: c'est un caprice auquel je ne
comprends rien; mais il m'est de toute impossibilité de
la chanter jusq'à la fin, sans être arêté par mes larmes.

章译：我自己思索，这个歌究竟在什么地方使发生这种兴
趣：这不过因为是一个冲动，但是这个冲动，我完
全不解释不了；其实就是因为这些歌曲使我一点也
思索不出来，所以到后来没有东西能阻得住我的眼
泪了。（第十五页第十行）

商榷：这真是"不知所云"！还让我译出来吧："我常常要
问，这首歌到底有什么地方这样迷我呢：这是一个
我完全不明白的冲动，但是我没有一次唱这首歌的
时候不为我的眼泪所噎。"

（14）原文：Mais je suis presque sûr que le plaisir que je prends à
me rappeler cet air s'évanouiroit en partie, si j'avois la
preuve que d'autres que ma pauvre tante Suson l'ont
chanté.

章译：我简直敢决定，假使就有人能唱这个歌曲，但是那
趣味，一定比我那可怜的姑母要少了一半。（十六页
第二行）

商榷：这照例又和原文离开十万八千里。如果把这句话译
出来，那应是"我几乎敢担保，如果我知道除了我
的可怜的姑母苏松之外还有别人会唱这个调子，我

对于它的回想的乐趣一定就要减少一半。"

（15）原文：Deux ans passés au village adoucirent un peu mon âpreté romaine et me ramenerent à l'état d'enfant.

章译：在这个村上过了雨年，倒使我染了些罗马的粗暴习气，好像恢复到儿童的状态。（第十八第二行）

商榷：校到这里，我忽然对于章先生的视神经的健康怀疑起来了，因为，不然怎么原书上明明说着"减轻了我的罗马人的粗气，"他硬要把它译成相反的意义呢？

（16）原文：C'etait un grand garçon fort efflanqué, fort fluet, aussi doux d'esprit que foilble de corps, et qui n'abusoit pas trop de la prédilection qu'on avait pour lui dans la maison, comme fils de mon tuteur.

章译：我表兄是很瘦很长的柔弱的身体，是一个很意软的青年，在房间内的时间，他不喜欢人对他嬉戏消耗他的正事。倒真是像我教导人的儿子。（第十九页第一行）

商榷：章先生在他的序里说："我译的方法，既非直译，亦非意译"，那么，恐怕是"胡译"吧？如果有人觉得我不太客气，那么请看下面的拙译，就可以知道他的错是怎样地荒谬了。"他是一个很细很瘦的青年，身心都是同样的软弱，他并不因为他自己是我的保护人的儿子而滥用别人给他的偏爱。"

（17）原文：Cependant elle ne manquoit pas au besoin de sévérité, non plus que son frère;

章译：阑柏锡女士虽也是有用的严紧，却不比她兄弟的方法加甚。（第二十页第十二行）

商确：这句话即使叫一个初读法文的孩子来译，大概也不会译这样。这 non plus 是跟着上面的 ne manquoit pas 来的，把全句的意思译出来，就是："可是她也有时用严厉的手段，正如她的弟兄一样。"

翻译的错误并不是不可恕的，因为即使本国人读本国人的作品有时候都要遇到双关的或难解的地方，但是如果那些错是由于语言难度不够，像译这本书的章先生一样，那译者就要对他自己的大胆负责了。

——《新文艺》第 1 卷第 4 期（1929 年）

通讯：关于孙用先生的
几首译诗（1929）

张逢汉

编者先生：

我从均风兄处借来《奔流》第九期一册，看见孙用先生自世界语译的莱芒托夫几首诗，我发觉有些处与原本不合。孙先生是由世界语转译的，想必经手许多，有几次是失掉了原文的精彩的。孙先生第一首译诗"帆"原文是：

（原文从略——编者）

按着我的意思，应当译为（曾刊登于《语丝》第五卷第三期）：

孤独发白的船帆，

在云雾中蔚蓝色的大海里……

他到很远的境域去寻找些什么？

他在故土里留弃这着什么？

波涛汹涌，微风吼啸，

船桅杆怒愤着而发着咯吱吱的音调……

喂！他不寻找幸福，

也不是从幸福中走逃！

他底下是一行发亮光的苍色水流，

他顶上是太阳的金色的光芒；

可是他，反叛的，希求着巨风，

好像在巨风中有什么安宁！

第二首天使，孙先生的有几处和我译的不同。（原文从略——编者。）我是这样的译：

夜半天使沿着天空飞翔，

寂静的歌曲他唱着；

月，星，和乌云一起用心听那神的歌曲。

他歌着在天堂花园里叶子的底上那无罪

灵魂的幸福，

他歌咏着伟大的上帝，

真实的赞美着他。

他抱拢了年青们的心灵，

为的是这悲苦和泪的世界；

歌曲的声音，留在青年人的灵魂里是——

没有只字，但却是活着。

1982

为无边的奇怪的希望，

在这心灵，长久的于世界上不得安静，

人间苦闷的乐曲，

是不能够代替天上的歌声。

其实孙先生所译两首"我出来"和"三颗棕榈树"，可惜原本现时不在我手里。以后有工夫时可向俄国朋友处借看。我对孙先生的译诗，并不是来改正，乃本着真挚的心情，便谈谈，请孙先生原谅！此请

撰安

张逢汉

——《奔流》第 2 卷第 3 期（1929 年）

1983

Song of the Shirt 译文正误（1929）

何公超

六年前还在学校里的时候，有一天先生发给我们一张油印讲义，上面印的是英国十九世纪诗人 Thomas Hood（1799 年 5 月 23 日生，1845 年 5 月 3 日卒）的描写缝衣女工的痛苦的 *Song of the Shirt*，一个人读了又读，不知读上了多少遍，同时心头浮起了一阵很难过的酸溜溜的感觉，似乎最好是向谁怒骂一回，或者是向什么奢华的地方放一把大火才觉得爽快的样儿。

此后，我便对自己许下了一个心愿，要把这含泪的诗歌译成本国文字，然而经过了几次尝试之后，敌不过巨大的困难，终于成了未了的心愿。

但是这未了的心愿，却在我的心里生了根，一直从那时起，到现在，每逢我寂寞万分，翻开这十一节的长诗来默诵或朗吟的时候，我的心里好像欠缺着什么似的不爽快，似乎有一种不知谁的声音，在心里对我说："你应该做的一件事，知道现在还没有做！"

最近看见《朝花周刊》已有梅川君把它译出了，译名是"短衫之歌"，我把原文与译文一比之后，可是失望得很！译文没有传出原文的情味之万一；第二，有好几处，把原意都误了，恰恰弄了一个相反的意思。

我现在一方面把原诗登出来，让爱好文艺的人，直接去领略原诗的情味，一方面把万川君的译文的错误点摘出。希望万川君或其他人们再加指正。

（1）原诗第一节第三句：

A woman sat in unwomanly rags.

（原译）一个女人坐在破布堆里。

按此处的 in unwomanly rags 是一个 adjective phrase，形容 woman 的，大意是"一个女人穿着不像女人样子的褴褛衣服面坐着……"在英文中有同样的语法，如 A woman in white，即为"穿白衣服的女人"。万川君的译文是错误的。

（2）原诗第二节第二句：

While the cock is crowing aloof！

（原译）公鸡已经无情地鸣了！

按 aloof 的解释是"远远地"，此句大意是，"当公鸡在远远地唱鸣……"万川君译作"无情"，恐怕是由于疏忽的缘故。

（3）原诗第三节第五句：

I hardly fear his terrible ahape.

（原译）我很怕他可怖的样子。

按 hardly 与 rarely 同义。意为"简直不""稀有""难能""不大"。万川君把他译作"很怕"，与原意恰相反；此句大意是，"我对于他的可怖的形象，简直不大怕惧"。因为"It seems so like my own"（他是与我自己的形象这样相像呀。）必须如此译法，前后两句的意义，才可以通得过去。

（4）原诗第九节全节：

"Oh, but to breathe the breath

of the cowslip and primrose sweet, —

With the sky above my head,

And the grass beneath my feet!

For only one short hour

To fell as I used to feel,

Before I knew the woes of want

And the walk that costs a meal!"

（原译）"呵！呼吸呼吸

这样香花樱草的香气里—

青天在我头上，

青草在我脚下，

只在片刻间，

我感觉宛如往昔，

早我未潦倒穷困，

步行取得一饱之前。"

按此节译文实在令人难解！而且与第六节自相矛盾的！第六节既然说"但是他的报酬呢？一床草、一块面包皮、破布、破屋顶毛地板、一张破桌、一把破椅，以及雪白的壁……"这样香花樱草的香气又哪里来？！她的脚下又哪里有青草？！就是青天也不直接在她头上，中间还隔着一层破屋顶："步行取得一饱"在原诗里也没有这一回事！其实在 Hood 原作，倒并不是如此解释的；所谓"青草"所谓"香花樱草的香气"都无非是她的空想而已。

第一句里的 but，共意义等于 only。全句的语气里含有想的意思，即是：Oh, I wish only to breathe the breath...（哎，我但愿能够呼吸，呼吸……）。

1986

第六句的 To feel as I used to feel，……也含有想愿的意思，即 I wish only to feel I used to feel...

末句的 And the walk that costs a meal！与 the woes of want 同是单词 Knew 的目的语，（object），其大意是：散一回步，要破费我缝衣的工夫，而耗掉我一餐饭米的代价。

（5）原诗第十节第一二两句

Oh, but for one short hour—

A respite, however brief!

（原译）啊！只一个短短的钟点！

　　　　休息的时间是有限！

按此地万川君的译文与上节犯了同样的误解。把空想变成实有。而其对于 however 一字，也似乎没有懂得他的意义。

此两句之大意是：哎！我但能愿一天里抽得出一小时的空暇来做我休息的时间。这时间无论怎样短促，（我也够乐意的了）。

（6）原诗第十节第八句：

Would that its tone could reach the rich!

（原译）这能声闻富人！

这句译文的意义，也不容易了解。按 would 一字，除了做 will 的 Imperfect Tense 之外，又用来表示希望或志愿，（In expressions of desire or wish）所以用这一句的大意是"我希望这歌声能够吹到富人的耳里！"

　　　　　　　　　　　　一九二九，一，五，写完

读张凤"用各体诗译外国诗的实验"（1929）

病夫（曾孟朴）

大家都道译书难；我说译书固然难，译诗更要比译书难到百倍呢。这什么讲究呢？译书只有信、雅、达三个任务；能信、能雅、能达，三件都做到了家，便算成功了。译诗却不然，译诗有五个任务哩。

哪五个任务？

（一）理解要确，

（二）音节要合，

（三）神韵要得，

（四）体裁要称，

（五）字眼要切。

为什么理解要确？只为诗的意义，完全和其他散文不同。散文的意义是确定的、明了的。诗的意义，适得其反；往往是恍恍惚惚的、断断续续的，或言在此而意在彼的，或超乎文字以外的。这种境界，都是诗的最高的造诣，差之毫厘，谬以千里。所以李杜诗注，不下上百家；玉溪的《无题》，渔洋的《秋柳》，古今聚讼，至今尚无确定的解说。本国人了解本国的诗，尚且如此，何况理解外国的诗；稍一不慎，没有不错误的。

为什么音节要合？散文虽也有自然的音节，然不是它的主要部分。若一讲到诗，音节便是诗的灵魂。常有许多诗，意思、词句，并没有什么特别好处，然独能动人，叫读的人低徊讽咏，不能自已，听的人欲歌欲泣，不解何故，这就是音节的关系；杜工部的《秋兴》八首，便是一个例子。法国马拉曼的诗，诗的意义，差不多全不可解，连他的学生非他自己讲过，也都不懂。但一听他的诗，几乎没有人不感动。他自己说：灵魂是贯串着的妙音。这就是表明他的诗，完全是音乐性，完全是音律。倘使我们译诗，不注意到音节，一字一句，照译出来，就算不差，还是一首无灵魂的诗。

为什么神韵要得？神韵是诗的唯一精神，是件神秘不可捉摸的东西，决不能在文辞的浮面上可以寻觅得到的，是诗人内心里渗漏出来的香味；在外国叫烟士披里纯 L'inspiration，我国叫作神韵或神致，都是这个东西。所以《十九首》有《十九首》的神韵，建安七子有建安七子的神韵，鲍谢有鲍谢的神韵，三唐有三唐的神韵，宋元有宋元的神韵；甚至李杜有李杜的神韵，温李元白有温李元白的神韵，苏黄有苏黄的神韵。讲到外国，摆伦的豪迈放纵决不是戈恬的细致雕缋，嚣俄的感物伤怀决不是拉马丁的回肠荡气，蒲合来的恐怖怪僻决不是勃莱克的神秘奇幻。一个人有一个人的神韵，一首诗有一首诗的神韵，这就是诗人的个性表现，也就是一首诗的生命活动。我们译诗，先要了解诗人个性的总和，然后再把所译的诗细细体会，不要把它的神韵走了丝毫的样，那才能算得了神韵。在没方法里说个方法，大概不外在口吻和语调的夹缝里去心领神会。若然老老实实把意义直译，那便是死的诗，不是活的诗了。

为什么体裁要称？外国诗的体裁和中国诗完全不同：外国诗依种类说，有抒情诗、叙事诗、短诗、学诗、铭诗的五种；它的字音，有十二缀音、十缀音、八缀音、自由诗句等；它的格调，有松内（十四行诗）、轮图（两韵复调诗）、德利奥来（八行复调诗）、罢拉特（三解诗）等。我们译起来，若照旧式的意译，有用骚体的，有用五七言古诗的，用五七言律绝诗的，用词曲体的，用歌谣体的，但是，结果总犯一个毛病，还是中国诗，——自己作的诗——不是所译的外国诗。若照新式的直译法，那么格调、字音，照译不照译？假使原来是松内或轮图，是不是照译十四行或复调诗，原来是十缀音或八缀音，是不是照译十言或八言，原来叶韵是顺叶（两阳性与两阴性继续递译）或抱译（阴阳两性交互相叶），是不是照样的押韵？依样画葫芦，要画成这个样，已经不是件容易的事，而且勉强画成了，依然是个四不像的东西，毫无意味，甚至费解。所以译诗能不失作者的神韵格调的，实在很少，就是选择体裁上，究竟该用何种方为适宜，是一个最难解决的问题。

为什么字眼要切？诗的用字，不同散文。古人作诗，往往因一字的变换，劣诗变成佳诗，故有一字师的故事。如王荆公改"风定花犹舞"为"风定花犹落"，贾岛因"僧推月下门"，欲将"推"字改为"敲"字，冲了韩退之的卤簿，便是个例子。外国诗里，一般有这种关系。我们翻译时，把诗人着眼的字，不去细心寻味，照字典上似是而非的解释随意填入，只怕就要点金成铁了。

就为了以上五种难点，把我译诗的勇气，不知颓废了多少，简直轻易不大敢下笔。然看着大家却都是兴兴头头地翻译。译的东西，偶然也有碰到很好的，四不像的也是一大堆。我一边佩服现代人的大胆，一边自己疑惑神经过敏，或者是独自一人的错觉吧！

不多几天，我读到了《秋野杂志》，内中有一篇张凤君的译外国诗实验，讲的就是译诗的困难，所说的话，大半都是我要说的话；才知道这不是我一个人的错觉，文学界里也有一般的同情，我非常地喜欢。又见他把科学实验室里的方法，移用到译诗上来，做了四次的实验，换了四种的体裁，他的态度极谨慎，他的方法极缜密，他的用心极深苦，我又非常的佩服。我想译诗的五个难点，从此总可得到解决了。

我连忙把实验的译品，细细的读了一遍，不觉使我又大大的失望！

我固不屑吹螺打号，替张凤君做吹鼓手，我也不愿寻瑕索瘢，向张凤君做挑战人；我只是个研究译诗的忠实者。我觉得张凤君的态度、方法、用心，样样都很好的，可惜实验的结果，还是不满意，还不曾在五种难点里解放出来。

张凤君实验时选的材料，是三首法国诗，两首是戈恬的 Théophile Gautier，一首是高贝的 François Coppée。我现在姑且先把张凤君译的戈恬的《春之初笑》Premier Sourire du Printemps 一首先来研究一下。

我们译诗，第一要先理解所译诗的全篇意义和结构。那么这篇诗的意义是什么？是吟咏春的开始第一个月——三月。为什么三月是春的开始？我们就该知道欧洲四季的排列，和我们不同。欧洲的春，是从三月二十一日算起，到六月二十一日为之，共是九十二日二十小时又五十九分。那篇诗全咏的是三月里春气的萌动，故题目叫春之第一笑。若说它的结构：全篇共八解，——法文叫 Stance，中文没适当的自，姑拿乐府里的解字代替——第一解，是总括引起，却先提名三月；二解，咏耶稣诞日开的雏菊；三解，葡萄园的芽和果园的杏；四解，蔷薇；五解，黄莺、雪花、紫罗兰，字面都关会着音乐；六解，泉芹铃开，是水边植物；七解，草和草莓，这些都是二三月间次第开放的花卉；八解，总结，才说到在四月的门限上，招春的来。这便是这第一篇诗的意义和结构。

前诗全篇的意义结构，既已讲明。我再把张君译的一解一解地与原诗比对研究。

原诗第一解是：

Tandis qu'à leurs oeuvres Perverses

Les hommes courent haletants,

Mars qui rit, malgré les averses,

Prépare en secret le printemps.

张凤君译的初稿——字译，语体欧化文。科学译法——

在，向他们可厌恶的工作时，

众人正驼着背嘶喘，

三月，它笑，虽有大雨，

暗地预盼那春天。

我读了张君译的第一解，就觉得对于理解、神韵、字眼都不合。

原诗第一解四诗句 Quatre Vers，是概括说的，大意就说当人们喘吁吁地奔跑做他们的苦工时，笑着的三月，虽暴风雨里暗地早准备那春令。依着文法来讲，这全句 Proposition 主句 Proposition Principale 的主词 Subject 自然是三月，主要的动词是预备 Prépare，属词 Régime direct 是春 Printemps，附句 Proposition Subordonnée 内的主词是人们 Les hommes，奔 Courent 是附句内的动词；斩截地说，主句只有三月暗自准备春令一句话罢了。但是，诗不能这样简单，所以把人们的苦工做三月笑的反映，暴风雨做春的反映，令人生出印感，印感便是神韵。现在张君的译作，工作自工作，众人驰喘自众人驰喘，三月自三月，各干各的，一点分不出主附的线索，是一不合。

原诗四诗句，只有两逗点 Vigule，一止点 Point，共分三句 Phrase。译作却硬分了五逗点，一止点，共分六句。句逗完全和原诗不同，自然意义也跟着变了；譬如原诗第一诗句和第二诗句，本是一个语句 Une Phrase，中间不加逗点。译作忽把第一诗句逗断，又把当……时 tandis que 的时字不贯到句末，却放在第一诗句的末尾。那么这一句顿时毛病百出：属有形容词的他们的 Leurs，失去了属主，下句和上句，不相连贯，成了两橛；照译作的意思，好像说他们苦工的时候，众人正驼背嘶喘，做苦工的是一帮人，驼背嘶喘的另是一帮人，致命伤就在无端加上一逗，又在时字和正字呼应的意味上；又且和下句的三月，怎么能连得上呢？这是二不合。

又译作第一个字，放个在字，加上一逗点。我实在莫名其妙。若说译者的意思，把它当作原诗 Tandis que 或 à 的，但无论哪一个字下，照法文绝不能加逗点；若说是中文，孤立着一个在字，上下都没附属处，从颉诵造字以来，没有这样用过，必不得已，只将学着考证家的口吻道："在，疑衍文"了。第二诗句，众人正驼着背嘶喘的驼字，把 Courent 误认作 Courber，固然错得稀奇，后来由译者在第二期道歉改正作"驰着喘着"，哪里料到改正的还是改差。只为原诗奔字 Courent 是第三人称多数的动词，喘字 haletant 是现时分词 Participe present，用来形容奔的神气的，该译作喘吁吁的奔驰才对呢。又译作第三句，"三月，他笑"。原诗 Mars qui rit 三月下并无逗点，本来 qui rit 是附句，可以删去，直接 Prépare 的。译者要保存附句，所以把 qui 译成他，碍于中文文意，又加上一逗，勉强迁就。其实把原诗笑着的三月，暗地预备春令的口吻失去，又犯了主附不分的毛病，而在中文解起来，变了三月在那里笑预备春令了，叫人家如何懂得呢？这是三不合。

我说译作的一不合是理解不清楚，二不合是神韵全消失，三不合是字眼不妥当，音节和体裁，是不用说了。

我大胆地说一句不客气的话。译者的病源有两种：（一）大约译者对于法文的文规，没有仔细研求过，否则或是过于热心诗句的精神，把平淡无奇的文规倒疏忽了；（二）上了欧化文的当，什么科学的译法！什么德意志作风！其实过甚的欧化译法，绝不能译出好作品的精神。我国文字，万不能和德意志比较，只因欧美各国，文字虽不同，文规总有些相近，可以和印模一样的一字字照译，不会走样，一翻各国互译的书就了然了。我国若照这样的干去，译出来的东西，不是不通，便是费解。我是主张直译的，却不主张纯欧化的直译，要顺着文字的国性去直译。我们向来不主张欧化文，张君这次的实验，倒给了我们一个证据。

说到这里，我不能不把我国性的直译法，先就第一解验试在下：

《春之初笑》——新体诗，直译——

当人们喘吁地蹀躞

去做他们苦工时节

笑的三月，纵雨和风

暗地里在点缀春工。

原诗第二解是：

Pour les petites pâqusrettes,

Sournoisement lorsque tout dort,

Il repasse des collerettes

Et cisèle des boutons d'or.

译作

为那些小白菊，

方黯然地都在睡眠。

它熨贴那些领圈

及剪裁那些金蕊。

这第二解的译作，还没有十分大错。但 bouton，向来译作花蕾、芽和纽扣，从无译作蕊的，因各种花蕊，形态不同，未必都是圆形，译蕊字不大贴切。改译：

替那些小小的雏菊，

当万汇黯然地偃伏，

它圈上些白的襞襟

又雕镂些金的纽形。

（注）襞襟 Collerette 路易十四时代流行的项饰，形恰像开的雏菊一样，日本译作襞襟。

（未完）

《王孙哈鲁纪游诗》第三集凡例（1929）

佚名

凡例

（一）能读原文者，当以读原文为佳。既曰译本，自系为不能读原文者着想。故首重意译，唯可用原文字面之意义与原文字句之次序时，仍力图按照原文。

（一）既重意译，则有不译者三：

（1）人名不译，以注释之。如第一首第一句"娟娟吾小女"，下注明指其小女阿达（Ada）。又如第二十三首第二句"趺坐有将军"，下注明指次日战死之英将布龙斯威（Duke of Brunswick）。

（1）地名不译，亦以注释之。如第十八首第二句"白骨旧战场"，下注明指滑铁卢（Waterloo）。又如第四十六首第七句"长河两岸观"，下注明河指莱茵河（Rhine）。

（3）用典不译，亦以注释之。如第二十首末二句"如古壮士剑拔向暴君家"，下注明用雅典哈莫丢（Harmodius）拔剑欲诛暴君西毕亚（Hippias）竟杀其弟事。又如第六十七首第四句"一地应关心"，下注明指茂拉（Morat）一四七六年卜甘地公（Duke of Burgandy）以兵侵瑞士为瑞士人大败于此。

（一）原诗有抒己见者，有论古人者，有述风景者，均按次序，分别段落，以清眉目而便读者。段落分法，一依吴宓先生民国十六年至十七年教授清华学校留美预备部高三级英文读本时所编印之（英文）《王孙哈鲁纪游诗》第三集易解。

（一）原诗每首九行。兹译为每首八韵。惟第五十六至五十九凡四首，系寄人之作。每首十行。兹译为每首十韵。

（一）摆伦之诗，式古神新，兹译为五古，而造句则力求浅显，以符此点。

（一）摆伦爵士（Lord Byron）今通译作拜伦，（从曼殊大师）而曼殊大师则又译作裴伦，今以摆伦之译名最早，故用之。

——《学衡》第 68 期（1929 年 3 月）

读张凤"用各体诗译外国诗的实验"（续）（1929）

病夫（曾孟朴）

原诗第三解是：

Dans le verger et dans la vigne,

Il s'en va, furtif perruquier,

Avec une houppe de cygne,

Poudrer à frimas l'amandier.

译作：

在小园及葡萄架下，

它去，悄地乔装，

用天鹅之绒，

用霜傅粉于杏树。

这一解的译作，对原诗的意义，不甚明了，辞句也不妥洽。原诗的大意，说在果园和葡萄田里，三月（它是代三月）做了潜来的化妆师，去拿着天鹅绒的毛刷，傅粉似霜来象征杏树的开花；然依文法讲，这四诗句，只有一句是主句，便是它去傅粉杏树句，至于拿天鹅羽毛句和似霜句都是这句的附句；——潜来的化妆师，也是插入来形容"它"的举动的附句——所以鹅羽的冠词（Article）用不定冠词 une，杏树的冠词用定冠词 le，可见两句主附显然，不是平列。今译作的末两诗句，连加两个用字，推译者的意思，大约上一个用字当Avec，下一个用字当á，其实下一句 a 字是不直接属词霜字的接续词，不能作用字解，可作似字解。今译作误解作用字，两句叠两个用字，便成了平列，意义完全糊涂了。讲到词句上，verger 是果园，今译作小园，太宽泛了。vigne 译是葡萄园或葡萄田，译作葡萄架，又太狭义了。不如译果园和葡萄田——或概译园字——的妥当。Perruquier 是理发师，Furtif 有秘密的意思，两字合并说，就是暗地的理发师，并没丝毫关涉到乔装上，乔装和假扮一样解释，翻成法文，就是 Déguiser，是个动词；不晓得主张科学译法的译者怎么会从原文外幻出一句悄地乔装来，把名词变成动词，形容词也跟着成了助动词，改成了 deguise furtivement 真实不可思议。改译：

在果园和葡萄田里，

它去，似暗地化妆师，

拿了天鹅毛的粉扑，

傅成杏树霜一般白。

原诗第四解是：

La nature au lit se repose ;

Lui, descend au jardin désert,

Et lace les boutons de rose

Dans leur corset de velours vert.

译作：

自然休息于床上；

它，下降于荒园里，

且束缚玫瑰的蕊，

于他们绿绒的兜胸中。

这一解的诗意，第一要明白首诗句是个附句，和第二解第二诗句是一样解释的；第二诗句的"它"，方是指三月，才是主句的主词。译作这一解还不甚错。但这个它字，好像有些代自然的意味，毛病在不分明；又凭空多加了两个逗点，于原诗口吻不合。bouton译了蕊，误同二解。改译：

大自然正在床上休憩；

它，却降荒凉的园地

而结了些蔷薇的花蕾

在它们绿绒的胸当内。

第五解原诗是：

Tout en composant des solfrèges,

Qu'aux merles il siffle á mi-voix,

Il sème aux prés les perce-neiges

Et les violettes aux bois.

译作：

诸皆成为曲调，

至于黄莺，它用低声吹，

它播种雪焦于草地，

及地丁香于林中。

这一解的译作，对于原诗的意味，完全没有明白，译错的很多，不仅主附不分了。原诗这解的意思，竭力要描写春的和谐——就是写笑字——拿什么来象征这和谐呢？就是音律。而且这个音律，不是高亢的音律，是绵渺的音律；把主意在附句内先显明了，主句内却把初春开的花名，与乐器有关系的来做和谐的象征；如 Perce-neige，照法文字义译起来，是雪笛，又 Perce neige 一名 Cloche d'hiver 便是冬之钟；violette，拉丁文作 viola，和梵哑铃的拉丁字，本是一个字，即法国有一种七弦的大提琴，也叫作 viole，可见紫罗兰花名的字源，本含有乐器的意思；那么原诗用这两种花，正为的是映合上两句音律的象征。译作全没有了解这个意思，是主要的错误。对于上两诗句的文法，也没有弄清楚，要晓得上两句，都是附句，意思犹说："一切正组合着音律，当它用黄莺般的微音鸣动时候……"。我说译作的病源，就在没解明qu'aux 两字，要晓得这个que 字，是接续词（Conjonction）里 dés que 的省略，作一从解，法文常有这种用法，这个 aux 字，作似字解，和上文似霜般白一句同。译作译为至于黄莺，在中文固然不可解，况且下文都说的植物，忽然杂出了一个动物，也不成诗。还有一个毛病，和下诗句"它播种……"成了并列的排句；倒又是一边说鸟，一边说花，上两诗句"它播种……"成了并列的排句，变了两阙，中间没些联缀，我想戈恬决不会作这种断片的诗吧！改译：

万籁正协调着律吕，

当它似莺地小声嘘，

它散些雪笛在草地

和些梵哑铃在林际。——梵哑铃，照译拉丁文音——

第六解原诗是：

Sur le cresson de la fontaine

Où le cerf boit, l'oreille au guet,

De sa main cachée il égrène

Les grelots d'argent du muguet.

译作：

在泉旁野芹之上，

鹿所饮的地方，双耳高耸，

从（sa）（鹿）足隐处，它抽放

蜜葵花的银铃。

这一解的译文，也有两个错误。（一）l'oreille au guet，译作双耳高耸，和原诗不合。guet 本作警戒解，并非高耸。明白些说，就是鹿把耳警听着饮的地方，耳警听着句，是鹿所饮句插入的附句，照这样解，又何必添上双字呢？（二）De sa main cachée 的这一个他的 sa 仍是三月的属有代名词，因为依文法说，这一句便是主句，所以不加逗点直贯到底。译者误解他的 sa 属于鹿，于是不得不把手 main 变成脚，下面接连一个"他"，觉得不顺，不得不硬加上一个逗点。其实标点最关紧要，不知标点，即不懂口气，译者自己说过，岂可知法犯法，随便乱加，致完全变动了原意？改译：

在那泉水野芹之上

警听的鹿引的地方，

从它隐的掌它抽放

铃兰花的银样铃铛。

第七解原诗是：

Sous l'herbe, pour que tu la cueilles

Il met la fraise au leint vermeil,

Et te tresse un chapeau de feuilles

Pour te garantir du soleil.

译作：

在草地的底下，为你去采撷，

它安置有红色的杨梅，

且为你编织一草帽，

为（te）保障太阳之用。

这一解译得还算不离经，不过多加了两逗点，仍是文法不了解的关系。即如为你去采撷，真实这句是它安置红色杨梅句的附句，照散文作起来，该说："它安置红杨梅使你采撷……"才顺，原诗却作成个倒装句法，和下诗句一贯，不能加逗点，第三诗句更不必加逗点。改译：

在草底下，使你采摘

它放下那草莓红色，

且编给你个叶帽儿

替你遮护那太阳辉。

第八解原诗是：

Puis, lors que sa besogne est faite,

Et que son règne va finir,

Au seuil d'avril tournant la tête,

Il dit: "Printemps, tu peux venir!"

译作：

后来，当它的事务已毕时，

并当它的王业将尽时

在四月的门限上回了头，

它说:"春呀,你可来了!"

讲到这解翻译的病源,就在对于春季期日的界限,有些模糊影响;又没有明了戈恬咏的初春,便是咏的三月;所有全诗主句第三位人称代名及属有代名,都是代三月。因这一点根本不明了,所以以译出来的词语,不免前后矛盾,叫人索解不得。即如第一诗句,既用了事务已毕时,第二诗句又用了王业将尽时,是春事已完,和我国人把尽月唤作暮春或季春一样,该送春了;怎么下两诗句,反回首在四月的门限上,唤春的来?这不是前后自相矛盾吗?殊不知外国的春季,三月下旬,刚是春季的第一月,原诗一二两句,还是跟第一解来,只说着三月暗地预备的工作已完成的意思,所有 sa、son 都指三月不是说全春都完。译作不明此意,把 faite、va finir 两字,一个译了毕,一个译了将尽,译得太死,容易使人有春光迟暮之感,自然地联不上下两句了,改译:

于是,三月的功业成,

当它的用事将满顷,

向四月门限把头掉

它说:"春呀!你可来了!"

我现在已把张君译的戈恬的八解诗,一解一解的研究完了。我觉得译者对五个任务里第一个理解,就没有弄正确,大有雾里看花的样子,弄得人目眩神昏;其故大半由于文法上的错误,根本一误,无往而不跌脚绊手了。张君原是个有心人,尤其是个译诗的苦行实验家,他这一次的实验,非常勇猛,又非常艰苦,他译完了,只担心没人去细细比较思量,不知他的甘苦。不错!像我这样胆大不怕得罪人,一句句下死劲地笨干,做个译诗者的忠实宗徒,除了我只怕没有第二个痴子！但是，我虽不满张君的译品，张君译诗的精神，我仍旧钦佩的，仍旧认张君是我的同情者。再者我的法文，是读字典读懂的，不曾进过学校，我的解释对不对，自己也不敢保证。不过就我研究的结果，张君错误的地方，便老老实实地写了出来，一点没有敷衍。改译的也不是自以为是有什么作风的好诗，不过照原诗的意义，口吻，缀音数，句逗，不改变的译了出来罢了。如果我的解释有错误的地方，不妨请大家指示，尤其希望张君的指示，或严厉的教训；只因批评家，该持着严厉态度，不必揖让俯仰，作虚伪的周旋。

至对于意译的各体实验，在字译的意义尚未正确以前，似没逐细讨论的必要。我现要讨论的是译诗的实验，不是和张君来比赛中国诗才。我只就戈恬这首诗，作了八首短古诗，做个字译的比较，其余不再效颦了。八首短古诗列下：

戈恬《春之初笑》——短五言古诗，意译——

尘劳多烦忧，
垄息无愚智，
浅笑三月天，
风雨酿春意。

果圃葡萄地，
东皇潜理妆，
擎来白鹅羽，
为杏点轻霜。

万汇黯然眠，

春先到雏菊；
围领垂雪缨，
镂纽绽金簇。

大块自偃息；
苍驭降荒庄，
蔷红结衣扣，
绒绿裹胸当。

吹万成天乐，
曼响效鹂签，
雪琯泛牧场，
梵兰散林薄。

离离原上草，
下有朱色莓，
采叶编成帽，
为君蔽炎威。

警鹿竦而饮，
泉芹悠然生，
雪掌寂无联，
抽放铃兰铃。

棣通建首功，

少阳用事毕，

回首望四月，

春来汝毋忒！

我意译完了这八首仿六朝体的短古诗，觉得仍旧是我的诗，不是戈恬的诗，有许多地方，译不出来，成绩还不如字译的多，才知道把外国诗译成中国古诗，要完成译诗的五种任务，终是件不可能的事。

一八，三，一，病夫在沪寓，晨，六时

——《真美善》第 1 卷第 11 期（1929 年 4 月 1 日）

说"曲译"（1929）

徐志摩、英士

对不起英士先生，我要借用你批评译作后背的地位来为我自己说几句话。方才书店送来足下的原稿要去付印的，我一看到"曲译"与"直译"的妙论，不禁连连地失笑。如此看法翻译之难，难于上青天的了！除了你不翻原书来对，近年来的译作十部里怕竟有十部是糟：直了不好，曲了也不好；曲了不好，直了更不好。我只佩服一部译作，那是赵元任先生的《阿丽思奇境漫游记》。但是天知道经不经得起张着老虎眼的批评家拿"原文来对"！天知道爱曲的人不责备赵先生太直或是要直的人不责备他太曲！这且不谈，我要说的话是关于我自己的译术。我第一部翻译是 La Fongue 的 *Undine*，九年前在康桥连着七个黄昏翻译完，自己就从没有复看一道，就寄回中国卖给商务印成书的。隔了三两年陈通伯先生"捉"住了我！别的地方不说，有一处译者竟然僭冒作者的篇幅借题发了不少他自己的议论！那是什么话——该下西牢一类的犯罪！原因是为译者当时对于婚姻问题感触颇深，因而忍俊不住甩了一条狗尾到原书上去。此后再不敢那样的大胆妄为，但每逢到译，我的笔路与其说是直还不如说是来得近情些。那也带一点反动性质；说实话，虽则是个新人，我看了"句必盈尺而且

'的地''底地''的底'到不可开交"的新文实在有些胆寒。同时当然自以为至少英文总不能说不出名的，尤其在翻译上一不经心闹的笑话在朋友中间传诵的是实繁有徒。我记得最香艳的一个被通伯妹妹给捉住的——也是译曼殊斐儿——是好像把 Thursday 译作 Thirsty 因而在文章上口渴而想吃苹果云云，幸而在付印前就发觉，否则又得浪费宝贵人们的笔墨了！

但我却要对李青崖先生道谢，因为他为我从法文原文校对出《赣第德》本上不少的不准确处。可惜我手头没有英译本，不能逐条来说，但关于两点至少我现成有话。"米老德"该是个疑团吧？为什么米老德，而且又不是麦哀老德，难道 My Lord 都认不识当是人名字吗？原来是有一段注解，意思是要读者从念的声音里体会出那话的神气并且我想或许在现代的新造字里多添一个有神气的外来语，但也不知怎的那段括弧跑了，因而连累细心的先生们奇怪，我只好道歉。

第二点是李先生批评的《赣第德》的"理性"。那确是我自作聪明了事。《赣第德》（我本想译作"赣的德"）的原文是有率真的意思。也不知当初我怎么地一转念就把理由转成了理性，还自以为顶"合式"的。

我翻那部书是为市面上太充斥了少年维特的热情，所以想拿 Voltaire 的冷智来浇它一浇，同时也为凑合当时我编的"晨副"的篇幅。我的匆忙和大意是无可恕，因为我自己从没有复看过一遍，从"晨副"付印到全稿卖给北新付印；这是我的生性最厌烦复看自己写得的东西，有时明知印得奇错怪样，我都随它去休。

李先生也提到胡适之先生的话，但胡先生夸奖我的话是听不得的。关于他说我《赣第德》译本的话，我这里恭请他正式收回。认我的译文好的方面至多可以说到"可念"（Readable），至于坏的方面当然是说不尽说的。这时期到底是半斤八两的多——除了一两个真有自信力的伟大的青年。

关于曼殊斐儿的译文我似乎用不着再说话。通伯先生有封信给我，但我想还是忠厚些，不发表它也罢。

【……】

附录：帝国主义与文化

英士

在《译者闲话》里面，李之鸥君告诉我们说，他"对原书是取直译，惟于最后一章，因嫌繁冗而略剪裁"。评者不敏，觉得译就是译——把甲种的文言翻译成乙种的文言而已，无所谓"直译"或"曲译"。假使直译能成一个名词，那么，"曲译"二字恐怕也有成为名词的可能性，因为曲直是互相对待的。宇宙间苟无曲的东西，就没有直的东西。直的概念，是从曲的而来。李君既沿前人所造的累赘名词，以直译为标榜，评者不怕难为情，敬谨创造一个新的名词——曲译——来。不但作为自己批评这册译本之用，并且请求学界姑认其为一个鉴别的标准，看看今日中国出版物故中之以直译为标榜者，究竟有多少应该归入曲译之列！

好像直译一样，曲译是一个假定的名词，没有精确的定义。研究过几何学的人们各个都知道，一条直线是两个定点中间距离最短的路程。如果我们把原著和译本作为两个定点，那么我就可稍会明白直译和曲译上所说的话相差不多的，便是直译的。凡是译本上所说的话和原著上所说的话相差很远的，便是曲译的。换句话说，直译是忠实的转述，曲译是添花样的说谎。添花样有正有负，好像数学公式的加号后面可以加正量，亦可以加负量。加正量的曲译往往凭空杜撰，无中生有，造出许多原书上所未尝明说，甚而至于未尝要说的话。加负量的曲译者往往畏难而退，遇障而跳，看见原著中看不懂的句子便不译，看见原书中与己意不合的地方亦不译。

文艺鉴赏者的眼光很锐。他们能从一个创作品里看出作者的人格来。直译比较的是一种机械的工作，译者往往牺牲自己的个性来迁就作者，所以译者的人格很难从直译的东西上表现出来。曲译则不然。我们得到一本曲译的奇书以后，如果想要知道译者的人格或个性，实在容易的很。只要把原本和译本对照一下，找出译本中的曲的所在，译者的人格或个性便可窥其大略了。《帝国主义与文化》是一本曲译的小书，中英文都通而于社会科学稍有研究的阅者，只消费去几个钟头的功夫，把吴尔夫的原著和李之鸥的译本比读一下，便可知道译者的英文程度非常低浅，对于原文不能了解，为了或种动机的驱使，走到出版界里来侥幸尝试，就对原著者不能不 "表示歉意"，对阅者不能不欺骗。

译本第一页第一句便和原著第一句不同。原著第一句说："Between 1800 and 1900 Europe passed through a revolution that was both internal and external." 而译本第一句说："一八〇〇年与一九〇〇年间，欧洲经过一次大革命"，没有把 "that was both internal and external" 译出来。这是第一句，译者碰到难关就跳了！这是 "直译" 呢？还是 "因嫌繁冗而略减裁" 呢？

吴尔夫先生是一个费边社的社会主义者，对于现在的国际政治当然不能表示同情，但他对于现在的国际政治认识很清。我们读过本书的原本以及吴氏前此发表的著作者，莫不知道吴氏认定现在的国际是欧洲革命的结果？这个革命不但革了欧洲旧制的命，而并影响及于欧洲以外的世界，此书第一句是吴氏的大前提，是本书的出发点。有了这一句话，而后下文才可得得下去。译者不明斯旨，对于这样一句重要的说话，于动笔翻译之初即用"腰斩式"的方法来使之残废，使之脱气，手段未免过辣。既斩其腰，再说直译。是直视彼原著者及著作为无物，而祝我阅者为毫无知觉的木石了。心术之险，委实可惊。向来有一批不自量力的译者，自己知道对于原著不能融会贯通，译出来的东西似通非通，乃以直译为搪塞，自掩其醉，已使我们听到直译两字便摇头。今李君对于所译的书，不但对于全书不能了解，甚而至于对于第一句都不能依样葫芦地法二一，乃亦以直译为护符。直译! 直译! 天下几多文丐假汝之名以行扒手之业! 我为你头痛!

【……】

此种九曲三弯的缠夹句子在译本中随处可见，明显的例证不胜枚举。原书最后一章论"国际联盟与文明的综合"为全书中最为精彩、最关紧要的部分，而译者自言嫌其繁冗，略予减裁。我们读过原书的人，对照之后，知道译者不但自由行使减裁的淫威而已，而且十分之九是杜撰的幼稚结论，与原著者意见根本相左。

——《新月》第 2 卷第 2 期（1929 年 4 月 10 日）

关于哈代的翻译——并致《人生小讽刺》的译者虚白君（1929）

钱歌川

意大利有句成语说，翻译者就是叛逆者，我觉得这话很有几分真理。真的，一切的艺术品，经了一次翻译之后，它的精彩早丧失了，只剩得一个骸骨（虽然 Baudelaire 和 Fitzgerald 不在此例。不过他们的译文，正等于一种创作，已经不是原文的本来面目了）。中国的文人很了解这一层，所以一出茅庐，就大事创作，而少染指于翻译。实在说，翻译文艺作品，最是个费力不讨好的事。要把我们的思想完全囚囿在原作的行间字里，不能越轨一步。且要十分仔细，反复推敲，有时为了一字一句，思索数日，尚且不能找出一个满意的译法。（固然有些字眼简直译不出来，如英文的 as a，例如 T. Hardy, as a poet 这个题目就实在难译，而原文的意思明了的很，一看就晓得哈代在诗人之外，还有许多别的才干，这不过是专就他作诗的一方面讲罢了。像这样的例，我们只能归咎于中文的不完善呢。）就是普通的地方，外国的人情风俗不同，所以我们对于那作品的背景，要不明白的时候，偶一不慎，就可以错误百出的。所以翻译不仅是字面上懂得就行，还得真正把它的内容完全了解以后，才能动笔。总之，这是一桩事半功倍的事，译得好的时候，分得译者没有荣誉，译错了一点地方，就要受人家的冷嘲热骂；何况中国的原稿料这样便宜，且翻译又决不比创作要高价一点，一般穷苦的青年，谁个又愿意做这没有多大出息而充满危险的工作呢！西欧的文学不能介绍到中国来，自然是因为这个原因了。可怜中国的读书界，至今不晓得世界文献的宝库里，有些什么名作，这真未免太落伍了。由这一点我们就可以知道，中国的文学界还没有黎明呢。别说创作时代，我们现在连翻译时代都还没有到呀！所以我们决不可知难而退，为中国的文坛计，为中国文学界的将来计，我们现在最必要的，就是从事翻译，多多介绍西洋文学进来。现在渐渐已有些人从事这个工作了，如虚白君就是一个。我晓得他不仅介绍哈代，并且还移译过法国的什么东西。虚白君不顾一切的困苦，能够毅然地提笔翻译，真堪敬佩，我也是个心有余而力不足的，would-be 的翻译者，所以我极喜欢有虚白君这样的同志，能够出来和我们共同负担这个困难的工作。但是我在这里，有点意思要向虚白君说的，就是我们一人的见识有限，而翻译的工作又这样的难，所以我们自然不免有些遗误，希望我们能够不怀敌意地互相帮助，互相指谪，因为这不是对人的问题，这是忠于文学呢！

说了许多闲话，现在应该言归正传了。关于哈代的翻译，是我十年前的夙愿，他那本名作 *Life's Little Ironies* 尤其是我早几年的 *Livre de chevet*，约莫在五年前曾选了那最短的一篇题名 To please his wife 的，译成过中文，至今没有发表的原因，就是想将全卷译出之后，再行向世。不料一直拖到现在还是一篇。说来真令人惭愧！去年冬天到上海的时候，偶然在北新书局的书架上发现一本装帧华美的《人生小讽刺》，使我很满足地微笑了，觉得我心头又减少一个负担了！过了半年的今天，我偶然从破箱中，把我几年前的那篇旧译发见了。一时为进取心所驱使，连忙将原文找出来，同时又去买了一本虚白君的翻译，想来对照地再仔细读一回，并从虚白学一点流利的译笔。不意我对不到两三页，就发生疑问了。我的旧译有许多地方，不免要与虚白君的译文有些出入。我看出这是虚白君译得太快的结果，疏忽的缘故吧。我想要求虚白君允许我献给一点刍荛之见，但是我希望虚白君能够了解这决不是普通挑战的、含有敌意的文字。虚白君能够赐教，我随时都愿领受的。

现在且看本文吧：——

虚白君译"取媚他的妻子"第七面的头几行写着：

> 他潇洒地道了好，就傍着她走。
>
> 她说："走远些吧，别叫爱弥莲吃醋了！"
>
> 他好像不喜欢这个讽示，并不走。

原文是怎样的呢？

> He gave a gallant greeting, and walked beside her.
>
> "Go along," She said, "or Emily will be jealous!"
>
> He seemed not to like suggestion, and remained.

gallant 译着"潇洒"我觉得不大妥，P.O.D. 上面明明写作 very attentive to women, concerned with love, amatory. 这是表示一种对于女子特别亲切、侍候得周到的样子。末了 remained 一字不是如虚白君所说的，停留不走了，是跟着上面的 walked beside her 而言，他保留了这种动作，仍然挨近她向前走呢。假如是如虚白君所言不走的时候，那他又为什么不喜欢她那 suggestion 呢？拙译是：

他很有礼地和她应酬了一下，于是就挨近她身边走着。

"你走开点吧。"她说，"不然，爱蜜丽会要嫉妒的！"

他好似不以为然，仍然跟着她，很近的走。

同页末了的头两行虚白君译着：

预备要穿过一条小街到爱弥莲家里去。

原文…and started for Emily's house in the little cross-street. 那 cross-street 是说明 Emily 家的所在，不是说 Joanna 的行踪。意思是，就动身到在小十字路上的爱蜜丽的家里去了。

同八页第一行将 attentions 译作注意，也很不妥，这里应该是说他的亲切。

同页第十一行虚白君译：

——各种稍稍值钱些的东西，来遮饰那存货的卑劣；

——articles in themselves of slight value, so as to obscure the meagerness of the stock-in-trade;

字典上解释 slight 一字，明明写着 not much or great，如何会变成稍稍值钱的意思去呢！全句的意思是，务必不使人看出她店内货物之贫弱，所以连那些不大值钱的东西，都完全摆出在外面了。

同书第十页末了一行"……请求做妻子的人"和"初见面时……"之间，译文删了这样的一段：

You know, Emily, when a man comes home from sea after a long voyage he's as blind as a bat—he can't see who's who in women. They are all alike to him, beautiful creatures, and he takes the first that comes easy, without thinking if she loves him, or if he might not soon love another better than her.

这段话很要紧，并说得很不错，绝对不应该马虎过去。

同译本第十四页，第6—7行：

> 结婚不久……

原文是 Shortly afterwards the wedding took place,

应译作"在那以后没有好久就举行婚礼了，"

同译本第十五页第9—10行：

"渐渐地生了注意"

原文是：they grew alert... 译成"学得很敏捷的了"似乎容易了解点。

同页第十一行译作：

> 饶利甫婚后生活中所最闷心的，……
>
> The great interest of the Jolliffes' married life, ...

人名后面加 S 是代表家庭的人，此外是说 Jolliffe 夫妇。

同十八页第三行：

> "在这些小铺子里，你该明白了。"
>
> "As understood in small shops."

这里应该是"我以为"，不是"你明白。"Coffee as understood in small shops. = It is such as is understood to be so in small shops.（在这些小铺子里，就把它当作真的卖）

同第六行：

> 爱弥莲近来的态度可以证明他们又得了些殷实的主顾。Traces of patronage had been visible in Emily's manner of late.

Patronage 一字应该是我招呼别人，不是被别人招呼我。所以这句的意思是说，近来在 Emily 的态度上，那种骄矜的痕迹已经可以看得出来了。

同第十九页第1—2行，虚白君译文是：

她痛恨地说："支撑——不错。可是看看爱弥莲，赖恩德怎样的享福，我们老是贫苦！"

原文是：

"Rub on-yes," she said bitterly. " But see how well off Emily Lester is, who used to be so poor!"

接着 Emily 下面的 who 为何忽然会变成"我们"的代名词呢？ used to 也不应译作"老是，"意思是"她以前曾是那般穷乏。"

同第二十一页第四行：

第二天早上沙达拉区从柜里抽出他回来时第一个月穿的水手衣，刷掉了蛀屑，穿上了就走到码头上去。

The next morning Shadrach pulled from a chest of drawers the nautical jacket he had worn during the first months of his return, brushed out the moths, donned it, and walked down to the quay.

Pulled from a chest of drawers 要详细点译，应译作"从一个衣橱的抽屉中拖出来"。西洋的衣柜，并没有柜门，就只几个抽屉组成的。the first months 上的 month 是用的复数，而虚白先生把那小 S 虚白过去了，所以竟译成了一个"第一个月"。其实不止一月，如云 during the last weeks 一样，当然不是专指上一个星期而言。

第二十三页第二行：

一大堆的奇尼亚（那时候地球上真有奇尼亚）

A mass of sovereigns and guineas(there were guineas on the earth in those days)

为什么只留下那一镑一先令的奇尼衣而弃掉了那一镑的苏维仑呢？括弧内的意思是说那时世界上还有那种叫作奇尼衣的金币呢。

第二十四页第二行：

> ……感谢文上的意大利字了。

> ...the italics in the general thanksgiving.

这应译为：

> 一般感谢祈祷文中的特别的句子……

同上第五行：

> "你动身以后，他们又添了一辆马车和两匹马了。"

> They have set up a carriage and pair since you left.

上句中的 a carriage and pair=a carriage（furnished）with a pair of horses 两匹马拖的马车。

同页第十行一个 desultorily 译作"凄凉地"我觉得未免译得太自由了。是说"毫无成绩地过去了，"译作"散漫"何如？

第二十六页第十行：

> 在南海里……

原文分明是…in the Northern Seas…，不知虚白先生忆书当时的心境，何南北奔驰，以至于此！

同书第三十四页十一行：

> ……当爱弥莲找上她想借钱给她的时候，若娜总是粗暴地微声地这样说。

> Joanna would whisper hoarsely when Emily came to her and made advances.

Made advances 不是想借钱给她，是预备说什么。大约译者把 advances 看成个 advantage 去了。

又三十五页的第十一行上，有所谓：

> 她在二层楼上占定了一间房间，……

> She was allotted a room of her own on the second floor.

was allotted 是被分让给她。second floor 是三层楼；普通二层楼叫作 first floor=second story（美）。地面上的这一层房子，英国叫作 ground floor，即等于美国的 first story。

以上是选了这篇中的几个顶不妥的地方说明了，至于还有许多小处，勉强可以 pass 的，我都让它 pass 了。

一九二九年，四月，四日，夜十二时

——《文学周报》第 369 期（1929 年 5 月 6 日）

论译俄国小说（1929）

毕树棠（译）

（英国 Semion Rapoport 作）

文学翻译的问题讨论已久，可以说自塞达金氏（Septuagint）之时起已有之了。但是这个问题依然是个常新的问题，对于这个问题也依然有新的话讲，或者旧话而有重提的价值。现在我大胆地提出几种来商榷，大体是根据我读的几种俄国小说的翻译。

我首先表明，我知道一种好的翻译的难处，并且我还知道把一种外国语的小说——诗更不用提了——的本来面目（original）翻成那样的程度，如瓦伦（Sir T. M. Warren）的话说，"能生出一种印象和原文丝毫不爽，或者是尽力之极所差无几"之实际的不可能。这样的印象是一个译者尽力所得的最高理想，并且是在那极稀见的例中方有这样的事实，那便就是一个译者自身就是一个大小说家。

但是一个小说家若真个能自己作小说，他必不拿全力来翻译外国小说家的作品，而要忙于他自己的创作了。在这一点上看，诗人和小说家是有一个很大的区别的。在俄国只说几个很出色的，如左科夫斯奇（Zhukovsky）、普式金（Pushkin）、列而茫脱尔（Lermontor）、斐特（Fet，即 Shenskin）；在德国，有席勒（Schiller）、海因（Heine）、歌德（Goethe）；在法国，有拉马丁（Lamartine）、高西尔（Gauthier）、嚣俄（Victor Hugo）；在英国有谭尼孙、勃朗宁、孟利士（William Morris）、波里之（Robert Bridges）、古西（Edmund Gosse）。但是在小说家中我个人只能记得有那么一回，一位真正大小说家曾翻过一篇外国小说，那便是俄国杜介尼夫之翻译法国福禄伯特的 *La Tentation de St. Antoine*。而这个例外主要的是由于他们二人间的亲密交情而生的。

但是一个人若翻译一篇小说却没有翻译一篇诗时所遇的那些困难，能对于这一个国家的言语与生活有充分的知识，便可以作出一种很好的散文翻译来，虽然要想产生出原文的真实的艺术印象来，也需要译者的艺术感觉。但无论如何这要求不算太苛求。此所以翻译小说之事已成了职业的，男女的译者们多半是缺少文学创作的能力，他们不但不能自己写小说，并且很多连一篇报纸上的粗糙文章都作不出来，那无怪乎一般外国小说，特别是俄国小说，都译得不好了。

翻译的"法律"——泰特莱的创名——曾见于泰氏的《翻译要论》（*Essay on the Principles of Translation*）及堪伯尔博士的《翻译四福音引论》（Dr. George Campbell's *Preliminary Dissertations to Translation of The Four Gospels*）已差不多是一百五十年前的事了，那法律便是：（一）译文对于原文的意思应当完全传录出来；（二）文笔的体裁与风格应当与原文的性质相同；（三）译文应当有原文措辞的一切自在。对于最后这一点也许有人争论，而同意于德国一位大言语学家汉卜特（Wilheim Von Humboldt）的主张，他在翻译 Aeschylus 的 *Agamemnon* 的序言里主张一种翻译要带出些"外国味"的声音来。他的意思便是，虽然译文应当和原文一样地容易读，但是却必须全个地和译文所用的言语对劲，不过又必须标示出些特点来，使读者注意到这并不是本原著，却是本外国书。

这几条"法律"可以说是在翻译上最高成功的几个要点，然而这步成功却大大的不易，试看堪伯尔博士对要做翻译家者所作的初步要求，便可知矣，其文曰：

"我们可以最大的正义来讲，在一方面，一个国家的真正特性是不能被一个完全不懂他们的言语的人所通澈了解；那么在另一方面，在一种言语里所用的很多字和词的确切含义是永不能被一个毫不知这个民族的特性的人，或绝未接触过他们的宗教、法律、政治、艺术、惯态、风俗的人所完全领会，所以，凡想作这二者的精通家，那一定是兼此二者的学者。"

当然，无论是英国或其他各国的普通职业的小说翻译家对这种资格尚远得很，但是假使这个理想是太高了，那么至少也必须免去那简单字上的错误。我并不是指那种难翻的字，如一字数义难以辨清者，如英文的 home、法文的 maison、德文的 vernunft（这一个字使翻译康德作品者生过大累），我所说的是那简单的字，虽然可以有两种意义，而很有分别，就算在一个外国读者的心中也不容有什么错误。一种译品，旁的无论什么问题或缺点都可以有，而字与词的真意义则必须首先闹清楚；最错误的是，翻译那简单的字而表示出对于原文及译文言语知识上之薄弱，常常致将一个词语的全意作成曲解，我于英译的俄国小说即受此打击也。

有时一个字的误译是由于一种坏的字典，或者是一个字在字典上载有好几种的解释，而那最不相宜的一种被选用了，但是最多还是把这个俄国字的意思误解成那个俄国字了，这种差误的原因很多，而其影响则一。

譬如加奈特夫人（Mrs. Constance Garnett）自然是译俄文小说成英文的一个最好而最忠实的译者，但是就她的美丽的作品也常常毁于根本字义的错误。我没有拿俄文原文和英译文作特别的对照研究，所有的错误都是无意中遇到的。比方有一次我读一部英译的俄国小说，时时遇着些不能了解的词语，有的是和这部作品的大意不相符合，有的是和这作家的语言文格不相符合，有的是和俄国生活的习惯不相符合，于是我不得不去查看俄国原文，因而发现出错误之来源。

例如柴和甫有一篇小说名《肥与瘦》，内中有两位同学分别多年，忽然有一天无意中在一个火车站上相遇，"This is unexpected! This is a surprise!" exclaims the lean man — Come, have a good look at me! Just as handsome as I used to be! Just as great a darling and a dandy! Good gracious me! Well, and how are you?（"这真想不到呀！这真来得惊奇呀！"那瘦子道——"来，好好的来瞧瞧我！我还是和从前一样的漂亮！还是个爱煞人的大少！可是，你可好吗？"）等等。这一段若不是英国人，而换一个俄国的读者，则必至闹一头的糊涂而加之以惊疑。自来何曾有一个俄国人遇见一个老朋友的时候，讲出话来是这样的笨法？就是柴和甫也何曾真个描写过这样例外的愚钝？统统都是没有的事！这个瘦子是用了一句很普通的用语，若懂得了，意思便是：Do let me have a good look at you! Just as handsome as he used to be, just as great a darling and a dandy!（让我好好的瞧一瞧！你还是那样的漂亮，正像个爱煞人的大少！）

又如郭果尔的《死魂》（Dead Soul）里的一段据译者的大意是几

个商人进了茶馆，"去喝他们照例的那两杯茶"（To drink their regular two cups of tea）。没有一个俄国人曾遇到这样一个商人"喝他照例的两杯茶"。假使有一个商人或农民到茶馆（traktir）里去喝茶，他至少也喝他五六杯，还要多也说不定，自然郭果尔有他那双观察力无比的眼睛对于这点是很明白的；这是译者的错，决不是郭氏的错，他的本意是写 portion of tea（意为一些茶）而文词上却写作 a pair of tea（意为一双茶），于是译者便把它误为 a pair of cups（意为两杯）了，而更奇怪的是加奈特夫人译杜介尼夫的《表》（The Watch）一篇故事也闹成了同样的错，她把 portion of tea 误会成 steam of tea（意为茶之蒸汽）的意思，于是就译为 steaming tea（意为蒸汽茶），它这一回是把俄文的 para（对）误成 par（蒸汽）的意思了。

俄国在炎暑的时候或是夏天睡了一回午觉之后便喝一种很有名的清凉饮料；即 Kvas 之一种，名为 Sour Cabbage（意为酸菜），加奈特夫人叫它是 Cabbage Soup（意为菜汤），又有一位职业的翻译家叫它是 a bottle of pickles（意为一瓶子酸菜），其实命名并没什么大关系，不过在《死魂》里叙述 Chichikov 那时的事，这样便作成荒谬的笑话了。

又在这部书里，郭果尔讲有一个一只腿的队长名 Kopeikai，因为他的养老金发慢了，在海军部里吵了一顿，被部里派一个差遣把他送回住处。加奈特夫人把这一段话，译得错上加错，译文如下："Very good," says the chief of the department — "If you won't be satisfied with what is given you, and wait quietly here in the capital for your case to be settled, I will find a lodging for you elsewhere ... Call attendant," said he, "take him to a place of detention!"（"很好，"海军部长道，"假使你对

于所给的还不满足，那么你就在这京城里静悄悄的等着你的案的解决，我将在别处给你找一个住处……叫差遣来，"他道，"把他送到一个居留的地方！"）

但是真正他说的却是："I will send you away back to your home." 又 "Call the messenger, let him accompany him to his place of his residence!"（"我要把你送回家去"，又 "叫差遣来，叫他陪着他到他住处去。"）

加奈特的译文又道："and the attendant was there already, you understand, at the door, a man seven feet high, with a great fist made by nature, for driver, only, fancy, a regular dentist in fact,"（你晓得，那差遣已立在门前了，是一个身长七尺的汉子，一只老大的拳头，天生就一个赶车的用的，你想想看，他事实上却是个平常的镶牙匠。）无论哪位读者能瞧出郭果尔说的是什么意思么？实在，一个赶车的拳头是不会那样出奇的巨大，并且这与"一个循常的镶牙匠"又有什么关系呢？在此处真可以证明堪伯尔博士的话是不错的，他道一个翻译家必须要知道一个国家的历史，还有惯态风俗，等等，假使加奈特夫人若再细细研究研究郭果尔写这书的时代，她便晓得一个 feldjäger 是一个官，便是加夫人所称的 attendant，是一个来福枪手，或者是国王的遣使，他的职责是护送军官或贵人远路充军，到一个生地方或是他们的老家，他普通都受有严厉的命令，要把犯人看视得紧紧的，一直到达了目的地。所以一个 feldjäger 必是一个身体强壮的汉子，能招顾得起自己，又有骑马快跑的特权，尤其是传送文书的时候。他普通要实现这个特权便是打赶车的，当他们不合、姑息他们的马的时候。所以并不是那赶车的他们有那大拳头的威风，反过来说他们是 feldjäger 的大拳头下的挨打者。

我们还可以遇见很多加奈特夫人翻译柴和甫、郭果尔、杜介尼夫的些旁的错误，而尤以翻译杜司多衣夫司基的小说错误最多，例如在 *Raw Youth* 一书里，她讲有一位名叫 Makor Ivanovich 的说一个庙里的住客道，"在他心上有一层云，他的心是不安静的。"（There was a cloud over his mind and his heart was not at peace.）而真意却应当是"他是很灵敏的，但是他的心却是不安静的。"（He was very clever but his heart was not at peace.）这句话很重要，表明就算受过教育与很灵敏的人也要感觉出宗教之需要。

再一个很好的翻译者便是谟德（Aylmer Maude），他似乎是专门翻译托尔斯泰的作品的。虽然他的文学手段没有加奈特夫人的高，而且也很忠实，是想在能力之内把每一个俄国字都翻出来，并且竭力的保持原文的风味。但是他也是不时地闹出些字义的误谬，把他的作品倒弄坏了。近来我无意中读了他翻的 *Sebastopol* 的一卷，而颇觉失望，例如他说奥士科夫队长（Olzhogov）穿得褴褛（shabbily dressed），和原文的意思完全不同了。托尔斯泰本来的文意是说奥士科夫的样子好像一个人刚打完了架，发披衣破，虽然他的衣服是洁净而时髦的，便是表明奥士科夫刚从战场上下来的样子。但是译者却误弄成奥队长是不修边幅或是贫陋的样子了。

还有谟德译叙米克海罗夫（Officer Mikhailov），说他有一个趋好体面的性情（an inclination toward respectability）。读者或以为托尔斯泰是说这个人是个好装体面者。但是实在意思是说米克海罗夫性好有秩序的生活（inclined to orderly life），所以在不几行以后，又说他"也许先是个德国人"（he might have been a German）。若是"趋好体面"可以解释成好戴丝帽子，窗帏间陈设着闪光的铜器，怎能同时把书案弄得不整齐不规则的。

——《新月》第 2 卷第 3 期（1929 年 5 月 10 日）

卢氏《艺术论》小序（1929）

鲁迅

这一本小小的书，是从日本昇曙梦的译本重译出来的。

【……】

原本既是压缩为精粹的书，所依据的又是生物学的社会学，其中涉及生物、生理、心理、物理、化学、哲学等，学问的范围殊为广大，至于美学和科学的社会主义，则更不俟言。凡这些，译者都并无素养，因此每多窒滞，遇不解处，则参考茂森唯士的《新艺术论》（内有《艺术与产业》一篇）及《实证美学的基础》外村史郎译本，又马场哲哉译本，然而难解之处，往往各本文字并同，仍苦不能通贯，费时颇久，而仍只成一本诘屈枯涩的书，至于错误，尤必不免。倘有潜心研究者，解散原来句法，并将术语改浅，意译为近于解释，才好；或从原文翻译，那就更好了。

【……】

——《艺术论》（上海大江书铺版，1929 年 6 月）

论翻译（1929）

西滢（陈西滢）

严侯官在他翻译的《天演论》的例言里说了一句："译事三难：信，达，雅"；这信、达、雅三字便成了几十年来译书者的唯一指南，评衡译文者的唯一标准。虽然真"能与斯二者"的实在稀少得可怜。新近东亚病夫先生有一篇文字论诗的翻译，他深感觉到这三字决不足以尽译诗的能事。可是他还是说：

> 大家都道译书难；我说译书固然难，译诗比译书难到百倍呢。这什么讲究呢？译书只有信、雅、达三个任务；能信，能雅，能达，三件都做到了家，便算成功了。译诗却不然，译诗有五个任务哩。（读张凤"用各体诗译外国诗的实验"）

以"诗""书"两字对置，我们不免觉得病夫先生分类的奇特，可是我们也不愿"以辞害意"，读了下文的：

> 只为诗的意义，完全和其他散文不同。散文的意义是确定的、明了的，诗的意义，适得其反：往往是恍恍惚惚的、断断续续的，或言在此而意在彼的，或超乎文字以外的。这种境界，都是诗的最高的造诣，差之毫厘，谬以千里。（同前）

便可以知道病夫先生的所谓"书"，便是一切不是"诗"的散文。

凡是散文，照病夫先生的意思，只要"能信，能雅，能达，三件都做到了家，便算成功了"。

可是散文的种数也多极了。《左传》《史记》是散文，爱因斯坦的《相对论》也是散文，《庄子》是散文，新闻记事是散文，《红楼》《水浒》是散文，算术教科书也是散文，这无量数古今中外种种色色的"书"，只因不是"诗"而是散文，便只需要一个同样的翻译标准吗？我们便拿病夫先生的诗与散文的分别来说。"散文的意义是确定的、明了的"，那么自古以来，有多少"诗"可以说是"散文"！"诗的意义……往往是恍恍惚惚的、断断续续的，或言在此而意在彼的，或超乎文字以外的"，那么《庄子》何尝不是"诗"？分行押韵的韵文不一定都是诗，不分行，不押韵的，也不一定不可以称为诗。德国以所有的创造者，不论是诗人、小说家、戏曲家都称为 Dichter 或诗人，我们觉得是一种比较近情的分类。

【……】

在非文学的翻译，只要能信能达便尽了译书者的能事。一个人要翻译一本制造飞机的书，他的目的只是告诉人飞机是怎样的做法，所以他只须完全明白它的内容，并不用研究它行文的方法。要是他的外国文有相当的程度而他对飞机又有过充分的研究，不是一个既不曾学过机械学，又是"一手拿着笔，一手翻字典"的朋友，他对于原文的内容便不至于曲解；要是他笔下通顺些，他便又断不至于产出刘英士先生所说的"曲译"来了。所以只要能"充分的了解原文的内容，而且能以明白晓畅的文字转达出来"，便可以产生极好的译本。

严氏的第三个条件，雅，在非文学作品里，根本就用不着。一切科学，一切普通的智识，是日新月异的；今年的新智识，明年成了陈腐了，今日的真理，十年后成了谬说了。智识的本身既然时时变移，传达智识的工具、书籍，也刻刻得新陈代谢。要是以不朽的文字来传这变换不息的事物，最好也只可说是多事，只可说是白费心力。而且传达智识的媒介愈是简洁明了，智识的传布也愈广；读者的困难愈少，教导的力量也愈大。以诘屈聱牙，或古色斑斓的文字来传述新奇的事理，普通的常识，一般人即使不望而却走，也只能一知半解的囫囵吞枣。在内容的困难之上再平白地加一重文字的困难，例如一个读者必得先读通了周秦诸子才能看得懂一本怎样制造飞机的译文。这样的译书简直等于不译了。

许多人承认在翻译非文学作品时，雅字也许是多余，可是他们以为在译述文学的作品时，雅字即使不是最重要的，至少也是万不可忽的条件。我们却觉得在翻译文学书时，雅字或其他相类的字，不但是多余，而且是译者的大忌。我们试举一个极简单的例子。要是原书是《金瓶梅》或同类的书，它里面的社会人物是那样的粗俗，而以周秦的文章来描写；它的对话是那样的刻画声影，而以六朝的文字来传述；我们可以料到，译文不但把原文的意义丧失无余，而且结果一定非常的可笑。实在不但雅字是大忌，达字也并不是必要的条件，要是"达"字的意义是"明白晓畅"的话。即如法国的大小说家 Marcel Proust，英国现代的作家 James Joyce，以及许多象征派、表现派的作家，他们的作品的文字绝对不是"明白晓畅"的。要是译者想在"达"字上做工夫，达原文的不可达，结果也不至曲译不止了。

英国的大批评家倭诺尔特在《论荷马的翻译》一书中，说过只有译者与原文化合而为一才能产生良好的译文。而要达到这同化之境，必须把二者中间的迷雾消去，所谓迷雾，便是译者方面的与原文不一致的思想、吐属、感觉的方式。他又举了好些例，比如古波译的荷马，因为他用了精心结构的米尔顿式的格调，便完全与荷马的行文流畅相背驰；蒲柏因为用了雅饰的文调，又完全违反了荷马的平易自然。由此可见译者在译书之前，不应当自己先定下一个标准，不论是雅，是达，是高古，是通俗，是优美，是质朴，而得以原文的标准为标准。即如严几道译赫胥黎的《天演论》、穆勒的《群己权界论》，正因为他时时刻刻忘不了秦汉诸子的古雅的文章，他便看不见穆勒的清晰简洁，赫胥黎的晓畅可诵。结果译文至难索解，他还把责任挪在原书的身上：

> 海内读吾译者，往往以不可猝解，訾其艰深。不知原书之难，且实过之。理本奥衍，与不佞文学固无涉也。（《群己权界论》译凡例页三）

明明是严先生自己的文字把一本清晰明了的书弄得艰深难解，还要说"原书之难且实过之"，严君此言，真是欺人太甚了。

所以译文学作品只有一个条件，那便是要信。这不难明白，难明白的是怎样才能算是信。我们以塑像或画像来作比，有时一个雕刻师或画家所塑的、所画的像，在不熟识本人的旁观者看来，觉得很像了，而在本人的朋友家人看来，却可以断言它不是某人，虽然不容易指摘出毛病在哪里。这是因为雕刻师或画家专求外貌上一耳一目的毕肖而忘了本人是一个富有个性的活人。可是有时雕刻师或画家的成绩，连本人的家人朋友都说惟妙惟肖，毫无异辞了，而在艺术鉴赏者或善观人者的眼中，还不是极好的作品，因为他们没有把此人不易见到的内蕴的人格整个的表现出来。只有古今几个极少数的大画家、雕刻家才能洞见主人翁的肺腑，才能见到一个相处数十年的朋友所捉摸不到的特性。最先所说的肖像只是形似，第二类超乎形似之上了，无以名之，我们暂名之为意似，到最后的一类才可以说是神似。那是说，肖像的信，可以分形似、意似、神似三种的不同。

也许以塑像或画像来说明翻译，有人觉得不很贴切。我们便以临摹古画来说。我们常常可以见到临本，内容与原本几乎无异了，可是因用笔的不同，不受鉴赏者的重视。有时临本与原本非但图案相似而且用笔也极相像了。可是鉴赏者还觉得临本没有得原本的神韵。

【……】

翻译与临画一样，固然最重要的是摹拟，一张画的原本临本用的都是同样的笔刷颜色，一本书的原文与译文用的却是极不相同的语言文字，因工具的不同而方法也就大异。另一方面，一个人能鉴赏原画的便有鉴赏临本的能力，而大多数能读原书的人却不能读译本，大多数能读译文的人，又不能了解原文。这便是译者要做到信字的第一个难关。

虚白先生在"翻译的困难"一文中说：

我们译书的人应该认清我们的工作之主因是为着不懂外国文的读者，并不是叫懂得外国文的先生们看的……所以我们训练的进行应该就着这一班人的心理来定我们的方针……我们应该拿原文所构造成的映象做一个不可移易的目标，再用正确的眼光来分析它的组织，然后参照着译本读者的心理，拿它重新组合成我们自己的文字。

虚白先生的目标，大约与倭诺尔特所说有些人的主张相同。这些人的主张是"读者在可能范围之内简直忘记了这是一本译文，而渐渐的浸沉于自己读的是一种原本的幻想之中。"可是有些人的主张却又相反；他们"要保存原有的种种特殊的处所，而且原文愈是奇特，保存愈得用心"。两方面的目的，都是在一个信字，而方法却绝对的不同。究竟以何者为标准呢？

译书要信。怎样才是信？要读者读了译文所受的感动与读了原文所受的感动一样。可是这个读者是谁呢？当然不是"不懂外国文的读者"，也不是只懂原文的读者。如说要使不懂外国文的读者，读了译文，得到只懂原文的读者读了原文那样的感动，虽是极可嘉的理想，却是一件无从比较，而且在因言语文字不同而思想习惯也各异的读者，是绝对不可能的事。所以，译书的主因尽管是"为着不懂外国文的读者"，译书的批评赏鉴者还应当是"懂得外国文的先生"。而且不仅仅是懂得外国文的先生，还得是外国文的学者。倭诺尔特说他们应当有外国文的智识而且有充分的诗的鉴赏力和情感。"在他们看来，没有译本——他是说翻译荷马——和原文比较起来会有多大的价值；可是只有他们能够说一个译本给予他们的印象，是不是多少与原文有些相同。只有他们是胜任的法庭。"因此"我们译书的人应该认清我们的工作"的评判者而以他们为他的标准。要是他时时刻刻惦记着"不懂外国文的读者"的"心理"，他不免要牺牲掉原文的许多精华；要是他要"用心"的"保存原有的种种特殊的处所"，也许他反而丧失了原文的神韵风格。

我们现在可以说翻译的形似、意似、神似了。不过在未说之前，对于时下流行的"意译"或"直译"，说一句话。翻译就是翻译，本来无所谓什么译；所谓意译，英文另有名字，是"paraphrase"，不是"translation"，不能说是翻译，严几道都说过：

> 译文取明深义；故词句之间，时有所颠到附益，不斤斤于字比句次，而意义则不倍本文。题曰"达旨"，不云"笔译"，取便发挥，实非正法。什法师有云："学我者病"来者方多，幸勿以是书为口实也！（《天

演论》译例言）

若是"曲译是添花样的说谎"，那么"意译"，而不是"直译"，最容易流为"曲译"。以直译为标榜者的常犯的大病，不是与原文相差太远而是与原文相差太近，他们非但字比句次，而且一字不可增，一字不可减，一字不可先，一字不可后，名曰翻译，而"译犹不译"。这种方法，即提倡直译的周作人先生有都谥之为"死译"。死译的病虽然不亚于曲译，可是流弊比较的少，因为死译最多不过令人看不懂，曲译却愈看得懂愈糟。

直译在英文是"literal translation"，只是字比句次的翻译，原文所有，译文也有，原文所无，译文也无。最大的成功，便是把原文所有的意思都移译过来，一分不加，一毫不减。可是这样翻译的最高的理想，也不过是我们所说的传形的译文，因为直译注重内容，忽略文笔及风格。古波的翻译荷马，便是近于直译的，他说："我的最大的夸口是我很切近的依照着原文。"倭诺尔特批评道：

> 若是你同时没有传达它的风格，只传达了它的内容，便以为对原文忠实了；不但如此，若是你不能传达它的风格，便以为只能传达它的内容了，这是一种错误，与朱拉飞儿派的画家的错误正是相同，他们不知道自然的特殊的意味是寓于整个中间而不寓于部分中间的。

倭诺尔特又说："古波的翻译荷马，是怎样丝毫不苟的直译，是尽人皆知的。蒲柏的翻译是怎样的自由不羁也是尽人皆知的。……可是，大旨说来，蒲柏的译本是比古波的译本与荷马相近些"我们的林畏庐先生虽则一个外国字也不识，可是他译的司各德等的小说，却居然得到了浪漫派的风味，是许多直译先生所望尘莫及的。

因为忽略了原文的风格，而连它的内容都不能真实的传达，便是形似的翻译的弱点。一个作家有他的特殊风格，而且一个作家在不同的场合也有各种特殊的笔法。《红楼梦》有《红楼梦》的风格，《水浒》有《水浒》的风格，《儒林外史》有《儒林外史》的风格，要是不研究各书的特点，而以同一种笔墨来译述，无论如何的忠实，终不能传达出《水浒》《红楼梦》《儒林外史》的真面目来。一书之中，武松有武松的口吻，李逵有李逵的口吻，林黛玉有林黛玉的口吻，王熙凤有王熙凤的口吻，杜少卿、马二先生、严贡生，也各有他们的口吻；以同一种语调来译述他们种种不同的口吻，无论如何的一字不增，一字不减，也不能写出这些人的性格人物来。

而且直译者太注重了形式，太想"保存原有的种种特殊的处所"，结果因风俗、习惯、思想的不同往往得到了相反的效果。例如"金乌西沉，玉兔东升"是中国小说里的极恶烂的俗套，可是译者如按字直译，一个外国读者所得的影像一定不是恶俗而是古怪。这样的译文与原文的精神便相去千里了。有些作品——如中国的《玉娇梨》等——在原文不受人注意而译文受人赞叹的原因，也许可以在此中去探索。只是可惜译文不能都有这样的结果，而百分之九十九，却是轻灵变为笨滞，活泼变为古板，滑稽变为无意识，伟大变为无意义了。

意似的翻译，便是要超过形似的直译，而要把轻灵的归还它的轻灵，活泼的归还它的活泼，滑稽的归还它的滑稽，伟大的还它的伟大——要是这是可能的话。所以译者的注意点，不仅仅是原文里面说的是什么，而是原作者怎样的说出他这什么来。他得问原作者的特殊个性是什么，原文的特殊的风格在哪几点。译者有了这样的认识，便可以把自己的不相容的个性排除在一边，而像透明的玻璃似的，把原作的一切都映过来。正因为人不能像玻璃那样的缺乏个性，所以译文终免不了多少的折光，多少的歪曲。从这观点看来，一个最好的模拟者是个最忠实的译者；他有锐利的眼光，能看出原本的种种特点来，他自己最少个性，所以能模仿种种不同的、背驰的风格。

可是模拟者无论如何的技巧，他断不能得到作者的神韵，因为，诚如病夫先生所说，"神韵是诗人内心里渗漏出来的香味"。神韵是个性的结晶，没有诗人原来的情感，便不能捉到他的神韵。英国近代文学界的怪杰 Samuel Butler 说，你要保存一个作家的精神，"你得把他吞下肚去，把他消化了，使他活在你身子里。"上文所引倭诺尔特的话，只有译者与原文化合而为一才能产生良好的译文，也是同样的意思。可是怎样能与原文化合而为一呢？是不是任何人都能与原文化合而为一呢？大小说家摩倭（George Moore）自己曾经有过一两本不可磨灭的译文。他说：

> 如要一本书从新活一次，先得从新产生一次，只有一本书遇到了一个与原作者有同样心智的人，才会有这幸运的来临。

一种作品遇到了这样的译者，他尽管不斤斤于字字确切而自能得原著的神髓。神似的译本之难，原因便在这里，古今中外神似的译品的寥寥难得，原因也在这里了。

正因为诗的妙处大都在它的神韵，译诗是一件最难的事。散文得到了内容，没有得到风格，虽然不成极好的散文，却依然可说是散文，诗的内容脱离了风格就简直不是诗了。所以诗的直译是矛盾的名词。而且愈是伟大的诗愈离不了它的神韵。一个二三流的诗人的诗，只要你能模仿它的音节及格调，也许就是很好的译文，因为它也许本来就没有多大的神韵，而且同样风格的译者也不难遇到。一部伟大的诗篇，却不是模仿所能传达，而同样心智的愿意来译述的伟大诗人，千万年中也不见能遇到一次。喜欢读译诗——当然不单指中文——的人常常会发见一个第一流作家的诗反不及许多二三流作家的诗那样感人的深，几乎疑心原来的估价是错误的了。有人说，"在波斯，莪默是第一流的天文家，却只是第三流以下的诗人。"我不知道这话真假如何，可是在译诗中间，谁能替代莪默在许多读者心中所占的地位呢？

我的朋友沈从文先生有一次读过了一本翻译的法郎士的小说向我说："法郎士真是这样么？这样的东西，我也写得出来！"其实像那本连死译都够不上说的译文，不但沈先生应当不屑写，就是天才大不及沈先生的都不肯写出来。在书店里大都陈列这样的货色的时候，还谈什么意似、神似，未免太迂远不识时务了。可是正因为这样，我们觉得更应当放一个不能冀及的标准的在眼前。"取法乎上，失之于中，"现在我们"取法于下"，怎会脱离死译或曲译的途径呢？

——《新月》第 2 卷第 4 期（1929 年 6 月）

致张逢汉（1929）

鲁迅

逢汉先生：

接到来信，我们很感谢先生的好意。

大约凡是译本，倘不标明"并无删节"或"正确的翻译"，或鼎鼎大名的专家所译的，欧美的本子也每不免有些节略或差异。译诗就更其难，因为要顾全音调和协韵，就总要加添或减去些原有的文字。世界语译本大约也如此，倘若译出来的还是诗的格式而非散文。但我们因为想介绍些名家所不屑道的东欧和北欧文学，而又少懂得原文的人，所以暂时只能用重译本，尤其是巴尔干诸小国的作品。原来的意思，实在不过是聊胜于无，且给读书界知道一点所谓文学家，世界上并不止几个受奖的泰戈尔和漂亮的曼殊斐儿之类。但倘有能从原文直接译出的稿子见寄，或加以指正，我们自然是十分愿意领受的。

【……】

鲁迅

六月二十五日，于上海

——《奔流》第 2 卷第 3 期（1929 年 7 月 20 日）

论鲁迅先生的"硬译"（1929）

梁实秋

　　西滢先生说："死译的病虽然不亚于曲译，可是流弊比较的少，因为死译最多不过令人看不懂，曲译却愈看得懂愈糟。"这话不错。不过"令人看不懂"这毛病就不算小了。我私人的意思总以为译书第一个条件就是要令人看得懂，译出来而令人看不懂，那不是白费读者的时力么？曲译诚然要不得，因为对于原文太不忠实，把精华译成了糟粕，但是一部书断断不会从头至尾地完全曲译，一页上就是发现几处曲译的地方，究竟还有没有曲译的地方；并且部分的曲译即使是错误，究竟也还给你一个错误，这个错误也许真是害人无穷的，而你读的时候究竟还落个爽快。死译就不同了：死译一定是从头至尾的死译，读了等于不读，枉费时间精力。况且犯曲译的毛病的同时决不会犯死译的毛病，而死译者却有时正不妨同时是曲译。所以我以为，曲译固是我们深恶痛绝的，然而死译之风也断不可长。

　　什么叫死译？西滢先生说："他们非但字比句次，而且一字不可增，一字不可先，一字不可后，名曰翻译，而'译犹不译'，这种方法，即提倡直译的周作人先生都谥之为'死译'。"死译"这个名词大概是周作人先生的创造了。

死译的例子多得很，我现在单举出鲁迅先生的翻译来作个例子，因为我们人人知道鲁迅先生的小说和杂感的文笔是何等的简练流利，没有人能说鲁迅先生的文笔不济，但是他的翻译却离"死译"不远了。鲁迅先生前些年翻译的文字，例如厨川白村的《苦闷的象征》，还不是令人看不懂的东西，但是最近翻译的书似乎改变风格了。今年六月十五大江书铺出版的《卢那卡尔斯基：艺术论》，今年十月水沫书店出版的《卢那卡尔斯基：文艺与批评》，这两部书都是鲁迅先生的近译，我现在随便检几句极端难懂的句子写在下面，让大家知道文笔矫健如鲁迅先生者却不能免于"死译"。

这意义，不仅在说，凡观念形态，是从现实社会受了那唯一可能的材料，而这现实社会的实际形态，则支配着即被组织在它里面的思想，或观念者的直观而已，在这观念者不能离去一定的社会的趣味这一层意义上，观念形态也便是现实社会的所产。（《艺术论》页七）

问题是关于思想的组织化之际，则直接和观念形态，以及产生观念形态的生活上的事实，或把持着这些观念形态的社会集团联系的事，是颇为容易的。和这相反，问题倘触到成着艺术的最为特色的特质的那感情的组织化，那就极其困难了。（同上页十二）

内容上虽然不相近，而形式地完成着的作品，从受动底见地看来，对于劳动者和农民，是只能给与半肉感的性质的漠然的满足的，但在对于艺术的化身的深奥，有着兴味的劳动者和农民，则虽是观念的，是应该敌视的作品，他们只要解剖地加以分解，透彻了那构成的本质，便可以成为非常的大的教训。（《文艺与批评》页一九八）

够了。上面几句话虽然是从译文中间抽出来的，也许因为没有上下文的缘故，意思不能十分明了。但是专就文字而论，有谁能看得懂这样稀奇古怪的句法呢？我读这两本书的时候真感觉文字的艰深。读这样的书，就如同看地图一般，要伸着手指来寻找句法的线索位置。鲁迅先生自己不是不知道他的译笔是"别扭"的。他在《文艺与批评》的"译者后记"里说："从译本看来，卢那卡尔斯基的论说就已经很够明白，痛快了。但因为译者的能力不够，和中国文本来的缺点，译完一看，晦涩，甚而至于难解之处也真多；倘将仂句折下来呢，又失了原来的精悍的语气。在我，是除了还是这样的硬译之外，只有'束手'这一条路——就是所谓'没有出路'——了，所余的唯一的希望，只在读者还肯硬着头皮看下去而已。"我们"硬着头皮看下去"了，但是无所得。"硬译"和"死译"有什么分别呢？

鲁迅先生说"中国文本来的缺点"是使他的译文"艰涩"的两个缘故之一，照这样说，中国文若不改良，翻译的书总不能免去五十分的"晦涩"了。中国文和外国文是不同的，有些种句法是中文里没有的，翻译之难即难在这个地方。假如两种文中的文法句法词法完全一样，那么翻译还成为一件工作吗？我们不能因为中国文中有"本来的缺点"便说"读者硬着头皮看下去"。我们不妨把句法变换一下，以使读者能懂为第一要义，因为"硬着头皮"不是一件愉快的事，并且

"硬译"也不见得能保存"原来的精悍的语气"。假如"硬译"而还能保存"原来的精悍的语气",那真是一件奇迹,还能说中国文是有"缺点"吗?

——《新月》第 2 卷第 6、7 期合刊(1929 年 9 月 10 日)

刘半农译品的一斑（1929）

全农

　　近几年来刘半农先生似乎是抖起来了，是的，士别三日便当刮目相看，而况我们的刘先生又留学英法多年，得有博士学位，而且又是堂堂的 professor？所以，除了本质以外，刘先生的著译各书是无可怀疑，而且是值得我们尊敬而且羡慕的。刘先生点铁成金、化腐朽为神奇的本领，鄙人已在那风行一时的《何典》一流的书上领教过了，创作如瓦釜之流的书也曾拜读过一番，觉得非常之好，纸质之细腻颇得我心，覆钵是可惜的，留着做不雅的用处倒是很好的。至于翻译呢，我们贵国懂法文的人不多，而且刘先生又是法国的博士，曾经以法文著书过的，自然更值得我们的研究。所以特地到北新书局去买了有法文对照的《猫的天堂》和《失业》来读读，这两本书是刘先生的一小部分的（先生的等身的著述以后当慢慢地拜读），工作而且是很小心的，是"能够帮助初学法文的人读法文"和"对于有志翻译文艺作品的青年们，也能做一点小小的参考"的。

　　这种对译的功夫有像刘先生那样有学问的人来做自然是很"相当"的，我们岂敢说"自不量力。"鄙人读书无几，对于刘先生的译文岂敢批评，不过有些不懂的地方，所以特地写出请刘先生指教。

（一）猫的天堂

第三页 原文：Et je m'ennuyai tout le long de la journee à être heureux.

鄙意是应当译作："于是我一天到晚厌倦着过着种幸福的生活，"刘先生大约是觉得原文不好，所以改译作和原文意思相反的："因此我整天地愁闷着，想要得到些快乐。"

第十页：Voilà mon affaire...

鄙意当译为："这正是我的买卖。"刘先生译为："瞧，这可合用。"

第十六页：...me demanda-t-il d'un air étrange.

鄙意当译为："他带着一种奇怪神气问我。"刘先生却译为："他就换了一种声口问我。"

第十七页：Certes, mais comment retrouver la maison?

鄙意当译为："当然，可是如何再找到那所屋子呢？"刘先生译为："那自然，可是，那里还找的到我的家呢？""如何再找到……"和"那里还找得到……"的意思是不同的，譬如说："如何再说刘先生的译文是对的呢？"和"那里还能说刘先生的译文是对的呢？"这两句的口气是两样的。第一句话是还要替刘先生帮忙一下，第二局却简直和刘先生捣蛋了

第十页：Je vis sa grande silhouette maigre frisonner d'aise aux caresse du soleil levant.

鄙意当译为："我看见他的大而瘦的影子，在初升的太阳的抚爱中舒适地抖动着。"刘先生的译文可是真莫名其妙使人百思不得其故了，他这样译："我看见他大而瘦的影子，很舒适的和那初升的太阳光互相抚摸着。"这可算是刘先生的创作。

（二）失业

第 一 页：...Elle don't le soufflé et le branlement animent la maison, d'ordinaire, du battement d'un coeur de grant, rude à la besogne.

此句直译是："在平时，他的呼吸和震动，用一种勇于操作的巨人的心的跳动，使全屋有生气。"刘先生大约因为句子比较长一点弄不清楚了，所以译作："在平时，只要他一呼吸，一摇动，就使得全屋子的人勃勃有生气，使得那因勇于做事而粗豪的巨震的心跳动着。"又是刘先生的创作。

第三页：Je ne suis pas egoist...

只是读一小时法文的人也不会弄错的，意思是："我不是一个自私自利者。"刘博士却独出心裁地译为："我也并不快活。"

第五页：Et, pendant quelques minutes, ils restent la, à regarder leurs outiles inutiles, les poings serres.

这句当译为："于是他们在那儿停留了几分钟，捏着拳头看着他们的没有用的工具。"刘先生又要独出心裁了，他译为："他们在工厂里停留了几分钟，眼看得工作的器械都已没有用，自己有了拳头只能空握着。"les poings serres（捏着拳头）是形容 restent（停留）的，刘先生尚须把文法温理一下。

第五页：Ils font les braves.

意为："他们做着硬好汉。"刘先生却译为："他们自以为有勇气。"又是莫名其妙！

我实在没有勇气写下去了，因为我实在悲哀着，为刘先生自己，为初学法文的人和为有志于翻译文艺作品的青年。

——《文学周报》第七卷第 326—350 期（1929 年）

译诗短论（1929）

黄贤俊

现在我要说说译诗的诸问题，不觉地忆起朋友某君的话。他说，"诗"是不能够译的，就是译出也是不像样无生气的东西，且说翻译对于文坛没有一些儿的贡献，还是创作的好。这是不对的：译诗原是最困难的事情，可是却不能武断地认为不可能；论起不像样（就是像样，总要减香减色的）的译诗是译者的问题，对于译诗的本身不受影响的。至于要成一首完美的译诗，只看译者的天分如何，和悟性与表现力，达到怎样的程度；我们只消读一读英国诗人罗瑟谛（D. G. Rossetti）的《意大利译诗选集》，便觉他艺术的手腕是怎的高超和伟大。由此可见译诗好坏的问题，只是要凭着译者的能力。

要使译诗能成了"诗"，据我的愚见，有四个撇不得的要素：（一）内容，（二）情绪，（三）音韵和（四）形式。译诗者若能对这问题加了一番工夫去研究，去推敲；我相信对于原诗的情调还能保守一些儿，兹把它们分述如下。

内容——译者对于原诗的内容不是一字字地直译出来，但是每每人们把内容误会了，以为这样木乃伊化的翻译，认为最忠实最精确不过的译品；谁知这便是译品的蠹虫，因为有这样的见解，却弄成了无精打采而缺乏生气的臭东西。所以译者当认明直译与意译的利弊，第一信条便是"信、达、雅"三字，然后该用灵敏的感受力和悟性把原诗跃跃的生命捉住，把自己扔掉于混沌的诗意里，以后辨明直译与意译两者之中什么方法最相宜——该直译与该意译——下一个坚定的判断，用一种美丽的文字把它表现出来。

既将原诗的意境整个地一贯地传达出来，必使译者对于原诗有回旋转移的余地，只要这种转移能增加完全明了的效力。换言之：便是认为原诗在译者的手里算作材料，译者便运用他最灵巧的方法，把原料的内容组成一个美丽的东西。

还有原诗的内容有不合国情的时候，我们应把合乎国情的来代替它，像这样小小的变更，我们都认为可能的事情。

情绪——转移原作的情绪是顶困难的，但我们不要灰心，我们可竭力地对于内容下了一番推敲的工夫，想象作者的环境如何，领悟了原作者的用意。如仿吾所谓"使诗人成为自己，自己成为诗人"，把它的情绪明了得清清楚楚，然后把自己胸怀里所勾起狂沸的热情灌溉到那里，用全部的能力和灵妙的手腕，如原作者与吐新诗的情绪似地，把它转移出来。

音韵——音韵是组织节奏的最重要的份子，节奏是诗的生命；于此可见要咏节奏铿锵的诗，那么音韵是不可少的份子了。我最反对那无韵而称诗的诗，无韵的诗无抑扬高低的节奏，比叫花子的花鼓调还差的多！（未免过火力哩！）George Moore 说得好，"Free verse, like free steam, is powerless."（"自由诗如散漫的蒸汽，毫无力量的。"）如此可见外国人对于节奏的注意了。可是有些一知半解之人以为外国正在风尚自由诗，而他们反以为用韵犹如裹脚，这样一味盲从，弄得全是乌烟瘴气了!

诗既必须节奏,则所译之诗更必须节奏了;那么,音韵是掉不开的。至于押脚韵的法子,可随译者的选择。

形式——转移原诗的形式是比较容易的,所以原诗的形式多数译者都会转移的。如有不得已的更动,也可以原宥的。

译诗到底对文坛有没有贡献呢? 我们中国的科学不进步的原因,便是"太因袭""太沉滞"作它的礁石,新诗的退化也是这个原因,因为诗必须有新的感兴和新的节奏。我们可把西方之诗(不管是古代的,或是近代的)介绍过来与我国的古诗互相参考,有不及的地方可避免之,有佳美的地方可采取之而且发展之。意大利的皮特那(Patarach)及但丁(Dante)介绍诗到本国酿成文艺复兴,由此可见译诗的价值了!

——《开明》第 2 卷第 4 期(1929 年 10 月 10 日)

翻译中的神韵与达——西滢先生"论翻译"的补充（1929）

虚白（曾虚白）

近来我从事译述，发现了很多足资研究的问题，正想作一篇东西，以补二年前我在本刊上发表的"翻译的困难"之不足，不料西滢先生在《新月》上发表了一篇洋洋洒洒"论翻译"的大文，精警透辟，的确是现代中国翻译界一帖对症的良剂，差不多说尽了我们应说的一切了。只是仔细把这篇大文研究过一番之后，我又觉得还有些跟我的主张不能符合的地方，因此不敢偷懒，姑且把我所见到的写下来，请西滢先生和热心翻译的诸君子大家指教。

西滢先生提出严几道先生的"译事三难：信、达、雅"来讨论。他以为翻译文学作品，"雅"字是"大忌"，因为有许多作品如《金瓶梅》之类，根本就以"不雅"见长；"达"字也是"并不是必要的条件"，因为许多象征派、表现派的东西，根本原文就不达。"所以译文学作品只有一个条件，那便是要信。"西滢先生又把翻译分成"形似""意似""神似"三格。他所以"形似"的翻译，就是"直译"，它"注重内容，忽略文笔及风格。……因为忽略了原文的风格，而连它的内容都不能真实的传达"；"意似"的翻译，不仅是注意"原文里面说的是什么，而是原作者怎的说出他这什么来"，而它的缺点却在得不到原文的"神韵"；唯有"神似"的译品独能抓住这不可捉摸的"神韵"。西滢先生又引着摩阿（George Moore）的话道："只有一本书遇到了一个与原作者有同样心智的人，才会有这幸运的来临。"结论，西滢先生劝我们放一个不能冀及的标的在眼前；大概他意思在说，我们该以"神似"为标准，如是，最少也可得"意似"，不致趋上了"形似"的途径。总括西滢先生对于翻译的主张是独重一个"信"字，而以"神似"为标准，即不幸而落到"意似"，尚还不算下乘。

历来论翻译的文章确也不少，可是能说出这一番道理来的，实在是绝无仅有；我不能不确认它是一篇有价值的作品。然而，据我个人的观察，这里面免不了还有些美中不足的地方，尚待补充。

西滢先生只给我们一个极飘渺的目标，叫什么"神韵"。又引着我父亲的话，说什么"神韵是诗人内心里渗漏出来的香味"，好像这是三神山般可望而不可即的东西。讲到翻译家怎样能抓住这种"神韵"，西滢先生只说，"没有诗人原来的情感，便不能抓到他的神韵。"说来说去，这"神韵"二字，仿佛是能意会而不可言传的一种神秘不可测的东西。我觉得在这一点上，西滢先生没有作进一步的观察。其实，所谓"神韵"者，并不是怎样了不得的东西，只不过是作品给予读者的一种感应。而这种感应，因为读者（当然指能够透彻了解的读者）的环境、心情等种种的不同而各异其浅深色彩；因此不同，它就变成了"仁者见仁，智者见智"的一种毫无标准的神秘物。我们可以借鉴安诺德（Matthew Arnold）的"论翻译荷马"一文来作一个反证。他说道：

荷马的行为是迅速，荷马的选字风格是平易，荷马的思想是简单，荷马的态度是庄严。顾柏不能表现他（指翻译），因为他行文太迟缓，他的风格藻饰；蒲伯不能表现他，因为他的风格与选字太技巧了；贾伯孟（Chapman）不能表现他，因为他的思想太玄幻了；纽孟（Newmen）不能表现他，因为他用字怪僻，态度不庄……

我们如认定安诺德是研究荷马的绝对的权威者，那就没有什么可说；不然顾柏、蒲伯、贾伯孟、纽孟都是一时崇尚的学者，都是于希腊文及荷马的作品有深切研究的人，而各人表现出来的，乃有如此绝对的不同！可是这四人中哪一个肯承认没有抓住了荷马的"神韵"呢？纽孟对于安诺德的批评，曾有剧烈的辩论，绝对否认他的"怪僻"与"不庄"的批评，此外三人都没有置辩的机会。我们现在假定他们肯接受安诺德的批评，顾柏承认他迟缓藻饰，蒲伯承认他的技巧，贾伯孟承认他的玄幻，那么我们该说，他们对于荷马的"神韵"的观察是这样绝对的不同！不，我们假定他们否认安诺德的批评，他们对于荷马的观察也跟安诺德一样的以为他的确是迅速、平易、简单、庄严的，那么我们又该说，安诺德对于他们译作的"神韵"的观察，跟他们自己的观察又怎样绝对的不同！所以同样的原文译文，这几个就有五种看法，换句话说，它们的"神韵"就看成五种形态、色彩，若是换上一百个人，一千个人，我断定它们的变化更要繁复得不可以数计了。这千百人中绝端错误的，绝端不能代表作者译者的，当然不少。可是选中之选的上上学者们，其观察点也决计不会走到一条路上去。这种理由法郎士说得最透辟，请看他《乐园之花》（*Jardin d'Epicure*）里第十二段有这么一节道：

书是什么？主要的只是一连串的印成的记号而已，这是读者自己添补形式色彩和感情下去，才好和这些记号适合。一本书是否呆板乏味，或是生物盎然，感情是否热如火，冷如冰，全靠读者自己。或者换句话说，书中每一个字都是魔灵的手指，使我们的脑纤维震荡得像琴弦一样，使我们灵魂中的音板激出音来。艺术家的手不论他多灵巧，多激发，那声音还得要看我们内心的弦线的性质而定。

在法郎士的这一段话里面，我们可以找出究竟"神韵"是什么东西。读者所添补的形式及色彩与书中的记号适合，他就得了"神韵"；魔灵的手指拨动了脑纤维的琴弦激出音来，这也就是"神韵"；而法郎士的结论却说，这所谓"神韵"者，还得要看我们内心的弦线的性质而定。那么，安诺德、顾柏、蒲伯、贾伯孟、纽孟，他们五位既然内心有不同的弦线，荷马的魔灵的手指，安能在他们灵魂中的音板上激出同样的声音来呢？若问究竟这五位中哪一位真能弹出作者的声音来，恐怕非荷马复生，没有哪个可以下这种断语。

因为这个缘故，翻译家而自夸绝对抓住了原书的"神韵"，一定有人出来忠实地反对。因为必有别人的确感到了别一种的"神韵"，安诺德主张要叫译者与原文同化为一，这是绝对不可能的事，因为化来化去，他总化不掉自己内心的弦线弹出来的声音，永远脱不了主观的色彩。除非翻译家完全变成了一部机器，一部无灵性的打字机，任着原作者魔灵的手指拨动机键，打出字来，自己绝对不动天君，才可以免掉这主观的色染。可是这岂是做得到的事实？安诺德又主张应该以深通外国文的学者的批评为翻译的标准，我以为这也是"削足适履"的工作，因为我们不应该相信原文在我们内心的弦线上所拨出来的声音会同别人一样的。

我以为翻译的标准（这当然指绝对能了解原书的译者的标准说）

只有一端，那就是把原书给我的感应忠实地表现出来。我绝不夸张地说，这就是原书，我只说，这是我所见到的原书。批评家对于译本（当然指最少能得到"意似"的好译本）要下断语，绝不可像安诺德般专断地说，"他不能表现原书，"只能说，"原书给我的感应是这样的不同！"

要言之，批评若以"意似"为绳尺，还可以有绝对的标准，若以"神似"为绳尺，其标准即算有，最多也不过是相对的；那就是看他能否把原书给他的感应忠实地、丝毫不变地表现出来。他的笔若能把他所认识的"神韵"巧妙地表现出来，他就尽了翻译的能事。

在这里，西滢先生对于"信、达、雅"的研究，不免又起了怀疑；因为一个翻译家要完成这种表现感应的艺术，不独需要着"信"的条件，而且也不可缺少那"达"的手腕。"信"是对作者的，而"达"是对译者自己的。换句话说，"达"者就是把我们灵魂中的音板上的声音传达出来。"信"的能力只能达到"意似"的境界，而"达"的能力却可以把我们所认识的"神韵"，或可说，原书给我们的感应，表现出来。

西滢先生以为"达"字"并不是必要的条件"，因为许多象征派、表现派的东西，根本原文就不达。我以为这句话是完全错误。我们不能因为象征派、表现派的东西，看了不容易了解，就说他不达。它们之所以不易了解，并不是故弄玄虚，好奇使巧，只因他们的表现方式是我们所不习惯的，不易引起我们心灵的感应而已。然而，在作者方面，他总以为普通方式不足以达他的灵感，必须要采用这种异常的方式，才可以表现他灵感的真相。换言之，他一定以为这是最"达"的一种方式，才不问读者的易解与否，毅然采用。

在中国诗里，比方像王渔洋的《秋柳》，李义山的《曲江》，千古论者都说它们是晦涩不易了解。然而，一朝有目光敏锐的读者指出了它们命意之所在，我们都如梦醒般的叹其神妙了。梅特灵克的《青鸟》，初看时也没有一个人能说它畅达，可是我们若假定他是受了佛学的影响，再把它仔细研究，就觉得非这样做就不足达意了。就像西滢先生所提的泼罗（Marcel Proust），他是以几何式的先感来表现他内视（introspection）的人生观的，请问用普通的表现方式怎能表达出这种异常的灵感？朱霭士（James Joyce）更不必说，他的 Ulysses 逐章逐节都有特殊的意象，他若用了普通的方式，更要弄得读者如坠五里雾中了。所以象征派或表现派的文字，并不是本身不易了解，只是它所代表的这个意象是过分的艰深。正像摄影摄物的本体，本来是十分复杂的，摄者若能把它照样的摄了出来，批评家绝不该因它的复杂而说它未"达"。换言之，此类作品本身并不是不达，只是它虽充分的达了出来，在"与原作者有同样心智的人"看了，固然立刻就可以心领神会，而不能得这样心智的人看了，仍要埋怨它的晦涩不达。其实"达"不"达"完全靠读者内心的弦线而定，不应该叫作者去负责的。

轮到翻译，遇到这种不易"达"的作品，这"达"字的功夫，更不可放松一步。我如不能了解原文，就该承认不是与原作者有同样心智的人，别再提达不达了；我若自信对于原文有透彻的了解，对于作者应用这种方式的艺术有深切的认识，那么，我当然可以引用原文对我的"达"来求我译文的"达"。这个"达"是对原文负责的，是对我自己的感应负责的，至于读者方面，还是要靠他内心的弦线的性质而定的。

所以，翻译必要的条件中，"信"固然重要，"达"更不可缺少。周作人先生所谥为"死译"的直译家，其实有许多对于"信"字是下过十二分功夫的，可是我们总觉它把原文搅成了不伦不类四不像的东西。比方在某直译家译法郎士的作品里面，有这么一句道：

"先生，我对于您为着使这位青年女子不致离开您刚才威吓我的好意所带来给伊的利益的性质，是太明了了。……"

哪一个看了这一句不要说法郎士的文笔真是拖泥带水得厉害？可是在看原文，原来是这样明了的一句：

"Monsieur, je suis trop éclair cie sur la nature de l'intérêt que vous portez à cette jeune fille pour ne pas la soustraire à cette surveillance dont vous me menacez."

这里面虽然有几个字病（像 intérêt 的译成"利益"，portez 的译成"带来"，surveillance 的译成"好意"，或未曾译），我们还可以承认译者对于"信"字下过功夫的。然而，这是法郎士的风格吗？他的流畅，他的潇洒在哪里呢？我不敢说译者于原文所得的感应就是这样，更不敢说他所抓到的作者的"神韵"就在这里，老实说，他缺少了"达"的功夫，才搅成了绝对与原文不同的句子。

我引用这段译文，并没有什么批评的意思（译者对于译事的努力，及其译文之一笔不懈，我是十分佩服的），不过借此来证明直译之所以成"死译"，不在不"信"，而在不"达"。这不"达"的症结之所在，不在译者对于原文的不了解——他若不了解，连这"信"的地步也做不到了；而在译者表现他自己感应的工具之不良。古语说："工欲善其事，必先利其器。"翻译中最"利"的"器"就是最"达"的"器"。这决不是小孩子描红字一般一笔一画死印的直译家所能胜任的了。

简括说，我们要有好的翻译，当然的要注重"神韵"，要把作者灵魂的手指在我们灵魂中音板上所叩出来的声音，用最精巧的方式表现出来。而这种方式的应用，必须要经过我在"翻译的困难"中所主张的那种科学式的训练，才可以得心应手地毫无阻碍。

至于翻译的标准，应有两重：一在我自己，一在读者。为我自己方面，我要问："这样的表现是不是我在原文里所得的感应？"为读者方面，我要问："这样的表现是不是能令读者得到同我一样的感应？"若说两个问句都有了满意的认可，我就得到了"神韵"，得到了"达"，可以对原文负责，可以对我自己负责，完成了我翻译的任务。

——《真美善》第 5 卷第 1 期（1929 年 11 月 16 日）

《小彼得》译本序（1929）

鲁迅

这连贯的童话六篇，原是日本林房雄的译本（一九二七年东京晓星阁出版），我选给译者，作为学习日文之用的。逐次学过，就顺手译出，结果是成了这一部中文的书。但是，凡学习外国文字的，开手不久便选读童话，我以为不能算不对，然而开手就翻译童话，却很有些不相宜的地方，因为每容易拘泥原文，不敢意译，令读者看得费力。这译本原先就很有这弊病，所以我当校改之际，就大加改译了一通，比较地近于流畅了。——这也就是说，倘因此而生出不妥之处来，也已经是校改者的责任。

作者海尔密尼亚·至尔·妙伦（Hermynia Zur Mühlen），看姓氏好像德国或奥国人，但我不知道她的事迹。据同一原译者所译的同作者的别一本童话《真理之城》（一九二八年南宋书院出版）的序文上说，则是匈牙利的女作家，但现在似乎专在德国做事，一切战斗的科学的社会主义的期刊——尤其是专为青年和少年而设的页子上，总能够看见她的姓名。作品很不少，致密的观察，坚实的文章，足够成为真正的社会主义作家之一人，而使她有世界的名声者，则大概由于那独创的童话。

不消说，作者的本意，是写给劳动者的孩子们看的，但输入中国，结果却又不如此。首先的缘故，是劳动者的孩子们轮不到受教育，不能认识这四方形的字和格子布模样的文章，所以在他们，和这是毫无关系，且不说他们的无钱可买书和无暇去读书。但是，即使在受过教育的孩子们的眼中，那结果也还是和在别国不一样。为什么呢？第一，还是因为文章，故事第五篇中所讽刺的话法的缺点，在我们的文章中可以说是几乎全篇都是。第二，这故事前四篇所用的背景是：煤矿、森林、玻璃厂、染色厂；读者恐怕大多数都未曾亲历，那么，印象也当然不能怎样地分明。第三，作者所被认为"真正的社会主义作家"者，我想，在这里，有主张大家的生存权（第二篇），主张一切应该由战斗得到（第六篇之末）等处，可以看出，但披上童话的花衣，而就遮掉些斑斓的血汗了。尤其是在中国仅有几本这种的童话孤行，而并无基本的、坚实的文籍相帮的时候。并且，我觉得，第五篇中银茶壶的话，太富于纤细的、琐屑的、女性的色彩，在中国现在，或者更易得到共鸣吧，然而却应当忽略的。第四，则故事中的物件，在欧美虽然很普通，中国却纵是中产人家，也往往未曾见过。火炉即是其一；水瓶和杯子，则是细颈大肚的玻璃瓶和长圆的玻璃杯，在我们这里，只在西洋菜馆的桌上和汽船的二等舱中，可以见到。破雪草也并非我们常见的植物，有是有的，药书上称为"獐耳细辛"（多么烦难的名目呵！），是一种毛茛科的小草，叶上有毛，冬末就开白色或淡红色的小花，来"报告冬天就要收场的好消息"。日本称为"雪割草"，就为此。破雪草又是日本名的意译，我曾用在《桃色的云》上，现在也袭用了，似乎较胜于"獐耳细辛"之古板吧。

总而言之，这作品一经搬家，效果已大不如作者的意料。倘使硬要加上一种意义，那么，至多，也许可以供成人而不失赤子之心的，或并未劳动而不忘勤劳大众的人们的一览，或者给留心世界文学的人们，报告现代劳动者文学界中，有这样的一位作家，这样的一种作品罢了。

原译本有六幅乔治·格罗斯（George Grosz）的插图，现在也加上了，但因为几经翻印，和中国制版术的拙劣，制版者的不负责任，已经几乎全失了原作的好处，——尤其是如第二图，——只能算作一个空名的绍介。格罗斯是德国人，原属踏踏主义（Dadaismus）者之一人，后来却转了左翼。据匈牙利的批评家玛察（I. A. Mataza）说，这是因为他的艺术要有内容——思想，已不能被踏踏主义所牢笼的缘故。欧洲大战时候，大家用毒瓦斯来打仗，他曾画了一幅讽刺画，给钉在十字架上的耶稣的嘴上，也蒙上一个避毒的嘴套，于是很受了一场罚，也是有名的事，至今还颇有些人记得的。

一九二九年九月十五日，校讫记

——《小彼得》，卷首（上海：春潮书局，1929 年 11 月）

论外国地名译法（1929）

谌亚达

  审定各种外来术语或专门名词的译法，渐渐有人来提倡，从而惹起学术界的注目，这是近来我国学界里一个好现象。溯自我国输入近代西洋学术，我国人从事翻译西籍，迄今已愈五六十年，而科学仍然无有显著的进步，国人对于科学知识，大都没有深切的理解和趣味，谈到科学二字，好像就有一种干枯无味、扫人兴致的感觉，以为这正是那班专门学者的职业，普通一般人们只须采取"门外汉"的态度旁听一下就足够了。这样时代错误、思想落后的原因有很多，就中各种科学术语的译名久不统一，实要算是阻挠它的发展的一个有力原因。

  近代各种科学的分野愈益入细穿微，术语只有跟着增加和繁杂，关于各种术语的翻译，今后都要等待各专家逐一分别审定，而在各种科学名词或专名中比较重要且应及速解决的，我以为就莫过于外国地名一项。

  大凡地球上各处有人类踪迹的地方或人类瞩目的处所，差不多是没有一处没有名称的。这篇文字的目的，不是要把这无数地名在这里一一正确地汉译出来，因为这种翻译事业，性质重大，绝不是一个人所能任意决定的。学识浅陋的我，更不敢用主观的见解在这里轻松下个论断，现在要概述的，只是限于我个人对于历来汉译外国地名的一点意见——因此一方面要谈到它的长处，同时也要指摘它的缺陷。又想试示汉译地名一些方法，及供译名问题一个参考，尚能引起同志共同研究，将来或更能助成汉译地名问题几分解决，那就是我莫大的幸福了。

当翻译一个地名的时候，应该根据地名所在国国语的正确的发音或意译成汉字，这似乎是一种正常的事——固然还有一种跨处两种或两种以上方言的地方，如国际河流或山脉之类，又当别论。但我国翻译界却不会记忆这点。例如奥国国都我们都称它为维也纳，这是根据英语 Vienna 一语翻译来的，奥国人自己实叫作 Wien，我们就依从 Wien 这字来翻译才好。此外如称 Italia、Firenze、Milano、Sverige、Norge、Warszawa（Varshava）为意大利、福罗棱司、米兰、瑞典、挪威、瓦萨，都是我国翻译界滥用英语地名而不考求地名所在国的言语所成的汉字外国地名。

"顾名思义"是地名翻译界不可忘记的一个要谛。我国人因不常记忆这点，所以译一地名，往往一人一样，甚至一人译一地名，也前后互异，同一书籍，也有音译意译的不同，纵令同时音译或意译，汉字写法又各不相同。这种情形，只要平日翻阅报纸、杂志、教科书、地图以及一切刊物，几乎可以随处发现，使我们着实地感到这个弊害了。

国人对于地名翻译一事，既然不会做过一番周到的思索与审慎的工夫，结果不仅译名自身不能得着统一的效果，而且空耗学者的脑力，至非鲜少。前面已经说过，世界万国只要有人类栖息或瞩目的地方，都有一种名称。这种名称，有的是无意识地即兴的赞美，或是感谢的辞令，不知不觉就成了固有名词；有的是思量天然的风景，土地的由绪，再三揣摩而成的。只要我们稍加注意，就可知道他们都包含着无量的意味，学校的教师尚能充分明白这点，实可从意外方面供给学子的知识与兴趣。

说到这里，使我不禁感到现今我国地理界的缺憾，就是我国地理教育的历史，虽有数十年之久，但现今我国所谓地理，仍然未能脱离古代地理即"通志"式或"掌故"式的窠臼。例如地理学上的地理学通论（或称为普通地理学）（general geography）方面只重在认识山河的形势，山河的高低长短，以及平野的面积——姑不论传说的山高水长，平原面积及地势是否真确。对于地理学特论（或称为地方志）（special geography 或 regional geography）方面也以暗记地名为能事，好像一个人能够熟记地名，便算得精于地理，愈能暗记地名，他就愈被认为精于地理了。所以坊间出版的地理书类十九偏重于呆板的记载而非真理一贯的学问，殊不知科学的地理学即新地理学的趋势，早已离开记载的时代（descriptive age）而入于说明时代（explanatory age）或预知时代（predictive age）了。

一个聪明的儿童，听见湖北一个地名，就会联想到一个有对的湖南，进一步也会想到两地之间大概有个大湖泊存在着。黄河的南方既然称为河南，他的北方想必就应有一个相对的河北。听见天津或香港等地名，就会想定那里是津或港的所在。听见上海，也会猜度那里距海岸不远。

但我们一离开本国的境域，听见外国或异民族所称呼的地名，因为那些文字没有本国文字这样容易认识，教师对于学子就不免要使他们机械地记忆下去。其实那些地名，都是和上述的国语地名一样，有种种含蓄的，只因言语迥异，译者未能加以系统的译法和趣味的解说，以致学子不得不去勉强记忆它。只要学子能够强记暗诵，就算是成功者，这是一桩何等没有理由的事啊！

外国地名的翻译，大别为音译、意译及我国固有称法三种。外国地名中，差不多都有意义或起源，但意义比较复杂"不易意译"或意义虽显明而不宜于意译的，则宜采用音译法。例如 Asia、Europe、Nederlander、Polska、Argentina、Newfoundland 之不宜译为日出洲、日没洲、低洼国、平原国、银国、新发现地，而应译为亚细亚洲、欧罗巴洲、尼德兰、波兰、亚根庭、纽芳兰（通常芳，作芬，但无芳字译音正确），其意义稍复杂，不便于意译的，如 CzechoSlovakia、Florida、Brazil、Rio de Janeiro 应译为捷克斯洛伐克亚、佛罗利达、巴西、里约热内卢。

至于意义明显或读音繁长的地名，就应采用意译法。比如 Mediterranean Sea、Great Bear Lake、Pacific Ocean、Thursday Island、Yellow-Stone National Park、Ivory Coast、Black Sea、Dead Sea 译 作地中海、大熊湖、太平洋、木曜岛、国立黄石公园、象牙海岸、黑海、死海，一般都认定这译法的适当而一率沿用了。但在这意译的地名里，有些因为意义明白，译者不肯加以更谨慎的考察，反而埋没原语的真义，以致成就一个误缪，例如太平洋上有一群岛。这实是我翻译界一个滑稽的错误。原来这群岛是由于一位有名的探险家科克（Cook）在太平洋最初寄泊而命名的，科氏第一使命是受了英国学士院（Royal Society）的嘱托来到那里测量金星通过太阳表面。后人不明白这个事迹，把"Society"译作"社会"一语，铸成现在的大错。我希望国内研究地学的人们，赶紧订正这个错误，不要沿用旧名，我的拙见以为译作"学院群岛"或"学会群岛"，较为妥当。

最后就是我国固有称法，这可分为两种。（甲）旧为我国国土，那里本有我国固有称名，后因被他国套去，同时固有名称也被废止，另定了该占领国的名称，例如库页岛、尼布楚、海兰泡、海参威、汉城、顾化，自被俄、日、法各国占据后，均各改为 Sakhalin（或桦太 Karafuto）、Nerehinsk、Blagovyesihensk、Vladivostok、京城（Keijo）、Hue。各国的易名，均有一种用意，国人决不可舍己从人，盲目沿用新名，况这些地方，原系我土，我国立名既久，自较佶屈聱牙的译名萨哈连、僕拉哥油斯超斯苦、纳钦斯克、乌拉提俄斯德货浦监斯德，简明而便于记忆。（乙）这类地名既非音译，又非意译，乃是我国侨民从母国或自身与该地的关系的见地而创造的名称。最著名的例子如称 San Francisco 为旧金山，Melbourne 为新金山。这是因为在十九世界中叶美国加利福尼亚洲发现金矿，招募了十余万华工来到那里从事开采工作，所以他们便把那里叫作旧金山或金山埠。后来澳洲也发现了金矿，同样吸收多数华工，他们也把那里的大市港 Melbourne 叫作新金山。Honolulu 之称为檀香山，是因在那里的华侨目击附近盛产一种檀香木（sandal wood），而且这等木材会经常多量地输入广东，所以檀香山就成为我国最普遍或最通俗的一个外国地名了。以上几个汉字外国地名在命名的时候，我国人似乎未曾考量原语的意义，但由汉字表面看来，我们既可推知过去时代我民族在那里活跃的陈迹，而且字迹一见了然，极易记忆，较之音译的散佛兰西斯哥、三藩谢司戈、桑港、墨尔布恩、火奴鲁鲁、和诺奴奴，实是高明而巧妙。

翻译外国地名既可分为上述三种，所以当着翻译的时候，先得分别认识清楚，宜意译的，必须考察地名的起源或沿革；宜音译的，先应明了地名所在地的国语或方言，务必要获得正确的发音，然后才可着手翻译。翻译外国地名既须具明了地名起源和精通方言或各国语言两个条件；故审定汉译外国地名一事，非集合地学家、历史家及言语学家共同讨论不可。

除了地名之外，在地形上最惹人注目的就要算是山脉与河流的名称。因为那山势的巍峨高耸，山中的庄严神秘，山顶的皑皑冰雪，无论哪种文化低微的民族都会被这些奇异的风景所吸引而不得不把它命名起来，因此地球上的高山就不免有许多异音同义的名称了。例如横贯着欧陆的大山脉亚尔布斯（Alps）一语是根据源于拉丁语 Albus 和地方土语 Alpus，是"白色"的意义，即是赞美那山顶披戴的白雪。亚尔布士最高的峰 Mont Blanc（4810 密达）也是法兰西语"白色"的意义。我们对于这类山脉为要避免彼此同义的弊病，就应采用音译法。又像横亘着依波利亚（Iberia）半岛南方的大山脉 Sierra Nevada 是雪山的意义（西班牙语 Sierra 为（山），Nevada 为（雪））。在苏格兰境内的英国第一高峰 Ben Nevis 也是雪山的意义（Ben 是方言（山），Nevis 是（万年雪））。我国西藏印度境上的世界第一高山喜马拉耶（Himalaya）是梵语"蓄雪之神"的意义，这也不外乎是赞叹那高峻山岭和山上千古洁白的冰雪。对于这类山脉倘若都来意译，就很容易陷于混淆，故应音译之。

世界中有很多地方名或国名是依据在那里居住的民族与种族的名称而命名的，我们翻译这类名词为的是不可失掉它的真义，也应用谨慎的态度去翻译才好。例如 England 是 Anglo 人所住居的土地，法语叫作 Angleterre，也是同样的意思。Anglo-Saxon 的一方 Saxon 族居住的地方在现今英国还有 Essex、Sussex、Middessex，是指东、南、中各部 Saxon 而言。

France 一语，德语叫作 Frankreich，这明明白白表示着 Frank 人的国家的意思。Deutschland 也是德意志民族居住的土地的意思。法语里，德意志为阿烈曼涅（Allenmagne），是由于最初出现于莱茵河畔的阿烈曼族而来源的。另外，Finnland、Poland 是指芬人（Finn）、波人（Po）的土地，波斯人、匈人、Russ 人的住地各叫作 Persia、Hungary、Russia。德语 Russia 叫作 Russland，这和字面一样，就是 Russ 的土地。Hindus 人的住地叫作 India 或 Hindustan。从中部亚细亚直抵西部亚细亚的土耳其人（Turks）的故乡叫作土耳其斯坦（Turkestan）。阿富汗人（Afghan）、俾路支人（Baluchis）的国家叫作阿富汗斯坦（Afghanistan）、俾路支斯坦（Baluchistan），这类语尾都加上了"斯坦"（stan），是表明某某民族的"立脚地"或"住所"的意思。但我国人对于这类地名的翻译，常常把它的意义重复起来而毫不以为奇怪的，因此使用者也将错就错，跟着袭用，积时既久，竟成了一种普遍的汉译外国地名，这又可以算是地名翻译界一个缺点。例如普通一般往往有称土耳其斯坦人、阿富汗斯坦人、俾路支斯坦人、芬兰人、爱尔兰人的，如果把这些言语分解起来，便成为土耳其人居住的土地的人，阿富汗人居住的土地的人，俾路支人居住的土地的人，芬人居住的土地的人，Irish 人居住的土地的人了。

"山岳"一语，本来是一个普通名词，我国人也常常把它当作固有名词，认为地名的一部。比如 Mont、Sierra、Mauna 都是"山"的意义，法国的 Mont Blanc、夏威夷岛（Hawaii）的 Mauna Kea、Mauna Loa、西班牙的 Sierra Nevada、墨西哥的 Sierra Madre 本应译作白郎山、奇亚山、罗亚山、内华达山、马拉纳山，而在我国地学书类中，大部分把他们译作冒特白郎山、冒纳奇亚山、冒纳罗亚山、寒拉内华达山、塞拉马拉纳山。

"山"与"山脉"的翻译，外国书籍与地图也同中国一样，陷入了意义重复的毛病，常常把中国、日本以及各地的山脉来重复地翻译。我们翻阅欧文的地图就可发现，那昆仑山系的秦岭差不多都被他们误译作 Tsin-ling-shan，南山（即祁连山）译作 Nan Shan Mountains，南岭译作 Nan-ling-shan。日本的富士山也被译作 Mt. Fujiyama，这都是外国人不懂中国语、日本语的 ling、shan、yama 为"山"的意义而使然的。

还有中部亚细亚的 tag、tagh、dag、dagh，都是土耳其语"山"的意义，中国的地图或地理书类把 Altyn Tagh（或 Altyntag）、Astyntag 称为阿勒腾塔格岭，阿斯腾塔格山这也是由于不了解方言把一个普通名词当作地名的一部实例。

"河流"一语，很容易误认为固有名词，这亦是当着翻译时候应得注意的。最明显的就是中美、南美两洲的 Rio 一语，在美墨两国国境上流着的 Rio Grande del Norte 通常写作列峨兰脑河，实际的意义就是北大河，南美亚马逊（Amazon）河最大支流"Rio Negro"还有人译作里约内克庐河。

至于中国的河流，也常被欧人来重复的翻译，同他们翻译"山脉"一语一样错误，外国书类往往把黄河译作 Hwang-ho-River，长江译作 R.Yang-tse-kiang，汉译出来就是黄河江、扬子江河了。

在固有名词中，还有一种含着"河流"的意义而不甚明显的，比如北美的最大河流 Mississippi 是印度安一分族 Algonkins 的方言"大河"，Rhein 是先住民族 Celts 语"Renus"的转讹，一方是"大河"而且包含着"汪洋"的意义。北美的 Missouri 是"泥河"的意义。此外还值得我们注意的，就是 Indo-Germanic 族（即 Aryan 族）称呼河流大抵为 don 或 dau，尤其中央以东的欧洲是如此。在俄国有一条流入亚速海（Sea of Azov）的河流，还有 Dunuv、Duna、Dwina、Dnjepr、Diene。在中欧方面流着的多瑙河，德语为 Danau，也算是属于这言语的系统，拉丁语叫作 Danube，这都可使我们感到这等名词的共同性的称呼了。又如印度的恒河（R.Ganges），也是"河流"的意义。非洲的"尼罗（Nile）"导源于希腊语 Neiros，是塞米（Semitic）语的 Nahal，即"河"的转讹。我国黑龙江叫作 Amur，是该地方语"河"的意义，满洲语叫作 Sagalin-Ula（黑河）。以上都是普通名词"河流"一语化为固有名词的几个例子。

像以上例举的 Mississippi、Rhein、Missouri、Danube、Ganges、Niles、Armur 等名称虽然全部或一部含着普通名词"河流"的意义，却不妨把它们当作固有名词，在音译的汉字后边加上"河"字就可以，这因他们含义不如 Rio Grande del Norte、Rio Negro 那样明显。

外国地名的语尾或语首，有许多是由普通名称构成的，上面谈到的 stan、land、don 不过是其一端，此外英语地名语尾 -ham（如 Bermingham），德语的地名语尾 -heim（如 Mannheim）都是 home 的意思。这因取了最初开拓的姓氏，后来更集合若干家庭，渐渐成为聚落或村镇。这种地名恰像我国地名郑家屯、张家店、文家坊一样。在外国又有一种被开辟了的土地渐渐发达成为市场，最后竟成一个繁盛的商业都市的。所以有些地名的语尾往往附着 mark（即 market）一语，例如瑞典有一个商业都市叫作 Norr Koping，是北（Norr）市场（Koping）的意义，这个 Koping 即是同系德语的 Kaufplatz。另外还有 Sodir Koping，"南市场"，Ni-Koping"新市场"的地名。丹麦的首都

Copenhagen，丹麦语叫作 Kauf-manshafen，是"商港"的意义，这也是普通名词固有化的一个例子。在南美又有所谓 Bahia 的地名，这个 Bahia 相当的扩大着，我们把比斯开（Biscay）湾东南的法国港湾 Bajonne 解剖起来，便是良好的港湾的意义。（Baia 为"港"，ona 为良好的。）印度的孟买（Bombay），最初葡萄牙人成为 Bom-bahia，后来变成 Bambay，也是良港的意义。欧洲北海附近各处有附着语尾 -haven、-hafen、-havn 的，都不外是港市的意义。美国耶鲁（Yale）大学所在地叫作 New Haven，是新港的意义。

无论在上古或中古，大凡东西各国的部落发达成都市的时候，就在那里建筑城堡而为一种严重的防御。我国附着"城"字的地名，如丰城、海城、凤凰城、双城、石城、桐城、新城，就是由于这事实而起源的。在城郭之外，又有所谓"关"的接续市街，所以就有东关、西关、上关、下关等名称。在长城或长栅的关门境上发达的都市，自然附着"口"或"门"的字样的名称，所以就有张家口、喜峰口、法库门等名称。在欧洲与这性质相似的地名也可到处见着，德国地名语尾附着 -burg，英国的 -gurgh、-gourgh、-castle，俄国的 -grade、-gorod，法国的 -chateau 这类就是。又有附着"都市"的意味一语，如我国的南京、北京（今改为北平）、盛京、成都，日本的东京、西京，英国的 city、town，德国的 -stadt，法国的 -ville。此外地名语尾有附着更古典的 polis 一语，如土耳其的君士但丁堡（Constantinople）是导源于东罗马帝国的君士但丁堡皇帝奠都的 Polis。希腊的 Acropolis，是指高的（acro）都城（polis），这因当时的都城建在丘陵上面的缘故。

如上的地名，无论语尾或语首都具有一种意义，我们当着翻译的时候，先应明白它的意义，然后才可着手音译或意译，一个语尾或语首得了确定的译法，那么凡是遇着同样语尾或语首都可照既定的文字写去，这样汉译外国地名既易于速收划一的效果，又便于学者的记忆了。

我现在把若干含有意义的外国地名的语尾或语首在底下概括一下：

● 虾夷语

☆ Shiri（陆）——Kamoishiri（神陆），Okushiri（对岸之陆），Riishiri（高陆）

☆ Nupauai（山）Pira（崖）——Piratori（有山崖之土地），Furubira（岗崖）

☆ Horo（大的）Poro（大的）——Sapporo（干燥的大地），Poronobori（大山）

☆ Moshiri（岛）——Horomoshiri（大岛），Ponmoshiri（小岛）

☆ To（湖，沼）——To mojiri（湖中之岛），Tokotan（有湖沼之地）

● 日本语

☆ Yama（山）——和歌山，德山，福知山，松山，叶山

☆ Kawa（川，河）——丰川，神奈川，香川，骏河，立川

☆ Shima（岛）——严岛，鹿儿岛，彦岛，福岛，广岛

☆ Ta（田）——添田，有田，高田，大牟田，田边，成田，田中

☆ Saki（崎）——宫崎，系崎，犬吠崎，大濑崎，柏崎，长崎

☆ Ichi（市）——四日市，五日市，八日市，十日市，今市，丹波市

☆ Shiro 或 gi 或 ki（城）——山城，茨城，宫城，磐城

☆ Ya（屋）——名古屋，尾小屋，御来屋

☆ Fu 或 Pu（府）——太宰府，长府，防府，别府

- 蒙古语

  ☆ Kara 或 Kura（黑的）——Karasu（黑河），Kura Muren（黑河）

  ☆ Dagh（山）Nor（湖）——Kara-dagh（黑山），Tengri Nor（天湖），Oring Nor，Lob Nor，Orok Nor，Bor Nor，Ajar Nor，Ebi Nor，Sairm Nor，Ubusa Nor

  ☆ Kul 或 Kal（湖）——Balkhash Kul，Sasik Kul，Ala Kul（杂色湖），Issik Kul（热海），Kara Kul（龙池），Bagratch Kul，Baikal，此外附着语尾 Kul 的湖泊，在亚洲北方甚多。

- 印度语

  ☆ Darja（水）——Amu Darja（白水），Syr Darja（首魁水），Kizil Darja

  ☆ Ghaut 或 Ghauts（山，山道）——Ghauts（山脉），Bara Ghauts（超 Ghauts 山脉），Ramghauts（Ram 山道）

  ☆ Ab 或 Ap（水）——Panjab（五条河），Doab

  ☆ Abad（都城）——Haidarabad（狮子都城），Aurungabad（创业皇帝 Aurungzebe 之都城），Faizabad（丽都），Allahabad（神都），Moradabad，Gelalabad

  ☆ Patam（市）——Seringapatam（Seringa 即 Vishunu 的都市）

  ☆ Ore（市或村）——Vellore，Nellore，Tanjore

  ☆ Kand 或 Kend（国）——Khokand，Samarkand，Tashkand

  ☆ Stan（国土）——Hindostan，Kurdistan，Turkestan，Afghanistan，Baluchistan，Farsistan

  ☆ Diva 或 Dib（岛）——Maldiva（千岛），Laccadiva，Selendibo

- 马来语

  ☆ Pulo 或 Pole（岛）——Pulo Penang（槟榔屿），singapore

- 亚拉伯语

  ☆ Guada（河，谷，溪）——Guadalquivir（大河），Guadalvier（白河），Guadalajara，Guadiana（以上各地均在西班牙，为亚拉伯人占领该国时代所称的地名。）

  ☆ Bab（院，门口）——Babylon（Bel 神之院），Bab-elmandeb（泪之门）

  ☆ Kaffir（异教徒）——亚洲之 Kaffir 土人，非洲之 Kaffir 土人

- 条顿语

  ☆ Aa 或 Ayr 或 Aire（水）——英、法、荷兰、瑞典、俄国的河流用 Aa、Ayr、Aire 附于语尾或语首者颇多，兹不备举。

  ☆ Ben 或 Pen（山）——Ben Nevis，Ben Macdhui（黑猪居住之山），Ben Lomond（秃山），Ben Dearg（赤山），Ben Ledi（神山），Oebennes，Apennines

  ☆ Don（低河）——Don（低所），Donau

  ☆ Avon 或 Aven（流水）——Avon（流水），Avondale（河畔之溪谷），Aven，Urg（河上之街市），Strathaven

  ☆ Aber（河口）——Aberavon（Avon 河口之处所），Aberdeen（Dee 河口之处所）

  ☆ Balt 或 Belt（海峡）——Baltic（海峡众多之海），Belt（海峡）

  ☆ Ros 或 Rose 或 Ross（半岛，海角）——Roslin，Melrose，

Roseneath，Culrose，Muckross

- 法兰西语

  ☆ Mont（山）——Mont Blanc（白山），Montsrrat（锯山），
  Mont Cenis，Beau Mont（美山）

  ☆ Ville（市）——Hauteville（高市），Abville（高僧之市），
  Luneville

  ☆ Chateaux（城）——Chateauxneuf（新城），Chateaux Thierry

- 西班牙语和葡萄牙语

  ☆ Serro 或 Sierra（山）——Sierra Blanca（白山），Sierra
  Nevada（雪山），Sierra Morena（鸢色之山），Sierra Leon（狮
  子山），Sierra Gord（山峡）

  ☆ Rio（河）——Rio Grande（大河），Rio Negro（黑河），Rio
  de la Plata（银河）

- 荷兰语

  ☆ Zee（海）——Zuider Zee（南海），Zeeland（海陆）即海岸
  的一带的土地及六岛所成的荷兰之一洲。在丹麦有 Seeland
  一个主要的岛屿，也是"海陆"之意义。

  ☆ Dam（堤防）——Amsterdam（Amster 河之堤上），Rotterdam
  （Rotter 河之堤上）

  ☆ Trecht 或 Tricht 或 Drecht（渡口，涉水场）——Utrecht，
  Maestricht，Dordrecht

- Anglo-Saxon 语

  ☆ Ey（岛）——Anglesey（Angles 人即英吉利人之岛），Kersey
  （Caesar 帝之岛），Jersey（同上），Romney（沼泽众多的

岛屿）

☆ Wick 或 Wich（市）——Norwich（北市），Warwick（武装之城市），Bromwich，Jpswick，Greenwich

☆ Law（丘陵）——Berwick Law（Ber 市之丘陵），Wardlaw

☆ Ley 或 Leigh（牧场）——Dudley，Chudleigh

☆ Ford 或 Furd（渡口，涉水场）——Bradford（广大的渡口），Oxford（牛之渡口），Longford（长的渡口），Abbotsford（高僧之涉水场），Frankfurd（自由的涉水场）

● 苏格兰语

☆ Frith 或 Firth（河口海峡）——苏格兰地名附有 Frith、Firth 者甚多。

☆ Loch（湖）——Loch Lomond，Loch Katrine

☆ Au（野）——Auerbach（有流水的野外），Aarau（游水的郊野）

● 德意志语

☆ Bad（温泉）——Baden（温泉众多之地方），Baden-Baden（温泉复温泉），Karlsbad（Karl 即 Charles 王之温泉）

☆ Burg 或 Bourg 或 Borg（城市）——Augsburg（August 帝之都城），Aalborg，Petersburg（Peter 大帝的都城）

☆ Stadt（市）——Karlstadt（Karl 即 Charles 王之市），Friedrichstadt（Friedrich 之市）

☆ Monde 或 Munde（口）——Dendermonde（Dender 河口），Tangermunde（Tanger 河口）

● 斯拉夫语

☆ Gorod 或 Grad（市）——Nijnj-Novgorod（下新市），Belgrade（白色之都市）

☆ Koe 或 Sy（附于都邑之语尾）——Tobolsy（Tobol 河口之都市），Luganskoe（Lugan 河上的都邑）

● 希腊语

☆ Ple 或 Pol 或 Polis（都城）——Constantinople（Constantine 大帝之都），Adrianople（Adrian 帝之都城），Selbastopol（Selbastian 帝之都城），Philippolis（Phili 王之都城），Indianapolis（美国 Indiana 洲之首都）

☆ Anti（对）——Anti-Napolisle（对着 Lebanon 山脉的山脉），Anti-Taurus（对着 Taurus 山脉之山脉）

● 非洲语

☆ Nyanza（湖，内陆之海）或 Njanzo（湖）——Victoria Nyanza（Victoria 女王之湖），Albert Njanzo（Albert 亲王之湖）

鄙意对于此等外国地名的语尾语首，无论意译或音译，应有一种决定的译法，凡遇其他地名中含有同样语尾或语首的时候，应使用同样的译字，例如蒙古语 "Nor"，汉译殊为庞杂粗劣，音译的有诺尔、淖尔、脑儿……，意译的有湖、泊、池、海、泽……，今姑假定从音译诺尔，则以后遇有 "Nor" 的时候，都宜写作诺尔，如称 "Lob Nor" 为罗布诺尔，"Koko Nor" 为库库诺尔，"Dolon-Nor" 为多伦诺尔，如是通用日久，一见附有诺尔字样的地名，就可知道那里是有湖水的地方。

还有英语地名 "New" 一语，音译意译也不一致，从大体上观察起来，不如采用音译法，把它译作 "纽" 字，如云 New York 为纽约，Newfoundland 为纽芳兰，New Guinea、New Mexico、New Zealand 应译作纽几内亚、纽墨西哥、纽西兰，因为 New 字也是地名一部，不宜把一个整个的地名任意截为两段。

但又有一种相对的地名，为易于识别起见，可把一个地名分作意译与音译两种。例如 Great Antilles、Lesser Antilles、Upper California、Lower California、East Indies、West Indies、South Carolina、North Carolina 译作大安地、小安地、上加州、下加州、东印度、西印度、南可罗拉多、北可罗拉多，却是很对的。

目下我国对于外国地名不但较小的没有标准的译名，就是日常耳闻目见的国名及著名的城市也不曾有统一的称法。通常固把 Italy 或 Italia 写作意大利或意大利亚，但还有作义大利、伊大利、以太利、伊大理、以他理、意大理亚、伊太利亚的；美国也另称为美利坚、米利坚、北美合众国、美利哥、花旗国；Espana 称为日斯巴尼亚、日斯班尼亚，或简略为西班牙、西斑雅、西班雅、是斑亚；Yugoslavia（Jugoslayia）译作巨哥斯拉夫、犹克斯拉夫、南斯拉夫；Canada 称为加拿大、坎拿大、坎拿他；Mesopotamia 称为马斯波达美亚、美索不达米亚、美索布达米亚、麦索坡打米耶；Philipine 译作菲力滨、非立滨、斐力宾、小吕宋；伦敦又作伦顿、兰墩、兰顿、龙动；温哥华又作温古华、温可华、万古洼、晚香坡、晚哥佛。至于往年称葡萄牙为大西洋国，意大利为欧罗巴国更可由此译名推知吾国人富于笼统含混的习惯了。总之，以上不过是略略指出译名混杂之一端。诸如此类，真是举不胜举。鄙意外国地名并非一地方绝对只须用一名称，不过同一地方而名目多至若干以上则不得不加以排斥耳。朝鲜并非不可称为高丽或韩国，但菲律宾的音译名称竟有六七个之多，这简直是毫无意义。

综以上的论述，可知我国译名大抵漫无标准，译者不为学者处心设想，立新标异，徒兹纷纭，我以为今后要达到译名统一的目的，译者宜用客观的态度顾虑以下三个条件：（一）参酌前人译法，（二）服从多数人译法，（三）了解地名正确的发音及起源。如是，汉译外国地名问题的前途或有在短期内解决的希望啊。

关于翻译外国地名或专名，近年主张废止汉字而专用注音字母或罗马字者颇不乏人，我对于这点也不禁想站在局外的立场在这里顺便稍谈几句，请分别言之，注音字母的宣传及推行已十余年，当初风动一时，但不久无论提倡人或使用人对它都渐渐抱着冷淡的态度，到现在注音字母好像已销声匿迹没人再来过问的样子。夷考其实，是由于创造不完善及犯了二重文字的毛病的缘故，所以它的前途就不免令人抱着怀疑的念头了。日本的假名，在日本最为普遍而发达，但日人尚深感二重文字的痛苦，屡欲设法减缩汉字，试行虽久，并未得有何等效果，这因日文与汉文因缘太深，所以至今翻译地名和一切专名还是常常使用汉字。以管见测之，国人从欲以注音字母译外国地名或一切专名，非待注音字母自身获得大大的改良后不可——进一步来说，注音字母这文字实未免有锦上添花的讥诮。至于主张废除汉字代以罗马字，在现在似更属于不可能的事情。中国文字在构造上、沿革上、发达史上和发音上自有它的特殊地位，中国言语为单辍语（monosylablic language），文字的特征在于象形与欧文的屈折语（inflectional language），文字的特征在于拼音者性质上全然异趣，倘将二者强为混同，实非上策。汉文字在现今有许多令人难于满意而不可不力谋革新与改造之道，这恐怕是谁都不能否认的，但汉字的革新与改造，应就汉文字自身上革新之，改造之，例如限制应用汉字的字数，提倡简略写法，数字并为一字一类，均属于改良的一端，否则，与其必欲废止汉字而代以非驴非马不伦不类的罗马字，则毋宁直截了当地完全采用某种简明的文字，如世界语作为今后中国通用文字，那便利也较罗马字与汉字的混用胜过一筹了。

末了我要声明一句，本篇的范围，是从现实的见地专就用汉字翻译外国地名而立论的。因为默察目下情况，吾人实未能离脱汉字发现有他种优良的文字可以当翻译外国地名的工具，故用注音字母、罗马字、世界语乃至另种文字翻译外国地名，那就不是本篇所要讨论的问题。

——《学艺》第 9 卷第 6 期（1929 年）

译学问题商榷（1929）

艾伟

译学问题不一端也，如直译意译之区别、此两种译法之难易比较、译者之程度、译法与材料、直译意译与语体文言之关系、翻译名词之方法等，在在俱成问题，断非一人所能解决。职是之故，作者于两年前拟成问题，制定表格以征求专家之答案，希望采取多数意见以定趋向。

此种研究方法在英文名之曰："The Questionnaire Method"，在中文或译之曰"访问表"，或译之曰"答案征求法"。此法在中国尚不盛行，而在欧美各国则行之已久，且甚有效。美人古史（Conard V. Koos）最近搜集七种不同之教育杂志，于其中查出研究论文用答案征求法以得可靠之结果者，占全部四分之一，其数量不可谓不多。在质的方面，此法亦有相当之贡献。赛门斯（Perival M. Symonds）于其所著 Methods of Investigation of Study Habits（*School and Society*, XXIV: 54—152）一文上，曾谓用答案征求法所搜集之材料，不能用别种方法得之。又白金汉（B. R. Buckingham）在其 The Questionnaire（*Journal of Educational Research*, XIV: 54—58）一文上亦表示此点，彼谓答案征求法如用得当，实为一种搜集材料之适当而且必需之方法。

此法之为用，在中国既不普遍，而对于此种研究之价值抱怀疑之态度者，亦不乏其人，盖一般论调以为研究者于征求答案之先，本有成见，特借专家之名以自卸其责，此不得为科学之研究也。持是论者固亦有事实之根据，如数年前美国推孟（Terman）教授任心理学会会长时，征求心理学家对于心理测量学之意见是。但此不过两方意见之偶合，似不能加以卸责于人之罪也。科学之研究者无论采取何种方法，其在实验之先，必有一定之假设。此为研究科学之必经步骤，稍有经验者类能道之。故所谓成见者实此种假设。假设而对则研究结果必与之相合；否则根据结果推翻假设矣。故研究者不患其有成见，患其不能根据结果而牺牲其成见。然而他种训练研究者似尚有之，毋庸局外人之鳃鳃过虑也。

作者于研究之始本无固定成见，表格付邮之后，亘年之久，虽寄回者份数不多，然对于译学问题之各方面，经各专家之讨论，实甚详尽，如张士一先生之翻译一元论，孟宪承先生之直译意译程度差异论，至理名言，曷甚钦佩。作者既获此极有价值之材料，披诵之余，茅塞为开。不敢自私，当尽量发表于下，以飨阅者。倘因前此请求未周，而于此文发表之后，读之饶生兴趣，拟在本刊上继续有所论列者，尤作者之所深望焉。

直译意译之界说

1. 孙贵定先生："直译即是拘泥原文字句之构造，并不计及汉文之通顺或自然与否。"——"Suggestion is the painless insertion of new thoughts and ideas in the mind of the one with whom one is conversing." "暗示即是将新思想及意念，不痛苦地插入所与谈话之人心中。""除专门学科名词外，尽量采用汉文固有之成语以及最自然之字句，为翻译之工作，能达原文大意，而不失真诠者，谓之意译。""A man must both live and learn. In order that he may live until he learns, he must have a certain number of fixed correct reactions to keep him alive.""生活与学习并重，唯人非生而即能学习者，故在能学习之前，须先具固定而且适应之反应。"

2. 杜佐周先生："直译者，依照原文逐字逐句而译之也。""In many communities doubt regarding the values of school causes more pupils to leave than economic necessity.""在许多社会里，对于学校价值的怀疑，使更多学生离开学校，比之于因为经济的需要。"意译者，依照原文之意而译之，使译文更合常态用法耳。例如上例可意译如下："许多地方，学生之离校，因为怀疑学校之价值者比较因为经济困难者为多。"

3. 游修吾先生："依次序一句一句一段一段一章一章的翻译，不增减原文的意义者为直译。""Everybody has his little peculiarities of language. Each one has his peculiarities of accent or pronunciation and his pet words and phrases.""每个人的语言有他的特性。每个人的发音声调及他所爱用的字句，均有他们的特性。"依译者的方便按照原文翻译而不失其真者为意译。意译的举例如下："每个人的语言、发音、声调及其所爱用的字句，均各有他的特性。"

4. 吴致觉先生："照字面或句法之翻译谓之直译。不照原文之字面或句法而述其大意谓之意译。……翻译有下列之数种：（甲）逐字的翻译，且句法全照原文。（乙）逐句的翻译，且句法照原文。（丙）逐句的翻译，但句法不全照原文。（丁）不逐句而逐段的翻译。（戊）仅取原文大意之翻译。（甲）为纯粹直译。（戊）为纯粹意译。（乙）（丙）（丁）则介于直译与意译之间。"

5. 陆志韦先生："逐句翻译其中主要词端无一遗漏该更者名为直译。即所举例证不适中国情形者必不更易。至于拘泥外国文法逐字对译，以至译文诘屈聱牙不堪卒读者，韦意不得称为翻译。例如汉译爱尔乌德《社会心理学》、韦所译桑代克《教育心理学》、亨德《普通心理学》均系直译。……意译不能定界说：拘泥者如严复《群学肄言》，放恣者如《天演论》。"

6. 邹思润先生："按我国现在一般人所谓直译，不但逐句译，简直呆照原有之 clause 或 phrase 之次序呆译，结果使人不懂，或者读者异常吃力。例如：'The most notable distinction between living and inanimate beings is that the former maintain themselves by renewal.' 如直译则如下：'最显著的区别，在生物与非生物之间，是前面维持他们自己，用重新更始。'这句话，倘非用英文对照，可以令人完全不懂，至少使人糊里糊涂。正当的意译，阅者可以明白。试再用前举之例意译如下：'生物与非生物最显然不同的地方，是生物能用重新更始来维持自己。'不正当的意译，是于原意之外，加入许多自己的意思作解释，往往走出原意的范围。"

7. 余上沅先生："直译者初意欲使不失原意，故字句对照以此就彼，往往失之机械，不可卒读。例如：'底''的''得'之区分，用诸所有词形容词及副词，于文法上固属一种进步，然望文生义，我国词句间并不需此赘疣也。意译者以笔曲而达为旨归，每增减原文字句，以期可读。然译者又往往妄加穿凿，附会故典，以至庐山真面，不能复识，此殆所谓意而不译矣。"

8. 刘宣阁先生："直译界说：'字斟句酌；不失累黍之互译'：'The Spirits of Laws'—《法意》。意译界说：'注重大意，可删节之'：Dry

Law—美国禁酒法令。"

9. 朱君毅先生："译英成汉时，若极力保存原来文法之结构，而同时仍不失为通顺汉文者，为直译。'All these questions and others of the same kind can be answered by referring to the frequency table.' '凡此种问题及其他同类之问题，可由参阅次数表而解答之。'译英成汉时，若脱离原来文法之结构，而同时仍不遗漏原文之真诠者，为意译。'It is impossible for any person to read very much of present-day educational literature with pleasure and understanding unless he is acquainted to some extent with the method and terminology employed in conducting and presenting the results of statistical investigation.' '当今之世吾人欲浏览教育书报，若不明了统计之名词与方法，未有能愉快而入胜者。'"

10. 孟宪承先生："直译意译，为一个翻译技术上正确性不同之程度。直译为照原文忠实正确的翻译；意译为总括原文大意的翻译。假如技术上正确性相同，则直译意译为文字形式上之不同。直译为照原文语法及结构之翻译；意译为运用译者自己语法及结构之翻译。无论如何，此为程度之不同，非种类之不同。'Different of degree, not of kind'. 举例：

（一）正确性不同：

'直译'——张崧年《现代哲学引论》

'意译'——严复《群己权界论》等。

（二）正确性相同而语法与结构不同：

'直译'——张崧年《现代哲学引论》

'意译'——张嘉森《心与物》。"

11. 张士一先生："以直译意译分作两类，在根本上似有问题。所谓直译意译者，似乎系程度之问题而非种类之问题。此程度系连续增减的而非骤然增减的。凡适当的翻译均系意译，而又同时应为直译。因翻译之目的，系将原文之意义达出，而又须将原文中一字一句之意义直接的充分达出，不得以译者主观的意见有所增损；否则即为编著引述而非翻译。至于一般人之界说，以为直译者乃将原文之字句直接变为译文，如将'Can you lend me that book?'said he.译作'能你借我那书？'说他——之类。实甚不妥当；盖以此乃不合汉文习惯之译文，决不能用，胡译而已，非直译亦非意译也。至于一般人对于意译之界说，以为意译者，乃将原文中之大意，自由引申成译文，不必严密吻合，如取一首英文诗的大意作成一首汉文诗之类。实亦不得称为翻译，不过借意行文而已。总之，鄙意翻译法是一元的而非二元的。一切翻译均须以合于习惯的（idiomatic）译文尽量地并真切地表达原文中所有的意义。不过因两种文字表达之能力各有长短，以及译者了解原文及运用译文之能力亦有参差，其结果之距离目标势必有远近之分。但究以若干距离为直译，若干距离为意译，实不能有确定之界线。"

综观以上之界说，觉1、2、3、4四说中对于直译意译之划分异常显著。此种情形在直译界说中尤为明了：如孙先生之界说直译，除拘泥原文字句之构造外，并不计及汉文之通顺或自然与否；杜先生之"逐字逐句而译之"；游先生之所谓"依次序一句一句一段一段一章一章的翻译"；以及吴先生之纯粹直译是。

5、6、7三说中直译与意译似各分为正当的与不正当的两种。是以机械的、呆板的，或译文诘屈聱牙不堪卒读者，均为不正当之直译；穿凿附会，走出原意范围者，均为不正当之意译。

8、9 两说中对于直译与意译似各只有正当的一种。是以刘先生对于直译界说谓为"字斟句酌不失累黍之互译"。朱先生亦谓"极力保存原来文法之结构；而同时仍不失为通顺汉文者为直译"。

10、11 两说为翻译一元论之结晶。在此两说中虽有直译意译之分，然"此为程度之不同，非种类之不同也"。

直译与意译各派之主张

就各专家之议论而询其主张似分直译、意译及折中三派。兹分别述之于后：

1. 主张直译者：

a. 董任坚先生："鄙意'直译'才是'翻译'；'意译'是述意而已。两者分别仿佛是：

直译（理想的）：原文＝译文

意译：原文—X＝译文

而严复的译作：原文—X＋Y＝译文。"

b. 孟承宪先生："主张直译，即忠实正确的翻译，而不主张拘泥于语法与结构的欧化。"

2. 主张意译者：

a. 竺耦舫先生："苟译者对于所译文字及内容确能彻底了解，则意译胜于直译。……友人胡步曾君颇喜直译。《科学大纲》中所译植物诸章颇受人指摘，但胡君于国学极有根底，于此更可知直译之不易。"

b. 杜佐周先生："为求读者便利起见，当以意译为佳；但以不失原意为准则。"

c. 游修吾先生："关于社会科学书籍，有许多不适国情的阐发（illustrated）材料。若用意译，可将其删去，而仍不失原文真意，既省时间，又省篇幅。若直译，则是办不到的了。"

3. 折中派：

a. 余上沅先生："直译者与意译者苟各趋极端，皆滋流弊。如以前者为精神，后者为手段，则文质庶可茂乎？"

b. 郑晓沧先生："主张对于意义上，实质上，须直译；对于文字上，形式上，须意译。"郑先生对于此种主张发表下列之意见："语文原为意义的代表物。因语文之不同，于是不得不借助于移译。译者，原在以一种符号代替另一种符号，使本来意义，仍无所失，而阅者乃能因所变换之符号，了然于其意义也。故译之目的，本在除去原文之障碍而期于意义之了解。以至于所谓符号云云，决非一个一个单字或单词之谓，因文字之形成，自有其特殊之习惯。除单字单词外，至少语句之构造各种文字中颇有不同。吾国文字与西洋文字，其差异之深度，尤非西洋各国文字间可比。今若但从事于机械式的代替（substitution），使阅者仍茫然于其意义，或因诘屈聱牙，而使人不愿卒读，虽译等于不译。或谓西洋语文习惯应加灌输，以期科学文字之精确，但这并非说应全盘输入，取原有文字习惯而代之之谓。例如引人之语，西文大概分作两段，而叙明为谁所说于中间，此在吾国宁为必要？又如对于条件词语，西文常放在后，吾国文字总放在前（诗词或有例外），似不妨顺应吾国习惯，而无损于原来之意义。"

郑先生叙述译学心理至为透彻，使人钦佩。其叙述自己翻译之经验，颇有可借鉴者，特附之于后：

> 从前所译密勒氏《人生教育》，对于语句构造上似近直译，吉特氏《教育之科学的研究》一书亦有此病，后颇悔之。为杜威氏《儿童与教育》一书，虽语句上亦似偏于直译，但就各句而论，确已

费了一番心思，想把意思表达出来。所译各书中，似以与沈君合译之《小学课程论》（Bonser）最为流畅，私意固未失其本意也。……

c. 张士一先生：张先生既倡翻译一元论，则直译与意译当只有程度之分，无种类之别。是以"一切翻译均须合于习惯的（Idiomatic）译文，尽量地并真切地表达原文中所有的意义"。

d. 朱君毅先生："直译与意译两者均可，但直译不可太呆板，太呆板则汉文不顺。意译不可太空泛，太空泛则真义遗失。鄙意直译与意译，无是非之别；而任何一种有优劣之分。"

e. 邹恩润先生："鄙意翻译最重要之条件须使阅者看得懂。如直译能使人看得懂，不妨直译，否则宜略参意译。即在一书之中，直译可懂之句即直译，直译不懂之句则须略为变通，略加意译。"邹先生又曰："鄙意以为译书之最大要素，在使看的人懂，而且觉得畅快舒服，若使人看了头痛或糊里糊涂，不但不足劝人看书，反使人懒于看书。""译的人也许看惯了原文，不自觉得译文里有使人不甚易懂之处，所以无论译得如何，最好能由一二人校阅一遍。（此点在专门著述为尤要，文学次之。）"

f. 刘宣阁先生："无成见；唯有时直译意译，可以参用。"

g. 孙贵定先生："直译意译均可，但直译不可太呆板，而意译不可失之于太自由。"

h. 吴致觉先生："因中西文之句法有根本的不同，故纯粹直译（参观前面界说）万不可用。纯粹的意译，过于自由，不成其为翻译。是以正当之翻译方法，只有（乙）（丙）（丁）三种。至于此三种中当用何法最善，则当视科目性质及原文之谨严或浮夸而定。"

陆先生在主张栏内，并无答案，是以陆先生究属何派，或另有特殊见解不敢妄测。姑就所有答案列统计表于下。

主张：	无	直译	意译	直意参用	总数
次数：	1	2	3	8	14
百分数：	7.15	14.28	21.43	57.14	

观上表，吾人知折中派占比较的多数。在主张意译者三人中，其一为竺先生。竺先生以经验作例证，使吾人知理论易而实行难。其实此种证例甚多，不止竺君一人也。杜游二先生亦立于意译旗帜之下其原因不难查出。即二先生在直译界说中曾举极端之例子，无怪乎二先生避此而趋彼也。

主张直译者，只董、孟二先生。董先生对于直译并未明白界说，而在原文等于译文之公式中另附以（理想的）括弧，是董先生对于直译方法尚可分类也。孟先生虽主张直译，然希望只在"忠实正确的翻译"，而对于"语法与结构的欧化"，则极端反对。此与郑先生之主张——对于意义上，实质上，须直译；对于文字上，形式上，须意译——颇相吻合。是董、孟二先生并非主张绝对的直译也。

在吾人所征求之十四答案中，即无人主张绝对的直译，而主张意译者，又因有绝对的直译始提倡相对的意译。故此两派与折中派并无不相容之处。总而言之，翻译只有一种，而主张者亦只有一派。

或以为答案寥寥无几，从此即下结论，在可靠性方面似有问题。此点作者亦顾虑及之。其实作者在征求之时，发出表格几近百份，然而迟至年余，尚只收回十四份。大抵与作者有私交或对于此问题发生兴趣者则勉力作答，否则邮件到达之日，恐系归入字纸篓之时也。

数年来关于直译意译之讨论，见于报章杂志者，为数甚多。除旧者不计外，兹介绍西滢先生之讨论（《新月》第二卷四号），以资补

充。（见本集陈西滢《论翻译》一文——编者）

我们……对于时下流行的"意译"或"直译"说一句话。翻译就是翻译，本来无所谓甚么译。所谓意译，英文另有名字是Paraphrase，不是 Translation，不能说是翻译。严几道都说过：

"译文取明深义，故词句之间，时有所颠倒附益，不斤斤于字比句次，而意义则不倍本文。题曰达旨，不云笔译，取便发挥，实非正法。什法师有云：学我者病。来者方多，幸勿以是书为口实也！"。（《天演论》译例言）若是"曲译是添花样的说谎"，那么"意译"最容易流为"曲译"。以直译为标榜者的常犯的大病，不是与原文相差太远，而是与原文相差太近。他们非但字比句次，而且一字不可增，一字不可减，一字不可先，一字不可后，名曰翻译，而"译犹不译"。这种方法，即提倡直译的周作人先生都谥之为"死译"。死译的病虽然不亚于曲译，可是流弊比较的少，因为死译最多不过令人看不懂，曲译却愈看得懂愈糟。

直译在英文是 literal translation，只是字比句次的翻译，原文所有，译文也有，原文所无，译文也无。最大的成功，便是把原文所有的意思都移译过来，一分不加，一毫不减，可是这样翻译的最高的理想，也不过是我们所说的传形的译文，因为直译注重内容，忽略文笔及风格。

西滢先生之所讨论与作者搜集之答案，并无冲突之处，材料增加而结果不变，故吾人之研究结果，亦甚可靠也。

直译意译之困难比较

诸先生讨论此问题时，意见颇不一致。就其议论而分析之，得下列三派：

1. 以直译为比较难者：

a. 陆先生曰："直译太难。"

b. 游先生曰："若懂得原文透彻，意译比较容易。"

c. 孟先生曰："技术高者难以相同，初学则意译较易。"

d. 刘先生曰："直译自较难；然就其实际言之，意译而善者，未有不能直译者也。"

e. 朱先生曰："直译常受原文之牵制，译者常感顾此失彼之苦。意译则了解原文之后，可注全力与汉文之结构。——英文长句可断为若干汉文短句。英文之结构次序，亦可任意颠倒，故不佞发挥直译为较难。"

2. 以意译为比较难者：

a. 邹先生曰"意译难，因为意译先要译者自己懂得。直译易，因为有人只靠一本字典呆板的译出来。"

b. 郑先生曰："直译自是较易。"

c. 杜先生曰："为求读者便利起见，当以意译为佳；但以不失原意为准则。其实意译尚比直译难也。"

3. 折中派：

a. 吴先生曰："要好则皆难。"

b. 孙先生曰："大抵长于汉文者，觉直译较意译为难；汉文程度只可粗通者，反以直译为较易。"

c. 张先生曰："一切适当的译法一样的难，只有'胡译'及'附会'较为容易。"

d. 余先生曰："移译难易，似以执笔者之性情习惯而定，大抵兼用两法者多，固守一见者少。"

三派之中以直译较难者为比较多，其实孟、刘二先生不纯属于此派，盖所谓"技术高者难以相同"，"意译而善者未有不能直译者也"，其语调似近于折中派。假使孟、刘二先生加入此派，则此派势力雄厚矣。

直译与意译似可各分为优劣两种，所谓"要好则皆难"，"一切适当的译法一样的难"，诚有至理。邹先生以直译为易，其所指似为劣者一种，因恃字典而呆板的译出，绝非好的直译。郑先生以直译为易，但未叙述其理由。杜先生对于意译之较难于直译，亦未有明白之解释。至"懂得原文透彻，意译比较容易"，如游先生所云，诚系事实。大抵此两种译法，"要好则皆难"，而要直译译得好尤难，盖直译受原文之牵制，常使译者感顾此失彼之苦也。

译者之程度

1. 陆先生曰："直译者程度较高。"

2. 邹先生曰："正当的意译比直译者程度高。"

3. 游先生曰："意译者的程度要高些。因为直译只要依原文字句译出，无须增减作者的意见。意译则无须将意在言外的词句译出来，非深懂得原文的意义不能办到。"

4. 郑先生曰："意译者，至少须融会贯通，但若因此取巧，脱略错误，则悖矣。直译者按字或按语而变换之，不是上乘的工作，原文幼稚的人，尽有试为之者。"

5. 张先生曰："大概英文程度不佳，汉文程度亦较劣者，最易以'胡译'自称为直译。英文程度较次而汉文程度较高者，则易以'借意行文'，自称为意译。尚有对于译文之实质方面无适当之预备者，假如从未研究过心理学而硬要译心理学书者，亦往往以'胡译''借意行为'或'附会造谣'自称为直译或意译，以掩其对于实质上不充分之了解。"

6. 孙先生曰："按照理想之标准言之，无论直译意译，对于中英文字，均须清通（指能了解并能运用）。但就事实言之，直译者不特于原文意义，不甚彻底了解，且于中文方面，又欠通顺，勉强译完，敷衍塞责。意译者则最少限度须完全了解原文意义，方能恰合前定意译之界说。"

7. 朱先生曰："无论直译意译，译者对于英汉二文均须清通。"

8. 孟先生曰："初学以试直译为宜，但技术高者，程度实相同也。"

综以上对于译者程度之讨论，似于开始译书之时，有两先决问题：即译者之中英文字是否清通？其对于原文内容是否完全了解？此两问题若能得满意之解决，则一书中能用直译者，直译之；倘因形式之变换发生困难，则意译亦可。

译法与材料之关系

1. 朱先生曰："自然科学以直译为妙，文学以意译为妙。"

2. 游先生曰："文学材料比较用意译好，自然科学材料比较用直译好。"

3. 刘先生曰："译法与材料稍有关系；文学有可以意译者，自然科学似以直译为妥也。"

4. 杜先生曰："用直译法译文学，每失去原文之精彩，故不如用意译为妥。至于自然科学则用直译法翻译，不特较易且较真确也。"

5. 张先生曰："译文学在易于附会译科学在易于胡译。其实无论何种材料，要真的译地适当，均须以同一的精神去译，即上所谓'一元译法'是也。"

6. 孙先生曰："文学（尤其是诗歌）只可意译，但一切自然科学为求准确起见，似非直译不可。（严格言之，文学为一国国民精神所寄，只可直读其原文，竟无甚翻译之可能，如英之 Byron，欧洲各国文字均有译本，且人皆喜读之，实因 Byron 并非第一流之诗人，否则其译本安能代替原文乎？在英国文学史中，更有译本与原文大相出入，而其译本反成为一种文学之杰作，如 Pope 之译 *Odyssey*；Fitzgerald 之译 *Omar Khayyam* 等是。)"

7. 邹先生曰："文学较易用直译。"

8. 竺先生曰："自然科学以意译为较能传达真意，对于文学无经验不敢置可否。"

9. 郑先生曰："译法与材料很有关系。如是自然科学或社会科学只须信达可已；至于文学，有许多处须得直译，而仍要中国人看了能懂。最好不失本来面目，而使国人阅了，仍觉文从字顺，所以不容易了。如不能懂宁牺牲些本来面目。"

10. 陆先生曰："文学不能译。"

11. 余先生曰："译法与材料并无关系。或疑意译适于文学，直译适于自然科学者，恐系谬误。"

上述 1、2、3、4 四说均主自然科学用直译，文学用意译。第 5 说对于前四说之主张洞见症结，故以为"译文学在易于'附会'译科学在易于'胡译'。"第 6 说承认前四说之主张，同时亦承认文学无翻译之可能。7、8、9 三说之意见完全改变，主张文学用直译，而自然科学用意译矣。第 10 说与第 5、第 9 两说颇相吻合，均承认文学不易译。第 11 说则明白反对文学用意译，自然科学用直译之主张。

综以上之意见，吾人似难以下结论，然直译与意译若至理想的程度必互相接近。能若此则意见之冲突行将减少。至文学不易译之说，实有至理，吾人似应承认者。

直译意译与语体文言之关系

1. 孟先生曰："直译以白话为适宜。"

2. 董先生曰："似因英文与英语较一致，故直译似用白话。"

3. 吴先生曰："无论直译意译，白话均较文言为易。"

4. 余先生曰："文言为传统习惯所缚，较难针对原意，不适直译。白话则于两种皆无困难。"

5. 陆先生曰："直译极不宜用文言（例如韦译《普通心理学》），意译最后亦用白话。"

6. 朱先生曰："直译若不用白话，则译俱不得称为十分完备；若意译若用文言，则汉文之美可以自由表出；故直译宜于白话，意译可利用文言。"

7. 孙先生曰："大概直译以用白话为宜，意译以用文言为宜，但严格言之，善用白话之译者，必先于文言方面已用过一番苦功，故实非易事。"

8. 刘先生曰："文言无分彼此；白话似更便于直译。"

9. 邹先生曰："直译似以白话为较易。意译则文言白话都差不多。"

10. 张先生曰："以'胡译'自称为直译者，往往乞怜于白话，以'附会'自称为意译者，往往求助于文言。其实白话文言，对于适当的翻译似无多大的分别。"

11. 杜先生曰："俱我经验，无甚关系。不过有时用白话文直译比较用文言文直译为易。"

12. 郑先生曰："只求意义明了，无关白话文言。总须看材料，说理的书白话较好。"

13. 游先生曰："须依译者的文言或白话程度而定。"

综以上之意见，似均赞同直译用白话；在意译方面虽有主用白话及主用文言两说，但主用白话者似占多数。

翻译名词问题

1. 刘先生曰："参用音译意译。"

2. 游先生曰："普通名词用意译，固有名词用音译。"

3. 竺先生曰："除人名地名外，以大概而论，名词以意译为佳。"

4. 邹先生曰："翻译名词，以简短而使人易记者为宜。有意可译者宜用意译如含义太广或中文无意译可以概括者，似可用音译，惟须力使简短。"

5. 余先生曰："翻译名词患在不能统一；盖名词仅一符号，如果统一，则其效用未改；虽非绝对准确，然较诸各择一词者，不易多滋误会矣。"

6. 陆先生曰："（1）不必定须通俗；（2）不必定须古雅；（3）不必追求希腊、拉丁语根，亦不必太拘小学；（4）通行即好，不必要'通'。"

7. 杜先生曰："翻译名词不统一，实翻译工作中最不便之事。"

8. 郑先生曰："（1）信实；（2）明了；（3）经济；（4）妥适。"

9. 孙先生曰："（1）准确（恰合原文意义）；（2）于汉文方面，不致引起误会（避免错误联想）；（3）易于记忆。（如以 ultimatum 译为'厄的美顿书'等，不解英文者遇之固难记忆，即曾习英文者，殊欠雅观）。"

10. 朱先生曰："翻译名词，不特应注意原来名词之表面字义，又宜注意此名词之界说。有时只须移译表面字义；有时须根据其界说而译之：

a. 译名词如能音义两全最妙，如 Utopia 之译为'乌托邦'。Series（在统计学上用）之译为'数列'。

b. 如遇困难时，最好能免除音译，如 democracy、inspiration、humor、picnic 等字之直译其音，终非最后与最好之办法。不佞亦暂无最善译法，但深欲妥善译名可以寻得。

c. 专门科学名词，译名不妨奇特，俾易印入读者脑海中。"

除名词外，在字句方面，朱先生以为须定标准。其意见列后：

> 翻译界宜规定翻译字句之标准；如英文某种字或句，宜有几种相当之汉文标准译法，俾译者阅者知所遵循，英文字句中如 While; It is...that; It is...to; not with standing; in as much as; to the extent; to that extent; It is impossible; The possibility is...; in so far as; other things being equal; so much so; so that; the chances are...; let us...; we or one (at the beginning of a sentence)，等等，有时翻译颇为棘手，而其译法之顺确与否，全视译者之天才如何。苟有一定标准，则翻译之学或较以前为确切，各学科同人宜急起而图解决此问题。

综合以上之意见，翻译名词之重要条件如下：

（一）须统一。假使各专家之意见稍有参差，最好彼此牺牲其成见，俾名词得以统一。

（二）音义两全。在同样情形下，音义得以两全，此固最好译法；否则，在普通名词上取意译，在专有名词上或参用音译意译。

（三）简短易记。在可能范围之内，名词须简短，俾易于记忆。

（四）须准确并须明了。在同样情形下，译名须恰合原文意义，同时须明了，俾不致引起误会关于名词之翻译，在事实上尚有许多问题。以上之四个条件，似不能范围一切。故仍须多数专家开会讨论，始有具体的并满意的解决也。

综以上各问题之讨论，吾人虽不能认为充分满意，然各派之意见，从前以为异常参差者，至今始觉彼此甚为接近。倘能得其他专家之合作，继续发挥意见，则整个之译学问题不难解决。有兴趣于此者，盍兴乎来？

所谓专家者，或因教授翻译有年，或因译书经验甚富，或因两种资格均有。以上十四位，似均有一种或两种。而此十四位之专门学家并不全同，或专研究科学，或邃于文学。故所发表之意见能代表各专门学家，较之偏于一门者——或只文学家，或只科学家——合乎科学多矣。

作者除用答案征求法外，曾作一种实验，似比较直译意译在读者方面之成绩，盖专家之主张系译者方面的，至其译文在读者方面影响如何，专家初未知之。故无论其主张为直译为意译其他译法，吾人必询之在读者方面究以何种译文较易了解，吾人以为根据读者之理解程度而定译法之优劣，较为客观，较合科学。

臧译之《行为主义心理学》号称直译，吾人即以之作直译之代表。在此书之每五十面则取一段另行意译之。其实，直译与意译，就吾人之经验亦只有程度之差别。照孙先生之界说，臧译当系直译；而照陆先生之界说，吾人之所译亦为直译。总之，吾人之所译"主要词端"，似未"遗漏改更"，不过吾人之译文较为自然，较合于汉文之习惯耳。此为两种译文之不同之点，故名之曰直译意译可，名之曰程度差异之两翻译亦可。

吾人所选之译文，计分五段或五篇。每篇各拟问题四五个。两种译文之结构虽不同，而其问题则完全相同。两年以前，用此材料测验南京中学高二、高三两级百余人，结果有足研究者，兹列表于下，以备讨论：

此表所有之结果均为百分数。如高二直译之总平均为 54.51%，而意译之总平均为 62%，比直译高 7.49%。又高三直译之总平均为 51.72%，而其直译之总平均为 56.31%，比直译高 4.59%。在两级平均中，直译成绩为 53.12%，意译成绩为 59.16%，相差为 6.04%，意译优于直译。

直译文与意译文之理解比较

级别／人数／译法	高二		高三		两级平均	
	29	31	18	27		
	直译	意译	直译	意译	直译	意译
第一篇	52.59	43.36	31.94	36.11	42.27	33.74
第二篇	71.72	67.74	60.00	68.89	65.86	88.32
第三篇	10.34	31.18	27.77	24.69	19.06	27.49
第四篇	96.55	98.92	88.89	86.42	92.72	92.67
第五篇	41.37	68.78	50.00	65.43	45.69	67.11
总平均	54.51	62.00	51.72	56.31	53.12	59.16

从各篇中观之，在高二级中，除第一、第二两篇直译成绩优于意译成绩外，其第三、第四、第五三篇中，直译成绩皆不及意译成绩。又在高三级中，除第三、第四两篇直译成绩优于意译成绩外，其第一、第二、第五篇中，直译成绩均逊于意译成绩。故就此两译文而论，其不合汉文之习惯者，在理解方面，似低于合乎汉文习惯之译文6% 强。邹先生曰："译书之最大要素，在使看的人能懂，而且觉得畅

快舒服，若使人看了头痛或糊里糊涂，不但不足劝人看书，反使人懒于看书。"此直观之论调，证之吾译之实验结果，则知头痛之余，理解力弱，读书效能大减。从岂人者始愿乎?

附：测验中两种译文例子

第五篇（原文）

Inhibition and Control of Instinct

The problems connected with the breaking down of instincts and their replacement by habit are of both practical and theoretical interest. Where instincts are distorted they must often be broken down before normal activities can be given an opportunity for development. Furthermore, many of the perfectly normal instincts must be brought under social control before the individual is prepared to mingle with his fellowmen. One of the earliest examples of the socialization of normal instinctive acts is illustrated by the teaching of the infant continence with respect to its eliminative functions. Here the instinctive activities are left intact so far as the pattern is concerned, but the situation for the release of these activities is made more complex. The mother starts the process of control very simply by taking the child to the toilet every two hours or oftener and leaving it there until those acts are performed, and then bringing it back to its more customary and normal environment. The association grows up rapidly in normal children. Thereafter, the intra-organic stimulus (pressure of urging and faeces) leads the child to make some sign, usually a vocal one, which stimulates the mother to gather it up and carry it the proper place for the performance of those function. As the child grow older, the pressure of such stimuli touches off the act of going to the proper place of his own accord. The extra-organic stimulation (the new situational factor, the sight and contact of the toilet) leads to the act of evacuation. There are thus a large number of habit activities built up around the instinctive function, but the latter as such is left practically except for a momentary initial inhibition (sphincter control).

臧译（直译代表）
《本能的制止与约束》

与本能的破除及本能和习惯的替换相连的问题，实际上理论上都关重要，本能流于邪枉的时候，在常态的活动能得机会发展起来以前，常必须把本能打破。此外，许多属于常态的本能，在个人加入他的同伙以前，定要受社会的裁制。常态的本能动作的社会化一个发现最早的例，如交给孩童对于自己的排泄作用加以自制，这个时候，说道动作的模式，本能的活动还是完好的，但发起这些活动的情景复杂了许多。母亲开始制裁的过程，极为简单，隔两点或再勤些，把孩子领到厕所，把他放在那里，等那些动作实行完毕，再把他带回惯居的及普通的环境，在健全的孩童，这种联合成立得很快，此后体内的刺激（尿及粪的压迫），使孩童发出某种表号，通常是一种声音，这个表号刺激着母亲，抱起他来到相当的地方实行那些功能，孩童稍长，这些刺激的压迫，就使孩童自己走到相当的地方，体外的刺激（新的情境元素，看见或摸着厕所），就引起排泄的动作。所以有许多习惯的活动，在本能作用的四周建立起来，但本能的作用实际上还是完好，除非有个暂时创始的制裁（括约筋的管束）。

梁译（意译代表）

《本能之制止与约束》

以习惯代本能，及本能之打破，与此二者相关之问题，理论上与实际上皆极重要。本能流于邪枉之时，须先打破之，而后常态之活动，有发展之机会。且常态之本能须视社会化而后个人得在世上与同伴合作。教孩童自制其排泄作用，即此常态本能受社会约束之先例，于此事就动作模型言，则本能之活动，仍是完好。但发生此活动之情景，较为复杂耳。母亲开始约束孩童排泄作用之步骤甚简单，每二小时，或时间略短，带孩童至厕所，待动作完毕后，复带至惯居或普通之处。健全之孩童，此种联合，成立极快。其后孩童体内有尿粪之压迫时，便发为声音或动作，以刺激母亲，乃携至相当之处，以排泄。孩童稍长，此种刺激之压迫，就使其自己走到相当之处。体外之刺激，若看见或摸着厕所等，便引起排泄之动作。故许多习惯之动作，依本能作用，仍完好不变，仅最初略有暂时制止耳。

——《中央大学半月刊》第 2 期（1929 年）

论直接翻译与转译（1929）

友松（张友松）

近来颇抱了一点奢望，虽自知永远是个不可救药的狂妄之徒，也很想努力作一番虚心的修养，力求使这顽强的头脑受一受正人君子们的感化。于是，我很发奋地拜读每期的《新月》，因为它是代表正义、尊严、健全、神圣的。咬紧着牙关，抑制着恶心，提防着呕吐，虽只每期择要地读一两篇，我也就颇有些觉得难为了。我虔诚地祈祷，祈祷我有真能向善之一日。然而祈祷完了，总还是禁不住提起笔来，……不可救药的我啊！

在《新月》第二卷第三号里拜读过梁实秋先生的伟论之后，也曾祈祷过，祈祷之后，也曾想说几句话。只因一修、贞柏两君已经在他们的来稿里批评得很周到了，所以我就没有再多占《春潮》的篇幅。其后又拜读了毕树棠先生译的"论译俄国小说"及其"译后的话"，我老实说，在卒读之前我已祈祷过不止一次——"阿弥陀佛""阿弥陀佛"！

毕先生在他的"译后的话"里很着重转译之不可靠这一点，他说那每每时"瞎操了一番心"。这种提醒，对于鉴别力太弱的读书界，不能不说是造福非浅。所可惜者，直接翻译也每每有瞎操一番心的时候，这却未免有点令人无所适从了。譬如毕先生所译的这篇文章，原著者是用英文写的，毕先生从原文直接译了出来，应该是正确可靠的了，却也似乎有些地方令人不无疑问，这又怎么好呢？现在且把这个问题留在末尾再说，先来说几句枝节的话吧。

据毕先生的声明，他译的这篇文章原文见于一九二八年四月英伦 *Contemporary Review*。毕先生从一年多以前的旧杂志上找出这么一篇文章译出来在《新月》上发表，自然不是偶然之事。如果我们说毕先生这番工作时为了《春潮》与《新月》新近的争执，想必毕先生自己也不会否认的。毕先生是否意在拥护正人君子的威严，压倒狂妄小子的蛮气，这只好让大家各人去细味。不过我们总不免有点以小人之心度君子之腹，总不免觉得冠冕堂皇的话背后多少有点作用。

从毕先生这篇译文，我们知道英国翻译俄国小说的人，连名家都算在内，也不免弄出毛病，闹出笑话；但是，毕先生在"译后的话"里说，批评的人对于名家的错误，辞语之间却绝没有嘲笑或攻击的意味，只对其余的几位译者稍有较不客气的评语，而那是因为那些译者委实太差了，根本上就有些不可尊敬的地方，所以言重些也似不为过。夫徐诗哲者，中国文学界之名家也呀！后生小子，不知竭诚膜拜，反敢横加侮辱，是何居心！然而毕先生虽大动义愤，究竟还没有感到切身之痛，犯不上像胡老博士那样直接"诰诫"我们。译一篇人家"论译俄国小说"的文章，附以尾巴，顺便隐射几句，既无损于"君子"的文雅态度，又算是向诗哲博士诸公递了一个秋波——天下事有更合算于此者乎？

其次呢，毕先生告诉我们，外国名家的翻译也不免错误，则中国名家闹点笑话也是应有之事（否则也就不成其为名家了）。你只能对那些"根本上就有些不可尊敬的地方"的人下较不客气的评语。至若名家如徐诗哲者，那是"根本上就有些不可不尊敬"的！所以中国名家与外国名家错误的程度不妨相差，但究竟同是名家，莫说五十步不应笑百步，就连五十步笑千步万步万万步也有点不合尊敬名家之道。中国现在正嫌名家缺乏，名家闹了笑话，为何不"忠实地"，惟恭惟谨地"相告相商"，却要狂妄地半嘲半骂；难道真要使名家绝迹于中国才痛快吗？

我的回答是：中国的"名家"不绝，乌烟瘴气将永远笼罩着一切！

我真不能不诅咒我这支不羁的笔，一写，又写了这许多题外的话！现在我们研究毕先生的译文吧。毕先生在"译后的话"的最末很谦逊地说，"……我又不能句句都翻得好，所以只写其大意，使读者得一个粗枝大叶的概念……"这句话的后半句是千真万确的，虽则这粗枝粗到怎样，大叶大到怎样，我们可以不去量它——我们至少知道了原著者是在批评几位俄国小说的翻译名家和不名之家的错误，并提议补救的办法。对于前半句呢，我若说毕先生几乎句句都译得"别扭"，那未免太唐突了吧？我应当怎么说呢？

好，"别扭"的且不去管它，我又没有原文在手，只好徒呼奈何罢了。现在只就毕先生将原文注明出来了的几处加以讨论。

毕先生的译文开章第一句里有一位"塞达金氏"（Septuagint）者，"嘭的一下打着我们的眼睛"。这位塞先生毕竟是何许人，生卒于什么年代，只有毕先生知道，《新月》编辑诸公——都是博士教授诗哲文豪！——知道。浅学如我，是还待请教的。听说《旧约圣经》有一种希腊文本，大约在纪元前二七〇年译成的，相传译者有七十人。这种译本就叫作 Septuagint，译成中文，应是"《旧约》七十人译本"。假使我是一个学者、教授或博士，我还可以说，"Septuagint 是由拉丁文 Septuaginta（七十）变出来的。"不过这种话由博士教授之流说出来足以见其博学，后生小子如我者，一说就不免徒以见其可笑而已。最后我要声明，文法是不应太拘守的，虽则据我想来，"论译俄国小说"的原文里 Septuagint 之前应有 The 字，但这位"塞达金氏"焉知不是二千余年以前一个反对文法的叛徒，所以他的名字前面可以加上 The 字呢？这一点，我非声明不可，否则胡老博士又发起雷霆来，再像上一次解释 Good-bye 应译为"大家回去"一样，又给你来一套什么"人死永诀"，什么"碋石土音"之类的道理，硬说 Septuagint 应译为"塞达金氏"，叫我骂起来太晦气了！

其次打着我们的眼睛的，是一位"列而茫脱儿"先生（Lemontor）。此公也只有毕先生和《新月》编辑诸公知道，我们是不会听说过的。我知道俄国文学家中有一个莱芒脱夫（Lermontov），想来这位"列而茫脱儿"先生该是他的本家吧？我以为毕先生至少应该找出一两个"屠介涅儿"和"契诃儿"来，以免这位"列而茫脱儿"先生的名字末尾那个 r 在俄国文学史中显得怪单调的！

再往下看，"海因"先生（Heine）使我们疑心是海涅改了他的名字的声音。再往下看，"高西尔"先生（Gauthier）使我们疑心哥吉尔（Gautier）有一个未曾知名而得了毕先生的赏识的本家。还有福禄伯特，大约是弗罗贝尔的兄弟吧。

在毕先生的译文第六页上，他插上了郭歌里小说译者加奈特夫人的一段"错上加错"的话："If you won't be satisfied with what is given you, and wait quietly here in the capital for your case to be settled, I will..." 毕先生译成的中文是"假使你对于所给的还不满足，那么你就……"这样一来，就成了"错上加错又加错"了。第九页上"You must cheat if you want to sell, and then one can also declare oneself bankrupt." 毕先生译为

"……那么人家还可以宣布破产呢。"也是一样的。

第十一页上有"I wound up my wristle watch"一句，毕先生译为"我弄坏了我的手表"。这种译法是颇为新奇的，恐怕只有《新月》的编辑诸公可以同意吧。

第十四页上，毕先生将属于伦敦大学的 School of Slavonic Languages 译为"斯拉语言学校"，似乎也不足以使人看出这个 School（系或科）是伦敦大学的一部分。这，只好请教吃过洋面包，知道英国大学的组织的《新月》编辑诸公。

毕先生在他的"译后的话"里说，有很多外国字要译成中文没有适当的字，译者便"不能不瞎创造，然而这时很靠不住的，却也是一桩没法的事。"像毕先生这许许多多"瞎创造"想必也是"没法的事"吧？又毕先生的译文内说到"有时误译是由于一种坏的字典，或是译者在字典上的好几种解释当中选用了最不相宜的一种。不知毕先生自己是吃了谁的亏。我恐怕你老先生是连最坏的字典上最不适当的解释都不曾去查出来啊！"

毕先生的译文的原作者提议由专家"诚意组织的"委员会担任校订，并保证可靠的译品。我想这种办法实在是治本之道。若在中国，关于英文的翻译，这委员会就可以由胡博士、陈教授、徐诗哲、梁教授诸公"诚意组织"起来，由胡博士担任委员长。像徐译《曼殊斐尔集》和《恋爱第》之类的书，和毕先生译的"论译俄国小说"这样的文章，一加上这个委员会"审定"的字样，立刻就无人敢怀疑了。

阿弥陀佛！

——《春潮》第 1 卷第 9 期（1929 年 9 月 15 日）

答鲁迅先生（1929）

实秋（梁实秋）

　　我在本刊第六七合刊号上写了两篇文章，一篇是"文学是有阶级性的吗？"，一篇是"论鲁迅先生的硬译"。这两篇文章的本身，都是各自独立，毫无关联的。前一篇的主旨，是说明文学并无阶级的区别，既不曾诬蔑"无产阶级文学"，也不曾拥护"有产阶级文学"，因为我的结论是根本不承认文学里有阶级性。后一篇文章的大意，是指出鲁迅先生的几种翻译作品之令人难懂，并且举了几处译文难懂的实例，文章发表之后，自己预料恐怕要闯祸，第一恐怕触犯了无产阶级文学家（又称新兴文学家）的"联合战线"。鲁迅先生是否在这个"战线"里面，我不知道。第二恐怕触犯了鲁迅先生的权威，因为"硬译"云云由自己口里讲便很像是客气的话，由别人来议论便很容易觉得不舒服了。结果呢，祸是闯了，并且是两罪俱发，而首先宣布这两桩祸的人，都是鲁迅先生。《萌芽月刊》的三月纪念号里的一篇"硬译与文学的阶级性"，便是鲁迅先生表现他的权威所在。

　　凡是欢喜批评别人的人，总欢喜看别人对于他的批评，至少我个人是这样。鲁迅先生的文章，无论内容怎么样，趣味总是有的，文笔总是可取的，这是他的长处，也正是他的短处。是长处，因为有趣，好玩；是短处，因为态度不严正，内容不充实，我读了他这篇文章之后，我就不知道他的主旨所在，只觉得他是枝枝节节地咬文嚼字地说俏皮话。如其他是要为他的"硬译"辩护，就不妨把他的译文的妙处一二三四地讲出来给我们见识见识（为方便见，我举出的那几段不通的译文就很可以做个榜样，请鲁迅先生解释解释看）；如其他是要为"无产阶级文学"辩护，就不妨一二三四地讲给我们听，为什么"无产阶级文学"这个名词可以成立。但是鲁迅先生不这样做，是不能还是不愿，我们不晓得，他只是说几句嘲弄的话了事。我现在把他的大文里的"废话"一一检举几段在下面，使大家知道鲁迅先生的散文艺术之精华的部分。

（一）鲁迅先生要驳我的文章，却先表示不屑看《新月》月刊的架子，例如他开首便说：

> 听说《新月》月刊团体里的人们在说，现在销路好起来了。这大概是真的，以我似的交际极少的人，也在两个年青朋友的手里见过第三卷第六七号的合本，顺便一翻，是争言论自由的文字和小说居多。近尾巴处，则有梁实秋先生的一篇……

这一段文字初看似乎平淡，细看则鲁迅先生的文笔着实可喜。你看，"年青朋友"等等这一句话便表示鲁迅先生似乎夙来不大常看《新月》，不过偶尔在朋友"手里"碰到《新月》，并且这两个朋友还是"年青"的，年青人不知深浅，有钱乱花，于是"手里"竟有《新月》。鲁迅先生碰到《新月》之后，并不留神，不过懒洋洋地"顺手一翻"，"翻"过之后，便写了那篇反驳的文章。鲁迅先生的态度多么闲暇自在！

（二）鲁迅先生要驳我的文章，却先要坐实我的背后有一个团体。

"硬译"的名词本是鲁迅先生自己发明的，可是我一提出来说，这位
夙来写文章给人以不舒服的先生自己便觉得不舒服了。梁实秋也有翻
译的作品呀，鲁迅先生何不应用"以牙还牙"的办法也来找几段"死
译""误译""硬译"的例子来"示众"？但是鲁迅先生不这样干，他
因为我的文章里有几处用着"我们"，于是他有文章作了，他说：

> 我也就是新月社的"他们"之一……我的译作，本不在博读者的
> "爽快"，却往往给以不舒服，甚至于使人气闷、憎恶、愤恨。读了会
> "落个爽快"的东西，自由新月社的人们的译著在：徐志摩先生的诗，沈
> 从文、凌叔华先生的小说，陈西滢（即陈源）先生的闲话，梁实秋先生
> 的批评，潘光旦先生的优生学，还有白璧德先生的人文主义。……

这一来，"新月社的人们"全扯进来了，要辩白吧，人太多，一
个一个地辩白那太费事，只得不办，于是鲁迅先生大胜利！其实鲁迅
先生这篇文章虽然好像是"单独执笔"，虽然未用"我们"，而"编辑
后记"里却说：

> 梁实秋……思想虽荒谬虽奇特，在现在却有很大的社会意义。所以
> 我们由鲁迅先生的手加以详细地反驳了。

在这个地方，我可以引用鲁迅先生使人"不舒服"的一句名言
了："自然，作者虽然单独执笔，气类则决不只一人，用'我们'来
说话，是不错的，也令人看起来较有力量，又不至于一人双肩负责。"
这回，"不舒服"的该是鲁迅先生。

（三）鲁迅先生要驳我的文章，却先要指责我的文章之加圈圈。
说来可笑，文章加圈点不过是令读者注意的一种标记罢了，譬如英文
作品往往有些字是用大写字母排的，或用意大利的字母排的，无非是
惹人注意的一种方法，并没有什么犯罪的地方。而鲁迅先生一则曰：

"细心地在字旁加上圆圈"，再则曰："加上套圈"，三则曰："字旁也有圈圈"，四则曰："大可以加上夹圈"。好像我加了圆圈，便要罪加一等似的！其实鲁迅先生自己呢，他硬译的卢那卡尔斯基的《文艺与批评》第二百四十八页上"评价""规范""内容"等字旁也是加圆点的！我加的是圈，鲁迅先生加的是点，如是而已。

以上我略举几个例，证明鲁迅先生的文章里面废话甚多，然而据我看，他的文章的精华也正在那几处地方。洋洋二十五页的高文，页页是好玩的，但是鲁迅先生的真意所在，我看不出来。

谁的文章长不一定就是谁的理由充分。这一期《新月》没有二十五页的篇幅给我写使人不舒服的文章。我现在只简单地重复申明我的论旨，并且附带着提出质问鲁迅先生的几点：

（一）鲁迅先生的翻译，据他自己说是"晦涩，甚而至于难解之处也真多"，我便举出了三段实例来证明鲁迅先生自己的话，请鲁迅先生明白宣布，我举的例对不对？如其我举的不对，请他自己举出几个那"真多"的"难解之处"，也让别人瞻仰瞻仰翻译之难。我对于这个问题的意见是这样的，鲁迅先生近来的译品简直是晦涩，简直是难解之处也真多，我随时可以举出例证来。

（二）鲁迅先生的翻译之所以"晦涩，甚而至于难解之处也真多"的缘故，据我想，不外乎鲁迅先生自己的糊涂与懒惰，即他自己所谓的"能力不够"是也。而鲁迅先生只承认这是两个缘故之一，还有一个缘故是"中国文本来的缺点"。究竟什么是"中国文本来的缺点"呢？请教请教。

（三）鲁迅先生是不是以为文学是有阶级性的？如其是的，鲁迅先生自己究竟是站在哪一边，还是蝙蝠式的两边都站？鲁迅先生以为"新月社的人们"是在哪一边？理由安在？我觉得鲁迅先生向来作反面文章，东批评，西嘲笑，而他从来不明明白白地公布他自己的积极的主张和态度。人家说他是有闲阶级、小资产阶级、落伍者，于是硬译一本卢那卡尔斯基，你们看看，我在"作战"呢，我也在"联合战线"里面呢！人家说他是"转变方向"，于是立刻嘲笑"成仿吾元帅……爬出日本的温泉，住进巴黎的旅馆"，于是立刻拒绝《拓荒者》《现代小说》的"谥法"，你们看看，我才不投降呢！但是这样的左右支撑，究能延长几久呢？我的主张是干脆的，我不承认文学有阶级性，阔人穷人写的作品我都看的。这回承鲁迅先生介绍《被解放的堂吉诃德》《溃灭》《水门汀》，我立刻就去读，还许要批评。但是愿意知道鲁迅先生正面的积极的文学主张的人，大概是很多的，不知道鲁迅先生愿意做这样的事不？

——《新月》第 2 卷第 9 期（1929 年 10 月）

两种《造谣学校》的译本的比较
（1929）

浩然（夏康农）

像《造谣学校》这样一部名作，中国最近先后出现了两种译本，真是翻译界里的一件盛举。我们把两种译本比较地观看，有两个感想：（一）商务印书馆的本子附有原文，对于练习英文的人倒是很方便的，这是《新月》的本子所不及的；（二）就译文而论，伍光建先生的译本比较的可靠，文笔也比较的流利。

现在先就原作第一幕来比较两家的译文：

（一）原文 Lady Sneer: Did you circulate the report of Lady Brittle's intrigue with Capt. Boastall?

Snake: That's in as fine a train as your ladyship could wish.

苏译——司太太：你把那布里忒尔太太和波司机托尔船长私通的丑史传布了么？

司耐克：这丑史已乘着你太太顶喜欢的火车了。

伍译——施夫人：你曾遍散谣言，说毕夫人同坡大佐的密谋么？

西：我一切都布置好了，能如夫人的心愿。

这两家的译文，相差太多了。苏译里有一辆"火车"，在伍译里没有"火车"。苏先生的"火车"大概是译自原文的 train，译错了。丑史哪里会乘火车呢？伍先生译得对。

（二）原文 Jos: If my brother Charles had been of the party, madam, perhaps you would not have been so much alarmed.

苏译——约瑟：倘使我的兄弟查理士也在这里，太太，或者你不至于这样的惊骇吧。

伍译——约：设使是我的兄弟查理去见，玛丽，你当不至这样受惊了。

两家的译文又不同了。苏先生以为原文的意思是，假如查理也在司太太的梳妆室，玛丽就不至受惊；伍先生的了解是，假如是查理去访玛丽，玛丽便不至受惊而逃到司太太的家里来。按剧情论，苏先生又错了。

（三）原文 Lady Sneer: Psha! There is no possibility of being witty without a little ill nature: the malice of a good thing is the barb that makes it stick.

苏译——司太太：唉！没有不带一些恶性质便能够滑稽的：妒毒一件好事，乃是它的方针啊！

伍译——啐！——说俏皮话一定要带点伤人的意思：一句好俏皮话的恶意就是挂在他人身上的刺。

苏先生的译文简直不通了。"妒毒一件好事"，这六个字就先费解；"它的方针"，尤其译得荒谬。应照伍先生的译文改过才是。

（四）原文 Mrs. Can: ... they say her uncle stopped her last week, just as she was stepping into the York Mail with her dancing master.

苏译——……他们说当她上礼拜刚要和她的音乐教师乘那约克邮船的时候，她的叔父却拦住了她。

伍译——……他们居然说，上一星期，当培小姐正要同教跳舞的先生上车逃走的时候，她的长亲把她拦住了。

苏先生说小姐要乘约克游船，伍先生说是上车。究竟是车是船？按 mail 可以用车，也可以用船，而此地却是车，不是船。

（五）原文 Mrs. Can: Ah, no foundation, in the world, I dare swear.

苏译——唉，世界上什么都没有根据，我敢断言。

伍译——我也敢发誓说是无根的谣言。

苏先生可真是"直译"了。

其余琐碎处都不说。上面五个例都是苏先生的错误，伍先生却不错的。若就句法来讲，伍先生的文章也比苏先生的流畅得多，随便举个例——

苏译：司太太……难道一定要我承认查理士——那个浪子，那个狂徒，那个家财和名誉两俱破产者——承认我为他悬念而妒毒，我只要得着他便肯牺牲一切么？

司耐克：啊，真的，你的行为好像有一定的张本了。

伍译：施夫人……那个浮荡子，那个乱花钱的，那个破了产，声名扫地的薛查理，却是我最恋爱的，我费了许多苦心，造了许多谣言，我都是为他，我只要得着他，我什么都肯牺牲，你还不明白，一定要我承认么？

西：经你解释，我就明白你的行为了。

这样一比，两种译文的流畅与晦涩，便一目了然了。商务印书馆的译本，如其是预备作教科书用的，似乎还要负责任的人仔细地再斟酌一番才好呢！

浩然

——《新月》第 6、7 期（1929 年 9 月 10 日）

致蒋梦麟书（1929）

钱玄同、黎锦熙

用英文名称奇怪而不合理
教育部所颁北平译音更奇缪

钱玄同、黎锦熙，为北平二字译音事，特致函教育部长蒋梦麟，原函录下：

梦麟部长仁兄执事：

本年十二月二十九日，北平各报登有大部给北平大学的一个电报："北平大学览；篠电悉。北平译定为 Peiping，特复。教育部感。"这个拼法，是很错误的。查汉字用罗马字译音，以前异常分歧，这有两种原因：（一）以前因为没有固定的标准音，所以译音的人，随便照着方法去拼；（二）同译一音，彼此所用字母，也很分歧，或依英，或依法，或依德，还有不懂拼法，而任意乱拼的，非驴非马，乱七八糟，极五花八门之奇观。这种分歧的状态，是很不应该有的，必须把它统一，才是正常。民国二年，教育部读音统一会，制定注音字母以后，即审定标准国音，编为国音字典，九年又由教育部把它公布。第一种分歧解决了。十五年教育部国语统一筹备会，又制定国语罗马字拼音法式，于本年九月二十六日，由大学院公布。从此第二种分歧，也解决了。查国语罗马字拼音法式，标音的分别，既不厌精准，拼切的形式，尤务求平易，信可谓斟酌尽善，毫发无憾之法式。这种法式，既由全国最高教育机关公布，则已成固定的正式拼法。自公布以后，凡汉字音译，都应该以此为准，尤其是国家的机关，更应该遵守弗叛，以资表率。罗马字拼音的统一，本会是唯一的负指导责任的机关。从前的旧译，应该有本会为之改订，今后的新译，应该由本会为之审定。查北平一词，照国定的正式拼法，应该是"Beepyng"，今作 Peiping 则误成"胚娉"两音了，或疑大部此次所有，系用威妥玛制，这话大概是猜错了。大部是现在国府的最高教育行政机关，若说不用大学院公布的优良制，而反用外国私人所拟的粗劣制，似乎无此情理。况且即使照威妥玛制，北平还应该拼作 Peip'ing，若作 Peiping，则成为"悲兵"了。威制虽粗劣，对于"伯""魄"两音，尚有分别，今一律用 P，则粗劣更过于威制了。以堂堂国立大学之名称，而译音的字竟弄到这样的不正确，实在是很不应该的。还有一层：以前中国无公私各机关，都喜欢于中文名称之外，另译一英文名称，这是一件很奇怪、很不合理的事。咱们中国自己的机关，为什么要加上外国文字？若说为便利外国人起见，那么何以他们外国的机关，不加上中国文字？退一万步说，若一定要便利外国人，则各国文字，都应该加入，难道英美人才配便利，而其他的外国人，就不配便利吗？这种到处写英文的恶习，乃是从《南京条约》以来，屈伏于大英帝国的铁蹄之下所造成的，实在是中国民族的大耻辱！在以前媚外辱国的满清政府，和北洋军阀当国的时代，有此种现象，是不足怪的，现在大家已经站在青天白日旗帜之下，一定应该遵守中山先生遗教，求中国之自由平等。这种恶习，非把它痛加剪除不可！市侩买办，不足责，国家的机关，万不可再蹈此等恶习。至于罗马字母，在学术上、文化上，俨成为世界公用的字母，流俗称为英文字母，实在是大笑话。汉字的一个大缺点，就是有形无声（虽然大多数于古是形声字），给它加上一个音标，实为今后之要务。而用世界公用的罗马字母，制定中国国民的读法拼法，把本国的名称写成拼音字的形式，其事尤为切要。此于另译英文名称，用意全然相反，执事今掌邦教，赫赫师尹，民具习瞻，此等地方，幸留意焉！

肃此，敬颂公祺，国语统一筹备员钱玄同、黎锦熙

——《语丝》第 4 卷第 52 期（1929 年 1 月 7 日）

译几个化学名词之商榷（1929）

陆贯一

译化学名词，当以能表出结构为大前提。国内人士，对于此点，大概皆予以赞同。贯一意谓于此大前提外，当再注意两点：（一）求笔书简单，以便笔述；（二）求音韵清晰，以便口讲。如能贯彻此三点，则中国译名，且将超欧美原名而之上，盖原名于笔书音韵上，繁冗模糊处甚多也。

对于翻译化学名词，作系统工作者，不乏其人。而科学名词审查会，于前年集其大成。余阅其刊物，觉欠完美处尚多，尤其在有机化学方面。此篇所谕，即余个人之心得；再三考虑，认有尽先发表，贡之国内化学人士讨论之必要。至全部译名之审查证修改，当俟假期内为之。

（一）Toluene

Toluene 审查会译其音曰妥疏精，夫译字而直译其音，乃无可奈何之译法也，贯一之意，谓可依译 Benzene 为"困"之例，译作"古"。

Benzene 之结构为 。审查会以"口"表环形，"木"表氢原子之六出形，故译作"困"。换一方法观之，则"木"字之六尖，无异表六氢原子也。

Toluene 之结构为 H–$\overset{\text{H}}{\underset{|}{\text{C}}}$–H。今如任以"口"表环形，尖表氢原子，则 Toluene 可译作"古"字。如此则非但寓结构于字形，且简略适于用推其用，则

Toluic acid 可译作古酸 $CH_8C_6HC_4OOH$；

Toluic aldehyde 可译作古醛 $CH_8C_6H_4CHO$；

Toluene sulphonic acid 可译作古磺酸 $CH_8C_6HC_4SO_3H$。

（二）Chloro-, Bromo-, Iodo-form

此三字，审查会亦直译其音，曰哥罗仿，曰孛罗仿，曰埃朵仿。

贯一之意，谓可推译 Toluene 为"古"之例译之。

"古"字之三尖，既以表三氢原子，则其相交之点，即可视作碳原子 Chloro-、Bromo-、Iodo-form 之共同结构为 $-\overset{\text{H}}{\underset{|}{\text{O}}}-$。如取"屯"字以表此结构，则 Chloroform 可名之曰氯屯，Bromoform 可名之曰溴屯，Iodoform 可名之曰碘屯。

屯音芳，取 form 之音。字义为 $-\overset{\text{H}}{\underset{|}{\text{O}}}-$。盖取其相交点表碳原子，顶之尖表氢原子，其余三钩表与氢以外原子（或原子团）化合之价标（Bonds）。推其用，则

Triphenyl methane 可译作困屯 $\bigcirc-\overset{\text{H}}{\underset{|}{\text{C}}}-\bigcirc$。

（三）Tetrachloride

推造"屯"字之意，则可取"卍"字表 $-\overset{|}{\underset{|}{\text{C}}}-$。卍音万；其相交点

表碳原子，其四钩表碳之四价标 Bonds 已被他原子或他原子团代去。（总之，除去氢原子外，都行。）

如此，则 Tetracholride 可译作氰卍，CCl$_4$。

推其应用，则 Tetraphenyl methane 可译作困卍 ○-C-○。

再变其用，则 Asymetric carbon, 可译作杂卍。译名之义，盖谓与四种不同原子团化合之碳原子也。（在此变例中氢原子亦可为四者之一。此点并非与上条冲突，盖杂卍系术语，并非化合物也。）

（四）Methyl, Methylene

推造"屯""卍"两字之例，则可取"干"字表 H-C-H，取"巾"

字表 -C-。

"干"字之相等英字，乃 methyl。此字当如何读法，余毫无凭借，不敢擅定，将留待懂说文之人士商拟。

"巾"字之相等英字，乃 methylene。

Methyl, methyene 两字之应用甚广，则"干""巾"两字之价值可知。

（五）Ortho, -Meta, -Para, -xylene

Xylene 之译名，不见于审查会译本。论其译法如何，余意当推译 Toluone 为"古"之例译之。

Xylene 之公式为 C$_6$H$_4$（CH$_3$）$_2$。若以口表环形，上表 CH$_3$-，再排之像中国字，则 Xylene 可以"车"表之。"车"古十切。

Ortho-, Meta-, Para-, 可依其结构，译其意曰并，曰隔，曰对。并者取其并肩之意；隔者取隔一位之意；对者取两相对之意。

Ortho-, Meta-, Para-, 审查会译作邻位、间位、对位。但为应用起见，以省去位字为宜。省去位字，则邻字有主从观念，不若并字之无所轻重；间字多用于文言文中，不若隔字之通俗，耳其声即知其义，故宜取并隔两字。

综上所论，Ortho-xylene 可译作并车；Meta-xylene 译作隔车；Para-xylene 译作对车。

（六）Base 及 Hydroxide

审查会译 Base 为盐基，译 Hydroxide 为氢氧化合物。两者皆繁冗不便。至于"盐基"之名，不特不如"酸"字（acid）之简便，且其基字与 radical 之基相混，故尤形不便。

余意 Base 及 Hydroxide，可不必分译，盖其义相同也。Base 及 Hydroxide 之特点，即系有（OH）。如以口字代 O，l 字代 H，并之则成"呈"。若以"呈"字译 Base 及 Hydroxide，则其简便确切处，且过于以酸字译 acid。不特此也，—OH 还可名之曰"呈"基，不必再以命意暗昧之"沉"字名之矣。

"呈"字之读法，如干字当俟说文专家定之。

"呈"字之应用如下：

NaOH⋯⋯⋯⋯钠呈，或呈化钠；

CH₃-CH₂-CH-CH₂-CH₃ 呈巾基 3，五碳烷。
    |
   CH₂-OH

（七）Series

审查会译 Series 作"族"，如 Methane Series 作烷族，Benzene Series 作困族。

余意，Series 不若译作系之为善。族之范围较广；一族之内，可有数行平行之系。系之范围狭；一系之内，绝无平行之物，而所包括之物，皆有一定之次序先后，故 Series 以译作系为宜。

且审查会译 Aliphatic Compounds 为脂族化合物，译 Aromatic Compounds 为芳族化合物，断不应滥用此族字，以模糊其意义。关于此点，审查会诸公，以为对否？

（八）Ethylene 及 Acetylene Series

审查会译 Ethylene Series 为烯系，译 Acetylene Series 为炔系（让我胆大地换族字作系字）。盖取希央示未饱和之意也。希央足以示未饱和之意，固善；但未能示不饱和之程度，尚是美中之大不足，一大不足者两字之易混也。

余意既 methane series 译作烷系，则 Ethylene Series 较烷系少两氢原子，即可就烷字减去两笔成"烂"字以名之。简洁明了，莫过于是。"烂"当如何读法，又将问之说文家。

Acetylene Series 又较 Ethylene Series 少两氢原子。若再就烂字减去两笔，而移宀于火上，则成"灾"字。如此则 Acetylene Series 当译作灾系（灾字又可示此系化合物之易爆性）。

以"烂""灾"两字代烯炔，不特较有意识，且笔画简单，便于笔述。

如审查会用烯、炔例，烂字代表碳氢之有一个双价标者，灾字代表碳氢族之有一个参［见（九）项］价标者。

（九）Mono-, di-, tri-, tetra, ……

此类冠首字，于化学名词中，用处极广。其功用即在有 one、two、three、four、……等字之意，而共其音。若译作一个、二个、三个……，以别于一、二、三、四，……，于义固当然繁而音别不顾余意谓应另译，谨拟如下。

Mono ……单〔现成字〕

Di ………双〔现成字〕

Tri ………参〔音笙，系参字之下部，取三撇作三个之义。〕

Tetra ……口〔旧字，取四边作四个之义。〕

Penta……大〔旧字，取五出之意，与审查会取因字表▢之义合。〕

Hexa ……木〔旧字，取六出之意，与审查会译 Benzene 为困之义合。〕

Hexa 以下之冠首字，不常用；用之则系长系之烷系、烂系、灾系等。此类字不胜造，且其用甚罕，不若阙之为得计。如烷系、烂系等，尽可依审查会例，以一碳烷（烂）、二碳烷（烂）、三碳烷（烂）……十六碳烷（烂）等名译之。

除长系用数目字之外，单、双、参、口、大、木六字，已尽够应用，如有特别需要，则可以塔字表 Hepta，取浮屠七级之义，以仙字表 Octa，取八仙之义。

应用例：

$C_6H_3Br_3$	参溴代困，
$C_6H_6Br_3$	参溴化困，
$C_6H_3Br_6$	木溴化困，
T.N.T.	参硝基古，

CH₂-CH₂
|　　|　　　　　　　　环口巾。
CH₂-CH₂

（十）Iso-

审查会译 Iso- 冠首字为共性，余谓有模糊不清澈之嫌，如四烷醇 C_4H_6O 有 isomers 四种：

1. $CH_2CH_2CH_2CH_2OH$　　n-butyl alcohol,

2. $\begin{matrix} CH_3 \\ CH_3 \end{matrix}$ >CH.CH₂OH　　lao-butyl alcohol,

3. $\begin{matrix} CH_3CH_2 \\ CH_3 \end{matrix}$ >CHOH　　sec-butyl alcohol,

4. $\begin{matrix} CH_3 \\ CH_3 \\ CH_3 \end{matrix}$ >COH　　tert-butyl alcohol。

四种皆可名之曰共性，四烷醇，故若只名第二种为异性，则未免欠充分理由。且在英名中，Iso- 之字；已失其原来字义，而用作支链（branched chian）之义。为清晰起见，余拟译之曰"叉"，试举其应用于下。

Iso-butyl alcohol　　　　　叉四烷醇，

Iso-amyl alcohol　　　　　叉五烷醇，

> CHOH　　　　　　　　叉醇根，

> COH　　　　　　　　　三叉醇根，

Sec- butyl alcohol　　　　四烷叉醇，

Tert- butyl alcohol　　　　四烷三叉醇。

以上十项，大概可以示余译名之方法，其美恶诸点，自有国内化学人士公谕，贯决不作自鸣之夸张；不过极愿异我者予以批评纠正，同我者作系统翻译工作，与我切磋之益。

十项之中，以第九项最为重要，当加以双倍考虑，盖其余所述诸名，皆只限于化学方面，且系局部问题，不若单、双、参、口、大、木六字，可应用于其他科学，有普遍性质，有俗化（popularize）必要。

民国十七年十二月十二号，属稿于美国麻工大学

——《科学》第 14 卷第 4 期（1929 年）

中国传统译论文献汇编（六卷本）

卷四（1930—1934）

朱志瑜 张旭 黄立波 编

商务印书馆
The Commercial Press

2020年·北京

中国传统译论文献汇编
（六卷本）
卷四
（1930—1934）

目　　录

翻译之情形（1930 年代初）

汤用彤

佛书翻译首称唐代，其翻译之所以佳胜，约有四因：一人才之优美；二原本之完备；三译场组织之精密；四翻译律例之进步。今略分述如下。

（一）所谓人才优于前代者，东晋道安，擅文辞，长理论，而译梵则须假手胡人；姚秦罗什，通胡梵，善教理，而译华则必取助钦、肇。隋朝以后，凡译经大师，类华梵俱精，义学佳妙，若彦琮，若玄奘，若义净，若不空，非听言揣义，故著笔时无牵就，不模糊，名词确立，遵为永式，文言晓畅，较可研读。夫隋唐译事，彦琮之开其先导，玄奘之广弘大乘，义净之专重律藏，不空之盛传密典，此四人者三为华人，一属外族，其文字教理之预备，均非前人所可企及也。

（二）所谓原本完备于前代者，如初二期翻译，每多口授，传者意有出入，所译自不精当。稍后有本，且出梵本，则多取自西域。隋阇那崛多谓于阗东南有遮拘迦国，王宫藏《大般若》《大集》《华严》三部大经。其东南山中，复藏《大集》《宝积》《楞伽》《华严》等十二部大经，各十万颂。国法防护甚严，唯许大乘学僧入境传习。即此可知西域传大乘经本，偏于保守，历久相承，于经文鲜损益也。而在印度本土则不然，各家造论释经，各有相承之本。如龙树释《十地经》与世亲所释多不相同；又其释《大品经》（即《智度论》）亦与西域所传有异。罗什翻之，尝依论本加以改订，可知此中之消息矣。经文既因传承派别有异，故前后学说改易，所传又有歧本，经本如此，论更可知。以是西域传本与梵本常不同，而印土传本前后又常互异也。隋唐中所译原本，多系华人自西方携来，既合印土之需要，又直接原本，如玄奘所出不仅丰备，而又不经西域之媒介致有失真，此唐译之所以可贵也。

（三）南北朝以来，翻译渐成国家大事，依敕举行。至隋专设经院，译场组织渐备。及至唐代，制度益臻完密，参与人数虽多，然因言意已融，主译者能统摄始终，无虞歧异。而又人各专司，不嫌混杂，其职司有九：（1）译主，即掌握译事，译本题其名氏；（2）笔受，受所宣译之义而著于文，亦曰"缀文""缀辑"；（3）度语，传所宣义，凡译主为外人时则需之；（4）证梵本，校所宣出，反证梵本；（5）润文，依所笔受，刊定文字；（6）证义，证已译之文所诠之义；（7）梵呗，开译时宣梵呗，以为庄严；（8）校勘；（9）监护大使，监阅总校，乃钦命大臣，译本由之进上。此外又有正字一员则不常设，玄奘译场有之。隋唐盛时，中国统一，帝王敕集全土之英彦以入译场，故所出精审；而场中员次序，说者谓亦与译经之完善有关，故译事极盛也。

（四）翻译律例之讨论，莫详于隋代之彦琮，曾著《辨正论》以垂翻译之式。其论中建八备之说，盖谓译才须有八备：（1）诚心爱法，志愿益人，不惮久时；（2）将践觉场，先牢戒足，不染讥恶；（3）筌晓三藏，义贯两乘，不苦暗滞；（4）旁涉文史，工缀典词，不过鲁拙；（5）襟抱平恕，器量虚融，不好专执；（6）耽于道术，淡于名利，不欲高炫；（7）要识梵言，乃闲正译，不坠彼学；（8）薄阅苍《雅》，粗谙篆隶，不昧此文。凡此诸项，即执以绳现代之翻译，亦为不刊之言。而世间译本之草率，则或因用功不勤，经时非久；或因本为下材，冒欲高炫，此则应为彦琮所痛恨也。

翻译之事，定名甚难。据隋沙门灌顶《大般涅槃经玄义》载有广州大亮法师者立五不翻之说，其文略曰：

> 广州大亮云：一名含众名，译家所以不翻。……二云名字是色声之法，不可一名累书众名，一义叠说众义，所以不可翻也。三云名是义上之名，义是名下之义，名即是一，义岂可多，……若据一失诸，故不可翻。四云一名多义……关涉处多，不可翻也。五云……此无密语翻彼密语，故言无翻也。

玄奘法师更依其多年翻译之经验亦立五不翻之说，较之大亮更为完备。其五不翻之说为：（1）秘密故，如陀罗尼；（2）含多义故，如薄伽梵；（3）此无故，如阎浮树；（4）顺古故，如阿耨菩提；（5）生善故，如般若（参见周敦义《论翻译名义序》）。细味诸律，则知译露西亚不如用俄罗斯，而论理学实不如逻辑，此均足见译事之进步也。

彦琮对于翻译之主张，趋重直译，其《辨正论》有曰：

> 若令梵师独断，则微言罕革；笔人参制，则余辞必混。意者宁贵朴而近理，不再巧而背源。

彦琮所言，以梵师笔人相对，因梵华所分，致形扞格，然其后译主如玄奘、义净，则中外并通，全无此弊，故于玄奘，道宣赞曰：

> 自前代以来，所译经教，初从梵语，倒写本文，次乃回之，顺同此俗，然后笔人观理文句，中间增损，多坠全言。今所翻传，都由奘旨，意思独断，出语成章，词人随写，即可披玩。（《续高僧传》卷五）

以是玄奘所译，实方便善巧之至极也。

彦琮之《辨正论》且言及译事既甚困难，不如令人学梵语，故云："直餐梵响，何待译言；本尚亏圆，译岂纯实。"更极言学梵文之必要，云："研若有功，解便无滞，匹于此域，固不为难。……向使……才去俗衣，寻教梵字，……则人人共解，省翻译之劳。"如斯所言，实为探本之论。然彦琮以后，则似无有注意及此者。即如奘师，亦仅勤译，尽日穷年，于后进学梵文，少所致力。依今日中外通译经验言之，诚当时之失算也。彦琮《辨正论》之外，尚有明则之《翻经法式论》、灵裕之《译经体式》、刘凭之《内外旁通比较数法》等，亦与译事有关，于此从略。

——《隋唐佛教史稿——汤用彤全集（二）》
（台北：佛光文化事业有限公司，2001 年 4 月）

伏尔加船夫曲新译（1930）

The song of the Volga Boatman

南宫

这曲是乌克兰地方的民歌。诚然如张若谷先生所说"旋律非常幽丽延长，曲趣很倦乏恍惚，一种凄凉悲伤的音调，非常使人感动，以至于流出眼泪"。原曲极重沓浑朴，和中国的民歌，大体是很相像的。英译添了许多动人的形容词的词句，看来是书刻画的能事，实则将原曲"浑朴"的神韵给毁坏了。上海"新声音乐园"请包天笑先生依英译代为译成中文，并将原谱——附简谱——和俄英中三国歌词印刷片当"人魂"（The Volga Boatman），流传到京沪平津间了。

英译既多浮饰之处，包译中文，更有失去英译"幽丽""凄凉"的地方。即如英译：

"Volga mother, hear our song,

Mighty, Volga mother of us all,

Mighty Volga, we your songs now call. "

包译为：

"世界谁听吾歌声？

祈祷上苍，谁能救我们？

我在呼唤自由与平等。"

虽说"意译"，竟是太"以意为之"的"恶扎"了。现在依俄英两种文字，各"意译"一过，"恶扎"之处，自然难免，如果包先生及旁位能予商量，幸甚！这里并附列简谱，使它仍为可唱的歌。希望伏尔加远岸的歌声，能从中国的蓬户瓮牖或碧户朱窗迸裂出来；正如"新声音乐团"所说，我们也得普遍地分享这一点不抽遗产税的世界文化产业。

依俄文译：

悠海吼！悠海吼！

来呀，来呀，（注）

悠海吼！

悠海吼！悠海吼！

来呀，来呀，

悠海吼！

我们拉起牵来呀，

我们整起队来呀。

哎达达哎达！哎达达哎达！

我们整起队来呀。

悠海吼！悠海吼！

我们整起队来呀。

悠海吼！悠海吼！

来呀，来呀，

悠海吼！

我们实在是弟兄，

我们唱给世人听。

哎达达哎达！哎达达哎达！

我们唱给世人听。

悠海吼！悠海吼！

（注）这"来呀"的"来"，含有"再干"的意思，这是在中国北方工人服苦役时的讴歌中很常听到的。

依英文译：

悠海吼！悠海吼！

大家拉起向前走！

悠海吼！悠海吼！

强臂忍得粗绳头，

待到成功方歇手。

皮肉晒在烈日里，

哎达达哎达！哎达达哎达！

个个都是好汉子。

悠海吼！悠海吼！

劳苦劳苦没间过，

悠海吼！悠海吼！

伏（尔）加母亲闻我歌 。

我们的母亲是全能，

请听你儿子的呼声！

哎达达哎达！哎达达哎达！

伏（尔）加母亲救我们吧！

悠海吼！

简谱附歌词：（关于正谱和三种文的歌词，请看伏尔加船夫曲——上海七浦路一四〇号"新声音乐团"出版，上海南京路文明书局及各地大书局代售。）

（附简谱歌词略）

由这两"填词"里，已经很可以看出其间神气之不同了。所以愚以为国人倘要用这个调子填词，希望：第一不可运用太多的词藻；第二不可用以表现欢愉的情绪和紧促的动作，因为船夫绝不欢愉，而他们拉起纤来走路，又似按着四分之四的拍子的。总之，应用于表现"幽丽延长""倦乏恍惚""凄凉悲伤"，庶乎得之。

伏尔加船夫曲歌本的谱和俄文词疑有错误之处。在简谱里显然的错误，这里是改过了；俄文的怀疑处，因手下无他本，只好以意译之了。——这是一位朋友帮忙弄的。

此外，想起南京晓壮学校的锄头歌颇有和这个曲子并论的工趣，那也是民歌，原词很多，有的讲"黄鼠狼拖鸡满山跑，姐拖郎儿上牙床"；有的讲"燕子矶头挑担水，紫金山上打柴烧"。晓壮改讲"革命成功靠锄头"等，名之曰锄头歌。调子为较简洁轻逸，是不同处。

——《新东方》第 1 卷第 3 期（1930 年）

论戴望舒批评徐译《女优泰倚思》
（1930）

王声、虚白（曾虚白）

虚白先生：

　　我是一个爱好文艺的读者，近来因为失望了中国人自己的创作，所以热烈地想在译本里追寻可以启发我文艺知识的东西（可怜我是个不懂外国文字的青年），凡有译本发行，我总是最先购买者的一个。然而，买来之后，饥饿地翻卷想狼吞虎咽一饱我文艺的贪欲，而结果总是弄得格格不能下咽，只能掩书长叹，不知道应该恨译者的故意弄人呢，还是应该恨自己的才力薄弱才好。这译本的阅读也快要叫我失望了呢！

　　杜衡译的《黛丝》也是我"格格不能下咽，掩卷长叹"的一本。后来看见世界书局徐蔚南也有一本同样的译本发行，就赶紧花了二元的代价买来再看。这一次好了，虽像走路般，脚底下难免没有跌跌冲冲的地方，可是我的兴味越读越浓，到底把它看完了。我以为这里明达晓畅的译笔，才真正是介绍外国作品的工具，所以我对徐译的那本是十分满意的。

　　不料近来看到第三期《新文艺》上，有位戴望舒先生对徐译的这本《女优泰倚思》大加攻击。罗列了若干条的错误，说他简直不懂法文，不配译书。我真是彷徨起来了。戴望舒那批评态度的不正当，有无他种用意，我们不必说，而徐蔚南的译本中竟有这许多错误，也是出于我意料之外。据徐序上说，你们几位也给过相当的协助，那么这种错误，你们也不能辞其咎了。

我写这封信的动机，请你千万不要误会，决没有责难的意思，实在因为自己不懂洋文，究竟徐译是否真错误，戴评是否真确当，不明真相，总觉得不舒服。素来知道你先生是热心翻译的，希望你能明白相告，以释狐疑为盼。愿你

健康！

王声敬上
一月二日

王声先生：

翻译界得你这样的读者，真使我们冷了半截的心顿时感到了热意，你来函中诚挚的态度，我是十分的感谢。

承询戴望舒批评徐译《泰倚思》各节，我当然要尽我所知道的这一点儿贡献给你。徐译《泰倚思》在出版之前我没有瞩目过，及出版之后我却是最先购读的一个。我读后的印象，觉得它的确把作者的风度、笔意——思想、事实不必说了——传达出来，当然比杜译的高明得多，然而，我始终没有把它同原文仔细校读过——因为这种工作是我生平最怕的。

后来接到《新文艺》第三期，看到了戴望舒的批评，我才仔细把他所列举的几条校读了一遍。这里面，我们公正地说，徐译的确不无

疵累，而戴评所谓重大的错误，根本上实在是翻译标准不同的一种争执而已。因为，徐译有意译的趋势——只能说趋势，他还不敢大胆地冲出去哩——而戴评却是以一字一字直译作根据的。现在我们且讨论一下何如？

（一）徐译：……恐怕地瞧见种种淫逸的幻影，并且这种幻影就是在世俗的逸乐里也没有那样荒唐。

戴校：……恐怖地看见那就是世俗的纵乐者也不曾见过的逸乐的幻象。

两句对照，意义完全一样。徐译是按着原意把句法略加改动做成的；戴校是照原文没有动的。然而两句比较，戴译累赘极了；徐译虽还有些不顺口，可是已经能达意的了。因为要达意，他竟自作主张加了一个"因为"，一个"荒唐"。

（二）徐译确是错了。

（三）徐译与戴校都是 tel…que 一字的争执。戴校把徐译的"因此"改成了"一至于此"，说徐译是"不知所云"，我说这"一至于此"也未尝能"知所云"吧。照我的意思这句话应该这样译的：

> ……在他少年时，心灵谬误，思想混乱，竟至相信人类曾给段家里翁的洪水淹没过，竟至和他同学争持着天主的本质、特性，甚至他的是否存在。

在这里面，我可以指出中西文字繁简不同的地方。第一点：中文中有许多字应该简去的，所以，徐译的"他的灵魂是昏迷的，他的思想是混杂的"虽比戴校的"他的心灵的谬误和他的思想的荒唐"比较

少累赘些，然而，他还没有敢大胆地简去许多字。其实真正中文只要
"心灵谬误，思想混乱"就够了，因为中国人仿佛比较外国人聪明些，
用不着每一个名词上一定要加上一个"属有代名词"来指明谁的，看
了上句"在他少年时"，我们就知道"心灵"和"思想"是谁的了，
再要"他的"徒觉其赘而已。再说 tel...que，戴译的"一至于此"仍
旧读不下去。若要直译，我们该认明这 Tel 是形容什么的。它是形容
erreur 和 dérèglement 的，那么我们就应该说："他的心灵是这样的谬
误，他的思想是这样的混乱，竟至……"这才是真正的直译。我不知
戴先生的"一至于此"究竟是哪里飞来的？然而，"这样"的说话决
不是中国话，所以我直截了当地割去了这些外国语气，你看不是顺得
多了吗？至于句末那一节，戴校竟把徐译好好的句子反而改错了，他
竟把 la nature 和 les attributs 硬生生地从上帝身上拉下来，叫它们独立
反抗起来了！

（四）徐译：他拥抱了……垂训……

戴校：他接受了……信仰……

这 embrasse 一个字的确不好翻。徐译的"拥抱垂训"的确在中文
中觉得生硬，而戴校的"接受"却是 accepter，决不是 embrasser。这
embrasser 是有一些"怀抱珍宝"的意思。于其"接受"，还不如生硬
的"拥抱"好。

（五）徐译把 En Sorte que 译成"如此这般地"，戴校改成"这
样"，我不懂有什么分别。

（六）徐译的"救起了他的大罪"与戴校的"把他从一种大罪孽
中救拔出来"，你看有多大分别？

（七）这一句我觉得徐译比戴校好得多了。戴说徐不懂 dont 的

解释，我说他在这里刚好显示出我向来主张的翻译的诀窍。请问这个 dont 是不是代表"肉的快乐"的？当然，所以戴要横一个"肉的欢乐"，只一个"肉的欢乐"呀！不错，可是这是中国人说话吗？不是。是外国人说话吗？不，英国人有 which，法国人有 dont，决不肯把同一名词一用再用的。那么这是什么话呢？这是无法可思的笨话。其实，法是有了，徐的译法确可以算一种法。他把 dont 所代表的"肉的快乐"，简直就搬在它的动词 arait inspiré 的底下。唯把 laideux epou Nantable 变成"如何的可怖，如何的丑恶"双排的形容词，未免太不顾原文了。用"如何"是好的，不过该改成"如何骇人地丑恶"才对。

王声先生，请你原谅我，我实在没有这孳孳兀兀校书的耐性，校了这几条，已忍不住地要烦躁起来了。你肯让我说一句笼统些的总案语吗？若然可以的，我就要说：翻译的错误本来是难免的——你瞧，戴先生给人家校误也自己会弄出笑话来的——徐译本中的确有译错的地方，然而决不像戴校的那样多，因为戴校是徐误、戴误、戴之僻见的一个总和。

然而，一本译本的好坏决不该在字眼上用功夫去推求，应该在它译笔中所传出来的风度和笔法上去摄取一个总和的映象，看它和原文所表达的风度和笔法能否吻合无间。若在这一点上着眼，我觉得徐译的《泰倚思》不独超出于杜译之上，并且在翻译界是一种相当的进步。这进步何在呢？就在它的脱去了一半外国文的语气。咳，可惜还只有一半，他只敢稍稍移动一下，不敢飞到空中，鸟瞰着摄取原作者灵魂的真相。这是他的失败处。

王声先生，不是你的来函，我实在还不愿对于这个问题多说话，

因为戴先生为了徐译的这本译本，连我们一大伙朋友都定下了罪案了
呢？然而，我们希望戴先生"法重如山"的公案前还对许这一群嫌疑
犯喊一声冤？我们情愿"明正典刑"，我们可受不住这"莫须有"的
三字狱！王先生，你说对吗？专此逢复，即颂

　　笔健

虚白

一月九日

——《真美善》第 5 卷第 4 期（1930 年 2 月 16 日）

"硬译"与"文学的阶级性"（1930）

鲁迅

一

听说《新月》月刊团体里的人们在说，现在销路好起来了。这大概是真的，以我似的交际极少的人，也在两个年轻朋友的手里见过第二卷第六七号的合本。顺便一翻，是争"言论自由"的文字和小说居多。近尾巴处，则有梁实秋先生的一篇《论鲁迅先生的"硬译"》，以为"近于死译"。而"死译之风也断不可长"，就引了我的三段译文，以及在《文艺与批评》的后记里所说："但因为译者的能力不够，和中国文本来的缺点，译完一看，晦涩，甚而至于难解之处也真多；倘将劣句拆下来呢，又失了原来的语气。在我，是除了还是这样的硬译之外，只有束手这一条路了，所余的唯一的希望，只在读者还肯硬着头皮看下去而已"这些话，细心地在字旁加上圆圈，还在"硬译"两字旁边加上套圈，于是"严正"地下了"批评"道："我们'硬着头皮看下去'了，但是无所得。'硬译'和'死译'有什么分别呢？"

《新月》社的声明中，虽说并无什么组织，在论文里，也似乎痛恶无产阶级式的"组织","集团"这些话，但其实是有组织的，至少，关于政治的论文，这一本里都互相"照应"；关于文艺，则这一篇是登在上面的同一批评家所作的《文学是有阶级性的吗？》的余波。在那一篇里有一段说："……但是不幸得很，没有一本这类的书能被我看懂。……最使我感得困难的是文字，……简直读起来比天书还难。……现在还没有一个中国人，用中国人所能看得懂的文字，写一篇文章告诉我们无产文学的理论究竟是怎么一回事。"字旁也有圆圈，怕排印麻烦，恕不照画了。总之，梁先生自认是一切中国人的代表，这些书既为自己所不懂，也就是为一切中国人所不懂，应该在中国断绝其生命，于是出示曰"此风断不可长"云。

别的"天书"译著者的意见我不能代表，从我个人来看，则事情是不会这样简单的。第一，梁先生自以为"硬着头皮看下去"了，但究竟硬了没有，是否能够，还是一个问题。以硬自居了，而实则其软如棉，正是新月社的一种特色。第二，梁先生虽自来代表一切中国人了，但究竟是否全国中的最优秀者，也是一个问题。这问题从《文学是有阶级性的吗？》这篇文章里，便可以解释。Proletary 这字不必译音，大可译义，是有理可说的。但这位批评家却道："其实翻翻字典，这个字的涵义并不见得体面，据《韦白斯特大字典》，Proletary 的意思就是：A citizen of the lowest class who served the state not with property, but only by having children……普罗列塔利亚是国家里只会生孩子的阶级（至少在罗马时代是如此）！"其实正无须来争这"体面"，大约略有常识者，总不至于以现在为罗马时代，将现在的无产者都看作罗马人的。这正如将 Chemie 译作"舍密学"，读者必不和埃及的"炼金术"混同，对于"梁"先生所作的文章，也决不会去考查语源，误解为"独木小桥"竟会动笔一样。连"翻翻字典"（《韦白斯特大字典》）也还是"无所得"，一切中国人未必全是如此的吧。

<h1 style="text-align:center">二</h1>

但于我最觉得有兴味的，是上节所引的梁先生的文字里，有两处都用着一个"我们"，颇有些"多数"和"集团"气味了。自然，作者虽然单独执笔，气类则决不只一人，用"我们"来说话，是不错的，也令人看起来较有力量，又不至于一人双肩负责。然而，当"思想不能统一"时，"言论应该自由"时，正如梁先生的批评资本制度一般，也有一种"弊病"。就是，既有"我们"便有我们以外的"他们"，于是新月社的"我们"虽以为我的"死译之风断不可长"了，却另有读了并不"无所得"的读者存在，而我的"硬译"，就还在"他们"之间生存，和"死译"还有一些区别。我也就是新月社的"他们"之一，因为我的译作和梁先生所需的条件，是全都不一样的。

那一篇《论硬译》的开头论误译胜于死译说："一部书断断不会完全曲译……部分的曲译即使是错误，究竟也还给你一个错误，这个错误也许真是害人无穷的，而你读的时候究竟还落个爽快。"末两句大可以加上夹圈，但我却从来不干这样的勾当。我的译作，本不在博读者的"爽快"，却往往给以不舒服，甚而至于使人气闷、憎恶、愤恨。读了会"落个爽快"的东西，自有新月社的人们的译著在：徐志摩先生的诗，沈从文、凌叔华先生的小说，陈西滢（即陈源）先生的闲话，梁实秋先生的批评，潘光旦先生的优生学，还有白璧德先生的人文主义。

所以，梁先生后文说："这样的书，就如同看地图一般，要伸着手指来寻找句法的线索位置"这些话，在我也就觉得是废话，虽说犹如不说了。是的，由我说来，要看"这样的书"就如同看地图一样，要伸着手指来找寻"句法的线索位置"的。看地图虽然没有看《杨妃出浴图》或《岁寒三友图》那么"爽快"，甚而至于还须伸着手指（其实这恐怕梁先生自己如此罢了，看惯地图的人，是只用眼睛就可以的），但地图并不是死图；所以"硬译"即使有同一之劳，照例子也就和"死译"有了些"什么区别"。识得 ABCD 者自以为新学家，仍旧和化学方程式无关，会打算盘的自以为数学家，看起笔算的演草来还是无所得。现在的世间，原不是一为学者，便与一切事都会有缘的。

然而梁先生有实例在，举了我三段的译文，虽然明知道"也许因为没有上下文的缘故，意思不能十分明了"。在《文学是有阶级性的吗？》这篇文章中，也用了类似手段，举出两首译诗来，总评道："也许伟大的无产文学还没有出现，那么我愿意等着，等着，等着。"这些方法，诚然是很"爽快"的，但我可以就在这一本《新月》月刊里的创作——是创作呀！——《搬家》第八页上，举出一段文字来——

"小鸡有耳朵没有？"

"我没看见过小鸡长耳朵的。"

"它怎样听见我叫它呢？"她想到前天四婆告诉她的耳朵是管听东西，眼是管看东西的。

"这个蛋是白鸡黑鸡？"枝儿见四婆没答她，站起来摸着蛋子又问。

"现在看不出来，等孵出小鸡才知道。"

"婉儿姊说小鸡会变大鸡，这些小鸡也会变大鸡么？"

"好好的喂它就会长大了，像这个鸡买来时还没有这样大吧？"

也够了，"文字"是懂得的，也无须伸出手指来寻线索，但我不"等着"了，以为就这一段看，是既不"爽快"，而且和不创作是很少区别的。

临末，梁先生还有一个诘问："中国文和外国文是不同的，……翻译之难即在这个地方。假如两种文中的文法句法词法完全一样，那么翻译还成为一件工作吗？……我们不妨把句法变换一下，以使读者能懂为第一要义，因为'硬着头皮'不是一件愉快的事，并且'硬译'也不见得能保存'原来的精悍的语气'。假如'硬译'而还能保存'原来的精悍的语气'，那真是一件奇迹，还能说中国文是有'缺点'吗？"我倒不见得如此之愚，要寻求和中国文相同的外国文，或者希望"两种文中的文法句法词法完全一样"。我但以为文法繁复的国语，较易于翻译外国文，语系相近的，也较易于翻译，而且也是一种工作。荷兰翻德国，俄国翻波兰，能说这和并不工作没有什么区别么？日本语和欧美很"不同"，但他们逐渐添加了新句法，比起古文来，更宜于翻译而不失原来的精悍的语气，开初自然是须"找寻句法的线索位置"，很给了一些人不"愉快"的，但经找寻和习惯，现在已经同化，成为己有了。中国的文法，比日本的古文还要不完备，然而也曾有些变迁，例如《史》《汉》不同于《书经》，现在的白话文又不同于《史》《汉》；有添造，例如唐译佛经，元译上谕，当时很有些"文法句法词法"是生造的，一经习用，便不必伸出手指，就懂得了。

现在又来了"外国文"，许多句子，即也须新造，——说得坏点，就是硬造。据我的经验，这样译来，较之化为几句，更能保存原来的精悍的语气，但因为有待于新造，所以原先的中国文是有缺点的。有什么"奇迹"，干什么"吗"呢？但有待于"伸出手指"，"硬着头皮"，于有些人自然"不是一件愉快的事"。不过我是本不想将"爽快"或"愉快"来献给那些诸公的，只要还有若干的读者能够有所得，梁实秋先生"们"的苦乐以及无所得，实在"于我如浮云"。

但梁先生又有本不必求助于无产文学理论，而仍然很不了了的地方，例如他说，"鲁迅先生前些年翻译的文学，例如厨川白村的《苦闷的象征》，还不是令人看不懂的东西，但是最近翻译的书似乎改变风格了。"只要有些常识的人就知道："中国文和外国文是不同的"，但同是一种外国文，因为作者各人的做法，而"风格"和"句法的线索位置"也可以很不同。句子可繁可简，名词可常可专，决不会一种外国文，易解的程度就都一式。我的译《苦闷的象征》，也和现在一样，是按板规逐句，甚而至于逐字译的，然而梁实秋先生居然以为不能看懂者，乃是原文原是易解的缘故，也因为梁实秋先生是中国新的批评家了的缘故，也因为其中硬造的句法，是比较地看惯了的缘故。若在三家村里，专读《古文观止》的学者们，看起来又何尝不比"天书"还难呢。

三

但是，这回的"比天书还难"的无产文学理论的译本们，却给了梁先生不小的影响。看不懂了，会有影响，虽然好像滑稽，然而是真的，这位批评家在《文学是有阶级性的吗？》里说："我现在批评所谓无产文学理论，也只能根据我所能了解的一点材料而已。"这就是说：因此而对于这理论的知识，极不完全了。

但对于这罪过，我们（包含一切"天书"译者在内，故曰"们"）也只能负一部分的责任，一部分是要作者自己的胡涂或懒惰来负的。"什么卢那卡尔斯基，蒲力汗诺夫"的书我不知道，若夫"婆格达诺夫之类"的三篇论文和托罗兹基的半部《文学与革命》，则确有英文译本的了。英国没有"鲁迅先生"，译文定该非常易解。梁先生对于伟大的无产文学的产生，曾经显示其"等着，等着，等着"的耐心和勇气，这回对于理论，何不也等一下子，寻来看了再说呢。不知其有而不求曰胡涂，知其有而不求曰懒惰，如果单是默坐，这样也许是"爽快"的，然而开起口来，却很容易咽进冷气去了。

例如就是那篇《文学是有阶级性的吗？》的高文，结论是并无阶级性。要抹杀阶级性，我以为最干净的是吴稚晖先生的"什么马克斯牛克斯"以及什么先生的"世界上并没有阶级这东西"的学说。那么，就万喙息响，天下太平。但梁先生却中了一些"什么马克斯"毒了，先承认了现在许多地方是资产制度，在这制度之下则有无产者。不过这"无产者本来并没有阶级的自觉。是几个过于富同情心而又态度偏激的领袖把这个阶级观念传授了给他们"，要促起他们的联合，激发他们争斗的欲念。不错，但我以为传授者应该并非由于同情，却因了改造世界的思想。况且"本无其物"的东西，是无从自觉，无从激发的，会自觉，能激发，足见那是原有的东西。原有的东西，就遮掩不久，即如格里莱阿说地体运动，达尔文说生物进化，当初何尝不或者几被宗教家烧死，或者大受保守者攻击呢，然而现在人们对于两说，并不为奇者，就因为地体终于在运动，生物确也在进化的缘故。承认其有而要掩饰为无，非有绝技是不行的。

但梁先生自有消除斗争的办法，以为如卢梭所说："资产是文明的基础"，"所以攻击资产制度，即是反抗文明"，"一个无产者假如他是有出息的，只消辛辛苦苦诚诚实实的工作一生，多少必定可以得到相当的资产。这才是正当的生活斗争的手段。"我想，卢梭去今虽已百五十年，但当不至于以为过去未来的文明，都以资产为基础。（但倘说以经济关系为基础，那自然是对的。）希腊印度，都有文明，而繁盛时俱非在资产社会，他大概是知道的；倘不知道，那也是他的错误。至于无产者应该"辛辛苦苦"爬上有产阶级去的"正当"的方法，则是中国有钱的老太爷高兴时候，教导穷工人的古训，在实际上，现今正在"辛辛苦苦诚诚实实"想爬上一级去的"无产者"也还多。然而这是还没有人"把这个阶级观念传授了给他们"的时候。一经传授，他们可就不肯一个一个的来爬了，诚如梁先生所说，"他们是一个阶级了，他们要有组织了，他们是一个集团了，于是他们便不循常轨的一跃而夺取政权财权，一跃而为统治阶级。"但可还有想"辛辛苦苦诚诚实实工作一生，多少必定可以得到相当的资产"的"无产者"呢？自然还有的。然而他要算是"尚未发财的有产者"了。梁先生的忠告，将为无产者所呕吐了，将只好和老太爷去互相赞赏而已了。

那么，此后如何呢？梁先生以为是不足虑的。因为"这种革命的现象不能是永久的，经过自然进化之后，优胜劣败的定律又要证明了，还是聪明才力过人的人占优越的地位，无产者仍是无产者"。但无产阶级大概也知道"反文明的势力早晚要被文明的势力所征服"，所以"要建立所谓'无产阶级文化'，……这里面包括文艺学术"。

自此以后，这才入了文艺批评的本题。

四

梁先生首先以为无产者文学理论的错误，是"在把阶级的束缚加在文学上面"，因为一个资本家和一个劳动者，有不同的地方，但还有相同的地方，"他们的人性（这两字原本有套圈）并没有两样"，例如都有喜怒哀乐，都有恋爱（但所"说的是恋爱的本身，不是恋爱的方式"），"文学就是表现这最基本的人性的艺术"。这些话是矛盾而空虚的。既然文明以资产为基础，穷人以竭力爬上去为"有出息"，那么，爬上是人生的要谛，富翁乃人类的至尊，文学也只要表现资产阶级就够了，又何必如此"过于富同情心"，一并包括"劣败"的无产者？况且"人性"的"本身"，又怎样表现的呢？譬如原质或杂质的化学底性质，有化合力，物理学的性质有硬度，要显示这力和度数，是须用两种物质来表现的，倘说要不用物质而显示化合力和硬度的单单"本身"，无此妙法；但一用物质，这现象即又因物质而不同。文学不借人，也无以表示"性"，一用人，而且还在阶级社会里，即断不能免掉所属的阶级性，无需加以"束缚"，实乃出于必然。自然，"喜怒哀乐，人之情也"，然而穷人决无开交易所折本的懊恼，煤油大王哪会知道北京捡煤渣老婆子身受的酸辛，饥区的灾民，大约总不去种兰花，像阔人的老太爷一样，贾府上的焦大，也不爱林妹妹的。"汽笛呀！""列宁呀！"固然并不就是无产文学，然而"一切东西呀！""一切人呀！""可喜的事来了，人喜了呀！"也不是表现"人性"的"本身"的文学。倘以表现最普通的人性的文学为至高，则表现最普遍的动物性——营养、呼吸、运动、生殖——的文学，或者除去"运动"，表现生物性的文学，必当更在其上。倘说，因为我们是人，所以以表现人性为限，那么，无产者就因为是无产阶级，所以要做无产文学。

其次，梁先生说作者的阶级和作品无关。托尔斯泰出身贵族，而同情于贫民，然而并不主张阶级斗争；马克斯并非无产阶级中的人物；终身穷苦的约翰孙博士，志行吐属，过于贵族。所以估量文学，当看作品本身，不能连累到作者的阶级和身份。这些例子，也全不足以证明文学的无阶级性的。托尔斯泰正因为出身贵族，旧性荡涤不尽，所以只同情于贫民而不主张阶级斗争。马克斯原先诚非无产阶级中的人物，但也并无文学作品，我们不能悬拟他如果动笔，所表现的一定是不用方式的恋爱本身。至于约翰孙博士终身穷苦，而志行吐属，过于王侯者，我却实在不明白那缘故，因为我不知道英国文学和他的传记。也许，他原想"辛辛苦苦诚诚实实地工作一生，多少必定可以得到相当的资产"，然后再爬上贵族阶级去，不料终于"劣败"，连相当的资产也积不起来，所以只落得摆空架子，"爽快"了吧。

其次，梁先生说，"好的作品永远是少数人的专利品，大多数永远是蠢的，永远是和文学无缘"，但鉴赏力之有无却和阶级无干，因为"鉴赏文学也是天生的一种福气"，就是，虽在无产阶级里，也会有这"天生的一种福气"的人。由我推论起来，则只要有这一种"福气"的人，虽穷得不能受教育，至于一字不识，也可以赏鉴《新月》月刊，来作"人性"和文艺"本身"原无阶级性的证据。但梁先生也知道天生这一种福气的无产者一定不多，所以另定一种东西（文艺？）来给他们看，"例如什么通俗的戏剧、电影、侦探小说之类"，因为"一般劳工劳农需要娱乐，也许需要少量的艺术的娱乐"的缘故。这样看来，好像文学确因阶级而不同了，但这是因鉴赏力之高低而定的，这种力量的修养和经济无关，乃是上帝之所赐——"福气"。所以文学家要自由创造，既不该为皇室贵族所雇用，也不该受无产阶级所威胁，去作讴功颂德的文章。这是不错的，但在我们所见的无产文学理论中，也并未见过有谁说或一阶级的文学家，不该受皇室贵族的雇用，却该受无产阶级的威胁，去作讴功颂德的文章，不过说，文学有阶级性，在阶级社会中，文学家虽自以为"自由"，自以为超了阶级，而无意识地，也终受本阶级的阶级意识所支配，那些创作，并非别阶级的文化罢了。例如梁先生的这篇文章，原意是在取消文学上的阶级性，张扬真理的。但以资产为文明的祖宗，指穷人为劣败的渣滓，只要一瞥，就知道是资产家的斗争的"武器"，——不，"文章"了。无产文学理论家以主张"全人类""超阶级"的文学理论为帮助有产阶级的东西，这里就给了一个极分明的例证。至于成仿吾先生似的"他们一定胜利的，所以我们去指导安慰他们去"，说出"去了"之后，便来"打发"自己们以外的"他们"那样的无产文学家，那不消说，是也和梁先生一样地对于无产文学的理论，未免有"以意为之"的错误的。

又其次，梁先生最痛恨的是无产文学理论家以文艺为斗争的武器，就是当作宣传品。他"不反对任何人利用文学来达到另外的目的"，但"不能承认宣传式的文字便是文学"。我以为这是自扰之谈。据我所看过的那些理论，都不过说凡文艺必有所宣传，并没有谁主张只要宣传式的文字便是文学。诚然，前年以来，中国确曾有许多诗歌小说，填进口号和标语去，自以为就是无产文学。但那是因为内容和形式，都没有无产气，不用口号和标语，便无从表示其"新兴"的缘故，实际上也并非无产文学。今年，有名的"无产文学的批评家"钱杏邨先生在《拓荒者》上还在引卢那卡尔斯基的话，以为他推重大众能解的文学，足见用口号标语之未可厚非，来给那些"革命文学"辩护。但我觉得那也和梁实秋先生一样，是有意的或无意的曲解。卢那卡尔斯基所谓大众能解的东西，当是指托尔斯泰作了分给农民的小本子那样的文体，工农一看便会了然的语法、歌调、诙谐。只要看台明·培特尼（Demian Bednii）曾因诗歌得到赤旗章，而他的诗中并不用标语和口号，便可明白了。

最后，梁先生要看货色。这不错的，是最切实的办法；但抄两首译诗算是在示众，是不对的。《新月》上就曾有《论翻译之难》，何况所译的文是诗。就我所见的而论，卢那卡尔斯基的《被解放的堂·吉诃德》、法兑耶夫的《溃灭》、格拉特珂夫的《水门汀》，在中国这十一年中，就并无可以和这些相比的作品。这是指"新月社"一流的蒙资产文明的余荫，而且衷心在拥护它的作家而言。于号称无产作家的作品中，我也举不出相当的成绩。但钱杏邨先生也曾辩护，说新兴阶级，于文学的本领当然幼稚而单纯，向他们立刻要求好作品，是"布尔乔亚"的恶意。这话为农工而说，是极不错的。这样的无理要求，恰如使他们冻饿了好久，倒怪他们为什么没有富翁那么肥胖一样。但中国的作者，现在却实在并无刚刚放下锄斧柄子的人，大多数都是进过学校的智识者，有些还是早已有名的文人，莫非克服了自己的小资产阶级意识之后，就连先前的文学本领也随着消失了么？不会的。俄国的老作家亚历舍·托尔斯泰和威垒赛耶夫、普理希文，至今都还有好作品。中国的有口号而无随同的实证者，我想，那病根并不在"以文艺为阶级斗争的武器"，而在"借阶级斗争为文艺的武器"，在"无产者文学"这旗帜之下，聚集了不少的忽翻筋斗的人，试看去年的新书广告，几乎没有一本不是革命文学，批评家又但将辩护当作"清算"，就是，请文学坐在"阶级斗争"的掩护之下，于是文学自己倒不必着力，因而于文学和斗争两方面都少关系了。

但中国目前的一时现象，当然毫不足作无产文学之新兴的反证的。梁先生也知道，所以他临末让步说，"假如无产阶级革命家一定要把他的宣传文学唤做无产文学，那总算是一种新兴文学，总算是文学国土里的新收获，用不着高呼打倒资产的文学来争夺文学的领域，因为文学的领域太大了，新的东西总有它的位置的。"但这好像"中日亲善，同存共荣"之说，从羽毛未丰的无产者看来，是一种欺骗。愿意这样的"无产文学者"，现在恐怕实在也有的吧，不过这是梁先生所谓"有出息"的要爬上资产阶级去的"无产者"一流，他的作品是穷秀才未中状元时候的牢骚，从开手到爬上以及以后，都决不是无产文学。无产者文学是为了以自己们之力，来解放本阶级并及一切阶级而斗争的一翼，所要的是全盘，不是一角的地位。就拿文艺批评界来比方吧，假如在"人性"的"艺术之宫"（这须从成仿吾先生处租来暂用）里，向南面摆两把虎皮交椅，请梁实秋、钱杏邨两位先生并排坐下，一个右执"新月"，一个左执"太阳"，那情形可真是"劳资"媲美了。

五

到这里，又可以谈到我的"硬译"去了。

推想起来，这是很应该跟着发生的问题：无产文学既然重在宣传，宣传必须多数能懂，那么，你这些"硬译"而难懂的理论"天书"，究竟为什么而译的呢？不是等于不译么？

我的回答，是：为了我自己，和几个以无产文学批评家自居的人，和一部分不图"爽快"，不怕艰难，多少要明白一些这理论的读者。

从前年以来，对于我个人的攻击是多极了，每一种刊物上，大抵总要看见"鲁迅"的名字，而作者的口吻，则粗粗一看，大抵好像革命文学家。但我看了几篇，竟逐渐觉得废话太多了。解剖刀既不中腠理，子弹所击之处，也不是致命伤。例如我所属的阶级吧，就至今还未判定，忽说小资产阶级，忽说"布尔乔亚"，有时还升为"封建余孽"，而且又等于猩猩（见《创造月刊》上的"东京通信"）；有一回则骂到牙齿的颜色。在这样的社会里，有封建余孽出风头，是十分可能的，但封建余孽就是猩猩，却在任何"唯物史观"上都没有说明，也找不出牙齿色黄，即有害于无产阶级革命的论据。我于是想，可供参考的这样的理论，是太少了，所以大家有些胡涂。对于敌人，解剖，咀嚼，现在是在所不免的，不过有一本解剖学，有一本烹饪法，依法办理，则构造味道，总还可以较为清楚，有味。人往往以神话中的 Prometheus 比革命者，以为窃火给人，虽遭天帝之虐待不悔，其博大坚忍正相同。但我从别国里窃得火来，本意却在煮自己的肉的，以为倘能味道较好，庶几在咀嚼者那一面也得到较多的好处，我也不枉费了身躯：出发点全是个人主义，并且还夹杂着小市民性的奢华，以及慢慢地摸出解剖刀来，反而刺进解剖者的心脏里去的"报复"。梁先生说"他们要报复！"其实岂只"他们"，这样的人在"封建余孽"中也很有的。然而，我也愿意于社会上有些用处，看客所见的结果仍是火和光。这样，首先开手的就是《文艺政策》，因为其中含有各派的议论。郑伯奇先生现在是开书铺，印 Hauptmann 和 Gregory 夫人的剧本了，那时他还是革命文学家，便在所编的《文艺生活》上，笑我的翻译这书，是不甘没落，而可惜被别人着了先鞭。翻一本书便会浮起，做革命文学家真太容易了，我并不这样想。有一种小报，则说我的译《艺术论》是"投降"。是的，投降的事，为世上所常有。但其时成仿吾元帅早已爬出日本的温泉，住进巴黎的旅馆了，在这里又向谁去输诚呢。今年，说法又两样了，在《拓荒者》和《现代小说》上，都说是"方向转换"。我看见日本的有些杂志中，曾将这四字加在先前的新感觉派片冈铁兵上，算是一个好名词。其实，这些纷纭之谈，也还是只看名目，连想也不肯想的老病。译一本关于无产文学的书，是不足以证明方向的，倘有曲译，倒反足以为害。我的译书，就也要献给这些速断的无产文学批评家，因为他们是有不贪"爽快"，耐苦来研究这些理论的义务的。

但我自信并无故意的曲译，打着我所不佩服的批评家的伤处了的时候我就一笑，打着我的伤处了的时候我就忍疼，却决不肯有所增减，这也是始终"硬译"的一个原因。自然，世间总会有较好的翻译者，能够译成既不曲，也不"硬"或"死"的文章的，那时我的译本当然就被淘汰，我就只要来填这从"无有"到"较好"的空间罢了。

然而世间纸张还多，每一文社的人数却少，志大力薄，写不完所有的纸张，于是一社中的职司克敌助友，扫荡异类的批评家，看见别人来涂写纸张了，便喟然兴叹，不胜其摇头顿足之苦。上海的《申报》上，至于称社会科学的翻译者为"阿狗阿猫"，其愤愤有如此。在"中国新兴文学的地位，早为读者所共知"的蒋光Z先生，曾往日本东京养病，看见藏原惟人，谈到日本有许多翻译太坏，简直比原文还难读……他就笑了起来，说："……那中国的翻译界更要莫名其妙了，近来中国有许多书籍都是译自日文的，如果日本人将欧洲人那一国的作品带点错误和删改，从日文译到中国去，试问这作品岂不是要变了一半相貌么？……"（见《拓荒者》）也就是深不满于翻译，尤其是重译的表示。不过梁先生还举出书名和坏处，蒋先生却只嫣然一笑，扫荡无余，真是普遍得远了。藏原惟人是从俄文直接译过许多文艺理论和小说的，于我个人就极有裨益。我希望中国也有一两个这样的诚实的俄文翻译者，陆续译出好书来，不仅自骂一声"混蛋"就算尽了革命文学家的责任。

然而现在呢，这些东西，梁实秋先生是不译的，称人为"阿狗阿猫"的伟人也不译，学过俄文的蒋先生原是最为适宜的了，可惜养病之后，只出了一本《一周间》，而日本则早已有了两种的译本。中国曾经大谈达尔文，大谈尼采，到欧战时候，则大骂了他们一通，但达尔文的著作的译本，至今只有一种，尼采的则只有半部，学英德文的学者及文豪都不暇顾及，或不屑顾及，拉倒了。所以暂时之间，恐怕还只好任人笑骂，仍从日文来重译，或者取一本原文，比照了日译本来直译吧。我还想这样做，并且希望更多有这样做的人，来填一填彻底的高谈中的空虚，因为我们不能像蒋先生那样的"好笑起来"，也不该如梁先生的"等着，等着，等着"了。

六

我在开头曾有"以硬自居了，而实则其软如棉，正是新月社的一种特色"这些话，到这里还应该简短地补充几句，就作为本篇的收场。

《新月》一出世，就主张"严正态度"，但于骂人者则骂之，讥人者则讥之。这并不错，正是"即以其人之道，还治其人之身"，虽然也是一种"报复"，而非为了自己。到二卷六七号合本的广告上，还说"我们都保持'容忍'的态度（除了'不容忍'的态度是我们所不能容忍以外），我们都喜欢稳健的合乎理性的学说"。上两句也不错，"以眼还眼，以牙还牙"，和开初仍然一贯。然而从这条大路走下去，一定要遇到"以暴力抗暴力"，这和新月社诸君所喜欢的"稳健"也不能相容了。

这一回，新月社的"自由言论"遭了压迫，照老办法，是必须对于压迫者，也加以压迫的，但《新月》上所显现的反应，却是一篇《告压迫言论自由者》，先引对方的党义，次引外国的法律，终引东西史例，以见凡压迫自由者，往往臻于灭亡：是一番替对方设想的警告。

所以，新月社的"严正态度"，"以眼还眼"法，归根结蒂，是专施之力量相类，或力量较小的人的，倘给有力者打肿了眼，就要破例，只举手掩住自己的脸，叫一声"小心你自己的眼睛！"

——《萌芽月刊》第 1 卷第 3 期（1930 年 3 月）

胡适博士米格尔译文的商榷（1930）

符生

现在中国的杂志，真是愈出愈多，单就文学方面的而论，已是看不胜看。尤其是在外国的我们，更不容易全览。所以胡适之博士这篇小说登载在《新月》上一年之后，才落到我的眼里来。现在才拿起来议论，也许是明日黄花，引不起多大兴味。不过这篇翻译，胡博士大书特书是试译，当然含有再加修改的意味，所以趁他还未修改——这是我的推测——之先，说几句我所见得到的话来，作为译者的参考，也未始无益。

翻译本是件难事，尤其是翻译创作。别的只要词达意在，即可勉强过得去。讲到创作方面来，除开达意而外，还要传神。——就在这一点翻译上，起了绝大的困难了。我们就承认一个人的语学程度，可以翻译无误；然而他的环境、教育、趣味等，使他对于这篇作品的着眼点，异于别人。一方面，他的翻译，既不能完全的客观——我们要记着对象是创作——自然要带了主观的印象。主观的印象既是不同，翻译出来的东西，自然多少各有差异，这是不可避免的。——不过我们中国，现在的翻译程度，恐怕还讲不到这一层。能够语学上没有错误，已是上乘了。但是我们终须记着，单是语学的正当作不了翻译创作的标准。至于语学上生出错误，有时也许不是语学程度之不及，而是解释上生的误解，论翻译时，这一面我们也应加入考究。以下我论胡博士的译品，即以此为根据。

胡博士常劝人多买字典少出丑，由上文我的意见看来，这真是非常幼稚的说法。可是不幸而这句话到了今天，要请博士"入瓮"，运命也就可谓 ironical 了。

在 Bret Harte——原译见《新月》一卷十号——这一篇短短的短篇小说里，博士的误译，约有十多处。兹一一列奉如下：

一、原文是 "...were occasionally distinguishable above the storm" 胡译是"风雨里括进来的……"这照《新月》的笔法来说，未免太不"像样"了。

二、原文是 "The judge who had finally got its window down, ..." 胡译是"法官先生把车窗打开了"（原译第二页）把原文的"finally"译落掉。这字在此很有重大意味。著者用"finally"用"got"有形容法官好容易把窗子弄开之意。博士 humorous 地替我们加了"先生"二字，足见传神，——传的是胡博士的神——但是怎么又把这个最要紧字看掉了呢？

三、原文 "which if answered categorically would have undoubtedly elucidated the whole mystery" 这段博士没有翻译。

四、原文 "Come out of that, Miggles, and show yourself. Be a man, Miggles! Don't hide in the dark." 胡译是"米格尔出来吧。大大方方地做个人。不要躲在暗地里。"（原译第三页）

胡博士讲究传神，这回却传错了。上文是余八气得跳起来的话。胡博士的译文未免太平和，太不像样。尤其是 "Be a man, Miggles"

译成"大大方方地做个人",真蛇足得岂有此理。在博士的意思,因为余八们是往米格尔家去躲水,所以余八请他大大方方地出来做个人。其实余八是因为他躲在暗地里学舌,所以发气。这句话应译为"你是男子,就站出来!别躲在暗地里!"博士以为如何?

五、原文"Softing the asperites of the name as much as possible",胡译为"文绉绉地"(第三页)也只是在传博士的神。

六、原文"who felt the Pioneer Stage Company insulted in his person…"胡译为"余八觉得这个顽梗的米格尔胆敢这样蔑视'殖边公共马车公司'的车夫,殊属可恶之至"这句译哄中国人到像,但是与原文太不相符了。

七、原文"Perfectly gratuitous solemnity"胡译为"绝无所为的凝静,"这也太不像样。

八、原文"—and—I'm out of breath—and—that lets me out"胡译"那——我气还喘不过来——那可不糟了。"最后一句,真是胡译。若果原文可以随意改解,博士为何不去创作去呢?

九、原文"The judge recovered himself first and essayed on extravagant compliment"胡译为"法官先生第一个回复原状,他正要开口说一番大大的恭维话。"照原文看来,是已经说了呢,是"正要开口说?"譬如说,胡博士试译了米格尔,是已经译了呢,还是正要动笔译呢?

十、原文"An instinctive feeling that this was only premonitory to more confidential relations…"胡译"我们都觉得这不过是警告我们他们俩的亲密关系……"照这个译文说来,原文用不着"more"这个字了。并且所谓"Confidential relations"是指她们俩的亲密关系吗?那

么，所谓"instinctive feeling"所谓"Only premonitory"又何所指呢？我是读到这一段，才深惊异于博士读书力意外的薄弱。现在姑把我的所见，说了出来，以俟公论。

这一段的上文是米格尔跑进来说"孩子们，要是你们不见怪，今儿太挤了，我就在此过夜吧。"（用胡译）我们试想这是一八六十年代的美国，Puritan 的美国，哪能容一个女人与许多男人一块过夜，何况他们中间还有那样讲理的法官先生呢？所以下文述者就连忙加上一句道"我们本能地觉得她这话，只是还要对我们作秘密谈的冒头，又因我们刚才对于她们的关系，乱加揣测，此刻，她自己进而要替我们说明，不免生愧，所以大家都默然。""An instinctive that this was only premonitory to more confidential relations, and perhaps some shame at our previous curiosity, kept us silent" 下文她就对他们说明她和吉梅的关系。

现在我们来看胡博士的译文。他把 Confidential relations 认为是"她们俩的亲密关系"，结果就是得出一个不通的译文。"我们都觉得这不过是警告我们她们俩的关系，并且我们觉得刚才不该背地里议论，所以我们都不好意思说什么。"这一句话，上下不相连贯，牛头不对马嘴。出之胡博士之手，真令人不敢相信自己的眼睛了！

十一、原文 "...Your baby will grow us to be a man yet and an honour his mother; but not here, Miggles, not here" 胡译"你的孩子快要长成一个大人了，并且可以光耀他的母亲，可惜不在这个世界，米格尔，可惜不在这个世界！"博士把个"yet"看落了，所以应译为"还可长成为大人"，误译为"快要长成大人"，不知"快要"两字，何处出典？并且下文又自作聪明地把"here"译为"这个世界"。看了他这段译文，好像是这孩子要死一样，而原文决不是这个口气。姑无论"yet"这个字在此不能看为他要死。并且死了怎么能光耀他的母亲呢？所以"here"应是指"this Place"不应是"this world"而这一句应是"在这里却不成功"而不是"可惜不在这个世界"。博士的错觉，到此也就无以复加了。

十二、原文"with savagely patient eyes keeping watch and ward"胡译"……眼睁睁地看守着他们。""他们"两字是蛇足，这又是胡博士的错觉。

十三、原文"Billi dexterous hand laid the six horses back on their haunches"胡译"余八的敏捷的手腕，忽然一拉，六匹马齐齐跪下。"——真的吗？

以上所举，有一半我认为并不是博士的语学不到，只是太大意太疏忽了。但是有一半如第四、八，尤其是第十一、十二等条，简直不能为博士的语学辩护。博士的译文，我还没见过许多——听说也没有多少——不过像这样子，未免太使人失望了。

记得几年前，也是为翻译上的争论，博士曾轻蔑地说"有几个不懂英文的人，也来同我谈英文！"好像英文就是胡先生们的专卖品一样。博士读了这篇，——倘若能见诸杂志上的话——也许又还要重复说一句，以维持声价。然而博士哟！在伟大事实之前，是没有所谓声价的！

——《真美善》第 5 卷第 6 期（1930 年 4 月 16 日）

统一译语草案（1930）

编辑部

　　我们感觉到一个术语或一个固有名词在中国文字里有数种以上的译法，对于一般的理解及概念之纯化上是不很好的现象。所以，我们想在本杂志上逐号发表关于我们所认为比较确切安当的译语，一方面备社会的参考，他方面等待社会的改正。我们予期读书界都有这个迫切的感觉，必定能够尽可能地帮助我们，使我们的这个计划能够克底于成。

　　目前我们并没有一定的着手处的规定，不过把随便所得到的东西，加以一种检定，所以在次序上是非常杂乱的。不过，这一点，我们以为是没有多大妨害的，横竖将来要重新编排。

　　我们予期读书界之帮助，愈多愈好！

编辑部

一、意识形态（Ideologie, Ideology）

二、生产手段（Produktinomittel, Means of Production）

三、生产方式（Produktionsweise, Method of Production）

四、上层构造（Uelerbau, Superconstruction）

五、下层构造（Unterbau, Underconstruction）

六、观念论（Idealismus, Idealism）

七、史的唯物论（Historischer Materialismus, Historical Materialism）

八、劳动手段（Arbeitsmittel, Means of Labour）

九、生产过程（Produktionsprozessa, Process of Production）

十、分工（Abterlung der Arbeit, Division of Labour）

十一、再生产（Reproduktion, Reproduction）

十二、单纯再生产（Einfache Repraduktion, Simple Reproduction）

十三、扩大再生产（Erweiterte Reproduktion, Reproduction in Large Scale）

十四、金融资本（Finanzkapital, Finance Capital）

十五、策略（Stratgie, strategy）

十六、战术（Taktik, Tactics）

十七、唯物论（Materialismus, Materialism）

十八、工会（Gewerkschaft, Trade Union）

十九、行会（Zunft, Guild）

二十、协力（Kooperaton, Cooperation）

二一、剥削（Ansbautung, Expropriation）

二二、生产费（Produktionskoste, Cost of Production）

二三、鼓动（Agitation, Agitation）

二四、群众（Mass, Masses）

二五、罢工（Streik, Strike）

二六、怠工（Sabotage, Sabotage）

二七、独占（Monopol, Monopoly）

二八、合理化（Rationalisirung, Rationalization）

二九、拜物主义（Fetchismls, Fetchism）

三〇、生产物（Produkt, Product）

（待续）

——《新思潮》第 5 期（1930 年）

再论 Clerus sæcularis 之译名（1930）

佚名

一、译为"非会神职班"或"会外神职班"。

二、译为"俗修神职班"。

三、译 Clerus sæcularis 为"兼善神职班"，译 Clerus regularis 为"独善神职班"。

四、译 Clerus sæcularis 为"在世神职班"，译 Clerus regularis 为"出世神职班"。

以上译名，皆承各处函示者。当否？待商榷。唯现在圣教会之译名，急待审定。将来本籍主教区正式成立后，各种名词不能不规定。凡此皆 Clerus sæcularis 将来所当之重任也，故现在当合力同作，为本国圣教荣。质之诸君然否？

——《圣教杂志》第 19 卷第 8 期（1930 年 8 月）

译曼殊斐儿诗三首前言（1930）

志摩（徐志摩）

　　曼殊斐儿，她只是不同，她的诗，正如她的散文，都有她独有的气息与韵味。一种单纯的神秘的美永远在她的笔尖上颤动着。她一生所想望、所追求的是一种晶莹的境界；在人格上，在思想上，在表达的艺术上，她永远凝视着那一个憧憬。

　　她有一个弟弟；她最爱他。他是夭死的；这于她是莫大的打击，她感到的是不可言宣的悲哀。同时这件大事也使她更透深一层观察人生，在她的作品里留有深刻的痕迹。

　　这三首小诗，我疑心都是为她弟弟写的。我的翻译当然是粗率到一个亵渎的程度，但你们或许可以由此感到曼殊斐儿，低着声音像孩子似的说话的风趣。她的思想是一群在雪夜里过路的羊；你们能让它们走进你们的心窝如同羊归它们的圈不？

志摩

——《长风》第 1 期（1930 年 8 月 15 日）

三论 Clerus sæcularis 译名（1930）

佚名

上两期本志所载译名均承远省诸同道惠下，足见外省诸公与本社有积极协作之精神也。本社除已将译名公布外，特行感谢。近又接到湖北蒲圻宗代区舜琴司铎所拟译名列下：

译 Clerus sæcularis 为世修（或世籍）神职班

译 Clerus regularis 为会修（或会籍）神职班

本社意世修二名可采用满人意否俟后再论，又有授意本社 Clerus sæcularis 之意译、直译，终不能惬人意，不如译音，又曰译为传教神职班，但将来宗代区成为正式之主教区，传教二字不合矣，或又曰直截了当曰，某教区神职班但人物各有本名，除公名外更有私名，神职班三字太泛，总之，圣教会种种名词将来本籍主教区正式成立后，亟宜有法定名字。译名非易事，知其非易乃能知译者之苦心矣，质之诸位同道然否？

——《圣教杂志》第 19 卷第 9 期（1930 年 9 月）

四论 Clerus sæcularis 之译名（1930）

施绍卿等

一

圣教杂志社主笔徐大司铎尊鉴，披阅贵杂志六月期内，有征名一项。拉丁原词 Clerus sæcularis 拟译华文"在俗神职班"，当否之征意贵社为中国圣教文化重要机关之一。圣教原文名词，亟需移译而使统一，自不待言，且中国教友素有不相联络、各自为政之弊，以致贵社屡有疾呼之空雷，而无嚯啦之响应。仆亦忝在神职班内。欲尽一份子之天职。业已拟就拙答一则，奈以才短识浅，尚未会在任何刊物上发表意见，故迟迟不敢献丑。今阅本期通讯栏内，已有辅仁大学某大司铎及光祺等诸君，积极研究此名词之释义，甚为敬佩，故不嫌谫陋，亦以管见所及，聊为贡献如下。至其当否，尚祈裁夺为何。

拉丁原文 Clerus sæcularis 之 sæcularis 译为"在俗"。仆亦不敢投同意票。虽曰"在俗"与"俗人"二语解说不同，如吾主在圣经上指宗徒而言曰"彼辈在俗中，而非属于世俗者。"然于普通不明原文者之心里，正如光祺君所云，有未离红尘之意，则俗之一字加于弃俗修道者之上，不能成为达而且雅之名词。且细玩拉丁原文 Sæcularis 而配于 Clerus 之内，本亦非甚切当，查 Clerus 之意，即由天主特选，弃俗随主，充神职之团名，与 sæcularis "世俗"，正在背驰地位。今联曰 Sæcularis Clerus 只以年代久远，用之惯常不觉耳。中国名词正在创造重译之际，急应还其本来面目，庶几不使再误焉？有译为会外或自修者，与会内或会修成为对待名词。仆又以为不然。神职班以修会内外分，似含有以修会为重，以神职为轻之嫌。译为自修者，于圣教统治上，亦不甚切当。不入会之神职班，同为宗座直接所遴选与传授，同受圣教直接公规之约束，何得谓之自修？圣教之神职，吾主耶稣由圣父所授，而传于宗徒，而传于历代继宗徒位者。

本无所谓修会与否也，修会之成立，乃助神职班各人之业修，与神职之本身无丝毫关系。故于普通教友心里，见一司铎，即知其属主教，属于教宗之司铎，未顾及其属于何会也，唯以各人本身而论。在会司铎，虽亦为罗玛宗座之司铎，然往往为其修会直接所选派与约束。在圣教统治上，有许多之转折，不如未入会之司铎，完全直接由其本主教之选派与约束，为神职班之嫡派也，故在圣教公文中，或公会议内，常以不入修会之神职班，名列前茅，良有以也。夫教宗钦使 Delegatus Apostolicus 由宗座直接选派与约束，而简称为宗使。代牧主教 Vicarius Apostolicus 或监牧 Prefectus apostolicus 由宗座直接选派与约束，而简称为宗代宗监，则不入修会，而弃俗修道，直接由宗座 Missionnarius Apostolicus 或其代牧选派与约束之神职班，当称之为 Sacerdos Apostolicus et non sæcularis 宗修神职班矣。而入修会，由各修会直接选派与约束之神职班 Clerus Regularis 可称之为会修神职班，以各人论，在会者可称会译，而不入会者，则称宗译，顾名思义，似更确当焉。再者，神职班之班字，亦觉太俗，又欠切当。仆望易为界字。班字以言同类之班次，如学校各级之班次等。界字则划分界限，不容混杂，如政界、学界、商界，等等。今神职与俗职，判若天壤，则其界限当更明晰，故神职班不如神职界之为雅而且达也，总括言之。Clerus sæcularis（Apostolicus）可称为宗修神职界，简称宗铎界，或宗界。而 Clerus regularis 则可称为会修神职界，简称会铎界或会界。

末铎施绍卿敬启

答曰　宗铎二字似欠允洽，因宗铎一名，唯宗座颁赐于有数的神职班的。非任何司铎，即是宗铎，神职班三字已通用，不必再改为神职界。施公长篇理论足见有合作协助精神，甚为感谢。

二

启者贵社前译 Clerus sæcularis 为在俗神职班，Clerus Regularis 为在会神职班，非不妥协且与拉丁文原意相合，唯有多人不甚满意，以为"俗"字不合神职班之身份。然除"俗"字外别无较妥之字以代，至于"自修"亦未尽妥，知不在会之司铎。无神贫愿之缚束，故名为 Sæcularis，鄙意可译为"俗修神职班"，既不失拉丁文原意，又与不修道之俗人有别，至 Regularis 译为"会修"，甚为允惬，与俗修二字，亦成对待名词是否有当还须质诸高明，特此敬请箸安。

山西汾阳司铎王远志启

答曰　承吾公殷殷赐示，感佩殊深。"俗修"二字似不能连缀，恐仍不能惬人意，王公以为如何？

三

启者关于 Clerus sæcularis 之译名，欲得圆满适当者颇难，译为不入会。既未允洽，而在俗名词，又不满人意。日前阅贵杂志通讯内有主张"会内""会外"者，有以 Clerus sæcularis 译为"自修"，以 Clerus regularis 为"会修"，均经贵社答云。在俗与俗人二语意思不同，在俗神职班，是言在世俗人中，传布天国福音之司铎，请勿误解，据称在俗，是言在世俗人中传布福音者。然在世俗人中宣传真道者，究不止 Cleri seculares，亦有多数 Cleri Regulares。若如是称，未免混泛，而又似乎专指在俗司铎，作宣传任务。旋经数次同道讨论，咸以 C. S. 译为"俗修"，译 C. R. 为"会修"，不议有当尊意否？议呈贵社鸿裁，并祈在贵杂志指示为盼。

此致圣教杂志主任台鉴。

古随云九敬上

答曰 "俗修"名词，已如上答，恐不甚允洽。至本社谓"在俗"，是言俗人中传布天国福音之司铎，此语本非圆满之定义，在俗神职班之完全解说已刊印第六期本志 266 页，兹不多赘。

四

附启者 Clerus regularis 弟主张用"会修"，Clerus sæcularis 为俗修神职班，或者可留 Sæcularis 之原意。此间有人云，可用"会内""会外"字样；或又曰 Clerus regularis 用"在会"二字，Sæcularis 则为神职班或可加普通二字；尚有人主张用修会以名 Regularis，用通俗以名

Sæcularis 者。贵志上所谓"在俗神职班"，此间不以为然。

答曰　"俗修""会修""修会""修院"等名词，似离原文意太远，成公函中谓，无论如何总该定一致妥切之名。此意深合本社，深望同道诸公，用积极的协作，勿持消极的评观，以获得妥适之名词为定。现在为吾中国圣教会，端赖神职班一致团结，积极进行，俾罗玛宗座圣意，早日实践。本社除公布接到诸书信外，深感深谢同道合作之雅意也。

五

启者讨论 Clerus sæcularis 二次答信后，有"亟须诸位同道多积极讨论，少消极旁观"两句话。今贡献一个名字。

但我所贡献者，就是 Sæcularis 这句话的根源，我不明白，也不研究，更不强解。然为 Clerus 这句话，是圣教会的名分，译谓神职班，我无异议，可否将 Sæcularis 这句话改译 Clerus fidelium et infidelium? 就是信士同信史神职班，信士二字包含在一"信"字内，信史二字包含在一"史"字内，将在俗二字改谓"信史"二字，"神职班"三字不改。因我的见解，信士就是教友的称呼，信史这个"史"字，有往后传的意思，就是史传信与不信的外教人。因是我贡献信史二字代在俗二字，请诸同道讨论教正，这个"信史神职班"的名分，切望满大家意。再说 Clerus Regularis 用不着我费心咧，原有本会名词，自然明了，有什么分别，或冠信史或只称本会名字，均无不可，借颂报祉。

河北赵县教区米保禄谨启

答曰　依本社意，信史神职班，意思不妥切。

六

屡见贵社译 Clerus sæcularis 为世俗神父或在世，非会不入会，不在会神职班。自修、俗修、在俗、会外神职班，兼善，见者皆以为不雅、不切。继阅贵社本年第七期 321 张有人译 Clerus Regularis 为会修神职班。敝意以 Clerus sæcularis 反照，译以院修神职班，盖皆由修道院而非会中晋铎也，似乎妥贴而亦雅，若以 Clerus sæcularis 为兼善，而以 Clerus Regularis 为独善而非兼善，妥乎请贵社尊裁，而再质之明人，即请圣教杂志社撰安。

答曰　尊函所枚举各译名，非皆译自本社。本志不过胪列各省函示之名，公布之耳。任何译名，即使准确的，欲满人意也实难。

七

主笔司铎大鉴。兹仆拟译 Clerus regularis 为修会神职班，Clerus sæcularis 为普通神职班。普通云者，谓遵行圣会颁定普通规则，造就之神职班也。非对特别而论，修会神职班是特别其会规，非特别其位，特别其权之谓也，是否有当，尚祈尊裁。

渔灵谨上

答曰　普通二字，虽亦有见解，究因习用之故，人多依通俗解说以懂之者，故似不甚贴切。

八

前本志主任张伯多禄大司铎（现任海门教区副主教职），谓Clerus sæcularis 译为世神职班，译 Clerus regularis 为会神职班。本社视为满意，且保存拉丁文原义，阅报诸君，当亦赞成也。

——《圣教杂志》第 19 卷第 9 期（1930 年 9 月）

翻译文学书漫谈（续）（1930）

黄仲苏

以上的话或许说得过分了。难道我们也像那一种神经过敏的人，便主张没有好翻译书出现，简直可屏置一切吗？他们以为"吃两个坏的鸡蛋，不如吃一个好的；而吃三个坏的，比吃两个坏的更坏。"但是我却不是那样的想法，我以为虽吃坏鸡蛋，还能尝得着一种鸡蛋的味道，比完全不知鸡蛋为何如的人，总比较好些。况且翻译品中，不一定没有佳品，岂尽可以坏鸡蛋去比拟呢？"因噎废食"是如何一件蠢笨的事情呀！我们须审视翻译的种种困难之点。

中西文字之组织各异，翻译之最大困难，就是原作的"形貌"与"神韵"不能同时保留。有时译者多加注意于原作的神韵，便往往不能和原作有一模一样的形貌；多注意了形貌的相似，便又往往减少了原作的神韵，此为困难之第一点。

我们是翻译别人的东西，并不是自己著作文章。译文必须保存原作的生气及流利，但是当一个译者想要把原作的所有的流利表现在他译文的时候，最紧要的就是要防止那流利的地方，流入放纵的一途，反之，如果战战兢兢的忠实的翻译呢？则又须防其过于刻画。转为死译。把流利的一点忘记了。此为困难之第二点也。

《文心雕龙》有言："因字而生句，积句而成章，积章而成篇；篇之彪炳，章无疵也；章之明靡，句无玷也；句之菁华，字不妄也。"这一段话虽是论作文的方法。其实也可应用到翻译。"字不妄"，不是一件易事，姑无论中西文字组织相差甚远，有些不能对译的字；便是那些普通的，可以找到对译的字，有时或因为"行文"的关系，和一时的疏忽，也不能办到严格的不妄，还有两层：一、各国文字的字义，都是随着时代的进行，一步一步地演进改变以至现在的状态，所以往往有许多字的字义，因时代的前后而生差异；像这类字，文学方面很多，翻译若求完全不移动原作的面目，那就关于这一类的字不可不注意了。二、著作家差不多人人有用字的癖性；每每把普通字用作特别的意义，莎翁的剧本中，很多这一类的例，愈是伟大的作者，这癖性愈深，对于这一类字自然更欲加以注意。此为困难之第三点。

其他困难之点尚不止此，唯其"难能"，是以"可贵"。天下最可耻而又最无聊的事，是吃现成饭说俏皮话。试问在翻译方面要哪种人才方可以胜任愉快呢？我想，我们需要一种有"天才的翻译家"，因为翻译决不比创作容易，我们决定要首先去掉"不能自己创作，才来翻译人家作品"的谬见！我们所需要的，是以中国莎士比亚的文笔来译英国莎士比亚的作品，是以中国易卜生的文笔，来译挪威易卜生的戏剧。这种译书的人才，最低限度：要有艺术家的头脑及手腕，要有领会艺术品的才能，要有翻译的智识，要有创作家的文笔。换言之：欲使翻译者皆能够完全传达出原作者的意思。第一件就是他必须对于原本所用的文字，有完全的智识。其次就是他对于原文中所讨论的所记述的，或所描写的那种人、事或物，有充分的研究。再其次，他又能立刻发现出原作风格之真实的性质，他必须决定原作的风格究竟是属于哪一种的；他精审的决定了以后，就须把这种的特点以自己的能力明明白白地重新再现在译文里，如同在原文里一样。因为他们的事业不仅是译一种"文字"而为别一种"文字"，乃是译这类"文学"而为别一类"文学"。译拜伦的诗，是要使译者成为拜伦。原作者与译者，必有心灵的交感，而发生共鸣，二者相合为一才好。原作者的作品，便如像译者自己的作品，译者移转这作品时，便如像他自己在创作一样。

然而以上所述稍嫌过于理想吧！若没有这种人才出现，难道便可以不翻译吗？却也不然。文化的沟通，是刻不容缓的。我们应选守何种最低的标准去翻译呢？无论近来人怎样说来说去，刺刺不休，总逃不出那位译书的老前辈严复先生的话。在他译的《天演论》"例言"中曾如此说：

> 译事三难：信、达、雅。求其信，已大难矣。顾信也，不达，虽译犹不译也，则达尚焉。……今是书所言本五十年西人新得之学，又为作者晚出之书。译文取明深义，故词句之间，时有所颠倒损益，不斤斤于字比句次，而意义则不倍本文。题曰达旨，不云笔译，取便发挥，实非正法。……凡此经营，皆以为达，为达即所以为信也。……信雅而外，求其尔雅，此不仅期以行远已耳。实则精由微言，用汉以前字法句法则求达易，用近世利俗文字则求达难，往往抑义就词，毫厘千里。审译于斯二者之间，夫固有所不得已也……

严先生的这几句话，确是从辛苦的研究与困难的工作中所得来的经验之谈。近人于"信""达"二端，尚不能全盘接受，有人很疑心"雅"字大有疵病，其实这是过虑而不正确观念。我以为译科学书，只要求"信"求"达"便够了，如译文学书，非于二者之外，兼求其"雅"，则万万不可。（不过我所谓的雅，是一种优美的情趣之表现，即"风雅"之"雅"，"娴雅"之"雅"。非严先生所说的汉以前的字法句法之雅，这是应该申明的。）

严先生译书，是十二万分卖力的。他于英文有深切的了解，而他的中文又极好。他说"一名之立，旬月踟蹰"，这种精神真应该使我们惭愧而感奋啊。

何以以严先生之才学与识，尚要"一名之立旬月踟蹰"呢？可见他译单字时，是如何的审慎不苟。沈雁冰先生曾举出译单字的七个方法：（一）每一个单字不可直抄普通字典所译的意义，应得审量该字在文中的身份与轻重，另译一个，（二）应就原文著作的时代，决定所用的字之意义；（三）应就原著者用字的癖性，决定各单字的意义；（四）尽能译的范围内去翻译原作中的形和容的发音，不正确的俗体字；（五）尽能译的范围去翻译粗人口里的粗字；（六）注意因时因地而异音义的字；（七）照原作的样，避去滥调的熟见的字面去用生冷新鲜的字。这样的试验下去，多少可以使单字的翻译，成为正确而不妄了。这样的慎重其事，无怪乎"一名之立，旬月踟蹰"了。

复次，译文的句调组织，应力求其于原文相似，虽只可于可能的范围内求其相似，而一定不能勉强求其处处相似；不过句调的精神，却一毫不得放过。例如原作句调的精神，是在"委婉曲折"的，译本决不宜把它划为爽直，而且实际上要比直译句的组织形式更为难得。译者若不能探索着"句调的精神"，每至妨碍全篇文章的神韵，难免欲将灰色的文章译成赤色，所以"句调的精神"不失真，似乎也是翻译文学时最要注意的一件事，和单字的翻译是相并的。

单字的翻译既正确，句调的精神又相仿，这两种基本的功用既做得"恰到好处"，于是著作者的风格与态度多少也可以表现在译本之中了。

总之，好的翻译，是于"意译""直译"之外，还有一种"神译"，这"神"是神秘之"神"，"神乎其技"之"神"。文学本来就是一件含有神秘性的作品，创作如是，翻译亦莫不如是。

（完）

这是一篇好几年前的讲演旧稿检出付刊，无非想抛砖引玉。从前闹得很起劲的翻译问题现在似乎没有人肯再讨论，旧话重提，也许会引起大众兴趣来讨论这个刻不容缓的重要问题。

仲苏附注，二十、九、十五

——《大夏周报》第 8 卷第 3 期（1930 年 10 月 5 日）

关于我国的翻译（1930）

管思九

记得上学期大考前数星期，我在四马路卿云图书公司选购社会科学方面的书籍，正握着一本《社会科学十二讲》翻阅。骤闻，"当心《社会科学十二讲》！"回首时，已不见人影，大概他怕店老板或营业员叱骂吧！《社会科学十二讲》是温盛光译的，第二十期的《社会与教育》上照然批评该书说："句句不是中国话，也不是外国话，是些中国字凑在一起而没有意思的句子。"我国的译书中像《社会科学十二讲》一样令人看了头痛的不在少数，我们有当心之必要。

近年来译风颇盛，尤其是几家新兴的书店发行译书不少，有的竟占其出书全数的三分之二，这是坏的现象。介绍外国学术来是件好事，但就书的本身说，应择确有价值而急需，我国人之研究者译之，不应漫无限制，见书就译；有些书在欧美学术界未有相当位置者，译了有什么用处，徒耗时间与物料而已！抛开内容不讲！端就译文而论，令人看了莫名其土地堂，那更糟了！

看译本的人平常有两种：（一）不能看原本的；（二）能看原本以价昂没钱买的。国内的著作既缺乏，译本的需要乃急，销路当然大了，于是上译书人的当的人一定不少。中国什么事都赶不上外国，译书也比不上他们，兹举一例以观外人翻译事业的认真、伟大。

一九二八年七月廿八日，日本东京发行的 Trans-Pacific 上有段惊人的记载：早稻田大学名誉教授内雄藏博士费了四十三年的精力，译完了沙氏比亚的全集。一八八五年起，那时他才二十六岁，就着手译 Julius Caesar，译完后自己觉得不满意，于是抛开原稿重新翻译，最后发表的本子是他第四次的改稿，他的精神可见一斑了。日本民众对这位沙氏比亚学者的信仰，并不是因为他四十三年的恒心和毅力，却因为这四十三册译本没有一本不是正确的。他们说把外国文译成日文是一件事，译成一字不多一字不少的正确日文又是一件事。一般舆论都说内雄藏的翻译时尽善尽美，不但不减不增，而且看不到一点翻译的痕迹，念下去和原来用日文写的无异。许多佩服他的人更说：好些地方译本比原本还要动人。又说原本精神语调都在译本里表现出来了。

内雄藏博士译的沙士比亚全集究竟有没有这样好，我没有看到不敢下断言。但他译了许多年，改了许多次译稿，一定不会坏的。试问我国的译书先生们有这样的毅力吗？肯多费些工夫改正译稿吗？能真正地了解外国文吗？我国译书最多的要推林琴南先生，译小说一百二十余本之多，译笔虽不能算尽美尽善，但他的毅力值得我们钦佩的。

我国有几多翻译的书

我国究竟有多少翻译的书，很难得一正确的数目。今先述历史上可考而有价值的佛经翻译说起：印度怪人的说话不受时间和空间的限制，谈天何止三十层，说地何止十层八层，一切都是无边无疆。所以这翻译事业足足经过一千年之久，不知究竟译了几千部几万卷；现在保存着的连中国人作的注疏讲述在内，还有三千多部，一万五千多卷。译书的多半不是中国人，其中译书多而值得注意的是鸠摩罗什。鸠为龟兹人。苻坚遣吕光西征，破龟兹得鸠摩罗什，同回中国，此时苻坚已死，吕光随据凉州，国号后凉。鸠在凉有十八年之久，很通晓中国的语言文字。姚兴征服后凉，迎他入关，以国师的礼请他译经。他共计译有三百余卷，其最著名而通俗者是《金刚》《法华》两部。

全国各书店的图书目录一时不易收集，要得一正确的译书数乃大难！最近我统计了商务、中华、北新、大东等二十一家书店。全国书店当不止此数，好在大的书店均在上海，统计了二十一家，想离全部译书数不远。统计是根据各书店最近图书目录和日报上的新书出版广告；一人之力有限，遗漏与错误在所不免，尚望有以指正之。

【……】

近来译书的趋势，不趋向于自然科学而趋向于文学和社会科学。看报而关心新书出版消息的谅已明了。这也不是好的现象。

在这一千四百三十四本译本中，从哪一国译来的占多数？这问很难答得正确，各书店的图书目录关于译本有许多并不注明原著者是何许人，大概译自英、美的占多数，其次为日本，德、法、俄的著作有人说大半由英文转译的。关于文学翻译，梁实秋先生说：

> 近年来文学方面的翻译工作以法俄作品占最大成分，而英文的杰作除林纾译品以外没有多少可说，但懂英文的人显然比法文俄文的人多……据胡适先生说，法文俄文作品之译成中文的大半自英文转译的。懂英文的人所以不直译英美作品而要转译法俄作

品，有因为英文名著的文字难……法俄作品之译成英文的类皆浅显易阅。

这些话虽对文学翻译说的，但也值得我们注意的。

（待续）

——《大夏周报》第 8 卷第 1 期（1930 年 9 月 21 日）

关于我国的翻译（续）（1930）

管思九

译错原文的意义，或把原文一句对一句硬译，不问译文的辞句流畅易晓都是坏译。前者名之曰错译，后者名之曰死译。我国的译书中不错译不死译的恐不多，错译和死译的书倒汗牛充栋！无名小卒译的不说，今择较有名的学者的坏译举几例。

鲁迅先生的硬译：（见《新月》第三卷六、七期）

《艺术论》第七页"这意义不尽在此，凡观念形态是从现实社会受了那惟二可能的材料，而这现实社会的实际形态，则支配着那被组织在它里面的思想或观念者的直观而已，在这观念者不能离去一定的社会的兴味，这一层意义上观念形态也便是现实社会的所产。"

同书第十二页"问题是关于思想之组织化之际，则直接和观念形态，以及产生观念形态的生活上的事实，或把住着这些观念形态的社会的集团相联系的是颇为容易的。和这相反，问题倘触到成着艺术的最为彻底的特质那感情的组织化，那就极其困难了。"

《文艺与批评》第一百九十八页"内容上虽然不相近，而形式完成着的作品，从爱动的见解看来，对于劳动者和农民是只能给与半内感的性质的，漠然的满足的，但对于艺术的化身的深奥，有着兴味的劳动和农民，则虽是观念底地……他们只要解剖底地加以分解，透彻构成的本质，便可以成为非常的大教训。"

这些句子真译得滑天下之大稽。鲁先生除《文艺与批评》及《艺术论》外，还有《苦闷的象征》等几本译书也一样给人家头痛刺激！鲁先生诚中国的死译能手了！自问不能深通外国文，何必硬着头皮译书！

陆志韦先生译的《普通心理学》《教育心理学概论》两书也是硬译的，辞句虽生，苦涩但比鲁迅先生好些。《教育心理学概论》第五十二页："第二难，就清清楚楚是摹仿声音，各个儿童所发生的声音也大有差异方向不一。听见了一个声音，反应时倒发生了无数声音；把他们记下来试着看看何尝是像一个模范直接在那儿产生效力，倒使人觉得是像毫无目的的底咿哑。"该书六十页内最奇怪的是把："...By doctrine of imitation it should not be very much more than two or three times as hard to repeat a two or three syllable series as to repeat a single syllable."一段内的"should not be very much more than"译作"不应大不够了"。陆先生译忙了，只看见英文字而没有顾到真意义。也许有人以为这是印错的，但按勘误表上既没有更正，而把这七个英文硬译起来有这"不应大不够了"的妙句可能。

坏译的原因不只一种，大概说来有下例各点：

（一）语言文字的程度不够。不能十分了解外国文而勉强翻译，这种人不在少数。要赚钱，要出风头，不通的译书出世了。某中学英文教员，教学生的读本很勉强，偏偏译了一本英国文学作品。某大学英文教授××为显示他多通外国文起见，译了两本日文书。他自修日文为时甚暂，哪里有本领译书呢！胡适先生批评落华生说："连字典都不肯查，译什么书！"

（二）粗心或马虎。有些译者未先看完全书而提起笔来就译，不问辞句的流畅，上下文的联络。梁实秋先生在《新月》上说过："有人从日本文翻译连稿都不起，就用笔在原稿上勾圈涂改完事大吉。"他更说："我最近看了一些从日本文译出的西洋作品，其文法之古奥远在两汉以上，不能不令人疑心了。"已成名的学者，X作家，书店的编辑向他要书出版或杂志的编辑向他求稿时，没有现成的，或一时文思不开展，只好译些应酬。买书的人总先看作者是否是名人，这一下哑巴吃了黄连了！

翻译可分三种：

（一）形似，即直译。注重内容忽略文笔的畅达因而它的内容都不能真实传达。

（二）意似。不仅是原文说些什么而注意原作者如何说出这句话来。

（三）神似（指文学方面）。它的译品能扒住不可捉摸的"神韵"。虚白先生说是作品给予读者一种感应，而这种感应因为读者的环境、心情等种种不同而各异深浅色彩；因此不同，它就变成"仁者见仁，智者见智"的一种毫无标准的神似物。

我们不要问译品之意似、神似。具体说来，译文只要（A）辞句中国化，清晰畅达，令人看了不头痛；（B）译意和原意吻合，即不失实就够了。译者顾到这两点才对得住买他书看的人。金钱和光阴那样宝贵，译者忍心诱夺读者的金钱和光阴吗？请高兴译书的人不要马虎，勉强！译时问一问自己，没有足够的翻译本领为什么译书？译完了再问一问所译的句子人家看得懂否？

我们看着坏译本时应立即公告，免别人再耗钱去买，耗时间去看！说穿了，以后不敢马虎冒险了！

拉杂硝碎的话说了好些，关于翻译的其他方面，容后再述。

（完）

——《大夏周报》第 8 卷第 5 期（1930 年 10 月 19 日）

《好逑传》之最早的欧译（1930）

陈受颐

（一）引言

十八世纪欧洲的华化兴味，以法国为中心：始而路易十四特派教士；中而教士屡刊专书，如李明（Lou's Leeomte）之《支那新印象记》（*Neuveaux memoires de la Chine*），特赫尔特（Du Halde）之《支那志》（*Description.... de la Chine*），以及多人结集的《教士通讯》（*Lettres edifianteset curienses*）和《支那杂记》（*Memoires.... cone-rìant les chīnois*），风行一时；终而引起一般文人的兴趣，如孟德斯鸠、卢骚、第迪罗、服尔德等，对于中国，都有所论列。（注一）英国的华化兴味，在那时虽非淡薄，却是大半间接从法国转贩过去的。

法文叙述中国的书籍，很多翻进英文的，这可不必详说了，但就《支那志》一种而言，就有两种译文，多次重印。（注二）此外威廉·哈查特（William Hatchett）的《中国孤儿戏本》，依靠马若瑟神甫（P. Premare）的法译《赵氏孤儿》；麦尔菲（Murphy）的《中国孤儿》，又以服尔德（Voltair`）的《中国孤儿》为蓝本；（注三）而高尔斯密（Goldsmith）的《中国通讯》（*Chinese Letters*），则达尔让生（D'Argenson）的《中国通讯》（*Lettres Chinoises*）的仿作也。（注四）

（二）《好逑传》之欧译（一七六一至一七六七）

当时在法国领导下的华化兴味，有出人意料的一件事情：一部篇幅很长的中国纯文学作品之翻译竟出自英人之手。英译的《好逑传》于一七六一年出版于伦敦！诚然是在此以前，法国人已注意于这类的译述工作了。法国人士早已晓得，单从四书五经的译本去研究，终不能深明中国文化的各方面与中国一般人民的生活状态；他们已注意到小说和戏曲里面的材料。所以特赫尔特在他于一七三三年所编行的《支那志》里面，便选了几篇短篇的中国故事，又收到了马若瑟所译的《赵氏孤儿》。

《赵氏孤儿》在欧洲文坛，一时曾发生了不少的影响；（注五）然而《好逑传》的欧译，如其是不能称为较重要，最少从比较文学史的立场看来，也应说同样地重要。《赵氏孤儿》的影响是横的，《好逑传》的影响是纵的。

《好逑传》自然也有它的厄运，它虽然屡被重译，却不像《赵氏孤儿》的曾受文坛名人的仿作，日人盐谷温，在他的《中国文学概论讲话》里，也就忘却——或是不知——《好逑传》的最早的一七六一年的欧译本，而单举 Davis 的 *Fortunate Union*（英译）和 D'Arcy 的 *Hao-Khieou-Tchouan, on la femme accomplice*（法译）。他尽力回溯，也不过有这一段记载：

我往年留学德国于游威曼尔市，访席勒尔纪念馆时，看见其自笔草稿中有题为"Hao-kiu-chuan"的一纸片，德国文豪对于中国文学有着深的兴味，颇意外地感动了。（注六）其实席勒尔早已感受前此译本之不切人意，曾着手另行翻译，不特提过《好逑传》的名字而已也。

《好逑传》之最早的译本为英文本，一七二〇年间译完，一七六一年出版，附录三篇：（1）一部中国戏剧的本事，（2）中国格言集，（3）中国诗歌断片集。原文标题是：

HAU KIOU CHOAAN || OR, || The Pleasing History. || A TRANSLA-TION || FROM THE || CHINESE LANGUAGE. || To which are added, || Ⅰ. The Argument or Story of a Chinese Play, || Ⅱ. A Collection of Chinese Proverbs, and || Ⅲ. Fragments of Chinese Poetry. || IN FOUR VOLUMES. || WITH NOTES || …LONDON || Printel for R. and J, DODSLEY in Pall—mall. || MDCCLXI.

五年之后，法文重译本出版于里昂：

Han Kion Choaan, Histoire Chinois, Traduite de l'Anglois, par M.—....A Lyon, ...MDCCLXVI（注七）

德国人也并不落后，德文的重译本，也于同年（一七六六）出版于莱伯锡（Loipzic）了。重译者慕尔（C. G. von Murr）是德国初期的支那学者，对于中国文字语言，极感兴味，所以自行加上一种附录，一篇转为德国人编著的中国文法论。（注八）德文重译本的标题是：

Haoh Kjoeh Tsehween, d. i. die angenehme Geschichte des Haoh Kyooh. Ein chinesischer Roman...Aus dem Chinesischen in das

Englische, und aus diesem in das Deutsche Sprachlelre fuer die Deutschen. Leipzig, ...1766

翌年（一七六七）则荷兰文的重译本，又出版于荷京 Amsterdam, 其标题为：

Chineesche Geschidenis, behelzenmde de gevallen van den beer Tieh-Chung-Uen di jongvrous Shuey-Ping-Sin…Darrnitin't Engelsch overgezet, ...Nu in't Nederduitsch vertaald...Te Amsterdam, ...1767（注九）

这重译本的标题，极有兴味，"好逑传"三字的音译，完全略去，而铁中玉、水冰心的名字反而显著起来。英文译本的三种附录，在法、德、荷文的重译本里，都被保全着。

由此看来，一七六一年的英译本，确是比较文学史里一件可记的路标，英译本的各问题，现在暂且搁下，留待后节详细讨论。我们目下所宜注意的是几种重译本，都曾风行一时。例如法文重译本，在一七七八年的小说文库（Bibliotheque des Romans）里，还有他的提要和分析。（注十）

然而创始者的努力，毕竟是不大精明。几种译文，都无文学的风味，因而引起德国诗人席勒尔（Schiller）的注意和试译。

（三）《好逑传》之欧译（一七六七以后）

席勒尔，有如他的朋友哥德，（注十一）是曾感觉过中国文学的兴味的；他曾翻译过孔子的《论语》的一部分，又曾编过一部分以中国宫女为主角的戏剧《杜阑多》（Turandot）。（注十二）比较地少人注意的，是他曾试译《好逑传》。

一八〇〇年八月二十九日，他在怀马（Weimar）写了一封信给他的朋友乌痕额尔（Johann Friedrich Unger），信中谈及此事：

> 有一本中国小说名叫《好逑传》的，一七六六年慕尔先生曾将他从英文译本重译德文。重译本大抵你也以为旧了，那本书也给人们忘却了。但是这书的好处是这么多，又是小说艺术中的这么特殊的奇果，甚有重生一次的价值和点缀您的小说期刊的可能。……我自己很愿意做这种工作，我并且已经把它开始；如其是您以为小说期刊能需要这稿件，它便随时由您支配。……我一接到您的复信，小说的前部即可付印，全书当于新年以来完事给您。（注十三）

席勒尔终没完竣这件工作，在他的遗稿里，只有五张译稿。到底是他后来兴趣迁移而改干他事呢，抑是他的朋友不愿登载迫着中止呢，则现在无从推测了。

到十九世纪初年，《好逑传》的最初的英译本和三种重译本，已几乎完全被人忘却了。可是《好逑传》的本身，还在享它的幸运。

一八二八年，又有一种簇新的译本出现于法国，它的标题是：

Hau-kiou-chiaan, ou I'Union bian asso tiem Roman Chinois.（注十四）

译者的姓名，无从考证。据我看来，一如高弟叶（Henri Cordier）所指出，法译本不是直接地译自中文的；因为书的序文里的一段话，足以证明法译者不是无所倚靠的：

> 我们现在印行的译本，是根据一个英国人的翻译的，他曾服

务于东印度公司，又曾多年在广州居留。（注十五）

从该书的内容看来，知其必非一七六六的旧译的重印本。所谓服务于东印度公司而曾在广州住过多年的英国人，大抵是约翰·达维士爵士（Sir John Davis），就是出版于一八三〇年而风行一时的《支那》（*China*）的著者。达维士的《好逑传》新译本，要等到一八二九年才刊行，题为：

The Fortonato Union, a Romance, translated from the Chinese Original, with Notes and Illustrations. To which is added, a Chinese Tragedy. By John Francis Davis, F. R. S...London: Printed for the Oriental Fund...1829

法文的独立译本，出世较迟。达尔斯（N. Guillard D'Arey）的译本 *Hao-Khieou-Tchouan, ou la femme accomplice* 在一八四二年才出版于巴黎。译者在序文里重新提出研究中国的想象文学的价值，他说这是了解中国人民的绝好方法，不幸为初期的博学的教士们忽略。对于一七六〇年间的译本，达尔斯似乎完全不知有那一回事，他说：

> 只有学者们能懂得中国的实情；在《玉娇梨》的译本出版以前，（注十六）假如大多数人相信中国人之存在，而中国人之所给我们想象的材料，除了奇形怪象的磁人以外，几等于零——这是殊非过火的话。（注十七）

达维士的译本呢，达尔斯是知其存在的；而达维士的法文重译本，则恐怕他未曾看过了。

达维士先生曾于一八二九年刊行此书的英文译本，名 *The Fortunate*

Union，这译本虽然很好，但是知得有这一本书的人，寥寥无几，只有极少数的东方学者，尤其是研究中国的人们。我们可以说《好逑传》这本书，对于法国的一般读书界，依然是一本新书。（注十八）

一八九五年，英人毕列步奈尔（Alxander Brebner）刊行一书，名《中国史简编》（附中国小说一篇）（*A Little History of China and A Chinese Story*）。该书自一二三页至一八二页，实为《好逑传》的节译，译者却没明言，大抵是要瞒过读者，使不知为旧曲翻新也为可料。

一八九九年，英译九十七页的《水冰心》（*Shueypingsin*）又在伦敦克干保罗（Kegan Paul）书店出版，译者佚名，据高第叶说，这书是根据达维士一八二九年的旧译，而重新缩写的。（注十九）

一九〇〇年，保罗书店又印行德格勒士（Robert K. Donglis）的译本，只印第一章，注明音译，大抵是专为初学中文的人而编的。（注十九）然而《好逑传》在海外的幸运，仍未终结。

一九二五年，法国又有簇新的译本出现。题为《二才子书风月传》*Labrise au Claire de lune*, "*Le deuxieme livre de genie*", *Roman Chinois.* 译者为莫尔狼（George Soulie de Morant）。莫氏文才略负时誉，又加以百余年的支那学的助力，其成功自比前人为多。

一九二六年，莫氏的法译本，又为别克福钟士（H. Beckford-Jones）重译为英文，题为 *The Breeze in the Moonlight, The Second Book of Genius*，由北美蒲堤尔姆书店（Putnam）印行，于是久在欧洲一再被翻而重翻的《好逑传》，竟喧赫地入新大陆去了。

据术礼贤（Richard Wilheim）先生说，最近德人苦痕（Franz Kuhn）亦有独立的新译，名《水冰心》与《铁中玉》（*Eisherz and Edeljaspis*）云。（注二十）

（四）《好逑传》提要及其屡被翻译的缘故

《好逑传》之屡被翻译，大抵不是因为它是"才子书"之一的缘故；它比起欧洲十九世纪的小说，固比不上，就是比之十八世纪的英国的力察孙（Richardson）、菲尔定（Fielding）、法国的马力福（Marivaux），利沙殊（Le Sage）诸人，也恐怕不无愧色。

《好逑传》是明代的一部人情小说，不见得有任何特出之点，因此著述或讨论及它的书不很多。（注二一）鲁迅先生的《中国小说史略》，把它列在《玉娇梨》和《平山落燕》一起。提要极简，抄录如下：

> 《好逑传》十八回，一名《侠义风月传》，题为"名教中人编次"。其立意亦略如前二书，（注二二）唯文辞较佳，人物之性格亦稍异，所谓"既美且才，美而又侠"者也。书言有秀才铁中玉者。北直隶大名府人。
>
> ……生得丰姿俊秀，就像一个美人，因此里中起个浑名叫做"铁美人"。若论他人品秀美，性格就该温存。不料他虽生得俊美，性子就似生铁一般十分执拗；又有几分气力，动不动就要使气动粗；等闲也不易见他言笑，……更有一段好处，人若缓急求他，……慨然周济；若是谀言献媚，指望邀惠，他却只当不曾听见；所以人都感激他，又不敢无故亲近他。……（第一回）
>
> 其父铁英为御史，中玉虑以耿直得祸，入都谏之。会大夫沙利夺韩愿妻，即施智计夺以还愿，大得义侠之称。然中玉亦惧祸，不敢留都，乃至山东游学，历城退职兵部侍郎水具一有一女

曰冰心，甚美，而才识胜男子。同县有过其祖者，大学士子，强来求婚，水居一不敢拒，以侄女易冰心嫁之，婚后始觉，其祖大恨，计陷居一，复拜方图女，而冰心皆以智免。过其祖又托县令假传朝旨迫冰心，而中玉适在历城，遇之，斥其伪，计又败。冰心因此甚服铁中玉，当中玉暴病，乃邀寓其家视疾，历五日始去。此后过其祖仍再三图娶冰心，皆不得。而中玉卒与冰心成婚，然不合□□，已而过学士托御史万谔奏二氏婚媾，先以"孤男寡女，共处一室，不无暧昧之情，今父母徇私，招摇道路而纵成之，实有伤于名教。"有旨查复。后皇帝知二人虽成礼而未同居，乃召冰心令皇后试验，果为贞女，于是诬蔑者皆被诘责，而誉水铁为"真好逑中出类拔萃者"，令重结花烛，以光名教，且云"汝归宜益茂后德以彰风化"也。（注二三）《好逑传》虽有可取的地方，而比之欧洲当时的小说，实在瞠乎其后，因为欧洲自十七世纪末叶，小说的近代化已逐渐进展，至十八世纪而愈盛，描写和叙述的手段，都远超《好逑传》，然则《好逑传》何以独被翻译而又重译多回，流传到法、德、荷几国去呢？

第一，这完全是《好逑传》的幸运，我说幸运，即指偶然如此。大抵两国文学初起接触之时，从事翻译的人，每无选择材料的眼光，更无选择材料的机会。这是比较文学史里所常见的事实。《好逑传》偶然被译，译了之后，更无别种中国小说的译本，焉得不流行一时。

第二，因为《好逑传》篇幅较短，自被欢迎，重译亦易，这是它适投译述者的心理的地方。

第三，《好逑传》篇幅虽短，而描写中国事物风俗人情之处颇多，而种类亦颇不少，不患单调，所以自十八世纪初年至二十世纪初年屡被翻译。

（五）一七六一本的译者

本文研究的对象，原是《好逑传》的最早的欧译，即指一七六一年出版于伦敦的英文译本。而上面的杂谈所以如此繁复者：（1）为要指出《好逑传》的特质与欧洲译人和读者的脾胃之特殊关系，（2）最早译本之已成为历史的标识。

杂谈既觅，可以回到本题去了。

一七六一年的英译本，有一项异常的处所；译者的姓名，完全缺去。献书词是写给塞式斯伯爵夫人（Conntes of Sussex）的，后面也没有题名。从序言里的口气看来，我们只有一个简单结论：主持付印的人只是该书的校订者而不是翻译者。何以校订者和翻译者都不署名呢，这是个很有趣味的问题。

关于这书，有一个虽经多少年月，而至今还是无从绝对地解答的难题，是一七六一年的译本的根据，是否直由中文的《好逑传》翻译的。附著于这"原本"的问题，又有一个"谁是译者"的问题，在后一个问题，虽有人试探过，迄今尚无稳当惬意的答案。要重新解答这两个疑问，自当把一七六一年的译本的本身来研究。它的序言，有很重要的话：

　　下面的译文原是草稿，是在一个曾与东印度公司有重要关系而又曾不时在广州住过多年的一位先生的遗稿里寻出的。他的亲戚都相信他曾极力留意于中国语言文字，又相信这译稿（最少它的一部分），是他研究中文时亲笔写成的练习的功课。里面很多的夹行注和其他的标注，证明这稿是一个学习者的工作；而且因为稿里不少地发是用铅笔先写，其后再用墨笔重填改定的，似乎是在中国教师指导之下写成。这部小说，写在四本薄薄的中国纸的钞写簿，依照中国的法子，左边对接，右边切齐。第一本至第三本是英文，第四本是葡萄牙文，两种文字，书法手笔不同。最后一本，现由编者译为我国自己的语言（英文）。（注二四）

这篇序言，后文将要证明，是英国的多马士·帕尔思（Thomas Percy）所写的。据鲍维尔先生（L. F. Powell）的意思，帕氏生平好隐姓埋名，（注二五）因此不明白标出作序者的名姓。实则此说也未尽然。十八世纪的英伦，是伪书间出的时代，而在当时，伪书的作者，每为社会所不容，伪造阿斯安史诗（Ossian）的梦花臣（James Mepherson）为约翰生所痛骂，而伪造中古诗歌的查特敦（Thomas Chattertou）终不免于自裁，都是极好的例。帕氏本身不识中文，原译者又已逝世，无从面质，则帕氏之迟疑态度，不过人之常情。况且帕氏真实地曾思疑过《好逑传》是伪书呢，他在一七七四年的广告里，曾说：

这部小书初出版的时候，我们以为书中结构的特点，足以证明它是真从中文翻译的作品，无须说明编者和译者的姓名。然而为着不标姓名的缘故，竟然唤起疑窦，今为释疑起见，编者谨于献书词末签押姓名，它也不再将译者的姓名隐障了；是詹

姆士·韦铿生（James Wilkinson），一个有才而诚实为人所敬的
商家。韦君曾在广州居留，可从东印度公司的记载证明；他的诚
实的人格，至今未被忘却。他自己的手稿，是由他的侄儿韦铿生
大尉（现居北咸敦之北克波洛）所借给编者的，编者用完，已
将该件还给大尉。该稿现存韦铿生大尉的寡妻手中，毫无可疑。
一七七四年记。（注二六）

在此之前，帕尔思也曾严重地怀疑到中国到底有无《好逑传》这部
书，曾写信问他在中国的朋友加尔兰（Garland），得到很肯定的答复。

至于《好逑传》呢，我曾问过我的中国朋友，总无成功，后
来我提出书中主角铁中玉的名字，他们便晓得我说什么了，才打
起带蓝青暗的英语问我"真的有这个人在四五百年前，真有这
一段故事：你怎么晓得！"（Truly have so fashion man four or five
hundred years before; have very true story: How Can you seavez he! ）
（注二七）

因这一段真假问题，而迫出编者与译者的姓名。这也是一件凑巧
的事。今日看来，"伪书"的思疑，自属多余的事了。（注二八）

（六）一七六一本的祖本问题

《好逑传》的一七六一英译本的原文，到底是中文还是葡萄牙文
呢？据帕尔思所说，则最少四分之一为转译自葡文，其余四分之三，

则在韦氏遗稿寻出之时，已是英文稿了。海外学者，很早已有人讨论过这个问题，立说不同者共有四家。

（1）在一八二九年的《每季评论》（*Quarterly Review*）里，曾有一隐名的著者，致疑于韦铿生的能译中文的才识。所以他的解释，虽无事实为其根据，而大体却很断定的，他说：

> 百年那么久以前……我们的同国的人（英人）大抵没有能有翻译中文的程度；现在我们所讨论的书籍（《好逑传》）显然是像由口说记录下来的，大抵是由士人用广州人的"卤水"英语传述的。（注二九）

远在一七一九年，在广州的英国人，能做中英文翻译的事业的诚然是绝对仅有，这隐名的批评者的话，也未尝不近人情；然而他的结论，不能因为微近人情，便能成立；他的结论，不过是一种拟想和推测而已。一七一九年，英国人能做翻译工作的人，绝不多见，其原因是英国人在中国居留者之不多。但是我们断不能因此而说这种人才绝无存在之可能。在此以前，已有中国士人冒险走到英国，参观一六八五年詹姆士第二的加冕典礼。（注三十）这人后来在英国牛津居留，保得莱图书馆（即牛津大学图书馆的前身）馆长多马士·海特（Thomas Hyde）曾请他教授中文，所以未曾亲到远东的海特，也能看到中文书籍。（注三一）韦铿生之能译《好逑传》，实是不足为奇的。

约翰·达维士曾批评过一七六一的译本，（注三二）大抵《每季评论》的投稿者，根据达维士之意思而故甚其词罢了。

至于韦铿生之译文，虽是删节原文的地方很多，而亦偶有很贴合原文的译法，无论如何不是单凭"士人"所用的不三不四的"卤水"英语所能收到的结果。为求读者好奇心的满足起见，谨把原文及译文平排下方，以资比较。第一行是《好逑传》原文，第二行是一七六一刊行的，韦铿生译本，第三行是一八四二刊行的达尔斯的法文译本。

【……】

（2）第二说是认定全书由葡萄牙文转译的。英国米尔纳·巴利女士（Alda Milner-Barry）曾在《英文研究评论》（*Review of English Studies*）说下面的话：

> 帕尔思之所谓中文小说之翻译者，人都晓得，不过是校订的工作，而不是翻译。不过是中文葡译的一部著名小说的英文之校订，那书是在帕尔思的邻里的家藏旧稿中所搜出的。（注三五）

这说也很不可靠。帕氏的工作，不全是校订，韦氏的遗稿，既不全是葡文，也不全是英文，这是帕尔思自己告诉我们的，米尔斯·巴利既把旧说抹杀，又不说出理由，无怪读者要抗议和追她拿出其他的证据来了。（注三六）

（3）第三说最为凌乱，不过它的主张者是帕尔思的唯一的重要的传记作者——高辛女士——所以不能不稍微复述。高辛女士说：

> 他的（帕尔思）工作，是一部中国小说的葡文译稿的翻译……由中文翻译的真正的工作是韦铿生先生所做的，帕尔思则不过把原译文的文字译为优雅的英文而已。（注三七）

The work was a translation from a Portuguese manuscript of a Chinese novel...The actual translation from the Chinese was executed by Mr. Wilkinson, and Percy merely translated the translator into good English.

这说的矛盾，滑稽得很。韦铿生曾把《好逑传》译为葡文吗？帕尔思只是全书的四分一为葡译！韦氏把全书译为英文吗？葡文一部，究竟出自谁手？韦氏只从葡文译为英文吗？高辛女士又说翻译的真正工作出自韦铿生之手！而且两种书法各自不同的事实也未经解释。

（4）第四说全依帕尔思的旧说而并无详细的解释。主此说者为鲍维尔（Powell），他以为：

> 帕尔思当时有翻阅韦铿生遗稿全部的机会，而《好逑传》的译本且陈列在他的眼前；他又懂得葡文。他既有这样的机会和准备，则事实的真相，他必曾发见；发见之后，又绝无必要掩盖的理由。米尔纳·巴利女士的解释，也许是对的，然而我们的信仰，被她动摇，帕尔思的说话，被她否认，她到底有何根据，不能不提出问明。（注三八）

鲍氏的意思以为一七六一年的译本的原文，四分之三是中文，而四分之一是葡文，也无根据，焉知其他的四分之三，也不是从葡文转译得来？

一个小小的题目，如此博引繁征，读者诸君，得毋有"像煞有介事"之感？

（七）

各家之说，均有所偏蔽，我们为要明白真相和达到比较可靠的结果，先要把多少根本的事实弄明白。

（1）一七六一年的英译《好逑传》未曾出版之前，经过的级程；

（甲）中文原文

（乙）葡译，全部，至少一部

（丙）英译之初稿

（丁）定稿（如一七六一年所排印的）

（2）帕尔思曾见（甲）的全部或一部，因为一七六一英译本的图书是由中文原本翻刻的。那种图书，断不是英国书工所能凭空杜撰的。

（3）帕尔思也能见过（乙）的全部或一部，因为（丁）的最后之四分一，是帕尔思亲手从（乙）译英文的。

（4）（乙）与（丙）出自两人之手，这是帕尔思所说的。

（5）由帕尔思执笔的时候，（乙）和（丙）都已不全，（丁）是由（乙）的前四分三和（丙）的后四分之一所构成的。

（6）韦铿生只能写定（乙）或（丙）中之一；（丙）是英文，又多修改之迹或出其手。

（7）（乙）的译者，为韦铿生所认识的人，也有研究中文的兴趣。

从以上所举的事实，可得到下面所列的较为可靠之推测：

① 韦铿生曾从葡人习中文，或与葡人为友，共从中国人习中文。（注三九）

② 当他一七一九年回英的时候，《好逑传》的全部，未曾研究完迄。

③ 他对于《好逑传》曾感特殊的趣味，而又不能独立地看中文，

适有葡译，携以归国（大抵葡人中文程度比他好，所以先把《好逑传》看完）。

④ 帕尔思或曾见葡文译本的全部，而故作狡猾。

然而上面的话，仍非定论，不过根据较为可信的旧存的话，而加以推测罢了。其实韦氏死于一七三六年，帕尔思得《好逑传》译稿的时候，在一七五九年，距韦氏之死，已二十三年。《好逑传》的译稿，也许全非韦氏手笔，帕尔思当时已无由问明，韦氏家人恐怕也不知详细了。魏梨的（Wylie）的存疑态度，不无可取。他说：

> 这本译文的译主没人晓得明白，译稿是从一个曾在广州住过而又曾学习过中文的韦铿生的稿件里找出来的，稿上写着的一七一九年，就是他回国那一年，他死于一七三六年。前三本是英文，后一本是葡文。得洛摩会督（Bishopof Dromore）帕尔思博士把第四本译为英文，并校订全书。（注四十）

（八）帕尔思的贡献

帕尔思虽然不是手译《好逑传》的人，而《好逑传》的最早的译本之能轰动欧洲，却差不多可以说完全是他的努力所致。没有他的努力，纵使韦铿生的译稿已在英伦，也许再要沉埋到底；而且没有他的努力去作注解，《好逑传》的译文既是印了出来，也断断不能获得当代的相当的注意。我们饮水思源，帕尔思的功劳，到底是不可埋没的。

帕尔思自然不能算作支那学者，虽是他曾注意到中国文化的多方面。他纯然依靠欧洲人士的著述为他研究的材料。他的地位，有如服尔德、孟德斯鸠、第迪罗一流人；然而他在其他的作品中，并不常常援引中国的事物作例证，这纯然因为他的性情和持论，都与诸人相异。可是他对于中国文明风俗的研究，曾下苦功，而他了解中国的程度，也远胜于和他同时的英国人。

他对中国的兴趣自然是被《好逑传》的译本所唤起的。他的校订功夫可分三类：

（一）英译之完成，

（二）文字之修改，

（三）注释的工作。

《好逑传》英译本的最后的四分之一，是帕尔思由葡文重译的，这是他曾明言。他曾尽力以求忠实，可于他的日记证之：

> 一七五六年九月二九日　开始写作葡萄牙故事。
>
> 一七五六年九月三十日　葡萄牙故事写完。
>
> 在葡文《新约圣经》的《默示录》里读了十一章。（注四一）

大抵葡萄牙故事即指《好逑传》，屡经修改，始行写定；他读葡文《新约》，恐怕与译事有关。他以《好逑传》的故事为葡萄牙的故事，则因为他不肯相信韦氏家人的话，日记中的一长书及一星的符号，更足以证明他对于"好逑传"三字的音译之怀疑。最少，从日记中，我们晓得帕尔思懂葡文，可以从葡文译英。

帕氏既将《好逑传》最后一段译为英文，乃进而为修饰的工作，他的宗旨，在乎改正文法上的沙石，然而译文的本质，他也很能体贴保存。他说：

……这类作品的长处……在乎它的异乎寻常的风格和做法，编者因此格外小心，不敢妄事涂抹，他所修改的地方，都是为了文法与常识所要求，不得不改的。（注四二）

书中特别的语法，纵经修改，也在注中保留着。他自己添进的字句，都用方括表明。

有些更改是为着语言的流利起见的，如：

原译本	改订本
Your father today would be a good man, tomorrow would be a good man;he would be presenting petitions...	Your father has discharged the part of a good man, with the most unwearie 1 preseverence;eager to redress grievances, he would be presenting petitions...（注四三甲）
When the cause is bad it must not be spoken to.	is not proper tobe done, is not proper to be spoken of.（注四三乙）
What should make you speak With two tongues, one of your Gravity and office? Is it not Enough when you speak once?	...he even ventured to remon strate to his Excellence the inconsis-tency which had appeared in his conduct, and which seemed so un-suitable to one of his gravity and Office.
...hath a very hard mouth.	...is very bold of speech.（注四三丙）

有时为着叙述艺术的特别缘故，书中的全段每被删去，尤其是写得过露的伏线。（注四四）

尤有趣味的是编者以为干犯英国人的礼法而删去的译文。英文文学本来一向就比较地拘谨，尤其是十八世纪中叶，经过爱迪生（Addison）一帮人的运动，更为拘束了。帕尔思之所以迥然割爱，也为要迁就读者的标准。这一类的原译，都是完全删去，连脚注都没有保存，因为既于礼法有碍，便不好留着本来面目。可是凡是在以礼数来支配文学艺术的社会里，人们的见解每陷于主观化和"神经过敏"的毛病。帕尔思虽格外审慎，也不能免掉误会。有一回他故意保留原译的真相于脚注，以代表原著者的风格，原译是：

If Your Mistress and I met accidentally at once, If you expect I should talk of Benefits received, there would be no end; if of Love, there is none to talk of. But when you come home give my humble service and acknowledgement to Siauw-tzieh young mistress saying, that I... . now take leave of her, and that she must not entertain any thought for me hereafter; and that I shall always have a greatful remembrance of her kindness.（注四五）

这一段文字虽不高明，译法虽不贴切，仔细看来，却于礼法无损，不知帕尔思何以说他有干 decorum? 原文在《好逑传》第六回，铁中玉救了水冰心，水冰心遣仆人访铁中玉，并想送礼答谢，铁中玉回答：

我与你家小姐陌路相逢，欲言恩，恩深难言；欲言情，又无情可言。只托你多多拜上小姐，说我铁中玉去后，只望小姐再勿以我为念，便深感不朽矣。

编者的工作，不独改正文法的沙石，增加美术的力量，而且要使《好逑传》有益读者的道德心。

（九）帕尔思的注释

《好逑传》的注释，是一七六一年译本的最重要的色彩，编者的注文，是博览群书后所写定的成绩。他的见解，都有根据，不是臆测的，他于书后附有关于中国的书籍的一本书目表。每段注释，都慎重地载明出处：书目、卷数、页数等。他引用最多的是特赫尔特的《中国志》。

他原有的计划是把注释减到绝低的限度，因为看小说的人，很容易把注脚略去，辜负编者的苦心，然而他早已改变方针，加增详明的注释，他的理由是：

> 中国人的风俗习惯，他们的思想的特殊路径和语言的特殊方式，和我们异趣特甚，非有细致的解释，不能明白……编者希望《好逑传》的译文和注解合拢起来，可以成为一部简明而不简陋的中国记闻的书。（注四六）

编者在注释中尤为注意的是：

（1）中国的特殊风俗

（2）书中的私名

（3）中国的名物制度

如原译"里"字作 Lee，编者即谓与法文书籍中之 Ly、Li 同为一字之译文。（注四七）他又说中国文学作品多言虎，如荷马的作品多言狮。（注四八）这类的见解，都足以证明编者之读书得闻。

他曾为他的"冗长"的注文而向读者道歉。（注四九）他的注文，有时的确是冗长，但同时是很有价值的，那时欧洲重译《好逑传》的几位先生们，都已见到此点，所以在法、德、荷三种译本里，都把英注全译。有几段注文，简直是几篇征引浩博、结构谨严的论文，如论发誓的一段，（注五十）论瓷的一段，（注五一）论茶的一段。（注五二）

在注释中尤可以看到编者的忠实。他援引他人的话和自己的话完全分写。关于中国风俗等偶有不懂的地方，而查书也查不出的，他都坦白地郑重言明。

《好逑传》的注释，自有独立的价值。

（十）一七六一年本之附录

韦铿生的原译，分钞四册，我们在上文已经说过。其第三、第四两册，篇幅较少。合印为一册，于订装上较为适宜，唯本来面目因此更改，则对于原译者似不十分忠实；编者于此甚费苦心，卒之各册分订，悉如其旧。而于第三册加入附录一篇，于第四册加入两篇以求篇幅匀称。这三篇附录，每篇各有独立性质，与《好逑传》虽无关系，却都是涉及中国文明的断片的材料。

附录第一篇是一部中国戏剧的本事，是从韦铿生的遗稿里搜出的，据编者说"这是证明中国人编剧技能的第二本欧文的叙述。"那剧在一七一九年排演于广州，韦铿生所亲自看过。（注五三）可是那到底是什么剧，我研究了很久，却无从认识，因为我对于粤剧的母题——尤其是在康熙雍正之间的粤剧的母题——懂得太少的缘故。本事付印时,《赵氏孤儿》的仿作, 已屡在欧洲剧场演过, 服尔德和梦尔菲（Murphy）的《中国孤儿》在一七五五年至一七六〇年间最为新颖, 帕尔思深明读者心理, 故把它附录。

附录第二篇是中国格言集（Chinese Proverbs and Apothegms）, 内容选自关涉中国的各种书籍, 而抄自《中国志》者为多, 格言共为两类:

（1）常用的谚语

（2）道德界名人的格言（注五四）

此外, 欧洲各国格言亦多引用来与中国格言比较, 尤其是证明修辞格式常有相同或相近的痕迹。这是“欧洲向来未曾有过的一种努力”, 开后来的人如 Herdor 等的风气。（注五五）

附录第三种中国诗歌断片集于三种之中最为有趣。他说既把中国散文作品介绍于欧洲读者, 则进一步而介绍韵文, 实为不得已的事情。他说中国诗歌是世界最“做作”的文化所形成的品物, 因而它的翻译是一件万难的工作, 换句话说, 中国诗歌几乎不可以译为英文, 他解释说:

> 凡和榛狂的境地相隔未远的民族, 他们的风俗和意念都很简单, 他们的诗歌易为他族所明白了解, 这是显浅的道理, 因为诗歌所描写的是浅近的景物; 它的力量, 得自天然界所给予人们的最初而最显的意象: 而在久久浸淫于礼教的人民, 风俗习惯都被精炼到极文雅的地位, 宗教礼制, 变为多歧而繁缛, 他们的诗歌每每多涵典故, 异族视之, 只见其艰涩和隐晦。（注五六）

为求读者明了中国诗歌起见，编者先把法人弗利莱（Freret）的中国诗歌体例说译为英文，而于篇末附加编者的意见和结论。由下面的话，我们晓得帕尔思对于中国诗歌的成就，并不看得很高。

> 他们（中国人）似乎对于诗歌的几种重要的种类未有努力：最少按史事而言，这话是真的；戏剧诗是否例外，也觉可疑……他们的诗经……颇有一种庄严肃穆的简单风致，但是这些诗歌，只是道貌岸然的道德演讲，而绝少雄伟清峻之风。（注五七）

帕尔思未曾博览中国诗歌，而居然肯定地下断语，似乎过于大胆，集里所收获的，多从《中国志》《孔夫子》（注五八）两书转贩得来。那时耶稣会士正努力于中国经书之翻译和解释，对于美术韵文，仍未注意。帕尔思虽勤于搜求，而其结果也不过是《五子之歌》和《诗经》里的几篇较短的诗。他的成功不在乎结果，而在乎方法。一七六〇年后，欧洲文学已渐离古典主义的圈套，而入于浪漫运动的初期。从一方面看来，诗歌比较观，可以说是新精神的一种表示。帕尔思逻辑中国诗歌的工作，不特是他的较大的工作（注五九）的准备，而且是德国文豪赫尔特尔（Herder）一辈的前驱。

（十一）附录续编

帕尔思的中国研究的兴趣，竟为《好逑传》所引起，有欲罢不能之势。因此凡关于中国有关的材料，继续搜求。一七六二年刊行一书，名曰《关于中国人的杂文》（*Miscellaneous Pieces Relating to the*

Chinese）仍是杂缀的体裁。文凡八篇，条列如下：（注六十）

（1）"中国语言文字论"（A Dissertation on the Language of Chinese）帕尔思自撰，为欧人讨论中国文字的最早的几篇之一。

（2）"中国某著者之道德箴言"（Rules of Conduct by a Chinese Author）法国耶稣会士巴多明（Parrenie）原著。

（3）"赵氏孤儿本事"（The Little Orphan of the House of Chao）帕尔思撰，根据《中国志》里马若瑟（Premare）的原译。

（4）"中国戏剧论"（On the Chinese Drama）根据赫尔德（Hurd）《诗的模拟论》而自有发舒。

（5）"中国基督教会实录"，莫尔下姆（Morsheim）原著。

（6）"中国之园艺"张伯尔士（Chambers）原著。

（7）"北京附近的皇室园亭"耶稣会士巴德尼（Attirct）原著。

（8）"皇太后六十寿辰纪要"耶稣会士阿眉奥（Amyot）原著。（注六一）

一七二六年后，帕尔思的兴趣，渐移于古英国及北欧文学的研究，对于中国问题，也逐渐舍弃。然而两三年的工作，印象不为不深，所以在一七七五年的日记里，仍未全把中国遗忘：

> 一七七五年三月二日，上午全时在伯莱克（Blake）先生家，看中国的奇趣的绘书，并和黄阿唐谈话，黄阿唐是中国人，二十二岁，从广州来。（注六二）

可见《好逑传》虽然出版了二十四年，虽然帕尔思的研究兴趣已移向北欧，而对于旧时曾用心之中国事物，犹不无眷恋了。

（十二）余论

帕尔思因为注释《好逑传》的缘故，不得不博览欧人所著的关于中国的书籍，不知不觉地，逐渐形成他自己的一种中国文化观，随着注译而发表。我说这是帕尔思自己的中国文化观，因为他虽借重耶稣会士的著述和引用他们的说话，可是他完全不接受他们对于中国文明的称许的态度。例如耶稣会士多以中国士流为神论者，（注六三）而帕尔思偏要说他们是无神论者。他晓得中国人有"天""天意"这一类的名词，但是，无论如何，中国近代大多数人的士人，对于他们古经典中之天字及等同的字，都只认得一种低下的唯物的含义；他们简直是无神论者。（注六四）

然而帕尔思还是个研究者，他并不瞎骂盲捧，他还努力于言论之持平。所以他又说：

> 中国人在语言中没有一个字直白地指独一的真宰，或与我们的 God 字相当，这是一件很可注意的事。因此他们被人家指为无神论者。但是无论他们的士人在近代情形怎样，而中国自古以来，已有分歧的神祇的名词，又很多宗教的仪式，则却是真确的。足以证明他们有天神的信仰。（注六五）

据帕尔思的意思，中国古代的信仰，已成过去的遗迹。代之而生者只有迷信与偶像，例证如下：

（1）通书变为神符与灵籤，凡干一事必要详细查看，以避凶趋吉。（注六六）

（2）因佛道两教之提倡，多数人民相信鬼妖的存在，并信他们能祸福人们。（注六七）

（3）占卜星相的技师，充斥全国。（注六八）

（4）来生的信仰，全是黑暗的迷信。（注六九）

因此他说中国人是最迷信的民族。

岂单是中国人的宗教，令人不满；就是政治，也不见得真的开明，如耶稣会士所言；帕尔思的理由如下：

> 狡黠的民族如中国人民，而又不计来生祸福，假用权位以欺压他人，实是意中事。既无良心纪律的裁制，则国家法律也无保持公平的能力。假若我们单从理论来检阅中国政治的组织，其志在人民的幸福安乐的好意真是无以复加；但是一看事实呢，则人民的受大人们压迫欺凌，甚于任何其他的国度。（注七十）

中国的考试制度和官吏的升黜，全凭才干，不问家世的办法，本为欧洲人士所赞许，而在帕尔思看来，适足为中国的腐败政治的解释。

> 他们的县官，既由勤慎的小吏升任，则有时出自最为寒素的家庭，所以到任的时候，有些极为贫寒；作弊受赃的引诱，当然很大。（注七一）

我们不要忘记，帕尔思是英国国家教会的会督，所以他的持论都深染一偏的教宗的色彩：

> 他们的法律，有防免和惩戒这恶性的职责：所以在中国的法律里有不少良好的条文……但是中国的法律到底不过是政治的器数，无来生赏罚的观念为其靠力，法律虽可以改善外表，究竟不能感动内心，所以只能造成道德之形，而不能造成道德之实。（注七二）

与帕尔思同时，而又曾批评过中国吏治的腐败者，尚有两人：（1）安生船长（Captain George Anson，1697—1762）（注七三）和（2）在一七六十年出版的《近代世界史》（*Modern Universal History*）的第八册的编者。（注七四）帕尔思对于他们的结论——中国吏治之腐败——是完全一致，而对于他们的解释则不能从同。

> 一个（指安生船长）只因亲见中国人的腐败的政治之表面，便以为他们的法律也卑无足道……其他一个（指《世界史》第八册的编者）思念及他们法律的优美，又以为现在的腐败情况，是近世里才有滋生。

帕尔思的意思是：中国法律的缺陷，全因没有宗教为之根基——所谓较高的裁制（Higher Sanction）——而徒靠现世的恐怖与希望以为权惩。（注七五）

总而言之，据帕尔思之意，中国政治法律之不能十分澄清，主因全在乎正信的缺乏。

> ……为古代中国立法的人，虽然以不偏的天道观念教民，而

对于来生的情形，绝少——或者全无——注意。孔子自己，也未曾对这个问题有什么启示。在那里流行的关于这个的思想，大体都得自槃士（bonze）们。槃士们设了成千的赎罪的方法……简直除了立身行道之外，无所不为。（注七六）

耶稣会士最看得起中国的（1）宗教、（2）政治、（3）道德。帕尔思已经把开头两项完全否定，自然而然地第三项也快要给它批评。在批评中国政治的地方，他已说中国人民狡黠了。我们不好离题太远，且回到《好逑传》来。

他两次批评《好逑传》的作者，以为未尽劝善的责任：（1）描写铁中玉的粗衰和侮慢女性。（注七七）（2）描写水冰心的狡猾。（注七八）他谴责铁中玉妄用语言，谴骂的态度，有似第福《鲁滨孙漂流记》的口吻：

> 在妇女地位被抑到这样卑贱的地方，男子们不肯直认对于妇女的一种温柔谦敬的爱情，乃是毫无诧异的事：一个国家，在他方面是文明雅致，而在这方面却与最野蛮无教的民族相同，也是毫无诧异……如北美的最野蛮的部落，其对待妇女，亦与中国人同其心理……（注七九）

帕尔思以为中国人佩服水冰心的狡猾的性情；因为中国人自己也是狡猾的。

世界民族中最诡异狡猾的中国人，自然会被人家疑为崇拜诡异狡猾的本身。读者们大抵已经觉得这些品性在水冰心的人格上很占重心;《好逑传》的作者却以为她是诸德兼备的纯全榜样。当时英国最流行的小说中有史特尔痕（Sterne）的《伤感的旅行》（*Sentimental Journey*）和李查生（Richardson）的《哈尔乐》（*Clarissa Harlowe*）两本。旅行中的主角如何侮慢女性，哈尔乐怎样狡猾，他不假思索了，只见得未接受基督教的中国种种不满人意：

> 中国的道德，虽被人家赞许为清纯，而显然地仍是短绌于基督教的道德。（注八十）

帕尔思又曾批评《好逑传》的作者，不止他的提倡嫉恶和报仇的态度，因此又引起一段比较中西道德教训的话：

> 将基督教的道德观念比较起来，作者（《好逑传》的作者）的道德观念，极为可鄙：基督教力倡恕人之过和以善报恶……孔子虽明此理……然亦无坚决地以此为人人的分内事；又无举出（天之）制裁为之根基；无中正的动机，以极力劝阻。真的，更有何人能以此教人；清楚地教导；热切地而慈悲地鼓励，以庄严悲切的动机做实行的力量，像世界救主口中所宣示的呢。（注八一）

帕尔思既有这一类的见解，既说这一类的话，无怪他以为中国人的道德不大高明了。他眼中的中国人是

（1）对于妇女无虔诚的态度的；

（2）虽有礼貌而内心不诚的；

（3）狡猾而不勇的；

（4）孝亲过度近于偶像崇拜的；

（5）非以武力不能统治的。（注八二）

中国人的最高的理想与希望是什么呢？帕尔思的答案是很简单的：权势和钱财！

> 权势和钱财……在中国是人们所注意的唯一的对象，因为有权有钱，即凡令此生安乐可爱的，都可得到；而中国人的眼光，又是望不到此生以外的，凡是这种人生观流行无碍的地方，而又无良心做羁绊，则在那地方，欺伪和腐败也同时流行，自然而然，毫不足怪。（注八十三）

耶稣会士所精心地绘出的中国画图——纯净的宗教，开明的皇政，优越的道德，精备的学术——都跟着《好逑传》之英译，而被帕尔思玷污与撕破了。帕尔思的见解，又因法、德、荷三种重译而流入西欧全部。然而斯不能因此而归罪于《好逑传》和它的欧译。

席勒尔之手迹（《好逑传》译文）

Erstes Buch

Zu············Tahming, einer

rossen Studt des chinesischen Reiches

Lebte ein vornehmer Jüngling, Tieh-

Tschongu genannt, der den Wissen-

Schaften oblag. Seine Gestalt war

Schon, seine Seele gross-

Müthig und edel:························

·······································

·······································

·····················er leibte die Gereehtig-

Keit bis zur letdenschaft und seine

Freude war, dem Unterdruckten

··········beizustehen. Da war er

Rasch und kuhn und scheute kein

Anschen; nichts kounte seine Hitze

Massigen, wenn er eien······Gewaltat

Zu rachen hatte.

　　Sein Vater, der Tieh-ying

Heiss, war cin Manderin der Gerechtig-

Keit und verwaltete ein richterliches Amt zu Peking,

　　　　　　　　　　　　　　Am Hofe des

·······································kaisers. Weil

·······································er aber die heftige

·······································Gemuthsart

··········seines Sohnes furchtete, so liess er

Denselben in der Entfernung vom Hofe

注释：

（注一）Reichwein, *China and Europa* 等书叙述极详。

（注二）*Cordier Bibliotheca Sinica*, Ⅰ, 45—51.

（注三）参看拙作《十八世纪欧洲文学里的赵氏孤儿》，见《岭南学报》一卷一期，页114—146。

（注四）著者另有专篇讨论《中国通讯》之仿作，兹不赘。

（注五）同注三。

（注六）《中国文学概论讲话》，孙俍工译本，页461。

（注七）译者不知何人，Cordier 之 *Bibliotheca Sinica* 亦不载译者姓名。

（注八）原书，页623—660。

（注九）据 Bibliotheca Sinica, 1756, 原书未见。

（注十）同上，1755。

（注十一）Reichwein, *China and Europa*, 页137—156；《小说月报》十七卷号外，术礼贤，《哥德与中国文化》。

（注十二）全集（Schiller werke）L. Bellermann 编，XII，1—106。

（注十三）*Chinesisch-deutscher Almanac*, Frankfurt A. M. 1930 页9，并参看附图。

（注十四）*Bibliotheca Sinica*, 1756.

（注十五）原著，I，iii。

（注十六）《玉娇梨》，英译首四回，出版于1821，法译刊行1826，自是乃有完全译本。

（注十七）*Hao-Khieou-Tchouan, ou la femme accomplice*, 页3。

（注十八）同上，页4。

（注十九）*Bibliotheca Sinica*, 1756-1757.

（注二十）*Chinesisch-deutscher Almanac* 页5，原著未见。

（注二一）鲁迅《小说旧闻钞》中，没有关及好逑传的记录。小说考证和中国小说史（范著）也没提及。

（注二二）指《玉娇梨》和《平山落燕》。

（注二三）《中国小说史略》（五版）页217—218。

（注二四）一七六一英译本，页 ix-x。

（注二五）*Review of English Studies*, II（1926），445—446.

（注二六）R. E. S. II，449—450.

（注二七）R. E. S. II，451.

（注二八）帕尔思到一八〇〇年致疑于《好逑传》之真伪，见 R. E. S. II，452 脚注引。

（注二九）*Quarterly Review*, XLI（1829），115.

（注三十）William Macray, *Annals of the Bodleian Library*, 页 156。

（注三一）Cordier, *La Chine en France au XVIIIC Siecle*, 页 131。

（注三二）*Fortunate Union* 页 3。

（注三五）R. E. S, II, 52.

（注三六）R. E. S, II, 45.4.

（注三七）Gaussen Percy, *Prelate and Poet*, 页 24。

（注三八）R. E. S, II, 454.

（注三九）那时中国天主教徒到澳门习拉丁文的，颇有其人，吴渔山是个早例，参看《东方杂志》二十七卷，二号，页 90。

（注四十）Wylie *Notes on Chinese Literature*, p. XXIII.

（注四一）英国博物馆新藏稿 32, 326 卷 13。

（注四二）一七六一英译本，I, XX。

（注四三）同上（甲）I, 23 ;（乙）II, 127 ;（丙）III, 5。

（注四四）同上，II, 235; I, 181; III, 37。

（注四五）同上，III, 158 注。

（注四六）一七六一英译本，I, XXV。

（注四七）同上，I, 15。

（注四八）同上，I, 47。

（注四九）同上，I, XXIV。

（注五十）同上，I, 158—160。

（注五一）同上，II, 207—209。

（注五二）同上，II, 133—136。

（注五三）同上，IV, 171。

（注五四）多引自论语。

（注五五）Price, *English-German Literary influence, J, 30-40.*

（注五六）*De la Poesle des Chinois*，原文载于 *Histoire de I'Academic Royale des Inscriptions*, III（1723），289-297，又重载于 *Bibliotheque Academique*, Vol IX. Paris, 1811。

（注五七）《好逑传》一七六一英译本，IV，216。

（注五八）Couplet（柏应理）; *Confucius Sinorum Philosophus*, Paris, 1687.

（注五九）指 *Reliques of English Poetry*，及 *Five Runie Pieces*，都是帕尔思的不朽工作。

（注六十）八篇中除（1）（3）两篇为帕氏自撰外，三篇译自《教士通讯录》*Lettres ediflantest curieuse*:（2）XXVI（1743），86 以下；（7）XXVII（1749），11 以下；（3）XXVIII（1753），171 以下。（3）另有单行本。英译，与帕译不同，名 *Authentic mem oirs of the Christian church in China...* London, 1750。两本皆译自德文 Herrn Johann Lorenz Von Mosheim *Erziljlung der neuesten Chinesischen Kirchengeschichte*（Gottingen, 1748），德文又译自拉丁原文 *Io Lavrentil Moshemii Historin Tartarororvm Ecclesiastica*, 1741。（6）则钞自 *Designs of Chinese Building*, London. 1757, 而（4）则钞自 Q. Horatius. *Ars Poetica*, 1749 也。

（注六一）Amyot 中国名未详。

（注六二）英国博物馆新藏稿82，336，卷191。黄阿唐留英颇久，James Boswell 似曾见之，余旧有记录，今失去，须重考矣。

（注六三）如《中国志》，IV 4："他们把权力，主宰之权，知识，公义，仁慈，威严，等等都归之上帝；他们唤上帝做父亲，主宰；崇拜上帝，用适当严肃的礼节；而崇拜的结果，是实行道德于生活中；他们以为尽仪节的能事也不能令天帝欣喜，假使没有相当的诚心和内心的情操"。

（注六四）《好逑传》一七六一英译本，Ⅰ，156。

（注六五）同上，Ⅳ，42。

（注六六）同上，Ⅰ，85。

（注六七）同上，Ⅰ，97。

（注六八）同上，Ⅰ，100。

（注六九）同上，Ⅰ，97—98。

（注七十）同上，Ⅱ，271。

（注七一）同上，Ⅱ，166—167。

（注七二）同上，Ⅱ，267。

（注七三）Anson: *Voyage*，第三册，卷十。

（注七四）编者佚名。

（注七五）《好逑传》一七六一英译本，Ⅱ，168。

（注七六）同上，Ⅱ，169，又Ⅱ，267。Bonzes 一字，衍自葡萄牙文，而葡文据说又是日本语之译音。字意即俗语之"和尚"也。

（注七七）同上，Ⅱ，127-129。

（注七八）同上，Ⅰ，129。

（注七九）同上。

（注八十）同上。

（注八一）同上，Ⅱ，51—52。

（注八二）（1）同上，Ⅱ，121；（2）Ⅰ，142—143；（3）Ⅱ，183；（4）Ⅲ，62；（5）Ⅰ，182。

（注八三）同上，Ⅱ，169。

——《岭南学报》第 1 卷第 4 期（1930 年）

译书论（1930）

徐宗泽

翻译乃一专门学问，当是通才。

佛教之佛典、天主教、明末清初之书籍所以流传至今者，皆因出于精深学问之士。

译书当有译例，直译、意译、译名等须审定而行。

灌输文化莫善于开翻译院从事翻译。

人有以灌输欧美文化，莫善于译书者，以为只要择一本西书，有一管笔，一个砚，一张纸，即能从事翻译矣！殊不知大谬不然者，译书乃一专门学问，翻译者乃一专门人才，非任何人可以胜任而愉快。谓余不信，请听精通中西古今文学之马眉叔，其言曰：

> 今之译者，大抵于外国之语言，或稍涉其藩篱，而其文字之微辞奥旨，与夫各国之所谓古文词者，率茫然未识其名称；或仅通外国文字语言，而汉文则粗陋鄙里，未窥门径；使之从事译书，阅者展卷未终，俗恶之气，触人欲呕。又或转请西人之稍通华语者，为之口述，而旁听者乃为仿佛摹写其词中所欲达之意，其未能达者，则又参以己意，而武断其间。盖通洋文者，不达汉

文；通汉文者，又不达洋文，亦何怪乎所译之书，皆驳杂迂讹为
天下识者鄙夷而讪笑也。(《适可记言四》)

准此，翻译岂易人任；必也精通中西文字，乃能一试其技。梁任
公亦曰："凡译书者，于华文西文及其所译书中所言专门之学，三者
俱通，斯为上才，通二者次之，仅通一则不能以才称矣，近译西书之
才，算学最佳，而几何原本尤为之魁；盖利、徐、伟、李皆逐于算，
而文辞足以达之也。故三者之中，又以通学为上，而通文乃其次也。"
(《饮冰文集类编上论译书》) 严复为有名译家，其译书也不肯苟且。
"一名之立，句月踌躇" 故其所译，堪为模范。《天演论》例言中彼论
译书之难曰："译事之难：信、达、雅。求其信，已大难矣。顾信矣，
不达，虽译犹不译也。则达尚焉。" 今是书所言本五十年西人新得之
学，又为作者晚出之书，译文取明深义，故词句之间时有所颠倒附
益，不斤斤于字比句次，而意义则不倍本文。题曰达旨不云笔译；取
便发挥，实非正法。凡此经营，皆以为达；为达即所以为信也。信达
而外，求其尔雅。此不仅期以行远已耳，实则精理微言，用汉以前字
法句法，则为达易；用近世利俗文字，则求达难；往往抑义就词，毫
厘千里。凡择于斯二者之间，夫固有所不得已也。从上而论：翻译乃
一学问；翻译者须是通才；而此等人才须有特别教育以养成之；养成
之道，马眉叔亦曾论之。其言曰："欲求译才必自设翻译学堂始，翻译
书院之学生，选分二班，一选已晓英文或法文，年近二十，而资质在
中人以上者十余名入院，校其所造英法文之浅深，酌量补读，而日译
新事数篇，以为功课，加读汉文，由唐宋八家，上溯周秦诸子，日课
论说，使辞达理举，如是一年，即可从事翻译。一选长于汉文，年近

二十，而天资绝人者，亦十余名，每日限时课读英法文字，上及拉丁希腊语言；果能功课不辍，不过二年，洋文即可通晓。"

翻译人才，必须陶成，然后所译，方可惬心；否则不中不西，令人欲呕。吾国译书事，当以佛典为最盛；然此美果，亦历几世纪之经验，由人才而得之者也；试听梁任公论翻译文学与佛典之言曰："自汉迄唐六百余年间，大师辈出，上所述者，仅举其尤异；然斯业进化之迹，历历可见也。要而论之，可分三期：第一，外国人主译期；第二，中外人共译期；第三，本国人主译期。"

宋赞宁《高僧传》三集论之云："初则梵客华僧听言揣意。方圆共□，金石难和。碗配世间，摆名三昧。咫尺千里，觌面难通。此为第一期情状；安世高支□迦谶等，实其代表。此期中之翻译，全为私人之事业。译师来自西域，汉语既不甚了解，笔受之人，语学与教理，两皆未娴。伪谬浅薄，在所不免。"又云："次则彼晓汉谈，我知梵说，十得八九，时有差违。"此为第二期之情状；鸠摩罗什觉贤真谛等，实其代表。口宣者已能习汉言，笔述者且深通佛理。故邃典妙文，次第布现；然业有待于合作，义每隔于一尘。"又云："后则猛显亲往，奘空两通。器请师子之膏，鹅得水中之乳。……印印皆同，声声不别。"此为第三期之情状。玄奘、义净等，实其代表。我邦硕学，久留彼都，学既邃精，辩复无疑。操觚振□，无复间然。斯译学进化之极轨矣。

然则翻佛典者，不特精梵文，且娴汉学，故其所译，方堪万目。对于佛理，又复精通，唐玄奘亲往身毒，精读梵文经典十七载；宜其所译，胜于一般翻译家也。

虽然，翻译佛典者，组织译场；分工作事，其职务分至七种：

一译主　如罗什、觉贤、真谛、菩提、流支、阇那、崛多、玄奘、义净等

二笔受　如聂承、远法和道含等

三度语　如愿识论之沙门战陀

四证梵　如毗奈耶之居士伊舍罗

五润文　如玄奘译场之薛元超、李义府等，译净译场之李峤、韦嗣立等

六证义　如婆沙论之慧、嵩道朗等

七总勘　如梁代之宝唱僧祐，隋代之彦琮等

每注一书，其程序之反复如此，可谓极谨严之态度也已。佛家翻译，颇见成效，所译书籍，亦文清理顺。然吾天主教明末清初之教士，对中国文化事亦颇多贡献，至今文人学士，犹称颂不置。梁启超曰：

> 明末有一场大公案，为中国学术史上，应该大书特书者，曰欧洲历算学之轮入。利玛窦、应迪我、熊三拔、龙华民、邓玉函、阳玛诺、雅谷、艾儒罗、汤若望等，自万历末年，至天启崇祯间，先后入中国，中国学者如徐文定（名光启，号元扈，上海人，一六三三年卒，今上海徐家汇即其故宅。）、李凉安（名之藻，仁和人）等都和他们来往，对于各种学问，有精深的研究，先是所行（大统历）循元郭守敬（授时历）之书，错误很多，万历末年，朱世培、邢云璐先后上疏，指出它的错处，请重为纠正。天启、崇祯两朝十几年间，很拿这件事当一件大事办，经屡次辩争的结果，卒以徐文定、李良安领其事，而请利、龙、熊诸

客卿，共同参与，卒完成立法改革之业。此外，中外学者合译或者分撰书籍，不下百数十种，最著名者如利、徐合译之几何原本，字字精金美玉，为千古不朽之作，毋庸我再为赞美了。其余天学初函崇祯历书中几十部书，都是我国历算学界很丰厚的遗产，又辩学一编，为泰西伦理学输入之鼻祖，又徐文定之《农政全书》六十卷，熊三拔之《泰西水法》六卷，实农学界空前之著作。我们只要肯把当时那帮人的著译书目一翻，便可以想见他们对于新知识之传播，如何的努力，只要那时候代表作品——如《几何原本》之类——择一两部细读一遍，便可以知道他们对于学问如何的忠实。总而言之，中国知识线和外国知识线相接触，晋唐间的佛学为第一次，明末的历算学便是第二次（中间元代时和阿拉伯文化有接触但影响不大）。在这种新环境之下，学界空气当然变换，后此清朝一代学者，对于历算学都有兴味，而且最喜欢读经世致用之学，大概受利、徐诸人影响不小，当时治利、徐一派的学者尚有周子愚、翟式穀、虞淳熙、梵良枢、汪应熊、李天经、杨廷筠、郑洪猷、冯英京、汪汝淳、周炳谟、王家植、翟汝菱、曹于汴、郑以伟、熊明遇、陈亮采、徐胥臣、熊士旂等人，皆曾为著译各书作序跋者，又莲池法师亦与利玛窦往来，有书札见辩学遗版中，可想见当时此派声气之广（梁启超《中国近三百年学术史》见《史地学报》第三卷第一期）。

西士输进之科学，诚如梁君所言，乃中国文化史上一大公案，也其所编译之书籍，又字字精金美玉，今吾考究成绩，乃来自中西士精究汉文之功也。谓如不信，请观艾儒罗所著《大西利先生行迹》！

"其（利玛窦）居瑞州几十载，初时言语文字未达苦心学习按图书人物请人指点，渐晓语言旁通文字，至于六经子史等篇无不尽畅其意，始稍著书，发明圣教。"……

"利子住京师十年，交游益广，著述益多，时与名公论学，旁及度数，与徐宗伯则译《几何原本》《测量》等书，与李水部则译《同文指算》《浑尽通宪》《乾坤体义》等书，俱已行世。自是四方有道之士多致书请问利子率手自裁答。"……

又马公相伯在书利先生形迹后有曰：

尝与剑之见杨先生玛诺天学举要遗稿惜非完；而改窜处亦皆以鹅毛管自书。……

徐上海重印《几何序》云：

庚戌（万历三十八年一六一○年）北上，先生没矣（是年利子殁），遗书中得一本，其别后所自业者校定皆手迹。

然几何原本利子为署口述，而犹勤苦手订如此，后知诸先生不署他人笔者，皆自传矣。

陈垣先生撰《李之藻传》云：

修士傅汎际者，（明史汎作兆误）波尔杜葛学士也，以天启元年至中国入杭州之藻与译希腊古贤亚里斯多特勒之书。已成者有《寰有全》六卷，《明理探》十卷，其价值不在欧几里得《几何》下，而不甚见称于世，则以读者之难其人也。《寰有全序》曰：余自癸亥归田，即从修士傅公汎际结于湖上，形神并式，研论本始，每举一义，心眼为开，遂忘年力之迈矣佐翻译，诚不忍吾当世之失之，惟是文言绝，喉转棘生，屡苦困难阁笔，乃先就诸有形之类，摘取形天、土、水、气、火所名五大有者，而创译焉。诸皆借我华言，翻出西义而止，不敢妄增闻见，致失本真。是编竣，而修士于中土文言，理会者多，从此亦渐能畅所欲言矣。于是乃取推论名理之书而翻译之。

《名理探》译笔，比《寰有全》犹深刻，此二书成而之藻须发俱白矣。始译至讫事，盖五义寒暑云。

之藻未卒之前，尚刻《天学初函》二十种，曰初函者，拟续刻也。而毕方济《睡答》《书答》，杨廷筠《圣水记言》等亦均之藻子梓行之。之藻博学多通，时辈罕其匹，……利玛窦本记忆学专家，之藻序《畸人》称利玛窦经目能逆顺诵，之藻效之。相传二人偶过一碑，共读已；玛窦背诵如流；之藻逆诵误一字，玛窦叹服。其后半生精力，更尽卒于译书刻书，输入西洋学术，以弘圣教，业亦伟矣。

李公问渔传徐文定公曰："驻京教士龙子华民、熊子三拔、庞子迪我，皆饱学，精厉数。传扬圣化，事多棘手，公与李太仆鼎力维持，不避嫌怨，刊行教中书，多为公修饰。庞子撰《七克》一书，收入《四库》公笔削之也。"……公在籍，乘解组间住，著圣道书，敦修省功。教士毕方济意国人，万历癸丑来华，偕公译《灵言蠡测》二卷，阐发灵魂体用，究委穷原，殆无遗义。

如上所言，编译书籍之中西士，皆为博学通才，或精西文或善华语，而又长于学问。其译者，也不计时数月，匆匆将事，然切磋琢磨下一番研究之功。故所译之书，至今脍炙人口，声闻学界。信矣哉，翻译乃一学问翻译又须通才，非可冒昧从事也。

再论如何翻译，翻译者，传他国语言文字，而达其意也。而此工作可分为直译与意译。直译则随原书之文字，序次意义，悉心译出。其长则对原文忠信确切，无浮泛之弊。其失则语多佶屈句近欧化，诚马眉叔先生所谓，"触之欲呕"，者也。甚者有译者于西语一句一句分开出来，则句句懂明，合之则不解其意义，于是句句译出，字字译出，文字之次序，悉照原文，然所译者，则非驴非马，非中非西，读之不能懂，思之不能悟，何怪人鄙弃之也。

意译则照原书之意义，笔而出之，不为文字所桎梏，语言所奴隶。其长则文从字顺，读者能懂。其弊则有时失之浮泛，终少切实。直译意义而外，又有文言文与语体文之别。有主张用语体文者，以为旧译之不能辞达意，完全害在用文言文，若该用语体文，则无此困难矣。于是反对严复反对林纾之译本。此说姑曰然也，但是严林之汉文却能自由发表思想，而涩繁粗陋之白话文，反生出咬牙吃齿，非文非俗之语句，不特未识西文者，不能卒读，即精究西文者，亦不愿观阅。故其咎不在文言文也。

然则文言文胜于语体文乎？曰：亦当分别。文言文，语简义深，往往有不能一言以尽者；用一语而义理豁达；且文情文思，无不跃然纸上。然其弊：太古奥，不切实，只为文艺家之玩品，而非轮灌学术之工具也。

综上所言，吾之主张：译书不必一定要直译，或意译；不必一定要文言文或语体文，当视书之性质而定。如圣经、教典、法律，等等，则当直译；历史、传记、记事，等等，允宜意译。文言文该用于译庄严郑重之书籍；语体文则对于宣传品，通俗本，更为合宜，此其大较也。总之：文言文与语体文，直译与意译，与译书无重大之关系；只求所译之书，令人读之能懂，为第一要件。

至地名人名之译音，亦成一问题；不特从英译者译英音，从法译者译法音，有客观上译音之不同；且齐人译之为齐音，楚人译之为楚音，主观上之译音亦不一致。故同一名也，百人译之而百译；甚有同一人译而有前后之歧异。

除人名地名外，犹有关于学问之术语，有音译意译之不同。音译者，则诘屈聱牙，读之不能懂；义译者，虽能望文生义，然命名多有各异者。严复对于学术用语主张意译，（《天演论》译本例言）章士钊则主张音译，（《甲寅周刊·论译名》）学士之说，所见不同。

吾对于译名之意见，无论人名地名术语：

第一，已通用之名，则仍其旧，不必妄事更张；虽于义有未尽允洽，然人人共晓学术界上已有适当性矣。

人名如：华盛顿、拿破仑、亚利斯多德等。

地名如：巴黎、罗马、伦敦、纽约等。

术语如：哲学、经济学、抽象、具体等。

此等名词，以仍旧贯为上乘。如有新事新名，或译名参差不一，未曾统一者，则名词下兼书西文为要。

第二，音译意译，不必执一不化。人名地名唯能音译；但所用文字亦当一律，否则所写不同，则淆惑矣。即如以吾圣教会之译名论，当今教宗 Pius XI 之名，有译庇护者，有译比约者，有译比阿者；一名而各异其字，窃谓当归一致，不可任意也。

第三，术语以意译为。上述术语所言之事，既不易晓，而所译之音，又难酷肖。如 Logique 名词，前音译曰逻辑，今意译曰伦理学，一则能识其字，而不知其义；一则见其字而能悟其意，优劣之分，判然矣。

第四，术语意译，不当用古字古义，以炫耀人目；但当取通俗之名，易晓之语，例如严译之内籀（Induction）、外籀（Deduction），名固意译，词又古奥，其如常人之不解何？

总之，人名、地名、术语，亟须统一，当有标准。最好由政府组织译名统一委员会，互相讨论，议决法定译名，由政府公布；庶全国一致，而有所遵从。

论译事，吾之主张，已略述如上；而其他名士之讨论亦可得而言焉。译书最多最盛时期，当溯自东汉以迄唐代之译佛经而当时有名之译家，以其经验之所得，亦定有译例，虽所言涉及佛事，而抽象观之，亦能得其要领也。

晋道安论译事，务主质朴，有"五失本三不易"之论。

五失本者：

一、谓句法倒装；

二、谓好用文言；

三、谓删去反复咏叹之语；

四、谓删去一段落中解释之语；

五、谓删后段复牒前段之语；

三不易者：

一、谓既须求真，又须喻俗；

二、谓佛智悬隔，契会实难；

三、谓去古久远，无从博证；（见梁任公近著《第一辑论》佛典之翻译）

准此：道安注重信、达，主张直译之人。

罗什（姚秦弘始）与安稍异。什尝与僧睿论西方辞体，谓："天竺国俗，甚重文藻；……改梵为秦，失其藻蔚；虽得大意，殊隔文体；有似嚼饭与人，非徒失味，乃令呕秽也。"（《高僧传·本传》）是罗什主义译者也。

隋彦琮尝著《辨正论》以垂翻译之式，论译家宜有"八备"：

一、诚心爱法，志愿益人，不惮久时；

二、将践觉场，先牢戒足，不染讥恶；

三、筌晓三藏，义贯两乘，不苦暗滞；

四、旁涉文史，工缀典词，不过鲁拙；

五、襟抱平恕，器量虚融，不好专执；

六、耽于道术，淡于名利，不欲高炫；

七、要识梵言，乃闲正译，不坠彼学；

八、薄阅苍《雅》，粗谙篆隶，不昧此文；

此不唯商榷译例，而兼及译法译才矣（梁任公《论佛典之翻译》）。

唐之玄奘为译佛书最有功之一人，亲至天竺学梵文求法历十七年。贞观十九年归京师，至龙朔三年，凡十九年间（六四四—六六三）从事翻译，所译共七十三部，一千三百三十余卷。其论译事有"五种不翻"：

一、秘密故，如陀罗尼；

二、含多义故，如薄伽梵；

三、此无故，如阎浮树；

四、顺古故，如阿耨菩提；

五、生善故，如般若（周敦义《论翻译名义序引》）。

凡此皆足见前代译家之忠实审慎，其所定程式，虽关佛典，然可供今日之参考者，固不少也（梁任公《论佛典之翻译》）。

近人严复论翻译曰：

"译事三难：信、达、雅。求其信已大难矣；顾信矣不达，虽译犹不译也；则达尚焉。……信达而外，求其尔雅。"（《论天演论·译例言》）

吾谓译书，信、达、雅，三长能兼者实不多见；分别其轻重：则达为第一，次为信，雅犹在达信后焉。盖有一般书籍，翻译者先当求达，如小说，等等，其余经典等则信达并重，其不可偏于一隅。

梁任公论译书译例，曰：当首立三义：

一曰，择当译之本；

二曰，定公译之例；

三曰，养能译之才。

又曰：译书有二弊：

一曰，徇华文而失西义；

二曰，徇西文而梗华读（饮冰室文集类 编上论译书）。

从上所言，可见译事之难，自古而已然。今之翻译家，西文稍知ＡＢＣＤ，中文略读坊间之国文教科书，而侈谈译事，妄弄笔墨，而所译不能读，触之令人欲呕，推原其故，皆不知译事之为何物耳？

今夫国际事业，交涉日益纷繁，而人类之知识，亦日形国际化矣。中国为文明古国，其文化斐然可观，然欧美之形上形下知识，未尝见逊于吾国之学问也。立国于二十世纪，欲适应于国际性，灌输欧美文化，诚亟亟不可缓矣。灌输之道，莫若翻译。翻译当有大规模之组织，最妙之法，莫若仿前佛教之译场，开设翻译书院，此意也马建忠、梁启超已先吾而言。为今之计，诚能实践此策，百折不回，则十年之后，必有一番事业之可观矣；不禁拭目俟之。

——《圣教杂志》第 19 卷第 3 期（1930 年）

论 Ethics 应译为道德学（1930）

傅铜、徐炳昶、杨震文

一、人生哲学

二、伦理学

三、道德学

四、道德哲学

一

日本人译 Ethics 为伦理学，我国人多袭用之。胡适之先生于《中国哲学史大纲》第二页中谓"伦理学"为旧称，改译之为"人生哲学"。请引其上下原文：

因为人生的重要问题不止一个，所以哲学的门类也有许多种。例如：

一、天地万物怎样来的；（宇宙论）

二、智识思想的范围、作用及方法；（名学及智识论）

三、人生在世应该如何行为；（人生哲学旧称"伦理学"）

四、怎样才可使人有智识、能思想、行善去恶呢；（教育哲学）

五、社会国家应该如何组织，如何管理；（政治哲学）

六、人生究竟有何归宿；（宗教哲学）

夫研究人生之行为者不止 Ethics 也。

据《中国哲学史大纲》第二页，Ethics 似亦可谓为善恶之学。夫善固人生之理想，然非人生之唯一理想也。西人往往并称真美善。井上圆了增之以妙，章太炎增之以胜。（人皆好胜。好胜心与爱真、爱善、爱美之心皆不相同。）故研究人生之理想者，不止 Ethics 也。

$$
人生之理想 \begin{cases} 真……伦理学，知识论形而上学。 \\ 善……Ethics \\ 美……美学 \\ 妙……神秘哲学 \end{cases}
$$

人生哲学一名词，自其字义上言之，宜不出下列之二解：

一、研究人生之全体之学；

二、研究人生之一部分之学。

人生者，人之经验也。凡经验皆有经验者与所经验者。所谓人生者，若包所经验者以为言，则世间各个科学之所研究皆人生一部分。而研究人生之全体者，唯形而上学（Metaphysics 或译为纯正哲学、纯正学、超物理学），即自狭义的人生。以为言 Ethics 亦非研究人生之全体之学。此可于以所列二表中见之，然则以 Ethics 为人生哲学之理由，似因其研究人生之一部分而非因其研究人生之全体。

以上所学各学无非研究人生之一部分者。且适之先生既明明以"以天地万物怎样来的""智识思想的范围作用及方法"等为"人生切要的问题"，则宇宙论、名学、知识论、教育哲学、政治哲学及宗教哲学等当然皆为研究人生之一部分之学。吾人若可因 Ethics 研究人之一部分而谓之为人生哲学，则似亦可以同一之理由，谓此等学为人生哲学矣。若然则可名为人生哲学者不止，此数盖研究人生之一部分之学，此外尚多也。

命名之意在区别其所名之物与他物，人生哲学之名不足以表示 Ethics 之特质，不足以表示 Ethics 与其他科学之区别。

二

吾人对于适之先生有极同情者一事：即不满于伦理学之旧称是也。适之先生不满意之理由如何，非吾人所知。请略述吾人之理由。

Ethics 为英文，此名词在希腊文为 Ethikös：见阿里斯多德所著之 *Ethics*，此字与拉丁文之 Moralis 相当。罗马之西塞罗（Cicero）遂译为 Moralis。此二字之意虽同，然一为希腊文，一为拉丁文，故欧洲诸文亦多有二字。英文之 Ethics，德文之 Ethik，法文之 Ethique，来自希腊文之 Ethikos。英文之 Moral，法文之 Morale，皆来自拉丁文之 Moralis，伦理学之所研究者为道德，理应译道德之学。然日本人既译 Moralis、Moral、Morale 等为道德，以为 Ethics 即另是一字，当另以他字译之，此其所以未译为道德学也。

日本人何以译为伦理学乎？曰：远藤隆吉氏曰"伦理"一词中国

自古有之。《礼记·乐记》曰："凡音者生于人心者也；乐者通乎伦理者也。是故知声而不知音者禽兽也；知音而不知乐者众庶也。唯君子能知乐"。陈澔注曰："伦理者谓事物之伦类各有其理也"。《朱子语类》中朱子论读书之法曰："读史当观大伦理大机会大治乱之得失"。远藤氏又曰："中国古有五伦五常等名；伦理者可以解为人伦之理"。日本人译为伦理学之根据，大概在是矣。此数端皆与 Ethics 之意义不相合。

三

按 Ethikos 与 Moralis 同为品性或性向之意，Ethikos 来自 Ethos。Moralis 来自 Moras，Ethos 与 Moras 同为风俗习惯之意。Ethikos 与 Moralis 二字之意义在英、德、法文皆无甚区别。故德人所著之 Ethics 有谓为 Ethik 者，有谓为 Moral Wissanschaft 者。法人用 Ethique 者甚少，有名为 La Morale 者，有名为 Science Morale 者。英人有名为 Ethics 者，有名为 Moral Science 者，有名为 Science of Morality 及 principles of morals 者，有名为 Ethical Science 及 Science of Ethics 者，此外又有 Ethical Philosophy 之名。则此二语之意义相同于此，可见一斑矣。二语之意义既同，则吾人可以一语译之，不必以二语译之。英文中有来自 Anglo-Saxson 语之 Freedom，又有来自拉丁语之 Liberty，法文只有来自拉丁语之 Liberté，法文译英文时，无论其为 Freedom、为 Liberty，皆译为 Liberté，不于 Liberté 之外另造一名词也。吾人译英文时，无论其为 Freedom、为 Liberty，皆译为自由；亦不于自由之外另造一名词也。"道德"既为吾国固有之名词，其意义又与以上二语之意义相当，则吾人又何必于"道德"之外另造一名词以译之乎？

且既以道德译 Moralis 矣，则德文之 Moral Wissenschaft，法文之 Science Morale 及 La Morale，与英文之 Science of Morality 及 Moral Science 当然译为道德学，是道德之名词为吾人所欲避不能者也。

不但此也，吾人若固执以伦理学译 Ethics，将何以译 Ethical Science，又将何以译 Science of Ethics 将译之为伦理学或伦理学的科学乎？若盖译之为道德学，则无此困难。剑桥大学 Mord Phihsphy 教授 W. R. Sorley 氏在该大学讲 Ethics 时，谓以上所求二名词之意义难同，而用为形容词时则有区别。关于行为则用 Moral，关于学理则用 Ethical，吾以为二者皆译为道德学时，此区别殊不足以发生困难。盖吾人可译 Moral 为道德的，译 Ethical 为道德学的。

Ethics 所研究之道德乃一切人之道德，非一种人、一个人之道德。其所立之道德乃为一切人而立，人皆道德的存在物（moral being）；故无人无道德，无国无道德；无国不以应科学的方法研究道德，故无国不应有道德学。统观世界史，道德思想之发达几无出吾国之右者。吾国之哲学大多以道德为归宿。故吾国之道德思想实吾民族思想之结晶。Ethics 既为研究道德之学，吾人应以吾国固有之名词译之，不应另造一新名词，使人疑其为外来的学问。

四

此外尚有一名词，在拉丁文为 Philosophia Moralis，在英文为 Moral Philosophy，在德文为 Moral Philosophie，在法文为 Philosophie Morale。缪亚黑教授（Professor J. H. Muirhead）所著 *Elements of Ethics* 第四页谓此名词较 Ethics 之名词尤古，并说明其意义如下：

Similarly if we revert to the older name under which the Science was known, niz moral philosophy, we find that this means the philosophy of morals, which signifies in Latin, primarily customs or habits, secondarily the habits of the moral agent in respect to moral action, i. e. character...

马肯霁教授（Professor J. S. Mackenzie）所著之 *Manual of Ethics* 第二十二页谓自一方面观 Moral Philosophy 之名词较为可采。（In some respects the term Moral Philosophy is preferable.）

又谓之曰，本书所以用 Ethics 之名词者，一因其简短，一因本书限于篇幅不能详为哲学的讨论也。

The term Ethics is retained in this manual partly for the sake of brevity and partly because the necessary limitations of the volume prevents a thoroughly philosophical theatment.

牛津大学、剑桥大学、苏格兰各大学关于此科之教授皆称为 Professor of Moral Philosophy，不称为 Professor of Ethics。苏格兰各大学所有道德学一科亦称为 Moral Philosophy，不称为 Ethics。

吾人以为，moral Philosophy 可译为道德哲学。至其与道德学之区别，容另论之。

——《哲学》第 4 期（1930 年）

论 Clerus sæcularis 译名（1931）

李振声等

一

敬启者：昨阅贵报所公布 Clerus sæcularis et regularis 之译名，美不胜收。唯 Clerus sæcularis 译为世籍神职班，Clerus regularis 译为会籍神职班，最为允当，既不失拉丁文原意，而于华文亦甚通顺流利，且甚切合。若夫译为世神职班、会神职班，不加籍字，未免太形空泛，而不醒豁，易滋误会，盖华文世家世谊之类。有遗传之意，则世神职班，人将懂为 Clericatum hereditarium，若加籍字，则切定为 Clericatum secularem。盖华文籍字，表示籍贯之意，即拉文 incardinatio，至于神职班，亦不如神职界，更为合宜。盖华文捕班、皂班、戏班之类，皆贱者之职名。虽有朝班、翰林班之名称，今时代变迁，已不适用，愚意 Clerus sæcularis 译为世籍神职界，Clerus regularis 译为会籍神职界。如某君所云，更为相宜。（下略）

荆门李振声写于汉口梅神父纪念医院

二

主笔司铎勋鉴：近阅贵杂志通讯栏内：为 Clerus sæcularis 译名，意见各歧，莫衷一是。谓"在俗"二字，不厌人心理，亦属实情，而"自修"与"会修"或"会内"与"会外"亦未见允当。鄙意 Clerus sæcularis 宜译为"不隶会神职班"，Clerus regularis 为"隶会神职班"。隶者属也，属于修会，或不属于修会，界限自分清，而文字又不俗，不知当否，尚乞教正。

末铎胡景德敬启

三

敬启者：读贵杂志近几期内载有论 Clerus regularis et sæcularis 译名，鄙意 Clerus regularis 可译为"有愿神职班"，Clerus sæcularis 可译为"无愿神职班"，盖两种神职班之最要分别，在有愿无愿耳，不知尊意以为然否，顺祝撰安。

牛若望谨上

四

圣教杂志社主任大司铎台鉴：兹阅贵杂志三论 Clerus sæcularis 译名一节，有译为世修或世籍者。贵社以世修二名可采用，又四论第八函载张伯禄大司铎所译 Clerus sæcularis 为世神职班，译 Clerus regularis 为会神职班，贵社视为满意，具见虚怀若谷，善善从长。贵社导扬于前，本籍神职班，当更赞助于后，同道合作，积极译定，以免歧异。意世修二字，虽属清雅，然与 sæcularis 词意似欠允洽，至世神职班与拉丁文原义，虽无差异，而华文世字冠于他名之上，尝有世代世传之解，易滋误会。鄙意世籍二字与 sæcularis 原义，似尚妥洽，可否以世籍神职班译为 Clerus sæcularis 定名。管见所及，特此布达，诸希卓裁，并颂撰祺。

汉口公教一份子若愚启

五

　　大司铎台电为 Clerus sæcularis 之译名，既然征求意仆见，亦不妨供其一得之愚。贵社宣布之译名多矣，有译兼善独善者。仆以为不若译为"显修""会修"之更为贴切而雅致。盖不入会修道，所以公之于世。所谓灯光，不置斗下，亦善与人同，亦即兼善之意也。谓为显修，不亦宜乎。公将曰，显修与隐修对立，不宜与会修对，则将应之曰，此二名所以分别会修与不会耳，未尝不以会士非显修也，况会修真义，实古隐修之流亚，而别开生面耳，又显修者，所以俗同好恶，与世浮沉，居于世，行于世，不为世污所染，不为俗欲所蔽。古人所谓同乎流俗，合乎污世，然泥而不滓者也，则译为显修，不已透彻乎。贵社赞成世神、会神二字，非特不能一目了然，反有诘屈聱牙之苦，译名贵乎通达显著，不贵艰涩晦索，亦不宜拘泥字面，不以文害辞，不以辞害志，斯可矣。

仆黄臬鞠躬

六

敬启者：贵杂志征 Clerus sæcularis 译名一项，似于本年第九期之译名栏内第八节，以海门张副主教之（世神职班）一名，定为垂案，故本不宜再为置喙，然读本期第四节，贵社答复内，又有"深望同道诸公，用积极的协作，勿持消极的评观"等语，仆特供献以无会神职班，作译 Clerus sæcularis 以与在或有会神职班对峙。Clerus regularis 盖张副主教之世神职班，世神二字并列，似稍刺眼，当否敬祈指正。

云南末铎邓培根上言

七

圣教杂志主笔徐大司铎尊鉴：贵社前译 Clerus sæcularis，为在俗神职班，本明白了，且并不与原文相背，但一般人恐于在俗二字发生误会起见，故多不满意。然诚如王司铎远志所云，"除俗字外，别无较妥之字可代"，故只好撇弃辞意直译法而取侧译法，即求其达雅之寓意，则庶几近矣，故仆拟译 C. R. 为会修，译 C. S. 为显修，以示不在会之意，既较俗修雅听，亦不失 C. S. 之寓意，至译为世神职班，仆颇不敢同意，深恐有误世神职班，为世传、世袭，或在世之意者，岂不与张大司铎译辞之原意相背谬乎？再者，神职班之"班"字，仆早觉欠妥，希易为"界"字，幸贵杂志第九期通讯栏有施司铎绍卿之提议，仆甚以为然。仆一介修生，本不敢高谈译辞，尤不敢在神长前舞文弄墨，唯因事关久远，而贵社通讯栏，尤喜公开，故敢不揣鄙陋，伸述己见，幸垂教焉，肃此奉陈，敬颂硕安。

旅鲁汾区修士范光夏谨启

八

读主教杂志为 Clerus sæcularis 征名，读至三论、四论，徒见译者困难，意见纷歧，纠纷已极，然欲觉一相当贴切圆美之作，竟不可得，即世铎、会铎、世神职班、会神职班，亦不敢赞同。盖总觉强连硬缀生札杜撰而已，依鄙意而论，有一直接简单解决之法，即在会司铎，与不在司铎之区别，即在加字与不加字之分别而已。列举数或以明之，譬如说，神品班、本地神职班、铎界、铎班、传教士、传教司铎、修院司铎、公教司铎、天主教司铎等，混统泛称，俱指不在会司铎而言，如系会士，加一会名，如耶稣会司铎，奥斯定会神职班，味增爵会传教士，天主教多明我会修士等，则眉目清楚，不别自别矣。（下略）

陈雅各

九

贵社主笔大司铎均鉴：贵杂志第九期内主张 C. R. 为会神职班，意尚允洽，而主张 C. S. 为世神职班者，醉醒以为不甚妥惬也，盖世字若当在世、一世、世世、寄世、籍世，种种字义而解，则会神职班均可享受以上权利，均可被称为世神职班，敝意拟译"为非会籍"或"非会"神职班。俾与会神职或会籍神职班，或在会神职班成对待名词，不知高意何如，此请 选安。

醉醒上

十

敬启者：昔枢机主教 Mercier 甚不爱用 Clerus sæcularis 名称，故易以 Clerus dioecesanus，以此名称可否译以区，或直隶神职班，谓其直接属隶于主教。Clerus regularis 译神职班，谓其直接隶属于修会会长，匆匆忙忙中。此请 道安。

弟雷叩

十一

大司铎主持圣教杂志，于 Clericus 译名征求意见，鄙意以为自修与会修二名最宜。因 sæcularis 不必俗字译之也，若必欲译以俗字，则以通俗二字较雅致而贴切，是否有当，尚祈裁察，专此顺请 近安。

知名

十二

启者：近读贵报以 C. S. 译称世神职班，C. R. 为会神职班甚为满意云，但敝处数同道讨论，若以此定名似尚浑合，不若以世籍称 C. S.，以会籍称 C. R.，较为妥切。敝处赞许世籍、会籍名称，绝无意气之争，谨代表同意上达贵社裁夺，以定取决，谨此顺颂 撰安。

汉口 C. M.

十三

凡称一名，最要有二：第一，当设法表明所称之人物；第二，当与一切别的人物分清，不致有混，至于字句，固以简短为贵，然遇有难以简短字句，表明分清之人物，亦不妨多用一二字，以求表明分清，以鄙意量之。Clerus religiosus 宜译以修会内神职界。Sæcularis 译以修会外神职界，未知同道诸君，以为然否。

西湾子雅伯各张铎

十四

圣教杂志主任神父勋鉴：承贵社揭示各处函译 Clerus sæcularis 之名词，约有下列七样。一、译为"在俗神职班"；二、译为"非会神职班"；三、译为"会外神职班"；四、译为"俗修神职班"；五、译 Clerus sæcularis 为"兼善神职班"，译 Clerus regularis 为"独善神职班"；六、译 Clerus sæcularis 为"在世神职班"，译 Clerus regularis 为"出世神职班"；七、译 Clerus sæcularis 为"自修神职班"或"原修神职班"，译 Clerus regularis 为"会修神职班"。以上各译，仆以第七较为得当，盖其所译之名词，能与所指者之身份事实适合，其字样意义，又不卑不昂，不怪不俗，彼此既不相伤，更能使人一目了然，不生误会。是否有当，请登入贵志，与众一商为祷，专此敬颂　道祉。

光敬叩

十五

敬启者：近阅贵报民十九年第八期，论 Clerus sæcularis et regularis 之译名多端，征求同意，务使译名得其当而统一，诚令人钦佩不已。窃思译名专为指明事实，犹贵眉目分清，不致他人误解，方为妥善。鄙意 Clerus sæcularis 译为教区神职班，Clerus regularis 译为修院神职班，二者各由栽培处命名，管见及此，不知是否有当，求为教正，专此恭颂　秋安。

弟高热尔

十六

顷阅贵杂志第六期，有征名一事，Clerus sæcularis 仆始拟会外神职班，继思亦未恰当，今拟以兼善二字为 Sæcularis，独善为 Regularis，庶几名实相见敬，未知高明以为何如，谨此复命，顺叩　宗安。

铎末罗某叩

十七

昨阅贵志，载有 Sacerdos Sæcularis 之征名，愚意译以"非会神职班"或"会外神职班",是否有当,仍在公裁此启。

末铎郭

十八

圣教杂志社鉴:今阅贵社《圣教杂志》第六期内,载以前译 Clerus sæcularis 为不入会神职班,未见允惬,复译为在俗神职班,以征其名。 以较之不入会神职班数字,名称上则见尤便,然就不进修会发现愿数字而论,则在俗神职班数字之直义。 以不及不入会神职班数字之透彻,且在俗二字,易致疑窦。盖能疑在俗神职班,即是俗人而尽神职者。今晚拟以 Clerus sæcularis 译为俗修神职班,在俗改为俗修,未知当否,敬祈贵社教正。此请贵社公安。

晚林振豪敬言

本社接到以上许多信札,承诸位同道,表示卓见,无任感慰。编者谨将上所公布之译名更觉贴切者。取之拟译 Clerus Sæcularis 为"教区铎曹",译 Clerus regularis 为"修会铎曹",诸同道以为如何?

——《圣教杂志》第 20 卷第 1 期(1931 年 1 月)

译名的商榷（1931）

幼雄

自中外通商以来，欧美日本的文化事物，渐次输入，又以时代之进步，新发见的学理和新发明的事物更日益增多。此种外来的新有的事物，既为我国向所未有，则我们不能不各予以一个特有的名称，以便称呼。这便是译名。日本文字与我国大体相同，所以日本所已有的名称，除意义十分相反者外，我们尽可直接使用，不加变更。名词中如"目的""场合""事态""代价"……，动词中如"取谛""同化"……，副词中如"积极""消极"……，已为一般人所熟用，不胜列举。至于欧美或其他各国文字，则与我国完全不同，所以它们的名称，须下一番翻译的工夫。翻译的方法有下列数种：

（一）于中国固有名称上加一接头字。例如番茄、番银、洋灯、洋纱、胡琴、西洋参等，这些东西，我国本来也有，但因从外国输入，和我国原有的不同，所以加上洋、番、胡等区别字。又如"荷兰水""暹罗米""安息香"，则于名称上加上国名，以表示该物的来处。

（二）特制一新字。这大都用于化学原素，及各矿物和度量衡之属。例如"氟""钠""锌"等。又如英尺译为呎，基罗米达译为粁，海里译为浬等是。

（三）意译的。这本是译名的正道，即选择本国适当的名称，或取用适当的文字，作成合成词，来相代替。前者如 Energy 之译作"能"，Logic 之译作"名学"，Week 之译作"一星期"或"一周"都是。后者如 Tennis 之译作"网球"，Cigaelle 之译作"香烟"，Telephone 之译作"电话"，等等。至于如何造成此种合成名字，方法很多，不能详述。

（四）音译的。意译固然不错，可是往往不能概括原语的意味，譬如梵语的 Nirvana 译语多至三十余种，即寂灭、圆寂、解脱、无恼、寂静、安稳，等等，可是但取一语，都不能包括原有意义而无所遗漏。因此索性译音作为涅槃，免得有含混不清，或所译不当之弊。现在学者尊重音译也便是这个原因。这个译法最为便利，古来也多采用。如葡萄为 Boltrus 的译音，萝卜为 Rapa 的译音，柠檬为 Lemon 的译音。他如 opium 之译鸦片，Logic 之译逻辑都是。至于今日适用的译音语，却是举不胜举了。

（五）音义兼有的。便是一半音译，一半仍译其义。例如冰淇淋，淇淋为 Cream 的音译，而冰则为 ice 的意译。又如某某主义，某某恒用音译而主义二字则是语尾 iom 的意译。Quinine 译作"金鸡纳霜"，上三字译音，下一霜字则系此药的粉末。此外如爱克司光、咖啡茶、哀的美顿书等，也皆准此译法。现在我们最通用的公司二字，公字乃为 Company 字 com 之音译，司则是意译的。

（六）音义合一的。这个译法最难，便是音译的文字，使有意义而其意义又与原语相合。这种例子很难找到。Utopia 之译乌托邦近似于此。又西人子女呼其所雇佣的乳母为阿妈（Ama 葡萄牙文）亦可适合。

以上各种译法，各有各的优点，但也各有各的缺点，我们不能硬说哪一种最好，哪一种最坏。不过现在有一种人译起西文来，虽用音译，但却喜欢用其联合成义，若说是第六种音义合一的译法吧！却又不然，因为合成的意义是和原义完全不同的。这种译法，我以为反足使读者误解文意，不足为训。

外人都说我们中国人富于排外性，这话我从译名证明其为不确。我国所译各国国名，永不曾用恶劣的字眼，所用的都是美好和赞扬的文字。例如英国译作"英吉利"，美国译作"美利坚"，德国译作"德意志"，意国、奥国译"义大利""奥大利"，此外如"法兰西""俄罗斯""西班牙""葡萄牙""匈牙利"等任何国名之中，虽不含赞颂的文字，却也没有毁谤的文字。如果喜欢毁谤的话，那么何妨称作"阴及厉""魅厉兼""毒溢猪"……呢？

我们译西文字音，有一层最感不便，就是各人所译的字眼，个个不同，譬如 com 一音，你喜欢用"康"，我喜欢用"孔"，而他们或者喜欢用"刚""公"等。因此一个西文字，译为中文字音，便多至十七八个，或者还不止此数，这样参差，叫人如何记忆。除非本来晓得原文，你可以把译音再回忆出原文，才后会解得这译音译的究是什么。至所以参差不能一律的原因，盖因我国方言太多，读音各异，译述起来，自然大不相同了。

所以我觉得中国的译名，必得审查一下，研究一下，对于某一西文字音，规定若干中文字音去译，此外虽然有同音的汉字，也一概不得掺用。这样一来，我们看了所译的汉字，便可以反过去拼出原来的西文字，任何人都不会弄错，于是译名也可以统一，撰稿排印时，可以把原文省去，不必附合，这样怕要便利不少呢。

至于现在已经通用的译名，自然只好仍旧无须更改，因为一更改，恐怕反而觉得陌生了。

——《开明》第 30 号（1931 年 2 月 2 日）

统一圣教会人名地名之译名（1931）

编者

翻译是一件甚难的事，缘须有"信、达、雅"三事故。严复谓："一名之立，旬月踟蹰"。梁任公谓："翻译之事，遣辞既不易，定名尤最难"。定名难，所以吾圣教中之人名、地名亟当统一，令归一致。缘不一致，易淆视听故。例如当今教皇之名，有译庇护，有译比约，有译必约，一名而三译，不知者几疑是三人。举一反三，其他可知。

为今之计：为统一起见，第一当着手者，统一人名、地名之译名，此事比较易为，而效用亦易见。其进行之方法与标准：

一、凡名字已见于前传教士所著书籍中者，摘录列出，多为保留。

二、将《圣经》圣传中之地名、人名，编成表格，征求译名。

三、名字以拉丁为标准，华语以国音为指归。

四、拉丁字母ＡＢＣＤ等，当有国音规定，以利进行。

吾国圣教会，在今当与当为之事中，圣教文化事业，亦为事之急待进行者。明末清初传教士，于文化一端，贡献实多，缅彼前贤，景仰无已。安得今日有其人者，继续前绪，为我圣教创立公教文学、公教文化；光扬圣教哉？

——《圣教杂志》第20卷第3期（1931年3月）

翻译莎士比亚（1931）

余上沅

一九二八年七月二十八日，日本东京发行的《太平洋》周刊（*The Trans-Pacific*）有一段惊人的记载，早稻田大学名誉教授坪内雄藏博士（Yozo Tsubouchi, 笔名坪内逍遥）费了四十三年的精力，译完了莎士比亚的全集。一八八五年起，那时他才二十六岁，坪内逍遥就着手翻译 *Julius Caesar*。译完以后，自己觉得很不满意，于是扔开原稿，重新再译。最后发表的本子是他的第四次改稿。他的精神，于此可见一斑了。

坪内博士大功告成的时候，已经是六十九岁的老翁了。日本文坛和他的及门弟子们，如中村吉藏、秋田雨雀等，拟了两个办法，来纪念他这伟大的努力。他们在早稻田大学建筑一座宏大的戏剧图书馆，并附带一座剧场。此外，当时即由驻地小剧院（Tsukiji Little Theatre）排演《夏夜梦》；表演方法、音乐、舞蹈、布景、服装、完全用西洋式，只除掉语言。

日本民众对这位莎士比亚学者的敬仰，据《太平洋》周刊说，并不是因为他四十三年的恒心和毅力，却是因为这印行的三四十册译本，没有一本不是准确。把外国书译成日文是一件事，它又说，译成一字不多一字不少的正确日文另是一件事。一般舆论都说坪内的翻译是尽善尽美的，不但无减无增，而且是看不到一点翻译的痕迹，念下去是和原来用日文写的剧本无甚分别。许多佩服坪内博士的人更进一步地说，好些地方，译本比原本还要动人。又说原本的精神、庄严、语调，都在译本里表现出来了。

杂志上的话有没有宣传的嫌疑，我不懂日文，没有读过坪内的译本，不能妄断。不过，无论如何，这件努力是极可钦佩的，极可叫我们中国人惭愧的。一个人译完全部，据我所知道的，或许坪内是唯一的人物——这还不值得钦佩吗？中国研究莎士比亚的人并不见得少，而至今还没有一个翻译全集的计划——这还不应该惭愧吗？

这部日文莎士比亚是散文还是无韵诗；尤其，如果是诗体，在文字上有过些什么困难，这四十三年之中日本翻译界有过些什么讨论，此外还有些什么样的译本——我个人是孤陋寡闻，只好希望研究日本文学的人多多指教。我相信，这类的记述和译本的批评，对于中国翻译界，一定有很大的益处。

莎士比亚译成外国文的新闻是每年都有的。就看英国牛津大学出版部发行的"The Year's Working English Studies"吧，虽然本数多寡不一，体裁不一，可是有时我们知道，小国如Czech、Serbia、Amenia都有莎士比亚出版。其他大国已经有过全部或一部分译本的，也时常有新译本。至于莎士比亚的研究，更是有加无已，恐怕还不曾有过完全的目录。如果把各时期各国的作品统统搜集起来，汗牛充栋四个字还不够形容呢。（请看Birmingham Shakespeare Memorial Library的目录和索引。）这样的研究、翻译，除了一部新旧约《圣经》之外，再没有第二部著作可以和莎士比亚比拟的了。

无论宗教的观念将来如何变化，英文译本的《圣经》在英文文学里的地位是难得动摇的，不但《圣经》翻译可以叫英文文学受一重大影响，得到一个高的标准，莎士比亚的翻译在匈牙利，甚至于在德国也是一样。"莎士比亚一个人便要算上帝的创造的另一半。在他以前，世界是不完全的。上帝创造他的时候说：人们啊，这你们可有了：如果你们以前怀疑我，现在你们却非得相信我的伟大了！"（匈牙利19世纪诗人 Petöfi 的话。）莎士比亚的作品是世界上的第二部《圣经》。

莎士比亚对于各国文学的影响，对于人类的影响，自然是不仅限于一个方面。颂扬他的话恐怕都给人说完了——其实也用不着颂扬。我们的需要只是直接的读他的剧本，译出来让人家都可以读，演出来让大家都可以看；那是一个不绝的泉源，无底的宝藏，取之不尽，用之不竭。

服尔德（Voltaire）1728 年从英国回去以后，欧洲哲学界的权威狄卡尔（Descartes）遂被打倒，莎士比亚做了 Leibnitz 的声援，使哲学起了一个重大的变化（C. H. Herford—*Shakespeare and Descartes*—*Hibbert Journal*, rxxiv. 88）。服尔德晚年虽然嘲笑莎士比亚，可是因此巴黎剧场上反而盛演他的剧本。那时改译本最多，连服尔德的在内，都不免非驴非马，除掉 Ducis 的六篇忠实翻译。巴黎的观众总是守旧的，1829 年 Vigny 有韵的 *Othello* 译本，大遭反对，理由是 "Pocket handkerchief" 殊欠典雅！但是，这部有韵的翻译不仅使法国文学界当时受一重大刺激，而且这种自由活泼的体裁，实际上开了嚣俄（Victor Hugo）抒情诗的先路（参看 C. M. Haines—*Shakespeare in France* 以及 George Brands—*Main Currents in 19th. Century Literature*, Vol. 111）。

从 1730 年以来，莎士比亚在法国、德国、俄国的影响，从来不曾间断（C. H. Herford— *A Sketch of the History of Shakespeare's Influence on the Continent.* Bulletin of John Rylands Library IX 20）。最有趣味的是，俄国近代文学的开山大师普希金（Pushkin）得益最深的是两个英国作家，一个是拜伦（Byron），一个就是莎士比亚。普希金 1825 年发表的悲剧 *Boris Godunor* 所受的直接影响，就是莎士比亚的历史剧。

莎士比亚的影响之显明严重，恐怕最甚的要算在匈牙利和德国了。1773 年，匈牙利有 Franz Heufeld 在他自己的剧院里排演他自己从德文本译出的 *Hamlet*。18 世纪晚年，匈牙利不但无文学可言，因为它种族的复杂，甚至于语言是否存在都成疑问了。当时有一般志士，在 Francis Kazinczy 的领导之下，努力建设匈牙利文学。这件建设的成功，翻译和研究莎士比亚的贡献极大。排演莎士比亚的剧本，更把这种运动扩大了，以至于匈牙利文学完全独立，并且产生了像 Vörösmarty、Petöfi、Arany 这样的伟大诗人（详见 Zoltan Haraszti *Shakespear in Hungary*—Boston Public Library, 1929）。德国的"狂飙运动"（Strum und Drang）在文学史上的意义之严重，影响之深远，是大家都知道的；而这个运动的原力，又是莎士比亚。18 世纪晚年，赫德（Herder）在哲学上给了莎士比亚的准备，并且片段地译了一些莎士比亚；1768 年的雷兴脱离了服尔德的势力之后，在"Hamburgische Dramaturgie"里极力颂扬莎士比亚；1776 年席律德（F. L. Schröder）翻译并排演莎士比亚；1797 年至 1833 年希雷格尔（A. W. Schlegal）及费兰（Martin Wieland）等人翻译莎士比亚，都是造成狂飙运动、造成德国近代文学的主要影响。

单就戏剧一方面来说，莎士比亚的影响更是直接的了。研究戏剧史的人都知道近代剧的来源，大概来说，有两大渊源：一个是罗卜得维加（LoPe de Vega）和卡德兰（Calderön），一个就是莎士比亚。但是，如果我们严格比较，我们不能不说莎士比亚是古今中外唯一的伟大戏剧诗人，他没有种族的限制，没有时代的限制；而罗卜得维加虽能超越时代，他的影响却不免只限于西班牙，卡德兰不但限于西班牙，并且只限于17世纪。那么，更简单地说来，莎士比亚就是近代剧的始祖。

这里所说的"近代剧"是与"古代剧"对立的。古代剧又称为古典派的戏剧，它有一定的形式，它严守三一律；它的情感表现，完全是用规律去节制。定下一个客观的标准，便严格的遵守它；剧中到了情绪紧张的时候，也决不用喜剧的成分或是抒情的语句去调济。悲剧与喜剧的分别，清清楚楚。近代剧，或是所谓之浪漫派的戏剧则不然，它是没有固定形式的，它任凭灵感；有时感情热烈，它不惜逾越规律；它是主观的；它是悲喜掺和的；它有时要作抒情的发泄。简单地说，一个是服从抽象的标准，一个是承受人类动机和情感的默示。这两路戏剧暗斗极烈：一边是Racine、Corneille、Voltaire、Dryden，一边是莎士比亚、罗卜得维加、卡德兰。历史上的事实是，莎士比亚战胜了。

有了莎士比亚才有哥德、席烈、嚣俄，才有近代剧的成功，而间接地才有现代剧的产生。近代剧和现代剧都仿佛是行星、彗星，而莎士比亚却是太阳。莎士比亚照彻宇宙，永不止息。莎士比亚，不是莎福克里士成了戏剧的最高理想；莎士比亚是戏剧家最高的荣誉——梅特林称为比利时的莎士比亚，未来的中国大戏剧诗人得称为中国的莎士比亚。

不过，在中国的莎士比亚还没有产生以前，我们不得不尽力地准备。费兰翻译了22个莎士比亚的剧本并未白费精神，结果德国给了我们一个哥德。匈牙利对莎士比亚的热忱也不曾白费，Ferenc Molnar、Lajos Biro、Melchoir Lenggel、Ernest Vajda 在现代剧场里占了很重要的地位。在这些历程里面，我们看得出一件重要的事，很可以供我们取法：他们的成功不但是因为直接的用原本研究莎士比亚，而最重要的还是翻译莎士比亚的作品，排演译成的剧本。并且，翻译这件工作的本身上，就有很大的影响。

匈牙利自从 Kazinczy 一帮人发起新文化运动、提倡莎士比亚研究以来，屡经改变。当时的文化中心，集到国家剧院（1837 年成立）、科学院（1830 年成立），以及提倡文学的 Kisfaludy Society（以纪念戏剧家 Kisfaludy 命名，1836 年成立）。随后又出了几种重要杂志。这些机关趁着战事告终，重新振作精神，努力于文化的建设。1857 年，《文学评论》旧事重提，发表演剧家 Egressy 十年前就提出过的文章，主张翻译全部的莎士比亚。各机关各杂志报纸一律响应，讨论进行方法。批评家 Toldy 赞成，但是主张用散文，像百年前德国的费兰译本一样，以求忠实。又有人说，时机未至，匈牙利没有翻译全集的力量。此时有一个曾经做过教授的 Tomori，正得了一笔遗产，挺身而出，情愿担任全部的翻译及印刷费。不过，他要求大诗人亚兰尼（John Arany, 1817—1882）主持其事。并且，他已经接洽了几个可以担任翻译的人。亚兰尼答应了；他先讨论翻译的原则；他主张遵守原文的诗体；并须严格的，但不可奴隶式的，保存内容。他又主张每册包含一篇"重"戏，一篇"轻"戏。除了于正文之了解有益的之外，不须另添注释；关于词藻的注释，一概不要。他又说，"译者务须把舞台和读者两方面都放在心上；他的语言非得有力量，而同时又须谨慎——最忌粗鄙。"翻译全文，不得删削，是又一条件。

　　定下了翻译的标准之后，第二步便是审查的方法。亚兰尼主张组织一个三人的委员会，其中一个是长期委员（不得担任翻译），其余二人随时就译者中选派。Csengeri 是选出的长期审查委员。Kisfaludy 学会是主持全部工作的机关；他们又选出一个委员会负责，亚兰尼是委员长；Tomori 垫款，由译书售出的收入归还，净利则捐入学会。从1860 年起，这件伟大的工作便开始了。

　　Petöfi 和 Vörösmarty 已经译过的两剧，现在承认收入新编。亚兰尼除了编辑修改的工作之外，自己还译了三剧。他的《夏夜梦》赶上了莎士比亚的三百年诞辰，由国家剧院排演；这篇译本直到今天为止，是匈牙利最好的译本。十八年的工夫，六七个人的努力，到了1878 年，全部工作遂告完毕。

　　亚兰尼的贡献是不可估计的。他自己译出的三剧，据匈牙利的批评家说，是莎士比亚外国文译本中的翘楚。他最大的本领是精通本国语言——白话文。白话文到了他手里，一方面是纯洁、大雅，而一方面又不失自然的风趣。把英文译成匈牙利文，要保存原来的音节，困难万分，因为英文单音字多，而匈牙利文根本上是多音字。虽然如此，亚兰尼和他的前辈 Petöfi 一样，居然战胜了，保存原文的形式，而念起来极其自然——并且不失原意。以主编人的资格，亚兰尼的辛苦更不待言，不知费了多少修改的心血和时间。不但对于新译本如此，甚至于 Petöfi 和 Vörösmarty 的两剧，他都加了一番润色。亚兰尼的工作，可以做后世各国翻译莎士比亚的一个好榜样。（见前注 *Shakespearer in Hungary*）

　　比亚兰尼更有趣味、更富意义的前例，是德国希雷格尔（A. W. Schlegel, 1767—1845）的翻译。不但他译出的十六个莎士比亚剧本是值得在文学史上大书特书的，而且后来发现的许多译稿，如果仔细研究，都可以叫我们了解他和他夫人的精神生活，以至于一般的智识生活。

在希雷格尔以前，德国从来没有一行对一行地译过莎士比亚，当时只有费兰同 Eschenburg 的两篇散文译本。希雷格尔做学生的时候，就试将《夏夜梦》译成诗体；他童年时代就是个"不倦的作诗的人"。后来他拜了抒情诗人 Burger 的门，跟他学诗，到底青胜于蓝。他们俩曾经合译《夏夜梦》，希雷格尔得益很多。可惜他没有拜赫德做老师，否则也不会走许多冤枉路了。他当初工作的时候，得力于他夫人 Caroline Böhmer 不少，但是结婚三年便加入浪漫运动了，他独立工作。席烈译的 *Macbeth* 他也研究过了。失之于富丽，其危险不减于 Burger 的写实。及至哥德的第一部集子出版以后，一般人虽不欢迎，希雷格尔却大受影响。他醒悟了，他明白了译诗的奥秘；译诗有两大要素，一方面要有女性的细致，一方面又要有男性的雄浑；哥德是兼而有之的。如今希雷格尔是抓着舵把了。

第二步困难是技术的、文字的；这一层哥德又是绝好的榜样。哥德改造德国文字，已告成功；这种新文字恰恰应用。更进一步，希雷格尔悟到文字和从 Burger 学来的技术，都是表面的事情；真正的好技术是从内心发源的，要内心有了定见，文字的风格才能得到一致（unity）。他看到了，他的毕生事业是双重的，一面把外国的名著译成德文，一面是用批评的态度，给国人解释德国和外国的文学上品。

他译成 *Romeo and Juliet* 和 *Hamlet* 以后，便寄给他的兄弟（Friedrich，兄弟齐名。他们不断的互相砥砺）。他兄弟又把稿子给他夫人看。她大体赞成，只嫌译文的格调太古。不错，希雷格尔正译了荷马、但丁一类的著作，这个毛病在所不免。但是他依然毫不厌倦，耐心前进。此时他的大短处还在体裁，他以为非用 Alexandrine 体不可；他的 *Romeo and Juliet* 只不过"尽力"保存 Five-foot iambics 而已。

他自己知道这个短处，于是苦心孤诣，决计重译。Alexandrine 便不得再用，他逼着自己。从前用 12 个或 13 个音的地方，他极力设法去缩成 10 个或 11 个。往往他不能一行译一行，原文到手便涨大了，19 行英文变成了 20 行德文，那多的一行仿佛是再也缩减不了。如是不懈的奋斗，终于内心了解了莎士比亚，译文便可伸缩自如，一行抵一行并无困难。他恨德文，他和它拼，他和自己拼——终于给他拼赢了。

从 1797 年到 1801 年，四年之中，他译成了十六个莎士比亚剧本。这件事成功很大，"莎士比亚在英国是 1564 年生的，在德国是 1767 年附体复活；*Romeo and Juliet* 是 1597 年在伦敦出版的，它在柏林 1797 年又做了一本新书。"Scherer 说得好，"希雷格尔的莎士比亚在世界上可以同哥德、席烈并肩站立；创作和翻译两种艺术相距虽不可以道里计，而完美与完美是相近的。"（参看 George Brandes—*Main Currents in 19ᵗʰ Century Literature*, Vol. II）

中国新诗的建设，新戏剧的建设，是用白话文做基础的，而同时我们看得出一个很明确的影响，就是外国文学的研究。这十年来的努力，大部分还是文字的、技术的，虽然应用活文字，模仿西洋技术，曾经开了一条新路，走出许多有新生命的作家。我们须得老实的承认，新文字、新技术的应用，不但未到纯熟，并且还时常感觉不够。工具不炼到精纯充足的地步，再好的思想，再好的意境，也是不能圆满的表现。不但如此，灵魂上的粮食，也天天在打饥荒，尤其是不能直接读外国文的人以及一般民众。要救济这些困苦，我们须要一致主张翻译名著，尤其翻译莎士比亚。

翻译莎士比亚有两层好处，一层因为它是诗，一层因为它是戏剧。因为它是诗，在翻译上就得发生特殊困难；因为它是戏剧，译成以后不但可以读，并且可以到处去演。并且，这件翻译工作的自身，便是一种教育，一种训练。白话文字够用吗？新诗的技术到了火候吗？译者对莎士比亚有内心的了解吗；中国有改造文字的哥德没有？有苦干不倦，研究深邃的希雷格尔没有？甚至于有 Tomori 这样有眼光，肯仗义疏财的人没有？如其这些都不成问题了，那么读来演来之后，中国自然又到黄金时代；如其还大成问题，我们应该怎样努力：无论译得成译不成，做这个试验都是值得的。这是一根营造尺，姑且用它来量量中国文学界的长短，看这份材料够不够建筑中国新文坛。中国新诗的成功，新戏剧的成功，新文学的成功，大可拿翻译莎士比亚做一个起点。

中国的情形似乎渐渐地安定了，垫款和主持的机关也不难得到（如胡适之先生所主持的编译委员会），研究英国文学而同时又在创立之中国新文学的人又很多；为什么不来着手翻译莎士比亚？我说"着手"，意思是先议定几条原则，确定译本的体裁，选派担任的译者，并且，定出翻译的步骤。译者不妨先试几个部分，拿这译出的小部分提出公开讨论。讨论又讨论，努力又努力，三年五年，十年八年，直到解决了文字和技术上的困难，同时对莎士比亚也得到了真正的内心了解。那么，像希雷格尔一样，那时便放心大胆往前工作，至多像坪内逍遥一样，四十三年也把全集译完了。同时在进行期中，因为解决工具的困难，以及莎士比亚的启发，文学界一定可以得到许多意外的结果，惊人的作品。即使译不成功，不也是一件很值得的事情吗？而况，只要有一个坚强的意志，又有什么不成功的？

朋友们，打起精神来，大家是义不容辞的！我这篇简陋文字，只算 Egressy 的一声呼号；切望国内有心人们一致主张，促成翻译莎士比亚的实现。我愿随诸君主之后，竭尽绵薄。

二十年一月廿一日

——《新月》第 3 卷第 5、6 期合刊（1931 年 4 月 10 日）

文学者译名（1931）

马仲殊

　　翻译实是一件难事，不要说译其内容，有直译、意译、夹译的争执，有信雅达的条件；就是译音，虽是很小的事，却也五花八门，弄得似扑朔迷离般的莫知谁是谁。

　　这也难怪，我真不知道，外国人的姓名竟是那样长，得教人说也说不清楚，何况要背出来。譬如，高尔基的真姓名是 Aleksey Maksi-movich Peshkov，译成中文，应为阿莱克绥·马克西摩维支·彼西珂夫，一个名字占了几个字，太不便当。赵景深兄会将西文字母和百家姓列成一表（见《读书月刊》第六期），使外国人的姓为中国化，且于外国人只译其姓而略其名，以免累赘，我是十二分的赞同。这个法子，若能普及，对于我们读书上要感到无量的便当。不过，这又会引起误会，将外国人化作中国姓，或者要把那外国人当作中国人。说是有位老先生教国文，在词句中撞到高尔基三个字，他不知道高尔基是何许人，只是看那行文上将高尔基恭维备至，他全以为高尔基既然姓高，一定是中国人，和胡适之大概一样出名，所以信口说道：目今，胡君适之和高君尔基总是我们中国少有文学家啊，于是"高君尔基"就成了个 idiom 了。

　　讲到译名之要统一，实在是刻不容缓的事。然而一团糟的翻译真令人花眼头晕。以一个简单的人名，你有你的译法，我有我的译法。就是在一本书里，一个人名也有好几种译法。我真不知道翻译的人何至于这样的不检点。而近来书中于译名之后，多不附原文，这叫读者更费了多少无用的思索。

　　比如法之 Hugo，普通多译为嚣俄，有的译为雨果，更有译为预勾的。若不将 Hugo 一字放在后面，我们看到嚣俄、雨果和预勾，总不能确定是一个人吧。

　　还有，译名已很通行了，而译书的人偏要改头换面的以示奇异。以高尔基三个字，按合 Gorky 不已很确当了吗，但又有译戈理基；以歌德而译 Geothe，不很好吗，但又有译为瞿提。这真何必如此呢？

　　大概只有托尔斯泰的中译名没有奇异，便赫赫的 Shakespeare，除去很普通的莎士比亚之外，亦有译为莎士比或莎克斯比尔的呢。

　　这里我拿某一国的文学者为例，将那形形色色的译名排列起来，或者要叫人们感到如百龄机的广告上所有"意想不到之 ×× "啊。

　　在这里，只从三本书和几期杂志上摘录下来的，若是搜罗累集，怕更有多少奇奇怪怪的名字。

　　且看：

　　Andereev 安特列夫（安德列叶夫）

　　Alexandrovsky 亚历山大洛夫斯基（亚历山特罗夫斯基；阿力桑特洛夫斯基；亚历山大夫斯基）

　　Asseev 亚绥耶夫（阿西叶夫；阿绥亚夫）

　　Babel 巴贝尔（巴别尔；巴培黎）

　　Beidnay 白德内宜（培特尼）

Bezamensky 巴赛门斯基（培赛勉斯基；皮扎明斯基；别则勉司基；培兹米荣斯基）

Bogadanov 波格达诺夫（波格旦诺夫；仆姑太诺夫）

Buenin 蒲甯（布林；薄甯）

Gogan 柯根（柯干；高根）

Esenin 叶贤林（叶逐甯；叶贤甯；埃基甯）

Fedeev 法兑也夫（发杰叶夫；福特耶夫）

Fedin 斐丁（斐甸；费丁；费金）

Formanov 法门诺夫（福尔孟诺夫；富尔玛诺夫）

Fritche 佛理契（佛里柴；傅利采）

Gelasimov 格拉西摩夫（该拉希摩夫；盖拉西莫夫）

Gladkov 格拉特珂夫（门拉忒珂夫；格莱考夫）

Gorky 高尔基（高尔该；哥尔该；戈理基）

Hippus 西配婀丝（黑普斯）

Inber 英培尔（英贝尔；英比尔）

Kadin 卡靖（凯进；加定；卡丁）

Kirillov 基里洛夫（基李洛夫；吉理罗夫；契理罗夫；克利洛夫）

Lelevitch 烈烈维支（列列威支；列力维奇）

Leonov 莱阿诺夫（来昂诺夫）

Liashko 李希珂（良士果；略悉珂；略西珂；利耶西考）

Libedinsky 李别金斯基（里别进斯基；里泊丁斯基）

Majakovsky 玛耶珂夫斯基（玛耶阔夫司基；玛亚珂夫司基；梅也哥夫斯基）

Malishkin 玛里锡金（玛拉西金；马留丝根）

Merezhkovsky 美列兹加夫斯基（米里慈珂夫司基）

Neverov 列维诺夫（李维罗夫）

Obradovitch 渥勃拉多维支（阿勃拉陀微支；奥白拉陀维奇；阿布拉它维奇）

Philipchenko 伏里布契琦（斐利布成阔）

Pilngak 皮涅克（毕力涅克）

Plekhanov 普力汗诺夫（普利罕诺夫）

Plelnev 普列忒内夫（普力得涅夫）

Polonsky 波隆斯基（波连司基；波亮斯基；巴浪斯基）

Pushkin 普希金（普式庚）

Radek 拉迪克（拉代客）

Sadofiev 莎特斐也夫（沙它维也夫；萨道斐叶夫）

Seyfullina 赛甫琳娜（塞丽佛娜；绥孚理那）

Tikhonov 契珂诺夫（契柯诺夫；基抗诺夫；奇霍诺夫）

Treliakov 脱列奇耶珂夫（陶勃柴柯夫；铁捷克）

Trotsky 杜洛斯基（托洛斯基；托罗兹基；屈鲁茨基；特洛司基）

Veresaev 维列色也夫（维列赛叶夫；维聊萨叶夫；威垒赛耶夫；威耶剌沙耶夫）

Vesely 维色列（维宣来）

Vorousky 伏浪斯基（瓦浪斯基；博郎司基）

Voloysky 伏洛夫斯基（倭罗夫司奇）

Zlishemcyitch 绥拉菲莫维支（绥拉斐摩微奇）

Zoshchenko 梭希兼珂（曹斯前珂；曹成国）

Zozulya 什佐利亚（左理祝亚）

这里面，一个人至少有两个中译名，而那两个中译名如不将原文附在后面，谁也不能知道那就是一个人，如梭希兼珂之与曹成国，李希珂之与良士果，脱列奇耶珂夫之与铁捷克，亏他们想得这些巧妙的名字。

从前听人说过，共产党一来就将四十岁以上的人一概杀死，其余的人把名字取消，编成号数，因为姓名本没有意义的，代替以一号、二号、三号……倒觉便当得多。谁知共产党的策源地也没这样实行，就害得我们在夫斯基和什么基斯夫上面，费了多少可宝贵的脑细胞，太不值得啊。

我们不必于翻译界有什么奢望，但最简单的人名也不能统一，太觉得说不过去。那么，这短短的几页或者也可于我们有一些帮助吧。

4 月 10 日于无锡

——《读书月刊》第 2 卷第 4—5 期（1931 年 4 月 10 日）

谈译诗——《他人的酒杯》序言（1931）

石民

译诗最难，尤其是以我们的这种方块字来译所谓"蟹行文"的诗。在好些场合中，这简直是不可能的。英国诗人罗塞谛说得好：一首诗的翻译应当仍旧是一首诗。然而，在我们，并不能说要译出来成为一首"中国的"诗也。以那么古奥艰涩的四言诗体去译那热情奔放的拜伦，如苏曼殊的那种办法，固然不对，而如今的一些译者，以轻飘飘的弹词体去译那浑朴遒劲的莎士比亚或温柔敦厚的丁尼生，更是糊涂透顶！在诗的翻译上，字面上的切合——即所谓 literality——还是第二个问题。盖译者对于原作不仅是应当求字面上的了解，尤应潜心涵泳于它的情调和节奏，直至受其灵感，然后，仿佛按着曲谱似的，用自己的言语把它歌唱出来。这才是理想的翻译。这种翻译殆不亚于创作，因为同样是要能够捉住那难以捉摸的或物而再现之于白纸黑字。而文字本不过是一种手段而已。

如上所云，也许不免陈义过高吧。然而自己平日却总抱着这种理想。我们不能打开一本诗集，说要译它若干首，便有若干首译了出来，正如我们不能坐下来提起笔，说要作几首诗便有几首诗现在纸上。曾经有一位"文豪"说当他译雪莱的时候他自己便成了雪莱。其实，成了雪莱——在读的时候也可以，或应当，有这种情形。而在译的时候，则尚有待乎文字这种手段的运用之妙。这运用，如果说得神秘一点，颇类似于扶乩，虽则在表面上一则是意识的，而一则是非意识的。据自己的经验，一首诗在某时候，即使给了你怎样亲切的感印，还是觉得不能译的，而在另一时候却往往很惬意的译了出来。

所以，虽则平日对于所喜爱的诗颇有多译的野心，而所得的却是这么少许。这少许就都是理想的翻译么？这当然是不敢说的。不过，所可自信的是：各人的诗译了出来；多少还保存着各人所特有的面目，足以予读者以相当的认识。

昔者法国诗人谬塞有言："我的诗并不伟大，但我是用我自己的酒杯饮酒。"年来混迹上海，自己的酒杯几乎是废弃了，然终不能忘情于"酒"。译诗，盖是聊借"他人的酒杯"云尔。因此以此五字题此小小的译诗集。

——《青年界》第 1 卷第 4 期（1931 年 6 月 10 日）

论《论翻译》(1931)

摩顿

在朋友书桌上看见了《读书月刊》第六期。目录上第二篇文章是赵景深先生的《论翻译》。赵先生译过柴霍甫的短篇小说集，译过安徒生的童话，译过什么什么。总之不妨称为数一数二的"译家"了，由他来"论"翻译，一定有极痛快的议论——在这样的感想之下，我就拜读了这篇《论翻译》。

固然得见了极痛快的议论：赵先生主张翻译应首先注重于"读者看书不费力"，而译的错不错，反在其次。

只有赵先生能说这样痛快的话，而且唯有赵先生说这话才有意思！因为赵先生的译品正是不管"错不错"只问"顺不顺"。

但是我不免要说，赵先生自己喜欢只求"顺"而不求"不错"，乃是赵先生个人的自由，谁也管不了，然而赵先生把他这主张公布出来，而且要求译者们承认他这主张，而且又对于专心苦心求"不错"而不免牺牲了若干"顺"的译者们下攻击，却就有点于理"不顺"。

问题是在赵先生这主张是否能够成立。如果不能成立，则赵先生而对于学术尚有几分尊敬——或对于译书尚有几分责任心，也应立即抛弃他的主张而勉力求能"不错"，极不应该自欺欺人地攻击别人的

"不顺"。

稍有常识的人自然都知道翻译是介绍学术，所以翻译而错误，不如不译之为愈。赵先生是很肯替读者打算的，不忍教读者多费脑力，读"不顺"的译书，但是读者何尝又愿意读一本虽"顺"然而译"错"了的书？真心在读书的读者大概宁愿读一本虽不颇顺然而"不错"的书。坊间所有译得虽"顺"然而"错误"的书籍之所以尚未尽被读者唾弃者，无非因为尚未被人举发，以致读者们受欺于不知不觉而已！何况像赵先生所说"其害甚于译误"的完全看不懂的——不顺的译品，坊间实未尝有。如果有之，那一定是于不顺之外又兼错误，那已经是根本要不得的译品！

赵先生所说"顺"，就是文从字顺之意。译一部书要办到文从字顺并不难，要办到没有一点错误却真不容易！赵先生却沾沾自喜于文从字顺（可是这文从字顺之中却包孕着不少错误），而反倒看不起苦心的译得不错，岂非是怪事一桩！

老实说赵先生的译品中间是颇有些错误的；如果赵先生不自知有错误，倒也罢了，我们并不想对赵先生那样的"译家"求全过甚；但如果赵先生明知有错误而故意发此"与其不错而不顺，毋宁错而顺"的议论，希望以"顺"欺骗读者，那么赵先生于学术的态度实在太不忠实了！

自然，我们并不主张"只要不错，便可不顺"。我们是主张既要忠实于原文（不错），亦要尽量的求其顺。就翻译而言，错不错是学力上的问题，顺不顺却是文字组织上的问题。世未有学力上能够办到不错，然而文学组织上却不能办到顺的译者；其所以有不能尽顺者，必有现在尚未能克服的汉文组织上的困难之故；或竟用赵先生之说，是因为读者尚未熟习欧化文体的缘故。这样的不顺的译品，其实未可厚非。也有本可弄到像赵先生所说的文从字顺。然而译者却觉得如果改为"文从字顺"，便与原意有出入，因而宁可稍稍不顺些；这样的不顺的译品，那就更不可厚非了！然而赵先生却一笔抹煞，斥之为"其害甚于误译"，这真叫做天下之大何其不有了！

方今国内操笔而译且译得甚多者，不止一赵先生；吾人尝侧闻"老译者"道其甘苦自得之谈，则谓愈是彻底了解而能玩味的作品，愈不敢动手译；何则，因于"信""达"二者难得而兼；因为了解得太彻底，便觉得译文若求顺则必不能宛曲尽达原旨，若求委宛尽如原文则又难以求顺（此因中西文组织上之差异太大之故）。是以某先生未尝译日本文的作品，因为他的日本文的造诣比起他的英德文来更为精深（某先生曾自言如此）。所以在真正精通外国文的译者看来，"不达"并不十二分为难，"信不信"乃真不容易；至于兼有"信达"，自然更难。所以对于外国文真正精通而且对于学术具有十二分忠诚的译者乃宁可稍稍不顺而必不愿对于原文不忠实。只有对于外国文的曲折细腻未尽了了的译者才能自满于其"顺"的译文。如果赵先生之所以主张"顺"为第一义乃因他自视其译文并未因求顺而妨碍了"信"，那么就不能不说赵先生实在尚未能摸索得原文的曲折细腻。（细按赵先生的译作，使我们不能不作如是断定！）

并且赵先生把"达"解释为"顺不顺"，亦未免肤浅。严又陵在地下闻之，必然大声叫屈。至于"信"，浅而言之，粗可解释为"无错误"，但在文学作品的翻译上，"信"字应有较"无错误"更深一层之意义，即求能保有原作的风韵。在译文学作品，"无错误"只好算是最起码的"信"。赵先生连这最起码的"信"都不屑保持，何必去译外国作品！倒不如爽爽快快照某大小说家的办法把日本人的小说的内容以意录了下来而填上自己的大名算是"创作"吧。

近来翻译的书籍真比十年前多上十余倍。批评界方面对于译得忠实不忠实这问题亦比前十年注意得多。此见于常有文章摘发误译及一书二译之多，而可得知。这当然是翻译方面进步的好现象；不谓赵先生乃于此时发其"译得错误不要紧，只要译得顺的怪议论"，真不信在译书界负有"声望"的赵先生乃有此又像是无常识又像是自护其短的议论！

我真不明白"虽顺而错误"的译品对于读者有什么好处呵！

——《文艺新闻》第 15 期（1931 年 6 月 22 日）

论翻译（1931）

国熙

我们倘使审向译书界里去细察一下，真会令人拍案大骂，专门为自己赚一点小利，图一己之名誉的滥译文字，如汗牛充栋般地堆满了出版界，而真正的翻译善本，却反凤毛麟角不可多见。当此中国闹"学荒"最厉害的时候，我们将奈之何？固然翻译不是一件很容易的事，所以除非国学有相当的根基，和精通外国语的人，绝对配不上谈译书。胡适之先生说的"我自己作文，一点钟平均可写八九百字；译书每点钟只能写四百多字，自己作文只求对自己负责任，对读者负责任，就够了，译书第一要对原作者负责任，求不失原意；第二要对读者负责任，求他们能懂；第三要对自己负责任，求不自欺欺人"，这段话把翻译的困难、态度都全盘托了出来，可作一般所谓"新译书家"（？）的座右铭。撰者一年前亦有一种宏愿，欲动手译一册的 *Famous Short Stories of The World* 和一本 *Introduction to Sociology*，可是我的业师罗教授下了一个警告："照你的国文英文程度而论，虽可勉强一试，但究竟尚未成熟，还是回头向书本上去用功几年，基础不稳固，总难免要塌台。"于是我便把译书的立志打消，终日以求国文英文的进步，而翻译学一科，也费了些许心血研究过一时。这篇拙著便是我研究的结果，本不敢在读者面前献丑，但为了企望大众关于翻译一门引起丝毫的注意，就不顾一切地刊布了出来，尚希有以指正之！

翻译两字的解释

《辞源》中说明"翻"字的意义是"通作幡，亦作反，覆转也"；说明"译"字的意义是"传他国之语言文字而达其意也"，连其两字，则作"以本国言文与外国文互译也"解，若再考之英语，"Translation"本来自动字"Translate"而"Translate"又从法文"Translater"脱变而来，但"Translater"一字乃是由拉丁文"Translatus"而出，拉丁文的原义是包括"迁移转变"而言，总之，用一国之固有语言文字去转叙别国的语言文字，而不失原著的精髓，都称作翻译。

译者的通病

中国的事情所以不能办得完善，其原因虽然很复杂，但"纸上空谈"却是个极大的致命伤，一般的译书者也犯了同样的毛病，他们不是说严复的译文太深奥，便是说林纾的译文太鲁莽，其实比一群自命为新译学家专写着"涩繁粗陋"的所谓"欧化文"的人却要高明得多哩！普通的译者只求择易舍难，一意在"名利"上着想，他们不管自己的译品有否违背原著作的地方，同时也不替读者设身处地想一想，只知一味地翻着字典滥译；有时竟把原文颠倒错乱，指驴为马，不辨是非，可怜无辜的外国名著，被他们译得一钱不值，有的连本国的文字也还不能清通，因为念过了几年英文或日文；居然亦要跃跃欲试，尝一尝翻译的味儿，这岂非大笑话吗？速译也是译者普通所有的弊病，听说上海有位著名的文学家，一月之中，译完了两部巨著，这实在有些骇人，我们不问他国文外国文的程度如何，只要以"一月之中能译完两部巨著"测度起来，他译文的优劣亦可见一斑了。但译者的通病尚不止于此，因下段须连带叙及，故暂搁之一边不论。

译者应有之认识

翻译是有"本国文字转叙外国文字"的意义，故国文的根底高下，极关重要，如胡适、鲁迅诸先生的译品，皆脍炙人口，未始不是他们对于汉文的造诣精深而以致之，古谚云"工欲善其事，必先利其器"，国文乃是译者唯一的工具，若工具不良，则其出产品必招人厌弃，所以我们能在国文上多用一番工夫，则未来的译品定能多一分的好成绩，综而言之，翻译的第一要务，在精通本国的文字，换句话说，也就是能用国文自由发表思想，不觉得有任何困难，明白清顺，流畅秀美；一个人若能臻此境地，方凑得上译书的资格，不过，单有很好的国文基础而外国文却只知其一些皮毛，那还是依然不济事，故翻译的第二要务，在精通所欲译本的原文，人人都知林纾的译书是由人家口头传递，他自己不能读原文，于是在译品中闹出了"长袖善舞"的笑话，然严几道先生的译品却为人模范，大受社会人士的欢迎，其原因实在很简单，只不过是他肯精读原文，绝不马虎了事，再加上自己的神妙国文笔法，因此他所译的文字皆被人称赏，并且严氏有"一言之出，三日未决"仿佛是这样意思的精神，决不像目下一些翻译家的轻易妄举，一月中可出版几册的译书，我前见上海某文艺刊物上，一个译者把"Heart in the Boots"翻作"心在皮靴里"（应译为很惊吓），这种错误，一言以蔽之，译者不通英文故也。

翻译的方法我们有讨论申述之必要，因所利用之方法有好坏，影响于译品亦非显浅，普通分译法为二种，即（A）直译（B）意译，前者是完全依照原文一字一句地译出，而后者却较为自由，或将其一段一节中的意义译出，或译其全篇重要的大意，傅斯年先生评意译的不当曰"就是对于原书能完全领略的人，若用意译的方法顺便改变一番，也没有不违背原意的，想用意译，必须和原作者有同等的知识才可，——但是办得到的事情吗？"所以傅先生赞成直译法，他说"直译一种办法，是'存真'的'必由之径'"，但两者孰优孰劣，则浅学如我者不敢恁意武断，其实译书人若能"对原著者能处处体贴入微"则用直译也好，用意译也何尝不可，这真好像和有人主张用文言或用白话译书的论调一样，我们暂可不必计较。

梁任公先生说："西人致强之道，条例万端，迭相牵引，互为本原，历时千百年以讲求之，聚众千百辈以讨论之，著书千百种以发挥之，苟不读其书，而欲据其外见之粗迹，以臆度其短长，虽大贤不能也"，由此，可见翻译事业对于国家之重要，尤其是我们中国是何等的迫切啊！现在少谈"打倒"，少喊"口号"，少做装牌面的空文章，我们还是向国文，和外国文的上面去用一番苦工，将来可替国家做一种实际的"救国拯民"运动——翻译。

　　　　　　　　　　　　　　二十，五，二十三

　　　　　　　　　　　　　　于虎坊桥寓中

　　　　　　　　　　　——《北平晨报》（1931 年 7 月 1 日）

与摩顿谈翻译——兼答《书报评论》第五号（1931）

赵景深

摩顿先生：

在《文艺新闻》第十五期上看到你的《论〈论翻译〉》。诸如您所说的"译过什么什么""声望"之类的话，以及揣测心腹的话，我的手不必也拿来俏皮或讥讽一下，你说是不是？我何必说这些嘲笑的话呢，况且你用的是假名！

您写此文字的主要动机大约是以下这一句话："对于专心苦心求'不错'而不免牺牲了若干'顺'的译者们下攻击。"我想《书报评论》对于我的文章的讨论也不过是为了这一句话。这实是很大的误会。我那篇文章不曾作完，并且也作得很潦草，只是为了曙天女士催了我好几次，才胡乱写了一点下来，当作她翻译讨论集的序用的。本意我想将我译小说的经验归纳出一些细小的原则来，自然是以顺为标准，倘若与原意并无悖谬的话。后以事忙，就这样交卷了。只看我所举的周瘦鹃、林纾、胡适等，我所主张的对话译法和人名译法等，都是小说翻译中似乎不甚重要而却有实用的问题，不是泛泛的不着边际的话，更不曾对于新兴文学理论说过半个字！我做梦也不曾想到那上面去。

不过，现在我这样想：倘若是文学理论，似乎更应该译得使人看得懂。倘若不想引起读者的共鸣便罢，如果想使读者能完全领会书中的意思，为什么不肯多耗去一点时间让读者多知道一些呢？即使你这本书译得正确，首先不能在读者之间筑起易通的桥梁来，叫读者第一步怎样行走呢？新兴文学理论是想深入民众的，似乎不应该离得民众太远吧？一个能自己看懂英文或日文的，大约可以无需看不一定靠得住的汉译。看汉译的人大部分不通外国文字的，至少在理论上译者应该希望一般人都能看得懂。创作的价值在于本身；论文已是科学，只注重内容（除了鉴赏批评以外），尤其是新兴文学理论。所以只要内容不错，文字的组织上稍有变化，如鲁迅所说，三折改为二折，二折改为一折，我以为是没有什么要紧而且也是最有裨益的。摩顿说："错不错是学力上的问题，顺不顺是文字组织上的问题。"其实都是学力上的问题，也都是文字组织上的问题；不过错不错是对于原文的理解力而言，顺不顺是对于中文的运用而言。倘若一个人在错不错已尽了他的努力，虽是稍微有几个小错，我们只是说他未能完全理解；倘若像摩顿所说，译文不过是文字组织上的问题，或中国人是容易运用中国文的，那么他是译得不顺，我们就要说他是在粗制滥造，对读者不负责任了。我们译书须尽我们所有的努力，对于原文既尽了所有努力，为什么我们不要注重这与读者第一步接触的第一义的译文呢？没有能力译的完全不错，我们不能十分怪他，只要他译得不是太不成样；倘若有能力而不用，……我们试想想读者对于他的感想吧。

如果是文艺作品，在新兴的理论上看来，还谈什么风韵或风格或文体，则只是个人主义的思想。也就是说，他对于作品也是注重内容或思想的，也应该以顺不顺为第一义。以上两节均就新兴文学的理论和创作而言。

译书本不容易，就一般看来，每每为了顺，要稍牺牲信。严复和苏曼殊的译文，所以受欢迎，就是因为他们译得顺。说一句良心话，现在的读者已经觉得不需要那样的顺了。严复将《天演论》译成古文，西洋典故改成中国典故，倘他生于今日，或者未享盛名，必更遭斥骂或责难。苏曼殊译拜伦诗为五言七言，译得连娘家也没有了，一般人还是说他译得好。一个时代有一个时代的需要和理解能力。现在倘有严苏，必遭唾弃，吴宓即是好例。我认定现在的译文不能十分欧化。先生们，请替一般知识欲强烈的数万（更多的数目！）读者想想！正如玛耶阔夫斯基所说，我们要给他能够消化的面包，不必给他纸板剪成的美人！

世间没有一定的真理。一切都有矛盾存在。峨默《鲁拜集》的英译，其各种译本是如何的差异呵！虽对于原文，略不忠实，但都把摩顿所说的风韵抓住了。

我是一个没有政治兴趣的素人，对于新兴文学理论，却愿客观地仔细阅览。只要是文学，我都想研究，虽然我"无常识，"但我正渴望着诸位先生的指导。将来也许要以细碎而建设的翻译问题请教。

我为了顾及读者，对于翻译没有急进的主张，所以我只能以达为第一义，虽然在终果大家的理想翻译都是达信兼顾。

——《文艺新闻》第 17 期（1931 年 7 月 6 日）

翻译谈（1931）

长之（李长之）

  读者看了我的题目，不要以为我有什么伟论。如果那样想时，其失望将不减于看今日流行的译品。我终于很自负，我觉得我还肯诚实，我不会像现在那般译者在译品的开头，便大吹大擂，我忠实地相告，我没有什么伟论。

  一提到翻译，便令人想到"直译""意译""死译""硬译"……许多烦扰的字样。而且许多人在这上面打圈子，抬杠。"死译""硬译"，在不学无术的我看来，似乎是中国人自己造的用语，其界说有待于该发明家之解说，我们暂不管；在某一种意义上，或是直译之被攻击时的一种诨名，——恕我妄测。直译和意译，原有在外国通用的字样，前者是 Literal Translation，后者是 Free Translation，比中文明显得多。二者的形式，自然不同，却没有褒贬的意味，也没有对于原文的忠实之程度上的差异，更没有给懒人或笨人作为遁词的便利。直译的好处，在把作者用语的原来的色彩保持不失，实在是有深入文字的核心的精神，并不是生吞活剥的借口；意译在更技巧的更习惯语的吻合原文的情绪和旨趣，其吃力也不减直译。

  苏曼殊译《思君令人老》作 To think of You makes me old，这总算

直译的一个例子。意译，郭沫若颇见长，如浮士德原文为 O, bis andie Stern Weit！字面上，是："呀，星样的远呵"！郭译："天渊之不相如"。又如 Ein starkes Bier, ein beizencler Toback, Und eine Magd im Puty, dasist nun mein Gesdmack，郭译：

> 一杯厉害的啤酒，
> 一枝辣口的香烟，
> 一位时装的姑娘，
> 这便是我的三仙。

他所用的"天渊""三仙"，都是中国的熟语，而恰达原意，然在字面看，却迥乎不是原来的用语，郭译错处尽有，在这一点，却不能不使人心服。

笨人和懒人，我劝他们不要翻译，我并且希望别人也该随时加以监督，免得使读者痛苦。懒人还好办，只要经济一充裕，不是急于赚稿费，可望有好的译品出现。笨人最难，我们为他的热心，不忍加以阻止，然而终究影响所及，使人以为翻译乃是永远不能见好的工作。

翻译的可能，是建筑在两方面的：一是认为人类的感情，在根本上是一致的，所以一个伟大的作家的心，能够被译者所了解。二是人类表现思想的方法，本有一致的地方，所以一部名著，也未尝不可用别种语言所表出。我们试看现在世界上有许多古代的名著，译本比原本通行的多了，《圣经》和《天方夜谈》，谁不是读的译本呢？但指责译本之不及原本的很少很少，大家都好像认为译本是正式的一样。所以，我们即使假想将来一定把这现在各国的名著都能用一种的语言所译出，终至于以译本代替原本的书，也并非妄诞。这种工作，笨人和懒人能去做吗？他们去做，我们放心吗？

翻译也是件娱乐的事情，正如创作之可以娱乐一样。我曾经想，凡是这样的事情都是快乐的：由我个人的力量造出而由个人的力量使其发育滋长，复处于旁观者的地位而玩味之。艺术家的书，农夫的苗圃，都是这种乐趣。文字尤其如此，自己创造得出，自己眼看它生长，其乐无涯。在翻译时，我们不是这样想吗？——我能够了解作家的心，作者用你自己的语言表得出，我可以用我们语言同样地表现得出，作家创造的心，与我融合为一了，只不过在作家为情感所压迫，不暇择字遣句时，我却有选挑最美最有利的字样的余裕。

翻译直然是临摹有名的书法或绘画，拙者为之，虽然乏味，巧者作去，却尽得原作意趣，复成妙品。我觉得只有这样的喻言，才是翻译的真髓。

在提倡——不如说是建立——新文学的开头时，我们不能不贬抑林纾的译品。平心论，他实在有配担任翻译的天才。他译的《茶花女》，《拊掌录》，就算以原文对照，我们也不能不惊服。我说这话，并不是说我们应当开倒车，再以古文调译书，我们是郑重注意这一点，就是非文学家不配译书。

我们如果再把临摹字画的比喻看一看，便知道写意和工笔都是小事，只是问这先生自己会不会书法或绘画就够了。

最近有位在翻译界很努力的先生，昨天在《英文导报》上见胡适还说请他翻译罗马史的话，那便是公认为翻译界的老手伍光健先生。如果他译历史教科书，我没有什么话说。但最好不如译大代数，——只可惜他未必乐为，也未必能为。他译俾斯麦，他译法国革命史，已经乏味的很。他也译戏曲和小说，我劝他老先生（五十八岁了）！休息的好。我们试读他的《威克非牧师传》，也就知道他对于译文学书合适不合适了。在作者原文里，有的是幽默，有的是嘲讽，有的是淳朴的风格，伍译本里全然无有了。他还加上小注，什么"妙绝，妙绝"之类。

或者以为他不能够技巧，是无怪的，因为他不曾自己创作过什么作品，但该忠实吧，却也不尽然。在《牧师传》的序上，即是全书第一页，他把 Husbandry 译成"为人夫"。也许是意译：稼穑的老农，还不讨老婆吗？讨老婆便作丈夫了。也许是直译：Husband 是丈夫，ry 相当一个","。但我对德译本时，却明明是 Landmann。

最后，我们主张专家译书：文学书也非请文学家去译不可。

二十年端午节

——《北平晨报》（1931 年 7 月 16 日）

翻译论战之一零二碎（1931）

佚名

鲁迅感概系之

茅盾欣然首肯

自赵景深与摩顿在本报上讨论了《翻译问题》之后，兹探得关于此的消息两则，及读者来稿一篇。

上七号赵景深答摩顿"论《论翻译》"一文中，有"你用的是假名！"一句话，闻鲁迅读到此文时，即云"幸亏这时候用的都不能是真名，否则赵景深又哪能这么旁若无人地胡说八道呢？"而鲁迅此语，又辗转传到茅盾，茅则欣然曰："此是至理名言！寄语摩顿，即以此语答复赵君够了"。盖鲁、茅二人均不以赵论为然也。

又闻当赵景深的翻译论发表时，有人征求意见于鲁迅，鲁即座答以二语云："世未有以童话作品的文字和康德或赫格尔的哲学著作的文字，相提并论者。梁实秋以所译《彼得潘》的尺度，赵景深以所译《安徒生童话集》的尺度，来论蒲力汗诺夫的艺术理论的译文和马克斯的经济学或列宁的辩证法的译文，自然昏话百出了！"

——《文艺新闻》第19期（1931年7月20日）

就新兴文学的理论和创作而言（1931）

彭古

看了《与摩顿谈翻译》的文章，知道"只要是文学，我都想研究"的赵先生，已从"翻译理论"谈到"新兴文学的理论和创作"上来了。

"如果是文艺作品（好像新发现似的说），在新兴的理论上看来，还谈什么风韵或风格或文体，则只是个人主义。""这实是很大的误会"或误解。新兴文学理论（在我所看过的狭隘范围以内），它并不是否定个人的风韵或风格或文体之客观的存在的。例如：高尔基和哥尔德的作风是各不相同的，但是各有其客观的存在，赵先生能够说他们是个人主义么？

其次，赵先生以为新兴文学理论是想深入民众的，所以其文章必须易懂。我承认这是有一部分理由。但稍难懂的文章，不一定不能深入，易懂的文章，不一定能深入民众。例如：《资本论》的文章是很难懂的，但能说它是不能深入民众、"离得民众太远"的么？例如：假定赵先生的文章是流利易懂的吧，但能够深入么？不"离得民众太远"么？这是"以上两节均就新文学的理论和创作而言"的。

七月六日

——《文艺新闻》第 19 期（1931 年 7 月 20 日）

翻译论之再零碎（1931）

赵景深

　　在本刊第十九号中看到《翻译论战之一零二碎》和彭古的《就新兴文学的理论和创作而言》。鲁迅和茅盾的话都只是传闻，我不便根据了这些话而说什么，并且我也不相信像鲁迅这样的学者，我所敬佩的小说家，竟会说出"胡说八道"这样的臭官僚用语来。至于说梁实秋译过《彼得潘》，我译过《安徒生童话集》，则鲁迅也译过《爱罗先珂童话集》《小约翰》，所以我也就更不相信鲁迅说过这样的话了。彭古说哥尔德有其作风，并云新兴文学理论并不是否定个人的风韵或风格或文体之客观的存在的。那么且看看去年哥尔德在他主编的《新群众》上所说的话吧："作风研究是课室里无意识的玩意儿。作风和内容只是一个。二者是不能作不漏水的区分的。'技术使我们大家都做了懦夫。'没有作风——作品中只有光明、力量和真理。如果一个人有新的意思要说，他应该立刻就说。"至于高尔基，我也不曾见到过他有专论风格的文章。唯美派培脱（Walter Pater）则有专论风格的书。即使缅怀过去文化的托洛茨基，也不曾重视作风甚于内容的。作风是否客观的存在是另一个问题，我所说的是新兴文学理论重视内容或阶级意识甚过作风。我们说话最好是不要离开论点或巧妙的躲避论点。《资本论》能够深入民众，这话我还是第一次听见。稍有常识的人都知道此语的谬误。说老实话，我就不曾读过《资本论》，不知彭古曾读过否；但我相信其文字决不及民众小说之类易懂，民众决不能领悟。倘若彭古是说《资本论》的理论是对于民众有益的，则已不是说的《资本论》本身，而对于我的论点就成为风马牛了；又何况即就《资本论》的理论而言，也只是学理的探讨，并不是鼓励宣传的书呢。

——《文艺新闻》第 23 期（1931 年 8 月 17 日）

论翻译（1931）

张伯燕

　　翻译之难，人所知也。严子之言曰，"译书有三难：曰信、达、雅。""信"就是能保持原书的意思。"达"就是将原书意思翻成本国文字，让本国人能懂。"雅"就是不但译文让人能懂，而且文字还得要美丽。这三层能做到第一层，已经不容易。再做到第二层，更不容易。若还能做到第三层，那便是登峰造极，据几道先生的意思，就是译书的圣手了！这是译书老前辈的意见。

　　本来世界上的道理，莫有多少，译书的原则，既经严老先生提出来之后，今之谈翻译者，不管他们的说法是怎样各有不同吧，然其意旨大概全不外这"信、达、雅"三律之外，例如某教授说："翻译有两难：一个是能把原文的意思和形式保持住了，然翻过来的就往往不像中文，令人看不懂；一个是翻的像了中文了，然而又往往和原文离的太远了"。这个事真是难矣哉！他说现在能把这两层全做到了的——既能完全保持原文的形式和意思，又能翻的像中国文——只有一个人，就是胡适之。足见此道之难！不过他这两条律，也和严老先生的"信""达"一样意思。前些日子，记得有人在本报上也发表了两篇文字。大概是说翻译如何要紧和怎样翻译的意思。不过对于译书的标准，也不过是必须要将原著的精神，完全用中文表示出来。那两篇文字除了说法漂亮点，也大概不外严氏三律的意思。

自严几道译书以来，一直到现在，人们对于译书的意见，大抵如此。不过依我的谬见，翻译这件事，根本就不合天理人情！一种文字有一种文字的组织法，一种文字有一种文字的美。文字系统相同的文字，像欧洲各国，大概互相翻译，因为文字组织差不多的原故，还容易点。像欧洲文字要和中文互译，能把原文的意思完全保持住，已经不容易。若想把原文的美，完全也搬过来，我觉着简直是不可能。因为两种文字的说法就不一样，文字之美点所在，更不一样。译的时候遇着一句很漂亮的外国文句子，就恰也有一句很漂亮的中国句子，意思完全一样，这种令人得意的情形固然有。但往往是一句外国文，句子的组织，很清雅美丽；若想翻成中国文，中国文没有这种说法，没有相当的句子可以翻；即便勉强将原文的意思翻过来了，然而不定要添上多少啰嗦话，原文的美丽，就完全失掉了。所以我觉得要想将原文的意思、精神、美，完全搬过来，简直不可能。这好像一个外国人，要想扮成一个中国人，无论怎么样，也难以完全像中国人，也还辨得出他是外国人，因为身体各部的形式，根本不同，所以怎么扮也不能完全扮得像。又好比女扮男装，男扮女装，下多大工夫也不行；因为身体的组织天生来就不同，所以互相倒换，简直不能。中国人和外国人身体之大同，男人女人身体之大同，总比中外文字组织之差异小得多，尚且不能互换，所以文字互译，更是不可能。大译家严林的书，那简直全变成严几道文和林琴南文了。在林译小说里，往往我们看到原文不好解释成中国话的地方，一翻他的译本，竟完全略去不译。所以他们的译品虽好，我们所能领略到的，只是严文的美和林文的美，并不能完全领略原文的美。至如现在流行的译品之多，不但是"汗牛充栋"，简直是汗火车而充大街了！不过因为译品多的原故，也造成一种普通的流行病，就是我们一见那篇文章或书，在标题或标名的下面有"译"的字样，大概普通的总令人惹起一种头痛的反应。这种既不像中文，不用说原文的美，连原文的意思也往往不能译得明白，更是等而下之了。

一种文字的意思，即使能翻成别的一种文字，但是它的固有的美，却是难，或者不能翻过来。例如一首中国古诗，若想把它翻成白话，就是请白话圣人胡适之先生来翻，虽然翻的和原诗的意思一点不错，然而原诗的精彩和美已经全都失掉了。同是一国文字，因文体不同，尚不能互译，所以我觉异国文字互译，若严格说起来，不但是难，而且是不可能了。

——《北平晨报》（1931 年 8 月 17 日）

意译与直译（1931）

君亮

　　记得一个多月以前，有位国熙君在本刊发表了一篇"论翻译"，主张直译，而且断言翻译家不但西文要精深，甚至国学要有根底。最近又有位先生来了一个反调，说"如果这篇文章底下写明是译的，便觉得令人憎厌。"两君这大胆的精神，且置不说。但对于翻译本身，倒免不了要发表一点意见。

　　以我的管见，所谓直译与意译，只能由选择原文而定，本身决无一致的标准。如果原文是一篇说理简单的科学论文或浅近的文学哲学著作，用直译也好，意译也好，因为这种文字仅在说明或叙述，只要译者能真实的把原意表达出来便够了，译文取任何形式都可以的。如果原文是一篇宏奥的哲学著作或艺术品或古典文学，那可难了；因为这种著作不但以内容见重，而且其文章本身也是重要的。我的意思，译这种著作时，所谓直译与意译绝难定出什么标准来。其困难之点，约有如下数端：

　　（A）要看这著作文法上的构造是复杂的或单纯的，换言之，就是看这作家的思考术或抒情方法在表现时是否有明显的条理。文法是单纯的，或思考术与抒情法是单纯的，大都可用直译；反之，为顾全译文的明显起见，便不能不使用意译。打个比方吧：柴霍甫的小说和伊尔文的见闻杂记都是我们所常读的书，但当我们要译它们时，总觉得柴霍甫易而伊尔文难。这理由很简单——就是柴霍甫是近代的作家，他的思考术和抒情法是受过科学的写实主义的洗礼的，所表现的自容易切合现代人的意识概念。那么用直译法译柴霍甫自是不成问题的。至于伊尔文，是一位十九世纪前期的作家，是一个英美批评家所誉为"体裁家"那时的作家谈不到什么科学的思考；他们并不以"普遍"见称，却以"奇特"见称，所以文法的制作，完全是那时的文人阶级专有的经验。除非熟悉了那种经验，要译总是困难的；所以这必得顾全意译。

（B）要看这著作是诗或是散文。诗与散文之分，已经是十九世纪以前的陈旧的意见了；若照现代的美学者看来，诗与散文虽有实质的不同，而形式却无区域。你用诗句作诗，但如情绪枯涩，缺少审美能力，仍旧不能成为诗。反之，如你是一位真诗人，形式无论是戏曲、小说、论文（或小品），所作仍然是诗。这是艺术原理上一个严格的标准，是历代的学者由大艺术中得来的定律；所以有心于大作品译述的人，不能不趋就这标准——即第一步，你是否有审美能力。缺乏这种修养的，无论你的语言知识造就怎样大，仍旧不能动手译大作品的。美——是艺术天才用他的智慧与感觉造成的一种操纵语言文字的力量，据许多批评家的意见，是不可译的。因为各国语言文字的性质意味不同，直译既难办到，意译也很困难，不过后者是较妥的。我们且举一个例——把苏曼殊所译的《摆仑诗选》与梁遇春先生所译的《英国诗歌选》（北新出版）一比较；前者是较为成功的，而后者却失败了。苏曼殊能够将古诗的笔法去套合原文，至少诗的本质是体会了出来了。但梁君却只译了诗的意而失却了它的美，所以直译在译诗上是要失败的。易卜生的作品是诗，我觉得潘家洵先生的译文还是不能算为成功的，因为在他的译文中对话的魅力失去的很多。归结起来说，意译与直译的标准大体只能由原作是否是诗或非诗而定；至于用意译于诗，成功不成功，那便是译者本身的能力问题了。

（C）要看这著作的专门性、时代性和地方色彩。这种理由很简单。所谓专门性——即你对于哲学没有素养，最好不要动野心去译哲学书；对于心理学没有知识，最好不要去译精神分析学。因为一种专门学问的名词与术语，其意义有时非常复杂，不能完全靠字典贩卖的。所谓时代性便是——仅仅只有现代知识的人，如要去译古籍，那都是奢望。我们不明悉中世纪的宗教意识，译不了但丁；不曾研究过伊利沙白皇朝，译不了莎翁。专门著作，如纯粹是说理的文字，自然以直译为佳；过去时代的古籍，如纯粹是文学著作，当然要意译的；但必要应用一种性质意味相当的语言文字去体会。用近代语去译古籍大都不很妥当的。……说到地方色彩，这是文学里不可忽略的要素。这并不是说因为某个地方有某个地方的风俗习惯，一篇文学作品把它传达出了来了，便算成功了。所谓地方色彩，如果出自真的艺术品，这只能由人物性格描写和对话上区别出来。都市生活的细微处只能由熟习了这种生活的作家才可体会出来；农村生活也必得出自曾生活于农村的作家，那么要译这种色彩不同的作品，也决非单语言知识可办到，一方面也得看译者对于这不同的地方生活是否有相当的了解和经验。文学作品中俚词与俗语都是不可免的，但有时因为作者力求普遍起见，由直述写成隐喻或讽刺；所谓地方色彩，大都出自一种隐喻和讽刺。隐喻和讽刺是不可直译的，所以也只能用一种性质相同的语言去体会出来。

有了以上三种原因，直译与意译是绝对没有什么标准的。所谓直译照一帮人的意思是——照着原文文法的构造，真实地注释下来；但遇着直译不能表达之处还是要用意译。意译的性质只为表达一部著作的特性而设的，但可直译或应直译的著作却毋须过事求简去意译了。

——《北平晨报》（1931 年 8 月 31 日）

从"翻译论战"说开去（1931）

晋豪（杨晋豪）

　　自从赵景深发表了一篇关于翻译的论文，主张"宁达毋信"之后，接着便有《书报评论》《文艺新闻》上关于翻译问题意见的发表，除出主张翻译应偏重"信"的一方面外，还对赵先生嘲讽倍加。做那些文字的人，大都是属于主张"普罗文艺"者一方面的。

　　这里使我想起从前鲁迅先生问黄包车夫不晓得普罗文艺以讥讽革命文学者，和新月派梁实秋先生谩骂鲁迅先生的译文为硬译的话来。

　　在此地，我们当然把为艺术而艺术的鬼话派撇开，因为他们的文章本来不是为人生的，文章作得鬼话连篇，莫名其妙，也不干人家的事。

　　可是，为人生的艺术，尤其是"普罗列塔里亚文学"，最低的条件是要使得"群众"看得懂，使得"群众"看得懂了，这才能够"煽动""群众"的情绪，抓得"群众"的心灵；"普罗"文学要做到这一步，才可以说是真正的成功。词句作得离奇，文章作得奥妙，只限于大学以上程度的"知识阶级"才看得懂的译作，我们绝不能说它是"普罗文学"的胜利的作品；因为"普罗"革命的主体决不是大学以上的"知识阶级"者，而却是一般下层的群众，尤其是"无产阶级"的群众。

为要使得看书能力薄弱的群众也能够看得懂而且还乐于去阅读——即为译作的普及于下层群众起见，所以在文字表现的技术上，我们不能不特别注意之。最基本的方法是要做到胡适之先生之所谓"深入浅出"的地步，要能够用最浅显、最流利、最明白的文字，去表现出最深奥、最新奇的意义。倘若在表现的技术上，我们要更进一步呢，那么如能在表现得"深入浅出"之外，还蕴蓄着强烈的活力、浓馥的"趣味"（这要被成仿吾骂了！）和奔腾的情感，使人看了要欣喜、要雀跃、要心跳，那才算是很成功的译作。

近年来的翻译界，尤其是"普罗文学"的理论和新兴社会科学的译文，为许多人所不满，看了喊头痛，嘲之为"天书"，这一半固然是由于阅者关于新兴社会科学知识的欠缺，可是译文的生"硬"，我们却是不能否认的，我觉得，倘若译者只为稿费着想，那不必提它；倘若译者固然为了"普罗"文化而努力，那么不能不竭诚地接受阅者的正当的指摘，而特别注意于文字表现技术的改进。其实从事于"普罗"文化运动者，应该第一个注意到这个问题才是。

也许有些人以为文字太浅显了，太通俗化了，要有损于艺术的价值。其实，倘若固真能用最通俗化的文字来表现出高尚的、正确的意义，那反而增加了这译作的价值，因为这译作为一般群众所接受，其价值为大多数人所认识，那么即使牺牲了少数"士大夫"和"文人雅士"们的赞颂，而它的价值终究是伟大的。

为了如此，所以"无产阶级"再也用不着译为"普罗列塔里亚特"，"意识形态"也不必再译为"意德渥罗基"……这结果，反而使

得读书能力薄弱的群众，头昏脑乱，乌烟障气；而却瞒不过统治阶级
所雇用的书籍检查员的两眼，因为他们的教育程度决不是完全低得太
可怜的。郭沫若的作品之所以受人欢迎，除掉气魄等外，也因为文字
之爽快和流利。蒋光慈的小说之所以受青年欢迎，除了有革命性外，
而文字的浅显明白也是一个原因，钱杏邨的评论之所以风行一时，除
了他用无产阶级的立场忠实地批评外，又因为他的文字很容易阅读，
毫不觉得艰涩。还有胡适之先生的文字，甚至《七侠五义》《杨家将》
等书籍之所以为人喜读，我觉得文字的流利、明白、浅显和爽快，至
少是其中的一个原因，也许是最大的原因也说不定咧。

倘若"普罗文艺"家，真心要从事于"普罗"文化运动，当作
革命的一种武器，当作宣传的一种工具的话，那么，不能不注意于使
用表现工具——文字的技术，使之通俗化，要明白、浅显、流利、爽
快，最好还要有力量、有趣味；使得一般群众，尤其是无产群众，拿
着了不肯放手，看得发火、心跳、欢喜、奔跃；而很成功地支配了他
们的情绪，抓得了他们的心灵。那才是"普罗"文化运动的胜利！

倘若为了个人的生活问题，而开着快车，译得佶屈聱牙，看了使
人气闷，甚至头痛，甚至看不懂什么意思；而一受他人的批评，便反
口咬人，那么请了，请把"普罗文学"的旗帜，卷起了藏进自己的肚
中去吧！

我决不是恶意地在骂谁，我只希望译者能够本"普罗"革命者的
精神，毫不遮饰，更用不着客气地来"自我批判"！

在这里，我想起了陶希圣先生所说起过的连环图画本，《五更调》
《薛仁贵东征西》等小本小说；希望切勿看轻了这攫得了好许多下
层群众的势力，倘若能够利用这工具——表现的方法或技术，而灌输

进正确的意识，高尚的情绪，而为下层群众所爱阅，那是何等的成功，而价值又是何等的伟大呵！

从表现的技术上来批评艺术的价值，在我是以最通俗化的、最普遍流行的、最广泛地影响于群众的作品推之于前的。至于内容，当然是另一问题。

至于翻译，那第一要件当然要不失原著的本意，否则就不成为翻译，而只是杜撰，或竟是自己的创作了，所以我觉得翻译要"信"是不成为问题的，而第一要件却是要"达"！

——《社会与教育》第 2 卷第 22 期（1931 年 9 月）

苦力的翻译（1931）

笑峰（瞿秋白）

外国鬼子却像发疯一般，还要大家（苦力）加快赶路。他对西崽说："我给他们每人每天二两银子。他们要多少就给多少吧。"西崽答了一声"是"。他把外国人怎样发恼，势力怎样的大，脾气怎样的坏，和轿夫们说了一遍，而且说外国人说的，他的女人要是死了，到下一站，就要到衙门里去告状呢。

这些轿夫苦力的确请到了一个"好"的翻译。虽然这个翻译是西崽，他却译得很顺。虽然这个翻译译得很错，可他译得很顺。

这样的翻译是会翻身的。中国的上海现在可以看到很多的精致的洋房，里面住着的人固然大部分是外国鬼子，但是也有不少中国人。这些中国人中，有些便是这样的翻译连身都翻过来了，自然不止在上海。可是尤其是上海的耀武扬威出殡，大做寿，大造祠堂，大大地做旅沪几十年纪念的那些高等华人，的确曾经当过这样的翻译，同时，拣着了外国鬼子遗失的钱包，却会很信实地恭候洋大人领取的。因此，这种翻译的确"未可厚非"。不过，苦力实在不需要它！

同时，如果另外一个翻译把这句话译作："在我的女人不致死在中途，尤其更好些地，能使她赶到就医的前站而能痊愈的条件下，我将给轿夫以各个人每天二两银子计算的赁银。我甚至将给如此之多，如彼此之多他们将要求的。"这样的翻译错是不错，但是不顺，苦力也不需要它，因为他的"中国话"不是中国活人嘴里说的话。

难道翻译不能够又顺又不错吗？不会说活人的话，这自然是不可能的。难道顺就一定要错一点吗？这可只有高等华人知道了，恕不代答。

九.三.

——《北斗》第1卷第2期（1931年）

从翻译论战说拢来（1931）

李俊民

【……】

　　已经沉默了许久的所谓翻译论战，因为晋豪先生的《从"翻译论战"说开去》（见《社会与教育》二卷二十期）而重新提示出来。对于这个问题的争论，实际上已经得了一个结论，但是晋豪先生的那篇论文，大约因为要从这论战"说开去"的缘故，所以好像不曾接触到双方争论的焦点。问题很简单，赵景深先生主张翻译不妨译错，但是译笔不可不顺，于是有人出来反对，说：翻译绝对不能容许译错，依着译品内容的性质，有时候，为着存原作精神，多少的不顺倒可以容忍。——看着这两方面的主张，那么假使我们除出了对于某某派某某派的有色眼镜，和丢开了对人的好恶，这问题的判断实在并不烦难。晋豪先生自己也说了，"假使翻译失了原著的本意，则就不成翻译。"（附带说，晋豪先生末一段文章我不很看得懂，第一句说第一要件，当然要不失原著的本意，最后一句又说第一要件，却是要"达"。）

　　但是看了晋豪先生的那篇文章，那么，假使对于这次翻译论战的前后不曾知道底细的读者，很容易引起几种歪曲了的印象：第一，看这篇文章的语气，好像反对赵景深先生的主张的，只是"那些主张普罗文学的"，换句话讲，好像"主张普罗文学者"就是"天书"译者的拥护人。第二，依据晋豪先生的意见，"天书"的译者，十之八九都是"主张普罗文学者"；反转来讲，就是一切普罗的文艺理论和社会科学论文都是天书。第三，好像在这次论争里面，讲俏皮话的只限于反对赵先生的"那一方面"。

第一个问题可以不必多讲，反正有事实摆在前面。假使"天书"这两个字的意思只是梁实秋先生的那种所谓读得不爽快，和赵景深的所谓读得"不顺"，那么将这种反对"宁达毋信"的主张功绩一起给主张普罗文学的人们，或许他们也不致于不愿意接受。但在现在这种在别人身上加上一个徽号就可以根本解决他的生命的时代，那么我劝晋豪先生最好不要用这种笼统的"分类"！否则，鲁迅先生答复梁实秋先生的那句借"此种手段以济文艺批评之穷"的说话，在这儿倒很可以借用的了。第二，这样的方法已经被人用过很多次了这样笼统地一说，在读者心里很快地可以造成一种印象就是，某种文艺理论和某种社会科学的译文都是"天书"，天书，当然不能看懂，不能看懂的书还值得读吗？——这样，不用各种软硬功夫，就可以间接的使青年人不去读这一流的书籍。这的确是很巧妙的战术。——当然，我不敢揣度别人都是意识地在如此做。——所以，我希望以后攻击译文，"难懂""不懂""不顺"的，最好具体的提出来，譬如某某人的翻译怎样怎样的不行，应该译成怎样怎样才好，否则，你说不懂，他说懂，问题就是这样的扯倒完了！第三的问题很小，但是在这论争里面，赵先生的态度也并不是怎样的"诚恳和悦"！譬如，赵先生对摩顿说，"反正你是在用着假名，我和你认什么真呢"（大意如此），有人代摩顿对赵先生说："请你不要得意，摩顿不用真名，不是为着对你害怕，而是因为在环境上他处于没有用真姓名之可能。"反正是相骂无好言，相打无好拳，所以"讽嘲"则双方都有，"倍"则未免过言。否则，主张某某文学的尖利刻薄，拥护某某主义的恺悌慈祥，问题未免太简单了吧。

晋豪先生"说开去"的那些意见，我大体上和他没有什么冲突。但是在此我也有一点意见不妨带便的谈谈。在整个文学运动里面，晋豪先生好像将问题看得非常的单纯。只有煽动和宣传的文学才有意义，比较学术一点的文学就没有作用了吗？在中国这种文化水准低落的国家，对智识阶级的作用就完全没有必要了吗？这儿，晋豪先生的主张好像太急进了。第二，晋豪先生的主张如何，我没有推测的可能，但是像梁实秋、赵景深先生一般的"名教授"们也要关心"这些东西是否为一般民众所理解"，我们却以为没有这样的必要。和大众解放运动不共运命的人们，我实在不希望他们挂虑这种和他们不相干的问题而减少了他们无法消瘦的脂肪。譬如我对于跳舞没有兴味，而偏要去多管什么跳舞学校的教授法如何如何的难懂，这不是天下的大大笑话吗？第三，翻译的文学需要通畅，在这次论争里面差不多没有一个表示了不同的意见。但是现在嚷着什么天书地书的朋友，却好像都是敌视乃至对于这种文学理论没有理解和虚心的人们，真真希望理解乃至从这种理论而提到出路的青年读者里面，这样的怨声——这就是某一部人的不幸！！——还是很少，在此，我觉得倒觉得是一个值得玩味的问题。

一九三一、九、二十七

——《文艺新闻》（1931 年 11 月 30 日）

《几个伟大的作家》译者序引（1931）

郁达夫

　　收集在这书里的，全是一九二八至一九二九年间，当月刊《奔流》在出版的中间译成的几篇文字。占全书之半的第一篇《托尔斯泰回忆杂记》，当时只译出了前面的一半，后面的《一封信》终于没有译成，劳生事杂，一搁就搁下来了。后来经一位朋友全部译出，发表在另一月刊的上面。随后他又出了一部书，总算全部都译成了中文了。我正在欣喜，喜欢着有人代我做成了这未竟之功。但不幸得很，拿了中译本来和英译本一对，觉得有许多地方还不十分妥当。而尤其是大家觉得不幸的，是这一位朋友，在那一本书出版之后，竟殉了主义，已经不存在世上了。所以这一回，当整理旧稿之际，我又重新把这一部稿子翻译了一遍。我和朋友所根据的，原同是由 S.S. Koteliansky and Leonard Woolf 两人合译的英文译本。可是与德国 Malik-Verlag 出版的德译《高尔基全集》和日本改造社出版的日译《高尔基全集》中的文字一比较，则英译本在前半的杂记中竟删去了八节记录。英译本是译至三十六节为止的，而德日译本则都有四十四节。现在当我在重译的中间，除将我自己的和朋友的许多译错的地方改正之外，又根据德日的两种译本补上了这八节记录。所以高尔基的这一篇《托尔斯泰回忆杂记》的中译本，虽然称不得完璧，但我想，比起英译本来，总要完整得多了。英译本名 *Reminiscences of Tolstoy by Gorki*，是一本一百页光景的单行本，出版处在英国为 Hogarth Press，在美国为 B. W. Huebsch Inc. 公司。这一篇回忆杂记的德译者为 Erich Boehme，日译者为外村史郎，我因为得到德日译者的利益不少，所以应该在此地声明一下，以示谢意。

近来看见讨论翻译的文字很多，大抵是在诸杂志及周刊上发表的，但我的对于翻译的见解，却仍旧是非常陈腐。我总以为能做到信、达、雅三步工夫的，就是上品。其次若翻译创作以外的理论批评及其他的东西，则必信必达方有意义，否则就失去翻译的本旨了。至于雅之一事，则今非昔比，白话文并非骈偶文，稍差一点也不要紧。

最近还有一个杂志上在说，说我曾经有过这样的话——现代中国武侠小说的流行，其因是起于中国翻译作品之不良，因为翻译的东西，大家都看不懂，所以只好去读武侠小说了。——这话不晓得该杂志记者当时有没有听错。假如真是出于当时我的口中的话，那我想在这里订一订正。武侠小说的流行是与翻译没有多大关系的。武侠小说之所以这样流行者，第一是因为社会及国家的没有秩序，第二是因为中国没有正义和法律之故。社会黑暗、国家颠倒的时候，而没有正义没有法律来加以制裁纠正，则一般的不平就没有出气之处了。大之就须发生绝大的革命，小之尤小，在没出息的国家民族内，就只好看看武侠小说，而聊以自慰。日前有一位日本的杂志记者，曾来下问，问我以最近中国文学的倾向，我就把这意思告诉了他，说现在武侠小说是正在流行。而尤其是最明显的一个证据，是中国绝对不会有侦探小说产生的一事，因为中国没有法律，所以用不着侦探。中国的法官是没有用的，一粒宝石不见了，随便把几个稍有嫌疑的人拿来杀了就对，你只须有武器，有权力，就是杀一千一万个人都不生问题。这一段话虽然是蛇足，但因为和翻译有一点点关系，所以就附说在此。

【……】

一九三一年九月

郁达夫序

——《几个伟大的作家》（上海：中华书局，1934 年）

关于翻译——给鲁迅的信（1931）

瞿秋白

敬爱的同志：

你译的《毁灭》出版，当然是中国文艺生活里面的极可纪念的事迹。翻译世界无产阶级革命文学的名著，并且有系统地介绍给中国读者（尤其是苏联的名著，因为它们能够把伟大的十月革命、国内战争、五年计划的"英雄"，经过具体的形象，经过艺术的照耀，而供献给读者）——这是中国普罗文学者的重要任务之一。虽然，现在做这件事的，差不多完全只是你个人和 Z 同志的努力；可是，谁能够说：这是私人的事情？！谁？！《毁灭》《铁流》等的出版，应当认为一切中国革命文学家的责任。每一个革命的文学战线上的战士，每一个革命的读者，应当庆祝这一个胜利；虽然这还只是小小的胜利。

你的译文，的确是非常忠实的，"决不欺骗读者"这一句话，决不是广告！这也可见得一个诚挚、热心、为着光明而斗争的人，不能够不是刻苦而负责的。二十世纪的才子和欧化名士可以用"最少的劳力求得最大的"声望；但是，这种人物如果不彻底的脱胎换骨，始终只是"纱笼"（Salon）里的哈叭狗。现在粗制滥造的翻译，不是这班人干的，就是一些书贾的投机。你的努力——我以及大家都希望这种努力变成团体的，——应当继续，应当扩大，应当加深。所以我也许和你自己一样，看着这本《毁灭》，简直非常地激动：我爱它，像爱自己的儿女一样。咱们的这种爱，一定能够帮助我们，使我们的精力增加起来，使我们的小小的事业扩大起来。

翻译——除出能够介绍原本的内容给中国读者之外——还有一个很重要的作用：就是帮助我们创造出新的中国的现代言语。中国的言语（文字）是那么穷乏，甚至于日常用品都是无名氏的。中国的言语简直没有完全脱离所谓"姿势语"的程度——普通的日常谈话几乎还离不开"手势戏"。自然，一切表现细腻的分别和复杂的关系的形容词、动词、前置词，几乎没有。宗法封建的中世纪的余孽，还紧紧地束缚着中国人的活的言语（不但是工农群众！）这种情形之下，创造新的言语是非常重大的任务。欧洲先进的国家，在二三百年或四五百年以前已经一般地完成了这个任务。就是历史上比较落后的俄国，也在一百五六十年以前就相当地结束了"教堂斯拉夫文"。他们那里，是资产阶级的文艺复兴运动和启蒙运动做了这件事。例如俄国的洛莫洛莎夫……普希金。中国的资产阶级可没有这个能力。固然，中国的欧化的绅商，例如胡适之之流，开始了这个运动。但是，这个运动的结果等于它的政治上的主人。因此，无产阶级必须继续去彻底完成这个任务，领导这个运动。翻译，的确可以帮助我们造出许多新的字眼、新的句法、丰富的字汇和细腻的、精密的、正确的表现。因此，我们既然进行着创造中国现代的新的言语的斗争，我们对于翻译，就不能够不要求：绝对的正确和绝对的中国白话文。这是要把新的文化的言语介绍给大众。

严几道的翻译，不用说了。他是：

> 译须信雅达，
>
> 文必夏殷周。

其实，他是用一个"雅"字打消了"信"和"达"。最近商务还翻印"严译名著"，我不知道这"是何居心"！这简直是拿中国的民众和青年来开玩笑。古文的文言怎么能够译得"信"，对于现在的将来的大众读者，怎么能够"达"！

现在赵景深之流，又来要求：

> 宁错而务顺，
>
> 毋拗而仅信！

赵老爷的主张，其实是和城隍庙里演说西洋故事的，一鼻孔出气。这是自己懂得了外国文，看了些书报，就随便拿起笔来乱写几句所谓通顺的中国文。这明明白白地欺侮中国读者，信口开河地来乱讲海外奇谈。第一，他的所谓"顺"，既然是宁可"错"一点儿的"顺"，那么，这当然是迁就中国的低级言语而抹杀原意的办法。这不是创造新的言语，而是努力保存中国的野蛮人的言语程度，努力阻挡它的发展。第二，既然要宁可"错"一点儿，那就是要蒙蔽读者，使读者不能够知道作者的原意。所以我说：赵景深的主张是愚民政策，是垄断知识的学阀主义，——一点儿也没有过分的。还有，第三，他显然是暗示的反对普罗文学（好个可怜的"特殊走狗"）！他这是反对普罗文学，暗指着普罗文学的一些理论著作的翻译和创作的翻译。这是普罗文学敌人的话。

但是，普罗文学的中文书籍之中，的确有许多翻译是不"顺"

的。这是我们自己的弱点，敌人乘这个弱点来进攻。我们的胜利的道路当然不仅要迎头痛打，打击敌人的军队，而且要更加整顿自己的队伍。我们的自己批评的勇敢，常常可以解除敌人的武装。现在，所谓翻译论战的结论，我们的同志却提出了这样的结语：

> 翻译绝对不容许错误。可是，有时候，依照译品内容的性质，为着保存原作精神，多少的不顺，倒可以容忍。

这只是个"防御的战术"。而蒲力汗诺夫说：辩证法的唯物论者应当要会"反守为攻"。第一，当然我们首先要说明：我们所认识的所谓"顺"，和赵景深等所说的不同。第二，我们所要求的是：绝对的正确和绝对的白话。所谓绝对的白话，就是朗诵起来可以懂得的。第三，我们承认：一直到现在，普罗文学的翻译还没有做到这个程度，我们要继续努力。第四，我们揭穿赵景深等自己的翻译，指出他们认为是"顺"的翻译，其实只是梁启超和胡适之交媾出来的杂种——半文不白、半死不活的言语，对于大众仍旧是不"顺"的。

这里，讲到你最近出版的《毁灭》，可以说：这是做到了"正确"，还没有做到"绝对的白话"。

翻译要用绝对的白话，并不就不能够"保存原作的精神"。固然，这是很困难，很费功夫的。但是，我们是要绝对不怕困难，努力去克服一切的困难。

一般地说起来，不但翻译，就是自己的作品也是一样，现在的文学家、哲学家、政论家，以及一切普通人，要想表现现在中国社会已经有的新的关系、新的现象、新的事物、新的观念，就差不多人人都要做"仓颉"。这就是说，要天天创造新的字眼、新的句法。实际生活的要求是这样。难道一九二五年初我们没有在上海小沙渡替群众造出"罢工"这一个字眼吗？还有"游击队""游击战争""右倾""左倾""尾巴主义"，甚至于普通的"团结""坚决""动摇"等类……这些说不尽的新的字眼，渐渐地容纳到群众的口头上的言语里去了，即使还没有完全容纳，那也已经有了可以容纳的可能了。讲到新的句法，比较起来要困难一些，但是，口头上的言语里面，句法也已经有了很大的改变，很大的进步。只要拿我们自己演讲的言语和旧小说里的对白比较一下，就可以看得出来。可是，这些新的字眼和句法的创造，无意之中自然而然的要遵照着中国白话的文法公律。凡是"白话文"里面，违反这些公律的新字眼、新句法——就是说不上口的——自然淘汰出去，不能够存在。

所以说到什么是"顺"的问题，应当说：真正的白话就是真正通顺的现代中国文，这里所说的白话，当然不限于"家务琐事"的白话，这是说：从一般人的普通谈话，直到大学教授的演讲的口头上的白话。中国人现在讲哲学，讲科学，讲艺术……显然已经有了一个口头上的白话。难道不是如此？如果这样，那么，写在纸上的说话（文字），就应当是这一种白话，不过组织得比较紧凑，比较整齐罢了。这种文字，虽然现在还有许多对于一般识字很少的群众，仍旧是看不懂的，因为这种言语，对于一般不识字的群众，也还是听不懂的。——可是，第一，这种情形只限于文章的内容，而不在文字的本身，所以，第二，这种文字已经有了生命，它已经有了可以被群众容纳的可能性。它是活的言语。

所以，书面上的白话文，如果不注意中国白话的文法公律，如果不就着中国白话原来有的公律去创造新的，那就很容易走到所谓"不顺”的方面去。这是在创造新的字眼、新的句法的时候，完全不顾普通群众口头上说话的习惯，而用文言做本位的结果。这样写出来的文字，本身就是死的言语。

因此，我觉得对于这个问题，我们要有勇敢的自己批评的精神，我们应当开始一个新的斗争。你以为怎么样？

我的意见是：翻译应当把原文的本意完全正确地介绍给中国读者，使中国读者所得到的概念等于英、俄、日、德、法……读者从原文得来的概念，这样的直译，应当用中国人口头上可以讲得出来的白话来写。为着保存原作的精神，并用不着容忍“多少的不顺”。相反地，容忍着“多少的不顺”（就是不用口头上的白话），反而要多少地丧失原作的精神。

当然，在艺术的作品里，言语上的要求是更加苛刻，比普通的论文要更加来得精细。这里有各种人不同的口气，不同的字眼，不同的声调，不同的情绪……并且这并不限于对白。这里，要用穷乏的中国口头上的白话来应付，比翻译哲学、科学……的理论著作还要来得困难。但是，这些困难只不过愈加加重我们的任务，可并不会取消我们的这个任务的。

现在，请你允许我提出《毁灭》的译文之中的几个问题。我还没有能够读完，对着原文读的只有很少几段。这里，我只把茀理契序文里引的原文来校对一下。（我顺着序文里的次序，编着号码写下去，不再引你的译文，请你自己照着号码到书上去找吧。序文的翻译有些错误，这里不谈了。）

（一）结算起来，还是因为他心上有一种——“对于新的极好的有力量的慈善的人的渴望，这种渴望是极大的，无论什么别的愿望都比不上的。”更正确些：

结算起来，还是因为他心上——

"渴望着一种新的极好的有力量的慈善的人，这个渴望是极大的，无论什么别的愿望都比不上的。"

（二）"在这种时候，极大多数的几万万人，还不得不过着这种原始的可怜的生活，过着这种无聊得一点儿意思都没有的生活，——怎么能够谈得上什么新的极好的人呢。"

（三）"他在世界上，最爱的始终还是他自己，——他爱他自己的雪白的肮脏的没有力量的手，他爱他自己的唉声叹气的声音，他爱他自己的痛苦，自己的行为——甚至于那些最可厌恶的行为。"

（四）"这算收场了，一切都回到老样子，仿佛什么也不曾有过，——华理亚想着，——又是旧的道路，仍旧是那一些纠葛——一切都要到那一个地方……可是，我的上帝，这是多么没有快乐呵！"

（五）"他自己却从没有知道过这种苦恼，这是忧愁的疲倦的、老年人似的苦恼，——他这样苦恼着地想：他已经二十七岁了，过去的每一分钟，都不能够再回过来，重新换个样子再过它一过，而以后，看来也没有什么好的……（这一段，你的译文有错误，也就特别来得'不顺'。）现在木罗式加觉得，他一生一世，用了一切力量，都只是竭力要走上那样的一条道路，他看起来是一直的明白的正当的道路，像莱奋生、巴克拉诺夫、图畓夫那样的人，他们所走的正是这样的道路；然而似乎有一个什么人在妨碍他走上这样的道路呢。而因为他无论什么时候也想不到这个仇敌就在他自己的心里面，所以，他想着他的痛苦是因为一般人的卑鄙，他就觉得特别的痛恨和伤心。"

（六）"他只知道一件事——工作。所以，这样正当的人，是不能够不信任他，不能够不服从他的。"

（七）"开始的时候，他对于他生活的这方面的一些思想，很不愿意去思索，然而，渐渐地他起劲起来了，他竟写了两张纸……在这两张纸上，居然有许多这样的字眼——谁也想不到莱奋生会知道这些字眼的。"（这一段，你的译文里比俄文原文多了几句副句，也许是你引了相近的另外一句了吧？或者是你把弗理契空出的虚点填满了？）

（八）"这些受尽磨难的忠实的人，对于他是亲近的，比一切其他的东西都更加亲近，甚至于比他自己还要亲近。"

（九）"……沉默的，还是潮湿的眼睛，看了一看那些打麦场上的疏远的人，——这些人，他应当很快就把他们变成为自己的亲近的人，像那十八个人一样，像那不做声的、在他后面走着的人一样。"（这里，最后一句，你的译文有错误。）

这些译文请你用日本文和德文校对一下，是否是正确的直译，可以比较得出来的。我的译文，除出按照中国白话的句法和修辞法，有些比起原文来是倒装的，或者主词、动词、宾词是重复的，此外，完完全全是直译的。

这里，举一个例：第（八）条"……甚至于比他自己还要亲近。"这句话的每一个字都和俄文相同的。同时，这在口头上说起来的时候，原文的口气和精神完全传达得出。而你的译文："较之自己较之别人，还要亲近的人们"，是有错误的（也许是日德文的错误）。错误是在于：（一）丢掉了"甚至于"这一个字眼；（二）用了中国文言的文法，就不能够表现那句话的神气。

所有这些话，我都这样不客气地说着，仿佛自称自赞的。对于一帮庸俗的人，这自然是"没有礼貌"。但是，我们是这样亲密的人，没有见面的时候就这样亲密的人。这种感觉，使我对于你说话的时候，和对自己说话一样，和自己商量一样。

再则，还有一个例子，比较重要的，不仅仅关于翻译方法的。这就是第（一）条的"新的……人"的问题。

《毁灭》的主题是新的人的产生。这里，弗理契以及法捷耶夫自己用的俄文字眼，是一个普通的"人"字的单数。不但不是人类，而且不是"人"字的复数。这意思是指着革命、国内战争……的过程之中产生着一种新式的人，一种新的"路数"（Type）——文雅的译法叫作典型，这是在全部《毁灭》里面看得出来的。现在，你的译文，写着"人类"。莱奋生渴望着一种新的……人类。这可以误会到另外一个主题。仿佛是一般的渴望着整个的社会主义的社会。而事实上，《毁灭》的"新人"，是当前的战斗的迫切的任务：在斗争过程之中去创造、去锻炼、去改造成一种新式的人物，和木罗式加、美谛克……等等不同的人物。这可是现在的人，是一些人，是做群众之中的骨干的人，而不是一般的人类，不是笼统的人类，正是群众之中的一些人，领导的人，新的整个人类的先辈。

这一点是值得特别提出来说的。当然，译文的错误，仅仅是一个字眼上的错误："人"是一个字眼，"人类"是另外一个字眼。整本的书仍旧在我们面前，你的后记也很正确的了解到《毁灭》的主题。可是翻译要精确，就应当估量每一个字眼。

《毁灭》的出版，始终是值得纪念的。我庆祝你。希望你考虑我的意见，而对于翻译问题，对于一般的言语革命问题，开始一个新的斗争。

J. K.

一九三一，十二，五

——《十字街头》第1、2期（1931年12月11日、25日）

几条"顺"的翻译（1931）

长庚（鲁迅）

在这一个多年之中，拼死命攻击"硬译"的名人，已经有了三代：首先是祖师梁实秋教授，其次是徒弟赵景深教授，最近就来了徒孙杨晋豪大学生。但这三代之中，却要算赵教授的主张最为明白而且彻底了，那精义是——

> 与其信而不顺，不如顺而不信。

这一条格言虽然有些稀奇古怪，但对于读者是有效力的。因为"信而不顺"的译文，一看便觉得费力，要借书来休养精神的读者，自然就会佩服赵景深教授的格言。至于"顺而不信"的译文，却是倘不对照原文，就连那"不信"在什么地方都不知道。然而用原文来对照的读者，中国有几个呢。这时候，必须读者比译者知道得更多一点，才可以看出其中的错误，明白那"不信"的所在。否则，就只好糊里糊涂地装进脑子里去了。

我对于科学是知道得很少的，也没有什么外国书，只好看看译本，但近来往往遇见疑难的地方。随便举几个例子吧。《万有文库》

里的周太玄先生的《生物学浅说》里，有这样的一句——

> 最近如尼尔及厄尔两氏之对于麦……

据我所知道，在瑞典有一个生物学名家 Nilsson-Ehle 是实验小麦的遗传的，但他是一个人而兼两姓，应该译作"尼尔生厄尔"才对。现在称为"两氏"，又加了"及"，顺是顺的，却很使我疑心是别的两位了。不过这是小问题，虽然，要讲生物学，连这些小节也不应该忽略，但我们姑且模模糊糊吧。

今年的三月号《小说月报》上冯厚生先生译的《老人》里，又有这样的一句——

> 他由伤寒病变为流行性的感冒（Influenza）的重病……

这也是很"顺"的，但据我所知道，流行性感冒并不比伤寒重，而且一个是呼吸系病，一个是消化系病，无论你怎样"变"，也"变"不过去的。须是"伤风"或"中寒"，这才变得过去。但小说不比《生物学浅说》，我们也姑且模模糊糊吧。这回另外来看一个奇特的实验。

这一种实验，是出在何定杰及张志耀两位合译的美国 Conklin 所作的《遗传与环境》里面的。那译文是——

> ……他们先取出兔眼睛内髓质之晶体，注射于家禽，等到家禽眼中生成一种"代晶质"，足以透视这种外来的蛋白质精以后，再取出家禽之血清，而注射于受孕之雌兔。雌兔经此番注

射，每不能堪，多遭死亡，但是他们的眼睛或晶体并不见有若何之伤害，并且他们卵巢内所蓄之卵，亦不见有什么特别之伤害，因为就他们以后所生的小兔看来，并没有生而具残缺不全之眼者。

这一段文章，也好像是颇"顺"，可以懂得的。但仔细一想，却不免不懂起来了。一、"髓质之晶体"是什么？因为水晶体是没有髓质皮质之分的。二、"代晶质"又是什么？三、"透视外来的蛋白质"又是怎么一回事？我没有原文能对，实在苦恼得很，想来想去，才以为恐怕是应该改译为这样的——"他们先取兔眼内的制成浆状（以便注射）的水晶体，注射于家禽，等到家禽感应了这外来的蛋白质（即浆状的水晶体）而生'抗晶质'（即抵抗这浆状水晶体的物质）。然后再取其血清，而注射于怀孕之雌兔。……"

以上不过随手引来的几个例，此外情随事迁，忘却了的还不少，有许多为我所不知道的，那自然就都溜过去，或者照样错误地装在我的脑里了。但即此几个例子，我们就已经可以决定，译得"信而不顺"的至多不过看不懂，想一想也许能懂，译得"顺而不信"的却令人迷误，怎样想也不会懂，如果好像已经懂得，那么你正是入了迷途了。

——《北斗》第 1 卷第 4 期（1931 年 12 月 20 日）

风马牛（1931）

长庚（鲁迅）

　　主张"顺而不信"译法的大将赵景深先生，近来却并没有译什么大作，他大抵只在《小说月报》上将"国外文坛消息"来介绍给我们。这自然是很可感谢的。那些消息，是译来的呢，还是介绍者自去打听来，研究来的？我们无从捉摸。即使是译来的吧，但大抵没有说明出处，我们也无从考查。自然，在主张"顺而不信"译法的赵先生，这是都不必注意的，如果有些"不信"，倒正是贯彻了宗旨。

　　然而，疑难之处，我却还是遇到的。

　　在二月号的《小说月报》里，赵先生将"新群众作家近讯"告诉我们，其一道："格罗泼已将马戏的图画故事'Alay Oop'脱稿。"这是极"顺"的，但待到看见了这本图画，却不尽是马戏。借得英文字典来，将书名下面注着的两行英文"Life and Love Among the Acrobats Told Entirely in Pictures"查了一通，才知道原来并不是"马戏"的故事，而是"做马戏的戏子们"的故事。这么一说，自然，有些"不顺"了。但内容既然是这样的，另外也没有法子想。必须是"马戏子"，这才会有"Love"。

《小说月报》到了十一月号，赵先生又告诉了我们"塞意斯完成四部曲"，而且"连最后的一册'半人半牛怪'（Der Zentaur）也已于今年出版"了。这一下"Der"，就令人眼睛发白，因为这是茄门话，就是想查字典，除了同济学校也几乎无处可借，哪里还敢发生什么贰心。然而那下面的一个名词，却不写尚可，一写倒成了疑难杂症。这字大约是源于希腊的，英文字典上也就有，我们还常常看见用它做画材的图画，上半身是人，下半身却是马，不是牛。牛马同是哺乳动物，为了要"顺"，固然混用一回也不关紧要，但究竟马是奇蹄类，牛是偶蹄类，有些不同，还是分别了好，不必"出到最后的一册"的时候，偏来"牛"一下子的。

"牛"了一下之后，使我联想起赵先生的有名的"牛奶路"来了。这很像是直译或"硬译"，其实却不然，也是无缘无故的"牛"了进去的。这故事无须查字典，在图画上也能看见。却说希腊神话里的大神宙斯是一位很有些喜欢女人的神，他有一回到人间去，和某女士生了一个男孩子。物必有偶，宙斯太太却偏又是一个很有些嫉妒心的女神。她一知道，拍桌打凳地大怒了一通之后，便将那孩子取到天上，要看机会将他害死。然而孩子是天真的，他满不知道，有一回，碰着了宙太太的乳头，便一吸，太太大吃一惊，将他一推，跌落到人间，不但没有被害，后来还成了英雄。但宙太太的乳汁，却因此一吸，喷了出来，飞散天空，成为银河，也就是"牛奶路"，——不，其实是"神奶路"。但白种人是一切"奶"都叫"milk"的，我们看惯了罐头牛奶上的文字，有时就不免于误译，是的，这也是无足怪的事。

但以对于翻译大有主张的名人，而遇马发昏，爱牛成性，有些

"牛头不对马嘴"的翻译，却也可当作一点谈助。不过当作别人的一点谈助，并且借此知道一点希腊神话而已，于赵先生的"与其信而不顺，不如顺而不信"的格言，却还是毫无损害的。这叫作"乱译万岁！"

——《北斗》第 1 卷第 4 期（1931 年 12 月 20 日）

关于翻译——给瞿秋白的回信（1931）

鲁迅

敬爱的 J. K. 同志：

看见你那关于翻译的信以后，使我非常高兴。从去年的翻译洪水泛滥以来，使许多人攒眉叹气，甚而至于讲冷话。我也是一个偶尔译书的人，本来应该说几句话的，然而至今没有开过口。"强聒不舍"虽然是勇壮的行为，但我所奉行的，却是"不可与言而与之言，失言"这一句古老话。况且前来的大抵是纸人纸马，说得耳熟一点，那便是"阴兵"，实在是也无从迎头痛击。就拿赵景深教授老爷来做例子吧，他一面专门攻击科学的文艺论译本之不通，指明被压迫的作家匿名之可笑，一面却又大发慈悲，说是这样的译本，恐怕大众不懂得。好像他倒天天在替大众计划方法，别的译者来搅乱了他的阵势似的。这正如俄国革命以后，欧美的富家奴去看了一看，回来就摇头皱脸，作出文章，慨叹着工农还在怎样吃苦，怎样忍饥，说得满纸凄凄惨惨。仿佛唯有他却是极希望一个筋斗，工农就都住王宫，吃大菜，躺安乐椅子享福的人。谁料还是苦，所以俄国不行了，革命不好了，阿呀阿呀了，可恶之极了。对着这样的哭丧脸，你同他说什么呢？假如觉得讨厌，我想，只要拿指头轻轻地在那纸糊架子上挖一个窟窿就可以了。

赵老爷评论翻译，拉了严又陵，并且替他叫屈，于是累得他在你的信里也挨了一顿骂。但由我看来，这是冤枉的，严老爷和赵老爷，在实际上，有虎狗之差。极明显的例子，是严又陵为要译书，曾经查过汉晋六朝翻译佛经的方法，赵老爷引严又陵为地下知己，却没有看这严又陵所译的书。现在严译的书都出版了，虽然没有什么意义，但他所用的工夫，却从中可以查考。据我所记得，译得最费力，也令人看起来最吃力的，是《穆勒名学》和《群己权界论》的一篇作者自序，其次就是这论，后来不知怎地又改称为《权界》，连书名也很费解了。最好懂的自然是《天演论》，桐城气息十足，连字的平仄也都留心，摇头晃脑地读起来，真是音调铿锵，使人不自觉其头晕。这一点竟感动了桐城派老头子吴汝纶，不禁说是"足与周秦诸子相上下"了。然而严又陵自己却知道这太"达"的译法是不对的，所以他不称为"翻译"，而写作"侯官严复达旨"；序例上发了一通"信达雅"之类的议论之后，结末却声明道："什法师云，'学我者病'。来者方多，慎勿以是书为口实也！"好像他在四十年前，便料到会有赵老爷来谬托知己，早已毛骨悚然一样。仅仅这一点，我就要说，严赵两大师，实有虎狗之差，不能相提并论的。

那么，他为什么要干这一手把戏呢？答案是：那时的留学生没有现在这么阔气，社会上大抵以为西洋人只会做机器——尤其是自鸣钟——留学生只会讲鬼子话，所以算不了"士"人的。因此他便来铿锵一下子，铿锵得吴汝纶也肯给他作序，这一序，别的生意也就源源而来了，于是有《名学》，有《法意》，有《原富》，等等。但他后来的译本，看得"信"比"达雅"都重一些。

他的翻译，实在是汉唐译经历史的缩图。中国之译佛经，汉末质直，他没有取法。六朝真是"达"而"雅"了，他的《天演论》的模范就在此。唐则以"信"为主，粗粗一看，简直是不能懂的，这就仿佛他后来的译书。译经的简单的标本，有金陵刻经处汇印的三种译本《大乘起信论》，也是赵老爷的一个死对头。

但我想，我们的译书，还不能这样简单，首先要决定译给大众中的怎样的读者。将这些大众，粗粗地分起来：甲，有很受了教育的；乙，有略能识字的；丙，有识字无几的。而其中的丙，则在"读者"的范围之外，启发他们是图画、演讲、戏剧、电影的任务，在这里可以不论。但就是甲乙两种，也不能用同样的书籍，应该各有供给阅读的相当的书。供给乙的，还不能用翻译，至少是改作，最好还是创作，而这创作又必须并不只是配合读者的胃口，讨好了，读的多就够。至于供给甲类的读者的译本，无论什么，我是至今主张"宁信而不顺"的。自然，这所谓"不顺"，决不是说"跪下"要译作"跪在膝之上"，"天河"要译作"牛奶路"的意思，乃是说，不妨不像吃茶淘饭一样几口可以咽完，却必须费牙来嚼一嚼。这里就来了一个问题：为什么不完全中国化，给读者省些力气呢？这样费解，怎样还可以称为翻译呢？我的答案是：这也是译本。这样的译本，不但在输入新的内容，也在输入新的表现法。中国的文或话，法子实在太不精密了，作文的秘诀，是在避去熟字，删掉虚字，就是好文章，讲话的时候，也时时要辞不达意，这就是话不够用，所以教员讲书，也必须借助于粉笔。这语法的不精密，就在证明思路的不精密，换一句话，就是脑筋有些糊涂。倘若永远用着糊涂话，即使读的时候，滔滔而下，但归根结蒂，所得的还是一个糊涂的影子。要医这病，我以为只好陆续吃一点苦，装进异样的句法去，古的，外省外府的，外国的，后来便可以据为己有。这并不是空想的事情。远的例子，如日本，他们的文章里，欧化的语法是极平常的了，和梁启超作《和文汉读法》时代，大不相同；近的例子，就如来信所说，一九二五年曾给造出过"罢工"这一个字眼，这字眼虽然未曾有过，然而大众已都懂得了。

我还以为即便为乙类读者而译的书，也应该时常加些新的字眼、新的语法在里面，但自然不宜太多，以偶尔遇见，而想一想，或问一问就能懂得为度。必须这样，群众的言语才能够丰富起来。

什么人全都懂得的书，现在是不会有的，只有佛教徒的"卍"字，据说是"人人能解"，但可惜又是"解各不同"。就是数学或化学书，里面何尝没有许多"术语"之类，为赵老爷所不懂，然而赵老爷并不提及者，太记得了严又陵之故也。说到翻译文艺，倘以甲类读者为对象，我是也主张直译的。我自己的译法，是譬如"山背后太阳落下去了"，虽然不顺，也决不改作"日落山阴"，因为原意以山为主，改了就变成太阳为主了。虽然创作，我以为作者也得加以这样的区别。一面尽量地输入，一面尽量地消化、吸收，可用的传下去了，渣滓就听它剩落在过去里。所以在现在容忍"多多少少的不顺"，倒并不能算"防守"，其实也还是一种"进攻"。在现在民众口头上的话，那不错，都是"顺"的，但为民众口头上的话搜集来的话胚，其实也还是要顺的，因此我也是主张容忍"不顺"的一个。

但这情形也当然不是永远的，其中的一部分，将从"不顺"而成为"顺",有一部分,则因为到底"不顺"而被淘汰,被踢开。这最要紧的是我们自己的批判。如来信所举的译例,我都可以承认比我译得更"达",也可推定并且更"信",对于译者和读者,都有很大的益处。不过这些只能使甲类的读者懂得,于乙类的读者是太艰深的。由此可见,现在必须区别种种的读者层,有种种的译作。

为乙类读者译作的方法,我没有细想过,此刻说不出什么来。但就大体看来,现在也还不能和口语——各处各种的土话——合一,只能成为一种特别的白话,或限于某一地方的白话。后一种,某一地方以外的读者就看不懂了,要它分布较广,势必至于要用前一种,但因此也就仍然成为特别的白话,文言的分子也多起来。我是反对用太限于一处的方言的,例如小说中常见的"别闹""别说"等类吧,假使我没有到过北京,我一定解作"另外捣乱""另外去说"的意思,实在远不如较近文言的"不要"来得容易了然,这样的只在一处活着的口语,倘不是万不得已,也应该回避。还有章回体小说中的笔法,即使眼熟,也不必尽是采用,例如"林冲笑道:原来,你认得。"和"原来,你认得。——林冲笑着说。"这两条,后一例虽然看去有些洋气,其实我们讲话的时候倒常用,听得"耳熟"的。但中国人对于小说是看的,所以还是前一例觉得"眼熟",在书上遇见后一例的笔法,反而好像生疏了。没有法子,现在只好采说书而去其油滑,听闲谈而去其散漫,博取民众的口语而存其比较的大家能懂的字句,成为四不像的白话。这白话得是活的,活的缘故,就因为有些是从活的民众的口头取来,有些是要从此注入活的民众里面去。

临末,我很感谢你信末所举的两个例子。一、我将"……甚至于比自己还要亲近"译成"较之自己较之别人，还要亲近的人们"，是直译德日两种译本的说法的。这恐怕因为他们的语法中，没有像"甚至于"这样能够简单而确切地表现这口气的字眼的缘故，转几个弯，就成为这么拙笨了。二、将"新的……人"的"人"字译成"人类"，那是我的错误，是太穿凿了之后的错误。莱奋生望见的打麦场上的人，他要造他们成为目前的战斗的人物，我是看得很清楚的，但当他默想"新的……人"的时候，却也很使我默想了好久：（一）"人"的原文，日译本是"人间"，德译本是"Mensch"，都是单数，但有时也可作"人们"解；（二）他在目前就想有"新的极好的有力量的慈善的人"，希望似乎太奢，太空了。我于是想到他的出身，是商人的孩子，是知识分子，由此猜测他的战斗，是为了经过阶级斗争之后的无阶级社会，于是就将他所设想的目前的人，跟着我的主观的错误，搬往将来，并且成为"人们"——人类了。在你未曾指出之前，我还自以为这见解是很高明的哩，这是必须对于读者，赶紧声明改正的。

总之，今年总算将这一部纪念碑的小说，送到这里的读者们的面前了。译的时候和印的时候，颇经过了不少艰难，现在倒也退出了记忆的圈外去，但我真如你来信所说那样，就像亲生的儿子一般爱他，并且由他想到儿子的儿子。还有《铁流》，我也很喜欢。这两部小说，虽然粗制，却并非滥造，铁的人物和血的战斗，实在够使描写多愁善病的才子和千娇百媚的佳人的所谓"美文"，在这面前淡到毫无踪影。不过我也和你的意思一样，以为这只是一点小小的胜利，所以也很希望多人合力地更来介绍，至少在后三年内，有关于内战时代和建设时代的纪念碑的文学书八种至十种，此外更译几种虽然往往被称为无产者文学，然而还不免含有小资产阶级的偏见（如巴比塞）和基督教社会主义的偏见（如辛克莱）的代表作，加上了分析和严正的批评，好在那里，坏在那里，以备对比参考之用，那么，不但读者的见解，可以一天一天地分明起来，就是新的创作家，也得了正确的示范了。

鲁迅

一九三一,十二,二八

——《二心集》(上海：合众书局，1932 年)

论翻译（1931）

曾觉之

本文之作，原拟为一本翻译书籍的引子；写来过长，乃脱离而独立。久未发表，亦因此之故。又此文写成在三年前，时作者正求学巴黎，对于国内翻译界，殊为隔膜，故所论多普遍概括之谈。或者读此文者有明日黄花之感；但作者相信翻译问题没有多大的时间性，时可加以讨论。而作者对于此问题的意见，大致仍与从前相同，故不揣旧作之陋，大胆发表，与明达商榷。

翻译品的不受欢迎，因其难以通解，而不可通解之过咎，则由于译者的或西文肤浅，或中文不达，归根仍在于译者自身即不很了解自己正在翻译的东西。而纷乱无序，急不选择，或因想得数月译者的荣衔，或因想得三元千字的报酬，方阅卷首数行，刚闻作者名字，即提笔疾书，黑点不久便洒遍白纸上。译者的这些谬误，早经多人指摘，我们不愿再说，我们单想对于"懂得"一词，略加诠释。懂得某事物，初看似易，实则甚难；常人所谓懂得，大抵是私意的猜测，与原来的真面目丝毫无涉，外表最易欺人，真义乃别有所在。眼前事物，本地风光。懂得已有如许的烦难，则万里悬隔，他邦产物，不易理解，自更彰明显著。"理同心同"，悬说而已，实际则千差万殊，各因时地而有异，决然断然，不能以含糊语概括。我们单就文学作品上讲，我们当晓得，一种伟大的作品是由血与肉写成，不单是作者个人的血与肉，全一国家与全一民族的血与肉，都似凝聚在此里，纸笔与墨水乃最外最外的材料，字句与篇章乃最浅最浅的符号。所以文学作品不可译，且有些不能为外国人所了解，即因要懂得这些，必血管中流有与作者相类的血，方得深深的体会与透彻。但世间一切都是相对的，绝对实无处可以找得；所谓懂得亦是相对的懂得，当然有种种深浅程度的差别，而我们想要论列的"懂得"，亦正指在这一意义上。

由是，"懂得"有种种的层次，但这些层次是成直线而非为分歧的：初步为文字的认识，次则为意义的了解，再进则于作品意义之下找求作者的人格，更进乃在作者人格之后搜寻产生作者的环境关系，时代、土地、民族、制度等的影响。我们意中的相对的真正懂得，即在要人能于这几层下功夫，而皆得有相当的明白概念。这是批评家的职务；而翻译家与创作家的不同，即因翻译家必兼为批评家。创作家抒写自己，不一定要晓得构成自己的才能的因子，只致力于表现方法的技术上即足；翻译家则在懂得一种作品或一位作家，若忽略于成形作品或作者的原素的认识，而求传神达意，断乎不能。有创作天才的不一定有批评精神，有批评精神的不一定有创作天才；若不兼有，则翻译品出于前者之手多讹，出于后者之手多庸。具有这两种特长的人已罕见，翻译佳制自不易得；而因有这种特别困难之故，翻译有些令人畏而却步。翻译家是一位十分灵巧的工师，他能看见一副复杂机器，用与原物不同的材料，毫无遗漏与缺憾地造出另一副来，这是一类重复的创作，然而，比初次的创作加了多少的困难！一切都受限制，被局促，既不能超轶的施展自己的才能，却又要时时顾左忌右的求与原作相符。

这类有似是理想的译者，我们不过连带地说及，今且略过。现在国内从事译述的，怕没有这种人，或因我们的孤陋，不为我们所知。但从多数上看，中国的译者于外国文字即多未十分畅晓，而曲解意义与割裂篇章，实为常事，至为深进的原因与理由的探求，更是无能顾及。译者既非能了解原作，自然读者更难明白译本，因之译籍为一般人所畏读。我们很晓得，在现代国内的纷扰情形中，什么都不能求全责备；假使译者对于外国文字真是通澈无误，我们便当满意，其他可暂置不论。不幸，所谓"懂得"，不能限于文字，有时且文意已明白而真义尚渺茫不可摸捉者，所以我们要从事翻译的人为更进的研究，为深入的懂得。"懂得"的种种层次是互相为用互相说明的；文字自是必要的基础，但若了解作者的生平与作者所处的时地，则必更有所得，而文字的意义亦必更加明显。凡事物都是多方面的，必从多方面看，方能得事物的一个大概；而通常对于翻译品感到的枯燥乏味，因有各方面光亮的明照，或能使人皆得到相当的兴趣。我们以译者对外国文的懂得一层，已经有多人指说，无须再加赘言；我们单论或作者或作品的环境的懂得，历史的懂得，背景的懂得。

既要加说，我们仅仅在论列一种懂得的样式，并非在使翻译的人皆为如上面所说的一类理想的译者。又要声明，凡懂得某一事物，必须有相当的忍耐与充分的时间，这就是贪一时风头与目前效果的中国人所最讨厌的！本来求懂得就是笨拙，双手蒙着两眼，纵横驰突地随意所之，不是更自由自在吗？有多少人习外国文方数月即左字典而右纸笔地翻译名作呢！又有多少人感到学外国文的困难，随即丢弃而专攻于他们的神圣创造呢！谁能想到，即本国文字，经数十年的浸润，尚有时不能通，尚有书不能读，而谓一种外国文，仅半年数月之功，即堪试用，则自非现代特殊的新新天才不可！

读者原谅我们的绕这个弯折；这虽是无关的题外语，我们的意思实别有所在：我们指出翻译之非容易。人能觉察一种事物的困难，人于这种事物即已有几分的认识，而离真正的解决不远。我们谈烦难的翻译，谈讨厌的懂得，对于懒病入膏肓的人，有是拂心逆耳，对于诚实有志的译者，则或可为一得刍言。一种事物所以美，所以有意义，并非单由于其本身的力量，实多半由于其四围的羽翼，隐伏潜在的无限关连。且方便作喻：折取一朵无叶的牡丹，人见之未必有美感，得绿叶扶持，逐增妩媚，供以瑶瓶，置诸华堂，其名贵富丽，自然有目共赏了。谁不晓得，同是一物，在此则美，在彼则丑呢？同是一人，当其时则奇特，非其时则平凡呢？时地支配了一切的价值；求了解人或物，不于时地的关连上求，终是徒劳无功。

外国文艺作品的读者常奇怪于有许多作品，为本国人所同声赞叹，而在自己则索然乏味；其原因是这些作品生活于某时、某地与某民族中，没有其历史传统的知识，没有其风土人情的学问，作品只是空壳，有何意义之可言？至多亦不过有表面的文采，供暂时的谈助而已。更使这层意思明白，我们在大家承认的名著中抽取一警字或一警句告人，人对之为怎样的感想？究与在庸凡的作品的同一字或同一句有什么不同？独立的字句是不能多所表示的，必这字或句在作品的某处，而其真义方显明，因这字或这句实为或全句，或全段，或全篇，或全书的结晶。而读者想懂得这字或这句，当然非看作品的全部不可了。

所以凡使作品脱离其固有关系而又求不失其本来面目的尝试，实如要鱼出水而不死，要木去土而还生，必无侥幸成功之理。不幸所谓翻译，正是这一种尝试，失败相仍，自无足怪。翻译品有如淮南之橘至淮北则化为枳，结果只是叶徒相似，其实味不同；读者若将原作与翻译比较，这种差异当必共见。但我们即因此绝望而终辍翻译事业么？那又不然。我们晓得橘枳之变化由于风土之殊异，我们晓得翻译与原作之不同由于时地之悬绝，我们即已知应从那一处着手补救，而可有相当的成效。自然时地不可移，风土难得造，然以今人智的发达，科学的进步，谁敢说什么是不可能？电力之神奇不将缩万里如比邻，化千年若瞬息吗？至少，我们于翻译事业上可能使有一种与原作逼肖的空气环境，似真的历史背景。

现在的博物馆所以能聚各地气候悬殊的动植物于一堂，究其方法，不过在造出一种与原来情形相类似的环境，置动植物于其中，使无流逐失土之感，而动植物遂得安然生活。博物馆聚动植物自与翻译文学作品不同，但译者可师其意，而使作品移译后，尚有栩栩欲活之生气。即我们于翻译某一种作品时，将与作品有关系的东西同时介绍过来；作品生成的因由，出版时情状，后来的影响，在文学史上的地位等，再则为作者的生平，及所在的国土与时代等；而使读翻译品的人心中先有那种原作所以生活的当时情形的幻影。读者得这阶段，自能容易从翻译体味原作，而因受这种疑幻空气的包围，在不知不觉间读者浑忘自己之为外人，宛若与作者亲接而无隔。翻译品得此当然较易为读者所领悟，虽没有直接读原作的痛快，但至少亦可得其近似，不至有如天外飞来物之感。更退一步而言，我们缩小我们的野心，我们晓得作品的似真背景的重造，难得满意的结果；但这种尝试，在我们以为至少是了解作品的绝大帮助。我们仅能于事物的关系上捉到事物，对于绝缘独立的事物本身，我们实茫然无所措手足。我们主张翻译同时介绍与原作相关的一切，即根据这个原理，不单翻译如此方易为读者懂得，即原作的研究者亦如此方易得有兴趣；推远一点，则无论从事哪一种学问的人都应从这一方向走；因为在这条道路上，处处是美景，使人有左右逢源、头头是道的快乐，似乎从此可以看见一切，亦似乎一切乃包含在此里。

能如此而从事翻译，则翻译的影响必大且久；而以前的事例亦正为我们作证。中国翻译外籍，先为印度经典，次为欧西著述；为简单起见，我们试取佛教与基督教比较。佛教在中国思想上影响之大，谁都晓得，如中国一二百载即有喧宾夺主之势，基督教传至中国亦既三百年，思想上的影响几等于零，若存若亡的如没有这一回事，其原因甚多，非在此可以条举，但单单比较佛教与基督教的翻译经典，亦未尝不可明白此中消息的一二。读佛教经籍的人，终篇后，虽不全解，但觉得有若干的头绪，可能下手，因其中有详明的注释，叙述或经或论的造作因由，时代与作者，而印度亦遂使人恍若可见。耶教的译籍则如何？一开卷即格格不可入，因其没有将线索明示，所以读者毫不能感到兴味；譬如耶教发生的犹太民族，后来辗转传至欧洲而大盛的因由，历代教中大师的论著，皆讳莫如深，当然会有人望然去之了。此中的差异，则因前者为读者预备许多门径，后者对读者脱离独立如水泄不通，两者在中国发生的结果，遂至不可相提而并论。

而且，为什么大家喜读本国的作品，而厌看外国的翻译呢？亦无非因自己对于本国作品有根基，对于外国翻译则毫无预备的缘故；这些预备实为使翻译品流播所必不可少的条件。从事于翻译的人能于此致意，则翻译的成效必更见显著，而新文学亦必借此而放出更鲜艳的花朵。我们将其单独提论，亦不过是本此微意而已。

我们且总括几句：从事翻译的人不单要于语言文字有深厚的根据，且当于拟译的作品与作者有精祥的研究。作品与作者的选择在乎各人的嗜好而不能勉强，但亦要详加考虑，不可太滥，致精力徒废；一方要取代表一时代的作者，及代表这位作者的作品，这点较少争执，因杰作多既评定，尤其是过去的，他方要取与我们，与我们的时代多少有关系的作品与作者，这完全因译者的意见而不同，但要译者记住，翻译是介绍某某作品，不仅为自己的喜悦，应牺牲些自己而多留意于读者。翻译时的小心在文字，在后则为说明的工作，将与作品有关的为系统的叙述；这就是上面所既加以详细论列的，即译者求重造作品的背景，暗示读者以似真幻影，借许多的脉络组结，使读者懂得与发生兴趣。此中的着重点在能使读者常有一种批评精神，而读者因这种明了的解悟力，直透作品的深处，引起与作者相同的情感，浑忘自己于其中。这就是我们希望中的译者所能达到的程度。

这全是理论的，且几为幻想的，我们早已看到种种的反对，我们当略加解答。有人以为凡翻译都要这样研究与解释，实不胜其烦，于事实上亦有所不可。且艺术有普遍的绝对性，不须说明而人皆可以感到其惊人的美。这层我们无妨承认；但要将国人懒惰的习气除外讨论。我们的意思并非绝对的，有层层的阶段，对于过去的名作应如此，且为之甚易，译者费些功夫即得；现代的名作则因时间太近之故，搜罗材料较难，所以只能简略一点。总之，我们不是要凡译者皆到某一定限的完善程度，我们单要凡从事翻译的都不可忘记这层工作，都应做这层工作。至艺术的普遍绝对性的观念，现在很难自圆其说，这是古时人的艺术思想，我们不加详论；试取某种最美的艺术作品与绝无预备的人看，问他的感想如何，即知此说的根据薄弱了。

又有人谓文艺作品根本是不可译，译品怎样审慎，亦只能得其一部分的美，因而视我们的这种作为无益徒劳的努力。我们很晓得文艺作品有可译不可译两部分；但可与不可的界限殊难测定，亦正因有不可，方激起我们奋往求进的精神。人心总是喜在"不可"中求，而"可"则于我们无兴趣；一切的进步都由此而实现。而翻译之可有进，自非完全虚空了。或又谓理解力因人而不同，有一看即了然的，有反复喻说亦不知所云的，我们注释翻译品，在使人懂得一点上，实没有多大关系。这层似是而实非；理解力自然人各不同，但我们的这种工作是事实上的陈述，非凭空的悬谈，使理解深者更加理解，而理解浅者亦必有所理解。这是使人从各方面看事物的法子，较之只看见事物的一面的，所晓得的决然加多。

更有以讥诮的神气说，在翻译文本外加了许多篇幅，不特于原作的意思的了解上无补，而且或因之而真义更隐晦，致起种种的误解；结论则谓这种工作不过是我们炫博与摆架子的样式。这是意中应有的恶评。但要想到：凡事物都是多方面的，凡事物都可以引起误会；因译注而误会原作，过咎不专在译者，读者应担一大部分。译者的责任在忠实的选择各批评家的意见，为一种综合的研究与注释，若读者不总览概观，只断章取义以臆测原作，译者哪能负责呢？至谓炫博与摆架子，亦不过是迹似，应加分别。国人习俗，贪图简易，畏怕烦难；与西洋接触百余年，了解西洋者实寥寥无几，尤其对于西洋的文艺思想的渊源上的知识，绝少真确见解。我们以亚洲历城之士多德，与葡萄之理不能有牙为可笑，一按实际，这类笑柄实随处而皆是。所以，只要译者的态度忠实与诚恳，毫无伪饰与成见，详尽纤悉的介绍，难或有过度，我们亦只能为相当的商榷。若人因此而漫然以炫博与摆架子的讥评相加，译者当一笑承受，这不过是求深知博识的不倦精神之一般懒惰病者的应有反响，译者的真精神或正表现于此！

我们很晓得，我们对于翻译的这种意见并不是新的，多少经人论到，多少经人实行的；可以说，多数译者都既从这方面努力过，我们不过于此为条理的申说，引起读者的特别留意而已，又我们以为翻译工作需要互助，尤其是翻译古代作品；因关于研究一方面的工作，个人能力总是有限，非互相商榷，难得完善的结果。这有待于翻译团体的组织了。翻译团体是十分需要的；西洋各国翻译希腊拉丁著述有团体，中国从前翻译佛经亦有团体。诚以独力难成，众擎易举，况又近来生活需求之逼切，学术分工之浩繁，要合力，方易于见效了。但巨大团体之设立，非私人之力所能，而在今日的情状中，自少人注意及此。也只有翻译者各本其绵力，起来相互帮助，相互商榷，慰情于全无组织之缺点而已。这必能使国内翻译得到一种进步；这实为作者私心愿望之一。

——《中法大学月刊》第 1 卷第 2 期（1931 年）

翻译家的十诫（1931）

朱曼华

什么是理想的翻译家的美德呢？文学上的理论，大概没有人很彻底地讨论过，至于所谓"信""达""雅"者亦只是很空洞的标准，没有具体的办法可以遵从。因此从事于翻译的人，每每各有所守的条件，甚至毫无条件，随意地译出就是。其实翻译不是一件随便的事情，自有其必备的信条。可是这样的信条，要具体切要地说出来，却不容易。因此，据我们所知道，最简单最切用的方案，却是要算是一个无名的德国人的投稿："翻译家的十诫"。这篇文章是英国《教育与学校世界》杂志三月号悬赏征文的结果。内中说，很有足资参照的地方，因此就译了出来。

这里就是本文：

（一）你必须要把确切同样地表达原作者的每一种思想当作最高的法律。凡增减原文的人是有罪的，因为他没有达到翻译的目的。疏忽的罪则比故意增删的罪还要大。

（二）你必须要把你的译文，译得像原文一样的格式，一样的韵律，一样的声调，一样的流利；你必须把你自己文体上的技巧抛开，而只在原作者和外国读者的中间做一个忠实的介绍人。

（三）你不能死板板地依照原来的句法。你不要犹疑，只管把原文的语句拆开而后连接起来，你的文字上和格式上的意识自会指导你的，但须谨慎地注意于句法构造上的"逻辑"。

（四）你切不可以擅自改窜，就是在原作者有无意识说话的时候：因为文字的责任是原作者负的。如果你有意想去改窜，那么，荒谬的罪就在你而不在原作者了。

（五）你常常要把你的译文高声朗读。让你的耳朵，不是你的眼睛，来做你的评判者。

（六）你必须要精通外国文字到足够去认识一切专门的名词，这样，才不致于像某个本来有资格的翻译家弄出同样的错误，像把军队里的命令 En Avant—pas gymnastique—marche 译作"前进——没有体操——开步走"！

（七）你不可以把优美的外国成语一字一字地翻译出来。每一种文字都有它的特长，有它的缺点，有它的锐利。所以，你必须用十二分的谨慎，但是，却不要惶惑而慌乱。

（八）你必须要继续地研究你的本国文，这便是你要将外国文翻译出来的文字。对于外国文字，你不久就会畅晓，使你很足够当一个好的翻译家；但你研究本国文字，却是永远无止境的。

（九）你应把"不能翻译"这四个字从你的字汇当中永远擦去。《西纳诺》（*Cyrano de Bergerac*）在某一时期是曾有一大批的批评家说是不能翻译的。

（十）除非你确实知道你的译文给随便什么人读了都会和创作一样，你才可以休息。译文要达到不像译文的地步，这才是好的译文。在全篇里，不能有一句使你不满意的句子。这一切不是仅仅靠了字典的帮助，便可以成功的，因为翻译是同时需要感觉与思想。

——《世界杂志》第 1 卷第 4 期（1931 年）

再来一条"顺"的翻译（1932）

长庚（鲁迅）

这"顺"的翻译出现的时候，是很久远了；而且是大文学家和大翻译理论家，谁都不屑注意的。但因为偶然在我所搜集的"顺译模范文大成"稿本里，翻到了这一条，所以就再来一下子。

却说这一条，是出在中华民国十九年八月三日的《时报》里的，在头号字的"针穿两手……"这一个题目之下，作着这样的文章：

> 被共党捉去以钱赎出由长沙逃出之中国商人，与从者二名，于昨日避难到汉，彼等主仆，均鲜血淋漓，语其友人曰，长沙有为共党作侦探者，故多数之资产阶级，于廿九日晨被捕，予等系于廿八夜捕去者，即以针穿手，以秤秤之，言时出其两手，解布以示其所穿之穴，尚鲜血淋漓。……（汉口二日电通电）

这自然是"顺"的，虽然略一留心，容或会有多少可疑之点。譬如，其一，主人是资产阶级，当然要"鲜血淋漓"的了，二仆大概总是穷人，为什么也要一同"鲜血淋漓"的呢？其二，"以针穿手，以秤秤之"干什么，莫非要照斤两来定罪么？但是，虽然如此，文章也还是"顺"的，因为在社会上，本来说得共党的行为是古里古怪；况且只要看过《玉历钞传》，就都知道十殿阎王的某一殿里，有用天秤来秤犯人的办法，所以"以秤秤之"，也还是毫不足奇。只有秤的时候，不用称钩而用"针"，却似乎有些特别罢了。幸而，我在同日的一种日本文报纸《上海日报》上，也偶然见到了电通社的同一的电报，这才明白《时报》是因为译者不拘拘于"硬译"，而又要"顺"，所以有些不"信"了。

倘若译得"信而不顺"一点，大略是应该这样的："……彼等主仆，将为恐怖和鲜血所渲染之经验谈，语该地之中国人曰，共产军中，有熟悉长沙之情形者，……予等系于廿八日之半夜被捕，拉去之时，则在腕上刺孔，穿以铁丝，数人或数十人为一串。言时即以包着沁血之布片之手示之……"

这才分明知道，"鲜血淋漓"的并非"彼等主仆"，乃是他们的"经验谈"，两位仆人，手上实在并没有一个洞。穿手的东西，日本文虽然写作"针金"，但译起来须是"铁丝"，不是"针"，针是做衣服的。至于"以秤秤之"，却连影子也没有。

我们的"友邦"好友，顶喜欢宣传中国的古怪事情，尤其是"共党"的；四年以前，将"裸体游行"说得像煞有介事，于是中国人也跟着叫了好几个月。其实是，警察用铁丝穿了殖民地的革命党的手，一串一串地牵去，是所谓"文明"国民的行为，中国人还没有知道这方法，铁丝也不是农业社会的产品。从唐到宋，因为迷信，对于"妖人"虽然曾有用铁索穿了锁骨，以防变化的法子，但久已不用，知道的人也几乎没有了。文明国人将自己们所用的文明方法，硬栽到中国来，不料中国人却还没有这样文明，连上海的翻译家也不懂，偏不用铁丝来穿，就只照阎罗殿上的办法，"秤"了一下完事。

造谣的和帮助造谣的，一下子都显出本相来了。

——《北斗》第 2 卷第 1 期（1932 年 1 月 20 日）

论意译与直译（1932）

朱复钧

不论哪一个书店或哪一种刊物，在中国，译文之多于创作已成为一般的现象。的确，自己的学问或程度，不论其为自然科学的、社会科学的、文艺的，在国际上简直占不了一点儿位置。因此翻译便无疑地不得不成为一种重要的工作。

但翻译，和创作一样，其难，在某种意义上有时且甚于创作。故怎样翻译才合乎翻译的原理呢？这是一个所堪注意的问题。最近我们听得在我们的文坛上有所谓直译与意译之争，实为一种好的现象。我们希望从这个争论中能够获得一些正确的结论。

在这次争论中，主张意译者有梁实秋、郁达夫、赵景深等；而主张直译者则为化名作摩顿、英烈诸人。到底直译好呢还是意译好？我也很想在这儿以客观的立场来加以研究。

第一，我可以说：意译的弊病在于最易流为曲译；而直译的缺点则又为最易流为死译。曲译也许为：我们所懂得，有时甚而至于可以朗朗成诵若苏曼殊、林琴南等的译品，但结果往往失去原文的真义；直译当然是忠于原作的，但不同的国家固有其不同的字体与不同的文法，因工具的不同于是在原文虽简洁而明白，译为他国文字就不免流为暗涩而生疏，甚而完全看不懂。赵景深述苏曼殊译拜伦（Byron）诗为五言七言，译得连娘家也没有了。当然，译得连娘家也没有的诗当然太笑话了；但如果太顾着了娘家，则亦不免"过犹不及"。

翻译界老前辈严复的《天演论》有例言几条，中有云：

> 译事三难：信、达、雅。求其信已大难矣。顾信矣，不达，虽译犹不译也，则达尚焉。……

我们要守信，换言之即我们要忠于原作。易流为曲译的意译便不为我们所需要；同样，我们要求达——换言之即要使读我们的译作者了解我们的译文，易流为死译的直译也就为我们所不取。但我们应该怎样翻译呢？在翻译的方法上除意译与直译之外似乎已走不出什么新径来了。这儿，我们自不能不怀疑翻译本身就不是怎样可靠的。几年前，英国《教育日报》曾征求过一首法文诗的翻译，投稿者非常踊跃，可是没有一首是满意的。虽然有些是清顺有余。诗如下：

> La vie est vaine:
> Un peu de hai d'amour,
> Un peu de hai ne,
> Et puis-bonjour!
>
> La vie est breve:
> Un peu d'spoir,
> Un peu de reve,

Et puis bonsoir!

诗意是：

生命是虚无，
一点儿爱情，
一点儿仇恨，
即此——再会吧。

生命是片刻，
一点儿希望，
一点儿梦幻，
即此——晚安吧。

这首诗，在法国字是特别地清楚、简括；但在别国文字中就不能以同样的事写得那样逼真。从而知以不同的字体来描述一件同样的事，其效果绝对不能是一样的。因为各国文字各有其特长和缺点。

但，虽然我们不能不致怀疑于翻译之本身是否可靠；而我们的有需乎用翻译的方法来介绍外国的学术或思想依然是很重要的。翻译本身既有缺点，为守信起见，从事翻译者的第一个条件当然是对于原文的完全理解。一只手翻字典，一只手写，在这样的情形下我相信永远不会产生出好的译品来。例如梁任公所说："学日文三月得小成，六月大成。"的话绝对是要不得的。有人曾译日文中之"怪我"（受伤之意）作中文之"怪我"的本义解，便是此种流弊之显而易见者。故不能完全了解原文者的翻译，无论其为死译，为曲译，不能言信，更说不上达。不仅如此而已；从事译作者对于外国文固须深切地了解，同时对于本国的文字的运用，也须具有相当的条件，而自以愈纯熟为愈妙。要而言之，翻译的目的是在介绍外国学术思想。我们由于知道自己的幼稚，才产生翻译的需要。那么，当然的，为求那从国外搬过来的学术思想普及地使国人明了起见，关于译文自以愈浅显愈明白为愈妙愈好。赵景深说：

> 不过，现在我这样想：倘若是文学理论，似乎更应该译得使人看得懂。倘使不想引起读者的共鸣便罢，如果想使读者能完全领会书中的意思，为什么不肯多耗去一点时间让读者多知道一些呢？（第六期《书报评论》P. 7）

上面几句话是很不错的（但并不是绝对地没有错误）。廿年前，周作人兄弟曾用古文来译小说。他们的古文程度很高，并能充分地直接了解西文。但他译的《域外小说集》，十年之中，只销了二十一册。这是什么缘故呢？是周氏兄弟的译文离开信、达、雅太远了吗？我们决不能作这样的论断。但我们不妨说这是由于古文的艰涩难懂这问题。故意译在使读者容易了悟的意义上是无可非议的。不过我们不能因此说因为林译的小说比较畅销，而周译的销路却出于意外地滞钝而作为林译的较优于周的论据。在事实上，周译的当然是较忠于原作的。关于艺术，托尔斯泰曾说过如下的话："人又常说艺术品所以不为通普人民所喜欢的，因为他们不能够明白它。然而如果艺术品有用艺术家所感受的情感以感动别人的目的，那么怎么还能提到明白不明白的一层呢？"（见耿济之译托氏《艺术论》页一五五）

　　翻译当然也赖乎艺术的手腕的。说得明白一点，翻译本身也就是艺术的一种。如果意译除能够对原著守信而外，兼能使读者容易了解，那当然是最好的。然而这是可能的吗？我可以负责的回答一句是不可能的。林译的小说虽然普及于中国的社会的底层，但如果我们拿原文来对照一下，则原书的精彩是失却了，原书的风格是失却了，甚至连娘家也没有了，这种翻译艺术之成为矫揉作伪当为我们所不能满意的。

　　意译的利弊既如上述；我们既不能一手把它抛开，也不能一味拿它作为我们翻译的正轨。换句话：我们对于读者努力尽了责，同时对于原作的意义，亦不能稍有错误。在这里，我以为意译可以辅直译所不及（有些文字直译了反不若意译的好），而直译又可以补意译之所难能为力者。实有相互为用的必要。

　　我们不是常听得英文化的中文、中文化的英文这个批评吗？这就是英文不便直译为中文、中文亦不便直译为英文的意思。严复《天演论》例言中又有几句话：

　　　　译文取明深义故词句之间时有所颠倒附益，不斤斤于字比句次，……

　　如果直译的意思便是斤斤于字比句次的死译，便犯了"过犹不及"的毛病，译而不能使读者了解，那么这种工夫不是等于浪费吗？但有些原文在其本国人读起来也是很难懂，用我们的文字来翻译也找不出适切的句子使人了解的时候，则只可作为例外，而且应该加以原谅的。本来，关于思绪的表达，即语言已有一层声音表象的拘限，文字则更多一层参差的暗译，经过二重的搬移损失，当然只能部分的表面的。

更或许有些意象是不能用言语或文字形容出来的亦不是绝对没有的事。

有些意象，原著者既不能充分地用浅近的文字表达出来，则这些地方只好引用直译的方法了。但如果一篇文章，用直译的方法既不能保持原作的风格，又不能使读译文者所了解，那么，那种直译我们当不惜牺牲。如果意义既能守信于原文，又能给与读者以了悟的时候。总之，我们应该既不为"意译"两字的氛围所迷住，更不必用"直译"的字面来囿困本国文字的运用。但这决不是把西洋典故改成中国典故的那样滑稽戏，因为这样便应该表明为改译了。

关于文学上的有些材料，在外国是极合一般读者的心理或极使读者感动的，但因为中外的习惯和风俗人情的不同，拿它搬到中国来不一定能够同样地合中国人的脾胃或极使中国人感动，在这个意义上改译自亦为不可缺少的工作。但在普通的翻译中，我们根本就不需要改译。前几年我读过一位秦姓的先生的《茶花女》译本，中有"貌如潘安"一语，当时我确实感到奇突，法国人和我们贵国的潘安到底怎样会发生了缘分呢？

我上面所说的一部分话也许为主张直译者所反对，或者便直接称我为骑墙派，但那只见得主张直译的者固执与迷信而已。西滢曾说"金乌西沉，玉兔东升"是中国小说里的极恶烂的俗套，可是译者如按字直译，一个外国读者所得的印象一定不是恶俗，而是古怪。这几句话是不错的。

直译与意译同样地为我们所需要。故我们当用意译的时候便用意译，当用直译的地方便用直译，不当囿于成见。意译并不含有错译或改译的意思。意译的目的初不过为使读者不感觉太模糊，乃不兢兢于原文的文法或组织的讲究。我们不妨把原文的语句拆开分作几节来说明。或者把原文的几节是可以用我们本国文一句话可以详细译明，那么也便这样做去。主要目的是要既守信于原作，又使读者得充分之明了。这种翻译用之于只在求说明的文字尤为不可非议，英烈在对翻译论战的余话里有这么几句话：

> 你要读一本虽通顺而有错误的译本呢，抑要读一本虽正确而略不顺的译本呢？（第六期《书报评论》页十三）

我想在这里回答一句：错误的译文我们固然不要，但有些原文可以用意译详细表白并读来通顺的时候，则我们决不需要虽正确而略不顺的直译。

——《新时代》第 2 卷第 2 期（1932 年 6 月 1 日）

再论翻译——答鲁迅（1932）

瞿秋白

亲爱的同志：

因为病的缘故，直到现在才动笔来答复你。这是要请你原谅的。

翻译的问题在中国还是一个极重要的问题，从"五四"到现在，这个问题屡次提出来，屡次争论，可是始终没有得到原则上的解决。最近一年的争论实际上有两个来源：一个是赵景深老爷提出了"宁可错些不要不顺"的原则，一个是我提出了"绝对用白话做本位来正确的翻译一切东西"的原则。赵老爷和我——这是绝对的两件事情。"宁可错些"！这算什么话，真正是不成话的胡说。所以咱们没有和他争论的必要。不过因为《文艺新闻》（？）曾经提出"宁信而不顺"的说法，算是对于赵老爷的答复，我认为这也是没有抓着问题的根本，无形之中和赵老爷站在同一个水平线上去了，——因此，我在前一封信里才附带地提到这个问题。你的来信也还说："我是至今主张'宁信而不顺'的。"我觉得这是提出问题的方法上的错误。问题根本不在于"顺不顺"，而在于"翻译是否能够帮助现代中国文的发展"。第一，如果写的东西的确是现代中国文（嘴上说的中国普通话），那么，自然而然不会有不顺的事情，所以根本不成问题。第二，如果写的不是现代中国文，而是"远东拉丁文"（汉文文言），或者是西崽式的半文言（例如赵老爷等的翻译），那么，即使顺得像严又陵那样的古文腔调，也和中国现在活着的三万万几千万的活人两不相干。说到"信"也是一样。

This is the question, 问题就在这里！

像你说的："宁信而不顺"……"现在可以容忍多少的不顺"，那就是没有着重的注意到绝对的白话本位的原则。

我上次在那封信里已经说过。

真正的白话就是真正通顺的现代中国文，这里所说的白话，当然不限于"家务琐事"的白话，这是说：从一般人的普通谈话，直到大学教授的演讲的口头上说的白话。……写在纸上的说话（文字），就应当是这一种白话，不过组织得比较紧凑、比较整齐罢了。

翻译的时候，应当用这种绝对的白话文：一方面和原文的意思完全相同（"信"），另方面又要使这些句子和字眼是中国人嘴里可以说出来的（"顺"）。"信"和"顺"不应当对立起来，不应当说：要"顺"就不能够"信"，要"信"就不能够"顺"，或者：要"顺"就不能够容忍一些"不信"，要"信"就不能够不容忍一些"不顺"。

赵景深老爷的根本错误，就在于他认为"信"是和"顺"冲突的。

像你信里所举出来的例子："山背后，太阳落下去了，"——你以为这句话有点儿"不顺"，其实，这是很通顺的白话文。只有赵老爷才会说这是"不顺"。假使把这句话改作"日落山阴"，那倒的确不顺了，因为"日落山阴"这句话在并非老爷的小百姓看来，简直没有懂的可能。小百姓的口头上有没有"日""阴"这类的字眼呢？没有。现在活着的小百姓的中国文的字典里根本没有"日"字，而只有"太阳"或者"日头"("正月初一日"的"日"字是另外一个意思)。

如果说，所谓"不顺"就是"新鲜"的意思，就是"没有看惯，没有听惯"的意思，那当然不成问题；我们在翻译的时候，甚至于自己写文章的时候，当然应当大胆地运用新的表现方法、新的字眼、新的句法。可是，把"宁信而不顺"变成一种原则，那始终是极不妥当的。第一，我们创造新的字眼、新的句法……等等，应当使它们能够在口头上说得出来，能够有"顺"的条件，不然呢，这些新的表现方法就要流产的。第二，我们不应当自己预先存心偷懒，说什么也可以"不顺"些，——这一个倾向的发展可以造成很坏的结果：一般青年的翻译因此完全不顾群众的需要，随便搬出许多《康熙字典》上的汉字，把它们拼拼凑凑就造成了"新名词"（例如"扭现""意味着"等等），随便用些文言的缩写式的虚字眼，把英文句法分析的图表写成一大堆模糊混乱的句子（例如"将行将入木的速度扭现于目前"等等）。

这里最重要的问题是：要创造新的表现方法，就必须顾到口头上"能够说得出来"的条件。这意思是说，虽然一些新的字眼和句法，本来是中国话里所没有的，群众最初是听不惯的，可是，这些字眼和句法既然在口头上说得出来，那就有可能使群众的言语渐渐地容纳它们。假使存心可以"不顺"些，那就是预先剥夺了这种可能，以至于新的表现方法不能够从书面的变成口头的，因此，也就间接地维持汉字制度，间接地保存文言的势力，反而杀死了那新的表现方法。

你的信提到我所举出来的"罢工……"等新的字眼，你是完全明了我的意思的：我不但不反对新的表现方法，而且要求这种新的表现方法能够容纳到广大的群众生活里去。我的前一封信说：

一般地说起来，不但翻译，就是自己的作品也是一样，现在的文学家、哲学家、政治家，要想表现现在中国社会已经有的新的关系、新的现象、新的事物、新的观念，就差不多人人都要做"仓颉"。这就是说，要天天创造新的字眼、新的句法，可是，这些新的字眼和句法的创造，要遵照着中国白话的文法公律。

所以这个问题是很清楚的。我和你同样主张要输入新的表现法，可是，我主张根本不要"容忍多少的不顺"的态度。

你的来信说："中国的文或话，法子实在太不精密了……译本不但要输入新的内容，而且还要输入新的表现法。"这里，要输入新的表现法，当然是不成问题的，问题是在于严格的分别中国的文还是话。中国的文言和白话的分别，其实等于拉丁文和法文的分别。我们先要认清这一点。中国的文言文，这是"士大夫民族"的国语，与我们小百姓不相干，这种文言文里面还需要输入什么新的表现法，或者不需要，这是另外一个问题，这是老爷们的问题，不是我们的问题。至于现代的中国文（就是白话），那么我上次的信也已经说过：

翻译——除出能够介绍原本的内容给中国读者之外——还有一个很重要的作用，就是帮助我们创造出新的中国的现代言语。中国的言语（文字）是那么穷乏，甚至于日常用品都是无名氏的。中国的言语简直没有完全脱离所谓"姿势语"的程度——普通的日常谈话几乎还离不开"手势戏"。自然，一切表现细腻的分别和复杂的关系的形容词、动词、前置词，等等，——都几乎没有。宗法封建的中世纪的余孽，还紧紧地束缚着中国人的活的言语，（不但是工农群众！）这种情形之下，创造新的言语是非常重大的任务。

这就是你所说的："中国的……话太不精密"……"讲话的时候，也时时要辞不达意，这就是话不够用，所以教员讲书，也必须借助于粉笔。"因此，你我都主张要"借着翻译输入新的表现法"。但是你只是说："要医这个病，我以为只好陆续地吃一些苦，装进异样的句法，古的、外省外府的、外国的，后来便可以据为己有。"这是不够的。不但要采取异样的句法，等等，而且要注意到怎么样才能够"据为己有"。当翻译的时候，如果只管"装进异样的句法"，等等，而不管是否活人嘴里能够说出来，——那么，这些"异样的句法始终不能够据为己有"。新的表现法，将要永久是"用粉笔写在黑板上的"表现法！我们应当改变一个新的方针：就是竭力使新的字眼、新的句法都得到真实的生命，——要叫这些新的表现法能够容纳到活的言语里去，不应当预先存心等待那自然的淘汰。固然，这些新的字眼和句法之中，也许仍旧有许多要淘汰掉的；然而，假使个个翻译家都预先存心等待自然的淘汰，而不每一个人负起责任使他所写出来的新的字眼和句法尽可能地能够变成口头上的新的表现法，那么，这种翻译工作就不能够帮助中国现代文的发展。

现在不但翻译，甚至于一般欧化文艺和所谓"语体文"，都有这种病根，——就因为这种不负责任的态度，所以不但不能够帮助中国现代白话文的发展，反而造成一种非驴非马的骡子的话，半文不白的新文言。要举出实际的例子来说，那简直是举不胜举。譬如说吧，新近有一位金丁，我看过他的一篇小说《孩子们》，这篇小说在文字言语上说起来，的确可以算是好的，总之，这篇小说证明他并不是不会写真正的白话文。但是，我看见他另外一篇"创作"（《尖锐》杂志），却大不相同了。他居然会写出这样的句子：

> 街道，没有起色的躺在澎湃着的喧嚣底下，被人的流，车马的流，践踏着，而伴同着没有风沙的好天气，从城中每一隅角，把若干人们喊出来，喊到所谓闹市的东单、西单、正阳门大街，喊到更其嘈杂的天桥。

诸如此类的句子凑成一大篇"不堪卒读"的文章。

你看，这里许多字眼："伴同着""喧嚣""隅角""没有起色""若干人们""流"……都是口头上的白话文字典里不会有的字眼，或者是意思用错的。这一句句子的结构也是混乱到万分，不知道它的主词在什么地方。也许"街道"是主词，这是说"街道同着没有风沙的好天气把好些人叫了出来"？假使是这样，那么，为什么不爽爽快快地就这么说出来，为什么一定要那样扭扭捏捏的？大概因为这是时髦，这可以表现作者的本领，可以抬高作者的身份？！

这是五四式的林琴南主义！这种新式的林琴南主义现在风行得很。而金丁，能够写真正的白话，却偏要扭扭捏捏的，这尤其是不可宽恕的罪恶。我说"罪恶"，这决不是过分的。我记得在一本杂志上，有人骂一种群众报纸上用"借途灭虢"的标题，是"对于革命的罪恶"。

这不是输入新的表现法，而是糟蹋新的表现法。

输入新的表现法，当然要"吃一点苦"。你这句话是很对的。因为既然是"新的",自然起初是生疏的,必须用些脑筋想一想。赵景深老爷,等等,想用士大夫所熟悉的滥调(所谓"顺")来翻译外国文,而且故意要译错,自然是无聊。从这种偷懒的态度,同样地发生一种倾向:就是"不求甚解"的糊涂主义。赵景深老爷甚至于很公开地不怕羞地说出来,说要"宁可错些"。这好像桐城派作墓志铭似的,不管死人是谁,只要文章"合乎义法",就可以随便捏造些忠孝节义的话头。这是林琴南主义的另一方面。

现在要开始一个新的文学革命,新的文字问题的斗争,就是一定要打倒新式的林琴南主义。这就是要坚定地清楚地认定白话本位的原则。

新的言语应当是群众的言语——群众有可能了解和运用的言语。中国言语不精密,所以要使它更加精密;中国言语不清楚,所以要使它更加清楚;中国言语不丰富,所以要使它更加丰富。我们在翻译的时候,输入新的表现法,目的就在于要使中国现代文更加精密、清楚和丰富。我们可以运用文言的来源:文言的字根、成语、虚字眼等等,但是,必须要使得这些字根、成语、虚字眼等变成白话,口头上能够说得出来,而且的确能够增加白话文的精密、清楚、丰富的程度。如果不能够达到这个目的,那么,根本就无所谓新的表现法。同样,我们应当用这样的态度去采取外国文的字眼和句法。

这样,才是真正使中国语言(文字)丰富起来的方法。

自然,最初输入新的表现法的时候,须要"多吃一些苦",就是要多用一些脑筋,多费一些心思。然而这些心思要舍得有用才行,必须新的表现法能够真正容纳到现代的中国白话里去,而不必永久地"借助于粉笔"。

再则，你提出一个新的问题，说读者之中可以分做两种："甲，有很受了教育的，乙，有略能识字的"，你的意思以为要"分别了种种的读者层，而有种种的翻译"。我以为不能够这样办法的。自己写文章是一个问题，翻译又是一问题。自己写，自己编，这当然要分别读者的程度；而最通俗的各种书籍现在特别的需要。这里，要利用外国材料的时候，索性要中国作者自己负起更大的责任去"改译"。至于翻译，那么，既然叫作翻译，就要完全根据原文，翻译的人没有自由可以变更原文的程度。

现在所需要的，正是大批的最通俗的各种书籍，运用通俗的现代中国白话文，逐渐地解释许多科学艺术等的新名词，逐渐出现许多新的字眼、句法，……这样去造成一个必须的扶梯，沿着这个扶梯，一般读者可以进到更高的程度，可以懂得世界的科学艺术的著作的译本。

法国有句俗话，叫作"La mort saisit la vie"——死人抓住了活人。中国群众没有可能受着高等的教育，他们受着混蛋糊涂的中国文言的磨难，恰好应着这句俗话。封建残余的势力从各个方面束缚着他们；资产阶级的剥削，连智识都垄断了去。还有赵景深老爷等的文化战线上的武士，故意要使群众读错误的翻译。还有"革命骡子"的害虫政策——偏偏用些不文不白的新文言来写革命的文章。这些都是"死人"的力量。我们必须动员全部的力量，来打倒这些僵尸。

最后，我要说到严复的翻译和佛经的翻译。佛经的翻译的确在中国文化史上有相当的功劳。第一，佛经的翻译是中国第一次用自己的"最简单的言语"去翻译印度-日耳曼语族之中最复杂的一种语言——梵文。第二，佛经的翻译事实上开始了白话的运用——宋儒以来的语录其实是模仿佛经而来的。不但如此，照现在已经发见的材料来说，中国最早的白话文学也是在佛经影响之下发生的。敦煌石室的唐五代俗文学，实在是最早的说书（讲经）的记录。佛经的翻译从汉到唐的进化，正是从文言到白话的进化。自然，这所谓白话，还只是半吊子的白话，这是文言本位的掺杂一些白话。

至于严复的翻译的进化，事实上也是如此。他从《天演论》到《原富》，也因为要想"信"的缘故，所以不能够不多少采取白话的腔调，造出一些新的腔调。可是，他的翻译始终和佛经一样，——只是受着原文内容的强迫，不得已而采取一些接近白话的腔调，他的翻译始终也是文言本位的翻译。这种翻译的新式文言逐渐的变化，造成后来的一种"时文"——例如工部局译的《费唐报告》，这就是现在一切条约、法律条文、"正统派"的科学教科书用的一种文言。所以用历史的眼光来看，严复的确可以算得中国的中世纪的末代文人。严复、林琴南、梁启超等的文章，的确有陈列在历史博物馆的价值。这是一种标本，可以使后来的人看一看，中国的中世纪的末代士大夫是多么可怜，他们是怎么样被新的社会力量强迫着一步一步地抛弃自己的阵地，逐渐地离开中世纪的文言的正统，可是，又死死地抓住了文言的残余，企图造成一种新式的文言统治。但是，这种统治始终是支持不住的了。"五四"时期来了一个大暴动，动摇了这个统治的基础。最近，又是一个大暴动开始了，目的是要完完全全肃清这个中世纪的茅坑。

将来的新中国里，将要设立科学院之下的古代汉文系（和古代梵文、希腊文、拉丁文……同等看待），那里的研究生自然也要研究一下严复等的翻译文章，因为所谓古代汉文包括从《诗经》《书经》到康有为的《大同书》……而说的（自然，这所谓古代之中，还分着许多时期）。

所有这些古代的、统治阶级的文化遗产，我们必须承受下来，而且必须批判它们的价值。这些东西、这些古董，只能够给我们做研究的材料。对于广大的群众，这些东西只有这么一点价值，只有参考的价值。例如《天演论》等真正有价值的科学著作，都一定要用现代中国文重新翻译出来。

然而你说严复大人和赵景深老爷有"虎狗之别"，这句话也是很对的。赵景深老爷已经是封建残余之中的灰尘，犯不着放到历史博物馆去了。万牲园里用得着老虎，因为老虎是少见的；可是，万牲园里用不着狗，因为狗是到处可以碰到的。如果历史博物馆里要把故意译错的错误翻译都陈列起来，那就未免太糟蹋地方了！

随笔写来，竟写了这么许多，暂且"带住"吧。

一九三二，六，二零

P. S. 如果你不厌烦，我举几段赵景深老爷的译文给你开开心。赵景深老爷"以选译柴霍夫斯基而得名"——而"为人所知"（这类恶心的文言句子是"赵译"的擅长），所以我就举他译的柴霍夫斯基小说罢：

（1）"A violincellist, whose instrument wept, who frankly said that of all women he knew Olga Ivanaovna alone could accompany;"（ *La Cigale* ）

赵老爷译文，"还有一位是音乐家，他会奏低音环琅璐，奏得非常哀婉，他很明白地说，天下的女子都不在他心里，只有伊维萝扶娜能够做他的朋友。"（《寒蝉》或《蚱蜢》）

（2）"You sat down, and you were hidden from the world."（*The Naughty Boy*）

赵老爷的译文："你坐在这里，可以忘去人间，好似已在尘寰之外。"（《顽童》）

第一个例子里，谁也看得出他的"顺的翻译"是错误到如何的程度！"accompany"这里是"合奏"的意思——因为 Olga 会奏 piano，而这个 violincellist 会奏 violoncell，所以说"合奏"。"All women he knew"是"他所知道的一切女人"的意思。而赵老爷把"accompany"译作"做……朋友"，把"all women he knew"译作"天下的女子都不在他心里"。这难道不是荒天下之大唐吗？而且"Violincello"——中国的音乐界现在通常译作"赛洛"，这和所谓的"低音环琅璘"也是不对头的。

第（2）个例子的错误也是显然的。那句原文的意思是："你坐下来，你就真的躲了起来，全世界都看不见你的了。"这句话而且是那篇小说的主要的关键：那小说是说一个姊妹同着她的情人怎么自以为躲到了一个"秘密地方"，而不料钻出一个"顽童"。像赵老爷的"顺的翻译"，那简直不知道"顺"到了什么地方去了。而且像他那样调文的腔调：

忘去人间。好似——已在——尘寰——之外！

简直是昆曲里老生的说白，多么肉麻！

最可以注意的是：我把赵译的《寒蝉》（*La Cigale* ——他后来又改作《蚱蜢》，其实，这个英文本的题目也是意译的，原文的题目，如果译得粗俗些，可以说是《跳蚤》，和英文本子（Modern Library: "Rothschild's Fiddle and Other Stories"）对了一下，就在第一页上，发见的错误已经有十二个！总共不过六百字，而错误已经十二个。赵老爷真可以说是"错译专家"了。

还有，关于严复翻译的牺牲了"信"的问题（这是我上次的信里说的，你的来信没有提到），我现在举一个例子：

> In the price of corn, for example, one part pays the rent of the landlord, another pays the wages or main tenancies of the laborers and labouring cattle employed in producing it , and the third pays the profit of the farmer. These three parts seem either immediately or ultimately to make up the whole price of corn. A fourth part, it may perhaps be thought, is necessary for replacing the stock of the farmer, or for compensating the wear and tear of his laboring cattle, and other instruments of husbandry. But it must be considered that the price of any instrument of husbandry, such as a labouring horse, is itself made up of the same three parts.

> A. Smith: "Wealth of Nations"（ George Routledge and Sons 版 P. 38-39）

严译：

> 合三成价观于谷价最明，其中必有田亩之租赋，必有长年佃者之庸钱与牛马田畜之所食，凡皆庸也，二者之余，则有农人所斥母财之息利，总是三者而后谷价成焉，或将谓牛马田器，积岁用之必稍消耗，不有所弥势不可久，当其评价是在其中三者之外尚有物也，三乌足以尽之乎，不知此牛马田器之价亦乃合三而成。

现在中国文的翻译：

> 譬如说吧，谷子的价钱——部分要付地主的租钱。一部分

付工钱，或者当作劳动者的和牲口的维持生活费，这些牲口是用来生产谷子的，第三部分要付农民的利钱。可见得这三部分，直接地或者结算起来，就形成谷子的全部价钱。也许可以以为必须一个第四部分，就是要恢复农民的成本，或者抵偿他的牲口和其他农业工具的消耗，但是应该注意到：一切工具，以及耕作的马匹，它们本身也都是用同样的三部分形成的。

这里，可以看出严译的疏忽而不精密，差不多每一句的附加的形容词都被他取消了。这里最重要的一句，有理论的价值的，就是"成本或者……农业工具的消耗"。斯密斯的经济理论的主要错误，正在于他不把"不变资本"（工具，机器，原料）算在价钱里去。而严译恰好把"成本"一个字眼取消了。而且严又陵自作聪明，加上几句"不有所弥势不可久"等的句子，把问题扯到另外一方面去了。如果用严译本来研究斯密斯的学说，那是正真困难得很。在这个例子里面，就有两个结果；（一）看不出斯密斯的功绩是他已经发现了工具是成本的一部分；（二）同时，看不出斯密斯的错误，是他把"成本"除外，不算在价钱的组成部分里去。至少，严又陵把斯密斯的意见弄得很模糊，使读者看不清楚。固然在《原富》的译文里，已经有白话的影响，已经不像《天演论》那种调文。然而结果尚且如此。所以我说，古文的文言没有可能实现真正"信"的翻译。

再则，我的译文里用的专门名词和现在通用的术语有些不同：

原文	通行的译名	新译名	严译名
Price	价格	价钱	价

Wages	工资（赁银）	工钱	庸
Rent	地租	租钱	租赋
Profit	利润	利钱	息利

这些通行的译名，本来并没有改变的必要，我这里用了新的译法不过是表示白话字根的优点。例如给工人群众讲政治经济学的时候，像"工钱""租钱"之类的名词，一定比较"工资""地租"等类的字眼容易解释得多，他们可以极容易地从日常生活的言语的概念，进一步而了解科学的概念。假使用我的译文，一个一个字眼地讲解，我想，对于中等程度的，甚至于不识字的工人，也未必是很难懂的了。可是，现在的科学文章，虽然打倒了严又陵式的调文腔调，却喜欢用"工部局式"的翻译文章，我所谓时文文言。即使用"白话"也是半吊子的。

例如，半文不白的翻译：

举例言之，谷物之价格——部分付给地主的地租，别部分付给工资，或以为劳动者及用以生产谷物的家畜之（的）维持费，其第三部分则为给于农民的利润。可见此三部分，直接的或最终结算的，形成谷物的全部价格。或可以为必须一第四部分，以恢复农民的成本，或抵偿其家畜及其他农业工具之消耗。但应注意者，一切工具及耕作之（的）马匹，其本身亦为（是）同样之（的）三部分所形成。（我这个翻译，白话成分已经很多了，平常还要少得多。）

你看，现在的所谓"白话"和"时文文言"的文法，不是只要略为更动几个虚字眼就可以互相"转变"的了吗？这种"言语"固然比严又陵式的言语高明多了（这是要感谢"五四"前后的"古文不通"的留学生，尤其是日本的留学生）。用这种言语可以直译（至少法律条约和科学教科书）。然而，为什么工农群众一定要再研究"之""其""但""及""即""亦""为""者""此""润"等文言汉字呢，为什么一定要他们再来研究这一种文言（及所谓"白话"）的句法呢？至少三万万人将要说，我们不高兴！

J. K. 又及六二八

——《文学月报》第 1 卷第 2 期（1932 年）

电工译名之商榷（1932）

赵曾钰

摘要：本篇讨论几个电气工程中通常所用之译名，以求全国电工界之注意，使电工译述方法渐趋一致。

以前科学上之译名，大概可分译意、译声两种。

	译声	译意
例如：kilometer	启罗米达或基罗密达	公里
Electric Motor	马达	电动机
Efficiency	抑废与锐	效率
Milliammeter	密立盎配表	千分盎计
Turbine	推平或透平	涡轮机

据著者个人意见，不论何种译名，凡可以意译者，以避免译音为佳。即根据以上数则，吾侪不难见译意之胜于译音。

译意每较译音为困难，其原因甚显著，唯最感痛苦者，即吾国文字尚不足以应付工程著述上之需求。如电机中之 Inverter 一字，吾国文字几无法可译，故不得不为译述起见，造出若干字；但除非万不得已时，吾人应避去造字，如能应用吾国原有之文字，则更佳。抑又有进者，吾人凡造一字即当创造一音。如此则不但使民众能写，更须使民众能读，然后可以存在，可以流传。

兹将电工中通常应用最多之名称，参照吾国原有之文字，采用意译法，分别译述于后，并假定其读音，以供读者之讨论：

Deci ＝ 10-1 ＝十分　　　　　　　　读如成

Centi ＝ 10-2 ＝百分　　　　　　　　读如本

Milli ＝ 10-3 ＝千分　　　　　　　　读如清

Micro ＝ 10-6 ＝兆分　　　　　　　　读如状

Kilo-volt 或 kv ＝千伏　　　　　　　读如促

Mega-volt 或 10^6 v ＝兆伏　　　　　读如浊

Milli-ampere ＝千分盎　　　　　　　读如清盎

Megohm 或＝ 10^6 Ω ＝兆区　　　　　读如寿

Kilo-watt 或 kw ＝ i 千瓦　　　　　　读如超

Kilovolt-ampere 或 kvA ＝千伏盎　　　读如促盎

Milli-henry 或 mh ＝千分亨　　　　　读如清亨

Micro-farad 或 Mfd ＝兆分法　　　　读如状法

※Micro-microfarad 或 μμf ＝兆分²法　读如状状法

※Decibel ＝ db ＝十分培　　　　　　读如成培

r. p. m. ＝转 / 分　　　　　　　　　读如转每分

c. p. s. ＝周 / 秒　　　　　　　　　读如周每秒

Mv/m ＝兆分伏 / 公尺　　　　　　　读状伏每公尺

余可依此类推，按上列各译名《电工》杂志中采用者颇多，甚愿电工同志能加以讨论、研究及提倡，俾渐趋一致，庶电工译述，在吾国得有长足之进展，国语之电工课本得以早日促成。

※ 附注　　依照吾国计算，$\dfrac{1}{1000}$＝千分＝厘，$\dfrac{1}{10^6}$＝兆分＝忽，$\dfrac{1}{1000}$＝千分＝钱，

"千分益"或可译为"厘益"，

"兆分法"或可译为"忽法"，

"十分培"或可译为"钱培"，余亦可类推。

最近俞子夷先生在其所编业余丛书中，将"mega"以"大"字代表之，"micro"以"小"字代表之。

例如："mega-ohm"则称之为"大欧姆"

　　　 "micro-farad"则称之为"小法拉"

附录（略）

——《无线电问答汇刊》第 19 期（1932 年 10 月 10 日）

译名的讨论（1932）

张季同等

愈之先生：

《东方杂志》复刊了，使我如何地高兴呵！前几天就跑到商务印书馆询问过一次，还没有来。昨日又去，来了，我极高兴地买了一本。当下读了两篇：江公怀先生的《印度的下贱等级与民族运动》、亦英先生的《哲学中的主观律与客观律》。读完乃竟觉得都有可商的地方。《印度的下贱等级与民族运动》，文中有不少"兴都"字样。初观甚莫明其妙。案 Hinduism 一字，一般都译为"印度教"，这实在是已久久通用的译法了，而今江公怀先生却偏写"兴都"。这两字也许是古译！则非浅识的我所悉。其实就是古译，也应废弃，而代以一般久已流行的通译了。不错，印度教三字音不大恰合，但如佛陀，音更不切，你必要改译为"不打"，或"布德"，用得着吗？

又，此文中有多次把 untouchables 译为"不可触犯者"，案只应译为"不可接触者"，触犯与接触不同，神圣才是不可触犯的呢！

亦英先生《哲学中的主观律与客观律》一篇，内中颇有些精语，惜大部分都太浅。而"主观律"三字也真够古怪的了，叫作方法论或研究法，不更切更通更易懂吗？必用这个一不甚切二难了解的三字，我也真不知其何以。其实主观律三字，与客观律对看，其义只可有二：一主观的定律，即臆想的定律；二主观方面的定律，即思惟的定律。其实这第二个就已不很通了。但更不应用以指主体研究客体时所应遵循的规律途径。研究法自应依循思惟的定律而思惟的定律不即是研究法。

自辩证法流行以来，粗制的名词，不斟酌的译语，真太多了。为爱护辩证的唯物论哲学，实应对于这些不曾费过思索而滥造的名词，有以"正"之。乃向来即极郑重的《东方杂志》，竟亦犯此病，我何能不痛心？

亦英先生文中，两次把"思惟"写成"思唯"，更不知何故。惟字从心，本谊为思，何烦改之？此文中又忽而写"逻辑"，忽而又写"论理"，亦怪哉！

凡此，都是我觉得可商的地方。祝撰安！

张季同，十月二十六日于北平

季同先生：

来信指出"思惟"误作"思唯"，这是校对不留神的毛病，我们的编辑部应负责任。此外我让两位作者自己来答复。

愈之

来信对我在创刊号所发表的关于印度下贱等级那一篇文章之两词译名有所商榷，可见先生读阅作品不以一知半解为满足，而肯下深刻探讨的工夫。这是我们所十分欣慰的。中国所用译名，不曾做过标准化的工夫，社会科学方面术语尤其凌乱，五花八门，令读者莫明其妙，近来思想上之紊乱，此未尝不是其一原因。当我起草此文时，对于译名方面很费斟酌。"下贱等级"是我开始用的，"兴都"亦是新的，并不是古译。我所以新铸"兴都"这个名词，是想纠正过去把"兴都"翻译作"印度"的错误，当我们提出印度时，我们便联想起，包括回教徒与兴都教徒的三万二千万人口与百八十万方英里的整个集团。印度人系旧教徒与兴都教徒的总称，我们如果把兴都当作印度，在逻辑上未免弃回教徒于印度之外，这不消说是与事实不相符。至把 Hinduism 译为印度教更是糊涂之至，因为兴都主义不只包括宗教。根据《大英百科全书》所说："兴都主义是一个名词，普通用来意指大部分印度人民的过去现在的各种社会制度与宗教信仰，兴都主义亦有更狭义地用来特别指明始于西纪元后诸世纪止于我们今日的印度社会宗教制度的近世阶段。因此它是四个主要元素来构成的，——种族、宗教、国家与社会组织，此四元素是不能分离的。每个是和其他各个分不开的，且为其他各个生命中之单位的成因。它是由于历史的有机延绵与一个长久的过去所铸成的，并由许多不同因缘与不同物质环境所形成的，有生机的个体，现在它仍然是一个有生命且有活力的个体。"（见 *Encyclopedia Britannica*, Vol. II. 14th Edition, pp. 577—581）由此看来，未把兴都主义当作印度教看，简直忽略兴都主义所包括四个元素中之三个。把 Untouchables 译为不可触犯者，我亦以为是十分对的。我现在因为时间的关系，不能于古书中翻查触与犯的字源。触犯二字实含有不能接近去惹他的意思，在印度上层阶级看来，Untouchables 不单是不可接触的东西，而且是不值得一顾（有不屑之意）的，比吾人所谓"人"还低一等的动物，所以我以为译作"不可触犯者"比"不可接触者"更好些。

江公怀，十一月四日

来信对于新思想与本杂志之爱护，是本杂志社及作者所深为感谢的。可惜承蒙指教的，仅仅几个字与几个名词，没有能够在内容上多多教益。

"论理"与"逻辑"，在现在中国思想界中，都是很通行的，所以作者两用之。

"主观律"这个名词，是哲学上所很通用的。黑格尔的《论理科学》全部下卷，总名称就叫作"主观论理"。"主观律"与"客观四律"的实质，已在拙著中说了一些。也许先生在本义上有所怀疑。

照作者的意思，如果将"主观律"简单的等同之为"方法论"或"研究法"，则不是失之过泛，便是失之太简。

"哲学"本身就是"方法论"。在现在科学发达的程度之下，"现代的哲学"已经不能是"宇宙观"的科学了。哲学上所说宇宙观，不过是根据方法论而来的一些系统而已。而所谓方法论，本身就包含客观运动的规律、转变的规律以及认识的规律。"哲学"的这一种定义，一方面否认"哲学"为"科学之王""科学之科学"的"超然"定义；另一方面，否认哲学为"得自科学中的干枯结论"或"科学之尾"的主张。所以，哲学是从一切科学中所得的结论，而对于一切科学，都有"方法上"领导的作用。"主观律"，是人的"主观""意识"，对"客观""现实"的"认识"中的一切"规律"。譬如认识的可能性、真理以及其他问题，都归于"主观律"之内的。如果将"主观律"简单说成"研究法"，则未免太狭小了。反之，"主观律"是"方法论"，而只是方法论的一部分，如果将它们等用，就未免太宽泛了。假使一定要用哲学上另一个名词来代替"主观律"，则只有"认识律"或"认识论"才行。

唯心论者，如黑格尔，是将"规律"当作"思惟"的东西，所以它将哲学上的一切"规律"，说成为"论理"法则，或"法"。作者反对这点，所以不用"法"字，而用"律"字。也许这个"律"字，使先生竟想不起哲学上常用的"主观律"的名词吧。

亦英，十一月二日

——《东方杂志》第 29 卷第 7 号（1932 年 11 月 2 日）

略谈中国诗的英译——
《英译古唐诗选》序（1932）

石民

　　因为自己平日喜欢从英文译些诗，于是中国诗的英译对于我便有了一种特殊的兴味。译诗本是难事。G. Moore 曾经说过极端的话，"诗不能翻译成诗"，而谓这样的尝试都是"一种玩物丧志的冒险"——an amateurish adventure，——何况所谓"方块字"的诗和所谓"蟹行文"的诗，单就韵律上说，其间是有怎样不容易跳过的一道鸿沟呵！然而，唯其如此，便有更大的兴味在——在这本书中所选的十之九都是韵译哩。我想，读这些译品当不仅满足我们的好奇心而已吧，盖未始不可借此比较中西文字在韵律的表现上各自的特点。

　　在这些译者中，我要特别举出 Herbert A. Giles，因为本书中选自他的为最多。他是现代英国的一位最有声望的支那学者，关于中国文学的著作是很不少，而他的翻译最重要的是《庄子》（*Chuang Tzu*）、《老子》（*Remains of Lao Tzu*）、《中国诗文萃珍》（*Gems of Chinese Literature: Prose and Verse*）、《聊斋志异》（*Strange Stories From a Chinese Studio*），——并且还译过《三字经》！在《中国诗文萃珍》的诗部序文上他表示了他的译诗观。对于 Moore 的意见他是不甚以为然。"中国诗大都是可歌咏的"，他说，而"无韵的歌咏诗则是一种畸形物"（引用 Swinburne 语），所以他不取散文译，而推崇 Omar 的译者 Fitzgerald 和 Dante 的译者 Rossetti 之"以诗译诗"的办法，并谓 Keats 读了 Chapman 的韵译之 *Iliad* 和 *Odyssey*，才得吸收到 Homer 的那种淳净的爽气，而"记载上却从来有说过有什么人读了 Butcher 和 Lang 的散文译便觉得如同一颗星斗闪现到他的眼前似的"。他实行了他的主张确有相当的成功。试读本书中他所译的诗经《将仲子兮》和《氓之蚩蚩》，陶潜的《读山海经》，杜甫的《石壕吏》，白居易的《简简吟》，张籍的《节妇吟》，等等，我们能不叹为"奇迹"么？本来英文诗体更富于抑扬顿挫，这样的译品中有些似乎比原诗更 lyrical 一点了；不过他有时未免译得太"自由"了一点，例如所译徐安贞的《闻邻家理筝》，虽则比原诗更有生色，却终非翻译的正道，只可以算是"仿作"而已。据苏曼殊的《汉英文学因缘》序言，知道此公还译过《长恨歌》，谓其"词气淡泊，语无增饰"，但可惜我不曾见到。本书中所选此诗译文则，是出于 W. J. B. Fletcher 之手，虽则不无瑕疵，也总算是难能可贵的了。这位译者的《英译唐诗选》（商务版）是比较常见的一本书，但他的韵译大部分不免失之累赘或呆笨。除了上面所说的《长恨歌》外，本书只收了他少数的几首。

其余的一小部分便是 A. Waley 和日本人小畑薰良的散文译了。Waley 对于中国诗的了解恐怕不在 Giles 之下，但他的译法则与 Giles 的恰恰相反，几乎是一字一句的直译。他的《中国诗百七十首》（*170 Chinese Poems*）全部都用着这个译法；虽则在韵律上势不得不欠缺，却很能达出原诗的真意，较 Fletcher 的大部分之咬牙切齿的韵译倒是爽快得多了。这是他的独到处，如所译陶潜的《形影神》便是一个最好的例子。小畑薰良译李白却又比他"自由"一点；他的散文译也还不失"歌咏"的风趣。所译的李白诗选题名就是 *The Works of Li Po*，而他的英文署名则是 Shiyeyoshi Obata.

本书取材，除了上面已经提过的几部书之外，还有 Joseph L. French 所选辑的 *Lotus and Chrysanthemum*，是一本《中日诗选》，只有曹植的一首《七步诗》却是选自 C. H. Brewitt-Taylor 所译的《三国志》(*Romance of the Three Kingdoms*)。这首短短的诗真也译得不坏，足以当得起苏氏评 Giles 的那八个大字，而在《中国诗文萃珍》中本来也有此诗的译文，然而那却译得累赘得多了。在这末尾不妨把二人的译文都抄下，以供读者比较：

They were boiling beans on a beanstalk fire;

    Came a plaintive voice from the pot,

"O why, since we sprang from the self-same root,

    Should you kill me with anger hot?"

    —*C. H. Brewitt-Taylor*

A Fine dish of beans had been placed in the pot

With a view to a good mess of pottage, all hot.

The beanstalks, aflame, a fierce heat were begetting,

The beans in the pot were all fuming and fretting.

Yet the beans and the stalks were not born to be foes;

Oh why should these hurry to finish off those?

—*H. A. Giles*

附识：因为有过"古唐诗合解"这样的名目，此书遂亦勉强沿用而定名为《古唐诗选》，虽则"古""唐"二字连在一起易滋误会也顾不得了。

——《青年界》第 2 卷 4 期（1932 年 11 月 20 日）

翻译的问题（1932）

黄仲苏

数年前争辩最烈的翻译问题，如今顿觉消沉，无人提起。这种重要而又极难解决的问题竟被忽视，或许是出版界一件大不幸的事吧！但就吾国目前出版界的翻译状况看来，似乎是没有显著的进步。旧话重提，或有必要。倘借此可以引起读者的兴趣，共同研究，推陈出新，拟定几种标准或办法，那正是我求之不得的了。

"中国要好好的有三万种书译出来，方才像个国家。"吴稚晖先生在许多年前曾经这样说过。他是一位极端崇拜科学的人，所谓"三万种书"当然是指翻译科学书而言。但是翻译文学书却不一定在量之增多，而贵在质之精良，作家之介绍，作品之选择，翻译方法之商榷等等问题，却似乎比较翻译科学书都更为复杂而困难。

说到翻译，我们总忘不了严几道、林琴南两位老前辈先生。严先生学贯中西，深悉此中甘苦，曾经将他的翻译经验向我们陈述："译事三难：信、达、雅。求其信，已大难矣；顾信也，不达，虽译犹不译也，则达尚焉……今是书……译文取明深义，故词句之间，实有所颠倒损益，不斤斤于字比句次，而意义则不陪本文。题曰达旨，不云笔译，取便发挥，实非正法……凡此经营皆以为达，为达即所以为信也……信，达而外，求其尔雅。此不仅期以行远已耳，实则精理微言，用汉以前字法句法则求达易，因近世刻俗文字则求达难，往往抑义就词，毫厘千里，审择于斯二者之间，夫固有所不得已也……"

严先生的翻译方法，是否可以赞同，姑且不说；但只就他这种实事求是的精神而论，也值得我们的钦佩。至于林先生却是一位以耳代目的翻译家，这种艰苦单调的工作，他居然继续不断地做了四十余年之久，所译小说亦有一百六十余种。他既不懂英文，选择不精、删削、脱漏、音误，这些疵病，似乎不应加罪于他本人。然而他所译的小说多少都还有点文学意趣，随便取一本《漫郎摄实戈》或《茶花女》的"直译"本与林译本做一番比较的研究，立即辨出孰优孰劣。我们如其不是丧心病狂，决不肯说现在这种偷懒取巧的直译本真能实现了"信达雅"三种原则。

"直译""意译"的争辩好像是过去很久，不值得再提出讨论似的。然而不然，数年前主张直译的一派人虽是宣布了许多空洞不切实际的理论，并没有提出办法，于是所谓直译竟变成了电报局生之译电文一般——查字典式的翻译法。不明了原作家的生活与其作品思想艺术的关系，便无从玩味研究其作风；但知一字一字移转过来，可使译文生硬，呆滞，毫无风趣；而强名之曰"直译"，岂不是冤曲了原作家的好作品，并且也很对不起购买译本的读者么？翻译文学书确不是一件容易事。中西文字，无论从音韵、构造及文法各方看来，都是绝不相同。因此翻译最大的困难便是要在保存原作品的形态之外，还要顾及神韵。我们是在翻译他人的作品，并非自己创作，但设仅仅注意了形态之模拟，便不免忽视了神韵之转移。貌似神非的翻译真正是所谓"译犹不译也"。

既然应当注意于神韵之转移，译者之用字造句就不得不力求流利、雅致、巧妙或简明，然而有时译文之易于失却本意，正因为译者之迫于卖弄辞藻，或戏耍笔墨，流入放纵一途。反之，战战兢兢从事于所谓"忠实之翻译而译文"或竟成为笨重、生硬、呆滞，甚至刻画过当，变为"死译"。

刘勰在他所著《文心雕龙·章句篇》中曾经揭出修辞学的秘密：

> ……因字而生句，积句而成章，积章而成篇。篇之彪炳，章无疵也；章之明靡，句无玷也；句之清英，字不妄也……

"字不妄"虽是论作文的方法，其实也可引用到翻译方面。自己创作能够做到"字不妄"已经大难。至于翻译还要顾到原作品的风格，原作家的用字癖，以及原字因时因地而差异及其演进之意义，那就更不容易了。

这样看来，翻译竟是不可能的么？那也不见得。老实说，这是件艰苦而不易于讨好的工作。唯其难能，是以可贵！

纪德（Ande Gide，一位现代法国文学家，曾译有莎士比亚戏剧、康拉德小说、泰歌尔诗，颇享盛名）曾说过："翻译者不仅以精通外国文为满足的条件，其最重要者，尤在其本国文之专长。能够懂得到原作品的完美、细致、精深、微妙，而又能一一转移到译文中，这才算是尽了翻译的能事。且原作品中往往有脱漏、暗昧或晦滞之处，即莎士比亚亦所难免，唯有精通外国文而又专长本国文者时常可在译文中加以修正。"

楚苦斯基（K. I. Tchoukouski，一位现代俄国文学家，曾赞助高尔基选译大批各国名著，在俄国刊行外国文学丛书）再三注意于翻译者之深切地了解外国文，且尤以翻译者之能辨别原作者的语汇风格为最可贵。"譬诸名优之演戏，必深切了解其所去之人物的特点，与戏剧作家之本意，始能将剧本中人物的个性活灵活现的表演出来。翻译者之对于原作品亦何独不然，如其不能充分了解原作者之性情、气质与意志，则于译文中决不能做到与原文神似的地步。"文学家因为派别的不同，思想艺术亦因之迥异。"翻译者如平日醉心于浪漫派之抒情诗歌即不宜于翻译自然主义派作家之写实小说。演戏者每就本人的个性选择其所表演之人物。翻译者似亦应有自知之明，就性情之所近选择他的作家与作品。"违背本性，勉强迁就，往往事倍而功不能半。恶劣的译本虽可归咎于翻译者艺术之不精，然详细考察，亦有因原作品不适于译者之本性，才有此种不满意之结果。

上述两氏意见虽似有不同，其实，却是从两方面解释同一真理。楚苦斯基注重翻译者之深切了解原作者与原作品，而纪德则从翻译者之表现工夫上着眼，所以他说："翻译者必于本国文擅优长之技能，始可从事于此项艰苦之工作。"

文学作品每因有旨趣或作用之不同，而组织结构因之大异，如诗歌之与散文，戏剧之与小说。原作品既有种类之分，翻译方法似亦应有差别。诗歌能否翻译，是一疑问，各家聚讼，意见纷歧。戏剧为一种极复杂而又极丰富之文学作品。能读而复可演者始得称为上品。且剧本中之叙述情节，描写人物，专恃对话；而对话又以简明流畅为可贵，殊不似小说家之有充分机会作平铺直叙的文字。即以小说而论，结构虽极自由，组织亦颇复杂，表现剧情讫不受三一律之拘束，抒写诗意而不遵韵文之限制，或作自传形式；或用尺牍体裁；或托游记；

或为逸史；或如评论；或似剧本。为类甚多，难以尽述，其内容每因外形而有差别，则可断言。于是可知翻译散文的方法，实不宜用于诗歌、戏剧或小说，已彰彰明甚。

且各国文学作品至为丰富。选译作品，用何标准？介绍作家，如何择别？翻译程序是否应分先后？各国翻译界现状如何，是否可以取鉴？翻译事业虽似为个人的，实则所关甚大，决非人自为战所能奏功，必得引起大家注意，共同商榷，想出些办法来不可。

——《华年周刊》第 1 卷第 8 期（1932 年）

论翻译的一封信（1932）

梁实秋

公超兄：

鲁迅译蒲力汗诺夫著《艺术论》，第二十三至二十四面，有这样一段：

> 我想，在最初，是有将［我］和恰如各各的群居的动物，如果那知的能力而发达到在人类似的活动和高度，便将获得和我们一样的道德的概念那样的思想，是"相距"很远的事，宣言出来的必要的。
>
> 正如在一切动物，美的感情是天禀的一样，虽然它们也被非常之多的种类的事物引得喜欢，它们［也］会有关于善和恶的概念，虽然这概念也将它们引到和我们完全反对的行动去。

老实说，我看不很懂，尤其是"是'相距'很远的事"和"和我们完全反对的行动去"这两句。所谓相距很远，不知是那两件东西相距很远？所谓"和我们完全反对的行动"，不知"我们"是谁，更不知有什么"行动"是"和我们完全反对"？我很细心地看，看不懂。

当然，我并非是"最优秀的分子"，于是去请教别人（也不一定是"最优秀的分子"），都说看不懂。这一段文章是引自达尔文的《人类的起源》第一章，原文是这样的：

It may be well first to premise that I do not wish to maintain that any strictly social animal, if its intellectual faculties were to become as active and as highly developed as in man, would acquire exactly the same moral sense as ours. In the same manner as various animals have some sense of beauty, though they admire widely different objects, so they might have a sense of right and wrong, though led by it to follow widely different lines of conduct. （一八七一年版卷一第七三页）

这一段的意思是这样的：

我首先要声明，我并不愿主张说，任何严格的群居动物，假如它的智力变得和人类一样的活泼，并一样高度的发达，便能得到和我们完全相同的道德的感念。同样的，各种动物都有一些美感，虽然它们所欣赏的是颇不相同的东西，故它们也许有是非的感念，虽然会被这是非的感念引导着去做颇不相同的行动。

这样一译，也许失掉了鲁迅所谓"精悍的语气"了，可是大概能令你看得懂了吧?

鲁迅所译，系根据日译本转译的，日译本虽然许是直接译自俄文，但俄文原本所引用的达尔文的文章又是译自英文的。所以达尔文的原文，由英而俄，由俄而日，由日而鲁迅——经过了这三道转贩，变了原形自是容易有的事。若追究起责任来，俄译者、日译者及鲁迅都处在嫌疑的地位，大概只有能读日俄文的人可以来判断罢。在未指明这责任以前，我不能说是鲁迅误译，但鲁迅译本之有令人看不懂处，则是事实。令人看不懂者，是译文有毛病之故，和"中国文字有缺点"那件事是没有关系的。和读者是否"优秀分子"那一问题也是没有关系的。老实说，鲁迅笔下所写出来的"是相距很远的事""和我们完全反对的行动"这两段，若拿去请教鲁迅，他老先生也未必懂。这样的译文，谁能懂呢？以自己所不能懂的文字要读者"硬着头皮"去读，这就是"硬译"的本色吧？

再举一个小小的例。同书第二十七至二十八面又有一句达尔文的话：

> 竞争应该为一切的人们开放；法律和习惯，都不应该来妨碍有最大的成功和最多的子孙的有最大的能力者。

这一句，上半截有点蹩扭，下半截有点不通。这句下面注着英文原文：

> There should be open competition for all men; and the most able should not be prevented by laws and customs from succeeding best and reaching the largest number of offspring.

一看这句原文，又麻烦了，"reaching"这个字怎样讲法呢？简直不懂。翻出达尔文《人类的起源》卷二第四〇三页一看，原来是"rearing"——这一点不要紧的，自有"手民"负责。全句的意思是这样的：

> 一切的男人应该有公开的竞争；法律和习惯不应该妨碍最有能干的人去得最大的成功与养育最大数目的子孙。

我觉得鲁迅这一句的翻译，既未达出原文的意思，更未保存原文之"精悍的语气"。

翻译要忠于原文，如能不但对于原文的意思忠实，而且还对"语气"忠实，这自是最好的翻译。虽能使读者懂，而误译原文，这种翻译是要不得的；既误译原文，而还要令读者"硬着头皮"去懂，这是太霸道了。

坏的翻译，包括下列几个条件：（一）与原文意思不符；（二）未能达出"原文的强悍的语气"；（三）令人看不懂。三条有其一，便不是好翻译。若三者俱备，便是最坏的翻译。误译、曲译、死译、硬译，都是半斤八两。误译者不要笑硬译，莫以为指责别人译的硬便能遮盖自己译的误；硬译者也不要笑误译，莫以为指责别人译的误便能遮盖自己译的硬。你以为如何？

梁实秋

十一月廿日青岛

——《新月》第 4 卷第 5 期（1932 年 12 月 1 日）

竺道生与涅槃学（1932）

汤用彤

【……】

（2）涅槃大本之传译

《涅槃大经》译者为北凉云无识。（无或作摩谶或作忏文，文选注作云无罗谶。）据《高僧传》，谶中天竺人（《魏书》九十九及《释老志》均称为罽宾沙门）。初学小乘，后见《涅槃经》，方自惭恨。又擅方术，为王所重。后因事得罪惧诛，乃至罽宾，只有《大涅槃经前分》十卷并《菩萨戒经》《菩萨戒本》等。后复至龟兹。彼二处多学小乘，不信涅槃（参看《僧传及祐录》十四），乃东入鄯善。（此据《魏书》九十九，并言谶因私通王妹奔凉州。）最后止于敦煌。《右录》卷八，《大涅槃经序》曰：

> 天竺沙门昙摩谶者，中天竺人，婆罗门种。……先至敦煌，停止数载。大沮渠河西王者，……开定西夏，斯经与谶自远而至。

《祐录》同卷《涅槃经记》曰：

> 天竺沙门昙摩谶……先至敦煌，河西王……西定敦煌，曾遇

其人。

按蒙逊于晋义熙八年（四一二）灭姑臧，称河西王，改元玄始。至刘宋永初元年（四二〇）灭西凉李氏，取酒泉敦煌。顷之，西凉李恂复入敦煌。明年三月蒙逊率兵复克之，屠其城。昙摩谶之至姑臧，或即在是年，即北凉玄始十年（四二一）也。（据此，则《魏书》言谶自鄯善亡奔凉州，当非事实。）

据此，则谶先居敦煌，于玄始十年至姑臧。然后录宋元明版均载译经有十一部，而其出经年月多在玄始十年以前。

兹录其全目及年月地点如下：

《大般涅槃经》三十六卷，伪河西王沮渠蒙逊玄始十年十月二十三日译。（此系据《佑录》卷八所载道朗序。）

《方等大集经》二十九卷，玄始九年译。（丽本无此五字。）

《方等王虚空藏经》五卷。

《方等大云经》四卷，玄始六年九月出。（丽无此七字。）

《悲华经》十卷，《别录》或云龚上（道龚）出，玄始八年十二月出。（丽无此八字。）

《金光明经》四卷，玄始六年五月出。（丽无此七字。）

《海龙王经》四卷，玄始七年正月出。（丽无此七字。）

《菩萨地持经》八卷，玄始七年十月初一日出。（丽无此十字。）

《菩萨戒本》一卷，《别录》云敦煌出。

《优婆塞戒》七卷，玄始六年四月十日出。（丽无此九字。）

《菩萨戒优婆（塞）戒坛文》一卷，玄始十年十二月出。（丽无此八字。）

案上列宋元明本所注年月，除《涅槃》外，均不见于丽本。而

《佑录》卷九所载之《优婆塞戒经记》，谓系丙寅夏四月二十三日河西王世子沮渠兴国与诸优婆塞等五百余人请天竺法师昙摩谶译，七月二十三日讫，道养笔受。丙寅岁即玄始十五年，是则宋元明版所注"玄始六年四月十日出"九字实误。且《长房录》《开元录》均无，三版所注十年以前年月，则费氏及，智升所见之《佑录》均无此项年月可知。不知何年时经何人传入宋本，元明本因之而误，实无根据也。

《大般涅槃经》据道朗序于玄始十年十月二十三日出，唯未言何时译竣。而《高僧传》则言玄始三年初译，十年十月二十三日讫，慧嵩笔受。（释老志作智嵩）但如谶于十年三月后至姑藏，则《僧传》所言亦误也。但据《佑录》卷二，引《别录》谓《菩萨戒本》在敦煌出，则其至凉土前，已能译经。或在凉土习华言三年之说亦妄也。又《佑录》十四谓谶携来《前分》十二卷，后还国，于于阗得经本归凉续译之。而《高僧传》谓谶自携来《前分》十卷，后又往于阗求得《中分》还译之，后又遣人到于阗求得《后分》译之。《佑录》之《涅槃经记》则谓初十卷五品系智猛携至高昌者，次八品则胡道人于敦煌送来。隋《灌顶涅槃玄义》谓前五品二十卷，乃谶与智猛共翻；后遣使外国，又得八品，译之为二十卷。四说各不同。但僧佑慧皎均言智猛于宋元嘉元年（四二四）发于天竺，已在谶到姑藏之后。经记所言，想不确也。

谶所译经均属大乘，而所译《涅槃经》开中国佛理之一派，至为重要。迨至沮渠蒙逊末年，北魏强大，太武帝闻谶名，召之。蒙逊不见，并疑谶，遂杀之。（《魏书》谓"帝闻其善男女交接之术，召之。"云云与《释老志》《佑录》《僧传》等所载各有不同。）事在义和三年，即宋元嘉十年（四三三）也。谶译涅槃，凉土义学僧人即注意此经。《佑录》卷十四谓北凉当时慧嵩道朗号称独步。而道朗作《涅槃经序》，并有经疏。（见《古藏大乘玄论》）《释老志》在智嵩为译时笔受。后以新生经论于凉土教授，辩论幽旨，著《涅槃义记》。智嵩当即慧嵩也。（《佑录》卷十毗婆沙序亦称曰智嵩道朗。）但当时高僧虽已解新经，然不久凉土兵乱，涅槃之学流至江南，乃称盛也。

【……】

从制裁翻译职业家说到吴译之
《苏联五年计划》（1932）

持续

职业革命家是以革命为终身事业，牺牲"小我"以完成"大我"，志在改造社会的男者。而革命职业家则恰恰相反，他是以革命为手段，职业为目的，利用社会，以成就个人的投机者。

同样，职业翻译家是以介绍世界文化为终身事业，而翻译职业家却是以翻译为手段，换取稿费为目的，欺弄读者大众的骗子。

中国现值知识极端恐慌之时，世界文化之介绍至为迫要。翻译界中因然有不少的职业翻译家，真为介绍世界文化而努力；但也有一群翻译职业家跳梁于出版界，其明目张胆的欺弄读者之处，实令人发指，诸君不信，且看吴寿彭君翻译的《苏联五年计划》。

吴君译本为十九年四月平凡书店出版，是根据英文本的 *The Soviet Union Looks Ahead, The Five-Year Plan for Economic Construction* 翻译的，原书为纽约 Horace Liveright, Inc. 出版，苏联国家设计委员会编。

中译本二八页第二节电力发展第一段，不过四百多字，其中就有十七处错误，这十七个错误里又有六个荒谬绝伦的大错！下为吴君译文，错处皆加号数。

"一九二八—二九年初苏联电力增长至总数（1）一百七十万启罗瓦特，里面五十二万是各区域的中央电站（2）之总量。一九二七—二八这经济年度电力之总出产是五.一亿（3）启罗瓦脱小时，里面一.九亿（4）之数是区域的中央站（5）所发，在五年计划的经济发展中（尤其是工业上电力消费之增长（6））计算起来（7），在这期间之结末，电力之需要（8）（包括输送的电力损失）当为廿二亿（9）启罗瓦特小时，里面，中央电厂就该供给十四亿（10）。照这计划，中央（11）区域诸电厂就当解决这电力扩张问题，从一九二七—二八年的五十二万启罗瓦特加大数倍（12）至五年之末（13）须有三百十万启罗瓦特发电量。关于各个中央电站之发展规程包括四十二个大计划，其电气化之推进已超越原来的地方限制（14）。……折投在电力发展之总资本约成为工业投资总数中百分之廿四，这分数（15）当认为适合目前所有的发展条件（16）之最低化率（17）"

四百多字有十七个错，平均二十五个字有一个错，也可说是每句至少要有一个错，这十七个错误分析如下：

（1）"电力增长至总数"应改为"所有的电动力站共计为"。原本第三版第二十八页第四行："All electric Power Station"。

（2）"各区域的中央电站"应译为"中央的各区电站"。原本第二十八页第七行："Central regional station"。

（3）"五.一亿启罗瓦脱小时"应译为"五十一万万启罗瓦特小时"或"五十一亿启罗瓦特小时"。原本二十八页第九行："5.1 Billion Kilowatt-hour"。吴君将五十一亿译为五.一亿，减低了十倍！要知Billion 不是亿，而是十亿呀！

（4）"一．九亿"应译为"十九亿"。

（5）错误与（2）同。

（6）"消费之增长"应译为"消费之尖锐的增加"。原本二十八页第十二行："Sharp increase"。

（7）"计算起来"，在原文全句中找不出那几个字代表"计算起来"，原本二十八页："with the economic growth of the country envisaged in the five year plan（Particularly, the sharp increase in the industrial consumption of electric power）, the annual power requirements（including losses in transmission）will be, by the end of the five year period, at least 22 Billion Kilowatt-hours, of which 14 Billion will have to be supplied by central regional plants. "

（8）"电力之需要"应译为"每年电力需要"。原文见（7）项内所引 "annual power requirements"。

（9）"廿二亿"应译为"二百二十亿"。原文见（7）项内所引，又少译了十倍！

（10）"十四亿"应译为"一百四十亿"，原文见（7）项内所引，仍然是少译了十倍！

（11）"中央"二字原文没有，原本二十八页第十八行："According to the plan, it is the regional power plants which will have the ask of solving the problem..."

（12）"加大倍数"应译为"加大三四倍"。原本二十八页第二十一行："Three or four-fold"。

（13）"在五年之末"应译为"五年时期之末年"。原本二十八页第二十三行："in the last year of the period"。

（14）这一句整个的译错了，因为吴君尚未了解原句的意义，原本二十八页二十四行："The development program in regard to central power plants, that is, to electrification beyond purely local limits, embraces forty-two large projects." 应译为："论及中央的动力工厂发展规程，就是指着纯粹限于一地域以外的电气事业，这包括着四十二个大计划"。

（15）"这分数"应译为"这百分数"。原本二十九页第九行："The amount to be invested in electric development will thus from some 24 percent of the total investment in industry, which may be regarded as the minimun proportion if industry is to be supplied with power in accordance with modern requirements."

（16）"当认为这适合目前所有的发条条件"应译为："如果按照近代需要而供给工业动力"，原文见（15）项所引，噫！此真所谓富于创造性的译文！

（17）"比率"应译为"比例"，"比率"这一名词，作者在大学里念了四年数学，也没有见过这样一个新名词。

以上十七错误，有六大错是为读者所不能原谅译者的，如（3）（4）（9）（10）都少译了十倍！在（8）项内，将"每年"忘了，试问写出再精确的电力需要量的数字来，还能代表什么意义？（16）项简直是乱译。

作者所以要指摘吴君译文电力发展一节者，非为此节错多，乃因作者在本年十一月八日天津大公报上发表了一篇《江浙电气事业概况正误》一文，指摘该文作者引用《苏联五年计划》电气发展数字的错误，而这种错误的来源显然是因为抄写了错误的吴君的中译本，在指摘上文之余，本拟写一篇文章，请吴君寿彭再不要这样不负责任的乱译，后以耳闻平凡倒闭（？），五年计划中译本也绝了版（？），所以没有动笔；最近见□□报文化论坛第二期广告，目录中又有吴君关于苏联的大作，则作者为中国经济建设设计的前途计，为不得读原文的读者少受欺骗计，不得奋笔直书，草此小文，以制裁翻译职业家。如吴君仍从事译述，尚望于"忠实"二字多下功夫，则读者们将铭感不尽了。

最后，作者在无意中发现了吴君译文里一个妙（？）错，特录出供阅者一笑。

中译本第二行第六行："终久造成了这新建设十分坚固的计划"，原本第四页第九行："it has been possible to draw up a sufficiently concrete plan of new construction..."."具体的计划"（concrete plan）译为"坚固的计划"！这还不如译为混凝土计划或洋灰计划，来得坚固呢！"终究"写为"终久"，也可以见到译者中国文字的高明来了。

——《中国新书月报》第 2 卷第 1 期（1932 年）

说翻译和创作之类（1933）

郁达夫

翻译，在中国似乎是最容易也没有的一件事情。因为完全不懂外国文的人，在中国，也可以用之乎者也来翻译，并且大家都还在说他译得很好。其次稍稍懂一点外国文的人，更加可以来翻译，只需有一本华英字典在手，将英文本上的字一个一个地翻出连结起来，就够了，对此人家也会称颂他是翻译专家。

对于这两类翻译大师，中国一向就有很好的历史和传统在那里，大约读一点书的人，总该都知道得很明白，我可以不必拿出经传来作注。现在在这儿引出来应用的，却是两件不能作证的证明。第一，是见于《彷徨》小说集中的一位老翁。他对他儿子说，英文里骂人的"恶毒妇！"是什么东西？你且翻翻字典看，大约是在坏的部里的。第二，是某书馆初出的一本《中德字典》里的一个字 Entlassen 中国译义，叫作放狗。何以这解放等意义的德国字，到中国来会变成放狗的呢？原因是因为那本字典的编译者的老师，是一位德国老太太，她来教他德文的时候，总有一只狗牵来的。有一天教到了解放、罢免这一个字，她解释了半天，那位字典编译者还听不懂，所以她就做起手势，实地演习起来给他看，放开了她带来而被系缚在那里的那只狗。

这位先生，将此事牢记在心，到了编译字典的时候，就很有把握地用出来了。后来有人批评他这一个字的译义说："你译倒译得很好，可是末了却少了一个字。'放狗'之后是还应该加上个'屁'字上去的。"他老先生从谏如流，于是再版的《中德字典》上，Entlassen 的译文，就变成了放狗屁了。

实在中国人的风俗习惯和外国人的颠倒相反的地方也太多，譬如外国人见面的时候，系两个人相互握手来表示亲密的，而中国人却两手一拱，必自己来握着自己的手，方算恭敬。又如吃饭的时候，中国人总是最后才吃汤，而外国人的汤，却在最先。茶托的小碟，外国人是摆在茶杯底下的，而中国在火车里却要把茶碟盖在玻璃杯上。到了夏季或跳舞场里，外国人总是女人赤膊，而男人却总穿得规规矩矩的，中国人却赤膊者，总是男子。外国人只有小孩，可以白坐车白进戏院，或买半票，而中国人却总只是身体伟巨的军人到处在坐白车，听白戏，吃白食。还有看电影或听戏的时候，外国人总是临时赶来，而中国人却会在定刻前的三四个钟头，就上戏院子去等着，反之请人吃饭的时候，约好时间，中国人却要迟三四个钟头才到了。诸如此类的中外风俗习惯的相反，又是中国翻译者的一个大便利，因为他若把译文翻得同原文颠倒或相反了，就可以拿出这些事物来作证，证明他的翻译是顺译、神译、魂译，可以不受原文的拘束的，关于这一点，林语堂先生曾在《申报·自由谈》上谈过一次，实在说得很对。

这么一来，所以近年的中国出版界上，翻译就可以"汗牛而充栋"了，因之买书者，也为了译本买不胜买的缘故，有些人索性就把翻译的东西，一概不买，专门买些创作读读。

于是中国的创作界，也就变成了第二个翻译界，大家你抄我来，我抄你，抄得前后不接，内容纷歧，而创作作品之量，便因而大增。到了最近，非但创作品，多得如老牛身上的黄毛，并且小说作法、新诗作法、日记作法、戏剧作法、成名秘诀、发财宝鉴等类的书也一天多似一天地增加起来了。在这里，我要举出一个实例来作证，证明这些"XX作法"的所以会畅销的原因。

【……】

像这样的转转循环，创作日富，XX作法也日益多。于是恋爱则三角五角，新诗则的呀啦吗，普罗则工厂工女，布尔则月也花也，样样齐全，各色都有，最后就是文学史的辈出。批评家曰，文学大观，尽于此矣，文艺复兴，乃在中国！翻译家，创作家，不亦乐乎，婆婆一响，汽车开了，白旦一来，跳舞场到了，无色的混合酒，铜龙铜龙的狐的跳舞，狗的跳舞，到了明天，便又是翻译，翻译，翻译，创作，创作，创作，作法，作法，作法，et cetera, et cetera！

一九三二年十二月廿一日

——《论语》第8期（1933年1月1日）

我的浪费——关于徐诗哲对于曼殊斐尔的小说之修改（1933）

张友松

这两年来，笔墨纸张和印刷的浪费——还有最可惜的脑力的浪费——真是无法计算。我现在还要在这里再来浪费一番，实在觉得罪过。所能向大家请求原谅的便是我提笔写这篇文字的时候，心里存着一种愿望，想借这种浪费的力量减少以后的大宗浪费于万一。所以我不但这次决意浪费，以后还要尽量地朝着这方向浪费，不但自己决意浪费，还要拉着朋友们作同样的浪费，功罪所不计也。

第一着，我要向大家介绍下面这样几句名家小说的译文：

（一）"我瞧不合式"，他说，"看的不够明亮。你瞧，要是一个幔天帐子，"他转过身向着老腊，还是他那随便的样子，"您得放着一个地基儿，您一看就会嘭的一下打着你的眼，要是您懂我的话。"

（二）坏处就在，她心里打算，一面那高个的工人正在一个信封的后背画什么东西，错处就在那些个可笑的阶级区别，枪毙或是绞死了那一点子就没有事了。

（三）"他的马见了那平道儿的机器，今天早上在霍克路的基角儿上，他那马见了就发傻，一个斛斗就把他掷了下去，掷在他脑袋的后背。死了。"

（四）……他的眼紧闭着，眼睛在紧闭了的眼睛子里是盲的了。

（五）她在铺子里就想了："我得要点儿紫的去把地毯挪上桌子来。"

（六）"不，她坐着那样儿，头侧在一边，微微的笑，就看出她背后有事情，哈雷，我一定得知道她究竟有什么会事。"

（七）地下花坛里的玉簪，红的紫的，也满开着，像是靠着黄昏似的。

这样的词句真要"嘭的一下打着你的眼睛啊"，要是你懂我的话！为保护眼睛起见，真是非"枪毙或绞死他们"不可。

读者也许会鄙视我，说，"呸，想必又是捉着那一个可怜的低能儿来宰。"这却是我不能不抗议的。第一，"又"字用不到我身上来——谁曾看见过我"宰"过什么人呢，不管高能低能？并不是我要等时机，存什么一鸣惊人的野心，实在是因为我除了我所相信的几个译者的译品而外，从来不曾看过一本翻译的东西，一则没有时间可供浪费，二则也没有闲钱。第二，上面这些绝妙的译文，绝对绝对不是什么可怜的低能儿译出来的——说这话都罪过！——他们是我们的可敬可爱……可什么？……的诗哲、文豪、无所不哲、无所不豪的徐志摩先生译出来的。而且还是他自己表示最可纪念的译品里面摘录出来的。是什么呢？是他译的《曼殊斐尔小说集》。

从前志摩的诗出版的时候，广告里有一位先生的介绍语是"志摩的诗无须介绍……""无须介绍"，不必说出的下文当然是"大家共仰"之类的意思。这是古今中外大家公认的最有力最便当的介绍语。其实若说到徐诗哲呢，岂止他的诗无须介绍，哪一样须得介绍呢？早已有人说过，他与某位先生是中国仅有的英国近代文学专家。

曼殊斐尔呢，是诗哲亲自去会过、长谈过的，而且她还"亲自"握过诗哲的手，而诗哲之译她的小说，是亲自得过她亲自的同意的——她"就怕她的著作不值得翻译的劳力"（尤其是徐诗哲的劳力，我想）！我想诗哲不仅得过翻译的同意，还得过修改的同意，因为诗哲的译本与原文对照起来，每一个四页总有两三处以至五六处不同的地方，而且都是诗哲的词句比原文妙。不信：我先把刚才列举那七句的原文抄在下面，请大家看一看（为便于对照起见，再逐句把译文抄一遍）：——

（一）"I don't fancy it, "said he. "<u>Not conspicuous enough</u>, you see, with a thing like a marquee, "and he turned to Laura in his easy way, "<u>you want to put it somewhere where it'll give you a bang slap in the eye, if you follow me.</u> "

这话若让我这既不哲又不豪又不什么的俗人译出来，只好是这样："我看不合式，"他说道。"不大显亮（若用我的故乡的土话说，恰好是"不大打眼"）。你瞧，像一座天幕这样的东西，"他转过脸来向着露腊，语气还是那样随随便便的，"你要把他放在那样的地方，总叫他一眼望过去就会磕的一下子跳到你眼睛里来，要是你依我的话。"

然而我们的诗哲的译本里却不是这样。看他的：

"我瞧不合式"他说，"看的不够明亮。你瞧，要是一个幔天帐子，"他转身向着老腊，还是他那随便的样子，"您得放着一个地基儿，你一看就会嘭的一下打着你的眼，要是您懂我的话。"（《园会》第四页八至十行）老天爷！我们这样的俗人就苦于不懂诗哲这样的妙话吧!

（二）It is all the fault, she decided, as the tall fellow drew <u>something on the back of an envelope, something that was to be looped up or left to hang</u>, of these absurd class distinctions.

这一句叫我译出来是这样的：这时候那高个子在一只信封的背面画一个什么东西——一个要被捆起来或是将被绞死的东西，她一面望着，心里便想，这完全是阶级界限的错处。

看我们诗哲的：

坏处就在，她心里打算，一面那高个的工人正在一个信封的后背画什么东西，错处就在那些个可笑的阶级区别，枪毙或是绞死了那一点子就没有事了。（《园会》第六页九至十一行）妙呀!

（三）...His horse <u>shied at a traction-engine</u>, corner of Hawke Street this morning, and he was thrown out <u>on the back of his head</u>. Killed.

"……他的马看见一个拖货车的汽机，一下子惊跳起来，就是今早在霍克街转角的地方，把他扔下来了。摔着后脑。死了。"

诗哲译的是：

"他的马见了那平道儿的机器，今天早上在霍克路的基角儿上，他那马见了就发傻，一个斛斗就把他掷了下去，掷在他脑袋的后背。死了。"（《园会》第二十页一至二行）马发傻而人会从车上被掷下去，这人想必也是诗哲文豪之流也。

（四）...his eyes were closed; <u>they were blind under the closed eyelids</u>.

这句我留着给十来岁小学生去译，不过我们诗哲的译文不可不在此再介绍一下：

……他的眼紧闭着，眼睛在紧闭了的眼睛子里是盲了。（《园会》

第三十七页三至四行）妙呀！

（五）She had thought in the shop: "I must have some purple ones to bring the carpet up to the table."

她在铺子里的时候就想过："我一定要买点紫色的（花），才好使地毯和桌子上的颜色调和。"

诗哲的译文是：

她在铺子里就想了："我得要点儿紫的去把地毯挪上桌子来。"（《幸福》第四页二至三行）

谁还想找到更妙的词句呢，天下？这大约是诗哲能给那紫花通灵，使它有挪地毯到桌上来的神力吧。

（六）"No, the way she has of sitting with her head a little on one side, and smiling, has something behind it , Harry, and I must find out what that something is. "

"不，她那坐着把头稍微偏在一边含着微笑的神情一定有点道理，哈雷，我总得找出她这个道理来才行。"

诗哲的译文是：

"不，她坐着那样儿，头侧在一边，微微的笑，就看出她背后有事情，哈雷，我一定得知道她究竟有什么会事。"（《幸福》第九页十一至十二行）

（七）Down below, in the garden beds, the red and yellow tulips, heavy with flowers, seemed to lean upon the dusk.

地下花坛里的玉簪（？），红的黄的，开满了花，似乎是靠那树荫把它们的鲜艳衬托出来。

诗哲的译文是：

地下花坛里的玉簪，红的紫的，也满开着，像是靠着黄昏似的。（《幸福》第十页末行至十一页首行）

看了这些之后，读者当能同意我前面那一种推测和一句断语——推测是说徐诗哲不仅得过作者的同意，许他翻译，还许他修改；断语是说诗哲的词句都比原文妙。但是大家若以为我们的诗哲在他那部将近二百四十页的《曼殊斐尔小说集》里只修改这七处，那就太小看我们诗哲了。要知道，上面这七处修改原文的地方只是不要与原文对照已见其妙的几处而已。并且我还要声明，为"保护眼睛"起见，我只把诗哲的译本与原文的四分之一，四七二十八，依比例计，全部应有二十八处这样的修改——就是说，不要与原文对照已见其妙的地方。

以下再看若干处要与原文对照方能见其妙的修改吧：

（一）They could not have had a more perfect day for a garden-party, if they have ordered it.（那天园会的天气，就是由他们自己安排，也不能再好了。）

诗哲修改为：园会的天气，就是他们预定的，也没有再好的了。（《园会》开章第一句）

（二）Jose, the butterfly, always came down in a silk petticoat and a kimono jacket.（珠斯那爱穿花衣的孩子总是穿着一条绸裙和一件日本式的花衫走过来。）

诗哲修改为：玖思那蝴蝶儿，每天下来总是穿着裹裙，披着日本的花衫子。（第二页五至六行）

（三）...She loved having to arrange things...（……她喜欢有事情非她安排不可……）

诗哲修改为：……她又是最爱安排事情的……（第二页第九行）

2411

（四）But that sounded <u>so fearfully affected that</u>...（但是这一声装得太露痕迹了……）

诗哲修改为：但是这一声装得太可怕了……（第三页第四行）

（五）She must <u>be business-like</u>（她应该摆出认真的面孔。）

诗哲修改为：她得办她的公事。（第四页第二行）

（六）<u>Laura's upbringing made her wonder for a moment</u> whether it was quite respectful of a workman <u>to talk to her of bangs slap in the eye.</u> <u>But she did quite follow him.</u>（露腊因为生长的那样的人家，这时候听见这工人对她说什么"嘭的一下子跳到你眼睛里来"这样的话，一时简直想不出这是不是合乎礼貌的。不过她还是完全依了他的主意。）

诗哲修改为：这一下子可是把老腊惸住了一阵子，她想不清一个做工的该不该对她说那样的话，嘭的一下打着你的眼，她可是很懂得。（第四页十一至十二行）我以为这地方是这句话把诗哲"惸住了一阵子"，"她很懂得"，诗哲却不很懂得啊！

（七）Perhaps he <u>wouldn't mind</u> so much <u>if</u> the band was so small.（这里的 he 是指工人，而音乐队是主人家雇来的，所以这句话的意思是：音乐队是不是很小，也许他不会十分关心的。）

诗哲修改为：也许他不会多么的介意，要是音乐队是个小的。（第五页五至六行）

（八）Why couldn't she have workmen for friends rather than the <u>silly boys</u> she danced with？（为什么她只能和那些伴她跳舞的傻男孩子来往，而不能和工人们做朋友呢？）

诗哲修改为：为什么她就不能跟工人做朋友，强如那些粗蠢的男孩子们，伴她跳舞的……？（第六页八至九行）Silly 这个字，你翻开字典去查，那上面注的是蠢笨之类的意思，其实呢，许多地方都不是那样的，尤其是在现在这一句话里，这里的 Silly 含有儿女柔情的意味，与蠢字可说是相反，至于"粗"，那更是恰恰相反。不过诗哲的修改常有他的道理，我们俗人不懂罢了。

（九）Are you right there, <u>matey</u>?" "<u>Matey</u>!" The friendliness of it, the — the —（"你在那儿好呀，伙计？""伙计！"那种亲热的表现，那——那——）

前一句是一个工人领唱的，后一个"伙计"是众工人和唱的，再后的话是表示第三者的羡慕。

诗哲修改为："你那儿合式不合式，玛代？""玛代！"那要好的意思，那——那——。（第七页一至二行）

诗哲的译本里最多的两个字就是"乖乖"，凡是 dear 或 darling、precious、sweet 之类的字，他一概译为"乖乖"，这呢，大约是因为他在家里天天叫他的某宝贝作"乖乖"，所以"乖乖"这两个字见之于书里面的也就特别的多。但是诗哲难道不知道 dear 可以变为 dearie，sweet 可以变为 sweetie，难道把 dearie 译成"的利"，sweetie 译成"司威第"吗？

（十）She ran at Laurie and gave him a <u>small</u>, <u>quick</u> <u>squeeze</u>.（她跑到露利身边，轻轻地快快地捏了他一下。）

诗哲修改为：她跑到老利身边，把他小小地，快快地挤了一下。（第八页第一行）这叫我如何称赞才好呢？

（十一）The green baize door that led to the kitchen regions <u>swung open and shut with a muffled thud</u>.（通着厨房一带的那张包绿呢的门一下子闪开，随即又关上了，发出一个闷声。）

诗哲修改为：那扇绿布包着的门，通厨房那一带去的，不住的摆着，塞，塞的响。（第九页四到五行）

我想一定是诗哲在那里把那扇门推动；否则他怎么会"不住的"摆着呢？

（十二）And now there came a long, chuckling absurd sound.（随后又来了一阵纤长的、嘶唰的怪声。）

诗哲修改为：一会儿又听着一个长长的，气呼呼的怪响。（第九页六至七行）

（十三）She could have kissed it.（她恨不得亲他一个嘴。）

诗哲修改为：她去亲吻他都成。（第十页第一行）

（十四）She pressed Laura's arm.（她紧握着露腊的臂膀。）

诗哲修改为：他挤紧着老腊的臂。（第十一页第六行）

（十五）This life is Wee—ary,（这样的生活是烦——闷的，

A tear—a sigh，一把眼泪——一声叹息。）

诗哲修改为：这样的生活是疲——倦的，

一朵眼泪，一声叹气。（第十三页九至十行）

（十六）A love that chan—ges,（恋爱一场还是要——变，

And then...Good bye!（变之后……忍心抛弃！）

诗哲修改为：爱情也是不久——长的，

时候到了……大家——回去！（第十四页二至三行）

请问诗哲，什么"时候"到了，大家"回"哪儿去呀？

（十七）She beamed.（她脸上露出喜色来。）

诗哲修改为：她脸上亮着。（第十四页第六行）

（十八）Cook...smiled broadly.（厨妇……笑容满面。）

诗哲修改为：厨娘……开了一张嘴尽笑。（第十七页三至四行）

（十九）...who never liked to be carried back. "They look beautifully light and feathery, I must say."（……她从来是不喜欢联想从前的事的。"他们（饼子）显得这样轻巧，这样光泽，真是可爱哩，我说。"）

诗哲修改为：……她从不想回到从前去的。"他们看得这样美丽的轻巧，羽毛似的，我说。"（第十八页第四行）比这样的词句更妙的，你只好到诗哲的诗里去寻。

（二十）"Know these little cottages just below here, miss?"（"知道那些小屋子吗，就从这里下去点儿，小姐？"）

诗哲修改为："知道那些个小屋子就在这儿下去的，小姐？"（第十九页十一行）

（二十一）He was half way upstairs...（他已经走到扶梯中间了……）

诗哲修改为：他已经是半扶梯……（第二十七页第四行）

（二十二）...staring eyes...（……注视着的眼睛……）

诗哲修改为：……弹出的眼睛……（第三十四页第六行）

（二十三）...As though you'd suddenly swallowed a bright piece of that late afternoon sun and it burned in your bosom, sending out a little shower of sparks into every particle, into every finger and toe?...（……仿佛你忽然间把那下午的太阳吞下了通红的一块，它便在你的胸膛里直烧，发出一阵乱哄哄的小火星，攒透你全身的细胞，攒到你每只手指和脚趾里去呢？……）

诗哲修改为：……仿佛你忽然间吞下了一大块亮亮的那天下午的太阳光，在你胸口里直烧，发出一阵骤雨似的小火星，塞住你浑身的毛窍，塞住你一个个手指，一个个脚趾？……（《幸福》第一页五至八行）

（二十四）Oh, is there <u>no way can you express it without being "drunk and disorderly"</u>?（啊，难道你就没法子表示这种情绪，不叫人家说你"喝醉了酒说疯话"吗？）

我们的诗哲呀，他修改为：阿，难道除了这"醉醺醺乱糟糟的"再没有法子表现那点子味儿？（第一页十一至十二行）我同情于许多读者，他们读了这样的句子，还不知怎样的赞美哩，那才是真个"醉醺醺乱糟糟"呀！

（二十五）...some white grapes covered <u>with a silver bloom</u>...（……几穗白葡萄，上面还有一层白霜……）

诗哲修改为：……几穗白葡萄发银光的……（第三页末行）

（二十六）And it had seemed <u>quite sense</u> at the time.（当时也好像很有道理。）

诗哲修改为：她当时也还顶得意的。（第四页第三行）

（二十七）For the dark table seemed to <u>melt into the dusky light</u> and the glass dish and the blue bowl to <u>float in the air</u>.（因为那深色的桌子好像与那室内暗淡的光融合在一起了，那玻璃盘和蓝碗似乎是在空中浮着。）

诗哲修改为：因为这来那暗色的桌子就像化成暗色的天光，那玻璃盘跟蓝碟子就像是在半空里流着。（第四页五至六行）除了诗哲的脑子而外，谁还能有这样美丽的幻想呀？

（二十八）The room <u>came alive</u> at once.（这间屋子马上就有生气了。）

诗哲修改为：这间屋子就活了似的。（第十页六至七行）

（二十九）...She <u>surprised herself by</u> suddenly hugging it to her, passionately, passionately.（……她忽然出乎她自己的意外，热烈地把它紧

紧抱到怀里。）

诗哲修改为：……她忽然情不自禁地抱住了它往胸前紧紧地挤一挤。（第十页七至八行）

（三十）... it stood perfect, as though becalmed against the jade-green sky. （……它（树）巍巍地立在那儿，亲着碧玉色的天空，好像大海中息了风走不动的一只航船。）

诗哲修改为：它那意态看得又爽气又镇静的，对着头顶碧匀匀的天。（第十页十至十一行）

我也写倦了，写厌了，大家想必也看倦了，看厌了，不倦不厌的是我们的诗哲，他给曼殊斐尔修改的地方，在他译的那一个集子（约二百四十页）里，当在三百处上下。因为，我已经说过，我只拿原文与诗哲的译本对过四分之一，而这四分之一里面，诗哲修改原著的地方我又只抄出一半——三十七处，37 × 2 × 4 不是二百九十六处吗？此外还有些地方，诗哲干脆把原文删去一点，不过那也许是手民删去的，不一定能归功于诗哲。我说曼殊斐尔，你应该在我们诗哲的梦中向他道谢才是啊！

徐诗哲的译文与原著之不同，不消说，是修改，不是误译。即使是误译，也无妨，据说从前 Byron 他们译希腊拉丁的东西，也常有误译之处，Byron 固然只算得一个“诗人”，不是“诗哲”，不能与徐诗哲比美，然而至少是同行，他许错，徐诗哲怎的就不许错呢？

像徐诗哲这样的译文，恐怕你走遍天下也莫想再找到第二个。要看得懂这样的译文，你自己须得是天才的诗人文豪才行，但是天才不是到处都有的呀！徐诗哲在他介绍曼殊斐尔那篇文章里引了她许多谈话，其中有一句是：“... then of course, popularity is never the thing for us." 我看诗哲也还要少 popular 一点才行，否则就 is never the thing for us 了。所以我写了这篇东西，为的是使诗哲之价值益高也。

翻一翻诗哲那篇"曼殊斐尔赞"，忽然联想到儿时的一段回忆——家里挂着一副对联，是人家祝我的祖母寿辰的，第一边是"不醉亦颠，知分未老"，有一天，我的启蒙先生和我的一个姑丈两人一同在堂屋里站着，姑丈望着那对联，首先夸了一阵，说那到底是名人的句子，毕竟非凡，然后摇头摇尾的高声读道："不辞亦颠，知分未老"（草写的醉字他读成了辞字，分字他读了个平声。）读完马上又转过脸向我那启蒙先生说道，"你看这是多么好的口气！"如今想来，我那位姑丈并不是最可笑的人。

我写了这么一长篇，浪费已经不少了自己的读者的时间。然而我还有一段非说不可的话。

新近有一位朋友屡次向我介绍曼殊斐尔的小说，他说比契诃夫的还写得好。契诃夫，我读过他不少的作品，三年前也曾译过两个集子。他的东西，我已经很满意了，再有比他的还好的作品，我怎能不想读呢？加以那位朋友还劝我道：你是译书很多的，译书也要研究研究才好，看人家怎么译法，自己才有长进。曼殊斐尔的小说，徐志摩先生译过一个集子，你不妨把中英文的都买来，就拿这部书来作一番研究的功夫。徐先生，你是知道的，他是中国对于英国近代文学最有研究的一人，曼殊斐尔又是他特别喜欢的，前几年他在《小说月报》上发表了那篇"曼殊斐尔"，不知多少人狂了似的捧着朗诵，有的人简直拿来背诵！（我的朋友说到这里，我着实吐出了舌头。）

徐诗哲之名不虚传，我老早就知道了。记得两年前他在北京大学做教授，我曾听过他的课；那时他就在口头修改过 T. Hardy 的诗、

Shelley 的诗以及诸大名家的作品，所以我早已领教过了。不过这次既承我的朋友热心介绍，我又何妨再来领教一番？于是我依了他的劝告，把徐诗哲的译本与曼殊斐尔的原本一同买了来，现在这篇文章就是我研究的结果。曼殊斐尔，我虽不敢附和我的朋友，说她比契诃夫还好，但是她的作品着实使我读了颇满意。我谢谢我的朋友。

——《翻译论》（上海：光华书局，1933 年 1 月）；

《春潮》第 2 卷第 1 期（1933 年 1 月）

"科学"与"科学化"（1933）

张其昀

科学的中国是由中国科学化运动协会所主办的，科学化与科学含义稍有不同，前者可说是后者的副产品。后者要求"己立""己达"，前者要求"立人""达人"。科学的精神注重谨严研究，科学化的精神注重应用普及。科学二字现在可以无须解释了吧，科学化却是一个新名词，今就管见所及，分为二节述之，当然不完备之处很多，还请本会同人陆续加以补充说明。

一曰科学之国语化。

二曰民族之科学化。

自从中西文化接触以后，中国语言文字的优劣，久已成为两方学者争持的问题。这不是一个随随便便的问题，许多中国学者深信中国文字的不够用，遂不以中文论学。例如我国有一个富有声望的地质学会，它的会志所刊载的论文，除了极少数的例外，几乎完全用外国语写的。此外各研究所的刊物，类此情形，不遑枚举。这般科学家是否信仰高深的研究必须以外国语发表为佳，也许不是这个意思。假定是有这种信仰，实最足以阻碍中国语言文字的进步。盖既断定其不足用，不复试验，则永无足用之一日。为什么中国学者怀疑本国语言不够用呢？大概有两个缘故：

（1）曾试用中国语述西洋科学而感觉其困难；

（2）大多数译述科学的书的难度或竟不可解。

但是这果然是由于中国语本质上的缺憾吗？还是由于中国学者的未曾努力？我们确信由于后一种原因。中国著名地质学家像翁文灏、丁文江诸先生自己所写优美的科学文字，便是明证。

秉志先生有言："中国文字最适用于科学，以其既简且明，而又富于伸缩之性也。然此可为通人道，难为俗人言也。"（注一）美国德效骞先生（Homer H. Dubs）深研中国学问，曾在《通报》上发表一篇文章，其结语为中国语言足以表现凡能思及的任何观念。他说中国语中的单字，与其谓与复音语言中的单字相当，毋宁说与复音语言中的字根相当。中国字虽多歧义，假使我们得充分的长段，假使作者的思想清楚，则决无不可免的含混。所以任何概念，未尝不可用中国语中的词精密表现之。中国语对于任何概念的表现，并无本质上的不可能性。他又说凡欲翻译中文，译者必须将一个观念在心中重加思想，然后笔而出之，不能仅将原本的字句直译。但是这不能归咎于中国文字的缺点，凡是优良的翻译都应当如此。（注二）从前英国翻译大家乔危特（Jowett 即译柏拉图语录者）尝言，翻译之法，在于不能两全之中，勉强求其折中（The soul of translation is compromise）。盖既须密合原文之意，又须遵照此国文字之特例，明畅自然，使人读之不知其由翻译来者，亦即严又陵氏所谓信达雅也。

我们确信一个作者精通一种外国文字，精通所译述的学问，并精通本国文字，则译述必无不可克服的困难。至现今市上所售译述书的难读，其一由于译述者的能力的缺乏（包括外国语本国语及对于所译述的学问的智识），其一由于翻译名词的纷歧，与新名词的定义不清。第一原因可听之于自然淘汰的解决，关于第二原因的消灭，则期望于国内学术团体努力从事于译名之厘定及标准辞典之编纂。翁文灏先生曾有"论译名"一文，略谓科学名词之取舍，有二原则，一曰从先，一曰从众，而字面之雅俗不与焉。（注三）其言曰："音译西文，至少须参考前人已译之名词，苟无正当理由，勿予更易，始能供人参阅，传之永久。若但求与西文偶合，任意创造，则十人十名，名愈多而意愈繁，译者愈多而读者愈苦，又何赖有此译名为乎。……以愚所见，新名之创造当慎之于始，既已创立，既已通行，而中途改易，则继我而作者，后之视今，又岂异于今之视昔，辗转纷更，将无已时。与其出奇制胜，致统一之难期，不如因利乘便，庶称谓之一贯。若在专精著作，取质专家，或不妨别提新义，以供讨论。其在学校教本，或通俗丛书，尤不宜故立新义，致歧观听。"翁氏之论，甚为平允，我们尤当注意"新名之创慎之于始"一语。科学的初阶于科学的进步，都要先赖有好名词。科学的第一步，便是创立名词，法国大科学家屈费儿（Cuvier）有言曰："必先有好知识然后有好名词。"中国科学名词，务须精确切当，而易于解释，使较之西文原文，其清晰有过之无不及。译名问题，最好像翁先生所说的："译者既为斯学先辈，后起学者，皆其及门，故尤能尊重前修始终遵用，盖不假集会之审定，政府之公布，而自然统一矣。"秉志先生亦曰："中国教育倘得振兴，科学在中国有发达之希望，中文之科学名词，将应有尽有，而无所不包矣。"（同注一）

所谓科学的国语化，当然决非仅仅以译本为满足，吾友张江树先生，新近写了一篇痛快淋漓的文章，可说是对于中国化运动树起一面很鲜明的旗帜，兹摘录原文如下，以供同志之商榷。（注四）

中国无科学，更无物质科学，今日中国之所谓科学，均来自欧美，此无从讳言者。故流行之科学书籍，以各国原文本及中文译本，为占多数；国人自编之中文科学书籍，既不为学者所重视，亦且寥寥可数。今之学校，大学无论矣，即中学教本，亦喜用原文，实则学者于文字方面，犹有问题，其果，某科某课其名，外国文阅读其实；科学训练谈不到，字典式之知识，亦模糊不清。译本初现似较原本为胜，且欧美科学先进诸国，尚不免借重译本，以补其本国科学书籍之不足，在科学落后之中国，当然有提倡鼓励之必要，理由未尝不充足。唯译书非易事，今之科学译本，非文字少简明，即意义多脱误，欲求一语笔忠实，文字畅达者，十不得一二；况原本之价值如何，其取材是否合于中国社会之情形，犹难言也。昔有某君，译某印人名著，读之再三，不能了解，后与某君遇，面询之，某君则对以吾照文翻译而已，其意义如何，吾亦莫名其妙也。中国译事，大都如是。更有进者，欧美文字构造，与中文绝对不同，强以中文翻译欧美文字，即能忠实达意，亦不免失去中文之本来面目。此种译本，使中小学学者及一班普通社会阅读，即根本不合。故今日不欲改良科学教育则已，如欲改良科学教育，非先请国人，用中国文字、中文体裁，编辑合于中国社会情形之各种科学书籍不可。同时在中等学校以下，由教育当局规定，除外国语外，一切教本实验本参考书，皆须采用中国人自编之中文本。在大学校中，虽不必有此种规定，亦宜从速养成此种风尚，并努力建设中文科学基础，科学译本，无庸过事提倡，即有巨作名著，非翻译不能介绍者，亦当再三审慎，力求文意两方之畅达确切，以免流毒后进。更望中国科学专家，暂分研究论学时间，为中国社会稍尽义务，编著若干中文普通科学书籍；否则，中国尚无科学，何有于科学教育乎？

旷观西洋科学发达史，大科学家殆无不注意于国语。像德国洪保德（Humboldt）暮年融会诗词和科学，以最高文笔，处居高临下之势，撰成大著作，好似展开图画，令读者观览自然界的绝大景象。又像法国拉普拉斯（Laplace）亦最重视以通俗文字发挥科学，使学者易知，故其所著之书，最易令人通晓。科学大作中以拉氏著作为最多数的读者，又使读者最易领会。近百余年赖，尤以法国的科学文字，大放光明，照耀全欧，最为世人所称道。法国科学家类皆能文之士，条理整齐，文境高雅，措辞造句极其优秀。他们能以极条畅之笔，达其难达之意；其所著之篇章，无不页页发生光彩。科学学理本极繁奥，令人易生厌倦之心。幸而一经科学名家之手，多数之抽象及奥妙难明的问题，皆变为清楚明亮，使科学学理，斐然成章，粲然可观。读者心领神会，增加兴趣，不厌不倦。故其潜力之大，能使普通人皆喜读其所著之书。此种著作，深入人心，思想由是而转移，文艺亦由是而发展，于是法国文学从而发生一种强健活泼的新生机，在欧美可称首屈一指，他国之艺文无能与之比。（注五）故当初以科学的国语化为目的，其结果造就国语的科学化。中国科学化运动一个目的，也就是希望科学家注重本国文字，注意于修辞达意，希望能从此产生许多极其漂亮、极有力量的科学文字，唤起国民，使注意于各种科学问题，这是中国科学家应尽的责任。

有了国语的科学或科学的国语，才可用以传播科学知识，使其普及于民间。近来欧美各国第一等的科学家，皆不惜屈尊降格，或著教科书，或作通俗演讲集，销行甚广，科学教育乃大有进步。从前科学界以外之人，鲜有明了科学家所作之事者。现今则各种专门科学的进行与其讨论辩驳，已渐为众人所注意；其中大名家所发明的问题，乃逐渐流传于民众的口碑中。甚至于以研究室中所发现的深远学理，作为有兴味的大新闻，干燥无味的数学公式，作为最简单的电报。德国教授界素以详征博引的旧习惯著名，可是对于这些通俗的传播，也极为努力。德国在科学上的领袖地步是无可置疑的，它所以能如此，正是因为德国人崇拜科学。科学环境的造成，其道即在唤起一般民众对于科学的兴趣及领会，并得到他们的同情和赞助。我们要使中国科学发达，似乎必须先从造成中国的科学环境入手。

【……】

（注一）见秉志《中文之双名制》一文，载于《科学杂志》第十一卷第十期。

（注二）德效骞博士字闵卿，美国牧师，居湖南湘潭甚久，曾将《荀子》译为英文，《通报》所载一文，曾由张荫麟译登《学术》杂志第六十九期（十八年五月），题为"中国语言之足用"。

（注三）见翁文灏《地质时代译名考》一文，收入《锥指集》（民国十九年五月出版，北平地质调查所图书馆发行）。

（注四）见张江树《中国科学教育之病源》一文，载于《国风》半月刊第二卷第一期。（民国二十一年一月一日南京钟山书局出版）

（注五）参观木尔兹（Merz）著、伍光建译《十九世纪欧洲思想史》第一编，民国二十年商务印书馆出版。

【……】

——《科学的中国》创刊号（1933年1月）

傅东华译的《失乐园》（1933）

梁实秋

兰姆（Lamb）说：

约翰孙博士说："我们读《失乐园》是当作一件工作干的。"不，我宁说那是一桩天仙的消遣，蠢人是不能随时领略的。"从来没有人愿意这首诗再长一些。"其实他也可以再补充一句：从来也没有人愿意月亮再圆一些的。何以呢，因为这首诗的完整与美满，使得我们想到若再增一行或再减一行都是无益的。在麦迪奇的维诺斯的身躯上我们愿意加上几吋吗？我们愿意她再高些吗？（见兰姆《棹谈》，牛津版 i. 448。）

我想世界上还是"蠢人"多些，能把读《失乐园》当作"天仙的消遣"的恐怕不多见。尤其是我们中国研究西洋文学的人，若能把《失乐园》从头至尾读一遍，那实在是一件"工作"呢。《失乐园》的实际写作，据一般的意见，是由一六五八年至一六六五年，整整地用了米尔顿七年的工夫。而《失乐园》从构思以至着笔，尚不止七年。大约米尔顿在三十四岁的时候，《失乐园》已经在他的心里萌芽了。我们若再往前溯，于《失乐园》构思之前，米尔顿实又早已决意要创造一长篇杰作。所以《失乐园》的历史，可以说是占据了米尔顿一生的大部。用拉丁文写，还是用英文写；用亚塞王的圆桌故事做题材，还是用《圣经》的材料做题材；用戏剧的形式，还是用史诗的形式——这些问题在米尔顿心中几经斟酌，然后我们才有了如今形式的一部《失乐园》。梅孙（Masson）说："米尔顿在早年预先决定了晚年的最大作品的题材。在文学史里很少有比这更可惊的事"（见《米尔顿传》卷二页一一六）。更可惊的是，米尔顿动手写《失乐园》的时候，他自己不能动手写了，他已经把目光捐给了"自由"，他只能口述给他的妻女和任何在身边的录事。米尔顿在饱经忧患之余，著成这八千五百余行的诗篇，显然地这不是为供人"消遣"。我们读《失乐园》是应该当作一件工作干的。

如其读《失乐园》是一件工作，把它译出来——译成和原文相差那样远的中国文，该当是多么更困难的一件工作！所以我们对于傅东华先生的译本的出现，不能不表示惊讶和钦佩。《失乐园》于一六六七年出版时，内共十卷，四开本，三百四十二面，旋加发行人启事一则，米尔顿作"诗体"的说明一则，每卷又添散文提要，故增至三百五十六页。第二版刊于一六六九年，第七卷及第十卷均各分为二卷，计共十二卷。今傅先生所译为前六卷，正全篇之半。我们很希望傅先生再奋力译下去，以竟全功。傅译本收在"万有文库"里，似无单行本出售，这是非常遗憾的一件事。不通英文或不甚通英文的人，我想一定很有多震于《失乐园》之名而想一窥究竟的。译本如能零售，必当受广大的欢迎。

关于傅译本，我要提出来加以商榷的有两点，一是诗体的问题，一是文字的问题。

米尔顿所用的诗体，即是所谓的"无韵诗"（Blank Verse）。在米尔顿以前，除了在戏剧以外，"无韵诗"的体裁在诗里是极少用的。就在《失乐园》出版的那一年，一六六五年，德莱顿刊行了他的《论戏剧的诗》，为"有韵的联句体"辩护，这时节诗之有韵与无韵竟成为一个激辩的中心。无疑地，米尔顿在篇首附加的一段对诗体的说明是有参加辩论的意味的。米尔顿的说明是这样的：

> 本诗系英文英雄诗体，无韵，恰如希腊文之荷马体，与拉丁文之魏吉尔体。因在好诗之中，韵非必要。抑且不能为真正之饰品，于长诗为尤然。韵乃野蛮时代之创造，借以烘托无聊之内容或残缺之节奏而已；近代名诗人中固有染于习俗而亦采用之者，但亦殊自苦，常感觉窒碍，不能如无韵时之能自由发挥。故意大利西班牙之第一流诗人颇有于长篇一概拒用韵者，而英国最佳之悲剧亦复如是，良有以也。对于善审音者，韵之本身并无若何价值，且无真正之音乐的美感。盖音乐之美感乃来自适当之音步，音节之适当地长度，以及用各方式由一行引入另一行之意义，绝不能求之于铿锵之韵脚，古代有识之士于诗及雄辩中且视韵脚为病，避之唯恐不及。是故屏韵而不用，对于一般读者似是缺点，实则不但不足为病，且可视作英文中之第一次的榜样，于英雄诗中革去近代无聊之韵的束缚，一返于古代自由之精神焉。

这一段说明，内中固不无可以斟酌之处，但米尔顿的意见是陈说得很清楚的了。《失乐园》中固然也有不少的有韵的联句，但大部分是由于米尔顿因盲目的关系而修改不便的缘故。米尔顿是有意的要去掉韵,这是极明了的一件事实。实在讲,这原用不着在理论上寻求辩护,《失乐园》本身的成功便是绝好的辩护。在《失乐园》的诗体中,我们可以看出米尔顿对于音节之巧妙的布置,及其爱好自由的精神之一贯。

而傅先生的译文,偏偏的有韵。或者傅先生是另有说辞的,但是他没有说明。"无韵诗"的妙处在于一方面富于韧性,不似有韵体之板滞。而另一方面又有规律,不似散文之松懈。所以在英文诗体中,"无韵诗"最难写。"无韵诗"是最接近散文的诗体。在傅先生的译文中,米尔顿的特殊作风可以说是不大能看得出来了。且举一段译文为例——

呀,却不道就是您!

这是何等的沉沦!

想你当日在那快乐光明境,

光辉周体轶群伦。

怎而今便变得这般形景!

您和我同心同德结同盟,

共向那光荣路趁,

愿同患难共冀大功成,

如今竟也和您遭同命;

且看您和我自何等高天下陨,

陨落得何等渊深!

今而后,方知他挟持雷霆,

确比你我都强甚;

又谁会料那刀兵这般凶狠?

······

（卷一第八四至九四行）

译文很有趣，读起来很顺口。像弹词，像大鼓书，像莲花落，但不像米尔顿。译诗本来是一件难事，用中文能否写出和英文无韵诗相等的体裁，那自然也很是一个问题。英文无韵诗的体裁，原是偶然的发明。第一次的使用该是 Earl of Surrey 所译的一段魏吉尔的《绮尼德》（虽然塞寨的 *Tale of Melibeus* 已经有拒用韵的事实）。所以翻译正好是一个试验的机会，可以试验本国的文字究竟能否创为一种新的诗体，和另一种文字的某一种诗体相仿佛。近见徐志摩、孙大雨所译莎士比亚的断片，即是以中文写成无韵诗的尝试，成功虽不敢必，其尝试是可贵的。傅先生的弹词式译文，我觉得好像把原文的神气改变得太凶了一点。

讲到米尔顿的文字，劳莱教授说得最好。他说：

> ······他每一个字都是经过选择的。你从一个名词猜不到他要用什么形容词，从一个辞句的开端也猜不到结尾是怎么样。他很喜欢把形容词和名词的自然的英文次序颠倒过来，为的是使那形容词得到更大的重量。他的文体不像是一件简单的松泛的衣裳，由自然地穿在身体上便得其形式，而是像一件锦缎袍，因镂金而挺拔，恰合身体，是有形体来穿它的；但是，模仿者不久就发现，这缎袍本身也能立得起来。他把他的意义装紧在可能地最少数的字里，在每一琐碎处都研求经济。在他的晚年诗篇里，没有圆滑的连续词，没有多音的连续的词句，在人的头脑准备领略一

下有价值的文字的时候来占满人的嘴；没有懒懈的形容词，更很少因平凡而令人不注意的形容词……（见 Ralegh: *Milton*，一六七至一六八页）

他又说：

米尔顿很少的时候允许他的诗句在漩涡里打转，每一行他都要充其量地利用，每一字都要绞出最后一滴的价值。他的用字的一个显明特点便是从这种苦吟而来。从一个字表示一个意义，他往往是不满足的，他要一个字表现两种的意义。在这点上，英文中之拉丁成分给了他一个绝好机会。从拉丁借来的字，一到了英文的氛围之中，总是要改变它的用法和价值的。对于普通人的头脑，这些字传达某一种的意义，对于学者们的记忆，这些字便暗示出完全不同的另一种意义。米尔顿养成了一种习惯，使一个字有两种的意义……（同上，二〇八至二〇九页）

这解释是非常中肯的。米尔顿的文字对于普通读者是困难的，第一因为简练，第二因为多颠倒的句法，第三因为拉丁的成分的重要。米尔顿的英文，大致上还是莎士比亚的英文。莎士比亚死时，米尔顿已经九岁。但是米尔顿的文字比莎士比亚的还难些。因为，虽然莎士比亚用字约计一万五千，米尔顿不过八千（散文在外），但是在八千之内的非萨克逊起源的字倒占了五千三百之数，约占全数三分之二，而莎士比亚的一万五千字中却只有六千是非萨克逊起源的，约占全数五分之二。并且，我们读莎士比亚的作品（自从十八世纪中叶以来）

是当作古典读的，是字斟句酌来读的，而米尔顿的《失乐园》出版较晚数十年，其文字和我们现代的英文自然是比较的接近一点，因此便常常容易使我们忘记他的文字有很大一部分依然是与莎士比亚的大致仿佛的。所以，在英诗人中，以米尔顿为最易被误解。

读《失乐园》，首先要注意到它的文字；译《失乐园》，自然更非彻底通晓它的文字不可。今就傅译本的第一、第二两卷检出几点在文字上有问题的地方来讨论一下。我的目的不在指摘傅先生的错误（虽然错误的指摘，也不是容易的事，也不是无益的事），我的目的是在借傅先生的译例来说明米尔顿的文字的艰深与奥妙。

（一）原文卷一第十五至十六行——

While it pursues

Things unattempted yet in prose or rhyme.

傅译作——

去追迹一段由情，

向未经铺叙成文，讴吟成韵。

"追迹"和原文的意思稍差。原文 Pursue 固有"追迹"之一解，此处则显然的是采取拉丁文 sequor 的含义。如 Horace 在 *Ars Poetica* 第二百四十行所用的一样："ex onto fictum carmen sequor..."所以不是"追迹"的意思，而是"treats of"（处置、描写、叙述……）的意思。"韵"字亦不妥。米尔顿用 rime 与 rhyme 二字是有别的。前者是指押韵之韵，后者则泛指一般的诗。

（二）卷一第五十三行——

But his doom

Reserved him to more wrath; for now the thought

Both of lost happiness and lasting pain

Torments him: ...

傅译作——

这刑罚，却使他愠怒有加无减；

他一来痛惜欢娱失坠难回挽，

二则恨这无穷痛楚有如煎：……

我们不禁要问："他"究竟是谁？是谁"愠怒有加无减"？就译文来看，无疑是说，撒旦受刑之后，愠怒有加无减。而原文的意思。恰是相反，大意是这样的："他所应受的刑罚尚不仅此（不仅是'瞑眩'），还有更多的谴罚在后头呢。所以现在还不叫他一直瞑眩下去，偏叫他醒转来，让他以往事的回忆和目前无穷的苦痛来感受熬煎。"（参看 Beeching 注）傅先生所以误会的缘故是把 wrath 看成了简单的"怒"，而在此处实在是作 divine chastisement 解的。

（三）原文第一五七行——

Fallen Cherub, to be weak is miserable,

Doing or suffering: ...

傅译作——

无论是行事熬刑，唯馁弱至堪怜悯：……

又原文卷二第一九九行——

To suffer, as to do,

Our strength is equal.

傅译作——

想吾曹行事与受刑，力量原均等。

就字面上讲，当然译得不错，但与原文仔细比较。我们便可看出一点色度的差别。suffer 并不一定含有"熬刑""受刑"的意思，doing or suffering 只是 in an active or passive state 的意思（Verity）。

（四）原文第二九二行——

His spear — to equal which the tallest pine

Hewn on Norwegian hills, to be the mast

Of some great admiral, were but a wand.

傅译作——

他又挂长矛一柄，

即使那大船主伐作桅樯的挪威山上最高松本，

比起它时，也只抵得一枝光景。

原文并未说"挂"，下文且明白地说明是扶着作拐杖，并且"长矛"也万没有往身上"挂"的道理。再说"桅樯"也没有由"船主"亲身跑到挪威山上去伐取的道理。原文 admiral 一字源出阿拉伯文，在英国十七世纪时即作为"旗舰""主舰"的意思，非"船主"也。译文"也只抵得一枝光景"不知所云。原文的意思是"也只抵得一根短杖"。

又原文二九七行——

and the torrid clime

Smote on him besides, vaulted with fire.

傅先生脱落未译。以致译文语气中断。

（五）原文第四四五行"idolatresses"是指所罗门的妃嫔中之"崇拜偶像者"；傅译作"妖像"二字，似不妥。

（六）原文第五〇七至五一〇行——

Though far renowned,

the Ionian gods-of Javan's issue held

Gods, yet confessed later than Heaven and Earth,

Their boasted parents.

傅译作——

虽则那爱奥尼诸神声名也大震；

那诸神，受雅完的子孙奉信，

后来更被他们认做了始祖宗亲。

原文的意义和原文之讽刺的口吻，傅译不但没有表现出来，而且似乎傅先生根本就没有领会。原文的意思是说："虽则爱奥尼亚的诸神是名震遐迩的——这些神希腊人（即"雅完的子孙"）奉若神明，可是这些神希腊人又承认为是生在他们的荣耀的祖先'天与地'（即Uranus 与 Ge）之后的。"按照傅译，"诸神"是"雅完的子孙"的"始祖宗亲"，而原文明说"天与地"是诸神的祖先。因为，按照希腊神话，天与地生有十二个儿子，即神话中之 Titans，其一为 Zeus 之父。以米尔顿之意，神是创天地的，天地不能创神。所以米尔顿以嘲弄的口吻对于希腊神话加以奚落（参看 Beeching, Scrimgeour 诸家注）。

（七）原文卷二一○四行"his fatal throne"。傅译作"那不祥的宝座"。无论如何，上帝的宝座是不能说是"不祥的"。原文的意思，恰是"稳固"的意思。E. K. Chambers 注云：unassailable because resting on the decrees of fate.

（八）原文卷二第一二三行——

and seem to cast

Ominous conjecture on the whole success ;

傅译作——

且似乎全部成功，都系在一种不祥的猜忖；

success 不必一定就是"成功"，也可以包括"失败"。这个字的原来的拉丁的意义，就是"一件事的后来的结果"的意思而已。米尔顿在此地无疑的是采用拉丁的意义。

（九）原文卷二第六十五至八行——

He shall hear

Infernal thunder and, for lightning, see

Black fire and horror shot with equal rage

Among his Angels,

傅译作——

却听得地府的雷声擂辗，

也见不得天中电，

却要见漆黑的火烟，骇人的火箭，

一般凶险，从他的天使群中现，

这几行完全译错了，错在傅先生没有注意到"fire and horror"是一个东西，是"the horror of fire"的意思。并非一是"火烟"，一是"火箭"。况且原文"shot"是个动词，根本就不是"箭"。米尔顿常常喜欢把一个抽象名词和一个具体名词联在一起，中间缀以"and"字样，这在修辞学中叫作 hendiadys，类此之处傅译多误，此其一例耳。

以上略举几项，以见一斑。其实傅译中的错误大致是都不难避免的，只要稍微细心一点，多参考几种注释便可。自 Hume（一六九五年）以降，如 Bentley、Richardsons、Newton、Todd、Masson 以迄于现代，评译《失乐园》者不下数十家，即今之编为教科书式的《失乐园》，亦不下数十种。我们多参考一些注释，便可免却几分的误解。

至于翻译《失乐园》的人，他似乎是更有广为参考的义务了。

但在没有更完善的译本出现以前，傅先生的译本还是值得介绍与推重的。

——《图书评论》第 2 卷第 2 期（1933 年）

论翻译（1933）

林语堂

一

论译学无成规

谈翻译的人首先要觉悟的事件，就是翻译是一种艺术。凡艺术的成功，必赖个人相当之艺才，及其对于该艺术相当之训练，此外别无成功捷径可言，因为艺术素来是没有成功捷径的。翻译的艺术所倚赖的：第一是译者对于原文文字上及内容上透彻的了解，第二是译者有相当的国文程度，能写清顺畅达的中文，第三是译事上的训练，译者对于翻译标准及技巧的问题有正当的见解。此三者之外，绝对没有什么纪律可为译者的规范，像英文文法之于英文作文（或者依一些文法家之意见如《马氏文通》之于本国古文）。所以本篇目的，并不是要替"译学"画出一些规矩准绳来，或是要做些削足适履、强人以同的工夫。所谓"规矩准绳"，实则是老学究对于真正艺术自隐其愚的手段，太相信规矩准绳的人，也就上了老学究的当，这个当，恐怕就要比以念《马氏文通》学作古文的当还厉害。

应讨论的翻译标准问题

但是译学虽不能找出何等的成规，倒有许多技巧上的问题不可不讨论的。譬如译家的标准应何如，对于原文应取如何态度，译文时应具何种心理，译文应否保守原文句法（"语体欧化"），"字字对译"可实行否，或较高深的译艺术文（诗、文、戏曲）问题，这都是凡要着手译书的人所必审查考量的。不是能翻英文字典及稍通汉文的人，便可纵笔直译，而不致冤枉买他译品的读者。这就是以上所说的第三条件；译者对翻译标准及技巧上的问题，应有正当的见解。倘是译者于第一第二条件（中西文程度）相符，而对于译事还存些"字字对译"或"语体欧化"的迷信，或其他荒谬思想，有时候"余之巴黎妻"（Nôtre Dame de Paris）派的译者，且可自信其为译界之明星，或者以说不通中国话为语体欧化之保证。此种译文既风行海内，其势力蔓延所及，遂使译学博士有时候也可以给我们三十六根牙齿嚼不动的句子。说翻译毋须以中西文相当的造就为基础的话，固然是不值一辩；但是对于译者之目的、工具、方法、问题，谓可全不过问，也有点近于荒唐。

翻译标准之三方面

翻译的标准问题，大概包括三方面，我们可依三方面的次序去讨论。第一是忠实标准，第二是通顺标准，第三是美的标准。这翻译的三层标准，与严氏的"译事三难"大体上是正相比符的。忠实就是"信"，通顺就是"达"，至于翻译与艺术文（诗文戏曲）的关系，当然不是"雅"字所能包括。倘是照桐城吴进士"与其伤洁，毋宁失真"衣钵真传的话为原则，为叫起来方便起见，就以极典雅的"信、达、雅"三字包括这三方面，也无不可。但是我们须记得所以求信达雅的道理，却不是如此简单。我们并须记得这所包括的就是：第一，译者对原文方面的问题，第二，译者对中文方面的问题，第三，是翻译与艺术文的问题。以译者所负的责任言，第一是译者对原著者的责任，第二是译者对中国读者的责任，第三是译者对艺术的责任。三样的责任全备，然后可谓具有真正译家的资格。

讨论翻译须研究其文字及心理问题

素来讨论这翻译问题的文极少，更少有特别的调查可以供我们的参考。有三两篇的论文，如严几道的《译天演论例言》，章行严的《答容挺公论译名书》，胡以鲁的《论译名》，傅斯年的《译书感言》，以及报端时见评译论译的文章，或散见于译书序言中单词片句论译的意见，或泛论译法，或单论译名，都是直接出于经验的话，其实翻译上的问题，仍不外乎译者的心理及所译的文字的两样关系，所以翻译的问题，就可以说是语言文字及心理的问题。倘是我们要于此问题得比较客观地解决，自当以语言文字心理的剖析为立论的根基。必先明语言文字及行文心理的事实，本篇虽不敢说对于语言文字有何种充分彻底的研究，而其立论总是本这个意旨，先研究字义的性质，然后断定字译方法之可能否，先研究行文的心理，然后断定译者译文时应取的态度。

二

论忠实标准

译者的第一责任，就是对原文或原著者的责任，换言之，就是如何才可以忠实于原文，不负著者的才思与用意。在这个上面，最重要的问题就是所谓忠实应作如何解释，是否应字字拘守原文，或是译者可有自由的权利，于译文时可自行其裁判力，于原文字句得斟酌损益，以求合于译文通顺明畅的本旨。

忠实之四等

大概忠实的程度可分四等，就是直译、死译、意译、胡译。今日译界的成绩可谓四等俱备。死译可以说是直译派极端的结果，也可以说是直译派中的"过激党"，其态度就是对于原文字句务必敬拜崇奉，不敢擅越一步，推其逻辑之结果，则非把"the apple of my eye"（宠眷特隆之人，掌上珠）译为"我目的苹果"，或是把 take the heart out of him（使胆怯）译为"将其心拿出"不可。其意若曰，非如此，不足以保其原文亲切之意味，或不足以表现中文"欧化之美"。若是使译汉文为英文，大概"趣味横生"亦当以 the interest flows horizontally，认为相当的译词（"嫁祸他人"似亦可作 marry the misfortune to others）。反过来说，胡译也可以说是意译的"过激党"，其主张就是凡可以助译文之明畅，或使合于艰深典雅，毕肖古人的主旨，译者无不可为。胡译的极端成绩，无论如何，不能超过林琴南、严几道二位先生之上：一位把赫胥黎十九世纪文字译成柳子厚《封建论》之小影（引张君劢先生批语）；一位把西洋的长短篇小说变成《七侠五义》《阅微草堂笔记》等的化身。此等译法若译者能详细揣摩原文的意旨，尚可以不悖原文的大意，若是并原文而不求甚解，只是捕风捉影，画蛇添足，则终不免有"余之巴黎妻"（代译"巴黎天堂主"）之笑话。胡译而至于此程度，可谓已与死译相握手，无复孰是孰非之可言。

"直译""意译"名称之不妥

所以我们可以不论死译、胡译，而单论直译与意译。但是于此读者心中必发起一种疑问：就是直译将何以别于死译，及意译将何以别于胡译？于是我们不能不对此"直译""意译"两个通用名词生一种根本疑问，就是这两个名词是否适用，表示译者应持的态度是否适当。我觉得这两个名词虽然使用，而实于译文者所持的态度，只可说是不中肯的名称；不但不能表示译法的程序，并且容易引起人家的误会。既称为"直译"，就难保持此主张者不当它作"依字直译"的解说；"依字直译"实与"死译"无异。所以读者若问"直译""死译"之区别何在，不但作者，恐怕就是最高明的直译主义家，亦将无辞以对。事实上的结果，就是使一切死译之徒可以"直译"之名自居，而终不悟其实为"死译"。换过来说，的确有见过报上大谈特谈翻译的先生，自己作出胡译的妙文来，方且自美其名为"意译"。直译者以为须一味守株，意译者以为不妨自由，而终于译文实际上的程序问题无人问到，这就是用这两名词的流弊。不但如此，沿用这名词的结果，就是使译者起一种观念，以为译事有两重同时可行的标准。"直译""死译"皆可随便。其实译者的忠实责任，决不容有两重的标准。至当的标准只有一个，最适宜的技术也只有一个。译法固然不可强同，各译家之译法，自由或忠实程度，难免各有出入，但是事实上因各人个性关系不能免的不同，决不可当作译事可有歧异的标准解说。

字译与句译

倘是我们要求一相当译法的名称，必须使学者可以顾名思义，必使此名称能明白具体表示译文的程序。换言之，必须由译者对于文字的关系有所明指。按译者对于文字的解法与译法不外两种，就是以字为主体，与以句为主体。前者可称为"字译"，后者可称为"句译"。字译句译是什么，及其详细意义，自当待下文讨论。我们可在此可先给一普通的解说。字译是以字解字及以字译字的方法；其对于字义相信其有可与上下文分开独立之存在，译者须把逐字意义一一译出；把这些零碎独立的字义，堆积起来，便可得全句之意义。句译与此正相反：句译者所最怕的是把字义看得太板，字义每每因在文中之用法而生变化，或者极难捉摸；译者无字字对译之必要，且字字对译常是不可能之事，所以句译家对于字义是当活的看，是认一句为有结构有组织的东西，是有集中的句义为全句的命脉；一句中的字义是互相连贯互相结合而成一新的"总意义"（gesamtvorstellung），此总意义须由字的活用和字的联贯上得来。其对于译文方面，是取一种态度，先把原文整句的意义，明白准确的体会，然后依此总意义，据本国语言之语法习惯重新表示出来。若能字字相对固善。若此总意义在本国文不能用同样之字词表出，就不妨牺牲此零字。而别求相当的，或最近的，表示方法。倘是一成语，在本国语中果能最准确翻译原义，就是不与原文所用的相同，也不妨用与其求守原文逐字意义，毋宁求达原文之语意。这是字译与句译的区别。

字译之不对

以上所谓字译句译，绝非一种代替直译意译的新名词，可作翻译上新的两层标准，留为双方争营对垒之余地。此字译句译之分，纯粹根据于解释文字方法之不同，绝对非若直译意译议论之全出主观，可由个人依意选择的。解释字义方法，非是即不是，非不是即是，倘是字译的方法对，就句译的方法不对（反是亦然），两者决不能兼容并立的。两法之孰是孰否，可各由其对原文译文所持之见解而断。我们可以明确决定地说，句译是对的，字译是不对的。这是一条明明白白的大道理。句译之果为何物及详细方法如何，自当详论于后；至于字译方法之不对，却须先交代清楚。因为此以字解字及以字译字的方法，就是普通译者错误之一大原因。兹请论字译方法所以不可行之理由。

忠实非字字对译之谓

字译方法之所以不可行，第一，就是其字义观之根本谬误。字义是活的，随时随地随用法而变化的，一个字有几个用法，就有几个不同意义。其所以生此变化，就是因为其与上下文连贯融合的缘故。倘是译者必呆板板的执以字解字的主张，就不免时有咬文嚼字断章取义的错误。大概文字的意义，一部分是比较有定义的，一部分是变化莫测的，其字愈常用愈简单，则其用法愈繁复，而愈不适用于逐字拆开翻译之方法；因为拆开了，就是不能得其全句之义。此原理于英文尤为显著。譬如"问题""研究""目的""工具"等字，是少有变换的，若以 the study of the problem 逐字拆开，译为"问题之研究"是绝不会错的。但是比如 parson 解为"牧师"，nose 解为"鼻子"，而将 parson's nose（席上清炖鸡或烧鸭之臀部），解为"牧师之鼻"，未免要太对不住这些教会的长官了。或是 street 为"街路"，Arab 为"亚拉伯人"，而将 street Arab（街上无依之儿童或其他乡顽不受教育者），解为"街上亚拉伯人"，无论是出于译者之不懂，或是因其抱字字对译的主义，总是不忠实不达意的译法。此所谓"成语"中字义之变换，固为人人所公认的。但是字义在文中之变换，实不只限于成语。如英文 young 一字，通常解为"青年""年轻者"，然如 a young person 由字面上看，当是"年轻之人"，而实际上常是妪仆等对于下等年轻妇人之俗称。the young person 乃含有未长成不可与语淫亵事件者之义，young people 常系指已长成而未有家室之青年，young rascal 乃一种对儿童戏玩之呼法，young things 且兼有爱惜之义，a young man in a hurry 即指热心改革社会的青年，余如 the night is yet young, young in crime 等（俱见《牛津简明字典》中），都可表明一字用法与原义之不同。凡要明字义的人，必求之于全句文中，非咬文嚼字或区区靠字典上的界说定义所能明白的。又如 dramatic possibilities, with religious exactitude, some one's eternal, gray hat, the way of all flesh 等句中之 dramatic, religious, eternal, all flesh 等字，若必依字字对译之原理，依原义解释，必为万不可能之事。all flesh 只好解为"血气之属"或为"圆颅方趾"，于这些地方我们可以特别看见字义在文中之变化及所谓活的字义观之意义。字译法之所以不可行，即以其强以字为主体，且以一句有连贯之意义，强为拆开，以为字字可以单独译出。译者自应对于原文字义有深切入神的体会，字义了解的确是句义了解的根基，但是所谓字义，不能看作死的、固定的、分立的，须当作活的、有连贯的、不可强为分裂的东西。

字典辞书之不可靠

其实字之不可断章取义以求强解，本为极显而易见的事实，不待以上的详解。然事实上译家之错误（如报端所指斥批评的），每每即为此死的字义观所致。究其原因，就是译者于英文尚无深长的研究经验。于字之用法（以上所谓须注重者）尚未熟识，而徒据字典上之定义以解字，然后由此零碎字义以解句。换言之，就是对于字典上辞字定义的信心过重。于是不得不讨论字典辞书可靠不可靠问题。倘是一人于英文研究之程度未深，欲靠一本字典译书行世，可行不可行？

如是，以上我们所说活的字义观及字义由用法而定的话是对的，我们就不能不极力注重译者高深之英文造就，为译者之必要基件，而对于此种"抱字典译书"的方法大加怀疑。凡译者于一字之用法，浏览既多，意义自熟，故即使有疑难，亦心中自有把握。若徒据字典上一面之缘，以为便可得字义之底蕴而必不一误者，就可以说是太信定义，是守死的字义观的人。今日译界之毛病，即在译者未知注重英文相当之训练，为翻译之基础，而抱此种单靠字典可以译出的迷信。

字典之用处，论 Concise Oxford Dictionary

虽然，字典非无用处。于略有相当英文程度之人，字典之用处，就是使学者对于一字本不甚明了、不甚精确的解说，能变为明了精当的解说。最好的字典，且应以用法为主体，专以客观方法，做搜集各字用法实例的功夫，将一字所有的用法及其所组的成语，集合列入该字之下，然后依其用法，分出其字义在使用上发生之变化，务使学者开卷，便得了然一字所有之用法，而非专做定义界说的功夫。有这样的字典，也就可以用不着借助他人，或问津师长。英文已有此世界历史上空前之字典革命事业，就是《牛津英文字典》，然卷帙浩繁，非私人所能购买。但已有《牛津简明字典》（*Concise Oxford Dictionary*），体例与大字典同，而简明详尽，已可谓包罗万有，英文文字之精华，尽萃乎此，且书价极廉，为人人所能购置，此书为全球英文学界所共赏识，而独于吾国则若不闻不问，故顺便介绍于此（此书为译者所必备，大概其字愈简，用法愈繁，则引例愈详）。

最近（一九二四）牛津大学出版部又出《袖珍牛津字典》（*Pocket Oxford Dictionary*）一种，价目比《简明牛津字典》更低，而取材丰富，亦甚可用。

忠实须求传神

以上了结以字译字的错误，所以关于忠实的第一结论，就是忠实非字字对译之谓，译者对于原文有字字了解而无字字译出之责任。译者所应忠实的，不是原文的零字，乃零字所组成的语义。忠实的第二义，就是译者不但须求达意，并且须以传神为目的。译文须忠实于原文之神气与言外之意。这更加是字译家所常做不到的，"神气"是什么？就是一字之逻辑意义以外所夹带的情感上之色彩，即一字之暗示力。凡字必有神采（即"传神达意""神"字之义），即西文所谓Gefühlston, feeling-tone）。语言之用处实不只所以表示意象，亦所以互通情感；不但只求一意之明达，亦必求使读者有动于中。诗与散文之别，则诗人能运用语言文字之直接的传感力，使于意义之外，读者能得一种暗示，受一种冲动。如我们读"山重水复疑无路，柳暗花明又一村"二句时，恍惚中因此文字之暗示引起我们的幻想，宛然如亲临其境。不善用字之暗示力者，徒执字字对译之义，将全句文义译出，则不如不译之为愈。于此可见译事之难；然翻译固未尝是易事，与其视之太易，毋宁视之太难。若为私人之练习，固不妨时作尝试，但是此种私人或课堂上的练习，固不必刊出行世，或列入某某丛书中，以沽名弋利为目的。因为译者至少须有对原著者之责任心，叫读者花些冤枉钱事小，将一个西洋美术作品戕贼毁伤，不使复留本来面目，而美其名为介绍，这却是何必呢？

绝对忠实之不可能

复次，论忠实的第三义，就是绝对忠实之不可能；译者所能谋达到之忠实，即比较的忠实之谓，非绝对的忠实之谓。字译之徒，以为若字字译出可达到一百分的忠实。其实一百分的忠实，只是一种梦想。翻译者能达七八成或八九成之忠实，已为人事上可能之极端。凡文字有声音之美，有意义之美，有传神之美，有文气文体形式之美，译者或顾其义而忘其神，或得其神而忘其体，决不能把文义、文神、文气文体及声音之美完全同时译出。这就是因为以上第二条所说的神采的缘故，一字有一字的个性，在他国语言觅一比较最近之字则有，欲觅一意义神采个性全同的字就没有。例如中文极平常之"高明""不通""敷衍""对付""切磋""砥砺""隔膜""疏通"都是不可译之字。就以字字对译而论，一句中或一文中的话，能把七八成的字，字字译出已为难事，余者总须以曲达的方法表示原文之意。这是就精细方面而论，免译者空做行所无事、十分直译之梦想。译者应十分明白原文意义，然后依译者之笔力，尽量依本国语之语性，寻最相当之译句表示出来，务必使原文意义大体上满意地准确地移译出来，至于一二因语性不同不免出入之处，自可不必强求符合。我们须记得翻译只是一种不得已而很有用的事业，并不是足代原文之谓，译者所能求的只是比较而非绝对的成功。文章愈优美，则其文字之精英愈难捉摸，谓莎士比亚的 And thus the native hue of resolution is sicklied o'er with the pale cast of thought，或是说陆游的"山穷水复疑无路，柳暗花明又一村"二句之神采，可以一百分的译出，同是一样的胡闹。

三

译者对本国读者之责任

通顺问题——以上论忠实之三义，使读者略明字译方法之非，然句译为何物，尚未说到，且忠实有第四义，即忠实非说不通中国话之谓。译者一方面对原著负责任，然既为本国人译出，当然亦有对本国读者之责任，此则翻译与著述相同之点。或以诘屈聱牙之文饷读者，而谓读者看惯了此种文便不觉得其诘屈聱牙，这实在是不明译者对读者的责任。

行文之心理

翻译上的通顺问题，即如何以西洋思想译入本国文字。但是我们须觉得此通顺问题与寻常作文之通顺问题无甚差别，且其行文之心理亦必根本相同。寻常作文之心理必以句为本位，译文若求通顺亦必以句译为本位，寻常作文之心理程序，必是分析的而非组合的，先有总意义而后分裂为一句之各部，非先有零碎之辞字，由此辞字而后组成一句之总意义；译文若求达通顺的目的，亦必以句义为先，字义为后。此所谓句之分析说（原属温德氏 Wundt），很容易由各人之经验证明。凡做文章通顺之人，行文时未下笔之先，必先有一句要说的意思在心里，即所谓总意象（total concept），心知其所欲言，直至下笔成文之时，然后不得不依习练之语法一字一字写出来，决非先由各字之意义堆积成句，然后明其所欲言之全句意义。故行文者，必于笔未下时，文句自现，宛然于耳中预先闻见此字句之声响，若待到处再求辞字，由辞字而后堆成句者，其文必不雅驯；前者即所谓 auto-dictation，后者即所谓 extemporizing（依 Palmer 名称）。所以若经删改之句，字句愈改愈觉不妥，所改之字在一句之中每觉不安，就是因为以字为先，以句为后，依组合的，而不依分析的程序。此所谓总意象之分析，即寻常行文之心理。（所谓分析，实非自觉的"分析"之谓，实一种不得已之程序而已，如写字的人，必先有全字之印象在心目中，然后按笔画一一写出。）

译文须以句为本位

译文与作文之不同者，即其原有思想非发自译者心中，而出于一使用外国文之作者。然于译者欲以同一思想用本国文表示出来时，其心理应与行文相同，换言之，必以句为本位，而非可一字一字叠成的。

译者必将原文全句意义详细准确地体会出来，吸收心中，然后将此全句意义依中文语法译出。这就是我们所谓"句译"的方法。

译者须完全根据中文心理

行文时须完全根据中文心理。翻译者所表现之思想，既本于外国文，则不免多少受外国文之影响，且译者亦不应过改其本来面目。虽然，若是译者心中非先将此原文思想译成有意义之中国话，则据字直译，似中国话而实非中国话，似通而不通，决不能达到通顺结果。我们读此种译文时之感觉，则其文法或且无疵可摘，然中国人说话决非如此。一语言有一语言的语性，语法句法如何，皆须跟从一定之习惯，平常所谓"通"与"不通"即其句法是否跟从习惯。凡与此习惯相反者即所谓"不通"，不必触犯文法上之纪律（作古文不通，即不合古文之笔法习惯而已，"习惯"即 usage, idiom，"文法"即 grammar）。譬如西人以"谢谢很多"代"谢谢"者，华人必斥之为"外国话"。译文太牢守西洋心理者，读者亦必以为"非中国话"。此种非中国话的中国话，实不必以"欧化"之名自为掩饰，因为它是与欧化问题不同的。无论何种语体未经"国化"以前都是不通，不能以其为翻译而为例外。且欧化之大部分工作在词汇，若语法乃极不易欧化，而且不能句句皆欧化也。此非本篇所宜讨论，且以篇幅关系，不得不赶紧讨论翻译与艺术文问题。

四

美的问题

翻译与艺术文——以上所论翻译之忠实与通顺问题，系单就文字上立论，求译文必信必达的道理。但是还有翻译艺术上之问题，也不能不简略考究一下。翻译于用之外，还有美一方面须兼顾的，理想的翻译家应当将其工作看作一种艺术（translation as a fine art）。且所译原文，每每属于西洋艺术作品，如诗文、小说之类，译者不译此等书则已，若译此等书，则于达用之外，不可不注意于文字之美的问题。

论艺术文之不可译

我们可以承认 Croce 的话："凡真正的艺术作品都是不能译的。"（Croce 谓艺术文不可"翻译"，只可"重作"，译文即译者之创作品，可视为 production，不可视为 reproduction，见 Benedetto, Croce: *Aethetik*, s. 72）譬如诗为文学品类中之最纯粹的艺术，最为文字之精英所寄托的，而诗乃最不可译的东西。无论古今中外，最好的诗（而尤其是抒情诗）都是不可译的。因为诗是文字之精英所寄托，因为其作者之思想与作者之文字在最好作品中完全融洽，天衣无缝，故一离其固有文字则不啻失其精神躯壳，凡艺术文大都如此。这就是以上所说忠实之第三义，绝对忠实之不可能，但是于艺术文特觉明显。虽然，诗文既有不可不译之时，自亦当求于一不可中比较之可，且事实上固有成绩昭然之艺术文翻译如 Schlegele 之译莎士比亚，Fitzgerald 之 译 Sophocles, Omar Khayyam Morris 之 译 Volsunnga, Carlyle 之译 Wihelm Meister 等。其原因则艺术文亦有二种，一发源于作者之经验思想，一则艺术之美在文字自身（即此经验思想具体表示之方法，事实上两种自难完全分开）。前者如莎士比亚之戏曲，后者如 Swinburne 之抒情诗；前者如古人之《孔雀东南飞》，后者如南唐后主之词。前者寄托于文字声音者比较少，后者则与本国文字精神固结不能分离，欲译此第二种，几等于万不可能之事。（参见 Edward Sapir: *Language*）

说什么与怎么说法

译艺术文最重要的，就是应以原文之风格与其内容并重。不但须注意其说的什么，并且须注意怎么说法。一作家有一作家之风度文体，此风度文体乃其文之所以为贵。Iliad 之故事，自身不足以成文学，所以成文学的是荷默之风格（Homer's manner，参观 Matthew Arnold: *On Translating Homer*）。《长恨歌》《会真记》之故事，虽为动人，而终须白居易、元稹之文章，及洪昉思与王实甫之词句，乃能为世人所传诵欣赏。所以我们对于我们所嗜好之作者作品，无论其所言为何物，每每不忍释手。因为所爱的是那位作者之风格个性而已。凡译艺术文的人，必先把其所译作者之风度神韵预先认明，于译时复极力摹仿，才是尽译艺术文之义务。叫一个不懂 Goldsmith 的"幽默"的人去译《威克斐牧师传》，即此书之文趣必如同嚼蜡，因为有一位懂得 *Alice in Wonderland* 的神趣的赵元任先生来翻译这本书，故这本译文仍不失为可以读得可以欣赏的作品。

外的与内的体裁问题

所以文字体裁，可以分外的与内的（outer form and inner form）。外的体裁问题，就是如句之长短繁简及诗之体格等；内的体裁，就是作者之风度文体，与作者个性直接有关的，如理想、写实、幻象、奇想、乐观、悲观、幽默、悲感、轻世等；外的体裁问题，自当待译者一番的试验，然后能求得相当之体格。至于所谓内的体裁问题，就全在于译者素来在文学上之经验体会，非文学之教员或指导书所能代为指明。译者必自信其于原文文学上之神趣已全数领会，然后可以着手翻译。若不能如此而苦无良法，则须记得不译亦是一法。这是最简单、最容易办的。

Croce "翻译即创作" 之说

我们可以说翻译艺术文的人，须把翻译自身事业也当作一种艺术。这就是 Croce 所谓翻译即创作 not reproduction, but production 之义。

以上所说一切，实不过作一种普通方针之指导而已，至于临时译书字句之去取，须由译者自己之决择，或妙文妙句天生巧合，足与原文媲美的，亦必由译者之自出心裁。译学无一定之成规，且译书无所谓绝对最好之译句；同一句原文，可有各种译法，尽视译者国文之程度而差。譬如同一段原文，章行严之译文与一些新文人之译文，就使二译者主张无论如何一致，其结果必不相同。这就是翻译中个人自由之地，而个人所以应该极力奋勉之处。翻译所以可称为艺术，就是这个意义。

——《语言学论丛》（上海：开明书店，1933 年）

并非"零星"——友松敬谢胡博士的告诫——致康农（1933）

友松（张友松）

康农：

我们住的地方不是相隔只有几家，而且我们不是天天都要见一两次面吗？我给你写这封信——其实何尝是一封信啊——你一定莫名其妙，是不是？但是，朋友，你不要莫名其妙啊，因为这是我刚学来的一种秘诀，这秘诀只要你肯牺牲你那真纯的本色，得机会便运用它，它可以使你飞黄腾达，使你无往而不利。简略地说一句吧：我现在把你的名字在这里写一下，虽则没有说你是怎样怎样，没有加你什么动听的头衔，可是你的名字总算多入了一次本刊读者的眼帘呀。你不见人家天天你表扬我、我恭维你吗？那也无非是这种秘诀的谙熟连用而已。这个年头儿，只要你舍得吹自己，舍得夸人家，保管你一切亨通。不过我并不是先和你商量了这封信如何写法，然后才写的，我不过很笨拙的学一学人家的花样，在一篇文章前面硬把你的名字加上罢了。若要我学得很像，那是要了我的命也办不到的啊！

闲话少叙，言归正传。最近出版的一期《新月》上，发表了胡老博士的一篇"论翻译——寄梁实秋，评张友松先生评徐志摩的《曼殊菲儿集》"；这位死不怕丢脸的有名的"胡说博士"又摆起他那臭架子来了。这篇东西，你也看过的，我们对此，除了"国骂"而外，更有何法消去我们这满腔的火！？他们这帮东西，简直自信有翻天覆地的本领，以为一手可以掩尽天下人的耳目。他们不惜运用卑鄙下流的文字，掩饰自己，压倒别人。他们自知已为青年所不齿，便索性掉转身来，甘与青年为敌。好，我要凭着这一腔青年的热血，洒满他们的狗脸！

以下的话，如果不像一封信，请你恕我——

在没有看到胡博士这篇老气横秋的文章以前，我曾接到陈西滢教授一篇老气横秋的信，里面所说的话大抵与博士之文相似，特别着重的一点是我不应该太刻薄了。胡博士也对于我的态度大加训斥，说我不是批评译书，而是有意要"宰"人。所以，我就从这一点说起吧。

说到态度，我并不是惯于刻薄的人；真正善于刻薄的人却似乎未免太健忘了吧。记得几年前西滢先生在《晨报副刊》上作过一次"好汉"，用一篇尖刻无以复加的文章痛骂一个胡作非为的戏剧译者。我们当日看过那篇文章之后，虽则觉得西滢先生还可以"慈悲"一点，同时却始终是称快不置。从此西滢先生就算是打得了江山，横冲直撞旁若无人的作了许多"并不令人十分快意"的所谓闲话，刻薄谩骂，无所不用其极，现在西滢先生大约都已忘却，所以反过来教训我这后生小子了。他在给我的信里说，"我并不是说你听过志摩的课，所以就不应该批评他。"西滢先生虽则"并不是说……"，但是这句话我根本不懂呀！西滢先生至少是以为学生对于先生应该客气些。其实我对于真配做青年导师的先进，向来是很知道敬爱的，很愿意亲近的。就是对于胡博士和陈教授，我又何尝不曾有一个时期存着相当敬重的心？只是自甘与青年隔绝的人，我是对他们客气不来的，因为——天不许！提到我曾听过徐志摩的课，我就心头冒火：这使我想起孟子里的"闻诛独夫纣矣，未闻弑君者也"的话。我只知道徐志摩曾在北大骗去了我几十点钟的时间，不知道我曾听过他的什么"课"。如果说徐志摩这种高级招摇撞骗的东西我们还不应该骂一骂，天下该是何等的太平呀！这几年来，不成东西的翻译多矣，并且诚如西滢先生在他给我的信里所说，比徐志摩的错误更多的还多得很，然而我之所以要骂徐志摩而不写别人者，便是因为他与胡博士之流彼此捧得天样高，所以骗人也就特别地多。何况这帮人我实在看了刺眼，没有翻译的问题，我也终有一日禁不住要对他们失敬失敬呢？

西滢先生又说，"……然而他（徐志摩）究竟错了多少呢？而且他究竟错了没有呢？"你看他这种神气，真好像能够使死人变活人，活人变死人啊！西滢先生！你这句话不应该问我，老天爷在上，你何不去问他呢？

胡博士说，"他指出的错误，几乎完全是张先生自己的错误，不是志摩的错误。其中有一两条是志摩看错了的，但张先生的改译也是错的，又有几条是志摩有意描摹原来的粗人口吻的，张先生不懂得，也给他改了！"没有看过我在《春潮》第二期上批评徐志摩的那篇文章的人们会要如何的为他这几句所惑，而认为我是胡闹已极啊！然而事实是这样的吗？事实是这样的吗？我请大家翻出来我那篇文章来作证好了。像胡博士这样扪着良心说话，无非是因为他有兔死狐悲之感，抱着"骗人率性骗到底"的决心而已。大家明白了一切之后，我欲宽容他，大家会许我宽容吗？

胡博士说我英文程度浅，说我不懂曼殊菲儿，说我看书太粗心，说我——不配批评人家的翻译。好，就算是吧；我们看他这英文程度深，研究过曼殊菲儿，看书细心，配批评人家的翻译的老博士怎样呢？他呀，他竟将 As the tall fellow drew something on the back of an envelope, something that was to be looped up or left to hang. 这句话的后半译为"画了就搓成圈或随手丢开的东西。"他说他的"私见"以为此句应该这样译法。哈哈，原来翻译还讲什么私见不私见！博士把我指出的徐志摩的错误避开了近三十条不提，偏要在一句话上"私见"一下，足见博士虽则无往而不丢脸，但是丢了一层又有一层，永远是丢不尽的老脸，真是名不虚传的"胡说博士"啊！

这半句话应该译为"一个要被捆起来或是让它悬着的东西"，因为那工人是在那里打算着天幕应该如何搭法，随便画一个样子。我第一次太匆促了，稍稍译差了一点。不过胡博士译的简直与徐志摩的荒谬绝伦的译法是半斤八两，他却厚着脸来批评我；人家说"以五十步笑百步"，你这不是"以百步笑五十步"吗！？博士说徐志摩把这半句话的文法弄错了；张先生的不错，但是意思"似乎"也看错了。博士我劝你，——那怕你吃过不计其数的洋面包——你要想少闹笑话，还是找一本文法书细读几遍吧。

博士在篇末声明请梁实秋教授替他校勘一遍，有错请他改正。梁教授便在附注里声明他对于这句话"有点疑义"，不敢断定怎样译才好。这并不是一句什么很难的话，竟致弄得博士教授一大堆都没有办法，而且胡博士说是"实在不大好懂"，足见单只自恃吃了几年洋面包，便信口开河，大摆其老资格，一味只想唬人，也并不是容易的事哩，再看——

Give you a bang slap in the eye

徐志摩译为"嘭的一下打着你的眼",我改为"嘭的一下跳到你眼睛里来"。胡博士说徐志摩是特意保存粗人的口气,我译得太明显了。不过据我所知,在中国,那怕粗成一只牛的工人也不会说出徐志摩这么一句话,而我所译的却正是所谓粗人常用的话,在博士诗哲之流的谈话中也许不会有的。总之,徐志摩作的是翻译,不是替中国的粗人造新句呀。

关于这一句话,陈西滢教授在他给我的信里解释得更妙。他说,"然而你不是自己说你们故乡的土话,有'不大打眼'的一句话吗?志摩这样的译,不是既不背中国土话,又与原文更贴切些了吗?"我虽然不曾考过徐志摩的家世和籍贯,却似乎知道我们故乡并没有这么一个东西。试问陈先生,是徐志摩先听我说我们故乡有"打眼"这个土话才译出"打着你的眼"这种妙句呢?还是他先译错了,你才来替他解释呢?退一百步说,我们故乡的土话也只有"打眼",而没有什么"打着你的眼";陈教授难道不知道成语和俗语并不能随便加上许多字或是减去许多字吗?

本来要诗哲博士之流那种"细人"去捉摸"粗人"的话,当然是桩苦事。不过自己既"不通",何必反驳人家"不懂"!

博士说我的"错误"是由于我的英文工力用在书本上的居多,用在谈话上的太少⋯⋯。其实我岂只谈话上用的工夫太少,书本上所用工夫也等于零;比起吃过不计其数的洋面包的诗哲博士之流来,要想写出一个比例,恐怕在数学书上简直找不出一个办法!然而丢脸的,出丑的,究竟是谁呢?

记得两三年前,我还在北大读书的时候,某教授因为太不会说英国话，颇为几位洋教授所不理会；于是他便运用英文系主任的权威，将他们辞退了。这种恼羞成怒的行为，在博士教授之流原已练习有素，现在加之于我，无足奇也。

再看——

…his eyes were closed; they were blind under the closed eyelids.（他的眼睛是闭着的；在那紧闭的眼皮里已经是没有视觉了。）

博士轻描淡写地说徐志摩的译文并没有什么错，却不把这"并没有什么错"的译句拿出来。我现在只好抄在下面，再示众一次：

"……他的眼睛紧闭着，眼睛在紧闭了的眼睛子里是盲的了"。我们不必看原文，只看这句话是什么狗屁！

我在《我的浪费》里说，留着这句给十来岁的小学生去译，胡博士说找不出这样聪明的小学生。其实我以为找这样一个小学生之不难，犹之找胡博士这样一个博士是同样的不难哩。

再看——

A Love that changes,

And then... Goodbye!

徐志摩误译为：

爱情也是不久的——长的，

时候到了……大家——回去！

我替他改正为：

恋爱一场还是要——变，

变之后……忍心抛弃！

博士却说什么 Goodbye 是指人死永诀，又说什么文法上怎样怎样，押韵怎样怎样，归结是说"志摩并不错"，而加我以"大错"的头衔。唉！真难得你老博士这样慷慨——真是舍得丢脸！我试问你，假定"回去"算是"人死永诀"之意，而 Goodbye 是"人死永诀"，"大家——回去"的"大家"又是指谁呢？所谓"时候到了"者又是什么鬼屁？这种胡说八道的附会，你说我应该怎样骂你才好？博士，你呀，你这才是真正老牌的"荒谬绝伦"啊！

写到此处，为了要追究博士闹出这种大笑话的来由，我便翻了翻原书本，结果是——B!

原来博士看见 "...A Love that Changes, And then...Goodbye!" 之后有

This life is ee—ray,（这种生活是烦——闷的,）

Hope comes to Die.（满怀希望，徒成幻影。）——徐志摩译的是"希望来了，还是要死的。"

A Dream—awakening.（一场美梦——一度惊醒。）

于是他把这三行中的第二行的那个 Die 字捉住了，以为 Die 者，当然是"死"咯。所以就由 Die 而"死"，由"死"而"人生永诀"，由"人生永诀"而"大家——回去"！殊不知这个 Die，与那个找不着主子的"大家"有何相干？有人说胡博士"连死驴都不如"。我看这话难免不有点过火，但是总不至于"不如"，至少也相差有限矣。

胡博士在"指正"了我这一点之后，接着就说："这种地方，都是志摩本不错，张先生自作聪明，把他改错了。像这样的例子，举不胜举。"我也承认"举不胜举"，因为胡博士有这种翻天覆地的本领，当然无往不是"志摩本不错，张先生把他改错了"呀！

博士说，"太荒谬的译者应该受点诚恳告诫。"我幸而生为后生小子，有这样高明的胡博士来"告诫"；胡博士"太荒谬"起来，又有

谁"告诫"呢？天下哪有比博士更高明的人呀！

再看——

"I must have some purple ones to bring the carpet up to the table."

徐志摩"直译"为：

"我得要点儿紫的去把地毯挪上桌子来。"

博士说这是徐志摩有意保留那句傻话，"张先生不懂得"。（恐怕不单只"张先生"不懂吧：除了胡博士与徐志摩自己而外，谁懂？）唉，这真是"奈何"！假如一句英文的双关语就应该这样"直译"，译成这种鬼屁不通的"傻话"，翻译这种事还有什么难处呀！胡博士掉三寸不烂之舌，自以为压得倒别人，真是说他可恨也不好，说他可笑也不好啊。

又，我在"紫的"二字之下注了一个"（花）"字，胡博士把它抓住了，说，分明是葡萄，张友松偏要说是花，这是不是"修改"？哼，我说你老了吧。这算什么！上文是葡萄，这里就是葡萄，上文是花，这里就是花。这一点微乎其微的疏忽，亏你也要捉出来发议论，穷极无聊，一至于此，岂不可怜！假使这种地方也算得上毛病，徐志摩的薄薄一本译本里不知要找出几千几万处哩。

博士在篇首说，徐志摩的译本是很难得的译本（难得是的确难得，只看从哪一方面说），说他译笔很生动，很漂亮，……说他的热心居然使很多不能读原文的人读曼殊菲儿的代表作品，这是"我们"应该感谢的。陈西滢教授给我的信里也说，志摩的译文中有些传神的地方，非但拙劣的"我们"望了只有感叹，而且简直可以说"走遍天下也莫想找到第二个"的。

博士说我所指的徐志摩的错误"几乎完全是张先生的错误，不是徐志摩的错误。其中有一两条是志摩看错了的，但张先生的改译也是错的"。胡博士除了从我所指出的三十七处错误里提出几句话来强辩一阵，附会一阵，大出其丑而外，撇开三十来条绝对无话可说的错误不提，只以"我也不一一列举了"了之。我们现在姑且置此不论，单就博士承认是徐志摩错了而我改对了的，分明写着七条。这岂不是自己打自己的嘴巴吗？

我们再从博士"不一一例举"的三十处错误中略举几个例，看看张友松究竟是如何地荒谬，徐志摩是如何地"生动"，如何地"漂亮"，如何地"传神"，如何地"令人望了喟叹"，如何地值得我们感谢——

我的文章内第一组第六例：No, the way she has of sitting with her head a little on one side, and smiling, has something behind it, Harry, and I must find out what that something is.

徐志摩译为："不，她坐着那样儿，头侧在一边，微微的笑，就看出她背后有事情，哈雷，我一定得知道她究竟有什么事"，这是何等地传神、生动、漂亮，而令人望了喟叹的译句啊！

张友松偏要把它改为"不，她那坐着把头偏在一边含着微笑的神情一定有点道理，哈雷，我总得找出她这个道理来才行"。这也就真叫荒谬呀！

第二组第五例：She must be business-like.

徐志摩译为"她得办她的公事"，焉能不让人喟叹？

然而张友松要改为"她应该摆出认真的面孔"，至少也是多事。

第八例：why couldn't she have workmen for friends rather than the silly boys danced with...?

徐志摩把 Silly boys 译作"粗蠢的男孩子"，和那些"文雅而聪明的工人"对照起来，当然是很"传神"的咯。张友松却要在 Silly 在这一个字上说了许多话，其被博士斥为"荒谬"咯，不亦宜乎！

第九例："Are you right there, matey?

徐志摩译 matey 为"现代"，当然传神，当然漂亮——为了传神，为了漂亮，哪里还顾得上什么意思不意思呢？张友松改为"伙计"，徒以见其"拙劣"而已！

第二十例：And now there come a long, chuckling absurd sound...

徐志摩译为"……一个长长的气呼呼的怪响"。按，这声音是指一座钢琴在地板上被人推动时发出的声音；除了"气呼呼"而外，还有什么更"传神"的译法呀！张友松实在不应该胡闹。

第十九例：... who never liked to be carried back. "They look beautifully light and feathery, I must say."

徐志摩译的是"……她从不想回到从前去的，他们看得这样美丽的轻巧，羽毛似的，我说"。这样"漂亮"的句子，岂不是真如陈西滢教授所说，"走遍天下也莫能找到第二个"吗？至于张友松改译的，大可不必拿来与这样的漂亮句子并列，那在《春潮》第二期上占了一次篇幅，已经很够罪过的了。

第二十二例：...Staring eyes

徐志摩译作"弹出的眼睛"不消说，也是生动之至的。

第二十三例：...As though youd suddenly swallowed a bright piece of that late afternoon sun and it burned in your bosom,sending out a little shower of sparks into every particle, into every finger and toe?

徐志摩译为"仿佛你忽然吞了一大块亮亮的那天下午的太阳光，

在你胸口里直烧，发出一阵骤雨似的小火星，塞住你浑身的毛孔，塞住你一个个手指，一个个脚趾"？为了要令人喟叹，何妨把"太阳"改为"太阳光"，将"攒入"改为"塞住"，"细胞"改为"毛孔"，何妨叫手指和脚趾都可以"塞住"一下子呢？

（附注）particle 并不是细胞，细胞是 cell。但是此处将 particle 译为"细胞"，在我认为很妥当了，此外连勉强适当的字都找不出，好在我们不是译科学文字，这种地方，但能不失原文的作用就行了。特此声明，免得无聊的胡博士又在这上面作文章。

第二十七例：For the dark table seemed to melt into the dusky light and the glass dish and the blue bowl to float in the air.

徐志摩译为"因为这来那暗色的桌子就像化成暗色的天光，那玻璃盘跟蓝碟子就像是在半空中流着"这样的译句，我以为胡博士和陈教授所有的赞美词都不足以形容它，因为这简直是"神奇"！

胡博士的"我也不一一列举了"的三十来处，我为爱惜篇幅起见，也"不一一列举"了，好在大家可以在《春潮》第二期上看到的。上面所列，不及三分之一，然徐志摩的译笔之生动，之漂亮，之传神，之令人喟叹，之值得读者感谢，已可见一斑了。陈教授问我"志摩究竟错了多少，而且他究竟错了没有呢？"我想读者看到这里，当然可以回答道，"真不错啊！"陈教授在他的信里又说，"我觉得你的译文与志摩的译文并没有多大的出入。那全看一个人的嗜好"。其实我当初写那篇文章，原来也只是因为徐先生的译文与原文有点两样，并不会想到要以我自己的译文去投陈教授的嗜好，因为这委实不是拙劣如我所敢妄议的。唉，嗜好嗜好，从此你又有了一种新意了。我连做梦也不曾梦到过要想"令人喟叹"——尤其是博士教授之流的喟叹——所以当然也就不会梦想到合他们的所谓嗜好。不过陈教授说徐志摩的译文与我的译文并没有多大的出入，那却是太不敢当了。读者想想，单就刚才略举的几个例看，我那种拙劣的译文哪敢高攀徐诗哲那种神奇的译文？唉，胡博士想一手掩尽天下人的耳目；陈先生却更妙了：他竟想连我自己的耳目都想掩住！——不，他是想用他的威名震聋我的耳朵，想用他的光辉眩住我的眼睛！

陈教授又说，"志摩的译文，错是有的，而且有些不仅仅像你所指出来的那么细小"。我虽然觉得我所指出的那些错并不怎么"细小"，陈教授一面替徐志摩认账，一面还有老气横秋，也有点令人不快，但是这究竟还像一句话。若像胡博士那样有意蒙混读者，更是我们——我们青年无论如何也不能饶恕的啊！我早已声明在案，徐诗哲译的《曼殊菲儿集》，我只校勘过四分之一，我的文章里所举三十七处错误只是这四分之一里面的错误之中较重要的一半。其余那四分之三，我何尝不知道还有大错，只是不必再往下校勘罢了。如果陈教授、胡博士、徐诗哲还以为我表彰得不够，那就等下次再来吧。

朋友们啊，我在万分忙迫的生活中，几个钟头的短时间里，作了那篇批评徐志摩的翻译的文章。胡适之为了要保持他们那一群结帮骗人的臭绅士集团的"尊严"——其实"尊严"哪里曾与他们连得上？——便不惜用这种卑污、下流、毒辣的手段，当众撒泼。也曾维系过青年们的信心的人们，堕落下去，竟至这种地步，能不令人长叹！我之批评徐志摩，只是因为看了太不顺眼，此外绝没有什么特殊的动机。这，我无须说什么话来解释，也不要请谁作证明——我只自信我的心是一颗真纯的青年的心！我大胆的逆着博士名流的"嗜好"，何尝不知道自己所干的是等于弄破一只蜂巢的勾当？一切一切，只是凭着这满腔的青年热血而已。即令因此被毒蜂刺个遍体鳞伤，我也无恨！博士名流的栏里有的是学者，有的是圣徒，有的是一怒而惊天下的人。你们尽管引经据典，把我盛气呵斥的训责个痛快淋漓，甚至还可以告我毁坏名誉之罪，还动朝廷，说我"赤化"，把我捉将官里去。（这是不稀奇的。前两年北大同学某君为了对正人君子失敬，竟至饱尝铁窗风味。）然而，然而你们作为到那样的胜利者时，难道就可以掩盖徐志摩译书的错误——有此理的错误！——难道就可以掩盖你们的罪恶，你们那种招摇撞骗的伎俩而不为青年所唾骂吗？

单就翻译来讲，诚如胡博士所云，谁也不敢保没有错误；陈教授给我的信里也提到这点。不过错也要错得在情理。即以我自己而论，几年来译的书也有十多种了，我又何尝能保自己没有错误？不过我从来不会随便拿起一本书，不求甚解，便胡七八糟来译，草草的弄了出来，还要吹我对于原著是如何如何的作过很深的研究，天花乱坠的胡说一场以欺读者。我总是尽力先去了解原文，然后动笔。三四年前译出的一些契诃夫的小说（有的迟至最近才印出来），我自己都记不清是译得怎样了，（不过至少我敢保不会像徐志摩这样译得荒谬绝伦。）至于前年译的屠介涅夫的《薄命女》和《春潮》（均北新出版）以及新近译的显克魏支的《地中海滨》等书，我大胆的读博士教授之流仔细检验，只要你们愿意！我虽则得到过不少的读者的赞赏，但是我是时常惭愧、时常抱憾的，因为我其实从来不曾得到过闲暇，如愿地格外仔细译过一本书。然而我以为读者所能望于一个译者的，也就不过如是而已。至于像徐志摩这种错法实在是无可原恕，尤其是因为他和他那一帮互相标榜，平日吹得太吓死人了。至于胡博士，根本不配谈什么翻译；他要谈，总是"胡谈"，犹之他大胜地谈其他种种问题之可笑一样。单只他这一次的胡闹，已可以切实证明了。

还有一点，我禁不住要说几句话。胡博士说，"我们同是练习翻译的人……"又说，"我太笨了，不大爱读她的东西"。我们的梁实秋教授在他的附注里引了英国"某文学家"的话，说，"'错误是人情之常，宥恕是神圣了'。神圣的地位我们不敢希望，对于错误的事我们只要设法改正就罢了"。倘使博士教授之流平日也肯这样自谦，少作大言欺人的勾当，那岂不很好？定要等到人家把他们的空架子拆破了，才来这样"装孙子"，这是不是无耻呢？

末了，我要说说胡博士在篇首提到的"转译"问题。向来不看什么《新月》的我，当然也就没有看过梁实秋论翻译的文章。不过胡博士特为在篇首提到这一点，大有轻视"转译"的意味。其实人家的译本只要可靠，转译有何不可？研究英文的人如果愿意译英美的作品，自然也好；不过不译英美的东西而译别国的作品，并不一定是取巧。以我个人的脾胃而论，我觉得英美的文学作品很少有多大价值的，求其含有深刻的意味与热烈的感情者，殊不易得。（但是我却译过三篇美国 Drieser 的小说，合成一个集子，叫作《婚后》，由北新出版。原来也是想到译英美作品的人太少，打算选译一部英美近代小说集；后来觉得太乏味了，便把已译各篇投到《东方杂志》等处发表；剩下《婚后》一篇，率性再凑了 Drieser 两个短篇，成了一个小集子。）我觉得博士诗哲之流看英美作品最合宜，——虽则他们看不懂文字——他们看别国东西难得合脾胃；因为他们所过的生活整个儿是不会有也不需要什么深刻的意味与热烈的情感，不会有也不需要个性的。我说这话，当然要被博士之流斥为大胆，斥为浅薄；然而我希望他们的称许吗？胡博士和梁教授大摆其留学生的臭架子，其实吃了许多洋面包还要当众出丑，到处丢脸，这架子也就大可不摆了。

我正在写这篇文章，一个朋友来了，他看见便劝我，"胡适之他们这帮东西已经是坟墓里的东西了，你何苦为他耗费这许多时间？"这位朋友是早已混身官场，与思想界隔绝过若干年的了。我听了他这话，很觉得晦气。难道连他这点见识我都没有了吗？也不是呵！我虽然知道胡博士是坟墓中人物，不过僵尸抓人，也很可怕，上进心未死的青年总要再把他送回坟墓去才行。

据胡博士在他这篇所谓"论翻译"前面作的广告，知道他要"先选译一部美国小说集……"了，我们揭开未来文学史的稿本，留几页等着这部名家名译的出世吧。我个人呢，只求这一再浪费的结果，能使博士诗哲之流少得意忘形一点，译书时多想一想，多查一查字典，于是足矣。

康农，你说我狂妄不狂妄？"如有错误，请你留着"，因为 to err is human（梁实秋引用的）。

我觉得翻译不是易事，批评人家的翻译尤其不易，批评人家的批评，尤其尤其不易："大家都应该谨慎从事"。过失是谁也免不了的，不过太荒谬太骗人了就应该痛骂。"这个态度，你说对不对"？

友松。二月七日

——《翻译论》（上海：光华书局，1933 年 1 月）

关于译名统一的提议（1933）

林语堂

1. 以汉字译西洋语音，无论如何总是不能有十分完满的办法。但是大家对于此事若肯慎重的共同研究，未尝不可找出来一个很有条理的比较完满的办法。比如医学名词、化学名词近间渐归划一，乃此是很好的先例。我现在所要提议的，连这"比较完满"四个字都够不上；我所希望的，是在沿用这极端胡闹译法的时期，使它变为"比较的不胡闹"而已。本篇所论并不是全盘改革译名的问题，只是译名中须有的一条紧要原则而已。我觉得这是对于译名改良的一个紧要的原则上的贡献。

2. 古时中国所译的佛经，自汉以来，便是可以当得我所谓"比较的不胡闹"六个字。我现在可举一个例来证明古人译梵典如何地细慎，及我们今日译西音如何地笼统。此地所要引的是出于"大师三藏赐紫沙门臣法天奉诏译"的《佛说大乘圣无量寿王经》。我们所当注意的是那行中所用关系读音的小注如"二合""去""引""转舌"等。附上梵文以便比较：

（吽）曩谟^引婆^去誐嚩^{无可反}帝阿播哩弭跢^引愈^{转舌}

om　　Namo　bha ga va　　　te a pa ri mi ta yur

霓野^{二合}曩素^上尾^反室止^{二合}怛帝^{仁祖反}啰^引惹^{仁佐反}野怛他^引

jna　na su　vi ni　sci　　ta te jo　　ra　ja　ya　ta tha

誐哆^引野^引啰贺^{二合}帝三^去么药讫三^{二合}没䭾^{二合}野

ge ta　ya rha　te　samyak sam　buddha　ya...

梵音欧译文见 *Sitzungsberichte der Heidelberger Akademic der Wissenschft*,
1916, 12 thabhandung。这两三行很短的比较，就可以使我们见得那时
人译经何等地慎重不苟，而其中尤可注意的，就是所用的"二合"名
词。譬如"啰贺"，若是单取"啰"字的声母而不读其韵母，便于
"啰贺"字下注明是"二合"，"啰贺"合为一音组（＝原文 rha）。倘
是"啰贺"二字都照中国音读法，成二音组（＝原文 raha）便于下头
不加"二合"的小注。老实说这不但是比较的不胡闹，实在是很细慎很
精密的办法。这是因为有宗教性的关系，他们不敢不慎重。

3. 凡译名妥当的办法，必使读者大约可就译文推到原文为标准。
倘是我们从"阿波罗"三个字可以断定原文是 Appollo 的音，这便
是精细的译法。倘是我们看这三个字而不敢说原文是 Apollo, Apple,
Apparel, Aplo, Apro, Aporo, Aporol 等音中的哪一种，这便是译法不精
严，今日的译法，的确是无从使我们据理推臆"阿波罗"原文是应如
何读法。譬如今天的《晨报》上载有法国新内阁之人物一节里，中译
名有一位"杜洛克"氏，我们切不能知道这原名是有几个音组，是一
音如 turk, truck, 或是两音如 troquer 或是三音如 toulouquer（其实原文
是两音的）。要自译名推到原名自然不是常能办到的目的，特别于现
在混杂笼统译音情形之下，更加是讲不到。但是至少我们也得译出来
使人家知道哪一字是单读声母不自成音组的，而哪一字是自成一音的
（如以上例中"杜"字是不能自成一音的）。这便是此篇所提倡改革译

名方法的第一步。

4. 汉字译西音之所以难，不尽在于汉字形体之错处，也是在于国语音声的贫乏。国语声母韵母所拼成的音组不过四百多个，如何可够译西音？其实说来，也不是我们国语的不是，或是西音的不是。国语富于韵母，西音富于声母及声母之并合音，以此译彼，自然是格格不相入，以我们的"百、得、格"译西洋的 b、d、g 本来是极无聊的办法，再要于人家单读声母时加上一个"中原"的元音，以"克利思布"代人家的 crisp，那真是无赖极了。现在所要讨论的，就是如何解决这译西洋语中不带韵的声母问题。譬如"克利思布"如何使人家知道"利"字是带韵母，而"克……思布"都是不带韵母的。

5. 注明"二合"或"三合"方法总是不方便。将不读韵母字小写在旁边也是一个方法，但总也是麻烦而不雅观。

6. 我本来想用入声字当这种用，凡入声字译名一切单读声母"克利"读 cri-。这与本来习惯很相近，如"不列颠"为 Britain，以"不"代 b，"佛郎西"以"佛"代 f。如此便"达尔文"应改为"大尔文"，而"康德""马克斯"倒可以依旧为"康德""马克斯"（或作"马克息"，克息入声）。但是后来我觉得英法德文中的声母通共也不过二三十个，是此问题很小，很不值得为此牺牲一切的入声字。何况有的音用入声字来译觉得特别妥当，如"狄"字之译"狄根司"（Dickens），"赫"字之译"赫胥黎"（Huxley），"黑"字之译"黑格尔"（Hegel），若一定这个入声字不读韵母的例，这些字便不能用了。所以这法子牺牲太大，似不妥当。

7. 目前的情形既是如此，我们也不必大惊小怪，标新立异，只须把我们所有四万多个汉字划出"最小部分"（就是二三十个字）出来，规定专门为代表这些西洋的二三十个不带韵的声母之用。大家看惯了这二三十个字在译名上没有不知道它的特别用处的。在译者一方面，遇有西洋音与这些字同音而非单读声母的，只好"回避"这二三十个字，而别取同音的字译它。如此这样严格地订出一个规矩来，使读译名的人有一条线索可以推究原音，我觉得总是比现在笼统零乱、苟且矛盾的译法好。只对于这二三十个字，我们可以请一切的译者尊重，应用时才用，不应用时"敬避"。其余的字还让他们自由选择，去尽量胡闹。

8. 如此说这些特选出的字，却要带些神秘性，贵族性了，不平等性了。比如我们断定"克"字为代 k 音，就不能用"客"字与"克"互混了，"克"读 k 而"客"读 ker。最好若遇见 ker 还是用非入声字，如"科"，那就格外清楚了（"克"读 k，"科"读 ker）。这样的严格是很有益的，不然那些神圣派的字就要越多了，不但"克"字神圣，连"刻""渴""客""喀"这些字，也都要神圣起来了。

9. 这样的规定二三十个字，还有一种极重要的用处，用中文（国音的）译西洋的 b、d、g、z，无论怎样总是译不正确，简直是无法译它。例如要译 James 的 j 音，总是得无赖乞怜于 ch 音，译 Brutus 的 r 音，总是要无赖乞怜于 l（路）音。我们若单有二三十字，就不难给它规定，那几个字是代表 r、j、b、d、g、z 的，那就谁看也知道它原来的音值。

10. 我们须知道这个无韵的声母的问题解决，西名译法的问题也就解决过半了。西洋的音组虽然复杂，若除掉这些不带韵的声母也就简单的像京音音组一样了。譬 sam 除去 m 也不过是 sa 音，fals 除掉 ls 也不过是 fa 音，cale 除了 l 也不过是 ca 音，如此剩这些 sa、fa、ca 简单的音组，无论元音如何地多种，也总容易想法子对付规定。

11. 我们现在先把我私拟的三十个声母字列出来，再讲别的。照 Passy 的 *Petite Phoné-tique emparée* 书中的表，法文声母不过二十一个，而英德文也各只有二十三个。我们把一二不必区别的音合并（如舌头 r 与小舌 r 合并，齿唇 v 与双唇 v 合并），再加上几个混成音（如 chtg 等）便有三十个声母如下。表中有△号的字是有特别规定与平常京音不同的读法。说它勉强也可以，附会也可以，但比没有规定的胡乱译法总胜一筹。切当注意的也就正在这些地方，如"特"代"t"，而"突"代 d，"罗"代 l 而"尔"代 r，"弗"代 f 而"佛"代 v。

   1. 克 =k（英 peek 的 k）

△ 2. 偓 =g（英 Hogg 的 g）

   3. 拍 =p（英 Dunlop 的 p）

△ 4. 勃 =b（英 Toblen 的 b）

   5. 特 =t（英 Tatle 的第二个 t）

△ 6. 突 =d（英 Drayton 的 d）

   7. 池 =ch（英 Richmond 的 ch）

△ 8. 人 =j（英 Dodge 的 dg）

   9. 失 =sh（英 Nash 的 sh）

△ 10. 术 =zh（法 rouge 的 g）

   11. 兹 =ts（德 Schnitzler 的 tz）

△ 12. 慈 =dz（英 Windsor 的 ds）

   13. 思 =s（英 Stanley 的 s）

△ 14. 士 =z（英 Times 的 s）

△ 15. 宰 =th（英 thy, breathe 的 th）

△ 16. 卹 =th（英 thigh, breath 的 th）

△ 17. 唏 =ch（德 Heinrich 的 ch）

18. 嚇 =ch（德 Bach 的 ch）

19. 哈 =h（英 Howard 的 h；必带韵母）

△ 20. 忽 =wh（英 white 的 wh; 必带韵母）

21. 物 =w（英 walton 的 w; 必带韵母）

22. 弗 =f（英 Frederick 的 f）

△ 23. 佛 =v（英 Bovril 的 v）

24. 姆 =m（英 Thompson 的 m）

25. 恩 n（英 Ben 的 n）

26. 哼 =ng（英 Dingle 的 ng）

△ 27. 狃 =gn（法 agneau 的 gn）

28. 罗 =e（英 Walter 的 l）

△ 29. 尔 =r（法 Bertrand 的第二个 r）

△ 30. 哩 =r（英 Reading 的 r；在韵母前）

12. 古人反切不知道用字母方法，以致弄得有什么音和类隔等斗法，实为麻烦之极，思之可笑。其实字母之用，中西相同，西国语言可以用，中国语言一样可以用，以今日注音字母与古人的反切比较，不能不说是简单万倍。其故乃因古人不曾应用读不带韵的声母的这一原则。又不能以约御繁，单一"见"母，要使"居，九，俱，举，规，吉，纪，几，古，公，过，各，格，兼，姑，佳，诡"这一些字，又从中分一、二、三、四等，此真所谓天下本无事，庸人自扰之而已。若"见"母每次用"见"字，"东"韵每次用"红"字，"冬"韵每次用"冬"或"宗"字，并没有什么不可。所差的只是须于见字分出 k 音于"东"韵分出 ong 音而已。就使各等呼法不同，也只须每等定一个字为反切之用，也尽够了。

13. 以上表中，19、20、24、30四字是必带韵的。这原来与本篇题目无关，不必列入。但是以上表中所谓不读韵母的声母，也有时可以拿来与韵母拼字，如"哩伊"拼 ri 横竖总比译为"利"精密。又如拿"佛爱恩"拼 van 横竖总比用"畏恩"两字正确。因为有这一条用处，所以我把英法德语中必带韵的声也一齐列入以求齐备。至于英法德文中元音应如何代表它，因为非本篇所论，现不能讲到。其实此三语中的元音也不过十数个，此种 s、m、n、s、t 的译音既有了头绪，那个拼元音的问题也就比较简单了。

一九二四，三，三十一

——《语言学论丛》（上海：开明书店，1933 年）

论翻译与文字的改造——答梁实秋 "论翻译的一封信"（1933）

叶公超

论翻译，我们首先要认定问题的起源在哪里。看到了问题的起源未必就能解决这问题，不过至少可以使我们明了问题的真相是怎样的。但是在提出这问题的起源之前，我们先要来看看最近讨论这问题的几种流行的方法。

第一，自新文化运动以来，几乎人人都想要定下一条翻译的公式来为后人造福；如最近赵景深先生主张"宁可错些，不要不顺"，鲁迅先生主张"宁信而不顺……现在可以容忍多少的不顺"，他们二位自然不该相提并论，唯对于这问题的看法，他们却有不约而同的渊源，虽然人人都明白他们所主张的不同。还有那位"地下的"（这是鲁迅先生用的 attribute）严几道先生在地上时亦曾发表过同样的看法。这种看法的毛病就在没有从问题的起源上着眼，因为翻译的时候最先要的问题不在"直译"，也不在"曲译"，乃在有什么要译的。这就是说，译者要充分的了解原文里的字意、语气（所谓句法乃根据语气的转变而来的）以及每个单字、每个语词在原文字里的联想。这步做到了之后，再来看看我们的语文中有无相等的单字、相等的语词或相等的语气，有，便照译，无，则或沿用原文中几个主要的字（西洋翻译里遇着没有替代的单字或语词也常常沿用原文而加以说明），或译者（若是单字的话），或用比较最近于原文的替代，再加以注释。所以第二步的根本问题是我们的文字，与原文的文字相形之下，发现了哪些缺点。如何应付这些缺点便是译者的任务，同时也就是他的本领。至于我们的文字和别的文字比较起来究竟有哪些缺点，在未有精密的审查和分类以前，我们只可以暂且随着原文的内容去看，甚而至于随着每字、每句的内容去看，哪能说用了一个"直译""硬译"或"曲译"的公式就算解决了这个问题呢？

第二，又有一般论者觉得现在的中国文字颇有改造的必要，所以翻译的问题根本不在如何介绍原著的内容而在如何能帮助我们改造现在的中国文字，如 J. K. 君在《文学月报》第二号里所说："问题根本不在于'顺不顺'，而在于翻译是否能够帮助现代中国文字的发展……中国的言语（文字）是那么穷乏，甚至于日常用品都无名氏的。中国的言语简直没有完全脱离所谓'姿势语'的程度——普通的日常谈话几乎离不开'手势戏'。自然，一切表现细腻的分别和复杂的关系的形容词、前置词，等等——都几乎没有。……这种情形之下，创造新的言语是非常重大的任务。……翻译——除出介绍原本的内容给中国读者之外——还有个很重要的作用：就是帮助我们创造出新的中国的现代言语。"J. K. 先生的结论是要用白话作本位来正确的翻译一切的东西。这个结论本身当然毫无问题。我也觉得要这样翻译才好，虽然觉得"正确"二字过于英雄（理由后面再提）。这里我要指明的只是，J. K. 先生似乎也没有从翻译的起源上着眼。他的兴趣很显然的不在翻译，而在运用翻译来做改革文字的工具；他好像是站在问题外的某一点向着问题的后身在呐喊。结果也好比朝鸭子背上泼了水，在问题上没有留下一点痕迹。至于说现在的白话文要尽量的采纳新字眼、新语词、新标点（这层我们做到了么？），甚至于新句法，我个人是极端赞同的。任何生存民族的语言文字没有固定的，因为生活的新环境和思想的转变根本就不容许一个文字"立正，稍息"。不过这个问题很有单独成立的必要。它和翻译的问题自有接触之点，但是接触之后却还是要离开的。

严格说起来，任何翻译没有与原本绝对准确的。我们都知道，文字是思想与智慧的表现；有哪一种的文化便有哪一种的文字。若是要输入一种异己的文化，自然非同时输入那种文化的文字不可。这不过是一个笼统的说法。分析来说，最根本的是单字的问题。字是有声、有色、有味的一种动物（有不得不说它也是动物的苦衷），而正如别的动物一样，它也有生、病、老、死的悲剧，也靠适应环境来生存，它也要恋爱、结婚、离婚、重婚，甚至于自杀。所以每个字都有它的特殊的历史：有与它不能分离的字，与它有过一度或数度关系的字，以及与它相对的字。这可以说是每个字本身的联想。因此，严格说来，译一个字非但要译那一个而已，而且要译那个字的声、色、味以及其一切的联想。实际上，这些都是译不出来的东西；不过假使我们用了一个中国字来代替一个西洋字，那个代替本身自然也有它的声、色、味以及其一切的联想。于是问题就在这代字所具有的一切与那原字显出有多少的出入。譬如，徐志摩译 Blake 的《猛虎》，第一节是：

猛虎，猛虎，火焰似的烧红
在深夜的莽丛

> 何等神明的巨眼或是手
>
> 能擘画你的骇人的雄厚？

原文是：

> Tyger! tyger! Burning bright
>
> In the forests of the night,
>
> What immortal hand or eye
>
> Could frame thy fearful symmetry?

在原文里这四行的精彩完全系于末尾的 symmetry 一个字。头二行利用几种宽、慢而重的母音，如 i、e、u、o 等来暗示老虎出现时那副神情；它的雄厚的体干，眼里的火光，脚步的迟重。第四行的 Could 是柔弱的轻音，隐约中暗示着人力薄弱的印象。末尾的 Symmetry 显然是要结束前三行的印象，要把这老虎的雄厚从对等成双的意义中表露出来；所以头一行便开始利用双音的字眼（如 T、T、B、B），第二行是用字音的长短来造成对等的印象（"In the"和"of the"都是短音，"forests"和"night"都是长音），第三行的 hand or eye，第四行的 frame、fearful 又是双声。这些隐微的美都是译不出来的东西。徐志摩似乎也很明白这点，所以他竟用"雄厚"来替代 symmetry，因为 symmetry 在这里的地位与力量恐怕不容易直接用一个中国字来相等，但是用了"雄厚"，译者至少可以说抓着了原诗的神味。同时，"雄厚"在翻译里自然也另有它的地位与力量。译诗本来是一件几乎不可能的事，即便勉强译了出来也掩盖不住"勉强"的伤痕。这种根本的困难只怕鲁迅的"直译"和赵景深的"曲译"，再加上 J. K. 的标准白话文，也不见得有办法吧。

我们还要认清的就是以上这一点并不足以证明中国文字就非改

造不可了。世界各国的语言文字，没有任何一种能单独地代表整个人类的思想的。任何一种文字比之他种都有缺点，也都有优点，这是很显明的。从英文、法文、德文、俄文译到中文都可以使我们感觉中文的贫乏，同时从中文译到任何西洋文字又何尝不使译者感觉到西洋文字之不如中国文字呢？就是西洋文字彼此之间只怕也有同病相怜之感吧！譬如，英文的 home 字，就没有法子译成法文；法文的 chez moi 只是英文的 in my house, maison 也只是英文的 house。在翻译里法国人常用 chez foyer 来替代，但是 foyer 不过是英文的 hearth（壁炉），而且在法国，foyer 的联想多半是富贵人家，或沙龙里的一切，究竟不是英国人的 home。Home 在英文里非但指所住的地方，而且有无穷的 sentimental feelings，正如 Byron 所说 "Without hearts there is no home"，又如《圣经》里说 "Man goeth to his long home"。这两句里的 home 字的意义虽不同，其联想却同一源流。法文里自然也有不少的字不能译成英文的。（注一）从语言学上看来，这是因为文明发展各有不同，并不能因此就认定某一种文字较另一种文字粗陋。（注二）

在翻译里，应付这种的单字有两种较妥当的方法：一、用原字或译音。——按文字变化的习惯，引用原字当然比较译音能保守原意，譬如，"摩登"在现在的中国话里已有了特殊的意义；充其量，只带来了原字的多种意义之一，又如"幽默"现在已与滑稽处于同等的地位了（虽然用"幽默"的人自己总觉得有点智识的神气）。这岂不就等于没有译这个字么？Humour 是个不能"直译"或"曲译"的字，因为它本身就没有一定的意义，但如中文的"雅"，法文的 charmant 一般，自有它的明显的身份。如今在英文里，humour 大抵是指一种能参彻事体或理论内里的矛盾的理智力。法文里原有 humeur 这字，但只有它原来的意义（作性格或脾气解）；直到十八世纪末叶 Sterne 的小说译成了法文，法国的批评家于是觉得有纳入这个英文字的必要，所以现在法文里有 humour 和 humeur 两个字（注三），前者的意义是完全根据英文的，后者还是法文原有的字。译音自然也是一个办法，但最好能限于不至发生变态的字眼，如各种的名词等。至于抽象的字眼，最妥当的办法还是引用原字。这当然有些对不起完全不识罗马字母的朋友们，但是为了要最正确地介绍原文的内容，也得如此。

以上都是关于单字的问题，进一步要讨论的就是熟语（注四）（idioms）的问题了。熟语是文字中最无理性而最霸道的东西，譬如，"去给他拜寿"在我们也许觉得是极平常的一句话，若要译成英文，就觉得"拜寿"这个熟语难译。即使我们把省去的字眼也都译出来，如 go and kowtow to him on his birthday，结果还是没有十分的达出原意来，因为"拜寿"在中国语言的习惯上大抵是用于年岁较大的人，而"寿"字本身又含着有吉利的意思。又如"远望赵云飞马而来"译成英文只可以说：At a distance he saw Chao Yun approaching on horseback and at flying speed。"飞马"的神情是何等地生动！与"人骑在速度如飞的马上"相差多少！但是这样总比逐字直译较是个办法。这未必就是主张赵先生的"曲译"，赵先生似乎是要恢复严几道的"雅"字，这一雅就不成翻译了（是什么我也说不出。改译根本是矛盾的名词，有点不敢用）。又如，英文的 He is rich 译起来当然不觉得什么难，He is not rich, but well-off 就有些麻烦了，但仍然可译作"他不算富，不过也很够过活的就是"，但遇着了如 I am proud of my daughter in-law，或是 I am in for it 这种的句子有谁不叫苦的？这种难处不在句法，而在 proud of 和 in for it 这两个熟语本身。不但我们觉得困难，就是法文德文对它们也没有轻便的办法。用中文大概只可说"我以我的媳妇为荣",或"我因我的媳妇而觉得体面",或"我对于我的媳妇感觉荣耀(或体面)"。除此之外,我个人一时就想不出办法了。in for it 也许可以译作"骑虎难下",或"已委身于其间",或"注定倒霉了",不过如此译法则 in 字的力量已完全失掉。这样的例子当然很多。译者只可就所遇见的临时去推敲。在西洋文字的翻译里,对于这类熟语有引用原文的,有直译的(即逐字译),也有以本国文字中相似的熟语来替代的。第一种办法现在比较用得最多;第二种在十八世纪末十九世纪初的时候很有些例子,现在却不多见。第三种办法当然只限于有替代的熟语(注五)。中文的翻译,除可用第三种办法之外,也许还可以勉强的用第一种办法,不过也要看译的是什么东西,假使是社会科学方面的著作,我就觉得可以不必,假使是文艺的,不妨。第二种办法所以不相宜的理由是因为中国文字和西洋文字的语系根本不同,虚字用法的出入很大,所以逐字译出的结果只是用中文来写西洋文,而且又写得不像。

单字和熟语提出之后,便不能不连带地想起所谓语气的问题。语气(或语吻),简单地说,就是一句话的态度,换言之,也就是发语人的用意的所在。所以,一句话的句法根本是随着那句话的语气来的,譬如,英文的 Have you this book?,和中国话的"你有这本书吗?"同是问话的语气。以翻译而论,这算是到家了。假使有人译成"有你此书?",这非但不成翻译,而且也不是文字。翻译的时候,假使遇着我们语言里绝对没有的语气,那我们只可以说"译不了了"。可是,幸而中国语言里的语气与任何西洋文字的语气相比起来,倒还不差什么。所以实际上没有多少的问题。

这并不是说中国的语言文字与任何西洋文字相论起来没有它的缺点与弱点。譬如，中文最缺乏的是关接代名词（relative pronouns），所以，中文里的句子没有如西文那样长的。又如中文里向没有明显的tenses，所以叙起事来多无严格的时间的层次。这两点大概从事翻译的人没有不感觉的。简单的关接子句（relative clauses）我们还可以用"所"和"的"字来译，如 the man whom I love the most has died，可译做"我所最爱的男人死了"；但是遇着较复杂的关接子句，我们就不得不将它分化成几短句来译。这是无可奈何的情形。碰着这种情形我们对于译者的要求是（一）不失掉原句内各部分的关系；（二）在可能范围内使译句的组织趋向于紧密；（三）要维持原句各部间的轻重比例。这三点都是人力所能做到，而文字的伸缩力所容许的。就拿梁实秋在"论翻译的一封信"（《新月》第五期）里所举的译例而论吧！

原文是：

It may be well first to premise that I do not wish to maintain that any strictly social animal, if its intellectual faculties were to become as active and as highly developed as in man, would acquire exactly the same moral sense as ours. In the same manner as various animals have some sense of beauty, though they admire widely different objects, so they might have a sense of right and wrong, though led by it to follow widely different lines of conduct.（达尔文：《人类的起源》，一八七一年版卷一第七三页）

他的译文是：

我首先要声明，我并不愿主张说，任何严格的群居动物，假如它的智力变得和人类一样的活泼，并一样高度的发达，便能得到和我们完全相同的道德的感念。同样地，各种动物都有一些美感，虽然它们所欣赏的是颇不相同的东西，故它们也许有是非的感念，虽然会被这是非的感念引导着去做颇不相同的行动。

这两句译文中有两点我们觉得还不甚满意的：第一，"It may be well..."的语气译者似乎没有顾到。第二，"同样的，"与下文的关系比原文的"In the same manner as..."似乎疏远一层，因为"In the same manner"底下并没有 comma，不是指上句所说的，而是接着下句的"as"的。除此二点之外，这两句翻译也就只能这样了。还有一点值得我们注意的，是译者两次用"，"替代原文的"that"，这是很妥当的办法，本来在英文里"，"有时就可以用来替代"that"的地位。鲁迅的译法，我也勉强"硬着头皮"读了几遍，觉得非但不懂，而且看不出"不顺"在哪里，想想也只好与梁实秋站在一边，等待文字改造成功之后，再来温习旧课。

（注一）见 Bemyde Yourmont: *Esthetique de la langue Frangaise*

（注二）关于中国日常所用文字是否"几乎离不开手势戏"，参阅 Jespersen: *Progress in Language*，第四章，"论中国文字及文字位置的历史"。

（注三）根据 L. P. Smith: *Words & Idioms*，第五十面所说。

（注四）刘半农先生译名，见《中国文法通论》。

（注五）Earle: *English Prose, its Elements, History & Usage*. 二七一面至三〇八面。

——《新月》第 4 卷第 6 期（1933 年 3 月）

关于失乐园的翻译——答梁实秋的批评（1933）

傅东华

十月号的《图书评论》上有梁实秋先生给我所译半部《失乐园》（实际我已译过三分之二，其中七八两卷已在一二八的火里埋葬了）。写的批评，我见到之后觉得一场惊喜，因为《失乐园》的译本虽至今尚未单行，但在"万有文库"里出版以后已经有了三年，我是一直期待着人家的批评或者指摘的。

梁先生稳重，首先抄录一段兰姆的文字，说"约翰孙博士说：'我们读《失乐园》是当作一件工作干的。……'不，我宁说那是一桩天仙的消遣，蠢人是不能随时领略的。……"随后，梁先生就根据米尔顿的传记，将他经过如何长久地构思，如何审慎地斟酌，方成这样一部长篇杰作的情形写上一大段。梁先生这段开场白的用意，虽然是在警告我们，像《失乐园》这样的书，不但不可轻易译，并且不可轻易读；唯有"蠢人"才会把它轻易来读、轻易来译的。诚然，像我这样的蠢人而竟敢拿半部《失乐园》的译文出来问世，自难怪要使梁先生"表示惊讶"了。

不过，我虽蠢到不曾把译《失乐园》看得这么郑重，我却也不曾自己有过要译《失乐园》的动机。这是"万有文库"的主编者可以替我证明的，因当"万有文库"的主编者把《失乐园》和我的名字刊入目录的时候，我还是梦想不到会译《失乐园》。但是我之本无翻译《失乐园》的打算，倒并非因我不"蠢"，只觉得这是不急之务罢了。

后来，商务印书馆约译这书的信出乎意料之外地寄到，正当我没有别的工作，我就贸然地"当作一件工作"接受了。这工作，当然不是约翰孙博士的那工作，我的工作代价是每千字大洋六元。我每天至少得"干"这么一千五百字，否则我肚里不饱，工作就继续不下去。而且老实说吧，当我动手翻译《失乐园》的时候，我不但没有将它作过"一桩天仙的消遣"，并连《失乐园》的任何本子手边也不备，我又舍不得从每千字六元的代价里挖出本钱去买书，只得向东方图书馆去借了一本来。那是一册 Everyman Library 的白文书，当然等不到干完的约翰孙博士的那件"工作"就动手译了。我是读完一卷译一卷的，不宁说是读完一节译一节。直到现在，那最后四卷也还没有读。

在这种情形之下译的《失乐园》，其要如梁实秋先生说的"译成和原文相差那样远的中国文"，那是连我自己也不忍心责怪自己的。不过梁先生所谓"相差那样远"，究竟是多少远呢？依梁先生的尺度量起来，他在我的一二卷里也只能指出九处（虽然这照例是"略举几项，以见一斑"的），而且这九处之中，除一处被梁先生认为"完全译错"（其实也并不错，后文有辩解）外，其余也不过"和原文意思稍差"，或者"可看出一点色度的差别"之类，这样，我倒要引以为豪了。而况这样的"意思稍差"，若果真是稍差的话，那也确如梁先生所说，"只要稍微细心一点多参考几种注释便可"的，但若要备齐梁先生所开示的那几十家的批评和几十种的注释，上海的图书馆里既无处可借（我当时也曾到东方图书馆去搜索一些参考书，结果是没有），势必将我全部稿费送掉还不够，而这是我还没有勇气干的事。我于是只好硬着头皮毫无依傍地赤裸裸地根据白文来翻译，结果也只不过和原文差得如梁先生指出的"那样远"，这是我尤其可以自豪的。说句不客气的话，假如梁先生手边或他所接近的图书馆里没有那么些注释本可以依据，他也未必看得出我的译文相差多远吧，而况他所谓相差的地方，我大部分都可以辩解或反驳（见后文）。

在梁先生批评的正文中，他提出来商榷的共有两点，一是诗体的问题，一是文字的问题。现在分别答复如下。

关于诗体的问题，梁先生以为《失乐园》既是用"无韵诗"（Blank Verse）写的，译文也就应该用无韵诗，不应该用我那样的韵语。按理论讲，这个主张是无可辩驳的，但在事实上，我们就不得不把 Blank Verse 究竟是什么以及这种诗体在国语中是否可能这问题先行解决。据我所知，Blank Verse 是一种不押韵的而音节上仍有规律的诗。所谓规律，在英语中普通是每行包含十个抑扬格的缀音（syllables），《失乐园》的格律就是这样的。英语中的抑扬，例由一个非重音和一个重音错综构成，这在国语，就应该是一平一仄的相间，因为国语音节构成的要素只不外是平仄而已。那么如果要用国语严格模仿起 Blank Verse 来，势非每行都如钟摆的音节一般，一路"平仄平仄平仄平仄平仄"下去不可。试问有谁能把这种音节的诗连读五十行而不被催眠的！若只如梁先生所主张，要"创为一种新的诗体，和另一种文字的没某一种诗体相仿佛，"那么就得先问明，到底该"仿佛"到何种程度。即以 Blank Verse 而论，如果单单除去韵脚而音节上不必有严格的规律，那么它和 Free Verse 又有什么分别呢？后知要用国语去模仿"另一种文字的某一种诗体"的企图，实有些近乎痴人说梦。你就看看近几年来各种试验的音节成绩吧！上下斩齐的方块头诗也有了，十四行诗也有了，但是曾有几首是读得上口的？大约懂得音节的人，也只能拿比较自然的音节灌在比较解放的形式里，例如周作人、徐志摩、朱自清等人的新诗，原有许多好的，但也至多能够称为自由诗（就规律而论，这并不是一种特殊的诗体），决不是什么"另一种文字的某一种诗体。"至于"以中文写成无韵诗（注意：这是 Blank Verse 说的）的尝试，"梁先生曾经举出"徐志摩、孙大雨所译莎士比亚的断片"来作实例。徐志摩的译文我不曾读过，孙大雨的断片是领教过的，我觉得他的音节（？）也许很像 Blank Verse，也许很像莎士比亚，只是不像中国文，尤其不像中国话。你不信，拿来读读看吧，你就会觉得嘴里有半打小石子用舌头在那里拌着——利落利落。而且，Blank Verse 所应有的"规律"在哪里呢？

由这种种事实，可知所谓译什么人要像什么人的企图，岂非更是痴人的妄想？若不是妄想，那便是批评家用以抨击别人的一种便利的借口。因为批评家如果存心要吹求某人的译本，而却没有很多地方可吹求，他就可以浑而统之地说："你别的地方都不错，只是音节不像原文。"这样，岂非省力又有效吗？其实这只是批评家所惯用的江湖十八诀之一；事实上，要用一种文字去模仿另一种文字的音节，是根本不可能的。就这一点而论，我是一个诗歌不可翻译论者，然而我生平所译的诗，若单论字数，也许要比现在任何人要多些，而且偏偏都用韵语译。关于这，正如梁先生所猜想，"我是另有说辞的。"

我是一个迷恋旧诗歌声调（包括诗、词、曲，乃至弹词、大鼓书等的声调在内）的人，我总觉得旧诗歌的形式应该解放，音节则可保存。但是我又觉得旧诗歌的可能性太小，妄想用自己的试验把它扩大加强起来，必使任何内容都可装得进，任何体裁都可用得着。试验的最初结果，就是题为《参情梦》的那本小册子，以及先生在《小说月报》发表的四卷《奥德赛》。我在一九二七年写的《参情梦》的译序里说："……我想借此（就是我用以译外国诗的韵语）做一种工具的试验，曾经发过一个愿心，要在五年之内用同样的韵语翻译外国长诗一百首。"我这所谓工具的试验，其实不过是一种"旧瓶装新酒"的试验，只因一时自己酿不出新酒，所以先用外国酒来试装。因此我对于所选择的外国诗，都不过当它一种试验的材料，不管原文有韵无韵，我一律用我自己的韵语来翻，故如《奥德赛》，原是可用散文翻的，我可也用韵语。我的目的，无非要借此熟练连用韵语的技巧，因以增加旧韵语的屈折性和容纳性，但是到了《参情梦》单行的时候，我便已感到厌倦，所以在《参情梦》译序的后段，我就会说："后来因为毅力不够，没有如愿做去，同时我的趣味也渐渐改变，觉得这种韵语也实在无谓得很。……也许我今后再不用这种韵语译外国诗了。"而事实上，"万有文库"的主编者却要我续完《奥德赛》，着手《失乐园》，我因上述的理由，就都冒冒失失地接受了来。当我着手《失乐园》的时候，我觉得工作比较困难，却是一件比较好的材料，因而我决计继续原来的试验，同时我也自觉运用韵语已经比较纯熟，而如今在梁先生目光之下也居然博得一个"译文很有趣，读起来很顺口"的考语，那么我的试验总算小有成功了。我也明知梁先生这句考语用的是欲抑姑扬的笔法，殊不知我的期望原只不过如此。只要我的韵语能够达出如《失乐园》那样难达的意思，而与原文不至相差十分远，只要中国人读起来觉得"有趣"，觉得"顺口"，觉得如弹词、大鼓书、莲花落一般容易读，我的目的就算已经达到。此外我本没有野心要去"学像"米尔顿，因为我根本就不承认这种所谓"学像"的可能性，而梁先生偏要拿这一点来责备我，那就等于向空中放箭了，因为一个人所本不会做的一件事，别人怎么好论它的成功失败呢？

也许我这种借材料做试验的办法不能算是译书的正轨，但是我每次都有特别声明的：《参情梦》的译序里有过声明，《奥德赛》的译序里也有过声明，至于《失乐园》，只因商务书馆为第二集"万有文库"的出版限期所迫，急于要拿前半部先去付印，使我来不及作译序，本想译完之后写一点后记，仍把我所以用韵语的意思特别声明，却不料梁先生是这么性急的！

关于所谓"文字的问题"，梁先生说："我的目的不在指摘傅先生的错误（虽然错误的指摘，也不是容易的事，也不是无益的事），我的目的是在借傅先生的译例来说明米尔顿的文字的艰深与奥妙"。那么，照理我是用不着答复的，可是我的译文被他这一"借"，有些地方不免受了歪曲，而梁先生自己也有批错了的地方，所以我为免淆混观听起见，仍不得不声辩。梁先生指摘我的共有九条，以下逐条答复。

（一）原文——

> While it pursues
>
> Things unattempted yet in prose or rhyme.

我的译文——

> 去追迹一段由情，向来经铺叙成文，讴吟成韵。

梁先生引据拉丁文的原义，说"追迹和原文意思稍差。原文 Pursues 是 treats of（处置、描写、叙述⋯⋯）的意思"。不知"追迹"本含有"追叙"之意，而"追"字的意思却不可漏，若照梁先生译作"描写"或"叙述"，便觉平板了。而且奇怪得很，我初稿上本作"诉述"，誊正时才改过来的。（如有人说这话有捏造的嫌疑，我可以拿出初稿来请他检验。）可见梁先生的引经据典，不过是炫博（？）了，对于译书实在没有多大的益处。

梁先生又说"'韵'字亦不妥。米尔顿用 rime 与 rhyme 二字是有别的，前者是指押韵的韵，后者则泛指一般的诗"。其实这又何待考知米尔顿用字的惯例才知道呢？这里的 rhyme 之不是押韵的韵，是谁都看得出的。我把"讴吟成韵"和"铺叙成文"对举，其一指诗，其一指散文，怕连初中的学生也看得明白，因为中文的"韵"字原不必指一东二冬而言，如今梁先生硬要把它解呆了，译书的人怎么能够预料呢！

（二）原文——

But his doom

Reserved him in more wrath: for now the thought

Both of lost happinesses and lasting pain

Torments him, ...

我的译文——

> 这刑罚，却使他愠怒有加无减；
>
> 他一来痛惜欢娱失坠难回挽，
>
> 二则恨这无穷痛楚有如煎；……

梁先生说我的译文是和原文相反的，他引了 Beeching 的注，说这几句的大意是："他（撒但）所应受的刑罚尚不仅此（不仅是'瞑眩'，）还有更多的谴罚在后头呢；所以现在还不叫他一直瞑眩下去，偏叫他醒转来，让他以往事的回忆和目前无穷的苦痛来感受熬煎"。又说我"所以误会的缘故是把 wrath 看成了简单的'怒'，而在此处实在是作 divine chastisement 解的"。不，我以为这里的问题，并不是"简单的怒"或"复杂的怒"的问题，而是这个 wrath 究竟属于上帝或属于撒旦的问题。如果属于撒旦，那么我的译文和 Beeching 的注解并无不合，也并不和原文相反，而且直译为"怒"字，才足以显出撒旦的倔强性格来。梁先生大约被 divine chastisement 一个注解所误，竟把 wrath 属之于上帝，殊不知 chastisement 本有一解作 That which is suffered or experienced in being chastised，在施者原属"谴词"，在受者则成"愠怒"。我今依据白文直译为"简单的怒"原无错误，不料梁先生参考了人家的注解反倒"误会"了，这真是哪里说起！

（三）原文——

> Fallen Cherub, to be weak is miserable,
>
> Doing or suffering...

我的译文——

　　　　无论是行事熬刑，唯馁弱至堪怜悯；

又原文——

　　　　To suffer, as to do,

　　　　Our strength is equal.

我译作——

　　　　想看着行事与受刑，力量原均等。

　　梁先生说我的译文"与原文仔细比较，我们便可看出一点色度的差别。Suffer 并不一定含有'熬刑'或'受刑'的意思，doing or suffering 只是 in an active or passive state 的意思"。其实这也用不着梁先生特别指出，大家都可知道的。不过译书译到这种地方，确实有点无办法。我当时因见上文是——

　　　　倘若这未损元神，无关性命，

　　　　只留着受无穷的苦刑，

　　　　你我何又乐于它的未损？

　　便觉这里的 suffer 未始没有一点"受刑"的意思，因而就顾不得"色度的差别"了。但是我要反过来请教梁先生该怎么译呢？倘译做——

　　　　被动的心境，也因之使动的心境，

　　　　我们的力量原均等。

　　试问有人懂得吗？而且和上下文贯气吗？凡是这种地方，我很希望批评别人的人应该不要完全不负责任才好！

　　（四）原文——

　　　　His spear —to equal which the tallest pine

　　　　Hewn on Norwegian hills, to be the mast

Of some great ammiral, were but a wand.

我的译文——

> 他又挂长矛一柄，
>
> 即使那大船主伐作桅樯的挪威山上最高松木，
>
> 比起它时，也只抵得一枝光景。

梁先生在这里所指摘的共有三点：（1）"原文并未说'挂'。下文且明白地说明是扶着作拐杖，并且'长矛'也万没有往身上'挂'的道理"。（2）"再说'桅樯'也没有由'船主'亲身跑到挪威山上去伐取的道理。原文 admiral 一字源出阿拉伯文，在英国十七世纪时即作为'旗舰、主舰'的意思，非'船主'也"。（3）"译文'也只抵得一枝光景'不知所云。原文的意思是'也只抵得一根短杖'"。以下逐点答复：

（1）"挂"字是"拄"字的误补，这是稍具常识的校对员都可看得出来的，而且我的下文是——

> 他彼时拄矛而行，
>
> 为的是坰上热如焚，
>
> 故步履不似在天时稳。

那么他用长矛"扶着作拐杖"的意思，本用不着梁先生来指出。如今梁先生竟把这字指为错误之一，若不是故意吹求，便是没有普遍校对员的常识。

（2）ammiral 一字，据 *Webster's New International Dictionary* 系 admiral 的异文，梁先生以为是"旗舰""主舰"，当有所据，兹不深辩。不过我的译文并没有船主"亲身"跑到山上去伐木的意思。

（3）Wand 本可解作 twig 或 small branch。原文竭力形容那长矛的高大，譬如它是一株树，即便拿挪威山上最高松树去比它，也只抵得它的一小枝，这意思非常明白。若据梁先生译作"短杖"，那么照例应由两项构成的一个 simile 里而凭空变出第三项来了！你就想想看："若拿挪威山上的最高松树去比那长矛，也只抵得一根短杖"，那才叫"不知所云"呢！而且将短杖比长矛，相差能有几，怎么能显出那长矛的高大来？从这一例看时，梁先生对于应取常义的字偏要求别解，对于应作别解的字偏取其常义，倘不因蓄意要吹求别人的译文，我真寻不出其他的解说。

同条，梁先生又指出我脱落了

> and the torrid clime
>
> Smote on him besides, vaulted with fire.

两行（其实只一行半）未译，那是事实，但在每天非干一百行不可的工作情形之下，偶然漏落一行半未译，未必便成天大的罪名。至于说我"译文语气中断"，那却是梁先生"想当然尔"之辞，因为我紧接着——

> 故步履不似在天时稳。

一行，便是——

> 他却能强熬忍，终达那炎炎烈海涛。

请问读者从什么地方看出语气中断来？

（五）Idolatress 我译为"妖像，"梁先生说"似不妥"。确实，但我在注解里已经注明，读者或不至于误会。

（六）原文——

> Though for renowned,
>
> the Ionian gods-of Javan's issue held

Gods, yet confessed later than Heaven and Earth,

Their boasted parents.

我的译文——

> 虽则那爱奥尼诸神声名也大震；
>
> 那诸神，受雅完的子孙奉信，
>
> 后来更被他们认做了始祖宗亲。

这里，我把 their boasted parents 误作 confessed 的 complement。谢谢梁先生指出，我完全接受。现在姑改正为——

> 虽则那爱奥尼诸神声名也大震，
>
> 雅完的子孙信奉若神明，
>
> 却认作了后乎天与地而生，
>
> 唯天与地方是他们所夸耀的宗亲。

（七）His fatal throne 我译作"不祥的宝座"。梁先生说："无论如何，上帝的宝座是不能说是'不祥的'。原文的意思，恰是'稳固'的意思。E. K. Chambers 注云：unassailable because resting on the decrees of fate."殊不知这"不祥"的意思是站在叛变的天使的立场上说的。Chambers 的注解原本是不错，因为上帝的宝座愈是 unassailable，在叛变的天使方而便愈觉其于己"不祥。"现在梁先生单单依据 unassailable 这个字，说 fatal 就是"稳固"的意思，那也未免太"奥妙"了。

（八）原文——

and seem to cast

Ominous conjecture on the whole success;

我的译文——

且似乎全部成功，都系在一种不祥的猜忖。

这是一个反对对上帝主战的天使所说的话，连同上文——

只无如这其间的主要理由已令人难信，

及后文——

原来他最称娴熟厉兵，

最擅长筹谋制胜，却也难自信，

只拼着残灭此身，鼓起一时豪兴，

但是复仇目的，无非求一逞。

数行看时，便可明白这个天使对于主战者的辩驳带着一种讥嘲的口气，译为主战者对于将来战争的结果自己无把握，"只拼着残灭此身"，岂非"全部成功都聚在一种不祥的猜忖"上，意思原是十分明显的，梁先生偏说："success 不必一定就是'成功'，也可以包括'失败'。这个字的原来的拉丁的意义，就是'一件事的后来的结果'的意思而已。弥尔顿在此地无疑的是采用拉丁的意义。"我真不懂梁先生为什么一定要把这种拉丁的意义拿出来！若说 success 不必一定就是"成功"，在这里很容易从上下文义看出。若说这里的 success 不应直译为"成功，"而应译为"后来的结果，"那么原文的嘲讽口气岂不完全被抹杀？可见梁先生自命创获的这种拉丁意义，对于译文丝毫没有益处。

（九）原文——

He shall hear

Infernal thunder, and for lighting see

Black fire and horror shot with equal rage

Among his Angela.

我的译文——

> 却听得地府雷声揎辗
>
> 也见不得天中电，
>
> 却要见漆黑的火烟，骇人的火箭，
>
> 一般凶险，从他的天使群中现。

这几行是梁先生认为我"完全译错"的地方，他说错在我"没有注意到 fire and horror 是一个东西，是 the horror of fire 的意思，并非一是'火烟'，一是'火箭'。况且原文 shot 是个动词，根本就不是'箭'。"其实"火"即"恐怖"，"恐怖"即"火"的意思是谁都看得出的，而且我虽浅薄，也绝不至于把 shot 这个 past participle（梁先生说是动词，也不妥）看作一个名词。单像这样的句子，译时是不得不稍改一下的，因若译作"火与恐怖"，那就不像中文，即若依梁先生译作"火的恐怖"，与上文的"雷声"并行起来，也仍旧一个抽象，一个具象，中文里根本就没有这种修饰法。所以我不得不把 fire and horror 也改作了具体的影象，从 black 的意思里面生出一个"烟"字，从 shot 的意思里面生出一个"箭"字，而把原属名词的 horror 译作了形容词，这样，既可以保存原文两件东西的形式，而仍使人不至看作两件东西，因为"火焰"和"火箭"原都不过是"火"而已。这样的译法，我的译文里用得很多，"此其一例耳"，可惜梁先生没有看出，而遽认作我的错误，至少梁先生不细心是实。

以上对于梁先生所指的九条已经一一答复完结，现在清算一下吧：我所不得不认错的只有一条，就是第六条，认为不妥的一条（第五条），而梁先生自己不得不认错的却只有两条，就是第二、第四两条；前者将撒旦的"怒"译作了神的谴责，可名为"李戴张冠，"后者凭空化出"一根短杖，"可名为"枝外生节。"此外似乎硬解和曲解的两条（第一、第九），不负责任的一条（第三），有意炫奇的二条（第七、第八）。总结起来，梁先生给我的《失乐园》译本的批评，无论如何，功过不能相抵，诚如梁先生自己所说，"错误的指摘也不是容易的事"，但不如梁先生所说，"也不是无益的事"，因为至少这一回是无益的了。

至于所谓"以上略举几项，以见一斑"，那我不得不认作梁先生的又一句江湖口诀，读者只消查一查梁先生指摘别人的文章里差不多都有类似这样的话，便可证明的。所以当梁先生或者别人于"一斑"之外逐项指出我的错误之先，我只得暂时认为我的《失乐园》的译文再没有其他错误。

末了，梁先生说："但在没有更完善的译本出现以前，傅先生的译本还是值得介绍和推重的。"这不过是抑扬式的批评文章的应有的一笔，而我也不预备接受这样的恭维，因为我这千字六元的交易早已货价两讫，书销不销于我再无瓜葛，且在这种年头劝人读《失乐园》实在无益，所以无论为私为公，梁先生的"介绍"我是不感激的。说起"推重"，也请收回吧，因为我对于我的工作既不自重，又何苦要别人推重呢？

至于所谓"更完善的译本"，那是决然不会嫉妒，只会欢迎它早些出来的。本来最有资格担任这种"更完善的译本"的，应该莫如梁先生自己，因为梁先生既然深解弥尔顿的奥秘，而对于各家注释本又已研究有素，当然是驾轻就熟，胜任愉快的。然而直到现在，梁先生一直坐在旁边专等"蠢人"们的译本出来，现成吹求，现成指摘，自己始终没有动一动手，那又怎么能不叫人失望呢？所以当有一二"蠢人"到底拿得出一半部虽不成器的所谓"名著"的译本出来问世的时候，似乎梁先生是不大好意思出来饶舌的吧！

以上对梁先生说的话已经完了，顺便还有几句话要对读者们说一说：读者应该明白梁某之所以要批评我，而且特别批评我译的《失乐园》，实并非逞一时的高兴，或和我有什么仇隙，而是有不得已的苦哀在里面的。我之所以定要答复，并不是要与梁某争一日之长，更不是单为我自己辩护。须知梁某的批评并不是为他个人说话，乃是为他的一群说话，那就是一个向来垄断着文化的教授、学者、专家们之群。这个群为谋自己地位的安全起见，向来都有一种护身的壁垒，即如莎士比亚、弥尔顿一流的所谓"不朽的名著"，便是他们的壁垒之一，犹之从前的祭师僧侣之以神和《圣经》为护身壁垒一般。他们为坚固自己的壁垒起见，就须竭力提高那些名著的尊严，因而总把它们说的怎样怎样地艰深，怎样怎样地奥妙，这就是他们的第一道防线，目的在吓得人不敢去检讨他们，庶几他们的尊严永远可保。这群中的各员，自己决不肯把所依重的名著拿来翻译。一来怕自己要露马脚，二来怕要损及它们的尊严，而尤其不容别人去翻译。所以我如今译了半部《失乐园》，便是给予他们的名著的尊严以一种侮辱，一种挑战。他们是决不能不抵抗的。他们所以抵抗的工具——批评（其实只是掉几句江湖口诀）——便是他们的第二道防线。但这回这道防线的漏空很多，我因而未肯示弱，仍旧继续攻进去，这才是我这篇答辩文的由来。我之所以不恤把自己译《失乐园》时的工作情形暴露给大众，无非是要给与他们所维护的尊严以一种更大的屈辱。但这也不是我个人的事情。如其大家不愿意这个教授、学者、专家之辈长此垄断着我们的文化，那么大家起来吧！我们要剥掉他们的尊严，打破他们的壁垒，而尤其要揭穿他们的江湖骗术！至于梁某个人，那是算不了什么的。

——《文学》第 1 卷第 5 号（1933 年）

翻译（1933）

朱湘

一般人在三方面不满于现状中的翻译——重译、不忠实、欧化的译笔。其实，头两层是翻译初期所必有的现象；至于欧化，译文是必然的。

在欧洲的文艺复兴时代，古典文学的发现不是一个重要的发动力么？但丁并不通希腊文，《神曲》中关于希腊文化的一部，是他掇拾自拉丁文的译本或节略。裴忒腊克（Petrarch），古典文学运动的先锋，以不通希腊文为一生的憾事。希腊名著因拉丁文的媒介而传播遍了文艺复兴的欧洲。只拿亚里斯多德来讲，他的著作由亚维洛爱司（Averroès）节略的移植入了阿剌伯文之内，后来又由阿剌伯文翻译成了拉丁文；但丁、裴忒腊克以及一般初期的文艺复兴期的文人，他们的关于亚里斯多德的认识，便是如此而来的。诺司（North）的《卜陆达克》（*Plutarch*）英译本，莎士比亚等所诵读、采用的，是由法文的译本重译而成。《十日谈》的最早的英文节译本也是重译自法文。

佛罗里阿（Florio）在牛津大学教授过意大利文，他译出了孟坦（Montaigne）的文集，莎士比亚所读的孟坦便是他的这种译本，至今仍然公认为英译本中一种好的，三百多年以来不知翻印了多少版；在他的这种《孟坦》的英译本内，"鱼"（poisson）字他译成了"毒"（poison）字，——只就浅近的法文字内举一个例子。

草创的时代，这种现象是不免的，——汉高祖初登帝位的时候，诸将交哄于殿上，这件史事不也是一种性质相同的现象么？虽是如此，叔孙通到后来也为汉高祖制定了礼仪；德莱登（Dryden）也用拉丁文的原本替诺司的《卜陆达克》作了一番校勘的工夫，《孟坦》也有了忠实的英译本（文笔能与佛罗里阿的相较与否，那是另一个问题）。

由文学史来观察，拿重译来作为一种供应迫切的需要的过渡办法，中国的新闻学本不是发难者，——只看译笔何如，现行的各种重译本的寿限便可以决定。不过，几百年前的成例，到现代还来援用，总嫌自馁了一点，美国的文学不也是新进么？他们的政府派遣了首批的留学生去欧洲，就中有朗弗落（Longfellow），在回国以后，教授"罗曼司"文字于哈佛大学，译出了但丁的《神曲》，其他各国的短篇诗歌，又有狄克诺（Ticknor）由西班牙回来，作成了一部篇幅巨大的《西班牙文学史》，至今仍为这一方面的文献的一个丰富的库藏。（日本的情形如何，希望也有人说给我们听一听。）

就新文学的现状来看，下列的各种文学内，每种至少应当有一个胜任的人去研究，以翻译名著为研究的目标：——希腊文学、"拉丁"文学、波斯文学、阿剌伯文学、印度文学（"梵"文是有人通习的，却是并不曾以人文学书籍的翻译为目标）、埃及文学、意大利文学、西班牙文学、葡萄牙文学、丹麦文学、挪威文学、瑞典文学、荷兰文学、冰岛文学、芬兰文学、波兰文学、"波希米亚"文学、匈牙利文学：这各种文学之内，有的要研究、翻译，是为着它们所产生的世界名著、欧洲名著；有的是为着它们所供给的欧洲文学史上的文献；有的是为着它们与中国的文学、文化所必有的以及所或有的关系，如上举的三种亚洲文学，又如葡萄牙文学与荷兰文学。这种计划，直接影响于新文学、新文化，间接甚至影响于整理中的旧文化（以及过去的世界文化交通史），能实现与否，便要看政府方面、"文化基金会"方面的眼光与决心了。

佛学大盛于唐代，是玄奘等的功绩；那些佛经的译本，在中国文化上引起了莫大的变化的，岂不是诘屈聱牙，完全的印度化了的么？为了文字的内身的需要，当时的印度化是必然的现象，——欧化，在新文学内，也是一个道理。（西人在服装上的一种中国化，那当然是立异、时髦；不过，"世界语"在制作上的一部分中国化，就中那种不分国界、只采优点的标准，正是欧化在新文学的翻译部分内，甚至创作部分内，所应采用的。）只能说，有许多的时候，不必欧化，或是欧化得不好；至于欧化的本身，现代的中国人却没有一个能以非议，——立异，时髦，那都是浪漫派文学的必然现象；根源于文字的内在的需要，而收纳适当的供应于他种文字之中，那也是英文；一种富于弹韧性的文字，已经作了先例的。

专指名词的音译，在我国这种在制作上与来源上异于"印度-亚利安"（Indo-Aryan）一支派的文字的中文之内。也有西方的文字学者说，他们那一支派的文字所特有的字母，也是菲尼希亚（Phoenicia）人化成自埃及文字，性质与中文文字相似，例如 M 一字母，便是那个象形波纹的埃及楔形文字的简体发生了一些有趣的、纷扰的现象。

"英吉利"（从前的另一种写法，"嗅咭唎"（English），"法兰西"（Français），"德意志"（Deutsh），这些通行的专指名词都是原文内的一些形容词的音译。（希腊文内"中国"这个专指名词是像"丝"字之声而成的；英文、法文、德文内"丝"这个泛指名词想必便是由希腊文的"中国"这个专指名词所嬗化而来。"支那"这个专指名词的来源在"拉丁"文字内，说它是"秦"的音译，倒是可能性很大。）

在专指名词的音译的形成内，土音也活动。"法兰西"一名词内的"西"字，或许是按了广东的土音而音译出的（"茶"这个字在西方的各种文字之内音译成了一个齿音字，这正是福建的土音，——福建，它岂不是一个产茶的省份么？广东与福建，它们岂不又是与外国交通最早的省份么？）。较后的，江、浙的土音也给与了许多特指名词的音译，——即如有"亚"字的"莎士比亚"。

Shakespeare，在原文内本有另两种的写法 Shakespear（挥戈），Shakespere 在中文内也有各种的音译，"莎士比亚""萧士比""莎士比"，等等。（这个与普洛丢司 Proteus 一样善于变形的大诗家居然也在中、西的文字内有了许多异形的姓！）其余，一个专指名词，在中文内，也有各种不同的音译。这种现象，自然并不只是中文所特有的；即如俄国的人名，在西方的各种文字之内，岂不也是有各种不同的音译么？（便是屠格涅甫自己，在法文内，签名为 Tourgnenieff，也不能阻止英国人叫他作 Turgeneff，或是 Turgenev！）不过，这种现象终究是一种混杂，不便。政府、"文化基金会"，不能仿照"法国学院"那么编纂法文字典的办法，也编纂一部"译名词典"么？

译名，从前未尝没有典雅的，如恒河（Ganges）、赫胥黎（Huxley），也未尝没有忠实的，如"廿五史"中的外人译名。能用显豁的方法来音译，如 G. Bernard Shaw 译为萧伯纳，Boston（"波斯顿"）译为"波司屯"，固然便利；不能的时候，那便只好走忠实、笨重的路了，——Dostoyevsky（杜思退益夫斯基）总不能译为"多斯铎"吧。

已经通用的译名，有一种已是家喻户晓的，如上举的"英吉利"等国名，那是不便再改了的，有一种，可以不失通晓之相的稍加删改，如"莎士比亚"可改为"沙士比"。新用的译名，译意也好，如 Decameron 译为《十日谈》，Oxford（古文中亦作 Oxenford）译为"牛津"；译音也好，如 Dunciad 译为"登西亚得"，Oxford 译为"奥斯福"；最扼要的一点，便是一个专指名词只要一个中译。音译，正式的，是要由原文译出的；"希腊"这个专指名词的中译，应当能够鼓舞起来那般将来要从事于译名这项工作的人向上的热烈，好像希腊文学在文艺复兴时代鼓舞起了一般伟大的作家的向上的热烈那样。

——《青年界》第 3 卷第 3 期（1933 年 5 月）；

《文学闲谈》（上海：北新书局，1934 年）

梁实秋译《织工马南传》（附梁实秋先生的答复）（1933）

程会昌

关于本书，本刊前已略为介绍，兹专讨论其译文。

因为译者曾说："哀利奥特的作品译成中文的恐怕本书还是第一部罢"这句话，含有介绍一个尚未被人介绍过的作家的性质，使我们读时便不能不着意地欣赏。译者的态度是很好的，他说"我在翻译的时候很感困难，恐怕有时句子不免太长太生硬，这只是我的能力不济的原故"。避免句子的长与生硬——所谓使译文流畅，这是译者自承很使劲的地方；关于这点，我们可以承认他是已经克除了他所认为的困难，尤其是流利的对话，读时简直不觉得是一本译本小说。这些可用不着我来举例，读过本书的人将随处领略得到，领略到译文流畅的成功。可是，在忠实方面呢？可惜译者似乎忽视了这一点。

忠实与流畅代替了信达雅而成为现代翻译的标准，已为译述界多数所承认，然二者得兼岂是一件容易的事呢？（尤以哀利奥特这种作品——"内容是人性的描写"，"她的文笔和她的思想是一样繁复的"。）但不容易尽管不容易，努力可还是要努力。专门注重了一方面而忽视其他一方面的，我们不能认为是一部完美的译文。因为偏于直译，不懂原文的人固然看不懂；而太偏于意译，则近于译者的创作而非译作了。

这本书对于忠实的缺乏，可分四方面说，兹分别举例如下。

一 译错之处

译文的错误，我发现的有三十余点。今举数例：

（1）十一页九行（译本，下同）："现在只等着彼此多积蓄一点钱便可结婚"。原文为：Waiting only for a little increase to their mutual savings in order to celebrate their marriage. 按英文 mutual 一字是共同的或共有的之意，译者误为"彼此"，二意恰恰相反。又原文无"现在"字，系译者所加。此句应改为："只等增加一点点他们共同积蓄的结婚费"。

（2）十六页一行："最后人散了"。其原文为：At last, when everyone rose to depart. 按下文接着便是马南走向威廉面前，说一番愤怒不敬的话，大家都吓抖了。试问人都散了，还抖什么？故应改译为："最后，当大家都立起来走开的时候"。字是多了一点，却是通些。

（3）五一页十二行："丹赛的天性是只顾目前，不顾较远的结果"。原文为：Dunstan, whose nature it was to care more for immediate annoyance than for remote consequence. 按原文是一种比较的语气，译文的"只顾"及"不顾"，把它改成很确定的语气了。今改为："丹斯坦，他的天性是对于目前的烦恼较日后的结果为多顾虑的"。把省略的"烦恼"一字也译出了，似较胜。

（4）八七页第六行："我浑身都湿了"。原文为：He's wet through. 应译为："他浑身都湿透了"。按译文不但错误。through 一字亦未能传神。

（5）九九页十二行："因为这样想可以使他确实地想象他的金子的下落；但是他现在也觉得这火绒盒是没价值的了"。原文为：If only because it gave him a definite image of a whereabout for his gold, after it had been taken away from his hiding-place: he could see it now in the peddler's box. 按这一段原文很是累赘，译文却太妙了，简直完全抛开，自己写上两句，与原意毫不相干。我现在勉强译出如下："好像仅为这样可以给他一种——金子从藏的地方被拿走后在何处的确实的想象，就是：他现在能够看见金子在这小贩的盒中了"。

（6）二四二页第一行："假如上帝不错待了你，便不该诬陷你的清白，把你当作恶贼来排斥"。原文为：If then above had done the right thing by you, they'd never have let you be turned for a wicked thief when you was innocent. 应译为："假如上帝不曾错待了你，他便决不会让你被人认作一个恶贼，当时你却是清白的"。

同页十二行："道丽是个太有用的人，所以颇有她上述的触动灵机的机会"。原文为：Dolly was too useful a woman not to have many opportunities of illumination of the kind she alluded to. 按译者把"女人"译为"人"，把 Not to have 译成"颇有"，真是奇怪。后者要没有"颇"字，我们一定会想到"有"字上是落了一个"没"字了。重译如下："道丽是个太有用的女人，所以竟没有她上述的那许多触机的机会"。

（7）二四五页第一行："——故我们所能知道是对的事，此外便是一意的信仰"。原文为：— to do the right thing as far as we know, and to trusten 按译文的后半句，简直使人看不懂。今译为："只要一知道那是正当的事，我们就去做，去信仰吧"。较易懂，且正确。

二　译落之处

全书译落大小四十处左右，今举其大者：

（1）三页六行："虽然爱惜光阴"一句下，落掉"he liked their intrusion so ill"（但他是那样的不喜欢他们的闯入）一句。

（2）四二页十二行：原文：so you must keep me by you for crooked sixpence. 译文："所以你总要把我带在身边，讨个吉利"。按把一个凹凸了的六便士银币放在身边，是当时英国社会的一种迷信，以为可以得着好运。本书后面既备有注释，便可以加以说明，不必省略，藉保原文之真。若恐直译人家不懂，则可译为下列语句："所以你总要把我带在身边，算个讨吉利的凹凸六便士"。

（3）七三页十行："这是我常说的"一句下面，落掉"I agree with Mr. Macey here, as there is two opinions; and if mine was asked, I should say they're both right."（我在这点是和梅西先生同意，意见是有两种的：若是我被征求意见，我将说他们两人都是对的）一大段。

（4）九二页七行："假如我是你，或你是我"之下，落了"for it comes to the same thing"（反正这是一回事）一句。

（5）一八四页第二行："这一天邻人告诉他今天是除夕，应该坐着守岁"之下，原文尚有"and hear the old year rung out and new rung in"半句，译文却省去了。应补译为："听着鸣钟迎送新旧年"。按这也是英国的风俗，和我国的"爆竹一声除旧，桃符万户更新"有差不多的意思，译出来读者也不至于不懂。

（6）二三三页四行："我还可到卡司先生家去搬点土"一句之下，原文为："...he'll let me, and willing."译文为："……他一定准我的"。把后半句漏去了。今补如下："……他一定准我，并且情愿的"。

（7）同页六行："我什么别的都看不见"之下，落去"Well, if you could help me with the digging, we might get her a bit o'garden all the sooner."（好的，若是你能帮我掘地，我们可以早点给她弄个小花园）等数句。

（8）三〇二页三行："我想我们就可以动身，趁着天气好"。这段原文是：And I think we'll set out tomorrow, while the fine days last. 按把二者一对照，就可见译文遗落二处。今重译为："我想我们明天就可以动身，趁着这几天天气好"。

三　窜改原文之处

改掉原著的意思的地方，也是不在少数，约近三十处——因为译者是努力想使译文流利的。举例如下：

（1）七二页五行："梅西先生，你听我说，本来是克拉坎造尔帕先生的意思，要我在你病的时候来担任一部分教区书记的职务"。原文是：Well, Mr. Macey, I undertook to partially fill up the office of parish-clerk by Mr. Crackenthrop's desire, whenever your infirmities should make you unfitting. 按译文与原文意思是差不多，语气却是两样，这样只能算是"复写"，不能算是翻译。今改正作："是的，梅西先生，是克拉坎造尔帕先生的意思，要我来担任一部分教区书记的职务，因为你的病状将使你不能胜任了"。

（2）八三页十二行："德拉斯，但是你也要知道，我觉得有一种人是看不见鬼的，无论鬼是多么明显地在他面前"。原文是：Ay, but there's this in it, Dowlas, there's folks, in my opinion, they can't see ghosts, not if they stood as plain as a pike-staff before them. 按应译成："喂！德拉斯，但其中也有这种事，就是有些人，我觉得他们是看不见鬼的，纵使鬼像一根铁头棒一般明显地竖在他们面前"。这是不应改易的，因为原文并不难解。

（3）一一七页三行："但是我现在还不能进门"。原文为：I don't see how I can think of it at present, sir. 按译文不但和原文不相干，即就其本身而论，纵使衔接上下文，也是很费解的。我不懂译者何以要译成这样。改正如下："我倒没有看出我现在就能如何地想这件事，先生。"

（4）二五二页十一行："我倒也不反对"。原文为：I should not mind it. 按此句虽无大错，然 mind 一字，没有反对之意。不如改译为："我倒没有什么"或"我倒不重视"。

（5）二九五页五行："这是你年长之后所没享受过的幸福"。原文为：That'll be a blessing you have not known since you were old enough to know it. 应译为："这将是你的年纪够知道了的而你还没有知道的一种幸福"。

四　其他

这项所包括的，是些次要的缺点：

（1）译名不一致：（a）绅士的三儿子 Bob 通译为包伯，但在一六七页译成鲍伯。（b）Priscilla 书中通译普利西拉，但在二五五页第一行译为普利西亚。（c）道丽口中代表上帝之 Them，有时译为上帝们，有时又没有"们"字。

（2）冷角色省略与否，没有一种标准。据我的意见，这是不应该省略的。书中只一见的人，如三一页的 Betty Jay 译出来了；反是，五三页的马店主人 Jennings 却没有译出。一四六页六行的马名道宝译出来了；反是，二六〇页二行老马 Speckle 却没译出。二三九页三行狗名 Snap、猫名 Puss 都没有译出。

（3）书上用了许多"洋典"，译者都用"意译"代替了。例如十页七行 David and Jonathan 一典，译者译为："不可分离的一对朋友"。其实可以直译出来，然后在后面注释中说明典见《圣经》。十八页五行 Leathean 一典，译者意译为"忘怀一切"，这是一个和我国"饮梦婆汤"差不多的神话，何以不把它译出来呢？

综上四点，我们可知译者最大的缺点便是疏忽，"而译完了也没求人校订"——恐怕自己也没有重校一遍，所以错漏便这样多了。然而这本书仍不失为翻译佳作，译者对于流畅方面的成功是值得钦佩的。最后，我希望两点：第一希望他以后译书不要太疏忽，并忠实地多多介绍几本西洋名著给我们；第二希望本书再版时，各种缺点能改去。

一九三三，二，十二。金陵大学

梁实秋先生的答复

英士兄：

程会昌君评《织工马南传》业已拜读。我除了感谢程君的盛意之外，还觉得有些解释的必要。

程君夸奖到"译文流畅的成功"，使我惶愧之至，因为《织工马南传》是很难译的一部小说，其难远在于重译俄文法文小说以上，我放着成千上万的容易译些的书不译，而偏取哀利奥特的小说来译，无非是因为一来原书有翻译的价值，二来使我自己吃些苦，受些磨练罢了。译文实在说不到"流畅"，勉强求其通顺而已。

程君认拙译"缺乏""忠实"处有四方面：一是"译错"，二是"译落"，三是"窜改原文"，四是"其他"。此种校勘，不但对我个人有益，并且对于一般译书的人及学习英文的人都有益，所以我要分别讨论一下。

程君发现的"译文的错误""有三十余点"，这是很使我吃惊的，因为我没有想到错误有如此之多！但是程君只举了八个"例"。

第一例，我没有错。"彼此"即是双方的意思。马南和他的未婚妻都是穷人，所以虽然缔婚数月，尚须等彼此再积蓄点钱才能结婚。至于积蓄的钱是共同存放在一处，还是各人分放在自己处，我无从推测。程君又说原文无"现在"二字，"系作者所加"，这是为了补足全句语气的缘故（例如在第四例上，程君的改译"他浑身都湿透了"，原文亦无"浑身"二字，亦是程君所加。如逐字对译，方为忠实，则程君之改笔无一不错）。程君所举原文，多一"Celebrate"字。拙译系根据美国 Witham 编本，Ginn 公司出版。我参阅了七八种本子，都不见有"Celebrate"一字。不知程君有何根据？这一点倒是值得校勘一下子（按 in order to 等于 with a view to，英文中此类例证甚多）。

第二例，我没有错，也没有什么不"通"。所谓"人散了"，并不是散净了的意思。平常开会的时候，主席说"散会"，并不是呼地一下子人都走得干干净净，坐着的人自然是要站起来的，站起来的人也自然要用腿走动的。若"rose to depart"必须如程译为"立起来走开",则 fall on knees 必须译为"落在膝上",lie on back 必须译为"卧在背上",方为忠实。

第三例,我没有错,我承认在语气的轻重上和原文未能铢两悉称,但无论如何不能说是"错"。中文里原无此种句法,而译文又是给不懂英文的人看的。程君的直译,我不赞成。

第四例,"我"字系"他"字之误,《织工马南传》被新月书店排印出很多错字,平均每两面就有一个错字,所以"我""他"之误,手民中有负责的可能,因为 he 应译"他"是我所知道的。"湿了"改为"湿透了",甚常。这一例,程君的改笔完全对。

第五例,上半句,我不错,下半句是我错。我误认 box 即"火绒盒",故有此误。但程君改笔亦错。今试改译如下:"因为这样想可以使他确实地想象到他的金子的下落;他现在简直能看见金子是在小贩的盒里"。(在标点方面,程君所录原文,与我的本子亦异。)

第六例,我不错,程君错了。程君所抄原文 turned 下面落了 out 一字,这一个字很重要,缺了在文法上便不通。Turn out 等于 expell,我译为"排斥",一点也不错。

第七例,我不错,程君错了。程君说我"把 not to have 译成'颇有',真是奇怪"。一点也不奇怪。请看前面还有一个 too 字呢!这是极浅近的英文句法。(譬如说:"He is too stupid to understand this"应译为"他是太蠢了,不懂这个"。反过来说呢,"He is too wise not to understand this"应译为"他是太聪明了,不至于不懂这个"。)况且原文的意义很明白,道丽自谓常给人敷药看护,就在做这样事的时候,往往得上天启示,悟得真理。下文紧接着用小说作者的语气来证实说,道丽是有用的人,所以自然常有给人敷药看护的机会,也就是颇有触动灵机的机会了。程君从未注意此句的句法，贯穿上下文的意义也该能明白了。

第八例，我不错，但"故"字系"做"字的误植。书中把"做""故"二字误植，不只这一处。程君改译却错得厉害了。原文是说天下事有些是我们懂得的，有些是我们永远不懂的，对于懂的事我们要凭我们的良心——是非之心——去做，对于不懂的——例如抽签这件事——我们要一味地信仰上帝，不必怀疑。所以我译的不错。程君似是既未看明白道丽的宗教观，又未看明白句法的组织。

讲到"译落"之处，程君说有"大小四十处左右"。这数目可真惊人！程君仅举了八个"大者"。关于这一项，无须一一讨论，我只要概括地说：第三例，确是我落了一句（并不是"一大段"）；第七例，确是我落了一句（不是"数句"）；其余六个例我不承认是遗落。十万字的英文，必要译十万个中国字，我办不到。

"窜改"处，据程君说"也不在少数"，"约近三十处"，可是程君只举了五个例。第四例，又是误排，"进门"应改为"这样"。其余四个例，我不愿受"窜改"的名义。我的译法原不是逐字译的。

"其他"几点，无关重要，有些我可以接受。

程君指教各点，我认为适当的，当于再版订正。但是拙译尚有不满人意处甚多，尤其原文冗长繁复之处，我的拙陋的译笔实在不足达意，更谈不到传神，在这方面我真希望有人着实地改削一番。而程君在这一方面还没有给我什么帮助，这是我于感谢之外，认为不足的。

梁实秋，二月二十日

——《图书评论》第 2 卷第 1 期（1933 年）

转行部令规定学生所用译名办法
（1933）

佚名

调令第四八号（二二,五,一六）

令省市各级学校

省市县各教育机关

案奉

教育部训令第四五零一号内开：

　　查更名改姓，内政部定有规则，在专科以上学校毕业学生及在校学生，并有必须呈报本部之规定。良以姓名一端，至郑重也。名字别号，繁称杂署，为吾国之特殊风气，唯在公文书上，向例以用一名为主，近来世界交通，一般人士，并有增用外国文之译名，以应事实之需要。本部鉴于近来国人译名，颇不一致，有以国音拼译者，有以方音拼译者，有姓名顺列者，有贵姓于名后者，有用缩写者，有另取外国姓名者。既使人未易记忆，即于人己之权利义务亦复多所障碍。选举之多废票，致国家有遗贤之憾；邮电之或失误，法律上愚证文件之易滋淆惑，致个人有无故之损失。他如置姓于名后者，使人误以名为姓，用缩写及另取外国姓名者使人无从捉摸，而国外毕业证书及国外杂志上发表之研究报告，其姓名与本部案卷所载往往歧异，未易查对，将来无法核定，甚至其人已蜚声世界而国内尚不知为谁氏。此皆以往译名漫无标准故也。自今年起，各生所用译名，必须依据教育部国语统一筹备委员会所编之国音常用字汇，仍照本国习惯，姓之排列务在名前，姓名全写，勿用缩简，并勿另取外国姓名，以昭对一而资便利。至各生日常书写姓，非遇必须用译名时，一律不得参用译名。合行令仰各大学、各专科学校及各省市教育行政机关转饬全国学生一律知照。此令。

等因；奉此，合行登报代令，仰即转饬所属学生一体知照！此令。

兼厅长　龚自知

翻译与编述（1933）

林翼之

　　另境先生在日前《自由谈》上说到"编"与"著"，有过这样的话："现在负着文化运动任务的人，与其专去翻译外国名著，何如腾出一部精力做一点改头换面的编述工作。"为着许多读不懂的硬译品，我也同意他的主张，在《毁灭》大众本出世的时候，曾经提出过相同的意见。不过同时，我不能不有点疑虑。

　　许多在那儿干硬译乱译工作的人，如果改行来做"改头换面的编述工作"，是否胜任得了？我们知道翻译一部著作，如果对这著作有较深的理解，则无论这著作多么深奥，无论中外文法、习惯相去得多么遥远，也决不致生硬到像现在许多译品那么令人不敢领教的程度。听说现在有许多翻译家，连把原作从头到尾瞧一遍的功夫也没有，翻开第一行就译，对于原作的理解，更无从谈起。我听到过一个笑话，有一位书店老板阅读了高尔基四十年的中译本，说高尔基的文章写得不通。所以"这些书完全没有销路"，而有商量之余地者，不在于翻译工作本身，乃在于翻译的态度。

　　固然，因为习惯、风俗等的隔膜，常常使很忠实的翻译，也不能得到比较缺乏准备智识者的理解，如果能够有人来做述略与大众化的编述工作，如《毁灭》《铁流》等的大众本者，在目前也很有着切要。但是这编述工作我觉得实在比翻译要困难得多，假使也用着硬译乱译的态度来干，结果一定会闹得更糟，说不定"述略"会变成"割裂"，"大众化"会弄成"恶俗化"或"歪曲化"；因为在这儿，除了对原作的深刻的理解之外，更需要有赅博的素养。例如关于"唯物论辩证法"，我们已有不少的译述，然而关于这学理的一部自己编述的大众化的小册子，可能就难找了。此无他，因为最能够把深奥的学理作通俗的解释者，乃是对于这学理最能有深刻的研究的人。显然地，对于一种学理作精深刻苦的研究，能指使如意地应用的学者，我们还非常缺乏。

所以整个地说，问题还不在翻译或编述，而在于学者研究学术的态度。

——《申报·自由谈》（1933 年 7 月 31 日）

关于翻译的话（1933）

大圣

日前某君谈"翻译"与"编述"，曾说："听说现在有许多翻译家，连把原作从头到尾瞧一遍的功夫也没有，翻开第一行就译，对于原作的理解，更无从谈起。"又说："显然地，对于一种学理作精深刻苦的研究，能指挥如意地应用的学者，我们还非常缺乏。"对于这话，我是绝对地同意，实在，目前我们的出版界的大部分的译品太糟得令人不敢领教了，无论是哪一类译品，往往看了三四页，还是"不知所云"，从书本上跳进眼里的只是一个一个的字，如果把它霸蛮连成句，则既不是中国话，也不像外国话，越看越不懂，越看越不通。当然，读者在读不通的时候，只有如某书店老板读高尔基四十年的中译本以后怨高尔基的文章写得不通一样，把一笔糊涂账硬算到原著者头上去。

对于这些莫知所云、牛头不对马嘴的译品，我一向抱定"门罗政策"，不仅是不买，而且不看。然而每当发现一部名著被人译成不知所云的东西的时候，一种无名的恼怒，便禁不住会从心头浮起。我觉得把人家好好的作品毫无顾惜地糟蹋，无论从哪一方面说，都是一种不可原恕的罪过。

不过，话说回头，翻译界之所以有这种糟现象，也很难怪。第一，中国目前所有一切，无不是遵依着"马虎主义"，大而至于国事，小而至于私德，都是马马虎虎，得过即过。第二是中国社会对文人的报酬太微薄了。目前我国出版界译品的市价，大概最高每千字不过五六元，普通则常在两三元左右，甚至还低到一元半或一元。另一种办法是抽版税，最高的亦不过百分之十五。而稿子的卖出，又大抵还全仗有大面子的人介绍，否则无论你译笔怎样忠实流利，书店老板们总是一律谢绝。这样，生活像一条鞭子惨酷地在背上抽，儿号寒，妻啼饥，吃过了上餐，便不知道下餐，怎能叫人好好译述？第三是中国今日既没有学者亦不容有学者，中国今日所需的以及所有的，是"万能博士"，是"上知天文，下识地理，博古通今，无所不会"的"全材"，学军事的可以办教育，学政治的可以办交通，学工业的也可以管政治，只要你肯干，你便无往而不适，反之，假如你抱定宗旨，学工业便只管办工业，学教育便只管教育，那你便会处处碰壁。这种现象侵入翻译界，那便是不管我学的是什么，只要兜揽得生意到手，便什么都大胆地去译，学社会科学的固然可以译关于自然科学的著作，学自然科学的也可译关于社会科学的著作，理解与否，哪个管得？这样，欲求其译笔忠实流利，又岂不是有若缘木求鱼。

总之，今日中国一切都是一团糟，而此一糟与彼一糟，又都有着不可分离的关联。在糟作一团的情形之下，想要翻译界不糟，想要从事翻译工作的人不"翻开第一行就译"，不"硬译乱译"，固然是不可能，更进而求有"对于一种学理作精深刻苦的研究，能指挥如意地应用的学者"，自然，尤其是不可能。

——《申报·自由谈》（1933 年 8 月 13 日）

为翻译辩护（1933）

洛文（鲁迅）

今年是围剿翻译的年头。

或曰"硬译"，或曰"乱译"，或曰"听说现在有许多翻译家……翻开第一行就译，对于原作的理解，更无从谈起"，所以令人看得"不知所云"。

这种现象，在翻译界确是不少的，那病根就在"抢先"。中国人原是喜欢"抢先"的人民，上落电车，买火车票，寄挂号信，都愿意是一到便是第一个。翻译者当然也逃不出这例子的。而书店和读者，实在也没有容纳同一原本的两种译本的雅量和物力，只要已有一种译稿，别一译本就没有书店肯接收出版了，据说是已经有了，怕再没有人要买。举一个例在这里：现在已经成了古典的达尔文的《物种由来》，日本有两种翻译本，先出的一种颇多错误，后出的一本是好的。中国只有一种马君武博士的翻译，而他所根据的却是日本的坏译本，实有另译的必要。然而哪里还会有书店肯出版呢？除非译者同时是富翁，他来自己印。不过如果是富翁，他就去打算盘，再也不来弄什么翻译了。

还有一层，是中国的流行，实在也过去得太快，一种学问或文艺介绍进中国来，多则一年，少则半年，大抵就烟消火灭。靠翻译为生的翻译家，如果精心作意，推敲起来，则到他脱稿时，社会上早已无人过问。中国大嚷过托尔斯泰、屠格纳夫，后来又大嚷过辛克莱，但他们的选集却一部也没有。去年虽然还有以郭沫若先生的盛名幸而出版的《战争与和平》，但恐怕仍不足以挽回读书和出版界的惰气，势必至于读者也厌倦，译者也厌倦，出版者也厌倦，归根结蒂是不会完结的。

翻译的不行，大半的责任固然该在翻译家，但读书界和出版界，尤其是批评家，也应该分负若干的责任。要救治这颓运，必须有正确的批评，指出坏的，奖励好的，倘没有，则较好的也可以。然而这怎么能呢；指摘坏翻译，对于无拳无勇的译者是不要紧的，倘若触犯了别有来历的人，他就会给你带上一顶红帽子，简直要你的性命。这现象，就使批评家也不得不含糊了。

此外，现在最普通的对于翻译的不满，是说看了几十行也还是不能懂。但这是应该加以区别的。倘是康德的《纯粹理性批判》那样的书，则即使德国人来看原文，他如果并非一个专家，也还是一时不能看懂。自然，"翻开第一行就译"的译者，是太不负责任了，然而漫无区别，要无论什么译本都翻开第一行就懂的读者，却也未免太不负责任了。

八月十四日

——《申报·自由谈》（1933 年 8 月 20 日）

关于翻译（1933）

鲁迅

今年是"国货年"，除"美麦"外，有些洋气的都要被打倒了。四川虽然正在奉令剪掉路人的长衫，上海的一位慷慨家却因为讨厌洋服而记得了袍子和马褂。翻译也倒了运，得到一个笼统的头衔是"硬译"和"乱译"。但据我所见，这些"批评家"中，一面要求着"好的翻译"者，却一个也没有的。

创作对于自己人，的确要比翻译切身、易解，然而一不小心，也容易发生"硬作""乱作"的毛病，而这毛病，却比翻译要坏得多。我们的文化落后，无可讳言，创作力当然也不及洋鬼子，作品的比较的薄弱，是势所必至的，而且又不能不时时取法于外国。所以翻译和创作，应该一同提倡，决不可压抑了一面，使创作成为一时的骄子，反因容纵而脆弱起来。我还记得先前有一个排货的年头，国货家贩了外国的牙粉，摇松了两瓶，装作三瓶，贴上商标，算是国货，而购买者却多损失了三分之一；还有一种痱子药水，模样和洋货完全相同，价钱却比较宜一半，然而它有一个大缺点，是搽了之后，毫无功效，于是购买者便完全损失了。

注重翻译，以作借镜，其实也就是催进和鼓励着创作。但几年以前，就有了攻击"硬译"的"批评家"，搔下他旧疮疤上的末屑，少得像膏药上的麝香一样，因为少，就自以为是奇珍。而这风气竟传布开来了，许多新起的论者，今年都在开始轻薄着贩来的洋货。比起武人的大买飞机，市民的拼命捐款来，所谓"文人"也者，真是多么昏庸的人物呵。

我要求中国有许多好的翻译家，倘不能，就支持着"硬译"。理由还在中国有许多读者层，有着并不全是骗人的东西，也许总有人会多少吸收一点，比一张空盘较为有益。而且我自己是向来感谢着翻译的，例如关于萧伯纳的毁誉和现在正在提起的题材的积极性的问题，在洋货里，是早有了明确的解答的。关于前者，德国的尉特甫格（Karl Wittvogel）在《萧伯纳是丑角》里说过——"至于说到萧氏是否有意于无产阶级的革命，这并不是一个重要的问题。十八世纪的法国大哲学家们，也并不希望法国的大革命。虽然如此，然而他们都是引导着必至的社会变更的那种精神崩溃的重要势力。"（刘大杰译，《萧伯纳在上海》所载。）

关于后者，则恩格勒在给明那·考茨基（Minna Kautsky，就是现存的考茨基的母亲）的信里，已有极明确的指示，对于现在的中国，也是很有意义的——"还有，在今日似的条件之下，小说是大抵对于布尔乔亚层的读者的，所以，由我看来，只要正直地叙述出现实的相互关系，毁坏了罩在那上面的作伪的幻影，使布尔乔亚世界的乐观主义动摇，使对于现存秩序的永远的支配起疑，则社会主义的倾向的文学，也就十足地尽了它的使命了——即使作者在这时并未提出什么特定的解决，或者有时连作者站在那一边也不很明白。"（日本上田进原译，《思想》百三十四号所载。）

八月二日

——《现代》第 3 卷第 5 期（1933 年 9 月 1 日）

从《为翻译辩护》谈到楼译《二十世纪欧洲文学》（1933）

穆木天

洛文先生，在《为翻译辩护》中，说了如下的几句话："翻译的不行，大半的责任固然该在翻译家，但读书界和出版界，尤其是批评家，也应分负若干的责任。要救治这颓运，必须有正确的批评，指出坏的，奖励好的……"

因为编译的关系，偶然把楼建南先生译的《二十世纪欧洲文学》（新生命出版）同日译本对了一番。误译之处，自然很多。因为偶尔一翻，即马上发现了如下的几个珍奇的现象。

在十四页"马克森杜卡恩"之下注有：（Maxim du Kahn）。我很奇怪，因在各处查来查去，但终没查出这位人物来。法国有一个 Maxim du Camp，是福罗贝尔的朋友。又有一个诗人叫 Gustave Kahn，是犹太人。"Maxim du Kahn"我不知究竟为何许人。恐怕楼先生所附的原名，是杜撰的吧。

在一百九十九页，有"在这种小说之中，最近由学术院（译者：当是指著者所属的俄国共产主义学院）所选的鲁易倍尔德兰的不朽的著作，为最优秀。"在我以为此地所谓"Academie"者，当指法国翰林院。苏联虽称学艺发达之邦，但不会为帝国主义作家作选集吧？我不知道为什么楼先生那样的滥下注释解？

在二二三页，有"二十世纪的初期，法郎士蹦出了他的历史的新时代，大规模的（冶金的）工业成长了：金融资本的势力强化了；帝国主义的意德沃洛几浓厚了……"我初见之下，颇觉费解。"法郎士蹦出了他的历史的新时代"是怎么回事呢？我不禁翻了日译一下。原来不是法郎士，而是法兰西。我真不知道楼先生竟疏忽如是，把原文前后文看都未看清楚，就译了出来，这点，是太不负责了。

在二四〇页中，有《不燃的林丛》一书名。一看我也觉得奇怪。因为我不晓得，也从未听说过罗曼·罗兰曾作过那一本书。仔细一看，那原是《约翰·克里斯多夫》（*Jean Christophe*）第九卷。它的法文原名是 Le Buissou Ardent，"Ardent"是"灼烧的""如烧着一般的"的意义。到哪里去，我都找不出"不燃烧"的不字来？我以为日文译错了，我查一查日文，原来是"燃工又丛"，"又"是表示"过去"的意思的助动词，并不是表示否定打消的助动词。这一点文法，不知为什么楼先生都不懂？

在二八八页有一句"最后的民众的委任于决定的言词"。这句又令我不明白了，找出日译原文一看，原来是"最后把决定之言词委之于民众"的意思。

在二四一页中有一句"似新非新的知识阶级"。所谓"似新非新的"是什么东西呢？我怀疑。查日译本一看却是"新的完全不同了的知识阶级"之意义。

在二八四页有："我并要加紧它"，而原文意思是说："我追加一句说"。这句话的日文是非常粗浅的，不知为什么楼先生竟弄得大错而特错了？

在二八四页中有："我们的胜利是和西撒之破坏空想着以某一国为奴以彼一国为奴的皇太子之壶灶相同的。"这怎么讲呢？我查了日文。随后我再查了巴尔塞的法文原文。法文同日文是不大相同的。按照日文可以译为"我们的胜利是同破坏凯撒的——空想着使这一国民为奴隶使那一国民作奴隶的皇太子的——老巢一样。"不知为什么楼先生竟译得那么怪？这不但不"信"而且不"顺"不"通"——到底是什么缘故呢？

以上是偶尔翻阅时挂一漏万所巡礼到的几个珍怪的错误。除末尾二八四页中的错误或者情有可原（因为日文或者难些），其他均是不应错的。只要学过一年二年日文的话，决不会错的。可是楼先生居然弄错了！

因读了洛文先生的文章，微感责任。——虽然我不是批评家——所以把随便翻得来的珍奇现象报告出来。我想这对于译者和读者都是有益处的。

为使中国之翻译界有好的前途起见，我以为谁都应当作这种检查批评的工作。但是要出以冷静的、诚恳的、友谊的态度，而不宜攻击笑骂。

——《申报·自由谈》(1933 年 9 月 9 日)

并非答辩（1933）

楼光来

　　有人告诉我，穆木天写了一篇文章指摘我的译书，我就知道一定是对《二十世纪欧洲文学》，因为译那本书的时期中，经过九一八和一二八两个大事变。我的生活异常凌乱，但一方面为着生活，又不能不勉强地继续那工作，记得一九三二年一月二十九日的上午，我从北四川路的炮火巷中只身逃来，所有的东西都丢掉，就只带出了那本原著。在那样的生活中成就的工作，自然应该接受诚恐的检查。但今天见了穆先生的文章，我就想到译一部十余万字的著作固然不容许有什么错误，但是写一千多字的一篇批评，似乎也得审慎一些。例如穆先生说我 Maxim du Khan 这译名是杜撰的，不幸他也没法注出不杜撰的原名，便硬说马克森·卡恩没有这个人，好似连原作者的萧理契，都在与我通同骗人。我知道穆先生对法国文学深有研究，为什么不去仔细查查，因为至少这名字，我并非杜撰的。记得那时候，仅仅为了找固有名词译音的原文，就参考了许多的书，关于卡恩，大概是根据《小说月报》世界文学号下（二十周年刊）的。从这一点，想到穆先生其他的原文对照，是否一一可靠，似乎也有问题。不幸的，我甚至连找出自己的译书和原本的余闲也没有。好在还有许多要做的新的工作，较多地为自己的过去辩护，并非必要。何况对于那译作，我早知道是吃力不讨好的工作，即便穆先生的批评不免有点鲁莽，我也可以诚意接受的。

——《申报·自由谈》（1933 年 9 月 12 日）

再谈楼译《二十世纪欧洲文学》（1933）

穆木天

在九月九日《自由谈》上，我指明了楼译《二十世纪欧洲文学》中之翻译的错误。在十二日的《自由谈》上，楼先生发表了他那篇"并非答辩"。我的指正是要尽我所应尽的义务。但是楼先生不但不接受批评，反而想笼统地掩饰错误。因之，我再提出这个问题，同大家与楼先生商讨一下。

第一，楼先生说我"不审慎"。楼先生说："例如穆先生说我 Maxim du Kahn 这译名是杜撰的，不幸他也没注出不杜撰的原名，便硬说马克森·卡恩没有这个人，好似连原作者萧理契，都在与我通同骗人。"怪哉！楼先生连我那篇文章都没有看懂。我并未说过法国没有 Maxim du Camp（马克森·杜·卡恩），而是说没有楼先生所注的那位 Maxim du Kahn。萧里采故讲论的是 Maxim du Camp，他并未"骗人"，楼先生所注的，是 Maxim du Kahn，法文学史上确实是没有那个人，是谁"骗人"，问楼先生好啦。楼先生又说："仅仅为了找固有名词译音的原文，……关于卡恩，大概是根据《小说月报》世界文学号

（二十周……年刊）的。"请楼先生把所根据的《小说月报》中的那篇文章找出来大家看看吧。如果是那篇文章中有"Maxim du Kahn"，这应是该作者的错误，而算是楼先生上了一次当。楼先生译书时查原文的话，尽可以查大部头的文学史和字典，那多少可以比楼先生到《小说月报》中去查原名，是方便些，也是可靠些。不幸，在楼先生译本一○六页在"维特拉克"之下有"J. Virdrack"这个原名，不知楼先生又从何处查来的？那显然是 Charles Vildrae，是《商船坚决号》（*Le Paquebot Tenacity*）与《密茜·欧克赖》（*Michel Auclair*）之作者，不但有，而且我还见过，是货真价实。可是，"J. Virdrack"却真没有。请楼先生把"J. Virdrack"的出处，指示出来。不然也是杜撰。我这样指示出来，为的是免去遗害读者起见。

第二，楼先生接着又说："从这一点，想到穆先生其他的原文对照，是否一一可靠，似乎也有问题。"我的对照，何处不可靠，请楼先生明白指示出来，好帮助我的学习。我的文中本附着日文，为得使读者一目了然。但是，大概是因为没有日文假名铅字的缘故，《自由谈》的编著把日文原文给勾掉了。楼先生的这一个"似乎"不知根据于何处？不可靠处，最好用实例一一地指明。但是楼先生的所谓"从这一点"的"这一点"，也一再地经我说明出来是不对的。那么，"从这一点"再一想，那可越想越错了。人家批评楼先生的错误，楼先生还不晓得自己是否错误，连检查都不肯检查，而只是随便地说批评者"是否一一可靠，似乎也有问题"，以安慰自己，给自己掩饰。这种态度从楼先生在他答文中所说的"为着生活，又不能不勉强继续那工作"是同样的态度。如果一个人是忠实地致力于新文化运动的话，是不宜有此态度的。

最后，我诚恳地向楼先生说：对于自己的过去的批判是必要的，那能帮助新的工作。前次我所指示出来的楼先生的许多翻译上的错误，是希望楼先生能仔细地检查该全书中的一切的错误。但，不幸地，楼先生说："不幸的，我甚至连找出自己的译书和原文的余闲也没有，好在还有许多要做的新的工作。"不去检查旧日的错误，或不接受正确的批评的话，是将越发错误起来的。决不能因为有"新的工作"就掩饰自己的旧日的错误。若是这样，那种新的工作，是大可令人担忧的。如果楼先生这样地下去，就是什么样的批评者，都矫正不了楼先生的错误了。实在楼先生的错误是多得很呢。有暇，能再作文批评时，当把日文假名改成罗马字，拉丁化一下，那就可排印给大家看啦。

——《申报·自由谈》（1933 年 9 月 14 日）

新发见的"倒译"与"直译"（1933）

魏鉴青

　　许是因为国内读书人对于硬性的理论读物感到厌倦了吧，近来传记一类的书倒又有人要读。仅仅就我所知道的，上海与北平一年间所出版的名人传记已有十余种，这比之《作文法》《日记文选》《名人书信》一类的应时书固然大有逊色，可是和凤毛麟角的社会科学名著比起来，已经是蔚然可观了。在传记中，翻译或编译的较之编著的为多，有几部因译编的手法比较高妙，读起来是很觉得轻松毫不吃力的，如韬奋编译的《高尔基》、徐懋庸译的《托尔斯泰传》、石苇编译的《萧伯纳传》……就很可一读。不过也有的是硬凑成功的，如果你没有猜谜的勇气与"削烂苹果"的决心，就保你读不下去。我最近读韩起先生译的《列宁回忆录》，就是很费了一点苦功的，因为这是一部罕见的天书，我从中发见了不少骇人之译。

　　幸而这部译书有好些地方注了英文，可以手边虽没有英译本，还可以省了许多猜谜之烦与暗中摸索之苦，譬如有一部书名叫作"What Different People Live On"（俄国人民意志党出版，原意为："各色人民所赖以为生者为何"或"各界人的生活方式"）韩君就勇敢地译作"活人不同点何在？"我倒被他弄得怔起来了，不禁在书上批了一句。"这个译名与原文的'同点何在'？"我疑心韩君是将原文读倒了，读作"Live People Different What On"，才有这样的"倒译"，要是没有英文注起来，我简直以为人民意志党曾经出过这样的一部生理学书了，后来我又百折不回地读下去，总算又得到了不少收获。最令我吃惊的是他将"The Motive Force & Perspectives of the Russian Revolution"（俄国革命的动力与远景）一书名颠倒译作"发动力与俄国革命的远景"，他视乎不懂得怎样去安置"of"一词，以致将"发动力"单吊起来了，还有 Black Hundreds（黑色百人团）韩君不知是什么古董，就索性直译为"黑白团"。又 Plenum（扩大会议）这字他根据《综合英汉词典》在下面用括弧加了一个译者按，说"此字与 vacuum 相反，是一物质电器电气充实之意"。诸如此类的妙译不胜枚举，这还没有替他对照原书。

依我的观感，这样的译书是太豪放了。然而韩君总算是老实人，他能将原文标出，不掩饰自己的错误，可以说是难能可贵的。

希望翻译传记及其他书籍的人当心点，强不知以为知与马虎的乱译是最误人的。

然而我们是需要好的翻译的。

——《申报·自由谈》（1933 年 10 月 31 日）

谈翻译介绍（1933）

穆木天

从"五四"到现在已经十五年了。从那时起，我们就一点一点地把西洋文学介绍到中国来。这快到二十年的光阴，也不算不久了。本该对于西洋文学的介绍，有相当的可观了。可是，事实上，到底怎样呢？

巴尔扎克（H. de Balzac）的作品，中国一本都未有。左拉（Zola）的长篇，中国一本都没有。《十日谈》（*Decameron*）、《唐吉诃特》（*Don Quixote*）、《及勒卜拉》（*Gil Blas*）、《撒提里孔》（*Satyricon*）、《悲惨世界》（*Les Miserables*）一类的大作品，不是只有不完全的译本，就是压根儿连不完全的译本都没有。除了由一些人间接地转译出一些俄国作品之外，其余的国度里的作品则是比较地更少了。从中国的译本是不但不能看到西洋文学的全豹，而且，青年学子想从之得到比较充分的创作上的修养，都感着很大的困难。这真是大可慨叹的事体。

的确，介绍西洋文学不是一件容易的事。在文化落后的中国，想介绍西洋文学到可观的程度，决非一朝一夕之功。但是，中国的能翻译介绍的人，并不算少，这十数年的工夫，并不算短，而竟没有把重要作品介绍多少过来，这缘故固然可以举出很多点来，而好多的介绍者，都有三分"买办"的态度，也是大可注意的事。回想一下，每个朋友都多多少少犯过这种毛病的。我的所谓"买办"，并不是说介绍者翻译者之"做生意"的意思，而是说我们那些介绍者翻译者是多多少少地在侵略主义的影响下做了他的工作，并且我们无形中受了侵略主义的影响还不自知。这不能不哀叹"我生不辰"。为了抛弃旧的传统，我们到欧洲去找新的糕粮。可是到了欧洲，五花十色令我们辨不出真货和假货来了。侵略主义给我们看它的百花镜。看上眼来了，眼花了，说是"美"我们也"唯美"起来了。在"五四"当时我们介绍惠特曼（Whitman），我们也介绍王尔德（O. Wilde），那是不是花了眼呢？胡适介绍西洋小说时，没有令我们去领受《十日谈》，去学习李却生（Samuel Richardson）、菲尔丁（Fielding），而使我们去知道吉百灵（Kipling），这又是什么道理呢？

自然，这些倾向，中国的社会情形也要负起一些责任的。在中国，封建的遗留是太浓厚了。徐志摩译了福凯（F. Baron de la Motte Fougue）的《涡堤孩》（Undine），决非无故。巴尔扎克没有译到中国来，而拉毕许（Labiche）、孟代（Mendes）一类的人物的作品，到译过一些来了，也是有因，因为中国人文化水准太低，进步性不够，所以侵略主义便有机可乘了。侵略主义者便在我们的不知不觉中完成了它的"导演者"之任务了。我们想办好货，结果，办了劣货来了。

对于西洋文字之翻译与介绍，是中国现在所急急地需要的。可是我们要西洋文艺作品，是为帮助我们自己的文学的发展。文艺复兴时代，欧洲各国到意大利去求模范，十八世纪的英国文学，在欧洲占了优越的地位。我们中国，现在自然妥接收先进诸国的影响的。可是我们须要历史地、客观地翻译介绍有真实性而能充分反映社会的作品，而不宜叫侵略主义的文字家做我们的"导演者"。我们要时时注意警戒着，免得使它通过我们的翻译介绍，完成它的"文化侵略"的任务。我们要时时警戒着，免得我们的翻译介绍成了"买办"式的。

——《申报·自由谈》（1933 年 11 月 25 日）

翻译名著的条件（1933）

侃然

当一般青年都感着无书可读、缺少精神粮食的时候，当几个较大的书局都埋头于教科书市场的竞争、不顾印行译稿的时候，中山文化教育馆忽有系统地翻译西洋名著的拟议，这自然是使人非常高兴的事。

本来，系统地介绍西洋名著非有巨大的资本不行，中山文教馆得着政府和私人帮助，经费充足，出来举办这种文化上的大事业，实在是再适当没有。听说该馆预定给翻译者每千字稿费五元外，将来出书时，还可抽取版税。以这样的条件，我想是应当得着好的翻译成绩的。

不过，系统地介绍世界名著，究竟不是容易的事，虽有雄厚的财力，也还要办理得法才行。倘若办得好，对于我国文化将有极大极佳的影响；不然，则不唯枉费了金钱，且将使现今芜杂的翻译界益为世人所诟病。所以站在纯学术的立场上，我忍不住要贡献一点意见。

一、所收名著要经过精密的选择。——西洋名著，浩如烟海，我们限于人力与财力，权衡轻重，自非经过一番精密的选择不可，我以为：

（一）既是系统的介绍，那便要选历史上已有定评的名著，时人的著作宜少选。

（二）要从欧洲文化湛深的国家去搜求，像日本、美国那样新兴的国家，既没有几个上得台盘的世界学者，他们的著作宜少选或竟不选。

（三）重要的著作，即使已经有人译过，但若那译本不甚妥善时，应予重译。

（四）确有价值的名著，虽明知翻译出来，少有人看，也应当翻译。

总之，名著的取舍，非网罗许多对于西洋文化有着深切了解的专门学者来从长商议不行。该馆现在已决定翻译一些什么名著，所决定翻译的名著究竟是由哪几位学者选出，我们不得而知，但审定委员的名单，我们却早在报上看到了。遗憾的是：那些委员虽多系很有名望的人物，但极少对于西洋文化有着深切了解的学者，其中甚至有任何外国文都不懂的人，这上面，我觉得主持者还有加以增补和淘汰的必要。

二、名著的翻译要力求完善。——翻译名著是应当非常郑重的事，该馆既有着雄厚的财力，倘仍不能得到完善的译文，则不唯遗误读者，而且也对不起那些苦心著述的泰西的贤哲。为求译文完善起见，我以为：

（一）要延聘中西一贯的专门家担任翻译。——翻译名著不单要选富有翻译经验的、中西文字俱佳的人担任，并且还要那人对于所担任的名著有过专门研究才行。叫学工的人翻译经济史固不可，叫只会翻译小说的人翻译 Aug Comte 的 *Cours de Philosophie Positive* 那样艰深的哲学著作，也就滑稽。

（二）名著务必从原文翻译。——我们知道无论怎样好的译文，和原著比较起来，总是要大大地打上一个折扣的，尤其是哲学方面的著作，真是差之毫厘，失之千里。我国以前翻译人才缺乏，德法诸国的著作，多从英文或日文间接译出，不免有许多跟着翻译者错误的地方。现在精通德法文者甚多，如果再要采用间接翻译的办法，那实在是没有理由的事。

其余私见尚多，限于篇幅，不克尽陈。最要的是：我希望该馆这次翻译世界名著要抱着为文化服务、为学术牺牲的决心，不可有丝毫营利或其他的企图。印刷发行尽可委托书店，但名著的选择，却绝不可被书店左右，免得有贪图销路，迎合市面，舍真正有价值的名著不取，而以西洋三四流的作品或日本、美国新近出版的一些朝生暮死的著书来投机取巧的危险。我再说一句：该馆这次翻译世界名著的成功或失败，关系中国文化前途极巨，不单是主持者要郑重其事，而全国著作界和读书界也该予以深切的注意！

——《申报·自由谈》（1933 年 12 月 20 日）

《汉译统计名词》绪言（1933）

王仲武

    翻译科学名词这件事，在近十年来已渐渐引起国人的注意。关于自然科学的名词，前几年中国科学社会集合许多专家，组织一个科学名词审查会，把它大部分的都翻译出来，并且详加审订了。这确是一件很有益的大贡献！不过关于社会科学的名词，尚少着手。说到统计方面名词，在民国十二年友人朱君毅先生曾感觉到教育统计名词翻译的杂乱和含糊，就编了一本《统计与测验名词汉译》，对于教育统计上已有相当的贡献。在十五年冬我曾听见胡明复先生说："有些统计名词和其他与数学相关连的名词，业经科学名词审查会陆续译过，但是为数太少，恐怕不适应用。"好像此外就没有人作过了。我因为统计学术和事业，在这两年来突然发达，关于此类名词的翻译，当然更觉切要。加以友人的怂恿，所以我就把民国十一年时所编《统计学原理及应用》旧稿中的各译名整理一下；又参考许多其他书籍草成了这本小册子。

    这册子的编制分两篇：第一篇，是按照一般统计书籍章节的次序和工作的步骤，分类排列，好叫阅者便于连络的参考；第二篇，是按照英文字母顺序排列，最便检阅。不过顺带地要声明一下，就是第一篇各类名词选定的标准，大部分依着应用的多寡，有时也照发现的先后来分。界限是取"宽泛主义",譬如 Grouped and ungrouped data 等字已在第一类 Collection of data 见过,在第三类 Frequency distribution 里,就略去了。若照应用上看起来,似乎这等字在第三类也是必要。不过因为要免去重复,所以只得省掉。好在还有第二篇的顺着英文字母排列,也足以补救查阅上的困难。又关于第一、第二两篇的名词,十分之七八是相同。只是有许多常用的单字,都列在第二篇;大部分名词全放在第一篇。

这册子的一点小用处,是在供给一般从事统计工作和研究统计的人们,帮助参考上的便利罢了。我记得在民国十年教授一班商科学生统计的时候,每讲到一个名词,他们都先要我译出一个中文代替的名词。有时费了半天工夫,勉强译出来,也是觉得常常不得当;有时竟为他们所窘,译不出来。后来曾问过他们:"为什么定要我译成中文名词?"他们说:"有了中文名词,我们第一层,就像得了一个简明的概念;第二层,因为已经有一个概念,再看详细的解说或应用,比较地容易懂得多;第三层,更觉便于记忆……"从他们这几句回答里看来,的确也有相当理由。这册子的成功和旧作统计学中各译名,大半也是由他们逼我作成的,同时还要感谢他们!这册子内的各名词,是以一般统计上常用的为范围,所以各方面从事统计的人们,都多少有些参考之处。不过要从严格地比较起来,似乎关于经济统计的名词格外多些。

翻译文字,要确当,不失原意,又要明了易懂,却是很难。这里边的甘苦,凡是作过翻译的人们,都知道的。不过翻译文字,只限于意思,不限于辞句,还可以用"旁证曲引""润色描摹"种种方法来达出它的意思。说到翻译名词,除了上面两项条件以外,还有字数的限制。多了两个字,就嫌累赘;少了两个字,又怕含糊。同时相类名词,又要一律;凡是已用成习惯的译名,又难强改;这的确是一件不容易的事。本册中的译名，大半都是根据上面几个原则去作的，有时限于个人的思想，容或未周，那也一定有的。此外还有些译名，因为沿用日久，已成了习惯，凡是意义尚合用的，都仍旧保留，不愿另作新译，免得纷扰，譬如 Base year、Base period 等名词，几年来大家都译作"基年""基期"。据说最近有人要改译作"标准年度""标准时期"，照字面上看起来，似乎更加明了一点。但是不太习惯，恐怕用起来反易误会。再看英文 Base 原意，我个人私意，与其译作"标准"，不如译作"基"。几何上也有 Base line、Base number，亦译作"基线""基数"。虽有人说：数学和统计性质不同，译名亦当不同，那是诚然。不过不能一概而论，好比 Series 一字，在数学上译作"级数"，在统计上改译为"数列"，似较合式，因为它们用意不同的缘故。倘若用意相同，那又何苦定要另作译名。况且统计上有许多名词皆是从数学原理上来的，只要用的意义合宜，当然也该相同。本篇就根据这个主张，凡是有关数学的名词，都尽量使它们相同。在篇中有极少数几个名词旁加"＊"符号，作者因为一时想不到最适当的译名，暂且假定着，留到再版时修正罢了。这册子只有三十几页，名词不过七百余种，挂一漏万，一定免不了的。又因仓促付印，译意的模糊或欠妥，也是难免的。好在以后再版时可以添加和修正。海内专家，如肯指教，那正合作者"抛砖引玉"的原意，绝对诚意地接受，并且十分拜感！末了还要声明的，就是浦君屏三、钱君一羽，帮同核雠正，尤为感谢！

王仲武序于交通部

民国十八年

——《汉译统计名词》（上海：商务印书馆，1933 年）

关于标准译音的建议（1933）

石声汉

习惯上，我们用本国字写文章时，行文中遇到非本国固有的名称，无论是人名、地名、种族名称，从来就只有两个办法，一个是译义，一个是译音。近来因为欧洲系语言文字在中国非常流行，于是又有了第三个办法，就是不译义也不译音，直接把原文写了进去。

这三个方法，各有各的好处，也各有各的坏处。译义最容易使读者领会，自然是顶好的办法。但也有许多困难。最大的缺点，就是极容易牵强附会。想要译得十分精确恰当，有时竟是绝对地不可能；因此，自然而然，就走到了译音的一条路上。所以译音是古已有之的办法。像拓跋、慕容、尔朱、哈、马、白等译音的姓；兀术、伯颜、揭模斯等译音的名；佛、菩萨、单于、可汗等译音的称号；大宛、爪哇、柬埔寨等译音的地名；匈奴、突厥等译音的民族名；葡萄、苜蓿、玻璃、代代花等译音的物名；以至于揭谛、三藐、三菩提等译音的抽象名词，都是沿用已久，成了习惯的音译。译音的缺点：第一是与本义没有直接的关系，不容易唤起联想，在记忆上比较困难；第二是中国语言是单音字构成的，用来译记多音字的外国语言，总不能恰恰相似；尤其是近代的中原语，把"音随"中的大部分丧失了以后，译音更加麻烦。还有一个根本上最大的问题，就是方言不统一，各人依照方言译音，以致一个字有许多译法，几个字译成同一个音，纠纷错杂，很难弄得清楚。比方"陶斯道"到底是 Tolstoi，还是 Dostojevski，鲁迅先生就曾提出怀疑质问过。Henry 有的译作显理，有的译作亨利；这次国联调查团的 Lytton 在上海姓李名顿，在北方却成了莱顿；Stockholm 有的译作斯多克活伦，有的译作斯德哥尔摩，有的译作士托火林；Normandy 有的译作脑门豆，有的译作诺尔曼地之类，分歧百出，真叫读书的人有无所适从的苦恼。再加上有些人名地名，尤其是近代科学中的许多名词，好像有机化合物的名称和动植物矿物的名称，往往有十几个音节，再加上许多音随，译音实在太累赘、太麻烦，在记忆方面，用不着说，尤其是非常困难。因此，在使读者得到简单明了而且真确的观念一点上，转写原文的确也是很好的方法。

不过，转写原文，也有许多弊病。所谓"原文"，照理应当以那个字所属的文字语音系统为标准：英国字应当写英文，德国字应当写德文，阿拉伯字、埃及字也应当写阿拉伯文、埃及文。照这样派起来，一个人对于世界上这许多死的活的语言文字，非得预先都有相当的了解，一定不能转写原文。这是第一点困难。在事物名称方面，有几个富有普遍的世界性，那么，所谓原文，究竟该以哪种文字为标准？这是第二重困难。

就事实上的现象来说：近来习惯上所谓的原文的，多半只是依照条顿系和拉丁系语言文字，用拉丁或罗马字母写出的拼音。斯拉夫系甚至于咸米地系、沁米地系，都全依条顿拉丁语法改写作拉丁体，当作原文。而且，事实上差不多百分之九十是以英、法、德三种文字为根据。这实际上只是借用人家的音译或义译，并非原文，无异于在纠纷上再添纠纷。而且，有许多世界性的科学名词，为"尊重先进"和"便于通行"起先（其实这两个理由本身就很可怀疑），写写英、德、法文，也还罢了；至于人名、地名、种族名称，转写原文时也拿英文、德文法文作标准，尤其是无理可言。条顿、拉丁两系语言，彼此相近，互相转写，问题还少；但是因为各国有各国的语言习惯，人名地名的写法，已经就大有差异：像 Suisse, Switzerland, Schweiss; Spain, Spanien, Espagne, Hispania; Lewis, Louis, Ludwig; William, Wilhelm, Guillaume；诸如此类，不是比较熟悉的人，恐怕就不大容易想到是同一的字。斯拉夫系和条顿拉丁两系，相去较远，转写时困难与纠纷便多了许多。要是咸米地系、沁米地系，更不用说了。举个具体的例来说，比方美国的 Biological Abstracts 上面，就申明了"凡俄国人的姓名，看他的论文是以哪一种文字发表的，就用哪一种文字的拼法"。照那部杂志的办法，俄文中的 В、Х、ч、я 四个字母，转写时就有许多的差异和变化：

俄	英	法	德
В	V	V	W
Х	kh	ch	ch
ч	ch	tch	tsch
я	ia	i 或 g	j

因此，若是中国素来译作"柴霍甫"或"契诃夫"的这一位小说家，忽然高兴，作了一篇生物学上的论文，用英、德、法三种文字发表了出来，Biological Abstracts 把三篇都集了进去，我们中国学生物学的人，要征引他这一篇文章，须得写出他的大名来时，倘使要写原文，照英文式应当写作 Chekhov，照法文是 Tchechov，照德文

是 Tschechow。到底应当写哪一个字呢？事实上只有"Чехов"才是真正地道的原文；然而这几个弯弯曲曲的字，普通的印刷店不见得会备有，没有瞧见过俄文的人也只有望着发呆，不知道这几个字是"琴谱"还是"王大夫的药方子"。所以，转写原文，对于读者所感到的纠纷与困难，并没有解决。而且，根本上的问题，用中国文字写的东西，主要的目的自然是给中国人读的。因此，堂皇一点，就民族独立精神方面讲，切实一点，就一般读者的方便讲，都不能承认转写是最好的办法。如果根本上连国文国语一并取消，另创其他的语言文字来代替，也许还能有一种更好的处置。如其国文国语还要保留，则对于非我们所固有的名词，自然仍以翻译出来，使人都能领受了解为好。能译义的，仅是译义：比方"银行"，虽然意思并不十分真确，但是既然大家都能懂得那是那么的一件东西，就用不着像严又陵先生那么译成"版克"。又像"兴感"或"灵感"，虽然不能算是最好的译法，但是总比"烟士批里纯"那种叫人想不起意义来的音译好些。实在译义不出，或者像人名、地名、种族名之类，无义可译的，然后译音。译音虽有许多困难，但这些困难都是有方法可以解决的。就音译的史实上讲来，这方法也并不是绝不可用。只要有一定的译音法则，标准的译音字，使译音能够统一，从前音译上种种困难，都能解决；从前音译方面种种毛病，都能免除，大家自然乐于采用，音译自然可以通行了。

过去译音的通病，大概有三方面：第一是用方言来译音，第二是不依原字的音翻译，第三是取字怪癖。

方言译音的毛病，前面已经说过。中国的单音字，只有形的一方面，大概是全国一律的，各处方言读音方面的差异，所发生的种种障碍，大家早已很明白了，而且认为确有解决的必要。但是，提倡国语的先进，虽则轰轰烈烈地弄了多少年，到现在狂热过去后，国语的统一，仍然是渺不可期。这现象的因果关系，自然是非常复杂。但是没有一种完备可用的注音符号，标准紊乱；和勉强用一处的方言来代替其他的方言，偏执不公；这两件事，大概是最主要的原因。现在通用的两种注音字母，注本国的音还不够用，译非本国的音，自然更不容易。从前翻译佛经，音译方面，因为借有梵文的拼音法作辅助，所以能够得到统一和精密的结果；日本用音译所以还行得通，就是因为四十几个假名的读法，大家能够一律。所以要避免因用方言译音而发生的歧异，最好是折中各方面的方言，定出一套标准的译音字来，在音素方面，力求完备，同时并不勉强以一地的方言为标准。这样，自然不难统一了。

不依原字译音，结果是译比不译还糟。但这却是近来译述界一种极普遍的毛病。中国近代流行最广的外国语，大概是英文。英文的拼音，在欧洲文字中，虽然也要算是一种变化最不规则、最复杂的，但因为习惯的关系，倒反比更规则的德文、更和谐的法文，比较上和我们大家更熟悉。所以习惯上遇到外国文的名称，普通都用英文音去读。例如（Victor）Hugo 译作许果、虎哥、嚣俄之类。要免除这种错误和歧异，只有各种文字，都按照原来所属的语言发音，来和标准译音字对照翻译。

译音取字方面的毛病，从前已有很多人批评过。总计起来，以人名和物名方面的流弊为最大。尤其是译人名的时候，向来的习惯，喜欢替外国人照一个中国姓，再安上一两个典雅的字，配合起来，使他十足像一个"黄炎胄裔"。如像柯伯坚、樊克林、南沁甘、魏灵东、萧伯纳、罗素、杜威之类。如果是女人，更要在草头、玉旁、纟旁、女旁的字中去寻，或者加上美、丽、黛、柔……表示女性的字眼儿；

像玛丽、锦妮、薇娜丝、黛绮思之类。这种译法，不但弄巧成拙，会令人觉得好笑，而且容易引起误会。例如柯伯坚有点像“柯仲软柯二老爷的大令兄”，是鲁迅先生的老笑话。

在物名方面，关于植物的译名，最近钟观光先生校订《科学名词审查会植物名词审查本》时，就有过很详尽的批评。第一是译音的字，连带着若有若无的意义。像披求木、耐劳木、百能威，等等，“似义非义，似音非音”，易起误会。第二是译音字加上许多偏旁，如榏、棁、莵、菈之类，“甚似说文玉篇中未证明之木名”；“使人疑为古书僻字，极易误事”。又比方药物中的 Jalapa，有人译作药喇叭，据说因为是开喇叭形花的一种药，又牵强又滑稽，正和勒吐精叫人觉得血滴滴似的可怕一样，没有什么值得称颂的好处，而只会引起反感。如果能够有一种标准的译音字，大家一律去遵用，不故意标新立异，这种毛病，也自然不会发生。

音译的困难与毛病，像上面所说的三种，都有方法克服。最困难的一点，还是因为中国文字的特点是义以形传，和其他语言文字义以声传的，根本上格格不入。译音的字，不能叫人联想到义的方面去。但这种情形只是习惯的关系。如果大家都用同一的译音字译音，久而久之，习惯了以后，写出这几个译音字，自然会想到这几个字合成的这个名词所代表的究竟是什么。唯一的条件，只在统一而已。这并不是空口说白话，有很多事实，可以证明：就我们中国古代的例来说，菩萨、阿弥陀佛、玻璃、安息（香）、爪哇等音译，因为是统一的，用成了习惯，说出来大家就知道是什么。近代的像德律风等物名，达尔文等人名，因为统一而且大家承认，所以一说出来也就马上都知道。各地方言中的音译名，如像上海区域的水门汀、派司、摩托卡；

广州的土担、燕梳、唔、咭，等等，便都有这种习惯和统一的效果。就情形很和我们相像的日本来说，他们拿那四十几个假名来译音，尽管译得不像，而大家一律遵用之后，也就成了习惯。写出□□□□□来，大家都知道就是埃及王 Tutankamen 的名字；写出□□□□来，大家就知道是 energy；写出□□□□□□□，大家都知道是 Zeitgeist。虽然译音并不曾真正译出音来，只是大家都承认它是译音；原字的内容，这译音已能表示清楚，并不觉得不方便。正像 Berlin 的译音柏林二字，在现在所认为标准的国音读成 Poeiling；在吴音是 Palin，Polin；在粤语是 Potlam；都和 Berlin 的原音并不相像。但因为大家都写柏林这两个字，所以尽管念成 Poeiling 也好，Palin 也好，Polin 也好，Patlam 也好，大家都知道这是德国的首都 Berlin，也就不生问题了。所以说，唯一的条件，就是统一。

因此，为求译音的统一起见，我想最好能有一种标准的译音法，以音素为标准，选定若干标准的译音字，每个字指定译一个固定的音节。这一套译音字，应当由相当的学术机关或团体拟定，公布出来，全国遵用。旧有音译的名词中，像柏拉图、巴比仑、亚力山大、拉丁、纽约、巴黎之类已经统一的，自然不必勉强去改定它。若是分歧很多，各自不同，而又各无可取，就一总作废，在标准译音字中，另外找出最适当的字来重译。

这一套译音字，在选定时，最应当注意的有两方面：第一音素要完整，第二选字要谨慎。

选字不谨慎的弊病，上面已经说过。这一套标准的译音字，千万不可在意义上再有容易含混误会的地方；最好依钟观光先生关于植物译名的建议"音译宜取徐雪村、赵静涵诸家法，用字浅而无意义者，望而知为译文，易与邦名（中国名词）区别"。除掉化学物名，不得已要以偏旁区别外，其余音译名，一概不得随意加上偏旁，以免引起误会。同时，每字的笔画，最好不多，书写时才能便利。

关于音素一方面，应在完备上着眼，不可过于拘执，完全以现在狭义的国音作标准。国音缺乏许多声母；韵母中音随只有 n 和 ng，尤其不完备。这一点应当力加补充，才能合用。中国古代的译音，像"揭谛"（译 Getta，以揭 Git 的音随 t 译 Get 的 t）"三昧"（译 Samadhi，以三 Sam 的音随 m 译 Sam 的 m）……，近代广东的译音像"合经司"（译 Hopkins，以合 Hop 的音随 p 译 Hop 的 p）麦琴（Markham，以麦 Mak 译 Mark，以琴 Kam 译 Kham，两个音随都译到了）积臣（Jackson 以积 Tsiek 的音随 k 译 Jack 的 ck）……，既切合，又省事，读起来非常方便。用国音来译，则 m 的音随要加上姆，t 要加脱，k 要加克，p 要加勃……，字数加多，写、读、记忆，都不便利。像这种地方，最好能以《广韵》《集韵》等古韵为根据，在现代方言中找出正确的代表音来补充国音中所不能包括的韵母。同时，国文中缺乏的声母，像许多的带音声母，各种的颤抖音声母，后腭部的各种摩擦声母，破裂声母，小舌音声母等，也似乎不妨依古音声母"分等法"，和现在许多方言中的"假浊""真浊"等声母，选定许多字当作补充。经过这样补充后，所得出的一套标准译音字，大概已经可以把万国注音符号所能代表的音素，勉强容纳下去——至少比现在的音译法要丰富而且完整得多。

这一套标准译音字，自然在应用上要极方便，才能普及统一。这一点比较上例还容易设法。若是照《切韵指掌图》的办法，以万国注音符号作标准，把这些标准译音字排成一张表：表中假定横行写声母，直行写韵母，则某一个声母和某一个韵母拼成的音节，应当怎样译音，只要先横后直，向表上一查，就可以知道。同时，作成许多副表，把各种语言的音素，尽量搜罗拢来，仍旧按照各音素的真正音值，用万国注音符号注出，某一个字出于哪一种特殊的语言，就按照哪一种语言中的读法，向副表中寻出万国注音符号所注的音，再向字表中去寻找。这样一来，音译方面因读音错误而起的歧异，也可以不致发生了。电报号码，那样机械的东西，尚且有人能记得清楚；我想这样的一种译音字表，在记忆方面一定不会十分困难的。即使记不清楚，有表可查，也并不困难，至少也比现在这种纠纷混乱的状态好；无论如何，总不至于使人见了摇头吧？

有了这一套完备的译音字后，虽然未必能译得十分正确，大概各种语言中的音素，总可以完全译得出来。另外还有许多小问题，比方像音节的分段法；每一个音节中的复声母，如 pl、bl、pr、br、fl、fr、tr、dr、tw、dw、pf、pfl、pfn、sp、sl、st、stw、sm、sn、sk、skw、shl、shr、shp、sht、shr……和由复声母构成的音随，如 pt、kt、kts、ktsh、mp、nt、ndt、ns、nl、tl、mpf……之类，应如何译法（尤其像斯拉夫系语言中的 Przewalski、Hdrivka 等姓名，Vadivostok、Irkutsk 等地名，音节中成分非常复杂的字）以及重音部分的表示法等，可以另加规定。好在这一套字的选择，原是应当请语言学专家作的，一定能够附带给我们解决。又比方某一个字应当以哪一种读法为标准；某一个字应当依照哪一种语言去译音，也只有各方面的专家能够规定。我们现在所期望的，就是这一套标准译音字，能够早一点选定出来，免得译述界的困难与纠纷，永远像现在这样拖延着，没有结束的日子。

——《图书评论》第 1 卷第 10 期（1933 年）

关于新药译名之一调查（1933）

蒋本沂

药的名称，原则上有两种提法：

一种是表示药物的成分的，譬似"盐化钙"；

一种是习惯上常用的固有名，譬似"Adrenalin""Salvarsan"。

在这两者之间，我们赞成用第一种，这，凡是科学、医院，来谁都不会也不敢反对的吧？

但是事实上我们常常用惯了一个固有名而不写表示药的成分的名称，例如不用 Acidum acetylsalicilicum，而惯常称作 Aspirin，这虽然不很好，可是也没有很大的关系；不过自从新药产生以来，一面因为很多新医在中医化，他们喜欢对病人乱谈药名，拿来炫奇，拿来标新；一面有许多病人欢喜似懂非懂地叫医生用新药给他们治病，为了这种需要，新药便大量地生产着，并且每种药名又附记着一个容易记忆而又通俗的译名，因此许多莫名其妙含有麻醉性的新药的译名，便在中国的医界上出现了，譬似：

有的用"如果把这药一吃，一定药到病除，灵得不得了"的译意作为药名的；

有的用"此药一定能够克服毒病的"译意作为药名的；

有的用"补你的命，赐你福，长你寿"的译意作为药名的。

这些都是使得一般中医化的新医和似懂非懂的病人欢迎并且又是容易记忆的好方法，也就是推销新药的不二法门，这些新药向病人——他们不会经正式医学之学习的——宣传得很厉害的事情，当然会发生恶劣影响的，这是医疗制度上有些眼光的人，谁都会看得出的。

现在把一百四十五种新药译名的统计和分类写字在下面：

1. 相当表示药物的成分的译名	19	13.1%
2. 译音（有的稍存含意，但不厉害）	85	58.6%
3. 拿通俗易解的字来表示该药有何种 主效（如立刻止痛等）	26	17.9%
4. 怪名（福气、救命之类）	15	10.3%

看上面的统计，我认为第三和第四的两种是不满意的，这种药名或者是夸示药效，或者拿救命为主题，毫不表示药剂的内容。这，在将来医疗制度能够在社会卫生学的手中的时候，这种药名是无疑地该受取缔的。

——《东南医刊》第 4 卷第 2 期（1933 年）

译事卮语（1933）

翁为

如何审订科学名词？

溯自科学输入我国，已数十年，而人民之科学知识，尚在襁褓中者，虽教育未能普及，为其主因，要亦科学书籍，绝少译本，诚如罗家伦先生所谓科学未能说中国话也。迩来科学文字，散著于各杂志者，日见其多，然而科学名词，未能完全统一，同是一物，出诸甲口谓之马，出诸乙口谓之牛，读者眩惑，作者徒劳，是诚灌输科学之一大障也，乌可以等闲视之。

夫以科学之日新月异，层出不穷，审订名词，又岂一二人之心力，所能集事？然而合作端赖分工，不有涓滴，何来江河，事体虽大，颇有待于各个人之努力也。且在今日，不为科学文字则已，苟或为之，则一伸纸，一执笔，辄感名词之缺乏，而不得不先致力于此。坐是而望洋兴叹，裹足不前者，接踵比肩。是故审订名词，实为当务之急，凡我同人，允宜共肩巨任，各尽其力，庶有豸乎。

审订名词，其事固难，然有蹊径，可以遵循。不佞之愚，以为有取材之道六，应守之律三，敢陈所见，就正博雅。

所谓取材之道六者何？

一曰抽绎字源：西文名词，胎息拉丁希腊，大字典中，多载字根，溯根译义，最为确切。试举一例：英文 Synchronous，出于希腊文之 Sun 与 Khronos，Sun 训与、训同，Khronos 训时，故可译为同期。又如 Asynchronous，A 训无、训不，故可译为不同期，或异期。或有译此两字为同步异步者，非是。

二曰比按众文：同是一物，各国异名者有之，西文有六国工业术语词典，最便参改。盖英名之不能译不便译者，法名德名容能之。例如原动机调整速度之机关，英人谓为 Governor，译言统治者，法人谓为 Regulateur，译言调整者，入于中文，统治不若调整之善。又如输电而分若干路，汇其出发之点，集列一区，以便启闭控制者，英人谓为 Switchboard，译言电键壁，法人谓为 Tableau de Distribution，译言输电壁，后之含义，较前为广。且名词之异义，不特异国异文者有然，即异国同文者亦有然，如英之与美是矣。而同国异地者，间亦有然，坐习惯不同也。是在吾侪之甄别取舍而已。

三曰沿用旧译：旧译名词，有极佳者，宜广为搜集，尽量采用，前人制作，类皆精心冥会，不涉苟且，江南制造局丛书，即其一例。近人之作之散见于各杂志各书籍者，亦宜广为采择。他人既竭心思，必有可取，佳者无论矣，既次焉者，亦足资参考，莫非吾人之先导也。

四曰师法六书：我国文字，源于六书，六书者何？许慎叙《说文解字》曰：

……一曰指事，指事者，视而可识，察而见意，二三是也，二曰象形，象形者，书物成形，随体诘诎，日月是也；三曰形声，形声者，以事为名，取譬相成，江河是也；四曰会意，会意者，比类合谊，以见指撝，武信是也；五曰专注，专注者，建类一首，同意相受，考老是也；六曰假借，假借者，本无其字，依声讬字，令长是也。……

郑樵《六书略》曰：

> ……象形指事，一也，象形别出为指事。谐声专注一也，谐声别出为专注。……六书也者，象形为本，形不可象，则属诸事，事不可指，则属诸意，意不可会，则属诸声，声则无不谐矣，五不足而后假借生焉……

吾侪多译名词，大可师法其意。综观近代译作，最常用者，厥为会意，如蒸汽机、电动机、避雷针……，大抵皆比类合谊，以见指撝者也。象形指事次之，如 Piston 译为鞲鞴，Crank 译为曲拐，Switch 译为键……，则视而可识，察而见意者也。专注则化学名词，颇采用之，如气类之从气，金类之从金，深契夫建类一首，同意相受之旨焉。谐声则新造之字，如矼、玅、烆……庶乎近之，所谓以事为名，取譬相成者也；惜乎音多未立，亟宜加以订定耳。假借则应用甚少，运用亦稍难，郑樵曰：

> ……六书之难明者，为假借之难明也，……假借者，本非已有，因他所授，故于己为无义；然就假借而言之，有有义之假借，有无义之假借，不可不别也……

较许氏之说,辨析毫芒矣,所谓有义之假借者,如初训裁衣之始,而借为万物之始;中训中央,而借为中的之中;辂本车辂之辂,而借为狂狡辂郑人之辂;……皆是也。所谓无义之假借者,如汝,水也,而为尔汝之汝;荷,花也,而为负荷之荷;于,鸟也,而为语词;……皆是也。电器中有 Condenser 者,不佞往译为电坎,以坎训穴,有虚容之意,且其音切 Con,窃附于假借之类焉。盖译文之出于会意者,往往失之堆砌,易流于冗,或入于拙;其出于象形、指事、谐声、专注假借者,则简洁清醒,称写两便,实较胜焉。

五曰选用古字:译书贵先识字,译科学名词尤然。我国本源,在于小学,《尔雅》《说文》诸书,都宜略涉其藩,多识夫鸟兽、草木、服饰、器皿之名,然后触类旁通,有心手应得之便。近世学者,颇主创造新字,鄙以为除一部分术语,如化学一类,不得不然外,凡可以应用我国原有文字者,与其造新字,不如用古字,盖古字之旷而不用者,占字典之十七八,名物一类,为数尤多,凡此诸字,音义俱全,无凡建革,苟善用之,一字矿业,要在认清门类,从事搜求而已。不佞往译英文 Sag,以其似弓,爰于字典弓部检得彉字,彉训弩满,亦作彉,音廓,因为有义之假借,而译为彉。又译法文 Point Figuratif 为倮点,倮,音夷,训尸,出仪礼,今言代表。尸字嫌其突兀,代表二字,又觉繁缛,倮字简而不悖于义,且不常用,不致雷同,此又古字之长处也。

六曰兼用译名:名词有有意义者,有无意义者,既无意义,则翻译之法,不出两途:其一,仍用有意义之字译之,如西文之 Cam,可用象形指事法,译为疣轮(亦有译为偏突轮者)是;其二,译音,译音之失,在于难读,晚近作者,每不喜用,愿能存原文之音,乃其优点，即名词之有意义者，往往乏确切之字，与之相当，则与其牵强译意，致失真相，何如直接译音，加以注释，盖注释不拘字数，虽十百言，亦不为害，若夫名词，有独立性，短峭为上，不宜逾数字也。在昔先民，移译佛典，即广用译音之法，实一善例。其在科学，何必曲避，故有译意不能，或虽能而不达，即宜舍意译音，毋庸踌躇。电器之中，近人译 Relay 为继电器，Rheostat 为变阻器（亦作抵抗器），虽于义不远，然细加寻绎，究隔一间，似不若径译为"利雷"与"廖思达"之直接爽快，又有译 Bakelite 为纸箔者，义更不属，何如径从其音，而译为培克来脱。区区之愚，不识当否。

所谓应守之律三者何？

一曰从简：科学名词，最忌烦重，一涉烦重，称写两难，字止于二，最为上乘，设或不能，四五为度，一切冗字，概宜消除，简无可简，能事乃尽。声调平仄，亦宜讲求，平仄不和，入口不顺，纵极典雅，未臻完美。

一曰从熟：前人所订，宜广采纳。普通名词，已属用惯，非极粗陋，不宜轻弃。

一曰从便：有义可绌，有字可达，即为译意；本属无义，无词可拟，不妨译音；即或有义，宜达不易，从音为便；至于译音，其途不一，或溯字源，或师六法，或比众文，取其最适。

——《科学》第 17 卷第 5—6 期（1933 年）

商务印书馆与中国译学界（1933）

真如

我认为译学的根本问题，应该从社会文化作用和译学的技术两方面来看，因此，移译书籍，必须在这两个原则下，来决定它的问题。在这两个原则下，我个人认为除了唐三藏翻译佛教哲学的著作外，就是号称近代译学的宗师严几道先生，也没有充分地做到这些条件。现在以翻译书报为生活的书业老板和译者，不用说自然也是谈不到文化责任和译学的技术责任了。唐三藏的译书计划和能力，尤其是他的广博的翻译，不仅是中国文化史上绝无仅有的人物，就是世界任何国家也没有一人能和他比拟的。严氏的翻译，虽然在技术上做到"信达雅"的条件，而文化作用的一点上都没有做到。例如《莘学肄言》并非是斯宾塞的代表著作，他偏偏地舍弃其他的著作而移译这本通俗的《莘学肄言》。这也许是他和斯氏的动机似的，把这本书当作新兴社会学运动的宣传。至于他把穆勒的《名学》后半部的"道德科学名学"删而不译，却不能不说他是短见了。本来讲到译学的文化作用并不是很简单的事，可是"有系统的翻译"是应做到的。历史上告诉我们，各国文化转移是没有能脱这个条件的。就是有系统翻译的条件来说，不是本文范围内所想讨论的问题，姑不详论。就翻译的技术方面，其他的小书店不说，商务印书馆出版翻译的书籍有许多的令人陷于绝大的失望。

在八九年以前，我曾看见过有人在已经绝版的《太平洋》杂志上批评过商务印书馆出版的《科学大纲》。无非是说译这部书的东南大学、北京大学、清华学校等教授们译笔的错误而已，唯隔年太久，已不知详者所评的内容。后来无意中在内人黄景芬女士的一本《西洋文化史大纲》上看见这位常识毫无的作者，把英国诗人 Edmund Spencer 误成社会哲学家 Herbert Spencer。其实，这点错误仿佛早就被陈西滢教授纠正过，而商务的编者仍然引用。后来在友人处看到某君编译的《文学大纲》和我国学生常用的《英汉合解辞典》也有不少的小错，因记忆不清，我们在这里不便批评。仅就最近十天所得的印象，我深觉商务印书馆本身已丧失了它所谓文化的使命。我弃置数年不用的《法华字典》和刚买的一本胡、许两先生译的《经济学史》，偶然一翻，发现了许多可惊的错误。这些错误比孙本文先生的汉译人名商榷（见某期的社会学杂志）还要可怕。编这本《法华字典》的谢冠生先生竟然会把"微醉"译成"浅灰色"，把鸟之雌者译成小鸟，把日常使用的 Trier Sur le Volet 误成为 Tirer Sur le Volet，诸如此类，不胜枚举。至于胡、许合译的《经济学史》，我偶然于该书第二十八页第一行和第五行看见更可笑的错误。译者竟然把拉丁字 Corpus Juris Canonici 译成道德法典，把英文 Canonist 译成法师。这种错误令人百读莫解。这两种错误，前者应译为"教会法典"，后者应译为"精于教会法之人，或教会法专家"，有时译为"教会法之编纂者"亦可。只要稍有英文基础和社会科学知识的都不该陷于如是的错误。好歹因为这本书是英美人写经济学史唯一的著作，又是商务印书馆王云五先生发行，销路自然不坏了。幸而个人是以前曾经读过原文和已经绝版的法译本，不然只好重新一读再读了。像这类的书籍不唯没看见教育行政当局的审查和纠正，亦没看见他人的指正，这不能不说我国文化的幼稚了。我听说北平某教授把涂尔干的《社会分工论》中的"政治经济"一语译成了"经济政治"，因为他是博士又是教授，早几年也被商务接受了。不幸原稿毁于日本的炮火之中，不然我们的商务印书馆将又在"版权所有"，"不许"人家"翻印"来读这本震世名作了。

根据以上的事实，我们感觉得出版事业应受国家的统制，所谓国家的统制并非是说国家对于言论自由的干预，乃是说：出版界应受国家对于文化事业的监督和指导。否则社会文化必受非常严重的影响，这是说文化事业的责任问题。由这两本书上所得的事实，我们知道这种不负责任的翻译不仅是文化发展的侵害者，同时是使译学毁落的象征。商务印书馆对于出版尚是比较愿意负责的，至于以营业为绝对目的的，那就是可想而知了。我们不过就一两件的小事而论，其他的细微的错误，更不必说。例如王世杰先生在他的《比较宪法》上颠倒美国社会学者 Ward 的地位，或许是他另有所见，我们不愿一一地批评。从商务印书馆近年来在译学界所表现的成绩，不仅是在文化作用上没有负什么责任，就是于译文的技术上都没有能令人称心的事（除非是周作人先生的文学译本和几本关于教育及世界丛书的译著）。如果政府不负审查的责任，我想商务的译著也许每况愈下的。倘为时间所许，请读者对看十年前出版的施存统先生翻译的几本日本人作的小册子，俞颂华先生在《东方杂志》写的某篇德国社会学，郑振铎先生的许多翻译都会使你胆怕心惊，又会叫你笑得"不忍卒读"了。然而这是过去，国难后的商务似乎不应如是了。我们并非是有意地和商务捣乱，实则有许多的出版家都陷于相等的错误，某书店出版的《社会科学词典》便是一个最好的实例（这本书是由日文移译的，其中谬误百出，例如有名的法国地理学者 Reclus 误成为德国人），黄文山教授在《东南社会学刊》上误认名震国家的现代法国人类社会学者 Lucien Levy-Bruhl 为意大利人，这些谬误，不仅是证明我们中国学者缺少朴学的精神，实在是表现他们的浅薄和常识不足的。又何况 Levy-Bruhl 在美国哈佛大学讲学很久，而他的著作译遍欧西呢。

我不过指出商务移译版本的不忠实，其实它在译学的社会责任上尚有很多的疏忽，例如郑振铎先生的《文学大纲》绝无列入大学丛书的可能，Madelin 氏的《法国革命史》并不算有价值的著作，但他们非认为世界名著，便认为世所仅有的著作，这不能不说是过于大意了。最后的忠告，希望商务对于移译外版，务必慎重地选择和更正，须知社会文化责任，究竟重于营业之一本万利呢。以上不过偶尔的感想，至于如何移译西书，作者以后尚有系统的意见发表，这不过是偶尔的感想而已。

——《政治评论》（1933 年 9 月 19 日）

会计名辞汇译（1934）

潘序伦、黄组方

绪言

我国会计之学，导源甚古，《礼记·周官》篇中，即有日记、月要、岁会之说。然而数千年来，斯学失传，于今难欲追寻数百年前政府、工商、机关之会计记录，亦已渺不可得。至于研究阐述会计学之书籍，数千年来，更鲜发见。故我国原有之会计名辞，除极普通之"存该收付""日流暂记"等字，供通俗之用外，别无其他相当术语。最近二十年来，欧风东渐，新式会计，渐见通行，国内研究会计之士，日渐众多，关于会计之译著，亦年有出版，较之以前，显有进步。考欧美会计之学，近世最称发达，我国现有会计书籍，无非译自彼邦。唯译者既各不相谋，故译名绝不一致。以前我国文化机关，会有科学名辞审查会之设，然彼时我国会计一科，程度过于幼稚，故会计名辞未在审查之列。迨民国十五年，上海会计师公会有会计名辞审定会之组织，而推记者主其事，但在会同人，多以业务羁身，不克多所讨论，因之亦一无成就。数年之前，立法院及财政委员会均会有拟定会计名称之举，然所拟定者，仅于及政府会计之一部。至于年来出版之会计书籍中，虽有附列中英名辞互相对照，便于检阅者，但挂一漏百，太不完备。且译名多为个人之主张，从未有汇齐多数名辞，比较各家意见而为有系统之研究者。直至民国二十年，朱祖晦、程彬及舒公迟三氏，合著《会计名辞试译》一册，收集会计名辞，多至一千二百有余，内并列举我国各家旧有译名，末附著者拟译之名。至是而我国会计学者对于会计名辞，始有有系统之研究。编译会计书籍者，查阅称便。今年本事务所同人，着手于会计丛书及会计季刊之编辑。第一步所遭遇之困难，即为译名之无一定标准；虽有朱君之作，可供参考，但其所包会计名辞及所列举旧有译名，尚不十分完备，因之补加搜集，并为试译或另译，而成本编。兹将欲向读者声明各点，列举于下：

（一）本篇所列英文名辞，计二千余。内中有非真正之会计名辞，不过因其为会计书表中所常见者，故亦并列，以便检查。

（二）本篇所列原有译名，取材各书，虽较朱著多至一倍以上，但因时间匆促，仍不能遍读诸籍，不过年来我国较为重要之会计书籍，除最近一二月内出版者外，大致均已涉及矣。

（三）凡译名之选择，其第一要件，在于涵义切当。第二要件，在于惯用普遍。第三要件，在于用字简赅。但第一与第二及第一与第三各点，每有互相背驰之处，盖惯用已经普遍者，其涵义未必切当，而译义较为切当者，又因素未惯用之故，转觉其生涩难读。且涵义切当者，译字每觉太多，而用字简赅者，涵义或有太略也。本篇译名，固着重在第一要件，但果真惯用已久，则亦勉强从众之义，不为故译新辞。至于译名太简，难涵全义者，则另附简略说明，此中审慎抉择，颇费周章。尚祈读者鉴谅此意。

（四）凡原有之译名，编者如认为可以袭用，则将其列入"原有译名"栏内。凡编者未在他书中见有相当译名者，均为自行试译。在自译诸名中，编者倘自认为适当，则将其列入"拟定译名"栏内，倘尚未敢自是，而待当世有道之指示与讨论，则将其列入"暂拟译名"栏内。至于一字具有二义或三义者，则译名亦分别列举。其只有一义，而有二个不同之译名，均属可用者。则有时因惯用已久之关系，亦听其并存焉。

（五）本编"原有译名"栏内所载各项名辞，均自各家会计书籍中搜集而来，兹将各书名称，著译者名称，及其简写，表示于下，以资索引。

简写	著译者	书名
（工）	陈家瓒	工业簿记
（日）	日本	会计名词拟译
（立）	立法院	立法院拟订会计名称
（因）	杨笃因	稽核账目研究
		成本会计研究
（交）	前交通部	铁路会计则例汇编
（朱）	朱祖晦、程彬、舒公迟	会计名词试译
（沈）	沈立人	中华会计学校函授讲义
		成本会计
（余）	余天栋、徐觉世	实用商业簿记
（李）	李宣韩	商业簿记
（法）	国民政府	现行法令
（吴）	吴应图	会计学
		审计学
（宗）	吴宗焘	会计浅说

（封）	封瑞云	莫氏官厅会计学
（财）	财政委员会	财政委员会拟订会计名称
（徐）	徐永祚	决算表之分析观察法
		决算表之审查手稿（会计杂志）
（陈）	陈揿神	近世簿记法大纲
（国）	中国银行	中国重要银行最近十年营业概况研究
（勋）	李懋勋	铁路会计学
（张）	张忠亮	李鸿寿会计学原理及实务
（童）	童传中	高级商业簿记
（嵇）	嵇储英	会计学
		簿记学
（杨）	杨汝梅	近代各国审计制度
		新式银行簿记及实务
		新式商业簿记
		会计及审计
		新式官厅簿记
（萼）	吴萼	最新官厅会计学
（葆）	刘葆儒	近世会计学
（邹）	邹祖烜	实用簿记
（德）	徐广德	查账要义
（刘）	刘大绅	簿记
（暨）	蒋沧浪、丘瑞曲	暨南大学会计学讲义
（潘）	潘序伦	高级商业簿记教科书
		公司会计
		成本会计
（潘）	潘序伦、王澹如	政府会计
（树）	刘树梅	记账学
（暮）	李暮	工业会计揽要

（六）本编英文名辞之排列次序，为我国之一般人士未尽熟谙英文
排法者之检阅起见，统照各名辞全体之字母次序排列。例如
流动资产、固定资产等，乃照 Current assets 及 Fixed assets
排列，而不照 Assets, current 及 Assets, fixed 排列也。此项排
法，在检查时，有便有不便。但照英文辞典排法，在我国人
检查时，亦有便有不便也。究应依照何法排列，编者初无成
见，尚祈读者发表意见，以便于再版时改正。

（七）本编所列各名辞，有属于特种会计之性质者，则于"类别"
一栏中，量为注明，其属于普通会计之性质者，则不另注明。
至于译名之意义较奥，或来源用法各异，有待于注释者，则
在"备注"一栏中，用极简单之语句，指示其大意焉。

（八）本编所录会计名辞，各家译法不同，其间颇多可以比较优劣
研究当否之处；且有时译名非详加解释，不能了解其意义。
本编所列备注，又以篇幅关系，不克详明。故编者当另为
"会计名辞之研究"一文，继本编出而问世焉。

（九）本编之辑，不过继续朱祖晦等氏之工作，而为统一我国会计
名辞进一步努力。自惭智识肤浅，译才短绌，深盼国内会计
专家，对于本编所载各项译名，不吝加以修正及补充，尤盼
将修正意见随时见示，俾可于再版时照改，以期逐渐完善，
则不独私人之幸，抑亦全国会计学界之幸已。

民国二十二年十二月宜与潘序伦

作于上海立信会计师事务所

——《立信会计季刊》第 2 卷第 3 期（1934 年）

译什么和叫谁译（1934）

水

　　讲到实际问题，那么译什么和叫谁译两个问题也是值得一想的。五四以后曾经有过一段风行开书目的时期，但都开的是所谓不得不读的国学书，不曾有人开过该译的书的单子。胡适之先生在《建设的文学革命论》里，也只开过一些种类和数目，就是"一百篇长篇小说，五百篇短篇小说，三百种戏剧，五十家散文"。后来事实上开出单子来的，要算商务印书馆的万有文库的"汉译世界名著"，但其中十之八九是陈货，特别约人翻译的又折扣打得太多。结果，是不免"难凑"。中华书局计划中的"世界名著百种"，是不肯公布名单的。中华文化教育基金委员会的文艺业书，也由翻译人自由选择，并没有预先拟定的单子。最近中山文化教育馆也着手翻译名著了，但是否有文艺书在内还不晓得，即使有，也总不曾有过详细的规划吧。

　　徒然开开单子，原不免有点孩子气，但要有计划有系统地译书，这开单子的一步却也不能少。以我们的拟议，一百种是最少限度，分配起来大约成如下的比例：

　　（一）古代的 Classics 如荷马史诗、希腊悲喜剧、罗马散文，乃至但丁的神曲等，约占三分之一。

（二）中古的罗曼司，文艺复兴时代，乃至浪漫主义，如西万提斯、莎士比亚、大小仲马、巴尔扎克、嚣俄、司各德等，亦占三分之一。

（三）写实主义及自然主义，如易卜生、左拉、莫泊桑、托尔斯泰等，亦占三分之一。

（四）其余十分之一则选译新兴文学名著十种。

但是，最好的办法莫如有读者用投票法来决定，所以我们后面附着的一张表格里，就有一项是关于这个问题的。

不过最难的问题还在叫谁译。《建设的文学革命论》里曾说："国内真懂得西洋文学的学者应开一会议公共选定若干种不可不译的第一流文学名著。"到现在十多年了，连这选书的会议还不曾开成，又哪里去找这许多人来译呢？事实上，在现在这种情形底下，我们觉得只有两条路可走：其一是由公家来办，比如国立编译馆、中山文化教育馆、中华文化教育基金委员会，都应该认认真真来担任这种专业。但如已经着手做了的基金委员会，到现在还不见一本书出来，而且这般漫无计划地做，我们也不能希望它有怎样良好的成绩。那么第二条路就只有由译者和读者来做一种产销合作了。

不过问题终究不这么简单。到底翻译的事业应该向哪一条路走，什么书应该译，什么人才胜任译，怎样译——这许多问题，绝不是少数人推断得定，都得由多数读者来取决。现在我们出了这个翻译专号，就可利用它来尝试解决这些问题。后面附着一张表格，希望每个读者破费点功夫填好寄给我们。我们相信这是一桩实在的工作，诸君如肯帮助我们来做成，工夫绝不会白费。

——《文学》第2卷第1—6号（1934年）

直译之故（1934）

余扬灵（徐懋庸）

偶阅马叙伦的《读书小记》，见有这样的一条：

近人笔记中有翻译笑话一事，谓华文"驰骋书丛"，英吉利人译为"骑马于书堆里跑来跑去"。此直译之过也，然此亦有故实。金学士张钧为熙宗草肆赦诏，有"顾兹寡昧"及"眇予小子"语。译者言"孤独无亲，不懂人事"，"瞎子孩儿"，熙宗以剑厘钧口而蕴之。只在小时听父老说过，为人不当说谎，说谎的人死后到了阴间，要被割舌抽肠。到今日才知道翻译出了错误，也要被割下两片嘴唇皮，当作肉酱矸，自己也是偶而弄弄翻译的人，岂不炭炭乎殆哉！

上面所说的是金朝的故事，那个翻译家，又是皇帝御用的，所以才遭那样的惨祸，七百多年之后且无皇帝的今日，我们本可不必担忧的了。但看数年来顺译家们攻击"直译"或"硬译"的声势，实也可谓汹汹，假使他们一朝权在手，虽不至拿出"以剑厘口而蕴之"的手段来，至少是要使"直译"或"硬译"不能存在的了。

把"驰骋书丛"译作"骑马于书堆里跑来跑去"，把"眇予小子"译作"瞎子孩儿"这种译法，确也可笑而且可恶，但据我看来，这并不是"直译"或"硬译"。这是"牛奶路"之类，而"牛奶路"可是

"顺译"。马叙伦先生举了这样的例子而说"此直译之故也",实在是不对的。

听林语堂先生说,《大地》的作者勃克夫人全译的《水浒传》已经出版了。林先生正在替她悉心校对,在首几回中,已发现了一个错误,就是把"仁宗朝"的"朝"字,译成"英吉利"文的"朝见"的"朝"字。这也是很可笑的了,但据林先生说,除此以外实在译得很好,又非常忠实。而且,勃克夫人正在希望中国的读者指出她的错误,俾得改正。

我以为翻译的态度——无论他所主张的是"顺译"或"直译""硬译"——当如勃克夫人,"与其信而不顺,不如顺而不信"虽是通人的主张,到底也不尽善。至于批评家们,与其指摘出一两个错误,播为笑谈,实不如举出所有的错误,叫译者改正。

——《申报·自由谈》(1934 年 1 月 19 日)

郭译《战争与和平》（1934）

味茗

　　托尔斯泰的《战争与和平》是六十七万言的大著作，要翻译它，是一件大工作。我们试阅虚白原编、蒲梢修订的一九二九汉译东西洋文学作品编目，觉得"五四"以来我们介绍俄国文学也不算少，可是伟大的《战争与和平》尚不在内。这原因，无非因为原书字数太多，没有一年两年的"埋头苦干"，不能脱稿，而从事翻译者又大都清贫，没有一两年的"生活资本"安心译述。

　　前几年里，郭沫若接连译出了辛克莱的《煤油》《石灰》《屠场》等书。《煤油》是三四十万字的巨著，辛克莱也是应该介绍的，然而我们总觉得在比例上，辛克莱太多了一点，而《战争与和平》之终于尚未译过来，是一桩遗憾。

　　后来我们就听说郭沫若在着手翻译《战争与和平》了。这是一个好消息。到前年秋季，《战争与和平》第一分册的中译本固然出来了。这当时，中国文坛上正注意于"创作"，青年们大都专心在"学养儿"，颇忽略了"媒婆"，所以这位"大媒婆"部分的出世，好像没有引起怎样的注意。

　　我说起这些没要紧的闲话，一来是想到今儿这文坛的形势正和从前郭沫若自己尊创作为"处女"而薄翻译为"媒婆"的时代，刚刚来了个相反，而我是觉得从前之"过分"正犹似今日之"不及"；二来呢，觉得托尔斯泰的名著《战争与和平》译本之出世，无论如何不应该受到冷漠的接待。热心于创作的青年们固然有许多地方要从这部世界大名著去学习，就是从事于翻译的人，对于这样一部大译本的出世，也应该"拨忙"去讨论那表现在这部大译本里的"翻译的方法"，因为郭沫若是个权威的译者，他的译本——特别是他的"翻译方法"，——一定有许多地方可供我们参考，一定也有些地方我们觉得是成问题的。

就因为我是这样存想的，我要对于郭译的《战争与和平》第一分册说几句话了。

郭氏的译本大概是根据了英文译本转译的。《战争与和平》的英译本，就我所见，有著名的 Constance Garnett 的译本和"万人丛书"（*Everyman's Library*）里的一个本子。郭氏虽未说明根据何种英译，但我对读以后，知道他所根据的是 Garnett 的本子。

通常讨论一个译本，总是注意到译文的是否忠实。可是我们仔细一想，觉得所谓"忠实"者也，应该有两种意义，一是改变了原本的面目（这一点，我们后面再详细讨论吧），又一是译掉了或译错了几个字。后者是所谓"文字上的错误"，正像"校书如扫落叶"似的，一般的译本总免不了有点小小的误译——或者由于一时匆忙，未曾看清原文，或者是看落了几个字。郭译的《战争与和平》，于此亦未能"免俗"；例如第一编第一节里就有下列的这么几处小小毛病：

一、安娜好几天以来便在咳嗽。她得的病是所谓"段芙输沙"——这是一种新的病名，不久才流行起来的。（郭译页二）

在这里，倘使严格译起来，应该是"她得的病，便是她叫作Lagrippe 的，——这是一个新字眼，只有不多几个人用着。"（据Garnett 的英译。）

二、所以在那天清早由一位盛装的仆人所派选出的她的招待状，一律地是用法文写着：……（郭译页二）

此处照两种英译本看来，译文句首"所以"两字是多出来的，而一位"盛装"的仆人则应是"红色天鹅绒衣服"，——托氏详写仆人的装束是要想写出那时候的贵族排场的风尚。又"招待状"似乎应该译作"请客条"较为"华化"些。

三、他用着同样的腔调，没带着丝毫嘲笑的痕迹，继续着说：……（郭译页二）

这里，可刚刚弄成了个相反。瓦西黎公爵虽用了"同样的腔调"，——这便是所谓"优婉宜人的腔调"——然而他的"有礼貌和表同情的面网背后却透露出冷淡，甚至于冷嘲来。"如果照了 Garnett 的英译直译出来，就是："他用了同样的腔调说，在这腔调里，冷淡，甚至于嘲讽的意味，经过那有礼貌和关切的面网可以辨味得。"

四、"哪里会好得起来呢……一个人在精神上还要受着这样的苦闷啦？"（郭译页三）

这一句安娜的回答，我觉得（依照英译本）倒不如老老实实译为"一个人精神上不痛快怎么会好得起来呢？"似乎更见明快。

五、呵，别用介意我罢！（郭译页三）

这里"介意"两字有点费解。原来两种英译本都用了"tease"这个字，简洁了当，就应该把这句译为"不要取笑我吧！"或者更恰当些，就译为"您不要钝人呀！"（对不起，我译了一句上海白语），因为上文瓦西黎公爵跟安娜开玩笑说：早知道你讨厌什么庆祝会，那么庆祝会一定是要延期的，故安娜回答如是云云。

六、那诺佛季瑳的急报，究竟是怎么决定了的呢？（郭译页三）

这一句，也是安娜说的，紧接上一句；上一句是对付瓦西黎公爵的"取笑"，这一句，她又回到她所热心的国家大事。所以两句中间的语气是有一"转"的；Garnett 的英译本上用一"Well"，这可以译为"喂"，或者"可是"，郭氏译了个"那"字，就嫌神气不够。还有"诺佛季瑳的急报，究竟是怎么决定了的呢？"一句，也叫人有点弄不明白究竟是急报中怎样决定了的，或者是"对于"那急报怎样决定。然而安娜所要知道的，却是宫廷中对于诺佛季瑳的急报，取了怎样的决定。所以此一句若译为"对于诺佛季瑳的急报，究竟怎么办呢？"似乎较为明了。

七、大家都骗了我们。（郭译页四）

此处"大家"两字，恰又弄成了相反。据两种英译本，是"它骗我们呢"，此"它"即指奥国，承接上句的奥大利不肯打战来的。

八、他是太神武太仁慈，所以上帝总不放手他。（郭译页四）

这里安娜的一席"雄辩"，郭氏未能译得恰到好处，然而"不放手"三个字则是不能看过的错误；应该译为"我们皇上是这样的神武仁慈，所以上帝不会不保佑他的。"

九、他们到底约束了什么呢！（郭译页五）

"约束"两字，费解。据英译本，老老实实只是一句"他们答应了什么呢？"我们要知道，安娜是痛恨拿破仑的，她最希望欧洲各国联合起来扑灭"不信仰"的叛逆拿破仑。然而她看来看去只有俄皇陛下对于这个"神圣的战争"上劲，她先说奥大利是靠不住，继又论到英国，说英国唯利是图，不肯肩负神圣的任务，她论到对英国的外交，用了反问的口气说："英国答应了什么呢？"紧接此句，她又推论到"就是他们答应了什么，也是算不得数的。"总之，是竭力描写了安娜的不信任商人性质的英国人，同时亦以说明当时的国际形势，以见日后俄奥联合对法作战是一件冒险的举动。此处安娜的"雄辩"不是空泛的笔墨。

十、她突然地把话头中止了，对于自己所陷入的激情，在微微之中不免隐隐地自嘲。（郭译页五尾至页六）

这又是弄成了相反去了。安娜如何肯"隐隐地自嘲"呢？老老实实译出来，只是一句简单的话："她突然住了嘴，温和地微笑着自己的兴奋。"

好了，我们翻过几页，从第一节第二段头上把译文和英译本对一对吧。于是——

十一、小巧的少公爵夫人在坐席周围运着她的莲步走了一遭，便坐在沙发上，紧接着那盏银制的沙摩瓦旁边，愉快地整饬着自己的衣裳。（郭译页十三）

倘使拿 Garnett 译本为据，那么，这里在"便坐在沙发上"一句以前，遗落了半句："带着她的手工袋"，又按照英译句法，"整饬着自己的衣裳"是在"坐在沙发上"以前，那就是这位少公爵夫人先"理了一下她长袍上的褶裥"，然后坐下去，这动作是在"坐下去"之前的。而这动作，便是"理了一下她长袍上的褶裥"，郭译说"整饬着自己的衣裳"便嫌模糊不清。这里，托尔斯泰很用心地从一些琐事上表现出当时贵妇人的时装，——多褶裥的长袍。又在这一句尾，郭译也遗落了一个形容子句："好像她的一举一动都是自娱，同时又娱乐了在座各位。"

还有郭译在此用了"莲步"二字，老老实实译，只是"快乐的小步子。"也许"莲步"二字是"美丽"的，但是现在用了"莲步"的时候，不免叫人容易联想到缠足的女人，因为我们惯常形容女人的小脚为"金莲"等。这是涉及翻译"方法"的了，后文我们再详细讨论。

十二、鹤莲女公子微笑着。站立起来，真有一位绝代佳人令人不能追随的一种风雅。（郭译页十八）

很奇怪，这里的后半句，在英译本只是一句简单平常的话："她站了起来，她依旧带着她刚才进客厅来时那一脸无可比堪的娇美的微笑。"为什么郭译会变成了"真有一位绝代佳人令人不能追随的一种风雅"呢？我始终弄不明白。

十三、并没有说什么话的必要。（郭译页十九）

这一句，应该是"她觉得不必回答"。因为上文是那位子爵恭维她，而这里是描写鹤莲女公子听了那恭维话以后的"落落大方"的态度。郭译似乎不能把这种神情表达出来。

十四、叙说的途中，她一直是那样的姿势，时而看看自己的一双丰满的皓肘，那因为撑在小桌子，不免改变了外形，时而又看看自己的酥胸，整理一下那儿的钻石环带，同样她也整理了几次衣裳的绉襞，把故事正谈到高兴处，她把安娜望着了，安娜的神情立刻反映到自己的面容上，以后再加上自己的高雅的微笑。（郭译页十九）

在一大段译文里，先要指出几处"误译"；"她一直是那样的姿势"应该译为"她挺直了腰，坐在那里；"所谓"酥胸"老老实实译是"更可爱的胸脯"，因为前面是讲到她的美丽的手膀；"钻石环带"应该是"钻石的颈链"；"把故事正谈到高兴处，"那个"把"字大概是

"当"字的误排，然而"高兴处"却应该译作"动人处"，或者是"令听者动容"。"以后再加上"应该是"于是再回复到。"

不过，我们姑且丢开这一字两字的误译，把这段译文通读一遍，再一遍，我们说句不客气的话，我们真觉得味同嚼蜡，特别是末段那一句"她把安娜望着了，安娜的神情立刻反映到自己的面容上，以后再加上自己的高雅的微笑，"——真是不懂说些什么。我们不能不说郭氏在这里译得太失败了。他没有把原文的脉络看清。原来这一段是把贵妇人的虚伪的社交很巧妙地刻画了出来的。先写这位鹤莲女公子为的要听那位子爵讲故事，特地走来坐在子爵旁边，次写"子爵讲故事的当儿"——这一句，郭译为"叙说的途中"，也嫌不大明快，——鹤莲女公子"挺直腰坐在那里"，这是形容她的注意倾听的神气的，然而接着又写她"时时看着她的美丽的圆润的手膀，"看胸脯，弄正颈链，甚至好几次整理衣裳上的褶裥，这样写来，我们眼前就活现出一个虽然装作正襟危坐然而实在没有留心听故事的女郎来了；而最后，简直说她完全没有听清那故事，所以，"当故事说到动人处，"她"望了安娜一眼，立刻照抄了安娜脸上的表情以后，于是又回复到她那种不曾换过花样的微笑。"我们看，托尔斯泰把这个社交界的贵妇人的虚伪神情描写得如何深刻？是在这些地方，托氏的艺术手腕值得我们玩味的！没有把作者的这种苦心在译文中表达出来，就是对于原作者的不忠实呀！

我想来我们不用再校读下去了。我们换一方面来说吧。

上面在十九页的译文中举出了十四点，是按着两个标准的，——从第一至第十一，注意在有无误译，从第十二至第十四，则注意在字眼的误译以外，有无大大对不起原作的地方，即是有无歪曲了原作。

这里，我们就可以讨论到我在上文说过的"忠实于原文"的两种意义了。字眼译错，例如上文所举的第二条把"红色的天鹅绒衣服"译成了"盛装"，这当然是一种不忠实，不过我们不要太注意这些小细节吧。又如上举第三条译成了相反的意义（第十条同），那当然是较为严重了，可是我们也姑且存而不论，因为这些小错误，在改变原作面目这一点上说来，尚是"小焉者也"。最能改变原作面目的，当然是其一：在思想上改变了原作——这一点，我们相信郭沫若氏是不会的。其二：就是在艺术上改变了原作的面目。这一点，正恰恰是郭氏所犯的。例如上举第九条，安娜的一席雄辩，译文尚无大错误，可是我们读去总觉得没有味儿，不能对于那位热心国事的安娜有一个深刻的印象；又如上举第十四条描写鹤莲女公子的一段，则译文的失败，我们既已说过了。在这里，我们敢说一个灵活的托尔斯泰被译成笨头笨脑，叫人家看了作呕了。

　　然而这还只一端。还有一点很关重要的，就是郭氏的译文中太多了"美丽"的文言字眼。我们并不像有些人那样的主张，以为文言字眼绝对要不得。我们以为必须要用文言字眼的地方就应当用，可以不用的地方就不应该滥用。例如上文举过的郭译的"莲步"和"酥胸"，我们就觉得俗气，不如老实译为"快的小步子"和"更可爱的胸脯"。又如第十二条那一句"真有一位绝代佳人令人不能追随的一种风雅"。我始终弄不明白到底是别有一个英译本作如是云呢，还是俄文原文是如此，抑还是郭氏的创造？然而就这一句而论，我总觉得一点不美——反而觉得扭捏可笑，累赘不堪。像这样的过于求美的文言字眼，屡屡可以看到。据说托尔斯泰的文字原来是平易明快的。可是看了《战争与和平》这本译文，我们总觉得好像看见了一个满脸搽着铅粉胭脂的乡下大姑娘了。这是我以为对于原作的大大的不忠实。

最后，我们觉得《战争与和平》的译本上最好译者有一篇序，说明托尔斯泰对于农民心理的理解，《战争与和平》在文学史上的地位，以及托氏本人写这小说时的政治思想。在那时候，托氏还没有"建立"他的无抵抗主义的"哲学"。所以这部《战争与和平》比《复活》要"写实"得多，其中富有社会史的价值。我们知道托氏本想以"十二月党"的事件作为题材写一部小说的。可是他动笔的时候，又想到要写"十二月党"不能不先写"十二月党"产生的社会的原因；他要先写"十二月党"以前的社会和政治了；结果就成功了巨大的《战争与和平》。他已经把"十二月党"的一个主要人物预先埋伏在《战争与和平》中，那就是《战争与和平》里的主要人物之一——弥鲁。可是后来那"新著"只成了个大纲，托氏的思想起了变化，于是"十二月党"的小说终于未曾写出来，现在只剩了那"大纲"附在《战争与和平》全文之后算是"尾声"了。

还有托氏写《战争与和平》是充分应用了他的丰富的"家乘"的。书中主要人物之一的弥鲁就是托氏的姑夫，又一主要人物波尔孔斯奇公爵（少公爵）就是托氏的舅父。他的祖父母，他的外祖父，他的父亲，据说都描写在书里。当然，托氏只得之传述，并未及见他的那些尊长，可是这种"家乘"对于他这部小说我们可以相信一定有极大的帮助。

我们相信研究一部书的如何写成，对于了解一部书也是一种很大的帮助。

——《文学》第 2 卷第 1—6 号（1934 年 2 月 18 日）

伍译的《侠隐记》和《浮华世界》（1934）

味茗

从前在"五四"时代，《新青年》对于林译小说下了严厉的批评，同时很赞美大仲马的小说《三个火枪手》的译本《侠隐记》。那时《侠隐记》出版已久，译者署名君朔。后来我们才知道原来就是伍光建氏。

大仲马的《达特安三部曲》第一部就是《三个火枪手》，中文译本即名为《侠隐记》；第二部是二十年以后，中文译本改名《续侠隐记》；第三部是《波拉治子爵》，中文译本改名《法宫秘史》和《续法宫秘史》，可是没有译完。《续侠隐记》和《法宫秘史》及其续，也都是伍光建氏译的。

在外国，《三个火枪手》的声名，远比它的姐妹篇要大些。这书名已经成了一个典故，许多文学作品中描写到三人一连的好汉时（不论他是什么样的好汉），往往就用了"三个火枪手"这一成语。这书之成为世界名著，是无疑的。这样一本书竟早就介绍到中国来，实在也是可喜的。

那么这本书的译文如何呢？

不是我们喜欢做《新青年》的应声虫，这《侠隐记》的译文实在有它的特色。用《侠隐记》常见的一个词头儿——实在迷人。我们二三十岁的大孩子看了这译本固然着迷，十二三岁的小孩子看了也着迷。自然因为这书原是武侠故事，但译文的漂亮也是个最大的原因。

如果我们仅守"字对字"直译的规则，那么，我们对于伍氏的译本自然会有许多不满意；不过我们得原谅他，因为他译《侠隐记》的时代正是林译盛行的时候；那时候，根本没有直译这观念，更何论"字对字"？

虽则如此，《侠隐记》还不是无条件的意译——或是无条件的删改。例如开篇第一章客店失书，译本比原作约缩短了三分之一；且看那第一段的译文：

> 话说一千六百二十五年四月间，有一日，法国蒙城地方，忽然非常鼓噪：妇女们在往大街上跑，小孩子在门口叫喊，男子披了甲，拿了枪，赶到弥罗店来；跑到店前，见有无数的人，在店门口十分拥挤。当时系党派相争最烈的时候，无端鼓噪的事，时时都有。有时因为贵族相争；有时国王与红衣主教争；有时国王与西班牙人争；有时无业游民横行霸道，或强盗抢劫；有时因耶稣教民与天主教民相斗；有时饿狼成群入市。城中人时常预备戒严，有时同耶稣教民打架，有时同贵族相斗，甚至同国王抗击的时候也有，却从来不敢同主教闹。这一天鼓噪，却并不因为盗贼同教民，众人跑到客店，查问缘故，才知道是一个人惹的祸。

倘使同原文对照起来，那么，"四月间有一日"应作"四月里的第一个星期一",蒙城字下脱落了"《玫瑰故事》著者的生长地"一个子句,"忽然非常鼓噪"下面脱落了"好像耶稣教徒攻了进来把这地方变成了罗歇第二";而且,"妇女们往大街上跑"以及"小孩子在门口叫喊"两句不是平行的,是说"妇女们不顾她们的孩子在门口哭叫,飞也似往大街上跑",而男子们又是"看见了妇女们不顾她们的孩子在门口哭叫,飞也似往大街上跑",这才赶快"披了甲",而至"拿了枪",三字之前脱落了"支持他们的有点不稳的勇气"一个子句,又在"拿了枪"三个字以后还脱落了"或是标枪"一语。……好了,我想来不用再噜噜苏苏对读了,总之,伍译是有他的"法则"的,就是:(1)删削了一些不很碍及全文故事的结构的小小子句,(2)把复合句拉直,例如上举译文中"妇女往大街上跑……男子披了甲,拿了枪"这一段,成为平行的几个子句。这是伍氏的"翻译方法",他这方法是一贯在他的译本《侠隐记》及《续侠隐记》等里面。

他这"方法"是根据了什么原则定下来的呢?我以为他是根据了他所见当时的读者程度而定下来的。自然不是他看不懂原文的复合句,却是因为他料想读者看不懂太累赘的欧化句法。我们应当原谅他在二十年前这种为读者着想的苦心。

再看他译文的第二段,便更可证明他的删节是有他的标准的。这第二段是——

> 此人年纪约十八岁;外着羊绒衫,颜色残旧,似蓝非蓝;面长微黑,两颊甚高,颧骨粗壮,确系法国西南角喀士刚尼人;头戴兵帽,上插鸟毛;两眼灼灼,聪明外露,鼻长而直;初见以为是耕种的人,后来看见他挂一剑,拖到脚后跟,才知道他是当兵的。

那么原文怎样的呢？原文并不是很简单地说"此人年纪约十八岁"，而是："你想象他是一个十八岁的堂克蓄德罢。"把堂克蓄德和这年轻人相比，在熟知堂克蓄德（Don Quixote）为何如人的读者看来，自然觉得津津有味，然而伍氏把这一段删去了，因为他料到那时的读者不认识那位鼎鼎大名的堂克蓄德。我们不是无条件赞成这样的删削，也不是在现今还想提倡这种样的删削。我们不过指出来，伍氏的删削也不是无条件罢了。

自然，我们在译本里还可以找到许多零星的删削——这些可以说是没有理由的删削了，如果勉强要说出个理由来，那我们只可以说是译者根本没有"字对字"直译的信念之故。例如第十一回达特安之爱情中间的一段对话：

"谢天谢地，原来是你。"（这话是邦纳素的老婆说的——笔者）达特安道："是我，上帝叫我来照应你的。"

女人微笑的问题："你难道因为这事，一路跟我的么？"

这里，"女人微笑"下面删落了一大段描写那女人惊定而喜的神情。可是我们再看下去吧：

答道："不是的，我刚到这里来，看见有人打我朋友的门……"
女人道："你的朋友？"

这里，达特安的话，原文是这样的："不是，不是，我说老实话。凑巧碰到你罢了。我看见一个女人打我朋友的门。"译文里掉了一句

"我说老实话"，我以为是不应该的。又原文在"女人道"字面下还有
"打断了达特安话头"一个副词，译文里也删去了。这也是不好的。
因为不能表示女人的惊愕。

诸如此类的例子，译本里很多。我们不妨说这样的删削碍不了原
作者的面目，但是不删岂不是更好么？

话虽如此说，《侠隐记》的译文到底是有特色的。第一是译者有
删削而无增添，很适合大众阅读的节本的原则，不像林译似的删的地
方尽管删，自己增加的地方却又大胆地增加；第二是译者的白话文简
洁明快，不是旧小说里的白话；第三是紧张地方还它个紧张，幽默地
方还它个幽默，这一点却是很不容易办到的，而也是这一点使这译本
人人爱读。

在原则上，我们以为世界文学名著应当"字对字"直译；但是我
们也赞成《侠隐记》那样的删译法；因为倘使要把世界名著缩节译成
"大众本"，则《侠隐记》的删节标准以及译法（这包括上文所指出的
把复合句解为平行句以及字句简洁又能不失原作情调两者而言），是
值得我们参考的。特别是这译本里的对话，虽然有些曲折的句子是被
拉直拉平了，可是大体尚能不失原意，而且和口语很近。这一点，译
"大众本"时应该取法。

《侠隐记》的翻译远在二十多年以前。最近伍光建氏又译了许多
名著。时间是相隔得那么多了，时代又是一致主张直译的现代，那
么，二十多年前《侠隐记》的老译手这回重操译笔，他的主张有没有
改变呢？他的译文的风格有没有改变呢？他给了我们什么新东西呢？

为的要认识给我印象很深的《侠隐记》老译手的新面目，我读了
《浮华世界》的译本，又取《浮华世界》的原本来对照着读了。

《浮华世界》就是萨克莱（W. M. Thackeray）的名著 *Vanity Fair*，原书颇长，这回伍氏是根据了赫次堡（M. J. Herzberg）的节本再加以删节的。《侠隐记》里并没有整章的删节，《浮华世界》可就不同了；计删第七至第十三，第十九至二十一，第二十三，二十四，第二十七，第三十二至三十四，第三十八，三十九，第四十二至四十四，第四十六，四十七，第四十九至五十二，五十四至五十七，六十至六十二，共计三十四章，约当全书之半。

这样的整章删削，势必碍及书中故事的联络了，所以伍氏在第六章末尾就加了一段小注，略叙所删第七至十三共七章内的故事，以后每逢删节处他都有注。本来《浮华世界》这部书真也太"浮华"，赫次堡的本子虽已删节，还是篇幅繁重，再加以删节是应该的，不过我们觉得伍氏这样的删节太图省力了。我们以为应当依照"节本编制"的原则，把冗杂的章段缩紧，而不应当抽去完事。现在《浮华世界》的译本老老实实抽去了三十四章（全书之半），于是看了译本后，我们所得的印象是一本断手削足的名著了。

从前读伍译的《法宫秘史》与《续法宫秘史》（即大仲马原作《波拉治子爵》）的时候，颇以为删节太多，不及《侠隐记》那样有精彩；然而跟《浮华世界》一比，觉得还是《法宫秘史》较胜。原因就在《法宫秘史》的删节是"缩紧"得太过分，有些精彩地方弄成没精打采，可是到底还没显露残废的形象。

再看《浮华世界》的"翻译方法"，当然仍是伍氏一贯的"方法"。可是没有《侠隐记》那么有精彩了。这恐怕是两本原作的风格本来很不同，而伍氏以同一方法译之，所以在《侠隐记》中凡有"拉直""拉平"的地方还不觉得怎样难看，而在《浮华世界》中却有时显得晦涩不明。例如《浮华世界》第一回页五的一段译文，译文是：

再说女校长成绩书的价值，也就同墓志铭的价值差不多，但说到一个死了的人，生前也许是一个基督教好信徒，也许是一个慈父，孝子，贤妻，好汉子，也许为家里的人同声追悼，同石匠在石头上所刻的那些恭维话，名实相称，故此不论是女学校和男学校，教员所说的称赞学生的话，也许偶然有几个是配得上成绩书上所说的话。赛德利小姐不独是配得上平克吞小姐赞美她的话，她还是有许多极可爱的性情，却不是这个妄自尊大的校长所能看得出来的。

这一段，简直可说是"字对字"的直译，没有删削。但是和原文仔细一对，觉得少了几个字，我们试就伍氏译文加上那几个字抄出来看一看吧——

虽然女校长成绩书的价值，也就同墓志铭的价值差不多，但是一个死了的人，也许当真是一个基督教好信徒，也许当真是一个慈父，孝子，贤妻，好汉子，也许当真为家里的人同声追悼，同石匠在石头上所刻的那些恭维话，名实相称，故此不论是女学校和男学校，教员所说的称赞学生的话，也许偶然有几个是配得上成绩书上所说的话。至于赛德利小姐呢不独是配得上平克吞小姐赞美她的话，她还是有许多极可爱的性情，却不是这个妄自尊大的校长所能看得出来的。

上面有加点的字眼，就是原文所有，而伍氏掉落了的。没有这几个字，意思原也一样，不过加上了这几个字，似乎文情更加显豁了些。

——《文学》第2卷第1—6号（1934年2月20日）

论重要药品之定名与译名不应有牵强的意义（1934）

庞京周

近世各国市上的新药，大别可以分为二类：一类是家用药，也可以称它为普通药，例如治咳糖浆、润肠药片、头痛药饼、一切补品、常服品等。常人可以购置，常人也可以自己斟酌服用的。一类是医用药，也可以叫作重要药，例如各项注射剂或麻醉剂，或含有植物医基的药品，非常人所宜任意服用，并且也不应常人直接向药市购取的。

在药商营业的原则上，家用药的销路广，利息厚，唯恐人不知，所以定名贵分明、贵巧妙，务使常人便于记忆，务使广告易于宣传，例如凡痛灵、婴孩片、补肾丸、胃活百龄机、白松糖浆、喉症片之类。至于重要药的制销，严格论起来，乃是制药界对于社会的贡献，对于医家的服务，只要求医界赏识，并不要求外行知道。所以定名宜乎专门，只要使读法简便，字数缩少，避去很长的化学原名就够了，不必求常人的尽知。例如"Hexaton, Hexatone, Spasmalgin, Stovarsol, Argochrom, Elektrocollargol"诸如此类，在西文原是一种造字，倘然不是医家和化学家，简直连揣想也不知道它是什么东西。就是医家和化学家，也不敢揣想，须得完全看了它的说明，知道了它的化学成分，方才完全对于它确切认识。

本来在外国看医药，是一种很专门的学科，普通人轻易不敢以医药为什么自修功课。所以绝少普通人看医药杂志的。我们中国，向来是以读书为万能，所以儒医之外，还有许多喜充内行的。非但好充内行，还有两种特性：一是"望文生训"，一是"不求甚解"。倘重要的药品，定名或译名，采取了似是而非的字样，足以引诱人家作望文生训的尝试，或者要发生许多流弊与误会。例如 Mitigal 译作"减疥"，实在并不一定专治疥疮。Uzara 译作"武杀痢"也不是专治痢疾，而且"武"字也仍旧没有意义。Lopion 译作"痨必用"痨病何尝必用。Hepatrol 译作"爱拉脱老"，好像是返老还童药，实在是补血剂。试想医家如果要采用这一项药品，也不决是仅仅记忆药名就够了，他对于这药的性状作用，既要下一番功夫，也何在乎再记一个难些的药名呢。倘然外行自作聪明，而以为照译名 istizin "一试洁净"是外用洗涤药，以为 Hemctomine "虚麻多宜"治麻痹药，以为 Plasmochin "挟虐母星"是另有虐母星可挟的东西，岂不大糟。但是现在市上习惯，却最多这一类名称。起先无非是代药行译说明书的几位先生，掉弄笔头，自鸣巧妙，后来相习成风，连本国新药制造界，也仿行效颦。我觉得细算起来，只有万弊，而无一利。但是西文便于造字，中文造字不好发音。所以希望以后销药界译名，索性译音，而偏求其本字不可解。制药界定名，偏求其生僻，而使医家对之发生更深的影响，一样可以促起医家的注意，反而求对于此药的真正认识。不知道药界同仁，以我的意见为然否？

"媒婆"与"处女"（1934）

丙生（茅盾）

从前有人说"创作"是"处女"，翻译不过是"媒婆"，意谓翻译何足道，创作乃可贵耳！

这种比喻是否确当，姑置不论。然而翻译的困难，实在不下于创作，或且难过创作。第一：要翻译一部作品，先须明了作者的思想；还不够，更须真能领会到原作艺术上的美妙；还不够，更须自己走入原作中，和书中人物一同哭，一同笑。已经这样彻底咀嚼了原作了，于是第二，尚须译者自己具有表达原作风格的一副笔墨。

这第二点，就是翻译之所以真正不易为。例如荷马的史诗《伊利亚特》和《奥特塞》，现有蒲伯的译本算是顶呱呱了；然而评者尚谓蒲伯的译文虽有原作的瑰奇绚烂，而没有原作的遒劲质朴；蒲伯的译文失之于柔弱。譬之一女子，婀娜刚健，兼而有之——这是荷马的原作。可是蒲伯翻了过来，只剩下"婀娜"了！

又如巴尔扎克的 *Contes Drolatiques* 是十六世纪法国生活的一幅神奇的图画。巴尔扎克用了惊人的艺术手腕、惊人的写实主义的手段，把十六世纪法国的"快乐"的土伦（Touraine）连镇带人发掘了出来，再现于十九世纪欧洲人的眼前。所以要翻译这本书，必须兼懂历史、古代法国方言，乃至考古学，等等，而且要懂得的程度高。上世纪七十四年，离巴尔扎克创作那书的时代已有五十年光景了，始有第一个英文译本；这不是潦草的翻译，可是风味够不上，我们读这英译本，并不能"忘记肚里饿"。原因在哪里呢？原因在译者没有巴尔扎克那一副既诙谐而又热蓬蓬而又粗犷的笔墨。

所以真正精妙的翻译，其可宝贵，实不在创作之下；而真正精妙的翻译，其艰难实倍于创作。"处女"固不易得，"媒婆"亦何尝容易做呀！

大凡从事翻译的人，或许和创作家一样，要经过两个阶段。最初是觉得译事易为，译过了几本书，这才辨出滋味来，译事实不易为了。还有，假如原作是一本名著，那么，读第一遍时，每每觉得译起来不难，可是再读一遍，就觉得难了，读过三遍四遍，就不敢下笔翻译。为的是愈精读，愈多领会到原作的好处，自然愈感到译起来不容易。

从前率先鄙薄翻译是"媒婆"而尊创作为"处女"的是郭沫若先生。现在郭先生既已译过许多，并且译过辛克莱的《炼油》《石炭王》《屠场》，以及托尔斯泰的《战争与和平》的一部分，不知郭先生对于做"媒婆"的滋味，实感如何？我们相信郭先生是忠实的学者，此时他当亦自悔前言孟浪了吧？

不过这些是题外闲文了，我们现在要指出来的，就是近两年来，不喜欢翻译好像已经成为一种青年心理。由不喜欢翻译，从而鄙薄从事翻译的人，也成为一种心理。这原因是有两方面的：一方面因为社会混乱，青年烦闷，渴求看看讲到自己切身的事；另一方面因为有些译本不免是"说谎的媒婆"，青年们上过一次当，遂尔神经过敏起来，合着一句俗话："三年前被蛇咬了一口，于今看见草绳还心惊。"

这种神经过敏的状态，应该加以纠正。而纠正之道，还在从事翻译的人时时刻刻警惕着：莫做说谎的媒婆。

同时，我们以为翻译界方面最好来一个"清理运动"。推荐好的"媒婆"，批评"说谎的媒婆"。因为我们这里固然有些潦草的译本，却也有很多不但不潦草并且好的译本，——这应当给青年们认个清楚。

——《文学》第 2 卷第 3 期（1934 年 3 月）

直译·顺译·歪译（1934）

明（茅盾）

"直译"这个名词，在"五四"以后方成为权威。这是反抗林琴南氏的"歪译"而起的。我们说林译是"歪译"，可丝毫没有糟蹋他的意思；我们是觉得"意译"这名词用在林译身上并不妥当，所以称它为"歪译"。

林氏是不懂"蟹行文字"的，所有他的译本都是别人口译而林氏笔述。我们不很明白当时他们合作的情形是别人口译了一句，林氏随即也笔述了一句呢，还是别人先口译了一段或一节，然后林氏笔述下来？但无论如何，这种译法是免不了两重的歪曲的：口译者把原文译为口语，光景不免有多少歪曲，再由林氏将口语译为文言，那就是第二次歪曲了。

这种歪曲，可以说是从"翻译的方法"上来的。

何况林氏"卫道"之心甚热，"孔孟心传"烂熟，他往往要"用夏变夷"，称司各特的笔法有类于太史公，……于是不免又多了一层歪曲。这一层歪曲，当然口译者不能负责，直接是从林氏的思想上来的。

所以我们觉得称林译为"歪译"，比较贴切。自然也不是说林译部部皆歪，林译也有不但不很歪，而且很有风趣——甚至与原文的风趣有几分近似的，例如《附掌录》中间的几篇。这一点，我们既佩服又惊奇。

现在话再回到"直译"。

照上文说来，"五四"以后的"直译"主张就是反对歪曲了原文。原文是一个什么面目，就要还它一个什么面目。连面目都要依它本来，那么，"看得懂"，当然是个不言而喻的必要条件了。译得"看不懂"，不用说，一定失却了原文的面目，那就不是"直译"。这种"看不懂"的责任应该完全由译者承担，我们不能因此怪到"直译"这个原则。

这原是很浅显的一个道理，然而不久以前还有人因为"看不懂"而非难到"直译"这个原则，而主张"顺译"，这也就怪了。

主张"顺译"者意若曰：直译往往使人难懂，甚至看不懂，为了要对原文忠实而使人看不懂，岂不是虽译等于不译；故此主张"与其忠实而使人看不懂，毋宁不很忠实而看得懂。"于是乃作为"顺译"之说。"顺"者，务求其看得懂也。

在这里，我们觉得很不必噜噜苏苏来驳质"顺译"说之理论上的矛盾（因为它的矛盾是显然的），我们只想为"直译"说再进一解。

我们以为所谓"直译"也者，倒并非一定是"字对字"，一个不多，一个不少。因为中西文字组织的不同，这种"字对字"一个不多一个不少的翻译，在实际上是不可能的。从前张崧年先生译过一篇罗素的论文。张先生的译法真是"道地的廿四分"的直译，每个前置词，他都译了过来，然而他这篇译文是没有人看得懂的。当时张先生很坚持他的译法。他自己也知道他的译文别人看不懂，可是他对《新青年》的编者说："这是一种试验。大家看惯了后，也就懂得了！"当时《新青年》的编者陈仲甫先生也不赞成张先生此种"试验"，老实不客气地给他改，改了，张先生还是非常不高兴。现在张先生大概已经抛弃了他的试验了吧，我可不十分明白，但是从这个故事就证明了"直译"的原文并不在"字对字"一个不多，一个也不少。"直译"的意义就是"不要歪曲了原则的面目"。倘使能够办到"字对字"，不多也不少，自然是理想的直译，否则，直译的要点不在此而在彼。

文学作品跟理论文章又有别。有些文学作品即使"字对字"译了出来也看得懂，然而未必就能恰好表达了原作的精神。假使今有同一原文的两种译本在这里，一是"字对字"，然而没有原作的精神，又一是并非"字对字"，可是原作的精神却八九尚在，那么，对于这两种译本，我们将怎样批判呢？我以为是后者足可称为"直译"。这样才是"直译"的正解。

若依"顺译"说，则"务求其看得懂"的结果，势必歪曲了原作的面目。因为"顺译"者所谓"看得懂"只是"一目看去即懂不用想一想"的意义，然而文学作品中颇多需要带看带想然后才能够辨悟那醇厚的味道的。

还有，"顺译者"每每容易变成"歪译"。因为"顺译"的又一意义是要译文流利漂亮。然而有些文学作品的精神也许是粗犷朴质，倘使改作了流利漂亮，也许读者（当然也只有一部分）是觉得便利了，但原作却遭了殃了。就一般情形而言，欢迎流利漂亮想也不用想一想的文字的，多半是低级趣味的读者，换一句话说，即是鉴赏力比较薄弱的读者。倘使要顾到他们的脾胃而要"顺译"起来，那不用说，有些原作的真面目要被歪曲了。

最后，我们再来谈谈"歪译"吧。

上文说过"歪译"了，这是普通的说法，这"歪"是一直"歪"到了原作的思想部分的。但是还有另一种"歪法"。譬如原作的文字是朴素的，译文却译成了浓艳，原作的文字是生硬的，译文却成了流利；要是有了这种情形，即使译得并没有错误，人人看得懂，可是实际上总也是歪曲了原作。这一种"歪译"现在还没有引起大的注意，可是我们以为应该注意。

——《文学》第 2 卷第 3 期（1934 年 3 月）

翻译的理想与实际（1934）

华

三十七年前，我们的大翻译家严复根据"修辞立其诚""辞达而已"及"言之无文，行之不远"三句格言，提出"信、达、雅"三字，认作了"译事楷模"，直到于今，一般谈翻译的人仍无不"家弦户诵"。可是严先生自己似乎并不把这三字看作同等的重要。怎样叫作"信"，他在《天演论》的"译例言"里并不曾给我们一个明白的解释，便马上讲到"达"了。他说"顾信矣不达，虽译犹不译也，则达尚焉"。怎样叫"达"呢？他说"在译者将全文神理，融会于心，则下笔抒词，自善互备；至原文词理本深，则当前后引衬，以显其意；凡此经营，皆以为达；为达即所以为信也。"于是，他就索性把"达"和"雅"也扭成一气，说是"信达而外，求其尔雅，此不仅期以行达己耳。实则精理微言，用汉以前字法句法，则为达易，用近世利俗文字，则求达难。"这样，严先生的译书，实只用一个"雅"字，因为他的目的原在"自传其文"，所以结果只好"题曰达旨，不云笔译，"并不得不警告后人，说这"实非正法"，"学我者病"了。

到了五四时代，这种"用汉以前字法句法"构成的"雅"，当然首先被否认，又因严氏的"雅"和"达"本来分不清，于是三字里面就只剩一个"信"字，而称以"信"为主的翻译为"直译"。

但是"信"字既不曾有过明白的解释，"直译"的意义也仍旧模糊，于是流弊所至，竟有直译到把"So long!"译作"这么长久呵"的，而翻译事业就进入了厄运了。

原来我们的翻译事业，不但谈不到实际，并连理想也还不曾存在哩。

如果理想是为实际所必需的话，这里请介绍一个比严复还早生一百多年的人所提出的翻译三原则，这人就是爱尔兰的泰脱拉（Alexander Fraser Tytler, 1747—1814）。他的名字很生疏，但是他的 *Essays on the Principles of Translation* 是已列入 Classics 的了。

泰氏首先替"好翻译"定了一个标准，就是——

> 原作的好处完全移注在另一种文字里面，使得译文文字所属国的土著能够和用原作文字的人们同样明白地领悟，并且同样强烈地感受。

显然，这个标准是特别适用于翻译文艺书的。同样，泰氏由这标准抽绎出来的三个原则，也特别适用于文艺的翻译：

（一）译文须是原作的意思的完全复写；

（二）译文的风格和作态须与原作同一性质；

（三）译文须与原作同样的流利。

如果说第一原则就是"信"，第二原则就是"雅"，第三原则就是"达"，那也没有什么不可以。不过这三个原则比"信、达、雅"三字具体得多，也明白得多。就如第一原则说须复写原作的"意思"

（ideas），便可知道译书不必一定"字对字"；说须是"完全复写"（complete transcript）便可知道"前后引衬以显其意"的办法只是"达情"，不是翻译。如果这个原则就是替"直译"下的注脚，那么直译是我们应当采取的唯一方法了。

第二原则的好处，在一方面可以防止译者把文艺作品译成不是文艺（因为没有风格和作态便不是文艺），同时又可矫正"用汉以前字法句法"以求达的办法，因为译文的风格既须去迁就原作，就知"汉以前的字法句法"不能完全尽职了。

在第三原则里，如果"流利"只解作风格的一种，那么尽可并入第二原则的，但泰氏这里所谓"流利"（ease）并不是风格的名称，乃指一切好文艺所同具的德性。我们这里所须注意的，却在译文的流利不可求胜于原作。故若原文本来不顺，而偏要译得顺，那就不能拿这条原则来做口实了。

译书能译到和这三条原则完全符合，自然是理想的翻译，至在实际上，有时不得不为符合其一而牺牲其他，所以泰氏自己声明这三条原则的排列次序也是有意义的，即遇不得已时，先牺牲第三条，再牺牲第二条，至第一条是断乎不能牺牲的。

以现在一般出版界和译书界的情形而论，我们实际上不能陈义太高，只要有能符合第一原则而不至完全忽视第二原则的译品出来，也就该暂时满足。这样的译品也许读起来总觉有点"不顺"，但是风格终究是习惯的事，我们只可拿自己的习惯去迁就不惯的风格，不可叫不惯的风格来迁就我们的习惯。明白了这一层，翻译事业的障碍就可减少不少吧？

——《文学》第 2 卷第 3 期（1934 年 3 月）

一个译人的梦（1934）

蒲

我们的"卡通"是这样开场的：

说是有一位 X 先生吧。X 先生的职业是翻译，文艺作品的翻译者。倘使援"报人""影人"之例，我们老老实实就称他为译人吧。

怎样一来就把翻译当作了固定的职业，X 先生自己也想不起来了。他只记得自己职业的最初记录是"教书匠"，洋文教员。不知是哪一项的"灵感"来了，于是某一年的暑假里，他翻译了几篇西洋小说。这是"爱美的"翻译，完全干着好玩的。

可是"翻译菩萨"就此看中了他。记不清是哪一年的内战，学校关门，我们这位 X 先生也逃难逃来了上海。老婆等着米下锅，孩子们鞋子也张开嘴来；在这当儿，X 先生从前的"爱美的"产物可就显了神通了。从此以后，他丢开教鞭，拿起译笔。他是"职业的"译人了。

民国十年，代价是千字二元。

民国十五年，涨价了，千字三元。

然而房租也跟着涨了，日用品也跟着涨价了，比 X 先生每千字的代价还要涨得快。孩子们也大了，飞快地大了，超过了 X 先生的预定计划。

在这当儿，X先生每天非干上两千字，简直过不活。是"干"么？谁说不是"干"呢！从前暑假里"爱美的"弄弄译笔，往往为了一个字踱这么半天方步，查了两天的大字典，——这才不是"干"。然而于今回望，那只是一个梦了。

接着是大水灾，"沈阳事件"，终之以上海的"抗日"恶战。

闸北无屋可住了，租界里的房租又飞涨起来，生活必需品赶快也跟着涨上来。标金破了八百两大关，洋文书薄薄的一本，也得四块钱；X先生的"翻译材料费"也今非昔比了。

然而X先生还只得"干，干，干！"然而他的千字代价却涨不起来。

鸡年的除夕，X先生到他的"买主"那里领译费，那位矮胖胖的经理先生对他说："市场不景气，千字三元是行不去了，以后是千字二元；我们这里还收得有一元主义的译稿呢！"

X先生呆了半响，没奈何只好做个"二元主义"者。

走回家去的时候，他脑子里只有一个念头在：从此每天非得"干上"三千字不可了！不错，他的算法是对的，硬是三千字一天！他现在不复是"干，"简直是"赶"了。每天非得"赶上"三千字不能过活。

他想起了"生活老爷"给他开的玩笑。二元仍是二元，可是现在是民国二十三年，各项生活费都标着民国二十三年的价格，并不肯为了他X先生而回到民国十五年。

每天要"赶上"三千字呢！一个译人兴奋起来时，一天干上这么三千字，原也不是什么奇迹；但是每天板定了要三千，一年三百六十日少不得半个，这可不是人干的活。

可是他只好咬紧了牙齿干。从前的"二元主义"时代，他开始译一本新书以前，他还"有闲"，还可以先把这书从头读了一遍，读到高兴时，他脸上喜洋洋地觉得"介绍"这项工作似乎也还"神圣"似的，读过后，他又揣摩全书的神韵，细味全书的脉络，最后是兴兴头头提起笔来在原稿纸上写了第一个字。但现在，他要是先来通读一遍，花了两三天，读过后细细辨悟，又花上一二天，请问这首尾一星期光景的全家口粮谁来认账？书店老板只算白纸上的黑字，不满一千的零数还得几角几分照扣，书店老板怎么肯认账 X 先生"预备工作"的代价？

碰到书里有什么新流行的名词，X 先生左看好像有点懂，右看又好像很陌生，他的字典还是三十年前的老家伙，告诉他的等于零；于是 X 先生就记起前年有过某某大字典的新版，可抽不出那笔钱去买了来；于是硬一硬头皮，望文生义地"赶下去"了。书中也许用了典故。往常，X 先生总得查查 *Reader's Handbook* 一类的书，有时格外巴结，还要去问问朋友，但现在，查书呢，固然会耽误这么千把字，请教朋友呢，更是谈也不用谈。于是再一次硬着头皮，又"赶下去"了。

"一分钱一分货！而今简直是商品了！"

X 先生"赶"得苦了的时候，心里就这么叹息。

从前"爱美的"译书时代的兴趣，现在没有了；在"干"的时代开始时，X 先生还常常回想从前那种味儿；而今又从"干"的时代堕落到"赶"的时代，X 先生简直不敢回想从前那种乐趣了，他只有痛苦，——有时在"硬一硬头皮"以后，那就痛苦中夹着点儿惶悚不安。

于是某一天他走过书店街，猛然看见了《文学》的翻译号。呀！

翻译号呀！因为关系着自己的职业，X先生就省下车钱买了一本回家。

他读到了"翻译号"中几篇批评的短论了。

拍的一声，把杂志掼在地上，X先生气得定了眼睛。X夫人以为又是书店老板要扣译费，要实行"一元主义"了，也吓得心头卜卜地跳。

过了一会儿，X先生这才转过一口气来叫道："他们倒说得好漂亮话！精译，精译，十五年以前，我才是精译过来的！现在，不错，我是粗制滥造了，可是王八才喜欢这么办！我不负这个责任！该咒诅的是二元主义、一元主义的书店老板！"

X夫人一半懂，一半不懂，却也明白丈夫是看了人家的文章生气，她心里放宽了一大半。

发过牢骚后，X先生又提起译笔来。可不是，他今天还只"赶上"了一千字挂点儿零呢！然而他提起笔，只管呆呆地出神了。久已不在他心上打磨旋的从前翻译的乐趣这时又涌上来，涌上来，赖着不肯去了。他眼前的苦工相形得更加难堪，非但对不起读者，也对不起他自己呀！

忽而他自言自语地说道："再要有那一天，不必'赶'而是'干'，不错，像从前那样，暑假时那样；不错，精译，精译……话是对的？然而——除非是世界翻个身，再不然，中了个航空奖券头彩！唉！唉！"

"莫说头彩，二彩，三彩，四彩，也好得多了！"X夫人忽然在那边屋角里插嘴说，她只听得了丈夫的后半段话。

——《文学》第2卷第3期（1934年3月1日）

论翻译（1934）

唵

翻译之事，由来久矣！略抄绍兴年间普润大师法云所编《翻译名义集》的前序，为现代翻译专家"张目"："夫翻译者，谓翻梵天之语，转成汉地之言。言虽似别，义则大同，宋僧传云：如翻锦绣，背面俱举，但左右不同耳。译之言易也，谓以所有，易其所无，故以此方之经，而显彼土之法，周礼掌四方之语，各有其官。东方曰寄，南方曰象，西方曰狄鞮，北方曰译。今通西言而云译者，盖汉世多事北方，而译官兼善西语，故摩腾始至，而译四十二章，因称译也。"云云。

据"我们有考据癖的人"看来，这起源实在非常之早。现代也有翻译之官，"在官言官"，又颇殊于翻译，这且不必管。现代翻译家如译西书，倒颇应注意数事，不仅"买一本好字典"而已也。谨呈其事如下：

一、深通华语。翻出来像中文，不是日本文或外国人说的华文，而是中国人的中文。虽然，又有数忌。

甲：忌夸渊博。要不蔓不枝，不离"本行"。

乙：忌用古典。张冠原应张戴，不应李戴。

丙：忌用古字。写出古字或摘出汉赋中之僻字，加于翻译，以求其高华，往往"不亨"之至。

丁：忌讨好。将西诗译成律诗或骚体，有讨好之嫌，结果往往反不能讨好。而费力太多了。

二、精究原文。懂原文而翻译，比"重译"好。有时要懂的太厉害，目觉不能翻而搁笔了，然后方始云能翻。此时勉强之翻，最为佳翻，甚而得之于牝牡骊黄之外，则成为空前绝后之发现，更为善译。直至语言道断，心思路绝，便存其"不翻"，只好"音译"。玄奘法师便有五种"不翻"，颇多远见，条列如下：

（一）秘密故——如"陀罗尼"。

（二）含多义故——如"薄伽梵"具六义。

（三）此无故——如"阎浮树"，中夏实无此木。

（四）顺古故——如"阿耨菩提"，非不可翻，而摩腾以来常存梵音。

（五）生善故——如"般若"尊重，"智慧"轻浅。

地名人名之类，当然以音译为佳。今人之译，也有暗合此类的。"泰晤士"者，因其秘密也；"幽默"者，义多也；"巧克力""沙定"者，此无也；"烟士披离纯"者，顺古也，"奥伏赫变"者，生善故也。此皆不翻，而胜于已翻，比方说："兄弟刚看伦敦泰晤士。"则听者肃然起敬，无他，神秘故也。"烟士披……"非不能翻，但"饮冰室主人"既将其翻为"烟士披……"，也只随他"烟士……"了。"奥伏……"更觉沉重，使人望而生畏，诚恐自己的意识一下被"奥伏……"，不，被"吓变"了。其生信可知。

但精通原文，不仅是懂到其义而已，要懂到原作之背景。

夫背景也者，官僚最懂得也。做官要知道谁与谁有密切关系，谁与谁成为一系统，翻译亦然。例如译哲学名著，颇应知此哲学家的思想的系统，受了谁的影响之类。或如同为什么"上峰"赏识了某人，则为什么著者要著这么一本书，也应该弄清楚的。这么翻译便可少力气。又如翻译西洋小说，则西洋人的生活背景也应知道。俄国之茶具，不类中国之茶壶；教士之十字划胸，实不异于和尚之合掌。譬如坐在"窗里"吃茶或着棋殊为可怪，而不知此窗非如中国之一层薄窗，只能坐在"窗下"或"窗前"的。当然，这是比较稀有的例子。

原文之外，能通一二种旁的语言，较胜。也应明一二种古代语，或梵文，或希腊文，或拉丁文；更应多明一二种近代文，或英、德、法、意各种文字。欧西各民族的文化，皆相互影响的。既具备了这两种条件，便是完全能把握两种文字了，却来了一个更大的条件，便是……

三、志在益人。绍介文化，翻译作品，好像做生意。但除了为利益学术界思想界以外，不应有旁的志愿。西欧的学术也广大无边，倘若于我们毫无用处的，即算于原文精通，译文不错，这工夫便等于白费。那么，先应该：

甲：立定主张。"兄弟主张改良政治。"那么，好吧，立定主张了。如要做翻译工作，便翻译政治之名著。使事业和主张不太悬殊。但不宜因为某公之情面，而译一本《烹饪新法》，或又因某公司之聘，翻译一本《人造丝之研究》。因为即使译笔无误，究竟也太费神。术语不同，表现方法也不同，难矣；白用去自己的时间与精力，如千里马负塔车上太行，旁人也为之生哀；何况将来说不定翻译一本《凡尔赛条约之研究》或《国际公法》，在书坊铺子里和《烹饪新法》之类并列，也颇觉不伦不类。颇闻许多留学生回国，随便拿起小说之类便翻译，是见其没有主张的。

乙：先定计划。即有自己一贯的主张，必有一贯之路线。不致今日译《步兵操典》，明日译《文艺复兴》。计划可以以时代为中心，或思想为中心先翻 X，后译 Y，有一定之步骤。最好以现代中国读者界为前提。阁下之文笔太深奥，使人难于看懂；或译出与咱们漠不相关之著作，如《四十年来巴黎之时装变迁史》，或《伦敦大雾之研究》，美则美矣，其于中国何！"其于百姓何！"

大概志愿立定了，本领又很高明，则此时有"怎么翻"之一问题。以上三项，皆是说明"如何方够得上翻书"。以下几点，是论怎么翻译，方可以事半功倍：

一、莫翻《英华字典》或《法华字典》之类——翻书时用字典，最好原文原解的，现时洋文华解之字典，大致皆宜于初学洋文，而不宜于翻译。有时思路滞塞，求在这种字典中寻启发吧，便如烦躁的希望得异性的安慰，他或她使你更烦躁、冒火。哪有诗作得好的抱住《佩文韵府》或《诗韵合璧》？哪有会翻书的不断地从字典中取出一个个字补凑、编排？何况现存之洋华字典，大都糊涂的可以。

那么有疑难又怎样呢？或翻原文原解之字典，更好是用顾问，更好是用外国工程师！没有法子，学问上是无架子可摆，无捷径（Royal way），用不得权术的！

二、口译胜于笔译，合译胜于独译。——除别有会心之文学作品，如诗歌，觉得只有一己能译出外，普通二三人（人太多有时也不便）志同道合，互相参究，容易有兴趣，用力少而见功多。但也颇要平心静气，争闹不得！打不得！独自吃重，寂寞地捱着大作，虽可钦佩，究竟可不必也！还有一点小经验，为译书者说。即是翻译有时倒不麻烦，一到抄誊一部庞然巨制，倒觉工作沉重起来了。简单的法子，修改之后，请人代抄。

严几道论翻译，有三原则：即信、达、雅。符合艺术上之真、善、美三原则，可以奉为楷模。信者真实，达者明显，雅者漂亮。现在我们看唐译佛经，尤其是诸论、偈未尝不惊奇古人之高深。其说理之处，如稍惯于那种文法，觉得真是一字不移、一字不增、一字不减。路德与弥难希东共译希腊文的《圣经》，用工之苦，往往四日翻出三行，便因此确定了德文之基础。中文翻出的"官话"新旧约，也是佳制。大概皆达之后，自成风格，开出一种新的文体，是意中事。也许求古人将佛经翻成另一种更浅近、更晓畅的文体，使哥儿们容易了解，觉得"顺眼"实不可能。信可以力求而得，达却颇需要天才，A 翻之则不达，B 译之而达。大有本领土之悬殊。雅则只能靠天，故意装作不出的。不过既自由风格，当然也成一个样子吧。因此又抄出彦琮法师的八个条件。

夫预翻译，有八备条件：

（一）诚心爱法，志愿益人。

（二）将践觉场，先牢戒足。

（三）荃晓三藏，义贯两乘。

（四）旁涉文史，工缀典词，不过鲁拙。

（五）襟抱平恕，器量虚融，不好专执。

（六）耽于道术，淡于名利，不欲高炫。

（七）要识梵言，不坠彼学。

（八）薄阅苍《雅》，粗谙篆隶，不昧此文。

在昔盛世，翻译之事视为一种极崇高、伟大的事业，翻译者皆为

"大师"。这工作与宗教相连，觉得与身心性命有关，所以虽甚辛苦，但成绩特别好。佛经中错字少，大概也是这种原由。今人翻译西洋著作，缺乏这种信心，虽有人以此糊口，但目的在于卖钱，便无异于经商，经商则只要花样多交货快。顾不到本质，更顾不到一书翻出后对于读者的影响。看现代西洋人彼此翻译各种著作，更使我们惊奇。大概凡甲国有的较重要的著作，乙国必将其翻去了，因之翻译而不得著者的许可，便视同偷窃。英译《浮士德》有四十种译本之多，甚至日本人也译有托尔斯太、莎士比亚诸文学家的全部著作，真使咱们愧死！

有谁真切地自觉在负着绍介西方文化的使命而严肃地以翻译为毕生工作的吗？我们需要这种"大师"！

（完）

——《申报·自由谈》

（1934 年 3 月 30、31 日，4 月 2、3 日）

近代中国翻译家林琴南（1934）

寒光

林琴南的翻译是他在文学上顶大的成绩，也是中国近十年文坛上、社会上一个很大的事件；无奈近来批评他的人们总喜欢说他的翻译很多与原文不对和差错，我觉得这种论调未免过于苛刻！试想当清季时代，中外交通尚未发展，中国人和外国人还少接触，研究外国语言文字的人们当然也如凤毛麟角；虽说中间也有些比较精通的人士，但于文学方面究竟尚很浅，这是时代的限制，所以错误的发生是难免的。加以林氏本人完全不认识外国文，他的翻译必须靠着一位口述的人用中国话来念，然后他才"耳受手追，声已笔止"地干起那种畸形的翻译工作来。况且他译得非常迅速，平均每小时可以译成一千五百字，每日做工四小时，合译文字六千字。所以他译书的态度完全没有严几道那种"一名之立、旬月踟蹰"的殚思竭虑、一字不苟的审慎而忠实的精神！他成书数量之所以多在此，同时他的误缪、疏忽和减少精彩的原因也在此。关于译书的态度，让我们先来看看别人再作一个比较。胡适之说道：

　　我自己作文，一点钟平均可写八九百字；译书平均每点钟只能写四百字。自己作文，只求对自己负责任，对读者负责任就够了。译书，第一要对原作者负责任，求不失原意；第二要对读者负责任，求他们能懂；第三要对自己负责任，求不致自欺欺人。（根据《明日之报》校）

根据这个道理来说，翻译实在更难于创作；无奈林氏自己作起古文来常是经月不得一字，翻译外国文却是采用"耳受手追、声已笔止"，四小时六千字的"赛跑式"翻译法，怎的会不负着减少精彩和误缪、疏忽的罪咎呢！——何况又少了良好的助手。他自己说：

> ……急就之章，虽保不无舛缪；近有海内知交，投书来鄙人谬误之处见箴，心甚感之。惟鄙人不识西文，但能笔述，即有讹错，均出不知！……（《西利亚郡主别传》自序）

这是何等的沉痛而何等的有自知之明呀！除此以外，他选择原本之权也完全操在口述者的手头，所以译文有时很和原文背谬或杂收外国第二三流的作品，这实在全是口述者的错误和荒谬，万不能算作林氏的过失，这是很显然的。而且林氏宝贵的劳力也大半给这些口述所虚耗，倘使林氏那时会得到些具有文学学识的好助手，必定会多译些较重要的好作品，同时也会减少错误，和少译些没有价值的杂书，则林译的价值和成绩，及他在中国社会上、文坛上的影响，必定不止如是而已！东亚病夫说得好，"如果把没价值的除去，一家屡译的减去，填补了各大家代表作品，就算他意译过甚，近于不忠，也要比现在的成绩圆满得多呢。"这话实在说得不错。关于这点，郑振铎论得最透彻，他说：

……如果口述者没什么知识呢，他所选择的书便为第二三流的毫无价值的书了，林氏吃了他们的亏不浅，他的一大半的宝贵的劳力是被他们所虚耗了，这实是一件很可惋惜的事！……在林译的小说中，不仅是无价值的作家的作品，大批的混杂于中，且有儿童用的故事读本，如《诗人解颐和语》及《秋灯谈屑》之类；此二书本为倩伯司及包鲁乌周所编的读本，何以算是什么"笔记"呢？还有一件事，也是林先生为他的口译者所误的：小说与戏剧性质本不大同，但林先生却把许多的极好的剧本译成了小说，……这两个大的错误，大约都是由于那一二的口译者不读文学史，及没有文学的常识所致的。他们仅知道以译"闲书"的态度去译文学作品，于是文学种类的同不同不去管他，作者及作品之确有不朽的价值与否，足以介绍与否，他们也不去管他；他们只知道随意取得了一本书，读了一下，觉得"此书情节很好"，于是便拿起来口说了一遍给林先生听，于是林先生便写了下来了。他之所以会虚耗了三分之二功力去译无价值的作品，且会把戏剧译成小说者，完全是这个原因。……（《林琴南先生》）

他的口述者很多，我从所见到的书籍里抄下计得十六人，也许还不止这个数。兹将名字列下：

静海陈家麟杜衡

英文的口述者。他和林氏合作最久，林氏后期的翻译大部分是他口述的；而且所涉及的范围很广，英、美而外，俄、法、挪威、瑞士、西班牙都有。多数是无名作品，其中名著虽也很多，但都失败了（如托尔斯泰和西万提司等）；而且把莎士比亚的剧本译成小说和儿童故事读本、译为笔记者，也是此君的奇功！此外他也曾和陈大镫合作，也译了许多部，都在商务印书馆和中华书局出版；也曾和薛一谔合作，在商务出版了好几部；又自译有《白头少年》在商务出版。

长乐曾宗巩又固

英文的口述者。和林氏的合作也很不少，但都是二流作品（英国哈葛德最多），名著很少，如《海外轩渠录》《战血余腥记》等，却失败了！其中只有《鲁宾孙漂流记》是比较差强人意的。他自己也曾译有《希腊兴亡记》，在商务出版。

吴县毛文钟

英文的口述者。他是最后期的，合作也多，多半还未出版，但也没曾得到成功。其中所译嚣俄的《双雄义死录》一书，许是错拿了删节本吧？大受了人家的诟病。

侯官林凯

英文的口述者。所译如《情海疑波》，也是失败的。

铅山胡朝梁梓方别号诗庐

英文口述者。他是诗人，同时又是大诗人陈散原的高足；但没有文学眼光，和林氏合译的《云破月来录》是没有文学价值的。但自己所译如商务出版的《稗苑琳琅》和《孤士泪》也都失败了。

永福力树萱

英文口述者。所译如《罗刹雌风》和《情窝》，都是没有什么价值的。

关县廖琇昆

法文口述者。所译如《义黑》，虽经教育部的嘉奖，但也不曾成功。

侯官严潜培南

侯官严璩伯玉

《伊索寓言》的口述者，不知是从英文或法文。这二人是严几道的喆嗣。严伯玉曾做过太守，也曾做过参佐随孙幕僚韩出使于法京巴黎（见《畏庐文集》第十七页送《严伯玉之巴黎序》）。

关县陈器

英文口述者。所译如《痴郎幻影》，也是失败的。

侯官李世中

法文口述者。所译如大仲马的《玉楼花劫》和沛那的《爱国二童子传》，可算是成功的了。

关县林驺季璋

法文口述者。所译如《兴登堡成败鉴》，可算过得去。

侯官王子仁寿昌别号晓斋主人

法文口述者。所译虽仅《茶花女遗事》一书，但为西洋小说输入华土的第一部，他的奇功已够和林氏共垂不朽了！

侯官王庆骥石孙

法文口述者。是王子仁的徒子，林氏的门生。据林氏说，他"精于欧西之文，兼数国的语言，而于法国之文为特精。"这话是可靠的，我们只要读他所口述的《离恨天》就会知道；只可惜他不能和林氏长久合作，甚至译孟德斯鸠的杰作《鱼雁抉微》尚未完功而遽"随使节西迈"，这真是大可惋惜的一件事呀！

关县王庆通

法文口述者。所译的法国居多，比利时和俄国也有一二种。除魏易和王庆骥叔侄外，要推他为林氏较好的助手。大小仲马的著作，多是由他口述的。

仁和魏易冲叔春叔聪叔

英文口述者。所译除了日本的《不如归》和法国的《大侠红蘩蕗传》而外，都是英美小说。除了柯南达利和哈葛德及好些第二流作品外，其余都是世界名著。如狄更司、司各德、华盛顿·欧文、史托活夫人等人的作品，全部是由他口述的；而且他所口述的二流作品，如《迦茵小传》《红礁画桨录》《恨绮愁罗记》等，也比较口述者的二三流作品好了千万倍！假使少了他，那么决不会得到这样的成功，那是可以断言的。他自己所译狄更司的《二城记》因太删节了，颇为人家所诟病；又有《冰蘖余生记》在商务出版，以后就不再译。然而三年不鸣，一鸣惊人，近来所译由商务出版的《威廉二世少年生活自传》（文言）和大仲马的《苏后玛丽惨史》（从英译本），都可列入现中国第一流的译品！《苏后惨史》尤为特色，而且他的白话文很像伍光建，十分流利，是很可取的。

这十六人中，陈家麟口述的最多，其次是魏易，再次为曾宗巩和王庆通；毛文钟也多，不过多半还是没曾出版，其余都是一二种而已。郑振铎说，"只有魏易和王庆通是他较好的合作者"，我觉得把王庆通换作王庆骥为比较妥当些。

最使我不明白的，就是民国以来，精通外国文学的人渐多，为什么林氏不肯找几位较好的助手，更用一番工夫把他从前所有的译品加以淘汰和整理，未始不是失之东隅而收之桑榆的意思；为什么他偏看不到这一层，以致遗下成绩上的大污点，真令人不能索解！

他译品中二流作家最多的为科南达利和哈葛德，但他自己并不是不知道；他称科氏说："全摹司各德"（《黑太子南征录序》）；评哈氏就说："哈氏之书多荒渺，……笔墨、结构去迭更（即狄更斯）固远；……读者视为《齐谐》可也。"（《三千年艳尸记》跋）。一种不能满意于科、哈二人的心理是显露地透漏出来，可见他文学的理解力是远在他口述者之上的。

所有他接触过的外国作家，他最称重、最服膺的是狄更司。他译狄氏的凡五种，都精神饱满而无篇不妙，可称为林氏平生最称心、最得意的译品，较译司各德和大小仲马等人的作品为更有精彩！兹节录他对狄氏的批评几段，以现他对于外国文学的会心：

……子尝静处一室可经月，户外家人足音颇能辨之了了，而余目固未之接也。今我同志数君子，偶举西士之文字示余，余虽不审西文，然目闻其口译，亦能区别其文章之流派，如辨家人之足音。其间有高甚者、清虚者、绵婉者、雄伟者、悲梗者、淫冶者、要皆本于性情之正、彰瘅之严；此万世之公理，中、外不能优越，而独未若欲而司。迭更司文字之奇特。天下文章、莫易于叙悲，其次则叙战，又次则宣述男女之情，等而上之；若忠臣、孝子、义夫、节妇，决脰溅血，生气凛然！——苟以雄深雅健之笔施之，亦尚有其，人从未有刻画市井卑污龌龊之事，至于二三十万言之多。不重复、不支属，如张明镜于空际，收纳五虫，万怪，物物皆涵涤清光而出；见者如冯阑之观鱼、鳖、虾、蟹焉。则迭更司者、盖以至清之灵府，叙至浊之社会，令我增无数阅历，生无穷感喟矣！中国说部，登峰造极者无若《石头记》：叙人间富贵，感人情盛衰，用笔缜密、着色繁丽，制局精严，观止矣！其间点染以清客，间杂以村姬，牵缀以小人，收束以败子，亦可谓善于体物！终竟雅多俗寡，人意不专属于是；若狄更司者、则扫荡名士、美人之局，专为下等社会写照，——奸狯、驵酷——至于人意已所未尝置想之局，幻为空中楼阁，使观者或笑或怒，一时颠倒，至于不能自已；则文心之遂曲，宁可及耶！

余尝谓古文中序事，惟序家常平淡之事为最难着笔。《史记》《外戚传》述窦长君之自陈，谓："姊与我别逆旅中，丐沐沐我，饮我乃去。"其足是生人慷怆者，亦只此数语；若《北史》所谓隋之苦桃姑者，亦正仿此，乃百摹不能远至，正坐无史公笔才，遂不能曲绘家常之恒状；究竟史公于此等笔墨亦不多见，以史公之书亦不专为家常之事发也，今迭更司则专意为家常之言，而又专写下等社会之事，用意、着笔为尤难。……（《孝女耐儿传》自序）

……迭更司先生临文如善弈之著子，闲闲一置，殆千旋万绕一至旧著之地，则此著实先敌人，盖于未胚胎之前，已伏线矣，惟其伏线之微，故一小物、一小事，译者亦无敢弃掷而删节之，防后来之笔旋绕到此无复叫应。冲叔初不著意，久久闻余言始觉。于是余二人口述，神会笔逐，绵绵延延，至于幽渺、深沉之中，觉步步咸有意境可寻。呜呼！文字至此真可以赏心而怡神矣！……此书情节无多，廖廖百余语可括东贝家事，而迭更司先生叙至二十五万余言；谈诙间出，声泪俱下！言小人，则曲尽其毒鳌；叙孝女，则直揭其天性；至描写东贝之骄，层出不穷，恐吴道子之书"地狱变相，"不复能过；且状人间阘茸，谄佞者，无遁情矣！呜呼，吾于先生之文又何间焉！……（《冰雪因缘》自序）

……古所谓"骨观音"者，以骨节钩联，皮肤腐化后，揭而举之。则全铿然，无一屑落者，方知是书，则固赫然其为"锁骨"也！……施耐庵著《水浒》，从史进入手，点染数十人咸历落有致；至于后来则如"一丘之貉"，不复分疏其人；意索才尽，亦精神不能持久而周偏之故。——然犹叙述盗侠之事，神奸魁蠹，令人耸慑。若是书特叙家常至琐、至屑、无奇之事迹，自不善操笔者为之，且怲怲生人睡魔，而迭更司乃能化"腐"为"奇"，撮"散"作"整"，收五蠹，万怪，融汇之以精神，真特笔也！……（《块肉余生述》自序）

王靖于这里论说："……林氏不审西文，借门人口译，而能区其流派，评其优劣，无不中肯！使迭氏九泉知之，当叹为中土之知己矣。……"（《英国文学史》八六页。秦东汉文本）

读了林氏的批评，再就书中证之，可说是很切合的；更证以王靖的话，实在使我们不会了解钱玄同之所谓"掺进一种迂谬批评！"对于林氏翻译的批评，郑振铎的话颇见精详，在这里我们很可以引用：

……在那些可以称得上较完美的四十余种翻译中，如西万提司的《魔侠传》，狄更司的《贼史》《孝女耐儿传》等，史格得之《撒克逊劫后英雄略》除了几个小错除外，颇能保有原文的情调，译文中的人物也描写得与原文中的人物一模一样，并无什么变更。

又如《孝女耐儿传》的一段：

……胖妇遂向主妇之母曰："密昔司几尼温胡不出其神通为女公子吐气？"（此密昔司圭而迫即密昔司几尼温也。）"以夫人高年，胡以不知女子之楚况？问心何以自聊！"几尼温曰："吾女之父，生时苟露愠色者，吾即——"语至此，手中方执一巨虾，断其身首，若示人以重罚其夫即如是观耳。胖妇点首知旨，赞曰："夫人殊与我同趣；我当其境，亦复如是。"几尼温曰："尊夫美善，可以毋滥其刑；夫人佳运，乃适如吾，吾夫亦美善人也。"
胖妇曰："但有其才，即温温无试，亦奚不可。"几尼温乃顾其女
曰："贝测，余屡诏汝，宜出其勇力，几于长忌哀，汝乃不吾听，
何也？"密昔司圭而迫闻言微哂，摇其首不答。众咸愠密昔司之
柔懦，乃同声奋呼曰："密昔司年少，不宜将老辈之言置若罔闻；
且吾辈以忠良相质，弗听即为愎谏。君即自甘凌虐，亦宜为女伴
卫其垣墉，以滋后悔。"语后，于是争举刀叉，攻取面包、牛油、
海虾、生菜之属，猛如攻城。且食且言曰："吾气填胸臆，几于不
能下咽，……"（寒光按：这段在卷上二十七页）

　　像这种文调，在中国可算是创见。我们虽然不能把他的译文与原
文一个字一个字地对读而觉得一字不差，然而如果一口气读了原文、
再去读译文，则作者情调却可觉得丝毫未易；且有时连最难表达于译
文的"幽默"，在林先生的译文中也能表达出；有他对于原文中很巧
妙的用字，也能照样地译出。这种地方，我们读上引的一段译文中，
颇可看出。（寒光按：看了这个，又很使我们不会明白钱玄同之所谓
"多失原意"呀！）

　　中国数年之前的大部分译者，都不甚信实，尤其是所谓上海的翻
译家；他们翻译一部作品，连作者的姓名都不注出，有时且任意改换
原文中的人名、地名，而变为他们所自著的；有的人虽然知道注明作
者，然其删改原文之处，实较林先生大胆万倍。林先生处在这种风气
之中，却毫不沾染他们的恶习；即译一极无名的作品，也要把作家之
名列出，且对于书中的人名、地名，也绝不改动一音。——这种忠实
译者，是当时极不易寻见的。……

批评林氏的翻译到这里可以告一段落了，现在让我们来列他译品的数目。据郑振铎的调查，计成书的一百五十六种：已出版的，一百三十二种；散见于第六卷至第十一卷的《小说月报》而未有单行本的十种；原稿还存于商务印书馆未付印的，十四种。在这一百五十六种中：计英国的九十三种，法国的二十五种，美国的十九种，俄国的六种，其余希腊、挪威、比利时、瑞士、西班牙、日本各得一二种，尚有不注明何国、何人的作品的共五种。我以郑先生的调查不很详细，兹就我个人所知的列下，或者还有遗漏的也未可知。其中不列原文的，因未查得暂付阙如，读者谅之！

【……】

郑振铎说："在林译的小说中，不仅是无价值的作家的作品，大批的混杂于中，且有儿童用的故事读本。如《诗人解颐和语》及《秋灯谈屑》之类，……何以算是什么'笔记'呢？"这当然也是口述者陈家麟的奇功！

【……】

林氏后期翻译之所以不如前期者，除了陈家麟、毛文钟等人的不济事而外，就是林氏态度的太不好。他说："余笃老无事，日以译著自娱；而又不解西文，则觅二三同志，取西文口述，余为之笔译：或喜或愕，一时颜色无定，似书中之人即吾亲切之戚畹；遇难为悲，得志为喜，则吾身直一傀儡而著书者为我牵丝矣！"（《鹰梯小豪杰》序文）他这种消遣的态度是不大妥当的，无怪他后期翻译都是些不三不四的杂书，而且像《魔侠传》这一流名著，也给他拿消遣的态度来译坏了，真是可惜得很！

【……】

歇洛克即歇洛克·福尔摩氏。林氏翻译侦探案的意思是很好的，绝不似一般译侦探小说投机者的无聊；这意思只要看《神枢鬼藏录》的序文便可以明白的。不过那时的风气和见识，也很有值得我们注意的地方：恽铁樵在《说荟》里说，"……吾国新小说之破天荒为《茶花女遗事》《迦茵小传》，若其寖昌、寖炽之时代，则本馆所译《福尔摩斯侦探案》是也。侦探案有为林琴南笔述者，又有蒋竹庄润辞者，故为移译小说中最善本。士大夫多喜阅之，诧为得未曾有。……"（一一三页）

【……】

此外尚有原稿十七种，十九册，平均每册六万字，共约一百二十万字，存于商务印书馆，不知何时始欲印行。然去年沪变，商务全厂和东方图书馆都给日本的炮火炸毁了，这些原稿不知尚在人间否？胡寄尘说："我以为就林先生个人而言，这十九种小说印行不印行和他毫无关系，因为他在中国小说史上已经有他的位置了。这十九种印行与他无关，不印行也与他无关。若就书而言，与其零碎印行，不如一次印行；与其现在印行，不如索性留着，待机而印，或竟不印，把原稿再保存一二百年，到那时候，就变为无价之宝了！"（这些话和统计以及下面的列表，都是根据第十三卷、第五期，《小说世界》的《林琴南未刊译本之调查》）

【……】

郑振铎说林氏的第一流译品可得四十余种，但不曾举出书名，这是很遗憾的。兹就我个人的观察力择取之，不过学力浅薄，少不了有不中肯的地方，幸读者原谅之！（有＊号的是我认为林氏比较经心的译品）

英国狄更司五种：

《冰雪因缘》《块肉余生述前后编》*《孝女耐儿传》*《贼史》*《滑稽外史》

英国司各德三种：

《撒克逊劫后英雄略》《十字英雄记》*《剑底鸳鸯》

英国洛加德一种：

*《拿破仑本纪》

英国却而司及其妹马丽一种：

*《吟边燕语》

英国伊门·斯宾寒尔一种：

《荒唐言》

英国地孚一种：

*《鲁宾孙漂流记及续记》

这书的口述者虽不高明，但原书文格极高，且为林氏的早年译品，所以可取。

英国史惠夫特一种：

《海外轩渠录》

《拊掌录》《大食故宫余载》*《旅行述异》

美国史拖活夫人（Mrs. Harriet Beecher Stowe, 1812—96）一种：

*《黑奴吁天录》（Uncle Tom's Cabin）

这书很影响于清末时的革命思潮，而林氏译书的本意，则为美禁华工而发的。就译文而论，可说是早年很经心的译品。

法国大仲马二种：

《蟹莲郡主传》《玉楼花劫前后编》

法国小仲马五种：

《茶花女遗事》《鹦鹉录一二三编》《香钩情眼》《血华鸳鸯枕》《伊罗埋心记》

法国沛那一种：

*《爱国二童子传》

是否名著未详，但林氏是有感情而译的，所以可算为很经心的译品。书首《达旨》一篇，可说是林氏绝妙的血泪文章。

法国阿猛查登原著

英国达尔康原译两种：

《利俾瑟战血余腥记》

《滑铁卢战血余腥记》

这两部也是早年的译品，所以可取。

法国圣·彼得一种：

《离恨天》

如就我个人的私见而论，《林译小说》中当以这书的词旨为最高的。林氏自己也说："著是书伟森·彼得，卢骚友也；其人能友卢骚，则其学术可知矣。及门王石孙、广骧，留学法国数年，人既聪睿，于法国文理复精深。一字一句，皆出之以伶牙俐齿，余倾听而行以中国之文字，颇能开发哲理。因忆二十年前与石孙季父王子仁译《茶花女遗事》，伤心极矣！而此书复多伤心之语，而又皆出诸王氏；然则法国文字之名家，均有待于王氏父子而传耶？"（《译余剩语》这篇也可算为林氏的绝好文章）可惜这书现在是绝版不发售了，这真是大错失的一件事！

法国孟德斯鸠一种：

*《鱼雁抉微》

这书当然也是林译中的杰作，我们觉得很有出版单行本的必要，不知商务印书馆和东方杂志社以为何如？虽说这书译不完全，然而林氏已矣，其遗文是弥觉可贵了！

俄国托尔斯泰二种：

《现身说法》《恨缕情丝》

林氏译托氏之书虽多至六种，但都是和陈家麟口述的，均非托氏的杰作，所以无甚精彩。

西班牙西万提司一种：

《魔侠传》

希腊伊索一种：

*《伊索寓言》

日本德富健次郎一种：

*《不如归》

林氏的言情佳品，说者均谓为《茶花女》及《迦茵小传》，但很少有人道起这一书，不知如何？我常拿这书和何诹的《碎琴楼》教朋友、教学生，都收到很好的成绩。就文笔而论，也算可为前期林译中之较浅明者，我个人很希望商务会采用这书作中学的补充读本。

林译中以科南达利和哈葛德二人为最多，统计约三十多种，科、哈二人虽为英国的第二流作家，但林氏译他们的作品时多在早年，其中很多经心的译品，似乎未可一概抹煞的。例如郭沫若在批评《迦茵小传》里说得好："这在世界的文学史上并没有什么地位，但经林琴南的那种简洁的古文译出来，真是增了不少的光彩！"这话是对的；但很不幸，这一面虽是他的长处，一面却成为他的致命伤了！东亚病夫说他"时时露出些化腐朽为神奇的自尊心"，真是捉着林氏翻译第二三流作品的心理。（虽说他不识西文，全凭口述者的支配，但他文学的理解力是很高的，劣的作品当然可以拒绝不译；无奈他计不出此，所以弄成有书便译的状态，这是很可惜的！）现在我凭着个人的观察力选择较好的如下。

【……】

林氏的大缺陷在于不能直接读原文，这是任何人都知道的事，而他自己也是非常抱恨的。最不幸就是当他翻译小说时已是过了中年了，不然他也许会发奋奔到外国留学的。他自身既然饱受了这种说不出的苦处，所以对于他的门生及后辈总时时出以极热情的勉励。兹录下一篇，借以显示他对于这问题的意见：

> ……余颇自恨不知西文，恃朋友口述，而于西人文章妙处，尤不能绘其状；故于讲舍中敦喻诸生，极力策勉其恣肆于西学。——以彼新理，助我行文，则异日学界中定更有光明之一日。……旧者既精，新者复熟，合"中""西"二文镕为一片，彼严几道先生不如是耶？……（《洪罕女郎传》跋语）

又在《伊索寓言》里说：

> 以新学之明，证旧学之暗，自知为暗，则可以向明；若居暗而侈明，未有不为一□者。（第五页，《□篇》的按语）

仅就这两段看起来，便会知道他是何等的有维新的头脑而未可以和一帮老顽固相提并论的；然则诋他为国故党、为顽固派的代表者，总是太过吧？除此而外，他对于汉文之须改良与厘订新名词的建议，也是很值得我们注意的：

> 仆尝谓外国之字典，有括一事为一字者，犹电报之暗码，但摘一字而包涵无尽之言，其下加以界说，审其界说，用字不烦而无所不统；中国则一字但有一义，非联合之不能成文，故翻译西文往往词费，由无一定之名词，故与西文左也。且近日由东文输入者，前清之诏敕，民国之命令，亦往往采用，旧学者读之，又瞠不能解，索之字典，决不可得，则不能不舍其旧而新是谋矣。……然鄙意终须广集海内博雅君子，由政府设局，制新名词，择其醇雅，可与外国之名词通者，加以界说，以惠学者，则后来译律、译史、译工艺、生植诸书，可以彼此不相龃龉，为益不更溥乎？……（《中华大字典》序文）

林氏这个提议到现在约摸二十年左右了，可怜的中国政府可曾把这事办到吗？上焉者，只知争权夺利，毫不知道什么是文化与教育；下焉者，日在制造诘屈聱牙、望之头痛的音译名词，活剥生吞，不伦不类，又无辞典可资参考，真是大可愤恨的一件事呀！

通常的批评文章总要有举例的，但我觉得举林氏的译文倒不是一件容易的事，因为他的数量太多，一部书举一个例，统计须一百六十多篇；就把第一流译品来举，也须四五十篇，徒占篇幅，且惹人厌。现在且约略举下几篇，读者可以一丝例万缕吧。

【……】

就原文而论，这样描写极而司等人之相互推诿和畏惧的心情，读之未有不失笑的，这一点当然是狄更司文章的妙处。就翻译来论，的确很能捉到原文的神韵，几乎可说是无微不达！读者只要细心地把原文读了一遍再转换来读译文，当会知道的。我觉得像这样的翻译，除了译界圣手伍光建老先生而外，是不容易碰到的。不过这种写景的笔墨，纵极美妙，纵极尽渲染的能事，在林译中究竟不是为难寻得的；譬如译华盛顿·欧文的《大食故宫余载》和《记惠斯敏司德大寺》（Westminster Abbey《拊掌录》的末篇），其一种抚今怀古，凭吊唏嘘的是吊古佳作！而且词旨高妙，寓意深远，他的语意，若庄若谐，如讥似讽；用着朴茂、隽妙的文笔，来传达悲凉、凄婉的情味，真可谓挹之不尽，思之无穷，行文至此，真可叹观止矣！

【……】

这一篇的妙处和上篇大不相同，我们是不能呆呆板板拿原文来一字一句地对照的，因为原文足有七页多，而林译竟不上二页半；虽是如此，但林译可说是很能融汇而撮其精华的。现在且拿别人的话来证明。严既澄说："……译者删节颇多，……幸此类怀古之文辞，本无严整之布局，稍加缩节，似亦无妨。……至原文所具之灵思美感，则此译文亦颇能保持不堕，吾人不能不认为林氏所译书中之上品也。"（《拊掌录》第七十四页）

总括来说，他的文笔之雄深、古茂，自是早有定评，不仅所谓《史》《汉》妙笔而已。至于语语真挚，勉励国人，信手拈来，尽成妙旨，具见其爱国心诚，他那种要采外国之长来补吾国之短的苦心，是有目的有作为而万万不可埋没的！译文中屡屡以国为归，以自励为前提，的确是目今内忧外患的中国人的"叫旦之鸡"，不仅是译译他人的小说就算了。至于《拊掌录》《荒唐言》《茶花女遗事》《伊索寓言》

《鱼雁抉微》《离恨天》等，统都是哲理的妙文而未可以等闲作小说看待的。现在且让我再举《离恨天》的例数节，来当作这一文的结束：

【……】

他这样的状物，这样的写景，无怪其能得到"拔援劲遒"的雅评！且来看看他的写情：

【……】

言情是这样的热烈而如火如荼，且让我们转眼来看看他所描写的惨情：

【……】

例虽是这样的引，但这书并不是以言情和惨情为立场的。林氏说："读此书者，当知森·彼得之意，不为男女爱情言也，实将发宣其胸中无数之哲理，特借人间至悲至痛之事，以聪明与之抵敌，以理胜数，以道力胜患难，以人胜天，味之实增无穷阅历！"其中的微旨深意，触目尽是，引不胜引，所以我们只好从略，请读者自找原书细读吧！

——《新中华》第 2 卷第 2 期（1934 年 4 月）

翻译的拥护（1934）

逖

　　早些时接到一家月刊社的征文信，要我对于"中国目前为什么没有伟大的作品产生？"这个问题发表一点意见。我一向为着公事和私事忙，竟连这几百字的文章都没有工夫写，现在想起来，这个问题倒是值得谈谈的。

　　说中国没有好的题材吗？谁都知道是有的。无论一个什么外国作家，只消到中国来游历一次，便有好几本关于中国的作品好写。住在中国的外国人，更可以专写中国的故事，送回外国去得文学奖金。

　　说中国的文字不够描写吗？也不是。古代就尽有好些伟大的作品是用中国文字写成的。

　　说中国人的生活太单调了吗？也不是。自从清末以来，我们的生活变化实在复杂得可以了。几次的革命，连年的战争，已经将我们的生活转入一个伟大的旋涡中了。

　　说中国人的想象力不够吗？这也不尽然。愚民固然很多，可是一般知识阶级，立身处世，无处不用心机，两人相争，老是钩心斗角。一般社会上想入非非的事，随遇皆有。

　　中国的作家既有脑力，又有题材，为什么没有一部伟大的作品产生呢？我敢说这完全是因为缺乏"技巧"的缘故。

　　我看到许多中国作家的作品，内容只有材料（Material），而无描写（Depiction），反之外国的作品，差不多全是描写，而事实却极简单。要如何才能描写呢？自然，非得有相当的技巧不可。有了技巧才能充分利用我们的想象力，而把目前复杂的材料好好地描写出来。

　　但我们要怎样才能得到这种技巧呢？无中不能生有，徒凭枯肠搜索，是怎也搜不到的。技巧主要是学来的。无论是一个怎样生来的天才，都得有相当的学力才能成功。英国的薄命诗人济慈（Keats），谁都知道他的诗是天才横溢的，但很少有人知道他每天有十六个钟头手不释卷呢！俄国的大文豪屠格涅夫（Turgenev）也曾在德国留过学，读过不少的外国书籍；他就主张创作要先从事模仿。

　　中国现在一般人都鄙视翻译，大概是因为翻译作品译得坏读不懂的缘故。但我们决不能因噎废食，如果大家都注意翻译，那么，翻译作品自然会好起来的。

　　中国白话运动以后，新文学足够我们取法的优秀作品很少，我们要学描写的技巧，还是非从外国文学作品去学不可。对于大多数不能读原文的人，这儿翻译的问题便发生了。翻译不仅不可以鄙视，而且须要特别地尊重，因为它是比创作还要紧的。

　　现代中国的翻译是带有一种使命的。它要能给初学者作模范，译笔要能传出原作的神韵，用字要能吻合原作的含义。至于译文的流顺，文意的忠实，自不待言。

　　敷衍的翻译较创作容易，认真的翻译较创作为难，我们所需要的是认真的翻译，所以我们应当重视翻译，拥护翻译，因为我们期望于翻译的地方正多呢。

——《新中华》第 2 卷第 7 期（1934 年 4 月 10 日）

翻译论（1934）

张梦麟

中国今日之需要翻译，也就和福禄特尔（Voltaire）之主张有神一样。宇宙间有没有神，且不去管它，假令没有的话，我们造也要造它一个。翻译在中国也是这个样子。我们要发展中国的文化，要研究西洋的文明，所以由一国语言换成他一国语言的这种翻译事业，是否可能，我们可以不去管它。即令是不可能的话，我们也得要干。因此，翻译在中国从来没有在原理上去讨论过，就是对于最难翻译的文学作品，中国人所抱的态度，也如福禄特尔一般。于是，我们的问题，便由翻译是否可能，转到怎样去翻译才好的问题去了。

关于怎样去翻译，有主张要信达雅的，有主张要看去容易明白的，有主张要逐字译的，又有主张与其信而不顺，莫如顺而不信的。此外还有"意译""硬译""顺译""歪译"等实际的译品和理论的主张。翻译这件工作，是否值得这样地各执一说呢？在此，我们且来检讨一下。

我们首先得注意的，便是现在中国所需要的翻译，与夫已经翻译到中国来的西洋日本的书籍，大致可分成两大类：一种是理智的著述，一种是感情的作品。对于这两样东西，我们的要求各有不同。所以论到翻译来时，标准也自然互异。一个翻译者译政治、经济与其他种种科学的论文或者著述的时候，他的目的，自然是在把其中所含有的知识思想，介绍给未能读原文的人。而读这种翻译的人的目的，也不外就是想知道其中所含的思想知识。因而这一种翻译越是明白浅显越好，越是通达流畅越可以使读者省去注意文字方面的精力，集中到内容方面去。换句话说，这类翻译，不惟是要看懂，而且要很容易地看得懂。据说德国的大学生读康德哲学时，每每去读法文的译本。所以这一类的译书，应是以达到这一步为目的，也以达到这一步作为是译本好坏的标准。自然所谓看得懂，便包含得有对于原书忠实，对于译文通顺之意。如果只是顺而不信，那简直等于胡说去了。

严几道论翻译时，主张要信、达、雅。这三个字好像已成为一般论翻译时的标准去了。其实谁也没有留意到严氏这句话，是在他译的《天演论》的序文里说的。《天演论》是属于理智方面的书籍，不是文学作品，而当严氏的时代，恐怕他也没有想到西洋还有可以介绍到中国来的文学。所以他这个话，仅可实用于这一方面，就到现在，都还可以拿来作为标准。因为输入思想，知识的翻译，如果信而不达，读者就得不了知识，等于不译。如果达而不信，那介绍的也就不是原作者的思想，同样也等于不译。所以信与达两者，便是这方面翻译书最自然、最合理、最常识的标准。只是他第三个条件，所谓"雅"，还有商量的余地。这个并不是我们翻译这一类理智的书，用不着"雅"，乃是我们在加这个条件上去之先，得先看看所谓"雅"这个字的意义。严氏所处的那个时代，没有谁想到拿白话文著书，当然也没有人想到拿白话文译书。所以他说"用汉以前字法句法则为达易，用近世利俗文字则求达难。"在他的意思，译书非用古文笔法不可，近世的文言却尚有未当。则他所谓"雅"者，当即是要以汉唐文来译书。这样的主张，在现在言文一致的时代，已经用不着了。这样说并不是说白话文就不雅。所谓"雅"，若是我们所谓的风格（Style）的话，那么白话文自然也有风格的。只是对于风格的见解，我们是和白勒特（Bennet）氏一样的主张：即是内容和外形，思想和风格是分不开的。未有很好的文体而传达不出思想来的，也未有将内容思想传达无遗而文体是不好的。译文也是这个样子，不过所谓内容思想，不是译者本身所自有的罢了。所以如把"信"即是指原作者的内容思想而言，所谓"达"即是指译者的文体而言，那么"达"字里面，已包含着"雅"，用不着再加这个条件上去。关于理论的译书，这两个字即是最普通而又常识的标准了。

可是，讲到翻译文学作品来，问题就没有这样的简单。因为文学作品，不独传意，而且传情，不是局部的知识，而是全人的精神。译者如要把原作所有的神韵、风格全部都传出来，这真是不可能的事，所以有人主张文学作品根本就不能翻译。我们就退一步说，也只能传出其十分之八九。那么怎样去传出来呢？

即以英文而论，我们试举一两个例来看，譬如"to throw one's gloves at one"这个用中文译起来，只有两种译法：一种即是逐字译，译文就成为"投手套于人"，另一种是译意义，即是"向人挑战"。又如"to give one's lips to one"这句也只有两种中文可译，逐字译即成为"给嘴唇于人"（请世界语诸君不要认为基本英语的笑话又来了），意译即成为"定情"。这两句英语，若在文学作品以外的书籍里面发现了的话，我们强勉译成"挑战"或者"定情"，也就可以，因为在这种时候，读者所求的只是一个观念，并不是想鉴赏这句话的内容。

但是若当成文学玩味起来，那么在这两句英语的背后，实包含得有西洋的风俗习惯、历史地理文化等决非中文那两个字的译文所能传出来的东西。"挑战"这两个字，在中国人的想象里，决浮不起一个人站在另一个人的面前，拿起手套在他的脸上，左右一边打一下的样子。同样，"定情"两个字在中国人的心目中，也只浮得起"七月七日长生殿，夜半无人私语时"的那种海誓山盟，决想不出一个少女心许了时，拿嘴唇给对方亲吻的情形。至于说到逐字译来，"投手套于人"，谁又会想到这是挑战？而"给嘴唇"也不过是"拿嘴唇"的反面，徒供无识者的笑话罢了。

普通以逐字译的办法，谓之直译。我们从这两个例，可知在文学作品的翻译里，这两种译法，直译与意译都不能令人满意。而且再根本地说起来，直译与意译并非彻底的区别。一般的人以为 man 译为"男人"，dog 译为"狗"，这就是逐字译，就是直译，其实我们如果知道深鼻凹眼的 man 和黑眼白面的中国"人"，其内容是如何的不同，西洋"狗"和中国"狗"两者是如何的差异，就可以知道 man 译为"人"、dog 译为"狗"，也只是一种意译。所以根本地说来，翻译只有一种，无所谓直译，也无所谓意译。至于达而不信的顺译、歪译，甚以至于"误译"，是更用不着说了。

可是，翻译与原作，既是有对立的两国语言，尤其是中文与西文那样极不相同的两种言语，翻译的态度自然也可以有两种。我们试假定一个中文翻译者，我们承认他对于中西言语都有极深的造诣，那么，当他翻译一本文学作品的时候，至少，他可以取两种态度：一种即是以西文来将就中文，一种即是以中文去将就西文。为什么以西文来将就中文呢？即是认定言语虽有不同，但同是表现人间的思想感情。西洋人的思想感情，既不比中国人的还要进步，则西洋言语所能表的思想感情，中国言语也能同样的表出。于是把从一本西洋文学里所得的感情思想，重又完全用纯粹的国语把它重现一遍，不拘泥于西文的字句、文体、句法，只是把它的精神感情再创造一遍。得来的结果，起码可以传出原作精神之十之八九，有时较之原著作还有过之而无不及。譬如菲资洛尔氏译的《鲁拜集》即其一例。

还有一种，就是拿中文去将就西文，为什么要这样办呢？因为在表现方面，有时觉得西文的表现非常新奇，很想把它介绍到中国文里来，扩张中文的表现法，造出一些新字、新句，以丰富中国的语言，使读者于新的思想感情之外，更惊奇地接触一些新的表现，可是并不新奇到破坏中文的程度。譬如西文"他说""他问"等句，常常放在一句话的后面。这种新奇的排列法，当然可以介绍到中文里来。不过西文里的这种句子，不唯是放在一句话的后面，而且常是主动词颠倒的。譬如英文，便是在一句话的后面用"said he"或"asked he"字。若彻底地介绍到中文来成了"说他"或"问他"，这就破坏了中文的规则了。

总之，这两种态度，无论哪一种都是可以的。不过要以深通这两国语言为条件。同时对于原作，还要能引起共鸣的热情，他翻译某人的作品，他暂时便要和那一个作者成为一个人。有了这样的准备，无论怎样的翻译，我们都可以放心去读，因为翻译只有一种。中国现在是需要翻译的时候，对于翻译的讨论，自应热烈。可是大都只从翻译的方法上去着想，而对于翻译者的条件却不过问，因而议论流于皮相。要知道我们今日需要的是翻译作品，是翻译人才，决不是翻译方法。

——《新中华》第 2 卷第 7 期（1934 年 4 月 10 日）

《古兰经》译解中之固有名辞华英对照表（1934）

白国儒

伊斯兰是全世界人的宗教，它的经典——古兰——是供给世界人研究的。许多学者主张以阿拉伯文的古兰作基础，以其他各国文字的译本作辅助，才可以发挥人类高尚唯一的宗教——伊斯兰。吾国治阿学者，近来也明白这个道理，有好多人从事翻译工作，古兰一经已有数种中文译本发现了。但是由彼国文字译成此国文字，不是一种轻而易举的事情，马马虎虎就可敷衍的。往往为着一事或一名词，废掉许多时间还译不到好处！尤其是因为译者的不同，译的时间不同，此书与彼书，甚或前卷与后卷，同一个名词的音译或意译就有许多出入的地方，此是最足使读者容易发生误解的。有时明明一个人，因译的不同，看来就好像两个人，明明一个地方，或被看成两个地方了。

古兰一经与地理、历史、政治、伦理、法律、哲学……以及其他宗教之书籍，都有相当的关系，其中的人名、地名等，因为各书所译的音各不相同，研究起来，鲁鱼亥豕、张冠李戴之处多的很啊。不谬尝就王敬齐、阿衡译的古兰中所译的名词之能在其他历史等书看到的，连同英文，列成一表，对研究伊斯兰者作些许之贡献。不过所知无几，挂一漏万，是难免的。希望海内宏达补我不足，不唯作者感激莫名，即凡欲睹全豹者，亦莫不祷祝也。

王译名词	他译名词	英文名词
古兰	古兰	Quran
	可兰	Koran
弢拉台	铎拉／五经（摩西）	Torah
引支勒	福音	Evangel
伊斯兰	伊斯兰；回教	Islam
犹太	犹太教	Judaism
拿撒拉	基督教	Christian
阿丹	亚当	Adam
努海	挪亚	Noah
易卜拉欣	亚伯拉罕	Abraham
母撒	摩西	Moses
达乌德	大卫	David
尔萨	耶稣	Jesus
穆罕默德	穆罕默德	Muhammad
易司哈各	以撒	Isaac
以斯马仪	以宝玛利	Ishmael
耶尔孤白	雅各	Jacob
苏赖曼	所罗门	Solomon
按尤伯	约伯	Job
犹思福	约瑟	Joseph
哈伦	亚伦	Arron
伊洛押司	以利亚撒	Eleazal
鲁得	罗得	Lot
犹努思	约拿	Jonah
犹士尔	约书亚	Johoshuah
以德雷斯；艾哈努合	以诺	Henoch
额卜拜克尔	阿布伯克	Abu-bekr

续表

欧麦尔	乌玛	Umar
欧斯曼	乌斯曼	Usman
阿里	阿力悯	Ali
宝押敏	便雅阑	Benjamin
浩娃	夏娃	Eva
沙赖	撒莱	Sarai
素甫尔雅	西坡拉	Zipporah
买赖业	马利亚	Mary
耶朱哲	雅完	Javan
马朱哲	玛各	Magog
宰尔；他勒海	他拉	Terah
买大严	米甸	Midian
匪赖傲	法老	Pharaoh
默克	麦加	Mekka, Mecca
美地纳	麦地纳	Medina
克若安	迦南	Canaan
鲁目	罗马	Rome
穆斯林	穆斯霖；回教人	Muslim
鲁哈	灵魂	Soul
买斯志德	回教礼拜堂	Mesjid
克弗雷	左道；异端	Kaffir, Kafir
色但	撒但	Satan
以斯拉衣来	以色列	Israel
阿拉伯	阿剌伯	Arsbia
阿文	阿们	Amen
哈必来	亚伯	Abel
葛华来	该隐	Cain
雅伏羲	雅弗	Japheth

——《伊斯兰青年》第 4 期（1934 年）

谈翻译——介绍《文学》翻译专号（1934）

一之

一

有许多读者见了翻译就头痛，以为翻译无论如何没有创作好，不是说翻译枯燥无味，就是说没有价值。这实在是一种错误的观念。

其实翻译并不是一件容易的事，自己虽然很少有翻译的经验，但的确知道翻译的困难。读了《文学》第二卷第三期"翻译专号"，觉得最可看的是那几篇"文学论坛"，因为里面很有不少可以供我们参考的意见。

二

要翻译一部作品，先须明了作者的思想，须真能领会到原作艺术上的美妙，须自己走入原作中和书中人物一同哭，一同笑，同时还须译者自己具有表达原作风格的一副笔墨。

翻译过《原富》《穆勒名学》《群学肄言》和《天演论》以及许多名著的严复先生，在三十七年以前，根据着"修辞立其诚""辞达而已"和"言之无文，行之不远"三句格言，提出"信、达、雅"三字作为译文的标准。

有一位泰脱拉（Alexander Fraser Tytler, 1747—1814，是爱尔兰人）在他的名著 *Essays on the Principles of Translation* 里替"好翻译"定了一个标准，就是："原作的好处完全移注在另一种文字里面，使得译文文字所属国的土著能够和用原作文字的人们同样明白地领悟，并且同样强烈的感受。"同时泰脱拉还由这标准抽绎出来了三个原则：第一，译文须是原作的意思的完全复写。第二，译文的风格和作态须与原作同一性质。第三，译文须与原作同样的流利。译书能译到和这三条原则完全相符，自然是理想的翻译，但在实际上如果不能完全办到，那么泰脱拉自己声明这三条原则的排列次序也是有意义的，即遇不得已时，先牺牲第三条，再牺牲第二条，至于第一条"译文须是原作的意思的完全复写"，是决不能牺牲的——这三个原则，他们虽然声明特别适用于文艺的翻译，但我个人以为即非文艺的翻译对泰脱拉所提的三个原则也应当特别注意。

凡从事翻译的人，与创作家一样，要经过两个阶段。最初是觉得译事易为。译过了几本书这才辨出滋味来，译事实不易为了。还有，假如原作是一本名著，那么读第一遍时，每每觉得译起来不难，可是再读一遍，就觉得难了，读过三遍四遍，就不敢下笔翻译。为的是愈精读愈多领会到原作的好处，自然愈感到译起来不容易。

三

这许多意见，真可以作为我们作翻译的人的座右铭，而且可以证明翻译确不易为，"好翻译"自然是更困难了。

所以我们对于翻译实在有变更态度的必要。

除了上面那许多意见以外，我个人以为还有两点是应当注意的：

第一，以后应当多翻译一点伟大作家的名著，能够像日本坪内逍遥博士之翻译莎士比亚全集似的，自然是更好，不过如果这一点办不到，至少限度，一些外国三四路的作家的作品，如辛克莱的《煤油》《石炭王》《屠场》和《波士顿》，实在没有介绍过来的必要。辛克莱在美国，其作品销路也许很好，但谁曾说过他的作品是顶好的作品？但是一到我们中国，辛克莱简直成了"了不得"的作家了。

第二，翻译的标准抬得很高，如上面所介绍的那许多意见，但真正作翻译时切不可把所提出来的标准反置诸脑后。因为你既会提出很高的标准，你的翻译自然也是"标准翻译"了。可是仔细一读你的翻译，却满不是那么回事，依然是个"说谎的媒婆"。这实在是个不可饶恕的罪恶，那倒反不如不提什么标准来欺人了。

——《北平晨报》（1934 年 4 月 20 日）

翻译——读《文学》三五两期的专号后（1934）

高平

《文学》在这半年中，于三月间出了一个"翻译专号"，五月间又出了一个"弱小民族文学专号"。

近来鄙薄翻译的名流，多半是自己通外国文，会看"原本的，但所通的或是英文，或是法文，或是德文、俄文，懂得匈牙利文、犹太文和波兰文的，恐怕很少吧？假使没有英、德、法文的译本，那么我们的名流，也何从接触弱小民族的文学？"

"原本主义"在中学和大学，不知贻误了多少的学生，在文艺上，又不知吓倒了多少的读者！

我们的读者并不都通外国文，即使学过，也只一二种，然而他们有接触世界文学的必要，于强国文学之外，也有接触弱小民族文学之必要。稍有心肝的人，就不能不承认我们本国的创作是还不及外国的作品的，"他山之石"，总应该欢迎。假如不然，我国的创作竟已好过外国的了。可是我们仍然应该读外国作品的，即使单是为了使自己的眼界扩大，趣味丰富。既然要读外国作品，则翻译这工作就废不了，恰如在男女尚无直接的社交不能自由恋爱的时代，媒婆总是不可少的，如果想结婚。

也有自己是创作家而看不起翻译的，这是恐怕读者一注重翻译就不免"长他人志气减自家威风"之故。这还可以拉扯了国货与洋货的事例作证。然而国货之所以不能抵抗洋货，岂不是因为国货不能仿效洋货的制造方法之故么？国货年的要着，其实，应该是督促厂家参考洋货的制法，生产出同样精美的品物来。否则，摩登仕女到底喜用舶来品的。经济上抵抗不住洋货的输入，在文艺上，对于外国作品的闭关政策，却大大地奏了效，这是怎样一回事啊！

在翻译上颇尽了力的鲁迅，在一篇短文中，曾有这样的话：

> 遥想汉人多少开放，新来的动植物，即毫不拘忌，来充装饰的花纹。唐人也还不算弱，例如汉人的墓前石兽，多是羊、虎、天禄、辟邪，而长安的昭陵上，却刻著带箭的骏马，还有一匹驼鸟，则办法简直前无古人。现今在坟墓上不待言，即平常的绘画，又有人敢用一朵洋花一只洋鸟，即私人的印章，可有人肯用一个草书一个俗字么？许多雅人，连记年月也必是甲子，怕用民国纪元。不知道是没如此大胆的艺术家；还是虽有而民众都加迫害，他于是乎只得萎缩，死掉了？

> 宋的文艺，现在似的国粹气味就薰人。然而辽、金、元陆续进来了，这消息很耐寻味。汉唐虽然也有边患，但魄力究竟雄大，人民具有不至于为异族奴隶的自信心，或者竟毫未想到，凡取用外来事物的时候，就如将彼俘来一样，自由驱使，绝不介怀。一到衰弊陵夷之际，神经可就衰弱过敏了，每遇外国东西，

便觉得彷佛彼来俘我一样，推拒，惶恐，退缩，逃避，抖成一团，又必想一篇道理来掩饰，而国粹遂成为屠王和屠奴的宝贝。

这话虽然本不是论翻译的，但是可以移赠一部分看不起翻译的人。一定说翻译不容易好的人，也犯了把外国东西过于可怕的毛病。鲁迅在那篇短文中，还说起杨光先反对汤若望的事，"宁可使中夏无好历法，不可使中夏有西洋人"。现在的有些反对翻译者，其实也有着这种心理的。

在读者方面，也有因为现在的译文往往不很流畅，看起来不"爽快"，所以厌弃翻译的。其实所谓流畅，本有种种的程度。林琴南的译文，是被一般人们认为流畅的，但是我们且不说他的不"信"，只问对于文言文没有较深的修养的人们，能够"爽快"地读林译的说部么？同样，说现在的译文不爽快的人们，其实，也是对于现代的语体文的文法和结构不甚了然之故，别的人们就并不以为不爽快。而且一味要求流畅，也不是读者的正当的态度，我们读中国的古书的时候，不也常常遇到不流畅的地方么？然而，我不曾听见人们因此否定古书的价值。还有许多文豪们，在模仿古书的深奥，故意要使人看不懂，自以为能呢！

在翻译工作被阻遏得几乎全然停顿的今日，《文学》出了两个翻译专号，实在是一件很痛快的事。最有力的，是这两个专号中，所提供的良好的译文，对于"叫谁译？"这个问题，这两个专号便以铁证答复着。读了三月的"翻译专号"中的《伊凡的不幸》《二十六个和一个》《改变》《山中笛韵》和五月的"弱小民族文学专号"中的《狱中》《在公安局》《桃园》《催命太岁》诸篇之后，我们就可以断然的说，周觅、陈节、芬君、张禄如、丙甲、连锁、余声几位译者，是最堪负翻译之实的，他们的译文，简直和创作一样，并且在内容上也使我们相信是可信的，因为是寻不出破绽来。尤其值得注意的，是这几位译者的名字都是我们未曾见过的，也许其中不无"文坛老将"的化名，但新的翻译者，也一定是有着的，这事情也够使我们十分欣喜。

我相信《文学》的这两期专号，对于中国的文坛，不会没有影响的。至少，这使读者相信中国有着上述的极好的翻译者，而且别的许多译文，也都能给人以很好的印象。中国的读者，必将因此重视翻译而促进翻译的工作，而与世界文学多所接触的吧？

不过，对于"翻什么？"这问题，《文学》是还不曾具体地答复的。我希望《文学》对于这，不但能早日答复，而且能早日实行。譬如，许多世界的不朽的巨著，无人译，或译了无书店肯印的，《文学》不妨托人译出连载，就是一年只能连载一部也好。

——《申报·自由谈》（1934 年 5 月 23 日）

评《会计名辞汇译》（1934）

王国忠

编著者　立信会计师事务所附设会计名辞讨论会

发行者　立信会计师事务所潘序伦

出版年月　中华民国二十三年三月初版

页数　一百七十五

定价　大洋一元

全文包括英文原名辞两千余，其编纂方法，为将每二页自成一面，此面上共分七栏，第一栏为类别，将名辞共分为政府公司、成本、审汇兑、银行、保险、投资、信托、遗产、铁路，及普通二类。前十一各自注明，而普通类则以所占名辞最多不另注明。第二栏为英文原其排列方法，为照各名辞全体之字母次序排列，如流动资产、固定资产等乃照 Current Assets 及 Fixed Assets 排列。与美国会计师协会所出版之会计学学名辞之照一名辞之主要字母排列，如 Assets，Current 及 Assets fixed 者不同。第三栏为原有名辞，为编自我国历年各家所被译之四十余部会计书籍中所搜集而来，并注原译者姓氏。第四栏为选定译名，为编者自原有译名，挑选而自认可袭用者。第五栏为拟定译名，凡一名辞原无译名，或虽有而无恰当者，则由编者自译，而自译诸名中，编者自认为适当者，则列此栏内。至于未自认为适当而有待商榷者，则列入第六栏暂拟译名栏内。此足以见编者之虚心。第七栏为备注，凡遇名辞之涵义稍深，译文太简，或选拟有据者，则于此栏内略加诠释。总观全书，与前三年朱祖晦等所编之《会计名辞试译》相比，以量言，前书包括名辞一千二百余，此书包括二千二百余，约多一倍。以质言，选译较恰当，编纂较得法，诚属精心结构之作。凡从事会计学术与会计职业者允宜人手一编，以资参考，则我国会计著作界中译名之统一，为期当不远也。

我国翻译界大师严复氏树立"信""达""雅"三字为译书标准。为求达此三字之目的起见，于其翻译天演论时极端谨慎，煞费推鼓。凡一名之译，一字之译，有费时数日者。此书主编者潘序伦氏于其序言中，拟定涵义切当，习用普遍，及用字简赅三术语为译名选择之要件。以此三要件与其所选译之各名辞相衡量，其大体上足以当之而无愧，诚属难能可贵。惟关于下列诸点，不才窃以为未尽妥善。故与读者及著者一商榷之。

一　分别欠明

在会计簿记上最易为人所上下其手之会计科目为 Surplus 科目。据美国会计师克杜夫（F. W. Kiduff）氏所调查，常见于此科目之贷方者计有三十五种不同之事项，常见于其借方者计有二十二种不同之事项，而此书所包括之二千二百余名辞亦唯有关于此 Surplus 字四十五名辞之译名，分别欠明，易滋人误解，此四十五名辞，除关于政府会计所用之（一）Surplus，（二）Surplus Funds，（三）Surplus Receipts,

（四）Unapplied Surplus，（五）Unappropriated Estimated Surplus，（六）Unappropriated Surplus，（七）Unappropriated Surplus Account，这七种名辞分别暂译或译定为（一）剩余数，（二）剩余金，（三）剩余收入，（四）未定用途之剩余数，（五）未指拨预计剩余数，（六）未指拨剩余数及，（七）未指拨剩余数账户。尚前后一致涵义恰当外，其余二十六名辞之译名中关于 Surplus 一词则（一）或译为公积，（二）或译为盈余，（三）或仅为公积而以盈余二字表示于括弧之内，（四）或译为公积而以或盈余三字表示于括弧之内，（五）或译为盈余而以公积二字表示于括弧之内，（六）及或译为盈余而以或公积三字表示于括弧之内。至于 Surplus 本字，则其所选定之译名有二：（一）盈余，（二）公积。并于备注栏内解释其曰"狭义之 Surplus 为公积，广义之 Surplus 为盈余，盈余包括法定公积、特别公积、利润滚存及盈余准备，等等，凡一公司之净值，较其股额多出之数均称 Surplus，即盈余也。"

考 Surplus 一项，在国外常有 Earned Surplus 及 Capital Surplus 之分，或 Free Surplus 与 Appropriated Surplus 之分，至于分为广狭二义，则尚未之前闻。有之自此书始。如创此种分别者，能将此二义详剖析，孰为广义之 Surplus，应译之为盈余，孰为狭义之 Surplus，应译之为公积。并本此剖析，以作其选定拟定或暂拟译名之标准，则其不惟对于我国会计名辞之翻译界中有莫大之功用，亦且对于世界会计学术之进步途上，有崭新之贡献。否则区别不当，徒惹纠纷也。关于第一点理论方面，因前述备注栏内之解释既以限于篇幅，未克说明；而编者所另为会计名辞之研究一文，又因时间迫促尚未问世。故其于此文中对此字广狭义之分，是否另有详细之解释，如有，其解释之根据为何，现尚不得而知，兹不具论。现特将第二点应用方面是否编者自己选定拟定或暂拟译名时，确守其自创之区分一问题提出讨论之。

详观本书中关于 Surplus 之译名，实不知编者之心目中对于 Surplus 广狭译之分，究竟何在。如 Surplus、Rest、Corporate Surplus 之原文，意义完全相同。而一则译为盈余及公积，兼具广狭二义。一则译第盈余，只具广义。另一则译为公积，只具狭义。又 Revaluation Surplus、Surplus on appreciation of capital assets、Surplus from property reappraisal 及 Appraisal surplus 四个名辞之原文意义，亦毫无二致，而译文或只译为盈余；或译为盈余，而以或公积三字表示于括弧之内；或译为公积，而以盈余二字表示括弧之内，均不合逻辑。盖在理论上此字广狭二义本不可以强分，故在实用上亦自扞格难行，本无足怪。现即知此字既无广狭二义之分，则第二问题为吾第所欲讨论者，即此字究应用何译名? 盈余、公积、剩余或其他名辞。考此字之译名，除上列三种外，尚有积余、盈余金、公积金及其他，等等。后三种译文或以习用不普遍，或以涵义不切当，故摒而不论。盈余二字，本有用以为 Surplus 之译名者，但此种用法: 本不普遍。而普遍之用法反以之为 Net Profit 之译名。如日前报载三次航空奖券，政府所得盈余，共不过若干万。前上海商务印书馆会计科长稽储英氏所著《初级会计学》，第八章名盈余，及盈余分配。公司法第一百七十条，言"公司分派盈余时应先提出十分之一为公积金"第一百七十条，言"公司无盈余时不得分派股息及红利"《辞源》公积条项下言"公司有赢余（通盈余）时，酌提若干分之一为公积"。本书第十六页分译 Appropriation Account 及 Appropriation Section 二名，为盈余分拨账，及盈余分拨之部。均以盈余二字作净利解。又其涵义，亦不甚切当。故此二字，亦不可用为 Surplus 之译名。无以则就公积与剩余二者择一而用之。以剩余译之，涵义最切当，如 Surplus value 之译为剩余价值，及我国现行中央统一会计制度所订会计科目之有经费剩余一科目。皆以其涵义切当而用之。但在于普通会计方面，除潘序伦氏及此书之译 Surplus Assets 为剩余资产外，渺无用之者。习用实太不普遍。公积二字虽就 Surplus 之字面而言，涵义不切当。但就其用于公司方面之真实意义而言，一公司之 Surplus，即其全体股东之所共有也。命名公积，孰曰不宜？是其涵义似不切当，而实切当。又实用极普遍，在政府法规方面，如公司法第一百七十条及一百七十一条之所规定。在决算报告方面，如全国各大银行，及上海商务、中华、世界及大东四大书局所宣布之资产负债表。在会计著作方面，如潘序伦之《公司会计》，及嵇储英之《初级会计学》，皆以公积二字为 Surplus 之译名。故鄙见以为此字之广狭二义不可分亦不能分。而其译名则就习用普遍涵义切当与用字简赅三要件言，为政府会计用，可译之为剩余，而其余各种会计方面，均当译之为公积。

二　一义二译

本书之体例，为原文名辞之字面虽异而涵义实同者译为同一名辞，如将 Capital Assets, Fixed Assets, 及 Fixed Capital 之均译为固定资产，又将 Circulating Assets, Circulating Capital, Floating Assets, Floating Capital 及 Liquid Assets 之均译为流动资产，法至善也。但对于 Income Account, Income Sheet, Income Sheet, Income Statement, Operating Statement 及 Profit and Loss Statement 之五名辞译文则不然。此五名辞在英文原亦互相通用，其中习用最普遍者，除 Profit and

Loss of Statement 外，即为 Income Account 如美国会计学者 Hatfield 氏所著之《会计学》，及著名会计师 Montgomery 氏所著之《审计学原理及实务》中，均只言 Income Account 为之立专章，而不为 Profit and Loss Statement 立专章，即其明证，此书四十一页译 Comparative Income Account 为比较损益表，Comparative Operating Statement 为营业比较表，Comparative Profit and Loss Statement 为比较损益计算表，第四十三页译 Consolidated Income Statement 为合并损益表，是将原文四种涵义完全相同之名辞，而译成损益表、营业表及损益计算书三种不同之译名。虽然在八十二页 Income Account 项下之备注栏内，略有解释，然究与自定之体例不符。为求不违背本书体例，合于公司法之所规定，及遵守自定之译名三要件起见，应将此五名辞均译为损益计算书。第三十四页译 Cash Surrender Value 为保险积存金，第一百六十页译 Surrender Value 为退保金额，亦不合体例。若二者择一而用之，则第一译文虽为保险法所规定之名称，而第二译文之涵义究较与原文更相吻合。第五十四页译 Deferred Income 为预收收益是也。而第一百六十页译 Unearned Income 为非营业上获得之收益，不唯自违体例，亦且涵义错误，应以改译为预收收入为是。第四十八页译 Cost of Reproduction 为再生产价值，第一百三十六页译 Reproduction Cost 为再造成本。第一译 Cost 为价值，显属非是，若二者择一，应同用第二译名。

三　其他诸点

此书第一百二十四页译 Private Company 为不公开公司，因此名

辞为一英国名辞，其原文涵义故如是。但同页译 Private Corporation
亦为不公开公司则非也。因此名辞为一美国名辞，凡为私人利益所设
立之公司均称之为 Private Corporation，应译之为私公司。私公司又
分有股份、无股份两种。有股份公司如经营贸易之商店、制造出品之
工厂、流通金融之银行及兼为公众服务之各种公用事业均是。无股
份公司如学校、医院、图书馆及慈善团体均是。私公司相对立者为
公公司 Public Corporation 如市政府是也。而此书第一百二十八页译
之为公开公司亦属非是。在美国习用名辞中与英之 Private Company
性质相近者为第三十八页之 "Close" Corporation 与其译之为发起设
立之公司，倒不如译之为不公开公司，涵义更切当。而用字亦较简
赅。与 Close Corporation 相对立者为 Open Corporation，此书无此名
辞，如有应译之为公开公司。本书之各名辞中如含有 Operating 字
样者，均译之为营业，如第一百一十二页之 Operating Expenses 及
Operating Hold Company 之分译为营业费用及营业股权公司。而独于
同页之 Operating Company 及一百零八页之 Non-Operating Company 分
译为工作公司与不工作公司，不惟体例不符，亦且涵义欠当。如 Non-
Operating Company 多指股权公司之专以保股为事，而不兼营实际工
商事务而言，并非毫无工作可做也。第九十四页分译 Legal Reserve 及
Legal Minimum Reserve 为法定公积及法定最低公积，均不当。若谓
Reserve 之由法定者，则不译为准备，而译公积，则第一百四十四页
上之 Secret Reserve 固非由法律规定者，而不译为准备，则一百三十八
页之 Reserve for Extensions，一百四十八页之 Sinking Fund Reserve
及一百六十页之 Surplus Reserve，何不译为扩充公积，偿债基金公
积，公积公积，而译为扩充准备，偿债基金准备及盈余准备？总之，

凡 Reserve 一字，均应译为准备。若欲自创分野，只将关于资产方面之 Reserve 如 Reserve for Depreciation 及关于负债方面之 Reserve 如 Reserve for Taxes 译为准备，而将凡关于净值方面之 Reserve 译为公积亦可，但亦须前后相符，不可自乱体例。又如第九十二页之 Junk Value 有原名而将译名遗漏，第一百一十二页之 On Cost 本为一字而分为二字，及其他类此者，以其均系末节，无关重要，不及备举。

本文系转载《大公报·经济周刊》第六十期（民国二十三年四月二十五日出版）

——《立信会计季刊》第 5 期（1934 年）

《会计名辞汇译》补遗（1934）

丁佶等

南开大学会计学教授丁佶先生，以本所所编《会计名辞汇译》一书中所载名辞，遗漏尚多，因于检阅数十种会计名辞及会计书籍之索引后，集得七百余字，皆为《会计名辞汇译》中所未经录入之会计名辞，或为会计书籍中所习见之法律财政等名辞。并另致详函与编者，发表其对于拙编《会计名辞汇译》之意见。编者兹将丁君所辑英文名辞，及译名，擅用《〈会计名辞汇译〉补遗》之名称，发表于下，并将丁君来函，照录于本期下篇《会计名辞汇译》之商榷中。在编者之意，深觉丁君博学多闻，选择精审，日后拙编再版，定将丁君指示各点，尽量采纳也。

编者志

【……】

《会计名辞汇译》之商榷（甲）
丁佶

序伦先生惠鉴：

贵所所编著之《会计名辞汇译》中，所规定及依用之编译择例及标准，所包括之名辞之范围及数量，及译名之选择，弟阅读之后，认为大致适当，且系吾国会计界之一重要贡献。该书之功用，不仅限于便利会计书籍论文之译作；即一般研究会计学者于阅读英文会计书籍杂志时，得从《汇译》中查证英辞之汉文译名，虽辞后未能详注解释，仍当能得实际之利助。

所列英文名辞中有为"非真正之会计名辞"者，"唯因其为会计书表中所常见，故亦并列"。其实以该书之功用、目的及立场而论，非真正会计名辞之列入，系属必要；会计学著作中无不须列入许多法律、商业、财政之名辞，此类名辞之应有适当译名，以供检查，可无疑义。是以《汇译》中能包括会计学者时常遇及之非真正会计名辞，实即增加本书之功用。

《汇译》于序言中第三点声明所举关于译名选择之三要件及其重要之次序，弟大致赞同，唯所云"本篇译名，固着重在第一要件（涵义切当），但果真惯用已久，则亦勉强从众之义，不为故译新辞"一点，弟以为遇此种情形（即译名习用普遍而涵义不甚切当者），可稍下胆量与评判力，衡量比较"习用之重力"与"习用不切当之程度"以为取舍。究言之，新式会计流入中国，为时尚短，采用亦未普遍（旧式工商事业固无论，即新式事业用旧式记账者尚属不少，惜吾人关于此点，未有数字统计，以供参考）。处此时期，习用之重力或不似吾人可设想之大。遇习用之不切当之处，"勉强从众"不如"敢为导正"，即将来新辞仍为习用所淘汰，亦何足悔。

弟于检阅数十种会计词典及会计书籍之索引后，集得七百余项为贵作中所未列入之真正与非真正会计名辞，注以类别，附以译名。具有二个或以上之译名者，则先列认为较切当之译名，其余依切当程度，顺序排列。译名中间有与贵作所作用者有不同之处。法律名辞，则尽量采取吾国法规中所用者。此七百许名辞，贵所于改定《汇译》时，可以用为参考，加以选择，以为列入该书第二版中之用。

弟对于《汇译》，尚有数点意见，可资商榷。

（一）英辞排列之次序。贵作中英文名辞排列之次序，统照名辞全体字母之寻常先后为排列次序之标准，而不照外文辞典或索引之成例，先列名辞或主要辞，继以（,）符号，后列形容辞或次要辞，以就不熟谙后种排列法之便利，是以如 Current assets 不照 Assets, current 排列。此例用意弟表赞同；唯应否除照外文辞典法，附以译注外，亦列贵作现用排法，注以见某某辞，以求与普通辞典所用则例相符合，同时亦便国人不熟谙此法者之检阅。换言之，可否除列 Assets, current、Assets fixed 加以各栏译注外，亦列 Current assets、Fixed assets 注流动资产、固定资产，并注见 Assets, current、Assets, fixed。此种办法系以通常辞典标准排法为主，贵作排法为副，二者兼用。弟深悉此种方法，将增加编辑工作，及所需篇幅，唯望于再版前对可用各法之利弊详加考虑，以为定夺。

贵作中英辞排列次序有须更正者，即遇首字母相同之名辞，应先仅将其顺序排列，然后再列他辞，不应因他辞全体字母，表面上先于二字之名辞，而置之于首字相同各名辞之间，例：

原文误列法	应该排列法
Account	Account
Accountability	Account current
Accountable warrant	Account form of balance sheet
Accountancy	Account form of profit and loss

Accountant	statement (Balance form of profit and
Account current	loss statement)
【……】	【……】

更正之后，则排列次序不但系遵照标准方法，且无论熟谙不熟谙此类排法，均当觉其检阅上之便利，望贵所于改订时逐页改正。

（二）大小字母。《汇译》中对于含有二字或二字以上之英文名辞，每字之第一字母（除非第一字之冠词（Article）或前置词（Preposition）外），均用大字母。此种办法，固亦常见，唯若干辞典及书籍索引中有只将名辞之第一字之第一字母用大体，而各次字（专名词除外）之第一字母，均为小写者，弟意《汇译》应采此办法，以求简单，同时不远刊印善良习惯。

（三）拼字错误。《汇译》中英辞拼字或排印之错误，较现时国内其他刊物中，尚为稀少，如下列错误：

P. 14 Aplled manufacturing expense

P. 20 Average maturity

P. 24 Bid shee

P. 28 Buildings equipment

P. 46 Control of merchandise

【……】

经详密之校对，应可取消。

（四）装订:《汇译》中单偶数页间，时有高低不齐之处，以致检阅时易生混乱之困难，望于再版时请印刷者更加谨慎。

弟于集得七百余贵作上所未列之名辞外，对《汇译》中所采择译名认为可生疑问或其他待商榷之处者，举出讨论。先列页数及英文名辞，次列《汇译》中所选定拟定或暂拟之译名，次列拟义更改增加之译名或其他建议，末附简要讨论或解释。弟本人对于此项工作现已完竣，唯同时尚有敝校学习会计学诸同学，对于《汇译》译名讨论，已分工进行，弟拟于二三星期内敝同学讨论终结后，一并寄上，以为贵所参考之用。

民国二十三年五月二十一日

《会计名辞汇译》之商榷（乙）
南开大学商学院

序伦先生惠鉴：

兹寄上"《会计名辞汇译》之商榷"一篇，此项工作系弟个人与敝校若干学习会计学同学于贵作出版后研究所得之结果，对第一版《会计名辞汇译》中名辞及汉译认为可加修改增删者，计二百三十六辞。每页分列页数、英辞、贵作选定拟定或暂拟译名、拟议修改译名，及备注五栏；备注栏中所列多为修改之理由。《汇译》中译名，弟以为最可讨论者为：

（1）关于 Accrual

（2）关于 Receivable and Payable

（3）关于 Purchases and Sales

各有关系名辞之汉译。弟所提出之二百三十余辞中，关于以上三点者占二分之一。兹将关于此三点讨论抄录于下：

（1）Accounting on the accrual basis, Accrual 不只限于收付之项目，

如折旧及其他现在或将来不为现金收付之利益损失及费用项目均可。Accrue, Receivable 与 Payable 通常译为应收与应付，今译 Accounting on the accrual basis 为应收应付会计制，易发生误会，而又不能表示原辞之意义。就 Accrue 本字言，其意义为发生，因现代会计拘于定期结算，重于时间观念。故会计上之 Accrual 实指利益损失或费用已发生，须于期末作会计上之整理，并非指其应收付而未收付。故建议译此辞为"应计会计制"或"发生会计制"，而译各种 Accrued Receivables 为"应计代收项目"；Accrued Payables 为"应计代付项目"；其他无现金收付之 Accrued items 则译为"应计……"

（2）Receivable and Payable 不顾通行习惯，而专就理论而言。Receivable 与 Payable，不应译为"应收"与"应付"，而应译为"待收"与"待付"。乃因商业买卖习惯或契约规定，依一定期间，须待或可待于将来为现金收付之谓。就"应收""应付"字面上视之，俗人可解释为已到收付之期而未为收付，此意与原意相反，"待收""待付"则不致引此误解。

（3）Purchases 与 Sales Purchases 在吾国政府会计上称为购买，工商业上遇指商品之购买者，可用进货。惟实际上，进货二字意义过狭，贸易事业用之或为适宜，而制造及公共事业之购买则包括原料、杂料、机器及各种服务，用"进货"不宜，故建议 Purchases 及其一类名辞，遇未明指为 Merchandise 或 Goods 时，译为"购买"，而不为"进货"。

Sales 之标的物，不限于"货"，如权利、不动产、服务等均可为营业买卖之物，如地产公司、娱乐公司、证券经纪商等销售品。故销货二字用于贸易事业则可，会计上此类名辞遇能指明有关 Goods 或

Merchandis 时，可用"销货"，不然则应译为"销售"。

以上数条及 Furniture and Fixtures（弟以为不应译为"生财装饰"，而应译为"家具装修"，）或有不尊勉强从众之处，唯关于此点，前函弟已论及。

弟以为旧式商人记账上所用如"生财""万金""堆金积玉""川流不息""万商云集"等吉利辞字。现代事业上不应容纳，其精神上之根据，与卜噬、星象、巫觋、堪舆等为一。

前所寄补遗名辞上，因编集时在《商榷》之先，故 Receivable 与 Payable 仍用"应收""应付"，劳为更改为"待收""待付"，以符合弟现持之见解。

《商榷》中自多可商榷之处，唯就管见所及，陈举各辞讨论，以为贵所会计名辞讨论会于改定《汇译》时参考之用。

弟丁佶

二十三年六月二十一日

作于天津南开大学

【……】（（乙）部分后面内容及（丙）部分均为表格，故编者省略。）

《会计名辞汇译》之商榷（丁）
陈恕君

会计名辞的翻译问题，是中国会计著作界的多年悬案，自从《会计名辞汇译》问世以来，便开了一个新局面。该书编著诸君，虚心若谷，征求全国会计学者对于所选所拟的译名意见，俾便于再版时订正，而超越完善统一之途；这种态度，真是令人起敬！不佞有感于此，特地把"Balance sheet"一辞的汉译，小题大做起来，请海内学者指教！

Balance sheet 的基础，建筑在"资本＝负债＋净值"这条会计式之上；它的编制根据，是总账里面一切实物账户在结账以后的差额，它的主要作用，是表示事业主体在结账那天的财产状况。因为总账实物账户的差额，有借差贷差的不同，并和相互对照作用，所以有人把它译成《借贷对照表》；吴应图、陈家瓒、嵇储英和杨汝梅等氏主之，民三公布的《商人通例》商业账簿那章里，也是采用这个名辞。又有人因为它的左右两方的数字必须相等，所以根据这数字相等的形式，把它译为"平衡表"或"平准表"；前者为立法院所拟定，至今没有颁行。后者为徐永祚、封瑞云等氏所倡和，先后为《铁路会计则例》与《中央各机关及所属统一会计制度》所采用。又有人因为它除掉数字形式相等以外，它的主要作用又在表示财产状况，所以把它译为"资产负债表"，潘序伦、徐永祚、吴宗涛和沈立人诸氏主之，公司法也采用这个名辞。此外还有"结算单""结算相等表""资产负债对照表""资产负债借贷对照表"等译名。在这许多译名之中，借贷对照表、平准表和资产负债表三个用的最普遍，并且比较高明些，所以这里单就这三个来讨论，其余一概不提了。

在讨论本文之前，还要把翻译的标准，作一个简略的叙述：中国翻译大师严几道氏曾经定过翻译的三个标准，叫"信""达""雅"。潘序伦氏这次也以"涵义切当""习用普遍"和"用字简赅"为译名的条件。二氏的主张大体是差不多，只习用普遍一点，是潘氏的特质。现在本着严、潘二氏的标准，先对原有译名去衡量一番，再拟一个合乎标准的名称。

首先讨论贷借对照表这个译名："借"字英文叫"Debit"，由"Debtor"即"借主"而来的；"贷"字英文叫"Credit"，由"Creditor"即"贷主"而来的。借贷二字，最初的确有实质的意义存在，在只有人名账户的单式簿记之中，是完全适用的。后来复式簿记盛行了，除原有人名账户以外，又添上一部非人名账户，借贷二字虽然是沿用着，可是它的实质的意义，不适用于一切的账户了。还有一层，我们从这张表里，并不能看出某项资产是某项负债的担保品，也不能看出某项资产是属于净值的，更不能看出某项资产是由净值之某部造成的，所能看到的，充其量不过是资产负债和净值的大概情形，那么，所谓对照作用，也是微乎其微了。借贷二字既不适用，对照作用又靠不住，试问把 Balance sheet 译为借贷对照表，究竟妥当不妥当呢？

再论平准表这个译名：平准表三字是本着 Balance sheet 的数字形式得来的。唯其只注意到形式，所以表示不出来的意义来，这是这个译名的一个极大的缺点。

最后，来论资产负债表这个译名：资产二字，用来表示表的左方记载。表的左方记载，的确都是资产，用资产二字来表示它，要再确当没有了。负债二字，用来表示表的右方记载。我们知道表的右方分两部；一部是负债；一部是资产减去负债所余的净值。负债二字，只能表示债务或对外负担的一部分而不能包含净值，那是很容易使人发生误解 Balance sheet 的意义的危险。所以有人想加上资本二字把它译成"资产负债资本表"意义固然完全了。可惜太累赘了一些，始终没有人肯把它正式地提出来。

对于 Balance sheet 的现有译名重要的都讨论过了。除掉头两个各有各的缺点外，觉得它们还有一个共同的缺陷，就在不能表示表的真谛。同时，我们觉得，资产负债表这个译名，比较起来是最好，而它的缺点，只在负债二字包含不掉表的右方记载。因此，要是把负债二字修正一下，使它和资产二字联合起来，成为一个新的名称，能够一方充分地表示 Balance sheet 的真谛，一方又雅致而不冷僻，那么，本题便可以解决了。

说到这里，便要研究 Balance sheet 的右方记载与左方记载的关系。表的右方记载虽分两部，却是没有一部不是不表示左方资产所有权的分配的。所谓资产所有权的分配，就是对于资产的权利；换句话说，就是"资产的产权"。十七八年以前，美国会计学泰斗柏通（Paton, W. A.）司徒文胜（Stevenson, R. A.）之辈，便用"产权"（equity）去名会计等式的右节。这层意义，在个人企业与合伙组织里是完全适合的。这句话怎样理解呢？负债之为所表示所有权的分配，无须说明了；那帮资本主义或合伙员，事实上十之八九是事业的管理者，也没有一个不是资本的所有者，所以表中表示的净值的资本主姓名或合伙员姓名，自然是表示资产所有权的分配的了。不过在公司组织里，似乎有些儿问题：公司法承认公司为法人股东对于公司的特种资产并没有什么权利，要是对于法律上的这种虚拟，过于重视，那么，我们就是不能说是"资产内的产权"，只能说是"企业内的产权"了。但是，我们想进一层看，假使某公司的资产减去负债而有净值的话股东对于那项净值，何尝没有实际的权利呢？所以在单纯的会计的意义上，称产权实际上在何时何地为"资产内的产权"并没有多大错误。

会计等式的右节，既然老早就有人命名为产权，并且是很切当的。而 Balance sheet 的基础，又建筑在会计等式上面，那么，Balance sheet 的右方，当然也可以用"产权"去名它，也是同样切当的。所以我们可以得着这样一个结论："资产产权表"是 Balance sheet 的信达雅、却不冷僻的一个译名。

六月九日作于南京计政学院

——《立信会计季刊》第 6 期（1934 年）

各尽所能（1934）

穆木天

生在现在的中国，真是幸运得很，是有好多的事，待我们去做。做创作也好，做评论也好，做编译也好，做研究也好。如果能各尽所能去做事，是有好些事可以做的。

Know Thyself，我觉得这是一句立身的金言。也许是年龄的关系吧，我现在觉得"各尽所能"这四个字是很能帮助我们的工作效率的。

青年的时候，有时喜欢唱高调，是非常浪漫蒂克的。好高骛远，结果，一无所成。空想是没有收获的。与其那样，倒不如缩小范围，认真地做点小事。

我不是说文人不应当有奔放的憧憬，憧憬是需要的。我不是说文人不应当有强大的野心，野心是一种推动力。不过不能实现的憧憬与野心，是有碍工作的。我以为，与其那样，不如度德量力，各尽所能，反倒好得多。

Know Thyself，自知，是必要的。有的人无妨从象牙之塔到十字街头，而有的人在科学的研究室做工作也是必要的。到罗马的大道，不止一条。研究古代和研究现代，都可达到同样的结论。能在哪个分野成功，无妨就在哪个分野中尽之所能。

以先对于一些国家文学的注册式的研究者我表示着不满，总以为那种挂账式的研究、罗列式的考据，是不成为历史的研究的。如果他们的考据是精确的话，那么，他们也算尽了很大的任务了。

俗语说的好："一锹挖不出一个井。"如果有人想编制一本好的文学史的话，是须有丰富的正确的材料作为根据的。如果有人不会盖房子而能打得很好的地基的话，他的功劳也不算小。只要他对于工作忠实，那么，我们对于他是要致敬意的。

我说：人要各尽所能。如果有能而不尽，是罪该万死。譬如说，有人英文很好，不译英美文学，而去投机取巧地去间接译法国的文学，这是不好的。因为间接翻译，是一种滑头办法。如果不得已时，是可以许可的。但是，避难就易，是不可以的。如果有人有批评的才能，而因为翻译省力，不去做批评而做翻译，这也是不可以的。各尽所能，主要的一点，是在于一个"尽"字。

对于一件事情没有深切的了解，总觉得那件事容易做。有人说西洋文学研究起来比中国文学容易。其实不然。他大概还是没有了解到其他麻烦。比方说，懂英文的，不去介绍 Dos Passos，而去介绍 Andre Gide 就是此种之一例。这一类的例子，不是表明介绍者理解不深，就是表明他有点要唱高调。我以为介绍者译一作家时，至少须读过他的几本代表作，不然，弄错了自己都会不晓得。这种不切实的介绍虽比只谈原则公式、不管事实的人好些，但是同为清谈主义者，能说他们各尽所能么？他们不是没有才能，他们为什么不发扬自己的所长呢？

Know Thyself！各尽所能！在现在中国，是需要切实地做一点事情的。做点傻事吧！清谈是足以误国的。

——《申报·自由谈》（1934 年 6 月 19 日）

论重译（1934）

史贲（鲁迅）

穆木天先生在二十一日的《火炬》上，反对作家写无聊的游记之类，以为不如给中国介绍一点上起希腊罗马、下至现代的文学名作。我以为这是很切实的忠告。但他在十九日的《自由谈》上，却又反对间接翻译，说"是一种滑头办法"，虽然还附有一些可恕的条件①。这是和他后来的所说冲突的，也容易启人误会，所以我想说几句。

重译确实比直接译容易。首先，是原文的能令译者自惭不及，怕敢动笔的好处，先由原译者消去若干部分了。译文是大抵比不上原文的，就是将中国的粤语译为京语，或京语译成沪语，也很难恰如其分。在重译，便减少了对于原文的好处的踌躇。其次，是难解之处，忠实的译者往往会有注解，可以一目了然，原书上倒未必有。但因此，也常有直接译错误，而间接译却不然的时候。

懂某一国文，最好是译某一国文学，这主张是断无错误的，但

---

① 穆木天在一九三四年六月十九日《申报·自由谈》发表的《各尽所能》一文中说："有人英文很好，不译英美文学，而去投机取巧地去间接译法国的文学，这是不好的。因为间接翻译，是一种滑头办法。如果不得已时，是可以许可的。但是，避难就易，是不可以的。"

是，假使如此，中国也就难有上起希罗、下至现代的文学名作的译本了。中国人所懂的外国文，恐怕是英文最多，日文次之，倘不重译，我们将只能看见许多英美和日本的文学作品，不但没有伊卜生，没有伊本涅支，连极通行的安徒生的童话、西万提司的《吉诃德先生》，也无从看见了。这是何等可怜的眼界。自然，中国未必没有精通丹麦、诺威、西班牙文字的人们，然而他们至今没有译，我们现在的所有，都是从英文重译的。连苏联的作品，也大抵是从英法文重译的。

所以我想，对于翻译，现在似乎暂不必有严峻的堡垒。最要紧的是要看译文的佳良与否，直接译或间接译，是不必置重的；是否投机，也不必推问的。深通原译文的趋时者的重译本，有时会比不甚懂原文的忠实者的直接译本好。日本改造社译的《高尔基全集》，曾被一些革命者斥责为投机，但革命者的译本一出，却反而显出前一本的优良了。不过也还要附一个条件，并不很懂原译文的趋时者的速成译本，可实在是不可恕的。

待到将来各种名作有了直接译本，则重译本便是应该淘汰的时候，然而必须那译本比旧译本好，不能但以"直接翻译"当作护身的挡牌。

六月二十四日

——《申报·自由谈》（1934年6月27日）

论重译及其他（1934）

穆木天

在我的那篇《各尽所能》之中，我提出来反对重译。

中国现代，的确是有些离奇的事实，如刘廷芳博士以英文译本译梅特林的戏曲一类事体，在中国不还是屡见不鲜么？我想，如刘廷芳博士一类的英文程度相当好的人，与其译梅特林，倒还是从英文译点英美文学作品好些。

在我以为英文程度好的人似应当多译点英美学作品，不必舍弃所长，去就所短，而从英文译法文学作品。学法文学的，应当多译些法文学作品，而不必从法文译本中间接地译英美文学。我以为，对于英、美、法、日诸国的文学，是须要直接翻译的。自然，俄国文学、德国文学是相当地须要从英法诸国文字翻译，而西班牙、意大利、波兰以及诸弱小民族的作品，是除了间接地翻译别无办法。在《各尽所能》中，我所说的那句"如果不得已时，是可以许可的"，就是指着翻译意、西、波诸国文学时而言。

关于间接翻译，我们还是有好些点要注意的。第一，是译本之批判问题。我是从法文本译过涅维洛夫的《塔什干》的，可是去年看见该书的德译本，比法译本分量多过几乎有一倍。而路易梭的《战争》

的法译本，好像删了一大章。又如日本的有些翻译本头里，日本文就不大通顺。这是不是很可注意的问题呢？译本的批判，是很重要的。马宗融先生现在是从法译本译《堂吉诃德》，他有两种法译本，可是两种法译本不同之处甚多。这不做批判又怎么办呢？去年读沈起予先生译的《欧洲文学发达史》，那是根据着较良好的日译本，沈起予先生的译文也是相当地忠实的，然而依然是还有一些好笑的错误。譬如，论及维尼的《狼之死》时，日译者作"狼"字音译为"Woruku"，大概是当作固有的人名看待了，而沈起予先生就未加批判地音译为"阿尔克"。我初看时，莫名其妙，想不起在维尼的哪篇东西中有这位阿尔克人物。可是去看下文，才知道是狼（Loup）。谁知这条狼旅行到俄国，再旅行到日本，更旅行到中国就变成为阿尔克先生了。此点，自然是日译者的错过。做重译时，译本的批判工夫，是特别要注意的！

译本的批判工夫不做，而马马虎虎地去做间接的翻译的工作，结果是有毛病的。如王任叔先生译的居友的《社会学的艺术论》（大江版）一类的东西，是对社会有害的。数年来，想从原文直接翻译居友者，据我所知，不下三五人，其中不少在语学上、在文学修养上都为健全的人，可是，王任叔先生的劣译一出，好译本虽有，也不大会有发表的机会了（在我以为，王任叔先生才能尚多，不必从井上勇的日译本只译了那部书的上半）。然而如果根据较好的日译本（大西、小方的译本），也会好得多，我以为，我们应尽量地去提倡直接翻译，而不得已时，是需要间接地翻译的。但是，要慎重行事，最好是根据两国文字以上的译本。而实在万不得已时，是可以讲权变的办法的。

英美文学、法文学、日本文学，须要直接翻译，而德文学直接翻译，也不是绝对地做不到。如郁达夫先生、鲁迅先生等能翻译德文学的人，也是相当地存在着的。我觉得只有西、意、波等以及诸弱小民族的文学，是没办法的，须要间接译出。不过，我以为，如果可能，意西诸国主要宜根据法文，波兰诸国主要宜根据德文。而间接地去译诗，与其根据英文译本，还不如根据法日诸国的译本好些。因为英国译诗，是重格律，而法日是重内容。我们不能无条件地说一切书都可以间接翻译，我们自然也不能说须去等待着直接翻译。一切问题是要附以条件的。我们不能不附条件地这样或那样地做。

自然，直接翻译，有时会比间接翻译坏得多。如《我的大学》，据说是直接翻译，可是，比较间接译出来的《胆怯的人》（参照英、日、法三种译本的产物），据说是不如。张竞生博士译的卢骚《忏悔录》，头一句就不对，而潘会文先生译的《蟹工船》也是第一句就有点问题。但这不能说是因为他们直接地翻译所以不好，而是因为他们的知识与理解的问题。如果使他们以法文或日文间接地翻译，也不见得翻得好。我以为，在译一篇作品之前，译者首先要对于作品有理解和认识。我们是不能把作者对于作品的认识抛开，去单独地论间接翻译或直接翻译的。

如对于一篇作品，无相当的理解，不管他是直接翻译也好，或是间接翻译也好，总是不行的。对于作品的认识，不是无研究工夫就能获得的。那么，译文学时，至少须对之有点研究的，这样一来，直接译更是要肯定的了。并且，我们的作品翻译，并不是要知道一点故事，而是在作家的世界观人生观之外，更见到他们的表现方法，如纪德、朱易土、普鲁斯特、马雅珂夫斯基、梅特林，等等，间接译是有危险的。原来作品，很难译得出来，也恐怕不止是"去之毫厘差之千里"的。我以为善长于英文者，与其说译纪德，还是多译些美国作品或转译些只有依据英文译本而始得介绍过来的法国作品。而且，Dos Passos, Hemmingway, Duiser, Anderson 诸人的作品，比纪德的东西，对中国还有益处些。纪德的作品，直接地去译尚为不易，间接地去译，一定弄不大好的。

现在文坛中，需要人大大地做翻译工作。我们做翻译时，须有权变的办法，但是，一劳永逸的办法，也是不能忽视的。我们在不得已的条件下自然是要容许甚且要求间接翻译，但是，我们也要防止那些阻碍真实的直接翻译本的间接译出的劣货。而对作品之了解，是翻译时的先决条件。作品中的表现方式也是要注意的。能"一劳永逸"时，最好是想"一劳永逸"的办法。无深解的买办式的翻译是不得许可的。

关于翻译文学，可讨论的问题甚多，希望忠实的文学者多多发表些意见。看见史贲先生的《论重译》，使我不得不发表出来以上的意见，以释其误会。

——《申报·自由谈》（1934 年 6 月 30 日、7 月 2 日）

再论重译（1934）

史贲（鲁迅）

看到穆木天先生的《论重译及其他》下篇的末尾，才知道是在释我的误会。我却觉得并无什么误会，不同之点，只在倒过了一个轻重，我主张首先要看成绩的好坏，而不管译文是直接或间接，以及译者是怎样的动机。

木天先生要译者"自知"，用自己的长处，译成"一劳永逸"的书。要不然，还是不动手的好。这就是说，与其来种荆棘，不如留下一片白地，让别的好园丁来种可以永久观赏的佳花。但是，"一劳永逸"的话，有是有的，而"一劳永逸"的事却极少，就文字而论，中国的这方块字便决非"一劳永逸"的符号。况且白地也决不能永久地保留，既有空地，便会生长荆棘或雀麦。最要紧的是有人来处理，或者培植，或者删除，使翻译界略免于芜杂。这就是批评。

然而我们向来看轻着翻译，尤其是重译。对于创作，批评家是总算时时开口的，一到翻译，则前几年还偶有专指误译的文章，近来就极少见；对于重译的更其少。但在工作上，批评翻译却比批评创作难，不但看原文须有译者以上的工力，对作品也须有译者以上的理解。如木天先生所说，重译有数种译本作参考，这在译者是极为便利的，因为甲译本可疑时，能够参看乙译本。直接译就不然了，一有不懂的地方，便无法可想，因为世界上是没有用了不同的文章来写两部意义句句相同的作品的作者的。重译的书之多，这也许是一种原因，说偷懒也行，但大约也还是语学的力量不足的缘故。遇到这种参酌各本而成的译本，批评就更为难了，至少也得能看各种原译本。如陈源译的《父与子》，鲁迅译的《毁灭》，就都属于这一类的。

我以为翻译的路要放宽，批评的工作要着重。倘只是立论极严，想使译者自己慎重，倒会得到相反的结果，要好的慎重了，乱译者却还是乱译，这时恶译本就会比稍好的译本多。

临末还有几句不大紧要的话。木天先生因为怀疑重译，见了德译本之后，连他自己所译的《塔什干》，也定为法文原译是删节本了。其实是不然的。德译本虽然厚，但那是两部小说合订在一起的，后面的大半，就是绥拉菲摩维支的《铁流》。所以我们所有的汉译《塔什干》，也并不是节本。

七月三日

——《申报·自由谈》（1934年7月7日）

玩笑只当它玩笑（上）（1934）

康伯度（鲁迅）

不料刘半农先生竟忽然病故了，学术界上又短少了一个人。这是应该惋惜的。但我于音韵学一无所知，毁誉两面，都不配说一句话。我因此记起的是别一件事，是在现在的白话将被"扬弃"或"唾弃"之前，他早是一位对于那时的白话，尤其是欧化式的白话的伟大的"迎头痛击"者。

他曾经有过极不费力但极有力的妙文："我现在只举一个简单的例：子曰：'学而时习之，不亦悦乎？'这太老式了，不好！'学而时习之，'子曰，'不亦悦乎？'这好！'学而时习之，不亦悦乎？'子曰。这更好！为什么好？欧化了。但'子曰'终没有能欧化到'曰子'！"

这段话见于《中国文法通论》中，那书是一本正经的书；作者又是《新青年》的同人，五四时代"文学革命"的战士，现在又成了古人了。中国老例，一死是常常能够增价的，所以我想重新提起，并且提出他终于也是论语社的同人，有时不免发些"幽默"；原先也有"幽默"，而这些"幽默"，又不免常常掉到"开玩笑"的阴沟里去的。

实例也就是上面所引的文章，其实是，那论法，和顽固先生，市井无赖,看见青年穿洋服,学外国话了,便冷笑道:"可惜鼻子还低,脸孔也不白"的那些话,并没有两样的。

自然,刘先生所反对的是"太欧化"。但"太"的范围是怎样的呢?他举出的前三法,古文上没有,谈话里却能有的,对人口谈,也都可以懂。只有将"子曰"改成"曰子"是决不能懂的了。然而他在他所反对的欧化文中也寻不出实例来,只好说是"'子曰'终没有能欧化到'曰子'!"那么,这不是"无的放矢"吗?

欧化文法的侵入中国白话中的大原因,并非因为好奇,乃是为了必要。国粹学家痛恨鬼子气,但他住在租界里,便会写些"霞飞路""麦特赫司脱路"那样的怪地名;评论者何尝要好奇,但他要说得精密,固有的白话不够用,便只得采些外国的句法。比较地难懂,不像茶淘饭似的可以一口吞下去是真的,但补这缺点的是精密。胡适先生登在《新青年》上的《易卜生主义》,比起近时的有些文艺论文来,的确容易懂,但我们不觉得它却又粗浅、笼统吗?

如果嘲笑欧化式白话的人,除嘲笑之外,再去试一试介绍外国的精密的论著,又不随意改变、删削,我想,他一定还能够给我们更好的箴规。

用玩笑来应付敌人,自然也是一种好战法,但触着之处,须是对手的致命伤,否则,玩笑终不过是一种单单的玩笑而已。

七月十八日

——《申报·自由谈》(1934年7月25日)

翻译的直接与间接（1934）

惠（茅盾）

直接翻译就是从原作译出来，间接翻译就是原作已有了别国文字的译本，再从这译本转译。

最近穆木天先生讨论到这个问题，惹起了一场小小的论战。穆先生最初主张，凡翻译必须直接，倘若懂英文的人不去翻译英国文学作品而从英文中去转译别国的文学作品就是投机。后来经过辩驳，穆先生也自认"投机"一语未免"失检"，于是他修正了他的议论道：原则上应以直接译为主，但不得已时也可转译；唯转译亦须参考两种以上的原译本，并须慎选原译本，因为原译本每有删动之处。

同时穆先生又感慨于"转译"盛行，致使直接译本不能出版，似乎他把"劣质货币驱走良质货币"的原理也应用到出版界方面来了。但穆先生是有证据的，他书桌抽斗里就搁着好几本直接译本无法出版。

我们以为穆先生的"转译驱走直接译"一说是错误的。穆先生在估计"译本出版的可能性"时，忘记了出版界的力量和市场的需要——这两个条件。四五年前出版家力量比较充足（新开了许多书店，而且资本相当充足），以及市场需要比较旺盛（读者的钱袋比现在饱满些）的时候，"转译本"不但不能驱走"直接译本"，并且也未尝驱走了同一来源的"转译本"。那时我们有两个译本的《西线无战事》，三个译本的《沙宁》，都是同从英文转译的。当时倘另有第三种的从原文直接译的《西线无战事》等找出路，我相信一定有好几家书店抢着要出版。即以现今而论，出版界固然患着"贫血症"，然而倘使有一部书的"转译本"轰动一时，则该书的"直接译本"也一定很受书店老板欢迎，——只要这个"直接译本"不是看不懂的。

再进一步，我们觉得近年来一般读者对于译文之冷淡，其原因也不简单。鄙薄翻译为"媒婆"，这是一个远因，我们在本刊"翻译专号"上已略有论及。有些译本实在太糟，这又是一因，大家都知道，不用再说。还有一个原因，就是十年前有些人大攻击"转译"，直欲把"直接翻译"捧上三十三天，先在青年们心理造成了一个"直接翻译"一定好的成见，却不料后来有些"直接翻译"大出岔子，于是青年们弄得瘟头瘟脑，结果是对于译文的信仰一天不如一天。

所以"直接译"或"转译"在此人手不够的时候，大可不必拘泥；主要一点，倒在译者的外国语程度。倘使有人既懂日本文，又懂英文，然而日本文懂的更透彻，那么，当他要译什么辛克莱的时候，倒不如拿日本译本做底子，较为妥当。穆先生以为"转译"只可限于弱小民族的文学作品（因为他们的文字懂的人少），又说"转译"的原译本要有条件的选择，例如译波兰的东西应找德文译本，故此不懂德文的人顶好莫译波兰；穆先生的意见何尝不美，只可惜放在今日，总觉得是持论太高呵！我们总以为一位德文程度很高的人未始不可从德文转译西班牙，而一位法文程度还有疑问的人勉强从法文去译意大利倒是冒险。

现在要使译事发展，只有根据主观的力量，作忠实的试探。高调虽然中听，却会弄到只有议论而无译本。倘使觉得"转译"充斥，有伤一国文化的体面，那么，饿极了的人终不成为了"体面"而抵死不啃窝窝头吧？

——《文学》第 3 卷第 2 期（1934 年 8 月 1 日）

我对于翻译工作的希望（1934）

马宗融

我于文学的作品由嗜读而感到激动，遂强勉翻译了几篇东西。我这里用"强勉"两个字，想来凡是尝过翻译苦味的人们都能够领会到我不是在谦虚吧。从两种不同的语言中，不说要找出八两半斤绝对相等句是不可能的，就是单字也不容易。譬如 Shakespeare 的 *Merchant of Venice* 中 Gratiano 说："I have a suit to you"； 法 译："Ecoutez ma requéte"。Bassanio 答："You have obtain'd it"；法译："Elle est tout accordée"。若在中文，第一句英语可译为"我对你有个请求"，但若照法译便应作"请听我的祈求"。第二句英语可译为"你已经得到你的要求了"，但若照法译便应作"它是完全被应允了"。如此字推句敲，法文与英文中间有多少距离，而中文与二种语言相差又有多大！英语："There is no <u>room</u>"，若用法文译为"Il n'ya plus de <u>chambre</u>"，中文译为"没有房间了"，便都成笑话。一定要说"Il n'ya plus de place"和"没有地方了"，才得其真意。Chambre 在法文中用为对下议院的简称的，若在英文而译为 House，中文而译为"房间"，便会使人捧腹，House 英文也有时用来作下议院的简称，若在法文而译为 Maison，中文而译为房屋，便又算不妥了。

故翻译是勉强求得两种语文的神似，至少也要勉强求得其貌合，果能勉强做到这样，便已是好的翻译。两种语言始终总是两种语言，纵然达到外形是酷肖的，实际终脱不了勉强。譬如同是一样地要表现一个美丽的 Venus，一人用石膏，一人用大理石，一人用木炭与纸，他们得到的结果都能引起我们感到和合一致的美与确为 Venus 的一个观念。但不特他们所用的手段，所由成功的过程各各不同，其所给与我们的感受性也大有差别。可是我们统指为 Venus，细按来实在觉得勉强。

因此我感觉翻译只是强勉的工作，越能强勉，越能得其近似，强勉到强勉的痕迹越淡减，翻译就越算成功了。这强勉两个字包含着熔冶、锻炼、雕饰，我们自己语言以适合于形式精神不同的一个别种语言。久之，不但这些形式精神均与我们融合一致，我们自己表达此等形式和精神的工具也更精练，运用更能如意了。

我并不否认中国自有其文学上伟大的遗产，只是遵循先人给我们辟下的路已是不够现代的需要了，开创广大辽远的文学前途绝少不了攻错的他山。所以为要丰富我们文学上的形式与精神，为要使我们的语言成为一种"无往而不自得"的工具，我希望我们能强勉翻译，尤应强勉作有计划有系统的翻译。

直到现在用中文译成的外国文学书已不为少，不过系统就可谓缺如。但外国文学史却先后也编译得有好多，但读此项文学史者果能融会于心，不感缺憾，我便不敢相信。如讲到某时代与某时代、某派与某派的作风不同时，便只能使人得到一些捉摸不定的观念，何如更有某时代某派的代表作亦供其玩味，俾能心领神会地较为切实，较为能灌溉出我们自己的繁茂的文艺之花呢。所以我渴盼，不必一个机关或一家书店担起这个责任，只消若干精研各国文学的文人们斟酌国情的需要，精密地替我们作一个计划，如某国、某时代、某派别各举出一个或数个代表的作家，每个作家一部以至数部代表作品，详明地列出，发表在一个较重要的文艺刊物上，广其宣传，使从事文学作品翻译者得择与自己适宜的作品从事翻译。有一译作开始，则由适当的文艺刊物以文艺消息性质披露，以避免他人重译，而徒占了另一译作的人材与时间。如此我们将来的译书便不是盲目的了。感到我国文学园地还呈现着荒寂的现象，因而觉到强勉翻译、系统地翻译，确是补偏救弊的要道，所以有以上的希望。至于创作，我又望各作家尽管勇往奋进，使我国文学不断地日进繁荣，不必定要"待文王而后兴也"。

——郑振铎、傅东华编：《我与文学》

（上海：生活书店，1934 年 7 月）

文公直给康伯度的信（1934）

文公直

伯度先生：

今天读到先生在《自由谈》刊布的大作，知道为西人侵略张目的急先锋（汉奸）仍多，先生以为欧式文化的风行，原因是"必要"。这我真不知是从哪里说起？中国人虽无用，但是话总是会说的。如果一定要把中国话取消，要乡下人也"密司忒"起来，这不见得是中国文化上的"必要"吧。譬如照华人的言语说：张甲说："今天下雨了。"李乙说："是的，天凉了。"若照尊论的主张，就应该改作："今天下雨了，"张甲说。"天凉了，——是的；"李乙说。这个算得是中华民国全族的"必要"吗？一般翻译大家的欧化文笔，已足阻尽中西文化的通路，使能读原文的人也不懂译文。再加上先生的"必要"，从此使中国更无可读的西书了。陈子展先生提倡的"大众语"，是天经地义的。中国人之间应该说中国话，总是绝对的，而先生偏要说欧化文法是必要！毋怪大名是"康伯度"，真十足加二的表现"买办心理"了。刘半农先生说："翻译是要使不懂外国文的人得读"；这是确切不移的定理。而先生大骂其半农，认为非使全中国人都以欧化文法为"必要"的性命不可！先生，现在暑天，你歇歇吧！帝国主义的灭绝华人的毒气弹，已经制成无数了。先生要做买办尽管做，只求不必将全民族出卖。

我是一个不懂颠倒式的欧化文式的愚人！对于先生的盛意提倡，几乎疑惑先生已不是敝国人了。今特负责请问先生为什么投这文化的毒瓦斯？是否受了帝国主义者的指使？总之，四万万四千九百万（陈先生以外）以内的中国人对于先生的主张不敢领教的！幸先生注意。

文公直　七月二十五日

——《申报·自由谈》（1934 年 8 月 7 日）

康伯度答文公直（1934）

康伯度（鲁迅）

公直先生：

中国语法里要加一点欧化，是我的一种主张，并不是"一定要把中国话取消"，也没有"受了帝国主义者的指使"，可是先生立刻加给我"汉奸"之类的重罪名，自己代表了"四万万四千九百万（陈先生以外）以内的中国人"，要杀我的头了。我的主张也许会错的，不过一来就判死罪，方法虽然很时髦，但也似乎过分了一点。况且我看"四万万四千九百万（陈先生以外）以内的中国人"，意见也未必都和先生相同，先生并没有征求过同意，你是冒充代表的。

中国语法的欧化并不就是改学外国话，但这些粗浅的道理不想和先生多谈了。我不怕热，倒是因为无聊。不过还要说一回：我主张中国语法上有加些欧化的必要。这主张，是由事实而来的。中国人"话总是会说的"，一点不错，但要前进，全照老样却不够。眼前的例，就如先生这几百个字的信里面，就用了两回"对于"，这和古文无关，是后来起于直译的欧化语法，而且连"欧化"这两个字也是欧化字；还用着一个"取消"，这是纯粹日本词；一个"瓦斯"，是德国字的原封不动的日本人的音译，都用得很恰当，而且是"必要"的。譬如

"毒瓦斯"吧，倘用中国固有的话的"毒气"，就显得含混，未必一定是毒弹里面的东西了。所以写作"毒瓦斯"，的确是出乎"必要"的。

先生自己没有照镜子，无意中也证明了自己也正是用欧化语法、用鬼子名词的人，但我看先生决不是"为西人侵略张目的急先锋（汉奸）"，所以也想由此证明我也并非那一伙。否则，先生含狗血喷人，倒先污了你自己的尊口了。

我想，辩论事情，威吓和诬陷是没有用处的。用笔的人，一来就发你的脾气，要我的性命，更其可笑得很。先生还是不要暴躁，静静地再看看自己的信，想想自己，何如？

专此布复，并请

热安。

弟康伯度脱帽鞠躬。

八月五日

——《申报·自由谈》（1934 年 8 月 7 日）

《英国近代诗歌选译》自序（1934）

李唯建

　　我本不愿为书作序，因为一本书的如何，读者自然能品评的；在书前冠一前序或在书后附一后序，我都以为不必。无奈这册简陋的译诗，似乎又需要译者补充几句，方不至引起误会。我现在要说的大约关于三点：一选诗，二译诗，三新诗。

　　选诗本不是一件易事，它须要研究、评判与欣赏。换言之，选诗的人应是学者、批评家、诗人；但正巧这三方面除了前两项有沟通融会的性质，后一项简直不能融合，反而与前两项冲突。因之，想在一人身上找到这三种特质，只是一种理想。

　　此外，还有一大困难，就是文学上许多伟大作品，许多包含作者一生心血、生活特色或整个理想的杰作，大都不是短短一两首诗，而是长篇大著。但这本选译所包含的全是短诗（有几首长诗也是节译），除了几位抒情诗家而外，其余诗人的整个精神，似乎不易领到。在我不得不向读者致歉，说这层缺憾一来是一人的精力有限，二来是本书的篇幅太少；所以雪莱的诗选了四首，济慈、梅丝斐儿的诗各两首，其余诸家均选译一首；这在量上自然太少，但在质上，大体也略能表示特色。至于选择诗人的标准，则自浪漫诗始祖苑茨华丝起，直至现代桂冠诗人梅丝斐儿止，或为一代之大师，或为一派之正宗，共三十人，其他较不重要的，均未列入。

其次是译的问题。译诗是一件费力不讨好的事。原诗的辞藻、音节、神韵多么难译！我以为一首完美的诗歌和一切完美的艺术品一样，都不能改动其丝毫，尤其是诗的音韵；因为许多最美的抒情诗，它的内容并不如何实在，但我们反复吟诵，得到一种诗味，竟不自知地入了一种诗境，正如我们听水声，听琴声，听松涛，听海啸，所听到的并非什么字句，而是一种音波，我们应从这不断的音波中去捉着那些象征的意味；你如不信，试去读读法国威伦（Verlaine）或英国雪莱（Shelley）的诗；如没有一种音的体验，那就毫无所获了。并且西洋诗还有许多最严格的形式格调，正如我国律诗小令之不可译。好了，诗既然这般难于捉摸，这般严整，要想把它译成与欧文迥异的汉文，失败其谁能免？

最后我要谈谈与本书有关的新诗问题。溯自五四运动以来，新诗曾哄动一时，当时所出的诗集如雨后春笋，但可说没有一篇成功的；其次是北平《晨报副刊》的时期，当时新诗的形式与押韵均模仿西洋诗，但用字方面仍难免旧诗词的气味；再次要算最近《新月诗刊》，与从前稍异的在不大用旧辞藻，用纯粹语体，但仍无多大进步。如今作新诗的一天少似一天，也许因为新诗难作，也许因为新诗的路走不通，我都不去详细讨论。我要说的是今日的新诗离成功之路尚相距不知若干里。据我看来，第一新诗不能采用外国格调；因为中国人仍旧是中国人，外国的东西虽然新奇，但究竟不合国人的胃口；第二是新诗太不注重音节与词句，一首诗之美，自然美在情绪，但情绪之来不外音节、字句与内容；如果新诗只求将字排整齐，加上韵脚，我看不出它与散文有什么区别——虽则有散文诗一派，但我以为那不能算诗的正宗；——如果新诗不特别注重用词遣字，我更看不出它能使人有反复咀嚼的韵味；如果新诗不考究音节，我真看不出它有朗诵或沉吟的魔力。我不敢说新诗应走哪条路，但我敢断定它现在还没有找到应走的路。

新诗既如上述那般失败，这本译诗自然也随着失败；不过我译时曾下了点功夫，在字数上，原诗每行有一定的音段（Syllable），译诗也用一定的字数，押韵亦大体照原韵，这样虽不免呆板之讥，但我对于保持原诗的真，总算尽了心。

我想来想去，真够痛快！把英国近百多年的三十位大诗人聚在一处，这样多天才的结晶，都由我来选译成新诗；在我当然是不量力，但在不能读原诗的人，这册译诗也不至毫无价值吧；更因使读者易于领悟，特于每诗前作一简短的介绍。

这本译诗如有精彩处，也是原诗本身的关系；至于晦涩欠精的地方，恐也不免，还望海内爱好诗艺的人不吝教言，使译者有修改的机会，不但是译者之所感谢，也是文艺界之幸。

唯建于上海

二十三年三月三十日

——《英国近代诗歌选》（上海：中华书局，1934 年 9 月）

"直译"的责任问题（1934）

实

【……】

我们知道译书的方法有两种，但可用同一名称——即都可称为"直译"。一是"拉直"之"直"，就是将原书意义和语调上的委宛曲折都拉直了，就只搬过一点貌似神非的糟粕来。这样的译文，也许读起来很流利，很省力，可是原文的精彩全失了。又其一是"忠直"之"直"，对于原文的意义和语气完全顾到，一笔不苟，读起来也许费力，可是因原文的精彩保存，所以耐人咀嚼。当然，这两种译法是配合着两种头脑用的。我们要跟冯教授讨论这问题，得先检验检验冯教授脑壳里藏着点什么。这也不难。例如冯教授主张统一国语的主要条件就是（一）发展交通和（二）普及教育，我们当然不能说他错。可是他的结论道：

假使"大众语"祖师们确欲致力于统一国语运动的话，则不若多写几篇提倡发展交通事业的文章或较为有力。

只消这一句就把他自己的头脑分明暴露给我们看了。我们深信这样的头脑是断断不能领略"忠直"的"直译"的，那么就对他舌敝唇焦，也是无益。至关于"直译法"（指忠直的直译后仿此）的责任问题，我们却不能不有个郑重的表示。我们相信：

（一）如果语体文的渐著病象该由翻译法负一部分的责任，那么该负责任的是劣译，决不是直译。

（二）不但直译不负语体文发生病象的责任，并且语体文的进步正要靠着直译的影响。

依据这两个信念，我们无论如何要认定周作人用直译法译的文学书，对于语体文不但无罪，而且有功的。至于他通不通欧美各国文字，那与本问题无关。即使他的译本都从日文转译，那么只要日译对于原译忠实，而他又对于日译忠实，结果还是一样。可惜周先生不肯继续努力翻译的工作，却去谈起公安竟陵来，那也只算他自暴自弃罢了。

【……】

——《文学》第 3 卷第 3 期（1934 年 9 月 1 日）

文艺的翻译（1934）

张友松

文艺的翻译，我以为是很应该重视的，尤其是在目前的中国。但是现在的中国社会固然不能培植文艺的创作，而对文艺的翻译尤其不能给我们以丝毫的鼓励。然而也就唯其是这样，有志于翻译者更不可不格外努力。而且我们如果有多数的人肯认真努力于翻译，我总相信是较易有所贡献于我们这贫弱的文艺界的。就价值而论，翻译不亚于创作；就难易而论，翻译也不亚于创作，甚至有人还认为翻译比创作更难。总之，有志于翻译的人耐点苦，与社会给我们的阻力挣扎挣扎是值得的。欧美和日本都有些成名的作家于创作之外，也从事翻译；还有些人专以翻译为终身事业，全副精神都贡献在这上面，如 Maude 之译托尔斯泰，Garnett 之译柴霍甫和屠格涅甫、杜思退益夫斯基以及其他俄国名家作品，都是最著名的例子。中国文坛上，我以为是急需多有几个这两种的人。

创作之难，大多数的人是知道的；翻译之难却似乎是被许多人忽视了，因此，轻易发表译品的人比轻易发表创作的人更多。但是因感于创作之难便认为翻译是件容易的事，轻于尝试，轻于发表，那也是一种绝大的错误。事实上，一个译者比一个作者还多负着一种责任：

他除了要对得住读者，对得住自己，和对得住文艺而外，还要对得住原著者呢。

初事翻译的人每每要犯初事创作的人所常犯的那种毛病——发表欲太强。多量生产也不仅是从事创作的人所犯的毛病。这两种毛病对于译者的不良影响自然是同样严重的，我们不可不竭力避免。

翻译做到极顶，有时竟能胜过原著。这自然只是极稀罕的少数天才的奇迹，而且也不是我们应该拿来当作翻译的最高目的。翻译的最高理想，最合理的自然还是"无论在哪一方面都与原作相符合"。要做到这种地步是很不容易的，我们即令终生努力于翻译，也未必能完全达到这种理想；随便做做，当然更不能存这种奢望了。就一般情形而论，只要译品的内容与原作的意思没有大差错，不叫读者十分上当，在目前的中国，就要列入上等了。至于能把原作者的风格和其他特点都在译品里充分表现出来的译家，在我们的翻译界里恐怕是根本还找不到。有些译家译出些谬误百出的东西，被人指摘出来，便每每大作欺人之谈，引经据典，妄谈原作的风格，等等，以图维持他们那学者的体面或天才的虚名，那真是莫大的笑话。我认为翻译的唯一条件便是忠实。这忠实二字包括的范围很广——译者对原作的内容与原作者的思想和作风只要都能力求忠实，便能产生相当满意的译品；而最低限度的条件便是文字方面，也就是意思方面的忠实。连这最低限度都做不到，其他是更加谈不到的。至于一般"铤而走险"的"亡命之徒"，不得已而胡闹一阵，使读书界受莫大损失的，那就更不知有多少了。总之，我们的翻译界离着能够令人满意的地步还差得远；要想使它进步，一方面不能希望环境的改变，同时也要靠大家的努力。

译家的养成也和作家的养成一样，绝不是偶然的事，而是要经过一番努力的。我们必须平日尽量做准备的功夫，从事翻译时依照适当的步骤，然后才能获得几分满意。

我们在从事翻译之先，必须对本国文字和某一种外国文养成相当的能力，确实有相当把握才行。这本是无须说的，但在这翻译界情形太不像样的目下的中国，却是值得着重地说一说，好引起大家的注意。同样重要，或许更加重要的，是我们对文学的兴味与心得。一个文学园地的门外汉，即令具有几分运用文字的能力，如果只是为了要翻译而翻译，那是决不会有怎样满意的文学译品产生出来的。文学的翻译应以介绍为动机，而这种翻译的动机当然是要对文学有兴趣有心得的人才会有的。不但如此，一个译者最好是对某一国或某一时代或某一作家的作品有特殊的兴趣和心得，译出来的东西才会有点特殊的价值。我们要译某人的作品，至少要在可能的范围内把他的东西多读了一些才行，同时还要对他的生平作相当的研究。因为必须这样才能把原作者思想上、作风上和文词上的特点在译品中多少表现一些。最要紧的就是多读少译——专介绍某一作家的译者自然没有少译的必要——选择原作时不可太滥，否则便有流于"翻译匠"的危险。

着手翻译时，我以为只要环境容许，便不可不经过事先对原作的两度细读和事后对译文的修订。我们对某一作品有了相当的欣赏，然后才起介绍的愿望。有了这个念头之后，我们便要把这篇作品再加一番细读：先以作品的整体为注意的对象，对它作一种艺术的玩味，以求充分地领悟原作者创作时的情绪；然后再读一遍，专作文字的咀嚼，解决文字上的困难，以免进行翻译时成为笔下的阻碍。经过这么两度细读之后，再着手翻译，译文才能适合原作。动笔后我们要和创作一样，集中全副精神，认真从事，丝毫不可苟且。每译完一句，要把这一句细看一遍，再加以推敲。译完每一段时也是如此。全篇译完后，也要和创作一样，暂时放在一边，经过若干时间，再把它拿来整个地细看一遍，欣赏其中的好处，修正其中的缺点。如果能得适当的人给我们校阅一遍，那自然是有益无损的。

我很惭愧地承认，我自己所译的东西都不曾得到自己的满意——上面所说到的那种精译所必经的步骤，我从没有完全实行过，只是我所见到的一种理想罢了。我觉得我们从事翻译的介绍工作的人，都要尽可能地依着这种步骤去做，才能对文艺多有几分贡献。

翻译的技巧也和创作的技巧一样，是颇有讲求的必要的。同是一篇作品，长于翻译技巧的人就能把它译得比别人好。懂得很透彻，而译出来却不成东西，这种情形是常有的；那就是由于译者没有养成翻译的技巧。我们要养成翻译的技巧，须研究和比较他人的译品，和自己的练习，他人的批评。此外还有翻译的理论与方法的商讨，我以为从事翻译的人是应该随时留意和参加的。翻译比创作多少要机械一些，理论与方法都较易讲求，而且较有益处；不像创作那样，过于注重理论与方法有时反而足以减少作品的艺术价值。并且，翻译的法则是随着时代变化的，我们应该要随时求进步才好。若干年前被大家认为金科玉律的翻译准则，到现在也许成为陈腐的无价值的话了；若干年前的标准译品，到现在也许成为过时的不足取法的东西了。譬如五四时代的新文化运动领导者所提出的翻译准则是"以流畅的国语译成本国人所能懂的纯粹的本国文字"。现在我们却不能不承认翻译的任务并不止此。但是至今还有许多人完全不理会或不了解新近的翻译理论和方法，始终依着旧日的准则去作，那就未免有些落伍了。

这里我们似乎可以把近年来关于直译、意译、曲译、硬译、顺译等等的争执拿来稍加讨论。我觉得大家在激烈的争论中所说的，主要地都只是为了辩护自己的译品。有人主张译品必须叫读者能懂，这话无论如何不能算错，但因此而否认"信"为必要条件，那就未免顾此失彼了。有人主张翻译是负着有改革本国文字的使命，所以翻译者有造新词和新句法的自由和必要。这也是一种很有意义的见解，我认为这种见解是大大地提高了翻译的准标和价值。然而我们若因此而认为译文竟可一点不顾多数读者的了解力，宁可叫他们读得头痛也不肯稍稍迁就一点本国文字的成法，那又未免太走极端了。

我个人的意见是认为翻译的必要条件可以拿一个"信"字包括全部，其余都是些枝节问题。这意思前面已经提到了。至于直译和意译成为两个对立的名词，我是颇觉得没有道理的。如果我们把直译解释得太严格，认为译文除了要忠于原作而外，还得每句的结构和句中各部分的词性都与原文相符合，那是不可能而且大可不必的事情，虽则也有人那么主张。所谓意译，如果是只管大意，不顾细节，那就根本不能算是译，只能算是译述。如果对原文还是遵守"信"的条件，只对文句的结构等不求与原文完全符合，那就和直译没有分别了。

我以为标准的译法应该以"忠实"为绝对不易的原则，一方面要尽可能地顾到读者的了解力，不要译出一些读起来太费劲的东西，以致违反翻译的目的；同时也要斟酌必要，在译文中用进一些本国文理原先没有的新词和新句法，要这样，翻译才能尽改革本国文字的任务，翻译者才不至于老干着削足适履的勾当。我们中国文字的表现能力较之西洋文字是差得太远了；有许多用西洋文字表达出来的意思，我们如果想用现成的中文句法和字眼译出来，有的时候便译不恰当，有的时候根本就译不成。还有些随时代而产生的新名词或其他新字，或是旧字的新义，先见于外国文，而为我们的本国文里所没有，本国人向来所不知道的，我们当然也不能找现成的本国字眼来译。总之，我们如果要严格地忠于原文，造新词和新句法是必要的。至于我们所造的新词和新句法是否恰当，是否能通行，我们只好让时间去给我们判定。譬如从前梁启超把 Parliament 译作"巴力门"，Speaker 译作"士壁架"，President 译作"伯里玺天德"，现在看来似乎有些可笑，但在当时，却比译作"议会""议长"和"总统"较能引起读者一种新奇的注意，因此也就予以更深的印象。足见同是一样东西，在不同的时代便可以有不同的译法。

从前论翻译的人多半是认为译品应该叫人看了完全和读本国人的作品一样，才足以表现译者的功夫。现在我们却不能不承认，好的译品是必须带点"洋味儿"的。不但如此，我们还要能使不通外国文的本国人作起文章来，也多少带点"洋味儿"，那才算是完全达到了翻译的目的。因为必须那样，我们的本国文字才能于不知不觉中渐渐吸收一些外国文字的好处，越来越变为一种优美的、富于表现力的文字。至于从前那种硬把洋货变为国货的翻译法，我们是不能再承认它的价值了。

译文里用新造的词句，我以为不宜太多：凡是我们现成的本国文里找得出恰当的说法的，便用现成的东西来译；非新造词句不能表达原文的意思时，我们才用得着新造。这样，译品才能得到多数的读者，译品中的新词新句才能渐渐融化到本国文字里去。否则一般读者都不免要感到译品太难读，翻译也就无从达到改革本国文字的目的了。

目前中国的翻译界还只能算是在发展的初期，满意的译品很少是无足奇的。不过我总觉得大家如果多有几分责任心，肯多加研究，努力地干，便不难得到迅速的显著的进步。上面的几段话所谈的是关于翻译的技巧和理论的较根本较重大的问题，现在我再就一般的译者所常表现出来的普通的毛病稍谈一谈，以供大家参考。

有许多译者都犯着一种很大的毛病——草率。这种毛病虽则是多种原因造成的，我们却不可不竭力矫正它。现在中国的文艺译品虽不很多，也总算是陆续都有增加，尤其小说这一方面。但是我们翻开来看，有几种能勉强叫人满意的呢？别的不说，单只文字上的错误就很普遍。有些在文艺界占着很高的地位的人物，译出东西来也每每是到处都可以发现许多不近人情的错误。我相信这些不该错的错多半是由于草率所致。从事翻译的人这样不负责任，自然是既对不住原作者，又对不住读者，又对不住自己。此外，还对于翻译有很大的恶影响。因为译品错误太多是很足以减少读者对于翻译的信心的。我希望我们大家共同努力，从事翻译时格外认真一点，同时并对成名的译家予以监督，好把我们的翻译界的水准渐渐地提高。

其次是译者虽没有把原文的意思译错，却译不出原文的语气。这样的译品，即令全部没有错误，也只能代表原作的躯壳，不会有生气，不会有力，至多也只能算是一半的成功。要去掉这种毛病，译者必须把自己当作一个作者，时刻聚精会神地把自己浸润在原作的雰围中，一字一句，都要像创作一样，多加斟酌，译口语的时候尤其要揣摩各个人物的口吻，使其恰当。

还有些译者常犯增删或改窜原作字句的毛病。他们遇到不易表达的地方，便加上一些字句，以求说得明白。有时遇到难译或不会译的地方，便译成一些似是而非的字句，或是根本删去。这种只求译文骗得过读者而不求忠实于原作的办法，我们绝不宜采取。我们欣赏了一篇作品，想把它译出来，与大家共同欣赏，便应该竭力使译文比原作不多不少，尽量把原作所表现的一切都表现出来，这才合乎介绍者的精神。

成语是翻译的困难之一。我们为了保持原文的语气，最好当然是以成语译成语；但是无论哪种文字里面的成语决不能在另一种文字里句句找到相当的成语来译它。这种事实上的困难我们无法打破，也无须勉强打破。翻译遇到成语的时候，除非我们本国文字里面有十分确切的成语可用，便不要勉强找成语来译。否则差之毫厘，谬已千里，结果便弄巧成拙了。我以为凡是外国文里的成语能译成本国文里十分恰当的成语时，自然是译作成语为好，否则千万不要胡凑。

譬如英文的 He is at the top of the ladder 这句话译作"他算是登峰造极了"，是很恰当的。I will go with you to the end of the earth 译作"我情愿和你同到海角天涯"，也很恰当。这样的例子很多，举不胜举。但是我们如果把 A drowning man catches at a straw 译作"逢着危急的人总是临时抱佛脚"，那就与原意不符了。有许多译品里都有些像这样的成语译得不妥的地方，那都是由于译者太好以成语而又不多加推敲的结果。又如 From the cradle to the grave 与其译作"由出世到死时"还不如照字面译作"从摇篮到坟墓"。这种说法，初看颇带洋气，久了就很自然地掺入我们的文字里了。成语好比园里的花草，我们尽可以把洋种移植到自己的花园里来，使园景增色。

翻译对于创作是有很大影响的。常读译品的人一旦从事创作，他的作品里多少要带点那些译品的色彩。常做翻译的人受的影响尤其大。就中国目前的情形而论，作家们是应该多受点翻译的影响的。

上面关于翻译所说的话，又是大部分并不限于小说的范围。不过我对于翻译也只在小说方面稍有一点经验和心得，而中国文艺界从事翻译的人和有志于此的人也都是偏于小说方面的多，因此我也就不管题目与内容是否完全相符了。

——《青年界》第 6 卷第 2 期（1934 年 9 月）

严复先生评传（1934）

王森然

严复，字又陵，一字几道，福建侯官人。生于咸丰三年癸丑（一八五二），卒于民国十年辛酉（一九二一），享年六十有九。系前清第一期之海外留学生。先生幼即聪慧，词采富逸。师事同里黄宗彝，治经有家法。十四岁时（一八六六）考入沈文肃葆桢所创办之船政学校。光绪二年（一八七六）先生由船政学堂出身，资遣留学于欧，入英国海军学校，肄习战术炮台诸学。擅长数学。又治伦理学、天演学，兼治社会、法律、经济诸学。归国后，因与福建海军有深切之关系，被任为福州造船局长，任候补道尹，且屡为船政及海军学堂教员，为中国学术界与翻译界贡献之出发点。先生硕学通儒，湛深文学，冠其同侪，诚中国海军学生中前辈第一人也。庚子拳匪乱后，先生避居上海七年，重要译著，多成斯时。所译《天演论》有名于时。甲午召封，上万言书，不用。历海军副将同知道员诸职。丁酉戊戌间，颇主张变法，宗旨同康梁。政变后，所为诗歌，多讽吊时事之作。有告刚毅者，谓《天演论》实传播革命，宜拿办。赖荣禄、王文韶救，得免。后膺为大学教授。宣统元年，设海军部，特授协都统。寻赐文科进士出身，充学部名词馆编纂。以硕学通儒，征为资政院议员，又授海军一等参谋官。宣统三年，任京师大学堂监督，并为载洵顾问。民国初年，又曾为北京大学校长。于袁世凯之下，任总统府顾问。民国三年，任约法会议议员，继任参政院参政，并举为宪法起草委员。先生虽不得志于官界，确为新学之先觉，且为翻译界之巨擘。译赫胥黎之《进化论》，以为《天演论》，又译亚当斯密之《国富论》，为《原富》。择其精粹，正其名词，二十年前新学说之输入，中国思想之巨变，功居第一。尚著《群学肆言》，及译述《中国教育议》等，悉为精美绝伦之文字，全国早有定评。其诗文亦清妙，不落恒蹊谷。与人语，多娓娓可听。先生任天津《国闻报》主笔，颇能惹起朝野之注意。民国四年，参与袁世凯之帝制运动，并为筹安会之发起人，虽袁世凯以耆硕之礼奉之，然声望失坠，有一落千丈之势。晚年，似为老病纠缠，无甚建树也。

【……】

先生译书共有九种。一、赫胥黎（T. Henry Huxley）《天演论》（*Evolution and Ethics and Other Essays*）。二、穆勒（John Stuart Mill）《自由论》（*On Liberty*），后又改名《群己权界论》。三、穆勒（John Stuart Mill）《名学》（*System of Logics*）。四、斯宾塞尔（H. Spencer）《群学肆言》（*Study of Sociology*）。五、斯密亚丹（A. Smith）《原富》（*Inquiry into The Nature and Cause of The Wealth of Nations*）。六、孟德斯鸿（C. D . S. Montesquien）《法意》（*Spirit of Law*）。七、甄克斯（E. Jenks）《社会通诠》（*History of Politics*）。八、耶芳斯（W. S. Jevons）《名学浅说》（*Logics*）。九、卫西琴（Dr. Alford Westharp）《中国教育议》（见贺麟《严复的翻译》《东方杂志》二十二卷二十一号）。胡适谓："严复译《天演论》《群己权界论》《群学肆言》，在原文本有文学

之价值，在古文学史上亦有很高之地位。"又谓："其用心与郑重，真可为吾人之模范！"（《五十年来之中国文学》）。《天演论》第一段有云："赫胥黎独处一室之中，在英伦之南，背山而面野。槛外诸境，历历如在几下。乃悬想二千前前，当罗马大将恺彻未到时，此间有何景物。计惟有天造草昧，人功未施，其借征人境者，不过几处荒坟，散见坡陀起伏间。而灌木丛林，蒙茸山麓，未经删治如今者，则无疑也。怒生之草，交加之藤，势如争长相雄，各据一抔壤土，夏与畏日争，冬与严霜争，四时之内，飘风怒吹，或西发西洋，或东起北海，旁午交扇，无时而息。上有鸟兽之践啄，下有蚁蝝之啮伤，憔悴孤虚，旋生旋灭，菀枯顷刻，莫可究详。是离离者亦各尽天能，以自存种族而已。数亩之内，战事炽然，强者后亡，弱者先绝，年年岁岁，偏有留遗，未知始自何年，更不知止于何代。苟人事不施于其间，则莽莽榛榛，长此互相吞并，混逐蔓延而已，而诘之者谁耶？"此文颇蒙当时桐城派大师吴汝纶所激赏，以为"骎骎与晚周诸子相上下。"（《天演论序》）"盖自中士翻译西书以来，无此鸿制。匪直天演之学，在中国为初凿鸿濛，亦缘自来译手无似此高文雄笔。"（《答严几道书》）所以吴老先生"手录付木，秘之枕中。"虽刘先主之得荆州，不足为喻。当时有谓文体不流通畅锐达者，"文笔太务渊雅，刻意模仿先秦文体，非多读古书之人，一翻殆难索解。夫文界之宜革命久矣，欧美日本诸国文体之变化，常与其文明程度成正比例。况此学理邃赜之书，非以流畅锐达之笔行之，安能使学僮受其益乎！著译之业，将以播文明思想于国民也，非为藏山不朽之名誉也。文人结积习，吾不能为贤者讳矣。"（见《新民丛报·介绍新著原富》）先生答辩曰："繙（翻）译文体，其在中国诚有异于古所者矣。佛民之书是已。然必先为之律令名义，而后可以喻人。设今之译人，未为律令名义，闾然循西文之法，而为之，读其书者乃悉解乎？殆不能矣。若徒为近俗之辞，以取便市井乡僻之不学，此于文界乃所谓陵迟，非革命也。且不佞之所从事者，学理邃赜之书也。非以饷学僮而望其受益也。吾译正以待多读中国古书之人，使其目未睹中国之古书，而欲稗贩吾译者，此其过在读者，而译者不任受责也。"（《与新民丛报记者论所译〈原富〉书》）吴挚甫先生曰："今议者谓西人之学，多吾所未闻，时文耳，公牍耳，说部耳。舍此三者，无所为书，而是三者固不足于文学之事。今西书虽多新学，顾吾之士，以其时文公牍说部之词译而传之。有识者方鄙夷而不之顾，民知之瀹何由？此无他，文不足焉故也。文如几道，可与译书矣。"（《天演论序》）先生《天演论自序》云："风气渐通，士知弇陋为耻，西学之事，问涂日多。然亦有一二巨子，訑然谓彼之所精，不外象数形下之末。彼之所务，不越功利之间，逞肊为谈，不咨其实，讨论国闻，审敌自镜之道，又断断乎不如是也。"陈宝琛撰《严复传》，谓："君邃于交学，虽小诗短札皆精美，为世宝贵。而其战术、炮台、建筑诸学，反为文学掩矣。"（见《学衡》第十九期）先生译书所以能几与"晋、隋、唐、明诸译书相颉颃"（柳诒征语），所以"能与本国思想界发生影响者"（梁启超语）实基于此。先生在翻译史上之地位，有四要点：一、为西洋留学生于翻译史上有贡献之第一人；二、介绍西洋哲学至中国之第一人；三、发明翻译西籍必遵照"信、达、雅三个标准"之第一人；四、翻译之书籍，于中国政治社会学术思想，皆有极大之影响。先生选择原书之精审，约分四端：

一、先生选择原书之卓识。先生处斯"中学为体西学为用"之环境中，以海军人才，不介绍造船制炮之技艺，声光电化格致之书籍，乃能根本认定西洋各国之强盛，在于学术思想，认定中国当时之需要，亦为学术思想。《原富》文中谓其鸷悍长大，既胜我矣。而德慧知术，又为吾民所远不及，共为事也，一一皆本诸学术，其于学术也，一一皆本于即物实测。层累阶级，以造于至精至大之涂。苟求共故，则彼以自由为体，以民治为用。此先生对西洋文化之观察与其介绍西洋学术思想之卓识也。

二、先生选择原书，乃认定先后缓急与时势之需要而（？）译。故每译一书，皆含有至深远之用意。译斯氏《原富》例言中有云："计学以近代为精密，乃不佞独有取于是书，而以为先生事者，盖温故知新之义，一也。其中所指斥当轴之迷谬，多吾国言财政者之所同然，所谓从其后而鞭之，二也。其书于欧亚二洲始通之情势，英法诸国，旧日所用之典章，多所纂引，足资考镜，三也。标一公理，则必有事实为之证喻，不若他书，勃窣理窟，洁净精微，不便浅学，四也。"蔡元培先生言严氏译《天演论》，常自谓："尊民叛君，尊今叛古"八字主义。《社会通铨自序》中有"中国社会犹然一宗法之民而已。"随时而变易其旨，用意极深远也。

三、先生所译之书，均经精心研究，凡与原书有关之作，皆已涉猎。视其所作案语，旁征博引，解说详明；有时加以纠正与批评。试一读其序言、小注或案语，便知文不具其一引。

四、先生所选之书，均能了悉该书与中国固有文化之关系，及与中国古代学者思想之异同。如《天演论序》："及观西人名学，则见其于格物致知之事，有内籀之术焉，有外籀之术焉。"又云："乃推卷而起曰：有是哉，是固吾春秋之学也。迁所谓本隐知显者外籀也。所谓推见至隐者内籀也。"又云："夫西学之最为切实，而执其例可以御繁变者名数质力四者之学是已。而吾'易'则名数以为经，质力以为纬。"又《群学肄言序》云："窃谓其书（指《群学肄言》）实兼《大学》《中庸》精义，而出之以翔实，以格致诚正为平治根本矣。"又《原富例言》："谓计学创于斯密，此阿好之言也。中国自三古以前，若《大学》，若《周官》，若《管子》《孟子》，若《史记》之《平准书》《货殖列传》，《汉书》之《食货志》，桓宽之《盐铁论》，降至唐之杜佑，宋之王安石，虽未立本干，循条发叶，不得谓于理财之义无所发明。"先生一面介绍西学，一而仍不忘发挥国故，此亦先生选译书籍之特点也。

通观翻译史，关于选择原书一层，处处顾到，如先生者实未之见也。先生在翻译史上有一最大影响，即翻译标准之厘定。先生于《天演论例言》中发表其信雅达三条标准："译事三难，信、雅、达。求其信，已大难矣。顾信不达，虽译犹不译也。则达尚焉。"又曰："此在译者将全文神理，融会于心，则下笔抒词，自然互备。至原文词理本深，难于共喻，则当前后引衬，以显其意。凡此经营，皆以为达，为达即所以为信也。"又云："易曰：修词立诚。子曰：辞达而已。又曰：言之无文，行之不远。三者乃文章正轨，亦译事楷模。故信达而外，求其尔雅。"由此可知先生翻译事业，在中国之功绩与影响矣。故梁启超曰："西洋留学生与本国思想界发生影响者，复其首也。"（《清代学术概论》）张嘉森曰："侯官以我之古文家言，译西人哲理之书，名词句调皆出独创。译名如'物竞''天择''名学''逻辑'，已为我国文字中不可离之部分，共于学术界有不刊之功，无俟深论。"（《最近之五十年》）蔡元培曰："五十年来介绍西洋哲学者，要推侯官严复为第一。"（见《申报馆最近之五十年》）胡适曰："严复为介绍近世思想之第一人。"（同上）言之较详者如日人稻叶山君所著之《清朝全史》一书：其论清朝之革命与革新一章云："此时（指清革新时代）重要之著作，如康有为之《孔教论》，严复所译之《天演论》，当首屈一指。自曾国藩时代所创始之译书事业，虽有化学、物理、法律各种类；然不足以唤起当时之人心。至此二书而思想界一变，《天演论》发挥'适者生存，弱肉强食'之说，四方读书之子，争购此新著。恰当一八九六年，中东战争之后，人人胸中，抱一眇者不忘视，跛者不忘履之观念。若是近代之革新，为起端于一八九五之候，则《天演论》者，正溯此思潮之源头，而注以活水者也。"先生之功，岂不伟哉。其自谓曰："自卢梭民约风行，社会被其影响不少，然实无济于治，盖其本源谬也。"惜哉。

或有云：三十年以往，吾国之古文辞，殆无嗣音者矣。先生曰：学之事万涂，而大异存乎术鹄。鹄者何？以得之为至娱，而无暇外慕，是为己者也。相忻无穷者也。术者何？假其涂以有求，求得则辄弃，是为人者也。本非所贵者也。若夫古之治古文辞而遂至于其极者，可以见已。岂非意有所愤懑，以为必待是而后有以自通者欤？非与古为人，冥然独往，而不关世之所向背者欤？非神来词会，卓若有立，虽无所得，乃以为至得者欤？先生又以为物之存亡，系乎精气，非人之能为存亡。古文不亡于向之括帖词章，则后之必有存，固可决也（见《涵芬楼古今文钞序》）。当林纾、蔡元培争辩之时，先生却守沉默，仅于书札中略述所怀。有云：北京大学陈、胡诸教员，主张文言合一，在京久已闻之。彼之为此，意谓西国然也。不知西国为此，乃以言语合之文字，而彼则反是，以文字合之言语。今夫文字语言之所以为优美者，以其名辞富有，著之手口，有以导达奥妙精深之理想，状写奇异美丽之物态耳。如刘勰云：情在词外曰隐，状溢目前曰秀。梅圣俞云：含不尽之意，见于言外；状难写之景，如在目前。又沈隐侯云：相如工为形似之言，二班长于情理之说。今试问欲为此者，将于文言求之乎？抑于白话求之乎？诗之善述情者，无若杜子美之《北征》；能状物者，无若韩吏部之《南山》；设用白话，则高者不过《水浒》《红楼》，下者将同戏曲中之皮簧脚本。就令以此教育，易于普及，而遗弃周鼎，实此康瓠，正无如退化何耳！须知此事全属天演，革命时代，学说万千，然而施于之人间，优者自存，劣者自败，虽千陈独秀，万胡适、钱玄同，岂能劫持其柄？则亦为春鸟秋虫，所其自鸣自止可耳。林琴南辈与之较论，亦可笑也。（见《严几道书札六十四》，《学衡》二十期）先生处世之公，及涵养之厚，与浮浅漫詈者比，不可以道里计也。光绪二十一年（乙未）即一八九五年，林纾译《茶花女遗事》出版。严复之《天演论》，亦于是时译成，至光绪二十三年（丁酉）即一八九七年始出版。一八九五年，即中日战后一年，戊戌政变之前三年。史家认此为清代革新运动之起端（日人稻叶山君作《清朝全史》谓中国近代之革新起端于一八九五年）。至民国八年（己未），即一九一九年，新文化运动发生之时，林、严译书之方法与工具，渐有人加以非议。白话直译盛行，翻译界风气为之一变。而且林纾、严复此时年老衰颓，亦停止其工作。自一八九五年至一九一九，二十四年中，从事翻译事业者虽多，但最主要而且贡献较大者，第一当推严复，第二为林纾。林纾本为桐城派之古文家，不通西文。每译一书，必借人口译，己司笔述。此二人对译之方法，与明末清初之译天文历算学及江南制造局之译声光电化书籍之办法丝毫无异。所以就方法而论，林纾翻译，并不足重视。因其为介绍西洋小说至中国之第一人，且其翻译之质与量，均远过前人，所以在翻译史上，占最重要之位置。严复在翻译史上之地位，为西洋留学生于翻译史上有贡献之第一人；亦介绍西洋哲学至中国之第一人，并发明翻译书籍必遵照"信雅达三个标准"之第一人。其翻译之书籍，于中国政治社会学术思想皆有极大之影响。前已略言之。除小说与哲学外，翻译西洋诗歌之第一人为梁启超。在《新中国未来记》（一九零二）中首先用中国曲本体翻译拜仑之《哀希腊》及《渣阿亚》（*Giaour*）二诗。虽为摘译几首，未曾全译；但是于引起当时译西洋诗歌之兴趣，甚有关系。此后苏曼殊之专译拜仑诗，马君武之用七言古诗译《哀希腊》，胡适之用骚体译《哀希腊》，不得谓非梁氏翻译为之滥筋。而且有"欲用中国曲本体翻译外国文豪诗集"之主张，尤为后人所注意。（参看《新中国未来记》第四回之眉批及总批）此后翻译西洋诗歌之主要人物，即苏曼殊。所译拜仑诗虽喜用僻字，略有晦涩处；但大体尚能兼直译意译之长，且其所译诗，大半为章太炎所修改，辞句甚为古奥典雅。辜鸿铭以翻译中国书为西文著名，其所译《痴汉骑马歌》（W. Cowper: *John Gilpin*）一首长诗，即在中英古诗中，亦属少见。马君武在一九一九年前，先后译有卢梭《民约论》、达尔文《物种原始》、托尔斯泰之《心狱》及拜仑之《哀希腊》等，此又兼西洋哲学小说与诗歌之人也。共译《哀希腊》，目的在鼓吹民主革命，多窜改原意。胡适谓其失之讹。而《心狱》又删节原文太多，亦不能视为成功之译品。其最要之工作，在其翻译哲学书。马译各书均简洁明达，且近直译；虽然译文之美，远不及林、严诸家。除林译小说外，各书馆所出版之长篇小说，大都系侦探冒险之类，无多价值。且均未注明原作者及翻译者之姓氏，无从考查。伍光建所译大仲马《侠隐记》(一九零七)亦佳，系用语体文译出，可作为白话翻译品之代表。开首翻译西洋短篇小说者，当首推周树人兄弟所译之《域外小说集》，及周瘦鹃等所译之《西洋短篇小说集》，译文皆在水平线上；《域外小说集》尤有古文风味。唯在当时销行不广，影响甚微。民国八年（己未）即一九一九年"五四"运动以后，翻译短篇小说之兴趣，始被胡适等提起。胡适虽然属于后一期翻译界之人物，但其最初所译之《最后一课》(一九一四)、《柏林之围》诸篇小说，及《尝试集》中所载之《哀希腊》(一九一四)、《墓门行》(一九一五)等诗，都受林纾、严复之影响不少。此外目的在介绍西洋学术，虽不以翻译见称，而于翻译史上亦有大贡献者，则为介绍德国叔本华哲学之王国维，及介绍西洋政治学说之章士钊。王氏光绪三十一年（乙巳）即一九零五年出版之《静庵文集》中，有所译之叔本华《遗传说》一篇，并著有《叔本华之哲学及教育学说》《叔本华与尼采》及《叔本华遗传说后》等篇，或节译叔氏原文，或略述原意，或加以批评，又王氏之《红楼梦评论》一篇，亦全据叔氏之立脚点而立论，所以不能不承认王先生为翻译或介绍叔本华哲学到中国之第一人。其《新学语之输入》一文，力言创造新学语之必不可缓，且指斥严译不当之新名词，主张采用日本之新学语，亦为翻译界值得讨论之问题。民国二年（癸丑）即一九一三年，章士钊办《甲寅》杂志，所节译征引之西洋政治学说，不下十数家，而于白芝浩（Walter Bagehot）、哈蒲浩（L. T. Hobhouse）、蒲徕氏（Lord Brace）及莫烈（John Mottey）四人之学说，介绍尤多。大半皆系零星节译，引之以伸己说；而整篇翻译，仅有白芝浩《内阁论》，及哈蒲浩《权利说篇》。章氏之译文虽偏重意译，但文体略带欧化，与桐城派风味林、严殊科。章氏主张以音译学名术语，当时颇引起译界注意，如"逻辑""依康""志密""康格雷""巴力门""萨威棱帖"等名词，虽不尽创于章氏，但《甲寅》出世后才渐为国人所了解。此时期中，西洋人因得中国人之帮助，对于翻译西籍史上，亦有莫大之贡献。如李思（John Lambert Rees）、李提摩太（Richard Timothy）、顾瑞其（Chauncey Goodwich）三人。李思于一九零零年（光绪二十六年）至一九零四年（光绪三十年）先后译《万国通史》三编共三十卷，译笔亦能达；且译者于每编之首，均作一序，并载有中西年表，插有地图名胜都市图及历史名人图像，于编末附录中西译名对照表，故此书可为当时翻译界极完备精细之巨制。李提摩太曾将《新旧约》译成《温州方言》，又于一九零五年（光绪三十一年）译成《泰西新史揽要》（History of the 19th Century）颇简洁明达，当时甚为风行，商人私自翻印者，不下五六版，某氏所作英文《李提摩太传》，谓此书销行有百万本之多，虽形容未免太过；然亦足见此书，介绍西洋历史于中国之普遍矣。顾瑞其氏于一八九零年（光绪十六年）受美国传教部之命，充"用白话重译耶教部《旧约》委员会"之主任（委员会十二人，中西各半）。顾氏始终主持译事，精审推敲，不惜三四易稿。历二十五年之久，直至一九一四年，（民国三年）方始成书。书名《官话和新旧约全书》（The Revised Mandarian Bible）三十几种《新旧约》译本中，以此本为最精善。论者谓此书在中国之价值当与 King James 之英译本《圣经》之价值相等，其提倡白话于中国文学之影响，亦将与 King James 之英译本对于英国文学相等。又谓此书于统一中国国语及定出国语标准上，均不无小补云（见一九二零年五月份 Literary Digest 五一页）。又据英美圣经会之报告，一九二二年时，《新旧约》共推行六、三八九、九七七部（见

一九二三年五月份 *Chinese Recorder* 二五零页）。据此，则白话《新旧约》对于中国中下级人民耶教徒之影响，不难想见矣。总之，自先生译书以来，在质的方面、量的方面，以及翻译之材料与方法，比前皆见大进步，而直接间接对于政治社会学术思想各方面，亦有极大影响。如无严氏介绍，预料中国自一八九五至一九一九年中间之政治史与学术史一定减色不少。所以在先生传中，特别叙述此时期之翻译史，不得谓为无特别之意义与价值也。不过极可惜者，此期之翻译事业，规模失之狭小，大都为个人单独从事。如仍有同文馆、江南制造局之大规模翻译机关设立，或国家再添设其他有组织之新的翻译机构，则此期之翻译成绩，决不止如此。良可叹也（可参阅贺麟之《林纾、严复时期翻译》一文，见《清华周刊十五周纪念》增刊）。

　　【……】

——《近代二十家评传》（北平：

杏岩书屋，1934 年 10 月）

林纾先生评传（1934）

王森然

林纾字琴南，号畏庐，别署冷红生，福建闽侯人。生于清咸丰二年，壬子（一八五二），卒于民国十三年，甲子，十月九日（一九二四），享年七十有三岁。父云溪先生。母陈蓉，为故太学生元培公女。先生幼受家教，长勤于学。光绪壬午举人。生平著述甚多，散文则有《畏庐文集》《畏庐续集》《畏庐三集》；诗歌则有《闽中新乐府》《畏庐诗存》；传奇则有《蜀鹃啼》《合浦珠》《天妃庙》三种；笔记则有《技击余闻》《畏庐琐记》《畏庐漫录》等。先生小说有《金陵秋》《官场新现形记》《冤海灵光》《劫外昙花》《剑胆录》《京华碧血录》等（见自作小说别录）。工诗词，喜为说部。光绪中，坊肆渐译欧美小说，先生以《巴黎茶花女》得名。之京师，主北京京师大学教席。当时商务印书馆译行小说，什七皆出其手。笔致宛刻，自成蹊径，风靡一时。而说者訾其不通西文，徒以己意傅会，故多失实。然当西学未炽，哲理介绍，当推几道；文学翻译，功赖先生。其一生翻译西欧小说，共有一百五十六种之多。先生家贫而貌寝，生性木强善怒，故友朋疏离；但富于热情，好救人厄难。日常生活，以译书售稿为供给。因不谙外国语，故译书时听人口诵，依意成文。其著述极迅，每日工作四小时，每时可成千五百言。往往口译者未诵完，而已写毕。中多谬误，己自知之，以行文美绮，读者入胜，瑜终裹瑕也。晚年，以鬻书画为生。至七十岁时，每日立于画案前六七小时，不厌倦也。朋侪后辈，显贵颇多，先生独愿自食其力，盖近世极不易见之清介学者也。

先生翻译，从《巴黎茶花女遗事》起，到最后之一百五十六种，出版者共一百三十二种，散见于《小说月报》第六卷至第十一卷者有十种，原稿存于商务印书馆未付印者有十四种。在此一百五十六种中，以英国作家之作品为最多，共有九十三种；其次法国，共有二十五种；再次为美国，共有十九种；再次为俄国，共有六种。此外则希腊、挪威、比利时、瑞士、西班牙、日本诸国，亦各有一二种。不曾注明何国何人所著者，共有五种。此五种中，《情铁》《石麟移月记》二种，由中华书局出版。《利俾瑟战血余腥记》《及滑铁卢战血余腥记》二书，由文明书局出版。《黑奴吁天录》及其他，皆商务印书馆所出也。就作品之原著者，较著名者，有莎士比亚（Shake-speare）、地孚（Defoe）、斐鲁丁（Fielding）、史委夫特（Swift）、却而斯兰（Charles Lam）、史蒂芬生（L, Stevenson）、狄更司（Charles Dickens）、史各德（Scott）、哈葛德（Harggard）、柯南道尔（Conan Doyle）、安东尼·贺迫（Anthony Hope）（以上为英）、华盛顿·欧文（Washington Irving）、史拖洛夫人（Mdm Stowl）（以上为美）、预勾（V. Hugo）、大仲马（Alexander Dumas）、小仲马（Alexander Dumas, fil）、巴鲁萨（Balzac）（以上为法）、以及伊索（Aesop）（希腊）、易卜生（Ibsen）（挪威）、威司（Wyss）（瑞士）、西万提司（Cerventes）（西班牙）、托尔斯泰（L. Tolstoy）（俄）、德富健次郎（日本）。在此许多作家中，先生译哈葛德作品为最多，共有《迦茵小传》《鬼山狼侠传》《红礁画桨录》《烟火马》等二十种。其次为柯南道尔，共有《歇洛克奇案开场》《电影楼台》《蛇女士传》《黑太子南征录》等七种。再次为托尔斯泰有六种，为《现身说法》《人鬼关头》《恨缕情丝》《罗刹因果录》《社会声影录》及《情幻》。小仲马有五种，为《巴黎茶花女遗事》《鹦鹉录》《香钩情眼》《血华鸳鸯枕》《伊罗埋心记》。狄更司有五种，为《贼史》《冰雪因缘》《滑稽外史》《孝女耐儿传》《块肉余生述》。再次，莎士比亚有四种，为《凯撒遗事》《雷差得记》《亨利第四记》《亨利第六遗事》。史各德有三种，为《撒克逊劫后英雄略》《十字军英雄记》《剑底鸳鸯》。华盛顿·欧文有三种，为《拊掌录》《旅行述异》《大食故宫余载》。大仲马有二种，为《玉楼花劫》《蟹莲郡主传》。其他仅有一种者，如伊索为《寓言》，易卜生为《梅孽》，威司为《鸟巢记》，西万提司为《魔侠传》，地孚为《鲁滨逊漂流记》，斐鲁丁为《洞冥记》，史委夫特为《海外轩渠记》，史蒂芬生为《新天方夜谭》，却尔斯兰为《吟边燕语》，安东尼贺迫为《西奴林娜小传》，史拖洛夫人为《黑奴吁天录》，预勾为《双雄气死录》，德富健次郎为《不如归》。在此作品中，除柯南道尔与哈葛德外，其他皆为不朽之名著（见郑振铎《林琴南先生》一文，《小说月报》第十五卷十一号）。其译品种最得佳评者，为小仲马之《巴黎茶花女遗事》，狄更司之《块肉余生述》《冰雪因缘》《贼史》《孝女耐儿传》《滑稽外史》，史各德之《撒克逊劫后英雄略》，西万提司之《魔侠传》，地孚之《鲁滨逊漂流记》，欧文之《拊掌录》等各书。其中又以《巴黎茶花女遗事》最早出，最享盛名。文笔哀艳深挚，颇足动人。胡适云："林纾译小仲马之《茶花女》，用古文叙事写情，可为一种尝试，自有古文以来，从不曾有如此长篇叙事写情之文章！《茶花女》之成绩，遂替古文开辟一个新殖民地。"（见《五十年来之中国文学》）先生署名冷红生，有《冷红生传》。传云：冷红生居闽之琼水，自言系出金陵某氏，顾不详其族望，家贫而貌寝，且木强多怒。少时见妇人，辄踧踖匿隅，尝力据奔女，严关自捍，嗣相见，奔者恒恨之。迨长，以文章名于时。读书苍霞洲上，洲左右皆妓寮。有庄氏者，色技绝一时，夤缘求见生，卒不许。邻妓谢氏笑之，侦生他出，潜投珍饵，馆童聚食之尽，生漠然不闻知。一日，群饮江楼，座客皆谢旧昵，谢亦自以为生既受其饵矣，或当有情，逼而见之。生逡巡遁去，客咸骇笑，以为诡避不可近。生闻长叹曰：吾非反情为仇也。所居多枫树，因取枫叶吴江冷诗意，自号曰：冷红生，亦用志其癖也。生好著书，所译《巴黎茶花女遗事》，尤凄婉有情致。尝自读而叹曰：吾能状物态至此，宁谓木强之人果与情为仇也耶？（见《畏庐文集》）先生又云："宋儒嗜两庑之冷肉，宁拘挛曲局其身，尽日作礼容，虽心中私念美女，颜色亦不敢少动，则两庑之冷肉荡漾于前也。"（见《橡湖仙影序》）又云："予尝静处一室，可经月，户外家人足音，颇能辨之了了而余目固未之接也。今我同志数君子，偶举西士之文字示余，余虽不审西文，然日闻其口译，亦能区别其文章之流派，为辨家人之足音，其间有高厉者、清虚者、绵婉者、雄伟者、悲梗者、淫冶者，要皆归本于性情之正，彰瘅之严，此万世之公理，中外不能僭越。"（见《孝女耐儿传序》）先生有时领悟原文之意味，似乎远胜于能读原文之口译者。例如先生评狄更司曰："英文之高者曰司各得，法文之高者曰仲马，吾则皆译之矣。然司氏之文绵褫，仲氏之文疏阔，读后无复余味；独狄更司先生临文如善弈之著子，闲闲一置，殆千旋万绕，一至旧著之地，则此著实先敌人，盖于未胚胎之前已伏线矣。唯其伏线之微，故虽一小物，一小事，译者亦无敢弃掷而删节之，防后来之笔旋绕到此，无复叫应。冲叔初不著意，久久闻余言始觉，于是余二人口述，神会，笔逐，绵绵延延，至于幽眇深沈之中，觉步步咸有意境可寻。呜呼！文学至此，真足以赏心而怡神矣！"（见《冰雪因缘序》）先生又云："急就之章，难保不无舛谬，近有海内知交，投书举鄙人谬误之处见箴，心甚感之。唯鄙人不审西文，但能笔述，即有讹错，均出不知。"（见《西利亚郡主别传序》）此诚为不审西文，但能笔之翻译者之伤心语也。严几道、林畏庐二先生同出吴汝纶门下，世称林严。二公古文，可称桐城派之嫡传，尤以先生自谓能谨守桐城义法。但二公所以在中国三十年来古文界占重要之地位者，乃在其能用古文译书，将古文应用之范围推广，替古文开辟新世界，替古文争得最后之光荣也。胡适云："古文不曾做长篇小说，林纾居然用古文译成百余种长篇小说；并使许多学之之人，亦用古文译长篇小说。古文中本少滑稽之风味，林纾居然用古文译欧洲与狄更司之作品。古文不长于写情，林纾居然用古文译《茶花女》与《迦茵小传》等书。古文之应用，自司马迁以来，未有如此之伟大成绩也！"此为先生在古文史上一种最大之贡献。先生《不如归序》云："余译既，若不胜有冤抑之情，而欲附此一伸，而质之海内君子者。果当时因大败之后，收其败余之残卒，加以豢养，俾为新卒之导。又广设水师将弁学校，以教英隽之士，水师即未成军，而后来之秀，固人人可为水师将弁者也。须知不经败衄，亦不知军中所以致败之道，知其所以致败而更革之，仍可自立于不败。纾年已老，报国无日，故日为叫旦之鸡，冀我同胞警醒！"恒于小说序中，抒其胸臆。

先生以七十余岁之高龄，犹具如此强烈爱国之热情，比较外敌进逼国家危亡之今日，青年学生，恐惧畏缩，奔逃躲避；国委将士，畏敌如虎，而不思保全疆土，以图存者为如何耶？可敬也夫！

当一九一八年陈、胡二君提倡文学革命，引起国内学术界之震撼。赞同反对，舆论纷腾，群疑莫释之际，先生独出面非难，其致蔡元培函中有云："大学为全国师表，五常之所系属，近者外间谣诼纷集，我公必有所闻，即弟亦不无疑信。或且有恶乎关茸之徒，因生过激之论，不知救世之道，必度人所能行，补偏之言，必使人以可信。若尽反常轨，佻为不轻之谈，则毒粥既陈，旁有烂肠之鼠；明燎宵举，下有聚死之虫。何者？趋甘就热，不中其度，则未有不毙者。方今人心丧敝，已在无可救挽之时，便佻奇创之谈，用以哗众，少年多半失学，利其便已，未有不糜沸鬣至而附和者，而中国之命如属丝矣。晚清之末造，慨世者恒曰去科举，停资格，废八股，斩豚尾，复天足，逐满人，扑专制，整军备，则中国必强。今百凡皆逐矣，强又安在？于是更有一解，必覆孔孟，铲伦常为快！外国不知孔孟，然崇仁仗义矢信尚智守礼，五常之道，未尝悖也。而又济之以勇。弟不解西文，积十九年之笔述，成译著一百二十三种，都一千二百万言，实未见其中有违忤五常之语！何时贤乃由此叛亲蔑伦之论！此其得诸西人乎？抑别有所受耶？弟年垂七十，富贵功名，前三十年视若弃辉，今笃老尚抱残阙，至死不易其操。前年梁任公倡马班革命之说，弟闻之失笑；任公非劣，何为作此媚世之言。马班之书读者几人？殆不革而自革，何劳任公费此神力！若云死文字有碍生学术，则科学不用古文，古文亦无碍科学。英之迭更累斥希腊、拉丁、罗马之文为死物，而至今仍存者；迭更虽负盛名，固不能用私心以蔑古，矧吾国尚有何人为迭更者耶？且天下唯有真学术，真道德，始足独树一帜，使人景从，若尽废古书，行用土语为文学，则都下引车卖浆之徒，所操之语，按之可合文法，不类闽粤为无文法之啁啾，据此则凡京津之稗贩，均可用为教授矣。若《水浒》《红楼》，皆为白话之圣，并足为教科之书，不知《水浒》中，辞吻多采岳珂之金陀萃编，《红楼》亦不止为一人手笔，作者均称博极群书之人。总之，非读破万卷不能为古文，亦并不能为白话"云云，先生并撰小说，为"荆生""妖梦"之类，痛詈北大人士。又作"论古文之不当废"一文，谓"知拉丁之不可废，则马、班、韩、柳，亦自有其不宜废者。吾识此理，乃不能道其所以然。此则嗜古者之痼也。"又作"论古文白话之相消长"，略云："康乾之盛，文人辈出，亦关运气而然；道咸以下，即寂寥矣。间有提倡者，才力亦薄，病在脱去八股而就古文。拘局如裹足之妇，一旦授以圆履，终欠自如。然犹知有古文之一道；至白话一兴，则喧天之闹，人人争撤古文之席，而代以白话。其始但行白话报；忆庚子客杭州，林万里、汪叔明创为白报日报，余为作白话道情，颇风行一时。已而余匆匆入都，此报遂停。沪上亦间有为白话相诘难者，从未闻尽弃古文，行以白话者！今官文书及往来函札，何尝尽用古文？一谈古文，则人人瞠目；此古文一道，已属声消烛灭之秋，何必再用革除之力。其曰废古文用白话者，亦正不知所谓古文也！但闻人言韩愈为古文大家，则骂之，此亦韩愈之报应！何以言之？楞严华严之奇妙，而文公并不寓目，大呼跳叫，以铙钹钟鼓为佛，而楞严华严之妙处，一不之管，一味痛骂为快。于是遂有此泯泯纷纷者，尾逐昌黎，骂之于千载之后。盖白话家之不知韩，尤韩之不知佛也。然今日斥白话家为不通，而白话家决之不服，明知口众我寡，不必再辩。且古文一道，曲高而和少，宜宗白话者之不能知也。吾辈已老，不能为正其非，悠悠百年，自有能辨者，请诸君拭目俟之！"先生明知曲高和寡，而必欲有言，诚非同流合污，投时所好之流，所可比拟也。

先生创作小说，虽不能认为成功，却有两种宜赞颂：第一，打破中国章回小说之传统体裁；第二，叙述时事，供近代史之参考，如《京华碧血录》《金陵秋》，及《官场新现形记》等，叙庚子拳变、南京革命，及袁氏称帝之事，均较翔实之史料也。

【……】

先生译品，皆有文学价值，在中国文学史中，占极重要之位置；在翻译史中，亦占极重要之位置。因与严复并称，故详严复评传中，兹不赘述也。

——《近代二十家评传》（北平：
杏岩书屋，1934 年 10 月）

《英译中国歌诗选》序（1934）

张元济

英国骆任廷爵士（Sir James Lockhart）旅华多年，精通汉学，尤喜以吾国文化介绍于国人。博览约取，久而勿衰。所著《中国成语考》及《汉文萃珍》，搜罗宏富，移译精审。中外读者无不叹赏也。

骆君归国后，悠游林下，尝以吟诵汉诗自娱。深知吾国诗歌，发源甚古。其体格之递嬗，与夫风调之变迁，凡不失与观群怨之旨者，多足媲美西土。亦极思荟萃佳什，广其流传。

英译吾国诗歌向以英国翟理斯（Herbert A. Giles）与韦勒（Arthur Waley）二君为最多而精。前者用韵，后者直译，文从字顺，各有所长。其有功于吾国韵文之西传者甚大。

唯二君所著分刊于所译四书之中，读者每以篇帙分散，难窥全豹为憾。骆君交二君久，得其同意，选其足以代表各时世及各宗派者，汇而刊之。并以汉文对照。俾学者开卷之际，获中英原文互读之乐。其为功洵足与二君后先辉映矣。

骆君以此集交诸商务印书馆印行，又以与元济有相知之雅，属为之叙，爰不揣谫陋，略述骆君编印此书经过如上。翟、韦二君同为英国汉学名家，所译汉诗，脍炙人口。今允许骆君采其译文，尤征

学者风度。其嘉惠学者之盛意，凡读是书者必有同感。更无庸元济
为之喋喋矣。

民国廿三年双十节张元济

——《英译中国歌诗选》（上海：商务印书馆，
1934 年 10 月 10 日）

我们所需要的译本（1934）

苗埒

翻译今年的确是盛行了。先是《文学》接连出了两期翻译专号，接着《译文》和《世界文学》便应运而生。《现代》也出了一期美国文学专号来凑热闹，素来被人目为媒婆不甚注意的翻译，居然也有出头的机会，这实在不能不说是一种可喜的现象。

不过这期间，稍稍令人感到一些不满的，是所有的译文大都是短篇，篇幅稍长的竟是一篇都没有。而且这些短篇里面，有几篇很面熟，好像是在哪里见过似的，打开旧杂志来一查，往往可以查着。固然，我们并不反对一篇作品的一译再译，因为从两篇不同的译文上常可比较出译文的低劣来，可是发现得太多了，也不免要使人觉得能力浪费的可惜。

对于近来翻译界的多短篇而少长篇，自有其物质上的原因，我们不能埋怨译人。因为译人也是人，需要物质来维持生活，在这出版界不景气单行本寥落的年头，长篇译本翻译既费时间，译成后又不容易找到出路，正所谓"顶着石臼作戏，吃力不讨好。"为了解决物质生活起见，译人们当然只有□趋于翻译短篇的一条路了。

然而在青年的创作修养上打算，长篇译本却是非常需要的。近来文坛上正闹着何以没有伟大作品产生的问题，而观察一般青年作家的作品，却多数不免于浅薄空疏之弊，往往有了很好的主题和材料，只因没有描写的技巧，便不免于失败。如若能把外国名家的作品尽量移译过来，使他们得以观摩借鉴，明了怎样布局怎样描写才能令人感动，我相信，在我们荒芜的文艺圈里，一定会勃然怒发几株奇葩的。

那么，我们现在所需要的到底是怎样的译本呢？

恕我大胆地说一句：我们所需要的很多，不仅是古代的、现代的，只要列于世界文学名著之林允当而无愧色，又为我们所没有译本的，我们都需要。

关于古代的，荷马（Homer）的两部史诗，《奥德赛》（Odyssey）已有傅东华先生译本，但《伊里亚特》（Iliad）却还没有译本出现。我们需要《伊里亚特》。此外，希望三大悲剧作家的作品，虽多半已经散佚，但流传于世的也不少，我们都希望能有一读的机会。还有，罗马大诗人魏琪尔（Virgil）的《伊泥美德》（Aeneid），从前《小说月报》上曾译出过一部分，我们也希望能有全译本出现。

关于文艺复兴时代的，西万提司（Cervantes）的《堂吉诃德》（Don Quixote）全译本，我们实在需要得无论哪一种著作都迫切。因为在现代青年间，罗亭型、哈孟雷特型、巴扎洛夫型、唐·吉柯德型等名词是很流行的。前三种都已有了译本，后一种却只有一部分文言的《魔侠传》，实不足符我们读者之望。还有，莎士比亚（Shakespear）的六大悲剧，除了《哈孟雷特》（Hamlet）、《麦克白》（Macbeth）、《罗密欧与朱丽叶》（Romeo and Juliet）三种已有译本外，其他如《奥赛洛》（Othello）、《朱里·凯撒》（Julius Ceasar）、《安东尼和克莉亚巴特拉》（Antony and Cleopatra）还都没有译本，希望有人能出头来完成这工作。

十七、十八世纪时代的作品，虽已不大合我们的口味，但其中有几部名著，如密尔顿（Milton）的《得乐国》（*Paradise Regained*）、彭扬（Bunyan）的《天路历程》（*The Pilgrim's Progress*）、理查得孙（Richardson）的《巴米拉》（*Pamela*）、费尔丁（Fielding）的《汤姆·展士》（*Tom Jones*）、高尔斯密士（Goldsmith）的《威克费牧师传》（*The Vicar of Wakefield*）等，也愿望能有人译出来给我们一读。

十九世纪的名著非常多，而这些名著又多半没有中译本，如若要全部列举出来，绝非短短的篇幅所能容纳，这里只能约略地说一些。在英国，我们需要史各德的《华委来小说》（*Waverley Novels*）、狄更斯（Dickens）的《二城记》（*A Tale of Two Cities*）、哈代（Hardy）的《无名的裘德》（*Jude The Obscure*）、拜伦（Byron）的《唐·璜》（*Dan Juan*）等。在法国，我们需要巴尔扎克（Balzac）的《人间喜剧》（*Comedie Humaine*）、左拉（Zala）的《洛根·玛加尔特》（*Romgon Macquart*）等。在俄国，我们需要冈查洛夫（Gontcharove）的《阿布洛马夫》（*Oblomave*）、杜斯达夫斯基（Dostserasky）的《卡拉玛淑夫兄弟》（*The Brothers Karamazore*）等。在德国，我们需要歌德（Goethe）的《浮士德》（*Faust*）第二卷，霍甫德曼（Hauftman）的《孤独的人》（*Eilsnme Menschen*）等。在美国，我们需要欧文（Irving）的《奸细》（*The Spy*）、霍桑（Hawthorne）的《红字》（*The Scarlet Letter*）等。此外，如挪威哈姆生（Hamsun）的《浇土》（*Sbailnee Soil*）、意大利邓南遮（D. Annunzio）的《火》（*Fire*）等，也是我们所急需一读的。

至于近代名著，如萧伯纳的□□韵，高尔基、辛克莱以及新俄作家的小说，被介绍过来的虽已不少，但长篇巨制如罗曼·罗兰（Romoin Rolland）的《若望·克利斯朵夫》（*Jein Christophe*）、高尔斯华绥（John Galsworthy）的 *Forsyte* 等，却还有待于译人们的继续努力。

我并不是个名人，更没有胆量敢代青年开书目，这里所列的一些，只是我个人感觉比较需要的而已，虽然也许可以代表一部分人的意见。

——《申报·自由谈》（1934 年 11 月 15 日）

今译《美国独立宣言》自序（1934）

林玉堂（林语堂）

【……】

我因动起兴来，想以中国俚语译出，不知结果如何。我知我的蓝青官话，真太那个，颇想借此机会练习，靠着案上一本希利亚氏（Hillier）《英汉京话字典》壮壮胆，故亦贸然尝试一下。译事本难，译俚语尤难，用俚语译俚语更加难，而不以不懂俚语的人用俚语译俚语，其不成样也可必。然吾必须要试一试，自己练习，以待老舍、老向等之修饰改正。俚语味道深长，且其文法谨严，一字不顺口，便是不通，吾恐全篇无一是处也。知此而后知做白话比古文难。幸北方人勿笑我，而肯代做一篇。此是刊发此篇之一点意义。尤望此文能激发北方文士，立志做一部好好的《京话辞典》及《京话文法》，如孟肯之治美国俚语一样。

十一月十九日语堂自序

——《论语》第 54 期（1934 年 12 月 1 日）

谈翻译（1934）

邵洵美

今年不知为了什么原因，文学作品的翻译，忽然时兴起来。别的不讲，即以专登翻译作品的刊物，便已有两种。计算起来，文学作品的翻译，在中国曾经有过五次的热闹：第一次是林琴南的翻译《茶花女》；第二次是郭沫若的翻译《少年歌德之烦恼》；第三次是易坎人等的翻译辛克莱的暴露派小说；第四次是洪深等的翻译《西线无战事》；第五次便是这一次了。这中间曾有创造社等对于译诗的辩论；徐志摩等对于译莎士比亚全集的建议；朱维基的《失乐园》全译文的出版；但是都没有上述五次的热闹。

关于翻译，各人有各人的见解；而引起最大的辩论的，当推鲁迅等所谓的"意译""直译"与"硬译"。赵景深的"宁曲毋硬"既被一般人讥讽；鲁迅的"宁硬毋曲"也为识者所不齿：原因是他们太把翻译当为是商业的或是政治的事业，而忽略了它是一种文学的工作。翻译是一种运用两国文字的文学工作，缺一不可。所以第一个条件应当是对于原作的文字要有彻底了解的修养；同时对于译文的文字要有充分运用的才能。知道了原作的一句话或是一个字的正确解释，力量与神韵；同时又知道了怎样用另一种文字去表现时，什么"意译""直译""硬译"等问题便根本不值得讨论了。技巧在翻译上的确是个大问题，在后面我当详细论及；而像鲁迅等闹的把戏便似乎太幼稚了。

我觉得翻译的态度是一个需要先解决的问题。我总把翻译的态度分为两种：一种是主观的或为己的；一种是客观的或为人的。前者大半是以一己的眼光为标准，他所选择的材料，他所运用的技巧，都以能满足一己的兴趣为目的。譬如说，费芝吉勒的翻译《鲁拜集》，却勃门的翻译《神曲》，乔治·摩亚的翻译《达夫尼与克罗衣》；他们是觉得原作太和自己的性格相像，正像是自己用了那一种文字写出来的作品一样，神韵是互相吻合的；所以当他们翻译的时候，他们不过是使它重生在另一种文字里，他们非特对原作及原著人负责，他们更对他们自己负责。他们简直是在创作。后者大半是以人家的眼光为标准，所选择的材料既是去满足一般人的需要，运用的技巧当然也得以一般人的理解力为限止。譬如说迦奈脱夫人翻译的俄罗斯名著，蒙克里夫译的法兰西名著，西门史翻译的《布特雷尔诗集》；他们相信他们可以使读者读了译作和读了原作得到同样的效果，他们觉得某一种的杰作不应当只让某一种文字的国家来享受，他们是做着一种散布的工作。这两种翻译都有存在的可能，用浅薄的眼光看似即"意译"或"直译"的分别，但是仔细研究起来，当会明白他们是决没有一种顾此失彼的通容办法的。

关于翻译的技巧上，据我所知道的，有下面三种：第一种是林琴南的翻译，他是要原作来迁就中文的文字能力的范围的；第二种是徐志摩和苏曼殊的翻译，他们相信中文尽够有表现原作的能力；第三种是朱维基的翻译，他觉得原有的中文不够丰富，所以他要用一种新的中文结构去表现原作的精神。除了第一种因为林琴南不识外国文，议论不够健全外，我以为后二种的见解均值得我们去研究。那便是中文是否足够去为文学上的运用的问题。

在我个人的意见，我是更赞同徐志摩等的。我相信，至少，中文是足够去表现它所要表现的一切的。以我个人的经验，我翻译一种作品的时候，我从没有感觉到文字上的困难；同时我又确信我能充分地表现着原作的神韵。但是，我也佩服朱维基，要知他是准备要负起一个更伟大的责任，他是有要创造一个种新的文学的企图。

——《人言周刊》第 1 卷第 43 期（1934 年 12 月 8 日）

翻译的信与雅（1934）

霜杰

　　近代意大利有名的美学家克洛司（B. Croce）在他那本《美学》中说过这样的话："已用美的形式造成的东西，我们可将它用论理的形式再度表达出来，但已具有美的形式的东西，却不能将它改为也是美的另一形式。翻译的结果，或是减少及损坏原有的表现，或是把原有的表现放入熔炉中又掺和了翻译家本人的印象，而创造出一个新的表现来……'忠实的丑女或不忠实的美女'这句俗语正说明了每个翻译家两难的局面。"他的意思是，如果我们在翻译的时候不仅以原文的诠释为满足，更进一步要求和原文一样之美的表现时，我们会落入进退维谷的地步。这种见解，在稍有过一点翻译经验的人看来，是决不会厌其夸张的。一个民族语言文字的产生与发展，是为其最根底的经济生活所规定，经济性质不同，民族心理及反映这心理的文化状态当然也面目各殊。欲求了解另一国的艺术已是不容易的事，何况更用审美的文字将它"适如其分"地表达出来！

　　一个作者在他艺术冲动旺盛之际，那美的价值是完全的，等到这冲动在脑中形成一个明确的概念时，这价值已减去一分，在脑中把这概念译为成形的文字再把它托诸腕底书写出来时，这价值又减掉一分。然而这只是它的本来面目。等到另一国的翻译家以另一种生活习惯中培育出的头脑透过语言翳障来理解它，体会它，再把它用另一种语言表达出来时，这已与原作者的本意相去很远了。如果翻译家对原作者的气质生活环境及其所使用的语言有着深切的了解，并能自由驱使本国的文字，这还可给读者看看原作的粗枝大叶，否则真与原作差到十万八千里了。何况一个字不是孤立地存在，隐在这字后的是那一民族整个的纵的历史与横的社会，在那一国的词汇中，某一字究竟有着怎样的涵义，其在人们心理中唤起的联想是怎样？都要给以明白的分析。这样看来，翻译的工作，纵不如克洛司所说的那样不可能，至少是很吃力、很艰难，而应审慎从事的。

法国批评家居友说："理想的直线是从一点到另一点的最短距离，理想的文体也是从一人的心情到另一人的心情之最短的距离。"由这数学的与力学的概念出发，斯宾塞即说言语为人们相互交通的机械，求一个字之位置得当去唤起读者的心情，这是借直观与知觉以唤起或指导注意与联想的问题。这在翻译上也是如此。不断地熔冶、锤炼、藻饰，以求两种语言之勉强地貌合神似，把彼此的距离减少到可能的最小限度，这是翻译家应负的责任。而当他做了如此地步时，他已美满地完成他的任务了。

自从《文学》杂志出版翻译专号后，继之而起的有《译文》与《世界文学》两个专此介绍外国文学为职志的刊物，在"攻错他山"的意义上说，国外作品的中译，是只会嫌少不会嫌多的。然而我们要求的是良好的翻译，纵不能有像茂德（Almer Maude）那样在俄国陪伴了托尔斯太许多年再来动手译述他的作品，但总不能把这工作看得过于轻易，希望一手拿笔一手翻字典地那么把外国作品介绍过来。我们对于目前翻译家的要求，说多了可以写一长篇，说短了则不过是译得"一方面有对得起原作者的忠实，一方面有对得起读者的流利"的一点不过奢的希望而已。

——《申报·自由谈》（1934 年 12 月 14 日）

美人鱼译名商榷（1934）

黛茜

　　杨秀环女士自赴菲律宾获得远东运动会锦标以来，声震全国。国内报界，莫不加以美人鱼之徽号，一时各西报，争起撰拟英译之名称，或曰海姑 Mermaid，或曰水上之云妃 aquatic nymph，而独不译名为鱼，怠以彼西方人观念，与中国迥不相同。西文鱼字，本未当有任何美丽之韵味，而鱼之能在水中生活，毫不足奇，更不足以变现泅泳名手绝技，唯就西方习俗而言，晶莹灿烂之金鱼，尚可比拟轻巧长裙之西方美人。德人遇友人中有女甚美者，常称之曰"君家之金鱼"，犹华人称人子优秀者为千里驹也。然则美人鱼之译名，如作法文，不当即称之为美人金鱼 sconheis-Goldfisch 乎？此《北洋画报》金鱼缸之谐画，所以与杨氏姐妹之倩影相对照乎？若必欲使译文之中，脱去海姑、水上灵妃等称之妖气，而必不欲无此一鱼字者，则不如援引法国古代君王别号美男儿斐烈 philppe le bean 之成例，不妨权且以鱼为译名，而又加冠一美字为形容词，如此译名作法文时，当曰 poisson la Belle 美人鱼。偌这译者犹以为未足，而必欲借极少数之西字，传神阿堵，以表现其人之美，而又兼喻其技之速，及其身手之灵，则如译作英文，当称之曰"水箭" water arrow，是即法文之所谓 fleche deau 者。

两字字面，虽无美丽之意味，而却能令人看出此两字所描写者，乃为活泼玲珑之女泅泳家。此则又视上举诸例之译法为更恰当矣。

——《北洋画报》第 24 卷第 1182 期

（1934 年 12 月 20 日）

翻译是艺术（1934）

傅东华

为了讲翻译的方法，我们曾经起过好些个名词，什么"意译""直译""顺译""死译"，等等，最近还闹过一阵子。

周作人先生主张不把"Lying on back"译作"躺在背上"，却也不把它译作"北窗下卧，自谓是羲皇上人。"这是意译和直译的折中论。但这样的折中却也没有具体的标准；神而明之，仍在乎译者的技巧。所谓讲到归根，翻译毕竟是一种艺术，没有确定的法则可以提出来的。

这里根据我个人的经验，要想给大家一些实用的暗示。

第一步，你若要晓得直译该"直"到怎样，意译该"意"到怎样，最好把两种文字（这里是指中文和英文）循环对译一下试试看，例如：

> "你的表对吗"？

这是无论哪个中国人都懂得的一句中国话。你若把它译作——

> "Is your watch correct (or right)?"

那就是"Chinese-English"，或至多是 pidgin-English。这句话中的意思若用真正的英语表达起来，应该是——

"Is it right time by your watch?"

但若你把它用直译法重新译回来，就该是——

"照你的表这是正当的时候吗？"

便又成了"English-Chinese"，因为你什么地方听见过真正的中国人拿这样的话问人吗？

如果你的英文先生不许你把中文译作"Chinese-English"，你的国文先生又怎能许你把英文译作"English-Chinese"呢？

从这一个例看，你就可以明白直译的分寸。直译并不是一个字对一个字地译，乃是一个意思对一个意思、一点不加多也一点不减少地译。

要能做到这一层，第一当然得完全了解原文的意思。于是我们就须先晓得怎样使用字典。读书时应有好字典的帮助，做翻译时尤应有好字典的帮助。

使用字典的第一困难，在于你把一个字查出来的时候，往往看见有许多解说，不知采用哪一个才好。要解决这层困难，最要紧的是文法的知识。例如——

"He stood another round."

你一看之后，就知道"stood"必定不作"立"解，"round"必定不作"圆"解。你于是去查字典。你查出"stand"，见有 v. i.（自动）、v. t.（他动）及 n.（名）三种用法。你看这字在句中的位置（在一个 subject 之后，一个 object 之前），以及它的形式（它是 past tense）确认了它不是 n.，也不是 v. i.，而是 v. t.，于是就可专从 v. t. 项下去寻它的适当解释。再查"round"，你凭文法的知识断定它是 n.，就可把 adj.（形）、adv.（副）、prep.、（前）v. t. 及 v. i. 各项下的解说丢开不管。

词性确定之后，你也许仍旧决不定哪一个是适当的解说。这就要你从那个字和别个字的关系上及全句的意思上去推断它。从这点上说，字典的好坏就大有分别。就如"stand"这个字，我们从二十多年前商务印书馆出版的《英华新字典》查出看时，v. t. 项下有"忍耐，忍受；遵从；使竖立；费用；抵抗"等六个解说。就中"费用"一个解说是适用于我们现在这句句子的，但是意思模糊得很。再翻开同是商务印书馆新近出版的《综合英汉大字典》，"他动"项下有一条是——

　　To stand-the expenses-treat-a bottle of champagne to the compa-ny-one a drink,（由堪任费用之意转为）负担费用，作东道。

意思就明白多了。再查 *The Concise Oxford Dictionary* p. 1811,

　　Provide one's expense, as stood him a drink, stood a bottle to the company.

则因举出了用例，便更明白一层。然后再查出"round"当作 n. 的解说，你就不难决定它是"一番"（即一群中大家轮到）的意思。

　　于是第二步，你就须斟酌你的译文的措辞。你已知道这句中的意思是说"他负担又一次大家轮到的【酒】的费用。"但是你的译文不必这么啰唆。寻常我们说"他请你吃饭"就包含着他负担那顿饭的费用的意思；说"请一事酒"意即请一群人大家喝一回酒。所以把这话的意思用明白的中国话表达出来，就无非是——

　　他又请了一事【酒】。

　　这里应该注意的，原文"another"本是一个 adj.，译文的"又"却成一个副词了。如果译得更直些，应该是——

　　他请了又一事（酒）。

但意思并无两样，而后一句子却比较生硬，所以这种词类的关系尽可以不必过于拘执。

意思已经能达，好的翻译就须再进一步去求传达原文的神气。这就更是一种"艺术"了。例如——

"He killed that man." 和——

"It is he who killed that man."

语气完全两样；前一句不过陈述一桩事实，后一句则着重在"he"上面，所以前一句只消直译作——

> 他杀了那个人。

后一句就须译作——

> 那个人是他杀的。

方与原文的语气相合；因为我们读这句子的时候，自然而然会得把"他"字读重些。

此外，初学翻译的人最感困难的就是一段文章的气脉。往往一段东西分作一句一句看时，并没有什么大错，但是觉得不连贯，或至少是不流利。这是由于各句意思承接的地方还未看明白之故。因为英文同中文一样，句与句之间的关系不必都用连词明白表出，所以须要我们去理会出来；原无连词的也许应该添上，原有连词的却有时可以省去。关于这些，现在不能细讲，且等将来再说吧。

至于练习翻译的材料，我以为应先从剧本的对话入手，因为对说总须使它像句"话"，就不容译成"English-Chinese"了；又每句话语总必带着一种显明的语气，因而容易使我们练成一种活泼的译笔。

——《中学生》第 45 期（1934 年）

谈翻译（1934）

雪甫

I. 翻译在英语教育中的地位

自直接教育法（direct method）盛行以来，翻译在英语教育中，已失去向来的地位，不再被人重视了。二三十年前，学习英文的人，大都还是诵读"泼拉买""华英进阶"之类；不特书本上附有华文的翻译，就是先生的教法，也以译解为唯一不二的法门。讲堂里说的话，多半是本国语，学生做的练习，也不外是"英译中""中译英"的几套花样。这样的翻译教学法（translation method），很易使学习的人得到了一种"半身不遂"的痼疾。往往有学习了五六年英文的人，在阅读上虽然还可勉强应付过去，但一谈到"写作""会话"，成绩总是拙劣得很。我知道有些人勉勉强强地还能看得懂 Dickens 的小说，却写不出一封简单无误的购买书籍的信札。我也碰到过能看 Spencer 的 *The Philosophy of Style* 的人，竟不会作几句发音正确、语调流利的英语谈话。他们实在都是翻译法的 Victims。翻译法的为世诟病，受人咒骂，并不是一桩无理的事。可是翻译究竟是不是无益有害的呢？是不是应该完全被排斥在英语教育的圈外呢？这实在是值得注意的一个问题。我以为翻译法的发生流弊，是由于用得不得当、不合时；翻译本身并不负什么责任。本来对于初学外国语的人们，翻译原是禁物，教的人应该竭力避免国语的使用，只能凭借实物，行动和环境等，去使他们领会语义。让他们多听多说，于不知不觉间学得了外国语言的习惯。这样地教上了二三年，学习者的口耳已渐就纯熟，普通的语法，也渐能了解，到了那时，翻译非特不会贻误他们，且可变成获得知识的试金石了。

Ⅱ. 翻译与读书力

倍根说，"写能使已知道的事情益加正确。"这实在是一句至理名言。我们对于练习翻译，也有同样的感想。一句句子，或是一段文章，在诵读的当儿，粗眼看去，也许觉得毫无疑难，可是一提笔翻译，却往往写不出。这是实际上对于原文没有懂得的证据。有许多学外国语的人，就是始终停滞在这似懂非懂的境地里。坊间翻译书的错误百出，也多半是由这似懂非懂来的。我们在练习翻译的时候，碰到这种似懂非懂的地方，千切不可自作聪明，信笔乱写，应该放下笔来，再从词句上、语法上、上下文关系上（Context）下一番审查工夫，直到把真意弄明白了，再着手翻译。这样的练习，能养成一种精读的习惯，且对于原文的理解，也可增加一些深度。懂得原文固然是翻译的第一条件。可是有时虽然意义懂得很清楚，但无论怎样翻译，总觉得不能满意。凭着自己所知道的表现法一一写了出来，原文中的情趣，却依旧还是传达不出。这或是由于译者本国文的表现能力的不充分，抑或是由于那介在两国间的一道鸿沟在作祟吧。两国语言的系统，既不相同，而两国语言的文化背景——风俗、习惯、宗教、政治，等等，又复大相悬殊，其间有着不能飞越的鸿沟，原也是当然的事。翻译家就是心想要在这鸿沟上架设桥梁的人。桥梁工程的艰巨，怕比目下与兴工建筑的钱塘大桥还要难上万倍！翻译家有时也感到技穷，望着鸿沟兴叹；于是复又想出注释的方法，来补救翻译之穷。在英语教育中，注释一向没有被人重视过；其实观察力和理解力的锻炼，怕没有比注释更好的方法了。现在且趁便举一个例来谈谈注释。假如我们在英文里遇到 rat 一字，若是翻译，那只要写一"鼠"字便可了事；可是注释起来，单写一个鼠字就不够了。我们不能不想到下列的许多问题：rat 与 mouse 有什么不同？ rat 与中国的鼠是完全相同的吗？ rat 是住在什么地方的呢？发音怎样？语源怎样？什么地方能找得到 rat 的插图吗？ mouse 的插图有没有？有无关于 rat 的格言、谚语和比喻？本来一个中学一年生都知道的字，可是这样地一询问，怕就连英语专家也会回答不清吧。学习英语的人，若能对于这种寻根究底的注释，勤加练习，那么获得的英文知识一定会日趋明确，理解英文的能力也会日益高深。

Ⅲ. 直译与意译

练习翻译的益处，已在上节里说过，现在且谈一谈翻译的方法。有许多人以为翻译的方法，有直译意译两种：直译是着重在原文的外形，力求和原文的语法相吻合；意译着重在达意，而不拘泥原文的形式。这种区别本来不是彻底的。无论怎样的直译家，总不能把 So long（再会）译成"这样长久"；把 I will go at once.（我立刻就去）译成我将在一次里去。意译家不论怎样地不拘形式，但碰到下面的文章：

> There's husbandry in heaven;
>
> Their candles are all out.（*Macbeth*, Ⅱ; 4-5）

（天也在节俭；灯火都已一齐熄灭）。总也不至于把当作 stars 解的 candles 译成"星"吧。翻译的目的实在只有一个：无非是想把原文的感情思想不差分毫地再现出来。直译家认定原作的感情思想，是依存于原作的外形的。为要传达原作的感情思想，便不得不忠实于原作的外形，意译家以为翻译贵在传情达意，若徒拘泥外形，反使读者不能领会原作的妙味，倒不如不顾外形，专心去传达出原作的真意，较为妥当。就理论说，双方都是持之有故；可是实际上我们却不能不问：忠实于原作的外形，是不是就能传达出原作的感情思想呢？不顾原作的外形是不是无损于原作的感情思想呢？只要能把原作一丝不走地再现出来，我们本用不着去管它是直译抑或是意译。可是事实上和原作等价的翻译，不过是一个翻译的理想境；直译意译虽所持的态度不同，却都是努力向着理想境前进的。本篇所讨论的翻译，无非是学习英语的一种手段，所以直译意译，都不成什么问题。学习的人，若选择达意的文章（如科学的叙述等）来练习，那不妨采取意译的态度。倘所选的是以传情为主的文章（如小说戏曲之类），那不就不能不顾到外形，努力去再现出原作的情趣。

IV. 翻译的步骤

在以翻译为学习英语的手段的学徒，与其空论翻译的方法、直译和意译的区分，倒不如切实地谈谈翻译步骤的好。通常初学翻译的人，首先感到的困难，是在单语、名词、术语等的不易翻译。严又陵说过"一名之定，旬月踟蹰"的话。本来名词术语真是很难译得妥帖的。不过我的意思，练习翻译的人，似乎不必在这上面去耗费很多的气力。譬如 Common sense 已有人译作"常识"，train 已译成了"火车"，你不妨采用，用不着再费心思去考虑译名的当否。即使遇到了没有人译过的学名术语，也只能斟酌意义，将就地译了出来；精当的译名还得让专家去推敲改订。第二重难关，初学的人常常感到的，便是词性的问题。譬如：I happened to pass there.（我偶然经过那儿）。They managed to persuade him to do so.（大家舌敝唇焦地劝说了一番，终于使他这样地做了）。句中的 happened, managed 原是动词；可是要在国语里寻找相当的动词去翻译，却是一桩极其困难的事。初学的人碰到这样的困难，往往不知所措。这实在是太拘泥原文的词性了。翻译家在可能的范围，对于词性，本该忠实地去翻译；但到了无可奈何的时候，就把词性更动一下，只要对原文的意义情调无伤，那也并不是不可容许的。词性之外，还有词的次序、句的排列，初学的人也往往感到不易措手。譬如：greatest living historian（当今第一的大历史学家）一短语，若按着次序一字一字地去译了出来，便成为"最大的当今历史学家"。又如：many of passengers perished（多数的旅客死亡了），若定要译成"旅客的多数死亡了"，那便是死译。又如：We shall have abundant harvest this year 一句，若照词的次序，译成："我们将有丰富的收成在今年"，意思虽然还可懂得，但却免不了"生硬"之讥；倒不如从全句着想，直截了当地译作"今年谅必是丰年吧"，更来得显豁。又如把 Nobody come here but him for a long time（Galsworthy）译成"没有人到这儿来除了他已经很久了"，试问不看原文的人，能不能捉到这句的真义？集词而成句，词的次序和句的含义，原有密切的关系；但我们所以要着眼在词的次序，无非是为求懂得句的含义。一味拘泥于次序而忽视了句的真义，那未免太违悖了翻译的本旨。句的排列也和词的次序一样，初学的人都不必过于拘泥。譬如：He is happy as the day is long（他终日都很快乐），一句中，你以为 as the day is long 是一子句，定要用一子句去译，那么你的译文恐怕除你自己外就很少有人懂得了。且再举一例：

The robb'd that smiles steals something from the thief; He robs him-self that spends a bootless grief.（*Othello* I, iii, 208-9）

我们若不从全体着想，而徒然拘泥于句中的 that smiles, that spends……形容子句，也许会译成"微笑的被盗窃者，从盗贼那儿盗回来一些东西。消磨在无益的悲哀中的人，却在自己偷盗自己"。这也许是一种忠实的翻译，却仅仅忠实地按照原文把语词排列了起来，而原文所要表达的意思却没有明确地表出。现在为达意起见，把前面的译语略加变动，改成："遭了抢劫，依然微笑着的，多少总从盗贼那儿夺回了一些东西。在无益的悲哀中过日的人，那却无异自己偷盗自己"。严格地说，这是译解（paraphrase），而不是翻译，因为原文的情趣和措辞的巧妙都没有传达出；可是较之拘泥字句的呆译，却已高了一筹。初学翻译的人，喜欢从分析入手，由单词而词性，复由词性而注意及词的次序，句的排列。本来翻译一文，分析实在是必经的步骤，可是在分析之前，应该有一段综合的预备工作。一句句子，一段文章，一篇作品，我们若非首先综合地把捉到全文的命意和情调，便贸贸然去分析，那决计翻译不出好的文章来的。所以对于初学的人，我劝他们练习翻译，最好选择自己容易理会的文章。假如一篇作品充满自己所不认识的单词成语，那么你无论如何分析，也不会得到好结果。字典对于翻译者的帮助并不多，因为字典中的译语都是单色版，文章的用语却各各带上了特殊的色彩，你若专去依赖字典练习翻译，是不会有好的成绩的。字典所能给与你的，仅仅是暗示而已。

——《中学生》第 46 期（1934 年）

翻译谈（1934）

胡依凡

忘记了是在什么杂志里看过一位先生论及翻译有过这样的话，他说（大意如此）：

"翻译，原是一件难事，非有多年的造诣的人，简直不要想去问津。但即使是造诣很深的人，从事起来也往往会弄得牛头不对马嘴。尤其是一篇文艺作品，它的原文的光彩、风格的优美是很难保留在第二种文字里的。若更从第二种移译到第三、第四种以外的文字，那原文中优美的作风和格调，便慢慢地完全丧失了，以至于走了样子。如果不幸再碰到一些大胆的翻译家，硬要把自己一知半解的能力去应付，冒昧从事地乱译起来，那不只是对不起原作者和读者，而且是葬送了翻译界入十八层地狱。"

这段议论乍看起来，似不失为一个对于文化事业极度关心的人的至论。而且，至少他自己对于翻译绝不是外行的，也可想见。

但在这里我却想问一问：

"翻译的工作是件难事，非有多年造诣的人就不能动笔了吗？动了笔，就一定要犯罪孽吗？"

"真有一些乱译的大胆的翻译家存在，翻译界就会给葬送入十八层地狱吗？"

　　这实在是一个笑话，一个令人莫测的谜。这个笑话或谜，也只有那位先生自己才会解说。

　　人们从事于艺术的态度应该忠实和严肃，是对的。然而不是可以站在云端里说风凉话的。

　　在中国，翻译界力量的贫乏，是毋庸讳言的。然而这只能说在吸收西方文化的过渡时期的现象。从原版书移植到中国的历史，虽说也有数十年了，而大量的移植，仍只是近年间的事。但仅这一点点的成就，是什么人的力量呢？难道都是那些造诣很深的人的工作？或者，要大胆地相反说一句：我们只能归功于那些半路出家的大胆的译者。

　　这些大胆的半路出家的译述者，当然非造诣很深，甚至有连洋面包、东洋料理也没有领味过一次的人。然而，他们不自量地竟动了笔，动了笔不仅没有犯下什么弥天罪孽；他们的存在，也没有把翻译界葬送在十八层地狱，反而给贫乏的中国翻译界增添了一些不可埋没的功绩。这是不是事实呢？

　　对于翻译界现状的不满足，是进步的要求，谁也不敢加以否认的。但如某先生的意见（就说是我误解了他），他的对于翻译过分珍视的态度，却分明在叫一些努力的人要放下笔，而不敢再努力下去。为什么？因为有几个翻译者能自信他自己是一个造诣很深的人。

　　如果翻译的工作都让那些所谓造诣很深的人，如胡适之、梁实秋先生们去做吧，那应该是最好的事了。但是，他们却没有这闲暇：考古、赴会、办杂志之外，最多能让我们吸口西洋风气的，也只有浪漫的与古典的。可是这就能够使我们餍足了吗？何况胡先生、梁先生之外，还有些别的造诣很深的人，却正在努力于他们别的更有指望的事业。对于翻译，最多只是当成了鉴赏古董般的看法，有兴趣时玩玩罢了。有的，或者索性丢弃了这味同嚼蜡的文字事业。在饥饿的出版界中，想等这些符合某先生的条件的有能力的翻译家可以供给我们一些世界的现实知识粮食，是一定要活生生地饿死的。

这些半路出家的译者的出现，他们贸尔地挺身出来担负着这一移植的工作，与其说是出于他们的大胆，毋宁说是环境的挤迫。为了信念，为了饥渴的求知欲与实践生活，他们才毫不踟蹰地只好拿起笔管来了。然而给目前翻译界造就的一点点儿的成绩，却正是由他们的大胆的笔下才写作了出来。

自然，他们的译作，中间是有不少的恶劣的作品，可以使人看了恶心的。但我们能不能拿林疑今译的《四十年代》来代表一切半路出家的翻译者的作品呢？《四十年代》无疑地是最坏的译作，是值得诅咒的，然而，就可据此以抹杀一些优秀的译作者的努力吗？

一个善意的对于某些翻译品的介绍的要求，似乎应该从作品本身的艺术价值上去作大体的观察，才较为确当。至于译作品之一字一句是否完全忠实，尚在其次。而且，这正是每一个译作者未下笔之先就应该熟思考虑到的。如果一种原作品中的艺术价值是足以杀人（例如帝国主义文学、封建文学之类），则译作品的优美纵使超过了原作，这对于地底下层的人们便是更加作孽，而且必然是会为那些人们深恶痛绝的。反之，则变为欢迎之不暇。

品评翻译品的价值，忽略了原作的艺术内容，而专门着眼于一字一句的推敲，是否忠实达雅，这只是吃饱了饭的人们的文字欣赏家的兴趣，在连饭都没得吃的人却不会有这闲情逸致的。他们所要求于艺术上的，不论作品或翻译品，一样是在于公平的真理的阐扬：能为他们的不平说话，能为他们的挣扎扬眉。译作者在提笔之先，比忠实于原作的志愿还要首先顾到的，却正是这点。所谓人们从事于艺术的态度应该忠实和严肃，问题首先便着重在这一点上，在翻译上，所要求于一个良好的有进步倾向的译作家，除了对于原作品应选取有艺术价值的蓝本之外，他自身的表达力的估计和写作时的态度应该虔诚从事，一样地也应该要求同等重视。因能这样，才不至如过去一样授人口实，吃力反不讨好。而在艺术的功能上说，这正是每一个译作者本身的事情。

在翻译事业尚在"开步走"的学习时期内，一种紊乱奇特的现象（即译作上的笑话、偷盗以及其他不正常的事实）是难免的。但这不足引为失望或悲观，反而需要有加倍的努力以扫荡和克服。经常地练习并培养自己智力上的修养，正是每个译作家成长自己的最低条件。我不相信有翻译的天才家，一切均是由学习得来。某先生自己也承认，即使是有多年造诣的人从事翻译起来也往往会弄得牛头不对马嘴。这话是并不稀奇，然而向上的译作者却不应该举此而淹没自己的无心错误。虽然翻译的工作不限制在文字欣赏上，但在译作者却在自己能力所及，一字一句也不应该轻易放过。

翻译诚然是难事，但译作家不能因为怕难就不愿去干，尤其不能因了别人的符咒（如上面某先生的话：非有多年造诣的人，简直不要想去问津），便丧失了勇气而搁笔。

翻译的工作在文化事业上面是占有极广泛的意义的，能指望那些所谓造诣很深的忙人或隐士给我们负担些什么吗？然而，上面就说过：目前仅有的一点点成就，也是全靠现有的译作者的贫乏的力量才苦挣得来。

　　唱些离开实际的高调，其实并不是爱护翻译，反是只有阻碍翻译界的进步。像文章开头某先生那席风凉话，简直就是叫现有的大半数以上的译者再读十年书，才许动笔，为什么？因为他们尽是些半路出家、造诣不深的人。但是我们若不厌烦地再反问一句：叫些什么造诣很深的人来替翻译界努力啊？恐怕他自己也要瞠目不知所对了。

　　翻译的工作，绝不是不需要人批评，但反对怀有恶意的歪曲和攻击。反之，善意的辅导和鞭策，却是最欢迎不过。而且，后者的批评，却正是促使翻译界向上进步的必须有的力量。

　　总而言之，在现实的景况之下，翻译事业的发展是那么艰难。而在当前的中国文化水准以内，仍想吸收一些"新鲜的"外来文化食粮，没有翻译，就又只好挨饿。环境是那样的艰苦了，而负担这一工作的译作家的力量又是那么薄弱而稀少。我们的爱护翻译的批评家，是不是应该想些方法来鼓励，扶掖这幼稚的翻译界走上强壮的道路，抛弃了那些毫不负责任的不切实际的高调和陈言？

　　至于仍还有些人要说某些翻译家是专靠翻译为生活，利用翻译以骗取稿费，以为是几近于卑鄙的商人。关于这点，我认为除了我们的翻译家在服务艺术上有否亏心之外，这实在是不值一驳的无谓问题。

　　一句话：当前的环境纵使再艰难，翻译家更应该不藏拙地拿出勇气来提笔，用事实来答复一些诬陷或威吓的流言。

——《新语林》第 5 期（1934 年）

欧化式度量衡标准制单位译名之系统的检讨（1934）

吴承洛

　　自万国公制度量衡传至我国，前清末年，始以公制之计量，规定我国旧制之标准，而公制在我国方有法律上之根据。及至民国四年，北京政府权度法，以万国公制为乙制，与旧有之营造库平制称为甲制者并列，而公制乃在我国占有法律上之地位。嗣于民国十七、十八年间，国民政府公布权度标准方案与度量衡法，以万国公制为我国之度量衡标准制，而以与标准制有三一二比率之度衡量，称为市用制，以符合民间习惯，便于通行。市用制与标准制，乃不啻为二而一之制度，而公制在我国法律上之地位乃遂更为巩固。标准制之命名，自民初法律上规定采用我国固有度量衡之名称，而加以"公"字以示区别，民国十七年仍行沿用。原取天下为公之意，且耶稣纪年，已称为公年，阳历已称为公历，自属至当。且规定公用度量衡，均应用标准制，因有强制性，故自十九年开始实施以来，公制之法定名称，业已随新制度量衡之推行，普及全国各界，与其制度之本体，同认为确当不易。盖采用中国式之命名，不仅可以使一般人民易于认识公制，且科学与技术之文字，一律用通俗之度量衡名称，并可使一般民众易于接受，此法定度量衡名称之特点，亦即推行容易之主因也。

唯查公制法定名称未规定以前，我国译述界，非采用其西文原名之音译，即采用日本之译名，相沿至今，尚有未尽改用法定名称之处，最近因谋法定名称之彻底采用，以期划一，为理工方程式与术语复单位之应用，觉我国固有名称长度、重量及地积均有分厘毫之复出，应当如何设法区别，颇有各种之方案。同时又有一种疑义，将中国式之名称只用于市用制，而标准制之名称，则不如完全用西文原名，作相当之译法。故度量衡标准制单位名称，除法定之中国式名称外，二十余年来其各种非法定欧化式之名称，颇有数种，或相沿应用，或信口而出，或有计划的疑义，或属可能的产生，其命名之方式，均不外依据音译、意译或音意混译等三种方法，且均依据西文原名直译，故称为欧化式之度量衡标准制译名，此项欧化式之译名将来是否可以酌量采用，当先将此项译名之系统，就其本身而加以检讨。

欲检讨度量衡标准制之译名，当先研究其原名之意义。查长度公尺之西名为 metre，遵源于希腊，其意为计量即 measure，故有 gas-meter, water-meter, wattmeter, volt meter 等，可译为气量计、水量计、瓦特量计、伏特量计等。唯一切计量之基本，首推度制，由度生面积，由面积生体积，由体积生容量，由容量生质量，由质量生重量，由重量生力量，由力量生能量，由能量生热量，或电量等特种计量。而度制之基本单位则为尺，故此项万国公制中基本计量之长度单位，原音为"米突"者，则法定名称为公尺，其义本为属至当。

质量或重量之原来单位为 gramme，希腊原文之意义为"小重量"

（Small weight）。我国重量名称两钱以下，无特定之专名。即用"分"以为次名者，盖指小重量而言，法命名"格兰姆"为"公分"者，其意义本此。

至面积之专用于地亩者，在我国有亩制，而在公制中有 area 制，其名导源于拉丁，意为面积（area），且亦专用于土地之丈量，我国命名为"公亩"。又容积之专用于固体并以粮食为主体者，在我国有升斗之制，本国旧习惯除普通油酒之零星买卖用量器外，余多用衡器。其在公制中有 litre 之制，原于法国旧用 litron 之名，用于粒状固体及液体。此种"立特"既与英制之"瓜脱"（quart）相当，并与我国之"升"相当，故法定为公升。此外公制之在法国，尚有 Stere 之制，作为体积之专名，导源于希腊，意为固体（Steros=Solid），用于粗笨固体，如木材等类之计量。各国情形，颇不一致，有须此项专名者，亦有无须此项专名者，故未采为公制之体积之单位。其在我国，亦无此项习惯，故法律上亦不采用。量此类材物时，如用标准制，则只用立方公尺而已。

以上系就万国公制中各基本原位或称主单位者，加以字源之解释与本国相当之名称以实比较。若大于基本原位或主单位及小于基本原位或主单位之以十进或十退位次命名者，其在十进倍数之名，采用希腊字 deca, hecto, kilo, myriad, 意为十、百、千、万。其在十退分数之名，采用拉丁字 deci, centi, milli, 意为十分一、百分一、千分一以加于基本原位名称之上，而成十倍数及十分数各位之名称。此种西式命名之方法，可得而申述之。

长度之基本原位，定为公尺，则其十倍位次，可为十公尺（ten-metre）、百公尺（hundredmetre）、千公尺（thousandmetre）、万公尺

（ten thousandmetre）（用英文举例，其他国文均可通）。但在我国十公尺又可称为一公丈，百公尺或十公丈，又可称为一公引。千公尺或十公引又可称为一公里，若万公尺或十公里则无专名，所谓十尺为丈，十丈为引，十引为里者是。其在西文则十公尺（tenmetre）又可称为特卡米突（decametre），百公尺又可称为海克米突（hectometre），千公尺又可称为基罗米突（kilometre），万公尺又可称为米列米突（myriametre）。所有 deca, hecto, kilo, myria 者，虽有十百千万之意义，而并无与欧西各国十百千万各字形式上与音读上之混淆。故基罗米突之专用于路程记载与口语时，常径称为若干基罗（kilo）。基罗虽有"千"字之意义，然若称为若干"千"（thousand）之路程，则不能应用矣。

尺之十退分数，在我国有寸之专名，寸以下始用十分一、百分一、千分之一之分、厘、毫。即十寸为尺，十分为寸，十厘为分，十毫为厘。反之即十分一尺为寸，十分一寸为分，十分一分为厘，十分一厘为毫。如以施于公制，则"十分一公尺"（decimetre）为公寸，"十分一公寸"（centimetre）为公分，"十分一公分"（millimetre）为公厘。苟若泥于西文之名 deci 为分，centi 为厘，milli 为毫，则 decimetre 为公分，centimetre 为公厘，millimetre 为公毫，如是失去公寸之地位，必生莫大之混淆。此标准制法定命名，所以采取公制原来十进之意义，而不拘于其原名位次之名称，盖意义为精神，取其精神，而加以我国之名称形式，则体用具备矣。

次言衡制，衡制西文原名以"格兰姆"为基本原位，失之过小，因此"小重量"不能与长度公尺之"米突"相称，故原器规定以千倍格兰姆之基罗格兰姆为基本单位。此单位适于我国之斤位相称，故称为公斤，而由公斤顺退至分位，则正为格兰姆，故称为公分，以表示其为"小重量"之意义，前已言及。"十公分"（decagramme）为一公钱，十公钱即"百公分"（hectogramme）为一公两，十公两即"千公分"（kilogramme）为一公斤。百公斤为担，故 guintal 即为公担，我国原有大重量为"镦"之义，故一千公斤即为公镦。至公分之十退位次，则"十分公分"（decigramme）为公厘，十分公厘即"百分公分"（centigramme）为公毫，十分公毫，即"千分公分"（milligramme）为公丝，如是则度制之公分位次，可与衡制之公分位次相称。盖以一公分长之立方体，盛以纯水，其所容之水质量或重量，应为一公分。夫然后度制公分乃与衡制公分成相当之单位系统，可以符合 C. G. S. 科学上基本单位制之精神，而无其西文原名以"百分一米突"（centimetre）与其基本原位之"格兰姆"相提并论，不能相称之弊。至度制公分与衡制公分本可与角度之"分"，与时间之"分"在西文亦均称为 minute，角度之"秒"与时间之"秒"，在西文亦均称为 second，温度之"度"与角度之"度"在西文亦均称为 degree 者，相互比疑。唯必欲区别时，有提议如"他她它"之不同，可作为"彷衔坋"（坋指地亩之分），读若"公分度""公分衡"，及"公分地"最为便利。或彷读为"分度切"，衔读为"分衡切"，坋读为"分地切"，亦可，虽尚待确定，但用此种办法，似可以绝小之补充，得最大之效果。

　　盖应用时如无须如此区别，即可不予区别，免生变更而致新名与旧名发生混淆。

　　至容量之法定名称，以"公升"为 litre，实际应用时可称为立方公寸之别名。"十公升"（decalitre）为公斗，"十公斗"即"百公升"（hectolitre）为公石，"十公石"即"千公升"（kilolitre）为公秉，此公秉又可称为一立方公尺之别名。公升之十退位，十合为升，即"十

分一公升"（decilitre）为公合，十勺为合，即十分一公合为公勺亦即
"百分一公升"（centilitre）为公勺。十撮为勺，即十分一公勺为公撮，
亦即百分一公合为公撮，更亦即"千分一公升"（millilitre）为公撮。
此公撮制容量，又可称为立方公分之别名。

其在亩制，中国旧制，本以十进，而公制则以百进，与升制之
均以十进中外一律者不同。are 既定名为公亩，则其百分一公亩（centi-
are）应为公厘，其百倍hectare 应为公顷（按市用制亩以下有分，分以
下始为厘，亩以上本有响，但通行于东北，并未定为法定，故市制十
亩无专名，而百亩为顷）。

以上既将法定度量衡标准制名称，就公制原名之意义，如何与中
国固有名称相当，加以群密之研究。此种公制命名法，因之可以同时
符合中西文之意义，并纠正西文原名位次错误之缺点。观于此层，已
另有"度量衡标准制法定名称之科学的系统"一篇为之切实陈明，可
实参照。

兹再就度量衡标准制之其他译名，加以检讨，大约可分为三
类。第一类即完全依照法文原名，如法文之 metre，在英文时则改为
meter，只因语尾上英文与法文有如此微毫之区别，所有欧美大陆各
国，其文字均出自罗马字母者，大抵均同此情，无异完全原名。日本
对于由他国输入之文化，多采用所输入国之音译，并不加以和文或汉
文之命名。如由中国输入者，则既用汉字，并读汉音。除因最初采用
我国之汉字，而加以和文字母之变迁，复因方言之传递，时代相因，
颇有少数音译之差异，以及字义之变更外，其余汉字汉音，为数实属
不少。及后西洋文化输入，初尚译成汉字，故我国译名，尚多转采日
本所译之汉名，如氧气之译酸素，轻气之译水素，淡气之译窒素，且

有日本音译之汉字，如气体（gas）之音译为瓦斯，虽与汉音不同，而我国尚有沿用之者，实属不察之至。日本对于西文名词，以前或属汉字意译，或属汉字音译，但其意其音，有时与我国不同。但自后即变更译法，因彼有和文字母之便利，故对于新名词，几一律用字母译音，并非部分音译，乃系将西文名词，完全拼音，故不啻如用外国语言，如我国一时盛行，译democracy为"特谟克拉西"，译bolsheviki为"鲍洛司维基"者，盖当初苦无适当之意译。其在度量衡英尺最初译为"幅地"（foot），英寸译为"因制"（inch）。但现今通用英尺或釈，英寸或时矣。标准制之最初译名，亦系音，曰密达、启罗密达、生的密达者是。及至民初权度则法之颁布，始有适当之意译名称，曰公尺，曰公里，曰取公分，于是称便。嗣后有注音字母之创设，故以吾国之注音字母，音译无法意译之西名如地名人名然，亦属一格。兹特仿日本和文字母音译之法，将度量衡标准制之西文原名，亦用注音字母译成以完成读音译法之各体系。惟作者对于注音字母之拼法，尚未入门，姑照西文字母直译，恐有未当，业已另行请教于教育部国语统一筹备会。候得其标准译法，再行更正。惟此类完全音译之名称，现在国内已无需要。度制第一表所列译法，不合我国社会情形，中文音译，过于繁琐，已经淘汰，注音字母译法，亦不合注音字母之原音，盖注音字母，乃为统一汉字读音以免各地方言之互异，而并非用注译外国之字音。我国文字，大有伸缩余地，以前所有之字，既可以尽量利用，其无所利用者，又可创造新字，以应需要。在科学名词中，化学创字最多，其他学科，可为取法。至下文衡制第一表，容量第一表与地亩第一表所列，其用意正与度制第一表所列相同，不另具论。

表格 1（有日语，略）

【……】

以上第一类之译名，完全拼音，其不合于中国之需要，已如前述。至第二类之译名，则系依照日本度量衡法施行。

今所列汉文略字（其度量衡法只列和文字母拼音之名称），此项略字，日本全部度量衡法规汇集中，不见有第二次之采用，盖亦不过聊备一格，以资过渡，其立法之原意，在达到完全欧化之目的，此项名称，如度制与衡制第三表所列，其分厘毫之位次，与中国式之法定名称，每相差一位，如指公尺为米或籺，而公寸则为粉、分米或米分，公分则为厘、厘米或米厘，而公厘则为糕、毫米或米毫。盖当初译名，硬欲以"分"译 deci，厘译 centi，毫译 milli，故发生"寸"位之缺略。在日本最初立法，乃欲完全取消旧有之尺贯法，故可取消寸位。但日本度量衡法施行以来，迄今不特发见尺贯法之不能取消，且为民族观念之复兴，并有维持尺贯法之趋向，其维持之方法，系将尺贯法加以整理，去其过于不整齐，而非习惯上与事实上所必需者，因此其施行今所列公制之略名，遂亦为学者所怀疑。但因施行已久，不便变更，且其尺贯法与公制并无我国所定一二三折合比率之严密关系，故亦暂时别无辨法，惟对于此项略名之使用，不予提倡，使其渐渐完全趋于拼音之名称，与西文字母之略字。我国译述界向袭用日本之略字，如"糕"然，但因不易读音，故有主张分写为毫米或米毫者，昔时"糕"多读为"米毛"，今欲读为毫米，则不啻西名"密里米突"之直译，此项译法，无论合写为一字或分写为两字，而其分厘毫位次之与法定名称之位次每相差一位即相差十倍，如糎，厘米或米厘应为一公分长，如误为一公厘长者，则错误十倍矣。粉，分米或米分应为一公寸长，如误为一公分长者，则又错误十倍矣。故此项袭用日本式分厘毫位次之译名，绝不可令其与法定名称并存，而法定名称，系根据我国文字之顺序与社会之习惯而成，故此项与法定名称位次不相符之译名法，即不合于我国之文化与社会，故民初学者及政府，即已有见于此，毅然将译述界袭用之日本译名废止，而径采用中国式之公制命名，民十七复规定于度量衡法，自十九年推行以来，且已全国一致采用，今奈何必欲反其道而行之，恢复此项欧化式译名以与法律及民众相持，而生绝大之纷乱耶。

度制如是，衡制亦然。如袭用日本略名，以"瓦"为格兰姆，即以克为公分衡，以瓱为密理格兰姆，即以甁、毫克或克毫为公丝衡，然后兠、分克或克分为公厘衡，瓼、厘克或克厘为公毫衡，亦属相差一位，即相差十倍。盖兠、分克或克分应为公厘衡，如误为公分衡，则相错误十倍，瓼、厘克或克厘应为公毫衡，如误为公厘衡，则错误亦十倍，又瓱、毫克或克毫应为公丝衡，如误为公毫衡，则又错误十倍矣。此就衡制而言，如袭用日本式之译名以与通行全国之法定及习惯上之名称相混乱，可发生十倍之错误，此分厘毫位次不能与法定及习惯上分厘毫位次相符之欧化式度量衡译名所以不能任其存在也。

至于此第二类之译名，米（公尺）之倍数，采用粁、什米或米什；粨、佰米或米佰；粁、仟米或米仟。其在粁、粁，用为符号，尚无多大流弊，但既有法定公丈、公引、公里之名，度量衡法施行细则中，又规定得用西文略字，可以不必另有其他名称或符号。若米仟、米佰、米什，其什、佰、仟在米字之下，已比什米、佰米、仟米之什、佰、仟在米字之上者为优，因数字在米字之上，则与本数每生混乱，如十什米，百佰米与千仟米是，其数字在米字之下时，则如遇下文有数字，亦可发生混乱，但如下文无数字时，则不致耳。但什、佰、仟与十、百、千本属通用，与西文之 ten, hundred 及 thousand 然，用于造成复单位，必有不可。如果必要，须另觅径途，即另择有十、百、千意义之字，以译西文十倍之 deca，百倍之 hecto 与千倍之 kilo，因年岁若干十，有代以若干秩者，如四十五十为四秩五秩，故以"秩"代"什"。百年谓之一世纪，故以"纪"代"佰"。又有以一方代一万，一竿代一千以示隐秘之意者，故取"竿"以代"仟"。又一千钱称为一"串"，故取"串"以代"仟"，更为妥善。故什米、佰米、仟米，乃变为秩米、纪米、串米，以秩、纪及串译特卡、海克及基罗，可谓名副其实。用以译述特种计量中我国本无原名可用者，似可开一新生面，但如以代替我国固有之公丈、公引及公里之名，则又何必多此一举。

  准上以观，则第二类袭用日本略名，直译西名之系统，既易与法律及习惯上发生混淆，并许多不便与不顺之处。下列度制及衡制第二表各项位次不相符之名称，盖均无所取矣。

度制第一表					
法定名称	与法定名称位此不相符者				
	日本法定略字	中国译述界袭用日本式略名	物理名词审查会译名	或译	或译
公厘	粍	粍	毫米	米毫	毫米
公分	糎	糎	厘米	米厘	厘米
公寸		粉	分米	米分	分米
公尺	米	粆（米）	米	米	米
公丈		籿	什米	米什	秩米
公引		粨	佰米	米佰	纪米
公里	粁	粁	仟米	米仟	串竿米

续表

衡制第二表					
法定名称	与法定名称位此不相符者				
	日本法定略字	中国译述界袭用日本式略名	物理名词审查会译名	或译	或译
公丝	瓱	兞	毫克	克毫	毫克
公毫		兣	厘克	克厘	厘克
公厘		兝	分克	克分	分克
公分	瓦	克	克	克	克
公钱		兙	什克	克什	秩克
公两		兡	佰克	克佰	纪克
公斤	瓩	兛	仟克	克仟	串竿克
公衡		⿰克万			
公担		⿰克意			
公镦	（克屯）	⿰克屯	吨		

原因于袭用日本式之略名以分、厘、毫直接翻译西文之底西、生的、密理，其在标准制本身发生位次与法定习惯每相差一位即可发生十倍之错误，故有多数学者另拟第三类之译名，可与法定不相违背，如度制及衡制第三表所示者，此类译名之规定，即欲救济法定名称度制有公分、公厘衡制，有公分、公厘、公毫公丝，亩制又有公厘。此公分公分，公厘公厘公厘之复出，苟单独举公分或公厘，自不能知其为何制之公分或公厘，非有上下文之连带关系不可，否则必言明为公分长、公分重、公分质、公分力，或公厘长、公厘重、公厘质、公厘力、公厘地，方能明了，正如西文之 minute（分）必言明其为角度之分 minute（分）或时间之 minute（分），否则必文气与语气上或应用之地方可以分别。在科学复单位之应用于公式，最好度制衡制与亩之分厘毫，可以明确表示，

予以区别。故度制公分为粉或米分，公厘为糎或米厘，而公寸即为籿或米寸，公尺即为釈或米尺，公丈为粋或米丈，公引为䊷或米引，公里为糎或米里，盖甚明显。又基于分厘毫已为中国式之度量衡系统所惯用，如作为欧化式之度量衡系统，则应另谋途径，故电学专家多有另创坋、酚、份以译底西、生的、密理者，如用此法则公寸（底西密达）可译为份米或份欬，公分（生的密达）可译为"酚米"或"酚欬"，公厘可译为"份米"或"份欬"，此一格也，其倍数之命名则同于第一类之"什""佰""仟"或"秩""纪""竿"（或"串"）。此外尚另有一种提议，径用西文音译缩写以底西之音为"息"，生地之音为"珊"，密里之音为"密"，特卡之音为"卡"，海克之音为"赫"，基罗之音为"基"，而成息米、珊米、密米、卡米、赫米、基米之系统，此又一格也。用此类译名于科学，则度制分厘毫与衡制分厘毫之复出，可无问题，且与法定名称及民间习惯无相混淆之处，但终嫌多此一举，并不若法定名称之通俗易晓。衡制亦然，衡制第二表，可以等样齐观。兹列度衡两制第三表如下：

法定名称	与法定名称不相违背者						
	分厘加偏旁法	中名译法	中名缩译法	分数译名法	分数命名法	中文音译缩法	或译
公厘	公厘	米厘	糎	（千分）米	（千分）（公尺）	密米	
公分	公㫓	米分	粉	（百分）米	（百分）（公尺）	珊米	
公寸	公寸	米寸	籿	（十分）米	（十分）（公尺）	息米	
公尺	公尺	米尺	釈	米	（公尺）	米	米
公丈	公丈	米丈	粋	什米	什（公尺）	卡米	秩米
公引	公引	米引	䊷	佰米	佰（公尺）	赫米	纪米
公里	公里	米里	糎	仟米	仟（公尺）	基米	串竿米

表头：度制第三表

衡制第三表								
法定名称	与法定名称不相违背者							
	分厘毫加偏旁法	中名译法	中名缩译法	分数译名法	分数命名法一	分数命名法二	中文音译缩法	或译
公丝	公丝	克丝	（克丝）	（十分）克	（十分）（公分）	（兆分）（公斤）	密克	
公毫	公衡	克毫	（克毫）	（百分）克	（百分）克	（意分）（公斤）	珊克	
公厘	公厘	克厘	（克厘）	（千分）克	（千分）（公分）	（万分）（公斤）	息克	
公分	公分	克分	（克分）	克	（公分）	（千分）（公斤）	克	克
公钱	公钱	克钱	（克钱）	什克	什（公分）	（百分）（公斤）	卡克	秩克
公两	公两	克两	（克两）	佰克	佰（公分）	（十分）（公斤）	赫克	纪克
公斤	公斤	克斤	（克斤）	仟克	仟（公分）	（公斤）	基克	串竿克
公衡	公衡		（克系）	（人万）克	（人万）（公分）	什（公斤）		
公担	公担		（克詹）	（人意）克	（人意）（公分）	佰（公斤）		
公镦	公镦	克镦	（克镦）	佻克	佻（公分）	仟（公斤）		

　　以上系就度制与衡制中国式法定名称与欧化式译名分厘毫之纠纷，与救济分厘毫纠纷辨法举出两大类译名而加以系统之检讨。至于容量之制，则因法定名称，无分厘毫，下文所列容量第二表与第三表均不与法定名称相违背，不过第二表无分厘毫而第三表有分厘毫之区分。既有法定名称，则此两表中之各名称均嫌多事，徒增纷扰耳。

量制（容量）第二表					
法定名称	与法定名称不相违背而无分厘毫者				
	中名缩译	分数命名法	分数译名法	中文音译缩法	中文意译缩法
公撮（立方公分）	（立最）	（千分）升	（千分）立	密立	密升
公勺	（立勺）	（百分）升	（百分）立	珊立	珊升
公合	（立合）	（十分）升	（十分）立	息立	息升
公升（立方公寸）	（立升）	升	立	立	升
公斗	（立最）	什升	什立	卡立	卡升
公石	（立石）	佰升	佰立	赫立	赫升
公秉（立方公尺）	（立秉）	仟升	仟立	基立	基升

量制（容量）第三表					
法定名称	与法定名称不相违背而有分厘毫者				
	日本法定略字	中国译述界袭用日本式略名	物理名词审查会译名	或译	或译	或译
公撮（立方公分）	（立毛）	（立毛）	毛升	毫立	毫升	毫立
公勺		（立厘）	厘升	厘立	厘升	厘立
公合	（立分）	（立分）	分升	分立	分升	分立
公升（立方公寸）	立	（立升）	升	立	升	立
公斗		（立十）	什升	什立	秩升	秩立
公石	（立百）	（立百）	佰升	佰立	纪升	纪立
公秉（立方公尺）	（立千）	（立千）	仟升	仟立	千升	串竿立

表三看不清（亩制第二表）

【……】

若亩制上文第二表所列，无论何种欧化之式，均不与法定名称相违背，除公厘可加地字偏旁"土"为"公塀"以示与度制公厘、与衡制公厘相区别前已经提及外，其余各式译名，亦均无需要也。

民国二十余年，度衡量之制度，经两次之变更，而万国公制之地位，则益见巩固。且每次变更，均有欧化式命名系统之各方案以与中国式之命名相对较，结果则均采中国式之命名，原因于中国文字之特点，唯采用通俗之名称，可易普及推行，唯采用中国命名之方法，可以救济西文原名命位之错误。其不便之处，即惯用西文原名会受高等教育之人士，每先有西名之观念、若译为中国式之名称，则初用时须假以思索耳。至于提及公尺，则联想及市尺或英尺，提及公斤则联想及市斤或其他之旧斤，正因民众先有市尺英尺，市斤旧斤之观念，然后就三市尺为一公尺二市斤为一公斤之简单关系，可以易知公尺及公斤之长度及重量为何。若就学生而论，亦先在家庭中自然有市尺及市斤之观念，而后在学校中可以容易接受公尺公斤之观念。今苟反其道而行之，使学生在学校中求得"密达"与"启罗格兰"或"米"与"仟克"之观念，俟其离学校而服务社会时，再将其欧化式之观念推及于民众，则标准制之普及必须俟全国教育可以完全普及后，始能达到，非有数百年不为功。且西文原名命位之错误，其本身不能纠正而我国名称本可纠正之者，亦将无法纠正将与西文原名同留永久之缺点。今以最近五年之推行，赖我国民政府之威信，与人民望治之殷切，卒能于最短期间，使公制之观念与市制划一，同时普及于社会，则未始非民初所定万国公制法定名称之良果也。

——《工业标准与度量衡》第 1 卷第 5 期（1934 年）

谈翻译（1934）

布兹

翻译能做到"信"这个字，就够骄傲了。信就是在原文是什么样子，在翻译文字里还它什么样子，原文有力的，还它有力，原文和谐的，还它和谐，原文谨严或是流利的，还它谨严或流利。"达"与"雅"在某些种翻译里，简直不必要，甚至于不讨好。你可设想莎士比亚许多的对话，如《罕默莱德》第三幕第四景罕默莱德对他母亲说的话，如《沃赛洛》开头衣阿各说的话，用达而雅的文言或白话译了出来，其结果之不堪言状，一定比晦涩粗俗更甚。所以我说翻译能做到信这一步，就着实可以了。

可是"信"谈何容易，其中困难，有的是可克服的，有的是花了十分气力才可以克服的，有的是简直不可克服的。譬如西洋诗的韵容易克服，节奏的活泼与迅速，用中文就难模仿了，但是一个于音韵的感觉及技巧特长的，于中国文字又有准确的把握的，用了工夫也未始不可达到。困难之不可克服的是大作家文字与内容的调和，及他们给内容与文字特殊的模型与涵义。

言语文字是表现思想的，所以它们的形式组织受思想法则的形成，同时言语文字又是文章的工具，所以它们受作家的精炼，因之细腻、强健、深刻而丰富。欧洲各国文字属于一个系统，地理历史上又继续不断地互相影响，所以在欧美翻译比较还容易。现在我们用中文翻译西洋的文学，困难之大，只有翻译过的人才能明白，尤其是好的诗我认为翻译简直不可能。不信试一试莎士比亚的十四行。不过我们不能因之就拒绝西洋不好翻译的作品。文艺永远跟着思想走，拒绝西洋思想进来，在现代交通便利的世界，不特办不到，亦是中文的自杀。就拿中文过去说也不知受了多少民族的混乱与革新，音调组织都已经过极大的变动，所以凡是承认中文完备、白话西洋化不对的，就无异承认中文已死。我们可以合理地预料中文将继续变动、活泼、丰满，以适应吸收西洋及近代思想，翻译是一个有效的方法。

【……】Lady 一字，如歌德的 Dichtung und Wahrheit 都有它特殊的意义，翻译时照普通的意义写下去，很有些不妥，至于音律方面，更不用说，须极端小心才能传达神情。如但丁的庄严刚健，雪莱的飘渺急迫，辛琪的流利富饶，都需要苦心斟酌的地方。我想单这个困难，就能使译者生畏。最亲近的例子，是本校钱稻孙先生译但丁的一部，别的不说，若以音律而论，则我们不能认为选择适当。因屈原为骚体的长，是柔和委婉，而但丁的 Terza Rima 的性质是严肃刚强，如他的相貌一般地轮廓斩截，意志决绝。屈原与但丁在此地恰恰相反。所以翻译诗，了解固然要清楚，而音律【……】

以上所说的困难，是明显的。还有一种是暗的，也很容易引人入阱。那就是译者本人对于本人的环境与长处应该知道。因为译者不见得是全才，他的文笔才气也许是偏于一方面的，那么译的时候，最好挑与自身个性遭遇合适的，这样你可以了解得深一点，才显出你的长处。我们不能想象徐志摩译《罕默莱德》《麦克贝斯》能成功，但是我们可以想象他能译 *Romeo and Juliet*，因为在他的作品里，不容易寻得严肃杀伐与命运决斗的毅力。同时照孙大雨写的与译的而推测（也许推测过了分），他不适合译莎士比亚的喜剧，因为他文字【……】未必译得好，他还得要忘了自己，把自己化在作品中，切忌炫耀。这一点看的容易，难于做到。一面要克服虚荣，要知道全部的匀称比部分的华美，更可宝贵；一面要对作品及作家有彻底的认识。作品的背景，作者的心境，他对于一切的观念，他的长短，以及所受的影响，译者都要有一个系统的研究与心灵的体会，才能出入咸宜。所以理想的译者要集合批评的学者与创作的文豪于一身。

总之，翻译是苦工，他的目标、他的权衡就是这个信字。最要注意的是原作的精神传达过来。

——《清华周刊》第 42 卷第 9、10 期合刊（1934 年）

昆虫译名之意见（1934）

杨惟义

  昆虫学名，有译成中文之必要，不然只有少数学者，能阅读之。一般人士，在所不识，何能推广，且昆虫之与农事，关系深切，吾国农民，大多目不识丁，若无中名，设遇某地发生某虫，招农人而告知曰，此虫之学名为 A，B，C，则农人必瞠然视之，百听而不能解，对于治虫之进行，更多不便，所以作者常觉昆虫学名，急宜译成中文，更应急谋中文名词之统一，以便此学之推行，实为切要之图，虽然，译名殊多困难，考学名之成，或来自希腊，或来自拉丁，或用地名，或记特征，含含典故，自非通晓各文及外国掌故者，不易从事，译音感太长，译意常难确，且中国固有名词，及各地土名，理应采取，决不能数典忘祖，舍近求远，但此等名词及土名，散见各书，或散布各地，搜罗应用，殊非旦夕之功。查吾国虫旁之字，仅有千余，古名亦不敷用，然则当如何而后可以解决此等困难，以从事于译名乎？作者不揣冒昧，谨抒管见数则，借请高明赐正。

  （一）应竭力采用中国固有名词。如有多数古名，则应择其最先或最确切通行者而用之。

  （二）如无固有名词，则应采用土名，若有多数土名，则应择其最确切或最通行者而用之。

（三）若无古名及土名，则可译意，唯译名不得过长，以二三字为适合，一字亦可，至多不得过四字（科名、属名及种名等俱可适用此则）。

（甲）译名仅为一字者，宜以虫字旁，使人一望而知其为虫也，例如"蜦"，因其原义为长，故译为长，再以虫旁之，而译成"蜦"字。

（乙）译名为二字者，或皆以虫字旁之，如蚰蜓，或上一字为形容字，而下一字为虫字，或虫旁之字，如瓢虫、头虱、家蝇等是。

（丙）译名为三字者，其上二字为形容字，而下一字则应为虫字，或虫旁之字，如卷叶虫、介壳虫、赤足蝗等是。或上一字为形容字，而下二字或一字，则为虫名或虫旁之字，如草蜻蜓、大胡蜂等是。

（丁）译名为四字者，则上二字为形容字，下二字为虫名。或虫旁之字，如吹绵介虫、棉花蚜虫之类是矣。译名若逾四字，则觉冗长，令人厌恶，宜勿用之。

（四）如遇地名、人名或其他原意难以查悉之学名，尽可仅译其音，而以虫子旁之。如遇原名太长，则可仅译其字首一二音已足，不必全译，以免笨拙。

（五）每一属中之种名，不可雷同。如□属中之"蝼蛄"只有其一。但与他属中之种名，不妨相同。如蝼属中，亦有"蝼蛄"之同名也。属名，科名，绝对不能译成雷同。

附言：吾国古人造字，用意最善，虫有虫旁，禽有鸟旁，树有木旁，使人一望而能知其为何物，并可即读其音，极合科学分类之道，自应采取此法，于译名时，必使所译成之名中，含有虫字，或虫旁之字，使人一目了然，如乏固有之字，不妨斟酌自造，如现在化学书中之氢、氧、铼、铱等字，吾国字典中固无之者，而今亦通用矣。顾或者谓现在世界上已知之昆虫，逾四十万种，若每种皆须另造中国新名，而以虫子旁之，则新字骤增，超过现有字典中之字甚多，不亦成为问题乎？作者以为此不足虑，将来吾国昆虫学，如能发达至此，能将世界各种昆虫，俱译成中名，则自然另有昆虫字典，或专门之昆虫名录以记载之，字多亦无患也。

——《科学》第 18 卷第 12 期（1934 年）

中国传统译论文献汇编 （六卷本）

卷五（1935—1939）

朱志瑜 张旭 黄立波 编

商务印书馆
The Commercial Press

2020年·北京

中国传统译论文献汇编
（六卷本）
卷五
（1935—1939）

目　　录

对于"翻译年"的希望（1935）

顺（茅盾）

所谓"翻译年"，并不是说"翻译"的作品竟要扫荡了一切，或竟能代替了创作，或压倒了创作。这不过是一种预测，或一种希望。"翻译年"为什么会出现的呢？——如果像预测似的确然出现的话——理由之一是，我们要向伟大的外国作品里，学得些创作的技巧——这话不能误会，决不是指模拟而言。新写实主义，在内容方面，也许会有更进一步的成就，但实际上，却有些作家们不断的在喊着，向巴尔札克他们那些旧写实主义作家们那里学习到描写的技巧，所谓"文学遗产"的提倡，也就是这种自觉的表现。

这种"学习"，是会使我们的创作有了很大的进步的。一个创作家，不会是生来便是一个成功的创作家；他不会是不需要丝毫的艺术上的修养与苦作的。凡是一位创作家，假定他是有献身于创作的诚实的意向的话，他必须下苦功地学习。虽然不必像扬雄所说："读千首赋，乃能作赋"，或前人所说"熟读唐诗三百首，不会作诗也会吟"那样的机械的看法，但创作家之必须有基本的修养却是不可撼动的一个信念。我们画惯了"写意画"或所谓"文人画"，每以为在明窗净几的环境里，焚起一炉好香，所谓因是必里纯（按：inspiration 的音译，意即灵感）一来，随便涂抹几笔，便会成就一幅兰、竹、梅或小幅山水之类的不朽名作。那观念是根本错误的。艺术的修养是绝对的需要苦作的。寥寥几笔的兰、竹，也许还可以对付得过去，一遇到伟大的写作，便要袖手旁观，谦让不遑的了。贪逸恶劳，好走捷径乃是我们自己必须改革的最大的心理上的瘤。

不读书，不下苦功夫，而欲成一创作家，正是"守株待兔"的笨举。杜甫屡屡地说："新诗改罢自长吟""语不惊人死不休""不薄今人爱古人""晚节渐于诗律细"。杜甫之所以成为杜甫，其成功之原因便在于此。我们的目不观书终日游荡着的自命为天才的文人者，其只能写出浅薄无聊的作品，乃正是"自食其果"，不能错怨别人的。

古旧的文学，并不是说绝对的和我们的创作绝缘，但我们的创作却需要更新的、更精深的技巧。在旧书堆里打圈子是不够的。所以我们必须介绍外国的文学，作为自己学习的基础。

"翻译年"的意义的重要就在于此。"翻译"虽被视为"媒婆"，但如果没有了这"媒婆"，新的创作是不会有多大的成就的。

理由之二，诸位也许都明白的，这里也不必说了。

总之，"翻译年"的出现是有其必要和必然的。

没有一个国家有像我们那样的对翻译的作品冷谈歧视的。读者们永远被拘禁于《彭公案》《济公活佛》《七侠五义》《留东外史》《啼笑姻缘》《江湖奇侠传》一类低级趣味的小说圈子里，不想摆脱，也正和作者们的贪逸恶劳的念头一样，读者们也是十分的贪逸恶劳的。他们根本上便以"文学"为消遣品；略略要加思索的读物，他们便不愿意过问。生活像河水似的滑流过去，一点痕迹也不留下；所要读的东西便也是这一类仅供消遣、无需思想的平滑浅薄的东西。提供出什么问题的作品，他们是紧闭上双眼，不愿意去读的。林琴南的翻译，以《茶花女》《三千年艳尸记》《鬼山狼侠传》等为最流行；这是很合于中国读者们的口味的。至于林氏他自己所慎重介绍的《萨克森劫后英雄略》之类，读者已少；至狄更司的《滑稽外史》《贼史》《孝女耐儿传》之类，则读者们俱感索然，很难得到若干知音的。

五四运动以来，翻译作品的介绍，一时成为风气。然过不了几年，便又消沉下来。读者们的逐渐减少，是一个很大的原因。当然，译者们的"粗制滥造"也要负一部分的责任。然也有很好的翻译而仍感到寂寞异常的。

许多年来，在读书界里略略引起波浪的翻译作品，《茶花女》外，便只有《西线无战事》一书，同时有好几个译本出现。然据书业中人说：其实，总销数也并不怎么好。

如何能够克服对于翻译作品冷谈和歧视倒是很重要的一个问题。

据去年的情形看来，这一个"翻译年"的成功是颇有可能的。专刊翻译作品的杂志就有《译文》和《世界文学》二种，而且都还博得读者们的同情。

读者们的态度是有转向的可能吧。

慎重忠肯的译者们，必会为"翻译年"打开一条出路，同时也便是为"创作年"作一个先锋的。

不过有两点必须要注意，第一，选择翻译的作品的时候，必须慎重，必须有个先后，重要的先译，次要的后译。读者们的能力和金钱都很有限。如果给他们以不重要的东西，是常常会引起他们的反感的；而且对于译者也是一种浪费。不重要的东西，大可不必译。林琴南之费极多精力于哈葛得的全集上，对于他自己和读者们两俱无益。

如果当时有一位很好的口译者，懂得文学的，必定会引导他至少可以多译二十部以上的名著的。商务印书馆的《万有文库》初集及现在刚刚发售预约的二集，其中所收的翻译，都是一无选择，没有一个固定的计划和方针的——本来这种计划和方针是必要的。总是牵就着他们已有的"存货"而编入，故往往成为不伦不类的一个目录。试就二集的目录讨论一下。关于英、美文学的，除开一本美国的短篇小说集，一本英国短篇小说集之外，所收的是：

T. Carlyle: *On Heroes and Hero Worship*

W. M. Thackeray: *Vanity Fair*

Charlotte Brontë: *Jane Eyre*

J. M. Barrie: *Peter Pan*

J. Drinkwater: *Abraham Lincoln*

T. Hardy: *The Dynasts*

J. Galsworthy: *Justice*

N. Hawthorne: *Scarlet Letter*

O. Henry: *The Four Millon*

统共只有九本。假如要代表英美文学的话，就寥寥九本，如何够？这奇奇怪怪的随手抓来的九本，如何能代表？

更可怪的，关于德国文学的，除开一本德国短篇小说集外，只有下列的三本：

Frank Wedckind: *Frühlings Erwachen*（《春醒》）

G. Freytag: *Journalist*（《新闻记者》）

Theodor Storm: *Liebe und Gesellschaft*（《恋爱与社会》）

这三本东西能够代表德国文学么？德国文学里没有比这三本更重

要的值得介绍的东西？那么真只有天晓得了！

盲目的翻译足以减少了许多读者们的信仰。故慎重的选择是必要的。

第二，是译者的态度的慎重和文笔的正确流利。这是不用说的，一本坏的翻译会把原著的好处失去的。更重要的是，一部名著，往往是增减一字不得的；译者不能随意删改、添加，否则，便要成了译者自己的东西了。凡改造过的译品是最不可靠，最易失掉原作的精神的。这里有一个好例——对不住，又要说《万有文库》二集了。Thackeray 的 *Vanity Fair*（《浮华世界》）是一部细针密缝的东西。伍光建先生的译本（即《万有文库》所收入者）却随自己的意思，把它东掊西扯的割裂、删节。Thackeray 的真面目，在译本里，如何可见呢？这种翻译的态度是万万要不得的。

故我们对于"翻译年"的希望是：

不仅求其多，还要求其精；

不仅求其精，还要求其有系统。

如果有好的系统的介绍，必定会有极大的影响和结果的。所谓"翻译年"便也不至如"××年"似的空口嚷嚷便过去了。

——《文学》第 4 卷第 2 号（1935 年 2 月 1 日）

创作翻译剧及改译剧（1935）

欧阳予倩

在上演目录中谁也愿意多演本国的创作，尤其在东方诸国演西方人的剧本总觉得不够亲切，而在西方诸国演中国、印度和日本的戏也是有些隔膜，因风俗习惯之不同观众有时不能充分接受。

这种情形不是永久的，世界因交通利便而沟通文化的工具一天一天发达，便渐渐要成为一体，民众欣赏文艺的程度也自然增加，地方色彩之不同并不足为障碍。不过乡土之情总是存在的，譬如广东是常绿之国，广东人便不大能感到"塞外秋来风景异"的情绪。而冬初月夜珠江泛船听粤曲的光景，又不是北边人所能想象的。

我们很想多演创作，使一般的观众（不限于智识阶级）容易认识新的戏剧，尤其中国目下的国势国情和人民的生活状况真的艰难惨苦，我们的文艺只应当提供切身的资料以促民众之奋发，不过专就戏剧而论的剧本还是不多，有的又因种种关系不能上演。因此有时便不能不借重翻译剧。

演翻译剧也有其独特的意义，第一就是介绍世界进步的思想，其次就是介绍新的形式。

以前演翻译剧，许多人都是主张要演得和外国一样。好像日本的小山内熏导演《樱桃园》，除了不说俄国话、演员不像俄国人之外，什么都和莫斯科艺术剧院一样。他这样的办法一直继续着。虽然有相当的功绩，可是把路弄得很窄，终日拘泥于抄袭，便失了自由创造的精神。

本来一个戏可以用种种不同的方法来演出的，就是作品的内容有时也未尝不可加以改造或者加以新的解释。即如莎士比亚的《韩姆列》，经窟夫坦果夫的演出，完全变了另外一个东西。

不过，这种改作上演的事颇要慎重。有些浮浅的人，不顾一切只想以立异鸣高，结果弄得牵强附会，旧意不存，新意不立，原来的技巧被破坏，新的技巧又追不上。这种事在苏联也有过，结果是损失，像《韩姆列》那样成功的不多见。

以前因为主张演外国剧本应当极端忠实演得和外国一样，所以对改译剧加以非难。其实，只要弄得好，改译并不是坏事，《女店主》不是由意大利的作品改成爱尔兰的作品吗！这便是一个好例。就是这回现代剧团所演的《油漆未干》，也是用法国戏改成英国戏的。

改译有一层很要注意，有的剧本能改译，有的不能改译，有的的确有改译、上演的必要，有的也可不必改译。譬如《油漆未干》未尝不能改译，但是改译起来只能利用它的骨干完全写过。我以为没有费那样大的事的必要，因为那故事的进行是很简明而易懂的。

改译剧本也并不是一件容易的事，像以前我改译易卜生的《娜拉》，那是太草率。改译和自己写一篇就差不多要费同等的力量。所以非有必要，不如自己写创作。

不必说谁都希望有许多创作可以拿来演，不过外国有许多剧本也有介绍的必要。

如果能从舞台上认识高尔基，认识柴霍夫，认识戈郭里，认识莎士比亚等，如果能够介绍些法国和意大利的喜剧，苏联的群众剧，至少在新戏剧运动的某一阶段是很重要的。

表现新的内容非有新的形式不可。

民众并不是只会抱残守缺的，不能怪观众不能欣赏新的表演。只怪我们所给他们的不完全、不充分、不成立，或者是你努力的时间还不够。

几时看见有乡下人一定要坐手推的小车，不坐火车的没有？如果火车收的钱又贵，走起来又和人力车差不多快，还有人坐没有？

如果有好的表演、好的歌舞、好的舞台，装置搬到乡下去给农民看，他们是不是一定不来，一定要去看草台班子？决不会的。

有人说中国旧戏的形式，最能接近大众，反面就承认新戏的形式，远于大众，这实在费解。

专门抱住萧伯纳、高尔基、易卜生在台上死读，并不能表现话剧的真相，因为大众不懂这个，便以为话剧的形式不能接近大众吗？

就以话剧而论，也有种种形式，种种演出法，何况现代的舞台已经把综合的范围放得很大呢！

所以对于旧形式的利用尽管研究，对于旧形式的留恋大可不必。我们要从一切的拘束中解放出来，才有新的事物产生呢。

二十四，十，三四，在香港

——《戏》第 27 期（1935 年 2 月 26 日）

度量衡标准制单位定义及
名称问题之论战（1935）

吴承洛

【……】

（四）主张音译造字法者

（1）以"名"字之造字法为优者

主张造字法之理由

（一）米、克、立三字，在汉文中过于普通，且各有其意义，若用以单独代表米突、克兰姆及立特三者，必滋种种误会，不若用粎、竓、竓三字代之。

（二）西文中各辅单位名称之长处。在将字首与主单位拼成一字，字字均能独立，读音时不必联想到主单位，因此如 kilogramme 一字，用者极多，有时竟可以缩为 kilo，今若以两字代表辅单位，则实际上仍只有一个主单位。仟米与千米，写时虽略有不同，读时何能有分别。且以千仟米代表 one thousand kilometers, 写时必须加特别记号，如千"仟米"，方可明了，读时复极不顺口（与其读作千仟米，毋宁尽去辅单位，而读作百万米）。若以千仟米代表此数，而读作千米千，则无此弊。

（三）反对造字者，每谓一字读作两音，不合国人之习惯。其实汉字并不尽为单音，其为两音之反切者（如江字之类，）不在少数；若用注音字母，则一字每注数音。至于能否破除旧习，以达到科学造字之目的，则全视革新者之精神如何耳。

（2）以改日本式单字符号为双字名称之易混淆者

创造中国新符号，似无需要，而沿用日本式符号，亦不适用于实际，原因于音读之不便，故又提议，将日本式单字符号改为双字名称。此项命名法，可有两种。其一依汉字书法顺序，即分为"米分"，千为"米千"。其二依西字书法顺序，即粉为"米分"粁为"千米"。主张汉字顺序，因主单位名称在上而倍数分数在下，则用时不易与数字相混，如是则一千公里为一千米仟。主张西字顺序者，以仟米系直译 kilometer, 与西字最为吻合，唯一千仟米应用时数字之"千"与倍数单位之"仟"相混淆，故非读曰"一千个仟米"，而加"个"字以区别之不可，稍不留心，则贻误非浅，此就倍数而言。至于分数各位，则均两字一名，如与一字一名之所谓主单位相并用，则如 C. G. S. 制应称为厘米克秒制，其中不啻为厘、米、克、秒之四单位，但如保留单字符号，可称为厘克秒制，其中所含三个单位，绝无混淆之处。且社会上习用之单位如公里、公尺、公石、公斗、公斤、公担，如改用此项之双字名称，均将改称为仟米、米、百升、什升、仟克、仂克，其佶倔生硬，比西文原名，有过之而无不及。即在科学上应用，亦远不如单字符号之简明而不易发生错误。在创议此项完全依照西字直接译成中名者，以为有莫大之发现，而不知乃系旧事重提早经民四认为无济于事，且有每况愈下之势，要知西名之基罗（Kilo）、海脱（Hecto）、特卡（Deca）虽有千、百、十之意义，而与各国所用滔星特（thousand）、恒特得（hundred）、参因（ten）即千、百、十各字原有切音不同而字体亦易者，本有天渊之别。而在我国则十什、百佰、千仟，本系两字同音同义而通用，决不能相提并论。且以此项字首加于主名之上，则此字首即失去其独立之性质，正如科学所最习用之 centimeter, 寻常虽缩写为 cm 而在 C. G. S. 制之名称中，则再缩写为"C."可也。苟依照译为"厘米"，如欲缩写为"厘"，则此"厘"未知何所指。若用单字符号为"糎"，则无此弊病矣。且"米""克"字之本身，毫无度量衡之意义存焉，若立字虽尚有由立体而生之意，但系形容词，故"米"之与"立"，反不若"釈"与"竕"之为愈，若"克"字欲使其含有重量或质量之意义，则无法可想，除非加以衡字偏旁而为"衉"，庶乎其可，不然则"克"字反不如日本原定"瓦"字之为愈也。故此种名称，亦历经立法者之拒绝不用，非无故也。

（3）以造字法为妥可与法定名称并行者

关于本问题根本改革，则以依照造字法修改办法修正为妥。盖我国即采用公制，仍以不变更其原来之单位系统为较宜。目"糎""粍""竰""竓"等名称，久见于科学教科书中；现在二十岁以上之学生及受过相当教育之民众，脑筋中对于此等名词，亦有相当印象。若用此中名称，学术界自必感觉便利。即使"公尺""公斤"等名词，在我国邮电及铁道上各处行之已久；但可限定一过渡时期，使"公斤""公尺"等与"竏""釈"等名词同时并用，则此种事实上之窒碍，当可免除。为顾及科学与社会两方面，标准制之命名法，藉以为无善与此。

（4）以米克系统名称不妨用一字双音者

米克系统之长度及质量单位名称表，我以为远可以简单化。最好所有单位名称，都用一个字，但不妨读双声——若是说文家反对，简直置之不理——仿佛像商务印书馆《辞源》附录之译名，如 kilometer 用"仟"，milligramme 用"甋"等。如此虽笔画并未减省。但二个字写成一个字，对于应用上方便多了。譬如平方"粁"。若用二个字，书作"平方千米"或"千米^2"却不通了。

（5）以分厘毫作形容词为不能通者

分米、厘米、毫米，与分升、厘升、毫升之文法上错误：吾人须知尺、升、分、厘、毫皆为单独存在之名词，其所以用十毫为一厘，十厘为一分，皆因采用十进法便利，在数理言之，虽一毫等于 1/10 厘、1/100 分，而就字义解释，并非互相依据，故分、厘、毫之于尺与升，如两之于斤相同，例如有物重三两二钱，吾人可写为 3.2 两，亦可写为三二钱但决不能写为三·二"两斤"。或三二"钱斤"。所以分、厘、毫皆为名词（noun）而非形容词（adjective）。今强欲以米之译名代尺，其名与欧米之米字同音，使民间易起误会，然尚可于误会之时，多费一番解释，勉强可以通用，至于用分、厘、毫为米与升之形容词，其费解不通，难于取譬，其所谓分米、厘米、毫米，与分升、厘升、毫升，与余所谓之两斤相同，如执路人而问之曰，足下知一厘升为多少？知二两斤为若干重？必瞠目不能置答词！以此种不通之名称，如欲使社会通用，求其不紊乱也难矣！

（五）不主张音译造字法者

（1）以造字法之优点不能敌其劣点者

造字法，此种命名法，起自日本，唯 gram 日本书为瓦，中国改译为克。优点有二：一、一字一名，与旧有度量衡之命名法合。二、十进之义，表示愿然，与米达制之原命名法合。其劣点有三：一、所造之字，有为原有之字，如"粉"，是，用时易生混乱。二、所造之字，无法朗读，倘读以二音，则与国语一字一音之习惯不符。日本向来一字可读多音，故虽用新字，而朗读上完全用原名之音，尚无此弊。三、倘勉强读以二音，则一百粁与一百千米无殊，不但与国语命数之习惯违背，且失去以"千米"为一单位之意。

（2）以二字一名为试用修正之结果并非强立者

公分、公厘、公毫等名词创于民国初年，历史不可谓不久长，顾其通行在科学上尚远不如分、厘、毫与竓、竐、竑等译名之广。兹再以分米、厘米、毫米、分克、厘克、毫克，与分、厘、毫及竓、竐、竑，两两相交，则生硬难读之弊，一扫无余，诚属进步多多。是分米、厘米、毫米、分克、厘克、毫克等，固非一二人强立之名，特经十余年千百万人试用修正后，应有之结果耳。

（3）以大小数命名不创新字是其佳处者

关于大小数命名问题，所拟之系统，虽未必尽善，但尚可应用，且不创新字，是其佳处。作者主张不如暂时将其采用，以观将来是否有发生困难之处。目前其他系统，大都或欠妥善，或过离奇，似均不若此项系统之适宜。

（六）以日译两法均不适用者

（1）以日译汉字略名之不适应用者

当时日本于度量衡法施行令，因其母法中只用和文字母音译之名称，恐有一时难于认识之势，故特补充一种汉字略名，使得与西文缩写并行。我国留日学子为数众多，翻译东籍，多本此类之名称，即西籍亦苦无适当之译名，故沿用此项缩写者，颇盛一时，唯日本称公尺只为"米"，称公升只为"立"，其在中文，殊易误会，故改"米"为"粎"，"立"为"竔"，以便发生联想关系。又因"瓦"字似系译音，格兰姆之"格"音，我国简写，似应为"克"，而不知"瓦"字亦有汉文之古义，参阅前表所拟汉字新意命名法，且采用"瓦"之一名，即为此故。又日本原义，只取数种常用单位，给以缩名，合计二十七名称中，只定十三个缩名，而我国学者，则完全为之补充。日本虽用汉字，而读法仍用西音，殊与字义有背，故不提倡，全部法规中，不见有第二次之采用，且各名现在已有渐渐减少应用趋势。此种名称之在中文，更不易音读，如一字一音，则粎读为"尺"，粉读为"分"，粁读为"千"。如用双音，则粎读为"米尺"，均感不便。是此项之名，只能作为一种符号，而非作为实际应用之名称，故法律上无所取焉。且公制本欲推行于民众，今拟此不合民众应用之缩名，是不啻见拒于民众也。

（2）以分米、厘米、毫米之系统最易引起淆混者

译 decimeter 不依法称"分寸"而称"分米"，译 centimeter 不依法称"公分"而称"厘米"，译 millimeter 不依法称"公厘"而称"毫米"。此处"分米""厘米""毫米"译名中分厘毫之位次，与度量衡

法所规定"公分""公厘""公毫"名称中分厘毫之位次，适相差一位，最易引起误会。此种定位法，恰与日本式之旧译名相似。日本关于公制长度之译名，会采用"粉""糎""粍"为略字。但因与原有尺惯法中分厘毫之地位不能相称，至今为其国人所诉病，而不能达到完全施行公制之目的。且因"粉"字所表之位，与尺惯法之寸位相当，较易混淆，业已规定废弃。故不循我国固有习惯之顺序，而采用日本式旧有之译名者，殆未深究日译弊病之所在。试探原定者之意，殆欲确定以"分"译十分之一 deci，"厘"译百分之一 centi，"毫"译千分之一 milli。

殊不知"分""厘""毫"在我国长度、重量、地积、钱币、利息等均用之，而"分"在角度及时间亦用之，各自为政，无整齐划一之可能，殊难强用。故对于度量衡之命名既沿用习惯，取其为群众所习知，不宜再以"分米""厘米""毫米"等佶屈聱牙之名称，使其与法定而习用之"公寸""公分""公厘"相混，若任其并行，则大多数之人民将不知其何所指，引起读者之误解烦乱。莫此为甚。

（七）主张不用西文音译名称者

（1）以名称离西文愈远则更适合国情者

吾人就各种方法寻译检讨，即可得一结论。即愈近于西文，则去国情亦愈远。故采用西文原字，最相近矣，而难国情亦愈远。其次为译音法，近国情矣，而去西文已远。再为缩短译音法，更为半音半译法，又更为造字法，最后达到现行之度量衡法，故现行之度量衡名称，乃在完全适合国情主义下所产生之物。

（2）以度量衡名称应作整个之统筹不宥于西文原名者

度量衡法自十九年一月一日施行以来，经各级政府严厉推行普及全国，正可期其划一。就推行之经验而言，向称顺利，即学术界亦多表同情。现今有人指摘各点，大多失于一面之观察，而未曾作整个之统筹。宥于西文原名之直接中译，而未能了解于法定名称之意义。乃又误于未将中国之度量衡系统，加以研讨，而竟直认为毫无科学上之价值。凡此种种，均由于吾辈之惯用西文，而常在实验室内作高深之研究，致与中国之事物及社会之情形，发生重大之隔膜。

（3）以音译意译互用易致混淆联想误用者

例如 kilometre 译为"千米"。按 kilo 有千之义，而 metre 实含有量之义。今 kilo 既可意译为千，而 metre 何不可意译之乎。若欲意译，则译为"尺"，最为相宜。今则半取其音，半取其意，使民众因"千"而联想"米"亦为意译。因"米"而又联想"千"亦为音译。支离割裂，结果仍不知"千米"果为何物，距离乎，重量乎，执途人而问之，恐皆瞠目不能对。

（4）以昔日科学上用音译名称实出于不得已决不通于社会者

当度量衡制度未改革之前，斯时吾国采用者，为营造库平制，故凡科学上，所采用之（C. G. S. System）皆不能不译音以代表之，所以表明与中国之制度不相同也。今既废除旧制，采用公制，此种似通非通之译名，自应取消，今强欲以昔人不得已之译名，保留不废，察其意且欲进一步，使社会通用，其削踵适履之嫌，势所不免。

（5）以新译名称违背言语习惯不易通行者

吾人自有语言，言长则有"里""丈""尺"……，言重则有"斤""两""钱"，言容量则有"石""斗""升"，小数则有"分""厘""毫"等，十"十"为百，十"百"为千，十"千"为万，各有其用，今忽一概抹杀，弃置不用，另译新名，使新制之名，果为佳善，犹可说也，乃所制者，又为半音半义，非东非西之名词。"米""克"西名也，而西人不懂，"千""百""十"汉字也，而千"千克"、千"千米"、十"十克"、十"十米"，又不合于中国语言。誉誉者犹谓"米""克"有十余年之历史，其亦知"斤""两""钱""里""丈""尺"有数千年之历史乎。有数千历史者，则必欲废弃之，有十数年之历史者，则必欲保存之，其思想之矛盾，未有若是其甚者也。"分""厘""毫"本为名词，今强使其为形容字，冠于"米"字之上"克"之上，较之"十克""千克""十米""千米"，尤为难懂，又安能望其通行无阻乎。

（6）以音译公尺为米最不妥者

译 meter 不依法称公尺而称"米"，译 metric System 不依法称度量衡公制而译为"米制"，殊不知此项译音之名词，只能便于少数学术界学习西文科学时之记忆，决难为整个民族所吸收，为将来全体民众易于吸收科学知识计，断不能长久依据西文书，应以创造完全本国文字之科学，为最后之目的。且"米"字又与历代所谓横黍尺（以谷黍横累十粒为一寸，十寸为一尺）纵黍尺（以谷黍纵累十粒为一寸，十寸为一尺即清营造尺）之长，均出于谷黍（指一分）之意义相混，亦非所宜。即就公制长度本身而言 millimeter 本为公厘，若译音可为"米厘米突"故机械工人，每以一公厘为"米粒"故以"米"译 meter（公尺），实不如以之译 millimeter（公厘），此亦易致混淆者。前因体育上沿用"米"字使民众不能了解田径赛之距离，会经实业部咨请教育部转饬一律改用"公尺"业已遵令施行改用在案。至军事上旧称"公尺"为"密达"亦均完全改用"公尺"矣，更查日本度量衡法亦并不称 meter 为"米"而称为ソートル，系完全采用西音而以和文字母拼切之。虽施行之令中有得用"米"与西文"m"为缩写之规定，以救济法定切音名称之不变为缩写，但只备一格，全部度量衡法规中并无第二个米字。实际上亦均用ソートル而鲜用"米"足见其不便也。我国既有法定公尺之名，若有缩写为一字之必要，除得用世界通用之符号 m 外，如用"尺"亦易明了。

（7）以我国文字与西文殊其名称不能一概音译且法定名称之方法亦有英国可为例者

欧西各国文化相近，其文字均由同一之二十六字母拼出，文化之传移比较容易。在我国除非已习西文有年者，对米突（metre）、基罗格兰姆等名称尚不觉其深奥艰难外，多数民众决无接受此项西音名称之能力。固不能以西洋各国为例，而作概括之论，谓其不称 international pound 或 international foot 者。其实英国已有用 metric pound 为半公斤及 metric yard 为公尺者，夫亦类于我国之法定名称欤。

（8）以反对公尺名称是不啻反对米突原名者

反对定尺之为尺，与反对 metre 之为 metre 同样谬误。盖公制长度标准在法文名为 mitre。我国文字与法文根本不同，不能采用原字。然则在我国究应如何称谓？定名之标准，不外两途：一为译音，又一为译义；而译音又以无义可译者为限。我国语文原有长度"尺"之一字，故译 metre 为尺，又因此尺为万国公制之长度标准，与我国固有之尺度约长三倍，故定名公尺。自民间应用以来，几乎妇孺皆知，并

无误会之处。今根本反对定公尺为尺，实犯书呆子纸上谈兵，不知民间实用情形之弊！（升、斤之理仿此）

（9）以米克等字不足以表示各名称所含之意义者

【……】

（10）以欧化式之译名终于不便一般应用者

音译法之名称，如米突（meter）、启罗米突（kilometer）、生的米突（centimeter）及格兰姆（gramme）、立特（liter）等均感冗长难记，而且不能普遍化，实用上殊多不便，当然不宜采用。

造字法之名称，如"粉""粈""耗"及"竑""糎""尫"等均感双音太繁，且不合本国习惯。

旧字新意之名称，如"米""克"等，不但生疏难识，并且与本国习惯不相吻合。倘将"分""厘"等辅单位加入，则又与造字法中"粉""粈""竑""糎"之读法无异，日常用之，恐亦未敢认为便利。

（11）以汉字音译名称为繁冗者

标准制名称，在最初时期，即用西文原名音译。大抵译自法文者称迈当制，译自英文者称密达制，译自日文者称米突制。不特制度用汉字音译，即各单位亦然，如称度制公里为启罗密达，公分为生的密达，量制公升为立脱耳，公石为海客脱立脱耳，衡制公斤为启罗格兰姆，公分为格兰姆，公镦为脱因之类。正如当时之英尺称幅地，英寸称因制，而英升称瓜脱，英重量之□，尚称克冷。此种汉字音译之名称，太为繁冗，且不易准确。佶倔聱牙，奇瑰绝伦，即已习西文者视之，亦有难于成语之感，况在浑浑噩噩之民众乎。昔者邮政用格兰姆，军队用密达，今已逐渐改正采用法定名称。汉字音译名称不为各界之所乐用也明矣。

（八）主张应用固有名称者

（1）以固有名称用于标准制精神上并无不合者

标准制之名称，既经国府公布，且已通行多年，普遍全国。其各项位次，虽未分清主单位、辅单位，但亦指明单位之所在，以划主辅之界限。且其中如丈、尺、寸、分、厘、毫、石、斗、升、合、勺、撮等名词，按之我国习惯，大都以十进，以十退，即偶有非然者，亦皆逐项订明，一例十进十退，是与公制相比，精神上无丝毫不合。

（2）以我国标准制固完全十进制度者

我国采用度量衡标准制，其法定名称完全依照本国旧有之习惯命名而冠以"公"字，长度之单位系统为公厘、公分、公寸、公尺、公丈、公引、公里。容量之单位系统为公撮、公勺、公合、公升、公斗、公石、公秉。质量或重量之单位系统为公丝、公毫、公厘、公分、公钱、公两、公斤、公衡、公担、公镦。各单位系统一律为十进。

（3）以法定中国式名称并不繁琐者

中国式名称一位一名为英制然，论者病之。谓其不若标准制法国原名，只先定主单位之名，而后定倍数与分数之名。其大于主单位者用倍数加于主单位之上。其小于主单位者，用分数加于主单位之上，故名称不多，若中国则甚繁琐，弄得学子无法记忆，苛厉已极，其为是言者，是亦未将西名与中名细加比较之故。查法定名称，度制自公厘至公蔥计七名，容量自公秉至公撮至七名，衡制自公镦至公丝十名，地幂自公顷至公蔥计三名，合计二十七名称，除去分厘毫之复出者不计外，只有二十名。而此二十名称中，大部分为孩童所不学而知。而稍为生疏者只引、秉、镦、勺、撮之五字耳，故教学上决无多少困难。以中国孩童学中国度量衡名称，在小学中已能了解。反观西文原名，则有主单位四字 metre, liter, gramme, are，倍数字首四字 myria, kilo, hecto, deca，分数字首三字 deci, centi, milli，又特名 tonne, quital 二字，亦有十三名称之多，以之互相拼用，在初学者，亦殊觉其易于纷乱也。苟于中国式名称之外，又加以外国式之名称则更不免繁琐，此法定标准制名称，所以采用中国式名称，取其大部分可以不学而知也。且实用时，每类事业，只采用数种单位，则尤为易趋于简单化矣。

（4）以法定名称可不学而喻者

标准制法定名称完全依照本国习惯命名，一般民众可不学而喻。又以标准制名称最通用于科学界，因此社会用之度量衡名称得与科学用度量衡名称一致。树本国文化之科学用度量衡单位之基础，此项基础之成立，其意义实至重要。盖本国之科学，决不能长久依据西文，创造完全本国文化之科学。唯查科学上最常用之术语，厥为度量衡单位，今本国文化之度量衡名称，既已确立，则创造完全本国文化科学之条件，可谓已具备矣。

"公尺""公斤"大单位及"公分长""公分质"小单位命名之便利。查万国公制度量衡之长度基本单位为公尺，质量基本单位为公分，此两种基本单位之应用，在实际上有时公尺之长度，甚为合用，而公分之质量，嫌其过小；反之亦有时公分之质量甚为合用，而公尺之长度则嫌过大。故在事实上长度及质量单位，有大单位及小单位之分别。大单位用于大的计量，其长度单位即为长度之基本单位公尺，而质量单位为质量基本单位一千倍之公斤。小单位用于小的计量，其长度单位为长度基本单位百分一之公分长，而质量单位即为质量之基本单位公分质。故其间长度及质量之基本单位多有不能相称之处，此为公制度量衡单位名称原来命名之缺点，泰西学者常为诟病，因通行已久只能以此实用方法救济之，今中央对公制度量衡之定名，以"公尺"与"公斤"恰为实用之大单位，以"公分长"与"公分质"恰为实用之小单位，其在原文本不相称之弊，得完全消除。

标准制法定名称，却能适用于本国人之科学。至若为西人之习中文，或熟于西文而反不熟于中文之中国人之用，有简单记忆之方法，即认定 metre 之译名为公尺，Gram 之译名为公分，Liter 之译名为公升，则其余西文各单位名称所相当之译名，按照成语，"丈尺寸分厘毫"，与"斤两钱分离毫"及"石斗升合勺撮"以推之，无不立时明晓。

【……】

——《工业标准与度量衡》第 1 卷第 10 期（1935 年 3 月）

我对于译事的意见（1935）

郑晓沧

《新文学》月刊征文及于菲才，病体未瘳，固辞不获，兹将不佞对于译事之意见略述一二：

（一）我确认译的技能在于传达原文所涵的情意，翻译的必要起于两种语文间的隔障，翻译云云，便是要把这些隔障悉化除之，初不仅限于字面的更换而已。我们知道，两种语文间的隔障，不仅在于单字单词等形式上的不同，其他如选字，如造句，各种语文都有它的特殊的习惯，不顾到这种特殊的习惯，便不能文从而字顺，别人看了，总觉得隔膜重重，要希望他们从以明了译文所欲达的情意，我怕是不容易吧。如果译者只是生吞活剥地译去，偏希望读者会能消化，试问如何可能？所以译者必先将原文之意镕铸过了，然后着笔，必使阅者能无障碍地从以领会原文的情意，方无悖于移译的本旨。

（二）忠实的移译——尤其在文学——必于主意之外将语气情调一并表现出来。换言之，我等应求为进一步之信达，到此其对象不但是显然的意义，且当求意义与字里行间，使译文也能含蕴这同样的意味或情调。

于此请一论所谓"意译"和"直译"的区别。如果上言为不谬，则译之最后目的，在于达意，似为最显明的事实。所以"译"未有不当重"意"的。但除一目了然，浅近之说理书以外，亦必逐句逐字而权衡之斟酌之，要设法传神情于毫末，庶几才是忠实的移译。

"直译"云云，系从形式之一论，为欲表示语气神情，或为介绍新语法，也可用到直译，却必当令人能够了解为度，否则虽译有如不译！

（三）我相信翻译不是机械的搬运而是再度的创造。翻译的"翻"字是一个不幸的名词，因为它使人把译事当作搬运，只当是机械的工作！可是我以为移译实在是再度的创造。凡一切的适应都是如此，因此翻译也不是例外（我常在想 All adaptation is re-creation, so is "translation"）。译得恰当时，自有一种乐趣，这种乐趣，和其他创造有得时所发生的相比，其性质初无二致，因其同发源于理智的或艺术的一些收获。所以虽然是翻译，其中也很有些创造的意味；而从事移译的人，也宜临以创造的精神，那么其结果不但自己得到了乐趣，便是阅者也可心领神会，得到"开卷有益"的愉快了。

——《新文学》第 1 卷第 2 期（1935 年）

"翻译"和"批评"翻译（1935）

量（茅盾）

"翻译"是一件吃力不讨好的工作。译错了，或译得不好了，挨骂是活该的；即使译得还好，或者简直好，那也居不了功。因为跟"处女"之尊的创作看来，翻译只不过是"翻译"而已，只不过是"媒婆"而已。

批评"翻译"却是一件容易见"好"而未必吃力的工作。

慢着！我们得先来说明所谓"批评翻译"者，也有种种不同的批评法。将译文和原文对照，一字字、一句句地校勘，这是翻译"批评"的一种。这却是比"翻译"本身更其吃力不讨好的工作。我们所说"容易见好而未必吃力"的工作——批评翻译，当然是另一种方式的"批评"。这便是并不做义务校勘而只就"翻译"这件事来发议论了。譬如说，有人翻译了 A 国 B 作家的 C 小说，翻译批评者就搬出一大堆的议论来指出 A 国 B 作家的 C 小说之不应当译，理由是：还有许多比 C 小说更好的作品尚未译过来，还有比 C 小说更能代表 B 作家的作品尚未译过来，还有比 C 小说更适合于我们现代需要的作品也尚未译过来，——所以 C 小说的翻译是不应当的。我们并不说这样"翻译批评"要不得。我们十二分赞成译本的挑选问题有人批评。但是我们却又不能不说这样的批评是"容易见好而未必吃力"。也许那位批评家指陈他的理由时忘记了事实上的困难：有许多更好更需要的作品现在即使有人译出也没有人肯出版。可是我们总能够相信那位批评家的批评态度是诚恳的。

然而还有比这批评"译本问题"更容易见好而不吃力的批评在！

新近有人说："不过翻译方面，大部著作出版的似乎也不多，就只有几个杂志在那里空口说白话的提倡一下。成绩呢？倒是在'五四'以后不久就有人译了出来的那些作品的第二次、第三次，以至于第七、八次的重译占据了相当的多数。这仿佛显得西洋文学的宝库，实在也贫乏得很，经我们几度搜刮，就已经搜刮空了似的，便不得不'炒冷饭头'，什么东西都给它再来一遍。"

这是从翻译的重复一方面发议论了。看那位批评者的态度似乎并没想正正经经"批评"去年一年的翻译，不过随手抓得了一点，加以"炒冷饭"的否定的讥笑而已。现在从事翻译的人们即使不是研究西洋文学的专家，大概也不至于不知道西洋文学的宝库里有许多的好东西不曾被介绍过来吧；可是那位批评者却很俏皮地说什么"这仿佛显得西洋文学宝库实在也贫乏得很，经我们几度搜刮，就已经搜刮空了似的，便不得不'炒冷饭头'，什么东西都给它再来一遍。"这种态度，实在轻薄得有些儿肉麻了！倘使他是把翻译工作看得一钱都不值的，那我们就不必多说；不然的话，这种轻薄的批评态度，对于翻译界只是一支恶意的冷箭。

讲到翻译的重复问题，我们以为应当用严肃的态度去讨论的。

大凡重复的翻译，一种是有意的，一种是无意的。前者是已经知道了某书已有译本，可是或者因为不满于那译本，或者是因为从原文与所转译之不同，而于是再来译一遍。至于后者，——无意的重复，大概不是不知道已有译本，就是偶然忘记了已有译本。"五四"以来，新译的西洋名著固然有好的，但也有糟的，因而有意的重复翻译如果人力许可的话，简直是必要的！只有在轻薄的不负责任的论客眼中这才被目为"炒冷饭"！

就拿去年一年的翻译成绩来说，我们没有看见多少重复的翻译。在百分比上恐怕占不到"一"。那位批评者竟说是"占据了相当的多数"，未免太勇于捏造事实。而又说是"第七、八次的重译占据了相当的多数"，不知有没有凭据，何所见而云然？

本来这样对于翻译界的恶意的俏皮话犯不着重视的。但是从这批评者的非事实的"谎"里却看出了文坛上的一些 philistine 对这贫乏的被人漠视惯了的翻译界随时还在放冷箭。并且从这非事实的"谎"里我们深感得去年一年来有意的重复翻译——所谓的"炒冷饭"，实在做得太少了。我们只要随便一看，过去的翻译中有将"India Robber"译为"印度强盗"的，将"that is capital"译为"那是资本的"，便知道所谓"冷饭"者竟是不得不"炒"的！

如果轻薄的不负责任的俏皮话并不能使我们的翻译界唬退，那么，在今年，义务校勘和"炒冷饭"将是最主要的工作吧？自然，我们希望于翻译界的，将不单是"炒冷饭"！

——《文学》第 4 卷第 3 号（1935 年 3 月 1 日）

译书与读者（1935）

远

消沉的译者空气，现在因了《译文》等几部专载"译"文的杂志的出版，顿时颇有声色起来。

在光绪末年，翻译的风气是盛极一时的。曾有人统计过，单是上海一个地方，一九〇九年（？）的那一年，竟有一百多种的小说译本出现，惜除林琴南氏所译的一部分外，全都是些不入流的"流行小说"：或侦探，或社会，或言情。译者们的劳力是等于白糟蹋掉。

五四运动以来，翻译的作品，又盛行了一时。可是那热烈的空气也维持不了几年。其原因之一是翻译者们的"译"文不为读者们所信赖。但更大的一个原因却是读书界的懒惰的积习的复现。

凡是非"实用"的、非"万宝全书"式的读物，我们的一般读者们往往是罕过问之。

能够有兴趣，或闲暇，或金钱来购读小说或戏曲一类的读物的人们，往往十之九是以消遣为目的的。

正襟危坐的来读文学书的人，是除了热忱的文学青年们之外无他人的。

他们的贪逸恶劳，成了习惯，竟不能克服。宁愿看《江湖奇侠传》《黑暗上海》等等一无内容的"故事"或"传奇"，因为人物在那里是迅快地活动着，情节像电影似的闪过眼前，可以一点头脑都不费。

林琴南、严又陵所译的东西，他们都嫌过于费力、沉闷，不高兴读。

他们爱英雄的对打，爱听无聊的名人们的"阴私"，他们沉醉于幻想的武侠或神怪的故事，他们着迷于絮絮的家庭闲谈和社会琐闻。《彭公案》《济公案》《七侠五义》都续写到三十集以上，这岂是一个好的现象！他们永远是被牵锁在"低级趣味"之石柱之上的。所谓"小市民"们的气氛，是弥漫到整个读书阶级的。从前如此，现在也还依然不变。"一折"书的流行更增进了这个恶习的发展。

短时间的兴奋竟敌不过千钧之重的传统的积习。

这病根不改变，读书界的进步是很少有希望的。

能够保持着一点"清明"之气的，还是那些有志的青年们。

他们是知道怎样选择其最适当的读物，而不至为"消遣"的恶习骗走了一切的。

他们还不曾传染到"传说"的"低级趣味"呢。

为了保持读书界的进步，为了诚意求学的有志青年们，译书的人们是下更大的决心，去介绍世界"名著"的必要的。

必须给我们以适当的"食物"，才能改革掉他们的"贪逸恶劳"的传说的恶习。

"名著"并不难读；这一点必须明白，有的"名著"并不比"低级趣味"的读物减少多少的阅读的趣味。不过，也有一部分的"名著"却必须耐心地读了若干页之后，才会发见其重要与可喜爱处的。

抛弃了轻率浅薄的"低级趣味"的追求，而以诚实和忍耐来读"名著"，这是文学青年们和一般的有志的读者们所必要第一步实践的。

文学"名著"的真正的伟大和可喜爱处，只有诚实的和有耐心的读者们才能确切地领略得到。

许多读者们似正走上这条大道，而极力在克服其传统的"贪逸恶劳"的读书的习惯。

而译者们的大规模的介绍却正是今日所必要的。

——《文学》第 4 卷第 3 号（1935 年 3 月 1 日）

日译书不可靠（1935）

侍桁

现在我只能诚实地报告我自己的一点译书的经验，说明一种事实，并不想借此对于国内每一部译书有所攻击。因为一谈到日译书的缺点，势必就牵连到从前在文坛上闹过一阵的所谓"硬译"的问题。

翻译是一种技术，而技术是可以变化的，所以翻译也可以有各种不同的方法。不过所谓"硬译"却不能认为是翻译的方法之一；因为"硬译"是被迫而成的，不是译者自愿取用的。在国内的硬译的书，据我的经验，大部分是从日译者转译过来的；从其他各国文字翻译的中译本，虽然也时常有硬译出来的，但总占少数。

造成"硬译"的结果，我想可以寻出几个解说：第一，由于原书所表现的思想实在深邃或微细，而且有着那作者的一种极独特的风格，译者既要传达出原著的思想的全部，又要保存那独特的风格，结果致成硬译；第二，因为对于原著理解得不十分透彻，译者不能有稍许的变通，只得一字一字地直译下来，也就成硬译；第三，原书本身上有缺欠——这大抵其所据的书本身是译本，硬着头皮译下来，那自然是只有硬译的结果了。中国的硬译书，多是缘于最后的这一理由。

懂得英文的人都晓得英译书是比英原文书容易理解，而也便于翻译，旁的欧洲各国书籍，大抵也都是如此；只有日文恰恰相反，日译书难过于日原文的著作。它本身可以说是硬译来的，再由它转译成旁的文字，想不硬也不可能了。一般地讲，——当然不是全部，日本的翻译是坏的，即它本国的文人，也不否认这事实。为日译书的恶劣，而寻求辩护的理由是可以的，很简单的一点，日语和欧洲语言相差太远，不如欧洲本身的各种语言在构造上差不多相同，所以日译书也就不能和欧洲各种语言的译书相比；但我们的译者既是站在介绍的立场，从事翻译，那么就应该对于原著有所选择才是，不该明晓得那译书是恶劣的，而还要硬译下来。

我自己虽硬译的不多，却也有过一两次，现在也无须为自己辩解了，再叙述当时为什么非译不可的理由。我译过一篇高尔基作的《列宁之为人》，根据的是一个极恶劣的日译本，在当时还以为那原作本来艰深，纵是旁的译本也不会好了多少，所以也就只得硬译下去了。但因为自己没有硬译惯，总把它当作一件心事，时时留心着寻找英译本。过了几多年，终于在一个朋友的家里寻到了，只随便看了几页，就觉得从前实在受了日译本的骗，那书并不怎么艰深，是可以畅快地译下来的书，绝对无须硬译的。

我平时译书，大抵以英文本作正，日译本作副。因此有给日译书不少次对照过的机会。我译过克罗泡特金的《俄国文学：其理想与实际》（即北新版的《俄国文学史》，作者虽是俄国人，而这书，本是用英文写成的），曾参照马场、蝴蝶等三个人合译的一个日译本，当时我的英文程度虽然并不怎样高明，可是在隔不了几页的地方，总要发现出日译的错误。

最近我在译勃兰兑斯的《十九世纪的文学主潮》，是根据 William Heinemann 公司出版的译者不明的一种英译本，同时参照吹田、顺助等人译的日译本。吹田君的翻译，公平地算是比较好的了，实际上也没有什么错误，但被他无故割去的地方却不少，凡是英译本稍微困难的地方，不是三句只译两句，两句只译一句，便是根本割掉。吹田君说，他的译文是以英译本为主，而参照作者自己修改过的德译本，所以采取德译本的地方也不少，我在翻译的时候，有几处在明白日译是根据德译的地方，也都照着日译的。但有些地方却很显然是日译者无故割断了的，因为原作者无论如何不会把自己的文章由通改成不通的。

以上是我自己对于日译书的经验，当然不能就算为一个定理的。但只以我的经验看来，根据日译书重译，多数是带些危险性，译书的人对于日译本应当特别地慎重才行。若依我的意见，除去实在相信它是一个良好的译本以外，日译书最好是作为参照，那样不但无害，反是有极大的利益的，因为有了一个前车之鉴的缘故。

"硬译"如果是在无法避免的场合，是可以原谅的，但因为取了恶劣的日译本而致成硬译，我们的翻译家无论如何不能不负一部分的责任。

——《星火》第 1 卷第 1 期（1935 年 4 月）

非有复译不可（1935）

庚（鲁迅）

好像有人说过，去年是"翻译年"；其实何尝有什么了不起的翻译，不过又给翻译暂时洗去了恶名却是真的。

可怜得很，还只译了几个短篇小说到中国来，创作家就出现了，说它是媒婆，而创作是处女。在男女交际自由的时候，谁还喜欢和媒婆周旋呢，当然没落。后来是译了一点文学理论到中国来，但"批评家"、幽默家之流又出现了，说是"硬译""死译"，"好像看地图"。幽默家还从他自己的脑子里，造出可笑的例子来，使读者们"开心"。学者和大师们的话是不会错的，"开心"也总比正经省力，于是乎翻译的脸上就被他们画上了一条粉。

但怎么又来了"翻译年"呢，在并无什么了不起的翻译的时候？不是夸大和开心，它本身就太轻飘飘，禁不起风吹雨打的缘故么？

于是有些人又记起了翻译，试来译几篇。但这就又是"批评家"的材料了，其实，正名定分，他是应该叫作"唠叨家"的，是创作家和批评家以外的一种，要说得好听，也可以谓之"第三种"。他像后街的老虔婆一样，并不大声，却在那里唠叨，说是莫非世界上的名著都译完了吗？你们只在译别人已经译过的，有的还译过了七八次。

记得中国先前有过一种风气，遇见外国——大抵是日本——有一部书出版，想来当为中国人所要看的，便往往有人在报上登出广告来，说"已在开译，请万勿重译为幸"。他看得译书好像订婚，自己首先套上约婚戒指了，别人便莫作非分之想。自然，译本是未必一定出版的，倒是暗中解约的居多；不过别人却也因此不敢译，新妇就在闺中老掉。这种广告，现在是久不看见了，但我们今年的唠叨家，却正继承着这一派的正统。他看得翻译好像结婚，有人译过了，第二个便不该再来碰一下，否则，就仿佛引诱了有夫之妇似的，他要来唠叨，当然罗，是维持风化。但在这唠叨里，他不也活活的画出了自己的猥琐的嘴脸了么？

前几年，翻译失了一般读者的信用，学者和大师们的曲说固然是原因之一，但在翻译本身也有一个原因，就是常有胡乱动笔的译本。不过要击退这些乱译，诬赖，开心，唠叨，都没有用处，唯一的好方法是又来一回复译，还不行，就再来一回。譬如赛跑，至少总得有两个人，如果不许有第二人入场，则先在的一个永远是第一名，无论他怎样蹩脚。所以讥笑复译的，虽然表面上好像关心翻译界，其实是在毒害翻译界，比诬赖、开心的更有害，因为他更阴柔。

而且复译还不止是击退乱译而已，即使已有好译本，复译也还是必要的。曾有文言译本的，现在当改译白话，不必说了。即使先出的白话译本已很可观，但倘使后来的译者自己觉得可以译得更好，就不妨再来译一遍，无须客气，更不必管那些无聊的唠叨。取旧译的长处，再加上自己的新心得，这才会成功一种近于完全的定本。但因言语跟着时代的变化，将来还可以有新的复译本的，七八次何足为奇，何况中国其实也并没有译过七八次的作品。如果已经有，中国的新文艺倒也许不至于现在似的沉滞了。

三月十六日

——《文学》第 4 卷第 4 号（1935 年 4 月）

圣女婴孩德肋撒诗选译：译者的话（1935）

佚名

公教妇女 圣女婴孩德肋撒诗选译

翻译的动机：——婴孩耶稣小德肋撒是当世的大圣女，圣教会破格提前列她入圣品，定她为普世传教区之主保；天下的公教信友给她建堂塑像，求她在天主前代为转祷者不知有多少，圣教会及信友们这般敬礼圣女者，因她不单本人修了高超出奇的德行，而且在德行方面，和爱主爱人的事业上别开途径，为人遗下了很丰富良好的教训。

念她的行传——《灵心小史》——可以知道她一切的嘉言善行；看她的书信，可以见得她劝人行善、爱主救灵的心火；但是，为认清她爱主爱人修德成圣的精神，那么，就非读她的诗不可，"诗为言志道情的文字，诗中有书。"古人这类的说法，真是见地真确，丝毫不错。圣女的志愿、忠诚、思想、情绪，像古人所说的一般，都集中在她的诗词里；并且在她的诗词中，活泼地显现出她一生影片：读她的诗词，不啻在剧台前看她自己在银幕上映放她一生言行的活影。

圣女如同圣五伤方济各（他用白话写了一部万物赞美歌），爱主爱人之情充满于心。言语不能表达于外，故将一往情深之胸怀，借纸笔之能力发于诗歌，可惜！圣女的诗是法语写的，据我所知，中国话的译本如今还没有，不仅好的译本没有，即便不好的译本也没有。中国四万万人，知道法语者寥寥无几；而三百万信友中，能解法语者，更是不多啦！圣女虽然为我们留下了她爱情的花圈，思思的锦堆，然而不识法语的信友们，既不能赏玩她如花的诗句，复不能享受她珠玉般的圣训。这岂不是信友们的大不幸吗！我的父亲和我的姑姑，就是这些不知法语的信友们中的两个可怜份子。她们知道圣女写了很好的诗词，很愿意知道诗中内容；只是，既不能读她的原文，又无译本可看，奈何！奈何！在这种光景之下，我的父亲虽未明明地嘱我翻译，而我的姑姑（她对我常有过分的亲情，过度的信任）却常叫我至少为她在圣女的的诗集中选译几首；至于做全部的翻译，她是最喜欢不过的了。当时，我终是婉转地推辞，自一九三一年秋奉主教命与唐俊志同学来罗马留学后，游子思家心切，惦念父亲兄弟，挂怀姑姑妹妹；想起他们的亲情、亲热、温柔、和气，等等，为平静脑海中每日几次起伏的思潮，为抱定了主意，为爱圣女的缘故，为上迎父亲的隐志，为仰承姑姑的明令，为叫兄弟妹妹欢喜，于是忘了我的浅薄，振起脊梁，鼓着勇敢，来勉强做这困难的翻译。这种翻译既是为我的亲人而作，自然，目的不在翻译的好坏，而在能将圣女的诗中的意思介绍出来，便算得了我的宗旨。

翻译的各方面——对于这个翻译应当声明几句，我来罗马的第一年，传大中文讲席上所讨论的，正是翻译这件事。此时做教授的于斌司铎博士，在翻译界上，因公务浩繁，虽然没有多的出品，而他在翻译工作上，是具有很丰富的研究和知识的。记得在讲堂上他常向我们说："信、达、雅是译者当备的三个条件，唯有信、达二字最不可少，可少的是雅字，因为无雅字，则不雅而已，于翻译本身没有不得了的妨碍。"我的译作固够不上说雅，即使完全的信达，我也不敢自信能够办得到。但愿力避生滥，追求原文的意思罢了。

现代译诗的方式很不一致：有些人用文言将外国诗译成五言或七言的新旧体，如同马君武、苏曼殊诸位先生；有些人用文言将外国译成字数参差不齐而有韵的长短句，如李思纯的法文诗选译《仙河集》；另有些人用白话将外国诗译作散文，胡适先生便这样干过。以上举出的三种方式，各有各的好处，同时，也各有各的坏处。我采用的是第二与第三的混合方式，因为它不但容易，且与本国的诗体略相仿佛。但是，关于体裁和组织，又屡屡仿效外国诗，希望读者注意此点。

用白话是为了便利读者，因为凡是翻译的东西，都不免有些晦僻的地方，根本就不好懂，若再加上死朽的文言，国文程度稍浅的人，念诗便茫然不知所指。虽是主于用白话，但至必要时，为使意思透彻、显明起见，也翻上几句平常习用的文言，这是不可避免的。至于韵脚，做翻译当然不能依一东二冬三江四支的韵；坦白地说，即便依着也是无用，因为这种分层完全是无意识的束缚。如此，只求每联末字的收声略相调谐，便算有韵，并不顾及平仄，收声调谐与否，标准是看它与国音是否相合。与国音相合者，便是调谐的；与国音不相合者，便是不调谐的。根据这个标准，"衣"字与"的"字能同作韵脚，因为这两字在国音上是调谐的；同时，"何"字与"乐"也能作韵脚，因为这两字在国音上也是调谐的。

这小小的译作不是骤然成功的，也不是继续着下几月的功夫一鼓作气而译成的，却是我三年暑假期中零星的工作啊！因时间断续的关系，笔法、语气、字句、体裁等皆有稍异的地方，有几处竟像出自两人之手一般。对于此种不一致的缺点，我很抱愧，译稿非常糟糕，誊写的责任完全赖湖北沈壁及四川王著烈二位同学担负下去，这是我十二分感激的。稿件誊写清白之后，沈王二君及湖南罗光学友皆不畏劳，为我将稿子分任各自校阅一过，三君为拙译帮忙不少，特在此地申谢一声，以示不忘。

一九三四年十月三日

圣女婴孩耶稣德肋撒传教区大主保瞻礼写于传大别墅，亚尔巴落湖滨邓及洲。

——《公教进行旬刊》第 3 卷第 1 期（1935 年）

《达夫所译短篇集》自序（1935）

郁达夫

译书实在是一件不容易的事！从事于文笔以来，到现在也已经有十五六年的历史了，但总计所译的东西，不过在这里收集起来的十几万字的一册短篇集，和在中华出版的一册叫作《几个伟大的作家》的评论集而已。译的时候，自以为是很细心，很研究过的了，但到了每次改订对照的时候，总又有一二处不妥或不对的地方被我发现；由译者自己看起来尚且如此，当然由原作者或高明的读者看起来，那一定错处是要更多了！所以一个人若不虚心，完全的译本，是无从产生的。

在这集里所收集的小说，差不多是我所译的外国小说的全部。有几篇，曾在北新出过一册《小家之伍》，有几篇曾经收集在《奇零集》里，当作补充物用过。但这两书，因种种关系，我已经教出版者不必再印，绝版了多年了；这一回当改编我的全部作品之先，先想从译品方面来下手，于是乎就编成了这一册短篇译文的总集，名之曰《达夫所译短篇集》。

我的译书，大约有三个标准：第一，是非我所爱读的东西不译；第二，是务取直接译而不取重译，在不得已的时候，当以德译本为最后的凭借，因为德国人的译本，实在比英、法、日的译本为更高明；

第三，是译文在可能的范围以内，当使像是我自己写的文章，原作者的意思，当然是也顾到的，可是译文文字必使像是我自己作的一样。正因为常常要固执着这三个标准，所以每不能有许多译文产生出来；而实际上，在我，觉得译书也的确比自己写一点无聊的东西，还更费力。

这集子里所收的译稿，头上的三篇，是德国的；一篇是芬兰作家阿河之所作；其次的一篇，是美国女作家玛丽·衣·味儿根斯初期的作品；最后，是三篇爱尔兰作家的东西。关于各作家的介绍，除历史上已有盛名者之外，多少都在篇末写有一点短短的说明在那里，读者若要由这一册译文而要求原著者其他的作品，自然可以照了我所介绍的书目等去搜集。但因各作品译出的时候，大抵在好几年之前，当时的介绍，或许已经不中用了，这一点，同时也应该请读者再加以注意。

近来中国的出版界，似乎由创作的滥制而改进到研究外国作品的阶段去了，这原是很好的现象；不过外国作品终究只是我们的参考，而不是我们的祖产；将这译文改订重编之后，我却在希望国人的更进一步的努力。

一九三四年十二月序于杭州

——《达夫所译短篇集》（上海：生活书店，1935年5月）

《世界文库》发刊缘起、编例（1935）

郑振铎

【……】

我们的工作，便是有计划地介绍和整理，将以最便利的方法，呈献世界的文学名著于一般读者之前。

我们将从埃及、希伯莱、印度和中国的古代名著开始。《吠陀》《死书》《新旧约》《摩诃巴拉他》《拉马耶那》和《诗经》，一切古代的经典和史诗、民歌，都将给以同等的注意。

我们对于希腊、罗马的古典著作，尤将特别的加以重视。荷马、魏琪尔的史诗，阿斯克洛士、沙福克里士、优里辟特士的悲剧，阿里斯多芬士的喜剧，Hesiod、Sappho、Pindar、Simonides、Horace、Ovid、Catullus、Lucrettius 的诗歌，Plato、Aristotle、Demosthens、Caesar、Cicero、Lucian 的著作，乃至 Plutarch 的传记，无不想加以系统的介绍。这样将形成一个比较像样子的古典文库。

在黑暗的中世纪里，从 St. Augustine 到 Dante、Boccaccio、Chaucer、Villion, 伟大的名字也不少。各民族的史诗，像北欧的新、老二 Edda，德国的 Nibelungen Lied，以至流行于僧侣们间的故事集（像 Gesta Romanorum）、行吟诗人之作品，都想择其重要的译出。

中世纪的东方，是最光明灿烂的一个大时代。从中国的诗歌、散文、小说、变文、戏曲的成就到波斯的诗，印度、阿拉伯的戏曲、小说，乃至日本的《万叶集》《源氏物语》，都是不容忽略的。印度的戏曲，像 Bhavabhuti、Kalidasa，中国的杂剧，像关汉卿、王实甫之所作，都是不朽的优美之作品。如有可能，《一千零一夜》将谋全译。汉魏至唐的诗，唐、宋的词，元的散曲，都将成为全集的式样。宋、元话本将有最大的结集。《三国》《水浒》《平妖传》则将力求恢复古本之面目。

在文艺复兴以来的欧洲文学里，伟大的名字实在太多了！Cervantes、Shakespeare、Montaigne、Milton、Moliére，都是必须介绍的；而 Bandells、Corneillo、Racine、la Fontaine，以至 Perrault、Bacon、Marlowe、Aristo 诸人也必当在收罗之列。

十八、十九世到现代的欧美，诗歌和散文的选译是比较困难的工作。但 Goethe、Heine、Byron、Keats、Shelley、Baudelaire、Gautier、Verlaine、Mallarme、Whitman、C. Lamb 诸人的作品是必须译出的。小说乃是这两世纪的文学的中心，从 Swift、Defoe、Fielding 到 Scott、Austen、Dickens、Thackaray、Eliot、Stevenson、Mrs. Stowe、Allan Poe、Hugo、Balzac、Dumas、Stendhal、George Sand、Flaubert、Zola、Maupassant、Gogol、Turgenev、Dostoevsky、Tolstoi、Tchekhov、Gorky、Mark Twain、O. Henry、Romain Rolland、Barbusse 诸人都将有其代表作在这文库里。

近代戏曲的发展也是很可惊奇的，从 Schiller、Beaumorchais 以下，像 Ibsen、Bjornson、Brieux、Hauptmann、Suderman、Oscar Wilde、Synge、Galsworthy、Maeterlinck、Tchekhov 都是要介绍的，至少得包含三十个以上伟大的名字。

近代的东方是一个堕落的时期。但中国仍显出很进步的情形。《金瓶梅》和《红楼梦》是最可骄傲的两部大著作，戏曲作家们尤其多到难以全数收入。但尽有许多伟大的东西还在等待着我们去发掘。诗歌和散文是比较落后，但我们将不受流行观念的影响，而努力于表扬真实的名著。

这样浩瀚的工程，决不是一二年或三五人之时、力所能成就的。我们竭诚地欢迎学人们的合作。我们希望能够在五六年之间将这工作的"第一集"告一个结束。

为了发刊者和读者们的便利，我们采用了定期刊物的式样，规定每月发刊一册。除了极少数的例外，长篇的著作将不便连载到一年以上。这样，每一年便也可以有一个小小的结束。

我们站在这宏伟的工作计划的高塔之下，很觉得有点栗栗危惧。但我们有着热烈而清白的心：我们盼望能够因此而引起学人们的注意与合作。虽然这工作显得是很勇敢，但我们相信，我们的态度是慎重的。杜甫云："不薄今人爱古人。"Coleridge说："今日真正的大学教育便是书籍。"发刊之旨，便在于此。幸读者有以教之！

世界文库编例

一、本文库将继续刊行六十册到八十册，成为第一集。世界的文学名著，从埃及、希伯莱、印度、中国、希腊、罗马到现代的欧美、日本，凡第一流的作品，都将被包罗在内；预计至少将有二百种以上。

二、我们介绍欧美文学，已有三四十年的历史，却从不曾有过有计划的介绍；往往都是随手抓到一本便译，或为流行的观念所拘束，往往费了很大的力量去译些二三流的著作（如果林琴南先生有一位更好的合作者，他便不至以数年之力去译哈葛得的全集了）。本文库所介绍的世界名著，都是经过了好几次的讨论和商酌，然后才开始翻译的。对于每一个作者，译者都将给以详尽的介绍；译文在必要时并加注释。五六年后，当可有比较的可满意的成绩。

三、翻译者往往奉严又陵氏的"信、达、雅"三字为准则。其实，"信"是第一个信条。能"信"便没有不能"达"的。凡不能"达"的译文，对于原作的忠实程度，便也颇可怀疑。"雅"是不必提及的；严氏的"雅"往往是牺牲"信"以得之的。不过所谓"达"者，解释颇有不同。直译的文章，只要不是"不通"的中文，仍然是"达"。假如将原文割裂删节以迁就译文方面的流行，虽"雅"，却不足道矣。所以我们的译文是以"信"为第一义，却也努力使其不至于看不懂。

四、有一部分的名著是已经译出来过的。我们在可能的范围内竭力避免重复。唯过于重要的著作，不能不收入本文库里的，或从前的译文过于不能读的，或失去原意的，我们仍将不避重译之嫌。林琴南氏的一部分古文的译本，有必要的，我们也将再译一次。

五、许多年来，学人们对于中国文学似乎也不曾有过较有计划的整理。近来所见的"丛刊""备要"仍都是不加整理的照式翻印。一般读本之类，又任意割裂，不足信赖。今日要想得到一部完善而方便的文学名著的读本，将和得到一部译本有同样的困难。本文库所收入的中国文学名著都是经过整理的。

六、所谓"整理"，至少有两项工作是必须做到的：第一，古书难读必须加以标点符号；第二，必须附异本之校勘记。新序和必要的注释也是不能免除的。

七、在新的序（并不一定每部书都有）里，我们也许将对于所介绍的"名著"有一种新的看法。我们觉得这种解释和研究是必要的！近来常容易发生误会；守旧的空气，把一切的"研究"和探讨的举动，都作为"提倡"，这是很容易贻误青年们的。我们需要知道历代的生活，需要研究古代的名著，但绝对不是复古与迷信；这其间是有极大的鸿沟划分着的。

八、把像沈自徵《鱼阳三弄》、尤个钧《天乐传奇》之类的酸腐之气扑鼻的东西重刊了出来，除了戏曲本身的研究之外，也不是全无意义的，至少是表示"士子"们的一种抗议，一种决意的空想，一种被压伏于黑暗的科举制度之下的呻吟与呼吁。如果作为具有社会意义的看法，那其解释便将与前不同。对于这一方面，我们将有努力。

九、一般社会生活与经济情况，是主宰着个别的内容与形式的。我们特以可能的努力，想在新序里阐明这种关系，这工作便将不是无系统无组织的一种重印与介绍。

十、今日文学研究者已有长足的进步，但他们所见到的"古本""孤本"却决不是一般读者所能见到的（例如冯梦龙辑的《喻世明言》《警世通言》《醒世恒言》，我们谈之已久，而能读到这"三言"的，究竟有多少人呢）。有多少名著是这样的被埋没不彰的。将这一类罕见的名著，逐渐地披露出来，不能不为一大快事。

十一、古书已成了"古董"，书价是那么贵。一个文学爱好者，要想手边有可以随时翻译的若干书本，即使不是什么"古本""孤本"，也将有"为力不足"之感。本文库将重要的著作，以最方便、最廉价的方式印出。学人可以无得书维艰之叹矣。

十二、古本和今本，或原本和改本之间，往往有许多的差异，绝对不是"校勘记"所能包括得尽的。例如，《六十种曲》本和富春堂本的《白兔记》，是那样的不同的二物；又简本的一百十五回的《水浒传》，和一百回或一百二十回的《水浒传》之间是如何的不同。这便有对读的必要。本文库对于这一类的书，为对读的便利计，每于同页上分上下栏刊出。

十三、一部分久逸的古作，我们认为有辑出的必要者，无不辑出加入本文库，并力求能恢复其原来的面目。

十四、唐以前诗、宋词、元明散曲，俱将谋刊其全。名家的文集也以全收为主，不加删节。但偶有秽亵的文句（像《金瓶梅》），不能不删去者，则必注明删去之字数。

十五、诸"文库""备要"里所收的书，往往复见至再至三；有已见总集更见专集的；有已收全集，而更有节本的。今为节省篇幅计，极力避免此种不必要的复见（例如，《警世通言》已收之话本，刊《清平山堂》时便仅存其名目）。唯亦偶有例外：像醉翁、延巳之词，往往相杂，不可辨别，此则不能不互见的了。

十六、本文库每册均附有必要之插图（书影、作者像及手迹原书的插图），不仅增加读者的趣味，且对于研究艺术者亦将有重要的贡献。

十七、本文库每月刊行一册，每年刊行十二册，每册约四十万字；中国的及国外的名著各占其半。长篇的著作，除极少数的例外，不连载到十二册以上。

十八、我们欢迎同道者们的合作与指示。一切的意见与译稿，我们都将以恳挚的心怀接受之。

十九、我们很感谢生活书店能够给我们以很好的机会来做这个弘巨的工作。如果没有他们的好意的合作和帮忙，在这艰难困苦的大时代里出版这样的一种"文库"的事业，将是不可能的。

——《世界文库》第 1 册（1935 年 5 月 20 日）

赞成中国科学社所提的米制单位译名后，说一句要紧话（1935）

王子香

编辑先生：

近来米突制单位的译名问题，轰动全国。中国科学社所提的译名（《科学》第十九卷第四期），总算比较的妥当了，他把长度的单位，译为粁、粨、籵、米、粉、糎、粍、质量的单位，译为兛、兡、兆、克、兣、毫、毛；容量的单位，译为竏、竡、计、立、兮、糎、纰，读法除米、克等字外，均一字二音，如"兛"读作"千克"，"糎"读作"厘米"……

但是他的读法，我觉得还该商榷，或者，是他的美中不足的地方。我所提的（《科学世界》第四卷第五期），似乎比他妥当些。我和他的不同点，在于二音前后读出的次序，如他提议把"兛"读为"千克"，我提议读为"克千"，他主张把"糎"读为"厘米"，我主张读为"米厘"……

第一，他的读法，易起误会，而我的则否。例如"500 deca-gramme"，照他的读法，当为"五百十米"，而"510 metre"，照他的读法，亦为"五百十米"，二数值相差极大，而读音则完全相同，误会易起，流弊滋多。

第二，他的读法和习惯相违背，而我的则否，例如"多少米厘"等话，国人已经很稔熟，一旦改为"厘米"，等等，虽然未始不可，总不免违反习俗，有点结舌拗牙，哼哼费力，要使它顺口易行，还是依旧有的习惯，照我提的读法，我们没有特别衷曲，何苦硬要反习惯呢？

第三，他的读法和写法不和谐，而我的则否。西文一字的读法，是自左到右，我们的中文，虽然一字一音，但是写法自左而右，最好读法亦自左而右，使它彼此符合，不互相倒置。这一点固然无关大体，但是自左而右的读法，才比较顺眼些。

本来形容词放在前面，比较合理，与西文同序，亦比较妥当，何以西文可以，中文不可以呢？这因为西文的"粁"的"千"字，不是"mille"而是"kilo"，"尅"的"十"字，不是"dix"而是"deca"……，英、德文亦是如此，他们把希腊死字加于单位之前，合成一单位字，把自己的活字当作数目字，所以二者的写法，既不一样，二者的读音，亦完全不同。而我们把"kilo"和"mille"都作"千"字，把"deca"和"dix"都作"十"字，……于是数目和单位，便混为一谈，无法分开。物理学会译"kilo"为"仟"，译"mille"为"千"，译"deca"为"什"，译"dix"为"十"，……如此，不但意义倒置（什字之本意为十分之一，而非十倍），而且读音的混乱，亦依旧不曾改良一点点。

所以要把读音不混乱，要它和习惯相符合，要它写法和读法相一致（米千字等的写法，和西文倒置，读法若亦倒置，则自己的写法读法，便成一致），似以我所提的读法为最中选，我所谓一句紧要话，便是这一句。

科学社所提的和我不同的地方，还有一点点，顺便说一说，长度单位的写法，他是写作粁、粨、粉、粍，我是写作粁、粨、粉、粍，区别是在米字一捺的长短。我的写法，似乎有两个优点：一为"粉"与"粉"有别，使我们看见"粉"字，便立知其为"单位"，而不是"面粉"，二为"粉""粁"的写法，和"瓩""瓼"的写法，成了一个系统，而"粉""粁"和"瓩""瓼"，不像同一系统。因为我们这种译法的弱点，在乎"米"字容易解作烧饭的"米"，所以能够使它有区别而无妨碍其他的，应该使它有区别。这个原则，我想是对的。

王子香

南京，三元巷设计委员会

电气试验室

二四,五,二九

——《科学》第 19 卷第 5 期（1935 年 5 月 29 日）

关于翻译（1935）

王了一（王力）、余一（巴金）

编辑先生：

在《文学季刊》第四期第五十四页有余一先生论翻译的一段随笔，其中差不多全是论我所译的书，我似乎应该答复几句。余一先生只就事论事，比马宗融先生说我为名为利，批评的态度好多了。我常常觉得我的翻译的技巧不够，所以我愿虚心地接受别人的意见，希望以后能常看见余一先生这样的就事论事的批评。

余一先生说："左拉怎样会写出这样的作品呢？像王君翻译的东西，能够是轰动过世界的名作吗？"这显然是因为我翻译的技巧不够，所以我的译品不能代表原书。对于这种抽象的责难，我只好接受，无从答复，也不该答复。

关于"屠槌"的译名，我始终认为"l'Assommoir"一字有双关意。"屠槌"固然不能表达"酒店"的意思，而"酒店"或"下等酒店"也把原名的精彩丧失了。当时我自己也觉得"屠槌"二字用得不尽善，否则我何必加上一段译后赘语，说明 l'Assommoir 也有"酒店"的意思呢？近来我为了更求明了 l'Assommoir 的真意义，曾写了一封信去请教巴黎大学的一位文学教授，他的复信也说 l'Assommoir 确有双关意，而英国人译为"The Low Tavern""The Dram-shop"等名也不妥当。现在我正在与文学界几位熟朋友商量一个较妥的译名，最好要能表达双关意，至少也要含多少比喻的意思。等到再版改名的时候，我想把那教授的一封信当作一篇序文。

至于余一先生说Germinal不该译为"共和历第七月"，而该译为"萌芽"，我也想要答复几句。余一先生以为"共和历第七月和这书的内容并没有一点关系"；但是我看见了一部Germinal的英译本 *Germinal of Master and Men*（translated by Ernest A. Vizetelly, London, Chatto & Windus 1914）。那译者在他的序文里却说共和历第七月与这书的内容有很多的关系，而且说书名是从共和新历中取出来的。现在我把他的原文抄在下面：

The title "Germinal" was borrowed by M. Zola from the new Calendar which the French National Convention adopted in 1792. In this Calendar the month "Germinal" corresponded with the latter part of March and the beginning of April, when, in our climes, nature springs into renewed life and germination becomes universal. At the same time, in selecting this title M. Zola bore in mind certain events which occurred in Germinal of the year III of the first French Republic, when hungry men and women swarmed furiously into the Convention Hall, demanding "Bread and the Constitution of '95' ". Those suggestive incidents inspired more than one page of the book, but the idea which permeates it is that of the germination and fruition of a new social system, the coalition and uprising of the toiling masses, banding themselves together to readjust present-day condition and secure their fair chare of the good things of the world. Even as it was foretold to Eve when she was driven from the earthly Paradise that she should in sorrow bring forth children, so it is sorrow and hardship and suffering that attend the advent of all progress. Indeed, progress germinates amidst woe, and though again and again it be impeded it bursts upon the world and last from very excess of suffering. This idea, it will be found, pervades many of the pages of "Germinal".

为了省篇幅起见，我想不必把它译成中文了。如果余一先生能推翻这一篇序文里的说法，我仍愿降心相从。

王了一

了一先生：信得，季刊虽无"来函照登"的前例，但也照先生的意思把它刊登了。先生也许忘记了吧。我和先生在巴黎岳焕兄处也曾见过一次。后来听见岳焕说先生初到法国学习法文两三月就开始翻译左拉的小说，我们都非常叹服，认为先生是不可多得的天才。第一次拜读先生的译稿《沙弗》，以后先生的《屠槌》等等又陆续到了我的手里，这才引起我对先生的反感。先生说自己"翻译的技巧不够"，这是很良心话，但先生为什么又毫不惭愧地大量出产呢？关于"屠槌"的译名，无论如何，先生是犯了绝大的错误。我想巴黎大学教授也绝不会承认先生的"屠槌"为正确的译名，而且如果根据先生自己的解释，R——M丛书中"屠槌"以后各篇都可以用"屠槌"来翻译，不但这样，外国有许多小说也可以用"屠槌"来译了。如果说法文原字有双关的意思，那么中文"屠槌"就决没有双关的意思，并且"屠槌"这名辞，在中国就有些叫人不懂。

说到"萌芽",先生引了一个英国人（他究竟是不是英国人或者是个什么样的人，我可不知道的）的话来作护符。先生问我能不能推翻他的说法，我以为他的说法根本就不曾成立。我劝先生把 H. Ellis 的《萌芽》译本找来看看（我手中只有这一本东西，而且是前两天买来的）。E 氏的序文虽短，却比先生所引的有意思。先生如把《萌芽》细读一遍，再来看先生所推荐的那序言中说到法国大革命中那些 Suggestive incidents inspired more than one page of the book 的一段，先生也许会非那个英国人神经过敏吧。要依照他那说法，有不少的作品都可叫作"共和历第七月"了，假若再由先生译成中文的话，那么用"四月"或"五月"不更恰当吗？

最后我对先生提出一个要求，请先生自动地把已经出版的译作全部收回，请人仔细校改一次，譬如莫华的"女王的水土"这个译名（原文是 Climat）就大有问题，其实书里的错误还不知道有多少。我不是教授，没有闲功夫替先生作义务的校对了。

余一

四月十日

再答王了一先生

余一

关于"屠槌"，我相信每个中国人（法国人自然除外）都和我一样，决不会懂得"屠槌"是个双关字，决不会从"屠槌"里看出"酒店"的意思来。

关于 Germinal，我先得告诉先生，这个字本身决不能译作"共和历第七月"。事实上就没有人这样译过。欧洲人用这个字时除借用原文外，譬如英国便会在这字下面解释说"bloom month"或"Buddy month"。日本人译 Germinal 为"芽月"。因为这样读者才容易明白 Germinal 究竟是什么样的月份。先生该知道大革命史上的所谓"热月反动"吧，就从没有一个人把打倒罗伯斯比尔的政变叫作"共和历第十一月反动"的。

再说到原书是否应该译作"共和历第七月"。现在就照先生所引用的那位英国人的说法，我们也只能说这里的 Germinal 是个双关字，但这双关字，依旧得译作"萌芽"，因为中文"共和历第七月"里并不含有"萌芽"的意思。

那个英国人的说法其实并不高明。固然"芽月"里发生过叫作 revolt of Germinal 的事情，但一个描写矿工罢工潮的作家，不必从将近一百年以前的历史里找材料。事实上，左拉为写这书曾在法国北部和比利时的煤矿区域里旅行了半年，并且随时记录得有摘要。我不知道他是否目睹过矿工的罢工，然而当时欧洲的罢工潮，有着不少，还不用说 revolt。米尔波有本戏剧许多地方和左拉的《萌芽》很像，而且那里面的工人似乎还唱着 Carmagnole（？），但没有谁说米尔波受了"共和历第七月"的暗示。

还有，在"共和历第七月"发生的事情多着呢！巴黎公社的埃伯尔派是在一七九四年这月里上断头台的。丹东派也是在这月里被杀的。埃伯尔派的处刑决不是一件小事。先生对这又怎么解说呢？为什么《萌芽》里的 Étienne 又不被枪弹打死，或上断头机呢？为什么他还到别处去预备着将来再来干一次呢？为什么 Étienne 临走时会有这样的感觉呢：

……In the heated rays of the sun on this youthful morning, the Country seemed full of that sound Men were springing forth a black avenging army germinating slowly in the furrows growing towards the harvest of the next century and this germination would soon overturn the earth（我手边只有新买到的蔼理斯的英译本）。希望先生给我一个答复。

关于我的态度，我得声明一句。我根本不懂什么叫作态度的好坏。我以为译书要不错并不是容易的事，但错误不该多，而且错就是错，不错就是不错。倘使错了不认错，反而请几个外国人来替自己辩护，这种态度就是坏的。我们并不是不应该引用外国人的话，但我们至少也得彻底明了这个外国人的话究竟说得错不错。像先生那样请出一位法国人来证明"屠槌"（记住，这是中文）含得有"酒店"的意思；又请出一个英国人来证明"共和历第七月"（中文）含得有"萌芽"的意思；我是一个中国青年，我敢说，即使先生请了法国总统或英国皇帝来，我也不能够承认。从这一点看来，我和先生两个人的生活态度和研究学问的态度都差得很远。我以后不愿意再和先生争辩了。我等着读先生的名译《莫斯哀全集》呢！

附记：这信写好以后我无意间在一家旧书店里读到先生所说的那个英译本。那个英国人的序文完全读过了，前后矛盾处是容易看出来的。而且连他也会在 Germinal 下面加上 master and man 另一个标题，为的是怕读者看不懂。

——《文学季刊》第 2 卷第 2 期（1935 年 6 月 16 日）

读《小妇人》——对于翻译方法的商榷（1935）

惕若（茅盾）

近来《申报》上连续登载郑晓沧先生翻译的美国奥尔珂德女士（Louisa May Alcott）原著的《好男儿》。这是郑先生前年所译的《小妇人》的续编；郑译第一部为《小妇人》，第二部为《好妻子》（亦即《小妇人》之第二部）。在最近的翻译作品方面，《小妇人》和《好妻子》都是很受欢迎的。

这里，并不想讨论《小妇人》的内容，——虽然此书之很受欢迎和它那内容极有关系。这里只想从郑先生的译本上所表现的翻译方法加以研究。

现在有一种人时常骂"字对字"的翻译为"硬译"或"死译"。不错，因为中西文组织的不同，"字对字"的翻译有时确实办不好，但决不是无往而办不好。"字对字"翻译是忠实的方法，这原则我们应当承认。问题在如何而可一方面仍能遵守"字对字"的原则，而另一方面又能使译文流利通畅。这是一个老问题，即是如何能使"信"而且"达"的问题；这一问题的解决，并不是符咒式的"硬译""死译"等咒骂所能奏效，这须得在翻译时用苦工，从译文上与人以共见。

然而，可惜那些"硬译"或"死译"的咒骂家不大肯用功，他们不赞成"硬译"或"死译"，就索性自由到代改原作的意思以至字句。结果，"硬译"或"死译"的作品虽然"得摸索着一字一字读下去"，——用咒骂家们的说法，但"自由主义"的译者却强奸了原作，又欺骗了读者了。

"字对字"的翻译必然有一个附带的要件，即是译文的句法也要尽可能地依照原文。这原也是求"信"的不得不然的原则。然而因此惹起来的非议却是"句法欧化，则不通西文的人就无法看懂。"这一个非议其实也不是绝对的正确，因为事实上确也有许多"不通西文"的人"看惯"了以后也就自然而然"能懂"。

所以在"理论"上说来，"字对字"以及"句法欧化"将是忠实翻译的两个重要原则，而且绝不会像咒骂家所说的此路永远走不通；但是为使"不惯"的读者慢慢"惯"起见，在目前也欢迎另一方面的努力——就是虽非"字对字"却力求不失原作原意的翻译。

在这一点上，我们觉得伍光建先生的几本译作如《侠隐记》之类，是值得赞美的。伍先生用的方法大要是两个：一是删节，原作有些无关紧要的字句，老实不客气把它删去；二是原文长句中间包含一套一套的形容字句的，把它分解而稍稍拉直。这两个方法，用得不好的时候毛病是很多的，但伍先生的好处就在虽有删节虽有"拉直"，可仍旧保存了原作的主要面目。《侠隐记》中达特安等四人的个性岂不是在伍先生的译本中依然很生动么？

现在郑晓沧先生翻译的《小妇人》却提出了又一个方法来。郑先生在《小妇人》的"凡例"中说：

一、译者欲以我国的成语为忠实的移译，务使阅者不感艰窘而仍不失其原来面目，这是移译时所抱的宗旨。

二、书中情节，大率均为国人所能了解，其中有含有宗教意味的谈话数处，本拟试为删去，维念宗教的崇奉与否，人各有其自由，见智见仁，原在读者，因仍其旧，要知道这是文学书，与教科书固有所不同。

三、凡专门名词等，不易为人了解而又不宜删改的，便于页边加按注以明来历。《远思》章的第一节及《文社》章《丕社周刊》中《一个带面罩的婚姻》的有数语（至"薰人欲醉"句）均译者所加，以启下文而资说明。

四、诗歌中《佳节》章第一首内"百花正斗芳菲"一语，及《团聚》章诗中"服而歌之，佐以琴韵，雅音宜入苍穹"一行，均为本文所无，译者因修辞关系而加入的。《团聚》章中"用嫩绿香菜及胡萝卜片"数字，也是译者所增益的。

从这"凡例"已经可以看出郑先生的方法恰恰有与伍光建先生相反的；伍先生逢到"专门名词"或典故"不易为人了解时"，便老实删节，而郑先生则加以注释，这是因为伍先生那时（指他的《侠隐记》等译本出世的时候）一般人对于小说的观念跟现在颇不相同，倒并不是伍先生贪懒。但是这两位先生方法上的不同尚不专在"专门名词"之一删一注，他们两位在没有"专门名词"的一般文句也有恰恰相反的两种习惯。在伍先生，每当"信""达"不能两全的时候，——而这不能两全是由于中西文组织上所发生的阻碍——他惯常是省节去数字有时乃至小半句（自然这是在不失原意的条件下省节去的），以求易为人了解；我们试将《侠隐记》和原文对读，便可知伍先生凡有省节都不是随随便便而是几经考虑的。这正跟郑先生的常常略加数字，同样不是随随便便的。郑先生在"凡例"中已经指出了本文所无而他因修辞关系加入数语的例子来，但是我们把《小妇人》和原文对读以后，便知道他为要使人容易了解起见，常常多加几个字乃至一二子句的。郑先生的译文是在"字对字"之外又每每略加数字，以求流利通畅的。这是一种新方法。自然，我们可以说，与其删略，毋宁增添；不过"增添"应否有限度呢，便是我们想提出来讨论的。

首先，我们得说明，郑先生的翻译在原则上是"字对字"的翻译，而且是在可能范围内（使人易解）力求译文的句法和原文的句法相接近的。所以郑先生的译作是近时少见的煞费苦心的翻译。他在书中人名的翻译（音译）上也颇费苦心的。例如他在《小妇人》"再版弁言"内说：

> 我于名词之移译，尚非从无意义。举其著者：
>
> 例如"梅格"，盖取东坡《咏红梅》"诗老不知梅格在"之句。梅之风格，清高澹远，而又未尝不令人爱悦。具有冰雪聪明，却又有耐寒亮节，自是不同凡俗。
>
> "蜀"——虽与 Jo 之原音有间——然以书中女人 Jo 之性情行动，兹译为"蜀"，则似颇允当。因为蜀之本字殊无些微脂粉气，然而"蜀"，从地方的联念上看去，实又兼具婀娜与刚健之美者。我们历史上不朽的美人，王昭君与杨太真，闻并生于蜀境，而花蕊夫人、秦良玉等历史上不朽的奇女子，亦皆诞育于此山川盘礴之区，……其他译名，以是类推。

郑先生对于 Jo（按本为 Josephine，简算 Jo）的音译为"蜀"，用意曲折极了，正像旧谜"无边落木萧萧下"似的。而郑先生对于原书中一些意义双关的字眼也"从中国文字上另行设法"（见《小妇人》凡例八及《好妻子》凡例四）。从这些地方，都可见郑先生的不苟且，因而他的增添地方不是随便，是可以保证的。正因其不是随便，所以我们以为应该把它当作一种翻译的方法提出来研究一下。

我们姑以《小妇人》的第一章为例。

第一章开头二节，——"欧美各国，一般最重视的佳节，要推耶稣圣诞节了，……这也不能不算是一种好风俗咧"一大段，和"住在美国境内东北角一个省份里，有一家姓马的，一次正当天寒岁暮的时候，我们听见一下几个姊妹的谈话"一小段——是郑先生加的，"凡例"四已有说及。原文开头就是蜀的一句话，在一般不惯的读者也许觉得兀突，所以郑先生加一个小小的帽子，这用意我们是了然的。我们要研究的，不是这个，而是——

"世界上有许多女子，华装盛饰，吃用不尽。"（页二）原文是"有些女子有许多好东西。"

"蜀是最喜欢看书的。这里所举的书名，别人竟还没听见过。"（页三）原文说"蜀是书蠹"，没有下面的一句。

"窗外六出之雪，纷飞戏逐，落地无声，室内壁间炉火，其火熊熊，间以劈拍之声，便是听了也使人感觉得有些暖意的，更无庸频呵拈线的手了。"（页八）原文是"那时外边无声地下着十二月的雪，而里边则炉火愉快地爆响着。"

"其次是蜀雯，——人家却单把蜀字称她，因为雯字有女子气息，所以隐而不用。"（页九）原文无此句。

"读到这一段的时候，各个人都唏嘘欲绝，情不自禁，鼻子酸了一阵子。"（页一九）原文只是"读到这一段的时候各个人鼻子都酸了，"或是"各个人的鼻子都唏嘘起来。"

"她原是一位极老实而但从字面问意义的姑娘；还没有了解她母亲的深意呢。"（页二二）原文是"她是一位极其咬定字面意义的小姑娘。"没有下面的半句。

"于是姑娘们的针便如新燕穿梭，在马叔婆的被上，很敏捷地做起工作来了。"（页二三）原文是"姑娘们的针飞似的缝着马夫人的被子。""新燕穿梭"的形容词是译者加的。

"使它同情地发出些乐音。"（页二三）原文没有"同情"。

"最难与人合拍，乍闻鼓振，忽作蛙鸣，一曲雅歌，每为减色。"（页二三）原文是"常常把高音和颤音用在不当用的地方，弄坏了那最幽雅的调子。"

上面所举的例都是译者在原文的字面外加数字乃至一句的。大多数是为了"修辞关系"。现在我们姑就此数例来分别研究。我们将上举的例分成三类来看——

第一，就原文中本来有的意义略加重笔渲染者。属于此一类的，例如"世界上有许多女子，华装盛饰，吃用不尽"一句内"华装盛饰，吃用不尽"二语，是原文"plenty of pretty things"之加重的翻译；又如"她原是一位极老实而但从字面问意义的姑娘"一句"极老实"三字也可以说是原文的"very literal young lady"词中本有之意义，但译者尚恐读者不懂"但从字面问意义"所指为何，故又增加半句，——"还没有了解她母亲的深意呢。"又如"读到这一段的时候，各个人都唏嘘欲绝，情不自禁，鼻子酸了一阵子"一句中"唏嘘欲绝，情不自禁"八字，实在即是原文"Sniffed"一字之浓重的增衍，其实有了"鼻子酸了"四字已经足够表达，想来译者为"修辞关系"故再加此八字的。

第二，完全为译者所增加的。例如"蜀是最喜欢看书的。这里所举的书名，别人竟还没听见过。"后一句完全是译者增加，大概用意在加强蜀的"书蛀虫"的资格吧？又如"其次是蜀雯，——人家却单把蜀字称她，因为雯字有女子气息，所以隐而不用。"这里一插句为译者所增，用意大概也如上例。

第三，大概是完全为了"修辞关系"而增加的。例如"窗外六出之雪，纷飞戏逐"中之"纷飞戏逐"四字，以及下边的"便是听了也使人感觉得有些暖意的，更无庸频呵拢线的手了"等字眼。后者也许是原文"and the fire crackled cheerfully"中"cheerfully"一字之渲染。又如"于是姑娘们的针便如新燕穿梭"之"新燕穿梭"四字显然是原文"flew"一字之"修辞关系"的增饰。而"使它同情地发出些乐音"之"同情地"三字也不外乎"修辞关系"。最后，在"最难与人合拍，乍闻鼓振，忽作蛙鸣"这一句中，"鼓振"二字大概从原文的"a quaver"一字，而"蛙鸣"二字大概从原文的"a croak"一字化出来。

这三类中间，第二类同于第一章开头那"欧美各国，一般最重视的佳节……"云云一大段，无非为使读者节省脑力，应当算作例外。第一类意在加强语气，虽则"唏嘘欲绝，情不自禁，鼻子酸了"三语连续用来既有重叠之嫌，而且"唏嘘欲绝"与"鼻子酸了"在表情上亦轻重悬殊，然而我们亦不妨认为这一类的增字在加强语气的作用上可以要得。至于第三类，则原文"While the December snow fell quietly without, and the fire crackled cheerfully within"之一句好像也只不过是普通的写景，并没增加"情绪"的作用，似乎大可不必给它浓妆艳抹；如果老实只译它为"那时外边静静地下着十二月的雪，而里边则炉火愉快地爆响着"，岂不也还简洁明白么？又如原文"and the needles flew as the girls made sheets for Aunt March"亦只是平平叙写，用"飞似的"三字来译"flew"一字，——或者，把全句译为"姑娘们飞针缝着马夫人的被子"，"飞针走线"本也是中国成语，形容缝纫之敏捷的，——似乎也就相称了，不必很"修辞地"用"新燕穿梭"四字去翻译。又如原文之"always coming out at the wrong place with a croak or a quaver, that spoilt the most pensive tune"一语译为"最难与人合拍，乍闻鼓振，忽作蛙鸣，一曲雅歌，每为减色"，说句不大客气的话，——不敢恭维。不知一般读者对于"乍闻鼓振，忽作蛙鸣"八字印象如何，在我，则先读了译文时茫然不解，找到了原文一看，这才知道原来是简单的一句话。不过"使它同情地发出些乐音"一句中之"同情地"三字虽然是凭空加上去的，可是借此能衬出佩丝琴术之巧妙，在我看来是很好的。

这样研究起来，就觉得郑先生增加字眼的三类中，倒是那为了"修辞关系"而增加的一类，大部分是可以不必的。这也许是我的偏见，不过我译为原文既是简洁平易的，而照原文直译时也未必难懂，那就还它一个简洁平易的译文也就行了。也许郑先生的"纷飞戏逐""新燕穿梭""乍闻鼓振，忽作蛙鸣"等等词头儿，是不知不觉间摇笔即来的玩意儿——所谓积习难除吧，——初非刻意求工求美，更非有意变简洁平易为浓妆艳抹，然而，抛开了自己的作风，追随着原作者的风格，这也是译事的一个重要原则。

然而，这也不是说郑先生的方法（为了使读者易懂及为了修辞关系增加一些字眼）完全没有价值。在《小妇人》中，我们到处可以看到郑先生这方法的成功的一面。不过无论什么方法，有利亦必有弊，我们以为指出弊的一方面来研究对于译事更有意义，所以上举的例的第三类是有意地找出来讨论的，但并不是有意地吹毛求疵。

我们只想指出，增加字眼这方法应用起来有它的危险性。郑先生是"字对字"的忠实的翻译者（他决没有删节），然而，即使像他那样用苦心，他那方法也自己表露了一些缺点。就是增加字眼——不论是为了使人易懂或加强语气，——这一方法应有严格的限制。

此外，还有小小的不关重要的几点，也带便提出来谈谈吧——

珮丝说，"我准备把我的钱用在音乐方面。"（页三，《小妇人》）原文是"I have planned to spend mine in new music"，如果改译为"我的钱，我早就打算用来听一次新歌曲。"那就把原文的"new"一字也译进去了。

"'小鸟在巢，融融泄泄。'惯作调人的珮丝忽然笑嘻嘻地唱起来了。原来针锋相对尖锐的声音，都顿时化作一片的笑声，一场'沙嘴'暂告休止。"（页六）原文是"'Birds in their little nests agree', sang Beth, the peace-maker, with such a funny face that both sharp voices softened to a laugh and the 'Pecking' ended for that time."这里一句的"such...that"的关系，还是不折断好些吧？这种句法，中国文中没有，所以照样译出来时或者不易懂得，但是如果勉强译为"……惯作调人的珮丝唱着，脸相儿是那样的滑稽，以至双方的尖利口吻都软化为一笑，而一场'吵嘴'也就暂时停止。"似乎也还明白。

"但是你那种不合理的语词是和蜀的土俗的话，一样地无聊呢！"（页八）这里的"不合理的语词"六字是译原文的"absurd words"二字。但是照我们普通习惯，"不合理"三字分量很重，用在此处似乎过当些；我想或者可译"不适当的字眼儿"，或者"怪字眼儿"。

"艾美跟着"（页一三）译自"Amy followed"，"跟着"改为"学样"如何？又此句下应依原文加一"但"字。

"蜀喊着，呷下了她的茶"（页一七），此处原文为"chocking in her tea"，似乎有"含着茶格格地说"或者"一口茶呛住喉头"的意思，而不是简单的"呷下了她的茶"。

"在这封信里，却很少提到外面所受的艰苦，所遇的危险，也很少述及羁旅的岑寂与家乡的萦怀。"（页一八）这里最后半句在原文是"or the homesickness conquered"，似乎老实译为"强自克制的思乡之心"也就行。

"她想在家里能够克制自己的脾气，比较到南方去身临战阵对付一二叛徒，还要艰巨些呢。"（页二十）这里她是"蜀"。原文是"thinking that keeping her temper at home was a much harder task than facing a rebel or two down South."此处"keeping her temper at home"似乎可译为"闷在家里"，因为上文蜀曾说"十二希望能去当一名鼓吹手，……或者做一个看护"，她是喜学男儿志在四方的。"还要艰巨些"似乎亦可译为"难得多呢"。

又第二章开头一段"所以蜀觉得这的确是长征的良导"。（页二五）原文是"and Jo felt that it was a true guide-book for any pilgrim going the long journey"，这里的"长途""long journey"可以是指精神上的，因为上章曾以 *Pilgrim's Progress*（林译所谓《天路历程》）一书为题，说了许多修养上的话；但也可以是泛指"人生之路"的。译作"长征"，似乎不能令人了然，莫不如译"人生长途"。

以上数点，原都是无关紧要的，不过觉得像郑先生那样用心推敲，连人名音译都不肯苟且，那么这琐琐的几点有待商榷者提了出来，或者也是郑先生所愿闻的。

郑先生翻译时用力之劬，以及他的求"信"求"达"求"雅"的精诚，我们非常钦佩，这一篇文字是在钦佩的心情中略举所见而已，特别是关于"翻译方法"一点，愿与读者共同讨论。

——《文学》第 5 卷第 3 号（1935 年 9 月 1 日）

论翻译（1935）

李子温

自从去年《文学》杂志出版翻译专号以后，接着又产生了《译文》和《世界文学》两个专以介绍外国文学为职志的刊物，再更有《现代》出版了美国文学专号，真是翻译的红运来到了。紧跟着文人们又定今年为"翻译年"，这虽是一种预言，但看情形，真有这种趋势。《译文》和《世界文学》仍在接续出版，其余各文学杂志也总有一部分翻译，虽最近四月号的《文学》完全没有译文，但这也绝不是翻译衰落的表现；反之，却是表示着它的进展，正如在这一期里说："不久之后，将有一个更可大量容纳译文的姊妹刊物出现，所以决计分一分工"。态度素称严重的《文学》，这种话，当然不是凭空说出来的，那么"翻译"在今年真要称霸文坛了。

一、"翻译"的性质

"翻译"的性质，究竟如何，我们研究它，是非先把这层弄清楚不可的。

在本年度三月号《文学》的文学论坛上说："'翻译'是一件吃力

不讨好的工作，译错了，或译得不好了，挨骂是活该的；即使译得好，或者简直好，那也居不了功。因为跟'处女'之尊的创作看来，翻译只不过是'翻译'而已，只不过是'媒婆'而已。"这话，是说明了"翻译"不好，固然是不好；即好，也是不好。实在，在一般人的眼光看来，"婆"当然不如"女"来得动人，何况一个还是"媒婆"一个还是"处女"呢？在这男女交际自由的时代，当然没有人愿和这"媒婆"交往了，这就是以往人们对于"翻译"不加重视的原因。

其实"翻译"何至如是"吃力不讨好"呢？说"即使译得好，或者简直好"，真能译得好吗？或者"翻译"究有无"可能性"呢？这也是值得注意的。

关于这层，意大利美学专家克洛司（B. Croce）在他那本《美学》中说过这样的话："已用美的形式造成的东西，我们可将它用理论的形式再度表达出来。但已具有美的形式的东西，再想把它也改为美的另一种形式，就不可能了。翻译的结果，或者减少及损坏原有的表现，或是把原有的表现放入熔炉中，又渗和进去翻译者的印象，而创造出一个新的表现来……'忠实的丑女，或不忠实的美女，'这句俗语，正说明了每个翻译家两难的局面。"他这种话，自表面看来，虽是夸张，但里面确有不少的真理。的确，两个经济组织不同的民族，他们的语言文字当然也不会相迎，民族心理，及反应这心理的文化状态，必然也就悬殊，如此，即使他们互相了解彼此的艺术，尚非易事，何况还要用审美的文字将它"适如其分"地表达出来呢？当更不易了。

霜杰先生在《翻译的信与雅》里说："一个作者在他那艺术冲动旺盛之时，那美的价值是完全的；等到这冲动在脑中形成一个明确的概念时，这价值已减少一分；在脑中把这概念译成形的文字再把它托诸腕底书写出来时，这价值又减掉一分；然而还是它本来的面目，等到另一国的翻译家，以另一种生活习惯培育出来的头脑，透过语言的翳障，来理解它，体会它，再把它用另一种语言表达出来时，这已与原作者的本意，相去很远了。"这也是说明了"翻译"不易做到好处的原因，实在，"艺术冲动"就好比一壶新泡的茶，这时这茶的气味是清香浓厚的：但经一次一次地重泡，就一次一次地减少了味道，等到翻译出来这时不用说气味和本来相差甚巨，就连茶色也几乎淡的没有了，如此看来，翻译虽非不可能，但要做好，谈何容易？

然而这还只是就一般的"翻译"而论，欧洲各国文字，虽不相同，但总还属于一个系统，并且在地理上历史上，也继续不断地互相影响，所以在他们的相互翻译，总还比较容易些，若我们中国，生活习惯和他们根本就无一似处，我们的文字又是那样奇特的四方块，也拿来翻译，真是难中之难了。

但是，难虽然难，并非不可能，我们能因困难就畏缩不前了吗？就这样死心塌地不再干这"翻译"了吗？决不是的。并且多加努力，也并非不能把这种困难减少一些。法国大批评家居友说："理想的直线，是从一点到另一点的最短距离；理想的文体，也是从一人的心情到另一人的心情之最短距离。"由这数学的与力学的概念出发，斯宾塞（Spencer）即说言语为人们相互交通的机械，求一个字之位置得当去唤起读者的心情，这是借直观与知觉以唤起或指导注意与联想的问题，这在"翻译"上，也是如此，我们只要努力，只要不断地体会、锤炼和藻饰，竭力地求两种语言文字之勉强"貌合神似"，把彼此间的距离缩短到最小程度，这样，也就是很好的。那不可能的事，当然我们不会多求。

二、翻译之需要

也许有人说，做到勉强"貌合神似"，已不知费了多少"九牛二虎之力"，结果还是遭人轻视，以为不能与"处女"之尊的创作相比，多么不合算呢？其实，这倒没有什么，我们应用冷静的头脑细想一下，"翻译"是否对我们有需要，如没有，不用说难，我们不去做；就是容易，我们又何必空费工夫呢？若是需要的话，我们就不能一味地过于自私了。我们应当拿出爱好及忠于文艺的热诚来，努力干去，只问这种"费力"的工作需要不需要，不管这种"费力"是能讨好不能讨好。那劳少功多的事情。不是一个文艺忠诚者所应当做的。

那么我们看看这"翻译"是否需要呢？不用多作解说，当然是顶需要的。一个大创作家不是生来就是这样的，是不能不需要艺术的修养和努力的，凡创作家，只要不以自己几篇浅薄可怜的作品心满意足就应当下一番苦的工夫去学习。这种学习，虽不是一种机械的，像扬雄说的"读千首赋，乃能作赋"，或俗话常说的"熟读唐诗三百首，不会作诗也会吟"。但一个伟大的创作家，必曾经了一番学习的苦功，却是定不可移的道理。在这里，或有人说，李白不完全是天才吗？其实，李白也是经过了一番工夫的。天才如一粒好的种子，这种种子，若不经过适宜的水分，阳光土壤，和一种相当的栽培，也决不能展其所长。退一步说，即使承认李白是天才成分多，但我们假想，他若再多用一番学习的苦工，他的作品不是更能惊人吗？我们再看杜甫，他比较不是天才的，但因他能刻苦自励，竭力学习，所以结果也能成为一个伟大的诗人。像他常说的"新诗改罢自常吟""语不惊人死不休""不薄今人爱古人""晚节渐于诗律细"，这不显然告诉了我们他的刻苦学习了吗？

然而究竟应当学习些什么呢？古老的和现在中国文学当然是我们的根本，但处在目前的世界，欲使我国文学大放光彩，决不能只在这土货中间打打圈子就可成功，我们更要采取他国文学的长处，加富我们的文学。我们看，在内容方面而有更进一步的新写实主义，不是还有些作家不断地喊着向巴尔扎克他们那些旧写实主义作家们那里学习描写的技巧呢？举一个实例说，不久以前，拉迪克在苏联作家大会上说过，他们的艺术，还是粗糙的，还需要训练，还需要向资产阶级艺术家学习技巧，非如此，他们的艺术，还不能成为伟大。在新兴文学猛飞突进的俄国，尚且如此，我们不用说，更当多向外人学习了。但能直接学习的，又是很少，所以我们就非常需要"翻译"了。

三、翻译的方式——"顺"与"信"

"翻译"的重要，已无问题。现在我们再来谈"翻译"应采取的方式。理想的"翻译"，当然是要"信""达""雅"，不过这只是理想说着好听而已，"打开窗子说亮话"，同时能做到"顺"和"信"也真不易。所以这里就分为两派了，一派是梁实秋和赵景深等主张"与其信而不顺，不如顺而不信。"另一派就是所谓"硬译"，鲁迅主张的"与其顺而不信，不如信而不顺。"他们这两派各显本领，各走极端，互相谩骂，直到现在。

这两派的主张，当有可原，不过不应该各走极端。我们晓得，不是我们不愿要"信而且顺"的"翻译"，是因为我们一时难于两方都顾得好，然而还是应当竭力使这两方面都顾得到。若各走极端，认为

"信而不顺"或"顺而不信"的翻译就是理想的，就不往前进了，实在是说不过去。

"顺而不信"的"翻译"，根本就够不上什么"翻译"，我们只要向他问一句："为什么要翻译它？"管叫这派的人们，就瞠目不知所答了，这固然通顺，令读者省力，但"庐山面目"，却不可得，鲁迅说得好："至于'顺而不信'的译文，却是倘不对照原文，就连那'不信'在什么地方，都不知道，然而用原文来对照的读者，中国有几个呢？"实在，这种译者，不但谈不到有什么贡献，而且害了读者，苛薄了原著者。

那"信而不顺"的"翻译"呢？它固然比较前者似乎好些，但若太于"不顺"，使读者不懂，不是依然和没有翻译过一样吗？鲁迅说："多读几遍，日子长了，也许能懂"，但既云"也许能懂"，不是就有个"也许仍不能懂"吗？即使能懂，费的力量太大了，经过时间太久了，又何如干脆就学原文直接去读呢？所以这种译法，对于原著者虽无妨害，但也完全失了"翻译"的用意。

四、是否需要炒冷饭头——复译

这个问题，是谁提出来的，一时记不清楚了，现在据本年三月号《文学》论坛上所引转录在下面——

"不过翻译方面，大部著作出版的，似乎也不多，就只有几个杂志在那里空口说白话的提倡一下，成绩呢？倒是在五四以后不久就有人译了出来的那些作品的第二次、第三次，以至于第七八次的重译，占据了相当的多数。这仿佛显得西洋文学的宝库，实在也贫乏得很，经我们几度搜刮，就已经搜刮空了似的，便不得不'炒冷饭头'，什么东西都给它再来一遍。"

署名"量"的先生，他却对于复译，大加赞许，并解释"炒冷饭"的原因说："大凡重复的翻译，一种是有意的，一种是无意的，前者已经知道了某书已有译本，可是，或者不满于那个译本，或者是因为从原文与所转译之不同，而于是再来译一遍。至于后者——无意的重复，大概不是不知道已有译本，就是偶然忘记了已有译本……"在本年四月号《文学》上更有署名"庚"的高揭"非有复译不可"题目，大声急呼地来赞成"炒冷饭头"，足见他们意见一致了。

上面所说的复译的两种原因，在第一种固然值得人赞许，但第二种毕竟不得不算差劲。在翻译一件作品之先，难道就不经过一番研究吗？既经研究，则不但在本国有无译本应该晓得，即它共有几种不同文字的译本，和它所生出的影响也应该知道，现在连在本国都弄不清楚，还有什么说的呢？其实，无论如何，这多少还可令人原谅。除此之外，确还有一种故意的而不是计较优劣的"炒冷饭"在，这虽不如某先生所说的那样多，却也颇值得令人注意。

原来"翻译"不比"创作"，是无所谓"译权"的，不但此也，在原著者，自己的作品被人译过，尚引为莫大荣幸呢。我们读西洋文学史著者若说那是伟大作品的时候，不是常说它有多少个不同的译本吗？在我国的新文学作家看来，鲁迅当然被我们认为是唯一的作品了，然而不是因为他那《阿Q正传》译为英文，人们更加崇拜他了吗？谢冰莹女士，不是她那《从军日记》被林语堂译成英文后，她的声名——立时就高起来了吗？有些文人们不是还正盼望着有个通晓外文的朋友，把他的作品也翻译一下吗？因为这样，所以一件作品，你也许译，我也许译，他也许译，谁也不能干涉谁。于是这"冷饭"就这样被炒起来了。举个最近的例来说，"女人的创造"一篇，初见于《文艺春秋》，次见之于《论语》，三见于《世界文学》，终乃悉其出处于某期文学许地山的"二十夜间"。这种翻译，能说不是故意的吗？这种故意，能说是不满于前者的译文吗？其余的像这类的例子，当然还不在少数。

为什么这种故意的重译，人们喜欢做呢？原来这种工作，是又省力又有利的。对于一种原著，自己本不十分了解，可是又有一种虚荣心，在抄袭之余，还不死心，还想来一两篇翻译，表示自己不但能创作，并且还精通外文，然而又苦于不能都懂，于是就想到这重译了。这样，稍变一下前译者的文字，不费什么力气，即可达到自己的目的，一举两得，何乐不为呢？说良心话，我自己就曾干过这种勾当，的确，是省力气多多（当然现在我不再干这个了）。我虽不能以"小人之心"度"君子之腹"，但这类的译者，确是不在少数。像这类的复译，当然我们在过去、现在和将来都不需要，做这类翻译的人，更应当早日回头。

若因不满前译本，自己再来重译，是否需要呢？当然这是需要的，并且重译的次数越多越好。若只一本，无论好坏，反正是无从比较的，译本多了，才能比较出孰优孰劣来，择其善者而读之，其不善者而弃之，当然这是对于读者的莫大利益，并且整个文艺也可因之进步。所以文学杂志诸先生大声疾呼地来赞成复译，实有见地。然而他们却是抹杀时间性了，他们却只是闭着双眼塞住两耳高谈其理论了。我们看看中国的翻译界是什么情况呢？有的外国的作品只介绍了三两本，就只这一些，还不是能称代表作的；有的国家，根本就没有介绍过；就是比较着介绍多的，也是毫无系统。这些作品，在人家本国里看来，不过是"沧海一粟"。难道我们这就满足了吗？就应该三翻四覆地来重译这点东西吗？有重译的这些精力，或多加些精力，不会译那从未介绍过的伟大作品吗？我们知道，好米并不缺少，随时随地，触目皆是，并且还是取之不尽，用之不竭，我们何苦过于"自奉简约"非"炒冷饭"不可呢？这种办法，看来虽是经济，实际上却过于耗费了。

也许有人说，有些译本不好或简直要不得，又怎么办呢？难道还让它自由存在贻害读者？其实这倒好办，根本要不得的译本，当然需要重译，不过像这一种，总是极少。那种有少许错误或只有几个名词和成语荒谬的译本，可就大可不必再来费力重译了，我们可指出它的这些错误来，使译者改正这，他当然也不会拒绝的。这样一来，却比较经济多了，若由为一两个名词的误用，就来武断人家全篇无一是处，大肆攻击，末了自己费些许劳力，重译一下，这在自己虽觉痛快无比，但对于文坛上，实在毫无需要。

总之，复译，需要当然需要，可是时在将来。在目前我们贫乏得可怜的翻译界里，实在还是多介绍些尚未和我们见面的伟大作品好些。在译者虽不必大登启事说："某书已在开译，请万勿重译为幸。"把"翻译"视为专利，但在他人，却应当别再凑热闹，因为除此以外，还有更多的更有意义的外国作品摆在我们眼前。

五、几点意见和希望

关于这个，前面已提过一些了。为具体些和详细些，我再提出下面几条意见和希望来。

（一）不管今年是否真为"翻译年"或将来还是"什么年"，我希望我国的文人们，拿出热诚来，多做些这种"吃力不讨好"的工作——翻译。

（二）少做些"炒冷饭"的工作，有少许错误的，可以指出，使译者改正。多致力于伟大作品的初译，并视其轻重，定其先后，成为系统，勿顺手抓来便译。

（三）有价值的部头大的作品，我希望政府及大书店延聘专门学者，共同翻译，并竭力将定价降低，以利读者，因为不是这样，译者和读者都是非常困难的。

（四）译文虽不能"信而且顺"，但也不要过于"不信"或过于"不顺"。"顺而不信"的"翻译"，虽如鲁迅所说："令人迷悟，怎么也不会懂，如果好像已经懂得，那么你正是入了迷途了"，但那"信而不顺"令人看不懂的"翻译"，对于读者，也绝谈不到什么利益。所以我主张在这两方面，虽不能做得尽好，但也要都兼顾些。

（五）译者对于自己的环境、性格和长处，都须知清，翻译的时候，最好要选择和自己的遭遇和性格相同的人的作品，再自己长于小说，就专译小说；长于戏剧，就专于戏剧；其余别的，也是一样。因为这样，才能得到深刻的了解，才能显出自己的长处来。

（六）译者的态度要郑重。对于作者和作品，要多下研究功夫，作品的背境，作者的心境，他的人生观，他的长短，以及所受的影响，都须有一个系统的认识，和心灵的体会，所以茂德（Almer Maude）在俄国陪伴了托尔斯泰许多年，才来动手译他的作品。我们固然不应当也像他这样，但在翻译之先，下一番苦工，却是必要的。若一手搬着字典，一手就动笔翻译，说良心话，原文连自己都懂不很清，顶好是先不用这样热心。

（七）各大学外国文学系应设"翻译"一科，多加研究，并出一杂志专载译文及少许优良的创作，以资实习。这种理由，很是简单，我们学习某一外国文，决不是目的在于成为某一外国文的创作家（这根本是不可能的）。主要的目的，不外是以外国文为手段，增加自己本国文学的进步，和介绍外国的文学及思想。关于后者，当然须要翻译，即前者，能直接由外文得来，但多做翻译，对于创作的技巧，也是有莫大利益的，何况这对于本国文坛上也是一种应尽的义务呢？所以我希望各大学当局多注意这个，特别是国立各大学。

六、结论

我不是一个翻译家，当然说不上对于"翻译"有何经验，更谈不到有何妙计高策，不过拉杂写来的这点意见，我还相信对于我国的翻译界是有用的。至于究竟如何，那还是望大家指教！

一九三五，四，十五，于北平师大

——《文化与教育》第 55 期（1935 年）

谈谈翻译（1935）

无咎

　　说到现在的翻译，不论是整本的书籍，或是杂志报章上发表的零星文字，其中好的和在水平线以上的，固然不能说是没有；可是多数往往是不堪卒读的。这种不堪卒读的译文，我们随处可以寻找出来。例如，在某杂志的《国际石油战线的展望》一篇译文中，开头第一句话，看了便令人摸不得头脑，现特录于下，以见一斑：

　　　　当（支配铁与石炭的人支配世界）这句话还有带着力强的响声，在资本主义列强指导者们的脑子里浸透的二十世纪初期，不晓得是预计到未来的大战了还是怎样，英国海军军令部长费退，就热望能够得到海军燃料的石油之充分的供给。

　　这一段文字，说它是梦呓，我想不会枉屈了这位译者；像这样的译文，不说他人看了头痛，就是那位原译者料想也必如坠五里雾中。再看他接下去说：

　　　　从二十世纪初叶前后起，用可惊的速度发达起来了的重油燃料机关，渐渐用石油来代替过去是军舰上唯一的燃料石炭了。不久，对于近代海军攻防力的发达上划了一个新的时代。

这一段文字的原文究竟是怎样，我们虽不得而知，但译者的辞不达意，那是显而易见的；至少译者没有将文字做得通，是可以断定的。又如另一篇叫作《清理摩根银行》的某杂志译文，译者中文的幼稚程度也不在前者之上，我们看：

> 法国甲可宾党人（法国大革命时执政的小资产阶级政党——译者）在政治历史上插入一种清洗的观念。宰杀帝室王侯地王的头，进行反对整个封建社会，他们很快地清楚地考量到要杀戮的话，就必须锋锐的刀。在一切大的斗争的时候，在所有大的骚乱的时候，他们对自己的队伍加以重新的审查。

这段文字，读者虽不难抓住它的意思，可是造句用字的幼稚，也就幼稚得看了叫人讨厌。这位译者，我们可以断定他没有受过好好的文字训练，没有读过多少的中国书；这种译文，无论如何是行不通的，即使行通了，也只有使一般读者的文字受其恶化的影响。

这样的译文，就是现在整本的书籍中，也还多着，不过杂志和定期刊物中则更易看到，但恕我不再一一列举。除了上述一类不成样的文字之外，流畅通达、典雅美观的译文，实在不多。因此多数的译作，一拿上眼，往往叫你头昏眼花，昏昏欲睡，别说通篇不能卒读，即使短短一段文字，已是诘屈聱牙，够你消受。笔者生平有好买书的癖性，年来因为买了不少这类不能卒读的译本，堆在书架上，一无所用，所以买书的勇气，也几乎减去了大半。同时我对于这类的翻译，遂有一种愤慨，以为假使所译的东西，不能将原文的神髓，曲曲折折地传达出来，译文的辞句，叫人读了畅快无碍，则这种翻译，即无出版问世的必要，否则其结果必致浪费纸张，浪费排工印工，同时使一般读者的金钱时间精神，同一为之浪费。所以这种不纯熟的译品的出版，我们直说是国民经济上一大损失，亦无不可。所以我以为翻译不是容易的事，要翻译必须具备三种条件：（一）对于所译的东西，须有深切的了解；（二）对于所译的外国文，须有透彻的理解；（三）对于中国的文字，须有充分的训练。现在分别略略说一说。

（一）对于译物的认识，这便是说，凡是某种问题或某种科学的书，除非译者研究有素，处处有确实把握，则宁可不译。因为若能对于某一问题某种科学有确切的研究，则翻译的能事，可以说是已尽了大半；余多的不过是用文字将原意宣达出来。所以这是翻译中最根本的要点，也是最明显的事实，毋庸赘述。

（二）对于外国文的了解，现在一大半不成熟的翻译，虽是原因多端，然大部分是译者对于原文没有深切的了解。原文在译者的脑袋中，本就是一篇糊涂账，如何叫他们在译文里写得一流顺水？原文的意义，在译者的脑袋中，本来没有明白的认识，如何叫他们在译文里写出晓畅明白的文字来？所以多数翻译家（？），我们不妨说他们是测字先生，他们只是用了臆测在那里穿凿附会，凑成一章一句。所以到了译成之后，自己看了也是一个莫名其妙。所以对于原文，若没有确切的了解，则虽然中文通顺，也是徒然。

（三）对于中文的训练，现在的人译书，往往用白话；用白话的初意，原来是求简易通俗。但是我们一看现在多数的译品，便知道不独没有简易通俗，并且辞意晦涩，比读天书都难懂。这种结果，岂不是与原来的用意大相违背了吗？我们推考这种现象的原因，不能不说是一般人过于忽略文字的训练。他们以为所谓白话，就是口语，说到口语，好像大家都会说，只要能敷陈出来，使白纸变成黑字，那便能事毕矣。殊不知仅仅是简单的口语，决不能传情达意，曲尽其妙；所以口语可说人人会说，但要说得好写得好，依然少不了要下一番苦功，将文言中千百年来遗给我们的种种成语辞藻都吸收进去，尽量利用，然后才能成为进步的完全的文字；否则他的文字，终不免像一个赤贫人说毫无家产的穷汉一样。所以我以为不翻译则已，若要真正尽其翻译的能事，则非对中国的文字，先有一番研究功夫不可。

——《华年周刊》第 4 卷第 4 期（1935 年）

论翻译（1935）

李培恩

翻译一学，在今日中西学术文化交换之时，其重要自不言可喻；然国内研究此学者，凤毛麟角不可多觏。学校教课之列此科者，亦不甚多。

查中国翻译作品之最有价值，而数量又最多者，厥为佛经。其后景教东来，传教士亦多从事于经典之译述，唯今所存者仅景教一碑，虽于碑文中得略窥翻译之痕迹，但所译各书已荡焉无存者。又若马可孛罗、利玛窦、汤若望、南怀仁辈先后来游，其于中国译事，亦颇有贡献，百余年前马里逊氏来华传教，翻译基督教圣经则又近世经典中重要之翻译。逊清末叶废科举而设学校，有志之士以灌输欧西学术为急务，各种书籍由日本译汉者，汗牛充栋；唯由欧美文字译汉者则寥寥无几。由英译汉能号召一时者，为严几道一人而已。

翻译分类

翻译有直接由原文移译者，有间接自译文转译者，例如欧美文之书籍，不由原文译汉而由日本文转译汉文者是也。转译易于失真，以讹传讹，不足为法。兹所讨论者，当以直接翻译为限，译文亦以英汉为限不涉及他国文字，唯翻译原理，各种文字，均能适用，固不仅英汉文为然也。

翻译一道，以方法论，可分三类：（一）直译（Literal translation），（二）意译（Free translation），（三）音译（Transliteration）。直译者，就原文逐字逐句翻译成文，不得随意增减也。适用此种翻译者，如重要文件、法令、契约等类，或重要书籍；如学术记载、宗教经典等皆是也。直译之困难有三：（一）专门名词之翻译，（二）二种文字习惯及表意方法之不同，（三）隐括意义之传达。

（一）专门名词之翻译，此盖专门家之工作，非常人所得草率从事者也。有翻译一名词推敲至若干年之久，犹未敢决定者；然专名翻译其诠义初或不甚显豁，或并不十分准确，然经若干年通用之后其义渐明，专名遂亦成立，例如英文 Logic 一字，国人译为"论理学"者有之，译为"名学"者亦有之，更有直以音译，翻为"逻辑"者，夫就音以译原文，盖无法之法也。若 Utopia 之译为"乌托邦"，则音义都谐，自是佳制，唯此种实例，殊难数数觏耳。此外，如 Atom 之译原子，初亦不甚清晰，但通用既久，遂成定名。Oxygen 之译氧气，Nitrogen 之译氮气，初非甚妥，但沿用既久，意义自明。

（二）二种文字习惯及表意方法之不同。夫文章习惯，文句安排，中英文固大有不同者，例如英文 How do you do? 一语，若以汉文直译之，则为"你如何做"，是与原文之意大相径庭矣。故直译谓就字面直译，不顾原文之意义。文字习惯既有不同，则应斟酌其习惯，取其同义之语译之，方不失其真。不应泥于原文，指鹿为马，亦不应牵强原文语句之结构，使译文隐晦不显，或诘屈难诵。

（三）隐括意义之传达。中西文常有一字或一句，其意义有非字面所能尽括无余者。例如英人拜仑（Byron）之诗有曰：

My days are in the yellow leaf;

The flowers and fruit of love are gone;

The worm, the canker, and the grief are mine alone!

若直译成汉文，则为：

我的日子在黄叶中；

爱之花与果都没有了；

虫，蛀虫，和忧愁，独属于我！

按第三句以虫与蛀虫二者，与忧愁并列，其在中文殊不觉其有连续比类之可能。不知原文用 worm 与 canker 二字以与 grief 并者，盖本于《圣经》之成语谓"忧愁之甚如心中被虫所扰者"，就中文成语之近似者言之，即所谓"忧心如捣"之类也。然而中西文隐括意义之传达，固迥乎不同矣。

意译者，用译文文字自由表达原文之意义者也。此法前人颇习用之。严复所译之《天演论》《名学》《原富》等书；林纾所译之各种英文小说，是其例也。意译之佳处，在能不泥于原文，不拘于语法，独具文心，以与原文之美相辉映。故文艺作品，如小说、论著、诗歌之类，多用意译不独能存其真，且亦能臻其雅。唯意译之弊每在脱去原文，不克忠实，其所述或竟非原文之所有。译者苟不经意难逃杜撰之讥。且译者苟属胸有成竹大可牵强附会，其于译也庐山失真不足法矣。音译者，以本国文字就原文之音而移译之也。其用途较直译意译二种为狭，大概不能意译之专门名词如地名、人名、特殊物品之名等皆用音译，其亦有专名词可以意译，而译名或不能包举原名词之意义而采用音译者，如 Logic 译为"逻辑"，Dictator 译为"狄克推多"，Democracy 译为"德谟克拉西"等。晚近译述家鲜有用音译法以译长篇原文者。其在往昔，对于神秘之语词，若佛经之咒语，有自首至尾纯用音译者矣。举例如下：

《报父母恩咒》

南无密栗多，哆婆曳婆诃。

佛有五种不翻：（一）秘密故，（二）含义多故，（三）此无故，（四）顺古故，（五）生善故（见《翻译译名义集·周序》）。

翻译方法虽有直译、意译、音译三者之不同，唯按之实际，则又不能完全划清其界限也；直译中常有意译音译，意译中亦常有音译直译，所不同者程度之差别耳。寻常翻译能直译而满意者，应以直译为主，直译不可通，则以意译之，意不能达或有特殊原因时，则以音译之，此其大较也。

就译文之性质论，约可分为五类：（一）书札（Letters），公私信件之属于事务（Business）与社交（Social）者皆属之，（二）文件（Documents），如呈文、法令、契约等皆属之，（三）报告及宣言（Reports, Announcements and Declarations），如各种工商业及会社之工作报告书，各种机关对内对外之宣言，皆此类也，（四）散文（Prose），各种散行文字，如论文叙言、学术记载、文艺小说等皆属之，（五）韵文（Poetry），如诗歌、词曲之类是也。

翻译之要素

中外通人，对于翻译之要素率有共同之列论。英人铁脱拉（Tytler）之《翻译原理》（*Principles of Translation*）一书其所论述，亦同于吾国严复"信达雅"之说也。夫所谓"信"即将原文之意义，以极忠实之译笔表而出之者也，"达"者，文意明畅无晦涩模棱之弊之谓也，"雅"则须文字雅驯，富有美感，不独译原文之意且兼原文之美，有时其文字之美或且超过原文者也。不过"信达雅"三者，未必尽人而能之，且未必一切译文得兼而有之也。唯译文最低限度亦必谨守一"信"字。如对于原文不忠实，斯等于不译，且谬误丛生，不独遗害读者，亦原著者之罪人也。夫"信达雅"三者苟必去其一，则去雅；去雅虽文不美，尚不为害。"信"与"达"为原文所不可少，唯苟不得已，而必再去其一，则去"达"，去达，文虽不通，其于原文尚无妨害，苟信之不存，虽达与雅，又奚足道哉。

就译者之学力言，须注意三事：（一）译者对于原文必须十分明了，不独原文之意义，即作者思想背景亦须了解，始可着笔；（二）译者之学识与文笔，须与原作者有相等或相仿之程度，乃能为原作者之理想译人。如译者学识不足，而文笔过之，则易失真。译者所应具最低限度之学识，应能切实明了原文之意义，否则决不能信，达与雅无论矣。自然科学、社会科学之书籍论文，之所以必须专家移译者，亦即以此。近年来，坊间流行之社会科学及自然科学之译本，所以往往有错误百出者，推其原因，亦多由于译者之并非专家，其于原作既未充分了解，虽文章流利，终难逃失信之弊焉。（三）译者于翻译时须细心体贴原文，尤宜于原文之细腻处，辨别入微，盖必如此，乃能不失其真，而求其信也。例如翻译法典时，虽一字之微，亦必仔细推敲，求其意义上之对等，否则差以毫厘失之千里矣。例如合伙公司之定义为"A partnership is an association of two or more persons to carry on as co-owners a business for profit. 合伙公司为二人以上之结社，同为业主，经营商业，以谋赢利"。译者于此种文字决不能任意放松一字，致失原文之真义。盖合伙公司之原则有四：（一）为"必二人以上之正当组织"，（二）为"每合股者必同为商业业主或股东"，（三）为"其组织之事业，必属营业性质"，（四）为"其组织之目标为谋利"，译文对于合伙公司之定义，苟在任一方面或任一点上，未能将原文之意义，宣达无遗，即发生重大错误。故关于公文法令方面之译文，其要求准确信达之程度，较诗歌等类之译文为严格。诗歌之作，所以表达感情上之美，中外作家，莫不如是，译者正不必拘泥于原文之片词只字以自枯其文笔，只须寻与原文表意相似之词句，求能传达文中之美感者翻之可已。今举拜伦之诗意译于后：

七言：

年华已届叶黄时，夏实春花何处追；

往事伤心提不得，残红泪尽照愁眉。

五言：

年华黄秋叶，花实空悠悠；多情徒自苦，残泪带愁流。

译文三大要素中，守信一项，其重要已如上述。至于达与雅，则全视译者文笔与天才而定。译笔如无通达之文笔，即无翻译之资格，唯文笔通顺，犹可力学而致，欲其流畅，则有赖于天才，非可强求者也，故翻译人人可得而学，唯不必人人能有畅达之文笔不露翻译之痕迹焉。虽然，中国文字往往表面可以通顺，而词旨模棱，意义含混，有一句可作二三解者，欲求译文之真能达意，不但遣词造句不可模棱，即陈言取义，亦不能含混也。英文在文法上之构造，较胜中文，因在时间有过去、现在、将来之分，而代名词亦有第一、第二、第三人之别，又于第三人有男、女、物之判，其连续代名词（Relative pronoun），更可与其所代之名词，借地位接近之方法，使读者不致误解。其在中文，既无此种区别，亦无此种成规也。虽近日新文学者，于代名词第三人之"他"字分"他""她""牠"三种，以示男、女、物三者之不同，但动词之时间及名动词之单复数仍无区别，夫如是而求译文之达，亦殊非易。汉译之难，不在译文虚字之妥帖，而在意义之易于含混，欲知译文之达否，不妨另由一人取译文重译原文，视其有无失真之处，如重译之文与原著之英文意义符合，则汉译之文，可云"达"已。

至于雅，则译文已臻于信达之境而再求精美者也，求译文之信达雅三者俱备，非天才超越者，不易办也。夫所谓雅者，不仅期于文字之典丽已也。前人译述，其文章每好袭古文格调；虽字句雅驯，而文章意境，恒有不尽美善者，故必意境与文字，都臻雅洁，而雅之义始达。唯文字典丽可以学而能，意境优美，有关天资，非纯属人工，故译文未必人能尽雅；不过雅之地位，在文艺作品中固属重要，其在普通译文，固非绝对不可缺者也。普通译文，倘能信而达，虽不雅亦不足病。譬如译科学书籍，而欲求文字之富丽堂皇，典雅可观，则对于原文，难免有不忠实处。以典雅之词，必由于古籍，而近代科学之昌明，文化之进步，绝非纯粹之古文所能尽量发挥描写者也。苟必据经引典而求其雅，欲以秦汉之文译二十世纪科学上之发明，是无异于以旧丝织新锦，未有不失败者。若夫文艺作品，其大部分都为表示人生之情感，宇宙万物之伟大与美丽，固不妨以古文译之，但须不失其真，虽措词多有出入，无大碍也。年来新文学，方在尝试时期，其于文字意境及语句之雅，犹未能尽量创造，苟能努力之，则尝试期过去之后，新文学中之雅的意境与语句，或竟能超越旧文字而上之，其次或亦可以将旧文学中之雅的要素，变成新文学之雅的成分也。如此，则欲求译文之雅者，正不必再向古籍中讨生活矣，兹录白雷克威廉（William Blake）之《猛虎》（*Tiger*）一诗，并徐志摩之译文于后，借观其信达雅之程度焉。

The Tiger

Tiger, tiger, burning bright

In the forest of the night,

What immortal hand or eye

Framed thy fearful symmetry?

In what distant deeps or skies

Burned the fire within thine eyes?

On what wings dared he aspire?

What the hand dared seized the fire?

And what shoulder, and what art,

Could twist the sinews of thy heart?

When thy heart began to beat,

What dread hand formed thy dread feet?

What the hammer, what the chain,

Knit thy strength and forged thy brain?

What the anvil? What dread grasp

Dared thy deadly terrors clasp?

When the stars threw down their spears,

And watered heaven with their tears,

Did he smile his work to see?

Did he who made the lamb make thee?

猛虎

徐志摩译

猛虎，猛虎，火焰似的烧红
在深夜的莽丛，
何等神明的巨眼，或是手
能擘画你的骇人的雄厚？

在何等遥远的海底还是天顶
烧着你眼火的纯晶？
跨什么翅膀他胆敢飞腾？
凭什么手敢擒住那威凛？

是何等肩腕，是何等神通，
能雕镂你的藏府的系统？
等到你的心开始了活跳，
何等震惊的手，何等震惊的脚？

椎的是什么锤？使的是什么练？
在什么洪炉里熬炼你的脑液？
什么砧座？什么骇异的拿把
胆敢你的凶恶的惊怕擒抓？

当群星放射它们的金芒，

满天上泛滥着它们的泪光，

见到他的工程，他露不露笑容？

造你的不就是那造小羊的神工？

猛虎，猛虎，火焰似的烧红

在深夜的莽丛，

何等神明的巨眼或是手

胆敢擘画你的惊人的雄厚？

徐译约略评之如下：

（第一节）以"雄厚"译 Symmetry 似嫌未妥。（第二节）Burned the fire within thine eyes? 译"烧着你的眼火的纯晶"，亦颇嫌生硬，大约因求谐韵不能如意。Aspire 之意未译。后二句译文甚晦。（第三节）twist the sinews 译为"雕镂的系统"，未免错误，formed 一字完全未译，故译文错误。（第四节）Knit thy strength 漏译，什么砧座应为加句问号，其意连上，下文连下句不应分开。（第六节）原文未有，译者照第一节重复，此篇译文于信于达，均有缺憾。比较妥当者为第五节，至文笔雅之程度亦瑕瑜并见，原文为七音诗，如以七言译之可中英文合调；今译文所用为长短句；而长短句又各节字数不同；虽译文不必拘泥于原诗之结构，但译文与原诗之不同点，亦应注意者也。

——《文汇学报》第 4 期（1935 年）

"题未定"草（1935）

鲁迅

一

极平常的预想，也往往会给实践打破。我向来总以为翻译比创作容易，因为至少是无须构想。但到真的一译，就会遇着难关，譬如一个名词或动词，写不出，创作时候可以回避，翻译上却不成，也还得想，一直弄到头昏眼花，好像在脑子里面摸一个急于要开箱子的钥匙，却没有。严又陵说，"一名之立，旬月踟蹰"，是他的经验之谈，的的确确的。

新近就因为预想的不对，自己找了一个苦吃。《世界文库》的编者要我译果戈理的《死魂灵》，没有细想，一口答应了。这书我不过曾经草草地看过一遍，觉得写法平直，没有现代作品的希奇古怪，那时的人们还在蜡烛光下跳舞，可见也不会有什么摩登名词，为中国所未有，非译者来闭门生造不可。我最怕新花样的名词，譬如电灯，其实也不算新花样了，一个电灯的零件，我叫得出六样：花线、灯泡、灯罩、沙袋、扑落、开关。但这是上海话，那后三个，在别处怕就行不通。《一天的工作》里有一篇短篇，讲到铁厂，后来有一位在北方铁厂里的读者给我一封信，说其中的机件名目，没有一个能够使他知道实物是什么的。呜呼，——这里只好呜呼了——其实这些名目，大半乃是十九世纪末我在江南学习挖矿时得之老师的传授。不知是古今异时，还是南北异地之故呢，隔膜了。在青年文学家靠它修养的《庄子》和《文选》或者明人小品里，也找不出那些名目来。没有法子。"三十六着，走为上着"，最没有弊病的是莫如不沾手。

可恨我还太自大，竟又小觑了《死魂灵》，以为这倒不算什么，担当回来，真的又要翻译了。于是"苦"字上头。仔细一读，不错，写法的确不过平铺直叙，但到处是刺，有的明白，有的却隐藏，要感得到；虽然重译，也得竭力保存它的锋头。里面确没有电灯和汽车，然而十九世纪上半期的菜单、赌具、服装，也都是陌生家伙。这就势必至于字典不离手，冷汗不离身，一面也自然只好怪自己语学程度的不够格。但这一杯偶然自大了一下的罚酒是应该喝干的：硬着头皮译下去。到得烦厌、疲倦了的时候，就随便拿本新出的杂志来翻翻，算是休息。这是我的老脾气，休息之中，也略含幸灾乐祸之意，其意若曰：这回是轮到我舒舒服服地来看你们在闹什么花样了。

好像华盖运还没有交完，仍旧不得舒服。拿到手的是《文学》四卷六号，一翻开来，卷头就有一幅红印的大广告，其中说是下一号里，要有我的散文了，题目叫作"未定"。往回一想，编辑先生的确曾经给我一封信，叫我寄一点文章，但我最怕的正是所谓做文章，不答。文章而至于要做，其苦可知。不答者，即答曰不做之意。不料一面又登出广告来了，情同绑票，令我为难。但同时又想到这也许还是自己错，我曾经发表过，我的文章，不是涌出，乃是挤出来的。他大约正抓住了这弱点，在用挤出法；而且我遇见编辑先生们时，也间或觉得他们有想挤之状，令人寒心。先前如果说："我的文章，是挤也挤不出来的"，那恐怕要安全得多了，我佩服陀思妥也夫斯基的少谈自己，以及有些文豪们的专讲别人。

但是，积习还未尽除，稿费又究竟可以换米，写一点也还不算什么"冤沉海底"。笔，是有点古怪的，它有编辑先生一样的"挤"的本领。袖手坐着，想打盹，笔一在手，面前放一张稿子纸，就往往会莫名其妙地写出些什么来。自然，要好，可不见得。

二

还是翻译《死魂灵》的事情。躲在书房里，是只有这类事情的。动笔之前，就先得解决一个问题：竭力使它归化，还是尽量保存洋气呢？日本文的译者上田进君，是主张用前一法的。他以为讽刺传品的翻译，第一当求其易懂，愈易懂，效力也愈广大。所以他的译文，有时就化一句为数句，很近于解释。我的意见却两样的。只求易懂，不如创作，或者改作，将事改为中国事，人也化为中国人。如果还是翻译，那么，首先的目的，就在博览外国的作品，不但移情，也要益智，至少是知道何地何时，有这等事，和旅行外国，是很相像的：它必须有异国情调，就是所谓洋气。其实世界上也不会有完全归化的译文，倘有，就是貌合神离，从严辨别起来，它算不得翻译。凡是翻译，必须兼顾着两面，一当然力求其易解，一则保存着原作的丰姿，但这保存，却又常常和易懂相矛盾：看不惯了。不过它原是洋鬼子，当然谁也看不惯，为比较的顺眼起见，只能改换它的衣裳，却不该削低它的鼻子，剜掉它的眼睛。我是不主张削鼻剜眼的，所以有些地方，仍然宁可译得不顺口。只是文句的组织，无须科学理论似的精密了，就随随便便，但副词的"地"字，却还是使用的，因为我觉得现在看惯了这字的读者已经很不少。

然而"幸乎不幸乎"，我竟因此发见我的新职业了：做西崽。

还是当作休息的翻杂志，这回是在《人间世》二十八期上遇见了林语堂先生的大文，摘录会损精神，还是抄一段——"……今人一味仿效西洋，自称摩登，甚至不问中国文法，必欲仿效英文，分'历史的'为形容词，'历史地'为状词，以模仿英文之 historically，拖一西洋辫子，然则'快来'何不因'快'字是状词而改为'快地的来'？此类把戏，只是洋场孽少怪相，谈文学虽不足，当西崽颇有才。此种流风，其弊在奴，救之之道，在于思。"（《今文八弊》中）

其实是"地"字之类的采用，并非一定从高等华人所擅长的英文而来的。"英文""英文"，一笑一笑。况且看上文的反问语气，似乎"一味仿效西洋"的"今人"，实际上也并不将"快来"改为"快地的来"，这仅是作者的虚构，所以助成其名文，殆即所谓"保得自身为主，则圆通自在，大畅无比"之例了。不过不切实，倘是"自称摩登"的"今人"所说，就是"其弊在浮"。

倘使我至今还住在故乡，看了这一段文章，是懂得，相信的。我们那里只有几个洋教堂，里面想必各有几位西崽，然而很难得遇见。要研究西崽，只能用自己做标本，虽不过"颇"，也够合用了。又是"幸乎不幸乎"，后来竟到了上海，上海住着许多洋人，因此有着许多西崽，因此也给了我许多相见的机会；不但相见，我还得了和他们中的几位谈天的光荣。不错，他们懂洋话，所懂的大抵是"英文""洋文"，然而这是他们的吃饭家伙，专用于服事洋东家的，他们决不将洋辫子拖进中国话里来，自然更没有捣乱中国文法的意思，有时也用几个音译字，如"那摩温""土司"之类，但这也是向来用惯的话，并非标新立异，来表示自己的摩登的。他们倒是国粹家，一有余闲，拉皮胡，唱《探母》；上工穿制服，下工换华装，间或请假出游，有钱的就是缎鞋绸衫子。不过要戴草帽，眼镜也不用玳瑁边的老样式，倘用华洋的"门户之见"看起来，这两样却不免是缺点。

又倘使我要另找职业，能说英文，我可真地肯去做西崽的，因为我以为用工作换钱，西崽和华仆在人格上也并无高下，正如用劳力在外资工厂或华资工厂换得工资，或用学费在外国大学或中国大学取得资格，都没有卑贱和清高之分一样。西崽之可厌不在他的职业，而在他的"西崽相"。这里之所谓"相"，非说相貌，乃是"诚于中而形于外"的，包括着"形式"和"内容"而言。这"相"，是觉得洋人势力，高于群华人，自己懂洋话，近洋人，所以也高于群华人；但自己又系出黄帝，有古文明，深通华情，胜洋鬼子，所以也胜于势力高于群华人的洋人，因此也更胜于还在洋人之下的群华人。租界上的中国巡捕，也常常有这一种"相"。

倚徙华洋之间，往来主奴之界，这就是现在洋场上的"西崽相"。但又并不是骑墙，因为他是流动的，较为"圆通自在"，所以也自得其乐，除非你扫了他的兴头。

三

由前所说，"西崽相"就该和他的职业有关了，但又不全和职业相关，一部分却来自未有西崽以前的传统。所以这一种相，有时是连清高的士大夫也不能免的。"事大"，历史上有过的，"自大"，事实上也常有的；"事大"和"自大"，虽然不相容，但因"事大"而"自大"，却又为实际上所常见——他足以傲视一切连"事大"也不配的人们。有人佩服得五体投地的《野叟曝言》中，那"居一人之下，在众人之上"的文素臣，就是这标本。他是崇华，抑夷，其实却是"满崽"；古之"满崽"，正犹今之"西崽"也。

所以虽是我们读书人，自以为胜西崽远甚，而洗伐未净，说话一多，也常常会露出尾巴来的。再抄一段名文在这里——"……其在文学，今日绍介波兰诗人，明日绍介捷克文豪，而对于已经闻名之英美法德文人，反厌为陈腐，不欲深察，求一究竟。此与妇女新装求入时一样，总是媚字一字不是，自叹女儿身，事人以颜色，其苦不堪言。此种流风，其弊在浮，救之之道，在于学。"（《今文八弊》中）

但是，这种"新装"的开始，想起来却长久了，"绍介波兰诗人"，还在三十年前，始于我的《摩罗诗力说》。那时满清宰华，汉民受制，中国境遇，颇类波兰，读其诗歌，即易于心心相印，不但无事大之意，也不存献媚之心。后来上海的《小说月报》，还曾为弱小民族作品出过专号，这种风气，现在是衰歇了，即偶有存者，也不过一脉的余波。但生长于民国的幸福的青年，是不知道的，至于附势奴才，拜金崽子，当然更不会知道。但即使现在绍介波兰诗人，捷克文豪，怎么便是"媚"呢？他们就没有"已经闻名"的文人吗？况且"已经闻名"，是谁闻其"名"，又何从而"闻"的呢？诚然，"英美法德"，在中国有宣教师，在中国现有或曾有租界，几处有驻军，几处有军舰，商人多，用西崽也多，至于使一般人仅知有"大英""花

旗""法兰西"和"茄门"，而不知世界上还有波兰和捷克。但世界
文学史，是用了文学的眼睛看，而不用势利眼睛看的，所以文学无须
用金钱和枪炮作掩护。波兰、捷克，虽然未曾加入八国联军来打过北
京，那文学却在，不过有一些人，并未"已经闻名"而已。外国的文
人，要在中国闻名，靠作品似乎是不够的，他反要得到轻薄。

所以一样的没有打过中国的国度的文学，如希腊的史诗，印度的
寓言，亚剌伯的《天方夜谈》，西班牙的《堂·吉诃德》，纵使在别国
"已经闻名"，不下于"英美法德文人"的作品，在中国却被忘记了，
他们或则国度已灭，或则无能，再也用不着"媚"字。

对于这情形，我看可以先把上章所引的林语堂先生的训词移到这
里来的——

　　　　此种流风，其弊在奴，救之之道，在于思。

不过后两句不合用，既然"奴"了，"思"亦何益，思来思去，
不过"奴"得巧妙一点而已。中国宁可有未"思"的西崽，将来的文
学倒较为有望。

但"已经闻名的英美法德文人"，在中国却确是不遇的。中国的
国立学校学这四国语，为时已久，开初虽不过意在养成使馆的译员，
但后来却展开，盛大了。学德语盛于清末的改革军操，学法语盛于民
国的"勤工俭学"。学英语最早，一为了商务，二为了海军，而学英
语的人数也最多，为学英语而作的教科书和参考书也最多，由英语起
家的学士文人也不少。然而海军不过将军舰送人，绍介"已经闻名"
的司各德、迭更斯、狄福、斯惠夫德……的，竟是只知汉文的林纾，

连绍介最大的"已经闻名"的莎士比亚的几篇剧本的，也有待于并不专攻英文的田汉。这缘故，可真是非"在于思"则不可了。

然而现在又到了"今日绍介波兰诗人，明日绍介捷克文豪"的危机，弱国文人，将闻名于中国，英美法德的文风，竟还不能和他们的财力武力，深入现在的文林，"狗逐尾巴"者既没有恒心，志在高山的又不屑动手，但见山林映以电灯，语录夹些洋话，"对于已经闻名之英美法德文人"，真不知要待何人，至何时，这才来"求一究竟"。那些文人的作品，当然也是好极了的，然甲则曰不佞望洋而兴叹，乙则曰汝辈何不潜心而探求。旧笑话云：昔有孝子，遇其父病，闻股肉可疗，而自怕痛，执刀出门，执途人臂，悍然割之，途人惊拒，孝子谓曰，割股疗父，乃是大孝，汝竟惊拒，岂是人哉！是好比方；林先生云："说法虽乖，功效实同"，是好辩解。

六月十日

——《文学》月刊第 5 卷第 1 号（1935 年 10 月）

论翻译（1935）

萧乾

枫君：

我们相信中国文艺尚逗留在学习的过程中。如果还想进步，外国的好作品我们不可忽略。这也就是上海方面《译文》一类专收翻译的杂志和《世界文库》一类系统地刊印译品的丛书旨趣所在了。但当拥有博学编辑和宏大资本的书店在企图作一整个的西洋文艺介绍时，我们这小刊物愿意集中自己有限的力量在创作上了。

创作在我们已是件力不可及的工作，我们哪里更有篇幅去刊登"重译"，纵使"重译"在这年头已成为一件流行的事！十几年来，人人都在翻译柴霍夫，翻译莫里哀，翻译……各地刊物是这样多，我们哪里有眼力来甄别您这篇是否"重译"或"重重译"！

国内翻译文学近年来是有着惊人的进步了。这是以往巨大损失所换来的。散漫的翻译在许多情形下常是浪费：它永不能为读者由远方移植一颗新鲜的心灵。纵使是真金，散在沙地上终于也不能成器。不幸我们初期的翻译者就这样把精力浪费了。如果西洋文学曾经给予我们相当有力的启示时，那也要感谢翻译屠哥涅夫、辛克莱、萧伯纳、阿尔跋绥夫的共学社、文学研究会、创造社的那些位有系有见解的译者们了，他们曾集中自己的精力在几部有了确定的文艺价值的作品上。是这些"大译"爬进了我们自己的心灵，在创作技巧、生活观念上展示了新的趣味。

现在国内出版家似乎担心起这样浪费下去不成事体了。译品在纯欣赏外，还须是个手段——我们还希望它俾益我们自己的创作。但这效果零星的翻译是不容易获到的，最大的原因是随了作品，我们还须把作者的人格介绍进来。论文介绍不了人格。一个全集是作者人格最明晰的介绍。是那些自传的小说使我们接近了托尔斯泰和高尔基的灵魂。也只有那个。

如果您志在翻译，我以为就该选定自己所最钟爱的作者，系统地工作下去。这选择的准绳可以依着目前国内文艺界客观的需要，看看一般译者们曾忽略了什么不应忽略的作品。

这种客观的选择对于弥空有莫大的功绩，但好的翻译却永不能在那情形下产生。纵使迭更生的作品是多么缺乏翻译，一个不甚幽默的人是不会译好的。如果自己对于海没有亲切的认识，提笔译康端德的小说或欧尼尔的戏剧如何能真切生动！一个译曼殊斐尔的人至少也须具有那样一具纤秀细腻的心灵。翻译也不仅是拓版。为了传神，它还有着诠释的作用。因此，另一个更妥帖的办法是选译您最钟爱的作家：和您有着同样的情绪或类似的生活经验的。

——沈从文、萧乾著：《废邮存底》

（奉天：秋江书店，1941 年）

外交名词译名的商榷（1935）

王光

　　译名的不统一，甚至没有译名，实在是中国文化进步上的最大障碍，因为没有相当的译名，弄得许多书无从翻译，或者一个专门名词，你译你的，我译我的，翻了出来，佶屈聱牙，无人能懂，不如看原本的外国书。经过了乱七八糟的许多年头，教育部也知道统一译名的重要了，于二十一年成立了一个国立编译馆，做了一部分整理译名的工作，颇有成绩。我觉得外交译名，因为时时要用，颇有提前研讨的必要，现在不揣谫陋，就平常想到的写出来供大家的讨论、参考和指教。

　　差不多任何国家的文武官吏都有一种考铨保障制度，不像我们这种杂乱无章，换一个院长，则部长、次长、司长都换新人。调一个局长，则科长、科员、书记、勤务都同时卷铺盖，成绩资格，丝毫不论。外国文武官吏普通都说是 in service，都有其 service 的保障，文官有 civil service，武官有 military service，外交官有 diplomatic service。现在讨论外交译名，先要研究的就是 diplomatic service 如何译法。中国现在既然没有怎么切实的考铨保障制度，所以根本就没有什么 service，更没有它的译名了。我以为 service 既是为公家服务的意思，似乎可以译为"公职"，所以 diplomatic service 便译为"外交公职"，其他类推：

Foreign service	外务公职
Diplomatic service	外交公职
Consular service	领事公职
Public service	公务公职
Civil service	文事公职
Military service	陆军公职
Naval service	海军公职
Air service	空军公职
Postal service	邮政公职
Telegraph service	电报公职
Telephone service	电话公职
Railway service	铁道公职
Army medical service	军医公职

以下各种译名，或则沿用已久，或则近来订定，都还妥适：

Ambassador Extraordinary and Plenipotentiary	特命全权大使
Envoy Extraordinary and Minister Plenipotentiary	特命全权公使
Counselor of Embassy	大使馆参事
First Secretary	一等秘书
Second Secretary	二等秘书
Third Secretary	三等秘书
Attaché	随员
Military Attaché	陆军武官
Naval Attaché	海军武官
Chancellor	主事

唯 Assistant Military Attaché 以前译为"陆军副武官"，似应改为"副陆军武官"，Assistant Naval Attaché 亦当译为"副海军武官"。

又 Air Attaché 现译为"航空武官"，似以译为"空军武官"为妥。Commercial Attaché 现译为"商务随员"，我觉得不如改为"商务官"，Assistant Commercial Attaché 则为"副商务官"。

又外交官中尚有 Internonce Apostolique, Minister Plenipotentiary, Minister Resident, Chargé d'Affaires，及 Chargé d'Affaires ad intérim 等五种官级。Internonce Apostolique 是罗马教皇派遣的二等外交官，荷兰和中美尼加拉瓜等国都驻有此等外交官，似可译为"教庭公使"。Minister Plenipotentiary 当译作"全权公使"，如英国驻巴拉圭国的就是"全权公使"，没有特命的头衔。Minister Resident 是使节中的第三级外交官，一八一八年 Aix-la-Chapelle 会议时规定的，现在已经不通行了。Minister Resident 可以译为"驻扎公使"。Chargé d'Affaires 的译名至不一律，外部方面现译为"代办使事"，而驻外人员的呈文有时签为"代办驻○使事"，我以为应当正式简译为"代办"。Chargé d'Affaires ad intérim 现译为"暂行代办使事"，亦应改译为"暂行代办"。

驻外使领馆长官他调时，馆务往往由其他职员暂时代理，此等代理人员并非奉有命令给他们"代办"或"暂行代办"的名义，实为所谓 Chargé des Affaires 应译为"代理馆务"，不得僭用"代办"等名称。

列强驻华使馆往往有特殊名称的职员，现在将此等特殊名称和我所拟的译名列后：

Conseiller de Légation	公使馆参事
Conseiller chinois	中文参事
Conseiller commercial	商务参事
Secrétaire chinois	中文秘书
Secrétaire commercial	商务秘书

Commandant de la garde de la légation	公使馆卫队长
Médecin	医官
Premier secrétaire interprète	一等通译秘书
Attaché pour L'étude de la langue chinoisc	中文学习员
Élève interprète	通译学习员
Chef de la chancellerie	主任主事
Premier chanceller	一等主事
Archiviste	管档员

领事人员方面的下列译名都还妥帖：

Consul-general	总领事
Consul	领事
Vice Consul	副领事
Student Consul	随习领事
Honorary Consul	名誉领事
Acting Consul	代理领事

此外尚有 Consular Agent 与 Pro-Consul 二种尚无译名。Consular Agent 的地位在副领事与随习领事之间，似可译为"委托领事"。Pro-Consul 英国派遣的很多，是专管监视宣誓等公证事务的领事官，可以译作"公证领事"。

各国首都外交代表群集，往往以资格最深、经历最富的为领袖，为种种国际礼节的代表人或外交团的发言人，其英文名称为 Dean of the Diplomatic Corps，我国外交界中人以前往往译之为"领袖公使"。其实所谓 Dean 者不必一定是公使，如同我国目前既已有苏联、意大利、日本等各国的大使，领袖即应属诸先到任的苏联大使。又若任何时各国大使公使均事假他去或离任，则代办亦可为"领袖"。所以"领袖公使"的译名殊不确切，似当译为"外交团领袖"。

同样地，Dean of the Consular Corps 不当译成"领袖领事"，而应当译为"领事团领袖"。

又外交官享有治外法权，同时因为他们是外宾的关系，各国都给予种种的优待，如自用品免税等，因此养成国际间通行的所谓 diplomatic immunity 和 diplomatic privilege。前者是不受驻在国民刑法管辖等等的消极特权，后者为如上述的自用品免税等等的积极特权，一负一正，内容迥殊，而往昔我国都一律译为"特权"，含糊笼统，无从辨别。我主张将 diplomatic immunity 译为"外交特免权"，diplomatic privilege 译为"外交特享权"。

关于外交公文方面的各种译名，沿用已久，尚属妥帖的如下：

Treaty	条约
Agreement	协定
Convention	专约
Protocol	议定书
Annex	附件
Ratification	批准书
Declaration	宣言
Note	照会
Exchange of Ratifications	交换批准书
Exchange of Notes	交换照会
Memorandum	节略
Aide Memoire	备忘录
Credentials	国书
Full Powers	全权证书
Exequatur	领事证书
Passport	护照
Laisser-passer	放行证

签订条约的时候，往往二国全权先讨论一种 draft treaty（条约草案），到大致就绪时，各签缩写姓名于约上，更待最后决定。然此等曾签缩写姓名的条约根本上无束缚力，可以全部推翻或局部修正。譬如中俄协定先由王儒堂博士于加拉罕磋议，签订缩写姓名，嗣改由顾少川博士继续办理，最后签订的协定颇有修改。上述签缩写姓名，英文称为 initialing，现译为"草签"，虽与英文原意不尽符合，但尚还可用。

条约一类的文件的专门名词尚有 Concordat, Additional Articles, Final Act, General Act, Procès-verbal, Modus Vivendi, Compromise d'Arbitrage, Réversale, Notice of Termination, Pact 等十种。

Concordat 是罗马教皇与各国订立关于保障天主教利益的条约的专门名词，我国现无译名，我觉得可以译作"教约"。

两国间已经订好的条约，后来如果要修改内容条款的一部分，可以另定一种约，此等修改原约条款的条约叫作 Additional Articles（有时也叫 Additional Act）。照字面翻译可以译作"附加条款"，但不很妥当，我以为还是用意译，译作"修正书"好些。

一个国际会议结束的时候，往往由参加会议的各国代表合签一种 Final Act，列举会议经过、议定各约和表示若干希望或意见。签字于 Final Act 并不是承认内容全部，议定的约必须要分别签字方能发生束缚力。Final Act 以前都翻作"藏事文件"，我以为不妨改译为"藏事决议书"，因为 Act 不仅是普通的"文件"，实在是"决议书"，叫它为"文件"似乎不十分妥适。一八九九年海牙第一次和平会议，一九二三年洛桑会议和一九二九年日内瓦关于军中伤病兵士及俘虏会议都签了这样的"藏事决议书"。

但如果此类的决议书写明白内中列举的各约一概有效，与分别签字于各约一样，如同一八一五年维也纳会议时的办法；或者率性把会议中的宣言等并在一起做成一个总的文件，如同一八八五年柏林会议时的办法；此等文件英文叫 General Act。以前也把它译成"蒇事文件"，与 Final Act 无别。但是任何会议的结果所签定的约章都是一种蒇事文件，并且根据上面的说明，General Act 与 Final Act 不同，General Act 好像一个总的条约，我以为应当另译为"总约"。

好几个国家议定一个条约以后，或者交换批准书的时候，各国代表往往另签一种记录开会情形的文件，法文叫 Procès-verbal，有些人译为"笔录"。有些人译为"议事录"，后者较妥，似乎应当规定译名为"议事录"。

国际间暂时商定的协定，以待将来另订较为永久或较为详细的正式条约的文件，统称为 Modus Vivendi（拉丁文），往往此等文件以协定、专约或交换照会的方式出之，但究其内容实在都是 Modus Vivendi。Modus Vivendi 以前译"临时办法"或"暂行办法"，我主张改译为"暂行协议"。

两国间同意将某种争执案件提付仲裁的文件法文叫 Compromise d'Arbitrage，现在没有规定的译名，我以为可以译为"仲裁议约"。

Réversales 或 Lettres Réversales 是同意局部修改仪式礼节的交换文件，现在已经不通行了，可以翻作"交换书"。

条约的有效期限如曾经规定的，缔约国得依照规定的手续通知他造期满后该约即作废，此等通知就是 Notice of Termination，可以翻为"终止声明书"。

此外还有一种所谓 Pact，不过是条约的别名，不妨译为"合约"。

关于条约一方面还要讲几句话。条约固然大多数是两国合订的，也有好些条约是许多国家联合订立的。许多国家合订的条约叫Multilateral Treaty，一向译为"多边条约"，两国合订的条约叫Bilateral Treaty，还没有切当的译名，我的主张是把它译作"对边条约"。有许多"多边条约"参加的国家，很多带着若干的世界性，我们把它都译成"公约"。譬如一九二〇年在马得里签订的Universal Postal Convention，差不多世界各国都签字的，现译"国际邮政公约"；一九二一年在日内瓦签订的International Convention for the Suppression of Traffic in Women and Children译"禁止贩卖妇孺公约"；一九二二年比、法、英、义、日、荷、葡、美、中，在华盛顿签订关于远东政策的条约现在译为"九国远东公约"，或者简称"九国公约"；一九二八年德、美、比、法、英等国在巴黎签订的反对战争条约，即通常呼为Kellogg Anti-War Pact者，译"非战公约"；虽然英文方面是Convention, Treaty或Pact，似乎应当译"专约""条约"或"合约"，然而把它们译为"公约"反觉得更加明了适当，这个我们自己发明的名词是应当保存的。

还有一个我们早已耳熟的名词，即所谓"和约"，譬如常提起的"辛丑和约"或"凡尔赛和约"，好像也是一个我们自己固有的专门名词，其实是Peace Treaty，即"和平条约"的简称，并非特殊名词。

有许多条约最初由数国发起订立，但准许别国以后参加的，譬如上述的《非战公约》是一九二八年八月二十七日在巴黎成立的，中国于十一月二十七日方由驻美公使签字加入该约。"参加"英文是Accession。有时候一国代表对于大家议定的某一条约的一二条款不能同意，或对于该约有效的地理范围有异议时，在参加的时候可以声明"保留"。"保留"即是英文的Reservation。"参加"和"保留"这二个译名都还好。

领护照的手续，领照人须将本国政府发给的护照持往拟到国家的外交或领事官处 visé，并缴付若干用费，手续完备，方可前往。Visé 一字现在译为"签证"，visé fee 为"签证费"，都尚适当。

各国外交部对于外国的使馆人员，都颁发一种 identification card，证明他们的身份地位。我们的外交部最近也办了，对外国外交官发一种红套子的外交官证，领事官发蓝套子的领事官证。Identification card 通常译为"身份证明书"，似乎很俗气，不妨改译"确认证"。

英文 armistice 译为"休战"，十一月十一日即欧战停止的纪念日，普通就叫作 Armistice Day，现在译"欧战终止纪念日"，我以为不如痛痛快快地直译为"休战日"。还有"宣战"英文是 to declare war，现在普通把 declaration of war 也译为"宣战"，似乎不大适当，我以为应当改为"开战宣告"。又如日本的九一八、一二八对中国作战，并未经过宣战的手续，突如其来，英文称为 undeclared war，有时译为"不宣而战"，觉得很勉强，我以为不妨造一个新名词（undeclared war 也是一个新产生的 phrase）把它译为"未宣战争"。

还有一件事，国际间人民的移动本来有移入与移出之别。英文动词的 immigrate 和 emigrate，及名词 immigrant 和 emigrant 等，因中国文字的不完备，竟至今没有相当译名。我主张规定移入为"移"，移出为"殖"，铸造几个新名词，将 immigrate 译为"移入"，emigrate 译为"殖出"，immigrant 或 immigration 译为"移民"，emigrant 或 emigration 译为"殖民"，Immigration Bureau 则仍译"移民局"。

最后还要谈一谈外国人民和地名的译名。譬如英国驻华大使 Cadogan 现在他自己喜欢译为"贾德干"，以前报纸上曾把他译为

"开度甘"，其实若译为"凯读根""克渎甘"或"可度格"也无可非议。美国驻沪总领事 Cunningham 可以写成"克宁瀚""可宁汉姆"等许多完全不相同的字眼。又如日本驻华大使名字是汉文"有吉"二字，不过日文读法是 Ariyoshi，我们如果照汉文读法称呼他为"有吉先生"，恐怕他还不知道你在向哪个讲话呢。地名譬如 Geneva 现在普通译"日内瓦"，从前往往译为"日来佛"，但是也可以译为"及尼乏"或"极你法"，可以弄得你不知道它在南极还是北极。我以为人名方面如贾德干大使自己要用"贾德干"三字，我们当然尊重他的意思照译为"贾德干"。地名的译名引用已久，差不多早已家喻户晓的如英国、美国、巴黎、柏林，都可以照旧，不必另翻新花样来，其余一概用注音符号拼音。譬如 Jocksonville 译音为"ㄐㄧㄚㄎㄙㄥㄋㄧㄦ"，Sofia 译"ㄙㄛㄈㄧㄚ"，Harrison 译"ㄏㄚㄖㄧㄙㄣ"，Bush 译"ㄅㄨㄒㄩ"。这样，如同日本人用"假名"音译人名地名一般，可以较为一致，不至于一个人名或地名译成几十个不同的名字。况且现在政府既在极力提倡注音符号，这也是提倡的一法。

以上就鄙见所及拉杂写来，极为草率，尚望学者加以指导，不胜企盼，并且希望当局能够起来厘定统一的外交名词译名。

二四,五,二一，于首都

——《东方杂志》第 32 卷第 13 号（1935 年）

本社对于改订度量衡标准制意见（1935）

佚名

（关于吾国度量衡标准制法案，迩月以来，迭经各方发表意见，研究甚详。行政院为集思广益计，复召开审查会，以谋改革，并分令教育、实业两部转令各关系机关，及学术团体，签注意见，以备复议，意至善也。诚以度量衡制，关系多端，为国家重要政制之一，殊未可草率从事，致生弊端。本社奉令前因，当召集专家会议，详加研究，草为意见，除呈复教育部外，并布于此，诸希公鉴。编者志）

我国采用国际米突制为度量衡标准制，以统一全国度量衡，早成铁案，无待赘述。考米突制所以优于别种权度制者，除因其采取纯粹十进制度及其全度单位间有合理简便之关系外，其最大优点尤在每一种单位，只有一个专名，而各单位之十进位与十退位仅于单位名称前各加以表示其倍数或分数之字傍，即可一目了然，无须另立专名，非如我国之用引丈尺寸，担斤两钱，斛斗升合，或英国之码尺寸分，吨磅盎斯，等等，名目繁多，徒滋纷繁。此实国际米突制之一种基本精神，为我国所当采取者也。

是以在民国三年，政府草成权度法案时，本社即正式发表《权度新名商榷》一文，并刊载于四年二月《科学》第一卷第二期，主张长度之单位称"米"，重量之单位称"克"，容量之单位称"立特"，十进则于单位上加十、百、千等表示倍数之字，例如十米、百米、千米，十退则加分、厘、毫等示分数之字，例如分克、厘克、毫克，盖纯取国际米制之精神，绝不在袭取其形式也。

至民国八年，教育部及全国学术团体所组织之科学名词审查会委托本社起草物理学名词，复经同人详慎讨论，以为权度之十进十退单位，实有别造有系统之新字之必要，俾与国际制中 Kilometer、Hectometer、Centimeter、Millimeter 等命名法之精神相符，诚以在主要单位名词之上加十、百、千、厘、米、毫等字，以表示其倍数或分数，虽甚简明合理，但以"数字"与一"名词"连缀成一名，如"千米""千克"，骤视之几不成为一单位；若在此等名词之前，再加上其他数字例如"三千千米"等，写读尤感困难。细查当时各教科书，多已采用粁、粨、粴、糎、粉、糎、粍、竏、竓……等新字，颇见简明划一。唯其中以"粴"为主要单位则须改为"米突"，方能摒除尺寸分之旧观念，而完全合于米制一量一名十进十退之系统。嗣经正式提出讨论，并经长期之审议，决定长度之单位为"米突"，简称"米"。十进为"粁""粨""粴"（读音为十米、百米、千米），十退位"粉""糎""粍"（读音为分米、厘米、毫米）。质量之单位为"克兰姆"，简称"克"。十进为"兙""兡""兛"（读音为十克、百克、千克），十退为"瓱""瓱""瓱"（读音为分克、厘克、毫克）。容量之单位仍未"立特"。对于民四权度新制中所列之公升、公尺、公分等，易起混淆观念之名词，不独摒而不用，且于公布之审查本凡例中特为指出其缺点，俾学者有所适从。此与本社最初所主张之命名法有同一之精神，而更能扫除当时各种度量衡命名法之弊端。十余年来，国人于物理学上有所著述，能免单位名词之困难者，实赖此耳。即最近教育部召集全国天文数理讨论会议决案，其命名细节，虽微有出入，但其精神及原则，仍属一贯。

现行度量衡标准制命名法不便于学术上之应用者，约有二端。一曰名称之混淆。现行法迁就吾国度量衡旧名，故单位名称繁多，其不及米制之简便，前已言之。然使无其他障碍，亦不至为学术上所诟病。无如其所规定，长度百分之一为"公分"，面积十分之一亦为"公分"，重量千分之一又为"公分"，一名数用，而又一字数义，淆乱庞杂，流弊滋多。若在学术上又因由种种复杂单位，如密度单位之用"每立方公分几公分"，功能单位之用"公分公分"，更觉混淆不辨，莫可究诘。全国度量衡局有鉴于此，欲思补救，乃建议创造新字新音，以长度公分之分改用"庯"字，重量公分之分改用"份"字，面积公分之分改用"坋"字，实不免削足就履之讥，不特去国际米制合理简单化之精神益远，即与原法规取用旧名以便记忆之本旨亦大相径庭也。

二曰对拟之无义。以"公尺"对"尺"，以"公斤"对"斤"，此二者相差甚远，已难免引起国人重大之错觉，况米制系纯粹十进制度，而以非全体十进之旧名，里引丈尺，担斤两钱，作米制单位之名称，人将疑一百八十公丈为一公里，十六公两为一公斤矣。欲对拟于旧名以便记忆，反易发生误解。而现行标准市用二制之对立与市制本身之不健全，其影响于教育及工艺之进展，尤非浅鲜，理应同时修改，兹以不在本届主要讨论范围之内，故不赘及。

现行度量衡标准制命名法之未能适合国际米制之精神以及因此而发生之种种困难，已如上述，其有待于改订，实不容缓。查中国物理学会所拟改订之办法，除容量单位 Litre 该会拟作"升"，实与我国之旧升相混，且与其全部命名法之精神不一贯外，其余与本社最初之主张，无甚出入。唯其十进十退命名，似仍未达写读皆便之程度耳。

故本社以为前兹科学名词审查会所审定之权度单位名词，实有重加考虑之必要。其优点为简单、易解、整齐、有系统，而又能避免上述二种命名法所有之弊端。或以为一字双读音不合乎国人之习惯，然新字读双音实比创造一新单音为易晓。例如见"粁"即知读"千米"，见"兙"即知读"毫克"，比之疧、份、坋等新字规定某字须读去声，某字须读上声者，在记忆上与说话上之难易，实不可同日而语。科学日日在进步，创造新字已为各国科学文字上之通例，然西文新字可无读音上之困难。我国为事实上之需要，既亦不得不创新字，苟能解决其读音之困难，实予科学进步之莫大之助力。若必欲一字一音，则反见捉襟见肘，徒增学者之困难耳。况吾人习惯上固已将"哩""呎"等读成英里、英尺矣，则"粁""粉"等之双音读法，似亦未可谓全系创例也。民国以来，各种教科书多采用此等新字，而中学以上学生亦已莫不习用习读此等双音，足见所谓习惯云者，全视环境而定，苟有所需要而创造一种合理之新习惯，人亦必乐从，盖已有事实为之证明矣。

至于定义方面，行政院召集第一次审查会之议决案，全部意见甚为妥善，本社认为应予以一致赞成。其以 Litre 为应用单位而非正式单位，尤能免除米制中之已经存在之某种纠纷及缺点。

根据上述各节，本社以为对于改订度量衡命名及定义最彻底之办法，莫如参酌以前科学名词审查会所审定之名词及此次行政院召集之第一次审查会议案，兹谨条陈于后：

一、标准制长度以"米突"（Metre）为单位。一米突等于国际米突原器上，在百度温度计零度时，两定线间之距离。

"米突"得简为"米"。其十进单位为"粁""粨""粁"，十退单位为"粉""糎""粍"。

按此种命名法，以表示倍数分数之字与单位之名合为一双音字，在写读上均较数字与名字相叠为一名词为优。例如写"三粁"显然与"三千米"有别，物理学会条陈中虽于千字上加人旁为"仟"，以表示其倍数单位，然仟原即千字，初无分别，反形牵强。又如写"糎克秒"制一语甚为醒目，若写作"厘米克秒"制，在初习科学者或将疑为"厘、米、克、秒"制也。

又按米突、克兰姆等名词既系从译音而来，在法规中应当全译，以示正确。即各种导出单位，如热量单位"卡路利"，电流单位"安培"等亦应全译，若仅称一卡一安必致流弊。

又按吾国之分厘毫均系不名数。长度之寸以下，重量之钱以下，面积之亩以下，因为数小而不予以定名，故均称分厘毫。足见"分"为"寸""钱""亩"等名数之十分之一无疑。货币"角"之十分之一亦称分。年息一分亦指本金之十分之一，但世俗有称月息一分者，则系一厘之误解，不可为例也。因"分"为十分之一抑为百分之一，时人颇有歧解，故特附注于此。

二、标准值质量以 Kilogramme 为单位。一瓩等于国际瓩原器之质量。

"瓩"之一千分之一为"克兰姆"（Gramme），得简称"克"。

"克"之十进单位为"兙""兡""兛",十退单位为"兝""兣""兞"。

按标准权度制中所应规定者为质量而非重量,各国皆然。为提出重量单位及免除误会起见,可于法规中质量条文下附注:"因一兛质量之物体在天平秤上称出为一兛重,故在普通应用时,'兛重'得作为重量之单位。但重量之性质为力,其值随地域而异,不可与质量相混。故凡以重量加入'力''功'或'功率'之计算时,'兛重''兛米'或'每秒几兛米'等名词俱在避免之列,其计算应以科学上之标准或实用单位如 Dynes, ergs, 及 ergs/sec. 或 Megadyne, Joule, Watt 等出之",质量指物质之多寡,重量为该质量受地球吸引力而发生之重,顾名思义,甚易了解。人有以不通俗而不必列入法规者,但以法律条文贵在严谨精确,故法律上专门名词之不通俗者,决难避免也。

标准制之辅单位

三、面积以"平方米"为单位。一平方米等于一平方面积,每边为一米或一百糎。

四、地面积以十"亚尔"(Acre)为单位,称"畊"。一"亚"等于一平方籵之面积,一畊为一千平方米突。

按地面积之单位,各国采用不同。现在度量衡法规采用法国之"亚尔",仅合华亩六分之一,单位太小,不合国情。故应以十"亚尔"代之,并另立名称。

五、体积以"立方米"为单位,一立方米等于一立方体,每边为一米或一百糎。

六、容器容积仍以立方米为正式单位,但以"立特"(Litre)为实际上之辅助单位。一"立特"等于一兛纯水在其最高密度(百分温度计四度时)及标准气压(水银柱七六〇糎)时之体积。此体积等于

1. 000028 立方粉。（为稳妥计，亦可于法规中换注比一立方粉较大约三万分之一弱。一立方粉等于千分之一立方米。）在普通应用无须极高准确度时，得作为一立方籵或一千立方糎。

“立特”得简称为立，其十进制单位为“竍”“竡”“竏”，十退位为“竕”“竰”“竓”。中国物理学会以 Litre 为升，与我国旧名之升相混，故不可取。

其他方面

七、科学上之基本单位为糎、克、秒，故其面积体积应为平方糎、立方糎等，而全部推出单位成为“糎克秒”制单位。

八、关于“度量衡”三字连缀为一名词，似不如“权度”二字为宜，因容量之“量”实由“权”或“度”所推出，并非最基本之量也。

九、关于大小数命名法，本社曾于去年征集全体社员之意见。统计结果主张三位一节者略多于主张四位一进者。今若以三位一节法而论，似以中国物理学会所建议，个以上十位进，兆以上六位进，个以下十位退，微以下六位退之命名法较为合宜，因其不但与我国习惯相差不远，且专名少而便于记忆也。

本社对于度量衡法规以及其他方面种种改订之意见，业经再三考虑，并参酌二十年来全国学术界命名之习惯，对于以前科学名词审查会所审定之单位名词，认为最妥善适用，有正式采取之必要，我国科学前途发展，实利赖之。是否有当，伏祈海内贤硕，共同研究，俾臻于至善焉。

——《科学》第 19 卷第 4 期（1935 年 4 月）

佛经翻译论（1935）

罗根泽

本文作者罗雨亭先生为海内治中国文学史学者之一。所著《中国文学批评史》，即其多年从事编著之中国文学史类编之一种。全书分为四册：六朝以前为第一分册，唐宋为第二分册，元明为第三分册，清至现代为第四分册。其第一分册，已由北平人文书店出版（每册定价一元一角）。以下部分，现正陆续编著。关于唐代部分，多在本刊本卷各期先后刊布，本文乃为最后一篇。唯中间尚有"韩柳及以后的古文文论"一篇，应列本文之前，近据罗先生函告，谓已在北平与张东荪、瞿菊农诸先生共同创办之文哲季刊内发表，本刊因即从略。

编者谨识

一 翻译之难

中国史上有两大翻译时代，一是清末以至现在的翻译东西洋书籍，一是上起汉魏下至宋元而以唐初为中心的翻译印度佛经。"现在藏中佛经号称最初译出者为《四十二章经》，然此纯为晋人伪作，滋不足信。故论译事者，当以后汉桓灵时代托始"（梁任公先生《翻译文学与佛典》）就是安息人安世高在桓帝（一五五———一六七）初译的《安般守意经》等三十九部，月支人支娄迦谶在灵帝（一六八———一八八）时译的《般若道行经》《般舟三昧经》等十四部（亦见梁文）。

至汉末以后所以对佛经大译而特译者，自由于佛教思想的盛兴，而佛教思想的盛兴，则一方面固由于中国与西域及印度的交通，而最大的原因则基于自东汉以来的家族吞并，造成庄主与农奴两阶级的大争斗，由是农奴遵循着西汉的阴阳五行的学说，发展为太平道的农民宗教，庄主则由反阴阳五行，而引起自然主义的老庄思想，由老庄思想又转到佛教思想。不过这是学术史上的问题，这里恕不详论。

文学批评是后于文学的，同样翻译论也是后于翻译的，以故译事虽可上溯于东汉之末，而翻译论则到吴大地黄武（二二二———二二九）时，方由一位不知名的译《法句经》者提出，他说：

> 诸佛典兴皆在天竺，天竺语言与汉异音，云其书为天书，语为天语，名物不同，传实不易。唯昔蓝调、安侯、世高、都尉、弗（佛）调，译胡为汉，审得其体，斯以难继。后之传者虽不能密，犹尚贵其实，粗得大趣。始者维只难出自天竺，以黄武三年（二二四）来适武昌，仆从受此五百偈本，请其同道竺将炎为译。将炎虽善天竺语，未备晓汉，其所传言所得胡语，或以义出音，近于质直。仆初嫌其辞不雅，维只难曰："佛言依其义不用饰，取其法不以严其传，经者当令易晓，勿失厥义，是则为善。"座中咸曰："老氏称'美言不信，信言不美。'仲尼亦云：'书不尽言，言不尽意。'明圣人意深邃无极。今传胡义，实宜经达。"是以自竭受译人口，因循本旨，不加文饰，译所不解，则阙不传，故有

脱失，多不出者。然此虽词朴而旨深，文约而义博。(《句法经》序，见《出三藏记集》卷七)

所以需要翻译者，就因为语言文字的"名物不同"；而惟其"名物不同"，所以"传实不易"；惟其发现"传实不易"，所以才能掀起翻译的研究，才能提出翻译的方法。虽然"传实不易"，却希望"传实"，由是自然主张"依其义不用饰"，"因循本旨，不加文饰"，可以算是最初的直译说了。

《全唐文》的编者董诰等大概误认此文为唐人所作，所以载入《全唐文》卷九百八十六，而以黄武为吴大帝年号，由是在下边注一"疑"字。实则此文既载于梁僧佑的《出三藏记集》，其著作时代必在梁前，文中既标有黄武三年，当然是黄武时候或稍后的作品。就翻译论而言，也应当先发现翻译的困难，然后才提出翻译方法，而此文则正言翻译之难，故知是最早的翻译论，无所用其怀疑的。

二　道安的五失本三不易说

吴时的翻译《句法经》者，发现了翻译之难，因此而主张"因循本旨，不加文饰"的直译。到东晋时的道安（三一四——三八五），更具体地提出翻译的五失本、三不易之说：

译胡为秦，有五失本也：一者，胡语尽倒，而使从秦，一失本也。二者，胡经尚质，秦人好文，传可众心，非文不合，斯二失本也。三者，胡经委悉，至于叹咏，丁宁反复，或三或四，不嫌其烦，而今裁斥，三失本也。四者，胡有义记，正似乱辞，寻说向语，文无以异，或千五百，刈而不存，四失本也。五者，事已全成，将更傍及，反腾前辞，已乃后说，而悉除之，此五失本也。

三达之心，复面所演，圣必因时，时俗有易，而删雅古以适今时，一不易也。愚智天隔，圣人区阶，乃欲以千岁之上微言，传使合百王之下末俗，二不易也。阿难出经，去佛未久，尊大迦叶令五百六通，迭察迭书，今离千年而以近意量截，彼阿罗汉乃兢兢若此，此生死人而平平若此，岂不知法者勇乎，斯三不易也。（《摩诃钵罗若波罗蜜经抄序》——《出三藏记集》卷八）

因此道安虽"外涉群书，善为文章"，而对于翻译则兢兢于"不失本"——就是力求合于原文原意。于十四卷本《鞞婆沙序》引赵郎告译人的话说：

昔来出经者，多嫌梵言方质，改适今俗，此所不取。何者，传梵为秦，以不开（闲）方言，求知辞趣耳，何嫌文质？文质是时，幸勿易之。经之巧质有自来矣；唯传事不尽，乃译人之咎耳。（《出三藏记集》卷十）

对于"嫌梵言方质，改适今俗"者，有两个妙喻的贬刺。见于《摩诃钵罗若波罗蜜经抄序》：

前人出经，支谶、世高，审得胡本难系者也。又罗、支越，斫凿之巧者也。巧则巧矣，惧窍成而混沌死矣。若夫以诗为烦

重，以尚书为质朴，而删令合今，则马郑所深恨者也。（《出三藏纪集》卷八）

一见于他所作丘大戒序：

考前常世行戒，其谬多矣；或殊文旨，或粗举意。昔从武遂法潜得一部戒，其言烦直，意常恨之。而今侍（持）戒规矩与同，犹如合符出门应彻（辙）也。……而慊（嫌）其丁宁文多反复，称即合慧常令斥（斥）重去复。常乃避席谓大不宜尔。……将来学者欲审先圣雅言者，宜详览焉。诸出为秦言，便约不烦者，皆蒲陶酒之被水者也！（《出三藏记集》卷十一）

译质为文是失本，译烦为约也是失本，尽管前者有文彩之美，后者有简约之功，然就翻译而言，都是"传事不尽"，都是"译人之咎"。因此他所监译的经卷，要"案本而传，不令有损言游字；时改倒句，余尽实录。"（《鞞婆沙序》）然则道安是主张极端直译的了。

三　鸠摩罗什的"嚼饭"妙喻

本来翻译论的争执，集中点就是直译或意译。从一方面看，直译好像是理想的翻译，但由甲国文字，译为乙国文字，文字既异，文法亦殊，以故极端直译是不可能的。道安是主张极端直译者，然也要"时改倒句"。假使不改倒句也可以，不过一定弄得必深通原文，始能读译文，而既通原文，又何必读译文？则翻译的功用完全丢掉了。因此初期的翻译者，每为了迁就本国的语言文字，而采取意译，清末的翻译东西文是如此，汉晋的翻译佛经也是如此。固然最早的译经者，"世高译业在南，其笔受者为临淮人严佛调。支谶译业在北，其笔受者为洛阳人孟福张莲等。好文好质，隐表南北气分之殊。"（梁任公先生《翻译文学与佛典》）但好文者固是意译，好质者也是意译，所以《鸠摩罗什传》说："既览群经，义多纰缪，皆由先译失旨，不与梵本相应。"（《高僧传》卷二）玄奘传也说："前代所译经教，中间增损，多坠全言。"（《续高僧传》卷四）既然初期的翻译率为好文或好质的意译，所以后人才以发现初译的错误，而提出直译的翻译；但直译又有许多困难，许多弊端，如必须"时改倒句"，或弄得不通原文者不能读译文。由是又有意译的翻译论。职此之故，所以道安主直译，稍后的鸠摩罗什，则主意译。《高僧传》卷二本传说：

> 什每为（僧）叡论西言辞体，商略同异，云：天竺国俗，甚重文制，其宫商体韵，以入弦为善。凡觐国王，必有赞德，见佛之仪，以歌叹为贵，经中偈颂，皆其式也。但改梵为秦，失其藻蔚，虽得大意，殊隔文体，有似嚼饭与人，非徒失味，乃令呕哕也！

这是不错的，尽管你是直译能手，文字的意义可翻，文字的藻蔚翻不来，特别是诗歌偈颂，本是音律文字，音律附于文字，文字译改，音律自然不同了。因此鸠摩罗什对于翻译，真如梁任公先生所说，是"比较的偏重意译。其译法华则曲从方言，趣不乖本。"（慧观《法华宗要序》）其译智度，则"梵文委曲，师以秦人好简，裁而略之。"（僧叡《大智释论序》）其译中论，则"乖阙繁重者，皆裁而裨之。"（僧叡《中论序》）其译百论则"陶练复疏，务存论旨，使质而不野，简而必诣。"（僧叡《百论序》）据此可见凡什公所译，对于原本，或增或削，务在达旨，与道安所谓"尽从实录不令有损言游字"者，殊科矣。（《翻译文学与佛典》）

不过他的意译是非常矜重的。僧叡说他所译的《般若波罗蜜经》，"胡文雅质，按本译之。于巧丽不足，朴正有余矣。"（《小品经序》，见《出三藏记集》卷八）又说他翻译《摩诃般若波罗蜜经》："手执梵本，口宣秦言，两释异音，交辩文旨……与诸宿旧义业沙门释慧恭、僧䂮、僧迁、宝度、慧精、法钦、道流、僧叡、道恢、道树、道恒、道悰等五百余人，详其义旨，审其文中，然后书之。……胡音失者，正以天竺，秦名谬者，定以字义，不可变者，即而书之。是以异名蔚然，胡音殆半，斯实匠者之公谨，笔受之重慎也。"（《大品经序》，见《出三藏记集》卷八）则虽主意译，然对原文，亦非常忠实。《高僧传》卷二本传载他临死的时候告别众僧说："自以闇昧，谬充传译，凡所出经论五百余卷，唯十诵一部未及删烦，存其本旨，必无差失。顾凡所宣译，传流后世，咸共弘通。今于众前发诚实誓，若所传无谬者，当使焚身之后，舌不焦烂。"其矜慎的态度，可以想知了。

四 慧远的折中说

道安主张直译，什公比较重意译，由两种相反的学说的对立，胎育出慧远的融合的折中说。他序僧伽提婆所译的《三法度》说："虽音不曲尽，而文不害意。"又说：

> 自昔汉兴，逮及有晋，道俗名贤，并参怀圣典，其中弘通佛教者，传译甚众，或文过其意，或理胜其辞。以此考彼，殆兼先典。后来贤哲，若能参通晋胡，善译方言，幸复详其大归，以裁厥中焉。（见《出三藏记集》卷十）

"文过其意"是意译之失，"理胜其辞"是直译之失，唯其意译直译都有缺点，由是他主张"详其大归，以裁厥中。"又序童寿（即鸠摩罗什）所译《大智论抄字》说：

> 譬大羹不和，虽味非珍，神珠内映，虽宝非用，信言不美，有自来矣。若遂令正典隐于荣华，玄朴亏于小成，则百家竞辨，九流争川，方将幽沦长夜，背日月而昏逝，不亦悲乎！

所指都是意译的毛病，而又接着说：

> 于是静寻所由，以求其本，则知圣人依方设训，文质殊体，若以文应质则疑者众，以质应文则悦者寡，是以化行天竺，辞朴而义微，言近而旨远。义微则隐昧无象，旨远则幽绪莫寻。故令玩常训者牵于近俗，束名教者或（惑）于未闻。

则对直译亦认为有许多缺点。由是他斟酌二者之间，想出一个折中的办法：

简繁理秽，以详其中，令质文有体，义无所越。

在他看来，"若开易进之路，则阶籍有由；晓渐悟之方，则始涉有津。"而折中的办法，则正有这种好处。

五 彦琮的八备说

此后的翻译论，率为译字的讨论，俟下节详述。至研究翻译的根本方法与态度者，则慧远之后，直至隋代的彦琮，才提出具体的意见。《续高僧传》卷二本传说他："久参传译，妙体梵文。此士群师，皆宗乌迹，至于字音诂训，罕得其符，乃著《辨正论》，以垂翻译之式。"道安慧远的翻译论都附见于所作译经序，什公的翻译论仅见于与僧叡的言论中，无论其见解如何，都没有翻译论的专篇文字，对于翻译的专篇论文，实始于彦琮的《辨正论》。

《辨正论》首引道安的五失本三不易之说，次述名梵为胡的不当，次述译经的历史，与翻译论的关系较浅，兹略不征引。次评历代译经的得失说：

> 佛教初流，方音鲜会，以斯译彼，仍恐难明。无废后生，已承前哲，梵书渐播，真宗稍演，其所宣出，窃谓分明，聊因此言，辄铨古译：汉纵守本，犹敢遥议；魏虽在昔，终欲悬讨。或繁或简，理容未适；时野时华，例颇不定。晋宋尚于谈说，争坏其淳；秦梁重于文才，尤从其质。非无四五德高，缉之以道；八九大经，录之以正。自兹以后，迭相祖述，旧典成法，且可宪章，展转洞见，因循共写，莫问是非，谁穷始末！僧发惟对面之物，乃作华发；安禅本合掌之名，例为禅定。如斯等类，固亦众矣。

次说翻译之难：

> 若令梵师独断，则微言罕革；笔人参制，则余辞必混。……且儒学古文，变犹纰缪；世人今语，传尚参差；况凡圣殊伦，东西隔域，难之又难，论莫能尽。

盖彦琮与什公都是主翻译不可能论者，不过什公以为不可译者是文字的藻蔚，彦琮以为不可译者是意义的忠实。既然对意译不能作忠实的翻译，所以他希望"才去俗衣，寻教梵字……则应五天正语，充布阎浮，三转妙音，并流震旦。人人共解，省翻译之劳；代代咸明，除疑网之失。"而现在既不能人人共解，由是不得不仍然仰赖于"宣译之业"；由是不得不在不能忠实翻译之下，力求忠实；由是有所谓"八备"之说：

诚心爱法，志愿益人，不惮久时，其备一也。

将践觉场，先牢戒足，不染讥恶，其备二也。

筌晓三藏，义贯两乘，不苦暗滞，其备三也。

旁涉文史，工缀典词，不过鲁拙，其备四也。

襟抱平恕，器量虚融，不好专执，其备五也。

耽于道术，淡于名利，不欲高炫，其备六也。

要识梵言，乃闲正译，不坠彼学，其备七也。

薄阅苍《雅》，粗谙篆隶，不昧此文，其备八也。

此所谓八备，与其说是翻译的方法，毋宁说是翻译者的教条。本来自道安提出直译法，什公提出意译法，慧远又提折中法，固使译界有长足的进步，而未能蹑入理想之途者，已不是方法的问题，而是人的问题，所以彦琮又提出翻译者的教条。梁任公先生说："其（一）

（五）（六）之三事，特注重翻译家人格之修养，可谓深探本源，余则常谈耳。"（《翻译文学与佛典》）人格的修养，确是翻译的深探本源，然其余各条，亦有相当价值。如第三条似谓必深通各经，始能译一经，与第七条"要识梵言"，第八条的"不昧此文"，也都是对翻译者的绝好教条。因为不深通各经，因此对一经的认识不会正确；认识还不正确，所译不问可知，不通梵言，当然不配翻译；而对"此文"的知识，如或不好，不会高明，所译必不能达。创作文学，外形与内容可以互相救济，故文字的运用较易，翻译文学，只能以文学的形式显示内容，不能以内容迁就外式，故文字的运用尤难。因此"要识梵言"，与"不昧此文"，也是翻译者的最低能力；假使这种能力还不充足，便勉强翻译，那真是自误误人了。

六 译字的研究与玄奘的五种不翻

梁任公先生："翻译之事，遣词既不易，定名尤最难。全采原音，则几同不译；易以汉语，则内容所含之义，差之毫厘，即谬以千里。折衷两者，最费苦心。"（《佛典之翻译》）所以译字是译文（文学文章之文，非独体为文之文）的根本。研究译文，必研究译字。僧叡说什公的译《摩诃般若》："梵音失者，正之以天竺；秦言谬者，定以字义；不可变者，即而书之。是以异名斌然，梵音殆半。"（引见前）已开始译字的讨论。至僧叡自己，对于译字的讨论尤详。如他的《思益经序》说：

> 此经天竺正音，名"毗拾沙真谛"，是他方梵天殊特妙意菩萨之号也。详听什公传译其名，幡复展转，意似未尽，良由未

备秦言名实之变故也。察其语意，会其名旨，当是"持意"，非"思益"也；直以未喻"持"义，遂用"益"耳。其言"益"者，超绝殊异妙拔之称也；"思"者，进业高胜自强不息之名也。旧名"持心"，最得其实。（引见《出三藏记集》卷八）

又于《毗摩罗诘提经义疏序》说：

既蒙究摩罗（即什公）法师正玄文，摘幽指，始悟前译之伤本，谬文之乘趣耳。至如以"不来相"为"辱来"，"不见相"为"相见"，"未缘法"为"始神"，"缘合法"为"上心"。诸如此比，无品不有，无章不尔。然后知边情险诐，难可以参契真言，厕怀玄悟矣。（同上）

大抵初期的宣译事业，由梵僧宣经，汉人笔授，所以只能达旨，至字句的翻译当否，当然无从推敲。什公是天竺人，娴于梵文，到中国后，又"转能汉言"，所以能发现旧经的"义多纰僻，皆由先度失旨，不与梵本相应。"（《高僧传》卷二本传）所以能开始译字的讨论。至僧叡是魏郡长乐人，是否通梵文不可知。《高僧传》卷六本传说："什所翻经，叡并参正。"又说："后出成实论，令叡讲之，什谕叡曰：'此诤论中有七变处，文破毗昙，而在言小隐。若能不问而解，可谓英才。'至叡启发幽微，果不谘什，而契然悬会。什叹曰：'吾传译经论，得与子相值，真无所恨矣。'"然则即使他不通梵文，而对梵文亦颇能"契然悬会"，所以对译字亦能多所指正与研讨。

什公、僧叡只讨论旧译的文字错误，而未言错误的原因，至生于宋而卒于梁的僧祐（四四五——五一八），始于《出三藏记集》卷一写一篇"胡汉译经音义同异记"，对错误的原因作详细的剖析，他说：

> 昔造书之主，凡有三人，长名曰梵，其书右行；次曰伕楼，其书左行；少者苍颉，其书下行。梵及伕楼居于天竺，黄史苍颉在于中夏。梵伕取法于净天，苍颉因华于鸟迹。文画诚异，传理则同矣。仰寻先觉所说，有六十四书，鹿轮转眼，笔制区分；龙鬼八部，字体殊式。唯梵及伕楼为世胜文，故天竺诸国，谓之天书。西方写经，虽同祖梵文，然三十六国，往往有异，譬诸中土，犹篆籀之变体乎？案苍颉古文，沿世代变，古称炙籀，籀迁至篆，篆改成隶，其转易多矣。至于傍生八体，则有仙龙云芝，二十四书，则有揩篆针殳，名实虽繁，为用盖鲜。然原本定义，则备于六文，适时为敏，则莫要于隶法。东西之书源，亦可得而略究也。至于胡音，为语单复无恒，或一字以摄众理，或数言而成一义。寻大涅槃经，列字五十，总释众义，十有四音，名为字本。观其发语裁音，宛转相资，或舌根唇末，以长短为异。且胡字一音，不能成语，必余言足句，然后义成。译人传意，岂不艰哉！

梵文和汉文的字音字义，都有这样多的变迁，如不能对彼此文字都有深切的认识，翻译起来，自易发生错误。且梵文属于复音语系，"为语单复无恒，或一字以摄众理，或数言而成一义。"汉文属单音语系，一字一音，一字一义，所以译梵为汉，尤为困难。另外梵文还有一种特点：

梵书制文，有半字满字。所以名半字者，义未具足，故字体半偏，犹汉文"月"字亏其旁也。所以名满字者，理既究交，故字体圆满，犹汉文"日"字盈其形也。故半字恶义，以譬烦恼；满字善义，以譬常住。又半字为体，犹汉文"言"字；满字为体，如汉文"诸"字。以"者"配"言"，方成"诸"字；"诸"字两合，即满之倒也；"言"字单立，即半之类也。半字虽单，为字根本，缘有半字，得成满字。譬凡夫始于无明，得成常住。故因字制义，以譬涅槃；梵文奥义，皆此类也。

唯其梵文如此繁难，汉文又变迁极多，所以以汉译梵，最易误错。"自前汉之末，经法始通，译音胥讹，未能明练。故浮屠桑门，言（遗）谬汉史，字音犹然，况于义乎？""所以新旧众经，大同小异。天竺语称维摩诘，旧译解云无垢称，关中译云净名，净即无垢，名即是称，此言殊而义均也。旧经称众佑，新经云世尊，此立义之异旨也。旧经云乾沓和，新经云乾闼婆，此国音之不同也。略举三条，余可类推矣。"

《出三藏记集》的前五卷，本据道安的《综理众经目录》，但此文云："罗什法师，俊神金照，秦僧融启，慧机水镜，故能表发挥，克明经奥。"又说："昙纤之传涅槃，跋陀之华言，辞理辨畅，明逾日月，观其为义，继轨什公矣。"则当然不能出于什公较前的道安，而是出于《出三藏记集》的作者僧佑。

唯其译字有如僧佑所说的那般困难，由是唐初集佛经翻译大成的玄奘，遂进而具体的说有：

> 五种不翻：一秘密故，如陀罗尼。二含多义故，如薄伽梵，具六义。三此无故，如阎浮树，中夏实无此木。四顺古故，如阿耨菩提，非不可翻，而摩腾以来，常存梵音。五生善故，如般若尊重，智慧轻浅，而七迷之作，乃谓释迦牟尼，此名能仁，能仁

之义，位卑周孔。阿耨菩提，名不遍知，此土老子之教，先有无
上正真之道，无以为异。菩提萨埵名大，道心众生，其名下易，
皆掩而不翻。（引见周敦义《翻译名义序》）

这虽只是消极的办法，然实在不能翻译者，也只有采用译音一
途；必牵强译意，便流于非愚则妄了。

七　道宣之对于历代易经的批评

译经事业，始于东汉之末（约一五〇前后），盛于东晋六朝，而
唐初（约六五〇前后）集其大成，仅玄奘所译，即有经书七十三部
一千三百三十卷之多。在这上下五百年中，直译者有之，意译者有
之，朱紫杂糅，为数实在可惊。唯其译事的历史已长，译出的经典亦
多，翻译的方法亦不同，由是与玄奘同年生（五九六），而死稍后的
道宣（玄奘死于六六四，道宣死于六六七），遂于所作《续高僧传》
卷四比论古今的翻译说：

若夫九代所传见存简录，汉魏守本，本固去华；晋宋传扬，时
开义举，文质恢恢，风味余逸。厥斯以降，轻扇一期，腾实未闻，
讲悟盖寡。皆由词逐情转，意写情心，共激波澜，永成通式。充
车溢藏，法宝住持，得在福流，失在讹竞。故勇猛陈请，词同世
华，制本受行，不惟文绮。至圣殷鉴，深有其由。详籍所传，减法
故也；即事可委，况宏失乎？然而习俗生常，知过难改，虽欲徒
辙，终陷前躅。粤自汉明，终于唐运，翻传梵本，多信译人，事语

易明，义求罕见，昔情独断，惟任笔功，纵有覆疏，还遵旧绪。梵僧执叶，相等情乖。音语莫通，是非俱滥。至如三学圣典，惟诠行旨；八藏微言，宗开词义。前翻后出，靡坠风猷，古哲今贤，德殊恒律。岂非方言重阻，臆断是投，世转交波，奄同浮俗。昔闻淳风雅畅，既任皇唐，绮饰伪杂，实钟季叶。不思本实，妄接词锋。竞掇刍荛，郑耳难偃。原夫大觉希言，绝世特立，八音四辩，演畅无垠，安得凡怀，虚参圣虑，用为标凝，诚非立言。虽复乐说不穷，随类各解，理开情外，词逸寰中。固当斧藻标奇，文高金玉，方可声通天乐，韵过恒致。近者晋宋颜谢之文，世尚企而无比，况乖于此，安可言乎？必踵斯踪，时俗变矣。其中芜乱，安足涉言。往者，西凉法谶，世号通人，后秦童寿，时称僧杰，善披文意，妙显精心，会达言方，风骨流便，宏衍于世，不亏传述。宋有开士慧严、宝云，世系贤明，勃兴前作，传度广部，联辉绝踪，将非面奉华胥，亲承诂训，得使声流千载，故其然哉。余则事义相传，足开神府，宁得如瓶写水，不妄叨流，薄乳之喻，复存今日，终亏受诵，足定浇淳。世有奘公，独高联类，往还震动，备书观方，百有余国，君臣谒敬，言义接对，不待译人，披折幽旨，华戎胥悦。唐朝后译，不屑古人，执本陈甚力，频开前失。既阙今乖，未遑厘正，辄略陈此，夫复何言？

他独推奘公，并非阿其所好。翻译事业，确如彦琮所说，要识梵言，同时又要不昧此文。初期的翻译，大抵梵僧出经，汉人笔受，有名的翻译者如安世是安息人，支娄迦谶、支谦、竺法护是月氏人，虽识梵言，然昧于此文。稍后如道安，是中国人，梁任公先生称为中国佛教界第一建设者，而又不通梵言。唯鸠摩罗什，父天竺人，母为龟兹王之妹，到中国后"转能汉言"，由是其翻译能以"手执梵本，口宣秦言。"自是翻译的一大方便，也是一大进步。然僧叡说他"于秦语大格"，则他汉言的程度必不甚高明。至玄奘，既精通汉文，又深识梵言，他不惟能译梵为汉，且能译汉为梵，道宣《续高僧传》卷四本传说："奘奉敕翻老子五千文为梵言以遗西域。"又云"以起信一论，文出马鸣，彼土诸僧，思承其本，奘乃译唐为梵，通布五天。"自然他的翻译要"不屑古人"，自然他的翻译可以"意思独断，出语成章，词人随写，即可搜玩了。"（亦《高僧传》本传语）

八　赞宁的六例说

　　文学批评史的分期，大抵须依据社会及文学批评的转变。但转变是对过去的扬弃，而不是昭然去旧而佈斩，因之前后错综的情形，在所不免。我们以魏晋六朝为一期，以隋唐另为一期的原因，就社会言，因前者是封建社会的由动摇而逐渐崩溃，后者是封建社会的再建；就文学批评言，前者主繁密缘情，后者则主简易载道。但就一两个问题而论，如声病说，虽盛于六朝，而亦残存于隋唐，由是我们不能不于述六朝文学批评的大题目之下，提叙六朝的声病论，而兼及隋唐的声病论。至佛经的翻译论，则虽大成于隋唐，而实上起六朝，下迄赵宋。赵宋以下，固仍有零星的言论，但卑不足数，但宋初赞宁所作《宋高传》中的论调，则确有叙次的价值。唯其如此，由是我们不能不于述隋唐文学批评的大题目之下，提叙隋唐的翻译论，而上及六朝的翻译论，下及宋代的翻译论。

赞宁论到翻译的方法，说："遂观道安也，论五失三不易，彦琮也籍其八备，明则也撰翻译仪式，玄奘也立五种不翻：此皆类左氏之诸凡，同史家之变例。今立新意，成六例焉。"据知明则有翻译仪式，但现在似乎看不到了？至他的六例：

谓译字译音为一例，胡言梵语为一例，重译直译为一例，粗言细语为一例，华言雅俗为一例，直言密语为一例也。

初则四句：一译字不译音，即陀罗尼是；二译音不译字，如佛胸前卍字是；三音字俱译，即诸经律中纯华言是；四音字俱不译，如经题上 δῃ 二字是。

第二胡语梵言者：一在五天竺纯梵语，二雪山之北是胡，山之南名婆罗门，国与胡绝，书语不同。从羯霜那国，字源本二十余言，转而相生，其流漫广，其书竖读，同震旦欤。至吐货罗言音渐异，字本二十五言，其书横读。度葱岭南迦毕试国，言字同吐货罗——已上杂类为胡也。若印度言字，梵天所制，本四十七言，演而遂广，号青藏焉。有十二章，教授童蒙，大成五明论，大抵与胡不同。五印度境，弥亘既遥，安无少异乎？又以此方始从东汉传译，至于隋朝，皆指西天以为胡国，且失梵天之苗裔，遂言胡地之经书。彦琮法师独明斯致，唯征造录痛责，弥天符佛地而合阿含，得之在我；用胡名而迷梵种，失则诛谁。唐有宣公，亦同鼓唱。自此若闻弹舌，或睹黑容，印定呼为梵僧，雷同认为梵语。琮师可谓忙于执斧捕前白露之蝉，曹在回光照后黄衣之雀。既云西土有梵有胡，何不南北区分？是非料简，致有三失：一、改胡为梵，不析胡开，胡还成梵，失也。二、不善胡梵二音，致令胡得为梵，失也。三、不知有重译，失也。当初尽呼为胡，亦犹隋朝已来，总呼为梵，所谓过犹不及也。如据宗本而谈，以梵为主；若从枝末而说，称胡可存。何耶？自五天至岭北，累累而译也。乃疑琮公留此，以待今日，亦不敢让焉。三、亦胡亦梵。如天竺经律，传到龟兹，龟兹不解天竺语，呼天竺为印特伽国者，因而译之；若易解者，犹存梵语。如此胡梵俱有者是。四、二非句，纯华言是也。

第三重译直译者：一直译，如五印夹牒直来东夏译者是。二重译，如经传岭北楼兰焉耆，不解天竺言，且译为胡语，如梵云邬渡陀耶，疏勒云鹘社，于阗云和尚；又天王梵云拘均罗，胡云毗沙门是。三亦直亦重，如三藏直齐夹牒而来，路由胡国，或带胡言，如觉明口诵昙无德律中有和尚等字者是。四二非句，即齐经三藏，虽兼胡语，到此不翻译者是。

第四粗言细语者，声明中一苏漫多，谓凡尔平语言辞也。二彦底多，谓典正言辞也。佛说法多依苏漫多，意住于义，不依于文，又被一切故，若彦底多，非诸类所能解故，亦名全声者，则言音分明典正，此细语也。半声者，则言音不分明而伪僻，此粗语也。一是粗非细。如五印度时俗之言是。二唯细非粗，如法护实云奘师义净，洞解声明音律，用中天细语典言而译者是。三亦粗亦细。如梵本中语涉粗细者是。或注云，此音讹僻，即粗言也。四二非句，阙。

第五华言雅俗者，亦云音有楚夏同也。且此方言语，雅即经籍之文，俗乃术巷之说，略同西域，细即典正，粗即讹僻也。一是雅非俗。如经中用书籍言是。二是俗非雅，如经中乞头博颊等语也。三亦雅亦俗，非学士润文，信绘执笔，其间浑金璞玉，交杂相投者是。四二非句，阙。

第六直语密语者，二种作句，涉俗为直，涉真为密，如婆罗师是。一是直非密，谓婆留师翻为恶口住，以恶口人人不能亲近故。二是密非直。婆留师翻为菩萨所知彼岸也，既通达三无性理，亦不为众生所亲近故。三两亦句。即同善恶真俗，皆不可亲近故。四二非句，谓除前相故。又毗持呵娄（目数数得定），郁婆提（目生起拔根弃背），婆罗（目真实离散乱），此诸名在经论中例显直密语义也。更有胡梵文字，四句易解。（大棋藏经本宋《高僧传》卷三）

赞宁自谓此为翻译六例，而详细绸译，实是由翻译梵书，进而讨论梵文。本来翻译某种文字，必先彻底了解某种文字，所以讨论梵文，实是翻译梵书的根本，也是佛经翻译论探本求源的应有之义。初期的译经，大抵根据胡语，不是根据的梵言，是重译，而不是直译，因此弄得胡梵不分，重译直译不分，这是从事翻译者与批评翻译者最应知道的。胡语有若干种，印度的文字也不同，这种认识尤为重要。不过分析胡梵，不始于赞宁，而始于彦琮。彦琮在他的《辨正论》里，首举道安所谓"译胡为秦，有五失本、三不易。"随后加以批评说："天竺文体，悉昙声例，寻其推论，亦似闲明。旧唤彼方，总名胡国，安虽远识，未变常语。胡本杂戎之胤，梵惟真圣之苗，根既悬殊，理无相滥。不善谙悉，多致雷同，见有胡貌，即云梵仲，实是梵人，漫云胡族，莫公真伪，良可哀哉！语梵虽讹，比胡犹别，改为梵学，知非胡者。"（引见读《高僧传》卷二本传）唯彦琮虽知梵胡不同，而未以所在地域加以区分，所以赞宁一方面说："彦琮法师，独明斯致。"一方面又说："既云酒土有梵有胡，何不南北区分？"至赞宁的功劳，则在继承彦琮之说，又进而以地域界限，区分梵胡而已。

还有过去的翻译者，因自己喜质，便说"胡经尚质"，自己好文，便说"天竺国俗，甚重文制。"实在有粗言，亦有细语，亦犹汉语的有雅有俗，不可一概而论。凡此所论，虽皆是梵文的分析，而可以予翻译者以正确南针，予批评者以正确认识。只是佛经翻译及翻译论有长时历史以后的综合的言论，综合的见解。

唯其如此，所以他也不偏重文，也不偏重质，也不极端主直译，也不极端主意译。一方面说赞成道安的"以千岁以上之微言，传所合百王下之末俗。"一方面又说："与其典也宁俗。"由是主张"折中适时，自存法语，斯谓得译经之旨矣。"

——《学风》第 5 卷第 10 期（1935 年）

日译学术名词沿革（1935）

余又荪

  去年我在《国闻周报》发表一文，介绍日本明治初年哲学家西周（1829—1897）的思想（原文载有《国闻周报》第十一卷第七期："日本维新先驱者西周之生涯与思想"）。对于他所创用的学术译名，颇感兴趣，很久就想把他创用的译名汇集起来，加以整理说明，供学者们参考。但以怠惰性成，迄未执笔。日前得见井上哲次郎数年前在哲学杂志上发表的日本哲学术语之起源一文，又打动了我汇集译名的兴趣。爰草斯文，以偿夙愿。

  我国接受西洋学术，比日本为早。但清末明初我国学术界所用的学术名词，大都是抄袭日本人创用的译名。这是一件极可耻的事。明崇祯初年李之藻译有一部《名理探》（一六三一年出版，系译亚里斯多德之《论理学》）。这是三百多年前介绍西学入中国的一部古书了。但西洋的科学哲学思想在中国总不发达，所以到现在还较后进的日本为落后。日本明治维新前始接受西洋思想。维新时期的主要思想家西周氏于明治十年（一八七七）始译《利学》（John Stuart Mill: *Utilitarianism*）。以译者的时间来说，日本要迟中国两百多年。

  在清代末年，对于我国学术界有最大功绩的严复（1854—1921），可算是介绍西洋近世思想入中国的第一人。他比西周稍后二三十年。严氏所译赫胥黎的《天演论》，出版于光绪二十四年戊戌（一八九八年），也要较西周的科学晚二十几年。严氏以后，像他那样努力译书的人很少，也没有一个比他的贡献更大了。胡适之先生在他著的《五十年来中国之文学》中说：

"严复自己说他的译书方法道：'什法师有云，学我者病。来者方多，幸勿以是书为口实也'。（《天演论》例言）这话也不错。严复的英文与古中文的程度都很高，他又很用心，不肯苟且，故虽用一种死文字，还能勉强做到一个达字。他对于译书的用心与郑重，真可佩服，真可做我们的模范，他会举导言一个名词作例，他先译卮言，夏曾佑改为悬谈，吴汝纶又不赞成；最后他自己又改为导言。他说'一名之立：旬月踟蹰；我罪我知，是存明哲'。严译的书，所以能成功，大部分是靠着这'一名之立，旬月踟蹰'的精神。有了这种精神，无论用古文白话，都可成功。后人既无他的工力，又无他的精神，用半通不通的古文，译他一知半解的西书，自然要失败了"。（《胡适文存二集》卷二）

明治年间的日本思想家，"古中文的程度都很高，他们又很用心，不肯苟且"；他们所译出来的学术名词，都有中国古书的典据。所以中国的留日学生们都抄袭来传入本国了。

明治年间的日本学者中文程度很高，所以他们创用的译名，都是古汉文。这种文字在我们中国现在也是"一种死文字"了；现在日本的学者都没有他们先辈那样汉文造诣的精深，看起古汉文气味的译名来，当然更觉得诘屈聱牙。现代日本人所用的译名，大多是明治以后创造出来的，并且都是用的日本的"活文字"。换言之，现代日本学术界新创的词语，都不再用汉文，而自用其道地的本国文字。这就日本学术界的本身而言，乃是一件进步的事。可怜有些中国的知识分子，或者是不懂日文而又想要抄袭日文书中的用语；他们看着现代日文中的用语，完全是些中国字，但意义在中国文上又讲不通；他们不把它当作外国文字看，而痛骂日本人译名不通了。

明治年间的学术译名，以其多传入于吾国；现在将我搜集到的，列举于后。重要的几十个译名，就我所知道的成立经过以及创用者的人名，附志于各项之下。其余的种种译名，仅附注西文原语于下，以资对照。

（1）哲学（Philosophy）。关于哲学一语之最先应用，大家都知道是西周氏首创的。我国学术界接触西洋的"斐录琐费亚"，虽早在明崇祯年间，到现在已是三百多年了，比之于日本西周为早。但我国当时未用"哲学"的译名；是用"爱智学"作译名。明崇祯四年（一六三一），李之藻等所译的《名理探》一书中，对"爱智学"的解释是："译名则知之嗜；译义，则言知也。"

但是西周初用"哲学"一语作译名的时代，大家都是随意在说，没有在他的著作里去仔细考察。日本的学者也是这样，譬如井上哲次郎说：

"他（西周）于明治七年（一八七四）著百一新论，以百教皆哲学为主旨。用'哲学'的术语，此为嚆矢。同年又发表其名著'致知启蒙'，此为日本最早的伦理学书。但那时西周尚未用'伦理学'这个译语"。

日本的学者又有人说西周于明治十年（一八七七）在所译《利学》中，始初用"哲学"的译名，这都是错误的。据我从西周的著作中查出来，他开始用"哲学"一词，是在明治六年（一八七三）所发表的一篇长文《生性发蕴》里面。现在是一九三五年，那么"哲学"一语已用了六十二年了。

更详细一点来说，他在：

（一）文久二年（一八六二）致其友人松冈隣宛书中，已用日文之 philosophy 的译音，并称之为"性理学"或"理学"。

（二）明治三年（一八七〇）他在一篇短文开门题中，用汉文"斐卤苏比"之译音。他说"东土谓之儒，西洲谓之斐卤苏比"。

（三）明治六年一月（一八七三）在《生性发蕴》一文中，用"哲学"之译名。他说："哲学原语为英文之 philosophy，由希腊文来。希腊文的 philo 是'爱'的意思，Sopher 是'贤者'的意思，两个字连起来成为 philosopher，乃是'爱贤'的意义。此辈爱贤者所治之学称为Philosophy。殆即周茂叔所谓'士希贤'之意。后世习用，专指讲理学者而言。用理学、理论等词来意译 Philosophy，可谓直译。唯其原语涵义甚广，故今译为'哲学'，以与东方原来之'儒学'分别。"

（四）明治七年（一八七四）在他著的《百一新论》中，仍用哲学一语。他在这里泛论古今东西之学；而以为无论什么天道人道以及宗教之学，与乎一切西洋之科学，考其根源，都是以 Philosophy 为基础。所谓"天下一致而百虑，同归而殊途"。他以为"百教一致"。他译 Philosophy 为哲学，称为"百学之学"（Science of Sciences）。

（五）明治十年（一八七七）在他译的《利学》中，沿用哲学一词，他在译利学说（《利学》的序文）中说："本译中所称哲学，即欧洲儒学也。今译哲学，所以别之东方儒学也。此谓原名斐鲁苏菲，希腊语斐鲁'求'义，苏菲'贤'义，谓求贤德也。犹周茂叔

所谓士希贤之义。……所谓哲学者，其区别若略一定者。其中推
'性理学'（Psychology）为之本源。而人生之作用，区之为三，一曰
智，是'致知之学'（Logic），所以律之也。二曰意，是'道德之学'
（Morality），所以范之也。三曰情，是美妙之论（Aesthetic），所以成
哲学之全躯也。故曰：哲学者百学之学也"。

从此以后，西周对哲学二字，不再作解释；哲学二字就成为
Philosophy 的专用译名了。

自西周译为"哲学"后，西村茂树氏主张改译为"圣学"，中江
兆民氏又主张译为"理学"。但世之学者均不从之，仍用哲学一语。
哲学一名虽创始于西周，但他未用作书名。明治十六年（一八八三）
井上哲次郎著有《西洋哲学讲义》六册出版，是为以哲学为书名而问
世之嚆矢。

（2）心理学（Psychology）。现在大家都承认"心理学"是
Psychology 的译名。但西周最初则以"心理学"译 Mental Philosophy，
而以"性理学"译 Psychology。所谓性理学，是从宋儒理性之学来的。
明治十一年西周译美人奚般氏的 *Mental Philosophy* 一书，题为奚般氏
心理学。明治十五年（一八八二）井上哲次郎改译 Psychdogy 或 Mental
Science 为心理学，而以为 Mental Philosophy 应译为"心理哲学"。

（3）伦理学（Ethik）。伦理学为 Ethik 之译语，在今日已为学术
界所通用。但在明治初年，Ethik 一语尚无一定译名，或译为"道义
学"，或译为"礼义学"，或译为"修身学"，或译为"道德学"。有
的人又简单译为"德学"。学者各依其所好而下译语。井上哲次郎
氏仿效生理学、物理学，及心理学之例，遂定伦理学为译名。他说，
"伦理"这一个成语，出于礼记之乐记。乐记中有书曰："凡音者生于

人心者也，乐者通伦理者也"。

（4）美学（Aesthetik）。明治初年译为"美妙学"或"审美学"。美妙学为西周所创用的译名；审美学为何人所创始，今不可考。只知在明治二十一年至明治二十五年之间（1888—1892），帝国大学一览中是用审美学这个译名。后来井上哲次郎氏始改译为"美学"。他以为所谓"审"的意义，并不限于美学才如此；一切的学科都是需要"审"的。其他的学科都不附一个"审"字在它的名称上，何以独于对美学要加上一个"审"字呢？仅仅称为"美学"就够了。所谓美学，德文中有时称为 Wissenschaft des Schonen；在法文中有时称为 Science du beau；所以译为"美学"最为适宜。

（5）言语学（Philologie, Sprachwissenschaft）。明治初年，此学译为"博言学"，此为加藤弘之所创用。井上哲次郎以为译为"博言学"绝不恰当。所谓博言也者，乃是精通各国言语而善于谈话的意义。但无论你精通若干种言语，并没有学的意义。所以他改译为"言语学"。他以为这不仅是他一个人的意思，西洋学者也有如此主张的。譬如 Max Muller 就著有一部书名为 *Science of Language* 是讨论 Philologie 的，这即是言语学的意义。德语的 Spachwissenschaft 绝不能译为"博言学"，译为"言语学"最正确。

（6）社会学（Sociology）。要说明"社会学"这个译语的起源，必须首先解释"社会"一语。明治初年，福池源一郎氏用"社会"二字来译英语的 Society。他那时是做东京《日日新闻》的主笔。他在一篇社论中初用此语。"社会"一语，见于《二程全书》卷之二十九所载明道先生行状（程伊川作）中："乡民为社会，为立科条，旌别善恶，使有劝有耻"。近《思录》卷九中亦载有此文。此之所谓社会，是极狭义的。"社会"这个词语，虽见于宋儒书中，但其他文献中并未多见。自从福地氏采用来译 Society 一语后，遂通行一时。直至现在仍为一般学者所采用。福池氏又往往将"社会"二字颠倒而用为"社会"。此语在日本语中亦便利，且极通行；但在中国古书中无此一语。Society 一语虽大家都承认译为"社会"了；但是 Sociology 在当时则不译为"社会学"。当时东京大学的学者们以为在"社会"二字之上加一个"学"字，实在是可笑的事。因此井上哲次郎氏提议译为"世态学"，加藤弘之赞成此说，于是东京大学中一时都用"世态学"这个名称。但当时担任世态学讲座的教授外山博士则独用社会学来作他担任科目的名称。后来一般人都承认 Sociology 是社会学。现在用惯了，说起社会学来一点不可笑；说起世态学来反觉得可笑了。

（7）认识论（Erkenntnistheorie, Erkenntnislehre）。从前一般人都译为"知识论"，但井上哲次郎则认为译作"认识论"较为正确。他认为所谓"知"，在英德法以及其他国的文字中有两种说法，譬如在英语中则有 Know 与 Cognize 之别。法语中亦区别为 Savoir 及 Connaitre 二种。德语中亦有 Wissen 及 Erkenen 二语。如果把这两个意思都用"知"字来表示，是辨别不清楚的。他以为也应当用两个词语来分别表示。他用"了知"来译 Wissen，而以"认识"来译 Erkenen。因此，Erkenntnistheorie 或 Erkenntnislehre 则应译为认识论。"了知"是个成语，是古来学者所用过的，并不是新创的译语。

（8）绝对（Absolute）。"绝对"这个译语，也是井上哲次郎创始的，他译此语是采用佛经中的用语。例如《法华玄义释笺》卷四中有云："虽双理无异趣，以此俱绝对"。其后"教行信证"第二中又云："圆融满足，极速无碍，绝对不二之教也"。又云："金刚信心，绝对不二之极也"，但是有时也以绝待来代绝对。绝待与绝对的意义没有什么不同处。《金刚经略疏》卷中有云："真如绝待，至理无言"。又《止观》第三中有云："无可对待，独一法界，故名绝待止观"。但此语决不可与普通谈话中所用之绝对一语相混。与 Absolute 相反对之字为 Relative。此字可译为相对或相待。相对与相待，亦为佛经中语。《法华玄义释笺》卷之六中有云：二谛名同，同异相对。又佛典以外，《庄子林注》中有"左与右，相对而相反"等语。新译《仁王经》卷中有云："诸法相待，所谓色界，眼界眼识界乃至法界，意界意识界"。又注《维摩经弟子品》中有云："诸法相待生，犹长短比而形也"。

（9）先天后天（Apriori, Aposteriori）。先天与后天是西周所创的译语。但是先天与后天两词，乃中国古代哲人所常用的，非西周所新造。宋儒谈哲学时，用先天与后天的时候很多。《皇极经世书》六卷（观物外篇下）有云："先天之学心也，后天之学迹也。出入有无死生，道也"。又《周子全书》卷之一有云："谢氏方叔曰，孔子生于周末，晚作十翼，先天后天，互相发明，云云。始有濂溪周先生，独传千载不传之秘。上祖先天之易，著太极一图"。先天后天的文字，源出于《易·乾卦》的文言。乾卦中有云："夫大人者，与天地合德，与日月合其明，与四时合其序，与鬼神合其吉凶。先天而天弗违，后天而奉天时。天且弗违，而况于人乎，况于鬼神乎"。西周译此二语，颇费心机，现在的人只知用此二语而多不知其出处。

（10）主观客观（Subject, Object）。是亦西周氏创用之译语。井上哲次郎谓西周在主客二字之下各附以一个观字，使其具有 Subject 与 Object 的意思，实在很巧妙。他认为此二语是西周自己创造的，在儒佛诸书中没有这两个词语。

（11）形而上学（Metaphysik）。西周于明治六年译为超理学，有时又译为无形理学；而称治此学者为超理学家。但西周以后的哲学家都译为形而上学。"形而上学"一语，出于《易·繁辞》："形而上者谓之道，形而下者谓之器"。所谓形而上者，无形。所谓形而下者，有形。器与宋儒之所谓气者同，乃一切物质的东西之谓。有些学者往往又将这个"而"字省去，而仅称为形上学。井上哲次郎有时不用形而上学这个译名，而另译为超物理学。但此译语并不通用。

（12）世界观人生观（Weltanschauung, Lebensanschauung）。这两个译语是井上哲次郎创用的。他说，这两个字中都有 Anschauung 一语，此字典英语之 Intiuition 相当；西周氏译为直觉。但井上哲次郎把德语的 Anschauung 一字，改译为直观；因为他以为 Anschauung 字恰恰相当于"观"字的意义。因此他由这个推演出来，遂想出世界观与人生观这两个译语。

（13）经济学（Political Economy）。西周于明治六七年著述中即用经济学来译 Political Economy，但此译名并非西周所创，因为在西周以前的《英和辞书》中即用此译名了。果为何人所创，今不可考。"经济"一语，出于《礼乐》篇："是家传七世矣，皆有经济之道，而位不逢"。又杜少陵《舟中水上遣怀》诗中有云："古来经济才，何事独罕有？"经济一语有经世济民之意，较 Political Economy 的意义稍广；原语之意颇近于政治学。但日本在德川时代，佐藤信渊等辈所著的《经济要录》中，即已用经济一语来译 Political Economy 了。井上哲次郎嫌经济学的涵义过广，因此自己另用"理财学"一语来译它。他说理财学三字是从《关尹子三极》篇中"可以理财"一句话中想出来的。《易·繁辞》下亦有"理财正辞"一语。东京大学会用理财学这个译名，但一般世人仍然是应用经济学一语。因为理财学三字不通用，后来东京大学也改用经济学了。现在只有庆应大学中还设有理财学部，而不称为经济学部，算是保存了一个旧译名。

（14）人格（Persönlichkeit）。在明治初年尚没有"人格"这个词语。对于英语的 Personality 与德语的 Persönlichkeit 都没有适当的译语。明治中叶，东京大学教授岛力造博士担任伦理学功课，对于 Personality 一语，苦于不得一适当译名。有一次他向井上哲次郎商议，井上氏遂提出用"人格"二字来译。中岛博士甚为赞许，遂于伦理学讲义中使用；从此这个名词遂流行于世，井上氏以为此二字并无深远的意义，不过是"人的品格"一语之省略语而已。在佛儒典籍中，并找不出"人格"二字来。但是虽无"人格"一语，也有人类的品格这种用意。不过在儒家佛家的典籍中，仅用一个人字来表示这种用意而已。例如《书经》的《泰誓》上说："唯人万物之灵"；《论语》中也有"君子哉若人，尚德若人"等语；在这种地方所用的"人"字，就是"人格"的意义。又宋之尹侍讲所谓"学者所以学为'人'也"中的"人"字，也是"人格"的意义。即是说："修养人格而成为一个伟大的人格者，学问之目的也"。又儒家所谓的士、君子，以及其他的美称，也是指某种的人格者而言。这是就儒家方面说，在佛家的典籍中，亦不乏其例。兹不暇多引例证。近时在举行传教式中有云："国实何物，实道心也；有道心人，名为国实"。此处所谓有"道心人"一语中的"人"字，也是"人格者"的意义。东洋的哲学家往往肯用一个"人"字来表示"人格"的意义。但是因为"人"字的涵义颇广，用来作为一个哲学上的术语颇不适宜。井上氏忽然创造"人格"这个术语来补救这种缺陷，所以被当时学术界采用，并且流传至今仍不失为一完全的术语。

（15）范畴（Kategorie）。此为西周所用之译语。所谓范畴，是省略"洪范九畴"而成的一个熟语。《书经》的洪范中有云："天乃锡禹洪范九畴，彝伦所叙"。洪是大的意义；范是法的意义；畴是类的意义。所以西周最初在未想出范畴一语时，他曾译为分类表。又《蔡传》中亦有"意洪范发之于禹，箕子推衍增益，以成篇欤"等语。

（未完）

——《文化与教育旬刊》第 69 期（1935 年）

翻译工作与《译文》（1935）

胡风

（《译文》第一卷、第二卷（一九三四年九月——一九三五年八月），黄源编）

一

《译文》在发刊的《前记》里面说，"……一不是想竖起'重振译事'的大旗来——这种登高一呼的野心是没有的，不过得这么几个同好互相研究，印了出来给欢喜看译品的人们作为参考而已。"而实际上，这个破天荒地专门介绍海外文学和艺术的小杂志真是没有做过什么热闹的宣传，悄悄在市场上出现了的。

然而，《前记》里所说的话，并不仅仅是由于谦逊，从那背面我们应该读得出来文坛上一向轻视翻译甚至诅咒翻译的压力。

这压力的根源当然是半殖民地的文化生活的蒙昧和衰弱，但一部分文人鄙视翻译的高超的谈吐却也尽了不小的推波助澜的作用。他们说，我们应该赞颂"天才"，应该产生"伟大的作品"，翻译只不过是拾他人的唾余，没有创作能力的家伙才弄的不光彩的事情罢了。……

不错，一提到"伟大的作品"，听的人都会神往，产生这样作品的"天才"的王冠也是谁都愿意戴，谁都愿意赞颂的。在这样的大帽子下面，翻译这玩意儿当然黯然失色了。不过他们忘记了告诉我们要怎样"天才"才能够出现，而且还抹杀了一个小小的事实：在十几年来的新文学发展历史上稍稍有成绩的作家没有一个不受外国作家的影响，而且大多数还是通过也许并不完全的译本。所以，他们的这种意见虽然不一定能够催生出"天才"或"伟大的作品"，然而却助长了拒绝翻译的风气。这风气投合了本来对外国作品的内容和形式都觉得陌生的读者的惰性，也投合了在政治经济上拼命开门，但在文化上却拼命关门的半殖民地的现况。

在这样的环境下面，不但《译文》同人没有把握能够打出"重振译事"的大旗，恐怕实际上当时还是意识地在干着一件冒险的尝试。

一年过去了，《译文》不但支持了过来，被进步的读者所爱护，而且还引起了一种比较重视翻译的风气，其他的专登译文的杂志和以翻载长篇名著为号召的《世界文库》的发刊，就是明证。

在贫瘠的文坛上，这一点努力并不算张皇，这一点成功其实也是很小的，然而"捣乱家"立刻出现了。硬译啦，重译要不得啦，不应该复译啦，等等。其实这些大半是几年前讨伐翻译的绅士们的老调，不过是由不同的嘴重说一次罢了。这些先生们虽然装成一副"你们都不行"的面孔来吓人，但如果以为他们从原文译出了不硬的没有人介绍过的好作品，因为被别人扰乱了读者的眼睛，得不到赏识，因而"怀才不遇"地发怒，那就大错。实际上他们是连可看的"硬译""重译"都拿不出来，所以只好惟愿一本翻译都没有，犹如没有眼睛耳朵的人惟愿天下人都是瞎子聋子一样，犹如张献忠因为自己做不成"皇帝"，就要杀尽天下人一样。翻译工作更进步更认真了，读者也更进步更认真了，但"捣乱家"讨伐翻译的枪法还是那么几手，这怎么能够抵得住读者的要求，怎么能够使翻译死绝呢？

二

然而《译文》的这一点成功，也并不是没有原因的。首先应该记起的是十几年来翻译，尤其是以保存原作风格为目的的"直译"工作的历史。那工作一开始就受到了嘲笑和轻视，这是大家都知道的故事，但翻译者却依然是前仆后继地艰苦地继续下去。是的，也许能力和条件不够（这是落后的半殖民地国家的知识人的共同运命，并不能仅仅把这个羞耻的烙印刻在某几个人的脸上就可以完事），但一面学习一面在可能的限度里面诚实地继续下去。有时候工作被实际的生活苦难所摧残，但一面挣扎一面还是断断续续地继续下去。被读者冷视，被编辑者出版家拒绝，但也还是在自费出版或廉价出卖的艰难情况下继续下去。情形一较好，投机家就出现了，预登广告，抢先乱译，但诚实的工作者还是除了靠自己的认真和进步读者的眼力以外就毫无把握地继续下去。……有谁到四马路的廉价拍卖的书堆里翻一翻，就可以发现许多译者在序言或后记里面叙述着工作的困难和出版的不易，一个译本到和读者见面的时候常常花掉了一个人或几个人的不小的力量。就靠了这些我们可以想象得到的暗室里的艰苦的工作，翻译作品才在读书社会里开拓了它的领域，在今天才能够争到了一席的存在。

其次是十几年的文学运动对于读者的教育功绩。在全国读书社会的比例看来，新文学的读者数目当然还是很小的，然而无疑地，创造力最大、认识力最高的读者是渐渐被吸收到了新文学的影响下面。这样地成长起来了的读者层使文学作品得到了从"闲书"或"消遣品"的运命里脱离出来的保证；他们对于文学作品的要求是认识人生的样相，因而也就具有最大的选择作品的能力。认识的扩大和欲望的提高，使他们把眼光从本国作家推广到了外国的作家，而且使他们对于译品和译者有了取舍，也就是当然的结果了。

没有这些条件，像《译文》这样的杂志就不能够存在，但另一面，如果《译文》本身不能够满足读者的要求，不能够认真地供给对于读者是健康的粮食，那就也是不会被他们接受的。

三

第一，《译文》所介绍的大多数是属于或近于现实主义的，或者向社会的不平挑战的作家。作家论或作家印象记方面有：

普式庚、果戈理、纪德

萧伯纳、克拉索夫、莱蒙托夫

马克吐温、杜斯退益夫斯基、屠格涅夫

左拉、狄更斯、莎士比亚

奥亨利、托尔斯太……

作品方面有：

梅里美、果戈理、科佩

普式庚、萨尔蒂珂夫、高尔基

契诃夫、安德生、卢那察尔斯基

纪德、贝塞尔、奈克拉索夫

哥德、莱蒙托夫、柏克曼

左拉、柯洛连科、阿鸾尼安

普列波衣、蒲留梭夫、米尔博

柯尔左夫、左勤克、伊尔夫·彼得洛夫

卡泰耶夫佐、佐木一夫、奥亨利……

第二，《译文》分配了不少的篇幅介绍了小民族的作品。像：

匈牙利的密克萨斯

新希腊的特罗什内斯·蔼夫达利克谛斯

鞑靼的高尔尧

克罗地的乐里斯基·奥格列曹维支

乌克兰的何罗甫珂

乔治亚的葛巴丝卫里

保加利亚的沛森·伐佐夫

罗马尼亚的索陀威

波兰的密介维兹

犹太的阿思卡尔·莱佛尔丁

芬兰的爱诺·考洛斯……

第三，所介绍的作家差不多全部是属于广义上的近代（由市民社会发生期起到衰落）的，有许多还是现代的以及现存的。离得更近也就更能够和我们的悲喜相通，这是《译文》使读者感到了亲切味的最大的原因。

第四，对于新的文学现象偶尔也分与了注意。介绍了对于超现实主义的批评、立体派的诗、幽默作品、儿童文学。几个幽默小篇就可以照见我们这里大吹大擂的幽默作品的劣质；中篇儿童文学作品

《表》在所谓"儿童年"的儿童文学运动中应该能尽一份"去毒生肌"的作用。

第五，《译文》介绍的论文并不多，然而都是坚实有用的东西。像恩格斯的《论倾向文学》，高尔基的《给青年作家》，纪德的《论文学上的影响》……无论作家或批评家，都可以从那里汲取得无穷的教训。

第六，虽然没有完全做到，但显然可以看得到编辑方针上有一个企图：关于一个比较重要的作家，有他的作品，同时有他的照片或画像以及评论他的文章。从作家的为人去了解他的作品，再从他的作品去了解他的为人，我想这对于读者是一个非常有益的办法。读了《果戈理私观》再来读《鼻子》《马车》就格外明白；读了屠格涅夫的《生活之路》里的"晚年坏了健康"的屠格涅夫，对于《处女地》以后的俄罗斯解放运动的潮流完全失去了关心，写了怀疑的《散文诗》《克拉拉·密理奇》等作品以后，对于他的《工人和白手》《俄罗斯语言》也就不会觉得奇怪了。

第七，《译文》的《后记》是非常出色的。不是编者而是各个译者自己对于他所译的文章和作者写一个简单扼要的介绍，这除了对于读者的理解上有很大的帮助外，还可以加强译者本人的责任心。当然，有时候也许反映了译者的偏见或误解，但第一个而且是最细心的"读者"的意见至少是可以引起别人的研究兴味的。

【……】

五

在什么地方看见有谁说过很有意思的话，说一本杂志也是一篇创作，那里面的文章就是题材。我在上面简略地分析了《译文》的内容，从那分析里就可以知道，《译文》的内容虽然完全是翻译介绍，然而却并不是一堆材料，它有自己的个性，它有自己的欲望，那"个性"、那"欲望"虽然不能够说完全和读者的要求吻合，但一致的程度却是很大的。所以，《译文》不仅仅是研究的资料，同时也是兴趣浓厚的健康的读物。它的读者能够由中学生到大学教授，由文化水准高的工人店员到专门作家艺术家，虽然现在似乎还只能达到最敏感的文学爱好者里面。

由于这种肯定的分析，以下我想指出一些缺点，或者说提出一些希望。

第一，弱小民族的作品希望能够再多一点。在这两卷里面，东方弱小民族的作品完全没有，黑人的也没有。这些材料都是比较容易得到的，我想也一定能够引起读者的兴味。还有，我所希望的不仅仅是弱小民族的作品，而是能够说出弱小民族的生活的真实的作品。

第二，对于新的文学现象，希望能够更多加一点注意。这两卷里面注意到了幽默文学和儿童文学，是非常好的，但我还希望材料更多一点。其他的，像报告文学、讽刺诗、现代叙事诗，都是现代文学里面的重要的样式，而且是我们应该学习的，希望在可能的范围内介绍一些。还有，过去的文学流派的理论文献和对于它们的比较正确的评论，也希望能够介绍一些。

第三，材料的选择和配置，希望能够更精细一些。有了中条百合子的评论再介绍屠格涅夫的怀疑的散文诗（《工人和白手》《俄罗斯语言》），有了爱伦堡的评论再介绍莫洛亚的心理分析的故事（故事十篇），是非常好的。然而，例如介绍了拉玛尔丁的《秋》、波得莱尔的散文诗，关于他们的评论却没有，因而读者也就不容易得到比较正确的理解了。在另一意义上，纪德的评论和随笔、契诃夫的印象记和作品、梅里美的作品、高尔基的作品论文，都被介绍了不少，但没有评论他们的文字。介绍了评论莎士比亚、马克吐温、托尔斯太、狄更斯的文字和荷兰文学现况，但又没有介绍作品，不能不说是美中的不足了。当然我并不是说每一期或每一个作家都得整齐地把作品和作家论同时登出，我只是希望，在读者的理解上或参证上比较更为需要的场合，顶好能随后补上必要的材料。

第四，已经说过，《后记》是《译文》的一个最好的特点，许多译者实在写得负责、出色。然而，有些译者写得很随便，有的简直不写，好像他们为《译文》翻译不过是迫于情面，一译完就马上交了出来一样。为了帮助读者的理解，为了杂志体态上的完美，我想翻译先生们是不妨对这更重视一点的。

【……】

最后，作为"余兴"，我想谈一谈由《译文》所引起的"复译"问题。有一位"唠叨家"，说是你们嘴里说提倡翻译，其实不过是把别人译过六七次的东西复译一下罢了。对于这样的"批评"，已经有了确切的回答，我在这里只想举出具体的"复译"例子来给大家看一看。

我虽然也是常常偷空看看译品的人，但见闻到底有限，在这两卷里发现出来的复译只有三篇，现在从每篇里面引出一两段。

第一篇是契诃夫的《坏孩子》，原有赵景深先生的题为《顽童》的译本（收在开明版的《忧郁》里）。下面是头两段：

甲：聂浦庚是一个美容的少年，安娜是一个扁鼻的女郎。他们俩走下河岸的斜坡，坐在长椅上。长椅靠近水边，放在嫩柳的密丛里。

真是仙境呵！你坐在那里，可以忘去人间，好似已在尘寰之外。只有鱼能够看见你。清风拂过水面，好似电一般的迅疾。这两个少年人带着钓竿、鱼钩、鱼袋、鱼饵，一切都预备齐全，一坐下就钓起鱼来。

聂浦庚四围张望了一下，坐下说："我很欢喜，现在只有我们两人在这里。安娜！我有许多话要向你说——可怕呀……当我第一次看见的时候……鱼来咬饵食了……那时我明白——为什么我要活着，我知道我所崇拜的偶像，我要将我诚实而劳苦的生命完完全全的交给伊。……这一定是一个大鱼……鱼又在咬呢……当我看见你的时候——我堕入爱的网，在我的生命中这是第一次——我热烈的爱你！不要拉，让它咬。……亲爱的，告诉我，告诉我——你能够给我希望么？不！我不配。我不敢这样的希望着——我可以希望着。来——拉！"（赵译本）

乙：伊凡·伊凡诺维支·拉普庚是一个风采可观的青年，安娜·绥米诺夫娜·山勃列支凯耶是一个尖鼻子的少女，走下峻急的河岸来，坐在长椅上面了。长椅摆在水边，在茂密的新柳丛子里。这是一个好地方！如果坐在那里罢，就躲开了全世界，看见的只有鱼儿和在水面上飞跑的水蜘蛛了。这青年们是用钓竿，网兜，蚯蚓罐子以及别的捕鱼家伙武装起来了的。他们一坐下，立刻来钓鱼。

"我很高兴，我们到底只有两个人了，"拉普庚开口说，望着四近。"我有许多话要和您讲呢，安娜·绥米诺夫娜……很多……我第一次看见您的时候……鱼在吃您的了……我才明白自己是为什么活着的，我才明白应当供献我诚实的勤劳生活的神像是在那里了……好一条大鱼……在吃哩……我一看见您，这才识得了爱，我爱得你要命！且不要拉起来……等它再吃一点……请您告诉我，我的宝贝，我对你

起誓：我希望能是彼此之爱——不的，不是彼此之爱，我不配，我想也不敢想——倒是……您拉呀！"（《译文》译本）

两个译本的风格和神气是有些不同的，有旁点的地方就差得很大，甚至完全相反。例如，赵译本的扁鼻，《译文》本却是尖鼻子。看马修丁的插画，却也刻的是尖鼻子！

第二篇是果戈理的《五月的夜》，原有刘大杰先生的题为《五月之夜》的译本（收在中华版的《迷途》里）。下面是头一段：

甲：歌声在乡村的街上反响着。这正是青年男女疲劳了日间的工作，照常地聚集起来跳舞的时候。在这温和的夜色里，快活的歌声，交杂着有节度的曲调。一种神秘的微光，使蔚蓝的天空朦胧着，使得什么东西都变得不大清楚，都成为很远的了。天快黑了，但是，歌声仍没有停止。

一个哥萨克的少年，名字叫作李可，他是村长的儿子，他手里拿着六弦琴，从那些歌唱的人群中逃开了。头上斜戴一顶绣花帽，手弹着琴弦，脚踏着音乐的拍子，在街上走着。于是乎，他停在一个樱花掩了一半的屋子的门前了。这是谁的屋子呢？这个门是引导到谁那里去的呢？停了一刻，他弹着琴，唱起歌来：

——夜色已近日西沉，
快出来罢，
我的爱人！

"那里没有人；我的媚眼的美女，是已经熟睡了。"李可唱完了歌，走近窗前的时候，他对自己说。

"汉娜！汉娜！你睡了吗？否则，你是不愿出来见我吗？……没有，你还没有睡！摆架子的东西！"他大声地喊起来，这种声音，表现着他受了屈辱的烦恼。"你在耻笑我！再会吧。"（刘译本）

乙：清朗的歌声成了一条小河流荡在 X 村的街上。这时候，被白天的劳作和烦闷所疲倦了的青年们和姑娘们喧嚷着聚集了一个圈子，在明澈的晚色里，用那总是带着忧郁的声音，洒出个人的欢快。沉思着的夕晚梦然抱住深蓝的天空，渐渐一切都变成暗淡的和渺远的。已经是黄昏了，歌声还没有停止。一个手里拿着四弦琴的青年的哥萨克从唱歌的人群里溜出，他是村长的儿子：列夫叩。哥萨克的头上戴一顶山羊皮帽子。他一面把手指拨动弦琴，一面踏着步韵，顺着街上走来。后来他轻轻的停止了一所窗下生有许多矮樱桃树的草房门前，这是谁的房子呢？这是谁的门呢？他沉默了一会，就弹唱起来：

太阳落山了，黄昏临近了，

到这里来吧，我的心肝哟！

"不，显然的我的美人是睡熟了。"

哥萨克唱完诗，朝窗前走去。"甘榴！甘榴！你睡了吗，还是不想出来见我呢？……不，你并没有睡，骄傲的丫头呀！"他高声说，那种音调仿佛要表示他一瞬间的激愤。"你这样玩弄我啊，再见啦！"（《译文》译本）

有旁点的地方也是相差得很大的。例如，刘译本的"那里没有人"，《译文》本却完全没有这意思，我想，下面列夫叩分明在猜度他的爱人是睡着了或故意不做声，当然不是以为"那里没有人"。又如最末一句刘译本的"……耻笑我"，译文本却是"……玩弄我"，我以为装作睡着了不能算是"耻笑"的。

第三篇是高尔基的《契诃夫回忆的断片》，原有韩侍桁先生的题为《契诃夫的回忆》的译本（收在光华版的《高尔基文集》里）。现在依然看那第一段：

甲：有一个时候契诃夫在珂克迟珂义村里招待了我，在那村里他是领着有小小的土地与一个白色二层建筑的家。他引导我看着他的"领地"，兴奋地说道：

"我若是有了很多的金钱，为疾病的乡村教师们，在这里建设疗养院。我呀，建筑那大大的光明的房屋——窗户大大的，房屋的天井高高的，灿烂地明亮的。并且设立了丰富的藏书室，备具种种的乐器，养饲着蜂，造了野菜田与果树园，还有施行着关于农业与气象学的讲演……因为教师这种人无论什么都不可以不知道的——我说，什么都应该知道的呢！"（韩译）

乙：有一次，他招待我到库球克珂·珂伊村去了。在那里他有一块小小的土地和一所一楼一底的白房子。当引着我看他的"领地"的时候，他元气蓬勃地说下去：

"假使我有很多钱，我要在这里为病弱的乡村教师造一所疗养院。是的，我要造一所大的明朗的房子——非常地明朗，有大大的窗户和天花板高高的房间。我要设备一间漂亮的图书室，置备各种乐器，开辟养蜂场、菜园、果树园……得举行关于农业、气象学……的讲演。朋友，无论什么东西教师们都非知道不可呀……无论什么东西！"（《译文》译本）

在韩译里面，谈着希望的契诃夫却用"了"字"着"字，把"未来"搬到现在或过去去了。作天花板解释的日语"天井"也照原抄了下来，弄得洋房子里面要有中国房子的天井了。

韩译本差不多每一段都有许多读不懂的意义和奇怪句子，现在再引一段看看吧。

我时常是很听他的话的。……"我说，曾来过一个教师……他病着了，并且还有妻子，你不可替他做一做么？过去的一些天，我是替他做过来的。"或是……"戈理基君，有一个要见你的教师曾到这里来过了。他是不能出门的，因为是病着了。你不可以看看他么？我很希望你能去呢。"

这很奇怪，"做一做"，做什么呢？怎样叫作"做过来"的呢？更奇怪的是，一面说那教师病得不能出门，却又说"曾到这里来过了"，未必是叫人抬来的么？

再看《译文》本：

我常常听见他说：

"刚才有一个教师来过了……他得了病，又有老婆……你不能帮他一点忙么？目前我总算是替他应付过去了。……"

或者：

"听我说，高尔基君，有一个教师想看你。他病了，不能出门。你可不可以到他那里去？去罢。"

原来如此！韩先生现在在宣传日译书不可靠了，大概这些小小错误，都是日译者的，不能由他负责吧。

在这里，我并没有嘲笑那些错误的意思，也不是说《译文》的翻译都可以成为定本，但从这些例子就可以晓得较好的"复译"是非常必要的。这不过是就每篇的头一两段看一看，如果细心的批评家通校全篇，那比较当会更为显明。不晓得我们的"唠叨家"还有什么高见？

我由这有了一个感想：翻译比较活泼了，对于译品（连《译文》本身也在内）的批评工作现在就迫切地需要。指出好的，剔去坏的，使读者有所选择，使诚实的工作者得到切磋的刺激，也可以打一打抢先乱译的投机家的气焰。

《译文》的创始是由于"几个同好互相研究"，但后来显然地范围扩大了。参加人数的加多和新的译手的出现，原是说明了译文工作的胜利。然而，人手一多，一方面各人依着他的爱好选择材料，免掉了由几个人义务似地凑集的毛病，但同时也就难免现出了略略芜杂的色彩，不论在译笔上或内容上，都不及先前那么齐整了。调整这个虽然并不怎样要紧的矛盾，也将是《译文》今后的努力方向之一吧。

一九三五，九，一○

——《文学》第 5 卷第 4 期（1935 年 10 月 1 日）

日译学术名词沿革（续）（1935）

余又荪

（16）功利主义（Utility, Utilitarianism）。此语在明治初年并无一定译语。西周曾译为"利学"，有的人又译为"利用论"，其他的译名尚多，不胜枚举。井上哲次郎据管商功利之学而译为"功利主义"。"功利"一语，屡见于管子书中。例如《立政》篇中有云"虽有功利，则谓之专制"。此外，《国蓄》篇等处亦多用功利一语。管商功利之学的"功利"二字，恰当于 utility 的原义。所以他译为功利主义。直至现代，这个译语仍为学者所通用。

（17）联想（Association）。明治初年的学者对 Association 一语的译法，颇感觉困难。西周氏在所译奚般氏心理学中，译为"观念伴生"。井上哲次郎改译为"观念联合"。后来井上圆了博士又改译为"连想"，一般学者都认为适宜。连想与联想都有人用。因此观念联合学派，井上圆了亦简称为"联想学派"。

（18）主义（Principle）。现在我们常说绝对主义、理想主义、社会主义等等；"主义"一语似乎是很平易的。但最初创用"主义"一语时，却经过许久的时间和许多人的思虑。译 Principle 为主义，也是西周决定的；他于明治五六年间的论文中用"主义"为译语。

但他有时也译为元理或原理。汲冢周书中虽有"主义行德"一语，但这是"以义为主而行德"的意思，与现今我们所用的"主义"一语的意义不同。有人说译 Principle 为主义，是始于福池源一郎，但确实年代不可考。

（19）表象（Vorstellung）。此语最初有许许多多的译法，但大家都认为不满意。井上哲次郎主张译为"表象"，遂为学术界所通用。

（20）感官（Sense）。译 Sense 为"感官"，井上哲次郎说当初曾费了很多学者的苦心。他曾主张译为"觉官"，但是因为"觉官"与"客观"在日本文中发音近似，很易混淆。日文的"觉官"发音读起虽然方便，但听起来容易与"客观"相混，因此遂改译为"感官"，虽然日文的感官发音不方便。"感官"一语遂从此通用。据说"感官"是元良勇次郎创用的。西周译 Sensation 为"感觉"，译 Sensationalism 为"感觉学"。

（21）进化论（Evolution）。这个译语是加藤弘之博士创始的。井上哲次郎以为《易·繁辞》下中有"天地氤氲，万物化醇"等语；他采用这化醇二字的意义，主张译为"化醇论"。当时虽然也有人采用化醇论者；但毕竟用进化论的人多，因此遂成为确定的译语。严复译为"天演论"，日人未采用；我国学术界用"天演论"的也很少，现在都用"进化论"了。进化论的学说，是加藤弘之传入日本学术界的，所以进化论中许多术语都是他译出来的。如生存竞争（Struggle for existence）、自然淘汰（Natural selection），都是加藤氏首创的译语。"自然淘汰"一语，首先由井上哲次郎译为"自然选择"，但是因"选择"一语有他动的意思，大家都觉得不满意，后来加藤博士改译为"淘汰"，遂以确定。"优胜劣败"等语亦是他所创出的，颇脍炙人口。Sexual Selection 一语当时译为"雌雄淘汰",井上氏主张译为"性欲淘汰"。适者生存(Survival of the fittest)是井上哲次郎首译的,现尚为一般学术界所采用。

(22)论理学(Logic)。西周氏译为"致知学";他著有一本论理学的书叫《致知启蒙》。明治初年又有人译 Logic 为"论事矩"。又有人仅译为"论法"。但是这些译名都未为世所采用。"论理学"这个名称,不能够说是那一个人始用的;是东京大学时代教授们所共同决定的,后来确定成为这种学科的名称。

(23)权利(Recht)。明治初年译为"权理"或"权利",二语兼用。但是因为当时德国 Rudolf von Ghering(1818—1892)的功利主义法理论(Interessentheorie)流行于日本,"权理"一语遂绝迹,一般学术界都又用"权利"这个译语。因为"权理"一语的意义,很近似于 Vernunft-recht,与功利主义的法理论不相容,大概是此语废而不用的一个原因。井上哲次郎及其他日本学者,都承认"权利"一语不是日本人所创译,这个译语是从中国传入的。因为在明治以前,中国学术界即已用"权利"这个译语了。有美人丁韪良(William Mattew)者,节译伟顿所著《国际法纲要》(Henry Wheaton: *Elements of International Law*),成书六册,于同治三年(一八六四)(日本元治元年,明治前四年)在中国出版,始用"权利"这个译名。西周仅译为"权"或"权义",并未用过"权利"二字。所以"权利"二字是创始于丁韪良。"权利"一语,亦出自中国古典,但古书中所谓之权利,与现用来译 Recht 的"权利"二字的意略有不同。例如《荀子·劝学》篇中云:"及至其致好之也,目好之五色,耳好之五声,口好之五味,心利之有天下,是故权利不能倾也"。又《史记·郑世家赞》中有云:"语有之,以权利合者,权利尽而交疏"。此之所谓权利，乃权势财力的意义，与今所谓之"权利"二字的意义相同。在《万国公法》中不过假用这两个字来译 Recht 的意义而已。

西周、中江兆民、西村茂树、加藤弘之、福池源一郎、中岛力造、元良勇次郎、井上哲次郎等人，都是明治维新前后努力介绍西洋思想入日本的学者，井上哲次郎现尚健在，为日本学术界现在仅存的一个老前辈。其中以西周的贡献最大；他早年精习汉学及佛学，后留学于荷兰，精通英、法、荷兰等国语言；兼习法律、经济、政治、哲学等学。译著颇多，学术名词多由他首创。以一人之精力而涉及如此广泛之学术领域，固难精深；其所创之译，亦多不确切。但他所创的许多名词，仍为现在学者所采用。他的治学精神很可钦佩，他对于学术的功绩也很伟大。兹将西周所创的学术名词，汇志于下：

（甲）学科的名称

（1）生体学（Biology）。明治五年初用，现在通译为生物学了。

（2）社会学（Sociology）。西周初译为人间学，后始用社会学。

（3）美妙学（Aesthetik）。明治五年西周创用此译名，著有《美妙学说》一文。

（略）

（乙）学术名词

（1）Reason——理性，道理；在康德哲学中他译为灵智。

（2）Principle——元理或主义。

（3）Law of Nature, Natural Law——自然理法。

（略）

（丙）论理学用语

（1）Logic, Logik——致知学。

（2）Logic is the science of the laws of thought ——致知学乃思虑之法之学也。

（3）Pure Logic——单纯致知。

（略）

（完）

一九三五年十月于东京

——《文化与教育旬刊》第 70 期（1935 年 10 月）

译名论（1935）

孙洵侯

最使我们惊疑的是在一张报纸上，或一本杂志上，发现两个又像是、又像不是的对于同一字的译名。有时我们明明知道两个译名就是一个，但是心里免不掉老大不愉快。不过年事日增，这种无谓的不愉快也就日减。记得少时与同学辩论牛顿与奈端是否一人，几乎动武。后来分头去找证据。可惜那时藏书不多，竟找不出甲等于乙、丙也等于乙、于是甲丙相等的证据来。可怪我那时咬定牛顿就是奈端，现在反不敢说定，也竟不很清楚。也许现在所来往的，几乎都是中年人，大家没有好争的孩子气了。也许大半的朋友，都是只爱读古书或洋书了。也许大家都只爱自己的文章，不读人家的东西了。也许年纪一大，万事达观了。譬如前几天有一军人朋友，问我柴霍甫与契诃夫是否一人。我因为是文学堂出身，不好意思不答。我对他说，大概是的，也许说不定是两个人。他听了也稍稍认为满意，不再往下寻究，也不故意与我标奇立异。

要说一本杂志里有两三个音同字不同、或者音略同而字甚异的译名，也没有什么。一本杂志里执笔者是不同的作家，他们各有各的威权，谁都不能勉强谁跟从。他们译到谁的名字时，颇费推敲。或取字音的相近，或取字义的适合。我有一个朋友翻 William Blake 的诗时，将这诗人的名字译为"白雷客"。我在旁说不对，应该是"勃来克"。他说他知道有这译名。"可是，"他说，"没有'白雷客'好。"我也就红着脸觉得不错。这个叫人想起我们最大的一位莎士比亚译者的译"黎琊王"（从原译）来。有天译者曾告我怎样译黎琊王的第三场第二幕，怎样将第一个 Blow 字译作"刮"而不译"吹"，怎样将 Crack Cataracts hurricanoes Steeple Thunderbolt Sulphurons……诸字的力量于声色形象译进中文，怎样用恰当的字句来表现诗里的声调。这种推敲是我们敬重的。大家译人名是否也要用这种功夫，那么也是一个问题。

说到一张报上有两样的译名，也不是可怪的事，因为报馆里不止一人译电，他们各有各的主张与根据。喜爱文学的，可以译的典雅；喜欢政治的，可以译的堂皇。编辑先生没有理由总让甲推翻乙。再如"萧伯纳""伯纳萧"可由你颠倒；"勃克夫人""赛珍珠"，任你应用哪一种。

有些人说译名的所以歧义，大概是由于大家都不大爱读书，尤其是洋装中国书。他们说这种偏见是够普遍的，朋友家里，恐怕十有八九书房里没有中文书。平常柏拉图与罗马帝国兴亡史总有不同版本的好几部，有的从 Spengler 一直到用打字机打出的共党宣传品两极端的东西都有，就是找不出一本中文书。他们说有次在某人书桌上稿纸下揭出一首新译小诗，可惜还没有能瞧见他怎么译原诗人 Burns 这字。不知道他译作"彭恩士"还是"白恨世"，或是别的。不过有一件事是可以断定的，就是他绝不会和别人译的一样。

怨恨译名不一律的人，总觉得人家既译过那字，就该萧规曹随，不愿改变，弄得大家不明白。如果谁都依照谁自己的译法，如果谁都创译一个的话，我们简直就无法辨别了。他们说翻译是叫你在字句上斟酌，不是在人名上用功夫。姓字不过是记号，好坏与本人不发生关系，并且记号不能不一样。如果你换它一个，你觉得你译的好，你保得住人家放弃自己的老译法来跟随你么？再如将来两三种译法用的都很熟，那时就没有办法了。

这种怨恨是不公平的。一来作家有大小之别，大作家照他自己想的译，大家自然跟随他。况且向来大家不管法人、德人、罗马人，一律暂叫他取英国名字。知道原音的人，自然不管旧法用的多熟，也有权利改正它。就退一步讲，自己怎么译，至少现在还是一种个人的自由，人家不能干涉。法律家说，一个人在法律范围以内的自由或权利，应该充分地使用。如果你有权利不爱享受，那么还要治你个破坏法律的罪名。再说在译名上用功夫，总比在一切上都不用思想好得多，如今大家只望快点译好一本书，好换钱。有几个肯费时间，尤其肯费时在名字上揣摩的？再说译书是一种正当的权利义务的事。你算算有多少等着看一块钱变五万的？有多少肯坐下来译一本书卖钱？

中文名字翻成外国文的也一样，我们老觉得用两广福建本地音拼出来的名字，简直不知道是谁。尤其爱看点正确消息时，这种麻烦就多了。其实如果用国语来拼的话，到了两广福建也一样觉得麻烦讨厌，不知是谁。

我们平时还有一种偏见，老觉得一个中国人题名王约翰或张约翰，题名陶老三李或玛丽马，总不顺口。我们先反过来说。我记得有天宋妈拿进一张名片来，名片中间印"胡立嘉"三大字，旁印一行小字——"一字小嘉"。我想来想去想不出这么一个人。老王插嘴说："是洋人儿。"我才想起大概是 Richard Hull。我当时非但不觉得无聊，亦甚觉风雅可喜。那么反过来也是一样的了。

由种种方面观察，译名字与前人译的不同，并没有什么不对。法律既没有定出一条规定不许不同，读者也没有权利要求你非使他懂不可。至于你会不会缠错，全要看你的西洋人名录背得熟不熟了。

——《人世间》第 26 期（1935 年）

对于米突制单位译名的建议（1935）

王子香

近来全国度量衡局和中国物理学会等学术团体，为了米突制（Systeme metrique）单位的译名，打起笔墨官司，双方各执一词，仿佛都有理由。物理学会等，刻已呈请行政院等机关，请求召开修改度量衡法规会议，作详审彻底之修正。闻汪院长以兹事重要，拟在最短期间，即行召集会议，慎重核修。我们凑这个机会，来参加一点意见。

单位的译名，不修改则已，要修改便得像个样子，若定一回修一回，"使后人而复哀后人"，则不但不胜其会议，而且也苦煞老百姓。

本来译名的问题很小，而是否需要市用制的问题很大，今日的市用制，还是十六两为一斤，橘子每斤二角八分，若问买五两橘子，要付多少钱？则不但乡下佬要算个好半天，即数学家也一时算不清。在此二十世纪时代，放着国际的、十进的、现成的、科学的单位不用，偏要自己造出一种非驴非马的办法来，当然使人家莫名其妙。但是为集中注意力起见，暂把这问题搁开，单来讨论它的单位译名的问题。

我觉得现行的名称（即度量衡局的名称），固然很多不方便，物理学会所定的名称，亦尚有可议之处。事求至善，医不讳言，物理学会呈请的，只述现行单位名称的不妥，并非一定要用他们所定的单位；在度量衡局方面，为万古便利起见，我想亦总有通融余地，不至于坚持原名。我个人的意见，或者可供他们会议修核时的参考。

在没有讨论以前，当然要知道这二种名称的不同，到底怎样？它们的优劣，究竟如何？请读者细看下列的表格，和物理学会及吴承洛先生的相互评论，便可知道一个大概：

度的单位		
原名	度量衡局所用的名称	物理学会所定的名称
kilometre	公里	千米
hectomerer	公引	百米
decametre	公丈	什米
metre	公尺	米
decimetre	公寸	分米
centimeter	公分	厘米
millimetre	公厘	毫米

衡的单位		
原名	度量衡局所用的名称	物理学会所定的名称
kilogramme	公斤	千克
hectogramme	公两	百克
decagramme	公	什克
gramme	公分	克
decigramme	公厘	分克
centigramme	公毫	厘克
milligramme	公丝	毫克

物理学会呈请行政院文中，有："公尺非尺，公升非升，徒然引起错觉，已属自寻苦恼，而最大不便，辄为公尺与公斤之小数命名，何则？既用尺矣，尺以下之寸分厘等，即不得不随之而存在；既用

斤矣，斤以下之两钱分厘等，亦不能不随之而存在，其结果遂至取原有本非成系统之名称，冠一公字，以代表□然自具系统之米制各单位，牵强实达极点，亦何怪其流弊之丛生也。夫公斤非斤，已嫌多事，今如依旧制命名法，十六两原为一斤，市用制中亦定十六市两为一市斤，而标准制中，又不得不十公两为一公斤，岂非亦增紊乱？此其一；旧制亩、尺、斤等之小数命名，多相同者，亩之小数有分，尺之小数有分，斤之小数亦有分，故新制公亩、公尺、公斤之小数，亦有公分、公分、公分之称，然公亩之公分为其十分之一，公尺之公分，为其百分之一，而公斤之公分，又为其千分之一，虽同为十退，然其招致混淆之程度，较之十六两为一斤，与十公两为公斤，尤有甚焉，此其二；不宁惟是，长度面积与质量之小数，既皆有相同之名，例如分，则凡言若干分时，指长度乎？指面积乎？亦指质量乎？其在平日谈话，或寻常文字中，多半一时只言一量，有往往可申言长若干分，地若干分，质若干分，故不致引起甚大之误会，但一旦用及科学道出之单位时，往往须将数种单位联合用之。例如言密度，则须联质与体积，倘依现行度量衡制之命名，今言某种物质之密度，为'每立方公分若干公分'则词意显然不清，若必言某物质之密度，为'每立方公分有质若干公分'，岂不繁琐生厌？如再言运动量，则更累赘不堪，……全国度量衡局，亦深感此种流弊所至为害之烈也，则倡议凡长度、面积、质量小数之同名者，加偏旁以资识别，长度之公分，书作'分厊'，面积之公分，书作'公坋'，质量之公分，书作'公份'，其他仿此，……笔之于纸者，故可目察，然传之于口者，又将何以耳辨乎？……"

吴承洛先生所撰之"统一中国度量衡工之经过及未来之计划"一

文中（《实业杂志》一卷二期）有：

"不易迩来突有少数人士，对编辑各级学校之教科书，忽不遵守度量衡法令，而参入种种非法度量衡名称，以朦教育当局，其意以为度量衡法所订定之度量衡名称，不应该就习惯，沿用'丈尺寸分厘毫'与'斤两钱分厘毫'，而应具有革命之精神，改'尺'为'米'及'斤'为'千克'（作者按国人从未有改'尺'为'米'，改'斤'为'千克'者，因一为中国单位，一为外国单位，因风马牛不相及也。）姑不论其'米'与'千克'暨其倍数分数之名称，是否合于科学之用，只请回想其当初学习此种译名之时，几经先生耳提面命，刻苦记忆，始知米为一种长度之单位，与'千克'为一种重量之单位，今如以此项译名，订于度量衡法中，以使全国民众，一体遵用，试问能有多少教师，往而执诸民众一一教知之。不然而欲此译名之普及民间与度量衡之能以划一，试问能否做到。且其所谓'分米''厘米''分克''厘克'等等，根本不合科学之用，即以译'C.G.S.'而论之，势必译为'厘米克秒'，其在该创制名称者，当知其为三个单位，但普通民众与初学之士，是否能不误认为四个单位。其它不合科学之用之处尚多，无暇枚举。……普通民众，不知法令而误踏法网，情尚可原，以学术界人士，编辑教科书籍，而故意违反国家法令，以淆惑青年耳目，而引其入于歧途，不独于划一前途，影响甚巨，且于中央力求统一与培养青年以求进步之旨，亦莫不大受打击，言之实堪痛心，今后当设法以纠正其错误，而引起纳入正轨。"

这二种名称，其不妥当，既然如此，我们应该再想第三种名称，或修改这二种名称中的一种，以利万古千年的应用，我觉得与其新创，不如修改，与其修改现行名称，不如修改物理学会所定的名称，因为物理学会所定的，比现行的好得多（我所要提出的，便是修改物理学会所定的），亦即是从前所用的。我的意思，是把长度的单位译为"粁、粨、籵、米、粉、糎、粍"，把重量的单位译为"瓩、瓸、竍、克、兣、甿、甮"，读法为"米千""米百""米厘"……除克、米二字外，一字读二音，写法则二字合为一字，至于体积的单位，仍用物理学会所定的，即为"石、斗、升、合、勺、撮"等，列译名的简表于后，以便与前表比较：

kilometre	粁
hectomerer	粨
decametre	籵
metre	米
decimetre	粉
centimeter	糎
millimetre	粍

kilogramme	瓩
hectogramme	瓸
decagramme	竍
gramme	克
decigramme	兣
centigramme	甿
milligramme	甮

这个译名，比物理学会的原名（以下简称原名）有许多好处：

第一，原名的读法，1500 米与 1500 佰米之读音，均为"一千五百米"，然此尚可以修改，将 1500 佰米读为"一千五百佰米"，便可与"一千五百米"有别，但听到一句"七百十米"的话，则可解作"700

什米"，亦可解作"710 米"，二者的价值，相差极大，而声音则完全相同，这种读音的误解，简直无法可以避免。照我的译名，这种误解，便可免除。

第二，百人之长曰佰，千人之长曰仟，《史记》"逐什一之利""逐什二以为务"，《孟子》"其实皆什一也"，等等，大写之十、百、千等字（即什、佰、仟）似皆表示分数，而不表示倍数，作者将原名之什、佰、仟等字，改为十、百、千，俾与字之本意，更相吻合。不但如此，单位名称的笔画，愈简愈好，"十"较"什"为简，"百"较"佰"为简，书写简单，更是一利。

第三，作者将每个单位之二个字，缩写为一个字，如缩"仟米"为"粁"，缩"分克"为"瓱"，不但吴先生所指之"C. G. S."译为"厘米、米、秒"之不整齐而易起误解的毛病（其实现行名称，译 C. G. S. 为"公分、公分、秒"，更不整齐，更易误解），可以免除，而且排印阅读，可省下许多功夫，可省下许多手续，可省下许多篇幅。

第四，现在对 kilowatt 等字，常译为"瓩"等，今将 kilometre, kilogramme 等字，译为"粁""瓩"，彼此相关，均极和谐，而且一见此字，便知其为单位，而非普通之字，既易了解，亦易记忆。

第五，从前教科书中，对 Centimetre 字，常译为"糎"，Gramme 常译为"克"，作者所提的，大部都是旧法，于习惯上，比较适合。

作者参合以前沿用的名称，和物理学会所定的，提出第三种名称，这种名称，是否合理，希望海内学者，多所指教。

——《科学世界》第 4 卷第 5 期（1935 年）

《名理探》跋（1935）

徐宗泽

翻译是件难事，因翻译是一种学问故。译者不但要精通中西文字，且对于所译之事情，要有深切之研究。对于原著者之思想，要有透彻之了解。庶能将著者之精神达出，而成为名贵之译本。此即严复所谓译书当有信、达、雅三字也。

译书要有信达雅固已。兼而有之，我于李子之藻所译之《名理探》得之。名理探，即论理学。所以伦次思想者也。李之藻杭州仁和人，字振之，又字我存。万历二十六年（1598年）会魁，二十九年在北京从利玛窦讲求西学，得闻圣教道理，倾心服从。因置有侧室，未能即行领洗。三十八年，在京害病，病笃，乃在利子手领洗。洗名良。翌年丁父忧，回杭州家乡。请郭居静、金尼阁同去开教。四十一年（1613年）为南京太仆寺少卿，奏请聘用西士修历。四十三年、四十四年，沈催仇教，时李子出仕高邮。天启元年（1621年），徐光启荐李子授光禄寺少卿，兼管工部都水清吏司部中事。三年（1623年），又因徐光启之请，再至北京，任修历职。翌年十一月病终北京。

据鲁德昭传李之藻曰："李子好读书，善学问，助西士翻译书籍，润色其文字，诵读勿辍。宴会时，闲居时，手不释书，目不停阅，即乘轿亦持书卷，不废光阴。及一目失明，一目又不健，彼犹捧书近目，勉强诵阅。对于欧洲之书籍，非常喜悦。常问西士有何新书可诵，有何善书可译。西士近今（1631 年）所著译之五十种书，无一书不经过李子之书，或作序，或同译也。"（此传见鲁德昭 *A Semedo: Histoire universelle de la Chine*，原本是葡文 1641 年出版，有法文译本。）

李子不但擅长文学，且有哲学思想，算学明悟。对于艺术亦甚研究，音乐、图画、美术、天文、地理，无不通晓。善悟好记。自皈依圣教以至终日，二十年中，对于公教文化事业，非常努力。所著书籍与经典甚多，今姑置勿论，只论其所译之《名理探》。

名理探者哲学之一份，译义曰论理学。译音曰逻辑。原文为葡国高因盘利大学（Université de Conimbre）耶稣会会士哲学辣丁文讲义本。1611 年，在日耳曼始出版，分上下两编。上编五百十六面，下编七百六十六面，字迹甚小，不易诵阅。上编李子完全译成，下编除各名家之诠释外，其他亦已译出。译本分为五端。每端分为五论，成五卷。首端五卷，已于 1631 年李子去世之翌年付梓。第二端次论五卷，亦已刊印。原刊本之寓目，徐家汇藏书楼惟有抄本首论五卷。已于民国二十年重刊。次论十伦五卷，近从法国巴黎国立图书馆（Bibliotheque National de Paris）影印以归。至三、四、五论十五卷，似已译华文。证据有三：一《名理探》刻本目录前，有"名理探一学，统有五端，大论次论有五卷。"目录末又有"第三四五端之论待后刻"之语，与首次五卷同一论调。二李子据译之辣丁文高因盘利大学原本，现藏在北平西什库图书馆，书边上译者标有几号，分为二十五卷。三鲁德昭于 1641 年曾用葡文着有中国史，书末附李之藻传。传中有曰："李子译有高因盘利大学亚利斯多德之哲学书，有二十卷待刻"云。

所谓二十卷待刻云者，恐首论五卷已刻（1631年刻），次论五卷于鲁子写书时尚未刻印，故云二十卷，亦未可知。

今论刻本，近年重印之经过，以为文献之考据。徐汇楼有抄本《名理探》首论五卷，上已言之。马公相伯千年曾经抄去。英敛之先生亦录抄副本。陈援庵先生由英先生处亦录得副本。嗣后章行严、胡适之二先生亦转向陈先生借抄。民国十五年，陈先生由北平公教大学辅仁社影印，装订三册。二十年由徐汇光启社重刻，用保版本。此首论五卷之经过情形。

首论五卷既幸而重刻，次论五卷——名理探十伦——明末已有刻本。度此书国内必有藏者，经多方探访，终不获得。于是转意于海外，投书中国学者伯希和（Pelliot）先生，知法京国立图书馆藏有五公首论五卷、十伦次论五卷。乃与民国二十一年秋，函托友人景印。翌年春，接到影本。查此影亦无序，不知刻于何年。二十三年春，又幸在北平西什库天主堂，得见《名理探》抄本。首论五公之前，有李天经及李次？序，不禁欣然。至次论十伦，与首论同为五卷。惟书更厚，字更多。在第一卷总引上曰：此书"其要分为三节，一为十伦之先论，凡四篇。一为十伦之论，凡五篇。一为十伦之后论，亦凡四篇。"此名理探十伦整备后，正拟重刻，编入天文二函中，以保存天学先贤之着作。忽上海商务印书馆王云五先生，函商印诸万有文库第二集中，以广流通。此不特泽所赞成，且尤感佩。盖李子翻译是书，同傅泛际费去五年苦心，一目且因此失明。李子逝世时，又不见此书之刊印，后虽付印十卷，但在我国无有保存。而十五卷已译之稿本，现亦不知其存亡。今次论十伦五卷，继首论五公，而得以重刊，岂非快事！今进论其译文之价值。

翻译有直译，有意译。直译不特将原书之意义，必忠必信译出，且将原书之文字、序次、结构，悉心模仿。意译则照原书之意义，概况达出，不为文字所桎梏、语言所奴役。二种翻译，都有优劣。李之藻之《名理探》，是意译者。傅子李子自己在署名下，亦说明白。曰："远西耶稣会士傅泛际译义、西湖存园寄叟李之藻达辞。"但此达辞，非常通畅，有信达雅之三长。

一有信之长。试举一例，以概其他。《名理探》卷二"立公称者何义辩一。"

"公也者之释，举其泛义，乃多之共系于一者也。总义有二焉：一会于一之公，一纯于一之公。会共者，如就此一论，推演多端论，其所肇推之初论，是曰会公。如分者之统于全也。纯公者，又为四义：曰公作，曰公表，曰公在，曰公称。"其辣丁文原文曰：Dividiturnutem prims in complexum et simplex, uriusque usurpatio frequens est apud Philosophos. Complexum universale dicitur commune aliguod, unde plura colliguntur: ut "omne totum est majus sua parte;" vel praepositio quaelibet notato signo universali: ut "omnis homo meudax." De hoc universali erit sermo in libris Periherum er posterior. Simplex universale est quidquid spectat ad multa et non habet cemplexionem propositionis. Hoc quadrifariam Distribui salet: nimirum in universale in causaudo, in significando, in essendo, et in praedicando.

此段译文，将辣丁文之意义，均一一译出。原文之横枝旁节，既无关于要义，译之反觉牵强，节译之而仍不失为信，非聪明译手，不能出此。

二有达之长。再将上例写下：

"能造万效着，是为公作。如造物主为万品之作者。天，为下域诸形效之作者也。能显指其多物之义者，是谓公表。如口所言人言马，又如臆所怀仁怀马。其所谓人为马者，不但能指此人此马，亦能显指众人众马所共之性也。公在者，在各特一之公性也。公称者，可举以称其伦属之颐。如举人以称众人，举马以称众马也。"其辣丁原文曰：

Universale in causando sunt communes rerum causae: ut Dens optimus maximus superuae Mentes, et Orbes coelestes. In signigicando sunt verbi causa Cometae, qui plures morbos impendentes pronuntiant. Voces seripta et conceptus, qui non unam rem singularem,sed multa indicauf, ut nomen Homo seu voce prolatum, seu scriptum seu mente efformatum, sed communem,hominis Naturam, et sub la omnes homines singulares significat.Universale in essendo sunt communes naturae multis inferioribus existentes; ut homo et equus; sunt enim res communes et in suis singularibus iuventae; nam in Socrate et in Platoue vere est natura humano, et in Bucephalo natura equina. In praedicando sunt la quae enunciantur de multis, ut homo de cunctis hominibus et equus de omnibus equis.

此段译文，何等通达，何等明白。原文甚艰涩，意思亦暗晦。译文能畅达其义，意无不尽，理无不宣。

三有雅之长。试将上举译文之雅处提出，即可见之。如Universale complexum 译 为 会 公。Unwersale simplex 译 为 纯 公。Universale in causando 译为公作。in significando 译为公表。Unwersale in essendo 译为公在。Universale in praedicando 译为公称。此在术语上译文之雅处。语句之雅，如"能造万效者，是为公作。能显指其多物之义者，为公表。公在者，在各特一之公性。公称者，可举以称其伦属之颐。"此四个定义，语简意括，而雅在其中。至于原文意思，非常抽象，而又极难用一二语以解说之者。其译文反极自然，极流利，似文人故意弄文墨者然。如"能显指其多物之义者，是谓公表。如口所言人，言马。又如臆所怀人，怀马。其所谓人，谓马者，不但能指此人，此马，亦能显指众人，众马所共之性也。"陈垣传之藻曰："其所译《寰有诠》《名理探》，至艰深。而措辞之妙，往往令读者忘其译文。"诚哉斯言！

——《名理探》（上海：商务印书馆，1935年）

《大唐西域记》之译与撰（1936）

贺昌群

一

《大唐西域记》一书，记当时西域诸国之地理风俗文化，较《唐书西域列传》为详核，书中所叙诸国又多为唐书所不载，盖玄奘游踪之广，学识之博，复古所未有。其书文辞绚烂雅赡，历代渡天僧侣中，虽不少记行之作，然内容之丰富，流布之广远，无出其右者。宜其显于当时，传于后世，位置之高，犹不限于佛教史，而于西域史地，所关尤巨。其中语言意蕴，多难骤解，尝欲汇聚晚近诸家之说，试为之集释，思繁文重，卒卒未有所成。

今行《大唐西域记》开卷有一疑问，常为人所未注意，即译人与撰人之解释是也。今本各卷之首以下皆有：

三藏法师玄奘奉诏译

大总持寺沙门辩机撰

两行字样。西域记非梵经，玄奘非外国人，其书又为奉诏所修，史有明文，何以此种为译？法云《翻译名义集》卷二云："夫翻译者，谓翻梵天之语，转成汉地之言"，绝不能与撰述之义同科，内典中已有严明之定义，而唐宋以来内外著录，多以《西域记》为三藏法师奉诏译，所译者何？此不可解一也。辩机为大总持寺道岳法师弟子，贞观十九年玄奘东归，敕居长安弘福寺翻译，辩机当时为参与缀文大德九人之一，虽年少才高，实未尝远涉西域，此书又非其奉诏所修，何得称撰？撰者属辞比事之谓，若此书为辩机所撰，则与玄奘又何涉乎？此不可解二也。今依此二问，试作解释，略分四段：一、唐代载籍中皆称《西域记》为玄奘撰而无称译或称辩机撰者；二、宋代著录始以译人与撰人并列；三、辩机与西域记之关系；四、结论。当否诚不敢自知，敬祈宏达之教正。

《西域记》开始撰修之年代，诸书所记在贞观十九年，春正月，玄奘初归，带经像入西京，二月谒帝于洛阳，敕命就其经历见闻，修撰成书。《慈恩传》卷六云：

帝又谓法师曰：佛国遐远，云迹法教，前史不能委详，师既亲睹，宜修一传，以示未闻。

奉诏撰修之说，《慈恩传》外，刘轲《大遍觉法师塔铭》(《金石萃编》卷一百十三)，道世《法苑珠林》卷三十八，及道宣《大唐内典录》卷五记之。贞观二十年秋七月，玄奘修《西域记》成，进表(《慈恩传》卷六引)曰：

今所记述，有异前闻，虽未及大千之疆，颇穷葱岭外之境，皆存实录，非敢雕华。谨具编裁，称为《大唐西域记》，凡一十二卷，缮写如别。(昌群按：日本智恩院藏宁乐朝旧钞《大唐三藏玄奘法师表启》零卷，此段作："至于玄奘所记，微有详尽，其迂辞玮说，多从剪弃，缀为《大唐西域记》一十二卷，缮写如别"。末署"贞观二十年七月十三日沙门玄奘状上"。其余字句，与《慈恩传》所载颇有异同。）

太宗报之有云："朕学浅心拙，在物犹迷，况佛教幽微，岂能仰测。新撰《大唐西域记》，自当披览。"此玄奘自言，太宗所语，并无奉诏翻译之影响。表中不言辩机者，《西域记》本玄奘所领修，亦犹李林甫上《唐六典》不及张九龄、萧松等，刘昫进《旧唐书》，不言张昭远、赵莹等，乃敕撰书表进之常例也。

问题之发生实源于《大唐内典录》。《内典录》卷五列玄奘所译大小乘经论六十七部，最末为《大唐西域记》十二卷，统称京师大慈恩寺沙门释玄奘奉诏译（此点承陈援菴先生校正），然不言辩机撰。按道宣曾参与玄奘译经之役，笔受《大菩萨藏经》二十卷，见所撰《续高僧传》卷四《玄奘传》，与辩机又为同僚。《内典录》成于麟德元年，正玄奘示寂之年，则道宣与《西域记》撰修之经过，当亲见之，而何以《内典录》将《西域记》列为玄奘译经之一？唐代经录及佛藏史传，自《内典录》外，绝不见以《西域记》为玄奘译，亦绝不见称辩机撰，或二名并称者。辩机虽以淫乱被诛，佛门讳之，僧传不为立传，但道宣与之最为亲近，屡称述之，《内典录》不应不为著录。且《西域记》之成书在贞观二十年七月，辩机与高阳公主事尚未发，正风徽鼎盛之时，初无所为讳。则今行《西域记》之署称，是否为原本之旧，实甚可疑。

自《内典录》将《西域记》与玄奘译经并列之后，遂启发后世称《西域记》为玄奘所译之端，唐代经录，如与辩机道宣同就玄奘翻译之靖迈《古今译经图纪》卷四，智昇《开元释教录》卷八卷十三，及圆照《贞元释教录卷》十一卷二十八，均作玄奘撰，不言译，亦不及辩机。唯《开元释教录》卷八载：

《大唐西域记》十二卷（原注）见《内典录》。贞观二十年玄奘奉敕于弘福寺翻经院撰。沙门辩机承旨缀首，秋七月绝笔。

虽云据《内典录》，但已不如《内典录》有将《西域记》认为奉诏译之嫌，而迳称撰，于辩机则谓承旨缀首，秋七月绝笔，此系据摘《西域记》卷末辩机《记赞》中语补入，非智昇别有所据也。

经录之外，唐代载籍亦常征引《西域记》《法苑珠林》卷三、卷四、卷九、卷十一、卷三十八、卷三十九、卷一百十九等，皆称玄奘撰，唯《珠林》每多异称，如《奘法师西国传》《西国记》《西域行传》《奘师传》。又卷一百十九著录《西域记》作十三卷，而卷三十八又作十二卷，则十三卷当为传写之误。此外澄观《大方广佛华严经随疏演义钞》卷十五、卷七十七等，皆作玄奘撰。开元天宝间，扬州龙兴寺和尚鉴真，发愿六次东渡日本传戒律，以五次之失败，最后始于天宝十三载达日本，所携经律中有《西域记》，亦作玄奘撰，《西域记》传入日本，恐以此为第一部。（参阅鉴真弟子日本僧元开撰《唐大和尚东征传》，亦称《鉴真传》，一卷。按此书最近京都贵重图书影本刊行会影古梓堂文库藏古抄本，作《玄奘法师西域记》十一卷，而《群书类从》本及东京古典保存会影东寺观智院藏卷子本，均作十二卷，则十一卷为误。）诸书所记，或言撰，或言奉诏撰，皆不称译，亦不及辩机。此唐代载籍中所见《西域记》与玄奘及辩机之关系可考者也。

二

宋人著录仍多沿唐之旧。钱氏辑《崇文总目》卷二，《郡斋读书志》卷七，程大昌《考古编》卷八，《佛祖统纪》卷三十九，《旧唐书》

卷一九一《玄奘传》，均但言玄奘撰不及辩机，但旧书经籍志不著录《西域记》，疑刘昫诸人仅据僧传，实未见其书。新书不立玄奘传，《艺文志》则载《玄奘西域记》十二卷，又《辩机西域记》十二卷，明以一书误为二书。唯陈振孙《书录解题》卷八载：

《大唐西域记》十二卷

唐三藏法师玄奘译，大总持寺僧辩机撰。

王应麟《玉海》卷十六据中兴书目亦然。而后马端临《通考经籍考》卷二百六亦据中陈氏之著录。《宋史》卷二百五《艺文志》又单作辩机撰。是《西域记》译人与撰人之关系，至宋始成今本之款式，其故何欤？不能不溯于大藏之开雕也。

唐本《西域记》，今世已不可得见，晚近敦煌写本中亦无发现。今存最古之本，除碛砂藏外，流传于海外者：一、高丽藏本。高丽藏有新旧二种，旧藏刻于高丽文宗朝（北宋仁宗之世），至高宗时（南宋理宗），罹于蒙古兵燹，再刻者即新藏。旧藏本《西域记》为日本南禅寺所藏，仅存卷五至卷十，新藏本藏日本三缘山增上寺，京都帝大亦有藏本，皆为足本。二、日本东寺观智院所藏北宋本，与高丽藏本校，无敬播序而多燕国公张说序，卷末附音义，其余体裁字句，亦不少异同。但近京城帝大印朝鲜庆尚南道海印寺藏或说即高宗时新藏本《慧琳一切经音义》卷八十二载《西域记》，则仍有敬播序，知宋时各本已多不同。敬播，太宗时官著作郎，《旧唐书》卷一二三，《新唐书》卷一九八有传。三、日本石山寺藏长宽元年（南宗高宗隆兴元年）古写本，有敬播序而无燕国公序，字句与丽本并有异同。四、日本醍醐三宝院藏建保二年（南宋宁宗嘉定七年）写本。五、神田香严氏藏大治元年（北宋钦宗靖康元年）写本，旧为法隆寺藏，体裁字句，大抵与石山寺本同。六、富冈谦藏氏藏旧钞承应本（明永历间），系据数本合校，校者名氏不详，校时在享保辛丑，当康熙六十年，其题记有云："译人撰者之号，惟在第一第九，余卷无之，"今各本多每卷均有译人撰者之号，此其异也。七、黄叶板明藏本，此最通行，讹误甚多，极不足据。上举第一项之高丽新旧藏本，即明治四十年京都帝大校印《大唐西域记》十二卷之底本，复参以其余六项各本互校者也。《大正大藏经》第五十一卷所收《西域记》底本，为松本初子氏藏中尊寺金银泥金本有敬播序而张说序则作于志宁。今我国所存经藏，碛砂藏外，以山西赵城广胜寺藏金天眷年间所刻为最古，惜无总目，与传世各藏有何异同，或所收有《西域记》否，尚难详知，而今已有烟消云散之慨矣。据昭和法宝总录，海内外藏经总目著录《西域记》者约二十种，如东寺观智院，高丽大藏，知恩院，图书寮各总录，皆作玄奘译辩机撰。缘山三大藏总目，至元法宝总录等则作玄奘撰。按大藏开雕，始于宋太祖开宝四年之蜀板藏经，此后如宋东禅寺板，开元寺板，思溪板，碛砂板，元杭州板，明南北藏，莫不循开宝之旧。然开宝藏经之雕造，系据《开元释教录》之卷数，《开元录》既明称《西域记》为玄奘撰，则宋代经藏何以复改为译，此必为开宝藏开雕之际，误会《内典录》之著录，将《西域记》与玄奘译经并列，遂复改称玄奘译，由是宋以后之经录，或称译或称撰，纷纭莫定，殆各沿旧目而著录之耳。

唐本《西域记》既不可得见，间尝取《法苑珠林》《大方广佛华严经随疏演义钞》诸书与高丽藏本（即京都帝大校本）相校，颇多出入，试举一例：《西域记》卷二首叙印度之时间云："阴阳历运，日月次舍，称谓虽殊，时候无异"。此节宋明各本均同，而《珠林》卷三所引"次舍"则作"旋玑"。又《西域记》同卷下文云："书四页四，于——时各有四分，"《珠林》同卷"——"作"二"，神田氏藏宋靖康元年写本又《西域记》同卷"黑前白后，合为一月，"《珠林》同卷作"白前黑后。"凡此三义，皆以《珠林》所引为胜。《西域记》之流传，唐宋间已微有差异，则译人与撰人之署称，谓其非原本之旧，当无大误。其始称玄奘译辩机撰者，舍大藏开雕时有所改动之说，别无可推论之理由。或因辩机《记赞》中有"撰斯方志"一语，殆本此而来欤？

三

然则，辩机与《西域记》之关系若何。辩机与高阳公主乱，事发被诛，生平事迹，具见陈援菴（垣）先生《大唐西域记》撰人辩机一文，名僧艳史，足令人低徊惋惜。其与《西域记》关系之直接史料，一为辩机自述，一为道宣所述，此外无与焉。道宣继《高僧传》卷四《玄奘传》云：[奘]既承明命，返跡京师，遂召沙门慧明灵润等以为义证，沙门行友玄颐等以为缀辑，沙门智证辩机等以为录文，沙门玄模以证梵语，沙门玄应以定字伪。其年[贞观十九年]五月，开创翻译《大菩萨藏经》二十卷，余为执笔，并删缀词理，其经广解六度四摄十力四畏三十七品诸菩萨行，合十二品，将四百纸。又复旁翻《显扬圣教论》二十卷，智证更迭录文，沙门行友详理文句，奘公於论重加陶练。次又翻《大乘对法论》一十五卷，沙门玄颐笔受。微有余隙，又出《西域传》一十二卷，沙门辩机亲受时事，连缀前后。

道宣与辩机当时皆为助理玄奘译经之同僚，较辩机行辈为长，其言"亲受时事，连缀前后"，与辩机自述相吻合。《西域记》卷末辩机所撰《记赞》云：

辩机远承轻举之胤，少怀高蹈之节，年方志学，抽簪革服，为大总持寺婆多部道岳法师弟子，虽遇匠石，朽木难雕，幸入法流，脂膏不润，纵饱食而终日，诚面墙而卒岁。幸藉时来，属斯嘉会，负燕雀之资，厕鹓鸿之末。爰命庸才，撰斯方志，学非博古，文无丽藻，磨钝励朽，力疲曳蹇，恭承志记，伦次其文，尚书给笔札而撰录焉。浅智偏能，多所阙漏，或有盈辞，尚无刊落。（中略）是以诸佛降祥之域，先圣流美之墟，略举遗灵，粗申记注。境路盘纡，疆场迥互，行次即书，不存编次，故诸印度，各分境壤，散书国末，略指封域，书行者亲游践也，举至者传异闻也。或直书其事，或曲畅其文，优而柔之，推而述之，务从实录，进诚皇极，二十年秋七月绝笔煞青。

据道宣与辩机所记，《西域记》之成书，有四种可能之推测。一、为辩机整理玄奘所得材料而成，故云"恭承志记，伦次其文"，"亲受时事，连缀前后"。陈寅恪先生来书谓：《西域记》首阿耆尼，终瞿萨旦那，正是奘师西游及东归路线之次第。且卷末自言"随所游至，略书梗概，举其闻见，记诸慕化"，则其必为撰而非译明矣。二、奘师杖锡遐征，周历印度诸国十七年，所见所闻，自以外国文资料为多，故云"境路盘纡，僵场迥互，行次即书，不存编次"。三、此种材料有为奘师译授，辩机笔记者，故《记赞》有云，法师"妙穷梵学，览文如己，转音如响。"四、由辩机缀辑其他旧闻补充者，故云"爰命庸才，撰斯方至，""略举遗灵，粗申记注。"今观《西域记》内容，此四种推测，皆可覆按。所以《西域记》成书，为时仅一年七阅月，玄奘当时以多忙之身，自无暇手写此八万余言之著作，则辩机之力为多焉。

由上所论，辩机于《西域记》之成，盖身兼当时译经执事之笔受与缀文二种职务，书成，复经玄奘润饰校正者也，今书中屡有玄奘自称之词，如法显传之自记，揆之道宣所谓"重加陶练"之例，玄奘必自负最后校订之责无疑。且《西域记》为玄奘奉诏所修，常例不得以辩机之名与玄奘并列，玄奘所译诸经，其有后记后序者，称沙门某某受旨证文，亦无与玄奘之名并署于卷首者。唐代经录既无此例，何以至宋代始有如今本之署称？谓其为大藏开雕时所增，非过言也。

四

　　《西域记》之非译，本已无庸置辩，今所欲言者，何以《内典录》卷五将《西域记》列于玄奘所译诸经中，致启后人称《西域记》为译之误会，其理由可寻绎乎？

　　按佛经之翻译，相传始于东汉明帝时摄摩胜与竺法兰之四十二章经（《出三藏记集》卷二、《梁高僧传》卷一），未可尽信。大抵六朝时代，翻译人才犹不甚发达，彼时翻经，多一人宣译，一人笔受，求能妙善梵汉如鸠摩罗什者，固难能可贵。至唐宋之时，人才济济，翻译事业，亦甚严重，一经之成，须经若干手续，《佛祖统纪》卷四十三太平兴国五年修记：天息灾述译经仪式：于东堂面西粉布圣坛，开四门，各一梵僧主之，持秘密咒七日夜。又设木坛布圣贤名字轮目，曰大法曼拿罗，请圣贤阿伽沐浴，设香华灯水殽果之供，礼拜绕旋，祈请冥祐以殄魔障。第一译主，正坐面外，宣传梵文。第二证义，坐其左，与译主评量梵文。第三证文，坐其右，听译主高读梵文，以验差误。第四书字梵学僧，审听梵文书成华字，犹是梵音。第五笔受，翻梵音成华言。第六缀文，回缀文字使成句义。第七参译，参考两土文字使无误。第八刊定，刊削冗长，定取句义。第九润文官，于僧众南向设位，参详润色。僧众日日沐浴，三衣坐具，威仪整肃，所须受用，悉从官给。

据此所述，玄奘当时固译主也，其所译之经，皆为请命后奉诏翻译，道宣以《西域记》列于所译诸经中，殆此故耶？然高宗时，义净尝周历印度二十年，武后证圣元年归国，亦奉勅于于长安大荐福寺翻经五十九部，未闻其《大唐西域求法高僧传》与《南海寄归内法传》为译也。

又考《释迦方志》卷下第五《游履篇》云：大唐京师大庄严寺沙门玄奘，以贞观三年自吊形影，西寻教迹。（中略）后返从葱岭南，雪山北，历诸山国东归，经于阗、楼兰等，凡一百五十国。贞观十九年安达京师，奉召译经，乃著《西域传》一十二卷。

按《释迦方志》一书，《开元释教录》卷八，《贞元释教录》卷二十七均著录为道宣撰，《大正藏经》卷五十一据高丽本则作"终南太一山释氏"撰，无道宣之名，宋元各本则有之，卷末题"大唐永徽元年岁维庚戌终南太一山丰德寺沙门吴兴释道宣"云云。初疑此丰德寺道宣与撰《内典录》之西明寺道宣为二人，乃读《宋高僧传》卷四《靖迈传》与会昌寺辩机终南山丰德寺道宣等十一人，同就玄奘翻译，执笔缀文，知其实为一人。是道宣于《内典录》虽未明言为玄奘撰，而于《释迦方志》则固称玄奘著，证之唐代载籍无一作玄奘译者，则今本《西域记》译人与撰人之署称，其误实始于宋人，而尤与大藏之开雕最有关系，至今遂令人难于索解矣。

——《图书季刊》第 3 卷第 3 期（1936 年）

《西厢记》的英译（1936）

（熊式一译，Methuen & Co. Ltd. London, 1935）
藏云

从一种意义说，文学的作者在语言的技巧上是一个 master of language，文学作品是他的语言的技巧的表现，所以由一种语言翻译成另一种语言的纯文学书，尤其是杰作，无论小说或戏剧，往往除了粗枝大叶的情节外，原著的遣词造句所蕴蓄着的微妙的地方，翻译起来大概未有不失败的，这是无可奈何的失败，不能苟责任何译者，原因是语言本身所具有的先天的障碍，说是障碍，毋宁说就是那原著被作者所造成的不朽之处。"鸳鸯绣取从君看，莫把金针度与人"，一部名著的成功，几乎是不知其所以然而然，金针的妙用，即作者亦无法自知，何从度与！尤其是方块的中国字，它是形音意三位一体的结晶，它在韵文中有一种特殊的"音色"和"字色"的配和，音色主要是双声叠韵，"风尘荏苒音书绝，关塞萧条行路难"，荏苒萧条，在这两句诗中是一种音色（这音色二字不必照音韵学上的解释）。中国译文中有了这种音色的妙用，便可以迟平其声以媚之，便可以调态。元微之所谓"诗篇调态人皆有，细腻风光我独知，"这是中国诗词技巧上的妙境！用他种语言来翻译，简直是难以仿佛，"扈江离与辟芷兮，纫兰为以佩，"这类香草美人的寄托，在中国韵文中会发生很大的作用，无以名之，姑且称为"字色"，"沧海月明珠有泪，蓝田日暖玉生烟，"即使说明了这句诗的典实和背景，而它的文采风流之处，是无法由翻译传达的。因为江离兰芷这一类的东西是中国社会所认为可以代表人性的一种高等的象征，他种语言中不见得使用这样的习惯的诗人，译起来，便无大意义了。所以纯文学的翻译，我以为只有在意境上大体可以使读者领会，——虽然这效果也就不小，若说到原著的语言文字所涵蓄的美，那翻译终究徒劳。

像《西厢记》的翻译，便可以用上边的说法来看，它的失败似乎在意料之中，然而，它的成功却分外可以惊异。译者第一把原书宫调用韵的局面打破，他译唱词不用韵，但读起来却如 R. Tagore 的散文诗，有一种自然谐美的韵味，所谓 Spoken tone。所以这译文的本身已多少带有些创作性。而且现在南曲的《西厢记》虽然还可以演唱，北曲《西厢记》，早已成广陵之散，而为文艺的、非喜剧的（literary and undramatic）了，如果仍然原词韵译，在欧洲不能上舞台，——这译本和译者的"王宝钏"（Lady Precious Stream）与"断机教子"（Mencius was a Bad Boy）都是为欧洲的舞台而工作的。

唱词的翻译，简洁明了，而又不失其为直译的意味。译者在自序中挢谦地说："这译本虽然不算得好，可是他敢说是一个忠实的翻译，行比行、字比字的翻译。例如：寺警的混江龙一阕：'况是落红成阵，风飘万点正愁人'"他译（见该书页五一）：

The red blossoms have fallen in hosts;

And thousands of petals, twirled in the wind,

Make me sad.

这第二句乃是借杜工部曲江诗中语，正好这首诗在 F. Ayscough 的《杜甫传》中选译得有这句诗，被那西方人译为（*Tu Pu*，页 295）：

Ten thousand atoms whirl on the wind; verily men grieve.

比起《西厢记》的译文实在不高明，他把"人"字不当着指诗人，而当"凡人"已经译得很无谓。可见，东方的东西到底还是东方人译来深刻些，有味些，因为东方人比较领会的多些。所以有时候，译者也并不遵守直译，例如：上举混江龙的前一阕，八声甘州"恹恹瘦损，早是多愁，那更残春，"他译那"更残春"一句很有趣：

My many sorrows are gradually wearing me away,

And now spring, the romantic time of the year, is nearly over.

然而译者对于原文的意思，有些地方还是不能充分了解，可见译诗之难！即如上举"况是落红成阵"的况是二字，是承上阕八声甘州一转，这两个字在此大有意思，不能省略的。又如：闹简粉蝶儿中的"绛台高，金荷小，银缸犹灿"，译文页 121 作：

On a high red stand are the small lilies, yellow as gold.

把"金荷"译成多数，似乎不大妥当，一盏灯恐怕不会同时点着几个火头吧。这还算小节，不必深译。再如：哭宴的端正好"碧云天，黄花地"一段相传是《西厢记》的"顶点"，其实只是写景而已。译文作（页 191）：

Grey are the clouds in the sky and faded are leaves on the ground.

照我看来，碧云天当是指的蔚蓝的青天，写莺莺到长亭送别，一路上满眼秋光。这黄花便是菊花，乃诗词中的惯称，菊以黄为正故也。李清照词"帘卷西风，人比黄花瘦"正是此意。这里译作 faded leaves 似非原文之意。这两句本是从范仲淹《苏幕遮》词"碧云天，黄叶地"而来，如照范词译是对的，以此译《西厢记》，便有误会了。诸如此类可以商量的地方，译本中似乎不少。

——《图书季刊》第 3 卷第 3 期（1936 年）

古生物学译名草案（1936）

Paloeontological Terminology; Palaontologische Terminologie

（英德华对照）

章熙林

古生物名词凡例

1 关于古生物名词，东西各国，尚无专书出版。此篇之作，全系尝试性质。遗误定多，深望海内外学者教正！

2 本书名词，英德文兼收。两国名词之相当者，常置于一处，以便参证。

3 为便于翻阅起见，两国文字，均依英文字母次序，混合排列。

4 英文名词与德文名词用"；"划分之，以示区别。例如：

Fossils; Fossilien, Petrefakten, Versteinerungen 化石。

5 本书译名之一般原则如下：

（1）有通用而适切之旧名，则仍之，如 Stringocephalidae 鸮头介科。

（2）旧名之不甚确切者，则改之，如 Orthidae 正形介科（原名正宜介科）。

（3）其无旧名者，则起新名。新起之译名，可分三种：

1）由语源译出：如 Palaothermologie; Palaeothermology 古气温学。

2）性状译出：如 Verkalkungscentra 皮间石灰孔。

3）音译：如 Richthofeniidae 李氏贝科。

6 本书凡分四部：

（1）通论之部 general introduction; allgemeine verbemerkungen

（2）无脊椎动物之部 invertebrates; invertebrata

（3）脊椎动物之部：vertebrates; vertebrata

（4）植物之部：plants; pflanzen

【……】

——《自然科学》第 7 卷第 2 期（1936 年）

略谈梁译莎士比亚（1936）

水天同

一

梁实秋教授译的《莎士比亚戏剧集》已经陆续出了五册了：悲剧有 *King Lear*、*Macbeth*、*Hamlet*; 喜剧有 *Merchant of Venice*、*As You Like It*（商务，一九三六）。笔者见闻狭陋，还不知有人对这个译集曾有过任何话说。推测原因，大约一则因为全部工作尚未完成；二则因为翻译莎士比亚固极艰至难，而批评人家翻译莎士比亚却亦大非易事。笔者现在写这篇东西，绝不是要自诩胆量，为人所不敢为，而是想借此机会，对翻译文艺作品的一般问题，贡献一点意见。为什么要借这个机会呢？因为第一，在近代中国翻译史上，这样大规模的翻译莎士比亚还是第一次，自有很重大的意义；第二，讨论文学上的问题，总免不了要提起莎士比亚，这一点的证明在别处已见过了。

翻译莎士比亚的史之探讨，应该让专家讨论。即属于我国的一段，这里也无暇叙及，只可以说笔者所见过的几个译本，如余楠秋、王淑瑛合译的《暴风雨》及田汉独译的几本似乎都是胆量超过了才能的表现，和梁教授那样郑重从事、长期努力的工作自不可同日而语了。

然而为什么要翻译莎士比亚？又莎士比亚根本能否译成中文？假令可能，又将如何译法？这些都是先决问题。笔者认为试给这些问题一种答案，实较对照原文，指斥错误的工作为重要。兹将个人的意见写出，以待高明指教。

若问为什么要翻译莎士比亚，实即等于问为什么要翻译文艺作品。这与翻译科学作品或各方新闻的动机是不一样的。翻译文艺作品不是一种单纯的求知行为，而是复杂的含有多种因素的行为。某一个时代特别喜爱外国或远方或古昔的文物，于是翻译便成为该时代风尚之一。我们可以说是文艺作品的翻译是伴着时代的变动及本国文艺界的一种新陈代谢的作用而来的一种活动。在个人方面，则有人以翻译为满足创作欲的捷径；有人想利用或吸收由外国或古昔来的新材料、新意向、新观点，以振兴固有而渐就衰颓的本国文艺；有人由一种学者式的爱好和鉴赏，而油然发翻译之想念，"公诸同好"……总之，文艺翻译所反映的是很复杂的社会心理和很微妙的文艺变动，这是不徒于今为然，古已有之的，如欧洲的十四五世纪，及中国的唐朝，均可为例证。

就我国现在的文化情形而言，文艺翻译事业的必然性是无可怀疑的。既有欧亚各种文明的冲突接触，又有本国固有文化之摇动破裂，再加以举国青年的求知爱美的热诚与其勇往直前，不惮烦劳的毅力，翻译作品与其读者之日渐增加，又何足怪。但个人观察，认为我国的翻译工作，仍属于草莽时代。蓬蓬勃勃的朝气是有的，冷静的基本认识则不足。试观一般衡量译著者往往止于枝节的吹求；讨论译术者无非绕着"直译""意译""信、达、雅"几个术语做走马灯式的厮杀，就明白了。

简单言之，我们应认定文艺的翻译品是一种复杂微妙的语言工作。这种工作的主要目的是帮助自己，而其途径则在认识他人。这就等于说，翻译莎士比亚好像为的是要认识莎士比亚，而其实这种认识，是不充分的，仅仅是一种企图，一种尝试。因为文艺是无法由一种语言移植到另一语言中的。但是这种企图，这种尝试，倘若采取有效的方法，则其价值仍不容忽视。它对于一种文化的自我认识有很大的帮助。我们应记着自我认识是智慧之源泉。

翻译莎士比亚的理由或需要既如上述，这件事的可能性如何呢，这就到了第二个问题。

二

头一件事我们要想想"翻译"二字的意义。今且自问，当我翻译的时候，我究竟在做何事？在移植一件作品的全部或一部么？在介绍它么？在利用它而创造一件中文的作品么？还是在了解它？我想任何贤明的译者经过相当的思索与回忆后，将无不承认翻译文艺作品实即是一种了解的企图，不过有些人还怀着济世之念，希望自己的了解有助于他人的了解而已。

中国文字与欧洲文字之间有很大的差别。这种差别不仅仅是字句繁简及构造疏密的问题，整个语文系统的用途，表现着不同的倾向。这种不同的严重与显著自剑桥大学教授瑞恰慈博士（Dr. I. A. Richards）的《孟子论性》（*Mencius On the Mind*, London, 1932）出而不容更有疑义了。该书在欧洲虽得专家如格拉奈教授（Professeur M.

Granet）的称赞，在我国则毫无一点反响，仅翟孟生教授（Professor R. D. Jameson）一篇简短的介绍文而已（转载李安宅著"意义学"附录二）。本文即连翟教授那样的介绍也做不到，但可以大胆地说：欲从事翻译而不读《孟子论性》者无异于想飞行而仍用蜡黏鸟翼的办法也。

《孟子论性》中最值得吾人注意的有两点：一是指明中国谈哲理之文章（如《孟子论性》诸章）与西方的不同。其不同处是中国的哲人！姑无论其目的如何，使用文字的方法是诗的，是一种有线索的猜测，而西方的哲人使用文字的时候，却遵从一种说明的、外现的逻辑。在说明这点的时候，瑞恰慈先生偶然引了两小段莎士比亚为证，这是非常有趣的（参看原书第七页）。

书中第二件最值得注意的是著者的积极贡献！意义的统制与并列界说法的利用。这在很长的第四章（"走向比较研究的一种技术"）里讲得很详细，且举例不少。并列界说法（Multiple Definition）是根据意义学意义分析之结果的一种方法，与"凡下任何界说的时候，都在心理的背景里面加上种种敌对的界说；因为我们……对于怎样思想，知道得还不够，还不配说：'一切的思想都要使用这种，或那一种工具而不使用旁的；或者必有这一种或者那一种结构而没有旁的'。我们所要避免的毛病，乃在不因西方的训练（唯心主义，唯实主义，实证主义……）使我们惯用某一种的思想结构，即将这种结构勉强加在丝毫没有这种结构的思想上面，或者加在利用这种结构完全不能分析的思想上面。倘若我们这样勉强加上我们自己惯用的思想结构，则一切真正比较研究的可能便都取消了"。（意义学，110—111）

这可以使我们反省并观察自己的处境。对翻译发生兴趣的人无论是工作者，或读者，大约都是受过或受着西方的教育的我国人。这就等于说我们所受的表面上的教育是与我们因袭的社会教育有差别并且有冲突的。又度着现代人的生活而爱好文艺也免不了内心的冲突矛盾。因为没注意到科学与文艺在语文意义上的区别，因而竟无法摆脱矛盾与冲突的苦恼者，不知有多少。《孟子论性》可使我们对这些区别（西方的与中国的，遵从外现的□□者与利用有线索的猜测者……）可以更明了并且进而认识以往"定于一尊"的翻译法之不可靠而利用意义学的发现——意义之四大因素指物（Sense）、情感（feeling）、语气（tone）及目的（intonation）——"走向一种比较研究之技术"。这些话，凡读了《孟子论性》者当不难承认。

所以，假如我们以为翻译文艺作品等于"移植"文艺作品，那么把莎士比亚译成中文是不可能的，犹如把杜甫译成英文也不可能一样。但假如我们以翻译为一种比较研究的工作，那么莎士比亚用中文译出不特是可能，而且是有益，犹如把《孟子论性》的数章试译成英文也是可能而且有益一样。

三

要讨论莎士比亚应该怎样译法，最好先看梁先生的译法。关于这点，译者本人已经在他的例言五则里给了我们不少的帮助，其中尤以二、三、四为值得注意。附录以供读者参考。

（二）牛津本附有字汇，但无注释，译时曾参看其他有注释的版本多种，如 Furness 的集注本，Arden Edition，以及各种学校通用的教科本。因为广为参考注释的缘故，译文中免去了不少的舛误。

（三）莎士比亚的原文大部分是"无韵诗"（Blank verse），小部分是散文，更小部分是"押韵的排偶体"（Rhymed couplet）。凡原文为"押韵的排偶体"之处，译文即用白话韵语，以存其旧，因此等押韵之处均各有其特殊之作用，或表示其为下场前最后之一语，或表示其为一景之煞尾，或表示其为具有格言之性质，等等。凡原文为散文，则仍译为散文；凡原文为"无韵诗"体，则亦译为散文。因为"无韵诗"，中文根本无此体裁；莎士比亚之运用"无韵诗"体亦甚为自由，实已接近散文，不过节奏较散文稍为齐整。莎士比亚戏剧在舞台上，演员并不咿呀吟诵，"无韵诗"亦读若散文一般。所以译文一以散文为主，求其能达原意，至于原文节奏声调之美，则译者力有未逮，未能传达其万一，唯读者谅之。原文中之歌谣唱词，悉以白话韵语译之。

（四）原文晦涩难解之处所在多有，译文则酌采一家之说，虽皆各有所本，然不暇一一注明出处，原文多"双关语"（pun），苦难移译，可译者则勉强译之，否则只酌译字面之一义而遗其"双关"之意义。原文多猥亵语，悉照译，以存其真。

第二则所谈的注释问题是很值得注意的。通常学究式、历史式的注释，不特不能"免去了不少的舛误"，且有使人增多误解之可能。譬如不以莎士比亚为诗人而尊之为至高无上的戏剧作家，这是从十八世纪中叶起始一直到现在还极普遍的一种迷信。以此种迷信为出发点之注释，怎能不增人误解？（关于此点可看 L. C. Knight, *How Many Children Had Lady Macbeth*（Cambridge, 1933）pp. 34—35 n. 1）梁先生的注释极少，如《马克白》一剧仅三十注，当然顾不到第四则所述的困难，且不知何以自称"广为参考注释"？但注释的多少并不如注释的性质为重要，而梁先生的注不是略述"大意"，即撷取一家之信，给读者的帮助实在不能算多。

第三则所表示的意见实属惊人！中国诗可否或已否有"无韵诗"体，姑让专家去讨论，但为了要翻译莎士比亚，即创起一种新诗体，又有何妨？事实上笔者个人觉得"无韵诗"实是新诗体中最有尝试成功之希望者。如这一段诗——

> 一串轻敲重敲的檀板，清脆的
>
> 响在广场上群众的中间；夹着
>
> 一种沉着豪迈的声音，使群众
>
> 静默，也使群众兴奋。一圈浓黑的影。
>
> 我坐在车上，被迫着，走下
>
> 车来，一时的好奇心，要看个究竟。……
>
> （蒋山青，"秋夜听歌"，《人生与文学》，二卷三期十五页）

这不是无韵诗体是什么？这是信手拈来的例子，自然不能说是已经成了功，或者说这已经可以拿来译莎士比亚，但同时既是"信手拈来"，足证其不是"唯一无二"。如此还能否认有中式无韵诗之可能么？又即令莎士比亚对无韵诗之运用自由到接近散文的程度，他的诗究竟不是散文；且莎氏剧本在当时上演倒是用演说式咿呀吟诵出来的，演员甚至有时用假嗓子（关于这点及其连带的问题可看 M. C. Bradbrook, *Elizabethan Stage's Conditions*），用天然的声音表达莎氏的戏剧是在十八世纪中起始的，这点事实不知梁先生何以忽略。总之，无论如何，诗是诗，散文是散文，决非诗去了节奏声调的装饰即是散文，散文加上该项装饰即是诗。然而梁先生的译本竟"一以散文为主，求其能达原意。"试问此处所谓"原意"究何所指？"达"又如何"达"法？假如诗的"原意"可以散文"达"之，那普天下的诗人不将齐拥痛泣，追悔他们的不智么？

第四则例言所提及的困难，实即翻译一切文艺作品的困难。因为"晦涩难解"实即"有系统之多元意义"（Systematic Ambiguity，参看W, P, Empson, *Seven Types of Ambiguity*）作祟（历史的原因自然亦是一部分），而这种多元意义的构成，随不同的语言系统而异。所以中国人可以诵美人的"香汗"，而英国人则无法说"Sweet Sweat"；莎士比亚可以说"this bank and shoale of time"，而梁实秋教授仅仅可译为"时间之海的浅滩"也。愚见以为要应付这种困难，非"集思广益"不可。仅仅"约采一家之说"，即"有所本"，亦仍然是不行。应该在广搜西洋学者的解释之外，并纠合国内学者，共同探讨，然后表列各种意见作为"群注"，这样方为比较有益。

归纳起来，可以说梁先生对于翻译文艺作品的问题看得太容易了。这其实是当今的通病。本文的最大用意即在提醒大家，要对于翻译文艺的问题重新作严密的检讨，对这种工作为极端充分的准备。笔者个人有两个积极的建议：第一，翻译伟大的文艺作品，应取合作的办法，此层于讨论梁先生的第四则例言时已说过了。不特在目前，即在遥远的将来，我们亦不便希冀一个文坛巨人出现，天生就得翻译"莎士比亚""但丁"或"荷马"。倒不如集一时代之学人，同力合作为佳。第二，在从事翻译事业之先，应该对中、西语言意义之异同做充分的研讨，这种工作的影响，不仅达到翻译界为止也。

四

指出一种工作的弱点并不就是菲薄那种工作的本身。笔者对梁实秋先生的译作仍怀着相当的敬意（因为那实在是扛鼎的工作），但同时不能不看见梁译的弱点。这些弱点其实不是个人才力及意向的问题，而是时代对翻译文艺作品的认识的问题。笔者因此在前面说了许多话。

谈到梁先生译作的本身，笔者的意见可一言以蔽之曰：距离莎士比亚太远。理由是极为明显的，前面已讲过了。没有诗的莎士比亚岂堪想象！酌采一家之说的译本能与莎士比亚发生多大的关系？我们固无理由希冀，"移植"任何外邦诗人于中土，"介绍"又谈何容易！梁先生的译本虽然是学者的工作，但目前还不能谈"介绍"二字。拿它作一种"了解之企图"或者梁先生以为不敬，其实即作如是观，这工作的成绩仍未可乐观。

读者若要例子来证明梁译之"不足"（Inadequate），可说是俯拾即是，即以 *Macbeth*（《马克白》）一剧而言，那些脍炙人口的几段，在译本里都变成平淡无奇，光彩全失了。细心的读者可持原文与译文对照，不必笔者细述（第一幕第七景马克白的独白就可作一例子）。

要补救类似梁先生的译本的那种"不足"，我们需要新的认识及充分的时间来准备。第二层姑不必论，所谓"新的认识"，可不惮烦地重叙如下：

翻译莎士比亚的问题，实即翻译的问题。诗不能移植，但可以有方法了解。翻译就是了解诗的方法中很重要的一种。我们现在正需要多量的翻译工作。我们竟不妨说每个从事文艺工作的人都应该经过翻译的训练。但这种训练或工作不当贸然尝试，应该先有意义学的训练。如瑞恰慈博士在《孟子论性》附录中所揭橥的那种工作是大可以使我们反省的——工作方式的繁简，自然可以不同。

梁先生的工作我们仍希望它完成，而且希望后来的译本要较现在的进步。全部译集出版后，仍盼梁先生继续致力于翻译莎士比亚的问题。以梁先生的学问、经验及为学的机会，谁敢说他在这方面的造就将不如诺登教授（Professor Norton）在翻译但丁方面的造就呢？

一九三六，北平

——《国闻周报》第 14 卷第 1 期（1936 年）

清末翻译小说对新文学的影响
（1936）

郑振铎

中国的翻译工作是尽了它不小的任务的，不仅是启迪和介绍，并且是改变了中国向来的写作的技巧，使中国的文学，或可以说是学术界，起了很大的变化。在小说方面的翻译工作，清末这个阶段是不能忽略的，本文所要说到的便是这一部分。

在未讲到问题之先，应该说明两点，这是先要知道。

（一）我们先要了解，人类的历史是进步的，是向前发展的，并不是兜圈子那么循环着的，现在的东西比以前一定是进步，就像现在的翻译小说要比以前的翻译小说好一般的没有二义。这是第一点应该知道的。

（二）要说明中国进化发展的路线，我们可以把它分为三个时期：

（1）第一时期——这时期是西洋文化接触的时期（一六〇〇——一八九四），是吸引机械工程以及其他应用科学的文明，介绍了西洋律算、天文，以及声、光、化、电……等的知识与应用。在明末徐光启所著的《农政全书》也就运用了这些学问。王征也写了一部《奇器图说》，这是一部中国很古的物理书（内中是专门讲物理学与机械图式）。又有一部书叫《名理探》，是关于论理学的介绍。……这些名著都是值得我们惊异的。在介绍的初期（甲午战争以前）只会介绍而却是不知充分运用的。所以像《奇器图说》诸书以后便连图式都弄错了。当介绍的时候，觉得中国有了文章道德比别人好，缺乏的就是应用的东西，譬如当时所感到的坚甲利兵委实是不如人，于是那时便有了"中学为体西学为用"的口号，但是，当中日战争时，这口号便粉碎了。

（2）第二时期——这时期是在甲午战役以后（一八九四——一九一七），这时候，大家都渐渐地知道中国不仅只是"应用"科学的缺乏，政治与教育也一样地觉得不行。于是在这一时期当中的介绍工作，便注重于社会科学，特别是关于政治和法律一类的书，所以这时可以说是政治教育改革时期。

（3）第三时期——这时期是伦理与文学的改革时期（一九一八—现在），在政治与教育的改革的时期以后，大家又觉得不仅只是政治的改革可以弄得好的，根本的问题是在于伦理观。于是到了五四时期，便发生了一切关于社会家庭的改革，一切人与人的关系应该是从新变革了。这时期的翻译工作，便多半是从这方面的介绍。由此发展的路线中，我们便可以观察到中国近代的大倾向不是闭关的，是愿意跟别的几个国家一致过正当的"人的生活"的。

由以上所提到应注意的两点，我们便可以看到本题发展的路线了。它是怎么地跟着时代而演变，跟着时代而发展。

在清末（一八九八）戊戌政变以后，在文化界的人大家都知道翻译小说的重要了。因为当时的社会很多事物都不合法，为要想改变社会的关系，文学的工作是很重要的。并且教训人是很不容易，而劝导人却并不很难，所以在一九〇五年的时候，梁启超在日本横滨便出版了《新小说》这种刊物，他和他的朋友都曾经在当时翻译了外国小说发表在上面，但全然是把它当作政治的工具。他还写了很多文章说明小说的重要，第一篇文章便是"小说与群治的关系"。这些时，他在翻译中便常常把西洋的生活介绍到中国来，这不论如何，总之很有利于社会的。这时期的翻译工作很可惊人，十年工夫（一九〇四——一九一一）便有了很大的发展了。

当着小说杂志风行以后，《新小说》的主编人为吴沃尧和周树奎（吴负创作责，周负翻译责）。但后来不知因为什么缘故，《新小说》却停刊了。出了两年的时间，也不算太短。其后，吴、周两人又办了一个刊物，叫《月月小说》，组织了"译书交通公会"。这个组织的意思，是为着避免大家在读书的时候买到同一著作两种译本的弊，而使译者先将所译的书名交该会刊载，免得第二个人再以那本原作翻译。这种避免重复翻译的组织倒是很特别的。这种工作，在先是很起劲的，但后来译者都有很多并不通知他们，于是就工作也没有什么效力，不久便停止了。但是《月月小说》却尽了很大一番力量的，介绍不少的西洋名著到中国来。在《月月小说》发行以后，有人又办了一种刊物叫《小说林》（时在一九〇七年）。商务印书馆又出版《绣像小说》（后改译为《小说月报》）。当时各报纸副刊都有翻译小说的登载，并且有时还出版专行本。

一九〇七年《小说林》中有一人叫东海觉林，他有一个很有趣的统计，那便是指出当时的出版界的状况。譬如他说当时：

1. 出版公司共有十家。

2. 翻译小说共有一百二十二本。

3. 比较其性质来说，侦探小说最多，言情小说次之，社会小说甚少。

4. 很好的小说三个月一版，每版三千本。在一九○七年以后，降到五个月一版，每版一千五百部，以后便很难继续了。

在翻译小说中有很多有价值的东西，且从事翻译的人，有几个是值得我们注意的。现在举几个出来：

周树奎——字桂笙，号知心室主人，他是很能翻译的人，他知道如何去翻译，但他自己译的却每每是一些不相干的琐碎的作品，就是译长篇也不过是侦探小说之类。

林纾——字琴南，自己是不懂外国文的，但是因为他的两个朋友懂得外国文，由口讲述出来，林氏自己记录出来。当时这样翻译下来的东西很多，他被人称为"翻译之王"，从《茶花女》起，一共翻了一百六十五种小说。他有很大的毛病，为人所批评的那便是不顾原作的内容及形式。他译得比较好些的是 Scott 和 Dickens 的作品，但也译了些不相干的东西。

伍光建——他自己说他的翻译是有目的的。他曾经译了些《拿破仑传》《法国大革命史》……可是他时常大胆地删节原作的一部分。这是不对的，他以"君朔"的名字译的大仲马的《侠隐记》等却是很好的，清末的翻译界总算是一个重要的人，特别因为他是用白话文译的。

英梼——是光绪末年人，他懂得很深的日文，他是最早翻译契诃夫的东西的人（契诃夫的名字当时译作溪崖震夫）。他译的是《黑衣僧》这本书。

周卓（即周作人）——他翻译了一部书，叫《红星迭史》。

包天笑——翻译《馨思就学记》。

以上的这六位是在清末翻译界中比较有名望的。当然其他也还不少，不过随便举几个谈谈而已。

当时翻译的对象可分三方面：一部分是英文方面的，是由上海书店可以找到的英文书中，译出来一些流行的小说，从新闻纸中间译出一些琐碎的文学。第二部分是日文方面，翻译过来的相当有些名著，但是节本很多。第三部分最少，是从法文方面译来的。

这些小说在翻译的气魄上说，现代的翻译的人也赶不上他们的。但是他们的大部分是失败了。失败的原因，在于态度上的一些错误。这错误有以下几点：

1. 妥协——在翻译的工作中，无论如何要顾及中国读者的口味及伦理观，要不相违背的才翻译，甚至于将原作修改，来和中国旧势力妥协。这是内容方面，在形式方面也是不能忠实地依照原作。一边把它译成文言，一边改造成中国的章回体，不肯超脱旧的圈套，与旧势力妥协。

2. 利用——清末的翻译每每是利用外国小说著作想来做改革政治的工具。

3. 消遣——一般的读者把翻译小说当作茶余饭后的消遣，故翻译者又要迎合读者起见，故无聊之侦探、言情小说甚多。

4. 无正确文学常识——从事翻译者多半是当时一些政客及洋行买办，他们根本不懂得什么文学。所以翻译出来的东西，仅仅只是些琐碎的市面流行的小说，实在的名著倒翻译得很少。

5. 不忠实——一般的翻译者似然抱着小说不过是"街谈巷语"的

东西，根本不十分重要，就马马虎虎一点，也没有多大关系。故在翻译的时候，名称的错误，事实的不合，却一概置之不问。很多地方随意更改。

这五点都是当时翻译小说不好的现象，不过因为有这样的一些翻译小说，影响的力量很大。最显著的两方面是：（一）影响于后来的创作，大都受林纾翻译小说的影响，如当时的《绿波传》《碎琴楼》都学得林琴南的那一种笔法。苏曼殊的《断鸿零雁记》……也都受了翻译小说的大影响。（二）因为有翻译小说，而大家都明了了西洋的社会情况及生活，这是很重要的。它使中国人对西洋的了解较深并且可以改变自己的生活方式。

总结一句，我们可以知道清末的翻译小说，很多可以作我们前车之鉴的。这样一来，我们便很容易地懂得了有意识的介绍（近代翻译）与无意识的介绍（清末翻译），是很有分别的，又使我们知道翻译作品不能与社会妥协，也可以知道新的东西是新的，旧的东西是旧的，二者不容相混，彻底地把一切旧时的翻译的错误，克服过来。

——《今代文艺》第 1 期（1936 年 7 月 20 日）

林语堂与翻译（1936）

陶亢德

　　大概是前年了，有一次我去看语堂先生，忘记了谈到了什么，他给我看一封鲁迅先生给他的信。这封信是一个老朋友写给老朋友的信，恳切，真挚，绝不是叙寒暄，致钦佩的。信的大意是劝语堂先生不必为办杂志多费气力，以他的英文造诣，翻译翻译西洋名著，不特有益于现在中国，即在将来也是有用的。复信我没有看到，据语堂先生说是表谢意之外，还告诉鲁迅先生说这翻译事业还要在老年再做。事情隔了一年多，我在一张小报上看到一篇大文章，提到此事，说语堂先生的复信意思有点讥笑鲁迅先生的老大，鲁迅先生很生了气。这篇大文，语堂先生也曾看到，我问他到底是怎么回事，他笑笑说："几近挑拨吧。我的原意是说我的翻译工作要在老年才做，因为中年的我另有把中文译成英文的工作。孔子说，四十而不惑、五十而知天命，现在我说四十翻中文、五十译英文，这是我工作时期的安排，哪里有什么你老了只能翻译翻译的嘲笑意思呢！"

　　看样子，现在的语堂先生对于翻译外国作品是不很热心的，此中原因也许很多，但我走我的路的脾气或亦是其一吧。这脾气是好是坏自然难说，但说一定是坏，怕也未免过苛。天下的事情不止一端，各做各的似乎正是分工合作。当然像救国这种事是要一致的，不能够来一个你们救国，我偏卖国。翻译大约不必如此。有人把西洋名作介绍进来，给我们这种不能读洋书的人读读，使我们也有"世界文坛不朽的宝库"，自然是求之不得。同样把中国的思想生活所寄的有些中国书译成洋文，让一脑子中国人是乞丐盗匪的洋人看看，似乎也不是无益之事。而且眼前译外国作品成中文的能手甚多，译中国作品为洋文的人较少。

不过他对于译外国作品的心目前并不很热，对于怎样翻译的问题却在闲谈中常可以听到（写成文章发表的有"翻译论"，载开明版《语言学论丛》）。他似乎不赞成直译。他说我不大明白直译的直是什么意思，假如说是照字或照句直译呢，那么这译文一定难于下咽。Thank you 直译"谢谢你"是对的，但 How are you 怎样直译法呢？不赞成直译就赞成意译了。所谓意译，自然包含信与达，绝非以小人之心度君子之意这种意译。又十一期《宇宙风》上的那篇"猫与文学"似可代表他的译法。

说句私话，我是欢迎他译外国作品甚于译中国作品的，因为前者我可以读到，而后者只好俟诸异日。可是这只是句私话而已。

——《逸经》第 11 期（1936 年 8 月 5 日）

谈日译学术名词（1936）

余又荪

我对于日本明治年间的学者所创用的学术译名，非常感兴趣。每当在图书馆坐得疲倦时，便去翻阅日文旧书，寻找明治维新前后那个时期的种种学术著述。关于这类的文献，东京帝大图书馆收藏的很多，其中许多是孤本和著者的墨迹，在市面上买不出，看不见，很可宝贵。明治年间的日本学者对于汉文的造诣很深；他们研究西洋学术时，往往用中国先哲的理论和佛经来比拟诠释。他们翻译西洋学术名词时，多用汉文的词语；并且往往要采用古书中的语句来翻译才觉得雅致。在现在看来，固然有些译的俗而不雅，如西周之译 Antecedent, Conseguent 为"前唱"与"后和"；很多又译得不恰当，勉强要用一个古义来译一个新名词。但他们在学术史上的功绩是不可磨灭的。他们对于西洋学术造诣尚深，汉文的程度也相当高；译书时又不敢苟且，"一名之立，旬月踟蹰"。所以他们的译名虽然有些不好，但他们的这种精神很可佩服。

近年日本学者创用译名，我们也应当注意。其努力认真的精神，不减于其先辈。他们不采用汉文的词语来翻译，这或者是他们的中文程度没有先辈们高，能力不够使用汉文；但我认为是日本文字本身的进步。古文在中国也称为"死文字"了，在日本人看来当然更感觉得古气。他们要用地道的日本文字来翻译，要用他们的"活文字"来翻译。所以就翻译的文体的改变说来，我认为是日本文字的一大进步。以前有些老日本留学生，自己不努力，专照着日本书中的名词抄，因为以前的日译名词是汉文的意义，所以大家还看得懂。现在情形变了，日文书中的学术译名，看起来都是中国字，但字义讲不通；于是大骂日本人不通了。这岂不是大笑话么？

日文中的汉字，有些拿中文意义来讲得通，有些似通非通，有些就根本讲不通。至于有些日文的词语与中文的意义根本风马牛不相及。日文中虽有汉字，我们最好把它当作外国文看，免得弄错。

一个哲学名词的意义，往往因所在的地位不同而有种种的差异。譬如 Substance 一语，在有些哲学家的学说中，可译为"本体"；但是其他的哲学系统中译为"本体"就不通了。现在日本学者对于这种一字数义的名词，译语非常慎重。他们大概采用两种译法：（1）同一个字用于各种哲学体系中，意义虽各有出入，它总有其共通点；是否也可以选用一个词语来译它，而用于各种体系中都适当，恰如其原语一样呢？于是他们在文字方面去探求这个词语的源渊，又在各种学说系统中去研究比较其所用这个名词的根本要义。要做这项功夫，必须对于语言文字方面有很深的研究，同时对于学术本身也要有相当的造诣。经过了这番研究功夫，如果找得出一个这样词语来，那么通用于各种学说之中，如原语之一字多用，岂不方便！（2）如果找不出这种译语来，或者要单独用一个译名来表示某派哲学中特殊的意义，那么就以求译语之适合原义为标准了。有些名词找不到适当译语，他们也用译音。

如果注音字母或罗马字音通用了，音译当然很方便，人名地名的译语也绝可统一。可惜注音字母推行未广。以前徐旭生先生译一本哲学史，其中采用了注音字母；不懂注音的人看来，比看原文难得多了。

明治年间的日译学术译名，以其系汉文的意义，流传入我国学术界者颇多。我曾搜集了很多这种译名，在《国闻周报》第十一卷第七期（日本维新先驱者西周之生涯与思想）及《文化与教育旬刊》第六十九期及第七十期（《日译学术名词沿革》）中发表了。最近我又在东京帝大图书馆找到了明治十四年（一八八一）出版的一本《哲学字汇》，明治十八年（一八八五）出版的《西洋哲学讲义》六卷，明治三十三年出版之《加藤弘之讲演集》一册。其中有许多的学术译名，是前面几篇文章中没有的，有些译名又系改正前译而附以注释；我现在将这些译名搜集起来，汇志于下。这些译名都是一八八〇年左右创用的，注释多录译原语，以存其真。

二、译名

（1）柏拉图的 Academy 译为"学堂"，Academician 译为"翰林学士"。Platonism 译为"布拉多学派"。Socratism 译为"琐格剌底学派"。Aristotlianism 译为"亚里斯度学派"。柏拉图的 Idea 译为"观念"或"理想"，ideal 译为"理想的"或"观念的"，Ideal World 译为"理想境"，Idealism 译为"唯心论"。注云："人之于物，只知其形色已矣。至其实体毫不能窥，故古来有唯心之论。王守仁曰：'心即理也，天下又有心外之事，心外之理乎。'"Form 译为"体型"。matter 译为"物质"或"质"。God 译为"神"或"天帝"。Dialectic 译为"敏辨法"。Dialogue 译为"问答"。Symposium 译为"酒宴"。雅力斯多德的 Entelechy 译为"圆极"。Actuality 和 Potentiality 译为"现货"和"将成"。Peripatetic School 译为"逍遥学派"。

（2）Theism 译为"信神教"，Theogony 译为"神统记"，Theology 译为"神学"。Natural theology, Positive theology, Rational theology 各译为"自然神学""确定神学""合理神学"。Atheism 译为"不信神教"。Autotheism——真神自存说。Daemonism——邪神教。Ditheism——两神教。Monotheism——唯一神教。Polytheism——多神教。Mythology——鬼神论。Mysticism——神秘学。Demi-god——半神半人。Demiurge——造物主。Demon——邪神，魔鬼或天鬼。Deism 译为"自然神教"，注云"自然神教与信神教不同，信神教据经典而说理外之理，自然神教唯信天地之流行而不信末启"。Emancipation 译为"解脱"。注云："按《名义集》，纵住无疑，尘累不能拘解脱也。"metempsychosis 译为"轮回"。注云："按《图觉经》，始终生灭，前后有无，聚散起止，念念相续，循环往复，种种取舍，皆是轮回。"

（3）Vitalism——活力论。Transcendentalism——超绝学。Supranaturalism——超理论，注云："天地之元始邈矣茫矣，非人智之所及，故未可以为无神，假令究理之极，至知天地之元始，天地之间，尚有一点之不可知者，则奉之以为神犹且可矣，而况于天地之与物皆不可知乎。"Naturalism 译为"唯理论"，注云："人心不迷则天下无复妖怪，唯有斯大道理而存焉耳。"Materialism 译为"唯物论"，注云："物一而已，以其流行而言，谓之气，以其凝聚而言，谓之心，以其变化而言，谓之光，谓之热，谓之镪，谓之电，其他凡在覆载间者，无一不自物而生，此唯物论所以缘起也"。Egoistic altruism——兼爱主义，注云："墨子兼爱，欲天下之治，而恶其乱，当兼相爱交相利，此圣王之法，天下之治道也。"Asceticism 译为"严肃教""制欲主义""严括主义"。严括主义取义于《扬子修身篇》："其为外也，严括则可以褆身。"Agnosticism—不可思议论；注云："苟究理，则天地万象皆不可思议，次所以近世不可思议论之大兴也。"Obscurantism 译为"绝智学"；语出老子："绝圣弃智，民利百倍。"Psychism—灵魂遍在论。Psychopannychism—灵魂睡醒论。

（4）One 译为"泰一""太一"或"一仪"。注云："按《前汉书·郊祀志》，以太牢祀三一，注：天一地一泰一，泰一者，天地未分元炁也。泰又作太，《淮南诠》言，洞同天地，浑沌为模，未造而成物，谓之太一，注：太一元神，总万物者。"

Becoming 译为"转化"；语出《淮南子·原道》"转化推移得一之道以少生多"。

Beginning 译为"创始""元始""太初"；注云："按《列子·夫端》，有大易，有太初，有太始，有太素，太易者未见气也，太初者气之初也，太始者形之初也，太素者质之初也。"

Change 译为"变更""万化"；"万化"一语出自《阴符经》："宇宙在乎手，万化生乎身"，又《庄子·大宗师》有云"若人之形者，万化而未始有极也。"

Existence 译为"存在""存体""万有成立"；注云："按现象之外，别有广大无边不可得而知者，谓之万有成立；成立一语出于李密《陈情表》"。Non-existence 译为无有。

Coexistence 译为"俱有"；注云："按俱有之字，出于《俱舍论》；又《唐诗》杜甫诗有云；向窥数公，经论亦俱有"。有人又译为"共存"。

Essence 译为"元精""本素""心髓"真体。

Being 译为"实在"或"现体"。Absolute Being, Rational Being, Sentient Being 译为"纯全实在""灵心生类""有情物"。Non-being 译为"无有"或"虚无"。

Nature 译为"本性""资质""天理""造化""宇宙""宏钧""万有"。Law of nature —性法或万有法。Philosophy of nature—天理学。Human nature 译为"性"，注云："按陈淳曰，荀子便以性为恶，扬子便以性为善恶浑，韩文公又以为性有三品，都只是说得气，近世东坡苏氏又以为性未有善恶，五峰胡氏又以为性无善恶，都只含糊，就人与天相接处，捉摸说个性"。Nature of things—万有本性。

Reality 译为"实体"或"真如"，注云："按《起信论》，当知一切法不可说，不可念，故名为真如"。

Principle—道，原理，主义。Fundamental principle—原道，大本。Universal principle—大道，一统原理。Ultimate principle—究竟原理。

Phenomenon—现象。Noumenon—实体。

Substance 译为"本质"或"太极"；注云："按《易·系辞》易有太极，是生两仪，正仪，太极谓天地未分之前，元气混而为一，即太初太一也"。Universsal substance—万有本体。

Substratum—实体。absolute—绝对或纯全。Ding an sich 译为实体。Entity 也译为实体。

（5）Cosmos—世界。Cosmology—世界形质论。Cosmism—宇宙论。Cosmogony—世界开启论。Acosmism 译为无宇宙论；注云："不信宇宙之存在者，后来不为少，廖燕曰，有我而古有天地，无我而亦无天地也，天地附我以见也"。Anthropomorphism—神人同形说。Hylozoism—形神合一论。Anthropogeny—人类成来论。Chaos—浑沌，洪荒。Creator—创造。Creator—造物主。Genesis—元始。Nebula—星云。Teleology—结局学。 Necessitarianism—必至论，注云："《庄子林注》，死生犹夜旦，皆必至之理"。

（6）Logos 译为"言""理""神话"。Logic 译为"论法"，Formal Logic—正式论法。General Logic—通式论法。Palor logic—三断论法。Ideology—观念学。Gnosology—知识论。Epistemology—致知学。Agnoiology—限知学。Aetiology—推原学。Geneology—系图。Diansiology—辨证学。Archelogy—原理学。Archeology—古物学。Geology—地质学。Embryology—胎孕学。Authropology—人类学。Ethology—品行论。Ethnology—人种学。Eschatology—结局论。Elementalogy—大本论。Deontology—达道论；注云："按达道之字，出于《中庸》，注达道者，天下古今所共由之路"。Aretology—达德论；注云："按《中庸》，智仁勇三者天下之达德也。注，谓之德者，天下古今所同得之理也"。Pneumatology—灵魂论。Phenomenology—现象学。Pathology—病理学，感觉学。Ontology—实体学。Mythology—鬼神论。Monadology—元子论。Methodology—方法论。Terminology—名称论。Somatology—物体学。Technology—诸艺学。

（7）Intelligence—译为"睿智"或"虚灵"，注云："按《传习录》，心之虚灵明觉，即所谓本然之良智也"。Consciousness—意识；Consciousness of agreement—契合识；Consciousness of difference—辨判识；Conscience—道念，良心。Ego—我，自己；Egotism—自爱心。Intention—意向。Mind—心，心意。Nous—万有睿智。Opinion—说，意见。Knowledge—知识，学问。Feeling—感应。Faculty—能力；moral faculty—良心；Reasoning Faculty—推论力。Perception—知觉力。Apperception—自觉。Perconception—预想。Conception—概念力。Reason—理性；Reasoning—推论，推理。Sensibility—感性。Sensation—感觉。Sense—觉性，官能，意旨。Spirit—精神，气象，精气。Understanding—理解，悟性。will—意志。Voluntary—有意。Vision—天眼通。Infinite vision—无限观；注云："庄子大宗师，朝彻而后能见独，见独而后能无古今，无古今而后能入于不死不生"。Notion—总念。Unification—冥合；注云："按冥合谓与天神冥合也，冥合之字出于柳宗元《西山记》"。Unconditioned—脱碍，无累，自然，无碍；注云："心经菩提萨埵，依般若波罗密多故，心无挂碍，无挂碍故，无有恐怖"。

（8）Deduction 译为"演绎法"，注云："中庸序，更互演绎，作为此书"。Induction—译为归纳法，注云："按归还也，纳内也，韵府，以佐结字故云曰纳，今假其字而不取其义"。Analogue—异物同名。Analogism—论推。Suggestion—点出，暗指，提醒、提起或张本；注云："按《左传》隐公注，预为后地曰张本"。Abduction—不明推测式。Complex—错谬，注云："按《淮南子·原道》，错谬，相繁杂纷，而不可靡散。"Ambiguous——暧昧，糊涂，滑疑，滑疑一语，谓采用于《庄子·齐物论》有云："滑疑之耀，圣人之所图也"，滑疑，言不分不晓也，故用以译此语。

Attribute——属性，绝对属性。Attribution——属性类聚。Argument——辩论。Argumentation——立论。Argumentum a fortiori——据不确之说而立论之法。

Argumentum ad hominem——据他说而论事之法。

Argumentum ad ignorantium——不知他说而立论之法。

Argumentum ad judicium——由通识立论之法。

Argumentum ad populum——从公众之说而论事之法。

Argumentum ad verecundium 尚其所据而示其可尚之法。

Argumentum ex Concesso——自先天论来之法。

Opposite——反对；Opposition——反对法。Contradiction——反言对。Contradictory——真反对。Contraries——实反对。Subalatern——差等。Subcontrary——小反对。

Subject——主位。Predicate——宾位。Predicables——实位语。Copula——连词。

Antecedent——前项，数学中译为前率；Conseguent——后项，数学中译为后率。

Conception——概念。Heuristic conception——幽隐概念。Ostensive conception——明显概念。Private conception——折服概念。

Term——名词。Abstract term——虚形名词。Catego rematic term——独用名词。Concrete term——实形名词。Compatible term——适理

名词。Distributed term—既行名词。Undistributed term—未衍名词。Syncategorematic term—副用名词。

Judgement—断定。Ampliative J—扩充断定。Substitutive J—换充断定。Apodeictical J—分明断定。Assertorical J—定说断定。Categorical J—合式断定。Disjunctive J—离接断定。Hypothetical J—约结断定。Tautologous J—重复断定。

Proposition—命题。modal p—带样命题。Constructive hypothetical p—构成约结命题。Distructive hypothetical p—破灭约结命题。

Inference—推度法。

Principle—译为主义，于是论理学的"三大主义"称为：同一主义，矛盾主义，事理充足主义。

Syliogism—推测式。Conditional S—若设推测式。Defective S 未完推测式。Enthymeme—散乱推测式。Epicheirema—牵强推测式。Episyligoism—歇前推测式。Prosyllogism—断后推测式。

Abscisso Infiniti—杀灭法。

Circulus in definiendo—循环定义。

Circulus in proband—循环证据。

Reductio au absurdum—归谬法。

（9）此外还有许多词语译得很有趣味，兹汇列于次：Vanity—盗夸；注云："按《老子》，服文彩，带利剑，厌饮食，财货有余，是谓盗夸，非道也哉"。

Sage—至人；谓取意于《庄子》；"得至美而游乎至乐，谓之至人"。

Rosicrucians—炼金方士；注云："按昔者德国有一方士，游于东洋，经数岁而归，告乡人曰，吾知炼金之术，徒弟渐集于其门，时人呼此辈曰 Rosicrucians，盖炼金方士之义也"。

Afflux—朝宗；注云："按《书禹贡》，江汉朝宗于海"。

Concentration—凝聚；注云："按《传习录》，久则自然心中凝聚"。"Concentration of mind"则译为：心意凝聚。

Revolution—译为革命或颠覆，注云："兴国谓之革命，亡国谓之颠覆"。

Conflux—会同；《书禹贡》有云："四海会同"。

Seclusion—沉冥；注云："按《扬子·问明》，蜀庄沉冥，吴注，晦迹不仕，故曰沉冥"。

Homogeneity—纯一；《法华经》有云："纯一无杂"，又《朱子语录》有云："纯一无伪"。

Modification—化裁；《易·系辞》有云："化而裁之，谓之变"。

Atom—微分子；Atomism—分子论；Atomist—原子论者。

Leader—先鞭嚆矢。

Difference—支吾，分别，径庭。

Means—津梁，阶梯；筌蹄语出于《庄子》。

Loyalty—勤王。

Impiety—不畏天。

People—苍生，黎首。

Malevolence—不仁。

Data—下题。

Introduction—破题，小引。

论翻译之真实困难——并就正于胡道维先生（1936）

张周勋

只要大家注意关于"翻译"的讨论与批评，便可知道翻译这件事常常是被认为最困难的。一般所谓直译好呢？抑或意译好呢？就是通常论战相持不下的一个问题。有的人以为译者应该对原作者处处抱"忠实"的态度，因此他们主张直译：依着原文的字句次序译去。这就是说：他们不仅要与原文的意义相合，而且在形式上也须一致。但是另外有一般人，他们以为翻译的目的，是在能把原作者的意思很清白地介绍给读者：我们所谓对原作者是否忠实，也就在于我们的译文，是否能发生效力——使读者能一目了然于原作者的意思。因此他们主张意译，为了要使读者易于明了起见，他们是不必拘泥于形式的；而且，果因意译而能使读者懂得更透彻的话，他们是不妨采取某个近似的意义，来代替原文的本意的。

这是在翻译界中相持不下的一个问题。

其实，平心而论，翻译的困难，并不在乎直译与意译。直译意译，各有其利，也各有其弊。譬如就直译来说，译文的形式与原文正为接近，态度当然是比较忠实，然而这样的译文，往往太不流畅，使人读之，常感有"此路不通"之苦。至于意译，文字不通顺的弊病，虽则可以避免，但有时译者未免过于自由，过于冒险，甚至有原文本讲东，而意译的结果却已转到西方去了的。这样一来，又不禁使人生"天南地北"之感——未免太隔阂了。

实际上我们需要直译，也需要意译。二者是不可分离的。当然，在可能范围之内，我们总以尽量地采取直译为善，可是有时直译不可时，我们为了不使"因辞害意"起见，意译是唯一而且必需的方法。我们为了对原作者忠实，我们不能单从直译，或单从意译，因为译者固然不能失却原意，但同时也不能使读者读而不懂；不然，那就失却了翻译的本意了。

因此，我个人以为直译与意译是不可分离的，二者分则各有其弊，二者合则可更相为用。而译文之好坏，亦即视能否活用此两方式，以完成其功能为定。

翻译的困难，究竟在什么地方？我个人的回答是：翻译的真实困难，完全在于译者对原文的了解上面。我们稍微留意一下坊间的译作，便可发现在许多译作的错处中，最多的便是译者对于原意理会不深之所致。因此，由于译者没在摸着原文的本来意义，结果那译文就成了"牛头不对马嘴了"。我们常常因为读了某种译述之后，使我们发生相反的印象，这个责任就得要归那对原文"不求甚解"的译者去负了。

也许有人以为"不懂原文"那是稀有的事，因为如果译者程度不够，他们是不会翻译的。但是我们也不要过于相信，意义的误解，一定是幼稚的译者才有的错误；相反的，许多的学者博士，这种"误解原意"也是常有的事。只要大家精心去读译家们的译作，一定可以发现很多的；这里也用不着来举例了。

【……】

五月三日于故都

——《文化与教育旬刊》第 89 期（1936 年）

《番石榴集》（1936）

常风

  据罗念生先生编的《朱湘书信集》，我们知道在民国十六年以前，朱湘氏已经编好他的翻译诗集：《若木华集》和《三星集》，在十八年于这两集子所收的译诗外，又增加了若干新译的短篇编成了《番石榴集》。但是直到今日，这册《番石榴集》始得作为文学研究会"世界文学名著丛书"之一出现于世人之前，这不能说不是一个遗憾。朱湘氏是位诗人，不过他最早得名似乎是因为翻译诗。留心民国一二年文坛活动的朋友们大概还记得这位诗人翻译白朗宁（Robert Browning）的《海外乡思》（*Home Thoughts, from the Sea*）所引起的争辩。我们很想知道他的这部辛勤的工作是不是受到那次争辩的戟刺。

  这部翻译诗集是极值得称赞的，从苏曼殊大师翻译外国诗开始以迄今日，没有一本译诗赶得上这部集子选拣的有系统、广博、翻译得忠实。这部《番石榴集》共分三部：上卷是古代的诗歌，从古代埃及的《死书》一直到那著名的歌咏《酒、歌与美人》的拉丁文学生歌，包括了印度、波斯、亚剌伯、希腊与罗马的许多重要篇叶。中卷则以文艺复兴期之巨星但丁开始到英国的前任桂冠诗人、《美约》（*Testament of Beauty*）的作者白礼齐士，选译了法国、德国、英国、西班牙、荷兰、俄国、科隆比亚和斯堪地纳维亚的诗歌，其中以英国诗人的作品为最多。下卷则另有一个面目了。这卷共收了四篇长诗，四篇英国十九世纪文学史上极占很重要位置的长诗：安诺德的《索赫拉与鲁斯通》(*Sohrals and Rustum*)，华兹华斯的《迈克》(*Michael*)，柯勒律治的《老舟子咏》(*The Rime of the Ancient Mariner*)和济慈的《圣亚尼节之夕》(*Eve of St. Agnes*)。以一人而译了这些重要的长篇叙事诗和短诗真是惊人的努力。而在译诗的艺术方面有一点不容我们忽视的，许多译诗都是照着原诗的节奏与韵脚。

译诗不仅是原诗"意义"的移植，这样要失掉诗的美丽。译诗能够照顾到原诗的节奏与韵脚固然是可贵，然尚非极诣，因为过分重视外面的形似会失掉诗的生命与诗的"神理"的。有人说，诗是不能翻译的，就是因为这个。讲到译诗，第一义当然是根本不译。假若非译不可，我们主张译者应和艺术家一样是个具有"可塑性"品格的人。艺术家看见自然界中各色的景象，各样的面孔，不同的品格，深浅的色彩，曲直的线条，强弱的光线，种种的声音，他都能借了文字、音律、颜色、大理石、画布给我们一个成功的表现。他能捉住许多极微妙的"差异"而成功他的创作。一位译诗的人也应如此；训练他亲近而且能接受这些在自然界事物中与人性中的差异；仔细体会一篇莎士比亚的诗，一首歌德，一首济慈，一首约翰·堂恩的不同的味道。一位译者的成功应该看他译出十种不同的作品是否有十种不同的翻译。一首翻译的莎士比亚应该让我们辨别出他和一首翻译的济慈和堂恩不同。这都是一件不易的事。对于一本包罗若干家选集的译者，我们更不应苛求。所以即以本集的译者，一位精通西洋诗的人来说，虽然他的工作极忠实，而且能在翻译中仿用原诗的节奏与韵脚，他的译诗仍然给我们一个极可惋惜的遗憾，他在许多地方捉不住原诗的神味。译者对于他译的布莱克的《虎》（William Blake: *The Tiger*）很满意，的确，这首翻译在《番石榴集》中确是很成功的一首。原诗第一节：

> Tiger, tiger, burning bright
>
> In the forests of the night,
>
> What immortal hand or eye
>
> Could frame thy fearful symmetry

译者的译文：

> 虎呀，虎呀，在夜之树林
>
> 双睛内燃着火样光明，
>
> 当初是怎样一个神通
>
> 把怖人的你竟能创造！（页192）

这翻译的音韵铿锵足与原作相副。但我们看徐志摩氏的翻译：

> 猛虎，猛虎，火焰似的烧红
>
> 在深夜的莽丛，
>
> 何等神明的巨眼或是手
>
> 能擘画你骇人的雄厚？

就可以看出这两种翻译的高下了。原诗第一行中开始用两个"Tiger"表示老虎的雄壮（这两个字不能低读的）。朱译作"虎呀，虎呀"力量太弱了，不能捉住读者。第四行中有两个重要的字：开始的Could与行尾的Symmetry，朱译里都不曾译出，略去Symmetry译作：

> 把怖人的你竟能创造！

"怖人的"并非"你"，而是Symmetry。因略去这一个重要的字，这节诗的神味与效果完全丧失了。

白礼齐士的《冬暮》（*Winter Nightfall*）是一首极优美的诗。原诗第二节和第三节：

The hazy darkness deepens,

　　And up the lane.

　You may hear, but cannot see

　　The homing wain.

An engine pans and hums

　　In the farm hard by,

　Its lowering smoke is lost

　　In the lowering sky.

这两节中最后的两行是一幅多么美丽的图画！声调又是多么美！但是在朱译里统统找不到：

天色自灰转深黑：

小径之中

不见回家的车子，

只闻隆隆。

一架吁喘的机器

滚过场间，

在渐低的天空下

云连汽烟。（页230）

译者在这两节里的失败似乎与他过分迁就原诗的节奏也有点关系。

在这集子里最失败的要算《老舟子咏》，这首瑰丽、神秘可怖的诗。柯勒律治专在这首诗中创造一种神秘莫测、令人可怖的氛围，在这氛围中安排了那个杀死海鹏的水手，令他受磨折，令他饱尝一切的恐怖。这篇长诗音节最美，柯勒律治模仿民歌的调子，而意象也极丰富，还有各种粗犷的想象与幻想，有力的节奏：就如散茨伯雷（George Saintsbury）最称赞的：

> The fair breeze blew, the white foams flew,
>
> The furrow followed free.
>
> We were the first that ever burst
>
> Into that silent sea.

译文却是如此：

> 浪花纷飞，拂拂风吹，
>
> 舟迹随有如燕尾：
>
> 以往无人，惟有我们
>
> 第一次航行此水。（页369）

文字如此的生涩，还需要锤炼。

上面所举出的几节诗大都是因为译者太拘泥原作，捉不住原作的精神，而且有时认不清一节诗的重心，所以不能获得十分成功。除了这些，译者的翻译，有的一首诗仅译几节，如非兹吉德（Edward Fitzgerald）的《往日》（*Old Song*）最后的五节即未译出。

这个集子在编制上有许多缺点。每个作者应该有一点简略的介绍——而且许多诗人对于国人都是陌生的——假如能于每首诗加以解说，那更是理想的了。读这集子的人未必是研究西洋文学的，每篇诗后有的作者用英文名字，有的用译名，甚至不注原名的。最好是一律，再注上生卒年代。人名的翻译，译者有许多立异的，如 Shelly 通常都作雪莱，他却作夏理；莎士比亚是很通行的，他作莎士比；《鲁拜集》的作者因郭沫若氏之翻译已为国人所熟悉的了，而本书改作阿玛加漾（未附原文），歌德改作戈忒，此外如卞强生（Ben Jonson）、糜尔屯（Milton）、卫尔莲（Verlaine）、危用（Villon）原本是国人知道的作家，却因译者重新给了译名，又不附原名，于是给读者不少周折。

最后，我盼望读者的好友如罗念生先生于本集再版时肯于编制方面加以改良，使成一部更令人满意的书。对于这集子的译者、已故诗人朱湘氏辛勤的努力，我们致敬意；因为诗根本是不可译的，而他几经给了我们不少成功的可贵的尝试。

一九三六年三月

——《大公报·文艺》第 249 期（1936 年 3 月）

英人威妥玛长友诗（1936）

林成西、许蓉生

　　后汉时莋都夷作《慕化归义》三章。犍为郡掾田恭讯风俗，译词语。梁州刺史朱辅上之。《东观汉记》载其歌，并译训诂为华言。范史所载是也。同治时，英吉利使臣威妥玛尝译欧罗巴人长友诗九首，句法或多或少，大抵古人长短句之意。然译以汉字，有章无韵，唯中多见道之言，终难割爱。董酝卿尚书属总署司员就其底本裁以七绝，以长友诗作分注句下，仿注范书式也。录之见海外好文，或可备他日史乘之采。诗曰：莫将烦恼著诗编。（原作勿以忧时言）百岁原如一觉眠。（原作人生若虚梦）梦短梦长同是梦。（原作性灵睡与死无异）独留真气满乾坤。（原作不仅形骸尚有灵在）天地声（原作著名人传看则系念）学步金鳌顶上行。（原作想我在世亦可置身高处）已去冥鸿犹有迹。（原作去世时尚有痕迹）雪泥爪泥认分明。（原作势如留在海边沙面）茫茫尘世海中沤。（原作盖人世如同大海）才过来舟又去舟。（原作果有他人过海）欲问失风谁挽救。（原作船只搁浅最难挽救）沙洲遗迹可探求。（原作见海边有迹才知有可解免）一鞭从此跃征鞍。（原作顾此即应奋起动身）不到峰头心不甘。（原作心中预定无论如何总期有济）日进日高还日上。（原作日有功成愈求进功）肯教中道偶停骖。（原作习其用功坚忍不可中止）按道光时。英国人马里逊善书汉字，西洋人汗得能汉语，略解鲁论文义。与威妥玛之能诗，同为徼外同文佳话。近日吾国人好学英法文字，转抛荒本国文，得勿为外人齿冷乎。

——林成西、许蓉生编著：《清朝野史大观》
（下册）（上海：中华书局，1936 年）

康德译名的商榷（1936）

贺 麟

引 言

我们知道中国哲学史上有几大柱石，如孔、孟、老、庄、程、朱、陆、王等，而同样西洋哲学史上，亦有其大柱石，亦有其孔、孟、老、庄、程、朱、陆、王。这些哲学史上的柱石便叫作经典的哲学家（classical philosophers）。所谓"经典的"哲学家大概是指他们的著作不怕时间的淘汰，打破地域的阻隔，是比较有普遍性，不拘任何人在任何时间、任何地点，翻开他们的著作来读，都可以有"深获我心"的感觉的。还有一层，"经典的"（classical）三字，有时又称为"古典的"，意谓这些经典哲学家或他们的著作，与古典或古董有类似的性质。古典每每源远而流长。而古董的特色就是流传的时间愈久，地域愈远，而价值有时反愈高。譬如魏碑不如汉碑，明版书籍不如宋版——这是说流传的时间愈久而价值愈高。又譬如，佛学在印度本地并无何势力，而流到中土，便大放光明，而中国的很多古玩字画，到了外国人手里，反而愈显得值钱——这是说流传的地域愈远而价值愈高。我上面这些例子也许失之呆板而并不十分确切，但至少可以表明，中国的古董哲学家也许在西洋比在中国更流行更受欢迎，亦是可能的事；同时西洋的古董哲学家也许在中国比在西洋更流行，更受欢迎，亦是可能的事。譬如，我们试放纵我们的幻想，假使我们中国人皆如吴稚晖所说，把所有的线装书尽行掷入厕所里，则我相信，英国的伦敦博物馆里，美国的国会图书馆里，仍然会有人在那里诵读中国的书籍的。假如西洋果如斯宾格勒《西土沉沦》书中所预言，竟归沉沦，那么，我相信柏拉图、亚里士多德、康德、黑格尔的精神火炬也会仍在东方燃烧的。这就足见得经典哲学家的真价值和不朽的所在，更足以见得研究哲学从研究经典哲学家着手，介绍西洋哲学从介绍西洋经典哲学家着手是极可推许的途径，是极值得努力的工作。三十年前，王静安先生四读康德而不得其解，竟至改变兴趣；梁任公先生作《西儒学案》，虽算是走上正轨，惜甚简浅而未继续深造。设以二先生之魄力，而于当时即专志作西洋经典哲学家之翻译与介绍，则现在中国哲学界当必大为改观了。

现在据个人所知，中国各大学哲学系似已渐渐注意于西洋名哲的研究了。如柏拉图、亚里士多德、笛卡尔、斯宾诺莎、休谟、康德、黑格尔，北平清华大学和北京大学两校都曾开过专门研究的课程。这总可算是一好现象。出版界，对于西洋名哲的翻译与介绍的著作，我们可以预言，一定是会日益加多的。不过讲到翻译介绍西洋明哲的名著，则对于译名一事却不可松松放过。在别的地方，我都很赞成经验派的荀子"名无固宜，约定成俗谓之名"的主张，譬如，我觉得"北京"一名，既已约定成俗，实无改为"北平"的必要。但在哲学的领域里，正是厉行"正名"主义的地方，最好对于译名的不苟，是采取严复"一名之立，旬月踟蹰"的态度。尤其中国现时之介绍西洋哲学，几可以说是草创时期，除了袭取日本词外，几乎无"定约"无"成俗"可言，所以对于译名更非苦心审慎斟酌不可了。对于此点，我曾发表过意见如下：

"……要想中国此后哲学思想的独立，要想把西洋哲学中国化，郑重订正译名实为首务之急。译名，第一，要有文字学基础。所谓有文字学基础，就是一方面须上溯西文原字在希腊文中或拉丁文中之原意，而一方面须寻得在中国文字学上（如《说文》《尔雅》等）有来历之适当名词以翻译西字。第二，要有哲学史的基础，就是须细查某一名词在哲学史上历来哲学家对于该名词之用法，或某一哲学家于其所有各书内对于该名词之用法；同时又须在中国哲学史上如周、秦诸子宋、明儒或佛经中寻适当之名词以翻译西名。第三，不得已时方可自创新名以译西名，但须极谨慎，且须详细说明其理由，注释其意义。第四，对于日本名词，须取严格批评态度，不可随便采纳。这倒并不是在学术上来讲狭义的爱国反日，实因日本翻译家大都缺乏我上面所说的中国文字学与中国哲学史的功夫，其译名往往生硬笨拙，搬到中文里来，遂使中国旧哲学与西洋的哲学中没有连续贯通性，令人感到西洋哲学与中国哲学好像完全是两回事，无可融会之点似的。当然，中国翻译家采用日本名词已甚多，且流行已久，不易排除，且亦有一些很好的日本名词无需排除。但我们要使西洋哲学中国化，要谋中国新哲学之建立，不能不采取严格批评态度，必须从东洋名词里释放出来。"（见拙译《黑格尔学述》序言，商务印书馆出版。）

兹篇所欲提出商榷的一些康德译名，大半是我在八九年前初读康德时所拟定。经近几年来复读康德，或与友人谈论康德，或特与他人关于康德的译名相比较，愈使我自信这些译名多少合于我上述的四条原则，有它们成立的理由，也许可以供治康德学的人的参考，并且增进对于康德哲学的理解。

康德哲学重要名词的翻译与解释：

纯理论衡（Kritik der reinen Vernunft）

行理论衡（Kritik der praktischen Vernunft）

品鉴论衡（Kritik der Urteilskraft）

说明：关于康德三大名著的书名，最好能够表示出下列的方式：

真—知—知—科学—纯理论衡的题材

善—意—行—道德—行理论衡的题材

美—情—审美—艺术—品鉴论衡的题材

使人可以从三大名著的书名里即可见得康德哲学的规模。"纯理论衡"实即"纯知理论衡"之省略。"行理论衡"实即"纯行理论衡"之省略。盖康德常以"纯知论"与"纯行论"相提并论。康德所著的《道德形而上学》有下面一段：道德的形而上学真正讲来，除了对"纯行理"（practical reason）的批评的考察外，实在没有别的基础；一如除了我已经出版的关于"纯知理"（pure speculative reason）的批评的考察外，无法建立形而上学的基础。（见 Abbott 译本《道德的形而上学》页八）又《行理论衡》序亦云："本书的职务在于指出有纯行理的存在。"（见 Abbott 译本页八七）

至于第三论衡的书名直译应作"判断力论衡"并不含有审美之意，今意译作"品鉴论衡"而暗示对于美的欣赏作批评的研究之意，则因康德本有以"美的欣赏论衡"作为书名之意思也。按康德于一八八七年六月二十五日与 Schütze 教授信谓："下星期内即将《理性论衡》付印，继此印将进行从事于欣赏《论衡》之基础之探讨矣

（Alsbald zur Grundlage der Kritik des Gesmacksgehen）。"又一八八八年一月六日出版家 Hartknoch 与康德信中亦有：敬候"美的欣赏论衡"（Kritik des schonen Geschmacks）之好音之语。至康德后来何以不命名为"美的欣赏论衡"（Kritik des Gesmacks = Critique of Taste）而改称"判断力论衡"，此处姑不具论。但吾人因判断力论衡意思不甚显豁，乃本康德原意译为"品鉴论衡"自甚得当，且"品鉴"二字固含有审美的判断之意也。

《行理论衡》之"行"字即行为之行，德行之行。行理论衡即含有对于纯道德的理性或纯德行的原理作批判的研究之意。西文中 practical 一字与 moral 一字几乎同义可以互用，一如中文中之"行"字与"德行"字有时可以同义互用（可参看斯密士《康德纯理论衡》注释页七三）。至于中文"实践"二字乃英文 put into practice 之意，似未能表示与"知"相对之"行"或"德行"的意思。

普通的批评叫作批评，系统的严重的批评，便叫作"论衡"，康德的书名故以称为"论衡"为最适宜。余意"批判"二字在康德不可用，盖批评与怀疑相近，与下最后判断之独断相反。康德只可说是批而不判，或判而不断的批评主义或批导主义者。

批导哲学（critical philosophy）

批导方法（critical method）

批导主义，批评（criticism）

说明：这三个名词均很少见于康德本人原著中，所以我只注出英文而不注出德文。康德很少用 Kritisch 一字，大都喜用 transcendental 一字以代之。但一般讲康德哲学的人，特别英、美人中讲康德哲学的，多有称康德的哲学为批导哲学，称康德的哲学方法或态度为批导方法或批导态度（如 Edward Caird 关于康德哲学的两巨册即名为）The Critical Philosophy of Kant，自亦甚是。但此处所谓 critical，乃"加以批评的研究以领导到正的或负的结果"之意（a critical investigation leading to positive as well as negative results 见斯密士《康德纯理论衡》注释第一页）。故应译作批导，而不可泛泛译作批评，亦不可译作有独断意味的批判。盖就康德哲学与后康德派哲学比较言，则康德哲学为批导哲学，只是批评研究知识的能力、限度、前提、性质，为"未来的形而上学导言"（康德的书名）奠立基础，以作先导，而自己不建立形而上学的系统；反之，后康德学派，如黑格尔的哲学则为玄思哲学（speculative philosophy），大胆地循着康德的途径以建立玄学的系统，就康德哲学与前康德哲学比较而言，则经验派休谟为怀疑主义（Scepticism），认为形而上学、先天知识为不可能；理性派之莱布尼兹为独断主义（Dogmatism），不批评研究知识的能力和限度，率直凭理性去建立形而上学系统以证明上帝的存在、灵魂的不灭、意志的自由，而康德的哲学则为持中的批导主义（criticism）。但康德自己绝少称他的哲学为 Kriticismus。他最喜用 Kritik 一字，英译本大都有时译 Kritik 为 Critique（论衡，如书名），有时译 Kritik 为 criticism（批评，如 das Zeitalter der Kritik）英译作 the age of criticism，在中文只可译为"批评"的时代，不可译为"批导主义"的时代）。

据我所知，国人治康德哲学者如张君劢先生、张真如先生，皆以"批导"二字代替"批判"。"批导"一语出自《庄子·养生主》篇："依乎天理，批大郤，导大窾"

先天（a priori）

先天（transcendental）

先天知识（Erkenntnis a priori）

先天知识或先天学知识（transcendental Erkenntnis）

先天摄觉（transcendental apperception）

先天哲学（Transcendental-Philosophy）

说明：上面这些译名的主要点，即在于将康德的原文 a priori 及 transcendental 两术语统译成"先天"二字。而中国一般谈康德哲学的人，对于这两个术语的译名却又最分歧不过了。但除译 transcendental 为"超越的"这些人，由于不明白 transcendent 和 transcendental 二字在康德哲学中的重要区别，陷于错误外，最普通的大都采纳日本人的译名，译 transcendental 为先验，译 a priori 为先天。但究竟"先验"与"先天"二名词，在中文的字义上有何区别，谁也说不清楚。最奇怪的就是划分"先天""先验"的区别的人，日本翻译康德的名家天野贞佑，在他所译的《纯粹理性批判》（"岩波文库"本）里，有时译 transcendentale Deduktion 为先验的演绎，有时又译为先天的演绎（参看天野氏日文译本页七及页一五八和一六四）。这种混淆不清，就更令人莫名其妙了。我的意思以为我们既无法在中文里去寻出两个意义不同的名词来翻译 transcendental 和 a priori 两个名词。即如日译本之勉强创造"先验"和"先天"两个不同的名词以翻之，结果亦难免混淆互用。因此我便觉得简单化，用一个名词"先天"，以译西文 transcendental 和 a priori 两个不同的字的办法，值得我们尝试了。

我尝试的结果，觉得不唯并无困难，并且可以增加了解康德的方便。譬如康德的《纯理论衡》上有这样一句话：

"I call all knowledge *transcendental* which is occupied not so much with objects, as with our *a priori* concepts of objects. A system of such concepts might be called Transcendental Philosophy. "（A. P. 12）

这段的大意可以译成这样：

"凡是不涉及对象本身，而只是关于先天概念的知识，我便称为先天知识。关于这种（先天）概念的系统便可称为先天哲学。"

照这样看来，关于先天概念的便称为先天知识或先天学知识，关于先天概念的系统便称为先天哲学，犹如说：关于社会状况的知识便称为社会知识，关于社会状况的系统知识便称为社会学，意思甚为明显。康德曾经有这样一句话：

"Not every kind of knowledge *a priori* should be called transcendental. "（A 56）从这句话看来，有两层意思：第一，a priori knowledge 与 transcendental knowledge 确有区别，不可混为一谈。第二，a priori knowledge 含义似较 transcendental knowledge 为广，但如果我们将上面这句话译作这样：

"不是每一种先天知识皆应叫作先天学知识"，则一切困难立即解除。a priori knowledge 与 transcendental knowledge 的区别，不是先天知识与先验知识的区别（因为先天与先验二名词的根本意义并无区别），而是先天知识与先天学知识的区别，犹如社会知识（social knowledge）与社会学知识（sociological knowledge）的区别。但虽不是每种"先天知识"皆可叫作"先天学知识"，却须知"先天学知识"仍是一种"先天知识"。斯密士《康德纯理论衡》注释（页七四）有一段解释 transcendental 和 a priori 很重要的文字，兹写在下面：

"Transcendental knowledge is knowledge not of objects, but of the nature and conditions of our *a priori* cognition of them. In other words, *a priori* knowledge must not be asserted, simply because it is *a priori*, to be transcendental; this title applies only to such knowledge as constitutes a theory or science of the *a priori*. Transcendental knowledge and transcendental philosophy must therefore be taken as coinciding; and as coincident, they signify the science of the possibility, nature, and limits of *a priori* knowledge. The term similarly applies to the subdivisions of the Critique. The Aesthetic is transcendental in that it establishes the *a priori* character of the forms of sensibility; the Analytic in that it determines the *a priori* principles of understanding...; the Dialectic in that it defines and limits the *a priori* Ideas of Reason..."

斯密士这段话显然是根据上面所引的康德两句话（A12 及 A56）而来，兹试译其大意如下：

"先天学的知识不是关于对象的知识，而是关于吾人对于对象之先天认识的性质与条件的知识。换言之，先天知识，必不可只因其为先天知识，即可谓为先天学知识。'先天学'这个名目只适用于构成先天的学说或科学而言。故先天学的知识与先天哲学必须认为是同一之物——同是表示先天知识之可能、性质和限度的科学。这个名词同样适用于《纯理论衡》之各部门。先天观物学所以（直译应作'观物学'之所以是先天学的，即因其目的在于……）树立感性形式之先天性质，先天分析论所以决定知性之先天原则，先天矛盾论在于规定并限制理性的先天理念。"

总之，在康德的意思，凡有必然性（necessity）、普遍性（universality）、内发性（spontaneity）而非纯得自经验的外铄之知识（如数学的知识和一部分物理学的知识）均可称为先天知识（knowledge a priori），但不得即谓为"先天学知识"（transcendental knowledge），必定要研究数学何以可能，自然科学何以可能或先天综合判断何以可能所得的知识，换言之，就是他的先天哲学中（先天观物学、先天理则学）所昭示我们的知识方得称为"先天学知识"。康德的目的既在把哲学建立在与数学有同等坚实的基础上，故关于先天哲学的知识亦应是与数学一样有必然性、普遍性、内发性的先天知识。故先天知识虽不尽是先天学知识，而先天学知识必是先天知识中之一种，则无可置疑。再用普通一点的话来讲，康德不仅与中国的孟子相同，认为仁义礼智非外铄我，乃出于先天原则，而且认为科学知识、哲学知识，亦非外铄我，亦出于先天原则。至于发挥何以科学知识非外铄我的道理，阐明科学知识的先天原则的性质的学问，便是他所谓先天哲学。关于先天哲学的知识便是先天学知识。

所以严格分辨起来，a priori 与 transcendental 二词的区别，实为"先天的"与"先天学的"区别，犹如"社会的"（social）与"社会学的"（sociological）的区别，我已详细说明于上。但《纯理论衡》全书中，对于 transcendental 一字的用法，在中文须译作"先天学的"以示有别于"先天的"的地方，恐怕至多也不过两三处，此外则所有的 transcendental 一字，几全可译作"先天"或"先天的"而不致混淆有误。譬如，在"此原始的先天的条件不是别的，即是我所谓先天摄觉"，（That original and transcendental condition is nothing else but what I call transcendental apperception. A. P. 106）一句话中，前后两个 transcendental 字，虽可说是"先天哲学"中的术语，但只可译作"先天的"而不译作"先天学的条件"或"先天学的摄觉"，而且此处两个 transcendental 字的含义，均系"有普遍性、必然性、内发性的"之意，与 a priori 之含义，完全相同。至于从"这个纯粹的原始的不变的意识，我便称为先天摄觉"（this pure, original, and un-changeable Consciousness I shall call transcendental apperception A. P. 107）一语中，更足以见得所谓先天摄觉是具有普遍性（纯粹的）、必然性（不变的）和内发性（原始的）的摄觉。此外康德互用 a priori 及 transcendental 二字以表示同一意义的地方，更是不胜枚举。例如，使知识可能的先决条件，康德有时叫作 condition a priori，但有时又叫作 transcendental condition。又如先天逻辑中的十二范畴，他有时称为 concepts a priori of understanding，有时又称为 transcendental concepts of understanding。再如，上帝、自由、不朽等先天理念，康德虽大都称为 transcendental Ideas，但有时亦称为 Ideas a priori of pure reason。由此足见康德本人既然将两名词当作同义、互用，我们翻译康德时，何不直截了当只用一个最恰当的、有哲学史意义的中文名词去翻译它，以免强生分别呢？若能彻底分别开也好，但强生分别之后，结果仍不免于混淆互用，是未免劳而无功了。

我们试进而再看 a priori 和 transcendental 两词在西洋文字学上及哲学史上的意义：按 a priori 系拉丁字，原为"在先"之意。"在先"亦有逻辑的在先与时间的在先之别。在哲学中，a priori 大都是指逻辑的在先而言。在知识论中，所谓"在先"或"先天"自系指就理论言在经验之先之意。所谓逻辑的或理论的在先亦有二义：一为普遍义，如全体在部分之先，类（genus）在种（species）之先。一为原因义，即原因必在果之先。但所谓原因亦非指时间上在前之实物，而系指解释一物之理或原理。凭此而言，则逻辑上在经验之先者，第一，即是普遍者，而经验为特殊者。第二，即是解释或构成经验之必然的理或原理。故由"理论的在先"而引申为普遍性与必然性的意思。又凡理论上在先之物，必非经验的产物，而乃出于理智的自动或内发（Spontaneity of intelligence）为构成经验之先决条件。故又具有内发性，因此"在先"或"先天"实具有普遍性、必然性、内发性三特点。又所谓理论上在经验之先，在某种意义上，实即"超经验"之意。再换言之，凡是超经验的，凡是具有普遍性、必然性、内发性的东西，必是共相，而非殊相，必是形而上，而非形而下。康德的先天哲学就是要指出吾人的经验和知识之所以形成的先天的或超经验的形而上的基础。

至于 transcendental 一字则本是中古经院哲学的名词，原意为"超越"。形容词"transcendent""transcendental"皆同为"超越的"意思。中古神学家有所谓六大超越物，为"存在""物""任一""一""善""真"等。其所以称为超越物者，即以其最概括、最普遍、超越范畴、超越名言。而为最高范畴之意，故普遍性、超越性实 transcendental 与 transcendent 二字共有之含义。且超越性中即包括有普遍性在内。譬如，全体超越部分，是则全体较部分为普遍，类超越种，则类便较为普遍。我揣想康德之把此二词应用来讲知识论，实同赋予两词以"超经验"的意思，一如拉丁文的"在先"，在康德哲学中含有"在经验之先"之意。但虽则两字同含有"超经验"的意思，康德亦会大加区别，transcendent 乃"超绝经验"之意，即离经验独立而绝对不可知。而 transcendental 乃"超越经验"而同时内蕴于经验之中，为构成经验或知识可能之先决条件。换句话说：transcendent 乃仅是超越任何经验，而并不超绝一切经验，故可译为"先天"，实与"在经验之先"（a priori）名异实同（按"一切"与"任何"的区别，乃采自冯友兰先生"共相超越任何时空而不超越一切时空"之说）。若果再用 Watson 和 Stirling 的说法，则超绝（the transcendent）

乃超越（一切）经验的范围（transcends the scope of experience）之意
（参看斯密士《纯理论衡》注释页七五。括符内字乃我所擅加以求意
思显豁。最奇怪的就是斯密士不赞成 Stirling 及 Watson 之说，而自己
陷于谬误。因此斯密士也与许多别的康德诸家一样，只知 transcendent
与 transcendental 意思不同；只知康德采取经院哲学名词，而加以新的
用法，而不能说出其承袭旧意者何在，其加入的新意义何在。

　　总之，从这番分析字义的结果，我们发现 a priori 乃"先经验"或
"在经验之先"之意，亦即有"超经验"意。而 transcendental 乃"超
经验"或超越任何特殊经验或感官内容之意；亦即有"先经验"意。
两个字原来含义既同，故可同用"先天"二字以译之（说到这里我又
想起现在留学德国研究哲学的熊伟先生，前曾在《大公报世界思潮周
刊》里发表"先验与超验"一文，主张译 a priori 为"先验"，译 tran-
scendental 为"超验"，与我这里分析字义的结果，如合符节。不过他
严格划分"先验"与"超验"的区别，而不知两名词实根本同义。且
他拒绝用在中国及西洋哲学史上具深厚意义，占重大地位的"先天"
一名词，尤非我所赞同）。从此又可见得"先经验"或"超经验"乃
"先天"之本意，而普遍性、必然性、内发性乃从"超经验"（注意，
非超绝经验）引申而来，盖凡超经验的必是有普遍性、必然性、内
发性之共相或理则也。至于 transcendental 一字有时之具有"先天学"
义，以示有别于单纯的"先天"（a priori），更是后起引申之意而是康
德的特殊用法。

　　以上是从正面以表示 a priori 与 transcendental 二字同义，故同应
译为先天，兹试更探究此二字反面的意思：a priori 之反面为 a posterior
（后天），而后天即系"经验的"之意（参看《纯理论衡》A. P. I）。今

试细读康德原书，则知 transcendental 一字的反面乃亦是 empirical（经验的）一字。譬如 A. P. 97 认"经验的特性"（empirical character）为"先天的特性"（transcendental character）的反面，A. P. 107 指出经验的、摄觉为先天的、摄觉的反面。A. P. 591 持经验的途径（empirical path）以与先天的途径（transcendental path）对立，而 A. P. 660 又持经验的根据（empirical ground）以与先天的根据（transcendental ground）对立，诸如此类，均处处足以表示 transcendental 的反面与 a priori 的反面，完全相同，愈足以反证此两字本来同义——其正面，同具有"超经验"之意，其反面同具有"经验的"之意。因此用一个相同的中文名词以翻译之，不会有误。

或者有人以为用"先天"二字来译康德的名词，无论别的方面如何适当，总免不了两层困难：一是"先天"二字含有降生以前或生来如此之意，如普通常有"先天不足，后天亏损"之语，"先天知识"不免令人误会成生来即有或天赋的知识。二是容易令人把康德的哲学与邵康节的先天八卦方位图及其道士易传会，其实康德的批导哲学与康节的"先天之学"全不相似。我可以答道：第一，凡是稍有中国哲学史常识的人，便应知"先天"二字是出于《易经》上"先天而天弗远，后天而奉天时"之语，纯全是指哲学上有普遍性、永久性、必然性的法则、道理或共相言。譬如读王维《送秘书晁监还日本国》诗序中"大道之行，先天布化"一语的人，当不难知道其意系指宇宙的运行遵循一必然的、普遍的、内在的法则或道，而不会误会成"天赋布化"。又如北平故宫与北海间的牌坊上有一副"先天明境，太极仙林"富有哲学意味的八字对联，明眼人当可见得"先天明境"是指纯理的、共相的灵明境界而言，不会联想到生理的先天。所以我们应用中国哲学史上通用的名词以翻译康德哲学中主要的名词，绝不会亦不应引起误会。第二，邵康节从数、从宇宙论上去讲普遍必然的先天法则，而康德则从逻辑、从知识论上去讲普遍必然的先天法则。康节从数的玄学的立脚点以建立宇宙之大经大法或先天原则，康德则批评的研究知识构成的大经大法或先天原则，异同所在，自甚明白，何得傅会？大体讲来，"先天"一词，有下列几种不同的用法：

一、为生物学的先天，注重遗传、先得点、本能等。

二、为文学上的先天，注重天才的创造、灵感的启示、回复自然。美国爱默生（Emerson）等所代表之新英格兰先天主义（New England transcendentalism）即倡导此说。

三、为这道德上的先天，注重良心、良知，认道德意识人所固有，非由外来，以孟子为代表。

四、为形而上学的先天，注重支配宇宙之整个的永恒的范型或大经大法。

五、为逻辑的或知识论的先天，是即康德之所倡导发挥者。由此足见"先天"二字含义甚富，用法甚多，亦各有所当，是在学者各自明辨而慎用之可也。大概讲来，在中国先天之学始于周易；道德的先天说，形而上学的先天说，均不乏有力的代表。在西洋则先天之说基于数学，而始于 Pythagoras，柏拉图集其大成。溶道德的先天（见 Meno 对话）、艺术的先天（见 Symposium 及 Phaedrus 二对话）、形而上学的先天（见 Timaeus 对话）及知识论的先天（见 Thaetetus 及 Parmenides 等对话）为一炉。至于康德则远承柏拉图之绪，特别注重知识论上之先天，而成其先天哲学之系统，但他的《行理论衡》，注重良心和纯义务观念，以意志之先天的自立普遍法度自己遵守为准则，故亦兼重道德的先天说，而他的《品鉴论衡》，分上下二篇，上篇论审美判断，奠定审美之纯理基础，寻求审美之先天官能；下篇论目的判断，从先天观点，以指出自然万物之内在目的，亦足以见得他于艺术的先天说与玄学的先天说亦复兼顾无遗。至于黑格尔则直认知识的或思想的先天法则，即是宇宙的先天法则，便合逻辑的先天与形而上的先天为一体了。进来西洋哲学上有一种趋势，（这个趋势已渐影响到中国），就是要使知识论与形而上学分家，更进一步使逻辑与知识论分家，而专谈数理的逻辑的"先天"（a priori），换言之，离开康德所谓"先天哲学"而单从事于先天命题之分析。从某种意义来看，这也许是一种进步，但是与柏拉图、康德以来之"先天学"的正大路子，所隔就很远了。

现在我要略为说明我之所以不惮劳烦，费五六千字来解释"先天"一译名，实因为此名词在中国和西洋哲学史上均占有很大的地位，含有很丰富的意义，而且我认为"先天"二字在康德本人的哲学里也居于主要的地位，至少比"批判"或"批导"的地位高得多。（具有先经验意思的"先天"（a priori）差不多在康德书中，每页均可发现一二次，而具有超经验意思的"先天"（transcendental）在《纯理论衡》的内容目次表里便见了差不多三十次）。所以称康德哲学为先天哲学似远比称之为批导哲学较能道出康德哲学的本质。尤其紧要的，就是我认为德国哲学在由康德到黑格尔这个灿烂时期中，最根本、最主要的哲学概念只有两个。一为康德所谓"先天"，一为黑格尔所谓"太极"（das Absolute）。所以康德的哲学叫作"先天唯心论"，黑格尔的哲学叫作"绝对唯心论"（绝对即太极之别名），实非偶然。同时我又认为中国哲学史自周、程、张、邵到朱熹这个伟大的时期中，最根本、最主要的哲学概念也只有两个，一为周子的"太极"，一为邵子的"先天"，而朱子寓先天概念于太极之中，实集其大成。所以我们若是用"先天"二字以讲康德，用"太极"二字以讲黑格尔，我们不唯可以以中释西，以西释中，互相比较而增加了解，而且于使西洋哲学中国化以收融汇贯通之效，亦不无小补。我前此既于拙译《黑格尔学述》（商务印书馆出版）的《序言》里费了五六千字解释何以应译黑格尔的 das Absolute 为"太极"的理由，所以我现在不能不借此机会略说我所以主张用"先天"二字翻译康德的 a priori 和 transcendental 的原因。

先天之义既明，兹更进而分别解释与先天连缀之名词如下：

先天唯心论（der transcendental Idealismus）

说明：邵康节有"先天之学心学也"之语，而"心者理也"，故心学即是理学。而唯心论骨子里即是理性主义。康德的先天哲学亦是一种"心学"或"唯心论"，而他的"先天唯心论"骨子里亦是理性主义。故决不可称康德哲学为"先天观念论"。

先天观物学或先天直观学（Die transcendentale Ästhetik）

说明：按 Ästhetik 本意为"观"为"见"，后方引申为美学义。康德此处乃用原意，故绝不可译为"先天审美学"。今拟译为"观物学"，邵康节著有《观物内篇》《观物外篇》。亦可译为"直观学"，因注释康德者多称此篇所论为"Anschauungslehre"直观学。康德的直观有两种，一为感觉的直观（sensuous intuition），一为理智的直观（intellectual intuition），此篇所论则仅限于感觉的直观。而邵氏之观物，乃注重以理观物，约相当于康德所谓理智的直观。今借用理智的直观之"观物学"以译感觉的直观之"观物学"，想不致混渚有误。余意 Ästhetik 一字应译为"观物学",而以"直观学"译 Anschauungslehre。日人译为"先验感性论",其缺点有二:一、感性论不能表示原文"观"字义。二、在康德书中,先天观物学与先天理则学并列,若译前者为感性论则应译后者为知性论,方可并列。

先天理则学或先天逻辑(Die transcendentale Logik)

说明:首先提出译 Logik 为"理则学"的人为孙中山先生,理由详见《孙文学说》第三章。我认为孙说甚是。研究语言的形式、规范、法则的学问可称为文法学或"文则学"。今研究思想或推理的形式、规范、法则的学问,故可称为"理则学"。譬如,我们常说某人说话不合逻辑,意思即是说某人说话不合理则——不合思想的规范、推理的法则。特别是康德的先天逻辑目的在研究思想的大经大法,知识可能的律令规则,故更可称为理则学。从严译作"逻辑"尚勉强可通,唯跟着日本人译作"论理学"实在毫无道理。

说明:Deduction 一字,在康德此处的用法,乃指范畴的推演,与三段论法的演绎或几何方法的演绎虽不无关系,但均有不同处。兹拟译为推演。"演"即"文王拘而演周易"之演。"推"字含有推理、推算、推步等"推"字之义。换言之,"推"字多少含有"悬知"或"预测"意。康德先天理则学里特别有一节讨论"感念的预测"(anticipations of perception)可资参证。故"推演"二字最为恰当,但从众仍称"演绎",亦无不可。

先天分析论(Die transcendentale Analytik)

先天矛盾论(Die transcendentale Dialectik)

说明:从康德先天理则学的纲目来看,便可知先天理则学内容分两大部门:一为先天分析论,一为先天矛盾论,前者属于知性的范围，可称"知性的逻辑"（Verstandeslogik），后者属于理性的范围，可称"理性的逻辑"（Vernunftslogik），此二名词皆出于黑格尔。至于先天观物学乃讨论感官知识构成的条件，感官知识尚无理则性（logicality），故不属于逻辑的范围。

Analytik 一字之应译为"分析"，中日相同，无有异议，可无须解释。至于 Dialektik 之应译为矛盾，则为我个人的见解，而与一般人异同。兹分四层简单说明：（一）日译 Dialektik 为辩证之不可通。盖辩者不证，证者不辩。譬如，芝诺与苏格拉底用以子之矛攻子之盾的方法以辩难别人，驳倒对方，只是消极地击破别人的论据，而并不积极地用几何学方法或实验的方法以证明己说。又如斯宾诺莎用几何方法以证明他的学说，论者谓用几何方法严格依序证明，建立己说，即可避免与旁人辩论驳难（参看 Wolfson《斯宾诺莎哲学》第二章）。"辩证"二字最初见于中国典籍者为朱熹著《楚辞辩证》一书之书名。此处"辩证"二字乃辨别原书字句之错误，证明何种版本的读法较正确之意。故"辩证"乃考证校勘之别名。由此看来，辩证法的原意是汉学家的考证方法，而与哲学家的思辨方法恰好相反。足见日译之毫无是处。（二）细玩味 Dialektik 一字在康德本书的用法，适为"矛盾"。康德与《纯理论衡》第一版序言的第一句，即指出理性本身有陷于自身矛盾的命运，而预示先天矛盾论即所以解除此种内在的矛盾。所谓理性的先天矛盾，即是一方面，理性要问一些必不可忽视的问题，因为这些问题实际源于理性的本性；他方面理性又无法解答这些问题，因为这些问题超出人类理性能力的限度。所以康德后来便解释"矛盾逻辑"为"幻觉的逻辑"（Logik des Scheins，按 Schein 一字有幻觉、幻想或似是而非之义，英译作 illusion）。所谓矛盾逻辑即分析出，或揭穿，并解除理性的矛盾的理则学，而所谓幻觉的逻辑，亦系指揭穿并解除基于理性自身的矛盾，超越其理性的权限、能力，而引起的错误与幻想的理则学。故康德的先天矛盾论有两方面，消极方面限制理性的权限使勿超越使用，致陷于"似是而非的幻觉"（illusion），积极方面解除理性的矛盾，求得最高的综合，以远到"似非而是的真理"（paradox or dialectical truth）。康德先天矛盾论所注重的在消极方面居多，而黑格尔承康德而发挥的乃在积极方面居多（请参看斯密士《纯理论衡》注释页四二六，及《黑格尔哲学大全》第八一及八二节）。（三）在西洋哲学史上，康德前、康德后的哲学家，特别黑格尔，对于 Dialektik 一字的用法，皆多为"矛盾"义，此点我在《黑格尔学述》的序言里有长篇的说明，兹不赘述。请参看下面论纯理的矛盾条。（四）康德的 transcendental dialectic 乃系指理性的先天的矛盾，即必然的、普遍的、内发的或内在的矛盾而言，不可依斯密士的说法译作或释作"超越的矛盾"（见斯氏《纯理论衡》注释页七六）。斯氏认为此处乃讨论理性的超越使用而致矛盾，故应作"超越矛盾论"（the transcendent dialectic）而不可作"先天矛盾论"，实在是大错特错。盖因斯氏不知理性的超越使用乃由于理性之先天的内在的矛盾，而非理性之矛盾起于理性超越的使用。第二，不明了继康德的先天矛盾论而加以发挥光大的黑格尔的"矛盾逻辑"乃亦是以分析、指破、调解人类意识的先天的矛盾——即普遍的、必然的、内发的或内在的自相矛盾为职务。因此我觉得斯氏《纯衡注释》一书，虽小节多有可供参考处，而大处往往解错。其所以致误之由即因他不能看出康德到黑格尔哲学间发展的关键，而仅加以枝节的注释。

纯理的矛盾（Die Antinomie der reinen Vernunft）

说明：研究康德思想发展过程的人，当可知道"纯理矛盾"的问题占据康德思想最早（在《纯理论衡》出版十余年前，即在一七七零年以前，此问题即萦绕康德心中），启发康德最多（先天观物学的思想皆自此启发而出），且是"先天矛盾论"中最主要最先写成的部分，其余部分皆是此部分补充与陪衬。据此事实，可以见得：第一，先天矛盾论所研究的主要问题，即是纯理矛盾，愈足以反证译 dialectic 为矛盾之切当，第二，足见意识的理性的矛盾问题不唯在黑格尔哲学中占中心地位，而在康德思想中亦占主要地位。但我们虽同用"矛盾"二字以译 Antinomie 及 dialektic 两个不同的字，而两字间本身却自有区别。理性的矛盾，是指理性矛盾的事实，指出于理性的、对立的、相反的、冲突的理论双方不同的陈述而言。而先天的矛盾则是指研究、揭穿、调解此理性上矛盾的理论的逻辑学而言。日本人译理性的矛盾为"二律背反"，不唯笨拙而且不通。盖既成"定律"必不会背反，既然二说互相背反，必尚未成定律。且就康德所对比排列的关于同义问题的正反矛盾的理论，亦没有一条理论可称为"律"（Gesetz）。中国人谈康德者，亦大都袭用"二律背反"一词，唯冯友兰先生对于此名词的翻译，不期与我暗合。他于所著《人生哲学》页七五，提及康德的 Antinomy of reason 时便译作"理性的矛盾"，足证所见相同。

感性（Sinnlickkeit, sensibility）

知性（Verstand, understanding）

理性（Vernunft, reason）

感念（Wahrnehmung, percept）

概念（Begriff, concept）

理念（Idee, idea）

说明：感性是接受表象，构成感念的能力。Percept 普通采日译作"知觉"，不妥当。盖 percept 或 perception 既出于"感性"，故宜译为"感念"；既非知性的产物，故不可译作"知觉"。譬如，康德有"感念而无概念则盲，概念而无感念则空"之名句，若试以"知觉"代替感念，不唯语气不好，且既已有了知觉，如何会盲呢？德文的 der Verstand 英文的 understanding 一字，日人译作"悟性"，中文译法最不一致，但亦以采日译作"悟性"者为多。按悟性在中文每与了悟、省悟、醒悟、回悟、觉悟等连缀成词，乃英文 recollect, awaken 之意，不能表示由认识的主体主动地去把握、去理解、去求知的意思，故以译为"知性"为较妥。知性乃把握对象，构成概念的能力，而悟性也许含有直觉意味，不一定是构成概念的能力。"理性"一名词最通行无异议。Idea 乃理性的产物，故应译作理念。理念乃真理或共相之自觉。黑格尔有"理念乃真理之在思想中"之语（Die Idee ist das Wahre in Gedanken）最足以表示此旨。

表象（Vorstellungen, representations）

现象（Erscheinungen, phenomena）

对象（der Gegenstand, object）

物如（das Ding an sich, the thing in itself）

说明："现象""对象"的译名，已公认无问题。Das Ding an sich 译作"物如"最典雅切当，但从众译作"物自身"亦无不可。至德文 Vorstellung 一字，则宜采日译作"表象"而不可译作"观念"。"观念"（the idea）一字在康德、黑格尔哲学中均无地位。唯英国的经验派人所谓 ideas 以及德国叔本华的 die Vorstellungen 可以译作"观念"，因叔氏受洛克、巴卡莱影响甚深故也。"表象"只是表示"对象"的

"现象"而不是"物如"，但也不是"幻象"，——从这句话里可以知道"表象"在康德哲学中的意义了。

范畴（die Kategorie）

范型或形式（die Form）

说明："范畴"已是公认的康德名词，按此译名原于《书经》上的洪范九畴。本是道德方面、人事方面的名词，今借来应用于知识论上。Form 一字最难得适当译名，我拟译为"范型"，取其规范、模型、形式之意。范畴、范型连缀在一起，可称姊妹名词，虽各有其特殊意义，但有时亦可互用。譬如，知性的十二范畴，有时亦可称为"知性的范型"（forms of understanding），又如时空本是感性观物的范型，但也有人称时间、空间为哲学上的范畴。又如柏拉图在帕米里底斯一对话里，上篇讨论"范型"的问题，下篇便讨论"范畴"的问题，足见这两名词互相关联，常常相提并论。

假设（hypothesis）

公设（postulate）

公则（axiom）

通则（maxim）

说明：这四个名词不纯是康德哲学特有的名词，在别家哲学里或别种科学里，均可常常碰见，但除"假设"二字比较通行外，其余均少一致的译名。"公设"与"假设"不同，假设乃是起于经验的假定，而"公设"乃有普遍性，有必然性，基于知识的主体或道德的当事者纯理的要求逻辑的分析而起的假设，故称为公设。"公则"乃公共的自明的法则，公则似较日译"公理"好，可避免与强权公理之公理混淆。且"则"与"理"亦有别，"则"是简明而可列举的定律，"理"

则指系统而有条理的原理也。Maxim 一字，有译为箴言或格言者，但在康德的道德哲学似以译为"通则"为较切当。"通则"即是设身处地人人皆应遵循，通行于四海而皆准，百世而不惑的道德律令或法则。通则是道德上的公则，公则是知识上的通则。

以上这一套择要的康德译名可以认作了解康德的一种小小尝试。这些译名有一特点，就是，它们是成套的，是一套比较整齐、彼此间互相关联照应的专门哲学名词。中国哲学界要想像自然科学家那样开一统一术语的会议，不唯不可能，而且无必要。我提出这些译名纯是供参考商榷的性质，绝没有强人从己的意思。好得就中，也有一些名词是采纳他人或仍日译的，并非完全出自个人杜撰。译名的正确与否，与对于康德哲学本身的透彻了解与否相关。也许因为对于康德哲学各人的了解有不同，因而译名不同，也许因为对于康德哲学的了解有了错误，因而译名陷于错误。总之，此文希望对康德哲学有兴趣的人的批评与指正。据说翻译康德成日文的人天野贞佑氏对于康德有二十多年的研究，又据说日本人对于康德的考证研究颇著劳绩，而新康德派哲学在日本的盛行，更超过在德国本国。而他们对于康德的译名，竟有这许多不能令我们满意，足以表示他们对于康德尚有隔膜的地方，这足见翻译康德之困难，又足见寻求正确康德译名之更非易事了。

——《东方杂志》第 33 卷第 17 期（1936 年）

我译歌词的动机和方法（1936）

默生

说到译歌，总使我想到一个极深刻的印象。那是某次听胡周淑安先生主持的歌乐大会的事：这次的节目完全是歌唱，分为英、法、意、中等四种文字的歌曲。我记得当中文歌曲被唱出来的时候，听众的感动曾经使我大大地吃惊。我后来和朋友们谈及，大家全都觉得这不是由于旋律关系（因为旋律是西洋的），也不是听众的爱国主义，而是歌词的表现直接刺激着每个听众的缘故。直截了当地说，是中文的表现对于听众熟悉的缘故。

这事之后，我的心中常常怀着一个信念和一个愿望：我想，要是把西洋的名歌曲译成中文，群众一定更容易接受一点，并且想自己冒险做做这事。

某次夏天夜里，和一个朋友在公园中走，口中偶然哼着 Schubert 的 *Wander's Night-song*，唱到"Wait a while..."的时候，我便试着用中文唱："待一会儿……"自己觉得顺口，而且也比唱英文词更能发抒情感。朋友也说，很自然。因此一时高兴，回家后，就在灯下译了这首歌（编者注：这歌已发表在本刊第 2 卷第 10 期上）。从此，就提起了兴趣，继续译起来。

　　译歌的事，的确是不容易的。黄自先生在音乐杂志上就说过歌简直不可译，一译就失去了原来的神韵。这话当然是很对的。不过我也有一种很不高明的想法，以为虽然失去了原作的精神，假使能让人尝到一点点滋味，也未始不是一种无办法的办法。比方说，黄自先生认为从德文译成英文的歌词，简直不好，与原来的相差很远。但是我们唱歌的人，还多数是要唱译成英文的歌，即是音专同学，也逃不了这无办法的办法。

　　中国人说英文无论如何流利，总是不会那么好的。这在唱歌方面，留给我们一个莫大的困难，为了正音，花去了若干时间；而效果是让人们听了减低兴趣，我认为这是一个缺点。我以为与其唱失去原作精神的英译歌，为什么不可以唱同样失去原作精神的中译歌呢？（自然我并非反对唱英文歌或其他外国文歌，假使那是原作的话。）

　　虽说读了黄自先生的文章使我迟疑了一些时，但因了上述的理由，我仍旧译下去。

　　上面我以"中文的表现对于听众熟悉"这理由去解释听众欢迎中文歌的缘故，夸张地说，我全部译歌的态度是立脚在这句话上面的。我有一个臆断，我认定音乐，至少旋律是和人类语言有极密切关系的。我有许多理由，这里可以不必一一地说了。其中有一个理由是这样的：乐曲（旋律）之所以感动人，绝非由于它本身有什么魔力，而是由于它模仿着人类说话时的语气（表情的要素），不，把人类说话的语气加以洗练，加以纯化、典型化，并且强调了它的功能之故，但是它绝不能脱了语言的要素。

　　一篇单独的诗，也许并不会怎么感动人，假使我们表情地念起来，给人的印象一定要深得多。假使给它以恰当的节奏、抑扬，总之是给它一个恰当的旋律的话，那给人的印象一定更深。这没有别的，这是强调了它所包含的情感，强调了语言中感情的要素之故。

所以我译歌的时候，第一件注意到的事是体会一首歌的情感，一乐段、一乐句的情感。一整个歌曲的情感，决定了全部歌词的韵律（不止是尾韵），因为韵律可以左右歌词的情绪表现之故。一乐段，也有同样的关系。一乐句，我们如果大胆点说，也就等于一句话。那些个乐句所组成的一首歌，就等于许多句话所组成的一席谈话，一番演讲，一段演剧中的说白。因此一首歌的歌词不仅仅是一首诗的字面翻译，而且还要是那首歌曲的情感的翻译。

我们还得注意，一首歌词比一首诗不同，诗也许是以供给眼睛欣赏为主，而供耳朵倒是不重要的（尤其是近代诗如此），然而歌却永远是为了耳朵的艺术。歌词本身除了像诗一样为了强调一定的情感应当具有一定的韵律之外，我们还要它与旋律之间无处不切合、调和。旋律上是高扬的，歌词也要是高扬的，低抑的，也要是低抑的，这是第一。

不过在这里有一个普遍的困难，那就是你顾了这头，失去了那头。你使它成了一首有情感的诗了，它也许和旋律错枘不相入；反之合了旋律，它也许成了一堆毫无表现力的字。赵景深先生译"We're tenting to-night"中 Many are the hearts that are weary to-night 一节云：许多的心在今夜都疲倦了（编者注：见大江书铺出版的《中等学校唱歌》32 页）原来以"Hearts"一字唱在第三拍四分音符上，是给这字加重语气，而译的却将"在"字唱在这里，这就犯了第一种歌词通顺而不合旋律的毛病。另一例，胡宣明先生译 Louis Spohr 的"Rose softly blooming"一歌，中有句云："你，但是，温柔花，依然笑嘻嘻，亭生百媚！园亭，园亭生百媚！"以"园亭"一词拆开而将下半截"亭"字装在"生百媚"的头上，诚然是为了按入旋律之故，但使人不能了解。"但是"插入"你温柔花"之间，也不是上好的中国句法，这就犯了我所说的第二种歌词无表现力的毛病，情感云云，更难说了。

在这里，我还得提起前面的话，我想要读者注意我所说"歌词的表现直接刺激着"和"表现对于听众熟悉"这两句，尤其是"直接"和"熟悉"这两个地方。我说"直接"，是无须乎用理智来分析，可以用直觉去感受；我说熟悉，是人们天天接触它。中文比起外国文来，对于我们自然直接和熟悉，但中文之中，"口语"对于人的日常生活最接近。我所说的"口语"，和普通所说"白话"稍有两样。（A）它在文法构造上是合于我们的日常言语，（B）在词汇上，（C）在语言节奏上，也是一样。因此，第三，我译歌词，是以这样的话作标准的。

比方（A）的例子："吃过饭没有？"和"饭吃过没有？"前者语文通用，后者只在口语中有。我译歌时，为了便利计，也用后者的句法。

（B）的例：像我在"漂泊者"一歌中所译的一句"老是叹息地问：哪里？"编者代改为"老是叹息地问：何往？"我的译例上，是宁取"哪里"这词，原因是易懂。（编者注：此歌登在本刊第2卷第12期上。）

（C）的例：如我所译"乘着歌声的翅膀"（编者注：此歌不久将在本刊发表）中的一句："我知道那可爱的地方……"，我把"可爱"两字放在一个音符上，而不把一个音符写成两个拍子较小的音符，因为在说话的时候，可爱有时是读成"k'ai"的，事实上是一个音。

同时为了易懂、语气逼真之故，我宁可牺牲尾韵（可能时和必要时，我是押尾韵的），反之，为了词汇词少，或某词的词趣不恰切，我也采取文言中的词汇，但这是万不得已的办法。

拉杂地写了这些，有的是极大胆的议论，有的是冒险的甚或极端的尝试，而这些定下的标准，我为了胆小，有时也不能极严格地遵行。我不能自信，我认为译歌是一个严重的工作，所以把我大胆从事这工作的方法写出来供大家参考，聊示抛砖引玉之意。

1935.3.22.上海

作者附注：此文写成已久，搁在箱子中。这次《音乐教育》编者征文，匆忙中写不出，就拿这篇东西送去，算是塞责。好在此文是写给音乐教育的。这次重看一遍，与我现在的意见还无甚出入，自己也就放心了。

——《音乐教育》第 4 卷第 1 期（1936 年）

译名和新文字（1936）

李策平

编者先生：

《永生》第八期上，沈起予先生的随笔《一个小而大的问题》中提到了外国人名、地名的译名问题。对于这个问题，我有一点意见要补充，因此写出来以便求教于先生及沈先生。

我觉得译名之所以成为问题，就在于：我们现在使用的方块汉字并不是一种科学的表音文字，因此它负担不起忠实地音译外国人名、地名的工作，于是带来了译名的不统一。

说得更具体一点是：第一，中国的方块字是单音节的，一块汉字一个音节，所以对于比方 P 这一个音，汉字就没有办法译，不得已只好用"伯"（bo）或"普"（pu）等音节来翻译，像吉伯赛人（gipsy）、普罗列塔利亚（proletarian）就是。

第二，方块汉字在各地的音值（读音）各不相同，所以译名就无法一致。上海人称卓别麟，北方人称贾波林。南方人写慕沙里尼，北方人写墨索里尼。南方人写"意阿战争"，但是北方人却写作"义亚战争"（《大公报》），大家都不能算错。你写牛顿，我写奈端（还有人当是两人呢），有什么办法呢？

第三，汉字同音的很多，因此对于同一人名的不同的译名可能有很多（这一点沈先生说过了）。

这样看来，即使抛开了扫除文盲、普及教育等问题不提，单就这个译名问题来说，我们也有推行、采用拉丁化新文字的必要。

沈先生也说："所以单从翻译人名、地名这一点说来，我们已有一种'新文字'产生的必要，若再说到学习之容易，印刷、打字之方便等的根本问题时，便更不容对新文字有所疑惑了"。但是接着沈先生又说道："至于这新文字是什么，自有专家讨论"。似乎沈先生还不敢（也许是沈先生的谦虚）断定：新文字应该是什么。

我觉得新文字问题已被拉丁化毫无遗憾地解决了，今日够得上新文字这个称呼的只有拉丁化。目前在全国（甚至在海外各国的华侨中）急速开展着的拉丁化运动更是事实的证明。新文字问题，现在已不是由"专家"去"讨论"的问题，而是我们大家——从知识者到文盲——应该怎样学习、应用、推行它的问题了。

我以读者的名义，要求《永生》——像几种旁的刊物一样——宣传、传播和应用起新文字来。最后，请先生把这封信在《永生》上发表。祝编安。

读者李策平上

四月二十九日

——《永生》第 1 卷第 13 期（1936 年 4 月 29 日）

《大路之歌》附记（1937）

楚图南

　　美国平民诗人惠特曼（Walt Whitman，1819—1892）的诗歌，乃是德模克拉西的诗歌的概念所能发展到的最高、最美，也是最理想的形式。这是无怪其然的，他生长在年轻的、新鲜的、健壮的美国，所以他的诗歌这么自然，这么密致，这么回荡，也是这么雄浑地歌颂着美国的树林和大海，和海岸，还有农田，和工厂，和烟囱，和船舶和工人，还有刚刚开始创造了的自由而和平的生命。虽然，在现在看来，或者在当时也就如此，他所歌颂的德模克拉西的国家，并不这么美好，工人散工回家，浴着晚霞，行走在城市和乡下的大街小巷里的影子，也并不如他所描绘的那样的自得和自足，正相反，那或者也是带着人间的暗影和悲惨，从工厂和矿山归来。但我所喜欢的关于他的诗歌，还不在这一方面，也不在于他的打破了韵文的传统的自然奔放，汪洋浩阔的新的诗式的创作，而是在于他的那些歌颂着真实的人性和真实的生命的诗歌，那些歌颂着真实的人生的意义和真实的人生的要求的诗歌。他以一个真实的自我，理解了，也是贯通了真实的人类，和真实的自然和宇宙。所以他的《自我之歌》（*Song of Myself*）其实也就是人人之歌，是自然之歌，和宇宙之歌。他之在诗歌史上，有着重要的地位，且将永久保持着这个地位，当然也只是这个原因的了。无论在什么时代，无论在什么社会的阶层，那都有什么关系呢——

我赞美我自己，和歌唱我自己，
我所认为是的你也将以为是，
因为我所有的细胞和你的是一样的

我相信在你的心中有着我的灵魂，
在别人的心中，别人不比你低卑，
你也必不是低卑于别人。

万事万物中，有着万种的真理，
那意义对于我也是如同对别人一样，都是一般的大小。

空间和时间哟，现在我知道了我所猜想的都是真的。
当我走在草地上，我所猜想的，
当我独一人躺在床上，我所猜想的，
还有我在清晨星光照耀着的河岸上徘徊，我所猜想的。

所以，这大约也会被历史上的人类永久地重复着说下去和歌颂下去的。

所选译的共三篇，这篇《大路之歌》，我以为这与他的《自我之歌》，在表现上似乎比较地更要宽阔而洗练，其余的两篇，一是纪念林肯而作，一是回忆儿童时代的一段难以忘却的回忆。

——《文学》第 8 卷 1 号（1937 年 1 月 1 日）

《一切的顶峰》序言（1937）

梁宗岱

　　这是我的杂译外国诗集，而以其中一首的第一行命名，缘由只为那是我最癖爱的一首罢了，虽然读者未尝不可加以多少象征的涵义。

　　诗，在一定的意义上，是不可译的。一首好诗是种种精神和物质的景况和遭遇深切合作的结果。产生一首好诗的条件不仅是外物所给的题材与机缘，内心所起的感应和努力。山风与海涛，夜气与晨光，星座与读物，良友的低谈，路人的咳笑，以及一切至大与至微的动静和声息，无不冥冥中启发那凝神握管的诗人的沉思，指引和催促他的情绪和意境开到那美满圆融的微妙的刹那：在那里，诗像一滴凝重、晶莹、金色的蜜从笔端坠下来；在那里，飞越的诗思要求不朽的形体而俯就重浊的文字，重浊的文字受了心灵的点化而升向飞越的诗思，在那不可避免的骤然接触处，迸出了灿烂的火花和铿锵的金声！所以即最伟大的诗人也不能成功两首相同的杰作。

　　何况翻译？作者与译者感受程度的深浅，艺术手腕的强弱，和两国文字的根深蒂固的基本差别……这些都是明显的，也许不可跨越的困难。

　　可是从另一方面说，一首好诗的最低条件，我们知道，是要在适当的读者心里唤起相当的同情与感应。像一张完美无瑕的琴，它得要在读者的弹奏下发出沉雄或委婉、缠绵或悲壮、激越或幽咽的共鸣，使读者觉得这音响不是外来的而是自己最隐秘的心声。于是由极端的感应与悦服，往往便油然兴起那借助和自己更亲切的文字，把它连形体上也化为己有的意念了。

不仅这样，有时候——虽然这也许是千载难逢的——作品在译者心里唤起的回响是那么深沉和清澈，反映在作品里的作者和译者的心灵那么融洽无间，二者的艺术手腕又那么旗鼓相当，译者简直觉得作者是自己前生，自己是作者再世，因而用了无上的热忱、挚爱和虔诚去竭力追摹和活现原作的神采。这时候翻译就等于两颗伟大的灵魂遥隔着世纪和国界携手合作，那收获是文艺史上罕有的佳话与奇迹。英国斐兹哲路翻译的《鲁拜集》和法国波德莱尔翻译美国亚伦普的《怪诞的故事》都是最难得的例：前者的灵魂，我们可以说，只在移译波斯诗人的时候充分找着了自己，亚伦普的奇瑰的想象也只在后者的译文里才得到了至高的表现。

这集子所收的，只是一个爱读诗者的习作，够不上称文艺品，距离两位英法诗人的奇迹自然更远了。假如译者敢有丝毫的自信和辩解，那就是这里面的诗差不多没有一首不是他反复吟咏、百读不厌的、每位大诗人的登峰造极之作，就是说，他自己深信能够体会个中奥义，领略个中韵味。这些大诗人的代表作自然不止此数，译者爱读的诗和诗人也不限于这些；这不过是觉得比较可译或偶然兴到试译的罢了。

至于译笔，大体以直译为主。除了少数的例外，不独一行一行地译，并且一字一字地译，最近译的有时连节奏和用韵也极力模仿原作——大抵越近依傍原作也越甚。这译法也许太笨拙了。但是我有一种暗昧的信仰，其实可以说迷信：以为原作的字句和次序，就是说，经过大诗人选定的字句和次序是至善至美的。如果译者能够找到适当对照的字眼和成语，除了少数文法上地道的构造，几乎可以原封不动地移植过来。我用西文译中诗是这样，用中文译西诗也是这样。有时觉得反而比较能够传达原作的气韵。不过，我得在这里复说一遍：因为限于文字的基本差别和译者个人的表现力，吃力不讨好和不得不越轨或易辙的亦不少。

廿三年九月九日于叶山

——《一切的顶峰》（上海：商务印书馆，1937 年）

《简爱》的两个译本——对于翻译方法的研究（1937）

茅盾

夏绿蒂·勃朗特（Charlotte Brontë）的自传体小说《简爱》（*Jane Eyre: An Autobiography*）在中国有两个很好的译本，这是外国作家中难得的幸运。伍光建先生翻译《孤女飘零记》，是在民国十六年（见书首的《译者序》），但商务印书馆直到民国二十四年十二月始将此书出版。李霁野先生何时动手翻译《简爱自传》，何时完毕，我都不知道，但民国二十四年六月间我见到李先生的字字工整娟秀的原稿（在《世界文库》分期登载是开始于二十四年八月），料想起来，李先生的脱稿期间总是在二十四年上半年。李先生一向在天津教书，《简爱自传》大概是课余的工作，这么三十万言的长篇而抽空翻译，大概也颇需年月，当他不声不响译完，乃至全体抄得很工整，寄到了上海时，朋友们都为之惊异不止。

为什么要说这些题外闲文呢？第一，想说明这两本译本的出版时间虽有先后，而两位译者谁也不知道同在中国有另一人也在干同一的译作。所以这复译是偶合，不是有意。第二，近来的"文化经济家"

一见有复译出世，便伤心叹息到：这是时间和精力（乃至物力）的浪费！——两个译本孰好孰坏，他反正是不问的。而且既斥为"浪费"，那自然其咎是在后译者一边。甚至如俄文原作的《对马》，有人从删节甚多的英文译本转译，"以快先睹"地按期在杂志上发表（每期只发表了一万字左右），照算总得一年才能登完，然而"文化经济家"也者听说又有人从原文也在译，而且打算一次出单行本，便又警告道：一书两译，这是浪费！

这种先插草标，不许别人染指，不然便斥之为"浪费"——这种不知合什么理的"理论"，现在正是趺扈一时，虽不足以寒复译者之胆，然而已足以动摇书贾之心，切实工作的译人书尚未出，先已受到了威胁。但这还只能算是小小的"怪现象"，其尤为洋洋大观者，是栽赃而围剿之。

我们以为如果真要为读者的"经济"打算，则不但批评劣译是必要的手段，而且主张复译又是必要的救济。如果有劣译出世，一方加以批评，而一方又能以尚有第二译本行将问世的消息告知读者，这倒真正能够免得读者"浪费"了时间精神和金钱的。

再者，倘使就译事的进步而言，则有意的或无意的一书两译，总是有利的。要是两个译本都好，我们比较研究他们的翻译方法，也可以对翻译者提供若干意见。《简爱》的两种译本，我就认为是很好的比较研究的材料，因为伍光建先生有他自己的翻译方法，而李霁野先生又自有他的。伍先生的译文常有小小的删节，然而不是无原则的删节，我们知道西洋的古典名著都有多种的节本（同一文字的节本），这些节本除了篇幅略少而外，原作全本的精神和面目是完全保存着的，伍先生的译文的删节是依照此种节本的手法而做的一种"试验"。

他的《侠隐记》译本就是试验而成功的。至于李先生呢，他用的是"字对字"的直译。

我是原则上信仰"字对字"直译的，可是四年前有人把《铁流》和《毁灭》改写删节为"通俗本"时，几个朋友谈起，觉得还有些未经翻译的西洋名著也可以先来个"通俗本"的译本，当时就想到了伍光建先生的方法可以学取来应用，这是一端。第二，伍先生不删节的部分其实也是"字对字"的直译（由外国文翻译为中文，严格的"字对字"，有时是不可能的，所以伍先生的译文大部分可说是直译），不过他不喜欢把原文的句法直译，故在一般读者自然觉得读去不吃力。李先生呢，则是扣住了原文的句法组织的。我常想把这两种翻译方法比较研究，现在刚好同一的原本有这两种译本，自然更见方便。

因为目的不在校对译文，所以只举了开头两章内的几段来示例。先是原文第一段吧：

There was no possibility of taking a walk that day. We had been wandering, indeed, in the leafless shrubbery an hour in the morning; but since dinner（Mrs. Reed, when there was no company, dined early）the cold winter wind had brought with it clouds so sombre, and rain so penetrating, that further outdoor exercise was now out of the question.

（伍译）那一天是不能出门散步的了。当天早上，我们在那已经落叶的小丛树堆里溜过有一点钟了；不料饭后（李特太太，没得客人来，吃饭是早的，）刮起冬天的寒风，满天都是乌云，又落雨，是绝不能出门运动的了。

（李译）那一天是没有散步的可能了，不错，早晨我们已经在无叶的丛林中漫游过一点钟了，但是午饭之后——在没有客人的时候，里德夫人是早早吃饭的——寒冷的冬风刮来这样阴沉的云，和这样浸人的雨，再做户外运动是不能的了。

这两段译文都是直译，但有一同中之异，即李译是尽可能地移译了原文的句法的。如果细校量起来，我们应当说李译更为"字对字"；第二句中间的"indeed"一字，两个助词"so"，以及"penetrating"一字，在伍译是省过了。然而这是小节。如果我们将这两段译文读着读着，回过去再读原文，我们就不能不承认李译更近于原文那种柔美的情调。伍译的第二句后半，"刮起冬天的寒风，满天都是乌云，又落雨，是绝不能出门运动了，"诚然明快，可是我们总觉得缺少了委婉。而所以然之故，我以为是和依照原文的句法与否有关。又原文中之"the cold winter had brought with it…"一段，李译亦比伍译更为"字对字"，而且更为妥帖，除了"这样阴沉的云，和这样浸人的雨"在字面上也比"满天都是乌云，又落雨"更为切合原文而外，"寒冷的冬风刮来……"云云也比"刮起冬天的寒风"更合原文的意义；而这，也是因为伍译要避去欧化句法，所以这半句就不能"组织"得恰好。否则，这半句并不怎样难，以伍先生的译才一定能解得很妥帖的。

再来比较原书第一章的第二段：

I was glad of it: I never liked long walks, especially on chilly afternoons: dreadful to me was the coming home in the raw twilight, with nipped fingers and toes, and a heart saddened by the chidings of Bessie, the nurse, and humbled by the consciousness of my physical inferiority to Eliza, John and Georgiana Reed.

（伍译）这我却很喜欢：我不愿意走远路，尤其是遇着很冷的下午，薄暮寒光中，散步归来，手脚的冰冷，奶妈贝西的臭骂，已经够我害怕，而我的身体的孱弱，比不上伊理西、左珍纳、约翰，他们三个，更使我自惭形秽了。

（李译）这是我所高兴的：我从来不喜欢远长的散步，尤其在冷的下午：手指和足趾都冻坏，怀着被保姆毕西骂得忧伤的心，觉得身体不如以利沙、约翰和乔治、安娜、里德而受着委屈，有湿冷的黄昏回家，在我看来是可怕的。

这一段一长句，因为原文的句法的关系，颇难译得好。原文的"dreadful to me"直贯句尾，李译移装在句末，好是好的，但文气稍觉累赘。伍译移在句中（"已经够我害怕"），我以为比较明快。自然，倘使我们逐字对照起来，伍译是省去了若干字的："我不愿意走远路"中间略去了"从来"（never），"手指和足趾"简略为"手脚"，"被保姆骂得忧伤的心"简略为"奶妈的臭骂"——这都是。但是通读全句，我还是喜欢伍译。我以为伍译此句的神韵很好。"薄暮寒光中散步归来"似乎比"在湿冷的黄昏回家"多些韵味，而"humbled by the consciousness of my physical inferiority to……"伍译的比较自由的成语（把 humbled by the consciousness of 译为"自惭形秽"），我亦觉得比李译的"觉得身体不如……而受着委屈"似乎更见妥贴。

比较这一段的两种译文，颇有意思。第一，此句的伍译实在比第一段更为切近直译，这证明了直译方法的不容怀疑；第二，这又证明了直译方法如果太拘泥于"字对字"便容易流为死板，使译文缺少了神韵。太拘泥于"字对字"，往往会变成死译——这跟直译有相当的距离。又伍译此句加添了些意义，"已经够我害怕"的一个"够"字，和"更使我自惭形秽"的"更"字——这两字在译文中是互相呼应的，然而把原文的语气太加重了，我以为"更"字可以换为"也"字。

但是伍先生的原则是"节缩"，所以我们更多看到的，是小段的节略和大段的缩小。例如：

"一面是帘，一面是玻璃，我看书的时候，有时看看窗子外冬天十一月的天色。远处是茫茫的云雾，近处是一阵一阵的大雨打着树林。"（伍译上册，页二）这一段不必对照原文，只把李译抄来一比较，就知道节略掉的很多。李译是："深红帷帐的折皱遮住我右边的景物；左手的明亮的窗玻璃使阴沉的十一月天气侵犯不到我，却又不使我与外界隔离。在翻着书页的时候，我不时观看冬日午后的景色。在远处，这景色中显出一片暗淡的云雾混成的天空；在近前，一片湿的草地和被风暴袭击的森林，不住的雨在长时而凄惨的暴风前狂放地掠过。"我以为李译此处的"折皱"二字似乎可换为"襞褶"，下边的"使阴沉的十一月天气侵犯不到我，却又不使我与外界隔离，"在原文是"protecting but not separating me from the dreary November day"似可直译为"保护我不受那阴寒，但是并没使我和那阴寒的十一月隔绝。"又下面的"不住的雨在长时而凄惨的暴风前狂放地掠过"（with ceaseless rain sweeping away wildly before a long and lamentable blast）拟换为"长而悲啸的阵风赶着不住的密雨，一阵阵狂扫而过，"如何？在这以下，伍译节略了四句诗以及若干书名地名；但是像伍译的这一段，"书上还引了几句诗（按即被略言的——笔者），令人想到北冰洋附近酷寒地方，我就想到我自己现在的光景，是很像海鸟样栖止在冰山雪地，酷寒孤寂的地方，"我以为和原文相差太远，原文是（照李译，恕不抄引英文了）"对于这些死白色的地域，我自己形成了一种观念；虽然像一切从儿童头脑中朦胧浮出的半明不白的意念一般浅薄，却是异常的动人。"

伍译的"大段的缩小"，我们可以从后半部书里引一二例子来：

盛夏的天气极好，林木极茂盛，阿狄拉采野果，疲倦了，不等到天黑就睡觉，我照应过她之后，我去花园散步。

我闻见一阵香，是雪茄香，从窗户出来的，窗子是打开一点，有人可以看见我的。我于是走去果园，四围有高墙，园里的花木尤其茂盛，好像是个极乐世界。我在花果林中走，月亮刚上来，我走出去较为宽敞，树木不浓密的地方，我脚步又停止了，并不是听见什么，也不是看见什么，是闻见香，却不是花香，还是洛赤特的雪茄烟香。我回头四围看看听听，只看见树上许多果子，只听见远远的鸟啼，看不见人，听不见脚步声，只觉着雪茄烟香，越来越近。我一定得溜，我向一道便门走，看见洛赤特刚入门。我在爬山虎丛里，我想他不会久流连的，不过一回，他出便门回去，我只要坐下不动，他是不会看见的。（伍译下册，页三六一）

以上约三百余字，但是倘照不删节的李译算来，是九百余字，约"缩小"了三分之二。又如照原文的分段，这里一共五段，但伍译把原文的第一段节去，把第三至第五段合并为如上之第二段。

当然，我们也承认，伍译这么一"缩小"，对于原文的"动作发展"方面并没有什么改削；换句话说，他所缩去的部分都是描写景物的，至于写到动作的发展的，他几乎是尽量保留。我们姑且不先讨论环境描写和动作发展之衬托的作用，单就伍译删节得比较少的写动作的部分（如上所引第二段）与李译比较以下看：

我在铺道上散步了一回；但是一阵微妙的，熟悉的雪茄的香味，从一个窗子里偷露出来；我看见图书室的窗子开了一手宽，我知道从那里是可以看望我的，所以我就离开走到果园里去了。地里没有一块地方比这再隐蔽、再像乐园了；这里满是树木，满开着花，在一边，一堵很高的墙把它从庭院隔开，另一边，山毛榉树的荫道使它和草场隔离。园尽处是一道塌了的篱笆，是唯一的隔开荒凉田野的东西；一条蜿蜒的走道，两旁是桂树，尽头是一棵大七叶树，树下四周绕着座，通到这道篱笆。在这里漫步，可以不给人看见。在这样蜜露降落、沉默统治、暮色渐深的时候，我觉得我仿佛可以永远在这荫处常留，但是被照在更开朗的地方的初升的月光所诱引，我在这隐蔽地的上部踏着花果的平台时，我的脚步不是被声音，也不是因为看见什么，却又被一种警告的香味停住了。

欧洲蔷薇、苦艾、茉莉、石竹花和玫瑰，都早已放过晚香了：这种香味也不是灌木或花的香味；这是——我很知道——是罗契司特尔先生的雪茄。我周围看望，倾听。我看见树木结满将熟的果实。我听到一只夜莺在半哩之外的林间歌唱着；看不见动的人影，听不到走来的脚步；但是那香味增加了；我必得逃跑。我向通到灌木林的小门那里去，我看见罗契司特尔先生走进来。我向旁走进藤萝掩荫处，他不会久留；他不一会就要回到他所从来的地方去，我若静坐着，他一定看不到我。（《简爱》，单行本，页二二七）

我们读了伍译以后，我们知道了书中女主人公月夜散步，闻得雪茄香味，又知道有人（男主人公，即对她抱着热烈然而抑制着的爱情的，她对他亦复如此，但理智命令她躲避这爱情）在窥望她，于是折入果园；但那个也跟着来了，悄悄地，只闻得见雪茄香味，却什么影子步声都没有，于是她又躲起来——我们知道的，是这么一回事。我们读了李译时，我们所知道的，也是这么一回事（所有主要的发展，伍译中是毫不缺少的）；然而我们在"知道"而外，又有"感觉"，我们仿佛亲眼看见一个聪明而淑静的女郎掩映于月夜花荫，心中动荡着感情与理智的交战，然而又温柔又谦逊地在打算逃避。这中间"感觉"上的一深一浅，是很显然的。为什么呢？因为后者是直译，没有节删。

但是我必须赶快补充一句：伍译的"缩小"绝对不是无原则的。最精彩的动作描写，最能表现出人物个性的描写，他往往是几于直译的，看下面这一段：

谁知不然，他喜欢黄昏的光景，同我一样，他觉得这园子里可以流连，也同我一样。他走过来，有时候举起树枝，看看果子；有时摘个已熟的鲜果，有时候低头看看花，或闻闻花香。有一只大蛾子，从我的身边飞过，飞到他那边，停在他脚下的小树上，他看见了，低头细看这个蛾子。

我想道："他现在背向着我，又在那里留心看蛾子；若是我轻轻的脚步溜出去，他是不会看见我的。"

我特地在草地上走，不至有脚步声；我要走过的小路，离他有几尺远，我心里想，我很容易地就溜过去了。我正要从他的影子上走过，他并不转身，很安静地说道："柘晤，你来看看这个大蛾子。"

我并不作什么声响，他背后并无眼，难道他的人影有知觉么？我初时惊了一跳，随后我走上前。

他说道："你看看这蛾子的翼，令我追想西印度有一种虫；我们在英国是不多见这样好看的蛾子的。它飞了。"

那蛾子一面飞来飞去。我就退后，洛赤特跟住我。我们走到便门，他说道："回头走：这样可爱的晚景，走回家去呆坐，是很可惜；现在正是日落月出的时候，谁愿意走去睡觉呢？"

我晓得我有个短处，我平常答话是很快的；但是到了要紧关头，只说出一个字，或短短的一句话，就可以免得难为情，我却偏偏说不出来。这时候天色已晚，我不愿意同洛赤特两个人在黑暗果园散步；但是我临时说不出理由对答他，使我可以走开。……（伍译下册，页三六二——三六三）

在上面抄引的一段中，虽然也还有一二颇足衬托当时的情况的字句被略去（例如"那蛾子一面飞来飞去。我就退后……"之"退后"有一状字"羞怯地""Sheepishly"被略去），但是在全体上，这已经很出色地画出一个细心的深刻的男子和一个温柔而天真但又羞怯的女郎。如果这一段有了"缩小"或删节，那么即使把上一段完全直译也毫无意思了。

我可以再从伍译中举一个"缩小"得很多的例：

柘晤·爱尔从前是个极有热肠的人，极有盼望的人，几乎要作新娘子，这时候又是一个心灰意冷、飘零无归的孤女了。好像是盛夏的时候，落了一场冬令的大雪，我的希望完全打消了。洛赤特使我激动，使我发生爱情，这时候又冷下来了，我不能再抓他的手，不能靠着他怀里取暖了。我还能够再亲近他，再相信他么？今日的洛赤特也不是昨日的洛赤特了。我并不是说他有恶意，也不说他故意骗我，然而他这种举动，何以对我呢？我一定要同他分离了，我并不晓得我该往那里去，他也要叫我快离开唐菲地方。看来他对于我并无真爱情，不过是一时为感情所动：他还要我作什么呢？这时候我不敢再见他的面，我只好责怪我自己，为什么没眼睛，为什么这样没毅力！（伍译下册，页四四二）

这里一段心理描写倘依原文直译，约需六百字，但伍译缩小了成为二百多字。心理描写部分，也和景物描写部分一样，在伍译中常常被缩小。

总括起来，在《孤女飘零记》里，我觉得伍光建先生的翻译方法可以列为原则三条：

一、他并不是所谓"意译"的，在很多地方，他是很忠实的"直译者"。不过他又用他的尖利的眼光判断出书中哪些部分是表现人物性格的，哪些部分不是的，于是当译到后者时，他往往加以缩小或节略。

二、景物的描写和心理描写（如上所举例），他往往加以缩小。

三、和结构及人物个性无多大关系的文句、议论，乃至西洋典故，他也往往加以删削。

这三个原则，从《侠隐记》到《孤女飘零记》，是一贯的。这三个原则，使得伍先生的译本尽管是删节本，然而原作的主要人物的面目依然能够保存，甚至有时译本比原作还要简洁明快，便于一般的读者——例如《侠隐记》。

然而伍先生这方法，我以为也有缺点。这便是我在上文所举的简爱月夜闻见雪茄烟香那一段，伍译仅能告知我们有那么一回事，而完全直译的李译却使我们在"知道"而外，又有"感觉"。对于一般读者，伍译胜于李译，但对于想看到些描写技巧的"文艺学徒"，则李译比伍译有用些吧（当然我不是说李译已是标准的译本，但李译的谨慎细腻和流利是不能否认的）。

伍先生的译作，我几乎全部读过，我常觉得伍译在人物个性方面总是好的，又在紧张的动作方面也总是好的，而对话部分，尤其常有传神之笔。主张直译的我，对于伍先生那样的节译，也是十分钦佩的。我以为我们需要西洋名著的节译本（如伍先生的工作），以饷一般的读者，但是也需要完善的全译本直译本，以备"文艺学徒"的研究。勃朗特的《简爱》虽不是怎样了不起的杰作，可是居然有那么两种好译本，实是可喜的事。

最后，我并不希望别人也做伍先生那样的"节本"的工作，因为这件事看似容易，其实并不比直译省力，翻译界的大路还是忠实的直译。

——《译文》第 2 卷第 5 期（1937 年 1 月）

翻译谈（1937）

艾思奇

　　我不太喜欢做翻译，现在所出版的唯一的译书《新哲学大纲》，还是和郑易里先生合作的。论到翻译经验，这一本书所能给我的并不多，倒是教训却吃了不少。单说"合译"的问题吧。这在翻译界似乎是常见的。我们也因为见得很平常，就随随便便地来这么一次合译，以为不会有什么麻烦，但一到着手以后，意外的情形就来了。为什么要合译呢？最初的意思，以为这是哲学界空前的名著，应该尽快地弄出来，使中国的读者得早早亲近它的内容。一人独译，固然也可以，但时间、能力恐怕都不允许，只好两个人分开来赶译，我们所以要合译的目的，原不过是这样简单的。果然，两个人分开做，快倒来得很快，才不过两个月，初稿就差不多全弄好了。如果这样拿去付印，不是我们预期的目的就圆满地达到了么？但马上就发生问题了。首先就发现两个人的笔调太不一致，许多名词的译法也竟不能统一。如果马马虎虎地就这样印出来，对于读者就有很多不便；而且还有第二个问题：我们的翻译是用了一本日本译本。日文的译者是第一流的名手，但还免不了有许多的漏落和少数的误译，像我们这样初试的译者，在匆忙中把这名著赶了出来，能说没有很大的错误么？当然，错误是一定很大的。这样的东西，印出来不但对不起读者，更对不起作者，并且也完全失去了翻译的意义。因此，在初稿译成后，就不能不下一番决心来做一番修改校正的工作，顺便把两人笔调不一致的地方顺它一顺。这一道工作，可就费事极了。单单的翻译不过只看着原著，逐字逐句地翻下来，校正的工作却要兼看译稿和原著，而且是从头到尾由一人来做的。这一来，时间就费到以前的两倍以上，一直做了五个月才完毕。倘若一个人独译，至多只要五个月就能完成的，现在却费到七个月的长时期，加上印刷费去的一个月，是八个月后才算和读者见面。想赶快，倒反弄得慢了。

自从吃了这一个教训以后，才晓得翻译的事，也不是可以随便取巧的。因为想减轻工作，结果反而赔了更大的力气。回想起来，觉得能够用了这样大的力气，也还算足以自慰；因为我们总算没有欺骗了读者，没有马马虎虎地把不成样子的东西印刷出来。虽然在序文上所说的"要想一字不译错，不排错"的企图，并没有百分之百地做到，在再版时免不了要附上一张很长的正误表；究竟还没有严重的大错。然而从此以后，我对于合译的感想就不同了。一看见出版界里所有注明的别的许多合译的书籍，就会想起自己所吃的教训，而且心里总会这样想："他们的合译的目的，也会像我们那样单纯吗？他们也受到了像我们所感到的那种麻烦吗？"这似乎有点儿"以小人之腹度君子之心"的心情，因为自己做了一件笨事，就以为别人也会同样地愚笨，自然有点不对的。别人不见得会像我这样不高明，他们在做合译的时候，不见得就会看不清楚这样的困难。他们所以要合译，不见得就会像我这样地目的只在赶快。

但无论怎样，因为自己吃了亏，而替同样处境的人担心，是情理上不能免的事。我们不能说合译的办法毫无用处，但却希望别人不要抱着我们那样的目的去做合译。因为这样一来，在译者和读者中间就不免要有一方面受到牺牲：或是完成译者的目的，而顾不了读者的便利；或是为要忠于读者，使译者不能再费两倍以上的工夫。为着要使译本尽量正确，尽量完美，为着在工作上要慎重从事的缘故，用多人的力量来做，是很对的。但为要使工作迅速而笔调一贯，却倒不如一个人做的好。

翻译者有直译和意译的分别，三四年前为这个问题还有过论战。我没有注意过那次的论战，不知道结论是怎样的。但如果所谓直译并不是被曲解作一字一句翻着字典来移植，那么我是赞成直译的。翻译的目的虽然是要对读者作介绍，但同时也要对原著者负责任。要把原著者的意思正确地传达出来，最好是每一句都保持着原来的语法。这除了鲁迅先生所主张的那种直译，是不能完全办到的。如果单单迁就读者，任意把原文改作，说这就是意译，那倒还不如另外去写一本通俗读物还好些。我认为一部著作应该尽量通俗，但翻译却首先要以传达著者的原意为主，我们译《新哲学大纲》，就是在这样的意味上直译成的。

直译并不是要把外国文法也死板板地搬到中国文字里。吃饭在日文是"飯ヲ食ウ"如果一定要照着这倒装的文法翻译，那就是"饭吃"或"饭把来吃"，不但读起来很讨厌，意思也完全不同。这就失去了原意，太直反而不直了；这是对直译的曲解，真正的直译，我觉得不外是要用最恰当的中国话表现原意。中国语言不精密，常常不能表达外国文字的复杂内容，这是实在的。但这种见解也要有一个限制，这样的见解，只是从静的方面来看中国语言时，只是把过去已成的语言当作中国的全部语言来看时，才会发生的。倘若我们也看到将来，也从发展的方面去看中国语言时，那我们不能说中国语言永远不能表现一切复杂的内容，我们不能说中国语已经没有更精密的余地，不能说这一个语言里就永远不会有新的发展和创造。这样，在翻译的时候，我们所谓用最恰当的话表现原意，并不是要在典雅的古文中或初期的简陋的白话文中去找出路，并不是要保守着过去的语文发展阶段而不前进，相反地，我们是要时时刻刻地创新中国语，努力推进它的表现力量，我们是要找到许多可贵的新发现。

鲁迅先生的直译是最有名的。有人说那是中国文字的欧化，固然不错，因为它确是加入了许多欧化成分，然而并不是说这已经不是中国语，而是说他在中国语里加入了新的近代的表现力量，使中国语更精密。鲁迅先生的直译虽然采取很硬性的方法，但不是前面所说的那种死译。这一点，我们不能不注意。

说到这里，对于所谓意译我们也可以有一个新的解释。如果所谓意译不是指译者用自己的意思随意给原作一种解释，而是指译者对原意要做正确的融会贯通，那么，就在直译的时候，这种"意"的成分也是需要的。直译的目的不外是要尊重原著，译者不应该有自己的成见加进去，但因为要防止成见，就连"意"见也一道抛弃，以为最好一字一句地死搬过来，那却是再笨也没有的事。要用最适当的字句表现原意，就同时要正确地理解和融会原意。在这样的意味上，意译和直译，不能把它看作绝对隔绝的两件事。把任何一方完全抹杀了，都会出毛病的，但也不是折中主义。因为，"意"的作用不过为了要帮助原作的了解，帮助原意的正确传达，同时也是帮助直译的成功，所以，就翻译的根本原则上说，我们要的还是准确的直译。

以前的人说翻译须要做到"信、达、雅"三个条件，因此也许会以为：直译虽然不成问题可以做到信的一个条件，达和雅却有点困难。不错，直译的目的就是为要达到"信"。如果连"信"都说不上，那就根本不必谈翻译；但真正的好的直译，也不仅仅只要做到一个"信"字就完事。忠实的译本必须也要能百分之百地表达原意，而且要能够尽可能地保持着原著者的"达"的方式。人们常常曲解了意译，以为为了要"达"，就可以随着译者的意思任意地增删文句，不必顾虑到原著，于是主张只有意译才能做到"达"，然而不一定要"信"；直译却只能做到"信"，而不一定能"达"。这种截然的划分的见解，其实是形而上学的错误。要反驳这种见解，我们只要举出鲁迅先生的一些译本如《苦闷的象征》之类，就很够了，因为这些都是最"信"的直译，然而也再没有比这更能正确明快地传达原意的译本了。

曲解了的意译的所谓"达"，它的好处只是迁就了读者，并且便利了译者自己，但并不忠实于原著，因此也并没有忠实于读者。

再略谈一谈"雅"吧。如果这是指要写得典雅，那么，这不外就是要把一本外国的原著译成一部古色古香的文言文，像这样的"雅"，是只在汉魏译经或严复译《自由论》的时代才用得着的。这样的"雅"，是从外面勉强加上去的彩色，并不是传出了原著的本身的文字美，是白费力气，而不是尊重了原著。现在我们的翻译，可不需要这样的精力浪费。如果"雅"是指原著的文字美，那么，忠于原著，充分地做到了"信"时，这一种"雅"也多少可以传达出来的。"雅"也并不是可以和"信"绝对分开。

《新哲学大纲》是理论著作，文字美似乎不是重要问题。"雅"

和"信"的这一种关系，要在文学著作里才会显得更重要的。然而翻译的原则总不外是以"信"为最根本的基础，"达"和"雅"对于"信"，就像属性对于本质的关系一样，是分不开的然而是第二义的存在。这是我译《新哲学大纲》后的感想，这并不是什么经验，然而却有方法论的意义。

——《语文》第 1 卷第 1 期（1937 年）

翻译文学（1937）

傅东华

到现在谈起这个问题，仍旧还离不开三件互有关系的事：（1）翻译文学与读书界；（2）翻译文学与出版界；（3）翻译文学的质地。翻译文学的质地不好，当然得不到读书界的维持；读书界不能维持，出版界当然不肯努力；出版界不肯努力，有能力从事这工作的人们也就起不起劲来，于是仍要影响到质地，而翻译文学的命运也终于不会有转好的希望。这种循环的关系，近年以来始终都在循环，却是谁也不能单独负责。总之，目前全部文学出品都正在走黑运，而希望翻译文学单独能够发旺蓬勃起来，当然只是幻想罢了。

但是我觉得刚才所说的那种循环关系似乎还没有那么单纯，就拿"质地"一点来说，里面所包含的元素就已复杂得很。原著人的名气是一种元素，原著人的思想倾向是一种元素，甚而至于原著人的国籍也是一种元素（例如俄国的作品始终都占第一位）。在译者方面，则名气、地位与各种宣传广告的方法，当然成了更加重要的元素。至于实际组成质地的一个最重要的元素——译笔，却似乎一向都不大有人重视，这可以从批评翻译的专书或散篇文字里得到证明。就我目前见到的，这种批评文字可以分为两类：一类是通论翻译方法的，一类是实际批评译品的。前一类书我曾搜集到十几种，确是每一种书都会谈到译笔，并且都以论译笔为主体。但是奇怪得很，这一些关于译笔的理论却好像是不能应用的，因为在实际批评译品的文字里，就难得看见有人从译笔上去着眼。前几年胡适批评林纾的译品，还会从他能够传达原文风格的地方去指出他的好处，批评伍光建的译品，也会说他的白话文能够自成一格。现在则像这样深的批评也已难得见面了。据我所知，现在人批评译品的文字不外两种：其一专就原书的思想立论，对于译笔的好坏一字不提；又其一专从一字一句上吹毛求疵，对于译品全部的风格全不过问。自从这两种批评盛行起来，自不免要使一般青年的读书界对于译品根本就不存在鉴别质地的观念，即使有此观念也怕要没有鉴别的能力。结果呢，质地好的译品未必可销，不好的未必不销，以致我刚才说的那种循环关系愈加复杂而无法可以解决。

例如梭罗霍夫的《被开垦的处女地》（一译《开拓了的处女地》），现有两个译本，前者据英文重译（后出），后者据日文重译（先出），也许原文本来就有些差参，但现在单就译文而言，抄两段在这里给大家比较：

　　　　含了种种颜色阴影的朦胧的芳香，直到水色的黄昏迫近至，顽强地在果树园上漂浮着。那样，而偷着通过没有叶子的参错的树枝，包里在薄绿里的新月的尖角，就即刻油滑地走去的兔子们，不久，就在雪上残留着点点的脚迹的走去……（先出的《开拓了的处女地》）

　　　　这种清丽的混杂的香气，顽强的漂浮在果园上面，直到青色薄暮降临，直到月亮的绿色尖角穿过了赤裸的树枝，直到肥大的

野兔在雪上散布着它们的点点的足迹的时候。（后出的《被开垦的处女地》）

这短短两段译文（其实只是两个句子），我觉得比较上好坏相差得很远，虽则好的一段不见得就已完全的好。这就是我所说的质地上的差别。但不知读者们的感觉怎样，也不晓得这两个译本的销数究竟哪一个好哪一个坏。我的看法是这样：

第一，倘如好的一个译本的销数，为了种种原因（如无名人作序之类），比较上竟还不及坏的一个，那么，说句不客气的话，我不能不认为读者们大家都瞎了眼睛，而断定翻译文学的前途是一团漆黑，绝无希望。

第二，倘如批评家们有人愿意批评到这书的译本，而对于这种质地上的比较一句不提，或者提及了而只是从一字一句上去吹毛求疵，以致混淆了译笔上的显然差别，又或者提及了而竟说坏的一本好过好的一本，那么，同样，我也不能不断定翻译文学的前途是一团漆黑，绝无希望。

所以，在目前文坛和出版界这样消沉的状态下面，倘以为关于翻译文学这个题目尚有什么可谈的话，我就不得不坚持主张所可谈的并且值得谈的就只有这一点。我以为从事翻译的人、出版家、读书界应该暂时大家一同把注意点移到译品的质地上去。这样的结果，第一，在读书界方面可以渐渐养成鉴别的能力，出版界方面也可以渐渐获得一个收稿的标准，用不着专靠生意眼的指示而乱投机。第二，读书界的鉴别力逐渐养成，兴味也必逐渐提高，对于译品的要求自然加大，因而出版界可以增加产量，翻译界可以增加竞争的机会，然后可以鼓励好译品的产出。这也成了一个循环关系，也就是可以希望它把目前这种不健全的循环关系逐渐消克的唯一方法。

但是这当中的大权仍旧还操在批评家手里，所以我要向批评家们请愿三件事：

第一，倘使诸位对于翻译文学的前途的确是关心的话，那就请诸位先把轻视译本的成见矫正过来，对于具有相当斤量的译本的产出务必随时注意。倘使诸位觉得校对原文的手续太麻烦，那么单拿译文来批评也未尝不可，只要你能着眼在译文的品质。

第二，倘使诸位以为西洋各国的书评难得有论译品的风格，因而为维持自己的尊严起见，或为防备人家加上"为艺术而艺术"的"恶谥"起见，而讳谈风格，那么请诸位第一要明白西洋各国的情形和我们的情形确实不同；第二为真正要做得像个"人"起见，也得拿出点勇气来维持自己的主见。要知道我们在世界上做人，什么都可以假，惟有对于艺术作品（文学当然在内）的好恶应该"如好好色，如恶恶臭"，丝毫不能容假。倘使你为了利害的观念或是经不起什么"主义"的威胁，竟至连自己好恶的自由也肯牺牲，那就无异将自己的灵魂也出卖了。这样的人格是最可鄙的，哪里配拿起笔来批评别人的作品！至于西洋批评的态度暂时不适用于中国，也是显而易见的，就因为西洋出版界和读书界的程度都确实比我们的高得多。单以译本而论，我生平读过外国文学的英文译本里面，就从不曾见到过一句连文法也不通的句子，在中国，则像前面所举第一例那样不通的文字，也居然有书店替它出版，还有名家替它捧场哩！可见目前批评家的任务用不着好高骛远，只须帮助鉴别力薄弱的青年读者，使他们逐渐养成选择书本的能力，就要算是功德无量了。

第三，倘如诸位对于一部书的好坏，自己也并没有深刻的体认，或确实已能体认，却仍说不出一个所以然来，只能笼统的称赞，或是笼统的叱骂，那你的批评决不能有益于别人，还不如不动笔的好。至若为着别的原因或是什么主义起见而对于一部书存心颠倒是非，混乱黑白，那就不免成了文坛的罪人。

最后，我还得向一部分的名人们敬告一声：倘如您以为提拔青年是您的义务，而乐意给青年们所译的书作序吹嘘的话，我劝您总得破费点功夫，至少替那本书校对一遍。倘如您认为那本书是不能出版的，您的义务就该对那译者竭力劝告。您以为帮助一部书能够出版，是爱护了一个青年，殊不知爱护了一个青年，就害了其他无数的青年，而况那得您爱护的青年也不见得就能受益。要是您肯屈尊去担任几年的中学国文教员，您就会明白您这种行为实是大大的造孽。比如说，您有时拿起笔来在学生文卷的不通处打了杠子，而学生对证起古本来，却正是您曾经替它大大吹嘘的那个本子，那时候，我请问您怎样对那学生替您自己辩护呢？

——《新中华》第 5 卷第 7 期（1937 年 4 月）

怎样翻译（1937）

刘延陵

我现在想把英文译汉文做例子，说明凡把一种外国文译成本国文时所应注意的几点。学文科和学理科的读者有时都有做这种翻译的必要：所以，这个问题或者是值得讨论的。有些人以为翻译就是把外国文的字句写成意义相等的本国文的字句，只要翻得信实明白就得，并不需要过细的研究；但"坊间"的众多的文笔难懂的译本，却指明就是信实明白的翻译也并不是极易。在相反的方面，又有人写成本的书，研究这种翻译的方法；这，由我看来，又好像讲得过多了些。我以为有四件事是值得谈谈的。

第一，严复、林纾一派古文家的翻译是先把原文打碎搅乱，弃去装不进这个新体的节目，而后把他们所认为重要的部分，转塑成汉文的典型：现代的我们的合理的要求，是在合理的范围之内，尽量依原文的格局翻译，而且要绝不牺牲任何节目。他们的翻译是带些（或者很多的）自由性的意译：我们的理想是合理限度以内的及全不割弃的直译。

美国华盛顿·欧文的《见闻杂记》（*The Sketch Book* by Washington Irving）里的《圣诞节前夕》一篇，在林纾的《拊掌录》里的译文，

第一节把原文删节得不成样子，第二节却可供我们这里的说明之用：

> We had passed for some time along the wall of a park and at length the chaise（马车）stopped at the gate. It was in a heavy magnificent（壮美）style（式样），of iron bars（条），fancifully（奇形地）wrought（铸造）at top into flourishes（旋舞的条纹）and flowers. The huge（巨大的）square columns（柱）that supported（支撑）the gate were surmounted（置于顶上）by the family crest（徽）. Close（切近地）adjoining（毗连）was the porter's（porter 司阍，门房）lodge（住所），sheltered（荫，罩）under dark firtrees（枞树），and almost buried in shrubbery（灌木）。

林译——时车沿花园垣外而行，徐至一巨阀，门用巨铁为条：启闭甚钝，楣上有先代徽章镌诸其上。入门，有司阍之室，隐于万绿之中。

我们现代所要求的译法——这时候我们已沿一座大花园的墙外走了若干辰光；最后，马车就在它的门前停下。门沉重而壮美，是以若干根铁条排比而成，条的顶端则奇异地铸成旋舞的枝条与花。门洞，是以粗巨的方柱撑住楣，楣顶上塑着主人的家徽。门里有一所看门的人的住房，和门毗连；它隐于几株枞树的阴中，四面几全被灌木包围。

第一种译法是以纯古文的腔调节述大意；第二种译法不然。正当的译文，要不漏失原文里一个字的意义，而且句子的结构也在可能的范围之内和原文相似。这里的第二种译文虽还没有达到这个理想；然而翻译——不是"删改"与"节略"，也不是"重做"——如不依循这条路线去走，应当怎样做呢？

第二，所谓合理限度以内的直译，是对于一种外国文的文章，凡能把它明白而又顺适地直译的时候，都行直译，直译而不能明白顺适的时候，才改变它的结构次序，或补充出它的蕴藏的文字，而对于它所传达的意思，则依旧不能增减。

附有这一种必要的改变或补充的翻译，可以称为合理的曲译。汉文与西洋文的文法上有根本不同之法，把它来翻译后者的时候，几乎每一句里都得有些合理的曲译，而后译文方得明顺，所不同的，是"曲"的明白性与"曲"的必要性，有种种深浅不同的程度罢了。举三个例子做代表：

（1）上节里英文的第一句"We had passed for some time along the wall of a park..."，如果强硬地直译，就成为"我们已经走有若干辰光沿着一座大花园的墙"一个不通的句子，当然是不能这样干的。

（2）上节里的英文的第四句"Close adjoining was the porter's lodge, sheltered under dark firtrees, and almost buried in shrubbery"，如果更"直"一点翻译，就可写作"看门的人的住房和门毗连；隐于几棵浓郁的枞树的阴中，几全被灌木包围"这个译句的文意虽然明白，但有两点不顺：一则那段原文第一句写马车走到门前，第二句写门扉的式样，第三句写洞门的形状，本来次第井然，现在第四句尚未写进门，就写门房，虽然英文可以，而依汉文的习惯，却觉欠缺；二则，本句的译文的后半"它隐于几棵浓郁的枞树的阴中"是写这所住房的上空，"几全被灌木包围"是写它的周遭，但若没有明白的字面来表明周遭，则这两段文字，看起来，气既不接，而"上空"与"周遭"的呼应也不明白——这一点文字上的神理好像是细得不易觉察，但实际它却是存在的。因此，所以我们就可大胆地把这句译作"门里有一所看门的人的住房，和门毗连；它隐于几棵浓郁的枞树的阴中，四面几全被灌木包围。"

补充了这个"门里"与这个"四面"之后，译文就和以前截然不同。不补充它俩的直译是死译的直译；具备这一种合理的补充的直译，方是正常的直译。

（3）美国的爱墨生（R. W. Emerson）有一段文字，论世上的快乐之事很多，唯英雄能摆脱一切，庸人则常被它们所困。"There seems to be no interval（间隔，距离）between greatness（伟大）and meanness（卑鄙，庸琐）. When the spirit（精神）is not master（主人）of the world, then it is its dupe（被玩弄者）. Yet the little man take the great hoax（玩弄，恶剧）so innocently（天真地），works in it so headlong（卤莽地）and believing, ...that the great soul（精神，灵魂）cannot choose but laugh at such earnest（恳切的）nonsense（无意思）。"

试比较下面的二种译文：

（A）近于硬译与死译的直译

伟大与卑鄙之间像没有距离。当精神不是世界的主人之时，那么，它就是它的被玩弄者了。然而小人却这般天真地接受这个大恶剧，在里面活动得这般卤莽而且相信，以致伟大的灵魂不能选择，惟有对这种恳切的无意思大笑了。

这段译文，和原文的字面与结构最是符合，而最不明白顺适。

（B）具备必要的"曲译"的直译

伟人与凡夫的天性，本来没有很大的差异；只因他俩对于外界的诱惑所抱的态度不同，遂变成两种不同的人物。原来一个人如不能操纵这种诱惑，就定要变成它们的奴隶的。然而凡夫俗子，对于大自然所设的这个快乐的大陷阱，却都是这般浑浑噩噩地接受下来，钻进去这般卤莽地活动，而且甘心受它的迷惑，以至英雄伟人就不得不对这种无意思的恳切大笑了。

这段译文的字面和结构，和原文有适度的差异，所以就较为明白。

翻译之事有相当的困难：而这个困难，概括地说，就在于怎样制造出这种必要的适度的差异。既称这种差异是"必要的适度的"，就可知译文和原文的差异，只应以合于这两个条件的为限，而不合的都要不得。例如"He is honest. He is industrious."二句，照样地翻成"他是正直的。他是勤勉的。"即可。如把它俩拼合成"他正直而勤勉"这一种"曲译"反是多事。因为翻译是传达原文的真相，不是改变它啊。

从此可知"适度"和"必要"的意思了。就是为叫译文明白顺畅而行的"曲译"是"必要的"与"适度的"，凡为其他的原因而行的"曲译"都是非必要的与过度的。如果原文在文字方面有缺陷的话，我的译文除去要传达原文的意思而外，还得表出它的这个缺陷呢。

第三，选字最要恰当。

一个英文字可以有好几个意思，固然不可乱用；就是同一个意思也有好几个轻重不同的译文，不可以不辨别。第二节第（3）条的英文里有三个例子。譬如"Meanness"本当译作"卑下""卑鄙"；但在那段文字里，这字是用以指耽溺于享乐的人；如指他们做卑下或卑鄙，语气太重，所以译作"庸琐"。相似地，"little man"不能译作"小人"只可译"凡夫俗子"。相反地，"Innocently"，寻常译作"天真地""无邪地"；但在那段文字里，是用以摹状耽乐忘返的人的愚昧的态度，如照寻常的译法，语气又太轻，所以译作"浑浑噩噩地"。

还有些地方，甲字含乙字的意义，翻译时也就得认甲做乙。如"dupe"="被欺骗者""被玩弄者"；但在第二节第三段里，却不妨译作"奴隶"。"world"="世界"；但在那段里，却必须译作"外界"。像那段里（A）式的译句那样把它译作"世界"，是很费解的。

又如 "Poverty is the ornament of a great mind"，固可译作"贫穷是伟人的装点物"，但贫穷是抽象状态，不是具体的物，所以译作"贫穷是伟人的装点"，气味较为恰当。又如 "A great soul speaks the truth, and it is just, generous, hospitable, temperate, scornful of pretty calculations, and scornful of being scorned" 一句译作"伟人的言语常是真理；他公平、慷慨、殷勤、淡泊，不锱铢计较，不以旁人的轻视为意"，虽然语调圆纯，但若译作"伟人的言语常是真理；他公平、慷慨、殷勤、淡泊、看不起锱铢的计较，也看不起旁人的看不起"，那又是怎样与原文更为符合，而且倔强可喜啊！

第四，要努力传达原文的风调。

第三节最后的一个例句，第一种译法所以不好，是因为它不必要地丧失了原句的强悍的风调。若再译成"伟人的言语常是真理；他是公平的、慷慨的、殷勤的、淡泊的，不锱铢计较的，不以旁人的轻视为意的，有了这几个可有可无"的"字而后，这句译文就更是怎样软绵绵了啊！

塞尔维亚的某作家，有篇题作《黎明》的散文，它的英译文的第三节如下：

At dawn the mind perceives eternal and divine truths. At dawn we see more brightly and hear better the power which so wisely built the world, lighted the stars, and drew the frontiers of the sea. At dawn the senses are more alive to the meaning of the Almighty power, which infused its spirit into all, that all may breathe its own universal spirit.

Serbian mothers, wake your children, that they may see the dawn and be kissed by its first rays.

译文——黎明的时候，人心常能领悟永恒的和神圣的真理。黎明的时候（在这个时候），我们对于灵慧地创造出这个世界，燃亮了群星，划清了海洋的边界的那个大力看得更明白，听出更清楚。黎明的时候（在这个时候），我们对于万能的造化的意志，更能感悟；造化是尝把它自己的灵魂灌输到万有的体内，叫万有都在它的无不包孕的灵魂与气息之内呼吸的。塞尔维亚的母亲们啊，将你们的孩子们唤醒，让他们看看黎明的景象，而且受它的最早的光线的吻（吧）。

原文起首三句，都以"At dawn"（黎明的时候）起头，风调整齐响亮；如果我们于二三两句，把这个短语译作"在这个时候"，以为有变化则可免单调，那就要丧失原文固有的风调了。又，原文共四节，每节的末句相同。末句译文的尾上如多一个"吧"字，那口气就是祈求的，语调就比较是柔软的；不用它，口气就是指示而略带命令式的，语调就比较是刚健的。照全文的气息，我主张不用"吧"字。

译诗，更非传达风调不可。

美国的 Joyce Kilmer 有一首咏树（*Trees*）的诗：

I think that I shall never see
A poem lovely as a tree.

A tree whose hungry mouth is prest
Against the earth's sweet flowing breast;

A tree that looks at God all day

And lifts her leafy arms to pray;

A tree that may in Summer wear

A nest of robins in her hair;

Upon whose bosom snow has lain;

Who intimately lives with rain.

Poems are made by fools like me

But only God can make a tree.

五卷六号的《现代》里有译文如下：

我想我将永不会看见

一首像树一样可爱的诗。

一树饥渴的嘴贴紧着

大地的乳汁甜蜜地流着的胸房的树；

一株终日仰视着上帝

伸起它的繁茂的手祈祷着的树；

一株在夏天会得有一个

红襟鸟巢戴在头发里的树；

在它的胸前曾睡过雪；
而它又亲爱地和雨同居。

诗是像我这样的傻子做的，
但树却只有上帝能造。
现在却另有一份译文；试单就风调的观点，把它俩比比看：
我想我将永不能见一首诗，
可爱得像一棵树，有叶有枝。

一棵树，她将饥渴的嘴安放，
紧贴住地母有甜流的胸膛。

一棵树，她整天对住上帝瞧，
且举满缀绿叶的膀臂祈祷。

一棵树，她到了炎炎的夏朝，
头发里，有时戴一窠知更鸟。

在她的胸上，白雪儿曾困；
她和雨同居共活，你我不分。

诗是像我这样的愚人所著，
惟有上帝才能创作一棵树。

还有 W. Blake 的《爱的秘密》（*Love's Secret*）：

> Never seek to tell thy love,
>
> Love that never told can be;
>
> For the gentle wind doth move
>
> Silently, invisibly.
>
> I told my love, I told my love,
>
> I told her all my heart,
>
> Trembling cold in ghastly fears:——
>
> Ah!she did depart.
>
> Soon after she was gone from me
>
> A traveller came by,
>
> Silently, invisibly:
>
> He took her with a sigh.

《新诗》第三期里的译文如下：

> 别对人说你的爱，
>
> 爱永不宜告诉人；
>
> 微风轻轻地吹，
>
> 无影也无声。
>
> 我说我的爱，我说我的爱，
>
> 我告诉她我的心，
>
> 发抖，冰冷，鬼似地惊惶：——

呀！她不辞而行。

　一个游客走来

　她离开我不久之后，

　无影也无声，

　他叹口气把她带走。

而别处也另有一篇译文，试单就风调的观点把它俩比比看：

　不要想诉说你的爱情，

　爱情是永不能诉的啊；

　因为和风的进行就是

　轻轻地而且隐隐地哟。

　我诉我的爱，诉我的爱，

　我告诉她满怀的情绪，

　战战地，冰冷地，非常怕：——

　呀！她竟弃我不顾而去。

　一位异乡的人就来了

　在她弃了我之后不久；

　他来得轻轻地，隐隐地，

　一声叹息，就把她带走。

——《中学生》第 73 期（1937 年 4 月）

翻译丛谭（1937）

张谷若

（一）翻译者的态度

一个翻译者的态度，跟他的译品有很密切的关系，大概译品的好坏，差不多大部分全看一个翻译者的态度而定。

不过我这儿所用的"态度"这两个字，范围比较地广，而就等于一个翻译者所应有的资格或者条件。简括言之，可以分两部分来说。一部分是情感范围以内的事，一部分是智识学问范围以内的事。

关于智识学问这一部分，本是大家全承认的、全注意的，因为一个做翻译的人，不懂原文，或者不懂本国文，或者不懂原作的作者，或者懂而不精，那他当然无从译起，或者没法译得好。但是关于情感的条件，却仿佛很少有人提过，但是我觉得这也很重要。

不过所谓的情感的条件，究竟是怎么回事呢？仿佛鸠摩罗什，关于这一层，曾说过一句很恳切的话。他说，一个翻译家（指译佛经而言），第一件必须具备的条件，就是他得十二分诚心地信仰佛法（大意如此）。我们初次一听，仿佛这话不见得对，因为一个翻译家的信仰，跟他做翻译，仿佛并没有多大关系。但是仔细一想，或者有了经验之后，就可以知道，这实在是很重要的一个条件。因为一个翻译家，要是跟他所翻的那本书或者作者，不发生感情作用，那他译那本书或者作者的时候，就免不了要觉得是一桩苦事，就免不了要敷衍了事；他很难做到了安诺得所说的那种译者跟原作化而为一的程度，把译者跟原作之间的雾障化除了。就像我译哈代的《还乡》的时候，译到最后一卷，简直就译不下去了，因为我最初读那本书的时候，读到那本书第五卷的末尾，兴趣方面，已经到了最高点了，不能再继续下去了。勉强接着读下去，很觉得那最后一卷是蛇足。我对于那一卷书，感情方面，既是这样，所以译的时候，更是勉强从事，因此那一卷是全书译得最坏的一卷。后来才晓得，那一卷本来没有，是哈代应书店老板的要求添上去的，本是一种临时迎合读者心理的东西。我们对于原文，如果不喜欢，就译不好，既如以上所说，反之，我们能译得比较精彩的地方，大概也总是原文精彩的地方，总是作者自己得意的地方，而为我们所极爱好的地方。像《德伯家的苔丝》里第三章、第四章，特别是第二十章、第二十三章等处，都是我最喜爱的文章，所以译起来，也特别起劲，后来发现，那几处之中，有一些也正是英国的批评家认为极精彩的文字。又像《还乡》里的第一卷第一章跟第七章等处，都是原作者最卖力气的文章，也都是读来最沁人心脾的文字。一个译者，译到这种地方，自然而然地也要大卖力气（固然不一定就卖得好）。

我这并不是说，一个做翻译的人，应该以自己的爱憎作标准，我这不过是说，事实上有上面所说的那种情形，事实上，一个做翻译的人，如果跟他所译的那本书或者作者，发生兴趣，发生情感，深深地爱好，那他仿佛就比较容易地能跟他的原作者化而为一，比较容易地能把原作的精神重新产生出来。一个翻译家，本是孟优衣冠，不能有个性的，但是在装扮上某一个角色的时候，他要心神都完全贯注在那个角色之上，自己化成了那个角色，而想要做到了这种情形，第一步自然非先跟那一个角色先发生恋爱不可。他的身份，跟一个演剧者很像。有许多关于演剧者的话，可以应用到翻译者的身上。

这是关于情感一方面是这样。

至于关于智识学问一方面，似乎比较简单，就是一个翻译家，同时也得是一个学者。他最基本的智识，得懂得语言文字的性质，文学原理，等等。至于他的本国文字，跟所译的文字，都要精通，那更不必说了。一个译书的人，跟一个读书的人不同，我们读书的时候总觉得我们全懂了，其实要做翻译，就发现并没有全懂。或者读书的时候，即使偶尔有不懂的地方，也可以忽略过去，并无关宏旨，可是做翻译的时候，可就非丝毫不苟不可。把话说得具体一点，一个做翻译的人——应该从"字典式"的懂，进而为"百科全书"式的懂。换句话说，也就是他得取一种研究的态度，把翻译当作一种研究工作。我们举一个极浅显的例子，就是 firelog 这一个字，等于 audiron，是一种放木头燃料的架子，放在壁炉里，等等，这是字典上或者普通词典上这样告诉我们的。但是后来的或者现在的 firelog 跟 audiron 是不是仍旧还是一回事？我们从字典上或者普通词典上便得不到解答。而实在的情形却是，后来的或者现在的 firelog，已经不是放木头的架子，已经不放在壁炉里面，却变为放火具（即火铲、火钳，及通条等）的架子，而且也由壁炉里放到壁炉外面来了。而且在 Somerset 等地方，firelog 跟 audiron 也有分别。这种情形似乎很小，似乎无关宏旨。但是在文艺作品里，一不小心，就会弄错了，而那个错误，也许很有关系。就像我译《德伯家的苔丝》的时候，有这么一句话，"...started on her way up the dark and crooked lane or street." 这儿 lane or street，在中国人的观念里，自然是"小巷"或"大街"了。而其实不然。要是译成"小巷"或"大街"，那就把原文的光景，完全译没了。原来哈代在他别的书里，也写过同样的情形，不过写得详细一点。他在他的 *The Distracted Preacher* 里，有这样一句话：He thus followed her up the street or lane, as it might indifferently be called there being more hedge than houses on either side。这可以证明，哈代这儿用的 lane 这个字，是指着树篱夹路（hedge）的道路说的，并不是 narrow street 的意思（这我在《德伯家的苔丝》第三章注三十四里，说得比较详细）。但是按着中国人的观念来译，或者没有读到 *The Distracted Preacher* 里那句话，恐怕很容易译错了，而且这个错还是很不容易发现，但是那样错下去，可就离原文太远了。像这一类的例，当然很多。还有的时候，一个字，或者一句话，往往可以有两种或者两种以上的讲法，而人执一词，往往不能尽同，遇到这种时候，也非要用参佐的方法不可。在《苔丝》的第五十五章里，有这么一句：...every irregularly of the soil was prehistoric, every channel an undisturbable British trackway...。这儿的 channel，究竟是什么东西？我当时跟一位英国朋友谈到这个问题，他硬说是河沟。后来一位中国朋友说中国也有句俗谚，"千年的道路变成河"。但是我始终怀疑这个讲法，但却又不敢确定我那个讲法对，因为前面那两种说法，也很有理。后来在 *A Pair of Blue Eyes* 里面，发现了这么句话：Even the channel of the path was enough to throw shade...，才确实证明哈代用的 channel 是 "a lengthened rove of furrow on any surface"，与河流、水道无关。

不过这一类的情形，还比较简单，因为它们只是实体的字，并不含什么感情在里面。至于含有感情的字（I. A Richards 所说的 emotive words，也就是 Arthur Ransome 所说的 "potential language"）可就复杂得多。比如 horse 跟 steed，照字典上说的，只是一种东西，仿佛没什么区别。然而这两个字在英国人的心里所引起的联想，却大有分别。一个英国人，读到了 steed 这个字，差不多总要联想到中古的骑士、比武、长枪、头盔、甲胄、吃人的怪物、毒龙、King Arthur 的故事、Roland 的故事，等等。但是他读到 horse 这个字，他的联想，却也许只是 Derby 的赛马、乡野逐猎、耕地的马、拉煤车或者拉牛奶车的马，等等。因此作家用这两字，都有分寸，de la Mare 在他的 *Never-to-be* 那首诗里这样写：

His hound is mute his steed at will

Roams pasture deep with asphodel.（用 steed）

而哈代却写：

Only a man harrowing clods

In a slow silent walk

With an old horse that stumbles and nods

Half asleep as they stalk.（用 horse）

这种情形，到处都是。试问一个做翻译的人，不懂这种情形，如何能译出原文的精神？或者一个英文半通的人，英文里极熟，极陈腐的字眼，他以为新鲜，英文里很常用的字眼，他以为生疏，英文里极普通的话他以为朴素有力，那他如何能把原文的精神重新产生出来？这都可以看出来，一个一手拿着笔，一手拿着字典而从事翻译的人，是绝不能胜任的。

我译书的时候，特别多加注解，根本就是表明这种态度。我觉得有些译书的人，太不负责了，究竟他自己懂了原文没有，很令人怀疑，更不用提他对于译文感觉了没有了。

不过有人却好像误会了我的意思，说我的注解，有些是不必要的，因为读者不会注意到那些地方，却不知道我就是因为读者不会注意到，所以才特别注出来，让他们注意。有一位批评者，指出我把几种花名，注出原文及拉丁文学名，认为我是看不起读者。其实那他是没懂我注那几条的意思。比如他提出来，说我不该把水仙注为"水仙，原文 Daffodil 学名 Narciasus Paeudfluarcissus..."这正可以看出来那位批评者的浅陋，因为英文字里，有好几个字，普通都译为水仙，像 narcissus, jonguil daffodil, daffgdown dilly, asphodel 等。而这些种东西，都不见得跟中国的水仙是一种东西。我不是植物学家，我不敢断定 daffodil 就等于中国的水仙。所以我把它注出来，让细心的读者知道这儿的水仙，原来是什么东西，以免得联想到中国的水仙，这正是看得起读者的地方。不料那位先生，不明此理，便武断为轻视读者，那正是暴露他自己的浅陋而已。

（二）汉英字典

做翻译的时候，乞灵于字典，靠不住的情形，前面已经说过。乞灵于汉英或者英汉字典，尤其靠不住。就是要用，也得加以仔细。就像现在仿佛很通行的一本汉英辞典我翻了一翻，发现了里面有许多似乎可以商量的地方。我现在把那些地方写在后面。

　　大概"汉英字典"，用途有两种，也就是为两种人预备的。一种是为读书用的，也多半就是为外国人用的；一种是为译书用的，也多半就是为本国人用的。为读中国书的外国人预备的"汉英字典"，只在每一个中国字或词后面，给一个英文解释或者注释就够了，但是为译书而用的汉英字典，却仿佛得在每一个中国字或词后面，给一个跟它比较最相近的英文字或者词才成。两种全给，当然也可，不过无论如何，原则总是应该给相同或最相近的字。这是两种文字的字典跟一种文字的字典根本不同的地方。现在说的那一本书里，虽然须说明是为什么人预备的，而它的序里，却提及翻译，似乎那本书是为翻译而备的。这样似乎凡是有相等字或者最相近字的时候，都得给出来才对。然而那本书里，却有许多应给而没有给的。像"面条"应该注一个 noodle，而它却只给了一个定义，说它是 dough in strips of slices。"笙"，英文作"sang"（见 Century Dictionary, Oxford Dictionary），跟 S. W. Williams 的 Middle Kingdom，也作"Cheng"（见 Webster, Century, Oxford 等字典），跟 Stainer & Barrett 的 Dictionary of Musical Terms，也作 sing（见 Oxford）。但是那本辞典里，这几个字却一个没给，而只给了这样一个定义：A small musical instrument, consisting of a number of pipes of different lengths; a pipe, a reed organ。这个定义，于做翻译的人，既没有用处，而那两个相等字，也并不对。又如"蓑衣"，本来英文里有"mino"一字，载于 Century 及 Webster 等字典，虽然那个字本是日本字，而日本的蓑衣，仿佛跟中国的蓑衣是一样的东西，所以蓑衣之后，似乎应该注一个 mino，然而我们却只能找到这样一个定义：a raincoat made of grass, leaves, or coil。又如"桔槔"，本来英文里也有一个字，叫作 Shaduf 或者 Shadoof，虽然本来说的是埃及的东西，而那东西却好像跟中国的桔槔一样，然而我们在那个名词后面，却也只找到了一大串定义，而找不到 Shaduf 等字样。本来一个做翻译的人，总是因为想不起来或者不知道一个中国字的英文相等字是什么，所以翻一翻汉英字典，但是结果找不到所要的一个相等字，而却是毫无用处的一大串定义，它不令人失望？

除了这种情形不算，还有一些，给了相等字，而仿佛给得不对。如柔术或柔道，本来应该是 jujtsu，而那本书里却给了一个 boxing。菩提树应该是 bo-tree，而却给了一个 linden。回文诗，本来是 palindrome 跟它最相近，而我们却找到了一个跟回文诗蛮不相干的 rondean 跟 rondel。"金箔"，本来是 joss-paper，而却给了一个 Golden Leaves。"丝瓜"仿佛跟 sponge gourd 最相近，而却给了一个 snake gourd。

本国文字里，有一句成语，如果在另一国文字里，也有一句同样的成语，似乎把成语给出来好些。如中文里的"盗亦有道"似乎跟英文里的 There is honour among thieves 最相近，但是我们却没找到那一句英文，而找到了这么一句：There is also a systematic way even in stealing。似乎一则不现成，二则跟原文的意思不很相合。又如"远水不救近火"，也似乎用一句现成英文好些："Water afar quencheth not fire。"

以上所说，不过表示两种文字的字典，特别的汉英字典，用起来须要仔细。现在比较好一点的汉英字典，恐怕还要有人努力才成，也恐怕要等到"中国大辞典"出世才有办法。

（三）翻译不可能

严格说起来，翻译是不可能的，读翻译能跟读原文一样，恐怕天下没有这种事。Homer 的英文译本，不下百余种，有名的数十，第一流诗人像 Pope、Cowper、Andrew Lang、Morris 等人，都翻过 Homer，但是哪一个译本是真 Homer 呢？固然有人说，Schlegel 的德文莎士比亚，比原文还好，但是这话有多少可信？

不要说 Croce 所说的艺术文不能译的那种情形，就是形式的美，也差不多是译不出来。譬如我以前所谈的双关语，中文里的对仗，等等，如何能译得跟原文一样？拉丁文的简，译成英文，便很难保存，中国古文的简，译成英文，也往往没有什么办法，所以林语堂先生才用洋泾浜英语译我们圣贤的名句。

声音的表现，也是不能译的。譬如叹词，在英文八类字里，可以说是最简单的了，然而英国人所用的叹词跟中国人的有多么不同呢。《红楼梦》里的哎呀，跟 alas 的味儿就不一样。Hush（作叹词用应读"厂"）这个声音，还有跟人对话的时候鼻子里哼两下，这种办法，中国根本就没有。英文二十六个字母，形声方面，差不多每一个都有它自己的特点。例如 m 不但形像海浪，声音亦像，S 不但形像蛇，声音亦像。主张拼法化简的人，要把不读音的字母都去掉了。例如 Ghost，应把 h 去了。但是有人说，Ghost 这个字，就是因为中间有 h 这个字母高出其余，所以看着才有鬼气，但是这个字母所表现的鬼气，有什么法子在中文里译出来呢？

不要说声音，形式之类不可译，就是拿一个字来说，一个实体字，严格说起来，也是不可译的。譬如 breakfast，译为早饭，但是英国人看见 breakfast 这个词，跟中国人看见"早饭"这个词，是不是同样的感觉？大概英国人看见了 breakfast，大概总是联想到 ham and egg, herring, porridge, cereal 一类的东西，绝不会想到什么烧饼、麻花、油炸烩、豆浆、杏仁茶、稀粥一类的东西吧？又如乌龟，中国人的联想所象征的，跟 tortoise 不但不一样，而且正相反。其他像 Crow 象征"寿"，goose 象征"傻"或"臭美"之类，都是跟中文联想不一样。

甚而言之，我们把一个外国字直接搬过来，应该是最能保存原文的了，然而事实并不尽然。像"摩登""浪漫""颓废""拖尸"一类的字，翻成中文之后，虽然是直接搬过来的，然而却跟原文的含意，大大地不同了。所以这一类的字，说它们新鲜则可，说它们保存原文，则殊未必。

（四）错误更正

我译完了哈代的《德伯家的苔丝》之后，本来想，不会有人注意，因为译者是一个无名小卒，原本又不过是一部小说，而且是英国人的东西，定价又那么贵。试问，谁肯花三块钱去买一本一个无名小卒翻译的英国小说呢？但是事出意料，出版不到一年，居然有再版的可能，同时从朋友方面，间接听到许多不相识者的批评，这都表示，"在这个世界里"，也可以有"同情欣赏的读者"，我自然对他们要表示感激。同时也可以证明，我所用的方法，也还使得。在不到一年的时间里，发现了几处不正确的注解，本来想在再版的时候加以更正，或作一附录，附在书后。但是印第二版，我并不知道，我也没料到，把机会错过了。但是要等第三版，又恐遥遥无期，而长此错误，又觉得很对不起读者，所以我就先借《晨报副刊》的篇幅，把几处比较重要的地方先更正更正，《还乡》里面，也有几处变更，一并附在这里。

（一）《还乡》第六〇五页第一卷第五章注三十三，原注，国有一句谚语，"一个女人一犯踌躇，那她就算完了"（The Woman Who hesitates is lost）。那句英文应作"The Woman that deliberates is lost."本是 Addison 的 Cato 里（第四幕第一场）的一句话，后来变为谚语。

（二）《还乡》第六一一页第一卷第七章注七，原注把希腊神话中的 Sphinx 和埃及的 Sphinx 齐举并且说哈代那一处所指的，应即指埃及的那个 Sphinx 的石像而言。本是一种推臆之词，现在发现那个推臆不对。因为（一）希腊神话里的 Sphinx，和埃及的 Sphinx 本来没有什么关联；（二）埃及的 Sphinx 石像是男子头，而希腊的 Sphinx，在艺术作品里，才是女人头。所以哈代那个地方所指，不是埃及的，而大概是希腊神话中的 Sphinx 的雕像，这种雕像，现在存放在伦敦大英博物馆里。

（三）《还乡》第六三三页第二卷第五章注八，原译"那种顽梗至死的精神，和现在人家说土耳其人的情形一样，"原译误，应该为"那种死得费劲的情形……"。原注亦误，应改为"土耳其帝国之衰微，从一五八六年起就已露出，所以俄皇尼古拉（Nicholas），管叫'欧洲的病夫'（The Sick Man of Europe）。这个病人，从十八世纪末年起，病得更一天重似一天。本来早就该死了的。但是因为欧洲列强，互相猜忌，各不相让，如克里米之战之类，因此倒叫土耳其帝国，苟延残喘，不能一下就死了。"此处哈代所说，应指这种情形而言，与原注所引一八七七年俄土之战无关。

（四）《还乡》第六三七页第二卷第六章注二十七，原注说扮 Lydia

Languish 的女伶得到爱情而做了阔人的是 Dorothy Jardan，非。Jardan 只做过 Duke of Clarence 的姘妇，没做过公爵夫人。这儿哈代所指应为 Hamlet Mello，她在十九世纪初年演 Lydia，让那本戏复活，后来她于一八二七年，嫁给了 The 9th Duke of St Allans，成了公爵夫人。

（五）《还乡》第六四五页第三卷第二章注三。原注"当时巴黎流行的伦理体系，系指 Hegel, Descartes, Kant, Maleblanche 诸人的学说，误。法国自一八一五年至一八五〇年之间，Saint—Simon, Comte, Fourier, Lereux, Proudhon 诸人的学说极流行，诸人皆初期社会主义者，以谋人类幸福改良社会为目的。克莱亦以谋同胞福利为目的，所以他所受的影响，应该是这一般人。

以上五处，是《还乡》里面的误注。现在再说《苔丝》。

（一）《德伯家的苔丝》第二本末尾附录三注释待考里第十条第十四章注十三所引民歌，原书说歌里说到一个大姑娘到树林去了，回来变了样儿。按 Sargent & Kittdge 的 *English & Scottish Popular Ballals*（即 Chill 的缩本）里第四十一个民歌叫作 Hind Etin，里面的情节，颇跟哈代说的这个相似。

（二）《苔丝》第六〇八页第十五章（注一）前后一句"应即出于那本书""应"字删。

（三）《苔丝》第九六页第十一行"再不正办事哪""办事"二字改"追猎"。

（四）《苔丝》第一二五页第十二行"声音仿佛闭管的风琴"，"管"改"栓"。同页倒数第二行"眼睛里反映出……"

"反"改"倒"。

（五）《苔丝》第五七三页（注三二）一段，应据 *Webster's New International Dictionary Second Edition*. P. xviii, 120 一段比较。

（六）《苔丝》第五七六页（注十）改作"英制，小学班级……普通儿童，以六级为最高，第七级则为欲作小学教员者而设"这和后面苔丝说要做小学教员的话有关。

（七）《苔丝》第五七七页（注一八）里的头盔加""号，"在他处作盾形的……"改作在"'头盔'下作盾形的……"。

（八）《苔丝》第六〇三页（注五）里……"把人分成两种，……"改"把高加索人分成两种……"。

以上所举，都是比较重要的，至于词句的修改，注释的增删，也有多处，但不能再在这儿，多占篇幅，一一列出了。

（五）相等的程度

我们做翻译的时候，总是预先认为两种文字之间，有相似的思想观念，有相等的表现手法，也就是因为这种情形存在，所以翻译才可能，但是事实上又不尽然，因此才生出翻译上的种种问题。在中文和英文之间，相似的程度，我觉得有以下几种阶级。

第一种，思想观念相同，表现的方法相同，用法相同，联想相同，因此所给的感觉相同。差不多这几方面全合的，可以拿以下几个词或句子作例：

一、"晴天霹雳"，可以说等于 a bolt from the blue。

二、"坏蛋"，可以说等于 bad egg。

三、"话匣子"（好说话的人）可以说等于 chatter box。

四、"混水摸鱼"，可以说等于 to fish in troubled waters。

五、"远水不救近火"，可以说等于 water afar quencheth not fire 或 water afar off doth not quench fire that is high。

六、"天无二日，地无二主"，可以说等于 Heaven can not support two suns, nor the earth two masters。

七、"好好先生"，可以说相当于 yesman。

八、"尔尔"，可以说等于 so-so。

九、"提心在口"，可以说相当于 one's heart is in one's mouth。

十、"火上浇油"，可以说相当于 to pour oil on fire。

像这一类，可以说算是第一类。在这一类里，每一个中文的字或词或句，和每一个英文的字或词或句，差不多可以说完全相等。像"坏蛋"和 bad egg，意思一样，字面一样，用法也一样。（"坏蛋"在中文里，用于说话，bad egg 在英文里，也只是一个俚语。）

第二类可以说是意思一样，而英文字面却只有中文的一半，像以下各例：

"破釜沉舟"，英文是 burn other's boats，只有"沉舟"，没有"破釜"。"趾高气扬"，英文只有 to be high in the instops。"同舟共济"英文只有 to be in the same boat。"喷云吐雾"，英文只有 blow a cloud（俚语）。在字面上，都只有中文的一半，虽然在别的方面，和中文差不多一样。这可以算第二类。

第三类是意思和用法相同，而字面不完全一样，其中只有一个字相同，在字面一方面比第二类又差一层。像"棱角"之与 horn chestnut，"佛手柑"之与 fingered citron，"泥鳅"之与 mudfish 之类。其中只有一字相同，但是不同的那一部分，却也并不抵触。

第四类是意思用法相同，而字面的表现方法，比第三类又远一层。如"乱七八糟"之与 at sixes and sevens，"二八年华"之与 sweet seventeen，"半斤八两"之与 six and half a dozen 之类。

第五类可以说是意思相同，而字面方面，原文属于特属的，而译文属于一般的。例如"拍马屁"之译为 ingratiate oneself，或 cringe，或 curry favour 等（若译为 curry level，则应属于第四类）；"逝世"之译为 succumb，或 die 等；"出风头"之译为 cut a figure 等。

第六类是只有观念一点是一样的，而字面表示的方法和联想都不一样的，像中文的"一树梨花压海棠"，以"梨花"比老夫，以"海棠"比少妻，而英文却以 May and december（或 January）作比仿。中文俗称"背黑锅"，意思可以说和英文里的 Scapegoat 一样。北平俗语"天上掉馅饼"可以说和英文的 The larks fall there ready roasted 含义一样。中文"捋虎鬓"英文有 beard the lion。中国俗语"舔屁股"，英文有 boat lick（俚语）。中文有"骑虎难下"，英文有 have or hold a wolf by the ears。中国有《木兰从军》，英文里有 *Amazan*（林语堂先生译冰莹女士的《从军日记》为 *A Chinese Amazan*）。中国有一个"陈季常"，英国就有一个 Tom Tyler or Tiler or Tiller）（所以《狮吼记》似乎也可以译为 *A Chinese Tom Tyler*）这一类，只有"意思"一点相同。其他方面，像比喻、字面、联想、背景等，都不一样。

第七类是字面恰巧相同，而意思却不一样。像"牛头"之与 bull head，"开心"之与 open one's heart，"长袖"之与 long sleeves（俚语）之类，字面似乎极相和，而意思却不相干。

第八类是无论哪一部分都找不到相和的，就是中文里根本没有的英国观念，或者英文里根本没有的中国观念。这种情形普遍有两种办法，一种是把原文照搬过来，一种照原文的意思另用本国文造一个新词。

以上这八类层次，当然并不精确，恐怕也没法精确。不过事实有这种情形，这种种情形之中，哪一种最常见到，并没有统计，而且恐怕也很难作统计。不过大概说来，恐怕第四类、第五类和第六类最常见，而也就是那三类最成问题。因为遇到第一类的情形，自然那样译，就最恰当最习惯不过，那自然没有问题。第二类、第三类，虽然不能像第一类那样锱铢尽合，而字面的表现，却无碍于意思方面，所以也还可以就那么办。至于第六类，当然不能照字直译，第七类当然要创新字新词或直接搬过来，所以这些都不大成问题，但是中间那三类，介乎前后这几类之间。究竟怎么办，要看当时行文的情势，译者的方法，等等，就很难一言说定了。

不过这种情形，至少可以表示出来，平常用"意译""直译"字样来表示翻译方法之不适用。比仿第一类的情形得算是最"巧合"的了，但是那是什么译呢？

——《北平晨报》第 10 期

（1937 年 3 月 15 日、22 日、5 月 3 日、17 日）

从翻译说到批评（1937）

陆志韦

一、连翻一个字都难

前些日子，我下了大决心，战战兢兢的，想念一念易尔格（R. M. Rilke）的《献给奥非司的十四行诗》。人家寄给我一本德英文对照的译本，正中下怀，因为我的德文程度早已丧失了欣赏文学的资格了。可是很泄气，念了头一行，那译本就不能再念下去了。请看吧：

Da stieg ein Baum. O reine Uebersteigung!

There rose a tree. O pure transcendency!

这里我碰到了佛家所谓"文字障"。按说这一行诗咱们中国人不至于难懂它。所表现的境界就是陶潜的"木欣欣以向荣"。ueber 是"向"，"荣"是 steigen。《说文》"屋梠之两头起者为荣"，"起"可不是 steigen 么？植物的生长，中国人从来就以为带点神秘性。比如"之"字，"象艸过屮，枝茎益大"；许慎又说"有所之"，那又是 steigen 了（读者之中要是有心术不正的，也许会联想到 Freud 的 Steigung。神秘主义跟生殖、发育，总免不了是一连串的东西）。我不是为中国人夸口，陶诗比 Rilke 诗高妙得多，妙在"欣欣"两个字。谁在那儿"欣欣"呀？"木"呀，你呀？西文就没有这妙处了。Rilke 加上一个 O！当然是他，诗人，在那儿 O 了。"白杨何萧萧"，任什么树都不会 OO 的。这又是"文字障"。

然而我开头所说的"文字障"不是这个。原来 Rilke 用树的 stieg（生长）跟一切的 Uebersteigung（超生）相对比，这不过是文字的把戏（无意之中也许又上了 Freud 的当）。我把它译成"生长"跟"超生"，字面上都带一个"生"字。英文不能玩这一手。他们不能说"There ascended a tree"，更不能说"transgrowing"或者"overgrowing"（真可惜"to overgrow"另有不同的意思）。

英文的字至少有两个来源。像 rise, rose 那一类的单音词呢，从原来的条顿语变出来的居多。多音词，特别是像 transcendency，用两个以上的语根联合造成的，多借用外国语。有时候，同一个意思可以用这两种不同格式来代表。"海底下"是"undersea"，"海底下的航"（潜水艇）就用拉丁式的"submarine"。德文的造字也同样的有这两种格式，可是选择之间，这两个民族的脾气习惯很不相同。德国人喜欢用土语。他们宁可说"uebersteigen"不说"transcend"。当然这也不可一概而论。比如康德的"超越哲学"就只可以叫作 transzendental。这装腔作势必得有点学术的背景，要不然，还不如说土话。他们真的管潜水艇叫"海底船"（Unterseeschiff）。"教育"（education）他们叫 Erziehung（"引出"），原来 education 就是拉丁文的"引出"。

英美人难道不能说 under-sea-boat 么？满能。那得看头一个造字的人，他在社会上像不像一个"人"。其中人情世故，说起来教人万分感慨，这一点咱们中国人倒很能了解。韩愈提起笔来，就能写"人其人，火其书，庐其居。"你敢么？我可不敢。美英人很少有"不通"
那种见解，只觉得不雅。我不是"毛子"，怎么会知道他们"觉得不
雅"呢？这话我不能清清楚楚地回答。我觉得他们"觉得不雅"，正
像我吃了几年洋饭，就知道（觉得）怎样的黄油是他们的好黄油，怎
样的"三危子"是摆不出来的"三危子"。

古文的所以雅，土话的所以土，在英国史上是一件惨事。十一世
纪的中叶，英国人让脑门人征服了，后来连说话也让人家征服了，于
是乎产生了像乔叟跟莎士比亚的杂种的英文，倒是雅俗共赏的。英国
人好厉害。不久以后，就摇身一变，反而在欧洲大陆上东闯西撞，成
为"倭寇"。牧羊的女儿贞德，怎样"单身救主"，"天仙显圣"，那一
段故事载在历史课本上。几个世纪以后，那杂种的英文竟然征服了大
半个地球。

英国的发展史跟东方岛国的兴亡故事真是太相像了。日文也险点
儿征服了亚洲。前几年，我有点着急。北平市上，掌柜的、拉车的，
都说起"大大的""小小的"来了。"小小的给钱，大大的不成。"我
在监狱里，只许跟日本兵说话。他只懂"小小的慢慢的"，"大大的慢
慢的"（意思是"小米饭快就得了""且不让你洗澡呐"。）我不说这
个，说什么？肚子饿得慌，就说"快快的"。让虱子咬得满身鸡皮疙
瘩，只可以求他们"小小的慢慢的"吧，别"大大的慢慢的"啦。我
又生怕我们的语尾都让人征服了。日本人的 ne 很容易插在中国句子的
后臀尖上，把"呐"字拉长点儿说就成了。日本的 ka 也是有诱惑性
的，"去不去呐"能变成"去不去 ka"。南方人本就有说"去勿去咯"
的，很长的尾巴当然是不会移植的。比如"伊马四"，可是我真听过
玩票儿说相声的说"糟糕伊马四"。

中国话的让人征服，历史上好像没有一次比这一次更危险的了。东晋以后，中国话不知经过了多少次的磨练。大体上，语法的结构上，好像没有接受过多大的外族的影响。其中一个理由是中国人的傲气。《颜氏家训·教子篇》里说当时士大夫不让子弟们学鲜卑话，比做唱戏的。我个人不把这理由看得太严重，太光荣。试想四十年前，江浙一带的"书宦人家"为什么把子弟送梵王渡的。就说唱戏吧，小叫天可不是叫贝子们捧红的？你说唱的是中国戏，不是满洲戏，那么南北朝的时候，北方人唱的也是中国戏，不是拓跋戏。我们不谈唱戏，单讲说话。"汉儿学得胡儿语，更学胡儿骂汉人"，这就是现代的"d—fool"，前二三年的"白茄耶鹿"。

不，中国的士大夫并没有什么语言的傲气。颜之推是老顽固。汉语的历史所以能这样持久，我看有两个理由。第一，从前的外国人是先学会了汉语才来统治汉人的。他们带了些外国东西、外国脾气来，可是没有带着外国语来，非教我们不可。沙陀人爱马，就有韩轩画马，杜甫咏马。唐太宗的坟上，汉人给他雕了八匹马。（我不知道八数的来历，也许沙陀人有意地模仿周穆王，反正马是八匹，赵子昂给蒙古人欣赏的是八匹，意大利人郎世宁给满洲人画的是八匹。）这些都是中国艺术史上的异彩。再说礼教吧，皇太后下嫁摄政王，中国人又有文章好做了。其实叔嫂通奸，在外族不是"乱伦"。唐朝的宫廷丑史何止于此，中国人满不在乎。那么，假若外国人也有"文化统治""统一国语"那一套手段，假若北朝只许说鲜卑话，假若元朝不单有蒙古上谕，并且用蒙古话来考科举，做买卖，中国人会怎么的？我怕倪云林的山水早已提上蒙古诗了。中国人亡国而不亡话，那是外族的恩典，他们先学了中国话了。

第二个不亡话的理由，关乎汉语本身。就汉语的结构看来，外国文法不容易掺杂进去。我在洋学堂待了这许多年，听到的杂拌儿比黄浦滩上还来的多。比如说，"你去 picnic, carry 一个 basket 去"，这话够洋的了。然而翻进汉语，一个字翻一个字，文法上一点都没有错。汉语是所谓分析语，名词跟助动词没有尾巴。反过来说，拓跋语、蒙古语、满洲话都有各种各式的尾巴（尾巴当然也有长在头上，长在肚子里的），汉语绝不会采用那些尾巴。中国人将来会学两种国语，那是可能的，一种是汉语，一种比如说是俄语或是英语。这就像欧洲小国的情形。汉语文法的受人同化，绝不会。

现在回到正题，话是从英文的 rose 跟 transcendency 说起的。英国人以为 under-sea-boat 不雅，"其文不雅驯，缙绅先生难言之。"这雅不雅的问题，在汉语相当的严重，尤其在翻译上。文言的雅，白话的俗，正好跟英文里外国语根的雅，本国语根的俗，互相对比。Submarine 翻成"潜水艇"，unterseeschiff 就得翻成"海底船"么？这问题既然不是外来语侵略汉语的问题，只是本家新旧两派不能相处的问题，倒可以平心静气地谈一谈了。说来千头万绪，希望另有一个机会跟大家商讨商讨。我只是觉得白话之中也已经分了雅俗。"潜水艇"当然是文言的名词，可是现在用白话。文言文独霸的时候，还没有"潜水艇"呐。国语是白话，然而已经自尊为白话的"雅言"。在这"雅言"之中，"潜水艇"很雅，"海底船"很不雅。假若我们不说 haitich'uan，改成上海话，说 hetize，至少我个人并不觉得太不雅，这心理是怪难分析的。然而我们翻译外国语，有时候正不能不猜度人家的心理。以雅译雅，以俗译俗，又不单是一个名词，一个助词，或是任何一个词头的关系，总得看原文雅到何种程度。严复的《天演论》，林纾的

《红焦画桨录》，雅得没有边儿。

　　按说，"文字障"跟雅俗本不应当相提并论。"文字障"只是一种语言的特殊结构不能在另一种语言用并行的结构翻译过来。Steigen 跟 uebersteigen 不能译成 rise 跟 overrise。严格的说，这样的孽障不必牵涉到一个字的意义。连带着当然就有雅俗之分，雅俗当然是广义的意义学上的问题。然而结构跟雅俗，理论上必得分开，事实上也可以满不相干。比如说英文的 to get hold of 并不比拉丁文的 obtinere 来得俗，有时候还来得雅。我有一位老教授，他老说 ergo，不说 Therefore，同学们都嫌他雅不可耐，管他叫"Ergo 先生"。中国可是仅有"何以故"先生。从来讲究翻译的人总不大留意这里所说的"文字障"，所以我不谈翻译名义，先说这"文字孽障"。自作自受叫作"孽"。英德文的分别是脑门人造的孽，也是英国士人甘愿让人家统治所造的孽。原先英语跟德语不妨说是姐妹语，姐姐嫁了强人，妹妹不从嫁，也是自作孽。姐妹尚且如此，远房亲戚，或是在大户人家后门摆小摊儿，该隔膜到何种程度呢？西藏在天竺的阴山背后摆小摊儿。天竺话的一个名词原先有八种变状，载在梵文文法。直到现在，藏文文法也居然有八种变状。这就好比张富户的挑水的李二跟后门王三说，张府上一妻三妾，还有春夏秋冬四房丫头，又来开个玩笑，给王三的老婆取上八个名字。王三一生辛苦，只娶了这一个老婆。然而最离奇的，所谓中国佛学就幸亏在没有仿照天竺语法写一部中语语法。为什么呢？据说佛学的分门别类，有好些处是无所谓的。原不是什么不同的门法，不同的超度，只是演说一个动词的多种变状而已。只教支那人怎么能懂呢？道听途说，自己没有研究过，免得亵渎人家，不多说了。

　　翻译名义反正是翻译的正经事。讲究翻译的人，第一得考虑 dog

能不能翻成"狗"，"狗"能不能翻成 dog。dog 跟 dogs 都翻成"狗"么？这话不许问，一问就犯了上文所说的"文字障"。可是我觉得有点尴尬。中文翻英文，不那么干脆。一只"狗"是 dog，两只以至恒河沙数的"狗"是 dogs，当然不成问题。假若你身边只有一千元法币，上市场想捡便宜货，小小的买一只鸭儿梨。伙计问，"您买点什么？"你说"梨"。这"梨"怎么翻成英文呀？你说 a pear，多么寒碜，多么酸，人家就不给你好脸看了。说 pears 吗，那是存心撒谎，君子所不为。可见这冠冕堂皇的"梨"是不能翻译的，除了把说话跟社会完全切断，单在书本上讲讲意义，讲讲语根的翻译。在这种场合，英美人不能不说实话。中国人也无需撒谎，只是人家用眼睛一扫，按你的打扮把你搁在"一只梨"跟"没有梨"的中间。这是社会的尺度，所谓"不言而喻""莫逆于心"。从此看来，上文把"文字障"跟意义学分开了讲，只代表一种逻辑的观点。实际上，文字语言的格式也可以注定一个人的身份，不单是字眼儿表情达意而已。有了这样的了解，下文还得抽象地讲点意义学。

又不如从"狗"跟 dog 说起。从前我念初级逻辑的时候，凡是遇见这一类的问题，教授就在黑板上画两个圈。一个圈装"狗"，一个圈装 dog。"狗"跟 dog 的意思要是完全一样呢，两个圈就合成一个圈。全不相同的呢，分成一副眼镜。小部分相同的呢，两个圈靠一点边儿。这画法至少假定有一种知识：就是"狗"（或是 dog）的整个儿的意思。"狗"圈之内全是"狗"的意思，"狗"圈之外绝没有"狗"的意思。真有人会完全知道"狗"的意思的么？你可以楞说你的"狗"是《说文》的"狗"，《康熙字典》的"狗"，你的 dog 是 Oxford 大字典的 dog。那是满可以的。这是老学究所谓训诂，跟心理学，跟真正是翻译，跟文学的欣赏，岔了道儿。你说"狗"，他说 dog，"心里想"说的是什么？教人家理会的是什么？你说的能不能代表中国人所要说的？他说的能不能代表英国人、美国人所要说的？这情形是够麻烦的了。普通翻译，根本就说不上翻译，只能迷迷糊糊传达一个影子。这随口答应，在日常生活上用处极大。小心一点儿说，科学教育上也有它的地位。文学欣赏可不然，诗更难懂。译诗就好比痴人说梦。用一种语言来批评另一种语言的文学作品，天知道。这些话待下文再说。

中国的"狗"，历史上不妨说有三种意思。第一是"好吃的"，从前叫作"食犬""六牲"之一，现在只有穷光蛋能领略这滋味。鲁智深吃狗肉，值得大书特书，可见在明朝，"好人"已经不吃这个了。第二种意思是"猎犬"；普通人也想不起"狗"是会跟着人打猎的了。第三是"看门的狗"，就是从前的"守犬"。这好像是最通用的意思。然而要我在黑板上画一个"狗"圈，我可不敢。问两岁的孩子"狗是什么？"他说"狗狗 gou gou"。向五岁的孩子，他说"看夜的"。问大人，他只笑笑，"狗是狗"。问民族学的大教授，他说你多事。北平的"狗"我倒可以为它下一个定义：就是"让汽车轧死了才有主子的动物"。这话怎么好当正经话说呢？

俗语说，"中国人不如外国狗"。英美的狗真不愧为五花八门，千变万化，专门名字多至不可胜数。随便说就可以说上几十个（"猰㺄"不在其内）。这些名词有的只在小说书里遇见过，翻字典说是"一种狗"，写出来也没有多大益处。《说文》里还载着狗祖宗的好些别号，长嘴短嘴都有专名，只不像外国那么多，现在可太泄气了。所以我们得留意，把 dog 翻成"狗"，实在有点屈尊。反过来说，"狗"翻成

dog，我们应当受宠若惊才好。老老实实的译法只是 cur，连声音都有点像"狗"。莎士比亚说"What would you have, you curs?"这不单把人比作畜生，还骂他下流、杂种，一言而尽。有的传教士管野狗叫 Wonk。这字不知怎样拼法，字典上没有它。音声仿佛是"黄狗"，意义我还是不分析得好。

显而易见的，翻译名义上的"狗"不能是动物学上的狗。动物学上的"狗"只有骨头，没有毛，更不用说喜怒哀乐。也许我不应当选"狗"来做演说的题目。说"猫"也许会简单得多，洋猫差不多就是中国猫，可是问题处处都有。说"鱼"吧，鱼是够普通的了。美国人吃的鱼没有一种跟中国相同，除了鲥鱼，他们的鲥鱼是怎么吃的？去了鳞，刮了皮，大块地烤着吃，人家嫌它骨头多。总而言之，翻译的难处不在乎一个词的科学的、哲学的、理论的意思。难在它的社会的背景。人靠着说话生活、吃饭、骂人、赶鬼。说话的末路才是科学。

二、字的用处

现在凡是弄弄文艺、谈谈哲学的人，都知道一个字、一句话免不了有这两方面的功用，一是达意，一是表情。科学跟诗是说话的两极端的表现，相反而成的。这是前几年来中国的芮嘉慈教授等人所传给我们的教训。可是越是自命为头脑清楚的人，越是会把这两方面的轻重缓急弄糊涂了。一个字有一个字的意思，查字典得了。再不然，做一点比较的研究，查一查这字在多方面的应用，把那共同的意思抽出来，就是那个字的意思。比如孟子用了好些"心"字，主要的意思是什么？我们可以把那些有"心"字的句子排比一下，就可以写一篇文章，论"孟子论心"。至于一个字的表情作用，那好像是后起的，俗人用错了字或是让诗人借用了的。比如"红"字，现在是一种颜色的名称。《说文》"红，帛赤白色。"于是乎有老先生说"红"是用错了的。这字原先代表"粉红色的绸子"，后来假借为"粉红色"的代表，再后来俗人把它当作"大血色"的代表，这都不过是意思的转变。这套学问叫作训诂。再说"红花"，那就牵动感情了。"红旗"更了不得，西班牙斗牛才用它。从前"下白帜，易赤帜"，于是乎奠定了"赤县神州"。翻成"下白旗，升红旗"，创造一个"红色的"国家，那简直有意跟老牛开玩笑了。诗人很早就关心这"红"字，直到"几多红泪泣姑苏""看四山啼红的杜鹃"，这"红"就"红得发紫"，然而从训诂转到欣赏，我以为这见解准是错的。

说话的用处，原先不是为达意，也不能单说是表情。呱呱坠地一声哭，这是庄子所谓"天籁"，还不是"人籁"。肺是空的，空气冲进去，哇的一声响，这是表情么？反正这一哭倒教人怪好过的。要不然，我们哭了几回，也就不哭了。不久，母亲就给孩子一种教训，还是哭的好，非哭不成。她在厨房给丈夫做饭，孩子饿了，湿了，病了，让蚊子咬了。脚踢踢，手摸摸，老不见有人来。一哭，母亲来了。以后哭是叫唤，是请求，是命令，是上谕。哭的用处大极了，它能达意，能表情。总而言之，它是话。假若孩子能写字，他可以写 wa，或是 nga。写到 ngau，那是十万火急的密电；母亲，你非来不可了。这是文字。女孩子，小寡妇，隐泣吞声，你可别用话安慰她。机关一动，她倒是大哭了。你尽说，她尽哭，你对于她没有用处。岂不是白哭了？

原始的说话，既达意，又表情，安慰自己，又管制别人，二难兼，四美具。要了解它，必得认清楚它在社会上的用处。我们要欣赏文学，不如先从这原始语言的点训练。在野蛮社会，可以观察人在合群工作，到了紧急关头，会说什么话。比如打鱼的，待了一宿，忽然一大阵的黄鱼来了，或是老虎、狮子在森林的边上出现了。这见解我是从人类学家学来的，特别是 Malinowski。鱼在网里了，老虎打死了，大家坐下来，喘喘气，喝喝水，想到刚才工作的情形、希望、危险、着急的命令，好些傻话，你唱我答，那就是徒歌。这徒歌一变而为"女曰鸡鸣，士曰昧旦"，再变而为"江南可采莲，莲叶何田田"。离工作越远，跟"文学"越近，说话变成写意，其中经另有一番道理。再回说欣赏的训练吧，我们没有机会参加野蛮社会，倒可以看看孩子们的打架，看看也得听听。最好是在打架之后，在凯旋的路上，听他们说些什么话。你就可以想到"越王勾践破吴归，义士还家尽锦衣"，那些强盗会说什么的，这些话其实都不妨叫作徒歌。打架是孩子们的工作，糟蹋人是英雄的工作。

工作跟工作的回想，工作的留恋，中国很不容易划分界线。这儿我又想起有些关乎语言原始的学理。再用"狗"字为例。中国人原先为什么要说"狗"的？有用么，还是说说玩玩的？这一类的问题上，十九世纪的语言学家不知写了多少无聊的文章，甚至于后来语言学家会不许人再谈语言原始。我又何必再当傻瓜呢？我想以不了了之。说"狗"是有用的，也是好玩。前几天，我在 *Readers' Digest* 上读到 George Stewart《人的自传》的节录。我很佩服这人的想象的丰富。他说野狗本是人类的仇敌。人射了一只野兔，一只小鹿，它从旁边钻出来抢吃。小动物让人吃得越来越少了，狗挨饿了，不能不在人的窝旁边远远地候点骨头吃。狼来了，狗得晓，无意之中给人报了信。有时候，人会捡得一只小狗。那到是肥肥的，摇头摆尾的，咿呜咿呜的。孩子们逗着它玩。长大了，也许又跑回狗群里去了，可是它始终忘不了人窝里的生活。再跑回来，就永远变成人类的同伴，第一种驯服的野兽。其实在没有驯服之前，早已学会了看家跟打猎。我也相信家犬的来历大概是这样的。那么，人可以学狗的声音，先是为叫别人提防他，后来是为叫呼他，宝贝他。狗像自己报了名似的。可见"狗"这个字既有用而又好玩。当然字的来源，很少有这样容易解释的。Dog（docga）就不知道是什么来历。羊何以叫作"羊"，"桌子"何以叫作"桌子"？还是不像汉朝的经师那样瞎说得好。至于"狗"，我觉得好玩还不止于此。文字上该是先有"犬"，后有"狗"跟其他的"犬"旁字。"犬"的古音近乎 k'an（有点像拉丁文 canis）。"狗"的古音是 kog。两个字都好像从狗吠的声音取义。那么"犬"应当是小狗，"狗"至少得是不大不小的狗。《说文》"玁小犬吠"，这音是 ham。ham 跟 k'an 都是象声，可是 k'an 借为狗的名字。"狗"呢，《说文》明说"孔子曰，狗叩气吠以守"，真是段玉裁所谓以音得义。（可是他注"犬，狗之有县号者也"，也说"有县号谓之犬，……于音得意"，断不可信。"犬"的于音得义是从小狗的叫得义的，不是从"县"字得义的。我可不上汉儒的当，汉儒关于语言原始之说解有趣万分，只可以当小说读。）我以为老先生把"犬"跟"狗"的大小弄颠倒了。《曲礼疏》"大者为犬，小者为狗"，不知有何证据。古人说话绝没有这分别。也许老先生把《尔雅》念了破句。《尔雅·释畜》"犬生三獿二师一獬，未成毫，狗，长喙獫，短喙猲"，竟有人把"未成毫狗"念成一句，徐灏《说文解字注笺》，不通之至。"未成毫"的"狗"当然是小狗了。"狗"还是大的，"犬"是小的。再大的点，《尔雅·释畜》"狗四尺为獒"，这字古音近乎 ngaug 也是于音得义，确是大狗叫。我以为这声音近乎英德文的 Hund，那是大狗，小玩意儿断不能叫 hound。这样说来，中国人既然先有"犬"字，然后文字上写出种种"狗"来，"狗"的乳名好像不是从实用产生的，是从玩小狗玩出来的。考据先生不妨借用我的意思来写一篇"狗犬大小辩"。其实我说的，既不是文字学，又不是音韵学，又不是语言学，又不是心理学，哪样都不是，只是胡扯，只是为说明语言的起源有点带玩笑性质的，当然也离不了实用。

从这样的心理背景上产生字汇，固然谈不到科学的分类。凡是用处相像，或是引起同样的感情的东西，都是同类，叫作同类。"鲸鱼"的确是鱼，哪怕有人亲自见了小鲸鱼吃奶，"鲸鱼"还是鱼。Linnaeus 以后，西洋人管这鱼叫 cetacea，可是按世俗的说法，这东西还免不了是大鱼。别笑咱们中国人的幼稚。不单如此，他们管水母叫 jellyfish，虾米属于 shellfish。中国人还不至于那样笨。然而鲎鱼又是"鱼"。动物学家也不必枉费精神。你只告他们鲸鱼是哺乳兽好了，说话你是改不了的。黑板上你可以单写一个"鲸"字，不写"鱼"字，甚至于写"猄"字也不妨，可是说话还是说"鲸鱼"的好。

假若从中国人的说话推考中国人的植物知识，那可糟透了。"稻子"结"稻子"，去了皮，叫"米"。高粱的穗子叫"高粱"，整棵的高粱也是"高粱"。老玉米的秆子根本不成话。这些话的来历都是无从考据的了。大概说来，一种植物最有用或是最惹人注意的部分取得一个名字，那名字就变成整棵植物的名字。白薯、萝卜，以根得名。金针菜、玉簪棒，以花得名。其余的部分好像是属于这名字似的，比如说"白薯的秧子""玉簪棒的叶子"。南方人就说"玉簪花的叶子"，花居然有叶子了。这结论当然不能全对，特别是历史上传下的名字，渺茫的居多。"荷，芙蕖，其叶茄，其叶蕸，共本蔤，其华菡萏，其实莲，其根藕，其中的，是中薏。"这是古书上最奇怪的例子。也许把汉朝的方言联合起来，会采集到这一大堆名字，可是我们还不能想象每一个名字怎么会发生的。现在只有荷（花）、藕、莲蓬跟莲心，那只能算三个半名字。

十九世纪，西洋的语言人类学家有时忘记了自身语言的缺点，一遇见这样的情形，就说人家的思想不够抽象，没有条理。语言跟思想的关系岂是这样容易解释的。

三、"意思"是什么意思？

常听人说，"有意思""没有意思"。"意思"是什么意思？哲学上，文学批评上，到最近才发生这个问题。所难的，一般人口头上的"意思"老是那么漂渺恍惚的。最广义的说，比如"人活着没有意义"，这"意思"简直没有多大"意思"，也许太多了"意思"。太多太小，在理论上反倒是无关紧要了。生活的没有"意思"，小而言之，可以是一件芝麻绿豆的事没有像意料的成功，买卖亏了本，结婚的前夜把太太丢了，于是乎有悬梁高挂的。哲学家所谓生活的"意思"好像不一定是这个。他要知道人活着为什么的，宗教家问上帝为什么多此一回事。可是这样的问难，很少不牵涉到情感的，所以常有哲理的诗，像陈子昂的"前不见古人，后不见来者。念天地之悠悠，独怆然而涕下"。不过来说，"生活有意思"倒不这么严重。"这幅画有意思""这句话有意思""这孩子有意思"，只不过教人有点好过，好玩而已。文学的意思也许就是趣味。

"意思"又有很窄义的解释。试问"天"这个字有什么"意思"，普通人就会去翻《康熙字典》。字典上乱七八糟地说了好些话。这字收在"大"部，为什么不收在"人"部，或是"二"部呢？因为许慎的《说文》上说，"至高无上，从一大"。要知道一个字的正确的意思，从前人喜欢先查《说文》，可是"一大为天"那能是"天"字的原始的意思呢？因此，讲究念书的人可要查查《经籍纂诂》《经义述闻》那一类的"训诂"书。训诂谈的是什么？查字典为什么？为什么要知道字的意思？比如问"马"的意思是什么？普通人要知道书本上的"马"字代表实现世界的什么东西，什么事情？字典的目的可全不在乎此。它只能，也只可以，对我们说这字在书本上是怎么用的，从前人是怎么用的，孔夫子用它跟朱夫子同不同。字典根本没有义务教我们科学，根本不必把字跟事物联起来。《说文》说"马，武也"，教我们摸不着头脑，其实我们自己找错了教师。要国文教员讲动物学，哪行？中国人有文言跟白话的分别，那倒好，因为我们捧了一本文言字典，为的是要念书，并不是要做人。白话字典反而会教人把这两种目的混在一起。一个字的解释好像在那里教我们科学的知识，为人的道理。（外国人编字典，这样词严义正的也不多。《牛津大字典》专讲究字源；古人的书本里，某字怎么用，现在伦敦人怎么用，外省人怎么用。然而我们用外国字典还不够这样的了解。）

这窄义的意思现在人叫作"意义"。"意义"不知有何出典。查《佩文韵府》，只引《神仙传》，"文字满纸，各有意义""小小作文，皆有意义"。我想我们可以单管文字的意思叫"意义"，别让摇头摆脑的人把这两个字滥用了，尽说科学的意义、哲学的意义。反正一个人说"活着没有意义"比说"活着没有意思"，可怜得多了。

　　这样说呐，有些科学上的大道理，特别是在数理方面的，什么"力"啦，"能"啦，"点"啦，"面"啦，"绝对"啦，"相对"啦，都只有文字上的意义。一个人学科学，在某种范围之内，学会一套术语。同行公议，用术语得先能自圆其说。说科学话，某字得这样用，不许别用。念力学就好比查字典。有人管这一套叫"科学的文法"。四十年前，Pearson 写过半部 *The Grammar of Science*，后来风气一变，Carnap 等人管这一套叫 syntax。术语跟文法不能教人在世界上发现新事实，只教人别打自己的嘴巴。有时反而会坏事，比如"原子"atom 的意义是"不可分"，就暗示人"别再分了"。不再分，就不会有原子能了。

　　我以为我们平常说话的"意思"，文学批评上所说的"一篇文章的意思"，不是这个，不是这样窄义的。当然更不是上文所描写的那泛泛的"了无生趣，只有悠闲"。说一句话，写一个字，确能代表世界上具体的事实。说话能教这世界改变，能创造未来的命运。据传说，仓颉造字，天雨栗而鬼夜哭。我也相信好的文章，一个字，说得得当，确能惊天动地。上文说一个字能达意，能表情。什么叫作"达"，叫作"表"，什么叫作"代表"？

　　Ogden 跟 Richards 写过一部大著作叫《意思的意思》（*The Meaning of Meaning*）。书里历举了好几十种"意思"，可是他们只选了其中说来最方便的一种。"意思"就是"代表"（后来 Richards 就根据这学说写他的《修辞的哲学》（*The Philosophy of Rhetoric*）。书里有一个图：

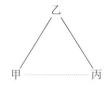

甲是字，或是话。乙是说话（或是写字）。丙是事物。话跟事的中间，在物质世界没有任何联系。所以图上只可以画一条虚线。联系是从说话得来的。他们管丙叫 referent（所指），管乙叫 reference（referring 指）。这话看来平淡无奇，可是能记着这图，就能明了说话何以能成为社会交通的工具，像上文说的。文学上什么叫"修辞立其诚"？"诚"就是一句话确能指出所要指的所指的。

我把 reference 译成"指"，我是有意的。他们所说的，我以为中国人也都说过了，只是我们念书念不懂。公孙龙《指事篇》第三：

> 物莫非指而指非指。天下无指物无可以为物。非指者天下而物可谓指乎。指也者天下之所无也。物也者天下之所有也。以天下之所有为天下之所无未可。天下无指而物不可谓指也。不可谓指者非指也。非指者物莫非指也。天下无指而物不可谓指者非有非指也。非有非指者物莫非指也。物莫非指者而指非指也。天下无指生于物之各有名不为指也。不为指而谓之指是兼不为指。以有不为指之（为？）无不为指未可。……

从前人枉费心机，想解释这一段话。解释不了，叫它诡辩。按上面的图来解释，虽然文字还不免晦涩，大意了然。还有庄子《齐物论》的一段话，哲学家也老是似懂非懂的。

夫言非吹也，言者有言，其所言者特未定也。果有言邪其未尝有言邪？其以为异于鷇音亦有辩乎其无辩乎？道恶乎隐而有真伪，言恶乎隐而有是非？道恶乎往而不存，言恶乎存而不可？道隐于小成言隐于荣华。

这一段书里，庄周要说明"人籁"跟"天籁"的分别。"言非吹也，言者有言……异于鷇音"。当然他的目的正跟公孙龙绝对相反。公孙龙要辩是非，他不要辩是非。《齐物论》开头就描写了好些风的声音（真所谓写实的文章，不比宋玉《风赋》、欧阳修《秋声赋》）。跟风声比起来，人话算得什么。然而"言"何以不是"吹"？因为"有言"。

战国以后，人好像把这个最简单的道理忘记了。思想上就回到野蛮时代。文字上就有那么些敷张扬厉，装腔作势。汉朝人的文章简直不成话，不像话，作文章没有所指的，跟事物切断了。图里的两条实线只留左边的一条了。

野蛮人根本不明白话跟事物怎么会联系起来的。一样东西的名字是天生就有的。狗自己报名叫狗，牛自己报名是牛。知道了敌人的名字，就可以制死他的身体。《旧约圣诗》的上帝名叫耶和华，可是不许随便说。中国人的讳例并不到了专制统一的时代才有人给附会出来。皇帝跟父亲的名字最可怕，直到"祧"了。"祧"是进天堂，以后鬼的名字才消了毒。其实所谓现代并没有完全脱离这野蛮思想。管女儿叫"素贞"，其实是要她是"素"而"贞"的。叫"娟"的女人不娟，何以格外的不娟呀？中国人说"欲加之罪，何患无辞"。英国人说，"把狗取个坏名字，可以杀它"。用坏名字杀人，不单为怕舆论，良心上也大有关系，因为名字坏，人就坏了。美国人有一个笑话，说乡下人看望远镜，尽叫奇哉怪哉，星星的名字怎么会让你们知道的？

当然"话"的"指""事"，不但在乎"名"。上文已经把"表情"跟"达意"分开了说。说话的目的很少是单为称名指事的，除非是在回答问句的时候。"你手里是什么？"回答说，"这个"，或是"纽扣"。"你怎么去的？""坐车"。多半的时候，我们用话来使唤人，央求人，所指的并不是现在事物。事物老是在那儿改变，我们用话来驾驭这改变。说"一支笔"，叫人留意这支笔会怎么啦。不单是留意，并且教人做某件事，想一点办法，教那未来的改变对于我、对于人更为合适。我们简直可以说，所指的不在乎干燥的事物，乃是希望，希望事物的发现，怎样发现，惟恐它不发现，又怕它不像你意料的发现。希望、恐怖，属于人的情感方面。话的代表性的重要，就在乎把情感代表出来。单为代表外界的事物，我想社会上尽可以应用别的工具，那怕事物的千变万化。代表感情呐，好像只可以用手势，做鬼脸，说话。说话当然是最方便，最切实，最会变花样，最容易批评，矫正，留余地，最能讲条件。

从前心理学上有一种迷信，也是从野蛮人学来的。肢体的动作，凡是可以接触或是改变世界上的事物的，都属于物质，又可以叫作外界。身体之内的活动，不能直接改变世界上的事物的，属于心理，又可以叫作内界。手指一动，那是外界。肚子一饿，是内界。"踰东家墙而搂其处子"，是外界。梦见这个，是内界。外跟内的限线好像在皮肤。皮肤里面另是一个神秘世界。其实把生活分为内界跟外界，根本是不科学的。手脚的动，跟心肝脾肺肾的动，都是动，都是对刺激的反应。要说神秘呐，两方面都够神秘。要精确的观察它，两方面都得用仪器，用科学方面。一般的生活上不讲究那样的精确。手脚一动，它的效果，成功失败，容易知道。脏腑一动，所谓情感，老像一股气在皮肤里面咕哝，像一条泥鳅（往大里说像潜龙勿用），尽钻窟窿。所以手脚不必常用话来代表，脏腑老得用话来代表。不说话，就叹气，就唱歌，写情书，"哀此讹闻"之类。这才真能教人了解说话何以是社会交通的工具。我们批评文学，第一得放弃神秘的观念。情感跟说话的联系并非不可言诠的。一句话说得成功失败，只须研究它能不能用最简单的字眼表出具体的情感。一篇文章的好不好也只须看它有没有这样的意思。

当然啰，我们要问一个人有了情感，何以要把它表达出来。单是叫唤，嘻笑怒骂，虽然也能算一种说话，总不够文学的意味。太史公说"人穷则呼天，疾痛惨怛未尝不呼父母也"。可是单说"我的妈呀"，本身说不上美不美，必得跟别的话连起来说，才够文学的资格。就像上文所指出的，说话的目的是要命令人，控制人，央求人，我看也没有充分举出发泄情感的理由。在这个平面上，表情的用处以宣传为主。人在世界上，遭遇了无可奈何的局面。越是肢体的运动所不能应付的，越叫人着急。这着急是五脏六腑在那儿对付局面，有时候尊称为"内心"的感动。着急而说话，人的目的要是只图大家来帮忙，或是只求造祸的人回心转意，让你不再着急，这一类的企图都可以叫作宣传。宣传的文章不很容易懂。因为从表面上看来，人并不说他自己着急，更不说他的肠胃如何乱动，只说这世界如何不合理，人家如何受罪，局面如何危险。文学上又有一种技术，自己不着急，偏会代人说一套宣传的话。我想这文章一定是极难作的。通常我们不会观察别人的内心的激动，同时又得替人骂街，骂得得体。无怪徐敬业的檄文，连武则天念了，都只可以佩服。陈琳能治曹操的头痛。戏文体，唯有莎士比亚的《该撒》一出戏最会宣传，可是现代悲剧里，骂人的艺术也许更进步了。这就说到了文学批评的正当范围以内，我是不配说话的。

就是小规模的宣传，要一个人回心转意，那样的话也不容易懂。第一我们不能肯定说话的人是否真要人回心转意。比如太史公愣说《离骚》是屈原为楚怀王写的。"易曰，……王明并受其福，王之不明，岂足福哉？"我读《离骚》始终得不到这印象。说得难听一点，我只觉得三闾大夫在那儿自称自赞，并且作自卑式的满足性欲（masochistic）。太史公说，"关雎乐而不淫，哀而不伤，若《离骚》者可谓兼之矣"。他望天要价，我就地还价，我以为《离骚》"不乐而淫，不哀而伤"。我不明白太史公的见解何以跟我这样的不同。有位老先生对我说，司马迁自己发牢骚。我看还有一点，老先生没有说到。司马迁是下"蚕室"的。《离骚》代表极美妙的升华的艺术，是汉朝人绝办不到的，所以只可以五体投地的佩服。前些年，士大夫盛倡"红学"，批评而又考据，我看也是"夫子自道"吧。

读《离骚》的经验倒叫我领会人说话的又一种目的，就是没有目的。所指的尽管是内心的事，然而说话的人并不希望解脱，并不要人家因为我说了话，就把环境改变，以至我不再有那悲欢喜乐。一个不太小气的人，买了一点酒，总愿意有人来分喝一杯，酒不必多。李白的"二人对酌山花开，一杯一杯复一杯"，远不及白居易的"晚来天欲雪，能饮一杯无"。一鼓而牛饮者三千人，军阀的世界，不能长久。二两白干，一盘花生米，洋车夫、小书记谁都能做一个东。谈谈，喝喝，骂骂人。这是长久之计。我想不到世界上有比逼着酒只灌自己更卑鄙的人。同样的，一个人该笑就笑，该哭就哭，该说话就说话，也可以创造文学。这样的话有"意思"。自己说了好过，人家听了同情。"同情"在心理学上很难解释。在文学上，我以为听话的人真的会跟说话的人发生同样的感情。

这里问题就多了。同情以后怎样？这又降落得宣传的平面了。不同情怎样？不同情就不同情，就是不会听话，不会读文学。太史公跟屈原同情，我只能同一部分，永远是门外汉，没有办法。《离骚》对于我没有多大"意思"。

四、说与比

不论文学，或是普通说话，或是待人接物，人的行为上除了皮肤外面显而易见的，容易让人看破的一套，还有皮肤里面的一套。其中有心跳，有肾上腺的分泌，有消化器官，生殖器官的正常反应，或是不正常反应，等等。我教心理学，开头就让学生留意自身的皮肤，然后想到别人的皮肤，下等动物的皮肤。动物的身体，只要是胚胎学上从三层发育的，都得有"宇宙"的问题，都可以谈"人生哲学"。皮肤并不是"精神"跟"物质"的界线，也不能说是"理智"跟"情欲"的界线。人的身体可以比作一段胶皮管，口门跟肛口在两头。假若我们能把这管子反卷过来，像仙子翻坛子似的，里面变成外面，外面变成里面，我怕人类还得有"唯心""唯物"的废话，可是废话全然不同了。这是我偶然打的譬喻，别当它是生理心理学。我的话虽然从动物学出发，可不是科学。这意思的来源，乱七八糟，有点"唯识论"，有点 Ernst Mach，有点所谓 Titchener 派的心理学。

在日常生活中，我们最不可忘记：人的反应老是外面跟里面同时并进。狗也是这样，耗子也是这样。比如两只耗子一辈子没有看过面，忽然在同一只笼子里遇见了。是不是先来一点外面肢体的反应，嗅嗅，爬爬，然后感情随之而生，然后成为冤家或是眷属的？不，万万不。这两位一见钟情，正像西文说"掉在爱里"（fall in love）。两只公耗子"掉在恨里"的成分居多。两个孩子也是这样。遇见年老的女人，当时就可以分门别类。比如说"老太婆""老狐狸""老菩萨""老废物"。各人的分法不同，可是都像预先注定的。我老想起西湖上月老祠那副集句的对联，"愿天下有情人，都成了眷属。是前生注定事，莫错过姻缘"。Freud说，人的太太老有点像他的母亲。我不敢这样肯定的说。可是放大一点，我们老是把新人当旧人看待，狗老是把新狗当旧狗看待，我觉得这话大致不错。

书本上说，行为在感情的背景上发生。我不知哪是背景，哪是行为。四肢的动，五脏的动，同时发生，并行不悖。所以人的态度，有时候看来很微妙，其实很浅近。比如先对人说，"有一位毕精几先生，以为敖梦兰太太"。然后再把两张照相给他看【……】：问，"哪一位是姓敖的？"这样问一百个人，至少有七八十人会一见如故。声音跟曲线怎么会联起来的？胖女人不可叫"西施"，只可叫"如玉"。"焦如玉"又不及"颜如玉"。吴道子画的鬼我没有见过；罗两峰的鬼确有点幽默。城隍庙里把无常鬼跟莫必鬼塑得一般高，我以为是艺术上的失策。详细的分析，我不跟文学家谈了，好在自己可以琢磨琢磨。

说话的词汇，总不免先对付了外界，然后再来代表内心的变化。没法描摹情感，就得借用所以引起情感的事物来描摹它。粗枝大叶的情感还勉强有个名目，比如"七情""六欲"之类。越是细腻一点的，越不得不用到代表的代表，就是外界的刺激的名目。要是你没遇见过某刺激，或是某刺激从没引起过某情感，那么话就听不懂，文章就不能念。比如"蝼首蛾眉"，在我就是那么四个字。蝼首我没有见过，蛾眉是阔阔的、白白的、杀气腾腾的两把白扫帚。这怎么教我爱女人呢？反过来说，我是在美丽的平原上生长的，所以像"湛湛江水兮上有枫，极目天地兮伤春心，魂兮归来哀江南"，我一念就喜欢得不得了，念了又念。这三句诗里，只有"伤"跟"哀"是情感的名字。实在的情感也许比这代表字来得温和弛缓。宋玉没有别的写法，只可以用这两个粗字。至少在我，没有多大的牢骚好发泄的，这么一幅景致并不能教我"哀伤"。我也不信宋玉真会哀伤到如此地步，虽然他确曾写过"悲哉秋之为气也"那类废话。在我呢，这江水不是长江，一定是一个小支流。枫是五角枫，红里还带点绿的。"极目天地"，所见的是江南的风物，断不能是"天苍苍，地茫茫，风吹草低见牛羊"。这北方的诗句我也喜欢得了不得，话可不是宋玉说的。《楚辞》的音节，宋玉自己用什么语音来念这三句诗，我们近来也有点明白了，情调上也就更觉得亲切。

以上是借题发挥。任何好的诗句，新鲜的谈话，都可以是上文所说的"代表的代表"，先用刺激代表情感的反应，再用话来代表那刺激。话里要是夹杂些情感的名目，那是凑合的，不得已的，可又是最有效力的，最能引起同情的。我知道哲学兴趣浓厚的人绝不愿意这样强凑合。"代表"也好，"代表的代表"也好，两方面不能同时来。这样的包工，手续就乱了。清楚的话，理想的文学，应该全是描写情感的，全是描写刺激的。全是写情的文章我看是不可能的。比如"牙齿痛、恶心、膀胱胀"，说了一大片，对于内科大夫也许有点用处，当作内省心理学的报告不够格。这样的文学作品绝没有人尝试过。反过来说，完全描写"实现"，主张的人倒不少。你说"打人"，说"人哭了，背上有三条血痕"，可别说"他痛苦"，因为不是写实。这一流的"清洁主义者"（purists）我倒很佩服，只是哲学味太浓厚一点。此外，文学上什么叫作"写实"，我可不太明了。

这内外掺杂的情形，要是不能了解，人在心理学、美学、文学批评的边界上往往会发生神秘的议论。不妨随便举一两点。前些年，有"情感的错误"那一说（The pathetic fallacy，好像是 John Ruskin 说的，原文我没有读过。译名也许不妥当，La symphonie pathetique 现在译成"悲怆交响乐"，可是法文并没有"悲怆"的意思。这 pathetic fallacy 也不是"悲怆的错误"）。我们说"这天气教人发愁"，这是感情话，"愁"是人发的。说"这天气愁人"（"风飘万点正愁人"），那"愁"就是动词，我们把一半责任推给天气了。再说这天气"恶哝"（懊恼，"良辰美景奈何天""日斜归去奈何春"），我们就跟天气共同负责了。其实有的天气真是懊恼，真是无可奈何。心理学上尽管分析，文学上只能承认是具体的实现，一分析就不成文学。李白诗，"五月不可触，猿声天上哀"，这是人话，然而谁都知道是假的。人生就是假的。杜甫知道是假的，可是他绝不愿意点破这个谜，反而将错就错，以假为真。"听猿实下三声泪"，真是惊人的诗句。他自己也不明了何以会哭，他真的哭了。浅薄的人不这样，他心里搁不住那一股子聪明，他要卖弄小巧。刘长卿的《竹枝词》，"巫峡苍苍云雨时，清猿啼在最高枝。个里愁人肠自断，从来不是此声悲"。这还成诗么？

还有一种学说，也像跟这问题有关的，就是所谓"神入之感"（Theodor Lipps 的 Einfuehlung, Titchener 学派译成 empathy）。随便画三个十字，一个横道在中间，一个在上面，一个在下面（十十┴），大多数人会喜欢横道在上面的那一个。按神入的学理来说，这是因为我们对十字架看，就像用自己的肩膀来担当重量。建筑上比例的美不美，据说都可以这样解释。推广到文学上，这谬论老教我想到《聊斋志异》里《画壁》那一段故事，非得把人看作分裂精神病者（schizophrenie）不成。先把情跟物用某种逻辑割断了，然后再凭神秘主义把情硬塞到物里去，未免太辛苦吧！

再进一步说，用刺激代表情感，用话代表刺激，其中有一种极大的自由。情——物——话，不常有直线的，一对一的关系。用最简单的经验来打一譬喻吧，酸味有点冷，在某种条件之下说"穷酸"真会教人有点抖擞的样子。一种情感可以有多种刺激的代表；一种代表刺激又可有多种说法。有的是经验告诉我们的，有的是从艺术上学来的。人的经验富于这一类的可能的联系。头一个人把它指出来的，就创造了兴比。

中国人谈了两千多年的兴比。说得最透彻的，还是《文心雕龙》。刘勰先标出"比显而兴隐"的估价。他的一段议论，关乎文学欣赏的，不得不节录下来。

> 故比者附也，兴者起也。附理者切类以指事起情者依微以拟议。……兴之讬谕婉而成章。称名也小取类也大。……且何谓为比，盖写物以附意飏言以切事者也。……襄楚信谗而三闾忠烈。依《诗》制《骚》讽兼比兴。炎汉虽盛而辞人夸毗诗刺道丧故兴义消亡。于是赋颂先鸣故比体云构纷纭杂遝信旧章矣。……扬班之伦曹刘以下图状山川影写云物莫不纤综比义以敷其华惊听回视资此效绩。……此类虽繁以切至为贵。若刻鹄类鹜则无所取焉。

他说比是附理，兴是起情，这界说在心理学上站不住。他对于汉魏文学的评价，至少我个人以为十分公允。《三都》《两京》我从小就读得腻烦，连《文选注》都不愿意看，根本就不想去懂它。后来读了《文心》，才了解我何以有这反感。那样的文章只在"比"字上用工夫，太"显"了，太耀眼了。然而教人欣赏文学，从比说起容易，释兴极难。比的好坏可以用心理学来说明。兴不单是文学的技巧，或是文人一时的领悟。它是关乎人的信仰、政见，跟整个人生的态度的。

现在念点西洋文法书的学生，往往把中国的比兴跟英文的 simile and metaphor 联在一块讲，其实 simile 跟 metaphor 只是字眼上的分别。比如说"他是老狐狸"，在英文是 m；说"像狐狸似的"，是 s。这两句话在中文都是比，算不得兴。用英文说 "He has a face like a dog's"，"he has a dog face"，两者之间是一点点分别，可不是"比"跟"兴"的分别。当然这样的两句话，也不能永远变来变去的。我们能说女人的"鹅蛋脸"，可别说"脸像鹅蛋。能说"麻线似的命运"，不说"麻线命运"。哪样的话是能说的，哪样的不能说的，很没有一定的道理。各种语言都有不同的习惯，所以翻译上时常遇见小困难。"Dog face"是"狗脸"，很容易译，"Face like a dog's"，译出来总有点像拐脚似的。还有一种话，在英文不算 simile，在中文可真是比。《文心》的《比兴》就有"席卷以方志固"那一句。这是引用《诗经·邶风·柏舟》诗的典故。"我心匪席，不可卷也"。翻成白话，"我的心又不是席子，不能卷起来的"。这在英文不算 simile。我奇怪现在中国人说话，何以不长有这种美妙的新譬喻。也许念书人没有细细地听人说话。自己写文章，满可以在古书里东拉西扯的，不必创造新的了。文言文里，现存的比，少说也有上百万。

近来西洋人作文章，讲究浓度（intensity，可不一定是深刻），大有"语不惊人死不休"的豪气。于是乎整天提着篮子在垃圾堆里捡譬喻，有时候只捡到几个 puns，就是同音字两用的，像中国的"这鸭头不是那丫头，头上哪有桂花油"。说笑话用 puns，从前英美人以为是最下流的，现在美国人倒反算是新奇了。比如"老年糊涂"叫 dotage，"故事"叫 anecdote，有人就管"老年人到了爱说故事不伦不类的时期"叫 anecdotage，这有什么新鲜。"老年人溺爱儿女"也叫 dote。前些日子我又在美国报纸上念到"母亲 anecdoting 她女儿"那一句话。我看此风断不可长，中国人念了只觉得恶心。我们有这二千几百年的文学史，垃圾堆里再捡不出什么东西来了。竹头木屑，败鼓之皮，全都用光了，现在人写文言文真的到了这种程度。白话里，没有发现的宝藏正多着呐，奉劝正正经经写白话的人别再捡文言的垃圾堆了。这句说来容易，实际上我这里就用了"败鼓之皮"。这是因为懒，写文言文写惯了，不肯跟老百姓学，楞翻成"破鼓的皮"，也好没有意思。这年头人穷到垃圾堆里捡不出破鼓的皮，早已穿在脚上了。

从前中国人作文章，态度上正相反，不许用色彩太浓厚的字眼。记得前几年，我偶然写了几首律诗，其中有一联是"花挣霜后活，树爱影中间"。有一个学生就提醒我，那"挣"字用得太矫情。他确比我老成，文言诗还是不这样作的好。可是杜老诗也尽用奇字，他总算得一个忠厚人了。白话文该怎样写法，我没有成见，反正也不可以太勉强，别学美国人的时髦，别太俏皮。

人创造一个譬喻，那不能不是新的。人家抄袭它，滥用它，过了一个时期，就变成陈旧的。一个譬喻的命运也是有幸有不幸的。《楚辞》用《诗经》，汉人用《诗经》《楚辞》，六朝用汉赋，拟汉诗。《诗经》有好些新东西，然而像"我心匪石，不可转也，我心匪席，不可卷也"之类，后来人引用的并不多见，反而像"古井水""望夫台"等等让人家用得稀烂。后起的诗人之中，李长吉最爱造新譬喻，也最不幸运，很少人能懂他。随便举个例子，"忆君清泪如铅水""向前敲瘦骨，犹自带铜声""腊月草根甜，天街雪似盐"。人家根本没见过铅水，没敲过马骨头，没住过海边上，不知道盐是多么脏的，造比也不能像闭门造车似的。说"冷得缩成刺猬"，能懂的人多。"缩成马鳖"，欣赏的人就少。"缩成亚马帝罗"，你知道我说的什么？用洋文写，armadillo 也不成。

其实聪明的人，故意的造几个譬喻也并不难，就好比从前人作"诗钟"。随便举两样东西，例如"月亮"跟"乌龟"，在某种条件之上，很可以有"乌龟似的月亮"。倒过来说，"月亮似的乌龟"，岂有此理，然而我们可以描写一种境况，教乌龟非得像月亮不可。比如说让它染成白的：头、尾巴、四条腿，全都缩起来。问题不在乎有了两样东西然后打譬，难在从一样东西出发，忽然灵机一动，想起另一样东西。两样东西恰巧教人发生类似的情感，一点也不勉强。并且说出来，写下来人家也会发生同样的情感，再合适不过。那才是新发明。有的精神分析论家，先打定了主意，以为人的梦境是性欲的象征，满处找譬。那一类的心理学书我老是把他当作坏的文学作品来念，倒怪有趣。我看一切象征主义者多少犯了这毛病。

文学欣赏上，与其留意譬喻的产生，还不如留意它的病死，特别是在历史悠久的文言文。比如上文所举的"蝤首蛾眉"，"蝤首"这孩子当年也是怪淘气的，可惜没有长大。"蛾眉"该死了好几个世纪了，这老太婆还活着干吗？时过境迁，"蛾眉"跟"女人的美"就脱离了关系。女人画黑眉毛，至迟到战国时代已经开始，汉朝以后讲究用波斯国的"螺子黛"，教眉毛黑而发亮，润润的又变成窄窄的，弯弯的。赵飞燕"为薄眉，号远山黛"，卓文君"眉不加黛，望如远山"。这跟"蛾眉"还有什么可比的呢？然而唐朝的诗人偏不让"蛾眉老死"，用尽千万百计教它活。骆宾王文"蛾眉不肯让人"。这时一个很恶劣的"杂比"（西洋人叫 mixed metaphor）。"蛾"的"眉"有什么"让人""不让人"的呢？这句话里面，"蛾眉"两个字根本没有"比"的意味了。"蛾眉"就是女人而已，也许是妖艳的女人。骆宾王用了一个死比例，不是杂比。那么，这句话好在什么地方呢？本身并没有意思，须得联下文念。"蛾眉不肯让人，狐媚偏能惑主"。"蛾眉"对"狐媚"，对仗也并不工，然而听听声韵！那篇文章是在吴语的区域里写的。现在上海人把"蛾眉"念成 ngume，"狐媚"念成 hume（低调），唐朝的扬州音差不多，就连武则天念起来，也知道这是音韵的比，不是意思的比。那时候，武丫头也老了，不在乎"蛾眉"不"蛾眉"了。可是"蛾眉"两个字又可以活下去了。记得段成式的《酉阳杂俎》里有一首鬼诗，"长安女儿踏春阳，何处春阳不断肠。舞袖弓腰浑忘却，蛾眉空带九秋霜。"这又像是一个"杂比"。"蛾眉"带起"霜"来了，我觉得这是一句好诗。所以觉得好，说来是一大套的心理学，不必了。反正不好在"蛾眉"两个字，并且白眉毛的女人我起心里就讨厌它教我想起《聊斋志异》里那喷水的臭女僵尸。

教一个死比活着，扁鹊也做不到。还是说眉毛。吴筠诗，"春妆约春黛，如月复如蛾。"这是什么东西？像"月亮"又像"蛾子"的？白居易诗，"春黛双蛾嫩"，简直不像话了，哪有长上四条眉毛的？譬喻的死不如死得干脆。"螓首"死了，像秦可卿，早就死了。

"蛾眉"的死像林黛玉，又像茶花女。我真不耐烦歌剧里的茶花女，在将死的时候唱上那一大段。女高音唱给几千人听，得来一位身体坚实的，肺气饱满的，教她怎么死法？按中国人的迷信，这样的死应该点起绿蜡烛，教一位像漂母或是赛金花之类的老年人站在旁边，静默几分钟，拉了幕。一个比的生老病死真有点像人，所以我又想起比的第三种死法。死了之后，人家满可以不知道他曾经活过，可是他活在后世人的生活里。正像我们不知道用火是谁发明的，谁都得用火。比如我们说"组织"，说"张罗"，说种种的动词，不再理会它们原先是比。再说一个浅显一点的，"负担很重"，现在人只想到赚钱养活一家，或是党国要人身兼各职，再不想到他真的背着什么，挑着什么。孟子说，"颁白者不负戴于道路矣"真的是负戴着重量的，现在人不想到这个了。古人有三不朽：立德、立言、立功。这样的死比至少说得上立言。

我不期然而期地说到动词的比。语言学上，这样的比跟名词形容词的比，性质很不相同。我细细地分析汉语，总觉得中国人不容易用动词来打譬喻。像"张罗""打点""安排"之类，原先固然是比，可是一用为动词，就不成其为比了。这道理我将来也许有机会说得详细一点。就连文言文也难活用动词。"猎艳""渔色"之类不常能创造。李义山诗，"一条白浪吼巫峡，千里火云烧益州。"人家觉得"一条白浪"已经过火一点，再教他"吼"，好像孙行者拔了毛，又说"变"。说"火云"，就不必再说"烧"了。白话的动词更是死板板的。

欧洲语之中，唯有英文的结构最近乎汉语，可是它的动词比汉语活泼得多。它们常能用一个名词比成动词。比如狗跟着人走，所以密探的跟人可以叫"to dog him"。"To cow him"（牛他）是教他像牛那样驯服。"To horse him"（马他）是像骑马似的骑他，中国人不在这上面造比喻。北平话里，我找了几年，只找到了几个例子。"虎人"现在写成"唬"，可不必，然而也足见中国人不明白这道理。土话可以说：

"水他出去"

"孙他"

"大家群起来"

"在外面云了一天"

"狼了一笔钱"

这样的例子少极了，别的方言好像都是这样的。多音动词比较地容易借用，然而像上文说，他们不能算是"比"类。这也许是汉语的弱点，可是我们只是为跟英文比较，才引起这问题。比如说"To table a motion"不能译成汉语。先翻成德法文然后再译汉语，就没有"比"的问题了。

以上说"比"的范围实在已经超过了中国从前所谓"比"。"兴"当然比"比"更大，更隐。真的走进了文学批评的园地，我倒只可以装哑巴了。一谈就得谈到文学的义务，文学跟人生的关系，种种问题，不是我要谈的。刘勰已经说"兴"是"记讽"，是"诗刺"。我只愿意在这里解释一小点。按他的说法，有人不免会对于"兴"的格式，或是体例，发生误会。他说"关雎有别，故后妃方德。……德贵其别，不嫌于鸷鸟。"那么

关关雎鸠在河之洲　　窈窕淑女君子好逑

参差荇菜左右流之　　窈窕淑女寤寐求之

上一排不妨说是楔子，引起下一排的正文。起因只须是诗人所注意，所感激的那一点。取了雎鸠的"德"，不取它的凶狠。第二章只

从"流"引起"寤寐思服……辗转反侧"，不管那，"左右流"的是"荇菜"还是浮尸。《关雎》的下文就是《葛覃》。《葛覃》一共三章，第一、第二章是不是兴起第三章的因子呢？凭这样的方法写文学，会不会尽写些"伤春""悲秋"那一套的呢？要不然，会不会头巾气太重呢？

树犹如此　　人何以堪

这是不是兴体？一篇《伊索寓言》，重要的好像只在乎煞尾的一句话，然而有的寓言整篇都好，只坏在尾巴上多了一句。可是把尾巴砍下去以后，文章就不是兴体。我老奇怪，宋朝的平话，明朝的"三言两拍"，为什么要在正文之前先说上两段小故事。起初以为是"大女婿发财，二女婿做官，三女婿要饭"那体格，后起才明了那正是所谓"兴"体。

这样写文章，我怕不大会写好。好的文章尽可以只说所以兴起的，不说所兴起的。存心要宣传，要传道的文章不在例外。说笑话更得留意这一层。反过来说，单有兴起的，没有所以兴起的，也好。单说"君子好逑""人何以堪"，就是好文章，人家也不会追求那起因是什么。所以"兴"并不是说好话，写好文章的一种体裁。它只说明心理上的来源，教人留意天下满是譬喻，随手取来，就可以是文章。一个"比"可以强造，可以抢，可以偷，"兴"是勉强不来的。据说树上掉下苹果来，兴出牛端的三条公律。在我呢，天上掉下铁球来，也只是脑浆迸裂而已。

翻译小说（1937）

阿英

如果有人问，晚清的小说，究竟是创作占多数，还是翻译占多数，大概只要约略了解当时状况的人，总会回答："翻译多于创作。"就各方面的统计，翻译书的数量，总有全数量的三分之二，虽然其间真优秀的并不多。而中国的创作，也就在这汹涌的输入情形之下，受到了很大的影响。

译印西洋小说，现在所能考的最早期间，是在乾隆的时候，约相当公元一七四〇年左右。那时期都是根据《圣经》故事和西洋小说的内容，重新写作，算为自撰，如《欧文杂记》之类。稍后始有长篇，最初的一种，是《瀛寰琐记》（申报馆版）里的《昕夕闲谈》（上卷三十一回，下卷二十四回），译者署蠡勺居士。到光绪三十年（一九〇四），经译者删改重定，印成单本（文宝书局），署名易为吴县黎床卧读生。前有《重译外国小说序》，称其目的在灌输民主思想，认为中国不变更政体，决无富强之路。大规模的介绍翻译，却在甲午中日战争（一八九五）以后。

梁启超的《译印政治小说序》（光绪二十四年，一八九八），是阐明翻译小说重要性最初的理论文章，此文作于严复、夏穗卿《本馆附印说部缘起》后一年，正当"戊戌政变"。他主张翻译政治小说，以作宣传武器。他说：

> 昔在欧洲各国变革之始，其魁儒硕学，仁人志士，往往以其身之所经历，及胸中所怀政治之议论，一寄之于小说。于是彼中缀学之子，黉塾之暇，手之口之，下而兵丁、而市侩、而商氓、而工匠、而车夫马卒、而妇女、而童孺，靡不手之口之，往往每一书出，而全国之议论为之一变。彼美英德法奥意日本各国政界之日进，则政治小说为功最高焉。

所以说，"特采外国名儒所撰述，而有关切于中国时局者，次第译之"。从"有关世道人心"，到可以作为政治及社会改造的武器，这是对小说理解的长足的进步。因此，大家便注意于小说的翻译，而范围也依次渐广，形成极繁荣的局面。同样的，由于国人对翻译小说的注意，在写作上也受了很大影响。

当时的译家，最为知识阶级所推重的，是严复、林纾一班所谓以古文笔法译书的人。严复虽曾作过《本馆附印说部缘起》，了解小说的重要性，但并没有创作或翻译过小说。他只建立了这一派的翻译理论，给当时小说译家以很大的影响。

> 译事三难：信、达、雅。求其信已大难矣，顾信矣，不达，虽译犹不译也，则达尚焉。……译文取明深义，故词句之间，时有所颠倒附益，不斤斤于字比句次，而意义则不倍本文。题曰达旨，不云笔译；取便发挥，实非正法。……凡此经营，皆以为达；

为达，即所以为信也。信达而外，求其尔雅，此不仅期以行远已耳，实则精理微言，用汉以前字法、句法则为达易；用近世利俗文字则求达难。往往抑义就词，毫厘千里。审择于斯二者之间，夫固有所不得已也。(《天演论译例言》)

胡适曾有按语说："这些话都是当日的实情。当时自然不便用白话，若用白话，便没有人读了。……严复用古文译书，正如前清官僚戴着红顶子演说，很能抬高译书的声价，故能使当日古文大家认为'骎骎与晚周诸子相上下'"。这里的"实情"和"自然不能"，说得未免武断。用白话译书，对于知识分子，当时或许是少"有人读"，但在知识分子而外，其情形是并不见得如此的。所以当时也有用白话演述原书的一派，如梁启超、李伯元、吴趼人都是。他们就原书的内容，用章回小说的形式演述，颇能深入小市民层。遗憾的是，由于史家正宗偏狭的观念，抹煞不论，现在大家是只知道有严复，有林纾了，其在小说，当然是只有林纾一人。

林纾字琴南，别署冷红生，晚称践卓翁，福建闽县人。生于咸丰二年（一八五二），卒于民国十三年（一九二四），七十三岁，是中国以古文笔法译西洋小说的第一人，共译书约一百六十余种。胡适谓："自有古文以来，从不曾有这样长篇的叙事写情的文章"。可惜林氏本人不懂英文，从本子选择，一直到口译，都是依靠别人，而别人又并非全可靠，因此，在他的译作上，遂有了原本选择不当、误解原意之类的缺陷。但这并不能掩去他的译作给予作家和读者的广大影响。他使中国知识阶层，接近了外国文学，认识了不少的第一流作家，使他们从外国文学里去学习，以促进本国文学发展。

据郑振铎《林琴南先生》及寒光在《林琴南传》里的统计，他翻译的小说，计英国九十九部，一七九册；美国二十部，二十七册；法国三十三部，四十六册；比利时一部，二册；俄国七部，十册；西班牙一部，二册；挪威一部，一册；希腊一部，一册；瑞士二部，四册；日本一部，一册；未知国的五部，六册。共一七一部，二七九册。还有未收集的短篇十五种。出版于民国以前的，据《涵芬楼新书分类总目》，不过五十种左右，是则其大部分成就，乃在辛亥（一九一一）革命以后。

他所介绍的著名作家，在英有莎士比亚（W. Shakespeare）、迭更斯（Charles Dickens）、司各德（Scott）等。在美有欧文（Washington Irving）、史拖活夫人（Mdm Stowe）。在法有大仲马（A. Dumas）、小仲马（A. Dumas fil）、巴尔扎克（Balzac）。挪威有易卜生（Ibsen）。西班牙有西万提司（Cerventes）。俄有托尔斯泰（L. Tolstoy）。日本有德富健次郎。其影响最大的书是：

（一）《巴黎茶花女遗事》小仲马原著。光绪二十五年（一八九九）素隐书局版。光绪二十九年（一九〇三）文明书局版。晓斋主人口译。

（二）《黑奴吁天录》史拖活夫人原著。木刻印本四册，年代不详。小万柳堂本。吴芝瑛圈点，廉泉（南湖）校阅。光绪三十一年（一九〇五）版。魏易口译。

此外，如《滑铁卢战血余腥录》《撒克逊劫后英雄略》《迦茵小传》等，亦甚知名。兹节《拊掌录》中描写教师爱主人女、复恋其产一节于此，以见译风：

【……】

林译小说，以英国最多，占全部二分之一；其次为法为美；俄国的作品，虽也有六部，全成于辛亥革命之后。这一缺点，在当时也有人补足了它。如吴梼，他从日文转译了莱芒托夫的《银纽碑》（一九〇七），溪崖霍夫（按即契诃夫）的《黑衣教士》（一九〇七），戢翼翚重译了普希莹（按即普希金）的《俄国情史》（全作《俄国情史斯密士玛利传》，又名《花心蝶梦录》，一九〇三），佚名译托尔斯泰《不测之威》（一九〇八），热质译托尔斯泰《蛾眉之雄》（一名《柔发野外传》，一九一一），吴梼译戈厉机（即高尔基）《忧患余生》（即《该隐》，一九〇七）。此外还有些不知名的著作，如陈冷血所译虚无党故事之类。

法国的小说，嚣俄的作品，也有人介绍，如苏子由（按即苏曼殊）、陈由己（按即陈独秀）合译的《惨世界》（东大陆书局版），天笑译《侠奴血》（小说林版，一九〇五），平云译《孤儿记》（小说林版，一九〇六）。然最多者莫过于大小仲马。林译有《茶花女》，公短译《大侠盗》（新世界小说社，一九〇七），君朔译《法宫秘史》（商务，一九〇八），《侠隐记》《续侠隐记》（商务，一九〇八），抱器室主人译《几道山恩仇记》（香港中国日报），一九〇七）。

德国有吴梼译苏德曼《卖国奴》（《绣像小说》）。美国以林译欧文小说为多，有《拊掌录》《大食故宫余载》《旅行述异》（均商务版）。英国以迭更司、司各德为最，都是林译。迭更斯有《贼史》《块肉余生述》《红礁露传》《孝女耐儿传》。司各德有《剑低鸳鸯》《惜露传》《十字军英雄记》。小国方面，有匈牙利育珂摩尔《匈奴骑士录》（周作人译，一九〇八），又有波兰廖抗夫著《夜未央》（李石曾译，万国社）。

就译家方面说，除林纾而外，有几个人是很值得注意的，如吴梅，他的译作有《薄命花》《寒桃记》（日本黑岩泪香）、《车中毒针》（英国勃来雪克）、《寒牡丹》（日本长田秋涛尾崎红叶）、《银纽碑》《黑衣教士》《美人烟草》（日本广津柳浪）、《五里雾》《侠黑奴》（日本尾崎红叶）、《侠女郎》（日本押川春浪），选本虽有所失，然其在文学方面修养，却相当的高。有陈冷血，他译的俄国虚无党小说最多，亦译侦探小说之类，长篇有《白云塔》《侠隐记》《火里罪人》《土里罪人》《大侠记》《侦探谈》，但其成就，终究在虚无党方面，译《虚无党》（一九〇〇）等。有包天笑，他译的书，近乎演述，以教育方面的为多，有《铁世界》（法迦尔威尼）、《馨儿就学记》（《爱的教育》）、《儿童修身之感情》（文明版），以及迦尔威尼之《无名的英雄》《秘密使者》《一捻红》《侠奴血》《千年后之世界》等。但这些作品的排列，并不能证明当时翻译界的风气。一般言之，在翻译小说初起时，目的只在作政治宣传，故所谓"政治小说"之风甚盛。这一类作品，除林译的许多历史悲剧而外，有独立苍茫子之译《游侠风月录》（明权社，一九〇三），汤绫女士之译《旅顺双杰传》（世界社，一九〇九），赖子之译《政海波澜》（日本广陵左左木龙），陈鸿璧女士之译《苏格兰独立记》（小说林）等。其次为教育的，除天笑所译，有苦学生译之《苦学生》（日本山上上泉，作新社，一九〇三），南野浣白子译《二勇少年》，梁启超译《十五小豪杰》（新小说本，广智书局本），又南野浣白子译《青年镜》（广智版，一九〇五），朱树仁译《冶工轶事》（法国奈隆，文明版，一九〇三）等。其三为科学，译述科学故事，以作科学的启蒙运动，如吴趼人译《电术奇谈》（新小说社，一九〇五），天笑译《千年后之世界》，杨德森译《梦游二十一世纪》（商务，一九〇三），海天独啸子译《空中飞艇》（明权社，一九〇三），东海觉我译《新舞台》（日本押川春浪，一九〇五）等。然后才从政治的、教育的单纯目的，发展到文学的认识。最后又发展到歧路上去，于是有大批侦探翻译小说的产生。

为什么到了后期，侦探小说会在中国抬头并风靡呢？其主要原因，当是由于资本主义在中国的抬头，由于侦探小说与中国的公案和武侠小说有许多脉搏互通的地方。先有一两种的试译，得到了读者，于是便风起云涌互应起来，造就了后期的侦探翻译世界。与吴趼人合作的周桂笙（新菴），是这一类译作能手，而当时译家与侦探小说发生关系的，到后来简直可以说是没有。如果说当时翻译小说有千种，则翻译侦探要占五百部上。这发展的结果，与谴责小说汇合起来，便有了后来"黑幕小说"的兴起。"黑幕小说"来源，决非由于"谴责小说"的单纯影响。

最后想说一说在当时最感到寂寞，而后来成为五四直译运动前车的另一派译家，那就是周树人（鲁迅）兄弟。《五十年来中国之文学》说：

> 他们的古文功夫既是很高的，又都能直接了解西文，故他们译的《域外小说集》，比林译的小说确实高得多。……但周氏兄弟辛辛苦苦译的这部书，十年之中，只销了二十一册。这一件故事应该使我们觉悟了。用古文译小说，固然也可以做到"信、达、雅"三个字，如周氏兄弟的小说，但所得究不偿所失，究竟免不了最后的失败。

重印本《域外小说集序》，说："初出的时候，见过的人，往往摇头说:'以为他才开头，却已完了！'那时短篇小说还很少，读书人看惯了一二百回的章回体，所以短篇便等于无物。"这应该是主要理由之一。过去中国人的习惯，虽也需要短篇，却是要原原本本，有始有终的故事。这样直译的短篇，自然就不为一般读者所欢迎了。

第二，周氏兄弟翻译，虽用的是古文，但依旧保留了原来的章节格式，这对当时中国读者，是不习惯的。既没有林纾意译"一气到底"的文章，又有些"诘屈聱牙"，其得不到欢迎是必然的。兹录显克微支《灯台守》中离开故国四十年的老人，读故国诗人之歌，抒写思故国情怀一节，以与林译作一对比:

【……】

从这对比里，颇能以见到，晚清翻译小说，林纾影响虽是最大，但就对文学的理解上，以及忠实于原作方面，是不能不首推周氏兄弟的。问题是，周氏兄弟的理想不能适合于当时多数读者的要求，不能为他们所理解，加以发行种种关系，遂不能为读者所注意。

——《晚清小说史》（上海：商务印书馆，1937 年）

翻译研究（1937）

张友松

　　翻译不是一件容易的事情，这是凡有相当经验的人所公评的。从事翻译者最低限度要对于所译的文字和本国文都具有相当根底，才能使自己的译品站得住脚。但是有许多人真是外国文学和本国文都有高深的程度，而翻译却做不好，那便是由于没有经验。所以有志翻译者最好是早点从事练习，准备下技巧上的基础。

　　有些人把翻译讲得比什么还难，其实未免过甚其词。我们只要对于翻译的东西有充分的了解，对于本国文字有运用的能力，再加上技巧的修养和忠实的态度，便不难产生满意的译品。那些唱高调的人不过抄袭一些别人的翻译理论，自饰其丑，大家可不要上当，因此便不敢尝试。只要有志于此，每个人都可以把自己培养成一个上流的翻译家，捅破那些纸老虎，澄清翻译界。我们的文化正有待于多数翻译家的贡献，希望大家多多努力吧。

　　从本期起，本栏按期增载"翻译研究"——"英译汉"和"汉译英"相间发表。这里完全不讲高深的理论，只以具体的译品用对照的形式排出，供大家研究；其中值得注意的地方，放在译品之后加以讨论。读者只要肯切实下功夫，不愁不能把自己的翻译能力培养起来。

每次所得虽不多，日久自然会见功效的。

大家如果有时间，有耐心，最好在未看译文之先，自己把原文试读一遍，然后与这里的译文对照、比较一下。本文作者不敢自信他的译文可作标准，很希望大家不吝指正。

为了适合本刊读者一般的程度，这里所选的材料是颇为浅易的。我们的目的也只在和大家共同作翻译的基本研究而已。

ON AN AFRICAN RIVER

(Adapted from David Livingstone)

1. On the 11th of November, 1853, I took boat on the Chobe, a river flowing into the Zambesi. The chief came to the river, to see that all was right at parting. He even lent me his own canoe; and, as it was broader than those I had used before, I could turn about in it with ease.

2. The Chobe swarms with hippos. Among these are certain elderly males which have been driven out of the herd, and have been soured in their temper, and so ill-natured that they attack every canoe that passes near them. The herd is never dangerous, except when a canoe passes into the midst of it when all are asleep; then some of them may strike the canoe in terror. To avoid this, the traveller is advised to steer always near the bank by day, and in the middle of the stream by night.

3. As a rule, hippos flee when they see a man. The solitary males, however, like the elephants driven from the herd, are very dangerous. We came, at this time, upon a canoe which has been smashed to pieces by a blow from the hind foot of one of them.

4. I was told by my men that, if our canoe were attacked, the proper

thing to do was to dive to the bottom of the river, and to hold on there for a few seconds. The hippo, it seems, after breaking a canoe, always looks on the surface for the people; and, if he sees none, he soon moves off. One of these "bachelors", as the hippos driven from the herd are often called, actually came out of his lair; and putting his head down, ran, with very considerable speed, after some of our men as they were passing.

5. One cannot tell the number in a herd, for they are almost always hidden beneath the water; but as they require to come up every few minutes to breathe, if heads keep coming up all the time, then the herd is supposed to be large.

6. The young, when very little, take their stand on the neck of the mother; and the small head, rising above the large, comes soonest to the surface. The mother, knowing that her calf cannot wait so long under water, comes more often to the surface when she is in charge of young, than she does at other times.

7. The number of crocodiles is very great; and, in this river, they are more savage than in some others. Every year many children are carried off; for in spite of the danger, when they go down for water, they must always play for a while. Many calves also are lost, and it is seldom that a number of cows can swim over without some are being seized. The crocodile is said by the natives to strike the victim with its tail, and then to drag him in and drown him. When the crocodile is lying in the water watching for prey, his body cannot be seen.

非洲周毕河纪游

（摘自李文斯顿探险游记）

一八五三年十一月十一日，我由周毕河——流入藏比西河的一条小河——乘船出发。酋长到河边来送行，照料一切。他甚至还把他自己的小艇借给我；这只艇比我以前所用的较为宽大，因此我可以在里面随意转动。

周毕河里河马很多。其中有些从大群中逐出的半老的雄河马，性子变得很坏，非常厉害，凡是走它们近处经过的小艇，它们都要施以袭击。大群的河马总是没有危险性的，除非在它们全体睡着的时候，小艇从它们当中穿过；那时候便难免其中有几个在惊恐中撞击小艇。所以土人劝旅行者划船白天要近岸边走，夜间便要走水流的中间，以免遭遇这种危险。

河马见着人照例总是逃避。而那些孤独的雄河马却不然，它们也像那些从大群中逐出的象一样，非常可怕。这时候，我们碰见一只破碎的小艇，那就是被一只那样的河马用后脚一下子踹坏的。

据我随身的土人告诉我说，如果我们的小艇被袭击，最好的办法就是潜水到河底下去，在那里稍待片刻。河马把一只小艇撞破之后，似乎是每次都只在水面上寻人；如果找不着人，它也就走开了。那一次有一个这样的"单身汉"——那些离群的河马常被人此如称呼——看见我们伙伴们有几个走它那里经过，竟特意从它的巢里出来，把头低下，以颇快的速度追逐他们。

一群河马的数目，我们往往弄不清楚，因为它们几乎时常藏在水里，不过每过几分钟他们必须到水面上来呼吸，所以如果时常有头露出来，□□可□，断是一大群。

初生的河马还在很小的时候，都骑在母河马的颈上；小头在大头之上出来，所以总是首先出现于水面。母河马知道她的小的不能在水里过那么久，所以她每逢带着小河马的时候，总是比其他时候露出水面的次数多些。

鳄鱼的数目也是很多的；而且这条河里比别的一些河的格外凶猛。每年都有许多孩子被它们啮去；因为孩子们下河取水的时候，每每不顾这种危险，总要玩耍一会。小牛也常有被啮的，连牛群过河也难得一只都不被攫去。据当地土人说，鳄鱼啮着人畜，便用尾巴猛击，然后拖入水中，把它淹死。鳄鱼在水里伏着等候攫食的时候，它的身子总是看不见的。

我们从事翻译的时候，必须透彻了解原文，然后才可以动笔；如有疑难，务必要先行解决，不可苟且。了解原文所应注意的有三点：（1）各个字的确切解释；（2）phrases 的特殊意义；（3）句子的结构。下笔翻译时，也有与此相应的三点应该多用点心思：（1）用字的推敲；（2）成语的应用；（3）句子的组织。此外还要使句与句连贯得自然，以求译文的顺畅。然而又不可只顾译文的顺畅，而不管它与原文是否切合。这几点都是极费斟酌的。

每译完一段，还要逐句与原文对照一遍，看看译文是否完全不失原意：如有遗漏，务必要补上；如有凭空多出的字句，务须删去；不确当的地方，也要加以修改。这种校订的手续是少不得的。

现在我们就前面这一点材料逐段加以讨论吧。

第 1 段：

The chief came to the river, to see that all was right at parting. 这句里我们如果不明白 to see that... 的语气，全句便译不好。这几个字的含

义是"以求……"或"务使……"，所以照字面译，全句原是这样的："酋长来到河边，以求（我们）临行时一切都准备好了。"不过那是多么生硬的译句呢！照前面的译文里那样说法，既顺畅，又恰当，是否好得多？

With ease 即 freely 的意思，故译为"随意"。

第 2 段：

Elderly 通常作"中年的"解，如 elderly gentleman, elderly woman 等。但这里说的是河马，故译为"半老的"较妥。

Which have been... 一直到句尾为止，虽则在文法结构上是形容 elderly males 的，译句却不能死板地照这个结构去做，否则便难求顺畅。读者可细味译文中这句的组织，并与原文对照，加以比较。

Soured in their temper 是说的河马，而不是说的恶人，故译作"性子变得很坏"而不作"性情（或性格）变得很乖戾"。这种地方应顾到中文的习惯用法，加以斟酌。

Never dangerous 译作"总是没有危险性的"，比"总是不危险的"较为顺畅而恰当。

Some of them may strike... 这句里的 may 字大家想必都知道是作"或许"解，但译文中用"难免"代"或许"，在这里丝毫未改原意，而译句却生动得多了。

To avoid this 意即 In order to avoid this，这想必人家都知道。这个 phrase 照通常的译法应作"为避免这一点（或这种危险）起见"，但这里下文是 the traveller is advised to... ；全句如译作"为避免这种危险起见，土人劝旅行者划船白天要……"，则"为避免……起见"在语气上便附属于"土人劝"三字，而不是附属于"旅行者划船白天要……夜间便要……"，那就与原意不符了。译文里把 To avoid this 译成"以免遭这种危险"，放在句尾，不是无端倒置的。

至于 the traveller is advised to...，原文是被动式，译句如果也用被动式，便要作成一个极不合于中文习惯的句子了。

第 3 段：

As a rule 是个 phrase，意即"照例"或"惯常"，而译文中却要替它安排到一个适当的地位；譬如这里如果把"照例"或"惯常"二字照原文次序放在句首，是否有点欠妥呢？

However 可以代替 but，但它总是插在句子当中，而不像 but 之用于句首。译成中文，却只好一律看待。

Like the elephants driven from the herd 插在句子当中，译文里如果配置失常，便不易成一顺畅句子。这类 phrases 照英文习惯用法也可以放在句首，但无论原句如何配置，译句总以重新组织为宜。

Dangerous 在第 2 段里曾译作"有危险性的"，这里意思还是一样；但为求全句紧凑而流利，这里译作"可怕"二字便好得多了。

英文里常有一个 idiomatic phrase 被别的字所分开的，如这里的 We came, at this time, upon a canoe... 这句里，came upon 便是被拆开的一个 phrase，它的意思是"偶尔发现"。这种被拆开的 phrases 每易被人因疏忽而弄错意思，务须随处留意。

Smashed to pieces 是"捣得粉碎"或"打得粉碎"的意思，这里所说的一只小艇是被河马用后脚"踹得粉碎"，但译文中为使全句顺畅，便在"小艇"之前加上"破碎的"三字，而句尾只说"踹坏的"。这里原文不说"smashed to pieces by the hind foot of one of them"，而多了"a blow from"三字，是因为事实上那只河马力气大，一脚就把小艇踠得粉碎，故译文中也就用了"一下子"三字来形容这种情景。

第4段：

I was told by my men 是被动式，而译文却不能照这样。与此类似的地方很多，我们要注意两种文字的习惯句法之不同。

Hold on 是个 phrase，作"稍待"解。

For a few seconds 不宜死译为"几秒钟"。"片刻"可译 for a few seconds，也可译 for a few minutes，又如 a hundred times 或 a thousand times 不可译作"一百次"或"一千次"，而应一律译为"不知多少次"，也是类似的道理。（但原意如果真是说的"一百次"或"一千次"，自然又当别论。）

It seems 是个 phrase，意为"似乎是"，常插在句子当中辅助语气。

Looks on the surface for the people 这句里的 look for 是个 phrase，意为"寻找"；中间插入 on the surface，译者易因疏忽而误解原意。

One of these "bachelors" 后面的 as the hippos driven from the herd are often called 在译文中应如何安排，很值得研究。这个 clause 是用以解释 bachelors 这个名称的，所以我们如果把全句译作"那些离群的河马常被人称为'单身汉'，那一次其中有一个看见我们……"那就失去了那种解释的作用，读起来虽则好像是顺畅一点，其实却不切原意了。至于 driven from the herd 译作"离群的"本不甚恰当，但因"被逐"的意思已在前面说得很明白，这里如仍照那样译，反觉累赘。所以"离群的"三字在这里用得颇为得法。

Actually 一字不可忽视。这里是要形容那只河马的性子之坏，故用 actually 加重语气。译文中作"竟特意"，作用相同；或译作"居然"亦可。

Ran after 是个 phrase，意为"追逐"，中间插入 with very considerable speed 数字宜注意。

Considerable 是"颇……的"的意思，看用在什么字前面去决定译法。在 speed 前面是"颇快的"，如在 weight（重量）前面便应译作"颇大的"，在 income（收入）之前便应译作"颇多的"，余类推。

As they were passing 照字而译应作"当他们走过的时候"，但如果这么译法，而且放在句尾，全句便难求顺畅了。

第 5 段：

One cannot tell 译作"我们往往弄不清楚"，可谓十分确切，而且 idiomatic 之至。有些人动辄把这种的 one 字译作"一个人"，实在是笨拙不通。要知道中文的"我们"二字原可作泛指的用法，虽与 one 字的 person 和 number 都不同，而实在的含义则一样。至于 cannot tell 作"弄不清"（或"说不清""不得而知"）解，那是颇为习见的；只是平日不求甚解的人，翻译时遇到这两个字或许还不知道如何办法呢。

If heads keep coming up... 这句里的 keep...ing 是"不断地……"的意思。这里的译文中"时常"二字，是把"keep...ing"与后面的 all the time 合在一起译成的。

第 6 段：

When very little 是由 when they are very little 省略而成；这种省略的 clause 插在句子间或放在句尾，都是习见的，译时宜安排得法。

Take their stand on... 是个 idiomatic phrase，在这里译作"骑在……上"，在别处却要斟酌原意去译：如 He often takes his stand outside the door 便应译作"他时常站在门外。"

Rising above the large 的含义等于 as it（the small head）rises above the large，是说明 the small head comes soonest to the surface 的原因的。这种 participle phrase 代替 adverbial clause 的句法颇为常见，如下文的 knowing that her calf...，也是这样，也是说明主句的原因。

In charge of 是个 phrase，在这里是"照应"的意思，他处可作"主管"解。

第 7 段：

Many calves also are lost 译作"小牛也常有被啮的"，就字面上讲，似不切合原文，但我们如果死板板地译作"许多小牛也被失去（或损失）"，固然是与原文一点不差，但是那岂不拙笨已极！

It is seldom...being seized 这句里 it 一字是代替 that 以下整个的 clause；这句话呆译便成"一群大牛能过河而没有一个被攫去，那是少有的事情。"这自然还不算是最笨的译句，然而较之前面的译文却不免相形见绌了。

The crocodile is said by the natives to... 这句译作"据当地土人说，鳄鱼啮着人畜，……"比原文多了"啮着"二字，"人畜"是由 victim 译出，也没有照原文放在"猛击"（strike）之后，却搬到多添的"啮着"后面了。但是读者仔细把译文与原文对照，便可以知道"啮着"二字的增添和"人畜"二字的搬家，都是不违反忠于原文的原则的。

...is said to... 是一种习惯语式，通常在 said 与 to 之间是没有 by... 这个 phrase 的，这种句子大都可以译作"据说……"，如 He is said to be the richest man of the whole province（据说他是全省最阔的人），They are said to appear by night only（据说他们只在夜间出现）。

To drag him in and drown him 这里的 him 是指 victim，虽则 victim 是被鳄鱼所啮的人或畜。这本不算稀奇，连单说禽兽，也每每有用 he

或 she 来代替的。如果因这两个 him 而联想到 victim 只是指的"人"，不应译作"人畜"，那就太钻牛角了。

关于直译（literal translation）与意译（free translation）的问题，这里不妨稍谈几句。本文作者是主张直译的，至少对于散文的翻译是如此主张。前面的译文便是严格以直译的方法译成的。

有许多人对于直译与意译持着谬误的见解，以为直译不仅要与原文意思毫无出入，而且不能改变原文的词句组织和各个字的词性——句首的要译在句首，句中的在句中，句尾的在句尾；原文里的名词要译成名词，原文里的形容词要译成形容词。他们以为不是那样译，便不是直译而是意译。但是如果非那样便不算直译，天下绝对不会有直译的译品出现的，因为那是绝不可能的事，只有傻子才会去尝试。

本文作者认为凡是逐句翻译，完全保存原文的的内容与笔调，无所增损，那便是直译。至于词句的组织与各个字的词性，固然应该力求与原文相符，但不可勉强；一勉强，便要译成笨拙的东西，仅可保存原作的遗骨，不能保存它的血肉与生命。

意译应是更为自由的一种译法：译者并不严格地逐句翻译，也并不求译文与原文的意思完全没有出入；他依照自己的见解，有些地方大胆地予以增删，以求整个的译品合于译者自己的理想。

意译者企图产生超越原著的译品，而直译者则不然：他的最高理想就是译品与原文完全相同，意译有时也能产生很好的译品，甚至比直译的还好，但那只是例外而又例外的事情，而且根本是不符翻译本旨的。

——《青年界》第 11 卷第 1 号（1937 年 1 月）

翻译研究（续1）（1937）

张友松

　　翻译不是一桩容易的事，但也不像有些人所说的那么难得不可思议。把它看得太容易，便不免草率从事，那诚然是错误；但是若把它看得太难，因此不敢尝试，那也是同等的错误。

　　中国的翻译界至今还很幼稚，有志者大可急起直追，以求于中国文化有所贡献。本文作者极愿与本刊读者共同努力，特自十一卷一期起撰"翻译研究"在本栏按期发表。

　　大家最好在未看译文之先，自己把原文试译一遍，然后与这里的译文对照，加以比较。如有愿与本文作者就本刊所登的材料通信商榷的，非常欢迎。

英译汉

ON AN AFRICAN RIVER

（Continued）

8. I could never help shuddering, when I saw my men swimming across these streams, after once seeing a poor fellow caught by the thigh and taken below. He kept his wits about him, however, as nearly all the natives do when in danger; and, having a small square ragged-edged spear

with him when dragged to the bottom, he gave the crocodile a stab behind the shoulder. Starting back in pain, the creature left him; and he came out with the deep marks of the reptile's teeth upon his thigh.

9. Here the people have no ill feeling towards persons who have met with such an adventure; but in some tribes, if a man is bitten, or if he has even had water splashed over him by the reptile's tail, he is driven out of the tribe.

10. One night, we slept at a spot from which two broods of crocodiles had just come out. We had seen many young as we came up the river, sunning themselves on sandbanks in company with the old crocodiles; so this seems to be their time of coming forth from the nest. Our fire was made in one of the deserted nests. These were strewn all over with broken shells.

11. At one place we saw sixty eggs taken out of a single net. The eggs are about the size of those of a goose; and the white shell bends a little when it is pressed. The distance from the water to the nest was about ten feet; there were signs of this spot having been used for a nesting-place in former years. A broad path led up from the water to the nest. The mother, it was said by my companions, after laying the eggs, covers them up and leaves them. She returns afterwards to help the young out of the egg and out of the place of confinement.

12. Fish is the chief food of crocodiles, both small and large; and in catching these they are much assisted by their broad scaly tails. Sometimes, a crocodile, seeing from the other bank a man in the water, rushes across the stream with wonderful speed. This speed is shown by the high ripple

it makes on the surface. The ripple, of course, is caused by the crocodile's rapid motion at the bottom.

13. They seldom leave the water to catch prey; but they often come out by day, to enjoy the pleasure of basking in the sun. As I was walking along the bank of a river once, a small one about three feet long made a dash at my feet, and caused me to rush quickly in another direction; but his is unusual, for I never heard of a similar case. When employed in looking for food, they keep out of sight, fishing chiefly by night; and when eating, they make a loud champing noise which, once heard, is never forgotten.

非洲周毕河纪游

（续）

有一次我看见一个可怜的人被鳄鱼咬着大腿拖到水里去了；从此以后，我一见我所带的土人泅水渡过这种小河，便不禁为之战栗。但是所有的土人遭了危险差不多都颇为机警，那次遇险的那个人也是一样；他被拖到水底去的时候，身边带着一把钝刀的四角小标枪，于是他便伸手向背后把那鳄鱼戳了一刀。这东西负痛逃去，便把他放了；他浮到水面，大腿上带着深深的鳄鱼齿痕。

这一带的人对于遭了这种不幸的人并没有恶感；但是有些部落里如果有人被咬，甚至只被鳄鱼尾巴溅了水到身上，他就要被这一部落的人驱逐出去。

有一天晚上，我们在一处地方睡觉，那里有两抱鳄鱼刚生出来。事先我们沿河而上的时候，看见了许多小鳄鱼，和老鳄鱼一同在沙岸上晒太阳；这似乎就是它们从窠里出来的时候。我们的火就生在一个鳄鱼的空窠里。这类的窠里都是遍地铺满了鳄鱼的破蛋壳。

有一处地方我们看见六十只蛋。都是从一个窠里取出来的。这些蛋的大小约与鹅蛋相仿佛；白色的蛋壳用手指一按，便略为凹下去。从水边到窠的距离大约有十尺；看情形这地方是从前曾经作过鳄鱼窠的。有一条很宽的路径由水边通到窠那里。据我的同伴们说，母鳄鱼下了蛋之后，便把它们盖起来，然后离去。后来它再回来帮助小的出壳并且领着它们离开这出生的地方。

鱼是鳄鱼的主要食物，无论大小鳄鱼都是一样；它们捉鱼的时候，得它们那多鳞的尾巴的帮助颇为不少。有时候一只鳄鱼从对岸看见有人在水底，便以惊人的速度赶过来。这种速度只要由它在水面上所掀起的很高的波纹就看出来了。不消说，这种波纹是鳄鱼在水底的迅速行动所激起的。

它们很少有离开水里找食物的；但是白天它们却常出来享受晒太阳的愉快。有一次我在河边行走的时候，有一只长约三尺的小鳄鱼向我的脚猛冲过来，使我连忙向另一方向跑开；不过这种情形是少有的，因为我从没有听说过类似的事件。鳄鱼从事于寻找食物的时候，总是不让人看见，因为它们多半是在夜间捕鱼；它们吃鱼的时候，总是发出很大的咀嚼声，使人听了永远也不会忘记。

讨论

第 8 段：

Could never help shuddering 是一种习语的句法，如 I cannot help crying（or laughing, etc.）也与此结构相同。译这种句子不可把 help 当作通常的 help 解释。

第一句和第二句译文的结构都与原文次序不同，应注意。

Kept his wits about him 是习语，意即遇了意外的时候，不慌不忙，能够临机应变。

As nearly all the natives do when in danger，这里的 do 字代表 keep their wits about them 的意思；when in danger 是一个省略的 clause，when 字之后省去了 they are 二字。前面第 6 段里 when very little 与此类似。

Having a small... 是个 present participle phrase，但是它与 having a small... 那个 phrase 的作用不同。Starting... 这个 phrase 事实上是与 left him 平等的。这句如作 The creature started back in pain and left him，意思还是一样。

第 9 段：

Here the people 译作"这一带的人"或"这带地方的人"是适当的，因为 here the people 或 the people here 的 here 一字虽是一个 adv.，事实上却等于一个 adj.，形容 the people。

第 10 段：

Many young 的 young 字是个 collective noun，这里是指的 young crocodiles。

We had seen many young 这句的译文用了"事先"二字表示出原句的 past perfect tense，以免"看见"和上句里的"睡觉"两件事发生的时候之先后弄不清楚。

In company with 是个 phrase，意即 together with。

So this seems to be... 这句里的 this 是指的鳄鱼晒太阳的时候。

第 11 段：

The white shell bends a little 这里的 bend 译作凹下去，不是随便译

的；bend 本作"弯屈"解，但鳄鱼蛋壳（有弹性）被按时，我们若说它"弯屈"便不妥了。

There were signs of... 这句的译文与原句结构大不相同。凡是逐字译出不能成句时，就宜于融会原句的含义，造一结构虽不同却不失原意的译句。

Confinement 本是产妇分娩的意思，这里却是借用，指的是鳄鱼的出世。

第 12 段：

第一句里 both small and large 是指的 crocodiles，原句里很易明了。译文作"无论大小鳄鱼都是一样"似嫌累赘；但这里如不多出"鳄鱼"二字，则"大小"二字似乎是指鳄鱼，又似乎是指鱼，意思便欠明白了。

Seeing from the other bank a man... 这个 participle phrase 的作用相当于一个 adv. clause，但不是说明下文 rushes across... 的原因，而是说明时候的，这个 phrase 等于 when it sees from the other bank a man...。我们遇到 participle phrases 的时候，务须把每一个的作用弄清楚，译文才不致错误。

It makes on the surface 是个 adj. clause，前面省去了一个 relative pronoun "which"。

第 13 段：

When employed in looking for food，这里 when 字之后省去了 they are 二字，To be employed in ...ing 是"从事于……"的意思。

When eating 也是省去了 they are 二字的一个 clause。

Once heard 意即 once it is heard，亦即 once you hear it，也是省略

的 clause。

本文作者常喜劝人多读与自己程度相当的书，以免困难之点太多，减少兴趣，不易得益。练习翻译，尤其应该顾到自己的能力。先择浅显的东西来译，把技巧弄纯熟了，再作进一步的尝试，自易得到切实的进步。

无论是练习翻译，或正式从事翻译的工作，译者最好于译稿完成后，把它放在一边过一个相当的时间——至少三五天然后再拿出来读一遍，觉得不妥的地方便加以修改。这样办法，每每能使自己的译品得到较大的满意，而且比较请别人改一遍还要得益多些。其所以要放在一边经过相当时间再拿出来作这番修订的功夫，那是因为译稿完成后马上就看，不易发现出毛病来。

汉译英

由中文译成英文，最怕的是译成所谓 Chinese-English。这种似通非通的英文，文法上虽则句句结构完全。但是每每用字不恰当，句子的安排和句与句之间的联系也不合英文的习惯。

汉译英比英文作文还难，因为作文时可以不说自己所不会说的话，而翻译却不行。所以要作汉译英的练习，必先对英文作文有了相当能力才行。

汉英辞典之类的参考书所能给我们的援助是很小的，凡是未经透彻了解的字从汉英辞典里找了出来，很难用得适当。

这里所载的汉译英的材料，大家当作研究翻译的材料也可以，当作研究英文作文的材料也可以。

乡下人坐洋车的笑话

有一天，乡下人某甲第一次到城里去。城里的东西他当然有许多没有见过的。不过和他同去的还有他的朋友某乙，对于城市情形颇为熟悉。他们两人一进城，便看见许多洋车。甲便问乙那是什么车子。乙是颇好开玩笑的，他回答了他之后，便说洋车与火车一样，也分三等：当中最舒服的座位是头等，顶上是二等，底下是三等。他还说，有钱的人总是坐头等，坐不起头等的人便坐三等；至于二等，因为不太方便，简直就不大有人坐。

过了一会，乙便装作疲倦了，提议乘洋车代步。甲虽则不赞成花费这种不必要的钱，却也同意了，因为他很想尝尝乘洋车的滋味。于是乙便雇了两辆洋车，并且请甲先坐。甲毫不迟疑地坐在放脚的地方。车夫忍住了笑，请他往上坐；但是他还不知道自己是在被人愚弄，所以他便内行似地说，"啊，我坐不起头等。"

THE COUNTRY-MAN WHO TOOK A RICKSHAW

One day, a country-man went up to town for the first time. Of course, there were lots of things in town that he had never seen before. In company with him, however, was a friend of his who was well-acquainted with the conditions of the city. On entering the city, they saw a great many rickshaws. The ignorant country-man asked his companion what kind of vehicles they are. The latter was rather fond of joking, and after answering his friend, explained that, like the train, the rickshaw was also divided into three classes. "The seat in the middle, which is the most comfortable, is the first class, " said he. "The upper one is the second class, and the lower one the third. " He added that rich men always took the first class and that people who could not afford it took the third class. "As for the second class, " said he, "hardly any one takes it, because, you see, it is very inconvenient. "

By and by, the mischievous man pretended to be tired and proposed that they take rickshaws. Although the other did not approve of the unnecessary expense, he consented, being anxious to try how it felt to ride in a rickshaw. His friend, therefore, got two rickshaws and invited him to mount first. Without the slightest hesitation the ignorant country-man went up and sat down on the lower part of the vehicle, on which we rest our feet. Refraining form laughter, the rickshaw-man asked his customer to move up to the right place; but the latter, still unaware that he was being fooled, answered knowingly, "Oh, I can't afford to take the first class. "

讨论：

1. Lots of things 比 many things 较为 idiomatic。

2. There were lots of things that he had never seen before. 这句里 were 与 had seen 的 tense 必须这样区别清楚。其他类似的地方都要格外注意。

3. However 一字插在句子当中用的时候多，务须注意把它安排在一个适当的地方。

4. "他朋友某甲"如译作 his friend 便不确切，因为和他同行的不过是他的朋友之一而已。但提过了这一次之后，下文便只要说 his friend 就可以了。

5. On entering the city 意即 when they entered the city，但这种 phrase 用得得当，很能增加文字的流利。

6. What kind of vehicles they were 是个 noun phrase，切不可作 what kind of vehicles were they？

7. The latter 指上句的 his companion。凡上句讲了两个人，两件东西或两件事情，下句每每可以用 the former 代前者，the latter 代后者；但也要注意，不可用得勉强。

8. Like the train 放在 the rickshaws 前面比较放在后面读起来顺口些。无论放在前面或后面，都要用"，"号分开才行。

9. And the lower one the third 这里 one 字后面省去了 is, third 后面省去了 class；这两个字如不省去，颇嫌累赘。

10. Could not afford it（it 指 first class）在这里是"坐不起头等车"的意思。其他如"买不起……""用不起……"等都可以说 could（or can）not afford it。有时候 afford 后面跟着 to…，如上面的译文最后一句 I can't afford to take the first class.

11. Hardly any one 意即 almost no one，与文中的"简直不大有人"恰恰相当。

12. You see 二字为原文所无，译文中添上这两字是为的使全句纯熟；其实 you see 二字本身是根本没有多大意思的。

13. Proposed that they take rickshaws 这里的 take 一字切不可误作 too。因为 they take rickshaws 还只是拟议中的事，并未成事实。

14. Being anxious to try… 意即 because he was anxious to try…，但前者比较好些。这种 participle phrase 用得得法，也是很能使全句流利的。

15. How it felt to ride in a rickshaw，这里的 to 即代替 ride in a rickshaw; felt 意为"使人起……感觉"。原文"尝尝乘洋车的滋味"译作 to try how it felt to ride in a rickshaw 颇为恰切。如果我们死死地想，

"滋味二字应当如何译法呢？"那就糟了。翻译最忌这么死想，汉译英尤其应当注意这点。

16. Therefore 一字常用在句子当中，用在句首的时候较少，应注意。

17. "毫不迟疑地"译作 without the slightest hesitation，放在句首，最为适当。这种 phrase 本可以安置在其他的位置，如句中或句尾，但在现在这句里却再没有适当的地方可以安插了。Without... 的用法，很值得研究。

18. On which we rest our feet 这里的 rest 切不可用过去式，因为这个 clause 所说的事情并不是属于故事里的。

19. Refraining from laughter, the rickshaw-man asked... 意 即 The rickshaw-man refrained from laughter and asked... 但前者句法较为生动。

20. Still unaware... 意即 being still unaware...，亦即 as he was still unaware... 但不要 being，也不要 as he was，意思已经很明白，而且是很 idiomatic 的。

21. Was being fooled 是被动的过去进行式，这里少了 being 一字便成过去被动式，那就不恰当了。

现在零星问题已经逐条讨论完了，还有两个属于全篇的要点，不可不加以研究：

1. 原文里的"某甲"和"某乙"如译作 A 和 B 似乎很恰当，而且简便之至。但是我们要知道，中国的故事里常有"某甲""某乙"等，而英文里却不大作兴用 A 和 B。一篇写得好的故事里，常是用各种不同的名称代表一个人，另用各种名词代另一个人。名称的变化是随时酌定的。这是所谓 variety，在英文里很讲究这个。所以上面的"某甲"译成了 the ignorant country-man, the other, his customer（洋车夫的主顾）

和 the latter；"某乙"译成了 a friend of his, his companion, the latter, the mischievous man 和 his friend。凡是平日用心读书的人也许都对于这种变化的运用注意过，到了翻译的时候，就要尽量顾到这一点。

2. 直接叙述法（direct speech）和间接叙述法（indirect speech）的掺杂运用，在英文里是常见的，这也是一种 variety 的讲究，中文里却不多见。前面第一段原文里自"乙是颇好开玩笑的，他回答了他之后，便说……"以下直到第一段末尾，都是间接叙述法，而英译则由间接变为直接，直接又变为间接，再由间接变为直接，由直接又变为间接。如照原文完全用间接叙述法一直到底，那就不合英文的习惯了。

——《青年界》第 11 卷第 3 号（1937 年 3 月）

翻译研究（续 2）（1937）

张友松

THE UMBRELLA

By Guy de Maupassant

Mme. Oreille was thrifty. * She knew the exact value of a cent and possessed a perfect arsenal of hard and fast maxims upon the multiplication of money. Her servant certainly * had bitter work to secure any perquisites, and M. Oreille found it extremely difficult to get his pocket money. They were * comfortably off, however, having no children; but Mme. Oreille suffered real * physical pain when she had to let the good silver coins slip out of her grasp — * it was like a rent in her heart; and whenever she was compelled to make * an outlay of any importance she always slept badly the night after. Oreille was continually saying:

"You really might be more * open-handed; we don't live up to our income. "

" * You never can tell what might happen, " she would reply; "better to have too much than too little. "

She was a woman of forty, short, bustling, wrinkled, clean, and frequently out of temper.

* Her husband was continually groaning over the privations she made him suffer; * some of them he felt to be particularly painful, for they wounded his vanity.

He was one of the head clerks at the War Office, and had remained there solely at his wife's command, to augment an income already more than sufficient.

* Well, it so happened that for two whole years he had been going to business with a certain patched umbrella * which was a standing joke to his colleagues. Tired of their chaff, he insisted, at last on Mme. Oreille buying him a new one. She bought one for six-and eight pence, a speciality at one of the big shops. His fellow-clerks, * who recognized in this object an article to be seen in thousands all over Paris, began of course to chaff him afresh, and Oreille suffered tortures. The umbrella * turned out good for nothing. In three months * it was done for, and the whole War Office resounded with jokes. They even made a song on the subject, which was to be heard from morning till night, from top to bottom of the huge building.

Thereupon, Oreille, in his exasperation, ordered his wife to choose him a new gamp, of good silk, at not less than sixteen shillings, and to bring him the receipt * as a guarantee that she had paid that price. She bought one for three sixty-five and, * reddening with anger as she handed it to her husband, announced:

" * There, that'll have to do for at least five years. "

Oreille was triumphant; * he had a real success at the office. When he returned that evening, his wife said to him, with an uneasy glance at the umbrella:

"You oughtn't to keep the elastic done up like that, * it's the very way to cut the silk. You'll have to look after this one carefully, for I shan't buy you another * in a hurry. "

She caught hold of it, unfastened it, and shook out the folds. But she stood transfixed with horror. A round hole, as big as a farthing, was to be seen in the middle of the umbrella. It was a cigar-burn!

"What's this ?" she stammered.

All unconscious, her husband blandly replied:

"Eh, what? What do you say ?"

She choked so dreadfully with rage that she could not get her words out:

"You — you — you've burnt — your umbrella! You — you're mad! Do you want to ruin us?"

He turned round, feeling himself grow pale.

"What did you say ?"

"I say that you've burnt your umbrella. Look here!"

And rushing up as though about to beat him, she thrust the little round burn under his very nose.

He was aghast at the sight of the rent, and babbled:

"That — that — why, what is it? I — I don't know. * I've done nothing to it, nothing. I swear. I don't know what's the matter with the umbrella!

I'll wager you've been playing the fool with it at the office, you've been peacocking about, * showing it off to everyone. ”

“Well, I opened it just once to show what a beauty it was. That's all, I swear. ”

But she was trembling with rage, and began * treating him to one of those conjugal scenes that make the family hearth, to a peaceful man, more formidable than a bullet-raked battle-field.

She made a patch with a piece cut from the old umbrella, which was of a different colour; and the next day Oreille went off with * his mended weapon. He put it in his locker, and thought no more about it, * except as a vague unpleasant memory.

But, * hardly had he got indoors that evening before his wife seized the umbrella from him, opened it to take note of its condition, and * was struck dumb before an irreparable disaster. It was riddled with little holes, evidently burns, as if someone had emptied the * contents of a lighted pipe over it. The thing was * ruined, ruined beyond recall.

She gazed at it without saying a word, her rage was such that no sound would come out of her throat. Her husband also contemplated the wreck, and stood there in a stupor of horrid consternation.

Then they looked at each other; presently he dropped his eyes, and next moment had the ruined object hurled at his face. * Recovering her voice, she shouted in a transport of fury.

“Ah! You scoundrel! You utter scoundrel! You've done it on purpose! * But I'll pay you out! You'll get no other!”

The conjugal scene was played over again. After an hour of storm,

* he was at last able to get in a remark. He swore that he knew nothing about it, and that * it could only have been done out of spite or revenge.

He was delivered by the ringing of the door bell, and the entrance of a friend who had come to dine with them.

（To be continued.）

一把伞的故事
莫泊桑作

欧列意太太是很节俭的。每一分钱她都不肯放松；关于钱财的积蓄她满肚子装着许多牢不可破的格言。她的仆人要想得点赏钱，自然是很费劲的，而欧列意先生向她讨零用钱也觉得非常困难。然而他们的经济情形是颇为宽裕的，因为他们并没有儿女；但是每逢欧太太不得不让那好好的银钱从她手里漏出去的时候，她简直是感到切肤之痛——那好像是割破了她的心肝；无论那一回她出于不得已付出了一笔稍大的钱，那天晚上她就一定睡不好觉。欧列意先生时常说：

"你用钱实在不妨大方一点，我们过日子未免过得与我们的收入不大相称呢。"

她总是回答道，"你可难保不遭什么意外的事情；钱有得多总比不够用好些吧。"

她是个年已四十的妇人，身材短小，好琐碎，脸上有皱纹，常常好发脾气。

她的丈夫为了生活太刻苦，总是感到不痛快，时常都在抱怨；有些事情伤了他的面子，尤其使他觉得难堪。

他是陆军部里的书记长之一，他完全听命于他的太太，在那里继续任职，去增加那业已有余的收入。

现在我们所要叙述的是这么一件事情：欧先生打着一把带补丁的旧伞去上衙门已经整整的两年了，他的同事们一向拿来当作笑柄。后来他听人家的嘲笑实在听得不耐烦了，终于坚持着要他的太太给他买一把新伞。于是她就花了一块六角五分钱在一家大商店里买了一件廉价品。欧先生的同事们一见这东西就是巴黎市上无数的人打的那种货色，自然又重新拿他来取笑；欧先生简直是不胜其苦。这把伞毕竟是个不中用的东西，过了三个月就完结了；于是整个陆军部里充满了哈哈的笑声。他们甚至于还为了这事情编了一首小歌，在这高大的楼房里从楼顶到楼底，一天到晚都听得见他们唱。

这么一来，欧先生愤怒之下，便嘱咐他的太太给他选购一把新伞，要好绸子的，价钱不得少于四块，并且还要她把收条给他带回来，证明她的确是花了那么多钱。结果她买了一把三元六角五的，气得满脸通红地交给她的丈夫，郑重声明道：

"记住呀，这至少要用五年才行。"

欧先生得意之至；他在衙门里果然大出风头。那天晚上他回到家里，他的太太很担心地向那把伞忘了一眼，对他说：

"你不该把那橡皮带子弄得那么蹦起，这样顶容易把绸子弄破。这把伞你可要当心，一下子我是不会再给你买呀。"

她伸手接住这把伞，把带子解开，摆动摆动，展开折叠。但是她吓得站住发呆了：伞面的中间发现了一个铜板大的圆孔。那是香烟烧的！

"这是什么？"她口吃着说。

她的丈夫完全不知道这回事，便温和地回答道：

"唉，什么？你说什么？"

她气得喘不过气来，说话简直说不成句：

"你——你——你烧破了——这把伞！你——你疯了！你想要倾家荡产吗？"

他转过身来，觉得自己脸上变得惨白。

"你说的什么？"

"我说你把伞烧破了。你看！"

她猛然跑过来，好像要打他似的，一下子把烟头烧的小破洞一直伸到他鼻尖底下。

他一见这个破洞，也吓得什么似的，只吞吞吐吐地说：

"那——那——哎，那是怎的？我——我不知道。我一点也没有弄坏它，一点也没有。我赌咒。我不知道这把伞是怎么一回事！"

"我敢打赌，你一定是傻头傻脑地在衙门里拿它胡闹，到处炫耀，摆给大家看。"

他回答道，"哎，我只把它打开过一次，给他们看看这是一把多么漂亮的伞。如此而已，我赌咒。"

然而她却气得发抖，于是又大发雌威，叫他领略领略。一个平和的人的家庭一经这样的吵闹，便比枪林弹雨的战场更加可怕了。

欧太太从那颜色不同的旧伞上剪下一小片来，缝了一个补丁；第二天欧先生便带着这修补过的武器出门去了。他把它放在他的柜子里，再也不去想它，只隐隐地有一种不快的感觉罢了。

但是那天晚上他刚一进门，他的太太便从他手里抢过那把伞，打开来察看它是怎样，结果竟发现一个无可挽救的灾殃，以致惊骇得说不出话来。伞上布满了筛孔似的小洞，显然都是烧成得，似乎是有人把一支燃着的烟斗里面的火灰完全敲落在伞上一般。这东西是被毁了，毁得无法补救了。

她目不转睛地望着这把伞，一声不响，她的怒气到了极点，以致喉咙里发不出声音来。她的丈夫也注视着这件破东西，呆呆地站在那里，吓得魂不附体。

后来他们互相望了一下；他立刻就把目光垂注下来，随即她就把这被毁的东西向他脸上掷过去。她终于张嘴说话了，怒不可遏地大声喝道：

"呵！你这混蛋！你这十足的混蛋！你是特意这么干的！好，你看我来惩罚你！你别想再有伞打！"

一场好戏又重演了。经过一小时的河东狮吼之后，丈夫终于得到了插嘴的机会。他发誓完全不知道这回事，并且说这一定是人家由于怨恨或报复而干出来的勾当。

幸好门铃响了，有一个朋友到他们这里来吃饭，这才给欧先生解了围。

（待续）

现在我们就上面的英文里标着号码的各处对照译文加以讨论：

1. She knew the exact value of a cent. 这句如照字面译作"她知道一分钱的精确价值，"那就非常生硬，而且意思也不甚明白。后半句 possessed a perfect arsenal of... 如照字面译，更不能成句。这类地方译者应仔细体味出原句的含义，才会译得恰当；绝不可死译。

2. had bitter work 里 bitter 即 very hard 的意思。这三个字译作"很费劲的"或"很费力的"，恰合原意。

3. comfortably off 与 well off 同义，即所谓"小康"，译文作"他们的经济情形是颇为宽裕的"，虽则"经济情形"四字是原文所没有的，而九全句论，并不是多添出来的。

4. physical pain 与 mental pain 相对，极言其感受痛苦之深切，故译文作"切肤之痛"。

5. it was like a rent in her heart 与译文"那好像是割破了她的心肝"之间只有文法结构上的不同，而所表达的意思却是一样的。如在译句的结构上求其与原句相同，使每每不免于笨拙和牵强。

6. an outlay of any importance 里 any 一字的气语，译文里以一"稍"字表达出来。

7. open-handed 在这里相当于中国语的"大方"，但因"大方"另有一种解释，故译文中加了"用钱"两字。后半句是成语，don't live up to our income 即收入不多而用钱过于吝惜，太不体面的意思。

8. you never can tell what might happen 就字面上讲是"你总说不定会有什么事情发生"，但是这里所谓 what might happen 显然是指的失业和疾病之类的意外事情，所以译文就变通了。有许多译者都在译对话这一方面特别失败，原因是不曾设身处地地揣摩作品中每个人物说话的口吻。这种地方我们务须注意，总要使译出的对话一句句都保存着原文的神气才好。如果译得说起来不像说话，那就失败了。

9. Her husband … suffer 这句的译文里各部分与原句次序不同。这种重新配置的功夫使从事翻译的人应当随时用心考究的。

10. Some of them … vanity 这句包括两个 clauses，而译文却成了一个 clause，次序颠倒，for 一字根本不译。请大家试将这句依原文次序译成两个 clauses，并将 for 译作"因为"，再看看那是如何笨拙吧。

11. Well, it so happened that 与"现在言归正传"的语气相当，但译者觉得"言归正传"似嫌俗套，所以斟酌改了一下。

12. which was a standing joke to his colleagues 如依原文结构译出，难得成一流利的句子，故宜重新配置。

13. who recognized in this object an article to be seen in thousands all over Paris 这句的意思使说他们（他的同事们）看出了这东西（this object）就是巴黎市上处处看得见的成千成万的廉价伞那样的货色（article）。如 I recognized in him a man to be trusted（我看出他是个可信托的人），也是这样结构的句子。

还有一点要注意：who recognized… all over Paris 这句虽则是个所谓 adjective clause，其实却是说明 began to chaff him afresh 的。这种用法很多，译者不可只知其为 adj. clause，而不弄清楚它的实际作用。

14. turned out 和 good for nothing 都是 idiomatic phrases。前者意为 proved（毕竟是），后者意为 useless, worthless（不中用）。这句再原文里与下句 In three months… 不相连，而译文把两句连成一句，是为了使文字的语气连贯流利。这种译法，只宜偶一为之。

15. done for 是一 idiom，作 rendered useless 解，译作"完结了"或"不中用了"都可以。

16. as a guarantee that… price 如译作"作为她花了那个代价的证明（或保证）"，似嫌生硬，故译文内把句子的结构改变了一点。

17. 就文法的结构上分析起来，reddening with anger 这个 phrase 是形容 announced 的主词 She 的，而 as she handed it to her husband 这个 clause 是形容 reddening 的。但是译句的结构却大不相同，而意思与原文十分吻合，作翻译时在这种地方值得多用一番心思。

18. There 并不能作"记住"解，但在这里是个用以唤起注意的字，故译文里作"记住呀"很合 Mme. Oreille 当时说话的口吻。

19. had a real success 如照字面死译，便不能表达原作的神情；译作"大出风头"，既切合原意，又很生动。

20. it's the very way to cut the silk 如照字面译，应该是"这正是割破绸子的方法"，那么一来，简直就可以说是不通，所以这种地方绝不宜死译。又原文里的 very 一字是加重语气的，译文里的"顶"字便与它的作用相当。

21. in a hurry 普通是作"匆匆忙忙"或"赶紧"解，但在这里显然是"轻易"的意思，译句就谈话的口吻作"一下子"，颇为恰当。

22. I've done nothing to it. 这句又是不能呆板地就字面上求意思的；翻译遇着这种地方务须细心揣摩，以求适当的译句。

23. Show off 与 show 不同，前者作"炫耀"解，后者只是"给……看"的意思。这里因前面已有 peacocking about 译作"到处炫耀"，故 showing it off to everyone 译作"摆给大家看"，因为"摆"字也有"炫耀"的意思。

24. treating him to... 本是"以……款待他"的意思，在这里是借用的，故译作"叫他领略领略"。conjugal scene 本是"夫妇吵架"，但这里明明是欧太太发雷霆，并非夫妇双方对吵，故译作"大发雌威"，以求切合。又这里原文一句译成了两句，是因为这样的句子译成中文如不拆开，便无法使之成为顺畅的译句。这是中文的句法上的缺点，无可如何。

25. M. Oreille 的新伞抵挡了同事们的嘲笑，好比一件武器一般，现在又做了一番修补，所以原说它是"his mended weapon"，这种含义应该让读者去体味，译文里不宜弄得比原文的意思更加明显。我们时常要记住：原文有含蓄的地方，译文还要给它保存着，才不失其为真正的忠实。

26. except as a vague unpleasant memory 在句子的结构上，译文里不能保持原句的地位，否则全句难求通畅；故译句只求意思吻合原意，而不求结构符合。

27. hardly had he got indoors… before… 等于 as soon as he got indoors，故译作"他唰一进门"。

28. was struck dumb before… 又是个不能就字而呆译的句子。读者不妨抛却上面的译文，试作其他的译法。

29. contents 这个字的含义是活动的：书的 contents 通常作"目录"解，但是也可以作"内容"解（"目录"原是由"内容"的意思而来）；米袋的 contents 就是指米；人脑子的 contents 是指"思想""念头"等。这里说的是燃着的烟斗的 contents，当然是烟灰了。中文里没有与 contents 相当的一个这样活动的字，所以只得译为"火灰"（即指烟灰）。

30. ruined 一字重复一下，是加重这个字的语气，译文里也不可不重复，以免力量不足。

31. Recovering her voice 呆译应作"恢复她的声音"，但那是否恰当呢？

32. pay… out 意即 punish…，故译"惩罚"。You'll get no other 不可照字面呆译。

33. get in a remark 译作"插嘴"极为恰当；至于"得到了……机会"是由 was able to… 译出，比较"能过……生动得多了。"

34. it could only… or revenge 是个 passive voice 的 clause，而译

文却是 active voice，如果译文也要保持原来的 passive voice，那就译不好。大家不妨试试。英文里有许多 passive voice 的句子都只得译作 active voice，这也可以说是中文的一个缺点。

——《青年界》第 11 卷第 5 号（1937 年 5 月）

国立编译馆编订普通心理学统一译名之经过（1937）

赵演

译名统一之重要，凡从事学术工作者类能道之，是以有少数学者，过去在此方面会作相当之尝试，但终鲜效果，盖以此事究非少数人所能举办也。国立编译馆自民国二一年成立后，即决意联络馆外专家从事各科译名之商定进行以来，尚称顺利，现已有多科译名渐渐归统一，正在进行中者尚复不少心理学译名之编订，即此项大计划中之一项。

本人服务国立编译馆，承馆方之嘱，从事编订心理学名词，联络馆外专家，设法使其标准化。自二十四年上年起，即着手筹备，中经人事关系，未能积极进行，迄今将及两年，方始有初步结果，殊为遗憾。查此事自进行以来，研究心理教育同人，极表关切，颇多来函询问情形者，迄因事忙，未能详细奉答，至为抱撼。兹以此事目前已告段落，故特将编订经过简略写出，当为人所乐闻也。

一 名词之分类

心理学一科，范围广大，译名编订，势须略加分割，方易着手，照本人意见拟分为下列五部：

（一）普通心理学。（二）变态心理学。（三）生理心理学。（四）应用心理学。（五）心理学仪器及设备。

以上分类不过为工作便利计，期间重复相关之处，当必甚多。照编订手续，自当从普通心理学名词入手，较为适当。

二　原名之搜集

名词编订之初步工作为原名之搜集。本馆名词计划，原定包括英、德、法、日（或加拉丁）四种原名，但内容复杂，易滋分歧，故现在大都暂以英文为限。是以普通心理学名词亦仅限于英文，事实上，英文原名之用途，亦较他种文字之名词为普遍。其他德、法（或拉丁）原名，拟待英文部分编妥后，若同人认为必要，又再补加，亦不甚难。

本项名词之搜集，系以《华伦氏心理学词典》（*Warren Dictionary of Psychology*）为基本，再辅以其他各书。查华伦氏之书，系一九三五年出版，参与编订者皆各国有名心理学者，搜罗至富，凡以前所有之心理学词典，皆经参考，故比较可靠。其间有遗漏者，则参考本馆所可利用之词典图书补入，结果共得普通心理学名词二七三二则。

关于名词之搜集，本馆原有一较伟大之计划，即选定心理学上之重要原著若干种，搜集其中所含名词，但名著之选定，若仅凭一二人之意见殊不可靠，必须征求专家之公意。是以本馆会开拟英文心理学重要著作三百八十种，计分十四大类：（一）普通心理七十六种；（二）实验心理二十一种；（三）教育心理四十三种；（四）儿童心理四十五种；（五）动物心理二十一种；（六）变态心理四十三种；（七）生理心理七种；（八）社会心理二十种；（九）实业心理二十八种；（十）法律心理八种;(十一)宗教心理二十五种;(十二)各家心理二十七种;(十三)心理学词典九种;(十四)杂类十三种。油印成帙,分寄国内各专家,请其选定重要之著作,为编印名词必须参考者,交还本馆,以便统计,采用其次数较多者,以供搜集之用。结果签注意见寄还者,有孙贵定、刘绍禹、钟鲁齐、杜佐周、谭天凯、许逢熙、程述伊、倪中方、卢于道、赵燕亭、刘乃敬、左任侠、夏斧心、方辰、胡寄南、章颐年、鲁继会、潘菽、陆志韦、郝耀东、潘澜、艾伟、陈懿祝、蔡乐生、朱鹤年、萧孝嵘、汪震、赵震、高文源、胡国钰、吴南轩诸先生,并经加以统计,求得各书次数,此处因限于篇幅,不便报告至各寄回之本,业经装订成帙,标题心理学重要著作一览,计三册以备参考。但亦有人认为搜集各名词无须如此迂回,径行采行词典,即敷应用而本人亦鉴于准备大批图书颇为不易,且搜集所得,或亦不出词典所载,故原定计划,遂即放弃。

三 旧译名之搜集

次一步即为译名之搜集,用作编订之参考,本人会根据重要中译本四十九种,摘抄其中所有心理学之译名,散见于杂志报章者,亦随时搜求,共得三千余则。(见《心理学名词旧译汇编》,计二册)

四 初稿之试作及送审

至是,本人即参照旧译,分别逐一拟译,并油印成帙,于二十四年十二月十六日,分寄各心理学专家,各大学教育学院或教育系,亦各寄一份,征求意见,其名单如下:

艾伟 陈剑修 萧孝嵘 潘菽 卢南轩 王书林 刘乃敬 王敬熙 唐钺 卢于道 朱侣倦 朱君毅(以上南京)

潘企辛 程述伊 余家菊 欧阳湘 汪伯烈 倪朗若 高文源

王徽葵　夏斧心　刘廷芳　陆志韦　樊际昌　陈雪屏　周先庚　孙筱

孟　陈立（以上北平）

黄觉民　陈鹤琴　陈选善　林卓然　董任坚　廖茂如　陈

一百　章盆　张耀翔　郭一岑　章颐年（以上上海）

郭任远　沈有乾　黄翼　胡寄南（以上杭州）

倪中方　高觉敷　许逢熙（以上广州）

陈懿祝　杜佐周　孙贵定（以上无锡）

赵震（以上苏州）

谢循初　郝耀东（以上安庆）

程乃颐　高瀚（以上武昌）

蔡乐生（以上开封）

朱希亮（以上成都）

赵燕亭（以上太原）

中法大学教育系　华北学院教育系　民国学院教育系　中国学院

学院教育系（以上北平）

河北省立女子师范学院　南开大学教育系（以上天津）

之江文理学院教育系（以上杭州）

齐鲁大学教育系（以上济南）

山西大学教育系（以上太原）

云南大学教育学院（以上昆明）

中华大学教育学院（以上武昌）

湖南大学教育系（以上长沙）

广州大学教育系（以上广州）

以上寄出共计七十二份，自二十五年二月起即经各专家分别签注意见，陆续寄回，截至九月底止，共计收回二十八份，其名单如下（以先后为序）：

（1）汪敬熙（2）沈有乾（3）唐钺（4）黄翼（5）郭任远（6）艾伟（7）潘菽（8）萧孝嵘（9）高卓（10）陈礼江（11）张耀翔（12）章颐年（13）杜佐周（14）孙贵定（15）黄觉民（16）郝耀东（17）胡国钰（18）刘乃敬（19）汪震（20）方长（21）朱鹤年（22）朱希亮（23）倪中方（24）程乃颐（25）陈懿祝（26）吴南轩（27）朱君毅（28）俞庆棠

北平方面，陆志韦、孙国华、刘廷芳诸先生等十四人，本拟有整个意见提出，但此项提议，迟至二十五年十二月底方始寄到，陈剑修先生之审查本，则于审查会开会前数日方始寄到。

五　第一次送审本之整理

本馆鉴于本项名词工作，开始将及一年，必须加速进行，故寄回之本，虽不甚多，但未便久候，故自八月起，即将送回之第一次审查本二八册，开始加以整理。

查寄回审查本之意见，大体可分为两类：一类是关于整个名词系统体例者，一类是古谚语各个名词者，发表第一类意见者，有潘菽、汪敬熙、唐钺、沈有乾、黄翼、郭一岑、张耀翔诸先生既北平陆志韦、孙国华诸先生计十二位，此项意见颇关重要，特摘录如下：

（一）潘菽先生的意见。

（上略）心理学名词应用得最混乱，往往原来的一个名词有好几种译法，读的人如不参看原文或有人替他解释，便不知它们是同一样的东西。又心理学名词也最难译，因为它们大都是比较抽象的，有很多名词在它们意义上的差别，颇为微茫而极不容易用中文表达出来，还有许多名词，则原来的意义就很不确定。因此心理学名词的审查，较之其他科学更属是一种需要。

现在国立编译馆已把这件应时的需要担任起来了，有一部分名词的初步审查工作已告完成。普通心理学名词这一部分，曾蒙主事者送给我一看，命我参加检阅。现在关于这种审查的事情，我有几点的意见，愿提出以与国立编译馆诸先生及国内同道共商榷之。

（1）审查须限于已流行的译名　审查含有标准化的意义，尤其是中央机关的审查。但我觉得审查的功用只在帮助标准化，而不能创造标准。一个译名的成立，原也仿佛须经过一种生存的竞争。一个名词，如何翻译，各人的意见当然可以不同，因此产生了不相同的译名。但不相同的译名在社会上流行，便可起一种淘汰作用。不适当的译名自然不为人所采用，较适当的译名，自然采用的人较多，而有成为标准译名的倾向。这当然不一定总是如此，而可以有例外，即最通行的译名不一定就是最妥善的。但就一般讲来，这种淘汰作用是进行着的。

所以科学名词也可以无须审查，而顺其自然的倾向，标准化起来。不过这种倾向是缓慢的，并且有时也可以走入错路。因此我们须用一种有意的努力促成之，指导之。这便是我们所以须要审查的根本原因。

但审查只能尽促成的功用，而不能尽创造的功用。一个科学名词的成为通用，其唯一原因，就是因为它的被人通用。既以比较通行的名词而再与以公开的或公家的承认，便可成为标准的名词。但一个译名还未通行或还未有而即为之拟定一个以作标准，恐怕是不大妥善的。因为少数人所拟定的未必切当适用，以此作为标准，更不免要阻绝他人的创造，亦即为阻绝进步。例如严几道著作中的许多译名，在当时未尝不认为巧妙典雅，但现在早已无人应用了。由今回顾起来，严几道所创造的许多名词，确不及现在一般所用的名词。假如严几道等人在当时把他们自己所拟定的名词作为标准的名词，岂不对于科学是一种无益而有害的工作吗？

我们对于名词的标准化，只能促成而不能创造，这我觉得是审查名词时所应注意的一个基本原则。

（2）审查应限于普通应用的名词　审定译名的目的是用以便利本国一般的学者、著作者和读者的。因为一个名词为许多人所常常要用到，所以要标准化一下，审查一下，反过来，假如不是这样，名词也就无需审查，并无所施其审查。假如不遵守这个原则，其结果必是以少数人所拟定的作为标准。这不但要限于违反了第一个原则所犯的错误，并是一种徒劳的工作，因其可以无需也。

所谓普通应用的名词，如"学习曲线""联想""意象""反应""交替反射""情绪""动机""目的""抑制""心理物理法"等名词。这类名词，我们常常要用并常常在心理学的著作中遇到，但各人的应用却往往分歧。这是很不方便的。至于非普通应用的名词，则可以分作几种：①在他国虽已成为普通应用的名词，但在中国还很少人用到，例如变态心理学上的许多名词都是；②在他国亦原非普通应用的名词，例如"Organismic Psychology"这名词是 Kantor 所创的，但除他自己外，恐很少人采用，又如"Anthroponomy"一名词，除掉创用的人 Humter 自己的著作中外，也很少看到；③历史上的名词，虽曾流行过，但已成为古董，除了讲心理学史便提不到了，例如"Lethargy""Artificial Somnambulism""Nisns"。

这种非普通应用的名词，心理学的专门研究者固然要知道，但无须为之拟定译名。假如有需要译名的地方，这是他们自己的事，可信托之于他们自己的创造能力，不必为之越俎代谋的。譬如第一种非普通应用的名词，可留待将来再行审查，其他两种非普通应用的名词，则恐怕无机会需要审查。

（3）不属于本科范围内的名词可不必审查　这是理所当然，无需说明的。假如其他科学的名词，已经审查，则可遵照这种审查，假如还未有，则可留待其他科学家去审查。审查一科的名词和编制一科的字典，在目的上是稍有不同的。一种科学的字典，为省得学者翻检多书起见，不妨将本科学著作中所常用到看到的其他科学的名词也包括在内。但在审查一科学的名词时，则不宜采此体例。

（4）人名也需加以审查　在心理学中，许多人名的译音都随人而异，甚是分歧，使一般读者迷惑混乱。这倒是很需要加以清理的。这固然不仅在心理学是如此。至于审查人名的译音时所应注意的原则，也与审查其他的名词时同。

此外在审查时还有几个须注意的重要原则。如同一字面与意义的名词，在地位不同之处，不可有二译，字面不同而意义实同的名词，应与以同译，相关系的名词，应有系统，而表现出其互相间的差别，不可效严几道等人故作古雅，应以采用通用的名词为归。字面所表示的意义须显明确定，凡此等等已为一般人所熟知，无需一一细说了。

（二）王徵葵、包志立、周先庚、孙国华、程克敬、陈雪屏、陈立、陆志韦、高文源、樊际昌、潘开、刘廷芳诸先生的意见。

鄙人等对译名素主慎重，今由国立编译馆出而主持，深喜政出有门，抑亦众擎易句，鄙人等拟先就尊处提稿个别加于考案，然后汇集各人意见，向尊处提出正式修正草案，再由尊处在京沪方面，委派专家数人会同审查，即由编译馆采用最后审定稿，庶几事有条理，力不分散。

（三）汪敬熙先生的意见

购置数部心理学、教育学、医学及自然科学字典。有助理一二人，先搜求心理学中常用之字。译出之后，再组织一委员会审查之。审查时不妨送国内各处心理学者看一遍。当可收统一之效。

（四）

唐钺先生的意见

收集心理学名词，词汇字典之书已足，只就 Warren 字典而论，其中名词已嫌太多，因相关科学（如神经学）之名词，亦在内也。至于少见或一二人自用之名词，实无费力定名之必要，否则在时间及其他方面殊有不经济之虞。

（五）沈有乾先生的意见

（1）名词中含有人名时，似以不省作某氏而完全译出为妥。非常著名之人除外。

（2）有些名词意义并不专一，虽在心理学中常用，实非专门名词。另有些实系别种科学之名词应用，此两种名词均可不译。

（3）难译之名词宁缺毋滥

（4）一词有两种意义者往往有数个译名之必要。

（六）黄翼先生的意见

（1）实无适当译法者，可暂缺，勿遽订定，以免束缚后人。

（2）有难得相当译文，著作译述时又可以曲折达意者，无需译作专名。

（3）有原文词义含糊，专赖上、下文确定其义者，不必强定一二译法。

（七）郭一岑先生的意见

（1）普通心理学名词应增加法德文，盖有许多英名是从德法原名翻译而来，故对此等名词应有其原名也。

（2）又仪器名词，亦非不可辨，但鄙人以为仅将主要的字根译出即可，因新仪器不断续出，有字根为标准，亦可不至差异太甚。若需一二确定译名，年年必须增译一次，殊觉其麻烦也。

（八）张耀翔先生的意见

闻贵馆尚有生理心理、应用心理、变态心理、心理仪器四部名词出版，甚盼最后合印一本，以便检查。若进一步加以注解，做成一部心理词典，则嘉惠士林更多矣。

以上所述，为各方面意见之摘录，对于本次编订译名帮助甚大。

至若关于各个名词之意见亦加以整理。所可惜者，每一审查人并未对于每一个名词均表示确定的意见，大都简要签注意见，故统计殊为困难。

各个名词整理之结果，可为两类，一类系（就该二八册观察）对于某一译名意见一致者，一类系一个名词尚有两种以上译法者，前项名词，共计一二七一则，另行划出称普通心理学名词拟决定部分，油印成帙。唯与北平陆志韦等十四位先生之公共提案相较，颇多歧义之点，究应如何决定，即为审查会应加以讨论之问题。

至若译名歧义之名词，为数亦不少，每一原名，译法殊为分歧，往往有达五种以上者，本人即将各方意见，全部纳入，写于每一原名之后，并加注号码以备参考（如稿本收到时列入第五号，即以5代表之），所提译名相同者，径以代表号码书于译名之后，故统计完毕，可觇每一译名之次数，同时并加入本馆意见，而以"拟"字代表之。此外增减损益，所在多有完全以上述各专家所提示之意见为根据。结果共得名词一三九三则，油印成帙，称第二次送审本，于二十五年十一月二日送各审查委员加以审查。审查委员之名单如下：

汪敬熙　唐　钺　中央研究院

萧孝嵘　潘　菽　中央大学

陆志韦　燕京大学

孙国华　周先庚　清华大学

陈雪屏　樊际昌　北京大学

蔡乐生　北平师大

沈有乾　郭仁远（出国）　浙江大学

吴南轩　复旦大学

许逢熙　前中山大学

郭一岑　暨南大学

程乃颐　武汉大学

谢循初　安徽大学

孙贵定　厦门大学

高觉敷　勤勤大学

蔡　翘　lester　institute

赵　演　左任侠（出国）　国立编译馆

上列各委员皆由教育部正式聘请，为无给职。聘请之标准（一）注重区域之分配；（二）注重各国语言之分配；（三）注重各重要大学或研究机关之分配，故每一大学或研究机关，至多不能超过二人。本馆深知此外尚有多数专家对于名词审查工作，甚为热心，但因种种限制，教育部未能尽数延聘，殊为歉疚。但本项名词初稿印就后，凡心理专家，本馆均会邮寄一份征询意见，故各专家仅有充分发表意见之机会也。至若本馆同人参与此项工作者，自为当然委员，亦义不容辞者也。

六　第二次送审本之整理

第二次送审本自十一月初送出后，不久即经各审委分别签注意见送回，截至一月十九日开会时止，计有下列十三份（以收到先后为序）：

（1）蔡翘（2）孙贵定（3）唐钺（4）沈有乾（5）谢循初（6）蔡乐生（7）高觉敷（8）程乃颐（9）樊际昌（10）陈雪屏（11）吴南轩（12）汪敬熙（13）萧孝嵘

除孙国华、郭任远、左任侠三先生出国不计外，未蒙寄回者，有陆志伟、周先庚、潘菽、郭一岑、许逢熙五先生。

以上寄回之审查本业经整理，除少数名词渐趋一致外，多数名词译法仍甚分歧，对于此等译名，究应如何统一，即为审查会亟待讨论之第二问题。

七　心理学仪器及设备名词之编订

照本人所拟心理学名词编订计划，尚有仪器设备名词一项，本人鉴于吾国试验心理，已渐具规模，译名需要甚殷，乘此译名尚未分歧之时，着手修订，未始非一贤明办法，故曾将该项译名，试加编订，共得一千余则，并已油印成帙，称心理学仪器设备名词初稿，本拟分送各方征求意见，嗣有人提议该项名词所包似觉过广，何如择其重要者，连同普通心理学名词一并编订，较为省力。本人认为可行，故在普通心理学第二次送审本中附印该项名词二八七则，一并送审。

八 译名之会商及决定

第二次送审本自经大半数以上收回并加以整理后照本馆编订名词程序，即当召集审查会，邀请各审查委员到京，将各方意见整理结果，加以审查，并作最后之决定。

该项会议，系二十六年一月十九日上午九时在国立编译馆开始举行。诸位审委，除孙国华、郭任远、左任侠三先生出国无法出席，高觉敷先生因接到通知稍迟未能赶来外，其余均不畏风寒，远道来京出席，为学术之精神殊为可感。自十九日起，共开会四日半，每日上午九时至十二时，下午一时半至六时，每次会议均由陆志韦先生主席，备极辛劳，出席诸委，精神均极焕发。讨论方式，每人各准备油印之整理结果一份，由主席将待审查之名词逐一提出，先决定应否保留或删除，然后再进一步，参照各方面之意见，作最后之决定。而各委均本学术之立场，对每一译名加以审慎之考虑，有时且发生热烈而持久之争辩，但经反复讨论之后，终能和平解决。若各委坚持各人之意见，不能决定时，最后一步即举手表决，尊重大多数之意见，少数意见，只得牺牲，亦无可奈何之办法。但既经表决，其少数者均能放弃其意见，不再坚持。每一名词，均经同样之手续，然后决定。总计费时四日半，开会九次，通过普通心理学名词二千余则，而各委精神均极兴奋，始终不懈。

至若仪器设备名词，亦同时加以审查并决定，此部分注重基本名词之编订，故在所列二八七则名词中，删除甚多，所留不足一百，并决定编入普通心理学部分中，不再另列。

至此，若干年来心理教育同人所最切望之统一译名乃有一初稿可资依据矣。心理学名词之编订，历时一载有余，不为不久，但究因种种限制，此项稿本，诸多缺陷，此为本人所应告罪于同人者，是以此次所得结果，决不能认为最后之本。不过究属国内多数学者参与意见之结果，抑且聊胜于无，是以希望在最近数年内全国能一致采用，若发觉有不适当之处，至希同人随时提交国立编译馆登记，以便至相当时期提出修改，本人希望十年以后，心理学译名能达到绝对一致之境地，国内同人，想亦乐观厥成也。

现该项决定译名，业已整理竣事，二字以上组合名词，则颠倒排列，以便参考，并已呈请教育部正式公布，俾全国一致采用，刊行本则由商务印书馆出版，在今年六月以前，想可与世人相见也。至若计划中之生理心理、变态心理及应用心理三项名词，亦拟于最近期内着手编订，唯此三项名词，编订尤较困难，至希同志尽量指示，或提供办法，或开列参考书，均所欢迎。

最后附带报告者，即与心理学有密切关系之教育名词，亦已由本人开始编订，其编订程序，与心理学同，现原名搜集工作，将告结束，不久即开始第二步以次之工作。唯教育名词之编订，较心理尤难，希国内教育同人，尽量给予指示，或提供办法，或开列参考书籍。将来初审本送审时，亦盼热烈赞助，俾在较短时间内，能有一部标准教育译名出现也。

——《教育杂志》第 27 卷第 6 期（1937 年）

科学名词标准译法（1937）

宋国宾

我国对于科学名词——一般输入的名词，一向无标准译法，久为学者所诟病。教育部在最近的几年来，曾设立了若干科学名词审订委员会，从事于编订统一各种科学名词的工作；负审订之责的人们，亦颇能虚心向各学术团体征求意见，或委托各学术团体负责代为编订、审查。在原则上，这种办法是很对的，不过受委托的学术的团体，是否认真负责，编订审查时，是否先确定了一个"标准编订审查"法，则系另一个问题！而编订审查的结果何如，外间亦多未能知其真相。最普通的、最常用的"国货数字"，如亿、兆、京……几个字究竟是代表什么东西，恐怕全国最有声誉的科学团体，如"中国科学社"，有时也闹不清楚究竟，亿、兆、京……几个数字是"十进"抑"千进"，抑"万进"，至今仍无一个标准确定，一任个人自由。于是乎读者苦矣！还记得在数年前（大约系在民国二十年底），因某学者在《科学画报》内，给"亿"字来了一个"新标准价"，我曾在《上海晨报》发表我个人的意见，深痛国中学者专家，对于最普通、最常用的原有的"国货数字"的"真确价值"也意见纷纭，使一般读者有"摸不着各原作者的头脑""无所用处"之叹。原有的"国货字"也辨认不清，用得一塌糊涂，"舶来品"更显得一塌糊涂，故科学名词之"标准译法"和"标准解译"实为"当务之急"。今日各报纸各刊物对于"亿""兆""京"一类的数字大家都抱有"敬而远之"的态度，而以亚拉伯数字替代之，也就是欠缺"标准解译"的缘故。关于我个人对于科学名词的标准译法之意见，以为"公名"的译法标准可采用宋国宾氏的"字源译法"，而"本名"之采用"注音字母制度"，则认为尚有商榷之余地，翌日有暇，当再详论之。宋著《中英法对照医学辞源》一书对于我国科学医学的名词的译法，实放一异彩，敢负责介绍于国人之前。

编者

中国译界对于科学名词移译，向无一定标准，有用意译的，有用音译的，有直接沿用日译的。各人的译法不同，使读者如入五里雾中，莫知适从；莫衷一是。在译者呢？为要使得读者明了起见，往往华译之下，注以原文。此种办法，对于认识原文的当然是一种暗示，而对于不认识原文的读者，仍然使他看了莫名其妙。在另一方面来讲，一国应有一国的独立科学名词，华译与原文并列，徒然显得中国译名的不能独立，所以这种办法，仅可认为科学译名未统一以前的一种救济方法，是暂时的、过渡的，而不是永久的。至于科学译名分歧现象的由来，大概不外下列二种：

一、不认识字源而随便译，这一种大半是错误的。

二、认错字源而各人所译不同，中国同义异形的字太多了！即如始、初、刚、才等字同是初的意思，远、遥、遐、迥等字同是远的意思。因此，译者便随便地用一个，甲用这个字，乙用那个字；对于原文皆无违背，但是对于中国科学名词的统一，却愈走愈远了！

名词有公名与本名之分，公名是普通名词，当用意译。本名是人名地名，当用音译。意译的分歧现象，即如上述，那么音译呢，格外地紊乱了！因为一个外国字的音，有许多中国字可以代表，即如 s 一字，就有司、斯、施等译法，于是你译这个，他译那个。还有有音而无中国可译的字，如 fa, ga 等，译的时候，只得找一个声音近似的字来用，但是终究出于牵强，不能切合。因此，译音比较译意格外困难，而其结果则愈为纷乱。

为了统一这分歧的中国科学名词起见，于是政府遂有分聘各专家审订的工作，而将所审订的颁布出来以备全国科学界的遵守，这种工作，已经有相当不错的成绩了！可是在审订之前，各专家非要有一个共同遵守的标准不可。否则，仍不免意见分歧，难归统一。而且科学名词是随着科学的进步不断地滋生的，旧名固可应用已经审订的字，新的呢？在政府未及审订以前，译者将何所适从呢？要解决这些困难，要真正达到科学名词统一的地步，那么，政府对于科学名词的标准译法，实有从速订定之必要了！下面所述，就是作者对于定立标准译法的一点意见，分为意译音译两部分述之：

（一）意译

在中国古代的时候，凡是读书的人，必先认字，这种学问叫小学。所谓识字，并不是指死板地把所有字都识完，乃是学会一个识字的方法，方法明白了，就是认不得的字也可以明了它的意义和音读。许叔重的《说文》就是一部识字的方法论，他把所有的字分成六类：一曰象形，二曰指事，三曰会意，四曰形声，五曰转注，六曰假借。在这六类之中，除去转注、假借与字本身无关外，其余四项，我们又可分为单字与复字二类，象形、指事是单字，会意、形声是复字；中国字大概以复字为多，换句话说，中国字普通多是三个字，两个字凑合成的。单字是字的来源。凑合是字的构造。譬如，"水"是一切从水的字的来源，"火"是一切从火的字的来源。要了解中国字的识法，第一步是先认识来源的字——单字——象形、指事二类的字。第二步就是明了复字构造的条件，那就非将会意、形声二类研究清楚了不可。认识字的来源，明了字的构造，对于一切的字都可以迎刃而解。

中国字如此，外国字亦何独不然。就以科学名词，尤其是以医学名词来讲，它的来源，有拉丁希腊之分；它的构造，有单字复字之别。独立者谓之单字，两个或三个以上的字连合而成者谓之复字。单字的字少，复字的字多，尤之中国字里面象形、指事的字少，会意、形声的字多一样。所以构造的研究，就是专指复字的名词而言。现在若将每个复字（无论其含有多少个单字）分析为二部，前部称"部首"，后部称"部尾"；综计全部医学名词，所有之"部首""部尾"，不过三千多个，虽然医学名词在日出不穷，可是颠来倒去，变化无穷，总不出这三千余基本字之外，审订第一步的工作，应将这三千多基本字，订一个标准译名。即如 anthropo 一字，若以"人"为标准译名，则 anthropo——下加 logy 即为"人种学"，加 meter 即为"人体测量器"。又如 megalo 一字，若以"巨"为标准译名，则 megalo 下加 hapatia 即为"巨肝"，加 splenia 即为"巨脾"（以上"部首"例）。如 emia 一字，若以"血症"为标准译名，则 emia 上加 An 则为"贫血症"，加 Cho 则为"胆血症"。如 therapy 一字，若以"疗法"为标准译名，则 therapy 上加 Cryo 即为"冷疗法"，加 Helio 即为"日光疗法"（以上"部尾"例）。凡字具有同样的部首或部尾，皆是同样的译法，这样一来，自然可以统一了。还有一个原文而含有数个中国字的意义的，那么也须规定一个范围，即如 Anti- 一字，有"防、抗、镇、退、驱"五义，Anti 配合的字，有时一定要译为"抗"，决不可译为其他字的，如 antibody（抗体）；是有时一定要译为"防"，决不可译为其他字的，如 antiseptics（防腐剂）。是又如 mania 一字，有幻想、迷信、狂、迷、瘾、癖六义，从 mania 配合的字，有时一定要译为幻想，决不可译为其他字的，如 ameomania（乐观幻想）；是有时一定要译为狂，决不可译为其他字的，如 sitiomania（狂食）。诸如此类，举不胜举，究竟一个原文，有几个华文的译名，这是要加以规定的。作者关于此事，曾以研究一得，著为《中英法对照医学辞源》一书，颇可作为审订、统一科学名词的一种参考。

——《社会科学月报》第 1 卷第 3 期（1937 年）

评张译《还乡》（1937）

萧乾

　　由于典故的繁多，文字在诠释自然和人生的企图下，运用的又特别艰深曲折，翻译哈代成为一件至为困难的工作。他自己既是诗人，写小说也还掩不住一个诗人应有的绵密细致：那种对草木虫鸟的爱好，对天空变幻湛微的观察，对人间琐事的轻嗔微叹。在他所有的长篇小说里，这种味道最浓的——因而也可推作最成功的，是《还乡》。虽然依旧是命运那黑袍老人的显圣，在这里，他动用了一个极神秘感人的象征——渲染出一片寂寥荒原的野火【注一】。如一个忠实画家，他摄取的全是 Wessex 一带的实景，然而超过一个画家，他又以一个耍木偶戏者的想象，在本书中把荒原变成为人事变幻中的一员重要的角色了。

一　一宗功德

　　多少年来，我们听到哈代的名字，及他那些建筑家、诗人的头衔。他的《苔丝姑娘》先后有了三个译本，然而《还乡》却始终无人染指。这是我们翻译界许多重大缺憾之一。自然，中国人已够认命的了。我们并不再需要哈代那十九世纪定命论者的说教，但他的小说至少可以给我们当代作家们这样一个切实的启示：一个观念，左也罢，右也罢，只要落在一个创作家的手里，就必须先成了灵，有血肉，绘声色，甚而穿上衣饰，才能为读者所接受。《还乡》的思想的确算不得健康【注二】，然而这部充满灰色氛围的书到今天还为人广遍地阅读着，而且，在另一个秦始皇出世以前，也还不见得消减，这不是一个明白彰显的事实吗？仅仅为了启发这点教训，翻译《还乡》便已是宗功德了。

在这评文的开端，笔者应先向张君道贺，因为本书译者的渊博学识和辛勤工作已征服了原著风土典故的繁重，他的"道地"译笔又使一种陌生变为熟稔——不怕有人恼，这译文大部是比当前许多"国产的"创作对我们更熟稔许多。这部书，连同《德伯家的苔丝》【注三】的译出，都具有双重意义：谨慎地移译了两部英国杰作固是一大功绩，同时，还可算翻译工作中的一个崭新试验。

异于一般翻译，本书译者的理想是"用道地的中文，译原来道地的英文，换一句话说，也就是用合于中文文法习惯的中文，译原来合于英文文法习惯的英文。"【注四】译者认为一般半中半洋的"直译"是"只用手不用脑的翻译。"张君除了采取"道地"译笔以外，并且还勇敢地用中国北方的方言（山东东部）译原文 Dorset 的方言，因此，"俺""啥""俺"一类土头土脑的字眼在本书中到处可见。笔者在这里还想指出本书另一个特殊的美德，那是注解的详尽，这种真功夫，是烂译粗译家所绝不肯卖的力气。为着学术工作的认真风气，这力气是应被推崇的。

二 另一个极端

正因为这是一个崭新的试验，所以它走的恰是另一个极端。在某一意义上，我们几乎可以担保这译文将为许多人所钟爱，为了近年来国人有些厌倦囫囵吞枣的"直译"了，冗长的名字，别扭的对话，混杂着需要推敲分析的复句。如今，握到一本这样艰深的舶来的杰作，读来却如吃面条那么顺嘴。仅仅这点"流利"，便足以给人莫大喜悦了。译者在"自序"里提及直译时，虽谓"他们说，可以保存原文的语气、风格等等"，但他却很轻蔑地把这种保存判为"没有什么意义"，那即是说，对于张君，直译是一无可取的。如果在一部精心译作中，还准许我们挑一个毛病时，笔者认为张君在摒除直译的短处之余，不会摒心静气地考虑，更没设法保存直译的优越处是极可憾惜的。

三 不可企及的优越

在许多场合，本书都证明了直译所不可企及的优越，那么近情近理，伏伏帖帖。第一，这种翻译工作需要的了解体会较直译为深。当朵荪说"It is necessary to go"的时候，一个直译者只要译成"我必须去"便好了，然而张君却体会了朵荪的少女性格，并揣摩她那种急于和韦狄结婚的心理，把它译成"我非自己一个人去不可么，"这里面不是已有了吕瑞慈教授（I. A. Richards）所谓的"语气"和"情感"了吗？第二，故事本身以外，译者对原文的了解也必很透澈。许多直译出来必将成为"死迷"的句子为张君很从容地化开了，像"The untameable Ishmaelitish thing"之译作"不受锄犁，见弃人世的光景"，在注释里又把 Ishmae 的故事原原本本地记出。像"Seyllaes-Charyb-dean position"之译为"前又怕狼，后又怕虎"也俱见苦心。

注疏极详的论述著作我们见过，但外国文艺作品的翻译，后而附带长度约原文五分之一的注解的，笔者这是第一次看到。读到书尾还看到"待考"处十一条，对译者这种近于金石家的缜密周详，丝毫不苟，只有佩服了。无疑地，译者从不想在国内自诩哈代专家，他为我们预备的注释却早已超出一般阅读的需要，而臻于"哈代研究"了。本书注释的对象大概可分三个阶层：裨益普通读者的，是那些名物和英国风土人性的解释，如五朔节，如主婚礼，此外山东土白的注也极重要。比普通读者的兴趣再浓些的（自然，对注解的兴趣愈浓，故事的进行愈容易被打断！）将留心那些邻于"铁证"的注了，像"圣乔治戏"台词的节译，或追朔"德高厚广"的灵魂的来源。必须把注意由故事本身而移到研究哈代上，才有耐性读那些呢，如关于第一章各家评论的比较。但我们也发现了一些这三层读者都不会关心的注释，除非他根本不再读这本书，像：

"柱子顶儿上，有些互相交锁，圆圈，上面装饰着小花儿，在那一层□□儿下面，是一圈乳白色的山楂【注】，山楂下面，是一圈儿青萝【注】，青萝下面是一圈莲香【注】，莲香下面是一圈儿丁香【注】，再下面，是一圈儿剪秋萝【注】，水仙【注】等等……"

在注里，我发现的，正如一切普通字典所告诉我们的："丁香，原文 Lilac，学名 Sysirga vulga"；"水仙，学名 narcissus pseudo-narelssus，花黄色，单瓣或复瓣"，这种不厌其详的注解不但妨碍阅读的进行（既备了注，译者自然希望读者翻看的！）而且，对于一些自尊自信心强些的读者，连水仙、丁香都注了出来，未免使他们起反感。笔者认为"详注"在精神上是一种美德，它代表学者的认真；然而对于需要直觉的欣赏体味的文艺作品，为求读者心神的集中，最好还是尽力省俭，使注解成为阅读的向导火炬，而不是障碍累赘。译者在"自序"里说，"如果有人想借此研究研究英文，或者研究研究哈代，那我相信我这些注释可以帮他点忙。"张君为读者设想的太周全了，其实，这倒应该托付给"英汉对照"的译者，张君的工作是领我们认识一部杰作呢，那工作本身意义已够重大了。

四　还是改窜了

虽然译者用的是"合于中文文法习惯的中文"，本书离这理想并不是毫无距离的，譬如"I have outlived my faith and purposes"之被译作"好啦，我已经活过了我的忠心和意志了。"那个"Outlive"似乎就应该再消化一遍。然而更使我们失望的，是如一般"意译家"，本书改窜原文的地方还是很多，像：

（一）In that rookery of pomp and vanity, Paris, I believe.

　　　译作："我想是那销魂窟，繁华城，法国的京城巴黎吧！"

这里，"法国京城"自然是译者添进去的了。多么蛇足！

（二）She had pagan eyes, full of nocturnal mysteries.

　　　译作："她那两只眼睛，是异教徒的神儿，又深又黑，富有也得神秘。"

在注里，张君已承认"又深又黑"是他杜撰的了，然而我们并不能看出太多的需要，值得触犯到"不忠实"的重罪。

（三）Beware of the fury of a patient man.

译作："留心老实人的愤怒"。

明明是 Patient, 而译作"老实", 这似乎不妥。"耐性"和"老实"不是一样道地吗? 况"老实"给人的印象多少近于呆默, 然而姚伯并不。

（四）We were each married to another person.

译作："咱们两个, 一个是使君有妇, 一个是罗敷有夫了。"

这个译法的"道地", 可不能使我们服气。第一, 这是蝴蝶鸳鸯派小说里的对话, 不是一般中国人的口语。第二, 这样太糟践了哈代那句朴素有力的原文, 第三, 也太曲解游苔沙和韦狄的性格了。然而全书里, 这种译笔还极多, 如把"Out of place"译作"如鱼失水", 都似乎太信笔, 太不顾及原文了。

五 迎旧拒新

如果我们认清译者在本书中那个极端的试验："用合于中文文法习惯的中文", 一切毛病原极自然。为了挨近它这个理想, 张君在本书中使用了两种一般译文里不常见的文字：成语和土话。如果《还乡》的全貌, 在意象和情节上起了质的变化时, 无论功过, 我们都得归在它们的头上。译者的企图是把作品尽量拖得离我们近, 然而这样是否将使译文本身愈距原著遥远呢? 试看：

（一）I would keep you away from her till the universe come to an end, if I could.

译作："我现在要是办得到, 我要叫你和她永远隔开, 一直等到海枯石烂的时候。"

（二）My fortune had stuck them gracefully, cutting off their erratic histories with a catastrophic dash, instead of, as many, attenuating each life to an uninteresting , though long years of wrinkles, neglect, and decay.

> 译作："实在说起来，这番不幸把他们这里不合规律的生活，用□剧给他们突然割断的，叫他们不至于和许多人那样，因为凋零迟暮，白发龙钟，遭人冷落，年复年年，把生命弄得味同嚼蜡，反倒得说，是来得很适当的吗。"

（三）Yet, what a difference—

> 译作："然而造毫厘之差，可真是不可以道累计的！"

（四）Emotional smuggling

> 译作："偷香窃玉"

（五）He had nipped in the bud the possible meeting between Eustacia and her lover this very night.

> 译作："那天晚上游苔沙和她的旧情人重行相会的可能，即一发生一点儿萌芽来，就让他给风吹雨打了。"

（六）自然，全书各章的标题更译得地道了，许多是很像章回小说的回目，如：

1. EUSTACLA DRESSES HERSELF IN A BLACK MORNING

> 译作"晨光阴惨装罢归去"

2. TIDING OF THE COMER

> 译作："村夫谈归客 消息动芳心"

3. SHE GOES TO BATTLE AGAINST DEPRESSION

> 译作："出门游逃解烦闷"

这些例子皆说明了译者会怎样勇敢地凑近他那"道地译"的理想，不幸这译法对原著是一种无可挽救的损失。"wrinkle, neglect and decay"是怎样简短有力的三个字呵，然而译成"凋残迟著，白发龙钟，遭人冷落……"这样整齐陈旧的"成句"时，译本的读者将疑惑哈代是那么爱咬文嚼字的一位打油诗人了。"Nip"和"bud"原是一个连贯的而且颇新鲜的"喻辞"（Metaphor），译者把"萌芽"翻出来，那动词却另外杜撰了，而且多么齐整而流俗呵！此外，像 Black Morning 原都是寓意很深的"喻辞"，富象征和 Suspension，即使对于英文的读者不太生疏，"黑色的早晨"于中国的读者一定比"晨光阴惨"美多了，含蓄多多了。怎奈张君有一个牢不可破的"道地译"的理想横在心头！

六　由通俗而流俗

提起含蓄，这原是哈代的风格一个重要因素。如果是翻译狄更思，这样自由的译笔对原著损害处也许还小些，哈氏的文字却经不起这样拆开来译。然而通过全书，译者的办法便是用"合于中国文文法习惯的文字"译哈代那并不止"合于习惯"却还闪烁新作者创作机智的文字。我们可以不讳地说，译者把这书译的通俗 Popular 了，然而也译的流俗了 Plain, If not vulgar！许多哈代本人一定很得意的描写语句，一出来却成为俗不可耐了，如：

（一）The woman by this time half in love with a vision.

　　译作："这位富于情感的女子，如今竟有一半和一个'影书情节'发生恋爱了。"

（二）But had she been going, what an opportunity would have been afforded of seeing the man whose influence was penetrating like summer sun.

译作："不过想要能去做客，那时多好的一个机会呵！她一定能够看见现在感动她有如夏日的那位人物了。"

（三）A beauty with a white face and a mane as black as night.

译作："一匹很美的，白白的脸，漆黑漆黑的鬃。"

够了，由这三个例子，我们便可以看出张君译此书的步骤：如果有"成语"可用时，自然最顺手了，遇到没有适当的成语时，便把原文翻得愈白愈好，甚而不惜改动原文，以俯就中文"习惯"。然而这是多么残忍的"民族观念"呵！明明是附带着不少诗感，且也许还可以引起《荒原》联想的 As black as night，竟用"漆黑漆黑"给调换了，Penetrate 那样一个刻画火热深远的喻辞，而且那么新鲜，竟用那极轻微习见的"感动"给交代了。至于"影里情郎"把游苔沙，一个性格不平凡的女子，染成一个怎样唱"毛毛雨"的俗物，那只有任读者体会去吧。

七　土头土脑

前面曾说到本书对话之译成方言可以帮助人物性格及口吻的渲染，然而这也是一件极冒险的工作。譬如把游苔沙的一句"Ah, my life!"译成"咦，我的妈！"多少便使那人物的影子现得土头土脑些。这种口吻的不合，有时比直译，任读者自己捉摸——对于情节的妨害也许更大些。如同：

（一）What was the fellow's name who was keeping you company and causing you to add cruelty to her to you to wrong me.

译作："叫我当王八还不算，还把憋气了的小子是谁？"

把"Keeping you company"译成"叫我当王八",不但与原文距离得说不下去,即以情节来说,也不可解;姚伯并没有确定他妻子与那个人的关系深浅,而且,像他那样读书很多志趣高尚的人,这话他说不出来。这是另一个社会里的人吵嘴时必出的"恶言",姚伯虽然气急了,原文和他一向的性格都可证明他当时说的话还不至那样粗野甚而自残。

(二)Pooh, my dear, you don't know what you like.

译作:"呸,亲爱的,你这是不懂得你究竟爱的是什么。"

这个"Pooh"字译"呸"本极恰当,然而既是那么顾全中文习惯,张君把"呸,亲爱的"放在一块不觉得有些可笑吗?"呸"代表的情绪可是卑夷、叱斥或震怒。

用方言还有一点应顾虑的:如果把读者由一种生疏带进另外一种,虽然程度有深浅,"不懂"则已,这工作还算不得成功。尤其在中国这个方言分歧的国家里,拿起译本《闽语》或《番禺语》的圣经Bible,比读希腊文的也真切不了多少。在这情形下,使用方言似乎应在两种情形下:一、应选择较普通的,二、可能的话要注解出来。张君选的方言不算难懂,然而有些字却忘了注出来,而这些刚好是比较不常见的,如:

(一)It was no wonder that wildeve , ignorant of the new manat the back of the , should have supposed Eustacia to be playing a part.

译作:"因为韦狄不,这背后新出来了一个作梗的人,所以怪他又以为这是游苔沙故意'拿糖'了。"

先不提这译文本身的忠实性,仅"拿糖"这个单语便够费解的了,除非在北方住过的人是不容易懂的。普通为使意义明显,写作

"拿糖"尚费思解，何况是拿"糖"呢！

（二）fair ones with love's locks

译作："留着'刘海儿'的美女"

据笔者所知，"刘海儿"（戏金钱的年画）究竟是怎样一种发饰，似乎也不是异地人所容易知道的。

（三）自然，译者创作的那个新字："她"也是地方性极强烈的。和"她"一样，这字原比"她"字尊敬些，所以姚伯用这个字称她母亲，然而有时"她""她"混用起来，使读者也摸不清它们的分别何在了！

（四）He is better, though still unwell, Humphrey, replaced Eustacia.

译作："他好一点了，不过还是不硬朗。"游苔沙答道。

照译者"自序"所说，这里采用的当然是北平话了。然而据笔者所知，北平语中，"硬朗"这个字是对老年人用的，像姚伯那样大的小个子是该用"壮实"来形容的。

八　双重的使命

翻译对于整个文化的使命似是双重的。单就故事本身说，我们原不必这样斤斤计较。安徒生的童话坊间版本多极了，正如那些希腊罗马的神话，凡能用英文写得通顺文章的，谁都有资格"Retold"。儿童读物自然也不是可以马虎的事，但他们的小说看重的是事实的叙述，情节的兴味。比那深奥些的文艺，则事实以外，更还须移植新的情感。这种新的情感，粗犷的或细腻的，全储蓄在新的文字表现中。林琴南先生虽然译了那么一大堆书，他给我们的多半是事实的知识Factual knowledge，使我们知道西洋有个莎士比亚，有个司考德，有个大仲马，并告诉我们《威尼斯商人》是怎样一部喜剧，茶花女的命运如何凄惨。即伍光建先生的许多翻译，给我们的也不外那种事实的知识。节译、重述和全部意译的差别仅是量的，后者不过叙述的更完全些。这种量的"完全"还配不上"忠实"，如果翻译的"忠实"是对原著说的。故事以外，曾经使读者更直接些地亲近了异邦作家的心灵，而且借翻译使国内创作的风格情调发生了质的变化，使新文艺由五四状态而进展到目前阶段的，这功劳仍得归给一些情节以外还尊重原作的文字排列运用，那些费力不讨好的直译者；是他们使不能直接读洋文书的国人——读者及作者——在我们已有的思考及描绘的方式上面又加上许多来自远地的，间接且还影响到我们的气质。

张谷若先生的《还乡》的认真是我们佩服无比的。由那页"待考"，我们便知道了他庄严的学者态度。只是对于直译他似乎没怎么深加考虑便下了个"毫无意义"的结论。这一念之差，使他的这本翻译虽有了一切"意译"应有的优越，却没能包含直译的长处，因而他把一本洋书变成地道了，也把一个深刻作品变得浅薄了。这试验的结果重新划切地告诉我们：既是翻译，就得尊重原著；内容和形式如果是皮肉不分的时候，像那位"裁缝哲学"的作者所说，翻译便不能全然无视原文的风格情调，硬享受创作者的自由。"地道"的文字唤起的自然是"地道"的意境情绪，便这样张君把读者应保有"心理距离"（Psychic distance）缩得无一隙之地了。他使我们接近了一个完整的故事，却把我们从哈代身边隔远了，甚而离哈代原有的人物也远了。

注一：原文系 Bonfire，张译作"烟火"自另有道理，只是太容易与 Fireworks 混起了。久居北方的张君对此点当能感觉到。

注二：在《还乡》里，哈代先指使游苔沙 Eustacia 充当反抗命运的角色，直到她踌躇着应不应该同韦狄 Wildeve 逃跑的那个"客西马尼之夜"，才这样对命运俯了首——也就是哈代在本书中强调定命论的顶峰。

"我能走吗？我能走吗？"她呻吟着说道。"他不够叫我委身于他那么伟大——他够不上我的愿望那么高大……而我自己又没有钱，自己一个人走得了！就是走得了，于我又有什么幸福呢？我明年仍旧得和今年这样强挨下去，明年以后，仍旧要和以前一样。我是多么多么想要做一个要强的人来着呀，可是运命多么老是折磨我呀！……这样命本是不应该加给我的呀！"她在一阵悲愤的反抗中，癫狂昏乱说地道："哦，把我安到这样一个恶劣的世界上，有多残酷哇！我本来是有许多作好事的能力呀，可是我的力量管不来的事物把我给损害了，给摧残了，给揉碎了！哎呀，老天爷啊，我对你一点害处也没有哇，那你想出这么些酷刑来叫我受，你有多残忍哪。"

注三：*Tess of the D'Urbervilles* 也是张谷若先生译的，比本书出版早两个月。笔者本打算合起来评，但因两书译笔风格相同，为简便起见，仅就一书说话了。

注四：引自《德伯家的苔丝》上卷里的《译者自序》。

——《国闻周报》第 14 卷第 4 期（1937 年）

谈翻译——兼答萧乾君
评拙译《还乡》（1937）

张谷若

本来我译完了《德伯家的苔丝》以后，曾写过一篇谈翻译的东西，想放在《德伯家的苔丝》前面，作为一篇序文，表明我译书所采取的根本原则。后来因为这个问题，牵涉的方面太多，写在一本书的序文里，难以详尽，所以我就把那篇文章里所有关于根本原则的话，差不多全删去了，只留下我译那部书所用的文字一方面的几段话。现在我读了萧乾君的在《国闻周报》第十四卷第四期上面评拙译《还乡》那篇文章，觉得我关于翻译根本原则问题的话，还有谈一谈的必要，因为萧君那篇文章，最后似涉及这个问题，而且先把这个问题弄清楚了，那么萧君那篇评文里的话，也就可以看出分晓来了。所以我很感谢萧君，给了我这一个机会。

未入本题之先，有一样事，我们先要弄明白了，就是在这篇文章里所有的"直译"这一个名词，是指着什么东西说的。因为用这个名词的人，也许解释不同。我自己在《德伯家的苔丝》的译序里，并没用"直译"的字样，我只说，"近几年来，国内许多译书的人，仿佛都忘了翻译是得把某一国'文'译成别一国'文'的了，仿佛觉得由某一国'文'译成别一国'字'，再找原文的次序排列起来，就算是翻译了。他们说，这可保存原文的语气、风格等等，我却说，这种半中半洋、不中不洋的四不相儿，比 transliteration 差不多（这一句话，萧君也引过，不过却完全讲错了，详后文）。我觉得，这种只用手而不用脑的翻译，没有什么意义。"我这是说，我只觉得有人这样主张，有人用这种法子作翻译，而我却不晓得这种法子叫什么名字。现在萧君说，"译者在自序里提及直译时，虽谓'他们说，可以保存原文的风格等等，'但他却很轻蔑地把这种保存判为'没有什么意义'。"这很明显，这是萧君自己承认我说的那种"把某一国文译成别一国字再找原文的次序排起"的并且"只用手而不用脑"的翻译就是"直译"了。我本来不知道这就是"直译"，所以也没叫它"直译"，那么这个名词，自然毫无问题了，所以这篇文章里的"直译"，就是"把某一国文，译成别一国字，在照原文的次序排列起来"的办法，如有其他解释者，那就不是本文所说的"直译"。

"直译"这个名字既已清楚，我们现在可以就各方面来看，翻译原则应该怎样。

我们先从最浅近的一方面说，从翻译应该用的文字一方面入手，也就是说明我主张用"合于中文文法习惯的中文译原来合于英文文法习惯的英文"的道理。

我们从根儿上说起。

第一，翻译是怎么回事？是不是要把某一国文变成别一国文呢？是不是要把英文变成中文呢？（以下为比较具体，比较容易说明起见，一律拿中文和英文作例。）我想不出理由来说不是。

第二，为什么要把英文变成中文呢？

因为中国人只能读中文，不能读英文。中国人所不懂的，所感觉不到的，并不是书里的思想、感情等等，知识文字作障碍，所以要把这层障碍去了，如果原文还用中文写的，或者中国人能透彻地了解原英文，就不必做这种工作了（本片所用的"文""文字""语言文字"，都是一种东西，就是英文的 Language）。

第三，中国人，为什么不懂英文呢？

当然是因为中文和英文不同了。

第四，怎么样不同？

整个的不同。一种文字的不同和另一种文字的不同，也很像一个人和另一个人不同是一样的情形。甲乙二人不同，是由容貌、体格、性情、思想、感觉、年龄等各部不同，然后凑齐一个整个的不同。两种文字不同，也是这样，由声音、字汇、文法、句子构造、字的排列等各部不同，然后凑齐一个整个的不同。固然甲乙两人，有的地方，也许相同，譬如体重恰好相同之类，但未能据此一点，即认为二人身高相同，文字亦然。

第五，要怎样变，才算变过来了？

要整个变，就是凡是不同的地方都要变。譬如（这只是一个比喻）要让甲变为乙，就得把甲所有跟乙不同的地方全变了，才能是乙，如果有的地方变，有的地方不变，那样变完了之后，那就也不是甲，也不是乙，变成第三个人了，这个人，甲不认得，乙也不认得，甲的亲戚朋友等不认得，乙的亲戚朋友等也不认得。

第六，直译是不是全部变？

当然不是。因为直译，只把声音变了——字形变了，而次序的排列没变。而次序的排列，是一种文字所以成为一种文字的重要成分。同为"字"形不变，与"文字"的构成关系比较小，我们在我们说中国话的时候，偶尔掺进几个字，而排列的次序，还按着中文的办法，那还是中文（像英文里面，字汇多半是由外国慢慢吸收进取的，而吸收进去以后，还是按着英文字的文法习惯来用，所以英文还是英文，并没变成法文或拉丁文，而且增加一国的字汇，也是必要的）。但是用的字虽然是中国字，而次序排列却是外国的办法，那我们一听就觉得不是中文，像"发财大大的"之类。

第七，用合于中文文法习惯的中文，让原来合于英文文法习惯的英文，是不是全部变？

我想这不必解说吧。

第八，照前面第五条所说，有的部分变，有的部分不变，不成，请问怎么不成？那样变完了以后，成为一种第三者，成为一种新文字，岂不很好？而且翻译的目的，不就在能生出一种新文字来吗？

不错，是成为一种新文字，像世界语之类，采取英、法、德、俄等文字，拼合起来，成为一种新文字。但是请问这种文字谁懂？英国人懂吗？法国人懂吗？德国人懂吗？俄国人懂吗？

第九，学了就懂了。

不错，但是英文何尝不是学了就懂了哪？先得学，会译成的这种文字，然后才能懂译文，那何必不干脆就学原文的文字呢？读翻译的人，是不是先学后读呢？

以上所说，只用常识来推理，就可以证明，作翻译得用合于文法习惯的文字，用"直译"的办法不成。

现在我们再换一个方向来看。我们先看，语言文字的单位是什么？是字么？凡是稍有语言学常识的人，都知道不是字。一个字，单独看来，不知道它是什么意思。一个字，只是一个词、一个句子的一部分——一个不可分离的一部分。我们不能把一个字一个字拆开来看。然而直译的人，却主张以字作单位，把某一国文译成一个字（这种译法，才是"拆开来译"，然而萧君却说我那是"拆开来译"）。□□字非单位的话，随便一本语言书里都可以看到，也是 I. A. Richards 所反复申明的，所以详细，这儿不必复叙。

现在我们再换一个方向来看，后文学批评原理上来看（这一种看法，也就是翻译的根本原则，我的出发点，就在这儿，以合于文法习惯的文字来译书的办法，也是这种原则的结果）。翻译（文学的翻译）的原则要怎么样？要忠实。怎么才算忠实？就是要 reproduce the effect of the original。再说得具体一点，就是要让一个读中文译文的中国人，所得到的感觉，所引起的反应，跟读英文原文的英国人，所得到的感觉，所引的反应，到最相似以至于完全一样的程度。这是最合理的说法，也似乎是最普遍的说法，因为连鲁迅《杂感集》第三三八页上，也载过这样一句话（固然那句话不是鲁迅自己说的）："我的意见是，翻译应当把原文的本意，完全正确的介绍给中国读者，使中国读者所得到的概念，等于英俄日德法……读者从原文得来的概念。"这种说法的理由，见于各家论翻译的书文中，引不胜引，如果有人有反对的理由，能把那些书文中所举的理由驳倒了，我是馨香祷祝的。因为那样，可以证明我错了，我可以改正。

翻译既是要 reproduce the effect of the original，怎么就能做到这样呢？这不能拘于某一种办法，要看情形。而且要达到这种目的的办法，更没有名字，我也没给它什么名字（我并没说我用的是意译，我在我译的《德伯家的苔丝》的译序里，直说遇到不得已的时候，才合着用意译，或者造新字、新词。那一段萧君乐意仔细再看看好啦。那一段里，还有一句话，也让萧君完全讲错了，后文再详）。总而言之，原文读起来难如天书，原文也该难如天书，原文如吃面条，译文也该如吃面条，原文要硬着头皮读，译文也该硬着头皮读，原文让人落泪的地方，译文也得让人落泪……原文让人鼻酸的地方，译文也得让人鼻酸……这样才算是忠实，这样才算是忠实于原文，忠实于原作者，因为原作者本是要给人以上那些感觉、感情的。但是实际怎么样就可以作到这一步呢？我们可以借用萧君引我的一句翻译，来作一个例子。

那一句的原文只是 It is necessary，我却把它译成"我非自己一个人去不可么。"（么字非文化语气）连萧君也承认，说"这不是已有了吕瑞慈教授所谓的语气和情感了吗？"那么"直译"做得到做不到这个程度呢？这萧君自己也回答了。萧君先承认了"在许多场合，本书都证明了直译所不可企及的优越。"随后就引了上面那一句作例子，这至少可以证明，连萧君这样主张直译的人，也承认这种办法有"直译所不可企及的优越"了。所以就是我想要替"直译"辩护的话，我也没有办法了。

关于这一层，从 Chapman 一直到现在，所有讲翻译的人，主张这种办法的，也是引不胜引，所以从略。

在这一方面，可以说的话很多，不过有了以上的那一个例证，就可以证明了。如果有人认为证据不充足，原意跟我详细讨论，那是无任欢迎的。

"直译"在理论上，从以上各方面看来，既是都没有站得住的理由，从实际上看，也没法儿做，勉强做出来也不成，这也是萧君自己承认的，因为他说，"年来国人有些厌倦囫囵吞枣的直译"了。从翻译史上看，也可以证明，像佛经的翻译，直译的没人读，而影响最大的那些不直译的，看胡适之先生的中国白话文学史便知，但是为什么中国却会生出这种主张来了呢？我想不出以下几种情形：

第一种情形是，一个译书的人读了原文，先有了那句外国原文的句子在脑子里，然后把那个句子译为中国字，照着原来的次序排列起来，再照着读原文的读法读译文，因此觉得译文跟原文一样，把原文保留了。现在请问，读翻译的读者是不是也有个原文的影子在脑子里？翻译是给什么人看的？其实这种人，还不彻底，干脆不要译，或者退一步说，应该满译音才是。

第二种情形是，他们觉得，"新的感情全隐含在新的文字里。"不错，每一个大作家都是新的，他要是"拾人牙慧"，怎么能成大作家？（关于此点，可参看 J. M. Murry 在 Pencilling 里的一篇文章和 Walter Pater 论古典主义和浪漫主义），但是他的新，知识、思想、想象、感觉、风格、体裁，等等，他所用的文字，还是旧的。没听说每一个新作家出来，都自己造一种新文字，造一种新文法，来表现他的新感情（哈代的文字，尤其不新）。英文里有些翻译，不但不用"新"的文字，而用"古"的文字（此类甚多，不一一举例）。又直译的人，好像觉得，文法不变，就不能新，就不能近于外国。不知 Walter Pater 的英文，风格更近希腊文，然而 Pater 的文章，却又并不是希腊文的文法。还是英文。（关于此点，可参看 Edith Sitwell，及 Dobiee 论及此点之处。）

以上两种情形，还是"其上焉者"。至于因为自己不懂，或者偷懒，而流入"直"之一途，恕不讨论。

现在我们再看原文的 effect，应该怎么看法（关于 effect，以 I. A. Richards 为主），应该以中国人的眼光来看呢，还是应该以英国人的眼光来看？我想这很明显，应该以英国人的眼光来看，除了别的理由不提，以中国人的眼光是很危险的。我们就以现成的东西作例，就以萧君那篇文章里讲英文的地方作例。

萧君说，nip in the bud 一词，是"一个连贯而且颇新鲜的喻辞"。不错，凡是一个"词"，当然都是连贯的。这个词，本来是喻辞，也毫无问题，但是这个词颇新鲜不颇新鲜呢？萧君所谓新鲜，是指什么人说的，萧君自己呢？还是英国人呢？如果是英国人，这个词在英国看来，我可以不讳地说，决不新鲜。不但不新鲜，而且有人还正像萧君说我的译文那样，译为陈腐哪。因为这个词，从三百年前就已经有人用过，一直继续地用到现在（看牛津字典便知），并且现在天天打开报纸、杂志，常常可以遇到。所以英国人谈到这个词，决不起"新鲜"的感觉，而且哈代用这个词的时候，也没打算让人起那种感觉。如果说萧君以为新鲜，那请问，原本不新鲜而现在却把它看成新鲜，那是不是忠实于原文呢？

萧君提到 black morning 的时候，说，"即使对于英文的读者不太生疏，至少也有些生疏了。"请问这个英文读者，是什么人？是英国人呢？是中国像萧君一类的人？如果是英国人，这不会生疏。因为 Shakespeare 里，black 作这样用法的，无数无数，其余各家，差不多可以说没有这样用过这个字的，而且 black morning 两字连用，在 Jane Austen 的 *Emma* 里就有，而且英国人平常说话的时候都这样用，所以决不会生疏。如果是中国人呢？那当然可以生疏，刚学英文的人，连

dog 一类的字还感觉生疏呢。

萧君说，We were each married to another person 一句话，是"哈代那句朴素有力的原文。"萧君这句话，有两种讲法，一种是，哈代那句朴素有力的原文，一种是，那句原文，在英文里，是一句朴素有力的句子。照第一种解释，那是这句话，只有哈代写得出来，别人都写不出来，然而那句话却又只是英国人大家都要这样说的一句话，而且这句话里的意思，也没有什么别的更好的方法来表示，所以不会是哈代个人的。如果照第二种讲法，那么英文这种文字，无往而不有力（看 Jespersen 自见），又岂止这一句？

又如关于哈代的文字，萧君屡屡提到"艰深"，然而据我们所知道的英国人看来，哈代的艰深，并不是他的文字，而是听他的思想、感觉等等，然而萧君却认为哈代文字艰深，那无怪他嫌我把哈代译明白了。

至于萧君提到哈代的风格的话，似乎正和英国人的感觉相反，这请萧君看一看 Arthur, MacDowall, Abercrombie. etc. etc 好啦。

最可惜的是，我注释里，有几处我发现不正确的地方，还有待考里我自己考不出来的几处，萧君竟一字未提。这本是译者在译序里所再三求教于批评者的呀。

这是关于原文的了解和感觉等方面，我们随便把萧君所提到取过几个来，拿来作例，已经证明只凭个人的感觉，是多么危险的了。现在我们再看中文方面。

萧君认为我的译文不合的地方（萧君并没挑一个错误的地方，然而我那里面又确有错误，见前文），除了三处，萧君都没给出代替的翻译来，很令人不明白究竟应该怎样办才好。而萧君给了代替的那三处，一处是 black morning 译为"黑色的早晨"，这仿佛是会查字典的人都可以译出这种文字来似的。第二是 patient 改为"耐性"，但是我们把耐性两个字替到那句话里，变为"耐性人"，这是中文吗？不过萧君当然可说，这是直译。第三是 unwell，把"硬朗"改为"壮实"。不错，我那"硬朗"二字一点不错是用错了，但是"壮实"对吗？萧君只知道"硬朗"用于老人，而忘了"壮实"是对于小孩的了。这儿恰当的字，是应该用"壮"或"结实"的呀。又如 bonfire，我译为"烟火"，固然不妥，但又注解，似尚无妨。萧君要改译，当然要improve，但是萧君改的"野火"是 bonfire 吗？不令人想起"野火烧不尽"的野火来了吗？而且要译 J. F. Cooper 的 *Prairie Fire* 怎么办呢？

更可怪的是，萧君把我在《德伯家的苔丝》的译序第二段里的一句话，都解错了，我不知道萧君是有意曲解，还是无心之错。我那一句话的原文是："近几年来，国内译书的人，仿佛都忘了翻译是得把某一国'文'译成别一国'文'的了，仿佛觉得由某一国文译成别一国文，再照原文的次序排列起来，就算是翻译了。他们说，这可以保存原文的语气、风格等等，我却说，这种半中半洋、不中不洋的四不相儿，比 transliteration 差不多少，我觉得，这种只用手不用脑的翻译，没有什么意义。"这很明显，他们虽然那样说，我却不那样说，那不成东西。难道原文还不清楚吗？然而请看萧君怎样引法："译者在自序里，提及直译时，虽谓'他们说，可以保存原文的语气、风格等等'，但是却很轻蔑地把这种保存判为'没有什么意义。'"这是我一面承认他们说的对，一方面又把他们判为没有意义，真是自己打自己的嘴了。

看以上所说，中文、英文方面，萧君皆以个人感觉为主，而个人感觉，又似有问题，那么萧君对于《还乡》全书的感觉，恐怕也有问题了。

最后，我虔诚地盼望，能有一本尊重原作的文字排列连用的直译本哈代出现，给我们一个真正的哈代看。

附注：这样大的一个题目，一片文章，说不详尽，所以文中有许多地方，都没仔细详叙。不过有几点要注意：（一）原则都有例外，不能举一端推翻全体。（二）关于数量的话，没有绝对的。（三）凡有讨论这个问题的，我都极端愿意承教，公开发表或私人面谈，均所欢迎。不过涉及题外的话，概不作答，像萧君说我是"民族观念"之类。我这不是德国的 Purist 运动。

——《国闻周报》第 14 卷第 10 期（1937）

再论张译《还乡》并答译者（1937）

萧乾

我想我应该爽快些。以前评的是《还乡》，不是张君的《翻译论》，这里所谈的也不便越出题外。

如果更爽快些，我便不应该隐瞒我对张君态度的过分失望。两个月前，当我动手评《还乡》时，我心目中有的是一位诚恳、认真、对工作抱试验态度的学者。那时，我曾殷切地警告着自己：翻书是苦活，你莫狡黠地尽吹毛求疵。因此，虽然《还乡》的译文在 taste（趣味）上曾给我极大的反感，我还是硬着头皮竭力由客观发现它的优越，并在评文里充分表扬那些优越。（张君不是在自己文章里已很得体地将那些优越又引出了吗？）及至评到译文的毛病时，唯恐犯了过去批评翻译逐字逐句校对那种严苛，仅提出几个原则同张君讨论；为求具体，才列举二十五实例，为的是张君想讨论，可就原则说话；想答辩，有二十五条实例摆在那里。

张君如果不以自己的译文为最终理想，还准许人商榷时，尽可不必这样枝枝节节，认了错又嫌评者 improve 的不好之类；眼前不是有几个颇值得讨论的问题吗：如同用"凋残迟暮，白发龙钟"一类"合于习惯的文字"译外国文之得失，或者更有趣的，是用方言译外国文字的限度。这些都是张君译文的特色，也许竟还是他独辟的途径，具体而彰明，凡是关心翻译的人没有不急于想领教的。

然而张君却躲避这些具体的问题不谈。正如他译书时把他的读者都假设成"只能读中文，不能读英文"（见前文）的可怜虫，甚而当作白痴，连"山楂""水仙""丁香"全注了出来，如今在这篇洋洋答文里，他又不惮麻烦地用问答体告诉我们翻译的ABC了。笔者佩服他这份诲人不倦的耐性。但及至张君连连可惜起他那本译文"注释里有几处发现不正确的地方，还有自己攻不出来的几处"怪我不曾提及，又如一个才进大学的讲师，assign了一大堆洋书名字派我去读，去降服时，我不仅叹息了。我曾那么有意识地力避刁赖油滑和冬烘气，我理应遇到一位更真诚清醒些的对手呵！

张君既已发现了自己译文的不正确处，为什么不在——书后——或答文中——补记出来以免买书人上当呢，难道是为预作埋伏反攻评者的吗？评者也是个读者，他第一个先抗议！坊间滥译原多得很，对于那些糊口而赶出的劣品，在估价上虽无差别，在人情上终有可谅。张君这本书却是由国家文化机关费相当"巨资"出版的，我们信赖他们选聘的各位即使躲避"专家"这个头衔，也必都有充分的学识来应付所担当的工作。纵使"丁香""水仙"一类"典故"不其难"攻"，一位评者没有这种闲心，也没有这种义务去锦上添花地增加《还乡》注释中的量数。况评文中所举的廿五条，张君还不屑搭理呢！

一 "原理"与"趣味"

谈到翻译，正如这个天地，原则实在没有什么新鲜的。五六年前文艺界还有人从事"主义""思潮"的贩卖，且还到处畅销。近年来如果别的方面依然幼稚，空泛理论的不景气确是个向着成熟迈进的好现象。这现象的造因，一面自是因为谈者重复次数已太多，本人也都厌烦，更糟糕的是，青年已掉头过去了。对于一些人，这自是伤心事！

那么，让我们暂且放下那些文不对题的"原理"吧。Chapman，Murry，便是 Jupiter 也不能护卫张君把"we were each married to another person"译成"使君有妇，罗敷有夫"。难道 MacDowall, Abercrombie, etc."各家书文中"会同意张君把哈代小说题目译成"村夫谈妇客，消息动芳心"一类蝴蝶鸳鸯体吗？

张君在答文中，很郑重地申明自己的出发点是"文学批评"（多么神圣一个领域！）而责我评他仅根据"感觉"。这个，当我在《还乡》译文后面发现一大串论翻译书籍的名字时，我就有些不解。这些书名不是随便在凭 catalog 里都可以查出的吗？如今才知道那正是张君的凭借！然而据拙见，一切非理论的"作品"——创作或翻译——还是把功夫放在作品本身上可靠些。一个把小说写糟了的人不能用他所根据的"小说法程"作护身符，同样，我担心正是那一套近于三段论式的抽象理论害了张君。当前张君扯住的是"原理"，然而天知道那个与《还乡》的译文有多少关系！一个读者想认识《还乡》，除了有那译文给他的"感觉"（或印象），还凭些什么呢？

这里，我发现了问题的核心：张君蔑视"感觉"，然而，感觉的凭依是"趣味"（taste），一个本身无据的援，难于捉摸的怪东西！张君把三段论式似乎弄得很透彻，可惜他忘记了——也许根本不曾想到——考虑这个很小然而很微妙的问题：趣味。不幸，《还乡》的译文最给我反感的（"影里情郎""当王八"一类妙译）正是趣味低劣。Chapman, Murry 那些理论都可以搬家，且还可以用来镇压人，这种趣味确是与一个人无从分辨的。我们用不着先驳倒那些"大师"的理论，再来怀疑张君的译文！

由这个我想到只要文字训练充足，"信""达"都不是难事，"雅"则比较辽远深入了。一个译者尽管会"变"，而且"整个变"，如果文学修养不足，跳不出粗俗的圈子，则恐怕愈变愈糟践原作。

二　整个变吗？

张君对于翻译的分析我认为是完全属于外在形式的。一个文艺作品的译者，他的使命理应比一个担任 interpreter 的买办工作繁复了些。一个市场"洋通译"可以信口开河地把"华语"译成美国俚语，因为洋人的唯一障碍是"语言"，不是感情或思想。只要买卖成交，一切完事。一个文艺作品的译者却不能这样任性。对于张君，翻译原来只是一种文字"变"的作用。为求彻底，他还渺茫地主张"整个变"，好像翻译可以完全不尊重原作，任译者自由摆弄一般。

张君谓"中国人所不懂的，所感觉不到的，并不是书里的思想、感情等等，只是文字的作障碍。"于是，要"整个变，凡不同的地方都要变。"请问，文字的变会不会影响原作的"感情等等"呢？读者因为不幸，"只能读中文，不能读英文"，把传达的责任信赖地交托给一个译者，受托的人应不应该仗着这点文字的"专利权"，滥用他的职责，在变动文字时，把原作的"思想、感情"给替换了呢？如果张君说不会替换，一个"能读中文稍读英文"的我，认为在张君翻译的

《还乡》里，不单哈代变了味，便是《还乡》里的人物也走了相！幸好张译《苔丝》的译文删掉了，如果张君对自己的试验无确实把握，这类"整个变"的理论还是慢些提倡为妥。

最奇怪，张君既由那些洋书里发现了真理，且还明白"一种文字和另一种文字之不同也好像一个人和另一个人不同一样的情形、容貌、体格、年龄、性情、思想、感觉，各部不同"，为什么还坚持文字之整个变呢？这里，我以为翻译所去的障碍并不只"文字"，然而翻译的使命是将这些陌生的介绍过来，文化才得以通畅合流，绝不是用烂熟的把陌生的替换，像张君之用"海枯石烂""白发龙钟"一类陈腐成语替换原文一样。

三　心理的距离

紧跟着，自然应该讨论张君所倡导的"合于中国文法习惯的文字"了。关于这种文字的效果，张君自然也有充分的舶来根据，即是 Murry 和 Richards，当代英国批评界两位红人！我们当然没话可说。不幸他们的理论自由其一贯的系统，引来不但不能帮张君挺胸，也许还会增多自己的矛盾。

凡是读过 Richards 著作的人，特别他那两本论文艺批评的专书，都会记起没有再比这个人厌恶成语 hackneyed expression——也即是合于"习惯"的文字——的了。论及欣赏诗，他首先警戒人摒除习惯的反应（Stock response）。论及"喻辞"他时刻不忘"意境的新鲜"（Freshness of image）。张君想这个人会同意把哈代译得那么粗俗顺口吗？

一个主张"整个变"的翻译家，作品已不是原作了，我以为不必来谈"原作的效果"（to reproduce the effect of the original）了。"效果"本身是一个需要解释的东西。如果只是"达意"（sense）而已，那自然不必说。但我们认为效果在创作与欣赏过程上都是一个复杂的东西。如若用于《还乡》，便应在故事兴趣外，使读者感染些原作的笔致气魄，和那片荒原上的悠远氛围。在文字运用上，没有比张君那些"伦香穹玉""海枯石烂"——合于习惯的文字——再容易损害原作"效果"了。陈腐的文字如何能在读者心上唤起鲜明的反应呢？

张君对于"新文字"误会得似乎近于可笑了。他竟然想到 Esperanto，幸好没有扯上"拉丁化字"。这个也正如他不曾懂我前次评文里的第一句："文字在诠释自然和人生的企图下，运用得特别艰深曲折"，他即刻便耻笑起我的英文程度来了。如果艰深是指文字本身，"晨光阴惨"可比 black morning 深多了，怎奈它唤不起原作所期待的反应！张君文中谓，一个作家之新"只是思想、感觉、想象、风格、体裁等等，他用的文学远是旧的"。这句话的语病和矛盾想来不必待笔者指出来了吧！如果张君对文字之新旧全皮相地以字形及声音为标准，我们仍是无话可说的。如果文字还可以由"质"里新，请问张君所指可以"新"的"风格、体裁"又是些什么？八股，四六句，可以写得出"新的思想、感觉、想象"来吗？"使君有妇，罗敷有夫"式的对话可以表达得出现代男女的情愫来吗？自古论风格 Style 的学者莫不尊重文字的排列与运用。连旧皮袋还盛不得新酒，文字之于思想感觉不啻皮肤与血肉，哪能轻易分开！一个冬烘秀才出口自然是文绉绉的带点寒酸味，正如一个青年人想不起在谈话里引经据典一样。不是他们的字词不同，更基本的，是他们的"思想、感觉"不同，因而，他们的"文字"也不同了。

便是张君所引的 Richards, 在他的"实验批评"（注）里，也曾就文字的排列和运用把文字分成三个阶级：最浅显的是意义产生并支配情感（Feeling is generated and governed by sense），这是一般通俗文字的特征。第二个阶级里，意义便仰赖于情感了（sense derived from feeling）。第三种，也即是他认为最上乘的文字，是意义与情绪皆有赖于全文（sense and feeling depended on the context.）。我所指的"运用得艰深曲折"正是这第三种。张君译文的大部分毛病刚好是把哈代第二或第三诗的文字降成（或者应该说"变"成）第一种浅白顺口的 prosale 文字了。

在那评文的末尾，我曾郑重地留下一个很小然而很重要的问题，张君只谈琐碎枝节，自然无暇顾及。那便是"心理距离"（psychic distance），一个最初使我对张君的"变译"发生深切怀疑的开端。张君认为"效果"（effect）应以英国人的看法来看，"别的理由不提，以中国人的眼光是很危险的。"随着，张君不提自己把 nip in the bud 这个喻辞译错，却只说在英文里它不新鲜。如果我们了然语言的鲜明性在读者心理上的效果（sensitivity）是相对的，或许因为也是中国人的缘故吧，张君的说法就未必可靠了。"nip in the bud"和"black morning"在英文里尽管用得长了霉生了锈，如果在中国语文里它还不陈腐时，译成中文便仍不妨碍其新鲜，正如 Pearl Buck 小说里的"虎骨酒"（Tiger Bone wine）一类极习见的中文可以在英文读者心中引起一种崭新感觉一样。况地方色彩（local color）的生命时常正寄存在这些词句里。语言文字的力量来自新鲜，而不经久用。这是语言的限制，也正是它的魔力所在。一个译者应享受这便利，更应保存这种魔力。如果因为 nip in the bud 在英文里已经陈腐，就不惜改动原文，译成中文里也已陈腐了的"风吹雨打"，我实在想不出这个聪明道理！

张君时刻不忘"合于中国文法习惯"的翻译，指人家的翻译为变声音变字形而不变次序，只是"用手不用脑"的翻译，我不懂"我已经活过了（outlived）我的忠心和意志"，这样的翻译又用了多少脑！如果为了"耐性人"这个字不顺口，而擅自把 Patient man 译作"老实人"，还自觉有理，我以为倒是颇危险的。

习惯，文法，甚而 Chapman, Murry，什么也不是绝对的。一个译者最可靠的凭仗还是他自己的译笔。

四　焦点失踪了

最冤枉的是张君在答文中，有意或无意地把我误认作直译的代言人，好像驳倒了直译便是驳倒了我。这误会在我实不可解。因为在那译文中，我始而说"年来囫囵吞枣的直译已为国人所厌弃"，继而又指出张君译文有"直译所不可企及的优越"，这两点不是张君都已引入自己的文章里了吗？然而我的工作摆在那里，却为张君所疏忽了的——是张君这个译法只是"另一个极端"，奴性地尊重原文"排列"的翻译自不可取，然而随意篡改替换原文的也不是我们理想的翻译。文化基金几年来在主持翻译工作上很审慎而有系统的：用一笔普通出版家所不辨的公允，在全集的企图下，延聘专家翻译古今名著。我们见到的便已有梁实秋先生的莎翁剧译，罗念先生的希腊剧译了，听说还有熊式一先生的芭蕾全集。由此我们猜想张君即将动手翻译哈代其他作品。所以当我在评文煞尾处说"这本翻译虽有了一切'意译'应有的优越，却还没有包含直译的长处"时，我是一面承认了张君的工作已部分地成了功，一面从旁希望张君新译（也许是 *The Woodlanders* 或 *Jude The Obscure*）的成就更伟大、更接近我们的理想些。如果知道张君翻译之外还有这样一套宏论，且所希望于评者的只是代他考出那几条"待攻"时，我想我绝不会多来饶舌的了。

——《国闻周报》第 14 卷第 10 期（1937 年）

适当的文艺翻译（1937）

水天同

一、最近萧乾和张谷若二君在《国闻周报》（第十四卷四期及十期）上关于张译《还乡》的辩论，使我深感兴趣，最主要的原因是由于二君之争论而文艺翻译的中心问题将更得到注意了。

这个中心问题我想可以叙出如下：

怎么样的文艺翻译才能算是"适当"？

非文艺翻译与文艺翻译的分别，理论上大体是很明显的。前者注意的是单纯的意义（即受极端限制，不得"手挥五弦目送归鸿"的文字运用，而后者却需注意多元意义，"有系统的复义"（systematic ambiguity）。伟大的诗歌因为意义特别丰富，而文字又极端紧缩，所以极不容易译。（注一）

就这一极端来说，则在诗的翻译中"信达雅"实不可分，无论漏掉哪一样，那翻译就算失败，这是很显然的，无须细述。

在另一极端，纯科学的作品，日趋于国际化翻译的困难日渐减少。我们可以想象在不很遥远的将来，也许简直用不着翻译。

但是介乎这两极端之间的却是我们日常最接近或最需要熟悉的作品，这都是些"流质的言论"（fluid discourse），多少带着文艺性的。

翻译起这些作品来麻烦可就多了。要想不翻译，事实上恐又不可能。所以我们研究的对象正应该是这般作品。

在起始，我们不妨笼统地说一句，接近科学的作品，译者只要注意到明白正确地传达原作的意思就行了。到了翻译文艺作品的时候，情形可就不同了。以习惯的名词来说，仅仅"信与达"是不够的，非解决"雅"的问题不可。"雅"的问题如果解决，适当的文艺翻译或许已经得到了。

二、"信"与"达"之不可分，许多人已见到了，即严又陵本人亦说"为达即所以为信也"。但关于"信"与"雅"的关系，大家意见却似乎颇有出入，其实这许多的争执恐怕是表面的而非实际的。比如最近出版的一本书关于翻译论（吴献书编《英文翻译的理论与实际》，开明1936）其中就有这样的一段话：

> 所谓忠于原作，是不仅字句与原文的符合，须体裁风格亦与原文相同（原书第九页）。

此处所谓"字句与原文符合"，我想必不是张谷若君所攻击的"把某一国文译成别一国字，再照原文次序排列起来"的办法，若如此便不可通了。作者吴先生的意思想必也是所谓"信而能达"，"用手兼用脑"的办法，而非"用手不用脑"的办法也。但是到了"体裁风格亦与原文相同"，这就（更深入一层的信）涉及"雅"的问题了。

通常以为"雅"是"高雅""优雅"甚至"古雅"的"雅"，与"信""达"无关（参看吴书十一到十二页），这实在是一种误会，不仅过于拘泥于字面，且亦忘了严复先生的本意。（严式名言，"此不仅期以行远耳，实则精理微言，用汉以前字法句法，则为达易，用近世利俗文字，则求达难，往往抑义就词，毫厘千里，实则于斯二者之间，夫固有所不得已也，岂钓奇哉"？）可见严式之"雅"非单纯的，狭义的，辞藻之优美或典雅也明甚。假如一个文艺作品的译者既顾到原作的各方面，又充分地用本国文字表达了这些深浅不同的各方面，我们还能向他要求什么？换言之，一个文艺作品的译者离开了原作的精神或"含蓄"，实无另作经营，"以求其尔雅"的余地。这样说来，"雅"只是另一种"信"，一种深入的艰难的忠实，不是对原作的字句做奴隶，而是对原作"精神"效忠。因此至少在文艺译作中，"雅"的重要，不减于"信"或"达"，实际三者或可个别观察，而不能有所取舍也。

三、然则这种艰深的"信""精神的忠实""充分的表达"，将何以取得呢？

曰：难言也！难言也！有可以忠实于字句而同时忠实于精神者，如 Baudelaire 之译 Poe 是也（注二）。然而大多数的译者，则因时间的、空间的、文字的距离，而不得不有所损益，以求传达原著之整个的（或者于"整个的"不可得时求其"最高的""最活跃的"）效力，如 Chapman, Pope, Lang 之译 Homer 是也（注三）。前者的境界未可强求，能做到后者亦大堪许氏。至若逐字直译，为学读原著者初步之阶梯，升堂而后，不必返原者，此种译作名曰 trot（可译"驴子"），与艺术固无关，与学者则大有裨益，作得好亦大非易事，我们不特不可轻视之，且当鼓励饱学之士多作此类工作也（注四）。

以中文译英文作品欲求如 Baudelaire 之译 Poe 是不可得的。十次里有九次半，我们非得舍弃字面上的忠实，而求传达原著最高或最生动的效力不可。以比喻言之，译者须把原作如蚕食叶似的咀嚼消化，然后再吐出丝来，组成类似原来品质的锦绣方可（注五）。在这一点上，我想张先生与萧先生的意见恐亦相同，不幸张君因萧君的批评文中有"……他的这本翻译虽有了一切'意译'应有的优越却没能包含直译的长处"等语，遂以为萧君必是拥护"用手不用脑"的译法而攻击张君的翻译者。这个误会萧君已经解释，此处不必再论。所需注意者，上述中译欧美文艺作品，求其圆满适当的途径，原则上虽似可得大家的承认，但实际上咀嚼消化，重新组织的工作非同小可，正需要多人长久的努力，与平心静气的讨论也。

四、目下我国翻译研究的成绩实不足以达到树立概论、标榜规范的地步，所以如萧君对张君译文之探讨是应该注意并鼓励的工作；至于批评文中所言，是否全部允当，自不妨大家从容讨论，鄙见以为萧君所举的那二十五条例子中大多数确是不妥的：（虽然萧君主张若把black morning 译作"黑色的早晨"则当于"中国的读者一定比晨光阴残美多了，含蓄多多了"，我认为"晨光阴残"固属过于文绉绉，而"黑色的早晨亦太过火太浓烈了，不知然否？"）张君原译一部分是对于求"地道"而失之俗滥（如"emotional smuggling"）译作"偷香偶遇""we were each married to another person"之译作"咱们两个一个是使君有妇，一个是罗敷有夫了"是也）；还有一部分是译文未能充分表现原文的力量而流于浅弱（如"perfervid"之译作"富于情感的"是也）。这些过于不及的毛病是任何文艺翻译者都难免的，萧君直爽地指出，张君也应该直爽地承认。乃事实与此相反，这是很可惋惜的。萧君答辩文中（"再议张译《还乡》并答辩者"《国闻》十四卷十期五二页）。

提出"趣味"（taste），"一个本身无据可援、难于捉摸的怪东西"，以下又提到"雅"，但萧君本人并未深入这问题，我想这是难以使张君心折的。鄙见以为"趣味"问题仍是"了解"的问题。了解的对象应当是原作的全部意义——包含直指、情感、语气、目的——这一点在国人已开始注意瑞怡慈教授的著作的今日，不必多论。但在"了解"被认为问题之先，是有一个笼统复杂的标准问题的，大约"趣味说"之兴，是由于想到"理智"在艺术的评价上不够用而起的。所谓"趣味"即是被认作一种补充，或竟超越"理智"的能力，一种不仅来自修养、实亦得之天赋的能力。但这种能力用在什么地方？还不是"了解"么？所以说"趣味"的问题仍是"了解"的问题也。

在翻译上我们可以很容易地看出两种了解能力的需要——对原著的及对本国文字运用的。张、萧二先生似乎对于现在中文的复杂混乱、漫无标准未有充分的认识。张先生尤其译理论之难于建设似应多半归罪于目前我们对本国文字的不知及误用。在这一层，我国的市场与学院不但少有积极地贡献，即消极的制裁能力亦无之。拿着我们的芜杂窳败的工具去译人家博大精微、根深蒂固的作品，又焉得不失败？

所以我们现在极需要一种对本国文字的重新检讨。这种检讨的出发点应当超越五四时代那种幼稚混乱、外在的信条主义，而探取意义学（semasiology）的分析与综合的方法（注六），抛弃一切不相干的政治的（如"文字革命以救中国"）、阶级的（如"大众语"）或巫术的（如"存文言以保国粹"）口号旗帜，而纯然以工作者检视工具的态度从事研究。由这种的研究，我们或可希望得到一种灵敏雄健的运用文字的能力，再进而树立实用而不拘囚的技术标准——一种新的修辞学。

但是这种对本国文字的研究，也需要外来的参考资料。完美的文艺翻译一时固然谈不到，但力图完美的翻译正是一种非常重要的练习与实验，所以我们一方面要努力研究本国文字运用，一方面应当不断地试译西方文艺作品，同时深切注意各人实验的成败，并检查各种成败的根由。如此研究与实验并进，我国新文艺之前途乃有广大之希望（注七）。如其不然，则萧、张二君之讨论以及笔者的妄参末议都算白费了。

（注一）任取莎士比亚出名的一段与梁实秋教授的翻译并读之。

（注二）参看下面的例：

Moreover, although it was stated by l'Etoile that the corpse was reinterred at the public expense, that an advantageous offer of private sepulture was absolutely declined by the family, and that no member of the family attended the ceremonial:—although, I say, all this was asserted by l'Etoile in furtherance of the impression it designed to convey—yet all this was satisfactorily disproved.

En outre, bien que l'Étoile affirme que le corps a été réenterré aux frais de l'État—qu'une offre avantageuse de sépulture particulière a été absolument repoussée par la famille—et qu'aucunmembre de la famille n'assistait à la cérémonie—blen que l'Étoile, dis-je, affirme tout cela pour corroborer l'impression qu'elle cherche à produire—tout cela a été victorieusement réfuté.

（注三）Iliad I. 345—

Chapman:

This speech vsd, Patroclus did the rite

His friend commanded; and brought forth, Briseis from her tent;

Gaue her the heralds, and away, to th'Achiue ships they went:

She sad, and scarce for griefe, could go; her love, all friends' forsooke,

And wept for anger.

Pope:

> Patroclus now th'unwilling Beauty brought;
>
> She in soft sorrows, and in pensive thought,
>
> Past silent, as the heralds held her hand,
>
> And oft look'd back, slow moving o'er the strand;

Lang:

So spake he, and Patroklos hearkened to his dear comrade, and led forth from the hut Briseis of the fair cheeks, and gave them her to lead away. So these twain took their way back along the Achaians' ships, and with them went the woman all unwilling.

（注四）好的 trost 其实并不多。据说巴黎的 Hachette 书店在 1840—1890 年间出的 Classiques Jaxtalineaires 最好，但后来因为一般"教书匠"觉得如此一来，古典作家太容易念了，遂鼓励压迫，该书终于不能继续出版云。"余生也晚"，不及见此。以余所见，英国的 Temple Classics 版的 Dante 当推第一。Loeb classics library（Heineman）也很不错。

（注五）

Propertius:

Callimachi Manes et Coi sacra philetae,

in vestrum, quaeso, me sinite ire nemus,

primus ego inredior puro de fonte sacerdos

Itala per Graios orgia ferre choros.

dicite, quo partier carmen tenuastis in antro?

quovo pede ingressi? Quamve bibistis aquam?

avaleat, Phoebum quicumque moratur in armisi

exactis tenui pumice vesus eat, —

quo me Fama levat terra sublimis, et a me

nata coronatis Musa triumphant equis,

et mecum curru parvi vectantur Amores,

scriptorumque meas turba secuta rotas,

quid frustra missis in me certatis habenis?

non data ad Musas currere lata via.

multi, Roma, tuas laudes annalibus addent,

qui finem imperil Bactra futura canent;

sed, quod pace legas, opus hoc de monte Sorosum

detulit latacta pagina nostra via,

mollia, Pegasides, date vestro serta poetae:

non faciet capiti dura corona meo

at mihi quoi vivo detraxerit invida turba,

Post obitum duplici faenere reddet honos;

omnia post oblitum, fingit maiora vetustos:

maius a d exsequiis nomen in ora venit.

Pound:

Shades of Callimachus, Coan ghosts of Philetas,

It is in your grove I would walk,

I who come first from the clear font,

Bringing the Grecian orgies into Italy,

    and the dance into Italy.

Who hath taught you so subtle a measure,

    in what hall have you heard it;

What foot beat out your time-bar,

    what water has mellowed your whistles?

Out-weariers of Apollo will, as we know, continue their Martian generalities.

   We have kept our erasers in order.

A new-fangled chariot follows the flower-hung horses;

A young Muse, with young loves clustered about her,

    ascends with me into the ether, ...

And there is no high road to the Muses.

Annalists will continue to record Roman reputations,

Celebrities from the Trans-Caucasus will belaud Roman celebrities

And expound the distentions of empire.

But for something to read in normal circumstances?

For a few pages brought down from the forked hill unsullied?

   I ask a wreath which will not crush my head.

      And there is no hurry about it;

I shall have, doubtless, a boom after my funeral,

Seeing that long standing increases all things,

      regardless of quality.

   （ "Homage to Sextus propertiusl" I ）

H. E. Butler:

"Shade of Callimachus and sacred rites of Philetas, suffer me; I pray, to enter your grove. I am the first with priestly service from an unsullied spring to carry the Italian mysteries among the dances of Greece. Tell me, in what grotto did ye weave your songs together? With what step did ye enter? What sacred fountain did ye drink?"

"Away with the man who keeps Phoebus tarrying among the weapons of war! Let verse run smoothly, polished with line pumice." 'Tis by such verse as this that fame lifts me aloft from earth, and the Muse, my daughter, triumphs with garlanded steeds, and tiny Loves ride with me in my chariot, and a throng of writers follows my wheels. Why strive ye against me vainly with loosened rein? Narrow is the path that leadeth to the Muses. Many, O Rome, shall add fresh glories to thine annals, singing that Bactra shall be thine empire's bound; but this work of mine my pages have brought down from the Muses' mount by an untrodden way, that thou mayest read it in the midst of peace.

"Pegadi Muses, give soft garlands to your poet: no hard crown will suit my brow. But that whereof the envious throng have robbed me in life, Glory after death shall repay with double interest. After death lapse of years makes all things seem greater; after the rites of burial a name rings greater on the lips of men."

(The Loeb Classical Library Propertius, III, i)

这是现代一位大译家（Pound）与一位学者的作品的比较。Butler 的工作是保守的、谨细的、紧跟着原作的，而 Pound 则与之相反，所以对 Pound 的译著，评者意见即大不相同，有誉之为"真正的诗译"，也有讥之为"学究的玩笑"者。但我们可以看出，Pound 的冒险是依着深切的诗才的，而 Butler 的翻译虽说貌似，而神失也。

（注六）参看拙作"略谈梁译莎士比亚"（《国闻周报》十四卷一期）

（注七）草本文会参考下列二文：

Tuayor, A. Hyatt, "Translation", *Honud & Horn* V. L

Blackmur, R. P. "Masks of Ezra Pound," *Honud & Horn* VII. 2.

——《国闻周报》第 14 卷第 17 期（1937 年 4 月 26 日）

《资本论》译者跋（1938）

郭大力

【……】

我们根据的版本，是马恩研究院校正过的德文本。我们所加的若干附注，大都是根据这个版本实行的。虽然这个版本也有若干排印上的错误，但它要算是最新的了。此外，我们还参照了两种英文译本和两种日文译本，不过当中只有一种英译本和一种日译本是完全的。在格式方面，我们尽量保持原版的特色。在行文方面，我们尽量使其流畅，但当然，每一个地方，我们都顾虑到了，要使它的文句，不致于弄差它的意义。我们努力了，但这个努力的结果的估价，不是我们的事。

关于译名，有几点要声明。我们在译名上所采用的原则是：使其精确但使其有望文生义的效力。译音的方法，除了少数必要的场合，我们是摈弃的。而在我国经济通用语中，我们选择的标准是：如有适当的通用语，我们是尽量地采取，所以在本书，我们可以见到"成本""贴现""折旧""汇票"这一类的商场用语，但一切欠缺科学严密性的通用名辞，我们是摈而不用的。所以，我们不叫"金融资本""金融市场"，但叫"货币经营资本""货币市场"。我们不叫"钞票"，而叫"银行券"。我们不叫"农民",而分别叫他们为"自耕农民"和"租地农业家",以及其他,等等。

名辞的本身,不是我们研究的目标。但没有严密的名辞,决难获得正确的理解。不过,一个大著作家在使用名辞时,往往也假定他的读者有水准以上的识别力。所以马克思对于他们使用的名辞,并不是每一个都下界说的。他还偶然有少数地方,把一个名辞用在两种意义上。马克思自己也是承认这点的。例如,对于"必要劳动"这个名辞,他就曾在一个注里面,声明那有两重意义。"剩余生产物"这个名辞,有时是指代表剩余价值的生产物部分,有时是指代表平均利润的生产物部分,有时是指代表剩余利润的生产物部分(见第三卷第四十一章)。又如"流通"这个名辞,有时是用在"通货"的意义上。甚至第一卷本文开头第一句内"生产方法"(Produktionsweise)这个名辞,也是这样。它本来应和 Produktions-methoden 相区别的。前一个是指社会生产关系的格式,后一个是指生产的技术的方法的。但它们是有时被混同了。例如在第三卷第三十八章的一段内。因为"方法"这个语义在中文上本来是多方面的,所以我们一律把它译成"生产方法"了。读者在这里,只要稍微留意,就可以判别它们的区别含义了。又 Industrie 这个字,有时包括农业和工业,有时又单指工业,以与农业相区别。对于这个字,我们就其意义,分别译为"产业"或"工业"。

至若像可变资本与流动资本的区别,不变资本与固定资本的区别,流动资本与流通资本的区别,货币资本与货币经营资本的区别;像流通与通流的区别,劳动与劳动力的区别;累积与集中的区别;还有像生产价格与价值的区别,那都是原著者已经严密区分过的。当然，我们在翻译时，曾假定读者已经由别的经济学著作知道了某一些名辞的含义，而对于某一些名辞的含义，也能从本文的理解得到理解。但我们还想编一本说明的辞典，专门用来说明这些名辞。但这只好等待到日后了。这里，不是我解说任何一种学说的地方。对于这一部已有全世界各种主要文字翻译的，并且具有划时代和创造时代意义的著作，也用不着多费辞句来介绍。我只希望无论赞成它的人还是反对它的人，都应先对它研究，不要捡拾到一句两句话，就觉得满足。我们很愿意接受批评家的批评，但若有错误，那要由译者负责，不能归咎到原著者身上去的。

最后，我们应当感谢的，是郑易里先生，他不仅是这个译本的出版的促成者和实行者，且曾细密为这个译本担任校正工作。黄洛峰、艾思奇、汉夫诸先生也都有很大的帮助。中央研究院院长蔡元培先生曾为本书题字一幅，深为感谢，但因在战时遗失了，没有刊印出来。还有许多对这个译本关心的朋友们，我们是只能广泛地表示谢意了。

1938 年 8 月 13 日在上海

——《资本论》（上海：读书生活出版社，
1938 年 8 月 31 日）

鲁迅先生与翻译（1938）

曹靖华

鲁迅先生的文化活动是多方面的。他不但在创作、搜集、编撰、校勘、研究及版画介绍等方面，建树了显赫的勋绩，在翻译方面，也以忠诚热心的工作者及翻译理论的战士的风范，屹立于中国的译坛。

鲁迅先生说："路是从没有路的地方踏出来的。"在中国的译坛上，鲁迅先生是一位斩荆棘、开道路的巨人。

先生的翻译，主要以日文为根据，有时参照德文本。

先生从一九○三年译美国培仑的《月夜旅行》起，直至一九三六年译俄国果戈里的《死魂灵》第二部第三章止，在这三十三年之中，除未印行者不计外，总计译了二十七种之多，包括美、日、旧俄、新俄、荷兰、西班牙等国，共约三百万字。从译品的性质上说，包括戏曲、小说、童话、散文、文艺理论、文艺批评、自然科学等。而旧俄和新俄的著作，几占全部译品三分之二。这原因是：

俄国的文学，从尼古拉斯二世时候以来，就是"为人生"的。无论它主义是在探究，或在解决，或者堕入神秘，沦于颓唐，而其主流还是一个：为人生。

又在《我怎么做起小说来》中说：

注重的倒是在介绍，在翻译，而尤其注重于短篇，特别是被压迫的民族中的作者的作品。因为那时正盛行着排满论，有些青年，都引那叫喊和反抗的作者为同调的。所以《小说作法》之类，我一部都没有看过，看短篇小说却不少。小半是自己也爱看，大半则因了搜寻介绍的材料。也看文学史和批评，这是因为想知道作者的为人和思想，以便决定应否介绍于中国……

因为所求的作品是叫喊和反抗，势必至于倾向了东欧，因此所看的俄国、波兰以及巴尔干诸小国作家的东西就特别多。

更在《祝中俄文字之交》中说：

十五年前，被西欧的所谓文明国人看作半开化的俄国，那文学，在世界文坛上，是胜利的；十五年以来，被帝国主义看作恶魔的苏联，那文学，在世界的文坛上，是胜利的。这里的所谓"胜利"，是说以它的内容和技术的杰出，而得到广大的读者，并且给与了读者许多有益的东西。

并且，那时就知道了俄国文学是我们的导师和朋友。因为从那里面，看见了被压迫者的善良的灵魂、的酸辛、的挣扎；还和四十年代的作品一同烧起希望，和六十年代的作品一同感到悲哀。

在介绍工作中，鲁迅先生所以注重被压迫民族的作品，尤其是俄国的作品，就因为这些作品是为人生的，是叫喊和反抗的，是被压迫者的辛酸、挣扎、呻吟、穷困的反映。这种"为人生"的思想，不但是他的文艺介绍工作的基因，而且是他全部文艺活动的出发点。在

《域外小说集》的序中说：

> 我在日本留学的时候，有一种茫漠的希望：以为文艺是可以
> 转移性情，改造社会的。因为这意见，便自然而然地想到介绍外
> 国新文学这一件事。

鲁迅先生原来是学医的，后来弃了医学，从事文艺活动，这根本
原因，就是在医治国民的精神，就是在以文艺作为"转移性情，改造
社会"的工具。

远在一九〇七年，他给《河南》杂志写的《摩罗诗力说》中就
说："吾人所待，则有介绍新文化之士人。"从那时起，他不是袖手地
期待，而是把自己所期待的事业，坚毅地担负起来，勤奋而切实地介
绍着"新文化"，以哺育中国的读者群，培植中国新文艺的土壤。这
工作始终不懈地一直继续到他临终的时候。尤其是在他的晚年，真是
"饥不暇食"地介绍人类优秀的文学，好像高尔基晚年培育苏联文化
青年干部似的，热心地、诚恳地、忙迫地培育千千万万的中国青年，
卫护中国新文化的发展！中国的新文学，在伟大的中国新文学的奠基
人的栽培下，就这样的成长壮大起来。同时，苏联文学"在御用文人
的明枪暗箭之中，大踏步跨到读者大众的怀里去，给——知道了变
革、战斗、建设的辛苦和成功。"

先生一贯的精神是刻苦、认真、忠实。不但对自己的译著如此，
就是给别人看稿也是如此。这诚如先生自己所说：

> 我在过去的近十年中，费去的力气实在也并不少，即使校对别

人的译著，也真一个字一个字地看下去，决不肯随便放过，敷衍作者和读者的，并且毫不怀着有所利用的意思。虽说做这些事，原因在于"有闲"，但我那时却每日必须将八小时为生活而出卖，用在译作和校对上的，全是此外的工夫，常常整天没有休息。……

……在我自己的，是我确曾认真译著，并不如攻击我的人们所说的取巧、投机。

这的确是事实。先生一生给别人编校稿件的工作中，不知付出了多少心血！这并非如当时的"革命批评家"们所攻击的"有闲，有闲，第三个有闲"所作的"取巧""投机"的工作。景宋女士在《鲁迅全集》的《死灵魂》的《附记》中说：

我从《死灵魂》想起他艰苦的工作！全桌面铺满了书本。专诚而又认真地沉湛于中地、一心致志地在翻译，有时因了原本字汇的丰美，在中国方块里面，找不出适当的句子来，其窘迫于产生的情况，真不下于科学者的发明。

当《死灵魂》第二部第三章翻译完了时，正是一九三六年的五月十五日。其时先生熬住了身体的虚弱，一直支撑着做工。等到翻译得以告一段落的晚上，他抱着做下了一件如心的事之后似的，轻松地叹一口气说：休息一下吧！不过觉得人不大好。我就劝告他早些医治，后来竟病倒了。那译稿一直压着，到了病有些转机之后，他仍不忘记那一份未完的工作，总想动笔。我是晓得这翻译的艰苦，是不宜于病体的，再三地劝告。到十月间，先生自以为他的身体可以担当得起，毅然把压置着的稿子清理出来：这就是发表于十月十六日的《译文》新二卷二期上的。而书的出来，先生已不及亲自披览了。

先生在一九〇三年作的《自题小像》诗中有云："我以我血荐轩辕"，而先生终于在中国文化面前，献出了全部的生命。言行相顾，至死不渝，不但刻苦、认真而已！景宋女士说："手来锄植，血来灌溉，无不是全力以赴之的。"这实在是不错的。

黄源在《鲁迅先生与译文》中说：

> 先生自己对于翻译，却一字一句，绝不苟且，甚至每一个出典，必详查细考而注明。如先生病前译就而刊登于本刊上期的《死灵魂》第三章中有一句"近乎刚刚出浴的眉提希的威奴斯的位置"，先生知道眉提希的威奴斯（Venus de medici）为克莱阿美纳斯（Cleo-menes）所雕刻，但他没有见过这雕刻的图像，不知出浴者的姿势，于是东翻西查，却遍觅不得，又买了日本新出的《美术百科全书》来查，依然没有，之后，花了更多的力气，终于查出注明。

这种慎重、认真的态度，是鲁迅先生治学处世的基本态度，也是我们极好的模范，是每个从事译作及治学的人所应该取法的。本着这种态度从事译作的，在中国我是没有见到第二个人的。他不肯草率，所以他看翻译不是如同那些大刀阔斧、"削鼻刻眼"的"顺"译家那么容易。在《"题未定"草》（一）中说：

> 我向来总以为翻译比创作容易，因为至少是无须构想。但到

真的一译，就会遇着难关。譬如一个名词或动词，写不出，创作时候可以回避，翻译上却不成，也还得想，一直弄到头昏眼花，好像在脑子里面摸一个急于要开箱子的钥匙，却没有。严又陵说，"一名之立，旬月踟蹰"，是他的经验之谈，的的确确的。

关于先生这样一贯的刻苦负责的翻译态度，秋白也说：

> 你的译文，的确是非常忠实的，"决不欺骗读者"这一句话，决不是广告！这也可见得一个诚挚、热心、为着光明而斗争的人，不能够不是刻苦而负责的。

因为要忠于原文，对原文要绝对信实，就是重译，"也得尽力保存它的锋头"，所以他就不得不采取了"直译"的方法。先生远在一九〇九年出《域外小说集》第一册中就说："收录至审慎，迻译亦期弗失文情。"这种主张直译而保存原文神味的态度，贯彻了先生一生的介绍工作。在《出了象牙之塔》的《后记》中说：

> 文句仍然是直译，和我历来所取的方法一样；也竭力想保存原书的口吻，大抵连语句的前后次序也不甚颠倒。

在《"题未定"草》（二）中也说：

> 还是翻译《死魂灵》的事情。躲在书房里，是只有这类事情的。动笔之前，就得先解决一个问题：竭力使它归化，还是尽量保

存洋气呢？日本的译者上田进君，是主张用前一法的。他以为讽刺作品的翻译，第一当求其易懂，愈易懂，效力愈广大。所以他的译文，有时就化一句为数句，很近于解释。我的意见却两样的。只求易懂，不如创作，或者改作，情事改为中国事，人也化为中国人。如果还是翻译，那么，首先的目的，就在博览外国的作品，不但移情，也要益智，至少是知道何地何时，有这等事，和旅行外国，是很相像的；它必须有异国情调，就是所谓洋气。其实世界上也不会有完全归化的译文，倘有，就是貌合神离，从严辨别起来，它算不得翻译。凡是翻译，必须兼顾着两面，一则当然力求其易解，一则保存着原作者的丰姿，但这保存，却又常常和易懂相矛盾：看不惯了。不过它原是洋鬼子，当然谁也看不惯，为比较的顺眼起见，只能改换它的衣裳，却不该削低它的鼻子，剜掉它的眼睛。我是不主张削鼻剜眼的，所以有些地方，仍然宁可译得不顺口。

他这种不主张"削鼻剜眼"的翻译，就是他的始终主张信实、主张直译的地方，因为这样才可以"保存原书的口吻""保存原作者的丰姿"。

先生不但要借这种直译的方法，输入新的内容，而且要输入新的表现法，使中国大众的语言精密丰富起来，这在中国语言的发展上，是有巨大作用的。这是先生从事译作的基本任务之一，也是他所以采取直译方法的主要原因，而同时也是他时时替中国大众文化发展打算的苦心。先生在答秋白论翻译的信中说：

我们的译书，还不能这样简单，首先要决定译给大众中的怎样的读者。将这些大众，粗粗地分起来：甲，有很受过教育的；乙，有略能识字的；丙，有识字无几的。而其中的丙，则在"读者"的范围之外，启发他们是图画、讲演、戏剧、电影的任务，在这里可以不论。但就是甲乙两种，也不能用同样的书籍，应该各有供给阅读的相当的书。供给乙的，还不能用翻译，至少是改作，最好还是创作，而这创作又必须并不只在配合读者的胃口，讨好了，读的多就够。至于供给甲类的读者的译本，无论什么，我是至今主张"宁信而不顺"的。自然，这所谓"不顺"，决不是说"跪下"要译作"跪在膝之上"，"天河"要译作"牛奶路"的意思，乃是说，不妨不像吃茶淘饭一样几口可以咽完，却必须费牙来嚼一嚼。这里就来了一个问题：为什么不完全中国化，给读者省点力气呢？这样费解，怎样还可以称为翻译呢？我的答案是：这也是译本。这样的译本，不但在输入新的内容，也在输入新的表现法。

中国语言（文字）的穷乏，的确是不可讳言的事实，甚至日常的用品，都是无名氏的。诚如秋白所说，中国的语言，简直没有完全脱离所谓"姿势语"的程度，普通的日常谈话，几乎还离不开"手势戏"。一切表现细腻的分别和复杂的关系的形容词、前置词等等，都几乎没有。同时，封建余孽，还紧紧地束缚着中国人的活的语言，这些僵尸还在支配着活人，在这种情形下，创造新的语言、新的字眼、新的句法……来表现现在中国社会已经有的新的关系、新的现象、新的事物、新的观念，这是现在中国每个文化人的重大任务。所以"翻译——除出能够介绍原本的内容给中国读者之外——还有一个很重要的作用：就是帮助我们创造出新的中国的现代言语。"

这也就是鲁迅先生所说的：

　　……中国的文或话，法子实在太不精密了，作文的秘诀，是在避去熟字，删掉虚字，就是好文章，讲话的时候，也时时要辞不达意，这就是话不够用，所以教员讲书，也必须借助于粉笔。这语法的不精密，就在证明思路的不精密，换一句话，就是脑筋有些糊涂。倘若永远用着糊涂话，即使读的时候滔滔而下。但归根结蒂，所得的还是一个糊涂的影子。要医这病，我以为只好陆续吃一点苦，装进异样的句法去，古的、外省外府的、外国的，后来便可以据为己有。

又说：

……我还以为即使为乙类读者而译的书，也应该时常加些新的字眼、新的语法在里面，但自然不宜太多，以偶尔遇见。而想一想，或问一问就能懂得为度。必须这样，群众的言语才能够丰富起来。

先生站到语言发展的规律上，不但要借翻译"输入新的内容"，而且要借它"输入新的表现法"，要借它来"丰富大众的语言"，要借它的帮助，创造出新的中国的现代语言。因此，他对于翻译就不能够不要求绝对的正确；因此，他再三主张直译，对于"错译专家"攻击为"不顺"的时候，他主张容忍"多少的不顺"。在答秋白论翻译的信中说：

……说到翻译文艺，倘以甲类读者为对象，我是也主张直译的。我自己的译法，是譬如"山背后太阳落下去了"，虽然不顺，也决不改作"日落山阴"，因为原意以山为主，改了就变成太阳为主了。虽然创作，我以为作者也得加以这样的区别。一面尽量的输入，一面尽量地消化、吸收，可用的传下去了，渣滓就听它剩落在过去里。所以现在容忍"多少的不顺"，倒并不能算"防守"，其实也还是一种的"进攻"。在现在民众口头上的话，那不错，都是"顺"的，但为民众口头上的话搜集来的话胚，其实也还是要顺的，因此我也是主张容忍"不顺"的一个。

但这情形也当然不是永远的，其中的一部分，从"不顺"而成为"顺"，有一部分，则因为到底"不顺"而被淘汰、被踢开。

鲁迅先生的这种信实的翻译以及他对于翻译的主张，在当时曾经引起了不少反对。那些要求"读的时候究竟还落个爽快"的"其软如棉"的绅士们，斥先生的翻译为"死译"，想来"淘汰""踢开"它，于是高呼"死译之风，断不可长"，主张"误译胜于死译"的"名论"；"错译专家""赵教授"之流诋为"不顺"，主张："与其信而不顺，不如顺而不信"，主张"宁可错些"的"愚民政策"。他们想把鲁迅先生的翻译"一脚踢开"，但可惜都没有那么"较大的腿劲"，终如先生所说：

> 凭空的攻击，似乎也只能一时收些效验，而最坏的是他们自己又忽而影子似的淡去，消去了。

事实上，这些主张"宁顺而不信"和"误译胜于死译"的教授绅士们，对于鲁迅先生翻译的进攻，是对无产阶级文学进攻的另一种手法。这一点，秋白说得最明白：

> 他显然是暗示的反对普罗文学……！他这是反对普罗文学，暗指着普罗文学的一些理论著作的翻译和创作的翻译。

这些御用的名流绅士的狐狸尾巴，原来是如此的！无情地揭露这些狐狸尾巴，忠诚地捍卫中国进步文化的发展，这是中国伟大的战斗的艺术家鲁迅先生一生最光辉的战绩。在翻译上，先生对这种以"胡译""乱译"为"顺译"的漆黑一团的现象，是尽力剥落、抨击的。他在《几条"顺"的翻译》《风马牛》《再来一条"顺"的翻译》等篇里，揭示了那些"顺"的翻译，其实是不折不扣的"胡译""乱译"，之后，说：

> 以上不过随手引来的几个例子……但即此几个例子，我们就已经可以决定，译得"信而不顺"的至多不过看不懂，想一想也许能懂。译得"顺而不信"的却令人迷误，怎样想也不会懂，如果好像已经懂得，那么你正是入了迷途了。

在翻译上，先生不但勤恳忠实地从事创作，不但严正地删刈文坛上的芳草，清除文坛上的污垢，而且时时在诱掖着新的译者，渴望着好的翻译的出现。他不是同名流绅士们一样，对于翻译恶意地放了冷箭之后，只是"等着，等着，等着……"而已。他是：

> 我要求中国有许多好的翻译家，倘不能，就支持着"硬译"。理由还在中国有许多读者层，有着并不全是骗人的东西，也许总有人会多少吸收一点，比一张空盘较为有益。而且我自己是向来感谢着翻译的。

在《"硬译"与"文学的阶级性"》一文中，先生讲到藏原惟人从俄文直接译过许多文艺理论和小说，于他个人极有裨益之后，就接着说：

> ……我希望中国也有一两个这样的诚实的俄文翻译者，陆续译出好书来，不仅自骂一声"混蛋"就算尽了革命文学家的责任。

在上边所引的《关于翻译》一文里，鲁迅先生又说：

> 今年是"国货年"，除"美麦"外，有些洋气的都要被打倒了。……翻译也倒了运，得到一个笼统的头衔是"硬译"和"乱译"。但据我所见，这些"批评家"中，一面要求着"好的翻译"者，却一个也没有的。

《在俄罗斯的童话》小引中也说：

> 我很不满于自己这回的重译，只因别无译本，所以姑且在空地里称雄。倘有一人从原文译起来一定会好得远远，那时我就欣然消灭。

这并非客气话，是真心希望着的。

我们再看……世间总会有较好的翻译者，能够译成既不曲，也不"硬"或"死"的文章，那时我的译本当然就被淘汰，我就只要来填这从"未有"到"较好"的空间罢了。

在中国文坛上，先生不但做着删节的工作，不但要求、希望和卫护着好的翻译，不但诱掖着进步的青年文艺工作者，而且在绅士、教授以及"革命批评家"们猖狂向翻译围攻的时候，他却看翻译与创作并重，认为翻译是催进和鼓励创作的：

> 创作对于自己人，的确要比翻译切身、易解，然而一不小心，也容易发生"硬作""乱作"的毛病，而这毛病，却比翻译要坏得多。我们的文化落后，无可讳言，创作力当然也不及洋鬼子，作品的比较薄弱，是势所必至的，而且又不能不时时取法于外国。所以翻译与创作，应该一同提倡，决不可压抑了一面，使创作成为一时的骄子，反因容纵而脆弱起来。

注重翻译，以作借镜，其实也就是催进和鼓励着创作。
在《现今的新文学概观》一文中也说：

> 多看些别国的理论和作品之后，再来估量中国的新文艺，便可以清楚得多了。更好的是绍介到中国来；翻译并不比随便的创作容易，然而于新文学的发展却更有功，于大家更有益。

在落后的中国，在贫瘠的中国的文艺园地上，要想得到肥美硕大的文艺果实，首先对于培植文艺土壤的工作，得下一番切实的工夫。先生的翻译工作以及对于翻译的卫护，正是对中国的文艺园地，做了肥田的工作。这种工作是在当时极艰苦的条件下进行的。他不怕正面的迫害，也不顾御用文人的暗箭，坚毅而忠勇地肩起中华民族新文学、新文化的伟大奠基人的工作！

关于译外国人名问题，先生反对"外国人姓中国姓"，主张正确的译音，使读者能由汉字的音译推知原名的可能，这也是基于先生的一贯的信实的态度的。他说：

> 以摆脱传统思想的束缚而来介绍世界文学的人，却偏喜欢使外国人姓中国姓：Gogol 姓郭；Wilde 姓王；D'Annunzio 姓段，一姓唐；Holz 姓何；Gorky 姓高；Galsworthy 也姓高，假使他谈到 Gorky，大概是称他"吾家 rky"的了。我真万料不到一本《百家姓》，到现在还有这般伟力。

在《集外集》中的《咬嚼之余》和《咬嚼未始"乏味"》等篇里，先生再三强调这种主张。《不懂的音译》里，也主张"什么音便怎么译"：

> 翻外国人的姓名用音译，原是一件极正当、极平常的事，倘不是毫无常识的人们，似乎决不至于还会说费话。……
>
> 其实是，现在的许多翻译者，比起往古的翻译家来，已经含有加倍的顽固性的了。例如南北朝人译印度的人名：阿难陀，实叉难陀，鸠摩罗什婆……决不肯附会成中国的人名模样，所以我们到了现在，还可以依了他们的译例推出原音来。……
>
> 我想，现在的翻译家倒大可以学学"古之和尚"，凡有人名地名，什么音便怎么译，不但用不着白费心思去嵌镶，而且还须去改正。

这种主张，远在先生译《域外小说集》时即是如此的，在该书《略例》中云："人地名悉如原音，不加省节者，缘音译本以代殊域之言，留其同响，任情删易，即为不诚。"

"什么音便怎么译"，这都是先生对于学问一贯的信实的态度，在新文字没有完全代替了汉字以前，这都是用方块字译音的极正确的主张，不然，诚如先生所说，读者不但不能推想到柯柏坚就是Kropotkin，陶斯道就是Tolstoy，而且要如从前上海某报在Kropotkin的逝世消息传来的时候，使用日俄战争时旅顺败将Kuropatkin照片，来顶替这位无政府主义者的笑话了。

鲁迅先生真是生不逢辰！他工作的时代，真是"上有御用诗官的施威，下有帮闲文人的助虐"。就是劳心劳力的文艺介绍工作，他一生也都不能安安心心地去作，这样出汗的苦工，也得在战斗中去进行！当他最初介绍"为人生的文学"——俄国文学的时候，就遭到了"三标新旧大军的痛剿"！他们或则打着"为艺术的艺术"的大旗，喊着"自我表现"的口号，"要将这些'庸俗'打平"，或则"眉头百结，扬起带着白手套的纤手，挥斥道：这些下流都从'艺术'之宫里滚出去！"

这以后，在介绍苏联文艺理论及文艺作品的时候，又遭到从"艺术之宫"里跃出来的"革命批评家"攻击为"不甘没落""有闲""投机"，以及绅士、教授斥为"不顺""死译"，并且高呼："死译之风，断不可长"，都想要来把他的译作"淘汰"和"踢开"！而正面则还有更凶的"岩石似的重压"呢！而鲁迅先生就在这样的围攻中，在这样的重压下，浑身带着血淋淋的伤痕，一面做翻译工作（不但翻译工作！），一面还得进行扫荡战！"扫荡废物，以造成一个使新生命得能诞生的机运"。这战绩不仅是在介绍了不少的优秀作品，而且是在这艰苦的战斗中卫护了中国文学以及文化的命脉。

他甚至在对作家进行的严密的"经济封锁"中，各书店都不敢承印好书的时候，他从拮据的腰包中，自己拿钱来印"决不欺骗读者"的书。这就是在当时的环境中出现的日本风味十足的"三闲书屋"。在这书屋所出的书后广告中说：

> 现在只有三种，但因为本书屋以一千现洋，三个有闲，虚心绍介诚实译作，重金礼聘校对老手，宁可折本关门，决不偷工减料，所以对于读者，虽无什么奖金，但也决不欺骗的。

无论如何，鲁迅先生总是要"在这样的岩石似的重压下"，要"宛委曲折"地使这些作品"在读者眼前开出了鲜艳而铁一般的新花"！使中国的文学"绍介进来，传布开去"。终使：

> ……在近十年中，两国的绝交也好，复交也好，我们的读者大众却不因此而进退；译本的放任也好，禁压也好，我们的读者也决不因此而盛衰。不但如常，而且扩大；不但虽绝交和禁压还是如常，而且虽绝交和禁压而更加扩大。这可见我们的读者大众，是一向不用自私的"势利眼"来看俄国文学的。我们的读者大众，在朦胧中，早知这伟大肥沃的"黑土"里，要生长出什么东西来，而这"黑土"却也确实生长了东西，给我们亲见了：忍受，呻吟，挣扎，反抗，战斗，变革，战斗，建设，战斗，成功。

这种精神将在中国文学史里放射着辉煌的光芒，这种精神是中国每一文化工作者所应当奉为楷模的！

用自己的血和乳哺育了、哺育着，而且将来还在哺育千千万万中华民族儿女的鲁迅先生，在翻译方面，他不但辛辛苦苦地给我们介绍了大批的文艺作品！！尤其是苏联的作品！！和大批的文艺理论，以作建立中国新的文艺理论和创作的借镜，而且深切地关怀着中国文化的前途，斩荆棘，辟道路，猛烈地扫射着文坛上的腐烂倒退现象，诱掖着进步青年文艺工作者，扶植翻译事业以及中国进步文化的发展。

一九三〇年，当翻译《洪水泛滥》的时候，翻译被投机者的抢译、乱译、胡译、瞎译糟蹋了之后，翻译就遭到了浩劫，当时先生就奋力地艰苦地支撑了翻译的厄运。一九三四年，当一般人对翻译冷眼相看的时候，先生约了几个同好，在连稿费、编辑费都不支的条件下，在对文坛施行高压的环境中，化名创办了中国唯一的纯文艺的翻译杂志——《译文》。先生的这些活动，诚如秋白所说，实实在在地都不是"私人的事情"：

……翻译世界无产阶级革命文学的名著，并且有系统的介绍给中国读者（尤其是苏联的名著，因为它们能够于伟大的十月、国内战争、五年计划的"英雄"，经过具体的形象，经过艺术的照耀，而供献给读者。）——这是中国普罗文学者的重要任务之一。虽然，现在做这件事的，差不多完全只是你个人和Z同志的努力；可是，谁能够说：这是私人的事情？！谁？！《毁灭》《铁流》等的出版，应当认为一切中国革命文学家的责任。

可是，对于世界进步文学，尤其是苏联文学的介绍，至今那些折服于"草木虫鱼，苍蝇蚊子"的帮闲的"名士"们，大骂这些工作，还由于憎恶而发出讥笑的声音："没有出息的事"，这在千千万万的进步读者面前是遮掩不住的！这些腐烂社会的污垢，终要被暴风雨洗刷去的！

鲁迅先生真是一具光芒万丈的火炬，他指引了、指引着，而且将来还在指引着千千万万的青年，向光明的路上迈进！自然不仅在翻译方面如此！

写于一九三七年七月

鲁迅先生逝世四周年改作

鲁迅先生逝世后，鲁迅先生纪念委员会预定出一个《鲁迅先生纪念集》，将先生生平活动的各方面，分为许多专题分别请人撰写。分给我的题目是《鲁迅先生与翻译》。这是一九三七年正月前后的事了。当时因为文章不急着要，又因为我功课太忙，所以一直到放了暑假才着手收集材料，在芦沟桥的炮声中草草完卷，平津沦陷后，在逃离北平的前两天，将文章投邮寄往上海。寄到时，已远在沪上战火之后了。当时交卷的却不多，又加之战局关系，出专集的事情就搁置起来。后来王任叔先生在上海办《公论丛刊》，向景宋兄索文，她就把这篇文章交他，在《公论丛刊》创刊号上发表。因战时交通条件的限制，这刊物在内地从未见到。月前在渝，与蓬子兄主张将这篇文章重行刊载。但是手边没有底稿。去年景宋兄由《公论丛刊》上剪寄的唯一的一份，被友人罗君回国时带走了。不得已，只得再函景宋兄由沪再为剪寄。她费了很多麻烦，结果一无所获，后来幸而在旧稿中，检得我从北平寄的原稿，为航寄便利起见，她又费了不少功夫，用航空信纸重抄寄了一份。这实在使我感到不安而且格外表示感谢的。现在重加删改，发表在这里。对于先生翻译事业之贡献，恐不能表达于万一，望明达之士，幸垂教焉。靖华附志。

——《公论丛刊》第 1 辑（1938 年 9 月 10 日）

梁实秋译莎翁戏剧印象（1939）

顾良

且论《威尼斯商人》

梁实秋先生所译英国莎士比亚戏剧，我已经见到的有《马克白》《如愿》《丹麦王子哈姆雷特之悲剧》《李尔王》《奥赛罗》《暴风雨》《威尼斯商人》七种（各种均由中华教育文化基金董事会编译委员会编辑，归商务印书馆发行）。这几种翻译剧本，就梁先生个人而论，是有相当成就的。

梁译问世以来，除介绍外，若干批评家曾经表示意见，他们不约而同责备着说：莎翁戏剧是诗，为什么不用诗歌来翻译而用散文？当然，他们所谓诗，指的是诗"体"，是韵文，并不一定是诗"意"。

念五年夏，第一个梁译莎剧《马克白》出版不久，我在北平以快慰的情绪，集合原文译本，开始校读：行对行，句对句，字对字，那是一件吃力费时却也很有趣味的事。五幕才完毕第二幕，因为急于南归，于是一直就没有机会再继续了。两三年来，梁译莎剧后出各本陆续诞生；可是，每本我都只能草草过目罢了。念六年夏，我过金陵，适逢国立戏剧专科学校第一届毕业生五月十八夜假座南京香铺营公余联欢社中正堂公演《威尼斯商人》（这戏第一次在中国上演是上海戏剧协社，根据顾仲彝译本，新月书店出版）。我承蒙梁先生邀往瞻观，是非常荣幸的。在那次公演（梁译初次搬上舞台）前后，我对于译本，又有了接触的机会。论翻译，论戏剧，论莎翁，论梁先生，我都不见得是一个合适的人，不过，在诸多的不合适中，我相信就《威尼斯商人》说话，是比较合适的。

梁先生的译文，或时清丽，或时浓厚，或时轻松，都值得一读，在目前的中国，不可多得。我爱好他的译文（尤其是《阿伯拉和哀绿绮思的情书》和《潘彼得》——两书均由新月书店出版，版权转让后，前者商务版已经问世），更甚于他的论文和散文。然而，如果原文非常华丽、浓媚、潇洒的时候，清丽、浓厚、轻松就显得微弱了，不能十分表达原文的神情。容我这样譬喻：我们眼福浅，好些美术杰作，难逢原作，相对神往，于是不得不借重复制，而印家对于复制算盘打得最厉害，结果原作所有的彩色往往都减退成为单色的了，梁先生的译文也好像是一幅减色无限的复制。

已出各本梁译莎剧，译笔风格前后（就是这一本和那一本）相差不远，不，简直没有什么相差。但是，我们知道：莎翁的风格，在各题材里（我不说在各时期里）是"随机应变"的："随机应变"这词儿能够多么好，这里就多么好。于是，一方面我热烈祈望着梁译《莎翁戏剧全集》早日完成，一方面我妄浅忧虑着他译《罗密欧与朱丽叶》《仲夏夜》《安东尼与克丽欧沛特腊》那几个戏的时候可遇的惨败（！）；诗人的莎翁，在这几个戏里，成就最高，稳重谨慎的梁氏译笔，想来是难以描绘这几幅"气韵生动"到了极度的话题吧？希望到时候努力挣扎！话就是这么说，三十七个莎剧，决不因为译笔风格的一贯，而至于可能被一般所想象的那样，梁先生的成就也是齐整的；刚巧相反，正因为译笔风格的一贯，三十七种梁译便有三十七等不同的成就。虽说三十七等，当然在大体上可以归类的，而其中最高的应该是《威尼斯商人》所属的一类；我说，《威尼斯商人》里所表现的莎翁风格，梁氏译笔是比较接近的。

《威尼斯商人》前四幕，一气呵成，情节紧张，译本都传达出来了，梁先生可告无罪。这四幕戏已经说尽了一个悲喜交集的故事；倾向悲剧的人们同情犹太人夏洛克，陷落在悲哀的伤感里，忍心再睹那男欢女乐的场面？倾向于喜剧的人们，如果稍稍知趣，难道也非欣赏那幕"愿天下有情人都成了眷属"大团圆戏不可？——第五幕容易受到双方的非难；然而，在第五幕里，戏剧家的莎翁尽管备受谴责，诗人的莎翁却生龙活虎，魄力雄厚，没有了舞台上的角色，没有了池楼厢里的观众，更没有了书斋里的读者，他简直笼罩住了，把握住了全场。

"月亮照得很亮：

在这样的夜晚，和风轻轻地吻着树，悄悄地没有声音，我想大概就是在这样的夜晚，troilus 爬上了 Trojan 的城墙，对着 Cressid 那晚停眠的 Grecian 营幕深深地叹气。"

"就是在这样的夜晚，Thisbe 心惊胆战地踏着霜露，看见了狮子的影子，慌忙地逃走。"

"就是在这样的夜晚，Dido 摇着柳枝站在茫茫大海的岸上招她的情人回到 Tarthage 来。"

"就是在这样的夜晚，Medea 采集回春的仙草，使得 Aeson 返老还童。"

"就是在这样的夜晚，Jessica 从犹太富人家里偷逃，和一个没出息的情人逃出了 Venice，逃到了 Eelmont。"

"就是在这样的夜晚，年轻的 Lorenzo 发誓表示他的爱，海誓山盟地骗去了她的心——可是没有一句话是真的。"

"就是在这样的夜晚，美貌的 Jessica 像是一个小泼妇，毁谤她的情人，但是他饶恕她。"

"这样背夜晚的典故，我可以战胜你，若是没有人来；但是，听！我听见有脚步声。"……

——梁译《威尼斯的商人》第五幕第一场

"就是在这样的夜晚"，花多好，月多圆，良宵景色美……"就是在这样的夜晚"，梁先生的译文，好像太单薄了，太干枯了，是不是应该更华丽些，更浓媚些，更潇洒些？就是更美些，更精细些？现在这副样子似乎过分欠缺和谐！

吾于尾声：

"还有两个钟头就要天亮，

等到天明，还是立刻入洞房？

如果天亮，我愿意快点黑，

我好同博士的书记去睡。

好，我一生什么也不担忧，

只怕把拿利萨的戒指丢"。

——梁译《威尼斯商人》第五幕完

这是诗"体"，这是韵文，是不是梁先生如果全部用这样姿态出现的韵文翻译莎剧，那些敢指责他错用散文翻译莎剧（那是因为他们所谓"诗"）的批评家就满意了呢？就认为才算可以交卷了呢？问题何尝在韵文或散文之间，更不必说西洋文学杰作往往散文和韵文译本同时存在，无需大惊小怪的。"我很怀疑诗意一定韵文而不能散文来表达。"这是梁先生在南京曾经跟我表示的意见，可以完全同意的。然而我想：散文的梁译如果不是表达诗意，那么韵文的梁译，在这一点成就上，决不至于上下彰然的；因为那根本是内在的性格关系，绝不是浮表的风格所可以左右的。我们不要忘记梁先生曾经表示歉意："我翻译莎翁戏剧，所以不用韵文，因为个人并不擅长诗'体'"。总而言之，梁译莎剧成就的关键，完全不在韵文散文的差异，而唯一在诗意的出入。

莎剧诗意愈洋溢的时候，梁译，在我看来，愈隔膜。词藻生硬，枯涩，不够玲珑，有时候简直有伤风格；这是容我们最可惜的。其次，就是非常缺乏"说话的节奏"。（从所引两处，已经可以证明，而且应该细讨论，只是恐怕《今日评论》因为篇幅关系不允许。）

是的，过去，梁先生写了许多论文和散文（那些论文也差不多都是说理的），也写了许多译文；可是就个人从来不曾拜读过他一篇纯文学的创作，一首诗，一出戏，一篇故事；于是，或者竟可以这样说：果先生有的是"写作"的经验，可未必备着丰富的"创作"的经验。翻译莎翁戏剧的梁先生，恐怕就在这"莎翁译手"先天的品质和后天的教养处，合理地残酷地被衡量着了！

我们理想是最好能有两个《莎翁戏剧全集》译本：一是以散文为主的，一是以韵文为主的。无论以散文或韵文为主的，都要能读，都要能演，只能读而不能演，只能演而不能读，都是失败。其实，我是这样固执着的：不能读的更不能演，不能演的读起来恐怕也成问题，能读的加上相当的舞台条件应该能演，能演的一定是能读的。普通所谓"能读"，意思是"上"嘴，我认为不够，必须"顺"嘴；是口语，有时却并非是最平常不过的口语，我们应该有所选择，有所润饰。

我初见梁译莎剧，我就认为那是不能演的，因为念起来疙瘩，当时，就怀疑译者本人朗诵过没有？后来，梁先生这样表示："没有，并没有；我翻译的时候，最初就没有想到有人居然会演它。我不过希望有人读它。"不是"读"（朗诵），是"看"（默念）它"。梁先生又说："余（上沅）先生专诚邀我从北平到南京来看他们（国立戏剧专科学校同学）上演，我是极高兴的，不过刚才看了他们排演，知道我的译本是不能演的，不能演，因为好些话不能念，所以都改了。"关于这一点，我不认为是严重的问题，补救不难，今后设法就是了。

梁译"以散文为主"，我颇以为然？

一个"以散文为主"的剧本，是一个"话"剧。我们"新"剧的历史，几乎全部都是"话"剧的历史。目前介绍外国诗剧，唯有"以散文为主"的译本，才能获得相当的成功，无论在诵读上，在舞台上，我们的新"诗"剧和新"歌"剧，在今都尚在渺茫中，而"以韵文为主"的译本非是"诗"剧或"歌"剧不可。孙大雨先生所译《李尔王》是"以韵文为主"的（一部分曾在天津《大公报》吴宓先生主编文学副刊发表），他是一个诗人，一个擅诗"体"的人；在这新诗形式依旧彷徨的今日，他做了这种可贵的试验，是值得我们注意的；可是，这种试验，如果成功，是双重的成功，如果失败，是双重的失败——新诗和新译诗的。因此，一个"以散文为主的"，在成就上，自然比较一个"以韵文为主"倒反而有更大的把握。

各本梁译莎剧卷首，都冠着同一的"例言"，其（三）声明：

莎士比亚的原文大部分是"无韵诗"（Blank Verse），小部分是散文，更小部分的是"押韵的排偶体"（Rhymed Couplet）。凡原文为散文，则仍译为散文；凡原文为"无韵诗"体则亦译为散文。因为"无韵诗"，中文根本无此体裁；莎士比亚之运用"无韵诗"体为自由，实又接近散文，不过节奏较散文稍为齐整；莎士比亚戏剧在舞台上，演员并不咿呀吟诵，"无韵诗"亦读若散文一般。所以译文一般以散文为主，求其能达原意，至于原文节奏声调之美，则译者力有未逮，未能传达其万一，唯读者谅之。原文中之歌谣唱词，悉以白话韵语译之。

是的，"无韵诗"我们没有一种体裁可以相当的；不过，莎翁虽然"运用"到了"甚为自由"的地步，虽然"接近散文"，但还不是"散文"：梁先生明了这一层差别，所以承认："节奏较散文稍微整齐"。于是，在一个"以散文为主"的译文里，我们不能苛求两种"接近"而实有差别的散文；一种是节奏"不"整齐的，一种是"稍微"整齐的；从韵文到散文，节奏不免变质，可是不必然消灭的。然而，在事实上，梁先生只慷慨了一种，那是节奏"不"整齐的。莎翁运用"无韵诗"是普遍的、平常的，而运用"散文"却是特气的、非常的。梁先生如果也承认这一层那么对于这特殊，这非常，是不但没有贡献，而且竟抹杀了。其次，我虽然承认："莎士比亚戏剧在舞台上，演员并不咿呀吟诵"，虽然了解种种翻译上的苦衷，但是我总相信"无韵诗"亦读若散文"一般"多少是一种自圆的说法而表示异议：并不"一般""节奏较散文更为齐整"！我个人最不拥护新诗盲目接受旧诗的方块式或"豆腐干"式，梁译"白话韵语"不乏最违背"说话的节奏"的"豆腐干"似乎非常遗憾的。

大凡一个作者（创作者或译作者），对于自己的作品（创作或译作），总抱着一种希望，一种理想，那就是说，凭他或她的能力和用力，预计可以做到几分的成就。至于读者（批评家也不过是一种读者）自然永远有着种种无限的、合理的要求，不合理的苛求；作者有余力可以顾到他们，打算投机也可以顾到他们，救苦救难可以顾到他们，不然只消对于自己认识，了解忠实，同时努力发展，表现自己，就圆满了。梁先生对于他自己所辛苦翻译的莎翁戏剧，知己知彼，他知道自己所不擅长的，也知道自己所比较擅长，他根本就没有想到有人会演他的那些译本，他只希望有人光"看"它们，而在事实上它们是值得"看"的。所以，我说，就梁先生个人而论，是有相当成就的。我的印象大体是这样的；严格的批评，精深的讨论，有待于国内英国文学专家！匆匆结束本文，谨祝梁实秋先生参政之暇，早日完成《莎翁戏剧全集》译事。

　　后记：昆明遍访梁译《威尼斯商人》不得，所引第五幕起场各译名，无法填入，谨暂借原文，未免遗憾。谨请原谅！本文初稿，念六年八月在已经陷入敌手的北平城里写就，承朱光潜先生编入《文学杂志》（商务印书馆出版）第五期（九月号），原题梁实秋译《威尼斯商人》；八月全面抗战开始，《文学杂志》宣告停刊，第五期底板已经制就，运往香港保存，未见并面。两年来，对于梁译莎翁戏剧意见稍稍增减，特此根据初稿全部重写，并改今题。

（念八年四月在昆明极乐寺旁记。）

　　本期撰者

　　张佛泉先生是西南联合大学教授。美国中立法的修正为国人最关心的问题之一。本刊第十八期曾刊载周鲠生教授的长文，本期中央大学教授黄正铭先生也来讨论这个问题。

　　萨师炯先生于北京大学毕业后，从事研究中国政治问题有年。他的《论政治建设》与张佛泉先生的一文，俱是讨论"政治的制度化"的文字。

　　丁佶与王了一两先生是西南联合大学教授，在本刊已发表过文章。顾良先生是一位作者，现住昆明。

——《今日评论》第 1 卷第 19 期（1939 年）

《德诗汉译》序（1939）

张元济

　　昔尝读玄奘三藏法师传。当时翻译经文，有证义、缀文、笔受诸职，有字学证梵语梵文诸大德为之赞助，其后又有于志宁、来济、许敬宗、薛元超、李义、杜正伦等时为阅看，随时润色。盖两国文字迥殊，沟而通之，若是乎其难其慎也。海通以还，译学大启，异城名编，日新月盛，顾未闻由援唐世译经之例以从事者。余友侯官严几道，少习英文，归修汉学，其自定移译之例，一反当世苟简之为。厥例有三，曰信达雅。读其成书，殆无愧色。窃尝闻其绪论，谓译词章家言，最为不易。盖词章由文字而生，文字已移，词章何所附丽？牵强附会，必有害辞害志之失。余于英文所造极浅，然聆其言而深信之。近有创真译之说者，关节脉络，一仍其朔。仅摘其所涵之实义，易以相对之辞，诘屈聱牙，不可卒读。即读之亦如坠五里雾中，此穷而思通之术，自欺欺人，未可为训者也。吴兴应君溥泉，幼怀壮志，间关求学，初之英伦，转而之德。诵其诗人戈德、翕雷诸家之作，咏叹流连，谓其能感发人之善心，译之以饷国人。一日袖以示余，余受而读之，训词深厚不懈，而及于古。余不能诵其原作，然可决其证义、缀文之际必极矜慎。溥泉语余，非独不敢违其意，即其词采、其

3277

音节，亦一一以两国之言文求其折合而无间焉。此严几道所视为难者，而君乃黾勉以赴之，雄文健笔，洵加人一等矣。原有序，言彼邦之诗明畅浅显，能使读者变化气质。余窃请进一解，倘能更以极明浅之文，恒习之序，别译一编，使如白香山诗，老妪都解，则所以激发吾国人者。其收效不益广且远乎，或以为俯徇时好，则非余之所望于溥泉者也。

时民国纪元二十有八年元月

海盐张元济序

——《德诗汉译》（上海：世界书局，1939年）

语及翻译（1939）

郁达夫

新近由上海的陶亢德氏转来从美国寄来的林语堂氏的信，说：林氏新著一部小说，名 *Moment in Peking*（《北京一刹那》），本年九月可以在美国出版，长约三十万言。书的内容，系以北京为背景，以姚家二姊妹为中心，起庚子，止现代，新旧并陈，人物错杂。俏婢美姿，显宦才人，亦颇不少。女主人公名为妹姑。此书林氏必欲由我为他译成中文。

因这关系，陶氏并告以新近将行发刊的《人世间》（系《人间世》之后身）杂志上，还想出一期关于翻译的专号，并征求我的对于翻译的意见。

我当时，已经匆匆复了他一封信了，大约不久总会在该杂志上刊出，现在还想补充几句。

我国翻译的标准，也就是翻译界的金科玉律，当然是严几道先生提出的信、达、雅的三个条件。他是从隋唐人的翻译佛经中得来的归纳经验，因而立为此说；而他自己的翻译穆勒氏、赫胥黎氏、亚丹·斯密氏等名著时，亦曾躬行实践过了。这三个翻译标准语，当然在现代也一样的可以通用。在福州时，曾见过严先生所用的翻译原本，英文的栏外，无论在边沿和天地空处，严先生临读时写入的细注，多得无以复加；并且，每一册书，他都从头细读，总在几遍以上，这从他的中文细注的年月中可以看出。从这一点来细推当日严氏译书的苦心孤诣，真要教我们这些读书不求甚解的粗心小子，惭愧得无地容身。

所以严氏的关于翻译的三个条件，我总以为在现代也还可以通用，而且也还应该固守。不过关于最后的一个雅字，因时代的不同，或者有一点商榷的余地。

譬如，前人以太常的长斋为雅，而现代的绅士却以对女士们献殷勤为雅的事情也很多。所以，这一个雅字，若系指译文的文体来说，那么现代的译文，只教能使读者感到有直读下去的趣味，也就可以了。换一句话说，就是原文的味儿，是原作者的，但译文的味儿，却须是译者的。英国人菲兹及拉儿特（Edward Fitzgerald，1809—1883）的翻译《鲁拜集》，就是一个好例。

至于我自己的翻译经验呢，总觉得翻译古典或纯文艺的作品时，比到自己拿起笔来，胡乱写点创作诗词之类，还要艰难万倍；原因，是当下笔时要受原作者的束缚之故。所以，从事文笔将近二十五年，但翻译的东西，却极少极少。

此后，也不大想专门为翻译而翻译；至若有不得已时，当然也可以日译它三五千字，如为林语堂氏帮忙之类。

总之，创作原难，翻译也并不容易。每见到上海的出版界，那一种翻译的敏捷，出书的众多的现象，真令我羡慕不置。

——《星洲报半月刊》第 28 期（1939 年 8 月 15 日）

关于误译（1939）

鲁迅

×× 先生：

顷奉到惠函并书面（二包），费神谢谢。印费多少，应如何交付，希见示，当即遵办。

《思想·山水·人物》中的 Sketch Book 一字，完全系我看错译错，最近出版的《一般》里有一篇文章（题目似系《论翻译之难》）指摘得很对的。但那结论以翻译为冒险，我却以为不然。翻译似乎不能因为有人粗心或浅学，有了误译，便成冒险事业，于是反过来给误译的人辩护。

鲁迅七月十七日

——《文艺新潮》第 3 卷第 1 期

（1939 年 11 月 1 日）

论汉译地名人名的标准（1939）

王了一（王力）

最近国立编译馆预备规定地名人名音译标准，辱承来函征求意见。我答复之后，觉得还有许多话要说，于是再写这一篇文章。

现在我国所译的地名人名，显然有两种毛病：第一是失真，有时候译出的汉字比原文的音相差太远。第二是不统一，例如同是一个 g 音，时而译为"格"，时而译为"葛"；同是一个"德"字，时而对 t，时而对 d，这样，我们看见了译文，往往猜不出原文是什么。一般人看见了希特勒三个字，会猜想原文是 Shiteler，等到将来有机会看见了原文 Hitler，也许还不知道就是鼎鼎大名的希特勒呢。这是多么可惜的一件事！

失真的原因有两种：其一是方音作怪，如 Dumas 译为仲马，Hugo 译为嚣俄，假使你不懂闽音，你就会莫名其妙。又知近来报上所载法国外长庞莱，原文是 Bonet，net 译为"莱"，令我们猜想译者会是川、滇、湘、皖。这种情形，对于译者或他们的同乡而言，不算是错误。然而对于中国而言，该说是错误，因为他们不能尽可能地利用国音，使全国的人易于了解。其二是不懂原文的音，以甲国的读法来翻译乙国的读法。最常见的谬误是拿英文的读音应用于一切族语。

记得有人曾把 Mussolini 译成"慕校里尼"，与意文原音最近，然而终于被"墨索里尼"替代了，其实"墨"不如"慕"的。又如报上把法国 Heriot 译作"赫里欧"，不知 h 不发音，又不知 o 在 i 后，该念像西南官话"岳"字，不该念"欧"。又如上文所举的 Bonnet，其第一音该译作"波"，不该译作"庞"；译者大约是误把它念像法文 bon 字，所以弄错了。

失真之后，偶然有人看见不舒服，自然也会改正了的。奈端之改为牛顿，可是大快人心的一件事。可惜有些改正后的译音仍是不能令人满意的，如嚣俄之为雨果，"雨"字虽说得过去，"果"字却不甚妥。"果"字在国语及多数方言里该念 Kuo，离原文 go 音颇远，不及"哥""歌"等字。这也是方音作怪，修正的人也许是山东人，也许是江浙人，总之一定是他的方言里"果""哥"念成同音不同调，然后他才喜欢用"果"对 go。此外，如"佛罗贝尔"之改译"福楼拜"，"服尔德"之改译"福禄特尔"，都是无可无不可的，更谈不上大快人心了。

上面所说失真的原因也就是不统一的原因；但是，译音之不能统一，除了方音的障碍及为英文读音所限之外，还有两个原因。第一，是喜欢用好看的字眼，尤其是对于妇女的名字，喜欢用闺阁的名字译出。例如 Davis，当其为男人之姓时，可译为"大卫斯"，当其为女人之姓时，则喜欢译成"黛维丝"。又如 Louis 译为"路易"，然而 Louise，并不译为"路易士"或"路易寺"，却译成"露意丝"之类。我从前也染了这种习气，非但给它一个男女有别，而且努力求姓名的汉化。这样办法固然也有好处；可以使中国人看得惯些，记得牢些。张伯伦令人一看就知是人的名字，多看就记得牢。但是，有一利必有一弊，它非但令人误会张伯伦是中国人（像是张伯行的兄弟），而且破坏了译音的统一：假使 cham 这个音段不在第一音，又得另换一个字了。第二，是中国同音字太多，个人随便乱用，毫无标准。例如 Bi 可译为"俾""比""彼""毕""碧"等，这样，就显得太没有条理了。补救的办法该是怎样的呢？也许有人说，我们有注音符号（注音字母），拿它来对音，可免不统一的毛病；再把它稍为扩充，务使足敷音译之用，则能可免失真了。国立编译馆也曾考虑到这个办法。但是，注音符号本身已经不甚美观，若再加扩充，例如在符号之旁再加符号，就更难看了。况且现在又识注音符号的人还不及认识罗马字母的人多，又何必多此一举？

也许有人主张另制一种符号，专为译音之用。这事更可不必。我们之所以译音，固然是为一般不识西文的人设想，同时也因为可以在汉文中不杂西文，取其好看些。如果另制符号，倒不如索性照录原文来得痛快。

我们觉得音译的改良，仍该在汉字的本身上想办法。由欧译汉，最占便宜的地方是一个汉字可译两个至四个罗马字母，如 Pan 可译为"潘"或"班"，不必译为"伯阿恩"。我们对于音译虽不能达到不失真的地步，至少可以做到"近真"。国音不够用，我们可以略采方音。原有的音译并不是完全要不得的，例如以入声字译短元音（不带鼻音韵尾的），这是采用吴音的好办法。"迭更司"胜于"第更司"，"杰克"胜于"贾克"。用江浙的蓝青官话念起来，几乎可以逼真。此外，闽粤语及客家话也似乎有可以借用之处：Bismarck 译为"俾斯麦"，"麦"对 Marck 比译成"俾斯马尔克"或"俾斯马克"简便些；Thomson 译为"谭森"，也比"汤姆森"简便些。然而我们须知，这是国音中没有办法的事，才借助于方音；并不像仲马、奈端之类，我们反可从国音中拨出更好的对译，这是不能相提并论的。

我们用汉字译欧音，并不能，亦不必求其声音完全相同，我们只求其有一定的标准，这可以称为"代数式的统一"。譬如以"希"代 hi 未尝不可，因为国音中没有 hi，不妨借用粤音（广州"希"字虽念 hei，但其他粤语区域多数念 hi）。但是，我们该注意一件事：就是以"希"为 hi 的专有的对译符号，不得再拿它来译 shi 音。Norma Shearer 不得再译为"瑙玛希拉"，只能译为"瑙玛喜拉"一类的字了。我们遇着译音中的"希"字，也该一律念 shi，不可再念 hi 了。

汉字没有代表纯辅音的，所以遇着西洋的纯辅音也不能译得很像。但是我们的前辈已经替我们发见比较妥当的字了，如"格""克""特""勃"一类的入声字，"斯""士""志""滋"一类的"元辅同位"的字，以及"尔""儿"等，都是汉字当中比较地适于对译纯辅音的。Franklin 译为"佛兰克林"，"克"字是很妥的。我们只要加以整理，使它们有固定的对音，不许一个字对两个音，就没有什么缺点了。

明白了"代数式"的道理，我们还可以同音的分译数音。如"爱""艾"虽同音，我们可用"爱"对 ai，用"艾"对 ei；"哀""埃"虽同音，我们可用"哀"对 E（法文 Estionne 的第一音），用"埃"对 e（法文 Elysee 的第一音）；"慕""穆"虽同音，我们可用"慕耐"译法国名伶 Mounet，用"穆赛"译法国诗人 Musset，诸如此类，都靠着代数式的统一办法，而不至于相混。

　　总之，我们的目的在求音译的一致，我们的方法在使被择定为译音之用的汉字当中，每一个字都有固定的对音。换句话说，每一个汉字不得对译两种外国语音；每一个外国语音也不得对译两个汉字。这样，我们可以制定一个音译对照表。在中学或师范学校里只需费一两个钟头，就可以使学生完全了解，并且能够运用无误了。

　　本来，我们可以想出更严密的方案来。譬如我们可用口旁的字表示纯辅音，用人旁的字表示重音，用水旁的字表示轻音等。然而这么一来，恐怕要添造许多新汉字，专为音译之用。这是凭空增加了印刷上及认识上的许多麻烦，倒不如将就些的好。音译统一之后，会有人觉得译名不雅。例如"张伯伦"也许会变了"忏伯冷"，似乎太难看了。其实完全是习惯的问题。"拿破仑"与"埃及"在当初并不比"忏伯冷"雅些，现在用惯了，"拿破仑"就令我们想起一位盖世英雄，"埃及"就令我们想起金字塔，雅得很。但是，雅不雅不成问题，习惯的突然改变却成问题。试设想依音译标准，"伦敦"该改为"冷凳"，纵使我们不嫌"冷凳"不雅，我们能不能违反数十年的习惯？国立编译馆有见及此，所以拟出一个保留旧译的办法三条：（一）国名以保留旧译为原则（如英、法、德等大国国名）；（二）通用已久的重要地名（如伦敦、威尔逊等），以不更译为原则；（三）海外华侨已通用的地名（如泗水等），拟不改。这是很对的。不过，适用已久的标准也颇难决定。"张伯伦"算不算适用已久？"庞莱""赫里欧"算不算适用已久？修改的太多，习惯一时改不过来；修改的太少，则旧译与新译太不一律也不好。这是颇费商量的。

　　总之，音译统一的方案并不难于规定，只是难于实施。请问国立编译馆或教育部有没有法子统制全国的音译？书籍还可以在审定时加以矫正，或对于音译不合标准者不予审定。报纸杂志最难统制；然而我们知道，最先翻出一个新人名或新地名者，恰是报纸杂志。报纸杂志不能统制，音译的标准就会等于具文。我们希望当局在公布音译标准以前，先考虑考虑实施的办法。

——《今日评论》第 1 卷第 11 期（1939 年）

关于《社会经济形态》的译名
问题答外庐先生（1939）

沈志远

本刊第二期读物介绍中，承外庐先生把拙译《社会经济形态》这本小册作了一番介绍，并对我的译名有所指示，本人非常感激。不过关于Socially-economic formation（俄文为Sotsalno-economicheskaya formatsya）应译"社会经济形态"抑应译"社会经济构成"的问题，我却有不能完全同意外庐先生之观点。外庐先生的主要理由是说formation是"构成"之意，如不变资本与可变资本的有机构成。我觉得这是侯先生的一种误会，因为"资本有机构成"的原名，在英文是organic composition of capital，在德文是Organische zusammensetzung des kapitals，在俄文是organicheskii sostav kapftale这个字，所以侯先生拿"资本有机构成"这一译名作为"社会经济形态"应译"社会经济构成"的根据是本人不敢苟同的。其次，侯先生说"形态"是"form"而不是"formation"，这也不尽然。"form"故可译作"形态"，但译作"形式"却更为普遍；反之，"formation"却只能译"形态"而绝不能译"形式"，这诚如侯先生所说"在俄文中，form、formation都有特殊用法"而不可混用的。

读者通讯："译名统一"的要求（1939）

王暮云、编者

编辑先生：

　　自从《时与潮》在重庆出版以来，我非常注意而爱好这个刊物。这不仅是因为它具备着许多优点，如印刷精良，版式整洁，图文并重，等等，而且是因为在出版物蓬勃异常的今天，只有它，而且仅仅只有它是一个意识正确的、内容丰富的纯翻译刊物（除了附属地位的少数创作文字以外）。在今日对于文化界供应广大文化群众的需要来说，仅只一个《时与潮》半月刊具备着上述的必要的资格（意识正确、内容丰富），以着重传递国外政治、经济、军事、文化等客观言论的姿态出现在出版界，我相信不仅仅是我，而且是大多数文化群众需要感觉为一种遗憾的事。但是，问题就在这里；虽然介绍国外客观言论的期刊与风气在出版界、文化界中没有占着特别被重视的地位，但这个问题还是有其提出的必要的，这就是关于"译名统一"的要求。这个问题是久经名家所提出并讨论过的"老"问题，当然用不着我来重复解释。但虽经过"名家"所"提出"过了、"讨论"过了，却依然在异常需要解决这个问题的今天，还没有得出一个具体的结果来。我认为这是值得特别注意而异常严重的现象，且必须予以具体地解决的。关于译名不统一的问题，一般知识程度较高（也就是说对外国文学比较熟悉的）的读者群对于它的困难与烦恼，或者还比较感觉的轻。而一般知识程度较低（也就是说仅只熟练本国文字的）读者群对于译名不统一的困难与烦恼的感觉，就严重而且厉害得多了。举几个浅近的例子说：一个"斯大林"，就可以同时译出"史大林""斯达林""史达林"等几个译音来，不过这在字数的差别、音的差别等方面还没有多大的错误和不同。人们对于这个革命领袖之名字日常接触，多半也不会错误。再如："陀斯托耶夫斯基"也可以同时译为"陀斯退益夫斯基""陀斯退夫斯基"（见报）。"高尔基"译为"戈里基"。甚至好像故意弄别扭似的，将"列宁"译为"篮宁"，等等。这在外国文字不甚熟悉甚至不熟的读者说来，就够吃大苦头了。至于查一个译名便消耗了读一整篇文章的时间，那更是常有不奇的事了。在这里，我还可以举一个最现实的例子：贵刊二卷三期所载"日本军阀的秘密组织"一文内，所称"赵贡方大"其人实系"照空和尚"译者之误（见贵刊二卷四期"编辑室"）。"照空"虽系国际间谍，但其影响究不若世界各国政府职权者大，其名当然也不能熟记在人们的脑子里，因此我们当然也就不能责备译者。但若换了一个为人们熟悉的国际著名人物，而译者依然译成了一个为一般人所不懂的名称，那么这时，译者就要对读者负相当的责任了。由于上述几个小小的例子证明，为了消除读者的不必要的困难和烦恼，同时也为了增加译者的便利和工作迅速，关于"译名统一"的这一要求，我认为是再也不能而且不应迟缓，而必须积极地加速进行了。对于详细的办法，以我个人的学识和能力说来，当然绝对不能有所计划和贡献。这时有待于先生等及全国学术界的前辈和先进们来有系统地进行的。译名统一的工作，当然是非集团研究不可的，如"译名统一研究会"等组织，在目前是必须及时建立的。至于译名统一的原则，我以为最少有三点：（一）按国语照原音正确的直译。（二）名称的笔画要简单。（三）不必在名称内贯注"百家姓"的字眼，也不必"洋气"十足。但必须时，双方亦不必故意避免。

仅此即致。

民族解放的敬礼！

读者王暮云敬上

暮云先生：

赐书敬悉。关于译名统一问题，敝社同人也和先生具有同样感觉。今承垂嘱，自当勉尽绵薄：一边转向社会，提出这项要求，推动起这项运动，期望能够把这个问题得到一个彻底而普遍的解决；一方求诸敝社同人自身，尽可能地把它"统一"起来，以副先生至意。至于先生对本刊的倍加爱护，我们是十二分铭感；对本刊的逾格奖誉，我们实在不敢当，唯有益加努力，用酬盛情！尚祈时加指示为感！

复致

民族解放敬礼！

编者

——《时与潮》第3卷第2期（1939年）

经济部核定同业公会译名（1939）

佚名

  同业公会翻译英文名称。根据上海市商会前年议案，曾主采用 Association。去年十二月三十日国货调味品制造业以 Association 意义广泛，不如用 Guild 之含有行会意义，较为确切等情。上海市商会以事关公会对外译名，自应一律。经电请经济部核实去函业奉经济部批开卅代，电悉查同业公会英译应作 Guild，但银行业同业译名已成习惯者，可暂缓更改。仰即知照。

——《树业月报》第 19 卷第 4 期（1939 年）

译名加附原文（1939）

陈佚尘

启者：闲言不叙，鄙人对于贵刊有一点小小的意见，即是贵刊所载各种译名无论初刊再刊均希望将原名列入。因为吾国既无统一译名，且文章方言不同字音各别，译者多凭己见，各自为政，以为这一个译名千真万确，文章可以通行。殊不知大谬不然，因方言之不同，一个译名可以猜测许多原名来。鄙人恐怕引起读者误会，发生意外，故敢将敝见上渎，务望采纳，不胜幸甚。此上

台安

青岛读者陈佚尘上

一月十一日

佚尘先生：

对于译名一事，本报向来特别注意。不但对于外国人名、地名、厂名、货名以及科学上名词，或商用名词，均附注原文。且译名必按照最近教育部颁定之标准。如有漏登原名或译名未合标准时，请来函指正。

——《科学电报》第 13 卷第 3 期（1939 年）

中国传统译论文献汇编（六卷本）

卷六（1940—1949）

朱志瑜 张旭 黄立波 编

商务印书馆
The Commercial Press

2020年·北京

中国传统译论文献汇编
（六卷本）
卷六
（1940—1949）

目　　录

《翻译论集》编者序（1940）

黄嘉德

在各国语言文字不统一的世界里，翻译是一种不得已然而很必要的工作。翻译具有沟通文化的功能。翻译一方面可以把本国的文化介绍到外国去，使异族认识本国的真面目；另一方面可以把外国的文化转输进来，去短取长，改造本国固有的文化，使之更为高超，更为完美。

我国是一个曾经有过长期光荣历史的文物之邦，过去许多有价值的思想学术文章，确有宣扬于世的必要。同时，我国近代文化的落后，证明固有的文化需要新的力量和新的发展。介绍国外的文化，可以帮助调整我国文化的内容，弥补缺憾，走上中兴之路。所以翻译在我国是一种极端重要的事业。

从事翻译者的基本条件，是能够理解并且能够运用两种或两种以上的语言文字。在文化水准低落的我国，能够适合这种条件的人才自是寥寥无几。况且，他们还得具有冷静的头脑，忍耐的精神，苦干的毅力，忠实的态度，和负责的心机，然后对于此种工作，才能够胜任愉快。除此之外，要翻译的成绩优良，译者必须有充分的修养与严格的训练。这么说来，译才的造就的确不是容易的事。

训练翻译技术的根本方法，当然是实地的练习；但理论上的适当指导，可使工作获得事半功倍之效，也是不可忽略的。翻译和游泳一样，个人切身的经验比什么都重要。学习游泳的人，拿着指导游泳的书一天到晚的读，就是能把全书背得烂熟，也是无济于事。他必须鼓足勇气，到水里去浮沉挣扎，预备吃几口水，预备克服许许多多的苦难。把理论实用起来，努力练习，等到习谙水性，便能处水中如履平地，动静如意了。翻译亦然。从事翻译的人，欲其技术日臻完善，应当勤于练习，因为熟能生巧，经验渐富，便会触类旁通，运笔自如。然而，从事翻译者在这过程中，不能缺少理论的指导。没有理论的指导，正如盲人骑瞎马，横冲直撞，结果必不能十分顺利圆满。别人在这方面的经验、理解、推论、研究，是极有参考的价值的。这种指导可使从事翻译者省却许多不必要的"尝试而错误"的程序。翻译界的先进，已为后学铺造一条日就平坦的大道了。

本书中的文章大半是编者年来在上海圣约翰大学担任翻译课程时陆续搜集起来，以为教室中讨论的一部分材料。自从清末以至五四运动以来，散见各种报章杂志出版物的关于讨论翻译的文章倒很不少。可是有许多仅是散漫零碎的杂感之类，或意气用事的谩骂式的评论，似乎没有什么大价值。真能平心静气，正正经经，以有系统有条理的文字讨论译事的著作委实不多。本书所选的文章均以内容的充实适当与否为标准，务使读者阅后，对于翻译的原理、方法、历史诸方面，都能有相当的认识，因而在技术的训练上，间接可以得到一些有益的帮助。编者见闻有限，耳目未周，当有不少有价值的文章不曾选辑在这集里。海内外文友如果看见值得介绍的材料，希望随时赐告，以供参考，是幸。

本书共分四辑。第一辑"翻译通论"特选严几道《译天演论例言》列于编首，因为严氏所提出的信达雅三条件，已经成为我国数十年来讨论翻译方法的中心。林语堂的《论翻译》，材料丰富，对于翻译各方面的问题，都根据一己的经验和观察而立论，甚多精彩。胡适在与曾孟朴先生书里，发出"西洋文学书的翻译在今日直可说是未曾开始"的警告，希望大家"多译一些世界名著，给国人造点救荒的粮食"，真是一针见血之论。曾孟朴的答书叙述他自己从事法国文学研究和翻译的经过，又谈到他与林畏庐讨论翻译的情形，娓娓动听，亲切有味。周作人在《陀螺序》中举例阐明直译方法，言简意赅，切中时弊。傅斯年提出译者的两重责任和翻译的次序和方法，颇足发人深省。艾伟的《译学问题商榷》根据所征求的答案，总论翻译各方面的问题，读后可以明了诸译家对译事的一般主张。鲁迅答 JK 同志的信，由直译谈到增加新字眼和新语法，别有一种见地。曾虚白在《翻译的困难》中详述翻译的基本训练方法，是初学者的翻译实习南针。陈西滢重新估定严氏翻译三条件的价值，同时提出形似、意似、神似三种程度的翻译，申论极为透澈。他对神韵的见解引起了曾虚白关于"神韵"与"达"的商榷，补充了许多有价值的意见。吴稚晖和郭沫若关于注译运动的讨论，为翻译界开辟了一片新园地。朱经农发表译《明日之学校》后的感想，对于翻译抱着严正忠诚的态度，有志于好译作者，读后当知所适从。吴挚甫与严几道论译西书，主张别创体制及节译，也是值得参考的意见。

关于第二辑"论译名"，胡以鲁本着意译和音译的原则，著例三十条，议论透辟，非研究有素者不能道出只字。荣挺公与章行严论译名的通信，对于义译音译的意见，颇多发挥。另选科学名词审查会所译科学名词的说明,以明实际译名的方法。

第三辑"论译诗",选用曾孟朴、成仿吾、刘半农文章各一篇,略见译诗的方法和译诗歌与译散文的异点。

第四辑"翻译的历史",辑录胡适的《佛教的翻译文学》和郑鹤声、郑鹤春的《科学翻译史》。前者由白话文学的立场讨论佛教翻译文学的发展,及其对于中国文化和学术的影响,颇多清新卓越的见解。后者将明末至清末的科学翻译史作一番有系统的论列,使我们知道民国以前译述界的概况。这两篇文章可说是我国过去翻译事业的一个总结算。

黄嘉德廿八年十月上海

——《翻译论集》(上海:正风社,1940 年 1 月)

科学名词审查会物理学名词审查组第一次审查本凡例（1940）

佚名

一、本书名词范围，以中学及大学普通物理教材为限。

二、定名务求真确、简单、划一、醒目、有差别、有系统，并参酌原文字义及旧译习惯。凡旧名之无甚不妥者，暂不改。除万不得已时概不造字。

三、名词中有一字数义者，类皆并译数名，注定用法。

四、名词皆为单独用，其有与他字合用而可省去一部分者，概于此部分外，加方括弧，以示区别。

五、吾国对于科学单位，曾有公尺、公斤等之称。然斤与公斤名相似，而一以十六进，一以十进，计法不同，易起误会。cm 为公分，gm 亦为公分，同名异义，尤不可解。至若 C. G. S. 制为公分公分秒制，其晦且笨实甚。且所有法定单位，虽皆以十进，而每进译名各殊，自无统系，尤难记忆。诸如此类，实非善策。兹一律从其原名译音，如 meter 为米突，gram 为克兰姆等。遇有必要时，尽可简写作米、克等字样。但必须读出全音，而以籵、粨、粁、粉、糎、耗或赶、砳等字，代表 Dekameter, Hectom., Kilom., Decim., Dentrim., Millim. 或 Dekagram, Hectogr. 等，读音为十米、百米、千米、分米、厘米、毫米，或十克、百克等。夫以一字而读双声，虽为中文中创例，然为科学名词便利起见，固无不可。且吾人习惯上，固已将哩、呎读作英里、英尺矣，则亦可谓全系创例也。至于其他单位，如 Watt, Joule, Erg 等，皆仍其原音，并完全写出。凡特别简写者，亦加注定，千位以上或千分之一以下，拟用万、亿、兆及丝、忽、渺。如 Mega 为兆（拼写时同），Micro 为渺（拼写时用少，如秒读渺米），即 Mircon.（丝忽拼写用系忽，读丝忽），Mirco-Micro 为毫渺（Mirco-Micron 为毫秒，读毫渺米）。十分之一秒为分秒，余仿此。

六、人名暂译音，用汉字而不用注音字母，因注音字母之用，本不通行，且不真确。凡遇人名时，例应将原名刊出，按音读字，无注音字母之必要也。

七、为便利讨论起见，所有名词暂依自然次序排列，待审定完全结束后，再另按字母做索引，附于篇末，以便检查。

八、册中名词残缺甚多，亦有刊误者，如实际上发见此等问题，或有不适用之处，务望竭力维持原定名词之精神而变通修改之，并登科学杂志，以匡不逮。

——《翻译论集》（上海：正风社，1940 年 1 月）

科学名词审查会化学名词审查组
第一次审查本说明（1940）

佚名

本会审定名词，主旨凡三：（一）有确切之意义可译者意译，如氢、氧、氮、氯等。（二）无意可译者译音（西文之首一字音），如金属原质，大都循此例。（三）不论译音译意，概以习惯为主，故氢、氧、氮、氯，虽造新名，而音者则仍与轻、养、淡、绿无异也。命名之体例，凡气体原质概从气，液体原质概从水，固体之非金属原质概从石，金属原质概从金。唯炭、燐不加石者，因从习惯，加石转令人茫然故也。

【……】

——《翻译论集》（上海：正风社，1940 年 1 月）

两部汉译哈代小说（1940）

林辟

　　这里所要介绍的两部哈代（Thomas Hardy）小说的汉译本，在民国二十五年就出版了，可是它们似乎并不会引起社会人士多大的注意。原书是好书，翻译也够得上称一声好译；假如介绍西洋文学还是一桩有意义的工作的话，我们实在不应该对于好书好译这样的冷淡。

　　哈代个人的思想如何，这里且不提。单是他写作的艺术，就足以使他成为一个现代最伟大的小说家（当然同时还是诗人）。小说在他手里，不复仅仅是人物风景的描写和故事的叙述了——它们已经成了完整的艺术品。一度学习过建筑工程的汤玛士·哈代，他用了建筑师的眼光和手腕来创作他的小说。他的小说实在就是一种建筑，整个地看来是伟大，部分地看来是平匀。即使一砖一石，也显出是匠心独运，而同整个的结构有着和谐的配合。我们现在很荣幸地有了他的两部代表作的中译本，那就是《德伯家的苔丝》（*Tess of the D'Urbervilles*）和《还乡》（*Return of the Native*）。在那两部书里，哈代的艺术更其表现得透澈。看惯中国式的断断续续支离破碎的小说的，一看过这两部书，当要觉到艺术的小说和故事的小说是完全不同的两回事了。

哈代的小说并不是不注重故事，而是在他的小说里面，故事、人物、背景已打成一片了。人物创造了故事，可是哈代的人物并不限于有血肉、有情感的男男女女，他把"自然"——就是普通小说里的"背景"——也当作人物来描写了。这三者的调和，造成了直追希腊黄金时代的伟大的哈代的悲剧。

有人或者觉得哈代小说的故事里常常有偶合的地方。其实所谓偶合的事情，并不是绝对不可能的，而常常是很有发生的可能的。譬如苔丝从"女儿无瑕"变成"柳败花残"，是偶然的呢？还是必然的呢？这是很难答复的一个问题。不过当我读到《西风》月刊第二十七期的信箱时，我几乎看见德伯家的苔丝前期的故事的重演。这位来请求西风信箱解决问题的小姐，有着和苔丝相类的经验。一个女子不幸的贞操的丧失，可以不可以告诉她的爱人呢？西风信箱是鼓励这样做的，可是苔丝尝试了，然而失败了。

讲到这两部译本，译者张谷若先生的确抱有很大的愿望。他说："我想先把哈代的几部重要作品都译出来……"（《德伯家的苔丝》"译者自序"）

所以这里的两部，不过是张先生计划的一部分而已。我相信凭了他介绍的热诚和对于哈代的了解，这个计划是不难实现的。

这两部书翻译得都十分用心，至于怎么样的仔细法，也不用我一条一条地列举原书译文来证明，我只须指出最显而易见的两点就够了：

第一，译者加上了大量的注释。每部都有一百几十页的篇幅是译者的注解，这些东西虽然对于读小说的读者并不是顶需要，然而却足以表示译者对于原作的研究的功力和对于译文的负责。这些注解里面，有许多是关于民俗的，有许多是关于宗教的，此外还有不少是关于戏剧的、地理的、文艺批评的、自然科学的，等等。这些东西当然不是一下所能搜集得起来的。译者所花的功夫之多，也由此可见。

中国近来所出译书虽多，但大多是近于滥译。一个人懂了些英文，便好像什么书都能译了。因此有不少人，凭了一二本字典，将一本名著很容易地"克日译完"了。这样非但对不起读者，而且也对不起自己。外国文的纯熟虽然是译者的必要条件，但决不是充足条件。译者自己总该有个特殊的兴趣，他的译书应该不出这个特殊兴趣的范围。在这个范围以内，他所知道的东西该多一些，这样可以帮助他的翻译工作，同时也可以帮助读者了解他的译文。而且假如人生就是学习的话，那么翻译该是学习中很重要的一环。本来可以走马看花般看完的一本书，到了翻译时，便非得要一字一句弄得彻底了解不可。我们的理想的翻译家，是应该在自己兴趣的范围以内，选择几部外国名著，一面力求自己对于这几部书的了解，一面再把它们译成中文。大家多方面这样的工作下去，中国的翻译界或者可以有些成绩。而这两部哈代的小说可以说是近乎我们的理想的。

中文的技巧当然也是翻译中一个很重要的因素，所以讲到第二个优点，便是译者处理中文的手腕。哈代小说的一个特点，便是地方色彩的浓厚。他的小说里面除了标准英文以外，还不乏道塞郡（Dorsetshire）的方言。译者于是也用两种方言来翻译。他用北平语来翻译书中的标准的英文，至于原文的道塞郡的方言，他用了山东东部的方言来翻。这样读上去便更觉传神了。不太懂山东话的读者，或者觉得山东话读来没有北平话流利，然而那亦何殊于不大懂道塞郡方言的英国读者去读哈代的原文呢？现在有许多读者却要求译笔流利，然而为了忠实于原著起见，有时在原著不流利的地方，也不得不用相当于原著的不流利的中文来翻译了。看惯了流利的译文，往往反不能欣赏真正的文艺了。除了山东语以外，本书的白话文倒的确是相当地流利的。

商务印书馆还出了一本《哈代评传》，李田意先生著。这本书是在二十七年出版的，不知怎样书中没有提到现在所介绍的两部译本。其实这两本是《哈代评传》的很好的辅助读物。张谷若先生在自序中也有写"一本比较详细的评传"的意思，我们在等待他的别的哈代作品译文问世的时候，也乐于看见另一本哈代评传的完成。

——《西书精华》第 2 期（1940 年）

《金瓶梅》的英译本（1940）

陈东林

所谓中国五大奇书中，《三国志》《红楼梦》《西厢记》和《水浒传》的英译本都已经先后出版。那么在这五大奇书中还没有英译本的只有《金瓶梅》了。这恐怕是为了二个主要原因：第一，它一向是被认为"禁书"的，所以使一般人为将来的出版问题不敢动手去译，第二，是为了这部小说在对话中所用的土话实在太丰富了。就是我们中国人彻底理解的也占少数，至于那些外国人更不用说了。可是西洋人士不顾这二重难关，数年前有一部德文译本出现，译者是弗兰斯·肯（Franz Kuhn），由德国勒不上格的 Insel-Verleg 书店出版。可惜是节译本，并不是全译本。而等待已久的英译本终于在去年年底在伦敦出版了，并且又是同时出现了二种译本，尤其在烽火连天的英国，这的确是一件值得纪念的事。

这二种英译本中，一种是全译本，由专门出版东方书籍的 Kegan Paul 书店出版。另一种就是根据那德译本的节译本，由 John Lane the Bodley Head 书店出版。

全译本一共有四大巨册，售价是四镑四先令。照现在的汇率算起来，一共要合二百元左右的国币。书名叫《金莲》（*Golden Lotus*），译者埃格顿（Clement Egerton）据说是一个闻名的汉文学家。在该译本的介绍词中，出版者曾提起译者从事翻译时所遭遇的困难，可是他总算用极谨慎的态度，在不离原文太远的范围内，把它译成清丽可诵的现代英文了。除了对话以外，他所遭遇的最大的困难，要算是"有诗为证"中的那些"诗"了。译诗是一件最吃力不讨好的工作，更何况是那种意在言外的妙诗呢。因此我们作为中国人得向这位译者的埃格顿先生道贺，因为他像奇迹似地完成了一件简直可说是不可能的工作；同时应该感谢他把这老大国之"文化"的"另一面"介绍给英语的人民。

最有趣的是，他对于"有伤大雅之处"的处理方法了。为使它符合"未删节之全译本"的名称起见，这译本的确毫无删节之处（如坊间的"词话"本那样，以下删去 XX 字真是使人感到啼笑皆非）。可是，"要紧关头"却都译成拉丁文。因此倘使好奇的读者，想要彻底理解的话，就要懂得二种文字，一种是英文，而另一种是拉丁文。

它所根据的本子，也是一件值得研究的问题。经作者对照之下，它所根据的并不是世界文库中的那种"词话"本，而是为一般读者所不常见的所谓"古本"。坊间所流传的什么《古本金瓶梅》《真本金瓶梅》，所根据的本子大都是支离灭裂，残缺不全，完全失去本来之面目的。可是他所根据的好像是万历年间的木刻本（即封面上有"李渔撰"字样者），可见译者埃格顿先生除了对于汉文深有研究之外，对于版本也是相当讲究的。

现在我们来看看那节译本到底是怎样的。上面曾说过这是根据德文转译的，因此在字行间失去原意当然是在所难免。译者是密亚尔（Bernard Miall），是一个名不见经传的人物，他的名字既不见于外封面，又不见于里封面，而只用极小的铅字排在版权页上，可见出版者奚落他的一斑了。反之写绪论的威莱（Arthur Waley）的名字却显著地登在外封面上。因此我们也可以说，这部译本的一部分价值就是在这序文上。序文的作者威莱现任职于大英博物馆，是英国闻名的中日文学研究家，关于中国及日本文学的著作已经出版的已达十余种了。在这篇序文中，他对于《金瓶梅》的考证广征博引，可说已尽了详尽的能事。首先他提出了对于《金瓶梅》作者的普遍见解——由明代王世贞所作，置毒于纸上以杀他的敌人严世蕃的。接着，他说，《三国志》和《西游记》因胡适和鲁迅的考证，对于原作者和它们的演变而成现在的形式，已经获得了眉目，可是对于《金瓶梅》迄无可靠的考证，颇为遗憾。最后他提起了个人对于《金瓶梅》原作者的见解。据他的意见，王世贞是顽固的守旧派，开口孔孟，闭口孔孟，所以说他是这部醒世小说的作者是不可想象的事。可是在他方面，当时由袁宏道领导而和王世贞对立的公安派中，却不乏新思想的人物。尤其如公安派的健将徐渭，威莱疑心就是金瓶梅的原作者，理由是金瓶梅的原稿是发现于徐渭家里，而这部小说中所有的诗文和徐渭文集中所收的诗稿颇有相像之点。可是威莱却不敢作确切的断定。在收尾里他说，这须让贤明的中国学者自己去决定吧。

节译本共有四十九章（即原本之"回"），和原书的一百回比较起来，简直删去了二分之一以上。不过对一般的读者着想，这也许是一种聪明的办法，因为它把西门庆二次三番做佛事等的场面（这连中国读者看起来，也会觉得头痛的）删去得干干净净了。不过所有重要的情节仍都包括在里面，所以对于英语的读者，倘使只要晓得大致的故事，这本译本是最适用的了，售价是二十五先令。

不论在全译本的介绍词中，或节译本之威莱的序文中，对于《金瓶梅》都一致地否认这是猥亵的小说。威莱认为这是一部极成功的讽刺小说，而全译本则认为它是一部民族小说，犹如《十日谈》是意大利的民族小说，《天方夜谭》是阿拉伯的民族小说那样，《金瓶梅》是中国的民族小说。

据全译本的介绍词，这部作品完全是心理描写的小说，将毫无"渲染"的写真显示于读者之前。作者并不企图向读者解释他的人物（这数目是非常之大的），可是从主角到侍女为止，每个人物都是首尾一贯，而描绘得栩栩如生的。接着又说：作者的态度像完全不为感情所左右的。他绝不设法引起读者的厌恶、同情或赞美。他只是淡淡地讲他的故事，是那么动人的，间或又夹着幽默的笔调，可是始终是那么坦白，使欧洲的读者有时倒要感到忸怩不安了。最后又这样说：在描写与观察的技能上，《金瓶梅》的作者是堪与写实派的大作家们为伍的。

随着《金瓶梅》英译本的出版，批评家们都提出了各种不同的见解，现在把其中最主要的二位的意见列之如后。

法人亨利·考梯埃（Henri Cordier）在他的《汉书文库》（*Bibliotheca Sinica*）里曾这样说：

> 在这本小说里叙述着一个富有的药材商和他的情事。这里面把社会生活所引起的处于各种不同之关系的一大群男女呈现于我们之前，我们看到接二连三经过文明的人类所能经过的各种场面。这本书的译本将使其他关于中国之风俗的书籍都变成无用之长物了。

著名的汉学家贝塞·劳佛（Berthold Laufer）却这样说："作为艺术的作品，这部小说是同类中最优秀的了。我们完全否认这部小说是猥亵的。它和左拉与易卜生的作品同样地并无猥亵可言。这是出于一个大文豪之手笔的艺术作品，他彻底地了解他的同胞，用异常曲折的文笔把他们描写成和实际上一般的活生生的人物，而并不是骗子或伪善者心目中那种架空的人物。"

——《西书精华》第 2 期（1940 年）

评书:《荒原》(1940)

邢光祖

【……】

我们要知道诗是以人类精神活动作基石的，常常紧随着时代生活方式或环境的动率（tempo）和复杂性而起相应的变化，奠定诗的形式和内容的限制，而愈趋专门。所以艾略特的诗，并非是过度玄奇的作品，而是时代的产物。翻译他的诗正可以浇冷我们诗内热情的洋溢，正可以一窥现代诗的新趋向；而同时披读他的诗可以锻炼我们的批判才能，因为在诗的批判中就领向诗的创作（见《圣林》十五页）。

已经说明了翻译艾略特诗之重要和其委曲的特质，无形中已是隐示着赵女士这本翻译的伟大尝试。不过更使人惊奇的就是在原诗三百三十四行中译本里，绝无一丝儿曲解原意的地方。我们如其相信原作的艰深和翻译的成功互成正比的话，赵女士的译本显然地已经攀登功成的高峰。她已经把她和原作者间的迷雾——原作的才气、题材的性质和处置、艺术的手腕等——加以彻底的廓清，译者和原作者已是化而为一，这种神奇的契合便是翻译的最高标准。赵女士所采取的方法是直译法，非特是行行对译，而且是字字直译。因为只有直译才能保存原著的气息，蕴涵原作每一个 shade of meaning。这一点我们可以把译本和原著对较一下便可以见到。但是我们偶尔会发见一二单字的直译还不够彻底，例如下列四句中的 violet 一字的译法：

原文：At the violet hour, when the eyes and back（二一五行）

译文：到暮色苍茫的时候，眼与背脊

原文：At the violet hour, the evening hour that strives（二二〇行）

译文：暮色苍茫间看见黑夜挣着腰

原文：Cracks and reforms burst in the violet hour（三七二行）

译文：爆裂改造而又在紫气暮色中奔涌出来

原文：And bats with baby faces in the violet air（三七九行）

译文：蝙蝠带着孩子脸在紫光里。

这四句内的 violet 一字便有三种的译法，如果不是欠忠实的话，至少也是译笔法不一致（lack of unity）。（顺便提起，上列第二句的 The evening hour 译"黑夜"亦欠合。）不过这些，以及许多别的，都是没有悉心校勘的弊端，不足以贬抑译文全部的完美。

末了我得说：艾略特这首长诗是近代诗的《荒原》中的灵芝，而赵女士这册翻译本是我国翻译界的"荒原"上的奇葩。

——《西洋文学》第 4 期（1940 年 2 月 1 日）

艾略特与《荒原》（1940）

赵萝蕤

　　约在六年前，我初对于艾略特的诗发生了好奇的兴趣，后来在仔细研读之余，无意中便试译了《荒原》的第一节。这次的试译约在1935年5月间。其后的一年，我并未继续地译下去，因为那种未研读之先所有的好奇心已渐渐淡灭，而对于艾略特的诗的看法已有了一点改变。到1936年年底，上海新诗社闻听我曾经译过一节《荒原》，他们很希望译文能够完成，交给他们出版，于是我便在年底这月内将其余的各节也译了出来，并将我平时留记的各种可参考、可注释的材料整理了一下，随同艾氏的注释编译在一起。我的译稿尚未改正校订完成的时候，就生了一场大病，在病中便将全篇寄出去付印，而叶公超先生替我做的序也是未得先阅译文而写成的。读者如要知道艾略特诗的地位与其特殊的风格，叶先生的序便已足够了。

　　后来在1937年夏天这本书便出版了，我自己忽然在北平收到了第一批书之后，随着倭贼的入侵而南下，一直奔走三年，生活不定，故亦无心于顾到这本书的状况；直到最近宗白华先生问起这首译诗的下落，我才拣出随身所带的几本，寄赠了一册，宗先生觉得此诗的作者与本诗，都有加以解释的需要，命我写一篇关于艾略特的文章，这就是我这篇文字的缘起了。

我自己也有时候要问：我为什么要译这首冗长艰难而晦涩的怪诗？为什么我对于艾略特最初就生了好奇的心？追想起来，其实简单。因为艾略特和他以前写诗的人不同，而和他接近的最近的前人和若干同时的人尤其不同。他所用的语言的节律、风格、技巧及所表现的内容都和别人不同。但是单是不同，还不足以使我好奇到肯下苦功夫，乃是使我感觉到这种不同不但有其本身上的重要意义，而且使我大大地感触到我们中国新诗的过去和将来的境遇和盼望。正如一个垂危的病夫在懊丧、懈怠、皮骨黄瘦、色情秽念趋于灭亡之时，看见了一个健壮英明而坚实的青年一样。这个青年的性情如何，这是比较复杂的一件事，但是我感到新生的蓬勃，意念、意象、意境的恳切、透彻和热烈，都是很大的兴奋。

艾略特的处境和我们近数十年来新诗的处境颇有略同之处。他前面走过不远便是一个非常腻丽而醉醺醺的丁尼生（Alfred Tennyson，1809—1892），一个流水般轻飘飘的史文明（Swinburne），歌颂着古代的风流韵事，呼唤着燕子，恋爱着疲与病的美，注力于音乐，托情于幻想。四周又是些哈代（T. Hardy）的悲观命运的诡秘，梅士非尔（J. Masefield）的热门与堆砌，德拉玛（W. de la Mare）之逃避世界于空山云雨，达维斯（Davis）的寄情天然，郝司曼（A. E. Housman）的复古与俭朴，洛维尔（Amy Lowell）之唯美唯象，孔敏士（E. E. Cummings）的标新立异，甚至于艾略特的至亲密友——《荒原》献诗的对象庞德（E. Pound）的费劳力于虚无，都是这复杂的现代左奔右窜、各种狼狈不胜的窘态的表现。

这些诗人各有所长，自然不容否认，但我觉得他们都太浮滑而虚空了。我写下浮滑虚空四个字的时候，就觉得很危险。什么叫作浮滑，什么叫作虚空？也许世界万物尽皆浮滑而虚空，而且有大多数人正觉得越浮滑越空虚越美越好。多可以试用一个恳切而实在的譬喻：浮滑就是没有用真心实意的胆识而尽量地装腔作势，空虚便是忙乱（或不知）无物，而躲闪于吹嘘。浮滑到什么程度，空虚到什么程度，必需那身知切肤之痛、正面做过人的人才能得出深浅。而艾略特最引人逼视的地方就是他的恳切、透彻、热烈与诚实。这些特点不但见诸于内容，亦且表现于形式，因为诗的内容与技巧实在是分不开来的，我们可以从艾氏诗的技巧方面先开始识得他的独到处。

歌是比较的单纯的情感的节奏，语言是比较的着重思想的节奏，有节奏的语言，语言受了情感的控制，而未为情感所克服，这是有情感有理智、两者兼强的人所产生出来的诗语。歌的节奏往往很强，所以容易凝固，因此而比较地简单，而其表情的可能性也比较地少。语言和生活的各方面更有密切的关系，它的形式非常复杂，它受情感的渲染后的表现也有非常大的变化。因为歌容易凝固，所以常常容易死，语言却永远是活的。一个死人很难应用活的语言、有节奏的语言；我们常常遇到连话都不会说的活死人，但是抄写别人的调子，恐怕是死的活人的表现了。

但是我们并不能抹杀歌的节奏的美妙，我们所要注意的乃是艾略特所用的语言的节奏，也就是一般人所谓"自由的诗句"（Vers libre）。自由不自由我们暂置勿论，我们仅能知道所谓自由的诗句只是不受韵脚的限制、节奏的约束、节拍多寡的规律，也就是说末一字的用韵自由，一重二轻、二轻一重或二轻一重、一重一轻等等的小单位，不必如歌之严谨，而单一句内小单位之节拍的多寡也没有自始至终一致的必要。这的确是自由了，不善用自由天下皆是，所以有评论说本不是人、不会说人话者便说起鬼话来，使一些老成的尚古而怕新的君子抱起脑袋来。因为人类在临死之时都希望舒舒服服的死，不舒不服的死自然更看不上眼了。这些话无非是要艾略特是用那所谓"自由的诗句"的诗人，不受歌的约束，而受人的约束，受人的情感与思想的约束。《荒原》便是他最重要的例子。我不能引用原文来证明他的诗语，因为原文已沦陷在北平了，而译文又不足以直接地使读者感觉到艾氏所用的英语的诗语。以下我只举了译文中的几段（在译文中我尽力依附着原作的语调与节奏的断续徐疾），或者可以见出艾略特《荒原》一诗内所含的各种情致、境界与内容不同所产生出来的不同的节奏。

一、比如第一节"死者葬仪"内开头的一节：

四月天最是残忍，它在

荒地上生丁香，掺合着

回忆和欲望，让春雨

挑拨呆钝的树根。

冬天保我们温暖，大地

给健忘的雪盖着，又叫

干了的老根得一点生命。

夏天来的出人意外，带着一阵雨

走过斯丹卜基西；我们在亭子里躲避，

等太阳出来又上郝夫加登，

喝咖啡，说了一点钟闲话。

我不是俄国人，立陶宛来的，是纯德种。

而且我们小时候在大公爵那里——

我表兄家，他带我滑雪车，

我很害怕。他说，玛丽，

玛丽，要抓得紧。我们就冲下。

走到山上，那里你觉得自由。

大半个晚上我看书，冬天我到南方。

这一节自第一到第四行都是很慢的，和残忍的四月天同一情致。一、二、三行都在一句初开之时断句，更使这四句的节奏迟缓起来，在原诗亦然。可是第五行"冬天保我们温暖"是一口气说的，有些受歌的陶醉太深的人也许爱在"天"字之下略顿一下，但是按照说话的口气，却是七个字接连而下的，和原文相似："Winter keeps us warm"是一气呵成的句子，在一至七行中是一点生命力，有了这一点急促琐屑，六与七行才不至疲弱而嘶哑。但自第八行至节末，节奏完全不同了，非但快而急促起来，并且在我们读者的感觉中，已由诗人的叹息转而入于一件实事的描写。读者阅注便可以了然：大概是一双（或一堆）男女照例在德国避暑，这一套谈话正是一般的生活的表现，无非如此，如此。这是残忍的四月的另一副面貌。这是荒原。

二、类似以上所说的节奏的变化在第一节的若干节之内便已非常繁多，我兹不能细说。第二节"对弈"里的变化更快而紧迫，从以下几段零碎的例子中，读者自可领会：

111 行—115 行

今晚上我精神很坏。对了，坏。陪着我。

跟我说话。为什么不说话。说啊。

你在想些什么？想什么？什么？

我从来不知道你在想什么，想。

120 行—130 行

你，

你什么也不知道？不看见？不记得

什么。

我记得

这些明珠是他的眼睛。

你是活的还是死的？你脑子里竟没有什么？

可是

啊啊啊啊这莎士比亚希亚的破烂——

这样文静

这样聪明

139 行—146 行

丽儿的丈夫退伍的时候，我说——

我真不含糊，我就对他说，

"请快吧时候到了。"

埃伯回来你打扮打扮吧。

他也要知道给你修牙的钱

是怎么花的。他说的时候我也在。

把它们都拔了吧，丽儿，装一副好的，

他说，我简直看你这样子受不了。

三、纯粹的诗情的美的，比如 345 行——360 行

> 只要有水
>
> 而没有岩石
>
> 若能有岩石
>
> 也能有水
>
> 有水
>
> 有泉
>
> 岩石间有池潭
>
> 只要有水的声音
>
> 不是知了
>
> 和枯草同唱
>
> 只是水的声音在岩石上
>
> 画眉鸟在松树里唱
>
> 点滴点滴滴滴滴
>
> 只是没有水

这是荒原求水的焦渴！如果没有美、没有情韵活不了的读者，在此一定可以得到相当的满足。为节省篇幅起见，有许多技巧的小处不详细分析了。但是关于艾略特的诗艺术，必须还要提到两点。第一点最触目的便是他的用典，读者一见注释之诚然而大，就必然望而生畏了。这种用典即叶公超先生所谓"夺胎换骨"之法。在原诗之中，读者若见了各国文字左冲右突、东西纵横的气势恐怕更要怯步而退。我对于艾氏用典之法的意见暂时不论，但是我觉得艾氏的引古据今和夺胎换骨略有一点重要的不同，即某人之假借别人佳句慧境，与本诗混而为一，假借得好，几可乱真，因为在形式、情绪上都已融为一体，辨不出借与未借；

而艾略特的用典，乃是把某人或某事整个引进，奇峰突起，巉崖果存，而且是另一种语言，另一种情绪，和夺胎换骨的天衣无缝并不相同。但是艾略特在《荒原》中用典之广而深，约有两种作用：

一、熔古今欧洲诸国之精神的传统于一炉。比如在第一节他描写一件荒原里的恋爱故事时，他想起了瓦格纳《铁士登与依索德》的故事（见40行译注）便引入了其中一小曲的全部原文，并且在余音袅袅的时候又引了铁士登的悲欢的语句的原文。又比如在叙述伦敦城的市景时引用了波德莱尔的一首诗的开头（见60行译注），但原诗未用原句，而用英文，这在我个人觉得是全诗用典用得最完美的一处。又比如在他形容荒原的女人时，想起了许多古诗圣贤哲们所著称的女性，比如莎士比亚的克利亚派屈拉，维吉尔的帝杜，弥尔敦的夏娃等（见77行译注），这一类的因联想而混合古今、合此同彼的引用典故，在《荒原》中最多，若不明白他的用意，便增加许多意外的烦恼与茫然。

二、处处逃避正面的说法而假借他人、他事来表现他个人的情感。所以在《荒原》诗里，有三个主要旨意便有他熟用的象征的故事：一则为淹没于情欲之海的非尼夏水手；二则为海，海是情欲的大海，是沉溺了非尼夏水手的海，后来这海又变而为水，是荒原所渴望的、画眉所唱的生命的活水；三则为佛教的教训，就是要甘霖降到荒原，必须制欲、慈善与同情。我们如能从注释中明了每个典故的意义，然后追随艾略特诗情的线索，便可构拟出一个全诗意义所在的大概来。

第二点技巧的特色便是由紧张的对衬而达到的非常尖锐的讽刺的意义。这是戏剧家常用的一种技巧：正在融泄春光，忽然一场暴风雷雨，使天惨地愁，浓郁到更加不可支持的地步。或者隐约间领人到一种怀古的悲凉之中，而突然却显现了一副狰狞的面貌，而在这种天翻地覆、风云变幻的刹那间，使我们激起一种异常恐怖、悲愤、绝望而彷徨的情绪。这种尖锐的讽刺往往和用典的技巧相得益彰，这类的例子非常多，我暂时举几个最显著的在下面：

一、第三节火的教训 125 行—256 行　这一段中至少有一处是应用这样的技巧的。而所用的故典又加强了讽刺的感觉。第一个故典是引用史蒂芬生的葬歌句，而同时移入现代荒原的一幕景：

> ……黑夜挣着腰
>
> 赶人回家，把水手从海上带回家，
>
> 打字的回家喝茶，打扫早点的碗盏，点好
>
> 她的炉子，摊开罐头食品。

史蒂芬生的葬歌原诗译文请参看 212 行译注。这葬歌虽然是哀婉的歌咏一个人的死，但却是安闲的死、平和的死，像水手从海上回家，睡在他所爱睡的地方，死得也是欢喜。同译注内我们又看到艾氏自引的希腊女诗人萨浮的诗句也是歌颂渔翁的回家，而艾略特的黑夜，则由渔夫回家的舒闲，转而至于一个荒原中可怜的打字员，回家打扫早点的碗盏，开炉子，吃罐头食品。

第二个古典是帖瑞西士，古神话里的一个先知（详见 320 行译注），我们也许对他的预言怀着什么悲凉吊古的等待，但却不然。

> 我，帖瑞西士，老年人带着累赘的胸膛看见这一
>
> 幕，算言了其余的——
>
> 我也在等那盼候的客人。
>
> 他，这年轻的长疙瘩的人来了，
>
> 一家小店代办的书记，眼睛怪厉害，

那种下等阶级里的人，蛮有把握，

正像绸缎帽子扣在勃莱福富翁的头上。

时候倒很合适，他猜对了，

饭也吃完了，他又烦又疲倦，

可以开始把她温存的抚摩了，

虽说她不准要，至少也不推却。

兴奋而坚定，他立刻进攻；

探险的双手不遇见阻碍，

他的虚荣心也不需要回答，还十分的欢迎这漠然的表情。

（我，帖瑞西士，都已经忍受过了，

立在和这一样的沙发或床上……）

又在最后送上一个带恩惠的吻，

他摸着去路，看看楼梯上没有灯。

这荒古老人所预言的乃是那个女打字员和小书记的一场恋爱史，在恩惠的吻中，小书记摸着黑下楼梯回去了，多穷一个楼梯。第三个典故正是女打字员一人在家的情态了。艾氏引入各德施密斯的一个歌（详见 253 行译注）。这歌本是咏叹美丽女人的堕落时的哀怨感伤，叹息贞操，歌唱淑德，而在艾氏移用下便成为：

美丽的女人堕落的时候，又

在她自己的屋子里来回走，独自

她抚平了自己的头发，又随手

在留声机上放上一张片子。

二、其他散见的如：第三节"对弈"的开始，头句即全都引出莎士比亚的克利亚派屈拉，但是下文却又是一个荒原里的一个女人（详见 76 行—110 行）。

三、又比如 196 行—202 行，引用了马佛尔的名诗，却又镶入了一对荒原里的女人，末了还接着凡尔仑的一句诗，使这刺骨透心的讽刺更刺心一点。

四、又如上文已引叙过的铁士登的故事与荒原中一件故事的联想。其他零片碎段，散见甚多，如果我们习惯了跟随诗人的意象意境，似庞杂而实有系统的所谓"诗情交响乐"，则我们多少对于本诗能有一点了解。

五、由于了解他的诗的技术，从而我们可以探求诗的内容。往往我们感觉到内容的晦涩，其实只是未能了解诗人他自己的独特的有个性的技术。一件特殊的经验必有一特殊的表现方法，一个性灵聪慧，天资超绝的诗人往往有他特殊的表现。懒惰，自甘于死，虚空的，对于生没有热诚的我们，往往忽略了他们，然后过上数十百千年再因好奇之心来捕风捉影地歌颂他们。这种文学上千古伤心之事中外都有无数的例子。比如英国之白雷客（W. Blake）、郝金斯（J. M. Hopkins），中国之孟东野、李义山，法国之拉福格、高卑尔。后人虽以一时的风尚，故而追逐若狂，但是当时的寂寞与淹没，才是一个真正的诗人的血泪唯一的伴侣。

所以艾略特的晦涩并不足以使我们畏惧他，贬降他的价值，同样亦不必因他的晦涩，因好诡秘造作而崇拜他。必须经过虚心的研讨与分析，然后我们对于他的估价，才能有靠得住的标准。了解了他的技术的特点，从而了解他的诗的内容，然后再从这两方面来加以公正的批评，才是一个光明磊落的态度。

在这篇短短的介绍文中，除了一些简单的分析之外，或可帮助和他不甚相熟的读者们去研读《荒原》之外，余者我不想再加以批评。自《荒原》以来，艾氏曾有过多篇长作，读者或许可以同样的态度作好奇的探险。但是我觉得要了解艾略特，给他一个不亢不卑的估价，我们必须了解他的时代，他这个时代的喜怒哀乐、悲欢离合和欧洲各民族精神上的趋向。欧战以后，人类遭受如此大劫之后，有谁将其中隐痛深创作如此恳切热烈而透彻的一次倾吐？这首诗的感动力是这首诗的重大意义，因此此诗之出，几乎震撼了全世界，以后的诗人都逃不掉艾略特的影响，尤其是《荒原》一诗。自来开创之功，往往不在其事业本身之价值，而在其启发后来，使后来更多更大的人来完成他所创始的事业。而艾略特确有如此的魄力。我们要了解现代诗，一定要了解艾略特的精神所指的路径，虽然有若干的批评家觉得他的创造生命已经过去（《荒原》序言亦说过），但他的影响已深入了许多新诗人的灵感中了。

《荒原》究竟是怎么回事，艾略特究竟在混说些什么？这是一片大的人类物质的精神的大荒原。其中的男女正在烈火中受种种不堪的磨练，全诗的最末一节不妨是诗人热切的盼望"要把他入在烈火里烧炼他们"，也许我们再能变为燕子，无边的平安再来照顾我们。

我翻译《荒原》曾有一种类似的盼望：我们生活在一个不平常的大时代里，这其中的喜怒哀乐，失望与盼望，悲观与信仰，能有谁将活的语言来一泻数百年来我们这民族的灵魂里至痛至深的创伤与不变不屈的信心。因此我在译这首艰难而冗长的长诗时，时时为这种盼望所鼓舞，愿他早早与读者相见。

二十九年三月，昆明平政街

——《时世新报》（1940 年 5 月 14 日）

读林榕君所译《小新房》（1940）

D D

　　在六期本刊上，编者曾说现在文坛很缺少批评，其实这是全部爱好文学的人全体的遗憾，不只缺少对创作的批评，尤为缺少的是翻译的批评，令人想起当年《现代评论》上差不多，有一度每隔几期就有一篇对英法文学的译作的"除臭草"工作，就是后来《文学》上也常有对翻译的批评，然而这种好现象现在绝对没有了。

　　然而我以为以前那些批评翻译者的态度，常常是太傲慢了，也许因为他们都是大学者，非此不足以表示其身份吧，但是君子风度和费我泼来（fair play）却尽失了。虽足以令后进译者伤心的是常说"多买一本好字典吧""根本不配翻译""最好把未卖出的书一齐烧掉"，这一类的话，然而他们自己却很少译作，好在骂别人坏的人都是好的，他们必定是大有学问无丝毫疑问的了。

　　我却既没有这样大气派，也没有大头衔，因为我既不是 Doctor，master，bachelor，甚至连 freshman 都得再过一年多才做得成，这是很惭愧的。我也不是堂堂大兴问罪之师，因为林君译作离信达雅很近了，不过有几个字待商榷而已。林君还有一个好处，就是译出来的很像中国文字，我这里并不是用"欲抑故扬法"。并且林君在《朔风》

九期上自己也说过，他自己译毕后因原书不在身旁，不及校读，这是更可原谅了。我不知道林君用什么书，我自己用的是英国牛津大学出版部一九二四年版的 *Selected Short Stories*。至于我为什么单对林君吹毛求疵呢，原因很简单，我用全人格担保不是因为林君译文错多，而正是林君译文中错误极少，我希望尽我可怜的微力，使林君尽美尽善，也因为我手边恰好有这本书的缘故。

因为我始终以为文学创作者或翻译家与批评者的关系，是似相反而实相成的，正好像一块燧石和一块钢，互相打击而成了光明温暖的火花；凡夫俗子，非列斯丁们只看见它们相击，哪知它们能生伟大的火焰呢。当然我们需要的真正燧石和真正钢，而不要破铜和黄土块，常常由批评而开笔战，除费油墨纸张、读者光阴外，毫无所得，就是因为一方是破铜或黄土块，或双方都是的结果。好的批评、真的批评压制不了好作品的，它们靠文学是双轮，同向成功之路而进。

此外更有言者，英法文译中文，本不大容易，有时如双关语 pun 等东西根本没有办法，即译出也索然寡味，这就是因为中英文，不像英法文、英德文属于比较相近的语文系之故。我以为一篇翻译中没有"牛乳路""一根香肠坐在凳子上"之类绝不可原谅的错误，至少得打六十分的。末了向林君致敬，他是雪中送炭的翻译者，一大篇费话，下面是正文了。

林君为整齐起见，常不顾原文次序，请看下面译文：

这是一所很小的屋子，在很迷人的乡下，——在诺曼底的一个无人旅行到的小角隅，靠近海，一个有果园，和椰菜园，牛吃着草的柔软草地，和浓厚的榆荫的小巷。（我之译文）

诺曼底近海处，有一个少有人迹，但颇引人注意的村庄，庄里建着一所非常美丽的小新房，那里长满了樱花和油菜，铺遍了草场，还有被茂密的榆叶所遮荫的小径。（林君译文）

前后倒置，有时为文字便利起见，并没有关系，然而林君把 where cattle browsed 的形容子句忘了，Charming 译引人注意不如美丽的或动人的，小新房三字无"新"之形容词，of orchards 当译作有果园的，"长满了樱花"似略嫌不合原文，lane 不如译小巷。

第二段 in the neighborhood 译"这里"不如"临近"，coquettish 译特别不如译"颇具风情的"，Chalet 译"木屋"不如译"瑞士式小屋"，balcony of twisted ironwork 一句未译，Venetian blinds 二字当译作"百叶窗"，不当译作"特制的窗帘"，gay little 二字，译为"灰色"错了，没有译"小"字外，gay 字一定看误为 gray 了，所以才把"快乐的"译成"灰色的"，oparterre"花坛"二字未译出，smooth stretches of greensward 当译"铺满柔软绿草的土地"而不当作"绿色的溪流"，orchard 又错为"樱花园"，试想假使是"樱花园"而不是"果树园"，里面哪里会有纠曲的苹果树呢？形容"弯腰"的句子 one another like fantastic figures arrested in the middle of the dance 很美的一句全去掉了，turning round 是"转过头去看另一方"，而不是"再远一点"，a mile 二字丢掉了，to the sea 并没有"最远的"三字，winding perspective of white cliffs 当译作"白色绝岩的曲折的远景"，而作"有许多直立的岩石"太不完全了。

第三段 in roughly painted characters 作"粗糙的"不如"施颜料油漆恶劣的"，inspect 作"看"不如"详细考察"，on that still country air 一句又丢了。

第四段 at any rate 没有译，farmhouse 不能只译"小屋"，down the road 又丢了，Corduroys 译作"很粗鲁的"错了，当译"穿着棉绒衣服"，burdened gait 当作"负重荷的步态"而不当作"态度"。

第五段又丢了十九个字的一个整句子，是由 For the rest 一直到 he would let them know，殊令人惊诧。

第六段 business-like announcement 当译自"商务上的声明"，似比"公事"好，embarrass 当作"搅扰"而不当作"干涉"，anxious glance 只译为"目光"似不甚佳，able to repeat vaguely 当作"能含糊不明的重复"而不当作"才说"。

第七段无甚错误，然 written 当作"写信告诉"，而不当作"告诉"。

第八段 admitted 当作"承认"而不作"说"，advance 当作"先前的"而不作"继续发生"，helpless 当作"不能为助的"而决不当作"快乐的"。

第九段 as if 两字去掉了，falter 当作"言语半吞半吐"而不当作为"不语"。

第十段 already 当作"已经"，而不应去掉。

第十一段只八个字，所以没有错。

第十二段 dreary 译"亲爱的"错了，当译"不快乐的"或"暗淡的"，still looking down 当作"仍是向下看"而不当作"接着她又垂下头去"。

第十三段 heavily 当作"迟钝的"而没有译，因为"吃累的走"不过是译 trudge 一字。fingers of her clasped hands 当译为"紧握着的手的手指"而不当作"紧握的手指"，little 又忘了译。venture 较难译，然当译"冒着险赞美"而不当只作"赞美"，a murmur of assent 当作"喃喃的赞同"而不当作"默默的回答"，I did not feel encouraged to persist 当作"我感觉没有勇气再坚持了"，而作"我便不再和她谈了"似较失原意。

第十四段十几字中尚无误。

第十五段 a broad hearth of polished red bricks 当作"置火炉的地方宽，是平滑的红砖"而不当作"有一片广大的红砖地"，tiled 当作"盖着瓦的"而不当作"瓦砖的"，light 不当译为副词"微微"，而当译为形容词"轻快的"，volable"滔滔不绝的"又丢掉了，很影响于那对老夫妇的态度，agitated 当作"被激动的"而不当作"迟疑不定的"，their voice trembled 一小句又丢了，as if these were but momentary ripples on the surface of a trouble 这一大句也丢了，此句当译"似乎是忧愁的表面上一个暂时的波纹"，是一句形容老夫妇两人悲痛很重要的句子，然而林君也和丢掉以前许多许多字句一样的把它丢掉了。

第十六段 I said to myself 当作"我自言自语"，而不当作"我自己说"。我说的话当然是我自己说的，译文太无意义了。

第十七段十几个字未译错。

第十八段 gaily 忘掉了，Chintz 为"印花棉布"而不仅是"棉布"，one of them 译"有人"不甚切，there are things about, personal things 也丢去了未译，a little porcelain holy-water vase，译为"并有并圣水的地方"不如译"有一个小的盛圣水的瓷瓶"。

腰也酸了，身上累极了，然而刚刚校完了全故事十小页的三分之一，译文不过千字，多一点点，我没有兴致再校了，全篇大意不失外，和原文大有出入的也少，我希望我过几天有功夫能把这篇很好的小说再译一下，虽然我译小说，其坏也不下于我的批评翻译小说的能力，然而我希望一试，又我最后希望这微沙能引出刚石来，那就是我的幸运了。

——《中国文艺》第 2 卷第 1 期（1940 年 3 月 1 日）

"驴背之旅"译文讨论（1940）

DD、何漫

[编者按：这原来是两篇文章，一篇是DD先生的"读何漫君所译《驴背之旅》"，一篇是何漫先生的"关于《驴背之旅》的译文"，为读者方便起见，特将讨论各条按次序剪贴成为现在的行式，敬请DD、何漫两先生原谅。]

DD：这两年以来，北方出的杂志确也不少了，然而纯文艺的少，纯文学作品的翻译尤其少，这实在是一件十二分遗憾的事。尤其使人惋惜的是没有几篇真正忠实的翻译，这是一切爱好文学者的责任：努力翻译，努力批评翻译。

我喜欢做吃力不讨好的事，所以两者中我更喜欢后者。我在《沙漠画报》上看见了一篇何漫君译的《驴背之旅》，恰巧我身边又有原文的本子，所以我对了一下，觉得这篇虽不一定是翻译的定本，然而至少还配得上称一声"翻译"，和那些"胡译""乱译""猜译""跳译"的作品确是不可同日而语的。

然而"智者千虑，必有一失；愚者千虑，必有一得"。让我拿这"一得"来和何漫君商榷一下吧。

这篇原文名字叫作 *Travels with a Donkey*，作者是十九世纪英国最著名文人 Robert Louis Stevenson 作《金银岛》的那位文豪也。我所根据的本子是美国 Ginn and Company 一九一一年出版的 *An Inland Voyage And Travels with A Donkey* 其中共包含两篇游记，极有风趣，这是第二篇。

总结一句，何漫君译得很不错，所商榷的大多是字词，此外都和原书不远。

这篇文章是由《沙漠》第二卷四十五期登起的，我一直看到第三卷第三期，还没有完。很长的一篇东西，时间和《中国文艺》宝贵的篇幅，不容我多写，我只对了一小部分，别的让读者自己去举一反三吧！要是有原文的话，也很可以对着玩玩。

我虽知我的英文程度极糟，欢迎批评和指教，态度公正议论精确的都是我的师友，至于那些谩骂式的批评，除降低自己人格外，恕不答复！

何漫：正如 DD 先生所说，文坛是很荒凉，好的创作和翻译皆缺乏，为每个文艺爱好者所惋惜，然而如果我们想及一下目下的环境的话，也就不会有太大的遗憾了。我之来翻这部游记，倒并没有抱什么大目的，对于翻译，我可以说是初次，而所以翻这一篇，也只是一种偶然。这是在去年夏天，为一个新出的刊物，当时承编者好意，每期要的字数颇多，而我之身体正很坏，因此赶译来颇有许多疏忽的地方，后来那个刊物不幸因故停了，稿子遂搁下来，直到后来陆续登载于《沙漠画报》上，而没有仔细校对一下。DD 先生对那满是错排与漏排的译文肯给以如此详细的指摘，是令我十分感谢的。

谈到翻译者所奉为圭臬的，自然是"信""达""雅"三个字，但一篇译文能对这三个字皆感无愧者，恐怕是极少的，我在开始译了一些《驴背之旅》后曾对一个朋友说，总觉得原文是那样泼辣、可喜，用字异常艰深、恰当，而自己一译过来，再看就成糟粕了。因此总是尽力使其保存原来的风格，而在不错译的条件下使其顺，在我是宁愿看流畅的译文，即便与原文稍有可原谅的出入处，也不爱看那译得扭扭捏捏，自以为忠实于原文的文章。若使读者看了莫明其妙，则失去翻译的最根本意义也。

然而这翻译的基本态度问题，常成为批评者与译者的口舌。如果记性不太坏的话，几年前那场争论恐怕读者还会记得，我总觉得成为关键者，常在各人的看法，往往在译者是想保存原文的风格，而评者则常认作"硬译"，而译者认为需要"意译"的地方，又有被译者誉以"乱译"的危险。盖翻译之难，亦不亚蜀道也。

话说回来，我写此文，其意并不在发牢骚，但提起笔来，似乎又有话不得不吐，非对某人有所攻击，DD 先生毋得谓我在"降低人格"谩骂乎。我即将与 DD 先生"公正地"商榷一下也。

DD 先生挑我的错误，有许多地方是不能令我悦服的，因为从整个文句中看来，那些字或词的译法，错误的恐怕不在我，倒在 DD 先生，故敢糟蹋《中国文艺》宝贵的篇幅，再提出来斟酌一下，以就正于 DD 先生。

D：第一章《威勒地方》第一节《驴子驮囊和鞍子》中：何君把 loathe 译为"诋毁"，我以为应译"嫌恶"或"痛恨"好一点。

何：原文："they all hate, loathe, decry and calumnsiate each other." 我的译文是："他们彼此憎恨，诋毁，诽谤，中伤。""诋毁"原系译的 decry，因觉得"憎恨"二字已能包含 hate, loathe 了。后又加了一个"诽谤"，此系译者疏忽所致。因"诋毁""诽谤"原同义也。

D：又 Indian summer 何漫君译为"秋老虎，"我以为还是依 *Concise Oxford Dictionary* 译为"晚秋时北美一种干燥而有阴霾的天气"好，底下的 to be looked for 何漫君译"因此无须顾虑"，我以为译"可期望"好一点。总结那句，我想译"因此没有那种晚秋的干燥而有霾的气候可期望"比译"因此无需乎顾虑秋老虎的炎热"较近原文。

何：Indian summer 一词，查《袖珍牛津字典》中注的是"Calm dry period in late autumn in North U. S."（北美晚秋时平静干燥的气候），并无 DD 先生所说的"阴霾"二字，而"干燥"似乎与"阴霾"也不能同时存在。商务的《综合英汉辞典》译为"秋热"，本简而赅，我因欲保持原文中那种专名词的行式，而其意又与中国人所谓"秋老虎"相近，故用了它。这种地方本来是很难的，外国文中有许多单字，其意包含甚复杂，而中文里简直无法译，我认为如能在文中找得相当或相近的词来用最好，不然也应译得简短一些，无须啰啰嗦嗦地把原字义的老祖宗都拖出来也。而那句"...at the high altitude over which my road lay there was no Indian summer to be looked for"。前半句说已经逼近十月，盖正当晚秋时候，因作者所走的是山路，气候比较凉爽，故将"No...to be looked for"译为"无须顾虑秋老虎的炎热"，似比 DD 先生译为"可期望"明白些。

D：又"reaching shelter by dusk"译"在黑暗中去找住宿"，我以为应译"在黄昏之前到达住宿的地方"好。

何："reaching shelter by dusk"是"昏暗中抵达宿处，"我原译得稍大意些，但也绝不是 DD 先生所说"黄昏之前到达住宿的地方"，因 by 字无论如何不能讲作"之前"也。

D：reckoned 何漫君译"获得"似不如"预想"，而 tradge on

foot 何漫君译"徒步漫游"，我以为应译"徒步的劳苦艰疲的跋涉"。Conspicuous feather 何漫君译"庞海大品"似有一些不知所云，应译"令人触目的特色"。同段的 always ready 何君没有译，应译"常常是便利的"。convivial 应译"快乐的"，译"嘻嘻哈哈的"似略有微疵。

何：原句"…the hospitality of a village inn is not always to be reckoned sure by those who trudge on foot."我的译文"乡村小店中的殷勤招待也不是一位徒步漫游的人所确能常常获得的。"在此地因下面有个 sure，将 reckoned 译为"获得"自比 DD 先生译"预想"明白些，而后面的 trudge on foot，DD 先生谓须译为"徒步的劳苦，艰难的跋涉"，实令人莫明其妙，恐怕 DD 先生尚未看懂原文也。"庞然大物"（非"庞海大品"，此系手民之误。）系意译，译"显著的特色"亦可。Convivial，在字典上自然是"快乐的"意思，译者因作者在前句说，露宿最好找隐秘的地方，省得那般 Convivial rustic 到你床边来谈个不休。想见这般农夫并非只是"快乐的"，而有着"嘻嘻哈哈的"态度。

D：repeated visits to Le Puy 应译为"访问了几次黎波爱"，只译为"在去了几趟"似嫌不完全，不明白，flay 是"一种悬垂物"，恐不是"覆垫子"。

何：repeated visits to Le Puy 我的译文"在去了几趟"之下确记得有那地名"勒皮"二字，恐为手民排丢了。我不知为什么 visits 非译"访问"不可，flap 在字典上注的是"一种悬垂物"，而"覆垫子"系译者杜撰之词，因原文中说用此物于夜间充做枕头，白天则覆于褥套的上下，故译"覆垫子"，为使读者得一较具体的印象。如照字典译为悬垂物，则似范围太广。

D：a band to pass under my noses 译为"前面一条宽鼻子遮下来"有一些令人莫明其妙，可译为"有一条带子在鼻子下面通过"比较不费解一点。delicate in eating 是"吃东西很嫩弱"，译为"胃口很细"不大很明白。high bred 当然可译为"娴于礼节"，然而用来形容驴子还是"良种的"好一点。

何：a band to pass under my nose 原译是"前面一条宽带子从鼻子下遮过来"，为手民排漏了几个字，遂使 DD 先生莫明其妙了。但 DD 先生改译为"在鼻子下面通过"，似更有令人莫明奇妙之感。delicate in eating 是吃东西很文雅和颇有选择的意思，译"胃口很细"固有不能十分表达原意之嫌，但若依 DD 先生译作"吃东西很嫩弱"，倒更不明白。highbred，我所以译为"娴于礼节"者，以作者将其驴称作 my female company（我的异性的伙伴）故保留对人用的形容法。

D：until a want of confidence to reign in youthful bosoms 译为"直到后来他们不放心了"虽不错，然而译为"直到一种缺少信任心主宰了青年的心胸"也许切合原文一点。

何：原文"To prove her good temper, one child after another was set upon her back to ride and one after another went head over heels into the air; until a want of confidence began to reign in youthful bosoms; ..."译文为"为了证明她的好性情，孩子们轮流地骑在她背上，一个个的翻跟头，直到后来他们不放心了，没有人再敢上去……"，我觉得即便是所谓翻译的"定本"，为了使译文明白，也不无把原句的说法稍稍改变一下的地方。若依 DD 先生译成"直到一种缺少信任心主宰了青年的心胸"，不但不切合原文（因 youthful 是指的"孩子们"，不应译"青年的"也），读者看了怕也不懂，而那种生硬的句子，看了也要累死。

D：Witching 译为"朦胧"似不很对，不如就译"令人消魂"，此外没有译形容动词 misusing 的副词 brutally。

何：at the witching hour of dawn 若译"在令人消魂的清晨"，不如意译为"在朦胧的清晨"，因在原文中看不出理由须把"令人消魂的"形容词加在清晨之上也。

D：ring 译"带子"不如就直截了当地译"环"，thoughtfully 译为"无遗漏地"似也不很好。jacknife 译"水手用刀"似不如译"大号折刀"对。

何：thoughtfully 是深思的，因此处 thoughtfully completed my kit，乃仔细的意思，故译作"无遗漏的"，不知 DD 先生认为应作什么才好。

D：Cargo 译为"货物"似不如译为"所载之物"这一类意思，orag 似在此处应译"毛毯"而不是"地毯"，我以为出外旅行的人带毛毯大概要比带地毯的多。practical joker 我以为是"处心积虑的诙谐者"而不是"小鬼"，因之上面的形容词 nocturnal 也应译"夜出的"而不应译为"夜间觅食"的了。daily 没有译。christian 似是"基督徒"而不是"基督"。

何：Cargo 译"货物"是因作者常把他的驴子比作船，故将驴上所驮之物译为"货物"。Nocturnal practical joker 是"夜出的实际的开玩笑者"，原译是错了。DD 先生把 practical 译为"处心积虑的"，似亦不必。Like Christian, it was from my pack I suffer by the way.（和基督一样，我路上受的麻烦是在鞍子上）。我不熟悉圣经的故事，但我想不致每个基督徒都有过在路上因鞍子受麻烦的经验，故把 Christian 译为基督。

D：lesson of the experience 似应译为"这次经验的教训"而不应译"这课经验"。art 没有译。by six 不是"六点钟"而是"六点钟之前"。black bread 译为"黑面包"大约不是笔误，就是手民之过。

何：lesson of the experience 译"这课经验"比译"这次经验的教训"更适合原文。...a man soon learn the art of correcting any tendency to overbalance with a well-adjusted stone（不久一个人就学会如何选择走合适的石块，以改正过歪倒的倾向了）。"如何"二字即 art 的翻译，何得谓之"没有译"？ by six 是"六点钟"，不过比用 at 范围稍宽一些。DD 先生一定将 by 字译为"之前"，不知何所根据？ black bread 是"黑面包"，在第六段已出现过。手民误排为"白面包"了。但 DD 先生也写错了。

D：quarter 指驴之四肢，quarters 何君译"腹部"似少根据。

何：quarters 是指动物的四肢，但也指与四肢相连的部分，如臀部、侧腹，而此句说三个人各把他们的一只脚抵着"谦儿"的腹部，咬着牙拖拉。既用脚抵着决不会是"四肢"，在平常赶驴人"沙"驮囊，我们也看见过，总不会把脚搁在牲口腿上吧。我想，译"侧腹"或更明白些。

D：第二节《绿衣赶驴人》中 withheld "是抑制"，而何君译"失策"较差。along 也只是"前进"而不是"沿路"。

何：as long as I was within sight of windows, a secret shame and the fear of some laughable defeat withheld me from tampering with Modestine（只要我还在人们的窗户中可以望见之前，一种秘密的害羞和惟恐有什么可笑的失策令我不敢去干预"谦儿"）withheld 译的是"令……不

敢"，而"失策"是译的 defeat。DD 先生何其不察也。

D：第二卷四十六期中 docility itself 译"柔顺的东西"也可，然而我以为"极柔顺"或较好一点。With a quicking Spirit applied it to the donkey 一句译"向驴子摇晃了摇晃"既不完全也不对，应译"带着一种震颤的心情我向驴子用了它（指棍子）"。brisk up 译"活泼起来"似比"加紧"合原文一点。another application 译"又照样作了一回"似不如"又用了一回（棍子）"明白。faster 译"更快""较快"当然都是一样，然而在这里若依中国人语法，却非用后者不可，读者不信可以推敲一下。journey 在此处是"旅行"而不是"道路"。

何：brisked up her pace 译"加紧发步子"比"活泼起来"明白。another application 译"又用了一回（棍子）"不见得比"又照样做了一次"为明白，faster 译"更快"，有俏皮的意思，因原走得并不快也。

D：hand over hand 应译"迅速而轻易的"而不仅是"迅速的"。lace Modestine about the stem works 译"以严厉的工作来虐待谦儿"应译"鞭策谦儿作严厉的工作"。rogue 是"无赖汉"而不是"动物"。broke into a good round pace 译"急速地走起来"也嫌简单而不能全达原文之意。

何：hand over hand 一词《袖珍牛津字典》中只注 rapidly，故仅译"迅速的"。rogue 可以作 wild beast 讲。

D：deus ex machina 这几个拉丁文，似是"同行的天使"而不是"从卖奴场来的了不得的朋友"。

何：拉丁文我是一个字也不懂，我是查的 *Harper's Latin Dictionary*，今把注解抄下来：（deus）-of highly distinguished or fortunate person，（ex-）from, or out of,（machina）-a platform on which slave are exposed for sale。

〔编者按：此三字直译为 God from the machinery（从机器下来之神），指古代戏剧中人类遇难有神来解救而言，故可译作"解围之神"。〕

D：The rest of forenoon 是"这上午的其余时候"而不仅是"这上午"。vacant 是"空虚的"而不是"看不见"。Chanting 译"唱赞美诗"比"唱歌"要好一点。

何：the mountain-fields were all vacant in the sunshine。我译为"阳光下群山都不见了"，若照 DD 先生所说译为"都空虚了"，恐怕没法讲吧。

D：So to speak 没有译。rocky steep 译"岩石阶"不如译"岩石绝壁"。Lying in a deep pool between them 译为"流成一洼水池"很未见高明。wimpling over the stones 译"激荡着石块"不如译"从石头上起着波纹"。of France 没有译。

何：You may hear it wimple over the stones.（你可以听见它激荡着石块）。DD 谓须译"从石头上起着波纹"，则"波纹"不知怎能听得见？ of France 因原作者原在法国旅行，此地不译使句子简洁些。

D：under his hide 可译为"在她的皮下面"和"在他身体里"一样，然而我以为前者较近原文。shoulder 似是"以肩推"而不是"摇动"。"挂在驴腹下"没有"挂"字。因为原文只是 below the donkey's belly。

何：under his hide 如译"在他皮下面"则不通了。原句"如果那驴子在他身体里有一颗男性的心"。"below the donkey's belly"因后面有 incontinently drew up 显系并未掉在地下，故译"挂在驴腹下"。

D：farce 译"嘲笑"不如就译"趣剧"。to the east 没有译。the black fir woods 只译"树林"不够，应译为"黑杉的树林"。I could see my destination overhead 译 "我可以看见我的头目在地的上面，"应译 "我能看见目的地在上。"这一句的错误大概不是笔误，就是手民的错误。

我看完了整整两期，大约有五千字的译文，错误极少，在这种乱译世界不能不令人佩服。

何：farce 因前面说 I shall never laugh again。故译 "嘲笑" "我可以看见我的头目在地的上面"，原为 "我可以看见我的目的地在上面"，手民排错了。

此外几处 DD 先生指正得很对。总之，无论译者或批评翻译的人，皆须十分细心，不然则只有糟蹋纸张而已。

——《中国文艺》第 2 卷第 3 期（1940 年 5 月 1 日）

谈翻译及其他（1940）

郁达夫

林语堂氏的《北京的一瞬间》（林自译作《瞬息京华》），在美国约翰·台公司出版，已将半年，行销听说将近五万册。在上海，除别发公司与美国原出版公司订有特约，印行廉价本外，并且也已经有了一种盗印本在流行。中国作家的没有保障，当然不必赘说，聪明的中国出版业者，并且还劫夺到外国文的作家及书店的身上，这本领可真算不小。这些还是余谈，现在要说的，是这书的翻译问题。

当然书在出版之前，语堂氏就有信来，一定要我为他帮忙，将此书译成中文。后来这书出版，林氏又费了很大的力气，将原著所引用的出典，及人名地名，以及中国的成语，注解得详详细细，前后注成两册寄来给我。

在这中间，我正为个人的私事，弄得头昏脑胀，心境恶劣到了极点；所以虽则也开始动了手，但终于为环境所压迫，进行不能顺利。而我们的敌国，却在这书的中译本未出之前，已经有了两种不同的日译本出世了。

在这里，我一面也很感到对林氏的歉意，一面也看到了敌国文化的低潮。

原来敌国因起了不自量力的野心，向我发动侵略战以后，敌国的文化界、言论界，已经不复存在，简直没有什么值得一看的新著作问世了。所以在这两三年来，敌国也流行了一个翻译盛行的恶现象，尤其是粗制滥译的横行。

譬如德国的赫尔曼·赫塞的作品，汉司·加罗撒的作品等，在敌国的翻译界一时曾出过了很大的风头。

这一种出版界苦闷状态之后的畸形现象，当然，在中国也不能说是没有。譬如上海孤岛的出版界，现在就也在呈出同这一样的怪象。但我总以为这现象是一时的，绝不会在文化界有长存的可能。

所以，最近林氏从香港来电问我的译讯的时候，我就告以我们不必汲汲与这一群无目的的滥译者们去争一日的长短。

对于翻译，我一向就视为比创作更艰难的工作。创作的推敲，是有穷尽的，至多至多，原稿经过两三次的改窜，也就可以说是最后的决定稿了。但对于译稿，则虽经过十次二十次的改窜，也还不能说是最后的定稿。

但我这一次的翻译，好在可以经过原作者的一次鉴定，所以还不见得会有永无满足的一天。否则如翻译西欧古人的作品之类，那就更不容易了。这是关于翻译的闲话。

其次，因为林氏在美国的成功，中国人似乎很有些因眼红而生嫉妒的样子。如林语堂镀金回来了啦，林语堂发了大财了啦等批评就是。林语堂氏究竟发了几十万的洋财，我也不知道。至于说他镀金云云，我真不晓得这两字究竟是什么意思。林氏是靠上外国去一趟、回中国骗饭吃的么？抑或是林氏在想谋得中国的什么差使？

文人相轻，或者就是文人自负的一个反面真理，但相轻也要轻得有理才对。至少至少，也要拿一点真凭实据出来。如林氏在国外宣传的成功，我们虽则不能说已经收到了多少的实效，但至少他总也算是为我国尽了一分抗战的力，这若说是镀金的话，那我也没有话说。

总而言之，著作家是要靠著作来证明身份的，同资本家要以资产来定地位一样。跖犬吠尧，穷人忌富，这些于尧的本身当然是不会有什么损失，但可惜的却是这些精力的白费。

一九四〇年五月廿六日

——《星洲日报星期刊·文艺》（1940年5月26日）

《飘》译序（1940）

傅东华

【……】

关于这书的译法，我得向读者诸君请求一点自由权。因为译这样的书，与译 Classics 究竟两样，如果一定要字真句确地译，恐怕读起来反要沉闷。即如人名地名，我现在都把它们中国化了，无非要替读者省一点气力。对话方面也力求译得像中国话，有许多幽默的、尖刻的、下流的成语，都用我们自己的成语代替进去，以期阅读时可获如闻其声的效果。还有一些冗长的描写和心理的分析，觉得它跟情节的发展没有多大关系，并且要使读者厌倦的，那我就老实不客气地将它整段删节了。但是这样的地方并不多。总之，我的目的是在求忠实于全书的趣味精神，不在求忠实于一枝一节。倘使批评家们要替我吹毛求疵，说我某字某句译错了，那我预先在这里心领谨谢。

最后关于本书的译名，也得稍稍解释一下。原名 "Gone With The Wind" 取义见于本书的第二十四章，原意是说本书主人公的故乡已经"随风飘去"了。上海电影院起初译为《随风而去》，与原名固然切合，但有些不像书名；后来改为《乱世佳人》，那是只好让电影去专用的。现在改为《飘》，"飘"的本义为"回风"，就是"暴风"，原名 Wind 本属广义，这里分明是指暴风而说的；"飘"又有"飘扬""飘逝"之义，又把 Gone 的意味也包含在内了。所以我觉得有这一个字已经足够表达原名的蕴义。

傅东华

一九四零年九月十五日

——《飘》（上海：龙门书局，1940 年）

关于翻译（1940）

俞馨

  中国新文学的长成之常常受着世界文学的影响的事实，是早经一般人承认了的。虽然也有人说中国新文学是承受所谓公安竟陵派的源流，但也有无法抹杀世界文学的影响。因而，对目前文坛上所论争着的民族形式问题，我们的理解是不仅仅扬弃中国的旧文学的传统，而且同时应该接受世界的丰富、进步的文学遗产。所以，为了新文学的茁壮长成，对世界优秀作品的介绍是一件异常重要的工作。

  在抗战以前，我们的翻译界纵然芜杂不堪，笑话百出，甚至受人奚落和轻蔑，可是依然日臻蓬勃，而一些出于忠实谨慎的译者的手笔的作品，依然给予我们的新文学以有益的营养。例如专登翻译作品的《译文月刊》以及一二种专收翻译作品的文学丛书，不是在读者之中还保留着不可磨灭的印象吗？

  抗战起后，即使出版条件有着怎样的困难吧，我们的抗战文艺，在质的方面的提高，是不可忽视的事实。但是在介绍世界文学这一件事上，却留出了一页空白。有一个时期，好像曾经有人呐喊过，说无论是对内对外的介绍，都应该加紧才好。一方面，把中国的抗战文艺介绍到外国去，使外国人也看一看我们生长在炮火中的文艺达到了怎样的水准，并且同时也使外国人看一看我们的抗战现实；另一方面，把外国作品介绍到中国来，供给我们的作者的借镜，使抗战文艺能得到更好的肥料。

这种"双管齐下"的办法的确是异常重要的。不过——大概也是限于事实上的困难吧，两方面似乎都做得很不够。关于后一方面，现在的几种较为重要的文艺刊物上，偶尔也可以读到一点翻译作品，但那是多么零碎呵。最近上海曾经出版过一种专登译作的刊物《译林》，各方面都很像《译文》的复活，态度也很严肃，虽说内容不及《译文》的整齐，但在这时候能出现这样的刊物，总是一件可喜的事。可惜最近上海环境转恶，前途自也凶多吉少。我们提出这问题，自然也不是酷求什么有系统的巨大工程，只希望有人能默默地做，而在做的时候，不要仅仅着眼在一时候的风尚，而应顾到作品真正的价值。

其次，即就目前一些零碎的介绍而论，也难免没有混珠的"鱼目"。对于这种"鱼目"的挑剔的工作，也是不能忽略的。我们的创作进步了，那么我们的翻译呢？

——《现代文艺》第 1 卷第 6 期（1940 年 9 月 25 日）

论翻译（1940）

贺 麟

　　中国近二十年来的翻译界，可以说是芜滥沉寂到了极点了！最奇怪的就是二十年前的新文化运动，大声疾呼要吸收西洋的学术思想，要全盘接受西洋的近代文化。然而，自新文化运动以来，介绍西洋学术文化的基本工作——翻译事业，反而芜滥不堪，消沉已甚。离开认真负责、坚持严密的翻译事业，而侈谈移植西洋学术文化，恐怕我们永远不会有自主的新学术，西洋的真正文化也永远不会在中国生根。尝细考所以致此的原因，大约有三：一因上焉者自矜创造不屑翻译，故尔沉寂。一因下焉者学问语言之培植不够，率尔操觚，视翻译为易事，故尔芜滥。三则因缺乏严正的同情的翻译批评，以鼓励好的翻译，纠正坏的翻译，也足以养成这种芜滥和沉寂的局面。然而试就根本处着眼，我们不能不说，学术界多数人对于翻译的性质和意义，缺乏真正的了解。为中国近年来翻译事业之不振作的主要原因。

　　所以要讨论翻译问题，我们首先要进一步讨论翻译所包含的哲学意义。这就是说，我们要穷就翻译之理，要考察一下，在理论上翻译是否可能。大概带禅味或神秘主义的哲学家多认为翻译在理论上为不可能。譬如有神秘主义趋向的柏格森，在他的《形而上学导言》一文中，便提到翻译之不可能。因为他说那直觉的神秘的生命之流或精神境界，是那样的丰富、活泼、变化无方，而理智的概念和语言文字等，又是那样的枯燥、呆板、机械。以呆板枯燥的概念符号语言文字，如何能表达或翻译那丰富、活泼、流动的生命和精神内容？他的意思是说，自己尚无法用语言文字表达自己自得的直觉的意思。换言之，"言不尽意"。意，神秘不可道，自己之言尚不能尽自己之意，他人言之，更无法尽自己之意。故翻译不可能。落于言诠已是下乘，言诠之言诠，语文之翻译，更是下乘之下乘。

这显然是误解"言意之辩"的不健康思想。盖意属形而上，言属形而下；意一，言多；意是体，言是用，诚是意与言间的必然的逻辑关系，在某种意义下，言不尽意，意非言所能尽，亦系事实。但须知言虽不能尽意，言却可以表意。文虽不能尽道，文却可以载道。盖言为心之声，亦即言为意之形。意思枯燥，言语亦随之枯燥；意思活泼，言语亦随之活泼；意思深邃，言语亦因而含蓄。未有心中真有意思而不能用语言文字传达者，凡绝对不能用语言文字或其他方式表达的意思，就是无意思。即有时无语言文字之方便以传达自己的意思，而果有真情真意蕴于其中者，亦必有态度举止行为以形于外也。而从行为态度以表达意思，较之用语言文字以表达意思，反而更为具体有力。且就言不尽意而论，如意指如泉源之深意、真意、道意而言，则意乃是一个无尽藏的形而上之道，自非形而下之言文所能表达完尽。但就经验中的事实言，有时言实可以尽意。有时言浮于意。有时他人之言，实完全可以表达自己之意。有时自己因用语言文字表达自己原有之意时，反而引出新意。有时因听见或看见他人用语言文字表达自己原有的意思时，亦可以引起自己的新意。有时又因用语言文字去表达他人的意思，反而引起自己的新意思。最显著普遍的事实，就是有时他人表达自己的意思，反而比自己表达自己的意思更清楚、更详尽、更切当（以上各条皆是列举心理事实，望读者各自从经验中去寻求实际的例证）。这种能表达他人固有的意思较他人自己尤表达得清楚详尽切当者，将叫作代言人。大政治家就是民意的代言人。大哲学家和大文学家，就是时代意思或民族意思的代言人。

现在我们慢慢就可明了翻译所包含的哲学原理了。因为意与言或道与文是体与用、一与多的关系。言所以宣意，文所以载道，意与言、道与文间是一种体用合一而不可分的关系。故意之真妄，道之深浅，皆可以表达此意与道的语言文字中验之。一个人如能明真恒之道，知他人之意，未有不能用想应之语言文字以传达之者。今翻译之职务，即在于由明道知意而用相应之语言文字以传达此意表示此道，故翻译是可能的。因道是可传，意是可宣的。再则，意与言道与文既是一与多的关系，则可推知同一真理，同一意思，可用许多不同的语言文字或其他方式以表达之。譬如，我心中有一个意思或道理，我可用本乡的土话以向乡人表达之，用北平的官话以向国人表达之，用古文或白话文以向新旧人士表达之，亦可用英文、德文或法文以向外国人表达之。意思唯一，而表达此同一意思之语言文字可以多种。言之多，不妨害意之一。而今学术上同一的客观真理，当然可以用多种语言文字以表达之，而不妨害其为同一之真理。今翻译的本质，即是用不同的语言文字，以表达同一的真理，故翻译是可能的。

从这一番关于翻译可能的哲学原理的讨论，我们可以伸绎出下列两层道理：第一，关于翻译既是以多的语言文字，去传达同一的意思或真理，故凡从事翻译者，应注重原书义理的了解，意思的把握。换言之，翻译应该注重意译或义译。不通原书义理，不明著者意旨，而徒斤斤于语言文字的机械对译，这根本算不得翻译。真切理解原文意旨与义理之后，然后下笔翻译，自可因应裕如，无有滞碍，而得到言与意、文与理合一而平行的译文。而且可以因原书所包含的意与理之新颖独创，而获得一与之相应的新颖独创的译文。故由翻译而得到创造新语言、新术语、新文体的效果，唯有意译方可获致。不从意思与义理着力，徒呆板而去传译语文形式的末节，只能败坏语文，使语文生硬、晦涩、诡怪。第二，凡原书不能表达真切之意、普遍之理，而只是该国家或民族的特殊文字语言之巧妙的玩弄，那便是不能翻译，不必翻译或不值得翻译的文字。如中国六朝的骈体文或西洋许多玩弄文字把戏的哲学著作，便是属于这类不能、不必、不值得翻译的文献。谈到这里就牵涉到诗之能否翻译问题。就诗之具有深切著明人所共喻的意思情绪真理言，则这一方面的诗应是可以用另一种文字表达或翻译的。就诗之音节形式之美，或纯全基于文字本身之美的一部分言，那大半是不能翻译的，要翻译时，恐须于深切领会到原诗意义情境之美后，更新创一相应的美的形式以翻译之。换言之，原诗是出于天才的创造，精神的感兴，译诗亦应具有文字本身之美。我揣想英诗人卡浦曼所译的荷马，大约是属于这一类的。所以我们一方面要承认诗是可以翻译的，一方面又要承认诗之可译性是有限的。译诗所需要的创造天才特别多，所以是特别困难的。但无论如何我们要拒绝诗是绝对不可译的谬说，因为那是出于神秘主义，那是懒人遮羞的伎俩，于文化的传播，于诗人所宣泄的伟大情意与真理的共喻和共赏是有阻碍的。总之，我们要把握住"人同此心，心同此理"的真义。心同理同的部分，才是人类的本性，文化的源泉，而此心同理同部分亦即是可以翻译的部分，可以用无限多的语言去发挥表达的部分，彼玩弄光景，沉醉于神奇奥妙的境界的神秘主义者，执着于当下赤裸、飘忽即逝的感觉的感觉主义者，或拘滞于语言文字之形式或技巧之末节的形式主义者，皆是不明了体用合一、心同理同的心学或理学的人，故其立说不足以作翻译可能的理论基础。

此外还有一个关于理论方面的问题，就是关于翻译本身的意义与价值问题。这个问题又分两面，一是译文绝对不如原文问题。因为一般人大都认为译文乃是改造品、仿造品、抄袭品，绝对的不如原文之真、之美、之善，译文与原文有似水与酒的关系。原文意味深厚，译文淡薄无味。所以译文都不值得有学术兴趣的人去读的。译文只是对不通原文的人说法。假如一个已懂英文的人，再去读中译的英文书，是可耻的，至少是无益的。这当然是经验中的事实，而现下国内出版界所流行的译品，也的确使得人得到这种印象。但我们须知，这个事实只是一种不良的现象，须得改变、减少的现象。这并不能涉及译品的本质。我们不能说，凡译文绝对地、必然地、普遍地不如原文。事实上比原文更美或同样美的译文，就异常之多。譬如严复译的《天演论》《群己权界论》及《群学肄言》等书，据许多人公认均比原文更美。最有趣味值得注意的事实，就是一般人所读的宗教上的《圣经》，差不多完全是读的译文。德国人大都是读马丁·路得所译的新旧约，英美人亦大都读英国詹姆士王朝时的英译本新旧约。只有极少数神学家或《圣经》版本专家才去读犹太文的《旧约》、希腊文的《新约》。而且无论就哪方面，都很难说英德文译本的新旧约不如犹太文和希腊文原文的新旧约。中国一般念佛经的人，更是念的翻译本，而这些翻译本也许有较原文更好的地方。而且据我所知，其西洋的学者大都兼读或参读原文与译文。譬如，能读希腊文原文的柏拉图、亚理斯多德之著作的学者，亦没有不参读或兼读其本国文之译文的。所以我国现下通西文的人大都不读中文译本或不参读中文译本，乃是中国翻译工作尚未上轨道，许多重要典籍，均乏标准译本的偶然现象，并非永久的常态。就哲学典籍而论，如康德、黑格尔的著作，其原文之晦涩难读，乃人所共苦。则关于康德、黑格尔的著作的译文，比原书更畅达，更明确，更详尽（我的意思是说，译文须附加注释导言等，故可更详尽）。乃是很可能的事，可惜关于康德、黑格尔的主要著作的英译本，大都不甚佳，若我国有志译事的哲学者，能精心直接根据德文原书，译成中文，则将来中译本的康德、黑格尔的著作，无论就信达雅言，皆胜过现行的英译本，乃是极可能之事。盖译文与原文的关系，在某种意义上，固然有似柏拉图所谓抄本与原型的关系，而在另一意义下，亦可以说译文与原文皆是同一客观真理之抄本或表现也。就文字言，译文诚是原著之翻抄本，就义理言，译本与原著皆系同一客观真理之不同语文的表现。故译本表达同一真理之能力，诚多有不如原著处，但译文表达同一真理之能力，有时同于原著，甚或胜过原著亦未尝不可能也。

关于翻译工作本身价值问题的另一方面，就是说翻译只是传达他人的思想，为他人的学说作传声筒的机械工作。从事翻译者大都是没有坚强的个性，没有独创的思想学说的人。故翻译之事乃是创造天才所不愿为不屑为的工作，就表面上看，这显然是事实，而且的确是很普遍而无可否认的事实。但执着此种事实，认为是绝无例外，且因而忽视翻译工作，那就会成为阻碍学术之进步与发展的浅妄之见。第一，翻译而能成有准确的传声筒、良好的广播机或收音机，那已是难能可贵、值得嘉奖鼓励的事。盖文化学术上的传声筒或广播机，实有其急切普遍之需要，不可一日或缺，不可一地或缺。此不过单就翻译在文明社会中之实用价值而言。第二，就学术文化上之贡献言，翻译的意义与价值，在于华化西学，使西洋学问中国化，灌输文化上的新血液，使西学成为国学之一部分。吸收外来学术思想，移译并融化外来学术思想，使外来学术思想成为自己的一部分，这乃正是扩充自我，发展个性的努力，而绝不是埋没个性的奴役。黑格尔盛称马丁·路得之翻译新旧约成为德文，认为是一个伟大的革命。因为他说，直要到我们对于一个东西能用自己的国语（Mother tongue）表达时，这个东西才会成为我们的所有物。有权利用自己的语言来说话来思想，就是一种真实的自由。路得的翻译，使德国人感觉到基督教非外加的桎梏，乃自己内心中固有的财产。所以若无新旧约翻译的工作，他的宗教改革是绝不能完成的，这样看来，翻译外籍在某意义下，正是争取思想自由，增加精神财产，解除外加桎梏，内在化外来学术的努力。第三，谈到翻译与创造的关系，我们亦须勿囿于片面的浅妄的意见。我们须知有时译述他人之思想，即所以发挥或启发自己的思想。翻译为创造之始，创造为翻译之成（模仿与创造的关系准此）。翻译中有创造，创造中有翻译。一如注释中有创造（如郭象之注《庄子》，朱子之注《四书》），创造中有注释（如《庄子》书中多注释《老子》的地方，而周濂溪的《太极图》及《通书》，为宋儒最创新之著作，但其本意乃在注释《易经》中一些经文）。片面地提倡独自创造，而蔑弃古典思想之注释发挥，外来思想之介绍译述，恐难免走入浅薄空疏夸大之途。谁不愿意创造？但创造乃是不可欲速助长的。创造之发生每每是出于不自知觉的，是不期然而然的，是不能勉强的，不能自命的，故与其侈言创造，而产生空疏浅薄、夸大虚矫的流弊或习气，不如在学术界养成一种孔子之"述而不作"、朱子之"注而不作"、玄奘之"译而不作"的笃厚朴实好学的风气，庶几或可不期然而地会有伟大的创造的时代的降临。

中国的新学术文化如要有坚实的基础、盛大的发展，无论学术界人士和教育负责的当局，似须对于西洋学术思想名著的翻译工作，予以认真的注意。如何审查流行的芜滥的译品，如何培植专门翻译的人才，如何予有志于从事翻译的学者以便利和鼓励，似乎都是教育当局所当考虑的工作。至于若有睿智诚笃好学的青年朋友，因本文的激励而能早下决心，培植深厚的学问基础，以翻译西洋学术上的名著为终身志业，远效奘师，近迈又陵，更是本人所馨香祷祝的了。

——《今日评论》第 4 卷第 9 期（1940 年）

论翻译之标准及其方法（1940）

陈石孚

我国近代翻译事业，可分为两个时期，这两个时期可以五四运动为界。五四运动以前，为文言翻译时期，五四运动以后，为白话翻译时期。严几道翻译社会科学名著，林琴南翻译小说，属于文言时期。五四运动时代，胡适之提倡白话文，于是青年作家乃以白话介绍西洋思潮。此后二十年内，一切翻译作品，莫不以白话为宗，这是白话时期。

在文言翻译时期里，严几道提出信达雅三字作为翻译家的标准。在白话翻译时期，从事翻译工作者，多半是青年学生。这些翻译家既然尚在求学时代，他们文学上的修养与夫学术上的研究，当然尚未达到完美的程度。因此，他们翻译出来的作品，往往字句晦涩，意义不清。青年学生肯于努力学术事业，虽然偶尔发生错误，我们也应当加以原谅。不过在这整个时期里，因为从事翻译的人，缺乏充分修养，所以翻译就漫无标准，表现一种良莠杂陈的状态。过去若干年内，未尝没有人讨论翻译问题，但是似乎还没有人提出一个客观标准，可供翻译家的参考。我现在不揣固陋，本着平日经验，想把这个问题提出讨论，并且还拟出一个翻译标准，希望暨明白读者，不吝指教。

据我个人看来，翻译家所应达到的最低标准，是简、明、通、顺。简就是简洁，明就是明白，通就是通达，顺就是顺利。从事翻译的人，倘能达到简洁、明白、通达、顺利四个标准，就算尽了翻译的能事，他的作品必定获得成功。现在请分别说明如次。

第一，简洁。文字贵乎简洁，是中西文章家的共同主张，因此在原则上，翻译家务必力求简洁，乃毫无疑义。不过我们须采何种方法，方可使文字简洁，却是应当慎重讨论的问题。对于这个问题，我们可分两层答复。（一）在中文方面，我认为使用短句，是求得简洁的唯一方法。例如古书中以简洁著称的《尚书》《左传》《庄子》《史记》，都善于运用短句。让我们随便举数例如下：

> 自时厥后，立王生则逸，生则逸，不知稼穑之艰难，不闻小人之劳，惟耽乐之从，自时厥后，亦罔或克寿，或十年，或七八年，或五六年，或三四年。（《尚书·无逸》）

> 夫战，勇气也，一鼓作气，再而衰，三而竭，彼竭我盈，故克之。夫大国难测也，惧有伏焉，吾视其辙乱，望其旗靡。故逐。（《左传·庄公十年·齐鲁长勺之战》）

> 夫妄意室中之藏，圣也；入先，勇也，出后，义也，知可否，知也，分均，仁也，五者不备，而能成大盗者，天下未之有也。（《庄子·胠箧篇》）

> 项籍少时，学书不成，去学剑，又不成，项梁怒之，籍曰，书足以记名姓而已，剑一人敌，不足学，学万人敌。于是项梁乃教籍兵法，籍大喜，略知其意，又不肯竟学。（《史记·项羽本纪》）

从以上所举的几段看来，可知欲求文字简洁，首在炼句。炼句的工夫，是翻译家不可忽略的急务。（二）在原文（英、德、法等）方

面，翻译家应化整为零，化复杂为简单，然后着手翻译，方可收简洁
之效。西文构造复杂，一句之中有主要子句，有倚靠子句，主要子句
和倚靠子句之中，又可以有若干关系子句，错综纷纭，莫可究诘。翻
译家对于此种文句下，须下一番爬梳功夫，把这整段的复杂思想，分
别整理，若者居先，若者居后，排列得有条不紊，然后用简洁的文
字，将每一个观念，依次说明。原文尽管千头万绪，然而我们采取这
个方法，就可以应付裕如。

第二，明白。所谓明白，乃指意义清楚而言。欲求意义清楚，首
在了解原文，倘若翻译家根本不能了解原文，译文的意义自然无从清
楚。这样讲来，可知我们想从事翻译，第一步便应彻底研究外国文。
外国文有了根底，方可着手翻译，否则必会闹出许多笑话。现在就我
记忆所及，略引几个实例，以资说明。

（甲）英文 Bridge 一字，最普通的意义，人人都知道，但是还有
一个较不普通的意义，那就是一种牌戏，过去曾经有人把这种牌戏，
误译为桥梁，直所谓失之毫厘，谬以千里。

（乙）英文 Drawing room 一词，应作客厅解，但是有人只看字面，
不顾真意，硬译为"书室"，这当然是错误的。

（丙）英文 At the eleventh hour 数字，有最后五分钟之意，但是曾
经有人直译为"在十一点的时候"，真可谓不知所云。

（丁）英文 private 一字，作名词用，应作兵士解。去年耶稣圣诞
节时期，希特勒亲到西方战场，慰劳德国军队。后来我国报纸上记载
着这个消息，说"希特勒在战壕里，坐在一个军官与一位私人之间"。
私人二字，就是 Private 的误译。战壕里有军官，有兵士，那是很自然
的，但是何来一位私人，真令人百思莫得其解。

以上所举数例，都是过去翻译家的实际错误。这些错误本来可以避免，只要我们肯多查字典。总之，我们如想求得意义清楚，达到明白的标准，我们须彻底了解原文，虽一字一词亦不轻易放过。换言之，勤于检查字典，乃翻译家必具的一种美德。

第三，通达。通达二字，就是语无晦文、字无晦义的意思。怎样方可达到语无晦文、字无晦义的标准呢？我认为要想达到这个标准，翻译家必须注意两点。（一）在消极方面，翻译家不可杜撰字句，任意制造新奇名词。因为我们的学识不够，而随意杜撰，势必弄得字句晦涩，文义不清。（二）在积极方面，翻译家应尽量使用成语，务使每字每句皆有所本。我们姑且随便举一个例，来说明这层意思。下面是姚名达《章实斋先生年谱》序文的一段：

> 经过了上述的工作，对于章先生的渊源，应该是很亲切的了解了。至于对他学术思想的论评，也曾写过几篇文章，发挥一己的意见，但隔了些时，便不满意，终究毁了，虽曾发表过。我对于章先生要说的话，当然很多，但多记在片纸上，到认为见解已熟时，才可撰成有系统有组织的论文。

我引这段文章，并非认为它是近代绝妙好文，但是借此可以说明我的意思。我说翻译家应该尽量使用成语，从姚先生这段文章，即可证明。这段文章虽非翻译作品，然而作者却处处用成语，例如经过、上述、工作、对于、章先生、渊源、应该、亲切、了解、至于、学术思想、论评、写过、几篇文章、发挥一己的意见、隔了些时、满意、终究、发表、要说的话、当然、很多、记在纸上、片纸、认为、见解、已熟才可、撰成、有系统、有组织、论文——这一切都是成语。除掉这些成语而外，只有一些不关重要的接续词和虚字。我们倘若善于运用成语，文章之道便思过半矣。我国文学发达，古今著作甚富，这里面蕴藏着许多宝贵的语句，只要我们用心揣摩，仔细领悟，到了执笔为文的时候，必可左右逢源，决无枯窘晦涩之态。我所谓通达，就是这个意思。

第四，顺利。顺利二字，乃指文章的气势而言。我们从事翻译，不仅要语无晦文、字无晦义，而且要如长江大河，一泻千里。要想达到这个目的，我们必须注意文气的衔接。古文过于简练，有时反致意义混淆，使读者有莫所适从之感。例如老子《道德经》第一章："道可道，非常道，名可名，非常名，无名天地之始，有名万物之母"，最后两句就有两种不同的标点方式，兹列如下：

（一）无，名天地之始，有，名万物之母。

（二）无名，天地之始，有名，万物之母。

这两种不同的标点方式，代表两种不同的解释。老子的真意何在，我们现在只好猜想和推测，但是无从决定。假使老子当日使用一种斩钉截铁的语句，把他自己的真意说明，后世学者就可以免掉发生许多争执。老子是一位大思想家，值得我们研究，所以学者之间虽然发生争执，也是很有价值的。但是普通从事翻译的人则不然，他们不是大思想家，读者不肯多费精力，去仔细咀嚼他们的译文。读者所要求的，是文从字顺，气势流利的文章。翻译家须适应读者的需要，避免意义混淆，而最足以引起意义混淆的，便是某字某词既可联上，又可联下，例如我们刚才引过老子的两句话，就是如此。我们须知道，中文是单音字，一个字单独用在文句里，往往联上也可，联下也可。要想避免这种弊病，最好的办法，是在可能范围之内，不用单字词，而用双字词，因为双字词，既系以两个字构成一个单位。那就决无可以分裂，使之联上联下皆可之理。例如上文所引姚名达的那段文章，他所使用的，除一个毁字而外，其余都是双字词或复字词，而且那个毁字之下增加一个了字，也可以认为是双字词，而非纯粹的单字词。大凡一切流利顺适的文章，都必遵守这个原则。这是我个人平日体察所得的一点管见，不知究竟正确与否，希望海内贤达指教。

以上我们提出简、明、通、顺四个字，作为翻译的标准。这四个标准，与严几道所提出的信达雅，可说是完全相同。信就是明白，达就是通达，雅就是顺利。严先生使用古文笔法，从事翻译工作，而古文素以简洁见长，因此不必特别提出简洁二字，作为翻译的标准。白话则不然，近代白话文的大病，正在冗长散漫，令人如坠五里雾中，不辨东西，所以我们特地提出一个简字，以补信达雅三字之不足。这是由于前后时代的不同，然后方有不同的主张，并非我们的见解，能够超出严先生见解之上。

上述四种标准，乃就纯粹文字上的功夫而言。除文字上的功夫而外，翻译家尚应具备专门学识，任何西洋著作，无论其为哲学、文艺、美术、科学、政治、经济，或教育，总是讨论一个特殊问题。我们如拟从事翻译，必须对于这种学问，至少略窥门径。间或有一些不明事理的人，以为略懂一种外国语，即可翻译一切西洋作品，上自天文，下至地理，无所不通。这是一个很大的谬误观念，不可不加以纠正。就最高的理想而论，一种专门著作，应当由一个专门学者翻译，例如翻译柏拉图和亚里士多德两人著作的爵威特先生（Jowett），就是一个大学问家，又如翻译荷马史诗的波蒲先生（Pope），自己就是一个伟大诗人。我们现在虽不能达到这种理想境界，至少我们可以希望，目前的翻译家，对于他们所拟翻译的问题，须有相当基本认识。

　　翻译家不仅须有专门学问，他们还应该具备丰富常识。一切智识本来是相互贯通，不能绝对分离。我们如拟翻译政治论文，其中必有牵连经济问题、法律问题、社会问题，以及教育问题之处。因此，我们对于这一切问题，必须略懂一二，方可不致陷入重大错误。政治论文如此，其他各种著作，亦莫不皆然。翻译家的一般智识愈多，其成就必定愈大，反之，翻译家的一般智识愈少，其成绩必定愈小。

　　最后，西洋著作里，英、德、法三种文字常常相互引用，而且使用拉丁字句之处，亦随处皆是。所以最上乘的翻译文字，译者最好同时懂得英、德、法三种文字，并且对于拉丁文具有能够检查字典的资格，换言之，就是对于拉丁文法，曾经略事涉猎。倘若这一点办不到，翻译时的困难，简直无从克服。

　　现在我们可以把上文的意见总括起来，作一个简明的表解如下：

　　标准方法备注：

　　一、简洁　充分运用短句与化复杂为简单，为严氏所无

　　二、明白　彻底了解原文与勤于检查字典，即严氏之信

　　三、通达　严戒杜撰字句与尽量使用成语，即严氏之达

　　四、顺利　避免单字词使用双字或复字词，即严氏之雅

　　除这些条件而外，翻译家尚应具备专门学问与丰富常识，并且应当了解英、德、法三种文字，以及拉丁文文法。不过翻译日文书籍，似乎不懂拉丁文文法，也无大妨碍。其他翻译俄文、英文、法文、德文著作的人，则非略懂拉丁文的变化不可。

——《读书通讯》第 2 期（1940 年）

谈谈诗和译诗的方法——读《古歌试译》后（1940）

宋悌芬

（一）印象的批评应用在文本上

近代的文学批评可以说是到了法郎士、勒美脱，才起了一种新的变化。他们不说莎士比亚如何如何，而说我觉得莎士比亚如何如何。他们没有标准，因为他们知道世界上没有绝对的标准。所以他们称批评为"灵魂在杰作中的冒险"。这句话简直可以说是印象派的信条，可是我"觉得"法郎士的另一句话更能表现他们的精神："一切好的文学都是自传。"（这句话很容易误解，例如苏雪林就以为它的意思是：所有文学里的形式，自传占的地位最高，她接下去就说所以胡适的《四十自述》是中国近年来稀有的杰作。这简直是"摘句"的大笑话。）换句话说，好的文学作品，其实坏的作品何尝不如此，都脱不了自我。无论你怎样写实，左拉还是左拉，绝不会是别的自然主义大家。这也就是为什么华滋华斯和考勒瑞几虽然打着一个旗帜，到头来还是分道扬镳。可是这范围不仅包括诗、歌、小说、音乐和绘画；连批评也在内。所以尽管 Taine 用科学的方法来解释文学，还是逃不了 Taine 自己。

我这一段话，说了半天也许落不了你们两个字："空泛"。可是我这里就有一个实例：彤管先生对莱利的迎春的解释。这首诗在普通人看来，我也在内，不过是"时鸟鸣春"而已。假如一个听过这些鸟的歌唱的人，更能在念这首诗的时候欣赏它的声调之美。例如：

> Brave Prick-Song! Who isn't now we hear?
>
> None but the lark so shrill and clear;

这两行中的 Prick-Song, shrill and clear，真能表现出 lark 的锐利的快乐的歌声。可是我们的诗人却特别的敏感，听出了"弦外之音"。因为在我看来，这首诗并没有"掺杂许多伤神的情绪"。Nightingale（并非黄莺，译见下文）在英国诗歌的传统里，代表悲哀和忧郁，正如杜鹃在中国诗里一样，也正如 lark 代表不自主的欢欣一样。而 Cuckoo 呢，正是告诉春之来临的使者。（据 Middleton-Murray 说，Cuckoo 在英国第一次的歌声不在四月二十三，就在二十四。则正是春天。）这首诗的题目不是已经告诉我们很清楚了吗？"迎春"。可是作者却看出了"时间之溪正淙淙不息地流着"，却在意境里看出了"悲哀"。那么我的解释错了吗？还是他的？不，不，这两种看法与其说是矛盾，不如说是有"相成之美"。然而我还没有忘了法郎士的话，在

> "咕咕"，报春春欲来，
>
> "咕咕"。鸣春春已迟！

两行里，老实说，我所看见的再也不是莱利而是彤管先生自己。

（二）谈谈翻译的方法

这种方法在解释一首诗时，或许会代表一种看法（例如陶渊明的"平畴交远风，良苗亦怀新"，表面不过在写景，苏东坡却看出是"见道之言"。正如一个拈叶，一个微笑，不足为外人道也）。可是在翻译上，实在有讨论的余地。因为翻译最忌的是自我表现，它的目的就是在传达原来作者的神貌。所以安诺德说：

The translator above all artists needs an infinity for taking pain.

这就是说一个翻译家在翻译时，先别管文字或技巧上的困难，必须要重新去投一次胎，"再度为人"。

而在这篇《古歌试译》里的几首翻译，也正犯了"自我"的病。第一首《迎春》（我们刚才已约略的提过）不能说是翻译，只能算是创造。（我并不反对把西洋诗翻作词、五言诗；可是这种尝试正如 Amy Lowell 把中国词译作"自由诗"一样不足为从事翻译者取法。）第二首《洛神》，说得委婉一些，也是创造。D'urfey 是十七世纪的戏剧家和诗人，他的戏我没有看过。可是这首《洛神》，在我看来却是一首 ballad，掺杂一些希腊的传说。第一，Chloe 所指大概就是理想中或实际上的爱人。这种歌颂美女的倾向在欧洲的民歌里是很容易找得着的。第二，这首诗的第一行是四拍，第二行是三拍；每行的节奏是 iambic；每一节为四行，每一节的韵是 a，b，c，b。简直就是民歌里最普通的形式。可是在读完彤管先生的译文后，谁能感觉到原文是一首民歌，谁又能说这首诗是 D'urfey 诗的翻译，假如先后读完了译文和原作？即使我们忽略了"像圣光掠过殿宇"，和"声如上古琴音"这类不"信"，不"达"的句子；我们也不能说这首译文得到了原文的神态。那么什么才是理想的翻译方法呢？ Tytler 早已说过了：
"翻译者的责任就是把自己变成原作的主人，然后用另一种语言把原
作的精神和意义表现出来。"可是话又要说回来了，理想究竟是理想，
我们不能求之太苛；这种看法会一笔勾销了世间的一切的。那么让我
们说，这首《洛神》并不是 translation 而是 creation。（可是要"成功"
而牺牲别人的诗行，则未免太"Ego"了。一笑。）

（三）鸟名的翻译

其次我要谈到的就是鸟名的翻译的问题。所谓 Nightingale，虽有
人译作夜莺，可并不是黄莺。（黄莺的英文名字是 oriole。）大概这种
鸟中国根本就没有。所以往常读到济慈的《夜莺歌》，我总不免起一
阵遐想。我真想问：夜莺是什么颜色呢？它凄凉的歌又是从哪一片深
林漏出来的呢？可是据我的一位老师说，夜莺的歌声在欧洲也很难听
到的。那么这也算是一种安慰吧！

Lark，现代人译为云雀，并非黄莺。《康熙字典》上说"黄莺：仓
庚，即黄莺也。"司空曙的《残莺百转歌》的开始两句是："残莺一何
怨？百转相寻续。"和黄庭坚的《晚春》："春无踪迹谁知？除非问取
黄鹂；百转无人能解，西风吹过蔷薇。"正是一样的说法。则可见黄
莺和黄鹂实是一鸟。至于 lark 的歌声早有雪莱（我看雪莱自己也是一
只云雀）唱出来了。

> Like a star of heaven
>
> In the broad day light
>
> Thou art unseen, but yet I hear thy shrill delight,

真的，这些日子来，再没有比一片云雀的歌声更能赢得我的向往。但是据研究上海鸟类的惠尔金生说，他到现在，除了几个断续的 notes，还没正式听见过一次云雀的欢唱。可见得住在城市里的我们的无福了。

Cuckoo，在中国早有了现成的名字："播谷"。不过中国的 cuckoo 与英国的不同。前者叫四声："播谷播谷""花好稻好""不如归去"，或是 "One more bottle" 都可以。（一样的四声，每人听来不同。哪一天把各地的花样搜集起来，该有如何一个大观。）后者只有两声："Cuckoo"。前者的出现期不是五月一日就是五月二日（指上海），后者却要早上一个星期。所以为区分起见，上海的就叫作：Indian Cuckoo。

关于播谷鸟的传说很多。其实有好几种鸟就是播谷。例如从 Cuckoo 养育幼鸟的方法，我联想到中国的一句古语："鹊巢鸠占"：花了一些功夫一查，播谷果然就是鸠鸟（有斑纹者为斑鸠）。

话也许说太远了。我的目的不过想证明这些鸟并不是历代词里常见到的"伤春之鸟"而已。

（四）宗教诗

彤管先生曾说过他喜欢庄严的宗教诗，因为它是天国的音乐。这句话我非常喜欢。

可是我这里还有一个意见。我以为"宗教诗"这名词的要点在诗而不在宗教。他们动人的地方也在诗而很少会在宗教。

例如：

Whosoever will save his life shall lose it, and whosoever will lose his life shall find it.

这句话是永久不移的真理，可是我却找不出一些可以叫作诗的东西来。同样在《圣经》的 Proverb 里：

He that sinneth against me wrongeth his own soul; all they that hate me, love death.

这在我看来非但是诗，而且是上好的宗教诗了。因为 poetry，诚如霍思曼所说，is not the thing said, but a way of saying it。这道理其实很简单，譬如这两句谁都知道的："采菊东篱下，悠然见南山。""南山"这两字并没有什么含义，可是你换上"西山"，或"北山"，你马上会体会出这里的损失。所以宗教给我们的只是"意义"，宗教诗才是"意义"和"音节"的结晶。（我这种口气好像是说彤管先生以为：宗教诗的要点在宗教而不在诗。我倒没有这种意思。我是针对着现在正在盛行的一种倾向：提倡意象"派"诗、象征"派"诗。什么"派"都没有关系，只要你写的是好诗就行。可是这类名词，往往容易使人误解，而且事实上就有很多人误解，以为诗可以在诗以外的东西里寻得到的。）

我们姑且承认诗可以依照它的内容区分，可是宗教诗是不是诗里最崇高的？崇高为 sublime 的中译。可看梁宗岱精湛的论文：《论崇高》。这使我想起梁宗岱译的是梵乐希，并不是哥德的《水仙辞》。彤管先生或许记错了。让我再说得广泛一点：带有宗教情绪的艺术作品是不是最能带给我们一个崇高的境界？

对于这个问题我们最好多举几个例子，形而上的抽象名词永远不能使我们得到满意的结论。我新近看完一位朋友借给我的"The Little

Flower of Jesus"，再没有比这里文字更动人、情感更纯洁的了。可是我总觉得它缺少什么似的。（不知道我这位朋友能宽恕我吗？）我只能说它 divine，我永远不能说它 sublime。再，假如你喜欢音乐，你喜欢巴哈的马太受难曲呢，还是悲多汶的交响曲，第三或是第五？我这题目出得太难，你会说他们根本是两种存在，不能对比。可是假如你站在达文希的两张杰作前：《最后的晚餐》和 Mona Lisa。我问你，你投哪一张的票？我怕很多人会踌躇了。可是我呢，我举两只手，因为鱼同熊掌我都要的。你们不会笑我太"贪"吗？说实在话，弥尔顿 organ 似的诗篇我固然喜欢，可是我也同样的欣赏莎士比亚对人性的了解。巴哈、韩代尔的宗教音乐会令我的灵魂上翔，然而悲多汶和许培而特也能同样的使我心神俱醉。我神往于那些文艺复兴前的画师和他们对宗教的热诚，正如我蛊惑于 Turner 梦似的雾景，或是 Rossetti 憔悴的妩媚。这些伟大的艺术作品对我真好像金的钥匙，为我打开了天堂的门。诗人兼画家的 Blake 不是早已替我说过了吗？

"能进天堂的只有三种人：音乐家、画家和诗人。"

（五）一个具体的意见

谁都能看出来彤管先生这篇文章里的要点，并不在诗，更不在翻译，而是诗和译诗以外的东西。说了半天，我始终没有达到中心点，好像我是在苛求，寻求其中所没有的。这不是我的本意。沛德说得好："最好的批评就是欣赏。"那么让我用默默的欣赏来致我的敬意。（这里我脱下我的帽子。）

可是既然我的题目和译诗有关，那在结束时我就说出我对译诗的意见，具体的但也是谦虚的意见。在我看来，翻译诗，和翻译其他文学作品一样，最重要的目的就是传达原作的"神"和"貌"。（假如诗是可翻译的话。打开文学史来，能称得上真正的翻译有多少？）所以除了意义之外，译者还得顾全原作的形式：节奏、韵等。我不喜欢多说空的理论，所以拿拙译一首附在下面：

Chamber Music —James Joyce

All day I hear the noise of waters
Making moan,
Sad as the seabird is when going
   Forth alone,
He hears the winds cry to the water's
Monotone.

The gray winds, the cold winds are blowing
   Where I go,
I hear the noise of many waters
   Far below.
All day, all night, I hear them flowing
   To and fro.

（悌芬试译）

从早到晚我听见水声
呜咽，
像一只飞行海上的鸟

3371

孤单，
它听风对单调的水声
呼唤。

那灰色冷风吹的地方
我去。
我又听见无数的水声
幽微。
成天成夜听它们流去
流回。

这首译文就有很多毛病，例如 going 这韵就没有译出。可见"眼高手低"的病是谁都免不了的。何况我又是十八件武艺件件"不精"的门外汉；假如我还要"班门弄斧"的话，岂不是太"自不量力"了吗？

——《燕京文学》第 1 卷第 3 期（1940 年 12 月 20 日）

算学上译名的讨论（1940）

郦禄初

算学上各种名词，现在我国还没有统一，所以各种教科书里对于同一事物的名称往往不能一致。譬如这门功课的总名称 Mathematics 一字的译名，究竟是"数学"二字适当，还是"算学"二字确切，到现在还没有定论。教育部把这门功课的名称叫作算学，但是民国二十六年我国著名算学家组成的学术团体仍旧叫作"中国数学会"。总之，Mathematics 一字的定义没有明确决定之前，究竟哪一种译名比较好是不能决定的。不过现在许多人把"算术"同算学或数学的区别弄不清楚，甚至连受过高等教育的人也如此。我记得从前到一个县立中等学校去参观，看见他们三年级课程表上印着"算术"这门功课，但是里面的教师却在那里大讲"三角学"，这不是一个显著的例吗？算术是 Arithmetic 一字的译名，在初中第一学年所学习的那一部分不过是全部算学科里的一小部分罢了。

我们算学上的译名大致采自日本，所以 parallel 一字译作"平行"，有人以为"并行"的意义较确切，主张改作"并行"，这话很对，但是教科书里通常还是用"平行"二字。同这情形相仿的，实在还有 Sphere 的译作"球"字，也同"球"字的本义不合的。球是美玉的一种，从玉求声，皮球网球的球字应写作"毬"字，因为我们中国从前玩的球是毛制的并不是玉做的呀！不过一个名称无非用来代表事物的，"平行"与"球"两个名称既经通行很久而且普遍，我们也不必去该做"并行"与"毬"了。

平常原文一个，在我国的算术和代数里却分别有两种译名的，如Dividend译作被除数或被除式，Divisor译作除数或除式，Factor译作因数或因式，等等。Factor还有人译作因子，我觉得这名称最适当。因为"因子"两字无论算术或代数里都可用，而且数的因子，同物质的分子原子等有相类似的意义，我们用"子"去译英语语尾"er"或"or"是最确当的了。Dividend和Divisor最好也译作"被除者"或"除者"，或者同"商"（Quotient）字一样用我国的旧名称"实""法"等字来代表，我想也没有什么不方便。

译名要愈简单愈好，现在普通教科书里把Quotient译作商数或商式。Base在平面几何学里译作底，但在立体几何学里又译作底面。同样道理，Vertex也有顶与顶点两种译法。又Center一字关于圆的时候译作"圆心"，但是说到正多角形的时候却又译作"中心"。这种译名其实都不好，我们为什么不把Quotient译作商，Base译作底，Vertex译作顶，Center译作心，不是全部算学里都可通用了吗？

同上面所说的道理一样，Power一字可不必译作乘幂而译作幂，Root一字可不必译作方根而译作根，Graph一字可不必译作图像或图线而译作图。

再进一步来讲，我们也不妨把已经通行的译名来改革，使他们很简单明了，例如Sine，Tangent，Secant三字在三角学上译作正弦、正切、正割，而Cosine，Cotangent，Cosecant则译作余弦、余切、余割，其实正弦等的"正"字在原文里没有这个意义的，我们为什么不把正字略去而将 Sine，Tangent，Secant，直译作"弦""切""割"呢！又如 Square 一字在算术里译作平方，而在几何学里又译作正方形，我们如果要改革，那么正方形也不妨改称作平方形的。

最成问题的是原文不同，而且所代表的事物也不同，但是我们却有相同的译名的，这种相同的译名虽然不一定是在同一书本里，但是无论如何终是没法避免来得适当。譬如 Complex Number 与 Composite Number 都译作复数，Axis of Abscissa 与 Transverse Axis 都译作横轴，方程式里的 unknown 同几个图形的 Dimension 都译作元，Face 与 Surface 都译作面，等等，这些名称都应该改革的，我觉得 Transverse Axis 可以译作截轴，Dimension 可以译作向度，Surface 可以译作表面，Complex Number 可以译作杂数，那么就不会相同了。

又有几个字在中文里的意思差不多，例如"逆""反""倒"这三个字。Reciprocal 有些人译作逆数，也有些人译作倒数，Converse Theorem 有人译作逆定理，也有人译作反定理，Inverse Function 有人译作反因数，也有人译作逆因数。这种译名我想应当首先统一起来，譬如 Reciprocal，Converse Theorem，Inverse Function 可以分别译作"倒数""逆定理""反函数"的。

还有许多学者因为教科书里的文字有文言和语体的不同，所以把名词也给他们以种种区别，例如 Line Segment 文言文里译作"线分"，语体文里译作"线段"。同样，Reciprocal 译作"逆数"或"倒数"，Asymptote 译作"渐近线"或"几近线"，Initial Side 译作"始边"或"起边"，Lateral Area 译作"侧面积"或"旁面积"，等等。我以为这种区别都没有必要，我们只要选取一个来代表就好了。因为名词在文言文和语体文里如果要有区别，那么孔子在语体文里不知又要改称作什么呀！

此外，在原文里有区别的两个字，我们的译文也可用意义不同的两个字来代表，例如 Right 可译作"直"，Regular 可译作"正"，我们不应该把 Right Triangle 随便译作正三角形的。

又有许多算学上的术语，尤其在高等算学里，在我国是没有适当的字来代表的。例如角的单位 Radian 这个字，普通书上都译作"弧度"或"弧度单位"四个字。这种译名当然不适当，因为我国一切单位的名称都用一个字来代表，例如尺、寸、分等。所以有人把 Radian一字译"弦"，创造了一个新字，但是我觉得还不如模仿 Meter 译作"米"一样的办法，把这字译作"雷"字或其他我国原有的字，不是更简单明了么？

现在再把上面没有讨论过的但是有两个以上译名的算学术语列表如下，表里所载的术语当然不完全，不过指出几个最普通的就是了。

原名	译名
Abscissa	横坐标，横标，横位标
Angle Bisector	角平分线，分角线，平分角线
Characteristic	指标，定位部，定位部分
Comraensurable	可通约的可公度的
Commutalive Law	可易律，对易律，交换律
Complex Fraction	叠分数，繁分数
Complex Number	杂数，复素数，复数
Conjogate	共轭，相配
Corollary	系，推论

续表

Diameter	径，全径，直径
Extreme and Mean Fatio	外内比，中末比
Frustum of a Pyramid or a Cone	角锥台或锥台，角规或圆规，平截角锥或平截锥
Hypotenuse	斜边，弦
Latus Rectum	道径，正焦点弦
Locus	轨迹，变迹
Mantissa	假数，定值部，定值部分
Partial Fraction	部分分式，分项分式
Parabola	抛物线，抛线
Perpendicur Bisector	中垂线，垂直平分线
Prism	角锥，棱锥
Probability	几率，机遇率，或然率
Section	截口，截面
Zone	带，求带，带形

因为各人的观点不同，上表所举的译名究竟哪几个最适当，当然需要大家来讨论。依愚见所及，上表的译名里似乎是每项的第一个比较来的简单而且比较普遍，或者就是最适当的一个吧。

最后要提及的就是本文的目的虽是供中学校的同学作学习算学时的参考，但是作者的另一个愿望是想提出这译名的问题来同中学算学教育界的同人讨论讨论，以便把讨论结果供将来教育部审订算学科名词时的参考。

——《战时中学生》第 2 卷第 7 期（1940 年）

标准无线电学译名的商榷（1940）

刘同康

在目前，"标准无线电学译名"的编订非常需要，本篇文字，系作者纯以读者立场而作，将现今无线电学译名的纷乱情形，略加申述，希望能借此引起国内一部分人的注意，而尤其希望在最近的将来，整个无线电学术界，能在诸位先进专家的倡导之下，共同来实践这个"标准无线电学译名"的编订工作——作者附言。

一、引言

无线电学译名的至今没有标准，常会给人以恶劣的印象，也是一般所认为最困难的事；不过，至今无线电学术界仍未见有编订标准无线电学的组织和发起，确也是事实。一般的情形是：在各自为政的局面下，习用着自己规定的"标准"译名，不管其意义为否确当，是否切实，自然更顾不到影响所及的结果是如何的了。所以每当有人同时翻阅二本以上的无线电书籍时，常会使他发生猜疑、惊奇的交集感觉，对于其中所有的名词，初则不知何所适从，继则又是茫然不解；这种现象，不一而足，这实在不能不认为一种最大的不幸。

虽然在民国二十三年间，国立编译所经诸专家的努力而有物理学名词一书的编订，将一般物理学上常用的译名统一了，这对于无线电学术界的贡献，也不能算不大。但在这无线电学已逸出物理学范畴而自成为一个重要部门的今日，时有崭新名词的产生，故由物理学名词所规定的无线电学译名，是极不符实际应用的；何况其中有少数译名的准确性，尚有重加检讨的可能。职是之故，标准无线电译名的编订是目前非常需要的。

二、常用译名的检讨

在一般常用的无线电学译名中，值得加以检讨的确实有不少。即先以各机件的译名来论，譬如 Grid 一字，物理学名词中规定译作"栅极"，普通也大都采用之；但在少数环境里，常有人将它译为"槅极"。考 Grid 在真空管中的作用及 Grid 一字的原义，确然是"栅"，故译之为"栅极"，再适当也没有；至于"槅极"这个译名，由各词典的指示，所谓"槅"仅有车轭之义，而无其他解释，故实与 Grid 一字风马牛不相及，而却有纠正之必要。又如 Dielectric 一字亦然，规定的译名是"介质"，通常则又有"诱电体""通感体""介电体"等译名，其字面虽然不同，而意义正负相似，当然都可说得过去；但有很多人常将其译作"绝缘体"，比如把 Paper Dielectric 一词译成"纸质绝缘"，而常教人与 Insulator 一字发生误解。实际上 Dielectric，系指静电感应作用所能通过的物质而言，Insulator 则系指对于电流阻力特大的物质而言，两者意义相差甚远，自不能认作二而一也。再如 High Pasefilter 一名词，依规定应译为"高频滤波器"，也有译成"界上滤波器"的,而其真实意义则是:"一种仅使较高于某截止周率以上的电流可以通过,不使较低于其周率的电流通过的滤波器",由此可知上述二译名中以后者较佳。此外,还有人将它译为"高周率滤波器"。如此更足令人将其中"高周率"三字与 High Frequency 一名词发生误会,认为这种滤波器只能适用于高低周率俱全的电路中,将其中的低周率予以滤除,而不是对任何周段中之"较高周率"而言。其他如 Screengrid 一名词,有着许多的译名——"屏栅极""帘栅极""网栅极""幛槅极"等,又如 Condenser 一名词,也有着许多——"电容器""容电器""储电器""蓄电器""凝电器""康特生"等,都是值得加以商榷的。

第一表所列是一部分无线电机件的英文原名及其各种常用译名,其中更包括着物理学名词所规定的。

其次,在无线电学中,一部分常用的抽象名词的译名,也极值得加以检讨。例如 Audio Frequency 一名词,译成"成音周率"最为确当,而有人却译之为"低周率",实欠精密,盖所谓 AF,其周率固低,而即以低周率名之,未免太含糊;何况 Low Frequency 的译名是"低周率"(自是非常适当),则 Audio 岂即是 Low 的意思。由此可见,一部分人所习用的 Audio Frequency 的译名——"低周率",势非加以改正不可。又如 Radio Frequency,译作"射电周率"最为切实,而普通一部分人却习用着"高周率"这个译名,这种情形正与上述者相同。再如 Power 一字,以其定义而论,则以译作"电功率"较佳;不过通常一份人多采用"电工率""电力"等译名,前者似还讲得过去,至于将其译为"电力",太觉含糊。此外又如 Inductance 一字,有译作"电感系数"的,也有译作"感应量"的,也有译作"磁感量""诱导量""诱导率"

的；Volt 之有伏特，伏脱，弗打；Resistance 之有"电阻""阻力""耗阻""抵抗"；Ampere 之译为"安培""益配"……各种译名，都在需加检讨之列。第二表是一部分抽象名词及其各种常用译名的对照。

（第一表）

英文原名	译名	英文原名	译名
Vacuum tube	真空管	Receiver	接收机，收音机
Filament	丝极，灯丝	Parts	零件，部分品
Plate	板极，屏极	Galvanometer	电流计，测电表，检流表，电流表
Grid	栅极，槅极	Cathode ray tube	阴极射线管，阴极线管，阴极光真空管
Screen grid	帘栅极，屏栅极，网栅极，幛槅极	Condenser	电容器，容电器，储电器，蓄电器，凝电器，康特生
Heater	传热体，给热物	Ammeter	安培计，安培表，益配表，电流表
Coil	线圈	Voltmeter	付特计，伏脱表，电压表
Primary coil	原线圈，初级线圈	Ohmmeter	欧姆计，欧姆表，电阻表
Secondary coil	槅线圈，次级线圈	Wavemeter	波长计，波长表
Ticker coil	反馈线圈，再生线圈	Oscillograph	示波器，显影器
Choke coil	阻流线圈，抗流线圈	Filter	滤波器
Resistor	电阻器，耗阻器	High pass filter	高频滤波器，界上滤波器
Cell	电池，电瓶	Low pass filter	低频滤波器，界下滤波器
Battery	电池组，电池	Magnet	磁铁，磁石
Buzzer	蜂音器，蜂鸣器	Armature	电枢，发电子

续表

Crystal	晶体，矿石	Voltage divider	分压器，电压分析器
Headphone	听筒，耳机	Dielectric	介质，诱电体，通感体，介电体
Loud speaker	扬声器，扩音器，喇叭	Wire gauge	线规，铜线标准
Microphone	话筒，传声器		
Amplifier	放大器，扩大器		

（第二表）

英文原名	译名	英文原名	译名
Current	电流	Conlomb	库仑，可隆
Direct current	直流，直流电	Frequency	频率，周率
Alternating current	交流，交流电	Audio frequency	成音周率
Pulsating current	脉动电流，颤动电流	Low frequency	低周率
Ampere	安培，盎配	Radio frequency	射电周率
Voltage	电压	High frequency	高周率
Volt	福特，伏脱，弗打	Intermediate frequency	中周率，中间周率
Resistance	电阻，耗阻，阻力，抵抗	Cy	周，周波
Ohmic resestance	热损电阻，欧姆电阻	Wavelength	波长
Power	电功率，电工率，电力	Meter	米，公尺
Watt	瓦特，华特	Conductance	电导
Reactance	电抗，回阻	Mho	欧姆，漠
Impedance	阻抗，总阻，混合阻力	Admittance	导纳，总导

Inductance	电感系数，感应量，磁感量，诱导量，诱导率	Wave	波
Capacity	电容量	Damped Wave	减幅波，阻尼波
Distributed capacity	分布电容量，潜布储电量	Undamped wave	等幅波，无阻尾波
Electric energy	电能，电能力	Continuous Wave	连续波，等幅波
Joule	焦耳，朱尔	Electron	电子，负电子
Electric quantity	电量	Proton	质子，阳电子
		Nucleus	原子核，阳核
		Ion	游子，离子，以洪

再次，要谈到常用的十进单位前置字。例如 Micro 一字，通常都译作"微"，表示数量细小的意思，但即以示百万分之一的数量，如将 Micro farad 之译成"微法拉特"，似欠精密，所以一般多采用"粉"的译名；如 Milli 一字译成"毫"较为便利，如 Centimeter，Millimeter 二字，照规定，应是"厘米"和"毫米"，而一般人又常译之为"公分""公厘"，凡此种种，自然都值得加以检讨。下面便是这一部分名词及其译名的对照。

（第三表）

英文原名	译名	英文原名	译名
micro-micro-	微微，粉粉	unit	单位
mrcro-	微，粉	Deca-	什，十
milli	毫，份	Hecta-	佰，百
centi-	厘	Kilo-	仟，千
deci-	分	Mega-	百万,兆

除上述者以外，当有额外值得商榷的译名，如 Superheterodyne circuit 一名词，通常本都译作"超等外差式线路"，物理学名词中则规定译为"超等他拍式线路"，还有人把它译成"二重探波线路"的；又如 Coupling 一字，常用的译名，有"交连""配合""耦合""结合"等多种，第四表所列即为此类的常用名词及其译名。

（第四表）

英文原名	译名	英文原名	译名
Coupling	交连，配合，耦合，结合	Oscillation	振荡，振动，发振
Load	荷载，负担，负荷，负载	Resonance	共振，谐振，同调
Output	输出，出力	Fidelity	传真度，逼真度
Input	输入，入力	Volum	音量，响度
Distortion	失真，畸变	Audibility	可闻度，可闻率
Radiation	放射，辐射	gain	得益，获益，增益
Emission	放射，发射	Regenerative circuit	再生式线路，已授式线路
By-pass	傍路，枝路	Super regenerative circuit	超等再生式线路，超等已授式线路
Magnetic permeability	导磁系数，透磁率，导磁度	Superheterodyne circuit	超等外差式线路，超等他拍式线路，二重探波式线路
Skin effect	集肤作用，皮肤作用	reflex circuit	来复式线路，已复式线路，反射式线路，已动式线路
Detection	检波，探波		

最后，要讲到许多通常因经周密考虑而定的译名，详细情形如第五表所列。

Factor	因数	1:3	一比三
Constant	常数	Induction	感应，诱导
Coefficient	系数	Inducing	感
Rule	定则	Induced	应
Law	定律		

如 Factor 一字，实为"因数"，故 Amplification factor 应译为"放大因数"，但一部分人之常译之为"放大系数"，其实 Coefficient 一字的正确译名才是"系数"。又如 Induction，Inducing，Induced 三字，前者宜译作"感应"，Inducing 宜译作"感"，而 induced 宜译作"应"，才能一一将其原义显露无遗，而普通都一律译之为"感应"，不加区别。再如成音周率变压器"初级圈"与"次级圈"之比率，多以 1:3，1:5 等表之，自应译作"一比三，一比五"，但一般都往往误译作"三比一，五比一"等，更有甚者，即将原有之初级圈与次级圈之比率 1:3，1:5 误写为 3:1，5:1 等，实大谬不然。总之，诸如此类的实例太多，不能一一提出，但由此已十足表现了在这"统一标准无线电学译名"之前的混乱局面。

三、结语

上节中，仅把近年来无线电学上一小部分的常用译名略加检讨，由此，至少可以显示出这个问题的严重性的一斑，而是非常值得商榷的。所以，现在最需要的是，无线电学术界能于不久的将来，在诸专家先进的倡导之下，共同来实践这"编审标准无线电学译名"的艰巨工作；如此则不但无线电界受益匪浅，同时在中国无线电史上更遗留下了一个满含着"永向真理迎头赶去"象征的光荣之页。

——《实用无线电杂志》第 4 卷第 10 期（1940 年）

改善 Debit Balance 与 Credit Balance 译义之刍议（1941）

董正先

考"Balance"一字，其原义固为均衡之义，故会计学上称某账户借贷两方结数相等，即"In Balance"名之，然究之实际，此字在会计学上其用途最广者，厥惟译作"差"字之解释，如译曰"Debit Balance"为"借差"，"Credit Balance"为"贷差"是。

会计学上所称之"借差"与"贷差"，其用以为意思之表示者，系指称某账户在结算时，借方或贷方之超出数（即较大的一方之余额）而言。如称甲账户借方结数比贷方结数大＄1400，即谓之借差＄1400，反之如称乙账户贷方结数比借方结数大＄920，即谓之贷差＄920，其云"借差"若干"贷差"若干者，实则为表示借方余额若干，贷方余额若干是也。

兹先就"差"字之解释，为其"Balance"译义之检讨。夫"差"字云者，其本义即为相差之义也。故不论解译为"多差"或"少差"，字义本可互用，唯前者为余多之义，后者为缺少之义，两者系属相背，其理已甚明显。故单以"差"字为余缺一方之解释，译义似嫌含

3387

混，况常人对此字均以少差之一方，其为通俗之解释，今以"差"为"Balance"之译义，尤属不当。兹请述一例以明之，例如有某甲曾向某乙借洋 3000 元，设某甲已先行归还 2000 元，则常人均称为某甲尚差某乙借款 1000 元，又如书每本卖二元，今有洋 11 元如欲购买书六本，则尚差洋几元，曰：尚差洋一元。由此观之，普通的一般，习惯上均将"差"字之解释，用以单独为少差方面表示者居多，今会计学上将该字译为"差"字之解释，用以代表多差之一方，其译义显属与常情相违背，如此解释，不独为一般人易于引起各种误会，即初学簿记会计者，亦每易茫无头绪不易辨解为苦，而译书者，在译解时亦常有难圆其说之弊。例如解释某账户借方之结算超过额若干元，究竟孰余孰差，未有不令人莫解其意义也。今倘以"Debit Balance"一词改译为"借余"，"Credit Balance"一字改译为"贷余"，则上述种种问题，均可一扫而尽，俾初学者亦得莫大之便利。兹将改"差"为"余"后之优点分列于后，尚希计界时贤有所指正焉。

1. 总分类账内各实物账户结算时，例以红色数字填补于借贷之较小一方原已书有"差额"两字，以示短少数额之意，今设改"差"为"余"后，则适足多方称"余"，少方称"差"，不致有互相矛盾之弊。

2. 原始账中如现金簿常设有"余额滚存"栏，用以记载实存现金数额，其性质亦为表示该簿借方数额较大于贷方数额若干，今改"差"为"余"后，适能与该项账簿所命名之"余额滚存"栏，意义相符。

3. 习惯上均以"余""差"为相对之名词，如改"差"为"余"后，可减少种种误会。

4. 著作者解释账理，不致有"差""余"两字纠混之弊。

5. 初学簿记会计学者，对于借贷原理，可得进一层之了解，不致再有茫无头绪之苦。

综上论断，其改"差"为"余"后之利益已昭然若揭，吾人自不容再使其将错就错，而贻误计理上之真义，唯分类账内各账户既已改译"借差""贷差"为"借余""贷余"后，则"Trial Balance of Balances"差额试算表及"Trial Balance of Total and Balances"合计差额试算表，亦应改译为余额试算表，及合计余额试算表，俾全部账理得以互相贯串也。

——《正谊会计月刊》第 1 卷第 5 期（1941 年）

无线电学译名统一的经过及今后的工作（1941）

吴观周

（一）统一译名运动

二三业余家聚谈，常以无线电学译名的分歧为憾。1910 年 2 月本杂志编者刘同康等发起统一运动，以前，苏祖国在中电上对于译名亦写过一篇短文，不过这回却有了成就，在 1941 年 3 月 19 日晚间四马路印度咖喱饭店聚餐，将统一译名单行本分发编订各人，这才算告一段落。查审核电机工程名词之工作，本由教育部委张廷金氏等办理；嗣张氏告范凤源所谓关于无线电名词，只要上海各团体及刊物能统一，则教育部及余等均无问题，于是此一责任落于本埠研究无线电者之肩上。下表为统一运动期间内，各杂志对此问题之意见：

杂志名	卷	期	题名	作者	年月日
实用无线电杂志	4	8	正名	吴观周	29.2.1
同上	4	10	标准无线电学译名的商榷	刘同康	29.4.1
同上	5	1	杂谈无线电学名词译法统一问题	吴观周	29.7.1

同上	5	2	关于编订标准无线电学译名	刘同康	29.8.1
同上	5	3	敬告惠稿诸君	刘同康	29.9.1
同上	5	3	从度量衡说起	吴观周	29.9.1
同上	5	5	杨孝述先生对于无线电学译名之意见	吴观周	29.11.1
无线电周刊		13	正名与定名	陈临渊	29.7.13
同上		25	无线电随笔	赵振德	29.10.16
中国无线电	8	12	关于纠正译名	梵	29.12.5
同上	8	12	闲话译名	阿Q	29.12.5

（二）历次聚餐会速写

丘调卿等六人为联络沪上无线电作家感情起见，特发起作家聚餐会。第一次于29年11月16日在三马路新半斋举行，计到吕建德、李石麟、苏祖国、邵贞祥、郑光祖、金邦年、张祥铭、范凤源、刘同康、唐明斗、丘调卿、陈临渊、赵振德、许毓嘉、姚肇亭、周健生、薛光宇及笔者。次日申报教育新闻上刊一消息，题为无线电界学术会议，即以讨论译名为此聚餐的目的，于是译名问题箭在弦上了。

第二次于29年12月14日在四马路印度咖喱饭店，到者计上次诸人，间有不出席外，又加入曹润生、杨树芬、程权、金福田、杜庆藻、顾公林。即席推定五无线电杂志编者为委员，计苏祖国、范凤源、陈临渊、邵贞祥、刘同康，于是译名问题弄假成真了。

第三次于30年1月10日仍在印度咖喱饭店，又添了苏祖圭、萧微尘、潘仁荣、朱德浩等，并有女同志二人，未及询问姓名。这次有几位主张译名仍由教育部去做，经郑光祖与笔者力争，于是译名问题势成骑虎了。

第四次于 2 月 10 日在青年会，到十余人，笔者因耳鸣缺席。

第五次于 3 月 16 日上午 9 时在笔者寓所处开会，计到刘同康、苏祖国、姚肇亭、丘调卿、赵振德、陈临渊、沈保南、顾公林、邵贞祥、郑光祖、金福田午餐在青年会。下午假赵振德寓处继续讨论，晚餐在香港餐室。

第六次于 4 月 20 日在青年会，到者十余人。多数出席者在某处集合同来，笔者与潘仁荣久候不见有人至，以为改期而出。

第七次于 5 月 11 日在青年会，到者十余人，陈临渊未以书面周知，笔者临时电告，余又不在，故未出席。

第八次，也就是最末的一次，在印度咖喱饭店，计到十九人：丘调卿、姚秀峰、吴铁军、周健生、郑光祖、张祥铭、顾大义、程权、金福田、顾公林、姚肇亭、吴文庆、苏祖圭、王憩新、葛正心、陈临渊、赵振德及笔者（编者注：此次聚餐会实为补祝本年度无线电节而举行，编者因事未克出席）。

聚餐会的开始，我们都知道赵振德的热心拉拢。至于聚餐会而讨论译名，笔者等也当仁不让，由于我们的一再在报上及席间打强心针，其后又由陈临渊将大多数译名订定，颇费了许多时间与精神，总结一句：开始者可说是刘同康，因为他常与笔者谈起译名事，后来他约我写稿，我就来了一则"正名"的补白，借着他自己又写了长长的一篇，我再经他催促，被动的写了几篇，结束者可说是陈临渊。期间苏祖圭，我们对他印象也极好，他恂恂有学者风，译名问题提出得也极早，足见仁者见仁，同时分发各作家的译名草案，也由他花钱印刷。其余许多人，有的在学校考试中，有的在业务繁忙中，都抽暇出席，热忱可感。

顾公林，在 9 卷 6 期的中电上，以"梵"的笔名，发表了一篇记事，寥寥数字，劳苦功高。其实梵先生在去年《关于纠正译名》一文中，略说 Plate 一字，意义已与现在的实物不合（为此事笔者曾致函中电说已有改用 Amode 之趋势）。未闻外国人加以纠正，察其意，统一译名等，真是多事。

写到此地，得声明一声，统一译名已大功告成，实用杂志本来不拟刊这类稿子，笔者也不愿糟蹋纸笔，因发见了这篇记录，刘同康叫我将事实的经过说明一下，但迟迟未动手，原因是我有个毛病，不写则已，笔头一动，好像开关一开，电子争先恐后地过去了，如是不免开罪于人。

（三）统一与标准

这次核定的译名，与教育部前审定的，有若干出入，理由是：

标准不是绝对的，是因时因地而异的。昔日认为标准今日不标准的事很多。例如金莲三寸，是六七十年前标准美人必具的条件，试看数年前被认为标准美人的徐来，她的金莲绝不是三寸，如若真的三寸，就成了江北妈妈，不但不标准，且令人作三日呕，这是标准因时而异。在上海一到夏天，妇女们裸着两条腿马路里乱跑，这是标准摩登女子，可是在我们乡间（绍兴），将目为妖怪，大有被群起而攻之之危险，相隔不远，此地标准，彼地已非标准了；郑人以玉未理者为璞，周人以鼠未豚者为璞（研经室），这"璞"之一字，周人与郑人之标准不同，这是标准因地而异。因为标准非静止的，所以此次核定的译名，以统一为原则，同时采用最常用者。其实教育部公布的译名，也不个个标准，例如"Ampere"一字，依商务版标准汉译外国人名地名表上译为"翁培"，亚美公司译为益配，以音论，均称适当。旧译为安培，教育部亦作安培，与法文发音有出人。

字是死的，字的意义可随着所代表的事物而进展，所谓"本体由微而著，名词之概念亦能由屈而伸"（胡以鲁氏语），如果必要咬文嚼字，则我已说过，"射""矮"二字，意义是调错的，若换过来，则"发射机"必须为"发矮机"才对，又如本埠的"埠"字，照理应当写"步"字；书一页的"页"字，照理应理写"叶"字；"特"字本作"一只牛"的解释，说你特别，不能算就说你是一只牛；"醋"字说文上的解释是客酢主人也，玉篇训为"报也，进酒于客曰献，客答主人曰醋"，若照现在解释起来，客请主人"吃醋"，岂非笑话。再举些例，如"白兰地"一语，由西文译音而来成，你若叫我对课，则下联"杏花天"很好，若依字面解释，只好说白兰花铺地，与酒却不相关，因为字是能随着所代表的事物而进展，所以你说"白兰地"，醉翁听了口涎就津津而下，鼻子管里也起了一阵香味。诸如此类的例，真是不胜枚举，我的意思，不必斤斤较量字义，只要择通用能统一好了。

（四）今后的工作

话得补充一句，此次的统一译名，在不使人陌生得来不懂的范围内，此时此地能标准还是标准。这我们有一个经验，例如"Modulation"一字，一向译成"调幅"，直到现在阿氏的调周盛行，才觉得此字改译"调波"为佳，其实中电 5 卷 1 期江之蕃在《译名商榷》一文中，已提出应译"调波"，不过那时"调周""调相"等旗帜还不显明，不译调波，也无困难，等到顾公林在中电上写了一篇《周率调幅》的文章，被刘同康更正了一下，结果大家才用"调波"，同时香港酒楼的请客也因此，作家聚餐会的发起也因此，译名的统一也因此。刘同康做了一个众矢之的，几乎引起了好些误会也因此。

由于上述的经验，我们难保将来没有同样情形发生，且业余家的信条，进步亦为其中之一，故今后译名的"正"和"定"的工作，还是应继续努力。笔者最初提出"正""定"是陈临渊提出的，我不说"定"的意思是：要"正"的名词很多，初步还是来一下"正"，继之以"定"，就是先吃熊掌而后吃鱼，免得二者想兼吃，结果一件吃不到。其后陈老夫子以为若干旧名可以置之不理，才分出一部精神，做了好些"定"工作。今后"定"的工作格外多，"正"的工作仍是有的。

（五）业余家的精神

曾有一时，报纸上把 Strait of Dardanelles，误译了鞑靼海峡（Gulf of Tartary），其实为达坦尼尔海峡，一搬几千里，真可说"失之毫厘，谬以千里"了。但直到今兹，地名的译法还是人自为政，这固然由于地名太多，不胜统一，但也是有关方面懒于做这步工作所致。由此看来，业余家还算努力的，业余信条也还不曾等于具文。

——《实用无线电杂志》第 6 卷第 1 期（1941 年）

译诗及新诗的格律（1941）

朱文振

　　译诗是天下大难事，大概承认的已很普遍；借用西洋诗体来写中国诗，却还很多以为是轻而易举之事。其实，"译诗"一词，平常还多偏指翻译内容，原作的格律往往未被如何注意；而西洋诗体的借用，实际上却正无异是形式格律的翻译。人类的思想，大致说来，只要可能用一种文字表达，就也可能用另一种文字表达，所以内容的翻译，在某种条件范围之下，到尚非极端困难。但是文字语言的不同，在诗的"形式格律的翻译"上，却是一个可说绝对不能妥协的阻力；这种不同，使一种文字的诗体，很少可能在另一种文字里被妥帖地应用。所以广义的译诗，困难在内容的实远较轻微，困难在形体的才是大问题。所以，西洋诗体借用到中国诗里，姑不论其有无需要，在"技术"上，至少是一个值得衡量考虑的问题。

　　要将这种问题衡量和考虑，根本上自然先要提到中西文字组成的不同。很通俗地说，中国文字是方块字，西洋文字是拼音字，方块字一字一音（至少很久以来已是如此），拼音文字则一字可一音，也可多音；方块字各字大小长短一致，拼音字则不仅"字"不能如此，就是构成"字"的"音缀"（Syllable）也不能如此。单就这两点不同而论，就可看出，中国诗体中的字，诚然不能对当西洋诗体中的"字"，甚且也不能对当它的"音缀"。

进而看诗的行句。西洋诗各"行"的规律——此地自指有规律的行——在乎"音缀"的多少，亦即在乎两个或三个"音缀"组成的"音节"（Foot）的多少，以及此种音缀音节的抑扬顿挫；是单在于声音方面的。中国诗各"句"的规律，在乎字的多寡，字数的整齐（至少大部分中国诗是如此的），以及各字的平仄协调；不仅在于声音方面，而且也在于外形方面。"字"和"音缀"不同，"抑扬"和"平仄"也大异，如果勉强各各对当，总有些非驴非马之嫌。例如，西洋的 Sonnet（普通译作"十四行"），每行都是"五音节的抑扬格"，用记号表示起来，是：

一丿一丿一丿一丿一丿（"一"代表"抑"Unaccented，"丿"代表"扬"Accented）

如果真把"字"和"音缀"、"平仄"和"抑扬"对当起来，在中文便成为：

平仄平仄平仄平仄平仄

或以"仄平"对当"抑扬"，也还是：

仄平仄平仄平仄平仄平

照这格式排列成十四行，不论用文言用白话，我们读起来，会有什么感觉？说它是中国诗，还是说它是外国诗？是中国的旧诗，还是中国的新诗？退而言之，如果不必用平仄去对当抑扬，而仅用字去对当音缀，那么中文的"行"，除了尚有"脚韵"（Rhyme）和字数有一定这两点外，就无异于"自由诗"（Free Verse）；"自由诗"是绝对不讲究音律的诗体，而"十四行"则是格律十分严谨的诗体，那么这种

"自由诗"和"十四行"的混血,是不是和谐?至少我们即使无创立这种混血的诗体,也何必强以"Sonnet"或"十四行"名之?

平仄与抑扬,不仅在构成上不同,在应用上也大异。抑扬单顾到音缀不顾到"字群"——"音节"和字群可以冲突,例如:

When I | Have Seen | By Time's | Fell Hand | Defaced | The Sich | Ploud Coast | of Outfwosn bulied Age| ;横下线表字群,直间线表音节,音节破坏字群的,很有几处。但平仄构成的音节,却必和字群平行,例如:

春色 | 满园 | 关不住 |,

一枝 | 红杏 | 出墙来 |。

即在"长短句"中亦然,例如:

大江 | 东去 |,

浪淘尽 | 千古 | 风流 | 人物 | ;

间或有破坏字群的,偶尔为之仍可算作不破坏,而多了便属不当,如"桃花潭水深千尺","八千里路云和月",都仍是"二,二,三"成群,吟诵起来并不觉得有什么"蹩扭"。

由于同一原因,抑扬构成的音节,也常使行中有辞句的拼凑或割裂的现象,如: Nay, if You Read this Line, Remember Not The Hand That Writ it; For I Love You So.

如用习惯的中国诗法去表达其中意义,一定是 Nay... Line 成一"句",Remember...it 成一"句",For...so 成一"句"。反而论之,中国诗向无迁就音节或字类而把辞句割裂拼凑之事;如李白的"吁嗟乎蜀道之难难于上青天",如果他真有心把那首诗作成整齐的七言体,他一定把这句减去若干字,使它自身变成七言,绝不会把"吁嗟乎蜀道之难"算成一句，而使"难于上青天"五字和下句的首二字合起来成第二句。又如"长短句"，起初固然是歌词，后来也成了纯粹的诗；如果要变一首"词"为七言或五言的诗，一定是将各句重行改作，而决不会将原有各句字数拉扯平均就算了事。诚然，西洋诗中这种拼凑或割裂，大体上除了配音节或凑韵外，也很顾到意义分合的自然，不至于太随便；但无论如何，这种拼割应用到中国诗里，即使是白话诗，总是不自然的。因此，西洋的"行"和中国的"句"，实质上也很有差异。

再次，就可观察一下西洋各种普通诗体的格律。"十四行"体，行数、音节、"韵规"（rhyme scheme）都有一定规律；"双行体"（Couplets）和"四行体"（Quartrians），音节韵规有定，但行数不拘；"无韵诗"（Blank Verse），音节有定，行数不拘（但必相当多），无需叶韵——这是四种应用音通的有格律的诗体，都已经有相当古老的历史。普通抒情小诗的体制，以及"歌体"（Ode），变化很多，但传统上绝大多数都须叶韵和讲究抑扬。"自由诗"者，是极近现代的东西，音节等等规律完全取消，只有在这种诗体中才有。由此可见如果翻译西洋的格律严谨的诗，而译文不用任何格律，实非得体的办法。同时也可明白，如果采用西洋格律严谨的诗体，来写中国的"新诗"，其间除了上述的"技术"上的不谐外，也还有着诗体的时代性的抵触——此是下文将有较详细的讨论。

平常要译的诗，大多是多少有些韵节的规律的。有格律的诗，译过来自然最好还是有格律——但是用哪一种格律呢，症结所在，乃是中外向无相同的诗体；因了这一个缺陷，又因了文字的差异太大，英文的"十四行"无法在中文里贴切地现形，中文的"律诗"也不能在法文里存在。勉强的仿造体，既往往过于勉强，而大可不必；一概用"自由诗"对付，又有些像强古人穿摩登时装，而未免不情；那么就只好退而求其中，找近似的对当体了。原诗音律严谨，译过来就应用旧有的也是格律严谨的诗体，原诗音律较宽，译过来也就应用旧有的格律较宽的诗体。这样形式上虽有不同，但精神上至少可大致契合，而且也可收"自然"的效能。这样，若干地方诚然会使翻译上的"所谓"忠实不可能，然而"翻译是重新创造"的原理，却更可得以实现，而"实在"的忠实，也仍非不可能。具体地举例来说，"十四行"不妨译作短篇"骚赋"或"律诗"；长篇的"无韵诗"可译作"七古"；各种抒情小诗，可斟酌的情形，或成"绝句"，或作"古体"，或亦可以"词"的"短词"去对当，如"西江月""忆江南""浣溪沙"等等。

译诗在"形体"方面的困难，其实也往往和"内容"有关，因为一种格律，可能只适于某种情调，而不合于另一情调。情调这东西，则又受着时间的拘束，因为无论如何，人生的情绪思想逃不出时代的渲染，而诗——如一切艺术一样——决不会隔离人生。其次情绪思想的表达工具和方法，受时代的影响也至深且大：在诗，这种工具就是文字，这种方法就是辞语的古用今用。这种种"内容"上的适应因素，正是常常给予"形体"上的翻译莫大困难的因素：如原作格律很严，本来可以格律也严的中国诗体去翻译，但原作的修辞或情思如果很富现代性，则在中国的"律""绝"诸体中，就又不能得其所；因为"律""绝"诸体，在中国是属于旧的种类，"新"的诗早已加以唾弃了。（中国的"新诗运动"和西洋的相类运动有些不同：西洋有用现代语汇写"十四行""无韵诗"等古体的，而中国则似乎已绝对否认了用白话写"律诗""绝句"等等。）在这种情形之下，翻译时格律上的解决办法，根据"要求自然"的原则，就不应当是保存原有格律，而应当用"自由诗"体或其相近的诗体去"重新创作"，因为如此乃可适合原作的精神——现代精神的诗体，配合了原作的现代精神的情思及修辞。例如一篇讴歌二十世纪都市的"无韵诗"，它原来用的"无韵诗"，本已异于莎士比亚当年所用的，本已充分地配入了二十世纪的旋律，那么自然不必拘泥于其表面的古风，自然应当用较新的诗体去转译了。

这种对译诗的格律方面的要求，应当不被认为苛刻。或许有人认为，格律既不可能直接转译，单把情思老老实实地译过来，也就尽了人事了。或许也有人以为，原诗格律中可用中文的对当条件去保留的部分，便加以保留，不可能的就不去顾及，如单依照原诗的行数及韵规之类。这两种看法，虽然不免有些因噎废食或未尽人事之嫌，却也有相当的正当：有时候，格律确可能到完全不可翻译的地步；中国诗的某些条件，也有时确可相当自然地用来对当西洋诗的某些格律。但是这种时机，乃是偶遇的少数情形，而不是必有的经常情形。这两种说法，可说是救急的药剂，可备万一，却不可日常服用。在诗的传统上（至少迄今大部分还是如此；这种传统是否仍应继续，下文再论），格律是诗的重要部分；创作时既非常注意，翻译起来也应当尽可能予以保留；不过保留之道，仍须注重自然，避免对所译文字的诗律习惯不合的保留：这是个中心的原则。举世闻名的希腊两大史诗，原作是每行十二音缀六音节的抑扬格，而这种每行六音节的长诗，在英文中就不合于习惯的诗体，于是这两大史诗便有了各种不同的翻译，有用五音节的"双行体"的，有用"无韵诗"的，那是适合英国诗律的习惯；也有用六音节的"双行体"的，那是顾到了原作的特殊格律，但就英国诗体而论，却又不很自然了：各种译本，自然都有其千秋之处，但谁也不能说哪一种译本的格律这方面，是做到了完全惬意的境界。

在原作的格律确实无法在译文中保留的时候，应付的办法，就只有根本不顾格律，而仅仅翻译情绪思想。但是谨慎的译者，不能以做到如此即为满足；至少他应当设法使译文的读者也知道原诗是有哪一种的格律（实在说来，任何方法的译诗都该做到这一事）。这方面，可能的办法，较简单的是在译文后面附加注脚，声明原诗有何格律；较繁复的是做双重的翻译，一种就是单将情绪思想自然地译达，另一种则尽可能循依原作的格律，而把两种并同刊写，以前者为主，以后者作为参照。译诗太需要谨慎了，有"良心感"的译家，或甚至出版家，应当不避这种应有的繁复。一篇诗的译者，比一篇小说、剧本、散文的译者，责任更重，工作更难，所以应当更不避繁细和反复地推敲。换一种说法，就是每一篇诗的翻译，最谨慎周到的办法，是应当同时有一篇经过"重新创作"的译文，和一篇丝毫不苟的类似"华文详注"或"汉 X 对照"中的"汉文"的译文。这也可说是本题目——译诗的格律——的总括的结论。

由此种译诗格律问题的探讨，可以很便捷地推论，中国新诗在格律上应走而且必走哪一条途径。诗的格律，大致都有时代性；中国历代诗体的兴替，"风雅颂""骚赋""古体""近体""词""曲"，以迄"新诗"，各有各的全盛时代；西洋的古老诗体上文已经提到，抒情诗随时有新格律，大作品如《神曲》者也由但丁自定一格，"民歌"（Ballad）也随时有变化，及至二三十年间，也有过"自由诗"的创行，以及其余各种反传统的新诗律的尝试。这种种诗体的时代变化，一方面固然可说是诗人厌弃旧形式所致，一方面也还不能不说是各时代一般精神的影响——一般精神的变化，引致了诗的精神的变化，于是这个时代的诗的精神，便常不能在前一时代的诗体中通畅地表露。

这里或许需要解释一种事实，就是若干诗体，实际上曾经延续经过好几个时代，或直到现在还没有消灭。这种事实的原因，可以有三：一是所经各时代一般精神的变化未够强烈；一是诗体较富于时代适应性；一是平庸诗人过多，过于恪守成规，也就是气魄伟大的诗人尚未出现。有时候，这三种原因可能同时存在；也有时候，只存在其中之一或二。例如中国的"古体"，在"近体"兴起以后，经宋元明清直至现在，都还有相当的流行；平心而论，它的原因应当是上述的第二种。西洋的"无韵诗"的情形，可说和它相似。至于中国的"律""绝""词""曲"，和西洋的"十四行"，如果用来表达二十世纪情绪思想，那就无论如何不会如何得体，因为二十世纪和这些诗体创始或流行的时代之间，变化太强烈了，而且这些诗体也很少时代适应性；如果固执不用新格式，那么能说的话，也一定只有在前人的老套里打圈子。然而为什么独有"古体"和"无韵诗"能适应新的时代？这就一定是因为它们音节韵律上的限制比较少些。由此可见"旧瓶新酒"的企图，虽非"必"不可能，却也"常"不可能；也可见目前的时代，不愿有拘束严紧的诗体。

诗的格律，往往也有地域性；而这种性别，主要的乃在表达工具——文字的不同。文字的不同有大有小，所以格律的地域性也有深有浅；西洋各国都用拼音文字，而且文字的系属都十分或相当接近，所以甲国的某种格律，应用到乙国，并无十分困难；中国用的是方块文字，它的血统也完全不同，所以中国和西洋的格律如果交互应用，便有十分重大的困难："平仄""对偶""双声""叠韵"，以及"句"的整齐，都无法运用到西洋诗中去，"抑扬""音节""头韵"（Alliteration），"双重韵""三重韵""四重韵"（Double, Treble, Quadruple rhyme）以及辞句的割裂拼凑以迁就"行"，也都不能使用到中国诗里来；在"韵规"方面，也几乎没有一种中国诗体，是和任何一种西洋诗体有相同的押韵次序。因此"无韵诗"在欧美各处通行，"十四行"的意大利"瓶"，也装得下英、法、德、美的"酒"；但是"中瓶西酒"或"西瓶中酒"，那就不很可能了。

如果把诗体的时代性和地域性合并起来，加以推论，就更可以明白，西洋的古老的诗体实在是目前中国新诗所最不需要的诗体。

中国自从白话诗运动开创以来，最初如《尝试集》之类，由于倡导者并非诗人，倒还真在走向格律上完全解放——除了押韵——的一途：它们一方面摒弃中国旧有的格律，另一方面也有借用西洋的格律。但是后来，大概因为若干领导的新诗人太富于西洋诗的知识，西洋诗的一些格律被引用过来了；不过为其首者所引用的，大多还是十九世纪"浪漫运动"时的抒情诗体，而抒情诗体本来是无变的，所以也还不显得过于勉强；虽然这种诗体，在西洋既流行在百来年前，实在也已经不能算作新的东西了。到再后些的时候，新诗的形式又走到了两个极端去，而这两个极端的滥觞，不幸又正犯了近乎盲目模仿西洋格式的嫌疑。一种极端的代表，可以举大概是模仿"四行体"的"方块诗"，和郑重其事的中文"十四行"；另一极端，则就是那些随便把辞句割裂成行的过于自由的"自由诗"。前一极端中，在音律上能谨慎从事地找"对当条件"的，大概还相当讲究技术，不管它们的"对当条件"对当得如何；但明显地是走错了方向了：新诗原要摆脱旧的枷锁，但现在又套上新的，或毋宁是外国的也是旧的枷锁了。第二种极端，方面是不错的，但可惜大多只学到"自由诗"的外貌，而没有把握它的真精神。

为什么说新诗走向"自由诗"体是正确的途径呢？要解答这个问题先必须把格律这一事用历史的眼光来观察一下。古代记录困难，民间如有伟大的事迹，个人如有热烈的情思，就必须靠韵文的转辗传诵，才能获得长久的记忆；所以古远的史诗，往往是民间流行歌词的合辑。（中国无古代遗下的史诗，是否历史的错漏，尚难断言，不过诗经中占着极大比例的"国风"，也是当时的民间歌咏，而其"雅"其"颂"，也大体是个人情思的激发。）至于机械的音乐，和古代韵文诚亦发生关系，如荷马的二大史诗，相传是由他本人一边拨着弦琴一边"传唱"（Rhapsodize）的；中国古代朝廷庙堂的"颂"，也有一定的乐器伴奏；然而机械音乐的作用，实在不外号召听众和造成空气——不是所有韵文必需机械的音乐，而是少许韵文偶尔需要它；机械的音乐对韵文的关系，和音韵格律对韵文的关系，亦复不同。后世印刷便利，本来已经不必全赖韵律，即可将丰功伟绩或美谈佳话传诸久远；但传统已成，而且有韵律的文词（即使是下品的），毕竟比较容易记忆，于是格律便被认为是作诗的必具条件。上古的诗，必有格律的音乐，也可能要有机械的音乐，所以诗和歌可有混合的现象；到后世，印刷发展，格律的音乐可废而仍存；机械的音乐因为本身也大为发达，便脱离诗而自成一门；诗与歌从此分家，诗大多不必配曲，曲也不必需歌词才可通行，诗与音乐的关系，至此而只剩了一条应断未断的单线。到了现世纪，一方面时世遭受了普遍的剧烈变化，一方面格律使用过久，变化已尽，不甘墨守的诗人于是有了"自由诗"的倡导，以期破除陈旧的拘束，畅通情思的舒表。这是把剩余的那条应断未断的线彻底地剪断，使诗归于纯粹的一元的精品；这是合理的途径，自然的结果。

在上古时候，格律于诗是有功的；但是到了格律被用滥或滥用的时候，它就有罪了。在这种时候，格律往往"可以帮助平庸的诗人，去伪装无聊的作品，以欺骗读者"；如果有人赞叹着说，某篇诗的韵节多么美丽啊，而不能发见它有任何内容上意境的美丽，那么他就是遇到伪装了的无聊东西了。在另一方面，格律既成了传统的条件，自然又会"阻塞了多少奔放的热情，淹没了多少美丽的灵感，坑杀了多少自然的流露"；自囿于格律的限制的诗人，谁也不会没有这一类的经验："我原来的意思要美妙得多，可是怎么样也叶不了韵！"在这种时候，敏锐的天才者，一定有废弃任何格律的急切的要求，因为没有了格律的拘束，他才能翱翔自如地把自己的情思舒吐出来。中国最古的诗的定义，是"言志"；"诗"字的组织，是从"言"而以"寺"得声；希腊的"Poema"（诗篇），"Poetes"（诗人），"Poesis"（诗作），字根都是"Poieo"，意为"造作"，而"诗篇"的定义，也包括"情绪高奋的散文"；这些，都显明诗的本义，乃是在"言"在"作"，韵律等等，只是附会的余事而已。这也是"新诗"应当采取"自由诗"体的一种辩护；根据这一点，可说采取"自由诗"体，并不是趋"新"，而还是遵"古"。再者，如果把视线放开一些，又可看到，"自由诗"的应用，将可能泯除诗的国界，使诗的翻译——尤其是如中国与西洋之间的文字差异很大的翻诗——不再有障碍：这可说是采取"自由诗"的最好的、最实际的辩护。

然而坚持"自由诗"体是唯一可取的诗体，也不必需。"高奋的情绪"在某一时机间可能仅有自然的节奏，在另一时机也可能很符合机械的节奏；所以需要或自然趋向机械的节奏的时候，自不必勉强摒弃它；"自由诗"是最"男性"的，但"男性"的诗并不必须舍弃韵律。问题的中心，乃是所取的韵律不必是旧有的拘束，而且一时偶成的韵律，也不必在将来再被不必要地采用；这就是说，如果一位诗人今天偶然发明了一种新的美妙的格律，这对于他今天所成的这一篇诗，是最为合体最得神致的，但是却不必为了这种合理的神致的美妙，而他自己以后作诗，或别的诗人在其后作诗的时候，又把这种格律奉为模范，一再仿填，而把各人自己的新的情思，置于它的限制拘束之下。这正像许多美女穿衣服一样，一个美女穿了一种尺寸一种材料的衣服，并不见得就个个美女都要穿同样尺寸同样材料的衣服。所以"新诗"也容许韵律，而且希望尽多的韵律，但各种韵律的形式和应用，应当是自由的。

中国的"新诗人"，实际也确曾创立过一些新的格律；其中也确有完全在"自由"的精神之下创立的，但大多数的动机，还是没有能脱出对西洋格律的模仿——尤其是西洋的古旧的格律。这种动机，当然是不必再有的；举例来说，如果写成了一篇恰巧有十四行的中国新诗，尽可视之为一个新的偶成的诗体。或根本不当它作任何格律，而大可不必勉强附会到西洋的 Sonnet 上面去，以至其中本来很自然的辞句，因为要配合固定的规律——在中文里而且是勉强对当起来的规律——而遭受到极笨拙的不自然的增削。又如偶然写了一篇没有押韵的诗，各行长短大致相似，也就不必硬把每行凑成十个字，而标明或默认为是"无韵诗"的应用。其余都可类推。总之，中国新诗纵不完全否定格律，也需要用"自由诗"的精神去从事格律的应用。

——《民族文学》第 1 卷第 5 期（1941 年 1 月）

钱译《万叶集》跋（1941）

知堂（周作人）

【……】

日本有《万叶集》，犹中国之《诗经》也。虽然从我们看去，其艰深难解或比《诗经》更甚，又其短歌言不尽意，索解尤不易。但如邮而通之，使我们得如读中国的古诗一样，则其所得亦将无同，所可惜者无人肯任此胜业耳。翻译之事本不易言，妙手如什师，尚言有如嚼饭哺人，长行如是，倡颂尤可知矣。往见《万叶集》英译，散文者全不像诗，韵文者又不像诗，成为英诗而非复是和歌，此中盖各有得失，皆非译诗良法。小泉八云文中多先引罗马字对音之原诗，再附散文译其词意，此法似较佳。华顿等人编希腊女诗人萨坡遗稿，于原诗及散文译之后，依附列古今各家韵文译本，庶几稍近于理想欤。

稻孙先生对于日本的文学艺术积三十年之研究，所得甚深，而向来谦退不肯执笔，近年出其绪余，译述日本诗歌，少少发表于杂志上。今将□□付刊，以目录见示，则自《万叶集》选取长短歌四十四首外，尚有古今和歌俳句民谣共百五十篇。选择既广，译又复极雅正，与原诗对照，可谓尽善矣。日本与中国，本非同种亦非同文，唯以地理与历史的关系，因文化交流之结果，具有高度的东亚共通性，特别在文艺方面为多，使中国人容易能够了解与接收，其阻隔只在言语一层上，若有妙手为之沟通，此事即可成就。稻孙先生此选，以谨严的汉文之笔，达日本文的情意，能使读之如诵中国古诗，无论文情哀乐如何，总之因此引起其感兴，多得知人情之味，此正是所谓胜业，亦复功不唐捐者也。西儒有言，文学的最高贵的是在于拭去种种的界限与距离，岂不信哉。我不知诗，岂能谈译诗，今但于诗之上下四旁言之，写得数十行，聊作跋语，以表示对于译诗者之敬意云尔。（《万叶集》译文，定于明日刊载二首。）

——《新中国报》（1941 年 4 月 3 日）

谈翻译与习俗（1941）

武祝唐

语言这件事，只有人类这种动物才有，其他不会说话的动物，无论是鸟，是兽，生在亚洲，或生在欧洲，其鸣声总是同类一致，我们从来未听说亚洲的狮子叫起来和欧洲的狮子不一样，我们也从未听说欧洲的猴子叫起来和亚洲的猴子不一样。只有人，一地有一地的叫法，一国有一国的方言，中国人说话，英国人不懂，日本人也听不懂，就是北京人说话，广东人也听不懂。这确是一件奇事。

人类有不同的语言，假使像老子说的，老死不相往来，那也就没有问题了，中国人说中国话，英国人说英国话，谁也别打搅谁，还用什么翻译？不过人类终是一种太好多事的动物，又是富于感情的动物，又是能各处行走的动物。这样一来，就有问题了，正因人类能行走，所以亚洲人要到欧洲、非洲去，同时欧洲和非洲的人也要到亚洲来。正因我们多事，所以中国人听见英国人说话，要奇怪，要猜测他说的是什么，英国人听了中国人的话，也要奇怪，也要猜测我们说的是什么，更因人类多情善感，所以他人的喜怒哀乐，我们也愿去了解，我们的喜怒哀乐，他人也愿去赏识。结果是在语言这方面，遂产生了联络的工作，这种联络的工作，我们表现于文字方面的，就叫作翻译。

所以说翻译仅是两种语言不同的人，用以互相认识、了解，并共鸣的一个说话方式而已。我们常见一个日本人同一个洋车夫说话，先是你说一句，他答一句，不足，再喻之以手式，示之以脸色，于是两个人就相互了解了，相互来个会心的微笑。

不过这个问题没这样的简单，因为人类除了说话以外，还有文字。说话的翻译，可以因时因地、因人因事而改变，而适应当时的情景，但文字是肯定的，有背景，有格式，有规范，有感情，并有艺术。人类是一代一代地过去，而文字却相继不断地流传并演变，不但由上古遗传至中古近世，而且由欧洲流传到亚洲、美洲。其间凡属人类生活的各方面，不论是政治、社会、文化、美术，都笔之于书，传之于世，遇见我们这个能走的、多事的并富于感情的人，就把这点不同语言的文字，要了解，要赏识，要共鸣，于是中国人要把英国人的文字译成中文，英国人也要把中国的文字译成英文。洋洋大观，世界的图书就增加了不止几十倍，文字的花样也就不止多了几十种。

我不是说过吗？人类不但能行走，好多事，且富感情富艺术。人类的感情流露，比之任何动物，其方式都复杂，都微妙，有行动的感情，也有文字的感情，人类的生活艺术，有行动的艺术，也有文字的艺术。这点表现，凡属人类，都大致相同。不过由于人类所居的区域不同，所有的自然环境和社会环境不同，遂至人类共有的感情，共有的艺术，也染上了不同的颜色。更因语言的不同，文字的各异，使得人们共有的感情和共有的艺术，也因之变了表现的方式，产生了种种的姿态。这种方式，这种姿态，用之于语言，有语言的美，用之于文字，有文字的美，再加上各种环境的不同，更使得语言和文字的表现，处处都含有不同的美，有音调的美，有轻重的美，有顿促的美，有温和的美，有诗词的美，有散文的美，有歌谣的美，有论述的美，有辩驳的美，有解答的美，于是乎就产生了文学，产生了文学的艺术。

真的文学，是人类的共鸣，原分不出彼此来，换言之，凡是真的文学，都具有感情，具有活动力，具有人格。也正因文学是人类的共鸣，所以世界上每个角落里的文学，任何人都能了解，都能赏识，其所以不能者，就是因为表现这点感情和共鸣的技术——文字，因环境不同而使然耳。翻译就是要打破这点文字的限制，而使得某一个特殊区域的人类感情和共鸣，能被全世界的所有的人类共赏共识。

说到这里，我们就不难了解翻译的意义和翻译的责任。真的翻译，是使人人于很自然很容易的条件下，去享受另外一种文字所表现的人类感情和共鸣，这里最要紧的条件是自然，是容易，换言之，是不勉强，不生硬。

平常人批评翻译，最注意三个条件，就是信、达、雅。所谓信就是实在性，人家说什么，我们就得说什么，人家说东，我们不得指西。所谓达，就是通顺性，说出来的话，或写出来的文字，要使听者或读者能懂。所谓雅，就是艺术性，就是美，就是说一样的话，有人说出来好听，有人说出来不好听，一样的文字，有人写出来美，有人写出来不美。做翻译的工作，仅做到信、达、雅，我认为还是不够的，然而能做到信、达、雅，却也实在不容易。

譬如我们读《红楼梦》，凡属认得字的人，到了某一个阶段全能看得懂，全能欣赏这部书的美，然而读者因每人自己的环境不同，趣味不同，或见闻不同，于是对这部书的内容，就发生了不同的见地。北京人读《红楼梦》，无异于一个广东人读《红楼梦》，但《红楼梦》

的美处，两个人所享受得的，却多少有点差异。这点差异，也许会令这个北京人说《红楼梦》写得太好了，书中人的对话，就好像是自己说的似的，但在广东人看来，认为这本书好固是好，但有好多地方，总多少感觉有点生硬，不好口味。这里我们能说《红楼梦》不信、不达、不雅吗？当然不能，那么，这个差异在什么地方呢？

依我看，这个差异，就是因为读者的背景不同，换言之，每个人有他自己的特殊背景，这个特殊背景，使得北京人爱听西皮、二黄，使得上海人爱听苏滩、昆曲。同是一件艺术品，要是表现的姿态不一，任凭内容具有如何显明的普遍性，亦不能赢得一般人的认识，同样的道理，一件翻译，虽然做得了信、达、雅的三个条件，要是叫一个不懂此原文之背景的人去读，也是味同嚼蜡，毫无兴趣。

那么，我们翻译一篇文字，能不能把原文的背景也附带着写出来呢？换言之，使读者要了解一篇异种文字的艺术，对于了解产生原文之背景的认识，应该由读者负责任？还是应该由翻译者负责任？在我看，一件的翻译，对于表现原文之背景，应该由翻译者负责，如此方不致使读者把原文错了意义。因为读文字的人，三教九流，品质不一，只要你的文字好，那任何人都会看得懂，不然者，只有你自己懂。

目前的翻译界，贫苦得不得了，好多翻译，都是抱着一册字典，念一句，译一句做出来的。最上者，也不过只把原文的一章一段，照旧有词句变成生硬的异国文字而已，既谈不上信、达、雅，更何能谈到背景？要是谈不到背景，更何能称为是文艺？

我认为最好的翻译，不但要信达雅，而且要能传出原文的背景，换言之，要能把原作者的习俗风趣。神化一下，使得成了我们自己的习俗风趣。有人也许认为这属不可能，但我觉得这是可能的。因为人类的习俗，任如何不同，也不过是日常的生活吃喝玩乐、爱怒喜恶而已，这些动作的表现，都有一个普遍性，那就是感情，那就是人格。不论是原文，是翻译，要是没有作者的感情，没有作者的人格，那就根本没什么价值。

感情与人格，完全是由一个人所有的背景给烘托出来的，所以说做与〔翻〕译，虽是一句话，只是做到了信达雅，还不成。必得要信得漂亮，达得漂亮，雅得漂亮，才成。同是一句话，英文有英文的口气，要译成中国话，就得有中国文的口气，同时这两种口气，都有同一的情感，同一风趣，方不失为好的译笔。

这样说来，所谓好的翻译，不但要能把人家的文字，变成自己的文字，还得要把人家的感情、风趣和背景，变成自己的感情、风趣和背景才成。要做到这个地步，一个做翻译工作的人，得需要好多好多必需的条件，他不但对于人家的文字，需要透彻的了解，他对于人家运用文字的背景，也得要充分的认识。同时对于人家的风俗习惯，也得要有明确的经验，这样的条件备全了后，再加上自己的运用文字能力经验和智识，方能由人家的文学中，再产生一篇有生气的东西。

中国近年来的翻译界，比之早几年，要进步得多，然而所谓"乱译""跳译""硬译""胡译"的现象，仍然所在多有。说句不客气的话，目前国内的翻译，就大众所知道的去看，我认为做翻译最成功的人，只有赵元任先生和林语堂先生。赵先生的翻译，我们知道的，曾有一本《爱丽丝漫游奇境记》已有好多年了，出版后，很轰动一时。至于林先生的翻译，多半是把中文译成英文，其巧妙处，业已有口皆碑，勿用我再来吹嘘。他们两位的学识当然很好，但我们要注意的一点，就是他们两位全是对中西文学研究有根底者，赵先生是有名的语言学家，林先生也是教过语言学的人。所以在他们的译文里，一切的文字运用，非常自然，非常真切，原文与译文，各有其美，且互不失真！他们对于运用文字的背景，认识得很透彻，同时对于欧美人的风俗习惯，也认得很清楚，再加上自己的文学修养，所以才有那样好的成绩。那么，像我们一般对人家的文字运用未十分成熟，对于人家的风俗习惯，尚未充分认识者，整天抱着一本字典作翻译，哪会有成绩？

——《中国公报》第 5 卷第 2 期（1941 年）

翻译释义（1941）

木曾

一、何谓翻译

我国自与外族发生交往之后，历代对于外族的语言文字皆有翻译之举，其中尤以关于佛经者为最多，而且各朝之文人学士对于翻译咸有其解释与所持之态度。迨至近代，特别自清末西学东渐以及民初产生新文化运动以降，一般从事翻译事业之人指不胜屈，而移译他国之各种书籍更是汗牛充栋，但欲于其中寻求一二佳构则颇不易得，尤以民国二十年前后有所谓新兴文学的发生，一时关于其文艺及理论的翻译之书籍为数甚多，且极盛兴。然而试一阅读，实不知其所云为何，反使脑眼昏乱如坠五里雾中，此所以为人所不取也。时至今日，国际交往频繁，文化的交流亦盛，介绍他国学术于本国，唯有赖于翻译一事，是故翻译对于其国之文化方面，语言文字方面，皆有莫大之影响与关系，吾人不可不谨慎从事，但究应如何，试姑于下文论之。

在言及正文之前，似应对于翻译二字先作一简单的释义，即所谓翻译究竟系何事？《说文·三上·言部》云：

译，传译四夷之言者。从言睪声。

关于"传译"二字，古籍中之征引略有不同。《文选·司马长卿巴蜀喻檄·李善注》引：

> 译，传也。传四夷之语也。

《后汉书·和帝纪·李贤注》引曰：

> 译，传四夷之语也

又《文选·东京赋·李善注》引与此相同，唯将"也"改作"者"字。从上列数条引文中看来，似于古本《说文》中"传"字之下无"译"字。盖"传"字释义为译，不必于"传"字之下再附加一"译"字，以免画蛇添足之嫌。是故段玉裁注《说文》时，便径将"译"字删去。（见段氏《说文解字注》）

今日吾人曰译，亦曰翻译，但《说文·羽部》中无"翻"字；徐铉之《说文·新附》中始有之，曰：

> 翻，飞也。从羽番声。或从飞。

后魏张揖之《广雅释训》曰：

> 翻，飞也。

《文选·张子房诗注引韩诗章句》曰：

> 翻，飞貌。

然则何以将译名曰翻译？想系取其翻转之义也。凡翻必转，翻译即是转译，亦即《说文》所谓之传译。

考翻译二字连用或互用，当始于南北朝时代译经之沙门。梁释慧皎之《高僧传卷二·昙无谶（——四三三）传》曰：

> 沮渠蒙逊……欲请出经本，谶以未参土言，又无传译，恐言舛于理，不许即翻。于是学语三年，方译写涅磐，初分十卷。

前言传译，后言即翻，可能"翻"即等于"译"。唐释玄应（据唐智升《开元释教录》云，贞观末年卒）撰之《一切经音义》，其题名曰：

> 大慈恩寺翻经沙门玄应撰

其原序曰：

> 夫以佛教东翻六百余载，举其纲纪，三千余卷。

此处所用翻字即等于译字。其翻译二字并用者，见于宋释法云《翻译名义集》卷一云：

> 夫翻译者，谓翻梵天之语，转成汉地之言。音虽似别，义则大同。《宋僧传》云："如翻锦绣，背面俱华，但左右不同耳"。译之言易也，谓以所有易其所无，故以此方之经而显彼土之法。周礼掌四方之语，各有其官：东方曰寄，南方曰象，西方曰狄鞮，北方曰译。今通西言而云译者，盖汉世多事北方，而译官兼善西语，故摩腾始至，译《四十二章》，因称译也。

观其给翻译所下之定义："谓翻梵天之语，转成汉地之言"二语，可知系以"转"释"翻"，与《说文》之以"转"释"译"并无二致。更可知翻译即转译一种外国语言或文字成为本国之语言文字。唯于谓译曰翻译，或简称翻者，想是自六朝时代沙门译经以来始有之术语，亦可谓彼辈之"行话"。至其单称翻而不曰译者，盖取其简便之意也。

二、翻译之种类

观以上所云，可知翻译即系统传译外国语言文字为本国之语言文字者，然则试问，究竟语言之翻译早于文字之翻译？亦或文字之翻译早于语言之翻译？在理论上与事实上说，不能不认为语言的翻译早于文字之翻译。因为世界各民族无不先有语言而后有文字。且在有文字之前，各民族想必互有往来，当时其对于异族语言之翻译，自然是会发生的。或更有一文化先进之民族，与其四周开化较晚之民族发生关系时，初期亦唯有语言的翻译，而无文字的翻译，盖此辈野蛮民族未曾发明代表语言之文字也。即如今日在吾乡湘西与蜀黔二省交界一带尚有若干苗族居住。彼等迄无所谓文字，平日与汉人交往或贸易时，亦唯有赖语言的翻译，借通彼此之意而已。考中国人之发明文字至迟当在商初，安阳出土的甲骨文是武庚迁殷以后直到帝辛（纣）亡国时的旧档。当时甲骨文中已经有了形声字，可见此种文字早已是很进步之标音文字矣。但在此时以前此种文字必有一极早之来源。大体说来，中国在西元前一千五百年左右必已有文字，回视环绕中国之四夷，当时尚在蒙昧时代，自然未曾发明文字，退一步言，即是组织颇善表意完全的语言是否已经产生亦均属疑问。所以中国在六朝翻译佛书以前，与外国的交涉只有语言的翻译，而无文字的翻译。清康熙朝《古今图书集成》的真正编纂者陈梦雷曰：

> 译书之官，自古有之，然唯译其语言而已也。彼时外国犹未有字书，自佛教入中国始有天竺字。其后回回、女真、蒙古、缅甸，其国人之明慧者各因其国俗而自为一种字书，其来朝贡及其陈说、辩诉、求索，各用其图书，必加翻译，然后知其意向之所在。唐宋以来虽有润文经使译之衔，然唯以译佛书而已，非以通华裔之情也。（见《古今图书集成·明伦汇编·官常典·卷三八〇四·译馆部》）

以此段文字看来，可知中国在有佛书以前皆是语言的翻译。

中国古籍中记载最新的翻译，当为《说苑·善说篇》中所载之

《越人歌》，兹录于下，以为参考：

> 鄂君子皙之泛舟于新波之中也，乘青翰之舟，极茸芘，张翠
> 盖而撎犀尾。班丽袿衽，会钟鼓之音毕，榜枻越人，拥楫而歌，
> 歌辞曰：
>
> 滥兮抃草滥予昌桓泽予昌州鱬州乎
>
> 秦胥胥缦予乎昭澶秦逾渗惿随河湖。

鄂君子皙曰："吾不知越歌，子试为我楚说之！"于是乃召越译，
乃楚说之曰：

> 今夕何夕兮，搴洲中流！
>
> 今日何日兮，得与王子同舟！
>
> 蒙羞被好兮，不訾诟耻，
>
> 心几顽而不绝兮，知得王子；
>
> 山有木兮木有枝，
>
> 心说君兮君不知！
>
> （据商务印书馆《四部丛刊》本）

鄂君子皙为楚康王弟，然则此首《越人歌》乃西元前六世纪时之
译诗矣。梁任公先生编《中国文学史》，曾谓此诗为中国文学史上第
一篇译诗（见《梁任公先生全集》，中华书局出版）。此诗虽曾被刘向
记录下来，但最初依然是口译，而非文字的移译。

在此之后，又有所谓《莋都夷歌》，见《后汉书·西南夷传》，据
云为白王所作，犍为郡掾田恭译，辞曰：

> 《远夷乐德歌》：
>
> 大汉是治（堤官隗构），与天意合（魏冒逾糟）。
>
> 吏译平端（闾驿刘脾），不从我来（旁莫支留）。

闻风向化（征衣随旅），所见奇异（知唐桑艾）。

多赐缯布（邪毗堪绣），甘美酒食（推潭仆远）。

昌乐肉飞（拓拒苏使），屈伸悉备（局后仍离）。

蛮夷贫薄（偻让龙洞），无所报嗣（莫支度由）。

愿主长寿（阳雒僧鳞），子孙昌炽（莫秩角存）。

《远夷慕德歌》：

蛮夷所处（偻让彼尼），日入之部（且交陵悟）。

慕义向化（绳动随旅），归日出主（路旦拣雒）。

圣德深恩（圣德渡诺），与人厚富（魏菌度洗）。

冬多霜雪（综邪流藩），夏多和雨（莋邪寻螺）。

寒温时适（藐浔沪漓），部人多有（菌补邪推）。

涉危历险（辟危归险），不远万里（莫受万柳）。

去俗归德（术叠附德），心归慈母（仍路孽摸）。

《远夷怀德歌》：

荒服之外（荒服之仪），土地垸埆（犁籍憐憐）。

食肉衣皮（阻苏邪犁），不见盐谷（莫砀粗沐）。

吏译传风（罔译传微），大汉安乐（是汉夜拒）。

携负归仁（踪优路仁），触冒险陕（雷折险陿）。

高山岐峻（伦狼藏獐），缘崖磻石（扶路侧禄）。

木薄发家（息落服淫），百宿到洛（理历髭雒）。

父子同赐（捕莒菌毗），怀抱匹帛（怀藁匹漏）。

传告种人（传室呼敕），长愿臣仆（陵阳臣仆）。

上举之《莋都夷歌》亦系语言的翻译，而非文字的翻译，盖在西元后六十年左右（汉明帝永平年中），此类蛮夷皆尚无文字也。

观以上的论述，可知翻译的种类可分语译和文译二种，中国在六朝译经之前，仅有语言的翻译，而无文字的翻译。

在这二种翻译以外，又有古今文字的翻译，如近人以语体诗译《诗经》与《楚辞》，以及各种古书的文语对照之翻本。此类翻译法其实古已有之，如太史公《史记》中取《尚书》之文诗为时语，例见《五帝本纪》《夏本纪》《殷本纪》《周本纪》《鲁世家》等等。但在今文殊语的翻译，不能算为真正之翻译，故兹从略。

三、翻译必须先具之条件

翻译是传译两种相异的语言与文字，即大多数是将外国的语言文字译成本国的语言文字，或将本国的语言文字译成他国所有者。若自外国语文中再译成另一种外国语文，则为例较少。前二种名为对译，后一种可名为重译。古书中尝有西周至盛之世，南方越裳诸国，"九译"之"九"字即言其甚多之意，九译即是谓经过多少次的翻译始能明了对方之意思也。翻译虽有对译重译之别，但按一般的情形说来，仍以对译者为多。

翻译不论为对译或重译，总须将译者与被译者两方面的语言文字作一番深刻的研究。对于外国语言或文字的研究，此处当然无须说明，因为如果对于外国语尚听不懂，对外国文还看不清时，如何能将其译成本国之语言或文字？即是对于本国之语文亦非加以深刻的研究不可。例如吾人是中国人，便对中国之语言文字皆有充分的了解，此语却不敢言，特别在文字方面困难甚多，盖因中国之文辞极其繁难也。凡从事翻译之人事先若能将中国文与外国文作一番比较的研究，看看中国文与欲译的外国文究竟有如何的相异之处：在文法上、习惯上、修辞上、表现上，皆经过一番缜密的研究之后，始能对翻译工作胜任愉快。至若欲持某一种外国文译成中国文时，则必须先考虑一番，究竟采用何种文体译之始为适当？此即是说在文字方面究宜于用语体文？抑或用文言文？文章的体裁决定之后，所使用的字眼当然便不相同了。盖文言有文言的语汇，语体有语体的语汇，有时可以互用，有时则完全不能假借。在此种情形之下，文字学的知识与训诂学的方法是必须明悉的。否则不是词不达意，便是以非为是。这不唯贻害于读者，且贻羞于原作者，在翻译的人是两重罪恶。

六朝隋唐各时代的佛经翻译，皆是第一流的天才僧人的精心之作，彼辈的翻译方法实极值得吾人借鉴。原来彼等之翻译有"八备""十条"之说，所谓"八备"即八项先备条件。宋僧法云撰《翻译名义集》第十一曰：

> 彦琮法师云：夫预翻译有"八备""十条"：一、诚心爱法，志愿益人。二、将践觉场，先牢戒足。三、诠晓三藏，意贯两场。四、旁涉文史，工缀典词，不过鲁拙。五、襟抱平恕，器量虚融，不好专执。六、耽于道术，淡于名利，不欲高炫。七、要识梵言，不坠彼学。八、薄阅苍《雅》，粗谙篆隶，不昧此文。十条者：一、句韵。二、问答。三、名义。四、经论。五、歌颂。六、咒功。七、品题。八、专业。九、字部。十、字声。

关于上文八备中的第一第二两项，是佛徒的修行工夫，一般从事翻译之人不须遵守此种清规，然而此种圣者的精神却不可不有。其余六项及十条皆可以为吾人之参考。如"旁涉文史，工缀典词""薄阅苍雅，粗谙篆隶"：俱是指译者对中国文字修养而言；"诠晓三藏，意贯两乘""要识梵言，不坠彼学"：是指译者对梵文的修养而言。有此两方面的先备条件，始可以从事翻译工作。至于第五项之"器量虚融，不好专执"是劝人不应以自己的翻译完全无误，必须平心静气接受他人之意见与批评。第六项之"耽于道术，淡于名利，不欲高炫"，是劝人不应以翻译当敲门砖，作为竞求功名利禄之手段。此两点亦最足以发人深省。

又宋释赞宁作《高僧传》，亦有类似之语，曾云："次则笔受者必言通华梵，学综有空，相问委知，然后下笔"。可见从事翻译之人必须对于所欲译的两种语言文字，非有深切的了解不可也。

四、翻译之标准

翻译的先具条件既已完备，然后始可以从事翻译的工作，这在上文的说明中已可知之矣。但究以何种翻译为佳？换言之，即何种翻译方为理想之翻译？简单说来，良好的翻译是能信、能达、能雅，而三者之中尤以信达二点为最重要。何谓之信？信就是对于原著能忠实地翻译而无误，为求达到此种目的从事翻译之人须不畏繁难，勤于查考辞典，参阅类书，甚至有时需默思推敲，或请教师友，总之务须使所作之翻译能充分而且如实表达原著之真意。既信之后，还求其达，达便是将其译成真正的本国文，要诚然具有本国文的体与味，而非殖民地的半中半西似通非通之言。至若文字的翻译于信达之外更需要雅，盖行文不雅即不能使人读之津津有味，必须使所作之翻译亦成功一种不朽之杰构，特别在文学作品的翻译方面尤须如此。例如波斯十一世纪末的诗人峨马喀耶（Omar Khayyam 1047—1123）所撰之《鲁拜集》（*Rubaiyat*）是波斯文学史上不朽的一种名著，后经英人 Edward Fitzgerald（1809—1883）将其译成英文，译笔典雅翔实，不让原著，于今 Edward Fitzgerald 之译文亦成功英国文学史上不朽之精品矣（《鲁拜集》我国有郭沫若氏译本，创造社出版）。所以信达雅三原则乃是一切翻译工作的标准。

此种信达雅的标准，倡自侯官严几道（清咸丰三年——民国十年，即西元一八五三——一九二一）。

严几道氏为中国近代思想第一位的启蒙人——即第一位介绍西洋哲学思想于中国者。原来中国自道光二十年（西元一八四〇）鸦片战争以来，中国咸丰十年（西元一八六〇）英法联军之役，及后之中英战争又多借重于西人，因而国民渐知欧西各国之重要。咸丰十一年（西元一八六一），遂设置"总理各国事务衙门"，同治六年（西元一八六七），又新设"同文馆"，后复有实行派遣留学生的政策。迨至十九世纪末期，翻译事业乃逐渐发达，在一般传教士之中如李德摩泰（Richard Timothy, 1845—1919）曾移译多数关于格致、法律、政治等书，同时江南制造局与广学会亦尝译西文书籍甚多。当时译书的范围，第一期为宗教读物，如新旧约的各种译本；其次为科学作品，当时称之曰格致之书；再次为历史政治法制之类，如《泰西新法揽要》《万国公法》等书。迨严氏出，始翻译西洋哲学思想之作，又自林琴南氏（清咸丰二年——民国一三年，即西元一八五二——一九二四）起，始有西洋的文学小说等书之选译。但林氏不谙西文，其英文作品之翻译系由魏易代为口述，法文作品之翻译则系由王寿昌代为口述，林氏即于此种聆悉原意的情形下而将其撰成古文。至于严氏则不然，盖其精通西文西语，且于中国古文造诣亦深，故其所作之翻译，致使桐城派古文大师吴汝纶见而赞曰："翻译与晚周诸子相上下"（见吴氏《天演论序》）。因严氏深知翻译之艰苦，且能深切了解中英文各自之妙处，是以彼曾提出信达雅三字作为一般翻译的标准，此亦彼个人心目中之准则。试观其《天演论例言》中有云：

> 译事三难：信，达，雅。求其信已大难矣，顾信矣不达，虽译犹不译也，则达尚焉。……今是书所言，本五十年来西人新得之学，又为作者晚出之书。译文取明深义，故词句之间，时有所颠倒附益。不斤斤于字比句次，而意义不倍本文。题曰达旨，不云笔译，实非正法。……凡此经营，皆以为达；为达即所以为信也。……信达而外，求其尔雅。此不仅期以行远已耳，实则精理微言，用汉以前字法句法，则为达易；用近世利俗文字，则求达难。往往抑义就词，毫厘千里，审择于斯二者之间，夫固有所不得已也……

由严氏此段文中，可知信即所以求其真实，达所以求其明顺，雅所以求其妙美。然文字不能过分求雅，盖所谓"抑义就词，毫厘千里"，换言之，即不必过分迁就文句之典雅，若顾及文句太甚，意义便不免相左矣。是以严氏示人以"审择于斯二者之间"，又谓"夫固有所不得已也"，此实系作者本人的经验之谈。严氏又尝谓其翻译一名词，每须经过一月或二十日之思索，如云："一名之立，旬月踟蹰；我罪我知，是在明哲。"故如其译"导言"一名词，曾先译为"卮言"，后经夏曾佑（字穗卿）改为"悬谈"而吴汝纶非之，乃又改译为"导言"，可见其对于翻译是如何的慎重而不苟，诚足以为吾辈后学者之模范也。

此处须附带说一说"雅"的问题。鄙意以为译书之事最紧要者是信，是达，信乃是求其确实，达乃是求其通顺，前者是对于原文而言，后者是对于译文而言。如果译文诚能信矣、达矣，则存雅的成分亦自然含其中。所谓雅乃信达二者之附庸，原不能单独存在，若一味求雅，则势必抑义就词，便有损于信与达了。严氏又尝以为译文非用汉代以前的古文，不能作到达雅二字的境界。殊不知汉代以前的古文亦竟有不雅与不达者。例如一般古文家口头常说的"风马牛不相及"之一成语，岂能谓之为雅？非特不雅而已，且有粗俗之嫌！然而严氏以周秦时代之古文来译西洋哲学思想之书，亦有其不得已之处，盖其时适值十九世纪末期，中国的一般士大夫者妄自尊大，以为西欧仅有机械器用之学，至如关于文哲的学术思想当然无之。此时若译西洋哲学思想之书，必须采用周秦诸子的古文笔调以示精美典雅，俾得其赞赏，否则便将被弃而不屑一顾也。果然严氏此种译文一出，即以所谓"达旨"，便有古文大家予以赞美钦赏，此乃因时代环境所使然，后学者必须明悉其情形也。

五、直译与意译

上文中已说明翻译的标准为信达雅三字。信便是对于原文忠实的翻译，达便是达其意旨，将其化成真正的本国文。此二种标准即暗示着两种不同的翻译方法：一是直译，一是意译。着重于信者乃是直译，着重于达者乃是意译。此种直译与意译，便是翻译文中的两种形式（Type）。在讨论本问题之前，姑先作一番历史的考察与叙述于下。

中国人之翻译外国文字，就记载上说，大概是始于东汉末年之译佛经。佛教之传入中国，据云始于汉明帝，当时摄摩腾曾译《四十二章经》，与其同来中土之竺法兰亦有数种佛经译本，但其详情却不可考。迨至东汉末年恒灵之时（西元后二世纪顷），安世高乃大译佛书。宋释慧皎撰《高僧传》，评之曰：

> 义理明析，文字允正。辨而不华，质而不野，凡在读书皆毫毫而不倦焉。

同时支谶于光和中平（西元一七五——一八九）年间又译佛经十余部，《高僧传》谓其"审得本旨，了不加饰"。其后维祇难与竺将炎合译《昙钵经》，今名《法句经》，其序言中有云：

> ……始者维祇难出自天竺，以黄武三年（西元二二四）来适武昌，仆从受此五百偈本，请其同道竺将炎为译。将炎虽善天竺语，未备晓汉，其所传言或得梵语，或以义出，音近质直。仆初嫌其为词不雅，维祇难曰：佛言依其义，不用饰；取其法，不以严；其传经者令易晓，勿失厥义，是则为善。座中咸曰：老氏称美言不信，信言不美……今传梵义，实宜径达。是以自偈受译人口，因顺本旨，不加文饰；译所不解，即阙不传，故有脱失，多不传者，然此虽词朴而旨深，文约而义博。……

按上文所谓"辨而不华，质而不野"，"审得本旨，了不加饰"，"依其义，不用饰；取其法，不以严"，又曰"因顺本旨，不加文饰；译所不解，即阙不传"等语看来，可见初期佛经的翻译，系采用达旨的办法，即所谓达，而不用直译之法。但何以须用"径达"的译法？此想系虑及译文如果过于深奥、典雅，或生涩质直，则便无人乐于阅读，而不能广招信徒矣。

当西历四世纪之末至五世纪之初时，有一位译经大师适来中国，其人即鸠摩罗什是也。鸠摩罗什为龟兹人，普遍游西域诸国，精通佛教经典，后旅居凉州十八年，故又通晓中国语言文字。迨姚兴征服后凉，始迎之入关，于弘始三年（西元四〇三）移居长安，译经凡三百余卷。《高僧传》中记其对于译经的态度曰：

> 什既率多谙诵，无不究尽。转能汉言，音译流便。……初沙门慧睿，才识高明，常随什传写。什每为睿论西方辞体，商略同异，云：天竺国俗甚重文制，其宫商体韵，以入弦为善。凡觐国王，必有赞德。见佛之仪，以歌叹为贵。经中偈颂，皆其式也。但改梵为秦，失其藻蔚，虽得大意，殊隔文体，有似嚼饭与人，非徒失味，乃令呕哕也。

鸠摩罗什因精通汉梵两种文字，故其最能明了翻译佛经的困难，虽未曾提出何种积极的方法，但言外之意，却是教人不必直译，不应生吞整咽地翻译，且将此种译法喻为"有似嚼饭与人，非徒失味，乃令呕哕也"，这确是一极恰当之巧喻。

《高僧传》卷七之《僧睿传》中记载鸠摩罗什译经之故事云：

> 昔竺护法出《正法华经·受决品》云：天见人，人见天。什译经至此，乃言曰：此语与西域义同，但在言道质。僧睿曰：将非人天交接，两得相见？什喜曰：实然。

"天见人，人见天"，可以作为直译之例，"人天交接，两得相见"，可以作为意译之例，佛徒之译经典，取意译而不取直译，于兹可见矣。今人陈寅恪先生在《童受喻〔鬘〕论梵文残本跋》（见《清华学报》四卷二期）文中曾论到鸠摩罗什的译经艺术，谓其译经不主直译，或删去原文之繁重者，或不拘原文体制，或变易原文，条举甚详，可以看出鸠摩罗什的译经法是意译，而不是直译。

在鸠摩罗什之后，译经的大师即算是玄奘法师了（西元五六九——六六四）。玄奘法师曾译过一千三百余部经典。宋周敦颐在法云《翻译名义集》的序文中，谓玄奘法师之译经有五种不翻译：一秘密故，二含多义故，三此无故，四顺古故，五生善故。凡遇有此五种缘故者皆弃而不译，可见玄奘法师的翻译亦为意译，与鸠摩罗什之译法，实是不谋而合矣。

可是，究从何时起始有直译的问题发生？换言之，即自何时起始有意译与直译？此事则不能不说是自近代产生新文学运动以后始发其端。新文学运动亦名白话文学运动创始于民国六年（西元一九一七），运动的倡导者为胡适之、陈独秀诸先生，后来经过民国八年（西元一九一九）的"五四运动"，遂由新文学运动扩大而为思想的启蒙运动。此乃大众周知的事实。民国六年为新文学理论的建设年，至民国七年便大量翻译外国的文学作品，就中以周启明先生的成绩最佳。周先生的译书即用直译法，胡适之先生之《五十年来中国之文学》（原载《申报》五十周年纪念专刊，后辑入《胡适文存》第二集卷二）中说：

> 他用的是直译的方法，严格的尽量保全原文的文法与口气。

这种译法，近年来很有人仿效，是国语的欧化的一个起点。

此外主张直译的便是周先生之兄鲁迅先生。鲁迅先生初期的译书，尚明顺易读，但至其晚年所译之唯物史观的文学论与新兴文学作品的一类书籍，便越发艰深难懂了。因此颇惹起一部分人士之指摘，多谓其小说文笔甚为流畅，何以其翻译之文竟如此生涩。关于此事，鲁迅先生自己亦曾辩护过一番，后来在其《论翻译》一文中，彼又明确说明其何故采用直译的道理，今引一小段于下，以为参考：

　　我是至今主张"宁信而不顺"的。自然这所谓"不顺"，绝不是说"跪下"要译作"跪在膝之上"，"天河"要译作"牛奶路"的意思，乃是说，不妨不像吃茶淘饭一样几口可以咽完，却必须费牙来嚼一嚼。这里就来了一个问题：为什么不完全中国化，给读者省些力气呢？这样费解，怎样还可以称为翻译呢？我的答案是：这也是译本。这样的译本，不但在输入新的内容，也在输入新的表现法。中国的文或话，法子实在太不精密了，作文的秘诀，是在避去熟字，删掉虚字，就是好文章。讲话的时候，也时时要词不达意，这就是话不够用，所以教员讲书，也必须借助于粉笔。这语法的不精密，就在证明思路的不精密。换一句话，就是脑筋有些胡涂。倘若永远用着胡涂话，即是读的时候滔滔而下，但归根结蒂，所得的还是一个胡涂的影子。要医这病，我以为只好陆续吃一点苦，装进异样的句法去：古的，外省的，外国的，后来便可以据为己有。（见《文学月报》第一期，一九三二年出版）

由鲁迅先生的这段文章中可以看出他对于翻译的态度。原来他的"翻译观"和他对于一般文化的观念是完全一贯的。

至于作者个人的意见，认为意译与直译二者是不应当完全对立的。事实上完全的意译，严格说来即不能称为译。严几道氏自己亦明悉这一点，故其译《天演论》，称为"达旨"而不曰"译"，且在其《例言》中曾特别提出予以说明。但是完全直译，采用一种诘屈聱牙而不合乎本国文法的词句，强使读者阅读，似乎也不能算是理想的翻译。鄙意以为翻译之文总须使读者可以看得懂，知其所云为何，此即须要达，但在达之中可以部分加入外国语法的表现，以补救现代中国语或现代中国文的缺陷。可是，此种外国语法加入本国文中，是必须经过译者的苦心研究的，应以恰到好处，不违背中国语文的习惯与文法为原则。所以翻译其实也是一种创作，而且翻译之难亦不亚于创作也。

盖既以文字表达情意，则不论是创作或翻译，均应以明达为主。白居易作诗必令妇孺皆晓，此其所以可贵，亦即明乎斯旨也。凡人之表情达意，以无言之神态出之，此为最上者；如所谓"脉脉含情""幽情一脉"以及"相对无言"等语，盖将一切情感完全寄寓于无言之中矣，此种表情的感人之力至深且大，而其意味极深长，对方受其感应，只须用目一视即可心领神会了。又如唐人朱庆余的诗句"含情欲说宫中事，鹦鹉前头不敢言"，描写美人一种失意的哀怨幽情，尽在不言之中，闭目思之，其忧郁难伸之神态，宛如一幅丹青毕现眼前，如吾人见其实景，则其感人之力当更胜过文字描写的千百倍也。其次则为用手与口表达己意，这在表示情意的本人既借助于动作，复加入了声音，而在对方亦必须同时以视听的两种官能应付，所用之动作愈复杂，则其力愈微。再次则为采用文字，盖在读者方面既不闻其声，亦为见其人，体会其意较以上二者更难而复杂，是以仅借助一种死的符号以表达情意于一般知识不同的读者，此为最下之策，若再使人不明所云，苦于索解，则双方一为徒劳，一无裨益，而文字之功用既失，亦自然无其存在之必要了。

各国文化的介绍莫不赖文字之力以为之，而翻译尤居重要地位，欲求其为有效的发展，必须使读者易明其文，即以翻译而言，虽其中有专门与普通之别，但所使用之辞句，皆应审察对方的读者为谁，合其需要，适其理解，必如是始有裨益，且亦不背介绍文化之本旨，若斤斤于意译与直译二者法则之运用而固持己见，似乎可以不必。至如谓欲借翻译之法则与力量对本国语文加以一番改造，此恐非一二人之翻译所能办到，盖一国之语文原有其习惯与特性，必其时代、环境、社会、政治、经济等均有变迁及需要，然后语文始自然随之改进也。

——《北华月刊》第 2 卷第 2 期（1941 年 2 月）

通讯（1941）

王布帆

编者先生：

看了林语堂先生的《谈郑译〈瞬息京华〉》，我这多年的痒处突然让他搔着了，忍不住要说几句话，请先生和林先生指教。

现今的人喜欢用经济学来解释文学，解释得对不对，这儿暂且不论。不过我发现了经济学上的一条人所共知的法则——格来深定律（Gresham's Law），居然也可以应用到现代的国文上头。在金融上，劣币是驱逐良币的，在现代中国文学界，坏的字眼也赶走了好的字眼，坏的语法文法也赶走了好的语法文法。

这到底是怎么一回事呢？我不大明白。不过我知道主要的原因是漫无选择的欧化。国文欧化，是应当的而且必需的，可是不能没有标准，没个限度。这三十年来，我们的文字得益于欧化的地方很不少。欧化给了我们不少新词藻、新意象、新资料，可是也把我们本来干净、明白、美丽、可爱的文字，变成了拖沓、纠缠、拙笨、可怜了。

国文无限制的欧化，是由翻译西书的人起头的。今日的国文糟到这步田地，该由这些先生们负责。

首先是"瞎译家"。这种人连字典也懒得翻，只管闭起眼睛来乱译。可是，奇怪得很，越是瞎译的名词，流行得越快，越普遍。"appeasement"的意思本来是"抚慰"，不知怎么一来变成了"绥靖"。"die-hard"的意思是"顽固派"，直译该是"难死"，有成语"superstitious die hard"为证，现在通用的译名是"死硬派"。我还见过把"全部接收"（take it over lock, stock and barrel）译成"取其枪机、枪托、枪管"的路透电，那真是绝大的笑话了。

其次是"硬译家"。这种人跟上面说的刚刚相反。瞎译家的毛病是不顾原文的意思，硬译家的毛病是太顾原文的意思——所以不顾中国的文法。他说，我们只要逐字逐句译过来就成了，至于念起来顺不顺，好懂不好懂，那是读者的事，我们管不着。结果，他们译出了一些天书来，念起来一个字字清楚，可是你不知道它在讲什么。

其次是"音译家"。这一派的毛病是懒，不肯思想，不肯创造新字眼。这种懒人古来也并非没有，佛经的"三藐三菩提""波罗蜜多"那种啰哩啰嗦的话就是这种译法译出来的。我常常想，佛教的真义在中国懂的人不多，吃亏就在这些难读难懂的梵文音译上头。要读通一本佛经，不知得翻上几百回的《一切经音义》或《佛学大辞典》，这麻烦谁受得了？

现在真正已经通行而且有继续通行的可能的洋文音译，只有很少很少的字眼："逻辑""摩登""幽默"之类。原因是这些字眼短，好念，适合国文音乐性的条件。（"幽默"还亏先入为主，不然就得让"愚昧"占了宝座去。）其余拖泥带水，叽里咕噜的洋文，不是砍了头，就是失了踪。"普罗烈塔里亚"脖子以下这一段没有了，"布尔乔亚"常被腰斩，"奥伏赫变"被"扬弃"扬弃了，"印贴利更追亚"摇身一变成了"智识阶级"。这是自然的趋势，谁也挡不住。

由于译本念得多，写起文章来多多少少也受了一点儿影响。最显著的是用洋文字眼来代替原有的字眼。"靠"字已经不时髦了，我们用"依存于"。"着重""侧重"已经落伍了，我们必须得"强调"。"女人""娘们儿"太平淡了，不如"女性"（"女性"实在不能当"女人"，"三个女性"是不通的，这刘复先生已经指出过）。"尽力做去"太没劲儿了，不如"至善的努力"。很明白地，这趋势是由简而繁，由熟而生，由漂亮而拙劣，由干脆而噜苏。难道这是值得提倡的吗？

可是还有更糟的呢。不止字眼改了样，连文法也变了形。"他快去了"不写了，写"他将要去了"。"事情写得明白"不写了，写"事情被写得更明朗化了"。"他不但不消极，反而积极起来了"，本来是一句很顺的文句，我们偏要学洋人这样写："他不消极；相反地，它是更加积极了"。甚至"历史底地决定了的"那种念不上口的话，也居然冒充中文到处发见，这不太奇怪了吗？

为了做一个现代的人，不能不看些新书报。可是，一拿起时下流行的书报来，我就觉得一阵头痛。有些外国文的译语，被人用得庸腐俗滥，简直比"鸳鸯蝴蝶""花儿月儿"还要肉麻。什么"战事白热化"啦，什么"时代巨轮"啦，什么"血的教训"啦，什么"世界政治的一环"啦，千篇一律，只字不改。我们打倒了老八股，想不到洋八股倒来接了它的任！

可是，文字欧化得不妥当，顺眼虽不顺眼，还不过是白纸上写黑字而已。如今人们可更进一步了。他们不止要欧化国文，还要欧化国语。他们把那不中不西、非驴非马的混合语编成了剧本，拿到舞台上演去。这事情可真糟而又糕。

不久以前，我就看过这样的一出戏。戏是外国名家编的，由中国"名家"改译，那里头尽是些生硬古怪、累赘噜苏的话，念嘛念不上口，听嘛听不顺耳。真亏那些演员，他们居然把剧本念得熟，背得出来。幸而原作者不懂中国文，咱们怎么糟蹋作践他的大作他也不知道，不然的话，他真得为那本好戏一哭！

凡是略懂英文的人，总晓得写英文最忌有中国味儿。所谓中国式的英文，是要叫红毛老鬼笑掉大牙的。可是咱们写起国文来，偏偏放着好学，应学的国语文法不学，倒要拿英文文法当榜样，难道不怕咱们的同胞咬断了舌头吗？

本来只想把鄙意略为讲一讲，不想一扯就扯了这么一大篇，又浪费您的精神了。意思还没有讲完，可是暂且打住吧。

王布帆上

二月廿四日

——《宇宙风乙刊》第 42 期（1941 年 4 月 1 日）

"Balance Sheet" 译词之商榷（1941）

李焯林

近数年来海内会计学家，对于会计名词之审定，极其努力，进步之巨，立信会计事务所曾编有《会计名辞汇译》，新近国立编译馆亦有《会计名词之编订》，对于该馆所拟名词，会经潘序伦、顾准两氏与上海会计教师联谊会先后评阅，在《公信会计月刊》（第二卷第六期及第三卷第二期）发表意见，有表示同意者，有认为尚欠妥当而建议增删者，有尚未能确定者，缘以名词之编译，本非易事，划一更难，潘氏以"涵义切当""习用普遍""用字简赅"为要件，而严几道氏则以"信""达""雅"为标准，"智者见智，仁者见仁"。个人见解不同，在所难免，然大体言之，多数译名，会计学者，大致认为适当，而无异议，其未能确定而尚须加以讨论者仅少数而已，适当之会计名词，对于实务界与学术界之利助，毋庸赘述，作者读国立编译馆初审本及潘、顾两氏与上海会计教师联谊会文后，深感将"Balance sheet"一词译为"资产负债表"，似欠妥当，而有重加研究之必要，故不嫌赘烦，重提讨论，望会计学者，不吝指正。

查"Balance sheet"译词现在约有十个，可分为五组：（一）"资产负债表""资产负债对照表"或"资产负债借贷对照表"；（二）"平衡表"或"平准表"；（三）"资产产权表"；（四）"贷借对照表"或"借贷对照表"；（五）"结算单"或"结算相等表"。此外，尚有一个可能的译词"财务状况表"未见会计学者选译，"借贷对照表"一词是否妥当，陈恕钧教授曾有充分解释（见潘序伦等编《会计名辞汇译》"会计名辞汇译之商榷"一文）。本文拟将"资产负债表""财务状况表""平衡表"及"资产产权表"四个名词，顺序分别讨论，比较其优劣以决取舍，至于"结算单"及其他与上列相类之名词，则省略不论。

在未讨论以前，有检阅与 Balance sheet 相类英文名词之必要，因此种名词之意义与应用，均与 Balance sheet 一词关系甚切，所谓与 Balance sheet 相类之名词者即（1）Financial statement 或 Statement of Financial condition（财物状况表）；（2）Statement of assets and liabilities（资产负债表）是也，前者采用较后者为广，然 Balance sheet 一词则最为多见，考此两名词之汉译与上列之 Balance sheet 译词相同，为避免重复起见，于下文合并讨论之。

（一）**资产负债表**　将 Balance sheet 译为资产负债表，除国立编译馆、潘顾两氏及上海会计教师联谊后外，尚有徐永祚、沈立人、刘葆儒、吴宗熹诸氏，亦为公司法、银行法所规定，故此译名可算习用普遍，尤以公司法之规定影响至巨，因各公司及银行于会计年度终须造具报告书（资产负债表为其中重要表册之一）呈报主管官署。然此名词虽然普遍，但究非妥当，其最大缺点是不能圆满表示 Balance sheet 的意义。考 Balance sheet 为显示一企业或一机关在某一定时日之资产负债及资本，严格而论，似应译为"资产负债及资本表"。但诚如陈氏所说，可惜太"累赘"，始终无人倡议，唯译为"资产负债表"，对于"累赘"一层可以避免，而涵义切当则否，将资本省略不提，实欠适当。根据 Balance sheet 公式"资产＝负债＋资本"，资本为 Balance sheet 要素之一，缺之则公式无以树立（非营利机关之资本除外），尤有进者，或将资本作为企业内部负债，以负债一词包括资本在内，亦欠妥善。资本并非负债，当企业解散时，企业之资产应尽先偿付负债，如有剩余资金，始归还资本主，故在法律上，负债为债权人之债权，资本为资本主所有，两者之权利地位，绝对不同。例如公司债之持券人为企业之债权人，股东为企业之资本主，公司债为企业之负债，股东仅享有净值部分，又如公司在未公告发给股利以前，该项可发给股利之盈余，不过为公司净值之一部分，但股利一经公告，即成为公司之负债，何以在股利未公告以前，会计学家不将可充作股利之盈余称为负债？是以资本（净值）并非负债，其理甚明，然会计学家亦有将负债作为外界资本解释者，缘以资本主资本不足，不得不借用外界资金。但此乃资本之解释，并非负债也。查英文"Statement of assets and liabilities"一词，间亦有用以代替"Balance sheet"以"liabilities"包括负债及资本者，此实未能辨别负债（liabilities）与会计责任（Accountabilities）之所致。负债指企业欠负债权人一切债务而言，资本乃为企业对于资本主负一种会计责任而已，然则资产负债表一词，是否妥当，毋庸赘述。

（二）**财务状况表** 财务状况表本是 Financial statement 的适当译词，何以挪作 Balance sheet？其理由：（1）Balance sheet 为显示一企业或一机关某一时日之资产负债及资本，已如上述，考其目的，不外表示该企业或机关某一时日之财务状况者，广义言之，不论其格式如何，凡表格能表现一企业或机关某一时日之财务状况者，皆得称为 Balance sheet，是故以 Balance sheet 之目的立场言之，将之译为财务状况表，亦无不当；（2）在英文会计名词中 Balance sheet 与 Financial statement 两名词常见相互换用，开斯托（Kester）教授认为 Balance sheet 与 Financial statement 两名词是一而二，二而一，在实用上企业将 Balance sheet 称为 Financial statement 者亦不乏其例，如美国某大规模人寿保险公司之 Balance sheet 标题为财务记录（Financial record），此两名词之意义与应用既属相同，则将 Balance sheet 译为财务状况表，理所当然。

（三）**平衡表** 平衡表是按照 Balance sheet 的字义、形式译成，徐永祚、封瑞云两氏及财政委员会主之，亦为中央统一会计制度规定名词，唯其只着重字义形式，未能顾及表之整个意义，是其缺点。然细究之，此译词不无相当价值，用字简赅一也，习用普遍二也。查数译词中，平衡表仅为三个字，字数最少，可谓简赅之至。所谓习用普遍者，非直接指平衡表一词，此间接指英文原词 Balance sheet 而言也。在英美两国 Balance sheet, Financial statement, and Statement of assets and liabilities 三名词中，Balance sheet 一词，习用最为普遍，在欧洲大陆有同样的名词，如德国之 Bilanz bogen、法国之 Bilan、意大利之 Baliancis 及荷兰之 Balns，其字义皆与 Balance sheet 一词相同。查 Balance sheet 一字系由拉丁语之 Bilanx 转化而来，言语系统相同之欧美诸国，皆有同样之转化。由此观之，可知 Balance sheet 一词普遍于全世界，其字义及形式或虽未能显示此表之整个意义，唯习用日久，实备有不言而喻的意义。凡用之者及阅读之者，算不理会其意，是故苟 Balance sheet 一词能存在，则平衡表一词亦不无相当之价值。

（四）**资产产权表** 资产产权表乃为陈恕钧教授所倡导，在"会计名词汇译之商榷"一文中见（潘序伦等编《会计名辞汇译》）解释颇详。此释辞系根据美国会计教授柏通（Paton，W. A.）和司文胜（Stevenson，R. A.）等用"产权"（Equity）名 Balance sheet 公式右节，称资产＝产权，即是产权包括负债＋资本。产权的意义，简言之，为资产所有权之分配，考资产之所有权，一部属于外界债权人称负债，一部属于资本主称资本，故负债与资本实为资产所有权之分配。对于资产所有权分配之理论，因会计学家之见地不同，可分为两派，一派主张资本主有资产总额但欠负债人一定数额，一派主张负债与资本不过是资产所有权之分配而已，前者为先进派主张者较多，其理由乃根据独资企业及合伙企业债权人索付债权不以企业之资产为限，即资本主之私有财产亦得用以偿付债权人之债权也，后者之论据则以公司企业对于负债之责任，通常仅以其资产为限。易言之，公司债权人鲜有向资本主在企业以外之财产索付其债权者，是以负债仅为分配资产之权利而已，公司企业为现代企业组织之重要方式，故以产权一词用作资产所有权之分配，亦无不合理，因此可知产权之立论对于独资企业及合资企业之观点而言，似略有逊色。然就继续经营之企业而言，则其论据亦甚健全，继续经营企业其资产当能充分偿付其负债，对于负债之偿付，当不成问题。例如一企业之资产，不足偿付其负债，即需宣告破产，继而解散。在此种情形下，只编制一 Balance sheet 则必不能充分表示企业之财务状况，故通常必须编制"财务状况说明书"（Statement of Affairs）及或"变产清算表"（Statement of Liquidation）以为之助，此时 Balance sheet 已由主要之报表降为次要之地位。易言之，企业破产清算时之 Balance sheet 已不若继续经营时之重要矣。综上数点，将 Balance sheet 译为"资产产权表"，实其有健全之论据。

　　以上四译词已依次讨论，孰优孰劣，读者自可决断。近来海内会计学者咸认会计学名词有"统一"及"改良"之必要，对于资产负债表一词，似渐有统一之趋势，但并未见其有何改良。故不改良则已，若欲改良，则 Balance sheet 译词必须改译。然作者之浅见，Balance sheet 之适当译词，首推"资产产权表"，"平衡表"次之，"财务状况表"虽有选译之可能，但究不若上列二词之妥当，且其为 Financial statement 最适当之译词，无需挪用。至如资产负债表，则莫若改译为资产负债及资本表之确当也。

——《公信会计月刊》第 5 卷第 4 期（1941 年）

论林译小说（1941）

谢人堡

中国古代，虽自第一世纪已经陆续产生了大批的翻译，但那却不是文学的翻译。直到 1901 年，中国才有第一部文学译品，便是《巴黎茶花女遗事》一书。而翻译这书的人，自然是林纾先生。

谁都知道，林氏乃是一位不懂西文的人。其译《巴黎茶花女遗事》，却是与晓斋主人王寿昌合作而成。王氏精通法语，译此书时，乃由王氏口头译述，林只以笔录之。

于是，中国文学翻译界，最先第一位动笔译书的人，反是不通外国文字的人。说来却是一件趣事！

林氏一生笃攻古文，以桐城派自居，诗歌戏曲札记作品尤多，已成集者，如《畏庐文集》《闽中新乐府》《春觉斋论文》《金陵秋》《官场现形记》《京华碧血录》《剑胆录》等二十余种。生平发表文章，别署冷红生、蠡叟、补柳翁、长安卖书人等。但其本名群玉，字琴南，号称畏庐。系生于清文宗咸丰二年，卒于民国十三年，享寿七十三岁。

当胡适提倡白话文学运动时，林氏曾参加笔战，打得火热。且作《妖魔荆生》，以寓讽刺。

林氏笔生功夫，除去做了几年官，教数年书，此外便只在埋头译书为文，生平共译小说，竟远150余种，已出版者有130余种，余者散见诸杂志报章等处。其译品所遍国度，达十余国，世界的名作家达20余人，毕生埋首笔墨，实令人感佩。

至《巴黎茶花女遗事》问世以后，一新中国文人耳目，于是大得读者欢迎。因之当时商务印书馆编译主任高而谦先生，随托其友人王寿昌约林氏为该馆任专任翻译员之一。故林氏大部译品均为商务印行者。

不过林氏终是不懂西洋文字的人，所以译书自不免弊病丛生，其第一点，就是口译的吃亏。在其《西利亚群主别传序》中曾说，"急就之章，难保不无舛谬。近有海内知交投书举鄙人语误之见之箴，心甚感之。唯鄙人不审西文，但能笔述，即有讹错，均出不知。"这正是他自我的一个评语。

其次，这种译书方法，却吃了古文的亏。因为在这白话文盛行的时期里，不只古文本身感到没落，至以古文译书，已被证实是件极不忠实的办法了。

因之，林氏过去译品，现在已有很多重译本出现，这些重译本，几乎没有一个是再采用古文体的。

同时，还有一重要问题，便是其译品体裁的混乱。譬如：莎士比亚的《凯撒遗事》《雷差得记》，易卜生的《梅孽》（即《群鬼》），完全均被译为记叙体小说了。何况他更喜欢删削，断章取义，有时一部长篇巨制，竟因删削而为一薄薄小书了。按其自己文笔，观其译品，却是很雅。但极不忠实于原作者，乃属当然之事。

就其百五十余种译品，得意的只有数种，当推小仲马之《巴黎茶花女遗事》，史格脱之《撒克逊劫后英雄略》，以及迭更司之《贼史》等，至今商务印书馆仍在再版印行。

综上所言，这位中国文字翻译界的元祖，虽然动笔往往失却了翻译的法则与价值，但是他肯大胆为我文学译场开拓一条新路，唤醒了未来的无数文学翻译家，这种功绩，自当归至琴南先生。

——《三六九画报》第 8 卷第 1 期（1941 年）

梵语系及巴利语系《转法轮经》的
比较研究及会译（1942）

杨真辑译

佛教大小显密共许极成的基础理论——《转法轮经》，不只是法王的即位宣言（据巴利所传佛于四月八日成道，十五日对憍陈如、婆敷跋提、摩诃那、阿湿卑等五比丘说此经），而且言简意赅地奠定了整部佛教的根基。它包括着原始教理，同时亦是大乘佛教六度四摄的出发点；虽然在《转法轮》之后，由大圣本师乃至其后之菩萨古德亘两千余年的宣示演化，说性说相，以及三藏十二部所有相反相成等等的典籍，却都可以说是三转法轮十二行相的引申补注而已。真实的佛教理论是没有建立在这个范围以外的。

话虽这样，但是现在除了锡兰、缅、暹等地的僧人还以《转法轮》经作日课外，在大乘流传的区域，却早已忘怀了。这不只是数典忘祖，并且亦深为辜负历代的翻经大德们的孤诣苦心！即以关于此事最原始而最完全的汉译经典而论，就有以下七种：

一、《转法轮经》　　　　　　　　　　安世高译

二、《杂阿含》卷十五第十页　　　　　求那跋陀罗译

三、《佛说三转法轮经》　　　　　　义净译

四、《四分律》卷卅二第三页　　　　佛陀耶舍等译

五、《五分律》卷十五第十一页　　　佛陀什等译

六、《有部毗奈耶杂事》卷十九第一页　义净译

七、《法蕴论卷五圣谛品》　　　　　玄奘译

其余片段译述，尚有《中本起经转法轮品》《中阿含罗摩经》《增壹阿含高幢品》《十诵律》《善见律》《有部毗奈耶》卷卅九，《太子瑞应本起经》《过去现在因果经》《普曜经》《大庄严经论》《佛本引集经》。据我所知道就共有这廿种，如果详密的在《大藏》中搜求，恐怕还不止此数。

以上所举的，完全是梵语系的译品。至于巴利语的汉译品，却只有近人的两种本子：

一、《南传转法轮经》　　　　　　　慧松译

二、《转法轮经》汉巴对照　　　　　岫庐译

以上两本均见《海潮音》第十八卷第四号（可惜我不认识巴利文，又没见过日文翻的《南传大藏经》的全部；不然材料当更充实）。由译文上比较起来，其内容亦不甚一致。

至于我把梵巴两系的译文分别举出的原因是：这经的组织，并不像其他经典的大同小异，而是两种传本的大异小同，又以它在教理上占着首要地位，所以就不得不厌其详了。

此外还有西藏文从梵巴两语系译出来的《转法轮经》各一种（梵语系的见《甘珠尔》部廿八函二八三页下至二八五页上）。现在我把它直译出来，作一个比较。

关于梵语系的汉译，已有流通本子，故不再抄录，只把其异同附

在藏译之下，巴利语系的因《海潮音》流通已少，故择其岫庐译本与藏译比较，慧松译之异同附后。次序是先列梵语，后列巴利语。

汉语：法论经。

敬礼一切智！

我闻此语：一时佛薄伽梵住婆罗那斯，仙人论处，鹿野林中。

尔时薄伽梵告五苾蜀："苾蜀众！于诸法中我未曾闻：此苦圣谛当作意时生眼，生智，明，觉，通达。苾蜀众！于诸法中我未曾闻：此苦集，此苦灭，此趋苦减道当作意时生眼，生智，明，觉，通达。"（以上系第一转之四相）

苾蜀众！于诸法中我未曾闻：彼苦集圣谛我以显慧当遍知，当作意时生眼，生智，明，觉，通达。苾蜀众！于诸法中我未曾闻：彼苦集圣谛我以显慧当断，当作意时生眼，生智，明，觉，通达。苾蜀众！于诸法中我未曾闻：彼苦灭智圣谛我以显慧当证，当作意时生眼，生智，明，觉，通达。

佛陀什等玄奘、义净译

安译作有千比丘（按此与事实相背）及诸天天神在大会中，空中飞来自然法轮佛手抚轮谓自已解脱，不入五道，轮止后，佛始对众说法。

四分律及五分律均从佛成道后叙起。

安译于此前有告诸比丘勿堕贪欲不净及猗著身爱二迈行，反之可得"受中"（即中道）佛已从两边自致泥恒；受中即行八直道。复解四谛之详意，然后始接述三转十二行相。其此段大致同巴利本。然其叙三转则太略，只谓四谛为真谛，若本未闻当受眼观，禅行，受慧见，受觉念，令意行解（以上第一转）。若在斯未闻当受道眼乃至令意行解（第二转）。若在彼不得闻亦当受眼乃至令意行解（第三转）。

四分律及五分律此前亦有勿习苦乐二边行，及详述四谛为何，与应修八正道之语。

又四分律、五分律于此三转作四转，每转中分述每一谛之三相，如：此苦圣谛本未闻法，智生，眼生，觉生，明生，通生，慧生（第一相）。当知苦谛本未闻法，眼生乃至慧生（第二相）。我已知此苦圣谛，本未闻法，眼生乃至慧生（第三相）。无"当作意时"一句。以后均同此，此种组织与巴利系同。

义净译之《三转法轮经》及《有部杂事》于三转中均作"于所闻法，如理作意能生眼，智，明，觉。"

奘、求二译十二相均作"眼，智，明，觉，余同藏本。"

求译、义译、四分、五分、奘译均于此转不作"我以"之自身叙述；又除奘译外第二、三两转均无"显慧"二字。（按此转中加"我以"二字，于义不通，恐藏译本有误）

灭道圣谛，我以显慧修习，当作意时生眼，生智，明，觉，通达。（以上系第二转之四相）

"苾蜀众！于诸法中我未曾闻：彼苦圣谛我以显慧已遍知，当作意时生眼，生智，明，觉，通达。苾蜀众！于诸法中我未曾闻：彼苦集圣谛我以显慧已断，当作意时生眼，生智，明，觉，通达。苾蜀众！于诸法中我未曾闻：彼苦灭智圣谛我以显慧已证，当作意时生眼，生智，明，觉，通达。苾蜀众！于诸法中我未曾闻：彼趋苦灭道圣谛我以显慧已修习，当作意时生眼，生智，明，觉，通达"。（以上系第三转之四相）

"苾蜀众！我于长时若于此四圣谛三度诵十二相转不生眼，乃至不生智，明，觉，通达者；我未于彼天，世间魔，梵，苾蒭，婆罗门有情，天，人众中解脱超出，不生，能出，无倒，出离多住心故。苾蒭众！是知我不为无上如实圆菩提正等大觉。"

"苾蒭众！我若于此四圣谛任能三度诵十二相转，生眼，生智，明，觉，通达，我于彼天世间魔，梵，苾蒭，婆罗门，有情，天，人众中解脱超出，不生，能出，无倒，出离多故心故。苾蒭众！是故应知我为无上如实圆满菩提正等大觉。"

如彼说己，具寿憍陈如及八万天众于诸法生法眼，无垢离垢。

求译、义译、五分无"我以显慧"四字，四分律无"显慧"二字。

安译无此段，只作于是四谛三转知而未净者吾不与也。

四分律作："若我不修此四圣谛三转十二行如实而不知者，我今不成无上真正道。"

五分律无此段。

安译作：一切世间，自知证己，受行戒定慧解受知见成，是为四极，不受后有。

四分律作："然我于四圣谛三转十二行，如实而知，我今成无上真正道……众中无有觉悟者，如来则为不转法轮。……有觉悟者，如来则为转法轮。……天及世间人所不能转者，是故当勤方便修四圣谛！"

五分律作："我以如实知是三转十二行法轮，得成无上正觉。"

安译作："阿若拘邻等及八十姟天。"其下后有千比丘皆得阿罗汉。

四分律作五比丘，无诸天。

五分律有"地为六反震动"一语，无诸天。

奘译作："及八万天子。"

尔时薄伽梵告具寿憍陈如："憍陈如！汝知一切法不？""薄伽

梵！一切已解。""憍陈如！一切知不？一切知不？""善逝！一切已解，一切已解。"具寿憍陈如知一切法故，即名具寿一切知憍陈如。

具寿憍陈如已知一切法已，地居药义等高声唱言："诸侣！薄伽梵在婆罗那斯仙人论处鹿野林，于法中转三度诵十二相法轮——若沙门，婆罗门，灭，魔，梵世间任谁皆不获以法而转——为利益众生，安乐众生，慈愍世间天人等故。由利益安乐而转故，天界当增，阿素洛界当减。"

而时空行药义闻地居药义等作是语已，与四大天王境三十三天，夜魔，兜率，化乐，他化自在天众于刹那顷高声相传以至梵界。梵界天众亦高声唱言："……（与前文同，故略去）……"

薄伽梵在婆罗那斯仙人论处鹿野林，于法中转三度诵十二相法轮；由说彼转法轮事，是故名曰转法轮经

法轮经终

巴利语：达嘛，查额，苏塔。（Damma-Sutta sutta）

汉语转法轮经

岫庐译

如是我闻，一时佛在波罗奈国，鹿野苑中，仙人住处。

而时世尊告五比丘："汝等比丘求远世间应离二边，云何为二？即彼根门放逸，粗鄙，下劣，有损"

南传转法轮经

惠松译

佛作薄伽梵，鹿野苑在仙人住处下。

世尊作薄伽梵。

安译无此段

奘译作：以憍陈如先解法故，世共号彼为阿若多。

安译以下甚简而意亦晦。

五分律将此段及次段并为一节，译笔简练。

安译是段后有："尔时佛界三千日月万二千天地皆大震动。"

义译《三转法轮经》，有部毗奈耶及奘译均于高声唱言下略去前文。四分律及五分律均无此段，下接五比丘得度成阿罗汉等事。

求译、奘译、义译均于此下有"欢喜奉行"等语作结。

梵语：达尔嘛，查克啦，波啦瓦尔达纳，苏特啦。

藏语：却几考尔数日阿薄杜，交尔比，道。

汉语：转法轮经。

杨真译

谨敬礼圣三宝！

我闻此语：一时薄伽梵住波罗那斯国，仙人堕处，鹿野林中。

尔时薄伽梵告五众苾刍："苾刍众！出家勿住此二边；耽乐贪欲，不正卑劣。及别别有情怀非理故，无益世俗乐边，及彼妄抑有损，无益自苦边。"

"比丘！如来现已止息二边，契会中道，以无比智发见寂灭清净安隐等觉涅槃。比丘！如来缘何止息二息，契会中道，以无比智发见寂灭清净安隐等觉涅槃？彼名既是八种圣道：正见，正思惟，正语，正业，正命，正精进，正念，正定。如来缘此止息二边，契会中道，以无比智发见寂灭清净安隐等觉涅槃，以无比智作得眼生智。"

定作三摩地。

"比丘！此苦圣谛：生苦，老苦，病苦，死苦，怨憎会苦，爱别离苦，求不得苦，及彼无常五取蕴苦。比丘！此苦集圣谛：即彼有情纵贪爱喜，结生生缘，流转诸趣——所谓欲爱，有爱，无有爱。比丘！此苦灭圣谛：谓即从彼喜爱贪等舍弃，离欲，寂灭，解脱。比丘！此苦灭道圣谛即彼八种正中之道，——所谓正见，正思惟，正语，正业，正命，正精准，正念，正定。（以上与安译略同，与四分律及五分律尤似。）"

"比丘！此苦圣谛前所未曾闻法，当正思惟时于我生眼，智，明，觉。"

"复次比丘！应知，此苦圣谛前所未曾闻法，当正思惟时于我生眼，智，明，觉。"

无"当正时为时，"眼智明觉作眼，智，慧，明觉。此二项在十二相中均同。

八苦作"生是苦，"其余七苦亦均作"是苦。"

"欲爱""作业爱。"

谭叹以苦息苦，亦具非我，苾蜀众！彼二边端勿得介入。

"如来正等觉者开演中道，作眼，作智，作寂静，显慧，如实通达，如实入于涅槃。苾蜀众！如来正等觉者开演中道，去何作眼，作智，作寂静，显慧，入会通达，如实入于涅槃？中道者谓圣八分道，彼八者即：如实解，如实思，如实语，如实行祭，如实滋命，如实精准，如实念，如实三摩地。又此中道乃如来正等觉者开演，作眼，作智，作寂静，显慧，如实通达，如实入于涅槃。"

"又诸苾蜀！此苦圣谛者，生苦，衰老苦，病苦，死苦，非爱遭遇苦，爱别离苦，一切贪求及彼不得苦，总之五取蕴苦。又诸苾蜀！此苦集圣谛者：凡有爱生，具贪欲爱，由彼必能显欲者：欲爱，轮回爱，出离轮回爱是。又诸苾蜀，此苦灭圣谛者：如是爱尽无余，离于贪欲，灭尽，别别弃舍，解脱，解脱无畏。又诸苾刍，此超苦灭道圣谛者：即彼圣八分道是；如是：如实解，如实思，如实语，如实行祭，如实滋命，如实精进，如实念，如实三摩地。"

"苾刍众！此苦圣谛，於未曾闻法生眼，生智，生慧，生明，生光。"

又此苦圣谛，苾刍众！此应悉知！於未曾闻法生眼，生智，生慧，生明，生光。

"复次比丘！已知，此苦圣谛前所未曾闻法，当正思惟时于我生眼，智，明，觉。（以上系苦谛之三转相。此种组织与四分律五分律同。）"

"比丘！此苦集圣谛……。（与前同故略下仿此。）复此比丘！应断此苦集圣谛……

复此比丘！已断此苦集圣谛……（以上系集谛之三转相）。"

"比丘！此苦灭圣谛……。应证此苦灭圣谛……。

复次比丘！此苦灭圣谛……。（以上系灭谛之三转相）。

比丘！此苦灭，道迹圣谛…。复次比丘！应修此苦灭迹圣谛……。"

"复次，比丘！已修此苦灭道迹圣谛……（以上系道谛之三转相）"

（缺）

比丘！此四圣谛三转十二行于我不生眼，智，明，觉者，我终不得于诸天，魔，梵，沙门，婆罗门，天，人，闻法众中为解脱，为出，为离，亦不自证得阿耨多罗三藐三菩提。

（缺）

四圣谛下有"真实现观"一语，无生眼等。次一段亦同。

藏本缺

"此苦集圣谛，苾刍众！于此未曾闻法生眼，生智，生慧，生明，生光。又此苦集圣谛应善断……（与前同故略，下仿此。）"

（藏本缺）

此苦灭圣谛……。又此苦灭圣谛应证！……

（藏本缺）

此苦灭圣谛……。又此苦灭圣谛应修！……

（藏本缺）

"苾刍众！若以彼四种分别于此圣谛者；如是三度诵任转十二相，即为清净真实智见。"

（藏本缺）

"比丘！我已于此四圣帝三转十二行生眼，智，明，觉故，我于诸天，魔，梵，沙门，婆罗门，天，人，闻法众中得出，得脱，自证得成阿耨多罗三藐三菩提。"

"所以然者，我已如实通达，了知法出离相，证心解脱，获不退转，于未来法成不了故。"

佛说此经已，五比丘闻佛所说皆大欢喜，赞言："善哉！得未曾有。"彼尊者憍陈如远离尘垢，得法眼净，于缘起法悟无生忍。

而时地神闻佛说是转法轮经已，举声唱言："今者世尊于波罗奈国仙人住处鹿野苑中说此诸沙门婆罗门诸天魔梵所未曾转三转十二行微妙法轮，利安天人。"

地神唱已，其声闻于四大王天，三十三天，□摩天，兜率天，化乐天，他化自在天，须臾之间远于梵天，亦各唱言……（文句同前）

于是其声刹那无间周遍梵世，摇撼雯吼动千世界

"彼于我生智生视，我心解脱不摇矣。此世乃吾最末之生，极是生后，不复后有。"

"于缘起法"等作"漏尽意解"

"所未曾转"下缺，次段同。

天名中多梵众天，梵辅天，大梵天，少光天，无量光天，光音天，少净天，无量净天，偏净天，广果天，无烦天，无热天，善见天，善现天，乃至色究竟天。

"苾刍众！我已出离：于世间，天，魔，梵，沙门等，众生主，天人众中成无上正等觉者无他。"

"于此四圣谛中三度诵任转十二相，清净真实智见故。"

"如何，苾刍众！我于世间天，魔，梵，沙门，众生，天人众中由无上正等圆满显现圆觉，别别思惟，如实见智，得未曾有之解脱。我已无余，灭尽，涅槃。"

薄伽梵说法已，五苾蜀众于薄伽梵所说皆现欢喜。由是教授故，具寿憍陈如离尘无垢，而生法眼，凡所集法悉成灭法。（此句即"于缘起法……"及"漏尽意解"之直译。）

薄伽梵转此微妙法轮已，地居诸天高声赞言："若沙门，婆罗门，天，魔，梵，世间任谁悉不能转如薄伽梵在波罗那斯国仙人堕处鹿野林中所转之无上法轮。"

而时四天王中诸天闻彼地居天之声已，高声……。（文句同前，故略去，下同。）夜魔诸天闻三十三天之赞声已，高声……兜率诸天闻夜摩天之赞声高已，高声……。他化自在诸天闻化乐天之赞声已，高声……。梵种诸天闻他化自在天之之赞声，高声……。一刹那倾听便梵界，十千世界如实震动，如实圆，天诸身光交相辉映，此界他方悉皆大明。

尔时世尊者憍陈如："知法未？"憍陈如白佛："已知。"世尊复告尊者憍陈如："知法未？"憍陈如白佛："已知。"尊者憍陈如已知法故，是故阿若拘邻尊者。

附五比丘之名号：

梵：Koudanna Bhadra Baspa Mahanama Asvjir

巴：同 Bhaddiya Vappa Assaji

汉译：憍陈如 憍陈那；跋陀罗，婆提，跋提；婆敷，婆颇；摩诃摩男，大名，摩诃纳，摩诃男；阿湿卑，马胜，额裨，阿说示

基于以上的比较，所得出来的结论是：梵语系中奘译与藏译多分相同而较优。巴语系中藏译最为拙劣，而且最坏的是在十二相中漏去四相，这是最大的缺点，慧译虽较岫译忠实；然文笔甚劣。

还有一件最耐寻味的发现，就是由历史上考察我国所译出的经典，都是梵语系，而先期的安世高、佛陀耶舍、佛陀什三种译文，却与巴利语系统的传本相似之处很多；虽然梵巴两传谁为原始的问题，迄今仍未解决（大部学者虽认巴利语系较古，然亦不尽然，因为有许多经典是很明显的。以梵语较为原始，此问题容另文探讨）。不过由此则可认定此经的原始形态，是由巴利语系保存着的。后期佛教发展，一般信徒都把四谛和八正道的界说，深印于心，故而为便于背诵起见，才演变成奘译和义译的梵语系的固定型，这是很有可能的。

现在我不避陋劣，在末尾附上一篇《转论经》会译，以作饱学大德门的引玉砖。

《转法轮经》会译

佛初成道，七日之后，往诣于彼波罗奈国仙人论处鹿野林中，与五比丘，首说教诫。

尔时世尊五比丘："求出世间，应离二边；纵乐贪欲或自苦行，悉为下劣，有损无益。舍此二遍，便得中道。"云何中道？八正道是：正解，正思，正语，正行，正滋命，正精进，正念，正定。

"此苦谛者；谓生苦，衰老苦，病苦，死苦，怨憎会苦。此以显慧应知。我已悉知。"

"此苦集谛者；谓彼有爱及俱生烦恼，在在贪喜，流转诸趣。此以显慧应灭，我已灭尽。"

"此苦灭谛者；谓贪爱永尽，无余，解脱，此以显慧应证。我已作证。"

"此趋苦灭之道谛者；即八正道。此以通慧应修。我已备修。"

"此四谛法前所未闻，如理思维能生眼，生智，生明，生觉。如是即为清净真实智见。"

"我已缘此四谛超出世间，舍离烦恼，证得无上正觉，如实通达，证心解脱，获不退转，灭尽，涅槃。"

"佛说是经已；憍陈如、跋提、波敷、摩诃那、阿湿卑等五比丘远离尘垢，得生法眼，凡所集想，悉成灭想。"

——《佛学月刊》第 2 卷第 2 期（1942 年）

略论翻译（1942）

朱文振

讲到翻译，我们知道这不是一件轻而易举的事情。往往有些期刊的编辑向朋友拉稿子，朋友说没有什么可写的，编辑说那么译点什么吧，好像翻译比创作容易似的。诚然，如果这位朋友具有翻译的基本技能，他译人家的东西总可免了自己的构思；但是如果他译起来他非常负责，那么他字句的斟酌推敲，恐怕比创作只有过之而无不及。"翻译是重新创造"的说法，实在并不限于文学作品，而"翻译是不可能"的主张，也并非仅在"文字美"非常讲究的作品——如音韵美丽的诗句——上才可成立：稍负责任的翻译家都有如此的感觉。

所谓翻译的基本技能——也可说是先决条件——应当是一通外国文，二通本国文，三通中外文字的文法习惯之比较，四通常识。骤然看来，似乎都是普通之至，毫不苛刻；但是实在要做到这四个"通"，而且是同时并"通"，却也不很容易。

一、通外国文，并不是指能从《英汉字典》查到英文字的汉义，而把英文句子的汉义依文法逐字解出就算；这是指"近乎精达乎熟"的通。所谓精，是说知其文字的精神，晓其词语的来源，博其惯词习语的应用；所谓熟，是说普通字义词意语气句法，皆能左右逢源，知其正变各用，且广用之。"精"，还可止于"近"，但"熟"则非"达"不可。"译坛"上由于抱字典译书而闹的笑话，不一而足；这里也不必举例；大概贻"直译""死译"之讥的，都是吃这上面的亏。而更坏的是未通而以为通，碰到形迹可疑的"熟字"，并不加以仔细翻查，而遽以已知的意义去译出来，结果有时是似通非通，有时便与原意大相径庭。举几个较新的例子：二次欧战第一年耶稣节，希特勒去前线慰问，那时有一则新闻，说他曾进一"私人"的室内，这"私人"乃是通讯社翻译员没有仔细查看英文 private 一字的结果，而此字作"小兵"讲，也并非太偏僻的注释。今年九月初，又有新闻说，华盛顿高级人士感觉，德潜艇如系误认美舰为英舰，则为"单独"之事件；把 unique 译成"单独"，顶多也只能表示译者单查了相当小的字典。不久前风行一时的上海某翻译杂志，也曾经把 four times as many 译作"四次之多"。一家著名报纸的社评里，有过"武力即权力"一句话，看到的人没法不怀疑是 Might is Right 的正译"强权即公理"之误，除非执笔的先生别有用意。

二、通本国文，这是比较不被注意的一事。在学校里，平常英文成绩较好的便几乎无条件地自认或被认为能胜任翻译工作了；这种学生进了社会，也常有喜欢或决心从事翻译工作的表示。诚然，他们大部分是习作性质，而且也可能进步；但是如果同时没有相当深厚的国文修养，无论如何这不是他们理想的事业。除非有非常的天才或特殊的额外训练，目前各级学校普通国文的训练，可说决然产生不出足能胜任翻译的工作者来。目前的一般大中学生，文言文固然作得很少完全合乎文法，语体文并不见得如何通顺的；这不单是翻译工前途的一大暗礁，也应当是整个学术文化将来的大问题。在翻译方面，依着一般表面的观察，文言文较更不便于翻译，暂时搁开不说；但是目前那种语体文，不欧化的是和文言文同样杂乱无章，不杂乱无章的便趋于非常"恶性"欧化——充满着夸张的，不恰当的流行术语，而且到处误用乱用着旧有的成语，如果用这种杂乱无章或恶性的欧化的文笔，去翻译西文的著作，其结果何堪设想；诚然也有少数语体文尚能精通，但是他们即使对翻译有兴趣，最多也只能做到通而不精的欧化直译，因为他们的国文根底毕竟不深，没有力量能把西文消化成真的国文而后写出来。

译文的欧化，在国文训练缺少的条件之下，而且还往往和西文的造就成正比：愈是通西文的人，愈容易忘记许多本国原有的词语，翻译起来就愈容易入西文的圈套。这种人就是在口头表达自己思想时，也常不免为西文所困；例如本来该说"明天下雨就不走的"，给说作"我不走，如果明天下雨"；而更厉害的，是许多普通字语也被脱口说成了外国语，例如"今天早晨下了 class，我的 stick 放在 platform 上，忘了 take it back，后来去看 lost 了"。这种种情形，若不是当其事者在以洋化为荣，应当看作是"忘本"的悲剧；有心作翻译工作，而正在外国文下用苦功的，应当把这些当作一种警惕。

三、通中外文字的文法习惯之比较。这就是说，要翻译，即使本国文外国文都分别通了，如果不能使二者起相互对照辨异的作用，还是收不了好效果的。平常，国文西文程度都还过得去的，翻译西文书时还是不免欧化，这就是不能将两种文字融会贯通所致；而所谓融会贯通，就是指文法习惯各方面的"比较的"领悟及辨别，而表现于用真正国文转译原文的思想——达到初步而基本的"重新创造"。通了两种文字，而不作"比较的"贯通，是好像有一对美男美女，却不叫他们结婚。生孩子——产生译品——便不可能；如果硬作尝试，则所译的东西还只像片面梦想中的儿女，等于并不存在。翻译一事，确与结婚生育相似：外国文为父体，本国文为母体，子体的译文得外国文的精华，但必须经本国文而产生。

两种文字的文法习惯等等的比较，其事至繁，全凭有心人自己随时随地地留心。大致说来，应当特别注意的可有句构、成语、惯法，及标点四项。

句构的差异，可以"主词"和"联接词"二事作一例解。英文"句子"必有"主词"，而中文则可省可存，活动性很大——尤其"人称代名词"。例如中文一篇游记，开头可以说："某日，约二三知己，作某地之游"，也可以说："某日，余约二三知己，共作某地之游"，而很不便作"某日，余——，余等共作……"（语体情形相同）；这在英文，照最简单的文法，就一个（I）一个（we）前加（and）都绝对不能省；反过来，从英文译成中文，也就须看情形，省去若干不必译出来的"主词"。关于联接词，情形也相仿佛，如上面提起的（we）前面的（and），中文本来并无此字，如果英文译文也处处不省略这种字眼，就又不免欧化；其余如英文的（it）（where）（as），到中文里常可以不说出来，althoug… 或 …but… 和 because… 或 …therefore…，常需译成"虽然……但是……"和"因为……所以……"，却也都不是绝对一定，这完全要靠随机应变。

对成语的注意，在乎把握外国文成语的意义，和找恰当的本国现成语去对译；前者有好的外文成语字典，可以匡阅读之不逮，后者却又得靠本国文的熟谙和运用自如。例如，英文 people of all walks 不能译作"各种散步之人"，而 the apple of one's eye 则大可译作"掌上珠"

或"宠人"之类。

"惯法"与"成语"不同，"成语"重在词语本身的意义，而"惯法"乃指词语的使用场合。成语尚较被人注意，但惯法在两种文字中的区别，却很少在译文里表现过。例如 How do you do 已不译成"你怎么作工"，但 Good morning 却还是"早安"或"早上好"；就意义说，这并不错，但放到习惯上，就也不对：中国人在早晨遇见人，很少说"早安"或"早上好"，而毋宁是说"好哇"的。同样 Good night，与其译作"晚安"或"晚上睡好"，也不如译作"明天见"比较自然。又如 dear 一字，应用的场合不同极大，很少机会和中文习惯上的"亲爱（的）"有同样的含义：书信开头称呼常用 Dear sirs 或 My Dear Mr. A 一类的话，这是犹如中文的"执事诸先生台鉴"或"xx 先生大鉴"，其中绝无"亲爱"之意，完全是事务性质的习用词，而且加了 My 的，在习惯上更是疏远客气的表示；如果译成了"亲爱的……"或"我的亲爱的……"，岂不把事务信变成了情书！说话用的 dear 也看情形而有不同；夫妻亲子之间，真表示"亲爱"时，诚然当用此字（或 darling），但用中文比起来，如果直译"亲爱的"还是不合旧习。我们曾否见过未受洋化的恩爱夫妻们，开口闭口说着"亲爱的"？曾否见过父母对心爱的子女常说这句话？中国夫妻亲子之间，自有他们的习惯的——或自创的——亲爱"术语"，所以这种意义的 dear 或 darling，就应当用这种"术语"去对译。还有，在反唇相讥的时候，英文也常用 my dear 称被讥笑者，如 Quite a fuss you have made, my dear 其中的 my dear，就系异于中文的"你这家伙！"或反语的"我的先生！""我的大小姐！"等等。

标点的"适应环境"，至少也可以替很欧化的译文，减少其欧化的色彩。中文的新式标点，虽说也是外国种，却也多少有些中国的"染色体"；中文标点和西文标点最大的原则上的不同，可说是中文的句读短，西文的句读长：中文的句子中凡可顿读的地方，都可以加上逗点，而西文则逗点之用一般都较为节省；例如：

...The invention of the means of being comfortable and the pursuit of comfort as a desirable end—one of the most desirable the human beings can propose to themselves—are modern phenomenal, unparalleled in history since the time of the Romance...

A. Huxley: *Comfort*

这句话译起来，大概可以这样：

……舒适器具的发明，和以追求舒适作为可意的目标——这是人类所能自定的，一个最可意的目标了——，都是现代的气象，是罗马时代以来，历史上所未见的。

试依照原文的句读，把所拟译文中的逗点大多去掉，只剩"气象"下的一处，那将显得如何地不自然！——这还是句构上大致不需改变的，句构上必须改变时，标点的作用更大。例如：

...As you know he took office at a time of peculiar difficulty and the courage coolness and fine dignity with which he faced and liquidated the crisis which ended shortly thereafter have characterized uniformly his attitude throughout the subsequent years of his mayoralty.

...

——前沪领事长奥尔欢送吴铁城辞这一句，尤其后半句，"直译"简直不可能，试译如下：

……君等皆知，先生就职，适值艰难奇重之际；其后不久，危机即起；先生迎而解之；其坚毅，其镇定，及其刚正之神致，莫不为先生数年来留长沪市之显著风度。……

其中若干标点，虽原文所无，但译文中不可少。——这方面的例子举不胜举，要穷其实，只有随时琢磨观察而已。

四、通常识。这是说外国文中，往往有许多外国"典故"，翻译者就必须确实了解他们，然后可免笑话。这些"典故"，事实上数量不小，而有些可以说是常识，如各方面的著名人物，世界史上伟大的事迹等等；比较偏僻些的，或是自己的常识所未包括的，大概百科全书人名字典之类的书中都可以查到，千万不可胡乱猜测，随便臆断。"译坛"上这一方面的笑话，有些真是大名鼎鼎，无人不晓，如milk way（天河）译作"牛奶路"，Notre-Dame de Paris（巴黎圣母堂）译作"余之巴黎妻"等等。新近一些的，有前文已提到过的某翻译杂志，曾译一篇描写希特勒别墅的文章，中间讲到他喜欢人家奏钢琴给他听，常有人替他弹Wagner的曲子。译者不知道Wagner是德国的著名的音乐家——有译作"华格纳"的，实当作"伐格乃尔"才近德音——，而就凭臆测以为是一个曲集的名字，又记得有Wagoner一词，便将就凑合，把Wagner译成了"舆人集"。（该杂志若有错误，常在后一期公开改正，这态度是值得赞扬的。）

如果有人问，翻译果真需要这许多先决条件吗？回答绝对肯定的；如不少人所说，翻译是一种艺术，而任何艺术，都在天分之外，更需要修养。一切艺术，都没有捷径可以速成，这又是艺术和学问相同之处，所以翻译也可说是一种学问。

如果问的人"退后一步"，说现在需要的翻译，大部分仅是些极

"简单"的各种科学书籍，这种书籍既非艺术性的文字，是否也一定要具备上述各种先决条件，而后才可以从事翻译呢？回答还是肯定的；理由是：严格地根本说来，"艺术文"本来可能翻译的不多，我们所谈的翻译，本来是主要地指着一般"知识文"而论的。再就实际上说，"极简单"的文字，本来并不就是"容易"的文字，是有异于"粗浅"的文字的。在创作——对翻译而言——上，"深入浅出"必须经过"深入深出"乃可做到，并不就是"浅入浅出"；翻译虽无直接的"入"，却也有间接的"入"，而间接的"入"更不容易"出"得好，这是有经验的人所能体会而公认的。而科学书籍绝不是"浅入浅出"的著作；实际上它们还不一定能达到"深入浅出"的境地，因为有许多是说理，思想非常复杂深奥缜密，简单的文字无法把它表达出来；实用科学的文章或许不致深奥，但是周密总是科学文字的必备条件，这就足够要求文字上的修养了。

这里，就不可避免地要讨论到文体与翻译的关系了。文体可概括二事："性质"和"风格"。文章的"性质"由内容可以判别；但"风格"则全系作者个人的作风格调，一种性质的文章——尤其"艺术文"——可有多种的"风格"，而其判别也远较机妙而难以直言。翻译的理想，是要做到分别保持各原作的"风格"；而初步的成功条件，也至少要能辨别"性质"。

普通做翻译工作的人，如果不希望译世界著名的文学作品，那么除非他的翻译只限于一个外国人的一种"性质"的书籍文章，仍然应当知道用不同的文笔去译不同的作品。如果只算依着字典的汉义，不顾一切地把任何作品用同一笔调译去，或根本一无笔调地拼凑一些对照式的译文，那不能说是"翻译"，毋宁说是"汉文详注"。政治的作品里，不需要太多的"感叹词"；自然科学中的议论，放不进鼓动的口号；古雅的文章，最好用简洁的文言；现代的报道应当用自然而通俗的体裁；信札不一定是新式的白话，文告一定不是小说的口吻。至于较精微的文学作品，则更需要以严肃对严肃，以"幽默"还"幽默"，使伟大不失伟大，叫纤细保存纤细。在同一篇里，如果原文有不同性质的部分，也应当不同地对译，如"引用"摘要和文本有别，对话不能和叙述同调。再进一步，同篇同性质的部分，也常因人因事而有差异，如描写可松可紧，叙述可悲可喜，对话可雅可俗，都必须详察原文，而求译文能恰配合。——这种种，有些是"创作"里也须下大功夫的，翻译并不易于创作，于此可见。

"直译"的主张，即使不是做不到"通译"——姑以此名良好的翻译——所致，也是不很站得稳的。直译者往往以保存原作精神替自己辩护。其实原作真正"精神"，是否只需机械的文句结构就能表现，是不必多问的问题；至少我们可以说，即使在极细致的作品里，其"精神"也决不全部寄托在机械的句构上。遇到真正需要直译的部分——普通在文中占数均小——是不妨而且应当直译的；但是把它全部直译，结果使译文便成汉文详注，那就不是必需要了。而且直译如果保存了一些原作的机械的精神，这种精神也只有知道或能看到原文的人可以勉强欣赏，而译文的读者，却不应当只限于这些"少数民族"的。英汉对照以求明解的书籍，和课堂上学生回讲外国文章，是必须直译的；真讲艺术的翻译，决不那么死板。

翻译市场——另一名即"译坛"——上另一个极端，就是所谓"意译"。"意译"这个名词，姑不论其是否有语病，实在没有给人良好的印象；所谓"意译"，一般都不外两种来由，或是针对"直译"

的矫枉过正，或是不能"通译"的权作自辩。前一种的存心，大概是在求译文高度地流利或国文化，结果是常牺牲了原作的"精神"甚至意义；林语堂说林琴南"把西洋的长短小说变成《七侠五义》《阅微草堂笔记》等的化身"，张君劢批评严几道把赫胥黎的十九世纪文字"译成柳子厚《封建论》之小影"，都是对这种"意译"不满的表示。至于后一种的心理，在英文考试的时候就有表现：常有学生，见了英译汉的试题，看过一遍，皱皱眉头之后，就试探似地问道：要直译还是意译？（较不会"含蓄"的则问：意译可以吗？）听起来，他们何尝不是翻译的能手；然而这种学生的译解，却常会得到很少的分数。有人说林严二老是"胡译"，或许有些过分；但和这类学生相似的"译家"，却可当之无愧。

最后，就想得到而前面没有提到的，再赶出两个翻译上的枝节要点：

一、外国字中，有些含有多种意义，翻译时就要依着时机场合，选译恰当的对等字或词。如英文 serious 一字，意义很多，形容 situation 时是"严重"，说 manner 时是"严肃"，而若和 joking 相对便是"认真"或"正经"。好几年前，我曾看过某先生译的俄国小说《罪与罚》，那里边"严重"二字之常见而且见而不当，迄今使我不能忘去（不管他是以俄文或英法文译过来，他的"严重"大概总和英文 serious 有关）。有些字，字典上只给几个极死的汉译，真翻译起来完全不合用，那时就好得译者自己去想出恰当的译语来。如夫妻吵架，有一个 dramatic scene 那可说是"怪好看的一幕"；德法在康边森林第二次签订休战协定，也是 a dramatic scene，但是应当说成"动人"的一幕了；dramatic narration 可译作"活龙活现（或栩栩如生）的叙述"；dramatic fellow 又可以是"装腔作势的家伙"了；如果这些 dramatic 都死板地译成"戏剧的"，恐怕懂的人不多了。这方面，字典的好坏诚然是有关系，但字典总是死东西，活的人和活的文字，还是不能全盘依赖字典的，无论它好到如何程度。而且字典即使有了很自然的汉义注译，在译文中还可能不合适：那就是因为字典的注译适用于甲种文体，而不一定也适用于乙种文体。例如某女子不肯 say yes，某男子在文言文小说里译作"轻启芳唇"是很可以了，但在语体小说里就觉得有些"礼拜六派"，还不如就说"接受他的求婚"一类的话；business is business 有时是"公事公办"，有时候也会是"不能误事"，全要看上下文而定。

二、专名的汉译，要在声音上采取相当的标准。这是很大的问题，因为以拼音文字到中国方块文字的音译，根本是无法准确的。但是在无办法之中，决不能任其混乱，而找不到一些相对的办法来；目前专名音译的"自由"，决不可长此下去。相对的方法，大概可有：

甲、音译的汉字字音应以国音为标准，不能随便以译者个人的方言去任意翻译，以致所译名字，非此方音区域的人无从揣知其本。如罗马教皇有叫"爱模虞限"的，这在江浙语是和原音（Emannuel）很近，但是北方音就不对，后半的音相差太远了。法国人名中常有 de 字，往往被译成"杜"字，恐怕是无锡人开的端，照国音应当是"德"一类的声音。

乙、西文中可以在中文准确表达的音，应当力求避免错误。这拼音的错译，最明显而最应当改正的，是 n 和 l 在母音前的错混，如挪威一个重要据点 Larvik，报纸上有作"拉维克"，也有作"纳维克"，后者 l→n 为之误，而澳洲的 Sydney，则错译的"雪黎"（n→li 误）

居然还被大家所公认而无异议。这也和方音有关，因为有些地方不习于甲音，有些地方不习于乙音；但是既从事翻译，外国文中的音就必须弄准确，中国的字音也应该有些方音以外的认识。至于有些中国文中所没有的音，注译时也应当力求一致且近似；如 th 与其作"茨""资"等等，还不如作"斯""思"等等。

丙、已经习惯的译名，不可任意另翻新样。习惯的译名，大概已有相当的历史，用之既久，见之者自然知道其所指为如何；如果另起炉灶，便又会引起误会或不解。不过另起炉灶，也有原因，大概不是原译欠准，便是新译者见闻欠广。前一原因虽然有理，却违抗习惯，便也不必，如"莎士比亚"何必改作"歇客斯比阿"，"法兰西"毋需改成"弗朗斯"；后一原因和常识有关，当然是毫不可恕的。

这三种都不是很彻底的办法，最好还是要规定少数汉字，限制音译时必须使用这些汉字，庶几音译之后，本来面目至少可以保存大半，而减少任意混乱的情形。——这自然有待音韵家的斟酌和拟定，本文不多讨论了。

至于其他，如译时须以句为单位，不可按字硬译，如补译须负责任，不可粗制滥造，等等，都是老生常谈，无需多说。翻译是艺术，亦是学问；前面都已说过，所以没有捷径，没有秘诀。只有四个字可以说是翻译的捷径或秘诀，那是"随机应变"；而其本钱，则还是天分和修养。

——《学生之友》第 4 卷第 4 期（1942 年）

翻译与正名（1942）

钱歌川

　　近读宋普润大师法云所编《翻译名义集》，觉得当时他们翻译佛经，真是认真得很，不像我们现在译书这样草率，不负责任。他们所谓译即是易，谓以其所有易其所无，译出来的东西，要如翻锦绣，背面俱华。他们那种翻译的条件和方法，我认为很可以供我们现在译书的参考和效法。譬如他们认翻译有八备十条：所谓八备就是一、诚心爱法，志愿益人；二、将践胜场，先牢戒足；三、诠晓三藏，义贯两乘；四、旁涉文史，工缀典词，不过鲁拙；五、襟袍平恕，器量虚融，不好专执；六、耽于道术，淡于名利，不欲高炫；七、要识梵言，不坠彼学；八、薄阅苍雅，粗谙篆隶，不昧此文。所谓十条就是一、句韵；二、问答；三、名义；四、经论；五、歌颂；六、咒功；七、品题；八、专业；九、字部；十、字声。现在的翻译家是不是具备这些条件呢？也许一条也没有，一备也不足吧。现在译书的人，其志并不在益人，而不是为利，就是为名，中文既多不通，西文也就不好，其结果又如何能不坠彼学？

　　谁都知道翻译并不是一件容易的事，像唐人那样黾勉从事，尚且生怕译不好，还要集思广益，经许多人推敲斟酌，然后脱稿，所谓译场经馆，设官分职，有译主，有笔受者，有度语者，正云译语，亦名传语，有证梵本者，有证梵义者，有证禅义者，有润文者，有证义者，有梵呗者，有校勘者，还有监护大使。分工合作，各展所长，翻来复去，总要先达到忠实的地步，然后再来润色，成为流利的国语，以广流传。费力既多，自然成效也就特别显著，隋唐以来佛教给我国人的影响，实在太大了。小乘深入民间，不仅名山到处皆僧庙，就是城市之中，上自士大夫，下至乡愚市侩，无不受其支配，诗人老去爱谈禅，青灯黄绢，都以空门为归宿。而劝善惩恶、阴间受罪、做佛事、盂兰盆等等形式，也使得一般俗众，不敢过于为非作歹。至于大乘的成效就更大了。那种哲学，影响我们的思想至深且巨，几乎形成了我们一种坚定的人生观。中国人相信运命，爱好和平，可以说都是由佛教思想产生的。

可是这种精神文明，已不适用于二十世纪。中国人发明火药，因为怕将来荼毒生灵，所以拿去做爆竹，而外国人却马上利用去造军火，不仅自相残杀，还要拿来杀我们中国人。我们既不能闭关自守，所以也只好急起直追，去学他们的物质文明来自卫，方可生存，不受奴役。但西洋的物质文明，要怎样才可学到呢？这不是西装革履就够了的。第一得吸收他们新的学术，而吸收新的学术就得从翻译下手。

翻译既是一件至艰且巨的工作，自然不能委诸一般不学无术之徒，最好是由国家来负起这个责任，集合国内的通儒学者，也和唐人翻译佛经一样认真地来干。那么，西洋的学术才可以介绍过来，我们才可以真正得到它的用处，受到它的影响。

翻译的第一步工作，也许就是正名。名不正则言不顺，中国的文人，素来就讲究多识鸟兽草木之名，可是现在的文人，你看看他能叫得几种花鸟的名字出来？他的笔下也许常流露出萧萧的白杨，温柔的紫罗兰，杜鹃的啼血，夜莺的哀调，但白杨是怎样的树，紫罗兰是怎样的花，杜鹃有多大，夜莺是什么颜色，他恐怕一样也不知道。

我现在随便写出几个名字，问题就发生了。杜鹃到底是什么鸟，在中国的古书上它的名字极多，有所谓子规、啼规、伯劳、不如归、春去也，等等。《禽经》上说，"子规，蜀右曰杜宇"。杜宇本蜀帝名，即望帝，所以《成都记》说是"杜宇死，其魂化为鸟，名曰杜鹃，亦曰子规"。因为它是一个皇帝之魂所化，所以诗人听来，便是"杜宇声声不忍闻"。杜鹃既是蜀产，所以中国的北方就没有这种鸟。现在一般人，以及英汉词典上，都是把英文的 Cuckoo 译作杜鹃，这实在是一大错误。杜鹃在春天彻夜不停地叫，而英国的 Cuckoo 夜间并不叫，夜间叫的只有 nightingale "即夜莺"。所谓杜鹃这种鸟，根本英国就没有，英国的 Cuckoo 原是布谷，即鸣鸠、鹎鸪，与杜鹃判物二然。译者不察，随便装上一个名字，弄得牛头不对马嘴。外国有种红宝石名叫 garnet（注一），日本人把它译成"柘榴石"，取其义为石榴（注二），中国人贪便宜，只愿抄袭别人，并不管顾名思义，也跟着译成柘榴石。柘叶在四川可以养蚕，与石榴却风马牛不相及。日本人写别字可以原谅（其实日本人别字用得很多，是根本没有学会，早已成了他们的国语，不认为错的了），难道我们也要反过来跟着人家错，把柘字念成石字吗？我想这是不应该的。一部《综合英汉大辞典》，具名编辑者十二人，参订者三人，主编者两人，都是名流学者，在编辑大纲中报告工作的分担情形，尚可数得出二三十位大小人物的名字来，我就不解为什么他们都同意那种红粒的水果叫作柘榴？

布谷渡海而变成杜鹃，石榴经过日本而化为柘榴，这并不是科学的奇迹，只能说是，现代中国的翻译精神所养成。但一鸟一石的错误或者无关紧要，如果真要介绍西洋的学术，而是这样盲目地乱来，可使不得。

我不相信中国现代就没有通儒，可是他们都知道翻译之难，因而不敢妄动笔墨，于是乎这工作便落到那些无知妄人之手。由他们一阵乱译，或是臆造，或是盲从，一般读者也就不去深究，终至以讹传讹，使得中国的翻译界至今仍是一团黑暗，黎明不知要等到何时，西洋学术之输入介绍，更是渺茫得很。

但是文明的进步，学术的发展，是不会等待我们的。我们既不愿做一个落后的国家，自然非急起直追不可。翻译西洋名著，不待言是当前的急务。可是严几道一死，竟至继起无人，说来似乎令人不能相信，然而事实确是如此。以中国之大，不能说是无人，我希望那些通儒学者，暂时把名山事业放下，来做点基本工作。与其考古，还不如译今来得有用，你考出夏禹是一条虫，并无补于时艰，你如果说满蒙非中国所固有，更是上了日本人的当。

中国的文化遗产，我们用不着跟着日本人去研究，就是西洋的现代学术，也用不着要经过日本的桥梁。我认为从今以后，学术界也要积极的抗日，才能建国，出版界应一扫那些用方块字写成的日本文。中国的读书人对于那种日本的语法，已经读得够多了，日本的思想，已经灌输不少，而今而后，应当设法挽救，多多刊行道地中国文的书，尽量直接翻译西洋的名作。

如我在上面已经说过，正名第一。目下从事翻译，最感困难的，莫过于找不到适当的译名，因此译出书来，各有各的译法，不仅使读者莫衷一是，有时甚至译者自己也不放心，而要把原文同时用括弧注在下面，这种混乱的局面，实在于学术之介绍输入上大有妨碍。国内不少学贯中西的人，应该肩负起这种任务，先将既往许多被人译错的名词矫正，然后将其他至今尚无定译的名词或语法（甚至一句最普通的应酬话：good morning 都没有中文的翻译），就其原意，以最纯的中国话译出来，以便后进者有所遵循，而免翻译家的浪费精力。进而审查过去粗制滥造的译本，同时率领后昆，一丝不苟地来从事大规模的翻译。这样我相信不出十年，中国的学术界，便可受到很大的影响，而读不懂西洋原文的人，也可一窥西洋学术的秘奥了。

一种外国文字，绝不是在讲堂上几个钟头就可以学好的。大学生读到毕业仍不能彻底了解原文的书，这事无可讳言的事。他们对于本国的文字，起码学了一二十年，而现在大学生一封信都写不通的人，比比皆是。国文尚且如此，对于外国文，我们是不应该多存奢望的。他们之不能担任翻译的工作，显而易见，但他们却是最适任的读者，如能供给他们一些翻译的专门著作，使他们得依此而进修，其成就一定比他们直接去读原文书的要大得多。我差不多学了三十年的英文了，但至今仍是觉得读中文书来得方便，想诸位也有同感。

翻译不仅要外国文好，同时中文也要好，二者缺一不可。甚至一鸟一石，要翻译都不容易，你先得熟习外国的鸣禽，又要认识中国的鸟类，然后动笔时才不至把布谷译成杜鹃；你如果知道外国那种石榴宝石的语源，又知道中国石榴一名之所自，译这宝石名时，自然不会写成柘字。这虽是一字之微，却需要相当的学识，而这种学识就不是一般初出校门的人所具备的。所以这种工作，我只希望一些通儒学者，能不惮烦地来做，不要嫌它渺小，却是极其重要，事成固然本人不见得能享受赫赫的声名，但是国人却受惠不少。功德无量。

学贯中西的鸿儒们，开始审查吧，动手翻译吧，全国的学子都在等待着。

（注一）宝石名 garnet 是从拉丁 granatum 一字而来，而其义即英文的 pomegranate 正是我们所谓石榴。

（注二）石榴乃安石榴之省称，因其种来自安石国，故石字是固有名词，绝不可写作柘。

——《文学创作》第 1 卷第 1 期（1942 年）

日文中译漫谈·关于翻译（1942）

张我军

一 序言

我个人自从还在大学念书的时代，就开始从事翻译的工作，第一部译书出版，算起来已在十五年前了。以后，陆续翻译成书出版的，一共有十一部。当时我译书的目的，并不是什么文化的介绍那种伟大堂皇的，实在说，只是为卖得若干稿费充饿而已——虽然原书倒也经过一番挑选，不过这也是本乎生意经。为了这种目的，第一要选些迎合时代的内容，所以不自量力，三教九流，无所不译了。第二要快，所以文字也顾不得推敲，往往一日译到万余字。虽说是为了生活，但是这样的滥译，使我自己现在每一想到，未尝不汗流浃背，惭愧难当也！不过，说句辩护自己的话，便是以往的翻译，因疏忽或因学力不逮而致的误译自是难免，至于昧着良心的胡翻乱译却还没敢做过，这是聊足以自慰的一点小事。现在，我想凭着自己一点点经验，谈谈日文中译的问题，借与同人互相勉励，互相研究；倘因此而于翻译方面有若干贡献，也未始不是赎我个人前愆的一法。

二　翻译的理想

谈到翻译，大家都会想到"信、达、雅"三字的理想。"信"是忠实于原文，"达"是译文要达意，"雅"是译文写得流畅漂亮。这当然是翻译应该努力去做的目标，不过我以为应该变个次序作为"达、信、雅"，因为译文不达意，还说得上信吗？所以应以达为先，以信承之，以雅殿之。须知翻译的目的，是在使不谙外国文字的国人，得读非用我国文字发表的知识或感情。读者不会直接读外国文字，所以要你翻成国文，换言之，要你用我国文字将该外国文字所表现的知识或感情表现出来；如果你的国文不能传达意思，于他便等于读不谙的外国文，要你翻译干么？所以第一要达意。

但是止于达意而不忠实于原文，当然是不成的，因为读者对译文所要听的，是原著者的话，不是你的话。你有话说，你去"著"，不必"译"，要"译"就要忠实如傀儡，不然就对不起原著者而辜负了读者。

至于"雅"，我以为不在译文的漂亮不漂亮，是在能传神，详细地说，是在能表现原文中字里行间透漏出来的口气韵味。这在科学书的翻译，做得到固然再好没有，做不到，也没多大关系；可是在文学作品，却是极关重要，非努力做到不可的。

三　翻译家的条件

为做到上述的理想，翻译必须具有什么条件呢？

第一，必须有一颗良心。有了良心才不至于胡翻乱译，理由很明白，毋庸多说。

第二，自己的国文，必须有表现达意的能力。诚然这能力也有个高低，但最低限度，须是自己想说什么，大体上能写得叫人明白你所想说的意思。倘若自己想说的话，都无法表现得叫人明白（完全的表现完全的了解，事实上固极不易，所以这里只求寻常一般的可能范围而已），怎能替人家（原著者）表现呢？

第三，对原文须有充分的了解，不但一词一句的意思要明白，对原著者用词运句的用意所在也应该明白。因为既然要用国文表现原著的话，他的话你自然先要明白的，这理由也很明白，不必废话。

第四，要有专门的学识。例如学法律的译法律书，学文学的译文学是正途。假若没有法律学识的人去译法律书，或没有弄过文学的人去译文学，当然没有做得好的道理。

第五，要有技术。初次翻译的人，往往要碰到一种困难，就是原词原句的意思是明白了，可想不出国语该怎么说才恰到好处，等到人家说出，却又是自己习用的词句。这都是因为经验少，技术没有到家的缘故。翻译如果说是可以学的话，便只有这一项而已，其余四项，都须待以往素日的修养。

四 翻译技术的修练

别的先不说，现在单就日文中译谈一谈。我自己的翻译技术，离开"到家"还不止十万八千里，所以绝不敢说要在这里开讲。不过依我十几年来的经验，总觉得这技术是有的，而且和别的技术一样，努力修练下去，也可以进步的。

技术的修练，最忌的是偷懒，例如不十分了解的词句不肯查字典或请教他人。又如某一词或一句，虽自觉不甚适妥却又懒得苦想。这一类的毛病，在翻译日文为中文的人最易犯，因为日文中用着许多汉字；这是一件极危险的事（曾见本市某报记事中有"花形飞机"字样，便是一例）。应该努力寻找适当妥贴的词句，然后下笔；实在没有适当词句可用，固无妨自造新词或新的句法，但这也必须合理，合乎国语的性格，不得胡诌。

技术的修练，最要勤为习作，多取名译对读，如周作人先生的译品是极好的模范，详为对照原文细读，于自己的翻译技术上定有补益。

五　翻译界的现状

这也止于日文中译，并且单就文学作品方面谈一谈。因为前面谈到多取名译对读，所以使我想到这个问题。现在我手上有十部左右的翻译的日本现代文学作品集。因为学生问我，谁的翻译最靠得住，不得已有时就抽空拿原文对一对看，结果是除了周先生的译集以外，一部也还没敢向学生推荐。一部也还没敢推荐，并不是说一部也推荐不得，因为我只对了若干部中的若干篇而已。不过据我对读过的看来，有简直是胡说八道的译品，居然由全国最大的某书店出版（不说译者姓名，不破口骂他几句，盖为积些阴德也）；最好的，也不过是做到九成达八成信七成雅而已。这几成几成是大概的数字，我的意思是说这些译品，和我们的理想还有相当的距离。

【……】

——《中国留日同学会季刊》第 1 期（1942 年）

译诗的事（1942）

胡明树

一

写诗易，写好诗难。——这是大家都知道。而"改诗"尤难，甚至有人认为诗根本不能改。——这里的所谓"改诗"，是指改人家的诗，等于先生改学生的作文那样的意思，并不是说写诗的人不能改自己的诗作。——假若连自己的诗也不能改，还能称为诗人么？

也许有人以为：一个爱诗或爱写诗的国文先生一定喜欢学生写诗的吧？那并不确。当我教中学的国文时，就最怕学生写诗。出作文题目时也声明不准他们写诗（但他们偏要写）。为什么我怕呢？原因就是怕"改诗"。

"改诗"既如是之难，而"译诗"犹更难，现在我不想来谈写诗的难，也不想来谈"改诗"的难，而单想来谈"译诗"的难。

自己是很缺乏译诗的经验的，还是拿人家的译诗来学习吧！

二

现在先拿玛雅可夫斯基《我们的行进》一短诗为例来研究。遗憾得很，我们不懂原文，不能直接来讨论，只得找几种译文来对照了。这首诗 L. 和郭沫若合译的《新□□诗选》里及石民在《现代文学》第四期里所译皆译为《我们的进行曲》，而 Hohlev 的世界语译则为《我们的行进》。这没有什么差异，因为译作什么曲什么曲是我国的习惯，例如 *La Marsellaise* 我们普通都译为《马赛曲》——"曲"字是加上的。

L. 和郭译的第一句为"争斗的兽街上有反叛的进军！"

石译的则为"胡乱的粗野的街道有叛徒横行！"互有出入，我以为"反叛的进军"较"叛徒横行"为好，因前者带有革命的意义，而后者则令人有一种匪徒行为的感觉。至于世译不同之处则更多。

世译的为"反叛的杂塌之音雷似地响着透过了广场！"（Tondrutra placoj ribela bruo！）

L. 郭译的第三、四句"我们要激起第二次的洪水

来洗净一切行星的各座荒城。"

石译："我们要以第二次洪水之波涛

来冲洗全宇宙一切城市。"

世译：则与后者略近，然世译则为"洪水的汜滥。"

L. 郭译的第七、八句"我们的偶像是迅速

我们的心脏是大鼓。"

石译："我们的神是急速

我们的心儿便是战鼓。"

世译：心脏——我们的大鼓！

迅速——我们的灼热！（Kuro — Jen nia arbo！）

前二者与后者的第八句简直是不同。ardo 本为灼热、炽热之意，不知是否尚有"偶像"或"神"的意思，不能查较详的字典，故还不敢断定□□译者译得不正确。记得日人上田进曾在某篇文章中提到这首诗，也是译为"神"的，则与 L. 郭及石译相同。

L. 郭译的第十一、二句"我们以歌曲的武器唱着回去

大块的黄金——我们如雷的声音。"

石译："我们的歌声可以吓□他们，

结实的真金呵——我们如霹雳的声音！"

世译："我们的歌曲——我们的武器。

我们的黄金——响亮的声音。"（nia oro — sonoraj vocoj）

L. 郭译的第十一句与石译的简直是相反，而与世译的则相近。

L. 郭译的第十九、二十句"咳，北斗七星

要抓起我们到天上□□活。"

石译："吓，伟大的施洗礼者，

且教我们活泼泼的升上天去！"

世译与 L. 郭译较为相近，"吓，大熊星，要抓我们进天上！"（Hej, Granda Ursino, Postlu, Keeni cielnnin Prenn！）而与石译的"伟大的施洗礼者"则完全不同。

L. 郭译是根据 B. D. 的英译重译的，石译则不知是根据原文还是英译，石是英文专家，想也是根据英译的，但英译也恐怕不止一种。

这首诗共有二十四句，既是那么短，但译文互异的尚有多处，也不想——来比对了。郭沫若及石民先生均为翻译名家，我不敢说他们

译得不忠实或不正确，我是想拿这来说明译诗有许多困难，首先第一，不能由原文翻译而必需由别种文字重译就是一种困难，因为假若原译者错了我们就会跟着错。

第二，因为"诗贵含蓄"，作者表现一事物时往往用象征、比喻、意象，或者故意使其朦胧，译者只有去"意会"它，而他所意会的又未必与原意相符，而译了出来也各异。

第三，翻译本有直译和意译两种。直译虽信而难顺，到十分不顺时就变成了硬译。所以好些人都采取了意译这一种，似意译又往往灭杀了许多原作的风味。

三

据我所知道，玛雅可夫斯基的诗和《我们的进行曲》相类的还有《左翼进行曲》，但却不知他是否还有一篇《我们的马赛曲》，因为陆立之在《现代文学》发表过一篇文章《玛雅可夫斯基》中曾提到这样的一首诗，并且译出了第一节。现抄在下面：——

> 空坪扰乱的足音在响！
>
> 一层层昂举的头颅在望！
>
> 我们注入二重足音
>
> 征服世上一切的城港。

参考了好些文章，并没说及有这样的一首诗，于是我疑心这就是《我们的进行曲》，也许陆立之把"march"（行进，进军）译作了"马赛"的吧？我并不是疑心他有误译之处，而是觉得这四句诗与《我们的进行曲》的开首四句太相像了，若果把"二重"改为"二次"，"足音"改为"洪水","征服"改为"冲洗"。则简直就是《我们的进行曲》的开首的一节，难道玛雅可夫斯基把自己既写过的某首诗的诗句又搬到别一首诗去得么？玛氏竟是那样"乏"的么？

我不敢决断地说"有这诗"或"没有这诗"，或"某人误译了"。因为事情太凑巧而且值得寻味。就不怕人家说我浅薄在这里提出来以供研究玛氏的诗的人参考。

四

玛雅可夫斯基的《裤子中的云》虽是百多行的诗，但至今还没有全译出来的，但东引一句西引一句的我们则时常见之。

陆立之的文章中也引了几十行，其中有两句是：

在我的理想中没有一茎白发

在混和的老人中也没有它！

而沈译《伟大的十年间文学》中所引的则与陆译有不同之处：

我心里没有一根白发，

我心里也没有老年人的仁慈！

后句的意思不特不同而且相反，至于谁对谁不对，我们也无法在此下断语，因为我们既不懂原文，又找不到更多的例子来作说明，也不过抄出来给大家研究之意而已。

五

其次，我还想拿裴多菲的诗作例。

"生命诚宝贵，爱情价更高！若为自由故，两者皆可抛！"这是裴多菲的知名的诗句，曾经白莽译出，茅盾在《六个欧洲文学家》一书中也曾介绍了出来。

> 我一生最宝贵：恋爱与自由，
>
> 为了恋爱的缘故，生命可以舍去，
>
> 但为了自由的缘故，
>
> 我将欢欢喜喜的把恋爱舍去。

不用说，前者是属于意译的，后者则属于直译的了。那样的意译是既雅、达而又信，是很难得的译笔。至于直译方面，也颇顺且能将原作风味表达的了。两种译文提了出来，只由读者去自由选择和爱好了。

<h1 style="text-align:center">六</h1>

鲁迅在《野草》中也曾介绍了引用了这位诗人的《希望》：

> 希望是什么？是娼妓；
>
> 她对谁都蛊惑，将一切都献给；
>
> 待你牺牲了极多的宝贝——
>
> 你的青春——她就弃掉你。

覃（子豪）译《裴多菲诗》里也有这一首：

> 希望是什么东西啊？
>
> 实在是像一个女郎一样，
>
> 任何人她都诱惑，
>
> 浪废了我宝贵的青春，

然后把我舍弃!

一个译作"娼妓",一个译作"女郎"。"娼妓"和普通的"女郎"是有别。我以为前者比较译得正确:因为必须是"娼妓"才会"待你牺牲了宝贵的青春"之后,"她就弃掉你的";至于普通的"女郎"则未必那样,大概能够"百年偕老"的多。

假若根据的译本不同,则各人所译当然也不同。——然原作则一,经了几番转折之后就生出了差异来。

鲁译大约是根据德译的,因为记得他曾说过他在东京的时候,曾托丸善书店买来了裴多菲的德译诗集。日译者据说是一位匈牙利人,不用说,他对其本国文字的匈牙利文及对其本国诗人的裴多菲的了解,我们是用不着怀疑的了,但是他于日本的了解上,却还存有百分之几的怀疑:普通的欧洲人非有一二十年的工夫是不易学得很好的日文的。

七

裴多菲还有一首诗说他忧心会像虫蛀的那般堆积在卧榻上,他讨厌这样的死,但他愿意在战地里流尽他的鲜血!茅盾曾将全文介绍了出来,但没有写出诗的题目。李微曾在《文学》上介绍过这诗,记得似是译作《我怕》。覃子豪则译为《我愿意死在沙场上》——这不是照原题译而是按其全诗的内容而改题的。记得自己也译过这首诗,那是"八一三"战争爆发不久,征军,戴何勿编《高射炮》时约我译的,记得我是译作《我的忧虑》。

李、覃、我都是根据日译的,但单就题目来说就有三个不同的译法，可见内容也有各异之处了。

由此又可以证明：几种译文的意思虽相同而译法不同（表现的字句不同）是不属于"信"的问题，而属于"达"的问题：因为某人以为这样译可以较"达"，某人又以为那样译可以更"达"。

又因此可以证明：一种名作不妨有多几种的译文，于是读者就可以比对来读又综合来读，那么原作的真正风味就不难接受到了。

八

译诗的虽是不用说的了，每当拿人家的译品来对读了之后，往往就有些胆怯起来。怕自己不能完全接受原作的本意而偶然译了出来，因此有了不正确的毛病而骗了人，而于良心难过。况且外国文修养不够，正所谓"半桶水"的我们，有时也往往偶然译一些诗，但怎敢担保自己的所译是百分之百或百分之九九的"正确"呢？

但自己又想，外国文修养深通的人多数无暇或不屑干这没出息的工作，因为深通外国文的人多数是做"大事业"做"大官"的人。于是这项工作又不得不落到"半桶水"之类的人们身上。但是，怎么办呢？

我们既然卸不下我们的任务，有材料有时间我们是一定要干这一工作的。假若我们已经尽了最大的努力去研究、参考、查阅，而译出了我们要译的东西，也算完成了我们的责任，尽了我们的心而于心无愧了。但若还有不"达"或不"确"之处，自然也只好等待人家的指摘改正了。

译文中有不达或偶然不确之处只是因为我们的工具不好而不是我

们努力的方向错误，况且工具不好还会达到比较好的程度。

我在上面引了许多例子证明译诗工作的难，目的不是挖人家错处或要"取消"译诗的工作，而是要说明因为译诗工作的难而必须加强这项工作的努力，而值得严肃地有计划地干，利用多数人的力量有组织地干，甚至不怕重复地干！

而且，必须形成一种译诗工作的重工业运动！使成为"诗歌工作的重工业运动"的一部门□建设！使世界名诗人都有一册以上的中译出现于中国读者之前！

——《诗创作》第 8 期（1942 年）

谈郑译《瞬息京华》（1942）

林语堂

这篇似乎为《瞬息京华》而谈现代文体，却实为现代文体而谈《瞬息京华》的郑译本。书名《京华烟云》尚不失原意，郑陀、应之杰合译。二位都不认识。前郑译《吾国与吾民》，文笔尚雅洁，无通行现代文毛病。《京华烟云》却不然，瑕瑜共见；几段译笔，可以对付，几段便使作者头痛了，夫译事难，译《瞬息京华》尤难。何以故？小说中人物，系中国人物，闺淑丫头，系中国闺淑丫头，其人物口吻，自当是中国人之口吻。西洋小说译本所见估倔聱牙之怪洋活，不宜再是于此书之中译。作者编是书时，写会话必先形容白话口吻而后写成英文，译者读了英文，复意会其中国原文，难免不尽符合。例如迪人受银屏错怪，喊"那真冤枉"，冤枉本不易译，勉强译为英文之 unjust，今辗转而成郑译之"这真不公道极了"。二语之间，相差无几，而口吻已全失。故此书非由作者于难译处，细注原文供译者参考，必有乖谬未当之处，所以特请达夫译中文。一则本人忙于英文创作，无暇于此，又京话未敢自信；二则达夫英文精，中文熟，老于此道；三则达夫文字无现行假摩登之欧化句子，免我读时头痛；四则我曾把原书签注三千余条寄交达夫参考。如此办法，当然可望有一完善译本问世。今达夫不知是病是慵，是诗魔，是酒癖，音信杳然，海天隔绝，徒劳翘望而已。

本文非为纠正错误而作。一部几十万字的译作，发见错误不难，且翻译错误，在我久已司空见惯，中文译著无误者本来寥寥无几。天下间批评容易作事难，且郑译也有几段可令作者满意，内如清廷捕牛似道诏，红玉遗书，及阿非祭四妹文，并非肚里全未吃过墨水者之作。书中人名地名误译也不少。如孙亚作新亚，牛似道作牛思道，静宜园中之漪澜轩作环水台，思过斋作自省室，蜃楼作迷魂塔，暗香斋作澹芳斋都不甚雅，但也不足怪。大体上，此书译笔，以现行译品水准衡量之，还不能算是最坏，其中佶倔聱牙的句子，恐怕读者看惯了，还以为现代文本来应该这样写法。

我之所以秉笔直书为此文者，正为此点——即所谓佶倔聱牙的字句，是本来应该，或是译者文笔未臻纯熟，文辞未能达意所致。此问题系将来中国普通文字问题，而非仅关郑译应译某书问题。私意对此，早有一肚子话要说，不过借此发泄罢了。原来不中不西非牛非马的句子，初见于未成熟者的译作，读者因其为翻译，以为没有办法，虽然满腹不快，也不敢深罪。后来一些人直译及欧化文法之说盛行，青年争相仿效，而不中不西之文遂见于中文创作，卒使一般创作字句之累赘冗长拖泥带水程度，亦与最不达意之译品相等，作者且文其过而饰其非，谓不如此，不科学，不严密，不合文法也。在此风既成之后，青年遂以为文字无简炼之必要，且愈累赘冗长，愈拖泥带水，愈有洋味。于是十年前不敢发刊的字句，今日竟敢公然刊行，十年前教师所认为不通亟应修改之句，今日教师虽欲修改，亦不敢修改。夫新名词，非不可用，新句法亦非不可用。有助达意传神，斯用之，有关思想缜密论证谨严，亦宜用之。但无论中西，行文贵用字恰当。用字得当，多寡不拘，用字不当，虽句法冗长，仍不达意，不得以摩登文体为护身符，而误以繁难为谨严，以啰唆为欧化也。总之，欧化之是非姑勿论，用字须恰当，文辞须达意，为古今中外行文不易之原则。我认为句法冗长者，非作者愿意冗长，乃文笔未熟，未得恰当文语以达其意而已。

本书译者，在此风气之下，也喜搬弄此种玄虚。请举数例。在此数例，都可证明，冗长即用字不当或功夫未到之结果。

八二页：曼妮对木兰说，"这些事情都是前定的……好像你和我会面，假使你不失散，我怎样会和你会面呢？有一种不可见的力量控制我们的生命……"曼妮系前清山东乡下塾师的姑娘，何能说这句洋话？读者或以为译文应该如此冗长，或以为中文没法表示此句。"不可见的力量"者何，神明也，作者原意"冥中有主"四字而已，在英文不得不译为 There are unseen forces governing our lives，正中文"冥中有主"也。故曰冗长即文笔未熟所致，未得恰当词语以表其意，与"文法谨严"无关。再看首句"前定"二字完全达意。何以故？因译者用字恰当，故无需累赘。"失散""会面"二语亦不当，应作"走失""相会"，"你不走失，我们怎能相会呢？"上"假使"二字可省。

四九九页：丁妈"帮着支配菜单"，实"助理点菜"也。

五四一页："澹芳俯倒了脖子"，实怕羞低头不语也。"俯倒脖子"不知是何种白话？"俯脖子"不成话，"俯倒脖子"更不成语，"俯倒了脖子"简直是一故意噜苏的鬼话。原文 bent her head 三字，应作"低头"。

五四四页：木兰说："季先生，我老早想和你会面，盼望了好久了。"实"久仰"两字也。最多是"久仰大名"。原文只有 I have so long wanted to meet you，Mr. Chi 数字。

三〇二页：迪人初回国见银屏，一进门便亲吻，银屏故意推却，说"别性急"。英文作 Slowly，slowly，now。译者竟直作"慢！慢！现在。"

五七三页：钱玄同骂古文家为"罪恶的种子""文学界的私生子"，实指"桐城谬种""选学妖孽"。论达意传神，"罪恶的种子"自然不及"谬种"，冗长诚一无是处。

二一九页：木兰将要分开两腿投石，"做出那不合妇女典型的姿态"实指不合闺淑体统。典型二字滥用。

二七八页：珊姐说"让我们折一枝桂花来行一下酒令"，可以"折桂传杯"四字代之。

三一二页：迪人向锦儿求欢，锦儿道"你是主子，应当使出自己的尊严来"。不达意。应作"你是主子，应有主子的身份。"

一八二页：平亚将死，曼妮伏在平亚身上"吸出一块黏膜"，何不说"吸出一块痰"？

三九二页：有这么一句，"那当家师太相信她是另一个犯了过失而发愤出家的年青美丽姑娘"，应作"另一个失身匪人、削发为尼的姑娘"。

四二五页："人们总是从单纯粗俗的脾气升进至有教养典型的多，从有教养回到粗俗的少。"不得要领。应作"大凡世人多由野人之俗，转入雅人之俗，唯有少数能由雅人之俗，再转入俗人之野"。原讯牛似道以"国章""国栋"命儿孙名，乃雅人之俗，与苏东坡子名"过"，袁枚子名"迟"相衬。

四七六页：曼妮母亲居首座依序齿惯例，译者作"但是她到底受了尊老习惯的支配。怀玉妻子年纪简直要比她轻上一代呢"（少一辈也）。

所举各例，似通而实不通。然今日所见文字，通与不通程度与此相埒者，比比皆是。甚至中学生作文，除此类文体而外，几乎无所适从了。

白话文学提倡以来，新思想输入如洪涛怒潮，学者急求新知，而思想文字愈趋洋化，本极自然。但是因此纯粹白话为何物，遂不为人所注意，白话乃极不白，去浅白清白之义甚远。文言虚饰萎弱之病，白话作家有过之无不及。欲救此弊，必使文复归雅驯。而欲求雅驯，必须由文人对于道地京话作一番研究，不得鄙白话之白而远之。鄙白话之白，简直不必有文学革命。且鄙白话之白，易之以文言可，代之以洋语不可。"痰"不必作"黏膜"，"点菜"亦不必作"支配菜单"也。"天意"亦不必作"上天的意志"，文句加长，而词义未必精严。

在论文中，有时多加新名词无妨，在小说人物口中，便须用纯粹白话写出。然白话中极寻常一个"依"字，现代作家就少能用，必用"答允"二字。书中五〇四页莺莺与环玉讲条件，问他肯依不肯依，译者作"肯做不肯做？"便是下乘北京话。后来环玉驳她"你管钱就是要管我"，译者竟作"控制我"。如此白话怎么行？环生问她何以必定要求这一点，莺莺答："这样能增进我的幸福"（叫我快活），天津妓女决无此口吻。我不自译此书则已，自译此书，必先把《红楼梦》一书精读三遍，揣摩其白话文法，然后着手。

此书译本描绘口吻，可谓多半失败，且常夹杂上海话。

三一页："'妈妈，'珊姐劝着道，'甚么事情都是上面注定的；没有人可以确定他们的前途是祸是福。你还是莫要这样伤心，致妨碍身体。要赶的路程有长长一段呢，许多人的生命都还依靠着你。假使你身体健康，吾们子女辈的肩头负担减轻不少。吾们现在还确不定到底木兰可真失踪了没有；吾们还要想法去搜寻她呢……'"

据鄙见当译如下："妈"，珊姐劝道，"凡事都由天定，是吉是凶，谁也保不定。请妈快别这样，保重些好，前途要赶的路还远着呢。这一家大小都靠你一人。你母亲身体平安，也减少我们做儿女的罪戾。况且现在还不准知木兰可真失踪没有，还正在想法去找呢……"搜寻女儿，搜字极不当，"搜寻她"更不成话。

二一六页：莫愁论乾隆书法，（乾隆）又是提倡文学艺术的人（应作"又是右文之主"）……他的字……柔软和圆润的轮廓里含蓄力量，（应作"外柔内刚"）。

二二七页：银屏说："讲智慧，人比狗高，讲忠实，那是狗比人高了。（讲聪明，狗不如人，讲忠心，人不如狗。）……假使我等得变成黄面的老婢女（黄脸老婆），再不嫁，人家要问我，'你期待（等）谁呢？'这叫我如何回答？"

在文字上，以"期待"代"等"，最多是故意通俗的小疵，在丫头口吻中，便万万犯不着。

此外，此书亦有草率嫌疑。所引古诗较僻者难检，本不足怪。但陶渊明"衣沾不足惜，但使愿无违"何以变成"但愿适心意，湿衣何足数"？（五二六页）郑板桥"聪明难……由聪明转入糊涂更难"，何以变成"贤明难，由贤明而后变为鲁钝更难"（四八二页）？又五八八页洪昇著四婵娟，何以变成"洪深"著"四美人"？

三二〇页：陈琳檄愈头风，何以改为"把他自己的头痛治好了"？

三七七页：木兰引《红楼梦》宝钗咏螃蟹诗：

> 眼前道路无经纬

> 皮里春秋空黑黄

既然已说明《红楼》出处，何难检出？

再五九七页：木兰问宝芬识字否，宝芬答以"粗识之无"，译者竟作"我光识'戚'和'吴'这些字。木兰知道这是她客气话，如果她能说，我光识'戚'和'吴'这些字，她当然识得许多字。""粗识之无"这通常俗话，岂真难于意会出来？

三十年元旦于罗山矶

——《宇宙风》第 113 期（1942 年）

谈翻译（1943）

洪芸苏

　　日本名记者杉村楚人冠氏是个有名的翻译不可能论者，他有两句脍炙人口的话说："做翻译的人，不是不懂外国语的人，就是不懂日本语的人"。他常说，某一国的某一个字，都有它的历史的传统跟随着，有种种的意义，种种的语感含在其中，所以不但不能用别的国语来翻译，并且不能用同一国语的另一个字去代替。譬如"妇人""女子""妇女""女性""女人"这几个字，都各含有各的意义和语感，虽说是同义语，其实有些地方不能互相通用；同一国语，尚且如此，另一国语，更办不到了。

　　楚人冠氏这一篇议论，我很表同感。譬如我们欣赏芭蕉翁的俳句："古池セ蛙飛び込む水の音"，觉得这几句小诗只有读日文的原文，才能尝出它的妙味来，如只读了中译的"古池啊！蛙跳下去的水声"，或英译的"The ancient pond! A frog plunged splash!"（据宫森麻太郎所著的 *An Anthology of Haiku, Ancient and Modern*）总觉得如嚼糟糠，终乏味道，意思虽然达出，而神韵却已失掉了。我前年受了书道联盟的川崎克氏的招待，在他的乡里伊贺上野住了一晚上。伊贺上野是芭蕉翁的故乡，因此我就乘机去寻访芭蕉翁的遗迹，到过了他的五庵之一的蓑虫庵，留连半日。蓑虫庵这草庵，是盖在一个潇洒朴雅的日本庭园当中，庵旁有个小池，古色苍然，四周则树影阴森，青苔长遍，到了此地，虽然没有亲耳听到蛙跳下去的水声，却自以为很能够领悟芭蕉翁那首小诗的意境了。

由此看来，语言的妙味，背景是很重要的。楚人冠氏的某一国的某一个字，绝不能用背景不同的另一国的某一个字翻译出来的这种主张，实在很有道理。不过话虽如此，这种主张，却也不能视为绝对真理。因为如果把他的意思推广下去，则我们还可以说，就是同一个字，由两个人看来，也是不一样的。譬如对于日常所常用的"家"这个字的意义，一个五世同堂的小孩所了解的，和一个单独过日的小夫妻所生的小孩所了解的，绝对不能一样。极端说下去，那岂不就要成了只有自己才能了解自己的语言了吗？古语说："人心不同，有如其面"，这是一句否定绝对一致的名言。不过绝对一致虽不能有，相对一致却是可能的。譬如面孔的特征，虽各人各样，可是鼻是直的，嘴是横的，耳目成对，口鼻孤单这些大地方，总是相同的。翻译之所以可能，就在乎此。

翻译不但被很多人认为可能，而且被很多人认为必要。哲人谒马逊（R. W. Emerson）在他的一篇题名"书籍"的小论文中说过："收在《波恩丛书》（Bohn's Library）中的，可尊贵的，时时见到的，秀逸的翻译，对于文学所完遂的工作，恰和火车对于内地交通所完遂的工作一样。我对于依靠翻译书去读所有的书——所有一切的好书这桩事，一点也不踌躇。因为无论甚么样的书籍，它最好的地方，实实在在都可以翻译出来。——这就是说，最好的地方，是真的内观透察。换句话说，是立在广泛的人情上的，我们的《圣经》以及其他含有高洁的道德观念的书籍，连原文中的音韵以至调律，我认为都能够很容易地用同音调的句子翻译出来，而且也非这样翻译出来不可。意大利人用过一句俏皮话去嘲弄翻译者说：'翻译者就是叛逆者'（Traduttore traditore），但是我却对于翻译者表示感谢。只要能够得到好的翻译书，无论是拉丁书，无论是德国书，无论是意国书，有时甚至于法国书，我都很少去读它的原文。我很喜欢我能够蒙受那可以说是大城市语的英语的恩惠。英语犹如那从各地方流来的百川所朝归的大海一个样。某一本书已经被翻成母国语了，却硬要找原文去读它，这就如同要到波士顿去，却去游渡察尔士河一个样了。"

诗人歌德（J. W. Goethe）也是个很尊重翻译家的一个人，他在一八二七年七月二十日写给卡莱尔（Thomas Carlyle）一封极其诚恳的信，内中有几句关于翻译的话说："凡是从事于翻译的人，我们要拿他看作是这种普遍的精神上的交易的媒介者，他是辛辛苦苦以助长相互的交换为职业的人。无论怎样说翻译不完全，翻译在一般的世俗的活动之中，还是最重要而且最有价值的生业之一种，却是不变的事实。《可兰经》说：'上帝用独自的语言赐给各民族以预言者'，所以各翻译者就是对于各民族的预言者。路德的翻译《圣经》，虽到了今日，还有批评家不断地加以限制，加以非难，可是他仍旧产生出最大的影响来。'圣书协会'的广大的活动的一切，问其究竟，岂不是要用各民族独自的语言，对各民族去广布福音吗？"我们读了前贤的这些议论，对于辛辛苦苦去从事翻译的人，觉得更须深一层地掬出感谢的赤诚来。因为他们是强不能使为能的精神上的交易的媒介者，是费力不讨好的广布福音的使徒。所以我们对于他们翻译出来的东西，只要大致不差，能够使不懂原文的人，得借此以扩大他的精神上的地盘，也就可以感到满足，不应该再在细处去吹毛求疵，才合道理，可是世人每不如此，未免有失厚道了。

拿个最近的例来说吧，譬如登在天津《庸报》的尤炳圻君所翻译的夏目漱石氏的《我是猫》的全译，在我看来，夏目氏的作品，能够翻译到这个地步，也算难得了，却还有人对他胡挑毛病，实在使人感到不舒服。尤君的翻译，固然免不了翻译者所常有的千虑一失的地方，可是指摘他的浅人，更多隔靴搔痒之处。本来《我是猫》这作品，就是一部很难翻译的小说，虽老大家如知堂老人，也还叹为"全译不易，似可注释抽译"。如此的书，译出来而有许多可商量的地方，正是应该。

拿全书的开头第一句——也就是被采用为书名的一句话"我辈は猫であろ"作个例吧，这一句话的适当的译语，就找不到。知堂老人说："《我是猫》这个书名，从汉文上说，只有这一个译法，英文也是译为 I am a Cat，所以不能算不对，然而与原文比较，总觉得很有点失掉了神采了。原名云，Wagahai wa neko dearu。第一，Wagahai 这字写作'我辈'，本意是说我们，与汉字原义相同，但是用作单数代名词时，则意仍云'我'，而似稍有尊大的口气，在中国无相似的例。又 dearu 在语法上本为 da 之敬语，在文章上却是别有一番因缘的。明治时代新文学发达，口语文渐渐成立，当时有 da 式、de su 式、dearimasu 式、dearu 式诸种写法，尝试的结果，留下两个，即二叶亭的 da 与红叶山人的 dearu 式，二者之差别似乎只在文气的粗细上，用者各有所宜，读者或亦各有所好也。夏目之猫如云 Orewa neko ja，则近于车夫家的阿黑，如云 Watashiwa neko de gozaima su，则似二絃师家的三毛子，今独云云，即此一语，已显然露出教师苦沙弥家无名猫公的神气，可谓甚妙，然而用别国言语无论英文汉文，均不能传达出此种微妙的口气。"

知堂老人的这一番解释，可谓精辟之至。不过据我的愚见，"我辈は猫であろ"这句话，直译虽是"我是猫"，意译却似乎以尤君所译的"我是一只猫"，较为传神。因为在中国话中，有了"一只"的字眼在里面，好像是较比可以把"我辈"这两个字的"稍有尊大的口气"，间接地传达出来。何以见得呢？因为我常听见世人说："我是一个男子汉"，又曾经看见过押往天桥吃黑枣的英雄们在敞车上喊道："再过二十年，又是一条好汉。"在这种地方所用的"一个""一条"，正和尤君所添的"一只"一样，均是"稍有尊大的口气"的表现。尤君的这个译法，正是我所佩服的地方，却料想不到有人指摘他说："苦心研究，屡次修改之后，却只添了一个'一只'的多余而无味的花样，看来尤氏的研究和修改，也是暧昧得很的。"我以为说出这几句话，正显出指摘他的人的浅薄来。

后藤末雄博士翻译了法国人的白晋（Joachim Bouvet）所著的《康熙帝传》之后，在序文中写出他对于翻译的意见说："抑所谓翻译者，不单是把外国语移改为本国语而已。应该把外国人的看法或思想表现法，移改为日本人的看法或思想表现法。要之，是要把外国文移改为正确的日本文。在原文之中，有著者的表情，有著者的口吻，说一句话，便有感情的流露。原文的有趣处——也就是原文的真价的一部分，往往在于这点。所以本人相信，如果不连感情的阴翳也翻译出来，就不能说是真正的翻译。看到近来的译本，我所最感到遗憾的，就是这种'言外的意味'没有被翻译出来这一点。"尤君在"我是猫"的"猫"字上，添入了"一只"的字眼，据我看来，绝不能说是"多余而无味的花样"，乃是他要把那后藤氏所说的"感情的阴翳"或"言外的意味"传达出来的一番苦心。

上期的本刊登有张我军君讲解的夏目漱石氏的《梦》，内中有与此同语型的一句"左右は青田である"，张君把它译为"左右两旁是青翠的水田"，他在译文的后面自拉自唱地说："只译'左右是青田'，固然也可以，不过总觉得不太满足，所以添了不少的字，这是不得已的。"张君的这种用意，和尤君一样，只可与知者道，不足为笨人言，这种苦心的所在，常弄翻译的人，自然能体会到的。总而言之，翻译这件事，原是强不能使其能的，费力不讨好的工作，无论是谁去干，都有可以挑剔的地方，如果扳起脸孔论起真来，那只有不去翻译这条路可走了。

关于翻译的体验，名翻译家户川秋骨氏讲得最妙。他在一篇名叫"翻译难"的小品文中，说过这样的话："散文也还马马虎虎，至于韵文的翻译，那是不可能的。只有像那关于科学的东西，不能不说它的翻译是可能的。不过话虽如此，就连关于科学的东西，也并非没有不可能的地方。科学所称呼的原素和药品的名称，怎么个样子呢？在今日的报纸上占了好大一片的外国名的药品，用的还都是地道的外国语。"他又说："是去年的秋天，在某地方见着了冈仓由三郎先生。那时候不知道讲起什么话来，先生就由翻译的事讲下去了。他说：'翻译毕竟是创作，结局是变成了译者自己的东西的。'我完全表示同感。由我看来，这岂不就成了翻译不可能论了吗？这虽是我平素的看法，那时候我就把我平素所抱的见解这样说了。翻译这个东西，外国语的知识不可太多，当然是不能不有个差不离的程度的，不过稍微多些，反而不妙。因为外国语的知识多了，就要发生阻挠，使我们做不了翻译了，我这样一说，逗得先生苦笑半天。我觉得这并不是瞎话。……因为语学力如果多了起来，就要考虑到文字和章句的细处去了，结局要弄到做不了翻译。所以我以为要是来个大概，则翻译也就可能了。"据日本翻译界的这两位大家所说的看来，"翻译毕竟就是创作"，翻译只能"来个大概"，懂得这个窍妙，我们就可以不致无理取闹地去对翻译者求全责备了。我说这话，并不是轻视翻译，以为它是可以马虎从事的。我觉得因为翻译不能完全把原作一模一样地重新表现出来，所以更是格外需要翻译者运用他的创作的技能去补充。巧妙的翻译，不但不致减少了原作的精彩，有时还可以把原作的精彩格外显示出来。记得数年前《改造》杂志登载过一篇正宗白鸟氏所写的批评卫礼氏所英译的《源氏物语》的文章。正宗氏说，《源氏物语》这部书，自己总觉得它是一部没有力气的，缠夹不清的，不能在胸脯上发出响声的，无聊的书籍。可是读了卫礼氏的这一部英译，才对于自国的这部古典，感到痛切的兴趣。正宗氏在日本人中，可以算是文学素养很深的一个创作家，而他对于日本的古典，却要依靠外国人的翻译，才能感到它的妙趣来。由此看来，翻译这件工作，岂可以轻视？有了正宗氏的这个实例，则前面所引用的谒马逊氏所提倡的阅读翻译书的主张，更可以获到有力的根据了。

——《留日同学刊》第 5 号（1943 年）

谈翻译（1943）

秦似

在今天来弄翻译，可以一个字说完，是：难。想翻点东西的人要一点外国书报，怕比阔人们要香槟白兰地还不易到手；偶尔弄来了，又非得抽骨去皮，挑这捡那，剩下来拿得出的有多少呢？用不着钱歌川大师来抹煞，弄翻译的"无知妄人"大家都已在暗叫苦了。

但大家还是在翻。翻什么呢？莎士比亚、屠格涅夫、托尔斯泰、陀斯妥益夫斯基、玛耶可夫斯基……因为原来有一点存货。材料既有限，就不免有一些作品几个译本的现象了。于是有人出来指责，说是"无政府主义"。

我以为可虑的不在这里。"有政府主义"的外国翻译界，虽不为材料所限，不也常常一篇作品有几个译本吗？像《战争与和平》《安娜·卡列尼娜》那样重要的著作，美国早就有好几种不同的译本了。我们呢，前者从抗战前到现在，才算出完，后者则现在还只有着上册。问题在于几个译本是不是都可靠，各有可取之处，或几个中，是不是有一个好的译本。半月前花了三块钱买来一本《苏联三大诗人代表作》，结果一篇也没有看懂，我相信也不会有一个读者能够看懂。随手在《莫斯科旅店》这一篇举一点吧：叶赛宁写的"他们无止尽地诅咒他们的命运"被译成"他们无目的地诅咒他们的损失";叶赛宁说"结束自己的日子",译者却给他的日子"安排目的"了;叶赛宁说"你不离开我","我不责备他","我不诅咒她",被改作为"你要离开我","我要责备她","我要诅咒她";叶赛宁"想要思索一下",译者替他"避免思索"。这只能是译者的"代表作","三大诗人"可谓冤枉极了。自然,有人在争着要买,而且第一版已卖完了!如果这儿还有另一种译本的话,即使低能的读者不也少吃点苦吗?而广告上,这位译者译的托尔斯泰和陀斯妥益夫斯基的作品,又在"即出"了!

其次,我希望翻译界能多介绍些新鲜的作家和作品。固然,到现在为止,就是莎士比亚我们怕也还介绍得不够吧,但我们总是生活在现代,对于和我们同时代的优秀革命作家,大家实在太隔膜了。不过这又是很难的事了,找得来,拿得出之后,还要专收"名著"的出版家不摇头,"艺术"大师们不看见题目就闭起眼睛叫:"什么东西!又是宣传品!"

1943 年 1 月 18 日

——《秦似文集·散文》(一)(广西教育出版社,1992 年)

《雅歌》译记（1943）

端木蕻良

　　《雅歌》从前有过吴曙光女士的译本，还有陈梦家先生译本，题名为《歌中之歌》。我还看见过靳千行先生的译本的手稿，也是题名《歌中之歌》。

　　《圣经》的文学价值很大，它对于西欧社会的影响就像《论语》对于中国的影响一样。许多西欧人士日常生活的观念都是受它支配的，而它的内容却比《论语》更为丰富。在《圣经》里面我们可以看见上古时代神的真正的意志和他们对于残害生灵的真正的震怒，我们又可以看见他被地保和官吏怎样钉死在十字架上，我们又可以看见一个伊撒勒人怎样用人间的言语来传饰真正的平等和爱，我们又可以看见一个被人丢了石头子儿的女性的温柔的淑情，又可以看见地保老爷的不公平，可以看见瘟疫和残疾，可以看见苦难和灾荒……我们知道了整个中古时代的社会，但是因为教会里的人们过分提高了它的道德的意义，□使□社会的史诗。每一个字每一行都成了格言，但是真正认识《圣经》的人却都愿意追寻它的文学的价值，可以说西欧的文学家，没有一个不是受了《圣经》的很深的影响的。富兰克林尤其称赞它的影响的广大。

《圣经》所给予人的影响，是非常复杂的。因为这本书公开会被认为是道德的，小孩子、女郎、尼姑都可以看。但是其中有许多讲到古代的风俗，或者个人的传记，是和道德完全违背的。所以它常常能引起人们一种思维的错综和感情的错综，这一点影响西洋人的精神生活极其强烈。西洋人有许多错综的行为是由于他在小时候追寻了《圣经》的缘故。法郎士的《女优泰倚思》，福楼拜的《圣安东尼的诱惑》，托尔斯泰的《复活》，纪德的《田园交响乐》本身都是一个有力的证明。

威尔斯曾经给《圣经》一个适当的解释和追索。他指出《圣经》的真正的价值，和它的战斗的光辉。但是真正流行的却是现在我们所听的篡改了以后的《圣经》，这部《圣经》是世界销路最好的书，没有一本书能比得上。在这本书里虽然有许多地方它已经违反了原来的教义，但是我们得到的仍然是极其丰富。五四时代曾经有人提倡过要了解西洋文学的人，必定要读《圣经》。但是读《圣经》的人，常常不能感到兴趣，因为《圣经》厚重的一册，想翻来就能读到精彩的篇章，实在是艰难。我现在先读了它其中最美的一章，也许会因为看了它，而引起了读者更进一步的兴趣，使圣经的文学价值可以传播开去，也未可知。（以后如有工夫还想试一试把箴言译出。）

大凡把《圣经》看作文学作品的人，对于《雅歌》往往都付出最大的欢喜。它是那样绮丽的动人，使一切的人类的歌子都失去了光彩。□□在细嫩的羊皮上。□□这个歌曲的人，曾为这歌子而感叹，称它为歌中之歌，后来喜欢歌曲的人，又想形容它的高贵和绮丽，说它是所罗门的歌。

中国的教会把它的名字译成《雅歌》，"雅"在中国古代的解释就是"正"的意思，"雅"是"诗正乐之歌也"像大雅、小雅那样每章都是。《雅歌》据《后汉书》的记载："对酒设乐，必雅歌极圣。""雅歌，谓歌雅诗也"梁武帝曾经作过雅歌十二首，譬如取《诗经》上："皇皇上帝，临下有赫……"叫作"皇雅"，《诗经》上的"贰公众化，实亮天地"叫作"寅雅"。但是梁武帝最好的诗，却是艳丽的诗，譬如，他的《东飞伯劳歌》："东飞伯劳西飞燕，黄姑织女时相见。谁家女儿对门居？开颜发艳照里闾。南窗北牖挂明光，罗帷绮箔脂粉香。女儿年纪十五六，窈窕无双颜如玉。三春已暮花从风，空留可怜与谁同。"就是一例，译成《雅歌》这个名字的人，大概只是从正统的歌这儿着眼，并不是从梁武帝的"艳冶照人"来养眼的。因为中国□□用的乐，都称雅乐。《圣经》上的歌，也相同于殿堂的歌，所以才把它译为《雅歌》。

其实说这歌是所罗门的歌，是后来牵强附会的。这个歌还是田野的歌，牧羊的男孩子和牧羊的女孩子的歌，就如我们中国《诗经》里面的情歌一样，都是老百姓的歌。当然，古代的帝王为宣扬他的威武都要作歌，不管中国也好，外国也好。帝王之利用音乐都是一样的，但是《歌中之歌》却真正是老百姓的歌。其中因为传抄的时候，也许混进了其他歌子的片段，弄得有时候意思很不明显，因为它掺杂了些别的成分。但是全诗的完美并没有因此而破坏。

据考证，《歌中之歌》是纪元前三百年左右的东西。所罗门则活在纪元前十一世纪的末叶。西洋的众多批评家都想从作品本身去寻求解释，他们看到歌中不能□□的地方，便按自己所译的去解释，使它联贯。这种种运动从十八世纪起逐渐发展，他们差不多分了好多派别。比如海岱、歌德等人，认为它是短篇的抒情诗，是残缺了的抒情诗，并且认为这不是一个人的歌，不是一个完整的歌。还有一派像洛斯、鲍苏威，说这是像西奥克里忒斯、维吉尔似的牧歌，没有严密的结构。其中插入□希腊悲剧中的合唱，还有劳由、司密斯、慕尔顿等人则□□它的戏剧性。说过原来是诗剧，虽然残缺了，拼凑在一起，成了经文。又硬生生地分章分节，但还能看出原来的体裁。这些意见是极可珍贵的，因为在它里面确实能够发现它的戏剧性，本来原始的诗剧采取民歌来做成的，是很自然的事，因为原来的分节分章是它原来分的，却并不是认为原来分的就对，而是分开章来你与读的关系，竭力想要译文接近口语，使它能念上口，听到耳朵里面，又能唤起一种温柔的□□的感觉。我也保留了一部分原来译本的"佳偶""良人"的称呼，是因为我还想保持一些儿中古情调。

其中第二十九行第三十行是我加上去的，因为那样原意才更明朗。为了表明是后加的，所以加上了一个括弧。但是这个括弧的作用在全诗里却当作一种幻觉（vision）、一种幻想来安排的，因为我把诗中一些糅杂了进去的句子（太不调和的）用括弧标出，算是唱歌人的自己心中的比喻……

这诗差不多每个都是可爱的，诗许多部分都是艳冶照人，都是健康且自然……从来没有人会反对它是歌中之歌。歌里面因为残缺的缘故，有许多暗晦的地方。但我都一古脑儿把它解释为爱，而我把它解释成为一种隐喻的情爱。我是竭力想把它的美的魅力放大。

它的歌子是非常大胆的，像第二章第四节、第五节、第六节，像第三章第五节，像第四章第十一节、十二节、十六节，第七章第二节、第九节，第八章第十三节、第十四节，我不管别人怎样讲，我都是按照希腊主义来解释的。古代的情歌，常常有两个特点：一个是真挚，一个是饱满，因为它们常常把爱情看作骄傲（因为他们自由求偶，求偶的社会条件比现在简单，那骄傲的成分就更大）。因为他们认为爱情完全是自我的喜悦，自我的喜悦的共同出发和据说是民间的风俗，就是新婚的时候新夫新妇装扮作国王和王后来讲一出戏！现在这种风俗在巴勒斯坦和叙利亚还可看到。诗剧就是从民歌发展而来的。而且既然是新娘新郎装扮起来唱的，也还是情歌的成分，其余的部分，只不过是戏剧的起源的影子。比如我们现在所谓的"小放牛"便是用民歌敷衍成的。所以我仍然认为雅歌是糅杂了的残缺了的抒情诗（其中也掺杂了别的段片）。

所以我主张它还是残缺了的抒情诗，因为我以为抒情诗所寄托的人类的感情更为广泛，而戏剧化的诗句，都容易使诗的内容受到限制，使其中所含蓄的感情感化，使它给予人的感受无限缩小，使它反再不能广泛地被引用了。

至于我译这首诗，仍然衍用"雅歌"这名字，是因为这名字早已印入人们的心中，同时又觉得这些诗句要用史记上的"□□□"。

【……】

——《文学创作》第 2 卷第 2 期（1943 年）

译《黎琊王》序（1943）

孙大雨

【……】

　　把这样一部作品译成中文分明是件极大的难事。严复的翻译金箴信、达、雅三点不用说不够做我们的指南针，因为这篇悲剧诗的根本气质就像万马奔腾，非常不雅驯，何况那所谓雅本以鸡肋为典范，跟原作的风度绝对相刺谬。译莎作的勇敢工程近来虽不无人试验过，但恕我率直，尽是些不知道事情何等样艰苦繁重的轻率企图，成绩也就可想而知。对于时下流行的英文尚且一窍不通的人，也仗了一本英汉字书翻译过，弄得错误百出，荒唐满纸。也有人因为自知不通文字，贪省便，抄捷径，竟从日文译本里重译了一两篇过来，以为其中尽有莎氏的真面目——仿佛什么东西都得仰赖人家的渣滓似的。还有所谓专家者流，说是参考过一二种名注释本，自信坚而野心大，用了鸡零狗碎的就是较好的报章文字也不屑用的滥调，夹杂着并不太少的误译，将就补缀成书，源源问世；原作有气势富热情处，精微幽妙的境界，针锋相对的言辞，甚至诙谐与粗俗的所在，因为不大了解，自然照顾不到，风格则以简陋窘乏见长，韵文的形式据云缘于"演员并不咿呀吟诵，'无韵诗'亦读若散文一般"，故一笔勾销。总之，抱着郑重的态度，想从情致、意境、风格、形式四方面都逼近原作的汉文莎译，像 Schlegel 和 Tieck 的德文译本那样的，我们还没有见过。

译者并不敢大言，说这本《黎琊王》汉译已与原作形神都酷肖，使能充分欣赏原作同时又懂得语体中文的人看了，如见同一件东西，分不出什么上下。译笔要跟如此杰作的原文比起来见得纤毫不爽，乃是个永远的理想，万难实现。英德文字那样密迩，十九世纪下半的名译在短短几十年内尚须经一再修改，而修改本也未必合乎理想；英华文字相差奇远，要成功一个尽善的译本，论情势显然是个更难发生的奇迹。但理想的明灯常悬在望，我们怎肯甘心把它舍去，甚至以步入阴影自豪：知难转向，或敷衍了事，为人不该如此，译作又岂可例外？我说译作，恐怕会引起疑问。然实际上一切精湛广大的诗篇的译品，都应当是原作的再一度创造。否则中心的透视既失，只见支离破碎，面目且不能保存，慢说神态了。我这译本便是秉着这重创的精神，妄自希求贯彻的。至于重创，绝不是说就等于丢开了原作的杜撰。这里整篇剧诗的气势情致，果然得使它们占据译者下笔时的整个心情，如同己有；不过它们所由来的全诗、一幕、一景、一长段、一小节的意境，文字的风格意义，韵文的节奏音响——换句话说，登场人物的喜怒哀乐，他们彼此间互对的态度，语气的重轻和庄谐，句法上的长短与组织的顺序抑颠倒，联语及用字的联想与光暗，涵义的影射处和实解处，韵文行的尾断、中断、泛溢，音组的形成和音步对于它的影响，音步内容的殷虚，字音进展的疾徐、留连、断续，以及双声叠韵的应用：凡此种种也无一不须由译者提心吊胆，时刻去留神，务求原作在译文中奕奕然一呼即出。这是理想，我们望着那方向走，能走近一分即是一分胜利，纵使脚下是荆棘塞途的困难。

译文距理想的实现还远得很，一半固是缘于无法制胜的文字上的阻碍，一半则许因译者的能力确有所不逮。为保全原作的气势神采起见，往往只好牺牲比较次要的小处的意义：遇见这般略欠忠实的情形时，大都在注子里有一点声明。为求畅晓及适合我国语言的习惯起见，句子每被改构、分裂，或合并。然疲熟的格调则极力避免，腐辞陈套绝不任令阑入。在生硬与油滑之间刈除了丛莽，辟出一条平坦的大道，那不是件简易的工作；此中不知经历过几多次反复的颠踬，惨痛的失败。对于风格的感觉，各人不尽相同。我个人的可以在译文里见到，旁人或者会觉得这组织太过生疏，那联语不甚新创，感觉没有一定的原则和标准可寻，唯麻木不仁乃为译文所力忌。但这一类经营还容易打点，假使不跟忠于原义重要处的严格条件扭结在一起。因为最令人手足失措的是身处在原作这白浪滔天的大海中，四望不见岸，风涛无比的险恶，缆是断的，桨已折了，舵不够长，篷帆一片片地破烂，驾着幼稚贫瘠的语体文这只小舟前进。褴褛、枯窘、窳劣与虚浮，最是翻译莎作的致命伤。译者敢于庆幸不曾航入"明白清楚"的绝港，译完了这篇剧诗，比未译之前，使白话散文多少总丰富了一些。大家都得承认，我们这语体文字，不拘是韵是散，目下正在极早的萌发时代，不该让它未老先衰，虽然也有人不等仲夏的茂盛到来，便遽求深秋的肃杀（说实话，他们所薪求的并非凝炼，而是沙碛上的不毛）——天时的更易，人事的推移，文字工具的成熟，据我们所知道，从没有一件是那么样违背自然律的。至于原文一字一语乃至一句的准确涵义，多谢 Schmidt 和 Furness 他们，译者不厌繁琐，需要查考的都查考过。譬如说，莎氏作品里同一个 "nature" 有六种大别的用意，其中两种极相近；译者挑选了针对本剧各处上下文的，分别在译

25

文里应用。又如"patience"一字在莎作里有五种解释，这剧本所用到的却都不能译作"忍耐"。还有"Sir"这个称呼，各处有各处的用法，若一律译作"先生"，便成了极大的笑话。诸如此类，例子不胜列举。可是这并非说绝无失察之处：译文错误，恐仍在所难免。

在体制上原作用散文处，译成散文，用韵文处，还它韵文。以散译韵，除非有特别的理由，当然不是个办法。"新诗"虽已产生了二十多年，一般的作品，从语音的排列（请注意，不是说字形的排列）方面说来，依旧幼稚得可怜：通常报章杂志上和诗集里所读到的，不是一堆堆的乱东西，便是实际同样乱，表面上却冒充整齐的骨牌阵。押了脚韵的乱东西或骨牌阵并不能变成韵文，而韵文也不一定非押脚韵不可。韵文的先决条件是音组，音组的形成则为音步的有秩序、有计划的进行：这话一定会激起一帮爱好"自由"的人的公愤。"韵文"一语原来并不作押的文字解，此说也并非本人的自我作古，但恐怕另有一批传统的拥护者听了要惶惑。讲到音组，说来话长，我本预备写一篇导言详加申论，不料动了笔不能停止，结果得另出一部十余万字的专书。不错，"无韵诗"没有现成的典式可循；语体韵文只虚有其名，未曾建立那必要的音组；可是这现象不能作为以散译韵的理由。没有，可以叫它有；未曾建立，何妨从今天开始？译者最初试验语体文的音组是在十七年前，当时骨牌阵还没有起来。嗣后我自己的和译的诗，不论曾否发表过，全部都讲音组，虽然除掉了莎译不算，韵文行的总数极有限。这试验很少人注意，有之只限于三五个朋友而已。在他们中间，起初也遭遇到怀疑和反对，但近来已渐次推行顺利，写的或译的分行作品一律应用着我的试验结果。理论上的根据在这篇小序内无法详叙；读者若发生兴趣，日后请看我的《论音组》

一书。现在且从译文里举一段韵文出来，划分一下音步，以见音组是
怎么一回事：

> ｜听啊，｜造化，｜亲爱｜的女神，｜请你听！｜
>
> ｜要是你｜原想｜叫这｜东西｜有子息，｜
>
> ｜请拨转｜念头，｜使她｜永不能｜生产；｜
>
> ｜毁坏她｜孕育｜的器官，｜别让这｜逆天｜
>
> ｜背理｜的贱身｜生一个｜孩儿｜增光彩！｜
>
> ｜如果她｜务必要｜蕃滋，｜就赐她｜个孩儿｜
>
> ｜要怨毒｜作心肠，｜等日后｜对她｜成一个｜
>
> ｜暴戾｜乖张，｜不近情｜的心头｜奇痛。｜
>
> ｜那孩儿｜须在她｜年轻｜的额上｜刻满｜
>
> ｜愁纹；｜两颊上｜使泪流｜凿出｜深槽；｜
>
> ｜将她｜为母｜的劬劳｜与训诲｜尽化成｜
>
> ｜人家｜底嬉笑｜与轻蔑；｜然后｜她方始｜
>
> ｜能感到，｜有个｜无恩义｜的孩子｜怎样｜
>
> ｜比蛇牙｜还锋利，｜还恶毒！｜……

原作三千多行，三分之二是用五音步素体韵文写的。译文便想在
这韵文形式上也尽量把原作的真相表达出来，如果两国语言的殊异不
作绝对的阻挠。

【……】

莎氏剧诗有两种读法：一是单纯的享受，想获致的是那一往情
深的陶醉；一为致密的研讨，逐字逐句务欲求其甚解。这两种悬殊
的读法非仅不相冲突，且正好相成相济。读者对于译本，若抱前一种
态度，尽可光看本文，那里头我相信并没有丝毫学究气。正文里字旁

的小圈乃为表示被注的语句，语句下围以大圈的数字标明着注子的条数；这些标记似觉不甚好看，但好处是可以利便检查。读者若想借译本深探原作，若欲明晓各注家对于原文许多地方的不同见解，或若拟参照了原文检视一下译笔在某些地方为什么如此这般措辞，则请检查下册的注解。新集注本所收的巨量诠解虽未通体录入，但重要的都已加以全译、节译或重述，而且另增了不少别处得来的材料——结果注子的总数将近千条。工作进行时，一边译正文，一边加注：现在注解这般头绪纷繁，可以使读者头痛；但当初对译者却帮他避免了许多的不准确：往往译完了一语一句，于加注时发觉尚有未妥，于是重起炉灶，或再来一番锤炼。注解范围可归为下列八项：一、各家对于剧情的解释和评论；二、他们对剧中人物性格的分析与研究；三、原作时代的文物、制度、风俗、政情等事之说明；四、对开与四开版本之差异，各家的取舍从违及比较优劣（即所谓 textual criticism）；五、各校订注释家对最初版本用字之校正或改订（即所谓 emendation）；六、译者对各家评骘、诠释、校订之得失的意见；七、译文因种种关系与原意差异及增改处的声明及商榷；八、名伶扮演情形。至于原作的最初版本、写作年代和故事来源等三端，另有专记，俱见下册注解后面的附录。

我最早蓄意译这篇豪强的大手笔，远在十年前的春天。当时试译了第三幕第二景的九十多行，唯对于五音步素体韵文尚没有多大的把握，要成书问世也就绝未想到（如今所用的第三幕第二景当然不是那试笔）。七年前机会来到，竭尽了十四个月的辛勤，才得完成这一场心爱的苦功。不料一搁就是五年多，起先曾有过两度修改，后因人事的蹉跎，国族骤遭祸患，且又被一篇太长而须独立成书的导言所延误，所以本文和注解虽在年余前排版完毕，却一直没有让它去见世面。最近国际战争的烟燎愈烧愈广，眼看着此间即将不能居住，而且自忖也正该往后方去参与一篇正在搬演中的大史诗，于是于百忙中草就了本书的附录和这篇小序，作为十年来一场梦寐和无数次甘辛的结束。这本早应出版的译剧如今离我而去了，好比儿女告别父母的檐梁，去自谋生路一般：我一方面祝祷它前途无量，莫深负原作的神奇，一方面也盼望知道自己所难知的缺陷，如果它有缺陷的话，以便再版时加以弥补。

——《民族文学》第 1 卷第 1 期（1943 年 7 月 7 日）;《黎琊王》
（上海：商务印书馆，1948 年 11 月）

晚清的翻译（1943）

林榕

中国近代文学的渊源开始于一八四零年的鸦片战争；在鸦片战争以前，中国是一个闭关自守的国家，不知道西洋有所谓文化，在鸦片战争以后，却又盲然的接受西洋的一切，不但明白西洋各国都是"船坚炮利"，而且在物质以外还有真正的精神文化。这是中国有系统有目的地翻译事业的开始，因为屡次败战的刺激，要"知己知彼"必须打开国家的界限，容纳别国的文化，所以这时候的翻译自然与汉魏以来的佛经翻译和明初以传教为目的的译述有所不同了。也因为这个原故，谈近代文学，尤其是近代的翻译史要从晚清讲起。

这里所说的晚清是从一八四零年（道光二十年）起到民国初年七十多年的时间，这时期的翻译状况约略可分作三期。从一八四零到一八九四是第一期，是翻译事业的开端，所译的大半是"格致"之学，也就是自然科学方面的著述。一八九五年以后到一九一零是第二期，从自然科学的翻译转到社会科学方面，同时也是译述西洋文学的开始。一九一一年以后民国前后的几年间是第三期，所翻译的是文学作品，同时也就是现代西洋文学介绍的曙期。

第一期翻译事业的开始是因为受到鸦片战争和英法联军

（一八五六）几次战争的结果，使中国一败涂地，订立许多条约。一般知识分子知道西洋的胜利全在于物质，要求中国自强必先接受西洋文化，当时所谓"洋务"就在这方面。曾国藩、李鸿章等人提倡最为有力。曾氏在《拟选聪颖子弟出洋习艺疏》里说：

> 如舆图、算法、步天、测海、造船、制器等事，无一不与用兵相表里。凡游学他国，得有长技者，归即延入书院，分科传授，精益求精。其于军政船政，直观为身心性命之学，今中国欲效其意而精通其法，则当此风气既开，似宜亟选聪颖子弟往外国肄业，实力讲求，以仰副我皇上徐图自强之至意。

办理"洋务"的第一点就是派遣留学生，使他们明白西洋的学问，再用之于国内，挽救颓危的局面；但这个工作毕竟还是限于少数人，要使一般人普遍地明白"西学"，就不得不谋求翻译了。冯桂芬在《采西学议》中曾反复说明学习西洋语言文字的重要，他主张"于广东、上海设一翻译公所，选近郡十五岁以下，颖悟文童，倍其廪饩，住院肄业，聘西人课以诸国语言文字"，这种翻译机关最早为人所熟知的是京师同文馆，此外在上海还有广方言馆，福建马尾船政局，天津武备学堂，上海外国语言文字学馆和江南制造局的翻译馆等。

同文馆的创立在一八六七年（同治六年），附属于总理各国事务衙门内，馆内聘西人为教习，教授英、法、德、俄四国语言文字，分天文、化学、算学、格致、医学各科目。其后各地仿设很多。吴人冯桂芬在上海提倡，说：

> 前见总理衙门文，新设同文馆，招八旗学生，聘西人教习诸国语言文字，与汉教习相辅而行。此举最为善法。行之既久，能

之者必多。必有端人正士，奇尤异敏之资出于其中。然后得西人之要领而取之，绥靖边陲之原本，实在于是。

这也可见翻译工作的重要了。后来江南制造局附设的翻译馆，更专以翻译为事。内设提调一人，口译二人，笔述三人，校对图画四人。人各一室，日事撰述，旁为刻书处。口译之西士有付兰雅、林乐知、金楷理等人，笔述者为华蘅芳、徐雪村等人。（见王韬《瀛濡杂志》）这是一个规模较大的翻译组织。

那时虽在各地有许多翻译机关，然而终因事属初创的关系，并没有多大成绩可言，恐怕当时人有一种想很快的使中国产生出大炮轮船的要求，对语言文字方面反居其次。郑观应的《西学》一文正可代表这种意见。他说：

今之学其学者，不过粗通文字语言，为一己谋衣食。彼自有其精微广大之处，何尝稍涉藩篱。故善学者必先明本末，更明所谓大本末，而后可。以西学言之，如格物制造等学，其本也。语言文字，其末也。

马建忠批评得也很确切：

第始事之意，止求通好，不专译书。即有译成数种，或仅为一事一艺之用，未有将其政令治教之本原条贯，译为成书，使人人得以观其会通者。

又说：

今之译者，大抵外国之语言，或稍涉藩篱，而其文字之微辞奥旨，与夫各国之所谓古文词者，率茫然而未识其名称。或仅通外国文字言语，而汉文则蠢陋鄙俚，未窥门径。使之从事译书，阅者展卷未终，俗恶之气，触人欲呕。（《拟设翻译书院议》）

这虽未免言之过甚，却也可见当时翻译界对语文的研究还不太深，故译文中草率从事，与原文距离很远。所以马氏拟设翻译书院，专造就译才，兼诵汉文，并且使学生住院，"旬日休沐一次，准假，岁无过一月。"所译之书分《各国时政》《居官者之考订》与《外洋学馆应读之书》三大类。可惜这拟议并未见诸实行。

总计这一期的翻译成绩，大约近三百种。梁启超于一九零三（光绪二十九年）撰《西学书目表》分为西学、西政、杂书三类，总计八百八十三本，三百五十三种。这里面是只有物理、化学、生物、工程、矿物和少量的政治法律，至于思想和文学方面则完全缺乏。所以梁氏说：

> 今之所译，直九牛之一毛耳。西国一切条教号令，备哉灿烂。实为政治之本，富强之由。今之译出者可寥寥也？彼中艺术，日出日新，愈变愈上，新者一出，旧者尽废。今之各书，译成率在二十年前。彼人视之，已为陈言矣。而以语言之所谓学士大夫者，方且诧为未见，或乃瞠目变色，如不欲信。（《西学书目表序例》）

这说明了初期翻译事业的缺点，我们在这里所以提出者也不过是创业的功绩，文学上的译述就要等待后日了。

第二期的翻译，比初期实在得多。那是在甲午战争（一八九五年，光绪二十一年）中日媾和以后，各国相继在中国划定其势力范围，朝廷的腐败日甚一日，一般进步的知识分子遂谋图强之策，这就是历史的"戊戌变法"和维新运动。这是一个根本的改革，与鸦片战争后的仅学习西洋的物质文明迥不相同。在翻译工作上既知道从前所译的"格致"之书并不能见西洋文化的全面，而译笔又不甚讲求，所以有人提出更广的翻译，如高凤谦说：

> 泰西有用之书，至藩至备。大约不出格致政事两途。格致之学，近人犹知讲求。制造局所译，多半此类。而政事之书，则鲜有留心。译者亦少。盖中国之人，震于格致之难，共推为泰西绝学。而政事之书，则以为吾中国所固有，无待于外求者。不知中国之患，患学在政事之不立。而泰西所以治平者固不专在格致也。（《翻译泰西有用书籍议》）

这时候的翻译已由"格致"而及于"政事"，社会科学与哲学思想一类的书籍也有人注意到了。这就是严复。他见于国家的危殆，曾撰政论抒其抱负，并观察中西政治思想的异同，他说西洋学术重在实证，故比中国的"心诚"者为高明，他在《救亡决论》中说：

> 西学格致，一理之明，一法之立，必验之物事而皆然，而后定为不易。其所验也贵多，故博大；其收效也必恒，故悠久；其究极也，必道通为一，左右逢源，故高明。

这也就是后来所谓实证主义，他一生译赫胥黎的《天演论》，穆勒的《自由论》《名学》，斯宾塞尔的《群学肄言》，亚当斯密的《原富》，孟德斯鸠的《法意》，甄克斯的《社会通诠》，耶芳斯的《名学浅说》，卫西琴的《中国教育议》这九部作品，都是介绍西洋思想的。他说：

> 风气渐通，士知弇陋为耻，西学之士，问途日多，然亦有一二巨子，訑然谓彼之所精，不外象数形下之末，彼之所务，不越功利之间，逞臆为谈，不咨其实。讨论国闻审敌自镜之道，又断断乎不如是也。（译《天演论》自序）

这给当时人一个惊愕，同时也是一个新奇的感觉，使以后的人都把目光倾向于政治的革新了。在文化上尽量地翻译这种西洋的新思想新理论。当时最有名的是强学会的组织，它是由翰林院学士文廷式等首倡，更得到工部尚书孙家鼐、湖广总督张之洞的赞助，势力很大。在张之洞所拟的《上海强学会章程》中就以译书为讲求西学的第一义。

> 今此会先办译书，首译各国书报，以为日报取资，次译章程、条款、律例、条约、公告、目录、招牌等书，然后及地图暨各种学术之书，随译随刊，并登日报，或分地，或分类，或编表，分之为散刊，合之为宏编，以资讲求，而广闻见，并设学堂专任此事。

继强学会而起的有桂学会、圣学会（桂林）、湘学会（长沙）、苏学会（苏州）等，但他们的工作，多半侧重在政治运动上，不仅仅是翻译介绍西洋思想了。

在这变法运动蓬勃与朝野的时代，梁启超曾有筹办"大同译书局"的意思，"以东文为主，而辅以西文。以政学为先，而次以艺学"。它的叙例说：

> 本局首译各国变法之事，及将变未变之际一切情形之书，以备今日取法。译学堂各种功课，以便诵读。译宪法书以明立国之本。译章程书以资办事之用。译商务书以兴中国商学，挽回利权。大约所译先此数类。自余各门，随时间译一二。种部繁多，无事枚举。

但这计划并未见实现。而晚清的关于西洋思想的介绍翻译也就到这里为止。对于这时期翻译的批评，大抵是看得很重的。严复译《天演论》的例言，提出信、雅、达三条件，到现在还为一般人所推重：

> 译事三难：信、雅、达。求其信，已大难矣！顾信矣，不

达，虽译犹不译也；则达尚焉。……信达而外，求其尔雅。此不仅期以行远已耳！实则精理微言，用汉以前字法句法，则为达易；用近世俗利文字，则求达雅。

他用汉以前的句法译书，很为桐城派的文人所注意，吴汝沦称他可"与晚周诸子相上下"（《天演论·序》）。但梁启超却反对这种文体，以为"文笔太务渊雅，刻意模仿先秦文体，非多读古书之人，一翻殆难索解"。但是严氏在思想上的功绩和译述态度的忠实，到今日还是不能一笔抹杀的。

在西洋思想的翻译介绍之后，就该说到文学翻译了。这和现代文学有极密切的关系，周作人先生曾这样说"老实说我们几乎都因了林译才知道外国有小说"，（《语丝》第三期《林琴南与罗振玉》）这实在是文学上的一个重要阶段。但最初的翻译并非因为它是文学作品而翻译，和"为艺术而艺术"的看法决不相同，它仍多少与政治有关。以小说视为革新政治的工具，所以和当时维新运动的主张相互一致，这也就是我们所以与思想的介绍合在一起讲的原因。

翻译西洋文学的最直接的原因是小说的提倡。晚清是小说很繁荣的时代，最初在一八九七年（光绪二十三年）的天津《国闻报》上有严复与夏穗卿合作的《本馆附印小说缘起》一文，说明小说的重要性；后一年梁启超有《译印政治小说序》，主张翻译西洋的政治小说。

> 在昔欧洲各国变革之始，其魁儒硕学，仁人志士，往往以其身之所经历，及胸中所怀政治之议论，一寄之于小说。于是彼中辍学之子，□塾之暇，手之口之，下而兵丁，而市侩，而商氓，而工匠，而车夫马卒，而妇女，而童孺，靡不手之口之，往往每一书出，而全国之议论为之一变。彼美、英、德、法、奥、意、

日本各国政界之日进，则政治小说为功最高焉。

这和当时的人以小说提倡维新与改革是一致的。在这个时期里先后有许多小说杂志的创刊，如《新小说》（一九零二），《绣像小说》（一九零三年），《新新小说》（一九零四），《月月小说》（一九零六），《小说林》（一九零七）等。《新小说》是梁启超在日本所创办，他曾译有法国佛林玛利安的《世界末日记》和政治小说《十五小豪杰》。此外，在这些杂志中还有许多翻译的作品，都是晚清文学翻译界的最初的收获：

《二勇少年》（南野浣白子译，十八回，《新小说》刊）

《电术奇谈》（吴趼人译，二十四回，同上刊）

《卖国奴》（苏德曼原著，吴梼译《绣像小说》刊）

《回头看》（威士作，同上刊）

《珊瑚美人》（日本青轩作，同上刊）

《小仙源》（美阚作，同上刊）

《商界第一伟人传》（忧患余生译，同上刊）

《灯台卒》（显克微支作，吴梼译，短篇，同上刊）

《山家奇遇》（马克·吐温作，吴梼译，同上刊）

《天方夜谭》（选择，同上刊）

《美国独立史别裁》（清河，《月月小说》刊）

《铁窗红泪记》（雨果作，天笑译，同上刊）

《虚无党小说》（同上刊）

《刺国敌》（淘胜子译，同上刊）

《八宝匣》《三玻璃眼》（周桂笙译，同上刊）

《苏格兰独立记》（鸿璧译，《小说林》刊）

《地狱村》(黄翠凝，陈信芳译，同上刊)

《新舞台》(日本押川春郎作，党我译，同上刊)

《电冠》(陈鸿璧女士译，同上刊)

《义勇军》(莫泊桑作，冷血译，《新新小说》刊)

《巴黎之秘密》(希和作，冷血译，同上刊)

这些作品不外政治与侦探两大类。译者中比较著名的是吴梼，他还译有俄国莱蒙托夫的《银纽碑》(一九零七)，柴霍夫的《黑衣教士》(一九零七)，日本黑岩泪香的《薄命花》《寒桃记》，英国勃来雪克的《车中毒针》，日本尾崎红叶的《寒牡丹》，押川春郎的《侠女郎》，尾崎德太郎的《美人烟草》《侠黑奴》等。还有陈冷血译俄国虚无党小说，周桂笙(新庵)译侦探小说，"其时冷血的文章正很时新，他所译述的《仙女缘》《白云塔》我至今还约略记得，还有一篇嚣俄的侦探似的短篇小说，叫作什么尤皮的，写得很有意思"，(周作人《瓜豆集》："关于鲁迅之二")可想见当时一定很风行。

从翻译的量上说，最多的是林纾，他用古文翻译西洋小说从《巴黎茶花女遗事》起共有一百五十六种。他完全根据别人的口述，自己是不懂西文的。但他于晚清翻译上影响最大，胡适之说"古文的应用，自司马迁以来，从来没有大的成绩"，这是就文字方面说的。就是以努力的成绩说，恐也不在任何人之下。

但林氏译述的态度，却不是我们现在所应赞同的。因为他没有选择优秀的作品，把许多精力放在二三流的作品上，同时对于原书缺少深刻的认识，随意增删，去"信"太远，这都早是一般人所公认的了。

这是第二期的翻译概况，从西洋思想的介绍到西洋文学的翻译，但是文学的翻译却不过是一个开端，这开端到第三期才生长起来，而逐渐发展广大。

这里所谓第三期的翻译，实在没有像一二期那样明显的界限可划分。可是却有与前期一个绝不相同的区别，那就是从这里才开始了纯文学的翻译，和从前那种别有目的的译述不同；而在译法上又为直译的开端，一反林氏潦草的态度。这里要提到的是周作人及鲁迅两先生。鲁迅先生曾译有科学小说《月界旅行》和《地底旅行》两部，约在一九零三年。作人先生的翻译最早为一九零四年的《侠女奴》，和一九零五年的《玉虫缘》。他在《学校生活的一叶》里说：

> 《天方夜谭》里的《亚利巴巴与四十个大盗》是世界上有名的故事，我看了觉得很有趣味，陆续把它译了出来，——当然是用古文而且带着许多误译与删节。当时我一个同班的朋友陈君定阅苏州出版的《女子世界》，我就把译文寄到那里去，题上一个"萍云"的女子名字，不久居然登出，而且后来还印成单行本，书名是《侠女奴》。这回既然成功，我便高兴起来，又将美国亚伦坡（E Allen Poe）的小说《黄金虫》译出，改名《山羊图》，再寄给女子世界社的丁君。他答应由《小说林》出版，并且将书名换作《玉虫缘》。至于译者名字则为"碧罗女士"，这大约都是一九零四年的事情。（《雨天的书》）

《侠女奴》的故事译自《天方夜谭》，《玉虫缘》则为美国小说，叙述名莱格兰的人，以一玉虫获得一百五十万金的故事，也有侦探小说的意味。书前有《萍云》序云：

> 近者吾国之人，皆思得财矣，而终勿得，吾国之人，皆思作事矣，而终勿成，何也，以不纳其得之成之代价故也。使读此书

而三思之，知万物万事皆有代价，而断无捷径可图，则事庶有济之一日乎。

在书后“附识”也重复说“我译此书，人勿疑为提倡发财主义”，这也可见当时一般人仍忽视小说的文学价值。同时，周氏并译了《匈牙利文学论》（赖希博士著）题曰《裴多菲诗论》，登在《河南》杂志上，这恐怕是小说之外，理论的最初翻译了。

以后，周氏还译有《红星佚史》。《瓜豆集》中《东京的书店》一文，记他想买一部屠格涅夫的插图本小说。“有蔡谷清君的介绍把哈葛德和安特路朗合著的《红星佚史》译稿卖给商务印书馆，凡十万余字得洋二百元”，才买到那书。这书的翻译是在一九零六年，于一九零七年（光绪三十三年）十月在商务印书馆出版，译者的名字用的是“周连”。书中所叙为荷马《奥德赛》中阿迭修斯三次浪游的故事。译者于序中说：

> 顾说部曼衍自诗，泰西诗多私制，主美，故能出自繇之意，舒其文心；而中国则以典章视诗，演至说部，亦立劝惩为臬极，文章与教训，漫无畛畦，尽最隘之界，使勿驰其神智，否者或群逼拶之，所意不同，成果斯异。然世之现为文辞者，实不外学与文二事，学以益智，文以移情，能移人情，文责已尽，他有所益，客而已。而说部者，文之属也。读泰西之书，当并逐泰西之意，以古目观新制，适自蔽耳。

这一段话比起《玉虫缘》的序来更为进步，他反复地阐述小说中情感的重要在道德之上，这可以说是以文学立场翻译，与劝善惩恶或是借以做政治改新者不同了。

在《红星佚史》之后，周氏译有匈牙利育珂摩耳的《匈牙奇士录》(一九零八，署名周连)，波兰显克微支的《炭画》(一九零八年译，一九零九年四月出版)，《域外小说集》(一九零九年，与鲁迅合译)，及《黄蔷薇》(育珂摩耳著，一九二六年出版)。他对育珂摩耳很推重，曾说："承认匈牙利人是黄种……在三十年前讲民族主义的时代怎能不感到兴趣"。(《旧书回想记》)

《域外小说集》是为人注意的一本书，最初在日本出版，前后两册，但销路很不好。《关于鲁迅之二》文中记其事说，"当初的计划，是筹办了连印两册的资本，待到卖回本钱，再印第三第四，以至第多少册的。如此继续下去，积少成多，也可以约略介绍了各国名家的著作了。"但事实上仅有二十多个读者，于是第三册只好停版了。这本书共收英、美、法作家各一人一篇，俄四人七篇，波兰一人三篇，波思尼亚一人二篇，芬兰一人一篇。在原书的序文中说：

> 域外小说集为书，词致朴纳，不足方近世名人译本，特收录至审慎，移译亦期待弗失文情。异域文术新综，由此始入华土。使有士卓特，不为常俗所囿，必将犁然有当于心，按邦国时期，藉读其心声，以相度神思之所在。则此虽大海之微沤与，而性解思惟，实寓于此。中国译界，亦由是无迟暮之感矣。

他们译书的目的与前人不同，以为"文艺是可以转移性情，改造社会的"。更进一步他们所介绍的多是弱小民族的作品，"那时的思想差不多可以民族主义包括之，如所介绍的文学亦以被压迫的民族为主，俄则取其反抗压制也。"这话虽是说的鲁迅，但我想即是用来说明那时周氏弟兄的思想也是可以的。

至于他们的译笔，是采取直译，用的还是古文。起初他们甚至还用林氏笔调，"以后写文多喜用本字古义"了。《域外小说集》大都如此。周作人先生在民国十四年写《陀螺》的序，有几句话可代表他翻译的态度：

> 我现在还是相信直译法，因为我觉得没有更好的方法，但是直译也有条件，便是必须达意，尽汉语的能力所及的范围内，保存原文的风格，表现原语的意义，换一句话说就是信与达。

民国以后，二周所译作品，大都是本着这个译法的。

晚清的翻译大概止于这里，民国六年文学革命发生以前，除周作人氏译的有育珂摩耳的《黄蔷薇》外，还有周瘦鹃的《欧美短篇小说丛刊》，所取的译法是意译，与原文颇多出入，流传却不多。再以后的作品，如《点滴》《现代小说译丛》《短篇小说》都是新文学运动后的译品，不在本篇范围之内，待将来另为文论述了。

——《文学集刊》第 1 辑（1943 年 9 月）；
《风雨谈》第 7 期（1943 年）

Fluorescent Lamp 译名之商榷（1943）

张朝汉、何汉权、编者

Fluorescent Lamp 的译名，前征求各方意见，大多认为冷光灯名称较优。兹又得读者来函，提出新意见，张朝汉君主张仍称"荧光灯"，何汉权君主张称"辉荧光灯"，均从特性方面着想，颇有理由。但冷光灯译名，一般均公认为可包括各种辉光、荧光，及汞气等灯类，故冷光灯可作为总名，如光□管、真空管、气弧管、阴极射线管之统称为电子管一样。Fluorescent Lamp 为冷光等之一种，究竟应称为"辉荧光灯"或"荧光灯"，还请读者指教。

编者

编者先生：

Fluorescent Lamp 之译名，贵刊创刊后曾提出讨论，最近发表云大多数读者来函均赞成译作"冷光灯"并主张以后专用"冷光灯"以资划一：本人觉得译作"冷光灯"仍不十分妥当，理由如后：

所谓冷光是指所发之光均为光谱，不含红外射线或紫外射线，惟光谱被吸收以后仍变为热，与红外射线或紫外射线被吸收后相同。实在冷光乃比较而言，世界上并无真正冷光，普通灯光，效率愈高即愈近冷光，Fluorescent Lamp 之发光效率高于普通钨丝灯泡数倍可以称为冷光；唯高压汞气灯（奇异 H-6 式）效率较 Fluorescent Lamp 更高，据 Matthew Luckiesh 测验结果，其所发之光较 40 瓦特日光色 Fluorescent Lamp 为冷，即极弱之萤火虫光，因无红外射线或紫外射线之故，其冷度更高，科学工程日益进步，将来不难有更冷之光，是 Fluorescent Lamp 仅可称为冷光灯之一种而不应独称为"冷光灯"。换言之，"冷光灯"不仅是 Fluorescent Lamp 如光电管、阴极射线管、汞气管、真空管等均为电子管之一种，而电子管不仅是某一种一样。

又 Fluorescent Lamp 发光，全靠放电后之紫外射线激动 Fluorescent Powder 而发出光谱，效率之高低有赖于 Fluorescent Powder 之种类与品质，此 Fluorescent Lamp 与其他灯泡特别不同之点，Fluorescent Powder 即译为荧光粉剂，就发光来源则 Fluorescent Lamp 应译为"荧光灯"较为妥善。

张朝汉

编者先生：

贵刊创刊号里，提出一个对于 Fluorescent Lamp 应该译为"冷光灯"或"萤光灯"的问题，并且很愿意得到读者对此问题的意见，接着下一期（即第一卷第二期）有邱应传、杨嘉墀两位先生贡献了宝贵的意见，他两先生主张 Fluorescent Lamp 译称为"冷光灯"或"萤光灯"二者都不满意，应改译为"荧光灯"。我以为 Fluorescent Lamp 译为"荧光灯"，确实有一部分的理由，但仍不能尽善尽美，理由如下：

我们首先来检讨，自 Fluorescent Lamp 问世以后，Fluorescent

Lamp 的译称究竟有几种？据我所知的，前后共有四种，兹分别讨论之如下：

（1）以 Fluorescent Lamp 译称为"萤光灯"，理由是 Fluorescent Lamp 的译名普通为萤光的缘故，我认为这样译称，理由不充足，大有不妥的地方，Fluorescent 一字现已改译为荧光了，同时萤火虫发萤光是以一种发光体，Luciferent，与一种触发光体 Lucifarence 相接触，然后发出萤光，与 Fluorescent Lamp 发光的原理完全不同，再者他俩发出来的光，又迥然不同，正如编者先生所说的，普通提及萤光即有"幽暗"的感觉，而这灯是非常明亮清晰的。那么将 Fluorescent 译为萤光，其与荧光似有混淆不清之处，的确是不大妥当。

（2）以 Fluorescent Lamp 译称为"日光灯"其理由是感到 Fluorescent Lamp 所发出来的光，如日光那般清爽明亮，改叫它为日光灯，殊不知 Fluorescent Lamp 以它所用的不同粉剂，而能发出各不相同颜色的光，同时日光色是 Fluorescent Lamp 发出的颜色中的一种，今把他总称为"日光灯"这很明显，气量未免太狭小，不明 Fluorescent Lamp 内情的人，会误以为太阳灯或者别种日光灯。由是以 Fluorescent Lamp 译称为日光灯者，无疑，绝对不妥。

（3）以 Fluorescent Lamp 译称为"冷光灯"，这是编者先生与吴祖垲先生所赞同的，理由如编者先生在创刊号里头所说的三点，我以为这样译称，正如邱杨两先生所说，并不能名副其实，其不妥之处，亦如邱杨两先生所说过的，兹不再赘。

（4）以 Fluorescent Lamp 译称为"荧光灯"，这译称可以说比较稍微好些，但亦未能尽善。我以为多少带点含糊，不算周到。不如以 Fluorescent Lamp 译名为"辉荧光灯"，可以不失 Fluorescent 原来的字义。另一方面由于 Fluorescent Lamp 根本是一种低电压低气压热阴极的辉光放电管（Glow Discharge Tube），其发光的原理，与日常应用的灯泡（如炽电灯等），借赖 I^2R 之热能转变者，迥然不同。彼仍借阴极的电子，撞击管内稀有气体及水银蒸汽使之游离，发出少量人眼能察见的光谱，少量的红外射线及大量的紫外射线，红外射线用以保持阴级的温度，紫外射线则激动灯管内壁所涂的荧光粉剂，使之再转发出较长的波长，为人眼所能察见的光谱，Fluorescent Lamp 之发光乃借光谱的转变，即依气体放电的基本原理，与 I^2R 之能量转变为光能之不同，归根结底是 Fluorescent Lamp 的玻璃管壁多涂一层发生荧光的粉剂及多一重气体辉光的现象，那么今把 Fluorescent Lamp 译名为（辉荧光灯）既不失其 Fluorescent Lamp 两字本来意义，更加指达表明了此灯发光的原理，不致一丝遗漏易意或混淆不清。

何汉权谨上

——《中国电工》第 1 卷第 5 期（1943 年）

论翻译与改译——关于外国创作的中国化问题（1943）

李奥

　　岁寒无聊翻翻前几期的《太平洋》，因为自己爱好戏剧，便拣着几篇关于戏剧的文章瞧，虽则已属过时，但也是排遣时间的一法。偶然翻到一篇《一年来上海剧团动态》一文，看看后面的表格，屈指计算一下，在去年一年演出的剧目中，属由外国剧本改译而来者其数颇多。再想到今年演出的剧目中，也有三个是由外国剧本改编的，便是《甜姐儿》《晚宴》与《春闺风月》。

　　想到外国剧本，便顺便想到翻译与改译。翻译便是我们所习见的由外国剧本翻译成中文的。战前，这种剧本演出的颇多，如《复活》（即现在的《欲魔》）《罗密欧与朱丽叶》《钦差大臣》《娜拉》《少奶奶的扇子》等。战后似乎不大多见，规心的人以为战后剧本全属创作了，其实却不然，原来大多都给编剧者穿上一件"中国化"的外衣，"约翰玛丽"均已改为"张三李丝"了。

　　本来，在文学作品的翻译上，是有所谓"直译"与"意译"之分的。其间也展开过论争，这种论争热闹虽则热闹，但事情凡发生在中国，往往是虎头蛇尾，没有结果的，论争一过，"五分钟热度"冷却后，便"偃旗息鼓"，没有下文了。到底直译与意译谁是谁非，大概合乎庄子之道，乃：彼亦一是非，是亦一是非，省得吃笔墨官司了。论争虽则没有结果，但个人私儿总先有的，我小子虽不懂翻译，也识不了多少横爬的洋文，然而也喜欢读读翻译作品，以读者立场，我大体上是赞成直译的。这当然不是说我天生有译"天书"的天才，只是"直"到如"天书"的程度，我是赞成的。记得作为"意译"论者的论点是：直译的缺点是因为太"直"，类似"天书"，便一般不懂洋文，不知洋化生活的中国土老儿莫名其妙。而我的意见是：唯其因为译的直（当然，这"直"并非"天书"，而是忠于原著的意思），唯其有点洋化，与创作不同，富于外国气味，这不愧是翻译作品。因为我们读翻译作品，正是因为由于不懂洋文，想直接知道一些外国的缘故。"信，雅，达"，这是翻译的信条，也是顶好的直译。至于"意译"，也曾领教过一二，可是在领教了"牛奶路"之类以后，便退避三舍了。

在文坛上曾经有过"直与意"的翻译问题，在剧坛上，如今便有所谓"中国化"的问题。也就是所谓"改译"与"翻译"问题。尤其是近年来，这"中国化"风气很盛。手边最近的例子便是最近艺术上演的三个戏，《甜姐儿》《晚宴》与《春闺风月》。

关于"中国化"这口号的原意，大概是因为中国土产的剧作闹恐慌，于是想到外国剧本的上演，但"外国"究系"外国"，无论剧情、内容、意识，总觉得与中国国情不合，聪明的"媒婆"便灵机一动，来一番改头换面的改造工作，把"约翰玛丽"改为"张三李四"不算，"基督上帝"也变为"阿弥陀佛"，"公爵贵族"也成为"蒙古王子"了。然而除了这些以外，"中国化"工作究竟有无效果，却还是个问题。看了《甜姐儿》，千万莫追究事情发生在那里的根源；看了《晚宴》，恍如一张美国电影，而《春闺风月》也是只有外国人会笑的"中国戏"！

呜呼，此便所谓"中国化"的改译也！

其实如果有人提倡"戏剧艺术"的"中国化"，则我也是赞成的。因为中国"国情"——包括人情、风习、文化等——与各国不同，则"戏剧艺术"之有其独特风格，其理也明。因此是介绍外国的"剧艺"到中国来，经过一番提炼吸收与扬弃，使中国戏剧发展有一点帮助与充实，则"中国化"，要得的。

然而在介绍"外国剧本"这一点上，"中国化"无异是"阉割"，我是万万不能苟同的。

比如说，以萧伯纳的作品而论吧。（预先声明，我非"萧伯纳专家"，因这位外国老头的名字，中国人比较熟悉的缘故。）我们介绍或翻译他的作品到中国来，为的是给中国观众间接的来欣赏一下萧的东西，他的独特的风格和意识。假如我们把"华伦夫人"改为"张夫人"这还可过去，那么"魔鬼的门徒"应该改为什么呢？

翻译外国剧本，原是介绍外国作品，作为中国戏剧工作的取法的。而写不出"创作剧本"，翻译又恐怕没有生意眼，"穷极无聊"，便不顾原作精神而乱刀阔斧的改窜外国作品，而美其名曰"中国化"，这不是"阉割"原作是什么呢？

我想："中国化"这口号是指戏剧（也可说一切学术）的创作的方向，我们的创作者应该提取"中国的"题材，作"中国化"的演出。而决不是把外国作品套上一件"中国外衣"或偷取一个故事的不伦不类之谓。

——《太平洋周报》第 1 卷第 56 期（1943 年）

谈译（1943）

郑宗海讲演　翁心惠笔记

各位，你们要我来演讲关于翻译的问题，我很愿意。我先后所译的书，约有九种，有文艺的，有教育的；间中甘苦，极愿和各位谈一点——我是东坡所谓："便合与官作水手，此身何止略知津"。

各位看到我的讲题，也许要奇怪。为什么不是"谈翻译"，而仅仅"谈译"呢？我可觉得，"翻译"二字颇有语病，不及单是一个"译"字来得妥当。译者，易也，传也。为明确起见，我不妨下一个定义：

"译者，以甲种语文表达意义情绪，因有人不识甲种语文之故，乃借乙种语文传达之，务期不识甲种语文者，谛听或阅读之后，能同样领略，同样欣赏。"

在这个定义中，有几点可以注意：第一，译所要传达的，不仅是甲种语文的外表形式，而是其意义与情绪。第二，为什么要译？因有人不识甲种语文之故，所以借乙种语文所传达出来的，要能使人懂；否则等于未译。第三，不但要能使人懂，而且要能使人同样领略、同样欣赏。

这样说来，译并不是一件轻易的事。一个译者，他对于甲种语文非十分了解、十分清楚不可；他对于乙种语文，也非十分了解、十分清楚不可。大家都知道，秦始皇曾收天下兵器而铸成十二金人，我以为这正可以用来比喻翻译。铸金人之前，需要熔，熔了之后才可以铸。译也是如此，要粗粗地领略原文，务必熔化，而后再细细地加以铸造。因此，有人说译比创作难，因为译不仅对读者负责，而且也对原作者负责。——要还其本来面目，谈何容易！

在中国的译坛上，几十年来最负盛名者，当推侯官严复氏。严氏之译作，不下几十种，尤以《天演论》影响我国思想界为最大。在该书的序言上，他提出译书的三大标准：信、达、雅。谓"译事有三难：信达雅。求其达已大难矣，愿信而不达，虽译犹未译也。"可见他并重信达。本来，译事之难，即在信和达之间相冲突。至于雅，正也，常也，典雅也，也就是所谓"行文尔雅"，相当于英文之 standard 和 refined。精炼糖叫 refined sugar，行文也该如糖之精炼。照我个人的意思，在意义上须绝对的信；形式则不妨变通些。严氏以为"用汉以前字法句法，则为达易"，但吴汝纶氏劝他，"欧文与吾国殊异"，不妨"自我仿古"或"自创一格"，因为"外文自有体制，或变其辞而仍其体，似亦可也。"我觉得吴氏的见解较严氏开放。不过自我作古，也应该有一个限度，应该在可使人懂的范围之内；否则，就变成天书了。

【……】

所谓直译和意译这二种译法，是译坛上时常争论的。至于我个人的意见，我已说过，最要紧的是意义之传达，意义须绝对的信，形式可变通一些，"要在使人能懂"；这原则，无论直译或意译都可通用。譬如，通常把 Seattle 译为"西雅图"是可以的。而把 Chicago 译成

"诗家谷"，未免太雅了，因为事实上，Chicago 是以屠宰著称的地方，所以还不如直译作"芝加哥"。

此外，我们应该特别注意的是：一国的语文，有一国语文的习惯。我们不能把甲国的习惯，全盘搬到乙国去。我所译的《人生教育》，原名是"Education for the Needs of Life"我不直译为"人生所需要的教育"，就是为此。以下，我再具体地举二个例。Tennyson 的诗是很有名的，我早年曾译过他的一首诗，原文是：

> Ring
>
> Ring out the old,
>
> Ring in the new,
>
> Ring, happy bells,
>
> Across the snow.
>
> The year is going.
>
> Let him go!
>
> The old is false.
>
> The new is true.

我译为：

> 噹，噹，噹……
>
> 无限催残年，
>
> 噹，噹，噹……
>
> 不断迎将新岁来！
>
> 嘹亮活泼一声音，
>
> 雪满堆。
>
> 星移露转更且尽，

残年欲度休徘徊!

抛却旧年无,往事等尘埃。

笑指前程须努力,新境又重开!

再举一个英文译中文的例,是《论语》上的:

子曰:"学而时习之,不亦说乎? 有朋自远方来,不亦乐乎?
人不知而不愠,不亦君子乎?"

译文:

The master says "To learn something and have it constantly
reviewed, isn't it interesting? To have a friend call from a great
distance, isn't it delightful? To fail to attain recognition and yet not feel
chagrined, doesn't that befit a gentleman ?"

从以上所举的二个具体的例子中,各位可以细细地去体会。总
之,译,务必传达出作者的意义与情绪;不但要传达出作者的意义与
情绪,而且还要传达出他的精神和灵魂!

Translation is not creation, it is recreation! 译,不是创作,而是再
创作!

三十一年岁暮记于浙江大学

——《中学生》第 64 期(1943 年)

统计译名之商榷（1944）

罗大凡

本文系作者与朱君毅局长讨论统计学译名之原函，仅续增（8）（9）两则，特刊于此，以教正于同好，或可收抛砖引玉之效。

（1）Normal Curve 一字，有译为常态曲线者，有译为正态曲线者，二者各有相当之意义，而未可谓为尽善尽美，查克特雷（Queteley）所指 Normal 的情况，实在包含有不偏不变之意，"不偏之谓中，不易之谓庸，"译之为"中庸"，似较恰当。但以吾国"中庸"二字，注重于道德的解释，微觉含义深奥抽象，为通俗计，宜译为"正常"，正则不偏，常则不变，举克氏所谓 Normal 的情况，包括□遗，不亦宜乎。且 Normal equation 一字，往者多译为标准方程式、规则方程式、或正则方程式等，无一适当。若译为常态方程式或正态方程式，则更知何所取义，今苟一律译为正常方程式，则与正常曲线（Normal Curve）、正常分配（Normal distribution）等名词，均无扞格之变矣。

（2）Variable and Variate 二字之含义，大体相同，不过前者为统之称，后者有特指之意耳。有译前者为"变数"，后者为"变量"者，姑无论与数学上之变量（Variable Quality）有相混之弊，究不能达原文区别之旨也，不如译 Variable 为"变数"，Variate 为"变值"，既有区别，又无冲突，似较妥善。"变值"一词，为同事汪厥明先生所译，不敢掠美也。

（3）Variance 一字系费暄氏（R. A. Fisher）所使用，为"本一级动差"或"均方差"，亦即"标准差之平方"，于其所创变差分析法（Analysis of Variance）中，专用以测量变值之变异现象，意固专有所属；而其为一种变异数或差异数也无疑。今国中尤其农艺界遍用"变量"译名，不唯与普通数学上所用之"变量"相混，且表面上失其差异数之性质，致令初学者惝恍迷离，视为神奇，不知费氏不过为计算便利计，特用此字以为标准差之未开方者耳。就笔者十余年来教学之经验所知，非亟图改译不可，甚望统计学社早日决定译之为"变差"，则可与前"变数""变值"相类似，一则可归汇于差异之系统，而且可以显示费暄原来注重变异之意也。此字曹会瀛元年早已创译，曲高寡和，未及影响农艺界，笔者不过发挥此字之含义而赞同之耳。又闻此字有人主张译为"二级动差"者，姑无论与费氏原意是否相合，然对于 Second moment 一字，又将如何译法，此又笔者之所不敢苟同者也。

（4）Correlation，Association，Contingency 三字，金先生提议译为"关联""伴联""列联"，意深蕴而且系统化，无可訾议，唯近于抽象，使初学者难免多费思索耳。笔者主张译为"相关""相伴""相联"，或较合普通词语习惯，浅显易懂，而且能保持其系统化之意也。此三字国内作者教者，至今尚各随其意，莫衷一是，鄙见亦未必十分妥善，宜由统计译名委员会早定适当之译名，以免纷扰学者之脑力。又梁宏弟对于 Contingency 一字从直接测量离开独立之意义，主张译为"离独"，其系数名为离独系数，亦不无研究之价值也。

（5）Parameter 一字，在普通数学上译为"参数""参变数""变常数""未定常数"等，莫不各有其适当之意义。在统计学上，如表变数分配之函数式中的常数，或尚有相当之意义，至基本群体（Parent population）之统计常数，如平均数 M、标准差 Q、偏度 B_1 等，峰度 B_2 等，亦名之为参变数或未定常数，则不免完全失其真意。盖基本群体之统计常数，在理论上虽常不可知或永不可知，但却皆有一定，非变的更非未定的，不过为统括的标识一群体之常数，实即特殊样本的普遍化之常数也，故为样本之统计常数，所谓 Statistic 者，可以估计群体之统计常数也。范福仁先生译 Parameter 为"常变数"，译 Statistic 为"估计常轨□"，究亦非可以普遍适合，笔者主张译 Parameter 为"普化常数"，则于统计及数学上均可以适用。盖代数学上方程式中参变之文字系数，亦不过系由特殊之数字系数而普遍化耳。Statistic 一字，朱君毅先生译为特征数，诚为至当，各样各有其特征，但所指者为样本之统计常数，"常"之意义究有其重要性，似宜增一"常"字，而译为"特征常数"。

（6）Oaas 一字原为相对差数 t（x / o）在某定值以内之几率与在其以外之机率之比，往昔有译为"偶差""优差""机偶"等者，殊为费解，宜译之为"机比"似与原意吻合而甚醒目也。

（7）Cell 一字译为"方格""组格"等，均未尽善。朱君毅先生译为"细襦"，最为典雅，而且与原义毫无刺谬，不过襦字用者甚少，使人不能一见了然，微嫌古奥耳。笔者拟译为"微格"，与朱先生命意相同，不过用字各异。窃以为相关表格之理想，纵横组距为 dx、dy，而各格之理想面积，亦为一微分面积，格以微称，欲合斯义也。

（8）Frequency 一字为统计学上之出马路，其名不正，则必致如前"算学""数学"两名词之争论，亘数十年而莫定，于学术界同感不便，查此字最早译为"次数"，本浅显易懂，唯因此字表示社会事象发生数量之意义，且其数有为分数"如1/4……"或小数"如5.25……"等者，用次数两字，似觉呆板，故金国宝先生译为"频数"，李仲珩先生译为"屡数"，用意含蓄，正如花苞未放，美则美矣，究不知绞费若干初学者之脑汗也。至有译为频度者，则更无论矣。笔者仍力主用"次数"一名，对于事象之发生有若干次或□次或四分之一次等，在学理上均无不通，而其言亦无不顺也。

（9）Distribution一字有译为"分配"者，有译为"分布"者，尤以用"分配"者为最普遍。唯"分配"一词微嫌抽象，而且含有主动者之用意。若采用"分布"一词，似较浅近。究不知诸名家以为何如？

（完）

——《新农会刊》第1期（1944年）

谈翻译（1944）

知堂（周作人）

有人听苏联友人说他们译书的办法，无论汉文俄译或俄文汉译，都用集体翻译法，即是最初由甲照原文一一直译，其次由乙来把译文整理通顺，再加修饰，后来由专家校定，作为定本。这个译法的确有好些好处，第一步求信，其后求达与雅，竭几个人的力量，各尽其所长，比一个来担任自然要好得多了。大概中国古时翻译佛经也是这样办的，一个人执梵本，一句句地念出来，懂梵文的和尚把它写成汉文，几经斟酌，由学士文人加以订定，所以往往有不懂汉文的番僧口授，不懂梵文的文官笔受。无识的儒士便来指摘，以为那些佛经多是文士假造的，其实情形是如此，故有这样的误解。翻译工作如当作自己的来做，本来也可以做得很多，如严几道译《法意》和《原富》那么样，便是人才难得，而要译的书很多，来不及等专人的出现，那么集体来翻译正是最好的补救办法了。从前林琴南与人合译小说，成绩颇好，可是毛病在于译文一任林氏，口译的人不加复校，也不参加意见，由他一人去胡搞，成为林氏文集，事情一有偏向，便不免于搞糟了。平常编译机关出版的书大抵有名人列名校阅，但大都是阅而不校，毫无用处，实在校阅是很艰苦的工作，有时或者比自己翻译还要麻烦，从前书店向不看重，不肯给与相当的报酬，所以说校都是空话，至于名人之不肯屈尊劳驾，做这烦重的工作，那又是别一个原因了。

——《中国留日同学会季刊》第 7 期（1944 年）

译诗（1944）

朱自清

诗是不是可以译呢？这问句引起过多少的争辩，而这些争辩将永无定论。一方面诗的翻译事实上在同系与异系的语言间进行着，说明人们需要这个。一切翻译比较原作都不免多少有所损失，译诗的损失也许最多。除去了损失的部分，那保存的部分是否还有存在的理由呢？诗可不可以译或值不值得译，问题似乎便在这里。这要看那保存的部分是否能够增富用来翻译的那种语言。且不谈别国，只就近代的中国论，可以说是能够的。从翻译的立场看，诗大概可以分为两类。一类带有原来语言的特殊语感，如字音、词语的历史的风俗的涵义等，特别多，一类带的比较少。前者不可译，即使勉强译出来，也不能教人领会，也不值得译。实际上译出的诗，大概都是后者，这种译诗里保存的部分可以给读者一些新的东西、新的意境和语感；这样可以增富用来翻译的那种语言，特别是那种诗的语言，所以是值得的。也有用散文体来译诗的。那是恐怕用诗体去译，限制多，损失会更大。这原是一番苦心。只要译得忠实，增减处不过多，可以不失为自由诗；那还是可以增富那种诗的语言的。

有人追溯中国译诗的历史，直到春秋时代的《越人歌》（《说苑·善说篇》）和后汉的《白狼王诗》（《后汉书·西南夷传》）。这两种诗歌表示不同种类的爱慕之诚：前者是摇船的越人爱慕楚国的鄂君子皙，后者是白狼王唐菆等爱慕中国。前者用楚国民歌体译，这一体便是《九歌》的先驱；后者用四言体译。这两首歌只是为了政治的因缘而传译。前者是古今所选诵，可以说多少增富了我们的语言，但翻译的本意并不在此。后来翻译佛经，也有些原是长诗，如《佛所行赞》，译文用五言，但依原文不用韵。这种长篇无韵诗体，在我们的语言里确是新创的东西，虽然并没有在中国诗上发生什么影响，可是这种翻译也只是为了宗教，不是为诗。近世基督教《圣经》的官话翻译，也增富了我们的语言，如五四运动后有人所指出的，《旧约》的《雅歌》尤其是美妙的诗。但原来还只为了宗教，并且那时我们的新文学运动还没有起来，所以也没有在语文上发生影响，更不用说在诗上。

　　清末梁启超先生等提倡"诗界革命"，多少受了翻译的启示，但似乎只在词汇方面，如"法会盛于巴力门"一类句子。至于他们在意境方面的创新，却大都从生活经验中来，不由翻译，如黄遵宪的《今别离》，便是一例。这跟唐宋诗受了禅宗的启示，偶用佛典里的译名并常谈禅理，可以相比。他们还想不到译诗。第一个注意并且努力译诗的，得推苏曼殊。他的《文学因缘》介绍了一些外国诗人，是值得纪念的工作；但为严格的旧诗体所限，似乎并没有多少新的贡献。他的译诗只摆仑的《哀希腊》一篇，曾引起较广大的注意，大概因为多保存着一些新的情绪吧。旧诗已成强弩之末，新诗终于起而代之。新文学大部分是外国的影响，新诗自然也如此。这时代翻译的作用便很大。白话译诗渐渐的多起来；译成的大部分是自由诗，跟初期新诗的作风相应。作用最大的该算日本的小诗的翻译。小诗的创作风靡了两年，只可惜不是健全的发展，好的作品很少。北平《晨报·诗刊》出现以后，一般创作转向格律诗。所谓格律，指的是新的格律，而创造这种新的格律，得从参考并试验外国诗的格律下手。译诗正是试验外国格律的一条大路，于是就努力的尽量的保存原作的格律甚至韵脚。这里得特别提出闻一多先生翻译的白朗宁夫人的商籁体二三十首（《新月杂志》）。他尽量保存原诗的格律，有时不免牺牲了意义的明白。但这个试验是值得的；现在商籁体（即十四行）可算是成立了，闻先生是有他的贡献的。

不过最努力于译诗的，还得推梁宗岱先生。他曾将他译的诗汇印成集，用《一切的峰顶》为名，这里面英、法、德等国的名作都有一些。近来他又将多年才译成的莎士比亚的商籁体发表（《民族文学》），译笔是更精炼了。还有，爱略式的杰作《荒原》，也已由赵萝蕤女士译出了。我们该感谢赵女士将这篇深曲的长诗尽量明白地译出，并加了详注。只是译本抗战后才在上海出版，内地不能见着，真是遗憾。清末的译诗，似乎只注重新的意境。但是语言不解放，译作中能够保存的原作的意境是有限的，因而能够增加的新的意境也是有限的。新文学运动解放了我们的文字，译诗才能多给我们创造出新的意境来。这里说"创造"，我相信如此。将新的意境从别的语言移植到自己的语言里而使它能够活着，这非有创造的本领不可。这和少数作者从外国诗得着启示而创出新的意境，该算是异曲同工（从新的生活经验中创造新的意境，自然更重要，但与译诗无关，姑不论）。有人以为译诗既然不能保存原作的整个儿，便不如直接欣赏原作，他们甚至以为译诗是多余。这牵涉到全部翻译问题，现在姑只就诗论诗。译诗对于原作是翻译；但对于译成的语言，它既然可以增富意境，就算得一种创造。况且不但意境，它还可以给我们新的语感、新的诗体、新的句式、新的隐喻。就具体的译诗本身而论，它确可以算是创作。至于能够欣赏原作的究竟是极少数，多数人还是要求译诗，那是从实际情形上一眼就看出的。

现在抄梁宗岱先生译的莎士比亚的商籁体一首：

> 啊，但愿你是你自己！但爱啊，你
> 将非你有当你不再活在世上：
> 为这将临的日子你得要准备，
> 快交给别人你那温馨的肖像。

> 这样，你所租赁的朱颜就永远
> 不会满期；于是你又将再变成
> 你自己，当你已经离开了人间，
> 既然你儿子保留着你的倩影。

> 谁会让一座这样的华厦倾颓，
> 如果小心地看守便可以维护
> 它的荣光，去抵抗隆冬的狂吹
> 和那冷酷的死亡徒然的暴怒？

> 啊，除非是浪子：吾爱啊，你知道
> 你有父亲；让你儿子也可自豪。

（《民族文学》一卷二期）

这是求爱求婚的诗。但用"你儿子保留着你的倩影"作求爱的说辞，在我们却是新鲜的（虽然也许是莎士比亚当时的风气，因为这些商籁体里老这么说着）。"你知道你有父亲；让你儿子也可自豪。"就是说你保留着你父亲的"荣光"，也该生个儿子保留着你的"荣光"；这是一个曲折的新句子。而"租赁"和"满期"一套隐喻，和第三段一整套持续的隐喻，也是旧诗词曲里所没有的。这中间隐喻关系最大。梁先生在《莎士比亚的商籁体》一文里说："伟大天才的一个特征是他的借贷或挹注的能力，……天才的伟大与这能力适成正比例。"（《民族文学》一卷二期）"借贷或挹注"指的正是创造隐喻。由于文字的解放和翻译的启示，新诗里创造隐喻，比旧诗词曲都自由得多。顾随先生曾努力在词里创造隐喻，也使人一新耳目。但词体究竟狭窄，我们需要更大的自由。我们需要新诗，需要更多的新的隐喻。这种新鲜的隐喻正如梁先生所引雪莱诗里说的，是磨砺人们钝质的砥石。

苏俄诗人玛耶可夫斯基也很注重隐喻。他的诗的翻译给近年新诗不少的影响。他在《与财务监督论诗》一诗中道：

> 照我们说
>
> 　　韵律——
>
> 　　　　大桶，
>
> 炸药桶。
>
> 　　一小行——
>
> 　　　　导火线。
>
> 大行冒烟，
>
> 　小行爆发，——
>
> 而都市
>
> 　向一个诗节的
>
> 　　空中飞着。

据苏联现代文学史里说，这是玛耶可夫斯基在"解释着隐喻方法的使命"。他们说："隐喻已经不是为了以自己的新奇来战胜读者而被注意的，而是为了用极度的具体性与意味性来揭露意义与现象的内容而被注意的。"（以上均见苏凡译《玛耶可夫斯基的作诗法》，《中苏文化》八卷五期。）这里隐喻的重要超乎"新奇"而在另一个角度里显现。

以上论到的都是翻译的抒情诗。要使这些译诗发生更大的效用，我想一部译诗选是不可少的。到现在止，译诗的质和量大概很够选出一本集子；只可惜太琐碎，杂志和书籍又不整备，一时无法动手。抒情诗之外还有剧诗和史诗的翻译。这些都是长篇巨制，需要大的耐心和精力，自然更难。我们有剧诗，杂剧传奇乃至皮黄都是的。但像莎士比亚无韵体的剧诗，我们没有。皮黄的十字句在音数上却和无韵体近似；大鼓调的十字句也是的。杂剧传奇乃至皮黄都是歌剧体裁，用来翻译无韵体的诗剧，不免浮夸。在我们的新诗里，无韵体的试验已有个样子；翻译剧诗正可以将这一体继续练习下去，一面跟皮黄传统有联系处，一面也许还可以形成我们自己的无韵体新诗剧。史诗我们没有。我们有些短篇叙事诗跟长篇弹词；还有大鼓书，也是叙事的。新诗里叙事诗原不发达，但近年来颇有试验长篇叙事诗的。翻译史诗用"生民"体或乐府体不便伸展，用弹词体不够庄重，我想也可用无韵体，与大鼓书多少间联系着。英国考勃（William Cowper）翻译荷马史诗，用的也是无韵体，可供参考。

剧诗的翻译这里举孙大雨先生译的莎士比亚《黎琊王》的一段为例。这一剧的译文，译者说经过"无数次甘辛"，我们相信他的话。

听啊，造化，亲爱的女神，请你听！

要是你原想叫这东西有子息，

请拨转念头，使她永不能生产，

毁坏她孕育的器官，别让这逆天

背理的贱身生一个孩儿增光彩！

如果她务必要蕃滋，就赐她个孩儿

要怨毒作心肠，等日后对她成一个

暴戾乖张，不近情的心头奇痛。

那孩儿须在她年轻的额上刻满

愁纹；两额上使泪流凿出深槽；

将她为母的劬劳与训诲尽化成

人家底嬉笑与轻蔑；然后她方始

能感到，有个无恩义的孩子，怎样

比蛇牙还锋利，还恶毒！……

　　　　　　　　　（《民族文学》一卷一期）

　　这是黎琊王诅咒他那"无恩义的"大女儿的话。孙先生在序里说要"在生硬与油滑之间刈除了丛莽，辟出一条平坦的大道"，他做到了这一步。序里所称这一剧的"磅礴的浩气""强烈的诗情"，就在这一段译文中也可见出。这显示了孙先生的努力，同时显示了无韵体的效用。

　　史诗的翻译教我们想到傅东华先生的《奥德赛》和《失乐园》两个译本，两本都是用他自创的一种白话韵文译的。前者的底本是考勃的无韵体英译本。傅先生在他的译本的《引子》里说，"用韵文翻译，并没有别的意思，只不过觉得这样的韵文比较便读"。《失乐园》的卷首没有说明，用意大概是相同的。这两个译本的确流利便读，明白易晓，自是它们的长处。所用的韵文，不像旧诗词曲歌谣，而自成一体；但诗行参差，语句醒豁，跟散文差不多。傅先生只是要一种便于翻译、便于诵读的韵文，对于创造诗体，好像并未关心。这种韵文虽然"便读"，但用来翻译《奥德赛》，似乎还缺少一些朴素和庄严的意味。傅先生依据的原是无韵体英译本，当时若也试用无韵体重译，气象自当不同些。至于《失乐园》，本就是无韵体，弥尔顿又是反对押韵的人，似乎更宜于用无韵体去译。傅先生的两个译本自然是力作，并且是有用的译本。但我们还盼望有人用无韵体或别的谨严的诗体重译《奥德赛》，用无韵体重译《失乐园》，使它们在中国语言里有另一副面目。《依利阿德》新近由徐迟先生选译，倒是用的无韵体，可惜译的太少，不能给人完整的印象。译文够流利的，似乎不缺乏素朴的意味，只是庄严还差些。

三十二年，三十三年

——《当代文艺》第 1 卷第 3 期（1944 年 3 月 1 日）

宪政实施与我国国际译名之商榷（1944）

张忠建

中华民国之定名，可释为：

一、中华民主国

二、中华民族的国家

顾名思义，泱泱磅礴至为适当。以上二义为予初诠，常举以请益于张溥泉氏，氏曰："中华民国国名系总理取义而制定之，论名定义尤着重在（民）字云"。迄今外人了解我国国情政体者犹鲜，此无他，实受"China"一字误解之累。远在欧风东渐以前，西人即知东方一老大帝国，其英文译名即为"China"；明代欧人东渡时，见此更新朝代之帝国，仍称之曰"China"；及于清代，英译国名仍为"China"；及于今中华民国政体嬗替，而英译我国国名"China"又三十三年于此矣。

按英译我国国名"China"系由德文"Chin"字而来。辞源"支那"解："外国人称始皇统一中国，声教远被，外国人因称我国为'秦'。'支那'即'秦'音之转。"降至近世，欧西且呼脆而易破之磁器亦曰"China"。夫国名原属特别名词，竟与普通日用器皿音义相通，实属传会事件之奇极巧极者！象征名实遂致远承秦代德教之日本人群起鄙夷之心，甲午之后便舍称大唐国而呼支那国，不称大唐人而呼支那人，其意盖每存汝脆弱之国家，一击必破之民族也。更以现时英国殖民地"Indo-China"印度支那半岛，二英文字之巧合与联系，知者不察，遂致我国译名因混淆听闻而蒙连带沉沦之嫌！或有以考据史册而求"China"之音义无轩轾于千年以前者，诚恐世界各国除极少数研究史地、经典与政治外交而有心得之人士外，殆莫能究诘也。

考各国国名及各国在国际上之名称或译名，皆尽美尽善。我国现为他国译为中文名亦必求尽美尽善，如：美、英、德、意皆为音义之最佳者，推之及于日本，亦莫不然。足见我大国之气度。若犬戎、身毒等国名则早成历史上之名词。今日吾国之不欲加诸人者，正亦不欲人之加诸我也。夫百年耻辱，本当积五十年之奋斗得湔洗之，千载旧译名，积久而转变其音，且得兼义，愈增外人对我国之误解，实有在实行宪政的今天，立即改译适当名称之必要。

国际上国家译名，关系外人观感，至为重要。未游斯邦，因"China"一字之误解，顾彼空虚轻脆易破之磁器，象征其物，幻思其义，且联系予人以殖民地或半殖民地，如"Indo-China"之印象，复涉及政体而□会及于其他，□疣千年负之全背，且不知止于何年？何不幸乃尔？！梁均默先生十月二十八日向外籍记者发表谈话谓：'……我虽然是中国人但也老实承认中国事情实在不易了解，这不易了解的原因在于：一、地方太大，二、人口太多，三、历史太长，四、文字太深，五、这五千年历史的中国一切正在革命改造之中。'梁先生言外之意，深欲获外人今后之了解，固应自我宣传入手也。昔者，邑名朝歌，墨子回车，国名身毒，其谁敢入？如就现代论，每日凌晨群众大合唱固为最合理运动之一种。通传兼爱如墨贤其时犹肤浅若此，曾不顾一考'朝歌'命名之由来，其可求之于□泯钦？

"天竺"改译为"身毒"，再译为"印度"，皆系被动的。今吾人因乘宪政实施千载一时之良机，自动的改译，必须正式昭告于世。

或谓"支那"二字出自佛典，恐难能随意实译之，故杨仁山、欧阳渐创"支那内学院"以问世也。但读《弘明集》第八卷刘勰《灭惑论》引当时道士所作《三破论》云："佛，旧经本作浮屠，鸠摩罗什改为佛徒，知其源恶故也。……至僧祖改为佛国"源恶，虽旧经典所载而关系"佛"本身者且可改。夫鸠摩罗什彼时固自龟兹国东来新受我国教化，竟毅然冒世俗之大不违迳改之，其裨益佛教文化岂可胜计？嗣与华僧共译经纶三百卷，为三论宗之开祖，学佛者岂可数典而忘之？小以喻之，今日重庆"复与关"固因受倭奴广播恶意传会浮图关为糊涂关而釜底抽薪一新之者，于是我国抗战发号施令之灯塔因"复与关"而益扬于世。于此更举胡适之先生论学近著内两段论见以为旁通（第一集·卷二·一八〇页）"佛"字古音读'Rut'译音——浮屠——最近原音，况且"佛"字可以单用，因"佛"已成有音无义之字，最适宜做一个新教之名，而"浮""复"等皆有通行之本义，皆不可单行。"佛"字就成为标准译名。从此"浮屠""复豆"之称渐渐成为教外人相沿称呼佛教与佛之名。后来辗转演变，"浮屠"等名称渐失本义而变成佛教塔寺之名。胡先生上段论见实为鸠摩罗什冒彼时浮俗大不违自我宣传而成功之反映。

今可知为正本清源以符今之"中华民国"计，何惮于改译？况失其时代性与真义性——秦音之转——久矣，为被动之称谓，一字兼我古今历代国名及器皿数义，今且得其误解，又何贵乎于宪政行将实施时仍继续保守之？

今试以陈旧且遭宵小粪污之桂冠，如仍以之加冕于佛首或本身，如属不愿与不可能，则商榷改译国际上我国国名以正今后世界上各国对我之视听一举在此宪政行将实施时似更难容缓图。

国名与地名，因时代与种种原因而改称，即名于世者屡见不鲜。近世如暹罗为扩展民族范围而自行改称为泰国。上次世界大战后，波斯之改称，中译为"伊朗"，今且因其首都德黑兰举行美英苏三国会议，益见著名于世。土耳其京城君士坦丁改称不过廿年，中译为安哥拉。党军北伐功成，国民政府仍改北京为"北平"并志其事功，曾几何时？今敌伪亦沿袭引用之，此皆近例之可资佐证者。

今我国在国际上被称为"China"，在时代上不能表现其政体与整个之民族性，致多方引起外人之误解，前叙梁均默先生言，林语堂先生及新由欧美各地归国向国人作公开讲演者，对于外人不甚了解我国国情一点，莫不同作此感。且"China"一字有难能助扬国家声教之远被抑且有足为盛名之累者，自须乘宪政实施期以前，自动的向国际声明改译。际此规复失地在即，将重订版图与宪政实施期紧接而于此千载一时之良机声明新译国名，则一切如日本海东京湾之易名，皆可附丽以决之。

总裁三十二年尝昭示："一、我国人民有宗族之分支而无种族之区别，古之所谓四夷四裔，固无一非黄帝之子孙，近世所谓汉满蒙回藏亦复如此，考蒙藏为地方之名，回为宗教之称，要皆为中华民族，二、应特别加强各宗族之融和以启发我全民族爱国之心与同族之感。"

外籍通人了解我国国情如拉铁摩尔氏，渠有言："三民主义就是民族的民主，政治的民主，经济的民主。"

综合古今名哲之言与行事，末议以"Republic of Chunghwa"或"Chunghwaminkuo"为国际上我国之译名。其义既系直译，可不得外人曲解，一也。民族名称简单化、一元化，于是整个民族与政体可因联系之表现而予世界以崭新印象，二也。仍有合于 A、B、C、D 同盟国家字首之联系，三也。若得及时乘宪政实施期而向国际宣布之，诚不可失之千载良机而为划时代最重要工作之一也。

说者谓日本今年倏忽改称"日满"支为日"满"华，自有其历史上疆域衰狭之阴谋与观念存焉；但若能借此良机向世界确定中华民国应规复之失土，即其应有之疆域，同时乘改译之期重订版图，公之于世，世界人士得此正确之新概念与印象，自可一洗其旧之误解者：虽日本怀有阴谋亦将为我对策击破，何况最近在开罗举行之中美英三国会议已有各被侵略国应规复失土之决议，重订版图仅为决议之执行，此事主动在我，尤不宜坐失良机也。

蒋夫人今夏游美，常将我国文化上之真善美灌输及于新大陆人士。夫人在美时不言"United States"或"America"，而以中华语言向美国仕女曰："美国"译之曰"美丽国家也"，以中华最美文字及其真善之意识自我向国外作宣传以为迟日畅行我国文字语言于各国之滥觞。夫人以通晓美国舆情见举于世者，遂感动侨民与美国仕女以巨大之中国文字向之做欢迎词，其予世界声教之观感深远且伟大矣。今直译"中华民国"为"Chunghwaminkuo"以期宣扬于国际，其义与夫人宣扬彼国之美，殆无轩轾且为切身重大问题之一，甚愿各方加以商榷。

维祝"中华民国"四字之中文，将来能直接流行于世界，传印于各国报纸书册，始为真意识之宣扬：但在此宪政即将付诸实施，千载一时之重要关头，尤不能不有适当之国际译名以正世界之视听。

——《中外春秋》第 2 卷第 2 期（1944 年）

社会事业名词的诠释与商榷（1944）

言心哲

社会事业（Social work）有译为社会工作者，有译为社会服务（Social service）者，有称为社会福利（Social welfare）、公共福利（Public welfare）、社会行政（Social administration）、社会事业行政（Social work administration）或社会服务行政（Social service administration）者。名称虽异，而目的实同，即皆为人民谋福利是也。此类名词，在欧美各国虽亦不甚划一，但沿用社会事业（Social work）者较多。作者多年来之所以常用社会事业一词，亦正以其应用较为普遍，且能包括各种社会服务事业故也。今试诠释于次：

第一，社会事业一词，似已为一般人所习用。我国以往关于此类著作虽不甚多，而亦有数种可述者，例如李建华氏所著之《社会事业》（世界书局出版）、李世勋氏所著之《社会事业》（上海中华社会事业研究会出版）皆称社会事业。

在国内各大医院中有社会服务一部者颇多，例如前上海之中山医院、上海之中国红十字会第一医院、南京之鼓楼医院、重庆之宽仁医院及北平之协和医院等是。其中以北平之协和医院办理最有成就，该院之社会服务组织系于一九二一年成立，始称社会服务部，大约在十

余年前改称社会事业部。（注一）他如以往及现在国内各种报章杂志所刊载关于此类之论文及记载，沿用社会事业者亦较多。（注二）

社会事业学校之开设，以美国为较多，此类学校或学系之名称，有称社会服务行政者（例如支加哥大学 University of Chicago）即为（Social service administration），有称公共福利行政者（例如路易西案挪州立大学 Lovisiana State University）即为（Public welfare administration），有称社会行政者（例如爱阿瓦州立大学 Iowa State University 即为 Social administration），有称社会事业学校者（例如纽约社会事业学校 New York School of Social Work），但就美国全国而论，仍以称社会事业者为最多。作者近在美国一九四一年出版之《社会事业年鉴》（*Social Work Yearbook of 1941*）内（注三），查阅关于美国四十一个专门训练社会事业之人才学校或学系一览，其中称社会福利（Social welfare）者一校，称社会服务行政（Social service administration）者一校，称社会服务（Social service）者三校，称社会行政（Social administration）者三校，称公共福利行政（Public welfare administration）一校，称公共福利及社会事业（Public welfare and social work）者一校，称应用社会科学（Applied social science）者二校，称社会科学（Social science）者一校，称社会经济及社会研究（Social economy and social research）者一校，其余之二十七校，皆称社会事业。

即以美国南加州大学（University of Southern California）而言，当余在该校肄业时，该校会有社会福利学院（School of Social Welfare），现亦改称社会事业学院（School of Social Work）矣。由此可见，社会事业一名词在美国采用较为普遍。

第二，社会事业之意义，在我国习用上，虽似稍嫌广泛，而能包括一切慈善事业或社会救济事业、社会福利事业、贫民救济事业、儿童保育或保护事业、劳工福利事业、社会保健事业、民众娱乐事业、妇女救济事业、犯人救济及感化事业、精神病人及低能人救济事业、残疾人及老年人救济事业、社会保险、合作事业等等，凡消极的社会救济事业与积极的福利事业皆可概括于社会事业之内。上述之各种社会事业，似乎不能以"社会行政"概括之 Social work 译为社会工作，原无不可，但慈善事业与合作事业等，似亦不便归在社会工作之内而称为"慈善工作"或"合作工作""社会服务"词，亦常被采用，但已不甚普遍。北平燕京大学之 Department of Sociology and Social Work 曾译为社会学及社会服务学系。Social work 译为社会工作尚可，但与社会服务之意义不同，此或因燕大成立该系较早，其实我国现代社会事业之提倡尚在萌芽时期，应用"社会服务"或较易于使人了解。但社会服务一名词，除特殊情形外，已渐不甚适用，欧美各国学校课程名称近今鲜有称社会服务之者，此因社会服务似含有不受物质酬报，无条件的为人帮忙之意。此种纯粹性的"社会服务"，当然与现今之专门从事社会事业者不同。现代欧美各国之从事社会事业者，早已成为专业，其须有酬劳及训练，与其他职业正复相同。

第三，为求国际上的联络与合作便利起见，似亦宜采用社会事业。美国之社会事业年鉴（Social Work Yearbook）、社会事业人员联合会（The American Association of Social Workers）、社会事业宣传会议（The Social Work Publicity Council）、社会事业大会（The Conference of Social Work）、社会事业学校联合会（The American Association of Social of Social Work）以及国际社会事业大会（The

International Conference of Social Work）皆采用社会事业一词。在南北美洲，社会事业一词，沿用固极普遍，即在日本，亦久已通用。日本之中央社会事业协会，社会事业年鉴及关于此类出版书籍，几皆以社会事业为名。（注四）总之，社会事业一名词的意义与性质，在日本早已确定。有人谓，日本现为我国敌国，名词取舍，不应仿效敌人，但吾人须知，我国学术方面的名词，渊源于日本者极多，"社会学"即其一也。夫学术无国界，在国际上，学术名词若能划一，于合作、交换，必利多而弊少也。

社会行政一名词，现在我国及欧美各国，亦常采用。由于现代社会事业的发展与迈进，社会事业机关的增加，遂有研究行政问题之必要。在执行社会事业之机关为社会行政机关。我国现在主管社会行政的机关为社会部，隶属于行政院，实际说来，社会部即等于社会行政部（Ministry of Social Administration）。社会部现设有社会行政计划委员会，计划社会行政方面之工作，系着重实际方面。社会事业，一方面要注重实际方面的推动，一方面也要有理论的研究，现代社会事业，理应双方并重。注重社会行政方面的课程，可称为社会行政，或社会事业行政，或公共福利行政，或社会机关行政。由于现代社会问题的复杂与严重，社会事业范围的扩大，社会机关为求增加行政效率，此类课程在社会事业学校或学系中，当亦属需要。社会行政，顾名思义，似偏于执行方面，社会机关的行政与其他机关的行政应注意之处，在性质与细则上，容有许多不同之点，而大体说来，如机关的组织、人事行政、事务管理以及经费等，亦颇多雷同之处。再以欧西各国所出版关于社会事业与社会行政之书籍来比较，前者之数量超过后者多多，以社会事业为名之著作甚多，（注五）而以社会行政为名之著作则屈指可数。吾人试一略考近年以来所出版关于社会行政专业书籍之内容，则多偏重于执行方面，其所讨论之范围，有时且不离普通行政学之领域。作者于民国十九至二十年间曾在中央政治学校担任社会行政一科，彼时不仅我国关于社会行政之材料甚感缺乏，即在欧美各国亦不易得，例如：

    1. Atwater, P. *Problems of Administration in Social Work*, 1940.

    2. Simey, T. S. *Principles of Social Administration*, 1937.

    3. Steuenson, M. *Public Welfare Administration*, 1937.

    4. Street, E. *Social Work Administration*, 1931.

    5. Street, E. *Public Welfare Administration*, 1940.

    6. White, L. D. *Introduction to the Study of Public Administration*, 1939.

    7. White R. C. *Administration of Public Welfare*, 1940.

以上各书，皆系民国二十年以后出版，可见欧西各国之社会事业家，注意于社会行政方面之研究，亦系近来之趋势，因为材料的缺乏，其所讲授，仍不离社会事业的范围，因此，作者近年以来在中央大学、中山大学及复旦大学所开设之课程仍沿用社会事业一名词。

Social work 译为社会事业，似无不当。国立编译馆所编译之社会学名词中，Social work 已多数赞同译为社会事业矣。不过，在某种情形之下，作者亦以为，现在我国，或称社会服务，或称社会福利，或称社会行政，似均无不可（例如现在各地所设之社会服务处，社会部之社会福利司，社会行政设计委员会），而各种社会服务活动的统称，似以用社会事业为较妥。管见如此，敬就商于国内高明，未识以为何如？

——《教育与社会》第 2 卷（1944 年）

《莎士比亚戏剧全集》译者自序
（1944）

朱生豪

【……】

余译此书之宗旨，第一在求于最大可能之范围内，保持原作之神韵；必不得已而求其次，亦必以明白晓畅之字句，忠实传达原文之意趣；而于逐字逐句对照式之硬译，则未敢赞同。凡遇原文中与中国语法不合之处，往往再四咀嚼，不惜全部更易原文之结构，务使作者之命意豁然呈露，不为晦涩之字句所掩蔽。每译一段竟，必先自拟为读者，察阅译文中有无暧昧不明之处。又必自拟为舞台上之演员，察阅译文语调之是否顺口，音节之是否调和。一字一句之未惬，往往苦思累日。然才力所限，未能尽符理想；乡居偏陋，既无参考之书籍，又鲜质疑之师友。谬误之处，自知不免。所望海内学人，惠予纠正，幸甚幸甚！

原文全集在编次方面，不甚惬当，兹特依据各剧性质，分为"喜剧""悲剧""杂剧""史剧"四辑，每辑各自成一系统。读者循是以求，不难获见莎翁作品之全貌。昔卡莱尔尝云："吾人宁失百印度，不愿失一莎士比亚。"夫莎士比亚为世界的诗人，固非一国所可独占；倘因此集之出版，使此大诗人之作品，得以普及中国读者之间，则译者之劳力，庶几不为虚掷矣。知我罪我，唯在读者。

生豪书于三十三年四月

——《莎士比亚戏剧全集》(上海：世界书局，1947 年)

谈翻译（1944）

周作人

有好些事情，经过了多少年的努力以后，并未能做出什么成绩，可是有了这许多经验，能够知道其中的甘苦黑白，这也是可珍重的一件事。即如翻译就是一例。我从清光绪甲辰即一九零四年起，在南京的学堂里就开始弄笔，至今已有四十个年头了，零整译品无甚足道，但是凭了这些经验，即使是失败的经验，也就有了经验之谈，现今大可拿来谈谈了。

第一可谈的是翻译的文字。这里可以分作两面，一是所译的本国文，二是原来的外国文。本国译文自然只是一种汉文，可是它又可以有文言与白话之分。据我看来，翻译当然应该用白话文，但是用文言却更容易讨好。自从严几道发表宣言以来，信达雅三者为译书不刊的典则，至今悬之国门无人能损益一字，其权威是已经确定的了，但仔细加以分析，达雅重在本国文方面，信则是与外国文有密切关系的。必须先将原来的文字与意思把握住了，再找适合的本国话来传达出来，正当的翻译的分数似应这样的打分，即是信五分，达三分，雅二分。假如真是为书而翻译，则信达最为重要，自然最好用白话文，可以委曲也很辛苦地传达本来的意味，只是似乎总缺少点雅，虽然据我说来白话文也自有其雅，不过与世俗一般所说不大同，所以平常不把它当作雅看，而反以为是俗。若是要想为自己而翻译的话，那么雅便是特别要紧，而且这还是世俗的雅，唯有用文言才能达到目的，不，极容易的可以达到目的。上边的话并非信口开河，乃是我自己从经验上得来的结果。简单的办法是先将原文看过一遍，记清内中的意思，随将原本搁起，拆碎其意思，另找相当的汉文一一配合，原文一字可以写作六七字，原文半句也无妨变成一二字，上下前后随意安置，总之只要凑得像妥帖的汉文，便都无妨碍，唯一的条件是一整句还他一整句，意思完全，不减少也不加多，那就行了。这种译文不能纯用八大家，最好是利用骈散夹杂的文体，伸缩比较自由，不至于为格调所拘牵，非增减字句不能成章，而且这种文体看去也有色泽，因近雅而似达，所以易于讨好。这类译法似乎颇难而实在并不甚难，以我自己的经验说，要比用白话还容易得多，至少是容易混得过去，不十分费力而文章可以写得像样，原意也并不怎么失掉，自己觉得满足，读者见了也不会不加以赏识的。这可以说是翻译的成功捷径，差不多是事半而功倍，与事倍功半的白话文翻译不可同年而语。我们于一九零九年译出《域外小说集》二卷，其方法即是如此，其后又译了《炭画》与《黄蔷薇》，都在辛亥以前，至民国六年为《新青年》译小说，始改用白话文。文言译书不很费力而容易讨好，所以于译者有利，称曰为自己而翻译，即为此故，不过若是因为译者喜欢这本原书，心想介绍给大家去看，那么这是为译书而翻译了，虽然用文言译最有利益，而于读者究不方便，只好用白话文译去，亦正是不得已也。至于说到外国文这一边，那就没有几句话即可说了。我想在原则上最好是直接译，即根据原书原文译出，除特别的例外在外，不从第二国语重译为是。可是这里有几个难题。一、从第二国语重译常较直接译为容易，因原文有好些难解的熟语与句法，在第二国语译本多已说清，而第二国语固有的这些难句又因系译文字故多不滥用，故易于了解。要解除这个困难，应于原文原书之外，多备别国语的译本以备参考比较。二、外国语的知识不深，那时不识艰难，觉得翻译不很难，往往可以多有成绩，虽然错误自然也所不免，及至对于这一国语了解更进，却又感到棘手，就是这一句话，从前那么译了也已满意了，现在看出这里语气有点出入，字义有点异同，踌躇再四，没有好办法，结果只好搁笔。这样的例子很是普遍，有精通外国语的前辈谦虚的说没法子翻译，一生没有介绍过他所崇拜的文人的一篇著作。这里没有好的解决方法，只是迂阔的一句话，希望译者努力勉为其难而已。

其次且一谈翻译的性质，或者可以称作态度。这里大概可分三种，一是职务的，二是事业的，三是趣味的。职务的翻译是完全被动的，因职务的关系受命令而翻译，这种人在日本称为通译，中国旧称通事，不过从前只重在传话，现在则改为动笔而已。跟了教士传道，则说天堂，在洋行里谈生意经，如办外交又须讲天下大事，此种工作要有极大语学能力，却可以不负责任。用在译书上也正是如此，时代有时很需要他，而人才难得，有些能力的人或者不大愿意做通事的生意，因此这类工作难得很好的成绩，至于读者方面之不看重还是在其次了。事业的翻译是以译书为其毕生的事业，大概定有一种范围，或是所信仰的宗教，或是所研究的学术，或是某一国某一时代的文艺，在这一定的范围内广泛的从事译述介绍。中国自晋至唐的译经事业是一个好例，最值得称赞，近时日本翻译外国文学，有专译特别一国的，如古希腊罗马、中国、义大利，以及西欧各国，都有若干专家，孜孜矻矻地做着这种工作，也是很足供我们取法的。这是翻译事业的正宗，其事业之发达与否与一国文化之盛衰大有关系。可惜这在我国一直就不很发达。至于趣味的翻译乃是文人的自由工作，完全不从事功上着想，可是其价值与意义亦仍甚重大，因为这种自动的含有创作性的译文多具有生命，至少也总是译者竭尽了心力，不是模糊敷衍之作，那是无疑的。所谓趣味的，并不是说什么有趣味的书，实在只是说译者的工作纯粹从他的趣味上出发，即是对于所译的书译者衷心的爱好，深切了解作者的思想，单是自己读了觉得可惜，必须把它写出来多给人看才为满意，此是一种爱情的工作，与被动的出于职务关系者正是相反也。不过这样的翻译极不容易，盖因为知之深，爱之极，故着笔也就很难，不必等批评家来吹毛求疵，什么地方有点不妥当自己早已知道，往往写不到一半，就以此停滞，无法打通这难关，因而只好中止者，事常有之。要想翻译文学发达，专来期待此项作品，事实上本不可能，但是学术文艺的译书中去找出有生命的，大抵以此项为多，此亦是自然的事。译者不以译书为事业，但只偶尔执笔，事实是翻译而当作自己的创作做去，创作的条件也是诚与达，结果仍是合格的译书，此盖所谓闭门造车，出门合辙，正是妙事，但亦不易得，殆是可遇而不可求者也。上边所说三种或者都有必要，事业的翻译前已说过是为正宗，但是这须政治与文化悉上轨道，有国家的力量为其后盾，才能发展成功，趣味的翻译虽是一星半点，不能作有系统的介绍，在兵荒马乱的时代或者倒是唯一的办法，于学艺前途不无小补。职务的翻译也是好的，不过这是属于机关或公司的事情，有些在政策或什么上要赶紧译出的东西便应交给办理，与普通的翻译家无干。个人尽他的良心与能力，翻译自己所想译的书，那就好了，社会与国家可以不要他的翻译，以至于不准，即是禁止出版，可是不能强迫他必须翻译某一种某一册书，因为翻译并不是通译。世间热心的人们看见一篇译文，常说这也不错，但为什么不译某一方面的作品呢，可惜见识尚缺，或是认识不足。译者对于各种批评固然愿意听受，但是也希望批评者要承认他不是雇用的通事，他没有一定要那么做的义务。这道理本来很简单，却常有人不免误会，顺便于此说明几句。

此外还有些琐屑的翻译经验，本想写进去，因为这是自己的事，写得不好便容易俗，而且反正也没有多大的意思，今且从略，或者将来看机会再写吧。

中华民国三十三年甲申初春，北京

——《苦口甘口》（上海：太平书局，1944 年 11 月）

怠工之辩（摘录）（1944）

周作人

【……】

　　其实在去冬曾经有一回想译一小篇岛崎藤村先生的随笔送去，因为藤村先生的好些散文都是我所十分佩服的，而且那时贵刊正要出藤村纪念专辑，觉得更是没有什么责任，所以决心想那么办。实在却是没有成功。那篇文章题为《短夜时节》，收在昭和五年出版的文集《在市井间》之中，反复看了几遍，觉得实在很好，等到要想动手翻译，才又看出来这里口气达不出，那里句子写不好，结果是思量打算了半天，仍旧一个字都没有写下来。这不是说前回不曾交卷的辩解，其实乃是说明翻译之不容易，假如这所要译的是自己所佩服所喜欢的作者所写的文章。或是原文未必佳妙，原作者未必高明，那么马虎地翻他一下也不见得真是怎么难，不过这类东西又未必有人愿意翻译，我们即使有闲，就是茶也好喝，何苦来自寻烦恼，在白纸上去多写上许多黑字呢。翻译白费心力固然是烦恼，而凭空又负上些责任，又是别一种烦恼，或者是日本所谓迷惑。我刚说翻译藤村文章没有责任，便是因为那时要出藤村特辑，纪念藤村的是非其责自在编辑者，应命为文的人别无干系，若是自己自动地翻译介绍某一作品，那么这责任就要自己去负，也实在是一件很有点儿麻烦的事。譬如你翻译古典作品，不免有批评家要责备说为什么不介绍现代，如介绍了明治时代作品，又会得怪你不看重从军文士。古人说，责备贤者，自然也是光荣，在旁观的看来，总是有点不讨好，殊有狼狈不堪之印象。不过这里只是客观地说，在自己却自有主观，翻译的时候还是照自定的方针去做，因为自己相信所做的工作是翻译而不是通译，所以没有那些责任。有同乡友人从东京来信，说往访长谷川如是闲氏，他曾云，要了解日本，不能只译文学，要译也须译明治作家之作，因他们所表现的还有日本精神，近人之作则只是个人趣味而已。我很喜欢在日本老辈中还有我们这一路的意见，是颇强人意的事，只要自信坚定，翻译仍是可做的，比较成问题的还只是自己的能力。谈到这里，我对贵刊想说的话差不多就齐全了，文章虽不能写，翻译尚想努力，但是在原则上努力不成问题，何时能够实现却未可知，因为这有力的分量的关系。本来根本不是罢工，可是不免似乎有怠工的样子，上边这好些废话就只是当作一篇辩解。【……】

——《苦口甘口》（上海：太平书局，1944 年 11 月）

谈翻译（1944）

朱光潜

在现代研究文学，不精通一两种外国文是一个大缺陷。尽管过去的中国文学如何优美，如果我们坐井观天，以为天下之美尽在此，我们就难免对本国文学也不能尽量了解欣赏。美丑起于比较，比较资料不够，结论就难正确。纯正的文学趣味起于深广的观照，不能见得广，就不能见得深。现在还有一批人盲目地颂扬中国文学，盲目地鄙弃外国文学，这对于中国文学的发展实在是一个大障碍。我们承认中国文学有很多优点，但是不敢承认文学所可有的优点都为中国文学所具备。单拿戏剧、小说来说，我们的成就比起西方的实在是很幼稚。至于诗，我们也只在短诗方面擅长，长诗根本就没有。再谈到文学研究，没有一个重要的作家的生平有一部详细而且精确的传记可参考，没有一部重要作品曾经被人作过有系统的研究和分析，没有一部完整而有见解的文学史，除《文心雕龙》以外，没有一部有哲学观点或科学方法的文学理论书籍。我们以往偏在注疏评点上做功夫，不失之支离破碎，便失之陈腐浅陋。我们需要放宽眼界，多吸收一点新的力量，让那个我们感发兴起。最好我们学文学的人都能精通一两种外国文，直接阅读外国文学名著。为多数人设想，这一层或不易办到，不得已而思其次，我们必须做大规模的有系统的翻译。

谈到翻译，这并不是一件易事。据我个人的经验，译一本书比自己写一本书要难得多。要译一本书，起码要把那本书懂得透彻。这不仅要透懂文学，还须透懂文字后面的情理韵味。一般人说，学外国文只要有阅读的能力就够了，仿佛以为这并不很难。其实阅读就是一个难关，许多大学外文系教授翻译的书仍不免错误百出，足见他们对于外国文阅读的能力还不够。我们常易过于自信，取一部外国文学作品从头读到尾，便满以为自己完全了解。可是到动手译它时，便发见许多自以为了解的地方还没有了解或是误解。迅速的阅读使我们无形中自己欺骗自己。因此，翻译是学习外国文的一个最有效的方法。它可以训练我们细心，增加我们对于语文的敏感，使我们透彻地了解原文。文学作品的精妙大半在语文的运用，对语文不肯仔细推敲斟酌，只抱着"好读书不求甚解"的态度，就只能得到一个粗枝大叶，决不能了解文学作品的精妙。

阅读已是一个难关，翻译在这上面又加上一个更大的难关，就是找恰当的中文字句把原文的意思表达出来。阅读只要精通西文，翻译于精通西文之外，又要精通中文。许多精通西文而不精通中文的人所译的书籍往往比原文还更难懂，这就未免失去翻译的意义。

严又陵以为译事三难：信、达、雅。其实归根到底，"信"字最不容易办到。原文"达"而"雅"，译文不"达"不"雅"，那还是不"信"；如果原文不"达"不"雅"，译文"达"而"雅"，过犹不及，那也还是不"信"。所谓"信"是对原文忠实，恰如其分地把它的意思用中文表达出来。有文学价值的作品必是完整的有机体，情感思想和语文风格必融为一体，声音与意义也必欣合无间。所以对原文忠实，不仅是对浮面的字义忠实，对感情、思想、风格、声音节奏等必同时忠实。稍有翻译经验的人都知道这是极难的事。有些文学作品根本不可翻译，尤其是诗（说诗可翻译的人大概不懂得诗）。大部分文学作品虽可翻译，译文也只能得原文的近似。绝对的"信"只是一个理想，事实上很不易做到。但是我们必求尽量符合这个理想，在可能范围之内不应该疏忽苟且。

"信"最难，原因甚多。头一层是字义难彻底了解。字有种种不同方式的意义，一般人翻字典看书译书，大半只看到字的一种意义，可以叫作直指的或字典的意义（indicative or dictionary meaning）。比如指"火"的实物那一个名谓字，在中西各国文字虽各不相同，而所指的却是同一实物，这就是在字典上所规定的。这是文字最基本的意义，最普遍也最粗浅。它最普遍，因为任何人对于它有大致相同的了解。它也最粗浅，因为它用得太久，好比旧铜钱，磨得光滑破烂，虽然还可用来在市场上打交易，事实上已没有一点个性。在文学作品里，每个字须有它的个性，它的特殊生命。所以文学家或是避免熟烂的字，或是虽用它而却设法灌输一种新生命给它。一个字所结的邻家不同，意义也就不同。比如"步出城东门，遥望江南路，前日风雪中，故人从此去"和"骏马秋风冀北，杏花春雨江南"两诗中同有"江南"，而前诗的"江南"含有惜别的凄凉意味，后诗的"江南"却含有风光清丽的意味。其次，一个字所占的位置不同，意义也就不同。比如杜甫的名句："红豆啄残鹦鹉粒，碧梧栖老凤凰枝。"有人疑这话不通，说应改为"鹦鹉啄残红豆粒，凤凰栖老碧梧枝。"其实这两种说法，意义本不相同。杜句着重点在"红豆"和"碧梧"（红豆是鹦鹉啄残的那一粒，碧梧是凤凰栖老的那一枝），改句着重点在

"鹦鹉"和"凤凰"（鹦鹉啄残了红豆粒，凤凰栖老了碧梧枝）。杜甫也并非倒装出奇，他当时所咏的主题原是红豆碧梧，而不是鹦鹉凤凰。这种依邻伴不同和位置不同而得的意义在文学上最为重要，可以叫作"上下文决定的意义"（contextual meaning）。这种意义在字典中不一定寻得出，我们必须玩索上下文才能明了。一个人如果没有文学修养而又粗心，对于文字的这一种意义也难懂得透彻。

此外，文字还另有一种意义，每个字在一国语文中都有很长久的历史，在历史的过程中，它和许多事物情境发生联想，和那一国的人民生活状态打成一片，它有一种特殊的情感氛围。各国各地的事物情境和人民的生活状态不同，同指一事物的字所引起的联想和所打动的情趣也就不同。比如英文中 fire，sea，Roland，castle，sport，shepherd，nightingale，rose 之类字对于英国人所引起心理反应和对于我们中国人所引起的心理反应大有分别。它们对于英国人意义较为丰富。同理，中文中"风""月""江""湖""梅""菊""燕""碑""笛""僧""隐逸""礼""阴阳"之类字对于我们所引起的联想和情趣也决不是西方人所能完全了解的。这可以叫作"联想的意义"（associative meaning）。它带有特殊的情感氛围，甚深广而微妙，在字典中无从找出，对文学却极要紧。如果我们不熟悉一国的人情风俗和文化历史背景，对于文字的这种意义也就茫然，尤其在翻译时，这一种字义最不易应付。有时根本没有相当的字，比如外国文中没有一个字恰当于我们的"礼"，中文中没有一个字恰当于英文的 gentleman。有时表面上虽有相当的字，而这字在两国文字中情感氛围，联想不同。比如我们尽管以"海"译 sea，或是以 willow 译"柳"，所译的只是字典的直指的意义，而 sea 字在英文中、"柳"字在中文中的特殊情感氛围则无从译出。

外国文字最难了解和翻译的第一是联想的意义，其次就是声音美。字有音有义，一般人把音义分作两件事，以为它们各不相关。在近代西方，诗应重音抑应重义的问题争论得很剧烈。"纯诗"派以为意义打动理想，声音直接打动感官，诗应该逼近音乐，力求声音和美，至于意义则无关宏旨。反对这一说的人则以为诗根本不是音乐，我们决不能为声音而牺牲意义。其实这种争执起于误解语言的性质。语言都必有意义，而语言的声音不同，效果不同，则意义就不免有分别。换句话说，声音多少可以影响意义。举一个简单的例来说，"他又来了"和"他来了又去了"两句话中都用了"又"字，因为腔调着重点不同，上句的"又"字和下句的"又"字在意义上就微有分别。作诗填词的人都知道一个字的平仄不同，开齐合撮不同，发音的器官不同，在效果上往往悬殊很大。散文对于声音虽没有诗讲究得那么精微，却也不能抹煞。中西文字在声音上悬殊很大，最显著的是中文有，而西文没有四声的分别，中文字尽单音，西文字多复音；中文多谐声字，西文少谐声字。因此，无论是以中文译西文，或是以西文译中文，遇着声音上的微妙处，我们都不免束手无策。原文句子的声音很优美，译文常不免佶屈聱牙；原文意味深长，译文常不免索然无味。文字传神，大半要靠声音节奏。声音节奏是情感风趣最直接的表现。对于文学作品无论是阅读或是翻译，如果没有抓住它的声音节奏，就不免把它的精华完全失去。但是抓住声音节奏是一件极难的事。

以上是文字的四种最重要的意义，此外还有两种次要的，第一种是"历史沿革的意义"（historic meaning）。字有历史，即有生长变迁。

中国文言和白话在用字上分别很大，阅读古书需要特殊的训练。西文因为语文接近，文字变迁得更快。四百年前（略当于晚明）的文字已古奥不易读，就是十八世纪的文字距今虽只一百余年，如果完全用现行字义去解，也往往陷于误谬。西方字典学比较发达，某字从某时代变更意义或新起一意义，常有例证可考。如果对文字沿革略有基础而有肯勤翻详载字源的字典，这一层困难就可以免除。许多译者在这方面不注意，所以翻译较古的书常发生错误。

其次，文字是有生命的东西，有时欢喜开一点玩笑，耍一点花枪。离奇的比譬可以使一个字的引申义与原义貌不相关，某一行业的隐语可以变成各阶级的普通话。文字游戏可以使两个本不相关而只有一点可笑的类似点的字凑合在一起，一种偶然的使用可以变成一个典故。如此等类的情境所造成的文字的特殊意义可以叫作"习惯语的意义"（idiomatic meaning）。普通所谓"土语"（slang）也可以纳于这一类。这一类字义对于初学是一个大难关。了解既不易，翻译更难。英文的习惯语和土语勉强用英文来解释，还不免失去原有的意味；如果用中文来译，除非是有恰巧相当的陈语，意味更索然了。

从事翻译者必须明了文字意义有以上几种分别，遇到一部作品，须揣摩那里所用的文字是否有特殊的时代、区域或阶级上的习惯，特殊的联想和情感氛围，上下文所烘托成的特殊"阴影"（nuance），要把它们所有的可能的意义都咀嚼出来，然后才算透懂那部作品，这不是易事，它需要很长久的文字训练和文学修养。看书和译书都必有勤翻字典的习惯，可是根底不够的人完全信任字典，也难免误事，他只能得一知半解，文字的精妙处实无从领会。一般英汉字典尤其不可靠，因为编译者大半并不精通外国文，有时转抄日译，以讹传讹。普通这一类字典每页上难免有几个错误或不精确处。单举一两个极普通的字来说，在中国一般学生心里，pride 只是"骄傲"，envy 只是"嫉妒"，satisfactory 只是"满意"。其实"骄傲"和"妒忌"在中文里涵义都不很好，而 pride "尊荣心"和 envy "欣羡"在英文里却有很好的意思，至于 satisfactory 所"满"的并不一定是"意"，通常只应译为"圆满"，这种不正确的知解都是中了坏字典的毒。

上文只就文字的意义来说，困难已经够多了，如果我们进一步研究语句的组织，又可发现其他更大的困难。拿中文和西文来比较，语句组织上的悬殊很大。先说文法。中文也并非没有文法，只是中文文法的弹性比较大，许多虚字可用可不用，字与词的位置有时可随意颠倒，没有西文文法那么谨严，因此，意思有时不免含糊，虽然它可以做得很简炼。其次，中文少用复句和插句，往往一义自成一句，特点在简单明了，但是没有西文那样能随情思曲折变化而见出轻重疾徐，有时不免失之松散平滑。总之，中文以简炼直接见长，西文以繁复绵密见长，西文一长句所包含的意思用中文来表达，往往需要几个单句才行。这对于阅读比较费力。初学西文者看见一长句中包含许多短句或子句，一意未完又插入另一意，一个曲折之后又是一个曲折，不免觉得置身五里雾中，一切都朦胧幻变，捉摸不住。其实西文语句组织尽管如何繁复曲折，文法必定有线索可寻，把文法一分析，一切就了如指掌。所以中国人学西文必须熟习文法，常作分析语句的练习，使一字一句在文法上都有着落，意义就自然醒豁了。这并非难事，只要下过一两年切实仔细的功夫就可以办到。翻译上的错误不外两种，不是上文所说的字义的误解，就是语句的文法组织没有弄清楚。这两种错误第一种比较难免，因为文字意义的彻底了解需要长久的深广的修养，多读书，多写作，多思考，才可以达到；至于语句文法组织有一定规律可循，只要找一部较可靠的文法把它懂透记熟，一切就可迎刃而解。所以翻译在文法组织上的错误是不可原恕的，但是最常见的错误也起于文法上的疏忽。

语句文法组织的难，倒不在了解而在翻译，在以简单的中文语句来译繁复的西文语句。这种困难的原因很多，姑举几个实例来说明：

1. But my pride was soon humbled; and a sober melancholy was spread over my mind, by the idea that I had taken an everlasting leave of an old and agreeable companion; and that, whatsoever might be the future date of my History, the life of the historian must be short and precarious. — E. Gibbon

2. This is why those periods have been so exceptional in history in which men who differed from the holders of power have been permitted, in an atmosphere of reasoned calm, to prove the validity of the insight they claim. — H. Laski

3. All the loneliness of humanity amid hostile forces is concentrated upon the individual soul, which must struggle alone, with what of courage it can command, against the whole weight of a universe that cares nothing for its hopes and fears. — B. Russell

这三句文字并不算很难，我叫学生试译，意思译对的不多，译文顺畅可读的更少。我自己试译，译文读起来也不很顺口，至于原文的风味更减色不少：

（一）但是我的自豪不久就降下去，一阵清愁在（我的）心头展开，想到我已经和一个愉快的老伴侣告永别；并且想到将来我的史书流传的日子无论多么久，作史者的生命却是短促而渺茫的。

（二）因此，人们和掌权者持异见时，还被允许（可以）在心平气和的空气中，证明他们所自以为有的先见之明是对的，这种时候在历史上很不多见。

（三）人类在各种对敌的（自然）势力之中所感受的寂寞都集中在各个人的心灵上，这各个人的心灵不得不凭它所能鼓起的勇气，孤独地奋斗，去撑持宇宙的全副重压，那宇宙对于它（各个人的心灵）的希翼和恐惧是漠不关心的。

我所感觉的困难有几种。头一种是复句。中文里不常用关系代名词和联接词（relative pronous and conjunctions）如 which，that，whose，where，when 之类，所以复句少。我们遇着用关系代名词和联接词很多的复句，翻译起来就感得棘手。比如第一例的 by the idea that，and that，第二例的 why，in which，who 第三例的 which，that 都很难直译。第一例只好把 by the idea that 译成"想到"。第三例 why 前后文本是一气，译文只好把它译成有停顿的子句"因此"，in which 一个插句只好和主句 those periods... 分开，把主句移置于全句尾。这样译，可以避免冗长笨重的句子，如：

这就是为什么那些时期在历史上很是例外，当其中人们和掌权者持异见还被允许……

但是第三例中两个代名词 which 和 that 就无法直译。which 本是代前面的"这各个人的心灵"，中文没有相当的代名词，只好把"这各个人的心灵"复述一遍，that 代前面的"宇宙"也是如此。这样一来，原文一个复句便变成三个单位。它的绵密组织和抑扬顿挫的节奏因此就不能保存了。总之，关系代名词和联接词所造成的复句在西文里很自然，在中文里很不自然，译西文复句时常须把它化成单句，虽然略可传达原文的意思，却难保存原文的风味。如果不把它化成单句，读起来就很不顺口，意思既暧昧，风味更不能保存。

其次，我感觉的困难是被动语气（passive voice）。被动语气在西文里用得很多，在中文里却不常见，依中文习惯，在应该用被动语气时，我们仍用主动语气。例如：

> 他挨打了（他被打了）。
>
> 秘密让人发现了（秘密被发现了）。
>
> 房子给火烧了（房子被火烧了）。
>
> 碗打破了（碗被打破了）。
>
> 他不为人所了解（他不被了解）。
>
> 声威四播（声威被四播）。
>
> 孟子不列于学官（孟子不被列于学官）。

如此等例不可胜举。在翻译时，如果遇到被动语气，就很难保存。例如：

> It is said that his book has been published.

一句英文，依被动口气，应该译为：

> 那是被说过，他的书已被发行了。

但是依中文习惯，它应该译为：

> 据说，他的书已发行了。

上面引的Gibbon《自传》里一段文字只是一个用被动语气的长句，可分析为下式：

My pride was humble...a   by the idea that...

sober melancholy was spread...   and that...

如果勉强保持原文被动语气，那就成为：

> 但是我的自豪不久就被我已和一个愉快的老伴侣永别那一个念头，和我的史书将来流传的日子无论多么久，而作史者的生命却是短促而渺茫的那一个念头所降伏下去了；而且一阵清愁也被这两个念头散布在我的心头。

一般初学者大半这样生吞活剥地翻译，但是这句话是多么笨重！为求适合中文习惯使语气顺畅起见，被动语气改译为主动语气较为方便。但是西文的被动语气有它的委婉曲折，译为主动语气，就难保存。比如上文所引的 Laski 一句话中的 Men...have been permmitted 依英文被动语气应译为"人们被允许"；依中文习惯应译为"人们可以"；"被允许"和"可以"究竟有一点差别。

第三，原文和译文在繁简上有分别，有时原文简而明，译文简则不明；有时原文字多才合文法，译文须省略一些字才简练。比如第一例 Whatsoever might be the future date of my history 直译应为"无论我的史书的将来的日子是怎样"，意思就不明白，我们必须加字译为"我的史书将来流传的日子无论多么久"。第二例"人们和掌权者持异见时还被允许……"加了"时"字文气才顺，加了"还"字语气才足。第三例 struggle alone...against the whole weight of a universe 直译应为"孤独地向宇宙的全副重压奋斗"，但是意思不如"孤独地奋斗，去撑持（或抵挡）宇宙的全副重压"，那么醒豁。至于虚字的省略是很容易见出的，第一例 And a sober melancholy was spread over my mind 中 and（而且）和 My（我的）都可不译。中文用虚字比西文较少，这是文字习惯，可省略的就不必要。

这是关于语句组织的几大困难。此外像词句的位置，骈散长短的分配，中西文也往往不同，翻译时我们也须费心斟酌。在这里我们可以趁便略谈直译和意译的争执。所谓"直译"是指依原文的字面翻译，有一字一句就译一字一句，而且字句的次第也不更动。所谓"意译"是指把原文的意思用中文表达出来，不必完全依原文的字面和次第。"直译"偏重对于原文的忠实，"意译"偏重译文语气的顺畅。哪一种是最妥当的译法，人们争执得很厉害。依我看，直译和意译的分别根本不应存在。忠实的翻译必定要能尽量表达原文的意思。思想感情与语言是一致的，相随而变的，一个意思只有一个精确的说法，换一个说法，意味就不完全相同。所以想尽量表达原文的意思，必须尽量保存原文的语句组织。因此，直译不能不是意译，而意译也不能不是直译。不过同时我们也要顾到中西文字的习惯不同，在尽量保存原文的意蕴与风格之中，译文仍应是读得顺口的中文。以相当的中国语文习惯代替西文语句习惯，而能尽量表达原文的意蕴，这也并无害于"直"。总之，理想的翻译是文从字顺的直译。

一般人所谓直译有时含有一种不好的意思，就是中西文都不精通的翻译者，不能融会中西文的语句组织，又不肯细心推敲西文某种说法恰当于中文某种说法，一面翻字典，一面看原文，用生吞活剥的办法，勉强照西文字面顺次译下去，结果译文既不通顺，又不能达原文的意思。许多这一类的译品读起来佶屈聱牙，远比读原文困难，读者费很大的气力还抵不住一段文章的意思。严格地说，这并不能算是直译。

一般人所谓意译也有时含有一种不好的意思，就是不求精确，只粗枝大叶地摘取原文大意，有时原文不易了解或不易翻译处，便索性把它删去；有时原文须加解释意思才醒豁处，便硬加一些话进去。林琴南是这派意译的代表。他本不通西文，只听旁人讲解原文大意，便用唐人小说体的古文敷衍成一部译品。他的努力不无可钦佩处。可是他是一个最不忠实的译者。从他的译文中见不出原文的风格。较早的佛典翻译如《佛教遗经》和《四十二章经》之类，读起来好像中国著述，思想和文章风格都很像是从印度来的。英国人译霸罗（Boileau）的《诗学》，遇着原文所举的法国文学例证，都改用英国文学例证代替。英美人译中国诗常随意增加原文所没有的话，以求强合音律。这些都不足为训，只是"乱译"。

提起"改译"，人们都会联想到英人 Fitzgerald 所译的波斯诗人奥马康颜的《劝酒行》。据说这诗的译文比原文还好，假如这样，那便不是翻译而是创作。译者只是从原诗得到一种灵感，根据它的大意，而自己创作一首诗。近来我国人译西方戏剧，也有采用这种办法的。我们对于这一类成功尝试原不必反对；不过从翻译的立场说，我们还是要求对原文尽量的忠实。纵非"改译"，好的翻译仍是一种创作。因为文学作品以语文表达情感思想，情感思想的佳妙处必从语文见出。作者须费一番苦心才能使思想情感凝定于语文，语文妥帖了，作品才算成就。译者也必须经过同样的过程。第一步须设身处在作者的地位，透入作者的心窍，和他同样感，同样想，同样地努力使所感所想凝定于语文。所不同者作者是用他的本国语文去凝定他的情感思想，而译者除着了解欣赏这情感思想语文的融贯体以外，还要把它移植于另一国语文，使所用的另一国语文和那情感思想融成一个新的作品。因为这个缘故，翻译比自著较难；也因为这个缘故，只有文学家才能胜任翻译文学作品。

——《华声》第 1 卷第 4 期（1944 年）

急待商榷之化学名词（1944）

谭勤余

　　化学名词，为数极多，大别之为无机化学及有机化学二部，各有系统，逐类旁通，非一一独立不相关联，学者亦无记不胜记之苦。或谓名词之为物，干燥无谓，不值多所讨论。然科学名词，与普通日用品名称不同，桌椅床凳，一见而知其为桌椅床凳，犬豕豺狼麋鹿，一见而知为犬豕豺狼麋鹿，其意义至明，无深加研究之必要。科学名词则不然，必知其涵义，识其内容，明其互相之关系，晓其命名之由来，举一反三，由彼推此，然后研究有系统可循，阅读有纲要可得。古人云："名不正则言不顺"，人事尚且如此，而况科学乎。化学名词为科学名词之一，固不待言；无机化学部分，因元素不过九十余种，其命名法大致已定，我国教育部又颁布有《化学命名原则》，可作标准，无多大变更。唯有机化学部分，其数达二十余万，而新物质之发明及新名词之创造，尚无止境；"化学命名原则"对有机部分，虽有基础规则一〇二条，然尚不敷应用。尤以有机物之同一物而异名者，不知凡几。倘不依一定方针，循一定系统，纷然杂陈，见一物而创一新名，或见一西文而译一音，创一新汉字，则字不胜其创，不胜其记。且所创之字，读音如何？定义如何？在在均成问题。不独令初学者或一般读者见其字而不知其言，不识其义，即创字者本人，愈创愈多，亦将感觉杂乱无系统之苦。是不仅增加学习汉字之困难，且失去科学名词之意义，笔者实不敢赞同。爰不揣冒昧，对于化学名词之命名法，拟定原则如下，以就教于海内贤达：

（1）凡化学名词，以部颁《化学命名原则》为基础，逐类旁通，推广应用，必须求其划一，成一定系统。

（2）《化学命名原则》不敷应用之处，间可增加扩充，但不可标新立异，动辄创新字，总以利用已有之名词及汉字为原则。

（3）必不得已而须创造新字时，务求各方兼顾，涵义须包括较广，避免与他字冲突或混淆，且宜定其读音，作其定义，备他日编入字典之用。

（4）俗名及学名可并存，俗名取其简单惯用，学名取其系统易晓，但必须分别清楚，在系统学名中，不可混用学名。

科学在研究真理，文字为表达科学之工具。吾人发表科学研究时，固不妨用西文著作，然亦必有汉文足以表达之，方足以促进我国文化，增高国民智识。尤以科学读物，尤宜言简意赅，词意正确，实事求是，不必拘泥西文，而一一为之创立新字，不胜其繁。例如西文 base，alkali，acid 三字，base 与 acid 对待时，acid 即"酸"，base 即"碱"，久已惯用。若为复数，可名之曰"酸类"（acids）及"碱类"（bases）。若称酸分子中之负电荷部分（即阴离子）为"酸根"（acid radical），则其正电荷部分（即阳离子）可称"碱根"（base or base radical），但碱根多系金属离子，又因其与酸根结合而成盐，故习惯上亦称曰"碱基"（base）。我国学者对于"酸"及

"酸根"二词，虽已通用不疑，而对于"碱"及"碱根"则竟未通用。盖以为 base 一字，有时指碱性物质之全体而言，有时指盐类之中之正电荷部分而言；而碱字又常用以译 alkali，遂致不能划一，有创"鹸"字以别之者。谨按西文 base 之用处较广，alkali 则多强调碱性之氢氧化钾、氢氧化钠、氢氧化钙等而言，固人所尽知。然在西书中，有时此二字亦互相混用，对于碱性物质，有时称之 base，有时称之 alkali，未严格划分界限。故窃以为不必另创新字，应视其实在内容如何，其泛指碱性物质而言，称曰"碱"或"碱类"；其指盐类中之正电荷部分而言，称曰"碱根"或"盐基"；其指钾、钠、钙等之氢氧化物而言，称曰"强碱"；如是则系统显明，又符惯用，无论初学者或一般读者，均易了解。倘拘泥西文，同一 base，既称曰碱，又特创一"鹸"字以译盐类中之碱根，则未始不可创一"醶"字或"鑶"字以名其酸根，岂非不胜其繁；况"鹸"字究读何音？不得而知，未免有画蛇添足之感。此外我国著作家对于《化学命名原则》第七条中之第一项说明，似未严格遵守，每每在系统学名中混用俗名。即"碳酸""磷酸"二词，往往书写为"炭酸""燐酸"，论其字面，似觉可通，然在何时宜用"石"傍字？何时宜用旧俗字？殊难确定，且实与该条之说明及其后所引各例不符。笔者平常校阅稿件，每见此等名词即感觉为难，欲严格改正，不胜其改，欲任其自然，又觉与原则不符，而淆惑后学。故不惮辞费，草拟斯文，筹请我国著作家少创新字，确守原则，使后之学者容易学习，科学知识容易推广；同时减少出版家另制新字模之困难，则科学出版物之发达，裨益当非浅鲜。

又按化学名词中之待商榷者甚多，笔者已撰一文登文化服务社出版之《读书通讯》第六十二期，管见所及者，已发表一部分。今再将有机化学名词之待商榷者，择要拟定如下，以求教焉。

　　【……】

——《东方杂志》第 40 卷第 1 号（1944 年）

八十年来官办编译事业之检讨（1944）

郑鹤声

我国自清季以来，迭经外力之压迫，朝野人士，颇知变法以图自强。创设新政，不一而足。其最著者，例如设制造局以备军械，创招商局以争航利，练军队以固国防，兴学校以培人才，莫不以复兴国家为鹄的。而对于促进文化，启迪民智之编译事业，亦复随时代之需要，而为时人所注目。

清季以来之编译事业，当以京师同文馆为首创。同文馆之设立，注意于一般新知识之介绍，而兼及于文字之学。我国近世翻译之风气，因之而兴。至江南制造局出，附设翻译馆，以编译国防之书籍，于是编译之风，为之一变。其次学部成立后，设立编译图书局，以编译教科应用之书籍，于是编译之风，为之再变。唯制造局与图书局时代之编译工作，专以介绍西洋新知识为主，故偏重于翻译之工作。民国以来，创设国立编译馆，除用翻译方法以吸收西洋文化外，兼采整理方法，以发扬我国固有之文化，于是编译之风，又为之一变。

清季以来，官办之编译事业，约可分为四个时期：一曰京师同文馆时代，二曰江南制造局时代，三曰学部编译图书局时代，四曰国立编译馆时代。每一时代编译风气之造成，辄有若干议论，开其先路。由议论而趋事实，其事实之表现，亦各有其时代之上之特色。即同文馆时代注重各项知识之介绍，而留意于文字之学，制造局时代注重国防应用之书籍，图书局时代注重于教科书籍。国立编译馆时代则吸收西洋文化与整理固有文化并重是也。兹将各时代一般人士之议论及其成绩之表现，述其崖略，以备我国八十年来官办编译事业之文献。

一、京师同文馆时代之编译事业

自咸丰十年（西元 1860）开设京师同文馆于北京，其时官绅吴人冯桂芬请设翻译公所，江苏巡抚李鸿章遂于同治二年（西元 1863）奏设广方言馆（原名学习外国语言文学学馆）于上海，与京师、广州同文馆南北鼎峙。同文馆之设立，虽专在培养翻译人才，以备当时对外翻译交涉用，其所注意，不过学习各国之语言文字，其目的不在翻译图书，唯借翻译图书为其成绩之标准。然丁韪良、毕利干等所译西政法制格致制造之书，亦足以启发新知，而对于文学之贡献，尤为本期翻译事业之特色。兹略述于次：

（一）恭亲王等奏设京师同文馆。自英法联军一役结束后，乃于咸丰十年（西元 1860）十二月创设总理各国通商事务衙门，命恭亲王奕䜣、大学士桂良、户部左侍郎文祥等管理其事，我国之有外交机关，此其嚆矢。因外交上之需要，同时设立同文馆于北京。是年恭亲王等准奏于八旗子弟中年十三四以下者，挑选入馆，学习外国语言文字，知照俄罗斯文馆妥议章程。略称：

与外国交涉事件，必先知其性情，今语言不通，文字难辨，一切隔膜，安能望其妥协？从前俄罗斯文字，曾例定设立文馆学习，具有深意。今日久视为具文，未能通晓，似宜量为鼓舞，以资观感。闻广东、上海商人有专习暎咪唎（即英美法）三国文字语言之人，请饬各该省督抚选诚实可靠者，每省各派二人，共派四人，携带各国书籍来京。并于八旗中挑选天资聪慧、年在十三四岁以下者各四五人，俾资学习。其派来之人，仿照俄罗斯文馆教习之例，厚其薪水。两年后分辨勤情，其有成效者，给以奖叙。俟八旗学习之人于文字语言悉能通晓，即行停止。俄罗斯语言文字，仍请饬令该馆妥议章程，认真督课。所有学习各国文字之人如能纯熟，即请奏给以优奖，庶不致日久废弛。（注一）

同文馆之组织，据大清会典，设管理大臣，掌通五大洲之学，以佐朝廷一□教，设四国语言文字之馆（天文、化学、算学、格致、医学共八馆），曰英文前馆，曰法文前馆，曰德文前馆，曰英文后馆，曰法文后馆，曰德文后馆，曰俄文后馆，考选八旗子弟与民籍之俊秀者，记名入册，以次传馆。凡教习有延订者、选举者、考充者。学生有由沪粤同文馆及直省咨送者。月督其课，季试其能，岁考其程，届三年则大考，分别等第，奉请奖叙；不列等者，降黜有差。（注二）

旋因制造机器火器，必须讲求天文算学，议于同文馆内添设一馆，招取满汉举人，恩、拔、副、岁、优贡生，前项正途出身之五品以下京外各官，考试录取。延聘西人在馆教习。并声明一切章程，俟奉旨允准后，再行详细酌定，奏请施行。得旨依议。（注三）时倭文端公（仁）方为首揆，以正学自任，力言其不可。略谓："立国之道，尚礼义不尚权谋，根本之图，在人心不在技艺。今求诸一艺之末，又奉夷人为师，无论所学未必果精，即使教者诚教，学者诚学，其所成就，不过术数之士，未闻有学术数而能起衰振靡者也。自耶稣之教盛行，无识愚民，半为所惑，所恃读书明理之儒，或可维持人心。今复举聪明隽秀国家所培养而贮以有用者，使之奉夷人为师，恐所习未必能精，而读书人已为所惑。天文为六艺之一，本儒者所当知，非歧途可比，然天文算学，为益甚微，西人教习正途，所损甚大。伏望立罢前议，以维大局而弥隐患。"（注四）御史张盛藻亦上奏驳议谓："天文勾股，宜令钦天监五品正天文生研究，制造工作，宜责成工部考核。文儒近臣，不当崇尚技能，师法外夷。"（注五）又经恭亲王等具疏声明。略谓：

臣等伏查此次招考天文算学之议，并非务奇好异，震于西人术数之学也。盖以西人制器之法，无不由度数而生，今中国议欲讲求制造轮船机器诸法，苟不藉西士为先导，俾讲明机巧之原，制作之本，窃恐私心自用，徒费钱粮，无裨于实际。是以臣等衡量再三，而有此奏。论者不察，必有以臣等为不急之务者，必有以舍中国法而从西人为非者，甚且有以中国之师法西人为深可耻者，此皆不识时务之论也。夫中国之宜谋自强，至今而已亟矣，识时务者，莫不以采西学制洋器为自强之道，疆臣如左宗棠、李鸿章等，皆能深明其理，坚持其说，时于奏牍中详陈之。上年间李鸿章在上海设立机器局，由京营拣派兵弁前往学习。近日左宗棠亦请在闽设立艺局，选少年颖悟子弟，延请洋人，教以语言文字、算法画法，以为将来制造轮船机器之本。由此以观，是西学之不可不急为肄习也，固非臣等数人私见矣。……总之，学期适用，事贵因时，外人之物议虽多，当局之权衡宜定。臣等于此，筹之熟矣。惟事属创始，立法宜详，大抵欲严课程，必须优给禀饩，欲期鼓舞，必当量予升途。谨公同酌拟章程六条缮呈御览，恭候钦定。再查翰林院编修检讨庶吉士等官，学问素优，差使较简，若今学习此项天文算学，成功必易。又进士出身之五品以下京处各官，与举人，五项贡生，事同一律，应请一并推广招考，以资博采。（注六）

清廷虽准其议，然都下人士，皆以倭张所奏为至论，传诵一时。而词馆曹郎，皆自以下乔迁谷为耻，竟无一人肯入馆者。清廷岁糜巨款，止养成三数通译才耳。方争之烈，恭亲王奏命文端为同文馆大臣，盖欲以间执其口也。文端受命，欣然策骑莅任，中途故坠马，遂以足疾请假。清廷知其意不可回，亦不之强。文端之薨也，巴陵谢麟伯大史挽以联云："肩正学于道统绝续之交，诚意正心，讲席敢参他说进；夺我公于国是纷纭之日，攘夷主战，明朝无复谏书来"，当时士大夫之见解如是，宜乎郭筠仙丁雨生皆以"汉奸"见摈于清议也。（注七）

京师同文馆自咸丰十年（西元1860）奏请设立，谕军机大臣由广东、上海各聘外国语言教师二人，就原有俄罗斯馆附课其他各国语言文字，而学生则以八旗子弟为限，唯尚未实行。同治元年（西元1862），始由总理各国事务衙门聘定英教师二人，正式设立同文馆于北京。同治五年（西元1866），恭亲王奏请在同文馆加课天文算学，于是同文馆课程内容，始稍加扩充。至光绪二十一年（西元1895），重新厘订分年课级办法，自是同文馆课程，分为八年，第一年专习外国语言文字，编译练习。授课七年，算学五年，天文二年，各国地图、各国史略、格致化学、万国公法、地理金石、富国策等科目各一年。同文馆课程，至此又加扩充。其著名教授，有丁韪良、毕利干、方根拔（天文教授）、额伯连（英数教授）等。其著名学生，则有吴宗濂（曾任意公使）、刘镜人（曾任荷俄公使）、杨晟（曾任荷德奥公使）、刘式训（曾任法巴公使及外交部次长）、陆征祥（曾任荷俄公使国务总理兼外交总长）、颜惠庆（曾任德丹公使国务总理兼外交总长）等。光绪二十四年（西元1898）开办京师大学堂，将该馆并入大学堂内，另行改组。由管理大学堂事务孙家鼐奏京师《同文馆归并大学堂变通办法》云：

窃谓同文馆归并大学堂之后，经费无着，由臣奏请变通办法，拟设英法俄德日五国语言文字专科，聘用外国教习五员，除本馆学生外，并预备速成两馆，学生所习之各国文，统归教授。现在延订外国教习五员，约在明岁春融之后，可以到京。至昨已开办之速成科外国文一项，系暂用本国人通习各国文之助教教员督课。同文馆开办后，此项助教人等，仍应作为馆中人员，并外国教习五员之薪水，一共归入同文馆开支，以清界线而昭划一。唯查同文馆何隶外务部常年款项，在海关船钞项下拨用三成，为数甚巨，自归入大学堂后，已成无米之炊，所有经费，全部归大学堂拨用，自不能满事撙节。而曩年经理成例，亦应随时变通，所有学堂膏火一节，拟即停止。

至学生入馆肄业一层，亦由馆中随时考取。唯此项学生，既非大学堂预备科之必取得博通卒业，又非速成科之必须各项出身，但文理通而年齿稚者，即堪收取入学堂，人数过多，未免漫无限制。拟即照外国通例，酌收伙食等费，庶免希图温饱，坐致荒嬉。至卒业之后，拟不予进士举人生员等名目，专备外务部及各国出使臣，南北洋通商大臣，各省督抚咨取译员之用，并另行给予文凭，办各处学堂外国语言文字专科教习，及各省洋务局译书局等处译员。

其课程，则入学之初，课以各国语言文字之外，另聘汉文教习。兼授汉文。二三年后，择其尤者，授以法律交涉等类专科。所有章程，统俟续行拟定。唯是中国翻译外国书籍，垂四十年，月费巨金，迄无善本，以致译名训义，任意分歧，定字审音，尤多杂糅。臣于筹办学堂大概情形折内，业经陈奏核议施行。现在同文馆既费巨款延致各国通才，拟即令督同助教人等，于教授学生功课之外，编辑各国文典一部，垂为定本，俾睹宏编，实为一举两得。臣亦知成功匪易，创始为难，唯此本一成，将来翻译各书，何止事半功倍。

计各种经费，唯外国教习一项，最为大宗，约须二万余两，其余亦不过二万两，统计每年至少约须四万余两。事增于前，费省于旧，所需之数，明知库款为限，难以筹划，只有将大学堂华俄银行余利项下，暂行拨支，一俟筹得抵款，即行停拨。唯馆中事务殷繁，必须派有妥员，方足以责专成而昭慎重。查有候补五品京堂曾广铭，久历外洋，精通西学，堪以派为同文馆总办。现当开办之初，一切责令经理，必能胜任。该员自去岁以来，即由臣派在学堂差遣，一切颇资得力。现在奏派同文馆总办，所有学堂差委，仍令兼习，实于学堂不无裨益。所有筹办同文馆缘由，谨缮折具陈。（注八）

此为光绪二十四年京师同文馆改组之情形，二十六年（西元1900）义和团之变，京师同文馆受损极重。二十八年（西元1902）全国教育制度重新改革，京师同文馆遂正式合并于京师大学堂。（注九）

（二）冯桂芬请于广东、上海设立翻译公所。同时冯桂芬著《采西学议》，主张于广东、上海设立翻译公所，教以西国语言文字，选择英华书院、墨海书院及道光间俄人所进书籍。其言曰：

　　……顾氏炎武不知西海，夫西洋即西海，彼时已习于人口，职方外纪等书，已入中国，顾氏或未见或见而不信，皆未可知。今则地球九万里，莫非舟车所通，人力所到，周髀礼疏骄衍所称，一一实有其地。据西人舆图所列，不下百国，此百国中翻译之书，惟明末意大里亚及今英吉利两国，书凡数十种，其述耶稣教者，率猥鄙夫无足道。此外如算学、重学、视学、光学、化学等。皆多格物至理，与地书备列百国山川厄塞、风土物产，多中人所不及。昔郑公孙捧能知四国之为，子产能举晋国实沈台骀之故，列国犹有其人，可以中华大一统之邦，而无之乎。亦学士之羞也。

　　今之习夷者，曰通事，其人率皆市井佻达游闲，不齿乡里，无所得衣食者始为之，其质鲁，其识浅，其心术又鄙，声色货利之外，不知其他，且其能不过略通夷语，间识夷字，仅知货目数名与俚浅文理而已，安望其留心学问乎。唯彼亦不足于若辈，特设义学，招贫苦童稚，兼习中外文字。不知村童沽竖，颖悟者绝少，而又渐于夷场习气，故所得仍与若辈等。今欲采西学，宜于广东、上海设一翻译公所，选近郡十五岁以下颖悟文童，倍其禀饩，住院肄业。聘西人课以诸国语言文字，又聘内地名师，课以经史等学，兼习算学。闻英华书院、墨海书院藏书甚多，又俄夷道光二十七年所进书数百种，存于方略馆，宜发院择其有理者译之。由是而历算之术，而格致之理，丽制器尚象之法，兼综条贯，轮船火器之外，正非一端。如历法从古无数十年不变之理，今时宪以干隆甲子为元，承用已逾百年，渐多差忒，甲辰修改，墨守西人旧法，进退其数，不足依据，必求所以正之。闻西人现用地动新术，与天行密合，是可资以授时。又如河工，前造百龙搜沙之器，以无效而辍，近闻西人海港刷沙，其法甚捷，是可资以行水。又如农具织具，百工所需，多用机轮，用力少而成功多，是可资以治生。其他凡有益于国计民生者，皆是奇技淫巧不与焉。三年之后，诸文童于诸图书应口成诵者，许补本学诸生，如有神明变化，能实见之行事者，由通商大臣请赏给举人所前议。中国多秀民，必有出于夷而转胜于夷者，诚今日论学一要务矣。

夫学问者，经济所从出也。大史公论治曰法后□王，为其近己而俗变相类，议卑而易行也。愚以为在今日又宜曰鉴诸国，诸国同时并域，独能自致富强，岂非相类而易行之尤大彰明较著者。如以中国之伦常名教为本，辅以诸国富强之术，不更善之善者哉。且也通市二十年来，彼酋之习我言语文字者甚多，其优者能读我经史，于我朝章吏治、兴地民情、类能言之，而我都护以下之于彼国，则懵然无所知，相形之下，能无愧乎？于是乎不得不寄耳目于蠢愚谬妄之通事，词气轻重缓急，辗转传述，失其本旨，几何不以小嫌酿大衅。夫驭夷为今天下第一要政，乃以枢纽付之若辈，无怪彼己之不知，情伪之不识，议和议战，讫不得其要领，国家之隐忧也。此议行，则习其语言文字者必多，多则必有正人君子通达治体者出其中，然后得其要领而驭之，绥靖边陲，道又在是。如谓六合之内，论而不议，封故见而限思闻，恐古博物君子必不尔也。（注一十）

（三）李鸿章奏请于上海设立学习外国语言文字学馆。同光之际，我国倡办洋务者，必以李鸿章为巨擘。李鸿章所办洋务，自同治二年正月奏设外国语言文字学馆于上海（即广言馆）至光绪二十年五月设医学堂于天津，不下二十余件，总其大纲，不外二端：一曰军事，如购船购机、造船造械、筑炮台、缮船务等是也。二曰商务，如铁路、招商局、织布局、电报局、开平煤矿、漠河金矿等是也。其间有兴学堂，派学生游学外国之事，大率皆为兵事起见，否则以供交涉翻译之用者也。（注一一）同治二年（西元1863）李鸿章在江苏巡抚任内，奏设《学习外国语言文字学馆》云：

窃臣前准总理衙门来咨遵议设立学习外国语言文字学馆为同文馆等因，伏唯中国与洋人交接，必先通其志，达其欲，周知其虚实诚伪，而后有称物平施之效。互市二十年来，彼酋之习我语言文字者不少，其优者能读我国经史，于朝章宪典、吏治民情，言之历历。而我官员绅士中绝少通习外国语言文字之人。各国在沪设立翻译官一二员，遇中外大臣会商之事，皆凭外国翻译官传述，亦难保无偏袒捏架情弊。中国能通洋语者，仅恃通事，凡关局、军营、交涉、军务，无非雇觅通事，往来传话，而其人遂为洋务之大害，查上海通事一途，获利最厚，于士农工商之外，别成一业，其人不外两种：一、广东宁波商伙子弟，佻达游闲，别无转移执事之路者，辄以学习通事以逋逃薮。二、英法等国设立义学……。京师同文馆之设，实为良法，行之既久，有正人君子奇尤异敏之士，出乎其中，然后盖得西人之要领，而思以驾驭之，绥靖边陲之原本，实在于此。唯是洋人总汇之地，以上海、广东两口为最，种类较多，书籍较富，见闻较广，语言文字之粗者，一教习已足；其精者务在博采周咨，集思广益，非求之上海、广东不可。故行之他处，犹一齐人之传说也，行之上海、广东，更置之庄岳之间之说也。臣愚拟请仿照同文馆之例，于上海添设外国语言文字学馆……均由海关监督督筹试办。随时察核具详。三五年后，有此一种读书明理之人，精通番语，凡通商督抚衙门及海关监督应添设翻译官承办洋务者，即于学馆中遴选承充，庶关税军需可期核实，而无赖通事，亦稍敛迹矣。

夫通商纲领，固在总理衙门，而中外交涉事件，则两口转多，势不能以八旗学生兼顾。唯多途以取之，随地以求之，则习其语言文字者必多。人数既多，人才斯出，彼西人所擅长者，推算之学，格物之理，制器尚象之法，无不专精务实，渤有成书，经译者十几一二，必能尽阅其未译之书，方可探颐索隐，由精浅而入精微。我中华智巧聪明，岂出西人之下，果有精熟西文，转相传习，一切轮船火器等技巧，当可由渐通晓，于中国自强之道，似有裨助。（注一二）

得旨，准李鸿章在上海设立广方言馆。时新移敬业书院于上海学宫旧址，乃即院西隙地起造房廊，制极宏敞。由冯桂芬等拟定章程十二条，禀准颁行。其肄业生额设四十名，延英士中之有学问者二人为西教习，以近郡品学兼优绅士一人为总教习，举贡生员四人为分教习，分教"经学""史学""算学""词章"为四类。诸生于三年期满后，有能一手翻译西书全帙，而文理亦斐然成章者，由中西教习移道，咨送通商衙门考验，照奏定章程，关会学政，作为附生。以后通商各衙门应添设翻译官，承办洋务，督抚即可遴选承充，不愿就者听。其能翻译全帙者，作为修生，一体出馆。（注一三）上海广方言馆翻译书籍不甚可考，至于京师同文馆所翻译者以英人丁韪良（冠西）、法人毕利干为主。在光绪十四年（西元1888）以前，计有《万国公法》（为丁韪良未入同文馆以前所译）、《格致入门》（丁韪良编）、《化学指南》（毕利干著）、《法国律例》《星轺指掌》《公法便览》《英文举隅》《富国策》（丁韪良著）、《俄国史略》《各国史略》《化学阐原》（毕利干编）、《物理测算》（丁韪良编）、《全体通考》《公法会通》（五册，丁韪良著）、《算学课艺》《新加坡律例》《中国古史公法论略》

（丁韪良著）、《汉法字汇》（毕利干编）、《天学发轫》《同文律梁》（丁韪良编）等二十种。（注一四）

二、江南制造局时代之编译事业

继京师同文馆、上海广方言馆而起者，则有江南制造局之翻译馆。其时士大夫如张焕纶以出洋游学之不能普遍，李东沅以同文馆、广方言馆编译成绩不足以应时代之需，建议翻译西国政教制造之书。至翻译馆出，而翻译事业始别开生面。本期之编译工作，出于中外人士之合作，分口译笔述两种手段。其编译目标，以兵学及工艺为主，理化算学等次之，故关于国防应用等书籍之编译，可为本期编译事业之特色，兹略述如次：

（一）张焕纶条陈选择西国政教书籍。京师同文馆之□□也，虽经时人之沮议，然咸同之际，洋务勃兴，老成持重如曾国藩等，亦主张设立出洋局，上拟选聪颖子弟出洋习艺之疏。但因派遣学生，其数有限，用费甚巨，故张焕纶氏即有选择西书之建议。张氏曾上时务条陈于当时执政者，其上于曾氏者，五曰宜选择西国政教书籍，以备采择云：

今之论西国者，曰货财之雄，炮械之利而已，岂知西国制胜之本，不在富强，其君民相视，上下一体，实有暗合于儒者之言，则其为政教必有斐然可观者。今所译仅有机器格致各种书。窃谓国家盛衰，系乎风俗人才，而风俗人才，尤急于蒙养。西国孩童，皆有书院，犹得古者小学之意，今虽设有出洋局，然费巨难继，所养仅百人，岂能家喻户晓？不如取各国学校书院章程，翻译成书，寄归中国，请先于通商各埠设蒙养书院，取古人教子弟之法，而略以西法参之，冀渐推广，其费视出洋为省，而其功必宏远矣。教者政之本，教成则政立矣。外如医学及农家种种各书，亦宜广为采购，此古人辏轩采风之义也。（注一五）

（二）李东沅请翻译西国有用之书。同时有李东沅者以同文馆、广方言馆所习格致之学，未能深通，不能自行制造，不讲求西洋律例，对手交涉案件，莫能办理。主张将西国有用之书，分别译成华文云：

夫欲制胜于人者，必尽知其成法而后能变通，变通而后能克敌。且彼萃数国之人才，穷百年之智力，掷亿万之赀财，而后得之，沥为成书，公诸人而不私诸己，广其学而秘其传。今中国所设之同文院、广方言馆，已历有年，而于格致讲学，尚未深通，其所制造，全仗西人指授，不过邯郸学步而已，何能别出心裁，创一奇巧之兵船，造一新捷之火器哉？且又从不讲求西国律例，凡交涉案件，莫能办理，如延西国讼师，代我辩论，则又恐从中袒护，不能力斥其非。此数端皆中国所必需，尤当遇其漏卮，启其秘钥，将西国有用之书，条分缕析，译出华文，颁行天下。各设书院，人人皆得而学之。院师择请西儒，或出洋首选之官生，以充其任。以中国幅员之广，人才之众，竭其聪明智力，何难驾出西人之上哉？而奈之何甘于自域也。（注一六）

先是江督曾国藩于咸丰十一年（西元1861）始创中国试造轮船之议，同治元二年间（西元1862—1863）驻扎安庆设局试造洋器，全用汉人，未雇洋匠。虽造成一小轮船，而行使迟钝，不甚得法。二年冬间，派令候补同知容闳出洋购买机器，以资扩充。时苏芜李鸿章亦留心外洋军械。四年（西元1865）在沪购买机器一座，派委知府冯梭光、沈保靖等开设铁厂，适容闳所购之器，亦于是时运到，归并一局。以经费支出专造枪炮。六年（西元 1867）四月，奏准拨留洋税二成，以一成为专造轮船之用。于上海城南创建江南制造局，附设学馆，以学习翻译之用。七年（西元 1868）九月，由曾国藩疏陈机器局情形云：

> 该局在向上海虹口暂租外厂，中外错处，诸多不便。且机器日增，厂地狭窄，不能安置。六年夏间，乃于上海城南兴建新厂，购地七十余亩，修造公所。共已成者，曰汽炉厂、曰机器厂、曰熟铁厂、曰洋厂、曰木工厂、曰铸铜铁厂、曰火箭厂、曰库房、栈房、煤房、文案房、工务厅、中外工匠住居之室，房屋颇多，规矩亦肃。……另立学馆，以习翻译。翻译一事，系制造之根本，洋人机器，出于算学，其中奥妙，皆有图说可寻。特以彼此文义扞格不通，故虽日习其器，究不明夫用器与制器之所以然。本年局中委员于翻译其为究心，先后订请英国伟烈亚力、傅兰雅、玛高温三名，专择有裨制造之书，详细翻出。现已译成《汽机发轫》《汽机问答》《运规约指》《泰西采煤图说》四种，拟俟学馆建成，即选聪颖子弟，随同学习，妥立课程，先从图说入手，切实研究。庶几物理融贯，不必假手洋人，亦可引申另勤成书，此又择地迁厂及添设翻译馆之情形也。（注一七）

同治九年（西元 1870），将上海广方言馆并人江南制造局，改名翻译馆，翻译格致、化学、制造各书。其组织规模，据《江南制造局记》，设提调一人，口译二人，笔述三人，校对画图四人，（注一八）人各一室，日事撰述，旁为刻书处，乃剞劂者所居。（注一九）其口译者，有英国傅兰雅、伟烈亚力，美国林乐知、金楷理诸人。其笔述则以无锡徐寿徐建寅父子，及金匮华蘅芳为巨擘。徐华诸氏，对于制造理化之学，有湛深之研究。不但对于制造工作，极有成绩，对于编译工作，尤有可观。据徐珂《清稗类钞》云：无锡徐雪村封翁寿，为仲虎观察建寅之尊人，精理化学，于造船造枪炮弹药等事，多所发明。并制造镪水、棉花、药汞、爆药，我国军机即赖以利用，不受西人之居奇抑勒。顾犹不自满，进求其船坚炮利工艺精良之原始，悉本于专门之学，乃创议翻译西有用之书，以探索根柢。曾文正公深韪其言，于是聘订西士伟力亚利（编者注：即伟烈亚力）、傅兰雅、林乐知、金楷理等，复集同志华蘅芳、李凤苞、王德钧、赵元益诸人，以研究之。阅数年，成书数百种，于是泰西声、光、化、电营运军机各种实学，遂以大明。此为欧西文明输入我国之嚆矢。（注二〇）

又云：光绪初，有以格致理化专精制造名者，为无锡徐雪村封翁寿。其人质直无华，幼习举业，继以为无裨实用，遂专究格物致知之学。讨论经史，旁诸子百家，积岁勤搜，凡数学、律名、几何、重学、矿产、汽机、医学、光学、电学，靡不通，奏举奇人异能，以宾礼罗致幕下。文正常愤西人专揽制器之利，谋所以抵制之，遂檄委雪村创建机器局于安庆。乃与华蘅芳、吴嘉廉、龚芸棠及次子建寅，潜心研究，造器制机一切事宜，皆由手造，不假外人，程功之难，数十倍于今日。同治丙寅（五年）三月，造成木质轮船一艘，长五十余尺，每小时能行二十余里。文正勘验得实，激赏之；锡名黄鹄。既而文正奏设江南制造局于上海，复令雪村总理局务。时百事草创，雪村于制造船枪炮弹等事，多所发明，自制镪水、棉花、药汞、爆药，并为化学工业之先导，而塞银钱出海之漏卮。（注二一）

又云：徐建寅字仲虎，寿之仲子也，从寿精研理化制造之学。寿与华蘅芳谋造黄鹄轮船时，苦无法程，日夕凝想，仲虎累出奇思以佐之，黄鹄遂成。旋于上海制造局助成惠吉、操江、测海、澄庆、驭远等船。及以道员奏留湖北候补，乃督办保安火药局。时外洋火药不入口，鄂督张之洞虑告匮，仲虎慨然任之，指授众工，自造机器，摹做西制，越三日告成。燃放比验，与来自外洋者几无以辨。（注二二）

又云：咸丰辛酉（十一年），金匮华若汀太守蘅芳从曾文正公于安庆军中，领金陵军械所事，与徐寿绘图，自造黄鹄轮船一艘，推求动理测算汽机，实为我国自造轮船之始。同治初，文正奏设江南制造局于上海，匮为之建筑工厂，安置机器焉。制造局之火药厂，设于龙华，若汀监理之。自制锡水，以节漏卮，朝夕巡视。（注二三）则其潜心研究，勤劳工作，于此可见一斑矣。

综计江南制造局编译印行之书籍，据可考见者，不下百余种。其中以兵学书为最多，工艺书次之，理化书又次之，算术书又次之，其他天文、生理、政治、史地、商业诸书又次之，法律、农业书籍为最少。其参加编译之工作人员，除外籍英国傅兰雅、伟烈亚力，美国林乐知、金楷理外，则有英国傅少兰、伯克雪、秀耀春、艾约瑟、罗亨利、玛高温等六人。国内除无锡徐寿、徐建寅、金匮华蘅芳外，则有宝山瞿昂来，嘉定吴宗濂、潘元善，华亭钟天纬，慈奚谷舒高第，海盐郑昌楼，湘乡李岳衡，崇明李凤苞，新阳赵元益，六合汪振声，钱塘丁乃文，番愚丁树棠，怀远王德钧，蒙古凤仪，无锡徐家宝、徐华封，乌程王汝聃、潘松，永康应祖锡，上海王树善、范熙庸，海宁李善兰，临海周郇，长洲王季烈，南汇贾步纬，元和江衡，吴县严良勋，□□叶翼云、叶有声等二十九人，共计三十二人。兹将编译书籍及编译者姓名，列举如下：

（一）兵书【……】

（二）工艺书【……】

（三）理化书【……】

（四）算书【……】

（五）天文书【……】

（六）生理书【……】

（七）政治书【……】

（八）史地书【……】

（九）商业书【……】

（十）法律书【……】

（十一）农业书【……】

以上共计十一类，一百二十二种，四百十六册。其数量亦颇有可观。至其内容，殊不一致，叶瀚（清漪）谓："制局所译，初以算学、地理、医学为优，兵学、法学，皆非专家，不得纲领"。（注二四）盖非虚言。

三、学部编译图书局时代之编译事业

自光绪二十年甲午中日战争后，国人对于富强之观念为之一变。盖以前认为富强之本在乎工艺制造，故制造局时代对于此项书籍，编译特多。自甲午战争后，对于外国政教知识之介绍，视为当务之急。此种思潮，至二十四年戊戌变法而益显明。自光绪二十七八年间复诏变法，重兴学校教育制度，经彻底之改革，教科用书尤为一般人士之所注目。而学部编译图书局，遂应运而生。在此时期中，先有马建忠之议设翻译书院，继有李端棻之奏开译书局，陈次亮之建议翻译西书，但迄未能见诸实施。至光绪二十四年御史杨深秀奏请翻译西书，李盛铎奏请开局译书，并经采纳。且命梁启超办理编译书局事宜，以为新政之一。是年盛宣怀奏请于南洋公学内设立译书院，奉旨照准。孙家鼐奏请编译书籍，奉谕将原有官书局及新设译书局由大学堂办理。同时梁启超请求设立翻译学堂，亦得旨允行。二十六年袁世凯复奏请翻译书籍，王之春奏请设立译书处。二十七年张謇主张各省设立译书局，张之洞奏请多译东西各国书籍，张百熙奏请设立译局。翻译之声洋溢盈耳。是年张百熙奏请于京师大学堂附设编译书局，三十一年学部成立，遂设编译图书局，奏派袁嘉谷为局长。本期编译事业之目标，政教并重，关于教科用书之编译，尤为注重，可为本期编译事业之特色，兹略述于次：

（一）马建忠请设翻译书院【……】

（二）李端棻奏开译书局。中日战争结束，国人始知教育之重要。光绪二十二年（西元1896）五月，刑部左侍郎李端棻奏上推广学校以励人才一折，主张应行推广者，约有五点：一曰设藏书楼，二曰创仪器院，三曰开译书局，四曰广立报馆，五曰选派游历。其论开译书局事云：

兵法曰："知己知彼，百战百胜"。今与西人交涉而不能尽知其情伪，此见弱之道也，欲求知彼，首在译书。近年以来，制造局、同文馆等处，译出刻成，已百余种，可谓知所务矣。然所译之书，详于术艺而略于政事，于彼中治国之本末，时局之变迁，言之未尽，至于学校、农政、商务、铁路、邮政诸事，今日所亟宜讲求者，一切章程条理，彼国咸有专书，详哉言之。今此等书，悉无译本。又泰西格致新学，制造新法，月异岁殊，后来居上。今所已译出者，率十年以前之书，且数亦甚少，未能尽其所长。今请于京师设大译书馆，广集西书之言政治者，论时局者，言学校农商工矿者，及新法、新学近年所增者，分类译出，不厌详博，随时刻布，廉价发售，则可以增益见闻。开广才智矣。

得旨：该衙门议奏。（注二七）

（三）陈次亮建议翻译西书。同时陈次亮农部感念时变，乃探综古今中外全局，发愤著《庸书》内外篇，其论译西书云：

比年使命往来，见闻日广，中国聪明才智之士，亦知读书稽古，师夷制夷，然画革傍行，不识怯卢之字。京外同文各馆，略习洋文者，又复谙于大体，忘阙本来，以故通商用兵，垂数十年，欲求一缓急可持之才，而竟不可得，皆由学问之士，不达西文，浮溥之徒，鄙夷中法，其兼通总贯如曾纪泽者，盖概乎其未之有闻也。欲通外事，宜欲译西书，密谕使臣，广行翻译。夫泰西出使之任曰修好，曰侦敌，曰护商，案牍滋多，职守綦重。中国自美日秘而外，欧洲各埠，本少华商，新建海军，威难及远，使馆节省经费，杜门谢客，声气不通，国政兵机，诸多隔膜，护商侦敌，无可言者，优游三载，坐待保升，滥竽尸位之讥，其能免乎？况使署翻译，兼备中西，彼国藏书，取携良便，苟以此事责成各使，督率参佐，专译有用之书，先期奏明，给予优叙，奋勉者奖，庸惰者除，既觇通才，亦免浮滥，进呈而后，发各省官局，刊布颁行。彼亦有善本单行，藏之秘府，必须照会，始可搜求。西人高气矜心，既于彼国有光，复喜邦交日洽，当无不欣然相授者。分门别类，弃短取长，经费无须另筹，名器无由滥窃，开古今同文之治，养国家勘乱之才，所谓一举反三，事半而功倍者也。（注二八）

（四）杨深秀奏请译书。光绪二十四年（西元1898）下诏变法，四月十三日，总理各国事务衙门奉军机处钞交御史杨深秀奏请译书云：

泰西学校，专以开新为义，政治、学术、理财、练兵、农工商矿一切技艺，日出精新，皆有专门之书。自交涉以来，同光以前，议臣亦未尝言变法，而其所见率皆在筑炮台、购兵舰、买枪炮、练洋操而已。尚未知讲求学校也。当今直省督抚，亦纷纷渐知立学堂矣，然学堂以何物教之，尚未计及也。言学堂而不言译书，亦无从收变法之效也。同治时大学士曾国藩先识远见，开制造局，首译西书，而奉行者不通原本，徒译兵学医学之书，而政治经济之本，仍不得一二。以是变法，终不得其法也。考日本之变法也，译尽泰西精要之书，且其文字与我同，但义法稍有颠倒，学之数月而可大通，人人可为译书之用矣。若少提数万金以学译书之事，而尽智我民，其费至简，其事至微，其效至速，其功至大，未有过于此者。请饬下总理各国事务衙门议行，或年拨数万金试办。

奉旨：着总理各国事务衙门议奏。（注二九）

（五）李盛铎奏请开馆译书，以宏造就。乾隆年间开四库全书馆，西土译著之书，悉予著录。今者梯航鳞集，文轨四通，政俗既同归而殊途，学艺复日新而月异。论外交非洞明公法律例，无以为应变之方；肄武备非讲求格致制造，无以为制胜之具；言理财非考究农工商矿，无以探养兵富国之原。查译书事务，日本自明治维新以来，所译之书极多，由东译华，较译自西文，尤为便捷。应请饬下出使大臣，饬查日本所译西书，全数购寄，以便译印。至江南制造局译书一事，仍饬查照成案办理。如蒙俞允，所有译书馆事务，应否特派大臣管理，抑或由管理官译局大臣兼办。

奉旨：该衙门议奏。（注三〇）

（六）盛宣怀奏请设立译书院。同年五月太常寺少卿盛宣怀奏陈开办南洋公学，并请于南洋公学附设译书院云：

再时事方殷，需才至亟，学堂造士，由幼童之年，层累而进，拔茅连茹，势当期以十年。欲速副朝廷侧席之求，必先取资于成名之人，盛才之彦，臣是以有达成馆之议也。顾非能读西国之籍，不能周知西国之为，而西国语言文字，殊非一蹴可几。廿岁以往，始行学习，岂惟不易精娴，实亦大费岁月。

日本维新之后，以翻译西书为汲汲，今其国人于泰西各种学问，皆贯串有得，顾得力于译出和文之书，中国三十年来，如京师同文馆、上海制造局等处，所译西书，不过千百中之十一，大抵算化艺诸学居多，而政治之书最少。且西学以新理新法为贵。旧时译述，半为陈编，将使成名成才者，皆得究极知新之学，不数年而大收其用。非如日本之汲汲于译书，其道无由矣。

现就南洋公学内设立翻译书院一所，广购日本及西国新出之书，延订东西博通之士，择书翻译，令师范院诸生之学识优长者笔述之。他若中上两院长才，亦可日分略刻，轮递述录，以当学堂翻译之课，获益良多。译成之书，次第附刻，倘出书日多。即送苏浙各局分任刊印，以广流传。所需译书经费，即在公学捐款内通融拨用，并归总理公学之员，一手经理，以责专成。

得旨：着照所请办理。（注三一）

（七）孙家鼐奏请译书【……】

（八）梁启超奏请设立翻译学堂【……】

（九）袁世凯奏请译书【……】

（十）王之春奏请设立译书处【……】

（十一）张謇主张各省设书局【……】

（十二）张之洞等奏请译书【……】

（十三）张百熙奏请设立译局【……】

综上所述，可知我国人士，自光绪甲午中日战争以后，对于同文馆、制造局时代之编译工作，深致不满，例如马建忠谓"今上海制造局、福州船政局与京师译署，虽设有同文书馆，罗致学生，以读诸国语言文字。第始事之意，止求通好，不专译书，即有译成数种，或谨为一事一艺之用，未有将其政令治教之本原条贯，译为成书，使人得以观其会通者，其律例公法之类，间有择译，或文字艰涩，于原书之面目，尽失本来，或挂一漏万，割裂复重，未足资为考订之助"。李端棻谓"近年以来，制造局、同文馆等处，译出刻成，已百余种，可谓知所务矣。然所译之书，详于艺术而略政事，于彼中治国之本末，时局之变迁，言之未尽。至于学校、农政、商务、铁路、邮政诸事，今所亟宜讲求者，一切章程条理，彼国咸有专书，详哉言之。今此等书，悉无译本。"盛宣怀谓："中国三十年来，如京都同文馆、上海制造局等处，所译西书，不过千百中之十一，大抵算化工艺诸学居多，而政治之书最少。"则当时舆论对于世界新知识之吸收，不以工艺制造之学为满足，更欲进而求诸政教制度之学也。

其次则注意于教科用书之编译。例如杨深秀谓"自交涉以来，同光以前，议臣亦未尝言变法，而其所见率皆在筑炮台、购兵舰、买枪炮、练洋操而已，尚未知讲求学校也。当今直省督抚，亦纷纷渐知立学堂矣，然学堂以何物教之。尚未计及也。言学堂而不言译书，亦无从收变法之效"。袁世凯谓"宜择中外有裨实用之各项书籍及各国著有成效之各种学术，延师讲授，分门肄业。但目前师资无多，唯有译书之一法，最为便捷"。张百熙谓："译局非徒翻译一切书籍，又须翻译一切课本。泰西各国学校，无论蒙学普通专门学，皆有国家编定之本，按时卒业，皆有定章。今学堂既须考究西政西艺，自应翻译此类课本。"当时对于编译事业之提倡，因实际上之需要，由一般政教之书，而侧重于各种教科用书。故教科用书之编译，遂成为本期编译事业之特色。

【……】

是年（编者注：即光绪二十四年）五月诏立京师大学堂将官书局及新办之译书局归并办理，派吏部尚书孙家鼐为管学大臣。二十七年（西元 1901）冬复令同文馆归并管理，派张百熙为管学大臣，以吴汝纶为大学堂总教习，于式枚为总办，汪诒书等分任提调。附设编译书局，以李希圣为编局总纂，严复为译局总纂。（注四一）

【……】

译书局专译各种西学教科书，由总译择取各国通行本，察译者学问所长，分派浅深专科，立限付译。凡分地舆、西文律令、布算、商功、几何、代数、三角、汉弧、静力、动力、流质力、热力、光学、声学、电磁、化学、名理、天象、地气、理财、遵生、地质、人身、解剖、人种、植物状、动物状、图测、机器、农学、列国史诗、公法、册帖、庶工、德育课本等三十五门。每门通分二等，一为蒙学，二为小学，俟此二等成书。再译其深邃者。（注四三）其译成之书，则有罕木枵斯密算法一卷，威理斯形学五卷，洛克平三角一卷，斐立马格纳力学一卷，额伏列特动力学一卷，气水学、热学、光学、电学各一卷，垤氏实践教育学五册，欧洲教育史要三册，中等矿物学教科书、东西洋伦理学史、格氏特殊教育学、独逸教授法各一册。（注四四）

【……】

三十二年（西元 1906）四月，学部奏议官制职守清单，拟设编译图书局，即以学务处原设之编译局改办。并于局中附设研究所，专研究各种课本。（注四七）六月，于学部西偏四译馆旧址后院成立编译图书局，制定编译章程九条。其要点如下：

（一）编译教科书，初等小学最先，高等小学次之，中学与初级师范又次之。

（二）编纂教科书，宜恪遵忠君、尊孔、尚公、尚武、尚实之宗旨，以实行国民教育。

（三）每编一种教科书，兼编教授书。

（四）凡编一书，予先拟定年限钟点。

（五）译书先择英日两国书籍，余俟聘定委员，再行翻译。各科说明书编成后，一面由本局自行编纂，一面由本部恳商募集，以补本局之不逮。（注四八）

【……】

编译图书局以石屏袁嘉谷师（字树五，癸卯经济特科第一）为局长，遵义杨兆麟（癸卯探花），南海黎湛枝（癸卯传胪）副之。聘长沙郑沅（甲午探花），桂阳夏寿田（戊戌榜眼），维县王寿彭（癸卯状元），桂县刘福姚（壬辰状元），镇海虞铭新（留学生考试翰林），静海高毓彤、易州陈云诰、兰奚谷刘火昆、卢氏史宝安、江夏胡大勋、六合汪升远、仁和邵章、武昌水祖培（以上俱癸卯科），上允徐潞、闽县林志煊（以上俱甲辰科），湘乡曾载涛，无锡顾澄，口口刘大坤，遵义毛邦伟，广济陈文哲，□□高连科，□□董瑞椿，天津陈宝泉，霸州高步瀛，□□贾睿熙，□□刘用煐，上元常福元，丹徒刘大猷，永年王永舟，海宁王国维等为编纂。（注五二）而王国维氏尤为馆员中杰出之人才。袁氏在任四年，对于编译事业，极为努力。陈古逸、袁树五传云："大学士荣公长学部，辟君编译图书局长，君罗海内耆宿，聚之一堂，上下古今，斟酌中外，邃密商量，成教科书甚多。译外国文书，刊印流通，书坊以新著专利求审定。粹者可之，驳者否之，不徇情，不受方物，时论以为公"。张连□、袁树五先生传云："先生任图书局，广征博学能文之士，象寄之人，编译中西要籍，与各科教授书。国内学校有教科之编，盖自此始。至今通用乐歌星期诸名词，皆先生新订。王静安国维时聘为局员，月脩百金，译欧籍，编词史，设坐于著书楼下之北窗，镇日默默，晨人夕出，三年如一日。学部长官闻其贤，派之总务科行走，俸增易擢，静安婉谢，告先生曰：性不耐官，愿随局长编书也。先生曰：'兼任可乎'？静安曰：'不可'。先生益贤之，知为朴学者，将来必能大成，后果然。"（注五三）编译图书局，可谓清季官办编译事业之尾闾者矣。

【……】

——《说文月刊》第4卷（1944年）

林译小说论（1944）

范烟桥

　　我在童年看过《三国》《水浒》《红楼梦》《儒林外史》等书以后，就喜欢看林琴南译的域外小说，当时觉得人名地名太疙瘩，记不清楚，文字也太深涩，有几个字，声音都读不出，至于解释，只好学着陶渊明，不求甚解，含糊过去。后来有许多朋友模仿他的作风，以文言写小说，比唐代的"传奇"更凝炼简洁，而在"词"的提炼，竟像作诗填词般，用一番推敲的功夫。我也偶一为之，写过几篇什么记，登在《申报》初期的自由谈。到了五四运动以后，这些小说，给人攻击得体无完肤，连林琴南也受到酷烈的唾骂，好像比他为洪水猛兽，还是笔下超生呢。可是经过了波谲云诡的文潮，渐渐地终于光风霁月，郑振铎平心静气地写了一篇《林琴南先生》，他的大意是：

　　"林琴南先生以翻译家及古文家著名于中国的近三四十年的文坛上。当欧洲大战初停止时，中国的知识阶级，得了一种新的觉悟，对于中国传统的道德及文学都下了总攻击；林琴南那时在北京，尽力为旧的礼教及文学辩护，十分不满意于这个新的运动。于是许多的学者都以为他为旧的传统的一方面的代表，无论在他的道德见解方面，他的古文方面，以及他的翻译方面，都指出他的许多错误，想在根本上推倒他的守旧的道德的及文学的见解。这时以后的林琴南，在一般的青年看来，似乎他的中国文坛上的地位已完全动摇了。然而他的主张是一个问题，他的在文坛上的地位，又另是一个问题，因他的一时的守旧的主张便完全推倒了他在文坛上的地位，便完全湮没了他的十年的辛苦的工作，似乎是不很公允的。"

今年从书箱里翻着了商务印书馆出版的林译小说丛书，重新看一遍，并且在他写得认为得意的地方，细细品味，绝不轻轻滑过，觉得他的古文的造诣实在是不可及，而把扞隔不易沟通的域外文字，译得不背中国古文法则，极流利，极典雅，而又极书抒情状物的能事。我以为他是伟大的。

在中国翻译域外文字有四个时期，第一个时期是汉唐之际的翻译佛经，这个工作也是艰巨的，并且也是把扞隔不易沟通的印度文，译成适用于中国的文言，而妙在使它成为一种独立的作风。至于在思想上的介绍，更使中国受到极大的影响。一部分译与改作参杂而成"变文"，又引起了后来俗文学的勃兴。第二个时期是明末历数的翻译，这是西方科学的介绍的矫矢，重实质而不重形式，所以在文学上没有什么重大的影响，不过西方的文字与中国扞隔不易沟通是一样的。他们开辟了一条东西方文化交流的运河，其功也不可没。第三个时期是清末的翻译域外的哲学书和科学书，哲学书以严复所译为最成功，因为他能直接读域外文字，并且对于文学有根底的，所以他译的《群学肄言》《天演论》《进化论》等书成了当时士林的新大陆，在近代学术思想上茁发了奇葩，现出了明星。其他干翻译工作，各部门都不乏其人。而林琴南独走了小说的一条僻径。以上三个时期，都是用文言翻译的，到了五四运动，始用语体文翻译，并且主张直译，反对意译，这是第四个时期。公允地估值，四个时期的翻译，各有千秋，我们接受这个巨大的遗产，不应该数典忘祖，把先哲的筚路褴褛以启山林的胼胝工作加以轻视的。

翻译的条件，张之洞说过要信、雅、达，我们单就林译小说看，这三个条件，他是具有的。郑振铎说："林先生译一极无名的作品，也要把作家之名列出，且对于书中的人名地名也绝不改动一音，这种忠实的译者，是当时极不易得的。"这就是"信"。他的造句和用字，都是千锤百炼而来的，有许多地方有着《史记》《汉书》及唐宋古文的气息，可说是没有一字没有来历，而前后一致，深浅调和，其间警句，简直可作格言读，这就是"雅"。至于是不是"达"？非把原文对照无从断定，但是因为他自己不能读原文，由着口译而写成文言，或是把已经译成的文字加以添饰，又为了中外风俗人情的不同，中国词汇不够引用，为了中外语言文字的组织不同，中国文法不适于运用，在"达"的方面或许不足。倘然从整篇的含义的通贯，与作者思想情绪的表现，并无矛盾冲突，或是晦涩歪曲，这已尽了他最大的能力，不能不说是"达"了。《块肉余生述序》云："迭更司他著，每到山穷水尽，辄发奇思，如孤峰突起，见者耸目。终不如此书伏脉至细，一语必寓微旨，一事必种远因，手写是间，而全局应有之人，逐步涌现，随地开合，虽偶尔一见，观者几复忘怀，而闲闲著笔间，已近拾即是，读之令人斗然记忆。循篇逐节以来，又一一有是人之行踪，得是事之来源。综言之，如善奕之著子偶然一下，不知后来咸得其用，此所以成为国手也。"他能够把迭更司写作的长处，揣摩得如此透彻，他所译成的文字没有失掉原文的"伏脉"，确乎像他所称誉，那么"达"是当之而无愧了。

他在《鲁滨孙漂流记序》里表达翻译的态度说："译书非著书比也，著作之家，可以抒吾所见，乘虚逐微，非所不可。若译书则述其已成之事迹，焉能参以己见。彼书有宗教言，吾既译之，又胡能译避而划锄之，故一一如其所言。"从这里看来，他对于翻译的忠实，确乎为当时一般学者所不及，有许多书已改头换面，成为"中国化"，这是给"中学为体，西学为用"的时论所误。

《撒克逊劫后英雄略序》，记他与伍昭扆的谈话，他自己承认不通西文，而是听人口述的。但是他决不是一句一字机械地翻译过来，他的记忆力与概念是非常强盛的，所以他一面逐字逐句地听来，一面却是把前后伏线接笋变调过脉处，一点不忽略地体念到。甚至他"惜余年已五十又四，不能抱书从学生之后，请业于西师之门，凡诸译著，均恃耳而屏目，则真吾生之大不幸矣。"这样的虚心而不自大，也是当时守旧的士大夫所不及。但是他也不像镀金学士说月亮也是外国的大，他的推重域外作者，完全基于他的文学观点。他时时把史班相比论，这是因为他对于史班有着精深的研究，所以他的译文，造句用字，模仿史班的地方很多，而比喻寄托之妙过于史班，这是小说与传记不同的原因。

他第一部的译作是法国小仲马的《茶花女遗事》。胡适《五十年来中国之文学》云："茶花女的成绩，遂替古文开辟一个新殖民地。"周作人《苦茶杂记》说："老实说，我们几乎都因了林译才知道外国有小说，引起一点对于外国文学的兴味，我个人还曾经模仿过他的译文。"不知他的译作，传诵于世，竟不减于史汉的奉为圭臬了。

他的选择原本可分为四个时期。第一期性质各殊，不宗一格，如《茶花女遗事》《战血余腥录》《伊索寓言》等。第二期好译言情，如《迦茵小传》《橡湖仙影》等。第三期武侠而涉神怪，如《鬼山狼侠传》等。经过时间最久，成书也最多。第四期专重社会，如《滑稽外史》等。据钱杏邨《晚清小说论》说，前后共有一百七十一部二百七十册，由商务印书馆出版的有一百二十余种，其余是中华书局及文明书局出版居多，还有十四部译成即未印。这样空前的多产翻译家，而每部各有其不同的作风与文笔，自始至终，到底不懈，真是奇才。

倘然把原著的国籍分别统计，

英吉利　　　九十九部一百七十九册（莎士比亚、迭更司、思各德等。）

法兰西　　　三十三部四十六册（大仲马、小仲马、巴鲁萨等。）

美利坚　　　二十部二十七册（欧文、史拖活夫人等。）

比利时　　　一部二册

俄罗斯　　　七部十册（托尔斯泰等）

西班牙　　　一部二册（西万提司）

挪威　　　　一部一册（易卜生）

希腊　　　　一部一册

瑞士　　　　二部四册

日本　　　　一部一册（德富健次郎）

未知国籍　　五部六册

据陈小蝶《林畏庐先生遗事》说：先生为小说业始《茶花女》，其后始渐渐为之，以稿赠"商务"，顾不取资，唯与会宗鞏合译者，则少取值，而会所得为多，迨其晚年，门人贫苦者，皆译书具先生名，售之以得重价，然先生不问也，故先生终无资。那里几部是出于门人手笔的，可惜无从知道了。

他译成一部，必有一序，每一篇序必有他的文学的见解，有时还有着悲天悯人、愤世嫉俗的感慨。如《块肉余生述序》云："英伦半开化时民间弊俗，皎然揭诸眉睫之下，使吾中国人观之，但实力加以教育，则社会亦足改良，不必心醉西风，让欧人尽胜于亚，似皆生知良能之彦。则鄙人之译是书，为不负矣。"郑振铎说："由他的许多文字上，可以知道他是一个非常热烈的爱国者。"他的《剑底鸳鸯序》说："今日之中国，衰耗之中国也。恨余无学，不能著书，以勉我国人，则但有多译西产英雄之外传，俾吾种亦去其偞敝之习，追踪于猛敌之后，老怀其以此少慰乎。"这是一大证明。

从他的门人陈希彭《十字军英雄序》，可以知道他读书的甘苦："吾师少孤，不能买书，则杂收断简零篇，用自磨治。自十三龄，及于二十以后，校阅不下两千余卷。迨三十以后，与李庵会太守友，乃尽读其兄弟所藏之完书，不下三四万卷。"又说他的文才："于是文笔恣肆，日能作七八千言。然每为古文，或经有月不得一字，或涉旬始成一篇。""运笔如风落霓转，而每书咸有裁制。所难者，不加默审，脱手成篇，此则近人所不经见者也。"郑振铎说："他自己说，他每天工作四小时，每小时可译千五百言，往往口译者尚未说完，他的译文已写完毕。"两人所说是吻合的。

有人读到了原文，觉得他的译文有错误的地方，就作为攻击的利器，那么郑振铎说得最公允了，他说："大约他译文的大部分的错误，都要归咎到口译者的身上。至于那些小节目，如'拂袖而起'等，小疵不足以掩大醇，我们应当从大处着眼的。"

他除翻译以外，也有创作，小说有《新官场现形记》《冤海灵光》《巾帼阳秋》《金陵秋》《技击余闻》《剑胆录》。杂记有《畏庐漫录》《秋灯谈屑》《京华碧血录》。传奇有《蜀鹃啼》《合浦珠》《天妃庙》。单就小说而论，创作不如译作，这是一般的批评。我想这是他阅历不够，他七十三年的生活，只是教书、翻译、绘画，很简单而没有波澜，他所接触的，也以士大夫与学者，不能遍及社会的各阶层，所以不能如迭更司的"收五蠹万怪，融汇之以精神。"他的译作的好处，为了原著有着不同的国籍，不同的题材，不同的作风，不同的性质，形形色色，包罗万象，译成不同的面目，各具不同的趣味。并且原作者多数是文坛的名家，已有很好的成就，好像绘画有着很好的临本，只要画笔不凡，自然精彩不失，各具胜概了。

胡寄尘说："当时教会中人，曾欲央林琴南用古文重译圣经，旋以林先生索酬过昂，故未行也。或谓林先生实不欲译宗教书，故昂其酬，以谢绝之。"我以为后说较为可信，因为他的意志很坚，自己说"木强多怒"而他对于信仰，当然有着儒家的传统观念，虽不"攻乎异端"，决不肯为基督教张目。从上面所引《鲁滨孙漂流记序》，可以窥见他对于宗教的不信仰。可是这件事很可惜，《圣经》的中国译本虽然很多，都是方言。没有一部可为士大夫和学著所欣赏的中国文言的，假使用他的典雅的古文译成一部像佛经般的《圣经》，在宗教的宣传，老早就可以渗入知识阶层，也未可知。

古文写小说的时代，已经过去了，但是林译小说所留于中国文坛的印痕，还是值得我们留意的。假使文学根底较深的青年，把林译小说看一遍，能够再把原文来对照一下，看出他的翻译的功夫所在。于自己的写作，一定有所裨益。我所以不惜学费，写这篇《林译小说论》，正是把已经给人淡忘的一种文学遗产，加以重新的估值，而介绍于爱读小说的青年，而希望青年有着兼收并蓄的涵量，不要偏于一面，埋没了前辈的心血结晶。

——《大众》第 22 期（1944 年）

中国译事考略（1944）

熊振湜

引 言

一国文化之进展，一方面有赖于固有文化之发扬，一方面有赖于外国文化之输进。盖唯发扬本国文化，始能保有其特点，深埋其根基，唯有吸收外国文化，始能泽润其气质，滋长其性灵，二者相互为用，相互而成者也。吾人既根据史实，认识文化交融之必然性与重要性，则如何以本国文化为基干，融合外国文化精神，撷取其精华发扬我特长，实为一值得注意之问题。顺是，则译事尚焉。翻译者，人我精神之交流，匪特文义之相互通晓，抑亦学术之崇高表现也。夫地域既殊，言语各异，欲观文字上之馨欬，接晤谈于书册，自非借翻译不为功。昔梁任公先生有云："国家欲自强，以多译西书为本，学者欲自立，以多谈西书为功"。是知国力之盛衰，有赖于外国文化吸收程度之深浅，而他国文化之吸收，则有赖于外籍之翻译。盖从一国书籍之译本中，不仅可直接把握该国文化之精神所在，且可间接推知其他国家实际情形之轮廓，字里行间，盖随在皆有线索之可寻也。然翻译之事，千古所难，非应该群语，无以明其义，非涵泳咀嚼，无以通其穷，一音之误，义以百殊，一字之讹，事乃大异，此中甘苦，非亲历其事皆莫能道。然所可惊叹者，则我先贤之从事于此，莫不皆有辉煌成绩之表现。字珠意锦，万古流芳，为历代之苑，增光不少，其所以能至此，自不得不归功于我先贤卓绝之学识，与夫不惜汗血，不畏艰苦，沉着弗苟，敬谨以赴之毅力与精神，其工作态度感人之深，实有足多者，后当有所述及也。

兹篇之作，盖一以示译事对国家贡献之巨，一以纪念我前代译家之丰功伟绩，然我国向以天朝自居，目外国为夷狄，于异域教化，多存歧视，非不获已，雅不欲多所表传，而域外之地，开化未久，百凡简陋，文化多无足述，虽与中土交通往来，间有传译，唯人率限于语言，不载文字，故历代译事，颇虑其有湮没而不可考者，且书籍有限，时日不足，欲臻详备，势所难能。念夫史实浩瀚，负无涯矣，载籍繁传，历世弥丰，自昔皓首穷年，求通一经而不可得，则欲对此茫茫史海中隐微不著之问题，作深刻之研究，而期网罗巨细，穷其底蕴，见微索隐，有所抉发，当非竭其精力，假以时日，恣所涉览而不为功。自以对历史颇具兴趣，所苦读书过少，识力不丰，虽间具片断之意见，终鲜能旁会而贯通，而历史材料渺若烟海，搜集非易，抉择尤难，时或正史中不可求得之消息，反可求诸于杂记稗乘中，故欲获一时代精神之正确写照，实不能不求诸正史以外其他有关此一朝代之典籍，盖其书大抵摆脱一切羁縻，据实直书，是为一代社会精神之真实反映也。然虑今生活不霁，参开难周，所见所知，究有几何？言念及此，弥滋愧疚！惟念关于译事，尚无专书为之记述，故辄不敢揣简陋，聊开其先，明知不免汗漫掇拾之议，然所以晓斯道之必要，示译艺之流光，亦以见其前贤从事兹学，处事之慎，工力之勤，非所语于率而掺觚，躁切成篇者云。

（兹以时日促迫，不得不力事节省篇幅，将所已搜集之材料，大量缩减，稍待时日，当再加充实订正，幸鉴谅之！）

翻译之史的涵义

翻译一词，见于我国史籍者甚早，唯译字之用为尤先，按繙或作翻，又通作反，一《说文》"新附"《广雅》：飞也，增损通作幡，反复也，又作变动、复转之义。如"翻印""翻刻""翻供"皆引申其反复之义。译《说文》：传译四夷之言者，杨子《方言》：传也，又见也。注：传相语即相见，是以译为通传达旨之意。《礼记》疏：通传北方语官谓之译，译、陈也，谓陈说外内之言。刘氏曰：译，释也，犹言誊也，谓以彼此言语相互而通之也。越裳氏重九译而朝是也。《周礼·秋官·象胥贾》疏："北方曰译者，译即易，谓换易言语使相解也。汉时司译者有译使之称，译使，主传译之信使也，《汉书·地理志》：黄支（按即今印度之建志补罗见冯承钧：南洋交通使）有已程不国，汉之译使，自此还矣"。《三国志·魏志·田畴传》："乌桓、鲜卑并各遣译使致贡遗"。是皆以译为互易而达义之意。按翻译亦作繙译，《隋书·经籍志》："汉桓帝时，安息国沙门安静，齐经至洛，翻译最为通解"，翻译二字，连用之见诸正史者，当自此始。就国史上广义的翻译之意义言，原为通释夷言，使得与中土会其意。迨后翻译一词义，又稍不同，盖训为推广之义，而疏通辩证之谓，如《正字通》："凡诂译经义亦曰译"。《朱子全书》："如老苏辈只谈孟、韩二子便翻译得许多文章出来"，是其义盖颇殊。翻译一词，至隋、唐而经确立，复因佛经翻译之盛，故唐、宋以还，对此一名词之内涵意义，均予以明确之解释，而其实质乃愈见明显，其作用乃愈见具体。宋姑苏景德寺普润大师法云有云：夫翻译者，谓翻梵天之语，转成汉地之言，音虽似别，义则大同。《宋僧传》云："如翻锦绣，背面具华，但左右不同耳。译之言易也，谓以所有，易其所无，故以此方之经，而显彼土之法……人之通西言而云译者，盖汉时多事北方，而译官兼善西语，故摩腾始至而译《四十二章》，因称译也"。观乎此，可见其时事译事者，对"翻译"之内容意义，已有相当正确之了解，其言以今日眼光估之，疏不倍于科学准则，生当彼时，能作此等语，不可谓吾特识，所谓"如翻译锦绣，背面具华者"，盖即以本国文字，充分表达外国语言情意，不蔓不遗，形成一最高的艺术结晶，是实翻译之最崇高的标准，而当日译事之盛，翻译观念之发达，翻译见解之成熟，由此可见一斑，百世之下观此，当有不胜于感者矣。第其时翻译之对象，大部仅限于印度佛经，故从而认翻译为翻梵天之语，转成汉地之言耳。

我国译事溯源

严格而论，我掌理译事之机关，起源实甚早，特世人多于此不加之意耳。礼王制北方语官之译。疏：通传北方语官谓之译。可见周时北方已有语译官之设置，专司异地往来通译事宜。周官大行人掌大宾客之礼，秦官有典客。掌诸侯及归义蛮夷，此皆劳迎异国远人之官，可以推知其必兼擅译传无疑。汉改为鸿胪，应劭曰："郊庙行礼，赞导九宾、鸿、声也，胪、传也，所以传声赞导，故曰鸿胪"。是鸿胪之职，负有传声译导之任务，惟其译尚只是传声赞导，非文字之正式传易耳。建中六年，改大鸿胪为大行令，武帝大初元年，更名大鸿胪，又更名其署官行人为大行令，此所谓行人，大行令之一"行"字，顾名思义，即可知其含有"往来传导"之性质。秦时又有典属国官，掌蛮夷降者，汉因之，帝河平元年，省之，并大鸿胪，后汉大鸿胪卿一人，诸王入朝，当郊迎典其礼仪及郡国上计，余职与汉同，凡皇子拜王，赞授印绶，及拜诸侯嗣子，及四方夷狄封者，台下鸿胪召拜之，魏及晋初皆有之，自东晋至于宋齐，有事则极置兼官，毕则省，梁除大字，但曰鸿胪卿，位视尚书左丞，当导获赞拜，后魏曰大鸿胪，北齐曰鸿胪寺，有卿、少卿各一人，亦掌藩客朝及吉凶吊祭。后周司寇，有藩部中大夫，掌诸侯朝觐之叙，可知历代职制虽有不同，而于番邦异地，送往迎来，靡不皆有专司之官，掌语言传译之事。隋文帝开皇三年，广鸿胪寺入太常，十二年，复置领典客、司仪、崇元三署，至炀帝，置少卿二人，唐龙朔二年，改鸿胪为司文，咸亨初复旧，光宅初改为司宾，神龙初复旧卿一人，掌宾客凶仪之事，及册诸藩，少卿本一员，景灵二年加一员，领典客司仪二署，其典客署，乃专司四境夷狄往来之事，周官有掌客上士、中士，秦官曰典客，主其事者，曰典客监，太平中置主客令，北齐有典客署，后周置东、南、西、北四掌客，上士下士，隋初又曰典客署，置令丞，炀帝改为典藩署，唐为典客署、置令丞各一人，掌二王后藩客辞见，宴接送迎，及在国夷狄，是为历代掌藩官署之沿革概略，虽名称代有改易，而性质迄无少变。宋鸿胪寺，凡四夷诸藩，互市朝贡，宴请送迎之事，分属国信所、都亭、怀远驿、礼宾院等，元丰官制，行置少卿丞、主簿各一人，卿掌四夷朝贡宴劳送迎之事，复设传法院，掌译经润文，同文馆及管句所，掌高丽使命通译之事，是译事机关，其地位至此益臻确定，殆即后日同文馆、译学馆之所本也。综观前述，自周秦以来，历朝皆有掌译传或其他类似组织之设置，惟古时所谓译传，仅属藩地交往上言语间必需之换述，与今日翻译之意义，自属迥不相侔，而当时藩夷之地实犹处于半开化状态，毫无文化之可言，文字上亦无可供译述流传者，此则吾侪明乎历史之进化性者所不可不察也。

我国译事与佛教传播之关系

稍具普通常识者，当知我国历史上外国文字译品中，凡十之八九皆为诸佛经，实际上，一部中国佛教史，即无异一部中国佛经翻译史，而中国佛经翻译史，自大体而言，殆即可代表中国翻译史，至少亦可代表其重要的一大部分，盖我国自汉明帝永平以前，已有佛教东来之种种史迹，最迟在永平十年，佛法当已大规模地开始向我国流入，此点之具体证明，即普通公认之蔡愔曰马载经还洛阳的事实是也。其最有历史上根据者，为楚王英为浮屠齐戒祭祀说，此说载于正史，且浮屠、伊蒲塞、桑门等译名，具见于当时诏书，似不唯佛教之仪式（浮屠、齐戒、祭祀）已粗具规模，即翻译事业，亦略具端倪矣。自后约八九十年，东汉末，桓灵二帝时，西域之译经师，相继东来中国，广事宣译，若安清支娄迦谶。竺佛朔支曜其尤著者，历三国至西晋，译事盛绝一时，而其主要之译经师，则为竺法护，竺法护者，中国佛教肇始时代最后之译经大师，其传译之盛，在鸠摩罗什以前，实为第一，中国佛经翻译事业，由鸠摩罗什而面目一新，由鸠摩罗什而始有良好之译本，系统之教义，佛典汉译之泰斗，前有罗什，后有玄奘，言旧译者必称罗什，言新译者必推玄奘，奘译之卷帙富于什，什译之范围则广于奘，印度大乘无过二宗，一则综观，一则瑜伽，什弘大之者为中观法门，奘所译述而阐明之者，为瑜伽法门，此二子者，实平分中国佛教史及佛经翻译史之天下，亦中国整个译界之二大巨匠也。自是厥后，历代译事，几莫不皆以佛经为核心，其正式见诸文字记载者，亦以关于佛经之翻译为最可靠，吾侪今日所得，而欣赏之文辞美妙的华译梵典，盖均前贤慎重将事，共勉以赴之汗血结晶，使历史上佛教之流播中土也不盛，则鸟观其有如许大量之经典译品产生？则历代文苑宁不减色多多？而国史上翻译事业行亦不免于荒芜之议矣。

又历代译家，亦以从事佛经翻译者所持之态度为最认真，其所用之方法亦最合现今翻译学的标准，我前代翻译巨子所制定之各种戒条准则，亦无不与近代科学的翻译观念暗相符合，此实有足令吾侪惊服者。综上以观，我国译事实因佛经教流播之空气的动荡而日益蓬勃，微梵典之刺激，欲写成一中国翻译学史，非不可能，即空洞了无足迹，然则二者关系之密切，亦可知矣。

自汉以来历代译事概观

自前汉武帝以来，与西域诸国交通频繁，佛教当必已于此际流入，光武帝虽改王莽诸政，悉复汉旧，与诸外国断绝关系，然明帝时，佛教入大月氏，更传播于天山南路诸国，帝乃遣蔡愔等往西方求之。蔡愔等抵大月氏，得经论佛像，偕迦叶摩腾（Kzghape matanga）

竺法兰（Elharinarakcha）二僧，以白马驮经像而归，时西纪十六七年也，于是明帝建白马寺于洛阳，使迦叶摩腾习汉语，先翻译佛说《四十二章经》，此为佛典汉译之始。楚王英及桓帝等均信之，建祠设像供祀。唯当时虽已着手佛典之翻译，但佛教信仰，只偏于个人，且信仰者绝少，疏无多大影响。吾人读史，自东汉明帝至汉末桓帝时，八十年间，无论正史及他种传记，绝无一语涉及佛教，由此即可知之。唯汉末威势，遍及西域、交通亦臻便利，至桓帝建和二年（西纪一四八年），安世高自安息来，支娄迦谶则来自大月氏（今新疆地方）支氏原名（Rokarakeha）时则灵帝光和中平年间，（西纪一七八——一八九）也。此外又有竺佛朔来自印度，康孟详来自康居，皆在中国努力从事译经。安氏为安息国王天子，出家为僧，博通经典，至中国不久即通华语，翻译经典甚多，而诸帝皈依者亦众。自后汉末年起，佛教乃渐次弘通，译经事业继起不绝，三国时代，魏为最盛，至晋兴隆益甚。

汉灵帝时，笮融起佛寺，于浴佛日招致五千余户，施以饮食，足见其盛。然当时只西域僧可以布教，至中国人为僧则在禁止之列。至魏文帝时，始开此禁，自此名僧辈出，故三国之世佛教，以魏为最盛，西域僧之来建寺院译经文亦多，时南地之吴，佛教流布亦盛，而西蜀一郡，独无代录（《大唐内典录》语）。魏都洛阳，承东汉之余绪，嘉平中，中天竺云摩迦罗（Wharmakda）来洛阳，于白马寺译戒律（《四分律》），实为中国有戒律之始。时又有安息沙门云帝亦善律学，以魏正元中来洛阳译出《云无德羯摩》，亦《四分律》之一部。嘉平末，天竺沙门康僧铠亦来洛阳，于白马寺译出《郁伽长者所问经》等，《四部经》。又有沙门帛延，以魏甘露中来洛阳，于白马寺译出《无量清净平等觉经》，凡六部经。自汉以来，教流中原，不达江表，泊信士支谦入吴，吴地始染大法谦，安世高，支谦以后之译经大师也。谶有弟子支亮，亮有弟子支谦，是为三支，当时称：天下博知，不出三支。（见《历代三宝纪》）谦字恭明，一字越，本月氏人，祖父法度，以汉灵帝时率国人数百归化，谦生于中国，博览经籍，莫不精究，世间艺术，多所综习，遍读异书，备通六国言语，其为人细长黑瘦，眼多白而睛黄，时人为之语曰："支郎眼中黄，形体虽细是智囊"。献帝末，汉室大乱，避地于吴，吴主闻其名，拜为博士，谦慨大教虽行，而经多梵语，未尽翻译之美，于是广收众经旧本，译为汉语，自吴黄武元年，至建与中，凡三十余年间，译出《大明度经》等大小乘约三十余部，辞旨文雅，曲得圣义，并注释自译了《本生死经》等，又将前人译义不当读经努力重译，行文简洁去原文之冗长。其后赤马十年，沙门康僧曾来建业，于建初寺译出《六度集经吴品》等，魏甘露五年，颍川朱士行讲竺佛朔译《道行经》即小品之旧本，觉文句简略，意义未周，每叹此经为大乘之典要，而译理不尽，誓远求大品，以魏地为发足点，自雍州西渡流沙，至于阗，果写得般若之梵书正本，以太康三年，于阗沙门无罗义，于陈留共译出之，称为放光般若，士行后于于阗，年八十而卒。综观三国时期，佛教流播虽尚未大广，而佛典翻译已甚可观，唯此际译事甫在萌芽，许多地方，不免陋略（关于此点下当有所论及），然事在发轫，有此成绩，已足称善，固无用其旨事苛求也。

西晋时代之佛教，唯盛译经典，而其主要之译经师，则竺法护也，法护为中国佛教肇始时代最后之译经大师，其传译之盛，于鸠摩罗什以前，实为第一，法护之先，为月氏国人，本姓支氏，世居敦煌，八岁，从外国沙门竺高座出家，遂称竺姓，随其师遍游历西域诸国，通晓三十六国之语言文字，西晋泰始二年，大赍梵本，自敦煌至长安，后入洛阳，又之江左，其间沿途传译，未尝暂辍，自泰始中，至永嘉二年，译出《光赞般若》等经约百五十部，《般若》《法华》《华严》《涅槃》诸部咸有，大乘经外，小乘经将百种，大乘论、小乘论各一种，终身译写，劳不告倦，佛典所以广流此土，护之力也，时人或谓之敦煌菩萨，时有清信士聂承远之子道真，亦善梵学，常侍左右助其译事，惠帝时，有帛远，河南人，尝译惟远弟子本，《五部僧》等三部经，又别译数部小经，遭世猥攘，名录罕存，较帛远稍后，西域高座沙门帛尸梨密多罗于怀帝永嘉年中东来，止建康建初寺，初江东未有咒法，密译出《大孔雀王神咒经》，《孔雀王杂神咒经》，是为密教圣典译出之最初。计自汉桓灵间，安清支谶开始正式翻译佛典以来，历朝续译不绝，但所译率多短篇杂乱无章，且非必尽为名著，非必首尾俱全，且译意者多系外国人——或印度或西域——并不深懂中国文字，笔述者虽华人，而未必系学者，最多能通文理而已，对佛教教理，又不甚明了，故多数译本，均未免于资料的无选择及意义之有误解，此乃汉末三国西晋译界之普遍现象，虽译出经典甚多，但并未获得系统之知识，此可谓为"译经事业第一期"。

东晋时，印度僧佛图澄（Budhochinga）来后赵，为石勒及石虎所尊信，常营佛事，常山沙门卫道安，十二岁出家受具足戒后，至邺城之中寺，师事佛图澄，性聪敏，日诵经至万言，以胡僧所译维摩法华未尽深旨，精思十年，心领神悟，前秦苻坚遣苻丕攻陷襄阳，得安，送往长安，苻坚喜曰："朕以十万之师取襄阳，唯得一人半，安公一人，习凿齿半人也"。推重之意可知。安既入关中，备受尊信，僧众数千，大弘法化，乃订正前译诸经之误谬。初经出已久，而旧经译时有乖谬，致使深意隐没，每至讲说，皆唯叙其大意，而后循文转读（按《高僧传》第十三：至于此土咏经，则称为转读）而已，及经安之订正而后经义克明。又尝闻西域有鸠摩罗什思共讲析，每劝坚致罗什，什亦远闻安风谓之东方圣人、安又创著经录，总集自汉魏迄晋于译书目录中，表其时代与译人，名曰综理众经目录，于诸经录中，或可谓于译书目录中，为最古者，亦为最可信赖者，惜其书大部久佚矣。雁门慧远博拯群书，尤遂周易、庄、老、尝命弟子法净、法领等远寻众经，於于阗获华严经梵本，得以传译，后有佛驮跋陀罗，及在洛阳从事译经之？宝沙门僧迦提婆，均先后应远之请，翻译多种经，完前人所未竟之译业。先是佛教之日趋隆盛也，大乘经论虽有被翻译者，而其数不多，及龟兹僧鸠摩罗什（Kumaradiva）来，大译大乘经论，遂与中国佛教一大变化，佛典翻译事业，亦由是而面目一新。鸠摩罗什略云罗什，或云什，译云童寿，其先天竺人，家世世为国相，什年七岁随母出家，学毗云义，九岁就名德法师槃头达多学，博览诸经及阴阳、星算等书，二十岁后，专究大乘论，名满龟兹，什既道流西域诸国，东土亦闻其名声，初为前秦苻坚所迎致，未至而前秦灭，遂见至后凉，凡十八年，精其经法，无所宜化，后秦弘始三年，姚兴特迎什入关，待以国师之礼，甚加优遇，自大法东被，涉历魏晋，经论渐多，而支竺所出，多滞文格义，什既至此，遂请入西明阁及逍遥园译出众经，使沙门僧肇等八百余人，咨受襄译，什手持梵本，口自传译，兴亲执旧经，以相离校，与诸宿旧义学沙门憎䂮僧迁等五百余人详其义旨，然后书之，计先后译出《阿弥陀佛大品般若经》《大智度论》《妙法莲花经》《维摩诘经》《小品般若经》等，其余传译

《金刚般若》《十论》《中论》《成实论》等约三十五部，并显畅神源，发挥幽致，如《法华经》《阿弥陀经》之文句，悠扬隽永，殆如音乐，意义与原文不悖，而文字典丽异常，于是四方义学沙门纷纷来归，一时有什门八俊四圣十哲之称。其中有僧睿者，常随什传写，什每写睿运西方舞体，言："天竺国俗，甚重文藻，其宫商体韵，以入管弦写善，凡觐国王必有赞德，见佛之仪，以歌叹为尊，经中偈颂，皆其式也，但改梵为秦，失其藻蔚，虽得大意，殊隔文体，有似嚼饭与人，非徒失味，乃令呕哕也"。由此可见梵语华译，隔阂甚多，欲求传神，良非易事，而什译之流传于今者，非徒艺术之最高表现，抑亦呕尽心血之辛苦结晶，此其难能可贵者是也。后有佛陀跋陀罗，译名觉贤，以禅律驰名，义熙十二年，于建康道场寺与法显共译《摩诃僧祇律》及《泥洹经》等，此外并译《三大方广佛华严经》《新无量寿经》《大方等如来藏经》等凡十余部，此中《华严经》之译出，为中国佛教史之一大事。先是慧远弟子支法领于阗获华严译本，未经宣译，至义熙十二年，贤应吴郡、内史孟颉等之请，为主译，手执译本，共沙门法业等百余人，于道场寺译出之，至宋永初二年方讫，凡六十卷。中土沙门西行，求经者，始于前所述之朱士行，继则康法朗、竺法乘、于法兰、法领、法净等，然犹为至于天竺，其至南天竺界者为乌衣慧睿，其人笃学弥至，音释训诂，无不通晓，后从罗什，尝著十四音训。其西逾葱岭，远届五天者，为法显为最著，显平阳武阳人，幼出家志行明敏，以姚秦弘始元年，即东晋隆安三年，与慧景、慧应等同契，受与之命，共发迹长安，求法天竺，冒路途风雪之险，经六年历三十余国，显本求戒律，而北天竺诸国皆师师口传，无本可写，于是留三年，学梵书梵语，写律又从名师受诸经，更求得杂藏等梵本悉汉土所无，十二年之后，遂由师子国搭商船经耶婆提（Yavadirpa）自南海归抵中国广州，义熙十二年于建康道场寺与佛陀跋陀罗共译《大般泥洹经》《杂藏经》等多种，是为中土人自行大规模地从事译事之始。法显又曾著《佛国记》，一称《历游天竺记传》，今称《高僧法显传》，自记历游天竺事，此为中国佛教僧关于印度有记载之始。其书与唐玄宗之《大唐西域记》，共为研究梵天诸土之实贵材料。计自道安从事小乘的传译，以迄于此，可称为译经之第二期。此时期之译事，有可述者数点：（一）自汉明帝以来，历魏晋二朝，梵出经论虽多，但意义多错误，与梵文原本不相应，其病在通梵文者，未必通华文，通华文者，未必通梵文，以致译文呆滞，梵义扞格，至此时期，则译者虽多为异域人，而华梵二语类能兼通，故所译经文，在意义与辞藻方面，均较通达而富丽。（二）前此译经，多由西来僧人，于布教之余暇，自动翻译，力量有限，至是则得后秦国王姚兴之扶助，且拨出王家花园为译场，助翻译之僧众多至八百余人，此种大规模之译经事业，为从来所未有。（三）鸠摩罗什为旷世奇才，于三藏均能谙诵，且善于中国文字语言，用能融会两国言文，不必拘拘于直译，而能为流畅之意译，为我国翻译开一新纪录，什所译般若、法华诸经及中论、百论、十二门论等，多至三百数十卷，大都能阐明教义，而以明达流畅典赡雅丽出之，信不愧我国译界之开山鼻祖也。

南北朝（五世纪至六世纪中）翻译事业愈臻兴盛，其著者，宋有求那跋陀罗（Gunabhadra），梁有菩提流支（Bodhiruci），陈有真谛三藏，梵名"拘那罗陀"（Gunarata）。求那跋陀罗中天竺人，由小乘进大乘，博通三藏，于元嘉十二年（纪元四三五），从海道至广州，宋太祖遣使迎接至京师，集合徒众七百人，译出大小乘经甚多，《高僧传》卷三有云："宝云传译，慧观执笔，往复咨析，妙得本旨。"宝云、慧观均学问造诣极深之高僧，有此二人，一传译，一执笔，且得与求那跋陀罗往返问难，剖析义理，故译出之经典，能妙得梵文本旨。善提流支，北天竺人，偏通三藏，志在弘法，从葱岭入中国，以魏宣武帝永平元年（纪元五零八）来洛阳，魏帝伎居于大宁寺，供养丰盛，寺中有七百梵僧，以流支为译经领袖，二十余年间，译出经论多至三十九部。真谛三藏，西天竺人，以梁大同十二年（纪元五六四）来中国，武帝竭诚供养，本欲盛翻经教，适逢侯景作乱，未及举行，国家多难，真谛流离迁徙不得安居，至陈宣帝时而病殁，然真谛虽度流离生涯，而译事未废，自梁武末年至陈宣初即位，二十三年中，译出经论、记、传、多至六十四部。夫身遭兵乱，其成就之伟大，犹且若此，倘遇承平，定必更有可观，故有以真谛比诸罗什会藏而称为中国三大僧家之一者，信不诬也。北朝昙无谶于北凉元始元年来姑臧，河西王沮渠蒙逊接待甚厚，请译出将来之经本，然谶以未善汉语，不许即译，于是学语三年，后手执涅槃经之梵文，口宣汉语，慧嵩、道朗等笔受，译出十卷，后复译出《菩提地持经》《菩提戒经》等约十部，其后宣武帝永平年中，菩提支在洛及邺译出《唯识论》《金刚般若经论》《法华经论》《无量寿经论》等三十余部，但经录所传，与般若流支译颇多混同，又所译《十地论》与勒那摩提译本颇多混同。如《华严传》于十地论条下云："…… 至后魏，有北天竺有三藏菩提流支……来此翻译，初译之日，宣武皇帝亲自笔受一日，又有中天竺菩提勒那摩提……来此，共流支于洛水南北，各译一本，其后僧统慧光，请二贤对校同异，参成一本"。（见《华严经传记》第一），可见此际已有互参译本，校对同异之举。综合言之，此时期译事有可注意的特点，即第一二时期翻译之经典原本，大抵自西域传来，或口传，或写本，皆西域文字，译成华文，已是重译，即偶获梵本，亦已经过西域人之改窜，至于译文，或直译，或意译，无论如何，不免与梵文有违异之处，至此时期，原本多自印度得来，译法已较完备，故可称为译经第三时期。

译经事业，至于唐时，可谓如日中天而巍然为一代柱石，为我国译界导光辉之路，开百世之基者，则玄奘是也。奘，洛州缑氏人，俗姓陈，以隋开皇十六年生，十三岁出家，颖悟超群，博学无方，遍访国内名师，于是深通三藏，名冠京都，然奘以为诸师各有所宗，译出经典，亦多有隐晦难通之处，乃立志亲往印度，以明其究竟，孑然一身，万里长征，历经西域诸国，备尝艰苦，卒抵印度，在那烂陀寺从高僧戒贤学法三年（那烂陀寺为当日印度全国的最高研究院，戒贤即该寺首席教授，在印度地位崇高无与伦比）。其后又讲法二年，共在印度留学十七年，经历百有十国，凡大小乘经论，无不学习，获得梵文宝典六百五十七部，归献于朝，时贞观十九年正月二十四日也。太宗优礼备至，奘自二月六日起，即从事译经，直至龙朔三年十月止，其间曾无一日休息，首四年，住长安弘福寺，后八年，住长安慈恩寺，以后一年，侍高宗往洛阳，住积翠宫，更后二年，住长安西明寺，最后五年，住长安玉华宫，二十年之久，译出经论，多至七十六部，一千三百四十七卷（见《大慈恩寺三藏法师传》）直至临死前二十七日，方始搁笔。自古译事之盛，译笔之勤，殆未有逾于此者矣。奘所译者，不徒其所信奉之法相宗经论，即法信宗以及外道诸书，（如《大般若波罗蜜多经》《胜宗十句论》等）靡不一视同仁，手自翻译，且不徒翻译新经已也，其旧译诸经意义有不明了，或字句有欠圆润者，亦均与删削或订正，其先后预译场助译事者，有窥基、慧昭、道宣等人，奘卒时年六十五岁（亦有作六十三岁及六十九岁者），终其生献身译事，匪为国史上一地位极高之渊博学者，亦吾国翻译界之一大师云。复次，高宗时义净亦于西纪六七一年（咸亨二年）遵海路赴印度，费时二十五年，游历三十余国，获经典四百余部，于西纪六九五年归，译成五十六部，是时自印度或西域诸国来中土之名僧，亦复不少，就中著名者如：地婆阿罗（Djvakara）及菩提流志（Bodhiruchi）、僧般若（Prajina）等经印度师子国，及南海诸洲而来中国，先至广州，继抵长安，与其先在长安居住者的亲戚名好心者相会，从其请，从事译经，偕大秦寺僧景净共译《大乘理趣六波罗蜜多经》（见唐德宗贞元年间长安西明寺僧圆照撰：《贞元新定释教目录》所载），顾般若当时未解中国语，亦不通叙利亚语，而景净则原未习梵文，亦未解佛理，故不能得其完全的翻译，译成献诸朝廷，德宗见其不完全，不令流布，乃改命般若以利言、圆照、道液、良秀、应真、超悟、道岸、誓空等使当译语、笔受、润文正义等之职而译之，圆照所记如下："法师梵名般刺若，北天竺境迦华试国人也，好心既信重三宝，请译佛经，乃与大秦寺波斯僧景净依胡本亦波罗蜜经译成七卷，时为般若不娴胡语，复未解唐言，景净不识梵文，复未明释教，虽称传译未获半珠，图慕虚名，非为福利，录表奏闻，意望流行，圣上睿哲文明允恭释典，察其所译，理昧辞疏，且夫释氏伽蓝大秦僧寺，居止既别，行法全乖"。於以见梵典翻译，非精通二国语言者莫辨，且于文字技术外，尤须于佛法有相当了解，而后翻译时，始得左右逢源，不致意义枯涩，精华全失，此犹今日之从事各科翻译者，对于其所译之学科，无论文字、哲学、历史、地理，乃至声、光、化、电，必先有相当之研究与认识，而后始可下笔无讹，否则终将见讥于通人耳，若德宗者，可谓对译品具有甚高之鉴别方者也。综合此时期之译经事业观之，有可注意二点：（一）前三期译经虽有本国人参加在内，然皆是以梵僧为领袖，唯有此时期乃由玄奘大师亲自西游归来，主持译事，是为本国人大规模地独立翻译的开始。（二）前三期内，虽有鸠摩罗什、真谛三藏等大匠辈出，然华文梵文之隔阂，终不得免，且译例亦未能十分划一，至此，经玄奘加以改正，其病悉除，故通常多称前三期所译经论为旧译，玄奘以后，所译经论为新译，此可谓为译经之第四期。又近时法国东洋学者伯希和（Paul Polliot）教授于一九零九年在我国甘肃所发见之敦煌石室遗书中，见有《景教三威蒙度赞》及《尊经》，由是更知有景教经典之经汉译者，凡达三十种以上，由此足可推知景教在当时流行中国之盛况，从可想见彼时翻译外国文字，已不限于佛经梵典。五代五十余年间，王朝交迭，战乱频仍，经籍散佚，零落不堪，翻译事业，了无足述，迄赵宋起，虽再兴隆佛教，然自此脱离光大时代，而入保守时期矣。

宋太祖甚崇信佛氏，与复后周世宗废寺，许造佛像，遣僧胥勤等百余人，使往印度，寻求经论，又刊行《大藏经》，而僧徒之自印度归来，亦复不少，是时有法大，应梵学沙门法进之请，于蒲津从事译经，守臣表上之，帝阅之大悦，召入京师，赐紫衣，始于译事，时帝方锐意译传，乃命中使郑守均于太平兴国寺之西偏，建译经院，设三堂，中为译经，东序为润文，西序为证义，七年六月，译经院成，诏天息灾、施护、法天等居之，令卿杨说，兵部员外郎张泊润文，殿直刘素监护，天息灾乃述译经仪式，隆重备至（见后一节）。七月，天息灾上新译圣佛母小字《般若波罗蜜多心经》，法天上《大乘圣吉祥持世陀罗尼经》，施护上《如来庄严经》，诏两街僧，选义学沙门百人，详定经义，时左街僧录曜神曜等言，译场久废，传经至艰，天息灾等，即持梵文，先翻梵义，以华文证之，曜众乃服，诏新经入藏，开板流行。亲幸译经院，召僧众赐坐慰论，自是每岁诞节，必献新经，皆召坐赐斋，以经付藏。八年，诏译经院，赐名传法院，更于其西偏建印经院，既而天息灾等言，历朝翻译，并藉梵僧，若遐阻不来，则译经废绝，奏请令两街选童子五十人，习梵学，诏令高品，王文寿、选惟净等十人，引见便殿，诏送译经院受学，惟净者，江南李煜之侄，研寻梵章，通其义，岁余，得度，任梵学笔受，赐紫衣及光梵大师号，后真宗时，虽有以院费不赀，罢免为请者，然帝卒不之听，益弘其业，故当时译经达四百十余卷之多。端拱元年，通慧大师赞宁成《大宋高僧传》，起唐贞观年中，迄宋端拱元年，依梁唐二传（慧皎《高僧传》、道宣《续高僧传》）立十科，译经，义解其首科云。真宗继太宗之遗业，盛译经典，大开梵学，五竺沙门，竞集阙下，而专用宰辅词臣，兼润文之职，弘阐之盛，史所罕见，纵非空前亦且绝后矣。又北宋时对于辽夏，南宋时对于金均有互市，又设市舶使提举，专与外国相交易，是时大食即亚拉伯商船之来中国广东、泉州、杭州诸港通商者甚众，因之中国商人，据彼辈传闻所得，吸收西方诸国知识不少，蕴成后日译取外籍之动机。

金设女真进士科，专事女真文字，其后又置女真国子学，入策论生百人，小学生百人，除用女真文字教授外，凡百皆照汉国子学生制，女真文字，乃太祖时西纪一一一九年（天辅三年）命完颜希尹仿契丹文字而制成者，太宗时乃颁行女真字书，世宗时，又以女真大小字译《尚书》，颁行诸路，而此文字，其后传世甚久，今世犹存，有明四夷馆所有之女真汉字对照辞汇，故近年德人 Grube 氏，遂据此书而能读解。又有西夏文字者，云是西夏王李元昊于西纪一零三七年所制，其字形方而笔画甚多，殆仿华字造成，亦时用之以翻译中国书籍，异地文字之译华文，当欲借此以吸收中土文化，然其知识程度低落，传译之误，故在所不免矣。

元世以异族入主颇，用外人掌政，如世祖时即曾举波斯人阿合马（Ahmad）使理财政，成绩甚著，拜平章中书政事。又 Songa 亦尝被登用，外此则几均用蒙古色目人，故外人之来国中者甚众，就中如犹太人爱薛，通西域诸国语，精于星历音乐，世祖时，仕为翰林学士，成宗时为平章政事，又世祖时西历一二七一年，波斯人军器家 Alai Ud-din Ismdil 及天文家 Djamala Ud-din 均各携其所长来中国，贡献甚多。历史上著名之 Marco Polo 亦自一二七五年起仕于元，前后凡十七年，为世祖所信任。综计当时来中土者，有欧罗巴、中亚细亚、小阿尔美尼亚、亚拉伯、波斯等地的学者、军人、技术家，而意大利及法国学者、艺术家，来者亦众，此辈实为传播异地文化之先锋，亦翻译事业中之一支洪流，盖彼等来中土既久，谙习华语，遂得将彼国学术技艺大量用文字表现出之也。元代诸帝，皆崇尚佛教，然以禅宗最盛，故译经事业较前代逊色多多，其著者有必兰纳什理，通三藏及诸国语。成宗大德六年，奉旨从发思巴受戒于广寒殿，代帝出家，皇废中，受命翻译诸梵经典。又有萨迦派之喇嘛法光，于武宗至大年中，增定发思巴所制定的蒙古新文字，又与西藏、蒙古中国及回鹘之学者共译西藏藏经，为蒙古语。时又有沙罗巴，精通显密诸部，受世祖命，译中国未备显密诸经各若干部，辞致明辩。按元起朔方，本有语无字，太祖以来，但借用畏吾（又称畏兀儿）字以通文檄。世祖始用西僧八思巴造蒙古字，然于汉文则未习也。元史本纪至元二十三年翰林承旨撒里蛮言：国史院纂修太祖累朝实录请先以畏吾字翻译进读，再付纂定。元贞二年，兀都带等进所译太宗宪宗世祖实录，是皆以国书进呈也。其散见于他传者，世祖问徐世隆以尧、舜、禹、汤为君之道，世隆取书传以对，帝喜曰：汝为朕直解进读，书成，令翰林承旨安藏译写以进，曹元用奉旨译唐《贞观政要》为国语。元明善奉武宗诏节译《尚书》经文，关于政事者，乃举文升同译，每进一篇，帝必称善，虞集在经筵，取经史中有益于治道者，用国语汉文两进读，译润之际，务为明白，数日乃成一篇，马祖常亦译《皇图大训》以进（皆见各本传），是凡进呈文字，必皆译以国书，可知诸帝皆不习汉文也。以后如仁宗最能亲儒重道，然有人进大学衍义者，命詹事王约等节而译之，世祖时尚书留梦炎等，奏江淮行省无一人通文墨者，乃以崔彧为江淮行省左丞（见彧传），李元礼谏太后不当幸五台，帝大怒，令丞相完泽、不忽木等鞫问，不忽木以国语译而读之，完泽曰：吾意亦如此，是不惟帝王不习汉文，即大臣中习汉文者亦少也。卿大夫阶级之不学无术以至于此，学术上自无足观者，至其翻译中土文字，不过以应帝王之需要耳，其意故不在沟通文化也。元制本听汉人学蒙古语，本纪元九年，和礼霍孙奏蒙古字设国子学，而汉官子弟未有学者，及官府文移犹用畏吾字，诏自今凡诏令皆用蒙古字，仍遣百官子弟入学。又《赵璧传》，帝命蒙古生十人从璧受儒书，又敕璧习国语译大学衍义，时从马上奏之（本传）语言文字不通，其狼狈情形乃由如此者，亦可哂也。又据《忙哥撒儿传》：宪宗以其生前多所杀及卒人，多胜谤言，特降诏于其子，今载传中乃全用尚书体，竟与宇文周诰书相似，此当时翻译者之有意润色以为典册高文也。及泰定帝登极一诏，则所译全是俗语，无异村妇里老之言，而《元史》亦遂不加改润，或有意存之以见当时政体之陋也（见赵翼《廿二史劄记》）。综观有元一代，学术文化，了无足述，故翻译事业，除外籍教士或外人之仕於官者，间或介绍西洋学术技艺外，余则较诸各朝，不免有逊色矣。

有明一代，喇嘛教禅宗盛行，明太祖虽以其自身为皇觉寺僧出身，登极后，颇尽力保护佛教，然只限于固有佛法之弘扬，于翻译新经，致力颇少，其为明代译界之盛事者，厥惟西洋学术著作之译传，而各国来华教士，实与有大力焉。盖明末东西交通既复，基督教流传，乃又不绝，教士之来中国者弥众，其著者如意大利人利玛窦（Watteo Ricci）、熊之拔（Sabba tims de Urais）、艾儒略（Alenio）、西班牙人庞迪我（Panloja）以及葡人阳玛诺（Manoel）、毕方济（Sambiaco）等皆被优予录用，共开历局于首善书院，推步天文，翻译历书，已而德意志人汤若望（Gohann Adam Schall Ron Bell）及意人罗雅谷（Jacobus Rho）又来助之，徐光启等亦参与之，举凡译述关于天文、数学、历法、舆地、艺术等书，无虑数百十种，举其著者，如几何原本，勾股义，测量法义，泰西水法，西洋测日历，恒星历测，八线表，天学略义，几何要法，坤舆图说，验气图说，空际格致，天文本义，西琴曲意等等，皆文辞流畅，美不胜收，对我国科学启蒙贡献极大，使历清以来，对此能尽量加以吸收及利用，则我国科学根基，当不致如今日之薄弱也（各种重要译述，原可列写为一表，内嫌繁琐，从略）。

清代海禁渐开，外国学术思想，开始倾入中国，西方人士（尤其教士）之来中国者亦愈多，此际为我国国运转折之一大关键，实亦文化上接受外来影响最甚之一时机也。其在佛典翻译方面有可得而道者：初圣祖尝编集圆觉、金刚楞严、维摩法华、楞伽、深密、涅槃、心地观、诸部般若等四函二十二经，于内府出版；后世宗特开藏经馆，编刊严经，于雍正十三年开版，至高宗乾隆三年竣工，是即所谓龙藏也。高宗更翻译全藏经为满洲语，费十八年之岁月，至乾隆五十五年完成。又圣祖曾以满洲语、蒙古语、拉丁语、唐古忒语四体，翻译心经，世宗锓而行之。高宗亦于二十三年，敕和硕庄亲王允禄等，选精通梵音者，从西藏、蒙古、满洲及汉译各大藏经中，将诸咒抄出，详加订译，编为满、汉、蒙古、西番合璧大藏全咒，至三十八年完成，总有四百五十一经，一万四百零二咒，附同文韵统等，于内府开版颁布，而后史陆续编辑此种四译对照之《金刚般若经》，《四十二章经》《大云轮请雨经》等诸经，及更加梵语五译对照之《贤劫千佛名经》，然世祖以下诸帝，咸对于佛教严加禁约，梵典翻译，自此逐衰。至在接受西洋文明方面，有清一代，可述者殊多，圣祖康熙为一极好学之君，精通历算音律，延接耶稣会教士如徐日昇（Pereira）、布勿（Bouvet）、托马斯（Thomas 中名安多）等，令日日进内庭，轮班讲学，如测量法、数学、天文、人体解剖、物理等，奖励译者，不遗余力，如数理精蕴、律吕正义、历象考成等，皆蔚为一时巨观。乾隆（高宗）继续光大其业，译著亦富，计自利玛窦以来，耶稣会派教士，不但能承受中国固有习惯，甚而服装食物及生活方法，无一不与中国人相同，并深习中国语言文章，且对士人社会，尤能以流畅淳雅之汉文谈论科学之理论，宜彼等译作之能流利动人也。

穆宗时，京师设同文馆，教授英德俄诸国语言技术，其卒业生或命往外国留学，或派往海外为交际官、翻译官。德宗时改革学制，大学堂除文法诸科外，复设格致、农、工、商、医诸科，别又设译学馆以教授外国语言。自此国人之通西文者渐多，而翻译外国书籍与日俱增，于原本书籍之鉴赏及识别能力，亦大为增高矣。

前人从事翻译工作所采取之方法及态度的一斑

翻译之事千古所难，历代有心于此者，莫不慎重出之，其以国家力量从事大规模之翻译工作者，典礼样式尤为隆重，兹谨摭拾一二，籍昭先例，而供来者取法，有志之士，当为同感。古代译经，异常慎重，译书之成，须经多人之手，非同目前之由一人独译，或由双人对译，且所定体例十分细密，形式尤为庄严，据《佛祖统纪》四十三卷所载译经仪式录之如下：于东唐面西，粉布圣坛，开四门，各一梵僧主之，持秘密咒七日夜，又设木坛，布圣贤名字轮，请圣贤，设香、华、灯、水、肴果之供，礼拜饶旋，祈请冥佑，以珍魔障，第一译主，正坐面外，宜传梵文，第二证义，坐其左，与译主评量梵文；第三证文，坐其右，总译主高读梵文，以验差误；第四书字，梵学僧审听梵文，书成华字，犹是梵音；第五华受，翻梵音成华言；第六缀文，回缀文字，使成句义；第七参考两上文字，使无误；第八刊定，刊削冗长，定取句义；第九润文官，于僧众南向设位，参详润色，僧众日日沐浴，三衣坐具，威义整肃，所须受用，悉从官给。从此段文字观之，凡译一经，须经过九人之手，慎重如此，宜乎我国传流佛经精美绝伦，为学者所一致公认矣。又据《翻译名义集》宗翻译主篇第十，彦琮法师云：夫预翻译有八备十条：（一）诚心爱法，志愿益人。（二）将践觉场，先牢戒足。（三）诠晓三藏，义贯两乘。（四）旁涉文史，工缀典词，不过鲁拙。（五）襟抱平恕，器量虚融，不好专执。（六）耽于道术，淡于名利，不欲高炫。（七）要识梵言，不坠彼学。（八）薄阅苍雅，粗谙篆隶，不昧此文。观此可知从事翻译工作者，不仅须具有高深之言语文字的修养，且于气度性灵的涵养，尤受有极严格之限制，盖唯如此，而后其译品始能雅适典瞻，深入三昧，非同泛泛比也。十条者，一句韵，二问答，三名义，四经论，五歌颂，六咒功，七品题，八专业，九字部，十字声。其规划之严格不苟，于此可知。至分掌译场职务者，其能力亦皆极优越，宋《僧传》云：译场经馆设官分职可得闻乎？曰。此务所司，先宗译主，即携叶书之三藏明练显密二教者是也。次则笔受者，必言通华梵学综有空，相问委知，然后下笔，西晋伪秦以来，立此员者，即沙门道含、玄赜、姚嵩、聂承远父子，至于帝王执翰，即与梁武太后中宗，又谓之缀文也。次则度语，正云译语，亦名传语，传度转令生解矣。次则证梵本者，求其量果密以证知能诠不差所显无谬失，至有立证梵义一员，乃明西义得失，贵令华语下不失梵义也。复立证禅义一员，次则润文一位，员数不烦令通内外学者充之，良以书受在其油素，文言岂无俚俗，偿不失于佛意，何妨刊而正之，故义净译场李峤韦嗣立，卢藏用等二十余人次文润色也。次则证义一位，盖证已译之文所诠之义也。如译婆沙论慧嵩、道朗等二百人考证文义，次有梵呗者，法筵肇启，梵呗前兴，用作先容，今生物善，唐永泰中方闻此位也。次有校刊清隋彦琮，复疏文义，盖慎重之至也。次有监护大使，后周平高公侯寿为总监检校，唐房梁公为奘师监护，或用僧员，则隋以明穆云迁等十人，监掌翻译事，诠定宗旨也。可见译场职司，乃有译主、笔受、度语、证梵本、证梵义、证禅义、润文、证义、校刊监护等等名位，其部分启明，周祥审慎，叹观止矣。又主译事者，私人戒持极严，曾不敢丝毫损越，其精神直可格大地而动鬼神，如玄奘自印度留学归国后，以贞观十九年正月二十四日到达长安，二月六日起即从事翻译佛经，初则因太宗常与晤谈，尚不免有所耽搁，自太宗薨后，专务翻译，无寸阴之浪费，每日自立功课，其白天不能毕译者，必至夜深始停笔，译经毕，复礼佛行道，至三更就寝，五更复起，晨读梵本，用朱笔点次第圈定其欲译者，十余学生环坐其前，笔录其口授之译义，略加修改，即成文章，食斋以后，黄昏之时，则讲新经论，并解答诸州县学僧来问疑义，至晚，寺内弟子百余人咸请受诫，盈庑满廊，一一应答处分，曾无一人遗漏，虽万事辐辏，而玄奘神气常绰绰然无□滞，如此力有不懈，数十年如一日，直至临殁前二十七日始停笔，奘一面自己手译，一面培植人才，不数年，即有若干弟子听其口授笔记成文，卒至有空绝一时之成绩，又玄奘不徒事翻译，并制定种种重要规则，译就专门名辞，说明方法利弊，使弟子得有所准绳，开后世无穷法门，周敦义《翻译名义集序》曾引玄奘之五不翻论，其言曰：唐奘法师论五种不翻，一秘密故，如陀罗尼；二含多义故，如薄迦梵具六义，三此无故，如阎浮树，中夏实无此木，四顺古故，如阿耨菩提非不可翻，即摩腾以来，常存梵音，五生善故，如般若尊重智慧轻浅，即七迷之作，乃谓释迦牟尼此名能仁，能仁之义，位卑周孔，阿耨菩提名正遍知此土老子之教，先有无上正真之道，无以为异，菩提萨埵，名大道心众生其名下劣，皆掩而不翻。原夫翻译之事，所以为难者要在辞句意义转折之间，煞费周详，译者偶一不慎，掺入主观见解，即不免牵强附会，失其本真，五不翻之论，所谓含咀英华宁缺毋滥者也。古人翻译态度之谨慎不苟，可敬亦复可师矣。此外前人亦有类似"翻译论"等著作，盖皆本自躬与其事所得之经验，或平日细心揣摩而有之心得，载诸文字，以供后人参考者也，如僧相净等集进之景佑天竺字源以华梵对翻，有十二声三十字母名，有牙、齿、舌、喉、唇五音，如姑苏景德寺普润大师法云纂编之《翻译名义集》，缕列梵文辞语意义之难解者，详加释引，都为一集，实一最佳之梵华译典，据其引言有云："……思义思类，随见随录，但经论文散，疏记义广，前后添削，时将二纪，编成七卷，六十四篇，十号三身，居然列日，四洲七趣，灿尔在掌，免检阅之劳，资诚证之美……"可见其书之价值，实有足多者。次如郑樵之《论梵书》，其辨析华梵文字音义之异同，尤属刻画入微，其论华梵曰："诸蕃文字不同，而多本于梵书流入中国，代有大鸿胪之职，译经润文之官，恐不能尽通其旨，不可不论也，梵书左旋，其势向右，华书右旋，其势向左，华以正错成文，梵以编缠成体，华则一字该一音，梵则一字贯数音，华以直相随，梵以横相缀，华盖以目传，故必详于书，梵以口传，如曲谱然，书但识其大略，华之读别声，故就声而借，梵之语别音，故即音而借"。又曰："梵人别音，在音不在字，华人别字，在字不在音，故梵书甚简，不过数个屈曲耳，差别不多，亦不成文理，而有无字之音焉，华人苦不别音，如切梵之字，自汉以前，人皆不识，实自西域流入中土，所以梵图之类，释子多能言之，而儒者皆不识起例，以其源流出于彼耳，华书制字极密，点画极多，梵书比之实用邅邅，故梵有无穷之音，而华有无穷之字，梵则音有妙义，而字无文彩，华则字有变通，而音无锱铢，梵人长于音，所得从闻入，故曰：此方真教体，清净在音闻，我昔三菩提，盖从闻中入，有目根功德少，耳根功德多之说。此等见解，皆由前人亲身体味得来，透辟无与伦比，于以见古之人，不独知其然，而且知其所以然也。更有洛阳僧鉴聿拱韵总五篇，欧公序略有云：洛僧鉴聿为韵总五篇，推子母轻重之法，以定四声，考求前儒之失，辨正五方之讹，顾其用心之精，可谓入于忽微，栉之于发，绩之于丝，虽细且多，而条理不乱，儒之学者，莫能难也，鉴聿通于易，又学乎阴阳地理黄帝歧伯之书，其尤尽心者韵总也。浮图之书，行乎世者，数百万言，其文字杂以夷夏，读者罕得其真，往往就而正焉。"又唐法藏亦著有华严（旧译）翻梵语及华严（新译）梵语及音义等书，皆于梵大文字，释解周祥。总之，我先贤之从事译事，匪唯精神贯注，态度真诚，抑且能不辞劳苦，爬梳字义，融会综贯，触类旁通，为天下后世，开无数法门，吾人于敬仰之余，当有不胜其同感者，我有志译学之士，果能步武先贤卓绝之精神，效法其伟大作风，以发扬而光大之，为我国译学开一新纪元，予馨香以祝之。

晚近我国译事略述暨篇后感想

我国译事，自清季海禁大开，西洋文化势力，风涌而入，局面遂随之大为翻新。论翻译事业，本为文化更新之媒介，自清林文忠首创译报，至曾左立制造局，并附设译述馆专务翻译，以迄于今，百余年来，所翻译外国典籍，自不在少，迨侯官严复几道氏，标译事三难信、达、雅之说，译著技术与要求，亦日有进步，其开畏庐林纾氏，所译外国说部，无虑百数十部，饷国人以崭新之泰西文学结构，兼之其古文译笔（此点当有可以非议处，姑不具论），流丽典雅，颇合当时人之脾胃，无怪其能脍炙人口，传诵一时也。至严译《天演论》《原富》《法意》《穆勒名学》《群学肄言》《群己极界论》等书，其影响于国人思想良非浅鲜，自不待言，严氏殆可当我国近代译界怪杰之名而无愧矣。论国内专供翻译之机关，前所述及之译学馆，实为其滥觞，按翻译馆，清同治六年，李鸿章所奏设，时江南制造局初设于上

海，以铸造枪炮，须明西学，乃附设翻译馆，置翻译格致、化学、制
造各有提调一人，口述二人，笔述三人，校对画图四人，九年，广方
言馆移并，译书甚多，计成百余种，分学政教三类，属学者，大都为
自然科学及制造医药等，属政者，官制政法，属教者专论耶教，当时
言新学者，以此为知识之一大源泉。其在私家，举其著者，则有算学
家李善兰（壬叔）曾助伦敦传教士惠来翻译算学书甚多，中有微积
学。梁任公先生曾为此等西洋译著作西学书目表四卷、外札记一卷，
抉西学之精华，示后学以端倪，信我国译书目录中之最美备者也，现
今国内译述标准及方法，虽均进步多多，而翻译风气，尚未臻善，目
前出版界译者数量尚无详确统计，至质的外国方面，虽不乏佳构，而
躁率从事，牵强成篇，文字枯涩，内容芜陋者，亦在所不鲜，总之，
无论量质方面，大抵距理想目标尚远，而中国文化所系之文史、哲艺
典籍，其获移译者，尤属罕见，有之，亦多属外人所成，例如《孙子
兵法》一书，即法之拿破仑，德之威廉，皆得读其译本而为掣节不
置，叹为兵学权威，若在日本，则昔时即已有译注，举其荦荦大者，
如林罗山之谚解，伊藤之详解，平山之折妄，三上之集说，阿多俊介
之新研究，海军中将佐藤之进讲录，陆军中将落合丰之例解，士官教
官尾川之演讲，空军上将大场之兵法，共不下数百家，英译本亦有多
家，而吾国人自行译为外国文者尚少，虽间有英法德文译本，然泰半
成自外国，其价值可知，中国文化，既未尽量介绍于人，故英美诸国
亦无从洞悉我文化国情之真相，即彼方社会高等人士与积学之徒，亦
鲜能明了而赋予同情，驯致隔阂臆断，或者凌辱睥睨，亦无怪其然
也。从一国译著之风，可以窥见其民族时代精神，与世界意识，在西
洋无论矣，即在日本，不仅外国要籍，移译无余，即第二三流作品，

亦可得其忠实译本而读之，如英国莎翁全集四十巨册，即系坪内教授一手译成，萃毕生之力，以介绍外族文化，此其民族时代化之真精神也。故笔者在本文开首即言：欲谋一国文化之恢弘发扬，一方面当发扬光大本国固有文化之特质，一方法当努力吸取外国文化之精英，欲达到前项目的，应大量翻译本国富有价值之文化典籍，以介绍于外人，欲完成后项任务，则舍尽量翻译外国有价值之著作今古兼蓄小大不遗而不为功，必如此两面兼顾，双管俱下，而后始能获得精神之交流，促成文化之升华，此真吾侪所应加注意者也。近数十年来，吾国教育政策，自始即注重科学知识之灌输与国故之整理，其所以迄未能达到目的者，殆因人事变易，政局靡宁，以致成效未著，然欲赶上自然科学与社会科学之世界水准，必须从整理与翻译入手，为今之计，吾人必须认清事实，埋头苦干，有系统有计划地从事翻译新文化建设必备之典籍，然后西洋文化方能全盘吸收，为我所用，然后吾国文化特质，方能弘扬于世，获得国际地位与世界同情，近闻当局对此策略，早有成规，而据最近在云南大理成立之民族文化书院通讯所载（见《读书通讯》第十七期），该院近拟将全部佛藏英译以飨外国人士（通讯大意为：佛学发天人之秘，拯盗杀之迷，且严格言之，佛教非宗教，非上帝观，非宇宙论，非多神之崇拜者，是富有道德之系统，为各宗各教之最高峰，其在哲学上之地位，已被世界各国共同承认为现代最精密之理论派，释迦之地位，实超越达尔文诸人之上，以故佛学实极应传布于世，唯因译述工作，至为艰巨，无人担负此项任务，书院旨在沟通世界文化，毅然负荷此种大任，业已向西藏拉萨购来藏文佛经一部，拟先由藏文，译为中文，再译为英文，然后传播各地，使佛学得宏扬于世也）。此实为最有意义、最富价值之一重要工作，吾人谨盼其早日得竟全功，为我国多年来沉寂荒芜之译界放一异彩，吾尤盼政府能秉承其远大之眼光，为中国文化前途计，为整个民族前途计，不惜巨资，早日成立规模宏大之翻译馆，或将现有之国立编译馆，予以大量扩充及刷新，罗至四方名儒硕学，寝馈其中，或司主译，或司证义，或司润辞，或司校对，均予以极优厚之待遇，使得安心从事，无妻儿衣食之忧，无见异思迁之想，如此假之十年或二十年，成绩必大有可观，行见我中华民族优秀崇高之文化，璨然光照于全世界，斯则吾于喋喋二三十纸之余所预为额首称庆者也。

主要参考书：《前汉书》《后汉书》《三国志》《晋书》《隋史·经籍志》《文献通考》《通志》《通典》《中国佛教史》《佛学纲要》《高僧传》《景德传灯录》《中国目录学史》《翻译名义集》《大唐西域记》《中国历史研究法补编》《佛学纲要》《西域研究》《中国文化史》《中西文化之关系》

——《国立中正大学校刊》第 4 卷第 13—14 期（1944 年）

地名转译问题（1945）

金祖孟

一、地名及其问题

地名是代表某一地形（如山脉河流）或地域（如省县城镇）的符号。在原则上，同一地形（或地域）不该有二个以上的地名，同一地名不该指二个以上的地形（或地域），否则就不免纷乱。可是，在事实上，无论本国地名或外国地名，一地数名或一名数地的情形非常普通。就本国地名而论，我国各省，除了正式省名以外，还有一个或者二三个简称，如浙江省简称越或浙，河北省简称冀或燕，四川省简称川或蜀，陕西省简称陕或秦。我国重要都市，除了一个"今名"以外，普通都有几个"旧名"，与"今名"同样通行，如重庆市本为渝州，铜山县本为徐州；西京市本为西安，亦即长安；柳江县本为柳州，亦即马平。现在"渝"字已成重庆市的简称，徐州已与铜山县同样流行，而西安、柳州两个别名且比西京市和柳江县两个正式地名更普通。这种简称和别名，有的完全是一种无可奈何的历史负担，有的也确有它的事实上的价值。但是，根据"一地一名、一名一地"的大原则，这种种都是地名上的病态。再就西文地名的汉译而论，德意志、法兰西现在已无问题，英吉利、美利坚两译名，不管它如何不通，因为大家一致将错就错，总算不成问题。但是，以荷兰、意大利在现代世界的地位，其汉文译名居然还未一致。荷兰的正式国名为 Netherlands，而 Holland 只是它的一部分，我们拿 Holland 一字作全国的名称，本已不对，而 Holland 一字的汉译竟有"荷兰"与"和兰"之别。报章杂志通用"荷兰"两字，而外交文书，到一九四四年四月为止，却用"和兰"两字。同样地，意大利的汉译有意大利和义大利之不同，外交文书只用后者，而报章杂志，则二者混用。纽约、伦敦、巴黎、柏林、罗马的译名虽已一致，而苏京莫斯科就有墨斯哥的异译。以新加坡在战略上及交通上的地位，其译名竟有新加坡、新嘉坡、星架坡、狮城、星洲、狮岛、石叻、实叻坡等九个。苏彝士亦有作苏伊士的。以上所说，都只是合理的分歧，还不能说是错误。至于把 Ganges（恒河）译作"刚果河"（非洲 Congo R. 普通译作刚果河）才是错误（注一）。在今日的中国，分歧固然很普遍，错误也相当普通。在李顿调查团报告的官方译文中，就有"沈阳"（西文作 Mukden）译作"墨克敦"的笑话。我们由此可知，中国的地名问题是如何的严重。

【……】

三、西名汉译问题

西名汉译问题，在中国的地名问题中，是最难解决的，所包括的小问题亦最多。西方地名见于普通地图集者逾二十万，自然无须全译。那么应译多少？这是"译名多寡问题"。要译的地名有一部分已有汉译；对于这些旧译，我们应如何处理？这是"旧译处理问题"。西名汉译，不外意译音译二法，二者各有利弊；必须重译或新译的地名，应以何法移译为便？这是"意译音译问题"。西方语文复杂，同一地名往往有数种写法；我们移译时应以本国文字为准，抑以最通行之英文为准？这是"标准原名问题"。假如决定用音译，那么，我们该用什么符号？汉字或是注音符号？这是"音译符号问题"。假如决定用汉字音译，我们最好用哪些字代表哪些音？类似的音如何区别？汉字中所没有的音如何表示？这是"音译用字问题"。西文地名一经汉译之后，势必增加音节。全译累赘，节译有失原音，我们如何处理？这是"全译节译问题"。南洋为华侨集中之地，其地名多已有闽粤语之音译。音译西文地名之普通办法，于南洋多不适用，我们应如何决定标准译名？这是"南洋地名问题"。兹就上述问题，依次说明如下。

四、译名多寡问题

任何地图都只能注写较重要地名，绝对无法备载全部。一般地图集或地名辞典的编纂，对于地名的取舍，都有比较客观具体的标准，决不随意增减。同样地，我们从事统一译名工作，也应该首先决定：应该译些什么地名，应该译多少地名。太少，自然不够用；太多，亦可不必；全译，当然更不可能。如何才算不多不少，这也是一个不易解决的问题。

世界上几部地图集或地名辞典的地名数量，很可供我们的参考。德国斐德氏地学社（Justus Perthes Geographische Anstalt）所出版的《斯氏大地图集》（Stielers Handatlas），是世界上最伟大完备的地图集，载有大小地名约二十五万处（根据该图百周年纪念版，即第十版）。美国《李平可世界地名大辞典》（*Lippincott's Gazetteer of the World*），收集地名约十万处。《韦氏新编国际英语字典》（*Webster's New International Dictionary of English Language*）的注音地名表（Pronouncing Gazetteer），备载地名约二万处。英国《牛津高等地图集》（*Oxford Advanced Atlas*）与美国《高氏学校地图集》（*Goodes' School Atlas*），所载地名都在一万二千左右，和申报馆的《中国分省新图》（四版）地名数量相当（《中华民国新地图》所载地名约三万五千）。《斯氏大地图集》和《李平可世界地名大辞典》的地名，超过我们普通的需要。《韦氏新编国际英语字典》的地名，也嫌太多。《牛津高等地图集》和《高氏学校地图集》，是英美最流行的普通地图集，其地名数量和我们的需要较为相近。英美人的世界知识远在中国人之上，这两种地图的地名对于我国人甚至也嫌稍多，尤其《牛津高等地图集》对于英国及其属地过于详尽，《高氏学校地图》对于美国及其属地亦嫌太详。大体说来，我们所需要翻译的外国地名当在七千到一万之间。

五、旧译处理问题

在我们从事标准译名工作以前，事实上已经有许多译名，这些译名的产生，并没有一个统一的规则。因此，同一地名往往有几个不同的译名。其中有的流行很广，也有的仅见有某一书报或某一作者的文字；有的译得极好，有的音译意译都不妥当。我们从事标准译名时，对于这些已有译名既不能完全采用，也不能完全不采用。而采用与否也不能完全根据译名本身的好坏，必须兼顾译名的通行的程度。译得不好的地名，如果通行已久，我们必得将错就错，"英吉利"便是一个例子。译名的好坏，可以我们新订译名办法来衡量，而通行程度的决定，就比较困难。伦敦、巴黎、柏林、罗马、纽约，这些地名当然没有问题。新加坡与新嘉坡，维琪与维希，曼谷与盘谷，孰取孰舍，就不是容易决定的事。

总括起来，我们对于旧有译名的处理，应有三种办法：最大的地方，大多已有统一的译名；我们对于这种地名，不管新订的统一译名办法如何，都应该无条件地采用，如伦敦、巴黎、柏林、罗马、纽约等，此其一。较大的地方，大多已有译名，而且不只一个；这些地名，好坏不同，流通的程度也不同，我们应该在其中选择一个作标准译名，如新加坡与新嘉坡，维琪与维希，曼谷与盘谷等，此其二。较小的地名，大多尚无译名，即使有译名也不会很通行。我们对于这些地名，应该根据新订统一译名办法，重定译名，此其三。以上三点，都只是空洞原则。地方的大小没有自然的界限，地名的取舍应该有具体办法。具体办法的决定既不是一件容易的事，译名取舍的实际工作更是非常繁重。最低限度，在决定取舍以前，我们应该有一个相当普遍的搜集工作。

六、意译音译问题

意译地名的优点有二：第一是文字简洁，第二是容易记忆。如冰岛、红海、铁门、太平洋、少妇峰、地中海、好望角、黄金海岸等地名，容易读，容易记，且和本国地名一样。这些地名，不仅在中文为意译，在外国文字中，亦多用意译。如铁门是多瑙河上的一个大峡，有如长江的巴东三峡，既不在德国，更不在英国，而德文作 Eisernes Tor，英文作 Iron Gate，都是原名的意译。地中海的名称，无论在德文、英文、法文、意文，都是"地中之海"的意译；假如我们根据英文或法文音译，那译成的名称将是如何难读难记。可知意译地名确有它们的优点。但是，多数地名，已经失去原来的意义，全部地名意译是不可能的。有些地名的意义，虽然还可考证，但已不是一般人所能知道。如莱茵河（Rhine）一字，本为凯尔特语（Celtic）河流之意，假如我们把它译成"大河"，读者一定不知所指。而且，地形地名，雷同极多。即使可能意译，也难免"一名数地"，彼此混淆。如波罗的海，德人称为东海（Oestsee），须得海（Zuyder Zee），荷文原义是南海，假如我们一一据以意译，势必与本国的东海南海相混。法国的白朗峰（Mont Blanc）、南美的白朗科峰（Pico Blanco）、土耳其的阿克山（Ark Dagh），其意义均为"白山"，假如全部意译，不但互相混淆，而且一个普通的读者，将无法寻求各山的原名。所以，意译尽管有许多好处，而音译的办法事实上还是比较可行的。

音译地名，翻译时比较方便，阅读时就往往诘屈聱牙，记忆更是困难。布达佩斯（Budapest）、布鲁塞尔（Brussels）、布加勒斯达（Bucharest）、赫尔新基（Helsinki），虽都是一国首都，不若太平洋、地中海那样容易记忆。达琅西里瓦尼亚（Transylvania）、彼得洛巴辅洛夫斯克（Petropavlovsk）、列支敦士登（Lichtenstein）、洛斯托甫温敦（Rostov-on-Don）、哥德温奥斯腾峰（Peak Godwin Austen，峰在国境，然为西人命名），都不是太偏僻的地名，其译名亦系根据通行的报章和书籍。但是，这样漫长而且诘屈聱牙的地名，倘若不是原来熟记原文，不会有很多人记得清楚。这样看来，许多西文地名，事实上不得不采用音译，而音译本身也不是一件容易的事。

总之，意译有意译的好处，音译有音译的好处；同样的地意译和音译都有它不可避免的流弊。全部意译事实上绝对不可能；全部音译，亦将增加译名上的困难。可能的合理解决，应该是意译音译的折中办法：有些地名意译，有些地名音译；在同一地名中，一部分意译，一部分音译。但是，何者应意译，何者应音译？何部应意译，何部应音译？这也是一个不易解决的问题，需要较详细的讨论。笔者只想提出四个原则：第一，专名部音译，通名部意译（注二）。第二，东、南、西、北、内、外、大、小、新、旧等区别数个相关地名的形容词用意译。第三，冠词及表示所有之介词（如 of, de, El）可省去或意译。第四，常用而且意义明显的地名用意译。

七、标准原名问题

要有标准译名，必先定标准原名。欧西民族复杂，语言不一，较有历史的地名都有许多不同的写法和读法，而且往往相差很大。试以德国国名为例：德国自称 Deutschland, 英文作 Germany, 意大利文、罗马尼亚文作 Germania, 法文作 Allemagne, 西班牙文作 Alemania, 葡萄牙文作 Allemanha, 荷兰文作 Dultschland, 丹麦文、瑞典文、挪威文均作 Tyskland, 匈牙利文作 Nemotorsag; 芬兰文作 Saksa, 爱沙尼亚文作 Saksamaa, 拉脱维亚文作 Vacija, 立陶宛文作 Vokietija, 波兰文作 Niemcy, 捷克文作 Německo, 土耳其文作 Almanya（注三）。以上所举，已有十六种之多，而俄文、塞尔维亚文以及全部东方语言，因为印刷关系，尚未罗列在内。国名如此，高山大河及海洋岛屿城镇，亦大体如此。一个地方有许多地名，我们应以何者为标准？这是一个很重要的问题。

照理，我们翻译地名应以各该国本国文字为标准原名。德国的汉名"德意志"，译自德文 Deutschland，西班牙的汉名译西班牙文 España：这是最合理的事。可是，在事实上，最常用的西文汉译，十之九由英文转译而来。意大利自称 Italia，与英文 Italy 相差无几。其他如挪威（Norway 英文，下同）自称 Norge，瑞典（Sweden）自称 Sverigo，匈牙利（Hungary）自称 Magyarorszag。爱沙尼亚（Estonia）、威尼斯（Venice）、科隆（Cologne）、那不勒斯（Naples），其汉译名称的原名，都不是各地的本国文字（注三）。无论中英两国的关系如何密切，根据英文作标准译名是不合理的。

但是，我们又不能完全无视现实。假如我们完全根据各国的本国文字作标准汉译的工作，这一工作在英美以外各地恐怕很小实用价值。我们既不能完全根据英文，又不能完全不考虑英文地名。在这种情形之下，我们只有采用折中的办法：较大的地名以英文为标准原名，较小的地名以各国本国文字为标准原名。因为较大的地方都有英文名称，较小的地名即使在英文书报里，也只有用各国的本国文字。假如这一原则可以采用，那么，立刻就发生了两个小问题：第一，大地名和小地名，根本没有自然的分野，各地有无英文名称也不是容易查明的，而且，即使在英文图书里，有许多地名往往英名和土名并见，Lyon（里昂）与 Lyons 便是一例。第二，高山大河，大多超出国家范围，也就无法决定它的"国籍"。此外，我们要根据各国的本国文字来定标准汉译，必先有精通各国文字的人。英文、德文、法文，精通的人很多。西班牙文、葡萄牙文也许还可以找到专家，瑞典、挪威以及波兰、芬兰就非常偏僻。这也是一个事实上的问题。

八、音译符号问题

音译地名所用的符号，不外汉字与注音符号。假如这两种符号一样地通行，注音符号无疑地要比汉字好得多。以注音符号译西文地名，可以保留原有的音素，正如以英文字母改写为俄文地名，容易相像，而不容易走样，此其一。注音符号翻译西文地名，可以保留原有音节数目，不会有一般汉字译名增加音节的毛病，也没有一般汉字译名删略音素的麻烦，此其二。注音符号对于同一语音绝不会有不同的符号，因此没有一般汉字音译"一名数译"的缺点，此其三。注音符号有统一的读音，因此没有一般汉字译名"一名数读"的缺点，此其四。以注音符号翻译西文地名，因为有以上四种优点，只要有一张注音符号与西文字母的对照表，就人人可以从事这种工作，而且各人的结果都完全一样。以后倘若有什么新的地名产生，或者有更多地名需要翻译，我们只要如法炮制就行，再不必有什么统一译名的工作。所以，以注音符号翻译西文，可算是一种一劳永逸的办法。

以上所述都是假定注音符号已经通行全国，实际上注音符号只有少数人学会了。在这种情形之下，以注音符号翻译西文地名，有翻译上的便利，也有统一译名的效用，但缺少应用上的价值。推行注音字母，照理不会是一件很困难的事。但是，在注意字母还未通行全国的现在，我们不能不迁就事实，不能不以汉字为音译西文地名的符号。

九、音译用字问题

在决定以汉字音译西文地名以后，我们必须进一步考虑：用什么字译什么音？这是地名音译的中心问题，也就是争论的重心。我们将来统一译名的成功或失败，主要地要看这一问题能否得到合理的解决。笔者对于这一问题的具体建议，当以另文就教于国人；这里只想提出几点原则。

第一，同一字音必须用同一汉字翻译。假如音译用字不能统一，一切标准译名的工作势必全部落空。过去我们用来译 Ko 音的，至少有科、柯、哥三字，译 Ka 音的至少有克、喀、葛三字。今后我们必须指定其中的一个，并且永远只用那一个。

第二，所用的字应力求普通，凡是冷僻或有地方性的字眼非不得已不可采入。以"嘎"译 Ga，以"峇"译 Ma，都不足取。应该设法避免。笔画过多的字，如苏彝士之"彝"字，亦应尽量不再应用，以减少书写的困难。

第三，所用的字应以国音为准。中国南方各地，往往 L、N 不分，所以 Lampung 译作南榜。D、L 亦常相混，故 Meban 译作棉兰。不过，英文中之 V 音为国语所无，而为江浙方言所有。所以，维、佛诸字，不妨破格采用方言读音。前者为维多利亚（Victoria），后者为佛日山（Vosges）。

第四，所用的字最好没有地理意义。以锡兰译 Ceylon，以雪梨译 Sidney，都不是好办法。以海地译 Haiti，只能算是一种巧合。去年中央大学招生，考卷中"锡兰盛产锡铁"的答案非常多。这种错误，译名要负一部分的责任。

第五，中国语言中无 R 音，西文中的 Ro，Ri，Rin 等音，只能采用较近的 Lo，Li，Lin 代替。在二者之间，我们可在字形上加以区别。如以罗、里、苓三字代表 Ro，Ri，Rin 三音，以洛、利、林代表 Lo，Li，Lin 三音；前三字可以分为上下两半，用以代表 R 音；后三字可以分为左右两半，用以代表 L 音。G，K，Q 之不同和 B，P 之不同，也可找到类似办法。如果因为字数不够，也可容纳几个例外的字眼。(按魏氏式与王氏式，汉字无 R，B，G 各音，国语式则有之，唯为数甚少。)

第六，汉字所代表的，与其是字音，不如是字母。如 Ro 的字音虽有多种（如 o 在 Rome 一字为长音，在 Rothesay 一字为短音），我们不妨同以"罗"字代表它。这样，我们可以减少译名的字数，而不增加由译名求原名的困难。至于音是否正确，那是次要的事。

第七，一汉字尽可能代表一个音节。如 Bar，Im 可以译作巴尔、伊姆（如 Barca 作巴尔加，Imphal 作伊姆法尔），但是，我们为了减少译名字数，应该译作巴尔、因。如果我们一定要区别 Ba 与 Bar，In 与 Im，可以在字形上设法。如以巴代表 Ba，以吧代表 Bar，以因代表 In，以茵代表 Im，但这一办法仍有增加译名字数之弊。

第八，地名之专名如为常用人名，则应用人名办法音译。如 Charles River 应作查理河（美国），Johnstown 应作约翰城（美国），Prince Edward Island 应作爱德华王子岛（加拿大），Wilhelmshaven 应作威廉港（德国）。

十、全译节译问题

文章有全译节译的不同，地名亦有全译节译的不同。如落杉机（Los Angels）、好莱坞（Holly Wood）、英格兰（England）、苏格兰（Scotland）、普鲁士（Prussia）、纽约（New York），实际上都是省去一字或数字，也都是节译。假如逐音全译，Los Angels 应作落斯安琪尔斯，Holly Wood 应作好莱坞德，England 应作英格兰德，Scotland 应作斯可脱兰德，Prussia 应作普鲁西亚，New York 应作纽约克。人名的节译，比地名更为普遍，而且节省的部分更多。在常见的人名中，如亚历山大（Alexander）、罗斯福（Roosevelt）、史迪威（Stillwell）、陈纳德（Chenault）、路易（Louis）、查理（Charles）、约瑟（Joseph），都是节译。一般说来，全译地名在读音上比较近似原名，但失之累赘；节译地名，如果取舍得当，虽不免失真，但颇能补救一般西名音译难读音难记的弱点。以汉字音译西名，本来不可能完全符合。因此，适当的节译也许是我们所能采用的。

　　中国地名平常不超过三个字，字数太多，地名也就不容易尽其符号的功能。中国将近二千的省县地名，只有黑龙江、察哈尔省、托克托县、萨拉齐县、清水河县、和林格尔县、木垒河县、布伦托海县、霍尔果斯县（近改成霍城县）、呼图壁县、阿克苏县、吐鲁番县、阿瓦提县、托克苏县、麦盖齐县、叶尔羌县、英吉沙县、布尔津县、吉木乃县、哈巴河县等十八处在三个字以上（注四）。同样地，西文地名普通不超过三四个音节。世界大河，只有密士失比（Mississippi）河的名称在三个音节以上。全世界百万人口以上的都会，只美国费城（Philadelphia）和西班牙的巴塞隆那（Barcelona）有四个音节。假如西文一个音节译成一个汉字，西文汉译绝不会有字数太多的困难。可是，在实际上，西文一个音节，中文至少需要一个字，多到三四个字不等。如 Berlin（柏林）、Paris（巴黎）、London（伦敦）、Roma（罗马）、Riga（里加）、Lima（利玛）等地名，都是每一音节用一汉字。Saar（萨尔）、Ruhr（鲁尔）、York（约克）、Toul（都尔）等西名虽都是单音节字，却用两个汉字。至于 Minsk（明斯克）、Binsk（平斯克）等单音节字，须用三个汉字。Tomsk（托木斯克）、Brsk（皮尔斯克）等单音节字，且可用到四个汉字。所以，西文中音节不多的地名，一经汉译，便觉累赘。音节较多的西文名（如 Petropavilovsk 彼得洛巴甫洛夫斯克），其汉文音译更觉冗长无比。在这种情形之下，我们认为：为了简化译名，并使之善尽符号的职责，适当的节译是比较可行的。

十一、南洋地名问题

以上所论，大都是不能适用于南洋各地。因为，南洋是华侨集中的地方，山脉、河流、城市、街道，大都已有华侨的译名。我们整理外国地名，对于华侨所定的译名，事实上决不能不加以特殊的考虑。越南的地名，除老挝外本来都用华文。我们由法文音译越南地名，更应特别小心。

南洋华侨，十之九原籍闽粤，所译地名完全根据闽粤音，B 音常读成 M，如 Bali 译作峇厘，Bankok 亦作曼谷。Bengal 之作孟加拉，Bombay 之作孟买，或者亦属同一原因。所以，以据国语读音为衡量标准，则南洋华侨译名大都有重译必要。但是，我们为了珍惜它们的实用价值，这些地名也确有保留的理由。

闽粤方言复杂，因此，华侨通用译名也极复杂。南洋华侨，可大别为五类，即：闽南人、潮州人、客家人、广府人、海南人。他们各有各的方言，也就各有各的地名，其中闽南语、潮州语与海南语比较相近，客家语与广府语比较相近。所以，南洋华侨译名，至少有不同的两类。Da 在闽南语作"礁"，在广府语作"打"，如 Kedah 有吉礁、吉打两译。Ma 在闽南语作"峇"，在广府语作"麻"；Ru，在闽南语作"汝"，广府语"鲁"；Tu 在闽南语作"株"，在广府语作"都"（注五）。凡此种种，大体尚有规则可循。其实，多数译名的差别都不是任何简单的规则所能范围。如 Singapore 有新加坡、新嘉坡、星架坡、狮城、星洲、狮岛、石叻、实叻坡等九种译名，Penang 有槟榔屿、槟城、庇能、新埠等四名，Malacca 有马六甲、麻六甲、麻剌加、麻拉呷、古城等五名（注六）。但是，孰取孰舍，也不是一个简单的对音好坏的问题，我们必须同时注意那里华侨较为通行的方言。

十二、汉名西译问题

汉名西译，比之于西名汉译，是一件较简单的事情。只要把汉字逐一改为罗马拼音，就没有问题。每一汉字，在西译为一音译，绝无冗长难读之弊。但是，这里面也有一些困难问题。第一，许多汉字常常共有一个拼音。第二，同一汉字往往有几种拼音。

以西文字母音译汉字，始于明末：金尼阁（Nicolag Trigault）的《西儒耳目资》一书就是一例。以后从事这种工作的有史登（Stent）、威廉（William）、巴勒（Baller）、马提（Mateer）诸人。到现在为止，总计不下十五六人。每人都有些特殊的拼法，如"浙"字的拼音，就有 Cheh，Jeh，Cha，Che，Chet，Chyt，Chieh，Chidk，Chol，Tsa，Tse，Tsih，Setsz，Tik 等十六种（注七）。

较通行汉字拼音法式有四种。第一是魏氏法（Wade's System），创于英国驻华大使魏妥玛（Thomas Irancis Wade，1818—1895，曾在中国居留四十余年）。第二为邮政式，为中国邮政总局所定。第三为王氏式，为王模氏于民国初年改订魏氏式而成。第四为国语式，为国语统一筹备会所订，于民国十七年由大学院公布施行。这四种法式，互不相同。例如，国字魏氏式作 Kou，邮政式作 kwo，王氏式作 kuo，国语式作 Gwo；州字魏氏式与王氏式作 Chou，邮政式作 Chow，国语式作 Jou；新疆两字，魏氏式作 Hsic-chinag，邮政式作 Sin-kiang，王氏式作 Sin-ching，国语式作 Shin-jiang。王氏式本由魏氏式改订而成，二者只有极少数的差异，如开封之"封"，魏氏式作 Fong，而王氏式作 Fung。邮政式除了采用大量方言土音而外，大部由魏氏式简化而成。所以这三种法式，可说大同小异，只有国语式是自成系统的。魏氏式、邮政式和王氏式，语音分辨不清，往往汉字读音不同，而其西文拼音竟没有丝毫区别。所谓"四声界限不明，则山西与陕西莫辩，平声阴阳相混，则唐山与汤山无殊，以 I 拼 L，黎李可以同姓，将 ang 缀 ch，昌章竟是一名。"（注八），确是实情。魏氏式和王氏式还用许多符号，区别类似的读音，而邮政式除了 ü 以外，完全不用符号，因此雷同的地方更多。例如，魏氏式与王氏式，甸作 Tien，田作 T'ien，而在邮政式，甸田两字同作 Tien，所以，在邮政图上，罗甸与罗田不分。此外如字亭、安定同作 Anting，朝城、赵城，同作 Chaocheng，复县、附县、富县同作 Fuhsion，英山、应山、营山，同作 Yingshan。这种雷同，有的由于拼音，有的由于缺少符号。国语式虽也不用符号，但能以拼音的不同，区别类似的读音，如山作 Shan，陕作 Shaan，黎作 Li，李作 Lii，唐作 Taing，汤作 Tang，章作 Jang，昌作 Chang 这种方法，虽能辨别不易辨别的读音，但在拼法上又失之累赘。如"常用字汇"四字，按国语式应作 Charngyong Tzyhhuey，更是累赘无比。我们照理应以国语式为标准拼音法式（国语统一筹备会曾于十五年十一月将此事通告全国），但在国语式公布以前，多数地名事实上已有定译。

邮政式，最简单亦最不规则。例如，连山作 Lienshan，连水作 Lienshui，而连县作 Lienhsien，浙江作 Che-kiang，江苏作 Kiang-su，连江作 Lienkong，南京作 Nanking，南郑作 Nanchen，南康作 Nankang，而南安作 Naman，上海作 Shanghai，宁海作 Ninhai，而南海作 Nam-hoi。此外门字有 Mon，Moon，Ma，Moy 四译，昌字有 Chang，Cheng，Chong 三译，金字有 Chin，Kin，Que 三译（注九）。由此种种，可见邮局拼音不规则的一斑。就地名音译而论，邮局拼音最为通用，也就最富地方色彩，最造就既成事实。上述江译作 Kong，南译作 Nam，海译作 Hoi，都是采用闽粤方言。其他如香港作 Hongkong，广州作 Canton，厦门作 Amoy，金门作 Quemoy，澳门作 Macao，都是造就既成事实。山陕两字在王氏拼音和韦氏拼音，都作 Shan，因此山西、陕西的西译就无法分别。邮局以 Shan-si 译山西，以 Shon-si 译陕西，这也是一种无可奈何的办法。采用方言，迁就现实，对于本地人自然有实用价值，但是，对于地名的统一，却是一种障碍，也成为一个问题。

十三、边疆地名问题

我国边远各地，因为语言文字和内地不同，也有地名转写问题。大概藏语盛行于西藏、西宁、青海，回语（新疆人称维语）盛行于新疆，蒙语通行区域以内外蒙古为主，旁及新疆和青海。在通行新疆语文的地方，本地地名当然是边文的。因此，边疆地名须有国字译名，国字地名也需要边文译名。

移译边疆地名的困难，并不下于外国地名。边疆地名，颇多尚无标准的写法与读音。因此，要做国字译名就有些无从着手。边地文化落后，边民知识幼稚，因此推行国字地名自然很多障碍，到现在为止，边地地名尚未经好好整理。以新疆承化、疏府地位之重要，通行的地名尚未见一致。承化本是清代平定准部以后的新名，内地常称阿尔泰，而新疆省却通行"阿山"这一个国字地名。疏府内地人多称喀什噶尔，而当地人则称哈什。这虽系一音之转，也足使地名趋于繁复。其他较小地名，更多随手翻译，也就随时变迁。这样看来，边文地名亟须整理，并不在外国地名之下。

十四、地名行政问题

整理地名的初步工作是拟订译名的具体办法，进一步的工作是决定标准地名。所订的译名办法，无论如何具体详尽，总不免有不能处理的情形，所决定的标准地名，无论如何众多完备，总不免有遗漏的情形。而且，译名原则有时需要修正补充，标准地名也有需要修正补充的时候。新的地名天天在产生，旧日的地名天天在变化。假如我们不是继续不断地在搜集和记录，我们的标准地名表也就很快成为不合时宜的旧物。所以，整理地名不但是目前的迫切工作，而且是一种需要长期继续的事业。我们不但需要整理地名的临时组织，而且须有一个处理地名问题的常设机构。

地名之需要整理，本不限于中国，欧美各国亦无不如此。所以，美国有地理局（Geographic Board），英国有地名常设委员会（Permanent Committee on Geographic Names, 简称 PCGN），其他各国亦多类似的常设机构。丹麦政府为格林兰（Greenland）的地名，于一九三四年成立格林兰地名委员会，是年二月一日，丹麦外交部照会各国："丹麦政府鉴于各考察团体在格林兰随意决定地名，并应用之于其所发表之报告及地图，用特设立格林兰地名委员。该会赋有决定地名之全权，举凡格林兰领土以内之地形地点名称，苟非经该会认可，丹麦政府绝不承认。"（节译照会原文）由此一事例可知人家对于地名何等重视。我国西北各地，外国考察团体随意命名，其情形同格林兰一样。李希霍芬（Richthofen）山脉、洪波尔德（Humboldt）山脉、亚历山大第三（Alexander III）山脉、李戴尔（Ritter）山脉、许士（Sueis）山脉、斯文海定（Seven Hedin）山脉，都是外国人所定的地名，而这些地名所指的地方实际上本来已有名称。因此，这些新地名更使中国地名更加复杂。我们由此可知：地名不但需要整理，而且需要管理。要管理地名，就非有地名的行政机构不可。

十五、地图与地名辞典

与地名整理工作最有关系的有两件事：第一是地图的绘制，第二是地名辞典的编纂。整理地名是绘制地图及编纂地名辞典的基本工作。等到标准地名表完成之后，我们应以地图推行标准地名。在今日的中国，地名本极混乱，一般粗制滥造的地图，更加强这种混乱的程度。在今日中国书籍流通之情形之下，如果没有地图，标准地名的推行是一件很困难的事。丹麦政府在格林兰地名委员会成立以后，即指定以丹麦大地测量局的地图为标准地名的地图（此项地图在出版以前先经格林兰地名委员会审查）。这种办法，很可供我们参考。我们由此可知：地名整理工作需要地图绘制工作的配合。我们一方面要整理地名，另一方面还须加强并且健全政府测绘地图的部门。

地名辞典不仅可以推选标准地名，而且可以认为是整理地名的最后目标。标准地名表，如果没有必要的说明，对于一般人很少实用上的价值。可是，整理地名不是一手一足之力所能完成，地名辞典的编纂更非多数人长时期的搜集和整理不可。美国海伯林（Heiprin）主编的《李平可世界地名大辞典》（*Lippincotis' Gazetteer of the World*），全书二千多页，备载十万地名，很可作我们今后的标准地名大辞典的榜样。

注：

（一）见詹文浒译《哲学的故事》（*Durant Story of Philosophy*），第 27 页。

（二）普通地名可分两部，其一为通名部，其二为专名部。浙江之"江"与浙江省之"省"为通名部，浙江之"浙"与浙江省之"浙江"为专名部。详见金祖孟《中国政区命名之分类研究》一文，载《地理学报》第十卷第 1 至 23 页，三十二年。

（三）见英国皇家地理学会《地理杂志》（*Geographical Journal*）第八十五卷第五号，第 458 至 462 页，The Names fo Countries Used by Other Countries 一文，一九三五年五月出版。

（四）根据内政部地图审查委员会会刊第四期，三十二年四月出版。

（五）见张礼千《南洋的地名》一文，载《东方杂志》第四十卷第十八期，三十三年九月出版。

（六）见潘醒农编《南洋各属地名街名录》（中英对照），一九三九年十二月新加坡南岛出版社印行。

（七）除首二者外，均系根据 Herbert A. Glies: *A Chinese-English Dictionary*. 2^(nd) Ed, P. 59. 1912。

（八）节录国语统一筹备会十五年十一月九日布告原文。

（九）见美国《地理论衡》（*Geographical Review*）一九四一年一月一号，J. E. Spaneer: Chinese Place-name and the Appreciation of Geographic Realities 一文。

——《新中华》副刊第 3 卷第 1 期（1945 年）

翻译之艺术——兼评吴译《圣咏》（1945）

张其春

（一）音韵之美

  1. 巧合 2. 摹声 3. 双声 4. 叠韵 5. 传声 6. 韵文

（二）辞藻之美

  1. 妥帖 2. 周密 3. 简洁 4. 明晰 5. 新奇 6. 文采

（三）作风之美

  1. 古典派 2. 浪漫派 3. 象征派 4. 写实派 5. 自然派 6. 唯美派

  7. 结论

  （附言）翻译犹乐师奏艺，优伶演剧；其艺术之效果，固视原作之价值，亦赖表现之技巧。意大利美术家克罗司（Benedetto Croce）尝谓"表现能力为一切艺术的标准。"作者近撰译学一书，即持此说本篇乃其中之一章也。友人吴经熊博士年来选译《圣经》，以圣咏（Psalms 旧译诗篇）数首相示，余得尝一树之乐，而深爱其译文之优美，而堪资译事楷模。兹承其惠许，引证于此，兼以介绍。

  （一）音韵之美

  世界语言各有音调之美，即梵语所谓"音壮严"（Colbe

Alamkara）也。就余所闻，国语庄严洪亮，英语雄浑简练，法语柔婉流畅，德语沉着阴丽，俄语浩宕冗长，日语古朴平淡，以此译彼，欲保持音调之美，势有所不能也，不得已退而求其次，使读者仿佛得之，乃本节立论之宗旨，

（1）巧合　儿童之呼父母也，出乎天籁，普天之下，大抵同音：

（爸爸）英语 papa，拉丁语 pater，法语 père，意语 babbo，Bulgarian 语 baba，塞尔维亚语 bhba，土耳其语 babao（以上均为唇音，唯 p 为清音 b 为浊音），丹麦语 fader，希腊语 vater（以上 f，v 为齿音）

（爷爷）梵语 tata，俄语 tata 或 tyatya，威尼斯语 tat，刚果语 tata，英语亦作 daddy 或 dad（以上 t，d 均为齿音）

（阿爸）semitic 语 abba

（阿爷）magyar 语 atya，土耳其语亦作 ata，日语 otosan 近乎此

（妈妈）英语 mamma

国语"费"同英语之 fee，"拖"同 Tug，"浪费"近乎 Lavish，"理"与 Reason 之第一音节同，粉扑之"扑"及 Poweler-puff 之 puff。"一听"鱼肝油等于 A tin of cod-liver-Oil。黄脸婆可译为 A wan-faced wife，黄与 wan 音节类似。Sir J. Suckleny 有诗云：

Why so pale and wan，fond lover priihee，why so pale？兹将译为：

情人一何废，神枯面又黄！

吴经熊博士尝译《道德经》，亦有音义俱同之例：

其政闷闷	If a ruler is mun, mun
其民醇醇	The peole are simple, simple.
其政察察	If a ruler is sharp, sharp

其民缺缺　　　　　The people are willy, willy.

（58章）　　　　　—Lootsu's *The TAO and Its Virtue*

上例以 Mun, Mun 译闷闷何其巧也！

（2）摹声　摹声之字（Onomatopoetic words）本乎听觉。六畜之鸣也，狮曰吼（Roar），马曰嘶（Neigh），猿曰啸（Chatter ergibbon），犬曰吠（Bark），牛声哞哞（Moo），猫声咪咪（Mew）。李白送友人云：

浮云游子意，落日故人情。挥手自兹去，萧萧班马鸣。

Those floating Clouds Are like the Wonderer's heart,

　　You sinking sun recalls departed days.

Your hand waves us Adieu, and lo! You Start,

　　And dismally your horse retiring, neighs.

—*Gem of Chinese Verse*, Translated by W. H. B. Fletcher.

又《梦游天姥吟留别》云：

熊咆龙吟殷岩泉，深林兮惊层巅。

Bears' roars and dragons' bellowing over rocks and spring!

　　Startled, how forests quake on ridge over ridge of crags!

　　—Ibid.

鸟之鸣声，国语不如英语分析之精；如 Coo 鸠鸣也；Caw 鸦鸣也；Screech 枭鸣也；Warble 云雀鸣也；Scream 孔雀鸣也。

摹物之声，中英二语有同者：

砰 bang　　　　　兵、叹、砰 crack, puff, bang

叮当 dingdong　　的答的答 tick-tack, tick-tack, tick-tack

噼啪 pita-pat

此次大战中，英国 Dover 一带，常受飞弹袭击，名曰 Biny Bany

Corner，可译"霹拍之区"。

《西厢记》善于抒情写景，兹举二例，如第三折张生唱道：

> 窗儿外淅零零的风儿透疏櫺，忒楞楞的纸条儿鸣；枕头儿上孤零，被窝儿里寂静。

Bitter is the Wind that comes through the latticed windows;

It makes the paper that covers the window rattle.

My pillow is solitary

And my cover let is Lonely!

—*The Western Chamber*. p. 39.

又第十六折云：

（雁儿落）绿依依墙高柳半遮，静悄悄门掩清秋夜，疏刺刺林梢落叶风，昏惨惨云际穿窗月。

（得胜令）惊觉我的是颤巍巍竹影走龙蛇，虚飘飘庄周梦蝴蝶，絮叨叨促织儿无休歇，韵悠悠砧声儿不断绝。痛煞煞伤别，急煎煎好梦儿应难舍；冷清清的咨嗟，娇滴滴玉人儿何处去也！

Green indeed are the willows which half conceal the high wall.

Profound is the silence of this beautiful autumn night outside the door.

Gentle is the breeze which makes the leaves fall from the branches of the trees.

Melancholy are the rays of the moon in the clouds as they pass through the window.

Tremulously, like the wriggling of dragons and snakes, move the shadows of the bamboos,

I am transported into space like the philosopher Chuang when he dreamt that he was a butterfly.

Incessant is the chirping of the cricket.

Never-ending is the distant sound of the beating on the washing-stone.

Painful indeed are the sorrows of separation.

Full of agitation, it was only natural that I wished to cling my dream.

Left entirely alone, I sadly sigh.

Oh, where now is my charming and precious beauty?

—Ibid, pp. 213—214.

王静庵尝谓："独元剧以许永亲字故，故辄以许多俗话或以自然之声音形容之。此自古文学上所未有也。"（《宋元戏曲史》第十一章）如上举之例，绘声绘色，处处逼真，虽以英语造诣之深，亦有所不逮焉。

鲁迅于《阿Q正传》中写阿Q被打云：

阿Q在这刹那，便知道大约要打了，赶紧抽紧筋骨，耸了肩膀，等候着，果然，拍的一声，似乎确凿打在自己头上了。

"我说他！"阿Q指着近旁的一个孩子，分辩说。"拍！拍拍！"

Ah Q realized on the moment that he was in for a thrashing and stood with his whole body taut against the coming attack. He hunched up his shoulders and waited—and, in truth, there was a whacking sound, which seemed to be without doubt dealt at his head.

I meant him! Explained Ah Q, pointing to a small boy who was near at hand.

Biff, Whack, Whack.

——梁杜乾译 *The True Story of Ah Q*. p. 24.

又写阿 Q 之调戏小尼姑云：

"他迎上去，大声地吐一口唾沫：

"咳，呸！"

"这断子绝孙的阿 Q！"远远地听得小尼姑的带哭的声音。

"哈哈哈！"阿 Q 十分得意地笑。

He advanced, expected and shouted: "Huh! Peh!" "that sonless, grandsonless Ah Q!" Screamed the little nun from a distance in a lachrymose voice.

"Ha, ha, ha!" Laughed Ah Q altogether merry.

—Ibid, pp. 25—26.

他如 Cackle 之为呵呵，Chirrup 之为卿卿，亦大同小异也。

（3）双声 英语之 dilly-dally, flim-flam, nick-neck, tick-tack，国语之伶俐、踌躇、拉拔等等，首音相同者，谓之双声，亦称头韵（Alliteration）。《前赤壁赋》云："舳舻千里，旌旗蔽空"。舳舻，叠韵也，故 Herbert Giles 教授以双声译之：

His war-vessels stretched stem to stern for a thousand li, his banners darkened the sky.

—*Gems of Chinese Literature Prose*. p. 180.

李后主《浪淘沙》有"流水落花春去也"之句，Clara Candlin 女士亦用头韵译之：

Flow on deep stream,

Fade, flowers, and fall,

The spring is past.

—*The Herald Wind*, p. 36.

德人 Herder 有座右铭云:

Licht, liche, leben.

英译 light, love, life 能将其双声保持不隳;汉译:"光明,爱情,生命"固稍不如,但明命双声,明情又为叠韵。拉丁谚云:

Laborare est Orare.

英语《模范字典》译为 "To work is to pray 作工即祈祷",按加莱尔尝以双声译其叠韵:

Admirable was that of the old Monks, Laborare est Orare, Work is Worship.

—Carlyle: *Past and Present*, Chap. XII.

汉译若改为"劳动即祈祷",则动祈双声,劳祷二字可传真叠韵美。

英语之急口令(tongue-twister)皆用头韵,例如:A big black bug bit a big black bear. 翻译至此,有技巧之感。兹仅能译其义于下:

大大黑臭虫,口咬大黑熊。

(4)叠韵 二字尾音相同者,谓之叠韵。例如:

topsy-turvy 七颠八倒

pell-mell 乱七八糟

shilly-shelly 优柔寡断

以下为叠韵对译之例:

lurly-burly 吵闹

hurry-scurry 仓皇,慌乱

以下以双声译叠韵:

toil and moil 劳碌

fair and square 磊落

以下以叠字译叠韵：

hurly-burly 哗啦哗啦

hanky-panky 鬼鬼祟祟

叠字复音为国语之一特色，英语仅偶尔见之：

Talkee-Talkee 噜哩噜嗦

呸呸 Pooh-Pooh

曲曲折折 Zig-Zag

昔凯撒（Caesar）之凯旋也，当对罗马人民曰：

Veni，Vidi，Vici 雄劲简练。英译 I came, I saw, I conquered。汉译"我来，我见，我胜"（见《英语模范字典》）均不足以传其神情。兹拟将汉译改为"我之来之，见之克之。"按"之"与拉丁文 I (i) 均属闭口音。

辜鸿铭先生昔与英国散文大家穆满（W. Somerset Maugham）谈翻译云：

Traductor—tradittore... you cannot expect me to betray myself. Ask one of your English friends. Those who know most about China know nothing, but you will at least find one who is competent to give you a rendering of a few rough and simple lines. (参阅黄嘉音译《辜鸿铭访问记》，《人间世》第十二期)

按："traductore- tradittore" 意语也，本作 Traduttre, tradictore 双声而兼叠韵英译，Translators are traitors 颇可吻合。中文拟译为"翻译者叛逆也。""翻"与"叛"，"译"与"逆"均为叠韵。

法谚有云："Tout Lasse, tout casse, tout passé"句中尾音与句末尾音相押，谓之底韵（interiorrime 或称 internal rime）。此句英语译为 Everything wears out, everything breaks, everyting passes away 又汉译"万物必弊，万物必破，万物必灭"，所用动词虽皆以唇音（Labals）巨居首，勿如原文远矣。甚矣形声之难也！

英谚云："No money, no honey"意谓无金钱即无爱情，此句可译为"无钱无甜"，钱甜亦如原文，同时叠韵。

（5）传声　本无其字，依声传译，兹称为传声，所以不称为译音者，以其具音韵之美也，莎士比亚之《皆大欢喜》一剧，富有音乐之美。兹引二句为例：

It was a lover and his lass

With a hey and a ho, and a hey nonino!

—*As You Like It*. Viii.

柳无忌教授尝译之为：

这是情郎伴着情女，

一声喊，一声和喊侬妮诺。

《孽海记》写小尼姑思凡，在民间传诵至广。林语堂博士曾于其大著《吾国与吾民》中引录之：

Projnaparamita, mayutra- sutra

Saddharamapundarika—

Oh, how I hate them all!

While I Say mitabha,

I sigh for my beau.

While I chant saparah,

My heart cried, "Oh!"

While I sing tarata,

My heart palpitates So!

—*My Country and My People*, 1939, 129.

译文颇能绘神传声，妙不可言。

"马马虎虎"四字，国语之所特有，林博士谐其声为 mama huhu 兹引原文于下：

For if the kitchen gods could be mama huhu, why should not be Yu-huang Shangti（玉皇上帝）be mama huhu also?

—*The Little Critic*, second series, p. 137.

以上大抵以复词叠字为主，兹进而言韵文。

（6）韵文　诗歌词赋所以令人百读不厌者，一因其音韵和谐能沁人心脾也，英国大诗人 Alfred Tennyson（1809—1892）有音乐家（world musician）之誉，A.C. Swinbourne 之诗，与音乐结下不解之缘。选译诗歌，必须用韵，以便讽圣。兹现举圣咏为例：

Such as sat in darkness and in the shadow of death,

Being bound in affliction and iron,

Because they rebelled against the words of God,

And contemned the cousel of the most High:

Therefore he brought down their heart with labor;

They fell down and there was none to help.

—*Psalm* 107.

（原译）那些坐在黑暗中死阴里的人，被困苦与铁链捆锁，是因为他们违背上帝的话语，藐视至高者的旨意。所以他用劳苦治服他们的心；他们仆倒，无人扶助。

（吴经熊译）或作幽囚，锁在狱中。黑影幢幢，链锁重重。不敬天命，遭此鞠訇。忧伤欲绝，愁苦交攻。

按吴译除叠字复音外，"訇""攻"俱属冬韵，且与"中"（东韵）"重"（瞳韵）之韵母，互相烘托，凄惋悲切，令人生恐惧之威，此实艺术之魔力也。

《诗经》一书有吴译本三种，William Tennings 所谓 Shik King 出版于 1891（详见拙著西译我国各著编目，待刊）。兹引一首为例：

关关雎鸠，Waterfowl their mate are calling

在河之州；On the islets in the stream.

窈窕淑女，Chaste and modest maid! Fit partner

君子好逑。For our Lord (thyself we deem).

原诗古典派也，译文用扬抑格（trochee），第二行与第四行押韵。

五言诗可举李白《月下独酌》为例：

花间一壶酒，独酌无相亲。举杯邀明月，对影成三人。

One pot of wine amid the flowers

    Alone I pour, and none with me.

The cup I lift, the moon invite;

Who with my shadow makes us three.

—*More Gems of Chinese Poetry*, p. 12.

原诗浪漫派也，W. Fletcher 氏之译作，每行四行步（feet），用抑扬格（iambic），二四行押韵。兹复引七言诗一首：

春词　刘禹锡

新妆宜面下朱楼，深锁春光一院愁。行到中庭数花朵，蜻蜓飞上玉搔头。

In her new dress she comes from her vermilion towers;

The light of spring bloods the palace which sorrow embowers.

To the court she comes, and her carved jade hair-pin

Alights a dragon-fly, as she is counting the flowers.

—*My Country and My People*, p. 259.

原诗象征派也，林博士之译作，除第二行外，各六行步，用抑扬格，一二四诸行用韵。

英译汉词亦多佳作，例如：

望江南　李后主

多少恨，昨夜梦魂中；犹似旧时游上苑，车如流水马如龙；花月正春风！

O what sadness untold!

Last night in a dream,

I was sauntering about in the royal Park as of old,

Horses prancing like dragons, chariots moving like a stream,

Spring flowers glittering in the moon's splendid gleam,

—Teresa Li, *14 Chinese Poems*, Tier Hsia Monthly, Jan. 1938.

李德兰女士之译文，清新可喜，英译之词选，有 Clara M. Candlin 女士之 *The Herald Wind*（1933）等数种，容介绍之。

歌谣方面，试先举儒子歌为例：

沧浪之水清兮，可以濯吾缨。

沧浪之水浊兮，可以濯吾足。

My tassel I'll wash if the water is sweet;

If the water is muddy I will do for my feet.

——Giles: *Gems of Chinese Literature.*

《水浒》第十五回吴用智取生辰纲，载有山歌一首：

> 赤日炎炎似火烧，野田禾稻半枯焦。农夫心内如汤煮，公子
> 王孙把扇摇。

或谓《水浒》之思想，印在数句之中（见陈独秀《水浒传序》），
余尝对读赛珍珠女士之译文，以为其颇得自然之趣，请比较之：

The sun burns with a fiery hand.

The rice is scorched on the dry land.

The farmers' hearts are hot with grief,

But idle princes must be fanned.

——P. S. Buck: *All Men Are Brothers*, p. 260.

陶渊明之《归去来兮辞》，有 H. Giles、平海渊、林语堂诸氏译
作，独林译用韵至为和谐，兹仅录四句为例：

> 舟摇摇以轻扬，风飘飘而吹衣。问征夫以前路，恨晨光之熹微。

Lightly floats and drifts the boat, and gently flows and flaps my
gown. I inquire the road of a wayfarer, and sulk at the dimness of the
dawn;

——*Gems from Chinese Literature*, p. 3;

A nun of Taishan and other transltions, p. 249.

汉武帝《秋风辞》，曾由 Hans Heilmann 译为德文，亦以音韵之
美，为德人所传诵。以下乃其第一节也。

> 秋风起兮白云飞，草木黄落兮雁南归。兰有秀兮菊有芳，怀
> 佳人兮不能忘。

Der Herbstwind weht, hal weisse wolken fliegen

Die Blitter fallen; das Gras wolkt, hal Die

  Wilden Gänse wandern gen süden

Schow beüht die Blume lan, ha, I schon

  duften die chrysan the men.

Ich denke an das schöne kind, ha! Das ich

  Nicht vergessen kann.

汉学大家 Herbert A. Giles 尝译《赤壁》《秋声》诸赋虽用散文，亦不乏佳句。例如《秋声赋》云：

星月皎洁，明河在天，四无人声，声在树间。

  The moon and the stars brightly shining, the silver

River spans the sky, no sound of man is heard without:

It is but the whispering of the trees.

——*Gems of Chinese Literature*, p. 164.

译文用抑扬格，极其自然。《西厢记》为元曲之代表作，其中莺莺在长亭送别后所唱一阕，尤为余所喜诵：

青山隔送行，疏林不做美，淡烟暮霭遮蔽。夕阳古道无人语，禾黍秋风听马嘶。(第十五曲)

The green mountain that separates us prevents me from seeing him off,

The thin-planted wood seems to bear me a grudge by obscuring him from my sight.

The slight mist and the night vapours screen him from view.

The evening sun falls on the old road and no human voice is

heard,

But only he rustling of the crops in the autumn wind and the neigh of the horse.

—The Western Chamber, p. 202.

熊氏译文中，运用抑扬格与抑抑扬格（Anapest），亦颇调和，特修辞不如原文之简洁耳。

小调可举蒋坦秋《灯琐忆》为例：

是谁多事种芭蕉，早也潇潇，晚也潇潇。

是君心事太无聊，种了芭蕉，又怨芭蕉。

What busy body planted this sapling?

Morning tapping,

Evening tapping!

It's you who're lonesome, frething!

Banana Geding,

Banan regretting!

—Gems from Chinese Literature, p. 61.

原文全用萧韵，译文以 ing 乘之，颇能传神。

至于英译汉，兹复举吴译《圣咏》为例：

Psalm 23

Yehovah is my shepherd; I shall not want

He maketh me to lie down in green Pastures;

He leadeth me beside still waters.

He restoreth my soul:

He guideth me in the paths of righteousness for his name's sake.

Yes, though I walk through the valley of the shadow of death,

I will fear no evil; for thou art with me;

Thy rod and thy staff, thy comfort me.

Thou prepares a table before me in the presence of mine enemies:

Thou bost anointed my beed with oil;

My cup runneth over.

Surely goodness and loving kindness

　　Shall follow me all the days of my life;

And I shall dwell in the house of Jehoval for ever.

　　良牧

　　主乃我之牧，所需百无忧。

　　令我草上憩，引我泽畔游。

　　吾今得复苏，仁育一何周？更为圣名故，率我正道由。

　　虽经阴谷里，主在我何愁？尔策与尔杖，实令我心休。

　　燕我群敌前，感尔设施优。灵膏沐我首，玉爵盈欲流。

　　慈恩共圣泽，长与我为俦。行藏勿离主，此外更何求？

　　此首译诗，诵之声谐，按之意点，岂仅可作精神食粮而已也？

　　世亦有以韵文译散文者，如《道德经》一书，吴博士大部分用无韵诗（blank verse）译之，尤属难能可贵。兹自七十七章引用一段为例：

　　人之生也柔弱，其死也坚强。万物草木之生也柔脆，其死也枯槁。

　　When a man is living, he is soft and supple.

　　When a man is dead, he becomes bard and rigid.

When a plant is living, it is soft and delicate.

When it is dead, it becomes whitered and dry.

英语因有重音之关系，读之抑扬顿挫，甚为悦耳。大诗人 Sir Philip Sidney 有言赞英语云：

Our tongue is most fit to honor

Poesy, and to be honoured to poesy,

—*The Defence of Poesy*, 1595.

余读林语堂博士所译名著，益信此说，兹引《兰亭集序》数句为例：

是日也，天朗气清，惠风和畅。

Today the sky is clear, the air is fresh,

and the kind breeze is mild.

—*Gems from Chinese Literature*, p. 9.

译文用抑扬格，而未有斧凿，此其所以可嘉也。

以上所述，仅限于音韵之美，至于译文之词藻，亦至美不胜收者，因立专章以论之。

（二）词藻之美

《文心雕龙》云："缀字属篇，必须拣择"。又谓"篇之明靡，句无玷也；句之清英，字不妄也。"词藻之美，每视语言而异。就余观之，国文绚烂洗练，英文缜密刚健，法文艳丽飘逸，德文朴素冲淡，俄文婉转委曲，日文华衍纤浓，而拉丁文谨严简约：此其大较也。本文既以译作为中心，故其范畴，与普通修辞学容有不同，兹分为六项：（一）妥贴，（二）周密，（三）简洁，（四）明晰，（五）新奇，（六）文采。择尤论述并借此为比较修辞学发凡焉。

（一）妥贴　昔严复先生之译《天演论》（Huxley: *Evolution and Ethics*）也，"一名之立，旬月踟蹰"。甚矣妥贴之难求也。中英两语，思想行文，颇多不同；若以下诸例不谋而合者，可谓例外。

木头 blockhead　　　　　笑柄 laughing-stock

鸟瞰 bird's-eye view　　　食言 to eat one's words

收买 to buy off　　　　　无事忙 much ado about nothing

壁有耳 walls have ears

　　　　　（法语）les murailles ont des Oreilles

你小鬼！You little imp!

替天行道 to justify the ways of God to man.（Milton）

火上加油 to pour oil on the flame

盗亦有道 There is honour among thieves.

（但中文"盗""道"双关）

祸不单行 misfortune never come singly.

一了百了 Death pays all death（语本莎士比亚 *The Tempest* 一剧，"He that dies pays all death"）

得寸进尺 Give him inch and he'll take an ell.

随波逐流 to go with the stream

空中楼阁 Castle in the air

女人道理 the woman's reason

有其父必有其子 Like father, like son

一支耳朵进，一支耳朵出 to go in at one ear and out at the other

国语"床头"两字，乔塞（G. Chaucer, 1340—1400）之《坎城故事》中有相同之措辞：

For him was lever have at his bed's heed

Twenty bokes, clad in blak or reed,

of Aristotle and his philosophe

Than robes riche, or fithele, or gay sautrye

——*Canterbury Tales, Prologue*, II, pp. 293—296.

按上文 beddes heed, 即 bed's head, 但今未通用。国语所谓"狐群狗党"英语亦有之:

I felt we were no better than aherd of wolves or a pack of wild dogs, in tearing out his battered and naked body from the pure yellow sand that lay so lightly over it, to drag him back to the light of the day.

——E. J. Trelwany: *Recollections of the Last Days of Shelley and Byron.*

特 a herd of wolves or a pack of wild dogs 在英语中尚非成语耳。

下列成语, 其措辞容或不同, 而彼此意义吻合, 亦可归入妥贴之例:

骑墙: to sit on the feuse　　　　　解手: to wash one's hands

鱼目混珠: to take up an unsound horse

饥不择食: nothing comes wrong to the hungry

物以类聚: Birds of a feather flock together

半斤八两: It is six of one and half dozen of the other.

哄堂大笑: To set the room in a roar

旗鼓堂堂: With colours flying and band playing

急不暇达: necessity has no law

欲速不达: The more haste, the less speed

无风不起浪: There is no smoke without fire.

挂羊头卖狗肉：Cry up wine and sell vinegar.

不入虎穴，焉得虎子：nothing venture, nothing win

用字之妥贴，亦有胜于彼者，兹举 play 与其汉译为例：

play chess	下棋
play tennis	打网球
play football	踢足球
play piano	弹钢琴
play (on) the violin	拉提琴
play a weapon	弄武器
play with dice	掷骰子
play mahjong	叉麻将

章太炎先生亦曾引欧人之言曰：

汉语有独秀者：如持者通名也。高尔举之，曰抗，俯而引之，曰提。束而曳之，曰捽。拥之在前，曰抱。曳之在后，曰拖。两手合持，曰捧。肩手任持，曰担。并力炯举，曰抬。独立引重，曰扛。如是别名，则他国所无也。

选字与练句，可为衡最妥贴之标准。兹先言选字。《圣咏》第十三云：

Yes, though I walk through the valley of the shadow of death.

I will fear no evil; for thou art with me.

"旧译"：我虽然行过死阴幽谷，也不怕遭害。因为你我同在。

"吴译"：虽经阴谷死，主在我何愁。

吴译原稿中"阴"字本作"幽"，余见其所改墨迹之异而问之，始知其为，总裁之手笔也。总裁改用此字，或从其精神生活体验而得。今对照英译，知"谷"实较"幽谷"妥帖。孟子曰：

> 吾闻出自幽谷，迁于乔木者，未闻下乔木而入于幽谷者。

> I have heard of birds leaving dark valleys to remove to lofty trees, but I have not heard of their descending from lofty trees to enter into dark valleys.

> —Legge 译 *The Works of Mencius*。

诗《小雅》云："幽幽南山"，杜甫诗云："绝我有佳人，幽居在空谷"。按幽谷仅有深超之意，阴谷则阴气森森易使人联想阴间或阴宅也。

再言炼句，吴经熊博士尝撰英文赞孔子曰：

> He is too moral to be moralistic, to pure to be puritanical, too human to be all too human, too consistently moderate to be inmoderate even in the virtue of moderateness.

> —*T'ien Hsia Monthly*, no. 1.

林语堂博士曾引用此句，今见某君译之为：

> 他的道德观念过重，所以不能成为道德家；他的心地过于清白，所以不能成为清教徒，他的心肠过于合乎，所以不能成为八面玲珑的人，他过于一贯自谦，把谦逊看为美德，他也不能涉于放荡。（讽诵集）

意似未洽。试重译之：

> 夫唯至德，不务繁文；夫唯至纯，不拘细节。

> 夫唯近情，和而不流；夫唯中庸，无过不及。

所谓选字拣句，非专指雕琢之美。李后主相见欲云：

> 剪不断，理还乱，是离愁，别是一般滋味在心头。

Candlin 女士译为：

Unserved

Though sundered

In chaos, yet

In order set.

    This strange commotion in the heart

Is but the wanderer's woe.

—*The Herald Wind*, p. 34.

初大告先生译为：

Cut it, yet unsevered,

Order it, the more tangled—

Such is parting-sorrow,

Which dwells in my heart, to subtle a feeling to tell.

—*Chinese Lyric*（中华书局），p. 7.

初译不仅妥帖，且顺其自然，殊可嘉也。

（2）周密　译文能与原作针锋相对，面面俱到者谓周密。当代修辞学大家 J. Middleton Murry 有言曰：

The essential quality of good writing is precision; that must be kept to at its maxium.

—*The Problem of Style*, pp. 86—87.

遣词行文，贵乎精密，翻译亦当如是也。譬如《归去来兮辞》中"园自涉成成趣"一句，H. Giles 教授译为：

And now I take my pleasure in my garden,

—*Gems of Chinese Literature* Prose, p. 103.

意犹未尽，林语堂博士译为：

The garden growth more familiar and interesting with the daily walks.

—*A Nun of Taishan and other Translations*, p. 209.

则一字未漏。《红楼梦》第二十七回黛玉葬花时云：

侬今葬花人笑痴，他年葬侬知是谁？

林博士译为：

This year I am burying the dropped blossoms. Next year who is going to bury me?

—*Little Critic. Second Series*. p. 235. *My Country and My People*, p. 159.

今与另一译文比较之：

As I now bury the flowers that they laugh at my conceit,

Some future years when I am buried-who knows by whom?

—*The Dream of Red Chamber*

则知林译简洁有余，缜密或嫌不足。林氏译作，就余所过目者，均以周密妥贴见长，此二句可谓例外，兹另引《兰亭序》一段为例：

仰观宇宙之大，俯察品类之盛，所以游目骋怀，足以极视听之娱，信可乐也。

Truly enjoyable it is to watch the immense universe above and the myriads things below, travelling over the entire landscape with our eyes and allowing our sentiments to roam about at will, thus exhausting the pleasures of the eye and the ear.

—*Gems from Chinese Literature*, p. 9.

我国古文，以简练为尚，因为无标点之助，往往费解。譬如《道德经》"知不知上不知知病"一章，解释纷纭。各家译文颇多出入，而其关键句读，兹引录如下：

（Carus 译本）知不知，上。不知知，病。

To know the unknowable, that is elevating,

Not to know the knowable, that is sickness.

（W. Gorn Old 译本）同前

To be aware of one's ignorance is the best part of knowledge,

while to be ignorant of this knowledge is a disease.

（Waley 译本）知不知，上。不知，病。

To know when one does not is best,

To think one knows when one does not know is a dire disease.

（Lionel Giles 译本）知，不知，上。不知，知，病。

To know, but to be as though not knowing,

Is the height of wisdom

Not to know, and yet to affect knowledge,

Is a vice.

（吴经熊译本）（以）知（为）不知，上。（以）不知（为）知，病。

To regard knowledge as no knowledge is best.

To regard no knowledge as knowledge is sickness.

按 L. Giles 译本与张默生《老子章句新释》（民国三十二年初版）之句读同，吴译则较为简明。甚矣周密之不易也。

译文欲求周密，不可不知中西之行文心理。譬如"诗必穷而后工"一句，中文极通，译成英文则不合逻辑，故在文法上必须加以补充，林博士译此句为：

Poesy becomes good only when one becomes poor or unsuccessful.

—*Gems from Chinese Literature*, p. 93.

良友以也。又如《史记·孔子世家》赞：

诗有之："高山仰止，景行行止"虽不能至，然心向往之。

H. Giles 译为：

The odes have it thus: "we may gaze up to the mountain's brow: we may travel along the great road," signifying that although we cannot hope to reach the goal, still we may push on thitherwards spirit.

—*Gems of Chinese Literature Prose*, p. 64.

在文法上颇多衬记，关于此节，作者拟草中英比较语法一文，以阐明之。

衬托之不足，则加以引申，譬如《论语》云："君子无所争，必也射乎？揖让而升，下而饮，其争也君子。"

The true gentleman is never contentious, if a spirit of rivalry is anywhere unavoidable, it is at a shoot-match. Yet even here he courteously salutes his opponents before taking up his position, and again when, having lost, he retires to drink the forfeit-cup. So that even when competing he remains a true gentleman.

—Lionel Giles: *Sayings of Confucius.*

特引申原文，须加限度，否则必有伤简洁也。

—《新中国》第 2 至 5 期（1945 年）

《古兰经》的各种译本（1945）

马坚

《古兰经》是世界上最著名的、最有力的经典。《古兰经》在阿拉伯文学史上占一个最高的地位。《古兰经》的格调，是空前绝后，非世人所能拟作的；但《古兰经》的微言大义，是每个穆士林所欲认识的。因此，有许多人在各时代各地方从事于《古兰经》的翻译。兹将笔者所认识的译本作一个简单的介绍，借此引起我教胞对于译经问题的兴趣。

印度文的译本，最古的是德里人沙·阿卜杜·勒·迦迭尔的译本，一八二六年出版。他是印度《古兰经》注疏家之一。接着有好几种译本出现，就中有未完成的，其已完成而且通行的，有德里人沙·拉斐欧丁、桑奈威、艾哈迈德等的译本，最后一种，出版于一九一二年，是最可取的。还有叔查尔正在翻译中。

欧洲的各种方言尚未进步时，已成熟的文字是拉丁文。《古兰经》的拉丁文译本，原是为克吕尼僧院而译的。这译本完成于一一四三年（回历第六六纪），至一五四三年才印行。其出版地是瑞士的巴塞尔，其发行人是毕卜良德。后来，有人将这译本译成义、德、荷三国文字。史维吉的德文译本，一六一六年出版于巴威的努速堡。杜里叶的法文译本，一六四七年出版于巴黎。一七七六年，第一种俄文译本出版于圣彼得堡。赛法利的法文译本，一七八三年出版。克西密尔斯基的法文译本，一八四〇年初版，后来曾印过几版。法国人因征服北非的阿尔及尔，而对伊斯兰感觉兴趣。法国人波伊森的译本一七七三年出版。惠尔的译本一八二八年出版。武尔曼的译本一八四〇年出版。印度艾哈迈甸亚派已着手德文和荷兰文的译本。一六八九年，马拉西曾译《古兰经》为拉丁文，并附阿拉伯原文，更引阿拉伯注疏中的许多注释，其目的在使欧洲人对于回教获得一个最坏的观念。他是一个学者，他欲借这些详征博引而攻破伊斯兰的堡垒。他是罗马教皇英诺森十一世的忏悔者。他的译本，曾献给罗马教皇利欧破尔得一世。他曾作一本绪论，愿为《古兰经》辩驳。

罗斯的英译本，只是重译杜里叶一六四七年的法文译本，在法文译本后数年出版。赛尔的英译本，是以马拉西的拉丁文译本为蓝本的，其附注与绪论，都是以那译本为根据的。

马拉西的宗旨，是在欧洲人的眼光中攻破伊斯兰；而赛尔的译本，被认作英语世界的标准译本，屡次印行，且编入占多斯丛书，而获得福斯爵士的祈祷。

拉德威尔将《古兰经》各章依粗疏的编年秩序而排列，一八六一年初版。他曾欲使译文的辞句稍稍典雅，但他的注释，可以表示基督教牧师的意识。与其说他欲评价或解释古兰的优美，不如说欲暴露其丑恶。帕麦教授的英译本，一八七六年初版。译文以语体为主，他未能认识阿文原本文辞的富丽堂皇，他说那是未纯熟的，不流畅的文体。我们可以很公正地说：他的译本是粗制滥造的。

非回教徒与反回教徒者的这些译本的患害，已引起一般穆士林英译《古兰经》的勇气。回教徒最初从事英译的当推阿卜杜·勒·哈克慕博士，他的译本于一九〇五年出版。哈拉特的译本一九一九年出版于德里，其注释欲分册印行，但未出版。毕尔格拉尼曾译出一部分，大功未成，便赍志以殁，殊属可惜。

艾哈迈甸亚派对于英译亦颇活跃。迦甸亚曾于一九一五年发行第一章译本，以后再无出版的。拉贺尔曾发行穆罕默德阿里的译本，原文与译文对照，且有简明扼要的附注，今已印过几次，这是博学的著作，绪论与附注中，有适当的解释，且有详明的索引，唯译文稍弱，且近于直译，不懂阿文的不易了解；又穆氏有几种见解，与正流派的信条不相合。

此外，还有两种有价值的回教英译本，但未附《古兰》原文。一本是赛尔瓦尔的译本，一九二九（或一九三〇年）出版，但认识这译本的价值的，还不多。每章每节之前，都有一个提要，而无附注。一本是毕克萨尔的译本，于一九三〇年出版。他是一个英国的穆士林，对于阿拉伯文颇有研究，唯纯取直译，亦甚简略，不能将《古兰经》的奥义表出。

最新的英译本，要推阿卜敦拉的译本。译文与原文对照，每章每节前都有提要，且附简明的注释。每章末有一个概论，译文取散文诗的体裁，介乎直译与意译之间，故其文辞明白流畅，英文译本，当以此为最善。

波斯文的译本，最通行于中国的是侯赛尼的译本。译文附在原文的行间，下面有详细的说明。自回历八九七年（西历一四九一）着手，至回历九〇二年（西历一四九六）告成。我国西北各宗教学校，大都以这译本作教材。

中国向无《古兰经》译本，王岱舆、马文炳、刘介廉、伍子先等人的著述中，偶有短章或数节译文而已。今有《宝命真经直解》五卷，相传为马复初译本。（究系何人手笔，当另文论之。）马致本有《孩听解译》，选《古兰经》中若干章而以经堂语翻译之，回历一三一七年（西历一九〇〇年）出版。杨仲明阿訇亦有《亥帖译解》。

《古兰经》完全的中文译本，要推铁铮的译本，它是由日本人坂本健一的译本及拉德威尔的英文译本译成的，民国十六年（西历一九二七年）初版，由中华印刷局发行。译文为浅近的文言，每节另行，未附原文，亦无附注，故不易了解；所用术语，与中国回教社会所通行的不相合。

王静斋大阿訇的译本，于民国二十年（西历一九三一年）二月四日初版，由中国回教俱进会本部发行，译文为生硬的文言，且用直译法，又有译音的辞语，不懂阿文的，不易了解，所附小注，亦很简单，不能使人满足。这是由原本直译的，故错误很少；译者是中国有数的阿訇，故所用术语与回教徒所通用的大致相合。民国二十二年王氏又译成语体文本，笔者虽未得见全豹，但又第十八章的译文，已能判断这位老阿訇是时时进步着的。

此外，还有姬觉弥所主持的译本（以阿拉伯文为主体，以欧译日译为参考）。民国二十年三月初版，由上海爱俪园广苍学窘译校刊，线装十册，末附原文，亦无附注。译文为浅近的文言，颇流畅，但译笔不忠实，取原文对照读之，但觉其似是而非，若即若离。中文译本，当以此本为倒数第一。

民国三十四年三月二十六日于昆明

——《清真铎报》第 16 期（1945 年）

对翻译界的两点建议（1945）

弓

近来翻译界不算沉寂，就以出版的质量论，都能叫读者满意。不过有几点事情应当急于提出来商量，便是：

（一）在战时，翻译家应当多多介绍盟邦作家描写战争的作品，只有这样的作品介绍给中国读者，才能更增加抗战的力量，因为他们可以从这些作品中认识别的国家的国民给自己祖国怎样尽其天职，学习人家奋斗的经验，激发自己的爱国心。因此，必须认清此一急务，方可收到高度成效。而近来出版的许多翻译书却太偏重古典名著，古典名著自然应介绍，似不可过于偏重，至少我们要做到一样一半才好。今天我们摇笔杆不能在艺术标准上取得评价，应从历史取得评价。我们应强调今天伟大的现实：无光辉的历史便无伟大作品产生，对于这一点，我们自无疑义。

（二）希望译书的人不要将每一部书都标明为世界名著，且写长序夸说只有我译的这部书才轰动过世界，这十足妨害读者的辨别力，而且也不"雅"。至于书名，也不要因抢译造成重复便乱改书名，比如屠格涅甫的《阿细亚》经过四个人翻译便有了四个书名：《阿细亚》

《阿霞小姐》《情之所钟》和《初恋》。像这样的例子不胜枚举，这很容易使读者上当，此一风气应该改变！

弓

——《文艺先锋》第 6 卷第 1 期（1945 年）

改定中国译名议（1945）

张忠建

我国与国际间之译名，因袭数千年之旧，德文为 Chin，法文为 Chino，英文为 China，日文则音译为支那。

《辞源》"支那"解云："外国人称始皇统一中国，声教远被，因称我国为'秦'。'支那'即秦音之转。"

夫秦之声教，不达汉唐远甚，更不足以代表我国文化，我国史家且有贬称之为"暴秦"者，与今之民主共和国体，迥不相侔。且 China 一字，其普通意义，欧西指为一种脆而易破之瓷器，其不祥为何如！以之与中译外国名相较，如美、英、德、意，必求其音义之美善者，推之及于日本，亦莫不然，诚见我大国雍容之器度。今日吾国之不欲加诸人者，正亦不欲人之加诸我也。

或谓"支那"二字出自佛典，恐难随意窜译之也。但读《弘明集》刘勰灭惑论，引当时道士所作三破论云："佛，旧经本作浮屠，鸠摩罗什改为佛徒，知其源恶故也。……至僧祐改为佛图"。源恶，虽载经典，而关系"佛"本身者，且可改之。夫鸠摩罗什彼时方自龟兹国东来，新受我国之教化，竟毅然□世俗难易积习之大不韪，径行改称之，因其阐扬而裨益后世佛教文化之宣扬，诚非浅鲜。昔者邑名

"朝歌"，墨子迥车，国名"身毒"，其谁敢入？名之不正，取辱莫甚焉，然则如之何更定之乎？

总裁□昭示云：一、我国人民有宗族之分支而无种族之区别，古之所谓四夷四裔，故无一非黄帝子孙，近世所谓汉、满、蒙、回、藏，亦复如此。考蒙藏为地方之名，同为宗教之称，要皆为中华民族。二、应特别加强各宗族之融合，以启发我全民族爱国之心与同族之感。见此，则吾民族之名称，固以中华为尤当也。以言国体，则"民国"二字，足以概之。连缀而为"中华民国"，此一定名可释为"中华民主国"及"中华民族之国家"二义，泱泱磅礴，至为适当。张溥泉先生□论余言："中华民国国名，系总理孙中山先生取义而制定之。论名取义最着重'民'字，所以表彰其民族之结合，与民权之发扬也。"

胡适之先生于其论学近著有云："佛字古音读 But，译音'浮屠'，最近原音。况且佛字可以单用，因'佛'已成有音无义之字，最适宜做一个新教之名。而'浮''复'等皆有通行之本义，皆不可单行。'佛'字，就成为标准译名。从此'浮屠''复豆'之称，渐渐成为教外人相沿称呼佛教与佛之名。后来辗转演变，'浮屠'等名称渐失本义，而成为佛教塔寺之名。"胡先生上段论见，实为鸠摩罗什昌彼时浮俗之大不韪，自我改称而宣传成功之评语也。

国名与地名，因时异势迁而改称者，屡见不鲜。近如暹罗，为扩展其民族范围而自行改称为泰国。上次世界大战后，波斯之改称中译为"伊朗"，土耳其京城君士坦丁改称新名，亦不过二十年，中译为安哥拉。今我国在国际上所称 China 一名，在时代上不能表现其政体与整个之民族性，致多方引起外人之误解，由欧美各国人士莫不同作此感。彼外人之来游我邦者，因 China 一字之误解，愿彼空虚轻脆易破之磁器，象征其物，幻思其义，且联想而及殖民地，如 Indo-China 亦殊不易引起其好感。

然则改正译名，窃以为莫如采"中华民国"之直译，即 Chunghwaminkuo 一词，盖其义既系直译，可免外人曲解一也；整个民族与民主政体联系一律，而予世界以崭新印象二也；仍有合于 ABCD 同盟国家字首之排列三也。我国八年抗战，不平等条约废除，跻于强国之林，今方与同盟国家，争取最后之胜利，共谋永久和平之建立，内复提前实施宪政，以竟革命建国之全功，方此一切从新之□。尤宜更新译名宣布于世，以正国际之视听也！质之当世贤达，以为何如！

——《中央周刊》第 7 卷第 27 期（1945 年）

看到吕译《新约》初稿后（1946）

张金寿

今年六月廿四日北平燕京大学宗教学院出版了一本吕译《新约》初稿，全一册共四百八十一页。赵紫宸先生序文里说："此册《新约》译本，以苏德尔希腊文本为根基。今已脱腕，由敝院付梓矣。译者吕振中先生从事移译，朝夕不遑，用时凡有七年。兹所印仅五百本，非敢求售而问世也。"可知目前能获读本书的人，还是不多。自天主教传入中国后，先贤们不断努力翻译《圣经》。我们不必提唐太宗贞观九年（六三五）聂斯托略派怎样翻译了新旧约，因为除了景教三威蒙度赞中列举三十部尊经名目外，并没发现其他重要文献。元世祖至元三十年（一二九三）蒙高维诺（Joannes de Monte Corvino）奉教宗尼各老第四之名来华，并在北京从事翻译《圣经》，但这部《圣经》，确知是鞑靼文（按指蒙古语），是否另有汉文译本，尚无明确证据。他在元成宗大德九年（一三〇五年）的信上说："……对于鞑靼语和鞑靼文字，我已经知道的很多，并且我已经将《新约》全书与诗篇，译成该种文字，我曾仔细录出。"明崇祯九年（一六三六年）杨玛诺（P. Emmanuel Diaz）出版了一本《圣经》直解，但非全集。不过是主日瞻礼圣经，加以注解。崇祯十五年（一六四二）艾儒略（P. Julius

Aleni）在北平出版了《天主降生言行纪略》。但不是福音译本，不过许多句子，与经文相合罢了。

康熙元年（一六六二）潘国光（P. Brancati）印行《瞻礼口铎》一书，性质与《圣经》直解同。乾隆四年（一七三九）东印度公司的和治孙（Hodgson）在香港觅得了一本抄本，内含《福音合参》《使徒行传》《保禄书信》，唯希伯来书仅有第一章。这部译作显然是第一部汉文《圣经》。至于译者为谁，曾经发生了许多争辩，有些人却臆想这本书是聂斯托略派的工作。但最近方济各会司铎（P. Ber. H. Willake O. F. M.）从李安德司铎日记中（1746—1763）证明此书确系天主教传教士 P. Joan Basset 所译。因不列颠博物院中所存之无名稿本，适与李铎日记中所载者相吻合。李氏日记云："Joan Basset 司铎除出版有益小册外，又译出小问答，且将《圣经》自拉丁文译为汉语。自玛窦福音起，终于希伯来书之第一章，未竟全功而死矣。"乾隆十五年（一七五○）至嘉庆五年（一八○○）中，耶稣会士贺清泰（P. Louis de Poirot）将《圣经》大部分译成国语，现只有存稿，从未出版（见附注）。十九世纪末有（J. Dejean）之文言四福音。光绪廿五年（一八九九）李问渔司铎出版文言《新经译义》。民国肇建之际，马相伯先生出版《新史合编直讲》。正文为文言，附白话对照，故称直讲，实为杰作，惜篇幅较多，购置携带，两俱困难！后孙萧、若瑟司铎亦于民国七年（一九一八）出版白话《新经全集》，颇为全国教友所乐用。然此译作实并未全满人意，经学家每每挑剔，认为有另译必要。后马相老以九五高龄又另译新经一部，称为救世主福音对译，因抗战军兴致未出版。吴经熊先生则于抗战声中，受蒋主席之嘱，仿诗、书、乐府及古今诗体，翻译圣咏，并直译《新经全集》，蒋主席曾阅读再三。其圣咏译义初稿，已于今年十月出版。天津崇德堂萧舜华先生于廿八年出版马窦及马尔谷福音，次年继出路加及若望福音，三十年又出宗徒行传。都用现今通行的语体文。抗战之际，虽交通阻塞，而此书竟能风行于沦陷各地，且适合青年口味，不过像吕译的司徒雷登先生序文里说："《新约》之移译，实无止境。经中所含之义，原无尽藏，历代各国之人，对其词章，时有新趣，用其不断之努力，随时沿变之文体，以传递经中生气蓬勃之训言，亦当然之事耳。"可见任何译本都难求其尽善，而必须时时加以改进。

现在抗战胜利了，随着胜利出了这部吕译《新约》，等于一个凯旋的雅奏。看了这部书令人兴奋，亦令人惭愧。华译《圣经》中又添了一页记录，《圣经》研究者，又多了一个参考。这都是可喜的。我们对译者的苦心，十分钦佩，因为他在万难之中，用"五载时光，日夜辛勤，无问冬夏，坐于斯，行于斯，食于斯，卧于斯"，译成了这部书，这是多大的毅力，多大的勇气！不但值得我们钦佩，且值得我们效法。可惭愧的是，从圣方济各起，天主教在中国已历四百年，教友人数已达三百余万，可是对尊重福音的表示，似太冷漠。新教自道光二年（一八二二）马士曼（John Marshman）在印度印行汉文《圣经》后，便不断努力翻译，马礼逊（R. Morrison）更根据不列颠博物院的抄本，于嘉庆十五年（一八一〇）出版使徒行传，及路加福音，四年后，全部心经告竣。又五年申命记，约书记，士师记，撒母耳记，列王记，历代志，以斯拉记，尼希米记，以斯帖记，约伯记，又由米怜博士（William Milne）译出，至道光三年（一八二三）则全部《圣经》完成。嗣后不断努力，不断改善，由文言转为国语，由国语转为方言如上海语、福州语、宁波语、广州语、苗文、建宁语、汕头语、温州语等均有《圣经》全书译本或节译本。反观吾教并圣经全书，无论语体文言，都未出版，更谈不到方言了。我们要想查阅旧约中的记载或词句，不得不借重新教的译本至足疚心！翻译古经，期待已久，但除古史参箴、古史略、古经像解等不完备的译本外，不能窥得《旧约》全貌！国难期间，北平方济堂出了最大努力，在雷永明（P. Gabr. Allegra O. F. M.）司铎指导下，卒于今年九月中将圣咏集出版了，而《旧约》全部亦已翻译完成，这是一件快人心意的事！

对于吕译《新约》初稿，作者不敢妄加批评，曾就教于圣经专家雷永明司铎，据说：从希腊文译书，若对希腊文无深厚造诣，仍需参照其他外国文字，则其他外国文字（如英法德）中的缺点，仍能渗透进去，所以略通希腊文是不能胜任的；其次，则选择原本亦异常重要，因为原本不妥，译本如何能妥？雷司铎对译者希腊文的研究，不敢妄拟，但对所采用的原本则不甚赞同。这或者是见仁见智之说，且待《圣经》专家，互相研究。

附注

贺清泰所译"古新圣经"稿本，上海徐家汇藏书楼，及北平北堂图书馆均有藏本，互有所缺，现已配抄完备，但合两处所藏，犹缺雅歌及意撒以亚、达尼耶尔、若纳斯以外之各先知传。

补注

光绪十七年，（一八九一）德如瑟司铎，于香港纳匝肋静院出版一部四史《圣经》译注。译者自云："夫喜报四卷内，有多寡浅显之文。译者挑拣，著述圣经，务协乎拉丁原本，使其句句章章相符，不敢自擅，或加抑减。爰不辞心力，又不惜光阴，敬谨考求，细意熟思。先究达圣经内原义，后选相称文字，全译无道。"读此可知译者，颇费气力，惜文欠流利，致未通行。

按：明嘉靖二七年（一五四八）日人圣信保禄，已将玛窦福音译为华语，惜未能付梓。崇祯十五年（一六四二）庞迪我（P. Pantoja）撰耶稣受难始末。雍正八年（一七三〇）殷弘绪（Fr. X. S. Entrecolles）著、训慰神编，即《多俾亚传》。乾隆五年（一七四〇）冯秉正（P. J. de Mailla）撰《圣经广益》。又有广音四史圣经宗徒行实，保禄书信，至赫伯来书第一章为止。《圣教杂志》第十二年第八期载小峰先生《华译圣经考》，谓和治孙（Hodgson）将广音本送往伦教，误也。因已故辅仁大学校务长奥图尔存有摄复印件（现归北平英氏）系国语，而非广音。又传信部藏书楼中藏有李安德日记所述及之 Passet 译本，是否与伦敦本相同，则有待于异日更详密之考证。

——《上智编译馆馆刊》第 1 卷（1946 年）

杂谈翻译（1946）

荒芜

翻译永远是一个成问题的问题。

彻底解决翻译的办法就是不翻译：建立一种共同使用的文字。这办法虽然早就想了出来，却并不曾推行开去。前几天报上还看见罗斯福总统夫人在那里提倡世界语就是很好的明证。

人们一天不能淡然撇开对于自己语文的偏爱，翻译的问题就存在一天。

不久以前，同盟国在伦敦开的教育会议就曾讨论过沟通各国的思想，并且一致认为这问题十分重要。怎样沟通呢？我想舍翻译外，别无良法。

但是要把一国文字译成另外一国文字，实在不是一件容易的事。这里屹立着两重难关：一是对外国文字的理解，一是对本国文字的运用。我们通常有一种想法，以为只要能懂得一种外国文字，就可以翻译了，其实这种想法是似是而非的。纵使是一个非常精通外国文的人，如果他对于本国文缺乏基本的训练，在翻译这方面他还是无用武之地的。

何况精通外文的本身就是一桩非常艰巨的工作，因为两种不同的文字所表现的不仅是两种不同的思想方法，同时也是两种不同的生活方式。英国 Arthur Waley 是以翻译中国古典文学而享盛名的，在翻译中文这方面可以说是专家，但他在翻译唐诗的"白头宫女在，闲坐话玄宗"时候就闹过笑话，把"玄宗"译成了"哲学"。他还译了《西游记》，细读一遍，仍然发现有误译之处，当时曾记将下来，惜于旅途中遗失，现在还能记得的如把"猴子兴起"译为"猴子站将起来"，由此可知"精通"之难。

前天凑巧看见一位名叫 Stanley Unwin 的写的一篇文章，其中说西班牙和葡萄牙两国近数年来对于英国新出版的书籍颇感兴趣。但当社会对于翻译的要求一超过了胜任的译者所能供给的量数的时候，不正确的译著就应运而出。尔文先生曾就他注意所及，随便举出了几个例子：

"I took her words for it"（我听信了她的话）被译为"我答应她我愿意去作"。

"You are kidding"（你是在哄人）被译为"你正在暴露你自己"。

"A girl with a face like that can get away with murder"（一个长得像她那样好看的姑娘杀了人都没关系）变成了"一个长得像她那么好看的姑娘却必须跟着一个凶手去旅行"。

"A patient who is fit only for light work"（一个只适宜于作轻松工作的病人）变成了"只适宜于人造灯光下的工作"。

"He has the run of the village"（他在村子里横冲直撞）却成了"他喝尽了全村的酒"。

这样的例子，如果在我们近几年的译文里仔细搜搜，怕也搜得出吧。病根在什么地方呢？还不就是因为没有"精通外国文"的缘故。

但翻译除了这种必备的条件以外，还有另外的问题：那就是怎么译和译什么。前者是翻译的技巧，后者是翻译的内容。

关于怎么译，前些年我们的翻译界曾有过"直""顺"之战。这里是我自己的一半点的愚见。一个翻译者，在他拿起笔时，得记住两个人：一个是作者，一个是读者。他必须要向这二位负责。对作者负责即是"忠实"，对读者负责即是"明白"，忠实与明白这是一个翻译者应该首先做到的两个基本条件，同时也是最难做到的。能做到这两个条件的译者才可告无罪于作者和读者。自然一个优秀的译者是不应以忠实与明白为满足的。跨过这个界限去，还有风格、节奏、氛围诸问题。大凡原文的文学价值越大，它要求翻译者的文学才分与素养也越苛。例如翻译中国唐诗的，在英国大有其人，可是只有在 Arthur Waley 的笔下，那种别致的风格和内容才被表达得惟妙惟肖，这就不能不归功于译者的诗才和对中国诗的修养了。作为《死灵魂》的译者，鲁迅的翻译是优秀的，因为它直而明白地表现了一个果戈理。作为《柔密欧与幽丽叶》的译者，曹禺的翻译是优秀的，因为它顺而忠实地表现了一个莎士比亚。但是作为《鲁拜集》的译者，Fitzegerald 便无一可取之处，因为他的翻译是创作，他表现的不是莪马卡雅姆而是他自己。

译什么比怎么译应该更重要一些。今天的中国的翻译除了帮助建立新的文学、新的语言等重要任务之外，还负有思想斗争的任务。这种任务的具体内容就是促进民主政治。在今天，任何一个翻译工作者都没有理由再浪费笔墨，去移译那无病呻吟或者今天天气哈哈哈之类的东西。我们要译的必须是在内容上具有提高人的价值的、具有反暴力反专制的启示的、有血有肉的作品。至于那些作品的文艺价值如何倒是次要问题。

写到这里，又看见了上海杂志编辑们的座谈记录。一位先生指出翻译的稀少。岂止稀少而已，有许多新出的杂志上，简直就没有翻译的影子。缺乏材料，自然是主要的原因。我们记得自从海路被切断以后，有一个很长的时期中，我们所能看到的外文杂志，只有从新疆运进来的《国际文学》一种。苏德战争爆发，连《国际文学》也变成了战争纪事录了。于是翻译者便只好再去和老托尔斯泰、屠格涅夫、狄更司、莫泊桑、柴霍夫打交道。这是回马枪的时期。其后，中印航空线开辟了，英美的零星新书报，像杨枝甘露一般，从喜马拉雅山顶上洒进中国。于是你争我夺，抢着翻译，单是斯坦培克的《月落》的中译本就有五六种之多。这是争夺战的时期。回马枪也好，争夺战也好，实在都是精力过剩的结果，如果这也算是精力的浪费，那只能怪材料太少。

不过别的原因也有的是。有些对于翻译怀有成见的出版家，总认为翻译应低于创作一等，因而把译者的版税和稿费也订得比创作的低。固然，优厚的报酬并不一定保证优秀的翻译，但是翻译的报酬至少不应低于创作。能以高价收买翻译的出版家，不见得就一准吃亏。

翻译之不受重视，是不负责任的翻译者粗制滥造的结果。从另一方面说，就是翻译界缺乏一种良好的批评风气。也许是有资格的批评家们根本就看不见原文，因而也就无从对照，无从批评起的缘故吧。总之，近几年来我们很少看见严峻地批评翻译的文章。这就更加助长了粗制滥造的风气。三四个人合译一部文学作品而且以连译自诩的事也有了。谁能相信把眼睛钉在时钟上的囚们能做出好的翻译呢？但谁也不愿加以谴责。

把外国的作品译到中国来，仅只做到翻译工作的一半，它的另一半，应该是把中国的作品也译到外国去。大凡常从外国文学杂志上找翻译材料的人，大约都会有这么一种普遍的感觉，就是外国文学杂志上的作品有些实在并不怎么高明，即以短篇小说来说吧，我觉得战争以来，我们有许多短篇确实比他们写得好。我常常怂恿学习过中文的外国朋友们来做这种翻译工作，一则因为中国作家好的作品埋没在国门之内是世界文学的损失，同时也因为翻成本国文字总比翻成外国文学容易。但新近有几件事使我不得不修改我自己的意见。一位在美国相当有地位的文艺批评家，在重庆住了半年之后，回国去做文章大捧张恨水的《大江东去》，认为是中国现代文艺的代表作。另外一个文学杂志的编辑写信给别人说他怀疑中国短篇小说是不是有被译成外国文字的价值，据他所知，中国新文学似乎还没有超出模仿西洋文学的界限。再者，仅有的几篇英译中国小说，译者几乎全是中国人。因此我深切感到，翻译中国现代文学的责任还是要中国的翻译者肩负的。

卅五，二，六

三十年来戏剧翻译之比较（1946）

田禽

首先，我应当向读者声明的，这里所说的翻译是单指剧本而言，并不包括理论的读物（关于理论部分已有专文论及）。

新演剧运动已经有了三十年的光荣历史。在这三十年的历史过程中，无疑地，文学的建设是多于实践部分的，特别是在战前。

【……】

抗战以前的戏剧翻译大多没有注意到上演方面，所以语句的生涩在在皆是，而一般读者之所以不接受翻译戏剧的主要原因，恐即在于此，当时曾把这种不流畅的译作讥为"天书"。再加上翻译剧本的人未必是真正研究戏剧者，他们只抱着介绍文艺作品的心理，坚持着"宜译"的理论工作着，当然不能吸引更广大的读众，而出版家又抱着一半文化一半商业的政策收买稿件，不合读者口味的译稿，当然就出路较少了！在这种情况之下，焉能不限制了戏剧翻译的急剧发展呢。但无论如何，在三十年的历史过程中，我们有了这个数字的收获，已经是难能可贵的了！

【……】

我们需要实行有计划的戏剧翻译

从以上列出的剧名里仔细看过，的确有着不少的剧本是"复译"的，那就是说，同一剧本有着几个不同版本，究其原因，无非是因为戏剧翻译工作者没有计划，没有组织，所以造成了这种不健康的现象。萧岱在他的序文里这样写着：……上海文化界，近来就有这样一种现象，碰到一本值得介绍的书，大家就抢来译，同时就会有三种以上译本出版。因为是争先出版，译时草率是难免的了；因为读者还是这一些，结果就抢得三败俱伤。只是苦死了读者，不知买哪一本才好。这里的意思，倒并不是说反对重译。已有译本，觉得那译本译得不好，当然就有重译必要。后译的假使比前译的并不见得有什么可胜人之处，那种重译，总觉得是可节省的浪费，无论从精力上和财力上来说。

当然这里还有说得不妥之处，因为在翻译时，大家都不知道这书是否有人在译，等到知道某人也在译时，自己也已经花了许多心血了，就把它印出来吧，也好让花去了的心血不致白费，这些都是很可能有的情形。这就不得不想到我们的翻译工作者都还是各自为政，一些也没有来往似的；因此就没法阻止大量精力和财力的浪费。但愿这种只是现在暂时的现象（俞狄译《樱桃园》序）。

这段序文充分地说明了目前戏剧翻译的混乱现象，造成这种不良现象的因素，显然地是由于我们没有健全的组织，或密切的联系，以致各自为政大量地花费了我们可以节省的精力与物力。基于此，今后我们实在不应该再这样散漫地持续下去，我们应该组织起来，实行"计划翻译"，换句话说，我们要把节省下来的精力移注在目前应该介绍的作品上去。比方说，戏剧运动已经走尽了三十年的艰辛的历程，然而像莎翁、易卜生的全集……我们还没有整个地介绍过来，这，不能不说是我们的耻辱！

至于怎样组织，恕我不是组训专家，未便贸然提出具体办法，但简单的意见，也不能不提供一些，比如，我们组织一个戏剧翻译部隶属于全国戏剧协会，聘请公正的专家主持其事，把我们应该介绍的西洋戏剧宝典，有计划地介绍过来，翻译工作的分配责成若干特约编译担任之。在进行这一工作之前，必须先举行一次登记手续，然后按照其兴趣或研究分配工作，而且我们要求某一国的作品必须请由对于某一国的文字精通的翻译工作者担任，此外，还有一个最重要的条件：就是必须对于他所翻译的作品有深切的研究。但，这样艰巨的工作不是短时期可以完成的，所以经济的来源确实是决定这一工作可否见诸实行的重要因素。因此，我们不得不要求我们贤明的政府在经济方面给我们一个合理的援助，以便使得翻译工作者解决他们起码的生活，而免造成工作未成身先死的悲剧！

【……】

抗战前后戏剧翻译之比较及其他

文坛上一向有一种偏见，那就是轻视翻译，甚至于诅咒翻译工作，胡风先生在其"翻译工作与译文"当中这样写着："……他们说，我们应该赞颂'天才'，应该产生'伟大的作品'，翻译只不过是拾他人的唾余，没有创作能力的家伙才弄的不光彩的事情吧了……。不错，一提到'伟大的作品'，听的人都会神往，产生这样作品的'天才'的王冠也是谁都愿意戴，谁都愿意赞颂的。在这样的大帽子下面，翻译这种玩意儿当然黯然失色了。不过，他们忘记了告诉我们要怎样'天才'才能够出现，而且还抹杀了一个小小的事实：在十几年来的文学发展史上稍稍有成绩的作家没有一个不受外国作家的影响，而且大多数还是通过也许并不完善的译本。所以，他们的这种意见虽然不一定能够产生出'天才'或'伟大的作品'，然而却助长了拒绝翻译的风气。这风气投合了本来对外国作品的内容和形式都觉得陌生的读者的惰性，也投合了在政治经济上拼命开门但在文化上却拼命关门的半殖民地的现况。……"（见《文艺笔谈》三二三页）

虽然情形是如此恶劣，但我们的翻译工作者并没有因为一般人的卑视，而便动摇了他们的坚强意志，放弃了他们这一能滋养文化的、有着极大贡献或意义的工作。

"……在贫瘠的文坛上，这一点努力并不算张皇，这一点成绩其实也是很小的，然而'捣乱家'立刻出现了。硬译啦，重译要不得啦，不应该复译啦，等等。其实，这些大半是几年前讨伐翻译的绅士们的老调，不过是由不同的嘴重说一次罢了。……但翻译者却依然是前仆后继地艰苦地继续下去。……"（见三二五页）

【……】

——《中国戏剧运动》（上海：商务印书馆，1946年6月）

周桂笙的翻译（1946）

杨世骥

　　大家谈到我国最早介绍西洋文学的人，都认定是林纾，殊不知周桂笙比林纾更早，可现在已不复为人所记忆了。

　　周桂笙的翻译工作在质量方面虽赶不上林纾，但有三事使我们不能忘怀于他：第一，他是我国最早能虚心接受西洋文学的特长的，他不像林纾一样，要说迭更司的小说好，必说其有似我国的太史公，他是最能爽直地承认欧美文学本身的优点的。第二，他翻译的小说虽不多，但大抵都是以浅近的文言和和白话为工具，中国最早用白话介绍西洋文学的人，恐怕要算他了。第三，他的翻译工作，在当日实抱有一种输入新文化的企图，虽然没有什么成绩表现，他的一番志愿是值得表彰的。当然，他有许多不可讳言的缺点：他翻译的东西每不注明来处，或甚至不注明作者的名字，即有标明着作者的，亦为译音，今已不可考知。还有他欢喜任意增删原文，譬如他的《新庵谐译》，短短的篇幅中亦随时可发现增删的痕迹。最糟的是他对小说的认识并不全备，常闹笑话，如他翻译的那篇《自由结婚》（载《月月小说》，后收入《新庵九种》）标明为小说，实际不过是报纸上一段社会新闻；这正和林纾将小学教科书里的故事当作小说一样地不可原恕。他的鉴别能力之薄弱，与其他初期翻译界的人不相上下，这也许是迎合读者兴趣的缘故。可是输入所谓"侦探小说"到中国来的，他却是最力的一人。"侦探小说"的名词由他而成立，许多人都跟着浪费精力和时间，去创作或翻译这种无聊的东西，一直到民国六、七年间，鸳鸯蝴蝶派的文士们还在大写其武侠小说，它就是中国式的侦探小说，不能不说是受了他的影响。

周桂笙，字树奎，一字辛庵，又作新庵。上海人。曾肄业上海中法学堂，治英法文。最初在梁启超所编的《新小说》杂志投稿，后来汪庆祺创刊《月月小说》，聘吴沃尧（即我佛山人）任撰述编辑，聘他任译述编辑，遂得专心从事小说的翻译。自谓"所读中国小说合笔记、演义、传奇、弹词凡二百余种，当时新译新著小说亦百余种，英法两国小说各三百余种，美国小说亦不下一百种，其余短篇之散见杂志日报中的亦数百种，总计约千余种。"（见《新小说》所载新庵小说小话）他与沃尧交谊最厚，是当时上海文坛的两大重镇。沃尧每有一新计划，或成一新作品必先就正于他。沃尧曾说："余旅沪廿年，一无所成惟得识周某，亦不能虚此行矣。"（见吴《新庵谐译序》）他中年曾一任天津电报局局长，并独资经营航业。鼎革前与民党诸人往还甚密。民国元年，为李葭荣编辑上海《天铎报》，这是同盟会的一个言论机关。他的私生活很俭朴，只是好饮酒。曾两游日本。于民国十五年卒，年六十四。

他的翻译就我所看到的，计有：童话《新庵谐译》一种，随笔《新庵译萃》一种，小说《毒蛇圈》（法鲍福著）、《八宝匣》《失舟得舟》《左右敌》《飞访木星》《海底沉珠》《红痣案》（法纪善著）、《含冤花》（英培台尔著）、《妒妇谋夫案》《福尔摩斯再生案》（英高陶能著）各一种，另有《新庵五种》《新庵九种》，系所译短篇小说的结集。其他散见于《新小说》《月月小说》及其他晚清杂志报纸上者甚多，均未可理董。

《新庵谐译》凡二卷（光绪廿六年上海清华书局排印本，周氏哲嗣曾藏有上卷，我有下卷）是他最早的翻译，卷上系节译《一千零一夜》，卷下是童话，大抵出自《伊索寓言》一类的书。当日他能注意到一向为人所漠视的儿童文学，实是很难得的。兹录《一千零一夜》中丞相讽喻其女希腊才的一段寓言，以见他的译笔：

> 某商人，豪于资，市肆之外，别置田园，以为畜牧。牲畜既繁，嘶鸣之声，不绝于耳。念此必有所言，第人不能辨耳。会有通兽语者，商欲学之，而其人靳不以授。商人乃设誓曰："使吾通兽语，有所闻，必秘之；其有以兽语告人者，天将遣我。"其人乃授之，自是商亦通兽语矣。尔时国俗重驴而轻牛，驴唯显者得以乘之，牛则司耕耰而已，商以驴牛之贵贱悬绝也，共置于一棚，俟于侧，以察其所言。无何，牛鸣，辨之牛与驴语也。言曰："吾与若同为兽类，尔之乐，殊令人景仰无极也。有仆人随侍而顾覆之，浴则为尔浴，食则为尔食，充肠者大麦，解渴者清泉，而终日暇豫；不过主人偶出，尔驮之一往返耳。尔之遭际，视我为何如也！以耒耜为羁勒，于泥泞为前驱，仆人执鞭俟于后，其有不前者，鞭挞横加焉，以耒耜之笨重加之于己，无殊桎梏，益以摧迫，遂使我肩项间无完肤；自晨至暮，役始毕，所果腹者，又皆粗粝，我之遭际，视尔为何如也！虽不欲妒尔，不可得也！"驴曰："此尔之自苦耳！使尔非多力而耐劳，曷至于是，且尔何驯哉！不知奋角以施其威，不知顿足而示以怒，造物之与

尔自卫者，何弗备，尔自昧而弗用耳！彼以粗粝至，嗅而去之，彼能不以精者来乎？能如我言，必有大验，尔其知我感我！"牛以为良言也，谢之。明日佃者役牛，则倔强不受役，驱东，则西之；驱西，则东之。盖有所受于驴也。日既晡，牵之归棚，则触角狂吼，佃者却步走。又明日视之食料不动如故，牛颓然卧作呻吟声，佃者以其病也，走告商，商曰："牛病乎，以驴代之！"即以役牛者役驴，亦以侍牛者侍驴，勿姑息也。于是驴竭蹶，终日且受鞭打及夕，归棚，已困顿欲死矣。

他后来翻译的各种小说，笔调大抵类此。当日介绍西洋小说并不为人所重视，林译小说的盛极一时，是因为利用那一手"继承方、姚道脉"的古文作工具，而周则完全是一种平易的报章体文字，这在当日的翻译界实在是一种大胆的尝试，因此使得任何爱好西洋文字的人皆有从事介绍的勇气与决心，稍后吴梼、陈鸿璧、伍光建、方庆周、罗季方、包天笑（包为鸳鸯蝴蝶派文人，但其初期翻译的态度是很严正的），诸人都多少受到他的诱发，他的《左右敌》《八宝匣》《得舟失舟》《含冤花》诸译，就技巧言，皆不失为很好的文字。如《左右敌》中的主人公高德文自叙为了拯救欧夫人和爱兰遇难，及化装脱险归来，爱兰初犹不识的一段：

我（高德文）一时之间，受此恩宠，亦不自知将如何而后可；唯觉一阵心酸，感极而泣。乃不知不觉，以手把爱兰之臂而言曰："止休，止休，毋高声而语，须防隔墙有耳也！"既乃徐徐低声问之曰："噫，卿其不识为何人乎？"当此之时，我见其始而骇诧欲绝，继而欣喜欲狂，于是惊顾邻立，几于昏瞀而倒。我随手扶之，转悲为喜，笑容可掬。时欧夫人亦已起立，我三人遂相偕至内堂中，坐既定，爱兰即言曰："不意近日复得与君子相见也，殊未知近日作如是装束者，其意果何在耳？"我不遑答，但问曰："别后颇相念否？仆固无日不心驰左右也。"夫人闻之惊曰："是岂故人高德文君耶？"爱兰愀然曰："然也，母岂未之识耶？"夫人曰："既作如是装束，宽袍大袖，行动皆异，倚复能辨之者！但我尝闻之汝舅，谓高君已被害矣。当时判案之情形毕竟若何？可请高君详言之。"我遂对之曰："其言诚不虚，盖我之于死，已间不容发，而今卒得不死者，乃侥幸得免耳。故彼之谓我已死，殊非过言。"夫人闻之，亟亟问故，我乃以审讯时种种可笑之状，一一为夫人女公子详述之。继之以匹马驰突，艰险危迫之状，与夫中弹落马，坠崖昏瞀之事，二人闻之，皆惊心动魄，恐怖万千，战战兢兢，不寒而栗，终之以印人之驰救，教士之设策，热心毅力，皆不愧为侠人义士。二人听述至此，则又肃然起敬，穆然神往，向之切齿怒目者，至是皆一变而眉飞色舞矣。夫同是我一人口中所述之言，不解何以述及前之种种，则令人可恨如彼；述及后之种种，则又令人可喜如此！

其辞朴质条畅，将久别重逢惊喜万状的情景，曲折传达，委婉并不下于林译。

他的《毒蛇圈》二卷（初载《新小说》杂志，光绪三十年有广智书局单行本）是用白话翻译的，不失为一部最早的直译小说。第一回开端是父女两人的对话，其体式在中国小说界尚是最初一次的发现：

"爸爸，你的领子怎么穿得全是歪的？""儿呀，这都是你的不是呢，你知道没有人帮忙，我是从来穿不好的。""话虽如此，然而今天晚上，是你自己不要我帮的。你的神气慌慌忙忙，好像我一动手就要耽搁你的好时候似的！""没有的话，这都是因为你不愿意我去赴这回席，所以努起了嘴，什么都不高兴了。""请教我怎么还会不高兴呢？你去赴席，把我一个人丢在家里，所为的不过是几个老同窗，吃一顿酒。你今年已经五十二了，这些人已经三十多年没有见了，还有什么意思呢？""五十二岁！姑娘，请你不要把我年纪来弄错，这不是说错了我的日子，犹如咒我一般吗！至于讲到这顿酒，却是我们同窗的一个纪念会，会中的朋友，差不多还有许多没有见过的呢！然而内中有一个人，是我很相好的。此人与一位大臣很知交的，所以我想托他在政府里替我请奖呢；难道我真为的是吃一顿么？""哎！可就不是为那新制的第九十二队团练像么？这样东西大家都以为好，我却见了他就要生气。自从你动工以后，我连像馆里都不愿去走动了。今晚上你去赴席，偏偏又为的是他！如今你钱也有了，现在的享用尽够了，还要那政府的功名做什么呢？""哼，我们曾有什么钱，这份产业是你母亲的姑母留下的。一年可以得六万法郎的进益，现在不过为的是你年纪还小，所以替你经营，再等两三年，我就应该交还给你了。要是你对了亲，嫁了人，这份产业就要归你丈夫执掌了。""哦，故此你要把我嫁掉吗？""你总不能老死不嫁人呀！我要是丢开你呢，本来也是舍不得，然而你也总不能说是一定等我死了再去嫁人。因为我还想长长久久的多活上他几年呢！""丢开我吗？为甚么呢？我也并没有一点意思要丢开你，即使有人要娶我，我自然要同他说明白，商量一个妥当的办法，我们大家总得住在一块儿过日子呢。这间屋子住三四个人也还住得下去；你老人家应得在楼下一层，才与相馆进出方便，也省得你老人家偌大年纪，在楼梯上，上上下下的；我们两口子住在第二层；第三层还可以给丽娟表姊做个外房，他是年轻力壮的人，再高住一两层也不要紧。""好呀，好呀，你已经打算得那么周到了吗？既是这么着，你索性把装修陈设都支配好了罢。可见得古人说的，你们女孩儿家是个天生的奇怪东西，这话是一点也不错的。照这样看来，恐怕谁都要疑心你拣着个老公了呢！"

他在书首并特为郑重地注明："我国小说体裁，往往先将书中主人翁之姓氏来历叙述一番，然后详其事迹于后；或亦有用楔子、词章、言论之属以为之冠者。盖非如是则无下手处矣。陈陈相因，几于千篇一律，当为读者所共知。此篇《毒蛇圈》为法国小说巨子鲍福所著，乃其起笔处即就父女问答之辞，凭空落墨，恍如奇峰突兀，从天外飞来；又如燃放花炮，火星乱起。然细察之，皆有条理，自非能手，不敢出此！虽然，此亦欧西小说家之常态耳！爰照译之，介绍于吾国小说界中，弗以不健全讥之！"他这种下意识的介绍在当日即发生了迅速的策应，《毒蛇圈》发表在《新小说》杂志第一卷第八期，第一卷第十二期载有我佛山人的《九命奇冤》，其开端即叙述一批强盗的对话，自然是模仿这种"欧化"的体式的。

他的翻译工作虽仅限于文学方面，但他实有一种输入新学术新思想的企图。他于光绪三十二年曾发起组织"译书交通公会"，其宣言云："中国文学，素称极盛，降至晚近，日即陵替。好古之士，慭焉忧之，乃亟亟焉谋所以保存国粹之道，惟恐失坠；蒙窃惑焉！方今人类，日益进化，全球各国，交通便利，大抵竞争愈烈，则智慧愈出，国亦日强，彰彰不可掩也。吾国开化虽早，闭塞已久，当今之世，苟非取人之长，何足补我之短！然而环球诸国，文字不同，语言互异，欲利用其长，非广译其书不为功！顾先识之士，不新之是图，惟旧之是保，抑独何也？夫旧者有尽，新者无穷，与其保守，无宁进取！而况新之于旧，相反而适相成！苟能以新思想新学术源源输入，俾跻我国于强盛之域，则旧学亦必因之昌大，卒收互相发明之效，此非译书者所当有之事欤！"（见《月月小说》第一期附件）这种论调就在今日，也仍不失时效，可惜他当时孤掌难鸣，同志缺乏，加以他本人又复能力有限，所以并没什么具体的成就。在介绍西洋文字仍为当前急务之今日，我来介绍几位翻译界的先驱者，所以自惕，或者不为浪费笔墨吧。

——《文苑谈往》第一集（上海：中华书局，1946 年）

我国韵文之西译（1946）

张其春

世界各国之文学，莫不滥觞于歌谣，进为诗歌，后有散文。诗三百五篇，开我国韵文之先河。孔子尝劝弟子学诗，谓"诗可以兴，可以观，可以群，可以怨"；盖均为情感之所寄，胸怀之所托也。一七三二年（清雍正十一年）法人孙璋（P. de La Charmé）始以拉丁文译《诗经》，而至一八三〇年问世。英译本计有五种：

1. James Legge 译 *The She King* 录于 *Chinese Classics* 卷四，1876 年伦敦 Trubner and Co. 版。

2. William Jennings 译 *Shi King*，1891 年伦敦版。

3. Herbert James Allen 译本，刊于 1891 年。

4. Cranmer-Byng 译 *The Book of Odes*，收录于 *The Wisdom of the East* 丛书，伦敦 John Murray 发行，已出版七版。

5. Arthur Waley 译 *Book of Songs*，本书分类编排，如求爱、战士、农业，各成一组，所谓 Topical arrangement 是也。

法文有 M. Guillaume Pauthier 与 Couvreur 二氏之译本。闻英国大文豪卡莱尔（Thomas Carlyle）于一八三八年冬读德译本《诗经》，赞美不已（见 Wilson 辑 Carlyle 全集第三册页二四）。据 Arthur Waley 之意，《诗经》之能投合西人兴趣者，仅三十篇左右；译本则以 Legge 之英译与 Couvreur 之法译最佳（见 *170 Chinese Poems* 页一二）。古代诗歌之精旨，系诸音律。Chalmers 氏著有 Rhymes of the Shi King 一文（载于 *China Review*, Vols. Vi. & ix），对于《诗经》之用韵，分析周详。

《诗经》无楚风，自屈原崛兴，振藻骚坛。屈原以廉正洁清之操，悲天悯人之怀，抒缠绵悱恻之情，开浪漫玄虚之境。《楚辞》英译称为 *Elegies of Chu*，其中离骚一篇，中外共赏。一八二六年，法人 Georges Margoulies 著 *Le Kou-wen Chinois* 一书，译其名为 "Tristesse de In separation"，首作介绍。一八七〇年 Marquis d'Hervey de saint-Denys 之法译本问世于巴黎，然未引起注意。德译本以一八五二年刊行于维也纳，为时更早。译者 August Prizmaier 博士，为汉学大家。英译本则有三焉：

1. E. P. Parker 译 *The Sadness of Separation*，1879 年版。

2. James Legge 译本，载于 1895 年之 *The Journal of the Royal Asiatic Society*。

3. 林文庆译 *The Li Sao, An Elegy on "Encountering Sorrows,"* 1935 年商务版。

按 Parker 之译文用韵，笔调轻松，惜多误解，虽其标题犹不免焉。林译本用力最勤，信达兼而有之。卷首除导言外，附有英译刘勰辨骚，近闻苏联大使馆新闻专员费德连氏，已将《离骚》译成俄文，亦盛事也。

辞赋向来并称，Waley 名之为 Descriptive prose-poem。司马相如论赋曰："合纂组以成文，列锦绣以为质"。盖丽辞藻饰，未有如赋之甚也。宋玉之风赋，传颂最久，Waley 与 Herbert A. Giles 各有译文。

苏轼之赤壁诸赋，不暇雕琢，丰韵天然。Cyril Drummond Le Gross Clark 译有 *The Prose Poetry of Su Tung-po*，上海别发洋行（Kelly & Walsh）出版。

汉魏以降，旧调式微；五言七言，接踵而起。古之四言，句读局促，音节板滞，似不如新体之足以委曲达意，极尽和谐之美。刘勰谓："四言正体，则雅润为本；五言流调，则清丽居宗"。此就作风而言也。诗尚讽吟，声必协律，古代诗词，鲜不入乐。英语以 Music Bureau Poems 译乐府诗，Waley 之 *170 Chinese Poems* 中选录颇多。R. H. Van Gulik（高罗佩）尝著 *His K'ang and Poetical Essays on the Lute* 一书，论述嵇康之生活作品，一九四一年东京版。

晋之陶潜，歌咏自然，独具冲淡之趣，一扫绮丽之习，故能不为时代所囿也。梁宗岱有法译陶潜诗选（*Les Poemes de Tao Ts'ien*），一九二九年由巴黎 Lemarget 书局精印。Paul Valery 于其序中，颇多揄扬。

诗至盛唐而波澜愈壮阔，体制完备，取材益富，人材既盛，流变自繁。清唐熙勒编《全唐诗》，采辑二千二百余家，四万八千九百余首。李杜韩白，光耀万丈，足以冠冕一代。李白才气豪迈，全以神运，尤为西人之所钦仰，故传译犹多。兹允举法文译作：

1. Theodore Pavie: *Le poete Ly Tai-pe*，1839 年巴黎版。

2. 徐仲年著 *Essai sur Li Po*，北平政闻报丛书之一，1930 年版。此书系论文性质。

3. 徐仲年译 *Choix de Poemes de Li Po*，1932 年巴黎版。所收各体诗，凡 150 首，可视为前著之续编也。

德译计有：

4. Karl Florenz: *Gedichte von Li Taipe*, 载于 Beitrage für Chinesische Poesie: Mitteilungen der Deutschen Geseischaft für Natur-und Volkerkunde Ostasiens; 1889. Vol. I pp. 44—61。

5. Anna Bernhardi: *Li Tai Po*. Mitteilungen des Seminar fur Orientalische Sprache, Col. 19, pp. 105—138。1916 年柏林 Kuaigllehen Frendrich Wilhelms Universitat 出版。

以下则为英译：

6. Joseph Edkins: *On Li Tai Po*, 载于 1890 年之 Journal of the Pekin Oriental Society, Vol. II, No. 5。按此篇乃一论文，所译各诗均用韵，附有原文。

7. Arthur Waley: *Li Tai-po*, 载于 The Asiatic Review, Vol. xv, No. 44, Oct., 1949。此篇乃作者在 the China Society 所宣读之论文；导言中附有《李白传》，译自《新唐书》。

8. 小畑薰良（Shigeyoshi Obata）译 *Li Po, the Chinese Poet*, 1922 年纽约版。本书收李白诗 124 首，据其自序谓不过全集十分之一。以日人而译澳诗为英文，工作固极艰巨也。

杜甫与李白齐名，其诗风格高妙，气象豪逸，趣味冲淡，姿态丽洁，盖积众流之长，而蔚为大观焉。夫唯众美毕备，移译最难。徐仲年尝著 *Tou Fou*，译录一五零首，一九三四年出版于巴黎。英译尚无专集，唯 *Fir-Flower Tablets* 一书（详后 12）选译较多。吴经熊于所著 More Pathos than Humor 一文（载于 *T'ien Hsia Monthly, Oct.*, 1937）中，摘译李杜诗句，比较两家之思想作风，颇多阐发。

韩愈于李杜之外，另辟蹊径；其诗尚奇惊，西人欣赏非易。白居易则以常语真情，为民喉舌；言浅而深，意微而显，不但妙绝当时，且传诵中外。徐仲年有 Po Ku-yi, Poète Chinois 一文，载于一九三零年之里昂大学季刊。Waley 之 *170 Chinese Poems* 中，译香山诗凡六十首。苏联国家文艺出版局于一九四五年印行《白居易抒情诗选集》，誉为东方文学之杰作。

宋诗流传不广，唯苏轼以雄奇壮阔，见称于西人。Drummond de Gros Clark 尝选译东坡之作品，题其书曰 *Selections From the Works of Su Tung-Po*，一九三一年 Jonathan Cape 书局出版。又胡先骕与 Harold Action 合译之 Nine Poems of Su Tung-po，载于 *T'ien Hsia Monthly*。

古诗白描，而有苍深雄浑之气；唐诗蕴蓄，韵味无穷。宋诗则嫌发露，佳作不多。元诗近谶，明诗趋向复古：此其大较也。兹将西译我国诗选，依年排列，汇录于下，又论著问亦附焉。

（一）德译诗选

1. A. Forke: *Bluthen Chinensischer Dichtung*, 1899 年 Magdbung 书局出版。译文用韵，附有插图。

2. Wilhelm Grube: *Geschichite der Chinensischen Literatur*, 1902 年莱比锡 C. P. Amelangs Verlag 版。

3. Hans Heilmann: *Chinesische Dichtung*, 1905 年莱比锡版。

4. W. Grube: *Chinesische Dichtung*, 1908 年柏林版。

5. Hans Bethge: *Die Chinesische Flote*, 1910 年莱比锡 Inselverlag 版。

6. Elizath Oehler-Heimerdinger: *Chinesische Lyrik*, 1913 年 Munchen 之 Geist Ostens 版。

（二）法译诗选

1. Marquis d'Hervey Saint-Denys: *Poésie de L'Époque de T'hang*, 本书为唐诗选集，1862 年巴黎版。

2. Judith Gautier: *Le Livre de Jade*, 1817 年巴黎初版，1918 年新版。本书并有李清照词。James Whithall 尝转译为英文，详见（三）9。

3. *La Poésie Chinoise de 14ᵉ au 19ᵉ siècle*, 1886 年巴黎版。

4. C. de Harlez: *La Poesie Chinoise*, 1898 年，巴黎版。

5. Judith Gautier: *Poèmes Chinois de Tous les Temps*, 1901 年 Revue de Baris 版。

6. Franz Toussaint: *La Flute de Jade*, 1920 年巴黎版。译本采散文体制，颇多剪裁。

7. 徐仲年译 *Cinquante Poèmes Chinois*，中法季刊丛书，1929 年版。

8. 徐仲年译 *Anthologie de la Litterature Chinoise*，1932 年巴黎 Delagrave 书局版。本书诗文兼收，前有长序。

9. 徐仲年译 *Les Chants de Tseu-ye et autres Poèmes d'amour*，北平政闻报丛书，1935 年版。此集所收子夜歌等，均为情诗。

（三）英译诗选

1. Sir John Francis Davis: *Poeseos Sinensis Comentarii (On the Poetry of the Chinese)*, 1829 年伦敦 Asher & Co. 版。

2. C. F. R. Allen: *Book of Chinese Poetry*, 1891 年伦敦版。

3. Herbert A. Giles: *Gems of Chinese Literature*，1884 年伦敦 Bernard & Zuaritch 版。至 1898 年散文与诗分册出版，其诗选之部，称为 *Gems of Chinese Literature Verse*, 1923 年上海 Kelly & Walsh 增订再版。此书众推为汉诗之标准

译本。

4. L. Cranmer-Byng: *A Lute of Jade*,（*The Wisdom of the East* 丛
   书），1918 年纽约 E. P. Dutton & Co. 版（参阅 8）。

5. Charles Budd: *Chinese Poems*, 1912 年 Oxford University
   Press 版。译文用韵，序文论汉诗作法甚详。

6. Helen Waddell: *Lyrics from the Chinese*, 1913 年波斯顿版。

7. Ezra Pound: *Cathay*, 1915 年伦敦 Elkin Mathews 版。

8. L. Cranmer-Byng: *A Feast of Lanterns*, 1916 年伦敦 J. Murray
   版，1918 年纽约 E. P. Dutton & Co. 版。

9. James Whithall: *The Book of Jade*, 1918 年纽约 B. W. Huebsh
   版。本书系据 Judith Gautier 之法译本 *Le Livre de Jade* 转译。

10. Arthur Waley: *One Hundred and Seventy Chinese Poems*,
    1918 年伦敦 Chiswick Press 版；1919 年纽约 Alfred Knopf
    版。按商务版之 *Select Chinese Verses* 即自本书与 Giles 译
    本选录而成。

11. Arthur Waley: *More Translations from the Chinese*, 1919 年
    纽约 Alfred Knopf 版。

12. W. J. B. Fletcher: *Gems of Chinese Verse*（英译唐诗选），
    1919 年上海商务版。

13. Florence Ayscough and Amy Lowell: *Fir-Flower Tablets*,
    1921 年波斯顿 Houghton, Mifflin & Co. 本书所选诸诗，
    先由 Ayscough 夫人译为英文，再有 Lowell 女士协诸韵
    律；故音调谐婉，可以讽诵。

14. J. L. French: *Lotus and Chrysanthemum*, 1927 年纽约版。

此书系一选集，半为日本诗。

15. W. J. B. Fletcher: *More Gems of Chinese Poetry*, 1933 年商务版。

16. Henry H. Hart: *A Garden of Poenies: Translations of Chinese Poems*, 1938 年美国 Stanford University Press 版，又英国 Oxford University Press 版。Teresa Li 尝评介之，详见 *T'ien Hsia Monthly*, Vol. VIII., No. 3 March, 1939。

17. 吴经熊著 The Four Seasons of T'ang Poetry，载于 *T'ien Hsia*, April, August, November, 1938; Feb, 1939 诸期。

本文引录唐诗极多。

18. Teresa Li（李德兰）: Fourteen Chinese Poems, 载于 *T'ien Hsia*, Vol. VI No. 1 Jan., 1939。

19. Teresa Li: Poems from the Chinese, 同前 Vol. VI. No. 3, March, 1938。计收译诗廿一首，另有孔尚任《哀江南》一篇。

20. Teresa Li: Fifty-six Poems from the Chinese, 同前 Vol. VIII. No. 1, Jan., 1939。此篇除外，尚有李后主暨纳兰性德诸家词。

21. Teresa Li: Fifty Poems from the Chinese, 同前 Vol. IX. No. 3, Oct., 1939。此篇诗词参半，所收均为名作。

22. N. L. Smith and R. H. Kotewall（罗旭龢）: Twenty-four Chinese Poems, 同前 Vol. IX. No. 4, Nov., 1939。

以下诸辑，均为歌谣：

23. George Carter Stent: *The Jade Chaplet, A Collection of Songs, Ballads, etc., from the Chinese*, 1874 年伦敦 Trubner & Co. 版。

24. C. Clementi: *Cantonese Love Songs*, 1905 年 Oxford 版。

25. C. M. Candlin: *Songs of Cathay*, 伦敦版。

此外漏列尚多，譬如 *An Anthology of Chinese and Japanese Poetry* 一书，余即不知其详。其他著作，如林语堂之 *My Country and My People*，于诗歌亦有译录，兹不备述。

凡前所述，以诗为主。诗坛变而为词，则长短句参伍错综，自可变化无穷；且格调活泼，音韵更悠扬，明清刻宋词，得一百三十家；其经译介者，不过二三十家之代表作。英译词选有二：

1. Clara M. Candlin: *The Herald Wind*, 1933 年伦敦 John Murray 版。本书收词七十一首，有胡适序。

2. 初大告译 *Chinese Lyrics*（中华旧词），1937 年 Cambridge 版。Sir Arthur Zuiller-couch 于其序中，说明词体，深表赞赏。详见林幽评论（*T'ien Hsia*, Dec., 1937）。

我国当代之词曲家，首推卢前；其近著中于鼓吹，放情高歌，酣畅淋漓，犹东坡之唱《大江东去》焉。Gladys. M. Tayler 与杨宪益有合译本，题为 *The Trumpet of National Resurgence*，一九四四年开明书店版。

曲者词之变，虽彼此界域分明，而体制则先后沿袭。诗词采藻缤纷，曲则庄谐并陈，以自然胜；且浅显之中，仍寓隽永之旨，故雅俗共赏。而剧唱白兼有，有似西洋之□剧：道白易翻，曲子难译。卢前近为国立编译馆纂《全元曲》，得二百二十八卷，其经移译者，寥寥可数，但历史则最悠久。法国在十四世纪即有 Halde 辑之 *La Tragédie Chinoise* 行世。（参阅曾孟朴答胡适书，载于《胡适文存》卷三页一一三零）兹将各种西译剧本汇举于下，并略加说明焉。

（一）法译剧本

1. Joseph Henry Prémare（马若瑟）译：*L'Orphelin de la Maison*

（纪君祥《赵氏孤儿》），1731 年巴黎版。法国大文豪
Voltaire 读此剧后，赞赏不止，乃师承其意，谱置戏曲，
题曰 *L' Orphelin de la Chine*，刊行于 1755 年（有张若谷之
中译文）。1834 年，Stanislas Julien 重译之《赵氏孤儿》，
亦即以 *L' Orphelin de la Chine* 称之。

2. Stanislas Julien 译 *L'Histoire du Cercle de Craie*（李行道《灰
   栏记》），1832 年伦敦版。

3. Bazin Aine 译 *Théatre Chinois, ou Choix de Pièces de Théatre
   Composecs sous les Empereurs Monguls*，1838 年巴黎版。本书
   收元曲四种：（1）La Tunique Confrontée（张酷《贫合汗衫》），
   （2）Le Ressentiment de Teou-Ngo（关汉卿《窦娥冤》）（3）
   Les Intrigues d'une Soubrette，（4）Chanteuse 译者为巴黎 Ecole
   des Langues Orientales 之中文教授。

4. Bazin Aine 译 *Le Pi-Pa-Ki, ou L' Histoire de Luth*（高明《琵
   琶记》），1841 年巴黎版。

5. Jures Arène 译 *La Chine Familière et Galante*，1876 年巴黎
   版。本书计收喜剧四种。

6. Louis Laloy 译 *Le Chagrin dans le Palais de Han*，（马致远
   《汉宫秋》），1921 年巴黎版。

（二）德译剧本

1. Wilhelm Grube 译 *Chinesische Shattensniele*，1915 年 Minchen 版。

2. Hans Rudelsberger 译 *Altchinesische Leibeskunedien*，1923 年
   维也纳 Kunstverlag von Anton Schroll & Co. 版。本书选译
   《赵氏孤儿》等剧五种。

（三）英译剧本

1. John Franis Daivs 译 *The Sorrows of Han*（《汉宫秋》），1829 年伦敦版。本书附录有小说《好逑传》（*The Fortunate Union*）。

2. John Franis Daivs 译 *An Heir in Old Age*（武汉臣《老生儿》），1829 年伦敦版。

3. William Stanton 译 *The Chinese Drama*，1899 年香港 Kelly and Walsh 版。本书收戏曲三篇：（1）*The Willow Lute*，（2）*The Golden-leafed Chrysanthemum*，（3）*The Sacrifice for the Soul of Ho Man Sau*。

4. 熊式一译 *Lady Precious Stream*（《王宝钏》），1935 年伦敦 Methuen & Co. 版，纽约 Liveright Publishing Corp. 版。本剧曾在伦敦上演，轰动一时。

5. 熊式一译 *The Romance of the Western Chamber*（王实甫《西厢记》），1935 年伦敦 Methuen & Co. 版。按《西厢记》以妍丽绝冶见称，其传述口吻，刻画个性，以及写景抒情，莫不谶微毕露，允为元曲代表作。此剧尚有 Henry H. Hart 之译本，名曰 *The West Chamber: A Medieval Drama*，1936 年 Stanford University Press 版。于乐天曾撰评论，载于 *Tien Hsia*, Vol. VI. No. 1, Jan., 1938.

散曲之经译述者，有卢前之《黔游心影》（*The Sketch of Kweiyang*）一九四二年贵阳版。卢氏清思健笔，词气苍然，译者 Gladys M. Tayler 女士尤称誉之。

话剧与元曲之精神面目，迥乎不同。譬如曹禺之《雷雨》，完全对白，自不入韵文之范围。此剧已有姚莘农译为英文，题曰 *Thunder and Rain*，载于 *T'ien Hsia*, Jan. -Feb., 1937。西文中论述我国戏曲之著作，每多创见，兹选录数种，以供参考：

1. R. F. Johnson: *The Chinese Drama*，1921 年上海 Kelly & Walsh 版。

2. A. E. Zucker: *The Chinese Theatre*，1925 年波斯顿 Little Brown, & Co. 版。

3. 姚莘农: *The Theme and Structure of the Yuan Drama*，载于 *T'ien Hsia*, Vol. 1. No. 4, Nov., 1935。

4. Chu Chia-chien（朱家健）: *Le Théatre Chinois*，1922 年巴黎版。此书有 Putnam 之英文版。

5. Rudolf von Gorrschall: *Das Theater und Drama der Chinesen*, 1837 年 Breslau 版。

开文之道，应极而变。自新文学运动以来，新诗迭有创作，开新调之渐。顾我国诗歌之演变，如唐诗、宋词、元曲，均能推陈出新，别开异境。今吾人欲创亘古未有之体，历前人未历之境，以尽时代之使命，孰不馨香以祷之？若必视韵律为桎梏，举众美而废之，惟恐源流不长，一泄即涸；根基欠稳，摇之欲坠。吾非主张恪守旧调者，特今之作，或情尽句中，神韵素然；或借口解放，杂乱无章；或赘词相堆，不足以言风故；故读者往往厌其寡味矣。虽然，佳什亦非无之。如吴芳吉以旧体融新诗，颇能另辟蹊径；其婉容词韵律活泼，风格疏隽，犹是古乐府情调也。金尤史之英译本 *A Verse on Wan-Yung*，以一九四三年再版于成都。Harold Action 与陈世臻曾合译李广田诗两首（Two Poems by Li Kwang-tien），Harold Action 又与邵洵美自己合译 Voice by Zau Sinmay，均发表于《英文天下》杂志。温源宁所译之

Six Poems by John C. H. Wu（载 *T'ien Hsia*, Vol. VII. No. 2）则非新调；盖吴经熊犹有古诗之遗响矣。又梁宗岱尝自译新诗为法文，披露于 *Europe* 及 *La Revue Européerne* 二杂志，时在一九二七年至二九年间。

至于选集，法人 D' Hervey Saint-Denys 有 *Poesies Modernes* 一卷。闻俞大细与徐仲年近辑 *An Anthology of Contemporary Chinese Literature*（*Anthologie de la Littérature Chinoise Contemporarie*），译录当代我国诗文，将以英法文两版同时问世。凌岊云撰有 Poetry Chronicle（*T'ien Hsia*, Vol. VII. No. 5, Dec., 1938）一文，对新诗人当作简略之介绍。抗战期间，诗歌多即景造意之作，慷慨悲愤之词。卢前有 Chinese Poetry in Wartime 一文，评介右任等家之诗词，登于 *The Asiatic Review*, Jan., 1945。

韵文方面尚须提及者，其惟聊对乎？属对精工，为汉文之能事，虽以英语造诣之深，亦有所勿逮焉。Rev. William Muirhead 曾翻译 Scrolls and Tablets，刊于 Justus Doolittle 编之《英华莘林韵府》（*Vocabulary and Handbook of the Chinese-English Language*, 1872）。该书并载有英译之 Puzzles and Conumdrums，读之兴味盎然。

综上以观，我国韵文之译为英文者，虽百不得一，较之英诗汉译，量犹过之。具征英美人士对其爱好之深，故讽诵之不足，继之以译述，斯与读者共游幽景，以赏奇文焉。诗歌足以激发精神，涵养意志；实艺术之精华，亦文化之异彩。然在我国，诗教之衰也久矣！所谓温柔敦厚，岂复尚在人间耶？与诗人背道而驰者，莫若法西之徒，人面兽心，唯以杀戮相尚，侵夺为务。其次则政客污吏，开会议，唱高调，昂昂乎庙堂之器也；究其实，党同伐异，利欲熏心；故虽侈谈国计民生，未尝纾民困而解民忧。下而至奸商特务，吮人膏血，倚势横行，更是魏巍乎可畏，赫赫乎可象矣。今之世界，漆黑一片，所谓科学被野心家滥用，适足以滋其野蛮。三十年来，世界大战已一而再；杀人之多，破坏之大，骇人听闻。今干戈虽息，而乌云未散，倘再而三，民无噍类矣。文明云胡哉？文明云胡哉？宗教信仰，今人均极淡薄；在我国更不能赖以维系人心。虽则灵魂果何得而超度乎？西洋文艺批评家，忧世愤俗，主张以诗歌起而代宗教。此似迂腐之谈，而英美已尽全力以赴之；不观杜威（J. Dewey）之言曰 "We may well believe that poetry is more and more becoming our religion and our philosophy." （见 Matthew Arnold and Robert Browning 一文）英美为科学昌明之邦，而其重视文艺，不亚于汉唐时代之我国；其政治家亦多受教歌或宗教之熏陶，故具有牺牲之精神，而竭力为民谋利焉。今抗战胜利，百废待举；建国大业，千头万绪。但既重视物质建设，尤当培养国民道德；换言之，科学文艺必须等量齐观，方克有济。盖唯诗歌弥漫之世界，方为和平之乐土。朱竹垞尝叹诗亡明室亦屋；先哲之言，足以发人猛省也。

翻译至于诗歌，登峰造极矣。诗本抒情，而情绪难传也；诗重意境，而境界难飨也；诗贵吟咏，而韵律难播也；诗富暗示，而余意难蓄也；诗有规格，而体制难袭也。今欲保持原作之真之善之美，凛乎其难矣。当代文艺家 George Moore 谓 "Verse cannot be translated into verse" 非无理由，特未可一概而论耳。兹先言体制。Geoffrey Chaucer（1340—1400）世称英诗之鼻祖；其长诗《坎城故事》（Canterbury Tales）用 heroic couplet，五步一行，抑扬相协，前后押韵；此种诗体，原本意诗。又其所谓 rime royal，七行一节，乃仿法人 Guillaume de Machault 之诗体者也。莎士比亚（1564—1616）擅长商赖体（Sonnet），自意传入。与 Wyatt 齐名之 Surrey 伯爵（1517—1547），因译 Virgil 之 *Aeneid*，首用无韵诗（blank verse）。又如佛家之偈，本梵诗也。可知仿袭体裁，非不可能。特以中英语系之殊，音训之异，困难重重。故诗词曲三者，虽各有精神面目，而译文除行数之多寡外，殆无由识别。赋之可贵，莫非侈丽之词，铮铮之声；译文亦难尽其奥妙。林语堂于其大著 *My Country and My People* 中，尝劝英国诗人仿词曲而创新体（页二六五），颇具卓识，但莫若先请翻译家多多尝试也。

中西言语，各有音韵之美，即梵语所谓"音庄严"也。就余所闻，国语庄严宏亮，英语抑扬雄浑，法语柔婉流畅，德语沉着阴丽，俄语豪宕冗长，日语古朴平淡；以此译彼，欲保持原有之美，劳有所不可能也。但如何使读者仿佛得之，则有赖于翻译之艺术焉。昔 Chapman 译荷马之史诗 *Iliad* 与 *Odyssey*，诗人 Keats 读之，不知手之舞之，足之蹈之；盖其音韵铿锵，颇能陶醉心灵也。就原则而言，译诗宜用韵。Giles 之译 *Gems of Chinese Literature Verse*，于此惨淡经营，用力尤勤；其中若《诗经·将仲子》（A Male Light-of-Love）、孟浩然《宿业师山房待丁大不至》（Waiting）、赵嘏《江楼感旧》（Where Are They?）诸首，且已被之乐谱，可以和琴而歌矣。Giles 之译本，虽往往不拘细节，颇能传其神韵，散文大家 Lytton Strackey 曾撰文评论，揄扬备至（见 *Characters and Commentaries* 一书）。其他译本，以用自由诗（free verse）居多。如 Waley 之 *170 Chinese Poems*，以每一重读音节（stressed syllable）代一汉字，抑扬上下。亦可以低徊讽咏。

诗必句琢字炼，精彩绝伦。唯辞藻之美，各有特色。譬如国文绚烂洗练，英文缜密刚健，法文绝丽飘逸，德文朴素冲淡，俄文婉转委曲，日文华衍谶秾，而拉文谨严简约；移译之时，势不得不有所剪裁，要以信达雅为归。倘气弱音微，风骨不劲，徒存体貌，即不足以言译诗。故欲臻上乘，译者须有诗人之修养。英国文学史上，如 Fitzgerald，Rossetti，Burton 诸家，其译文不啻创作，故能沁人心脾，耐人咀嚼也。Waley 之 *170 Chinese Poems* 与 *More Poems from the Chinese* 笔力豪劲，足以副其译思之所至；某批评家有言赞之曰："The beauty with which these poems are inlaid is fundamentally a wise beauty, and the wisdom is as much in the shape of Mr. Waley's mind as that of China."

西人之译我国名著者，多为汉学大家。譬如 *Lyrics from the Chinese* 译者 Helen Waddell 虽声誉不如 H. A. Giles 达甚，亦颇能入其堂而登其室。吴经熊于 *A Potpourri* 一文中，尝论其翻译之艺术，以为 "Miss Waddell belongs to those sinologues who understand more than they know."

我国硕学以译韵文驰名海外者，有吴经熊、初大告、熊式一、徐仲年诸氏。吴博士尝于《天下》杂志发表英译汉诗，前后一百四十余首，署名 Teresa Li（李德兰）。又其论唐诗之四季一文（见前 17），旁征博引，辞采鲜醴，实精心杰作也，其所译诸什，妙极自然，与原文对读，尤觉字字真切，丝丝入扣。初译中华隽词，秀逸清新，无重浊之气。熊译《西厢记》，曲尽奥妙，唯文稍累赘。法文方面，当推徐仲年译诗最多。徐博士造诣湛深，译笔忠实，徐蔚南尝评其 *Anthologie de la Littérature Chinoise* 曰："凡一中国文科学生所应知之文学名著，悉在于此"。他如梁宗岱之法译陶潜诗选，亦颇有可观也。

翻译之道，虽不同创作，各家之作风，亦时流露于字里行间。分而言之，有古典、浪漫、写实、象征、自然、唯美诸派。拙著译文之作风一文（载于《文艺先锋》七卷二期）已申论之，兹不赘。

卅四年十一月于北碚

——《文讯》第 6 卷第 4 期（1946 年）

诸家英译中国诗杂论（1946）

吕湘

一

比年教授翻译，颇取诸家英译中国诗为检讨论说之资，随手札录，签置书页，时有增益，亦复时有亡失。今者，举校东还，讲述之事，暂得休止，借来书籍亦须归还，乃略为排比，以类相从，写录一过，得此短篇，节省将来翻检之劳，未敢以为不移之论也。客中得书不易，所得见者仅此十有余种（书名附于篇末），资取不广，挂漏实多。又讲课所需，在形而下，虽歌诗为文学之菁华，而论述则局限于字句。大雅垂览，幸鉴谅焉。

二

初期诸译人昧于汉学，率尔操瓠，于诗篇作者之题名颇多错误。约而言之，有舍名而用字或别号者，如 Budd 之题岑嘉州（p. 71）、张文昌（p. 93）、陆放翁（p. 90）、元遗山（p. 61）是。

有名与字错出者，如 Budd 书中既有李太白（pp. 47, 137, 169），复有李翰林（p. 74）；既有苏轼（p. 100），复有苏东坡（162）是。

有明明有作者而误作阙名者，如"莫问野人生计事，窗前流水枕前书"，李九龄所作"山中寄友人"诗也，"日日人空老，年年春更归。相欢在尊酒，不用惜花飞"，王维所作"送春辞"也，而 Giles 皆以为阙名（*Verse*, pp. 271, 272）。

有张冠李戴者，如 Giles 译诗集中以魏文帝之"短歌行（仰瞻帷幕）"为汉文帝作（p. 22），以杜诗"绝句漫与（肠断春江欲尽头）"为韦应物作（p. 116），而又以韦诗"滁州西涧（独怜幽草涧边生）"

为杜甫作；Fletcher 书（*Gems*）以王昌龄之"春宫曲（昨夜风开露井桃）"为李白作（p. 46），以高适之"人日寄杜二拾遗（人日题诗寄草堂）"为岑参作（p. 155），咸其例也。

有一诗歧出，而误为两人作者，如 Giles 书中，傅玄之"吴楚歌"一见于 p. 37，作 Fu Yüan，再见于 p. 46，作 Fu Mi；同人之"车遥遥篇，"一见于 p. 31，作阙名，再见于 p. 41，作 Fu Mi；Fletcher 书中，王昌龄之"闺怨（闺中少妇不知愁）"见于 p. 150，又别出于 p. 47 作李白；赵嘏之"江楼感旧（独上江楼思渺然）"见于 p. 195，又别出于 p. 157，作温庭筠：此皆歧出而又误题者也。

Waley 氏自诩审慎，知辨证 Giles 汉文魏文之误，而自译诗集中既以曹植"杂诗（仆夫早严驾）"为魏文帝作（*Poems*, p. 59），复以同人之"野田黄雀行"为梁武帝作（p. 89），仍不免蹈前人之覆辙。

至如 Giles（p. 207）之以陈抟为陈搏，Fletcher（*Gems*, p. 160）之以张籍为张继，其为疏陋，更不待言也。

三

古来诗文，流传后世，常有异文，译人不得不有所去取，亦即不得不推敲其长短。如陶诗"悠然见南山"，"见"或作"望"，自来衡论，多右"见"而左"望"，而 Waley（*Poems*, p. 76）译此，却从"望"字，作 Then gaze long at the distant summer hills，似是一失。或译者只见"望"字本，亦未可知。又 Waley（p. 71）译陶诗"和郭主簿"，"春秫作美酒，酒熟吾自斟，"作 When the wine is heated, I pour it out for myself。以"熟"为"热"，若非一时误读，即所据本讹刊。此二事皆可见选择本子之重要。

<h1 align="center">四</h1>

诗篇题目，中西习惯颇有异同，诸家所译多有改易诗题者。其中有不得不改者，如乐府诗题，或原来即无深意，如"长歌行""短歌行"，或后来仿作，不切题旨，只袭用其乐曲或体制。又如"拟古""感怀""无题""杂诗"，乃至"寄""和""赠""答"之类，亦均为改题为宜。如魏文帝"短歌行"，Giles（*Verse*, p. 22）与 Waley（*Poems*, p. 58）皆以 On the Death of His Father 为题；孔融"杂诗（远送新行客），"Giles（p. 34）题为 A First Born；曹植"送应氏（步登北芒阪），"Waley（p. 60）题为 The Ruine of Lo-yang；鲍照"学刘公干体（胡风吹朔雪）"，Budd（p. 41）题为 The Beauty of Snow：皆依所咏内容别为题目而允当可取者。

余如义山"无题"，Bynner（pp. 79, 80, 81）译为 To One Unnamed；太白"三五七言"，Lowell 译为 Word-Pattern，不离原题，而工巧可喜。

有可改可不改，而改题可取者。如杜诗"羌村"，Fletcher（*Gems*, p. 113）译音作 Chiang Tsun，不如 Budd（p. 96）之改题 A Wanderer's Return；白居易"朱陈村"，Giles（p. 160）改题 Sweet Auburn，亦胜于 Waley（*More Translations*, p. 47）之 Chu-Ch'en Village。余如 Giles 译太白"独坐敬亭山"为 Companions（p. 78），译常建"破山寺后禅院"为 Dhyäua（p. 112），Fletcher 译王维"孟城坳"为 To-day（*Gems*, p. 121）皆较为简单而明了。

然亦有改题不甚妥适者。如王维"竹里馆（独坐幽篁里）"，正是乐其幽寂，Giles（p. 70）译为 Overlooked，失之于浅；王昌龄"闺怨（闺中少妇不知愁）"，着眼自在闺中，Giles（p. 127）译为 At the Wars，失之于远。前者 Fletcher（*Gems*, p. 123）译为 The Moon，后者 Bynner（p. 180）译为 In Her Quiet Window，咸较胜一筹。

至如 Lowell（p. 92）之译"菩萨蛮"为 The mantzŭ Like an Idol，Budd（p. 68）之译"燕歌行"为 The Swallow's Song，皆拘泥而又加之以误会，缠夹可笑。若 Martin（p. 54）之译太白"长干行"为 A Soldier's Wife to Her Husband，于此诗全然误解，其为谬失，又不仅篇题之失当而已矣。

五

以原则言，从事翻译者于原文不容有一词一语之误解。然而谈何容易？以中国文字之艰深，诗词铸语之凝练，译人之误会在所难免。前期诸家多尚"达旨，"有所不解，易为闪避；后期译人渐崇信实，诠解讹误，昭然易晓。如韩愈"山石"诗，"僧言古壁佛尽好，以火来照所见稀"，Bynner（p. 29）译为

> And he brought a light and show me, and I called them wonderful.

以"稀少"为"希奇"，此为最简单的误解字义之例。

又如"古诗为焦仲卿妻作"，"妾不堪驱使，徒留无所施。"Waley（*Temple*, p. 114）译为

> I said to myself, "I will not be driven away. "
>
> Yet if I stay, what use will it be?

以"驱使"为"驱逐",因而语意不接,遂误以上句为自思自语,则又因字义之误而滋生句读之误。

其次,词性之误解,亦为致误之因。如杜诗"闻官军收河南河北","却看妻子愁何在?漫卷诗书喜欲狂"句,Bynner(p. 154)误以"愁"为动词,译为

Where is my wife? Where are my sons?

Yet crazily sure of finding them, I pack my books and poems.

读之解颐,杜公虽"欲狂",何至愁及妻子之下落?且"却看"之谓何?

中文动词之特殊意蕴,往往非西人所能识别,如杜诗"感时花溅泪,惜别鸟惊心",泪为诗人之泪,心亦诗人之心,"溅"与"惊"皆致动词也,而 Bynner(p. 148)译为

...Where petals have been shed like tears

And lonely birds have sung their grief.

顿成肤浅。

然一种文字之最足以困惑外人者,往往不在其单个之实字,而在其虚字与熟语,盖虚字多歧义,而熟语不易于表面索解也。此亦可于诸家译诗见之。Waley 在诸译人中最为翔实,然如所译"焦仲卿妻"中,以"四角龙子幡"为

At its four corners a dragon-child flag(*Temple*, p. 121),

"子"字实解;又译"著我绣夹裙,事事四五通"为

...Takes what she needs, four or five things(*ibid*, p. 116),

以"通"为"件",皆因虚字而误。

余人译诗中亦多此例。如 Fletcher（*More Gems*, p. 12）译太白"月下独酌""月既不解饮"作

> The moon then drinks without a pause,

由于不明"解"字作"能"讲；译"行乐须及春"作

> Rejoice until the Spring come in,

由于不明"及"字作"乘"讲。又如 Giles（*Verse*, p. 99）译杜诗"今春看又过，何日是归年？"作

> Alas! I see another spring has died...

因不明"看"字之等于后世之"看看"或"眼见得，"遂误"将过"为"已过"，虽小小出入，殊失原诗低回往复之意也。

以言熟语，有极浅显，不应误而误者。如年月序次只以基数为之，不加"第"字，凡稍习中文者不应不解，而太白"长干行""五月不可触"句 Fletcher（*More Gems*, p. 8）译为

> For five months with you I cannot meet.

亦有较为生僻，其误可原者。如同篇"早晚下三巴"句不独 Fletcher（*ibid*, p. 9）误为

> *Early and late* I to gorges go.

Lowell（p. 29）亦误为

> From *early morning until late in the evening*, you descend the
> Three Serpent River,

唯小畑（p. 152）作

> *Some day* when you return down the river.

为得其真象，熟语之极致为"典故"，此则不仅不得其解者无从下手，即得其真解亦不易达其义蕴。如小杜"金谷园"结句"落花犹似坠楼

人"，Giles（*Verse*, p. 175）译作

> Petals, like nymphs from balconies, come tumbling to the ground,

诚为不当，即 Bynner（p. 178）译为

> Petals are falling like a girl's robe long ago,

亦非加注（p. 292）不明也。又如权德"与玉台体一绝"之"昨夜裙带解，今朝蟢子飞"，Giles（*Verse*, p. 135）译为

> Last eve thou wert a bride,
>
> This morn thy dream is o'er...

固是荒谬；而 Bynner（p. 25）译为

> Last night my girdle came undone,
>
> And this morning a luck-beetle flew over my bed,

仍不得不乞灵于附注（p. 244），且亦仅注出一"蟢子"，与"裙带"仍不得其解也。（王建"宫词""忽地下阶裙带解，非时应得见君王"。）

Bynner 所译诗中亦时有类此之错误，如译孟浩然"秦中寄远上人"诗"黄金燃桂尽，壮志逐年衰"作

> Like ashes of gold in a cinnamon-flame,
>
> My youthful desires have been burnt with the years（p. 111），

亦复不知所云也。

若干历史的或地理的词语亦具有熟语之性质，常为译家之陷阱。如"香山赠梦得"诗（《长庆集》卷六六）"寻花借马烦川守，弄水偷船恼令公"，Waley（*More Translations*, p. 90）译为

> When, seeking flowers, we borrowed his horse, the river-keeper was vexed;

When, to play on the water, we stole his boat, the Duke Ling was sore.

以"川守"为"river-keeper"固已以意为之，以"令公"为"Duke Ling"尤可见其疏于考索。时裴度以中书令晋国公为东都留守，史称其与刘白过从甚密，《长庆集》同卷颇多题咏赠和之作，只应曰 Duke P'oj 或 Duke of Chin，不得以"令"为专名也。

又如"山东"一名，古今异指，而 Fletcher（*Gems*, p. 70）译杜诗"兵车行""君不闻汉家山东二百州，千村万落生荆杞"，作 Shantung；"河汉"指天河，而 Waley（*Poems*, p. 44）译《古诗十九首》之十"迢迢牵牛星，皎皎河汉女"，作 Han River：皆易滋误会，显为违失。

至如 Giles（*History*, p. 170）译"长恨歌""渔阳鼙鼓动地来"作

But suddenly comes the roll of the *fish-skin* war-drums,

误以地名为非地名；Lowell（p. 98）译太白"闻王昌龄左迁龙标遥寄""杨花落尽子规啼"作

In Yang-chou, the blossoms are dropping,

又误以非地名为地名。此与地望之误，虽事类相同，而难易有别。"渔阳"安得谓为"鱼皮"，"杨""扬"更字形悬异，其为谬误，尤难宽恕也。

六

中文常不举主语，韵语尤甚，西文则标举分明，诗作亦然。译中诗者遇此等处，不得不一一为之补出。如司空曙"贼平后送人北归，"云"世乱同南去，时清独北还。他乡生白发，旧国见青山"，Bynner（p. 133）译为

In dangerous times *we* two came south;

Now *you* go north in safety, without me.

But remember *my* head growing white among strangers,

When *you* look on the blue of the mountains of home.

四句皆补出主语，除第三句容有可商外（亦可指友，或兼指二人），余均无误。

然亦往往缘此致误。如上引诗更下一联云，"晓月过残垒，繁星宿故关"，"过"与"宿"之主语仍为 you，而 Bynner 译为

The moon goes down behind a ruined fort,

Leaving star-clusters above an old gate.

误以"晓月"与"繁星"当之，不知此二语之作用如副词也。

又如《古诗十九首》之十二，"燕赵多佳人……当户理清曲……"继之以"驰情整巾带，沈吟聊踯躅"，乃诗人自谓闻曲而有感也，Waley（*Poems*, p. 45）误以蒙上佳人，译为

To ease their minds they arrange their shawls and belts;

Lowering their song, a little while they pause.

索然寡味矣。

又如 Fletcher（*More Gems*, p. 9）译李白"长干行""早晚下三巴，预将书报家"，作

Early and late *I* to gorges go,

Waiting for news that of thy coming told.

不明"早晚"之为询问，遂以"下"为"我下"，不知自长干至三巴不得云"下"，两地之相去亦非可朝暮往来者。

又如刘长卿"逢雪宿芙蓉山"，"柴门闻犬吠，风雪夜归人"，闻

者诗人自闻也，Fletcher（*Gems*, p. 184）译为

> The house dog's sudden barking, *which hears the wicket go.*
>
> Greets us at night returning through driving gale and snow.

误为"犬闻门响而吠"，不知中文不容有"宾—动—主"之词序，杜诗"香稻啄余鹦鹉粒"之得失至今犹聚讼纷纭也。

此等错误往往因涉上下文主语而来，如上举译"驰情整冠带"误承"当户理清曲"，"早晚下三巴"则其上既有"坐愁红颜老"，其下复有"相迎不道远"，不谙中文之常常暗换主语者自易致误。如杜诗"兵车行"，"况复秦兵耐苦战，被驱不异犬与鸡"，即此土不学之人亦难免误解，Bynner（p. 169）译为

> Men of China are able to face the stiffiest battle,
>
> But their officers drive them like chickens and dogs.

其情可原，然"役夫"来自"山东"，与"秦兵"正为敌对，上下文足以确定被驱逐者非秦兵，B. 氏有江亢虎氏为助，不容并此而不达。

又有因主语之省略而误解动词之意义者。如 Walley 译"焦仲卿妻""谓言无罪过，供养卒大恩"（*Temple*, p. 116），作

> Never in *spoken word* did I transgress or fail...

又"十七遣汝嫁，谓言无誓违（p. 118）作

> ...and hears you *promise* forever to be true.

此两"谓言"同于后世之"只道""只说是"，宜作 I thought 解，Waley 不了此义，殆由未举主语。

又如《古诗十九首》之十九，"客行虽云乐，不如早旋归"，Waley（*Poems*, p. 48）译作

> My absent love *says* that he is happy.

But I would rather he said he was coming back.

又古诗"上山采蘼芜","新人虽言好,不及故人姝"(p. 35),译作

Although her talk is clever...

其实此处"云""言"皆无主动词,It is said 之义,乃实字之近与虚字者;缀于"虽"字之后,作用类似衬字,今语亦有"虽说是",可为比较。Waley 视为寻常动词,遂有"言谈"之解。

与主语省略相似者又有实词之省略,亦为译家致误之由。如元稹"遣悲怀""尚想旧情怜婢仆,也曾因梦送钱财,"Bynner(p. 216)译为

...Sometimes, in a dream, I bring *you* gifts.

谓梦中送钱财于亡妻,无乃费解?此则远不及 Fletcher(*More Gems*, p. 191)所译

The slaves and servants love moves me to love.

And presents I gave them, when I dreamed of you.

之信达而近雅也。

又有因连词之省略而致误者。如渊明"责子诗""雍端年十三,不识六与七",Budd(p. 150)误于前:

Yong-twan is thirteen now.

Waley(*Poems*, p. 76)误于后:

Yung-tuan is thirteen.

皆昧于中文平联词语常不用连词之惯例,遂以"雍"与"端"为一人也。

七

译诗者往往改变原诗之观点,或易叙写为告语,因中文诗句多省

略代词，动词复无语形变化，译者所受限制不严也。其中有因而转更亲切或生动者。试引三五例，则如贾岛"寻隐者不遇"诗，"松下问童子，言师采药去"，Bynner（p. 17）译为

> When I questioned *your* pupil, under a pine-tree,
>
> "My teacher," he answered,"went for herbs..."

此由单纯之第一身叙写改为对第二身之告语者。如李商隐"嫦娥"诗，"嫦娥应悔偷灵药，碧海青天夜夜心"，Bynner（p. 75）译为

> Are *you* sorry for having stolen the potion that has set *you*
>
> Over purple seas and blue skies, to brood through the long nights?

此由第三身之叙写改为对第二身之告语者。皆视原来为亲切。

如卢纶"塞下曲"之"野幕蔽琼筵，羌戎贺劳旋。醉和金甲舞，雷鼓动山川"。Bynner（p. 104）译为

> *Let* feasting begin in the wild camp!
>
> *Let* bugles cry our victory!
>
> *Let us* drink, *let us* dance in our golden armour!
>
> *Let us* thunder on rivers and hills with our drums!

此由第三身之叙写改为一二身之告语者，视原来为生动。

如王维"班婕妤"诗，"怪来妆阁闭，朝下不相迎。总向春园里，花间笑语声"，Fletcher（*Gems*, p. 120）译为

> Dost wonder if my toilet room be shut?
>
> If in the regal halls we meet no more?
>
> I ever haunt the garden of the spring;
>
> From smiling flowers to learn their whispered lore.

原来为汉帝告婕妤，译诗改为婕妤告汉帝，观点适相反，而译诗似较胜。

但如王建"新嫁娘"诗,"三日入厨下,洗手作羹汤",Fletcher（*More Gems*, p. 208）译为

> Now married three days, to the kitchen I go,
>
> And washing my hands a fine broth I prepare.

杜牧"秋夕"诗,"银烛秋光冷画屏,轻罗小扇扑流萤",Bynner（p. 177）译为

> *Her* candle-light is silvery on her chill bright screen.
>
> *Her* little silk fan is for fireflies....

原诗之为一身抑三身,未可遽定:前一诗似是三身,今作一身,后一诗似是一身,今作三身,其间得失,正自难言。然中诗可无主语,无人称,译为英文,即非有主语有人称不可,此亦译中诗者所常遇之困难也。

八

不同之语言有不同之音律,欧洲语言同出一系,尚且各有独特之诗体,以英语与汉语相去之远,其诗体自不能苟且相同。初期译人好以诗体翻译,即令达意,风格已殊,稍一不慎,流弊丛生。故后期译人 Waley、小畑、Bynner 诸氏率用散体为之,原诗情趣,转易保存。此中得失,可发深省。

以诗体译诗之弊,约有三端。一曰趁韵:如 Giles（*Verse*, p. 21）译古诗"同心而离居,忧伤以终老,"作

> Alas that hearts which beat as one
>
> Should thus be parted and undone.

Fletcher（*Gems*, p. 211）译王绩"过酒家","眼看人尽醉,何忍独为

醒"，作

> With wine o'ercome when all our fellows be
>
> Can I alone sit in sobriety?

二曰颠倒词语以求协律：如 Fletcher（*More Gems*, p. 62）译杜诗"秋兴，""几回青琐点朝班"作

> Just in dream by the gate when to number I sate.
>
> The courtiers' attendants who throng at its side.

三曰增删及更易原诗意义：如陈之昂"登幽州台"，"前不见古人，后不见来者，念天地之悠悠，独怆然而涕下"，Giles（p. 58）译为

> My eyes saw not the men of old;
>
> And now their age away has rolled,
>
> I weep—to think that I shall not see,
>
> The heroes of posterity!

其第二行为与原诗第三句相当乎，则其不切合，为不与相当乎，则原句甚重要，不容删省。又如杜诗"露从今夜白，月是故乡明，"Giles（p. 101）译为

> The crystal dew is glittering, at my feet,
>
> The moon sheds, as of old, her silvery light.

"今夜"与"故乡"为此联诗眼，而横遭省削。

与此相反者，如张泌"寄人"诗，"别梦依依到谢家，小廊回合曲阑斜"，Giles（p. 209）译为

> After parting, dreams possessed me and I wondered you know where,
>
> And we sat in the verandah and you sang the sweet old air.

第二行之下半完全为足成音段而增加。

其全部意义加以更易者，如 Giles（p. 65）译张九龄诗"思君如明月，夜夜减清辉"，作

> My heart is like the full moon, full of pains.
>
> Save that 'tis always full and never wanes.

汉译便是"思君异明月，终岁无盈亏"。

前两种病，中外恶诗所同有，初无间于创作与翻译。第三种病，则以诗体译诗尤易犯之，虽高手如 Giles 亦所不免。Fletcher 尤甚于 Giles；Budd、Martin 诸人更甚于 Fletcher，有依稀仿佛，面目全非者，其例难于列举。

九

自一方面言，以诗体译诗，常不免于削足就履，自另一方面言，逐字转译，亦有类乎胶柱鼓瑟。硬性的直译，在散文容有可能，在诗殆绝不可能。Waley 在 More Gems 序言中云，所译白居易诗不止此数，有若干未能赋以"诗形，"不得不终于弃去。Waley 所谓"诗形"（poetic form），非寻常所谓"诗体"，因所刊布者皆散体也。Waley 举其初稿两首为例，试录其一："早春独登天宫阁"（《长庆集》卷六十八），"天宫日暖阁门开，独上迎春饮一杯。无限游人遥怪我，缘何最老最先来？"

> T'jen-kung sun warm, pagoda door open;
>
> Alone climbing, greet Spring, drink one cup.
>
> Without limit excursion-people afar-off wonder at me;
>
> What cause most old most first arrived!

此 Waley 认为诗的原料，未经琢磨不得为诗者。而 Ayscough 译杜诗，顾以此为已足。如"垂老别"首四句："四郊未宁静，垂老不得安。子孙阵亡尽，焉用身独完？"（*Tu Fu, I*, p. 336），译为

> On all four sides, in open spaces beyond the city, no unity, no rest;
>
> Men fallen into old age have not attained peace.
>
> Their sons, grandsons, every one has died in battle;
>
> Why should a lone body finish its course?

Lowell 与 Ayscough 合译"松花笺"集，以不谙中文故，不得不唯 Ayscough 之初稿是赖，因之多有不必要之拘泥处，如译太白"山中答俗人问"（p. 69），"问余何意栖碧山"，作

> He asks why I *perch* in the *green jade* hills.

然其佳者如刘禹锡"石头城"（p. 120）"山围故国周遭在，潮打空城寂寞回"，译为

> Hills surround the ancient kingdom; they never change.
>
> The tide beats against the empty city, and silently, silently returns.

亦自具有 Waley 所谓"诗形"，非 Ayscough 自译杜诗可比也。

故严格言之，译诗无直译意译之分，唯有平实与工巧之别。散体诸译家中，Lowell、Waley、小畑，皆以平实胜，而除 Lowell 外，亦未尝无工巧；至于 Bynner，则颇逞工巧，而亦未尝无平实处。

所谓平实，非一语不增，一字不减之谓也。小畑之译太白诗，常不为貌似，而语气转折，多能曲肖。如"两岸猿声啼不住，轻舟已过万重山"（p. 76）译为

> The screams of monkeys on either bank
>
> Had scarcely ceased echoing in my ear

When my skiff had left behind it

Ten thousand ranges of hills

"已"字，"过"字，"啼不住"三字，皆扣合甚紧，可谓译中上选。又如"独坐敬亭山"绝句（p. 57）"众鸟高飞尽，孤云独去闲。相看两不厌，只有敬亭山"之译为

Flocks of birds have flown high and away;

A solitary drift of cloud, too. has gone, wandering on.

And I sit alone with the Ching-ting Peak, towering beyond.

We never grow tired of each other, the mountain and I.

"苏台览古"（p. 74）"旧苑荒台杨柳新，菱歌清唱不胜春。只今唯有西江月，曾照吴王宫里人"之译为

In the deserted garden among the crumbling walls,

The willows show green again,

While the sweet notes of the water-nut song,

Seem to lament the spring.

Nothing remains but the moon above the river——

The moon that once shone on the fair faces

That smiled in the king's palace of Wu.

皆未尝炫奇求胜，而自然切合，情致具足者。

译人虽以平稳为要义，亦不得自安于苟简或晦塞，遇原来异常凝练之诗句，固不得不婉转以求曲远。Waley 译古诗有颇擅此胜者：如十九首之九（*Poems*, p. 48），"此物何足贵，但感别经时"后句译为

But it may remind him of the time that has past since he left.

十九首之十一（p. 44），"立身苦不早"，译为

Success is bitter when it is slow in coming.

十九首之十三（p. 46），"万岁更相送"，译为

For ever it has been that mourners in their turn were mourned.

又如"焦仲卿妻"（*Tempte*, p. 122），"自君别我后，人事不可量。果不如先愿，又非君所详"末句言约而意深，译作

You would understand if only you knew.

此皆善为婉达，具见匠心者也。

至 Bynner 译《唐诗三百首》，乃好出奇以制胜，虽尽可依循原来词语，亦往往不甘墨守。如孟浩然"留别王维"（p. 122），"欲寻芳草去，惜与故人违"，译为

How sweet the road side flowers might be

If they did not mean good-bye, old friend.

韦应物"滁州西涧"（p. 206）"春潮带雨晚来急，野渡无人舟自横"译为

On the spring flood of last night's rain

The ferry-boat moves as though someone were poling.

同人"夕次盱眙县"（p. 211），"独夜忆秦关，听钟未眠客"

At midnight I think of northern city-gate.

And I hear a bell tolling between me and sleep.

皆撇开原文，另作说法，颇见工巧。然措词虽已迥异，意义却无增减，虽非译事之正宗，亦不得谓为已犯译人之戒律也。

十

上举 Bynner 诸例引起译事上一大问题，即译人究有何种限度之自

由？变通为应限于词语，为可兼及意义？何者为必需变通？何者为无害变通？变通逾限之流弊又如何？

译事之不能不有变通，最显明之例为典故。如元稹"谴悲怀"诗，"邓攸无子寻知命，潘岳悼亡犹费词"，Bynner（p. 216）译为

> There have been better men than I to whom heaven denied a son,
>
> There was a poet better than I whose dead wife could not hear him.

孟郊"古别离"诗，"不恨归来迟，莫向临邛去"，Fletcher（*Gems*, p. 175）译为

> Your late returning does not anger me,
>
> But that another steal your heart away.

皆可谓善于变通，允臻上乘。若将"潘""邓""临邛"照样译出，即非加注不可，读诗而非注不明，则焚琴煮鹤，大杀风景矣。（第一例尤佳，因"知命"与"费词"亦暗中扣紧也。）

亦有不必变通而亦无妨变通者。试举二三简单之例：如太白"江上吟"之结句云"功名富贵若长在，汉水亦应西北流"，Lowell（p. 43）与小畑（p. 25）均直译"西北流"，小畑加注云汉水东南流入江，实则循上句语气，无注亦明。然若如 Fletcher（*Gems*, p. 44）之译为

> But sooner could low backward to its fountains
>
> This stream, than wealth and honour can remain.

直截了当，亦未尝不可。又如 Fletcher（*Gems*, p. 24）译贾至"春思"诗，"桃花历乱李花香"，作

> The peach and pear blossoms in mass'ed fragrance grow.

李花未必不历乱，桃花亦未必不香，正不必拘拘于文字面。又如 Giles（*Verse*, p. 16）译白居易"后宫词"，"红颜未老恩先断，斜倚熏笼坐到

明"，作

> Alas, although his love has gone, her beauty lingers yet;
>
> Sadly she sits till early dawn, but never can forget.

原云"红颜未老恩先断"，今云"君恩已去红颜在"，先者后之，后者先之，在译者自是为凑下两行之韵脚，而意思似转深入，此亦变通之可取者。又如 Bynner（p. 127）译白居易"琵琶行"，"暮去朝来颜色故"作

> And evenings went and evenings came, and her beauty faded.

中文"暮去朝来"本兼"朝去暮来"言，英文 evenings went and mornings came 则无此涵义，若译为 evenings and mornings went and came，又未免过于絮烦，自唯有如上译法，言简而意赅。

又如杜审言"和晋陵陆丞早春游望"诗，"忽闻歌古调，归思欲沾襟"，"归思"下本隐有"使我"义，为五言所限，不得不尔。照字而译出，虽不至于费解，终觉勉强。Bynner（p. 179）译为

> Suddenly an old song fills
>
> My heart with home, my eyes with tears.

便较显豁，此种变通实已近于必要矣。

如斯之例，诸家多有，上节所引 Waley 与 Bynner 诸译皆属此类，皆未尝以辞害意，为译人应有之自由。然而词语之变通与意义之更易，其间界限，亦自难言。变通而及于意义，则如履薄冰，如行悬絙，时时有损越之虞，不得不审慎以将事。试以二例明之。Waley（*Poems*, p. 35）译古诗"上山采蘼芜"，"新人工织缣，故人工织素。织缣日一匹，织素五丈余"，作

> My new wife is clever at embroidering silk;

My old wife was good at plain sewing.

Of silk embroidery one can do an inch a day;

Of plain sewing, more than five feet.

缣素之别，以及一匹与五丈之分，译出均欠显豁，故改为绢与织，一寸与五尺，于原文意义颇有更张，而主旨则无出入。此变通之可取者。反之，如 Bynner（p. 4）译张继"枫桥夜泊"诗，"江枫渔火对愁眠"，作

Under the shadow of maple-trees a fisherman moves with the torch.

一静一动，与原诗意境迥异，虽或见仁见智，难为轩轾，而谓鹿为马，终非转译所宜。二例之间，界限渐而非顿，然不得谓为无界限。得失寸心，固唯有付之译人之感觉与判断矣。

十一

意义之变通有三，或相异，或省减，或增加。相异之例已如上举。意义之省减，时亦不免，若不关宏旨，亦即不足为病。如 Bynner（p. 148）译杜诗"白头搔更短，浑欲不胜簪"，作

I stroke my white hair. It has grown too thin

To hold the hairpins any more.

"更"字"欲"字皆未能传出，而大体不谬。

不可省而省，则失之疏漏。如 Waley（*Temple*, p. 117）译"焦仲卿妻"诗，"今日还家去，念母劳家里"，作

Today I am going back to my father's home;

And this house I leave in Madam's hands.

"念"字"劳"字皆不可省而省者。又如 Bynner（p. 174）译杜荀鹤
"春宫怨"，"承恩不在貌，教妾若为容？"作

> To please a fastidious emperor,
>
> How shall I array myself？

"不在貌"三字以一 fastidious 当之，全然未达。（若改为 capricious，
则庶几近之。）又如所译阙名杂诗"等是有家归未得，杜鹃休向耳边
啼"（p. 3）。

> We are thinking of our kinsfolk. far away from us.
>
> O cuckoo, why do you follow us, why do you call us home？

"等是"二字何等重要，岂容漏去？类此之例，不尽由于有意之变通，
亦有误解不周，或为才力所限，遂至陷于浅薄疲弱，虽其情可原，其
病不可不知。以诗体译诗者，为凑韵脚与节拍，尤易触犯此戒，前节
已申论之矣。

增饰原诗之意义，亦有无伤大雅者。如 Giles（*Verse*, p. 96）译太
白诗"白发三千丈，缘愁是似个长"，作

> My whitening hair would make a long long rope.
>
> Yet could not fathom all my depth of woe.

比原来意义略进一步，而不足为病。

过此则往往流于穿凿。如 Giles（*Verse*, p. 53）译薛道衡诗"立春
才七日，离家已两年"作

> A week in the spring to the exile appears.
>
> Like an absence from home of a couple of years.

即犯 "read in" 之病，殆以为二句不相连属，未免平淡，遂为"一日三
秋"之解，不知此二句本平淡，故陈人有"底言"之诮，及"人归落雁

后，思发在花前"二句出，始知名下无虚耳（见《隋唐嘉话》）。

又如 Waley（*Poems*, p. 35）译古诗"上山采蘼芜"，"新人从门入，故人从阁去，"作

> My new wife comes in from the road to meet me;
>
> My old wife always came down from her tower.

原来只状其得新弃故耳，译文乃言新人好游乐，故人勤女红。（或缘误"去"为"出"？）

更有甚于此者，如 Fletcher（*Gems*, p. 209）译贺知章"题袁氏别业"诗，"主人不相识，偶坐为林泉。莫谩愁沽酒，囊中自有钱"作

> The lord of All to us is all unknown.
>
> And yet there woods and Springs must Some One own.
>
> Let us not murmur if our Wine we Buy:
>
> In our own Purse have we Sufficiency.

即事之诗，解为论道。Giles（*Verse*, p. 144）译昌黎"杂诗""朝蝇不须驱，暮蚊不可拍。蝇蚊满八区，可尽与相格。得时能几时，与汝恣唼咋。凉风九月到，扫不见踪迹"作

> Humanity
>
> Oh spare the busy morning fly!
>
> Spare the mosquitos of the night!
>
> And if their wicked trade they ply
>
> Let a partition stop their flight.
>
> Their span is brief from birth to death;
>
> Like you they bite their little day;
>
> And then, with autumn's earliest breath

Like you too they are swept away.

讥讽之旨，误为怜悯。此皆刻意求深，翻失真象。又如 Giles 译司空图《诗品》（*History*, pp. 179–188）。全作道家玄语，与诗文了无关涉。如斯穿凿，宜为属禁。

至如 Martin（p. 55）之译太白"长干行"，"郎骑竹马来，饶床弄青梅"，作

> You rode a bamboo horse,
>
> And deemed yourself a knight,
>
> With paper helm and shield
>
> And wooden sword bedight.

则缘根本误会诗中主体，以商人妇为军士妻，因而任意枝蔓，全无依据，无以名之，荒谬而已。

十二

中诗大率每句自为段落，两句连贯，如"旧时王谢前堂燕，飞入寻常百姓家"，其例已鲜。西诗则常一句连跨数行，有多至十数行者。译中诗者嫌其呆板，亦往往用此手法，Bynner 书中最饶此例。如译太白诗"但见泪痕湿，不知心恨谁"（p. 55），作

> You may see the tears now, bright on her cheek,
>
> But not the man she so bitterly loves.

利用关系子句，便见连贯。又如译王维"九月九日忆山东兄弟"（p. 190），"独在异乡为异客，每逢佳节倍思亲；遥知兄弟登高处，遍插茱萸少一人"作

> All alone in a foreign land,
>
> I am twice as homesick on this day
>
> When brother carry dogwood up the mountain,
>
> Each of them a branch—and my branch missing.

虽四行与原诗四句分别相当，而原诗只三四连贯，此则一气呵成矣。

然此二例犹可在逐行之末小作停顿，若如所译王维"秋夜曲"（p. 191）"桂魄初生秋露微，轻罗已薄未更衣"，作

> Under the crescent moon a light autumn dew
>
> Has chilled the robe she will not change.

即不复有停顿之理。又如 Cranmer-Byng（*Feast of Lanterns*, p. 43）译王维"送春辞"，"相欢在尊酒，不用惜花飞"，作

> Then fill the wine-cup of today and let
>
> Night and the roses fall, while we forget.

停顿不在上行之末，而在下行之中，纯用西诗格律，与中诗相去更远矣。

此类译作，虽音调不侔，其佳者亦至有情致。然若一味求连贯，有时即不免流于牵强附会。如 Bynner（p. 192）译王维"归嵩山作"，"清川带长薄，车马去闲闲。流水如有意，暮禽相与还"，作

> The limpid river, past its rushes
>
> Running slowly as my chariot,
>
> Becomes a fellow voyager,
>
> Returning home with the evening birds.

即与原诗颇有出入。又译杜诗（p. 152）"名岂文章著，官应老病休"，作

> If only my art might bring me fame,

And free my sick old age from office.

解"岂"为"若"，"应"为"可"，更大背原来意义。至如译李颀"听安万善吹觱篥歌"（p. 51），"……变调如闻杨柳春，上林繁花照眼新。岁夜高堂列明烛，美酒一杯声一曲"，作

> ...They are changing still again to Spring in the Willow-Trees.
>
> Like Imperial Garden Flowers, brightening the eye with beauty,
>
> Are the high-hall candles we have lighted this cold night...

"上林繁花"句显然属上，今以属下，其为不妥，无任何理由可为借口也。

十三

中诗尚骈偶，不独近体为然，古体诗中亦时见偶句；英诗则以散行为常，对偶为罕见之例外。译中诗者对于偶句之处理，有时逐句转译，形式上较为整齐，有时融为一片。改作散行。试以 Bynner 所译为例：如王维"汉江临眺"（p. 195），"江流天地外，山色有无中。郡邑浮前浦，波澜动远空"，译为

> This river runs beyond heaven and earth,
>
> Where the colour of mountains both is and is not,
>
> The dwellings of men seem floating along
>
> On ripples of the distant sky.

前一联较为整齐，后一联便一气呵成，不分两截（意义之切合与否为另一问题）。

诗中偶句亦有上下相承，本非并立者。译来自以连贯为宜，如韦

应物"淮上喜会梁川故人"诗，"浮云一别后，流水十年间"，Bynner（p. 207）译为

> Since we left one another, floating apart like clouds,
>
> Ten years have run like water-till at last we join again.

自是顺其自然，非故事更张。

然亦有本甚整齐，而有意破坏之，以求得参差错落之效者，如Bynner（p. 87）译李益"夜上受降城闻笛"诗，"回乐峰前沙似雪，受降城外月如霜"，作

> The sand below the border-mountain lies like snow.
>
> And the moon like frost beyond the city-wall.

甚可见中西风尚之殊异。

与此相反，有原诗散行，译者假一二相同之字以为线索，化散以为整者。如王昌龄"秦时明月汉时关，万里长征人未还"，Bynner（p. 181）译为

> The moon goes back to the time of Ch'in, the wall to the time of Han,
>
> And the road our troops are travelling goes back three hundred（thousand?）miles.

王维诗"深林人不知，明月来相照"，Giles（*Verse*, p. 70）译为

> No ear to hear me, save my own;
>
> No eye to see me, save the moon.

然类此之例，不数数觏。一般言之，中诗尚散，译诗者固末由自外也。

书目：

Florence Ayscough, *Tu Fu*. London, 1929.

Charles Budd, *Chinese Poems*. Oxford, 1912.

Witter Bynner & Kiang Kang-hu, *The Jade Mountain*. New York, 1929.

L. Cranmer-Byng, *A Feast of Lanterns*. London, 1916.

W. J. B. Fletcher, G*ems of Chinese Verse*. Shanghai, 1918.

　　　　　More *Gems of Chinese Poetry*. Shanghai, 1918.

C. Gaunt, *A little Garland jrom Cathay*. Shanghai, 1919.

Herbert A. Giles, *History of Chinese Literature*. London, 1901.

　　　Gems of Chinese Literature, Verse. 2nd. edition. Shanghai, 1923.

Henry H. Hart, *The Hundred Names*. Berkeley, 1933.

Amy Lowell & Florence Ayscough, *Fir-Flower Tablets*. New York, 1921.

W. A. P. Martin, *Chinese Legands and Lyrics*. Shanghai. 1912.

Shigeyoshi Obata, *Li Po*, New York, 1922.

Arthur Waley, *170 Chinese Poems, London*, 1928.

　　　More Translations from the Chinese. New York, 1919.

　　　The Temple and other Poems. New York, 1923.

关于间接翻译（1946）

秋斯（董秋斯）

要译一本书，但不懂原著的文字，只能根据所懂得的另一种文字的译本来译，便是间接翻译。过去有人反对这种办法，理由是：一种作品经过翻译，必然损失多少神采，间接翻译使原著遭受两重损失，所以是要不得的。

译本不如原著好，自是颠扑不破的道理。（假如一个译者，就所译的那一本书来说，比原著者更高明，那又何必去译呢？）多译一道，使原著多受一道损失，也是没有疑问的。问题只在间接译本是否绝对要不得。

作为一种极端的看法，翻译与原著应当在一切方面价值相等，不能多也不能少。坚持这样的见解，只好人人去读原著，连直接翻译也要不得，不用说间接翻译了。否则，既不能期望人人读原著，则直接翻译应当存在；进一步说，既然不能期望人人读另一种文字的直接翻译，则间接翻译也就有了存在的理由。

另一个问题是：假如一本外国名著已经有了直接翻译，或有人可以直接翻译，是否还需要间接翻译呢？对于这个问题，答案将因各人处理问题的态度而不同。持极端态度的人，以为直接翻译好于间接翻译是绝对的，无保留的。在这些人看来，有了直接翻译，当然不再需要间接翻译。但也有人持比较客观的态度，他们认为，直接翻译容易比间接翻译好，但不是绝对的，无保留的，而且往往反不如间接翻译好。

我国文化界对翻译问题有两种极端的见解。一种以为好的作品，尤其是文学作品，根本不能翻译。与其费力不讨好，不如干脆不译。另一极端见解是，翻译只是语文问题，懂得某种语文，便可以翻译用那种语文写的书。只要能开办一个语文学校，不消一年半载，就可以训练出大批翻译人才，于是一切书都能译了。

前一种见解根本否定了翻译，已经越出翻译问题之外，可以不去说它。后一种见解完全忽视了语文以外的修养，把翻译看得像抄写一样容易，实际上是断乎行不通的。

翻译理论文字，而不通晓其内容；翻译文学作品，而不领会其风格，纵然译者精于语文，必然要见□于方家。因为翻译究竟不同抄书；两国语文的构造不同（汉文与欧文间的差异格外大），各个作家的风格和癖性不同；同样一句话，可以有无数种的译法：有时应当直译，有时应当意译，运用失当，则貌合而神离。离合得失之间，没有一种呆板的法则可以遵循，只有修养有素的译者，可以随机应变。就这一点说，翻译不折不扣是一种艺术。

凡以为直接翻译断然好于间接翻译的人，大都不大关心语文以外的条件。决定译品好坏的，是各种条件（通晓语文之外，还要有对原著的理解力和国文的表达力和认真的工作态度）的结合。在这一方面，直接翻译和间接翻译是要受同一尺度来考察的。直接翻译与间接翻译原著的不同处是，前者由一个人对原著负责，后者负责的却是两个人。假如前者的修养深于后者两个人的修养，所译出来的东西，不待言，前者比后者好，也就是说，直接翻译比间接翻译好。假如前者和后者的修养恰好相等，如前边所说，少译一道比多译一道好，依旧可以说，直接翻译比间接翻译好。但是，反过来说，假如前者的修养不如后者，那么，直接翻译便不能成为必要的保证，而间接翻译却可以比直接翻译好。

间接译者有一个不可避免的难关需要克服，便是，他不但要选择原著，还要选择据以转译的译本。假如他所选的译本不好，尽管他个人的修养充分，工作认真，也无法得到预期的结果。由于事实的需要，我国从事间接翻译的人很多，但是知道选择译本的似乎很少，有时连直接译者的名字也不知道，甚至讳莫如深，希望读者误当自己是从原文译出的。这种用心不但不光明，而且也不必要，因为，如前面所说，间接译本并非一定要不得的。

凡事都有例外，选择译本只在有一个以上的译本时，才有可能。假如只有一个译本，虽然不能令人满意，但译者鉴于某种需要，觉得非译不可，又不能期望立即有直接翻译，那就只好不顾一切译出再说了。我国近来有不少苏联文学作品的译本，是由英文版的"国际文学"中译出的。"国际文学"中的译文，只能唤作"达旨"或"本事转述"，实在算不得翻译，不但看不出原作的风格，而且很多随意删节的地方。用"文摘"的方式译文学作品，显然是不妥的。这情形现时也许是无可如何，希望其中认真好的作品，不久都可以有直接译本，或根据比较负责的译本译出的间接译本。"国际文学"中的译文，多数不具译者的名字，表明译者连负责的勇气也没有。

好在英文版"国际文学"所载的只是一部分现代作家的作品，至于文化界已有定论的伟大作家的作品，不但有各种不同文字的译本，即在同一文字中，也常有一个以上的译本。在这种情形下，选择译本才成为可能的，也是必要的。倘能如鲁迅先生译《死魂灵》那样，同时参考几种不同文字（德文、日文等）的译本，当然更好了。

用托尔斯泰的作品作例，我国流传的译本不为不多，直接由俄文翻译的却很少，而好的直接译本尤其少。间接译本也难得好的。原因当然很多，译者不知道选择比较好的译本作根据，应当是一个很重要的原因。

在资本主义已经流行的世界，不关心稿费和版税的作家，可谓如凤毛麟角，而托尔斯泰便是其中的一个。他一味想推广他的著作，甚至号召各国出版家，利用俄国与其他国家间没有国际著作权协定，尽量发刊他们所能得到的他的著作的译本，不必顾到他个人的道德的或法律的权利。若在一个不大有名气的作家，这样一来，会使得他的著作不再有人翻译。但托尔斯泰是不同寻常的，他的一些书居然被译成许多种译本，有的译得非常糟。

尤其糟的是，越是坏的译本，越容易流行。经济学上有一条格雷善法则（Grashan's Law），说明法定劣币如何驱逐良币。这条法则也适用于翻译界。许多出版家愿以最低的报酬把名人名著的名字收入他们的目录。于是一种版本，因为本质不良，所以售价便宜；因为售价便宜，所以容易流行。一旦流行开来，其他本质优良、售价较昂的版本便无法存在了。

在上述的情形下，我们最易到手的译本，大致是不大好的。假如不加选择，拿来便译，尽管译者修养好，态度忠实，结果也不会好。

我国最常见的托尔斯泰著作的英文译本有两种：一种是"人人

丛书"版（Everyman's Library），另一种是"现代丛书"版（Modern Library）。以《战争与和平》为例，"人人丛书"本是威斯提理（Vinetelly）根据法文译本重译的。而托尔斯泰著作名译者茅德（A. Mode）说，这书一经翻译，便与托尔斯泰无关了。这不是翻译，乃是释义（Paraphrase）。每一段中都有被删去的或多或少的句子，以及被遗漏或变更的字和词。更坏的是风格完全不见了。

"现代丛书"版的托尔斯泰译者，以贾涅特夫人（Mrs. O. Garnett）最有名。关于这个译者，茅德说道：

> 在我的《托尔斯泰传》第一版中，我曾称道贾涅特夫人的译本。但在该书出版以后，一些著名俄文译者责备我说，我应当知道也不应当隐匿她有时冤枉她所翻译的作家这事实。……我觉得这问题要由我们所定的标准来决定。假如我们用昭爱德（Jowett）译的柏拉图作标准，贾涅特夫人便不及格。不过，我们应当知道，昭爱德在无比的才能外，是领津贴的大学教授，可以把那种翻译作他的终生事业。他得到特殊的待遇，凡他所需要的一切帮助都能得到。对一个为出版家工作的必须迅速地一本跟一本交稿的译者——特别是像贾涅特夫人那样的译者，她一个跟一个地翻译几个具有不同风格和不同人生观的俄国小说家——不应当用那样严格的标准来衡量。如果我们把她的译本与别的译者的译本加以比较，她是应当受称赞的。……

上面茅德的话，不但说得很公允，也实在是深知翻译甘苦的内行话。贾涅特夫人的译本，据茅德指出，有很多译错的地方。若我们选定她的译本作翻译的根据，而又不参照其他的译本，结果必然谬种流传，不可挽救。至若选用人人丛书版，那就更糟了。

翻译托尔斯泰的著作，几乎是茅德夫妇的终身事业。对于他们的译本的优良，托尔斯泰自己作了很恳切的保证，他说道：

> 因了你们对于两种文字的知识，也因了你们在一切事上的认真，不期望有比你们更好的译者了。

> 不论你们对于这种文字的知识，你们对于所译的东西的真义的理解，更好的译者是不能想象的了。

> 你们所译的我的作品只会使我快活，因为你们的翻译是非常好的，我不期望有更好的了。

托尔斯泰自己精通英文，他的保证应当是非常可靠的。此外，萧伯纳、本涅特（A. Benett）、加本特（E. Carpenter）、蔼理斯（H. Ellis）、罗素、斯托普士（M. Stopes）、威尔斯、德莱赛、奥尼尔、哈代等人，连名在报纸上发表了一封公开信，介绍茅德夫妇的译本，其中有几句话道：

> 牛津大学出版社预备在一九二八年出版的托尔斯泰百年纪念本，是由 A. 茅德翻译的。茅德的能力曾经托尔斯泰亲自认可，是没有任何疑问的。……这一牛津版本将是完全的，无比的，空前绝后的了。因为，在翻译托尔斯泰的著作上，再没有哪一个新近的英文作家，具有像茅德先生及其夫人对于作者的直接知识、对于俄国生活和托尔斯泰主义的社会实验之特别经验了。茅德夫人是茅德先生的同工者，她自身便是一个俄国人。

眼见我国通晓俄文的人一天比一天多，或许已经有人发心直接翻译托尔斯泰的著作，这当然是很可喜的事。不过，要想达到茅德夫妇所达到的水准，恐怕还不是短期间可以做得到的吧。因此，在我们还没有比较像样的直接译本之前，我们固然应当有根据茅德译本的间接译本，即使我们有了直接译本，也不妨根据茅德的译本再译一道的。只要译得好，我相信，这样的间接译本可以与好的直接译本一同存在下去，因为这个间接译本中含有茅德夫妇不朽的贡献呢。

一个学识经验广博的大作家，取精用宏，深含细吐，风格自成一家，直接翻译固然困难，间接翻译若能选择好的译本，如茅德的托尔斯泰全集，也不会很省力。只有"释义"的办法，不论直接间接，都是容易的，然而那究竟算不得翻译。总之，翻译好坏，所关因素很多，直接间接并非唯一的量尺。

——《读书与出版》第 8 期（1946 年 8 月）

论翻译原则（1946）

董秋斯

一七九八年，英国的泰特勒（A. F. Tytler）在皇家学会诵读了一篇论文，题名《论翻译的原则》（On the Principles of Translation）。时间过了一个半世纪，我国讨论翻译的文字，为数也已不少了，不过能超出这部《论翻译的原则》的意见，似乎还不多见；至若像这样详尽周密地讨论翻译问题，则几乎可以说没有。因此，对于我国从事翻译工作的人，泰特勒的见解还有介绍的必要。不过，因为书中的例证多用欧洲各国古今文字，我们无法把全书翻译出来，只能拣其中的要点说一说。

泰特勒是英国爱丁堡人，生于一七四七年，死于一八一四年。他的辈分稍前于诗人和小说家司各德（Sir Walter Scott）。司各德在文艺思想方面颇受他的影响。泰特勒的本行是法学，但在史学和文学方面有过不少贡献。

当泰特勒发表《论翻译的原则》时，甘贝尔博士（Dr. Campbell）曾在所译的《福音书》前写过一点翻译的原则。因为泰特勒的书初发表时未具名，甘贝尔遂说这部书窃取了他的意见。泰特勒立即写信给甘贝尔说，他便是那部的作者，两人的意见相同完全出于偶然，在写作以前，他并不曾见过甘贝尔的书。他并且说，因为这些原则是定而不可移的，彼此意见相同，乃是当然的现象。不过他的书的优点不在于这些原则，乃在于他所作的说明和例证。

关于翻译的原则，泰特勒的意见大致是这样的：

我们假如能给所谓"好的翻译"下一个界说，翻译艺术的法则也就容易建立了，因为法则会自然而然地从界说中流露出来。不过批评家的意见在这问题上是非常分歧的。假如各种语文的性质是相同的，由这一种译成那一种，便成为一种容易工作；一个译者除了忠实和细心之外，也就不需要别的什么了。但因语文的性质很不相同，一般人遂以为，译者的责任是留意原著的意思和精神，充分通晓原作者的思想，在用语方面但求能传达这种思想，不计其他。但在另一方面，便有人主张，一种完美的翻译不仅要传达原著者的理想和感情，也要传达他的风格和癖好。要做到这一点，便不能不十分留意他的句子的安排和构造。

据前一种意见，修改和润色都是可以的。据后一种意见，连瑕疵和缺点都应当加以保存。同时因为译者要拘守原文的一丝一毫，生硬也几乎是无法避免的了。

既然这两种意见形成两个极端，一种妥当的办法或许是在两者中间吧。因此泰特勒给所谓好的翻译下了这样一个界说："一种好的翻译含有原著的一切好处，使得译者的国人与原著者的国人同样清楚地理解，同样强烈地感得。"假如这界说是适当的，我们便可以从这里演绎出翻译法则来了。泰特勒的翻译法则是这样的：

1. 翻译应当充分传达原著的思想。

2. 翻译的风格和癖好应当与原著具有同一的性质。

3. 翻译应当具有原著所有的流畅。

严复说过，"译事有三难，曰信，达，雅。"拿来与泰特勒的法则比较一下，初看似乎没有分别，实际上，除了第一条外，两者并不相同。严先生的达和雅是专就译文说的，因为他主张，不管原著如何，译文一定是典雅可诵的中国古文。泰特勒的主张却是，译文要在一切方面与原著切合，风格癖好都不能例外。原著典雅流畅，译文自然应当典雅流畅。但若原著有粗俗艰涩之处呢，译者是没有权利使其典雅流畅的，必然要保存它的粗俗艰涩。

我想在这里补充一点意见：严先生用古文译书，是他所处的时代使然。目前我们写作都用白话，译者当然不会用古文，所以这一点已经不成问题。严先生过去多译理论书，这种书的文字也可能很好，但重心在所表达的思想。我们读这一类书，主要的目的在于通晓其中的思想，不大关心文字的巧拙。就这一点来说，译文能做到信和达也就很够了。

至于文学书，那是又当别论的。因为文学书的好处，不仅在思想，也在表达的技巧。翻译一部文学书，若只保存其中的思想和故事，而不顾及其风格和癖好，有时简直等于"买椟还珠"，必然算不得好的翻译。在这一方面，我相信泰特勒的主张是比较正确的。

泰特勒当时的翻译对象，多半是希伯来文、希腊文和拉丁文的古典作品。这一类的书，在后人眼光中，是理论书，同时也是文学的典范。古人不大有分科的思想，哲学、科学、文学间的界限，就是有，也远不如后世分明。泰特勒论翻译原则，不分别理论文和文学文，大概由于这缘故。若在现代，尤其是在中国，我们所要翻译的对象不以古典作品为限，而且大部分是现代作品，谈翻译原则时，我以为应当有理论文与文学文的分别。

泰特勒的翻译原则，可以说着重在文学性质方面。我再把他的说明部分介绍一点：一个译者要充分传达原著的思想，他不仅要通晓原著的语文，还要熟悉原著的内容。两者缺一，他便不能彻底了解原著的意思。例如伏拉德（M. Folard）是一个伟大的战事理论家，但因不大通晓希腊文，在他翻译波里比阿（Polybius，希腊历史家）的著作时，不得不求助于一个黑衣教士的译本，而那个黑衣教士对于战事理论却一无所知，结果遂在重要攻战的叙述方面译错了很多。

凡十分通晓古代语文的人，最能知道翻译古代著作的困难。一种语文的性质和功能只有一小部分可以从字典和文法中学得。不但句法和成语，就连一个字一个字的意义，都有无数精微奥妙处，不经过很多的诵读和研究，便不能发现。同时，每一种语文中都有一些无法在别种语文中找到意义完全相同的字。

一个译者既然要完全传达原著的意思，假如原著有欠缺或累赘的地方，是否可以加以增删呢？据泰特勒的意见，译者可以有增删的自由，但必须十分小心。增加的意思要与原著的意思有十分必要的联系，也实在增添了它的力量。在另一方面，译者所能删节的，只限于附属的部分，并非一段或一句主要的意思。这些部分也必须实在是累赘的，在删节之后，不至损害或削弱原著的思想。在这些限制下，一个译者可以运用他的判断力，负起原著者的责任。这一点自由在译诗方面更是不可少的。如登安爵士（Sir John Denha）所说，诗译者的责任，不仅把一种语文译成另一种语文，乃要把诗译成诗。诗的精华是非常微妙的，一注入另一种语文，便会全部蒸发。假如在移转时不加入一种新的精华，那么所剩下的只是一种躯壳了。

翻译第一要忠于原著者的意思，其次是译文的风格和癖性要与原著同化。这个条件虽然是次要的，却格外困难，因为体会和模拟风格和癖性的才能，较之一味了解原著的才能，格外难得。一个好的译者应当立即发现原著的风格的性质。他应当正确地判断这风格属于哪一类：严肃的，激扬的，流畅的，活泼的，华丽而多饰的，机灵而率真的。他更须有能力使这些特性在译文中像在原著中一样照明。假如一个译者没有这种判断力，或缺少这种表现力，不拘他多么通晓原著者的意思，他依然要歪曲了他，给他穿上一件不适合他的个性的衣服。例如，《圣经》的风格是简单的；这性质属于那语文自身。希伯来文的动词不像希腊文和拉丁文那样具有复杂的法式（Moods）和时态（Tenses），也不像现代语文那样具有很多助动词和接续词。因此书中的叙述，好像谈旧时的样子，多用一些单句。若在别的语文，只消一个具有三四个子句的复句，便可以把几句话包括起来了。从这一方面来讲，加斯退力亚（Castalio）的《圣经》译本，意义上虽然大致是忠实的，但风格和式样完全不同；他用复杂的华丽的文体替代了原著的简单和朴素。与此相反的是亚利亚斯（Arias）的译本。亚利亚斯为要忠于原文的意思和风格，采取了直译法。他不考虑希伯来、希腊和拉丁三种语文的不同性质，把这三种语文的字法和句法看作完全一致的，结果他的译文既不能传达原文的意思，也不能表现原文的风格，所有的只是词气粗野和语法谬误了。所以原著风格的模拟，必须在两种文字的性质的限度以内。

关于风格的模拟，我们可以用下面的话作格言：一个译者应当时时估量，假如原著者用译本的语文来写，他要用什么样的格式来表现自己呢？这格言差不多可以决定时常引起争论的一个问题：诗可否译成散文？有一些诗的主要优点在于音节的和美，若把这种诗译成散文，必然失去其中的要素。但诗和散文的分别还不仅在音节方面，诗的思想和情绪以及用语的性质都与散文不同。表现的大胆，想象的丰富，隐喻的惯用，转调的迅速，离题的自由，在诗中不但可以有，有时竟是重要的。但这些特征与散文的性质完全不适合。总而言之，用散文译诗不会十分妥当，换一句话说，只有诗人才能译诗。

最后谈到译文须与原文同样流畅的法则。当我们考虑一个译者在传达原著的情绪和格式上所受的限制时，我们不久便觉出，这最后的条件乃是译者任务中最困难的部分。一个带着脚镣走路的人，很难表现一种从容自得的神气。画家用同一彩色模仿一幅画，要想保持原画的飘逸和神采，已经很难。译者所用的彩色与原著不同，却要保持同一的力量和效果，显然困难得多了。他不能抄写原著的笔法，却要用自己的笔法，得到完全相同的效果。他愈力求近似，他的译文愈难表现原著的流畅和神采。如此说来，一个译者怎能使流畅与忠实合而为一呢？说一句大胆的话，他应当取得原著者的灵魂，使原著者的灵魂用他的声音来说话。

看了上面所说一般的法则，不免要得到这样的结论：只有赋有与原著者近似的天才的人，才能充分完全尽一个译者的责任。这并不是说，必须是像西塞禄（Cicero）一般伟大的演说家，或赋有与他同等的哲学天才，才能翻译他的著作。只是说，这个译者须能赏识原著的全部优点，对于西塞禄的全部理论具有敏锐的理解，并怀着感情的热和力来体察原著所有的美。

以上是泰特勒对他的翻译原则所作的说明。

我国过去有不少人争论直译和意译问题，似乎并没有得到定论。

翻译本身是一种艺术。在修养不够的人，直译意译都没有是处。在修养比较充分的人，根本不能把直译或意译当作唯一的量尺。实际上，有的作品，可以也应当直译；有的便须要意译。即在同一作品中，有一些地方应当直译，有一些地方应当意译。

否则，以直译作标榜，把本来很流畅的文字，译成疙疙瘩瘩，及自以为忠实。他所忠实的只是原著的字句，而不是原著的风格。若在以风格擅长的书，这样一"译"，就要变成最不忠实的译本了。

反之，主张意译，以译者的风格代替原著者的风格，有时甚至"跑野马"，随意添枝添叶，妄加说明，不用说，也是最不忠实的翻译。

一个合格的翻译家，应当具备三个条件：1.了解原著的内容，便是说，译文学要懂得文学。2.外国文的修养要达到可以辨别原著的风格和癖性的程度。3.本国文的修养要达到曲折变化运用如意的程度。此外，还要有一种认真的态度，把翻译当作一种艺术来做，当作一种终身事业来做，丝毫不存苟且敷衍的念头。

过去我国所以很少好的译本，因为有一些译者不会具备上述任何条件，便没头没脑地译出一大批书来。这自然属于坏的译本。有的译者仅具一个或两个条件，译出来的书，看也看得下去，也可以使读者多少获益，但与原著依旧相去很远。也有一些人所具条件很好，但不能专一于翻译，或萦心于创作，或神驰于别种事业，甚至根本看不起翻译，认为没有出息的工作，只在无聊或穷乏时偶一为之。我们怎能希望这种人能有好的译本呢？

翻译的需要并不因为人看不起而减少，也并不因有人看不起而可以不努力去做。我希望我国此后不仅有人弄翻译，而要有人为翻译不断地学习。凡认为翻译不足学或可以不学而能的人，尽管说得天花乱坠，如果他们真正弄起翻译来，一定要栽跟斗。过去有一些"名流学者"都在这上头尝试过了。拿他们的译本来看看，便可以明白。

假如目前有人认为翻译应当学习，我觉得泰特勒的著作应列为重要参考书之一。

——《新文化》第 2 卷第 11、12 卷合刊（1946 年）

译音（1946）

丁易

过去有些人翻译外国女人的名字，总喜欢加上一个草头或女傍，以示其为女性，如"利"必作"莉"，"尼"必作"妮"等等。自然，也有闹笑话的，像"西"字，一加上草头，就变成了"茜"，音就根本不同了。

不过这种翻译法却倒也是古已有之的。

前些时看过一部清人笔记，书名已经忘记了。作者大概是喜欢弄点"洋务"的，其中记载外国的事情特别多。有一则大约是谈到美国，大意说是其国君数年一易，人民见之必致"三虾腰"之敬礼，尊之曰："大伯玺理天德"。

"三虾腰"一定是三鞠躬，鞠躬一名词虽然甚古，但并不像"顿首""稽首"之类，是一种礼节的专名。所以这位作者不采用，而拿"虾腰"一词来象形，这点是很容易想到的。只是"大伯玺理天德"是什么呢？左思右想，闹了半天才醒悟过来，原来是 President 的译音，再加上一个形容词"大"字。

这译法可真不能不令人拍案叫绝了！请看，"伯玺理天德"这五个字，有的是尊敬皇帝的名词，有的是皇帝尊用的东西，连在一起，猛然一看，简直就是"奉天承运""圣德明哲"一样的派头了。

——《国语周刊》第 51 期（1946 年）

《古兰经译解》译者述（1946）

王静斋

  有的人认为翻译是一件容易的事，其实并不容易，稍一疏忽就出错谬。本人从事翻译《古兰经》，已竟二十多年。译笔固然拙笨，但是自信尚不致有很大的错误。在甲种《古兰经》汉译问世后，深知未臻妥善，除刊误笔误外，其极大的毛病是冗长散漫，生硬不畅。好多人促我修改。然而无人提出一种具体的标准，可供采纳。

  早年严几道倡言，以"信""达""雅"三个字，作翻译的标准。近来有人主张，应改"雅"为"俗"。又有人主张，应再加一个"简"字。合拢起来，就是"信实""畅达""通俗""简捷"。据称：通俗白话比较文言容易达义，且也直截了当。这话却不尽然，因中西文字，在组织上互有不同。无论文言、白话、直译、意译，均不能把原意充分表达出来。《古兰经》原属阿文，而阿文的组织，比任何外国文都较为复杂。往往为一句一字虽经反复推敲终至无法解决。这样，当然要归咎到自己的技术不精了。有时对于一个译句，或一段译文，自己看着极其明白，而在读者看来却不甚了解。必欲做到完善地步，那得是语无晦文，字无晦义。论到译文流畅上，必须文气衔接，有如长江大河一泻千里。但是我的译笔，对于原文的结构和本意，永远在保持着十足的忠实。因具此定见，所以译出来的文句，总是不大流利。在读者大多数所欢迎的，是文从字顺，气势流畅。至于是不是与经文的原义相吻合，反倒认为次要。这是读者和我意见不同的焦点。

须知译经，是把真主的皇言介绍给不识阿文的大众，并非个人作文章，极尽富丽堂皇的能事。很多人希望《古兰经》汉译，有一个完善的标准本。我敢武断，这理想中尽善尽美的标准本，任凭是谁，终难做到。先达刘介廉云："天经圣谕，皆本然文妙，毋庸藻润，兹用汉译，或难符合，勉力为之，致意云尔。"以刘公那样经汉学识的渊博，尚抱此种见解，我等后生不度德不量力冒昧译经，只不过稍具轮廓而已。因为《古兰经》义奥，法微旨远，言简意赅，其深邃处，绝非人的言语文字可能形容到尽处。须知读者目的是为明了《古兰经》大义，不是为品评译文的工拙，所以我的翻译标准，是把原文意义，赤裸裸地披露出来。我的勉强负重，努力译经，意在抛砖引玉，希望海内同胞闻风兴起，注意《古兰经》奥义，对内唤起大家醒觉。经云："归信的人，其心因着纪念安拉及他所降的真理而敬畏。这在他们尚非其时吗？"——五七：一六，——至言对外，也有其宣传的必要。因为《古兰经》不是为着一个角落，或是一个民族颁降的，而是为着全人类发布的。经云："我（穆圣）蒙告谕这《古兰经》，以便用它警告你们，并那接到的人。"——六：一九，——《古兰经》入中国一千多年了，而教外人士始终不知《古兰经》上所警告的是些什么。这是怨我们未尽到宣传的责任。经云："灭亡的，在经见明证以后灭亡；生存的，在经见明证以后生存。"——八：四二，——这就是说：不信者，须在经见显著的明证以后不信；归信者，须要在确实明白证明以后归信。这两项人，都应当经见《古兰经》的教训，明了它的内容，这是我孜孜于译经的志愿。

抗战期内在重庆开始翻译白话经稿，历时好久，未及修正，突被日机炸毁。民国二十九年九月移居北碚云龙山庄，重振旗鼓。索居斗室，手不停挥，燃膏继晷，兀兀深宵。自九月十九日起，至三十年三月十七日止，全部三十卷得告终结。感谢真主，赐我以毅力与决心，能以纯洁的诚意，代表穆圣，做《古兰经》的忠贞宣传者。脱稿后，应马少云主席电约赴宁夏。自三十年八月一日起，从事整理原稿，历时一载得告终结。由马君捐资，付印六十部"非定草"。三十四年夏，飞抵陪都，就正于乡友时子周先生。时君熟读穆罕默德阿力英文译本，对于《古兰经》的内容颇有心得。同时，更佐以郁思甫阿力的译文对照。历时不足两个月，举凡未能决定之译句，半多迎刃而解。迨至八月日本投降后，告别陪都，飞回兰州，继赴陕西。濒行得白健生先生面许，还都后在沪滨付印。遂于三十五年一月离陕，欲循海道返乡，经过开封，此时闻白公抵南京。只以交通梗塞不便北返，乃于古历年终到南京。白公促我赴沪，筹备印经事。抵沪后，得与许晓初先生晤面，叙述来意，许君慨任帮忙。是年三月十八日，与永祥印书馆成立合同，付印五千部。至十月上旬，始得贡献于读者之前。因内容不免错误，只得权作第二次"非定草"。但是，比较的此次与前不同。一、前稿偏重直译，此次于仓卒间有许多处改为意译。二、注释与附说方面很多增删。同时更增加穆罕默德阿力的注释。穆氏固多独到处，然而以其有的迹近过当，未敢完全采纳。撮要提出，意在聊备一说，以供读者研讨。郁氏为教中嫡派，论理折中，笔调介于直译与意译之间。仁者见仁，知者见知，要在乎读者择善而从。曩者修稿，在北碚得尹伯清先生劳神协助，此次来沪，复蒙冯叔简先生尽力帮忙。

时值溽暑，且当封斋月内，与胞弟济民共同校阅。夜以继旦，茹苦含辛，应致十分感谢。此后仍在盼望各方爱读者，尽量指正，裨臻妥善，以便再版。

此最末一稿发出后，时值十月五日。胞弟济民深夜入眠，次晨未起，竟自与世长辞。呜呼痛哉！自叹晚年不幸，遽折手足。前定使然，奈何奈何。

中华民国三十五年双十节写于上海

——《古兰经译解》（丙种本，上海：永祥会所，1946年）

我国的翻译事业（1946）

李季

抗战以来，我国学术界萎靡不振，惨淡无光。战事结束后，都愿意合群策群力，加以推动，使之发扬蹈厉。适《求真》杂志征文，因客串两场，对于继续二十余年的古史辨和各持一说的老孔思想问题，放了两炮。当时某些专讲现实问题的人笑我玩弄古董，浪费篇幅。其实现代的发展大都建筑在古代文物制度的基础上面，我们如果不能一步一步探讨，并正确而又深刻地认识它的来源，也就不配谈现实问题。幸而四个月来一般的反响和文坛的动态证明我没有"浪费篇幅"。那两炮居然打破了沉闷的空气，引起一般学者及青年学子广大的注意，和论敌们猛烈的反攻。近来两面应战，颇为忙碌，以致中华论坛的朋友们约我客串一篇学术论文，未能及时应命。我以为今后我国学术的发展应走两条路：一用批评的眼光，尽可能承受我们先哲的遗产，一由翻译的途径，大规模介绍西洋前进的学说。集中全国人才，肩起提高文化的重任，新旧兼顾，中西并收，数十年后，必能融会贯通，形成我们的文化的血肉——一种高度的新文化。我在《求真》所发表的文字是着重前者，本文则专致力于后者。"抛砖引玉"，尚望当世贤达，赐予同情，不吝指教。

一、语言的沟通

一个人民或国家的文化要想内容丰富，进步迅速，须尽量吸收四邻高度发展的文化，才能成功。中华在有史以前，即具有这种特长。安特森在河南仰韶村所发掘的彩色陶器，与意大利的西西利岛、北希腊的奇隆尼亚（Choeronia）、东欧的格雷西亚（Glacia）、俄国西南部基辅（Kew）附近的脱里波留（Tripolije）等处所发见的陶器相近，尤其与俄属土耳其斯坦的安诺（Anan）所发掘的陶器最为相似。这是五六千年前的事。

我们的祖先既有远邻的接触，自更有近邻的交通。

"……我们在中华和古代巴比伦同样发见一种建设在人力与兽力共同活动上的高度发达的农业，具有同一的类种，同一的家畜种，和一种相似的国家组织、社会组织。在两个文化中心点发现黍、小麦和大麦都有两种，而家畜中如牛、绵羊和山羊，在极古的时代已经饲养了。（拙译《瓦格勒中国农书》上册30页，商务出版）

像这一类的东西相通，文物互换，有一先决条件，即语言的沟通。这在我们的古代是非常注重的，职有专司，并各立名目。

"五方之民，言语不通，嗜欲不同，达其志，通其欲，东方曰寄，南方曰象，西方曰狄鞮，北方曰译。"《礼记·王制》

在没有文字以前，四邻的接触自然只限于语言的沟通，即所谓口译。然在文字发生以后，彼此的交接也仍多属口译。如《周礼·秋官》"象胥掌蛮夷闽貉戎狄之国使，掌传王之言而谕说焉。"《汉书·百官公卿表上》："典客，秦官，掌诸归义蛮夷，有丞。景帝中六年更名太行令。……蜀官有行人，译官，别火三令丞。"这种译官令及译官丞和象胥的职务大致是相同的，即多限于口译。故《周礼·秋官·序官》象胥疏云："译即易，谓换译言语使相解也。"

二、文字的沟通

自汉武帝开西域，东西的交通日繁，语言文字的沟通，实为先务。然并不像周代一样称为"狄鞮"，而称为"译"，这是什么缘故呢？

"今通西言而云译者，盖汉世多事北方，而译官兼善西语，故摩腾始至而译四十二章，因称译也。"《翻译名义集》一卷

这里虽只告诉我们西方曰译，原系假自北方，然东方南方也就统用此名了。尤其值得注意的，是此时已由向来的口译而变为笔译，又称翻译。

"夫翻译者谓翻梵天之语，转成汉地之言，音虽似别，义则大同。宋僧传云：如翻锦绣，背面俱华，但左右不同耳。译之言易也，谓以所有易其所无，故以此方之经，而显彼土之法。"（同书同卷）

所谓摩腾即摄摩腾，中天竺人，于东汉明帝时随蔡愔、秦景等的奉使天竺而来中国（公元六七年），住洛阳城外白马寺，译《四十二章经》一卷，计二千余字。我国自发明文字至此时，当在二千年以上，其间笔译的事一定是有的。然这二千多字独成为我国史籍上所能发见的第一个外国文译本，也并不是一桩偶然的事。我国的近邻，所谓东夷、西戎、南蛮、北狄等，文化落后，如有国书的往来，当以中文为主，即外国使者能自由使用中文。关于《左传·襄公十四年》，戎子驹支自称"我诸戎饮食衣服，不与华同，货币不通，言语不达"，却能说很优美的中国话，并"赋青蝇而退"，就可以推知一二。因此

我们根本没有翻译他们文字的必要，即有必要，也没有保存的价值。要到邻国的文化有高度的发展，且有独到之处，才会引起翻译，并郑重保存下来。当时天竺的佛教文化正是如此，故佛经能成为我们的第一种译本。

自此以后，佛经的翻译，日盛一日。最初均为外国僧人，后来便有中国沙门参加。

"昔苻姚两代，翻经学士乃有三千。"《续高僧传·波颇传》

这是指五代十六国时的前秦后秦讲的。尤其是后秦姚兴时，天竺僧人鸠摩罗什至长安，"转能汉言，音译流便。既览旧经，义多纰缪。皆由先译失旨，不与梵本相应。于是与使沙门僧碧、僧迁、法钦、道流、道恒、道标、僧睿、僧肇等八百余人，诸受什旨。更令出大品，什持梵本，与执旧经以相酬校。其新文异旧者，义皆圆通，众心惬伏，莫不欣赞。(同书《鸠摩罗什传》)

三、中国僧人因译经而留学外国

中国僧人虽参加佛经的翻译，然要想在本国造成能手，非常困难，因此，有志于这种事业的，便纷纷远至异国。据典籍所载，他们中间的第一人是朱士行。他曾在洛阳讲道行经，觉文意隐质，诸未尽善，誓志捐身，追求大本。遂于魏甘露五年西渡流沙，至于阗，得梵书正本九十卷。遣弟子送归洛阳，自己果捐身于阗。

然刘宋的法显却是初期留学生中最成功的一人。

"释法显……常慨经律舛阙，誓志寻求。以晋隆安三年……西渡流沙。……凡所经历三十余国。……后至中天竺，……显留三年，学梵语梵书，方躬自书写。……既而附商人大舶，循海而远。……遂南造京师，……译出《摩诃僧自传》《方等泥洹经》《杂阿毗昙心论》，垂有百余万言。"《高僧传·法显传》

凡翻经的国内外僧人有终身从事译写的。如晋时竹云摩罗刹世居敦煌郡，西行遍学外国异言三十六种，还归中土，自敦煌至长安，沿路传译，写为晋文。唯以弘通为业，终身写译不倦。又如周武后时，中印度人日照"深体唐言，善传佛意。……后终于翻经小房"《高僧传·三集日照传》

自东汉明帝至六朝五百年间，中外僧人所译经律论在四千卷以上，热忱毅力，可见一斑。

四、隋唐翻译佛经的盛况

佛教在上述五百年间既因译经而奠定了坚固的基础，至隋唐遂盛极一时，而翻经事业更有空前的发展。隋文帝提倡译学，集中外僧徒于大兴善寺，监掌翻译，译经五六百卷。炀帝更置翻经馆和翻经学士，而沙门彦琮尤擅长译述。

"因即下敕，于洛阳上林国立翻经馆以处之。……新平林邑所获佛经，合五百六十四夹，一千三百五十余部，并昆仑书。多梨树叶。有敕送馆，付琮披览。并使编叙目录，以次渐译。……必用隋言以译之，则成二千二百余卷。敕又令裴矩共琮修缉天竺记，文义详恰，条贯有仪。凡前后译经合二十三部，一百许卷。……素患虚冷，发痢无时，因卒于馆。《续高僧传·彦琮传》

隋朝甚短，不能充分表见翻译的成绩，至唐才达到这种事业的最高峰。当时外国高僧前来中国从事翻译的不下数十人，尤以我国僧玄奘为巨擘。玄奘博涉经论，因翻译多有讹谬，发愿西行，广求异本。于贞观初往游印度，历十七年，经百余国。揣归梵本六百五十七部，献于朝，太宗使他在弘福寺从事翻译。"遂召沙门慧明、灵润等以为证义，沙门行友、玄颐等以为缀缉，沙门智证、辩机等以为录文，沙门玄模以证梵语，沙门玄应以定字伪。"（同书《玄奘传》）

这里指出翻译经典，经过如许人的合作，是何等慎重。然据玄奘告诉我们，翻经事业向来就是这样的。

"译经虽位在僧光价终凭朝贵。至于姚秦鸠摩罗什，则安成侯姚嵩笔授，元魏菩提流支，则侍中崔光录文，贞观波颇初译，则仆射萧瑀、太府萧璟、庶子杜正伦等监阅详定。"（同书同传）

高宗在东宫为文德太后追福，造慈恩寺及翻经院，令诸臣润色玄奘所定之经。

"尊敕：慈恩翻经，文义须精。宜令左仆射于志宁，中书令来济，礼部许敬宗，黄门侍郎薛元超，中书郎李义府等，有不安稳，随事润色。若须学士，任追三两人。"（同书同传）

玄奘在优美的环境中，"为国翻译""遂得托静，不爽译功。"

浑盖通宪图说，万国舆图，西琴曲意，同文算指通篇、勾股义等等都是。"时李之藻，徐光启等皆师之，尽得其学，各有著述。"《畴人传·利马窦传》

此外，这类教士接踵而至的，万历年间有葡萄牙人孟三德（Edward da Sande）、阳玛诺（Manoel Diaz），意大利人龙华民（Ninolao Longobardi）、熊三拔（Sabbatinus de Ursis）、高一志（又名王丰肃）（Aphpuso de Vagnoni）、艾儒略（Julio Alenio）、毕方济（Franoesco

Sambiaso）；天启年间有德意志人邓玉函（Johann Terrens）、汤若望（Johann Adam Schall von Bell），意大利人罗雅谷（Jacobus Rho）；崇祯年间有葡萄牙人孟儒望（Joo Monteiro）。他们对于天文、地理、数学、历法等等，大都有所译著，于我国科学的发展，不无影响。尤其是汤若望所完成的历书，虽因明亡未曾施行，然清世祖入北京的翌年（公元一六四五年），即颁行此项西法时宪历书，而令汤氏掌管钦天兼印信。

西洋教士来中国的，明季较多，清初转少，故译书之事，也以明季为盛。清顺治年间来的有比利时人南怀仁（Ferdinand Verbiest），康熙年间来的有西班牙人徐日昇（Thomas Pereira），法人白进（Joachin Bouvet），德人戴进贤（Ignatius Koglers）。就中以南怀仁的著作为最多：计有《验气图说》《坤兴图说》《灵台俄象志》《仪象图》《康熙永年历》等十余种。南氏亦被任为钦天监制，后擢监正，且为清室制造大炮。

此外，圣祖又于康熙四十七至五十四年间，遣西教士德人费隐（Xauerius Fhrenbertus Fridelli）、雷孝思（Joannes Baptist Regis），法人杜德美（Petrus Jartroux），葡人麦大成（Franciscus Joannes Cardoso），法人潘如（Bonjour）、汤尚贤（Petrus Vincentius du Tartte）、冯秉正（Joseph Francois Moyra de Maillac）、德玛诺（Romanus Hinderer）等分往全国各处，测量山川城郭图，制成地图，名皇舆全览图，与康熙永年历为西洋文化的二大产物，对于中国的学术思想，产生巨大的影响。

此后可称道的有"蒋友仁，乾隆二三十年间入中国，进增补坤与全国及新制浑天仪。奉旨翻译图说，命内阁学士兼礼部侍郎何国宗，右春坊、右宝善兼翰林院检讨钱大昕为之详加润色。"《畴人

传·蒋友仁传》

道光年间，因英商在沿海贩卖鸦片，海疆多事，地志的编译，遂应时而起。如《海国图志》《瀛环志略》等书。《海国图志》的根据，大都为广东译出的钞本《四洲志》，"近日夷图、夷语。……何以异于昔人海图之书？曰：彼皆以中土人谈西洋，此则以西洋人谈西洋也。"《海国图志原序》原书六十卷，至咸丰二年增为百卷，仍多取材于西人的图志。

咸丰二年，李善兰和善华语的英人艾约瑟译胡威立的《重学》二十卷，历二年，与前书同时告成。后复与伟烈亚力共译《代微积拾级》十八卷，《谈天》十八卷，"皆主地动及椭圆立说。"《畴人传·三编李善兰传》，又译《植物学》八卷。"李京卿深于数理，……居译署者二十年。动阶比秩卿寺，遭遇之隆，近代未之有也。"（同书同传）

同治元年，总理各国事务衙门设北京同文馆，延西人教授英法德俄四国语言文字，和天文、格致、化学、算学、医学等科。二年，复仿京馆例，在沪设上海广方言馆，以便造就通译人才。后京馆改为译学馆，学馆移并于江南制造局。该局翻译馆聘西人伟列亚力、傅兰雅、林知乐、金楷理等口译，徐雪村、华蘅芳、李凤苞、王德均、赵元益笔授。数年之间，译出科学书约百种，而同文馆和西教士相继译出之书约三百种。

光绪年间，严复以古文译西籍，名震一时。如赫胥黎的《天演论》，亚丹斯密的《原富》，甄克思的《社会通诠》，穆勒的《名学》和《群己权界论》，孟德斯鸠的《法意》，斯宾塞的《群学肆言》等等，均受读者欢迎，对于我国的学术思想，一时发生了相当的影响。尤其是《天演论》出版于甲午战败以后，人们怵于生存竞争，优胜劣败之说，人心为之振奋，力图自强，并趋向革命。

同时林纾也以古文家的笔法，翻译西洋小说至数百种之多。林因不懂西文，须舌人口授，对于原文既完全隔膜，而运笔复任情驰骋，当和原文相去甚远，不能视为严格的翻译。然他能大体介绍西洋文学家的思想，对于我国文学界也有不少的影响。

甲午以后，游学日本之风日甚，翻译日文之作，也相继出现。但当时游学者多系速成生，而日本的新学，来自西方，辗转稗贩，实无足取，故日译在我国翻译中始终不能重要占位置。

民国自五四运动以后，白话文勃兴，翻译大都用白话。文体既经解放，复由意译改为直译，自能与原文最相接近。不过一味直译，不免艰涩，转不能达意。白话文译品不能完全受人欢迎，即由于此。

自第一次世界大战以后，留法、留德、留俄的学生骤增，尤有助于译学的发展。近三十年间所出的译本达数百种，而留欧学生对于科学的社会主义著作的介绍，实尽了相当的责任，遂使我国的学术思想发生了划时代的变化。关于这一点，后面还要说到的。

五、译的困难与规律

凡具有高度文化的语言文字大都复杂细密，并发展一种特殊的结构和神情，要由另一种文字去加以翻译，使之惟妙惟肖，自然是一桩极端困难的事。隋沙门彦琮精通译事，所述道安之言，最能道出其中的得失。

"然琮久参传译，妙体梵文，此土群师，皆宗鸟迹，至于音字训诂，罕得相符。乃著辩证论，以垂翻译之式。其辞曰：弥天释道安每称，译胡为秦，有五失本，三不易也。一者胡言尽倒而使从秦，一失本也；二者胡经尚质，秦人好文，传可众心，非文不合，二失本也。三者胡经委悉，至于叹咏，丁宁反复，或三或四，不嫌其繁，而今裁斥，三失本也。四者胡有义说，正似乱词，寻检向语，文无以异，或一千或五百；今并刈而不存，四失本也。五者事以合成，将更旁及，反腾前词，已乃后说；而悉除此，五失本也。然智经三达之心，覆面所演；圣必因时，时俗有易，而删雅古以适今时，一不易也。愚智天隔，圣人叵阶；乃欲以千载之上微言，传使合百王之下末俗，二不易也。阿难出经，去佛未久，尊大迦叶，令五百六通迭察送书。今离千年，而以近意量裁。彼阿罗汉乃兢兢若此。此生死人而平平若是，岂将不以知法者猛乎？斯三不易也。涉兹五失，经三不易，译胡为秦，讵可不慎乎？"《续高僧传·彦琮传》

"诚心爱法，志愿益人，不惮久时，其备一也。将践觉场，先牢戒足，不染讥恶，其备二也。筌晓三藏，义贯两乘，不苦暗滞，其备三也。旁涉坟史，工缀典词，不过鲁拙，其备四也。襟抱平恕，器量虚融，不好专执，其备五也。耽于道术，澹于名利，不欲高衔，其备六也。要识梵言，乃闲正译，不坠彼学，其备七也。薄阅苍雅，初谙篆隶，不昧此文，其备八也。八者备矣，方是得人。"（同书同传）

这八备是翻译佛经所必备的条件，为世所称道，然非精通中外文字和佛理，具有虔诚的信心，精神的修养，并经过长期翻译的训练，是绝难备具的。试问千余年来成千成万的翻译者中，做到八备的，能有几人？

然八备虽难，玄奘由翻译中所体验出来的五种不翻，倒是译人容易学习并应用的。

"唐奘法师论五种不翻：一秘密故，如罗陀尼。二含义多故，如薄伽梵具六义。三此无故，如阎浮树，中夏实无此本。四顺古故，如阿□菩提非不可翻，而摩腾以来，常存梵音。五生善故，如般若尊重，智慧轻浅，而七迷之作，乃谓释迦牟尼，此名能仁，能仁之义，位卑周孔。阿□菩提名正遍知，此土老子之教，先有无上正真之道，无以为异。菩提萨埵名大道心众生，其名下劣皆掩而不翻。"《翻译名义集序》

自此历一千三百余年，严复又提出一种翻译的规律。他在最初译出的《天演论译例言》中说："一、译事三难：信、达、雅。求其信，已大难矣！顾信矣，不达，虽译，犹不译也，则达尚焉。"海通以来，象寄之才，随地多有；而任取一书，责其能与斯二者，则已寡矣！其故在浅尝，一也；偏至，二也；辨之者少，三也。今是书所言，本五十年来西人新得之学，又为作者晚出之书，译文取明深义，故词句之间，时有所慎到附益、不斤斤于字比句次，而意义则不倍本文。题曰"达旨"，不云"笔译"，取便发挥，实非正法。什法师有云"学我者病"！来者方多，幸勿以是书为口实也！二、西文句中名物字，多随举随释，如中文之旁支；后乃遥接前文，足意成句，故西文句法，少者二三字，多者数十百言，假令仿此为译，则恐必不可通；而删削取经，又恐意义有漏，此在译者将全文神理，融会于心，则下笔抒词，自善互备；至原文辞理本深，难于共喻，则当前后引衬，以显其意。凡此经营，皆以为达；为达，即所以为信也。

"一，易曰：'修辞立诚。'子曰：'辞达而已。'又曰：'言之无文，行之不远。'三者乃文章正轨，亦即为译事楷模。故信达而外，求其尔雅。此不仅期以行远已耳。实则精理微言，用汉以前字法句法，则为达易，用近世利俗文字，则求达难。往往抑义就词，毫厘千里。实择于斯二者之间，夫固有所不得已也。岂钓奇哉？不佞此译，颇贻艰深文陋之义。实则刻意求显，不过如是。"

统观以上五失本、三不易、八备、五种不翻和译事三难、信达雅，可知翻译是一桩不容易的事。隋唐译经，规模宏大，而主译者都是有学识的虔诚的佛教徒，故能严守规律，丝毫不苟，而译文尤能应客观的要求，自成一格。自严复标信达雅之说，以古文译西籍，一时视为译学之宗。实则译文当力求接近原文，不能以古雅为标的，否则变成一种新八股，是会因此牺牲信达的。例如他将"Struggle of Existence"译作"物竞"（严译名著丛刊《天演论》二页），将"Free competition"又译作"物竞"（同刊《原富》一四一页），也许说得上"雅"，但并没有信达，因为一为"生存竞争"（通常如此译，实应为"生存争斗"），一为"自由竞争"，都不能笼统称为"物竞"。又如他将"Mercantile System"和"Agricultural System"译作"商宗"和"农宗"，实令人莫名其妙。此外，如将"The Educational Bias"（教育的偏见）译作"学诐"（同刊《群学肄言》一五二页）"The Political Bias"（政治的偏见）译作"政感"（同刊同书二二八页），这虽未必是"文陋"，却已经"艰深"，显到雅，便谈不到信达了。单辞双语既和原文相去这么远，语句的排比更不用说了。所以他在《名学浅说》序言中坦白承认"中间义指则承用原书，而所引喻譬，则多用己意更易。盖吾之为书，取足喻人而已，符合原文与否，所不论也。"总说一句：他的译文的正确性是被他所标的古雅牺牲了。他的翻译规律与隋唐时代的比较，不独没有进步，而且是退步了。

六、结论

综合以上的叙述来看，我国的翻译事业，从东汉到现在，约历一千八百余年，可分两大时期：一、自汉至元为佛经翻译时期，以唐为顶点；自明清至现代为西籍翻译时期，以五四以后为最盛。佛教哲理和中国固有思想的结合，产生了宋代的理学。当时的学者大都出入释老，然后归宿于儒家，故理学的形成，实受佛教微妙深远的思想影响，绝非纯粹儒家学说独自发扬的结果。西籍的介绍可分为两方面来说：一明末至清末，在学术上帮助了我国数理、历法、舆地以及其他自然科学和社科学的进步，而法国大革命的史实的输入更促进了我们推翻满清的运动。二、西洋资产阶级政治经济学说、哲学等等的输入，配合着清末和民初新式产业的发展，造成了五四运动。自此以后，除自然科学和社会科学继续并加速进步外，科学的社会主义学说的输入，新的思想和思想方法（辩证法）战胜了前此输入的西洋思想及其方法；不仅是这样，并且战胜了同时输入的美国思想及其方法（实验主义）。今后的翻译事业如果能有计划有系统的加以推进，将来必能收得最大的效果，换句话来说，将来必能和我国固有的文明结合，造成一种前所未闻的高度文化。

不过说到这里，我们又不能不回转去检讨翻译的待遇了。论翻译的效果，是后胜于前，而论翻译的待遇，则前后胜。怎样讲呢？佛经的翻译，历时千余年，参加者数千人，卷数在七千以上。然除掉并不普遍的佛经文化本身外，不过帮助形成了宋朝的理学。在另一方面西籍的翻译不过三百余年，参加者不过数百人，卷数更远较佛经为少。然他们提高我们的文化水准，实非佛经所能拟其万一。尤其是五四以后，新思想书籍的翻译，使我国思想的主潮奔向正确的途径。然这是国内政治经济和社会状况等等现实要求的结果，不能单独归功于现代的翻译，说他们本身实较佛经翻译为优。

在事实上是恰恰相反。我不相信严复的翻译比得上玄奘翻译，我也不相信白话文的翻译比严、林古文的翻译进步多少。这自有其客观的原因。当翻译佛经的时代，大都有主译、证译、证义、润色、监护等人分工合作；而隋唐翻译经的人，尤擅长中外文字，精通佛理，故译文大都优美，虽是这样仍不无讹谬，玄奘的西游，正由于不满意这一点。他后来和弟子道宣等的翻译称为新译，以前的则称为旧译，由此也可以窥见翻译的难于尽善尽美了。

明末以来的翻译西籍虽没有隋唐翻译佛经那样慎重，然大都仍旧是由多人合作，由公家援助的。至清末严复译书，既由个人单独进行，复受书贾的操纵，翻译的条件便发生巨大的变化了。隋唐的译者受国家的供养，合力进行，而又具有宗教家的热忱，故精益求精，不计时日，彦琮所谓：

"必殷勤于三复，靡造次于一言。岁计则有余，日计则不足。诚心爱法，志愿益人，不惮久时。"《续高僧传·彦琮传》

正是一般从事翻译的人的共同信念。迄个人为书贾译书，便丧失这一切优点，不能不斤斤计较时日了，然严复久任公职，处境优裕，并不以译书为生，故犹能做到"一名之立，旬月踟蹰"《天演论译例言》的地步。凡靠译过活的人，以字数计算报酬，"久时"是他们的仇敌，"三复"也视为例外，而"造次"却变成常规。在这种状况之下，要求译品的优美，不，要求译品的没有讹谬，很不容易办到。

即就我个人而论，半生翻译，达四百余万字，因方面太多，受学力、时间和报酬的限制，实不能担保我的翻译没有错误。我所以能留学德国，是因出国前译好五十万字，取得稿费的一半（千元），在德国闹穷，是因为得不到约定照寄的另一半。季子史诗之一曾记其事：

"马克贱于纸，游子犹苦贫，十函催稿费，那肯恤艰辛？刮目看别士，裘敝笑苏秦，最后提通牒，飞来五百银。"

我相信这种痛苦不是我一个人所特有的，凡从事翻译的人总会尝到所谓名人校阅者和书贾的辛酸苦辣的。（尤其是规定五元一千字，令这种名人和译者共同分配的恶作剧，常使他得利用职权，攫去大部分的稿费！）

这自然是资本主义的制度问题，我们用不着特别抱怨书贾。不过我们如果要想提高中国的文化，使翻译事业走入正轨，第一个先决条件是将一帮真正能够翻译的人，从书贾的手中拯救出来，由国家或公共学术团体成立设备完善的译书馆，仿主译、证译、证义、润色等等的成例，每种重要著作由专家多人分工合作，优其薪给，绝不以字数计算报酬。如能做到这一点，今后的翻译事业一定可以走上康庄大道，重放异彩了。

三五年九月十九日

——《中华论坛》第 2 卷第 3 期（1946 年）

谈翻译（1947）

季羡林

题目虽然是"谈翻译"，但并不想在这里谈翻译原理，说什么信达雅。只自己十几年来看了无数的翻译，有从古代文字译出来的，有从近代文字译出来的，种类很复杂，看了就不免有许多杂感。但因为自己对翻译没有多大兴趣，并不想创造一个理论，无论"软译"或"硬译"，也不想写什么翻译学入门，所以这些杂感终于只是杂感堆在脑子里。现在偶有所感，想把它们写出来。因为没有适当的标题，就叫作"谈翻译"。

题目虽然有了，但杂感仍然只是杂感。我不想而且也不能把这些杂感归纳到一个系统里面去。以下就分两方面来谈。

一、论重译

世界上的语言非常多，无论谁也不能尽通全世界的语言，连专门研究比较语言学的学者顶多也不过懂几十种语言。一般人大概只能懂一种，文盲当然又除外。在这种情况下，我们就非要翻译不行。

但我们不要忘记，翻译只是无可奈何中的一个补救办法。《晏子春秋·内篇》说："橘生淮南则为橘，生于淮北则为枳，叶徒相似，其实味不同。所以然者何？水土异也。"橘移到淮北，叶还能相似。一篇文章，尤其是文学作品，倘若翻成另外一种文字，连叶也不能相似，当然更谈不到味了。

譬如说，我们都读过《红楼梦》。我想没有一个人不惊叹里面描绘的细腻和韵味的深远的。倘若我们现在再来读英文译本，无论英文程度多样好，没有人会不摇头的。因为这里面只是把故事用另外一种文字重述了一遍，至于原文字里行间的意味却一点影都没有了。这就是所谓"其实味不同"。

但在中国却竟有许多人把移到淮北化成枳了果子又变味的橘树再移远一次。可惜晏子没有告诉我们，这棵树又化成什么。其实我们稍用点幻想力就可以想象到它会变成多么离奇古怪的东西。倘我们再读过中国重译的书而又把原文拿来校对过的话，那么很好的例子就在眼前，连幻想也用不着了。

十几年前，当我还在中学里的时候，当时最流行的是许多从俄文译出来的文艺理论的书籍，像蒲力汗诺夫的艺术论，卢那卡尔斯基的什么什么之类。这些书出现不久，就有人称之曰天书，因为普通凡人们看了就如丈二和尚摸不着头脑。我自己当时也对这些书籍感到莫大的狂热。有很长的时间，几乎天天都在拼命念这些书。意义似乎明白，又似乎不明白。念一句就像念西藏喇嘛的番咒。用铅笔记出哪是主词，哪是动词，哪是副词，开头似乎还有径可循，但愈来愈糊涂，一个长到两三行充满了"底""地""的"的句子念到一半的时候，已经如坠入在五里雾中，再也难挣扎出来了。因而就很失眠过几次。译者虽然再三声明，希望读者硬着头皮看下去，据说里面还有好东西，但我宁愿空看一次宝山，再没有勇气进去了。而且我还怀疑译者自己也不明白，除非他是一个超人。这些天书为什么这样难明白呢？原因很简单，这些书，无论译者写明白不写明白，反正都是从日文译出来的，而日本译者对俄文原文也似乎没有看懂。

写到这里，也许有人抗议，认为我是无的放矢；因为这样的书究竟不多，在书店我们只找到很少几本书是写明重译的。其余大多数的译本，无论从希腊文、拉丁文和其他中国很少有人会的文字译出来的，都只写原著者和译者的名字。为什么我竟会说中国有许多人在转译呢？这原因很复杂。我以前认识一个人，我确切知道他一个俄文字母也不能念，但他从俄文译出来的文艺作品却是汗牛又充栋。诸位只要去问一问这位专家，就保险可以探得其中的奥秘了。

像这样的人又是滔滔者天下皆是。我现在只再举一个例。一位上海的大学者，以译俄国社会科学的书籍出了大名，他对无论谁都说他是从俄文原文直接译出来的。但认识他的人却说，他把俄文原本摆在书桌上，抽屉里面却放了日译本。这样他工作的时候当然是低头的时候多而抬头的时候少，也许根本就不抬头。倘若有人访他，却只看到桌上摆的俄文原本而震惊于这位大学者的语言天才了。

我们现在并不想拆穿这些大学者们的真相，这种人也有权利生活的。我们只是反对一切的重译本，无论写明的也好，不写明的也好。把原文摆在桌子上、把日译本放在抽屉里，我们也仍然是反对。科学和哲学的著作不得已时当然可以重译，但文艺作品则万万不能。也许有人要说，我们在中国普通只能学到英文或日文，从英文或日文转译，也未始不是一个办法。是的，这是一个办法，我承认。但这只是一个懒人的办法。倘若对一个外国的诗人、戏剧家或小说家真有兴趣的话，就应该有勇气去学他那一国的语言。倘若连这一点勇气都没有，就应该自己知趣走开，到应该去的地方去。不要在这里越俎代谋，鱼目混珠。我们只要有勇气的人！

二、著者和译者

著者和译者究竟谁用的力量多呢？不用思索就可以回答，当然是著者。所以在欧洲有许多译本封面上只写著者的姓名，译者的姓名只用很小的字印在反面，费许多力量才能发现。在杂志上题目的下面往往也只看到著者的姓名，译者的姓名写在文章的后面，读者念完文章才能看到。他们的意思也不过表示译者和著者不敢抗衡而已。

在中国却又不然。我看到过很多的书，封面上只印着译者的姓名，两个或三个大金字倨傲地站在那里，这几个字的光辉也许太大了，著者的姓名只好逃到书里面一个角落里去躲避。在杂志的封面上或里面的目录有时我们只能找到译者的姓名，甚至在本文的上面也只印着译者的姓名，著者就只能在本文后面一个括弧里找到一块安身立命的地方。从心理上来看，这是一个很有趣的现象。译者就害怕读者只注意著者的姓名，但又没有勇气把著者一笔抹煞，好在文章既然到了他手里，原著者已经没有权利说话，只好任他处置，他也就毫不客气把著者拼命往阴影里挤了。我不是心理学家，但我能猜想到，变态心理学家一定在他们的书里替这些人保留一块很大的地盘的。

【……】

谈伍光建先生的翻译（1947）

戴镏龄

谈起翻译，谁都不能不对已故的伍光建先生肃然起敬。作者对伍先生的道德文章亦素所景仰，故本文所论列，乃本春秋责备贤者之旨。学术界正呈现着这样的现象：许多自吹自擂的人们天天挂羊头，卖狗肉，那些受欺骗的门外汉和青年人也天天忙于盲目地捧场附和。像伍先生这样勤勤实实的苦干者，而且不说大话欺骗门外汉和青年人，是多么地难能可贵啊！

伍先生在翻译界的贡献，众所共见，我们这里可以略而不提，毋宁提出他的翻译的可以商讨之处。

伍先生译书很早，但成名还是在他的大仲马《侠隐记》经过胡适先生揄扬之后。胡先生的揄扬，固然有他的观点，而且是批评界的一段佳话。不过我们从另一观点觉得大仲马不是法国第一流的小说家，《侠隐记》也谈不上是第一流的作品。伍先生似乎根据英文本重译，这办法也不无可议之处。伍先生晚年为商务编译的次流作品甚多，专供中学生自修英文之用。这工作何须劳动伍先生的大手笔，真是精力的浪费。假使我们过去尽量翻译第一流的名著，而且非至万不得已不依据重译本（顶多把它当为参考），也许翻译界早有了更大的收获。

"多文为富"，可以用于伍先生而无愧。伍先生的翻译虽大都限于文学，也包括哲学（例如 Leibnitz），并且旁涉到历史（例如吉朋的《罗马衰亡史》Gibbon: *Decline and Fall of the Roman Emprie*），在数量上很有可观。问题也就在这里：一个人真正懂得的东西究竟有多少？翻译不但是精通文字的问题，而且对于所翻译的书的内容，须有透辟的了解。译的书太多太杂，便使人疑心译者未必样样是内行，至少有一部分译书是为应了书店老板的催请而草草完成的。《罗马衰亡史》的伍译，只听说过，并未眼见过。这部书值得译否很成问题。就考证史实说，吉朋的历史早已过了时。自从吉朋以来，关于罗马史的新发见新解释，正是材料浩瀚如海，我们有比吉朋更正确的罗马史。在英国文学史里，《罗马衰亡史》占据着光荣的一页，不是因为这是一部标准罗马帝国后期史，而是因为这书的文章风格的优美有划时代的重要性，可以说后无来者。原文语句的沛畅，韵致的跌宕，用字的精炼，讽刺的深入，气魄的磅礴，几乎上追希腊拉丁作者。翻译大仲马成功的文笔是否能翻译吉朋，颇成疑问。吉朋自己下笔时尚觉得英语不够典丽堂皇，不得不时时采用拉丁语句以资润饰补救。中译本如要保存原文风格之美诚是难之又难。照我们所知，伍先生文笔以通俗平易见长，和吉朋正是格格不相入的。其实这类富有诗意的散文，如同诗歌本身一样不适宜于译成别种文字。"唯诗人能译诗"。那即是说，译成的不一定是代表原文，翻译本身便是创造。

尽管翻译界有种种理论，我个人始终相信，忠实于原文乃是首要的条件。就这点看，伍先生殊不能太令人满意。在许多伍先生译的书中可以哥德斯密（Goldsmith）的《威克斐牧师传》（*The Vicar of Wakefield*）为例。这部世界名著，中文据说有三种译本，自然以伍译为第一。不幸伍译也犯了些可以避免的错译。原书民国十八年出版，始终未见修改，亦可见吾国出版界保守性之重与不事改进。

伍译的错误，我们不必有心去找，可以说一打开就看到。序文上"husbandman"指"农夫"，伍先生译为丈夫之"夫"显然望文生义，把它和"husband"混为一字。

第一章第一段"notable woman"伍译"与平常女人不同"。按"notable"固有"与众不同"之意，此处乃指"晓事的，干练的，勤快的"，正是与众相同处，因为这字所指正是一切主妇所应共同具备的。Chambers《20世纪字典》解此字为"capable, clever, industrious"，是也。《简明牛津字典》注为"此字用于女人时，第一音节读短音，指干练的勤快的，像管家妇的"，尤妙。许多英文字除普通意义外，还有特殊意义，即不查字典，大抵可从上下文看出。伍先生似乎略过此点。

第一章第一段"She could read an English book without much spelling"句尾的"without much spelling"乃一adverbial phrase，形容"could read"。伍译"英文书拼音不太过常的，他也还能读"，殊无根据（"太过常"也不是很漂亮的修辞）。写到这里，顺手翻到同章末段，"the learned professions"乃指有专学的职业（律师、医生、牧师之职业），伍译为"文艺"，不免以意为之。

有时伍先生不以意为之，他便索性说明不知出处，我觉得这态度倒是对的。虽然他所认为不知出处的地方，往往不难索得其解。例如第二十章"tattering a kip"，伍注不敢强解，英国坊刻本有删去此句者，岂以其不可解欤。按"kip"指"妓院"，稍全备的英文字典皆载此义。"tattering"原有"撕毁"义，此处借作"捣毁"。"捣毁妓院"

乃十八世纪伦敦恶少惯行的恶作剧，并无如伍先生所谓"不可解"之处。原书以文笔优美，久被英国中学校采为通行读物之一，课本编辑人恐此等语句有碍儿童纯洁心灵，故将其删去，并非以其不可解也。

我们最觉得奇怪的是：伍先生译文任意删节，一句的，整段的，割弃甚多，原文大都不难解释。这样的删节，无论是有心抑系无意，实非译者应有的态度。

《威克斐牧师传》为世界名著之一，若干年前也曾经被我国学校采为课本，而译文不满人意如此。可见通行的英语文艺作品，尽管教的教，学的学，教学双方的了解是否彻底颇成问题。从翻译界的立场说，一部名著不妨多来几种译本，经过种种尝试和比较，也许可以获得进步，渐渐有差强人意的译本。

——《观察》第 1 卷第 21 期（1947 年）

翻译与创作（1947）

高植讲授　吴常义速记

各位先生：

对于文艺创作和翻译，我自己可以说是门外汉，外的程度，虽然不至于外到中山门外、和平门外，至少要外到文化会堂门外，我虽然是门外汉，但是，我在这方面的朋友们却不是门外汉，平时与朋友们谈论，耳闻目见的资料，多少可以有供我们参考的地方，这好像是到戏院里去看戏一样，自己尽管不能上台，也可以把台上演些什么说给人家听听，今天我要告诉各位的，就是以看戏人的性质来传达。

翻译与创作，这个题目相当大，我自己不能够很扼要完全地来阐述，因之就以我个人感觉的提出来向诸位请教，诸位当中我相信有的对于文艺努力已经很有成就，有的将来也许有很大的成就，对于我所说的外行话，有不妥当的地方，请别见笑。

在未讲创作与翻译之前我要先说说中国新文学的传统。第一，我们自五四文化革命以后，就产生了新文学的名称。新文学从形式上看，可以说它不是五四以前的那种文学，就是说，从五四起，从事文学写作的已不看重五四以前的那种文学传统。我们对于以前的那种文学已不重视。第二，新文学的特质，可以说是欧化，说得明白点，就是偏重于西方文学之传统。但是，这种继承欧洲传统的欧化新文学也不是完全和西洋的东西一样，如果加以分析，是两点意义：（一）发展了我们原有的而不十分发达的文学，譬如，长短篇小说是中国原有的，五四以前，中国虽然有长短篇白话小说，但是内容格调和新文学的作品不同，自五四以后，内容格调为之一变，从而加以发展。（二）对于西洋文学形式上和精神上的吸收，完全模仿西洋的东西，譬如中国原有戏剧、歌曲，现在则是话剧，和原来的不是一样。第三，五四以后，中国有了一种新的职业，就是职业著作家。在五四以前，中国人没有靠拿稿费吃饭的，以前虽然也有以文章换钱的，但是，没有职业著作家，职业著作家是新文学产生以后的现象。第四，新文学经过三十年的努力，有一种重要的意义，就是放大了中国文学的范围，换句话说，把几千年来以中国作地区范围的文化标准扩大到以世界为地区的标准，也就是说中国以前的文学作品是希望写给中国人看，自五四以后，不但是要写给中国人看，而且希望给外国人看，不但是要拿中国国内好的作品作标准，同时要拿西洋名家的作品作标准。这是中国和外国文化接触必然的结果，因为东西文化的交流，无论在物质上精神上，各国互相模仿，这种模仿不能说是谁模仿谁，只是谁多模仿谁一点。中国人学西洋人饮咖啡，但是西洋人学中国人饮茶，中国人仿用电扇，西洋人也有仿用鹅毛扇，所以互相模仿，只是多少而已。我们要了解一个民族，在文艺上着手最为容易，今日中国文化之扩大，当然是可以增加国家民族间之了解。因之中国之新文艺运动，如果从远大的眼光看，它是有利于促进世界大同，天下一家的。

自新文学运动后，就发生了翻译与创作的问题，我们可以说，翻译与创作是文艺范围内特有的问题，当然这是相对的，不是绝对的。我的意思，在纯文艺里面，翻译和创作是很明显的，在文艺作品中，不是翻译，就是创作。这和别的学科不同，别的学科的著作可以编，纯文艺作品却不能编，比方中国史、英国地理，以及工矿、理化等著作，无论张三李四中外，经得人来编，内容都是差不多的，不能够任意创作的。以纯文艺的看法，像《红楼梦》《仲夏夜之梦》，在别的国家只有翻译，除了你把它改为剧本或小说外，就不能说编，所以翻译和创作是纯文艺内特有的东西。

创作与翻译有什么分别呢？我们从性质上加以分别，可以说，创作是无中生有，翻译是有中生有。所谓无中生有，也不是绝对的说法，我们不能凭空产生这个东西，只是形式上的分别。我们以望远镜、显微镜、无线电收音机做比方，创作工作好像自己来做一架望远镜、显微镜、无线电收音机。翻译工作则好像是一架望远镜、显微镜、无线电收音机，翻译的作品似收音机把电波接收过来放给人家听，所以是有中生有，创作是自己根本上做一个东西给人家，所以是无中生有；从无中生有来看，创作是把自己心里所有的无形的东西，经过自己工作，变成作品，而翻译则是把他人的作品，经过我的工作，变成作品。成为人家和我共同的东西，这是翻译和创作的分别。说得再形式化一点，创作是自己的材料—自己的工作—自己的作品。翻译则是别人的材料—自己的工作—双方的合成品。

那么，要怎么样无中生有、有中生有呢？或者说怎么样翻译？怎么样创作？这并不是在白纸上有几个字就算有了，在翻译与创作之前，必须要有准备，这可以分成几点来说。在翻译方面：第一，文字上的修养，不但是本国文学要有修养，还要有外国文的修养，这种修养是由浅而深的、非能一蹴而就。第二，要多看人家的作品，看原文和人家的翻译作品，这就是阅读工作。第三，要有翻译技巧的准备，翻译技巧也是由坏而好的，不是一下可以好的。第四，选择翻译材料，这要看各人的兴趣研究而分别。除此以外，还有一点算是准备工作，也可以说不是，就是要有兴趣，没有兴趣，就不能做这种工作。其实无论从事任何事情，都必须要有兴趣，这是翻译工作以前必先要有的条件。

创作的准备，也是和翻译差不多，第一，文字的修养，包括丰富的词汇。第二，多阅读人家的作品，作我的榜样，不过阅读人家的作品，也是相对的。究竟要读多少好的作品才可以写作，没有一定，在原则上，你阅读愈多愈好，有的人看得很少，能写得很好，有的人看得很多，仍不能写得很好。第三，写作的技巧，这里包括取材，写什么材料，取哪方面的东西，取材以后，要运用材料，用什么形式？譬如，用第一人称还是用称三人称？用叙述体还是用日记体？把故事的中部放在前面，还是把结尾放在前面，还有文笔上的技巧各人特有的笔调笔法和风格，均应预为注意。第四，有了技巧还不够，必须要有材料，仿佛一个裁缝，他会做衣服不能没有布，材料包括有形文字上的参考资料，一直到无形的个人经验，耳闻目见的东西，个人的知识和常识，想象力以及推理力。第五，要有灵感，说得普通一点就是兴趣。这些都是工作以前的主要条件。

上面所说的是从事翻译和创作工作以前的准备，那么，在工作进行时，我们要注意些什么才能使工作进行顺利呢？因为翻译和创作的工作和衙门里办公事，课室里考试之类的工作不同，一定要很慎重专心去做，所以，必须要注意下列几点。

【……】

第五，参考书籍，包括字典、类书等。无论是创作和翻译都极需要，在写作的时候，用字的准确与否，大有关系，字典对于从事翻译工作者尤为重要。

现在讲到工作本身问题，先说翻译，在做的时候，也许各位已有这种经验。通常翻译的时候，眼睛看原文，心里就出现一句中国话，或者人家一句口头话，心里马上也会想到一句中国话。不过一面看，一面心里想，有快慢的不同，有的时候很快，有的时候很慢，有的时候不但是慢，而且想都想不出来，在译出来的时候，这个里面还有几种分别。第一，译出来的是字句，字句都对，但是意思不必对，我想这个经验我们在学校考试时大家都有过的。第二，字话译出来还不算圆满，原来的精神笔调以及言外之音必须统统表达出来，这是工作本身的三个阶段。至于翻得好不好有什么标准，在中国以前的翻译的老前辈严复先生说过，必须做到"信达雅"三个字。我们普通常识的看法，翻译得好不好，就是在人家看得懂看不懂，但是，人家能够看得懂不算好，要翻译得供人很容易看得懂，才算好，在懂的本身上也几个问题。第一，懂的标准，作者自己看来合意，不能算数，而且必须以读者作标准。第二，看得懂还不行，必须和原来的意思不相违背，所以，不是无条件的懂。第三，要叫什么样的人懂？如果一篇文章写给小学程度的人看，不能作标准。假如让专家看，就是很难很深，在专家看来仍然不难，但是，也不能作标准。我们所谓懂的是要供一般人懂，要以一般人作标准，究竟怎么样算是一般人的标准这是不易下客观的定义，只能这样讲，一般人看得懂就够作标准。

诸位之中，也许有做过翻译的事情，一定会感觉最困难的就是长的句子很难译，在英文有十行二十行，甚至于一面的长句，遇到这种情形，我们怎样来做工作？第一个办法是词的改变，像把动词改作名词，名词改形容词，只要意思能够表达即可。第二个办法，注意文法上有所谓："阅读代名词"，把它后边的这个句子拿出来另外翻译。第三个办法，加上几个字，或者减少几个字，只要不损害它的意思。第四个办法，用文言中的成语句子；并不是每一个外国句子一定要翻成白话，有的时候成语于表有意义上更为确当。

【……】

翻译和创作彼此相互间有什么关系？这是对能看外国文和写作的人说的，或者说翻译和创作相互间有什么帮助？翻译对创作有什么帮助？创作对翻译有什么帮助？大概说来，翻译工作对于创作有下列几点帮助。第一，是在气魄上的帮助，翻译的一定是很好的作品，气魄一定大。第二，形式上的帮助。第三，笔法描写上的帮助。第四，可以帮助我们知道如何取材。第五，技巧上运用材料配合材料的帮助。这些都是对于有志写作而能够翻译的人的一种帮助，因为翻译作品和阅读作品比较起来，翻译是一定更加细心，因此更能够领会上述几点优点。

创作对于翻译帮助的地方，第一，自己能写作，对于外国文句比较容易翻成中文。第二，自己能写作，在表现的时候，可以多一天准备功夫，在用字用词上，可以更为确当。第三，自己能写作，可以供译文流利畅达，自己养成的风格习惯，也多少可以保存一点，如果你有这种经验，你就知道如何运用词句上下颠倒，前后句更易，使译文更为流利，这是创作对于翻译的帮助。

现在要问翻译和创作究竟是哪一个容易？哪一个难？这个可以从两方来看，从容易方面看，我们在学校里面作文，偶尔也可以作得很得意，或者把课本的英文翻成中文，也可以翻得很好，这也可以说是创作和翻译，从这种情形看，似乎很容易。从难的方面看，创作难，翻译亦难，翻译不仅本国文要有修养，外国文必要有修养，这样说来似乎翻译比创作难，因为创作不需要有外国文的修养，但是，创作有的时候文思不来，就很难下笔，就是搜索枯肠，也无办法，不像翻译可以根据外国文顺利译出来。从这一点说创作难于翻译。不过，无论翻译与创作要翻得好写得好，都是困难的，我们看古今中外能有几部好的作品。中国自唐代以后，就有小说，宋以后就有长篇小说，但是，一千多年来，除了《水浒》《红楼梦》等，有几部好小说呢？翻译也是这样，好的不多，就是在外国每一个国家里面，好的作品也不多，所以，我们如果要拿顶好的作标准，那就很难，也许会教我们灰心，不过在文艺里面也好像政治上一样，政治上有第一流政治家，第二、三流政治家，文艺作品，也可以分为第一流，第二、三流，第一流的政治家比较少，第二、三流的就比较多，像美国的林肯总统，中国国父孙中山先生，这种天字第一号划时代的伟大政治家很难得产生，但是天字第二号、第三号部长、省主席之流的政治家却不少，等而之下，专员、县长之流的政治家更多，在文艺上也是这样，要求得划时代的作品很难，譬如唐朝的李白、杜甫等作家虽然很少，但是像王维等作家也不算坏，所以我们不能做到天字第一号的作品，天字第二号、第三号的作品是不难做到的，只要我们能去努力，有一份努力，总有一份成就。这是从工作难易上说，容易是容易，可是我们还不能拿容易来作标准，仍要拿难作标准。

翻译和创作究竟难些什么呢？以翻译来说：第一，语言文字的知识是无穷尽的，中国人学外国文要学得像辜鸿铭、林语堂一样是不容易的事，不但外国文要学得稍通，就是中国文字也要学得百分之百的精通。第二，严复说过，翻译要做到信达雅三个条件，信就是要忠实于原文，达就是要充分表达原来的意思，雅就是要翻译得美丽。严先生自己的译作，虽然不是百分之百的好，但是他这三个标准是不错的。第三，在创作时，想不出这句话，可以找另一句话代替，可以规避取巧，譬如描写一个人抓、扭、捏、扳、捻、掏、撕、搔，另一个人，写不出时，可以换，甚至于不是打人写为打人一个耳光，在翻译时就不行，原文是什么，你非写什么不可，不能更易的，所以，翻译比较是机械性的。可是好的翻译，也不能说就是百分之百，近乎这个标准。而且翻译因为是很细心的，为了达到信达雅三个标准，对于原文不要的地方，也可以加以改正，我们不要以为外国名家的作品没有错误，他也有疏忽的地方，你在细心翻译时，如果发现有上气不接下气的地方，也可以把他修正，使之更加流利，所以，这是翻译比较难的地方。

说到难，我附带地说一说翻译作品最好由原文，不要找译本，譬如说，你要翻译法国作品，就要找法国原本，不能根据英国的译本来再译，因为译本并不一定是照原文一样，有时他要迁就他本国的文字，不会照字面去翻译，我们如果根据这样的译本翻译，一定会更走样，所以，倒不如直译，当然走样不会走到哪里去，决不会把玛里翻译到约翰。但是，我们不能不注意，以译本参考则可，以译本作根据则不可。

创作之难，刚才说过，要做到第一流划时代的作品很难，此外，要有多方面的修养，必须要有渊博的知识，深刻的观察，丰富的想象力，冷静的推理力。这种修养工作是要费很多的精力和时间的。一种作品写得出不难，必须写得好，写得好坏，完全与平时的修养与功夫成正比例。修养好，功夫多，作品才能好，总之翻译与创作的难与好，要在工作的完美上比较。

假如有人问翻译与创作，究竟哪一个难？哪一个容易？我们如果从最难的地方看，创作要比翻译难，不过翻译也并不很容易，张三翻得好也许其中有一二句不好。我们晓得《浮士德》的英译本，已达二十四本之多，以英德文之接近，尚且不易翻得好，足见翻译不容易。俄国人的创作，英译本有的有五种之多。一般说来，第五次的要比第四好一点，但是，也不能说五次的一定是最好。所以，翻译固难，如果与创作比较起来就不难，因为只要你多花一点功夫，一定可以翻得好。在创作就不然，创作并不是多下了功夫就会成功的，譬如说，《红楼梦》假如没有写，我们连想象也想不到，不要说是翻译了，但是有了红楼梦，我们就可以把它翻成各国文字，同样《仲夏夜之梦》，如果没有这个剧本，在我们也是想不出、翻译不出的。你要从事翻译工作，对于外国文有十年研究的功夫，一定可以翻译得相当好。但是创作，你就是化了二十年三十年功夫也没有用，一定要有许许多多条件的凑合。伟大著家和伟大的政治家一样，虽然不是天生碰巧的也是百难遇合的事情，中国历史这么久，人口这么多，直至今日出过几个名创作家呢？同样在世界各国中有过几部名作？但是，有了《红楼梦》，莎士比亚的剧本，世界各国就可翻译，所以，最后比较起来，创作要比翻译难。

【……】

初学翻译和创作工作的人要怎样去开始工作呢？现在扼要地说明几点：第一，要逐渐增加扩大我们的词汇，使运用的词增多，第二，要学习表现的方法，多参看别人的作品，第三，要经常去做，一面学习，一面写作，在学习中求写的方法，在学习中发现自己的缺点和需要的东西。第一点增加词汇犹如造房必须砖石。第二点学习表现的方法就是如何运用砖石木料来造房子。第三点经常去习作，就是要实际去造房子。此外我们还要多看文艺理论的东西，看看别人有点什么经验，以供自己参考，免得自己去做冤枉的工作，好像造飞机一样，人家已有发明，我们只要照做就行了，不过参考人家的时候，不要被人家拘束，人是活的，自己应该要有主见，这是我们要想从事写作工作着手起码的几点。

【……】

翻译与创作的前途如何？依照目前的情形来说是相当困难的，创作除了社会环境和生活条件的不够以外，还有出版的情形困难。从这三方面看起来，目前的困难局面是注定了，但是并不是说绝对没有人在那里努力。在翻译方面除了这几点困难以外，还有一种困难，就是工具不够。中国与日本比较，中国和西洋各国的接触，还在日本以前，在三百年前已经和俄国发生关系，鸦片战争以前，英、法、德、西……等国都发生关系。可是我们对于翻译工作，却远落于日本之后，像在中国至今没有一本完善的英文字典。客观地说，这方面工作，我们不及日本，我的好多朋友，都是用英和字典，而不用华英字典，因为人家的字典比我们好，这在我们学英文还不觉难，而对翻译则大有问题，一个字在字典找到了意义是否准确？仍有问题，这个最重要的工具，我们没有，字典以外其关于语言文法的东西，我们也很缺乏。据我所知道的，日本人凡是可以固定化的东西，统统把它固定化、公式化。他们统统都已做好，不必人家再去费心摸索，我们如果也能做到这一点，就可以减少很多时间的浪费和麻烦，所以，这对于翻译工作是一件大事。

在目前翻译与创作的工作固然很难，但是今后一定会有很好的成就，原因是：第一，中西文化交流的结果，中国一定更趋向欧化，不但是生活方法、政治制度趋向欧化，即在文艺上也如此。第二，今后，中国人看外国人的名著一定渐渐增多，更多的榜样。第三，目前中国是在伟大时代，会演变到什么样子，我们不知道，但是在这个伟大的时代里面，一定有很多伟大的材料，这些材料，不是我们凭空所能想象的。第四，中国人的智慧相当高，这个不是"中学为体，西学为用"那派人的意思，是根据实际的测验。美国心理学家作智力测验的结果，中国人的智慧只差美国人一分，美国人是一百分中国是九十九分，但是，根据中国心理学家萧孝嵘先生测验的结果，中国人的智力也是一百分，和美国人一样。中国人的留学生在外国，除了一般公子哥儿外，真正读书的学生成绩多半是比外国人好。我们有了上述的四个条件，只要能运用自己的脑，必可产生合乎世界标准的作品。至于翻译，我想没有多大问题，翻译比创作容易，如果能有十年的工夫，便可有所成就。

【……】

——《文艺先锋》第 11 卷第 6 期（1947 年 6 月）

《浮士德》第二部译后记（1947）

郭沫若

  我开始翻译《浮士德》已经是一九一九年的事了。那年就是五四运动发生的一年，我是在五四运动的高潮期中着手翻译的。我们的五四运动很有点像青年歌德时代的"狂飙突起运动"（Sturm und Drang），同是由封建社会蜕变到现代的一个划时代的历史时期。因为有这样的相同，所以和青年歌德的心弦起了共鸣，差不多是在一种类似崇拜的心情中，我把第一部翻译了。那时的翻译仿佛等于自己在创作的一样，我颇感觉着在自己的一生之中做了一件相当有意义的事。

  由第一部的开始翻译到出版，中间还经历过一些挫折，足足相隔了十年。详细情形，我已经写在第一部译后记里面了。但从第一部译出之后，第二部的翻译便产生了障碍，虽然零星地译过一些，而且也发表过，终没有勇气和兴趣来把它完成。主要的原因，在前有好些机会上我已经叙述过，是壮年歌德和老年歌德的心情，在这第二部中所包含着的，我不大了解——否，不仅不大了解，甚至还有些厌恶。在这样的心境中是无法继续翻译的。自第一部出版以来到今天又快要满二十年了。在隔了二十年后的今天，又把第二部翻译了出来，倒是一件值得愉快的事。

继续翻译这第二部，在最近的三四年，确是曾经起过这样的念头。我在一九四四年二月八日所写的《题第一部新版》上有着这样的话：

> 《浮士德》第一部译出已二十余年矣，去夏曾动念欲续译其第二部，但未果。余亦一苦劳人，体现之业虽尚未足，而所当为者似已超越于此。姑妄志之，如有余暇，终当续成。

这话可以替我作证。那时和以后的确是因为忙，没有"余暇"——一方面在忙着写先秦学术思想的研究，另一方面也在忙着为民主运动打锣打鼓，所以虽然"动念"是在一九四三年的夏天，而到今天又快相隔四年了。今年来我确实是得到了这样的"余暇"，因此我也就利用了这个"余暇"来偿还我的债务。

以上五月三日所记

我是在三月尾上开始工作的，起初是作的半年计划。我那时估定我在半年之内是不会有什么工作可做的。但一开始了工作之后便渐渐感觉了兴趣，而且这兴趣以加速度的形势增加，因此我的精力便集中了起来，竟在五月三日便把全部译完了。计算起来还不足四十天，在这当中我也还在做着其他的工作，实际花费的时间是不足一个月的。

我为什么译得这样快，竟比预计快出了五个月，这理由我自己到很能够了解。上面说到的兴趣的增加便是一个主要的原因。但兴趣何以会那样增加？我所了解的是这样：那是我的年龄和阅历与歌德写作这第二部时（一七九七——一八三二）已经接近，而作品中所讽刺的德国当时的现实，以及虽以巨人式的努力从事反封建，而在强大的封建残余的重压之下，仍不容易拨云雾见青天的那种悲剧情绪，实实在在和我们今天中国人的情绪很相仿佛。就如像在第一部中我对于当时德国的"狂飙突起运动"得到共鸣的一样，我在第二部中又在这蜕变艰难上得到共感了。德国由封建社会蜕变为资本主义社会在欧洲是比较落了后的国家，她的封建残余不容易扬弃，一直进展到近年的纳粹思想而遭到毁灭。请在这个社会发展的历史背景上读这第二部的《浮士德》吧，你可以在这个仿佛混沌的郁积中清清楚楚地感觉着骨肉般的亲谊。就是歌德本身也没有从中世纪的思想和情趣中完全蜕化了出来，他的一生努力凝集成《浮士德》，虽然打出了中世纪的书斋，在混沌中追求光明和生活的意义，由个人的解放而到乌托邦式的填海——使多数人共同得到解放，而结果仍为封建残余的势力所吹盲而倒地而升天。这倒的的确确是悲剧。歌德是意识到了，而且无可如何地呼吁着"永恒之女性"以求解放。

我们今天的道路是很明了的，认真说，不是升天，而是入地。就是"永恒之女性"也需要先求得她的解放。在中国的浮士德，他是永远不会再老，不会盲目，不会死的。他无疑不会满足于填平海边的浅滩，封建诸侯式地去施予民主，而是要全中国成为民主的海洋，真正地由人民来作主。

但我就因为感觉到大部分的骨肉般的亲谊，我的工作兴趣明明白白地是增加了速度。我的情趣又回复到二三十年前"仿佛等于自己在创作的一样"了。因此，我的工作虽然进行得很快，然而我可以扪着良心说，进行得也并不草率。请耐心地阅读吧，假使是懂德文的朋友并请对照着原作阅读吧，从字里行间总可以读出译者的苦心。老实说，等我把全书译完，我几乎像生了一场大病，疲劳一时都还不容易恢复的。再，这书我自己从初校亲自校对两遍，一面校对，一面修改，可以说是经过了两次的润色。为此，曾增加了印刷方面的很多技术上的困难，我在这里应该特别声明，并向排印方面的朋友们谨致谢意。使这部书不致于蒙受粗制品之讥，一大部分是靠着他们的耐心和友谊。

其次，我在翻译时曾经参考过两种日文译本：一本是森鸥外的，另一本是樱井政隆的。这些在了解上都很帮助了我。还有泰洛（Bayard Taylor）的英译本，林林兄由菲律宾购寄了来，虽在已经译完之后，但我在校对时却得到了参考。中文译本有周学普氏的一种，我更彻底地利用过。因为周氏译本上的空白很多，我的译文就直接写在他的书上，这样节省了我抄写许多人名和相同字汇的麻烦。

本书中关于希腊罗马的神话传说上的典故很多，在欧洲人虽是常识范围内的东西，而在我们东方人却不免是相当大的障碍。我在这儿要特别感谢郑振铎先生，他从他的丰富的藏书中借了好几种关于希腊罗马的神话传说的英文书籍给我，使我得到很周到的参考。我摘要地在译书中加了些注脚，可惜时间迫促，未能详尽而已。

以上都可以说是增加了我的工作速度的重要原因，我一一虔诚地感谢。

总之我是感觉着相当的愉快的，隔了二十年，又在这不自由的时分，偿还了这项债务。相隔二十年，我竟没有死掉，这怕也是值得感谢的吧。歌德的原作是断断续续地经过了六十年的光阴写成的，下边有一种制作年表可供参考：

《原浮士德》……一七七三——一七七五

《浮士德》断片……一七九〇

《悲剧第一部》……一七九七——一八〇六

《悲剧第二部》……一七九七——一八三二

而我的译本则前前后后绵亘了差不多三十年。这偶然的一半合拍也使我感觉着兴趣。

此外没有什么话好说了。我这篇后记倒拖延了相当长的时日。动笔是在五月三日那一天，只写了四百字光景便搁置了下来。今天是二十五日了，知道《文汇》《联合》《新民》三报同时被迫停刊，因一口气而写成。谨以本译书奉献于三报的一切朋友。

一九四七年五月二十五日晨于上海

——《浮士德》（第二部）（上海：群益出版社，1947年）

论外国地人名的音译（1947）

董同和

外国地人名的音译是若干年来大家希望有个好办法而始终未得结果的难题。本人是学语言的，未免时常注意这一方面。近年来更因职务关系跟政府的"统一中外地名译文委员会"发生一点瓜葛，因而费了几个月的工夫尝试着能不能想出一个办法来。不过这个题目的确是难，日积月累的思虑与将近半年的努力虽然算找到一个办法，事后验看，非但自己都不能认为好，连继续改善的勇气也没有了。这事在"译名委员会"是势在必成的，现在已经请定专人负责。除去把已得的结果贡献给他们抉择，我更愿意趁这个机会把个人考虑到的几项原则公布出来，希望收抛砖引玉之效。

（一）略论无须再事音译的外名

翻译外名应当考虑的问题不仅是对音。在某些范围之内，许多外名是毋庸再行考虑音译的。

首先，外名的翻译已有很久的历史。有些名词——如 Deutsch 之为"德意志"，Chicago 之为"芝加哥"，Shakespeare 之为"莎士比亚"，Foch 之为"福煦"——无论当时翻得是好是坏，到现在总是约定俗成的了。虽然我们都感觉到把"芝加哥"改为（息［或诗］卡钩）音比较准些，而"莎士比亚"竟与原来的音读相差过远。可是一提"芝加哥"，普通人已能立时知道是美国的某大名城，说起"莎士比亚"，大家也马上能指出是英国最伟大的剧作家。好像这两个名词已经跟彼地彼人发生了直接的联系，无须 Chicago 或 Shakespeare 为之介了。如是者流，倘若替它们改弦更张，结果必是发生隔膜，不如仍其旧贯为是。

其次，我们在海外散布着千百万的侨胞，在各地留居既久，他们就不免给那些地方取出汉语的名字来。那些名词——如爪哇的"泗水"与马来的"柔佛"——无论是翻的或者是自造的，国内的人对他们虽然还生疏，但在侨胞之间却已尽人皆知。实在说，他们也自具相当久的历史，可以认为部分"约定俗成"了的。像这一种，当然也应该广泛地应用起来，不必另作打算。趁现成固然是一种好处，不与侨胞脱节更是要紧。

复次，有许多国外的地方本来是有汉文名称，而现在已经被一般人遗忘了的，也应该斟酌（注1：此所谓"斟酌"可以包含三种意思：（1）偏僻的可以不用，如称 Cambodia 为"骠"是；（2）跟已通行的名称不同者不用，如西贡 Saigon 古称"柴棍"是；（3）载籍不一致的要选择），恢复使用。例如所谓中南半岛（Indo-China Peninsula）有一大部分昔时都曾藩服或直接受治于我国很久。他们的许多地方与人物在载籍中都有旧称可寻。不过事过境迁，大家不再注意而已。记得此次大战当日本军队开始侵入缅甸时，报纸上曾一度译 Taungoo 为"同古"或"东瓜"，前后互不一致，引起许多误会。如果记得那个地方本有"洞吾"之称，就不至于有那一场纠葛了。恢复旧称并不为有"怀古之幽情"，也不是给学者们留掉书袋的机会。我们知道，任何民族的活动总不能跟它的历史脱节。有不知西人所谓 Sahaline 即库页岛而译为"撒哈林"者，为害之列，尽人皆知。

还有一点，如暹罗等地，河名常作 Nam 某，城名常作 Muong 某。以往翻译就作"南"某河或"猛"某城。这是不对的。在台语，Nam 就是河，Muong 就是城。Nam 某就是某河，Muong 某就是某城，台语语法例置 Nam 与 Muong 于专名之前而已。对于这一种名词，我们应当多加查考，照"牛津"翻 Oxford 与"剑桥"翻 Cambridge 的办法。不然铺床叠架，弊害有如译"扬子江"为西文 Yang Tze Kiang River。

至于日本、朝鲜、安南之仍用汉字者，自然是照字读去就可以了，很不必追究他们在各该国的音读如何。

以上几点，除去日本等地大致没有问题，每个方面都是需要专人下工夫去确实厘定的。在这儿，我不过是提个头儿，使与下文所论界限分开。

（二）音译的"名从主人"原则与现时的事实限制

谈到音译，第一件要紧的事便是确定翻译的根据。因为我国人所习的外国语是以英语为最普遍，过去译外国名词就有举世地人名英语化的倾向。远者不必说，这儿可以举近来发生的两件事为例。小者如某教授把大名鼎鼎的法国 Versailles 宫译作"凡赛利"。大者如中国地理研究所印缅甸全国所附的地名译名对照表竟标题为《缅甸全图中英英中地名对照表》。我们知道，音译是绝对地没有法子跟原音全合，多转一次手就离开原来的面目越多。一转再转，可能原形尽失。试问"凡赛利"还有几分像"Versɛːj"？缅甸内部语言复杂，所谓"标准缅语"已去英语很远，何况中英语间的不合又是天壤呢？

依理想，我们翻译外名是应当绝对地名从主人。非但是法国名称要依法语，俄国名称要依俄语，连许多比较不大知名的——如非洲、南美等地——虽然有些还没有文字，也应该依据他们的土语直接翻过来，才不致过于失真。但是这在目前是不可能做到的。世界上的各种语言，有一大部分现在还没有可靠的记录，我们无从知其究竟。又即就已经弄清楚的语言说，一时也难有那么许多人力与时间去一个个地分别讲求音译的办法。我更觉得，对于有些名称，我们顺随举世通行的叫法总比呆板的依据原名好得多。比方说，我国的么些族本自称为Na Shi，而"么些"则不过是汉人给他们的称谓。正因"么些"比较通行，西洋人也就译作Moso，学术专著才偶尔提到Na Shi本名。这次大战，太平洋上有所谓New Ireland与New Britain等岛一时为人所知。其实当地土人又何尝有这样的称呼呢？

我想，为矫正以往的过失，"名从主人"的原则在译音时是不能忘记的。但为事实上容易做到，并为避免矫枉过正，应用起来也需要加以限制如下：

1. 凡文化较高而自具文字的，他自己的名称也就是世界通称的本源。凡这一类的是应当绝对的名从主人。但此所谓主人并不是指政治上的统治者而是指实际上在某处生活的主人。所以越南不从法文而分从安南、柬埔寨与老挝等文；缅甸也不从英文而分从缅甸、掸与卡仁（Karen）等文。

2. 凡文化较低而未具文字者大致是殖民地。他们为世人所知而与世人接触是完全靠当地的最早殖民者（但不一定是现在的统治者）。他们的名称就可以依据最早殖民者的称呼去译。上述New Britain等属于此类。又如菲律宾，我们可以不从各岛土语与英语而从西班牙语。

这样一来，我们所要理懂的外国语文就有限了。有些名称虽然不从原名直接翻，不过我们的直接根据还是世界通称。

从另一个方面看，"名从主人"的原则还需要一项限制，就是说，所根据的外国文都应当用它们的"标准"读法而不必顾及方音或土语。有些名称，本地土语的音读与"标准语"确是不一致的。但是土语的流行仅仅局限于本地，"标准语"的音读则是通称。从外人的各该国立场说，我们并无依从土语的必要，一一尽考土语而从之也不可能。我们可以用一个相反的例子来说明这一点。四川省有茂县，"茂"国音读"冒"，而本地人读为"梦"。译成西文，如果有人不依国音作 Mau Hsien 而依土音作 Mong Hsien，真有几个人想到它是茂县呢？

关于音译的根据，我还听到一种主张。就是说，近世支配世界大部的不外英、美、法、德、俄诸国，所以翻译外名也只要以英、法、德、俄四种语言为据就够了。这样自然是比一切英语化好些，但仍不能避免许多大的不便。首先，事实上如西班牙、葡萄牙与荷兰，他们的殖民势力曾一度远较英法诸国为大。现在有许多殖民地虽已转手，可是大部分的名称还是袭用西葡诸语而英法未改。如从英法诸语，数典忘祖不说，非驴非马更是要紧。其次，如义大利与瑞典又怎么样呢？复次，如暹罗、缅甸等，他们的语言本来是跟我们同属一个系统的，如假手另一个系统的英法诸语去间接翻译，岂不是大大的笑话？末了，政治的统治并不是文化的改换。印度受治于大英帝国，但一切文物制度未脱印度本色，以英文名代表所有的印度名称，其不可通有如以英文名代表法德诸国的名称。

（三）国语与方言

再说到我们自己的一方面。以往翻译外名是各人凭自己的方音去用字的。最显著的如 Bombay 译作"孟买"，不是福建人就不知其中的道理。又如 Versailles 之译为"凡尔赛"，非吴语区域的人也不免要问"ve"为何有"凡"音。有些名词，更因有两个不同方言的译法，就有两个不同的译名并存。如 Volga，有"窝瓦"与"伏尔加"之异是。在无组织无计划的局面下，这种情形自然是难免的。现在要想订出一个大家共同遵守的办法来，那不用多考虑，我们是应当一律以国语的音读为准绳。国音是全国流行最广而且又是大家奉为"标准"的音读。

有些人以为利用广东音去译外名可以得到许多便利。他们只随便举一两个例——如 Mark 只需译作"莫"，不必用"马克"二字，Sam 只须译作"三"，不必用"萨姆"二字——说起来非常动听，也好像轻而易举似的，其实如加深思，就知道那是绝对不能做，又即使做去，也是得不偿失的。我们要问，是彻头至尾地用广东音呢，还要只就某几点去用呢？如果是整个地应用，那么：1.全国有多少人是懂得广东音的？就算用广东音去翻译可以得到若干好处，一般人非但无从领会，反要觉得太不像样了。2.跟国音比较起来，用广东音译外名的长处是可以利用 -p, -t, -k 与 -m，诸韵尾辅音。但是同时请注意，它也有很严重的短处，如声母 n 与 l 以及 s 与 sh 之不分。权衡轻重，是不是它一定比国音好呢？我们觉得广东音的韵尾辅音是比国音多了好几个。然而再拿我们常碰到的几种印欧系的语言来比，它们是在 -p, -t, -k, -m, n, -η 之外还有 -b, -d, -g, -f, -s, -v, -x, -v, -z, ʒ, -ɳ 等一大批不说，还要加上由这些音配合而成的辅音群呢。更加严重的则是广东音的 -p, -t, -k 只与极少数的两三个元音拼合，而那些语言里的那许多辅音则差不多跟它们所有的元音都拼。所以纵观全局，广东音韵尾所能尽的功效比国音实在是多得有限极了，它的缺点如声母之不分 n 与 l 等决不能因这一点点的力量扯平。

如果说广东音有多少好处我们就用多少，其他部分仍然可以应用别的方言。那样问题就更多了。当我们那么去做，是不是要在某个译名下分别注明某字照某方言的音读人家才会明白呢？再者，外国语极多，我们的方言也不少。应用现代语音学的知识去比较，总可以在某种语言内找到一两套音单独的在我国某方言中也有。有人想卖弄语音知识的广博，自不妨一星半点地就一两个外名去凑合。比方说吴语的浊辅音声母对一般的 b，d，g，v，z，山东威海卫一带的舌尖面混合音对英语的 sh，法语的 ch 或德语的 sch 音，昆明等地"代该"等字的元音对英语的短 a 音或德语的 umlanta 都特别合适。这样既足以自愉，说给别人听也可以得到"巧妙"之称赞。然而不要忘记。这种巧妙是只能成功于少数所遇而不可求的例子。东拉西扯，绝对不能给整的音译订出一个有条理的办法来。又即就那几个巧合的例子说，天下知音能有几人？我们翻译的目的不是为一般人用起来方便的吗？

总之，不想要一个音译的一定办法则已，如要，就得单纯地用一种方言为准。要选择一个方言，无疑地需用全国最通行的国语，别的方言就再比国语好万倍也只好完全割爱。

（四）我们的文字工具与译音

我们现在有三套文字工具可以代表国语，即通行的方块汉字、注音符号与国语罗马字是。对音译外名而言，我们所用的文字工具应当是每个单位代表的音越简单越好，为的是运用灵活，能够多适应新的条件。由此着眼自然是国语罗马字当应首选。用国语罗马字译外名，我们差不多可以完全地得到如英法德诸文间互相对译的便利，如果碰到人家有而我们没有的音，在可能范围之内可以利用单个的字母去拼。例如我们的语言虽然没有复元音 oż。但不妨以 o 与 ż 连写以适应如英语 boy 或德语 Deutsch 等字的音。又如德语的 umlaut o 以及法语的 eu，也可以用 o 与 e 连用来表示。这就可以解决不少难题了，不过还有更好的一点，就是能多得新的组合，对于译名稍有经验的人都可以觉出，我们的语言中有 [m] 也有 [ũ]，可是就没有法子译法文的 mu 音，我们有 t，有 au，也有 n，遇见英文的 town 音可难想办法；至于许多语言都具有的辅音群如 kl-sp，str，tsk 等虽 k，l，s，p，t，r 等在我们的语言中也都有，却从不在一起出现。但用国语罗马字去拼，自可一切迎刃而解。我觉得，倘使我国的文字是拼音文字，我们是不会在译名方面感受许多痛苦的。可惜的是，使用拼音文字现在还不过在酝酿的初期，而国语罗马字也始终未能通行。明知它不失为现时译外音的最好工具，却不得不期其实行于未来。

　　注音符号在实质上没有尽脱旧反切法的羁绊，还不够拼音文字的标准，用以对译外名，国语罗马字的那些好处在它是要大大地打个折扣的。不过它也有特长，就是能用的人比较多，并且可以直行写。听说曾有专家向政府建议改革注音符号，希望做到一个符号代表一个音以及声母韵母的限制取消，只是革于“部议”，未能通过。如果将来能改，又到达举国小学生都懂注音符号的地步，那是大大值得考虑应用的。那样就是有国语罗马字之长而无其短了。实在说，我们现在应用的方块汉字对于英译简直是一项最不合用的工具。因为每一个字所代表的不是单个的音而是由好几个音依一定的规律拼合成的整个的音节。用它来对译外名自然地极端地不灵活，最缺乏伸缩性，也最容易使译名冗长不堪。往往我们看到人家译出一个名词，总是觉得不好，其实自己再费些心力去改，结果总不过五十步与百步。这是什么缘故？工具太坏了。然而无论如何，方块汉字还是我们现在实际应用的文字，在没有其他的进展以前，纵然知道它是对译外名最不好，也只好拿着它硬想办法。

（五）"一字一音"原则的提出

在语音上稍微留意过的人都知道，每个语言所包含的语素以及各个音素的结合都是自具特色的，所以谈到音译，无论对译的双方在语音系统上是如何的相近，想使翻出来的音与原来的音完全无二总是绝对不可能的事。在我们，尤其是现在因为非采取用方块字不可使音的自由拼合，完全不可能了。音译的结果要比一般情形更差，又当无法避免。

拿各种语言比较起来，国语的音韵系统要算是很简单的，包含的音素既少，各音素的结合条件又极有限。所以统计国语的字音，连声调的区别算上，我们才有 1200 至 1300 个不同的音。不过，声调的不同对大多数的外国语竟是完全用不上的。再把它略去不计，那么所谓音节者就只有 420 多个。拿这点资本去对译外音，数目简直是小得使人望而却步。我曾就 10000 多个英文字统计，结果是得到 4000 多个不同的音节！就常识推测：我们常用得着的几种别的外国语跟英文也都不相上下。那 400 多音节去对译人家的 4000 多，其中还得除去许多用不上的（如，-y，iang 之于英语是），——我们就是要在这样的一个基础上去努力。

论及外国文的翻译，普通人常以严几道标榜的"信达雅"为标的。说到音译外名，我想还可以借那三个字，而以：

译名以定原名为信；

不失原音为达；

简短顺口为雅。

由于我们非使用方块文字不可，就没有法子不使原为一个音节的 Cripps 或 Alps 变成四个音节的"克利浦斯"或"阿尔卑斯"。于是"雅"就可遇而不可求。又因中外语音差别很大，最常见的外国音如 ka, ri 等在国语竟没有而只得用加（chia）、利（li）等充数，所以"达"也是事实上做不到的。剩下只有一个最基本的"信"，如果连这一点都是没有办法，那么音译问题只好算群医束手，无可救药了。

大家应当记得，自六朝以迄隋唐，我们曾有大量佛经的翻译，而当时关于译音可以说是有办法的。大致说，译经大师们是在有计划地固定地使用某一类的汉字以代替某一类的梵文音，而不混用。照那么做，译名虽有跟原名的音相差很远的，更不少诘屈聱牙。然而依据他们的"译例"，差不多的译名都可以还原而无讹。这不是已达我们所谓"信"的标准了吗？最使人赞叹的是，到后世中古音已经无人得知之时，有些学者竟能根据所谓"华梵对音"，把隋唐时代的某些字音考订出来。平心而论，这虽然是音译的最低限度要求，同时也就是在上述客观条件下人力所能尽的顶点了。明清以降，我们又在逐渐大量地吸收外来文化，但可惜在翻译方面却始终缺少以前那样大规模有组织计划的行动，连前人曾经运用得很好的方法也忘记了。虽说事隔千余年，今日许多的外国语文也非昔时只以梵文为主可比。但同为以汉文译外音则一，其理应无大变。我们的最低要求总还可能如愿吧。

有人不免要问：中古佛经，翻译的对音，事实上还是在比现代好的条件下进行的。就今日的古音知识看，中古音要比现代的国语复杂得多，佛经译音是有了那样的凭借才有比较像样一点的成绩。在现时情况下，国音既简单若是，我们碰到的一些外国音不见得比梵文省事。到达最低限度要求是不是还可能呢？是的，这一问确是中肯之语，值得考虑。我们已经知道，现时对音的情形是要用自己不到400的音节去对付一般在4000上下的外国音节。因此，用同一个音去代替人家好几个不同的音就不可避免，如果不再从这一点去想办法补救，自然还是要乱的，不过我们似乎还有一线的生机。因语音系统简单，国语某音的同音字也就跟着加多了。当逼不得已非要用自己的一个音去译人家的好几个音的时候，我们是不是可以在那个范围之内利用字形之不同再去分别呢？比如说英语 Wells 的"we"，Wales 的"wezż"，以及 Wills 的"wż"在我们虽不得不同用一个"ueż"音去代替，但在"ueż"音的范围之内却不妨规定以"韦"译"we"，以"威"译"weż"，以"维"译"wż"，不使相混。又如许多语言都有"lan"与"lam"之分，虽然我们只有一个"lan"音去对，但可以固定的以"兰"代"lan"而以"蓝"代"lam"，仍使有别。如此，看到"韦尔斯"就知道原名一定是 wells 而不是 wales 或 wills，碰着"蓝"也可以判出原文作 lam 而不是 lan 了。这种办法跟我们自己现在分别姓"于"、姓"余"与姓"俞"是异曲同工的。只要知道某字代表某音，即译名以求原音，其简易有如按图索骥。如果行的彻底，成绩还不会在佛经译音之下。

有一个想来比这个更好一点的办法，就是在同音节的范围之内选用声调不同的字，如以"威"代"we"，以"韦"代"wei"以"委"代"wż"是。为的是"威、伟、委"虽在我们阅读"uei"，究竟还有高平调、高声调与降声调之别，在形的不同之外更有一层音的关系。不过因为：1.有许多音并未具足四声。例如我们要用一个"sən"音去译英语的"sʌn"，"sə: n"，而我们的"sən"只在平声有字。2.有时需要一个音节去译人家四个以上的音节，四个调还是不够。可见事实上能行到通的范围是有限的。我们能做到哪儿就算哪儿是可以的。规定全盘如斯则过于理想。我还没有试过声调系统跟我很相似的逻辑语等。在那儿，我们的声调或大有用武之地。

这固定地使用某一个字去译人家某一个音的办法跟王了一先生在《今日评论》上所说译名只求"代数式的对当"意思是差不多。为简单些，我想名之为"一字一音"的原则。除去表明我们是字而在人家是音，我还有一层意思，就是想尽可能地只用一个字去译一个音节而避免用两个或两个以上的字去拼，以使译名不太长。外国音往往有如"main""taun"之类的音。以前有译作"马因"与"陶恩"的。我们是不是可以在近似的"man"与"tang"音中分别找一个字代替呢？又如英语的 dr 与 tr 音，一向总是 d+r 与 t+r 来译，所以 Truman 就成了"杜鲁门"。其实我们尽可以用国音的出或来代替。Truman 只要译作"楚门"就很好了。

（六）几个主要实施步骤的讨论

有系统地音译需要广博而精深的语言知识。要译哪种语文的音，先得切实了解它的语音系统。这是无须多说的。至于实行上面提出的"一字一音"的原则，我想，几项基本的工作也要做得到。

第一是外国语音节的划分——常碰得到的几种外国语都不像我国是单音节而是多音节的。现在既用汉字，以音节为音译的单位，那得把外国字也分成一个个的音节以便对比。由常识判断某个外国字包含多少音节大致不难，但是要问这个音节跟它邻近的音节如何分界，能够确切答复的人恐怕不多。从语音学讲，我们是依音的响度分音节。一字内各音素的响度不同有如山势之起伏。我们看有几个高峰，便决定这个字有几个音节，不过音节间的界限也是如群山之间的情形，并不能画出一条线来分开，依照一般字典上比较实用的办法，现在可以订两个原则来分音节。

1. 元音尽前，辅音尽后。如 Chicago 分作 Chi/ca/go。不作 Chic/ag/o

2. 但依上一条分出的第二及其以后的音节首往往会有好几个辅音堆在一起。如 London 会分作 lo/ndon，Leipzig 会分作 lei/pzig，Armstrong 会分作 ar/mstrong，在这种情形下，我们要看这个语言的第一个音节首是否有这种音，倘若没有，可以顺次拿一个辅音向前一个音节挪。如 London 作 lon/don，Leipzig 作 leip/zig，Armstrong 作 Arm/strong，直到合乎第一音节的习惯为止。这样为的是可以减少不同音节的数目。

第二是音节的分析，求得某外国语的各种音节之后，我们就要进一步依汉字"声母"与"韵母"的观念把它们再分析一下，为的是好跟汉字字音作有系统的比较。我们不妨把外国语音节首的辅音称作"节声"，剩下的部分称为"节韵"，如果某音节之首没有辅音，就认为它是没有"节声"的，正如我们说"安""奥""衣""温""月"等字没有声母一样，把它们也算一类，在我们的语言中，并不是每一个声母都跟每一个韵母配合的。在外国语中也一样，哪些类的"节声"只跟哪些类的"节韵"配合也是一定的，所以求出"节声"与"节韵"之后，更要把它们纵横交错，作出一个音韵表，来看这种情形。一方面可以跟国语比较，一方面在知道实际上哪里有音或哪里没有音，没有音的地方就可不去设法了。

第三是音的初步对当——把分析所得的外国语的"节声"与"节

韵"拿来跟国语的声母与韵母对比，我们就可以定一个初步的原则，用哪一种音去代替人家的哪一种或哪几种音。这一步工作是比较费神的。我觉得有几点要注意。

1. 应当注意系统而不必斤斤于音质的相同或相近。比方说，英语与德语同部位的塞音都分清与浊两类，而在国语是只有清音，不过是清音之内又有送气与不送气之分。在这种情形下，我们是没有法子找浊音去配人家的浊音的，既都是两类，就规定用自己的某一类对人家的某一类，另一类对人家的另一类好了。假定我们是用自己的送气音对人家的清音而不送气音对人家的浊音。虽然人家的清音不尽送气，人家的浊音也显与我们不送气的清音有别，不过分总是分开了。法语塞音也是清浊两类，而清音全不送气，音质极近我们的不送气清音。但是在对译时我觉得还是跟英德语用一样的办法好。因为迁就这一个音质的相近，两边剩下的另一类（送气清与浊）又相差太远了。如果索性不用我们的送气音，为音质近而用不送气的一类去分担人家的清浊两类，那又太不经济。（我们的音系不是已经太简单了吗？）而且法语的清浊音与英德语的清浊音，纵在音质上有分别，系统上则是平行的。如以不同的方法对待，会有许多困难发生。在说英德语的人与说法语的人之间，一般总以为两方的清浊音是一样的。

2. 有时还要让音质的远近来迁就字的多少。譬如英语的 z 音是我们没有的。就音质的相近着想，是用我们的 s 音去代替最好。不过我们看，我们的 s 音实在是用处够多的了。除去本分的要去对英语的 s 音、th 的清音与浊音也是非用它不可。再要匀出一部分来对 z 就不可能。在这种情形下，我觉得 z 可以用我们的 ts 音来代。一来是 ts 本来没有什么用武之地。再者，许多人学英语的 z 学不好，也往往把它读成 ts。

3. 是否还要让音质的远近迁就习惯也值得考虑。许多外国语都有 v 音，就音理讲是用我们有的 f 音去代好。因为 f 与 v 不过是清浊之别，而且 f 音的字似乎还够分出来用。不过就个人经验所得，习惯上我们是以 w 代 v 的时候多，（如德国大文学家 Werther（w 实际读 v）之作"维特"，法国 Vichy 之作"维琪"）。更甚的是英语的长 o 音实读同 ou，而习惯上我们不用现成的 ou 音而用 uo 音或 ə 音去译，如 Dover 之作"多维尔"与 Chicago 之作"芝加哥"，而不作"兜维尔"或"芝加钩"，似乎有一种力量在迫我们用"哥、多"等字去译那些音。我们是顾习惯呢，还是顾音质呢？

4. 设法利用空闲的音。许多外国语都有的 on 音，无论元音 o 长或短，在我们总找不到合适的对手。用 an 用 ən 甚至于用 ong 音都远，它们几个也都忙。在一般情形下，我觉得我们的 uan 是比较空闲的，拿来对 on 在音质上似乎不比 an 等更坏，用字却可以自由些。又如英语的 aun 我觉得也可以利用我们的 ang。

第四是音的借用——我们费了许多周折，大体上订出一个办法，规定某种外国音用我们的某种字去译。到实际执行时必然还要遭受挫折的。比如说，规定以 k 音译人家的 k 音，ż 音译人家的 ż 音，乍看是不会有什么问题的，不过，实际上如碰到一个 kż 我们就得另想办法。我们有 m 也有 ü 但遇见法德文的 mü, tü（法文写作 mu, tu）也不能就 m 对 m，ü 对 ü 的原则解决。这种情形是由两种语言在音类的歧异之外还有歧的结构的不同而起，无法避免。或是要去译，就只得在声母或韵母方面超出原来的规定，另到别处借用。决定借用声母借用韵母，要看各别的情形如何，总是让它越近越好。例如 kż

音是换声母用"基"（chi）一类的字好。因为保持 k，我们的 k 母下实在没有近乎 k 的字音。又如 fż 则是换韵母用"非"（fei）一类的字好。因为保持 ż，我们有的 ż 韵字如"比"（pi）、"米"（mi）、"底"（ti）等都离 fż 太远了。这里面情形相当复杂，我们只好就国音的系统来应付。如 rim 音只能用"林"（lin）一类的字译。随声韵全非，也没有再好的法子。

末了是选字——在我们的同一个音内选一个字去译人家的某一个音，或是选若干字分别译人家的某些音，就上面讨论的原则而言是无须抉择的，只要在拟订的对音表上没有任何两个字相重便算使命完成了。我们曾说，"一字一音"的原则是译音最低限度的要求，同时也是现时人力所尽的顶点。的确，从整个译音的条件看，能把"信"字完全做到已经太不容易，我们实在没有余力去顾"达"与"雅"二字了。不过我觉得，在无伤于"信"之范围之内，尽可能地不使译名太不达或太不雅，也是必须考虑的。选字或者还可以在这一方面留一些回旋的余地。以下几点是个人想出来并且认为大部分可以做到的。

1. 当规定好用我们的某音译人家的某几个音，而那个音中的字不够，必须向外借用时，最好是把那个音内的字留给最相近或比较相近的外音用，较远的索性用借来的字，这样可以使较近的保持像原音的程度多些。至于较远的，原来已不很像，再差一些也不要紧了。

2. 如以同音的某些字去译人家的某几个音，条件好的字——如此较通俗，笔画少，从前译名中常见等——应当留给比较常见的外音。在我们订的对音表上，这个音跟那个音是完全一样的。但在译名各别的应用上，常见与不常见的分别就大了。常见的自然应得最便利的应用。

3. 在可能范围之内，数目字、大小南北等字以及行文常用的虚字最好避免。过于冷僻的字，至少是超出"国音常用字汇"以外的，自然不要用。有些字形上不好（如带"犬旁"）或意义不善（如"丑、恶"等）的字也当剔除。

4. 有人跟我说过，要译音有个一定的办法，我们固然是非以一种语音为根据不可（在目前是国音），但在那个范围之内，在选字的时候，是不是还可以利用一些方音呢？比如说，如规定用国音的 p 声母字译英语的 b 音，似可在那个范围内尽量选用国音读 p 而英语读 b 的字，又如规定以国音 -an 韵母的字分译外音的 -an 与 -am 也不妨特选国音读 -an 而广东话读 -am 的字专以对 -am。这样，对说国语的人而言，已是合乎我们的系统，但分对操每种方言的人而言，则是一种格外的好处。我觉得这一点意见是很好的，只是要提出一个警告，就是，这到底是"末"，千万不要以"末"害"本"。

（七）自我批判

以往并不是没有人提出"很好"的译音办法。不过我对于它们有一个综合感想，就是说得越动听的事实上越没有法子实行。在这儿我的调子虽已弹得很低，则是实地试验之后才敢说它是可以做得到的。我曾以英语为初步对象，照上述原则去做，结果总算做成一个"英汉对音表"，它的特色就是凡英语不同的音节都可以用一个不同的汉字去代替（表上没有任何两个汉字是相同的）。

但是就整个的译音问题而言，我并不是就算成功了。我自己从头考虑过，它的严重缺点还有的是。

第一是一般人对译名的要求是准确（包括我所说"信"与"达"）与简单（即我所谓"雅"）。然而我理论之始就在牺牲整个的简单与半个准确，虽说在我认为那是事实上无法避免的，世间聪明才智之士尽有，我不敢说绝无进一步之可能。

其次，我的办法之所以能成为办法就是可以还原一点，不过所谓还原者是还音之原，而我们实际接触的则是外国文字，与音之间距离还大，比如说由我订的"马实耳"三字可知它们代表的是英语 Mashal 的音。但是它到底是我们眼睛见到的 Marshael 呢，还是 Marshal 呢？这是一个矛盾，我们碰到的是外国字却不能以外国字为据来译。我们只好以外国音为据来译，还原起来又不合实用了。那么能还原还是一种好处吗？

还有，一套对音表等于一套公式。我们是希望一般人碰到外名都来用这套公式译。事实问题来了：以音为据就不得不应用音标，而现在有几个人是能应用音标的呢？

末了，翻译外名至少还牵涉地理、历史、民族、政治的范围。语音则不过是一个方面，我只从这一方面着想，不知道他方面的人是否嫌我过于拘执。

——《现代学报》第 1 卷第 4、5 期合刊（1947 年）

《浮士德》简论（1947）

郭沫若

　　这是一部诗剧，不用说有不少的美的言辞和哲理。歌德是近代德意志文学的创建人之一，同时也是近代德意志语言的创建者之一。歌德摄取了德意志人民的语言而使德意志文学近代化了，而同时使德意志的语言得到提炼、滋补、定型，也因而确切地近代化了。这是论者所共同承认的歌德的功绩，这部《浮士德》当然也就是这项功绩的一个重要的纪程碑。假使要从这样的观点来看它，《浮士德》不用说也就有它的尊贵的存在价值，但这是限于原文的《浮士德》，假使脱离了原文，那这项价值就无所附丽了。认真说，假使要把《浮士德》翻译成别种国语，在翻译上也就要严密地照顾到原作的这种新国语或新文学的铸造性。譬如把它译成中文，那就要译者也遵循作者的精神，摄取中国人民的言语，而使它得到提炼、滋补、定型，更进使中国文学也因而近代化。这也是翻译者所应该有的责任，而这责任也不能不说是很严重的。我究竟做到了没有呢？我很惶恐。但我要坦白地说一句，我是兢兢业业地照顾着这一层责任的。我知道翻译工作绝不是轻松的事体，而翻译的文体对于一国的国语或文学的铸造也绝不是无足轻重的因素。让我们想到佛经的翻译对于隋唐以来的我们中国的语言文学上的影响吧，更让我们想到新旧约全书和近代西方文学作品的翻译对以现行的中国的语言文学上的影响吧。这责任实在并不轻松。我究竟对于这项责任完成了多少呢？我自己不能说，但假使我是尽了这项责任而收到了相当的成效，那是我自己的成就，和歌德、和《浮士德》没有多大的关系，顶多我是得到了歌德的创作方法上的暗示，借《浮士德》的译出以为媒介，而得到了一番实践而已。

【……】

我所了解的《浮士德》就是这样，正确与否我不敢保证，但这总不失为一个了解。我是在这样的了解之下，花了功夫，把这全部翻译了出来，不消说也把我自己近三十年来的体验融汇了进去。说不定已不纯是歌德的《浮士德》，而只是我所听出的"不如归去"吧。

一九四七年八月二十八

——《浮士德》（上海：群益出版社，1947 年）

《古兰经大义》凡例（1947）

杨敬修

（一）凡文以义为主，故译者但求得作者命意所在，即可逐便径自发挥，不必规规于形式，如近人所谓达旨者。唯天经则必须兼顾字面；盖其字句分别，联缀次第，以及穿插映带，一一皆宜注重，以示尊敬，且借显其奥理。

（二）中阿文字，互有异同，故译经时双方逐一推敲，且有旬月踌躇，不敢苟为比附者，倘二字适合，或间一合者，固因之，其有偶合而诸多辨别者，应酌量取用；总期不负原文为是。

（三）天经义谛，我国历来仅听口传，讲说纵或作始有伦，然小言詹詹，究难远行。况讹以袭谬，久之致多莫解。此又亲自经见之实况。兹谨按字典，参之注家，悉为酌核订正。

（四）作文最重贴切，译者何莫不然。故对中阿字句：彻底搜求，以使二者意义，吻合无间而后已。一或牵强，或迁就：必失本而来，而多所遗憾。

（五）译文深不至晦，浅不嫌陋；斟酌损益，俾显明中犹存简古气色。非敢曰雅俗共赏，盖欲普通特别两获裨益。方合经旨。亦即译者必愿，识者察之。

（六）天经本多谕告类，体制略同官样，译文间用该字，及呀啊等类俗呼口号，实以此故。或以夹杂见讥，所弗辞耳。

译者识

——《古兰经大义》（北平：伊斯兰出版公司，1947 年 8 月）

谈佛典翻译文学（1947）

周一良

　　梁慧皎《高僧传》卷二"鸠摩罗什传"记载这位姚秦时代译经大师对于翻译的意见，说："改梵为秦，失其藻蔚。虽得大意，殊隔文体。有似嚼饭与人，非徒失味，乃令呕哕也。"翻译圣手如罗什还这样说，我们若要用文学眼光来研究翻译的佛典，岂不是想在别人嚼过的饭里找滋味吗？严格说起来，当然没有一部翻译作品能代替原文。但中国翻译佛典从后代到北宋，有一千多年的历史。参加的人那样众多，所译佛典的内容那样广泛。同时，这些经典原本存在的更是凤毛麟角，完全靠着译本流传。世界上任何语言里，恐怕都没有这样性质的一堆翻译文学！尽管是嚼过了的饭，依然有重新咀嚼的价值，那是毫无疑问的。

　　我国读书人对于"异端""二氏"的书籍，向来不屑寓目。清代史学大家如钱大昕，其考订可谓精深细密，但他在《潜研堂金石文跋尾》里，考订唐代勾当京城诸寺观修功德史的建置年代，因为不曾参考佛教徒的记载，所以竟犯了不应有的错误，是一个很好的例子。近几十年来学风大变，一方面发现许多新资料，一方面从前所不注意的资料也都有人来利用。谈佛教哲学和佛教史的人固然得看《大藏经》，就是研究历史或中西交通的学者，也莫不由佛家著述获得不少有用的资料。唯独治文学或文学史的人，对于翻译佛典还未能充分利用。这篇小文想从三个方面来论佛典翻译文学。

第一是作为纯文学看，譬如《妙法莲花经》里的火宅喻一段，原文便是极优美的文学作品，而罗什译文也颇足以传达原文的情趣。如叙起火云："于后舍宅，忽然起火。四面一时，其炎很炽。栋梁椽柱爆声震裂。摧折堕落，墙壁崩倒。诸神鬼等，扬声大叫。雕鹫诸鸟鸠槃荼等，周章惶怖，不能自由。恶兽毒虫藏窜孔穴。"写得很有点如火如荼的意思。马鸣的《佛所行赞》是以诗的体裁来叙佛一生，原文尚存半部，在梵文学史上，是数一数二的名作。译者现在一般认为是北凉沮渠氏时东来的中天竺僧人昙无谶，其中尚有问题，这儿姑不讨论。这个译本论忠实论文藻都不如罗什，然而也未始不可以窥见原文文学意味。如《厌患品》叙述国王不得不许太子出游，又怕他看见老病丑秽而生厌离心："王见太子至，摩头瞻颜色。悲喜情交结，口许而心留。"写得很细致。只是"摩头"原文是 sirasyupaghraya，原指印度一种连嗅带吻的礼节而言。译文为适合中国国情，于是不作"呜头"而作"摩头"了。又如合宫忧悲品叙太子入山修道，御者车匿和白马归来，太子妃耶输陀罗责骂车匿说："生亡我所钦，今为在何所？入马三共行，今唯二来归！我心极惶怖，战栗而不安。终是不正人，不昵，非善友，不吉，纵强暴！应笑，用啼为？将去而啼还，反覆不相应！……故使圣王子，一去不复归。汝今应大喜，作恶已果成！宁近智慧怨（怨即敌人），不习愚痴友。假名为良朋，内实怀怨结！今此胜王家，一旦悉破坏！"虽然不如原文之畅达，也足以表现一个女子既恨且怨的口吻。"生亡我所钦"是据高丽藏本，宋元明三本都作"共我意中人"。案原本相当于这一句的是 Gatah kva sa chandaka manmanorathah。意为"车匿，我心所悦之人何在？"宋元明三本之"意中人"比"我所钦"更为近似。

以上所举两种恰巧都是原文还存在的。还有原文不复存在，我们只能由译文来欣赏的，可以用刘宋宝云译《佛本行经》作代表。这也是一部佛传，其中与众媒女游居品叙述太子妃夜间做梦，梦见太子舍弃了她，自己入山林。她"追呼不息，太子入林。心意发狂，树树行求。嗥向树曰：'汝独无忧，我独怀恼！示我太子！'仰见树上有赤嘴鸟。向鸟叹苦：'我失所怙，汝声似之，留声与汝！愿以鸣声除我心恼！'又见树曰：'汝何不慈？吾厄失怙，迷行犯触，贤夫所弃。宜见愍伤，如何见笑，花尽开敷！以花开比喻笑'……为风所动，树枝倾曲。'犹如以掌击打于我！'鸟兽角视（斜视）：'尔不遣夫！'水声如骂：'我不任治（意即负责）太子不还！'便悲叹曰：'留目绀莲，……留笑华敷，留颜金华，留发辟兵，我见遗忽！'口言未止，忽见太子于林树间。便前搏曰：'何为相弃？'语顷惊觉，抱持太子，渐惧战疚。"这段描写很有诗意，很富于想象力。梵文文学最喜欢用双关语，这儿的无忧原文定是 Asoka，是树名，也有无忧的意思。留目云云是说太子走后给别的都留下纪念，可据以追念他，只有自己不曾得到。金华指无忧树的花，释迦牟尼三十二相里有一相就是"肤体柔软细滑紫磨金色"，此所以"留颜金华"也。所谓"辟兵"也许是《风俗通》《荆楚岁时记》等书上所说的"辟兵缯"。这自然是用中国固有的事物来比附西国事物，如义净所举以杨枝译 Dantakātsha 之比。但原文是什么还未能断言，也许是婆罗门身上所佩的带子？以上仅是随意举几个例，佛典里能找到的有文学意味的篇章，当然还有许多。

将来编文学史的人，一定要给佛典翻译文学一个重要地位吧？

第二个方面是把翻译佛典当寓言、故事这类通俗文学来看。印度是全世界许多寓言童话的发源地，佛家经典里吸收了不少这种故事，又辗转传译到中国。中国有些故事神话都是受翻译佛典的影响而产生的。最脍炙人口的如《西游记》玄奘的三个弟子——孙悟空、猪八戒和沙和尚，曾有人认为可能有印度原型。再早一点，如敦煌所出的通俗文学作品——变文，也有不少利用佛经里的题材。更溯上去，向六朝的志怪小说，其中一部分多多少少也是佛典影响下的产品。所以，要谈比较文学佛典固是宝藏，要研究中国通俗文学的源流演变，佛典也是不可缺少的一个链锁。

巴利文佛典以《本生经》中寓言最多，汉译佛典中，也以《生经》《六度集经》等所收为集大成。现在举一个例。这个寓言的梵文本见于五卷书 Pancatantra。汉译佛典则吴康僧会译《六度集经》，西晋竺法护译《生经》和隋阇那崛多译《佛本行集经》里都有同样的记载。这儿举《生经》的本子作代表，因为它在三者之中写得最好。不仅有教训的意义而已，并且充满机智、幽默和人情味。原文是这样：

> 乃往过去无数劫时，有一猕猴王。处在林树，食果饮水。煞念一切蚑行喘息人物之类，皆欲令度，使至无为。时与一鳖以为知友，亲亲相敬，初不相忤。鳖数往来到猕猴所。饮食言谈，说正义理。其妇见之数出不在，谓之于外淫荡不节。即问夫婿："卿数出，为何所至凑？将无于外放逸无道？"其夫答曰："吾与猕猴结为亲友。聪明智慧，又晓义理。出辄往造，共论经法，但说快事，无他放逸。"其妇不信，谓为不然。又瞋猕猴诱述我夫，数令出入，当图杀之，吾夫乃休。因便伴病，困劣著床。其婿瞻

劳，医药疗治，竟不肯差。谓其夫言："何须劳意损其医药？吾病甚重，当得卿所亲亲猕猴之肝，吾乃活耳。"其夫答曰："是吾亲友，寄身托命，终不相疑。云何相图，用以活卿耶？"其妇答曰："今为夫妇，同共一体。不念相济，反为猕猴，诚非谊理。"其夫避妇，又敬重之，往请猕猴："吾数往来到君所顿。仁不枉屈诣我家门。今欲相请到舍小食。"猕猴答曰："吾处陆地，卿在水中。安得相从？"其鳖答曰："吾当负卿，亦可枉仪！"猕猴便从。负到中道，谓猕猴言："仁欲知不？所以相请，吾妇病困，欲得仁肝，服食除病。"猕猴报曰："卿何以故不早相语？吾肝挂树，不赍持来。促还取肝，乃相从耳。"便还树上，跳踉欢喜，时鳖问曰："卿当赍肝来到我家。反更上树，跳踉踊跃，为何所施？"猕猴答曰："天下至愚无过于卿！何所有肝而挂在树？共为亲友，寄身托命。而还相图，欲危我命？从今已往，各自别行！"

这段里的"仁"是第二人称的尊称，是"仁者"的省略，犹今言您。"至凑""亲亲"也都早期翻译佛典里常见的语汇。

寓言之外，佛典中还有不少好的故事，主要的结集有支谦译《撰集百缘经》，北魏慧觉等译《贤愚经》，北魏吉迦夜、昙曜合译《杂宝藏经》等，而义净所译《根本说一切有部律》里篇幅较长内容复杂的故事尤多。这些故事的梵文原本，只有几个avadana的结集存在。最近听说克什米尔发现《有部律》的梵文本，将来印出后，对于研究这些故事定要增加不少宝贵材料。可惜故事都太长，不能征引。我只举一个简短的为例。这故事也见于《生经》，但《根本说一切有部毗奈耶破僧事》卷一二所载文词和构造都比较好些，所以我就用义净的译文，它是讲织师的舅舅和外甥一同作贼的事：

织师所得恣意有余。外甥问舅："我今与舅同作一业，何故舅室恒得充饶，而我家中每不支济？"舅报外甥："我作二业，汝即为一。"外甥问舅："第二业何？"彼便报曰："我夜窃盗。"外甥白言："我亦随盗。"舅即报曰："汝不能盗。"答曰："我甚能作！"舅作是念："我暂且试。"作是念已，便共同市，舅买一兔，使令料理："我暂洗浴，即来当食。"彼料理已，舅未至间，便食一脚。舅洗浴回，问其外甥："料理竟不？"答曰："已了。"舅曰："料理既竟，将来我看！"外甥擎兔过与其舅。舅见其兔遂少一脚。问外甥曰："兔第四脚今在何处？"外甥报曰："其兔本来有此三脚。云何问我索第四耶？"舅作是念："我先是贼，今此外甥大贼胜我。"……即与外甥于夜分中穿地墙壁，拟盗财物。即穿孔已，其舅即先将头欲入孔中。外甥告曰："舅不闲盗法！如何先以己头入于孔中？此事不善，应先以脚入孔。若先以头入，被他割头，众人共识，祸及一族。今应先以脚入。"舅闻是已，便以脚入。财主既觉，便即唱"贼"！众人闻声，即共于内孔中捉其贼脚。尔时外甥复于孔外挽出其舅。力既不禁，恐祸及己，即截其头持己而走。于是群臣奏王此事。王告群臣："截头去者最是大贼！汝可将彼贼尸置四衢中，密加窥觇。或有悲泣将尸去者，此是彼贼，便可捉取！"群臣奉命，即将死尸如王设法。彼贼外甥便思念云："我今不应直抱舅尸，恐众人识我！应佯狂于诸四衢，或抱男女，或抱牛马，或抱猪狗。"作是念已，便行其事。时世间人既见其人处处抱物，咸知是狂。然贼外甥始抱其舅，尽哀悲泣，便即而去。群臣奏王，皆曰："守尸，唯一狂人抱尸哀泣而去，更无余人。"王便告曰："彼是狗贼，如何不捉？"……尔时彼贼复作是念："我今如何不葬我舅？我必须葬！"便作一驾车人，满着柴束，驱至尸上。速解牛络，放火烧车。便走而去。当尔之时车柴之火烧尸遂尽。……尔时彼贼复作是念："我今要须于葬舅尸之处设诸祭祀。"念已，便作净行婆罗门形，于国城内遍行乞食，即以其食于烧尸五处安置，阴祭其舅，作已便去。……尔时彼贼复作是念："我今要将舅骨投于弥迦河中。"作是念已，便作一事骷髅外道形，就彼骨所，作已便去。

第三是从语言史的角度来看佛典翻译文学，佛典的体制固然是依照原本，但究是译成汉文，多少要受汉文文学的影响。譬如经典里的偈语，不问原文音节如何，大抵魏晋六朝时所译以五言四言为多，七言极少。而隋唐以后所译偈语，什九是七言，五言极少，四言简直看不到了。就用字看来，有别的记载中不见的魏晋南北朝时语汇，在佛典中保存下来。如《佛本行经》卷二"出家品""曼火未盛有所烧，当与逆灭莫出后"。卷五"叹定光佛品"："曼佛今未去，唯妹助为福。"《贤愚经》"尸利芯提品"二二："曼我今者心未裂顷。""婆斯离品"五七："曼其未长，当预除灭。"此例甚多。明本有时改曼为及。慧琳《音义》五九及七三注：曼为莫盘反，云高昌人谓闻为曼。案"曼"字有今口语"趁"的意思。即唐宋人诗词中之闻，详见张相《诗词曲语词汇释》卷五。又如吴支谦《佛说义足经》（义足疑即 arthapada 之直译）中《维楼勒王经》一六"佛续为有恩爱在诸释"。《贤愚经》"长者无耳目舌品"二五"若续是女，财应属官"，续有犹、仍之意。吴康僧会译《六度集经》《二须大拿经》"吾贫，缘获给使乎"，又"缘得斯儿"，缘有何处之意。《贤愚经》"以身施虎品"："康舍性命。""降六师品"："唐自劳苦。"唐有空、徒等意。又有一类是外典里可以找到的语汇，而例子甚少，从佛典中能寻出更多例证的。《世说新语·惑溺篇》说："贾公闾后妻郭氏酷妒。有男儿名黎民，生载周。充自外还，乳母抱儿在中庭。儿见充喜踊，充就乳母手中呜之。郭遥望见，谓充爱乳母，即杀之。""呜"当然就是吻，这一类的语汇普通载籍不大见，亏得《世说》保存下来。刘敬叔《异苑》一□亦载此事，作"充就乳母怀中呜撮"，亦是古语。《晋书》卷四□"贾充传"依据《世说》此条，而改作"充就而拊之"。想避俗就雅，殊失本意。竺法护译《生经》里的《佛说舅甥经》数用此字，如"有呜噭者""因而呜之""授饼乃呜"。可知六朝时这是很普通的话了。又如《生经》《草驴驼经》五□"将无见枉"，《迦旃延无常经》一七"将无不值就后世"，《贤愚经》"月光王头施品""将无世尊欲般涅槃"，将无皆莫非之意，"将毋同"于此可得确解。《华阳国志》七《刘后主志》"杨仪已常征伐勤苦，更处琬下，怨望谓费祎曰，公亡际吾当举众降魏，处世宁当落度如此耶"。"落度"一语外典罕见，《案生经》和《难经》二"落度凶暴"，盖有没落潦倒无聊之意。《高僧传》一□"佛图澄传""铃云胡子洛度，宣变色曰，是何言与"，洛度当即落度。皆足为《华阳国志》佐证。还有一类是现代口语里的语汇能在佛典中找出同样的用法，证明它有很久远的历史。如现在俗语指丈夫"命硬"克死妻子，或妻子克死丈夫，谓之为"妨"（读阴平）。我们在义净译《根本说一切有部毗奈耶》第三五看到一个长者每次娶妻即死，"如是乃至第七妻，悉皆身死。时人并皆唤为妨妇。"西晋竺法护《佛说群牛譬经》谓驴"前脚跑土"。《根本有部毗奈耶》二六离间语学处第三说牛王"出声吼叫，以脚爬地"。慧琳《音义》六□"有部律下"注"音庖，俗字也，正体从手作㧯，时人多呼为乎字，非也。"今日口语仍有这个说法。又如梵文里常用的 Punarapi，译经的人译成"复次"。自来士大夫作古文虽不用它，严又陵翻译西洋书却大加借重。直到今天写文言的人还在用。可以说是翻译佛典影响汉文。

以上是就语汇讲。文法构造方面翻译佛典也曾有影响。例如助字"于"在先秦两汉的书里，没有用在他动词与宾语之间的。《史记·梁孝王世家》"上由此怨望于梁王"虽然像他动词，"怨望于"似与"责望于"用法相同，"梁王"也非他动词的宾语。六朝译经才有这种用法，随便举几个例，如竺法护译《佛说海龙王经》："护于法音"，"见于要"。罗什译《法华经》："击于大法鼓"，"供养于诸佛。"罗什译《童受喻鬘论》："得于圣道。"例子不胜枚举。大约最先是在韵文中凑字数，逐渐在散文里也流行起来。虽然文人著作里没有沿用，唐代变文和讲经文里却数见不鲜，而且变本加厉。第一因为讲经文是敷演佛经，变文也多采取佛典资料，逐渐受它影响。第二因为民间作家比较自由，不受传统的拘束，并不认为这个用法有什么不合。随便举几个例，如八相变文："见于何物"。降魔变文："每弘扬于三教"，"好给济于孤贫"。《维摩诘经》讲经文："侧耳专听于救命""怕于居士""尔现于菩萨之相"，等等，不一而足。这种用法一直传到皮簧戏词里，如"打骂于他""怨恨于我"等。这都是翻译佛典在研究语文历史上有重要参考价值的例子。

总括上述三点看来，我们可以说：这一大堆嚼过了的饭绝对是有重新咀嚼的价值的！

——《申报·文史》副刊第 3—5 期（1947 年 12 月 20 日、27 日、1948 年 1 月 10 日）

中国人对音译梵字的解释（1947）

季羡林

中国人虽然从印度译过来了许多的佛书，但其后梵学失传，了解音译梵字就成了一个极困难的问题，因而出了很多笑话。这种例子多得不发枚举，我下面只举两例。

梵文字 PARAMITA，意译是究竟，到彼岸，度无极。音译是波罗蜜多，翻啰骅多，缩写波罗蜜。后来人们不知道这是缩写，遇到波罗蜜多心经这名字，就把波罗蜜看成一个字，把多同心□分在一起。但他们也感觉到这个多字有点奇怪，于是大作文章，来解释这个多字，说多心就是一个心，从这里推论下去，写成一篇幻想极富的解释。虽然言之成理，无奈这个"多"字，只是一个音用来对梵文的 TA。

第二个例子，我想举"南无"两个字。我先从《坚瓠广集》卷一抄一段前人的解释：

> 听雨记谈：释氏称佛名号，皆冠以"南无"二字。宋叶少兰云："夷狄谓拜为膜"。《穆天子传》"膜拜而受。"已有此称。若云："居南方而拜耳。既膜为谟，又因之为南无南摩。"予闻之一老儒云："佛居四方。西方金也。至南方而无火克金也。"

这解释有考据，有引证，有幻想，甚至能连五行生克都牵扯到了，似乎应该是可靠了。但可惜"南无"两个字不是意译，而是音译。梵文原文是 NAMO，从动词 NAM 变来，意思是"敬礼"。与中国的"膜"字、"南"字、"无"字，没有意义上的关系。

——《经世日报》（1947 年 12 月 24 日）

《圣经》之中文译本（1947）

诚质怡

中文《圣经》最早的译本是什么，这是很难回答的一个问题，这个问题与基督教最初流入中国的历史，有连带的疑问。在印度的传说中，曾提到多马到过中国来传教，在马拉巴主教所注《迦勒底史》中，记载"天国福音散遍各地，竟至中国……中国人与艾提阿伯人得信真理，皆出于圣多马之口。"假使如此，圣多马至少带来《旧约圣经》，或许有保罗的一部分书信，他或者也将一部分《圣经》译成汉文，但这完全是假设推想。多马与他同代的信徒，是否来中国，仍然是个疑问，翻译《圣经》更无法证明。

研究最早的中文《圣经》译本，还是需要根据景教碑文考。在一六二五年，陕西西安附近发见一石刻的碑文，上面刻着"大秦景教流行中国碑颂"。从这碑文中，得知景教传入中国，乃在唐太宗贞观九年，即西历六三五年。在碑文上有"经……二十七部""真经""旧法"（指《旧约圣经》）等字样。另一处记载"大秦国有上德曰阿罗本……载真经……至于长安"和"翻译建寺"等字样。伟烈亚力（Alexander Wylie）曾说："从这石碑上所记载的几处看来，我们可以确信，当第七世纪的前几半期中，至少《新约》已译成中文。"可惜这个译本没有流传下来，但是从中国的历史中，也可以找出一些材料，证明汉文的《圣经》译本早已存在。

【……】

一八四三年《南京条约》成立之后，在香港以外，又开辟了五个海口，作为商埠，即广州、厦门、福建、宁波、上海，而传教士也可以在这些地方工作。英美两国传教机关，在这时候决定把《圣经》重新翻译，但是由伦敦会、公理会、美国浸礼会等举出代表，于一八四三年在香港聚会，讨论这个问题并议决如下：（一）应将《圣经》译成中文，较往日所出版的，更要普遍。（二）论到《新约圣经》，全会承认最近的译本较从前的译本进步，并提议将所有的译本，呈交一委员会，以便做全部的订正。（三）上述的委员会须预备一《旧约》译本，与这《新约》订正本相符合。（四）凡西国差会所核准的汉文《圣经》译本，在意义上除与希伯来文及希腊原文相切合，而在成语、问题、体裁上可依照中国文字的样式。（五）译文以"公认经文"为蓝本。（六）凡度量及钱币名称，均须合成中国的数目，自然界事物也须采用相同的名称。（七）关于"受洗"名词，浸礼会与非浸礼会可在同一译本中，分印两种版本，除这名词外，其他均各相同。（八）关于"上帝"名称，译者称"神"或称"上帝"可随己意，而这问题须交给总委员会最后的审断。（九）凡传教士能胜任翻译者，均须参加译事。（十）订正工作分为五部分：（甲）《使徒行传》《希伯来书》《彼得后书》。（乙）《马可福音》《哥林多前后书》。（丙）《马太福音》《腓立比书》。（丁）《路加福音》《罗马书》《加拉太书》《以弗所书》。（戊）《约翰福音》《约翰书信》《犹太书》《启示录》。（十一）这订正本的印行，并非一部分人的工作，乃是全体合作的成绩。

根据以上的决议，这翻译的工作遂由各地的传教士分别担任，但不久浸礼会宣告退出，另行出版，而以马士曼译本为根据。在一八四七年六月于上海麦都思住宅举行初次的代表会议，他们先将各地传教士交来的《新约》译稿，加以审阅，以便作最后的决定。不幸代表对于名词上有些意见的不同，起初马士曼与马礼逊的译本中，"上帝"均译作"神"，有些代表以为这是最好的名词，在新译本中应当采用。但有些代表以为这名词容易引起误解，而主张用"上帝"两字。这些代表们费了两三天的工夫讨论，然后议决"对于这问题再作正式的考虑，同时分别采用这两个名词，以息争端。"最后决定，在印行《新约》时，出版的机关可随自己的主张，称"神"或称"上帝"。于是美华圣经会采用"神"字，大英圣书公会采用"上帝"二字。《新约圣经》的代表译本终于一八五二年初次印行。

【……】

国语和合本乃是今日销路最广的，从始至终费了二十七年的工夫。全体译员初次在一八九一年聚会，而《圣经》全书的出版却在一九一九年，其中《新约圣经》在一九〇六年现行出版，而以后又经订正。这个委员会原来有七个人，但是年代过去，人事变迁，只剩下五个人，而其中经大会定的仅有三个人。《新约》译本的五位委员为狄考文、富善（C. Goodrich）、鲍康宁（F. W. Baller）、文牧师（G. Owen）和鹿以士（Spencer Lewis），一九〇六年七月号的《教务杂志》上刊登译者们及中国助理的合影。《新约》出版之后，译者团体又发生变动，《旧约》翻译的工作进行很慢，费了十三年才得成功。在译者委员会中只有富善牧师一人，在一九一九年还活着看见《圣经》全书的出版。这次译者所采取的方法与文理和合本所采取的相同，每个译员分译一部分，然后轮流交给其他译员校阅修正，然后原译者将所修改的再加审查，末了交给全体委员会决定通过。译者自一八九八年至一九〇六年间，曾先后在山东登州、烟台等处聚会多次，由狄考文担任主席。在一九〇七年的百年大会中，也曾报告国语和合《新约》译本的完成。起初为了译文的标准，常牺牲文字上的流利，后来在订正本中，又加修改，不再拘泥文字。至于《旧约》的翻译进行甚慢，《摩西五经》《约伯记》《诗篇》的草本于一九一〇年出版，最后的定本到一九一九年刊行。关于翻译的原则共有五项：（一）译文须确为白话，而为凡识字的人所能了解者。（二）译文须为普通的语言，不可用本地的土语。（三）文体必须易解，但必须清丽可诵。（四）译文须与原文切合。（五）喻解之处，应竭尽所能，直接译出，不可仅译大意。要达到这样的目的，不是容易的事，狄考文说："白话文不是流于俚俗，就是陷于土语，否则就是犯了文言含糊的弊病。"无怪乎这个译本费了二十七年的工夫，只是狄考文自己就费了七年终日劳作的光阴。他翻译《旧约》时，平均每节须占半小时，中西译员说共费的时间，平均每一节须占数小时的工夫。国语和合《圣经》译本出版之后，就受极大的欢迎。饶永康（H. B. Rattenbury）说："总而言之，我想西人负责翻译的《圣经》，这应当算是最后与最伟大的译本了。但是那华人最后的译本定必与这有不同，特别是在《新约》的部分"关于华人译者的资格有几点须注意的：（一）须擅长而乐于写作白话文的人。（二）对于希腊文和希伯来文须有深刻的研究，不当仅有肤浅的了解。（三）须熟习翻译的技术与方法。（四）须热心献身于真理……那最后华人译本须等待华人熟悉《圣经》原文的文字，对于白话文须精通以后，才能译成美妙的中文。关于华人的译本后来另有讨论，兹不赘述。

总之，国语《圣经》和合译本的确有极大的贡献，并且影响了中国近代文艺的复兴，成了白话文运动的先锋。周作人说："我记得从前有人反对新文学，说这些文章不能算新，因为都是从《马太福音》出来的，当时觉得他的话很可笑，现在想起来反要佩服他的先觉，《马太福音》确是中国最早欧化的文学的国语，我又须预料它与中国新文学的前途有极大极深的关系。"

【……】

——贾保罗编：《圣经汉译论文集》（香港：基督教辅侨出版社，1947）

关于三新元素之译名商榷（1947）

曹梁厦

关于三新元素，即第四十三号之 Technetium（Te）、第八十五号之 Astatine（At）及第八十七号之 Francium（Fr）的译名，前有张曾志君著文发表于《华北日报》（本年三月三十一日），主张第四十三号元素应译为锝，第八十五号元素应译为砈，第八十七号元素应译为钫。最近徐名模君对此三元素之译名（见《科学大众》六月号内），主张第四十三号元素译作□，第八十五号元素译作鿎，第八十七号元素译作钫。发表以后，复有薛鸿达君主张第四十三应译为□，第八十五号应译为砵，第八十七号应译为钫。张薛二君会先后以其主张见示，并嘱发表意见。仆于张君处已函复于前，兹因薛君之嘱，特将复张君之函节录于此，以备采择。

（前略）"……弟对于 93 94 95 96 等新元素曾经多时之思考与同志之商榷，深觉命名已有原则，未便随意制定。在当初定 92 号元素时，未因其义为天王星而名为铀，则 93 94 似不应再取原名之意；况西文之取义亦绝无根据，故再四思维，仍以译音为妥。93 号曰镎，94 号曰钚似尚可用。至于 96 若用镅字，其音同于锂，似宜避去。且豐与豐形太相似，居里为人名，如用居氏加金旁，何不直接痛快即用居里加金旁，否则当以取第一音作为译音较妥。至于43号85号之改定，似尚属过早，不妨暂仍其旧名。锃与锃形太相似。昜之本义为飞盛貌，必须有土旁，始得塌倒之义。如加木旁，即为卧床，不可塌倒之物，且其音亦与铊钽铽易混宜避。鄙意将来或采译最后一音为"矴"，笔画简而易读，但目前亦无此需要，因此一元素之改定，在学术界尚未经公认也。87号亦然，将来若一致公认，则锿字甚妥。……"

【……】

——《化学世界》第2卷第7期（1947年）

翻译二三事：修辞与译名（1947）

杨堤

一　修辞

严几道先生译《天演论》，在"例言"中说："译事三难：信、达、雅。"信，要如景印的书籍，或珂罗版的图画；达，要如一双帆船行在顺风顺水的河中；雅，要如王维的诗，诗中有画，画中有诗。总之，要言而有信；不仅辞达而已矣，还该知道："言之无文，行之弗远。"

但亦不可一概而论，如圣经文字，雅则雅矣，并非绮丽风光，而是以朴素之美见称。翻译时不可以不注意这一点。翻译正文时，当然要顾到"信、达、雅"，至于在介绍它的时候，即在导言里，总论中或注解里，不妨多客气几句，说的动听一点，说的好懂一点。假如和原文或译出来的正文一样难懂，那么要导言、总论和注解又有什么用？

近读北平方济堂圣经学会出版的《圣咏集》，觉得在修辞方面有些小问题。如"总论"第三十七页："圣经中的古希伯来时，并不和我们的诗一样，是用韵和调平仄的。"译者已将"是用韵和调平仄的"

改成"是叶韵且调平仄的。"然而，一个人如果不看下文，又不明白中国诗的音调，似乎能认为"希伯来古诗是有韵脚和平仄的。"如果取消"一样"和"是用"中间","逗点，也许好懂一点。我以为可改成下列几种说法：

1. 圣经中的希伯来古诗，既无韵又无平仄，这是它和中国诗不同之处。

2. 圣经中的希伯来古诗，和我们的诗不同。（我们的如何如何，他们的如何如何。）

3. 圣经中的希伯来古诗和中国诗不同之点，是在一个不用韵不用平仄，一个用韵用平仄。

至于"词句并行"，或是思想并行，或是二者皆互相并行的"并行体"（Parallelismus），中国诗中何尝没有！在古诗中，尤其是在《诗经》中更多。《诗经》中用韵用平仄的地方，和后来的诗也有许多不同。记得上海教区张伯达司铎毕业于巴黎大学，博士论文就是与诗经中的 Parallelismus 有关，深得已故法国汉学家伯希和先生的赏识，为什么不说希伯来古诗像中国的骈体文？译者会把楚辞译成意文，故常引用楚辞，但楚辞是后起之秀，产生于湘水流域，不能代表中原古诗。

又如"总论"第三十九页："希伯来古诗，不像希腊诗和拉丁诗，是依据音节的长短（Quantitas syllabarum），而是依据音节的抑扬。"我以为它是犯了同样毛病。可改作：（希伯来古诗不是依据音节的长短，而是依据音节的抑扬，故与希腊诗及拉丁诗不同。）或改作：（希伯来古诗不像希腊诗和拉丁诗，因为它不是依据音节的长短，而是依据音节的抑扬。）

正文方面，如《圣咏》第六十八篇第七节："天主使灰心的心有家可归，使俘虏的人获得自由"（页二一四）。这最后一句，不如改作："使俘虏获得自由，"或"使被俘的人（被囚的人或被俘虏的人）获得自由。"

又如《圣咏》第二十三篇，有"死阴的幽谷"和"酒杯充盈"（页七一）。译者以为"幽"和"酒""皆原文所无，而增于译文内，以求文义更为畅达清晰，"（见"凡例"）。新教所译诗篇也是如此，与其如此，不如改作："死阴之谷"和"杯子"。这样一来，就把"幽"字和"酒"字取消了。若以为"之"字是文言，那么第五节"你在折磨我者之前"，不也用"之"字吗？

批评《圣咏集》的文字，已见到三篇，一篇是方豪司铎的，见《上智编译馆馆刊》第一卷书评；一篇是毕树棠先生的，原藏北平《经世日报》《读书周刊》第十二期，《上智编译馆馆刊》第二卷第一期曾予以转载；还有一篇是黄文林司铎（P. M. Van Wagenberg, C. M）的，见北平《公教月刊》三三卷三九一号（一九四六年十一月）书评。而且吴宗文司铎已有长篇大著"圣咏概论，"发表于上海《益世报》"公教与生活，"天津《益世报》"宗教与文化"亦会转载，可供参考（三期及四期卅五年十一月二十三日及十二月一日）。像我这样的门外汉，还是少说外行话为妙。

二、译名

读古书，不懂时，还可以问问老先生或查查字典。读新书，尤其读报章杂志，不懂时，真无办法。举最近的例子，如"体制""体系""圣统"等，闹了半天，莫明其妙，原来就是一个 Hierarchia。至于刊物中，要算南京《益世主日报》（由十九期改称《益世周刊》）上的新名词最多，而且大半都是主笔刘宇声司铎一人独创的。怪不得《上智编译馆馆刊》第一卷《作家动态》中介绍他说："喜创新名词"。新名词中如圣培院，最初我以为是伯铎会或培铎会。仔细研究一下，才知道是指的"修道院"。而且愈来愈妙，如第十期《传道本位的圣经教育》中，竟有"德吾"二字的出现，如果不在括弧中放上 Deus，谁也不知道是指天主。不懂拉丁文的人也不知道 Deus 就是天主。我很奇怪，主笔用了（德吾）二字，为何又用"圣父"和"圣神，"而不用"罢德肋"和"斯彼利多三多？"不是自相矛盾吗？最近在《益世周刊》稿约上见到："译名应根据辞书。"请问"德吾"是根据什么辞书？新名词影响也很大，听说在四川的修道院已挂出了"圣培院"的招牌。也许将来有人把"天主堂"改成"德吾堂，"就如济南东乡贤闻庄的"陡斯殿"。

我觉得这样随便创造新名词，标新立异，淆人听闻，是不应该的。且看古人对于翻译名词是如何地审慎。徐宗泽司铎在《中国天主教传教史概论》中说："利公（玛窦）起初移译经文，译 Deus 为陡斯，Gratia 为频辣济亚，Sacramentum 为撒格辣孟多等，此等译音办法，起初皆然，直至教士深知文学之意义，能分辨明白而改的。"又说："概要言之，其择定一语一句，非经过长时之讨论，不敢决定，其慎重可知矣。"（页三五六，我人现在所诵的经文是怎样辛苦译成的。）严几道先生在《天演论·例言》中也说："一名之立，旬月踌躇。"我们该效法他们这种认真的榜样才好。

创作或者翻译新名词，至少该根据两个基本原则："音"与"义。"关于这一些，英千里先生在《教育丛刊》十二卷二、三、四期，冯瓒璋先生在《教务丛刊》十六卷九—十二期都有讨论的文字。英先生又在油印的三百三十七个圣人名称后，加上按语说："国人命名，倘用二字，则此二字，以平仄不同，较为适宜。前文未及此点，□补述之。"

刘司铎把 Deus 译作"德吾"，我觉得这和某司铎把 Laurentius 译作"德佐"，把 Matheus 译作"得五"，把 Agnes 译作"念四"（"to read four" or "twenty four"）一样的无聊。（参考《教育丛刊》十二卷二—三期，英千里先生 A Proposed New Transliteration of Christian Names, p. 203.）

我们随便创造新名词，真有点对不起古人和时贤。已故何炳松先生在《外国史》上册序中说："至于专名的部分，除汉译中没有适当的标准由著者自由汉译的以外，其余均尽量采用吾国原有的而且最合理的译名。例如 Franciscans 译为芳济派，Dominicans 译为多明我派，骤然看去好像有点离奇，其实都是我国天主教徒中久已通行的旧译。"教外学者还采用我们的名词，我们自己反而改来改去，叫别人如何适从呢？

魏建功先生在《由"高雄"说到"不得"》中说："前辈圣贤对于译名却也有很谨严的规矩，不是胡乱鲁莽的。中古以降的佛教译场，组织何等精密，证本证音，手续至为周祥，明清之际的耶稣会翻译圣经（至今演出文言白话以及许多种方言的本子）与科学书，译名也异常划一。最近期间，翻译界内容加广，而译名反趋纷歧紊杂。于是从译名的比较语言资料做历史事实的论证，便不免有受分歧紊杂的影响。幸而我们最近语音语言科学的外来潮流已经有相当素养，对于此种方法运用的信妄，可以有客观检审的标准了。"（《真理》杂志一卷四期，三十三年，九—十月。）所以，我们对于旧有的译名应该保留，或采用现代学术界所通行的名词；在创造或翻译新名词的时候，应该下一番斟酌或推敲的功夫，更不妨征求大家的同意。

孔子说过："名不正则言不顺。"《上智编译馆馆刊》中有论著一栏，以"名词之审订"为己任，希望它切实地负起自己的责任来。

——《上智编译馆馆刊》第 2 卷第 3 期（1947 年）

孙学修建议译书（小疏谈往）（1947）

卢前

晚清倡译西书之议，有马建忠《拟设翻译书院议》；高凤谦《翻译泰西有用书籍议》；而孙学修之《译书篇》，亦当时一大文献也。在今日视之，虽甚幼稚，然此文作于四五十年以前，不能谓非卓识之士矣。其言曰：稽我太宗文皇帝开基以国书翻成纲鉴，然后，知中华扼塞，方今政俗之由，用以制明。高宗纯皇帝钦定《四库全书》，译出西书四十一家，悉予著录。宣宗成皇帝时，俄罗斯进书三百五十余号，亦命庋弃秘阁，择要翻录。大哉圣人之道，岂谍奇夸异哉。盖以周敌国之情状，广天下之师资，而普教思于无穷也。大地事故愈久愈繁，匡时应变，非守古者所能，夫人而知之，其知之奈何。曰以多译西书为本，泰西各书品类最繁，或总或分，并有专家。异域文字，非人人而能读，书诚可观，译令通晓，故其一切撰述，备载灿烂。中土三十年来，开筑宾馆，授间译书者，仅有京师同文馆、天津学堂、上海制造局三处。至今合中西人士官著私著，可读之书约三百种而已。欧美各邦，岁出新书，除报章经书外，凡法律、交涉、史鉴、掌故、天文、□地、矿务、船政、算术、格致、训蒙、战法、农渔、汽械、测绘、工程，百家论说，不下万余部。名都书库，收挟万国书籍至一百十万种，以吾所固有者相较，直太仓之一粟耳。又况彼中政学，岁月改观，距今视之，已为陈爨。士子与焉有志，舍此之外，羌无仰赞，一知半解，胜笑方闻；今以吾知之简，敌彼之繁；吾俗之懵，测彼之灵，焦氏《易林》所谓贩鼠买蛀，无以成家者也，而欲其闭户造车者，出门合辙，盖亦难矣，难矣！夫千夫仰汲，抱埭者不贻劳乎？万仞思亏，携埭者不贻笑乎？以彼岁出之数，即使删其繁芜，集其菁要；拔十得五，亦当岁出百种。仅恃沧局津馆，固觉日不暇给，尝□□然，以谓吾十八行省有官书局处甚多，原其命意，莫非流布实学，嘉惠士林，初无中外画也，则曷不于中书之外，兼译西书，不烦筹赀，无需奏请，此提彼应，撰著日茂，广印贱售，蕲开风气。至于应译各书，宜先延访通士，读其涂径，或由出使大臣，属通晓洋文之随员，就各国藏书楼，究心流觉，撮其宏旨，译为提要。念夫何者为急，何者为缓，审慎以图之，则书尽切要，人争先观之为快。书局岁入，因以增多。事至利便，胡为至今不问耶？（南徐马建中适可齐记言，载最翻译馆议，犹不若此之易举。）或曰中西文字迥不同，轨屡经笔舌已失其旨，深原立论，当自肄习拉丁文字始；吾子龈龈于此，抑末矣。孙学修曰：今日非西文不同之为急，乃西学不与之为急；如责以西学，必先责书院。然翻译才者，仅如凤毛麟角，况其谐今道古，中西名家者哉！盖收效之难如此矣。有人于此，意春之必焕，而忍其寒焉，目禾之必熟，而忍其饿焉；则译然曰，此大惑者也。意成材之有日，谓译书之可缓者，视此矣！圣之典不遵，推广之道不筹，徒读古书，罔获新义，耳目废置，事势寂然。先王之治，无新简书，韩非谬种，不不乐闻耳。他日有著中国翻译史者，此文不可探入也。

关于《圣咏译义初稿》(1947)

孔令谷

书报介绍吴经熊先生的文章很少见到，然而使我受到很深刻的印象。不知是在《宇宙风》还是什么上，见到吴先生的讨论中西古文化的一篇文字，那种庄严而轻秀的文风，使我颇有感动，宇宙风式文字是以幽默风趣为号召的。因为要幽默风趣，所以偏注于小品文，不大见到讨论学术问题，而会适合于幽默的趣味的篇什。在别一面，那些学术论文每篇枯燥乏味，不大有逸趣横生，令人如饮醍醐的，因之见到吴先生所作，格外感到高兴，读后印象，虽已模糊了，但那时确清楚的觉得这样的字文，不厌多读，深望吴先生能多多发表。

新近商务出版了吴先生所译的《圣咏译义初稿》，《圣咏》是脍炙人口的诗篇，在欧洲文学史上有其崇高的地位，又是由吴先生用心翻译。以此因缘，就立即去买了一本，先睹为快。

吴先生译《圣咏》，不比作学术论文，其态度愈益严肃。其所采的体制，是完全依照我国的古诗式样的。《圣咏》一般的翻译，类取通俗的文意，在现在看来，吴先生的所译，反而是古典的，一般的所译，倒似乎新式了。但因为修养程度的差异，吴先生的所译，应比较可信，在有些旧学根底的人看。因为他抚范仿骚，字斟句酌，格外似乎与我国相近，所以格外令人易于理解《圣咏》的含义所在。从该书附注看吴先生译此诗确乎曾经下着一番精密的推敲。例如：（一）圣道一词原文为 Torah，通行本译为律法，吴先生依据经学家研究，说明此词实包括圣教全部意义，不只是指律法而言。（二）耶稣在十字架上曾说（伊理伊理，拉玛沙巴大尼）（译音），共有十音，吴译为（主兮主兮，胡为弃我如遗。）亦用十字译成。此虽不关宏旨，但译得如此自然，也可见到作者的用心与灵感。（三）第四百首，雍雍慈鹳。鹳字原文为（Chasidah）此字与（chesed）（仁慈）同根，鹳以慈称，故译为慈鹳。可见吴先生译诗事决不草率。（四）第一百首，（何以事主，和乐且湛。）译者引张横渠：和乐道之端乎？和则可大，乐则可久。和乐二字，本是寻常语，然译者却含有正确的见解，不是随意下普通的形容字眼的读者如果懂得原文或英法等文，从这上面，加以相互的探索，我想这可以明白中西文涵义及变演的有趣的现象，吴先生所依据的译本为一九〇一年，伦敦 B. Herder 书局出版的斯温雷司铎英译，并参考中西文多种经典，细心辑成。读者依据其所依据，对照讽读其于中西文学的涵泳，一定深为有益的。善读书者应从书外，得到种种的领悟，恰似书中寻求领会一样。

从《圣咏》体式方面说，吴先生所译有四言有五言，有歌行骚体，因为吴先生旧学的精粹，我们读《圣咏》时恰如读三百篇，读五柳诗。以此方法译欧美近代诗人著作，我将表示反对，这从古方式是不适当的。但译赞美诗，我以为应用别一天平评判，因为这根本是雅颂之流，是典丽的文章，与名谣山歌，各有面目，不能并为一谈的。以古体诗论，吴先生的造诣是很高超的。

我读《圣咏》的标的，除想于中窥见耶稣的伟大外，别一意义，是想从《圣咏》中有所领悟古代风雅颂的面目的一斑，我国的毛诗，大都是四言为句，自有疏注，到现代我执笔为止，大家一致公认，我国的诗体是最早为四言三言，以后为五言七言，而我却以为五七言，才是很古的诗式（自然不像现在绝句样整齐）。只要看现在乡僻所吟唱，苗瑶们所讴吁，四言的诗式是不大举得出例子的。四言是经过文学侍从们有意修削，所以合乐的（这所谓合乐，是指魏晋时仪式，现在祭圣时的古乐，奏一唱三饮型仙翁琴瑟不知来自何方何所，夫子有灵，恐未必能听懂）。我们所传的孔子删诗，我的意思删并不是选辑，而是把字句改易，是把诗成为乐章，孔子删诗，未必有其事，后代的儒门夫子，把古诗从山歌式删改为雅颂式，则是很可信事。这一件事一向无所举例，现在吴先生的《圣咏译义》，却把我的见解作证了。我们看看那白话的长短句的耶教诗篇与吴先生所译作一对照，就能明白我的说法，不为无因了。我们如果以吴译《圣咏》作启示，回过头来作我国《诗经》的新研究，这里应有比汉宋儒所显示的形态，更可信的新得。例如《圣咏》卷五第百十八首"进行曲"，第百三十六"叙德词"，这些形式，在我国雅颂中间，应亦有存在。细心抓剔，或者能有所发见。

在杲兀的生活环境中，人们惶惶然不知归宿在何地，颠沛之余，不免易超于沉溺，民众们不知自律，有所挽救，则汹涌狂澜，易把无意志的群众，沉陷黑渊，不能自拔，我们自觉到歧途彷徨，无法自拯，则不妨一读此书，使在此寻找到新的生命、新的期望。不再同趋灭裂。这或是蒋主席所以嘱吴先生翻译此书，而且淳淳然视为一大事的本意罢。

忠于信仰是要紧的，不论古今新旧，都有可立处，怕的是小人无忌惮，群居终日言不及义，那才可忧虑哩。

悠游圣道中，涵泳彻朝夕，譬如溪畔树，及时结嘉实。我希望读者在这书中得到些灵感，而挽救着自己。

——《启示》第 7 期（1947 年）

Streptomycin 中文译名之商榷（1948）

潘德孚

Streptomycin 为一种新的抗生素，为美国 Waksman 氏所发现，因其有帮助治疗结核疾病及其他多种革兰氏染色阴性菌所致病症之功效，故在医药文献中已有重要位置，知之者亦极为普遍，因此其译名自属非常重要。

作者近翻阅报章杂志及典籍，始注意 Streptomycin 一名已被译为"链霉素"，其应用流传已相当广泛，且各种标准科学及医药杂志均引用之。此与作者历来引用之译名乃颇有差异。

"链霉素"一名词，因系三字组成，非常简明易记，与青霉素成姊妹名词，确有其优点，然细考其意义，乃颇有不能已于言者。

查 Streptomycin 系由某种 Streptomyces griseus 培养时所产生，而 Streptomyces 为最近命名之一属*，既不属于细菌（Bacteria），又不属于霉菌（mold）。其性质介于二者之间，虽 Streptomhces griseus 之性质较似霉菌（most mold like），然其菌丝极细，自成一类，究不能称为霉菌。因此链霉菌一名，殊易使人误会，极有改正之必要。

作者前用灰链丝菌素一名以译 streptomycin，简称链丝菌素，虽字数较多，似尚无大误，海内想不乏博学君子，幸有以教正之。

*Waksman, S. A. & Henrici, A. T.: *The Nomenclature and Classification of the Actinomycetes*. J. Bact. 46, 337（1943）.

——《科学》第 30 卷第 3 期（1948 年 1 月 14 日）

浮屠与佛（1948）

季羡林

　　"浮屠"和"佛"都是外来语。对于这两个词在中国文献中出现的先后问题是有过很大的争论的。如果问题只涉及这两个词本身，争论就没有什么必要。可是实际情况并不是这样。它涉及中印两个伟大国家文化交流的问题和《四十二章经》真伪的问题。所以就有进一步加以研究的必要。

　　我们都知道，释迦牟尼成了正等觉以后的名号梵文叫作 Buddha。这个字是动词 budh（觉）加上语尾 ta 构成的过去分词。在中文里有种种不同的译名：佛陀、浮陀、浮图、浮头、勃陀、勃驮、部多、都陀、毋陀、没驮、佛驮、步他、浮屠、复豆、毋驮、佛图、佛、步陀、物他、醇陀、没陀，等等，都是音译。我们现在拣出其中最古的四个译名来讨论一下，就是：浮屠、浮图、复豆和佛。这四个译名可以分为两组：前三个是一组，每个都由两个字组成；第四个自成一组，只有一个字。

　　我们现在先讨论第一组。我先把瑞典学者高本汉（Bernhand Karlgren）所构拟的古音写在下面：

　　　　浮　*b'iô g/b'iĕu /fou（Bernhard Karlgren: *Grammata Serica*,

reprinted from the Bulletin of the Museum of Far Eastern Antiquities, Stockholm, number12，1940，p. 449，1233i）

屠 *d'o/d'uo/t'u（同上，pp. 136—137, 45i'）

图 *d'o/d'uo/t'u（同上，pp. 143—144, 64a）

复 *b'iˆk/b'iˆuk/fu（同上，p. 398, 1034d）

豆 [①] *d'u/d'ˆu/tou（同上，p. 158，118a）

"浮屠"同"浮图"在古代收音都是 o，后来才转成 u，"复豆"在古代收音是 u，与梵文 Buddha 的收音 a 都不相当。梵文 Buddha，只有在体声，而且后面紧跟着的一个字第一个字母是浊音或元音 a 的时候，才变成 Buddho。但我不相信"浮屠"同"浮图"就是从这个体声的 Buddho 译过来的。另外在俗语（Prākṛta）和巴利语里，Buddha 的体声是 Buddho。（参阅 R. Pischel, *Grammatik der Prakrit Sprachen, Grundrissder Indo Arischen Philologie und Alter Tumsktmde*, I Band, 8 Heft, Strassburg 1900，§ 363 及 Wilhelm Geiger, Pāli, *Literatur und Sprache* 同上 I Band, 7. Heft, Strassburg 1916，§ 78）在 Ardham gadh 和 M gadh 里，阳类用 a 收尾字的体声的字尾是 e，但在 Ardham gadh 的诗歌里面有时候也可以是 o。我们现在材料不够，当然不敢确说"浮屠"同"浮图"究竟是从哪一种俗语里译过来的；但说它们是从俗语里译过来的，总不会离事实太远。

说到"复豆"，这里面有点问题。"复豆"的古音既然照高本汉的构拟应该是 b'iuk d'ǝu，与这相当的梵文原文似乎应该是 *bukdu 或

---

① 鱼豢《魏略》作"复立"。《世说新语·文学篇》注作"复豆"。《酉阳杂俎》卷二《玉格》作"复立"。参阅汤用彤《汉魏两晋南北朝佛教史》上，第49页。

*vukdu。但这样的字我在任何书籍和碑刻里还没见到过。我当然不敢就断定说没有，但有的可能总也不太大。只有收音的 u 让我们立刻想到印度俗语之一的 Apabhra ṃśa，因为在 Apabhra ṃśa 里阳类用 a 收尾字的体声和业声的字尾都是 u。"复豆"的收音虽然是 u，但我不相信它会同 Apabhra As a 有什么关系。此外在印度西北部方言里，语尾 u 很多，连梵文业声的 am 有时候都转成 u〔参阅 Hinlin Dschi（季羡林），*Die Umwandlung der Endungarn in -o und -u im Mittelindischen, Nachrichten vonder Akademieder Wissenschaftenin G öttingen,* Philolog Hist Kl. 1944，Nr 6〕（《印度古代语言论集》），"复豆"很可能是从印度西北部方言译过去的。

现在再来看"佛"字。高本汉曾把"佛"字的古音构拟如下：

*b'i˄w t/b'i˄u t/fu（*Grammata Serica*, p. 252, 5001）

一般的意见都认为"佛"就是"佛陀"的省略。《宗轮论述记》说："'佛陀'，梵音，此云觉者。随旧略语，但称曰'佛'。"佛教字典也都这样写，譬如说织田得能《佛教大辞典》页一五五一上；望月信亨《佛教大辞典》页四四三六上。这仿佛已经成了定说，似乎从来没有人怀疑过。这说法当然也似乎有道理，因为名词略写在中文里确是常见的，譬如把司马长卿省成马卿，司马迁省成马迁，诸葛亮省成葛亮。尤其是外国译名更容易有这现象。英格兰省为英国，德意志省为德国，法兰西省为法国，美利坚省为美国，这都是大家知道的。

但倘若仔细一想，我们就会觉得这里面还有问题，事情还不会就这样简单。我们观察世界任何语言里面外来的假借字（Loanwords, Lehnwörter），都可以看出一个共同的现象：一个字，尤其是音译的，初借过来的时候，大半都多少还保留了原来的音形，同本地土产的字在一块总是格格不入。谁看了也立刻就可以知道这是"外来户"。以后时间久了，才渐渐改变了原来的形式，同本地的字同化起来，终于让人忘记了它本来不是"国货"。这里面人们主观的感觉当然也有作用，因为无论什么东西，看久了惯了，就不会再觉得生疏。但假借字本身的改变却仍然是主要原因。"佛"这一个名词是随了佛教从印度流传到中国来的。初到中国的时候，译经的佛教信徒们一定想法完全保留原字的音调，不会就想到按了中国的老规矩把一个有两个音节的字缩成一个音节，用一个中国字表示出来。况且 Buddha 这一个字对佛教信徒是何等尊严神圣，他们未必在初期就有勇气来把它腰斩。

所以我们只是揣情度理也可以想到"佛"这一个字不会是略写。现在我们还有事实的证明。我因为想研究另外一个问题，把后汉三国时代所有的译过来的佛经里面的音译名词都搜集在一起，其中有许多名词以前都认为是省略的。但现在据我个人的看法，这种意见是不对的。以前人们都认为这些佛经的原本就是梵文。他们拿梵文来同这些音译名词一对，发现它们不相当，于是就只好说，这是省略。连玄奘在《大唐西域记》里也犯了同样的错误，他说这个是"讹也"，那个是"讹也"，其实都不见得真是"讹也"。现在我们知道，初期中译佛经大半不是直接由梵文译过来的，拿梵文作标准来衡量这里面的音译名词当然不适合了。这问题我想另写一篇文章讨论，这里不再赘述。我现在只把"佛"字选出来讨论一下。

"佛"字梵文原文是 Buddha，我们上面已经说过。在焉耆文（吐火罗文 A）里 Buddha 变成 Ptānkät。这个字有好几种不同的写法：

Ptānkät, Ptānkte, Ptānte, Ptānākte, Ptikte, Ptānikte, Pättānākte, Pättäññäkte, Pättānkte, Pättärnñkte, Pättārñäkte。（参阅 Emil Sieg, *Wilhelm Siegingund Wilhelm Schulze*, Tocharische Grāmmatik, Göttingen 1931, § 76, 116, 122a, 123, 152b, 192, 206, 207, 363c.）这个字是两个字组成的，第一部分是 pt，第二部分是 k t。pt 相当梵文的 Buddha，可以说是 Buddha 的变形。因为吐火罗文里面浊音的 b 很少，所以开头的 b 就变成了 p。第二部分的 k t 是"神"的意思，古人译为"天"，相当梵文的 deva。这个组合字全译应该是"佛天"。"天"是用来形容"佛"的，说了"佛"还不够，再给它加上一个尊衔。在焉耆文里，只要是梵文 Buddha，就译为 Ptānkät。在中文《大藏经》里，虽然也有时候称佛为"天中天（或王）"（devātideva），譬如《妙法莲华经》卷三，《化城喻品》七：

> 圣主天中王
>
> 迦陵频伽声
>
> 哀闵众生者
>
> 我等今敬礼（大 9，23c）

与这相当的梵文是：

> namo'stu te apratim maharṣe dev ātidevā kalav inkasusvarā |
>
> vināyakāloki sadevakasminvandā mi te lokahitā nu-kampi ‖
>
> （Saddharmapu ndari ka, edited by H. Kern and Bunyiu Nanjio, *Bibliotheca Buddhica X*, St Petersbourg, 1912, p. 169, L 12、13）

但"佛"同"天"连在一起用似乎还没见过。在梵文原文的佛经里面，也没有找到 Buddhadeva 这样的名词。但是吐火罗文究竟从哪里取来的呢？我现在还不能回答这问题，我只知道，在回纥文（Uigurisch）的佛经里也有类似的名词，譬如说在回纥文译的《金光明最胜王经》

（*Suvar Baprabh sottamar jas ra*）里，我们常遇到 tngritngrisiburxan 几个字，意思就是"神中之神的佛"，与这相当的中译本里在这地方只有一个"佛"字。（参阅 F W K M ler, Uigurica, *Abhandlungenderk nigl Preuss Akademieder Wissenschaften*，1908，p. 28、29 等；Uigurica Ⅱ，Berlin 1911，p. 16 等。）两者之间一定有密切的关系，也许是抄袭假借，也许二者同出一源；至于究竟怎样，目前还不敢说。

我们现在再回到本题。在 ptāṅkät 这个组合字里，表面上看起来，第一部分似乎应该就是 ptā-，但实际上却不然。在焉耆文里，只要两个字组合成一个新字的时候，倘若第一个字的最后一个字母不是 a，就往往有一个 a 加进来，加到两个字中间。譬如 aträ 同 tampe 合起来就成了 atra-tampe，kāsu 同 ortum 合起来就成了 kāswaortum，kälp 同 pälskārn 合起来就成了 kālpapālskārn，pär 同 krase 合起来就成了 pärvakrase，pältsārnk 同 pāṣe 合起来就成了 pälskapaṣe，präkär 同 pratim 合起来就成了 prākra-pratim，brāhmaṛn 同 purohitune 合起来就成了 brāhmna purohitune，ṣpät 同 korṇ 合起来就成了 sāpta-koñi。（参阅 Emil Sieg, Wilhelm Sieglingund Wilhelm Schulze, *Tocharische Grammatik*, § 363, a）中间这个 a 有时候可以变长。譬如 wäs 同 yok 合起来就成了 wsäyok，wäl 同 kät 合起来就成了 wlänkät。（同上 § 363, c）依此类推，我们可以知道 ptä 的原字应该是 pät；据我的意思，这个 pät 还清清楚楚地保留在 ptäkät 的另一个写法 pättäankät 里。就现在所发掘出来的残卷来看，pät 这个字似乎没有单独用过。但是就上面所举出的那些例子来看，我们毫无可疑地可以构拟出这样一个字来的。我还疑心，这里这个元音没有什么作用，它只是代表一个更古的元音 u。

说ä代表一个更古的元音u，不是一个毫无依据的假设，我们有事实证明。在龟兹文（吐火罗文B），与焉耆文Ptākät相当的字是Pūdñäkte。〔Pudñäkte, pudñikte, 见 SylvainL vi, Fragments des Textes Koutchens, Paris, 1933: Ud navarga,（5）a2; Ud n a Akara,（1）a3; b1, 4;（4）a4; b1, 3; Karmavibhaga,（3）b1;（8）a2, 3;（9）a4; b1, 4;（10）a1;（11）b3〕我们毫无疑问地可以把这个组合字分拆开来，第一个字是 p d 或 pud，第二个字是 kte。p d 或 pud 就正相当焉耆文的 p t。在许多地方吐火罗文 B（龟兹文）都显出比吐火罗文 A（焉耆文）老，所以由 p d 或 pud 变成 p t，再由 p t 演变成 pt，这个过程虽然是我们构拟的，但一点也不牵强，我相信，这不会离事实太远。

上面绕的弯子似乎有点太大了，但实际上却一步也没有离开本题。我只是想证明：梵文的 Buddha，到了龟兹文变成了 pūd 或 pud，到了焉耆文变成了 pät，而我们中文里面的"佛"字就是从 pūd、pud（或 pät）译过来的。"佛"并不是像一般人相信的是"佛陀"的省略。再就后汉三国时的文献来看，"佛"这个名词的成立，实在先于"佛陀"。在"佛"这一名词出现以前，我们没找到"佛陀"这个名词。所以我们毋宁说，"佛陀"是"佛"的加长，不能说"佛"是"佛陀"的省略。

但这里有一个很重要的问题："佛"字古音 but 是浊音，吐火罗文的 pūd、pud 或 pät 都是清音。为什么中文佛典的译者会用一个浊音来译一个外来的清音？这个问题倘不能解决，似乎就要影响到我们整个的论断。有的人或者会说："佛"这个名词的来源大概不是吐火罗文，而是另外一种浊音较多的古代西域语言。我以为，这怀疑根本不能成立。在我们截止到现在所发现的古代西域语言里，与梵文 Buddha 相当的字没有一个可以是中文"佛"字的来源的。在康居语里，梵文 Buddha 变成 pwty 或 pwtty（见 Robert Gauthiot, *Le Sradu Religieux Ongles Longs*, Paris, 1912, p. 3）。在于阗语里，早期的经典用 balysa 来译梵文的 Buddha 和 Bhagavat，较晚的经典里，用 b ∨ aysa，或 b ∨ eysa（见 Sten Konow, Saka Studies, *Oslo Etno grafiske Museum Bulletin 5*, Oslo 1932, p. 121; A F。Rudolf Hoernle, *Manuscript Remains of Buddhist Literature Found in Eastern Turkestan*, Vol. 1, Oxford 1916, p. 239、242）。至于组合字（samāsa）像 buddhakṣetra 则往往保留原字。只有回纥文的佛经曾借用过一个梵文字 bud，似乎与我们的"佛"字有关。在回纥文里，通常是用 burxan 这个字来译梵文的 Buddha。但在《金光明最胜王经》的译本里，在本文上面有一行梵文：

Namo bud o o namo drm o o namo sang

（F. W. K. Müller, Uigurica, 1908, p. 11）

正式的梵文应该是：

Namo buddhāya o o namo dharmāya o o namaḥsanghāya。

在这部译经里常有 taising 和 sivsing 的字样。taising 就是中文的"大乘"，sivsing 就是中文的"小乘"。所以这部经大概是从中文译过去的。但 namo bud o o namo drm o o namo sang 这一行却确是梵文，而且像是经过俗语借过去的。为什么梵文的 Buddha 会变成 bud，这我有点说不上来。无论如何，这个 bud 似乎可能就是中文"佛"字的来源。但这部回纥文的佛经译成的时代无论怎样不会早于唐代，与"佛"这个名词成立的时代相差太远，"佛"字绝没有从这个 bud 译过来的可能。我们只能推测，bud 这样一个字大概很早很早的时候就流行在从印度传到中亚去的俗语里和古西域语言里。它同焉耆文的 pät，龟兹文的 pūd 和 pud，可能有点关系。至于什么样的关系，目前文献不足，只有阙疑了。

除了以上说到的以外，我们还可以找出许多例证，证明最初的中译佛经里面有许多音译和意译的字都是从吐火罗文译过来的。所以，"佛"这一个名词的来源也只有到吐火罗文的 pät、pūd 和 pud 里面去找。

写到这里，只说明了"佛"这名词的来源一定是吐火罗文。但问题并没有解决。为什么吐火罗文里面的清音，到了中文里会变成浊音？我们可以怀疑吐火罗文里辅音 p 的音值。我们知道，吐火罗文的残卷是用 Brähmi 字母写的。Brähmi 字母到了中亚在发音上多少有点改变。但只就 p 说，它仍然是纯粹的清音。它的音值不容我们怀疑。要解决这问题，只有从中文"佛"字下手。我们现在应该抛开高本汉构拟的"佛"字的古音，另外再到古书里去找材料，看看"佛"字的古音还有别的可能没有：

《毛诗·周颂·敬之》："佛时仔肩。"《释文》："佛，毛符弗反（b'iˆwt）郑音弼。"

《礼记·曲礼》上："献鸟者佛其首。"《释文》佛作拂，云："本又作佛，扶弗反，戾也。"

《礼记·学记》："其施之也悖，其求之也佛。"《释文》："悖，布内反；佛，本又作拂，扶弗反。"

〔案《广韵》，佛，符弗切（b'iˆwt），拂，敷勿切（p'iˆwt）〕

上面举的例子都同高本汉所构拟的古音一致。但除了那些例子以外，还有另外一个"佛"：

《仪礼·既夕礼》郑注："执之以接神，为有所拂。"《释文》：

"拂，本又作佛仿；上芳味反；下芳丈反。"

《礼记·祭义》郑注："言想见其仿佛来。"《释文》："仿，孚往反；佛，孚味反（p'iˆwd）。"

《史记·司马相如传》《子虚赋》："缥乎忽忽，若神仙之仿佛。"（《汉书》《文选》改为仿髴）

《汉书·扬雄传》："犹仿佛其若梦。"注："仿佛即仿髴字也。"

《汉书·李寻传》："察其所言，仿佛一端。"师古曰："仿读曰仿，佛与髴同。"

《后汉书·仲长统传》："呼吸精和，求至人之仿佛。"

《淮南子·原道》："叫呼仿佛，默然自得。"

《文选》潘岳《寡妇赋》："目仿佛乎平素。"李善引《字林》曰："仿，相似也；佛，不审也。"

玄应《一切经音义》："仿佛，声类作仿髴同。芳往敷物二反。"

《玉篇》："佛，孚勿切。"《万象名义》："佛，芳未反。"

从上面引的例子看起来，"佛"字有两读。"佛"古韵为脂部字，脂部的入声韵尾收 t，其与入声发生关系之去声，则收 d。"佛"字读音，一读入声，一读去声：（一）扶弗反（b'iˆwt）；（二）芳味反或孚味反（p'iˆwd）。现在吐火罗文的 pūd 或 pud 与芳味反或孚味反正相当。然则，以"佛"译 pūd 正取其去声一读，声与韵无不吻合。

把上面写的归纳起来，我们可以得到下面的结论："浮屠""浮图""复豆"和"佛"不是一个来源。"浮屠""浮图""复豆"的来源是一种印度古代方言。"佛"的来源是吐火罗文。这结论看来很简单；但倘若由此推论下去，对佛教入华的过程，我们可以得到一点新启示。

在中国史上，佛教输入中国可以说是一件很有影响的事情。中国过去的历史书里关于这方面的记载虽然很不少，但牴牾的地方也很多（参阅汤用彤《汉魏两晋南北朝佛教史》上，第1—15页），我们读了，很难得到一个明确的概念。自从19世纪末年20世纪初年欧洲学者在中亚探险发掘以后，对这方面的研究有了很大的进步，简直可以说是开了一个新纪元。根据他们发掘出来的古代文献器物，他们向许多方面作了新的探讨，范围之大，史无前例。对中国历史和佛教入华的过程，他们也有了很大的贡献。法国学者烈维（Sylvain Levi）发现最早汉译佛经所用的术语多半不是直接由梵文译过来的，而是间接经过一个媒介。他因而推论到佛教最初不是直接由印度传到中国来的，而是间接由西域传来。（参阅 Sylvain Levi, Le TokharienB Langue de Koutcha, *Journal Asiatique* 1913, Sept. Oct. pp. 311—38。此文冯承钧译为中文：《所谓乙种吐火罗语即龟兹国语考》，载《女师大学术季刊》，第一卷，第四期。同期方壮猷《三种古西域语之发见及其考释》，有的地方也取材于此文。）这种记载，中国书里当然也有，但没有说得这样清楚。他这样一说，我们对佛教入华的过程最少得到一个清楚的概念。一直到现在，学者也都承认这说法，没有人说过反对或修正的话。

我们上面说到"佛"这名词不是由梵文译来的，而是间接经过龟兹文的 p d 或 pud（或焉耆文的 p t）。这当然更可以助成烈维的说法，但比"佛"更古的"浮屠"却没有经过古西域语言的媒介，而是直接由印度方言译过来的。这应该怎样解释呢？烈维的说法似乎有修正的必要了。

根据上面这些事实，我觉得，我们可以作下面的推测：中国同佛教最初发生关系，我们虽然不能确定究竟在什么时候，但一定很早^①（参阅汤用彤《汉魏两晋南北朝佛教史》上，第22页），而且据我的看法，还是直接的。换句话说，就是还没经过西域小国的媒介。我的意思并不是说，佛教从印度飞到中国来的。它可能是先从海道来的，也可能是从陆路来的。即便从陆路经过中亚小国而到中国，这些小国最初还没有什么作用，只是佛教到中国来的过路而已。当时很可能已经有了直接从印度俗语译过来的经典。《四十二章经》大概就是其中之一。"浮屠"这一名词的形成一定就在这时候。这问题我们留到下面再讨论。到了汉末三国时候，西域许多小国的高僧和居士都到中国来传教，像安士高、支谦、支娄迦谶、安玄、支曜、康巨、康孟祥等是其中最有名的。到了这时候，西域小国对佛教入华才真正有了影响。这些高僧居士译出的经很多。现在推测起来，他们根据的本子一定不会是梵文原文，而是他们本国的语言。"佛"这一名词的成立一定就在这时期。

现在我们再回到在篇首所提到的《四十二章经》真伪的问题。关于《四十二章经》，汤用彤先生已经论得很精到详明，用不着我再来

---

① 《魏书·释老志》说："及开西域，遣张骞使大夏。还，传其旁有身毒国，一名天竺。始闻浮屠之教。"据汤先生的意思，这最后一句，是魏收臆测之辞，因为《后汉书·西域传》说："至于佛道神化，兴自身毒，而二汉方志，莫有称焉。张骞但著地多暑湿，乘象而战。"据我看，张骞大概没有闻浮屠之教。但在另一方面，我们仔细研究魏收处置史料的方法，我们就可以看出，只要原来史料里用"浮屠"，他就用"浮屠"，原来是"佛"，他也用"佛"，自叙则纯用"佛"。根据这原则，我们再看关于张骞那一段，就觉得里面还有问题。倘若是魏收臆测之辞，他不应该用"浮屠"两字，应该用"佛"。所以我们虽然不能知道他根据的是什么材料，但他一定有所本的。

作蛇足了。我在这里只想提出一点来讨论一下，就是汤先生所推测的《四十二章经》有前后两个译本的问题。汤先生说：

> 现存经本，文辞优美，不似汉译人所能。则疑旧日此经，固有二译。其一汉译，文极朴质，早已亡失。其一吴支谦译，行文优美，因得流传。（《汉魏两晋南北朝佛教史》上，第36页）

据我自己的看法，也觉得这个解释很合理。不过其中有一个问题，以前我们没法解决，现在我们最少可以有一个合理的推测了。襄楷上桓帝疏说：

> 浮屠不三宿桑下，不欲久，生恩爱，精之至也。天神遗以好女，浮屠曰："此但革囊盛血。"遂不盼之。其守一如此。（《后汉书》卷六十下）

《四十二章经》里面也有差不多相同的句子：

> 日中一食，树下一宿，慎不再矣。使人愚蔽者，爱与欲也。

（17，722b）

天神献玉女于佛，欲以试佛意、观佛道。佛言："革囊众秽，尔来何为？以可诳俗，难动六通。去，我不用尔！"（17，723b）

我们一比较，就可以看出来，襄楷所引很可能即出于《四十二章经》。汤用彤先生（《汉魏两晋南北朝佛教史》上，第33—34页）就这样主张。陈援庵先生却怀疑这说法。他说：

> 树下一宿，革囊盛秽，本佛家之常谈。襄楷所引，未必即出于《四十二章经》。

他还引了一个看起来很坚实的证据，就是襄楷上疏用"浮屠"两字，而《四十二章经》却用"佛"。这证据，初看起来，当然很有力。汤先生也说：

旧日典籍，唯借钞传。"浮屠"等名，或嫌失真，或含贬辞。后世展转相录，渐易旧名为新语。（《汉魏两晋南北朝佛教史》上，第36页）

我们现在既然知道了"浮屠"的来源是印度古代俗语，而"佛"的来源是吐火罗文，对这问题也可以有一个新看法了。我们现在可以大胆地猜想：《四十二章经》有两个译本。第一个译本，就是汉译本，是直接译自印度古代俗语。里面凡是称"佛"，都言"浮屠"。襄楷所引的就是这个译本。但这里有一个问题。中国历史书里关于佛教入华的记载虽然有不少牴牾的地方，但是《理惑论》里的"于大月支写佛经四十二章"的记载却大概是很可靠的。既然这部《四十二章经》是在大月支写的，而且后来从大月支传到中国来的佛经原文都不是印度梵文或俗语，为什么这书的原文独独会是印度俗语呢？据我的推测，这部书从印度传到大月支，他们还没来得及译成自己的语言，就给中国使者写了来。100多年以后，从印度来的佛经都已经译成了本国的语言，那些高僧们才把这些译本转译成中文。第二个译本就是支谦的译本，也就是现存的。这译本据猜想应该是译自某一种中亚语言。至于究竟是哪一种，现在还不能说。无论如何，这个译文的原文同第一个译本不同；所以在第一个译本里称"浮屠"，第二个译本里称"佛"，不一定就是改易的。

根据上面的论述，对于"佛"与"浮屠"这两个词，我们可以作以下的推测："浮屠"这名称从印度译过来以后，大概就为一般人所采用。当时中国史家记载多半都用"浮屠"。其后西域高僧到中国来译经，才把"佛"这个名词带进来。范蔚宗搜集的史料内所以没有"佛"字，就因为这些史料都是外书。"佛"这名词在那时候还只限于由吐火罗文译过来的经典中。以后才渐渐传播开来，为一般佛徒，或与佛教接近的学者所采用。最后终于因为它本身有优越的条件，战胜了"浮屠"，并取而代之。

1947 年 10 月 9 日

附记

写此文时，承周燕孙先生帮助我解决了"佛"字古音的问题。我在这里谨向周先生致谢。

——《历史语言研究所集刊》第二十本上册
（国立中央研究院，1948 年）

谈梵文纯文学的翻译（1948）

季羡林

在中国，从梵文翻译过来的书籍真可以说是汗牛充栋，但这差不多全是佛教经典，纯文学几乎没有一本。这原因其实很简单，每个人一想就可以知道。我在这里并不想谈这问题。我所要谈的是，除了佛教经典以外，纯文学的书籍也应该翻译。

为什么应该翻译呢？这话说起来很长，我们也可以从长远处说起吧。我们随便读一本用近代欧洲语言写成的论文学和文学批评的书，只要提到古代文学，著者就把古代希腊拉丁文学抬出来，大捧一阵，从四面八方来看，简直无一处不美，无一处不合乎理想。他们却用自己的幻想创造出许多理想的标准，用幻想把这些装进这些文学里去，然后再用幻想把这些标准从这些文学发现出来。于是，世界除了古代的希腊罗马以外，就再没有别国有好的文学。

在他们自己制成的象牙之塔里，这些文学家和批评家本来可以安静地住下去，但竟有些叛徒不甘心给这些象牙之塔的影子来牢牢地压住，他们偏要从象牙之塔的顶上看出去。德国的诗王歌德就是其中的一个。他看到了东方，尤其是印度。

歌德平常对东方文学就很感兴趣。他的著名的诗集 *Westöstlicher*

Diwan（1819）就是这兴趣极好的表现。他的对梵文文学更非常爱好。他自己虽然不懂梵文，但所能得到的一本他都读。他的最伟大的作品 *Faust* 在开头的结构上就受到印度诗圣迦梨达奢（Kalidasa）的剧本《舍君达罗》（*Sakundala*）的影响。艾克曼（Ekermann）在他的《谈话录》里记过这样一段：

星期三。1827 年 4 月 25 日

同歌德吃饭，还有 Lassen 博士，Schlegel 今天又到宫里赴宴去了。Lassen 谈到很多关印度诗的事情。歌德似乎很感兴趣，这可以补充他在这方面的十分完整的知识。

迦梨达奢的长篇抒情诗《云使》（Maghadūta）由 H. H. Wilson 在 1813 年译成英文，这个译本歌德也读过。在高兴之余，他把这书寄给他的朋友 Knebel，并且还有诗影射这事情：

还有 Maghadūta，这《云使》。

谁不高兴把它送给他的知心人呢！

（Und Maghadūta den Wolkengesdandten

Wer schicktihn nicht gerne zu Seelenverwandten!）

在德国，第二个对梵文文学发生了很大兴趣的诗人就是 Tüchert。他不像歌德一样只能读译本，他自己就是一个很好的东方学者，他深通梵文。他从梵文里译过许多诗。世界第一篇史诗 Mahabharata 里面著名的 Nala 和 Danayanti 的恋爱故事就是由他译成德文的。

我上面举了两个例子，表示欧洲那些文学家和批评家造成的象牙之塔并不能把一切人的眼光都完全遮住，仍然有人要看出来的，而且他们还就真看到了好的东西。在中国从来就没有人造成这样的象牙之塔，我们同产生这样瑰丽雄伟的文学的印度又是近邻，但来往了二千年，纯文学却始终没有介绍过来。这不能不算是怪事。其实我们也不能怪那些高僧们。他们跋山涉水，横过大漠，九死一生到印度是求真经去的。这些凡人们看来很美的文学，在他们看来也许一钱不值，他们哪里又会有时间来翻译这些东西呢？

在近代，第一个注意梵文文学的和尚是苏曼殊。这也毫不足怪，因为曼殊自己恐怕就是多一半是诗人，少一半是和尚。在乙酉年四月他从日本写给他的朋友诗人刘三一封信里说：

> 弟每日为梵学会婆罗门僧传译二时半。梵文师弥君，印度博学者也。东莱两月，弟与交游，为益良多。尝属共译梵诗《云使》一篇，《云使》乃梵土诗圣迦梨达奢所著长篇叙事诗，如此土离骚者，奈弟日中不能多用心，异日或能勉译之也。

以后再没有下文，恐怕终于没有译成吧！

前几天我在一个杂志上看到过一个《云使》的翻译。译者的名字似乎是王维克，杂志似乎是《人世间》，是从法文转译的。我拿来同梵文对过几首。两者之间简直是风马牛不相及。倘若不是上面明明写着是《云使》的一本的话，我实在看不出来。最后又听说有人把《舍君达罗》从英文译了出来。我虽然还没有看到译文，但我相信，这一定不会好的。

这样的翻译我们不要，虽然我们很需要在梵文纯文学的译本。我一向反对转译。原因我已经在另一篇文章里谈过（《谈翻译》）。尤其是梵文纯文学的作品我觉得更不能转译。因为就文法说，梵文是世界上最复杂的文字。无论用哪种文字译都不能把原来的文法构造反映出来。除了文法上的复杂以外，梵文的纯文学还有一种神秘的美，也是世界上的任何文字里找不到的。譬如我们读《云使》，虽然我们面前摆着的只是印上黑字的白纸，但我们的心却随了这《云使》飘动在太空里，我们仿佛看到绚烂的花色，嗅到芬芳的香气。我们即使直接从梵文里译，也万难把这色彩与香气传达过来，何况转译呢？

所以我所希望的是从梵文里直接译过来的译本。这虽然很不容易，但我们却一定要做，而且据我所知道的，现在已经有人在那里做。金克木先生译过许多优美的梵文诗，吴晓铃先生据说译了几个梵文剧本。金吴两先生都是精通梵文的学者，金先生是诗人，吴先生是戏曲家，他们的译本不用说一定会很完善的。在印度文化关系史上，他们可以说是开了一个新纪元。以前我们中国的高僧们翻译过许多佛典，现在我们又有人来翻译梵文的纯文学了。我希望印度诗圣迦梨达奢的瑰丽的诗篇不久就在中国家喻户诵，像莎士比亚、歌德的诗篇一样。

一九四七

——《山东新报·文学周刊》第 14 期（1948 年 1 月 23 日）

译诗我见（1948）

吕冬阳

　　最近从友人处看到李岳南先生译的"世界名诗选集之一"的《小夜曲》，装帧的悦目，译笔的清醒，都给人以好印象。李先生在《再版告读者》中说："真想不到这本小册子，在问世后很快地就销光了"。可见这本书是怎样地被读者爱着。但仔细念完全书之后，觉得书中正有数处小小的舛误，容或是李先生偶然的疏忽。现在我们将其中的一篇渥茨华士的《致杜鹃》提出来说（李先生译诗载译本三十六页），并愿聆听李先生的高见。

　　首先以题目来说，原著为"To the Cuckoo"。"To"字译作中文有"致""给""赠"之意。省了这"致""给""赠"字，只留了一个"杜鹃"，对原著题意恐未免有些出入。再如译本第一节来说，第二行与第四行都有些不妥：

　　　　啊！快乐的新客！我已听到，

　　　　我听到你和喜悦来了：

　　　　啊！杜鹃！我将称你为翎禽，

　　　　或是一种奇奥的声音？（李译）

　　　　O blithe New-comer! I have heard,

I hear thee And rejoice.

O Cuckoo! Shall I call thee Bird,

Or but a wandering Voice?

"我听到你和喜悦来了"，"喜悦"（rejoice）是动词，而非名词，所以译作"我听到你（的声音）而觉快活"，比较切些些。"一种奇奥的声音"，"奇奥的"在英文中是"Wondering"，原著里"Wandering"一字有着漫游、漂泊无定的意思。杜鹃在春三月，于天空或树林间一面飞翔一面歌唱，故其声音"飘忽无定"，译作"奇妙的"，也能解释得通，但总不如"飘忽无定"之妙。

又在译诗第二节第二行"我聆听着那尖音的高唱；"李先生犯了同样的错误。原著：

"Thy twofold Shout I hear"

"twofold"这字译义是"双倍的""双叠的""双重的"意思。按之事实，杜鹃（我国又称布谷鸟）的叫声是叠音的：

咕—咕

咕—咕

原作上用"twofold"这字原有无尽的情趣意境，被李先生擅译作"尖音的"，却未免有强奸了原作之嫌了。

据说译诗比作诗难，译者不但对原作要有彻底的了解，而且对原作者当时所处的社会背景、风俗习惯、时代演进也要有相当的认识，然后再用自己的语言将它引渡过来：使它仍旧是一篇诗。否则靠着这一本英汉字典，一行一行的按字直译，原不必像李先生这种作为人师的人来干，只要稍识 AB 的人就行。因为那时译诗已与译电员之译密码排字工之与排字同一意义的了。

我以为介绍西洋文学名著到国内来虽是一件迫切而有意义的事，而且如鲁迅先生所说不惜重译再译，但态度总要郑重、严肃；工作总要力求认真。李先生在小序上说起《小夜曲》是"在教课之余，偶尔将自己喜欢的几首英文诗译作中文，预备讲给学生听的"，后来因底稿放在抽屉里，被老鼠因偷吃浆糊，连他的"心血"也一并咬破了。于是便于"气愤之余，在冰冷的斗室里，夜以继日地翻译了十多首以示报复"了。而且"再也不肯放在抽屉里"——一句话，要付印问世了。

从这里我们可以看出李先生的天真可爱。文王一怒安天下，李先生一"气愤"便有《小夜曲》之问世，原是李先生之幸，读者之幸。但气愤愤地在冷冰冰的斗室里夜以继日地急译，却难免有了错误，有了疏忽。这一来却未免有点像吉诃德先生之认风车为巨人一样，除李先生没有被风车卷到半天空去外，这种错误与笑话结合成的"心血"对许多纯洁的读者或亲受过李先生教诲的学生，我却不禁要代捏一把冷汗了。

鲁迅先生说："批评翻译比批评创作难，不但看原文须有译者以上的工力，对作品也须有译者以上的理解"（《花边文学》）。惭愧的是，我对文学是外行，不但没有译者以上的工力，也没有译者以上的对原作的理解。我只能说作了一次小小的校对。功课繁重，不容我再饶舌下去了。

——《文潮月刊》第 4 卷第 4 期（1948 年 2 月 1 日）

论南传《大藏经》的翻译（1948）

季羡林

【……】

　　这几册已经印出来的书都是从日文译本重译过来的。我向来就反对重译，因为我觉得翻译已经是不得已的办法，无论从什么文字译成什么文字，无论译者的本领怎样高，原文的风格韵味甚至涵义也不能完全保存在译文里，何况是重译？世界上尽管有非常著名的翻译，像Fitzgerald译的《鲁拜集》，Schlegel和Tieck的德译莎士比亚；但倘若仔细研究起来，这些译本之所以闻名，完全因为译文的精美，并不是因为这译文捉住了原文的韵味和风格。这些译文实际上就是创作，原文只供给了创作的灵感。现在从日文重译巴利文《大藏经》，我也不敢赞成。日文同巴利文在句子的构造上相差非常远。连与巴利文同属于一个语系的英文、德文、法文都不能把原文的风格和句子的构造忠实地保留住，何况日文？现在我们随便举一个例子：《本生经》第三十八原名Baka-Jataka（鹭本生），里面有一首诗，我现在把原文写在下面：

　　　　Naccanta nikatippanno nikatya sukham edhati

　　　　Aradhe nikatippanno bako kakkataka-m-iva'ti

　　直译出来就是：

长于奸诈者不能永远因了奸诈获得利益，

就像奸诈的鹭从蟹那里受到的。

意思是，长于奸诈的人虽然有时候利用奸诈可以得到好处，但总有一天会受到恶报；奸诈的鹭让蟹惩罚了一下，就是个例子。原文两行，每行十六个音节，每行又可以分成两半（Pāca），每个 Pāca 八个音节。每二行文法上有点问题，似乎应该补充一下才能清楚。

我们现在来看译文。我手边没有日译本，只能据从日译文重译过来的中译文来看：

长于奸诈者以奸诈之故

不能永久繁荣如奸诈的鹭因蟹受到（恶报）

每行分成两段，大概是要表示出原文的 Pāca，不过却失败了，因为原文的第一、第二 Pāca 在这里变成了三段，最后两个 Pāca 却缩成一段。再就意义上说似乎也有点错误：译者好像要说，因了奸诈的缘故才不能永久繁荣，与原文的涵义不符。我们再看英译本：

Guile profit, not your very guileful folk

Mark what the guileful crane got from the crab!

这样译未免太自由了，无端加添了几个字都是原文没有的，口气也同原文完全不同。英译本同日译本比，我看还是日译本比较忠实于原文。倘若有人从英译本里把《本生经》译出来，那就恐怕离原文更远了。

我上面说到第二行似乎有点问题。像这样有问题的地方在巴利文《大藏经》还很多，多半是因为流传时间过久，难免有传写错误的地方。就拿《本生经》来说，里面就有不少问题。Fausböll 校刊的本子，固然都公认是一个杰作；但也还留下许多困难问题没有解决。英国名梵文学家 Cowell 领了一大群梵文学者译成的英文本和 Dutroit 译成的德文本都不能令我们十分满意，有些地方常常牵强附会。所以无论谁只要想翻译巴利文经典，就要对原文加以精密的研究，他的译文就代表他在巴利文研究上的造诣。在翻译的时候，除了最通行的 Pali Text Society 的刊本以外，还应该参阅暹罗字母的《大藏经》，因为暹罗字母的《大藏经》有的时候比通行刊本好，字句有些地方更与古本接近。日本学者虽然已经知道利用暹罗字母的《大藏经》了，但日本学者对巴利文的研究成绩并不特别出色。以不太出色的成绩来做这样艰巨的工作，有些地方难免勉强，自然也是意中事了。所以我相信，巴利文《大藏经》里面许多字句方面的困难，在日译本里不见得都能得到满意的解决。我们现在竟然想把这样一部书全部重译过来，岂不有点费力不讨好么？我们现在在这方面工作的专家还不多，当然还谈不到能直接从巴利文里把全部《大藏经》译过来；但是我们不妨先从小处着手，有几个人算几个人，能译多少就译多少，慢慢加添上去，多少年后，说不定我们也能把全部巴利文《大藏经》直接译过来。即便我们目前只能译出一本来；但这一本也能表示我们真正的本领，总比重译外国文译本好。也许有人会说：这样一来，我们不知道要等多么久才能看到全部巴利文《大藏经》的译本。但那又有什么关系呢？我一直到现在还相信，做学问应该抱定宁缺勿滥的精神。

我上面说了很多话，似乎对普慧《大藏经》刊行会译印的巴利文《大藏经》不满意。其实不然，我非常钦佩这种精神。我只希望中国学者们能够百尺竿头，更进一步，所以才说了多话。我的用意是给学者们以鼓励，让他们不要浪费精力，如此而已。

三月四日晚于北京大学

——《申报·文史》（1948 年 3 月 13 日）

印译《中国小说》序（1948）

沈从文

　　印度泰无量先生，来中国研究现代文学，选了些短篇小说译成印度彭加利文，预备出版，要我写一点序言。我觉得这个工作，可说是中印关系一回新的开始，值得特别注意。因为中印国境毗邻，同有长久历史文化，千余年来彼此无争，本来友谊即奠基于学术思想的流注，法显、玄奘等大德名僧，西行求学问道，历尽艰难，不以为意。其忠于知识、忠于信仰、弘法忘身的虔诚博大精神，更连结两大民族友谊在历史上的永固长存。

　　我个人工作侧重在现代中国文学思想的发展研讨，及短篇小说的写作，即常常感觉前贤往哲过去的努力为后来者保留下一笔丰富珍贵的遗产。这笔遗产所包含的人生思想，虽已失去意义，如以短篇小说故事设计而言，试于大藏诸经中稍加注意，也就可知，一个作者若擅长连用，还能够挹取无穷无尽的芬芳！

　　近三十年中国新文学运动系由社会思想解放重造而来，初期发展得力于外来介绍甚多：莎士比亚、易卜生的戏剧，迭更司、托尔斯泰、莫泊桑、契柯夫的小说，王尔德、安徒生的童话……对于初期作家的用笔，都无疑是一种健康的刺激和启示。至于散文诗及抒情小诗，有希腊、日本、印度文学的浸润，却应数印度诗人太戈尔先生《新月集》的介绍，和他本人一再莅临中国做客，意义大，影响深。中国两个现代诗人的成就，都反映出太戈尔先生作品点滴的光辉：一个是谢冰心女士，作品取用的形式，以及在作品中表示对于自然与人生的纯洁情感，即完全由太翁作品启迪而来。另一个是徐志摩先生，人格中综合了永远天真和无私热忱，重现于他的诗歌与散文中时，作为新中国文学一注丰饶收成，更是太翁思想人格在中国最有活力的一株接枝果树。两个诗人的工作，尚未能得到充分的发展，即各因生活变故，或搁笔，或早逝；且因社会变动过于激烈，所有作品在二十年时间的洗炼新陈代谢中，也俨若业已失去本来的华泽，为新一代年轻人所忽视。然而中印两个民族出自同一土壤培育生长的文学，却尚有个平行相交的一点，即诗歌散文小说里，对于土地自然景物的依恋，人生素朴的爱，凡所以浸润于太翁作品中，使作品形成一种健康纯厚人民气质的、新的中国文学，实同样丰富而充沛。有心读者从这个译文中所介绍的短短篇章，应当也可以看出。

不过近二十年中国的一般学术运动，多因习惯注意集中从欧美作家（科学训练）的学习和（民主制度）的接受，近十年又被迫集中全国人力物力，作抵抗侵略、防卫本土的牺牲。因此国境毗邻文化交流的中印关系，反因交通阻隔，如不相闻问，中印两国人民，虽然对于孙中山先生和甘地先生，一生为人民伟大的努力，相互表示由衷的钦佩。太平洋大战爆发后，同盟国为反攻准备，中国新军的训练，及作战物资的补给，又幸得用印度作基地，战事方能继续进行，获得最后胜利。然而两大国家近十万万人民，为追求民族解放自由，对此同一目标所作的种种挣扎，半世纪以来遭遇的困难挫折，以及因内在矛盾、思想观念对峙不得已的流血，各自有一出长不闭幕、无可奈何的悲剧，既庄严伟大也错误迷路的情形，表现于文学中的万千种记录，就还缺少彼此沟通及作参证的机会。近十年内虽有谭云山先生、吴晓铃先生及其夫人石素真女士、并金先生来研究中国文学，交换中印学术，然而直到最近吴晓铃先生回国后，少数中国朋友实在才知道中国友人太戈尔先生，用他本土文字印行的著作，原来已到二十巨册，这些伟大作品，不特中国尚未曾译出百分一二，即英文的移译，也就并不怎么多！（骂太戈尔的就从来不会仔细读过他的作品）。至于印度朋友对于中国近三十年新文学的成就，由于语言文字的悬差，以及学习机会的难得，自然更加觉得隔阂，无从着手了。中国中古文化史最光华璀璨的一页，所得于印度的赠与既不少，投桃报李之事则至今犹无所闻。关于这一点，关心中印友谊的学人，必不免感觉到有种待尽未尽的责任。

所以泰无量先生这个译文的完成，使我除了对于他的热心认真从事工作表示十分敬重外，实在还寄托一种更大的希望，即过不多久，印度和中国学人，能够有个永久性的中印文学会组织，将两大民族出自人民最真挚诚恳情绪表现的文学作品，照计划来相互转译介绍，作为在发展两国友谊和理解中一道新而坚固的桥梁。这工作虽相当沉重，不易短期见功，如能逐渐进行，我深信对于东方十万万人民的团结进步，以及未来世界和平安定与繁荣，都将有重要贡献。工作庄严的意义，亦决不下于千年前大德高僧的弘法译经。我愿把这点意思，借这本小书提供给印度读者面前，盼异邦友朋，肯共同来促成这种崇高理想的早日实现。

中华民国三十七年三月十七日于北京大学

——《世纪评论》第 3 卷第 16 期（1948 年）

译诗经验谈（1948）

水长东

译诗的确难，能像英译本《鲁拜集》那样完美无疵的译品，即在文学史中亦属罕见。虽然如此，由于各国竞相吸取外来文化，以营养丰富本国文化，于是一切好的作品都有翻译成本国语言的必要。译诗一道自然也不能例外，所以诗难译，不能不译。

近年，散见于报端杂志中的译诗为数并不少。好的译品不能说没有，但是能满意的确乎太少了。这是事实，不必隐讳，况且译诗在今日所以不讨好，其症结并不全在译者，译者往往费尽力气，但是由于中文文字文法上的限制，实无法竿头更进。明知自己不曾真实地表现出原作的意境，但往往又找不到更适当的语词来表现；不是找不到，而是没有。

因为文言已死，正当发展中的白话文，它的文法和词汇还在发育期；凭心而论，不只用它翻译困难重重，有时甚至用它表现我们自己的某些思想和情感都嫌不足。这种困难在散文中还不显，在诗中，情形就颇严重。

例如，最近在《小夜曲》及《七月诗丛》见到 C. 罗赛蒂那首著名的《短歌》的译文。论词句、内容、形式，这首短歌都并不深奥，但是两篇不同的译文，虽然颇有出入，却都不能令人十分满意。而我自己又用白话文试译了几次，都终归失败。最后万不得已，还是用古体译出如下：

> 君当我死后，勿泣勿悲歌；
>
> 勿植红薇花，勿长绿柏柯；
>
> 青草生墓顶，露湿雨滂沱；
>
> 念我或忘我，视君意如何。
>
> 不见树影阴，不觉天雨露；
>
> 不闻夜莺啼，似诉尘寰苦；
>
> 冥冥睡梦中，昏昏绝朝暮；
>
> 念汝或忘汝，任我随缘度。

如用白话译这诗，第一问题即在首句："When I am dead, my dearest,"之"my dearest"一语，要知道这诗全篇是罗赛蒂这位女诗人的口吻，欲表示她的身份，她的口气，只有译作"君"，最为妥恰。至于用白话译，"my dearest"一词的同义语（equivalent）自然很多，但是要想找到能表现它的意义、又能表现它的语气的轻重的字，在白话文中确乎还没有。不过这里必须附带声明一句，诗人作诗每每借女人身份作诗，女诗人未尝不能用男人口吻写作，所以用白话翻译这诗，困难尚不在此，而是在第一节的末二句：

> "and if thou wilt, remember,
>
> And if thou wilt, forget."

和第二节的最后二行：

> "Haply I may remember,
>
> And haply may forget."

这四行实是全篇的关键，也正是杜甫所谓"篇终接混茫"之处。意思也很明显：这位女诗人在死后对于被她爱人想念和自己想念爱人这两件事，实际上抱着同样的希望，而并非表示"你记得也好，你忘记也好"这样绝决；正如一位家长临终对家人说："人死则安，不必悲伤，至于祭祀与否，全在你们各人孝心。"这并非说："祭祀与否，全随你们便。"人类这种微妙心理是很容易理喻的。所以罗赛蒂这诗和家长这番话，实际在婉转间更含着无限希望。因此在翻译的时候，断不能将"念我"及"忘我"两件事看作同等轻重。但是要表示出这"婉转间，更含希望"的意境，在以上所提到的两篇译文，和我自己用白话来试译的结果，都证明失败了。理由是：从白话文中，只能找到这最后四行诗的同义语，毕竟找不出能代表原文语气轻重的话。例如，我们平日说："想不想我由你"或"任凭你高兴"这一类的话自然很多。但是这都只在说话时，视神气的不同，才能表示出"想"与"不想"孰轻孰重；至于光凭字面是显示不出这两种双重的微妙关系的：（一）"想"与"不想"表面上要站在同位，换言之，即是婉转；（二）"想"与"不想"在意义上要前者重于后者，换言之，即是含着无限希望。因此，我将这四行译成"念我或忘我，视君意如何"及"念汝或忘汝，任我随缘度。"这里我不是主张用文言文译诗，不过想指出翻译诗的一些困难，一些值得注意之点。

翻译诗，不仅在移植原作的意义，不仅在保存原意的性质；同时，要把握住原作中量的变换——感情和思想上的速度、轻重、变化。

以前，读到艾略特（T. S. Eliot）的诗，一篇中往往不限于一国语言，又不限于古文今文或雅语俗语。最初以为他是有意卖弄。现在想来，大为不然。一句话中内在的深度，往往不是其他任何一种语言或方言所能代替的；换言之，一句话往往有它性质和量的轻重意义在，有它本身的真确性。例如"打"与"揍"，性质虽同，其量迥异。这点才是译诗上的真正困难，并非如陆志韦教授所谓："文言意义多隐晦，所以翻译用白话较容易。"而现在已证明了意义真正隐晦的，是"你记得也好，你忘掉也好"；意义不隐晦的，却是"念我或忘我，视君意如何。"所以问题所在，并非用白话与文言翻诗孰易孰难。译诗的真正困难，还在怎样在译文中把握住原文每一字一句性质和量上的双重意义。这也正是无论用任何一种语言译诗，都必注意之点。

前面已说过原作中感情和思想上量的变换，有速度、轻重、变化三种，在翻译时都必须确实把握得住。愈是好诗，它一节一行一字彼此间的跳跃也愈大；感情和思想都以高速度向前冲进；必不能呆滞在任何一个点，在译诗时必须在意义之外，同时把握它表现的速度。这样说，也许还嫌抽象。可以举一个故事来说明：一次，一位朋友读着Medea 这篇希腊悲剧，忽然拍案而起说："怪！他们的对话怎么总是文不对题，问非所答？甚至问一答十？"对！这就是文学，思想和情感同时在飞跃！例如说"你吃饭了吗？"回答是"穷人哪有饭吃！"就在这一答话间，思想和感情立刻开拓出了一个新的境界。这就是速度！诗之不同于散文，也正在于感情和思想永远以高速度向前冲进，所以杜甫说"意惬关飞动"，这"飞动"二字用来形容诗，的当精确，杜甫真不愧为诗圣。

在译诗时，正和作诗一样，文字的拖沓最易使感情和思想上跳跃的速度埋没。因此一篇翻译诗往往只成了一篇跳跃大的散文，最好也不过能说是跳跃小的诗。于是呆滞、无力、晦涩……一切弊病，纷至沓来。

要用另外一种语言表现一首诗中一句一行在速度上的变换，自非易事，不过这并不是绝对不可能的。一次，在翻译雪莱的《印度小夜曲》，开头即遇到了这样的困难，我已将它译成为：

> 在晚上最初的甜梦中，
>
> 我从梦你的梦中醒来。

但是我终不满足，最后终于将它译成了：

> 我从甜蜜的夜梦，
>
> 梦你的梦中惊起。

这里我虽然牺牲了 first 一字，但是这第二行显然地给第一行开拓出了一个新的意境；同时思想和感情的强烈也随速度增加，真正地触到了一些"意惬关飞动"的诗趣。

至于诗中感情和思想上第二种量的变换——轻重，已在谈译短歌时交代清楚，不再赘述。

最后要谈到诗中意义在量上的变化，这种意义在量上的变化，又是诗中独具的一种性质，也是构成诗之所以能高速"飞动"或"跳跃"的因素之一，它在语言之外存在，所以不是只凭同义语（equivalent）就能转译过来的。为了说明，我举马瑞梯（G. Meredith）的一首小诗《无音之歌》作例。译文是：

> 枯葭无生气，（注）
>
> 犹自强为吟。
>
> 疑是我心头，
>
> 行过起微音。
>
> 瑟瑟心弦振，

拨出悲叹深，

应是枯葭响；

籁籁在吾心。

这第二句和第四句本是：

It is within my breast they sing.

as I pass by.

和

there is but sound of sedges dry;

In me they sing.

但是只从"but"这一字，两句间的关系完全改观，两句意义在量上起了变化：后句的"is"无形中否定了前句中的"is"，两句中的"是"即不再相等，同时一种新的意义在前句的文字之外产生。这个"疑"字的意义在原诗中虽不着文字，但是无论用文言用白话来翻译，都是不可少的。否则再让"不过是"来否定"是"，未免失之晚矣；于理也不合，"是"已经是，不能不是。

纵观以上三例，我仍用一句旧话作结："翻译诗，不仅在移植原作的意义，不仅在保存原意的性质；同时，要确实把握住原诗中'量'的变换——感情和思想上的速度、轻重和变化。"

注：《短歌》是 C. 罗赛蒂短篇中的佳作，大概凡知道这位女诗人的很少不知道这两首诗。况且国内译她这首短诗歌的人，已不止数见，故在此拟不附原文。至于《无音之歌》虽然也是马瑞梯的代表作之一，与《短歌》同被视为上品，还在曼莱英国诗文集中，但是这诗知者究少，所以在此抄录原文，俾供参考。

Song of the Songless

They have no song, the sedges dry,

And still they sing.

It is within my breast they sing,

As I pass by.

Within my breast they touch a string,

They wake a sigh.

There is but sound of sedges dry;

In me they sing.

————《文潮月刊》第 5 卷第 2 期（1948 年 6 月 1 日）

关于介绍惠特曼（摘录）（1948）

楚图南

　　译事是很难的。尤其关于译诗，除了文学语言的障碍而外，诗文学本身的灵活性，或生动性，只可意会，不易言传，更增了翻译上的困难。譬如诗境界的有时幽邃玄远，有时迴曲而多变化，且富于暗示或隐喻。诗文学的涵养丰富，且多弹性，可以有着各种不同深度的看法，也可以有着不同方面的解释。因此关于诗歌，不要说翻译，即使单是理解，也就很不容易。中国的一部《诗经》和《楚辞》两三千年来就有着各种不同的注释，对于一字一句、一言一意的争论，往往经过了多少年或多少人的争辩而仍然不容易得到正解。在欧洲，一个作家、一篇作品的出现，即有着各种不同的赞美和各种不同的攻诘，尤极为习见的事，但这些事实不是说明诗歌之不能有比较客观、比较一致的评价或解释，也就是说，这些事实不是说明诗歌究竟不会有比较近于正确的解释。有是有的，但这要看读者用的是什么方法，有着怎样的生活体验，对于作家和作品有着怎样的理解，对于作者和作品的历史和社会、时代和环境，有着怎样的认识。将这些条件都准备得完全或近于完全，准备得充分或近于充分，诗歌自然可以有正确的解释或近于正确的解释；由于可以有着正确的解释，或近于正确的解释，由这种意义或这种见地说诗歌当然是可以翻译的了。不过这仍然还是很困难，因为这时除了前述的各种条件而外，还要看你对于用以翻译诗歌的文字的应用或驾驭是否熟练，还要看你是否可以从原作品再现或激起与原作者相同或相近的思想和感情，也就是还要看你对于文学的生活或精神上的造诣和技术上的修养。把这些条件算进去，然后才可以谈得到翻译。可惜这些条件的准备也还是十分困难的。所以林语堂的叹息并不是没有原因的了。本人于工余课余弄点所谓译诗之类的小玩意儿，在自己是一种对于诗歌的欣赏或工作的消遣，却也愿意供一部分有心无力和我一样的读者的参考，并也抛砖引玉，希望能有更好的作品译出来。至于错误，自然自己知道是不可免的。譬如据个人的经验，海涅一首叙述儿童生活的诗歌，在英国就有着四五种不同的译本，经觅来对校着一看，不单是译文多有出入，即译意方面，也多有大相违反的地方。另外一首普希金小诗的三四种英译本，也是这个样子。又如本人所译的另一本诗歌《在俄罗斯谁能快乐而自由》，在涅克拉索夫的原文，乃是"谁生活得好"，但梭斯基的译本，则改作了《在俄罗斯谁能快乐而自由》。因此诗歌的翻译，所谓错误，也就很难说。更不能轻易地张牙舞爪，指点着谁是对，谁是不好，谁是正确，谁是错误。这其间可能有着多少的商量的。在批判者求审慎，在翻译者要求虚心。起码有着文学的最低的修养，或做人的最低的修养的人，应该如此。但这些都似乎说得太远了。即以本人所译惠特曼的诗歌为例子，如惠特曼的一首纪念林肯总统的诗歌，经找到了两三种以上的日译本来对校着看。如"当庭院中最近新开的紫丁香花"的"新开"两字在原文为"last"，而这字在有岛武郎译作"残余"，白鸟省吾则译作"最后"。"残余"与"最后"这有多大的出入呢？我十年前的译文参照了有岛的译文，也译作"残余"，最后仍觉不妥，所以十年后的译文已改为"新开"。《大路之歌》的 1947 年再版，才将这字更改过来。心中也才算了却了一件事情。因此想着严几道先生的译书，"一字未安，绕屋彷徨"，这真是体验了甘苦之言。

翻译究竟是难事，译诗尤其是难事。所以我们需要善意的鼓舞和勉励，也更需要公正的指责或批评。错误是难免的，需要批评和指责也更是当然的。

——《文讯》第 8 卷第 5 期（1948 年 5 月 15 日）

翻译者的修养（1948）

董秋斯

上一个月，文协编印纪念刊《五四谈文艺》，我写过一篇"翻译的价值"。当时就想到现在这个题目，以为有一些意见可以再写出来。不过生在这个年头儿，谁也不能想做什么就做什么。一些更迫切的问题冲散了脑子里已经集拢起来的若干念头，一直未得到重新整理的机会。最近《文讯》来信约稿，指定谈翻译问题，虽然心情依旧乱糟糟，只好就所能想到的随便谈谈吧。

我在"翻译的价值"一文中提到，就我国目前的需要来说，翻译的价值断乎不在创作的价值之下。决定翻译价值的高低，不在与其他文化部门比较，乃在它自身成就的好坏。坏的翻译没有价值，正如坏的创作也是没有价值的。

我想得出，看了那篇"翻译的价值"，会有人以为，目前比较重大的迫切的问题有这么多，文化人的生活条件是这么坏，在这种时候谈提高翻译的品质，不过是不切实际的高调罢了。但是，我的看法是，我们翻译出来的不是给自己看的，是给众多的读者（尤其是青年学生）看的。想到一种错误的歪曲的翻译所能发生的坏影响（使人憎恶翻译是其中一端），我们不能不对潦草的不负责任的态度提出控诉。

假如我们仅把翻译当作一种谋生的手段，只求拿到稿费，不问发表以后的影响，说得客气一点，这不是对不合理的社会斗争，而是向它屈服了。我们固然反对象牙之塔里的自我陶醉，但也不能不反对类似新马尔萨斯论者那种削足适履的作风。不合理的社会妨害了文化的发展，应当被革除的是那个社会制度，而不是降低了文化水准去迁就它。这是文化工作者首先应该认清的。

所以，我们要提高翻译的品质，断乎不是希望所有弄翻译的人各自一味关起门去提高。那显然是一条走不通的路。我们只要指出好的翻译应有的标准，使大家知道这工作不是随随便便可以做得好的，由苟且敷衍和安于小成的态度转变为严肃认真努力求进步的态度。一个坚贞不移的文化界的革命斗士，必然同时是一个态度严肃的学术工作者。只有态度严肃的学术工作者，才痛切地感到合理社会的重要性，因而坚决地为了它的实现去斗争。

苏联最优秀的翻译家朱柯夫斯基说，翻译是一种科学，同时是一种艺术。凡在翻译工作上有过若干甘苦经验的人，不能不承认这句话的正确性。不过，各种已成立的科学和艺术，都有一个比较完整的理论体系。只有翻译这一个部门，在这一方面，远远落在其他部门后头。我国目前还有人怀疑翻译的价值，实际上这是在数千年前希腊、罗马时代已经有了定论的了，名学者如昆克提良（Quinctilian）、西塞禄（Cicero）、小普林尼，不但自己在翻译方面用过许多功夫，也极力劝人学习，看作成功优秀作家和演说家的重要条件。可惜的是，他们以及以后的人们，都不曾像处理其他科学艺术部门那样来处理翻译，都未认真考察它的法则，以建立一个理论体系。我国汉、唐时代的佛教徒，在翻译佛经方面，论规模的宏大，态度的严肃，都是以后的时代到目前为止无法企及的，可是就理论的成就来说，既不能构成一种完备的科学，也不能构成一种独立的艺术。我国近年有过若干次翻译问题论战，虽然提出了不少可贵的意见，但似乎没有一个人把它当独立的科学和艺术来处理，成就总归是很有限的。没有理论的体系，也就没有公认的标准，于是翻译成了人人可做、人人做不好的一种工作了。远在两百多年前，英国诗人邓安（Denham）有过这样两句诗：

> 骄傲愚蠢或命运
> 译事多付无文人

与邓安同时的编剧家德来登（Dryden）也说，因为很少人具有翻译工作应具的才能，所以流行的译文没有多少可取的。一百多年前写作《翻译原则论》的泰特勒（Tytler）发过类似的慨叹，他说，每天有无数古今作品的翻译出版，真正有价值的却非常少。时间过去一两百年，假使前面所举的几个人生在现代，尤其是在我们中国，我们有理由相信，他们对目前翻译界的情形依旧不能满意，几乎要发出类似的慨叹了。

欧洲各国文字渊源相同，不论今古，都有多少近似之处，然而翻译起来，还难得有像样子的成绩。中国文字与欧洲文字的差异是那么大，中国一般的学术是那么落后，有关的社会条件又是那么坏，要想使我们的翻译达到一定的标准，不是格外困难吗？

认识困难便是解决困难的开端。泰特勒说，一般人相信，翻译这一行是用不着多少天分或才力的。这见解在中国格外流行。朱柯夫斯基反对手工业或票友式的翻译，他说，这种翻译当权的时代，在苏联已经过去了。很显然，这个时代在中国离着过完还似乎远得很呢。

我以为要提高翻译的品质，首先得使大家明了，翻译工作不是不学而能的，是需要一定才力和一定修养的。泰特勒的《翻译原则论》，在这一点上，的确有了很大的贡献。他先给"好的翻译"下了一个界说，便是：

> 一种好的翻译含有原著的一切好处，使得译者的国人同样清楚地了解，同样强烈地感得。

他随即根据这界说，定了三项原则：

1. 翻译应当充分传达原著的思想。

2. 译笔应当与原著具有同一性质的风格和癖好。

3. 翻译应当具有原著所有的流畅。

这三项原则初看似乎平常，实作起来就一项比一项困难了。先说第一项，一个译者要传达一种思想，必须通晓那种思想，也必须通晓作为思想媒介的语文。翻译数学应当懂得数学，翻译文学应当懂得文学，这是不消多说的。常见的误解发生在语文方面。不少人以为弄起翻译来，语文的修养并不重要，只要有一部好字典随手翻翻就够了。不知道不同语文的精神和性质差异很大，就让字典能把每个字的义蕴通通排列出来，你若没有适当的修养，要想从中选一个铢两悉称的解说，仍旧是非常困难的。

英文与拉丁文的关系算密切了，例如 virtue 这个字在英文作德行解，在拉丁文却作勇气解。英文的 temperance 这个字，限用于饮食有节，拉丁文则泛指一切欲望的节制。在托尔斯泰的《战争与和平》中，安娜·朱哈伊罗夫娜被人称作"人人的 Тетя"，英译者把后一个字译作 aunt，中译者若译作阿姨、阿姑、大娘、婶子……照字典上的解释说，都不算错，然而并未达出原文的神味。因为这个字在英文和汉文中并没有褒贬的意思，甚至当作尊称，在俄文中就常含有嘲讽的味道了。

说到字典，在我国目前可以说没有一部够得上一个好字的。外国文字以英文最流行，到此时为止，比较完备的字典也只有一部《综合英汉辞典》，这部书显然是从日本方面抄袭来的。像 rising 这样一个普普通通的字，无端加上"旭日章""旬日大绶章"等解释，这就是一个很好的抄袭证据。只要有用，抄袭也无所谓。这部字典最大缺点，我以为，有两种：一是解释多用文言，少用口语，我们在用的时候，要多经过一道由文言翻译成口语的手续。二是科学译名既不正确，又不完备。我翻译《索特》时，遇到好几个字，都是列尼客厅中盆栽的名字，翻开字典来查，一律解作"仙人掌科"。编字典的人似乎以为这样就可以敷衍过去，弄翻译的人可就大伤脑筋了。"仙人掌科"这几个字，在译文中一次都不能用，不要说连用几次了。说到这里，可以下一个断语，弄翻译不能靠字典，中国现有的字典尤其不可靠。

泰特勒举了一个具体的例子，说明译者要传达原著的思想，既须通晓原著的内容，又须通晓原著的语文。他说，伏拉德（M. Folard）尽管是一个伟大的战事理论家，却不大通晓希腊文，在他翻译希腊历史家波里比阿（Polybius）的著作时，不得不求助于一个黑衣教士的译本，不幸，那个教士对战事理论一无所知，结果连最重要的叙述都译错了很多。看了这个例子，不难想到，我们目前缺乏合格的译本，可以说是当然的，因为合格的译者实在太少了。

传达原著的思想固然不易，辨认和摹仿原著的风格和癖好就更加困难了。泰特勒说，一个好的译者应当立刻发现原著的风格的性质。

他应当正确地判断这风格属于哪一类：严肃的，激扬的，流畅的，活泼的，华丽而多饰的，朴素而率真的。他更须有能力使这些特性在译文中像在原著中一样显明。假如一个译者没有这种判断力，或缺乏这种表现力，不拘他多么通晓原著者的意思，他依然要歪曲了他，给他穿上一件不适合他的个性的外衣。

大家知道，基督教的《圣经》有好几种英文译本，其中有两种便在风格的表达上失败了。一种是加斯退力亚（Castalio）的，在意义方面大致忠实，但风格和式样完全不同：他用复杂华丽的文体代替了原著的简单和朴素。与此相反的另一种是亚利亚斯（Arias）的，为要忠于原文的意思和风格，他采用了直译法。他不考虑希伯来、希腊、拉丁三种语文的不同性质，把这三种语文的字法和句法看作完全一致的，结果他的译文既不能传达原文的意思，也不能表现原文的风格，所有的只是词气粗野和语法谬误了。

另一有名的例子，是伏尔泰（Voltaire）译的莎士比亚。伏尔泰是十八世纪法国最优秀的学者、诗人和戏剧家。以他在两国语文方面的修养，对于这一项工作也应当是胜任愉快的。但是他的翻译还是失败了。失败的原因有二：其一是他未考虑到英、法两国审美观念的不同；伏尔泰以整齐匀称为美，莎士比亚的见解却与他相反，著作中甚至杂有犷野粗糙的成分；因此伏尔泰的译本在风格方面不能不与原著乖离。其二，伏尔泰长于机智而短于诙谐。诙谐却正是莎士比亚剧本的一个重要成分。伏尔泰不能把他本来没有的东西赋给他的译本，因此他也就无法不失败了。

朱柯夫斯基也举过两个很有趣的例。莫里哀的《伪君子》，苏联有两个译本，一个是李哈契夫的，一个是罗静斯基的。后者在音节、韵脚，以至行数方面都比前者忠实得多，但是目前在苏联流行和上演的是前者，而非后者。因为前者使人发出豪放、年青、愉快、富有传染性的莫里哀的笑，而后者不能。另一个例是狄根斯的《庇克维克》的译本，这也有两个，一个是符维琴斯基的，一个是克里夫卓娃和兰恩两人合译的。据朱柯夫斯基说，论忠实，后者比前者好千万倍，但是在他介绍给学生时，他还是介绍前者，而不介绍后者，因为前者好笑得多。而令人发笑正是狄根斯这部书的重要精神。一个译者倘不做到这一点，不管在字句方面是多么忠实，也要算作失败了。

朱柯夫斯基给出的解释是：符维琴斯基是在戈果理时代译的，刚出版的《死魂灵》影响了他的腔调、措词和原有的滑稽性和幽默感。同时他同狄根斯在性格和才能方面也有很相近之处。这一点使我们想起，鲁迅先生译的《死魂灵》，为什么会成为现代最优秀的译文。

泰特勒的最后一个原则是，译文要与原文同样流畅。我觉得他的解说也是非常恰当的，还是在这里述说一下吧。他说，考虑到译者在传达原著的情绪和风格上所受的限制，我们不难明了，这最后的条件乃是译者任务中最困难的一部分。带着脚镣走路的人，很难表现一种从容自得的神气。画家用同一颜色临摹一幅画，要想保持原画的飘逸和神采，已经很难。译者所用的颜色与原著不同，却要保持同一的力量和效果，显然困难得多了。他不能抄写原著的笔法，却要用自己的笔法，得到完全相同的效果，越力求近似，他的译文越难表现原著的流畅和神采。那么，一个译者怎么才能使忠实与流畅合而为一呢？说一句大胆的话，他应当取得原著者的灵魂，使原著者的灵魂用他的声音来说话。想想看，这不是一件非常非常难办的事吗？

由于篇幅的限制，不能尽量发挥下去，说到这里，至少可以明了，翻译工作断乎不是随随便便可以搞得好的。不管你的天分多么高，在别的方面成就多么大，弄起翻译来，假如没有适当的修养，依旧不能达到"好的翻译"的标准。本文只谈到修养的重要，至于怎样修养，要有一部书的规模才能容得下，这里只好从略了。

日前看见陆志韦先生的一篇《目前所需要的文字改革》，其中有这样几句话：

> 我希望国语教科书或则是国语文学能写到这种程度：将来万一我们可以试用拼音文字了，只需把汉字翻写成字母，我们的作品还可以有保存的价值。

我以为，陆先生这意见，弄翻译的人也应当注意。我见过一些译本，前面的译者题记写得极端明白晓畅，可是后面的译文却是不文不白、疙疙瘩瘩一大堆。原文并非如此，当然说不上忠实。别的不说，这样的译文一旦翻写成字母，断乎不会有保存的价值了。我们一面期望拼音文字可以早日实行，一面期望我们翻译的劳绩可以多保存一些时候，现代活语文的采用是非常必要的。

——《文讯》第 9 卷第 1 期（1948 年 7 月 15 日）

拉杂说翻译（1948）

李健吾

关于翻译，我相信泰特勒（Tatler）已经谈了不少，也谈得挺有味道。他的《翻译原则》那本名著几乎和所有的经典一样为人们指出一条明路。许多人谈翻译，意见几乎都和泰特勒一样可贵，中国方面曾经由陈西禾先生集了一个小册子，可以帮助翻译者增高良心和工作的效能。当然，理论和实际工作往往并不恰好就是一个人可以担当得起来的。有些著名的翻译者，没有一句理论留了下来，但是他们留下更好的纪念，翻译作品本身。假如我们后学肯用功，拿原作和译本比照一番，我们学到的一定远在理论所能给的以上许多。

但是，说到比照，对于任何人不见得就那么容易，因为，这还不就是字面上的解释的同异，所谓达意的问题。这里是一部文学著作，并非一部科学论文，内容的传达要忠实，而风格的传达似乎更为重要。了解风格，对于一个外国人，有时候形成最大的精神障碍。生字难句大都有办法解决，字典、辞书、师友、生活经验，全可以帮忙。但是天下难得有一本书告诉你某一作家的风格是什么，和另一作家的风格的同异在什么地方，尤其是到了中国，选择什么样的语言和文字才能够让他得到相当的、近似的同一精神效能，而中国语言和文字又和世界任何国的语言和文字差别最大，真是令人束手的最后一道难关。有些优秀的翻译，优秀不是由于没有字句上的错误，而是因为最能够比较地切近原作的精神世界。这和书画一样，高手传神，仅止于传形的并不就是可靠的光荣。

安诺德（Arnold）讨论荷马的英译，所用的标准其实就是这个可以意度而不可以言传的精神尺寸。让人懂，是翻译的第一个要求。但是这不就是最后或者最高的造诣。严复所谓的"信达雅"，假如连精神世界的个别存在也包含在内，当然没有话说，否则就不值得深究了。假如"信"是对原作而言，"达"是对本国读者而言，那么，说实话，二者根本就无从分开。能够分开，假如把翻译当作一件完美的工作整体来看，一定是拙劣的译本。至于"雅"，我不清楚那是否等于"风格"，假如不是，根本只是翻译成为中文之后的修辞问题，也就不值得深究了。凡属于工作过程的现象，都和"价值"缺少绝对关连，这是一个外国灵魂企图接近另一外国（往往更为高大）灵魂的工作，只要有助于接近，任何方法都可以使用：你活到五六十岁，译书还得查看字典，丝毫不足为羞，但是查看字典、遍询师友之后，你发见自己仍然置身于原作者可接而不可触的宇宙以外，那时候你不惭愧才叫可羞。

说到最后，翻译过程在最初如若和科学工作相似，终极的目的却是让一部文学作品在另一种语言仍是文学作品。传达它的内容，还得传达它的个性，那使它成为一个永久而且普遍的独立存在的条件，必须尽可能让另一国家的读者同样相当地感到。这才算得一本好翻译。

我把标准放高了，丝毫没有意思帮中国翻译打退堂鼓，正相反，我日夜盼望它向阳开花。中国自从五四运动到如今，文化工作部门成绩最次的，我相信是翻译。单拿英文来讲，我们从小学起就读英文，造就出来的人才不算少，但是失学的，没有能力读原文的同胞那样多，可是翻译的成就实在不能成比例。最好的才分都往别的地方去了，只有像我这样既无出息又无本领的人，才沦落到翻译方面混一碗饭吃。谢天谢地，幸而还有我们这群饭桶在，我们做不好，那是自己不成。可是有谁把翻译神而圣之地当一件工作加以敬重呢？加以督促呢？

因为，不是吹牛夸口，翻译者不仅仅要透彻了解原作，还要一百二十分地把握得住自己的语言和文字。创作家拿语言和文字为自己用，但是，可怜的翻译者，他们必须拿自己的语言和文字为别人用，而所谓别人，又往往伟大到不可能一下子就能接近的程度。于是只好降而求其次，大打折扣，甚至于一折九扣！让我老实不客气地说一句，一个翻译者的本国语言和文字必须先有湛深的透明的修养。假如以为抱字典可以解决翻译，其结果一定是莫知所云，异常"艰深"。让我举两个例。赵元任先生的《阿丽思》，对得起原作，他的国语实在地道。他表现得出。鲁迅先生的翻译有味道，正如赵元任先生的流畅有味道。鲁迅先生的中文足够他自己使用。危险的就在这样，中文不够使用，翻译者硬要拿鲁迅先生的"直译"理论做根据。对于真正的翻译，唯一的根据是完美的配合：凡"曲"便谬。但是，做到完美的"直"，我们真没有这个胆子说自己成。

所以，中文不好，外国文相当懂，便走翻译这条路，有时候我想，工作效能的牵强正和相反的情形一样：中文好，外国文相当涩。后一个最显明的实例，当然首推林琴南先生。至于前者的实例，我们不必举了，书坊里面多的正是。我们还有更坏的实例，譬如我们最大的书店商务印书馆，居然印行名家伍光建的《英汉对照名家小说》二十种，遗误青年子弟，遗羞中华民族。

说实话，假如中华民族需要成长，需要健强，需要借镜，翻译是今日文化工作者首先的急务。一个老大的国家，自命不凡，往往最懒于翻译。但是，有心有力的年轻国家正好相反，往往新作才在别处露面，本国就追踪而有。至于古典名著，老早就有了归宿，更是不在话下。

可是，到了中国，碰着我们的四方块文字，古典名著的翻译真还成为问题。我们放下精神上最高的标准不谈，光说内容上语言和文字的传达就时时感到措手不及。举一个例看。莫里哀难得有一个好英译本。你译得出他的"意思"，你传不出他的"睿智"。可是我读商务印书馆的《伪善者》，根据的竟是英译！别说莫里哀，你想从里面找到一点点法国独有的戏剧形式都看不见！让我们再看一个例。法国人翻译莎士比亚。那是一篇什么糊涂账，真是英国人看了要连喊头疼。你可以说，往深里看，这是两个民族的个性问题。法国人的"明白"不是英国的"蕴藉"。好。那么，我们这些中国人又怎么办？还不如法国，近在英国一旁。

这都不算，你还得考虑一个事实。据说，英国文人数莎士比亚用字最多。一个现代英国人，写诗作文章，有一万字算是很了不起了。把十六世纪的莎士比亚翻译成现代英文，有些地方怕也不就那样容易：字汇不够用。再看中国现代，我们通常有两千字，大约就很够应付生活了。再多就可能有咬文嚼字的新八股气息。现代中国翻译者就碰到了一个大难题：字汇太不够用。放开莎士比亚不谈，再看一位十六世纪法国大作家，辣布莱（Rabelais），他真健康，真活泼，真算得个人。可是我存了多少年野心，想翻译他的那部长篇大著，一年复一年，我最后失了勇气，如今索兴不作此念了。他比莎士比亚还可怕，他"造"字!

我们不必灰心，只要国家社会鼓励，只要士各有志，即令译本的价值是一折九扣，即令像法国人译莎翁，像英国人译莫翁，我们可以说"不虚此行"。

附记:

克家兄叫我谈"心得"，我不愿意，因为我没有什么"好"翻译，"心得"越发说不上。他催了我好几趟，我便信口开河，大谈理论，又不幸生病，又不幸搬家，生活不安定，本来还好乱聊天儿聊下去的，只得就此打住了。克家兄给我一个零分，我甘心。

六月十九

——《文讯》第 9 卷第 1 期（1948 年 7 月 15 日）

古代的翻译——翻译史话之一（1948）

王宗炎

翻译这两个字，在各人脑子里引起的联想是不同的。中学生看到这名词大概便想起傅东华的《飘》或者鲁迅的《死魂灵》，三十岁以上的人也许记起林琴南的《茶花女遗事》和严几道的《天演论》，有历史癖的人恐怕还想到利玛窦的《几何学》和摄摩腾的《四十二章经》。其实，翻译事业虽然大兴于近代，它的起源却和汉族一样的古老。如果我们说，在没有文字以前，我们便有了翻译（口头的翻译），那也绝不是过分的话。

古代的汉族，和外族是四境相连，犬牙相错的。黄河流域是个斗鸡场，汉族在这儿不断地和外族角逐搏斗，也不断地把它们吸收同化。就是到了春秋时代，孔子还说如果没有管仲，他便要"被发左衽"，可见当时汉族和外族的接触是极其频繁的。在那种情形之下，无论是朝觐聘问，或是杀伐征诛，翻译都是少不了的一桩事。

中国最古的翻译官，官衔很别致，叫作"象胥"。《周礼·秋官》（六国时的一部书）说："象胥掌蛮夷闽貉戎狄之国使，掌传王之言而谕说焉。"这执掌和现代的外交部长差不多。所不同者，古代的象胥要应付的是戈壁以南、南海以北的一些部落，现代的外交部长要应付的却是红黄棕白黑种，色色具齐而已。

中国的翻译事业起源虽早，见于载籍的整篇译文却始于汉代。在他的《翻译佛典与文学》里，梁启超指出最早的翻译是刘向《说苑·善说篇》里的《越人歌》。刘向是前汉（一世纪）时人，《善说篇》所讲的是战国时楚国襄成君的故事。这《越人歌》是一个极其有趣的歌，一则因为它是我们所见的最古的翻译，而且附有原文；二则因为它的题材是同性恋爱，由此可以窥见古代男风的流行。可是更值得注意的是，它虽是一世纪以前的产品，可是文字流畅，音节和谐，诗意丰富，竟可以说是翻译的模范。这儿我们且把原文和译文抄下来，让读者欣赏一下：

　　原文

　　滥兮抃草滥予昌枑泽予昌州饎州焉乎秦胥胥缦予乎昭澶秦逾渗惿随河湖。

　　译文

　　今夕何夕兮，搴中洲流！

　　今夕何日兮，得与王子同舟！

　　蒙羞被好兮，不訾诟耻。

　　心几烦而不绝兮，得知王子。

　　山有木兮木有枝，

　　心悦君兮君不知！

梁启超说："鄂君歌译本之优美，殊不在风骚下。"我觉得并非过誉。

《越人歌》以后，最古的译本是《后汉书·西南夷传》里边的白狼王唐菆等所献的《慕化诗》三章。《越人歌》的原文是浙江的外族语，这三章诗的原文却是川滇之间的外族语了。诗既然是献给汉朝皇帝的，里边自然是些歌功颂德的话，文学上的价值比不得《越人歌》，便是译文也有些难解之处。可是大体说来，倒还简洁明净，算得是好译本。更妙的是也附有原文，虽然看不懂，也很有趣。

（一）《远夷乐德歌》

原文	译文
堤官隗构	大汉是治，
魏冒逾糟	与天意合。
罔译刘脾	吏译平端，
旁莫支流	不从我来？
征衣随旅	闻风向化，
知唐桑艾	所见奇异，
邪毗稸缚	多赐缯布，
推潭仆远	甘美酒食，
拓拒苏使	昌乐肉飞，
局后仍离	屈伸悉备。
偻让龙洞	蛮夷贫薄，
莫支度由	无所报嗣，
阳雒僧鳞	愿主长寿，
莫秩角存	子孙昌炽。

（二）《远夷慕德歌》

原文	译文
偻让彼尼	蛮夷所处，
且交陵悟	日入之部，
绳动随旅	慕义向化，

路且拣雒　归日出主。

圣德渡诺　圣德深恩，

魏菌度洗　与人富厚。

综邪流藩　冬多霜雪，

莋邪寻螺　夏多和雨，

藐浔沪漓　寒温时适。

菌补邪推　部人多有。

辟危归险　涉危历险，

莫受万邪　不远万里，

术叠附德　去俗归德，

仍路挛摸　心归慈母。

（三）《远夷怀德歌》

原文　　译文

荒服之仪　荒服之外，

犁籍憐憐　土地垲堁，

阻苏邪犁　食肉衣皮，

莫砀粗沐　不见盐谷。

罔译传微　吏译传风，

是汉夜拒　大汉安乐，

踪优路仁　携负归仁，

雷折险陙　触冒险陕。

伦狼藏獐　高山岐峻，

扶路侧禄　缘崖磻石，

息落服淫　木薄发家，

理历髡锥　百宿到洛。

捕莅菌毗　父子同赐，

怀藁匹漏　怀抱匹帛，

传言呼敕　传告种人，

陵阳臣仆　长愿臣仆。

这里有些字句，是不大容易明了的。"昌乐肉飞，屈伸悉备"，"屈伸"指的是什么呢？"木薄发家，百宿到洛"，"木薄"是秋天呢，还是地名呢？晦涩是翻译最易犯的毛病，这三章诗似乎免不了，虽然现代人觉得难懂的，当时人也许一目了然。

——《民主时代》第 2 卷第 2 期（1948 年）

求经和译经——翻译史话之二（1948）

王宗炎

　　翻译的起因，是种族不同的人的交际或买卖，可是古代最大规模的翻译事业，却在寺庙里进行，而不在庙堂和墟市。

　　在一至十世纪的中国，像在十六七世纪的欧洲一样，最伟大的翻译家不是外交官，不是商人，也不是文人学士，而是僧侣（这"僧"字本身便是外国话，是梵文 sangha 的对音）。在德国，马丁·路德的《圣经》译本是新文学的鼻祖，有人甚至说路德对于德文的贡献，比但丁对于意大利文、莎士比亚对于英文贡献还要大。在英国，詹姆士一世钦定的《圣经》译本，负责翻译的大部分是僧侣，是英语的正宗，因为它的风格非常素朴而遒劲。中国人翻译的佛典，论文笔的优美和对于文学的影响比不得德国、英国所翻译的耶教《圣经》，可是讲到规模之大，历时之久，译书之多，中国却是世界第一。据元代《法宝堪同总录》的统计，由后汉永平十年（西历六七）到元代至元二二年（西历一二八五），这一千二百年间，我们翻过来的佛典，已经有一千三百三十五部，五千三百九十六卷。至于日本《大正新修藏经》，竟有一万六千多卷（其中有宋元以后的译本，也有中国人的著作）。这真是一个惊人的数目！

生于现代的人，往往以为翻译是件稀松平常的事。一个人只要懂得点洋文，有了一管笔一叠原稿纸，再预备了百来包香烟，谁都可以弄个译本出来。古人翻译佛典，事情可不那么简单。他们诚然用不着"大前门"或者"三炮台"，可是他们需要的都是丘吉尔所讲的那三样东西：汗、泪和血。

凡是认得字的人，大概没有不看过《西游记》、不听过唐三藏西天取经的故事的吧？请问那位玄奘法师安安稳稳地在长安享清福不好，偏生要率领孙悟空、猪八戒他们老远地往西方跑，受那九九八十一难，到底为的是什么呢？

首先，我们要知道，古代的佛教经典是极其难得的。《分别功德论》说："外国法，师徒相传，以口授相付，不听成文。"（注一）原来佛教初起的时候，经典多半口耳相传，好比汉初伏生口授《尚书》一样。就是五世纪初年法显去到印度的时候，还找不到现成的本子来抄，许多经典要自己笔录。（注二）最初来到中国的外国法师译经多半靠背诵，常常不免遗漏。后来的虽然带有梵本，可是路那么远，旅行那么困难，书自然不能多带，带了也自然不免散失。因为好些经典得不到，或者虽得而不全，于是乎中国和尚便要亲自到印度去求经。由魏朱士行（三世纪）起到唐悟空（八世纪）止，这样千辛万苦，远游西土的人，据历史上的记载有一百八十几个，实际上当然不止此数。（注三）他们有些是半道上死掉的，有些是到了印度不回来的，有些是得了经典回来而其名不传的。这些无名英雄，便是我们的冒险精神也并不比洋鬼子差多少，所不同者，他们热心的是土地财宝，我们热心的是知识学问而已。

在西行求法的中国和尚当中，最有名的是法显、玄奘两个。《佛国记》和《大唐西域记》便是这两个舍身求法的英雄的探险纪实，也是研究古代史地和人的宝典。其实，凡是到印度求经的人，每一个都是出生入死，每个人的传记都是一部传奇。试看《高僧传》记载法勇渡江的情形，是多么地惊心动魄（注四）：

> 小学山瘴气千重，层冰万里。下有大江，流急若箭，于东西两山之间，紧索为桥。十人一过，到彼岸已，举烟为帜。后人见烟，知前暴风已度，方得更进。若久不见烟，则知暴风吹索，人坠江中。

他们过雪山的情景这样的：

> 复过一雪山，悬崖壁立，无安足处。石壁有故栈孔，处处相对，人各执四杙，先拔下杙，石手攀上杙，展转相攀，经三日方过。及到平地，料检同侣，失十二人。

因为有这样的冒险精神，这样的百折不回的意志，我们才有一万六千多卷的藏经。这是念经的人应该记住的。

除了原本难得之外，古人译经还有一点和现代人译书大不相同。现代的翻译家，唯一的条件是懂得洋文，至于书里所讲的学问，自己是不是研究有素，似乎用不着考虑。还有现代译书的往往是些未成名的人，那些知名之士，除了极少数之外，都不屑干这种吃力不讨好的工作。古代的译经，情形正好两样。翻译是神圣的事业，不是佛学大师根本不配译经。比如鸠摩罗什的翻《大品般若》和《三论》（龙树的中论十二门论，提婆的百论），真谛的翻《唯识论》，玄奘的翻《法相》《法性》两宗的经典，都是一代的大师来从中翻译，对于本学有极精深的研究。翻译家的能力学识自然高超，成绩自然也不错。

还有一层，古人译经的方法和态度，跟现代人译书也不相同。现代的翻译家，多半是独力从事，所以往往免不了疏忽漏洞。国立编辑馆算是规模宏大、组织严密的了，可是它所出版的译本也不见得都留神校改。例如英国吴尔夫（Vinginia Woolf）的小说《到灯塔去》（To the Lighthouse），翻出来的竟是面目全非，曾经受到过萧乾先生很严厉的指摘。古人翻译佛典，态度可慎重得多，这因为一则当时有大规模的国立或私立的译场，人手众多，可以分工合作；二则当时译书不是为了出风头，或者抽版税，所以翻译的人从容工作，不想赶紧出版。鸠摩罗什的翻译，算是很自由的了，可是《僧和出三藏记》记他翻《大品般若》时的情形，说他"手执梵本，口宣秦言，两译异音，交辩文旨……与诸宿旧五百余人，详其义旨，审其文中，然后书之……胡音失者，正之以天竺，秦言谬者，定之以字异；不可变者，即而书之"那么的慎重精细，已经是现代的翻译家所望尘莫及的了。梁启超考证自晋至唐的译场组织，说它每每分为七部：（一）译注，（二）笔受，（三）度语，（四）证梵，（五）润文，（六）证义，（七）总堪。（注五）便是像玄奘那样的译经大师，这还要请薛元超、李义府他们替他修改译文。这种虚心求教、一丝不苟的精神，后世的翻译家是应该取法的。

我们读佛经，各人有各人的读法。善男信女为的是积德求福，哲学家为的是探索哲理，文学家为的是欣赏故事，研究风格。可是除此而外，还有第四种读法，那就是历史家的读法。一部佛经，在历史家看来，非但宗教书、哲学书、文学书，还是泪、汗和血的结晶。看见它，一个历史家会想起在大雪山冷死的紫景，在南海淹死的常明，在中天竺饿死的十三个随法勇求经的和尚。一部佛经，像旁的书一样，也是些白纸黑字，然而我们不能把它只当白纸黑字看，因为它是中华民族冒险精神的成果，也是人类舍死忘生、寻求真理的纪念碑。

一九四八、五、一五在西堂

注一：梁启超《翻译佛典与文学》第三节引。

注二：见汤用彤《汉魏两晋南北朝佛教史》上册第四零五页。

注三：详见梁启超《中国印度之交通》

注四：见《高僧传》叠无竭即法勇

注五：梁启超《翻译佛典与文学》第三节。

——《民主时代》第 2 卷第 3 期（1948 年）

翻译的价值（1948）

董秋斯

有些读者来信问到为什么翻译的东西总不容易懂；附带又怀疑到究竟翻译有什么价值。我们把这些问题请教董秋斯先生，他说他有一篇文章是谈到这些问题的，曾发表在文协的一个特刊（非卖品）上，看到的人很少；我们就请董先生把它增补了一两处，发表在这里。

编者按

中国有翻译文字，从汉唐译经算起，已经有一千好几百年的历史。最近几十年间，翻译书的数量，在全部出版物中，更是占了很大的比例。若干名作家的全集中，有一大部分是翻译。在这种情形下，还来谈翻译的价值，不免要被人看作多事了。

但是，我们若把过去全部翻译的数量和质量权衡一下，我们的看法就要不同了。汉唐译经的时代离我们太远了，可以不去说。就连严几道、林琴南的文言翻译，也可以置诸不论。单说"五四"以来白话翻译，有几部够得上忠实两个字？有几部能如写作《翻译原则论》的泰特勒（A. F. Tytler）所说，使译者的国人与原著的国人同样清楚地了解，同样强烈地感得？这个答案用不着我来说，只消看一看年来一般读书界对翻译的态度就可以明白了。

我见过不少人读翻译书读寒了心，发誓不再读。有许多流行的杂志，一开始便声明不登翻译稿子。更有一些滑头译者和编者，硬把翻译文字当原作来蒙混读者。这都是为了什么呢？简单一句话，因为坏的翻译太多了，使一般读者倒了胃口。

翻译为什么坏呢？这有两种看法。一种是说，凡是好的作品都不能翻译，因此翻译是费力不讨好的事。翻译本身既然如此，它的坏是当然的了。另一种看法是：翻译者好坏，正如创作有好坏。创作的好坏在于作者的修养和态度，同样，翻译的好坏不在别的，也在于译者的修养和态度。

对于前一种说法，我们只消看一看，在英国文学中，有詹木斯朝的《圣经》译本，有菲泽兹拉德（Fitzgerald）译的莪默诗，有昭厄特（Jowett）译的柏拉图，有茅德（A. Maude）译的托尔斯泰……这些翻译不但公认作好的，而且久已成为英文学遗产的一个重要部分。不待说，这些原著都是好的作品，翻译出来也还是好的。那么，所谓好的作品不能翻译的话便不攻自破了。

归结到第二种看法，便是：坏的翻译是由于译者的修养不够和态度不严肃。关于翻译的修养，我不想在这里多谈，现在且就态度问题来讨论一下吧。

国内看不起翻译的人很多，意见大致有两种：其一，在翻译和买办两个观念中间起了联想作用，以为弄翻译的同替洋人"当摆的"是一类人。他们以为这些人所以弄翻译，因为他们总觉得外国月亮比中国好，是一种奴性行为。因为看不起译者，连带看不起翻译，于是断定翻译是没有价值的。其二，以为文学是天才和灵感的产物，翻译用不着天才和灵感，所以是容易的，也是没有价值的。

　　介绍外国的思想文学，是否与替洋人当买办、当摆设相同呢？我以为，这问题不能由表面来判断，要由内容来决定。一切谷类中皆生莠草，但没有人说，谷就等于莠草。翻译界有买办意识的成分，可以说是翻译界的莠草。我们应当将它拔除，但没有理由连翻译整个抹杀。这道理非常明显，稍有常识的人都可以分别的，用不着多说了。第二种意见比较流行得多，因为它似是而非，更容易为一般人接受。我亲自听见一位弄哲学的朋友说，他只在需要钱养家时，才找来一本外国书来翻译翻译。他的意思很显然，便是：翻译本身并没有值得做的价值，不过做起来省力，不妨拿来骗骗稿费。

　　一切看不起翻译的见解，都会直接间接妨碍翻译工作的发展，而为害最大的，要算那位朋友的作风：一面看不起翻译，一面又用来作解决生活问题的手段。因为他的态度根本不严肃，他断乎不会为了翻译去修养，去学习。在实作的时候，更不肯虚心体会原作者的意蕴，于是大刀阔斧，以意为之，连翻一翻字典也要算作天大的委屈了。假如这样的翻译会不坏，那才是奇迹呢！

　　因为市面上多有这种坏的翻译，弄翻译比较省力的见解也就跟着流行开来。看了这种翻译的人都可以说，这工作，我也搞得来呀。于是凡懂得一点外国文而有在出版界成名的野心的人，以至专为了解决生活问题的人，都来弄翻译。不问原作者是张三李四，只要他的书是一本"名著"或"畅销书"，就拿来译它一通。这作法省力是省力了，但是整个翻译工作的发展却受到严重的打击。

　　我们目前若要促进翻译工作的发展，首先得正本清源，把几个根本观念弄清楚。第一，翻译工作是否没有价值？第二，翻译工作是否不需要天才和灵感？第三，翻译工作是否比较省力？

先说第一个问题。在唯心论占上风的封建社会，价值由少数人的主观好恶来决定。一个帮闲文人自以为所作歌功颂德的文字的价值远在农夫生产的粮食衣服之上。在目前，我们应当说，那个时代已经过去了。现在决定价值的有无和高低的，是人民大众的需要。凡是利于人民大众现在的生存和将来的发展的，都是有价值的。显然翻译工作属于这个范围。

人类所以高出其他动物，不过因为他能接受前辈的精神遗产。一个民族所吸取的文化成果愈久远愈宽广，它也就愈进步愈文明。翻译乃是传递中外古今文化成果的一个重要手段。若说翻译不如创作有价值，那就等于承认人类不如禽兽了。因为禽兽永远是创作的，所以它用不着翻译，可是禽兽终究是禽兽，人类却要不断加速度地向前发展。

有人把翻译和创作对立起来，以为两者不能并容，有了这一样，就没有那一样。所以，为了鼓励创作，不能不把翻译压低，像这样一种妙论，也是我百思而不得其解的。就我所知道的来说，致力于翻译工作最多的，莫过于十九世纪的俄国。翻译文字，除了印成很多单行本以外，充满了当时的诸大月刊。英法大家的作品，没有一个被忽略掉。优秀批评家如白林斯基和德鲁齐宁，都为这一工作呐喊助威。单以马、恩文献来说，译成俄文的数量，远超过别种文字的译本。依我国目前某一些人的看法，俄国人有那么多的翻译，他们的创作一定被窒息了吧。可是事实怎样呢？翻译工作不但未妨碍俄国人的创作，而且奠定了后来突飞猛进的基础。这不足以证明某一些人的杞忧是毫无根据的吗？

再说，翻译是否不需要天才和灵感呢？关于天才的解说，一向很分歧。相信轮回的人，以为天才由于前世智慧的积累，总之，是一种不可思议的玩意儿。但是，有人却说，天才不过是长久不懈集中意志来做一件事的能力。前一种说法起于宗教信仰，后一种说法则是由于事实的考验。我们认为天才的可贵处，不在于炫众取宠的小聪小慧，而在于它能在利用后生方面有更大的贡献。这样看来，我们自然支持后一说了。翻译工作所需要的正是这样一种天才！

以前面所举的几个翻译大家为例，他们都是集中了数年以至数十年的精力，来专译一个人的作品，甚至专译一本书。他们的成就绝不是偶然的。我们所以没有这样的大家，一半由于社会环境不许可，一半则由于文化界轻视翻译的态度。有人公然说，翻译是低能的人干的。如此说来，说这话的人当然不弄翻译，当然是高能的了。他们对中国文化有过什么贡献呢？他们的贡献能拿来同昭厄特、茅德等人对英国文化的贡献来比一比吗？有的，那便是林语堂骗骗外国人的野人头了！

什么是灵感呢？假如所指的是什么才子专有的宝贝物儿，那我就不知道。假如只是对客观事物的领悟力、通会力，那是人人都有的，并没有什么稀奇。不错，创作需要灵感，因为没有这东西，它便不能把客观形象适当地反映出来，组织起来。翻译也需要这东西吗？我以为要的。

有人以为翻译不过是把一种文字抄写成另一种文字，而两种文字的对解，早有字典家安排好了，哪还用得着什么灵感呢？诚然，有很多弄翻译的人，是照这个方式来干的。不过，他们的翻译断乎不能成为好的翻译。一个够资格的译者，必须透过原作的文字，直达其中所反映的客观形象。换一句话说,如果一个弄翻译的人,在翻译的时候,不能像原作者那样,使书中所写的人物、风景、声色、动态活灵活现地列在眼前,而只是抄写文字,他译出来的东西一定是没有生命的,是一种赝制的东西,当然算不得好的翻译。

如前面所引,泰特勒说,好的翻译要使译者的国人与原著者的国人同样清楚地了解,同样强烈地感得。若要做到这一步,弄翻译的人自己必得先清楚地了解,先强烈地感得。这却不是一种随随便便的事呵。一部伟大的作品,取精用宏,深含细吐,而其作者也必有其特殊的风格,特殊的癖好。所谓清楚地了解,强烈地感得,真是谈何容易!所以,泰特勒主张,只有诗人才能译诗,只有赋有与原著者近似的天才的人,才能充分完尽一个译者的责任。这里所谓"近似的天才"是什么呢?我以为,其中最主要的部分便是我们所说的灵感。所以我们的结论是:翻译用得着灵感,而且必须有灵感。

末后一项,翻译工作是否比较省力呢?看了前面几段话,这个问题可以说已经解答过了。现在可以找补的是:翻译有好坏,正如创作有好坏;坏的翻译省力,正如坏的创作也省力。君不见,世界文学大家往往构思数十年才写成一部书,而我们的三四角恋爱或鸳鸯蝴蝶小说家一摇笔便是数十万言的巨著。翻译也哪能一概而论?我们有"一名未立、旬月踟蹰"的严几道,也有每天译万余字比抄写快的时下翻译家。看了这个,问题不就很明显了吗?好的翻译一点也不省力。省力的翻译,只是那些借了"经典名著"和"现代畅销书"的招牌,以挤进出版界的坏翻译罢了。

综上所述,我们知道,翻译有其本身的价值,不因若干人的好恶而增减，也不能因有坏的翻译而一概抹杀。世间一切事物都在不断地发展，翻译工作自身在发展，人们对待翻译的态度也在发展。我前边提过英俄两国翻译界的情形，比起我国的来，不能不说发达得多了，但是他们的有识之士也并不以为满足。

一九四四年一月，在本埠出版的《苏联文艺》中，载有苏联的老作家和最优秀的翻译家朱柯夫斯基作、泳人译的《翻译的自由宪章》一文。其中举出若干例子，表明翻译文字不但要外形一致，而且要精神契合。过去批评家强调其一，而忽视其二，现在到了两种系统综合的时候了。用我国习惯的说法来说，有人主张宁信而不顺，也有人主张宁顺而不信，现在到了又要信又要顺的时候了。我国弄翻译的人，应该反省一下，我们有没有资格响应朱柯夫斯基这呼声呢？

英国的情形也没有两样。虽然有了昭厄特、菲兹泽拉德、茅德等优秀翻译家，不负责任地胡来的人还是很多的。这种坏的译本多到妨碍了好的译本，好比金融市场上劣币驱逐良币一般，使得茅德译的托尔斯泰全集久久不能出版。于是萧伯纳不得不出来号召英美名流，如哈代、罗素、威尔斯、德莱塞、奥尼尔等，联名推荐茅德的托尔斯泰百年纪念本。

谈到看不起翻译的态度，就在英俄两国，也是不能完全避免的。俄国虽然老早有白林斯基和德鲁齐宁的倡导，直到最近，如朱柯夫斯基所指出的，戏院上演翻译的剧本，依旧不把译者的名字揭出来，批评家也从来不提到那个译者，观众也认为当然。因此他说道：

> 观众，我这儿不谴责他们。该受谴责的是批评家，他们至今

还没有教导观众尊敬翻译家的重要的灵感的创作的劳作。

像这样的例子，在我们手头就有。英文本的《国际文学》中，有许多作品是从俄文译出来的，可是很难发见一个译者的名字。无独有偶，英国的《人人丛书》（*Everyman's Library*）收有托尔斯泰的《战争与和平》和《安娜·卡列尼娜》，也没有译者的名字。不拘这是译者或编者的意思，总归是看不起翻译的缘故了。

翻译界尽管有这么多障碍，认真从事翻译工作的人却不应当因此丧胆。要知道，这都是发展途中一些必经的阶段，迟早总要过去的。我们的任务是要分别，某一些障碍是我们现时可以克服的，某一些是要到大环境改变以后才能克服的。

什么是我们暂时不能克服的障碍呢？以前面提到的翻译柏拉图的昭厄特作例，他所以有优秀的成绩，不仅因为他有无比的才能，也因为他是受津贴的大学教授，可以把那种翻译作他的终生事业。他受到特殊的待遇，凡他所需要的一切帮助都能得到。像这样的情形，在英国也没有多少，不要说目前的中国了。但是，我们的社会环境不会永远是这样。我们有理由也有权利希望一切弄翻译的人都可以受到昭厄特所受的待遇。不过，像这样的社会环境是大多数人共同的希望，要由大多数人共同努力实现。

我们现阶段弄翻译的人的任务是什么呢？我以为，第一，应当从内心清除自卑的意识，要尽可能重视自己手头上的工作，不要存苟且敷衍的心。第二，应当不断地学习，对所译的东西，要尽可能加深了解的程度，再则要时时改进表达的技巧，从当代创作中和口语中汲取活的文字，使我们的译文不致落在时代需要的后头。

潦草的不负责任的态度，在一切方面都是有害的，翻译工作不是例外。世界的进化是靠了态度严肃的人们把最好的劳动成绩一代一代地传递下去。每一个阶段都是不圆满的，但总有它所能达到的一个最好的标准。弄翻译的人应当时时体认这一个标准。

一九四八年、四、十六

——《读书与出版》第 3 卷第 9 期（1948 年）

译文的风格（1948）

常乃慰

　　我在多日以前就想写出这一篇短文，可是一再提起笔来又复搁下了，原因很简单，我虽曾学过几种外国语文，却只英文一种还够读点普通文章的程度，更无论执笔译述"西儒"的名著了，像这样当然不配对翻译问题随便插口妄谈的。但是今天忽然醒悟：这不正是爱好别的译述且寄以深厚期望的道理么？以一个爱读者的身份，提供一些关于译事的意见，想尚不至见弃于方家的。

　　一般的意见，翻译只能算是在原作与读者中间尽一分介绍的微力。因之，读者也认为假使他能从译品有所领悟与兴发，一切荣誉与感恩都当归之于原作者；而译者列名于作品也只像是介绍人列名于结婚启事，其责任仅限于促成男女双方的结合，在请用茶点之后便应该欣然引退，至于这一双新夫妇婚后生涯之为恩为怨，他都要抱着事不干己的态度了。可是我以为假使我们肯用心想想，这一种看法是很错误的。一部作品的翻译，绝不仅仅限于介绍原作，而有远过于此的文学价值。

　　试先寻探译品与原作之间究竟存在着若何的关系呢？影之与形吗？面目全不一样；子之与母吗？也不仅是血统相连；倒只有神话故事中脱胎换骨之说还近是吧。《西游记》里说哪吒太子剔骨还父、割肉还母，经观世音菩萨大法力点化成莲花化身，译品之与原作，不正同于法身之与原身吗？形音义是构成文字的三项要素，由文字组织而成文章，于是文章有词句、音调、内容，这三者就是文学形式所由形成。一般文艺学家都认为诗是不可能翻译的，其实严格地说，一切文艺作品都是不可能翻译的，Water 之与水，Flower 之与花，其字形与字音相去何止十万八千里，而一个字在不同的语文里由于传统的、地域的种种关系而造成不同的联想，它们所代表的意义也决不是锱铢悉当的。而文学重在表现，甚至可以说文学就是表现，表现所依存的形式由词句、音调、内容构成；倘使这三件事，在译品中都与原作无可假借，那么说翻译也是创作，不是很合理的吗？

因之，文艺翻译者在工作时的态度，与他在写作自己的诗文时应该一致。作者在写作时应有若何的基本态度呢？忠实地表现自己，而且表现得好，译者在从事于翻译时也正应当有如是的自觉。

近代翻译界的前辈严又陵先生曾提出译事的三项准则：要信、要达、要雅，对于信达二事，历来似少有异词，而对于雅之一事，执异说的人都很是不少。为什么翻译在信达而外还要求雅呢？据严氏自己的解释是：

> 《易》曰修辞立诚。又曰辞达而已。又曰言之无文，行之不远。三者乃文章之正轨，亦即为译事之楷模。故信达而外，求其尔雅。（严译《天演论》例言）

"尔雅"是什么？严氏是桐城派古文家，大概所指是所谓神、理、气、味、格、律、声、色八事的吧！自新文艺作家目桐城为"谬种"，于是严氏所主张的雅，每易引人诟病。平心而论，这倒像是厌恶树上的乌鸦聒噪，就连杨柳连根拔出来，近乎酒后的意气了。

桐城吴汝纶为严译《天演论》作序谓：

> 今赫胥黎氏之道，未知于释氏何如？然欲侪其书于太史氏扬氏之列吾知其难矣；即欲侪之唐宋作者，吾亦知其难也。严子一文之，而其书乃骎骎与晚周诸子相上下，然则文顾不重耶？抑严子之译是书，不惟自传其文而已；盖谓赫胥黎氏以人持天，以人治之日新，卫其种族之说，其义富，其辞危，使读焉者怵焉知变，于国论殆有助乎。

赫胥黎氏之道于正统派的吴氏为异端，以为尚不足以侪于唐宋作者，说得十分有趣；至于严氏之文较之赫胥黎氏之原文是否更见精彩，我们也不预备深论。我们引上两节文字只在指出严吴两氏对译事有一共同的认识，就是无论在翻译与创作中都应努力表现自己，并且表现得好；译品自有其独特的风格价值，并不依赖于原作品。

这样说，当然并非抹煞原作在文学上的地位，只是因为文学的风格价值只能附丽于他所使用的文字，一经翻译成另一种文字时，所产生的风格价值，就属于译文所有。风格是无法移译的。我们读一本莎士比亚或摆伦的译本，绝不能便自命对莎士比亚或摆伦有任何了解认识，如能有所领悟、兴发，其来源自是由于译品。胡适之先生在他译的《哀希腊歌》序言中有一节说：

> 裴伦在英国文学上仅可称第二流人物。然其在异国之诗名，

有时竟在萧士比、弥儿敦之上。此不独文以人传也。盖裴伦为诗，富于情性气魄，而铸词练句，颇失之粗豪。其在原文，瑕疵易见，而一经翻译，则其词句小疵，往往为深情奇气所掩，读者仅见其所长，而不觉具所短矣。裴伦诗名之及于世界，此亦其一因也。（《尝试集》）

作品经过翻译，风格上的疵瑕就会为之淹没，自然它的精华也必会为之淹没。其实照我们上面的推论，为之淹没云云还只是方便的说法，译品与作品终归是两件事，其风格价值之高下优劣，实在是不相为谋。所以如果认为文学的作用仅在于载道——或说宣扬主义，阐明真理，均无不可。形式只是躯壳，无足重轻，那么对于借尸还魂的译品，自可不必注意其风格价值；如果认为文学生命直接依存于其所秉赋的形式，那么原作之于翻译，就仅居于原料的地位，而让译品以其本身所秉赋的形式独立活动于文学界，自负其荣誉或卑辱的命运。

因之，一个从事翻译的人如果没有这种翻译也是创作的自觉，而斤斤于与原作形貌的相似，甚至幻想把原作能生灵活现的改易成另一种文字，而丝毫不增损其原有的风格，他将渐行渐远，终至一无是处，扞格不入的窘况，每下而愈况，进而必认为此路不通，根本否定了翻译存在的价值。这种情形却不仅限于浅尝而止的翻译者。鸠摩罗什是译界第一流宗匠，他在与僧睿论译事的文里就坦白地提到：

天竺国俗，甚重文制……改梵为秦，失其藻蔚。虽得大意，殊隔文体。有似嚼饭与人，非徒失味，乃令呕哕也。（《梁高僧传·卷二·本传》）

所称"殊隔文体""嚼饭与人",真能道出翻译者苦恼的遭遇。可是从另一方面看,翻译事业并不因此路不通,就见得日暮途穷;反而因此摆脱仅为介绍,稗贩的依存心理,而以独立的精神,开辟自家的新路,使翻译在文学上不只以附庸自足,而蔚为大宗,与一般作者共同担负起创作的光荣任务。这正是山穷水尽疑无路,柳暗花明又一村的光辉境界。而这种成功,完全依赖于从事翻译者的自觉的。

所以说:以信达雅三事称为"文章之正轨,译事之楷模",真是极中肯要的认识。进而论之,信、达、雅三事并不仅是要兼顾并重,实有因果相生的关联:由信而求达,由达而至雅;雅是风格的完成,信是创作的基础,达是表现的过程,由信而至雅的桥梁。文学要求风格之高,感人之深,所以有雅的要求;这种效果之产生则有赖于表现的优美,所以有达的要求;什么是信呢? 忠实于生活,忠实于写作,不自欺欺人,不曲学阿世,以此为作者的基本修养,才能修辞立诚,才能表里如一,才能言文行远。可知三事是无论作家或译家共同必需的修养,如果以为译事求信,仅在忠实于原文,不但见解狭隘,并且是求益反损的,何以故? 这又回到了问题的起点,翻译是不可能的,只是方便法门,究竟与文体殊别,最忠实于原作的办法是不译,让读者直接去欣赏原文。隋代彦琮著《辨正论》言译才须有"八备",而其结论,乃在废译,要人人学梵,不假传言,因为:

直餐梵响,何待译言? 本尚亏圆,译岂纯实?

原著的佛经都不免于佛说有亏欠,译本之为不纯实自是很显然可见的。就文艺作品来说:一部作品既经形成,它就成为唯一独立的生命，即使在作者也没有可能再复制一个出来。因为生命在不舍昼夜地变易，作者的感兴也时刻在变易，文艺的内容也决不能停滞不前，任人一再模造成若干同类的作品；何况译者，以迥异的秉赋，不同的文字企图有纯实不二的译品，直无异缘木求鱼；所以彦琮认为只有学通梵文，始无滞碍：

> 研若有功，解便无滞，匹于此域，固不为难，难尚须求，况其易也？……向使……才去俗衣，寻教梵字……则人人共解，省翻译之劳。（《唐僧传·卷二·本传》）

直接去读原作，才是彻底求信的办法。但真如彦琮所倡废除翻译，其于中国佛学之影响为如何，不在本文所讨论范围之内，故不论；就佛经翻译对中国文学上的贡献一点来说，其损失是十分明著的，若干新生机、新文体，当然无由兴起了。所以站在民族文学的观点上来说，学习外国文固然重要而且急需，而翻译外国文学尤其有重大的意义。绝不该知难而退。要以独特的风格，摆脱依傍，走上创作的道路，才是翻译的一条大道。

我想无论我如何辩解，终不免有人要认为有过分夸张了翻译文学的风格价值，而贬损了原作的身价的嫌疑。因为译品必须依存于原作才有价值的观念，是很流行而且根深柢固的。其实不必远及隋唐，只要我们回顾一下五四以来翻译文学对于新文学的贡献就可以平矜释躁了。新文学运动以来产生了若干新进有为的青年作家，其中有若干位并非对外国文学有很高造诣的人，但是他们向翻译的文学作品探讨学习，滋育自己成为风格优美的作家，其例不待列举。并且有人主张，阅读外国文学作品并不足以使作者的风格受到直接的影响，因为迥然不同两种文字之间，足供取法切磋的地方是内容，是情趣，要想融化而再加表现，这一桩努力，已不在模仿、揣拟的范围之内了。从这正反两个说明里，我们可以相信译品所以能有价值，且直接影响于读者的，是由于它本身独特的风格，而并非于原作有所假借。

由于以上一节话，我们必能联想到在新文化运动初期，翻译事业风起云涌的景象，比之热心创作的作家蜂起的情形并无逊色，而影响之大更是有过之无不及。翻译文学对新文学的贡献是：新思想、新文学情趣之移植，新词汇之缔造，新文法之增益，新形式之输入，都是其功不可没的。从表面上看，这似乎是外国文学所直接引起的影响，而其实是翻译文学本身的成就。因为这些东西在外国文学里是已有的，甚至有许多是陈旧的成分，只是当它通过翻译成为中国文学的一部分时，才对于中国文学发生新的作用，成为新的生命。

可是，当初翻译文学那样蓊郁蓬勃的情况，近来已渐没落了，原因何在呢？是不是以为翻译仅是文学上的附庸，不劳有第一流有抱负的作者操心及此？或者以为是徒然的工作，知难而退呢？我很企望精通外国文学的文艺学家及作家们，给我们一个明白的答案。

卅七年七月

——《文学杂志》第 3 卷第 4 期（1948 年）

汉译马鸣《佛所行赞》的名称和译者（1948）

周一良

记载释迦牟尼一生事迹的经典中，最早的有后汉竺大力、康孟详译的《修行本起经》。然后吴支谦译有《太子瑞应本起经》，西晋竺法护译有《普曜经》，刘宋求那跋陀罗译有《有过去现在因果经》，隋阇那崛多译有《佛本行集经》，唐地婆诃罗译有《方广大庄严经》，赵宋法贤译有《众许摩诃帝经》。这些经典叙述的方式各有不同，有的从释迦族的悉达太子降生叙起，有的从释迦族的祖先叙起，又有的从释迦牟尼生作婆罗门名叫智慧，遇见燃灯佛初发菩提心讲起，还有的从天地开辟说起。因为传受不同，内容互异，在佛教史的研究上各有其地位。但要从文学眼光看来，以上所举都不算重要，最重要的两部是刘宋宝云译的《佛本行经》和相传北凉昙无谶译马鸣的《佛所行赞》。这篇小文要讨论的便是后者汉译的原名和译名。

《佛所行赞》是浩如烟海的汉译《大藏经》中梵文原本还存在的仅有几部之一。汉译藏译都有二十八品，可惜原文却只剩下前半的十四品。奇怪的是，发现的几个写本都只到第十四品的中段为止，似乎后半早已失去。E. B. Cowell 氏所校订的本子到十七品，但经考定，第十四品后半以后都是后人所补,不是马鸣原文。现在最好的版本,要算印度旁遮普大学"东方丛书"第三一种 E. H. Johnston 氏所校订并附英译的本子。《佛所行赞》在印度文学史上属于宫廷诗 Kavya 一类。据说这种诗里一定要讲到统治国家和做人的道理,要描写女人,要描写打仗,并且要用比较雕琢文饰的字句。《佛所行赞》这几点上都成功地做到。治国家和做人的道理由优陀夷说出,见《离欲品》。《厌患品》叙述太子出游时女子们争先恐后地抢着看,《离欲品》叙述太子夜间在宫中看见采女们睡眠时的种种相。对于女人的服饰、动作和心理有极细腻周到的描写。不过中译本删去很多,大概认为与经典的庄严不合,不知梵文原本本来是"诗"而不是"经"也。至于字句的修饰与雕琢,尤其印度文人最喜用的两个办法——一是想入非非的譬喻,一是利用音同义异的字来游戏——更是触目皆是。但汉译限于语言,对于第二点不能表达耳。关于《佛所行赞》的总评,我们可以引义净的话作代表。他说马鸣"并作佛本行诗,大本若译有十余卷。意述如来始自王宫,终乎双树。一代佛法并辑为诗。五天南海无不讽诵。意明字少,而摄义能多。复令读者心悦忘倦"(《南海寄归内法》卷四"赞咏之礼"条)。

读了义净的话之后,于是发生两个问题。第一是《佛所行赞》汉译的时代问题。他说"大本若译有十余卷",似乎还不曾翻译成中文。但梁代僧祐所编的《出三藏记集》卷二早已著录,无疑就是我们现在所见的译本。何以博洽如义净反好像没看见呢?高楠顺次郎氏《英译寄归传》的注释跟平等通昭氏的《梵文佛传文学研究》对这问题都未能解答。我觉得僧祐的记载自然可信,或者义净在南海著书时行箧中所携经典不多,遂失检照吧?也许他仅是要说明书的分量,所以言

"若译"？第二个问题比较重要也比较复杂，就是《佛所行赞》汉译的名称与译者的问题。梁僧祐《出三藏记集》卷二有"佛所行赞五卷"，注云"一名马鸣《菩萨赞》，或云《佛本行赞》"。译者是刘宋时宝云。（参看卷一五《宝云传》。）卷四又有"佛本行经五卷"，在《失译杂经录》里，就是说不知道译者。隋法经的《众经目录》卷二有"《佛本行赞经传》七卷，宋元嘉年宝云译"，又有"《佛所行赞经传》五卷，一名马鸣赞，晋世宝云译"。费长房的《历代三宝纪》卷九有"《佛本行经》五卷"是昙无谶译。卷一〇有"《佛所行赞经》五卷"，宝云译。唐道宣《大唐内典录》和《三宝纪》相同。武周时明佺《大周刊定众经目录》卷五《大乘重译经》目有"《佛本行经》一部五卷"，昙无谶译，又有"《佛本行经》一部七卷"，宝云译。智升《开元释教录》卷四《昙无谶译经》有"《佛所行赞经》传五卷"。注云："或云经，无传字。或云传，无经字。马鸣菩萨造。亦云佛本行经，见长房录。"卷五《宝云译经》有"《佛本行经》七卷"，注云"或云《佛本行赞传》，于六合山寺出。或云五卷，见僧祐宝唱内典等录。《高僧传》云《佛本行赞经》"。诸家所记经名译者与卷数多舛互不同，莫可究诘。常盘大定氏在他的《后汉至宋齐译经总录》（页九一〇）里说："僧祐以《佛所行赞》为宝云译，似乎可从。而昙无谶所译者，盖当从费长房说，即祐录之《佛本行经》也。"他这话也只是揣测之词，并无证据。

我们细看以上所引各家目录的文字，知道卷数的多少或由于抄写时数字的错误，或由于写经时因纸的关系，而卷的数目有增减。如《历代三宝纪》卷九说"《洛阳伽蓝记》五卷"，而注中又说："或为一大卷"。自然并成一大卷者字或者小些，纸或者长些，于是同为一书而有五卷一卷之别。又如巴黎所藏《伯希和三四三二号写本》

（据清华图书馆藏照片）是一个寺庙的账目，有一部分是"经目录"。其中有《杂宝藏经》八卷"《佛本行经》六卷"，都与现在所传卷数不合，大概也是根据实际写本卷轴数目的记录，而非原分卷数。所以上引各家经录中卷数之差我们可以暂不去管它。经名的"本行"或"所行"意义相同，亦可不论。或称"经"或称"传"也都是原文所无，汉译随意加上，可以除外。我们现在要据以推论的最可靠的根据，是这"赞"字的有无。

法经的目录里两部经只是"所"和"行"一字之差，而且都作宝云译。明佺的目录都称为"佛本行经"，并且说和隋阇那崛多的《佛本行集经》都是"同本别译"，可谓睁着眼说瞎话！《佛本行经》与《佛所行赞》固非一书，和庞大的《佛本行集经》尤其无干，岂可目为"同本"？所以这两部目录的记载也不值得讨论。为眉目清楚起见，我把其余四部经录的说法表列于下：

经名	梁僧祐	隋费长房、唐道宣	唐智升
行赞	宝云	宝云	昙无谶
行经	失译	昙无谶	宝云

从上列的表看来，我们知道从梁代到唐代，一直认为宝云所译的叫作"行赞"，另一部叫"行经"。这个最早的说法我认为是对的。换言之，就是现在的"佛本行经"原名该是"佛所行赞"，而"佛所行赞"该是"佛本行经"。理由何在呢？

马鸣的诗的梵文原名为 Buddhacarita，可以译成"佛所行"或"佛本行"，但没有"经"或"赞"之类的意味在里面。义净称它为"佛本行诗"，极为正确。中译可能加上个"经"字，因为当它是教内圣典。但没有理由称它为"赞"，因为全篇是释迦牟尼的传记，毫无"赞"的功用。再看今本《佛本行经》，则大有被称为"赞"的资格。开宗明义的"因缘品"说如来涅槃后，诸天请金刚力士追述佛德。力士说："欲叹佛功德，无能尽具者。愿承佛威神，令意不谬误。能少少颁宣，叹佛之德善。"叹尤赞也。第二品为"称叹如来品"，略述如来一生事迹。本品为八王分舍利，又说："时密迹力士，广为诸天人，以次说是法，宣佛本行德。……假令诸罗汉，慧如舍利弗，寿皆叹佛德，不能令终竟。况吾智浅末，限陈所见闻。"这岂不是彻头彻尾的一部"佛所行赞"吗？

以上证明今本"行经"应当原名"行赞"。这部经道宣以前都是目为宝云译，智升始说是昙无谶译。书名问题解决，译者问题怎样呢？我认为也应以僧祐之说为是。第一当然是因为时地相接。宝云卒于宋元嘉二十六年（449），僧祐卒于梁天监十七年（518），相去不久。宝云译经于六合，在南朝境内。僧祐对于宝云的工作自应清楚。还有别的证据证明这部原名行赞今名行经的著作不是昙无谶所译。梵本经典的翻译往往是天竺或西域译主口授，再由别人记下来，因为经过这种周折，很不容易从译本的行文风格或遣词用字上来考察译者的特征。但专名的音译理应较为固定。同一译者在译不同的经典时，似乎对同样的专名应该用同样的汉字来移写。现在假定都从梵文本译出，比较宝云《行经》里和昙无谶译《金光明经》《大般涅槃经》所见的若干专名的音译，列入下表。便知行经不出昙无谶手，智升的说法完全不对了。

行经	金光明经
阿须伦	阿修罗
妙后	摩耶
行经	大般涅槃经
拘夷那竭城	拘尸那国

波昙花	波头摩花
兜术	兜率
罗云	罗睺罗

今本行经既应原名行赞，并且知道是刘宋时宝云所译，则今本行赞译者的问题也就解决了一半。它不会也出宝云之手，因为两者的专名移写颇不相同。试看下表：

行经	行赞
阿夷	阿私陀
阿蓝	阿罗蓝
调达	提婆达或提婆达兜
阿须伦	阿修罗
维耶离	鞞舍离
罗云	罗睺罗

法经与明佺认为两者都是宝云译，自不可信了。费长房和道宣所主张的今本行赞为昙无谶译的说法，我觉得大有可疑。慧皎《高僧传》以及他所根据的僧祐《出三藏记集》中的《昙无谶传》记载谶所译经，《大集涅槃诸经固无论》，《悲华海龙王》等经也都记载，独不及马鸣此作。如出谶手，这样重要经典绝不应两人都漏略的。行赞的译音如"罗睺罗""阿修罗"等，倒是和昙无谶其他译相合。不过项数太少，不够作证据。从僧祐慧皎的《昙无谶传》的默证看来，我们还是相信《出三藏记集》，认为马鸣的"佛本行诗"是"失译"，恐怕最为妥当了。

——《申报·文史》副刊第 19 期（1948 年）

译音偶录（1948）

张其春

（一）China 之由来

英人称我国为 China，法语谓之 Chine，系从梵文辗转传译，原为"秦"（Chin）字之转，然学者有否定此说者，兹得二节，借为补正：

一、《高僧传》记鸠摩罗什云："但改梵为秦，失其藻蔚，虽得大体，殊隔文体"。

此指梵文译为汉文也。

二、《旧约·以赛亚书》第四十九章第十二节："看哪，这些从远方来，这些从北方，从西方来，这些从秦国来。（秦原音作希尼）"

Behold, these shall come from far: and, lo, these from the north and the west, and these from the land of Sinim—Isiah.

按"秦国"即指我国，所谓原音作"希尼"（Sinim），本希腊文也，法译 Chine 亦读"希尼"；日人□称我国为"支那"，不过异名耳。我国与他国连称时，则用 Sino-，亦从 Sinim。拉丁文称 Sinica，如中央研究院译为 Academia Sinica 是也。

（二）茶

世界各地得尝茶之滋味，端赖我国之赐。自其译音观之，极饶趣味，请阅下表：

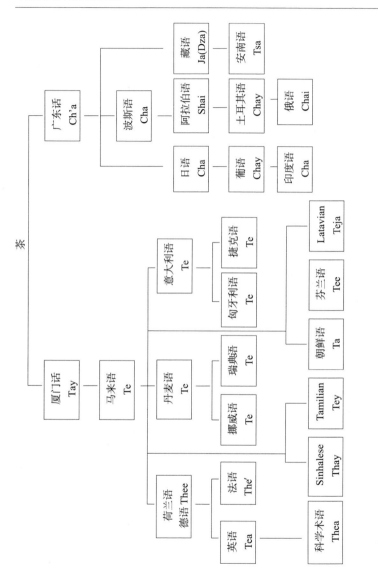

茶之种类不一，重要之译名，计有：

小种（souchong）　　屯溪茶（twankay）

乌龙（oolong）　　　工夫茶（congon）

熙春（hyson）　　　白毫（pekoe）

武夷茶（bohea）

（三）切腹

切腹自杀，为日本武士道之传统精神。德川时代以"切罚"处罚"武士"，犹古之赐死也。日语又称"切腹"为"腹切"，英译 harakiri 从其训读也。harakiri 误拼为 harikiri, hurry-curry。一八五六年三月号 *Harper's New Monthly Magazine* 有 "Hari-kiri of Japan" 一文。一八七一年 A. B. Freeman-Mitford 著 *Tales of Old Japan*, II p. 195 有云：

The ceremony or harakiri was added afterwards in the case of persons belonging to the military class being condemned to death.

切腹意译 Happy dispatch，极为幽默。一八五九年三月二十六日《泰晤士报》载云：

The Japanese are ...taught...the science, mystery, or accomplishment of 'Happy Dispatch'.

（四）人力车

明治二年（一八六九）美国浸礼会教士名 W. Globe 者，发明人力车；翌年，人力车与马车，始通行于东京。人力车之英语译音为 jinrikisha，通常拼作 jinricksha，简称 rickshaw；又译 jinrickisha, jinriksha, jennyrick shaw, jinnyrickshaw，但通用不广。一八七四年 Mary E. Herbert 译 *Hübners Ramble Round the World*, II, p. 280 云：

The Jinriksha came into fashion a year or two ago.

此为英语文献中最早所见者。又 *The Pall Mall Gazette*, 24 Aug., 1887 云：

> There can be no impropriety in ladies—riding in our easy and delightful richshaw.（人力车简便舒适，妇女乘之，亦无伤大雅也。）

日语简称人力车为"俥"，英译 kuruma 本此。上海之有人力车，始于一八七四年三月二十四日（清同治十三年二月初七日），系法商米拉（Menard）自日本输入，得法公董局允许核发照会。

（五）艾

"艾"字英译 moxa，从日语，盖训读"モグサ"，原为"モヘクサ"之约音。学名 Artemisia moxa。英译之 moxa 兼指艾草与艾。此字首见于 1677 年 *Philosophical Transactions of the Royal Scciety*, XII, p. 004 云：

> He did me the favour to show me some of that Moxa, which by burning it upon any gouty part removeth the Gout.（承其美意，以艾相示；凡患痛风者，以艾燃其患部可治也。）

孟子曰："今之欲王者，犹七年之病，求三年之艾也。"James Legge 译之如下：

> The case of one of the present princes wishing to become emperor, is like the havning to seek mugwort, three years old, to cure a seven year's sickness.

按 mugwort 学名 Artemisia vulgaris，国语称为"蔓蒿"，日语称为"山蓬"或"大蓬"，非艾也。

——《读书通讯》第 154 期（1948 年）

谈译事难（1948）

戈宝权

严几道先生曾经说过："译事诚难也。"我对于这句话是深具同感，因为作为一个精于译事的人，在此地一语就道破了翻译工作的全部艰苦与辛酸。这次《文讯》的文艺专号征文，编者又提出了同样的问题，希望每个从事翻译的人讲出自己对于翻译工作的意见和感想。假如说，在近年来学习翻译的过程中对翻译工作能有什么意见和感想的话，那我就只能讲出三个字来：译事难！

我首先觉得，假如我们把翻译当作是一件严谨工作的话，那么它并不像一般人所想象的那么容易，以为你只要懂得一种外国文字，再靠了一部很好的字典，就能把任何东西都翻译过来。我们随便举一个例子来说吧：假如你想翻译一个名作家的代表作品，你首先就得对这个作家的文学有相当的认识，其次就得对这个作家的生活、思想和见解有相当的研究，否则你就无从把作品的内容、思想和特有的风格完整地表现出来。西班牙的诗人兼批评家嘉奈多曾说过："一个严谨的译者，应该把原文之必须保全于译文中者丝毫不遗地表达出来。"希莱格尔也说过："一个严谨的译者，不仅会移植一部杰作的内容，并且懂得保护形式的优美与原来的印象，这样的人才是传达天才的信徒使。"

只从这些要求看来，我们就可以知道翻译决不是件简便的工作，而实在是件难事。

其次我觉得，一个翻译工作者在翻译过程中所遭遇到的种种困难和辛酸，也决不是任何一个读者能从译文的字里行间所猜想到的。这种困难与辛酸也是多方面的。就拿修养和学识来讲吧，一个翻译工作者所具有的修养和学识终究是有限的，但在他翻译的作品中所包含的知识却又是无限的，因此他有时非得像一部百科全书，具有广博的知识不可，否则就无法应付摆在他面前的东西。我们大家都知道爱伦堡是位著名的报告文学家，他的文学就是广博而又无所不包的，因此我们在翻译他的作品时，就常会感到这个工具的贫弱，即如不是找不到适切的字来表示一个原文的字义，就是无法用自己的文字来把一个原文的句子或是特有的表现法确当表达出来，而碰到原文中根本就不可能移译的地方，那就更是束手无策。一字之推敲，一句之修饰，在显示出译事的艰难，严几道先生曾说："一名之立，旬日踟蹰"，我想这句话并不是过甚其词，而实在是一个深知译事难的人的经验之谈。

当然，此地所讲的，还只是译事难中的大难，此外在翻译的过程中，我们还常会碰到许多细节的困难，它们往往又直接影响了翻译工作的完整性，现在不妨一一列举于后：

（一）在翻译时，一字一词的翻译，时常会牵动了全文的意义，而这种错误通常又是由于无意的疏忽而来的，甚至就是著名的翻译家或是极细心的翻译者也不容易避免。像俄国大诗人莱蒙托夫在翻译拜伦的一篇长诗的题词时（这段题词是从彭斯的一首诗中引来的），就曾把"Had we never loved so kindly"一句中的 kindly 一字和德文中的 das Kind（儿童）相混淆起来，结果就把这个句子误译成"假如我们不是孩子们"。俄国二十世纪的初叶象征派的诗人巴尔蒙特在翻译惠特曼的《草叶集》时，一开头就把这本诗集的题名 *Leaves of Grass* 译错，假如我们把俄文的题名（是一七一一年出版的）再译为英文，那就不是"草叶"而是"草的嫩芽"（Shoots of Grass）了。瞿秋白先生所译的"茨冈"一向被推为是我国译诗中最好的代表，但其中也有一两处看错原文的地方，即如瞿先生将俄文的"庇荫"一字错看成"干果"（这两个字在俄文中只相差一个字母），因此就将"到处都有供夜宿的庇荫"一句诗译成"到处的草堆都算他的床"。又如俄国名作家屠格涅夫在翻译佛罗拜尔的《希罗底亚斯》（*Herodias*）的时候，曾把她的女儿莎乐美误译成一个男孩子，而莎乐美的典故又是全世界知名的（见《马太福音》第十四章）。以像屠格涅夫这样的博学的作家竟然会疏忽了这一点，足证一念之差，即会影响全文，而留给读者一个错误的印象。

（二）是外国文艺作品中用典多，这些典故或来自《圣经》，或来自希腊和罗马的神话，或者是某部名著中的主人公，或者就是从其他著作中引用过来的文字，它们对于一个博学之士也许并不难，但对于我们，尤其是翻译工作者却是件难事。假如你找不到这些出典的所在，你简直就无法把它们译出来，即使能够照字面译出来，也不能给读者一个确切和深刻的认识。即如《圣经》中的典故，多出自《旧约圣经》或《新约圣经》，最好能直接从《圣经》中找出来。像苏联名作家 A. 托尔斯泰写过一部三部曲，题名为《在苦难中行进》，英文译为 *Road to Calvary*，假如我们不晓得这是出典自《圣经》，就会把它直译为"通向卡尔瓦里之路"，其实这个名字是来自新约的《马太福音》第二十七章和《路加福音》第二十三章。calvary 在耶路撒冷附近山地中，意为骷髅地，就是耶稣被钉上十字架的地方，从此我们就不难知道，A.托尔斯泰取它来作为书名是另有用意的。又同书中有一处地方讲到先知巴兰骑的驴子（Balaam's Ass），突然开口讲话，不用说，这头驴子在《旧约圣经》中是相当出名的，但我们的读者却对之茫然，假如我们能参照旧约《民数记》第二十二章中的记述加一段注解，那就能使得读者更为理解了。讲到来自希腊和罗马神话的典故，那更是数不尽，甚至可以说，荷马的两大史诗就完全是建立在这些神话和传说上的。像英文中的 The heel of Achilles，如直译即为"阿溪里斯之踵"，如意译即为"弱点"或"唯一可乘之隙"。阿溪里斯是希腊神话中的人物，也是荷马的史诗《伊里亚德》中的一位主人公，传说他的母亲生下他时，曾提着他的脚将他放在冥河中浸过一下，从此刀枪就不能伤害他的身体，但是他的后踵没有被水浸到，所以后来巴里斯就用箭向他的后踵射去把他打死。又如高尔基在写给中山先生的信中，称中山先生是"中国的赫尔古里斯"，此处的赫尔古里斯（Hercules）也是取材自希腊神话。赫尔古里斯是希腊神话中的宙斯的儿子，同时又是一位最勇敢的英雄，一生中曾建了十二件惊人的奇迹，高尔基此处用这个名字，可作为英雄的人物讲解。至于名著中的主人公，像莎士比亚的奥赛罗、哈姆莱特、薛洛克，西凡提斯的吉诃德先生，屠格涅夫的罗亭，高尔基的克里姆·莎姆金……都变成我们最熟悉的名字，并且每个名字都各有了新的含义：如奥赛罗代表嫉妒的人物，哈姆莱特代表怀疑的人物，吉诃德先生代表愚勇，罗亭代表能说不能行的人……但是除此以外，还有数不尽的人物，并且又不常是我们所熟悉的，像我不久之前翻译一篇论戏剧的文字，其中提到一位守财奴阿尔帕贡（Harpagon），我花了不少的时间方才查出，原来这就是莫利哀的《吝啬人》中的主人公。讲到引用的文字，因为它无头无尾，既不知道它的出处和来源，又不知道它何所指，有时简直不易译出。即如几年前我译过一篇文章，其中讲到俄国十九世纪的大思想家赫尔岑，是那许多"出去得早"（用普希金的说法）的人当中的一个人，我当时无法理解这个句子，问过很多苏联朋友也没有人讲得出，更不知道是出自普希金的什么作品。及至去年翻译普希金的诗，译到一首《荒野中的自由的播种者》，它是这样开始的：

> 我是荒原中的一个自由的播种者，
>
> 我出去得很早，在黎明的晨星之前；

原来那句引用文字中的"出去得早"即出源于此，从此我方才了解它的含义。诸如此类用典的例子，真是不胜枚举，我想不仅是我一个人，甚至许多从事翻译工作的人都觉得这是件最为苦恼的事。

（三）是翻译人名难。我们大家都知道，各国的人名是有各国的读法的，但我们过去多半用英文的发音来读，结果就把名字都译错了。像西班牙名字中的 Don Juan 和 Jose，我们过去通译为唐璜和乔赛，但用西班牙文读时应该译为董璜和浩赛。像法国人名中的大仲马和小仲马，都是我们最熟悉的名字，前者是《三剑客》的作者，后者是《茶花女》的作者，假如把他们的姓名 Dumas 按照法文读出的话，那就不是仲马而是居马了。又如法国人名 Callaux，我曾看见有人译为卡拉克（见天马版《高尔基文学论文集》四八七面），其实这个名字在法文中应该读为卡约。像意大利名字中的 Caesar，我们过去通译为凯撒，又如著名的艺术理论家 Groce 的名字，我们通译为格罗采，但在意大利文当中，这两个名字是读为西撒和格罗契的。像波兰名字中的 Mickiewicz（是位波兰大诗人的名字），有人译为梅基卫斯（见桂林版《诗创作》第十三期霍薇的译文）。如用波兰文读出，则应译为密兹凯维奇。我因为一向弄俄国文学，所以对于中译的各种俄国文艺作品特别注意，发现其中也有许多人名是误译的。首先是苏联大文豪高尔基的名字，就和原文有出入，因为这个名字的发音在俄文中是 Go-ri-Ky，过去有人把它译为戈理基，那倒是很对，也许因为后来大家都沿用高尔基这个译名，就把那个更正确的译名抛弃了。像屠格涅夫的小说《罗亭》中的女主人公的名字 Natalya 和《烟》中的女主人公的名字 Tanya，在陆蠡的译文中是译为娜泰雅和泰雅的，其实这两个名字应读为娜泰利亚和唐妮亚。像波高庭的译本《带枪的人》中有一位主人公 Sibirtsey 在某一种译本中是译为思巴特西夫的，若根据俄文则应译为西比尔采夫。又如 Khrushchev 一姓名，我曾看见有人译为克赫鲁希契夫，其实这个名字应读为赫鲁萧夫。至于讲到从外国文翻译日本人的名字，我们要先设法查出它们原名的汉文写法，即如 Tanaka 应译为田中而不能译为泰拉卡；又如从日文翻译其他外国人的名字，也得先查出它们原来的拼法，否则我们就会把卡尔·马克思这个名字译成卡鲁普·马鲁克思了。为了克服这种翻译人名的困难，只有一种方法，就是多查附有注音和读法的外国人名辞典，翻译日本人名时就只有多多参考《中西对译日本人名地名辞典》一类的书籍。

（四）是翻译事物名称难，像在俄国文艺作品中常见到的 Sanovar 一字，我们就没有统一的译名，有人译为茶炊，有人译为暖炊，有人又译为自暖壶。在翻译的过程中，一个翻译工作者也常为着这些事物的名字所苦恼。曹靖华先生曾经告诉我，当他在重庆翻译克雷莫夫的

《德宾油船号》时，他为了要给驾驶员把手中左右方向的那个圆盘找到一个适当的译名，曾从观音岩一直跑到两路口，询问了沿途所有的汽车修理厂，最后才知道那一个东西是叫作方向轮或是方向盘，这真颇似严几道先生所说的"一名之立，旬日踟蹰"的情形了。还有外国文字中的亲属的名称也很难译，如 Uncle 一字，究竟是指伯父、叔父、姨丈、姑丈还是舅父，如 Aunt 一字究竟是指伯母、婶母、姨母、姑母还是舅母，有时甚至看了全文也无法决定的。

（五）是书名难译，单从字音着手，而不注意书的内容，就常会把书名译错。听说过去曾有人把雨果的名著《巴黎圣母院》（*Notre Dame de Paris*）译为《巴黎之吾妻》，就是一个有趣的笑话。像契诃夫有一个著名的剧本 *Uncle Vanya*，过去耿式之把它译为《文尼亚叔父》，其实此地的 uncle 不是叔父而是舅父，后来的译者把它译为《文舅舅》或《文尼亚舅父》，那是把原意确切地表示出来了。犹如左拉一本名著 *L'Assommoir*，王了一曾误译为《屠槌》，甚至还引起一场笔墨官司，从此可见译书名之难。此外我也曾见过一些误译，如商务出版一本根据法文译出的《苏联诸民族文学》，其中即将萧洛霍夫的名著《静静的顿河》误译成《和平的赠予》。又如一本讲苏联的小册子中，把苏联名剧作家特勒辽夫的剧本《柳葆美·雅罗瓦里》（人名）误译《激怒的爱》。我自己也碰过这类的难题，如译高尔基的文艺论文时，其中提到巴尔扎克的一本小说 *Le Yeau de Chagrin*，日文译为《鲛皮》，英文译为 *Wild Ass's Skin*（《野驴之皮》），不知哪一个对，我也问过几个朋友，他们都不能给我一个确切的答复，我想大概只有读了这本小说之后方能知道一个究竟。

以上拉杂写来，只不过是就自己在学习翻译过程中所见到的和所体验到的约略讲一讲，事实上译事之难还常有远过于此者。因此，我觉得只有把译事当作是一件严谨和负责的工作，在翻译的过程中不断地学习，不断地改进和充实自己：勤于博览群书，勤于多查辞书和字典，勤于询问友朋，此外就无别的方便的捷径可寻。

六月三十日

——《文讯》第 9 卷第 1 期（1948 年 7 月 15 日）

漫谈翻译（1948）

黎烈文

翻译对于语文的影响是显而易见的。拿现在流行的文字和五四初期的白话文比较，纵使不是研究文艺的人，也能看出无论在形式、语法、辞汇任何方面都有了长足的进步。五四初期的白话文受《红楼梦》《儒林外史》一类旧小说的影响较多，而现在流行的文学则受西洋文艺作品的影响较多。所以，这进步大部分得归功于二十余年来许多译人的努力。

语言文字是人类生活的一部分，人类生活一天天现代化、国际化，语言文字当然也要随着一天天现代化、国际化。翻译作品的流行，是中国语言文字现代化、国际化的主要因素。那些穿西装、吃大菜、住洋房、坐汽车的大人先生们，尽管对于欧化的语体文感到痛心疾首，但时事所趋，中国语言文字还是会一天天欧化下去，也即是说一天天现代化和国际化的。

翻译的功用，一方面是原作情感思想的介绍，另一方面是语文风格的介绍。从后一意义说，我是赞成直译和欧化的，换句话说，就是在看得懂、念得通的前提下，我们要尽量保存原文繁复曲折的语句组织，而不必把它支离割裂，完全译成《红楼梦》《儒林外史》那样简单平淡的白话文。现在的人不需要看《红楼梦》《儒林外史》那样的译文，正和五四时代的人不需要看林琴南、严又陵那样的译文一样。

译文艺作品而采用纯中国语式的"意译"方法，即使完全没有走失原文的意思，它的功用也就止于传达原文的意思而已，对于促使中国语文进步一点，不会有一丝一毫的影响。但采用"直译"方法而译得使人看不懂，念不通，那译者的气力也就完全白费。所以最好的翻译，一定是完全把握住原文的意思，而又尽量保存着原文的风格的直译。

翻译而能完全把握住原文的意思，尽量保存着原文的风格，就非对于中西两种文字都有高度的修养不可。西文够而中文不够的人，译的东西常是佶倔聱牙，不知所云；中文够而西文不够的人，译的东西常是流畅可诵，却错误百出。但也有少数作家，从事创作时，文字异常清畅，一到动手翻译，便仿佛天书，无法卒读，这原因大概是西文实在太差，而又无自知之明的缘故。

每一个大作家都有其特殊的笔调，我们译巴尔札克的作品，当然最好能表达巴尔札克的笔调，译斯丹达尔的作品，也最好能表达斯丹达尔的笔调。但我们对于翻译方面"信""达""雅"的三个条件，最先而又最起码的要求是"信"；那些连最简单的文法分析都弄不清楚，一动手便不免于错误的译者，最好还是多做些基本练习，少说些大话。

一个良好的译人，一定同时是一个谦虚的学者，他会时常想到：译得不错，是应份的事，无可夸耀；译得错了，纵可不受多数读者的责难，但终不能逃过少数识者的非笑。

遗漏、疏忽，是任谁都不能免的，翻译要绝对没有错误，实是很难的事。但一字的脱落，一语的误解，可以原谅；对于原文整段整句文法上的误解，却不可原谅。因为前者是由于疏忽，而后者却出于无知。

翻译时需要十分细心和谨慎的工作，自夸下笔如流，每天可以赶译万字左右的速译者，除非制作一些油腔滑调的通俗书本以外，决不会有忠实良好的翻译。

太聪明和太愚钝的人，似乎都不宜从事翻译。太聪明的人惯会望文生义，看了上半句便创作了下半句；太愚钝的人对原文根本不易理解，有时自以为理解了，其实并不是那么一回事。

夸大与无知，向来是紧紧连在一块的，翻译界也不会有例外。凡是写长序，夸版本，炫考证，说来头头是道，像煞有介事的译者，往往是外国文程度最差、错误最多的译者。你试拿他的译本和原文对看，常是在第一面第一段就会发现惊人的错误。

翻译不是译电报，外国文没有根底，单是捧着字典像查电报书一样是不行的；但翻译也究竟少不了字典，有些错误的翻译，原因就是译者懒得查字典。

翻译不单是语句内容要求"信"，就是固有名词的音译也要求"信"，"达"与"雅"只能从"信"以内去求。有些人名地名，前人已有相当妥帖而又通行的译法，译者就不必自作聪明，标新立异。最近翻译界有些人名的译法"雅"则雅矣，却全然不"信"，和原文的发音差到十万八千里，这已是不妥；而另外有些译法既不"信"，亦不"雅"，简直可说是十分俗恶，却借着出版家的力量，硬要读者接受，这除表示译者的狂妄以外，还有什么呢？

翻译原是一件吃力不讨好的工作，译得错了，要承受一切的责难；译得不错，毕竟还是别人的东西。因此，有些聪明的"学者"，只是写些谈论翻译的文章，自己从不动手翻译，这一方面显得他学贯中西，另一方面又不致给人把柄。但也有些比较不那样聪明的"专家"，他们若只写些评介的文字，也许可以保持那一点虚名，但他们偏要胡译乱译，暴露自己并不是什么"专家"，不，他们简直还没有具备看懂原著的语文修养！

今日中国的翻译界，既不需要说风凉话的"学者"，也不需要自吹自捧的"专家"，需要的是许许多多诚实、谦虚而又肯埋头苦干的译人。过去若干年来翻译界的功绩，应当归给他们，而将来翻译界新的贡献，也还有待于他们的努力。他们是新思潮的介绍者，新语文的创造者，新作家的培育者。他们个人的劳绩虽不易被人重视，但集体的影响确实异常巨大。他们的工作虽是艰苦，但不会没有前途；他们物质上的报酬虽是菲薄，但不会缺乏精神上的安慰。我现在从高尔基的《我的文学修养》一文中摘录几句话，献给翻译界的朋友们：

> 我从外国文学，尤其是法国文学里，学得了很多的物事。……对于做着作家的我，实在给了深的影响的——是斯丹达尔、巴尔札克、佛罗贝尔这些法国的巨匠。……这些作家的东西，我是从俄文译本看来的。

中国将来如能产生高尔基那样伟大的作家，我们一定也会看到像高尔基那样诚实的、使译人们欣喜的告白！

卅七年六月十八日于台北

——《文讯》第 9 卷第 1 期（1948 年 7 月 15 日）

论梵文 ṭ ḍ 的音译（1948）

季羡林

梵文的顶音（Mūrdhanya）ṭ、ḍ 在中译佛典里普通都是用舌上音知彻澄母的字来译：ṭ 多半用"吒"字，有的时候也用舌头音"多""陀""头""铎"等字；ḍ 多半用"荼"字，有的时候也用舌头音"陀""荼""拿""那""择"等字[1]。这些字所代表的音大部分都同梵文原音很相似；有几个虽然不十分相似，但也差不太多。只有很少数的例外，是用来母字来对梵文的 ṭ 同 ḍ。这却有了问题：为什么中文译者会用来母字来翻译梵文的顶音呢？中国音韵学家也曾注意到这个问题。

罗莘田（常培）先生说：

> 那些转到其他各母的例外，我想恐怕是译者方音的不同，或者是所根据原本的歧异[2]。

周法高先生说：

> 在中国人的译音里，大致用舌上音知、彻、澄母的字来翻译它们；但是在唐以前，有时候也用来母来翻译。从表面上看，似乎翻译梵文 ṭ、ḍ 的来母字是不规则的，是例外的，不过假使我们多搜集一些例子，便知道这不能算做例外了[3]。

周先生的结论是：

原来梵文的 t 等，相当于国际音标的 [t] 等，在汉语里没有这一类的音，于是除了借用知系字外，有时还借用来母字。在周秦时代，舌上音知系字和舌头音端系字不分，都读 [t] 等。后来因为韵母的影响，渐渐颚化，到唐代知系的 [t] 等就和端系的 [t] 等分别了。在魏晋南北朝时代，颚化现象虽不如唐代的显著，不过在二、三等韵母前和在一、四等韵母前的舌音声母已略有差别。所以在魏晋南北朝时代对译梵文 t 等所用的端系字远不如知系字的多。不过这种翻译也并不切合，所以有时也用来母来翻译，或许来母的 l 音略有卷舌作用吧！到了隋唐以后，除了沿袭旧的译名外，后一种方法完全废弃，到现在看起来，更觉得早期译音中的这种现象非常不规则了[4]。

陆志韦先生说：

最不可了解的，译经何以有时用来母字（i）来代 ṭ, ḍ[5]？

罗先生同陆先生都是用怀疑的态度来看这问题，这正足以表示两位先生的谨慎。周先生却大胆地给了一个看起来也能自圆其说的解释；但他这个说法究竟能不能成立呢？我觉得，只从中国音韵学上着眼是不够的，我们应该把眼光放远一点，去追寻这些用来母字对音的根源，换句话说，就是看一看在印度语言学史上，顶音 ṭ、ḍ 同 l 或 i 有没有关系。倘若能把来源弄明白，我们的问题也自然就可以解决了。

在巴利（pāli）文里，两个元音中间的 ḍ、ḍh 变成 i、ih，譬如梵文 āpiḍā 到了巴利文变成 āveiā，梵文 peḍā 到了巴利文变成 peiā[6]。除了极少数的例外以外，这几乎成了定律。在用古代俗语（Prākrit）写成的碑刻里，也有 i 这样一个字母，同 ḍ 同时存在。在写成文学作品的古代俗语里，也有 ḍ > l̤ 的现象，譬如在新疆出土的古代佛教戏剧里，梵文 dāḍima 就变成 dāl̤ima[7]。不过在很早的时候 l̤ 就常写成 l。原因也许是 l̤ 根本被废弃了，也许是 l̤ 同 l 混在一起，这我们不能确认。另外在几个 Brāhmī 铭文里还有 t > ḍ > l 的现象。

这种 ḍ > l̤ 的现象在中世俗语里还继续存在[8]。不过在北方抄本里 l̤a 这个字母已经渐渐消逝了，普通都是用 la 来代替。在南方抄本里 l̤a 还存在。在巴利文的抄本里，l̤a 也多半给 la 代替了。

以上我们谈的是，在俗语里 ḍ 变成 l̤（l）的情形。我们现在再来看梵文雅语的时候，我们应该把从俗语里观察得到的结果拿来比较一下。在《梨俱吠陀》（Ṛgveda）里，两个元音中间的 ḍ、ḍh，也正像在巴利文里一样，变成 l̤、l̤h[9]。Pāṇini 文法里没有 l̤a 这个字母。自从《阿闼婆吠陀》（Atharvaveda）以后，ḍ 多半都变成 l̤。ḍ > l̤ 同 ḍ > l 这两个现象并不是并行的，而是 ḍ 先变成 l̤，然后 l̤ 再变成 l，这是我们应该注意的一点。ḍ > l̤ 这现象只见于北方的抄本。在北方，一直到纪元后 4 世纪末，l̤ 还存在；但在这以后就没有了。这些抄本都是在这时期以后写成的，所以只有 l，而没有 l̤。在早于这时期的抄本里，l̤ 还可以找得到，譬如在马鸣菩萨（Aśvaghoṣa）的剧本 Śāriputrakaraṇa 的抄本里有 nīl̤adruma 这样一个字，在梵文里普通都写作 nīḍadruma。在马鸣的别的作品里，像《佛所行赞》（Bud-dhacarita）和 Saundārananda，根本没有 l̤a 这个字母，因为我们现有的这两部书的抄本都比较晚，l̤ 已经给 l 或 ḍ 代替了。

把上面所说的归纳起来，我们可以得到下面这个公式：ḍ > l̤ > l。这个现象在"吠陀"时代还不存在，而且里面还牵连到许多语言学上的问题，不像我们上面说的那样简单，我们上面只提出了一个大体的轮廓而已。到了后来，佛教徒从东部方言翻译佛典，又往往把东部方言里的 i 都还原成梵文 ḍ[10]。这是另外一个问题，我们在这里不能详细说了。

以上是我们根据用梵文雅语或俗语写成的书籍和碑刻观察得到的结论。现在我们再回头看中译佛典，我们立刻就可以发现，中文译者用来母字来翻译梵文的顶音 ṭ 同 ḍ 这件事实同我们上面谈过的印度语言学史上 ṭ > ḍ > i > 1 这现象是不能够分开的。我们现在从这个新观点上再来看这个表面上似乎是不可解的对音方法，就知道这实在是事出有因了。有了这个新观点，我觉得，以前所认为的那些在对音方面的例外还有重新再检讨一下的必要。下面就是我的一个尝试。我只预备举出几个比较常见的例子，按梵文字母的次序，一一加以讨论，并不想，事实上也不可能，把中译《大藏经》里面所有同这有关的例子都举出来。

aṭaṭa（地狱名）

Sk.（Sanskrit）：aṭaṭa ；Pāli: aṭaṭa; 据 Böhtlingk、Roth、Sanskrit-Wörterbuch，还有另外两种写法：aṭaṭa 或写 aṭaṭa。我现在把中文的对音写在下面（次序是按译出时间的先后）：

西晋法立共法炬译《大楼炭经》卷第二（《大正新修大藏经》第一卷页二八六下右起第七行）：　　　　　　　　　　　阿呵不

后秦鸠摩罗什译《大智度论》卷第十六（《大正》第二十五卷页一七六下左起第一行）：　　　　　　　　阿[11]罗罗[12]

后秦佛陀耶舍共竺佛念译《长阿含经》卷第十九《世纪经地

狱品》（《大正》第一卷页一二五下右起第十行）：　　　　　　呵呵

　　北凉昙无谶译《大般涅槃经》卷第十一（《大正》第十二卷页四三〇上右起第五行）：　　　　　　　　阿吒吒、阿罗罗[13]

　　陈真谛译《立世阿毗昙论》卷第一（《大正》第三十二卷页一七三下右起第二行）：　　　　　　　　　　　　阿吒吒

　　隋阇那崛多等译《起世经》卷第四（《大正》第一卷页三二九上右起第五行）：　　　　　　　　　　　阿吒吒

　　隋达摩笈多译《起世因本经》卷第四（《大正》第一卷页三八四上右起第二行）：　　　　　　　　　　阿吒吒

　　唐玄奘译《阿毗达磨俱舍论》卷第十一（《大正》第二十九卷页五九上右起第二行）：　　　　　　　颊唽吒[14]

　　唐玄奘译《阿毗达磨顺正理论》卷第三十一（《大正》第二十九卷页五一七上右起第十五行）：　　　颊唽吒

　　唐玄奘译《瑜伽师地论》卷第四（《大正》第三十卷页二九四下右起第十四至第十五行）：　　　　歇唽呫

上面都是译经。在别的书里也可以找到 atata 的音译：

　　梁宝唱等集《经律异相》卷第四十九（《大正》第五十三卷页二五九下）：　　　　　　　　　　　阿吒傤吒傤

　　宋法云编《翻译名义集》卷第二（《大正》第五十四卷页一〇九一下左起第十一行）：　　　　　　呵（阿）罗罗

　　宋元照撰《四分律行事钞资持记》卷中一上（《大正》第四十卷页二五三中左起第六行）：　　　　　诃罗罗

atata 的对音当然并不止上面这几个，我只是举了几个例子。在这些例子里面，《大楼炭经》的"阿呵不"来源不大清楚。《大智度论》

的"阿（呵）罗罗"来源一定不会是 aṭaṭa。我们上面谈过 ṭ > ḍ > l̤ (>l)
的现象。所以 aṭaṭa 一定也是先变成 *aḍaḍa，再变成 *al̤al̤a（或 *alala）。
这 *al̤al̤a（或 *alala）就正是"阿（呵）罗罗"的来源。《大般涅槃经》
的"阿罗罗"当然也是同一个来源；但同时还有一个"阿吒吒"。"阿
吒吒"正是 aṭaṭa 的对音。所以我们可以想象，在《大般涅槃经》的
原文里一定有两个字，表示同一件东西：一个是 *al̤al̤a（*alala），一个
是 aṭaṭa。原因大概是，人们不知道 *al̤al̤a（*alala）就是从 aṭaṭa 变来的，
所以就把两个字都写上了。真谛以后的"阿吒吒"和玄奘的"頞晣
吒"和"歝晣诂"都是 aṭaṭa 的对音。玄奘的译名不统一，这是我们可
以注意的一点。

ārāḍa kālāma（人名）

Bsk.（Buddhist Sanskrit）: ārāḍa kālāma（Buddhac. 12, lff.；Divyāv.
392, lff.）, ārāḍa kālāpa（Lal. 239, 6ff.）；Pāli: āl̤āra kālāma[15]。ārāḍa 这
个字梵文的写法同巴利文的写法非常不一样。也许有人以为梵文的 r
到巴利文里变成了 l̤，ḍ 变成了 r；但这是不对的。原来是 ārāḍa 的 r 同
ḍ 先换了位置（Metathesis），然后 ḍ 又变成了 l̤，于是就成了 āl̤āra。
我现在把中文对音写在下面：

后汉竺大力共康孟详译《修行本起经》卷下（《大正》第三

卷页四六九中右起第五行）：阿兰、迦兰[16]

吴康僧会译《六度集经》卷第七（《大正》第三卷页四二下

右起第五行）：罗迦蓝

西晋白法祖译《佛般泥洹经》卷下（《大正》第一卷页

一六八中右起第一行）： 罗迦盐

东晋瞿昙僧伽提婆译《中阿含经》卷第五十六《罗摩经》（《大正》第一卷页七七六中右起第八行）： 阿罗罗逝罗摩

姚秦竺佛念译《出曜经》卷第七（《大正》第四卷页六四四上右起第四行）： 阿兰

姚秦佛陀耶舍共竺佛念等译《四分律》卷第三十二（《大正》第二十二卷页七八七中右起第七至八行）： 阿兰迦兰

东晋法显译《大般涅槃经》卷中（《大正》第一卷页一九七下右起第六至七行）： 迦兰

不载译人附东晋录《般泥洹经》卷下（《大正》第一卷页一八三下右起第十三行）： 力蓝

北凉昙无谶译《大般涅槃经》卷第二十一（《大正》第十二卷页四八八上左起第九行）： 阿罗逻[17]

北凉昙无谶译《佛所行赞》卷第二（《大正》第四卷页十四上右起第十四行）： 阿罗蓝[18]

刘宋佛陀什共竺道生等译《五分律》卷十五（《大正》第二十二卷页一〇四上右起第十五至十六行）： 阿兰迦兰

刘宋宝云译《佛本行经》卷第三（《大正》第四卷页七四中右起第十二行）： 阿兰[19]

刘宋求那跋陀罗译《过去现在因果经》卷第三（《大正》第三卷页六三六中左起第四行）： 阿罗逻迦兰[20]

隋阇那崛多译《佛本行集经》卷第二十一（《大正》第三卷页七五三中右起第九行）： 阿罗逻

唐玄奘译《大般若波罗蜜多经》卷第五九九（《大正》第七

卷页——○二中左起第九行）：　　　　　　阿逻茶[21]、迦逻摩子[22]

唐玄奘译《大乘大集地藏十轮经》卷第三（《大正》第十三卷页七三五下左起第十二行）：　　　　　　　阿逻茶[23]

唐地婆诃罗译《方广大庄严经》卷第十一（《大正》第三卷页六○五下右起第二行）：　　　　　　　　　　阿罗逻

唐义净译《根本说一切有部毗奈耶破僧事》卷第四（《大正》第二四卷页——九中，页一二六下）：　　歌罗罗、罗罗、哥罗哥

唐义净译《根本说一切有部毗奈耶杂事》卷第三十七（《大正》第二四卷页三九一上左起第九行）：　　　　　　迦罗摩

宋法贤译《众许摩诃帝经》卷第六（《大正》第三卷页九四八中右起第七行）：　　　　　　阿啰拿迦罗摩

上面都是译经里面的例子[24]。下面再从不是译经的书里引两个例子：

梁僧祐撰《释迦谱》卷第一（《大正》第五十卷页二八上左起第十一至十二行）：　　　　　　　阿罗逻迦兰

宋志磐撰《佛祖统纪》卷第二（《大正》第四九卷页一四四下右起第十四行）：　　　　　　　　　　阿罗逻

我们从上面所举的例子，可以看出来，中文的对音非常不统一。"迦兰""力兰""迦罗摩"是对的 kālāma，同我们所要讨论的没有关系。"阿兰""罗迦蓝""罗迦盐""阿兰迦兰"等音译牵涉到许多别的问题，我们在这里不能详细讨论。剩下的这许多音译大体可以分为两类："阿罗罗（伽罗摩）""阿罗逻""阿罗蓝""阿罗逻（迦兰）""歌（哥）罗罗"为一类，原文大概是同巴利文很相似的一个字，也许就是 ālāra（kālāma）。"阿逻茶（迦罗摩）""阿逻茶""阿啰拿（迦罗

摩）"等为一类，原文就是梵文的：ārāḍa。

还有一个小问题，我在这里想附带谈一下。据我所知道的，在佛经里有两个人，名字都叫作 ārāḍa kālāma：一个是佛初出家时遇到的仙人，一个是佛快涅槃时听到的仙人。这两个字 ārāḍa kālāma 合起来成为一个名字。《佛本行集经》卷第二十一（《大正》第三卷页七五一下右起第八九行）说："于其中路，有一仙人修道之所，名阿罗逻，姓迦蓝氏。"这话说得最清楚。但有几部经却把这一个名字分成两个人。《修行本起经》的原文已引在上面注十六里。《佛本行经》卷第三（《大正》第四卷页七五上右起第十一十二行）说："菩萨不然。阿兰是法，于是复诣，逝兰问法。"这问题也值得研究一下。

kurkuṭa, kukkuṭa（鸡）

1. 梵文 kurkuṭa, kukkuṭa；巴利文 kukkuṭa；中文对音：

北凉昙无谶译《大般涅槃经》卷第二十三（《大正》第十二卷页五〇三中左起第三行）： 究究罗[25]

隋阇那崛多译《大威德陀罗尼经》卷第七（《大正》第二一卷页七八五下左起第二行）： 鸡鸠吒

我在下面再举几个中土著述里面的对音：

唐义净撰《大唐西域求法高僧传》卷上（《大正》第五一卷页二中左起第九行）： 矩[26]矩吒

唐礼言集《梵语杂名》（《大正》第五四卷页一二三七上）： 矩罗俱吒

《翻梵语》卷第七（《大正》第五四卷页一〇三二中）： 究究罗

还有一个例子，kukkuṭa 不是一个独立字，而是一个离合释（samāsa）第一半，我也写在下面：

唐玄奘译辩机撰《大唐西域记》卷第八（《大正》第五一卷页九一二中右起第十四行）：　　　　　　　　屈屈吒（阿滥摩）

同书卷第九（页九一九中左起第五至六行）：屈屈吒（播陀）

2. 梵文 kurkuṭika, kaukuṭika, gaukulika, gokulika；巴利文 kukkuṭika, gokulika；中文音译：

失译人名附东晋录《舍利弗问经》（《大正》第二四卷页九〇〇下右起第八行）：　　　　　　　　　　　　　　　拘拘罗部

梁僧伽婆罗译《文殊师利问经》卷下（《大正》第十四卷页五〇一中右起第六行）：　　　　　　　　　　　　　高拘梨柯

《十八部论》[27]（《大正》第四九卷页一七下右起第五行）：

高拘梨

陈真谛译《部执异论》（《大正》第四九卷页二二下右起第二至三行）：　　　　　　　　　　　高俱梨柯部、高俱胝

唐玄奘译《异部宗轮论》（《大正》第四九卷页一五上左起第三行）：　　　　　　　　　　　　　　　　　鸡胤部

我上面共举了十二个例子。第 1 项下面的例子可以分成三组："鸡鸠吒""矩矩吒""屈屈吒"为一组，原文是梵文，kukkuṭa。"矩罗俱吒"单独成一组，原文是梵文 kurkuṭa。"究究罗"也自成一组，原文应该是（kukkuṭa > ˚kukkuḍa >）kukkuḷa（la）。事实上，巴利文里本来有这样一个字，R. Morris 认为 kukkuḷa 就是 kukkuṭa 的另外一个写法[28]。我觉得中文音译"究究罗"是一个很好的证据。玄应《一切经音义》卷第二说："究究罗"，此是鸡声也；鸡鸠吒，此云鸡。"慧

琳《一切经音义》卷第二十六（《大正》第五四卷页四七六下）也说：
"究究罗，此鸡声也；鸡鸠吒，此云鸡也。"可见慧琳和玄应对"究
究罗"，"鸡鸠吒"的来源已经不清楚了。至于第 2 项下面的几个例
子，原文同对音都很清楚，用不着多谈。只有真谛举了两个译名，这
表示，在原文里或者就有两个字：一个是梵文 kukkuṭi，一个是俗语
（Prākrit）的梵文化的俗语 gaukulika。

kūṭadanta（人名）

梵文、巴利文都是 kūṭadanta；中文音译：

后秦鸠摩罗什译《大智度论》卷第二五（《大正》第二五卷
页二四四下右起第十五十六行）：　　　　　　　　鸠罗檀陀

后秦佛陀耶舍共竺佛念译《长阿含经》卷第十五（《大正》第
一卷页九六下左起第十四行）：　　　　　　　　究罗檀头 〔29〕

非译经里面的例子：

《翻梵语》（《大正》第五四卷页一〇二五中）：鸠吒檀耽

注曰："应云鸠吒檀多。"

"鸠吒檀耽""鸠吒檀多"原文是 kūṭadanta。"鸠罗檀陀""究罗檀
头"原文当然是 *kūḷadanta 或 *kūḷadanta。

kūṭaśālmali（树名）

梵文 kūṭaśālmali；中文对音：

后秦佛陀耶舍共竺佛念译《长阿含经》卷第十九（《大正》第

一卷页一二七中右起第十至十一行）： 究罗睒摩罗

隋阇那崛多等译《起世经》卷第一（《大正》第一卷页三一一下右起第四行）： 拘吒赊摩利

隋达摩笈多译《起世因本经》卷第一（《大正》第一卷页三六六下左起第十三行）： 拘吒赊摩利（和）[30]

同经卷第五（页三八七下右起第三行）： 居吒奢摩离

中土撰集的著作里也有同样的例子：

梁宝唱等集《经律异相》卷第四八（《大正》第五三卷页二五三下右起第三行）： 究罗瞋摩

"拘吒赊摩利""拘吒赊摩利（和）""居吒奢摩离"都毫无问题是梵文 kūtaśālmali 的对音。"究罗睒摩罗""究罗瞋摩"的原文一定是 *kūla- 或 *kūla-。

koṭi（亿）

梵文、巴利文 koṭi；中文对音：

后汉支娄迦谶译《般舟三昧经》卷下（《大正》第十三卷页九一七下左起第四行）： 拘利[31]

隋阇那崛多等译《起世经》卷第九（《大正》第一卷页三五四中）： 俱致

唐玄奘译《瑜伽师地论》卷第二（《大正》第三十卷页二八八上右起第十五行）： 拘胝

唐玄奘译《阿毗达磨俱舍论》卷第九（《大正》第二九卷页四五下左起第七行）： 俱胝[32]

上面举的四个例子可以分为两组：第一个是一组，原文大概是
*koli 或 *koli。其余的三个是一组，原文就是梵文的 koṭi。

kauṇḍinya（人名）

梵文（ājñātā-, kauṇḍinya, 巴利文 aññā-koṇḍañña, 是人名，佛最初
济度的比丘之一。在中文佛典里面译名非常多，下面我只预备举几个
例子：

后汉昙果共康孟详译《中本起经》卷上（《大正》第四卷页
一四七下左起第四行）：　　　　　拘怜（宋元明本作邻）

西晋竺法护译《大哀经》卷第三（《大正》第十三卷页
四二四下右起第十八行）：　　　　　　　　　拘轮

西晋竺法护译《贤劫经》卷第一（《大正》第四卷页十一上
左起第一行）：　　　　　　　　　（阿若）拘伦

西晋竺法护译《普曜经》卷第八（《大正》第三卷页五三〇
上左起第一行）：　　　　　　　　　　　　　拘邻

东晋瞿昙僧伽提婆译《增壹阿含经》[33]卷第三（《大正》第
二卷页五五七上左起第九行）：　　（阿若）拘邻（一作拘邻若）

后秦鸠摩罗什译《妙法莲华经》卷第一（《大正》第九卷页
一下左起第八行）：　　　　　　（阿若）憍陈如[34]

姚秦佛陀耶舍共竺佛念译《四分律》卷第三二（《大正》第
二二卷页七八八下右起第七行）：　　（阿若）憍陈如

北凉昙无谶译《大般涅槃经》卷第三九（《大正》第十二卷
页五九〇下）：　　　　　　　　　　　　　憍陈如

北凉昙无谶译《佛所行赞》卷第三（《大正》第四卷页三〇中、憍怜（宋元明本作邻）、（阿若）憍怜（邻）

刘宋佛陀什共竺道生等译《五分律》卷第十五（《大正》第二卷页一〇五上）：　　　　　　憍陈如、（阿若）憍陈如

刘宋僧伽跋摩等译《杂阿毗昙心论》卷第十（《大正》第二八卷页九五〇中左起第五行）：　　　　　　拘邻[35]

刘宋沮渠京声译《佛说观弥勒菩萨上生兜率天经》（《大正》第十四卷页四一八中右起第十一行）：　　　（阿若）憍陈如

元魏瞿昙般若流支译《毗耶婆问经》卷上（《大正》第十二卷页二二三下左起第八行）：　　　　（阿若）居怜（邻）

隋阇那崛多译《本行集经》卷第三十三（《大正》第三卷页八〇九中右起第三行）：　　　　　　　　　憍陈如

唐玄奘译《大乘大集地藏十轮经》卷第二（《大正》第十三卷页七三四中右起第十四行）：　　（阿若多）憍陈那[36]

唐地婆诃罗译《方广大庄严经》卷第十一（《大正》第三卷页六〇六中右起第十一行）：　　　　　（阿若）憍陈如

唐义净译《金光明最胜王经》卷第一（《大正》第十六卷页四〇三上右起第十二行）：　　　　　　（阿若）憍陈如

唐义净译《根本说一切有部毗奈耶药事》卷第十八（《大正》第二四卷页九一中左起第十一行）：　　　憍陈如[37]

宋施护译《给孤长者女得度因缘经》卷上（《大正》第二卷页八四七中右起第十三行）：　　　　　（阿惹）憍陈如

宋法贤译《阿罗汉具德经》（《大正》第二卷页八三一上右起第十二行）：　　　　　　　　　　　　憍陈如

上面是译经里面的例子。我现在再从中土撰述的书里举几个例子：

> 唐玄奘译辩机撰《大唐西域记》卷第七（《大正》第五一卷页九〇六中右起第六至七行）： （阿若）憍陈如

> 宋法云编《翻译名义集》卷第一（《大正》第五四卷页一〇六三上右起第二行）： （阿若）憍陈如、俱邻

> 宋志磐撰《佛祖统纪》卷第二（《大正》第四九卷页一四四下右起第八行）： 憍陈如

倘若我们按时间的先后来看 kauṇḍinya 的对音，我们可以分出三个阶段来：第一个阶段包括"拘怜（邻）""拘轮""拘伦"等译名，时间是自后汉至东晋。这些译名所根据的原文，我们虽然不能确定究竟是什么样子；但 ḍ 变成了 l 或 1 却是毫无问题的。我们在上面已经谈到，只有两个元音中间的 ḍ、ḍh 才变成 l、lh[38]；但在这里 ḍ 却并不是在两个元音中间，它前面还有一个辅音 ṇ。这是我们值得注意的一点。第二个阶段里只有一个译名："憍陈如"。玄应《一切经音义》和窥基《观弥勒上生兜率天经赞》都说："憍陈如，訛也。"（参阅注〔36〕）所以我推测，原文大概是一个俗语字。这里的关键在最后一个音节 nya，与我们所要谈的没有直接关系，我们就不再详细讨论。我们要注意的只是，在这里 ḍ 似乎并没有变成 l。第三个阶段也只有一个译名："憍陈那"，译者是玄奘。

我虽然分了这样三个阶段，但为什么又似乎有例外呢？譬如昙无谶在译《大般涅槃经》的时候用"憍陈如"，译《佛所行赞》的时候又用"憍怜（邻）"。僧伽跋摩就时间先后说是属于第二个阶段，但他却用"拘邻"，而不用"憍陈如"。瞿昙般若流支也用的是"居怜

（邻），"不是"憍陈如"。玄奘以后的地婆诃罗、义净、施护、法贤都用的是"憍陈如"，而不是"憍陈那"。这应该怎样解释呢？我觉得，他们都是袭用旧有的译名，与时代没有关系，对我们上面三个阶段的划分一点也没有影响。

garuḍa（金翅鸟）

梵文 garuḍa，巴利文 garuḷa，俗语 garuḷa[39]；中文对音：

西晋竺法护译《贤劫经》卷第一（《大正》第十四卷页一中左起第四行）： 迦留罗

西晋竺法护译《普曜经》卷第五（《大正》第三卷页五一一中右起第一至二行）： 迦留罗

西晋法立共法炬译《大楼炭经》卷第四（《大正》第一卷页二九六下右起第三行）： （金翅鸟）

姚秦鸠摩罗什译《妙法莲华经》卷第一（《大正》第九卷页二中右起第二行）： 迦楼罗[40]

北凉昙无谶译《大般涅槃经》卷第二一（《大正》第十二卷页四九一中右起第十七行）： 迦楼罗

萧齐僧伽跋陀罗译《善见律毗婆沙》卷第七（《大正》第二四卷页七二一中右起第十行）： 迦楼罗

陈真谛译《立世阿毗昙论》卷第二（《大正》第三二卷页一八〇中左起第九行）： 伽娄罗[41]

隋阇那崛多译《佛本行集经》第十一（《大正》第三卷页七〇三下左起第七行）： 迦娄（楼）罗

唐玄奘译《阿毗达磨俱舍论》卷第八（《大正》第二九卷页四四上右起第九行）： 揭路荼[42]

唐玄奘译《大般若波罗蜜多经》卷第四九（《大正》第五卷页二七六下右起第十二行）： 揭路荼[43]

唐玄奘译《大宝积经》卷第三六（《大正》第十一卷页二〇三中左起第十三行）： 揭路荼[44]

唐玄奘译《瑜伽师地论》卷第三七（《大正》第三十卷页四九五下左起第九行）： 揭路荼

唐玄奘译《摄大乘论释》卷第十（《大正》第三一卷页三七六下右起第十四至十五行）： 揭路荼

我现在再从中土撰述的书里举几个例子：

《翻梵语》卷第七（《大正》第五四卷页一〇三二上左起第三行）： 迦楼罗（出《华严经》）

宋法云编《翻译名义集》卷第二（《大正》第五四卷页一〇七九下右起第四行）： 迦楼罗

上面这许多例子可以分成两组：第一组包括"迦留罗""迦楼罗""伽娄罗"等，原文是俗语或巴利文的 garuḷa。第二组包括"揭路荼（茶）"，原文是梵文的 garuḍa。

cakravāḍa（山名）

梵文 cakravāḍa，巴利文 cakravāḷa；中文对音或翻译：

西晋法立共法炬译《大楼炭经》卷第二（《大正》第一卷页二八三中右起第十二行）： 铁围山

后秦佛陀耶舍共竺佛念译《长阿含经》卷第十八（《大正》第一卷页——六上右起第十行）： 金刚围

萧齐僧伽跋陀罗译《善见律毗婆沙》卷第四（《大正》第二四卷页六九七上左起第四行）： 铁围山

元魏瞿昙般若流支译《正法念处经》卷第十六（《大正》第十七卷页九一中右起第九至第十行）： 斫迴婆罗[45]

陈真谛译《立世阿毗昙论》卷第二（《大正》第三二卷页一八一上右起第十行）： 铁围山

隋阇那崛多译《起世经》卷第一（《大正》第一卷页三一二上左起第十一行）： 斫迹罗[46]

隋达摩笈多译《起世因本经》卷第二（《大正》第一卷页三七五下左起第十四至十五行）： 轮圆[47]

唐玄奘译《阿毗达磨俱舍论》卷第十一（《大正》第二九卷页五七中右起第六行）： 铁轮围山

唐玄奘译《大乘阿毗达磨杂集论》卷第六（《大正》第三一卷页七一九中右起第十二行）： 轮围山[48]

我们看上面的例子，可以看出来，意译远较音译多。在早期全是意译，只有中期有两个音译，以后又是意译了。这两个音译"斫迴婆罗"和"斫迹罗"[49]的来源都不是梵文的 cakravāda，而是同巴利文相同或相似的俗语 cakravāla 这个字有四个音节，而"听迦罗"只译了三个，被省掉了。这现象一定也是从俗语来的，但究竟是哪一种俗语呢？目前文献不足，我们只好怀疑了。

玄应《一切经音义》卷第二三（参阅注〔48〕）说："梵言柘迦罗。"这也并不是"梵言"，因为梵文的音译应该是"柘迦婆吒"。

cūḍa（髻）

梵文 cūḍa，巴利文 cūḷā、cūla；中文音译或意译：

后秦鸠摩罗什译《大智度论》卷第三一（《大正》第二五卷页二九三中右起第六行）：　　　　　　　　　　　　周罗

后秦鸠摩罗什译《妙法莲华经》卷第五（《大正》第九卷页三八下左起第二行）：　　　　　　　　髻（中明珠）[50]

东晋佛驮跋陀罗译《大方广佛华严经》卷第四四（《大正》第九卷页六七六上左起第一行）　　　　　　　　周罗[51]

萧齐僧伽跋陀罗译《善见律毗婆沙》卷第十（《大正》第二四卷页七四四下左起第七行）：　　　　　　　　周罗发[52]

陈真谛译《立世阿毗昙论》卷第六（《大正》第二三卷页二〇〇中右起第十三行）：　　　　　　　　周罗髻[53]

隋达摩笈多译《起世因本经》卷第一（《大正》第一卷页三六五下右起第八行）：　　　　　　　　周罗[54]

唐实叉难陀译《大方广佛华严经》卷第六十（《大正》第十卷页三一九上）：　　　　　　　　　　　　髻

最后我再从中土撰集的书里举一个例子：

宋道诚集《释氏要览》卷上（《大正》第五四卷页二六七上）：　　　　　　　　　　　　　周罗发[55]

在上面我们举的例子里面，"周罗"是唯一的音译，从后秦东晋一直到隋都一样。原文当然不是梵文的 cūḍa，而是同巴利文相同的俗语 cūla。有许多夹注和玄应《一切经音义》都把"周罗"解释成"小"（参阅注〔51〕〔52〕〔55〕）。这是一个很可笑的错误。原来，"周罗"

的原文是俗语字 cūḷa，这我们已经说过。cūḷa 是从梵文 cūḍa 变来的。另外还有一个梵文字 kṣudra（kṣulla），是"小"的意思，到了巴利文或俗语里就变成 culla。cūḷa 同 culla 发音很相似，中国注释者显然对这个来源不大清楚，于是就弄混了。

cūḍapanthaka（人名）

梵文 cūḍapanthaka；巴利文 cūḷapanthaka；中文对音：

后汉安世高译《处处经》（《大正》第十七卷页五二五下右起第十行）：　　　　　　　　　　　　　　　朱（末）利满台[56]

失译人名附后汉录《分别功德论》卷第五（《大正》第二五卷页五一下右起第一行）：　　　　　　　　　　　　　般咃

西晋竺法护译《佛五百弟子自说本起经》（《大正》第四卷页一九七下左起第十四行）：　　　　　　　　朱利般（槃）特

西晋法炬共法立译《法句譬喻经》卷第一（《大正》第四卷页五八八下左起第二行）：　　　　　　　　　般（槃）特

东晋瞿昙僧伽提婆译《增壹阿含经》卷第十一（《大正》第二卷页六○一中右起第三行）：　　　　　　　朱利槃特

姚秦竺佛念译《出曜经》卷第十九（《大正》第四卷页七一二下）：　　　　　　　　　　　　　　　　般（槃）特

姚秦鸠摩罗什译《阿弥陀经》（《大正》第十二卷页三四六下右起第三行）：　　　　　周梨（利）槃陀迦（伽）[57]

后秦弗若多罗译《十诵律》卷第十一（《大正》第二三卷页八十中右起第三行）：　　　　　　　　　　　　　般特

姚秦佛陀耶舍共竺佛念等译《四分律》卷第十二（《大正》第二二卷页六四七中左起第一行）：　　　　　　　般陀[58]

北凉昙无谶译《大般涅槃经》卷第十九（《大正》第十二卷页四七九下右起第九行）：　　　　　周利（梨）槃特[59]

隋阇那崛多译《佛华严入如来德智不思议境界经》卷上（《大正》第十卷页九一七左起第十四行）：　　　周稚般他迦[60]

唐玄奘译《阿毗达磨大毗婆沙论》卷第一八〇（《大正》第二七卷页九〇二上右起第七行）：　　　　　　　小路

唐玄奘译《大阿罗汉提蜜多罗所说法住记》（《大正》第四九卷页十三上左起第十三行）：　　　　　注茶半托迦

唐义净译《根本说一切有部毗奈耶》卷第三一《大正》第二三卷页七九五中右起第十七至第十八行）：　　　小路[61]

宋施护译《给孤长者女得度因缘经》卷上（《大正》第二卷页八四七上左起第八行）：　　　　昆努钵陀那

宋法贤译《阿罗汉具德经》（《大正》第二卷页八三一中左起第一行）：　　　　　　　　　　　半托迴

除了上面举的例子以外，望月信亨《佛教大辞典》页二四〇四下还 举了许多例子："周离般他伽""朱茶半托迦""咒利般陀迦""周 利般兔""周罗般陀""拘利槃特""知利满台"等[62]。同我们的论题有关的只是这个名字的前一半，所以我现在也就只谈前一半。在我们上面所举的例子里面，我们可以分出两个阶段：从后汉到北凉是一个阶段。在这时期里的对音是"朱利""周梨（利）。原文当然不是梵文的 cūda-，而是俗语的 cūli-。第二个阶段从隋至唐。在这期间的音译是"周稚""注茶"。原文是梵文 cūḍa。宋施护的"昆努"来源不大清楚。我们现在看一看意译。玄奘译为"小路",义净也译为"小路"。阇那崛多的夹注(见注[60])却释为"髻道"。这显然又是 cūḍa 同 cūlا、cūllا 的问题(参阅上面 cūḍa 项下),译者把这两个字弄混了。不过,在 cūḍa 项下,我觉得原字应该是"髻",译为"小"是错误的。在这里,我却觉得原字应该是"小",译为"髻"是错误的,因为"髻道"根本没有意义。我现在大胆地推测,原文大概是 culla-(< kṣudra),在还原成梵文的时候,错写成 cūḍa,于是就同意思是"髻"的 cūḍa 混起来了。在西藏文里,我们只有一个意译:lam-phran(-bstan-pa),也是"小路"的意思。

drāviḍa(国名)

梵文 drāviḍa、dramila, 巴利文 damila, 俗语 damila、dvaiḍa、daviḍa 因为原文复杂,中文对音花样也多。我现在把对音写在下面:

刘宋求那跋摩译《菩萨善戒经》卷第二(《大正》第三十卷页九七二下左起第九行): 陀毗罗

北凉浮陀跋摩共道泰等译《阿毗昙毗婆沙论》卷第四一(《大正》第二八卷页三〇六下左起第十三行): 陀毗罗

隋阇那崛多译《佛本行集经》卷第十一(《大正》第三卷页七〇三下右起第十六行): 陀毗荼

唐玄奘译《阿毗达磨大毗婆沙论》卷第七九(《大正》第二七卷页四一〇上左起第十一行): 达剌陀

唐玄奘译《瑜伽师地论》卷第三七(《大正》第三十卷页

四九四中右起第六行）：达罗弭荼[63]

唐实叉难陀译《大方广佛华严经》卷第六二（《大正》第十卷页三三七中右起第十二行）：达里鼻荼

唐不空译《佛母大孔雀明王经》卷中（《大正》第十九卷页四二五中右起第十七行）：达弥拿[64]

我下面再从中土撰述的书里举几个例子：

《大唐西域记》卷第十（《大正》第五一卷页九三一中左起第一行）：达罗毗荼

《大唐大慈恩寺三藏法师传》卷第四（《大正》第五十卷页二四一下右起第十二行）：达罗毗荼

唐澄观撰《大方广佛华严经疏》卷第十六（《大正》第三五卷页六二二下左起第四行）：达逻鼻荼

在上面举的这些例子里面，"陀毗罗"的原文是 davila。"陀毗荼"的原文是 davida。"达罗弭荼"的原文是 dramiḍa。"达里鼻荼"的原文是 draviḍa。"达弥拿"的原文是 dramiḍa。就时间先后看起来，北凉以前是 -ḷa，隋以后是 -ḍa。关于原文里 m 同 v 互换的关系，请参阅 W. Geiger, Pali, §46, 4; R. Pischel, Grammatik der Prakrit-Sprachen, §261。

naṭa（舞）

梵文 naṭa，巴利 naṭa[65]；中文对音：

后秦鸠摩罗什译《妙法莲华经》卷第五（《大正》第九卷页三七上左起第五行）：那罗

　　隋阇那崛多共笈多译《添品妙法莲华经》卷第五（《大正》
第九卷页一七一下右起第一至二行）：
那罗

　　在中文《大藏经》里，我目前只能找到这一个对音。我们先
看一看注释家对这一个字的解释。唐湛然《法华文句记》卷第九
（《大正》第三四卷页三一九中左起第二至第三行）说："那罗，此
云力，即是掮力戏，亦是设筋力戏也。"慧琳《一切经音义》卷第
二七（《大正》第五四卷页四九〇下）说："那罗文画其身之辈。"
宋法云《翻译名义集》卷第二（《大正》第五四卷页一〇八三中）
说："那罗，翻上伎戏。"下面注里写着梵文 nara。这些解释都不十
分确切。尤其是把"那罗"还原成梵文的 nara，更不合事实。这表
示，人们对中文对音"那罗"的来源已经不清楚了。我们现在看，
在《妙法莲华经》里"那罗"的原文究竟是什么：在 H. Kern 和南
条文雄校订的梵本《妙法莲华经》里（Saddharmapuṇḍarika p. 276,
L. 6）与中文"那罗"相当的字是 naṭa（nrttakān）。在中亚 Kashgar
本里面是 natakanna nrtyaka。根据我们上面所讲的 ṭ 可以先变成
ḍ，ḍ 然后再变成 ḷ，所以 naṭa 可能变成 *naḷa，*naḷa 就正是"那罗"
的来源。我们因而可以推定，鸠摩罗什所根据的原文一定不是朋
naṭa，而是 *naḷa。

巴利文 patiyārāma（国名）

　　巴利文 patiyārāma，中文对音（《善见律毗婆沙》卷第三，《大正》
第二四卷页六九〇中左起第七至八行）却是"波利耶国"，所以原文
一定是 patiyārāma（*paḷiyārāma）。

pātala（树名）

梵文 pātala、pātalā、pātali，巴利文 pātali；中文对音：

东晋瞿昙僧伽提婆译《增壹阿含经》卷第四五（《大正》第二卷页四九〇下右起第十三行）： 波罗利

后秦佛陀耶舍共竺佛念译《长阿含经》卷第一（《大正》第一卷页二上左起第二行）： 波波罗

后秦鸠摩罗什译《妙法莲华经》卷第六（《大正》第九卷页四八中左起第十行）： 波罗罗

北凉昙无谶译《大般涅槃经》卷第九（《大正》第十二卷页四二二上左起第五行）： 波吒罗[66]

唐实叉难陀译《大方广佛华严经》卷第六四（《大正》第十卷页三四五中右起第三行）： 波吒（咤）罗

我另外再从中土撰述的书里举两个例子：

唐礼言集《梵语杂名》（《大正》第五四卷页一二三七中）： 波吒椤（罗）[67]

宋法云编《翻译名义集》卷第三（《大正》第五四卷页一一〇二中左起第十二行）： 波吒厘[68]

在上面举的例子里，"波罗利"的原文大概是 pātali（< pātali）。"波罗罗"的原文是 *pātala（< pātala）。《长阿含经》的"波波罗"我疑心是"波罗罗"之误。"波吒罗"的原文是梵文 pātala。玄奘所根据的原文是梵文，所以他的对音也是"波吒罗"。"波吒厘"的原文是 pātali。

pāṭaliputra（城名）

梵文 pāṭaliputra，巴利文 pāṭaliputta；中文对音：

后汉安世高译《十支居士八城人经》(《大正》第一卷页九一六上左起第八行）：

波罗梨弗都卢

西晋白法祖译《佛般泥洹经》卷上(《大正》第一卷页一六二上左起第二行）：

巴邻毗（聚）

西晋安法钦译《阿育王传》卷第一(《大正》第五十卷页九九下右起第七行）：

花氏城

东晋瞿昙僧伽提婆译《中阿含经》卷第六十(《大正》第一卷页八〇二上右起第十三行）：

波罗利子城

东晋瞿昙僧迦提婆译《增壹阿含经》卷第二四(《大正》第二卷页六七九上右起第八至九行）：

波罗梨国

后秦鸠摩罗什译《大智度论》卷第三(《大正》第二五卷页七八上左起第十一行）：

波罗利弗多罗[69]

后秦佛陀耶舍共竺佛念译《长阿含经》卷第二(《大正》第一卷页十二上左起第三行）：

巴陵弗

东晋佛陀跋陀罗译《大方广佛华严经》卷第二九(《大正》第九卷页五九〇上左起第十二行）：

巴连弗[70]

失译人名附东晋录《舍利弗问经》(《大正》第二四卷页九〇二中右起第六行）：

巴连弗

不载译人附东晋录《般泥洹经》卷上(《大正》第一卷页一七七下左起第十行）：

巴连弗

《十八部论》[71](《大正》第四九卷页十八上右起第九行）：

巴连弗

刘宋求那跋陀罗译《杂阿含经》卷第十六（《大正》第二卷页一〇八上右起第五行）：

波罗利弗

元魏吉迦夜共昙曜译《付法藏因缘传》卷第五（《大正》第五十卷页三一五上左起第十行）：

华氏城

萧齐僧伽跋陀罗译《善见律毗婆沙》卷第一（《大正》第二四卷页六七八中右起第四行）：

波吒利弗

梁僧伽婆罗译《阿育王经》卷第一（《大正》第五十卷页一三二上左起第一行至中右起第一行）：

波吒利弗多

陈真谛译《部执异论》（《大正》第四九卷页二〇左起第十一行）：

波吒梨弗多罗

唐玄奘译《阿毗达磨顺正理论》卷第二三（《大正》第二九卷页四七三中左起第三至四行）：

波吒厘子邑 [72]

唐义净译《根本说一切有部毗奈耶杂事》卷第三六（《大正》第二四卷页三八四下左起第五行）：

波吒离

唐不空译《仁王护国般若波罗蜜多经》卷下（《大正》第八卷页八四四上右起第十六行）：

波吒罗 [73]

中土撰述的书里也有同样的例子：

《高僧法显传》（《大正》第五一卷页八六二上左起第九行）：

巴连弗邑

玄奘《大唐西域记》卷第八（《大正》第五一卷页九一〇下右起第十六行）：

波吒厘子城 [74]

我们就时间先后来看，最早的"波罗梨弗都卢"和稍后的"波罗利子城""波罗梨国""波罗利弗多罗"，原文是 *pāṭali（putra）。稍后的"巴邻聚""巴陵弗""巴连弗"原文不大清楚，似乎不是直接由印度俗语里译过来的，中间或者经过一番媒介；但有一点是毫无疑问的，就是原文的 i 也变成了 i。从萧齐以后，我们又有另外一组对音。这组对音的共同点就是 i 并没有变成 i，换句话说，也就是它们的原文是梵文的 pālali（putra）。

vidūdabha（人名）

梵文巴利文 vidūdabha；中文对音：

后汉康孟详译《兴起行经》卷上（《大正》第四卷页一六六下左起第八行）：　　　　　　　　　　　　　　　毗楼勒

吴支谦译《义足经》卷下（《大正》第四卷页一八八上右起第十一行）：　　　　　　　　　　　　　　　维（惟）楼勒

西晋竺法护译《琉璃王经》（《大正》第十四卷页七八三中左起第八行）：　　　　　　　　　　　　　　　维楼黎

西晋法炬共法立译《法句譬喻经》卷第二（《大正》第四卷页五九〇下左起第二行）：　　　　　　　　　　　　琉璃

东晋瞿昙僧伽提婆译《中阿含经》卷第五九（《大正》第一卷页七九三中左起第六行）：　　　　　　　　　　鞞留罗

东晋瞿昙僧伽提婆译《增壹阿含经》卷第二六（《大正》第二卷页六九〇中右起第十五行）：　　毗流勒（离）、流勒（离）

姚秦竺佛念译《出曜经》卷第三（《大正》第四卷页六二四中左起第一行）：　　　　　　　　　　　　　　　流离

姚秦鸠摩罗什译《大智度论》卷第九（《大正》第二五卷页

一二一下右起第十二行）：毗楼璃[75]

姚秦佛陀耶舍共竺佛念译《四分律》卷第四一（《大正》第二二卷页八六〇中左起第七行）：毗琉璃、琉璃

北凉昙无谶译《大般涅槃经》卷第十九（《大正》第十二卷页四七五下右起第十二行）：毗琉（流）璃（离）

刘宋佛陀什共竺道生译《五分律》卷第二一（《大正》第二二卷页一四一中左起第三行）：琉璃

元魏慧觉译《贤愚经》卷第三（《大正》第四卷页三六七上左起第八行）：流离

唐玄奘译《阿毗达磨大毗婆沙论》卷第八三（《大正》第二七卷页四三〇下右起第八行）：毗卢宅迦

唐般剌蜜帝译《大佛顶如来密因修证了义诸菩萨万行首楞严经》卷第八（《大正》第十九卷页一四三上左起第八行）：瑠璃

下面再从中土撰述的著作里举几个例子：

《法显传》（《大正》第五一卷页八六一上右起第十四行）：琉（瑠）璃

《大唐西域记》卷第六（《大正》第五一卷页九〇〇中右起第七行）：毗卢释（择）迦[76]

（解说见下）

virūḍhaka（神名）

梵文 virūḍhaka，巴利文 viruḷha、viruḷha；中文对音：

西晋法立共法炬译《大楼炭经》卷第三（《大正》第一卷页

二九三下右起第六行）：　　　　　　　　　　毗楼勒（毗留勒义）

　　西晋安法钦译《阿育王传》卷第四（《大正》第五十卷页
一一二中右起第十行）：　　　　　　　　　　　毗（比）楼勒

　　后秦佛陀耶舍共竺佛念译《长阿含经》卷第五（《大正》第
一卷页三五上左起第九行）：　　　　　　　　　毗楼勒义[77]

　　梁僧伽婆罗译《阿育王经》卷第六（《大正》第五十卷页
一五〇中右起第十二至十三行）：　　　　　　　　毗留多[78]

　　陈真谛译《立世阿毗昙论》卷第四（《大正》第三二卷页
一九一中右起第七行）：　　　　　　　　　　　毗留勒义

　　隋阇那崛多译《起世经》卷第六（《大正》第一卷页三四〇
中右起第十行）：　　　　　　　　　　　　　毗楼勒迦

　　隋达摩笈多译《起世因本经》卷第六（《大正》第一卷页三
九四下左起第二至三行）：　　　　　　　　　毗楼（娄）勒迦

　　宋法天译《大三摩惹经》（《大正》第一卷页二五八下右起第
四行）：　　　　　　　　　　　　　　　　　尾噜茶迦

　　宋法天译《拉沙门天王经》（《大正》第二一卷页二一七中右
起第八行）：　　　　　　　　　　　　　　　尾噜茶逝

下面是一个中土编述的著作里的例子：

　　《翻译名义集》卷第二（《大正》第五四卷页一〇七六下）：

　　　　　　　　　　　　　　　　　　　　　　毗流离

　　上面我举了两组对音：一组是在梵文 vidūdabha 项下，一组是在梵
文 virūḍhaka 项下。这两组的梵文字虽然不同，但倘若我们把两组的中
文译音合起来看，就可以发见，其中有许多相同或相似的。这应该怎
样解释呢？按 vidūdabha 普通是指一个王的名字（也有时候是一个大将

的名字），virūḍhaka 是四大天王之一的名字。两个人本来丝毫没有关系，但不知道因为什么原因这两个名字竟混在一起了。中文注释把两个字都译成"增长"（参阅注[75]及注[78]）。也许是出于误解，也许有它的原因，目前我还不能确说。反正对我们在本文里要讨论的主旨说起来，这两个字都有用处，因为两个字都表示 ḍ 在早期是变成了 l。

vadiśa（曲句）

梵文 vadiśa，《翻译名义集》卷第三（《大正》第五四卷页一一〇八中）译为"婆利"（vali[śa]）。

vetāḍa（魔鬼之一种）

梵文 vetāḍa、vetāla；Hendrick Kern 及 Bunyiu Nanjio，校订《妙法莲华经》（Saddharmapuṇḍarīka）页四〇一第十行作 vetāḍo。

鸠摩罗什译《妙法莲华经》卷第七（《大正》第九卷页五九中右起第六行）译为"毗陀罗"。

vaiṭhadvīpaka（国名）

梵文 vaiṭhadvīpaka，巴利文 veṭhadīpaka，巴利文本《长阿含经》（The Dīgha Nikāya ed. by T. W. Rhys Davids and J. Estlin Carpenter, Vol Ⅱ. P. T. S. 1903, 167 第 9 行）：ve ṭ hadīpakopi brāhmaṇo，中译本

《长阿含经》卷第四（《大正》第一卷页二九中右起第十三行）译作"毗留提国婆罗门众"。

vaiḍūrya（琉璃）

梵文 vaiḍūrya，巴利文 veḷuriya[79]；Prākrit, Māhārāṣṭrī, Śaurasenī: verulia; Ardhamāgadhī, Jaina-Māhārāṣṭrī: veruliya[80]。据 R. Pischel 的看法，ḍu 变成了 ru。但据 H. Lüders 的意见，vaiḍūrya 先变成 vailurya（vailurya），然后 l 同 r 又换了位置（metathesis），于是就成了 *vailurya，再进一步成了俗语的 verulia[81]。这个字的对音，我们不但能在中译佛经里面找到许多，而且在中国史书和文学书里面也可以找到。一直到现在我们还用这个字。我现在只从译经里面举几个例子：

萧齐僧伽跋陀罗译《善见律毗婆沙》卷第十二（《大正》第二四卷页七六二中左起第二行）： 琉璃

陈真谛译《立世阿毗昙论》卷第二（《大正》第三二卷页一七八下右起第四行）： 琉璃

唐玄奘译《阿毗达磨俱舍论》卷第十一（《大正》第二九卷页五七中右起第十五行）： 吠琉（瑠）璃[82]

唐玄奘译《大般若波罗蜜多经》卷第四九（《大正》第五卷页二七七中左起第六行）： 吠瑠璃[83]

唐玄奘译《摄大乘论释》卷第十（《大正》第三一卷页四四五下左起第一行）： 瑠璃

上面只举了几个例子，此外还有很多不同的对音，我不能一一列举了。"琉（瑠）璃"是"吠琉（瑠）璃"的省略。中文 l 同 r 音没有分别，我们不能确说，"吠琉璃"的原文是 veḷuriya 或是 verulia。但原文不是梵文，这是毫无问题的，玄奘普遍对译音相当注意，他总希望能够译得精确。但在这里，他却袭用了旧日的对音。这有点违反他平常的惯例。

śāṭaka（裙）

梵文 śāṭaka，巴利文 sāṭaka；中文音译：

后秦竺佛念译《鼻奈耶》卷第三（《大正》第二四卷页八六一中左起第十二行）：　　　　　　　　　　　　　舍勒[84]

东晋佛陀跋陀罗共法显译《摩诃僧祇律》卷第十一（《大正》第二二卷页三二〇上左起第五行）：　　　　　　　　舍勒[85]

我再从中土撰述的书里举两个例子：

唐礼言集《梵语杂名》（《大正》第五四卷页一二三九下）：　　　　　　　　　　　　　　　　　　　舍吒迦 śāṭaka

宋法云编《翻译名义集》卷第七（《大正》第五四卷页一一七一下左起第十三行）：　　　　　　　　　　　舍勒

在上面举的两个例子中，"舍吒迦"的原文是梵文 śāṭaka。"舍勒"的原文应该是 *śāḷaka 或 *sālaka。

saṅghāṭī（僧衣）

梵文 saṅghāṭī，巴利文 saṅghāṭī；中文对音：

后秦弗若多罗译《十诵律》卷第五（《大正》第二三卷页

三〇中右起第十一行）：　　　　　　　　　　　　　僧伽梨

后秦佛陀耶舍共竺佛念译《四分律》卷第六（《大正》第二二卷页六〇三下右起第十四至十五行）：　　僧伽梨〔86〕

东晋佛陀跋陀罗译《摩诃僧祇律》卷第十一（《大正》第二二卷页三一八下右起第八行）：　　　　僧伽梨

刘宋佛陀什共竺道生译《五分律》卷第二十（《大正》第二二卷页一三七下左起第十行）：　　　　　僧伽梨

失译人名今附秦录《萨婆多毗尼毗婆沙》卷第四（《大正》第二三卷页五二七中左起第五行）：　　　　僧伽梨

萧齐僧伽跋陀罗译《善见律毗婆沙》卷第二（《大正》第二四卷页六八二下左起第十行）：　　　　僧伽梨

唐义净译《根本说一切有部集当尼毗奈耶》卷第七（《大正》第二三卷页九四四中右起第八行）：　　　僧伽胝

唐义净译《根本说一切有部百一羯磨》卷第一（《大正》第二四卷页四五七右起第三行）：　　　　　僧伽胝

上面是译经里面的例子。我再从中土撰述的书里举几个例子：

《大唐西域记》卷第一（《大正》第五一卷页八七三上右起第九行）：　　　　　　　　　　　　僧伽胝〔87〕

唐义净撰《南海寄归内法传》卷第二（《大正》第五四卷页二一二中左起第六行）：　　　　　　僧伽胝

宋法云编《翻译名义集》卷第七（《大正》第五四卷页一一七一上左起第十一行）：　　　　　　　僧伽梨

后期的"僧伽胝"是直接从梵文 saṅghāṭī 译过来的；但前期的"僧伽梨"，原文似乎应该是 *saṅghāṭī。

sphaṭika（玻璃）

梵文 sphaṭika，巴利文 phaḷika[88]，俗语 phaḷiha[89]；中文对音：

后秦鸠摩罗什译《大智度论》卷第十（《大正》第二五卷页
一三四上右起第一行）：　　　　　　　　　　　　　颇梨[90]

后秦鸠摩罗什译《妙法莲华经》卷第一（《大正》第九卷页
八下左起第十二行）：　　　　　　　　　　　　　　颇梨[91]

北凉昙无谶译《大般涅槃经》卷第一（《大正》第十二卷页
三七一上右起第十三行）：　　　　　　　　　　　　颇梨[92]

陈真谛译《摄大乘论释》卷第十（《大正》第三一卷页
二二二下右起第七行）：　　　　　　　　　　颇梨柯（诃）

陈真谛译《立世阿毗昙论》卷第二（《大正》第三二卷页
一七八下右起第十六行）：　　　　　　　　　　　　　颇梨

隋达摩笈多译《起世因本经》卷第一（《大正》第一卷页
三六六上左起第十二行）：　　　　　　　　　　　　　颇梨

唐玄奘译《大般若波罗蜜多经》卷第三九二（《大正》第六
卷页一〇二九上左起第七行）：　　　　　　　　　颇胝迦[93]

唐玄奘译《阿毗达磨俱舍论》卷第十一（《大正》第二九卷
页五七中右起第十五行：　　　　　　　　　　　　颇胝迦[94]

下面我们从中土撰述的书里举几个例子：

唐礼言集《梵语杂名》（《大正》第五四卷页一二三一中）：
　　　　　　　　　　　　颇梨、萨颇置迦（sphaṭika）

宋法云编《翻译名义集》卷第三（《大正》第五四卷页一
一〇五下）：　　　　　　　　　　　颇梨或云塞颇胝迦

"颇梨"就是我们现在普通写的"玻璃",是佛经七宝之一,在中文佛经里的对音非常多,我上面只是举了几个例子。前期的"颇梨"就是俗语 phali（ha）的对音。后期的"颇胝迦"是梵文 sphaṭika 的对音;但字首的 s 被省掉了。"塞颇胝迦"才是完全的对音。

harītaka（果名）

梵文 harītaka,巴利文 harītaka、harītaka,波斯文 halīla,阿拉伯文 halīlaj、ihlīligāt,吐火罗文 arirāk,西藏文 a-ru-ra[95];中文对音:

后秦弗若多罗译《十诵律》卷第十四（《大正》第二三卷页九九上右起第十二行）: 诃梨勒

后秦鸠摩罗什译《大智度论》卷第二二（《大正》第二五卷页二二三下左起第二行）: 呵梨勒[96]

刘宋佛陀什共竺道生等译《五分律》卷第二二（《大正》第二二卷页一四七中右起第十一行）: 呵梨勒

刘宋求那跋陀罗译《过去现在因果经》卷第四（《大正》第三卷页六四七下左起第十一行）: 呵梨勒

萧齐僧伽跋陀罗译《善见律毗婆沙》卷第二（《大正》第二四卷页六八七下左起第四至五行）: 阿罗勒

隋达摩笈多译《起世因本经》卷第一（《大正》第一卷页三六七中右起第十四行）: 呵梨勒

唐玄奘译《阿毗达磨俱舍论》卷第十二（《大正》第二九卷页六六上左起第十一行）: 诃梨怛鸡[97]

唐义净译《根本说一切有部百一羯磨》卷第八（《大正》第

二四卷页四九一上右起第十四行）：呵梨得枳（旧云呵梨勒，讹也。）

唐义净译《根本说一切有部毗奈耶杂事》卷第二（《大正》第二四卷页二一〇中左起第四行）：　　　　　　　　　　诃梨勒

在中土撰述的书里也有同样的例子：

唐礼言集《梵语杂名》（《大正》第五四卷页一二三八上）：　　　　　　　　　　　　　　　诃梨勒 贺珋怛系

宋法云编《翻译名义集》卷第三（《大正》第五四卷页一一〇三上右起第十四行）：　　　　诃梨勒 新云诃梨怛鸡

此外在中国《本草纲目》里也可以找到这名词，我不一一列举了。我们看上面举的例子，"诃梨勒""呵梨勒""阿罗勒"等的原文应该是 *harīlak（a）。按我们在篇首所讨论的 ḷ 同 ṭ 和 ḍ 的关系，*harīlak（a）这字应该还原成 harītak（a）。但除了在巴利文里的几个地方有 harītaka 以外，普通在梵文和巴利文里我们只能找到 harītaka。而且玄奘和义净所根据的梵文也是 harītakī，而不是 harīṭakī，否则他们的对音应该是"诃梨吒鸡""呵梨吒枳"，而不应该是"诃梨怛鸡""呵梨得枳"了。这应该怎样解释呢？我目前还想不出一个十分合理的解释。我只能推测，harīḷaka 大概是较古的字。后来不知因为什么，齿音的 t 忽然挤进来同顶音的 ṭ 混搅起来。在巴利文的古写本里，我们可以找到许多例子：譬如 C. A. F. Rhys Davids 校订的 *The Visuddhi-Magga of Buddhaghosa*. Vol. Ⅰ, London, 1920, p. 40 第 24 行：Pūtiharīṭakī 本就作 harīṭakī。我上面已经说到，中文佛典前期的音译都可以还原成 *harīlak（a），这个 *harīḷaka 还可以再进一步还原成 harīṭaka。这事实也能证明我的推测。

例子就举到这里为止。我原来并没有想举这样多例子，因为，我觉得，要想证明中文用来母字对梵文的顶音 ṭ 同 ḍ 中间是经过了 ṭ > ḍ > ḷ 一个阶段，只须举几个例子就够了。但在另一方面，我又想到，ṭ > ḍ > ḷ 的现象在印度语言学里虽然有，不过例子并不太多，现在我们根据中文对音还原成的俗语字可以供给研究印度语言学的学者许多新材料。这是一条还没有人走过的新路。我愿意"导夫先路"，所以就不觉多举了几个例子，结果是几乎全篇全是例子了。

除了证明中文用来母字来译梵文的 ṭ 和 ḍ 是经过了 ḷ 一个阶段这件事实以外，我们上面举的例子还可以告诉我们一件事情，就是中译佛典的原文究竟是什么文字。我们已经知道，ṭ > ḍ > ḷ 这现象不是梵文雅语（Classical Sanskrit）里有的，只有在俗语里才可以找得到。那么我们再进一步也就可以推论到，只要有这现象的就一定是俗语（Prākrit）。这问题表面上看起来似乎很简单，但实际上却颇复杂。因为中文佛典的译者有许多地方不创新名，而袭用旧名。即便他们的译文里有从俗语里译过来的名词，我们又怎么能够断定，这不是袭用的呢？不过这袭用的情形究竟不太多，尤其是当原文不同的时候。譬如原文是 garuḷa。译者很容易袭用旧名"迦留罗"；但倘若原文已经变成 garuḍa，译者就只好新立一个译名"揭路荼"，因为倘若再用"迦留罗"，就同原字的音相差太远了。只有最常见的字像"佛""沙门"等，因为已经为大众所公认，所以即便原文里是 Buddha 和 śramaṇa，译者也译成"佛"和"沙门"，而不译成"佛陀"和"室罗摩拿"了。所以关于袭用旧名这件事，我们可以不去管它，反正对我们的论断不会有什么影响。

现在我们就来把我们上面举的例子总起来看一下。就时间先后来说，我们大体可以分成三个时期：一、前期，也可以说是纯粹来母字时期。时间大概是自后汉至南北朝。所有的梵文的 ṭ 和 ḍ 都是用来母字来对音。二、中期，也可以说是来母字同其他母的字混合时期。时间大概是自南北朝至隋。有的译者用来母字来对梵文的 ṭ 和 ḍ，有的译者用别的字。甚至同一个译者在这部经里用来母字，在另外别的经里又不用。这样一来，时间划分上就有了困难，只好用"南北朝"这个笼统的名词了。三、后期，也可以说是来母字绝迹时期。除了少数的袭用的旧译名以外，已经没有人再用来母字来对梵文的 ṭ 同 ḍ。时间是隋以后。我们已经说到，既然用来母字来对 ṭ 同 ḍ，就表示这 ṭ 同 ḍ 已经变成了 ḷ，也就表示原文不是纯粹的梵文，而是俗语。根据这论断，我们就可以说，第一期（前期）译成中文的佛经，原文大半不是梵文，而是俗语，或混合梵文。当然除了俗语和混合梵文以外，还有许多经是从中亚古代语言里转译过来的。这些语言也从印度古代俗语里借过许多字[98]，这样的字我们在上面的例子里也举过。不过，这同我们这篇文章的主题没有多大关系，我们在这里就不谈了。在第二期（中期）译成中文的佛经，原文也有很多是俗语或混合梵文的。有很多经大概梵文（Sanskritisierung）的程度已经进步了，所以有些地方是 ḷ，有些地方已经还原成 ṭ 或 ḍ。只有在第三期（后期）里译过来的经，原文是纯粹梵文；但这话也还需要一点补充。四五十年前在中亚出土的一般人认为是梵文佛典的经里面也有不少的俗语的痕（Prākritismus）。这事实初看起来似乎有点奇怪，其实古代佛教传说早已告诉了我们这事实。按照古代传说，小乘四大部都各有其经语（Kirchensprache）：

1. Mūlasarvāstivāda（根本说一切有部）——梵文（Sanskrit）

2. Mahāsāṅghika（大众部）——俗语（Prākrit）

3. Mahāsaṃmatīya——Apabhraṃśa

4. Sthavira（上座部）——Paiśācī[99]

在这四部中，只有根本说一切有部是用梵文；但在中亚出土的根本说一切有部的残经里面，我们也找到俗语的痕迹，可见在最初这些经典也不是用梵文写成的。至于大乘经典，像马鸣、龙树等人的著作，当然是用梵文写成的；但这数目并不太多，早期大乘经典像《妙法莲华经》等，最初的文字也是纯粹的俗语，以后逐渐化成梵文。这问题我预备在另外一篇论文里详细讨论，这里不再赘述。

最后我还想利用这机会来谈一谈利用音译梵字来研究中国古音的问题。远在1922年钢和泰先生（A. von Stäel-Holstëin）就曾尝试过利用音译梵字来构拟中国古音[100]。1923年汪荣宝先生也用过这方法来确定歌戈鱼虞模的古读[101]。汪先生说：

> 若夫中国古来传习极盛之外国语，其译名最富而其原语具在不难复按者，无如梵语；故华梵对勘，尤考订古音之无上法门也。六朝唐人之译佛书，其对音之法甚有系统，视今人音译泰西名词之向壁自造十书九异者颇不相伴。[102]

其后有许多音韵学者都用同样的方法得到很好的成绩。我自己对音韵学毫无通解，只能敬佩诸位学者的成功；此外，我只觉得，中译《大藏经》里面音译的字真可以说是浩如烟海，倘若用精密的方法加以利用的话，对中国古音的研究一定会有很大的帮助。但有一点，以前的学者似乎还很少注意到过，而且这一点据我看又是非常重要，所以我就在这里提出来谈一谈，刍荛之议，也许有补于诸位学者的研究。

我们既然要"华梵对勘"，当然就承认一个大前提，就是这些音译的字都是直接从梵文译过来的，否则无从"勘"起。这样一个大前提从来没有人提出来过，无论是赞成或否认。大概学者都默认这是事实，没有再提出来的必要了。不但现在这样，以前的学者也犯过同样的错误。在玄应《音义》、慧琳《音义》和玄奘《大唐西域记》里，我们常看到"旧言某某，讹也（或讹略也）"这一类的句子。其实这些旧日的音译也不"讹"，也不"略"，因为据我们现在的研究，有很多中译佛典的原文不是梵文，而是俗语，或中亚古代语言。这些认为是"讹略"的旧译就是从俗语或中亚古代语言里译过来的。我们上面讨论的以来母字来对梵文 ṭ 和 ḍ 的现象也属于这一类。这样的例子我们当然还可以举出很多来。但仅是这一个例子也就可以告诉我们，我们利用音译梵字的时候要特别小心。我们一定先要研究清楚，这些音译的来源是不是梵文或是俗语和中亚古代语言。这一点我认为非常重要，我也就把我关于这一点的意见贡献给研究中国音韵的学者。

1948 年 7 月 28 日于北京大学图书馆

注释：

〔1〕参阅罗常培：《梵文颚音五母之藏汉对音研究》，《四十九根本字诸经译文异同表》，《中央研究院历史语言研究所集刊》第三本第二分。

〔2〕罗常培：《知彻澄娘音值考》，同上，第三本第一分，第142—143页。

〔3〕周法高：《梵文 ṭ ḍ 的对音》，《中央研究院历史语言研究所集刊外编》第三种《六同别录》下，第 1 页。

〔4〕周法高：《梵文 ṭ ḍ 的对音》，《中央研究院历史语言研究所集刊外编》第三种《六同别录》下，第 5 页。

〔5〕陆志韦：《古音说略》，1947 年北京版，第 15 页。

〔6〕W. Geiger, *Pāli. Literatur und Sprache*, Strassburg 1916, §§ 2；35；42, 3.

〔7〕H. Lüders, *Bruchstöche Buddhistischer Dramen*, Berlin 1911, p. 44.

〔8〕R. Pischel, *Grammatik der Prakrit-Sprachen*, Strassburg 1900，§§ 226，240.

〔9〕A. A. Macdonell, *Vedic Grammar*, p. 5，注 5。

〔10〕参阅 Heinrich Luders, *Zur Geschichte des I im Altindischen, Philologica Indica*, p. 546ff.

〔11〕宋元明本及日本宫内省图书寮本作呵。

〔12〕《翻梵语》卷七引《大智度论》作"阿罗逻""呵罗逻"（注一云"呵罗罗"）（《大正新修大藏经》卷五四，页一〇三三上，下面缩写为大，54，1033a）。

〔13〕参看慧琳《一切经音义》卷二六，大 54，472b。

〔14〕参看唐法宝撰《俱舍论疏》（大 41，616b）及唐圆晖述《俱舍论颂疏论本》卷一一（大 41, 881a）。

〔15〕H. Lüders, *Philological Indica*, p. 560.

〔16〕原文是"诸道士，一名为阿兰，二名为迦兰"。

〔17〕宋本作"阿逻罗"，参阅同经卷二七（大 12, 528b），卷三九（大 12, 591a）。慧琳《一切经音义》卷二六（大 54, 476b）作"'陀罗罗'仙"。注曰："有作阿罗逻，古音云无医仙也。"

〔18〕参阅同经卷三，大 22b。

〔19〕参阅同经卷，大 4, 75b。

〔20〕《翻梵语》（大 54, 1013）引此经，加注曰："应云阿罗逻歌。"

〔21〕宋明本作茶。

〔22〕参阅慧琳《一切经音义》卷八（大 54, 356b）。

〔23〕同上书，卷十八（大 54, 419c）。

〔24〕西晋竺法护译《普曜经》卷五（大 3, 510b）作"迦罗无提"，来源不清楚。

〔25〕参阅玄应《一切经音义》卷二；慧琳《一切经音义》卷二六（大 54, 476c）。

〔26〕宋元明本作鸡。

〔27〕译者不知道是谁。

〔28〕*Journal of the Pāli Text Society* 1885, p. 39.

〔29〕同经卷95a第五行作锯齿。参阅后秦鸠摩罗什译《妙法莲华经》卷七（天9，59a）：曲齿。

〔30〕参阅慧琳《一切经音义》卷五三（天54，659a）。注云："或云居吒奢摩离，大树名也。"

〔31〕同上，卷十九（天54，425c），"即诸经云俱知也"。

〔32〕参阅玄奘译《大般若波罗蜜多经》卷一（天5，2a）；《显扬圣教论》卷八（天31，517b）；《阿毗达磨大毗婆沙论》卷一七七（天27，890c）；玄应《一切经音义》卷二三；慧琳《一切经音义》卷一、卷二。

〔33〕一说译者是昙摩难提。

〔34〕参阅慧琳《一切经音义》卷二七（天54，482b）："梵云阿若憍那。"

〔35〕参阅玄应《一切经音义》卷十八："《贤劫经》作居伦，《大哀经》作俱轮，或作居邻，皆梵音讹也。"

〔36〕参阅慧琳《一切经音义》卷十八（天54，419b）；玄应《一切经音义》卷二四："旧云憍陈如，讹也。"窥基《观弥勒上生兜率天经赞》卷上（天38，282b）也说："憍陈如，讹也。"

〔37〕参阅义净《根本说一切有部毗奈耶破僧事》（天24，128a）。

〔38〕参阅 R. Pischel, *Grammatik der Prakrit-Sprachen*, §§ 240。

〔39〕参阅 R. Pischel, Ibid, §§ 240。

〔40〕参阅慧琳《一切经音义》卷二七（天54，483a）："揭路茶，此云妙翅鸟。"

〔41〕宋元明本"娄"作"楼"。

〔42〕参阅唐普光述《俱舍论记》卷八（天41，156a）："揭路茶，此云顶瘿，或名苏钵剌尼（梵文 suvarna，巴利文 suvanna 参阅 paramatthadīpani，partiv, London P. T. S. 1901, p. 9）。此云妙翅，翅殊妙也。旧云金翅鸟，非正所目。"

〔43〕参阅慧琳《一切经音义》卷二（suvarna54，317a）："正梵音云蘖噜拿。古云迦娄罗，即金翅鸟也。"

〔44〕同上书，卷十二（天54，381b）："正云蘖噜（转舌）拿，旧日迦娄罗。"

〔45〕夹注曰："魏言轮山，即铁围山是也。"

〔46〕夹注曰：“隋言轮圆，即是铁围山也。”参阅《翻梵语》卷九，山名第五十一。

〔47〕夹注曰：“前代旧译曰铁围山。”

〔48〕参阅玄奘译《瑜伽师地论》卷二（大30，287a）；玄应《一切经音义》卷二三：“梵言柘迦罗，此云轮山，旧云铁围，围即轮义，本无铁名，译人义立耳。”

〔49〕当然中文译经里面还有别的例子，我只举了这两个。

〔50〕Sassharmapuṇḍarīka, ed. by H. Kern and Bunyiu Nanjio, St. Pétersbourg 1912, p. 289. II : na punaḥ kasyacic cūḍāmaṇiṃ dadāti.

〔51〕参阅玄应《一切经音义》卷一：“周罗，此译云小宝也。”唐法藏《华严经探玄记》卷八（大35，260b）：“梵言周罗，此云顶髻。”

〔52〕巴利原文为 cūḷā。

〔53〕参阅玄应《一切经音义》卷十八：“此译云小也，谓小髻也。”

〔54〕夹注曰：“周罗者，隋言髻也。”

〔55〕“梵语周罗，此云小髻。”

〔56〕宫内省图书寮本作“槃特”。

〔57〕参阅窥基《阿弥陀经通赞疏》上（大37，335b）：“周利盘陀伽。”

〔58〕参阅《翻梵语》卷二（大54，997b）。

〔59〕参阅慧琳《一切经音义》卷二六（大54，475c）：“亦云周利槃陀迦。周利，此云小。”

〔60〕夹注曰：“隋云髻道，旧名周利槃陀者。”

〔61〕夹注曰：“梵云朱荼半托伽。朱荼是小，半托迦是路。旧云周利槃特迦者，讹也。”

〔62〕参阅望月信亨所引梵文巴利文原文。

〔63〕参阅窥基《瑜伽师地论略纂》卷十一（大43，139a）；唐遁伦《瑜伽论记》卷九下（大42，518c）。

〔64〕梵文原文为 dramila。

〔65〕字根为 nṛtnart（梵文）、nacc（巴利文）。梵文的 nāṭa 已经不是纯粹

的梵文，而是经过一番俗语化（Prākritisierung）了。

〔66〕参阅《翻梵语》卷九（大54，1047c），卷十（大54，1049c）；慧琳《一切经音义》卷二五（大54，471b，480a）。

〔67〕原书梵文 patara。

〔68〕原书："《西域记》云，旧云巴连弗邑，讹也，谓女楮树也。"

〔69〕参阅《翻梵语》卷八（大54，1038a）："应云波吒利弗多罗。"

〔70〕参阅《翻梵语》卷八（大54，1039c）："巴连（巴莲误）弗应云巴（也误）咤利弗多罗"；唐法藏《华严经探玄记》卷十五（大35，391b）："巴连弗者，具言波吒唎补恒啰（罗）。"

〔71〕译者失名，普通说是真谛，但决不可靠。

〔72〕参阅玄应《一切经音义》卷二五："亦云波吒梨耶，旧言巴连弗，讹也。"

〔73〕参阅慧琳《一切经音义》卷十（大54，367a）："亦波吒厘。"不空译《佛母大孔雀明王经》卷中（大19，423a）作"波吒梨子"。

〔74〕夹注曰："旧曰巴连弗邑，讹也。"

〔75〕参阅《翻梵语》卷四（大54，1008c），注曰："应云毗流他，译曰增长。"

〔76〕夹注曰："旧曰毗琉（流）离王，讹也。"

〔77〕《翻梵语》卷四。同书页三〇上作"毗楼勒"（大54，1009a）。

〔78〕夹注曰："翻增长。"

〔79〕Geiger, Pāli §§8, Anm. 1.

〔80〕Pischel, *Grammatik der Prakrit-Sprachen,* §§241.

〔81〕Lüders, *Philologica Indica.* p. 560.

〔82〕参阅玄应《一切经音义》卷二四："旧言鞞稠利夜，亦言鞞头梨也，或云毗瑠璃，亦作鞞瑠璃，皆梵音讹转也。"

〔83〕参阅慧琳《一切经音义》卷一（大54，317b）："或云毗瑠璃，或但云瑠璃，皆具讹略声转也。"

〔84〕夹注曰："半泥洹僧。"

〔85〕参阅玄应《一切经音义》卷十五。

〔86〕参阅玄应《一切经音义》卷十四："此音讹也，应云僧伽致，或云僧伽�（胈?）。"

〔87〕夹注曰："旧曰僧伽梨，讹也。"

〔88〕Geiger, Pāli §§ 38, 6.

〔89〕Pischel, *Grammatik der Prakrit-Sprachen,* §§ 206.

〔90〕参阅《翻梵语》卷十（大 54，1053c）："应云颇致歌。"

〔91〕明本作"玻璨"；参阅玄应《一切经音义》卷六："梵言塞颇胈迦。"

〔92〕参阅玄应《一切经音义》卷二："梵言塞颇胈迦，亦言颇胈。"

〔93〕参阅慧琳《一切经音义》卷四（大 54，330b）："正梵音云飒破置迦。"

〔94〕参阅玄应《一切经音义》卷二四："亦言婆（娑?）破致迦，西国宝名也。旧云颇梨者，讹略也。"

〔95〕B. Laufer. *Sino-Iranica*, Chicago 1919, p. 378.

〔96〕参阅《翻梵语》卷十（大 54，1050c）："译曰天主持来。"

〔97〕参阅玄应《一切经音义》卷二四："旧言诃梨勒。"

〔98〕在吐火罗文里面梵文的 t 同 d 有时变成 r。譬如 koti > kor。

〔99〕W. Wassiljew, *Der Buddhismus, Seine Dogmen, Geschichte und Literatur*, St. Petersburg 1860, p. 294 f.

〔100〕钢和泰：《音译梵书与中国古音》，北京大学《国学季刊》第一卷第一号，第47—56页。

〔101〕汪荣宝：《歌戈鱼虞模古读考》，北京大学《国学季刊》第一卷第二期，第241—263页。

〔102〕汪荣宝：《歌戈鱼虞模古读考》，北京大学《国学季刊》第一卷第二册，第244页。

——《国立北京大学五十周年纪念论文集》文学院第五种

（北京：北京大学出版部，1948年12月）

译界前辈周桂笙（1948）

卢前

世知林纾为介绍西洋文学第一人，不知早于林氏者有周桂笙。桂笙字树奎，一字辛庵，或作新庵。上海人。最初在梁任公所编《新小说》投稿，后为汪庆祺之《月月小说》长期撰述人。与我佛山人吴沃尧交厚。沃尧书曰："余旅沪二十年，一无所成，惟得识周某，亦不虚此行矣。"桂笙曾一任天津电报局长，民国元年，编上海天铎报，民国十五年卒，年六十四也。平生所译有童话《新庵谐铎》，法鲍福所著《毒蛇圈》，法纪善所著《红痣案》。又八宝匣，失舟得舟，左右敌，飞访木星，海底沉珠。英培台而之《含冤花》，英高陶能之《妒妇谋夫案》《福尔摩斯再生案》。随笔《新庵译萃》一种。另有《新庵五种》《新庵九种》，周氏于英法文学极有根底，不似琴南须假手于舌人，桂笙又尝用语体译小说。其《新庵谐铎》二卷，刊于清光绪二十六年，上海清华书局出版，大抵选自《一千零一夜》，其译笔甚轻松轻快，姑举某商人一节为例，以见初期译风之一斑也。

某商人，豪于赀，市肆之外，则置出园，以为畜牧。牧畜既繁，嘶鸣之声，不绝于耳。念此必有所言，第不能辨耳。曾有通兽语者，商欲学之，而其人靳不以授也。商乃设誓曰："使吾通兽

语，有所闻，必秘之；其有以兽语告人者，天将谴我。"其人乃
授之，自是商亦通兽语矣。尔时国俗重驴而轻牛，驴唯显者得乘
之，牛则可耕耰而已，商以驴牛之贵贱悬绝也，共置于一棚，伺
于侧，以察其所言。无何，牛鸣，辨之牛与驴语也。言曰：吾与
若同为兽类，尔之乐，殊令人景仰无极也。有仆人随侍而顾覆
之，浴则为尔浴，食则为尔食，充肠者大麦解渴者清泉，而终日
暇豫；不过主人偶出，尔驮之一往返耳。尔之遭际，视我为何如
也！于耒耜为羁勒，于泥泞为前驱，仆人执鞭俟于后，其有不前
者，鞭挞横加焉，以耒耜之笨重，加之于己，无殊桎梏，益以催
迫，遂使我肩项间无完膏，自晨至暮，役始毕，所果腹者，又皆
粗粮，我之遭际，视尔为何如也！虽不欲妒尔，不可得也！驴
曰：此尔之自苦耳！使尔非多力而耐劳，曷至于是，且尔何训
哉！不知奋角以施其威，不知顿足而示以怒，造物之余尔自衡
者，何弗备，尔自昧而弗用耳！彼以粗犷至，嗅而去之，彼能不
以精者来乎？能如我言，必有大验，尔其知我感我！牛以为良
言也，谢之。明日佃者役牛，则倔强不受役，驱东，则西之；驱
西，则东之。盖有所受于驴也。日既晡，牵之□棚，则触角怒吼，
佃者欲步走。又明日视之食料不动如故，牛颓然卧作呻吟声，佃
者以其病也，走告商，商曰："牛病乎，以驴代之！"即以役牛者
役驴，亦以侍牛者侍驴，勿姑息也。于是驴竭蹶，终日且受鞭打
及夕，归棚，已困顿欲死矣。

现代中国译诗概观（1948）

史美钧

译诗的是非

随着五四狂潮的起伏，大众注视到介绍西洋学术，稍懂外国文字便想去移译该外国文；一般书贾以经营牟利为目的，初无提倡学术之盛意；一般杂志编辑，对各科既难都有研究，自不能审慎地有所校订了。因之，中国的翻译风气，过去虽极尽热闹缤纷，而文质的窳败几乎不堪闻问的。

民国十四年前后十年间，可说是翻译诗歌的全盛时代，刊物都能容纳此类译诗，而单本亦出至数十种之多，雪莱、拜轮等同一原作可以发现多种译本。《哀希腊》，苏曼殊、胡怀琛五古译，马君武七古译，胡适却以骚体译，宛实很可乐观的样子，而绚烂的花卉收不到若干果实，甚至差强人意的也极稀微。

因为诗歌偏于美感，属于性灵，非理论文可比，选适当文字所表现的至情，非可率而操瓢，若不融会默通，想象格调诸方面，纵笔至精巧，非天才不工，非天才也不必妄译；否则，失之毫厘，差以千里，难怪被人吹毛求疵、责备求全了。且译诗有时等于创作，如无灵感，虽精月累日亦难成诵。故介绍诗集，应在可能范围内撷择，无需整册搬运，徒然污蔑原著，引人轻视与厌憎。

美批评家温齐斯德（Winchester）发表此一纠纷的意见：诗是不能译的，经过一番翻译，便要少掉多少精华美丽，若文字一经变易，其蕴蓄在诗句之间的特质立即消灭；一首诗的内容、想象、情绪，用另一种文字仅仅概略的隐约投影或斟酌损益的仿造。温氏希望标准太高致会反对肤浅、坚持崇高的信条。苏曼殊也说"文章构造，各自含英，有如吾粤木棉素馨，迁地弗良，况诗歌之美，在乎节奏长短之间，或非译意所能尽"。类此翻译困难的理论充塞诗人叙述，但大部分人欲领略外国诗，绝不可不借重译诗。美国莫而顿在《世界文学》表示只读译文，诚然要失掉东西，但与其着重音调，还不是保存精神和实质，结论是主张尽量翻译荷马诗。此种见解在英国诗坛早已经存在，故荷马诗英译自却蒲门以降，不下三四十种，能与原诗相埒者可说无有，求与原诗风格音调逼近者亦不多见，唯却与 Pope，为世人称道，前失于晦涩，后失于讹误，仍受后人传诵，必有其特长，且散文所译的乔叟（Chaucer）、斯宾塞（Spencer）之诗，英人亦极推崇，可知诗确有可译的了。

然而译诗却有实际的艰辛甚至无法排遣，例如 Burns 拙于英吉利语之诗，尚不足见其人，何况译作其他文字？周作人《西山小品》前引言及自著的日文小品译成中文时的情境，非复当时情调，被困于选字造句，自己亦觉不满意！如英国 Blake 之虎、Vanghan 之幻想等篇，神秘色彩浓厚，即读原文亦属迷惘，译作更难免曲解！其实标准译诗何能求得？英诗人 D. G. Rossetti 的意大利译诗选，难道真是艺术高超的例外吗？

意译与直译，过去曾多激烈论争。郭沫若又承认新的生命全在那种不可捉摸的风韵，提倡风韵译。意译又分达情的、解释的、直叙的三类。各有短长，根据一般意见，比较后一种为佳。总之，从甲而译成乙，给深通甲乙种文字的人看了，觉得满意便是好诗了。

中国的译诗随着理论的阐扬而蓬勃璀璨一时，谁知昙花偶现，终于骤盛莫继。诗歌在营业不利的呼吸下，终被桎梏萎弱，甚至近年来单独刊行的译诗集几付阙如。我们该怎样珍贵，这个短促的幼稚的经历。

关于诗句的应用问题

中国从前译诗贫乏。苏曼殊编文学因缘、汉英三昧集（泰东）等集，竟是英译的中国古代诗歌，又富另一种情调。译者自称："按文切理，语无增饰，陈义悱恻，事辞相称。"终为少数特殊阶级所鉴赏。故初期翻译调和折中不脱旧时格律，维持严肃谨慎的规范，语汇与句式方面十之八九文言化了。虽在白话运动澎湃期内，且往韬之《普法战纪》中附录之德法国歌，梁启超之《哀希腊》前两章，译者均不谙西文而转辗译者，诗雄壮悲抗，委婉幽逸兼而有之，于是读者层更多隔膜，致少喜悦爱好，使开拓的程限为之削减，似属遗憾。

所谓缠足的夫人难以恢复天然脚，郭沫若大量译诗的贡献远胜于创作，创作新诗里那种单纯的反帝反封建的情绪酝酿，在译作里并不贯串着，相反地却能映衬原文的优美，提供异常抒情的境界。不过，在同一篇页中，我人所感到那种不调和的夹文夹白的体例，雪莱诗选

（泰东）大半文言，耐人寻味的《云雀歌》，也以古旧的外套出现。德国诗选（创作）译歌德的《五月歌》有"永失幸福哟，汝心深爱余"，译海涅的《还乡集》前有"不幸的夫人哟，将泪来毒死我矣"，后有"自卿双爱眼，玉泪滴千行，"等生硬陈腐的拗句，与其他清新流畅的诗篇迥异风格。歌德的艺术家的《久暮之歌》第五节因末一行"从千万道德管中飞进，"的韵脚，上一行便写成"想把你忠实地亲爱地感觉得成"，用一"成"字殿尾不知系何原意？《新俄诗选》（光华）布洛克（Blok）的西叙亚人竟叠见标语式的呐喊："它是邪视的，贪鄙的，亚细亚的败种，""你颓废的，破落的；狡黠的妖狐，"煽动性殊有损于他的成就，使人弥增刺眼的粗疏之感。他如全部的译稿中极易发现这种不和谐的机隍的矛盾，若译诗集（乐华）等。

王独清有一册《独清译诗集》（现代），除 Burns 的《给我开门》、Musset 的《纪念》、Maeteriinek 的《无题》，Verlaine 数首外，余均为文言，骤失流利与活泼，想系风气使然了。

最初若苏曼殊、马俊武、刘复、吴雨僧等自然更失之古典，瑕瑜互见，胡适叙事诗的译文比较已能明白晓畅，于时代观之，自更富于簇新的精神了。

译诗每因选词的古板不合时代语言习惯，减低读者信心，像李金发在《古希腊恋歌》（开明）里一样地感染着怪僻的词句："但无论如何我们且少驻于此，他们的遗是在此，"河神门的墓，不知是否"无"字下脱一"论"字，"遗"字下脱落"迹"字或"址"字，唱起来是否顺口诚可想象了，故终焉为诗料。邵洵美在《一朵朵玫瑰》（金屋）译哈代的《两样》一诗，"月光儿凄凉鸟歌儿悲，伤我的爱吓不在这块地方。"为了节奏与字数加上两个"儿"一个"吓"字便平添不自然的累赘，何况基体上的问题。

再如译文不斟酌原著，邱韵铎《断流集》中译 Stevenson 的 Summer Bed 为"夏天的床"，床字是否作动词解，姑不置述，最后一节窜改成"昊天碧，何清爽！正宜趁此时候逛，我怎该白书就上床？"前两行意义残缺，后面的意思也是他所添上去的，未免拂逆原意而非理想的韵文。

章石承评夏莱蒂译的 Dowson《道生装饰集》（光华），曾指出措辞与随意的疵病，原集第三一面"纷纷苦雨潲城头"。

> Tears fall within mine heart
>
> As rain upon the town
>
> Whence does this languor start
>
> Possessing all mine heart

将 Possessing 译成揉碎，languor 译成悲愁，真有点使人惊异，章代以下列译句，比较流畅了：

> 眼泪落在我的心头
>
> 正如雨点落在城头
>
> 从何处发出这倦怠
>
> 占据我全部的心头

同诗第二节"Unto an Heart in pain"将"于愁苦中来至心房"译为"打来我悲痛的心"。中文方面有点费解，更岂能与原诗比并！

海涅的诗中文版本有四五种，即以他第一部诗集 Lyrisches Intermzzs 而论，有黎青主（X 书店）、胡大森（昆仑）两种译本，两人以译笔的歧趋，却收了绝不同的效果。剑波的《海涅诗选》（亚细亚）、段可情的《新春》（世纪）均沿袭了不少陈旧的词语，虽如译者所说用全力来工作，仍译成呆笨而少活气的畸形物，翻译的虚夸已经显然的了。实际对着迷糊的五言诗，谁也曾打一个枯窘的瞌睡呢？

黎诗五九首第一节"我看见一座明星，从璀璨的是爱上方坠下来！是爱星也，夫何至于此极哉？"第三、四两句明明是："这是爱情的星，流着霍然的光彩。"他却插用了一个也字，并又接上这么突兀的句调，毋怪使人常起吟新诗掩卷之想。

试检黎、胡的诗文对照以观：

> 大地吝啬久矣，
>
> 五月来了，他于是平博施。（黎译第二八首之断句）
>
> 地球已经吝啬了这么久长
>
> 五月到了，方肯打开他的吝囊。
>
> 寒林夜岑寂，沉吟忽忘返，撼起树醒来，树亦摇头叹。

第六十一首：

> 沉默的午夜冷冷清清
>
> 我悲叹的失迷在林中
>
> 我将树儿从梦中摇醒
>
> 枝叶摇曳得十分同情

黎译的一联断句，便不及胡的流利，第六十一首诗，黎曾自述是用契合原文的简短方式来表达心中情感，故有时仍采用四言五言等旧式，但是无论怎样工整，总不若后者的容易接近，且"撼其树醒来"一句似有语病，颇不顺眼的样子，可知同样的传达意思，只不过数字之差，便发生截然背驰的区别；何况黎的译诗常常掺杂此种："彼其之人""然而焉用噬"堆砌短语，并尽量存留专门性的原字，使译作大为减香减色。大概他用旧体译的，系在尝试初期，嗣后诗篇，便比较完满了。

总之，词句的不当、粗疏或纰缪均能使诗歌暗淡无华，已临淘汰阶段的文言翻诗或创作，真是最堪惋惜的浪费。王静安说得好："文体通行既久，染指遂多，自成习套，豪杰之士，亦难于其中自出新意，故遁而作他体，以自解脱一切文体所以始盛中衰者，皆由于此。"形式的变革时势所趋，学者何以定欲迷恋尸骸？

关于意思的排列问题

胡适《尝试集》（亚东）所载《关不住了老络伯》等译诗，使人倍感流畅，一点也不觉域外品的隔膜，后一首尤为哀婉。原诗系苏格兰土语的方言文学，译时也带了他的安徽土语，纯粹的中国化了，这便是他成功之处。

而一般情形，却恰恰与之相反，推翻旧诗束缚，又被洋格调所感染，创造出一种使人不懂的死文体，轻轻加上欧化二字，指摘读者不明白欧化的奥妙，取得唯一的盾牌，难解部分便可以掩过去了。

二十余年前，有署名"残红"的人，翻译大量白话诗鼻祖惠特曼（Whitman）的诗，逐期发表在《妇女》杂志。原文本来明白晓畅，他的中文译诗大概看得太容易，因之，推叠语汇，聱牙诘屈，仿佛面视周诰殷盘，不知最低度的诗情在什么地方？

也有人以为作诗须尊重性灵，是否欧化或措辞深浅，应听作者自择，宁可读者不懂，不可勉强。但作诗远可表现主观，译诗则大概本于阅读的便利与经济，都希望大众理解欣赏的，否则，与提倡新诗的主旨背悖，反对文言文亦属无意义的事了。诗的文字必采择自真实的人之语言，译诗何能不如此？ Yeats 主张："名诗类皆以当时言语为文字而写出的取材虽间述志异，然与旧诗之思想、想象、精神的生活都有直接的关系。"惠特曼、夏芝等本身已能舍弃格律像说话一样的白话诗，译到中国文字，自变为期期艾艾的笨伯，岂非诗歌的笑话吗？

泰戈尔所著的《新月集》，英文是如何的条达，文词浅显，造句单纯，音韵自然，不失浓厚的文学趣味，可以供给儿童阅读，具有很高的价值与机能，虽经翻译也不能把它淹没。

译《新月集》的计有刘复、郑振铎等，而王独清的译诗（泰东）使人对之不胜惊异。

> 孩子们有他们的玩耍在世界的海滨（《在海滨上》）
>
> 并不是没有缘故，他却总不肯说（《实实底法门》）

这两句以英文文法分析，主词、动词、前置词、宾词的地位，都和原诗结构仿佛，然而毫不像中国语气了，第一行刘复的译句："在一切世界的海滨上，小孩子自有他们的游戏，"便顺口得多，第二行金明远译题为小孩的行为改为："他总不愿说话，不是没有缘故的，"便补正倒装之病显豁得多了。而"他们敢叫圆满的月亮是肮脏的也因他用墨水涂了他的脸儿吗？"夹了三个"的"字的长句，怕谁也难免惘然吧！如此执拗赘疣！还有"当其与所以"为题，谁也想不到 when and why 的译义，使人确知怪僻僵硬的不可为了。

关于素材的选择问题

初期的介绍目标，以自由诗、小诗为多，像泰戈尔的《新月集》《飞鸟集》《园丁集》《萤火集》《采果集》等小诗以外，译诗简短成篇，蔚为风尚，周作人一册厚厚的《陀螺》，尽是些希腊短歌、法国波特莱尔（Baudelaire）散文诗、果尔蒙（Gourmont）田园诗及法国俳谐诗二十七首，日本一奈啄木的俳句或短歌，再凑上些日本俗歌而已。显然助长小诗繁盛之风，假如严正的批判颇类流水账式的随感录，无非避重就轻，易于下笔之故。

其次，几十种译诗里，竟使人难免糅杂之感慨，琵亚词侣（Beardsly）的《诗画集》，诗仅二首，也是一册单行的译诗集（浩文译，金屋），截取莎士比亚的原著一节，成了所谓《若邈玖嫦新弹词》（邓以蛰译，新月）。法国浪漫气味极重的古译词也作为移译对象，《屋卡珊和尼各莱特》（戴望舒译，光华）以及民歌谣曲均为韵文的材料。《法国的歌谣》（曾仲鸣译，璎璎）、《路曼尼亚民歌一斑》（朱湘译，商务）颇呈光怪陆离之状，CF 的《浪花》（北新）于自著小诗散文诗前兼编纳一部分零乱的译诗，朱维基、芳信合译的《水仙》（光华）融小说、戏剧、散文、骈诗选于一炉，时地间隔，文体悬殊，尤觉不伦不类，读者于此错舛糅杂的译诗中殊有无所适从之苦了。

另一方面，便是颓废的偏嗜。李金发译碧丽蒂的歌换上了一个刺激性的书名恋歌，尽属接吻、销魂的拥抱、青年、妓女之墓、荡妇、引诱、给我们乳房、性欲、最后之情夫、肉感篇名，毫无蕴储的幽静，粗鄙不堪，何况译笔欠圆润明晰，连正确的了解也不可得呵。

罗念生又译了册《醇酒妇人诗歌》（光华），系从拉丁中世纪歌集里译出，同样的仅予人一种颓废的感染，映示一种肉体享乐、生命欢欣的堕落精神，沉沦在狭隘的个人麻醉间，充满无聊的迷溺的梦幻，诗情拘泥，无形的人承受消沉的影响，违反柏拉图"诗应歌颂高雅的思想和事迹，"亚里士多德："诗应当供给一种高雅的愉快"，并未捉住高洁纯挚的情感，而提倡丑恶面，轻薄虚伪，与道德为本的人的文学相距过远，无关真理与严肃，无聊的微末之生存殊难悠久了。

又一面，却是鉴于时代的前进，不满现实社会环境，抱革新的热忱，粗犷地宣扬着劳动与革命。郭沫若已富此项信念，新俄诗选为此种意识的具体产物。冯雪峰所译的《流水》（水沫），标语式的歌唱尤见白热化：

> 我是天空的军队的使命
>
> 又是春的中央委员会的代表委员（《流水》）
>
> 他们是猛烈，他们是广大，他们是力强
>
> 他们要求更大的力
>
> 挺直地我向着他们
>
> 新鲜的铁的血潮便注入我的血管里。
>
> （《我们将以铁生长起来》）

简直看不出译者是否曾有基本的修辞，调句散漫的结构太粗疏，桎梏灵感之病实难幸免。

> 饥饿的运命呵
>
> 青空呵
>
> 密林呵
>
> 忧愁呵
>
> 乌拉而顿乌思休格底
>
> 地保呵，森林底路呵
>
> 福尔瓦地自由呵，阿加底平和呵
>
> 贫穷的依慈巴底灯呵（《血兴书》）

堆砌许多名词、叹词，句无余味，篇无余绪，夸新矜奇，内容损害外形，吟咏起来究竟是何意味？这样的译诗概念暧昧，徒乱人意，全失却诗的性征了。

中国译诗的收获

诗歌本体具有思想、造型、节奏三元素，任何译诗亦不能怎样散漫或自由。摩尔（George Moore）"Free verse, like free stream, is powerless"可知完全以自由为护符，定然空洞而无谓的。中国过去有一时期，除太拘谨者外，正为此种自由弥漫，动辄随便译了几首诗，以诗人自命。如梁遇春译的《英国诗歌选》（北新）并未传述原诗的格律与节奏，即措辞遣句亦较粗疏，骤视之下，捉摸不到若何诗意，使尝试时期无形拖延。或则太拘谨了，不敢明言翻译只标明着只译出了大意。这走向庞杂的译诗，基础上自然是极不健全，脆弱而至，稍一伸展即告窒息。

如今，我们姑且不谈原理，先以现状作一分析，简略地探讨一下，这偶尔璀璨的中国译诗，终至刊物拒载、书贾摒弃的中国译诗，短促过程中究有何收获？这似乎是值得感伤的事。

基于上述的文字作祟、译意纰缪等因素，译诗的领域甚为狭隘，读者对象亦极稀少，再加选材宽隘，仅介绍过若干彭士（Burns）、白拉克、高斯密（Goldsmith）等十八世纪次流接近古典时代的作品。即辜鸿铭的造诣亦仅译可伯（Cowper）的《痴汉醉马歌》一篇而足，而可伯亦不过三流诗人，雪莱、拜轮诗以外，Wordsworth、Tennyson等间有涉及，像莎士比亚、Milton等世界大诗人的伟著既不注意，退一步言，英国时代大诗人Pope、Bowning、Thompson、Yeats、Russell

的诗，亦少介绍，于是译者囿于私见，读者更钻到牛角尖里，中国诗坛更显得岑寂芜杂的姿态了。

尽管像苏曼殊的《文学因缘》，夏莱蒂的《装饰集》附以原文审慎地采用对照法刊行，黎青主的《抒情诗集》后附以详尽注述审慎地采用注释法出版，期增阅读的例解及兴趣。尽管不敢自信地谦逊着，郭沫若译毕雪莱告罪，自谓："诗不能译，勉强译了出来，简直不成东西，我要向雪莱告罪。"这应小心翼翼地从事，仍难掩饰译诗的贫困与失败。

并且，傅东华自述拟在五年内用同样韵语翻译外国长诗一百种，后因毅力不够，趣味转变，终于中途废止，编入《参情梦》（开明）的仅长长短短的八篇而已，里面有几节倒是较可爱的。

严格说，幼苗的生命无特殊伟绩可言，不过这局促的十年间的波澜，我人如欲继起努力，自应有一正确的祈愿，兹附列三点于后：

【长篇巨制的译述】民国十七年春，郭沫若翻译的《浮士德悲壮剧》第一部问世，实为新文学运动的伟构，中国诗坛一大纪念，计序幕两节、正文念五节、附录注释占四百余面，两月而再版一次，而三版行销至广。这种划时代的出版物，译笔是统一的谨严与工整，贡献颇多，开拓了后来长篇写作的新路。

> 听假使人只这般地囚在书？
>
> 每逢年时岁节气偶尔出外
>
> 对于外界只是从老光镜的遥瞻
>
> 怎能够用言说来指导世界

试观浮在狭隘的屋中顶穹窿，坐案旁靠椅上，呈不安态，正当寂寞的夜，穿寝衣寝帽的瓦格纳，执灯在手，贸然来临，他这一段讥刺浮氏茕茕独处，离绝人间的迂腐，几句打趣渲染何等生动，自然能震撼人心。

【战争情绪的感染】中国原来平和的静止的生活，被新的内容所突破，赋有了勇敢的战争心，反抗腐败，憧憬光明，另辟蹊径，跳动着时代的脉搏。

> 平立的茅屋是许多竹篮
>
> 飞的鸟绿的林旷场烈日炎
>
> 蛛网结张在灵魂的黑角
>
> 思潮是迟缓的耳语和平退步不前
>
> 汗臭繁密的燕出还有尘烟
>
> 轮嘶笛叫脆钢的细片
>
> 直爽勇惊的思想烦车的工苦
>
> 生命的血脉跳动宛如婴儿的烦繁
>
> （《农村与工厂》）

笔力劲健，真具备雄浑的风格。

【唯美造型的塑成】徐志摩、闻一多、朱湘的诗所译有缕金错采的造型技术，无疑的是受了西洋格律的影响，使中国诗歌在形式上起了一种彻底的革新，错综变化地打破了过去的呆滞空虚的规律，扩大了视野。这种新颖的收获殊令人欣喜，故黄乐眠的《春》（创造社）之类都有此种倾向。王独清集中的 sonnet 叠见，竟将十四行诗搬入中国诗或制用西洋诗抑扬和韵脚，徐氏的诗更无论了。

> 我爬登了山顶
>
> 企望西天的光景
>
> 太阳在雾彩里

宛如一个血殷的伤痕

宛如我自身的伤痕

知道的没有一个人

因为我不曾袒露隐秘

谁知这伤痕透过我的心

（哈代《伤痕》）

徐氏的译诗此非佳作，不仅能契合原诗缠绵悱恻爱不忍释，可以承认是出自大诗人手笔，不必肯定他的国籍，这便是翻译不可抹杀的伟大了。

类近创作的译诗多么省力多么动人，应该是现阶段值得提倡的，吸收原诗的思想情绪和想象，参与自己艺术的著作，足与原诗媲美，具有同样魔力，但非能兴致呢？

综上论结，翻译业经越过繁蔚的前驱期，如今却陷入默默无闻的情状了，我们希望能从消沉已久的厄运中拯救过来，尽量地研究发扬，建立绚烂的史实，这便是后学青年的幸福了。

——《胜流半月刊》第 7 卷第 8 期（1948 年）

陈译《阿毗达摩俱舍释论》校勘后记（1948）

方孝岳

　　《阿毗达摩藏》，以发智一论为其宗主，而《大毗婆沙论》所释，尤为集其大成。至于料简婆沙，平衡众说，独出机杼，自为一书，不废有宗，而多依经部，且隐为大乘诸师平治道路者，实以世亲俱舍一论尤为具眼。然自唐译而后，陈真谛之旧译几废。加以真师之疏失传，治此学者唯奘师弟子普光法宝等之疏记是赖，不无奴主出入之见。对于真师译文，时多弹射。如光记所谓现法得先哲同疑，常非因果前贤莫辨者是其显也。夷考其实，殊未必然，坐其书废莫讲，而随声归讥焉，此可惜也。然陈译多抱守梵文语气。慧恺序中，称其一句之中，循环辩释，翻覆郑重，乃得相应，又初译之后，又复重佳审次。其精心结撰也如是。以云译例，实与罗什之简畅，玄奘之整瞻，鼎足而三。而此种尤为切至。虽早期论经，原多此体，而精当皆非真师之比也。顾以此文字诘屈，粗读殊难通晓。今幸有唐译，依之讽箱，句读可通。而文义之足以补遗，语意之切于领解，余于唐译之外者，亦多矣。余既校毕唐译。遂复更校此书。参之唐译以施句读。钩稽而宋元明清藏各本，并日本宫内省所藏宋本，以及最近常州天宁寺之刻，以见异同。至于正讹考异，又有日本僧人《快道俱舍法义》一书，虽主唐译，而多申真谛，几于字字比对，尤足启予。又陈译所列本颂，原皆义至随牒，或一二字，乃至数句，与释文连贯，或于本颂文句中增一二字，使其当文可解，或即以牒为释。盖与《大毗婆沙论》体例相似。疑后人传写时，横加偈曰、释曰以隔断之，遂失原本之旧，致多不可读，而陈译本颂亦遂失别行之本，今原本不可见，但于释文及本颂句读连贯处，读者应实真谛观之，庶无失解也。至于钞出本颂于释论之外，辑真谛旧疏于先记实所引之中，亦因便施功，附论存籍。兹番校勘所为，大略如此。抑有陈者。破我一品，实为别书，而以"大师世间眼已闭"三颂为发起序。旧译破我品题，虽作品名，而论中引此，均作破我论，不作破我品至称余品，则但曰某品。《大唐内典录》且有真谛破我论疏一种。其为别论甚明。故真谛破我品题在三颂之前。论文越此依于岂无解脱，即接三颂而言。不若玄奘师以三颂置分别定品之末，而破我论遂无发起之序也。

至于《俱舍》一书，开宗明义，即论二乘未断不染无知为全书之发起。而破我论中引申阿含内空外空乃至能观空者亦不可得。全书所现，往往变破人法，早立其基，不仅不相应行是假非实，已隐然成立大乘唯识义而已。故此书实法相之源泉，义门之江海，在昔天竺称之为听明论，大小乘学悉依此为本，徒视为有宗之书，亦浅之乎视此论矣。学者欲于如来一代时教八万四千法门得其条理者，非于此书植基不可，而陈唐二译，如骖之靳，尤不可偏废也。

——《圆音月刊》第 9—10 期（1948 年 6 月）

科学文章的"译"与"作"（1948）

瞿友仃

翻开许多自然科学或工业性的刊物，或是去看看一些报纸上的科学周刊及其他综合性副刊，你尝不难看到许多科学文章的"作者"，有的在高谈其原子弹，有的在阔论其遥二火箭，颇有些琳琅满目之感。

但你说他们都是真正的"作者"么？那就实在有点冤枉。一个熟悉内情的人，很容易想到他们只不过是"译者""译述者"或"摘译者"而已，最多只能说是"编译者"。

我们自己的科学不够发展，设备更不齐全，研究机关又缺少，当然一般科学文章的材料不能全部自给，这是事实。因此，要是你硬逼着每一个写科学文章的人向他要研究报告，那实在是一种过分的苛求；而且我不能否认，目前在我们中国科学界中，除掉必须自己从事实地研究，以图迎头赶上他人之外，另外的大部分科学知识及研究资料，均须向他人吸取。所以我们不能有大批的真正科学作家，而只能有许多科学文章的译者，这乃是事非得已及情有可原而不足为奇的事。

不过目前的一般科学文章的译者（少数忠实译者，常在例外），都患了一种普遍的传染病：藏首露尾，譬如说有一篇关于某项新发明发现的东西，明明是他从某某西文科学刊物上译出来的（除掉有时抽掉几行数段或者改动的语气之外），可是他确总是舍不得注明他写此文时材料的来源，更不想把"译"字写出来。这该是一种多么没有勇气甚至有蒙蔽之嫌的行为！这充分表现其不认真切实的错误。科学（尤其是自然科学）绝非什么空洞的东西，这是众所周知的，因此站在科学的立场上说，为文发论时的一字一句，都应当原原本本，有证有据。即使只是传报一点科学新闻或普通知识，照理也都应该说出新闻及知识的来自何书，出自何典，否则岂不任随你胡言乱语，摇身一变而为"作者"，既欺骗刊物编者，更何以对刊物广大之忠实读者？这种态度未免不够严肃，绝非从事科学的习学及工作者们所应有者。更进一步的说，这种做法简直有损科学的尊严，这种错误一定不可轻易原恕。

当然，我们知道要是去限制一个写科学文章的人呆板，把一篇西文的科学作品或报告及新闻等逐字译出，这样对于人力、物力及时间，都将是一种不必需的浪费；这理由是在许多的西文刊物中，其作者多系以其本国读者为对象，所以写法及语气，也就不一定能吻合于我们中国读者的口味。例如，英美杂志上有许多文章中，往往有些我们看来只是空话的字句，如果还是照样死死译出，未免事倍功半，吃力而不讨好。由乎此，我们乃有摘译及译述的必要。有时更需用编译的方法，只取一篇（或多篇）文章的中心精要为骨骼，再根据我们自己的语言文字和生活习惯，善加装潢调配，以迎合国内外读者们的口味及需要，提高其对于科学的兴趣，而收播散科学种子之实效。上面曾经提到过的摘译和译述，必须标明"译"字及原作者姓名或原文载处（至少对于编者），当然是毫无疑问的。而且依笔者的意见，即使用编译的方法，也应写明材料的来源，或以告诉读者参考资料的方式，表明你写一篇文章的根据。

谈到编译，我们知道这件工作较之摘译及译述都要难一点。尤其是有系统或长篇之作，如欲用编译的方法介绍给国内读者，很不容易办到，更难做得尽善尽美；做不好有时反而会弄巧成拙。因此这种工作，只有由一般经验较丰及学识较深的国内学者们来担任，方可胜任愉快，不致"误事"。不过试观目前国内的部分名流学者中，有些自认能够做编译工作的人，仍然脱不了改头换面的病——即是说既取西文材料，又不加注明，显然以别出心裁的作者自居（这里坦白指出，如常在《中学生》等刊物上写科学文章的顾钧正先生）。其实，注明材料的来源，绝不会因此减低其学人的声望或身份；相反地，人家只有佩赞其做事的认真，作风的良好。反之则因为许多有名的学者们既已名震全国，故必人人相信他们，因之更易被人误认为"真正作者"；同时这些学者们欺骗读者（即使不是居心）也就更加容易，而其罪过也就更加重大了。

笔者并非名流学者，亦非教授讲师，只是一个爱好科工的青年，平日因胆大皮厚，故此亦常提笔译述，一方面自己学习，一方面介绍一二篇东西于读者之前（当然是极少数）。但投往若干刊物之文稿，发表后往往被编者将所注明之材料来源删除，初甚诧异，后始知风气已成矣！后又更见若干译者，一字一句均照西文原式，竟亦不注明为"译"；有时甚至连西文原篇中之"我"字（当系英美作者自称）亦照原文译出，仍不标明"译"，看来实在是令人啼笑皆非，而极不顺眼。这种作风，实在不够良好可取；这种做法，实在不够切实认真。笔者有见于此，不揣冒昧，提供意见，以备大家参考共勉，纠正此种不良作风。先进之士与名学者们或许认为谬误荒唐，但笔者当更希望他们不吝赐教，感激无已！

于重庆国立中央工专

——《世纪评论》第 3 卷第 16 期（1948 年）

梁译《大乘起信论伪智楷序》中之真史料（1948）

陈寅恪

近人多疑真谛译《大乘起信论》之伪，其说已为世所习闻。最近复以为非伪作，其所持重要之证据在《续高僧传》一八《昙迁传》。其文略云：

> 精研《华严》《十地》《维摩》《楞伽》《地持》《起信》等。
>
> 逮周武平齐，逃迹金陵。

盖真谛于陈太建元年即西历五六九年正月十一日迁化。太建九年即西历五七七年周武帝建德六年齐幼主乘光元年周灭齐。若《起信论》为伪作，则昙迁不能于周未灭齐之前，真谛尚未迁化，或卒后未久，且远在北朝，早已有精研伪造论本之理也。故以此论为非伪作。其论据如何，兹非所欲辨。即使此论之真伪可定，而此论智楷序之真伪又别为一事。真论本文可以有后加伪序，而真序亦可附于伪论，二者为不同之问题，不可合并论之也。复次，真序之中可以有伪造之部分，而伪造之序中亦可以有真实之资料。今认智楷序为伪撰，而伪撰之序中实含有一部分真史料。今特为标出，以明其决非后人所能伪造。至此序为托名智楷之作，则不待论。今日中外举人考证佛典虽极精密，然其搜寻资料之范围尚多，不能轶出释教法藏之外。特为扩充其研究之领域，使世之批评佛典者所不能，所持证据不能限于多真实语及其流派文籍之中，斯则不佞草此短篇之微意耳。

伪智楷序云：

> 值京邑英贤《慧显》《智宠》《智楷》《昙振》《慧旻》与假黄钺大将军萧公勃以大梁承望三年岁次癸酉九月十日于衡州始与郡建兴寺敬请法师敷演大乘，阐扬秘典，世导迷途，遂翻译斯新论一卷。

寅恪案，伪书中此节乃实录，非后人所能伪造者也。何以知之？请就二事以为证明：一为年月地理之关系，二为管制掌故之关系。《初学记》四（《文苑英华》一五八、《太平御览》三二同）江总《衡州九日诗》云：

> 秋日正凄凄，茅茨复萧瑟。姬人荐初酝，幼子问残疾。园菊抱黄华，庭榴剖珠实。聊以著书情，暂遣他乡日。

寅恪案，《陈书》二七《江总传》（《南史》三六《江夷传》附《总传》略同）云：

> 总第九舅萧勃先据广州，总又自会稽往依焉。梁元帝平侯景，征总为明威将军始兴内史。以郡秩米八百斛给总行装。会江陵陷，遂不行。总自此流寓岭南积岁。

又《陈书》九《欧阳传》（《南史》六六《欧阳传》同）云：

> 梁元帝承制，以始与郡为东衡州。

据此，总持诗题之衡州实指东衡州，即伪智楷序之衡州始与郡也。总持既会流寓岭南，始与为南北交通要道，行旅之所经行。总持，南朝词人也，自于其地不能不有所题咏。故《初学记》二三载江总《经始与广果寺题楷法师山房诗》云：

> 息舟候香埠，怅别在寒林。竹近交枝乱，山长绝迳深。轻飞入定影，落照有疏阴。不见投云状，空留折桂心。

此楷法师之名虽不可确知，但必如道安之号安法师，慧远之号远公之比，而为某楷。盖僧徒皆例以其二名之下一字见称目也。今除智楷外，尚未发现其他适当之楷法师，得与江总会聚于始与之地。然则此楷法师岂智楷欤？

复次，《资治通鉴》一六五《梁纪》元帝承望三年（西历五五四年）下云：

> 九月……帝好玄谈，辛卯于龙光殿讲《老子》。曲江侯勃迁居始与。

据此则承望三年九月萧勃实在始与。又据江总《十月九日诗》及《经始》《粤广果寺题楷法师山房诗》，则智楷是时亦在始与。可见伪序中所述智楷等与萧勃于承望三年九月十日请真谛翻译《大乘起信论》一事之年月地理人名皆与江总诗及《通鉴》切合，而萧勃此时在始与一事仅载《通鉴》，为《梁陈书》及《南史》所无，司马氏所记之原始材料尚未检出。其必有确据，自不待言。（今《梁书》二四《萧景传》不载勃事，《南史》五一《与平侯景传》附有勃始末，但甚简陋。）若后人妄造序中此节，何能冥会如是，斯必得有真实资料，以为依据。至承望三年为甲戌而非癸酉，则记述偶差，事所恒有，毋庸置疑，此所谓年月地理之关系也。

《梁书》六《敬帝纪》（《南史》八《粲本纪下》同）云：

> 太平二年（西历五五七年）二月太保广州刺史萧勃举兵反。

从来举兵之人无论其是非逆顺，必有自行建树之名号，否则将无以命令处置其补下，此不仅在六朝时如此也。在六朝时，此种自建之名号殊有一定之方式及称谓，已成为朝章国故，非后来不预政治不习掌故之佛教僧侣所能知悉而伪造者也。伪序中称萧勃之官衔为：

> 假黄钺大将军。

考《晋书》拾《安帝纪》云：

> 元兴三年三月景戌以幽逼于（桓）玄，万机虚旷，令武陵王尊依旧典承制总百官行事，加侍中。

同书六四《武陵忠敬王遵传》云：

> 朝廷称受密诏，使遵总摄万机，加侍中大将军，移入东宫，内外举敬，迁转百官称制书。

《宋书》一《武帝纪》（《南史》一《宋本纪上》同）云：

> （元兴三年）四月奉武陵王遵为大将军，承制。

南朝从此以为故事。如《南齐书》八《和帝纪》（《南史》五《齐本纪下》同）云：

> 中兴元年十二月丙寅建康城平。己巳皇太后令，以梁王为大司马，录尚书事，骠骑大将军扬州刺史。封建安郡公。依晋王遵承制故事，百僚致敬。

《梁书》一《武帝纪》（《南史》六《粱本纪上》同）云：

> 中兴元年十二月丙寅，宣德皇后授高祖中书监都督扬南徐二州诸将军事大司马录尚书事骠骑大将军扬州刺史。封建安郡公，食邑万户。给班剑四十人。黄钺侍中征讨诸军事并如故。依晋武陵王遵承制故事。

同书五《世祖纪》（《隋史》八《粱本纪下》同）云：

太清三年三月侯景寇没京师。四月太子舍人萧歆至江陵，宣密诏，以世祖伪侍中假黄钺大都督中外诸军事司徒承制，余如故。

夫萧勃举兵必自立名号，其立名号必求之相传旧典。今《梁陈书》及《南史》皆记载勃举兵始末至简，伪序中所述勃之名号乃远依晋武陵王遵承制故事，近袭梁元帝自立成规，深切适合两朝之政治掌故。若谓后世僧徒绝无真实根据而能杜撰如此，殊与事理不通。此所谓管制掌故之关系也。

依上述二理由，故鄙意以为此序虽系伪造，而伪序中却有真史料。至以前考证《大乘起信论》之伪者，多据《历代三宝纪》立论。其实费书所记真谛翻译经论之年月地址亦有问题，殊有再加检讨之必要。其例如近日刊布之日本正仓院《天平藏金光明经僧际序》即与《历代三宝纪》一一所载者微有参差是也。兹以此事轶出是篇范围，故不置论。

——《燕京学报》第 35 期（1948 年）

《明清间耶稣会士译著提要》绪言
（1949）

徐宗泽

【……】

八、西士与华士著译书籍

综上观之，西士著述种类甚多，文字亦深浅不同，深者非常奥雅，非翰曹不能读，浅者通俗易晓，几妇孺皆知。于是兴起问题，此种书籍是否由西士亲自执笔著述，或西士口授而华人笔之，或由西士起稿而华人润色之？曰此三种方法大抵皆用，不能执一而言之。罗明坚之《天主圣教实录》实由罗子口授而笔之（参阅 P. H. Bernard: *Aux portes de la Chine, les Missionnaires du XVI siecle*, p. 239），徐光启之《几何原本》，利玛窦亦讲授而徐子笔之，他若《七克》《泰西水法》亦未尝不然。傅泛际、李之藻之《寰有诠》《名理探》，傅子译义，李子达辞，读《名理探》仁和李次彬之序而可知，其言曰："先大夫（李之藻）自晤利先生于京师，嗣辙所之，必日偕西贤切劘扬扢，迨癸亥庐居灵竺遒延体斋傅先生译《寰有诠》，两载削稿，再阅岁，因复翻是编（《名理探》），盖《寰有诠》详论四行天体诸义，皆有行声可晰，其于中西文字稍易融会，故特先之以畅其所欲吐，而此则推论名理，迪人开通明悟，洞彻是非虚实，然后因性以达超性，凡人从事诸学诸艺，必梯是以为嚆矢，以启其倪，斯命之曰'名理探'云。……第厥意义宏深，发抒匪易，或只字未安，含毫几腐，或片言少棘，证解移时，以故历数年，所竟帙十许，乃先大夫旋以修历致身矣。"又《寰有诠》李之藻自序云："……余自癸亥归田，即从傅公泛际结庐湖上，形神并式，研论本始，每举一义辄幸得未曾有，心眼为开，遂忘年力迈，矢佐翻译，诚不忍当吾世失之，而唯文言复绝，喉转棘生，屡因苦难搁笔，乃先就诸有形之类，摘取形天土水气火所名五大有者而创译焉。……是编竣，而修士于中土文言会理者多，从此亦能渐畅其所欲言矣，于是乃取推论名理之书而嗣译之。"

从此两序中，我侪可见当时译书之一切困难情形与夫用功之处，傅子则口授，李子笔之，口授者犹虑言不达意，笔之者亦恐文不切事，于是反复推敲，互助以补不足。此种坚忍功夫，岂现代学者所屑为之哉？

试再读《几何原本》利玛窦引曰："……窦自入中国，见为几何之学者，其人与书信自不乏，独未睹有《原本》之论，即阙根基，遂难创造，……当此之时，遽有翻译此书，质之当世贤人君子，用酬其嘉信旅人之意也，而才既菲薄，且东西文理又绝殊，字义相求仍多阙略，了然于口尚可勉图，肆笔为文理便成艰涩矣。嗣是以来，屡逢志士左提右挈，而每患作辍，三进三止。……岁庚子窦因贡献侨邸燕台，癸卯冬则吴下徐太史先生来，太史既自精心，长于文笔，与旅人辈交游颇久，私计得与对译成书，不难于时以计偕，及至春荐南宫，选为庶常，然方读中秘书，时得晤言，多咨论天主大道，以修身明事为急，未遑此土苴之业也。客秋乃询庠举业，余以格物实义应，及谈几何家之说，余为述此书之精，且陈翻译之难，及向来中辍状，先生曰：'……既遇此书，又遇子不骄不吝，欲相指授，岂可畏劳玩日当吾世而失之？'呜呼！吾避难，难自长大；吾迎难，难自消微，必成之。先生就功，命余口传，自以笔受焉，反复展转，求合本书之意，以中夏之文重复订正，凡三易稿。……"

从利子之引言，不特翻译之困难——"每患作辍，三进三止"，"重复订正，凡三易稿"，且译才之难得——"屡逢志士左提右挈，而每患作辍"，"余为述此书之精，且陈翻译之难，及向来中辍状"。恍然可见。然利子于中国文字似已娴熟，亦可慨见。

利类思之《超性学要》译笔简明，亦一部有数之书，今在自序中曰："旅人九万里东来仰承先哲正传，愿偕同志将此书遍译华言，以告当世。自愧才智庸陋，下笔维难，兼之文以地殊，言以数限，反复商求，加增新语，勉完第一大支数笔，然犹未敢必其尽当于原文也。"从此语可知利类思译此书必不专恃口授，且亲自下笔，但文字雅丽，此则必借助文人之润色。最后译之《天主降生论》，文虽通顺而欠精邃，盖修饰之功施之未多，而译者文字之本相反得以映照出也。

要而论之，西士所译之书有口授者，有亲笔而经他人修削者，有共事合作者，然无论如何，所译之书必经西士寓目审考而华士润色之者也。

九、西士所编译书之文理

至论文字有深浅雅俗之殊异，不特各人所著之书有此殊异，即一人所著之书亦且如此，何以故？盖一由于西士对于中国文学，自然能由研究而增进，于是因刊著时期之不同而有此殊异；二由因助西士著作者之学问有优劣，斯著述有高下之不同；三因所论之资料有难易之殊，笔达只自然亦有难易之别；四因对象之不同，有为文人学士而作者，有为庸夫俗子而谈者，于是文字有高深浅显之分别，不可一律而论。西士所著书中，文字奥雅深博者当推《天主实义》《畸人十篇》《几何原本》《名理探》等书，而其所以脍炙人口者亦坐此故也。

十、华儒润色西士之书籍

今再进论者，既同西士著译或为之润色者，是何等人物？答曰：第一流人物当推徐光启、李之藻、杨延筠中国圣教三柱石，其次则有冯应京、李天经、王征、韩霖、段衮、瞿式谷等等，而教外官绅亦不少为之修饰焉。梁启超曰："当时治利、徐一派之学者，尚有周子愚、瞿式谷、虞淳熙、樊良枢、汪应熊、李天经、杨延筠、郑洪猷、冯应京、方汝淳、周炳谟、王家植、瞿汝夔、曹于汴、郑以伟、熊明遇、陈亮采、许胥臣、熊士旂等人，皆尝为著译各书作序跋者。"（《中国近三百年学术史》）14 页）从此可见，凡作序跋者必与西士有交谊而于彼等之著述不无推敲之关系者也。

虽然，往昔之西士于中国学问有其深切之认识，不特能读古书古籍，且能信笔直书，曲达意义，盖其心欲深究中国之文物制度，风化习尚，同而化之，以达到其荣主救灵之宗旨。有此怀抱，故不怕辛劳，埋头伏案，必欲深通中国之典籍而后快，是以出而应世，与吾国士大夫交，即能折服人心而令人钦仰。从此可知，学问者为宣扬圣教之好工具，不特能联络感情，且能为信光之先导而风化人心，有归化中国外教人之心者，当深思而熟虑之哉。

古昔之西士深明此中关系，故而我国学者对于译著通盘筹算，有大规模之计划。金尼阁司铎自欧洲回来带有西书7000卷，拟一一翻译；李之藻拟编印"公教丛书"，而有《天学初函》之刊印；利类思有为神职班应用之经典、神哲学等书，思择要译著。西士之热心著述，已可见一斑，所惜时移势变，而所定之目标未能一一实现，兼之教难时兴，致教士无安定度生之日。而18世纪耶稣会之取缔，会士不能继续到我中国承接文化事业，致始萌之科学不得尽量生发，此则为学术界上之一大打击也。今西士遗传与吾人只著述，散佚者亦不在少数，前哲心血所结善果，而后人不知保存，且漠不关心，此则可惜耳。余有感于此，爰将徐汇书楼所藏诸书作此简单提要，以飨读者。本年又逢耶稣会创立至今400年，是书之刊亦为纪念云尔。

——《明清间耶稣会士译著提要》（上海：中华书局，1949年）

翻译工作的新方向——代发刊词（1949）

孙思定

一

毛主席在七一发表的《论人民民主专政》文中说："自从一八四零年鸦片战争失败那时起，先进的中国人，经过千辛万苦，向西方国家寻找真理。洪秀全、康有为、严复和孙中山，代表了在中国共产党出世以前向西方寻找真理的一派人物。那时，求进步的中国人，只要是西方的新道理，什么书也看。向日本、英国、美国、法国、德国派遣留学生之多，达到了惊人的程度。国内废科举、兴学校，好像雨后春笋，努力学习西方。我自己在青年时期，学的也是这些东西。这些是西方资产阶级民主主义的文化，即所谓新学，包括那时社会学说和自然科学，和中国封建主义的文化即所谓旧学是对立的。……"

就是这样，在当时向西方寻找真理的风气中，正包含着翻译工作者的巨大努力。那时，像严复那样学贯中西的人物正是一个翻译界的巨子。那时，西方资产阶级民主主义文化巨著，不论哲学、经济、政治，他都翻译介绍，在当时中国封建社会里，在思想与文化方面，的确尽了不少的除旧布新的推动作用。

可是，包括翻译工作在内的这样向西方学习的努力，虽然对旧的封建文化起了不少的推陈出新的作用。但是，正如毛主席所指出："中国人向西方学得很不少，但是行不通，理想总是不能实现。"

这正说明了，当中国人开始向西方学习的时候，西方早已走进了帝国主义的时代，中国早已落在帝国主义侵略的魔掌中。一面要脱出帝国主义的羁绊，一面却又向帝国主义国家学习；这正是"缘木求鱼"，其所以行不通，道理即在此。在这矛盾中，翻译工作者也同样碰了壁。

"第一次世界大战震动了全世界。俄国人举行了十月革命，创立了世界上第一个社会主义国家。过去蕴藏在地下为外国人所看不见的伟大的俄国无产阶级及劳动人民的革命精力，在列宁、斯大林领导之下，像火山一样地突然爆发出来了，中国人和全人类对俄国人都另眼相看了。这时，也只是在这时，中国人从思想到生活，才出现了一个崭新的时期。中国人找到了马克思、列宁这个放之四海而皆准的普遍真理，中国的面目就起了变化了。中国人找到了马克思主义，是经过俄国人介绍的。在十月革命以前，中国人不但不知道列宁、斯大林，也不知道马克思、恩格斯。十月革命一声炮响，给我们送来了马克思列宁主义。十月革命帮助了全世界的、也帮助了中国的先进分子，用无产阶级的宇宙观作为观察国家命运的工具，重新考虑自己的问题，走俄国人的路——这就是结论……。"（《论人民民主专政》）

就是这样，中国的翻译工作者也找到了一条新的路。介绍马克思列宁主义，介绍无产阶级革命理论，介绍俄国十月革命经验，介绍俄国文学，甚至介绍弱小民族文学，成了翻译工作的新方向。

二

一面是中国的广大人民，自从十月革命以后，自从中国共产党出生以后，便看出了自己新生的道路。"西方资产阶级的文明，资产阶级的民主主义，资产阶级共和国的方案，在中国人民的心目中，一起破了产"，一面是帝国主义和中国国内的买办官僚地主等反动派，反对中国人民脱出被奴役的地位，反对中国人民走上新生的道路，反对新的人民民主的中国出现。在这样分道扬镳的两条道路上，便展开了人民与反人民、民主与反民主、革命与反革命的剧烈斗争。

中国的翻译界，毫不例外地也出现了两个阵营——一个是致力于人民民主革命的为广大的人民服务的进步的阵营，另一个是反对人民民主革命为帝国主义买办官僚地主反动派服务的反动的阵营。我们一面看到进步的翻译工作者在白色恐怖下想尽方法把苏联的思想等文化以及世界各国无产阶级革命斗争的经验与教训介绍到中国来，从哲学、政治、经济，直到诗歌、戏剧与小说。同时，我们也看到中国文化界少数的洋奴与特务，托庇于反动政府之下，散布着西方资本主义国家的黄色淫靡腐蚀的思想文化以及极端反动的法西斯思想文化。我们的进步的翻译工会在鲁迅的旗帜之下，在中国共产党的领导之下跟翻译界的洋奴特务们进行了猛烈的斗争，而且基本上取得了胜利；中国翻译界始终在进步力量的影响领导下面的。

三

从此可见，中国的翻译工作从一开始便与中国的人民民主革命斗争相结合。因为中国的人民民主革命从一开始便具有它的国际的一面；中国人民民主革命的国际性便规定了中国翻译工作者在这个伟大的革命斗争中的具体任务。

毛主席指出："……中国革命的理论和实践，在中国共产党领导之下，都大大地向前发展了，根本上变换了中国的面目。到现在为止，中国人民已经取得的主要的和基本的经验，就是这两件事：（一）在国内，唤起民众。这就是团结工人阶级、农民阶级、小资产阶级和民族资产阶级，在工人阶级领导之下，结成国内的统一战线，并由此发展到建立工人阶级领导的以工农联盟为基础的人民民主专政的国家；（二）在国外，联合世界上以平等待我之民族及各国人民，共同奋斗。这就是联合苏联，联合各民主国家，联合其他各国的无产阶级及广大人民，结成国际的统一战线。""'你们一边倒'。正是这样……中国人民不是倒向帝国主义一边，就是倒向社会主义一边，绝无例外……不但中国，全世界也一样，不是倒向帝国主义，就是倒向社会主义，绝无例外。中立是伪装的，第三条道路是没有的。"

翻译工作者尤其需要坚决地"一边倒"，倒向社会主义的一边。过去在反动派白色恐怖的统治之下，若干文化工作者，因为害怕斗争，便从斗争的火线上退下去，打算躲在一旁，做些翻译工作，以为翻译工作是可以超然于斗争之外的。但是事实一再地证明了，凡是于革命有利的译品照样也还是不免受到迫害，证明了翻译工作不能超然于斗争之外，而且在革命斗争中有其重要任务的。

毛主席明白指出："在帝国主义存在的时代，任何国家的真正的人民革命，如果没有国际革命力量在各种不同方式上的援助，要取得自己的胜利是不可能的。胜利了，要巩固也是不可能的。"

要取得国际的援助，中国的翻译工作者并不是无事可做。我们为了要取得并巩固我们人民革命的胜利，我们必须向苏联以及新民主主义国家学取革命建国的经验。同时，如何加强中国与苏联和新民主主义国家的友好关系，如何取得各种方式的援助，翻译工作者在交流国际文化并在外交活动方面，都应该尽其最大的努力的。

我们必须"一边倒"，倒向苏联与新民民主主义国家的一边，向他们学习，学习他们革命斗争和建设的经验，学习他们的思想与文化，转而将我们的革命经验介绍给兄弟国家与民族，尤其是亚洲的殖民地国家的人民与被压迫民族，使他们更快地获取革命的胜利，因而更加巩固了我们的革命胜利。这一个国际的交换工作，无疑地落在翻译工作者的双肩。我们要"联合世界上以平等待我之民族，共同奋斗"。如何"联合"起来，如何能"共同"起来，这里是另外一方面。正因为我们在国际上属于以苏联为首的反帝国主义战线的一方面，我们必须"一边倒"，我们必须坚决地执行反帝的任务。而帝国主义还是相当顽强，尤其在中国这样一个百余年来属于半殖民地地位的国家，我们虽军事上与政治上取得了基本的胜利，但帝国主义及其走狗国民党反动派正以孙悟空钻进牛魔王肚里的方法，利用它们在经济与文化各方面的潜伏力量进行破坏与反对中国人民民主的建设，它们要破坏我们的胜利，要阻挠我们扩大与巩固胜利。因此，坚决彻底干净地消灭帝国主义与国民党反动派的残余势力，特别是在政治、经济以及文化上的残余势力，成为今天中国人民民主革命的首要任务。翻译工作者在反帝任务上必须加重工作。古语云："知己知彼，百战百胜"，又曰："料敌决胜"。不了解敌人，我们便不能作战，便不能打有把握的仗。翻译工作者对于了解帝国主义这一方面，无疑地是应该发挥其最大的作用的。

为了执行这一任务，翻译工作者便不得不彻底检讨一下自己。因为天天和帝国主义的思想文化相接触，便须自己十分警惕，不为它所迷惑。介绍苏联与新民主主义国家的思想与文化或者较为容易，因为与健康的文化接触，只有增加自己的健康。可是，要钻到帝国主义的思想与文化中去，要深入敌阵，进行战斗，就必须保障自己，使自己不但不成为敌人的俘虏，还须取得胜利；这就必须首先把自己武装起来。从这方面说，那么翻译工作者不能仅如某些人的错误想法，认为翻译工作只是文学技术的使用，而不应该使自己成为合格思想文化的战士，必须在思想上武装自己，使自己有办法，有把握，有力量来和帝国主义的思想文化进行胜利的斗争。翻译工作者在反对帝国主义的任务上，在肃清帝国主义在思想与文化方面的残余势力这一任务上，应该站在最前哨。如果翻译工作者毫不负责地把帝国主义的思想文化介绍过来，那便实质上做了帝国主义的帮凶。只有首先经过翻译工作者的清滤作用，筑起第一道防线来，我们对帝国主义的思想斗争，才有可能第一步的胜利的保证。其次，由于翻译工作者精密深入地了解帝国主义思想文化，它的腐败性、反动性等等，翻译工作者便应该更善于针对帝国主义思想文化的弱点，进行有效的攻击与战斗。

因此，翻译工作者必须把自己在思想上武装起来，用马克思列宁主义，用毛泽东思想武装起来，在反帝斗争中尽其前卫的任务。

一面是做"一边倒"的带路人，一面是做反帝的前卫。我以为今后翻译工作的方向应该这样。

——《翻译》第 1 卷第 1 期（1949 年 9 月 1 日）

鲁迅与翻译——鲁迅先生十三周年祭（1949）

董秋斯

　　毛主席说过，鲁迅是现代中国的圣人。"圣人"这两个字是一个概括的名词，如果分析一下，就知道里边包括有：威武不屈的人格，永远不与敌人妥协的战斗精神，严肃的认真的工作态度，广博的湛深的学术修养，以及对于人民及其文化的热度。这一种配称为圣人的精神，浸透了他的生活，浸透了他的著作，也浸透了他的翻译。正如从一点水可以窥见大海，从一粒粟可以窥见太仓，我现在想从翻译工作来瞻仰作为现代中国圣人的鲁迅先生，就作为我对先生逝世十三周年的追念。

　　鲁迅先生生存的时代，是一个豺狼当道的时代，是一个狐鼠横行的时代，是一个是非不分的时代。这一种情形反映到本来脆弱的翻译界来，更显得满途荆棘，令人望而却步。不说反动统治者及其走狗们仇视和摧残进步的革命的翻译工作，就连进步的以至革命的文化界，也充满了歧视翻译工作的偏颇的见解。

　　这些歧视翻译工作的人，根本忘记了文化是为人民服务的，是要满足此时此地的人民的需要的。他们只想到，他们写作是为了表现他们的才华，炫示他们的聪明，因而抬高他们在社会上的地位。从这个观点出发，他们发表了许多打击翻译工作的荒谬言论。有的说，翻译是三姑六婆之一的媒婆。有的老实说，翻译是没有天才、没有灵感、不能从事创作的低能儿才搞的玩艺儿。有的又说，翻译妨害了创作，非加以打击不可。总起来说，搞翻译工作的人，不但无功，而且有罪了。

乍看似乎奇怪，这些说翻译坏话的人，自己也在翻译，而且译得很不少。不过，他们说，他们搞翻译，并非因为他们重视翻译，却正因为他们看不起翻译。他们觉得，翻译既不需要天才，又不需要灵感，当然容易搞。为了好玩，或是为了稿费，也不妨权充一下低能儿。但是，他们紧跟着就请读者不要误会，他们的胜业别有所在，他们还是看不起翻译的。事实上，他们可能别有胜业，不过他们那种潦草不负责任的翻译，也的确算不得胜业，而且是任何人都要看不起的。

照着样子，翻译工作受到双重的打击。这些看不起翻译的人，一方面从"理论"上否定了翻译，另一方面从实践上开了一个潦草不负责任的恶例，结果真要使人人都要看不起翻译了。翻译界在这种乌烟瘴气的笼罩下，有谁有这样的识见，有这样的魄力，有这样的韧性，有这样的声望，辟出一线光明，指出一条大路呢？在当时只有一个鲁迅先生。据苏联的名翻译家朱可夫斯基说，翻译是一种科学，也是一种艺术。不拘是其中的一样或两样，都应当有一个完整的理论体系。这一种体系，据寡闻的我所知，在欧美没有，在苏联似乎也还没有，至少还没有一种介绍到中国来。至于我们中国呢，初唐佛经翻译者立下过若干条例，近代严复以来的翻译家，有过不少关于翻译的议论，而且也出过几种翻译门径的书，但是说到究竟，离着构成一种完整的理论体系，还很远很远。没有疑问，鲁迅先生充分具有做这件事的修养和热情，但是他所处的时代，既不容许他完成准备了多年的《汉文学史》，当然更不容许他多做这一类的事了。他唯一可用的武器，是针对现实的短小精悍的"杂文"，在文化思想界是这样，在翻译界也是这样。他的杂文，还有他的无数书简，在翻译界，正如在文化思想界，发挥了伟大的效用，建立了无比的劳绩。

鲁迅先生关于翻译的意见散见《全集》的各部分，要想一一集拢起来，排比在这里，是既不容易，也不可能。至于散在四方，未经收集的大量书简，更是无从说起了。我现将只想把我随记忆翻出的若干条，作为举例抄写在这里。读者若欲更求深广，有《全集》在。我们不信世间有所谓"万古常新"的东西，但是鲁迅先生论翻译的话，在他逝世十三年后的今日，并没有减少了效力。

过去菲薄翻译的人，总是用了创作法宝，好像一祭起这个法宝来，一切翻译就都黯然无色，又好像一贴上创作的商标，就自然而然地比翻译价值高。于是书店和各种刊物都公然声明不收译稿了。对于这种现象，鲁迅先生说过什么呢？

> 可怜的很，还只译了几个短篇小说到中国来，创作家就出现了，说它是媒婆，而创作是处女。在男女交际自由的时候，谁还喜欢和媒婆周旋呢，当然没落。后来是译了一点文学理论到中国来，但"批评家"幽默家之流又出现了，说是"硬译""死译""好像看地图"，幽默家还从他自己的脑子里，造出可笑的例子来，使读者们"开心"，学者和大师们的话是不会错的，"开

心"也总比正经有力，于是翻译的脸上就被他们画上了一条粉。（《且介亭杂文二集》）

你说《奔流》介绍外国作品不错，我也是这意思，所以每期总要放一篇论文，但读者却最讨厌这些东西，要看小说，看下去很畅快的小说，不费心思的。所以这里有些书店，已不收翻译的稿子，创作倒很多。不过不知怎地，我总看不下去，觉得将这些功夫，去看外国作品，所得的要多得多。（《鲁迅书简》）

创作对于自己人，的确要比翻译切身、易解，然而一不小心，也容易发生"硬作""乱作"的毛病，而这毛病，却比翻译要坏得多。我们的文化落后，无可讳言，创作力当然也不及洋鬼子，作品的比较的薄弱，是势所必至的，而且又不能不时时取法于外国。所以翻译和创作，应该一同提倡，决不可压抑了一面，使创造成为一时的骄子、反因容纵而脆弱起来……注重翻译，以作借镜，其实也就是催进和鼓动着创作。（《南腔北调集》）

有人看不起翻译，主要地因为它"容易"。其实，容易不容易，是一个做法问题。一件比较复杂的工作，认真做起来，都不见得容易。一存偷工减料的心，就什么都可以成为容易的。就创作来说，有人构思几十年，才写成一部书，也有人每天为好几个报纸写长篇连载。翻译何尝不如此？有人每天译成万余字，比抄写还快，这诚然容易。但也有人"一名之立，旬月踟蹰"，又似乎不容易了。鲁迅先生从实践中否定了翻译容易论。

我向来总以为翻译比创作容易，因为至少是无须构想。但到真的一译，就会遇着难关。譬如一个名词或动词，写不出，创作时候可以回避，翻译上却不成，也还得想，一直弄到头昏眼花，好像在脑子里急于摸一个要开箱子的钥匙，却没有。严又陵说"一名之立，旬月踟蹰"，是他的经验之谈，的的确确的。(《且介亭杂文》)

我们的翻译是每日下午，一定不缺的是身边一壶好茶叶的茶和身上一大片汗。有时进行得很快，有时争执得很凶，有时商量，有时谁也想不出适当的译法。译得头昏眼花时，便看看小窗外的日光和绿荫，心绪渐静，慢慢地听到高树上的蝉鸣，这样地约有一个月。(《小约翰》引言)

过去文化界有两种极端的议论：一种说，翻译工作是容易的，只要懂得几句外国文，人人都来得。另一种说，好的外国作品根本不能译，与其译不好，不如干脆不译。这两种说法看起来是相反的，出发点却是一个，就是看不起翻译。结果是同样妨碍翻译工作的发展。鲁迅先生在这方面也给我们立下很好的榜样。他用事实证明，翻译并不比创作容易，不过所有的困难都是可以克服的，问题只在你肯不肯认真地努力地去做。鲁迅先生在翻译工作上的认真，他所译出来的书是最好的证明。在这里，我们也可以引一点他自己的和别人的话来说明这一点。

译果戈理，颇以为苦，每译两章，好像生一场病。德译本很清楚，有趣，但变成中文，而且还省去一点形容词，却仍旧累赘，无聊，连自己也要摇头，不愿再看。翻译也非易事……我这回的译本，虽然也蹩脚，却可以比日译本好一点。(《鲁迅书简》)

底下我还可以引征一点别人从旁观察得来的意见：

我从《死魂灵》想起他艰苦的工作：全桌面铺满了书本，

专诚而又认真的，沉湛于中的，一心致志的在翻译。有时因原本语汇的丰美，在中国的方块字里面，找不出适当的句子来，其窘迫于产生的情况，真不下于科学者的发明。（许广平：《死灵魂附记》）

你的译文，的确是非常忠实的，"决不欺骗读者"这一句话，绝不是广告！这也可见得一个诚恳、热心、为着光明而斗争的人，不能够不是刻苦而负责的。（瞿秋白：《关于翻译的通信》）

先生自己对于翻译，却一字一句，绝不苟且，甚至每一个出典，必详细查考而注明。如先生在生前译就……的《死魂灵》第三章中，有一句"近乎刚刚出浴的眉提希的威奴斯的位置"，先生知道眉提希的威奴斯为克莱阿美纳斯所雕刻，但他没有见过这雕刻的照像，不知出浴者的姿势，于是东翻西查，却遍查不得，又买了日本新出的《美术百科全书》来查，依然没有，之后，化了更多的力气，终于查出注明。（黄源：《鲁迅先生与译文》）

如前面所说，"学者大师们"认定，只有低能儿才来搞翻译。像他们那样的高能儿，断乎不肯弄这费力不讨好的劳什子。就是偶一为之，也不过为了消闲解闷，或骗点稿费。不过，这些先生们尽管狂妄，总不会把鲁迅先生列入低能儿一类。现在我们知道，鲁迅先生不但搞翻译，而且是那样不要命地搞，而且在翻译界，在文化界，留下了不朽的博大精深的成绩。我相信，就是这一点，也足以封闭了那些胡说八道的嘴巴，因而对于翻译工作的发展，就有了不可量度的贡献了。

翻译工作固然需要认真和努力的态度，不过光是这样还是不够的。比方说，你所介绍的是浸透帝国主义反动思想的黄色文学和鸡零狗碎的所谓"杂志文"，不拘翻译时怎样认真和努力，也总是一种洋奴买办的行为。正如贩卖吗啡鸦片的人，尽管做到货真价实，也还是非拿来枪毙不可的。鲁迅先生在选择材料上，绝对不肯马虎。他一开始就着意介绍被压迫的弱小民族的反抗文学和旧俄的批判的现实主义作品。十月革命后，他就积极地介绍苏联的新现实主义的理论和创作。他这样做，并非由于他个人的兴趣所在，是由于他认为当时的中国需要这些东西。

或许有人以为，鲁迅先生走过的路总不会错的。他译过什么，我们也来译那一类的东西。他不译的东西，我们也不译。那总不会错了吧？不对的，鲁迅先生断乎不希望我们这样。例如，我自己不译西南欧和美国的东西，却从来不反对别人去译，而且还称道一九三零年后的苏联在这方面的成就。他所注意的是，译者所处的时代环境，是否宜于介绍这种东西，其次是怎样来介绍。他说道，在革命初期，苏联决定不会为帝国主义作家出选集。

> 这不但为物力所限，也为了要保护革命的婴儿，不能将无滋养的、无益的、有害的食品都漫无区别的乱放在他面前。现在（指一九三零年以后）却可以了，婴儿已经长大，而且强壮、聪明起来，即使将鸦片或吗啡给他看，也没有什么大危险，但不消说，一面也必须有先觉者来指示，说吸了就会上瘾，而上瘾之后，就成一个废物，或者还是社会上的害虫……所以我想，苏联来给他（倍尔德兰）出一本选集，实在是很可能的。不过在这些书籍之前，想来一定有详叙，加以仔细的分析和正确的批评……有害的文学的铁栅是什么呢？批评家就是。（《准风月谈》）

4081

翻译的内容需要批评，翻译的技巧更不可以没有批评。很显然，没有批评，不但难得进步，而且常常发生倒退现象。几乎人人都能说，过去的翻译技巧水准太低，不能令人满意。就是目前家传户诵的经典作品，也时常有与原文不符的错误。但是，造成水准太低的原因是什么呢？这有几方面的看法：一方面是说，在过去反动统治下，民穷财尽，搞翻译的人生活都成问题，哪还说到修养？又没有多少时间和精力来认真工作，自然无法提高翻译水准了。另一方面说，直到目前，翻译界还没有一种公认的科学的理论。虽然有过若干次论战，总是彼亦一是非，此亦一是非，无结果而散。因此，搞翻译的人只能各自去摸索，由错误中求进步，所以水平不易提高。不用说，这两种看法都是不错的。全中国的解放已经提供了改善生活的条件。翻译理论的完成，还待大家去努力。这都不是可以一蹴即就的。目前唯一的可做而容易见效的事，就是加强批评。鲁迅先生说：

> 翻译的不行，大半的责任固然该在翻译家，但读书界和出版界，尤其是批评家，也应该分负若干的责任。要救治这颓运，必须有正确的批评，指出坏的，奖励好的，倘没有则较好的也可以。（《准风月谈》）

不过批评不是没有困难的，鲁迅先生紧接着就指出：

> 然而这怎么能呢；指摘坏翻译，对于无拳无勇的译者是不要紧的，倘若触犯了别有来历的人：他就会给你带上一顶红帽子，简直要你的性命。这现象，就使批评家也不得不含糊了。（同上）

鲁迅先生上面所说戴帽子的事情，现时当然不应当再有了。主要的因为过去是军阀官僚党棍子及其奴才们横行的时代，现在则是人民的时代。有谁若想保持反动统治时代的作风，凭借了他的社会地位，来陷害批评他的人，一定为人民所共弃，他也一定要垮台的。比较难办的倒是一个情面问题。大家觉得，批评就要得罪人，如果是有一点相识的人，就更不好得罪，虽然不一定因此受害，不过面子上总是下不来。

要解决这个问题，先得有两点认识。第一我们要知道，面子问题本是封建意识的残余，在新民主主义的社会不再有存在的余地，应当赶快加以扫除。谁不能掌握"批评与自我批评"的精神，谁就不是一个彻头彻尾的现代人，谁就还多少带有前代遗老或遗少的印记。其实，批评不是骂人。骂人当然得罪人，批评，如果态度得当，就不会得罪人，尤其不会得罪明白事理的人。

怎样的批评态度才算得当呢？要紧须做到对事不是对人，对翻译不是对译者。假如批评的人先对一个译者怀有一种憎恶，一种嫌怨，或一种嫉妒，就从这种心理出发，来批评他的译文，于是批评变成了泄愤的工具。结果是吹毛求疵，抓到一两点笔误，就冷讥热消，恨不得把那个译者积年累月的劳绩一笔勾销。像这样的态度，显然是不得当的。这样的批评，不但无益于翻译工作，而且非常有害，从而阻塞了正确批评的道路。

鲁迅先生希望批评家做到三点：一、指出坏的；二、奖励好的；三、倘没有，则较好的也可以。他接着阐说到：

> 我们先前的批评法，是说，这苹果有烂疤了，要不得，一下子抛掉。然而买者金钱有限，岂不是太冤枉，而况此后还要穷下去。所以，此后似乎最好还是添几句，倘不是穿心烂，就说，这苹果有着烂疤了，然而这几处还没有烂，还可以吃得。这样一

辨，译品的好坏是明白了，而读者的损失也可以小一点。(《准风月谈》)

这是说批评家一面，还有译者一面，也并非完全没有问题。有的译者硬是碰不得；不管你的批评态度是怎样好，只要你指出他的错处，他就衔恨入骨，有机会就要当作冤仇来报复。遇到这种情形，怎么办好呢？世故深一点的人，必然说，还是不批评吧，免得惹麻烦。这完全是从自身的利害观点出发。鲁迅先生不是这样的。他说：

> ×××的译稿，如错，我以为只好彻底的修改，本人高兴与否，可以不管，因为译书是为了读者，其次是作者，只要于读者有益，于作者还对得起，此外是都可以不管的。(《鲁迅书简》)

这里说的只是修改，不是批评，不过道理是完全可以通用的。

我们都知道，鲁迅先生爱护翻译，用了很多气力为翻译辩护。我们更应当知道，鲁迅先生的爱护，断乎不是姑息。他不但强调批评的重要，而且进一步主张复译。他说：

> 前几年，翻译的失了一般读者的信用，学者和大师们的曲说固然是原因之一，但在翻译本身也有一个原因，就是常有胡乱动笔的译本。不过要击退这些乱译，诬赖，开心，唠叨，都没有用处，唯一的好方法是来一回复译，还不行，就再来一回。譬如赛跑，至少总得有两个人，如果不许有第二人入场，则先在的一个永远是第一名，无论他怎样蹩脚。所以讥笑复译的，虽然表面上好像关心翻译界，其实是在毒害翻译界，比诬赖，开心的更有害，因为他更阴柔。(《且介亭杂文集》)

复译与批评不同，做起来困难也就更多。如鲁迅先生所说，其一是书店和读者没有容纳同一原本的两种译本的雅量和物力，只要已有一种译稿，另一译本就没有书店肯接收出版了（《准风月谈》）。其次则是"抢先"的风气。还是引用鲁迅先生自己的话吧：

> 记得中国先前，有过一种风气，遇见外国——大抵是日本——有一部书出版，想来当为中国人所要看的，便往往有人在报上登出广告来，说"已在开译，请万勿重译为幸"。他看得译书好像订婚，自己首先套上订婚戒指了，别人便莫作非分之想。自然译本是未必一定出版的，倒是暗中解约的居多；不过别人却也因此不敢译，新妇就在闺中老掉。这种广告，现在是久不看见了，但我们今年的唠叨家，却正继承着这一派的正统。他看得翻译好像结婚，有人译过了，第二个便不该再来碰一下，否则，就仿佛引诱了有夫之妇似的，他要来唠叨，当然喽，是维持风化，但在这唠叨里，他不也活活的画出了自己的猥琐的嘴脸了么？（《且介杂文二集》）

关于复译，鲁迅先生还有更深刻的意见，我虽然力求节省篇幅，也不能不一并抄写在这里：

> 而且复译还不止是击退乱译而已，即使有好译本，复译还是必要的。曾有文言译本的，现在当改译白话，不必说了。即使先出的白话译本已很可观，但倘使后来的译者自己觉得可以译得更好，就不妨再来译一遍，无须客气，更不必管那些无聊的唠叨。取旧译的长处，再加自己的新心得，这才会成功近于完全的定本。但因语言跟着时代的变化，将来还可以有新的复译本的，七八次何足为奇，何况中国其实也并没有译过七八次的作品。如果已经有，中国的新文艺倒也许不至于现在似的沉滞了。（《且介亭杂文二集》）

这是何等远大的识见！何等恢宏的气量！在翻译界和文化界，说得出这种话的人，有第二个吗？

在复译的问题之外，还有一个直到现时仍旧苦恼着译者和读者的问题，那就是直接译和间接译的问题。这个问题经过生意眼的推波助澜，就更显得复杂了。市面上不仅有标榜直接译本的广告，也还有冒充直接译本的间接译本。广告做得好的，货色却往往不好，读者上了当，自然觉得苦恼。在这种专骛虚名、是非不分的时代，老实的译者，不肯昧着良心做冒牌生意，因而遭受出版者和读者的白眼，不用说，也是苦恼的。事实上，这个问题，早就由鲁迅先生清清楚楚地解决了。为了医治这种善忘病，重复一下鲁迅先生的话，还是必要的：

> 懂某一国文，最好是译某一国文学，这主张是断无错误的，但是，假使如此，中国也就难有上起希、罗，下至现代的文学名作的译本了……所以我想，对于翻译，现在似乎暂不必有严峻的堡垒。最要紧的是要看译本的佳良与否，直接译或间接译是不必置重的；是否投机也不必推问的。深通原译文的趋时者的重译本，有时会比不甚懂原文的忠实者的直接译本好，日本改造社译的高尔基全集，曾被有一些革命者斥责为投机，但革命者的译本一出，却反而显出前一本的优良了。不过也还要附一个条件，并不很懂原译文的趋时者的速成译本，实在是不可恕的。

> 待到将来各种名作有了直接译本，则重译本便是应该淘汰的时候，然而必须那译本比旧译本好，不能以"直接翻译"当作护身的挡牌。(《花边文学》)

至于翻译技巧方面，鲁迅先生从实践中得出许多具体的意见，散见《全集》中，这里不能一一论列了。我只想在这里提一提一个带原则性的问题，那就是"顺"和"信"的问题。一九三一年前后，有人提出一种主张，就是："宁错而务顺，毋拗而仅信。"这个主张的荒谬是显而易见的。我们看翻译书，是要知道作者的意见，并非要知道译者的意见。翻译而不信，那又何必翻译呢？所以鲁迅先生说：

> 译得"信而不顺"的至多不过看不懂，想一想也许能懂，译得"顺而不信"的却令人迷误，怎样想也不会懂，如果好像已经懂得，那么你正是迷途了。（《二心集》）

问题是这么简单，何以鲁迅先生要费那么多笔墨呢？因为在这以前，已经有所谓"学者大师"们，因为憎恶革命文学，连带及于翻译，给它加上一个罪名：硬译。这两种意见配合起来，就显得声势浩大，影响广远了。这是鲁迅先生不能轻轻放过的。

攻击"硬译"的人，主要地是说，看了几十行也还是不能懂。在鲁迅先生看来，不懂的原因，可能由于书的内容艰深，而读者的修养不够，不能完全归咎于翻译。例如，他说：

> 倘是康德的《纯粹理性批判》那样的书，则即使德国人来看原文，他如果并非一个专家，也还是一时不能看懂。（《准风月谈》）

另一个原因则是，读者不习惯新的语法。于是有人问，为什么不完全中国化，给读者省些力气呢？鲁迅先生说：

> 这样的译本，不但在输入新的内容，也在输入新的表现法。中国的文或话，法子实在太不精密了，……这语法的不精密，就在证明思解的不精密，换一句话说，就是脑筋有些糊涂……要医这病，我以为只好陆续吃一点苦，装进异样的句法去，古的、外省外府的、外国的，后来便可以据为己有。（《二心集》）

鲁迅先生似乎知道，一定有不负责任的译者，用他的话作挡箭牌，有的"翻开第一行就译"，有的根本不懂原文说的是什么，就一个字一个字译了出来，鲁迅先生说他们的翻译是"乱译"和"死译"，表明这是与他的主张毫不相干的。诚然，鲁迅先生说过"宁信而不顺"的话，并且引起瞿秋白先生的抗议，他说：

> 为着保存原作的精神，并不用容忍"多少的不顺"。相反的，容忍着"多少的不顺"（就是不用口头上的白话），反而要多少的丧失原作的精神。

事实上，鲁迅先生的"宁信而不顺"，是针对"宁顺而不信"这主张说的，不能孤立起来看。鲁迅先生和秋白先生都主张"存原作的精神"。假如原作原是流畅可读的，顺的，而译者偏要把它译成牵牵连连读不断的，不顺的，这也就不算保存原作的精神，不会得到鲁迅先生的首肯。反过来说，假如原作原是富有"异国情调"的，富有"洋气"的，而译者偏要使它"完全归化"，甚至给它"削鼻剥眼"，这也就不算保全原作的精神，因而秋白先生也要反对的。所以，鲁迅先生所说"依照译品内容的性质"几个字，是格外值得注意的。

还有一点，应当注意。鲁迅先生这里所说的，是文艺作品的翻译。这一种翻译因要保存原作的风格，就不能只求易懂。因此他反对那种化一句为数句、近于解释的译法。至于文学以外的科学性的文字的翻译，必然要求易懂。那是应当别论的。

秋白先生当然不会不明白这样浅显的道理，他所以这样提出来，不外借此强调白话的重要性和普及的重要性罢了。关于这两点，鲁迅先生必然不会反对，因为他早就感到"博采口语"的必要，并且在回信中提出了普及的具体办法。我们可以想象，两位先生终于在这些问题上得到完全的融洽，所以他们不但不再辩论下去，而且从此变成生死不渝的知己朋友了。

我这篇《鲁迅与翻译》，只能写这么多了。总起来看，鲁迅先生虽然还未建立起一个完整的翻译理论体系，但是他已有的经验和见解，不仅是学习翻译的人最正确的指南，也是将来翻译理论建设上最稳固的基石。我们不要忘记，鲁迅先生所有的成就，都是在最困难的环境中获得的。他曾经说：

> 一个人做事不专，这样弄一点，那样弄一点，既要翻译，又要作小说，还要作批评，并且也要作诗，这怎么弄得好呢？（《二心集》）

鲁迅先生并非说他自己同时要做这许多事情，不过他的情形好不了多少，他说：

> 翻译多天之后，写评论便涩滞；写过几篇之后，再来翻译，却觉得不大顺手了。总之，打杂实在不是好事情，但在现在的环境中，也别无善法。（《鲁迅书简》）

我相信，我们搞翻译的人都有过这样的经验，都有过这样的苦处。为什么会是这样呢？鲁迅先生说：

> 这都因为人太少的缘故，如果人多了，则翻译的可以专翻译，创作的专创作，批评的专批评；对敌人应战，也军势雄厚，容易克服。（《鲁迅书简》）

随着反动统治的消灭，"打杂"的时代必然离我们一天比一天远。我们可以想到，在一定的建设时期后，各方面的人才，大量涌现，各就其所长，做无遮拦的发展。单就翻译工作来说，前途的发展，一定是不可限量的。鲁迅先生时常期望后起的人们，大踏步越过他去。假如我们后死的人们，副不上先生的期望，我们应当惭愧，应当加勉。现当鲁迅先生十三周祭日，就用这一点意想来与翻译同工作者共同检讨吧。

一九四九年九月十四日

——《翻译》第 1 卷第 2 期（1949 年 10 月 1 日）

《古兰经》序（1949）

马坚

【……】

《古兰经》的中文译本，虽有六种之多，但我相信发表这个译本，仍然是有意义的。因为《古兰经》有许多注释，见仁见智，各有特色，亦各有价值；《古兰经》的各种译本，也是那样的；除非注释者或翻译者对于《古兰经》认识不够，或有意的曲解经义，或辞不达义，使人不解，甚至误解，那就贻误后学了。因此，我在翻译的时候，力求忠实、明白、流利；在注释的时候，不敢牵强、附会、穿凿。我希望这个译本对于研究阿拉伯语文学和伊斯兰教的朋友们，多少有一点帮助，同时希望追求真理、关心文化的同志们多多赐教，以便再版时尽量修正。

公元一九四九年十二月二十四日

马坚序于国立北京大学文学院

——《古兰经》（上册，北平：新民印书馆，1949年）

《翻译之艺术》自序（1949）

张其春

　　或曰：译文与原著，犹水之与酒；一则清淡无味，一则滋味醇厚。其实同属创作，何尝无醇酒淡水之分？夫译文之变水也，必隶下乘，岂可与上乘者混为一谈？凡上乘译品，不啻创作。唯其寓创作于移译之中，故原文之真之善之美，方能保持不坠。

　　论者又曰：创作难于翻译。盖创作需天才与学识：或奇思玄想，新颖独创，此有赖于天才之磅礴者也；或钩玄稽要，穷理至尽，此有赖于穷年之兀兀者也。翻译不过依样画葫芦，人云亦云耳。从其事者，但须明窗净几，一书一笔，即可博象寄之名，而无才尽之患，岂非轻而易举者乎？虽然，翻译非同杜撰；言必有本，议论即被控制；事必有据，思想复受桎梏——此固舍己耘人也。而况语文悬殊，佶屈聱牙，时有辞不达意之苦，方物迥异，即义定名，或须旬月踟蹰之功。严几道尝谓："译事三难：信、达、雅；求其信，已大难矣！顾信矣不达，虽译犹不译也。"经验之谈，莫不中肯。夫唯劳而寡功，智者往往不为也。

　　艺术之成功，有赖于天才与修养，翻译非如是乎？象人之译文，犹优伶之演剧。其艺术之效果，固视原作之价值，亦视表演之技巧。

演剧非背诵台词，即可了事。盖须按照剧情，而有逼真之动作，以流露感情。志洁行芳之女优，当其扮演荡妇也，极尽风骚泼辣之能事。放浪不羁之伶人，当其饰英雄豪杰也，一举一动，可歌可泣。艺术之魔力，其在斯欤？反观次等角色，貌合而神离，其能惟妙惟肖者几希！二流之译作，亦复类此；是以精心佳构，一经移译，则如嚼饭喂人，食者无味矣。意大利美学家 Benedetto Croce（1866—1952）有言："表现能力为一切美术的标准。"作者即本此说，草成是书，期于翻译之艺术，有所发挥焉。

本书之取材，偏重汉译英；盖吾人于国文训练有素，由英译汉，自较易也。中英二文，造诣俱深；移译外籍，各有渊源。隋唐之译佛经，史称盛举；五四运动以来，翻译与新文学直结不解之缘。顾翻译对英国文学之贡献，尤足称道。第八世纪之初，当我国唐玄宗时，Bede 据拉丁文译《约翰福音》，肇英国散文之端，惜已散佚不传。世称 Mandeville（1300？—1372？）为英国散文之鼻祖，其所著 *The Travels of Sir John Mandeville* 一书，成于 1356 年，原用法文，由无名氏译成英语；Mandeville 之享盛名，固译者之功也。Sir Thomas Malory 可称文起百年之衰，其名著 *Le Morte d'Arthur* 出版于 1485 年，奠近世散文之基；然据后人考证，全书译述居多；特 Malory 运其生花之笔，金章玉句，译文胜似创作耳。William Caxton 英国印刷业之功臣也，本经商于比之 Bruges，以商务之暇，移译 Raoul de Fevre 之 *Le Recueil des Histoires des Troye*，书成欲问世，乃设厂以梓行。至 1474 年迁回英国，扩充商务，并传播文化，厥功尤伟。以上乃就散文而言也。英国之小说，广义言之，滥觞于《乌托邦》（*Utopia*）一书。著者 Thomas More 虽为英人，善用拉丁文著述，以为非此不足以传久远。原著刊于比之 Louvain, 1516 年事也。以其作风之新颖，理想之伟大，德法意诸国争先译述；Ralph Robinson 之英译本，虽迟至 1551 年出版，然其受读者之欢迎，历久不衰；今"乌托邦"一名，亦为国人之所乐道矣。1566 年 *The Palace of Pleasure* 问世，英人始知有短篇小说；此书包括小说六十篇，乃 William Painter 自法意名著选译而成。惟英国小说之臻于尽善尽美，乃近二百年事耳。上述诸译作，或开风气之先，具时代之意义；或其艺术价值，骎骎与原著不相上下，故能传之不朽也。然言影响之大，流传之广，尚不如《圣经》远甚。《圣经》自 1611 年英皇钦定本（Authorized Version）出版，历时二百余载，群策群力，代有增饰，卒蔚为大观；其能视原著犹胜一筹，良有以也。汉译《圣经》，历史较浅；且读者限于教徒，传播不广，盖其文学价值，无甚足道。吴经熊博士近年以一己之力重为移译，其中之《圣咏译义初稿》（*Psalms*）业已问世，余朝夕吟诵，心窃喜之。其文笔之朴茂，音节之铿锵，具证翻译之确为艺术，而非雕虫小技也。是为序。

鄞县张其春

——《翻译之艺术》（上海：开明书店，1949 年）

译诗经验谈（1949）

洪毅然

一

笑话，洪毅然要写"译诗经验谈"！

"译"，已经是谈何容易的事！何况"译诗"！？因为凡译诗者，除具备普遍译述所必须具有的外文与国文双方之相当高度的语文知识（指理解能力）和技巧（指运用能力），及其相关的学术修养和一般常识而外，更必须首先要他本人是个不折不扣的"诗人"，庶及可以通过严复先生就通常译事所提出的"信、达、雅"三条硬件而传出所译原诗之神髓；可惜我既不是"诗人"，且由于外文乃至国文的程度皆极低浅，何敢孟浪？更有何"经验"可言？

然而，我竟的确胆大地译过好几首英文诗，因而我的确也有过好几次译诗的"经验"，好在学习心理学业已认明：凡人类一切掀天揭地的本领，全都得之于不断的学习，而一切学习的成绩，又全都是累积起来的"经验错误"之结果。所以，我就无妨把我的一点点所谓译事经验也记下来，权且算作我之学习译诗的极粗浅的研究报告，想亦未尝不可略供和我一样浅薄而却有志学习译诗者之参攷，及供擅长此道的老手之指教。

记得我第一次试译是很偶然的；那时我在西湖，因为一个好朋友离开了，遗下的稿件中有几首他和我同在西湖上一段生活中，用他本尚有些并不够成熟的英文所写以描述我亦曾与他一同玩赏过的湖上风光的诗稿，读之倍感亲切和有味；因而一读再读，读去读来，初则胸隔躍躍，似有不能自已者，继则若有所悟，于是不觉技痒，遂以译成国文，得古风二首，竟颇自信实无所稍违其原意，可惜，原诗已失，无由抄录以为对照，是以我的译诗，亦并不录。然而有两点是必须说的：

首先，我那一次的译诗，既非先有译诗的打算，而乃因为怀念朋友的别离，读其诗作而悟入诗中的意境，引起相应见到相同的回忆，见到相似的意象，生起相似的情绪，信手拈来，实在与其说是我在译他的诗，毋宁说是我在写我自己的诗还更恰当。所以严格说来，我那一次的译诗，实非"译"诗，而乃"创造"诗，实在是对于相同的景物，我和他曾有相似的意象与相似的情绪，因而亦曾共有相同或最大限度的相似的境界。而他先于我用英文诗的形式写出来而我则后于他用国文诗的形式写出来罢了，虽然我的译诗因亦不录，诚然无由取信于读者诸君，但我敢说这"方法"是没有错的。为什么呢？人说过"读诗即创造诗"。未必译诗不也该是创造诗么？何况还有人说过：翻译原亦是创作哩。

其次，我那一次的译作，现在虽然无从让人比较，可是当时却曾交由另外一位朋友比较批评过，据说原作且尚不及我的译作好。当然，那批评者是否是公正的，是件大可怀疑的事，但这却告诉我们：译诗是有可能超过原诗的，自然不如原诗者更多，而恰如原诗者则甚少。

二

我的另一次论诗的经验，是我译 B. Y. Williams 一首题为 Beauty Blind 的诗，原诗如下：

> The maple boughs as breezes pass
>> On autumn afternoons,
> Make shadow pictures on the grass
>> She scouts the silver spoons.
>
> The rose that grows beside her door
>> Is heavenly with bloom;
> Pink petals drift upon the floor—
>> She hastens for broom.
>
> The brown thrush on the old stone wall
>> Will chant his soul away;
> She does not hear his song at all—
>> This is her ironing day.
>
> The sunset paints the spacious skies
>> Oh, gloriously indeed!
> But while the day in splendor dies—
>> She stoops to pull a weed.

这首诗题名，直译曰"美盲"，虽非不成词，毕竟嫌生硬；这因为在国文中，虽早已有"文盲""色盲"等名词，而"文盲"一词，难免费解。不得已我只好根据它的内容，改题为"她辜负了美景"，这诚然是没有办法的办法，且也不足为训的，何况还总觉得这么一来太有失于译述的意义了。于是，我乃仍然将其原名的直译文留作为"副题"，我以为这或者倒是个两全的办法吧？

记得我第一次的译文几乎是逐字逐句地完全"直译"的，而且甚至于每个句子本身的文法结构，也都曾尽可能地努力保存它的本来面目，兹录如下：

> 微风吹过枫树的枝条，
> 　在那些秋天的下午，
> 造成些影子的园树在草坪上，
> 　她擦洗那些银宝的羹匙。

> 那些生长在她的门边的玫瑰花
> 　正开得茂盛
> 粉红色的花瓣堆积在地面上
> 　她匆忙地过去为了打扫

> 幽静的画眉鸟在古石墙头
> 　行将叫得它的灵魂要出窍了
> 她却一概没有听见它的歌声
> 　那正是她烫熨衣服的日子，

> 夕阳渲染了无涯祭的天空

啊！真正辉耀

但那时璀璨的白昼完了

她屈身去拖一捆草

译成后，我自己一看，简直不像是一首诗，而只是一片分段分行写的散文了，甚至于连一篇"散文"都还不是，而只是对于原诗的一种"注释"而已。译诗而只成了"注释"，当然不算译诗；于是我改译如下：

枫林日晚

微风习习

霜枝投画影于草地

她擦着银质的餐具

玫瑰封门花似锦

落英片片红满阶

她忙于拂尘扫地

急走过

不肯驻足

幽静的画眉鸟

妙歌忘形于古石墙上

她正在浆洗衣裳

听不见

清音嘹亮

长空晖落照

　　　　啊！何等壮丽

　　　　她乃趁无限黄昏

　　　　耸肩屈背

　　　　负薪归去

　　这首诗何故我要这样译呢？第一，我把它所描写的内容和它的题名联起来一想，我认为它的主题是在表现一个无暇观赏美景，因而对于一切美景视而不见，听而不闻，亦即根本不解美为何物者，或所谓"美的瞎子"——即"美盲"的一种悲悯之情与教示之意。所译，为了教示的缘故，凡写景物之美妙者，当然就要更需通过"信、达"而力求其"雅"了。但正因为求其"雅"的缘故，我居然把本该是"秋林""枫枝"等，大胆地改译为"枫林""霜枝"等，以符国文诗中的"雅意"，虽"信"有不足，似尚能曲达，唯 But while the day in splendor dies 一句，其原意本正为夕阳无限好，"只是近黄昏"，而我竟译成了

　　　　"她乃趁无限黄昏"

及其下一句中 to pull a weed 我更译之为"负薪归去"，则当然是只求能"曲达"其"意"而已了。

　　这里我想要说的，第一是"直译"和"意译"的问题：

　　"直译"者欲求其尽"信"；固然"信"之于"译"，的确是最基本而起码的要求。若不求"信"，何贵乎"译"呢？但既是"译"，因两种不同的文字本身都各有其特点，逐字对译，已不可能，句法章法，犹非各适其适不可。至其用"语"，用"意"，用"韵"，用"声"等，自更无法不稍伸缩变化，借"达"其意而已。

　　当然，"达"有二顾，其一曰"直达"，其二曰"曲达"，直达者守经，曲达者行权。有经无权，是谓"硬译"。硬译者，知直译之可

贵，而不知意译之不得已，盖有所蔽也。虽然，意译者，苟竟曲而不达，则缪矣！

此所谓"达"，为言条畅。既条畅矣，则必求"雅"。雅虽雅矣，若失自然，仍非上品译作。尤其译诗之道，以更宜于"信、达、雅"三条件，力求"自然"，方臻佳妙。友人读我前录译而尝戏评为"装疯迷窍"者，盖以此故，是正可见"自然"之不可稍懈。

三

最近我又与绿蒂兄同读渥滋华斯的小诗 Lucy，兴来各译一首，下面是原诗和我与绿蒂兄的译作：

Lucy

She dwelt among the untrodden ways

　　Besides the springs of Dove;

A maid whom there were none to praise,

　　And very few to love.

A violet by a mossy stone

　　Half hidden from the eye!—

Fair as a star, when only one

　　Is shining in the sky.

She lived unknown and few could know

　　When Lucy ceased to be;

But she is in her grave, and I

　　The difference to me!

　　　—by William Wordsworth

怀露西

她住在杜夫河源的江岸

　　在那些未经践踏的荒径之间；

是一个没人赞美的姑娘

　　更很少有人爱怜。

满身苔藓的顽石旁边

　　一株紫荆花遮遮掩掩地几乎躲过了人的眼帘！

像一颗星星般灿烂

孤零零地独自闪耀在天边。

她的生默默无闻

　　她的死也少有人知道；

而她正长眠墓中

啊！我多寂寥。

怀露西

　　绿蒂

绝代有佳人

幽居空谷里

比邻朵河源

寂寞无知己

石旁紫荆花

含羞半避人

色如孤星璨

天际亮晶晶

默默度岁月

长逝苦不知

潜寐黄泉下

伤叹无见时

这里最成问题的是诗的最末一节，而且尤其是最末一句"The difference to me!"特别难以捉摸！绿蒂兄译"difference"为"伤叹无见时"或"同节而异时"（见本期七十八页译诗），当然是据其字之"分别"义而示其"天上人间"之感；但据通洋文的学者说，其字之"分别"义原本为引申义，其本义为"冷漠""不理睬"之类意思，所以我即据之而译如上。当然到底是谁译得对？我一点也不敢固执，然而就因为这一字之差，却叫我深觉译诗者亦正有精通洋文字之必要！这已是较为艰巨的课题，而更艰巨的，尚不止此！严格说来，若真要译好一首诗，且犹必须对作者的整个生涯与思想，及其人格、文体乃至创作过程等，都要有所把握与了解才成，这么一来，当然不是容易的事了，所以，人若问我的译诗经验如何，我可有责任敬告他：凭我写下的这一点极浅薄的经验，我确已深知译诗是谈何容易的！凭胆大以妄为，我这种失败的经验，未必不可为冒昧者戒么？

三十八年四月十三日 灯下

——《长歌》第 1 卷第 5 期（1949 年）

关于"热偶金属"译名的讨论（1949）

王景泉、凡夫、编者

编辑先生大鉴：

兹阅贵刊三卷十期，内载"热偶金属"一文，其内容系指"Thermostatic Bimetal"而言，而"热偶"二字，已为 Thermocouple 所用，似已为物理学与电信工程标准译名所采用（因手头无材料，不敢做断言）。至于普通 Bimetal 一字译作双金属者较多。此处"Thermostatic Bimetal"一字可直译为"定温双金属"。实际上文中所论及者，系泛指 Thermo-sensitive Bimetal，而此种双金属作定温器（Thermostate）用者，为 Thermostatic Bimetal。

以上略陈管见，以供参考，尚希读者诸君共同讨论。

此颂　撰安

读者王景泉上　二，廿三

原作者凡夫先生谨答：

景泉先生：承指出 Thermostatic Bimetal 之译名热偶金属有不安之处，甚感。作者在决定这一个名词之前，曾遍阅很多已决定之名词标准，因无适当之译名，故暂采用之。至于 Thermocouple 一字，或定标准译名为"热电偶"，因有热度差别产生电流之义，故不能与"热偶"二字淆混。而该文中所讨论之金属，不一定为双合（有时可能三片叠合），其用途也不一定为"定温"，故似亦不能译作"定温双金属"。但热偶金属一词确非恰当，则无疑义。当初因匆匆脱稿，未加郑重考虑，致有此误，现将改译为"热感金属"，不知是否恰当，尚望来函指教，并希读者诸君共同讨论，是幸。

凡夫　三月三日

编者按：本刊三卷十期凡夫先生"热偶金属"一文之译名，承读者王景泉先生提作商榷，经请凡夫先生先作简答如上，我们对吾国工程科学专门名词之标准化问题，一直希望能有所讨论改进，最近科学期刊协会年会时，各科学期刊编辑同人对此亦均有同感，希望要借读者、作者与编者各界的努力，来完成这一项工程科学名词标准化工作。这次的讨论，如果能作为工程科学名词标准化工作的开始，则是我们所最为希望的。最后，本页篇幅除解答一部分读者问题外，希望尽量为读者利用发表各种意见。

——《工程界》第 4 卷第 3 期（1949 年）

图书在版编目(CIP)数据

中国传统译论文献汇编/朱志瑜,张旭,黄立波编.—
北京:商务印书馆,2020
ISBN 978 - 7 - 100 - 17734 - 4

Ⅰ.①中… Ⅱ.①朱… ②张… ③黄… Ⅲ.①翻
译—文献—汇编—中国 Ⅳ.①H059

中国版本图书馆 CIP 数据核字(2019)第 168574 号

中国传统译论文献汇编

(六卷本)

朱志瑜 张旭 黄立波 编

商 务 印 书 馆 出 版
(北京王府井大街 36 号 邮政编码 100710)
商 务 印 书 馆 发 行
北京中科印刷有限公司印刷
ISBN 978 - 7 - 100 - 17734 - 4

2020 年 2 月第 1 版 开本 850×1168 1/32
2020 年 2 月北京第 1 次印刷 印张 131¾
定价:458.00 元